A passagem do Jordão
e a conquista (Js 3-12)
Principais batalhas
de Josué
Coligação dos 5 reis
(Js 10)
Sidônia
Tiro
Merom
Hazor
Acco
Lago da
Galileia
Carmelo
Meguido
Bet-Shean
Siquém
Passagem do Jordão
Ai
Gálgala
Ghezer
Gabaon
Jericó
Abel-Sittim
Iarmut
Gebus (Jerusalém)
Ascalon
Lachish
Eglon
Hebron
Mar
Morto
Gaza
Engadi
Arad
Bersabeia

O território das doze tribos

BÍBLIA DE APARECIDA

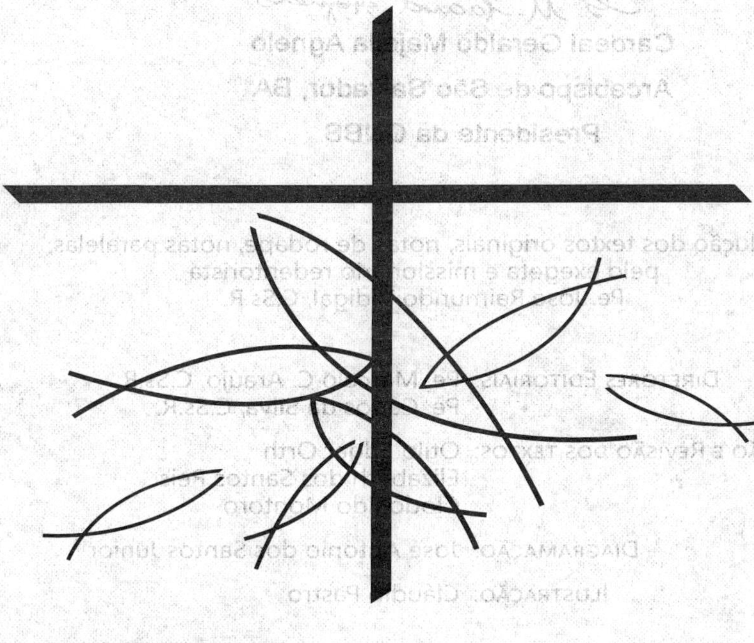

EDITORA
SANTUÁRIO

Nihil obstat

† Walmor Oliveira de Azevedo
Arcebispo de Belo Horizonte, MG
Presidente da Comissão Episcopal Pastoral para a Doutrina da Fé, da CNBB

Imprimatur

Brasília, 25 de abril de 2006

Cardeal Geraldo Majella Agnelo
Arcebispo de São Salvador, BA
Presidente da CNBB

Tradução dos textos originais, notas de rodapé, notas paralelas, pelo exegeta e missionário redentorista Pe. José Raimundo Vidigal, C.Ss.R.

Diretores Editoriais: Pe. Marcelo C. Araújo, C.Ss.R.
Pe. Carlos da Silva, C.Ss.R.

Preparação e Revisão dos textos: Otilo Edgar Orth
Elizabeth dos Santos Reis
Clodoaldo Montoro

Diagramação: José Antonio dos Santos Junior

Ilustração: Cláudio Pastro

24ª impressão
Tiragem total até a 24ª impressão: 710.400 exemplares

Rua Pe. Claro Monteiro, 342 – 12570-000 – Aparecida-SP
Tel: 12 3104-2000 – Televendas: 0800 016 00 04
www.editorasantuario.com.br
vendas@editorasantuario.com.br

NPI 373.691

ÍNDICE GERAL

INTRODUÇÃO À BÍBLIA

A Igreja tem seu livro, o livro por excelência, o mais difundido e estudado, traduzido em 1.800 línguas, impresso em milhões de exemplares e lido em todo o mundo, uma espécie de best-seller permanente da humanidade: a Bíblia, livro de Deus. Por meio dela Deus instrui as gerações que se sucedem na terra, ele as ilumina e alegra com sua luz. É um livro inspirado, que tem Deus como autor principal. Por isso, "ensina com certeza, fielmente e sem erro a verdade que Deus, em vista da nossa salvação, quis fosse consignada nas Sagradas Escrituras" (Vat. II).

Nossa fé nos diz, porém, que a Bíblia é palavra de Deus em linguagem humana. Foi escrita por pessoas como nós, das quais o Espírito Santo fez seus instrumentos vivos e racionais, que não receberam simplesmente um ditado para copiar, mas trabalharam livremente com seus próprios talentos, deixando nos escritos a marca de sua pessoa, de seu tempo e de sua cultura. Daí a grande variedade nas obras que compõem a Bíblia e em seus estilos literários. É como se Deus fosse um músico a tocar os mais diversos instrumentos, cada qual produzindo seu timbre específico.

A palavra "Bíblia" vem de um substantivo plural grego, que significa "livros". Com efeito, não é apenas um livro, mas uma biblioteca inteira, um conjunto de livros, escritos no espaço de 10 séculos e em diversos ambientes, adotando, por isso, os mais variados modos de falar, que chamamos de gêneros literários: são narrativas, poesias, oráculos proféticos, cânticos de amor, códigos de leis, coleções de provérbios, apocalipses, genealogias, discursos, salmos, evangelhos e cartas, em que se refletem, em toda a riqueza de seus matizes, a sabedoria divina e a psicologia humana.

Com tamanha variedade, o que faz a Bíblia ser um conjunto harmonioso é seu único Autor, Deus, que fala em todas as suas páginas, e seu tema principal, a história da salvação. A Bíblia é a história do amor de Deus pela humanidade, a aventura de um povo escolhido, com todas as suas qualidades e defeitos, com suas alegrias e tristezas e sua trajetória de quase dois mil anos, povo que devia preparar a chegada do Salvador. É do Salvador que falam todas as Escrituras (Lc 24,27), todas nele se realizam, por isso "ignorar as Escrituras é ignorar Jesus Cristo" (São Jerônimo).

As duas grandes partes da Bíblia são o Antigo Testamento, que contém os 46 livros do tempo anterior a Cristo, e o Novo Testamento, formado pelos 27 livros que falam de Cristo. Nessas expressões, a palavra "testamento" significa propriamente "aliança": a antiga, a mosaica, e a nova, com Cristo.

A Bíblia foi redigida em três línguas: os livros mais antigos, em hebraico, mais ou menos 3/4 do total; os mais recentes, em grego, 1/4 aproximadamente; e poucas páginas em aramaico. O hebraico, língua do povo eleito, era a língua sagrada por excelência. O aramaico, língua diplomática e bastante próxima do hebraico, estava em uso na comunidade judaica desde o retorno do exílio babilônico até o tempo de Jesus. O grego passou a ser conhecido e falado na Palestina a partir de Alexandre Magno e seus sucessores.

Em todas as edições, os livros bíblicos aparecem divididos em capítulos, e cada capítulo em versículos. A divisão em capítulos data do ano 1214 e foi feita na Universidade de Paris, pelo professor, mais tarde cardeal, Estevão Langton. No séc. XVI os capítulos foram divididos em versículos: Sante Pagnini numerou o Antigo Testamento em 1528 e Roberto Estevão, em 1550, numerou o Novo.

A Bíblia, livro de fé, foi escrita na Igreja e para a Igreja, comunidade de fé. A ela Deus confiou os livros santos, dando-lhe três obrigações: fixar o catálogo oficial dos livros, chamado "cânon", divulgar os livros bíblicos, conservando-os em sua integridade e orientar os fiéis em sua reta interpretação. A Bíblia só é lida com verdadeiro proveito num contexto de fé e de oração.

O cristão lê a Bíblia como um livro de espiritualidade, vendo nela um lugar do encontro com Deus. Dela escreveu São Paulo a seu colaborador Timóteo: "Toda a Escritura é inspirada por Deus e é útil para ensinar, convencer, corrigir e educar para a justiça, para que o homem de Deus seja perfeito, equipado para toda boa obra" (2Tm 3,16s).

INTRODUÇÃO AO ANTIGO TESTAMENTO

A primeira parte da Bíblia, o Antigo Testamento, reúne os livros sagrados do período anterior a Jesus Cristo. Os hebreus os agrupavam em três categorias: Lei, Profetas e Escritos. A Lei é o conjunto dos cinco livros atribuídos a Moisés, ou seja, o Pentateuco; a parte chamada "Profetas" inclui os Profetas anteriores, que nós situamos entre os livros históricos (de Josué até 2º Reis) e os Profetas posteriores, que são os Profetas propriamente ditos; os Escritos ou hagiógrafos compreendem o restante dos livros hebraicos. Os cristãos adotam uma divisão em três classes de livros: históricos, sapienciais (ou poéticos, didáticos) e proféticos.

Depois de narrar a criação do mundo e a pré-história bíblica, o Antigo Testamento apresenta em grandes linhas a história do povo de Israel, que começa com Abraão e os outros patriarcas; o êxodo e a ocupação da terra prometida; e os principais fatos que ocorreram no tempo dos Juízes, dos Reis e após o retorno do exílio. No livro dos Salmos toda essa história se transforma em oração. Na voz dos Profetas ressoam as advertências de Deus que guia seu povo. E pelo ensinamento dos Sábios, Israel aprende a buscar a verdadeira felicidade e a sabedoria que está no temor de Deus e na observância de sua lei.

Entre os temas principais, que atravessam essa narrativa da trajetória de Israel, podemos enumerar: a eleição, a promessa, a terra, a aliança, a fidelidade, os mandamentos, o serviço de Deus, a salvação, o messianismo.

Muita gente se pergunta por que a Igreja conserva e utiliza o Antigo Testamento, que é evidentemente imperfeito se comparado ao Novo. Por que ficar com o passado, se conhecemos a realidade definitiva, o Cristo?

Responde o Vaticano II: "Os livros do Antigo Testamento, em conformidade com a condição do gênero humano dos tempos anteriores à salvação realizada por Cristo, manifestam a todos o conhecimento de Deus e do homem e os modos pelos quais o justo e misterioso Deus trata com os homens. Esses livros, embora contenham também coisas imperfeitas e transitórias, manifestam contudo a verdadeira pedagogia divina. Por isso devem ser recebidos devotamente pelos cristãos esses livros que exprimem um vivo senso de Deus e contêm sublimes ensinamentos acerca de Deus e uma salutar sabedoria concernente à vida do homem e admiráveis tesouros de preces, nos quais enfim está latente o mistério de nossa salvação".

O Antigo Testamento nos convida a entender a pedagogia divina, que não revela tudo de uma vez, mas se adapta à capacidade de compreensão de seu povo. Em várias questões como a responsabilidade individual, a vida futura, o universalismo, a fraternidade observa-se um nítido progresso já dentro do próprio Antigo Testamento. E de um Testamento ao outro o passo é muito maior. São Paulo diz que a Lei era o pedagogo que nos conduzia a Cristo (Gl 3,24), entendendo por pedagogo aquele escravo de confiança que levava o jovem até seu mestre. O Antigo Testamento é a raiz, o fundamento, os alicerces do Novo. Uma obra como o Apocalipse de João, por exemplo, tecida de inúmeras reminiscências bíblicas, fica bastante obscura para quem não conhece o êxodo e as profecias de Ezequiel, Daniel e Zacarias.

O Antigo Testamento foi o único texto sagrado para Jesus e a Igreja primitiva. Os apóstolos encontraram nele o ponto de partida para anunciar o Cristo. Nele descobriram prefigurações e anúncios que se cumpriram no Messias Jesus. Para falar dele recorreram aos personagens Adão, Moisés, Davi, o Servo sofredor, o Emanuel e o Filho do homem. Muitos fatos da história antiga como o dilúvio, o êxodo com vários de seus episódios foram interpretados como símbolos das realidades do novo tempo. Jesus mesmo afirmou que não veio abolir a Lei e os Profetas, mas dar-lhes cumprimento (Mt 5,17).

A primeira e mais célebre tradução do Antigo Testamento foi a tradução grega dos Setenta, feita no Egito, para as comunidades judaicas da diáspora, nas primeiras décadas do séc. III a.C. Essa foi a Bíblia que os apóstolos usaram quando pregaram o Evangelho no mundo mediterrâneo, onde o grego era a língua universal. Essa Bíblia contém todos os 39 livros sagrados dos hebreus e mais 7, escritos nos últimos séculos a.C., e não aceitos pelos hebreus por acreditarem que com Esdras (séc. V a.C.) a inspiração profética havia terminado. A Igreja católica reconhece, pois, no Antigo Testamento, 46 livros inspirados, ao passo que as Igrejas protestantes, que seguem a opinião dos hebreus, aceitam apenas 39. Aqueles 7 livros são denominados pelos católicos "livros deuterocanônicos" e pelos protestantes "livros apócrifos", denominação esta que para nós indica os livros que a Igreja deixou de fora do catálogo dos livros inspirados.

PENTATEUCO

Os hebreus dividem sua Bíblia em "Lei, Profetas e outros Escritos". Nessa divisão, como também muitas vezes nas palavras de Jesus, "Lei" designa os cinco primeiros livros da Bíblia, porque constituem a base histórica, religiosa e jurídica de Israel. Em hebraico, "Lei" se diz "Torá", que tem um sentido mais amplo, significando instrução, ensinamento. A esse conjunto damos o nome de "Pentateuco", expressão grega que surgiu no séc. I, entre os hebreus de Alexandria, e significa "cinco livros", ou melhor, "cinco rolos", pois os livros antigos tinham a forma de rolos. Trata-se do Gênesis, Êxodo, Levítico, Números e Deuteronômio. A história que contam começa com a criação do mundo e termina na morte de Moisés. Com exceção do primeiro livro, toda a obra tem como protagonista Moisés. Dele se narram a prodigiosa salvação das águas, a educação na corte do faraó, a vocação e a missão de exigir do faraó a liberdade do povo, a função de instrumento nas mãos de Deus para realizar seus prodígios, para guiar o povo na caminhada do deserto e para conceder ao povo a lei e a aliança.

Além de protagonista, Moisés teria sido também o autor desses livros? Assim pensou a tradição hebraica, referida no Novo Testamento, e por isso os cinco livros são chamados "os livros de Moisés". Mas a partir de observações feitas já no séc. XVIII, essa opinião começou a ser abandonada. Notou-se, por exemplo, a existência de repetições: a criação do mundo e do ser humano, como também a vocação de Moisés, são narradas duas vezes. Há elementos recolhidos muito depois da morte de Moisés, e leis que não eram observadas em seu tempo e nem sequer existiam então, não podendo, portanto, ter sido codificadas por ele. Formulou-se a teoria dos quatro documentos – javista, eloísta, deuteronomista e sacerdotal – cujos elementos teriam sido combinados para formar o conjunto da obra. Hoje prefere-se falar de tradições orais, passadas através das gerações, e que receberam uma forma literária em diversas épocas, chegando à redação definitiva no tempo do exílio. Porque a maioria dessas tradições remontam à época de Moisés e porque ele teve sobre elas uma profunda influência como autor e legislador, pode-se dizer que o Pentateuco é de origem mosaica. Descobriram-se também paralelos interessantes com textos extrabíblicos, por exemplo, para a história do dilúvio e a de Moisés salvo das águas.

A leitura do Pentateuco nos faz reviver os primeiros lances da maravilhosa história do amor divino que é a história da salvação. A aliança mosaica prefigura e prepara a nova aliança, à qual aderimos pelo batismo. As promessas de Javé aos patriarcas e ao povo nos lembram que em Cristo todas as promessas de Deus tiveram seu "sim" (2Cor 1,20).

GÊNESIS

O nome Gênesis é muito apropriado para o primeiro livro da Bíblia, que conta as origens do mundo, da humanidade em geral, e do povo de Israel em especial. Os capítulos 1-11, que narram a pré-história bíblica, contêm dois relatos da criação do mundo e da criação do ser humano e falam do primeiro pecado, do fratricídio de Caim, do dilúvio e da torre de Babel. Depois do pecado de Adão e Eva, Deus promete a salvação, a qual, no entanto, parece sempre mais distante com a expansão do mal no mundo, que prejudica a realização do plano divino, sem no entanto impedir que ele se realize.

O texto se exprime segundo os conhecimentos da época, descrevendo observações sobre o mundo e o ser humano, e mostrando não o que eles foram no passado, mas qual é sua essência imutável através dos tempos.

Do capítulo 12 em diante, o desígnio salvífico de Deus se manifesta na eleição de Abraão e nas promessas a ele feitas e renovadas a Isaac e a Jacó. É contada a vocação de Abraão e sua vida em Canaã, como também a destruição de Sodoma e Gomorra, o nascimento e o sacrifício de Isaac, o ciclo de Jacó-Israel e de José, o hebreu que prosperou no Egito. A migração de Abraão até Canaã deve ter ocorrido pelo ano 1850 a.C. Ao serem transmitidos através das gerações, os relatos sobre os Patriarcas foram revistos e ampliados, não sendo possível reconstruir os fatos conforme ocorreram. Alguns documentos extrabíblicos dessa época mostram que esses relatos concordam com os costumes do Oriente antigo.

Gênesis é o livro das promessas, que quase sempre tardam a se cumprir, pondo à prova a fé dos Patriarcas e de seus familiares.

Ler o livro do Gênesis é penetrar nas raízes das verdades fundamentais de nossa fé, tais como a existência de um Deus único, onipotente, criador e senhor do universo; a grandeza e a miséria do ser humano; a dignidade do amor humano e da família; a salvação que só Deus pode conceder e que chega à humanidade por meio dos instrumentos que ele elege entre os próprios seres humanos.

I. ORIGENS DA HUMANIDADE (1–11)

1 **A Criação do céu e da terra.** 1No princípio Deus criou o céu e a terra.* 2A terra estava sem forma e vazia; as trevas cobriam o abismo e o espírito de Deus se movia sobre a superfície das águas.

3Deus disse: "Faça-se a luz!" E a luz foi feita. 4Deus viu que a luz era boa e separou a luz das trevas. 5Deus chamou à luz "dia" e às trevas "noite". E houve tarde e houve manhã: primeiro dia†.

6Deus disse: "Faça-se um firmamento no meio das águas para separar as águas das águas". 7Deus fez o firmamento e separou as águas que estão debaixo do firmamento, das águas que estão acima do firmamento. E assim aconteceu. 8Deus chamou ao firmamento "céu". E houve tarde e houve manhã: segundo dia.

9Deus disse: "As águas que estão debaixo do céu se reúnam num só lugar e apareça a parte seca". E assim aconteceu. 10Deus chamou à parte seca "terra" e à massa das águas, "mar". E Deus viu que isto era bom. 11E Deus disse: "A terra produza vegetação: plantas que deem sementes e árvores frutíferas que deem sobre a terra fruto com a própria semente, cada qual segundo sua espécie". E assim aconteceu. 12A terra produziu vegetação: plantas que produzem semente, cada qual segundo a própria espécie, e árvores que dão fruto cada qual com sua semente, segundo a própria espécie. Deus viu que isto era bom. 13E houve tarde e houve manhã: terceiro dia.

14Deus disse: "Haja luzes no firmamento do céu, para distinguir o dia da

---

* **1**,1. Jó 38-39; Sl 8; 104; Pr 8,22-31 | 14. Br 3,33-35; Jr 31,35; Is 40,26; Sl 136,7

† **1**,5. Esta primeira narrativa da criação (Gn 1,1-2,4a) agrupa em seis dias todos os seres criados, enumerados em ordem de dignidade crescente. Deus cria livremente, não por necessidade, mas por amor, com sua Palavra onipotente, o universo que é, todo ele, bom e o confia ao governo do ser humano.

noite;* sirvam de sinais para as festas, para os dias e para os anos [15]e sirvam de luzes no firmamento do céu para iluminar a terra". E assim aconteceu: [16]Deus fez as duas grandes luzes, a luz maior para regular o dia e a luz menor para regular a noite†, e as estrelas. [17]Deus as pôs no firmamento do céu para iluminar a terra, [18]para governar o dia e a noite e para separar a luz das trevas. E Deus viu que isto era bom. [19]E houve tarde e houve manhã: quarto dia.

[20]Deus disse: "Encham-se as águas de multidões de seres vivos,* e pássaros voem sobre a terra, no firmamento do céu". [21]Deus criou os grandes animais aquáticos e todos os seres vivos que nadam e que enchem as águas, segundo sua espécie, e toda ave alada, segundo sua espécie. E Deus viu que isto era bom. [22]Deus os abençoou†, dizendo: "Sede fecundos e multiplicai-vos e enchei as águas dos mares; e os pássaros se multipliquem sobre a terra". [23]E houve tarde e houve manhã: quinto dia.

[24]Deus disse: "A terra produza seres vivos segundo sua espécie: animais domésticos, répteis e animais selvagens segundo sua espécie". E assim aconteceu: [25]Deus fez os animais selvagens segundo sua espécie, os animais domésticos segundo sua espécie e todos os répteis da terra segundo sua espécie. E Deus viu que isto era bom.

Criação do ser humano. [26]Deus disse: "Façamos o ser humano* a nossa imagem, como nossa semelhança; domine sobre os peixes do mar e sobre as aves do céu, sobre os animais domésticos, sobre todos os animais selvagens e sobre todos os répteis que rastejam pelo chão".†

[27]E Deus criou o ser humano a sua imagem;
à imagem de Deus o criou:
homem e mulher os criou;*
[28]Deus os abençoou e disse:*
"Sede fecundos e multiplicai-vos,
enchei a terra e submetei-a;*
dominai sobre os peixes do mar,
sobre as aves do céu
e sobre todo ser vivo
que rasteja pelo chão".†

[29]E Deus disse-lhes: "Dou-vos toda planta que dá semente e que está em toda a terra, e toda árvore em que há fruto, que produz semente: serão vosso alimento. [30]A todos os animais selvagens,* a todas as aves do céu e a todos os seres que rastejam pelo chão e nos quais há um sopro de vida, eu dou como comida toda vegetação". E assim aconteceu. [31]Deus viu tudo que havia feito: era muito bom.* E houve tarde e houve manhã: sexto dia.

2

Deus santifica o sábado. [1]Assim foram terminados o céu e a terra com todos os seus elementos. [2]No sétimo dia, Deus concluiu a obra que havia feito; e descansou de todo o seu trabalho* no sétimo dia. [3]Deus abençoou o sétimo dia e o consagrou, porque nele descansou de todo o trabalho que havia feito na criação†. [4]Estas são as origens do céu e da terra, quando foram criados.

Segundo relato da criação†. Quando Javé Deus fez a terra e o céu, [5]não havia sobre a terra nenhum arbusto do campo, e nenhuma planta do campo tinha brotado; porque Javé Deus não tinha feito chover sobre a terra e não havia homem para cultivar o solo. [6]Mas

---

* **1**,20. Jó 12,7-12 | 26. 5,1.3; 9,6; Sl 8,5s; Eclo 17,3s | 27. Mt 19,4 | 28. 8,17; 9,1 / Sl 8,6-9; Eclo 17,2ss; Sb 9,2; 10,2 | 30. Sl 104,14s | 31. Sl 104,24 | **2**,2. Êx 20,8; Hb 4,4 | 6. Ecl 3,20s; 12,7; Sl 104,29s; Jó 34,14s; 33,4

† **1**,16. O sol e a lua não são mencionados com seus nomes, porque eram adorados como divindades pelos povos vizinhos, Dt 17,3. | 22. Abençoar é uma ação propriamente divina que dá a vida, cuja fonte é Deus. | 26. A solenidade da expressão indica um ato todo especial do Criador. Criado à imagem de Deus, que é amor, o ser humano tem por vocação o amor, e possui inteligência e vontade. Mas não é igual a Deus, é seu semelhante. | 28. Deus une em matrimônio o primeiro casal, para que transmita a seus descendentes a vida humana, cooperando assim de uma forma única em sua obra criadora. | **2**,3. O repouso de Deus no sétimo dia será proposto aos hebreus como modelo a imitar, em louvor ao Criador (Êx 20,11; 31,17). | 4. Narrativa de estilo colorido e popular, proveniente de uma outra fonte. O homem é criado primeiro, e para ele Deus cria um jardim, os animais e a mulher, criatura igual a ele.

um vapor subia da terra* e regava toda a superfície do solo.[7] Então Javé Deus formou o homem com o pó da terra e soprou em suas narinas o sopro da vida, e o homem tornou-se um ser vivente†.

[8]Depois Javé Deus plantou um jardim em Éden, a oriente, e nele colocou o homem que havia formado. [9]Javé Deus fez germinar do solo* toda espécie de árvore de aspecto atraente e de fruto saboroso, a árvore da vida no meio do jardim e a árvore do conhecimento do bem e do mal†. [10]Um rio saía de Éden para regar o jardim; e dali se dividia em quatro braços. [11]O nome do primeiro é Fison: é o que rodeia todo o país de Hévila, onde há ouro; [12]e o ouro daquela terra é fino; lá há também bdélio e a pedra de ônix. [13]O segundo se chama Geon: este é o que rodeia todo o país da Etiópia. [14]O terceiro se chama Tigre: ele corre a leste de Assur. O quarto rio é o Eufrates.

[15]Javé Deus tomou o homem e o colocou no jardim de Éden, para o cultivar e o guardar.

[16]Javé Deus deu esta ordem ao homem: "Poderás comer de todas as árvores do jardim, [17]mas da árvore do conhecimento do bem e do mal não deves comer, porque no dia em que dela comeres certamente morrerás".*

Criação da mulher. [18]Javé Deus disse: "Não é bom que o homem esteja só: quero fazer-lhe um auxílio† que lhe corresponda". [19]Então Javé Deus formou da terra toda espécie de animais do campo e todas as aves do céu e os conduziu ao homem, para ver como os chamaria: cada ser vivo ficaria com o nome que o homem lhe desse. [20]Assim o homem deu nome a todos os animais domésticos, a todas as aves do céu e a todos os animais selvagens†, mas o homem não encontrou um auxílio que lhe correspondesse. [21]Então Javé Deus fez descer sobre o homem um sono profundo, e ele adormeceu; tirou-lhe uma das costelas e fechou a carne em seu lugar. [22]Com a costela que havia tirado do homem, Javé Deus formou a mulher e a conduziu ao homem. [23]Então o homem disse:

"Desta vez
esta é carne de minha carne
e osso de meus ossos.
Será chamada mulher
porque do homem foi tirada".†

[24]Por isso o homem deixa seu pai e sua mãe* para se unir a sua mulher, tornando-se os dois uma só carne. [25]Os dois, o homem e a mulher, estavam nus, mas não sentiam vergonha.

3 **A Tentação e o pecado.** [1]A serpente era o mais astuto de todos os animais do campo feitos por Javé Deus.* Ela disse à mulher: "É verdade que Deus disse: 'Não deveis comer de nenhuma árvore do jardim'?" [2]Respondeu a mulher à serpente: "Dos frutos das árvores do jardim podemos comer, [3]mas do fruto da árvore que está no meio do jardim, Deus disse: 'Dele não deveis comer e não deveis tocá-lo, senão morrereis'". [4]Mas a serpente disse à mulher: "Não morrereis de modo algum! [5]Antes, Deus sabe que, no dia em que dele comerdes, vossos olhos

* **2**,9. Pr 3,18; Ap 2,7; 22,1s | 17. Rm 6,23 | 24. Mt 19,5; Ef 5,31; 1Cor 6,16 | **3**,1. Sb 2,24; Rm 5,12-21

† **2**,7. A pessoa humana é um ser ao mesmo tempo corporal e espiritual. Isto se exprime nos símbolos do pó e do sopro. | 9. A árvore da vida representa a imortalidade à qual o ser humano era chamado. A árvore do conhecimento do bem e do mal significa o poder de decidir o que é bom e mau, ser sua própria lei, coisa que não compete à criatura, que recebe do Criador sua lei. | 18. O hebraico usa aqui a palavra "ezer", que só se aplica a pessoas, inclusive a Deus (Êx 18,4; Sl 121,2), por isso não exprime inferioridade nem instrumentalização, mas uma ajuda vital. | 20. Dar um nome é exercer um domínio. O homem inicia sua missão de governar as criaturas. | 23. O homem descobre a mulher como um outro "eu", como seu próprio rosto. Deus os criou um para o outro, numa comunhão de pessoas, sendo iguais enquanto pessoas e complementares enquanto masculino e feminino. O hebraico tem duas palavras muito semelhantes para dizer "mulher" e "homem", "ichah" e "ich", o que permite fazer um jogo de palavras intraduzível em português; uma tradução aproximativa seria "esposa" e "esposo". | **3**,5. O pecado do homem foi provocado por uma mentira do tentador que o fez duvidar da palavra de Deus, de sua benevolência e de sua fidelidade.

se abrirão e sereis como Deus, conhecendo o bem e o mal".† [6]Então a mulher viu que o fruto da árvore era bom para comer, atraente para os olhos e desejável para adquirir conhecimento; apanhou o fruto e o comeu; depois deu dele também ao marido, que estava com ela, e ele comeu†. [7]Então os olhos de ambos se abriram e, percebendo que estavam nus, juntaram folhas de figueira e fizeram tangas para si.

[8]Ouvindo o rumor de Javé Deus que passeava no jardim à brisa do dia, o homem e sua mulher se esconderam de Javé Deus no meio das árvores do jardim. [9]Mas Javé Deus chamou o homem
e lhe disse: "Onde estás?" [10]Respondeu:
"Ouvi vosso rumor no jardim e tive medo, porque estou nu, e me escondi".

[11]Deus lhe perguntou: "Quem te disse que estavas nu? Então comeste da árvore da qual te ordenei que não comesses?"

[12]O homem respondeu: "A mulher que me destes por companheira me
deu da árvore, e eu comi". [13]Javé disse
à mulher: "Que fizeste?" Respondeu a mulher: "A serpente me enganou, e eu comi".*

Castigo e promessa. [14]Então Javé Deus disse à serpente:

"Porque fizeste isto,
maldita sejas entre todos os animais do campo
e entre todos os animais selvagens;
sobre teu ventre caminharás
e pó da terra comerás
todos os dias de tua vida.
[15]Porei inimizade entre ti e a mulher,
entre tua descendência e a descendência dela:
esta te ferirá a cabeça*
e tu lhe ferirás o calcanhar".†

[16]E à mulher ele disse:
"Multiplicarei
os sofrimentos de teu parto;
entre dores darás à luz os filhos.*
Para teu marido será teu desejo,
mas ele te dominará."

[17]E ao homem ele disse:
"Porque ouviste a voz de tua mulher
e comeste da árvore, da qual eu te ordenei:
'Não deves comer dela',
maldito seja o solo por tua causa!*
Com sofrimento tirarás dele o sustento
todos os dias de tua vida.
[18]Espinhos e cardos produzirá para ti
e comerás a relva dos campos.
[19]Com o suor de teu rosto comerás o pão,*
até que voltes à terra,
porque dela foste tirado:
tu és pó e ao pó voltarás!"†

[20]O homem deu a sua mulher o nome de Eva, porque ela seria a mãe de todos os viventes†.

[21]Javé Deus fez para o homem e para a mulher roupas de peles e os vestiu.
[22]Então disse Javé Deus: "O homem tornou-se como um de nós, conhecedor do bem e do mal. Agora, não aconteça que ele estenda a mão e apanhe também da árvore da vida e dela coma
e viva para sempre!" [23]Javé Deus o expulsou do jardim de Éden, para que trabalhasse a terra da qual tinha sido
tirado. [24]Expulsou o homem* e pôs a oriente do jardim de Éden os querubins com a espada flamejante a cintilar, para guardar o caminho da árvore da vida.

---

* **3**,13. 2Cor 11,3 | 15. Ap 12,17 | 16. Ap 12,2 | 17. Rm 8,20 | 19. Jó 34,15; Sl 90,3; 104,29; Ecl 3,20; 12,7 | 24. Ap 22,1s.14

† **3**,6. O homem estava destinado a ser plenamente divinizado por Deus na glória. Pela sedução do diabo, quis ser como Deus, mas sem Deus e antes de Deus e não segundo Deus (S. Máximo confessor). | 15. Esta promessa de Deus é chamada "protoevangelho", primeiro anúncio da salvação. A revelação irá se tornando mais clara e verá na "descendência" da mulher o Messias salvador e, na própria mulher, sua mãe, Maria, imaculada, vencedora do pecado, por privilégio divino. – Por que Deus não impediu o primeiro homem de pecar? S. Leão Magno responde: A graça inefável de Cristo deu-nos bens melhores do que aqueles que a inveja do demônio nos havia subtraído. Por isso, a Igreja canta na Páscoa: Ó feliz culpa, que mereceu tal e tão grande Redentor! | 19. Depois de pecarem contra Deus, o homem e a mulher começam a desentender-se. Surgem entre eles acusações recíprocas, dominação e cobiça. As penas pelo pecado atingem a mulher como mãe e esposa, e o homem como trabalhador. | 20. Eva deriva de "hayah", que significa "viver".

4 **Caim e Abel.** 1Adão uniu-se a
Eva†, sua mulher, a qual concebeu
e deu à luz Caim, e disse: "Adquiri um
homem com a ajuda de Javé". 2Depois
deu à luz ainda a seu irmão Abel. Abel
era pastor de rebanhos e Caim lavrador
da terra.
3Passado o tempo, Caim ofereceu
frutos da terra em oblação a Javé;
4Abel, por sua vez, ofereceu primogê-
nitos de seu rebanho* e sua gordura.
Javé olhou com agrado para Abel e
sua oferta, 5mas não olhou com agra-
do para Caim e sua oferta. Caim ficou
muito irritado com isso e com o rosto
abatido. 6Javé disse então a Caim: "Por
que estás irritado e com o rosto abati-
do? 7Se fizeres o bem, não andarás de
cabeça erguida? Mas se não fizeres o
bem, o pecado está à espreita diante
de tua porta; ele se esforça para con-
quistar-te, mas tu deves dominá-lo".
8Caim disse a seu irmão Abel:* "Va-
mos ao campo!" Enquanto estavam no
campo, Caim atirou-se sobre seu irmão
Abel e o matou†.
9Então Javé disse a Caim: "Onde está
Abel, teu irmão?" Ele respondeu: "Não
sei. Sou eu o guarda de meu irmão?"
10Javé disse: "Que fizeste? A voz do
sangue de teu irmão clama por mim da
terra! 11Agora maldito sejas tu, longe
da terra que por obra tua bebeu o san-
gue de teu irmão. 12Quando cultivares
a terra, ela não te dará mais seus fru-
tos: serás um fugitivo, vagando sobre
a terra". 13Disse Caim a Javé: "Grande
demais é meu castigo, para que eu
possa suportá-lo! 14Vós me expulsais
hoje desta terra e terei de esconder-
-me longe de vós; serei fugitivo, vagan-
do sobre a terra; e todo aquele que me
encontrar poderá me matar." 15Javé lhe
disse: "Quem matar Caim será punido
sete vezes!" Javé pôs em Caim um sinal,
para que não fosse morto por quem o
encontrasse. 16Caim se retirou da pre-
sença de Javé e foi morar na região de
Nod, a leste de Éden.

A descendência de Caim. 17Caim
uniu-se a sua mulher, que concebeu
e deu à luz Henoc; depois tornou-se
construtor de uma cidade, à qual deu
o nome de seu filho Henoc. 18A He-
noc nasceu Irad, e Irad gerou Maviael,
e Maviael gerou Matusael, e Matusael
gerou Lamec. 19Lamec tomou para si
duas mulheres: o nome da primeira
era Ada e o nome da segunda, Sela.
20Ada deu à luz Jabel: ele foi o pai dos
que moram em tendas e possuem re-
banhos. 21O nome de seu irmão era
Jubal: ele foi o pai de todos os que to-
cam cítara e flauta. 22Sela, por sua vez,
deu à luz Tubalcaim, forjador de todo
utensílio de cobre e de ferro; a irmã de
Tubalcaim era Noema.
23Lamec disse a suas mulheres:
"Ada e Sela, escutai minha voz;
mulheres de Lamec, prestai ouvido
ao que vou dizer:
Matei um homem por causa de uma
ferida
e um rapaz por causa de uma con-
tusão.
24Sete vezes será vingado Caim, mas
Lamec setenta e sete".

A Descendência de Set. 25Adão uniu-
-se de novo à sua mulher,* que deu à
luz um filho e o chamou Set. "Porque
– disse – Deus me deu outro descen-
dente em lugar de Abel, porque Caim
o matou."
26Também a Set nasceu um filho, que
ele chamou Enós. Então se começou a
invocar o nome de Javé.*

5 **Patriarcas anteriores ao dilúvio.**
1Esta é a lista dos descendentes
de Adão. *Quando Deus criou o ser hu-
mano, ele o fez à semelhança de Deus;
2homem e mulher os criou, abençoou-

* **4**,4. Hb 11,4 | 8. Sb 10,3 | 25. 1Cr 1,1-4 | 26. Êx 3,14 | **5**,1. 1,26

† **4**,1. O hebraico diz "conheceu", verbo que em muitos casos significa as relações sexuais. "Caim" deriva de "qanah", adquirir. | 8. O pecado começa a crescer e a propagar-se no mundo. Rompida a harmonia com Deus, entram nas relações humanas a inveja, a competição, o ódio, a violência, a maldade. Gn 4-11 mostra uma série desses pecados, sendo o primeiro um homicídio, que é também um fratricídio, como todo homicídio também o será, pois somos todos irmãos.

-os e os chamou de "ser humano" quando foram criados. 3Adão tinha cento e trinta anos quando gerou um filho a sua semelhança, a sua imagem, e o chamou Set. 4Depois de ter gerado Set, Adão viveu ainda oitocentos anos e gerou filhos e filhas. 5O total dos dias de Adão foi de novecentos e trinta anos†; depois morreu.

6Set tinha cento e cinco anos quando gerou Enós; 7depois de ter gerado Enós, Set viveu ainda oitocentos e sete anos e gerou filhos e filhas. 8O total dos dias de Set foi de novecentos e doze anos; depois morreu.

9Enós tinha noventa anos quando gerou Cainã; 10depois de ter gerado Cainã, Enós viveu ainda oitocentos e quinze anos e gerou filhos e filhas. 11O total dos dias de Enós foi de novecentos e cinco anos; depois morreu.

12Cainã tinha setenta anos quando gerou Malaleel; 13depois de ter gerado Malaleel, Cainã viveu ainda oitocentos e quarenta anos e gerou filhos e filhas. 14O total dos dias de Cainã foi de novecentos e dez anos; depois morreu.

15Malaleel tinha sessenta e cinco anos quando gerou Jared; 16depois de ter gerado Jared, Malaleel viveu ainda oitocentos e trinta anos e gerou filhos e filhas. 17O total dos dias de Malaleel foi de oitocentos e noventa e cinco anos; depois morreu.

18Jared tinha cento e sessenta e dois anos quando gerou Henoc; 19depois de ter gerado Henoc, Jared viveu ainda oitocentos anos e gerou filhos e filhas. 20O total dos dias de Jared foi de novecentos e sessenta e dois anos; depois morreu.

21Henoc tinha sessenta e cinco anos* quando gerou Matusalém. 22Henoc andou com Deus; depois de ter gerado Matusalém, viveu ainda trezentos anos e gerou filhos e filhas. 23O total dos dias de Henoc foi de trezentos e sessenta e cinco anos.* 24Henoc caminhou com Deus† e desapareceu, porque Deus o levou†.

25Matusalém tinha cento e oitenta e sete anos quando gerou Lamec; 26depois de ter gerado Lamec, Matusalém viveu ainda setecentos e oitenta e dois anos e gerou filhos e filhas. 27O total dos dias de Matusalém foi de novecentos e sessenta e nove anos; depois morreu.

28Lamec tinha cento e oitenta e dois anos quando gerou um filho 29e o chamou Noé, dizendo: "Este nos consolará de nosso trabalho e do cansaço de nossas mãos, por causa do solo que Javé amaldiçoou". 30Depois de ter gerado Noé, Lamec viveu ainda quinhentos e noventa e cinco anos e gerou filhos e filhas. 31O total dos dias de Lamec foi de setecentos e setenta e sete anos; depois morreu.

32Noé tinha quinhentos anos quando gerou Sem, Cam e Jafé.

6 **A Corrupção da humanidade.** 1Quando os homens começaram a se multiplicar sobre a terra e lhes nasceram filhas, 2os filhos de Deus viram que as filhas dos homens eram belas e tomaram como esposas todas as que escolheram. 3Javé disse: "Não ficará sempre no homem meu espírito, pois ele é carne; a duração de sua vida não será mais que cento e vinte anos".

4Naquele tempo havia sobre a terra os gigantes, e também depois, quando os filhos de Deus se uniam às filhas dos homens e estas lhes geravam filhos: são esses os famosos heróis da Antiguidade.*

5Javé viu que a maldade dos homens se multiplicava sobre a terra* e

* **5**,21. Eclo 44,16; 49,14 | 23. Hb 11,5; Sb 4,10s | **6**,4. Dt 2,10 | 5. Eclo 16,7-8; Br 3,26s; Sb 14,6s; 1Pd 3,20s

† **5**,5. Aos patriarcas é atribuída uma idade fabulosa, porque uma vida longa era considerada uma bênção de Deus: Pr 10,27; Is 65,20. A vida se tornará breve com a difusão do mal: Gn 6,3. | 24. Caminhar com Deus é ter Deus presente em tudo o que fazemos e dizemos, é estar sempre unidos com ele (S. Geraldo Majela). | 24. Henoc, que desaparece misteriosamente como Elias, 2Rs 2,11, tornou-se na tradição israelita um exemplo de piedade, Eclo 44,16; Hb 11,5, e confidente dos segredos divinos. Um livro apócrifo lhe é atribuído.

que todos os projetos de seu coração
tendiam continuamente para o mal. 6E
Javé se arrependeu de ter feito o ser
humano sobre a terra† e seu coração
se entristeceu. 7Javé disse: "Extermina-
rei da face da terra o ser humano que
criei; e com ele também os animais, os
répteis e as aves do céu, porque estou
arrependido de os ter feito". 8Mas Noé
encontrou graça aos olhos de Javé.*
9Esta é a história de Noé.*
Noé era um homem justo e íntegro
entre seus contemporâneos, e anda-
va com Deus. 10Noé gerou três filhos:
Sem, Cam e Jafé. 11Mas a terra corrom-
peu-se diante de Deus e estava cheia
de violência.
12Deus olhou para a terra e viu que
estava corrompida, porque todo ser
humano tinha pervertido sua conduta
sobre a terra.
**Intervenção de Deus para salvar o
homem.** 13Então Deus disse a Noé:
"Decidi que é chegado o fim de todo
ser criado, porque a terra, por sua cau-
sa, está cheia de violência. Vou exter-
miná-los junto com a terra. 14Faze para
ti uma arca de madeira resinosa; divi-
de a arca em compartimentos e cala-
feta-a com betume por dentro e por
fora. 15Deves fazê-la assim: a arca terá
trezentos côvados de comprimento,
cinquenta de largura e trinta de al-
tura†. 16Farás na arca um teto e, a um
côvado mais acima, a terminarás. De
um lado porás a entrada da arca. Tu
a farás com andares: inferior, segundo
e terceiro.
17Eu mandarei o dilúvio†, isto é, as
águas sobre a terra,* para destruir de-
baixo do céu todo ser com sopro de
vida; tudo o que está sobre a terra pe-
recerá. 18Mas contigo eu farei minha
aliança. Entrarás na arca com teus fi-
lhos, tua mulher e as mulheres de teus
filhos. 19De tudo o que vive, de todo ser
vivo, introduzirás na arca dois de cada
espécie, macho e fêmea, para conser-
vá-los em vida contigo. 20De cada es-
pécie de ave, de cada espécie de ani-
mais e de cada espécie de todos os
répteis da terra, virá contigo um casal,
para os conservares em vida. 21Quan-
to a ti, ajunta todo tipo de alimento e
guarda-o junto de ti, para que sirva de
comida para ti e para eles". 22Noé fez
tudo como Deus lhe tinha mandado.

7 **O Dilúvio.** 1Javé disse a Noé: "En-
tra na arca com toda a tua famí-
lia,* porque vi que és justo diante de
mim nesta geração. 2De cada animal
puro† toma contigo sete casais, o ma-
cho com a fêmea; dos animais impuros
um casal, o macho com a fêmea. 3Tam-
bém das aves do céu, sete casais, ma-
cho e fêmea, para perpetuar sua raça
sobre toda a terra. 4Porque daqui a sete
dias farei chover sobre a terra durante
quarenta dias e quarenta noites; exter-
minarei da face da terra todo ser vivo
que fiz". 5Noé fez tudo o que Javé lhe
tinha ordenado.
6Noé tinha seiscentos anos quando o
dilúvio das águas inundou a terra. 7Noé
entrou na arca com seus filhos, sua mu-
lher e as mulheres de seus filhos, para
escapar das águas do dilúvio. 8Dos ani-
mais puros e dos impuros, das aves e
de todos os seres que rastejam pelo
chão 9entraram dois a dois com Noé na
arca, macho e fêmea, como Deus lhe
havia ordenado.
10Passados sete dias, as águas do
dilúvio vieram sobre a terra. 11No ano
seiscentos da vida de Noé, no segundo
mês, no dia dezessete do mês, justa-
mente nesse dia, irromperam todas as
fontes do grande abismo e as catara-
tas do céu se abriram. 12Caiu a chuva
sobre a terra durante quarenta dias e
quarenta noites. 13Nesse mesmo dia
Noé entrou na arca com os filhos Sem,
Cam e Jafé, sua mulher e as três mulhe-

* **6**,8. Hb 11,7 | 9. Eclo 44,17 | 17. 2Pd 2,5 | **7**,1. Sb 10,4; 2Pd 2,5

† **6**,6. Modo humano de falar sobre Deus, para mostrar o quanto ele detesta o pecado. Na realidade, Deus conhece tudo de antemão e não muda seu pensamento e sua vontade. | 15. O côvado media aproximadamente 50 cm; portanto a arca tinha 150 m de comprimento, 25 de largura e 15 de altura. | 17. No NT, o dilúvio será figura do juízo final, Mt 24,37-29, e do batismo, 1Pd 3,20-21 | **7**,2. Puro é o animal permitido na mesa dos israelitas. Ver a lista em Lv 11.

res de seus filhos; [14]e com eles todas
as espécies dos animais selvagens, dos
animais domésticos, dos seres que ras-
tejam pelo chão, das aves e de todos os
seres alados. [15]Vieram, pois, para junto
de Noé na arca, dois a dois, de todo
ser vivo em que há sopro de vida. [16]Os
que vinham, macho e fêmea de todo
ser vivo, entraram como Deus lhe havia
ordenado; depois Javé fechou a porta
atrás dele.

[17]O dilúvio caiu sobre a terra durante
quarenta dias: as águas subiram e le-
vantaram a arca, que se elevou sobre a
terra. [18]As águas aumentaram e cresce-
ram muito sobre a terra e a arca flutua-
va na superfície das águas. [19]As águas
subiram cada vez mais sobre a terra e
cobriram todas as montanhas mais al-
tas que há debaixo de todo o céu. [20]As
águas elevaram-se quinze côvados aci-
ma das montanhas que elas cobriram.

[21]Pereceu todo ser vivo que se movia
sobre a terra: aves, animais domésticos
e selvagens, todos os seres que fer-
vilham sobre a terra e todos os seres
humanos. [22]Morreu todo ser que tinha
um sopro de vida nas narinas, isto é,
tudo o que estava sobre a terra seca.

[23]Assim foram exterminados todos
os seres que estavam sobre a terra:
desde os seres humanos até os ani-
mais, os répteis e as aves do céu; eles
foram extintos da terra e ficaram so-
mente Noé e os que estavam com ele
na arca.

[24]As águas permaneceram altas so-
bre a terra durante cento e cinquenta
dias.

8 **Fim do dilúvio.** [1]Então Deus se
lembrou de Noé e de todos os
animais selvagens e domésticos que
estavam com ele na arca. Fez soprar
um vento sobre a terra, e as águas
baixaram. [2]As fontes do abismo e as
comportas do céu foram fechadas e a
chuva parou de cair. [3]Pouco a pouco as
águas foram se retirando e, passados
cento e cinquenta dias, começaram a
diminuir. [4]No dia dezessete do sétimo
mês, a arca pousou sobre os montes
de Ararat. [5]As águas continuaram a di-
minuir até o décimo mês; e no primei-
ro dia do décimo mês apareceram os
cumes das montanhas.

[6]Transcorridos mais quarenta dias,
Noé abriu a janela que havia feito na
arca [7]e deixou sair um corvo, que saiu,
indo e voltando, até que secaram as
águas sobre a terra. [8]Soltou também
uma pomba, para ver se as águas já se
haviam retirado do solo. [9]Mas a pom-
ba, não encontrando onde pousar,
voltou para junto dele na arca, porque
as águas ainda cobriam toda a face da
terra. Ele estendeu a mão, apanhou-a e
recolheu-a na arca. [10]Esperou mais sete
dias e de novo soltou a pomba fora da
arca. [11]E a pomba voltou a ele ao entar-
decer, trazendo no bico uma folha ver-
de de oliveira. Então Noé compreen-
deu que as águas se haviam retirado
da terra. [12]Esperou outros sete dias e
soltou a pomba, que não mais voltou.
Noé sai da arca. [13]Foi no ano seiscen-
tos e um da vida de Noé, no primeiro
dia do primeiro mês, que as águas se-
caram sobre a terra; Noé retirou a co-
bertura da arca e viu que a superfície
do solo estava seca. [14]Foi no vigésimo
sétimo dia do segundo mês que a terra
ficou enxuta.

[15]Deus ordenou a Noé: [16] "Sai da arca
com tua mulher, teus filhos e as mulhe-
res de teus filhos. [17]Faze sair também
contigo todas as espécies de animais*
que estão contigo: aves, animais do-
mésticos e os répteis que rastejam pelo
chão, para que se propaguem sobre
a terra, sejam fecundos e se multipli-
quem sobre ela".
Noé agradece a Deus. [18]Noé saiu com
seus filhos, sua mulher e as mulheres de
seus filhos. [19]Saíram também da arca
todos os animais selvagens e domés-
ticos, todas as aves e todos os répteis
que rastejam pelo chão, todos segun-
do sua espécie. [20]Então Noé construiu
um altar a Javé; tomou animais puros e
aves puras de toda espécie e ofereceu
holocaustos sobre o altar. [21]Javé aspi-

---

* **8**,17. 1,22

rou aquele suave perfume e disse con-
sigo mesmo: "Não amaldiçoarei nunca
mais o solo por causa do ser humano,
porque o coração† humano está incli-
nado para o mal desde a adolescência;
nem castigarei mais nenhum ser vivo
como acabei de fazer.
22Enquanto durar a terra,
plantio e colheita,
frio e calor,
verão e inverno,
dia e noite
jamais cessarão".

9 **Humanidade renovada.** 1Deus
abençoou Noé e seus filhos, di-
zendo-lhes: "Sede fecundos, multipli-
cai-vos e enchei a terra. 2Sereis causa
de medo e de pavor para todos os ani-
mais da terra e para todas as aves do
céu, para tudo o que rasteja pelo chão
e para todos os peixes do mar: eu os
ponho em vosso poder. 3Tudo o que
se move* e tem vida vos servirá de ali-
mento: dou-vos tudo isto, como já vos
dei as plantas. 4Mas não comereis a
carne com sua vida, isto é, seu sangue†.
5De vosso sangue, ou seja, de vossa
vida,* eu pedirei contas; pedirei contas
dele a todo animal; ao homem pedirei
contas da vida do homem: a cada um,
de seu irmão.
6Quem derrama o sangue do ho-
mem,
pelo homem terá seu sangue derra-
mado.
Porque à imagem de Deus*
foi feito o homem.
7Quanto a vós, sede fecundos e mul-
tiplicai-vos,
propagai-vos sobre a terra e domi-
nai-a".

Aliança de Deus com Noé. 8Deus dis-
se a Noé* e a seus filhos: 9"Estabeleço
minha aliança convosco e com vossos
descendentes depois de vós; 10com
todo ser vivo que está convosco: aves,
animais domésticos e selvagens, com
todos os animais da terra que saíram
da arca. 11Estabeleço* minha aliança
convosco: não será mais exterminado
nenhum ser vivo pelas águas do dilú-
vio, nem haverá mais dilúvio para de-
vastar a terra".
12Deus disse:
"Este é o sinal da aliança†
que estabeleço entre mim e vós
e todos os seres vivos que estão con-
vosco,
para todas as gerações futuras.
13Ponho meu arco nas nuvens
e este será o sinal da aliança
entre mim e a terra.
14Quando eu reunir as nuvens sobre
a terra
e aparecer o arco nas nuvens†,
15eu me lembrarei de minha aliança
que há entre mim e vós
e todos os seres de toda espécie;
e não haverá mais as águas do dilú-
vio
para destruir todo ser vivo.
16O arco estará nas nuvens,
e eu o verei e me lembrarei da alian-
ça eterna
entre Deus e todos os seres de toda
espécie que há sobre a terra".
17Disse Deus a Noé: "Este é o sinal
da aliança que estabeleço entre mim e
todos os seres vivos que estão sobre a
terra".

Maldição de Canaã. 18Os filhos de
Noé,* que saíram da arca, foram Sem,
Cam e Jafé; Cam é o pai de Canaã. 19Es-
tes três são os filhos de Noé, e a partir
deles foi povoada toda a terra.
20Noé, que cultivava a terra, plantou
uma vinha. 21Tendo bebido vinho, em-

* **9**,3. 1,29 | 5. Lv 1,5; Êx 20,13 | 6. 1,26 | 8. 6,18 | 11. Eclo 44,18 | 18. 10,6

† **8**,21. O coração é o íntimo da pessoa, que só o Espírito de Deus pode sondar ou conhecer. É a sede das decisões, onde se escolhe a vida ou a morte. | **9**,4. O sangue era considerado a sede da vida, a qual pertence unicamente a Deus. Daí a proibição de comer sangue ou carne de animais sufocados, da qual não foi extraído o sangue. | 12. À semelhança dos acordos feitos entre soberanos, Deus também faz alianças para proteger e salvar seu povo: primeiro com Noé, depois com Abraão, mais tarde com o povo de Israel no Sinai. Jeremias anuncia uma nova aliança (31,31-34), que Jesus realiza com seu sangue redentor (Lc 22,20). | 14. Como um guerreiro que depõe as armas em sinal de paz, Deus depõe seu arco (suas flechas são os raios). O arco-íris significa o fim da ira divina.

briagou-se e ficou despido no interior da tenda. [22]Cam, pai de Canaã, viu o pai despido e foi contar aos dois irmãos que estavam fora. [23]Então Sem e Jafé tomaram o manto, puseram-no sobre os ombros e, caminhando de costas, cobriram a nudez do pai; seus rostos estavam voltados para trás, e não viram o pai despido.

[24]Quando Noé despertou da embriaguez, ficou sabendo o que lhe tinha feito o filho mais novo; [25]então disse:

"Maldito seja Canaã!
Será para seus irmãos
o último dos escravos!"

[26]E acrescentou:

"Bendito seja Javé, Deus de Sem,
e que Canaã seja seu escravo!
[27]Deus engrandeça Jafé,
que ele more nas tendas de Sem
e que Canaã seja seu escravo!"

[28]Noé viveu, depois do dilúvio, trezentos e cinquenta anos. [29]O total dos dias de Noé foi de novecentos e cinquenta anos; depois morreu.

10 **Descendência dos filhos de Noé.** [1]São estes os descendentes* dos filhos de Noé† – Sem, Cam e Jafé – aos quais nasceram filhos depois do dilúvio:

[2]Filhos de Jafé: Gomer, Magog, Madai, Javã, Tubal, Mosoc e Tiras.

[3]Filhos de Gomer: Asquenez, Rifat e Togorma.

[4]Filhos de Javã: Elisa, Társis, Cetim e Rodanim.

[5]Deles derivaram os povos espalhados pelas ilhas das nações, em seus diversos países, cada um segundo a própria língua, segundo suas famílias, em suas nações.

[6]Filhos de Cam: Cuch, Mesraim, Fut e Canaã.

[7]Filhos de Cuch: Saba, Hévila, Sabata, Regma e Sabataca.

Filhos de Regma: Sabá e Dadã.*

[8]Cuch gerou Nemrod, que foi o primeiro homem poderoso sobre a terra. [9]Foi um valente caçador diante de Javé, e é por isso que se diz: "Caçador valente diante de Javé como Nemrod". [10]As capitais de seu reino foram Babel, Arac, Acad e Calane, cidades que estão todas na terra de Senaar. [11]Dali saiu para Assur e construiu Nínive, Reobot-Ir, Cale [12]e Resen, a grande cidade entre Nínive e Cale.

[13]Mesraim gerou os de Lud, de Anam, de Laab, de Naftu, [14]de Patros, de Caslu e de Cáftor, dos quais se originaram os filisteus.

[15]Canaã gerou Sidon, seu primogênito, depois Het, [16]e os jebuseus, os amorreus, os gergeseus, [17]os heveus, os araceus, os sineus, [18]os arádios, os samareus e os emateus. Em seguida dispersaram-se as famílias dos cananeus. [19]A fronteira dos cananeus ia de Sidônia, na direção de Gerara, até Gaza; e na direção de Sodoma, Gomorra, Adama e Seboim, até Lesa.

[20]Esses foram os filhos de Cam, segundo suas famílias e línguas, territórios e nações.

[21]Nasceram também filhos a Sem, pai de todos os filhos de Héber e irmão mais velho de Jafé.

[22]Filhos de Sem: Elam, Assur, Arfaxad, Lud e Aram.

[23]Filhos de Aram: Hus, Hul, Geter e Mes.

[24]Arfaxad gerou Salé, e Salé gerou Héber. [25]Héber teve dois filhos: o primeiro chamava-se Faleg, porque em seu tempo a terra foi dividida; e seu irmão chamava-se Jectã.

[26]Jectã gerou Elmodad, Salef, Asarmot, Jaré, [27]Aduram, Uzal, Decla, [28]Ebal, Abimael, Sabá, [29]Ofir, Hévila e Jobab: todos esses são filhos de Jectã. [30]Eles habitavam a região desde Mesa até Sefar, a montanha do oriente.

[31]Esses foram os filhos de Sem, segundo suas famílias e línguas, territórios e nações.

[32]Essas foram as famílias* dos descendentes de Noé, segundo suas des-

* **10**,1. 1Cr 1,5-23 | 7. 1Rs 10,1 | 32. 9,1

† **10**,1. Essa "tábua das nações" apresenta os povos espalhados pelo mundo conhecido na época do autor (séc. VI a.C.), salientando a unidade do gênero humano, renascido depois do dilúvio, e dividido em três ramos.

cendências e segundo suas nações. Foi a partir deles que os povos se espalharam pela terra depois do dilúvio.

11 **A Torre de Babel.** [1]Toda a terra tinha uma só língua* e usava as mesmas palavras. [2]Emigrando do Oriente, os homens encontraram uma planície no país de Senaar e ali se estabeleceram. [3]Disseram uns aos outros: "Vamos fazer tijolos e cozê-los ao fogo". Usaram tijolos, em vez de pedras, e betume, em vez de argamassa. [4]Depois disseram: "Vamos construir para nós uma cidade e uma torre cujo topo atinja o céu. Tornemos célebre nosso nome, para não sermos dispersos sobre toda a terra".

[5]Mas Javé desceu para ver a cidade e a torre que os homens estavam construindo. [6]E disse: "Eles são um só povo e falam todos a mesma língua. Isto é o início de seus empreendimentos e agora nada os impedirá de realizar seus intentos. [7]Desçamos, pois, e confundamos a língua deles, para que não mais se entendam uns aos outros". [8]E Javé os dispersou de lá por toda a face da terra, e eles cessaram de construir a cidade. [9]Por isto a cidade foi chamada Babel, porque lá Javé confundiu a língua de toda a terra e de lá Javé os dispersou pela terra inteira†.

Antepassados de Abrão. [10]Esta é a descendência de Sem:* Sem tinha cem anos quando gerou Arfaxad, dois anos depois do dilúvio; [11]depois de ter gerado Arfaxad, Sem viveu quinhentos anos e gerou filhos e filhas.

[12]Arfaxad tinha trinta e cinco anos quando gerou Salé; [13]depois de ter gerado Salé, Arfaxad viveu quatrocentos e três anos e gerou filhos e filhas.

[14]Salé tinha trinta anos quando gerou Héber; [15]depois de ter gerado Héber, Salé viveu quatrocentos e três anos e gerou filhos e filhas.

[16]Héber tinha trinta e quatro anos quando gerou Faleg; [17]depois de ter gerado Faleg, Héber viveu quatrocentos e trinta anos e gerou filhos e filhas.

[18]Faleg tinha trinta anos quando gerou Reu; [19]depois de ter gerado Reu, Faleg viveu duzentos e nove anos e gerou filhos e filhas.

[20]Reu tinha trinta e dois anos quando gerou Sarug; [21]depois de ter gerado Sarug, Reu viveu duzentos e sete anos e gerou filhos e filhas.

[22]Sarug tinha trinta anos quando gerou Nacor; [23]depois de ter gerado Nacor, Sarug viveu duzentos anos e gerou filhos e filhas.

[24]Nacor tinha vinte e nove anos quando gerou Taré; [25]depois de ter gerado Taré, Nacor viveu cento e dezenove anos e gerou filhos e filhas.

[26]Taré tinha setenta anos quando gerou Abrão, Nacor e Arã.

[27]Esta é a descendência de Taré: Taré gerou Abrão, Nacor e Arã. Arã gerou Ló. [28]Arã morreu na presença de seu pai Taré em sua terra natal, Ur dos caldeus. [29]Abrão e Nacor se casaram; a mulher de Abrão chamava-se Sarai e a mulher de Nacor, Melca, que era filha de Arã, pai de Melca e pai de Jesca. [30]Sarai era estéril e não tinha filhos.

[31]Taré tomou consigo Abrão, seu filho, e Ló, seu neto, filho de Arã, e a nora Sarai, mulher de seu filho Abrão, e partiu com eles de Ur dos caldeus para ir à terra de Canaã. Mas quando chegaram a Harã, aí se estabeleceram.

[32]O total dos dias de Taré foi de duzentos e cinco anos; Taré morreu em Harã.

II. O PATRIARCA ABRAÃO (12,1–25,18)

12 **Vocação de Abrão.** [1]Javé disse a Abrão:*

"Sai de tua terra,
de tua família
e da casa de teu pai,

* **11**,1. Sb 10,5; At 2,5-12; Ap 7,9s | 10. 1Cr 1,17-27 | **12**,1. Sb 10,5; At 7,2s; Hb 11,8s

† **11**,9. Nesta narrativa, a dispersão do gênero humano é fruto, não de uma bênção divina como no cap. 10, mas de um pecado de soberba. Em Pentecostes, Deus falará aos povos dispersos em sua própria língua, At 2,5-11.

e vai para a terra que te mostrarei.
2Farei de ti uma grande nação
e te abençoarei;
engrandecerei teu nome
e tu serás uma bênção.
3Abençoarei os que te abençoarem*
e amaldiçoarei os que te amaldiçoa-
rem.
Em ti serão abençoadas
todas as famílias da terra".
4Abrão partiu†, como Javé lhe disse,
e Ló foi com ele. Abrão tinha seten-
ta e cinco anos quando deixou Harã.
5Abrão tomou consigo sua mulher
Sarai e Ló, filho de seu irmão, e todos
os bens que haviam acumulado, além
dos escravos que haviam adquirido em
Harã, e partiram para a terra de Canaã.
Ali chegando, 6Abrão atravessou o país
até o santuário de Siquém, até o carva-
lho de Moré. Nesse tempo os cananeus
moravam nessa terra.
7Javé apareceu a Abrão* e lhe disse:
"Darei esta terra a tua descendência".
Abrão construiu ali um altar a Javé que
lhe tinha aparecido. 8De lá foi para a
montanha que está ao oriente de Be-
tel e ali armou sua tenda, entre Betel a
ocidente e Hai a oriente. Ali ergueu um
altar a Javé e invocou o nome de Javé.
9Depois, de etapa em etapa, Abrão foi
para o Negueb.
Abrão no Egito. 10Sobreveio uma
fome ao país* e Abrão desceu ao Egito
para aí ficar, porque a fome assolava o
país.
11Quando estava para entrar no Egi-
to, disse a sua mulher Sarai: "Eu sei que
és uma mulher muito bela. 12Quando
os egípcios te virem, pensarão: 'Esta é
a mulher dele', e me matarão, conser-
vando-te viva. 13Dize, por favor, que és
minha irmã, para que me tratem bem
por tua causa e me conservem a vida
em atenção a ti".
14Quando Abrão chegou ao Egito,
os egípcios viram que sua mulher era
muito bela. 15Ao vê-la, os oficiais do fa-
raó a elogiaram diante dele; e a mulher
foi conduzida à casa do faraó. 16Este,
em atenção a ela, tratou bem Abrão,
dando-lhe ovelhas, bois, jumentos, es-
cravos e servas, mulas e camelos. 17Mas
Javé feriu o faraó e sua casa com gran-
des pragas, por causa de Sarai, mulher
de Abrão. 18Então o faraó convocou
Abrão e lhe disse: "Que me fizeste? Por
que não me declaraste que era tua mu-
lher? 19Por que disseste: 'É minha irmã',
levando-me a tomá-la por esposa? E
agora, eis tua mulher: toma-a e parte!"
20O faraó o confiou a alguns homens
que o acompanharam até a fronteira
junto com a mulher e todas as suas
posses.

13

**Retorno de Abrão à Palesti-
na.** 1Do Egito Abrão voltou ao
Negueb com sua mulher e todos os
seus bens; Ló estava com ele. 2Abrão
era muito rico em rebanhos, prata e
ouro. 3Depois, de acampamento em
acampamento, ele se dirigiu do Ne-
gueb até Betel, até o lugar onde tinha
acampado antes, entre Betel e Hai, 4e
onde antes tinha construído um altar:*
ali Abrão invocou o nome de Javé.
5Mas também Ló, que ia com Abrão,
tinha ovelhas, bois e tendas. 6A terra
não era suficiente para que morassem
juntos,* pois suas posses eram mui-
tas, e não podiam morar num mesmo
lugar. 7Surgiu uma contenda entre os
pastores dos rebanhos de Abrão e os
dos rebanhos de Ló. Nesse tempo os
cananeus e os ferezeus moravam no
país. 8Abrão disse a Ló: "Não haja dis-
córdia entre mim e ti, entre meus pas-
tores e os teus, porque somos irmãos.
9Eis aí toda a terra diante de ti. Separa-
-te de mim. Se fores para a esquerda,
irei para a direita; se fores para a direi-
ta, irei para a esquerda".
Abrão se separa de Ló. 10Então Ló
ergueu os olhos e viu todo o vale do
Jordão, que era todo irrigado; isso foi

---

* **12**,3. Eclo 44,21; At 3,25; Gl 3,8 | 7. 13,15; 15,18; 17,8; 26,4; At 7,5; Gl 3,16; Gn 23 | 10. 20; 26,1-11 | **13**,4. 12,8 | 6. 36,7

† **12**,4. Firme em sua fé exemplar, Abrão obedece a Deus que o chama, deixa a terra e os parentes, e vai para um país desconhecido. Cristãos, hebreus e muçulmanos o reconhecem como seu pai na fé.

antes que Javé destruísse Sodoma e Gomorra. Era como o jardim de Javé, como a terra do Egito, até Segor. [11]Ló escolheu para si todo o vale do Jordão e dirigiu-se para o oriente. Assim os dois se separaram um do outro. [12]Abrão permaneceu na terra de Canaã e Ló se estabeleceu nas cidades do vale e armou suas tendas até Sodoma. [13]Ora, os habitantes de Sodoma eram perversos e pecavam gravemente contra Javé.

[14]Javé disse a Abrão, depois que Ló se separou dele: "Ergue os olhos e do lugar onde estás lança o olhar para o norte e o sul, para o oriente e o ocidente. [15]Toda essa terra que vês eu a darei a ti* e a tua descendência para sempre. [16]Multiplicarei tua descendência como o pó da terra: se alguém puder contar os grãos de poeira do chão, poderá contar também teus descendentes. [17]Levanta-te e percorre a terra em todas as direções, porque a darei a ti". [18]Abrão desarmou suas tendas e foi morar junto ao carvalho de Mambré, que está em Hebron, e lá construiu um altar a Javé†.

14 **Invasão dos reis do oriente.** [1]No tempo de Amrafel, rei de Senaar, de Arioc, rei de Elasar, de Codorlaomor, rei de Elam, e de Tadal, rei dos goim, [2]estes fizeram guerra contra Bara, rei de Sodoma, Bersa, rei de Gomorra, Senaab, rei de Adama, Semeber, rei de Seboim, e o rei de Bela, isto é, Segor. [3]Todos esses se concentraram no vale de Sidim, isto é, o mar do Sal. [4]Por doze anos eles tinham estado sujeitos a Codorlaomor, mas no décimo terceiro ano se rebelaram. [5]No décimo quarto ano veio Codorlaomor com os reis que se aliaram a ele e derrotaram os rafaim em Astarot-Carnaim, os zuzim em Ham, os emim na planície de Cariataim, [6]os horitas nas montanhas de Seir até El-Farã,* junto ao deserto. [7]Voltando, eles foram para a Fonte do Julgamento, isto é, Cades, e devastaram todo o território dos amalecitas e o dos amorreus* que moravam em Asasontamar.

[8]Então o rei de Sodoma, o rei de Adama, o rei de Seboim e o rei de Bela, isto é, Segor, saíram-lhes ao encontro e se dispuseram em linha de batalha no vale de Sidim contra eles, [9]isto é, contra Codorlaomor, rei de Elam, Tadal, rei dos goim, Amrafel, rei de Senaar, e Arioc, rei de Elasar: quatro reis contra cinco. [10]O vale de Sidim era cheio de poços de betume. O rei de Sodoma e o rei de Gomorra, fugindo, caíram neles, e os outros se refugiaram nas montanhas. [11]Os vencedores tomaram todos os bens de Sodoma e Gomorra e todos os seus víveres e partiram. [12]Capturaram também Ló, sobrinho de Abrão, que morava em Sodoma, com todos os seus bens.

Abrão persegue e vence os reis do Oriente. [13]Mas um fugitivo veio avisar Abrão,* o hebreu, que habitava junto ao carvalho de Mambré, o amorreu, irmão de Escol e de Aner, que eram aliados de Abrão. [14]Quando Abrão soube que seu parente tinha sido sequestrado, recrutou os homens treinados, servos nascidos em sua casa, em número de trezentos e dezoito, e partiu a seu encalço até Dã. [15]Dividindo sua tropa, caiu sobre eles de noite, ele com seus servos; derrotou-os e prosseguiu a perseguição até Hoba, ao norte de Damasco.[16]Recuperou assim todos os bens e também Ló seu parente, com todos os bens, as mulheres e sua gente.

Melquisedec abençoa Abrão. [17]Quando Abrão voltou, depois de derrotar Codorlaomor e os reis que estavam com ele, o rei de Sodoma saiu-lhe ao encontro no vale de Save, que é o vale do Rei. [18]Então Melquisedec, rei de Sa-

---

* **13**,15. 12,7 | **14**,6. Dt 2,10 | 7. Êx 17,8; Dt 7,1 | 13. 13,18

† **13**,18. Abrão não reza a Deus com palavras, apenas constrói, a cada etapa, um altar ao Senhor. Esses lugares se tornarão depois santuários e metas de romarias: Siquém, Betel, Mambré, Bersabeia, Silo. **14**,18. O nome Melquisedec significa "rei de justiça"; Salém, abreviação de Jerusalém, significa "paz". O Sl 110 apresenta-o como figura do Messias, rei e sacerdote; a Carta aos Hebreus traça o paralelo entre o sacerdócio dele e o de Cristo. O pão e o vinho oferecidos por Melquisedec prefiguram a Eucaristia.

lém,* trouxe pão e vinho†: era sacerdote do Deus altíssimo, 19e abençoou Abrão, dizendo:

"Bendito seja Abrão pelo Deus altíssimo,
Criador do céu e da terra,
20e bendito seja o Deus altíssimo,
que entregou em tuas mãos teus inimigos".

Abrão lhe deu o dízimo de tudo.

21O rei de Sodoma disse a Abrão: "Dá-me as pessoas e fica com os bens". 22Mas Abrão respondeu ao rei de Sodoma: "Levanto a mão diante de Javé, o Deus altíssimo, Criador do céu e da terra: 23nem um fio, nem uma correia de sandália, nada tomarei do que é teu; para que não digas: eu enriqueci Abrão. 24Para mim, nada, a não ser o que os servos comeram e a parte devida aos homens que vieram comigo: Aner, Escol e Mambré; que eles próprios tomem sua parte".

15 **Promessa e aliança.** 1Depois desses fatos, foi dirigida a Abrão,* numa visão, esta palavra de Javé: "Não temas, Abrão. Eu sou teu protetor; tua recompensa será muito grande". 2Respondeu Abrão: "Meu Senhor Javé, que me dareis?* Continuo sem filhos e o herdeiro de minha casa é Eliezer de Damasco". 3Acrescentou Abrão: "Não me destes descendência e é um escravo nascido em minha casa que será meu herdeiro". 4Então foi-lhe dirigida esta palavra de Javé: "Não será este teu herdeiro, mas alguém nascido de ti é que será teu herdeiro". 5E conduzindo-o para fora,* disse-lhe: "Olha para o céu e conta as estrelas, se fores capaz"; e acrescentou: "Assim será tua descendência". 6Abrão creu em Javé,* o qual lhe creditou isto como justiça†.

7E disse-lhe: "Eu sou Javé que te fez sair de Ur dos caldeus* para te dar esta terra como propriedade". 8Respondeu: "Meu Senhor Javé, como posso saber que vou possuí-la?" 9Disse-lhe ele: "Traze-me uma novilha de três anos, uma cabra de três anos, um carneiro de três anos, uma rola e um pombinho". 10Ele lhe trouxe todos esses animais, cortou-os pelo meio e colocou cada metade uma diante da outra; não partiu, porém, as aves. 11Desciam as aves de rapina sobre aqueles cadáveres, mas Abrão as expulsava. 12Quando o sol ia se pôr, um sono profundo caiu sobre Abrão, e terror e trevas o assaltaram. 13Então Javé disse a Abrão: "Fica sabendo que teus descendentes serão estrangeiros num país que não será o seu; lá eles serão escravizados e oprimidos por quatrocentos anos.* 14Mas a nação à qual tiverem servido, eu a julgarei;* e em seguida eles sairão com grandes riquezas. 15Quanto a ti, irás em paz para junto de teus pais; serás sepultado após uma ditosa velhice. 16É na quarta geração que voltarão para cá, porque a iniquidade dos amorreus ainda não está completa".

17Quando o sol se pôs e escureceu, um braseiro fumegante e uma tocha acesa passaram no meio dos animais cortados†. 18Naquele dia Javé fez aliança com Abrão, dizendo:

"A tua descendência*
eu dou esta terra,
desde o rio do Egito
até o grande rio, o Eufrates;
19a terra dos quenitas, dos cenezeus, dos cadmoneus,* 20dos heteus, dos ferezeus, dos rafaim, 21dos amorreus, dos cananeus, dos gergeseus e dos jebuseus".

16 **Agar e Ismael.** 1Sarai, mulher de Abrão, não lhe tinha dado filhos. Tendo, porém, uma escrava

---

* **14**,18. Sl 110,4; Hb 5-7 | **15**,1. 17; 12,2.7; 13,14-17 | 2. At 7,5 | 5. Hb 11,12 | 6. Rm 4; Gl 3,6s; Tg 2,23; | 7. 11,31 | **15**,13. At 7,6s | 14. Êx 12,40; Jt 5,9; Gl 3,17 | 18. 12,7 | 19. Nm 24,21; Dt 7,1

† **15**,6. Deus é a própria Verdade; por isso suas promessas sempre se realizam. Abrão acredita nisso, entrega-se todo a Deus, o qual reconhece o mérito desta confiança total e lhe comunica sua santidade, tornando-o justo. | **15**,17. O fogo representa Javé, que executa aqui um ritual de aliança: passar entre as partes divididas de um animal, invocando sobre si a mesma sorte daquele animal, no caso de infidelidade à aliança.

egípcia, chamada Agar, [2]Sarai disse a
Abrão: "Javé me impediu de conceber;
une-te a minha escrava; talvez por ela
eu possa ter filhos". Abrão atendeu ao
pedido de Sarai. [3]Assim, passados dez
anos desde quando Abrão habitava no
país de Canaã, Sarai, mulher de Abrão,
tomou Agar, a egípcia, sua escrava, e
deu-a por mulher a Abrão, seu marido.
[4]Ele se uniu a Agar, que ficou grávida.
Mas, quando viu que estava grávida,
começou a tratar sua senhora com
desprezo. [5]Então Sarai disse a Abrão:*
"Recaia sobre ti a ofensa feita a mim!
Coloquei minha escrava em teus bra-
ços, mas, desde quando se viu grávida,
me trata com desprezo. Javé seja juiz
entre mim e ti!" [6]Abrão disse a Sarai:
"Tua escrava está em teu poder; faze-
-lhe o que te aprouver". Sarai então a
maltratou tanto, que ela fugiu.
[7]O anjo de Javé a encontrou* jun-
to a uma fonte no deserto, a fonte no
caminho de Sur, [8]e lhe disse: "Agar,
escrava de Sarai, de onde vens e para
onde vais?" Respondeu: "Estou fugindo
de minha senhora Sarai". [9]Disse-lhe o
anjo de Javé: "Volta para tua senhora
e obedece a suas ordens". [10]Disse-lhe
ainda o anjo de Javé: "Multiplicarei tua
descendência de tal forma que não se
poderá contá-la por causa de seu gran-
de número". [11]Acrescentou depois o
anjo de Javé:

"Estás grávida; darás à luz um filho
e o chamarás Ismael,
porque Javé ouviu tua aflição†.
[12]Será como um jumento selvagem
este homem;
sua mão será contra todos,
e a mão de todos contra ele;
e habitará defronte de todos os seus
irmãos".*

[13]Agar chamou a Javé que lhe tinha
falado: "Vós sois Deus que me vê",
porque dizia: "Realmente, eu vi aqui
Aquele que olha para mim". [14]Por isso
o poço se chamou poço de Laai-Roí; é
aquele que se encontra entre Cades e
Barad.
[15]Agar deu à luz um filho a Abrão, o
qual pôs o nome de Ismael* ao filho
que Agar lhe deu. [16]Abrão tinha oitenta
e seis anos quando Agar lhe deu à luz
Ismael.

17 Aliança entre Deus e Abrão.

[1]Quando Abrão tinha noventa
e nove anos, Javé lhe apareceu e lhe
disse:

"Eu sou o Senhor onipotente:
anda em minha presença e sê per-
feito.
[2]Porei minha aliança entre mim e ti
e te tornarei extremamente numero-
so".

[3]Abrão prostrou-se com o rosto em
terra e Deus lhe disse:*

[4]"Esta é minha aliança contigo:
serás pai de uma multidão de nações.
[5]Não mais te chamarás Abrão
mas teu nome será Abraão†,
porque te farei pai de uma multidão
de nações*.

[6]Eu te tornarei extremamente fecun-
do; de ti farei nações e de ti nascerão
reis. [7]Estabelecerei minha aliança entre
mim e ti e tua descendência depois de
ti, de geração em geração, uma aliança
perene, para ser teu Deus e o de tua
descendência depois de ti. [8]Darei a ti e
a tua descendência depois de ti* a terra
onde moras como estrangeiro, toda a
terra de Canaã, como possessão perpé-
tua. Eu serei o Deus deles".
A circuncisão. [9]Deus disse a Abrão:
"De tua parte,* deves observar minha
aliança, tu e tua descendência depois
de ti, de geração em geração. [10]Esta
é minha aliança que deveis observar,*
aliança entre mim e vós e tua descen-
dência depois de ti: seja circuncidado
entre vós todo varão. [11]Devereis cir-
cuncidar a carne* de vosso prepúcio†:

* **16**,5. 21,10-19 | 7. Êx 15,22 | 12. 25,12-18 | 15. Gl 4,22 | **17**,3. Rm 4,17 | 5. Ne 9,7 | 8. 12,7 | 9. Rm 4,11s | 10. At 7,8 | 11. Lv 12,3

† **16**,11. Ismael significa "Deus ouviu". Ismael será o pai do povo árabe. | **17**,5. Abrão significa "pai grande" e Abraão, "pai de uma multidão". Mudar o nome é dar uma nova orientação à vida. | 11. A circuncisão, já praticada entre povos antigos, assume para Israel um significado religioso: faz Deus lembrar-se da aliança feita, e para o povo é um sinal de sua eleição. Como rito de iniciação à fé hebraica, prefigura nosso batismo.

esse será o sinal da aliança entre mim e vós. [12]Quando tiver oito dias, será circuncidado entre vós todo menino, de geração em geração, tanto o nascido em casa como aquele comprado de qualquer estrangeiro e que não for de tua estirpe.[13]Deve ser circuncidado o escravo nascido em casa e o que é comprado por dinheiro; assim minha aliança estará em vossa carne como uma aliança perene. [14]Mas o incircunciso, isto é, aquele ao qual não foi circuncidada a carne do prepúcio, seja eliminado do povo, porque violou minha aliança." [15]Deus disse ainda* a Abraão: "Quanto a Sarai, tua mulher, não a chamarás mais Sarai, mas Sara†. [16]Eu a abençoarei e também dela te darei um filho; vou abençoá-la e ela será mãe de nações; e reis de povos nascerão dela".

Deus renova a promessa de um filho. [17]Então Abraão prostrou-se* com o rosto em terra e começou a rir, pensando: "A alguém de cem anos pode nascer um filho? E Sara na idade de noventa anos poderá dar à luz?" [18]Abraão disse a Deus: "Se ao menos Ismael pudesse viver diante de ti!" [19]Mas Deus respondeu: "Não, é Sara, tua mulher, que te dará à luz um filho e o chamarás Isaac. Eu estabelecerei minha aliança com ele como aliança perpétua para sua descendência depois dele. [20]Também com relação a Ismael eu te ouvi: eu o abençoarei e o tornarei fecundo e extremamente numeroso. Será pai de doze príncipes* e dele farei uma grande nação. [21]Mas minha aliança eu a farei com Isaac, que Sara te dará à luz nesta época,* no ano que vem". [22]Tendo acabado de falar com Abraão, Deus subiu e o deixou.

[23]Então Abraão tomou seu filho Ismael e todos os nascidos em sua casa e todos os que tinha comprado por dinheiro, todos os varões de sua casa, e circuncidou-lhes a carne do prepúcio naquele mesmo dia, como Deus lhe tinha dito. [24]Abraão tinha noventa e nove anos, quando foi circuncidada a carne de seu prepúcio. [25]Ismael, seu filho, tinha treze anos quando lhe foi circuncidada a carne do prepúcio. [26]Naquele mesmo dia foram circuncidados Abraão e Ismael, seu filho. [27]E todos os varões de sua casa, os nascidos em casa e os comprados dos estrangeiros por dinheiro, foram circuncidados com ele.

18

Javé aparece a Abraão. [1]Depois Javé apareceu a Abraão junto ao carvalho de Mambré, quando ele estava sentado na entrada da tenda, na hora mais quente do dia. [2]Ele ergueu os olhos e viu três homens de pé junto dele.* Logo que os viu, correu da entrada da tenda ao encontro deles e prostrou-se até o chão, [3]dizendo: "Meu Senhor, se encontrei favor a teus olhos, não passes adiante sem parar junto de teu servo. [4]Mandarei trazer um pouco d'água para lavardes os pés e descansareis debaixo da árvore. [5]Vou buscar um bocado de pão e assim restaurareis vossas forças para continuardes a viagem, porque é para isto mesmo que passastes junto de vosso servo". Eles disseram: "Faze como disseste".

[6]Então Abraão foi logo à tenda, junto a Sara, e disse: "Toma depressa três medidas de flor de farinha, amassa-as e faze pães". [7]Depois, Abraão correu ao rebanho, tomou um novilho tenro e bom e deu-o a um servo, que se apressou em prepará-lo. [8]Tomou também coalhada, leite, o novilho que tinha preparado e serviu tudo para eles. E ficou de pé junto deles, debaixo da árvore, enquanto comiam.

[9]Depois lhe perguntaram: "Onde está Sara,* tua mulher?" Respondeu: "Está na tenda". [10]Um deles disse: "Voltarei a ti dentro de um ano, nesta época, e então Sara, tua mulher,* terá um filho". Sara estava escutando na entrada da tenda, atrás dele. [11]Abraão e Sara eram idosos, de idade avançada; e Sara não tinha mais o que acontece regularmente às mulheres. [12]Então Sara riu em

---

* **17**,15. 18,9-15 | 17. 18,12; 21,6.9 | 20. 25,13-16 | 21. 18,14 | **18**,2. Hb 13,2 | 9. 15,2ss; 17,15-21 | 10. Rm 9,9

† **17**,15. Sarai e Sara significam igualmente "princesa".

seu íntimo e disse: "Envelhecida como
estou, terei ainda esse prazer, sendo
meu marido idoso!" 13Mas Javé disse a
Abraão: "Por que Sara riu dizendo: 'Po-
derei realmente dar à luz, sendo velha?'
14Existe alguma coisa impossível* para
Javé? No tempo marcado voltarei a ti,
daqui a um ano, e Sara terá um filho".
15Então Sara negou que tivesse rido,
porque tinha medo; mas ele confirmou:
"Sim, tu riste".

16Os homens se levantaram e olha-
ram para Sodoma, e Abraão ia com eles.
17Javé dizia: "Poderei ocultar a Abraão*
o que estou para fazer, 18já que Abraão
deverá tornar-se uma nação grande
e poderosa e nele serão abençoadas
todas as nações da terra? 19De fato eu
o escolhi, para que ele ensine seus fi-
lhos e sua casa depois dele a guardar
o caminho de Javé e a agir com justi-
ça e retidão, para que Javé realize para
Abraão o que lhe prometeu". 20Disse
então Javé: "O clamor contra Sodoma e
Gomorra é grande demais e seu peca-
do é muito grave. 21Vou descer para ver
se fizeram ou não todo o mal cujo cla-
mor chegou até mim. Quero sabê-lo!"
Abraão intercede por Sodoma. 22Os
homens partiram, pois, e se dirigiram a
Sodoma, enquanto Abraão ficou ali na
presença de Javé. 23Abraão se aproxi-
mou e lhe disse: "Exterminareis o justo
com o pecador? 24Talvez haja cinquen-
ta justos na cidade: quereis realmente
exterminá-los? E não perdoaríeis aque-
le lugar, em atenção aos cinquenta jus-
tos que lá se encontram? 25Longe de
vós agir assim, fazendo morrer o justo
com o ímpio, de modo que o justo seja
tratado como o pecador; longe de vós!
O juiz de toda a terra não fará justiça?"
26Respondeu Javé: "Se em Sodoma eu
encontrar cinquenta justos na cidade,
em atenção a eles perdoarei toda a ci-
dade".

27Abraão prosseguiu: "Vê como ouso
falar a meu Senhor, eu que sou pó e
cinza... 28Talvez aos cinquenta justos
faltem cinco; por causa desses cinco
destruireis toda a cidade?" Respondeu-
-lhe Javé: "Não a destruirei, se lá encon-
trar quarenta e cinco justos". 29Abraão
retomou ainda a palavra e disse: "Tal-
vez lá se encontrem apenas quarenta".
E ele respondeu: "Não o farei, em aten-
ção àqueles quarenta". 30Abraão insis-
tiu: "Não se irrite meu Senhor, se falo
ainda; talvez lá se encontrem somen-
te trinta". Ele respondeu: "Não o farei,
se encontrar ali trinta". 31Abraão con-
tinuou: "Eu me atrevo a falar ao meu
Senhor. Talvez lá se encontrem vinte".
Ele respondeu: "Não a destruirei, em
atenção àqueles vinte". 32Abraão re-
plicou: "Não se irrite meu Senhor se
falo ainda uma vez só; talvez lá se en-
contrem dez". E ele respondeu: "Não
a destruirei, por causa desses dez".†
33Javé retirou-se, tendo terminado de
falar com Abraão, e este retornou à sua
habitação.

19 **Perversidade dos sodomi-
tas.** 1Os dois anjos chegaram
a Sodoma ao anoitecer, enquanto Ló
estava sentado à porta da cidade.
Logo que os viu, Ló se levantou, foi-
-lhes ao encontro, prostrou-se com o
rosto em terra 2e disse: "Meus senho-
res, vinde à casa de vosso servo para
lá passardes a noite; lavareis os pés
e amanhã cedo continuareis vosso
caminho". Eles responderam: "Não,
passaremos a noite na praça". 3Mas
ele insistiu tanto, que foram para sua
casa e entraram. Ele preparou-lhes
um jantar, mandou cozer pães ázimos
e eles comeram.

4Não se tinham ainda deitado,*
quando os homens da cidade, os ha-
bitantes de Sodoma, se juntaram ao
redor da casa, jovens e velhos, todo
o povo ao completo. 5Chamaram Ló e
lhe disseram: "Onde estão os homens
que vieram para tua casa* esta noite?

---

* **18**,14. Lc 1,37 | 17. 12,2 | **19**,4. Jz 19,22ss | 5. Lv 20,13

† **18**,32. Deus acolhe a intercessão de Abraão pelas cidades pecadoras, como acolhe na comunhão dos santos as orações que uns fazem pelos outros, sintonizando seu coração com a misericórdia de Deus. "Passarei meu céu fazendo o bem sobre a terra" (Santa Teresinha).

Traze-os até nós, para que abusemos deles".

[6]Ló saiu à porta e, fechando-a atrás de si, [7]disse: "Não, meus irmãos, não façais este mal! [8]Escutai, eu tenho duas filhas ainda virgens; eu vo-las trarei e fazei delas o que vos aprouver, contanto que não façais nada a estes homens, porque entraram sob a sombra de meu teto". [9]Mas eles responderam: "Sai fora! Este indivíduo veio aqui como estrangeiro e quer ser juiz! Pois bem, faremos a ti pior do que a eles!" E avançando violentamente contra Ló, chegaram para arrombar a porta.[10]Então aqueles homens estenderam as mãos, puxaram Ló para dentro e fecharam a porta. [11]Quanto aos que estavam à porta da casa, eles os feriram de cegueira, desde o menor até o maior, de modo que não conseguiram achar a porta.

Destruição de Sodoma e libertação de Ló. [12]Os dois homens disseram então a Ló: "Ainda tens alguém aqui? Genros, filhos, ou filhas, todos os que tens na cidade, faze-os sair deste lugar. [13]Porque vamos destruir este lugar, pois é grande o clamor que se elevou contra seus habitantes diante de Javé, e Javé nos mandou para destruí-lo". [14]Ló saiu para falar a seus genros, que deviam casar-se com suas filhas, e disse: "Levantai- -vos, saí deste lugar, porque Javé está para destruir a cidade!" Mas seus genros acharam que ele estava gracejando.

[15]Quando raiou a aurora, os anjos insistiram com Ló, dizendo: "Levanta--te, toma tua mulher e tuas duas filhas que tens aqui e sai, para que não pereças no castigo da cidade". [16]Como ele demorasse, os homens o tomaram pela mão, bem como sua mulher e suas duas filhas, porque Javé teve piedade dele; fizeram-no sair e o levaram para fora da cidade.

[17]Depois de tê-los levado para fora, um deles disse: "Foge, salva tua vida.* Não olhes para trás nem pares em parte alguma da planície; foge para a montanha, para não morreres!" [18]Mas Ló lhe disse: "Não, meu Senhor, eu te peço! [19]Teu servo encontrou favor a teus olhos e mostraste uma grande misericórdia para comigo, conservando-me a vida. Mas eu não conseguirei fugir para o monte, sem que o desastre me atinja e eu morra. [20]Eis aí uma cidade perto, na qual posso refugiar--me; não é pequena? Deixa que eu fuja para lá – ela é pequena – e assim minha vida será salva". [21]Ele respondeu-lhe: "Eu te favoreci também nisto: não destruirei a cidade de que falaste. [22]Depressa, foge para lá, porque não posso fazer nada, enquanto não tiveres chegado lá". Por isso aquela cidade se chamou Segor.

[23]O sol estava nascendo sobre a terra quando Ló entrou em Segor. [24]Então Javé fez chover do céu sobre Sodoma e Gomorra enxofre e fogo provenientes de Javé. [25]Destruiu essas cidades* e toda a planície com todos os habitantes das cidades e a vegetação do solo. [26]Ora, a mulher de Ló, tendo olhado para trás, transformou-se numa estátua de sal.

[27]Abraão levantou-se bem cedo e foi ao lugar onde tinha estado* com Javé. [28]Olhou na direção de Sodoma e Gomorra e de toda a extensão da planície,* e viu que uma fumaça subia da terra, como a fumaça de uma fornalha.

[29]Assim Deus, quando destruiu as cidades da planície, recordou-se de Abraão e fez Ló escapar da catástrofe, enquanto destruía as cidades nas quais Ló morava.

Origem dos moabitas e dos amonitas. [30]Depois Ló partiu de Segor e foi morar na montanha, junto com as duas filhas, porque tinha medo de ficar em Segor; e se estabeleceu numa caverna com as duas filhas. [31]A mais velha disse à mais nova: "Nosso pai está velho e não há homens nesse território para se casarem conosco, como faz todo mundo. [32]Vem, façamos nosso pai beber vinho e depois deitemo-nos com ele, para suscitar uma descendência a nosso pai". [33]Naquela noite fizeram

---

*** 19,**17. Mt 24,15s | 25. Sb 10,7; Lc 17,32 | 27. 18,16-33 | 28. Is 34,9s; Ap 14,10s

seu pai beber vinho e a mais velha foi deitar-se com o pai; mas ele não percebeu, nem quando ela se deitou, nem quando se levantou. 34No dia seguinte, a mais velha disse à mais nova: "Dormi a noite passada com meu pai; façamo-lo beber vinho esta noite também e dormirás com ele; assim suscitaremos uma descendência a nosso pai". 35Também naquela noite fizeram seu pai beber vinho e a mais nova foi dormir com ele; mas ele não percebeu, nem quando ela se deitou, nem quando se levantou. 36Assim as duas filhas de Ló conceberam de seu pai. 37A mais velha deu à luz um filho e o chamou Moab: este é o pai dos moabitas, que existem até hoje. 38Também a mais nova deu à luz um filho e o chamou "Ben-Ami". Este é o pai dos amonitas, que existem até hoje†.

20

Abraão em Gerara. 1Abraão partiu dali, dirigindo-se para o Negueb,* e se estabeleceu entre Cades e Sur; depois viveu como estrangeiro em Gerara. 2Abraão dizia de Sara, sua mulher: "É minha irmã". Então Abimelec, rei de Gerara, mandou que lhe trouxessem Sara. 3Mas Deus apareceu a Abimelec de noite, em sonho, e lhe disse: "Vais morrer por causa da mulher que tomaste, pois ela tem marido". 4Abimelec, que ainda não se tinha aproximado dela, disse: "Senhor, quereis fazer perecer um povo inocente? 5Não me disse ele: 'É minha irmã'? E não me disse ela também: 'É meu irmão'? Foi com reta consciência e mãos inocentes que fiz isto". 6Respondeu-lhe Deus no sonho: "Sei que fizeste isto com reta consciência e te preservei de pecar contra mim; por isso não permiti que a tocasses. 7Agora restitui a mulher deste homem, que é um profeta; ele rogará por ti para que conserves a vida. Mas se não a restituíres, fica sabendo que certamente morrerás, tu com todos os teus".

8Abimelec levantou-se de manhã cedo e chamou todos os seus servos, aos quais referiu todas essas coisas, e aqueles homens tiveram grande medo. 9Depois Abimelec chamou Abraão e lhe disse: "Que nos fizeste? E que culpa cometi contra ti, para que tenhas exposto a mim e meu reino a um pecado tão grande? Fizeste comigo o que não se deve fazer". 10Depois Abimelec disse a Abraão: "Que pretendias, agindo deste modo?". 11Respondeu Abraão: "Pensei comigo: certamente não há temor de Deus neste lugar e me matarão por causa de minha mulher. 12Aliás, ela é realmente minha irmã, filha de meu pai, mas não de minha mãe, e se tornou minha mulher. 13Desde que Deus me fez vagar longe da casa de meu pai, eu lhe disse: Este é o favor que me farás: em todo lugar aonde chegarmos, dirás de mim: 'É meu irmão'".

14Então Abimelec tomou ovelhas e bois, escravos e escravas, deu-os a Abraão e lhe restituiu Sara, sua mulher. 15Disse ainda Abimelec: "Eis a tua disposição meu território; podes morar onde quiseres!" 16E a Sara disse: "Dei mil siclos† de prata a teu irmão; será para ti como uma reparação diante de todos os que estão contigo: assim estás reabilitada". 17Abraão rogou a Deus, e Deus curou Abimelec, sua mulher e suas servas, de modo que pudessem de novo ter filhos. 18Porque Javé tinha tornado estéreis todas as mulheres na casa de Abimelec, por causa de Sara, mulher de Abraão.

21

Nascimento do filho prometido. 1Javé interveio em favor de Sara†, como tinha dito, e fez por ela o que tinha prometido. 2Sara concebeu e deu à luz um filho a Abraão, já velho, no tempo que Deus tinha fixado.

---

* **20**,1. 12,10-20; 26 | **21**,3. At 7,8

† **19**,38. Para zombar dos moabitas e dos amonitas, parentes mas inimigos de Israel, o autor ridiculariza sua origem. Moab quer dizer "nascido do pai" e Ben-Ami, "filho de meu povo". | **20**,16. Um siclo equivale a 11,4 gramas. | **21**,1. Literalmente "visitou", aqui no sentido de abençoar, Lc 1,68.78. Existe também a visita punitiva, Jr 6,15.

[3]Ao filho que lhe nasceu,* que Sara lhe deu à luz, Abraão pôs o nome de Isaac. [4]Abraão circuncidou seu filho Isaac, quando este completou oito dias, como Deus lhe havia ordenado. [5]Abraão tinha cem anos,* quando nasceu seu filho Isaac. [6]Então Sara disse:* "Deus me deu motivo para rir; e todos os que o souberem vão rir comigo!"† [7]Depois disse: "Quem jamais teria dito a Abraão que Sara iria amamentar filhos! No entanto lhe dei um filho em sua velhice!"

Abraão despede Agar e Ismael. [8]O menino crescia e foi desmamado. Abraão fez um grande banquete no dia em que Isaac foi desmamado. [9]Mas Sara viu que o filho de Agar, a egípcia, aquele que ela havia dado a Abraão,* brincava com seu filho Isaac. [10]Disse então a Abraão: "Expulsa esta escrava e seu filho, porque o filho desta escrava não deve ser herdeiro com meu filho Isaac".† [11]Isso desagradou muito a Abraão* por causa de seu filho. [12]Mas Deus disse a Abraão: "Não fiques contrariado por causa do menino e de tua escrava; faze tudo o que Sara te pedir, escuta sua voz, porque é de Isaac que nascerá a posteridade que terá teu nome. [13]Mas do filho da escrava farei também uma nação, porque é tua estirpe".

[14]Abraão levantou-se bem cedo, tomou pão e um odre de água e os deu a Agar, colocando-os sobre seus ombros; entregou-lhe o menino e a mandou embora. Ela partiu e andou errante pelo deserto de Bersabeia. [15]Quando acabou a água do odre, ela deixou o menino debaixo de uma moita [16]e foi sentar-se defronte, à distância de um tiro de flecha, porque dizia: "Não quero ver o menino morrer!" Quando se sentou defronte, ela se pôs a gritar e a chorar.

[17]Mas Deus ouviu o choro do menino, e um anjo de Deus chamou Agar lá do céu e lhe disse: "Que tens, Agar? Não temas, porque Deus ouviu o choro do menino do lugar onde está. [18]Levanta-te, toma o menino e segura-o pela mão, porque farei dele uma grande nação". [19]Deus abriu-lhe os olhos e ela viu um poço de água. Então foi encher o odre e deu de beber ao menino.

[20]Deus esteve com o menino, que cresceu e morou no deserto e se tornou um arqueiro. [21]Morou no deserto de Farã, e sua mãe escolheu para ele uma mulher egípcia.

Aliança com Abimelec. [22]Naquele tempo Abimelec* veio com Ficol, chefe de seu exército, dizer a Abraão: "Deus está contigo em tudo o que fazes. [23]Pois bem, jura-me aqui por Deus, que não me enganará,s nem a mim, nem a meus filhos, nem a meus descendentes, mas que agirás comigo e com o país no qual és forasteiro com a mesma lealdade que te demonstrei". [24]Respondeu Abraão: "Eu juro".

[25]Mas Abraão queixou-se a Abimelec por causa de um poço de água que os servos de Abimelec tinham usurpado. [26]Abimelec respondeu: "Eu não sei quem fez isto, nem tu me informaste, nem eu ouvi falar disto senão hoje". [27]Então Abraão tomou ovelhas e bois e deu-os a Abimelec, e assim fizeram uma aliança entre si. [28]Depois Abraão separou sete ovelhas do rebanho. [29]Abimelec perguntou a Abraão: "Que significam aquelas sete ovelhas que puseste à parte?" [30]Ele respondeu: "Tu aceitarás estas sete ovelhas de minha mão, para que isto me sirva de testemunho de que fui eu que cavei este poço". [31]Por isso aquele lugar se chamou Bersabeia, porque ali os dois fizeram juramento.

[32]E depois que concluíram a aliança em Bersabeia, Abimelec levantou-se com Ficol, chefe de seu exército, e voltou para o país dos filisteus. [33]Abraão plantou uma tamargueira em Bersa-

---

* **21**,5. 17,12 | 6. 17,17 | 9. Gl 4,22-31 | 11. Rm 9,7; Hb 11,18 | 22. 26,15-25

† **21**,6. Isaac significa "ele ri", ou mais exatamente "que Deus lhe sorria, lhe seja favorável". | 10. Paulo vê em Sara e Agar uma alegoria da Igreja e da sinagoga: Isaac representa os cristãos e Ismael os hebreus, Gl 4,22-30.

beia e invocou ali o nome de Javé, Deus
eterno. [34]E foi peregrino muito tempo
no país dos filisteus.

22 **Sacrifício de Isaac.** [1]Depois
disso, Deus pôs Abraão à pro-
va,* dizendo-lhe: "Abraão, Abraão!"
Respondeu ele: "Eis-me aqui!" [2]E Deus
disse: "Toma teu filho, teu único filho
que tanto amas, Isaac, e vai à terra de
Moriá e oferece-o em holocausto so-
bre um monte que te indicarei".
[3]Abraão levantou-se de manhã cedo,
selou o jumento, tomou consigo dois
servos e seu filho Isaac. Rachou lenha
para o holocausto e pôs-se a caminho
para o lugar que Deus lhe havia indi-
cado. [4]No terceiro dia, erguendo os
olhos, Abraão viu de longe o lugar.
[5]Então Abraão disse a seus servos: "Fi-
cai aqui com o jumento; eu e o menino
iremos até lá, adoraremos e depois vol-
taremos a vós".
[6]Abraão tomou a lenha para o ho-
locausto e colocou-a sobre seu filho
Isaac; tomou nas mãos o fogo e a
faca, e continuaram os dois juntos a
caminhada. [7]Isaac dirigiu-se a seu pai
Abraão, dizendo-lhe: "Meu pai!" Res-
pondeu ele: "Sim, meu filho". O menino
replicou: "Temos aqui o fogo e a lenha,
mas onde está o cordeiro para o ho-
locausto?" [8]Abraão respondeu: "Deus
mesmo providenciará o cordeiro para
o holocausto, meu filho!"
Continuaram os dois a caminhar
juntos. [9]Assim que chegaram ao lugar
que Deus lhe havia indicado, Abraão
construiu um altar, colocou nele a le-
nha, amarrou seu filho Isaac e o co-
locou sobre o altar,* em cima da le-
nha. [10]Depois Abraão estendeu a mão
e tomou a faca para imolar seu filho.
[11]Mas o anjo de Javé o chamou do céu
e lhe disse: "Abraão, Abraão!" Respon-
deu ele: "Eis-me aqui!" [12]O anjo disse:
"Não estendas a mão contra o meni-
no e não lhe faças mal algum! Agora
sei que temes a Deus†, pois não me
recusaste teu filho,* teu único filho".
[13]Então Abraão ergueu os olhos e viu
um carneiro preso pelos chifres num
arbusto. Abraão pegou o carneiro e o
ofereceu em holocausto em lugar de
seu filho. [14]Abraão chamou aquele lu-
gar: "Javé providenciará", por isso se
diz até hoje: "Sobre o monte Javé pro-
videnciará".
[15]O anjo de Javé chamou do céu
Abraão pela segunda vez [16]e lhe dis-
se: "Juro por mim mesmo – oráculo
de Javé –: porque fizeste isto e não
me recusaste teu filho, teu único filho,
[17]eu te abençoarei com toda bênção*
e tornarei tão numerosa tua descen-
dência como as estrelas do céu e
como a areia na praia do mar.* Tua
descendência conquistará as cidades
dos inimigos.[18]Serão benditas* por
tua descendência todas as nações
da terra, porque obedeceste a minha
voz".†
[19]Abraão voltou a seus servos e jun-
tos se puseram a caminho para Bersa-
beia, onde Abraão passou a morar.
A família de Rebeca. [20]Depois disso,
foi levada a Abraão esta notícia: "Melca
também deu à luz filhos a Nacor, teu
irmão": [21]Hus, o primogênito, e seus
irmãos Buz e Camuel, pai de Aram,
[22]Cased, Azau, Feldas, Jedlaf e Batuel;
[23]Batuel gerou Rebeca.* Esses oito fi-
lhos Melca deu à luz a Nacor, irmão de
Abraão. [24]Também sua concubina, cha-
mada Roma, teve filhos: Tabé, Gaam,
Taás e Maaca.

23 **Morte de Sara.** [1]Sara viveu
cento e vinte e sete anos: esta
foi a duração de sua vida. [2]Ela morreu

* **22**,1. Sb 10,5; Eclo 44,20; Hb 11,17s; Tg 2,21s; 31,11; 46,2 | 9. Tg 2,21 | 12. Hb 11,17; Rm 8,32 | 17. 12,2; 15,5; 16,10; 32,13 / 24,60 | 18. 12,3 | 23. 24,15; 25,20; 28,2

† **22**,12. Não se trata do temor servil, ou medo do castigo, mas do temor filial, que é respeito e reverência diante do sagrado, submissão religiosa à vontade divina, cuidado para não ofender a Deus. | 18. Abraão, pronto a sacrificar seu filho único, esperança da grande descendência prometida por Deus, dá a prova suprema de sua fé obediente e é figura do Pai que não poupou seu Filho único, mas o entregou por todos nós, Rm 8,32. O monte Moriá é o local onde será erguido o templo de Jerusalém, 2Cr 3,1.

em Cariat Arbe, isto é, Hebron, na terra de Canaã, e Abraão veio fazer luto por Sara e chorá-la.

Abraão compra um terreno. 3Depois Abraão retirou-se de junto da falecida* e disse aos heteus: 4"Sou estrangeiro e peregrino no meio de vós. Cedei-me a propriedade de uma sepultura no meio de vós, para que eu possa trazer minha falecida e sepultá-la". 5Então os heteus responderam: 6"Ouve-nos, senhor! Tu és um príncipe de Deus no meio de nós: sepulta tua falecida no melhor de nossos sepulcros. Nenhum de nós te negará seu sepulcro para sepultar tua falecida".

7Abraão se levantou, prostrou-se diante dos homens do país, os heteus, 8e disse-lhes: "Se permitis que eu traga minha falecida e a sepulte, atendei-me e intercedei por mim junto a Efron, filho de Seor, 9para que me ceda a caverna de Macpela, que lhe pertence e está na extremidade de seu campo. Que a ceda a mim por seu justo valor, como propriedade funerária no meio de vós". 10Ora Efron estava sentado no meio dos heteus. Efron, o heteu, respondeu a Abraão, na presença dos heteus e de todos os que entravam pela porta da cidade: 11"Escuta-me, meu senhor! Eu te dou o campo com a caverna que nele se encontra; dou-te na presença dos filhos de meu povo: sepulta tua falecida".

12Então Abraão prostrou-se de novo diante do povo do país 13e disse a Efron, na presença do povo do país: "Se concordas, escuta-me, eu te peço: eu te darei o preço do campo, aceita--o de mim; assim ali sepultarei minha falecida". 14Efron respondeu a Abraão: 15"Escuta-me, meu senhor: um terreno no valor de quatrocentos siclos de prata, o que é isto entre mim e ti? Sepulta, pois, tua falecida". 16Abraão aceitou as condições de Efron e pesou-lhe diante dos heteus o dinheiro que ele tinha pedido, isto é, quatrocentos siclos de prata, na moeda corrente no mercado.

17Assim o campo de Efron que se encontrava em Macpela, diante de Mambré, o campo e a caverna que nele se achava com todas as árvores que estavam dentro do campo e no interior de seus limites 18passaram a ser propriedade de Abraão, na presença dos heteus, de todos os que entravam pela porta da cidade. 19Depois, Abraão sepultou Sara, sua mulher, na caverna do campo de Mac - pela defronte de Mambré, isto é, Hebron, na terra de Canaã. 20O campo e a caverna que nele se achava passaram dos heteus para Abraão, como propriedade funerária.

24 Uma esposa para Isaac.

1Abraão já estava idoso,* avançado em anos, e Javé o havia abençoado em tudo. 2Então Abraão disse ao servo mais antigo de sua casa, que administrava todos os seus bens: "Põe a mão sob minha coxa† 3e te farei jurar por Javé, Deus do céu e da terra, que não escolherás para meu filho uma mulher dentre as filhas dos cananeus, no meio dos quais habito, 4mas que irás a minha terra,* para escolher entre meus parentes uma mulher para meu filho Isaac". 5O servo respondeu: "E se a mulher não quiser vir comigo para cá, deverei reconduzir teu filho à terra da qual saíste?" 6Respondeu-lhe Abraão: "Guarda-te de reconduzir para lá meu filho! 7Javé, Deus do céu e da terra, que me tirou da casa de meu pai e de minha terra natal, que me falou* e me jurou: 'A tua descendência darei esta terra', ele mesmo mandará seu anjo diante de ti, para que possas trazer de lá uma mulher para meu filho. 8Mas se a mulher não quiser te acompanhar, então estarás livre do juramento feito a mim; mas não deves levar para lá meu filho". 9Então o servo pôs a mão sob a

---

* **23**,3. 33,19; 2Sm 24,18s; Hb 11,13; 1Pd 2,11 | **24**,1. 12,2s | 4. 28,1s | 7. 12,7 | 10. 29,2s; Êx 2,16s

† **24**,2. Gesto de juramento solene, pelo contato com as partes vitais; mencionado de novo em Gn 47,29. | 10. Mesopotâmia significa "entre rios", porque está situada entre o Tigre e o Eufrates, no Iraque atual. É a terra de origem de Abraão.

coxa de Abraão, seu senhor, e prestou-
-lhe juramento a respeito disso.
10O servo tomou dez camelos de
seu senhor e partiu, levando toda es-
pécie de coisas preciosas de seu se-
nhor,* e foi para a Mesopotâmia†, para
a cidade de Nacor.11Fez os camelos
descansar fora da cidade, junto a um
poço de água, à tarde, quando as mu-
lheres saem para buscar água. 12E dis-
se: "Javé, Deus de meu senhor Abraão,
concedei-me hoje um feliz encontro e
usai de benevolência para com meu
senhor Abraão! 13Vou ficar aqui, junto
à fonte, enquanto as moças da cidade
saem para buscar água. 14Pois bem, a
jovem à qual eu disser: 'Inclina o cân-
taro, por favor, e deixa-me beber', e
que me responder: 'Bebe, que tam-
bém a teus camelos darei de beber',
seja aquela que destinastes ao vosso
servo Isaac; e nisto reconhecerei que
usastes de benevolência para com
meu senhor".

Encontro com Rebeca. 15Não tinha
ainda terminado de falar, quando che-
gou, com o cântaro ao ombro, Rebeca,
filha de Batuel, filho de Melca, mulher
de Nacor, irmão de Abraão. 16A jo-
vem era muito bela, virgem, e nenhum
homem a havia tocado. Ela desceu à
fonte, encheu seu cântaro e subiu de
volta. 17O servo então correu-lhe ao
encontro e disse: "Deixa-me beber um
pouco de água de teu cântaro". 18Res-
pondeu ela: "Bebe, meu senhor". De-
pressa desceu o cântaro e lhe deu de
beber. 19Quando terminou de dar-lhe
de beber, disse: "Também para teus
camelos tirarei água, para que bebam
à vontade". 20Esvaziou depressa o cân-
taro no bebedouro, correu de novo a
buscar água no poço e tirou água para
todos os seus camelos. 21Entretanto
o homem a contemplava em silêncio,
perguntando a si mesmo se Javé tinha
ou não concedido bom êxito a sua via-
gem.
22Quando os camelos acabaram de
beber, ele tirou um anel de ouro pe-
sando meio siclo e duas pulseiras de
ouro pesando dez siclos, para suas
mãos, 23e perguntou à moça: "Dize-
-me, por favor, de quem és filha? Há
lugar na casa de teu pai, para passar-
mos a noite?" 24Ela respondeu-lhe:
"Sou filha de Batuel, o filho que Melca
deu à luz a Nacor". 25E acrescentou:
"Há palha e forragem em quantidade
em nossa casa e também lugar para
passar a noite".
26O homem se ajoelhou e adorou
Javé 27e disse: "Bendito seja Javé, Deus
de meu senhor Abraão, que não dei-
xou de mostrar benevolência e fideli-
dade para com meu senhor. Javé me
guiou pelo caminho até a casa dos
irmãos de meu senhor". 28A jovem
correu para contar aos da casa de sua
mãe todas essas coisas. 29Rebeca tinha
um irmão chamado Labão, o qual cor-
reu para fora ao encontro do homem
junto ao poço. 30Ele tinha visto o anel
e as pulseiras nas mãos da irmã e ou-
vido estas palavras de sua irmã Rebe-
ca: "Assim me falou aquele homem".
Encontrou o homem de pé com os
camelos junto ao poço. 31Disse-lhe:
"Vem, bendito de Javé! Por que per-
maneces aí fora? Já preparei a casa e
um lugar para os camelos". 32Então o
homem entrou na casa, e Labão des-
carregou os camelos e deu-lhes palha
e forragem; ao homem e a seus com-
panheiros deu água para lavar os pés.
33Depois lhe serviram comida, mas ele
disse: "Não comerei, enquanto não
tiver falado o que devo dizer". Labão
respondeu: "Fala".
34Ele disse: "Eu sou um servo de
Abraão. 35Javé abençoou muito meu
senhor, que se tornou poderoso:
concedeu-lhe ovelhas e bois, prata e
ouro, escravos e escravas, camelos e
jumentos. 36Sara, mulher de meu se-
nhor, apesar de idosa, deu-lhe à luz
um filho, ao qual ele deu todos os
seus bens. 37E meu senhor me fez ju-
rar, dizendo: 'Não escolhas para meu
filho uma mulher dentre as filhas dos
cananeus, no meio dos quais habito,
38mas irás à casa de meu pai, a minha
família, e escolherás uma mulher para
meu filho'. 39Eu disse a meu senhor:
'E se a mulher não quiser me acom-
panhar?' 40Ele me respondeu: 'Javé,

em cuja presença eu ando, mandará contigo seu anjo e dará feliz êxito a tua viagem, de modo que possas escolher para meu filho uma mulher de minha família e da casa de meu pai. 41Ficarás livre do juramento quando chegares a minha família: se eles te recusarem a mulher, estarás livre do juramento'. 42Hoje, ao chegar à fonte, eu disse: 'Javé, Deus de meu senhor Abraão, mostrai se vos dignais realmente levar a bom termo a viagem que estou fazendo, 43ficarei junto a esta fonte de água. A jovem que vier para buscar água, e a quem eu disser: Dá-me de beber um pouco d'água de teu cântaro, 44e que me responder: Bebe, e também tirarei água para teus camelos, será a mulher que Javé destinou ao filho de meu senhor'. 45Eu não tinha ainda terminado de falar comigo mesmo, quando veio Rebeca com seu cântaro ao ombro, e desceu à fonte para buscar água. Eu lhe disse então: 'Dá-me de beber, por favor'. 46E ela desceu prontamente o cântaro do ombro e disse-me: 'Bebe, e também darei de beber a teus camelos'. Eu bebi e ela deu de beber também a meus camelos. 47Depois perguntei-lhe: 'De quem és filha?' Ela respondeu-me: 'Sou filha de Batuel, o filho que Melca deu a Nacor'. Então coloquei-lhe o anel no nariz e as pulseiras nas mãos. 48Ajoelhei-me para adorar Javé, e louvei Javé, Deus de Abraão, que me tinha guiado por um caminho certo, a fim de escolher a sobrinha de meu senhor para seu filho. 49Agora, pois, se quereis usar de benevolência e lealdade para com meu senhor, dizei-mo. Se não, dizei-mo também, e eu me voltarei para a direita ou para a esquerda".

50Labão e Batuel responderam: "É de Javé que vem tudo isto; nós não podemos dizer nem sim nem não. 51Eis Rebeca a tua disposição; leva-a contigo, pois, e seja esposa do filho de teu senhor, conforme a palavra de Javé".

52Ao ouvir essas palavras, o servo de Abraão prostrou-se em terra diante de Javé. 53Tomando em seguida objetos de ouro e de prata e vestidos, presenteou Rebeca; ofereceu também ricos presentes ao irmão e à mãe dela. 54Então comeram e beberam, ele e seus companheiros, e foram dormir. De manhã, quando se levantaram, disse o servo: "Deixai-me voltar para junto de meu senhor". 55O irmão e a mãe de Rebeca responderam: "Que a moça fique conosco ainda uns dez dias e depois partirá". 56Ele respondeu: "Não retardeis meu regresso, uma vez que Javé deu feliz êxito a minha viagem. Deixai-me partir, para que volte a meu senhor". 57Responderam eles: "Vamos chamar a jovem e perguntar o que ela deseja". 58Chamaram, portanto, Rebeca e perguntaram-lhe: "Queres partir com este homem?" "Sim", respondeu ela. 59Então deixaram partir sua irmã Rebeca, juntamente com sua ama-de-leite, o servo de Abraão e sua comitiva. 60E abençoaram Rebeca, dizendo-lhe:

"És nossa irmã:
cresce em milhares de miríades,
e tua descendência conquiste*
as portas de seus inimigos!"

61Levantou-se, pois, Rebeca com suas criadas e, montadas em camelos, acompanharam o homem; e ele partiu, levando consigo Rebeca.

62Entretanto Isaac tinha voltado do poço de Laai-Roí* e morava na região do Negueb. 63Uma tarde, quando saíra para meditar no campo, ergueu os olhos e viu camelos chegando. 64Também Rebeca levantou os olhos e, vendo Isaac, desceu do camelo. 65Ela perguntou ao servo: "Quem é aquele homem que vem pelo campo a nosso encontro?" O servo respondeu: "É meu senhor". Então ela puxou o véu e se cobriu. 66O servo contou a Isaac tudo o que ele tinha feito; 67e Isaac introduziu Rebeca na tenda de Sara, sua mãe, e recebeu Rebeca por esposa e a amou. Assim se consolou da morte de sua mãe.

* **24**,60. 22,17 | 62. 16,13s

25 **Últimos anos de Abraão.** 1Abraão ainda tomou outra mulher,* chamada Cetura, 2a qual lhe deu à luz Zamrã, Jecsã, Madã, Madiã, Jesboc e Sué. 3Jecsã gerou Sabá e Dadã. Os filhos de Dadã foram os assureus, os latuseus e os leumeus. 4Os filhos de Madiã foram Efa, Ofer, Henoc, Abida e Eldaá. Todos esses são filhos de Cetura.

5Abraão deu a Isaac tudo o que possuía, 6e aos filhos das concubinas fez doações. Mas, ainda em vida, separou-os de seu filho Isaac, mandando-os para o leste, para as terras do oriente. 7Os anos da vida de Abraão foram cento e setenta e cinco. 8Abraão expirou e morreu numa velhice feliz, idoso e cheio de dias, e foi unir-se a seus parentes. 9Seus filhos Isaac e Ismael o sepultaram na caverna de Macpela, no campo de Efron, filho de Seor, o heteu, defronte de Mambré. 10É o campo que Abraão tinha comprado dos heteus. Lá foram sepultados ele e Sara, sua mulher. 11Depois da morte de Abraão, Deus abençoou Isaac, seu filho, o qual ficou morando junto ao poço de Laai-Roí.*

Os descendentes de Ismael. 12Estes são os descendentes de Ismael, filho de Abraão, que nascera de Agar, a egípcia, escrava de Sara. 13Eis os nomes dos filhos de Ismael,* em ordem de nascimento: Nabaiot, primogênito de Ismael; depois Cedar, Abdeel, Mabsam, 14Masma, Duma, Massa, 15Hadad, Tema, Jetur, Nafis e Cedma. 16Esses são os filhos de Ismael, e esses são seus nomes, segundo seus acampamentos e suas aldeias: doze chefes de clãs. 17E estes são os anos que viveu Ismael: cento e trinta e sete anos. Depois ele expirou; morreu e foi reunir-se a seus parentes. 18Habitou desde Hévila até Sur,* que está defronte do Egito, na direção da Assíria; estabeleceu-se em frente de todos os seus irmãos.

III. ISAAC, ESAÚ E JACÓ (25,19–36,43)

Os dois filhos de Isaac. 19Esta é a história de Isaac, filho de Abraão. Abraão gerou Isaac, 20o qual tinha quarenta anos quando se casou com Rebeca, filha de Batuel, o arameu, de Padã-Aram, e irmã de Labão. 21Isaac rogou a Javé por sua mulher, que era estéril. Javé o ouviu, e Rebeca, sua esposa, concebeu. 22Mas as crianças lutavam em seu seio, e ela exclamou: "Se é assim, para que viver?" E foi consultar Javé, 23o qual lhe respondeu:

"Duas nações estão em teu seio,
e dois povos, nascidos de ti, se separarão;
um será mais forte do que o outro*
e o mais velho servirá ao mais novo".

24Chegado o tempo de ela dar à luz, estavam dois gêmeos em seu ventre. 25Saiu o primeiro: era ruivo e peludo como um manto de pelos; foi chamado Esaú. 26Saiu depois seu irmão,* segurando com a mão o calcanhar de Esaú, e foi chamado Jacó†. Isaac tinha sessenta anos quando eles nasceram.

Esaú vende a primogenitura. 27Os meninos cresceram. Esaú tornou-se um hábil caçador, um homem do campo; Jacó, ao contrário, era homem pacífico, que morava na tenda. 28Isaac gostava mais de Esaú, porque apreciava a caça; mas Rebeca preferia Jacó. 29Um dia, Jacó preparou uma sopa. Esaú chegou do campo muito cansado 30e disse a Jacó: "Por favor, deixa-me comer dessa comida vermelha, pois estou exausto!" Foi por isso que Esaú recebeu o apelido de Edom. 31Jacó respondeu: "Cede-me primeiro teu direito de primogenitura". 32Esaú disse: "Estou a ponto de morrer; de que me serve a primogenitura?" 33Jacó insistiu: "Jura-me primeiro". Esaú jurou e assim vendeu a Jacó sua primogenitura. 34Este, então, deu-lhe pão e a sopa de lentilhas. Esaú comeu e bebeu, depois se

---

* **25**,1. 1Cr 1,32s | **25**,11. 24,62 | 13. 1Cr 1,29-31 | 18. 16,12 | 23. Ml 1,2-5; Rm 9,12 | 26. Os 12,4

† **25**,26. Jacó deriva da palavra calcanhar, e é associado a "suplantar" em Gn 27,36. De Esaú não é dada explicação, mas Edom, outro nome seu, significa ruivo e designa tanto o povo descendente de Esaú, como a região onde habitava. Seir, derivado de peludo, é sinônimo de Edom.

levantou e partiu. Assim desprezou Esaú seu direito de primogenitura.

26 **Isaac na Filisteia.** 1Houve naquela região uma fome, além da primeira,* que ocorreu nos tempos de Abraão. Isaac retirou-se para junto de Abimelec, rei dos filisteus, em Gerara. 2Ali apareceu-lhe Javé, que lhe disse: "Não desças ao Egito, mas continua a habitar nesta terra, no lugar que te indicarei. 3Fica como forasteiro nesta terra, que eu estarei contigo e te abençoarei; porque darei todas estas terras a ti e a tua descendência, cumprindo o juramento que fiz a Abraão, teu pai. 4Multiplicarei tua descendência* como as estrelas do céu, e lhe darei todas estas terras, e em tua descendência serão abençoadas todas as nações da terra, 5porque Abraão obedeceu a minha voz, observou meus mandamentos, meus preceitos, minhas ordens e minhas leis". 6Isaac ficou, pois, em Gerara.

7Quando os homens do lugar lhe perguntavam sobre sua mulher, ele respondia: "É minha irmã", pois temia dizer que era sua esposa, pensando que os homens do lugar poderiam matá-lo por causa de Rebeca, que era muito bela. 8Ora, aconteceu que, prolongando-se sua permanência ali, Abimelec, rei dos filisteus, olhou da janela e viu Isaac acariciando Rebeca, sua mulher. 9Então Abimelec chamou Isaac e disse-lhe: "É evidente que ela é tua mulher. Por que dizias que é tua irmã?" Ao que Isaac respondeu: "Eu pensava que seria morto por causa dela". 10Abimelec replicou: "Por que nos fizeste isso? Faltou pouco para que alguém do povo dormisse com tua mulher, e assim tu terias atraído sobre nós uma culpa". 11E Abimelec deu a todo o povo esta ordem: "Aquele que tocar este homem, ou sua mulher, será condenado à morte".

12Isaac semeou naquela terra, e naquele ano colheu o cêntuplo, tanto o abençoou Javé. 13Ele prosperou e foi-se engrandecendo sempre mais, até tornar-se extremamente rico. 14Possuía rebanhos de ovelhas, manadas de bois e muitos servos, de modo que os filisteus ficaram com inveja dele. 15Por isso, todos os poços abertos pelos servos de seu pai, quando Abraão era vivo, os filisteus os entupiram, enchendo-os de terra. 16Abimelec disse a Isaac: "Vai-te embora daqui, porque te tornaste muito mais poderoso do que nós". 17Isaac partiu e armou suas tendas no vale de Gerara, e habitou aí. 18Reabriu os poços cavados nos tempos de Abraão, seu pai, e depois entupidos pelos filisteus, após a morte de Abraão, e deu-lhes os mesmos nomes impostos por seu pai. 19Os servos de Isaac cavaram no vale e encontraram um poço de água viva. 20Mas os pastores de Gerara começaram a disputar com os de Isaac, dizendo: "Esta água é nossa". Ele chamou àquele poço "Contenda", porque haviam discutido por causa dele. 21Cavaram seus servos outro poço, que também causou discussão. Ele o chamou "Hostilidade". 22Partindo dali, cavou mais um poço, pelo qual não lhe fizeram oposição; então ele o chamou "Largueza" e disse: "Agora Javé deu-nos o campo livre e podemos prosperar nesta terra".

23De lá subiu a Bersabeia. 24Javé apareceu-lhe naquela noite e disse:

"Eu sou o Deus de Abraão, teu pai;
nada temas, porque estou contigo.
Eu te abençoarei e multiplicarei tua descendência
em consideração a meu servo Abraão".

25Isaac ergueu um altar nesse lugar e invocou o nome de Javé; estabeleceu ali suas tendas, e seus servos cavaram ali um poço.

Aliança com Abimelec. 26Abimelec, rei de Gerara, veio visitá-lo,* juntamente com Ocozat, seu amigo, e Ficol, chefe de seu exército. Isaac disse-lhes: 27"Por que me procurais, vós que me odiais e me expulsastes de vosso meio?" 28Responderam eles: "Porque vimos claramente que Javé está contigo e achamos que se deva fazer um

* **26**,1. 12,10-20; 20 | 4. 22,17s; 12,3.7 | 26. 21,22-33

juramento entre nós e ti. Queremos fazer aliança contigo. [29]Jura que não nos farás nenhum mal, como nós não te maltratamos e não te fizemos senão o bem, e te despedimos em paz. Agora és abençoado por Javé". [30]Isaac preparou-lhes um banquete e eles comeram e beberam. [31]Na manhã seguinte, levantando-se bem cedo, fizeram um juramento mútuo. Isaac os despediu e eles partiram em paz.

[32]Naquele mesmo dia vieram os servos de Isaac informá-lo a respeito do poço que estavam cavando, e lhe disseram: "Encontramos água". [33]Isaac deu ao poço o nome de "Juramento". Por isso ainda hoje a cidade se chama Bersabeia†.

[34]Ora, Esaú, na idade de quarenta anos,* tomou por mulheres Judite, filha de Beeri, o heteu, e Basemat, filha de Elon, o heteu; [35]e elas foram motivo de aborrecimentos para Isaac e Rebeca.*

27 **Bênção de Isaac a Jacó.** [1]Isaac envelhecera e seus olhos se enfraqueceram a ponto de não poder mais enxergar. Chamou Esaú, seu filho primogênito, e lhe disse: "Meu filho!" Respondeu-lhe ele: "Eis-me aqui!" [2]Disse-lhe Isaac: "Como vês, já estou velho, e não sei quando será o dia de minha morte. [3]Agora, pois, pega tuas armas, tua aljava e teu arco, e vai ao campo, e apanha para mim alguma caça. [4]Prepara-me com ela um prato saboroso, como eu gosto, e traze-o para que eu coma e te dê a bênção antes que morra".

[5]Rebeca ouviu o que Isaac disse a seu filho Esaú e, logo que este saiu para o campo à procura de caça para o pai, [6]ela disse a seu filho Jacó: "Ouvi teu pai falar com Esaú, teu irmão,* e dizer-lhe: [7]'Traze-me uma caça e prepara-me com ela um prato saboroso para que eu coma e te abençoe diante de Javé, antes de morrer'. [8]Agora, meu filho, obedece-me e faze o que te mando. [9]Vai ao rebanho e traze-me dois belos cabritos. Com eles farei para teu pai um prato saboroso a seu gosto, [10]e tu lhe levarás, para que coma dele, e te abençoe antes de morrer".

[11]Jacó respondeu a Rebeca, sua mãe: "Mas Esaú, meu irmão, é peludo* e eu tenho a pele lisa. [12]Se meu pai me tocar, vai me considerar um impostor, e atrairei sobre mim a maldição em vez da bênção". [13]Disse-lhe sua mãe: "Caia sobre mim esta maldição, meu filho! Obedece-me, vai e traze-me o que te pedi". [14]Jacó foi, pegou os cabritos e trouxe-os a sua mãe, que preparou um prato saboroso ao gosto do pai dele. [15]Rebeca escolheu as melhores vestes que o filho mais velho, Esaú, tinha consigo em casa, e com elas vestiu seu filho mais novo, Jacó. [16]Com as peles dos cabritos cobriu-lhe as mãos e a parte lisa do pescoço. [17]A seguir, pôs nas mãos de Jacó, seu filho, o prato e o pão que havia preparado.

[18]Jacó foi para junto de seu pai e disse-lhe: "Meu pai!" Respondeu ele: "Eis-me aqui! Quem és tu, meu filho?" [19]Jacó disse a seu pai: "Eu sou Esaú, teu primogênito. Fiz o que me pediste. Levanta-te, senta-te e come de minha caça, para me abençoares. [20]Isaac perguntou ao filho: "Como conseguiste achar a caça tão depressa, meu filho?" Respondeu ele: "Porque Javé, teu Deus, a mandou a meu encontro". [21]Isaac disse a Jacó: "Aproxima-te, então, para que eu te apalpe e saiba se és ou não meu filho Esaú".

[22]Jacó aproximou-se de Isaac, seu pai, o qual o apalpou e disse: "A voz é a de Jacó, mas as mãos são as de Esaú!" [23]E não o reconheceu, porque suas mãos estavam peludas como as de Esaú, seu irmão. E o abençoou. [24]Perguntou-lhe ainda: "Tu és Esaú, meu filho?" Respondeu ele: "Sim". [25]Disse-lhe pois: "Serve-me de tua caça, para que eu coma e te abençoe, meu filho". Jacó serviu-lhe, Isaac comeu; e trouxe-lhe também vinho e ele bebeu. [26]Então disse-lhe Isaac, seu pai: "Aproxima-te e

---

* **26**,34. 36,1-5 | 35. 24,3s; 28,1s* | **27**,6. 25,28 | 11. 25,25 | 27. 22,17s; Hb 11,20

† **26**,33. Bersabeia fica no Negueb, ao sul; seu nome significa "Poço do Juramento".

beija-me, meu filho". [27]Jacó se aproxi-
mou e o beijou. Quando sentiu o cheiro
de suas roupas, o abençoou, dizendo:
"O odor de meu filho*
é como o odor de um campo
abençoado por Javé.
[28]Que Deus te dê o orvalho do céu,
a fertilidade da terra
e a abundância de trigo e de vinho.
[29]Sirvam-te os povos*
e diante de ti se inclinem as nações;
sê o senhor de teus irmãos,
e curvem-se diante de ti os filhos de
tua mãe.
Maldito seja quem te amaldiçoar
e bendito quem te abençoar!"
[30]Apenas Isaac tinha terminado de
abençoar Jacó, e este saíra de junto de
Isaac, seu pai, chegou Esaú, seu irmão,
que voltava da caçada. [31]Também ele
fez um prato saboroso e o levou a seu
pai, dizendo: "Que meu pai se levan-
te e coma da caça de seu filho, para
que me abençoe." [32]Isaac, seu pai, lhe
perguntou: "Quem és tu?" Ele respon-
deu: "Eu sou teu filho, teu primogênito,
Esaú". [33]Então Isaac estremeceu, toma-
do de uma violenta comoção, e excla-
mou: "Quem é, então, aquele que me
trouxe a caça que apanhou? Eu comi
de tudo antes que viesses e o aben-
çoei, e ficará abençoado".† [34]Ao ouvir
as palavras do pai, Esaú pôs-se a gri-
tar e a chorar amargamente. Depois
disse a seu pai: "Abençoa-me também
a mim,* meu pai". [35]Respondeu Isaac:
"Teu irmão veio com astúcia e levou tua
bênção". [36]Disse-lhe Esaú: "Com razão
foi chamado Jacó, pois já duas vezes
me suplantou! Tirou-me a primogeni-
tura e agora apoderou-se também de
minha bênção". E ajuntou: "Não re-
servaste nenhuma bênção para mim?"
[37]Respondeu Isaac e disse a Esaú: "Eu
o constituí teu senhor e dei-lhe todos
os seus irmãos por servos, e de trigo
e de vinho o provi; que posso ainda
fazer por ti, meu filho?" [38]E disse Esaú
a seu pai: "Então só tens uma bênção,
meu pai? Abençoa-me também a mim,
meu pai!" E chorou em alta voz. [39]Então
Isaac, seu pai, disse a Esaú:
"Longe das terras férteis será tua mo-
rada
e longe do orvalho que cai do céu.
[40]Viverás de tua espada,
e servirás a teu irmão.
Mas quando te revoltares,
sacudirás o jugo de teu pescoço".
[41]Esaú passou a odiar Jacó,* por cau-
sa da bênção que lhe dera seu pai; e
disse consigo mesmo: "Não estão lon-
ge os dias do luto por meu pai; então,
matarei meu irmão Jacó". [42]Rebeca fi-
cou sabendo desses propósitos de seu
filho primogênito, Esaú; por isso, man-
dou chamar Jacó, seu filho mais novo, e
disse-lhe: "Teu irmão Esaú quer vingar-
-se de ti,* matando-te. [43]Atende-me,
portanto, meu filho: parte, foge para
junto de Labão, meu irmão, em Harã,
[44]e fica com ele algum tempo, até que
se acalme a ira de teu irmão. [45]Quando
tiver passado a ira de teu irmão e ele
tiver esquecido o que lhe fizeste, man-
darei buscar-te e trazer-te de lá. Por
que eu haveria de perder-vos a ambos
num só dia?"
Jacó vai para a Mesopotâmia. [46]Re-
beca disse a Isaac:* "Estou aborrecida
da vida por causa das mulheres heteias.
Se Jacó se casar com uma das heteias,
como estas, uma das moças desta ter-
ra, para que me serve a vida?"

28

[1]Isaac chamou Jacó, aben-
çoou-o e lhe deu esta ordem:
"Não tomes por mulher uma cananeia;
[2]mas levanta-te, vai a Padã-Aram, à
casa de Batuel, pai de tua mãe, e es-
colhe lá uma mulher entre as filhas de
Labão, irmão de tua mãe. [3]Que o Deus
todo-poderoso te abençoe,* te faça
fecundo e te multiplique, para te tor-

* **27**,29. 25,23 | 34. 25,26.29-34; Os 12,4 | 41. 27,46; 28,5 | 42. 24,29; Sb 10,10 | 46. 27,41-45; 24,3s; 26,35
28,3. 17,1.4s

† **27**,33. A bênção dada não podia ser retirada; o mesmo vale da maldição, Nm 22,6. A simulação e a astúcia de Rebeca e Jacó não parecem pesar na consciência deles, porque Esaú já havia vendido seu direito de primogenitura, Gn 25,29-33. Deus sabe servir-se até do pecado para executar suas livres decisões. Com efeito, misterioso em seus desígnios, havia escolhido Jacó, Ml 1,2-3.

nares uma multidão de povos; 4e te dê
a bênção de Abraão, a ti e a tua des-
cendência contigo, para que possuas a
terra onde moras como estrangeiro, e
que Deus deu a Abraão". 5Isaac despe-
diu Jacó, e este partiu para Padã-Aram,
para a casa de Labão, filho de Batuel,
o arameu, e irmão de Rebeca, mãe de
Jacó e de Esaú.
6Esaú viu que Isaac tinha abençoado
Jacó e o tinha mandado a Padã-Aram,
para escolher ali uma mulher, e que, ao
abençoá-lo, lhe tinha ordenado que
não se casasse com alguma das mu-
lheres cananeias. 7Viu também que
Jacó, obedecendo a seu pai e a sua
mãe, tinha partido para Padã-Aram.
8Compreendeu então que seu pai Isaac
não gostava das mulheres cananeias;
9por isso foi à casa de Ismael e tomou
por mulher, além daquelas que já ti-
nha, Maelet,* filha de Ismael, filho de
Abraão, e irmã de Nabaiot.

Sonho de Jacó em Betel. 10Partindo
de Bersabeia,* Jacó dirigiu-se para
Harã. 11Chegou a um lugar, e ali pas-
sou a noite, pois o sol já se havia pos-
to; tomou uma das pedras do lugar
para servir-lhe de travesseiro e dormiu
ali. 12Teve um sonho: viu uma escada*
que se apoiava na terra e cujo topo
atingia o céu; e por ela subiam e des-
ciam anjos de Deus. 13No alto da esca-
da estava Javé, que lhe disse: "Eu sou
Javé, Deus de Abraão, teu pai, e Deus
de Isaac. Darei a ti e a tua descendên-
cia a terra em que te encontras.* 14Tua
posteridade será tão numerosa como
a poeira da terra, e tu te estenderás
para o ocidente e para o oriente, para
o norte e para o sul. Em ti e em tua
descendência serão abençoadas todas
as famílias da terra.* 15Eu estou conti-
go e te guardarei em todo lugar aon-
de fores, e te reconduzirei a esta terra.
Não te abandonarei sem ter cumprido
o que te prometi".
16Despertando do sono, Jacó ex-
clamou: "Na verdade Javé está neste
lugar, e eu não o sabia". 17Cheio de
medo, acrescentou: "Este lugar é terrí-
vel! É nada menos que a casa de Deus e
a porta do céu". 18Levantando-se cedo,
Jacó tomou a pedra que usara como
travesseiro, erigiu-a em monumento,
e derramou óleo sobre ela. 19Deu o
nome de Betel àquele lugar†, que antes
se chamava Luza.* 20Jacó fez também
este voto: "Se Deus estiver comigo e
me proteger nesta viagem que estou
fazendo, se me der pão para comer e
roupa para vestir, 21e se eu voltar são
e salvo à casa paterna, então Javé será
meu Deus, 22e esta pedra que ergui em
monumento será uma casa de Deus; e
de tudo o que me concederdes vos da-
rei fielmente o dízimo".*

29 **Jacó na casa de Labão.** 1Jacó
prosseguiu sua viagem* e diri-
giu-se à terra dos orientais. 2Olhando,
viu no campo um poço* junto do qual
repousavam três rebanhos de ovelhas.
Dele se costumava dar de beber aos
rebanhos; mas era grande a pedra que
cobria a boca do poço. 3Somente a re-
moviam depois de estarem reunidos
todos os rebanhos. Davam de beber
aos rebanhos e recolocavam a pedra
sobre a boca do poço.
4Jacó perguntou aos pastores: "Ir-
mãos, de onde sois?" Responderam:
"Somos de Harã". 5Disse-lhes Jacó:
"Conheceis Labão, filho de Nacor?"
Responderam: "Conhecemos". 6Disse-
-lhes então: "Ele está bem?" E eles re-
plicaram: "Sim, está bem; olha, aí vem
Raquel, sua filha, com as ovelhas". 7En-
tão lhes disse: "Ainda é pleno dia; não
chegou a hora de recolher os animais;
dai de beber às ovelhas e continuai a
apascentá-las". 8Responderam eles:
"Não o podemos fazer, enquanto não
se reunirem todos os rebanhos; só

* **28**,9. 25,12s | 10. Sb 10,10 | 12. Jo 1,51 | 13. 12,3; 13,14s; 15,5s; 18,18; 22,17s; 26,4 | 14. 12,3 | 19. 35,6; 48,3; Jz 1,23 | 22. Am 4,4 | **29**,1. 24,11s | 2. 24,11s; Êx 2,16s

† **28**,19. Betel quer dizer "casa de Deus". Javé renova a Jacó as promessas feitas a Abraão e a Isaac. A escada de Jacó exprime o intercâmbio entre o céu e a terra, as bênçãos que descem e as orações que sobem. Prefigura também a Encarnação do Filho de Deus, Jo 1,51.

então removerão a pedra da boca do
poço e daremos de beber às ovelhas".
9 Ainda estava falando com eles, quan-
do chegou Raquel com as ovelhas de
seu pai, pois era pastora. 10 Logo que
Jacó viu Raquel, filha de Labão, seu tio,
com as ovelhas de Labão, seu tio, apro-
ximou-se, tirou a pedra da boca do
poço e deu de beber às ovelhas de La-
bão, seu tio. 11 Depois beijou Raquel e
chorou em alta voz. 12 Contou a Raquel
que era parente de seu pai, sendo filho
de Rebeca. Ela foi correndo anunciar
isto a seu pai. 13 Logo que Labão ouviu
a notícia referente a Jacó, filho de sua
irmã, correu-lhe ao encontro, abraçou-
-o, beijou-o e o levou para casa. Jacó
contou a Labão tudo que tinha acon-
tecido. 14 Labão disse-lhe: "Na verdade
tu és meu osso e minha carne". E Jacó
permaneceu com ele um mês inteiro.
**Casamento de Jacó com Lia e Ra-
quel.** 15 Depois Labão disse a Jacó: "Por
seres meu irmão, hás de me servir de
graça? Dize-me qual deve ser teu sa-
lário". 16 Ora, Labão tinha duas filhas:
a mais velha chamava-se Lia e a mais
nova, Raquel. 17 Lia tinha um olhar mei-
go, mas Raquel tinha um belo porte e
um rosto bonito. 18 Jacó amava Raquel,
por isso disse: "Eu te servirei sete anos
por Raquel, tua filha mais nova". 19 La-
bão respondeu: "Melhor dá-la a ti que
a outro homem; fica comigo". 20 Assim,
Jacó serviu por Raquel sete anos, que
lhe pareceram poucos dias, tão grande
era o amor que lhe tinha. 21 Depois Jacó
disse a Labão: "Completou-se meu
tempo; dá-me minha mulher para que
eu viva com ela".
22 Labão convidou toda a gente do
lugar e deu um banquete. 23 Mas à
noite tomou sua filha Lia e a levou a
Jacó, que se uniu a ela. 24 Labão deu por
serva a sua filha Lia sua própria serva
Zelfa. 25 De manhã Jacó percebeu que
tinha ficado com Lia e disse a Labão:
"Que fizeste comigo? Não foi por Ra-
quel que te servi? Por que me enga-
naste?" 26 Labão respondeu: "Em nossa
terra não se costuma casar a mais nova
antes da mais velha. 27 Acaba a sema-
na com esta, e depois te darei também
a outra pelo serviço que me prestarás
durante outros sete anos". 28 E assim fez
Jacó. Terminada a semana, Labão deu-
-lhe por mulher sua filha Raquel; 29 e a
esta, deu por serva a sua própria serva
Bala. 30 Jacó uniu-se também a Raquel,
e amou mais Raquel do que Lia. Serviu
a Labão durante mais sete anos.
Primeiros filhos de Jacó. 31 Javé, po-
rém, vendo que Lia não era amada, tor-
nou-a fecunda, enquanto que Raquel
permanecia estéril. 32 Lia concebeu e
deu à luz um filho, ao qual chamou Rú-
ben, pois disse: "Javé viu minha aflição;
agora meu marido me amará". 33 Con-
cebeu novamente, deu à luz outro filho
e disse: "Javé viu que eu não era amada
e me deu mais este". E deu-lhe o nome
de Simeão. 34 Concebeu outra vez, deu
à luz mais um filho e disse: "Agora sim;
desta vez meu marido se afeiçoará a
mim, porque lhe dei à luz três filhos".
Por isso lhe pôs o nome de Levi. 35 Con-
cebeu ainda, deu à luz um filho e disse:
"Desta vez louvarei Javé"; e chamou-o
Judá. E cessou de dar à luz.

30 **Outros filhos de Jacó.** 1 Ven-
do que não conseguia dar fi-
lhos a Jacó, Raquel teve inveja de sua
irmã e disse a Jacó: "Dá-me filhos, se-
não morrerei". 2 Jacó se irritou contra
Raquel e respondeu: "Por acaso estou
eu no lugar de Deus, que te recusou a
maternidade?" 3 Raquel respondeu: "Eis
minha serva Bala; une-te a ela, para
que dê à luz sobre meus joelhos e eu
possa ter filhos por meio dela". 4 E deu-
-lhe por mulher sua serva Bala, à qual
Jacó se uniu. 5 Bala concebeu e deu à
luz um filho a Jacó. 6 E Raquel disse: "O
Senhor me fez justiça e também ou-
viu minha voz, dando-me um filho".
Por isso o chamou Dã. 7 Bala, serva de
Raquel, concebeu de novo e deu à luz
um segundo filho a Jacó. 8 Raquel disse:
"Lutei enormemente com minha irmã e
venci". Assim, pois, o chamou Neftali.
9 Lia, vendo que tinha cessado de dar à
luz, tomou sua serva Zelfa e a deu por
mulher a Jacó. 10 Zelfa, serva de Lia, deu
à luz um filho a Jacó. 11 Lia disse: "Boa
sorte!" e lhe deu o nome de Gad. 12 Zel-

fa, serva de Lia, deu à luz outro filho a
Jacó. 13Lia disse: "Sou feliz, pois as mu-
lheres me felicitarão!" e o chamou Aser.
14Certo dia, no tempo da ceifa do tri-
go, Rúben saiu pelo campo; encontrou
umas mandrágoras e as levou a Lia, sua
mãe. Raquel então disse a Lia: "Dá-me,
por favor, das mandrágoras de teu fi-
lho". 15Lia respondeu: "Não basta que
me tenhas tomado o marido? Queres
também tomar-me as mandrágoras
de meu filho?" Disse-lhe Raquel: "Pois
bem, que Jacó durma contigo esta noi-
te em troca das mandrágoras de teu
filho". 16À tarde, quando Jacó voltava
do campo, Lia saiu-lhe ao encontro
e disse-lhe: "Vem comigo, porque te
contratei pelo preço das mandrágo-
ras de meu filho". Ele dormiu com ela
naquela noite. 17Deus ouviu Lia, a qual
concebeu e deu à luz um quinto filho a
Jacó. 18Lia disse: "Deus recompensou-
-me por ter dado minha serva a meu
marido". E lhe pôs o nome de Issacar.
19Lia concebeu novamente e deu a Jacó
um sexto filho. 20Lia disse então: "Deus
me fez um belo presente; agora meu
marido me honrará, pois lhe dei seis
filhos". E deu ao filho o nome de Zabu-
lon. 21Depois deu à luz uma filha, que
ela chamou Dina.

22Então Deus se lembrou de Raquel,
ouviu-a e tornou-a fecunda. 23Ela con-
cebeu, deu à luz um filho e disse: "Deus
me livrou da desonra". 24E o chamou
José, dizendo: "Que Javé me conceda
outro filho".†

Contrato entre Jacó e Labão. 25Depois
que Raquel deu à luz José, Jacó disse
a Labão: "Deixa-me partir para meu
lugar, minha terra. 26Dá-me minhas
mulheres pelas quais te servi e meus
filhos, e eu partirei; pois bem conheces
o serviço que te prestei". 27Labão disse:
"Se encontrei favor junto de ti...! Fiquei
sabendo por adivinhação que Javé me
abençoou por tua causa". 28E acrescen-
tou: "Determina o salário que te devo
dar". 29Disse-lhe Jacó: "Tu sabes como
te servi e como se desenvolveu teu re-
banho em minhas mãos. 30Era pouco o
que possuías antes de mim e tudo au-
mentou depois, porque Javé te aben-
çoou com minha chegada. Quando é
que poderei fazer alguma coisa para
minha família?" 31Replicou Labão: "Que
devo dar-te?" Respondeu Jacó: "Não
tens de me dar nada; continuarei a
apascentar e a guardar teu rebanho, se
fizeres para mim isto: 32vou passar hoje
pelo meio de todo o rebanho e separar
todo animal escuro entre os cordeiros
e todo animal malhado ou salpicado
entre as cabras; isto será meu salário.
33Minha honestidade dará testemunho
de mim diante de ti futuramente, quan-
do chegar o dia de me pagares: todo
animal em meu poder, que não for
malhado ou salpicado entre as cabras
e escuro entre os cordeiros, será tido
como roubado". 34Labão disse: "Está
bem; seja como disseste".

35Naquele mesmo dia Labão separou
os bodes listrados e malhados, e todas
as cabras salpicadas e malhadas, todos
os que tinham algo de branco, e todos
os de cor escura entre os cordeiros, e
os entregou a seus filhos. 36E pôs uma
distância de três dias entre eles e Jacó,
o qual apascentava o resto do rebanho
de Labão.

37Jacó tomou então varas verdes de
álamo, amendoeira e plátano, e re-
moveu-lhes tiras da casca, deixando a
descoberto a brancura das varas. 38Co-
locou as varas assim descascadas nos
tanques e bebedouros, onde os animais
vinham beber; e os animais se acasala-
vam quando vinham beber. 39Assim, as
fêmeas que eram cobertas à vista das
varas davam crias listradas, salpicadas
e malhadas. 40Jacó separou os cordei-
ros e virou o rebanho em direção aos
animais listrados e a todos os que eram
escuros no rebanho de Labão; assim
formou um rebanho separado, que
não se misturava com o de Labão. 41E
toda vez que se acasalavam as ovelhas
fortes, Jacó punha as varas à vista dos
rebanhos, nos bebedouros, para que
se acasalassem à vista das varas; 42mas
diante das fracas não as punha, e as-

† **30**,24. José significa "que Deus acrescente".

sim as crias fracas ficavam para Labão e
as fortes para Jacó. 43Com isso Jacó se
tornou extremamente rico e chegou a
possuir numerosos rebanhos, servos e
servas, camelos e jumentos.

31 **Discórdias entre Jacó e Labão.** 1Jacó ouviu os filhos de
Labão dizerem: "Jacó se apoderou de
tudo o que pertencia a nosso pai; com
os bens de nosso pai acumulou toda
esta riqueza". 2Jacó notou, pela fisio-
nomia de Labão, que este já não tinha
para com ele os mesmos sentimentos
de antes. 3Javé disse a Jacó: "Volta para
a terra de teus pais, para junto de teus
parentes, que eu estarei contigo". 4En-
tão Jacó mandou chamar Raquel e Lia*
ao campo, onde ele estava com seu re-
banho, 5e disse-lhes: "Eu noto no sem-
blante de vosso pai que ele não é mais
para mim o mesmo que antes; mas o
Deus de meu pai está comigo. 6Sabeis
que servi a vosso pai com todas as mi-
nhas forças. 7Ele, porém, me enganou,
mudando dez vezes meu salário. Mas
Deus não lhe permitiu que me preju-
dicasse. 8Quando ele me dizia: 'As crias
malhadas serão tua paga', todas as ove-
lhas pariam crias malhadas. Quando, ao
contrário, me dizia: 'As crias listradas
serão tua paga', todas as ovelhas pa-
riam crias listradas. 9Assim, pois, Deus
tomou os animais de vosso pai e os deu
a mim. 10No tempo em que as ovelhas
se acasalavam, levantei os olhos e vi em
sonhos que os carneiros que cobriam
as fêmeas eram listrados, malhados e
salpicados. 11E o anjo de Deus disse-me
em sonho: 'Jacó!' Respondi-lhe: 'Eis-me
aqui!' 12Continuou ele: 'Levanta os olhos
e vê como os carneiros que cobrem as
fêmeas são todos listrados, malhados e
salpicados; porque vi tudo o que Labão
faz contigo†. 13Eu sou o Deus de Betel,
onde ungiste um monumento e me fi-
zeste um voto.* Agora levanta-te, sai
deste país e retorna a tua terra natal'".
14Raquel e Lia responderam: "Te-
mos nós ainda parte ou herança na
casa de nosso pai? 15Não nos tratou
ele como estrangeiras, vendendo-nos
e consumindo nosso dinheiro? 16Sim,
toda a riqueza que Deus tirou de nos-
so pai é nossa e de nossos filhos. Faze,
pois, tudo o que Deus te disse". 17Jacó
levantou-se e fez montar nos camelos
as mulheres e os filhos. 18Levou consi-
go todo o seu rebanho, com todos os
bens que tinha acumulado, o rebanho
que lhe pertencia e que ele adquiriu em
Padã-Aram, e partiu para junto de seu
pai Isaac, na terra de Canaã.
Jacó foge da Mesopotâmia. 19Labão
tinha ido tosquiar o rebanho, e Raquel
furtou os ídolos de seu pai. 20Jacó ilu-
diu Labão,* o arameu, não lhe comuni-
cando a fuga. 21Fugiu, pois, com tudo o
que possuía, atravessou o rio† e dirigiu-
-se à montanha de Galaad.
22Três dias depois informaram a Labão
que Jacó havia fugido. 23Então tomou
consigo seus parentes e foi atrás dele
durante sete dias, e o alcançou na mon-
tanha de Galaad. 24Mas Deus apareceu
num sonho noturno ao arameu Labão
e disse-lhe: "Guarda-te de dizer a Jacó o
que quer que seja". 25Quando Labão al-
cançou Jacó, este tinha armado sua ten-
da na montanha; e Labão com seus pa-
rentes acampou na montanha de Galaad.
26Então Labão disse a Jacó: "Que fizeste,
enganando-me e levando minhas filhas
como prisioneiras de guerra? 27Por que
fugiste secretamente e me enganaste,
em vez de avisar-me, para te fazer uma
despedida com cantos alegres ao som
dos tímpanos e da cítara? 28Nem sequer
me deixaste beijar meus filhos e minhas
filhas! Procedeste como um insensato!
29Eu poderia agora fazer-te mal, mas o
Deus de teu pai disse-me na noite passa-
da: 'Guarda-te de dizer a Jacó o que quer
que seja'. 30Se foi por saudade da casa
paterna que resolveste partir, por que
roubaste meus deuses?"

* **31**,4. 26,3: 28,15 | 13. 28,18-22 | 20. Os 3,4

† **31**,12. Jt 8,26 interpreta como provação enviada por Deus para sondar seu coração o que aconteceu a Jacó na casa do tio. | 21. Na Bíblia, "o rio", sem mais, é o Eufrates, de 2.780 km, o maior rio da Ásia ocidental.

31Jacó respondeu a Labão: "Tive
medo ao pensar que talvez me toma-
rias tuas filhas. 32Quanto a teus deuses,
não fique com vida aquele em cujo
poder os encontrares! Na presença de
nossos parentes, verifica o que te per-
tence e está comigo e leva-o". Jacó não
sabia que Raquel os tinha roubado.
33Labão entrou, pois, na tenda de Jacó,
na de Lia e nas das duas servas, mas
nada encontrou; e saindo da tenda de
Lia, entrou na de Raquel.* 34Mas Raquel
tinha tomado os ídolos e, escondendo-
-os na sela do camelo, sentara-se em
cima. Labão revistou toda a tenda e
não os encontrou. 35Raquel disse a seu
pai: "Não se ofenda meu senhor por
não me levantar em sua presença, por-
que me encontro com a indisposição a
que estão sujeitas as mulheres". Deste
modo ele procurou, mas não encon-
trou os ídolos.

Tratado de paz entre Jacó e Labão.
36Então Jacó irritou-se e discutiu com
Labão, dizendo-lhe: "Qual é meu cri-
me ou qual é minha culpa, para me
perseguires com tanta raiva? 37Revis-
taste toda a minha bagagem; o que
encontraste aqui de todos os objetos
de tua casa? Apresenta-o aqui diante
de meus parentes e dos teus, e sejam
eles juízes entre nós dois. 38Nesses
vinte anos que estive contigo, tuas
ovelhas e tuas cabras jamais aborta-
ram; nem comi carneiros de teus re-
banhos. 39Não te mostrei animais di-
lacerados pelas feras;* eu mesmo te
indenizava; de mim reclamavas o que
roubavam de dia e o que roubavam
de noite. 40Durante o dia o calor me
consumia, e de noite o frio, e o sono
fugia de meus olhos. 41Passei vinte
anos em tua casa; quatorze anos te
servi por tuas duas filhas, e seis por
teu rebanho, e tu mudaste dez vezes
meu salário. 42Se o Deus de meu pai,
o Deus de Abraão, o Deus Terrível de
Isaac não estivesse comigo, decerto
agora me despedirias de mãos vazias;
mas Deus viu minha aflição* e o tra-
balho de minhas mãos e esta noite
fez-me justiça".
43Labão respondeu a Jacó: "As mu-
lheres são minhas filhas e as crianças
são meus filhos, o rebanho é meu reba-
nho; tudo quanto vês é meu. Que pos-
so fazer hoje por estas minhas filhas,
ou pelos filhos que elas deram à luz?
44Vamos, façamos aliança eu e tu, para
que fique como testemunho entre mim
e ti". 45Então Jacó tomou uma pedra e
a erigiu em monumento. 46Disse a seus
parentes: "Recolhei pedras". Eles reco-
lheram pedras e fizeram um monte, so-
bre o qual comeram. 47Labão o chamou
"Jegar-Saaduta"; e Jacó denominou-o
"Galed". 48Labão disse: "Este monte é
hoje testemunha entre mim e ti". Por
isso foi chamado "Galed", 49e também
"Masfa", porque Labão acrescentou:
"Que Javé seja vigia entre mim e ti
quando estivermos longe um do ou-
tro. 50Se maltratares minhas filhas, ou
tomares outras mulheres além delas,
embora ninguém esteja conosco, Deus
será testemunha entre mim e ti". 51Dis-
se ainda Labão a Jacó: "Vê este monte
e este monumento que erigi entre mim
e ti. 52Este monte e este monumento
são testemunhas de que nem eu ja-
mais ultrapassarei este monte para teu
lado, nem tu ultrapassarás este monte
e este monumento para meu lado, com
más intenções. 53O Deus de Abraão e o
Deus de Nacor sejam juízes entre nós".
Jacó jurou pelo Deus Terrível de seu
pai Isaac. 54Depois ofereceu um sacrifí-
cio sobre a montanha e convidou seus
parentes para comer. Eles comeram e
passaram a noite na montanha.

32

**Jacó volta para a Palesti-
na.** 1Labão levantou-se muito
cedo, beijou seus filhos e suas filhas
e os abençoou; e partiu de volta para
seu país. 2Jacó prosseguiu sua viagem
e encontrou-se com alguns anjos de
Deus. 3Ao vê-los, exclamou: "Este é o
acampamento de Deus". E deu àquele
lugar o nome de Maanaim.

* **31**,33. 31,19; Lv 15,19s | 39. Êx 22,12 | 42. 31,24.29

4Enviou mensageiros diante de si
a seu irmão Esaú, na terra de Seir, no
campo de Edom. 5E deu-lhes esta or-
dem: "Assim direis a meu senhor Esaú:
Isto diz teu servo Jacó: Morei na casa
de Labão, onde estive até o dia de hoje.
6Adquiri bois e jumentos, ovelhas, ser-
vos e servas; mando comunicar a notí-
cia a meu senhor para encontrar favor a
seus olhos". 7Os mensageiros voltaram
a Jacó, dizendo: "Estivemos com teu ir-
mão Esaú. Ele mesmo vem a teu encon-
tro com quatrocentos homens". 8Jacó
teve grande medo e se angustiou. Divi-
diu em dois grupos os homens que es-
tavam com ele, bem como as ovelhas,
os bois e os camelos, 9pensando: "Se
Esaú atacar o primeiro grupo e o des-
truir, o outro grupo se salvará". 10De-
pois disse: "Deus de meu pai Abraão,
Deus de meu pai Isaac, Javé, que me
dissestes: 'Volta para tua terra e para
tua parentela, e eu te farei prosperar';
11eu não sou digno de todos os favo-
res e da grande fidelidade que teste-
munhastes a vosso servo; porque eu
só tinha meu bastão quando atravessei
este Jordão, e agora tenho dois acam-
pamentos. 12Salvai-me, vo-lo peço, das
mãos de meu irmão Esaú, pois temo
que ele me ataque, não poupando
nem as mães nem os filhos. 13Mas vós
dissestes: 'Eu te serei favorável,* e tor-
narei tua descendência como a areia
do mar, tão numerosa que não se pode
contar'."

14Jacó passou ali aquela noite. De-
pois separou do que tinha um pre-
sente para Esaú, seu irmão: 15duzentas
cabras e vinte bodes, duzentas ove-
lhas e vinte carneiros, 16trinta came-
las de leite com suas crias, quarenta
vacas e dez touros, vinte jumentas e
dez jumentinhos.17Entregou-os a seus
servos, cada rebanho separadamen-
te, e lhes disse: "Ide a minha frente e
deixai um espaço entre os rebanhos".
18Ordenou ao primeiro: "Quando meu
irmão Esaú te encontrar e te perguntar:
'De quem és? para onde vais? a quem
pertence o rebanho que vai a tua fren-
te?', 19tu lhe dirás: 'Pertence a teu servo
Jacó; é um presente que ele está man-
dando a meu senhor Esaú; ele mesmo
vem atrás de nós'". 20O mesmo orde-
nou ao segundo, ao terceiro e a todos
os que conduziam os rebanhos, di-
zendo: "Desse modo falareis a Esaú ao
encontrá-lo 21e acrescentareis: 'Tam-
bém teu servo Jacó está vindo atrás de
nós'". Ele pensava: "Eu o aplacarei com
os presentes que me precedem e de-
pois me apresentarei a ele; talvez assim
me receba bem". 22Assim o presente foi
à frente dele, e ele passou aquela noite
no acampamento.

Jacó luta com o anjo. 23Naquela mes-
ma noite, ele se levantou,* tomou as
duas esposas, as duas servas e os onze
filhos e passou o vau do Jaboc. 24Ele
os tomou e os fez atravessar a torren-
te com tudo o que possuía. 25Jacó fi-
cou sozinho, e alguém esteve lutando
com ele até o romper do dia.† 26Vendo
que não podia vencê-lo, atingiu-o na
articulação da coxa, e esta deslocou-
-se, enquanto lutava com ele. 27Então
disse: "Deixa-me ir, pois rompeu o dia".
Respondeu Jacó: "Não te deixarei en-
quanto não me tiveres abençoado".
28O outro perguntou-lhe: "Como te
chamas?" – "Jacó", respondeu ele. 29E
ele disse: "Teu nome não será mais
Jacó, e sim Israel, porque lutaste com
Deus e venceste". 30Jacó o interrogou:
"Dize-me, por favor, teu nome". Res-
pondeu ele: "Por que me perguntas por
meu nome?" E ali mesmo o abençoou.
31Jacó então deu àquele lugar o nome
de "Fanuel", porque disse: "Vi Deus face
a face* e conservei a vida".† 32O sol se
levantava quando Jacó ultrapassou Fa-
nuel, e estava mancando de uma per-
na. 33Por isso, os israeiltas ainda hoje

* **32**,13. 22,16s; 28,14 | **32**,23. Os 12,4-6; Sb 10,12 | 31. Êx 33,20

† **32**,25. Esse alguém é um anjo em forma humana, representando Deus, que abençoa Jacó. A Tradição da Igreja viu neste episódio o símbolo da vitória da perseverança na oração, que é um combate da fé contra o tentador que insinua mil razões para não rezar. O nome Israel quer dizer "aquele que luta contra Deus". | 31. Fanuel significa "face de Deus". Era convicção que não se podia ver a Deus, santíssimo e transcendente, e permanecer vivo: Êx 33,20.

não comem o nervo ciático que está
na articulação da coxa, porque Jacó foi
atingido na articulação da coxa, no ner-
vo ciático.

33 **Encontro de Jacó com Esaú.**
1Erguendo os olhos, Jacó viu
Esaú aproximar-se com quatrocentos
homens. Repartiu então os filhos entre
Lia e Raquel e as duas servas; 2pôs na
frente as duas servas com seus filhos,
em seguida Lia com os seus, e por úl-
timo Raquel com José. 3Passou adiante
de todos, prostrou-se sete vezes até o
chão, até chegar perto do irmão. 4Esaú
correu-lhe ao encontro, abraçou-o,
lançou-se-lhe ao pescoço e beijou-o;
e ambos se puseram a chorar. 5De-
pois, levantando os olhos, Esaú viu as
mulheres e as crianças, e perguntou:
"Quem são esses contigo?" Respondeu
Jacó: "São os filhos que Deus concedeu
a teu servo". 6Então se aproximaram as
servas com seus filhos e se prostraram.
7Depois chegou também Lia com seus
filhos e se prostraram. Por último veio
José com Raquel e se prostraram.

8Disse Esaú: "Que significa toda essa
caravana que encontrei?" Respondeu
ele: "É para encontrar favor diante de
meu senhor". 9Respondeu Esaú: "Pos-
suo muitos bens, meu irmão; guarda
para ti o que é teu". 10Disse Jacó: "Oh,
não, por favor; se encontrei favor a teus
olhos, aceita este presente de minha
mão; porque vim a tua presença como
se vem à presença de Deus, e tu me re-
cebeste bem. 11Aceita, eu te peço, meu
dom que te apresentei, já que Deus me
favoreceu, e tenho de tudo". E tanto in-
sistiu que Esaú aceitou. 12Depois Esaú
disse: "Vamos partir e caminhemos; eu
irei a tua frente". 13Mas Jacó disse-lhe:
"Meu senhor sabe que as crianças ain-
da são fracas e tenho comigo ovelhas
e vacas com crias; se os fizer caminhar
depressa, ainda que um só dia, todo o
rebanho morrerá. 14Passe meu senhor
adiante de seu servo; eu seguirei de-
vagar, ao passo dos animais que vão à
frente e ao passo das crianças, até al-
cançar meu senhor em Seir". 15Respon-
deu Esaú: "Permite-me que deixe con-
tigo uma parte de meus homens". Mas
Jacó respondeu: "Para que isso? Basta-
-me ter encontrado favor aos olhos de
meu senhor!" 16No mesmo dia Esaú re-
tomou o caminho de Seir. 17Jacó partiu
para Sucot, onde construiu uma casa
para si, e fez cabanas para seu rebanho;
por isso chamou-se Sucot aquele lugar.
Jacó em Siquém. 18Voltando de Padã-
-Aram, Jacó chegou são e salvo* à ci-
dade de Siquém, na terra de Canaã, e
acampou defronte da cidade. 19Com-
prou dos filhos de Hemor,* pai de Si-
quém, por cem moedas de prata, a
parte do terreno onde havia levantado
suas tendas; 20ergueu ali um altar e o
chamou "El, Deus de Israel".

34 **Dina é desonrada.** 1Dina, a
filha que Lia havia dado à luz
a Jacó, saiu para ver as moças daque-
la terra. 2Siquém, filho do heveu He-
mor, soberano daquela região, viu-a,
raptou-a e a estuprou, deitando-se
com ela. 3Seu coração se apaixonou
por Dina, filha de Jacó; amou a moça
e falou-lhe ao coração. 4Disse, então,
a seu pai, Hemor: "Obtém-me essa jo-
vem por mulher". 5Jacó ficou sabendo
que Siquém tinha desonrado Dina, sua
filha; como, porém, seus filhos estavam
no campo com o rebanho, não disse
nada até a volta deles. 6Hemor, pai
de Siquém, veio conversar com Jacó.
7Quando os filhos de Jacó chegaram
do campo e souberam do acontecido,
sentiram-se ultrajados e se irritaram
violentamente, porque Siquém havia
cometido uma infâmia em Israel, estu-
prando a filha de Jacó, coisa que não
se faz.

8Mas Hemor falou-lhes, dizendo:
"Meu filho Siquém está enamorado de
vossa filha; dai-lha por mulher, eu vo-
-lo peço. 9Contraí parentesco conosco,
dando-nos vossas filhas e tomando as
nossas. 10Habitareis conosco e a terra
estará a vossa disposição; morai nela,
negociai e adquiri propriedades". 11Si-

* **33**,18. 12,6 | 19. Js 24,32

quém disse ao pai e aos irmãos de Dina: "Que eu encontre favor a vossos olhos e vos darei o que me pedirdes. 12 Seja qual for o valor do dote e das dádivas, eu os darei como pedirdes; mas dai-me a moça por esposa".

Pacto com os siquemitas. 13 Os filhos de Jacó responderam a Siquém e a seu pai, Hemor, com palavras enganadoras, porque Siquém havia desonrado Dina, sua irmã. 14 Disseram-lhes, pois: "Não podemos fazer uma coisa dessas: dar nossa irmã por esposa a um incircunciso, porque seria para nós uma desonra. 15 Só com esta condição poderemos atender a vossos desejos: se vos tornardes como nós, circuncidando-se todos os vossos homens; 16 então, sim, vos daremos nossas filhas, tomaremos as vossas, moraremos juntos e formaremos um só povo. 17 Mas se não nos ouvirdes e não vos deixardes circuncidar, tomaremos nossa filha e nos retiraremos". 18 A proposta agradou a Hemor e a seu filho Siquém. 19 Sem demora o jovem executou o que se lhe pedia, porque estava enamorado da filha de Jacó. Ele era o homem mais respeitado em toda a casa de seu pai.

Vingança de Simeão e de Levi. 20 Hemor e Siquém foram à porta da cidade e falaram assim a seus concidadãos: 21 "Esses homens estão em paz conosco. Deixemos que se estabeleçam no país e circulem livremente; ele é muito extenso e amplo para eles. Poderemos receber suas filhas por esposas e dar-lhes nossas filhas.

22 Mas eles só consentem em morar conosco, para formarmos um só povo, com uma condição: que todos os nossos homens sejam circuncidados como eles próprios o são. 23 Seus rebanhos, seus bens e todos os seus animais, tudo será nosso. Consintamos, pois, a fim de que se estabeleçam entre nós". 24 Todos os que passavam pela porta da cidade deixaram-se convencer por Hemor e Siquém, seu filho, e todos os homens foram circuncidados.

25 No terceiro dia, quando eles convalesciam, os dois filhos de Jacó, Simeão e Levi, irmãos de Dina, tomaram cada qual sua espada, penetraram na cidade sem encontrar oposição e mataram todos os homens. 26 Passaram a fio de espada Hemor e Siquém, seu filho; tiraram Dina da casa de Siquém e partiram. 27 Os outros filhos de Jacó investiram sobre os mortos e saquearam a cidade, porque haviam desonrado sua irmã. 28 Tomaram suas ovelhas, seus bois, seus jumentos e tudo o que havia na cidade e no campo 29 e todos os seus bens; levaram cativos seus filhos e suas mulheres e saquearam tudo o que se encontrava em suas casas.

30 Jacó disse a Simeão e a Levi: "Vós me arruinastes e me tornastes odioso aos habitantes desta terra, aos cananeus e aos ferezeus.* Tenho poucos homens; eles se reunirão contra mim e me atacarão e serei destruído eu e minha casa". 31 Eles responderam: "Deveríamos permitir que tratassem nossa irmã como uma prostituta?"

35

Volta de Jacó a Betel. 1 Deus disse a Jacó: "Levanta-te, sobe a Betel e fica ali. Ergue um altar nesse lugar ao Deus que te apareceu,* quando fugias diante de teu irmão Esaú". 2 Jacó disse a sua família e a sua gente: "Tirai do meio de vós os deuses estrangeiros, purificai-vos e mudai vossas roupas. 3 Vamos subir a Betel, onde levantarei um altar ao Deus que me ouviu no dia de minha aflição e que esteve comigo em minha viagem". 4 Eles entregaram a Jacó todos os deuses estrangeiros que tinham, assim como os brincos que traziam nas orelhas, e Jacó enterrou tudo debaixo de um carvalho perto de Siquém.* 5 Quando partiram dali, um terror divino se espalhou pelas cidades ao redor,* de modo que não perseguiram os filhos de Jacó. 6 Assim, com toda a sua gente, Jacó chegou a Luza, que é Betel, na terra de Canaã. 7 Lá ele construiu um altar e deu a esse lugar o nome de El-Betel, porque foi aí

* **34**,30. 13,7 | **35**,1. 28,10-22 | 4. 12,6 | 5. 34,30; 28,19

que Deus lhe aparecera, quando fugia
de seu irmão. 8Foi então que morreu
Débora, ama de Rebeca. Ela foi sepul-
tada ali, ao pé de Betel, debaixo de um
carvalho, que foi chamado Carvalho
dos Prantos.
9Depois que Jacó voltou de Padã-
-Aram, Deus apareceu-lhe novamente
e o abençoou, dizendo:* 10"Teu nome
é Jacó. Tu não te chamarás mais as-
sim, mas Israel". E chamou-o Israel.
11Deus lhe disse: "Eu sou o Deus to-
do-poderoso.* Sê fecundo e multipli-
ca-te. De ti nascerá uma nação, uma
comunidade de nações; e de tuas en-
tranhas sairão reis. 12A terra que dei
a Abraão e a Isaac,* eu a darei a ti e
a tua descendência". 13Depois, Deus
retirou-se de junto dele. 14No mesmo
lugar onde Deus lhe falou, Jacó eri-
giu um monumento, sobre o qual fez
uma libação e derramou óleo. 15Deu
o nome de Betel ao lugar onde Deus
lhe tinha falado.

Nascimento de Benjamim. Morte de Raquel. 16Eles partiram de Betel.
Quando faltava pouco para chega-
rem a Éfrata, Raquel deu à luz, e seu
parto foi penoso. 17Durante as dores
do parto, a parteira disse-lhe: "Não
temas, porque ainda terás este filho".
18Estando prestes a morrer, porque
estava já agonizante, ela deu ao filho o
nome de Benoni; mas seu pai chamou-
-o Benjamim†. 19Raquel morreu e foi
sepultada no caminho de Éfrata,* que
é Belém. 20Jacó erigiu um monumen-
to sobre seu túmulo: é o monumento
do túmulo de Raquel, que ainda hoje
existe.
21Israel partiu e armou sua tenda
além de Magdol-Eder. 22Foi durante
sua permanência nessa região que Rú-
ben foi dormir com Bala,* concubina
de seu pai, e Israel o soube.
23Os filhos de Jacó foram em núme-
ro de doze.* Filhos de Lia: Rúben, pri-
mogênito de Jacó, Simeão, Levi, Judá,
Issacar e Zabulon. 24Filhos de Raquel:
José e Benjamim. 25Filhos de Bala, es-
crava de Raquel: Dã e Neftali. 26Filhos
de Zelfa, escrava de Lia: Gad e Aser.
Esses são os filhos nascidos a Jacó em
Padã-Aram.
27Jacó foi para junto de seu pai Isaac
em Mambré, em Cariat-Arbe, que é He-
bron, onde tinham habitado Abraão e
Isaac.
28Isaac viveu ao todo cento e oitenta
anos 29e faleceu. Morreu e foi reunir-
-se a seus parentes, idoso e saciado de
dias. Seus filhos Esaú e Jacó o sepul-
taram.

36 **Descendência de Esaú.** 1Eis
a descendência de Esaú, tam-
bém chamado Edom: 2Esaú casou-se
com duas mulheres entre as filhas de
Canaã: Ada, filha de Elon, o heteu,* Oo-
libama, filha de Ana, filho de Sebeon,
o horreu, 3e com Basemat, filha de Is-
mael e irmã de Nabaiot. 4Ada gerou
para Esaú Elifaz, Basemat gerou Rauel,
5Oolibama gerou Jeús, Jalam e Coré.
Esses são os filhos de Esaú que lhe
nasceram na terra de Canaã. 6Esaú to-
mou suas mulheres,* seus filhos e suas
filhas, todas as pessoas de sua casa, o
gado, todos os animais e todos os bens
que tinha adquirido na terra de Canaã,
e foi para Seir, longe de seu irmão Jacó;
7porque seus bens eram numerosos
demais para estarem juntos,* e a terra
onde moravam não bastava para seus
rebanhos. 8Esaú, pois, estabeleceu-se
na montanha de Seir. Esaú é o mesmo
que Edom.
9Esta é a descendência de Esaú, pai
de Edom,* na montanha de Seir.
10Eis os nomes dos filhos de Esaú:
Elifaz, filho de Ada, mulher de Esaú,
e Rauel, filho de Basemat, mulher de
Esaú.
11Os filhos de Elifaz foram:* Temã,
Omar, Sefo, Gatam e Cenez. 12Elifaz, fi-
lho de Esaú, teve por concubina Tamna,
e ela gerou-lhe Amalec. Esses são os
filhos de Ada, mulher de Esaú.

---

* **35**,9. 32,29 | 11. 17,1 | 12. 12,7 | 19. Mq 5,1 | 22. 49,3s | 23. 29,31-30,24 | **36**,2. 26,34; 28,9 | 6. 27,2 | 7. 32,4 | 9. 36,15-18 | 11. 1Cr 1,35s

† **35**,18. Benjamim é "filho de minha direita" e Benoni, "filho de minha dor".

13Eis os filhos de Rauel: Naat, Zara, Sama e Meza. Esses são os filhos de Basemat, mulher de Esaú.

14Eis os filhos de Oolibama, filha de Ana, filho de Sebeon, mulher de Esaú: ela gerou-lhe Jeús, Jalam e Coré.

Os chefes de Edom. 15Eis os chefes dos filhos de Esaú.*

Filhos de Elifaz, primogênito de Esaú: o chefe Temã, o chefe Omar, o chefe Sefo, o chefe Cenez, o chefe Coré, 16o chefe Gatam e o chefe Amalec. Esses são os chefes de Elifaz na terra de Edom; eles são os filhos de Ada.

17E eis os filhos de Rauel, filho de Esaú: o chefe Naat, o chefe Zara, o chefe Sama e o chefe Meza. Esses são os chefes de Rauel na terra de Edom, esses são os filhos de Basemat, mulher de Esaú.

18E eis os filhos de Oolibama, mulher de Esaú: o chefe Jeús, o chefe Jalam e o chefe Coré. Esses são os filhos de Oolibama, filha de Ana, mulher de Esaú.

19Esses são os filhos de Esaú, e esses são seus chefes. Ele é Edom.

Descendência de Seir, o horreu. 20Eis os filhos de Seir, o horreu, que habitavam naquela terra: Lotã, Sobal, Sebeon, Ana, 21Dison, Eser e Disã. Esses são os chefes dos horreus, descendentes de Seir na terra de Edom. 22Os filhos de Lotã foram Hori e Hemã, e a irmã de Lotã era Tamna. 23Eis os filhos de Sobal: Alvã, Manaat, Ebal, Sefo e Onam. 24Eis os filhos de Sebeon: Aia e Ana. Foi este Ana que encontrou as águas quentes no deserto, quando pastoreava os jumentos de seu pai Sebeon. 25Eis os filhos de Ana: Dison e Oolibama, filha de Ana. 26Eis os filhos de Dison: Hamdã, Esebã, Jetrã e Carã. 27Eis os filhos de Eser: Balaã, Zavã e Acã. 28Eis os filhos de Disã: Hus e Aran.

29Estes são os chefes dos horreus: o chefe Lotã, o chefe Sobal, o chefe Sebeon, o chefe Ana, 30o chefe Dison, o chefe Eser e o chefe Disã. Esses são os chefes dos horreus, segundo seus clãs, na terra de Seir.

Os reis de Edom. 31Estes são os reis que reinaram na terra de Edom,* antes que reinasse um rei sobre os filhos de Israel. 32Em Edom reinou Bela, filho de Beor, e sua cidade se chamava Danaba. 33Bela morreu e em seu lugar reinou Jobab, filho de Zara, de Bosra. 34Jobab morreu e em seu lugar reinou Husam, da terra dos temanitas. 35Husam morreu e em seu lugar reinou Adad, filho de Badad, que derrotou os madianitas no campo de Moab, e sua cidade chamava-se Avit. 36Adad morreu e em seu lugar reinou Semla, de Masreca. 37Semla morreu e em seu lugar reinou Saul, de Reobot Naar. 38Saul morreu e em seu lugar reinou Baalanã, filho de Acobor. 39Baalanã, filho de Acobor, morreu e em seu lugar reinou Adad; o nome de sua cidade era Fau e sua mulher se chamava Meetabel, filha de Matred, de Mezaab.

Ainda os chefes de Edom. 40Estes são os nomes dos chefes de Esaú,* segundo seus clãs, seus lugares e seus nomes: o chefe Tamna, o chefe Alva, o chefe Jetet, 41o chefe Oolibama, o chefe Ela, o chefe Finon, 42o chefe Cenez, o chefe Temã, o chefe Mabsar, 43o chefe Magdiel e o chefe Iram. Esses são os chefes de Edom, segundo suas residências na terra que possuíam. Esaú é o pai de Edom.

IV. JOSÉ E SEUS IRMÃOS (37–50)

37 1Mas Jacó permaneceu na terra em que seu pai tinha morado, na terra de Canaã.

José e seus irmãos. 2Esta é a história dos descendentes de Jacó. Na idade de dezessete anos, José pastoreava o rebanho com seus irmãos; o rapaz estava com os filhos de Bala e os filhos de Zelfa, mulheres de seu pai. Ora, José contou ao pai o mal que deles se dizia. 3Israel amava José mais do que a todos os outros filhos, porque lhe nascera na velhice, e tinha mandado fazer para ele uma túnica de várias cores. 4Seus ir-

* **36**,15. 36,9-14 | 31. 1Cr 1,43-50; Nm 20,14 | 40. 1Cr 1,51-54

mãos, vendo que seu pai o amava mais que a todos eles, odiavam-no e não podiam mais falar-lhe amigavelmente.

5Ora, José teve um sonho e, quando o contou a seus irmãos, estes o odiaram ainda mais. 6Disse ele: "Ouvi o sonho que tive. 7Estávamos atando feixes no campo, e meu feixe se levantou e ficou de pé, enquanto os vossos o rodeavam e se inclinavam diante dele". 8Disseram-lhe seus irmãos: "Pretendes ser nosso rei ou nosso senhor?" E seu ódio para com ele aumentou por causa de seus sonhos e de suas palavras. 9José teve ainda outro sonho, que narrou assim a seus irmãos: "Tive outro sonho: vi o sol, a lua e onze estrelas que se inclinavam diante de mim". 10Ele contou isso a seu pai como o contara a seus irmãos, e seu pai o repreendeu, dizendo: "Que significa esse sonho que tiveste? Acaso eu, tua mãe e teus irmãos vamos nos inclinar diante de ti até o chão?" 11Seus irmãos o invejavam; seu pai, porém, refletia sobre isso. **José é vendido por seus irmãos.** 12Os irmãos de José foram apascentar o rebanho* de seu pai em Siquém. 13Israel disse a José: "Teus irmãos estão pastoreando em Siquém; vem, que eu quero enviar-te a eles". Respondeu ele: "Eis-me às ordens". 14Disse-lhe então: "Vai, pois, e vê se estão bem teus irmãos e o rebanho e traze-me notícias". Ele o enviou do vale de Hebron, e José chegou a Siquém. 15Um homem encontrou-o vagando pelo campo e perguntou-lhe: "A quem procuras?" 16Respondeu ele: "Procuro meus irmãos; dize-me, por favor, onde estão apascentando". 17O homem respondeu: "Partiram daqui, e eu os ouvi dizer: Vamos a Dotain". José foi em busca de seus irmãos e os encontrou em Dotain.

18Eles o viram de longe e, antes que se aproximasse deles, tramaram tirar-lhe a vida. 19Disseram, pois, uns aos outros: "Aí vem o sonhador. 20Vamos matá-lo e lançá-lo numa cisterna; depois diremos que um animal feroz o devorou. Veremos assim de que lhe servem seus sonhos". 21Rúben, porém, ouvindo isso, quis salvá-lo das mãos deles e disse: "Não lhe tiremos a vida". 22E acrescentou: "Não derrameis sangue; lançai-o naquela cisterna, no deserto, mas não levanteis as mãos contra ele". Ele pensava em salvá-lo de suas mãos e restituí-lo a seu pai. 23Quando José chegou junto dos irmãos, estes o despojaram da túnica, aquela túnica colorida que vestia, 24agarraram-no e o jogaram na cisterna. A cisterna estava vazia, sem água.

25Depois sentaram-se para comer. Levantando os olhos, viram uma caravana de ismaelitas que vinha de Galaad. Seus camelos vinham carregados de especiarias, bálsamo e resina, que levavam para o Egito. 26Disse então Judá a seus irmãos: "Que nos aproveita matar nosso irmão e ocultar nosso crime? 27Vamos vendê-lo aos ismaelitas e não levantemos contra ele nossas mãos, pois ele é nosso irmão, nossa carne". Seus irmãos concordaram. 28Quando passaram os comerciantes madianitas, os irmãos tiraram José da cisterna e o venderam por vinte moedas de prata aos ismaelitas, que o levaram para o Egito.

29Rúben voltou à cisterna e, vendo que José não estava ali, rasgou suas vestes; 30voltou para junto de seus irmãos e exclamou: "O menino desapareceu! E eu, para onde irei agora?" 31Então os irmãos tomaram a túnica colorida de José, degolaram um cabrito e mergulharam a túnica no sangue. 32Depois mandaram levar a túnica colorida a seu pai, com este recado: "Encontramos isto; verifica se é ou não a túnica de teu filho". 33Jacó reconheceu-a e exclamou: "É a túnica de meu filho! Um animal feroz o devorou! Certamente José foi dilacerado!" 34Rasgou suas vestes, vestiu-se de luto e chorou a morte do filho por muito tempo. 35Todos os seus filhos e filhas vieram consolá-lo, mas ele não queria conforto e dizia: "Chorando descerei até meu filho na região dos mortos". E seu

* **37**,12. Sb 10,13; At 7,9

pai o chorou. [36]No Egito os madianitas venderam José a Putifar, oficial do faraó, chefe de sua guarda.

38

Filhos de Judá. [1]Por aquele tempo aconteceu que Judá se separou de seus irmãos, desceu e armou sua tenda perto de um homem de Odolam, que se chamava Hira. [2]Judá viu ali a filha de um cananeu chamado Sué, tomou-a por mulher e uniu-se a ela. [3]Ela concebeu, deu à luz um filho, a quem chamou Her. [4]Ela concebeu novamente e deu à luz outro filho e lhe pôs o nome de Onã. [5]Tornou a dar à luz um filho e o chamou Sela; Judá estava em Casib quando lhe nasceu este filho.

[6]Judá escolheu para esposa de seu filho Her uma mulher de nome Tamar. [7]Mas Her, primogênito de Judá, desagradou a Javé, que lhe tirou a vida. [8]Disse então Judá a Onã: "Une-te à mulher de teu irmão, cumpre com ela teu dever de cunhado† e suscita uma descendência a teu irmão".* [9]Mas Onã, sabendo que o filho não seria seu, quando se unia à mulher de seu irmão deixava cair o sêmen no chão, para não dar descendência a seu irmão. [10]Seu comportamento desagradou a Javé, que tirou a vida também a ele. [11]Então disse Judá a sua nora: "Conserva-te viúva na casa de teu pai até que meu filho Sela se torne adulto". Ele pensava: "Não aconteça que morra também ele como seus irmãos". Assim Tamar retirou-se e ficou na casa de seu pai.

Judá e Tamar. [12]Muito tempo depois, morreu a filha de Sué, a mulher de Judá. Passado o luto, Judá subiu a Tamna a fim de tosquiar as ovelhas, junto com seu amigo Hira, de Odolam. [13]Comunicaram-no a Tamar, dizendo: "Teu sogro sobe a Tamna para tosquiar as ovelhas". [14]Então ela tirou suas vestes de viúva, cobriu-se com um véu e, assim disfarçada, sentou-se à entrada de Enaim, que está no caminho de Tamna; pois havia observado que Sela já era adulto e ela não lhe fora dada como mulher. [15]Judá a viu e julgou tratar-se de uma prostituta, porque tinha o rosto coberto. [16]Dirigindo-se a ela, disse-lhe: "Deixa-me ir contigo". Ele não sabia que era sua nora. Ela perguntou: "Que me darás para te unires comigo?" [17]Respondeu ele: "Vou mandar-te um cabrito do rebanho". Ela replicou: "Está bem; mas dá-me um penhor até que o mandes". [18]Respondeu Judá: "Que penhor te darei?" Respondeu ela: "Teu selo, teu cordão e o cajado que tens na mão". Judá lhos entregou e uniu-se com ela, a qual concebeu. [19]Depois ela se levantou, retirou-se, depôs o véu e retomou as vestes de viúva.

[20]Judá mandou o cabrito por intermédio de seu amigo de Odolam, para resgatar o penhor que estava com a mulher, mas ele não a encontrou. [21]Perguntou aos homens do lugar: "Onde está aquela prostituta que ficava à beira do caminho de Enaim?" Responderam eles: "Aqui não esteve nenhuma prostituta". [22]Hira voltou a Judá e disse-lhe: "Não a encontrei; e os moradores do lugar dizem que ali não esteve nenhuma prostituta". [23]Judá respondeu: "Que ela fique com tudo; não nos tornemos ridículos. Eu lhe mandei o cabrito e tu não a encontraste".

[24]Passados uns três meses, vieram dizer a Judá: "Tamar, tua nora, prostituiu-se e, em consequência, está grávida". Judá ordenou: "Trazei-a para fora para ser queimada". [25]Mas quando era levada para fora, ela mandou dizer a seu sogro: "Concebi do homem a quem pertencem estes objetos". E acrescentou: "Examina bem de quem são este selo, o cordão e o cajado". [26]Judá reconheceu-os e exclamou: "Ela é mais justa do que eu, porque não a dei a meu filho Sela". E não se uniu mais a ela.

[27]Quando chegou o tempo de dar à luz, dois gêmeos estavam em seu seio.

---

* **38**,8. Dt 25,5; Rt 1,11-13; Mt 22,24 | 29. Rt 4,12; Mt 1,3; Lc 3,33

† **38**,8. Segundo a lei do levirato, quando um homem casado morria sem filhos, seu irmão devia casar-se com a viúva e seria herdeiro do morto o primogênito deste segundo casamento, Dt 25,5-10; Rt 4,5; Mt 22,24. | 29. Tamar e Farés entraram na genealogia de Jesus, Mt 1,3.

28Na hora do parto, um pôs a mão para
fora, e a parteira tomou-a e atou-lhe
um fio vermelho, dizendo: "Este saiu
primeiro". 29Mas ele recolheu a mão e
saiu seu irmão. Então ela disse: "Que
brecha te abriste!"* E foi chamado Fa-
rés†. 30Depois saiu seu irmão, em cuja
mão estava o fio vermelho, e recebeu o
nome de Zara.

39 **José no Egito.** 1José foi levado
para o Egito. Putifar, um egíp-
cio, oficial do faraó e chefe da guarda,
comprou-o dos ismaelitas, que o ha-
viam levado para lá. 2Javé estava com
José, e ele era bem-sucedido em tudo;
permaneceu na casa de seu senhor
egípcio. 3Seu patrão percebeu que Javé
estava com ele, e que Javé fazia prospe-
rar em sua mão tudo o que fazia. 4José
conquistou a simpatia de Putifar, que o
pôs a seu serviço e o estabeleceu ad-
ministrador de sua casa, confiando-lhe
todos os seus bens. 5E desde que seu
patrão o estabeleceu administrador de
sua casa e lhe confiou tudo o que pos-
suía, Javé abençoou a casa do egípcio
por causa de José, e a bênção de Javé
se derramou sobre todos os seus bens,
tanto em casa como no campo. 6O pa-
trão confiou a José tudo o que possuía,
sem mais se ocupar com coisa alguma,
senão com o pão que comia.
José era belo de porte e de semblan-
te.
José e a mulher de Putifar. 7Aconte-
ceu, depois disso, que a mulher de seu
patrão lançou os olhos sobre José e lhe
disse: "Dorme comigo". 8Mas ele recu-
sou, dizendo à esposa de seu patrão:
"Estando eu aqui, meu patrão não se
preocupa com nada na casa, e tudo
o que lhe pertence confiou-o a mim.
9Não há ninguém mais importante do
que eu nesta casa, e ele não me proi-
biu senão a ti, porque és sua esposa.
Como posso, pois, fazer tão grande mal
e pecar contra Deus?" 10Embora ela in-
sistisse com José todos os dias, ele ja-
mais consentiu em dormir a seu lado e
unir-se a ela.
11Um dia, José entrou na casa para
cuidar de seus deveres, e não havia
nenhum doméstico em casa. 12Ela,
então, agarrou-o pelo manto, dizen-
do: "Dorme comigo". Mas ele largou-
-lhe o manto na mão e fugiu, saindo
para fora. 13Vendo que ele fugira e
lhe deixara o manto na mão, 14ela
chamou os domésticos e lhes disse:
"Vede: meu marido nos trouxe este
hebreu para abusar de nós! Veio me
procurar, pretendendo dormir co-
migo; mas eu gritei em alta voz; 15e
ele, vendo-me levantar a voz e gritar,
deixou o manto comigo e, fugindo,
saiu para fora". 16Ela guardou con-
sigo o manto de José, até o marido
voltar para casa. 17Então contou-lhe
a mesma história, dizendo: "O servo
hebreu que trouxeste para nós veio
procurar-me para abusar de mim.
18Mas, quando levantei a voz e gritei,
ele deixou comigo o manto e fugiu
para fora".
José na prisão. 19Ao ouvir a mulher
contar-lhe: "Assim me tratou teu ser-
vo", ele se enfureceu, 20mandou pren-
der José* e o lançou na prisão, onde
estavam os prisioneiros do rei. E ele
ficou ali na prisão. 21Mas Javé estava
com José e lhe mostrou sua bondade,
fazendo-o encontrar favor aos olhos
do carcereiro. 22Este confiou a José to-
dos os presos* que se achavam na pri-
são, e ele mesmo ordenava tudo o que
ali se fazia. 23O carcereiro não precisa-
va preocupar-se com nada daquilo que
estava nas mãos de José, porque Javé
estava com ele e fazia prosperar tudo o
que empreendia.

40 **José interpreta sonhos.** 1De-
pois desses fatos, aconteceu
que o copeiro e o padeiro do rei do
Egito ofenderam seu senhor, o rei do
Egito. 2O faraó indignou-se contra os
dois oficiais, o copeiro-mor e o padei-
ro-mor, 3e os encarcerou na casa do
chefe da guarda, na prisão em que se
achava detido José. 4O chefe da guarda
confiou-os aos cuidados de José, para

---

* **39**,20. At 7,9 | 22. Sl 105,18s

os servir. Ficaram algum tempo na pri-
são.
[5]Ambos os prisioneiros, o copei-
ro e o padeiro do rei do Egito, que
estavam encerrados na prisão, tive-
ram um sonho, numa mesma noite,
cada um o seu, com seu sentido par-
ticular. [6]Quando pela manhã José os
encontrou, viu que estavam tristes.
[7]Perguntou então aos oficiais do faraó
que estavam presos com ele na casa de
seu senhor: "Por que estais hoje com o
rosto tão abatido?" [8]Eles responderam:
"Tivemos um sonho e não há ninguém
para os interpretar". Disse-lhes José:
"Porventura não pertencem a Deus as
interpretações?* Contai-me os sonhos,
por favor".
[9]O copeiro-mor contou seu sonho a
José: "Em meu sonho, vi diante de mim
uma videira, [10]e na videira havia três ra-
mos; ao brotar a videira, havia flores, e
seus cachos deram uvas maduras. [11]Eu
tinha na mão a taça do faraó; apanhan-
do daquelas uvas, espremia-as na taça
do faraó e a apresentava a ele". [12]Dis-
se-lhe José: "Eis a interpretação: os três
ramos simbolizam três dias. [13]Passados
três dias, o faraó te levantará a cabe-
ça e te reabilitará em tuas funções. Tu
apresentarás a taça ao faraó, como
fazias antes, quando eras seu copeiro.
[14]Lembra-te de mim quando para ti
chegar a felicidade; peço-te que uses
de compaixão para comigo e que fales
de mim ao faraó, para que me tire des-
ta prisão; [15]porque fui arrebatado da
terra dos hebreus, e aqui também eu
nada fiz para merecer a prisão".
[16]Quando o padeiro-mor viu que
José tinha dado uma interpretação fa-
vorável, disse-lhe: "Eu também tive um
sonho: eu estava levando sobre a ca-
beça três cestos de pão branco. [17]No
de cima havia toda sorte de manjares
para o faraó, mas aves os comiam do
cesto que estava sobre minha cabeça".
[18]Respondeu José, dizendo: "Esta é a
interpretação: os três cestos são três
dias, [19]passados os quais o faraó te le-
vantará a cabeça de cima do pescoço
e te suspenderá numa árvore, para as
aves comerem tuas carnes".
[20]Realmente, no terceiro dia, data
do aniversário do faraó, ele deu um
banquete a todos os seus servidores,
e entre eles levantou a cabeça do co-
peiro-mor e a do padeiro-mor; [21]isto é,
reabilitou o copeiro-mor em seu cargo
de apresentar a taça ao faraó [22]e man-
dou enforcar o padeiro-mor, como lhes
interpretara José. [23]Mas o copeiro-mor
não se lembrou de José, e sim esque-
ceu-o.

41 **Os Sonhos do faraó.** [1]Pas-
sados dois anos completos,
o faraó teve um sonho: ele estava à
beira do rio Nilo; [2]saíram do rio sete
vacas belas e gordas que se puseram
a pastar entre os juncos. [3]Atrás delas,
saíram do Nilo outras sete vacas feias
e magras que se puseram ao lado das
primeiras à beira do rio. [4]As vacas feias
e magras devoraram as sete vacas be-
las e gordas. Nisso o faraó despertou.
[5]Voltando a dormir, teve outro sonho:
sete espigas grossas e belas saíam da
mesma haste. [6]E sete espigas chochas
e queimadas pelo vento oriental brota-
vam depois daquelas. [7]As espigas cho-
chas devoraram as sete espigas grossas
e cheias. Então o faraó despertou; aqui-
lo não passava de um sonho.
[8]De manhã, porém, seu espírito es-
tava atormentado. Mandou, pois, cha-
mar todos os magos e sábios do Egito
e contou-lhes seus sonhos. Mas nin-
guém sabia interpretá-los para o faraó.
[9]Então o copeiro-mor falou ao faraó,
dizendo:* "Recordo hoje meu erro. [10]O
faraó irritara-se contra seus servos e
me pusera na prisão na casa do capitão
da guarda, a mim e ao padeiro-mor.
[11]Numa mesma noite, eu e ele tivemos
um sonho, cada um com um significa-
do diferente. [12]Havia ali conosco um
jovem hebreu, servo do chefe da guar-
da. Contamos a ele os sonhos, e ele os
interpretou, dando a cada um a inter-
pretação de seu sonho. [13]E da forma
como ele interpretou, assim sucedeu;

* **40**,8. 41,16 | **41**,9. Êx 7,11.22; 8,1-3

eu fui readmitido em meu posto e o outro foi enforcado".

14O faraó mandou chamar José. Tirado rapidamente da prisão, ele fez a barba, trocou de roupa e apresentou-se ao faraó. 15Disse o faraó a José: "Tive um sonho e não há ninguém que saiba interpretá-lo. Mas de ti ouvi dizer que, quando ouves um sonho, tu o interpretas".

José interpreta os sonhos do faraó. 16Respondeu José ao faraó:* "Não sou eu, mas será Deus quem dará uma resposta favorável ao faraó". 17Então o faraó disse a José: "Em meu sonho, eu estava à beira do Nilo. 18Saíram do rio sete vacas gordas e belas que se puseram a pastar entre os juncos. 19Atrás delas, saíram do rio outras sete vacas, magras, feias e disformes, tão feias como jamais vi em todo o Egito. 20Essas vacas magras e feias devoraram as primeiras sete, as gordas. 21Depois de as terem engolido, não parecia que as tinham devorado, pois seu aspecto continuava tão feio como antes. Então despertei. 22Depois vi em meu sonho nascerem de uma só haste sete espigas cheias e belas. 23Depois delas brotaram sete espigas mirradas, chochas e queimadas pelo vento oriental. 24As sete espigas chochas devoraram as sete espigas belas. Contei esse sonho aos magos, mas ninguém pôde dar-me a explicação".

25José disse então ao faraó: "O sonho do faraó é um só, e Deus manifestou ao faraó o que ele está para fazer. 26As sete vacas gordas são sete anos e as sete espigas belas são também sete anos: o sonho é um só. 27As sete vacas magras e feias, que saíram depois daquelas, representam sete anos, como também as sete espigas mirradas e queimadas pelo vento oriental são também sete anos: haverá sete anos de fome. 28É isto que eu dizia ao faraó: Deus lhe mostra o que está para fazer. 29Virão sete anos de grande fartura em toda a terra do Egito 30e depois deles haverá sete anos de fome, que farão esquecer toda a fartura no Egito, pois a fome devastará o país. 31Essa fartura será esquecida no país por causa da fome que se seguirá, a qual será terrível. 32A repetição do sonho do faraó por duas vezes significa que a coisa está firmemente decidida da parte de Deus, e ele não tardará em executá-la. 33Agora, pois, escolha o faraó um homem prudente e sábio e o ponha à frente do Egito. 34Nomeie o faraó comissários para todo o país e recolha a quinta parte das colheitas do Egito durante os sete anos de fartura. 35Que eles ajuntem todos os produtos nestes próximos anos de prosperidade, armazenem o trigo sob a autoridade do faraó, coloquem o trigo nas cidades e o conservem. 36Esses mantimentos serão uma reserva para o país durante os sete anos de fome que virão sobre o Egito; e assim o país não será arruinado pela fome".

José, vice-rei do Egito. 37A proposta agradou ao faraó e a seus ministros. 38O faraó disse a seus ministros: "Poderíamos encontrar um homem como este,* no qual está o espírito de Deus?" 39Então o faraó disse a José: "Já que Deus te revelou tudo isso, não há homem tão prudente e tão sábio como tu. 40Tu serás o administrador de meu palácio* e a tuas ordens todo o povo obedecerá; somente no trono eu te precederei". 41Disse ainda o faraó a José: "Eu te constituo chefe de todo o Egito". 42Tirando o anel da mão, colocou-o na mão de José; mandou vesti-lo com vestes de linho fino e lhe pôs ao pescoço um colar de ouro. 43A seguir o fez subir ao segundo carro que tinha e mandou proclamar diante dele: "De joelhos!" Assim ele foi posto à frente de todo o Egito. 44Disse também o faraó a José: "Eu sou o faraó, mas sem tua permissão ninguém levantará a mão ou o pé em todo o Egito". 45Impôs-lhe o nome de Safenat-Fanec† e lhe deu como mulher Asenet, filha de Putifar,

* **41**,16. 40,8 | 38. Dn 13,45 | 40. At 7,10; Sl 105,21s

† **41**,45. Safenat-Fanec significa "Deus diz: Ele vive".

sacerdote de On. José percorreu todo o Egito. 46José tinha trinta anos quando se apresentou ao faraó, rei do Egito. Saindo da presença do faraó, viajou por toda a terra do Egito.

47A terra produziu copiosamente durante os sete anos de fartura. 48José ajuntou todo o produto dos sete anos que durou a fartura no Egito e o guardou nas cidades, depositando em cada cidade a produção dos campos vizinhos. 49Assim José chegou a acumular muitíssimo trigo, como a areia do mar, em tão grande quantidade até perder a conta, porque ia além das medidas.

50Entretanto, antes que chegasse o tempo da fome, nasceram a José dois filhos, que lhe deu Asenet, filha de Putifar, sacerdote de On. 51José deu a seu primogênito o nome de Manassés, "porque – disse ele – Deus me fez esquecer todas as minhas penas e até a família de meu pai". 52Ao segundo deu o nome de Efraim, "porque – disse ele – Deus me tornou fecundo na terra de minha aflição".†

53Terminados os sete anos de fartura* que houve no Egito, 54começaram os sete anos de fome, como José tinha predito. Havia fome em todos os países, mas em toda a terra do Egito ainda havia pão. 55Mas depois houve fome também em todo o Egito, e o povo clamou ao faraó, pedindo pão. Então o faraó disse a todos os egípcios: "Ide a José* e fazei o que ele vos disser". 56Quando a fome se estendeu a todo o país, José abriu todos os celeiros e pôs-se a vender o trigo aos egípcios, pois a fome se agravava também no Egito. 57De todos os países vinham ao Egito para comprar o trigo com José, porque a fome era grande em toda a terra.

42

Filhos de Jacó vão ao Egito. 1Jacó ficou sabendo que havia trigo no Egito.* Disse a seus filhos: "Por que ficais olhando uns para os outros? 2Ouvi dizer que no Egito há cereais; ide lá e comprai para nós, para que possamos viver e não tenhamos de morrer". 3Os irmãos de José, em número de dez, desceram ao Egito para comprar trigo. 4Mas Jacó não deixou que Benjamim, irmão de José, fosse com eles, porque pensava: "Poderia acontecer-lhe alguma desgraça". 5Os filhos de Israel chegaram para comprar trigo junto com outros que também vieram, pois havia fome em toda a terra de Canaã. 6José governava o país e era ele que vendia o trigo a todo o povo. Chegaram, portanto, os irmãos de José e se prostraram diante dele com o rosto em terra. 7Ao vê-los, José os reconheceu, mas fingiu ser um estranho, tratou-os com dureza e perguntou-lhes: "De onde vindes?" Responderam eles: "Do país de Canaã, para comprar trigo".

José põe à prova seus irmãos. 8José, portanto, reconheceu seus irmãos, mas estes não o reconheceram. 9José lembrou-se dos sonhos que tivera a respeito deles* e disse-lhes: "Vós sois espiões; viestes para ver os pontos fracos do país". 10Responderam eles: "Não, meu senhor, teus servos vieram comprar víveres. 11Somos todos filhos do mesmo pai, somos gente honesta; teus servos não são espiões". 12Mas José lhes replicou: "Não é verdade; viestes para observar os pontos fracos do país". 13Responderam eles: "Teus servos são doze irmãos, filhos do mesmo pai, na terra de Canaã; o mais jovem está agora com nosso pai e o outro já não existe". 14José insistiu: "É como eu vos disse: sois espiões. 15Vou pôr-vos à prova. Pela vida do faraó, não saireis daqui enquanto não chegar vosso irmão mais novo. 16Mandai um de vós buscá-lo; enquanto isso ficareis presos. Assim vossas palavras serão provadas,

* **41**,53. At 7,11 | 55. Sl 105,16 | **42**,1. At 7,12 | 9. 37,5-11

† **41**,52. Manassés quer dizer "fez-me esquecer" e Efraim, "tornou-me fecundo". | **42**,19. José finge tratar com dureza seus irmãos e os põe à prova por duas vezes, cc. 42 e 44, colocando-os na eventualidade de poder trair novamente um dos irmãos. Mas eles superam a prova, pois reconhecem seu erro e se prontificam a qualquer sacrifício para cumprir as ordens recebidas.

e veremos se dissestes a verdade; se
não, pela vida do faraó, sois espiões".
17E os encerrou a todos na prisão du-
rante três dias.

18Ao terceiro dia, disse-lhes José:
"Fazei isto, se quiserdes permanecer
com vida, pois eu temo a Deus. 19Se
sois gente honesta, um de vós fique na
prisão† e os outros partam levando a
vossas famílias o trigo para matarem a
fome. 20Depois trazei-me vosso irmão
mais novo; assim serão comprovadas
vossas palavras e não morrereis". Foi
o que fizeram. 21Disseram-se então os
irmãos uns aos outros: "Verdadeira-
mente, somos culpados contra nosso
irmão,* porque, vendo sua angústia
quando nos suplicava, não quisemos
ouvi-lo; por isso veio sobre nós esta
desgraça". 22Rúben lhes disse: "Não vos
adverti para que não pecásseis contra
o menino?* Não quisestes ouvir-me, e
agora nos pedem contas de seu san-
gue". 23Eles não sabiam que José estava
entendendo tudo, pois entre eles havia
um intérprete. 24José, então, afastou-se
deles e chorou.* Em seguida voltou e
falou com eles; escolheu dentre eles Si-
meão e mandou amarrá-lo na presença
dos irmãos.

25A seguir ordenou que se enches-
sem de trigo as suas sacas e pusessem
o dinheiro na saca de cada um, e lhes
dessem provisões para a viagem. E as-
sim foi feito. 26Eles carregaram o trigo
sobre os jumentos e partiram. 27Na
estalagem, ao abrir um deles sua saca
para dar de comer a seu jumento, viu
que seu dinheiro estava na boca da
saca 28e disse a seus irmãos: "Devolve-
ram meu dinheiro; está aqui em minha
saca". Então seu coração ficou sobres-
saltado; entreolharam-se tremendo
e disseram: "Que é isto que Deus fez
conosco?"

Dor de Jacó. 29Chegando junto ao
pai Jacó, na terra de Canaã, narraram
tudo o que tinha acontecido, dizendo-
-lhe: 30"Aquele homem, senhor do país,
tratou-nos duramente e nos tomou por
espiões do país. 31Nós lhe dissemos:
"Somos gente honesta; não somos es-
piões. 32Somos doze irmãos, filhos do
mesmo pai; um já não existe e o mais
novo está no momento com nosso pai,
na terra de Canaã". 33Disse-nos aquele
homem, senhor do país: "Nisto conhe-
cerei se sois gente honesta: deixai co-
migo um de vossos irmãos, levai o ne-
cessário para matar a fome de vossas
famílias e parti. 34Depois trazei-me vos-
so irmão mais novo; assim saberei que
não sois espiões, mas gente honesta.
Então vos devolverei vosso irmão e
podereis circular pelo país". 35Quando
esvaziaram suas sacas, cada um encon-
trou em sua saca a bolsa com o dinhei-
ro. À vista daquelas bolsas de dinheiro,
eles e seu pai encheram-se de medo.
36Então Jacó, seu pai, disse-lhes: "Vós
me deixais sem filhos. José desapare-
ceu, Simeão já não está aqui e quereis
levar Benjamim também; sobre mim
recaíram todas essas desgraças!" 37Rú-
ben disse ao pai: "Tira a vida a meus
dois filhos, se eu não te devolver Benja-
mim. Confia-o a mim, que eu o restitui-
rei a ti". 38Mas Jacó replicou: "Meu filho
não irá convosco, pois seu irmão mor-
reu e ele ficou só. Se lhe acontecesse
alguma desgraça na viagem* que ides
fazer, então, por vossa causa, cheio de
dores, eu desceria com meus cabelos
brancos à morada dos mortos".

43 **Benjamim vai com os ir-
mãos ao Egito.** 1Ora, a fome
devastava a terra. 2Quando acabaram
de consumir as provisões trazidas do
Egito, disse Jacó a seus filhos: "Voltai e
comprai-nos um pouco de alimento".
3Judá respondeu-lhe: "Aquele homem
nos advertiu expressamente: 'Não se-
reis admitidos a minha presença sem
que vosso irmão esteja convosco'. 4Se
deixares vir conosco nosso irmão, des-
ceremos lá e te compraremos alimen-
tos. 5Se, porém, não o deixares vir, não
partiremos, porque aquele homem nos
advertiu: 'Não sereis admitidos a minha
presença se vosso irmão não estiver
convosco'". 6Israel respondeu: "Por que

---

* **42**,21. 37,18-27 | 22. 37,22 | 24. 43,30 | 38. 42,4; 37,35

me fizestes este mal, dizendo àquele homem que tínheis outro irmão?" 7Responderam eles: "Ele nos perguntou expressamente por nós e por nossa família, dizendo: 'Vosso pai vive ainda? Tendes outro irmão?' E nós lhe respondemos segundo suas perguntas. Podíamos prever que nos diria: 'Trazei-me aqui vosso irmão'?"

8Judá disse a seu pai Israel:* "Deixa vir comigo o menino, e nos levantaremos e iremos, para que possamos viver e não morrer nós, tu e nossos pequeninos. 9Eu serei responsável por ele e poderás exigi-lo de mim. Se não o trouxer de volta e não o puser em tua presença, serei réu de culpa para contigo para sempre. 10Se não tivéssemos demorado tanto, a esta altura já estaríamos de volta pela segunda vez." 11Respondeu-lhes Jacó, seu pai: "Se tem de ser assim, fazei isto: Colocai em vossas bagagens dos melhores frutos desta terra e levai-os àquele homem: um pouco de bálsamo, um pouco de mel, especiarias, resina, pistácias e amêndoas. 12Levai também convosco o dinheiro em dobro* para restituir o dinheiro devolvido na boca das sacas; pois talvez tenha sido um engano. 13Tomai vosso irmão e parti, retornai para junto daquele homem. 14Que o Deus todo-poderoso* vos faça encontrar as boas graças daquele homem, de modo que vos devolva livre o outro irmão e Benjamim. Quanto a mim, se hei de ficar sem filhos, que fique sem eles".*

15Eles tomaram os presentes, o dinheiro em dobro e Benjamim e, pondo-se a caminho, desceram ao Egito e apresentaram-se a José. 16Quando José viu Benjamim com eles, disse ao mordomo: "Leva esses homens para a casa, mata um animal e prepara-o, pois comerão comigo ao meio-dia". 17O homem fez como lhe ordenara José e introduziu os homens na casa de José. 18Ao serem introduzidos na casa de José, tiveram grande medo e disseram entre si: "É por causa do dinheiro, que nos foi devolvido em nossas sacas da primeira vez, que nos trazem aqui. Vão nos agarrar, cair sobre nós, escravizar-nos e apoderar-se dos nossos jumentos".

19Aproximaram-se do mordomo da casa de José e lhe falaram à porta da casa, 20dizendo: "Perdão, meu senhor, nós já estivemos aqui uma vez para comprar trigo. 21Quando chegamos à estalagem* e abrimos nossas sacas, vimos que o dinheiro de cada um estava na boca da saca; exatamente nosso dinheiro. Mas o trouxemos outra vez pessoalmente; 22e trouxemos conosco outra quantia para pagar os víveres. Não sabemos quem foi que pôs nosso dinheiro em nossas sacas". 23Respondeu ele: "Ficai tranquilos, não temais. Foi vosso Deus, o Deus de vosso pai que colocou um tesouro em vossas sacas; eu recebi vosso dinheiro". E, libertando Simeão, trouxe-o para junto deles.

Banquete de José com seus irmãos. 24Depois de introduzi-los na casa de José, deu-lhes água para lavarem os pés e ração para os jumentos. 25Eles prepararam os presentes para o momento em que chegasse José, ao meio-dia, pois haviam compreendido que comeriam ali. 26Quando José chegou em casa, ofereceram-lhe os presentes que tinham trazido e prostraram-se diante dele até o chão. 27Ele lhes perguntou como estavam e disse-lhes: "Está bem vosso idoso pai de quem me falastes? Ainda vive?" 28Responderam-lhe eles: "Teu servo, nosso pai, está passando bem; ainda vive". E se inclinaram fazendo-lhe reverência. 29Então, erguendo os olhos, viu Benjamim, seu irmão, filho de sua mãe, e disse-lhes: "É este vosso irmão mais novo de quem me falastes?" E acrescentou: "Deus te seja propício, meu filho". 30José apressou-se em sair,* porque suas entranhas se comoveram à vista de seu irmão e estava a ponto de chorar. Retirou-se para seus aposentos, onde chorou. 31Depois lavou o rosto, saiu e, fazendo esforços para dominar-se, disse: "Servi

---

* **43**,8. 42,37 | 12. 37,25 | 14. 17,1 / 42,24 | 21. 42,27s | 30. 42,24

a refeição!" 32Serviram separadamente a José, aos irmãos e aos egípcios seus comensais; porque aos egípcios não é permitido comer com os hebreus, por ser isso coisa abominável para eles. 33Sentaram-se à frente dele por ordem de idade, desde o primogênito até o mais novo; eles olhavam uns para os outros admirados. 34José mandou levar-lhes porções de sua mesa; a porção de Benjamim era cinco vezes maior que a de todos os demais. Eles beberam, alegrando-se com ele.

44 **Segunda prova para os irmãos de José.** 1Depois José ordenou ao mordomo de sua casa: "Enche de provisões as sacas destes homens, o quanto couber, e põe o dinheiro de cada um na boca de sua saca. 2Coloca também minha taça de prata na boca da saca do mais jovem, juntamente com o dinheiro do trigo". E ele fez como José tinha mandado.

3Ao amanhecer, foram despedidos com seus jumentos. 4Quando estavam já fora da cidade, mas ainda não se tinham distanciado muito, José disse ao mordomo de sua casa: "Levanta-te e corre atrás desses homens e, quando os alcançares, dize-lhes: 'Por que pagastes o bem com o mal? 5Não é esta taça que meu senhor usa para beber e também para as adivinhações? Fizestes mal em agir assim'".

6Ele os alcançou e lhes falou daquele modo. 7Mas eles lhe responderam: "Por que fala assim meu senhor? Longe de teus servos fazer semelhante coisa! 8Trouxemos de volta da terra de Canaã o dinheiro que encontramos na boca de nossas sacas; como, pois, iríamos roubar prata ou ouro da casa de teu senhor? 9Morra aquele de teus servos em cujo poder for encontrada a taça, e nós seremos escravos de teu senhor". 10Respondeu ele: "Está bem, seja como dizeis; será meu escravo só aquele com quem for encontrada a taça; e vós outros ireis livres". 11Cada um depôs imediatamente sua saca no chão e a abriu. 12O mordomo revistou-as, começando pelo mais velho e terminando pelo último: a taça foi encontrada na saca de Benjamim. 13Eles então rasgaram suas vestes, carregaram cada qual seu jumento e voltaram à cidade.

14Judá e seus irmãos chegaram à casa de José, que se encontrava ainda lá, e prostraram-se por terra diante dele. 15Disse-lhes José: "Que é isto que fizestes? Não sabíeis que um homem como eu sabe muito bem adivinhar?" 16Respondeu Judá: "Que podemos responder a meu senhor? Que dizer e como nos justificar? Deus descobriu a culpa de teus servos. Tanto nós como aquele com quem foi encontrada a taça somos escravos de meu senhor". 17Respondeu José: "Longe de mim fazer tal coisa! Aquele com que foi encontrada a taça, esse será meu escravo; e vós outros retornai em paz para junto de vosso pai".

Judá se oferece em troca de Benjamim. 18Então Judá se aproximou e disse: "Eu te peço, meu senhor, permite que teu servo diga uma palavra aos ouvidos de meu senhor, e não se acenda tua cólera contra teu servo, porque tu és igual ao faraó. 19Meu senhor havia perguntado a seus servos: 'Tendes ainda pai ou outro irmão?' 20E nós respondemos a meu senhor: 'Temos um pai, já idoso, e um irmão pequeno, que lhe nasceu na velhice. Tinha este um irmão que já morreu, e ele ficou sendo o único filho de sua mãe; e seu pai o ama muito'. 21E tu disseste a teus servos: 'Trazei-o a mim, para que eu possa vê-lo'. 22Respondemos então a meu senhor: 'O jovem não poderá deixar seu pai, pois se o deixasse ele morreria'. 23Replicaste então a teus servos: 'Se não vier convosco vosso irmão mais jovem, não sereis admitidos a minha presença'. 24Quando voltamos a teu servo, meu pai, contamos-lhe o que meu senhor tinha dito. 25E mais tarde, quando nosso pai disse: 'Voltai para comprar-nos um pouco de víveres', respondemos-lhe: 26'Não podemos ir; mas se nosso irmão menor for conosco iremos, pois não podemos comparecer diante daquele homem se este nosso irmão menor não estiver conosco'. 27E teu servo, meu pai, nos disse: 'Vós sabeis que minha esposa só me deu à luz dois filhos. [28]Um deles saiu de minha casa e eu disse:* Certamente foi dilacerado! E até agora não mais o vi. [29]Se me levais também este, e lhe acontecer alguma desgraça, então me faríeis descer cheio de dores, com meus cabelos brancos, à morada dos mortos'. [30]Agora, pois, se eu chegar a teu servo, meu pai, sem que esteja conosco o jovem a quem está intimamente afeiçoado, [31]ele, ao notar que falta o jovem, morrerá e, então, por causa de teus servos, cheio de dores, teu servo, nosso pai, desceria com seus cabelos brancos à morada dos mortos. [32]Teu servo se fez responsável pelo jovem para com meu pai, dizendo: 'Se eu não o trouxer de volta, serei réu de culpa contra meu pai por toda a vida'. [33]Agora, pois, fique teu servo em lugar deste jovem como escravo de meu senhor, e ele volte com seus irmãos; [34]porque como posso retornar a meu pai sem que ele esteja comigo? Não quero ver a desgraça que oprimiria meu pai!"

45 **José dá-se a conhecer a seus irmãos.** [1]Então José, não podendo mais se conter diante de todos os que o rodeavam, gritou: "Fazei sair todos de minha presença". Desse modo, ninguém ficou com ele quando se deu a conhecer a seus irmãos.* [2]Pôs-se a chorar tão alto que o ouviram os egípcios e até mesmo a corte do faraó. [3]Disse José a seus irmãos: "Eu sou José; vive ainda meu pai?" Mas seus irmãos não conseguiam responder-lhe, porque estavam amedrontados por sua presença. [4]José disse a seus irmãos:* "Aproximai-vos de mim!" E tendo-se aproximado, disse-lhes: "Eu sou José, vosso irmão, que vendestes para o Egito. [5]Não vos aflijais por isso, nem vos atormenteis por me terem vendido para cá; pois foi Deus que me enviou adiante de vós,* para preservar-vos a vida. [6]Porque já faz dois anos que a fome assola o país, e por mais cinco anos não haverá semeadura nem colheita. [7]Deus me mandou a vossa frente para ser conservado para vós um resto sobre a terra e para salvar-vos a vida com uma grande libertação. [8]Não fostes vós, portanto, que me mandastes para cá, mas Deus mesmo; e ele me estabeleceu como pai para o faraó, chefe de toda a sua casa e soberano de todo o Egito†. [9]Voltai depressa a meu pai e dizei-lhe: Assim fala teu filho José: 'Deus me constituiu administrador de todo o Egito; vem para junto de mim sem demora. [10]Habitarás na terra de Gessen* e viverás perto de mim tu, teus filhos, teus netos, com tuas ovelhas, teus bois e tudo o que possuis. [11]Lá eu te sustentarei, pois a fome deve durar ainda cinco anos, para que não te empobreças tu e tua casa e tudo o que tens'. [12]Agora vós vedes com vossos próprios olhos, e meu irmão Benjamim também, que sou eu mesmo que vos falo. [13]Contai a meu pai todo o prestígio que tenho no Egito e tudo o que tendes visto. Apressai-vos a trazer para cá meu pai". [14]Então, lançou-se ao pescoço de Benjamim, chorando, e chorou também Benjamim abraçado a ele. [15]Em seguida beijou todos os seus irmãos e, abraçando-os, chorou. Depois disso, seus irmãos se puseram a conversar com ele.

[16]Na corte do faraó correu a notícia de que tinham vindo os irmãos de José. Alegraram-se com isso o faraó e seus ministros. [17]O faraó disse a José: "Dize a teus irmãos: 'Fazei o seguinte: carregai vossos animais, voltai ao país de Canaã. [18]Trazei vosso pai e vossas famílias e voltai a mim. Eu vos darei as melhores terras egípcias, e comereis da fartura da terra'. [19]Quanto a ti, dá-lhes

---

* **44**,28. 37,33 | **45**,1. At 7,13 | 4. 50,15 | 5. 50,20; Sl 105,17 | 10. 46,28s; 47,1-6; Êx 8,18; 9,26

† **45**,8. José proclama aos irmãos os insondáveis caminhos da Providência divina, que fez resultar em salvação e glória uma história de traição, abandono e sofrimento. Vendido pelos irmãos e humilhado no cárcere, mas depois exaltado como vice-rei, José prefigura a paixão e o triunfo de Jesus na ressurreição, para a salvação da humanidade.

esta ordem: 'Fazei assim: levai do Egito
carros para vossos filhinhos e para vos-
sas mulheres, trazei vosso pai e vinde.
[20]Não tenhais nenhum pesar pelo que
tereis de deixar, porque o que há de
melhor em todo o Egito será vosso'".
[21]Assim fizeram os filhos de Israel. José
deu-lhes carros, como mandou o faraó,
e provisões para a viagem. [22]Deu a cada
um uma muda de roupa, e a Benjamim
deu trezentas moedas de prata e cin-
co mudas de roupa. [23]Enviou a seu pai
dez jumentos carregados dos melho-
res produtos do Egito,* dez jumentas
carregadas de trigo, pão e provisões
para a viagem. [24]Assim despediu seus
irmãos e, enquanto partiam, disse-lhes:
"Não disputeis pelo caminho".

Retorno a Canaã. [25]Partiram, pois, do
Egito e chegaram ao país de Canaã, à
casa de Jacó, seu pai. [26]Deram-lhe a
boa-nova, dizendo: "José ainda vive, e
é ele que governa toda a terra do Egi-
to". Mas o coração dele ficou insensí-
vel, pois não acreditou neles. [27]Então
lhe transmitiram todas as palavras que
José lhes tinha dito. Quando viu os car-
ros mandados por José para transpor-
tá-lo, o espírito de Jacó, seu pai, se rea-
nimou. [28]Então Israel exclamou: "Basta!
José, meu filho, está vivo! Irei vê-lo an-
tes de morrer".

46

**Jacó vai para o Egito com
toda a família.** [1]Israel partiu,
levando tudo o que possuía. Chegan-
do a Bersabeia,* ofereceu sacrifícios ao
Deus de seu pai Isaac. [2]Deus disse a Is-
rael numa visão noturna: "Jacó! Jacó!"
"Eis-me aqui", respondeu ele. [3]Conti-
nuou Deus: "Eu sou Deus, o Deus de
teu pai.* Não temas descer ao Egito,
porque lá farei de ti uma grande nação.
[4]Descerei contigo ao Egito e eu mesmo
certamente te farei subir de lá; e a mão
de José te fechará os olhos".†

[5]Jacó partiu de Bersabeia. Os filhos
de Israel levaram Jacó, seu pai, os pró-
prios filhinhos e as mulheres nos carros
que o faraó enviara para transportá-
-los. [6]Levaram também consigo os re-
banhos e os bens que adquiriram na
terra de Canaã; foram para o Egito Jacó
e todos os seus descendentes com ele:
[7]seus filhos e netos, suas filhas e netas,
e toda a sua descendência.

[8]Estes são os nomes dos israelitas*
que foram para o Egito: Jacó e seus
filhos; o primogênito de Jacó, Rúben.
[9]Os filhos de Rúben: Henoc, Falu, Hes-
ron e Carmi. [10]Os filhos de Simeão: Ja-
muel, Jamin, Aod, Jaquin, Soar e Saul,
filho da cananeia. [11]Os filhos de Levi:
Gérson, Caat e Merari. [12]Os filhos de
Judá: Her, Onã, Sela, Farés e Zara. Her
e Onã,* porém, morreram na terra de
Canaã; e os filhos de Farés: Hesron
e Hamul. [13]Os filhos de Issacar: Tola,
Fua, Jasub e Semron. [14]Os filhos de
Zabulon: Sared, Elon e Jaelel; [15]esses
são os filhos que Lia deu a Jacó em
Padã-Aram, além de sua filha Dina; ao
todo, entre filhos e filhas, trinta e três
pessoas.

[16]Os filhos de Gad: Safon, Hagi, Suni,
Esebon, Eri, Arodi e Areli. [17]Os filhos de
Aser: Jamne, Jesua, Jessui, Beria e Sera,
irmã deles. Os filhos de Beria: Héber e
Melquiel. [18]Esses são os filhos de Zelfa,
que Labão deu a sua filha Lia; e esses
ela deu à luz a Jacó, dezesseis pessoas.

[19]Os filhos de Raquel, mulher de
Jacó: José e Benjamim. [20]Nasceram a
José no Egito Manassés e Efraim, que
lhe deu à luz Asenet, filha de Putifar,*
sacerdote de On. [21]Os filhos de Benja-
mim: Bela, Bocor, Asbel, Gera, Naamã,
Equi, Ros, Mofim, Ofim e Ared. [22]Es-
ses são os filhos de Raquel, nascidos a
Jacó; ao todo quatorze. [23]Os filhos de
Dã: Husim. [24]Os filhos de Neftali: Jasiel,
Guni Jeser e Salém.

[25]Esses são os filhos de Bala, que La-
bão deu a sua filha Raquel, e esses ela
deu à luz a Jacó; ao todo, sete pessoas.

[26]Os que foram com Jacó para o Egi-
to, descendentes seus, sem contar suas
noras, eram ao todo sessenta e seis.

---

* **45**,23. 43,11 | **46**,1. 31,24 | 3. 26,23ss | 8. Nm 26,5s | 12. 38,3-10 | 20. 41,45

† **46**,4. Esta aparição põe fim às manifestações de Deus aos patriarcas. Deus promete a Jacó ser seu guia na ida para o Egito, como depois será o condutor dos que de lá retornarem rumo à terra prometida.

[27]Os filhos de José, nascidos no Egito, eram dois. Ao todo, as pessoas da família de Israel, que foram para o Egito, eram setenta.*

Encontro de Jacó com José. [28]Jacó enviou Judá na frente a José, para que viesse a seu encontro em Gessen. Quando chegaram à região de Gessen, [29]José preparou seu carro e foi se encontrar com Israel, seu pai, em Gessen. Logo que o viu, lançou-se-lhe ao pescoço e, assim abraçado, chorou longamente. [30]Israel disse a José: "Agora posso morrer, porque ainda estás vivo e eu vi teu rosto".

[31]Então José disse a seus irmãos* e à família de seu pai: "Vou avisar o faraó, dizendo: Meus irmãos e a família de meu pai, que estavam na terra de Canaã, vieram para junto de mim. [32]São pastores, possuem animais, e trouxeram consigo suas ovelhas, seus bois e tudo o que possuíam. [33]E assim, quando o faraó vos chamar e vos perguntar: 'Qual é vossa profissão?' [34]respondereis: 'Teus servos sempre foram criadores de animais desde a juventude até agora, tanto nós como nossos pais'. Assim podereis morar na região de Gessen, porque os egípcios detestam todos os pastores de ovelhas".

47 **Jacó e os filhos diante do faraó.** [1]José foi comunicar ao faraó: "Meu pai e meus irmãos chegaram da terra de Canaã com suas ovelhas, seus bois e todos os seus bens; estão agora na região de Gessen". [2]Tomou então cinco dentre seus irmãos e os apresentou ao faraó. [3]Este lhes perguntou: "Qual é vossa profissão?" Responderam: "Nós, teus servos, somos pastores de ovelhas, tanto nós, como nossos pais". [4]E acrescentaram: "Viemos morar neste país, porque não há mais pastagens para os rebanhos de teus servos, e a fome é grande na terra de Canaã. Permite, pois, que teus servos habitem na região de Gessen". [5]O faraó disse a José: "Teu pai e teus irmãos vieram para junto de ti. [6]A terra do Egito está a tua disposição; instala teu pai e teus irmãos na melhor parte do país: que habitem na região de Gessen. E, se souberes que há entre eles homens capazes, coloca-os à frente de meus rebanhos".

Na terra de Gessen. [7]José mandou vir seu pai e o apresentou ao faraó. Jacó abençoou o faraó. [8]Este lhe perguntou: "Que idade tens?"* [9]Respondeu-lhe Jacó: "Os anos de minha peregrinação sobre a terra somam cento e trinta. Breves e infelizes têm sido os anos de minha vida, e não chegaram a igualar os anos de vida de meus pais, no tempo de sua peregrinação". [10]Jacó abençoou de novo o faraó e retirou-se de sua presença. [11]José instalou seu pai e seus irmãos, dando-lhes uma propriedade na terra do Egito, na melhor parte do país,* na região de Ramsés, como o faraó lhe havia mandado. [12]José providenciou alimentos para seu pai, seus irmãos e para toda a família de seu pai, segundo o número de seus filhos.

José distribui o trigo estocado. [13]Faltou pão em todo o país, pois a fome se agravava, e o Egito e Canaã estavam exauridos pela fome. [14]José recolheu todo o dinheiro existente no Egito e em Canaã, em troca do trigo que eles compravam, e depositou o dinheiro no tesouro do faraó. [15]Esgotado o dinheiro do Egito e de Canaã, todos os egípcios foram a José, dizendo-lhe: "Dá-nos pão! Por que havemos de morrer debaixo de teus olhos por falta de dinheiro?" [16]Respondeu José: "Dai-me vossos rebanhos, e em troca deles vos darei pão, se vos falta o dinheiro". [17]Então trouxeram seus animais a José, o qual lhes deu pão em troca de cavalos, ovelhas, bois e jumentos. Assim naquele ano forneceu-lhes pão em troca de todos os seus animais. [18]Mas, passado aquele ano, voltaram a ele no ano seguinte e lhe disseram: "Não podemos ocultar a meu senhor que o dinheiro se acabou e que os animais que tínhamos já pertencem a meu senhor. Não restam à disposição de meu senhor senão nossos corpos e nossas terras. [19]Por

* **46**,27. Êx 1,5; Dt 10,22; At 7,14; | 31. 45,15s | **47**,8. 25,7; 35,28; 47,28 | 11. Êx 1,11; 12,37

que teremos de perecer sob teus olhos
nós e nossa terra? Compra-nos junto
com nossa terra em troca de pão. Nós e
nossa terra seremos escravos do faraó;
mas dá-nos sementes, para que pos-
samos viver e não morramos, e nossa
terra não fique desolada". 20Assim José
comprou para o faraó todas as terras
do Egito, porque os egípcios, forçados
pela fome, venderam a ele cada qual
seu campo; e toda a terra tornou-se
propriedade do faraó. 21Ele submeteu
todo o povo à servidão, dum extremo
ao outro do Egito. 22Só não comprou
as terras dos sacerdotes, porque eles
recebiam do faraó uma contribuição e
viviam daquilo que o faraó lhes dava;
por isso não se viram obrigados a ven-
der suas terras. 23José disse ao povo:
"Hoje vos adquiri para o faraó, junto
com vossas terras. Aqui tendes semen-
tes: semeai o campo; 24no tempo da
colheita dareis ao faraó a quinta par-
te; as outras quatro partes serão vos-
sas, para semear os campos e para o
sustento vosso, de vossas famílias e de
vossos filhos". 25Eles responderam: "Tu
nos salvaste a vida! Possamos encon-
trar graça aos olhos de meu senhor e
seremos servos do faraó". 26José fez
disso uma regra, em vigor até hoje,
para todas as terras do Egito: a quinta
parte* pertence ao faraó. Somente as
terras dos sacerdotes não passaram
para o faraó.

Últimos dias de Jacó. 27Israel estabe-
leceu-se no Egito, na terra de Gessen.
Ali adquiriram propriedades, foram
fecundos e multiplicaram-se muito.
28Jacó viveu no Egito dezessete anos,*
e a duração de sua vida foi de cento e
quarenta e sete anos. 29Aproximando-
-se para Israel o tempo de morrer, ele
chamou a si seu filho José e disse-lhe:
"Se encontrei favor a teus olhos, põe
tua mão debaixo de minha coxa* e pro-
mete tratar-me com benevolência e fi-
delidade: por favor, não me sepultes no
Egito. 30Quando eu tiver adormecido
com meus pais, tu me levarás do Egito
e me sepultarás no túmulo deles". Ele
respondeu: "Farei como dizes". 31Disse-
-lhe Jacó: "Jura-me".* E ele jurou. Então
Israel se inclinou sobre a cabeceira do
leito.

48 **Jacó adota e abençoa os fi-
lhos de José.** 1Depois desses
acontecimentos, vieram dizer a José:
"Teu pai está doente". Então ele tomou
consigo seus dois filhos, Manassés e
Efraim. 2Disseram a Jacó: "Teu filho José
vem te visitar". Então Israel, fazendo es-
forço, sentou-se no leito. 3Depois Jacó
disse a José:* "O Deus todo-poderoso
me apareceu em Luza, na terra de Ca-
naã, e me abençoou, 4dizendo-me: 'Eu
te tornarei fecundo e te multiplicarei e
farei de ti uma comunidade de povos
e darei esta terra a teus descendentes
depois de ti como propriedade perpé-
tua'. 5Agora, pois, teus dois filhos que
te nasceram no Egito, antes que eu
viesse para junto de ti no Egito, são
meus; Efraim e Manassés serão meus
como Rúben e Simeão. 6Mas, os filhos
que tiveste depois deles são teus e
em nome de seus irmãos receberão a
herança. 7Quando eu voltava de Padã,
morreu pelo caminho, a meu lado, Ra-
quel, tua mãe, na terra de Canaã, a cer-
ta distância de Éfrata,* e ali a sepultei,
no caminho de Éfrata, isto é, Belém".

8Israel viu os dois filhos de José e
perguntou: "Quem são estes?" 9Res-
pondeu José a seu pai: "São meus fi-
lhos, que Deus me deu aqui". Disse
Jacó: "Aproxima-os de mim, para que
os abençoe". 10Israel, devido à velhice,
tinha a vista cansada e não enxergava
mais. José aproximou-os e ele os bei-
jou e abraçou. 11Disse depois Israel a
José: "Eu não esperava tornar a ver teu
rosto, e Deus me concedeu ver tam-
bém tua descendência!" 12Então José
os retirou dos joelhos de Jacó e pros-
trou-se com o rosto em terra. 13Depois
tomou os dois pela mão, Efraim com
sua direita, para que ficasse à esquerda
de Israel, e Manassés com sua esquer-
da, para que ficasse à direita de Israel, e
os aproximou dele. 14Israel, estendendo

* **47**,26. 41,34 | 28. 49,29-32; 50,6 | 29. 24,2 | 31. Hb 11,21 | **48**,3. 17,1; 36,6.11s | 7. 35,16-20

a mão direita, colocou-a sobre a cabe-
ça de Efraim, que era o mais novo, e a
esquerda sobre a cabeça de Manassés,
cruzando as mãos, embora fosse Ma-
nassés o primogênito. 15E abençoou
José, dizendo:
"O Deus em cuja presença caminha-
ram meus pais Abraão e Isaac;
o Deus que tem sido meu pastor por
toda a minha vida até hoje;*
16o Anjo que me libertou de todo o
mal abençoe estes meninos,*
e neles sobrevivam meu nome e o
nome de meus pais Abraão e Isaac,
e se multipliquem grandemente no
meio da terra".
17José notou que seu pai tinha posto
a mão direita sobre a cabeça de Efraim,
e isto lhe desagradou. Pegou na mão
do pai, para tirá-la da cabeça de Efraim
para a de Manassés, 18e disse a seu pai:
"Assim não, meu pai, pois o mais ve-
lho é este; põe tua mão direita sobre a
cabeça dele". 19Mas o pai recusou-se e
disse: "Eu sei, meu filho, eu sei. Também
ele chegará a ser um povo, ele também
será grande; mas seu irmão mais novo*
será maior do que ele† e sua descen-
dência se tornará uma multidão de
nações". 20Naquele dia os abençoou,
dizendo: "Por vós Israel abençoará
com estas palavras: 'Que Deus te faça
semelhante a Efraim e a Manassés'".
E colocou Efraim antes de Manassés.
21Depois disse Israel a José: "Eu vou
morrer; mas Deus estará convosco e
vos reconduzirá à terra de vossos pais.
22Eu te dou uma parte a mais que a
teus irmãos, Siquém, que conquistei
dos amorreus com minha espada e
com meu arco".

49 **Profético adeus de Jacó a seus filhos.** 1Depois Jacó cha-
mou seus filhos e disse: "Reuni-vos,
para que vos anuncie* o que vos acon-
tecerá nos tempos vindouros†.
2Reuni-vos e ouvi, filhos de Jacó;
escutai Israel, vosso pai.
3Rúben, tu és meu primogênito;*
minha força e as primícias de meu
vigor,
primeiro em dignidade e primeiro
em poder.
4Impetuoso como a água, não terás
a primazia,
porque subiste ao leito de teu pai;*
profanaste meu leito, subindo nele.
5Simeão e Levi são irmãos,
suas espadas são instrumentos de
violência.
6Em seu conselho não entre minha
alma,
a sua assembleia não se una minha
honra;
porque em seu furor mataram ho-
mens
e em sua arrogância mutilaram tou-
ros.
7Maldito seu furor, por sua violência
e sua cólera, por sua crueldade.
Eu os dividirei em Jacó
e os dispersarei em Israel.
8Judá, teus irmãos te louvarão,*
tua mão pesará sobre a nuca de teus
inimigos.
Diante de ti se prostrarão os filhos de
teu pai.*
9Judá é um leãozinho;
voltaste, meu filho, da pilhagem.
Ele se agacha e se estende como um
leão,
e como uma leoa; quem o despertará?
10O cetro não se afastará de Judá*
nem o bastão de comando dentre
seus pés
até que venha Aquele ao qual per-
tence,
a quem devem os povos a obediên-
cia.

* **48**,15. 49,24; Sl 23,1; 80,2s | 16. 16,7 | 19. Dt 33,17; 12,3 | **49**,1. Jz 5; Dt 33 | 3. 29,32 | 4. 35,22 | 8. 27,29 / 37,7-9 | 10. Nm 24,17; Mq 5,1-3; Is 9,5s; 11,1s; Zc 9,9; 2Sm 7,1

† **48**,19. Esta narrativa explica por que José é representado por duas entre as 12 tribos e por que a tribo de Efraim era mais forte que a de Manassés. O irmão mais novo preferido ao mais velho é um tema frequente na Bíblia: Abel-Caim, Isaac-Ismael, Jacó-Esaú, Davi e seus irmãos, etc. Mostra como Deus é livre e misterioso em seus desígnios, passando por cima das convenções humanas e preferindo os humildes. **49**,1. Jacó se despede dos filhos, anunciando o futuro de cada tribo. Prediz o nascimento de um rei nascido de Judá, que dominará sobre os povos, v. 10. A profecia refere-se a Davi como figura do Messias.

[11]Ele ata à videira seu jumentinho
e à cepa mais excelente o filho de sua jumenta;
lava no vinho sua veste,
e no sangue da uva seu manto.
[12]Seus olhos são mais escuros que o vinho,
e seus dentes, mais brancos que o leite.
[13]Zabulon habita à beira do mar,
e serve de porto aos navios;
suas fronteiras se estendem até Sidônia.
[14]Issacar é um jumento robusto,
deitado entre os currais.
[15]Vendo que o repouso era bom,
e ameno o país,
curvou o dorso à carga
e sujeitou-se à servidão.
[16]Dã julgará seu povo,
como uma das tribos de Israel.
[17]Dã é uma serpente no caminho,
uma víbora no atalho,
que morde os calcanhares do cavalo,
para que caia de costas o cavaleiro.
[18]Javé, espero tua salvação!*
[19]Gad, assaltado por assaltantes,
também assalta ele sua retaguarda.
[20]Aser tem um pão saboroso,*
que fará as delícias dos reis.
[21]Neftali é uma gazela solta,
que dá crias bonitas.
[22]José é o ramo de uma árvore frutífera,*
ramo de uma árvore frutífera junto a uma fonte;
seus ramos crescem acima do muro.
[23]Provocaram-no os arqueiros,
atacaram-no os atiradores de flechas.
[24]Mas seu arco permanece firme,
e seus braços e suas mãos se fortaleceram,
em virtude das mãos do Poderoso de Jacó,
pelo nome do Pastor e Rocha de Israel.
[25]Graças ao Deus de teu pai, que te ajuda,
graças ao Todo-Poderoso, que te abençoa*
com bênçãos que descem do alto céu,
bênçãos que sobem do abismo embaixo,
bênçãos das mamas e do seio.
[26]As bênçãos de teu pai superam
as bênçãos das montanhas antigas
e as delícias das colinas eternas.
Que elas desçam sobre a cabeça de José
e sobre a fronte do consagrado entre seus irmãos.
[27]Benjamim é um lobo voraz:
de manhã devora a presa
e à noite reparte os despojos".

Morte de Jacó. [28]São essas as doze tri-
bos de Israel, e foi isso o que lhes disse
seu pai ao abençoá-los, dando a cada
qual uma bênção particular. [29]Depois
deu-lhes suas ordens, dizendo: "Eu vou
reunir-me a meus parentes; sepultai-
-me junto de meus pais, [30]na caverna
que fica no campo de Macpela, de-
fronte de Mambré, na terra de Canaã, e
que Abraão comprou de Efron, o heteu,
junto com o campo, como proprieda-
de funerária. [31]Ali sepultaram Abraão e
Sara, sua mulher; ali sepultaram Isaac
e Rebeca, sua mulher, e ali eu sepultei
Lia. [32]O campo e a gruta que nele está
foram comprados aos filhos de Het".
[33]Quando Jacó terminou de dar essas
ordens a seus filhos,* recolheu os pés
sobre o leito e expirou, e foi reunido
aos seus.

50

Jacó é sepultado em Hebron.
[1]Então José lançou-se sobre o
rosto do pai e chorou, inclinado sobre
ele,* e o beijou. [2]Ordenou aos médicos
que estavam a seu serviço que embal-
samassem seu pai; e os médicos em-
balsamaram Israel. [3]Gastaram nisso
quarenta dias, que é o tempo que se
requer para embalsamar. Os egípcios
o choraram durante setenta dias. [4]Ter-
minados os dias do luto, José disse à
corte do faraó: "Se encontrei graça a
vossos olhos, falai de minha parte ao
faraó, dizendo-lhe: [5]'Meu pai me fez
jurar, dizendo-me: Eu vou morrer; no

* **49**,18. Is 25,9 | 20. Dt 33,24 | 22. Dt 33,13-17 | 25. 17,1 | 33. 48,2 | **50**,1. 46,4

sepulcro que cavei para mim na terra de Canaã ali me sepultarás'. Agora, pois, por favor, permite-me ir sepultar meu pai; depois voltarei". [6]Respondeu o faraó: "Vai, sepulta teu pai, como te fez jurar".

[7]José subiu para sepultar seu pai. Com ele subiram todos os servos do faraó, todos os anciãos de sua corte, todos os anciãos do Egito, [8]toda a família de José, seus irmãos e a família de seu pai. Na terra de Gessen deixaram somente as crianças, as ovelhas e os bois. [9]Com ele subiram também carros e cavaleiros, de modo que o cortejo era numeroso. [10]Quando chegaram à eira de Atad, além do Jordão, fizeram uma lamentação muito grande e solene; e José fez um luto de sete dias por seu pai. [11]Quando os habitantes do país, os cananeus, viram aquele luto na eira de Atad, disseram: "Esse é um grande luto para os egípcios". Por isso foi chamado Abel Misraim esse lugar, que fica além do Jordão. [12]Os filhos de Jacó fizeram com o corpo do pai tudo o que ele lhes havia ordenado. [13]Levaram-no para a terra de Canaã e o sepultaram na gruta do campo de Macpela,* defronte de Mambré, que Abraão tinha comprado de Efron, o heteu, para propriedade funerária. [14]Depois de terem sepultado seu pai, José voltou ao Egito com seus irmãos e todos os que tinham ido com ele para sepultar seu pai.

Generosidade de José com seus irmãos. [15]Os irmãos de José começaram a ter medo, porque seu pai estava morto, e diziam: "Quem sabe José vai nos tratar como inimigos e se vingar de todo o mal que lhe fizemos?" [16]Mandaram, pois, dizer a José: "Teu pai nos ordenou antes de morrer: [17]'Assim direis a José: Perdoa, eu te peço, o crime e o pecado de teus irmãos, e todo o mal que te fizeram'. Agora, pois, perdoa este crime dos servos do Deus de teu pai". José chorou quando ouviu isto.* [18]Depois seus próprios irmãos vieram e se prostraram diante dele e exclamaram: "Somos teus escravos!" [19]Mas José disse-lhes:* "Não temais; por acaso estou no lugar de Deus? [20]É verdade que vossa intenção era me fazer mal, mas Deus o transformou em bem, cumprindo o que hoje sucede: salvar a vida de um povo numeroso. [21]Não temais, portanto; continuarei a sustentar-vos junto com vossos filhos". E assim os confortou e tocou-lhes o coração.

Últimos anos de José. [22]José habitou no Egito, como também a família de seu pai. Viveu cento e dez anos. [23]José viu os filhos de Efraim até a terceira geração. Também os filhos de Maquir, filho de Manassés,* nasceram sobre os joelhos de José. [24]Enfim José disse a seus irmãos: "Eu vou morrer; mas Deus certamente intervirá em vosso favor* e vos fará subir deste país para a terra que prometeu a Abraão, a Isaac e a Jacó". [25]José fez os filhos de Israel jurar, dizendo-lhes: "Deus certamente vos visitará, e então levareis daqui meus ossos".* [26]José morreu com a idade de cento e dez anos; embalsamaram-no e o puseram num sarcófago, no Egito.

---

* **50**,13. At 7,16 | 17. 37,7-11 | 19. 45,5; Rm 12,19 | 23. 48,12 | 24. Êx 12,41 | 25. Hb 11,22

ÊXODO

"Êxodo", saída, é um nome que só corresponde em parte ao conteúdo deste livro, que narra a libertação dos hebreus da opressão egípcia, a caminhada até o monte Sinai e a aliança que Deus fez com o povo que libertou. A metade final do livro é dedicada a enumerar as leis morais, jurídicas e cultuais, que o povo se obriga a cumprir, e a descrever os lugares e objetos do culto. Os fatos narrados situam-se em torno do ano 1250 a.C. e têm como principal protagonista Moisés, ao qual Deus revela seu nome próprio, Javé, e que será seu instrumento na libertação e na aliança.

Israel, que no Egito era apenas uma multidão escravizada pelo faraó, nasce agora como povo de Deus, livre e organizado. É provável que não corresponda à história a imagem que Êx 12,37 apresenta das 12 tribos saindo juntas do Egito, num total de 2 a 3 milhões de pessoas; parece que foram vários os grupos expulsos ou fugitivos, entre os quais o de Moisés.

A importância religiosa do êxodo será fundamental na história do povo eleito. Muitos textos do Antigo Testamento recordam a epopeia da saída do Egito e seu significado libertador. Cada ano, na celebração da Páscoa, os hebreus revivem os acontecimentos que seus pais testemunharam. A aliança do Sinai prefigura a nova e eterna aliança da Páscoa redentora de Cristo. O Decálogo, dado por Deus a Moisés, permanece a norma de vida, não só do judaísmo mas também dos cristãos. A passagem do mar Vermelho e o maná tornaram-se símbolos respectivamente do batismo e da eucaristia. O cordeiro, a nuvem, a água e o templo são outros tantos temas que o Novo Testamento, e sobretudo o quarto evangelho e o Apocalipse, herdaram do êxodo.

A libertação do Egito é o modelo de todas as futuras intervenções salvíficas de Deus, que daí em diante se chamará "aquele que te tirou da escravidão do Egito".

Quem lê hoje o livro do Êxodo deve recordar o que disse São Paulo em Gl 5,1: "Foi para ficarmos livres que Cristo nos libertou. Continuai, portanto, firmes e não vos deixeis prender de novo ao jugo da escravidão". A lei que nos comprometemos a observar na nova aliança em Cristo é a lei perfeita da liberdade (Tg 1,25). O êxodo nos leva a valorizar essa liberdade, para que, libertos por Cristo, lutemos pela libertação de nossos irmãos.

I. DA ESCRAVIDÃO À LIBERDADE (1,1–12,36)

1 **Israel no Egito.** [1]São estes os no-
mes dos israelitas* que entraram
com Jacó no Egito, cada um com sua
família: [2]Rúben, Simeão, Levi e Judá;
[3]Issacar, Zabulon e Benjamim; [4]Dã e
Neftali; Gad e Aser. [5]Os descendentes
de Jacó eram ao todo setenta;* José
já estava no Egito. [6]Morreram, de-
pois, José, todos os seus irmãos e toda
aquela geração. [7]Os israelitas foram fe-
cundos e se multiplicaram; tornaram-se
tão numerosos e tão fortes que aquela
região ficou repleta deles.*

Os egípcios oprimem os israelitas.
[8]Ora, no Egito surgiu um novo rei, que
não conhecera José.* [9]Disse ele a seu
povo: "Vede: a população israelita tor-
nou-se mais numerosa e mais forte do
que nós. [10]Vamos tomar sábias medi-
das* contra eles, para que não se multi-
pliquem e não aconteça que, surgindo
uma guerra, se associem a nossos inimi-
gos, combatam contra nós e saiam do
país".+ [11]Por isso lhes impuseram fei-
tores no trabalho forçado, para opri-
mi-los com trabalhos penosos. Eles
construíram para o faraó as cidades-
-armazéns de Pitom e de Ramsés.*
[12]Mas, quanto maior a opressão, tanto
mais cresciam e se multiplicavam; pelo
que os egípcios começaram a odiar os
israelitas. [13]Os egípcios submeteram
os israelitas a um trabalho massacran-
te, [14]amargurando-lhes a vida com o
trabalho penoso* da preparação da

---

* **1**,1. Gn 46,1-27; At 7,14-17 | 5. Gn 46,27 | 7. Sl 105,24 | 8. At 7,16-19 | 10. Sl 105,25 | 11. Gn 47,11 | 14. Dt 11,10

+ **1**,10. Os descendentes de Jacó multiplicaram-se a tal ponto que se tornaram uma ameaça para a nação egípcia. O faraó toma uma série de medidas para refrear esse crescimento.

argila e da fabricação de tijolos, com
toda sorte de trabalhos do campo e
toda espécie de trabalhos aos quais os
obrigavam brutalmente.
15O rei do Egito disse às parteiras he-
breias, uma das quais se chamava Sé-
fora e a outra Fua: 16"Quando assistir-
des aos partos das mulheres hebreias e
chegar a hora do parto, se for menino,
matai-o, se for menina, deixai-a viver".
17Mas as parteiras, que temiam a Deus,
não fizeram como lhes ordenara o rei
do Egito e pouparam a vida dos meni-
nos. 18Então o rei do Egito chamou as
parteiras e lhes disse: "Por que fizestes
isso e deixastes com vida os meninos?"
19As parteiras responderam ao faraó:
"As mulheres hebreias não são como
as egípcias; elas são fortes e, antes que
a parteira chegue, já dão à luz". 20Deus
recompensou as parteiras; e o povo
continuou a aumentar e se fortaleceu
muito. 21Porque as parteiras temeram
a Deus, ele lhes deu uma posteridade.
22Então o faraó ordenou a todo o seu
povo: "Jogai no rio todo menino que
nascer, mas deixai viver as meninas".

2 **Nascimento de Moisés.** 1Um
homem da casa de Levi casou-se
com a filha de um levita, 2a qual conce-
beu e deu à luz um filho. Vendo que era
belo,* conservou-o escondido durante
três meses. 3Mas, não podendo escon-
dê-lo por mais tempo, tomou um cesto
de junco, calafetou-o com betume e pi-
che, colocou nele o menino e o pôs en-
tre os juncos à margem do rio. 4A irmã
do menino ficou observando de longe,
para ver o que lhe aconteceria.
5A filha do faraó desceu ao rio para
tomar banho, enquanto suas criadas
passeavam na margem. Ela descobriu
o cesto no meio dos juncos e mandou
que uma criada o apanhasse. 6Abriu-
-o e viu a criança que chorava; com-
padeceu-se dela e disse: "É um filho
dos hebreus". 7A irmã dele disse à filha
do faraó: "Queres que eu vá procurar
entre as mulheres hebreias uma ama-
-de-leite para o menino?" 8"Sim", res-
pondeu a filha do faraó. A menina foi
chamar a mãe do menino. 9A filha do
faraó disse à mulher: "Toma este me-
nino e amamenta-o, e eu te darei teu
salário". A mulher tomou o menino e
o criou. 10Quando o menino já estava
crescido,* levou-o à filha do faraó, que
o adotou como filho e lhe deu o nome
de Moisés: "Porque – disse – das águas
o tirei".†

Moisés foge para Madiã. 11Certo dia,
sendo Moisés já adulto, saiu para ver
seus irmãos;* notou as opressões a
que eram submetidos e viu um egípcio
maltratar um de seus irmãos hebreus.
12Olhou em torno de si e, não vendo
ninguém, matou o egípcio e o enter-
rou na areia. 13No dia seguinte, saiu
de novo e viu dois hebreus brigando,
e disse ao agressor: "Por que bates em
teu companheiro?" 14Mas ele respon-
deu: "Quem te constituiu chefe e juiz
sobre nós?* Queres, talvez, matar-me
como mataste o egípcio?" Moisés ficou
com medo e pensou: "Certamente o
fato se tornou conhecido". 15Também
o faraó teve conhecimento do ocorri-
do e, por isso, procurou matar Moisés.
Este, porém, fugiu da presença do fa-
raó* e foi parar na terra de Madiã. Ali
sentou-se à beira de um poço.
16Ora, o sacerdote de Madiã tinha
sete filhas, as quais vieram tirar água*
e encheram os bebedouros para dar
de beber ao rebanho de seu pai. 17Mas
chegaram uns pastores e as expulsa-
ram. Então Moisés levantou-se e as
defendeu e deu de beber a seu reba-
nho. 18Quando voltaram para junto de
Raguel†, seu pai, este lhes perguntou:
"Como é que voltastes hoje tão cedo?"
19Elas responderam: "Um egípcio nos
livrou dos pastores e, até mesmo, tirou

---

* **2**,2. At 7,20s; Hb 11,23 | 10. At 7,21 | 11. Hb 11,24-26 | 14. At 7,35 | 15. At 7,29 | 16. Gn 24,11s; 29,2s

† **2**,10. O futuro salvador do povo precisa primeiro receber a salvação. Conforme a etimologia popular, Moisés deriva do hebraico "machah", tirar. Mas com certeza é um nome egípcio, que significa filho. | 18. O futuro sogro de Moisés é chamado Jetro em 3,1. Raguel pode ser um apelido seu, ou o nome de seu pai, avô das moças.

água para nós e deu de beber ao reba-
nho". [20]Raguel perguntou às filhas: "E
onde ele está? Por que deixastes lá esse
homem? Chamai-o para que coma al-
guma coisa". [21]Moisés sentiu-se feliz
em morar com aquele homem; e ele
deu a Moisés sua filha Séfora. [22]Ela deu
à luz um filho, ao qual Moisés chamou
Gérson: "Porque – disse – sou imigran-
te em terra estrangeira".
Vocação e missão de Moisés. [23]Muito
tempo depois, morreu o rei do Egito.
Os israelitas, gemendo sob o peso da
escravidão, clamaram; e seu clamor,
suscitado pela escravidão, subiu até
Deus. [24]Deus ouviu seu gemido e lem-
brou-se de sua aliança com Abraão,
Isaac e Jacó. [25]Deus olhou para os is-
raelitas e pensou neles.

3 [1]Moisés era pastor do rebanho
de Jetro, seu sogro, sacerdote de
Madiã.* Um dia, levou o rebanho de-
serto adentro e chegou ao Horeb†, a
montanha de Deus. [2]Ali apareceu-lhe
o anjo de Javé† numa chama de fogo,
do meio de uma sarça. Ele olhava: a
sarça ardia* sem se consumir. [3]Moisés
pensou: "Vou dar uma volta para ver
este grande espetáculo: como é que
a sarça não se consome". [4]Vendo Javé
que Moisés se voltava para observar,
chamou-o do meio da sarça, dizendo:
"Moisés, Moisés!" Respondeu ele: "Eis-
-me aqui". [5]Deus lhe disse: "Não te
aproximes daqui!* Tira as sandálias dos
pés†, porque o lugar onde estás é uma
terra santa".* E acrescentou: [6]"Eu sou o
Deus de teu pai: o Deus de Abraão, o
Deus de Isaac e o Deus de Jacó". Moi-
sés cobriu o rosto, temendo olhar para
Deus. [7]Javé disse ainda: "Eu vi, eu vi a
miséria de meu povo no Egito e ouvi o
clamor que lhe arrancam seus opresso-
res; sim, conheço suas aflições. [8]Desci
para libertá-lo das mãos dos egípcios
e levá-lo daquela terra para uma terra
boa e espaçosa,* terra onde corre leite
e mel, para o lugar onde habitam o ca-
naneu, o heteu, o amorreu, o ferezeu,
o heveu e o jebuseu. [9]O clamor dos is-
raelitas chegou até mim; e vi também a
opressão com que os egípcios os opri-
mem. [10]Agora, pois, vai! Eu te envio ao
faraó para que tires do Egito meu povo,
os israelitas". [11]Moisés disse a Deus:
"Quem sou eu para ir ao faraó e tirar
do Egito os israelitas?" [12]Deus lhe disse:
"Eu estarei contigo; e este será para ti o
sinal de que sou eu que te envio: quan-
do tiverdes tirado o povo do Egito,
adorareis† a Deus nesta montanha".*
Deus revela seu nome. [13]Moisés dis-
se a Deus: "Quando eu me apresentar
aos israelitas e lhes disser: 'O Deus de
vossos pais enviou-me a vós', e eles me
perguntarem: 'Como ele se chama?', o
que responderei?" [14]Deus disse a Moi-
sés: "Eu sou Aquele que sou".* E acres-
centou: "Assim dirás aos israelitas: 'Eu
Sou' mandou-me a vós".† [15]Deus disse
ainda a Moisés: "Assim falarás aos is-
raelitas: 'Javé, o Deus de vossos pais, o
Deus de Abraão, o Deus de Isaac e o
Deus de Jacó, enviou-me a vós'. Este é
meu nome para sempre, e com ele se-
rei lembrado de geração em geração".
Instruções a Moisés. [16]"Vai, reúne os
anciãos de Israel e dize-lhes: 'Javé, o
Deus de vossos pais, o Deus de Abraão,
de Isaac e de Jacó me apareceu, dizen-
do: Certamente vos visitei† e vi tudo o
que vos fazem no Egito. [17]Decidi liber-
tar-vos da aflição do Egito e levar-vos
para o país dos cananeus, dos heteus,
dos amorreus, dos ferezeus, dos he-

---

* **3**,1. 6,2-13; 6,28-7,7; At 7,30-35; 13,17 | 2. Dt 33,16 | 5. Js 5,15s; Gn 28,16s / Lv 17,1; Mt 22,32; Êx 33,20 | 8. Dt 7,1 | 12. At 7,7 | 14. Jo 17,6-26; 8,24 | 17. Dt 7,1

† **3**,1. Horeb é um outro nome para o Sinai. | 2. O anjo de Javé é o próprio Javé, em suas manifestações aos homens. | 5. Gesto de respeito a um lugar sagrado, em uso ainda nas mesquitas. | 12. Adorar alguém é reconhecê-lo como Deus, como Criador e Salvador, Senhor e dono de tudo o que existe, como o amor infinito e misericordioso. É reconhecer o nada da criatura, que não existe a não ser por Deus. | 14. Javé significa "ele é". Não é como os deuses, que simplesmente não existem. É transcendente e misterioso, mas está presente junto a seu povo para salvá-lo, como o exprime o nome Emanuel, Deus-conosco. | 16. A visita de Deus é uma intervenção especial dele na história humana, que pode ser de salvação, como neste caso, ou de castigo, Sb 14,11; Jr 6,15.

veus e dos jebuseus:* terra onde corre leite e mel'. [18]Eles ouvirão tua voz e, junto com os anciãos de Israel, irás ao rei do Egito e lhe dirás: 'Javé, o Deus dos hebreus, veio até nós. Deixa-nos, pois, caminhar três dias deserto adentro, a fim de oferecermos sacrifícios a Javé, nosso Deus!' [19]Sei perfeitamente que o rei do Egito não vos deixará ir, se não for obrigado por mão forte. [20]Mas estenderei minha mão e ferirei o Egito com todos os meus prodígios, que farei no meio deles; depois disso ele vos deixará ir. [21]Farei que esse povo ganhe as boas graças dos egípcios,* de modo que, ao sairdes, não ireis com as mãos vazias, [22]mas cada mulher pedirá a sua vizinha e à que vive em sua casa objetos de prata, objetos de ouro e vestes, que poreis sobre vossos filhos e vossas filhas; e assim despojareis os egípcios".

4 **A vara prodigiosa.** [1]Moisés respondeu: "Eles não acreditarão nem ouvirão minha voz; porque vão dizer: 'Javé não te apareceu'". [2]Javé lhe disse: "Que tens na mão?" Respondeu: "Uma vara".* [3]E ele disse: "Joga-a no chão". Ele a jogou no chão, e a vara se transformou numa serpente; e Moisés fugiu dela. [4]Mas Javé disse a Moisés: "Estende tua mão e pega-a pela cauda". Ele estendeu a mão, pegou-a, e a serpente voltou a ser uma vara em sua mão. [5]"É para que acreditem que te apareceu Javé, o Deus de seus pais, o Deus de Abraão, de Isaac e de Jacó". [6]Javé lhe disse ainda: "Põe tua mão no peito". Ele pôs a mão no peito e, quando a retirou, estava leprosa, da cor da neve. [7]Javé lhe disse: "Põe novamente a mão no peito".* Ele tornou a pôr a mão no peito e, quando a retirou, estava como o resto de seu corpo. [8]"Se não acreditarem em ti nem atenderem à evidência do primeiro sinal, crerão na evidência do segundo. [9]E se não acreditarem nem mesmo nesses dois sinais, nem te ouvirem, apanharás água do rio e a derramarás na terra seca; e a água tirada do rio se transformará em sangue na terra seca".

Aarão, porta-voz de Moisés. [10]Moisés, porém, disse a Javé: "Perdão, Senhor, eu não tenho o dom da palavra, e isto nem no passado, nem desde quando falastes a vosso servo;* tenho a boca e a língua pesadas". [11]Disse-lhe então Javé: "Quem deu a boca ao ser humano? E quem faz o mudo e o surdo, ou aquele que vê e o cego? Não sou eu, Javé? [12]Vai, pois; eu estarei com tua boca* e te ensinarei o que deverás dizer". [13]Moisés replicou: "Ah! Senhor, mandai aquele que haveis de mandar!" [14]Acendeu-se, então, a ira de Javé contra Moisés e ele disse: "Não tens teu irmão Aarão, o levita? Eu sei que ele fala bem. Ele está vindo a teu encontro e, ao ver-te, seu coração se alegrará. [15]Tu lhe falarás e porás as palavras em sua boca, e eu estarei com tua boca e com a dele, ensinando-vos o que deveis fazer. [16]Ele falará por ti ao povo* e será tua boca; e tu serás um deus para ele. [17]Agora toma em tua mão esta vara com a qual farás os prodígios".

Moisés volta ao Egito. [18]Moisés partiu e voltou para junto de Jetro, seu sogro, e lhe disse: "Deixa-me ir e voltar a meus irmãos no Egito, para ver se ainda estão vivos". Jetro disse a Moisés: "Vai em paz".

[19]Javé disse a Moisés em Madiã: "Vai, retorna ao Egito, pois morreram todos os que queriam tirar-te a vida". [20]Moisés tomou consigo sua mulher e seus filhos, fê-los montar num jumento e voltou ao Egito, levando na mão a vara de Deus.

[21]Javé disse a Moisés: "De volta ao Egito,* cuida de fazer diante de faraó todos os prodígios que eu pus em teu poder. Mas eu endurecerei seu cora-

---

* **3**,21. 11,2s; 12,35s; Sb 10,17 | **4**,2. 7,8-12 | 7. Lv 13,1 | 10. Jr 1,6-10 | 12. Dt 18,18; Mt 10,19s | 16. 7,1s | 21. 4,17

† **4**,21. A obstinação do faraó é um ato livre da vontade dele e não depende de Deus, é apenas permitido por ele, e servirá a seus desígnios de operar os prodígios. Os hebreus costumavam referir a Deus, causa primeira, as ações humanas.

ção† e ele não deixará o povo sair. [22]Tu dirás ao faraó: 'Assim fala Javé: Israel é meu filho, meu primogênito.* [23]Por isso eu te ordeno: Deixa meu filho partir, a fim de que me sirva; se recusares deixá-lo partir, eu matarei teu filho, teu primogênito'".

[24]Pelo caminho, numa pousada, Javé saiu-lhe ao encontro* e ameaçava fazê-lo morrer. [25]Então Séfora, tomando uma faca de pedra, cortou o prepúcio de seu filho e tocou com ele o sexo de Moisés, dizendo: "Tu és para mim um esposo de sangue". [26]E Javé o deixou, ao dizer ela "esposo de sangue", por causa da circuncisão.*

Moisés e Aarão diante do faraó. [27]Javé disse a Aarão:* "Vai ao encontro de Moisés no deserto". Ele partiu, encontrou-se com seu irmão na montanha de Deus e o beijou. [28]Moisés comunicou a Aarão todas as palavras de Javé, que o havia enviado, e todos os prodígios que lhe havia mandado fazer. [29]Moisés e Aarão prosseguiram seu caminho* e reuniram todos os anciãos dos israelitas. [30]Aarão narrou-lhes todas as palavras que Javé dissera a Moisés,* e este fez os prodígios à vista do povo. [31]O povo acreditou e, ao ouvir que Javé tinha visitado os israelitas e tinha visto sua aflição, prostraram-se em adoração.*

5 **Primeiras audiências com o faraó.** [1]Depois, Moisés e Aarão se apresentaram ao faraó e lhe disseram: "Eis o que disse Javé, Deus de Israel: 'Deixa meu povo partir, para que me celebre uma festa no deserto'". [2]O faraó, porém, respondeu: "E quem é Javé, para que eu lhe deva obedecer, deixando Israel partir? Não conheço Javé e não deixarei Israel partir". [3]Eles lhe disseram: "O Deus dos hebreus veio a nosso encontro. Deixa-nos ir deserto adentro três dias de caminho, para que ofereçamos sacrifícios a Javé, nosso Deus, senão ele nos ferirá com a peste ou com a espada". [4]O rei do Egito disse-lhes: "Por que vós, Moisés e Aarão, distraís o povo de seus trabalhos? Ide para vossas tarefas!" [5]E o faraó acrescentou: "Vosso povo é agora numeroso; e vós quereis interromper suas tarefas!" [6]Naquele mesmo dia o faraó ordenou aos exatores e aos inspetores do povo, dizendo: [7]"Não deis mais a palha ao povo para fabricar tijolos, como antes; eles mesmos que a procurem. [8]Exigireis deles, porém, a mesma quantidade de tijolos que antes, sem nada diminuir, pois são preguiçosos e por isso clamam: Deixa-nos ir, para que sacrifiquemos a nosso Deus! [9]Sobrecarregai esses homens de trabalho, a fim de que estejam ocupados e não deem ouvidos a palavras mentirosas".

Agravamento da opressão. [10]Saíram pois os exatores e os inspetores e disseram ao povo: "Assim diz o faraó: Não vos darei mais a palha. [11]Ide e recolhei-a vós mesmos onde puderdes encontrá-la. Mas nada será diminuído de vossa tarefa". [12]Então o povo se espalhou por toda a terra do Egito à procura de restolhos que lhes servissem de palha. [13]Os exatores os pressionavam, dizendo: "Acabai a tarefa imposta para cada dia, como quando havia palha". [14]Os inspetores dos israelitas, constituídos sobre eles pelos exatores do faraó, foram castigados e lhes foi dito: "Por que nem ontem e nem hoje completastes vossa tarefa de tijolos como antes?" [15]Os inspetores dos israelitas foram queixar-se ao faraó, dizendo: "Por que tratas assim teus servos? [16]Não se fornece a palha a teus servos e nos dizem: 'Fazei tijolos!' Nós, teus servos, somos açoitados, mas a culpa é de teu povo". [17]O faraó respondeu: "Vós sois uns preguiçosos, sim, uns preguiçosos; e por isso dizeis: 'Queremos ir oferecer sacrifícios a Javé'. [18]Ide ao trabalho; não vos será dada a palha e devereis fabricar a mesma quantidade de tijolos".

[19]Os inspetores dos israelitas se viram em aperto ao ouvir as palavras: "Nada diminuireis de vossa quantidade diária de tijolos". [20]Ao saírem da presença do faraó, encontraram-se com

* **4**,22. Dt 1,31; 7,6 | 24. Gn 32,25-33; Js 5,2s | 26. Gn 17,10 | 27. 3,1 | 29. 3,16 | 30. 4,2-9 | 31. 14,31

Moisés e Aarão, que os esperavam. 21E disseram-lhes: "Que Javé vos veja e vos julgue, pois nos tornastes odiosos diante do faraó e de seus servidores e pusestes a espada em suas mãos para nos matar". 22Moisés então dirigiu-se a Javé, dizendo: "Senhor, por que afligis esse povo? Por que me enviastes? 23Pois desde que estive com o faraó para lhe falar em vosso nome, ele maltrata esse povo, e vós nada fizestes para libertá-lo".

6 1Javé disse a Moisés: "Logo verás o que farei ao faraó: forçado por mão poderosa, ele os deixará partir; forçado por mão poderosa, ele mesmo os expulsará do país".

Deus promete a libertação. 2Deus disse a Moisés: "Eu sou Javé. 3Apareci a Abraão, a Isaac e a Jacó, como o Deus todo-poderoso;* mas com meu nome 'Javé' não me dei a conhecer a eles. 4Com eles celebrei também minha aliança,* para dar-lhes a terra de Canaã, a terra em que peregrinavam como estrangeiros. 5Ouvi também o gemido dos israelitas, oprimidos pelos egípcios, e lembrei-me de minha aliança. 6Dize, portanto, aos israelitas: 'Eu sou Javé. Vou libertar-vos do jugo dos egípcios e livrar-vos de sua escravidão. Eu vos resgatarei com braço estendido e com grandes julgamentos. 7Eu vos tomarei por meu povo e serei vosso Deus†, e sabereis que eu sou Javé, vosso Deus, que vos liberto do jugo dos egípcios. 8Eu vos introduzirei na terra que, com mão levantada,* jurei dar a Abraão, a Isaac e a Jacó, e vo-la darei como herança, eu, Javé'".

9Moisés repetiu essas palavras aos israelitas; eles, porém, não lhe deram ouvidos, por causa do desânimo e da dura escravidão.

10Javé disse a Moisés: 11"Vai, fala ao faraó, rei do Egito, para que deixe os israelitas sair de sua terra". 12Moisés, porém, respondeu a Javé: "Se os israelitas não me dão ouvidos,* como ouvirá o faraó a mim que não tenho o dom da palavra?"

13Javé falou a Moisés e a Aarão e deu-lhes ordens para os israelitas e para o faraó, rei do Egito, para que pudessem conduzir os israelitas para fora do Egito.

Genealogia de Moisés e de Aarão. 14São estes os chefes de suas famílias.* Filhos de Rúben, primogênito de Israel: Henoc, Falu, Hesron e Carmi. Essas são as famílias de Rúben. 15Filhos de Simeão: Jamuel, Jamin, Aod, Jaquin, Soar e Saul, filho da canania. Essas são as famílias de Simeão. 16Estes são os nomes dos filhos de Levi,* de acordo com suas gerações: Gérson, Caat e Merari. Levi viveu cento e trinta e sete anos. 17Filhos de Gérson: Lobni e Semei, com suas famílias. 18Filhos de Caat: Amram, Isaar, Hebron e Oziel. Caat viveu cento e trinta e três anos. 19Filhos de Merari: Mooli e Musi. São essas as famílias dos levitas segundo suas gerações. 20Amram tomou por mulher Jocabed,* sua tia, que lhe deu à luz Aarão e Moisés. Amram viveu cento e trinta e sete anos. 21Filhos de Isaar: Coré, Nefeg e Zecri. 22Filhos de Oziel: Misael, Elisafã e Setri.

23Aarão desposou Isabel, filha de Aminadab, irmã de Naasson, a qual lhe deu à luz Nadab, Abiú, Eleazar e Itamar.

24Filhos de Coré: Asir, Elcana e Abiasaf. Essas são as famílias dos coreítas. 25Eleazar, filho de Aarão, tomou por esposa uma das filhas de Futiel,* a qual lhe deu à luz Fineias. Esses são os chefes das famílias dos levitas, segundo seus clãs.

26São esses Aarão e Moisés, a quem Javé disse: "Tirai do Egito os israelitas, segundo suas fileiras". 27São eles que falaram ao faraó, rei do Egito, para tirar do Egito os israelitas: são Moisés e Aarão.

Moisés no Egito. 28Quando Javé falou a Moisés na terra do Egito,* 29assim lhe falou: "Eu sou Javé. Dize ao faraó, rei

---

* **6**,3. Gn 17,1 | 4. Gn 17,7s | 8. Gn 15; 24,7 | 12. 4,10 | 14. Nm 26,5-14 | 16. Gn 46,11; Nm 3,17s | 20. Nm 26,59 | 25. Nm 25,6-13 | 28. 6,2-13

† **6**,7. Deus fala da eleição de Israel e de sua aliança com ele: entre tantos povos, um só ele escolheu. E entre tantos deuses, só Javé Israel adorará.

do Egito, tudo o que te digo". [30]Moisés
respondeu a Javé: "Não tenho o dom
da palavra; como é que o faraó me dará
ouvidos?"

7 [1]Disse Javé a Moisés: "Vê: fiz de
ti como um deus para o faraó,* e
Aarão, teu irmão, será teu profeta. [2]Di-
rás tudo o que eu te mandar, e Aarão,
teu irmão, falará ao faraó, para que dei-
xe sair de sua terra os israelitas. [3]Mas eu
endurecerei o coração do faraó* e multi-
plicarei meus sinais e meus prodígios na
terra do Egito. [4]O faraó não vos ouvirá,
e eu porei minha mão sobre o Egito, e
tirarei da terra do Egito meus exércitos,
meu povo, os israelitas, com grandes jul-
gamentos. [5]E os egípcios saberão que eu
sou Javé, quando estender minha mão
contra o Egito, para tirar os israelitas do
meio deles". [6]Moisés e Aarão fizeram o
que Javé lhes tinha ordenado. [7]Moisés
tinha oitenta anos e Aarão oitenta e três,
quando falaram ao faraó.

[8]Javé disse a Moisés e a Aarão:
[9]"Quando o faraó vos disser: 'Fazei um
prodígio',* tu dirás a Aarão: 'Toma tua
vara e atira-a diante do faraó, e ela se
tornará uma serpente'". [10]Moisés e Aa-
rão foram à presença do faraó e fize-
ram o que Javé lhes havia ordenado.
Aarão atirou sua vara diante do faraó e
de seus servidores, e ela se tornou uma
serpente. [11]Mas o faraó chamou os sá-
bios e encantadores, e também eles,
os magos do Egito, fizeram o mesmo
com seus sortilégios. [12]Cada um atirou
a própria vara e elas se transformaram
em serpentes; mas a vara de Aarão de-
vorou as varas deles. [13]Mas o coração
do faraó se endureceu e não deu ou-
vidos a Moisés e a Aarão, como Javé
tinha falado.

A água transformada em sangue.
[14]Javé disse a Moisés: "O coração do
faraó se endureceu* e ele recusa dei-
xar sair o povo. [15]Vai ao faraó amanhã
cedo, quando ele sair para ir às águas;
ficarás à espera dele na beira do rio,
levando na mão a vara que se conver-
teu em serpente. [16]Tu lhe dirás: 'Javé,
o Deus dos hebreus, mandou-me a ti
para dizer-te: Deixa meu povo partir
para que me preste culto no deserto:
até agora, porém, não me deste ouvi-
dos. [17]Assim diz Javé: Nisto conhecerás
que eu sou Javé: vou ferir as águas do
rio com a vara que tenho na mão, e
elas se transformarão em sangue. [18]Os
peixes existentes no rio morrerão, o rio
ficará poluído, e os egípcios terão nojo
de beber a água do rio'".†

[19]Javé disse a Moisés: "Dize a Aarão:
'Toma tua vara e estende tua mão sobre
as águas do Egito: sobre seus rios, seus
canais, suas lagoas e todos os seus re-
servatórios de águas. Elas se converterão
em sangue, e haverá sangue em todo
o Egito, tanto nas vasilhas de madeira
como nas de pedra'". [20]Moisés e Aarão
fizeram o que Javé lhes tinha mandado.
Aarão levantou a vara* e feriu as águas
do rio à vista do faraó e de seus servido-
res, e toda a água do rio transformou-
-se em sangue. [21]Os peixes que havia
no rio morreram, o rio ficou poluído, e
os egípcios não podiam beber da água
do rio. Houve sangue por toda a terra
do Egito. [22]Os magos do Egito, porém,
fizeram a mesma coisa com seus sorti-
légios, e o coração do faraó se endure-
ceu e não deu ouvidos a Moisés e a Aa-
rão, como Javé tinha predito. [23]O faraó
voltou-se e entrou em seu palácio, não
fazendo caso disso. [24]Todos os egípcios
abriram poços perto do rio para conse-
guirem água potável, pois não podiam
beber da água do rio. [25]Assim se passa-
ram sete dias, desde que Javé feriu o rio.

As rãs. [26]Javé falou a Moisés: "Vai ao
faraó e dize-lhe: 'Assim fala Javé: Deixa
meu povo partir, para que me preste cul-

---

* **7**,1. 4,16 | 3. 4,21; Sl 135,9 | 9. Sl 78; 105; Sb 11, 14-20; 16-18 | 14. Sb 11,6-8 | 20. Sl 78,44; 105,29; Ap 8,8.11

† **7**,18. Começa a série das dez calamidades, chamadas "pragas do Egito". As nove primeiras estão ligadas a fenômenos naturais, típicos do país, mas tudo manifesta um duelo entre o poder de Deus e o maior poder do mundo da época. Deus submete as forças da natureza às ordens de seu enviado, Moisés, para a derrota do inimigo e a salvação do povo.

to. [27]Se recusas deixá-lo ir, infestarei de
rãs toda a tua terra. [28]O rio fervilhará
de rãs, as quais subirão e entrarão
em teu palácio, em teus aposentos, so-
bre teu leito, nas casas de todos os teus
servidores, no meio de teu povo, nos
teus fornos e em tuas amassadeiras.
[29]As rãs virão sobre ti, sobre teu povo e
sobre todos os teus servos'".

8 [1]Disse Javé a Moisés: "Dize a Aa-
rão: Estende a mão com tua vara
sobre os rios, os canais e as lagoas e
faze subir as rãs sobre a terra do Egito".
[2]Aarão estendeu a mão sobre as águas
do Egito, e as rãs subiram e cobriram a
terra do Egito.* [3]Mas os magos fizeram
o mesmo com seus sortilégios, fazendo
subir as rãs sobre a terra do Egito.
[4]O faraó chamou Moisés e Aarão e
disse-lhes: "Suplicai a Javé que afaste
de mim e de meu povo as rãs, e deixa-
rei ir o povo para que ofereça sacrifícios
a Javé". [5]Moisés disse ao faraó: "Digna-
-te dizer-me quando deverei orar por
ti, por teus servidores e por teu povo,
para que Javé afaste as rãs de ti e de
tuas casas e fiquem somente no rio".
[6]"Amanhã", disse ele. Moisés replicou:
"Será como dizes! Para que saibas que
não há outro como Javé, nosso Deus.
[7]As rãs se afastarão de ti, de tuas ca-
sas, de teus servidores e de teu povo e
ficarão somente no rio". [8]Moisés e Aa-
rão saíram da casa do faraó, e Moisés
suplicou a Javé a respeito das rãs que
tinha mandado contra o faraó. [9]Javé
fez como Moisés lhe pedia. Morreram
as rãs e desapareceram das casas, dos
pátios e dos campos. [10]Reuniram-nas
em montões, e o país ficou poluído.
[11]Mas o faraó, vendo que havia alívio,
endureceu o coração e não deu ouvi-
dos a Moisés e Aarão, como Javé tinha
predito.
Os mosquitos. [12]Javé disse a Moisés:
"Dize a Aarão: Estende tua vara e bate
o pó da terra, para que se converta em
mosquitos em toda a terra do Egito".
[13]Assim fizeram. Aarão estendeu a mão
com a vara, bateu o pó da terra e vie-
ram mosquitos sobre os homens e os
animais. Todo o pó da terra se mudou
em mosquitos* em todo o país do Egi-
to. [14]Os magos tentaram fazer o mesmo
com seus sortilégios, mas não o conse-
guiram. Os mosquitos atacavam os ho-
mens e os animais. [15]Disseram os magos
ao faraó: "Isto é o dedo de Deus".* O co-
ração do faraó, porém, endureceu-se e,
como Javé tinha dito, não deu ouvidos.
As moscas. [16]Javé disse a Moisés: "Le-
vanta-te cedo amanhã, apresenta-te
ao faraó, quando sair para as águas, e
dize-lhe: 'Assim fala Javé: Deixa ir meu
povo, para me prestar culto. [17]Porque
se não deixares ir meu povo, mandarei
moscas contra ti, contra teus servido-
res,* contra teu povo, contra tuas casas;
ficarão cheias delas as casas dos egíp-
cios e a terra em que moram. [18]Mas fa-
rei uma exceção neste dia para a terra
de Gessen,* onde habita meu povo; ali
não haverá moscas, para que saibas
que eu, Javé, estou no meio da terra.
[19]Farei distinção entre meu povo e o
teu. Amanhã terá lugar este sinal'".
[20]E assim fez Javé. Veio uma multidão
de moscas, que entraram na casa do fa-
raó, nas de seus servidores e em todo o
Egito; e a terra foi devastada por causa
das moscas. [21]O faraó chamou Moisés
e Aarão e disse-lhes: "Ide, sacrificai a
vosso Deus no país". [22]Moisés, porém,
respondeu: "Não convém fazer assim,
pois os sacrifícios que devemos ofere-
cer a Javé, nosso Deus, são abominados
pelos egípcios. Se oferecermos, à vista
deles, sacrifícios que eles abominam,
não nos apedrejariam? [23]Temos de ca-
minhar três dias deserto adentro para
sacrificar a Javé, nosso Deus, conforme
ele nos disse". [24]O faraó respondeu: "Eu
vos permitirei sacrificar a vosso Deus no
deserto, mas não deveis ir muito longe;
rogai por mim". [25]Respondeu Moisés:
"Logo que eu sair de tua casa, rogarei
por ti a Javé, e amanhã as moscas se
afastarão do faraó, de seus servidores e
de seu povo; que o faraó, porém, não
nos engane mais uma vez, não deixan-
do o povo ir sacrificar a Javé". [26]Moisés

---

* **8**,2. Sl 78,45; 105,30; Ap 16,13 | 13. Sl 105,31 | 15. Lc 11,20 | 17. Sl 78,45 | 18. Gn 47,1s

saiu da casa do faraó e rezou a Javé.
27Javé fez o que lhe pedia Moisés, e as
moscas se afastaram do faraó, de seus
servidores e de seu povo, sem ficar uma
sequer. 28O faraó, porém, endureceu
seu coração também dessa vez e não
deixou o povo sair.

9 **A Peste.** 1Javé disse a Moisés: "Vai
ao faraó e dize-lhe: 'Assim fala Javé,
o Deus dos hebreus: Deixa meu povo
partir para me prestar culto. 2Porque se
recusares deixá-lo ir e ainda o retiveres,
3a mão de Javé vai pesar sobre os ani-
mais* que estão nos campos, sobre os
cavalos, os jumentos, os camelos, os bois
e as ovelhas: haverá uma peste gravís-
sima. 4Mas Javé fará distinção entre os
animais dos israelitas e os dos egípcios:
nada perecerá de tudo o que pertence
aos israelitas'". 5E Javé fixou o tempo, di-
zendo: "Amanhã Javé fará isso no país".
6No dia seguinte Javé assim fez. Todos
os animais dos egípcios pereceram, mas
dos animais dos israelitas não morreu
um sequer. 7O faraó mandou verificar,
e de fato nenhum animal dos israelitas
havia morrido. Mas o coração do faraó
se endureceu e não deixou o povo sair.
As úlceras. 8Javé disse a Moisés e a Aa-
rão: "Apanhai mãos cheias de fuligem
de forno, e Moisés a espalhe pelo ar, à
vista do faraó, 9para que se transforme
num pó fino sobre toda a terra do Egi-
to; e produza úlceras que formem pús-
tulas em todos os homens e animais
por toda a terra do Egito". 10Apanha-
ram a fuligem de forno e apresenta-
ram-se ao faraó. Moisés a atirou ao ar,
e produziram-se úlceras que formavam
pústulas nos homens* e nos animais.
11Os magos não puderam permanecer
na presença de Moisés por causa das
úlceras, porque se produziram úlceras
também neles como em todos os egíp-
cios. 12Javé endureceu o coração do fa-
raó, o qual não deu ouvidos a Moisés e
Aarão, como Javé havia dito a Moisés.
O granizo. 13Javé disse a Moisés: "Ama-
nhã levanta-te cedo, apresenta-te ao fa-
raó e dize-lhe: 'Assim fala Javé, o Deus
dos hebreus: Deixa meu povo partir para
que me preste culto. 14Pois desta vez vou
descarregar todos os meus flagelos so-
bre ti, sobre teus servidores e sobre teu
povo, a fim de que saibas que não existe
outro como eu em toda a terra. 15De fato,
se eu tivesse estendido minha mão e te
tivesse ferido de peste, a ti e a teu povo, já
terias desaparecido da terra; 16mas se
te conservei com vida, foi para te mos-
trar meu poder e para que meu nome
seja celebrado em toda a terra. 17E tu te
opões ainda a meu povo, para não o dei-
xares partir? 18Pois saibas que amanhã
a esta hora farei chover um granizo tão
violento como jamais houve outro se-
melhante no Egito, desde sua origem até
hoje. 19Ordena, pois, que recolham teus
animais e tudo que tens no campo; por-
que toda pessoa e todo animal que se
encontrar no campo, e que não se reco-
lher, serão atingidos pelo granizo e mor-
rerão'". 20Aqueles dentre os servidores
do faraó que temeram a palavra de Javé
mandaram recolher os servos e os ani-
mais às casas; 21aqueles, porém, que não
fizeram caso da palavra de Javé deixaram
seus servos e seus animais no campo.

22Javé disse a Moisés: "Estende a mão
para o céu, para que caia o granizo em
toda a terra do Egito sobre os homens,
os animais e sobre toda a vegetação
do campo". 23Moisés estendeu sua vara
para o céu,* e Javé mandou trovões e
granizo, e desceu fogo sobre a terra; e
Javé fez chover granizo sobre a terra do
Egito. 24Foi um granizo violentíssimo e
fogo misturado com o granizo, como
jamais houve igual em todo o Egi-
to desde que se constituiu em nação.
25O granizo abateu, em todo o Egito,
tudo o que se encontrava no campo,
homens e animais; destruiu também
toda a vegetação do campo e devastou
todas as árvores do campo. 26Somente
na terra de Gessen,* onde habitavam
os israelitas, não caiu granizo.

27O faraó mandou chamar Moisés
e Aarão e lhes disse: "Desta vez, sim,
pequei. Javé é justo, eu e meu povo
somos culpados. 28Rogai a Javé para

* **9**,3. Sl 78,48 | 10. Ap 16,2 | 23. Sl 78,47s; 105,32; Ap 16,20; 8,7 | 26. Gn 47,1s

que cessem esses terríveis trovões e o
granizo, e vos deixarei ir, e não ficareis
mais aqui". 29Respondeu-lhe Moisés:
"Quando eu tiver saído da cidade, es-
tenderei minhas mãos a Javé; então
cessarão os trovões e deixará de cair
granizo, para que saibas que a terra
pertence a Javé". 30Mas eu sei que nem
tu, nem teus servidores temeis ainda
Javé Deus".*

31O linho e a cevada foram destruí-
dos, pois a cevada estava espigando e
o linho estava em flor. 32Mas o trigo
e o centeio não foram atingidos, por-
que são tardios.

33Moisés saiu da presença do faraó
e da cidade; estendeu as mãos para
Javé, e cessaram os trovões e o gra-
nizo, e parou de chover sobre a terra.
34Vendo o faraó que haviam cessa-
do a chuva, o granizo e os trovões,
tornou a pecar, endurecendo seu
coração, ele e seus servidores. 35O co-
ração do faraó se endureceu e não dei-
xou sair os israelitas, como Javé tinha
predito por meio de Moisés.

10

Os gafanhotos. 1Javé disse a
Moisés: "Vai ao faraó, pois en-
dureci seu coração e o de seus servi-
dores, para realizar esses meus sinais
no meio deles, 2e para que narres a teu
filho e a teu neto* como zombei dos
egípcios, e meus sinais que realizei no
meio deles; para que saibais que eu
sou Javé". 3Moisés e Aarão foram ao
faraó e lhe disseram: "Assim fala Javé, o
Deus dos hebreus: 'Até quando recusa-
rás humilhar-te diante de mim? Deixa
meu povo partir para que me preste
culto. 4Pois se ainda recusas deixar meu
povo partir, amanhã farei vir sobre teu
território gafanhotos,* 5que cobrirão a
superfície do solo de tal forma que não
se poderá ver o chão. Devorarão o que
sobrou, o que escapou ao granizo, e
comerão todas as vossas árvores que
crescem nos campos. 6Encherão tuas
casas, as casas de teus servidores e as
de todos os egípcios, como nem teus
pais viram, nem teus avós, desde que
vieram ao mundo até o dia de hoje".
Moisés voltou-se e saiu da casa do fa-
raó.

7Os servidores do faraó disseram:
"Até quando esse homem será para
nós um tropeço? Deixa sair esses ho-
mens, para que sirvam a Javé, seu Deus;
ainda não percebeste que o Egito está
arruinado? 8Moisés e Aarão foram de
novo chamados à presença do faraó,
o qual lhes disse: "Ide prestar culto a
Javé, vosso Deus. Mas, quem são os
que devem ir?" 9Moisés respondeu:
"Iremos com nossos jovens e nossos
velhos, com nossos filhos e nossas fi-
lhas, com nossas ovelhas e nossos bois,
porque é para nós uma festa de Javé".
10Respondeu-lhes o faraó: "Javé esteja
convosco, assim como vos deixarei ir,
vós e vossos filhos. Vede como estais
mal-intencionados. 11Assim, não; ide
somente os homens e sacrificai a Javé;
pois é isto que desejais". E foram expul-
sos da presença do faraó.

12Javé disse a Moisés: "Estende a
mão sobre a terra do Egito,* para que
venham sobre ela os gafanhotos; inva-
dam a terra do Egito e devorem toda
a vegetação que o granizo poupou".
13Moisés estendeu a vara sobre a ter-
ra do Egito, e Javé fez soprar sobre a
terra um vento do oriente durante
todo o dia e toda a noite. Pela ma-
nhã,* o vento do oriente tinha trazido
os gafanhotos.14Invadiram todo o país
do Egito, pousando em todo o territó-
rio do Egito, em tão grande quantidade
como jamais houve antes nem haverá
igual. 15Cobriram toda a face da terra,
de modo que ela escureceu. Devora-
ram toda a vegetação da terra, todos
os frutos das árvores, que o granizo ti-
nha poupado, e nada de verde restou
nem nas árvores, nem na vegetação do
campo, em toda a terra do Egito.

16Então o faraó chamou às pressas
Moisés e Aarão e disse-lhes: "Pequei
contra Javé, vosso Deus, e contra vós.
17Perdoai ainda esta vez meu pecado e
rogai a Javé, vosso Deus, para que ao
menos afaste de mim este flagelo mor-

* **9,**30. Dt 10,14 Sl 24,1 | **10,**2. 12,26; 13,8; Dt 4,9; 6,7.20-25 | 4. Jl 2 | 12. Sl 78,46; 105,34 | 13. Ap 9,3s

tal". [18]Moisés saiu da presença do faraó e suplicou a Javé. [19]Então Javé fez soprar um fortíssimo vento ocidental, que arrastou os gafanhotos e os lançou no mar Vermelho. Não ficou um só gafanhoto na terra do Egito. [20]Javé, porém, endureceu o coração do faraó, o qual não deixou os israelitas sair.

As trevas. [21]Javé disse a Moisés: "Estende a mão para o céu,* para que haja sobre a terra do Egito trevas tão densas que se possam apalpar!" [22]Moisés estendeu a mão para o céu, e densas trevas cobriram todo o Egito por três dias. [23]Durante esses dias, não se viam uns aos outros, e ninguém se moveu de seu lugar. Mas os israelitas tinham luz nos lugares onde moravam. [24]O faraó chamou Moisés e Aarão e lhes disse: "Ide prestar culto a Javé, mas fiquem aqui vossas ovelhas e vossos bois; também vossos filhos podem ir convosco". [25]Moisés respondeu: "És tu que porás em nossas mãos sacrifícios e holocaustos para oferecermos a Javé, nosso Deus? [26]Também irá conosco nosso gado, nem uma unha ficará, pois é deles que devemos tomar para servir a Javé, nosso Deus. Nem mesmo nós sabemos, enquanto não chegarmos lá, o que teremos de oferecer a Javé". [27]Javé, porém, endureceu o coração do faraó, que não consentiu em deixá-los partir.

[28]Disse o faraó a Moisés: "Retira-te de minha presença; cuida de não veres mais minha face, porque, no dia em que tornares a ver minha face, morrerás". [29]Disse Moisés: "Falaste bem; nunca mais verei tua face".

11 **Anúncio da décima praga.** [1]Javé disse a Moisés: "Vou enviar ainda uma praga* sobre o faraó e sobre o Egito, depois da qual ele vos deixará sair; não só vos deixará sair, mas vos expulsará daqui definitivamente. [2]Ordena ao povo que cada homem peça a seu vizinho e cada mulher a sua vizinha objetos de prata e de ouro". [3]Javé fez com que o povo encontrasse graça aos olhos dos egípcios; também o próprio Moisés era muito estimado na terra do Egito* pelos servidores do faraó e pelo povo.

[4]Então Moisés disse: "Assim fala Javé: 'Pela meia-noite passarei através do Egito, [5]e morrerá todo primogênito da terra do Egito, desde o primogênito do faraó, o herdeiro do trono, até o primogênito da escrava, que está junto à mó, e todo o primogênito dos animais. [6]Então haverá em toda a terra do Egito um forte clamor, como jamais houve nem haverá igual. [7]Mas contra os israelitas, nem sequer um cão moverá sua língua, nem contra as pessoas nem contra os animais; assim sabereis que Javé faz distinção entre o Egito e Israel. [8]Então todos esses teus servidores virão procurar-me e se prostrarão diante de mim, dizendo: Sai tu e todo o povo que te segue. Depois disso partirei'". Moisés, cheio de ira, saiu da presença do faraó.

[9]Javé disse a Moisés: "O faraó não vos ouvirá, para que se multipliquem meus prodígios na terra do Egito". [10]Moisés e Aarão haviam feito todos esses prodígios diante do faraó; Javé, porém, endureceu o coração do faraó, e ele não permitiu que os israelitas saíssem de sua terra.

12 **Instituição da Páscoa.** [1]Disse Javé a Moisés e a Aarão na terra do Egito:* [2]"Este mês será para vós o princípio dos meses: será para vós o primeiro dos meses do ano. [3]Falai a toda a comunidade dos israelitas, dizendo-lhes: 'No décimo dia deste mês, cada um tome um cordeiro por família; um cordeiro para cada casa. [4]Se a família for pequena para um cordeiro, tome-o então juntamente com o vizinho mais próximo da casa, segundo o número das pessoas. Escolhereis o animal calculando-se o que cada um pode comer. [5]O cordeiro seja sem defeito, macho,* de um ano: podeis tomar um

---

* **10**,21. Sb 17,1; 18,4 | **11**,1. 13,11 | 3. At 7,22 | **12**,1. 34,18; Lv 23,5-8; Nm 28,16-25; Dt 16,1-8; Ez 45,21-25; Mt 26,17s; Lc 22,15s; 1Cor 5,7 | 5. Lv 22,19s

cordeiro ou um cabrito. 6E o guardareis até o dia quatorze deste mês; então, ao cair da tarde, toda a comunidade de Israel o imolará. 7Tomarão de seu sangue e o passarão sobre os dois marcos e sobre a travessa da porta das casas onde o comerem. 8Nessa mesma noite comerão a carne, assada ao fogo, com pães ázimos e ervas amargas. 9Dele não comereis nada que seja cru nem cozido em água, mas todo ele será assado ao fogo, junto com a cabeça, as pernas e as vísceras. 10Não deixareis nada para a manhã seguinte; se algo sobrar, será queimado. 11Assim o comereis: com os rins cingidos, os pés calçados e o cajado na mão. Comereis às pressas, pois é a Páscoa de Javé†.

12Nessa noite eu passarei pela terra do Egito e matarei todos os primogênitos da terra do Egito, tanto das pessoas como dos animais, e executarei minha sentença contra todos os deuses do Egito: eu, Javé. 13O sangue vos servirá de sinal nas casas onde estiverdes. Eu verei o sangue e passarei adiante, e não haverá para vós o flagelo mortal quando eu ferir a terra do Egito. 14Esse dia será para vós um memorial e o celebrareis como uma festa em honra de Javé, de geração em geração, como instituição perpétua'".

A festa dos Ázimos. 15"Durante sete dias* comereis pães ázimos†; já no primeiro dia tirareis de vossas casas o fermento, pois quem, desde o primeiro dia até o último, comer pão fermentado será eliminado de Israel. 16No primeiro dia, como também no sétimo, tereis uma santa assembleia; não fareis nesses dias trabalho algum, exceto o preparo da comida de cada um: só isso podeis fazer. 17Guardai, pois, a festa dos Ázimos, porque nesse mesmo dia eu tirei vossas fileiras da terra do Egito; guardai esse dia, de geração em geração, como instituição perpétua. 18No primeiro mês comereis pão sem fermento, desde a tarde do dia quatorze até a tarde do dia vinte e um. 19Durante sete dias não haverá fermento em vossas casas, e quem comer alguma coisa fermentada será eliminado da comunidade de Israel, seja estrangeiro ou natural do país. 20Não comereis coisa alguma fermentada: em todas as vossas casas comereis pães ázimos".

21Moisés convocou todos os anciãos de Israel e disse-lhes: "Ide e tomai um animal do rebanho, segundo vossas famílias, e imolai a Páscoa. 22Depois tomai um ramalhete de hissopo, molhai-o no sangue que estiver na bacia e com ele marcai a travessa e os dois marcos da porta. Ninguém saia da porta de sua casa até pela manhã. 23Quando Javé passar para ferir os egípcios, ao ver o sangue nos dois marcos e na travessa, passará adiante daquela porta, e não permitirá ao exterminador† entrar em vossas casas* para ferir. 24Guardareis este costume como um decreto perpétuo para vós e vossos filhos. 25E quando tiverdes entrado na terra que Javé vos dará, conforme prometeu, observareis este rito. 26Quando vossos filhos vos perguntarem: 'Que significa este rito?'* 27respondereis: 'É o sacrifício da Páscoa de Javé,* que passou adiante das casas dos israelitas, no Egito, quando feriu os egípcios, mas livrou nossas casas'". O povo se ajoelhou e adorou. 28Os israelitas foram e assim fizeram; como Javé havia ordenado a Moisés e Aarão, assim eles fizeram.

Morte dos primogênitos. 29Aconteceu que à meia-noite Javé feriu todos os primogênitos na terra do Egito,* desde o primogênito do faraó, herdei-

---

* **12**,15. 13,3-10; 23,15; 1Cor 5,7 | 23. Hb 11,28 | 26. Dt 6,20-25 | 27. Êx 10,2 | 29. Sb 18,6-9; Sl 78,51; 105,36; 135,8; 136,10

† **12**,11. Páscoa significa passagem, de Deus que castiga o Egito, e dos hebreus que atravessam o mar Vermelho. Na primavera, no mês de abib ou das espigas, depois chamado nisã, e que corresponde a nosso março-abril, os pastores nômades celebravam uma festa e os agricultores festejavam os Ázimos. As duas festas se uniram na Páscoa, a maior festa dos hebreus, memorial de sua libertação. A imolação redentora de Cristo coincidiu com a Páscoa hebraica e é perpetuada na Páscoa cristã, sendo Jesus o cordeiro imolado, nossa Páscoa. | 15. Isto é, sem fermento, considerado como princípio de corrupção, 1Cor 5,8. | 23. O anjo encarregado de executar a sentença da morte dos primogênitos egípcios.

ro de seu trono, até o primogênito do
escravo que estava no cárcere, e todos
os primogênitos dos animais. 30De noi-
te levantou-se o faraó, todos os seus
servidores e todos os egípcios, e hou-
ve grandes lamentos em todo o Egito,
pois não havia casa onde não houvesse
um morto. 31O faraó mandou chamar
Moisés e Aarão, ainda de noite, e disse:
"Ide! Saí do meio de meu povo, tanto
vós como os israelitas; ide e prestai
culto a Javé, como dissestes.32Levai
convosco vossas ovelhas e vossos bois,
como dissestes, e parti. Abençoai-me
também a mim". 33Os egípcios pres-
sionavam o povo, para que saísse o
quanto antes do país, porque diziam:
"Morreremos todos". 34O povo levou
sua massa, antes que fosse fermentada,
carregando aos ombros as amassadei-
ras envoltas nos mantos.

35Os israelitas fizeram de acordo com
a ordem de Moisés,* pedindo aos egíp-
cios objetos de ouro e de prata e rou-
pas. 36Javé fez o povo ganhar as boas
graças dos egípcios, que atenderam a
seus pedidos. Deste modo despojaram
os egípcios.

II. A CAMINHO DO SINAI (12,37–18,27)

Os israelitas saem do Egito. 37Parti-
ram, pois, os israelitas* de Ramsés para
Sucot. Eram cerca de seiscentos mil
adultos a pé, sem contar as crianças.
38Com eles partiram também muitas
outras pessoas, bem como ovelhas e
bois, uma grande quantidade de ani-
mais.* 39Assaram pães ázimos com a
massa levada consigo do Egito, pois
ela não tinha fermentado, já que foram
expulsos do Egito e não puderam es-
perar, nem fazer provisões.

40A permanência dos israelitas no
Egito* foi de quatrocentos e trinta
anos. 41No dia em que se completaram
esses quatrocentos e trinta anos, saí-
ram todas as fileiras de Javé da terra do
Egito†. 42Aquela foi uma noite de vigília
para Javé, quando os fez sair da terra
do Egito; essa deve ser uma noite de
vigília em honra de Javé para todos os
israelitas em suas gerações.

Lei da Páscoa. 43Javé disse a Moisés e
Aarão: "Esta é a norma da Páscoa: Ne-
nhum estrangeiro pode comer dela.
44O servo comprado por dinheiro,* seja
antes circuncidado, e então poderá co-
mê-la. 45O hóspede e o mercenário não
a comerão. 46O cordeiro será consumi-
do numa mesma casa;* nada de sua
carne levareis para fora de casa, nem
lhe quebrareis osso algum. 47Toda a co-
munidade de Israel celebrará a Páscoa.
48Se algum estrangeiro que mora con-
tigo quiser celebrar a Páscoa de Javé,
todos os varões de sua casa deverão
ser circuncidados, e então se aproxi-
me para celebrá-la, da mesma forma
que o nativo. Mas nenhum incircunci-
so comerá dela. 49Haverá uma mesma
lei para o nativo e para o estrangeiro
residente entre vós". 50Todos os israe-
litas fizeram assim; como Javé havia
ordenado a Moisés e Aarão, eles fize-
ram. 51E naquele mesmo dia Javé tirou
da terra do Egito os israelitas segundo
suas fileiras.

13 **Oferta dos primogênitos.**
1Javé disse a Moisés: 2"Con-
sagra-me todo primogênito; as pri-
mícias de todo seio entre os israelitas,
tanto dos homens como dos animais†,
são minhas". 3Moisés disse ao povo:*
"Lembrai-vos deste dia em que saístes
do Egito, da casa da servidão, pois Javé
vos tirou dela com mão forte; nada se
comerá de fermentado. 4Saís hoje, no
mês de abib. 5Quando Javé te houver
introduzido* na terra do cananeu, do
heteu, do amorreu, do heveu e do je-
buseu, que ele jurou a seus pais que te

* **12**,35. 3,21s; 11,2; Sb 10,17 | 37. 33,1-6; Nm 33,3-5; 1,46 | 38. Nm 11,4; Lv 24,10-14 | 40. Gn 15,13; Gl 3,17; At 7,6 | 44. Gn 17,10 | 46. Nm 9,12; Jo19,36 | **13**,3. 12,1 | 5. Dt 7,1

† **12**,41. Historiadores modernos situam o êxodo em torno do ano 1250 a.C., no tempo do faraó Ramsés II. | **13**,2. Deus, senhor e doador da vida, reserva para si os primeiros filhos dos israelitas e dos animais, e os primeiros frutos da terra, ou primícias. As crianças serão resgatadas e os animais, imolados.

haveria de dar, terra onde corre leite e
mel, observarás este rito neste mesmo
mês. 6Durante sete dias comerás pães
sem fermento, e no sétimo dia haverá
uma festa em honra de Javé. 7Comerás
pães sem fermento durante sete dias;* e
não se verá contigo nenhuma coisa fer-
mentada, nem fermento algum em todo
o teu território. 8Naquele dia explicarás
a teu filho,* dizendo: 'Isto é pelo que
Javé fez por mim quando saí do Egito'†.
9E isto será como um sinal em tua mão e
como uma lembrança entre teus olhos,
para que a lei de Javé esteja em tua
boca; porque com mão forte Javé te fez
sair do Egito. 10Observarás esta norma
cada ano, no tempo marcado.

11Quando Javé te houver introduzido*
na terra dos cananeus, como jurou a ti e
a teus pais, e a tiver dado a ti, 12reserva-
rás para Javé todo primogênito e toda
primeira cria dos animais que tiveres:
se for macho, será para Javé. 13Mas res-
gatarás com um cordeiro toda primeira
cria das jumentas, e se não a quiseres
resgatar, tu lhe quebrarás o pescoço.
Resgatarás também todo primogêni-
to* entre teus filhos. 14E quando ama-
nhã teu filho te perguntar: 'Que signi-
fica isto?', tu lhe dirás: 'É que Javé com
mão forte nos tirou do Egito, da casa da
servidão. 15Como o faraó teimasse em
não nos deixar sair, Javé matou todos os
primogênitos no país do Egito, tanto os
primogênitos dos homens como os pri-
mogênitos dos animais. Por isso sacrifi-
co a Javé todo primogênito macho dos
animais e resgato todo primogênito*
de meus filhos'. 16Isto será como sinal
em tua mão e como frontal entre teus
olhos; pois com mão poderosa Javé nos
tirou do Egito".

Rumo ao mar Vermelho. 17Quan-
do o faraó deixou o povo partir, Deus
não o conduziu pelo caminho do país
dos filisteus, que é o mais próximo,
porque Deus disse: "Não aconteça
que o povo se arrependa diante dos
combates e volte para o Egito". 18As-
sim, pois, Deus fez o povo dar uma
volta pelo caminho do deserto do mar
Vermelho.* E os israelitas partiram da
terra do Egito bem armados†. 19Moi-
sés levou consigo os restos mortais de
José, pois este havia feito os israelitas
jurar solenemente, dizendo: "Quando
Deus vos visitar, levareis daqui convos-
co meus ossos". 20Partiram de Sucot
e acamparam em Etam, no limite do
deserto. 21Javé ia à frente deles, de dia
numa coluna de nuvem,* para guiá-los
pelo caminho, e de noite numa coluna
de fogo, para iluminá-los, a fim de que
pudessem caminhar de dia e de noite.
22A coluna de nuvem não se afastava
da frente do povo durante o dia, nem a
coluna de fogo durante a noite.

14 1Javé disse a Moisés: 2"Dize
aos israelitas que voltem
e acampem diante de Piairot, entre
Magdol e o mar, diante de Baal Sefon;
acampai diante deste lugar junto ao
mar. 3O faraó pensará que os israelitas
estão desorientados na região e presos
no deserto. 4Eu endurecerei o cora-
ção do faraó, que vos perseguirá; e eu
mostrarei minha glória contra o faraó e
todo o seu exército, e os egípcios sabe-
rão que eu sou Javé". E assim fizeram.

A passagem do mar Vermelho.
5Quando foi anunciado ao rei do
Egito que o povo havia fugido, o fa-
raó e seus servidores mudaram de
ideia a respeito do povo e disseram:
"Que fizemos, deixando partir Israel
e perdendo seus serviços?" 6O faraó
mandou preparar seu carro e tomou
consigo sua gente. 7Reuniu seiscentos
carros escolhidos e todos os carros do

---

* **13**,7. 34,18 | 8. 12,26; 10,2 | 11. Lc 2,22-24; Gn 22,1 | 13. Nm 18,15 | 15. Dt 6,8; 11,18 | 18. Gn 50,25; Js 24,32 | **13**,21. Ne 9,19; Sb 10,17s; 18,3 | **14**,11. 16,2s; 17,3; 15,24; Nm 11,1.4; 14,2; 20,2; 21,4s; Sl 78,40; 5,21; 6,9

† **13**,8. Vós todos que renunciastes ao mundo do mal, realizastes também vosso êxodo (S. Agostinho). | 18. Começa o êxodo, a longa caminhada de 40 anos, da escravidão do Egito para a liberdade da terra prometida, tempo feliz do idílio e do noivado entre Deus e seu povo, Jr 2,2; Os 2,16, e modelo de toda libertação futura, Jr 16,14-15. Recordando ao povo seus feitos, Deus se apresentará como "aquele que te tirou do Egito", Êx 20,1.

Egito, cada um com seus oficiais. 8Javé endureceu o coração do faraó, rei do Egito, o qual perseguiu os israelitas que partiam afoitamente. 9Os egípcios os perseguiram com todos os cavalos, os carros do faraó, seus cavaleiros e seu exército e os alcançaram quando estavam acampados em Piairot, diante de Baal Sefon. 10O faraó já estava próximo, quando os israelitas ergueram os olhos e viram os egípcios que vinham em sua perseguição. Então os israelitas foram tomados de grande pavor e clamaram a Javé. 11E disseram a Moisés: "Faltavam, talvez, sepulturas no Egito para nos trazeres a morrer no deserto?* Que nos fizeste, tirando-nos do Egito! 12Não foi isto que te falamos no Egito, dizendo: 'Deixa-nos servir aos egípcios'? Era melhor servir aos egípcios do que morrer no deserto".† 13E Moisés disse ao povo: "Não temais. Permanecei firmes e vereis a libertação que Javé realizará hoje em vosso favor; pois os egípcios que hoje vistes, nunca mais tornareis a ver. 14Javé combaterá por vós, sem que vos preocupeis".

15Javé disse a Moisés: "Por que clamas por mim? Ordena aos israelitas* que se ponham a caminho. 16E tu, levanta tua vara, estende a mão sobre o mar e divide-o, para que os israelitas possam atravessá-lo a pé enxuto. 17Vou endurecer o coração dos egípcios, que entrarão atrás deles, e eu mostrarei minha glória contra o faraó e todo o seu exército, seus carros e seus cavaleiros. 18Assim saberão os egípcios que eu sou Javé, quando eu mostrar minha glória contra o faraó, seus carros e seus cavaleiros". 19Então o anjo de Deus que caminhava à frente do exército de Israel mudou de lugar e passou para trás dele, e também a coluna de nuvem se deslocou da frente para trás dele. 20Colocou-se, assim, entre o acampamento dos egípcios e o acampamento de Israel. A nuvem era obscura para aqueles e iluminava a noite para estes. Por toda a noite uns não puderam se aproximar dos outros. 21Moisés estendeu a mão sobre o mar, e Javé o fez retirar-se mediante um forte vento oriental que soprou a noite toda, deixando-o seco e as águas se dividiram. 22Então os israelitas entraram no meio do mar a pé enxuto, enquanto as águas formavam uma muralha a sua direita e a sua esquerda. 23Os egípcios os perseguiram, e toda a cavalaria do faraó, seus carros e cavaleiros entraram no mar atrás deles. 24Na vigília da manhã,* Javé, do alto da coluna de fogo e da nuvem, olhou para o acampamento dos egípcios e lançou a confusão no meio deles. 25Emperrou as rodas de seus carros, de sorte que só podiam avançar com dificuldade. Então os egípcios disseram: "Fujamos dos israelitas, porque Javé combate por eles contra os egípcios".

26Javé disse a Moisés: "Estende a mão sobre o mar, e as águas se voltarão contra os egípcios, seus carros e seus cavaleiros". 27Moisés estendeu a mão sobre o mar e, ao amanhecer, o mar voltou a seu lugar, enquanto os egípcios, fugindo, iam a seu encontro. Assim Javé precipitou os egípcios no meio do mar. 28As águas voltaram,* cobrindo os carros, os cavaleiros e todo o exército do faraó que havia entrado no mar atrás dos israelitas; nenhum deles escapou. 29Mas os israelitas caminharam a pé enxuto no meio do mar, enquanto as águas formavam uma muralha a sua direita e a sua esquerda. 30Foi assim que Javé salvou naquele dia os israelitas das mãos dos egípcios, e Israel viu os egípcios mortos na praia do mar†. 31Israel viu o grande poder que Javé tinha mostrado contra os egípcios e temeu a Javé, acreditou nele e em seu servo Moisés.*

---

* **14**,15. Sl 78; 105; 106; 114; Sb 10,18s; 1Cor 10,1s | 24. Sl 77,17-19 | 28. Dt 11,4 | 31. 4,31

† **14**,12. Primeira de uma série de murmurações do povo contra Moisés, devido à sede, à fome, aos perigos das guerras. O povo exprime sua revolta, sua falta de confiança em Deus, e Moisés o exorta à fé, à fidelidade. | **14**,30. "Concedestes aos filhos de Abraão atravessar o mar Vermelho a pé enxuto, para que livres da escravidão, prefigurassem o povo nascido na água do Batismo" (Liturgia da Páscoa).

15 **Cântico de triunfo.** 1Então
Moisés e os israelitas cantaram
a Javé este cântico:
"Cantarei a Javé, por seu triunfo glo-
rioso;
precipitou no mar cavalo e cavaleiro.
2Minha força e meu canto é Javé;*
ele foi minha salvação.
Ele é meu Deus: eu o louvarei;
o Deus de meu pai: eu o exaltarei.
3Javé é um guerreiro;
seu nome é Javé.*
4Lançou no mar os carros do faraó e
seus exércitos;
seus melhores guerreiros foram tra-
gados pelo mar Vermelho.
5O abismo os recobriu;
desceram como pedras ao fundo do
mar.
6A vossa direita, Javé, é admirável por
sua força;
a vossa direita, Javé, esmaga o inimi-
go.
7Com a grandeza de vosso poder
abateis vossos adversários;
desencadeais vosso furor, que os de-
vora como palha.*
8Ao sopro de vossas narinas amon-
toaram-se as águas;
as ondas se ergueram como diques;
congelaram-se as vagas no seio do
mar.
9Disse o inimigo: 'Perseguirei, alcan-
çarei;
repartirei os despojos, saciarei minha
alma;
arrancarei minha espada, minha mão
os destruirá'.
10Vosso vento soprou: o mar os en-
goliu;
mergulharam como chumbo nas
águas impetuosas.
11Quem é como vós entre os deuses,
Javé?
Quem é igual a vós, glorioso em san-
tidade,
formidável nas façanhas, fazedor de
prodígios?
12Estendestes vossa mão direita, e a
terra os engoliu.
13Guiastes em vossa bondade o povo
que redimistes.
Com vosso poder o conduzistes a
vossa santa morada.
14Ouvindo isto, os povos estremece-
ram;
a angústia se apoderou dos habitan-
tes da Filisteia.
15Tiveram medo os chefes de Edom,*
o temor se apoderou dos príncipes
de Moab;
esmoreceram todos os habitantes de
Canaã.
16Medo e terror caíram sobre eles;
o poder de vosso braço os petrificou;
até que passasse o vosso povo, Javé,
até que passasse o povo que adqui-
ristes.
17Vós o conduzis e o plantais no
monte de vossa herança,*
no lugar que preparastes para vossa
morada, Javé,
no santuário que vossas mãos funda-
ram, Senhor.
18Reina Javé por todo o sempre!"
19Porque quando os cavalos do fa-
raó, com seus carros e cavaleiros, en-
traram no mar, Javé fez voltar sobre
eles as águas do mar, enquanto os is-
raelitas tinham caminhado no meio do
mar a pé enxuto.
20Então Maria, a profetisa, irmã de
Aarão,* tomou um tamborim; e todas
as mulheres saíram atrás dela com
tamborins e dançando. 21E Maria lhes
respondia:
"Cantai a Javé, por seu triunfo glo-
rioso;
precipitou no mar cavalo e cavaleiro".
As águas amargas. 22Moisés man-
dou que os israelitas partissem do mar
Vermelho;* e saíram para o deserto de
Sur. Caminharam três dias pelo deser-
to* sem encontrar água. 23Chegaram a
Mara,* mas não puderam beber de sua
água, por ser amarga; por isso aque-
le lugar foi chamado Mara. 24Então o
povo murmurou contra Moisés, di-
zendo: "Que vamos beber?"* 25Moisés
clamou a Javé, e Javé lhe mostrou uma

---

* **15**,2. Is 12,2 | 3. 3,14 | 7. Is 5,24s; Ab 18; Na 1,10 | 15. Nm 20,21; 21,4-13; Dt 2,1-9.18 | 17. Sl 74,2 | 20. Nm 26,59 | 22. 1Cor 10,3-5 / Gn 16,7 | 23. Nm 33,8 | 24. 14,11 | 25. Js 24,25

planta, que ele lançou à água, e a água se tornou doce. Foi ali que Javé lhes deu um estatuto e um direito,* e ali os pôs à prova. 26Ele disse: "Se ouvirdes atentamente a voz de Javé, vosso Deus, e fizerdes o que é reto a seus olhos,* se prestardes ouvidos a seus mandamentos, e observardes todas as suas leis, não vos infligirei nenhuma das enfermidades que infligi aos egípcios, porque eu sou Javé que vos cura".* 27A seguir chegaram a Elim, onde havia doze fontes de água e setenta palmeiras; e ali acamparam, junto às águas.

16 **A fome do povo.** 1Partindo de Elim, toda a comunidade dos israelitas* chegou ao deserto de Sin, situado entre Elim e o Sinai, no dia quinze do segundo mês depois de sua saída da terra do Egito. 2No deserto, toda a comunidade dos israelitas murmurou contra Moisés e Aarão. 3Os israelitas lhes disseram: "Oxalá tivéssemos morrido* pela mão de Javé no país do Egito, quando nos sentávamos junto às panelas de carne e comíamos pão com fartura! Pois nos trouxestes a este deserto para matar de fome toda esta multidão".

4Javé disse a Moisés: "Farei chover pão do céu para vós. Cada dia o povo sairá para recolher sua ração diária. Desse modo eu o porei à prova, para ver se anda ou não em minha lei.* 5No sexto dia, porém, quando prepararem o que tiverem trazido, terão o dobro do que recolhem cada dia".

6Moisés e Aarão disseram aos israelitas: "Esta tarde sabereis que foi Javé quem vos tirou da terra do Egito, 7e amanhã cedo* vereis a glória de Javé, pois ele ouviu vossas murmurações contra Javé; pois quem somos nós para que murmureis contra nós?" 8E Moisés acrescentou: "Isto acontecerá quando Javé vos der, esta tarde, carne para comer, e pela manhã pão com fartura, pois ele ouviu vossas murmurações que fizestes contra ele; porque nós, quem somos? Vossas queixas não são contra nós, mas contra Javé".

O maná. 9Moisés disse a Aarão: "Dize a toda a comunidade dos israelitas: 'Aproximai-vos de Javé, porque ele ouviu vossas murmurações'". 10Enquanto Aarão falava a toda a comunidade dos israelitas, eles olharam para o deserto e viram a glória de Javé aparecer na nuvem. 11Javé disse a Moisés: 12"Ouvi as murmurações dos israelitas. Fala-lhes assim: 'Ao entardecer comereis carne e pela manhã vos saciareis de pão, e sabereis que eu sou Javé, vosso Deus'".

13De fato, à tarde surgiram codornizes que cobriram o acampamento; e pela manhã havia uma camada de orvalho em torno do acampamento. 14Quando se evaporou o orvalho, apareceu na superfície do deserto uma coisa miúda, em forma de grãos,* fina como a geada sobre a terra. 15Vendo isto, os israelitas perguntaram uns aos outros: "Que é isto?", pois não sabiam o que era. Moisés lhes disse:* "É o pão que Javé vos dá para comer. 16Isto é o que Javé vos ordena: Recolha cada um o necessário para comer: um gomor por pessoa. Cada um tomará de acordo com o número de pessoas que houver em sua tenda". 17E assim fizeram os israelitas: uns recolheram mais, outros menos. 18Quando se media com o gomor,* não sobrava a quem tinha ajuntado muito, nem faltava a quem tinha ajuntado pouco. Cada qual havia recolhido conforme havia de comer.

19Moisés disse: "Ninguém guarde dele para a manhã seguinte". 20Mas não obedeceram a Moisés, e alguns guardaram para o dia seguinte; ele criou vermes e apodreceu; e Moisés se irritou contra eles. 21Toda manhã cada um recolhia segundo o quanto podia comer; e quando o sol esquentava, derretia-se. 22No sexto dia recolheram uma dupla porção, dois gomores para cada um, e todos os chefes da comunidade de Israel foram comunicá-lo a Moisés. 23Ele respondeu: "É isto o que

* **15**,26. Dt 7,15 / Sl 103,3 | **16**,1. Nm 11; Dt 8,3.16; Sl 78,32s; 105,40; 106,13-15; Sb 16,20-29; Jo 6,26-58 | 3. 14,11 | 4. Dt 8,2 | 7. Sl 81,11 | 14. Nm 11,7-9 | 15. 1Cor 10,3 | 18. 2Cor 8,15

Javé ordenou. Amanhã é dia de repouso, o sábado consagrado a Javé; o que tendes para cozer no forno, cozei-o, e o que tendes para ferver, fervei-o; e tudo o que sobrar, guardai-o para a manhã seguinte". 24Guardaram-no, portanto, até a manhã seguinte, conforme a ordem de Moisés, e não apodreceu nem criou vermes. 25Moisés disse: "Comei-o hoje, pois hoje é descanso consagrado a Javé; hoje não o encontrareis no campo. 26Durante seis dias o ajuntareis, mas no sétimo dia é repouso, e neste dia não haverá". 27No sétimo dia alguns do povo saíram para colhê-lo, mas nada encontraram. 28Então Javé disse a Moisés: "Até quando recusareis observar meus mandamentos e minhas leis? 29Considerai que Javé vos deu o sábado; por isso, no sexto dia ele vos dá pão para dois dias. Cada um fique em seu lugar, ninguém saia do próprio lugar no sétimo dia". 30E o povo repousou no sétimo dia.

31A casa de Israel lhe deu o nome de "maná";* era como a semente de coentro, de cor branca, e seu sabor era como bolo de mel†. 32Moisés disse: "Eis o que Javé ordena: enchei com ele um gomor, a fim de guardá-lo para vossos descendentes, para que vejam o pão com que vos alimentei no deserto, quando vos tirei da terra do Egito". 33Então Moisés disse a Aarão: "Toma um vaso e põe nele um gomor cheio de maná e coloca-o diante de Javé, a fim de o conservar para vossos descendentes". 34Como Javé ordenara a Moisés, Aarão* depositou-o diante do testemunho para ser conservado.

35Os israelitas comeram maná durante quarenta anos,* até entrarem em terra habitada: comeram maná até chegarem aos confins da terra de Canaã.

36O gomor é a décima parte do efá.

17 **Água da rocha.** 1Toda a comunidade dos israelitas* partiu do deserto de Sin, fazendo suas etapas segundo as ordens de Javé. Acamparam em Rafidim* e lá não havia água para o povo beber. 2Então o povo se pôs a discutir com Moisés, dizendo: "Dá-nos água para beber".* E Moisés lhes disse: "Por que discutis comigo? Por que tentais Javé?" 3Mas o povo, sedento de água, murmurou contra Moisés, dizendo: "Por que nos tiraste do Egito? Foi para nos matar de sede junto com nossos filhos e nossos animais?" 4Então Moisés clamou a Javé, dizendo: "Que farei a este povo? Por pouco não me apedrejam". 5Javé disse a Moisés:* "Passa adiante do povo e toma contigo alguns dos anciãos de Israel. Toma também em tua mão tua vara, com que golpeaste o rio Nilo, e vai. 6Eu estarei diante de ti, lá sobre a rocha* de Horeb; golpearás a rocha e dela jorrará água para o povo beber".† Moisés fez assim na presença dos anciãos de Israel. 7E deu àquele lugar o nome de Massa e Meriba,* por causa da discussão dos israelitas e porque tinham tentado Javé, dizendo: "Javé está ou não entre nós?"†

Vitória sobre os amalecitas. 8Vieram os amalecitas combater contra Israel em Rafidim. 9Moisés disse a Josué: "Escolhe homens e vai combater contra os amalecitas. Amanhã estarei no alto da colina, com a vara de Deus na mão". 10Josué fez como Moisés lhe ordenara e foi combater contra os amalecitas, enquanto Moisés, Aarão e Hur subiram para o alto da colina. 11Aconteceu que, enquanto Moisés conservava a mão levantada, Israel vencia, mas quando a abaixava, Amalec vencia. 12Como as mãos de Moisés estivessem pesadas, tomaram uma pedra, puseram-na debaixo dele e ele se sentou; Aarão e Hur

---

* **16**,31. Nm 11,7 | 34. Hb 9,4 | 35. Nm 21,5; Js 5,10-12 | **17**,1. Nm 20,1-13 / Nm 33,12-14 | 2. 15,24; Dt 6,16 | **17**,5. Nm 14,10 | 6. 1Cor 10,4; Jo 7,38; 19,34 | 7. Nm 20,24; Dt 6,16; 9,22; 32,51; 33,8; Sl 78,15s; 95,8s; 105,41; 106,32; Sb 11,4; Is 43,20

† **16**,31. Maná vem de "man hu", "o que é isto?". Alimento do povo de Deus na caminhada, prefigura a Eucaristia, Jo 6,32. Sb 16,20 chama-o de alimento dos anjos, que contém todo sabor. | **17**,6. O milagre da água se repetirá em Nm 20,11. Uma tradição rabínica dizia que a rocha acompanhava os israelitas através do deserto. São Paulo cita essa tradição e diz que a rocha era Cristo, 1Cor 10,4. | 7. Massa quer dizer prova e Meriba contenda.

lhe sustentavam as mãos, um de cada
lado. Assim suas mãos se conservaram
firmes até o pôr do sol. 13Josué derro-
tou Amalec e seu povo ao fio da es-
pada†.
14Javé disse a Moisés: "Escreve isso
para recordação* num livro e comunica
a Josué que eu exterminarei por com-
pleto a memória de Amalec de debaixo
do céu. 15Em seguida Moisés construiu
um altar e pôs-lhe o nome de "Javé-
-Nissi", 16porque ele disse: "Já que le-
vantou a mão contra o trono de Javé,
Javé estará em guerra com Amalec, de
geração em geração".

18 **Visita de Jetro a Moisés.** 1Je-
tro, sacerdote de Madiã, sogro
de Moisés, ficou sabendo de tudo o
que Deus tinha feito em favor de Moi-
sés e de Israel, seu povo: como Javé
havia feito sair Israel do Egito. 2Jetro,
sogro de Moisés, levou Séfora, esposa
de Moisés, depois que ele a havia des-
pedido, 3com os dois filhos dela, um
dos quais se chamava Gersam,* porque
Moisés havia dito: "Sou imigrante em
terra estrangeira", 4e o outro se cha-
mava Eliezer, porque "o Deus de meu
pai veio em meu auxílio e me salvou
da espada do faraó". 5Assim, pois, Je-
tro, sogro de Moisés, veio com os fi-
lhos e a mulher deste ao deserto, onde
estava acampado junto ao monte de
Deus. 6Mandou dizer a Moisés: "Eu,
Jetro, teu sogro,* venho a ti com tua
esposa, acompanhada de teus dois fi-
lhos". 7Moisés então saiu ao encontro
do sogro e, prostrando-se, o beijou; e
depois das mútuas saudações, entra-
ram na tenda. 8Moisés contou ao sogro
tudo o que Javé tinha feito ao faraó e
aos egípcios por causa de Israel, todas
as adversidades enfrentadas pelo ca-
minho e como Javé os livrara. 9Jetro
alegrou-se por todo o bem que Javé ti-
nha feito a Israel, libertando-o da mão
dos egípcios, 10e exclamou: "Bendito
seja Javé que vos salvou da mão dos
egípcios e da mão do faraó! 11Ago-
ra sei que Javé é maior que todos os
deuses e libertou este povo do poder
dos egípcios, quando agiram com ar-
rogância contra eles". 12Depois Jetro,
sogro de Moisés, ofereceu a Deus um
holocausto e sacrifícios. Aarão e todos
os anciãos de Israel vieram comer com
o sogro de Moisés diante de Deus.
Moisés institui os juízes. 13No dia se-
guinte Moisés se sentou para julgar* as
questões do povo, o qual permaneceu
de pé, junto a Moisés, desde a manhã
até a tarde. 14O sogro de Moisés, vendo
tudo o que este fazia pelo povo, disse:
"Que é isto que fazes com o povo? Por
que te sentas sozinho, enquanto toda a
gente permanece de pé junto a ti des-
de a manhã até a tarde?" 15Respondeu
Moisés ao sogro: "Porque o povo vem
a mim para consultar a Deus. 16Quando
têm alguma questão* vêm procurar-
-me para que eu julgue entre um e
outro e lhes dê a conhecer os decretos
e as leis de Deus". 17Mas o sogro de
Moisés lhe disse: "Não está certo o que
fazes. 18Acabarás esgotado tu e este
povo que está contigo, pois a tarefa é
muito pesada para ti; sozinho* não és
capaz de executá-la. 19Escuta-me, pois
vou te dar um conselho e que Deus es-
teja contigo. Sê tu o representante do
povo diante de Deus e leva suas cau-
sas a Deus. 20Ensina-lhes os decretos e
as leis e dá-lhes a conhecer o caminho
a seguir* e o que devem fazer. 21Mas
escolhe dentre todo o povo homens
capazes, tementes a Deus, dignos de
confiança, incorruptíveis, e estabelece-
-os à frente do povo como chefes de
mil, de cem, de cinquenta e de dez.
22Eles julgarão o povo em qualquer
ocorrência. Levarão a tua presença so-
mente as questões mais importantes;
mas resolverão por si mesmos as me-
nos importantes. Assim será mais fácil
para ti, e eles levarão o fardo contigo.

* **17**,14. Dt 25,17-19; Nm 24,20; 1Sm 15,3s | **18**,3. 2,22 | 6. 19,1 | 13. Dt 1,9-19 | 16. 33,7 | 18. Nm 11,14 | 20. Nm 11,16s

† **17**,13. A vara de Deus e as mãos erguidas mostram que a vitória vem de Deus através da oração.

23Se fizeres isso, e assim Deus te orde-
nar, poderás resistir, e todo este povo
chegará em paz a sua meta".
24Moisés seguiu o conselho de seu
sogro e fez tudo o que ele disse. 25Es-
colheu em todo Israel homens capazes
e os constituiu à frente do povo como
chefes de mil, de cem, de cinquenta
e de dez. 26Eles julgavam o povo em
toda ocorrência; os assuntos graves
levavam-nos a Moisés e resolviam eles
mesmos os de menor importância.
27Depois Moisés despediu seu sogro,
o qual voltou para sua terra.*

III. NO SINAI (19–40)

19 **Chegada ao Sinai.** 1No tercei-
ro mês após a saída dos israeli-
tas da terra do Egito, nesse mesmo dia,
chegaram ao deserto do Sinai. 2Tendo
partido de Rafidim, alcançaram o de-
serto do Sinai* onde acamparam; ali
acampou Israel diante da montanha†.
3Moisés subiu até Deus, e da mon-
tanha Javé o chamou, dizendo: "Assim
falarás à casa de Jacó e anunciarás
aos israelitas: 4'Vós vistes o que fiz aos
egípcios* e como vos levei sobre asas
de águia e vos trouxe a mim. 5Pois bem,
se ouvirdes atentamente minha voz e
guardardes minha aliança, sereis entre
todos os povos meu tesouro particu-
lar,* porque toda a terra é minha, 6e
vós sereis para mim um reino de sacer-
dotes e uma nação santa. São essas as
palavras que dirás aos israelitas'".
7Veio, pois, Moisés e chamou os an-
ciãos do povo e lhes expôs todas essas
palavras que Javé lhe havia ordenado.
8Todo o povo respondeu a uma voz:
"Faremos tudo o que Javé disse".* Moi-
sés referiu a Javé as palavras do povo.
9E Javé disse a Moisés: "Virei a ti numa
nuvem escura, a fim de que o povo
ouça quando eu falar contigo e tam-
bém creia em ti sempre". Moisés referiu
a Javé as palavras do povo.*
10Então Javé disse a Moisés: "Vai ao
povo e santifica-o* hoje e amanhã. La-
vem suas vestes 11e estejam prepara-
dos para o terceiro dia, pois no terceiro
dia Javé descerá sobre o monte Sinai
à vista de todo o povo. 12Fixarás ao
redor um limite para o povo, dizendo:
'Guardai-vos de subir a montanha* e
de tocar-lhe a base; quem tocar a mon-
tanha* será morto'. 13Mão nenhuma
tocará o culpado, pois será apedrejado
ou flechado; seja animal, seja homem,
não viverá. Quando soar a trombeta
longamente, subirão a montanha".
14Moisés desceu da montanha para
junto do povo; santificou-os, e eles la-
varam suas vestes. 15Depois disse ao
povo: "Estai preparados para o terceiro
dia; ninguém se aproxime de mulher".
Aparição divina. 16No terceiro dia, ao
amanhecer, houve trovões,* relâmpa-
gos e uma nuvem densa sobre a mon-
tanha, ouvindo-se também um som
fortíssimo de trombeta; todo o povo
que estava no acampamento se pôs
a tremer. 17Moisés levou o povo para
fora do acampamento ao encontro de
Deus, e pararam ao pé da montanha.
18Toda a montanha do Sinai fumegava,
porque Javé tinha descido sobre ela no
meio de fogo; a fumaça subia como a
fumaça de uma fornalha e toda a mon-
tanha tremia violentamente. 19O som
da trombeta soava cada vez mais for-
te. Moisés falava, e Deus lhe respondia
com o trovão†. 20Javé desceu sobre o
cume do monte* Sinai e convidou Moi-
sés para que subisse ao cume do mon-
te, e Moisés subiu. 21Depois Javé disse a
Moisés: "Desce e avisa o povo para que
não ultrapasse os limites em direção a
Javé para vê-lo, e não venham a mor-

---

* **18**,27. Nm 10,30 | **19**,2. Nm 33,15 | 3. Dt 4,34; 29,2; 32,11 | 5. Dt 10,14s | 8. Js 24,16-24; Dt 5,27 | 9. Eclo 45,4; 14,31 | 10. Gn 35,2; Lv 11,25.28.40 | 12. Hb 12,20 | 16. Dt 5,2-5.25-31; 4,10-12 | 20. 19,12; 33,20

† **19**,2. Lá onde havia revelado seu nome e seu projeto libertador, Êx 3,14, Deus vai fazer por meio de Moisés uma outra aliança, agora com todo o povo, um contrato bilateral, pois ao povo será dado o dom dos mandamentos, que é dom do próprio Deus, de sua santa vontade, e revelação de sua pessoa. | 19. Fenômenos como vulcão, terremoto, tempestade acompanham a teofania, expressando a santidade e a transcendência, a majestade e a glória de Deus, e o terror que inspiram. A Carta aos Hebreus compara esse contexto terrível com o conjunto de bens da nova aliança em Jesus Cristo, Hb 12,18-24.

rer muitos deles. [22]E que também os
sacerdotes que se aproximam de Javé
se santifiquem, para Javé não os ferir".
[23]Moisés disse a Javé: "O povo não po-
derá subir ao monte Sinai, porque vós
mesmo nos ordenastes, dizendo: 'Deli-
mita a montanha e declara-a sagrada'".
[24]Mas Javé disse a Moisés: "Vai, desce
e depois subirás novamente, trazendo
Aarão contigo; mas os sacerdotes e o
povo não ultrapassem os limites a fim
de subir em direção a Javé, para que
Javé não se volte contra eles". [25]Moisés
desceu ao povo e lhes falou.

20 **Os dez mandamentos.** [1]Então
Deus falou, pronunciando* to-
das estas palavras†: [2]"Eu, Javé, sou teu
Deus, que te tirou da terra do Egito,
da casa da servidão. [3]Não terás outros
deuses diante de mim. [4]Não farás para
ti imagem esculpida†, nem figura algu-
ma* daquilo que existe no alto, no céu,
ou aqui embaixo, na terra, ou nas águas
debaixo da terra. [5]Não te prostrarás
diante delas, nem as servirás; pois eu
sou Javé, teu Deus,* um Deus apai-
xonado, que castigo a iniquidade dos
pais nos filhos até a terceira e a quarta
geração dos que me odeiam; [6]mas uso
de misericórdia até a milésima geração
com aqueles que me amam e obser-
vam meus mandamentos.

[7]Não pronunciarás o nome de Javé*
em vão; pois Javé não deixará impune
quem pronunciar seu nome em vão†.

[8]Lembra-te do dia de sábado, para
santificá-lo.* [9]Trabalharás durante seis
dias e farás todas as tuas tarefas; [10]mas
o sétimo dia é dia de repouso consa-
grado a Javé, teu Deus; não farás ne-
nhum trabalho, nem tu, nem teu filho,
nem tua filha, nem teu servo, nem tua
serva, nem teu animal, nem o estran-
geiro que mora em tua cidade. [11]Pois
Javé fez em seis dias* o céu e a terra,
o mar e tudo o que existe neles, mas
no sétimo dia descansou. Por isso Javé
abençoou o dia de sábado e o santifi-
cou†.

[12]Honra teu pai e tua mãe,* para que
se prolonguem teus dias sobre a terra
que Javé, teu Deus, te dá.

[13]Não matarás.*

[14]Não cometerás adultério.

[15]Não furtarás.*

[16]Não darás falso testemunho contra
teu próximo.*

[17]Não cobiçarás a casa de teu pró-
ximo;* não desejarás a mulher de teu
próximo, nem seu servo, nem sua ser-
va, nem seu boi ou seu jumento, nem
coisa alguma que lhe pertença".

[18]Todo o povo percebia os trovões,*
os relâmpagos e o som da trombeta e
a montanha fumegando; e vendo isto,
tremia e se mantinha distante. [19]Dis-
seram a Moisés:* "Fala tu conosco e te
ouviremos; mas não nos fale Deus, para
que não morramos". [20]Moisés disse
ao povo: "Não temais, pois Deus veio
para vos provar* e para que seu temor
permaneça em vós, a fim de que não
pequeis". [21]O povo ficou ao longe, en-
quanto Moisés se aproximou da nuvem
em que Deus estava.

---

* **20**,1. Dt 5,6-22; Êx 34.10-27; Mt 19,16-22; 5; Dt 6,4 | 4. Lv 19,4; Dt 4,15-20 | 5. Dt 4,24; 34,7 | 7. Lv 19,12 | 8. 23,12; 31,12-17; 34,21; 35,1-3; Lv 19,3; 23,3; Nm 15,32-36 Dt 5,12-15; Lc 13,14 | 11. Gn 2,2s | 12. Lv 19,3; Ef 6,2s | 13. Rm 13,9 | 15. Lv 19,11 | 16. Lv 19,12 | 17. Mq 2,2 | 18. Dt 5,23-31 | 19. Êx 33,20 | 20. Dt 8,2

† **20**,1. O Decálogo, ou "as dez palavras", baseia-se na lei natural e foi dado por Deus como síntese dos deveres do povo na aliança. "Deus escreveu nas tábuas da lei aquilo que os homens não conseguiam ler em seus corações" (S. Agostinho). Reaparece com poucas modificações em Dt 5,6-21 e Cristo não o ab-roga mas o aperfeiçoa, Mt 5,17-48. A tradição católica considera como um só mandamento os vv. 3-6 e divide o v. 17 em dois mandamentos. | 4. Proíbe a idolatria, a adoração de imagens como se fossem deuses. A honra que a Igreja Católica presta às imagens dirige-se às pessoas nelas representadas. É uma veneração respeitosa, não uma adoração, que só compete a Deus. | 7. No Pai-Nosso Jesus ensinará a dizer "santificado seja vosso nome", que o nome de Deus seja reconhecido e tratado como santo, e não desrespeitado pela magia e a blasfêmia. Porque o nome é a pessoa. Por respeito, os hebreus até hoje nem sequer pronunciam o nome divino, Javé, mas quando ele ocorre no texto sagrado, leem "Adonai", o Senhor. | 11. Após a ressurreição de Cristo, ocorrida num domingo, Mt 28,1, o sábado, que representava o termo da primeira criação, será substituído pelo domingo, que lembra a criação nova, inaugurada na ressurreição, At 20,7. "Domingo" quer dizer justamente "dia do Senhor".

O altar. 22Disse Javé a Moisés†: "Assim
falarás aos israelitas: Vós vistes como
vos falei do céu. 23Não fareis deuses de
prata para pôr a meu lado, nem deu-
ses de ouro fareis para vós. 24Tu me
levantarás um altar de terra sobre o
qual oferecerás teus holocaustos e teus
sacrifícios de comunhão, tuas ovelhas e
teus bois. Em todo o lugar onde eu qui-
ser que seja recordado meu nome, virei
a ti e te abençoarei. 25Se me construí-
res um altar de pedra, não o farás com
pedras lavradas, pois ao manejares
teu cinzel sobre elas, tu as profanarias.
26Não subirás a meu altar por meio de
degraus, para que ali não se descubra
tua nudez".

21 **Os escravos.** 1"Estas são as leis
que lhes proporás:* 2Quando
comprares um escravo hebreu†, ele te
servirá durante seis anos; no sétimo
sairá livre, sem pagar nada. 3Se veio so-
zinho, sozinho sairá; se estava casado,
sua mulher sairá com ele. 4Se foi seu
senhor que lhe deu a esposa, e esta lhe
tiver dado à luz filhos ou filhas, a mu-
lher e os filhos serão de seu senhor, e
ele sairá sozinho. 5Se o escravo disser:
'Eu amo meu senhor, minha mulher e
meus filhos; não quero sair livre'; 6en-
tão seu senhor o levará diante de Deus,
e o fará aproximar-se da porta ou do
umbral da porta, e lhe furará a orelha
com uma sovela, e será seu escravo
para sempre.

7Se alguém vender sua filha como
escrava, ela não sairá como saem
os escravos. 8Se ela não agradar a seu
senhor, que a havia destinado para si,
ele a fará resgatar, mas não poderá
vendê-la a estranhos, por havê-la tra-
tado com engano. 9Se a destinar a seu
filho, deve tratá-la conforme o direito
das filhas. 10Se ele tomar outra mulher,
não diminuirá à primeira o alimento,
nem a roupa, nem o direito conjugal.
11Se ele não lhe garantir essas três coi-
sas, ela poderá partir gratuitamente,
sem pagar nada".

Homicídio. 12"Quem ferir mortalmente
um homem* será morto. 13Se, porém,
não lhe armou cilada, mas Deus permitiu
que caísse em suas mãos, eu te indicarei
um lugar onde possa refugiar-se†. 14Mas
se alguém tramar contra seu próximo
para matá-lo à traição,* até de meu altar
deverás arrancá-lo para que morra".

Lesões corporais. 15"Quem ferir seu
pai ou sua mãe será morto. 16Quem
sequestrar uma pessoa,* quer a tenha
vendido, quer se ache em seu poder,
será morto. 17Quem amaldiçoar seu pai
ou sua mãe será morto.*

18Quando dois homens estiverem
brigando, e um ferir o outro com uma
pedra ou com o punho, e este não mor-
rer, mas tiver de ficar acamado, 19se o
ferido se levantar e puder caminhar
para fora apoiado em sua bengala, o
agressor será absolvido, mas o inde-
nizará pelo tempo que perdeu e pelos
gastos do tratamento.

20Se alguém ferir seu escravo ou sua
escrava com um bastão, e ele ou ela
morrer sob suas mãos, seja punido;
21mas se o escravo sobreviver um ou
dois dias, não seja punido, porque é
propriedade sua.

22Se alguns homens brigarem e feri-
rem uma mulher grávida, de sorte que
sobrevenha o aborto, mas sem outros
danos, devem ser multados conforme
o que lhe impuser o marido da mulher
e julgarem os juízes.

23Mas se houver um dano maior,*
darás vida por vida, 24olho por olho,
dente por dente, mão por mão, pé por
pé, 25queimadura por queimadura, feri-
da por ferida, contusão por contusão†.

* **21**,1. Lv 25,35-46; Dt 15,12-18 | 12. Lv 24,17; Nm 35,16-34 | 14. 1Rs 1,50; 2,28-34 | 16. Dt 24,7 | 17. Lv 20,9; Dt 27,16; Eclo 3,18; Mt 15,4 | 23. Lv 24,19s; Dt 19,21; Mt 5,38-42

† **20**,22. Esta nova seção, chamada Código da Aliança, Êx 20,22-23,19, é uma aplicação do Decálogo e supõe um povo já instalado na terra. As prescrições pertencem a três categorias: direito civil e penal, regras para o culto e moral social. | **21**,2. Um hebreu tornava-se escravo de um outro hebreu para pagar uma dívida, Mt 18,25. | 13. As cidades de refúgio, Nm 35,9-34; Dt 19,1-13; Js 20. | 25. Esta é a "lei do talião", observada entre muitos povos antigos, que visava pôr um limite à vingança. Cristo a mudará pela lei do perdão, Mt 5,38-39.

26Se alguém ferir o olho de seu es-
cravo ou de sua escrava, inutilizando-o,
ponha-o em liberdade em compensa-
ção por seu olho. 27E, se quebrar um
dente de seu escravo ou de sua escra-
va, deverá dar-lhe a liberdade em com-
pensação por seu dente".
Danos dos animais. 28"Se um boi
matar a chifradas um homem ou uma
mulher, o boi seja apedrejado e não se
comerá sua carne, mas o dono do boi
será absolvido. 29Mas se o boi costu-
mava dar chifradas, e seu dono, tendo
sido avisado, não o prendeu, e se esse
boi matar um homem ou uma mulher,
o boi será apedrejado e o dono tam-
bém será morto. 30Mas se lhe foi im-
posto um resgate, então dará por res-
gate de sua vida tudo quanto lhe for
imposto. 31Se o boi ferir um menino ou
uma menina, a mesma lei será aplicada.
32Se o boi chifrar um escravo ou uma
escrava, seu dono pagará ao senhor do
escravo trinta siclos de prata, e o boi
será apedrejado.

33Se alguém deixar aberta uma cis-
terna, ou então, depois de a cavar, não
a cobrir, e um boi ou um jumento cair
nela, 34o dono da cisterna indenizará
o prejuízo, pagando em dinheiro ao
dono do boi ou do jumento, e o animal
morto será seu.

35Se o boi de alguém matar a chifra-
das o boi de um outro, venderão o boi
vivo e repartirão seu valor, e dividirão
entre si o boi morto. 36Mas se era no-
tório que aquele boi costumava chifrar,
e seu dono não o prendeu, pagará boi
por boi e o animal morto será seu.

37Se alguém roubar um boi ou uma
ovelha e os matar ou vender, pagará
cinco bois pelo boi e quatro ovelhas
pela ovelha".

22 **Furtos e danos.** 1"Se um ladrão
for surpreendido arrombando
uma casa e for ferido mortalmente, não
há delito de sangue; 2mas se naquele
momento já se tinha levantado o sol,
quem o feriu será culpado de sangue.
O ladrão fará restituição total; e se não
tiver como restituir, será vendido por
seu furto. 3Se aquilo que roubou – boi,
jumento ou ovelha – estiver ainda vivo
em suas mãos, pagará em dobro. 4Se
alguém deixar seu animal pastar num
campo ou numa vinha e o soltar para
comer no campo de um outro, pagará
com o melhor de seu campo e o me-
lhor de sua vinha.

5Se irromper um incêndio e se alas-
trar pelos espinheiros e destruir o tri-
go enfeixado, a plantação ou o campo,
deverá ressarcir o dano quem ateou o
fogo".
Depósitos e empréstimos. 6"Se alguém
tiver confiado a outro* dinheiro ou ob-
jetos para guardar, e forem roubados
da casa dessa pessoa, o ladrão, uma vez
descoberto, restituirá em dobro. 7Não
se descobrindo o ladrão, o dono da
casa comparecerá diante de Deus, a fim
de testemunhar que não pôs a mão nos
bens de seu próximo. 8Em todo caso
de má-fé, quer se trate de um boi, um
jumento, uma ovelha, uma veste, ou de
qualquer coisa perdida, de que alguém
disser: 'É esta', a causa de ambas as par-
tes será levada diante de Deus; e aquele
que Deus declarar culpado pagará em
dobro ao outro.

9Se alguém confiar à guarda de outro
um jumento, boi ou ovelha, ou qual-
quer outro animal, e o animal morrer
ou ficar aleijado ou for roubado, sem
que haja testemunha, 10haverá um ju-
ramento de Javé entre ambas as partes
de que este não pôs a mão na proprie-
dade do outro; o dono aceitará o jura-
mento e o outro nada pagará. 11Mas se
o animal lhe foi roubado, deverá inde-
nizar o dono. 12Se o animal foi dilace-
rado por uma fera, apresente-o como
prova e não terá de pagar pelo animal
dilacerado.

13Se alguém tomar emprestado de
outro um animal, e este ficar aleijado
ou morrer na ausência do dono, está
obrigado a indenizar. 14Mas se seu
dono estava presente, nada pagará. Se
o animal tiver sido alugado, o preço do
aluguel será o pagamento".

---

* **22**,6. Lv 5,21-26

Prescrições várias. 15“Se alguém tiver seduzido uma virgem* que não é noiva e dormir com ela, pagará seu dote e se casará com ela. 16Se, porém, o pai não quiser dar-lhe a moça, pagará em dinheiro o valor do dote das virgens.

17Não deixarás viver nenhuma feiticeira.*

18Quem tiver relações com um animal será morto.

19Quem oferecer sacrifícios a outros deuses e não unicamente a Javé será votado ao extermínio.

20Não afligirás nem oprimirás o estrangeiro,* porque também vós fostes estrangeiros na terra do Egito. 21Não maltratarás a viúva nem o órfão. 22Se de algum modo os afligires, e clamarem a mim, eu ouvirei seu clamor; 23minha ira se inflamará e vos matarei à espada. Vossas esposas ficarão viúvas, e órfãos vossos filhos.

24Se emprestardes dinheiro a alguém de meu povo,* a um vizinho pobre, não o tratarás como credor, não exigirás dele juros. 25Se tomas como penhor o manto de teu próximo, devolve-o antes do pôr do sol, 26porque é sua única coberta, a veste de seu corpo; com que dormiria ele?* Se ele clamar a mim, eu o ouvirei, porque sou misericordioso.

27Não blasfemarás contra Deus, nem amaldiçoarás o príncipe de teu povo.

28Não tardarás a oferecer-me o melhor de tua colheita e de tuas vinhas.* Tu me darás o primogênito de teus filhos. 29Farás o mesmo com a primeira cria de tuas vacas e de tuas ovelhas: ficará sete dias com sua mãe,* e no oitavo dia o entregarás a mim. 30Sereis pessoas a mim consagradas;* não comereis carne de animal dilacerado nos campos, mas lançai-a aos cães”.

23

Retidão nos julgamentos. 1“Não espalharás boatos falsos;* não apoiarás quem não tem razão, dando um falso testemunho. 2Não seguirás a maioria para praticar o mal, nem testemunharás em processo inclinando-te para a maioria, com o fim de perverter a justiça; 3nem tampouco favorecerás o pobre em seu processo.* 4Se encontrares extraviados o boi ou o jumento* de teu inimigo, tu os reconduzirás a ele. 5Se vires cair debaixo da carga o jumento de teu inimigo, não o desampares, mas o ajudes a levantá-lo.

6Não falsearás o direito de teu pobre em seu processo. 7Afasta-te de toda causa mentirosa; e não faças perecer um inocente ou um justo, pois eu não absolverei o culpado. 8Não aceitarás presentes,* porque o presente cega os mais clarividentes e perverte as palavras dos justos.

9Não oprimirás o estrangeiro, pois conheceis o estado de alma do estrangeiro, já que fostes estrangeiros na terra do Egito”.*

O ano sabático. 10“Durante seis anos semearás tua terra* e recolherás seus frutos. 11Mas no sétimo ano a deixarás descansar e não a cultivarás, para que se alimentem os pobres de teu povo, e os animais selvagens comam o resto. Assim farás com tua vinha e com teu olival. 12Durante seis dias farás teus trabalhos, mas no sétimo dia descansarás, para que descansem teu boi e teu jumento, e tomem alento o filho de tua escrava e o estrangeiro. 13Observai tudo o que vos disse. Não pronuncieis o nome de outros deuses; não se ouça em tua boca”.*

As festas. 14“Três vezes por ano celebrarás* uma festa em minha honra†. 15Guardarás a festa dos Ázimos. Comerás pães ázimos durante sete dias,

* **22**,15. Dt 22,23-29 | 17. Lv 20,6-27; Dt 18,9-12 | 20. Lv 18,23; Dt 27,21; Nm 25,1-5; Lv 19,33s; Dt 10,18s; 24,17s; 27,19; Sl 146,9; Is 1,17 | 24. Lv 25,35-37; Dt 23,20s | 26. Dt 24,10-13.17 | 28. Dt 26,1 | 29. Dt 15,19 | 30. Lv 11,14; Dt 14,21 | **23**,1. Lv 5,22; 17,13-16; 19,16; Dt 16,18-20 | 3. Lv 19,15 | 4. Dt 22,1-4 | 8. Dt 16,19; 27,25 | 9. 22,20 | 10. Lv 25,1.2.7; Dt 24,19; 26,12s | 13. Js 23,7 | 14. Êx 34,18-23; Dt 16,1-16; Lv 23

† **23**,14. As três grandes festas, Páscoa e Ázimos, a festa das Semanas ou Pentecostes, e a Festa das Tendas, estão explicadas em Êx 34,18-23; Dt 16,1-16; Lv 23 e Nm 28-29. Mais tarde foram acrescentadas: o Ano Novo, Lv 23,24, o Dia das Expiações, Lv 16, Purim, Est 9,24, a Dedicação, 1Mc 4,59; Jo 10,22, e o Dia de Nicanor, 1Mc 7,49.

como te ordenei, no tempo indicado
no mês de abib, pois foi nesse mês
que saíste do Egito. Ninguém compa-
reça a minha presença de mãos vazias.
16Guardarás também a festa da Ceifa,
das primícias de teus trabalhos, do que
semeaste no campo; e a festa da Co-
lheita, no fim do ano, quando recolhe-
res do campo o fruto de teus trabalhos.
17Três vezes ao ano todos os homens
comparecerão diante do Senhor Javé.
18Não oferecerás o sangue de meu sa-
crifício com pão fermentado. A gordura
de minha festa não permanecerá desde
a noite até a manhã seguinte. 19Levarás
as primícias* dos frutos de tua terra à
casa de Javé, teu Deus. Não cozerás o
cabrito no leite de sua mãe".*
O anjo da guarda. 20"Vou enviar um
anjo a tua frente,* para te proteger na
viagem e te conduzir ao lugar que te
preparei. 21Respeita sua presença e se-
gue sua voz; não lhe sejas rebelde, por-
que não perdoará vossas más obras,
pois nele está meu nome. 22Pelo con-
trário, se ouvires atentamente sua voz
e fizeres tudo o que eu te disser, serei
inimigo de teus inimigos e adversário
de teus adversários. 23Porque meu anjo
irá a tua frente e te conduzirá até os
amorreus,* os heteus, os ferezeus, os
cananeus, os heveus e os jebuseus, que
eu exterminarei.
24Não te prostrarás diante de seus
deuses* nem os servirás, nem imitarás
suas ações, mas destruirás seus deuses
e quebrarás suas colunas sagradas".
**Recomendações para a ocupação
da Palestina.** 25"Servireis a Javé, vos-
so Deus, e ele abençoará vosso pão e
vossa água; e eu afastarei a doença do
meio de ti. 26Não haverá em tua terra
mulher que aborte ou que seja estéril;*
completarei o número de teus dias.
27Enviarei diante de ti meu terror, con-
fundindo todo povo por onde entrares,
e farei que todos os teus inimigos te
voltem as costas. 28Enviarei a tua fren-
te vespas,* para que expulsem de tua
presença os heveus, os cananeus e os
heteus.
29Não os expulsarei de tua frente
num só ano, para que a terra não fi-
que deserta e as feras não se multipli-
quem contra ti. 30Aos poucos* é que
os expulsarei de tua frente, até que te
tenhas multiplicado e possuas a terra
por herança. 31Estenderei teu domínio*
desde o mar Vermelho até o mar dos
filisteus, desde o deserto até o rio Eu-
frates, pois entregarei em vossas mãos
os habitantes da terra, e tu os expulsa-
rás de tua frente. 32Não farás aliança al-
guma com eles nem com seus deuses.
33Não habitarão em tua terra, para que
não te façam pecar contra mim; pois tu
servirias a seus deuses, e isso seria uma
cilada para ti".

24 Aliança entre Deus e Israel.

1Depois disse a Moisés: "Sobe
a Javé tu, Aarão, Nadab, Abiú* e seten-
ta dos anciãos de Israel, e adorai de
longe. 2Somente Moisés se aproximará
de Javé, mas os outros não se aproxi-
marão, nem o povo subirá com ele".
3Moisés veio e referiu ao povo todas
as palavras de Javé e todas as suas leis.
E o povo inteiro, a uma voz, respon-
deu: "Faremos tudo o que Javé disse".*
4Moisés escreveu todas as palavras de
Javé.* No dia seguinte, levantando-se
cedo, ergueu um altar ao pé da mon-
tanha e doze colunas sagradas, con-
forme as doze tribos de Israel. 5Man-
dou alguns jovens dentre os israelitas
oferecer holocaustos* e imolar a Javé
novilhos como sacrifícios pacíficos.
6Então Moisés tomou metade do san-
gue, colocou-o em bacias e derramou
a outra metade sobre o altar. 7Tomou o
livro da aliança e o leu ao povo, o qual
exclamou: "Tudo o que Javé falou nós o
faremos e obedeceremos". 8Então Moi-

* **23**,19. Dt 26,1 / Êx 34,26; Dt 14,21 | 20. 14,19; 33,2; Ml 3,1; Is 63,9 | 23. Dt 7,1 | 24. Lv 18,3; 34,13; Dt 7,5; 12,3; Nm 33,52 | 26. Dt 7,14; 28; 30,9; Lv 26,9 | 28. Dt 7,20; Js 24,12; Sb 12,8 | 30. Dt 7,22; Jz 2,6 | 31. Jz 20,1; Dt 11,24 | **24**,1. 19,20; 28,1; Nm 11,16 | 3. Js 24,16-24 | 4. 34,27s | 5. Js 24,26s | 8. Hb 9,18s; Mt 26,28

† **24**,8. A aspersão do sangue conclui a aliança e faz a união do povo com Deus, representado no altar. Também a nova aliança será feita com sangue, o sangue de Cristo, Lc 22,20; Hb 9,18-21.

sés tomou do sangue, aspergiu com
ele o povo e disse: "Este é o sangue
da aliança* que Javé fez convosco por
meio de todas essas palavras".†
9A seguir Moisés subiu com Aarão,
Nadab, Abiú e setenta dos anciãos de
Israel. 10Eles viram o Deus de Israel:
debaixo de seus pés havia como um
pavimento de safira,* límpida como o
próprio céu. 11Ele não estendeu a mão
contra aqueles privilegiados de entre
os israelitas; eles viram a Deus e depois
comeram e beberam.
**Moisés na montanha; as duas tá-
buas de pedra.** 12Javé disse a Moisés:
"Sobe até mim lá na montanha* e fica
lá, pois eu te darei as tábuas de pedra
com a lei e os mandamentos que es-
crevi para instrução deles". 13Moisés
levantou-se com Josué, seu ajudante,
e Moisés subiu à montanha de Deus.
14Falou aos anciãos: "Permanecei aqui
até que voltemos a vós. Aarão e Hur
ficam convosco; quem tiver alguma
questão recorra a eles". 15Subiu, pois,
Moisés à montanha,* e a nuvem cobriu
a montanha.* 16A glória de Javé pou-
sou sobre o monte Sinai, e a nuvem co-
briu-o durante seis dias; no sétimo dia
ele chamou Moisés do meio da nuvem.
17O aspecto da glória de Javé era aos
olhos dos israelitas* como um fogo de-
vorador no alto da montanha. 18Moisés
penetrou no meio da nuvem, subiu ao
monte e lá permaneceu durante qua-
renta dias e quarenta noites.

25 **Ofertas para a construção
do santuário.** 1Javé falou a
Moisés: 2"Ordena aos israelitas que me
tragam* uma oferta. Recebereis a ofer-
ta de toda pessoa que doar generosa-
mente. 3Estas são as coisas que aceita-
reis: ouro, prata e bronze; 4tecidos de
púrpura violeta, escarlate, carmesim,
linho fino, pelos de cabra; 5peles de
carneiro tingidas de vermelho, couro
fino e madeira de acácia; 6azeite para
as lâmpadas, aromas para o óleo da
unção e para o incenso perfumado;
7pedras de ônix e pedras de engaste
para o efod e o peitoral. 8Eles me fa-
rão um santuário, para que eu habite
no meio deles†. 9Farás tudo conforme o
modelo do tabernáculo* e o modelo de
sua mobília que vou te mostrar".
A arca. 10"Farás uma arca de madeira
de acácia,* com dois côvados e meio
de comprimento, um côvado e meio de
altura e um côvado e meio de largu-
ra†. 11Tu a revestirás de ouro puro, por
dentro e por fora, e por cima, em volta,
farás uma moldura de ouro. 12Fundirás
para ela quatro argolas de ouro, que
prenderás em seus quatro cantos, duas
de cada lado. 13Farás varais de madeira
de acácia,* que recobrirás de ouro, 14e
os introduzirás nas argolas presas aos
lados da arca, para se poder transpor-
tá-la. 15Os varais da arca ficarão sempre
nas argolas e nunca serão removidos
delas.* 16Na arca porás o testemunho
que te darei".
O propiciatório. 17"Farás um propicia-
tório* de ouro puro†. Seu comprimento
será de dois côvados e meio, sua lar-
gura um côvado e meio.* 18Farás dois
querubins de ouro, trabalhados a mar-
telo, nas duas extremidades do pro-
piciatório. 19Farás, pois, um querubim
numa extremidade e o outro querubim
na outra extremidade. Fareis os queru-
bins de uma só peça com o propiciató-
rio, nas duas extremidades. 20Os que-
rubins terão as asas estendidas para o
alto, cobrindo com elas o propiciatório;
estarão olhando um para o outro com
os rostos voltados para o propiciatório.

* **24**,10. Ez 1,26; Ap 4,2s | 12. 31,18; 32,15s;34,1.4.28s; Dt 4,13; 5,22; 9,9.15; 10,1-5 | 15. 19,3 / 19,9 | 17. Dt 4,36; Dt 9,9; Êx 34,28 | **25**,2. 35,4-29 | 9. 25,40; 26,30; 27,8; Nm 8,4 | 10. 37,1-9 | 13. 2Sm 6,7 | 15. 24,12; Dt 10,1s | 17. Lv 16,12-15; Rm 3,25 / 26,34 | 21. 26,34

† **25**,8. Esse santuário provisório é a tenda, na qual Deus se fazia peregrino para acompanhar seu povo em marcha pelo deserto. Quando o povo habitar em casas, também Deus terá a sua, o templo de Jerusalém. | 10. A arca era um cofre que media 1,25m x 0,75m, com a altura de 0,75m, e na qual se guardavam as tábuas da lei, as cláusulas da aliança, por isso era chamada arca da aliança ou do testemunho. Era o sinal da presença de Deus. | 17. O propiciatório era a tampa da arca; era assim chamado porque de lá Deus ouvia propício as súplicas do povo.

21 Porás o propiciatório* em cima da arca, e dentro dela guardarás o testemunho que eu te darei. 22 Aí me encontrarei contigo,* e de cima do propiciatório, do meio dos dois querubins que estão sobre a arca do testemunho, eu te comunicarei tudo o que te ordenarei a respeito dos filhos de Israel".

A mesa. 23 "Farás também uma mesa de madeira* de acácia, com dois côvados de comprimento, um côvado de largura e um côvado e meio de altura. 24 Tu a revestirás de ouro puro e lhe farás uma moldura de ouro em redor. 25 A sua volta farás um friso de um palmo e lavrarás uma moldura de ouro em torno do friso. 26 Farás quatro argolas de ouro que prenderás aos quatro cantos da mesa, formados pelos quatro pés. 27 As argolas estarão na altura do friso e receberão os varais para o transporte da mesa. 28 Farás os varais de madeira* de acácia e os cobrirás de ouro; servirão para carregar a mesa. 29 Farás de ouro os pratos, as colheres, os jarros e as taças para as libações. 30 Porás sobre a mesa* o pão da apresentação†, em minha presença constantemente".

O candelabro. 31 "Farás um candelabro de ouro puro.* Farás, trabalhados a martelo, de uma só peça: a haste, o pedestal, os braços, os cálices, os botões e as flores. 32 Seis braços sairão de seus lados: três de um lado e três do outro. 33 Em cada braço haverá três cálices em forma de flor de amendoeira, com botões e flores. Assim serão formados os seis braços que sairão da haste. 34 O candelabro terá quatro cálices em forma de flor de amendoeira, com seus botões e suas flores; 35 um botão debaixo dos dois primeiros braços, saindo do candelabro; outro debaixo dos dois braços seguintes e um terceiro debaixo dos últimos; assim se fará com os seis braços que saem do candelabro. 36 Os botões e os braços formarão uma só peça com o candelabro; tudo isso será feito de ouro puro, lavrado a martelo. 37 Também lhe farás sete lâmpadas, dispondo-as de forma a projetarem a luz para a frente. 38 Suas espevitadeiras e seus cinzeiros serão feitos de ouro puro. 39 Para a fabricação do candelabro e de todos os seus acessórios empregarás um talento de ouro puro. 40 Cuida de os fazer conforme o modelo que te foi mostrado sobre a montanha".*

26 **O tabernáculo e sua tenda.**

1 "Farás o tabernáculo com dez cortinas* de linho fino retorcido, de púrpura violeta, púrpura escarlate e carmesim e nelas bordarás querubins. 2 O comprimento de cada cortina será de vinte e oito côvados e a largura, de quatro côvados; todas as cortinas terão o mesmo tamanho. 3 Cinco cortinas serão unidas uma à outra, e as outras cinco também serão unidas uma à outra. 4 Farás umas presilhas de púrpura violeta na orla da cortina que está na extremidade do primeiro grupo; o mesmo farás na orla da cortina que ocupa a extremidade do segundo grupo. 5 Farás cinquenta presilhas na primeira cortina e outras cinquenta na orla da cortina que ocupa a extremidade do segundo grupo, de modo que as presilhas se correspondam entre si. 6 Farás também cinquenta colchetes de ouro, com os quais unirás as cortinas uma à outra, de sorte que o tabernáculo forme um só todo.

7 Farás cortinas de pelos de cabra, para cobrirem com elas o tabernáculo, à maneira de tenda; dessas cortinas farás onze. 8 O comprimento de cada cortina será de trinta côvados e a largura, de quatro côvados. Todas as cortinas terão as mesmas medidas. 9 Juntarás cinco dessas cortinas à parte, e as outras seis cortinas também à parte, e dobrarás a sexta cortina sobre a fachada da tenda. 10 Farás cinquenta presilhas na borda da primeira

* **25**,22. 29,42; 33,7-11; Lv 1,1; 16,2 | 23. 37,10-16 | 28. Nm 4,7 | 30. Lv 24,5-9; 1Sm 21,4-6 | 31. 37,17-24; Lv 24,2-4 | 40. Hb 8,5 | **26**,1. 33,7-11; 36,8-19; Hb 9,11.24

† **25**,30. Eram doze pães, um para cada tribo, que lá ficavam uma semana. No sábado, os sacerdotes os consumiam e os substituíam por outros.

cortina, na extremidade do primeiro grupo, e outras cinquenta na borda da cortina do segundo grupo. [11]Farás cinquenta colchetes de bronze que introduzirás nas presilhas, unindo assim a tenda para que forme um só todo. [12]Quanto à parte que sobra das cortinas da tenda, a metade excedente da cortina cobrirá os fundos do tabernáculo, [13]e o côvado restante, de cada lado, ao longo das cortinas da tenda, penderá dos dois lados do tabernáculo para o cobrir. [14]Além disso, farás para a tenda uma cobertura de peles de carneiro tingidas de vermelho e, por cima desta, outra de couro fino".

As tábuas para o tabernáculo. [15]"Farás também as tábuas para o tabernáculo,* de madeira de acácia, que serão colocadas verticalmente. [16]O comprimento de cada tábua será de dez côvados e a largura, de um côvado e meio. [17]Cada tábua terá dois encaixes, unidos um ao outro; assim farás todas as tábuas do tabernáculo. [18]Farás deste modo as tábuas do tabernáculo: vinte tábuas para o lado meridional, à direita. [19]Farás também quarenta bases de prata para serem colocadas debaixo das vinte tábuas: duas bases para cada tábua firmada nelas por meio dos dois encaixes. [20]Para o outro lado do tabernáculo, ao norte, farás outras vinte tábuas [21]com suas quarenta bases de prata: duas debaixo de cada tábua. [22]Para o fundo do tabernáculo, ao ocidente, farás seis tábuas. [23]Farás também duas tábuas para os cantos do fundo do tabernáculo, [24]as quais serão unidas entre si por baixo, até a altura da primeira argola. Assim se fará com as duas tábuas que deverão ser postas nos ângulos. [25]Serão, portanto, oito tábuas com suas dezesseis bases de prata: duas bases para cada tábua.

[26]Farás ainda vigas de madeira de acácia: cinco para as tábuas de um lado do tabernáculo, [27]outras cinco para as do outro lado do tabernáculo e igualmente cinco para as tábuas do fundo do tabernáculo, no lado ocidental. [28]A viga central estará a meia altura das tábuas, passando de uma extremidade à outra. [29]Cobrirás de ouro essas tábuas, e de ouro farás suas argolas pelas quais passarão as vigas,* que também cobrirás de ouro. [30]Armarás o tabernáculo conforme o modelo que te foi mostrado na montanha".

Cortina e tapete. [31]"Farás também um véu de púrpura violeta* e escarlate, carmesim e linho fino retorcido, com bordados representando querubins. [32]Suspenderás o véu em quatro colunas de madeira de acácia, revestidas de ouro, munidas de ganchos de ouro e firmadas sobre quatro bases de prata. [33]Pendurarás o véu debaixo dos colchetes. Por detrás dele colocarás a arca do testemunho; por meio do véu será separado o lugar santo do santíssimo†. [34]Sobre a arca do testemunho* colocarás o propiciatório, dentro do santíssimo. [35]A mesa porás fora do véu, e o candelabro, defronte da mesa, ao lado do tabernáculo, para o sul; e a mesa porás para o lado norte. [36]Para a entrada da tenda farás uma cortina de púrpura violeta, púrpura escarlate, carmesim e linho fino retorcido, trabalho de bordado. [37]Para essa cortina farás cinco colunas de madeira de acácia, recobertas de ouro, munidas de colchetes de ouro, e fundirás para elas cinco bases de bronze".

27 **O altar dos holocaustos.**

[1]"Farás o altar de madeira de acácia,* com cinco côvados de comprimento e cinco de largura; quadrado, portanto; terá três côvados de altura. [2]Em seus quatro cantos porás chifres†,

* **26**,15. 36,20-34 | 29. 25,40 | 31. 36,35-38; L 16; Hb 6,19; 9,1-10.24; 10,19s | 34. 25,21 | **27**,1. 38,1-7; 1Rs 8,64; Ez 43,13-17

† **26**,33. Literalmente, "o santo dos santos", superlativo hebraico. Morada de Deus, ninguém entrava lá, a não ser o sumo sacerdote, uma vez ao ano, no dia das Expiações, Lv 16; Hb 9,6-14. | **27**,2. Os quatro chifres serviam com frequência para decorar móveis. Aqui representam a força e a majestade divinas. Sempre em contato com o sangue das vítimas, tinham um caráter sagrado, e o culpado que se agarrasse a eles gozava do direito de asilo, Êx 21,14; 1Rs 2,28. Na Bíblia, "chifre" simboliza força, poder.

que formarão uma só peça com o altar,
e o revestirás de bronze. 3Farás os reci-
pientes para recolher as cinzas, as pás,
as bacias, os garfos e os braseiros; farás
de cobre todos esses utensílios. 4Farás
também para ele uma grelha de bronze
em forma de rede, com quatro argolas
de bronze em seus quatro cantos, 5e
as porás sob a beirada do altar. A rede
chegará até a metade do altar. 6Farás
para o altar varais de madeira de acácia
e os cobrirás de bronze; 7esses varais
serão introduzidos nas argolas; estarão
de um e de outro lado do altar, servin-
do para seu transporte. 8O altar será
oco e de tábuas; como te foi mostrado
na montanha, assim o farás".
O átrio. 9"Farás a seguir o átrio do ta-
bernáculo.* Pelo lado meridional ha-
verá cortinas de linho fino retorcido,
numa extensão de cem côvados em
cada lado. 10Suas colunas serão vinte,
com vinte bases de bronze; os ganchos
das colunas e as vergas serão de prata.
11No lado setentrional do átrio haverá
igualmente cortinas numa extensão
de cem côvados, com vinte colunas e
vinte bases de bronze; os ganchos das
colunas e as vergas serão de prata.
12Na largura do átrio, do lado ociden-
tal, haverá cortinas numa extensão de
cinquenta côvados, e serão dez colunas
com dez bases. 13A largura do átrio do
lado oriental será de cinquenta côva-
dos. 14Num lado da entrada haverá
quinze côvados de cortinas, com suas
três colunas e suas três bases. 15No ou-
tro lado também haverá quinze côva-
dos de cortinas, com suas três colunas
e suas três bases. 16Na entrada do átrio
haverá um cortinado de vinte côvados,
de púrpura violeta, púrpura escarlate,
carmesim e linho fino retorcido, traba-
lho de bordado, com quatro colunas e
quatro bases. 17Todas as colunas em
volta do átrio terão vergas, ganchos de
prata e bases de bronze. 18O compri-
mento do átrio será de cem côvados, a
largura de cinquenta côvados e a altu-
ra de cinco côvados. As cortinas serão
de linho fino retorcido e as bases das
colunas, de bronze. 19Serão de bronze
todos os utensílios para o serviço do
tabernáculo, todas as suas estacas e as
estacas do átrio".
Óleo para as lâmpadas. 20"Ordena aos
israelitas que te tragam para o cande-
labro óleo puro de olivas esmagadas,
a fim de manter a lâmpada sempre
acesa. 21Na tenda da reunião,* fora da
cortina que está diante do testemunho,
Aarão e seus filhos o prepararão, para
que arda desde a tarde até pela manhã
na presença de Javé. Esta será norma
perpétua para os israelitas, por todas
as gerações".

28 **Paramentos sacerdotais.**

1"Manda vir para junto de ti,
dentre os israelitas,* Aarão, teu irmão,
e seus filhos, para que sejam meus sa-
cerdotes: Aarão, Nadab, Abiú, Eleazar
e Itamar, filhos de Aarão. 2Farás para
Aarão, teu irmão, vestes sagradas, para
honra e ornamento. 3Falarás a todos os
homens hábeis a quem dotei de espíri-
to de sabedoria, a fim de que façam as
vestes de Aarão, para que seja consa-
grado para o exercício de meu sacer-
dócio. 4Estas são as vestes que deverão
fazer: o peitoral, o efod, o manto, a tú-
nica bordada, o turbante e o cinto. Fa-
rão essas vestes sagradas para Aarão,
teu irmão, e para seus filhos, a fim de
que me sirvam como sacerdotes. 5Em-
pregarão ouro, púrpura violeta, púrpu-
ra escarlate, carmesim e linho fino.
6Farão o efod de ouro,* púrpura
violeta, púrpura escarlate, carmesim e
linho fino retorcido, trabalho de borda-
do. 7Terá duas ombreiras, que se unem
a suas duas pontas, segurando-se as-
sim. 8O cinto que está por cima dele,
para segurá-lo, será do mesmo traba-
lho, formando uma só peça com ele;
será de ouro, púrpura violeta, púrpura
escarlate, carmesim e linho fino retorci-
do. 9Tomarás duas pedras de ônix, nas
quais gravarás os nomes dos israelitas.
10Seis nomes numa pedra e seis na ou-
tra, por ordem de nascimento. 11Grava-
rás nessas duas pedras os nomes dos

---

* **27**,9. 39,9-20; Ez 40,17-49 | 21. Lv 24,2-4; 30,7s; 1Sm 3,3 | **28**,1. Lv 8-10 | 6. 39,2-7

israelitas, como faz o lapidador ao gra-
var um selo, e as montarás em engas-
tes de ouro. 12Colocarás as duas pedras
sobre as ombreiras, como memorial
para os israelitas; e Aarão levará seus
nomes sobre os ombros à presença de
Javé, para recordação. 13Farás engastes
de ouro 14e duas correntinhas* de ouro
puro, trançadas como cordões, e as fi-
xarás aos engastes.
15Farás o peitoral do julgamento,*
trabalho de artista, do mesmo modo
que o efod, de ouro, púrpura violeta,
púrpura escarlate, carmesim e linho
fino retorcido. 16Será quadrado e du-
plo; terá um palmo de comprimento e
um de largura. 17Colocarás nele engas-
tes de pedras,* com quatro fileiras de
pedras: na primeira um sárdio, um to-
pázio e uma esmeralda; 18na segunda,
um rubi, uma safira e um berilo; 19na
terceira, um jacinto, uma ágata e uma
ametista; 20na quarta, um crisólito, um
ônix e um jaspe. Serão engastadas em
ouro e assim colocadas. 21As pedras
corresponderão aos nomes dos israe-
litas: doze segundo seus nomes; serão
esculpidas como selos, cada pedra com
seu nome, para as doze tribos. 22Farás
para o peitoral correntinhas de ouro
puro, trançadas à maneira de cordões,
23e duas argolas de ouro, que porás
nas duas extremidades do peitoral.
24Introduzirás as duas correntinhas de
ouro nas argolas, que estão nas extre-
midades do peitoral, 25e prenderás as
duas pontas das correntinhas aos dois
engastes e as porás nas ombreiras do
efod, na frente dele. 26Farás duas ar-
golas de ouro que colocarás nas ex-
tremidades do peitoral, que estão na
borda inferior, junto ao efod. 27Farás
mais duas argolas de ouro, que porás
nas duas ombreiras do efod, abaixo, na
frente dele, perto de sua juntura, por
cima do cinto do efod. 28O peitoral
será ligado com suas argolas às argo-
las do efod por um cordão de púrpura
violeta, para que esteja sobre o cinto
do efod, e não possa desprender-se o
peitoral do efod. 29Desse modo Aarão,
ao entrar no santuário, levará os nomes
dos israelitas gravados no peitoral do
julgamento, sobre seu peito, para me-
mória diante de Javé continuamente.
30No peitoral do julgamento* porás os
Urim e os Tumim†, para que estejam
sobre o peito de Aarão quando ele se
apresentar diante de Javé. Assim Aarão
levará sobre o peito o julgamento dos
israelitas na presença de Javé continua-
mente".

O manto, ou seja, a veste do efod.
31"Farás o manto do efod* todo de
púrpura violeta. 32Terá no meio uma
abertura para a cabeça; essa abertura
será debruada como a abertura de uma
couraça, para que não se rompa. 33Em
volta de toda a sua orla inferior aplica-
rás romãs de púrpura violeta, púrpura
escarlate e carmesim, entremeadas de
campainhas de ouro; 34uma campa-
inha* de ouro e uma romã; outra cam-
painha de ouro e outra romã ao redor
de toda a orla inferior do manto. 35Aa-
rão o vestirá em suas funções para que
se ouça o som das campainhas, quan-
do ele entrar no santuário à presença
de Javé e quando sair, e assim ele não
morra.
36Farás uma lâmina de ouro puro,*
na qual gravarás à maneira de selo:
'Consagrado a Javé'. 37Prenderás a lâ-
mina na frente do turbante com uma
fita de púrpura violeta. 38Ela estará so-
bre a fronte de Aarão, para que Aarão
leve a iniquidade concernente às coisas
santas, que os israelitas consagrarem
ao oferecer qualquer de suas santas
oferendas. Estará, pois, continuamente
sobre sua fronte, para que eles encon-
trem benevolência diante de Javé.
39Tecerás a túnica com linho fino, e
de linho fino farás também um tur-
bante e um cinto, obra de bordador.

*** 28**,14. 30,16; Nm 31,54 | 16. 39,8-21 | 17. 39,10-13; Ez 28,13; Ap 21,19s | 30. 1Sm 14,41 | 31. 39,22-27 | 34. Eclo 45,9 | 36. 39,27-31; Zc 14,20

† **28**,30. Estes termos significam "luzes" e "perfeições". Designam objetos, pedrinhas talvez, que se usavam para tirar a sorte, obtendo de Deus um oráculo pelo qual ele respondia sim ou não, Nm 27,21; 1Sm 14,41.

40Para os filhos de Aarão farás túnicas, cintos e turbantes, para honra e ornamento. 41Com essas vestimentas revestirás Aarão, teu irmão, e seus filhos, e os ungirás, dando-lhes a investidura e consagrando-os para que me sirvam como sacerdotes.* 42Faze-lhes calções de linho para cobrirem sua nudez; irão da cintura até as coxas. 43Aarão e seus filhos os vestirão quando entrarem na tenda da reunião ou quando se aproximarem do altar para ministrar no santuário, para que não incorram em culpa e não morram. Isso será uma lei perpétua para ele e para sua posteridade depois dele".

29 Consagração de Aarão e de seus filhos.

1"Isto é o que farás com eles para consagrá-los como meus sacerdotes: tomarás um novilho e dois carneiros sem defeito, 2pães ázimos, tortas ázimas amassadas com azeite, bolachas sem fermento, untadas com azeite: tudo isso preparado com flor de farinha. 3Porás tudo num cesto e no cesto os trarás, juntamente com o novilho e os carneiros. 4Mandarás aproximar-se Aarão e seus filhos da entrada da tenda da reunião e os lavarás com água. 5Tomarás as vestimentas e porás em Aarão a túnica, o manto, o efod e o peitoral, e o cingirás com o cinto do efod. 6Porás o turbante em sua cabeça,* e sobre o turbante porás o diadema sagrado. 7Tomarás o óleo da unção e o derramarás sobre sua cabeça, ungindo-o. 8Depois mandarás aproximar-se seus filhos e os revestirás com as túnicas, 9tu os cingirás com o cinto e lhes porás os turbantes. O sacerdócio lhes pertencerá por lei perpétua. Desse modo farás a investidura de Aarão e de seus filhos.

10Depois mandarás trazer o novilho diante da tenda da reunião, e Aarão e seus filhos imporão as mãos sobre a cabeça do novilho. 11Imolarás o novilho na presença de Javé, à entrada da tenda da reunião. 12Tomarás do sangue do novilho* e o passarás, com o dedo, sobre os chifres do altar, derramando todo o resto do sangue ao pé do altar. 13Tomarás toda a gordura que cobre as entranhas e o redenho do fígado, os rins com a gordura que os envolve e levarás tudo para queimar sobre o altar. 14Mas a carne do novilho, o couro e os excrementos queimarás fora do acampamento: é um sacrifício pelo pecado.*

15Tomarás depois um dos carneiros, sobre cuja cabeça Aarão e seus filhos imporão as mãos. 16Imolarás o carneiro* e recolherás seu sangue para derramá-lo sobre o altar, em todo o redor. 17Cortarás o carneiro em pedaços, lavarás as vísceras e as pernas, colocando-as depois sobre os pedaços e sobre a cabeça. 18Assim queimarás o carneiro todo sobre o altar: é um holocausto para Javé, de aroma agradável†, oferta queimada para Javé.*

19Tomarás em seguida o outro carneiro, sobre cuja cabeça Aarão e seus filhos imporão as mãos. 20Imolarás o carneiro e, tomando de seu sangue, o passarás sobre o lóbulo da orelha direita de Aarão e de seus filhos, sobre os polegares de suas mãos direitas e sobre os polegares de seus pés direitos, derramando o resto do sangue sobre o altar, a seu redor. 21Tomarás depois do sangue que está sobre o altar e do óleo da unção e aspergirás Aarão e suas vestes, e igualmente seus filhos e suas vestes. Assim será ele consagrado e suas vestes, bem como seus filhos e suas vestes com ele.

22Tomarás a gordura do carneiro, isto é, a cauda, a gordura que cobre as vísceras, o redenho do fígado e os rins, com a gordura que os envolve, e a coxa direita, porque é o carneiro da investidura. 23Tomarás um pão,* uma torta

---

* **28**,41. 20,26 | **29**,6. 28,36s; 39,30; 30,22-33 | 12. Lv 1,5; Lv 4,7 | 14. Lv 4,1s | 16. 24,6 | 18. Lv 1,1.9 | 23. 29,2s

† **29**,18. Antropomorfismo, ou modo humano de falar sobre Deus, indicando que a oferta lhe agrada, Gn 8,21. | 24. Literalmente "agitarás", quer elevando e abaixando, quer movendo para a frente e para trás, ou de um lado para o outro.

untada no azeite e uma bolacha, do cesto de pães ázimos, que está na presença de Javé, 24e porás tudo isso nas palmas das mãos de Aarão e de seus filhos, e farás o gesto de apresentação diante de Javé†. 25Receberás, depois, tudo de suas mãos e o queimarás sobre o holocausto, em suave odor diante de Javé: é uma oferta consumada pelo fogo para Javé.

26Tomarás ainda o peito do carneiro* da investidura de Aarão e farás com ele o gesto de apresentação diante de Javé; e essa será tua porção. 27Consagrarás o peito que foi apresentado e a coxa oferecida, isto é, o que foi tirado do carneiro da investidura de Aarão e de seus filhos. 28Isso será um direito perpétuo devido a Aarão e a seus filhos pelos israelitas, porque é uma contribuição; essa será a contribuição por parte dos israelitas, tomada de seus sacrifícios de comunhão; será uma contribuição para Javé.

29Os ornamentos sagrados de Aarão servirão para seus filhos depois dele, que os vestirão quando receberem a unção e a investidura. 30Durante sete dias deverá usá-los aquele dentre seus filhos que lhe suceder no cargo de sacerdote, quando entrar na tenda da reunião para servir no santuário.

31Tomarás o carneiro de consagração* e farás cozinhar sua carne num lugar sagrado. 32Aarão e seus filhos comerão da carne do carneiro e do pão que está no cesto à entrada da tenda da reunião. 33Comerão aquilo com que foi feita a expiação, quando de sua investidura e consagração. Nenhum estranho comerá delas, pois são coisas santas. 34Se sobrar carne ou pão para o dia seguinte, deverás queimá-los; não se comerá, porque é coisa santa.

35Assim, pois, farás a respeito de Aarão e de seus filhos* conforme tudo o que te ordenei: sete dias durará o rito de sua investidura. 36Oferecerás diariamente um novilho em expiação pelo pecado. Purificarás o altar, fazendo por ele expiação* e o ungirás para consagrá-lo. 37Durante sete dias farás expiação pelo altar, santificando-o, de sorte que se torne santíssimo, e tudo que tocar o altar será santificado".

Sacrifício quotidiano. 38"Eis o que oferecerás sobre o altar: dois cordeiros de um ano, cada dia, perpetuamente. 39Oferecerás um desses cordeiros pela manhã e o outro ao entardecer. 40Com o primeiro cordeiro oferecerás a décima parte de um efá de flor de farinha amassada com um quarto de hin de óleo de olivas amassadas, e como libação um quarto de hin de vinho. 41Ao entardecer oferecerás o segundo cordeiro, com uma oblação e uma libação semelhantes às da manhã, como agradável perfume, oferta queimada a Javé. 42Será um holocausto perpétuo por todas as vossas gerações, à entrada da tenda da reunião, diante de Javé, onde vos encontrarei,* para falar contigo. 43Eu me encontrarei com os israelitas nesse lugar,* que será consagrado por minha glória. 44Santificarei a tenda da reunião e o altar, e santificarei também Aarão e seus filhos para que me sirvam como sacerdotes. 45Habitarei entre os israelitas* e serei seu Deus. 46E eles saberão que eu, Javé, sou seu Deus, que os tirou da terra do Egito, para habitar entre eles: eu, Javé, seu Deus".

30 **O altar do incenso.** 1"Farás também de madeira de acácia um altar* para queimar o incenso. 2Seu comprimento será de um côvado e de um côvado também sua largura, será quadrado, e terá dois côvados de altura; seus chifres formarão um só corpo com ele. 3Cobrirás de ouro puro tanto sua parte superior como seus lados ao redor e seus chifres; e lhe farás uma moldura de ouro em volta. 4Farás para ele duas argolas de ouro por baixo da moldura nos dois lados; fixarás essas argolas nos dois flancos, para receberem os varais, destinados a transportá-lo. 5Farás os varais de madeira

* **29**,26. Lv 7,30s | 31. Lv 8,31 | 35. Lv 8,33s | 36. Ez 43,18-27; Lv 16,20; Nm 4,15.20; 2Sm 6,6s; Lv 6,2-6; Nm 28,3-8; Ez 46,13-15 | 42. 25,22 | 43. 24,16; 40,34 | 45. 25,8 | **30**,1. 37,25-28; Nm 4,11; 1Rs 6,20; Ap 8,3-5

de acácia e os cobrirás de ouro. [6]Co-
locarás o altar diante da cortina* que
oculta a arca do testemunho, em frente
do propiciatório, que está em cima do
testemunho, lugar onde me comuni-
carei contigo. [7]Aarão queimará sobre
ele incenso aromático; cada manhã, ao
preparar as lâmpadas, ele o queimará;
[8]também ao entardecer, quando Aarão
acender as lâmpadas, o queimará tam-
bém. Será um perfume perpétuo dian-
te de Javé para vossas gerações. [9]Não
oferecereis sobre ele perfume profano,
nem holocausto, nem oblação; nem
derramareis sobre ele libações. [10]Uma
vez por ano Aarão fará a expiação so-
bre os chifres do altar com o sangue da
vítima de expiação pelo pecado; sobre
ele fará a expiação uma vez por ano,
por todas as vossas gerações. Esse altar
será uma coisa santíssima, consagrada
a Javé".
Imposto para o culto. [11]Javé falou a
Moisés, dizendo:* [12]"Quando fizeres a
contagem dos israelitas pelo recensea-
mento, cada um dará a Javé o resgate
da própria pessoa quando os contares,
para que não venha sobre eles algum
flagelo ao serem recenseados. [13]Cada
um dos que forem recenseados dará
meio siclo, conforme o siclo do san-
tuário; esse siclo é de vinte geras. Esse
meio siclo é a contribuição devida a
Javé. [14]Toda pessoa recenseada, de vin-
te anos para cima, dará essa contribui-
ção a Javé. [15]O rico não dará mais, nem
o pobre dará menos de meio siclo, ao
entregarem a contribuição a Javé em
resgate de vossas pessoas. [16]Receberás
esse dinheiro do resgate dos israelitas
e o empregarás no serviço da tenda
da reunião; ele servirá aos israelitas de
lembrança diante de Javé, para o res-
gate de vossas pessoas".
A bacia de bronze. [17]Javé disse a Moi-
sés:* [18]"Farás uma bacia de bronze para
as abluções, com um pedestal de bron-
ze, e a colocarás entre a tenda da re-
união e o altar, e a encherás de água.
[19]Aarão e seus filhos lavarão nela mãos
e pés. [20]Quando entrarem na tenda
da reunião deverão lavar-se com essa
água, para que não morram; e também
ao se aproximarem do altar para ofi-
ciar, para queimar vítimas fumegantes
a Javé. [21]Lavarão as mãos e os pés e
não morrerão. Isso será para eles uma
lei perpétua: para Aarão e sua descen-
dência por todas as gerações".
Óleo para a unção. O incenso. [22]Javé
disse a Moisés: [23]"Recolhe aromas* de
primeira qualidade: quinhentos siclos
de mirra virgem; a metade, ou seja, du-
zentos e cinquenta siclos, de cinamo-
mo perfumado; duzentos e cinquenta
siclos de cana aromática; [24]quinhentos
siclos de cássia, segundo o siclo do
santuário; um hin de azeite de olivei-
ra. [25]Com tudo isso farás o óleo* para
a unção sagrada, um unguento elabo-
rado com arte de perfumista; será o
óleo para a sagrada unção. [26]Com ele
ungirás a tenda da reunião e a arca do
testemunho, [27]a mesa e todos os seus
utensílios, o candelabro e seus acessó-
rios, o altar do incenso; [28]o altar dos
holocaustos e todos os seus acessó-
rios, a bacia e seu pedestal. [29]Depois de
consagrados,* esses objetos se torna-
rão santíssimos, e tudo o que os tocar
ficará santificado. [30]Ungirás também
Aarão* e seus filhos, e os consagrarás
para que me sirvam como sacerdotes.
[31]E assim falarás aos israelitas: Este será
para vós e para vossas gerações o óleo
da unção sagrada. [32]Não será derrama-
do sobre o corpo de nenhum homem,
nem fareis outro de semelhante com-
posição; ele é coisa sagrada, e sagrado
será para vós. [33]Quem fizer um outro
semelhante e o derramar sobre pessoa
profana será exterminado do meio de
seu povo".
[34]Javé disse ainda a Moisés:* "Toma
as seguintes especiarias: estoraque,
craveiro, gálbano e incenso puro, em
igual proporção. [35]Com elas farás um
perfume, uma composição aromática,
obra de perfumista, temperada com sal
puro e santo. [36]Parte dele reduzirás a

---

* **30**,6. 40,5 | 11. 38,25-28; Nm 1 | 17. 38,8; 1Rs 7,23-38 | 23. Lv 8,10s | 25. 37,29 | 29. 29,37 | 30. 28,41;40,15 | **30**,34. 37,29 | 36. 25,22

pó* e porás diante do testemunho, na tenda da reunião, onde me comunicarei contigo. Será para vós coisa santíssima. 37Não fareis para vós outro perfume de composição semelhante a este que deverás fazer. Ele será para vós coisa santa, consagrada a Javé. 38Quem fizer outro semelhante para aspirá-lo será exterminado do meio de seu povo".

31 **Os artesãos do santuário.** 1Javé falou a Moisés, dizendo: 2"Chamei especialmente Beseleel, filho de Uri, filho de Hur,* da tribo de Judá, 3e o enchi de um espírito divino, de sabedoria, entendimento e habilidade para toda sorte de trabalho; 4para fazer desenhos, para lavrar ouro, prata e bronze; 5para lapidar pedras de engaste, para entalhar madeira, para executar toda classe de obras. 6Dei-lhe como companheiro Ooliab, filho de Aquisamec, da tribo de Dã; e infundi talento no coração de todo artista hábil, para que executem todas as coisas que te ordenei: 7a tenda da reunião, a arca do testemunho, o propiciatório sobre ela, e todos os utensílios da tenda; 8a mesa e seus acessórios, o candelabro de ouro puro e todos os seus acessórios, o altar do incenso, 9o altar do holocausto e todos os seus utensílios, a bacia com seu pedestal, 10as vestes litúrgicas e as vestes sagradas do sacerdote Aarão e as vestes de seus filhos, usadas para oficiarem como sacerdotes; 11o óleo para a unção e o incenso aromático para o santuário. Farão tudo conforme te ordenei".

Observância do sábado. 12Javé disse a Moisés: 13"Fala assim aos israelitas: Guardai cuidadosamente* meus sábados, porque isso é um sinal entre mim e vós, em vossas gerações, para que saibais que eu sou Javé, que vos santifico. 14Guardai, pois, o sábado, porque é santo para vós; quem o profanar será morto inexoravelmente, pois qualquer pessoa que nesse dia trabalhar* será eliminada do meio de seu povo. 15Durante seis dias se trabalhará, mas no sétimo dia será repouso absoluto, consagrado a Javé; todo aquele que trabalhar em dia de sábado morrerá inexoravelmente. 16Observem, pois, os israelitas o sábado, celebrando-o de geração em geração como aliança perpétua. 17Ele será um sinal perpétuo* entre mim e os israelitas, pois em seis dias Javé fez o céu e a terra, e no sétimo descansou e tomou alento".

18Tendo Javé acabado de falar com Moisés no monte Sinai,* entregou-lhe as duas tábuas do testemunho, tábuas de pedra, escritas com o dedo de Deus.

32 **O bezerro de ouro.** 1Vendo que Moisés demorava a descer da montanha, o povo se reuniu em torno de Aarão e lhe disse: "Vamos! Faze-nos deuses que caminhem a nossa frente, porque não sabemos o que aconteceu a esse Moisés,* a esse homem que nos tirou da terra do Egito". 2Respondeu Aarão: "Tirai os brincos de ouro das orelhas de vossas mulheres, de vossos filhos e de vossas filhas e trazei-os a mim". 3Todo o povo tirou das orelhas* os brincos de ouro e os levou a Aarão. 4Ele os recebeu de suas mãos, preparou um molde com o cinzel e fez um bezerro de metal fundido†. Eles exclamaram: "São estes, ó Israel, teus deuses, que te tiraram da terra do Egito". 5Vendo isto, Aarão construiu um altar diante do bezerro e proclamou: "Amanhã haverá festa em honra de Javé". 6No dia seguinte levantaram-se cedo, ofereceram holocaustos e apresentaram sacrifícios de comunhão; em seguida, o povo sentou-se para comer e beber,* e depois se levantou para divertir-se.

Moisés intercede pelo povo. 7Então Javé disse a Moisés: "Vai, desce, porque teu povo, que tiraste da terra do Egito,

* **31**,2. 35,30-35 | 13. 20,8-11 | 14. Nm 15,32-36 | 17. 20,11; Gn 2,2s | 18. 24,12 | **32**,1. At 7,40s | 3. Ne 9,18; Sl 106,19s | 6. 1Cor 10,7

† **32**,4. Os egípcios adoravam o boi Ápis, mas esse bezerro, assim denominado por zombaria, não era uma divindade, mas uma representação de Javé.

se corrompeu. [8]Depressa se desviaram
do caminho que eu lhes prescrevera; fi-
zeram para si um bezerro de metal fun-
dido e o adoraram, ofereceram-lhe sa-
crifícios e disseram: 'São estes, ó Israel,
teus deuses que te tiraram da terra do
Egito'". [9]Javé disse ainda a Moisés: "Te-
nho observado este povo:* é um povo
de cabeça dura. [10]Deixa, portanto, que
se acenda minha ira contra eles e os
consuma. De ti, porém, farei uma gran-
de nação".* [11]Moisés então suplicou a
Javé, seu Deus,* e lhe disse: "Por que,
Javé, se acenderia vossa ira contra vos-
so povo que tirastes da terra do Egito
com grande poder e mão forte? [12]Por
que os egípcios haveriam de dizer:* Foi
com má intenção que os levou, para os
matar nas montanhas e exterminá-los
da face da terra? Aplaque-se o furor de
vossa ira e renunciai ao mal com que
ameaçastes vosso povo†. [13]Lembrai-
-vos de Abraão, Isaac e Israel, vossos
servos, aos quais jurastes por vós mes-
mo e dissestes: 'Multiplicarei vossa des-
cendência* como as estrelas do céu, e
darei a vossa descendência, como pos-
se para sempre, toda esta terra de que
vos falei'". [14]Javé desistiu do mal que
pensara fazer a seu povo.

Moisés quebra as tábuas da lei. [15]Moi-
sés voltou-se e desceu da montanha,*
levando nas mãos as duas tábuas do
testemunho, tábuas escritas de ambos
os lados, sobre uma e outra face. [16]Elas
eram obra de Deus, e a escrita era escri-
ta divina, gravada nelas.* [17]Josué ouviu
o tumulto do povo que gritava e disse a
Moisés: [18]"Há gritos de guerra no acam-
pamento!" Respondeu Moisés:

"Não são gritos de vitória,
nem gritos de derrota:
o que ouço são cantos alternados".

[19]Aproximando-se do acampamen-
to, viu o bezerro e as danças; então a
ira de Moisés se acendeu; ele arremes-
sou por terra as tábuas e as quebrou
ao pé da montanha. [20]Pegou o bezerro
que tinham feito, queimou-o e o tritu-
rou até reduzi-lo a pó, que lançou na
água e obrigou os israelitas a bebê-la.
[21]Moisés disse a Aarão: "Que te fez este
povo para atraíres sobre ele um pecado
tão enorme?" [22]Aarão respondeu: "Não
se acenda a ira de meu senhor; tu sa-
bes quanto este povo é inclinado para
o mal. [23]Eles me disseram: 'Faze-nos
deuses que caminhem a nossa frente,
porque não sabemos o que aconteceu
a esse Moisés, a esse homem que nos
tirou da terra do Egito'. [24]Eu lhes disse:
'Os que tiverem ouro, tirem-no de si'; e
eles o entregaram a mim. Eu o lancei ao
fogo e saiu este bezerro".

Punição dos idólatras. [25]Então Moi-
sés, vendo o povo desenfreado, porque
Aarão lhe soltara as rédeas, expondo-o
assim à zombaria dos inimigos, [26]pos-
tou-se à entrada do acampamento e
exclamou: "Quem é por Javé* venha a
mim!" Juntaram-se ao redor dele todos
os filhos de Levi. [27]Disse-lhes então:
"Assim fala Javé, Deus de Israel: 'Colo-
que cada um a espada na cintura, pas-
sai e tornai a passar pelo acampamen-
to, de porta em porta, e cada um mate
inclusive seu próprio irmão, seu amigo
e seu parente'". [28]Os filhos de Levi fize-
ram o que Moisés lhes tinha ordenado,
e naquele dia caíram cerca de três mil
homens do povo. [29]Moisés disse: "Hoje
vos consagrastes a Javé,* cada um às
custas do próprio filho ou do próprio
irmão, a fim de que vos conceda hoje
uma bênção".

[30]No dia seguinte, Moisés disse ao
povo: "Cometestes um enorme peca-
do, mas agora vou subir a Javé para
tratar de expiar vosso pecado". [31]Vol-
tou, pois, Moisés a Javé e disse: "Este
povo cometeu um grande pecado ao
fabricar para si deuses de ouro. [32]Não

* **32**,9. 33,3; 34,9; Dt 9,13 | 10. Gn 12,2; Nm 14,12 | 11. Sl 106,23; Dt 9,26-29 | 12. Nm 14,13-16; Dt 9,28; 32,27; Ez 20,9.44 | 13. Gn 15,5; 22,16s; 35,11s | 15. 24,12 | 16. 31,18 | 26. Dt 33,9 | 29. Dt 33,8-11; Nm 25,7-13

† **32**,12. Deus não pode contradizer suas promessas, deve lembrar-se dos prodígios que fez pelo povo; sua glória está em jogo, não pode abandonar o povo que escolheu. | 32. É o livro da vida, onde Deus inscreve os eleitos, Sl 69,29; Ap 3,5. Moisés argumenta: Perdoai o povo, ou então castigai-me junto com ele.

obstante, perdoai-lhes seu pecado! Se
não, riscai-me do livro que escreves-
tes!"† 33Javé disse a Moisés:* "Aquele
que pecou contra mim, esse sim risca-
rei de meu livro. 34Agora vai e leva o
povo para o lugar que te indiquei. Meu
anjo irá adiante de ti. Mas no dia de
minha visita, eu os punirei por seu pe-
cado". 35Javé castigou o povo pelo que
havia feito com o bezerro fabricado por
Aarão.

33 **A ordem de partir; luto do
povo.** 1Javé disse a Moisés:
"Vai, sobe daqui* tu e o povo que ti-
raste da terra do Egito, para a terra que
prometi com juramento a Abraão, Isaac
e Jacó, dizendo: 'A tua posteridade a
darei'. 2Enviarei diante de ti um anjo
e expulsarei o cananeu, o amorreu, o
heteu, o ferezeu, o heveu e o jebuseu.
3Sobe para essa terra onde corre leite
e mel. Mas eu não subirei no meio de
ti, porque és um povo de cabeça dura;
do contrário, eu te exterminaria no ca-
minho". 4Quando o povo ouviu essas
duras palavras, vestiu-se de luto e nin-
guém mais usava enfeites. 5Então Javé
disse a Moisés: "Dize aos israelitas: Vós
sois um povo de cabeça dura; se por
um só momento eu subisse no meio de
ti, eu te exterminaria. Agora, pois, retira
teus ornamentos, e saberei como devo
tratar-te". 6Então, desde o monte Ho-
reb os israelitas se despojaram de seus
ornamentos.

**A tenda sagrada fora do acampamen-
to.** 7Moisés tomou a tenda e armou-a
para ele fora,* longe do acampamen-
to, e a chamou tenda da reunião. Todo
aquele que quisesse consultar Javé ia
para a tenda da reunião, fora do acam-
pamento. 8Quando Moisés se dirigia
para a tenda, todo o povo se levantava
e permanecia de pé, cada um à entrada
da própria tenda, e seguia Moisés com
o olhar, até ele entrar na tenda. 9Acon-
tecia que, ao entrar Moisés na tenda, a
coluna de nuvem baixava, parava à en-
trada da tenda, e Javé falava com Moi-
sés. 10Quando todo o povo via a coluna
de nuvem* parada à entrada da tenda,
todos se levantavam, e cada um se pros-
trava à entrada da própria tenda. 11Javé
falava com Moisés face a face,* como
um homem fala com seu amigo; depois
voltava ao acampamento; mas seu aju-
dante, o jovem Josué, filho de Nun, não
se afastava do interior da tenda.

Moisés deseja ver a glória de Deus.
12Moisés disse a Javé: "Vós me dizeis:
Conduze este povo, mas não me reve-
lastes quem enviareis comigo; no en-
tanto, me dissestes: 'Conheço-te pelo
nome* e encontraste graça a meus
olhos'. 13Pois bem, se encontrei graça
a vossos olhos, dai-me a conhecer vos-
sos caminhos, para que eu vos conheça
e encontre graça a vossos olhos. Con-
siderai que esta nação é vosso povo".
14Javé respondeu: "Eu mesmo virei e
te darei descanso".* 15Replicou Moisés:
"Se não vierdes pessoalmente, não nos
mandeis sair daqui; 16pois como se sa-
berá que encontramos graça a vossos
olhos eu e vosso povo, senão pelo fato
de irdes conosco? Assim nos distingui-
remos, eu e vosso povo, de todos os
povos que existem sobre a face da ter-
ra". 17Javé disse a Moisés: "Farei tam-
bém isso que pediste, pois encontraste
graça a meus olhos e te conheço pelo
nome". 18Então disse Moisés: "Por fa-
vor, mostrai-me vossa glória".* 19Javé
respondeu: "Farei passar diante de ti
toda a minha bondade e proclamarei
diante de ti o nome de Javé. Terei mise-
ricórdia de quem eu quiser ter miseri-
córdia e me compadecerei de quem eu
quiser compadecer-me". 20E acrescen-
tou: "Mas minha face não poderás vê-
-la, pois ninguém pode ver-me e per-
manecer vivo". 21Disse ainda Javé: "Eis
aqui um lugar perto de mim; tu ficarás
sobre a rocha. 22E ao passar minha gló-
ria, eu te porei na fenda da rocha e te
cobrirei com a mão, até que eu tenha
passado. 23Retirarei depois a mão, e me
verás pelas costas; minha face, porém,
não se pode ver".

* **32**,33. Dn 12,1 | **33**,1. Nm 10,11-13 | **33**,7. 25,22 | 10. 34,34 | 11. 33,20; Nm 12,8; Dt 34,10; Jo 15,15 | 12. 33,11 | 14. Hb 4,1 | 18. 33,11; 1Rs 19,9-18; Jo 1,14-18; 34,6s; 3,14

34 **As novas tábuas da lei.** 1Javé disse a Moisés: "Talha duas tábuas de pedra iguais às primeiras, e eu escreverei sobre elas as palavras que estavam nas primeiras, que tu quebraste. 2Prepara-te para amanhã subir o monte Sinai, e lá apresenta-te a mim, no alto do monte. 3Ninguém suba contigo, nem se veja alguém em parte alguma do monte; não haja nem mesmo ovelhas ou bois pastando diante do monte". 4Moisés talhou duas tábuas de pedra, iguais às primeiras; no dia seguinte levantou-se bem cedo, subiu o monte Sinai, como Javé lhe havia ordenado, levando consigo as duas tábuas de pedra.

5Javé desceu na nuvem* e ali esteve junto dele e proclamou o nome de Javé.* 6Passou, pois, Javé diante dele exclamando:

"Javé, Javé,
Deus compassivo e misericordioso,*
lento para a cólera
e rico em bondade e em fidelidade,
7que conserva a misericórdia por mil gerações,
que perdoa a iniquidade, a transgressão e o pecado,
mas que também não inocenta o culpado;
que pune a iniquidade dos pais nos filhos e nos netos
até a terceira e a quarta geração".

8Imediatamente Moisés se inclinou até o chão* e adorou. 9Depois disse: "Senhor, se encontrei graça aos vossos olhos, que meu Senhor se digne caminhar no meio de nós. Certamente é um povo de cabeça dura, mas perdoai nossas culpas e nossos pecados e aceitai-nos como vossa herança".

A aliança renovada. 10Javé respondeu: "Vou fazer uma aliança:* diante de todo o povo farei maravilhas como jamais foram feitas em terra alguma, nem em nenhuma nação, de modo que todo o povo no meio do qual te encontras veja a obra de Javé, pois será uma coisa tremenda o que estou para fazer contigo. 11Observa bem o que hoje te ordeno. Expulsarei de tua presença o amorreu,* o cananeu, o heteu, o ferezeu, o heveu e o jebuseu. 12Guarda-te de fazer aliança com os habitantes da terra para onde vais, para que não sejam uma armadilha* no meio de ti. 13Pelo contrário, derrubareis seus altares, quebrareis suas colunas sagradas e cortareis seus troncos idolátricos.

14Não adorarás nenhum outro deus; porque Apaixonado é o nome de Javé: ele é um Deus apaixonado. 15Cuida de não fazer aliança com os moradores da terra; não suceda que, ao se prostituírem a seus deuses† e lhes oferecerem sacrifícios, alguém te convide e comas de seus sacrifícios 16e tomes mulheres dentre suas filhas para teus filhos, de sorte que, prostituindo-se essas mulheres a seus deuses, façam que também teus filhos se prostituam a seus deuses.

17Não farás para ti deuses de metal fundido.*

18Guardarás a festa dos Ázimos.* Durante sete dias comerás pães ázimos, como te ordenei, no tempo marcado no mês de abib; pois foi no mês de abib que saíste do Egito.

19Todo primogênito será meu; também todo primogênito macho de teus rebanhos, tanto das vacas como das ovelhas. 20Mas o primogênito do jumento, tu o resgatarás com um cordeiro e, se não o quiseres resgatar, tu lhe quebrarás o pescoço. Resgatarás todo primogênito de teus filhos. Ninguém virá a minha presença de mãos vazias.

21Trabalharás seis dias, mas no sétimo descansarás,* tanto na época do plantio como na da colheita.

22Celebrarás a festa das Semanas, isto é, das primícias da colheita do tri-

---

* **34**,5. 33,18-23 | 6. 3,14 / 20,5s; Nm 14,18; Sl 86,15; Jr 32,18; Na 1,3; Jl 2,13; Jo 1,14 | 8. 32,11-14 | 10. Êx 20,1 | 11. Dt 7,1 | 12. 23,32-33; Nm 33,52; Dt 4,24 | 17. 20,4 | 18. 23,14; 12,1 | 21. 20,8

† **34**,15. A idolatria era equiparada ao adultério, à prostituição, porque a aliança de Deus com Israel se expressava em termos de um matrimônio. No NT, é Cristo o esposo do novo povo, Mc 2,19; 2Cor 11,2; Ef 5,32.

go, e a festa da Colheita no fim do ano.
23 Três vezes por ano comparecerá todo
homem de teu meio diante do Senhor
Javé, Deus de Israel. 24 Eu expulsarei as
nações de tua frente e alargarei tuas
fronteiras; por isso ninguém cobiçará
tua terra, enquanto subires, três vezes
por ano, para comparecer na presença
de Javé, teu Deus. 25 Não oferecerás o
sangue de meu sacrifício* com pão fer-
mentado nem guardarás até a manhã
seguinte a vítima da festa da Páscoa.

26 Levarás à casa de Javé, teu Deus, o
melhor das primícias* dos frutos de tua
terra.

Não cozinharás o cabrito no leite de
sua mãe".*

27 Disse ainda Javé a Moisés: "Escreve
estas palavras, porque segundo o teor
delas fiz aliança contigo e com Israel".*

28 Moisés permaneceu ali com Javé
quarenta dias e quarenta noites,* sem
comer pão nem beber água; e escreveu
nas tábuas as palavras da aliança,* as
dez palavras.

Moisés resplandecente. 29 Quando
Moisés desceu do monte Sinai,* tra-
zendo nas mãos as duas tábuas do
testemunho, sim, quando desceu do
monte, ele não sabia que a pele de seu
rosto resplandecia, depois que Deus
falou com ele. 30 Olhando Aarão e todos
os israelitas para Moisés, notaram que
a pele de seu rosto resplandecia e tive-
ram medo de se aproximar dele.† 31 En-
tão Moisés os chamou, e Aarão e to-
dos os chefes da comunidade voltaram
para junto dele, e ele lhes falou. 32 De-
pois se aproximaram todos os israeli-
tas, e ele lhes ordenou tudo o que Javé
lhe havia dito no monte Sinai. 33 Tendo
acabado de falar-lhes, Moisés pôs um
véu sobre o rosto. 34 Quando Moisés se
apresentava a Javé para falar com ele,
retirava o véu até o momento de sair;
depois saía e comunicava aos israelitas
o que lhe havia sido ordenado. 35 Os
israelitas viam que a pele do rosto de
Moisés resplandecia; em seguida Moi-
sés colocava o véu sobre o rosto até
entrar para falar com ele.

35 **A observância do sábado.**
1 Moisés convocou toda a co-
munidade dos israelitas* e lhes disse:
"Estas são as coisas que Javé mandou
fazer: 2 Durante seis dias se trabalhará,
mas o sétimo dia será sagrado para
vós, um dia de repouso completo, con-
sagrado a Javé. Quem nesse dia fizer
qualquer trabalho* será morto. 3 Não
acendereis fogo em nenhuma de vos-
sas moradas no dia de sábado".

Donativos para o santuário. 4 Moisés
disse a toda a comunidade dos israeli-
tas:* "Eis o que ordenou Javé†: 5 Trazei,
do que tendes, uma oferta para Javé.
Toda pessoa de coração generoso tra-
rá como oferta para Javé: ouro, prata
e bronze; 6 púrpura violeta e escarlate,
carmesim, linho fino e pelos de cabra;
7 peles de carneiro tingidas de verme-
lho, couro fino e madeira de acácia,
8 azeite para as lâmpadas, aromas para
o óleo da unção e para o incenso aro-
mático; 9 pedras de ônix e pedras de
engaste para o efod e o peitoral. 10 Ve-
nham todas as pessoas habilidosas
dentre vós, e façam tudo quanto Javé
ordenou: 11 o tabernáculo, sua tenda e
sua cobertura, seus colchetes e suas tá-
buas; seus varais, suas colunas e suas
bases; 12 a arca e seus varais; o propicia-
tório e a cortina do véu; 13 a mesa com
seus varais e todos os seus acessórios,
e o pão da apresentação; 14 o candela-
bro para a iluminação com seus uten-
sílios e suas lâmpadas; e o óleo para a
iluminação; 15 o altar do incenso e seus
varais; o óleo da unção e o incenso aro-
mático, e a cortina da porta para a en-
trada do tabernáculo; 16 o altar dos ho-
locaustos e sua grelha de bronze, com
seus varais e todos os seus acessórios;

* **34**,25. 12,15-20; 12,10 | 26. Dt 26,1 / 23,19 | 27. 34,10 | 28. 24,18 / 20,1 | 29. 2Cor 3,7-4,6 | **35**,1. 20,8 | 2. Nm 15,32s | 4. 25,2-7

† **34**,30. Moisés traz no rosto um pouco da luz de Deus, com o qual esteve quarenta dias. Partindo desse texto, São Paulo ensina a superioridade dos ministros do Novo Testamento, 2Cor 3,7-18. | **35**,4. Os cc. 35-39 vão mostrar como foram realizadas as ordens dadas por Deus nos cc. 25-31.

a bacia com seu pedestal; 17as cortinas do átrio, suas colunas e suas bases, e a cortina da porta do átrio; 18as estacas do tabernáculo e as estacas do átrio com suas cordas; 19as vestes litúrgicas, para oficiar no santuário, as vestes sagradas para o sacerdote Aarão, e as vestes de seus filhos, para exercerem o sacerdócio".

20Toda a comunidade dos israelitas retirou-se da presença de Moisés. 21Então vieram todos aqueles cujo coração os movia, e todos aqueles cujo espírito os tornava generosos, e trouxeram sua oferenda para Javé, para os trabalhos da tenda da reunião e para todo o seu culto e para os ornamentos sagrados. 22Vieram homens e mulheres, todos os de coração generoso, e trouxeram broches, brincos, anéis, adereços e toda a sorte de joias de ouro; todos os que queriam fazer uma oferta em ouro, em honra de Javé. 23Todos os que possuíam púrpura violeta, púrpura escarlate, carmesim, linho fino, pelos de cabra, peles de carneiro tingidas de vermelho ou couro fino, os trouxeram. 24E todo aquele que podia fazer uma oferta de prata e de bronze, a trouxe como oferenda para Javé; e quem possuía madeira de acácia, para qualquer obra da construção, a trouxe. 25Todas as mulheres habilidosas fiaram com suas próprias mãos e trouxeram o que fiaram: púrpura violeta e escarlate, carmesim e linho fino. 26Todas as mulheres, cujo coração as moveu a trabalhar com habilidade, fiaram os pelos de cabra. 27Os chefes do povo trouxeram pedras de ônix e pedras de engaste para o efod e o peitoral, 28os aromas e o azeite para a iluminação, para o óleo da unção e para o incenso aromático. 29Os israelitas trouxeram oferta voluntária a Javé, a saber, todo homem e mulher, cujo coração os movera a contribuir generosamente para toda a obra que Javé, por intermédio de Moisés, tinha mandado executar.

Artesãos para a construção do santuário. 30Moisés disse aos israelitas:* "Vede, Javé chamou especialmente Beseleel, filho de Uri, filho de Hur, da tribo de Judá, 31e o encheu de espírito divino, de sabedoria, entendimento e habilidade para toda sorte de trabalho: 32para fazer desenhos, para lavrar o ouro, a prata e o bronze, 33para lapidar pedras de engaste, para entalhar a madeira, para executar toda classe de obra. 34Também lhe comunicou o dom de ensinar, tanto a ele como a Ooliab, filho de Aquisamec, da tribo de Dã. 35Encheu-lhes o coração de talento para executarem todo o trabalho de escultura e de arte, para recamar a púrpura violeta, púrpura e escarlate, o carmesim e o linho fino, e para tecer; capacitados para toda obra e desenhistas de projetos".

36

Construção do santuário. 1"Beseleel, Ooliab e todos os homens sábios de coração, a quem Javé tinha dado habilidade e inteligência para saberem executar todos os trabalhos da obra do santuário, farão tudo conforme Javé ordenou".

2Moisés chamou Beseleel, Ooliab e todo homem hábil, em cuja mente Javé tinha infundido sabedoria, todos os que se sentiam levados a tomar parte na execução da obra. 3Eles receberam de Moisés as oferendas que os israelitas haviam trazido para a obra do serviço do santuário. Entretanto, o povo continuava a trazer cada manhã ofertas espontâneas, 4de modo que todos os artesãos que executavam as diversas obras do santuário, interrompendo cada qual o trabalho que estava fazendo, vieram 5e disseram a Moisés: "O povo está trazendo muito mais do que é necessário para a obra que Javé mandou fazer!" 6Então Moisés mandou proclamar no acampamento: "Nenhum homem ou mulher faça mais nada para a oferta do santuário". Assim o povo foi proibido de trazer mais, 7pois o material já era suficiente para tudo o que se devia fazer, e ainda sobrava.

As cortinas do tabernáculo. 8Os artesãos mais hábeis dentre todos os que trabalhavam na obra* fizeram o

* **35**,30. 31,2-6 | **36**,8. 26,1-11.14

tabernáculo com dez cortinas de linho fino retorcido, púrpura violeta, púrpura escarlate e carmesim, com figuras de querubins, artisticamente bordadas. 9O comprimento de cada cortina era de vinte e oito côvados e a largura, de quatro côvados; e a medida era a mesma para todas. 10Uniram cinco cortinas uma com a outra; e as outras cinco também uniram uma com a outra. 11Fizeram também presilhas de púrpura violeta na orla da cortina que estava na extremidade do primeiro grupo, e o mesmo fizeram na orla da cortina que ocupava a extremidade do segundo grupo. 12Fizeram cinquenta presilhas na primeira cortina e outras cinquenta na extremidade da cortina do segundo grupo, de modo que as presilhas correspondessem entre si. 13Fizeram também cinquenta colchetes de ouro, com os quais uniram as cortinas uma à outra, de sorte que o tabernáculo formou um só todo.

14Fizeram também cortinas de pelos de cabra, para formar uma tenda sobre o tabernáculo, em número de onze. 15O comprimento de cada cortina era de trinta côvados e sua largura, de quatro côvados; e todas tinham as mesmas medidas. 16Juntaram cinco dessas cortinas de um lado e seis do outro. 17Colocaram também cinquenta presilhas na borda da cortina que ocupava a extremidade do primeiro grupo, e cinquenta na orla da cortina do segundo grupo. 18E fizeram cinquenta colchetes de bronze para unir a tenda, de sorte a formar um só todo. 19Fizeram para a tenda uma cobertura de peles de carneiro, tingidas de vermelho, e por cima outra coberta de peles de couro fino.

As tábuas do tabernáculo. 20Fizeram também para o tabernáculo* tábuas de madeira de acácia, colocadas verticalmente. 21O comprimento de cada tábua era de dez côvados e a largura, de um côvado e meio. 22Cada tábua tinha dois encaixes unidos um ao outro; e o mesmo foi feito com todas as tábuas do tabernáculo. 23Fabricaram as tábuas para o tabernáculo: vinte tábuas para o lado meridional, à direita; 24e fizeram quarenta bases de prata debaixo das vinte tábuas, duas bases debaixo de cada tábua, para seus dois encaixes. 25Para o outro lado do tabernáculo, ao norte, fizeram outras vinte tábuas 26com suas quarenta bases de prata: duas bases debaixo de cada tábua. 27E para o fundo do tabernáculo, ao ocidente, fizeram seis tábuas. 28Para os cantos do fundo do tabernáculo fizeram duas tábuas, 29que eram unidas entre si por baixo até a altura da primeira argola. Assim fizeram com as duas tábuas nos dois cantos. 30Eram, pois, oito tábuas com suas dezesseis bases de prata: duas para cada tábua. 31Fizeram também vigas de madeira de acácia: cinco para as tábuas de um lado do tabernáculo, 32outras cinco para as tábuas do outro lado do tabernáculo e igualmente cinco vigas para as tábuas do fundo do tabernáculo, ao ocidente. 33Fizeram a viga central para passar a meia altura das tábuas, de uma extremidade à outra. 34Recobriram de ouro as tábuas, e de ouro fizeram as argolas pelas quais passavam as vigas, que também recobriram de ouro.

A cortina. 35Fizeram também a cortina* de púrpura violeta, púrpura escarlate, carmesim e linho fino retorcido, com bordados representando querubins. 36Fizeram para ela quatro colunas de madeira de acácia, recobertas de ouro; seus ganchos eram também de ouro. E fundiram para elas quatro bases de prata. 37Fizeram também para a entrada da tenda uma cortina de púrpura violeta, púrpura escarlate, carmesim e linho fino retorcido, trabalho de bordado, 38com suas cinco colunas e seus colchetes; seus capitéis e suas vergas foram cobertos de ouro; e as cinco bases eram de bronze.

37 **A arca da aliança.** 1Beseleel fez a arca de madeira* de acácia: seu comprimento era de dois côvados e meio; sua largura, de um côvado

---

* **36**,20. 26,15-29 | 35. 26,31s. 36s | **37**,1. 25,10-14. 17-20

e meio, e sua altura, de um côvado e
meio. [2]Revestiu-a de ouro puro por
dentro e por fora e fez-lhe uma mol-
dura de ouro em redor. [3]Fundiu para
ela quatro argolas de ouro, que fixou
em seus quatro cantos: duas argolas de
um lado e duas do outro. [4]Fez varais
de madeira de acácia, que recobriu de
ouro, [5]e os introduziu nas argolas colo-
cadas nos lados da arca, para poder ser
transportada. [6]Fez o propiciatório de
ouro puro, cujo comprimento era de
dois côvados e meio e cuja largura, de
um côvado e meio. [7]Fez dois querubins
de ouro batido, nas duas extremidades
do propiciatório; [8]um querubim numa
extremidade e outro na outra; ele os
fez de sorte a formar uma só peça com
o propiciatório em suas duas extremi-
dades. [9]Os querubins tinham as asas
estendidas para o alto, cobrindo com
elas o propiciatório; suas faces, volta-
das uma para a outra, olhavam para o
propiciatório.

A mesa. [10]Fez também uma mesa de
madeira* de acácia, cujo comprimen-
to era de dois côvados, a largura, de
um côvado e a altura, de um côvado e
meio. [11]Recobriu-a de ouro puro e fez-
-lhe uma moldura ao redor. [12]Cercou-a
com um friso de um palmo, em tor-
no do qual fez uma moldura de ouro.
[13]Fundiu para a mesa quatro argolas
de ouro, que prendeu em seus quatro
cantos, correspondendo aos quatro
pés. [14]As argolas estavam fixadas rente
ao friso; nelas introduziam-se os varais
para o transporte da mesa. [15]Fez os va-
rais de madeira de acácia e os recobriu
de ouro, para servirem ao transporte
da mesa. [16]Fez de ouro puro os utensí-
lios que deviam estar sobre a mesa: os
pratos, as colheres, os jarros e as taças
para as libações.

O candelabro. [17]Fez de ouro puro o
candelabro.* Fez, trabalhados a mar-
telo, formando com ele uma só peça,
o pedestal, a haste, os braços, os cáli-
ces, os botões e as flores. [18]Seis braços
saíam de seus lados: três de um lado
e três do outro. [19]Em cada braço havia
três cálices em forma de flor de amen-
doeira, com botão e flor, e outros três
cálices em forma de flor de amendoei-
ra, com botão e flor no outro braço;
assim eram os seis braços que saíam
do candelabro. [20]No candelabro ha-
via quatro cálices em forma de flor de
amendoeira, com seus botões e suas
flores: [21]um botão debaixo dos dois
primeiros, outro debaixo dos outros
dois e outro debaixo dos dois últimos
que saíam do candelabro. [22]Esses bo-
tões e braços formavam uma só peça
com ele. Tudo isso era de ouro puro,
lavrado a martelo. [23]Fez também suas
sete lâmpadas, com suas espevitadei-
ras e seus cinzeiros de ouro puro. [24]Em-
pregou para ele e seus acessórios um
talento de ouro puro.

O altar do incenso. [25]Fez também o
altar do incenso* de madeira de acácia.
Seu comprimento era de um côvado e
sua largura, de um côvado, quer dizer,
era quadrado, e tinha dois côvados de
altura; seus chifres formavam um só
corpo com ele. [26]De ouro puro o reco-
briu: sua parte superior, suas paredes
laterais e seus chifres, e fez-lhe uma
moldura de ouro ao redor. [27]Fez-lhe
também duas argolas de ouro debaixo
de sua moldura, dos dois lados, para
introduzir os varais destinados a trans-
portá-lo. [28]Fez os varais de madeira de
acácia e os recobriu de ouro.

[29]Preparou também o óleo para a
unção sagrada* e o incenso aromático,
puro, obra de perfumista.

38 **O altar dos holocaustos.** [1]Fez
o altar dos holocaustos* de
madeira de acácia, com cinco côvados
de comprimento e cinco de largura –
era quadrado – e com três côvados de
altura. [2]Nos quatro ângulos fez chifres
que formavam uma só peça com ele,
e o recobriu de bronze. [3]Fez também
todos os utensílios para o altar: os reci-
pientes para recolher as cinzas, as pás,
as bacias, os garfos e os braseiros; fez
tudo isso de bronze. [4]Fez para o altar
uma grelha de bronze, em forma de

* **37**,10. 25,23-29 | 17. 25,31-39 | 25. 30,1-5 | 29. 30,22-25, 34s | **38**,1. 27,1-8

rede, que colocou debaixo da beira-
da do altar, desde a parte inferior até
a metade do altar. 5Fundiu quatro ar-
golas para os quatro ângulos da grelha
de bronze, para servirem de inserção
dos varais. 6Fez os varais de madeira de
acácia e os recobriu de bronze. 7Intro-
duziu os varais nas argolas dos lados
do altar, para se poder transportá-lo.
Fez o altar oco e de tábuas.

8Com os espelhos das mulheres que
prestavam serviço à entrada da tenda
da reunião, ele fez a bacia de bronze,*
com seu pedestal também de bronze.

O átrio. 9Depois fez o átrio.* Do lado
meridional, fez as cortinas do átrio de
linho fino retorcido, numa extensão
de cem côvados. 10Suas vinte colunas
e suas bases eram de bronze; os gan-
chos das colunas e suas vergas eram
de prata. 11Do lado setentrional as
cortinas mediam cem côvados; suas
vinte colunas e suas vinte bases eram
de bronze; os ganchos das colunas e
suas vergas eram de prata. 12Do lado
ocidental havia cortinas numa extensão
de cinquenta côvados; suas colunas
eram dez, com suas dez bases; os gan-
chos das colunas e suas vergas eram de
prata. 13Do lado do oriente havia cin-
quenta côvados: 14quinze côvados de
cortinas com três colunas e três bases
num lado da porta; 15e assim também
do outro lado. De um lado e do outro
da entrada do átrio, quinze côvados de
cortinas, com suas três colunas e três
bases. 16Todas as cortinas em torno do
átrio eram de linho fino retorcido. 17As
bases das colunas eram de bronze, e os
ganchos das colunas e suas vergas, de
prata; e de prata eram também reco-
bertos seus capitéis. Todas as colunas
do átrio tinham vergas de prata. 18A
cortina da entrada do átrio era borda-
da de púrpura violeta, púrpura escarla-
te, carmesim e linho fino retorcido; de
vinte côvados de comprimento, cinco
de altura – isto é, de largura – segundo
a medida das cortinas do átrio. 19Suas
quatro colunas e suas quatro bases
eram de bronze, e seus ganchos eram
de prata. O revestimento dos capitéis
e as vergas eram de prata. 20Todas as
estacas do tabernáculo e do recinto do
átrio eram de bronze.

Despesas da construção. 21Esta é a
lista das despesas do tabernáculo, o ta-
bernáculo do testemunho, cálculo feito
por ordem de Moisés, por obra dos le-
vitas, sob a direção de Itamar, filho do
sacerdote Aarão. 22Beseleel, filho de
Uri, filho de Hur,* da tribo de Judá, exe-
cutou tudo o que Javé havia ordenado
a Moisés. 23Com ele estava Ooliab, fi-
lho de Aquisamec, da tribo de Dã, há-
bil escultor, desenhista e bordador em
púrpura violeta e escarlate, carmesim e
linho fino.

24O total do ouro empregado na obra,
nos diversos trabalhos do santuário, o
ouro proveniente das ofertas, foi de vin-
te e nove talentos e setecentos e trinta
siclos, segundo o siclo do santuário. 25E
a prata recolhida* dos recenseados da
comunidade foi um total de cem talen-
tos e mil setecentos e setenta e cinco
siclos, segundo o siclo do santuário:
26um beqa por pessoa, isto é, meio si-
clo, segundo o siclo do santuário, para
cada um dos recenseados maiores de
vinte anos,* ou seja, de seiscentos e
três mil, quinhentos e cinquenta ho-
mens. 27Os cem talentos de prata foram
utilizados para fundir as bases do san-
tuário e as bases do véu: cem talentos
para cem bases, um talento por base.
28E com os mil setecentos e setenta e
cinco siclos ele fabricou ganchos para
as colunas, recobriu-lhes os capitéis
e as guarneceu de vergas. 29O bronze
das ofertas foi de setenta talentos e dois
mil e quatrocentos siclos; 30com ele fez
as bases da entrada da tenda da reu-
nião, o altar de bronze com sua grelha
e todos os utensílios do altar, 31as bases
do recinto do átrio, as bases da porta do
átrio, todas as estacas do tabernáculo e
todas as estacas do recinto do átrio.

39 **Os paramentos sacerdo-
tais.** 1Com a púrpura violeta
e escarlate, o carmesim e o linho fino

* **38**,8. 30,18 | 9. 27,9-19 | 22. 35,30-35 | 25. Nm 1 | 26. Nm 1,45s

fizeram as vestes litúrgicas para o ministério no santuário e os ornamentos sagrados para Aarão, como Javé havia ordenado a Moisés. 2Fizeram o efod de ouro,* de púrpura violeta e escarlate, carmesim e linho fino retorcido. 3Laminaram o ouro e o cortaram em fios para entrelaçá-lo com a púrpura violeta e escarlate, o carmesim e o linho fino, num trabalho de artista. 4Fizeram para o efod ombreiras que se juntavam a suas duas pontas, e assim se uniam. 5O cinto, que passava por cima para apertá-lo, formava com ele uma só peça e era de obra igual: de ouro, de púrpura violeta, púrpura escarlate, carmesim e linho fino retorcido, como Javé havia ordenado a Moisés. 6Lapidaram as pedras de ônix,* embutidas em engastes de ouro, gravadas como se gravam os selos, com os nomes dos israelitas. 7Colocaram-nas sobre as ombreiras do efod, a fim de serem um memorial para os israelitas, como Javé havia ordenado a Moisés.

O peitoral. 8Fizeram também o peitoral,* trabalho artístico como o efod: de ouro, púrpura violeta, púrpura escarlate, carmesim e linho fino retorcido. 9Era quadrado e dobrado em dois; seu comprimento era de um palmo, e de um palmo também sua largura; e era duplo. 10Colocaram nele quatro fileiras de pedras: na primeira, um sárdio, um topázio e uma esmeralda; 11na segunda, um rubi, uma safira e um berilo; 12na terceira, um jacinto, uma ágata e uma ametista; 13na quarta, um crisólito, um ônix e um jaspe; todas elas montadas em engastes de ouro. 14As pedras correspondiam aos nomes dos israelitas: doze, conforme os nomes deles. Estavam gravadas à maneira de selos, cada uma com seu nome, segundo as doze tribos. 15Fizeram para o peitoral umas correntinhas de ouro puro, trançadas à maneira de cordões. 16Fizeram dois engastes de ouro e duas argolas também de ouro, e prenderam as duas argolas às duas extremidades do peitoral. 17Passaram os dois cordões de ouro pelas argolas nas extremidades do peitoral. 18E prenderam as duas pontas dos dois cordões aos dois engastes, presos às ombreiras do efod em sua parte dianteira. 19Fizeram ainda duas argolas de ouro, que puseram nas duas pontas do peitoral, em sua orla que estava junto ao efod por dentro. 20Fizeram outras duas argolas de ouro, que prenderam nas duas ombreiras do efod, por baixo, em sua parte dianteira, perto de sua juntura, por cima do cinto do efod. 21Ataram depois o peitoral por suas argolas às argolas do efod com um cordão de púrpura violeta, para que ficasse o peitoral por cima do cinto do efod e assim não se desprendesse do efod, como Javé havia ordenado a Moisés.

O manto do efod. 22Fizeram também o manto do efod,* trabalho de tecelão, todo de púrpura violeta, 23tendo no centro uma abertura como a de uma couraça; a abertura era protegida ao redor com uma orla de tecido para que não se rasgasse. 24Aplicaram na orla inferior do manto romãs de púrpura violeta e escarlate, de carmesim e de fio retorcido. 25Fizeram também campainhas de ouro puro, colocando-as entre as romãs em toda a orla inferior do manto, alternadas com as romãs: 26uma campainha e uma romã, outra campainha e outra romã, em toda a orla inferior do manto que se usava para oficiar, como Javé havia ordenado a Moisés.

27Fizeram também para Aarão e seus filhos* as túnicas de linho fino, trabalho de tecelão; 28o turbante de linho fino e os ornamentos dos barretes de linho fino, os calções de linho fino retorcido; 29e o cinto de linho fino retorcido, de púrpura violeta e escarlate e de carmesim, trabalho de tecelão, como Javé havia ordenado a Moisés.

30Fizeram também de ouro puro a lâmina do diadema sagrado,* sobre a qual gravaram como um selo as palavras "Consagrado a Javé". 31Puseram-

* **39**,2. 28,6-8 | 6. 28,9-12 | 8. 28,15-28 | **39**,22. 28,31-35 | 27. 28,39-40.42 | 30. 28,36s

-lhe um cordão de púrpura violeta para prendê-la ao turbante, no alto, como Javé havia ordenado a Moisés.

A obra concluída é apresentada a Moisés. [32]Ficou assim concluída toda a obra do tabernáculo, da tenda da reunião, havendo os israelitas executado tudo o que Javé tinha ordenado a Moisés.

[33]Apresentaram a Moisés o tabernáculo, a tenda e todo o seu mobiliário: suas argolas, suas tábuas, suas travessas, suas colunas e suas bases; [34]a cobertura de peles de carneiro tingidas de vermelho, a cobertura de couro fino e o véu protetor; [35]a arca do testemunho com seus varais e o propiciatório; [36]a mesa com todos os seus utensílios, e o pão da apresentação; [37]o candelabro de ouro puro com suas lâmpadas, as lâmpadas dispostas em ordem e todos os seus acessórios, bem como o óleo para a iluminação; [38]o altar de ouro, o óleo da unção, o incenso aromático e a cortina da entrada da tenda; [39]o altar de bronze e sua grelha de bronze, seus varais e todos os seus utensílios; a bacia e seu pedestal; [40]as cortinas do átrio, as colunas e suas bases; a cortina para a entrada do átrio, suas cordas e suas estacas e todos os utensílios do serviço do tabernáculo para a tenda da reunião; [41]as vestes litúrgicas para oficiar no santuário, os ornamentos sagrados para o sacerdote Aarão e as vestes de seus filhos para exercerem o sacerdócio. [42]Conforme tudo o que Javé ordenara a Moisés, assim fizeram os israelitas todos os trabalhos. [43]Moisés examinou toda a obra e reconheceu que a haviam realizado exatamente como Javé ordenara. E Moisés os abençoou.

40 **Moisés arma o tabernáculo.** [1]Javé falou a Moisés, dizendo: [2]"No primeiro dia do primeiro mês levantarás o tabernáculo, a tenda da reunião. [3]Colocarás nele a arca do testemunho e a cobrirás com o véu. [4]Trarás também a mesa e nela disporás tudo o que deve estar sobre ela. Trarás o candelabro e sobre ele porás as lâmpadas. [5]Colocarás o altar de ouro para o incenso diante da arca do testemunho e porás a cortina na entrada do tabernáculo. [6]Colocarás o altar dos holocaustos diante da entrada do tabernáculo, da tenda da reunião. [7]Porás a bacia entre a tenda da reunião e o altar e nela porás água. [8]Disporás o átrio ao redor e colocarás a cortina na entrada do átrio. [9]Tomarás o óleo da unção* e ungirás o tabernáculo e tudo o que ele contém, e o consagrarás com todo o seu mobiliário, e será coisa santa. [10]Ungirás o altar dos holocaustos e todos os seus utensílios; consagrarás o altar, e ele se tornará santíssimo. [11]Ungirás igualmente a bacia e seu pedestal e a consagrarás. [12]Depois farás aproximar-se Aarão e seus filhos até a entrada da tenda da reunião e os lavarás com água. [13]Revestirás Aarão com os ornamentos sagrados; tu o ungirás e o consagrarás para que me sirva como sacerdote. [14]Depois farás aproximar-se seus filhos e os revestirás com as túnicas. [15]Tu os ungirás como ungiste seu pai, para que me sirvam como sacerdotes. Sua unção lhes conferirá um sacerdócio perpétuo para todas as gerações". [16]Moisés executou tudo exatamente como Javé lhe havia ordenado.

[17]Assim, no dia primeiro do primeiro mês do segundo ano† foi erigido o tabernáculo. [18]Moisés erigiu o tabernáculo, pôs suas bases, suas tábuas, ajustou-lhe as vigas e levantou suas colunas. [19]Estendeu a tenda sobre o tabernáculo, colocou por cima a cobertura da tenda, como Javé havia ordenado a Moisés. [20]Tomou o testemunho e colocou-o na arca; introduziu nesta os varais e pôs o propiciatório em cima da arca. [21]Introduziu a arca no interior do tabernáculo e colocou o véu de proteção, ocultando a arca do testemunho, como Javé tinha ordenado a Moisés.

---

* **40**,9. Lv 8,10

† **40**,17. Nove meses depois que chegaram ao Sinai, e um ano após terem saído do Egito.

[22]Instalou a mesa na tenda da reu-
nião, ao lado do tabernáculo, para o
norte, fora do véu; [23]e dispôs sobre ela
o pão, na presença de Javé, como Javé
havia ordenado a Moisés. [24]Colocou o
candelabro na tenda da reunião, em
frente da mesa, ao lado do tabernáculo
ao sul [25]e acendeu as lâmpadas diante
de Javé, como este havia ordenado a
Moisés. [26]Colocou também o altar de
ouro na tenda da reunião, diante do
véu, [27]e sobre ele queimou o incenso
aromático, como Javé tinha ordenado a
Moisés. [28]Pendurou a cortina à entrada
do tabernáculo. [29]Instalou o altar dos
holocaustos à entrada do tabernáculo,
da tenda da reunião e ofereceu sobre
ele o holocausto e a oblação, como
Javé havia ordenado a Moisés. [30]Insta-
lou também a bacia entre a tenda da
reunião e o altar; pôs nela água para as
abluções, [31]com a qual Moisés, Aarão e
seus filhos lavavam as mãos e os pés.
[32]Lavavam-se quando entravam na
tenda da reunião e ao se aproximarem
do altar, como Javé tinha ordenado a
Moisés. [33]Finalmente, erigiu o átrio ao
redor do tabernáculo e do altar, e colo-
cou a cortina à entrada do átrio. Assim
concluiu Moisés a obra.

**A glória de Javé cobre o tabernácu-
lo.** [34]Então a nuvem cobriu a tenda da
reunião, e a glória de Javé* encheu o
tabernáculo†. [35]Moisés não podia entrar
na tenda da reunião, porque a nuvem
pairava sobre ela, e a glória de Javé en-
chia o tabernáculo. [36]Em todas as etapas
de sua caminhada, quando a nuvem* se
erguia de cima do tabernáculo, os israe-
litas partiam; [37]mas se a nuvem não se
levantava, não caminhavam até o dia
em que ela se levantasse. [38]De fato, a
nuvem de Javé permanecia sobre o ta-
bernáculo durante o dia, e de noite ha-
via nela um fogo à vista de toda a casa
de Israel, em todas as suas etapas.

* **40**,34. 25,8; 1Rs 8,10-11; Ez 43,1-5; 24,16; Ap 15,8 **|** 36. Nm 9,15-23; Êx 13,21s; Sl 78,14; 105,39

† **40**,34. Javé toma posse de sua habitação. Ele guia o povo em todas as etapas do êxodo. A nuvem é o sinal de sua presença.

LEVÍTICO

Era da tribo de Levi que provinham os sacerdotes e os levitas; por isso este livro, que trata dos deveres dessas categorias de pessoas, é com razão chamado Levítico. Ele vem a ser um ritual, um conjunto de normas que disciplinam a vida litúrgica dos israelitas. Fala principalmente dos sacrifícios de diversos tipos, das leis de pureza e santidade, das festas do calendário, do grande Dia das Expiações e termina com bênçãos e maldições. Inclui também leis de caráter tipicamente moral, sobre justiça e caridade, como aquela citada por Jesus em Mt 22,39: "Amarás teu próximo como a ti mesmo" (Lv 19,18). Continua interrompida a narração dos fatos relativos à caminhada do povo pelo deserto, que o livro anterior havia contado, até o episódio do bezerro de ouro (Êx 32). As normas cultuais são apresentadas como dadas por Deus a Moisés no contexto da aliança do Sinai, mas, na realidade, ao lado de leis antigas, a maioria das disposições são muito posteriores, pois só receberam sua forma atual após o retorno do exílio em 538 a.C., época da redação definitiva do livro. O Levítico reafirma a cada passo a santidade de Deus, que se estende às pessoas, lugares e objetos que entram em contato com ele. O refrão, várias vezes repetido, é: "Sede santos porque eu sou santo" (Lv 11,44), que no Novo Testamento se exprimirá no "Sede perfeitos como vosso Pai celeste é perfeito" (Mt 5,48). O livro pretende levar o povo a participar dessa santidade, porque a presença de Deus no meio do povo exige que ele seja santo.

Trata-se de um testemunho valioso sobre uma mentalidade religiosa que, apesar de suas limitações, tem muito a ensinar ao mundo de hoje no tocante ao cultivo do senso do sagrado. Recordando a palavra de Os 6,6: "Prefiro a misericórdia ao sacrifício", Jesus mostra que a religião não consiste em belas cerimônias cumpridas na perfeita fidelidade a um ritual, mas em amar a Deus e fazer sua vontade (Mt 9,13). Todos aqueles sacrifícios do Antigo Testamento eram ainda figura e preparação do único sacrifício plenamente agradável a Deus, o de seu Filho Jesus, que se ofereceu por nós uma vez por todas (Hb 7,27).

I. RITUAL PARA O CULTO (1–10)

1 **Os Holocaustos.** [1]Javé chamou
Moisés e, da tenda da reunião,* lhe
disse: [2]"Fala aos israelitas e dize-lhes:
Quando alguém de vós fizer uma oferta
de animais a Javé, poderá trazer como
oferta um animal grande ou pequeno.
[3]Se sua oferta for um holocausto† de
animal grande,* oferecerá um macho
sem defeito, que apresentará à entrada da tenda da reunião, para que seja
aceito por Javé. [4]Imporá a mão sobre a
cabeça da vítima, que será aceita a favor
dele, para sua expiação. [5]Depois imolará
o novilho diante de Javé, e os filhos de
Aarão, isto é, os sacerdotes, oferecerão
o sangue, aspergindo-o ao redor sobre
o altar que se acha à entrada da tenda
da reunião. [6]Tirará a pele da vítima e a
cortará em pedaços, [7]e os filhos de Aarão, os sacerdotes, porão fogo sobre o
altar e ajeitarão a lenha no fogo. [8]Depois,
os sacerdotes, filhos de Aarão, colocarão
em ordem os pedaços, juntamente com
a cabeça e a gordura, em cima da lenha
posta no fogo, sobre o altar. [9]As entranhas e as patas* serão lavadas com água,
e o sacerdote queimará tudo sobre o altar; é um holocausto, oferta queimada,
de aroma agradável a Javé.

[10]Se sua oferta em holocausto for
de um animal pequeno, isto é, de carneiro ou cabrito, oferecerá um macho
sem defeito. [11]Imolará o animal no lado
norte do altar, na presença de Javé; e
os sacerdotes, filhos de Aarão, aspergirão seu sangue sobre o altar, em redor.
[12]O animal será cortado segundo suas
partes, e o sacerdote as disporá, juntamente com a cabeça e a gordura, em
cima da lenha colocada no fogo, sobre
o altar. [13]As entranhas e as patas serão
lavadas com água, e o sacerdote oferecerá tudo e o queimará sobre o altar;
é um holocausto, oferta queimada, de
aroma agradável a Javé.

[14]Se sua oferta a Javé for um holocausto de aves, apresentará sua ofer-

---

* **1**,1. Êx 25,22 | 3. 22,18-20; Êx 12,5 | 9. Êx 29,18

† **1**,3. Holocausto era o sacrifício em que o animal era totalmente consumido pelo fogo.

ta de rolas ou pombinhos. 15O sacer-
dote oferecerá a vítima sobre o altar
e, depois de destroncar-lhe a cabeça,
a queimará sobre o altar e espremerá
seu sangue sobre a parede do altar.
16Tirará o papo com as penas e os lan-
çará perto do altar, do lado do oriente,*
no lugar das cinzas. 17Quebrará a ave
segurando-a pelas asas, sem, todavia,
as separar, e o sacerdote a queimará no
altar, sobre a lenha posta no fogo; é um
holocausto, oferta queimada, de aroma
agradável a Javé".

2 **As oblações.** 1"Quando alguém
fizer oferta* de uma oblação† a
Javé, sua oferta será de flor de farinha,
sobre a qual derramará azeite e coloca-
rá incenso. 2Ele a levará aos sacerdotes,
filhos de Aarão, e o sacerdote, tirando
dela um punhado de farinha e de seu
azeite e todo o incenso, os queimará
sobre o altar como memorial, oferta
queimada, de aroma agradável a Javé.
3O resto da oblação pertence a Aarão e
a seus filhos, qual porção santíssima das
ofertas queimadas em honra de Javé.
4Quando ofereceres uma oblação
cozida no forno, será de bolos ázimos
de flor de farinha, amassados com azei-
te, e de bolachas ázimas untadas com
azeite. 5Se tua oferta for uma oblação
preparada na assadeira, será de flor de
farinha sem fermento, amassada com
azeite. 6Tu a cortarás em pedaços e
lhe derramarás azeite por cima: é uma
oblação.
7Se tua oferta for uma oblação pre-
parada na panela, será de flor de fari-
nha com azeite. 8Levarás, pois, a Javé a
oblação assim preparada e a apresen-
tarás ao sacerdote, que a aproximará
do altar. 9O sacerdote tirará da obla-
ção o memorial e o queimará no altar
como oferenda queimada, de aroma
agradável a Javé. 10O resto da oblação
pertencerá a Aarão e a seus filhos, qual
oblação santíssima das ofertas queima-
das em honra de Javé.
11Toda oblação que oferecerdes a
Javé será preparada sem fermento,
porque jamais queimareis fermento
ou mel* em honra de Javé. 12Podeis
oferecê-los a Javé como oblação de
primícias, mas não subirão ao altar
como suave odor. 13Toda oblação que
ofereceres será temperada com sal, e
não deixarás faltar em tua oblação o sal
da aliança de teu Deus; oferecerás sal†
em todas as tuas ofertas.* 14Se ofere-
ceres a Javé uma oblação de primícias,
oferecerás espigas verdes tostadas ao
fogo, isto é, os grãos esmagados das
espigas verdes, como oblação de tuas
primícias. 15Sobre ela derramarás azei-
te e porás incenso: é uma oblação. 16O
sacerdote queimará como memorial
uma parte dos grãos esmagados e do
azeite, com todo o incenso, como ofer-
ta queimada em honra de Javé".

3 **Os sacrifícios de comunhão.**
1"Quando alguém oferecer um
sacrifício de comunhão†, se quiser ofe-
recer um animal grande, apresentará a
Javé um animal sem defeito, macho ou
fêmea. 2Imporá a mão sobre a cabeça
de sua vítima* e a imolará à entrada da
tenda da reunião; depois os sacerdo-
tes, filhos de Aarão, aspergirão o san-
gue sobre o altar, ao redor. 3Deste sa-
crifício de comunhão oferecerá, como
oferta queimada a Javé, a gordura que
envolve as entranhas e toda a gordura
aderente a elas, 4e os dois rins com a
gordura que os cobre na região lom-
bar; mas retirará a massa gordurosa
do fígado acima dos rins. 5Os filhos de
Aarão queimarão tudo isso em cima do
altar, sobre o holocausto colocado na
lenha que está no fogo: é uma oferta
queimada, de aroma agradável a Javé.

---

* **1**,16. 4,12 | **2**,1. 6,7-11; 7,9s; Nm 15,1-16 | 11. 6,9 | 13. Nm 18,19 | **3**,2. 9,18-21

† **2**,1. A oblação, oferta de produtos da terra, muitas vezes acompanhava um outro tipo de sacrifício, Lv 9,4; 23,12-13. | **2**,13. O sal purifica, preserva da corrupção, é símbolo de fidelidade e estabilidade, sendo por isso usado nos rituais de aliança, Nm 18,19. | **3**,1. Nos sacrifícios de comunhão a vítima era repartida entre Deus, ao qual se ofertava a parte queimada, o sacerdote e o oferente com seus familiares ou convidados. Visava cumprir uma promessa e/ou demonstrar a união entre o fiel e Deus.

[6]Se alguém oferecer a Javé um animal menor, em sacrifício de comunhão, oferecerá um animal sem defeito, macho ou fêmea. [7]Se oferecer um cordeiro, ele o apresentará diante de Javé. [8]Imporá a mão sobre a cabeça da vítima e a imolará à entrada da tenda da reunião, e os filhos de Aarão aspergirão o sangue sobre o altar, ao redor. [9]Deste sacrifício de comunhão oferecerá, como oferta queimada a Javé, a gordura, a cauda inteira, cortando-a rente à espinha dorsal, a gordura que envolve as entranhas e toda a gordura aderente a elas; [10]os dois rins com a gordura que os cobre na região lombar e a camada gordurosa que destacará do fígado e dos rins. [11]O sacerdote queimará tudo isso em cima do altar: é um alimento consumido pelo fogo para Javé.

[12]Se sua oferta for de uma cabra, ele a apresentará diante de Javé. [13]Imporá a mão na cabeça da vítima e a imolará diante da tenda da reunião, e os filhos de Aarão aspergirão o sangue sobre o altar, ao redor. [14]Dela oferecerá, como oferenda sua para ser queimada a Javé, a gordura que cobre as entranhas e toda a gordura aderente a elas; [15]os dois rins com a gordura que os cobre na região lombar e a camada gordurosa que destacará do fígado e dos rins. [16]O sacerdote queimará tudo isso sobre o altar: é um alimento consumido pelo fogo, de aroma agradável. Toda a gordura é para Javé.[17]Esta é uma lei perpétua para vossas gerações, onde quer que habitardes: não comereis gordura nem sangue".

4 **Sacrifícios pelo pecado dos sacerdotes.** [1]Javé falou a Moisés, dizendo: [2]"Dize aos israelitas:* Se alguém pecar por inadvertência contra qualquer dos mandamentos de Javé, fazendo alguma coisa que é proibido fazer†, [3]se quem pecou for o sacerdote ungido, tornando assim culpado o povo, oferecerá a Javé, pelo pecado cometido, um novilho sem defeito, em expiação do pecado. [4]Levará o novilho até a entrada da tenda da reunião, diante de Javé, imporá a mão na cabeça dele e o imolará diante de Javé. [5]O sacerdote ungido tomará do sangue do novilho e o levará à tenda da reunião. [6]Molhando o dedo no sangue,* fará sete aspersões diante de Javé, em frente do véu do santuário. [7]Tingirá com ele os chifres do altar do incenso aromático, que está diante de Javé na tenda da reunião, e derramará todo o resto do sangue do novilho ao pé do altar dos holocaustos, que está à entrada da tenda da reunião. [8]Tirará do novilho sacrificado em expiação toda a gordura, isto é, a gordura que envolve as entranhas e a que adere a elas; [9]os dois rins com a gordura que os envolve na região lombar e a camada gordurosa que destacará do fígado e dos rins; [10]da mesma maneira como se tira do novilho do sacrifício de comunhão; e o sacerdote queimará tudo isso sobre o altar dos holocaustos. [11]Mas o couro do novilho e toda a sua carne, com a cabeça, as patas, as entranhas e os excrementos, [12]em suma, o novilho todo, será levado para fora do acampamento, a um lugar puro, onde se jogam as cinzas, e será queimado sobre a lenha. Será queimado no lugar onde se jogam as cinzas.

Pelo pecado da comunidade. [13]Se a comunidade inteira de Israel pecar por inadvertência, e isto ficar oculto aos olhos da comunidade, embora tenham transgredido uma das normas de Javé, fazendo algo proibido e tornando-se assim culpados, [14]logo que o pecado cometido se tornar conhecido, a comunidade oferecerá em sacrifício pelo pecado um novilho, que será levado diante da tenda da reunião. [15]Os anciãos da comunidade imporão as mãos na cabeça do novilho, diante de Javé, e o novilho será imolado na presença de Javé. [16]O sacerdote ungido levará

* **4**,2. Êx 30,22 | 6. Êx 26,33; 27,2; 30,1-10

† **4**,2. O sacrifício pelo pecado baseia-se no conceito de expiação. Trata-se de culpas cometidas por ignorância, desatenção ou involuntariamente, consideradas como violação objetiva da lei divina.

parte do sangue do novilho à tenda da reunião, [17]molhará nele o dedo e fará sete aspersões diante de Javé, em frente do véu; [18]e tingirá com o sangue os chifres do altar que está diante de Javé na tenda da reunião. Derramará todo o resto do sangue aos pés do altar dos holocaustos, que está à entrada da tenda da reunião. [19]Tirará toda a gordura do novilho e a queimará sobre o altar. [20]Fará com esse novilho como fez com o novilho do sacrifício pelo pecado; assim lhe fará, e o sacerdote oferecerá expiação pela comunidade, e lhe será perdoado. [21]O novilho será levado para fora do acampamento e será queimado do mesmo modo que foi queimado o primeiro. Este é o sacrifício pelo pecado da comunidade.

Pelo pecado dos chefes. [22]Se quem pecou foi um chefe, e praticou inadvertidamente alguma coisa proibida por Javé, seu Deus, e assim se tornou culpado, [23]logo que tiver tomado consciência de seu pecado, levará como sua oferta um bode sem defeito. [24]Imporá a mão na cabeça do bode* e o imolará no lugar onde se imola o holocausto, diante de Javé; é um sacrifício pelo pecado. [25]O sacerdote molhará o dedo no sangue da vítima, tingirá com ele os chifres do altar dos holocaustos e derramará o sangue aos pés do altar dos holocaustos. [26]Queimará toda a gordura sobre o altar, como a gordura do sacrifício de comunhão. O sacerdote fará assim expiação pelo pecado do chefe, e lhe será perdoado.

Pelo pecado de um cidadão. [27]Se quem pecou por inadvertência foi um simples cidadão, fazendo alguma das coisas proibidas pela lei de Deus, tornando-se assim culpado, [28]logo que tomar consciência do pecado cometido, trará como sua oferta uma cabra sem defeito, pelo pecado cometido. [29]Imporá a mão sobre a cabeça da vítima e a imolará no lugar do holocausto. [30]O sacerdote molhará o dedo no sangue da vítima, tingirá com ele os chifres do altar dos holocaustos e derramará todo o resto do sangue aos pés do altar. [31]Tirará toda a gordura, como se tira a gordura de um sacrifício de comunhão, e o sacerdote a queimará sobre o altar como aroma agradável a Javé. Assim o sacerdote fará a expiação por essa pessoa, e lhe será perdoado.

[32]Se trouxer uma ovelha como sua oferta pelo pecado, será fêmea e sem defeito. [33]Imporá a mão sobre a cabeça da vítima e a imolará em sacrifício pelo pecado, no lugar onde se imolam os holocaustos. [34]O sacerdote mergulhará o dedo no sangue da vítima, tingirá com ele os chifres do altar dos holocaustos e derramará todo o resto do sangue aos pés do altar. [35]Tirará toda a gordura, como se tira do cordeiro do sacrifício de comunhão, e o sacerdote a queimará sobre o altar, sobre as vítimas queimadas a Javé. Assim o sacerdote fará sobre essa pessoa o rito de expiação pelo pecado cometido, e lhe será perdoado.

5 **Casos particulares.** [1]Se uma pessoa pecar porque,* tendo ouvido a advertência do juramento e sendo testemunha ocular ou de conhecimento, não denunciar, será considerada culpada. [2]Se alguém tocar, por inadvertência, alguma coisa impura, como seja o cadáver de uma fera* impura, ou de um animal doméstico impuro, ou de um réptil impuro, ele se tornará impuro e culpado. [3]Se alguém tocar, por inadvertência, qualquer espécie de imundície humana, que torne impura a pessoa, quando se tornar ciente incorrerá em falta. [4]Quando alguém jurar com os lábios, sem refletir, fazer mal ou fazer bem, proferindo com leviandade um daqueles juramentos que as pessoas costumam pronunciar, quando vier a sabê-lo, será culpado de suas ações. [5]Aquele, pois, que for culpado de uma dessas coisas, confesse o pecado que cometeu, [6]e como sua oferta pela culpa, pelo pecado que cometeu, apresente a Javé, do gado miúdo, uma ovelha ou uma cabra como oferta pelo

* **4**,24. 1,11 | **5**,1. Pr 29,24; Dt 19,15-20 | 2. 11-16

pecado; e o sacerdote fará por ele a expiação de seu pecado. 7Se suas posses não são suficientes para oferecer uma ovelha, apresente a Javé, para expiação do pecado que cometeu, duas rolas ou dois pombinhos, um em sacrifício pelo pecado e o outro em holocausto. 8Ele os levará ao sacerdote, que oferecerá primeiro a vítima pelo pecado. O sacerdote lhe destroncará a cabeça perto da nuca, sem a separar por completo; 9aspergirá com o sangue da vítima a parede do altar e espremerá o resto do sangue ao pé do altar; é um sacrifício pelo pecado. 10Com a outra ave fará um holocausto, segundo o ritual. Assim, o sacerdote fará por ele a expiação pelo pecado que cometeu, e lhe será perdoado.

11Mas se suas posses não são suficientes para oferecer duas rolas ou dois pombinhos, apresentará como oferenda pelo pecado cometido um décimo de efá de flor de farinha, sem derramar-lhe azeite por cima e sem pôr incenso, pois é um sacrifício pelo pecado. 12Ele a levará ao sacerdote, o qual tomará um punhado dela como memorial a ser queimado sobre o altar, sobre as ofertas queimadas a Javé; é um sacrifício pelo pecado. 13O sacerdote fará assim a expiação por ele, pelo pecado que cometeu em alguma dessas coisas, e lhe será perdoado. O restante será do sacerdote, como na oblação".

Sacrifícios de reparação. 14Javé disse a Moisés: 15"Se alguém cometer uma fraude e pecar, por inadvertência, subtraindo alguma das coisas sagradas de Javé, oferecerá a Javé, em sacrifício de reparação, um carneiro do rebanho, sem defeito, conforme tua avaliação em siclos de prata, segundo o siclo do santuário; 16restituirá o que defraudou das coisas sagradas, acrescentando-lhe um quinto. Entregará tudo ao sacerdote, o qual fará por ele a expiação com o carneiro oferecido em reparação, e lhe será perdoado. 17Se alguém pecar fazendo, sem o saber, alguma coisa proibida pela lei de Javé, será culpado e levará o peso de sua falta. 18Apresentará ao sacerdote, como sacrifício de reparação, um carneiro do rebanho, sem defeito, segundo tua avaliação; e o sacerdote fará por ele o rito da expiação, pela falta cometida por inadvertência, sem o saber, e lhe será perdoada. 19É um sacrifício de reparação, pois certamente ele era culpado diante de Javé".

20Javé disse a Moisés: 21"Se alguém pecar e cometer uma infidelidade* contra Javé, negando a seu próximo um depósito, um objeto penhorado, ou uma coisa roubada ou extorquida a seu próximo; 22ou encontrando uma coisa perdida* e mentindo a respeito dela, ou jurando falso em alguma das coisas em que o homem costuma pecar; 23então, se pecar e se tornar culpado, restituirá o que roubou ou extorquiu, ou o depósito que lhe foi confiado, ou o objeto perdido que encontrou, 24e tudo aquilo sobre o que jurou falso; fará a restituição integral e acrescentará mais um quinto, entregando-o a seu proprietário no dia de seu sacrifício pelo pecado. 25Como sacrifício de reparação, apresentará a Javé um carneiro* do rebanho, sem defeito, de acordo com tua avaliação. 26E o sacerdote fará por ele o rito de expiação diante de Javé, e lhe será perdoado, seja qual for a falta com a qual se tornou culpado".†

6

Holocausto quotidiano. 1Javé disse a Moisés: 2"Ordena a Aarão e a seus filhos: Esta é a lei do holocausto†. O holocausto ficará ardendo sobre o braseiro, em cima do altar, toda a noite até pela manhã, e o fogo do altar permanecerá aceso. 3O sacerdote vestirá a túnica de linho e os calções de linho sobre seu corpo, e quando o fogo tiver consumido o holocausto, retirará a cinza de cima do altar e a depositará ao lado deste. 4De-

* **5**,21. Êx 22,6-14 | 22. Êx 23,1s | 25. 5,16

† **5**,26. Trata-se de culpas que causaram dano a alguém; o dano precisa ser reparado antes de se fazer o sacrifício. | **6**,2. Ritual perpétuo e comunitário, de que fala Êx 29,38-42; não se refere mais a sacrifícios ocasionais de indivíduos.

pois se despojará daquelas vestes e vestirá outras, e levará as cinzas para fora
do acampamento, a um lugar puro. 5O
fogo se manterá* aceso sobre o altar,
sem jamais se apagar, e cada manhã o
sacerdote porá nele lenha, sobre a qual
disporá o holocausto e nele queimará a
gordura dos sacrifícios de comunhão.
6Um fogo contínuo arderá sobre o altar,
sem jamais se apagar".

Direitos dos sacerdotes na oblação.
7"Esta é a lei da oblação. Os filhos de
Aarão a oferecerão perante Javé diante
do altar. 8Um deles tirará dela um punhado de flor de farinha com seu azeite e todo o incenso que está sobre a
oblação, e queimará tudo isso no altar
como perfume agradável, como um
memorial para Javé. 9Aarão e seus filhos comerão o restante da oblação;
comerão sem fermento, em um lugar
sagrado, no átrio da tenda da reunião.
10Não será cozido com fermento; é a
parte que eu lhes dei de minhas ofe-
rendas queimadas. É coisa santíssima,
como o sacrifício pelo pecado e o sacrifício de reparação. 11Poderá comer dele
todo varão dentre os filhos de Aarão; é
uma lei perpétua para vossas gerações,
referente à oferta queimada em honra de Javé. Tudo o que as tocar ficará
consagrado".

Consagração dos sacerdotes. 12Javé
disse a Moisés: 13"Esta será a oblação*
que Aarão e seus filhos oferecerão a Javé
no dia de sua consagração: um décimo
de efá de flor de farinha como oblação
quotidiana, metade de manhã e metade
à tarde. 14Será preparada na frigideira,
com azeite; tu a trarás bem misturada e
oferecerás os pedaços cozidos da oblação como perfume agradável a Javé. 15E
o sacerdote que, entre seus filhos, for
ungido para lhe suceder, fará o mesmo.
É uma lei perpétua; será queimada inteiramente para Javé. 16Toda a oferta do
sacerdote será inteiramente queimada;
dela não se comerá".

Sacrifício pelo pecado. 17Disse ainda Javé a Moisés: 18"Fala a Aarão e a
seus filhos: Esta é a lei do sacrifício
pelo pecado: no lugar onde se imola
o holocausto, será imolada diante de
Javé a vítima do sacrifício pelo pecado; é coisa santíssima. 19O sacerdote
que a oferecer pelo pecado a comerá; ele a comerá num lugar sagrado,
no átrio da tenda da reunião.20Tudo o
que tocar essa carne ficará consagrado; se o sangue dela respingar uma
veste, lavarás em lugar santo o que
foi respingado. 21O vaso de argila em
que foi cozida será quebrado; porém,
se for cozida num vaso de bronze, será
esfregado e lavado com água. 22Poderá
comê-la todo varão dentre os sacerdotes; é coisa santíssima. 23Mas não se
poderá comer* nenhuma vítima do sacrifício pelo pecado, cujo sangue tenha
sido levado para a tenda da reunião,
para se fazer a expiação no santuário;
será queimada no fogo.

7 **Sacrifícios de reparação.** 1Esta é
a lei do sacrifício de reparação; é
coisa santíssima. 2A vítima será imolada onde se imola o holocausto, e seu
sangue será aspergido sobre o altar,
ao redor. 3Dela se oferecerá toda a
gordura: a cauda, a gordura que cobre
as entranhas, 4os dois rins com a gordura que os cobre na região lombar
e a massa gordurosa que se destacará do fígado e dos rins. 5O sacerdote
queimará tudo isso sobre o altar em
oferta queimada a Javé; é um sacrifício de reparação. 6Poderá comê-la
todo varão dentre os sacerdotes. Será
comida num lugar sagrado; é coisa
santíssima. 7A lei será a mesma para o
sacrifício pelo pecado e para o sacrifício de reparação. A vítima pertencerá
ao sacerdote que com ela tiver feito
o rito da expiação. 8Ao sacerdote que
tiver oferecido o holocausto por alguém caberá o couro da vítima. 9Toda
oblação cozida no forno,* ou preparada em panela ou assadeira, pertencerá
ao sacerdote que a ofereceu. 10Mas
toda oblação amassada com azeite, ou
seca, será de todos os filhos de Aarão
indistintamente.*

* **6**,5. 2Mc 1,18-36 | 13. 8-9 | 23. 4,5.16 | **7**,9. 1; 2,4-7 | 10. 5,11-13; Nm 5,15; Ez 44,29

Sacrifícios de comunhão. [11]Esta é a
lei do sacrifício de comunhão† que se
oferecerá a Javé. [12]Quem oferecer em
ação de graças oferecerá com o sacri-
fício de ação de graças bolos ázimos
amassados com azeite, bolachas sem
fermento untadas com azeite e flor de
farinha bem amassada em forma de
tortas untadas com azeite. [13]A esses
bolos acrescentará como oferta pão
fermentado, com seu sacrifício de co-
munhão em ação de graças. [14]De cada
uma dessas coisas apresentará uma
porção a Javé como tributo; ela per-
tencerá ao sacerdote que aspergiu o
sangue do sacrifício de comunhão. [15]A
carne da vítima de ação de graças será
comida no mesmo dia em que for ofe-
recida; não se deixará nada para o dia
seguinte.

[16]Mas se a vítima é oferecida como
promessa ou oferta espontânea, será
comida no mesmo dia em que for ofe-
recida, e o que sobrar poderá ser comi-
do no dia seguinte; [17]porém, o que ain-
da restar da carne do sacrifício no ter-
ceiro dia será queimado no fogo. [18]Se
alguém comer da carne do sacrifício
de comunhão no terceiro dia,* quem a
ofereceu não será aceito, não lhe será
atribuído o sacrifício; é uma abomina-
ção. E quem dela tiver comido, levará
o peso de sua falta. [19]A carne que tiver
tocado alguma coisa impura, não se
comerá; será jogada ao fogo. Quanto
à carne do sacrifício, toda pessoa pura
poderá comê-la. [20]Mas quem estiver
em estado de impureza e comer da
carne de um sacrifício de comunhão*
oferecido a Javé será exterminado do
meio de seu povo. [21]Se alguém tocar
uma imundície qualquer, de homem ou
de animal, ou qualquer coisa imunda, e
comer da carne do sacrifício de comu-
nhão pertencente a Javé será extermi-
nado do meio do seu povo".

**Partes da vítima que não devem ser
comidas.** [22]Javé falou a Moisés: [23]"Dize
aos israelitas: Não comereis gordura de
boi, de ovelha ou de cabra. [24]A gordu-
ra de animal morto naturalmente ou
dilacerado por fera pode servir para
qualquer uso, mas de maneira alguma
a comereis. [25]Porque todo aquele que
comer gordura de animal oferecido a
Javé em sacrifício consumido pelo fogo
será exterminado do meio de seu povo.
[26]Nenhum sangue comereis, nem de
quadrúpedes nem de aves, onde quer
que habitardes. [27]Toda pessoa que co-
mer qualquer sangue será exterminada
do meio de seu povo".

**Direitos dos sacerdotes nos sacrifí-
cios de comunhão.** [28]Javé disse a Moi-
sés: [29]"Dize aos israelitas: Quem ofere-
cer a Javé um sacrifício de comunhão
trará uma parte de seu sacrifício de
comunhão como oferta a Javé. [30]Com
suas próprias mãos apresentará as par-
tes que devem ser queimadas a Javé;
apresentará a gordura juntamente com
o peito,* para fazer com o peito o ges-
to de apresentação diante de Javé. [31]O
sacerdote queimará a gordura sobre o
altar, e o peito será para Aarão e seus
filhos. [32]Como tributo de vossos sacrifí-
cios de comunhão, dareis ao sacerdote
a coxa direita; [33]ela caberá àquele que
dentre os filhos de Aarão tiver ofereci-
do o sangue e a gordura do sacrifício
de comunhão. [34]Porque dos sacrifícios
de comunhão dos israelitas eu tomo o
peito do rito da apresentação e a coxa
do tributo, e os dou ao sacerdote Aa-
rão e a seus filhos, como lei eterna para
os israelitas. [35]Essa é a porção reserva-
da a Aarão e a seus filhos, nas ofertas
queimadas a Javé, no dia em que fo-
ram apresentados para servirem a Javé
como sacerdotes. [36]Foi isso que Javé
mandou dar-lhes no dia em que os
consagrou* entre os israelitas: lei per-
pétua para todas as vossas gerações".

[37]Esta é a lei do holocausto, da obla-
ção, do sacrifício pelo pecado, do sa-
crifício de reparação, da consagração e
do sacrifício de comunhão, [38]que Javé
ordenou a Moisés no monte Sinai, no

* **7**,18. 19,7 | 20. 11-16 | 30. Êx 29,24 | 36. Êx 30,22

† **7**,11. Volta a falar dos sacrifícios de comunhão, ver c. 3, distinguindo três tipos, conforme a finalidade for de ação de graças, de cumprimento de promessa ou de pura devoção.

dia em que mandou aos israelitas que apresentassem suas ofertas a Javé no deserto do Sinai.

8 Rito da consagração dos sacerdotes.

1Javé disse a Moisés:
2"Toma Aarão,* seus filhos, as vestes, o
óleo da unção, o novilho para o sacri-
fício pelo pecado, os dois carneiros, o
cesto de pães ázimos, 3e convoca toda
a comunidade à entrada da tenda da
reunião". 4Moisés fez como Javé lhe
havia ordenado, e a comunidade se
reuniu à entrada da tenda da reunião.
5Disse Moisés à comunidade: "Isto é o
que Javé mandou fazer". 6Moisés man-
dou que se aproximasse Aarão com
seus filhos e os lavou com água. 7Co-
locou em Aarão a túnica, cingiu-o com
o cinto; revestiu-o com o manto, sobre
o qual adaptou o efod; cingiu-o com a
faixa tecida do efod, atando-o. 8Depois
colocou-lhe o peitoral,* no qual pôs os
Urim e os Tumim. 9Pôs-lhe na cabeça
o turbante, diante do qual colocou a
lâmina de ouro, o diadema sagrado,
como Javé tinha ordenado* a Moisés.
10Em seguida Moisés tomou o óleo da
unção e ungiu o tabernáculo e todas
as coisas que nele havia, consagrando-
-as. 11Com o óleo aspergiu sete vezes
o altar e ungiu o altar e todos os seus
utensílios, a bacia e seu pedestal, para
os consagrar. 12Derramou um pouco
do óleo da unção sobre a cabeça de
Aarão e o ungiu, para o consagrar. 13A
seguir, Moisés ordenou que se aproxi-
massem os filhos de Aarão, revestiu-os
com as túnicas, cingiu-os com os cintos
e atou-lhes os barretes, como Javé ha-
via ordenado a Moisés.

14Então mandou trazer o novilho
para o sacrifício pelo pecado, e Aarão e
seus filhos impuseram as mãos sobre a
cabeça do novilho. 15Moisés o imolou,
tomou de seu sangue, aplicou-o com
o dedo aos chifres do altar, em todo
o redor, para purificá-lo; derramou o
sangue aos pés do altar e o consagrou,
para fazer expiação por ele. 16Depois
tomou toda a gordura que envolve as
entranhas, a massa de gordura que sai
do fígado e os dois rins com sua gor-
dura e os queimou sobre o altar. 17Mas
o novilho com seu couro, sua carne e
seus excrementos queimou-os fora do
acampamento, como Javé havia orde-
nado a Moisés. 18Mandou vir também
o carneiro do holocausto, e Aarão e
seus filhos impuseram as mãos sobre a
cabeça do carneiro. 19Moisés o imolou
e aspergiu o sangue sobre o altar, ao
redor. 20Partiu o carneiro em pedaços e
queimou-lhe a cabeça, os pedaços e a
gordura. 21Depois de lavar com água os
intestinos e as patas, Moisés queimou
todo o carneiro no altar, como holo-
causto de aroma agradável, oferenda
queimada em honra de Javé, como ele
havia ordenado a Moisés.

22A seguir mandou trazer o segun-
do carneiro, o carneiro da investidura.
Aarão e seus filhos impuseram as mãos
sobre a cabeça do carneiro; 23Moisés
o imolou, tomou do sangue e o apli-
cou sobre o lóbulo da orelha direita de
Aarão, sobre os polegares de sua mão
direita e de seu pé direito. 24Mandou
que se aproximassem os filhos de Aa-
rão, aplicou sangue sobre os lóbulos
de suas orelhas direitas e sobre os po-
legares de suas mãos direitas e de seus
pés direitos, e Moisés aspergiu o resto
do sangue ao redor do altar. 25Depois
tomou as partes gordas, isto é, a cau-
da e toda a gordura que envolve as
entranhas, a massa gordurosa que sai
do fígado, os dois rins com sua gordu-
ra e a coxa direita. 26Tirou do cesto de
pães ázimos, que estava na presença
de Javé, um bolo ázimo, uma torta de
pão azeitado e uma bolacha e os colo-
cou sobre as gorduras e a coxa direi-
ta. 27Pôs tudo nas mãos de Aarão e de
seus filhos* e ordenou que fizessem o
gesto de apresentação diante de Javé.
28Depois Moisés tomou-os das mãos
deles e queimou-os no altar, em cima
do holocausto; foi o sacrifício da inves-
tidura, de aroma agradável, oferenda
queimada a Javé. 29Moisés tomou tam-
bém o peito do carneiro e fez o gesto

* **8**,2. Êx 28,1-29, 35; 39,1-32; 40,12-15 | 8. Êx 28,6; Dt 33,8 | 9. Ez 21,31; Êx 30,22 | 27. Êx 28,41

de apresentação diante de Javé; era a
porção que lhe cabia do carneiro da
investidura, como Javé havia ordenado
a Moisés. 30Depois Moisés tomou do
óleo da unção e do sangue que estava
sobre o altar e aspergiu com ele Aarão
e suas vestes, e igualmente seus filhos
e suas vestes, e assim consagrou Aa-
rão e suas vestes, como também seus
filhos e suas vestes com ele.
31Depois Moisés disse a Aarão e a
seus filhos: "Cozinhai a carne à entrada
da tenda da reunião e comei-a ali com
o pão que está no cesto do sacrifício
da investidura, conforme ordenei, di-
zendo: 'Aarão e seus filhos a comerão'.
32O que sobrar da carne e dos pães o
queimareis ao fogo. 33Não vos afasteis
da entrada da tenda da reunião duran-
te sete dias, até que se completem os
dias de vossa investidura, pois são ne-
cessários sete dias para vossa investi-
dura. 34Como se fez hoje, Javé ordenou
que assim se repita, para oferecer por
vós o rito de expiação. 35Ficareis, pois, à
entrada da tenda da reunião dia e noite
durante sete dias, guardando a norma
de Javé, para que não morrais, pois as-
sim me foi ordenado". 36Aarão e seus
filhos fizeram tudo o que Javé havia or-
denado por meio de Moisés.

9 **Investidura de Aarão e de seus
filhos.** 1No oitavo dia, Moisés
chamou Aarão, seus filhos e os anciãos
de Israel, 2e disse a Aarão: "Toma um
novilho para o sacrifício pelo pecado,
e um carneiro para o holocausto, am-
bos sem defeito, e oferece-os a Javé.
3E dirás aos israelitas: Tomai um bode
para o sacrifício pelo pecado, um no-
vilho e um cordeiro, ambos de um
ano e sem defeito, para o holocausto;
4um boi e um carneiro para o sacrifí-
cio de comunhão, para serem imolados
diante de Javé, e uma oblação amas-
sada com azeite, porque hoje Javé vos
aparecerá". 5Eles trouxeram à entrada
da tenda da reunião tudo o que Moi-
sés havia ordenado, e toda a comuni-
dade se aproximou e ficou de pé diante
de Javé. 6Então disse Moisés: "É isto
que Javé ordenou que fizésseis, para
que a glória de Javé se manifeste a vós".
7Moisés disse a Aarão: "Aproxima-te do
altar e oferece teu sacrifício pelo peca-
do e teu holocausto; faze expiação por
ti e por tua família; apresenta a oferta
do povo e faze expiação por ele,* como
Javé ordenou". 8Aarão aproximou-se
do altar e imolou o novilho do sacrifí-
cio por seu próprio pecado. 9Os filhos
de Aarão apresentaram-lhe o sangue;*
molhou nele o dedo, aplicou-o aos chi-
fres do altar e derramou o restante do
sangue aos pés do altar. 10Queimou so-
bre o altar a gordura, os rins e a massa
de gordura que sai do fígado extraídos
da oferta pelo pecado, como Deus ti-
nha ordenado a Moisés; 11a carne e
o couro, porém, queimou-os fora do
acampamento.
12Imolou também o holocausto;
seus filhos apresentaram-lhe o san-
gue, que ele derramou sobre o altar,
ao redor.13Depois trouxeram-lhe a ví-
tima dividida em pedaços, junto com a
cabeça, e ele os queimou sobre o altar.
14Lavou os intestinos e as patas e os
queimou sobre o holocausto, no altar.
15Em seguida apresentou a oferenda
do povo: tomou o bode do sacrifí-
cio pelo pecado do povo, imolou-o e
ofereceu-o em sacrifício pelo pecado,
como o primeiro. 16Depois apresentou
o holocausto e o ofereceu conforme
o ritual. 17Apresentou a oblação, tirou
dela um punhado que queimou sobre
o altar, além do holocausto da manhã.
18Enfim imolou o boi e o carneiro em
sacrifício de comunhão do povo; os fi-
lhos de Aarão lhe apresentaram o san-
gue, que ele derramou sobre o altar,
ao redor. 19As gorduras do boi e do
carneiro, a cauda, a gordura que en-
volve as entranhas, os rins e a massa
de gordura que sai do fígado, 20eles
os colocaram sobre os peitos, e ele os
queimou sobre o altar. 21Com os pei-
tos e a coxa direita Aarão fez o gesto
de apresentação diante de Javé, con-
forme as ordens de Moisés.

* **9**,7. Êx 24,16 | 9. Hb 5,1-4; 7,27; 9,17s

22Aarão ergueu suas mãos sobre o
povo e o abençoou; tendo terminado o
sacrifício pelo pecado, o holocausto e o
sacrifício de comunhão, desceu. 23Moi-
sés e Aarão entraram na tenda da reu-
nião e, quando saíram, abençoaram o
povo. A glória de Javé apareceu a todo
o povo. 24Saiu fogo da frente de Deus
e consumiu o holocausto e as gorduras
que estavam sobre o altar. À vista dis-
so, todo o povo gritou de alegria e se
prostrou com o rosto em terra.

10 **Castigo da usurpação de Na-
dab e Abiú.** 1Nadab e Abiú, fi-
lhos de Aarão,* tomaram cada qual seu
turíbulo, puseram nele fogo e incenso
e ofereceram a Javé um fogo irregu-
lar, que ele não tinha ordenado†. 2Saiu
fogo da presença de Javé,* que os de-
vorou, e morreram diante de Javé. 3En-
tão Moisés disse a Aarão: "É isso que
Javé tinha anunciado ao dizer:
'Mostrar-me-ei santo naqueles que
se aproximam de mim,
e serei glorificado diante de todo o
povo'".
Aarão ficou calado. 4Moisés chamou
Misael e Elisafã, filhos de Oziel, tio de
Aarão, e disse-lhes: "Aproximai-vos,
levai vossos irmãos de diante do san-
tuário para fora do acampamento".
5Eles se aproximaram e os levaram em
suas vestes para fora do acampamento,
como Moisés tinha dito. 6Então Moisés
disse a Aarão e a seus filhos Eleazar e
Itamar: "Não desgrenheis os cabelos
de vossas cabeças, nem rasgueis vos-
sas vestes, para que não morrais e para
que não se irrite Javé contra toda a co-
munidade; mas vossos irmãos, toda a
casa de Israel, chorem sobre as vítimas
do fogo de Javé. 7Não vos afasteis da
entrada da tenda da reunião, para que
não morrais, porque está sobre vós o
óleo da unção de Javé". Eles fizeram
como Moisés havia mandado.
Deveres dos sacerdotes. 8Javé disse
a Aarão:* 9"Quando vierdes à tenda da
reunião tu e teus filhos, não bebereis
vinho nem bebida inebriante, para que
não morrais; é uma lei perpétua para
vossas gerações, 10a fim de que saibais
distinguir o sagrado do profano, o puro
do impuro, 11e ensinar aos israelitas to-
dos os preceitos que Javé lhes deu por
meio de Moisés".
12Moisés disse a Aarão e a seus fi-
lhos sobreviventes, Eleazar e Itamar:
"Tomai a oblação que resta das oferen-
das queimadas a Javé e comei-a sem
fermento junto ao altar, pois é coisa
santíssima. 13Vós a comereis* no lugar
sagrado: é a parte que cabe a ti e a teus
filhos nas oferendas queimadas a Javé,
pois assim me foi ordenado. 14Também
o peito que foi ofertado* e a coxa do
tributo comereis em lugar puro tu, teus
filhos e tuas filhas contigo, pois são a
parte que cabe a ti e a teus filhos dos
sacrifícios de comunhão dos israelitas.
15Além da gordura a ser queimada, se-
rão trazidos a coxa do tributo e o peito
ofertado, para que sejam oferecidos
diante de Javé; isto pertencerá a ti e a
teus filhos contigo por estatuto perpé-
tuo, conforme ordenou Javé".
16Moisés procurou diligentemente*
o bode do sacrifício pelo pecado e
soube que havia sido queimado. Então
irritou-se contra Eleazar e Itamar, os
filhos sobreviventes de Aarão, dizen-
do: 17"Por que não comestes no lugar
sagrado a oferta pelo pecado, posto
que é coisa santíssima? Ela vos foi dada
para removerdes a culpa da comunida-
de, fazendo sobre ela o rito de expia-
ção diante de Javé. 18Seu sangue não
foi levado para o interior do santuário;
devíeis, pois, ter comido a oferta no lu-
gar sagrado, conforme ordenei". 19En-
tão Aarão disse a Moisés: "Eles ofere-
ceram hoje seu sacrifício pelo pecado
e seu holocausto diante de Javé, e tais
coisas me aconteceram; se eu tivesse
comido hoje a vítima pelo pecado, teria
agradado a Javé?" 20Moisés ouviu isto e
deu-se por satisfeito.

* **10**,1. Nm 16,1-17,5 | 2. Nm 16,35; 2Rs 1,10s | 8. Ez 44,21 | 13. 6,9s | 14. 7,34 | 16. 9,15

† **10**,1. O fogo não foi retirado do altar como era prescrito. A punição divina adverte que as normas devem ser observadas rigorosamente.

II. LEIS SOBRE A PUREZA (11–16)

11 **Animais puros e impuros.**
[1]Javé disse a Moisés e a Aa-
rão:* [2]"Dizei aos israelitas: São estes
os animais† que podeis comer dentre
todos os que existem na terra. [3]Podeis
comer todo animal que tem o casco
fendido, partido em duas unhas, e que
rumina. [4]Mas, entre os que ruminam,
ou têm o casco fendido, não comereis:
o camelo, que rumina, mas não tem o
casco fendido, será impuro para vós;
[5]o coelho, que rumina, mas não tem
o casco fendido, será impuro para vós;
[6]a lebre, que rumina, mas não tem o
casco fendido, será impura para vós; [7]o
porco, que tem o casco fendido, par-
tido em duas unhas, mas não rumina,
será impuro para vós. [8]Não comereis
suas carnes nem tocareis seus cadáve-
res; vós os tereis como impuros.

[9]Dos animais aquáticos, são estes os
que podeis comer: todos os que têm
barbatanas e escamas e vivem nas
águas, nos mares ou nos rios. [10]Serão
para vós abominação todos os que não
têm barbatanas nem escamas nos ma-
res ou nos rios, todos os que se movem
na água e todos os que vivem na água;
[11]serão para vós abominação, não co-
mereis suas carnes e abominareis seus
cadáveres. [12]Tudo o que nas águas
não tem barbatanas nem escamas será
abominação para vós.

[13]Entre as aves serão para vós abo-
mináveis as seguintes, que não deve-
reis comer, porque são abomináveis:
a águia, a ossifraga, o abutre; [14]o mi-
lhafre e as diversas espécies de falcões;
[15]toda espécie de corvos; [16]o avestruz,
a coruja, a gaivota e toda espécie de
gaviões; [17]o mocho, o alcatraz e o íbis;
[18]o cisne, o pelicano e o abutre egípcio;
[19]a cegonha, as diversas espécies de
garça, a poupa e o morcego.

[20]Todo inseto alado que anda sobre
quatro patas será abominação para
vós. [21]Mas entre todos os insetos que
andam sobre quatro patas podeis co-
mer os que, além das patas, têm pernas
com que saltam sobre a terra. [22]Deles
podeis comer os seguintes: a locusta, o
gafanhoto, o acrídio e o grilo, em suas
várias espécies. [23]Todo outro inseto
alado de quatro patas será abomina-
ção para vós.

[24]Esses animais vos tornarão impu-
ros; todo aquele que tocar seu cadá-
ver ficará impuro até a tarde, [25]e todo
aquele que transportar seu cadáver
terá de lavar suas vestes e ficará impu-
ro até a tarde. [26]Todo animal que tem
casco, mas não fendido, e que não ru-
mina, será impuro para vós; todo aque-
le que os tocar ficará impuro. [27]Entre
os quadrúpedes, todo animal que anda
sobre as plantas dos pés será impuro
para vós; todo aquele que tocar seu
cadáver ficará impuro até a tarde; [28]e
quem transportar seu cadáver deverá
lavar suas vestes e ficará impuro até
a tarde. Esses animais serão impuros
para vós.

[29]Entre os animais que rastejam pela
terra tereis por impuros os seguintes: a
toupeira, o rato e as diversas espécies
de lagarto; [30]o geco, o crocodilo da ter-
ra, a lagartixa, o lagarto da areia e o ca-
maleão. [31]Esses, entre todos os répteis,
são impuros para vós; quem os tocar,
quando mortos, ficará impuro até a tar-
de. [32]Todo o objeto sobre o qual cair o
cadáver de algum deles ficará impuro:
utensílio de madeira, pano, couro ou
saco, ou qualquer objeto com que se
faz alguma coisa; deverá ser mergulha-
do em água e será considerado impuro
até a tarde; depois ficará puro. [33]Se cair
algum deles num vaso de argila, todo
o seu conteúdo se tornará impuro, e
quebrareis o vaso. [34]Todo alimento co-
mestível sobre o qual cair a água desse
vaso será impuro; e todo líquido po-
tável que estiver em qualquer desses
utensílios será impuro. [35]Aquilo sobre

* **11**,1. 20,25s; Dt 14,3-21; Gn 7,2

† **11**,2. Os critérios usados para esses tabus alimentares parecem ser a higiene, a aversão natural, e o uso de alguns animais nos cultos pagãos, como é o caso do porco. A classificação dos animais não é científica, mas popular. Jesus ensinará a pureza interior, declarando puros todos os alimentos, Mc 7,19.

o que cair algum desses cadáveres será
impuro; se for um forno ou um fogão,
serão destruídos; são impuros e como
impuros devereis considerá-los. [36]Mas
as fontes, cisternas e depósitos de água
permanecerão puros; mas quem tocar
seus cadáveres ficará impuro. [37]Se cair
algum de seus cadáveres sobre uma
semente que vai ser semeada, perma-
necerá pura; [38]mas se a semente estiver
molhada com água e lhe cair em cima
algum desses cadáveres, vós a tereis
por impura. [39]Se morrer um animal
do qual vos é lícito comer, quem tocar
seu cadáver ficará impuro até a tarde;
[40]quem comer de suas carnes terá de
lavar suas vestes e ficará impuro até a
tarde; quem transportar seu cadáver
deverá lavar suas vestes e ficará impu-
ro até a tarde.

[41]Todo réptil que rasteja sobre a terra
é coisa abominável; não se deve comê-
-lo. [42]Tudo o que se arrasta sobre o
ventre, tudo o que anda sobre quatro
ou mais patas, enfim, tudo o que raste-
ja pela terra não o comereis, porque é
abominação. [43]Não vos torneis abomi-
náveis com algum desses animais que
rastejam, nem vos contamineis com
eles, pois ficaríeis também impuros.
[44]Pois sou eu, Javé, o vosso Deus;* de-
veis santificar-vos para serdes santos,
porque eu sou santo; não deveis con-
taminar-vos com nenhum réptil que
rasteja pela terra. [45]Sim, eu sou Javé,
que vos tirei da terra do Egito,* para
ser vosso Deus. Sede santos, porque eu
sou santo.

[46]Esta é a lei referente aos quadrúpe-
des, às aves, a todo o ser vivente que se
move na água ou rasteja sobre a terra;
[47]para se fazer a distinção entre o puro
e o impuro, entre os animais que se
podem comer e os que não se podem
comer".

12 **Lei sobre a mulher que deu
à luz.** [1]Javé disse a Moisés†:
[2]"Fala aos israelitas: Se uma mulher
conceber e der à luz um menino, fica-
rá impura durante sete dias, como nos
dias de sua menstruação. [3]No oitavo
dia,* o menino será circuncidado, [4]e
ela ficará ainda trinta e três dias puri-
ficando-se de seu sangue; não tocará
nenhum objeto sagrado e não irá ao
santuário, até se completarem os dias
de sua purificação. [5]Se der à luz uma
menina, ficará impura durante duas
semanas, como no período da mens-
truação, e ficará mais sessenta e seis
dias purificando-se de seu sangue.
[6]Completados os dias de sua purifica-
ção,* seja por um filho, seja por uma
filha, levará ao sacerdote, à entrada da
tenda da reunião, um cordeiro de um
ano, para holocausto, e um pombinho
ou uma rola, em sacrifício pelo pecado.
[7]O sacerdote os oferecerá a Javé e fará
a expiação por ela, e então ficará puri-
ficada de seu fluxo de sangue. Esta é a
lei sobre a mulher que dá à luz um me-
nino ou uma menina. [8]Mas se ela não
tiver meios suficientes para oferecer
um cordeiro, tome duas rolas ou dois
pombinhos,* um para o holocausto e
outro para o sacrifício pelo pecado. O
sacerdote fará a expiação por ela, e as-
sim ficará purificada".

13 **Lei sobre a lepra.** [1]Javé disse
a Moisés e a Aarão:* [2]"Quando
alguém tiver na pele um tumor, dartro
ou mancha, que se torna em sua pele
um sintoma de chaga de lepra†, será
levado ao sacerdote Aarão, ou a algum
dos sacerdotes, seus filhos. [3]O sacerdo-
te examinará a chaga na pele e, se o
cabelo naquele lugar se tornou branco
e a chaga se apresentar mais funda que
o resto da pele, a chaga é de lepra. Ao

---

* **11**,44. 17,1 | 45. 22,33; 19,2; 17,1 | **12**,3. 15,19; Gn 17,10; Lc 1,59; 2,21 | 6. Lc 2,22-38 | 8. 5,7-13

† **12**,1. Os cc. 12 e 15 falam de certas situações ligadas ao sexo e à transmissão da vida, que determinavam um estado de impureza, afastando a pessoa dos atos de culto, por falta de uma perfeita integridade física. Essa impureza não era considerada como culpa moral, mas como uma situação existencial do momento, incompatível com a santidade de Deus. | **13**,2. Os cc. 13 e 14 incluem sob o nome de lepra uma série de doenças da pele, e até mesmo o mofo das vestes, do couro e das paredes. O sacerdote era o árbitro que prescrevia a exclusão da comunidade e readmitia a ela.

constatar isso, o sacerdote o declarará impuro. [4]Se, porém, a mancha sobre a pele for branca, mas não aparecer mais funda que a pele, e o cabelo não se tornou branco, o sacerdote isolará o enfermo durante sete dias. [5]No sétimo dia o sacerdote o examinará e, se constatar que a chaga permaneceu estacionária, sem se alastrar sobre a pele, ele o isolará durante mais sete dias [6]e o examinará novamente no sétimo dia. Se constatar que a chaga se atenuou e não se alastrou pela pele, o sacerdote o declarará puro, pois trata-se de dartro; ele lavará suas vestes e ficará puro. [7]Mas se o dartro se alastrou na pele, mesmo depois que o sacerdote o tiver examinado e declarado puro, ele se apresentará novamente ao sacerdote, o qual, tendo examinado o dartro [8]e vendo-o estendido sobre a pele, o declarará impuro. É lepra.

[9]Quando alguém tiver uma doença do gênero da lepra, será levado ao sacerdote [10]que o examinará. Se constatar sobre a pele um tumor branco, onde os cabelos se tornaram brancos e aparecer carne viva no tumor, [11]é lepra inveterada na pele. O sacerdote o declarará impuro, mas sem isolá-lo, porque é impuro. [12]Mas se a lepra se alastrar sobre a pele e cobrir toda a pele do enfermo, da cabeça aos pés, até onde o sacerdote puder ver, [13]este examinará o enfermo e, verificando que a lepra cobriu toda a pessoa, declarará puro o enfermo; sendo que ficou todo branco, está puro.[14]Mas se aparecer nele carne viva, ficará impuro; [15]e o sacerdote, vendo a carne viva, o declarará impuro, pois a carne viva é impura, é lepra. [16]Mas se a carne viva mudar novamente e voltar a ser branca, apresente-se ao sacerdote, [17]o qual o examinará e, constatando que a chaga voltou a ser branca, declarará puro o enfermo; ele é puro.

[18]Se alguém teve na pele uma úlcera que sarou, [19]mas no lugar da úlcera aparecer um tumor branco, ou uma mancha branco-avermelhada, apresente-se ao sacerdote, [20]o qual o examinará. Se constatar que a mancha se mostra mais funda que a pele e seu cabelo embranqueceu, ele o declarará impuro; é chaga de lepra que se formou na úlcera. [21]Se, porém, o sacerdote examina a chaga e vê que não há nela cabelo branco nem depressão na pele, mas vê que está descorada, o sacerdote isole-o durante sete dias. [22]Se a mancha se alastrar pela pele, declare-o impuro; trata-se de lepra. [23]Mas se a mancha permanecer estacionária, sem se alastrar, é a cicatriz da úlcera; o sacerdote o declarará puro.

[24]Se alguém tiver sofrido queimadura na pele e, ao cicatrizar-se a queimadura, se formar uma mancha branco-avermelhada ou somente branca, [25]o sacerdote examine-a. Se constatar que o cabelo se tornou branco e que apareceu depressão na pele, trata-se de lepra que se formou na queimadura. O sacerdote o declarará impuro; é uma chaga de lepra. [26]Mas se, ao examiná-la, o sacerdote não encontra cabelo branco nem depressão na pele, mas verifica que está descorada, isole-o durante sete dias. [27]No sétimo dia examine-o e, se a mancha se tiver propagado pela pele, ele o declarará impuro; é um caso de lepra. [28]Se, porém, a mancha permaneceu localizada, sem se alastrar, e se tornou descorada, é crosta de queimadura. O sacerdote o declarará puro, pois trata-se de cicatriz de queimadura.

[29]Quando um homem ou uma mulher tiverem uma chaga na cabeça ou no queixo, [30]o sacerdote examinará a chaga e, se constatar que está mais funda que a pele e o cabelo nela é amarelado e ralo, o sacerdote o declarará impuro; é micose, isto é, lepra da cabeça ou do queixo. [31]Mas se, ao examinar a chaga da micose, o sacerdote comprova que não está mais funda que o restante da pele, nem se encontram nela cabelos pretos, isolará o paciente durante sete dias. [32]No sétimo, o sacerdote a examinará e, se

---

* **13**,1. Dt 24,8s; Nm 12,10-15

verificar que a micose não se alastrou, e que não se formaram nela cabelos amarelados, nem está mais funda que a pele, 33o enfermo cortará a barba, exceto na parte afetada pela micose, e o sacerdote o isolará durante outros sete dias. 34No sétimo dia o sacerdote examinará a micose e, se comprovar que não se alastrou sobre a pele e não se apresenta mais funda que a pele, ele o declarará puro. Ele lavará suas vestes e ficará puro. 35Se, porém, depois de ter sido declarado puro, a micose se alastrar pela pele, 36o sacerdote o examinará e, se vir que a micose se alastrou pela pele, o sacerdote não precisará observar se o cabelo amarelou; é impuro. 37Mas se a micose permaneceu estacionária e nela cresceu cabelo preto, então a micose está curada; é puro, o sacerdote o declarará puro.

38Se aparecerem manchas na pele de um homem ou de uma mulher, e essas manchas forem brancas, 39o sacerdote as examinará. Se essas manchas na pele de seu corpo forem descoradas, trata-se de exantema que apareceu na pele; a pessoa é pura.

40Quando um homem perde os cabelos da cabeça, é calvo, é puro.41Se lhe caírem os cabelos da parte da frente, é calvície dianteira; é puro. 42Mas se na calvície posterior ou dianteira houver uma chaga branco-avermelhada, é lepra que se formou em seu crânio ou em sua fronte. 43O sacerdote o examinará e, se verificar que a crosta da chaga é branco-avermelhada na zona calva, com aspecto semelhante ao da lepra da pele do corpo, 44o homem é leproso, é impuro, e o sacerdote o declarará impuro. Está com lepra na cabeça.

45O enfermo atacado de lepra andará com roupas rasgadas e com os cabelos desgrenhados; cobrirá a barba e gritará: "Impuro! Impuro!" 46Será impuro enquanto durar seu mal e, sendo impuro, habitará sozinho e fora do acampamento.

Lepra das vestes. 47Quando aparecer mancha de lepra numa veste, seja ela de lã ou de linho, 48num tecido ou pano de linho ou de lã, numa pele, ou em qualquer objeto de couro, 49se a mancha na veste, ou no couro, ou no tecido, ou no pano, ou em qualquer objeto de couro é esverdeada ou avermelhada, trata-se de lepra e deve ser mostrada ao sacerdote. 50O sacerdote examinará a mancha e isolará o objeto durante sete dias. 51No sétimo dia examinará a mancha; se ela se estendeu pela veste, pelo tecido, pelo pano, pelo couro ou pelo objeto feito de couro, a mancha é lepra contagiosa; o objeto é impuro. 52Deve-se queimar a veste, o tecido, o pano, seja de lã ou de linho, ou o objeto de couro onde se encontre a mancha, porque é lepra contagiosa; deve ser entregue às chamas.

53Mas se, ao examiná-la, o sacerdote constatar que a mancha não se alastrou na veste, nem no tecido, nem no pano, nem no objeto de couro, 54ordenará que se lave o objeto atingido e o isolará de novo durante sete dias. 55Depois de lavado, o sacerdote examinará a mancha; se verificar que não mudou de aspecto nem se dilatou, é impuro. Seja entregue às chamas, porque está corroído no avesso e no direito. 56Mas se o sacerdote, ao examiná-la, constatar que a parte infectada ficou descorada depois de lavada, ele a arrancará da veste, do couro, do tecido ou do pano. 57Mas se a mancha reaparecer na veste, no tecido, no pano, ou em qualquer outro objeto de couro, é um mal que se difunde; o objeto infectado será queimado. 58Mas a veste, o tecido, o pano ou qualquer objeto de couro, do qual tiver desaparecido a mancha com a lavagem, lavar-se-á de novo e ficará puro. 59Esta é a lei sobre a mancha de lepra da veste de lã ou de linho, do tecido ou do pano, e de todo objeto de couro, para declará-lo puro ou impuro".

14 **Purificação do leproso.** 1Javé disse a Moisés:* 2"Esta será a lei para o leproso no dia de sua purificação. Será levado ao sacerdote,

* **14**,1. Mt 8,4; Lc 17,14

[3]o qual sairá a seu encontro fora do
acampamento e o examinará. Se a cha-
ga da lepra do leproso estiver curada,
[4]ordenará que se tomem, para quem
deve ser purificado, duas aves vivas e
puras, madeira de cedro, lã escarlate
e hissopo. [5]O sacerdote ordenará que
uma das aves seja imolada sobre um
vaso de argila contendo água da fon-
te. [6]Tomando a ave viva, juntamente
com a madeira de cedro, a lã escarlate
e o hissopo, ele os molhará com a ave
viva no sangue da ave imolada sobre
a água da fonte [7]e aspergirá sete ve-
zes quem deve ser purificado da lepra.
Então o declarará purificado* e soltará
a ave viva no campo aberto. [8]O purifi-
cado lavará suas vestes, rapará todo o
seu cabelo, se lavará com água e ficará
puro, podendo reingressar no acampa-
mento, mas ficará sete dias fora de sua
tenda. [9]No sétimo dia, rapará de novo
os cabelos da cabeça, da barba, das
sobrancelhas, todos os cabelos; lavará
suas vestes, lavará seu corpo na água e
será puro. [10]No oitavo dia tomará dois
cordeiros sem defeito e uma ovelha
de um ano, sem defeito, e três déci-
mos de flor de farinha amassada com
azeite, como oblação, e um quartilho†
de azeite. [11]O sacerdote que faz a pu-
rificação apresentará a Javé quem deve
ser purificado, juntamente com essas
coisas, à entrada da tenda da reunião.
[12]Em seguida tomará um dos cordeiros
para oferecê-lo em sacrifício de repa-
ração, junto com o quartilho de azeite,
e fará com eles o gesto de apresenta-
ção diante de Javé. [13]Imolará o cordei-
ro no lugar onde se costuma imolar
a vítima pelo pecado e o holocausto,
no lugar sagrado; porque, como o
sacrifício pelo pecado, o sacrifício de
reparação pertence ao sacerdote; é
coisa santíssima. [14]Então o sacerdote
tomará do sangue do sacrifício de re-
paração e o aplicará sobre o lóbulo da
orelha direita de quem se purifica,
sobre o polegar de sua mão direita
e sobre o polegar de seu pé direito.
[15]Depois, o sacerdote derramará azei-
te do quartilho na palma de sua mão
esquerda, [16]molhará o dedo direito no
azeite que está em sua mão esquerda
e com ele fará sete aspersões de azei-
te diante de Javé. [17]Do restante do
azeite que ficar em sua mão, o sacer-
dote aplicará uma parte sobre o lóbulo
da orelha direita de quem se purifica,
sobre o polegar de sua mão direita
e sobre o polegar de seu pé direito,
por cima do sangue do sacrifício de re-
paração. [18]O azeite que restar em sua
mão, o sacerdote o derramará sobre a
cabeça daquele que se purifica; assim o
sacerdote fará por ele a expiação dian-
te de Javé.

[19]A seguir, o sacerdote oferecerá o
sacrifício pelo pecado e fará a expia-
ção por aquele que tem de purificar-se
de sua impureza; finalmente, imolará o
holocausto. [20]Oferecerá no altar o ho-
locausto e a oblação; fará a expiação
por ele, e será puro. [21]Mas se é pobre*
e suas posses não lhe permitirem fazer
tanto, tome um só cordeiro, o do sacri-
fício de reparação, para fazer o gesto
de apresentação e realizar pelo enfer-
mo o rito de expiação. Tome um déci-
mo de flor de farinha amassada com
azeite para a oblação, um quartilho de
azeite [22]e duas rolas ou dois pombi-
nhos, segundo suas possibilidades, um
dos quais será para o sacrifício pelo pe-
cado e o outro para o holocausto. [23]No
oitavo dia, ele os trará ao sacerdote
para sua purificação, à entrada da ten-
da de reunião, diante de Javé. [24]O sa-
cerdote tomará o cordeiro do sacrifício
de reparação e o quartilho de azeite e
fará com eles o gesto de apresentação
diante de Javé. [25]Imolará o cordeiro do
sacrifício de reparação, tomará de seu
sangue e o aplicará sobre o lóbulo da
orelha direita daquele que se purifica,
sobre o polegar de sua mão direita
e sobre o polegar de seu pé direito.
[26]O sacerdote derramará do azeite na
palma de sua mão esquerda, [27]e com
o dedo da mão direita fará aspersões

* **14**,7. Nm 19,6.18; Sl 51,9 | 21. 5,7-13; 12,8

† **14**,10. Três décimos de um efá equivalem a uns 13 litros. Um quartilho equivale a 0,60l.

sete vezes, diante de Javé, com o azei-
te que está em sua mão esquerda. 28A
seguir, o sacerdote aplicará parte do
azeite que está em sua mão sobre o
lóbulo da orelha direita, sobre o pole-
gar da mão direita e sobre o polegar
do pé direito de quem se purifica, por
cima do sangue do sacrifício da repa-
ração. 29O resto do óleo que tiver na
mão, o sacerdote o derramará sobre a
cabeça de quem se purifica, para ofe-
recer a expiação por ele diante de Javé.
30Depois, quem se purifica oferecerá
uma das rolas ou um dos pombinhos,
segundo suas posses, 31um em sacrifí-
cio pelo pecado e o outro para o holo-
causto, unido à oblação. Assim o sacer-
dote fará a expiação diante de Javé por
aquele que deve ser purificado. 32Tal é
a lei para o doente de lepra que não
tem meios de conseguir o necessário
para sua purificação".
Lepra das casas. 33Javé disse a Moisés
e a Aarão: 34"Quando tiverdes entrado
na terra de Canaã que vos darei em
propriedade, se eu ferir de lepra algu-
ma casa da terra que possuireis, 35o
dono dessa casa avisará o sacerdote,
dizendo-lhe: Uma espécie de praga
apareceu em minha casa. 36O sacerdote
ordenará que desocupem a casa, antes
de ir examinar a enfermidade, a fim de
que não se contamine o que está den-
tro da casa. Depois disso, o sacerdote
entrará para examinar a casa. 37Exami-
nará a mancha e, se constatar nas pa-
redes da casa manchas esverdeadas ou
avermelhadas parecendo mais fundas
que a parede, 38o sacerdote sairá da
casa até a soleira da porta e a fechará
durante sete dias. 39No sétimo dia vol-
tará e a examinará; se constatar que a
praga se estendeu nas paredes da casa,
40mandará arrancar as pedras atingidas
pela enfermidade e atirá-las fora da ci-
dade, em lugar impuro. 41Mandará ras-
par todo o interior da casa, e lançarão
o pó da raspagem fora da cidade, em
lugar impuro. 42Depois tomarão outras
pedras e as colocarão no lugar das pri-
meiras, e com nova argamassa será re-
bocada a casa. 43Mas, se a mancha rea-
parecer e se difundir na casa depois de
tiradas as pedras, e depois que a casa
foi raspada e rebocada de novo, 44o sa-
cerdote irá examiná-la; se verificar que
a enfermidade se alastrou pela casa, é
lepra corrosiva naquela casa; é impura.
45Então mandará demolir a casa e le-
var para fora da cidade, para um lugar
impuro, as pedras, a madeira e todo o
reboco. 46Quem tiver entrado na casa
durante todo o tempo que ela perma-
neceu fechada ficará impuro até a tar-
de. 47Quem tiver dormido nela lavará
suas vestes; e quem tiver comido nela
lavará suas vestes. 48Mas se o sacerdo-
te, quando vier examinar o mal, verifica
que ele não se alastrou na casa, depois
que foi rebocada, declare-a pura, por-
que o mal está curado.
49Para purificar a casa, tome duas
aves, madeira de cedro, lã escarlate e
hissopo. 50Imolará uma das aves sobre
um vaso de argila contendo água da
fonte. 51Tomará a madeira de cedro, o
hissopo, a lã escarlate e a ave viva e os
mergulhará no sangue da ave imolada
e na água da fonte. Fará sete aspersões
sobre a casa. 52Tendo-a assim purifica-
do, 53solte a ave viva fora da cidade,
no campo. Feita assim a expiação pela
casa, ela ficará pura.
54Esta é a lei referente a toda sorte de
lepra ou de micose, 55lepra das vestes
e das casas, 56tumores, dartros e man-
chas, 57para ensinar quando uma coisa
ou pessoa é impura e quando é pura.
Esta é a lei sobre a lepra".

15 **Pureza sexual.** 1Javé disse a
Moisés e a Aarão: 2"Dizei aos
israelitas: Todo homem que tiver um flu-
xo que sai de seu corpo será impuro por
causa desse fluxo. 3Nisto consiste sua
impureza: enquanto durar o fluxo, quer
seu corpo o deixe sair, quer o retenha,
ele será impuro. 4Todo leito em que se
deitar aquele que tem o fluxo será im-
puro e todo móvel em que se sentar será
impuro. 5Quem tocar seu leito lavará suas
vestes, se banhará em água e ficará im-
puro até a tarde. 6Quem se sentar sobre
um móvel onde esse homem se sentou
lavará suas vestes, se banhará em água e
ficará impuro até a tarde. 7Quem tocar o

corpo do homem que tem o fluxo lavará
suas vestes, se banhará em água e ficará
impuro até a tarde. 8Se quem tem o fluxo
cuspir sobre uma pessoa pura, esta deve-
rá lavar suas vestes, banhar-se em água
e ficará impura até a tarde. 9Toda a sela
sobre a qual cavalgar o que tem o fluxo
ficará impura. 10Quem tocar alguma coi-
sa que tenha estado debaixo dele ficará
impuro até a tarde; e quem carregar tais
coisas deverá lavar suas vestes, banhar-
-se em água e ficará impuro até a tarde.
11Todo aquele em quem tocar aquele
que tem o fluxo, sem este ter lavado as
mãos, deverá lavar suas vestes, banhar-
-se em água e ficará impuro até a tarde.
12O vaso de barro tocado pelo que tem
o fluxo deve ser quebrado e todo reci-
piente de madeira será lavado com água.

13Quando estiver curado de seu flu-
xo, contará sete dias para sua purifica-
ção. Deverá lavar suas vestes, banhar-
-se em água corrente e então ficará
puro. 14No oitavo dia, tome consigo
duas rolas ou dois pombinhos, venha
diante de Javé, à entrada da tenda da
reunião, e os entregue ao sacerdote,
15o qual os oferecerá, um em sacrifício
pelo pecado e o outro em holocausto.
Assim o sacerdote fará por ele, diante
de Javé, a expiação de seu fluxo.

16Quando um homem tiver uma
emissão seminal, banhará em água
todo o corpo e ficará impuro até a tar-
de. 17Toda roupa e todo couro sobre
os quais houver sêmen sejam lavados
com água e ficarão impuros até a tarde.

18Quando um homem se une a uma
mulher e tem emissão de sêmen, deve-
rão ambos lavar-se com água e ficarão
impuros até a tarde.

19Quando a mulher tem um fluxo em
seu corpo, e se trata de fluxo de sangue,
sua impureza durará sete dias. Quem a
tocar ficará impuro até a tarde. 20Tudo
aquilo sobre o que ela se deitar duran-
te sua impureza ficará impuro; e tudo
aquilo sobre o que ela se sentar será
impuro. 21Quem tocar seu leito deverá
lavar suas vestes, banhar-se em água
e ficará impuro até a tarde; 22e quem
tocar qualquer móvel sobre o qual ela
se sentou deverá lavar suas vestes, ba-
nhar-se em água e ficará impuro até a
tarde. 23Quem tocar alguma coisa que
estiver sobre seu leito ou sobre aquilo
em que ela se sentou ficará impuro até
a tarde. 24Se um homem se unir a ela, a
impureza dela passará para ele e ficará
impuro durante sete dias; e todo o leito
sobre o qual ele se deitar ficará impuro.

25Se uma mulher tiver um fluxo de
sangue durante vários dias, fora do
tempo costumado, ou se seu fluxo se
prolongar além do tempo de sua im-
pureza, durante todo o tempo desse
fluxo ficará impura, como no período
de sua impureza. 26Todo o leito sobre
o qual se deitar durante o tempo do
fluxo será para ela como o leito em
que dorme durante sua impureza; e
todo o móvel sobre o qual se sentar
ficará impuro como no período de sua
impureza. 27Quem os tocar deverá la-
var suas vestes, banhar-se em água e
ficará impuro até a tarde. 28Quando
estiver curada de seu fluxo, contará
sete dias e depois ficará pura. 29No oi-
tavo dia tomará consigo duas rolas ou
dois pombinhos e os levará ao sacer-
dote, à entrada da tenda da reunião.
30O sacerdote oferecerá um deles em
sacrifício pelo pecado e o outro em
holocausto e fará por ela, diante de
Javé, o rito de expiação de seu fluxo
que a tornava impura.

31Ensinai os israelitas a purificar-se
de suas impurezas, para que não mor-
ram por causa delas, contaminando
meu tabernáculo que está no meio de-
les. 32Esta é a lei a respeito do homem
que tem um fluxo e daquele que tem
emissão de sêmen, contraindo impure-
zas; 33a respeito da mulher no tempo
da impureza de suas regras; a respeito
do homem ou da mulher que têm um
fluxo e a respeito daquele que se une a
uma mulher impura".

16 **O dia das expiações.** 1Javé fa-
lou a Moisés* depois da morte
dos dois filhos de Aarão, mortos ao se

* 16,1: 23,26-32; Nm 29,7-11; Hb 9,6-14

apresentarem diante de Javé. 2Disse
Javé a Moisés†: "Dize a teu irmão Aa-
rão que não entre* a qualquer hora no
santuário, além do véu, diante do pro-
piciatório que está sobre a arca, para
que não morra; porque eu aparecerei
na nuvem sobre o propiciatório. 3Assim
entrará Aarão no santuário: com um
novilho para o sacrifício pelo pecado e
um carneiro para o holocausto. 4Vesti-
rá a túnica sagrada de linho e calções
de linho sobre seu corpo; ele se cingirá
com um cinto de linho e com um tur-
bante de linho envolverá a cabeça. São
essas as vestes sagradas que vestirá,
depois de se ter banhado em água.

5Receberá da comunidade dos israe-
litas dois bodes para o sacrifício pelo
pecado e um carneiro para o holocaus-
to. 6Aarão oferecerá o novilho do sa-
crifício pelo pecado e fará a expiação
por si e por sua casa. 7Tomará os dois
bodes e os colocará diante de Javé, à
entrada da tenda da reunião. 8Lançará
a sorte sobre eles: uma para Javé e ou-
tra para Azazel. 9Oferecerá o bode que
tocou em sorte a Javé* e fará com ele
um sacrifício pelo pecado. 10O bode,
porém, que tocou em sorte a Azazel
será apresentado vivo diante de Javé,
para se fazer com ele o rito de expia-
ção, a fim de ser enviado a Azazel no
deserto.

11Aarão oferecerá o novilho do sa-
crifício por seu pecado, fará a expiação
por si e por sua casa e imolará o no-
vilho. 12Tomará um turíbulo cheio de
brasas ardentes tiradas do altar, diante
de Javé, e dois punhados de incenso
aromático pulverizado e levará tudo
para detrás do véu. 13Porá o incenso
no fogo, diante de Javé, a fim de que
a nuvem de incenso* envolva o propi-
ciatório que está sobre a arca, e ele não
morra. 14Tomará do sangue do novilho*
e aspergirá com o dedo o lado oriental
do propiciatório; diante do propiciató-
rio fará sete aspersões com o sangue,
servindo-se do dedo. 15Imolará o bode
destinado ao sacrifício pelo pecado do
povo e levará o sangue para detrás do
véu. Fará com ele o mesmo que fez
com o sangue do novilho, aspergindo-
-o sobre o propiciatório e diante dele.
16Assim fará a expiação pelo santuá-
rio,* purificando-o das impurezas dos
israelitas, de suas transgressões e de
todos os seus pecados. O mesmo fará
pela tenda da reunião que se encontra
entre eles, no meio de suas impurezas.
17Ninguém deve estar na tenda da re-
união,* quando ele entrar para fazer a
expiação no santuário, até ele sair, após
haver feito a expiação por si, por sua
família e por toda a comunidade de Is-
rael. 18Então sairá em direção ao altar
que está diante de Javé e fará a expia-
ção pelo altar, tomando do sangue do
novilho e do sangue do bode e apli-
cando-o sobre os chifres do altar ao
redor. 19Servindo-se do dedo, fará com
o mesmo sangue sete aspersões sobre
o altar. Desta maneira o purificará das
impurezas dos israelitas e o santificará.

20Quando acabar de fazer a expiação
pelo santuário, pela tenda da reunião
e pelo altar, Aarão mandará trazer o
bode vivo. 21Porá ambas as mãos*
sobre a cabeça dele†, confessará so-
bre ele todas as iniquidades, todas as
transgressões e todos os pecados dos
israelitas e, carregando-os sobre a ca-
beça do bode, ele o enviará para o de-
serto por meio de um homem desig-
nado para isso. 22O bode levará sobre
si todas as iniquidades deles para uma
região desolada, e o homem soltará o
bode no deserto.

23Depois, Aarão entrará na tenda da
reunião e tirará as vestes de linho, que
havia posto para entrar no santuário, e
as deixará ali mesmo. 24Lavará seu cor-
po com água no lugar sagrado, porá
de novo suas vestes e, saindo, oferece-

* **16**,2. Êx 19,12; 25,17 | 9. 16,22 | 13. Êx 25,17 | 14. Êx 33,20 | 16. Ez 45,18-20; Rm 3,25 | 17. Dt 4,7; Is 6,5 | 21. Tb 8,3

† **16**,2. Esse rito solene do dia das expiações, o Yom Kipur, cancelava todos os pecados e irregularidades do povo, restituindo-lhe seu caráter de povo santo e assegurando-lhe de novo as bênçãos prometidas. | **16**,21. Essa imposição das mãos transferia simbolicamente para o animal todas as culpas do povo.

rá seu holocausto e o do povo e fará o rito de expiação por si e pelo povo. 25Queimará sobre o altar a gordura do sacrifício pelo pecado.

26O homem que levou o bode a Azazel lavará suas vestes, banhará seu corpo com água e depois poderá entrar no acampamento. 27O novilho e o bode imolados em sacrifício pelo pecado, cujo sangue foi levado ao santuário para fazer o rito de expiação, serão levados para fora do acampamento e serão queimados com fogo seu couro, sua carne e seus excrementos. 28Aquele que os queimar lavará suas vestes, banhará o corpo com água e depois poderá entrar no acampamento. 29Isto será para vós lei perpétua:* no décimo dia do sétimo mês jejuareis e não fareis trabalho algum, tanto o cidadão como o estrangeiro que habita no meio de vós. 30Porque nesse dia se fará a expiação por vós, para vos purificar; e sereis purificados de todos os vossos pecados diante de Javé. 31É para vós um sábado de repouso solene e deveis jejuar; é uma lei perpétua. 32O sacerdote que recebeu a unção e a investidura para exercer o sacerdócio em lugar de seu pai fará o rito da expiação. Vestirá as vestes sagradas de linho 33e fará a expiação pelo santuário, pela tenda da reunião e pelo altar; fará o rito da expiação pelos sacerdotes e por todo o povo da comunidade. 34Isto será para vós uma lei perpétua, para fazer o rito de expiação pelos israelitas por todos os seus pecados, uma vez por ano". E foi feito como Javé havia ordenado a Moisés.

III. CÓDIGO DE SANTIDADE (17–26)

17 **Normas para o abate dos animais.** 1Javé disse a Moisés†: 2"Fala a Aarão*, a seus filhos e a todos os israelitas e dize-lhes: É isto que ordena Javé: 3Todo israelita que imolar um boi, uma ovelha, ou uma cabra, dentro ou fora do acampamento, 4sem o apresentar à entrada da tenda da reunião, para o oferecer a Javé diante de seu tabernáculo, será culpado pelo sangue derramado;* derramou sangue e será eliminado do meio de seu povo. 5Assim os israelitas deverão trazer ao sacerdote, à entrada da tenda da reunião, para Javé, os animais que desejariam oferecer no campo e os oferecerão a Javé como sacrifícios de comunhão. 6O sacerdote aspergirá o sangue sobre o altar de Javé, à entrada da tenda da reunião, e queimará a gordura em aroma agradável a Javé. 7Não mais imolarão vítimas aos demônios* com os quais se prostituem. Isto será uma lei perpétua para eles e seus descendentes.

8Dize-lhes ainda: Todo israelita ou estrangeiro que habita no meio de vós, que deseja oferecer um holocausto ou um sacrifício, 9sem apresentá-lo à entrada da tenda da reunião, para oferecê-lo a Javé, será exterminado do meio de seu povo. 10Todo israelita ou estrangeiro,* residente entre vós, que comer qualquer sangue, voltarei minha face contra esse que comeu sangue e o exterminarei do meio de seu povo. 11Porque a vida do ser vivo está no sangue, e eu vos dou o sangue* sobre o altar, para fazer o rito de expiação por vossas vidas; pois o sangue, enquanto vida, expia. 12Por isso eu disse aos israelitas: 'Ninguém dentre vós comerá sangue, nem mesmo o estrangeiro que habita entre vós o comerá'.

13Todo israelita ou estrangeiro, residente entre vós, que caçar algum animal ou ave que é permitido comer, derramará seu sangue e o cobrirá com terra. 14Porque a vida de todo ser vivo é o sangue;* em seu sangue está a vida. Por isso, eu disse aos israelitas: 'Não comereis o sangue de nenhuma criatu-

* **16**,29. 23,27-32 | **17**,2. Êx 20,24; Dt 12,4-28 | 4. 1,5 | 7. 16,8; Is 13,21; 34,12-14 | 10. 1,5 | 11. Hb 9,7.21s **17**,14. Dt 12,15 / Êx 22,30; Dt 14,21; Ez 4,14

† **17**,1. Estes capítulos insistem na santidade que se requer de tudo que entra em relação com o Deus santo e transcendente: pessoas, lugares, tempos e objetos. Além da pureza legal e da separação do que é profano, ensinam também a retidão moral, o amor ao próximo, a prática da justiça.

ra', pois a vida de toda criatura é seu
sangue;* e quem o comer será extermi-
nado. 15Todo nativo ou estrangeiro que
comer um animal morto ou dilacerado
deverá lavar suas vestes e banhar-se
em água; ficará impuro até a tarde, de-
pois será puro. 16Mas, se não lavar as
vestes e não se banhar, levará o peso
de sua falta".

18 **Honestidade no matrimônio.**
1Javé disse a Moisés:* 2"Dize
aos israelitas: Eu sou Javé, vosso Deus.
3Não procedereis conforme os costu-
mes do Egito, onde habitastes, nem
fareis como fazem na terra de Canaã,
para onde vos conduzo; e não segui-
reis suas leis. 4Mas praticareis meus
preceitos, observareis minhas leis e
por elas vos conduzireis. Eu sou Javé,
vosso Deus. 5Guardareis, pois, meus es-
tatutos* e meus decretos, mediante os
quais quem os pratica encontra a vida.
Eu sou Javé.

6Ninguém de vós se aproximará de
uma parenta próxima para unir-se† a
ela. Eu sou Javé. 7Não desonrarás teu
pai,* unindo-te a tua mãe; ela é tua
mãe: não te unirás a ela. 8Não te unirás
a tua madrasta: porque seria desonrar
teu pai. 9Não te unirás a tua irmã,* filha
de teu pai ou de tua mãe, nascida na
casa ou fora dela; não te unirás a ela.
10Não te unirás à filha de teu filho ou
à filha de tua filha, porque seria de-
sonrar-te a ti mesmo. 11Não te unirás
à filha de tua madrasta, nascida de teu
pai: ela é tua irmã. 12Não te unirás à
irmã de teu pai, pois é da mesma car-
ne que teu pai. 13Não te unirás à irmã
de tua mãe, porque é da mesma carne
que tua mãe. 14Não desonrarás o irmão
de teu pai, unindo-te a sua mulher: ela
é tua tia. 15Não te unirás a tua nora: é
a mulher de teu filho; não te unirás a
ela. 16Não te unirás a tua cunhada: seria
desonrar teu irmão. 17Não te unirás a
uma mulher e a sua filha,* nem te uni-
rás à filha de seu filho, nem à filha de
sua filha; são tuas parentas próximas:
seria uma infâmia. 18Não tomarás por
esposa a irmã de tua mulher, para fazer
dela uma rival, e unir-te a ela enquanto
viver a primeira.

19Não te aproximarás de uma mu-
lher durante sua impureza menstrual,
para te unires a ela. 20Não dormirás
com a mulher de teu próximo,* conta-
minando-te com ela. 21Não darás ne-
nhum descendente teu para ser pas-
sado pelo fogo em honra de Moloc†;
não profanarás o nome de teu Deus.
Eu sou Javé. 22Não te deitarás com um
homem como se faz com mulher: é
coisa abominável. 23Não terás relações
com animal,* contaminando-te com
ele. A mulher não se ponha diante de
um animal para unir-se com ele: é uma
perversão.

24Não vos contaminareis com nenhu-
ma dessas coisas, porque com todas
elas se contaminaram os povos que
vou expulsar de vossa frente. 25O país
se contaminou e eu decidi punir sua
maldade, de sorte que o país vomitou
seus habitantes. 26Vós, porém, observa-
reis minhas leis e meus preceitos e não
cometereis nenhuma dessas abomina-
ções, nem o nativo e nem o estrangei-
ro residente entre vós. 27Porque todas
essas abominações cometeram os que
habitavam neste país antes de vós, e o
país ficou contaminado. 28Não acon-
teça que o país vos vomite por havê-
-lo contaminado, como vomitou os
povos que o habitaram antes de vós.
29Porque todo aquele que cometer
alguma dessas abominações será eli-
minado do meio de seu povo. 30Ob-
servai minhas ordens e não pratiqueis
nenhum desses costumes abomináveis
que se praticaram antes de vós, e não
vos contaminareis com eles. Eu sou
Javé, vosso Deus".

* **18**,1. 20,8-21; Ez 20,7s; Êx 23,23s | 5. Dt 4,1; 5,30; 6,24; 8,1; Ez 20,11 | 7. Dt 23,1; 27,20.23 | 9. Dt 27,22 | 17. 20,14 | 20. Êx 20,14 | 23. Gn 19,5

† **18**,6. A expressão hebraica que traduzimos por "unir-se a" é "descobrir a nudez de". | 21. O sacrifício de crianças, com o qual os cananeus prestavam culto ao deus Moloc, acontecia também entre os israelitas, Lv 20,2-5; 2Rs 16,3; Jr 7,31; Ez 16,21.

19 **Prescrições religiosas e morais.** 1Javé falou a Moisés, dizendo: 2"Fala a toda a comunidade dos israelitas e dize-lhes: Sede santos,* porque eu, Javé, vosso Deus, sou santo. 3Cada um de vós respeite seu pai e sua mãe* e guarde meus sábados. Eu sou Javé, vosso Deus. 4Não deveis recorrer aos ídolos* nem fabricar para vós deuses de metal fundido. Eu sou Javé, vosso Deus.

5Quando oferecerdes a Javé um sacrifício de comunhão,* oferecei-o de tal modo que sejais aceitos. 6Comereis dele no mesmo dia do sacrifício ou no dia seguinte; o que restar no terceiro dia será queimado ao fogo. 7Se alguém comer dele no terceiro dia, é coisa abominável, não será aceito. 8Quem dele comer levará o peso de sua iniquidade, porque profanou uma coisa consagrada a Javé; será exterminado do meio de seu povo.

9Quando fizerdes a colheita de vossa terra, não ceifareis até os limites do terreno nem recolhereis as espigas que ficaram. 10Em tua vinha não colherás os cachos que ficaram nem apanharás os frutos caídos; tu os deixarás para o pobre e o estrangeiro. Eu sou Javé, vosso Deus.

11Não furtareis, nem usareis de fraude,* nem de mentiras uns com os outros. 12Não jurareis falso por meu nome,* profanando assim o nome de vosso Deus. Eu sou Javé. 13Não oprimirás nem roubarás teu próximo;* o salário do trabalhador não ficará contigo até a manhã seguinte. 14Não insultarás o surdo nem porás tropeço diante do cego, mas temerás teu Deus. Eu sou Javé. 15Não sereis injustos em vossos julgamentos; não favorecerás o pobre nem terás preferência pelo poderoso, mas julgarás teu próximo com justiça. 16Não andes espalhando maledicências entre teu povo nem tomes posição contra a vida de teu próximo. Eu sou Javé. 17Não tenhas ódio de teu irmão em teu coração;* corrige lealmente teu próximo para não incorreres em pecado por causa dele. 18Não tomarás vingança nem guardarás rancor contra teus compatriotas. Amarás teu próximo† como a ti mesmo. Eu sou Javé.

19Guardarás meus estatutos.* Não cruzarás animais de espécies diferentes; nem semearás em teu campo duas espécies diferentes de sementes; nem usarás vestes tecidas com dois tipos de material. 20Se um homem se deitar com uma mulher escrava, comprometida com outro homem, mas não resgatada nem posta em liberdade, deverá pagar uma indenização, mas eles não serão mortos, porque ela não era livre. 21O homem trará a Javé, à entrada da tenda da reunião, um carneiro como sacrifício de reparação. 22O sacerdote fará por ele, diante de Javé, o rito de expiação com o carneiro de reparação pelo pecado cometido. E lhe será perdoado seu pecado.

23Quando tiverdes entrado na terra e tiverdes plantado toda sorte de árvores frutíferas, considerareis seus frutos como impuros; durante três anos serão para vós impuros e não os comereis. 24No quarto ano, todos os seus frutos serão consagrados como oferta de louvor a Javé. 25No quinto ano comereis seus frutos, para que vos faça crescer sua produção. Eu sou Javé, vosso Deus.

26Não comereis coisa alguma com sangue.* Não praticareis adivinhações nem magia. 27Não cortareis o cabelo arredondando os cantos nem rapareis a barba nos lados. 28Não fareis incisões no corpo por um morto nem fareis tatuagem no corpo. Eu sou Javé. 29Não

* **19**,2. 11,44s; 17,1 | 3. Êx 20,12; 19,30; 26,2; Êx 20,8 | 4. Êx 20,4s | 5. Dt 24,19-22 | 11. Êx 20,15; Dt 24,7; 25,13 | 12. Êx 20,16; Dt 19,16-21 | 13. Dt 24,14s | 17. Ez 33,1-9; Mt 18,15; Eclo 10,6; Rm 12,19; Mt 22,39; 5,43 | 19. Dt 22,9-11 | 26. 17,10-14; 19,31; Dt 18,10-12

† **19**,18. Próximo e compatriota eram sinônimos. Jesus estende a noção a toda a humanidade: Mt 5,43-44; Lc 10,25-37 e propõe como modelo seu amor, Jo 13,34, dando assim um novo mandamento. | 29. A prostituição sagrada, a prática do sexo para honrar um deus, era frequente entre certos povos antigos e uma tentação para os israelitas em contato com eles, Gn 38,21; Dt 23,18-19; Os 4,14.

desonres tua filha prostituindo-a, a fim de que o país não se entregue à prostituição† e não se encha de maldade. 30Guardareis meus sábados* e venerareis meu santuário. Eu sou Javé. 31Não recorrereis aos que evocam os espíritos* nem consultareis adivinhos, contaminando-vos com eles. Eu sou Javé, vosso Deus. 32Levanta-te diante de uma cabeça branca e dá honra à pessoa idosa. Teme teu Deus. Eu sou Javé.

33Se um estrangeiro vier residir convosco* em vossa terra, não o maltrateis. 34Tratai o estrangeiro residente em vosso meio como um concidadão. Tu o amarás como a ti mesmo, porque também vós fostes estrangeiros na terra do Egito. Eu sou Javé, vosso Deus. 35Não cometereis injustiça* nos julgamentos, nem na vara, nem no peso, nem na medida. 36Usareis balança justa, peso justo, efá justo, quartilho justo. Eu sou Javé, vosso Deus, que vos tirei da terra do Egito. 37Observareis, pois, todas as minhas leis e todos os meus preceitos. Eu sou Javé".

20 **Penas para os transgressores.** 1Javé falou a Moisés: 2"Dirás aos israelitas: Todo israelita ou estrangeiro residente em Israel, que sacrificar um de seus filhos a Moloc,* certamente morrerá; o povo da terra o apedrejará. 3Voltarei contra ele meu rosto e o extirparei do meio de seu povo, porque contaminou meu santuário e profanou meu santo nome, sacrificando um de seus filhos a Moloc. 4Se, porém, o povo da terra fechar os olhos diante desse homem que tiver sacrificado um de seus filhos a Moloc e não o matar, 5eu voltarei meu rosto contra ele e sua família e o extirparei do meio de seu povo com todos os que o seguiram na prostituição,* prostituindo-se a Moloc.

6Se alguém recorrer aos que evocam os espíritos* e aos adivinhos, prostituindo-se com eles, voltarei minha face contra essa pessoa e a exterminarei do meio de seu povo. 7Santificai-vos e sede santos, porque eu sou Javé, vosso Deus. 8Guardai meus preceitos e cumpri-os. Eu sou Javé, que vos santifica.

9Quem amaldiçoar seu pai ou sua mãe certamente morrerá. Amaldiçoou o pai ou a mãe: será responsável por sua própria morte. 10Se alguém comete adultério com uma mulher casada, com a mulher de seu próximo, certamente morrerão o adúltero e a adúltera. 11Se um homem dormir com sua madrasta, desonrando assim seu pai, certamente morrerão ambos os culpados; serão responsáveis por sua própria morte. 12Se um homem dormir com sua nora, certamente morrerão todos os dois; cometeram uma depravação, são responsáveis por sua própria morte. 13Se um homem se deitar com outro homem como se fosse mulher, ambos cometeram uma abominação; certamente morrerão e serão responsáveis por sua própria morte. 14Se um homem tomar por esposas uma mulher e a mãe dela, cometeu uma infâmia; serão entregues às chamas ele e as duas, para que não exista essa infâmia no meio de vós. 15O homem que tiver relação com animal certamente morrerá, e matareis também o animal. 16Se uma mulher se aproxima de um animal para unir-se com ele, a mulher e o animal serão mortos; certamente morrerão; sobre eles caia seu sangue. 17Se um homem desposar sua irmã por parte de pai ou de mãe e tiver relações sexuais com ela, é uma ignomínia; serão exterminados à vista de seus concidadãos. Ele desonrou a própria irmã: levará o peso de sua falta. 18Se um homem dormir com uma mulher durante o tempo de sua menstruação e tiver relações com ela, descobrindo seu fluxo e ela mesma descobrindo a fonte de seu sangue, ambos serão exterminados do meio de seu povo. 19Tampouco te unirás à irmã de teu pai ou à irmã de tua mãe, porque seria desonrar sua própria carne; os dois levarão o peso de sua falta. 20O homem que se unir com a mulher de

---

* **19**,30. Êx 20,8 | 31. 19,26; 20,6.27; Dt 18,11 | 33. Êx 22,20 | 35. Dt 25,13-16; Am 8,5; Is 10,1s | **20**,2. 18,21 | 5. 1Rs 11,7 | 6. 19,26.31; 11,44s; 17,1

seu tio desonra seu tio; levarão o peso de sua falta; morrerão sem filhos. 21O homem que desposar a mulher de seu irmão comete uma torpeza; desonrou seu irmão. Ficarão sem filhos.

Exortação geral. 22Guardai todos os meus estatutos e todos os meus decretos e praticai-os, para que não vos vomite a terra para a qual vos estou conduzindo, para habitardes nela. 23Não sigais os costumes dos povos que vou expulsar de vossa frente, porque praticaram todas essas coisas e me causaram aversão. 24A vós, porém, eu digo: Tomareis posse da terra deles, eu vo-la darei como herança, terra onde corre leite e mel. Eu sou Javé, vosso Deus, que vos separei dos outros povos. 25Fareis distinção entre animais puros e impuros, entre aves puras e impuras. Não vos contaminareis com nenhum animal, ou ave, ou réptil que rasteja pela terra, seres que vos indiquei como impuros. 26Sereis, pois, santos para mim,* porque eu, Javé, sou santo, e vos separei dos outros povos, para serdes meus. 27O homem ou a mulher* que entre vós evocarem espíritos ou praticarem adivinhações certamente morrerão; serão apedrejados. Serão responsáveis pela própria morte".

21

A santidade dos sacerdotes. 1Javé disse a Moisés: "Fala aos sacerdotes, filhos de Aarão, e dize-lhes: O sacerdote não se contamine por causa de um morto entre seu povo, 2exceto quando se tratar de parente próximo como sua mãe, seu pai, seu filho, sua filha, seu irmão, 3ou por uma irmã ainda virgem, que vive com ele e não se casou; por ela poderá contaminar-se. 4Sendo um chefe no meio de seu povo, não se contaminará, profanando-se a si mesmo. 5Os sacerdotes não usarão tonsura na cabeça* nem raparão as extremidades da barba, nem farão incisões no corpo. 6Serão santos para seu Deus e não profanarão o nome de seu Deus, pois são eles que oferecem a Javé os sacrifícios consumidos pelo fogo, o pão de seu Deus; por isso serão santos. 7Não tomarão por esposa uma mulher prostituta, desonrada ou repudiada por seu marido, porque o sacerdote é santo para seu Deus, 8e como santo o considerarás, pois oferece o pão de teu Deus; será santo para ti, porque eu, Javé, que vos santifico, sou santo.* 9Se a filha de um sacerdote se desonra, prostituindo-se, desonra seu pai; será entregue às chamas.

O sumo sacerdote. 10Mas aquele que é sumo sacerdote* entre seus irmãos, sobre cuja cabeça foi derramado o óleo da unção, e que foi consagrado para vestir as vestes sagradas, não desgrenhará os cabelos, nem rasgará suas roupas, 11nem se aproximará de morto algum, nem mesmo por seu pai ou por sua mãe se contaminará. 12Não sairá do santuário nem profanará o santuário de seu Deus, porque leva sobre si a consagração do óleo de seu Deus. Eu sou Javé. 13Tomará por esposa uma mulher virgem. 14Não se casará com uma viúva, nem com uma repudiada, nem com uma desonrada pela prostituição, mas tomará por esposa uma virgem de seu povo. 15Desse modo não profanará sua descendência no meio de seu povo, porque eu sou Javé, que o santifico".

Impedimentos. 16Javé disse ainda a Moisés: 17"Fala a Aarão e dize-lhe: Nenhum de teus descendentes, em suas diversas gerações, que tenha algum defeito corporal, se aproximará para oferecer o pão de seu Deus. 18Porque não se aproximará nenhum homem que tiver algum defeito: cego, coxo, mutilado, deformado, 19ou que tenha o pé ou a mão fraturados, 20ou seja corcunda, ou anão, ou que tenha doença nos olhos, sarna, eczema, ou seja eunuco. 21Nenhum homem da descendência do sacerdote Aarão, que seja portador de algum defeito, se aproximará para oferecer as oferendas queimadas a Javé; possui um defeito e por isso não se aproximará para oferecer o pão de seu Deus. 22Poderá comer do pão de seu Deus, das coisas santíssimas e

* **20**,26. 11,44s; 17,1 | 27. 19,26,31; 20,6 | **21**,5. 19,27s | 8. 11,44s; 17,1 | 10. 8,7-12

das santas. 23Mas não ultrapassará o véu nem se aproximará do altar, porque tem defeito, para que não profane meus lugares santos, pois eu sou Javé, que os santifico". 24Assim falou Moisés a Aarão, a seus filhos e a todos os israelitas.

22 **Pureza de quem vive do altar.** 1Javé falou a Moisés: 2"Dize a Aarão e a seus filhos que tratem com veneração as oferendas santas a mim consagradas pelos israelitas, para que não profanem meu santo nome. 3Dize-lhes: Em todas as vossas gerações sucessivas, todo homem de vossa descendência que se aproximar em estado de impureza das coisas santas, consagradas a Javé pelos israelitas, esse homem será eliminado de minha presença. Eu sou Javé. 4Ninguém da descendência de Aarão, que for leproso ou tiver fluxo,* comerá das oferendas sagradas, até que seja purificado. Aquele que tocar alguma coisa que um cadáver tornou impura, aquele que teve emissão seminal 5e aquele que tiver tocado qualquer tipo de réptil, e assim se tornou impuro, ou tiver tocado uma pessoa que lhe comunicou uma impureza de qualquer espécie; 6aquele, enfim, que teve tais contatos será impuro até a tarde e não poderá comer das coisas sagradas, sem antes ter-se banhado em água. 7Depois do pôr do sol será novamente puro e poderá comer das coisas santas, porque são seu alimento. 8Não comerá de um animal morto naturalmente ou dilacerado por fera,* pois se contaminaria com ele. Eu sou Javé. 9Os sacerdotes observarão minhas prescrições; senão, incorreriam em pecado e morreriam por as terem profanado. Eu sou Javé, que os santifico.

10Nenhum estranho poderá comer das coisas sagradas; tampouco o hóspede do sacerdote ou seu empregado poderá comer das coisas sagradas. 11Se um sacerdote, porém, adquire alguém com seu dinheiro, este pode comer, como também aquele que nasceu em sua casa; com efeito, comem de seu pão. 12A filha de um sacerdote, que se casar com um leigo, não comerá das ofertas das coisas sagradas. 13Mas se a filha de um sacerdote ficar viúva, ou for repudiada sem ter filhos, e voltar à casa de seu pai, como no tempo de sua juventude, poderá comer do pão de seu pai; mas nenhum estranho comerá dele. 14Quem por inadvertência tiver comido uma coisa sagrada deve restituí-la ao sacerdote, acrescentando um quinto. 15Os sacerdotes não profanarão as coisas sagradas que os israelitas oferecem a Javé. 16E não os farão levar* a pena do pecado de que seriam culpados, comendo de suas ofertas sagradas. Pois eu sou Javé, que as santifico".

Integridade das vítimas. 17Javé disse a Moisés: 18"Fala a Aarão, a seus filhos e a todos os israelitas: Quando um israelita ou um estrangeiro residente em Israel trouxer sua oferenda para cumprir uma promessa qualquer, ou como oferenda voluntária para oferecer a Javé em holocausto, 19oferecerá, para ser aceito, um macho sem defeito, novilho, carneiro ou cabrito. 20Não oferecereis nenhum que tenha defeito, porque não seria aceito em vosso favor. 21Quando alguém oferecer* a Javé em sacrifício de comunhão um animal maior ou menor, para cumprir uma promessa ou como oferta voluntária, para que seja aceito, o animal deverá ser perfeito, sem defeito algum. 22Não oferecereis a Javé animal cego,* aleijado, mutilado, ulceroso, ou que tenha sarna ou dartro.* Não fareis deles uma oferta queimada a Javé sobre o altar. 23De um boi ou de uma ovelha com membros atrofiados ou deformados poderás fazer uma oferta espontânea, mas não seriam aceitos para cumprimento de uma promessa. 24Não oferecereis a Javé um animal com os testículos machucados, esmagados, arrancados ou cortados; não fareis isto em vossa terra. 25Não aceitareis tais vítimas das mãos de um estrangeiro para oferecê-las

* **22**,4. 13; 15 | 8. 17,15 | 16. 5,14-16 | 21. 3,1 | 22. 1,3; 3,1 / 21,18-21; Ml 1,8

como alimento a vosso Deus, pois são
deformadas e defeituosas; não seriam
aceitas em vosso favor".
26Javé disse ainda a Moisés: 27"Quan-
do nascer um bezerro, cordeiro ou ca-
brito, ficará sete dias com a mãe. Do
oitavo dia em diante será aceito como
oferta queimada a Javé. 28Não imola-
reis no mesmo dia uma vaca* ou uma
ovelha com sua cria. 29Quando ofere-
cerdes a Javé um sacrifício de louvor,
fazei-o de maneira que seja aceito em
vosso favor. 30Será comido no mesmo
dia, e não deixareis nada para o dia se-
guinte. Eu sou Javé.
31Guardareis meus mandamentos* e
os cumprireis. Eu sou Javé. 32Não pro-
fanareis meu santo nome,* a fim de
que eu seja santificado no meio dos is-
raelitas. Eu sou Javé, que vos santifico,
33que vos tirei da terra do Egito, para
ser vosso Deus. Eu sou Javé".

23 **Os dias festivos.** 1Javé disse a
Moisés: 2"Fala aos israelitas* e
dize-lhes: São estas as festas de Javé,
que vós proclamareis como santas
convocações. As festas são estas. 3Tra-
balhareis durante seis dias,* mas o sé-
timo dia será um sábado de repouso
e de santa assembleia; não fareis ne-
nhum trabalho; é um sábado para Javé,
onde quer que habiteis.
A Páscoa e os Ázimos. 4São estas as
festas de Javé, as assembleias santas
que convoxcareis no devido tempo.
5No dia quatorze do primeiro mês, ao
entardecer, é a Páscoa de Javé. 6No dia
quinze desse mês é a festa dos Ázimos
em honra de Javé; durante sete dias
comereis pães sem fermento. 7No pri-
meiro dia, tereis uma santa assembleia;
não fareis nenhum trabalho servil. 8Du-
rante sete dias apresentareis a Javé
uma oferenda queimada; no sétimo dia
haverá uma assembleia santa; não fa-
reis nenhum trabalho servil".
As primícias. 9Javé disse a Moisés:
10"Fala aos israelitas* e dize-lhes:
Quando tiverdes entrado na terra que
vos dou e fizerdes a colheita, levareis
ao sacerdote um feixe de espigas como
primícias de vossa colheita. 11Ele o ofe-
recerá diante de Javé, para que seja
aceito em vosso favor; fará o ofereci-
mento no dia seguinte ao sábado. 12No
dia em que for oferecido vosso feixe,
oferecereis um cordeiro de um ano,
sem defeito, como holocausto a Javé,
13juntamente com a oblação* de dois
décimos de flor de farinha amassada
com azeite, oferenda queimada de per-
fume agradável para Javé, e a libação
de um quarto de hin de vinho. 14Não
comereis pão, nem grãos tostados,
nem espigas frescas antes deste dia
em que apresentareis a oferta a vosso
Deus. É uma lei perpétua para todas as
vossas gerações, onde quer que habi-
teis.
Pentecostes. 15A partir do dia seguinte
ao sábado, desde o dia em que tiver-
des trazido o feixe para ser ofertado,
contareis sete semanas completas.
16Contareis cinquenta dias até o dia se-
guinte ao sétimo sábado, e apresenta-
reis a Javé uma nova oblação. 17Trareis
de vossas casas, para serem ofertados
como primícias a Javé, dois pães feitos
com dois décimos de um efá de flor de
farinha e preparados com fermento.
18Com os pães oferecereis sete cordei-
ros de um ano, sem defeito, um novilho
e dois carneiros como holocausto para
Javé, acompanhados de sua oblação e
de suas libações, oferendas queimadas
de aroma agradável a Javé. 19Oferece-
reis também um bode, como sacrifício
pelo pecado, e dois cordeiros de um
ano, como sacrifício de comunhão. 20O
sacerdote os oferecerá diante de Javé
com o gesto de apresentação, jun-
to com o pão das primícias e os dois
cordeiros; serão coisas consagradas a
Javé, e pertencerão ao sacerdote.
21Nesse mesmo dia convocareis uma
santa assembleia e não fareis nenhum
trabalho servil; é lei perpétua para vos-
sos descendentes, onde quer que ha-
biteis. 22E quando fizerdes a colheita

* **22**,28. Êx 23,19; 7,12 | 31. 11,44s; 17,1 | 32. 11,45; 25,38.55; 26,13.45 | **23**,2. Êx 23,14 | 3. Êx 20,8 | 10. Dt 26,1 | 13. Nm 15,4

de vossa terra, não ceifarás até o limite extremo do terreno, nem apanharás as espigas caídas no chão, mas as deixarás para o pobre e o estrangeiro. Eu sou Javé, vosso Deus".

O primeiro dia do sétimo mês. [23]Javé falou a Moisés: [24]"Dize aos israelitas* o seguinte: No primeiro dia do sétimo mês† tereis um dia de repouso, comemoração com som de trombeta e santa assembleia. [25]Não fareis nenhum trabalho servil e apresentareis oferendas queimadas a Javé".

O dia das Expiações. [26]Javé disse a Moisés: [27]"O dia dez desse sétimo mês* é o dia das Expiações; tereis uma santa assembleia, fareis jejum e apresentareis uma oferta queimada a Javé. [28]Nenhum trabalho fareis nesse dia, porque é o dia das Expiações, para fazer expiação por vós diante de Javé, vosso Deus. [29]Porque todo aquele que não jejuar nesse dia será exterminado do meio de seu povo; [30]e toda pessoa que fizer algum trabalho neste dia, eu a exterminarei do meio de seu povo. [31]Não fareis nenhum trabalho: é lei perpétua para vossos descendentes, onde quer que habiteis. [32]Será para vós um sábado de repouso e fareis jejum; desde a tarde do dia nove do mês até a tarde seguinte guardareis o repouso do sábado".

Festa das Tendas. [33]Javé falou a Moisés: [34]"Dize aos israelitas* o seguinte: No dia quinze desse sétimo mês haverá a festa das Tendas†, que durará sete dias, em honra de Javé. [35]No primeiro dia haverá uma santa assembleia, e não fareis nenhum trabalho servil. [36]Durante sete dias apresentareis oferenda queimada a Javé. No oitavo dia tereis uma santa assembleia e apresentareis oferenda queimada a Javé; é dia de assembleia solene, não fareis nenhum trabalho servil.

[37]São estas as solenidades de Javé, nas quais convocareis uma santa assembleia, para apresentar oferta queimada a Javé, holocaustos, oblações, sacrifícios e libações, cada coisa em seu dia, [38]além dos sábados de Javé, de vossos dons, de todas as vossas promessas e de todas as vossas oferendas espontâneas que costumais fazer a Javé.

[39]No dia quinze do sétimo mês, quando tiverdes colhido os frutos da terra, festejareis a solenidade de Javé durante sete dias; o primeiro e o oitavo dia serão de repouso. [40]No primeiro dia tomareis frutos de árvores formosas, folhas de palmeiras, ramos de árvores frondosas e de salgueiros da torrente e vos alegrareis diante de Javé, vosso Deus, durante sete dias. [41]Cada ano celebrareis esta festa durante sete dias em honra de Javé; é lei perpétua para vossos descendentes; no sétimo mês a celebrareis. [42]Durante sete dias habitareis em tendas; todos os nascidos em Israel morarão em tendas, [43]para que saibam vossos descendentes que em tendas eu fiz habitar os israelitas quando os tirei do Egito. Eu sou Javé, vosso Deus".

[44]Assim Moisés anunciou aos israelitas as festas de Javé.

24 Lâmpadas e pães da apresentação.

[1]Javé falou a Moisés: [2]"Ordena aos israelitas* que tragam azeite puro de olivas esmagadas para o candelabro, para manter as lâmpadas sempre acesas. [3]Aarão deverá prepará-las, fora do véu do testemunho, na tenda da reunião, para que fiquem diante de Javé, desde a tarde até pela manhã, continuamente; é uma lei perpétua para vossos descendentes. [4]Ele disporá as lâmpadas sobre o candelabro de ouro puro, para que estejam sempre diante de Javé†.

[5]Tomarás flor de farinha* e farás com ela doze pães, cada um de dois dé-

---

* **22**,24. Nm 10,10 | 27. Nm 29,7-11 | **23**,34. Êx 23,14 | **24**,2. Êx 25,31-40; Lv 6,5s; Êx 27,20s | 5. Êx 25,23

† **23**,24. Esta festa tornou-se mais tarde o início do ano civil. O sétimo mês corresponde a setembro/outubro. O ano religioso começa no mês de nisã, março/abril. | 34. Festa de agradecimento a Deus pelo término das colheitas, durante a qual o povo morava em tendas, recordando os quarenta anos passados no deserto. | **24**,4. O candelabro de luzes sempre acesas, como a lâmpada do Santíssimo em nossas igrejas e as velas que acendemos, representam o desejo de estar sempre em adoração diante de Deus.

cimos de um efá, [6]e os colocarás em duas fileiras, de seis pães cada uma, sobre a mesa de ouro puro, diante de Javé. [7]Sobre cada fileira porás incenso puro, que será sobre o pão como um memorial, uma oferta queimada a Javé. [8]Cada sábado ele disporá os pães diante de Javé, continuamente; serão fornecidos pelos israelitas como aliança perpétua. [9]Pertencerão a Aarão e a seus filhos, que os comerão no lugar santo, porque serão coisa santíssima para ele entre as oferendas queimadas a Javé. É uma lei perpétua".

Punição do blasfemador. Lei do talião. [10]O filho de uma israelita* e de um egípcio saiu entre os israelitas e teve uma briga no acampamento com um homem israelita. [11]Ora, o filho da mulher israelita blasfemou o nome de Javé e o amaldiçoou. Levaram-no então a Moisés. A mãe dele se chamava Salomit, filha de Dabri, da tribo de Dã. [12]Puseram-no sob custódia, até que lhes fosse indicada a vontade de Javé. [13]Javé falou a Moisés: [14]"Leva o blasfemador para fora do acampamento; os que o ouviram ponham as mãos sobre a cabeça dele, e toda a comunidade o apedrejará. [15]Depois dirás aos israelitas: 'Todo o homem que amaldiçoar seu Deus levará a pena de seu pecado; [16]quem blasfemar o nome de Javé certamente morrerá; toda a comunidade o apedrejará; tanto o estrangeiro como o nativo, se blasfemar o nome de Javé, morrerá'.

[17]Quem tirar a vida a um ser humano* certamente morrerá; [18]e quem matar um animal o pagará: animal por animal.* [19]Se alguém ferir seu próximo, como ele fez assim lhe será feito: [20]fratura por fratura, olho por olho, dente por dente; a lesão que tiver provocado lhe será feita também. [21]Quem matar um animal o pagará; mas quem matar uma pessoa morrerá. [22]Tereis uma mesma norma, tanto para o estrangeiro como para o nativo; porque eu sou Javé, vosso Deus". [23]Assim falou Moisés aos israelitas. Eles levaram o blasfemador para fora do acampamento e o apedrejaram. Os israelitas fizeram como Javé tinha ordenado a Moisés.

25

O ano sabático. [1]Javé falou a Moisés* no monte Sinai, dizendo: [2]"Fala aos israelitas e dize-lhes: Quando tiverdes entrado na terra que vos dou, a terra observará um sábado de repouso em honra de Javé. [3]Durante seis anos semearás teu campo, durante seis anos podarás tua vinha e recolherás seus frutos, [4]mas o sétimo ano será um sábado de repouso para a terra, um sábado em honra de Javé†: não semearás teu campo nem podarás tua vinha. [5]Não colherás o que nascer dos grãos caídos de tua ceifa nem vindimarás as uvas produzidas pela vinha não podada; será ano de completo repouso para o solo. [6]O que a terra produzir durante seu repouso vos servirá de alimento a ti, a teu servo, a tua serva, ao trabalhador e ao estrangeiro que mora contigo, [7]bem como a teu gado e aos animais que vivem no país; tudo o que produzir servirá de alimento.

O ano do jubileu. [8]Contarás sete semanas de anos, isto é, sete vezes sete anos, de sorte que essas sete semanas de anos serão para ti quarenta e nove anos. [9]No dia dez do sétimo mês mandarás tocar a trombeta. No dia das Expiações fareis soar a trombeta por todo o vosso país. [10]Santificareis o quinquagésimo ano* e proclamareis no país a liberdade para todos os seus habitantes. Será para vós um jubileu, em que cada um voltará a suas possessões e a sua família. [11]O quinquagésimo ano será para vós um jubileu: não semeareis, nem ceifareis o que a terra produzir espontaneamente, nem vindimareis a vinha não podada, [12]porque é o jubileu, tempo santo para vós; comereis

---

* **24**,10. Êx 22,27 | 17. Êx 21,12-20 | 18. Êx 21,25 | **25**,1. Êx 23,10s; Dt 15,1-11 | 10. Êx 21,2-11; Dt 15,12-18; Jr 34,8-22; Is 61,1-3

† **25**,4. A terra repousa no sétimo ano, como o israelita repousa no sétimo dia em honra do Criador. Deus, verdadeiro proprietário das terras, Lv 25,23, garantia que mesmo assim não faltariam alimentos.

o produto do campo. 13Neste ano de
jubileu, cada um de vós voltará a sua
possessão.
14Se venderes alguma coisa a teu
próximo ou dele a comprares, não vos
prejudiqueis um ao outro. 15Compra-
rás de teu próximo tendo em vista o
número de anos passados desde o ju-
bileu, e ele venderá a ti tendo em con-
ta os anos de colheitas.16Quanto maior
for o número desses anos, tanto mais
aumentarás o preço, e quanto menor
for, tanto mais o abaixarás, pois ele
te vende certo número de colheitas.
17Não vos prejudiqueis mutuamente,
mas temei vosso Deus, porque eu sou
Javé, vosso Deus. 18Observai minhas
leis, guardai meus preceitos e praticai-
-os, a fim de habitardes em segurança
no país. 19A terra vos dará seus frutos,
comereis até vos saciar e habitareis
nela em segurança. 20Se perguntardes:
'Que comeremos no sétimo ano, vis-
to que não semearemos nem faremos
nossa colheita?', 21eu vos enviarei mi-
nha bênção no sexto ano, que produ-
zirá frutos para três anos. 22Assim no
oitavo ano semeareis e comereis da
colheita antiga até o nono ano; come-
reis da antiga colheita até que venha
a nova.

Proteção à propriedade. 23A terra
não poderá ser vendida para sempre,
porque a terra é minha, e vós sois para
mim como estrangeiros e peregrinos.
24Em todo o terreno de vossa proprie-
dade concedereis o direito de resgatar
a terra. 25Por isso, se um irmão teu em-
pobrecer* e vender uma parte de sua
propriedade, aquele que tem o direito
de resgate, seu parente mais próximo,
virá resgatar o que seu irmão vendeu.
26Se alguém não tiver quem faça o res-
gate, mas conseguir ajuntar a soma ne-
cessária para seu resgate, 27contará os
anos passados desde a venda, restituirá
ao comprador o equivalente aos anos
que ainda restam e retomará a posse
de sua propriedade. 28Se, porém, não
conseguir meios suficientes para recu-
perá-la, a propriedade ficará em poder
de quem a comprou até o ano jubilar.
No jubileu sairá, e o outro retomará sua
posse.

Propriedade e benefícios. 29Quando
alguém vender uma casa de moradia
numa cidade murada, terá direito de
resgate dentro de um ano a partir da
venda; durará um ano seu direito de
resgate. 30Não sendo resgatada antes
de completar o ano, essa casa, situada
em cidade murada, pertencerá para
sempre ao comprador e a seus descen-
dentes; não será liberada no jubileu.
31Mas as casas das aldeias não cercadas
de muros serão consideradas como as
propriedades rurais; podem ser resga-
tadas, e no ano jubilar serão liberadas.
32Quanto às cidades dos levitas,* eles
têm um direito permanente de resgate
em se tratando das casas que aí possuí-
rem. 33Se uma casa é vendida por um
levita numa cidade que pertence aos
levitas, e não é resgatada, será liberada
no jubileu; porque as casas das cidades
levíticas são seus bens imóveis entre os
israelitas. 34Mas não poderá ser vendi-
do o terreno que rodeia suas cidades,
porque é sua possessão perpétua. 35Se
teu irmão empobrecer e não tiver com
que te pagar, tu o sustentarás como a
um estrangeiro ou hóspede, para que
viva contigo. 36Não receberás dele
nem juros, nem lucro, mas temerás teu
Deus, para que teu irmão viva contigo.
37Não lhe emprestarás teu dinheiro a
juros nem lhe darás alimento visando
lucro. 38Eu sou Javé, vosso Deus,* que
vos tirei do Egito, para vos dar a terra
de Canaã e para ser vosso Deus.

Escravidão e resgate. 39Se teu irmão
empobrecer estando contigo* e se
vender a ti, não lhe imporás trabalho
de escravo. 40Viverá em tua casa como
empregado ou como hóspede e estará
a teu serviço até o ano jubilar. 41En-
tão sairá livre de tua casa, ele e seus
filhos, e voltará para sua família e para
a propriedade de seus pais.42Porque
são meus servos, que eu tirei do Egi-
to; não podem ser vendidos como se
vende um escravo. 43Não o dominarás

* **25**,25. Rt 4,1-12 | 32. Nm 35,1-8; Js 21; Ez 48,13 | 38. 22,33 | 39. Êx 21,2-11; Dt 15,12-18; Jr 34,8-22

com dureza, mas temerás teu Deus.
44Os escravos e as escravas que tiveres
virão das nações ao vosso redor; delas
podeis adquirir escravos e escravas.
45Podereis também comprá-los dentre
os filhos dos estrangeiros, que habi-
tarem em vosso meio, e dentre suas
famílias que vivem convosco e que
nasceram em vossa terra; serão vos-
sa propriedade. 46Podereis também
deixá-los em herança a vossos filhos
depois de vós; podeis servir-vos deles
como escravos para sempre. Mas, tra-
tando-se de vossos irmãos, os israeli-
tas, ninguém dominará sobre o outro
com aspereza.
47Se um estrangeiro ou um forasteiro
que vive contigo se enriquecer, e teu
irmão, vizinho dele, empobrecer e se
vender ao estrangeiro, ao forasteiro ou
a um descendente de sua família, 48de-
pois de se ter vendido,* terá direito
de resgate; um de seus irmãos pode-
rá resgatá-lo, 49bem como um tio, um
primo, ou qualquer membro de sua fa-
mília; se ele conseguir os recursos, ele
mesmo poderá resgatar-se. 50Calculará
com seu comprador o tempo a partir
do ano em que se vendeu a ele até o
ano jubilar, e o preço a pagar depen-
derá do número dos anos, calculando
seus dias de trabalho como os de um
operário. 51Se faltarem ainda muitos
anos, pagará seu resgate conforme
o número desses anos e conforme o
preço pelo qual foi vendido; 52se fal-
tarem poucos anos até o jubileu, fará
a conta com ele e pagará seu resga-
te na proporção desses anos. 53Estará
na casa do comprador como operário
contratado ano por ano; e o compra-
dor não o tratará com dureza diante de
teus olhos. 54Se não for resgatado de
nenhuma dessas formas, no ano jubi-
lar ficará livre ele e seus filhos com ele.
55Porque os israelitas são meus servos;
são servos meus, que tirei da terra do
Egito. Eu sou Javé, vosso Deus.

26 **Promessas aos que observa-**
rem a lei. 1Não fareis para vós
falsos deuses,* nem levantareis ídolos
ou colunas sagradas, nem colocareis
em vossa terra alguma pedra traba-
lhada para a adorardes, porque eu sou
Javé, vosso Deus.* 2Guardai meus sá-
bados e venerai meu santuário. Eu sou
Javé.
3Se caminhardes segundo minhas
leis* e guardardes meus mandamen-
tos e os puserdes em prática†, 4eu vos
mandarei as chuvas em seu devido
tempo, e a terra dará seus produtos,
e as árvores do campo darão seus fru-
tos. 5A debulha do trigo* se prolongará
para vós até a vindima, e a vindima se
estenderá até a semeadura; comereis
vosso pão com fartura* e habitareis em
vosso país em segurança. 6Darei a paz
a vossa terra; dormireis sem que nin-
guém vos perturbe. Afastarei do país
os animais nocivos, e por ele a espada
não passará. 7Perseguireis vossos ini-
migos,* e eles cairão ao fio da espada
diante de vós. 8Cinco de vós persegui-
rão cem, e cem dos vossos porão em
fuga dez mil, e vossos inimigos tomba-
rão diante de vós ao fio da espada. 9Eu
me voltarei para vós, vos farei crescer,
vou multiplicar-vos e confirmarei mi-
nha aliança convosco. 10Comereis da
colheita antiga,* que durará tanto que
devereis jogá-la fora para dar lugar à
nova. 11Porei minha habitação no meio
de vós e não vos rejeitarei.* 12Caminha-
rei no meio de vós e serei vosso Deus,
e vós sereis meu povo. 13Eu sou Javé,
vosso Deus, que vos tirei da terra do
Egito, para vos livrar da escravidão;
quebrei as cadeias de vosso jugo e vos
fiz andar de cabeça erguida.
Ameaças aos transgressores. 14Mas
se não me ouvirdes* e não puserdes
em prática todos esses mandamentos,
15se desprezardes minhas leis e rejei-
tardes meus preceitos, não cumprindo
meus mandamentos, rompendo assim

* **25**,48. Ne 5,8 | **26**,1. Ez 8,12 / Lv 17,1; 19,30; Jr 17,19-27; Ez 20,12s | 3. Dt 28,1-14; 11,13s | 5. Ez 34,26s / Am 9,13 | 7. Dt 28,7 | 10. 25,21s | 11. Dt 4,7; Ez 48,35; 36,28; 37,27 | 14. Dt 28,15-68; Am 4,6-12

† **26**,3. O Código de Santidade termina com bênçãos para os que observarem as leis, e maldições para os que as violarem, como era costume nos tratados entre os povos antigos, ver Dt 28.

minha aliança, 16então eu vos farei isto:
enviarei contra vós o terror, a tísica e
a febre, que consomem os olhos e es-
gotam a vida. Em vão semeareis vos-
sa semente, porque vossos inimigos a
colherão. 17Voltarei contra vós minha
face e sereis derrotados por vossos
inimigos. Vossos adversários vos domi-
narão, e fugireis sem que ninguém vos
persiga.

18Se apesar disso não me ouvirdes,
eu vos castigarei sete vezes mais por
causa de vossos pecados. 19Quebra-
rei vosso poder orgulhoso,* tornarei
como ferro vosso céu e como bronze
vossa terra. 20Em vão gastareis vossas
energias, porque a terra não dará seu
produto e as árvores do campo não
produzirão seus frutos.*

21Se vos opuserdes a mim e não qui-
serdes obedecer-me, agravarei sete
vezes mais vosso castigo por causa
de vossos pecados. 22Enviarei contra
vós as feras do campo* que devorarão
vossos filhos, matarão vossos animais
e vos dizimarão, de sorte que vossos
caminhos fiquem desertos.*

23Se apesar disso não vos quiserdes
corrigir e vos obstinardes em resistir-
-me, 24também eu vos serei hostil e
vos ferirei sete vezes mais por causa de
vossos pecados.* 25Farei cair sobre vós
a espada vingadora da aliança. Quando
vos reunirdes em vossas cidades, en-
viarei a peste no meio de vós, e caireis
nas mãos de vossos inimigos.* 26Quan-
do eu vos tiver tirado o sustento do
pão, dez mulheres hão de assar o pão
num só forno e vos distribuirão esse
pão racionado; comereis e não ficareis
saciados.

27Se apesar disso não me obede-
cerdes* e continuardes opondo-vos
a mim, 28também eu me oporei a vós
com furor e vos castigarei sete vezes
mais por causa de vossos pecados.
29Comereis as carnes de vossos filhos
e de vossas filhas. 30Destruirei vossos
lugares altos, derrubarei vossos altares
de incenso, atirarei vossos cadáveres
sobre os cadáveres de vossos ídolos e
vos rejeitarei. 31Reduzirei vossas cida-
des a um deserto* e vossos santuários
a ruínas e não aspirarei o aroma agra-
dável de vossos perfumes. 32Assolarei
vosso país, e pasmarão vossos inimigos
que o tiverem ocupado.

33Eu vos dispersarei entre as nações
e desembainharei a espada contra vós;
vossa terra ficará desolada e vossas ci-
dades, reduzidas a escombros. 34Então
a terra gozará de seus sábados durante
todo o tempo em que ficar desolada e
vós estiverdes no país de vossos inimi-
gos; então a terra repousará e gozará
de seus sábados. 35Durante todo o
tempo de sua desolação terá o repou-
so que não teve quando a habitáveis.

36Quanto àqueles que de vós sobre-
viverem,* infundirei tal covardia em
seus corações na terra de seus inimi-
gos, que o simples ruído de uma folha
agitada os porá em fuga; fugirão como
se foge da espada e cairão sem serem
perseguidos. 37Tropeçarão uns nos ou-
tros como à vista de uma espada, sem
que ninguém os persiga. Não podereis
resistir diante de vossos inimigos. 38Pe-
recereis entre as nações, e a terra de
vossos inimigos vos devorará.

39Os que sobreviverem dentre vós*
serão aniquilados nas terras de vossos
inimigos por causa de suas iniquidades,
e perecerão também por causa das ini-
quidades de seus pais. 40Confessarão
sua iniquidade e a iniquidade de seus
pais, nas transgressões que cometeram
contra mim, e porque se comportaram
como meus inimigos.*. 41Eu também
me oporei a eles e os levarei para a ter-
ra de seus inimigos. Se então seu co-
ração incircunciso se humilhar e expia-
rem seus pecados, 42eu me lembrarei
de minha aliança com Jacó, e de minha
aliança com Isaac, e de minha aliança
com Abraão; e me lembrarei também
da terra. 43A terra será abandonada
por eles; gozará de seus sábados en-
quanto ficar desolada, sem a presença
deles. Assim eles expiarão seu pecado,

* **26**,19. Jr 14,1-9; 23; 5,24s | 20. Dt 11,17 | 22. Ez 14,15 / Lm 1,4 | 24. Ez 21 | 25. Sl 105,16; Ez 4,16 | 27. Lm 2,20; 4,10 | 31. Jr 22,5; Lm 2,5 | 36. Ez 21,12 | 39. Ez 4,17 | 40. Ez 16,60s; 20,9.13.16.24; Jr 4,4; Ez 20,23

porque desprezaram meus preceitos e
detestaram minhas leis.
[44]Apesar disso,* quando estiverem
na terra de seus inimigos, não os re-
jeitarei nem os desprezarei a ponto de
destruí-los e romper meu pacto com
eles,* porque eu sou Javé, seu Deus.
[45]Eu me recordarei, em favor deles,
da aliança com seus antepassados, os
quais tirei do Egito,* à vista das nações,
para ser seu Deus. Eu sou Javé".
[46]Estes são os decretos, os costumes
e as leis que Javé estabeleceu entre ele
e os israelitas, no monte Sinai, por in-
termédio de Moisés.

IV. APÊNDICE (27)

27 **Cumprimento de promessas.**
[1]Javé disse a Moisés: [2]"Fala aos
israelitas e dize-lhes: Quando alguém
cumpre uma promessa feita a Javé,
baseando-se no valor de uma pessoa,
[3]um homem entre vinte e sessenta
anos será avaliado em cinquenta siclos
de prata, segundo o siclo do santuário;
[4]se for mulher, será avaliada em trinta
siclos. [5]Entre cinco e vinte anos, o ho-
mem será avaliado em vinte siclos e a
mulher, em dez. [6]Entre um mês e cinco
anos, o homem será avaliado em cinco
siclos de prata e a mulher, em três. [7]Dos
sessenta anos para cima, o homem será
avaliado em quinze siclos e a mulher,
em dez. [8]Mas se for pobre aquele que
faz a promessa e não puder pagar tal
quantia, ele apresentará a pessoa ao
sacerdote, e este a avaliará segundo os
recursos de quem fez a promessa.
[9]Em se tratando de um animal que
pode ser oferecido a Javé, todo animal
oferecido a Javé será sagrado. [10]Não
pode ser trocado nem permutado,
substituindo-se um bom por um ruim,
ou um ruim por um bom. Mas se al-
guém trocar um animal por outro, tan-
to um como o outro serão sagrados.
[11]Tratando-se de um animal impuro,
que não pode ser oferecido a Javé, o
animal seja apresentado ao sacerdote,
[12]que o avaliará como bom ou como
mau; e a avaliação do sacerdote deverá
ser aceita.[13]Mas se o que fez a promes-
sa desejar resgatá-lo, acrescente um
quinto à avaliação.
[14]Se alguém consagrar sua casa a
Javé, o sacerdote fará a avaliação, se
é de muito ou pouco valor; e o valor
que lhe atribuir o sacerdote será aceito.
[15]Mas, se aquele que a consagrou quiser
resgatar sua casa, acrescente um quinto
ao valor estimado, e a casa será sua.
[16]Se alguém consagrar a Javé um ter-
reno de sua propriedade, seja avaliado
em proporção da quantidade que nele
se pode semear, a saber: cinquenta si-
clos de prata para cada homer de ceva-
da. [17]Se ele consagrar seu terreno desde
o ano do jubileu, o preço será o de tua
avaliação. [18]Mas se for consagrado de-
pois do jubileu, o sacerdote calcule seu
valor em proporção dos anos que faltam
para o jubileu, fazendo um abatimento
em tua avaliação. [19]Mas, se aquele que
consagrou o terreno quiser resgatá-
-lo, acrescente um quinto ao preço da
avaliação, e o terreno ficará seu. [20]Se
não o resgatar e vender o campo a um
terceiro, não poderá mais resgatá-lo;
[21]mas quando for liberado, no jubileu,
será consagrado a Javé, como se fosse
votado ao anátema†, e passará a ser
propriedade do sacerdote. [22]Se alguém
consagrar* a Javé um terreno comprado
e não pertencente aos bens de heran-
ça, [23]o sacerdote calculará o preço em
proporção dos anos que faltam para o
jubileu, e essa pessoa pagará naquele
mesmo dia o preço determinado, como
coisa consagrada a Javé. [24]No ano jubi-
lar, o campo voltará ao proprietário do
qual foi comprado e a cujo patrimônio
pertencia. [25]Toda avaliação tua seja feita
segundo o siclo do santuário. Cada siclo
vale vinte geras.

* **26**,44. Dt 4,29-31 / Lm 3,21s.31s; 5,21s | 45. 22,23 | **27**,22. 27,28 | 26. Êx 13,11

† **27**,21. Anátema é um termo usado no contexto da guerra santa, para indicar o que é separado, posto de lado, consagrado a Deus, senhor absoluto da vida. Os povos conquistados eram exterminados, a fim de não serem para Israel ocasião de apostasia, Dt 20,16-18.

[26]Ninguém poderá consagrar* o primogênito de um animal, porque, enquanto primogênito, já pertence a Javé; seja boi, seja ovelha, pertence a Javé. [27]Se o animal é impuro, pode ser resgatado pelo preço de avaliação, acrescido de um quinto. Se não for resgatado, seja vendido pelo preço de avaliação.

[28]Mas nada daquilo que alguém consagra a Javé como anátema pode ser vendido ou resgatado; nada do que ele possui, quer se trate de homens, animais ou terreno de sua propriedade. Todo anátema é uma coisa santíssima para Javé. [29]Nenhuma pessoa votada ao anátema pode ser resgatada; mas certamente morrerá.

Dízimos. [30]Todos os dízimos da terra,* tanto dos produtos do solo como dos frutos das árvores, pertencem a Javé, são coisa consagrada a Javé. [31]Quem quiser resgatar uma parte de seus dízimos ajuntará um quinto de seu valor. [32]Em todo dízimo do gado, seja graúdo ou miúdo, será coisa consagrada a Javé o décimo de tudo o que passa sob o cajado do pastor. [33]Não se deve observar se o animal é bom ou ruim, e não se pode trocar. Se alguém trocar um animal por outro, ambos serão coisas santas e não poderão ser resgatados".

[34]São estes os mandamentos que Javé deu a Moisés, para os israelitas no monte Sinai.

* **27**,30. Dt 14,22

NÚMEROS

O nome deste livro deriva dos recenseamentos que são o tema de uns poucos capítulos iniciais. Em seguida, no meio de normas referentes ao culto e de fragmentos poéticos, dos quais os mais importantes são os oráculos de Balaão, prossegue o relato da peregrinação de Israel no deserto, a partir dos últimos dias passados no Sinai. Depois de uma permanência de quarenta anos em Cades, o povo retoma sua caminhada até o limite da terra prometida. Deus continua a mostrar-se um poderoso e solícito protetor, livrando o povo dos perigos, dando-lhe a vitória nos combates e água para sua sede. Essa marcha é também uma sucessão de murmurações e de revoltas do povo, que chega a violar a aliança com práticas de flagrante idolatria. Diante disso, é necessário que Deus o castigue, para purificá-lo e fazê-lo voltar à observância de seus solenes compromissos. São punições numerosas e tremendas, que custaram a vida a toda a geração que saiu do Egito. A severidade com que intervém o Deus justo e santo não anula sua misericordiosa bondade, e tampouco a desobediência do povo consegue impedir que vá adiante o plano da salvação.

O livro apresenta um povo sempre a caminho e isolado dos outros povos, que deve construir sua identidade somente a partir da experiência da presença de Deus, não podendo contar ainda com a mediação de uma terra.

O leitor de Números vê na comunidade do deserto a imagem da Igreja, povo santo e ao mesmo tempo sempre necessitado de conversão, porque ainda sujeito ao pecado; povo de peregrinos, a caminho da pátria futura (Hb 13,14); que está no mundo, mas não é do mundo (Jo 17,16), pois sua pátria está no céu (Fl 3,20); povo conduzido pelo novo Moisés, Cristo, que é, ele próprio, o Caminho (Jo 14,6) que liga a terra ao céu; por isso São Paulo dirá: "Caminhai no Senhor Jesus" (Cl 2,6). É Cristo o libertador desse novo povo de Deus, livre da lei do pecado e da morte (Rm 8,2), que abandonou os ídolos para servir ao Deus vivo e verdadeiro (1Ts 1,9).

I. NO SINAI (1–10,10)

1 **Recenseamento dos israelitas.**
1Javé falou a Moisés no deserto do Sinai,* na tenda da reunião, no
primeiro dia do segundo mês, no segundo ano da saída do Egito, dizendo:
2"Fazei o recenseamento de toda a assembleia dos israelitas por famílias e
por casas patriarcais, contando um por um os nomes de todos os indivíduos
do sexo masculino. 3Serão registrados
por ti e por Aarão, segundo seus esquadrões, todos os que são aptos para
a guerra, da idade de vinte anos para
cima. 4Estará convosco um homem de
cada tribo, um que seja chefe da casa
de seus pais. 5São estes os nomes dos
homens* que vos assistirão: De Rúben,
Elisur, filho de Sedeur. 6De Simeão,
Salamiel, filho de Surisadai. 7De Judá,
Naasson,* filho de Aminadab. 8De Issacar, Natanael, filho de Suar. 9De Zabulon, Eliab, filho de Helon. 10Dos filhos
de José: de Efraim, Elisama, filho de Amiud; de Manassés, Gamaliel, filho
de Fadassur. 11De Benjamim, Abidã, fi-
lho de Gedeão. 12De Dã, Aiezer, filho
de Amisadai. 13De Aser, Fegiel, filho de
Ocrã. 14De Gad, Eliasaf, filho de Deuel.
15De Neftali, Aíra, filho de Enã".
16Estes foram os homens escolhidos* dentre a comunidade; eram chefes de suas tribos paternas e comandantes de milhares em Israel.
17Moisés e Aarão tomaram estes homens, que haviam sido designados
nominalmente, 18e no primeiro dia do segundo mês convocaram toda a comunidade e determinaram sua descendência por famílias e por casas patriarcais, alistando um por um os nomes dos homens de mais de vinte
anos. 19Como Javé havia ordenado a Moisés, assim ele os contou no deserto do Sinai.
20Dos filhos de Rúben, primogênito de Israel, seus descendentes segundo suas famílias e suas casas patriarcais,

---

* **1**,1. 26,1-51 | 5. 10,13-28 | 7. 2,10; 7,30; 10,18; 2,3; Rt 4,20; Mt 1,4; Lc 3,32s | 16. 2,14; 7,42; Ap 7,4-8

contando um por um os nomes de todos os homens de vinte anos para cima, aptos para a guerra, 21foram recenseados quarenta e seis mil e quinhentos.

22Dos filhos de Simeão, seus descendentes segundo suas famílias e suas casas patriarcais, contando um por um os nomes de todos os homens de vinte anos para cima, aptos para a guerra, 23foram recenseados cinquenta e nove mil e trezentos.

24Dos filhos de Gad, seus descendentes segundo suas famílias e suas casas patriarcais, contando os nomes de todos os homens de vinte anos para cima, aptos para a guerra, 25foram recenseados quarenta e cinco mil e seiscentos e cinquenta.

26Dos filhos de Judá, seus descendentes segundo suas famílias e suas casas patriarcais, contando os nomes de todos os homens de vinte anos para cima, aptos para a guerra, 27foram recenseados setenta e quatro mil e seiscentos.

28Dos filhos de Issacar, seus descendentes segundo suas famílias e suas casas patriarcais, contando os nomes de todos os homens de vinte anos para cima, aptos para a guerra, 29foram recenseados cinquenta e quatro mil e quatrocentos.

30Dos filhos de Zabulon, seus descendentes segundo suas famílias e suas casas patriarcais, contando os nomes de todos os homens de vinte anos para cima, aptos para a guerra, 31foram recenseados cinquenta e sete mil e quatrocentos.

32Entre os filhos de José, dos filhos de Efraim, seus descendentes segundo suas famílias e suas casas patriarcais, contando os nomes de todos os homens de vinte anos para cima, aptos para a guerra, 33foram recenseados quarenta mil e quinhentos.

34Entre os filhos de José, dos filhos de Manassés, seus descendentes segundo suas famílias e suas casas patriarcais, contando os nomes de todos os homens de vinte anos para cima, aptos para a guerra, 35foram recenseados trinta e dois mil e duzentos.

36Dos filhos de Benjamim, seus descendentes segundo suas famílias e suas casas patriarcais, contando os nomes de todos os homens de vinte anos para cima, aptos para a guerra, 37foram recenseados trinta e cinco mil e quatrocentos.

38Dos filhos de Dã, seus descendentes segundo suas famílias e suas casas patriarcais, contando os nomes de todos os homens de vinte anos para cima, aptos para a guerra, 39foram recenseados sessenta e dois mil e setecentos.

40Dos filhos de Aser, seus descendentes segundo suas famílias e suas casas patriarcais, contando os nomes de todos os homens de vinte anos para cima, aptos para a guerra, 41foram recenseados quarenta e um mil e quinhentos.

42Dos filhos de Neftali, seus descendentes segundo suas famílias e suas casas patriarcais, contando os nomes de todos os homens de vinte anos para cima, aptos para a guerra, 43foram recenseados cinquenta e três mil e quatrocentos.

44São esses os alistados por Moisés, Aarão e os doze chefes, cada um representando sua casa patriarcal. 45Assim todos os israelitas que foram recenseados segundo as casas patriarcais, da idade de vinte anos para cima, todos os que eram aptos para a guerra, 46foram ao todo seiscentos e três mil e quinhentos e cinquenta recenseados.

Ofício dos levitas. 47Os levitas, porém, não foram contados entre eles,* segundo as casas patriarcais de sua tribo, 48pois Javé falou a Moisés,* dizendo-lhe: 49"Somente a tribo de Levi não será recenseada nem contada com os outros israelitas, 50mas confiarás a eles o cuidado do tabernáculo do testemunho, de todos os seus utensílios e de todos os seus pertences. Eles transportarão o tabernáculo e todos os seus utensílios; exercerão nele seu ministério

* **1**,47. 2,32; 11,21; 26,51; Êx 12,37; 38,26 | 48. 2,33; Êx 25-28; 3,6-8; Ez 48,8-14

e acamparão ao redor do tabernáculo. 51 Quando o tabernáculo* tiver de ser transportado, eles o desarmarão; quando o tabernáculo tiver de parar, os levitas o armarão, e qualquer estranho que se aproximar será morto. 52 Os israelitas acamparão* cada um no próprio acampamento, junto a sua bandeira, segundo suas fileiras. 53 Mas os levitas acamparão em torno do tabernáculo do testemunho, para que minha ira não caia sobre a comunidade dos israelitas. Os levitas terão por tarefa guardar o tabernáculo". 54 Assim fizeram os israelitas; conforme tudo o que Javé havia ordenado a Moisés, assim o fizeram.

2 **A ordem do acampamento.** 1 Javé falou a Moisés e a Aarão,* dizendo: 2 "Os israelitas acamparão cada qual junto a sua bandeira, sob os estandartes de suas casas patriarcais; acamparão ao redor da tenda da reunião, a certa distância†. 3 Ao oriente, do lado do sol nascente, acamparão os da bandeira do acampamento de Judá conforme suas fileiras, e seu comandante será Naasson, filho de Aminadab; 4 e seu exército, segundo o censo, é de setenta e quatro mil e seiscentos homens. 5 Junto deles ficarão acampados os da tribo de Issacar, e seu comandante será Natanael, filho de Suar; 6 e seu exército, segundo o censo, é de cinquenta e quatro mil e quatrocentos homens. 7 Em seguida, a tribo de Zabulon, e seu comandante será Eliab, filho de Helon; 8 seu exército, segundo o censo, é de cinquenta e sete mil e quatrocentos homens. 9 O total dos recenseados do acampamento de Judá é de cento e oitenta e seis mil e quatrocentos homens, segundo seus esquadrões; serão os primeiros a se porem em marcha.

10 Ao sul estarão os da bandeira do acampamento de Rúben conforme suas fileiras; e seu comandante será Elisur, filho de Sedeur; 11 e seu exército, segundo o censo, é de quarenta e seis mil e quinhentos homens. 12 Junto acampará a tribo de Simeão, com seu comandante Salamiel, filho de Surisadai; 13 e seu exército, segundo o censo, é de cinquenta e nove mil e trezentos homens. 14 Em seguida a tribo de Gad, com seu comandante Eliasaf, filho de Deuel; 15 suas fileiras, segundo o censo, contam quarenta e cinco mil e seiscentos e cinquenta homens 16 O total dos recenseados do acampamento de Rúben é de cento e cinquenta e um mil e quatrocentos e cinquenta homens, segundo seus esquadrões; eles se porão em marcha em segundo lugar.

17 Depois se porá em marcha o tabernáculo com o acampamento dos levitas, no meio dos acampamentos; assim como acamparam, assim seguirão em marcha, cada um em seu lugar e sob sua bandeira.

18 Ao ocidente estará a bandeira do acampamento de Efraim segundo suas fileiras, e seu comandante será Elisama, filho de Amiud; 19 suas fileiras, segundo o censo, contam quarenta mil e quinhentos homens. 20 Junto deles virá a tribo de Manassés com seu comandante Gamaliel, filho de Fadassur; 21 suas fileiras, segundo o censo, contam trinta e dois mil e duzentos homens. 22 Em seguida, a tribo de Benjamim com seu comandante Abidã, filho de Gedeão; 23 suas fileiras, segundo o censo, contam trinta e cinco mil e quatrocentos homens. 24 O total dos recenseados do acampamento de Efraim é de cento e oito mil e cem homens, segundo seus esquadrões; entrarão em marcha em terceiro lugar.

25 Ao norte estará a bandeira do acampamento de Dã, e seu comandante será Aiezer, filho de Amisadai; 26 suas fileiras, segundo o censo, contam ses-

* **1**,51. Êx 40,36-38; 9,15-23 | 52. Êx 19,12; 3,10.38 | **2**,1. 10,11-28

† **2**,2. O acampamento tinha a forma de um quadrado, em cujo centro ficava a tenda de Deus, com a tribo de Levi a seu redor. Cada um dos quatro lados era ocupado por três tribos, tendo no meio a principal das três. Ao caminharem, iam à frente seis tribos, lideradas pela de Judá, depois a tenda com os levitas e as outras seis tribos atrás.

senta e dois mil e setecentos homens. 27Junto deles acampará a tribo de Aser com seu comandante Fegiel, filho de Ocrã; 28suas fileiras, segundo o censo, contam quarenta e um mil e quinhentos homens. 29Em seguida, a tribo de Neftali com seu comandante Aíra, filho de Enã; 30suas fileiras, segundo o censo, contam cinquenta e três mil e quatrocentos homens. 31O total dos recenseados do acampamento de Dã é de cento e cinquenta e sete mil e seiscentos homens, e entrarão em marcha por último, junto suas bandeiras".

32São esses os que foram contados dos israelitas,* segundo suas casas patriarcais; o total dos recenseados dos acampamentos, segundo suas fileiras, é de seiscentos e três mil e quinhentos e cinquenta homens. 33Mas os levitas não foram contados com os outros israelitas, conforme Javé havia ordenado a Moisés. 34Os israelitas fizeram tudo como Javé havia ordenado a Moisés; assim acampavam junto suas bandeiras e assim se punham em marcha, cada qual conforme sua família e conforme a casa de seus pais.

3 **Os descendentes de Aarão.** 1São estes os descendentes de Aarão e de Moisés,* no tempo em que Javé falou a Moisés no monte Sinai. 2São estes os nomes* dos filhos de Aarão: Nadab, o primogênito, Abiú, Eleazar e Itamar.* 3São estes os nomes dos filhos de Aarão, sacerdotes ungidos e consagrados para exercerem o sacerdócio. 4Nadab e Abiú morreram na presença de Javé, enquanto lhe ofereciam um fogo irregular no deserto do Sinai,* e não tiveram filhos. Eleazar e Itamar exerceram o sacerdócio na presença de seu pai Aarão.

Ofício dos levitas. 5Javé falou a Moisés: 6"Convoca a tribo de Levi e apresenta-a ao sacerdote Aarão para que o sirva. 7Cuidarão de tudo o que é confiado a ele e a toda a comunidade junto à tenda da reunião, fazendo assim o serviço do tabernáculo. 8Tomarão conta de todos os utensílios da tenda da reunião e estarão a serviço dos israelitas, ministrando no tabernáculo. 9Oferecerás os levitas* a Aarão e a seus filhos como oblatos†, isto é, oferecidos a eles dentre os israelitas. 10Estabelecerás Aarão e seus filhos em seu cargo, para que exerçam o sacerdócio; e todo o estranho que se aproximar será morto".* 11Javé disse a Moisés: 12"Tomei dentre os israelitas os levitas em lugar de todo primogênito, de todo israelita nascido do primeiro parto; os levitas serão meus†. 13Porque todo primogênito* é meu; desde o dia em que feri de morte os primogênitos na terra do Egito, consagrei para mim todos os primogênitos em Israel, tanto dos homens como dos animais; eles me pertencem. Eu sou Javé".

Recenseamento dos levitas. 14Javé disse a Moisés* no deserto do Sinai: 15"Faze o recenseamento dos filhos de Levi segundo suas casas patriarcais e suas famílias, contando todos os homens da idade de um mês para cima". 16Segundo a ordem de Javé, Moisés contou-os conforme lhe fora mandado. 17São estes os filhos de Levi,* com seus nomes: Gérson, Caat e Merari. 18São estes os nomes dos filhos de Gérson, segundo suas famílias: Lobni e Semei. 19Filhos de Caat, segundo suas famílias: Amram, Isaar, Hebron e Oziel. 20Filhos de Merari, segundo suas famílias: Mooli e Musi. São essas as famílias de Levi, segundo suas casas patriarcais.

21De Gérson descendem a família lobnita e a família semeíta. São essas as famílias dos gersonitas. 22O número total dos homens recenseados, da idade de um mês para cima, foi de sete mil e quinhentos. 23As famílias dos gersoni-

---

* **2**,32. 1,46 | **3**,1. 26,59-61 | 2. Êx 6,23 / Êx 29; Lv 8-9; Êx 30,22 | 4. Lv 10,1-7 | 9. 8,14-19; Esd 2,43 | 10. 1,51 | 13. Êx 13,11 | 14. 26,57-62 | 17. Gn 46,11; Êx 6,16-19 | 25. Êx 26-27

† **3**,9. Esse nome se aplicará depois do Exílio a uma categoria inferior de ministros do templo, Esd 2,43; Ne 11,3. | 12. Deus toma a seu serviço os homens da tribo de Levi em troca dos primogênitos, que lhe pertenciam e deviam ser resgatados, Êx 13,11-16.

tas acampavam atrás do tabernáculo, ao ocidente. 24O chefe da casa patriarcal dos gersonitas era Eliasaf, filho de Lael. 25O encargo dos gersonitas na tenda da reunião* era cuidar do tabernáculo e da tenda, de sua cobertura e do véu da entrada da tenda da reunião, 26das cortinas do átrio e do véu da entrada do átrio, que está em volta do tabernáculo e do altar, e das cordas necessárias para todo o seu serviço.

27De Caat descendem as famílias dos amramitas, dos isaaritas, dos hebronitas e dos ozielitas. São essas as famílias dos caatitas. 28Contando todos os homens da idade de um mês para cima, somaram oito mil e seiscentos encarregados do serviço do santuário. 29As famílias dos caatitas acampavam do lado sul do tabernáculo. 30O chefe da casa patriarcal* dos caatitas era Elisafã, filho de Oziel. 31Seu encargo era o cuidado da arca, da mesa, do candelabro, dos altares e utensílios sagrados que servem para o culto, do véu e de tudo o que se refere a seu serviço. 32O chefe supremo dos levitas era Eleazar, filho do sacerdote Aarão, cabendo-lhe a supervisão dos encarregados do santuário.

33De Merari descendem a família dos moolitas e a família dos musitas. Essas são as famílias dos meraritas. 34Todos os homens que delas foram recenseados, com mais de um mês de idade, somaram seis mil e duzentos homens. 35O chefe da casa patriarcal de Merari era Suriel, filho de Abiail. Acampavam do lado norte do tabernáculo. 36O encargo dos filhos de Merari* era cuidar das tábuas do tabernáculo, das vigas, das colunas e de suas bases, de todos os utensílios e de tudo o que se refere a seu serviço, 37das colunas que rodeiam o átrio, com suas bases, das estacas e das cordas. 38Diante do tabernáculo, ao oriente, em frente à tenda da reunião, do lado do sol nascente, acampavam Moisés, Aarão e seus filhos, que tinham o cuidado do santuário, por incumbência dos israelitas; e todo estranho* que se aproximasse devia ser punido com a morte. 39O total dos levitas recenseados por Moisés e Aarão conforme a ordem de Javé, contados segundo suas famílias, todos os homens com mais de um mês de idade, foi de vinte e dois mil.

Recenseamento dos primogênitos. 40Javé disse a Moisés: "Faze o recenseamento dos primogênitos israelitas do sexo masculino com mais de um mês de idade e soma seus nomes. 41Tomarás para mim* os levitas – eu sou Javé – em lugar de todos os primogênitos dos israelitas, e os animais dos levitas, em troca de todos os primogênitos dos animais dos israelitas". 42Moisés recenseou, como Javé lhe havia mandado, todos os primogênitos dos israelitas. 43O total dos primogênitos homens, contados nominalmente, que foram recenseados a partir de um mês de idade, foi de vinte e dois mil e duzentos e setenta e três.

Os levitas substituem os primogênitos. 44Javé falou a Moisés: 45"Toma os levitas em troca de todos os primogênitos dos israelitas e os animais dos levitas em troca dos animais deles; os levitas serão meus: eu sou Javé. 46Como resgate pelos duzentos e setenta e três primogênitos que excedem o número dos levitas, 47tomarás cinco siclos por pessoa; e os tomarás segundo o siclo do santuário, o qual é de vinte geras. 48Darás o dinheiro a Aarão e a seus filhos como resgate por aqueles que excedem o número". 49Moisés tomou o dinheiro do resgate por aqueles que excediam o número dos resgatados pelos levitas. 50Dos primogênitos dos israelitas recebeu em dinheiro mil e trezentos e sessenta e cinco siclos, conforme o siclo do santuário. 51E conforme a ordem de Javé, Moisés entregou a Aarão e a seus filhos o dinheiro daqueles que haviam sido resgatados, como Javé havia ordenado a Moisés.

***** **3**,30. Êx 25,10-40; 30,1-10 | 36. Êx 26,15-30; 27,9-19 | 38. 1,51 | 41. 3,12s; Êx 13,11 | 46. Êx 13,11 | 47. Lv 5,15

4 **Descendentes dos levitas – Os filhos de Caat.** 1Javé falou a Moisés: 2"Dentre os filhos de Levi, faze a contagem dos filhos de Caat, segundo suas famílias e suas casas patriarcais, 3dos que têm entre trinta e cinquenta anos, todos os que se alistariam no exército, para prestar serviço na tenda da reunião. 4O encargo dos filhos de Caat na tenda da reunião será cuidar das coisas mais sagradas. 5Quando se levantar o acampamento, Aarão e seus filhos virão tirar o véu de separação e com ele cobrirão a arca do testemunho. 6Colocarão em cima dela uma cobertura de couro fino,* sobre a qual estenderão um pano de púrpura violeta, e colocarão os varais na arca. 7Estenderão uma toalha de púrpura violeta sobre a mesa da apresentação e lhe colocarão em cima os pratos, as colheres, as taças e os copos para a libação; e também o pão perene estará sobre ela. 8Sobre esses objetos* estenderão um pano escarlate envolto numa cobertura de couro fino e colocarão na mesa os varais. 9Tomarão um pano de púrpura e envolverão o candelabro da luz, as lâmpadas, as espevitadeiras, os cinzeiros e todos os recipientes de óleo que são usados em seu serviço, 10e o colocarão com todos os seus utensílios num estojo de pele fina para pô-lo em cima da padiola. 11Sobre o altar de ouro† estenderão um pano* de púrpura violeta e o cobrirão com uma cobertura de couro fino, e lhe colocarão os varais. 12Tomarão todos os utensílios usados no serviço do santuário e os envolverão num pano de púrpura violeta, cobrindo-os com uma cobertura de couro fino, e os colocarão na padiola. 13Tirarão do altar as cinzas e estenderão sobre ele um pano de púrpura escarlate. 14Em cima colocarão todos os utensílios empregados no serviço, isto é: braseiros, garfos, pás, bacias e todos os outros acessórios do altar, estenderão em cima uma cobertura de couro fino e lhe colocarão os varais. 15Quando Aarão e seus filhos tiverem acabado de cobrir os objetos do santuário e todos os utensílios sagrados, ao levantarem o acampamento, virão os filhos de Caat* para transportá-los, mas sem tocar nas coisas sagradas, para que não morram. Esse é o encargo dos filhos de Caat na tenda da reunião. 16Eleazar, filho do sacerdote Aarão, ficará encarregado do óleo para a iluminação, do incenso aromático, da oblação perpétua e do óleo para a unção, como também da vigilância de todo o tabernáculo e de tudo o que ele contém, do santuário e de seus utensílios".*

17Javé disse a Moisés e a Aarão: 18"Não permitais que seja eliminada dentre os levitas a tribo das famílias dos caatitas. 19Mas fazei assim com eles para conservarem a vida e não morrerem ao se aproximarem das coisas mais sagradas: entrem Aarão e seus filhos e indiquem a cada um seu serviço e seu encargo; 20mas não entrem eles para ver, nem por um instante, as coisas sagradas, pois morreriam".

Os filhos de Gérson. 21Javé falou a Moisés: 22"Faze o recenseamento também dos filhos de Gérson, segundo suas casas patriarcais e suas famílias. 23Recensearás todos os homens que têm entre trinta e cinquenta anos e que se alistariam no exército, para prestar serviço na tenda da reunião. 24Este será o encargo das famílias dos gersonitas, o que devem fazer e o que devem transportar: 25levarão as cortinas do tabernáculo, a tenda da reunião, a cobertura de couro fino, que a recobre, e o véu da entrada da tenda da reunião, 26as cortinas do átrio, o véu da entrada da porta do átrio que rodeia o tabernáculo e o altar, as cordas e todos os utensílios para seu serviço; farão todo o serviço que se refere a essas coisas. 27Todo o serviço dos gersonitas, tudo o que devem transportar e fazer será conforme as ordens de Aarão e de seus

* **4**,6. Êx 26,31-37; 35,12; 39,34; 2Sm 6,7 | 8. Êx 25,23 | 11. Êx 30,1-6 | 15. 2Sm 6,7; Lv 17,1 | 16. Êx 27,20; 30,22-33.34-38

† **4**,11. O altar dos perfumes, Êx 30,1-10; no v. 13 fala do altar dos holocaustos, Êx 27,1-8.

filhos; e lhes indicareis tudo que devem transportar. [28]Esse é o encargo das famílias dos gersonitas na tenda da reunião; e seu serviço estará sob a direção de Itamar, filho do sacerdote Aarão.

Os filhos de Merari. [29]Contarás também os filhos de Merari segundo suas famílias e suas casas patriarcais. [30]Recensearás todos os homens que têm entre trinta e cinquenta anos e que se alistariam no exército, para prestar serviço na tenda da reunião. [31]São estes os objetos confiados a eles para transportar, conforme todo o seu serviço na tenda da reunião: as tábuas, as vigas, as colunas e as bases do tabernáculo, [32]as colunas que rodeiam o átrio e suas bases, as estacas e as cordas com todos os seus acessórios para o serviço; e indicareis a cada um nominalmente os utensílios que devem transportar. [33]Esse é o ofício das famílias de Merari, de acordo com todo o seu serviço na tenda da reunião, sob a chefia de Itamar, filho do sacerdote Aarão".

Recenseamento dos levitas. [34]Moisés, Aarão e os chefes da comunidade fizeram o censo dos filhos de Caat, segundo suas famílias e suas casas patriarcais, [35]de todos os homens que tinham entre trinta e cinquenta anos e que se alistariam no exército, para prestar serviço na tenda da reunião. [36]Foram contados, segundo suas famílias, dois mil e setecentos e cinquenta. [37]São estes os recenseados das famílias dos caatitas, todos os que prestavam serviço na tenda da reunião, que Moisés e Aarão contaram, cumprindo a ordem de Javé dada a Moisés.

[38]Foi feito o recenseamento dos filhos de Gérson, segundo suas famílias e suas casas patriarcais, [39]de todos os homens que tinham entre trinta e cinquenta anos e que se alistariam no exército, para prestar serviço na tenda da reunião; [40]estes recenseados segundo suas famílias e suas casas patriarcais foram dois mil e seiscentos e trinta. [41]São estes os recenseados dentre as famílias de Gérson, todos os que serviam na tenda da reunião e que Moisés e Aarão recensearam em cumprimento da ordem de Javé.

[42]Foi feito o recenseamento dos filhos de Merari, segundo suas famílias e suas casas patriarcais, [43]de todos os homens que tinham entre trinta anos e cinquenta anos e que se alistariam no exército, para prestar serviço na tenda da reunião; [44]estes recenseados segundo suas famílias foram três mil e duzentos. [45]São estes os recenseados das famílias de Merari, cujo censo fizeram Moisés e Aarão por ordem de Javé a Moisés.

[46]O número total dos levitas que Moisés, Aarão e os chefes de Israel recensearam segundo suas famílias e suas casas patriarcais, [47]todos os homens de trinta anos até cinquenta anos, que eram aptos para servir no culto e no transporte da tenda da reunião, [48]foi de oito mil e quinhentos e oitenta. [49]Conforme a ordem de Javé transmitida por Moisés, eles foram recenseados, designando-se para cada um o que devia fazer e o que devia transportar; assim foram recenseados como Javé havia ordenado a Moisés.

5 **Exclusão dos impuros.** [1]Javé disse a Moisés: [2]"Ordena aos israelitas* que excluam do acampamento todos os leprosos, todos os que têm um corrimento e todos os que estão impuros por contato com um morto. [3]Afastai tanto os homens como as mulheres, pondo-os fora do acampamento, para não contaminarem seu acampamento no meio do qual eu habito". [4]Os israelitas fizeram assim, e os puseram para fora do acampamento; como Javé ordenou a Moisés, assim fizeram os israelitas.

Reparação pelo furto. [5]Javé disse a Moisés: [6]"Dize aos israelitas:* Quando um homem ou uma mulher se torna infiel a Javé por ter cometido um dos pecados que o ser humano comete, essa pessoa é culpada. [7]Confessará a

* **5**,2. Dt 23,10-15; Lv 13,45s; 15; 19,11-16 | 6. Lv 5,15-26

culpa que cometeu e fará plena restituição do dano feito, com o acréscimo de um quinto, e o entregará ao que foi prejudicado. [8]Mas se tal pessoa não tem nenhum parente a quem se possa fazer a restituição, a indenização será feita a Javé, isto é, ao sacerdote, além do carneiro de expiação que se oferecerá pelo culpado. [9]Toda oferenda de qualquer coisa sagrada, que os israelitas oferecerem ao sacerdote, pertencerá a este. [10]As oferendas sagradas de cada um serão para ele; aquilo que alguém oferece ao sacerdote caberá a este".

Sacrifício pelo ciúme. [11]Javé falou a Moisés†: [12]"Dize aos israelitas: Se a esposa de alguém se desviar e for infiel a ele, [13]dormindo com outro homem, e isso ficar oculto aos olhos do marido, e ela se tiver contaminado sem ser descoberta, e não se tiver encontrado nenhuma testemunha contra ela, porque não foi surpreendida no ato; [14]se nele sobrevier o espírito de ciúme e se tornar ciumento de sua mulher, que se contaminou, ou se nele sobrevier o espírito de ciúme e se tornar ciumento de sua mulher, que de fato não se contaminou, [15]esse homem levará sua mulher ao sacerdote e fará por ela uma oferenda de um décimo de efá de farinha de cevada;* não derramará óleo sobre a oferta nem lhe porá incenso, porque é uma oblação de ciúme, uma oferenda comemorativa que recorda uma culpa.

[16]O sacerdote a fará aproximar-se e a colocará diante de Javé. [17]Depois tomará água santa num vaso de barro, um pouco de pó do chão do tabernáculo, que porá dentro da água. [18]O sacerdote apresentará a mulher diante de Javé, soltará os cabelos dela e colocará em suas mãos a oblação comemorativa, isto é, a oblação por ciúme, e na mão do sacerdote estará a água amarga, portadora de maldição.

[19]O sacerdote fará a mulher jurar e lhe dirá: 'Se nenhum homem dormiu contigo e não te desviaste de teu marido, contaminando-te, esta água amarga, portadora de maldição, não te fará mal algum. [20]Mas se te desviaste de teu marido e te contaminaste dormindo com outro que não o teu marido [21]– então o sacerdote fará a mulher pronunciar um juramento de imprecação, dizendo –: Que Javé te faça objeto de maldição e de imprecação no meio de teu povo, fazendo murchar teu sexo e inchar teu ventre. [22]E que esta água, portadora de maldição, penetre em tuas entranhas para fazer inchar teu ventre e murchar teu sexo'. A mulher responderá: 'Amém, amém'. [23]Depois o sacerdote escreverá essas maldições numa folha e as apagará na água amarga. [24]Fará que a mulher beba a água amarga, portadora da maldição. Essa água de maldição penetrará nela para lhe ser amarga.

[25]Em seguida, o sacerdote tomará das mãos da mulher a oblação por ciúme* e, apresentando-a diante de Javé, a levará para o altar. [26]O sacerdote tomará uma porção da oferenda e a queimará sobre o altar como memorial; depois fará a mulher beber a água. [27]Havendo-lhe dado de beber a água, acontecerá que, se ela se contaminou e foi infiel ao marido, entrará nela a água portadora de maldição e lhe será amarga, seu ventre inchará e seu sexo murchará; e essa mulher se tornará motivo de imprecação entre seu povo. [28]Mas se não se contaminou e estiver pura, ficará ilesa e será fecunda.

[29]Esta é a lei do ciúme, no caso em que uma mulher se tenha desviado de seu marido e se tenha contaminado, [30]ou no caso em que, sobrevindo ao marido o espírito de ciúme, se tenha tornado ciumento de sua mulher; então apresentará a mulher diante de

* **5**,15. Lv 5,11 | 25. Lv 5,12

† **5**,11. Rito para invocar o juízo de Deus na falta de provas. Esse tipo de juízo ou ordália, que perdurou até a Idade Média, é próprio de uma sociedade machista, que permite ao marido submeter a esposa a uma prática humilhante.

Javé, e o sacerdote aplicará a ela toda
esta lei. 31 O marido estará isento de
culpa, e a mulher carregará a pena de
sua iniquidade".

6

Os nazireus. 1 Javé disse a Moisés:
2 "Fala aos israelitas e dize-lhes:
Quando um homem ou mulher fizer
uma promessa especial, a promessa
de nazireato†, consagrando-se a Javé,
3 deverá abster-se de vinho* e de bebi-
das alcoólicas, não tomará vinagre de
vinho nem de outras bebidas fortes,
não tomará suco de uva e não comerá
uvas frescas* nem secas. 4 Durante todo
o tempo de seu nazireato não tomará
nada que seja produzido pela vinha,
desde as sementes até as cascas.
5 Por todo o tempo de seu nazireato,*
a navalha não passará sobre sua cabe-
ça, até que se cumpra o tempo pelo
qual se consagrou a Javé; será consa-
grado e deixará crescer os cabelos de
sua cabeça.
6 Enquanto durar o tempo de sua
consagração a Javé, não se aproximará
de um morto; 7 nem quando se tratar
do pai ou da mãe, do irmão ou da irmã
ele se contaminará, porque traz sobre
a cabeça o sinal da consagração a Javé.
8 Por todo o tempo de seu nazireato*
ficará consagrado a Javé.
9 Se alguém morrer repentinamente
perto dele, tornando impura sua cabe-
ça consagrada, ele rapará a cabeça no
dia de sua purificação; no sétimo dia
rapará a cabeça. 10 E no oitavo dia leva-
rá ao sacerdote, à entrada da tenda da
reunião, duas rolas ou dois pombinhos.
11 O sacerdote oferecerá um em sacri-
fício pelo pecado e o outro em holo-
causto e fará por ele o rito de expiação
por se ter contaminado por causa do
morto; e ele consagrará no mesmo dia
sua cabeça. 12 Consagrará de novo a
Javé o tempo de seu nazireato e levará
um cordeiro de um ano* como sacrifí-
cio de reparação; os dias precedentes
não serão contados, por ter sido viola-
do seu nazireato.
13 Esta é a lei do nazireu: "No dia em
que terminar a duração de seu nazirea-
to, será conduzido à entrada da tenda
da reunião 14 e apresentará sua oferen-
da a Javé: um cordeiro de um ano, sem
defeito, em holocausto, uma ovelha
de um ano, sem defeito, em sacrifício
pelo pecado, um carneiro sem defeito,
como sacrifício de comunhão, 15 um
cesto de pães ázimos de flor de farinha
amassada com óleo, e tortas sem fer-
mento, untadas com azeite, junto com
suas oblações e libações. 16 O sacerdote
apresentará essas coisas diante de Javé
e oferecerá seu sacrifício pelo pecado
e seu holocausto. 17 Com o carneiro,
oferecerá a Javé o sacrifício de comu-
nhão, junto com o cesto de pães ázi-
mos, e o sacerdote fará a oblação e a
libação que o acompanham. 18 Depois
o nazireu, à entrada da tenda da reu-
nião, rapará sua cabeça de consagra-
do, tomará os cabelos de sua cabeça
de consagrado e os colocará no fogo
que arde debaixo do sacrifício de co-
munhão. 19 Em seguida o sacerdote to-
mará a espádua do carneiro, já cozida,
um pão ázimo do cesto e uma torta
sem fermento e colocará tudo na mão
do nazireu, quando ele tiver termina-
do de rapar sua cabeça de consagrado.
20 O sacerdote fará com eles o gesto
de oferenda* diante de Javé; é a parte
sagrada, devida ao sacerdote, além do
peito, que também será oferecido, e a
coxa que lhe é reservada; depois disso,
o nazireu poderá beber vinho.
21 Esta é a lei sobre o nazireu que fez
uma promessa e sua oferenda a Javé
por seu nazireato, além daquilo que
suas posses lhe permitirem acrescen-
tar; ele se comportará segundo os ter-
mos da promessa que fez, conforme a
lei de sua consagração".

---

* **6**,3 Lc 1,15 / Jz 13,5; 16,17 | 5. Am 2,12 | 8. Lv 21,12; At 21,23-26 | 12. Lv 14,21-34 | 20. Lv 7,34; 10,14
24. Sl 121,7s; Êx 23,20; Jo 17,11s; Sl 4,7; 31,17

† **6**,2. Como sinal de sua especial consagração a Deus, o nazireu prometia, para sempre ou por certo tempo, não tomar bebida forte, deixar crescer os cabelos e não tocar nenhum morto, Jz 13,5-7, 1Sm 1,11, Am 2,11-12.

A bênção litúrgica. 22Javé disse a Moi-
sés: 23"Fala a Aarão e a seus filhos: As-
sim abençoareis os israelitas; dizei-lhes:
24'Javé te abençoe e te guarde!*
25Javé faça brilhar sobre ti sua face e
te conceda sua graça!
26Javé volte para ti sua face e te dê
a paz!' *
27Assim invocarão meu nome sobre
os israelitas, e eu os abençoarei".

7 **Oferendas dos chefes das tribos.**
1No dia em que Moisés* acabou
de levantar o tabernáculo, ele o ungiu e
o consagrou com todos os seus utensí-
lios; ungiu e consagrou também o altar
com todos os seus pertences. 2Então
apresentaram sua oferenda os chefes
de Israel que estavam à frente de suas
casas patriarcais, que eram chefes das
tribos e presidiram ao recenseamento.
3Levaram sua oferenda diante de Javé:
seis carros cobertos e doze bois, um
carro para cada dois príncipes e um
boi para cada um, e os apresentaram
diante do tabernáculo. 4Javé falou a
Moisés, dizendo: 5"Recebe-os deles e
sejam destinados ao serviço da tenda
da reunião; darás tudo aos levitas, con-
forme o serviço especial de cada um".
6Moisés recebeu os carros e os bois e
os entregou aos levitas. 7Deu aos filhos
de Gérson* dois carros e quatro bois,
em razão de suas funções; 8aos filhos
de Merari,* quatro carros e oito bois,
em virtude da função que haviam de
exercer sob a direção de Itamar, filho
do sacerdote Aarão. 9Mas aos filhos de
Caat* não deu nenhum, porque tinham
o encargo das coisas sagradas que de-
viam transportar nos ombros.
Ofertas para a dedicação do altar. 10Os
chefes fizeram sua oferenda* para a de-
dicação do altar, no dia em que foi un-
gido; apresentaram sua oferenda diante
do altar. 11Javé disse a Moisés: "Os chefes
apresentarão, cada um em seu dia, sua
oferenda para a dedicação do altar".
12No primeiro dia apresentou sua
oferenda Naasson, filho de Aminadab,*
da tribo de Judá. 13Sua oferenda foi:
uma bandeja de prata pesando cento e
trinta siclos; uma bacineta de prata de
setenta siclos, conforme o peso do san-
tuário, ambas cheias de flor de farinha
com azeite para a oblação; 14um vaso
de ouro de dez siclos, cheio de per-
fume; 15um novilho, um carneiro, um
cordeiro de um ano para o holocausto;
16um bode para o sacrifício pelo peca-
do; 17e dois bois, cinco carneiros, cin-
co bodes e cinco cordeiros de um ano
para o sacrifício de comunhão. Essa foi
a oferenda de Naasson, filho de Ami-
nadab.
18No segundo dia apresentou sua
oferenda Natanael, filho de Suar, che-
fe de Issacar.* 19Ofereceu uma bandeja
de prata pesando cento e trinta siclos;
uma bacineta de prata de setenta si-
clos, conforme o peso do santuário,
ambas cheias de flor de farinha com
azeite para a oblação; 20um vaso de
ouro de dez siclos, cheio de perfume;
21um novilho, um carneiro, um cordei-
ro de um ano para o holocausto; 22um
bode para o sacrifício pelo pecado; 23e
dois bois, cinco carneiros, cinco bodes
e cinco cordeiros de um ano para o sa-
crifício de comunhão. Essa foi a oferen-
da de Natanael, filho de Suar.
24No terceiro dia, Eliab,* filho de
Helon, chefe dos filhos de Zabulon,
25apresentou como sua oferta uma
bandeja de prata pesando cento e
trinta siclos; uma bacineta de prata de
setenta siclos, conforme o peso do san-
tuário, ambas cheias de flor de farinha
com azeite para a oblação; 26um vaso
de ouro de dez siclos, cheio de per-
fume; 27um novilho, um carneiro, um
cordeiro de um ano para o holocausto;
28um bode para o sacrifício pelo peca-
do; 29e dois bois, cinco carneiros, cin-
co bodes e cinco cordeiros de um ano
para o sacrifício de comunhão. Essa foi
a oferenda de Eliab, filho de Helon.
30No quarto dia, Elisur,* filho de
Sedeur, chefe dos filhos de Rúben,
31apresentou como sua oferenda uma

* **6**,26. Sl 122,6s; Dt 28,10; Eclo 50,22 | **7**,1. Êx 40,17-33 | 7. 4,24-28 | 8. 4,31-33 | 9. 4,4-15 | 10. Ez 43,18-26 | 12. 2,3 | 18. 2,5 | 24. 2,7 | 30. 2,10

bandeja de prata, do peso de cento e
trinta siclos; uma bacineta de prata de
setenta siclos, conforme o peso do san-
tuário, ambas cheias de flor de farinha
com azeite para a oblação; 32um vaso
de ouro de dez siclos, cheio de per-
fume; 33um novilho, um carneiro, um
cordeiro de um ano para o holocausto;
34um bode para o sacrifício pelo peca-
do; 35e dois bois, cinco carneiros, cin-
co bodes e cinco cordeiros de um ano
para o sacrifício de comunhão. Essa foi
a oferenda de Elisur, filho de Sedeur.
36No quinto dia, Salamiel,* filho de
Surisadai, chefe dos filhos de Simeão,
37apresentou sua oferenda, que con-
sistiu numa bandeja de prata pesan-
do cento e trinta siclos; uma bacineta
de prata de setenta siclos, conforme o
peso do santuário, ambas cheias de flor
de farinha com azeite para a oblação;
38um vaso de ouro de dez siclos, cheio
de perfume; 39um novilho, um carnei-
ro, um cordeiro de um ano para o ho-
locausto; 40um bode para o sacrifício
pelo pecado; 41e dois bois, cinco car-
neiros, cinco bodes e cinco cordeiros
de um ano para o sacrifício de comu-
nhão. Essa foi a oferenda de Salamiel,
filho de Surisadai.
42No sexto dia, Eliasaf,* filho de
Deuel, chefe dos filhos de Gad, 43apre-
sentou como sua oferenda uma bande-
ja de prata pesando cento e trinta si-
clos; uma bacineta de prata de setenta
siclos, conforme o peso do santuário,
ambas cheias de flor de farinha com
azeite para a oblação; 44um vaso de
ouro de dez siclos, cheio de perfume;
45um novilho, um carneiro, um cordei-
ro de um ano para o holocausto; 46um
bode para o sacrifício pelo pecado; 47e
dois bois, cinco carneiros, cinco bodes
e cinco cordeiros de um ano para o sa-
crifício de comunhão. Essa foi a oferen-
da de Eliasaf, filho de Deuel.
48No sétimo dia, Elisama,* filho de
Amiud, chefe dos filhos de Efraim,
49apresentou sua oferenda, que con-
sistiu numa bandeja de prata pesan-
do cento e trinta siclos; uma bacineta
de prata de setenta siclos, conforme o
peso do santuário, ambas cheias de flor
de farinha com azeite para a oblação;
50um vaso de ouro de dez siclos, cheio
de perfume; 51um novilho, um carnei-
ro, um cordeiro de um ano para o ho-
locausto; 52um bode para o sacrifício
pelo pecado; 53e dois bois, cinco car-
neiros, cinco bodes e cinco cordeiros
de um ano para o sacrifício de comu-
nhão. Essa foi a oferenda de Elisama,
filho de Amiud.
54No oitavo dia, Gamaliel,* filho de
Fadassur, chefe dos filhos de Manassés,
55apresentou sua oferenda: uma ban-
deja de prata pesando cento e trinta si-
clos; uma bacineta de prata de setenta
siclos, conforme o peso do santuário,
ambas cheias de flor de farinha com
azeite para a oblação; 56um vaso de
ouro de dez siclos, cheio de perfume;
57um novilho, um carneiro, um cordei-
ro de um ano para o holocausto; 58um
bode para o sacrifício pelo pecado; 59e
dois bois, cinco carneiros, cinco bodes
e cinco cordeiros de um ano para o sa-
crifício de comunhão. Essa foi a oferen-
da de Gamaliel, filho de Fadassur.
60No nono dia, Abidã,* filho de Ge-
deão, chefe dos filhos de Benjamim,
61apresentou sua oferenda: uma ban-
deja de prata pesando cento e trinta si-
clos; uma bacineta de prata de setenta
siclos, conforme o peso do santuário,
ambas cheias de flor de farinha com
azeite para a oblação; 62um vaso de
ouro de dez siclos, cheio de perfume;
63um novilho, um carneiro, um cordei-
ro de um ano para o holocausto; 64um
bode para o sacrifício pelo pecado; 65e
dois bois, cinco carneiros, cinco bodes
e cinco cordeiros de um ano para o sa-
crifício de comunhão. Essa foi a oferen-
da de Abidã, filho de Gedeão.
66No décimo dia, Aiezer,* filho de
Amisadai, chefe dos filhos de Dã,
67apresentou sua oferenda: uma ban-
deja de prata pesando cento e trinta si-
clos; uma bacineta de prata de setenta
siclos, conforme o peso do santuário,
ambas cheias de flor de farinha com

* **7**,36. 2,12 | 42. 2,14 | 48. 2,18 | 54. 2,20 | **7**,60. 2,22 | 66. 2,25

azeite para a oblação; [68]um vaso de ouro de dez siclos, cheio de perfume; [69]um novilho, um carneiro, um cordeiro de um ano para o holocausto; [70]um bode para o sacrifício pelo pecado; [71]e dois bois, cinco carneiros, cinco bodes e cinco cordeiros de um ano para o sacrifício de comunhão. Essa foi a oferenda de Aiezer, filho de Amisadai.

[72]No décimo primeiro dia, Fegiel,* filho de Ocrã, chefe dos filhos de Aser, [73]apresentou sua oferenda: uma bandeja de prata pesando cento e trinta siclos; uma bacineta de prata de setenta siclos, conforme o peso do santuário, ambas cheias de flor de farinha com azeite para a oblação; [74]um vaso de ouro de dez siclos, cheio de perfume; [75]um novilho, um carneiro, um cordeiro de um ano para o holocausto; [76]um bode para o sacrifício pelo pecado; [77]e dois bois, cinco carneiros, cinco bodes e cinco cordeiros de um ano para o sacrifício de comunhão. Essa foi a oferenda de Fegiel, filho de Ocrã.

[78]No décimo segundo dia, Aíra,* filho de Enã, chefe dos filhos de Neftali, [79]apresentou sua oferenda: uma bandeja de prata pesando cento e trinta siclos; uma bacineta de prata de setenta siclos, conforme o peso do santuário, ambas cheias de flor de farinha com azeite para a oblação; [80]um vaso de ouro de dez siclos, cheio de perfume; [81]um novilho, um carneiro, um cordeiro de um ano para o holocausto; [82]um bode para o sacrifício pelo pecado; [83]e dois bois, cinco carneiros, cinco bodes e cinco cordeiros de um ano para o sacrifício de comunhão. Essa foi a oferta de Aíra, filho de Enã.

[84]Estas foram as oferendas feitas pelos chefes de Israel para a dedicação do altar, no dia em que foi ungido: doze bandejas de prata, doze bacinetas de prata e doze vasos de ouro. [85]Cada bandeja de prata pesava cento e trinta siclos, cada bacineta setenta, de modo que o total da prata de todos esses vasos foi de dois mil e quatrocentos siclos de prata, conforme o peso do santuário. [86]Os doze vasos de ouro, cheios de perfume, pesavam cada um dez siclos, conforme o siclo do santuário; o total do ouro foi de cento e vinte siclos. [87]O total dos animais para o holocausto foi: doze novilhos, doze carneiros, doze cordeiros de um ano com sua oblação e doze bodes para o sacrifício pelo pecado. [88]O total dos animais para o sacrifício de comunhão foi: vinte e quatro novilhos, sessenta carneiros, sessenta bodes e sessenta cordeiros de um ano. Essas foram as oferendas para a dedicação do altar, quando foi ungido.

[89]Quando Moisés entrava na tenda da reunião* para falar com Javé, ouvia a voz que lhe falava do alto do propiciatório, que está por cima da arca do testemunho entre os dois querubins; e assim lhe falava.

8 **O candelabro.** [1]Javé disse a Moisés: [2]"Fala a Aarão* e dize-lhe: Quando acenderes as lâmpadas, faze de tal maneira que as sete lâmpadas projetem a luz para a parte da frente do candelabro". [3]E assim fez Aarão: colocou as lâmpadas de modo que iluminassem a parte da frente do candelabro, como Javé havia ordenado a Moisés. [4]O candelabro era feito de ouro batido; desde sua base até as flores era de ouro batido. Foi feito segundo o modelo que Javé lhe havia mostrado.

Consagração dos levitas. [5]Javé disse a Moisés:* [6]"Toma à parte os levitas do meio dos israelitas e purifica-os. [7]Assim farás para purificá-los: farás sobre eles uma aspersão com água lustral, e eles passarão a navalha por todo o corpo, lavarão suas vestes e ficarão puros. [8]Depois tomarão um novilho junto com sua oblação de flor de farinha amassada com óleo, e tu tomarás um outro novilho para o sacrifício pelo pecado. [9]Farás os levitas se aproximarem diante da tenda da reunião e reunirás toda a comunidade dos israelitas. [10]Depois

* **7**,72. 2,27 | 78. 2,29 | 89. Êx 33,9-11; Êx 25,17 | **8**,2. Êx 25,31s; Lv 24,2-4 | 5. Lv 8; 19,1-10; Lv 14,8s; Ez 36,25

que tiveres feito os levitas aproximar-se diante de Javé, os israelitas imporão as mãos sobre eles. [11]Aarão apresentará os levitas como uma oferta apresentada a Javé pelos israelitas; assim serão destinados ao serviço de Javé. [12]Os levitas imporão as mãos sobre a cabeça dos novilhos; com um deles oferecerás um sacrifício pelo pecado e com o outro, um holocausto a Javé para fazer a expiação pelos levitas. [13]Depois colocarás os levitas diante de Aarão* e de seus filhos e os oferecerás a Javé com o gesto de apresentação. [14]Separarás assim os levitas do meio dos israelitas, a fim de que me pertençam. [15]Depois disso entrarão para fazer o serviço da tenda da reunião. Tu os purificarás, portanto, e os oferecerás com o gesto de apresentação, [16]porque são doados, são reservados a mim entre os israelitas;* eu os tomei para mim em lugar de todos os que nascem de primeiro parto, de todos os primogênitos dos israelitas. [17]Porque meu é todo o primogênito dos israelitas, tanto dos homens como dos animais; desde o dia em que feri todos os primogênitos na terra do Egito, eu os consagrei a mim [18]e tomei os levitas em substituição a todos os primogênitos dos israelitas. [19]Dou os levitas a Aarão e a seus filhos; os levitas lhes são doados do meio dos israelitas, para assegurar o culto dos israelitas na tenda da reunião e para fazer pelos israelitas o rito de expiação, de modo que não caia flagelo sobre os israelitas por se terem aproximado do santuário".

[20]Assim fizeram Moisés, Aarão e toda a comunidade dos israelitas a respeito dos levitas; os israelitas fizeram com os levitas tudo o que Javé havia ordenado a Moisés a respeito deles. [21]Os levitas se purificaram, lavaram suas vestes, e Aarão os ofereceu com o gesto de apresentação diante de Javé, e fez por eles a expiação, a fim de purificá-los. [22]Depois disso os levitas vieram para prestar o serviço na tenda da reunião, na presença de Aarão e de seus filhos. Como Javé havia ordenado a Moisés em relação aos levitas, assim fizeram com eles.

[23]Javé falou a Moisés: [24]"Esta é a lei relativa aos levitas: de vinte e cinco anos para cima começarão a prestar serviço na tenda da reunião; [25]mas a partir dos cinquenta anos de idade deixarão o serviço e não mais trabalharão. [26]Poderão ajudar seus irmãos a cumprir suas obrigações na tenda da reunião, mas não farão trabalhos. Assim farás com os levitas quanto a seu ministério".

9 **A Páscoa no Sinai.** [1]Javé falou a Moisés no deserto do Sinai,* no segundo ano depois da saída do Egito, no primeiro mês, e disse: [2]"Os israelitas celebrarão a Páscoa na data marcada. [3]Deveis celebrá-la* no tempo estabelecido, no dia quatorze deste mês, ao entardecer, segundo todas as leis e os costumes que a ela se referem". [4]Moisés ordenou aos israelitas que celebrassem a Páscoa. [5]Eles a celebraram no dia quatorze do primeiro mês, ao entardecer, no deserto do Sinai. Conforme tudo o que Javé havia ordenado a Moisés, assim fizeram os israelitas.

[6]Mas havia alguns* que estavam impuros por causa de um morto e não puderam celebrar a Páscoa naquele dia. Apresentando-se naquele mesmo dia a Moisés e Aarão, [7]disseram-lhes aqueles homens: "Estamos impuros por causa de um morto. Por que haveríamos de ser excluídos de oferecer o sacrifício a Javé no tempo marcado no meio dos israelitas?" [8]Moisés respondeu-lhes: "Aguardai, para que eu saiba o que Javé ordenará a vosso respeito". [9]Javé disse a Moisés: [10]"Fala aos israelitas: Se alguém de vós ou de vossos descendentes estiver impuro por ter tocado um morto ou se acha distante em viagem, poderá celebrar a Páscoa em honra de Javé, [11]mas celebre-a no dia quatorze do segundo mês, ao entardecer, comendo-a com pães ázimos e ervas amargas. [12]Não deixará nada dela para a manhã seguinte nem lhe que-

* **8**,13. Êx 29,24 | 16. 3,12s; Êx 13,11 | **9**,1. Êx 12,1 | 3. Êx 12,6 | 6. 5,2; 19,11

brará osso algum; celebrará a Páscoa observando todo o seu ritual. 13Aquele, porém, que estiver puro, não se encontrar em viagem e deixar de celebrar a Páscoa será exterminado do meio de seu povo, porque não apresentou a oferta a Javé no tempo marcado; este carregará a pena de seu pecado. 14Se um estrangeiro* residente entre vós celebrar a Páscoa de Javé, observará o ritual e os costumes da Páscoa; tereis uma única lei, para o estrangeiro e para o nativo da terra".

A nuvem sobre o tabernáculo. 15No dia em que foi erigido* o tabernáculo, uma nuvem cobriu o tabernáculo, isto é, a tenda do testemunho; desde a tarde até pela manhã ela ficava sobre o tabernáculo com a aparência de fogo. 16Assim acontecia constantemente: durante o dia a nuvem o cobria e durante a noite tomava o aspecto de fogo. 17Toda vez que a nuvem se elevava de sobre a tenda, os israelitas se punham em marcha e onde a nuvem parava, ali acampavam os israelitas. 18Por ordem de Javé partiam os israelitas e por ordem de Javé acampavam; durante todo o tempo em que a nuvem ficava parada sobre o tabernáculo permaneciam acampados. 19Quando a nuvem se detinha por muito tempo sobre o tabernáculo, os israelitas cumpriam a ordem de Javé e não se moviam. 20Se, ao contrário, a nuvem se detinha poucos dias sobre o tabernáculo, à ordem de Javé acampavam e à ordem de Javé se punham em marcha. 21Outras vezes a nuvem se detinha somente desde a tarde até a manhã: quando se levantava pela manhã, eles se punham em marcha. Ou então ela permanecia um dia e uma noite: quando ela se elevava, partiam. 22Se a nuvem permanecia sobre o tabernáculo dois dias, um mês ou um ano, enquanto a nuvem pairava sobre o tabernáculo, os israelitas permaneciam acampados e não partiam; mas quando ela se levantava, punham-se em marcha. 23Conforme a ordem de Javé acampavam e conforme a ordem de Javé partiam, observando as prescrições de Javé como ele havia ordenado por intermédio de Moisés.

10 **As trombetas.*** 1Javé disse a Moisés: 2"Faze para ti* duas trombetas de prata; tu as farás modeladas a martelo; elas te servirão para convocar a assembleia e para dar o sinal de levantar o acampamento. 3Quando tocarem ambas, toda a comunidade se reunirá junto de ti à entrada da tenda da reunião; 4quando tocar uma só, serão os chefes, os comandantes de milhares de Israel, que se reunirão junto de ti. 5Ao toque de alarme, partirão os acampados ao oriente. 6Ao segundo toque de alarme, partirão os acampados do lado sul. Deve-se tocar o alarme para que se ponham a caminho. 7Tocareis também para reunir a comunidade, mas sem toque de alarme. 8Os filhos de Aarão, os sacerdotes, tocarão as trombetas; isto será uma norma perpétua para as vossas gerações.

9Quando no vosso país sairdes para combater contra um adversário que vos oprime, tocareis o alarme com as trombetas; assim sereis lembrados diante de Javé, vosso Deus, e sereis libertados de vossos inimigos. 10Em vossos dias alegres, em vossas festas e no primeiro dia de cada mês, tocareis as trombetas durante vossos holocaustos e vossos sacrifícios de comunhão; isto servirá para vos trazer à lembrança de vosso Deus. Eu sou Javé, vosso Deus".*

II. EM CADES (10,11–21,3)

Partida do Sinai. 11Aconteceu que no segundo ano, no dia vinte e um do segundo mês, a nuvem levantou-se de cima do tabernáculo do testemunho 12e os israelitas partiram do deserto do Sinai, por etapas, e a nuvem parou no deserto de Farã. 13Assim puseram-se a caminho* pela primeira vez por ordem de Javé, transmitida por Moisés. 14Partiu primeiro a bandeira do

---

* **9**,14. Êx 12,48 | 15. Êx 13,22; 40,34-38 | **10**,1. Jl 2,1.15s; 1Ts 4,16s; 1Cor 15,52 | 10. Lv 17,1 | **10**,13. 2,1-34

acampamento de Judá com seus es-
quadrões. O chefe deles era Naasson,
filho de Aminadab; 15o chefe da tribo
dos filhos de Issacar era Natanael, filho
de Suar; 16o chefe da tribo dos filhos
de Zabulon era Eliab, filho de Helon.
17O tabernáculo foi desmontado, e os
filhos de Gérson e os filhos de Merari
puseram-se a caminho, carregando o
tabernáculo.

18Depois partiu a bandeira do acam-
pamento de Rúben com seus esqua-
drões; era seu comandante Elisur, filho
de Sedeur; 19o chefe da tribo dos filhos
de Simeão era Salamiel, filho de Suri-
sadai; 20e o chefe da tribo dos filhos de
Gad era Eliasaf, filho de Deuel. 21Logo
puseram-se a caminho os caatitas, le-
vando o santuário; o tabernáculo foi
montado antes que eles chegassem.

22Partiu depois a bandeira do acam-
pamento dos filhos de Efraim, segun-
do seus esquadrões; seu comandante
era Elisama, filho de Amiud; 23o chefe
da tribo de Manassés era Gamaliel, fi-
lho de Fadassur; 24o chefe da tribo dos
filhos de Benjamim era Abidã, filho de
Gedeão.

25Depois pôs-se a caminho, na reta-
guarda de todos os acampamentos, a
bandeira do acampamento dos filhos
de Dã com seus esquadrões. Chefiava-
-os Aiezer, filho de Amisadai; 26o che-
fe da tribo de Aser era Fegiel, filho de
Ocrã; 27o chefe da tribo de Neftali era
Aíra, filho de Enã. 28Foi nesta ordem
que se puseram a caminho os israelitas
com seus esquadrões quando partiram.

29Moisés disse a Hobab,* filho de Ra-
guel, madianita, seu sogro: "Nós par-
timos para aquele lugar do qual Javé
disse: Eu o darei a vós. Vem conosco* e
te faremos bem, pois Javé prometeu o
bem a Israel". 30Mas ele disse: "Eu não
irei convosco, mas voltarei para minha
terra e para junto de meus parentes".
31Moisés insistiu: "Não nos abandones,
pois tu conheces os lugares onde de-
vemos acampar no deserto e assim nos
servirás de guia. 32Se vieres conosco,
faremos a ti o bem que Javé nos fizer".
33Assim partiram da montanha de Javé
e caminharam três dias; a arca da alian-
ça de Javé ia à frente deles durante os
três dias de caminho, para procurar-
-lhes um lugar de repouso. 34A nuvem
de Javé* estava por cima deles durante
o dia quando partiam do acampamen-
to.

35Quando a arca se punha a caminho,
Moisés dizia: "Levantai-vos, Javé,* e se-
jam dispersos vossos inimigos; fujam
diante de vós vossos adversários". 36E
quando parava, dizia: "Voltai, Javé, para
as multidões de milhares de Israel".

11 **A murmuração do povo.** 1O
povo começou a queixar-se, e
isto desagradou aos ouvidos de Javé.
Ao ouvi-lo, Javé encheu-se de cólera; o
fogo de Javé irrompeu entre eles e de-
vorou a extremidade do acampamen-
to. 2O povo então clamou* a Moisés, o
qual implorou a Javé, e o fogo se extin-
guiu. 3Deram àquele lugar o nome de
"Tabera", porque aí o fogo de Javé se
acendera entre eles.

4Certa gentinha* que se encontra-
va no meio deles foi tomada de um
desejo incontrolável, e também os is-
raelitas recomeçaram a chorar, dizen-
do: "Quem dera que tivéssemos carne
para comer! 5Lembramo-nos do peixe
que comíamos de graça no Egito; das
melancias, dos melões, da verdura, das
cebolas e dos alhos; 6agora, porém, es-
tamos enfraquecidos; não vemos nada
senão este maná".

7O maná era parecido* com a semen-
te de coentro, e seu aspecto era como
o da resina. 8O povo se dispersava para
colhê-lo e o moía num moinho ou o
socava num pilão, para depois cozinhá-
-lo na panela e fazer bolos; tinha gosto
de pão amassado com óleo. 9Quando
à noite caía o orvalho sobre o acam-
pamento, caía por cima dele o maná.*
Intercessão de Moisés. 10Moisés ou-
viu o povo chorar agrupado por famí-
lias, cada qual à porta da própria tenda;

* **10**,29. Êx 2,15-22 / Gn 12,2 | 34. 9,15-23; Êx 40,34-38 | 35. Sl 68,2; Is 33,3 | **11**,2. Êx 32,11 | 4. Êx 16 |
7. Êx 16,14 | 9. Êx 32,11

Javé ficou imensamente irado e Moisés sentiu grande desgosto. 11Então Moisés disse a Javé: "Por que tratastes tão mal* vosso servo? E por que não encontrei graça diante de vós, a ponto de me impordes o cuidado de todo este povo? 12Acaso fui eu que concebi todo este povo? E fui eu que o dei à luz para vós me dizerdes: 'Leva-o em teu colo, como a ama carrega o bebê, até a terra que jurei dar a seus pais'? 13Onde encontrarei carne para dar a todo este povo, que chora junto de mim, dizendo: 'Dá-nos carne para comer'? 14Eu não posso levar sozinho* o fardo deste povo, pois é pesado demais para mim. 15Se quereis tratar-me assim, dai-me antes a morte, eu vos peço, se encontrei graça a vossos olhos, para que eu não veja mais minha desventura".

Resposta de Javé. 16Javé disse a Moisés: "Reúne para mim setenta homens dentre os anciãos de Israel, que tu saibas serem pessoas maduras e de confiança; leva-os à tenda da reunião e fiquem junto de ti. 17Eu descerei e ali falarei contigo; tomarei do espírito que há em ti e o porei neles, para que levem contigo o fardo do povo e não o leves sozinho.

18Dirás ao povo: Santificai-vos para amanhã* e comereis carne, pois haveis chorado aos ouvidos de Javé, dizendo: 'Quem dera que tivéssemos carne para comer! Estávamos tão bem no Egito!' Por isso Javé vos dará carne e comereis. 19Não comereis um dia só, nem cinco, nem dez, nem vinte dias; 20mas por um mês inteiro, até que vos saia pelas narinas e vos cause náuseas, já que rejeitastes Javé que está no meio de vós e chorastes, dizendo: Por que saímos do Egito?"

21Moisés respondeu:* "Este povo, no meio do qual estou, conta seiscentos mil homens a pé, e vós dizeis: 'Eu lhes darei carne e comerão durante um mês inteiro?' 22Seria suficiente para eles abater as ovelhas e os bois? Juntando para eles todos os peixes do mar, bastariam para saciá-los?" 23Javé replicou a Moisés:* "Acaso se encurtou o braço de Javé? Verás agora se minha palavra se cumpre ou não".

24Moisés saiu então e referiu ao povo as palavras de Javé; escolheu setenta homens dentre os anciãos do povo e os colocou ao redor da tenda. 25Então Javé desceu na nuvem* e lhe falou; tomou do espírito que estava nele e o pôs nos setenta anciãos; e logo que o espírito pousou sobre eles, puseram-se a profetizar, mas depois nunca mais.

Carisma profético. 26Haviam ficado no acampamento dois homens, um chamado Eldad e o outro Medad. O espírito pousou também sobre eles, pois estavam na lista, mas não tinham ido à tenda; e profetizaram no acampamento. 27Um jovem correu e levou a notícia a Moisés, dizendo: "Eldad e Medad estão profetizando no acampamento". 28Então Josué,* filho de Nun†, ministro de Moisés desde jovem, tomou a palavra e disse: "Moisés, meu senhor, proíbe-os". 29Moisés replicou: "És tu ciumento por minha causa? Quem dera que todos do povo de Javé profetizassem,* e Javé infundisse neles seu espírito!"† 30A seguir Moisés voltou para o acampamento junto com os anciãos de Israel.

As codornizes. 31Então, por ordem de Javé, levantou-se um vento* que trouxe do mar codornizes e as fez cair sobre os acampamentos, numa extensão de um dia de caminho, de um lado e do outro em volta do acampamento, até a altura de dois côvados do chão. 32O povo esteve de pé todo aquele dia, toda aquela noite e todo o dia seguinte recolhendo codornizes; quem

---

* **11**,11. Êx 3,11; 4,1: 5,22 | 14. Êx 18,18 | 18. Êx 19,10 | 21. 1,46 | 23. Is 50,2; 59,1; Jr 32,17; Ez 12,25; 24,14 | 25. 1Sm 10,9-13; 19,20-24; 2Rs 2,9 | 28. Js 1,1 | 29. Jl 3,1s; At 2 | 31. Êx 16,12s | 34. Dt 9,22

† **11**,28. Seu nome era Oseias, Nm 13,16, e Moisés mudou-o para Josué, que é o mesmo nome de Jesus, "Javé salva". | 29. Moisés deseja que todos, e não apenas certas categorias de pessoas, recebam os dons do Espírito, o que Joel anuncia para os tempos messiânicos, Jl 3,1-2, e se realiza em Pentecostes, At 2,16-21, e hoje pelos sacramentos da Igreja.

recolheu menos recolheu dez almudes; e as estenderam para si ao redor do acampamento. [33]Tinham ainda a carne entre os dentes e não tinham acabado de mastigá-la, quando a cólera de Javé se acendeu contra seu povo e o feriu com um terrível flagelo. [34]Deram àquele lugar o nome* de "Cibrot-Ataava" †, porque ali foi sepultado o povo que se deixou dominar pela cobiça. [35]De Cibrot-Ataava o povo partiu para Haserot e aí acampou.

12 Castigo de Maria.

[1]Maria e Aarão criticaram Moisés* por causa de sua esposa etíope, pois Moisés havia se casado com uma etíope†. [2]Disseram: "Será que Javé falou apenas com Moisés? Não falou também conosco?" Javé ouviu isto. [3]Ora, Moisés era muito humilde,* mais que qualquer pessoa deste mundo. [4]De repente, Javé disse a Moisés, a Aarão e a Maria: "Saí todos os três e ide à tenda da reunião". Saíram os três. [5]Javé desceu na coluna de nuvem e se pôs à entrada da tenda; chamou Aarão e Maria, e eles se apresentaram. [6]Ele disse: "Escutai com atenção o que vou dizer: Se entre vós há um profeta, eu, Javé, me manifesto a ele em visão, e em sonhos eu lhe falo. [7]Mas não é assim com meu servo Moisés,* que é o homem de confiança em toda a minha casa. [8]Com ele eu falo face a face,* claramente e não por enigmas; e ele contempla a forma de Javé. Como, pois, vos atrevestes a criticar Moisés, meu servo?" [9]A ira de Javé se acendeu contra eles; e ele se retirou.

[10]Quando a nuvem se afastou de cima do tabernáculo, Maria ficou leprosa,* branca como a neve; Aarão voltou-se para Maria e viu que estava leprosa. [11]Então Aarão disse a Moisés:* "Eu te peço, meu senhor, não nos faças carregar a culpa do pecado, porque agimos como loucos e pecamos! [12]Que ela não seja como um natimorto, que sai do seio materno com a metade da carne já consumida". [13]Moisés clamou a Javé, dizendo: "Ó Deus, eu vos peço, curai-a!" [14]Javé respondeu a Moisés: "Se seu pai lhe tivesse cuspido no rosto, não ficaria ela coberta de vergonha* durante sete dias? Que ela fique, pois, excluída por sete dias do acampamento e depois será readmitida". [15]Maria ficou durante sete dias excluída do acampamento, e o povo não se pôs a caminho enquanto Maria não foi readmitida. [16]Depois disso o povo partiu de Haserot e acampou no deserto de Farã.

13 Envio de exploradores a Canaã.

[1]Javé disse a Moisés: [2]"Envia homens* para explorar a terra de Canaã, que vou dar aos israelitas; enviareis um de cada tribo patriarcal, e que sejam todos chefes entre eles". [3]Moisés mandou-os do deserto de Farã, conforme a ordem de Javé; todos eram chefes dos israelitas.

[4]São estes seus nomes:

Da tribo de Rúben, Samua, filho de Zacur;

[5]da tribo de Simeão, Safat, filho de Huri;

[6]da tribo de Judá, Caleb, filho de Jefoné;

[7]da tribo de Issacar, Igal, filho de José;

[8]da tribo de Efraim, Oseias, filho de Nun;

[9]da tribo de Benjamim, Falti, filho de Rafu;

[10]da tribo de Zabulon, Gediel, filho de Sodi;

[11]da tribo de José, isto é, da tribo de Manassés, Gadi, filho de Susi;

[12]da tribo de Dã, Amiel, filho de Gemali;

[13]da tribo de Aser, Setur, filho de Miguel;

[14]da tribo de Neftali, Naabi, filho de Vapsi;

[15]da tribo de Gad, Guel, filho de Maqui.

---

* **12**,1. Êx 15,20; 20,1 | 3. Êx 3,11; 4,10s; Eclo 45,4 | 7. Hb 3,2-5 | 8. Êx 33,11; 1Cor 13,12; Êx 33,20 | 10. Dt 24,9 | 11. Êx 32,11 | 14. Lv 13,4-6 | **13**,2. Dt 1,20-29

† **11**,34. Este nome significa "sepulcros da cobiça". | **12**,1. Maria é irmã de Moisés, Nm 26,59, e a mulher etíope é a madianita Séfora, Êx 2,21.

16São esses os nomes dos enviados por Moisés para observar a terra. Moisés deu a Oseias, filho de Nun, o nome de Josué.

17Moisés enviou-os para espiar a terra de Canaã e disse-lhes: "Subi daqui ao Negueb e depois escalai as montanhas; 18vede como é a terra e o povo que a habita, se ele é forte ou fraco, se são poucos ou muitos; 19como é a terra por ele habitada, se é boa ou ruim; como são as cidades onde mora, se são abertas ou fortificadas; 20como é o terreno, se é fértil ou pobre e se existem árvores ou não. Sede corajosos e trazei dos produtos da terra". Era então o tempo das primeiras uvas.

21Subiram, pois, e exploraram a terra desde o deserto de Sin até Roob, à entrada de Emat. 22Tendo subido pelo Negueb, chegaram até Hebron, onde se achavam Aimã, Sesai e Tolmai, os descendentes de Enac. Hebron fora construída sete anos antes de Tânis, cidade do Egito. 23Chegaram ao vale de Escol, onde cortaram um ramo com um cacho de uvas, e dois homens o carregaram numa vara; levaram também romãs e figos. 24Aquele lugar foi chamado vale de Escol†, por causa do cacho que os israelitas haviam cortado ali.

Relato dos exploradores. 25Quarenta dias depois,* voltaram da exploração da terra. 26Ao chegar, apresentaram-se a Moisés, a Aarão e a toda a comunidade dos israelitas no deserto de Farã, em Cades; deram informações a eles e a toda a comunidade e mostraram os frutos da terra. 27Disseram assim a Moisés: "Fomos à terra à qual nos enviaste; nela de fato corre leite e mel,* e são estes seus produtos. 28Mas o povo que a habita é forte, as cidades são fortificadas e muito grandes; vimos ali também os descendentes de Enac. 29Os amalecitas moram na região do Negueb; os heteus, os jebuseus e os amorreus, nas montanhas; os cananeus moram à beira-mar e ao longo do Jordão". 30Então Caleb fez o povo calar diante de Moisés, dizendo: "Subamos para conquistar a terra! Somos capazes, não há dúvida!"

31Mas os outros que haviam ido com ele diziam: "Não podemos atacar esse povo, porque é mais forte do que nós". 32E falavam mal da terra que haviam explorado, dizendo aos israelitas: "A terra que fomos observar é um país que devora seus habitantes, e todas as pessoas que nela vimos são de grande estatura. 33Vimos ali desses gigantes, isto é, os descendentes de Enac,* da raça dos gigantes; tínhamos a impressão de ser gafanhotos, e assim devíamos parecer aos olhos deles".

14 **Rebelião do povo.** 1Então toda a comunidade* prorrompeu em altos brados e o povo passou a noite chorando. 2Todos os israelitas murmuraram* contra Moisés e Aarão e toda a comunidade lhes disse: "Quem dera que tivéssemos morrido na terra do Egito, ou perecido neste deserto! 3Por que Javé nos conduz a essa terra? Para morrermos pela espada e serem nossas mulheres e nossas crianças presa do inimigo? Não seria melhor voltarmos para o Egito?" 4E disseram uns aos outros: "Escolhamos um chefe e voltemos para o Egito".

5Então Moisés e Aarão prostraram-se com o rosto em terra diante de toda a comunidade reunida dos israelitas. 6Josué, filho de Nun, e Caleb, filho de Jefoné, dois dos exploradores da terra, rasgaram suas vestes 7e disseram a toda a comunidade dos israelitas: "A terra que percorremos para explorar é uma terra extremamente boa. 8Se Javé nos for favorável, ele nos introduzirá nela e no-la entregará; é uma terra onde corre leite e mel. 9Mas não vos revolteis contra Javé, nem tenhais medo do povo daquela terra, pois podemos devorá-los como pão. Seus deuses protetores os abandonaram, enquanto que Javé está conosco; não os temais".

* **13**,25. Dt 1,25 | 27. Êx 3,8 | 33. Dt 2,10 | **14**,1. Dt 1,26-32 | 2. Êx 14,11 | 10. Êx 32,7-14 | 11. Êx 32,10 | 12. Gn 12,2

† **13**,24. Escol quer dizer cacho. Esse vale fica perto de Hebron, a 30 km ao sul de Jerusalém.

10Toda a comunidade* estava a pon-
to de apedrejá-los, quando a glória de
Javé apareceu na tenda da reunião a
todos os israelitas. 11Javé disse a Moi-
sés: "Até quando este povo me despre-
zará? Até quando se negará a crer em
mim, apesar de todos os sinais* que
realizei no meio deles? 12Eu o ferirei
com a peste e o aniquilarei; mas farei
de ti uma nação maior* e mais forte do
que eles".

Intercessão de Moisés. 13Moisés res-
pondeu a Javé: "Os egípcios ficarão
sabendo, pois com vossa força fizes-
tes sair este povo do meio deles, 14e o
dirão aos habitantes desta terra. Eles
ouviram que vós, Javé, estais no meio
deste povo, que vos mostrais a eles
face a face,* que vossa nuvem está so-
bre eles e que caminhais à frente deles
numa coluna de nuvem de dia e numa
coluna de fogo de noite. 15Ora, se des-
truirdes este povo* como se fosse um
só homem, as nações que antes ouvi-
ram vossa fama dirão: 16Javé não foi
capaz de levar este povo à terra que
lhe havia prometido com juramen-
to, por isso os destruiu no deserto.
17Agora, pois, que o grande poder de
Javé se manifeste, conforme dissestes:
18Javé é paciente* e cheio de miseri-
córdia, perdoa a iniquidade, mas não
deixa impune o culpado, castigando
a iniquidade dos pais nos filhos, até a
terceira e a quarta geração. 19Perdoai,
pois, a culpa deste povo, conforme a
grandeza de vossa bondade, como
perdoastes a este povo desde o Egito
até aqui". 20Javé respondeu: "Perdoo*
conforme teu pedido. 21Mas, por mi-
nha vida e pela glória de Javé* que en-
che toda a terra, 22todos os que viram
minha glória e os sinais que realizei no
Egito e no deserto, que já me puseram
à prova dez vezes e não obedeceram
a minha voz, 23não verão a terra que
eu prometi com juramento a seus pais;
nenhum dos que me desprezaram a
verá! 24Mas meu servo Caleb, porque
foi animado de um outro espírito e me
obedeceu plenamente, eu o introdu-
zirei naquela terra onde entrou, e sua
descendência a possuirá. 25Já que os
amalecitas e os cananeus habitam no
vale, voltai amanhã para trás e parti
para o deserto pelo caminho do mar
Vermelho".

Castigo. 26Javé falou a Moisés e a Aa-
rão, dizendo: 27"Até quando essa co-
munidade perversa vai murmurar con-
tra mim? Tenho ouvido as queixas que
os israelitas fazem contra mim. 28Dize-
-lhes: Por minha vida, diz Javé, eu vos
tratarei conforme vossas palavras que
eu ouvi†. 29Cairão neste deserto vos-
sos cadáveres, vós todos que fostes
recenseados, desde a idade de vinte
anos para cima, vós que murmurastes
contra mim. 30Juro que não entrareis
na terra na qual jurei estabelecer-vos,
exceto Caleb, filho de Jefoné, e Josué,
filho de Nun! 31Vossos filhos, dos quais
dissestes que seriam presa do inimigo,
eu os farei entrar; eles hão de conhe-
cer a terra que vós desprezastes; 32mas,
quanto a vós, vossos cadáveres cairão
neste deserto. 33Vossos filhos andarão
errantes no deserto durante quarenta
anos, levando o peso de vossas infideli-
dades, até que vossos cadáveres sejam
consumidos no deserto. 34Conforme
o número de dias empregados para
explorar a terra, que foi de quarenta,
contando um ano para cada dia, car-
regareis o castigo de vossas culpas por
quarenta anos e tereis a experiência de
meu desagrado. 35Eu, Javé, o disse. As-
sim tratarei esta comunidade perversa,
que se rebelou contra mim: neste de-
serto será consumida e nele morrerá".

36Os homens que Moisés havia man-
dado explorar a terra e que, voltando,
haviam levado toda a comunidade a
murmurar contra ele, falando mal da
terra, 37esses homens que haviam di-
famado a terra foram feridos de morte

---

* **14**,14. Êx 33,14; 34,9s | 15. 9,15-23; Êx 13,21; Êx 33,12 | 18. Êx 34,6s | 20. Dt 1,34-40 | 21. Is 6,3; 11,9; Hab 3,3; Sl 57,6; 72,19; Êx 24,16

† **14**,28. Javé castiga as murmurações dos israelitas, prometendo que acontecerá o que eles próprios disseram, cf. v. 2.

diante de Javé; 38só Caleb, filho de Jefoné, e Josué, filho de Nun, sobreviveram dentre os que tinham ido explorar a terra.

Derrota. 39Moisés transmitiu* essas palavras a todos os israelitas, e o povo ficou muito amargurado. 40Na manhã seguinte, bem cedo, puseram-se a caminho para a região das montanhas, dizendo: "Estamos dispostos a subir para o lugar do qual Javé falou, pois pecamos". 41Moisés disse: "Por que quereis transgredir a ordem de Javé? Não sereis bem-sucedidos. 42Não subais, porque Javé não está no meio de vós; não sejais derrotados por vossos inimigos. 43Os amalecitas e os cananeus estão lá, diante de vós, e caireis pela espada; porque deixastes de seguir Javé, ele não estará convosco". 44Mas eles teimaram em subir para a região das montanhas, quando nem a arca de Javé,* nem Moisés se moveram do acampamento. 45Então os amalecitas* e os cananeus, que habitavam na região das montanhas, desceram e os derrotaram, perseguindo-os até Horma.

15 **Oblações e sacrifícios.** 1Javé disse a Moisés: 2"Fala aos israelitas* o seguinte: Quando tiverdes entrado na terra em que ides morar e que eu vos dou, 3e fizerdes a Javé uma oferenda queimada, holocausto ou sacrifício, em cumprimento de uma promessa ou como oferta espontânea, ou por ocasião de vossas festas, para oferecer a Javé um perfume agradável, com bois ou ovelhas, 4aquele que fizer sua oferta a Javé oferecerá como oblação um décimo de efá de flor de farinha, amassada com um quarto de hin de azeite. 5Farás uma libação de um quarto de hin de vinho com o holocausto ou o sacrifício, para cada cordeiro. 6Para um carneiro, oferecerás como oblação dois décimos de um efá de flor de farinha, amassada com um terço de hin de azeite, 7e para a libação apresentarás um terço de hin de vinho, como perfume agradável a Javé. 8Se ofereceres a Javé um novilho como holocausto ou sacrifício, para cumprir uma promessa ou como sacrifício de comunhão, 9apresentarás com o novilho, como oblação, três décimos de flor de farinha amassada com meio hin de azeite, 10e para a libação oferecerás meio hin de vinho como oferenda queimada, de perfume agradável a Javé. 11Assim se fará para cada boi, carneiro, cordeiro ou cabrito. 12Conforme o número de animais que oferecerdes, fareis assim para cada sacrifício. 13Todo nativo procederá desse modo ao oferecer vítimas para queimar em perfume agradável a Javé. 14Se um estrangeiro que reside convosco, ou qualquer outro que se encontrar em vosso meio nas gerações futuras, quiser fazer uma oferenda queimada em perfume agradável a Javé, fará como vós fazeis. 15Haverá uma só norma* para toda a assembleia, para vós e para o estrangeiro que reside convosco; será uma norma perpétua para todas as vossas gerações; como sois vós, assim será o estrangeiro diante de Javé. 16Haverá uma só lei e uma só regra para vós e para o estrangeiro que habita convosco.*

Primícias e expiações. 17Javé disse a Moisés: 18"Fala aos israelitas: Quando tiverdes entrado na terra para a qual vos conduzo, 19então, ao comerdes o pão da terra, separareis um tributo para Javé. 20Como primícias de vossa massa, separareis um bolo, como se separa o tributo da eira. 21Das primícias de vossa massa dareis a Javé uma parte como tributo, em todas as vossas gerações. 22E, se por inadvertência faltardes* e não puserdes em prática todos estes mandamentos que Javé deu a Moisés, 23ou seja, tudo o que Javé vos ordenou através de Moisés, desde o dia em que Javé vos deu suas ordens e daí em diante, por todas as vossas gerações, 24então, se o pecado foi cometido por inadvertência, sem que a comunidade o notasse, toda ela oferecerá um novilho em holocausto de odor agradável a Javé, junto com a

* **14**,39. 20,12; Dt 1,41-45 | 44 10,35 | 45. Êx 17,8 | **15**,2. Êx 29,40s; Lv 23,18; 2,1-10 | **15**,15. Êx 12,48 | 16. Lv 17,15; 24,22; 9,14; 15,29s | 22. Lv 4

oblação e a libação, e um bode em sacrifício pelo pecado. [25]O sacerdote fará a expiação por toda a comunidade dos israelitas, e lhes será perdoado, porque foi uma inadvertência, e eles apresentaram diante de Javé sua oferenda para ser queimada e seu sacrifício pelo pecado diante de Javé por sua inadvertência. [26]E será perdoado a toda a comunidade dos israelitas e ao estrangeiro que mora no meio deles, porque o povo inteiro agiu por inadvertência. [27]Mas se quem pecou por inadvertência for uma só pessoa, oferecerá uma cabra de um ano como sacrifício pelo pecado. [28]O sacerdote fará a expiação diante de Javé pela pessoa que pecou por inadvertência, quando o fez sem o devido conhecimento; o sacerdote fará o rito de expiação por ela, e lhe será perdoado. [29]Tereis uma mesma lei para aquele que pecar por inadvertência, quer seja um nativo dentre os israelitas, quer seja um estrangeiro que habite entre vós. [30]Mas quem pecar deliberadamente, quer seja nativo do país, quer seja estrangeiro, ultraja Javé; deverá ser exterminado do meio de seu povo. [31]Por ter desprezado a palavra de Javé e violado seu mandamento, ele será exterminado; será responsável por sua culpa".

O violador do sábado. [32]Enquanto os israelitas estavam no deserto,* surpreenderam um homem apanhando lenha em dia de sábado; [33]os que o encontraram apanhando lenha o apresentaram a Moisés, a Aarão e a toda a comunidade [34]e o puseram sob custódia, porque ainda não estava definido o que se devia fazer com ele. [35]Javé disse a Moisés: "Este homem seja morto;* toda a comunidade o apedreje fora do acampamento". [36]Toda a comunidade o levou para fora do alojamento e o apedrejou; e ele morreu, como Javé havia ordenado a Moisés.

As franjas das vestes. [37]Javé falou a Moisés, dizendo: [38]"Fala aos israelitas* e dize-lhes que, por todas as gerações, façam franjas nos cantos de suas vestes e prendam as franjas de cada canto com um cordão de púrpura violeta. [39]As franjas vos servirão para que, vendo-as, vos lembreis de todos os mandamentos de Javé, para os praticardes, e não vos deixeis levar por vosso coração nem por vossos olhos atrás dos quais vos costumais prostituir; [40]porque assim vos lembrareis de meus preceitos e os poreis em prática, e sereis santos diante de vosso Deus. [41]Eu sou Javé, vosso Deus, que vos tirei da terra do Egito para ser vosso Deus. Eu sou Javé, vosso Deus".

16 **A revolta de Coré.** [1]Coré,* filho de Isaar, filho de Caat, filho de Levi, Datã e Abiram, filhos de Eliab, e On, filho de Felet – Eliab e Felet eram filhos de Rúben – [2]revoltaram-se contra Moisés, junto com duzentos e cinquenta israelitas, dentre os principais da comunidade, membros do conselho e homens de renome. [3]Reuniram-se contra Moisés e Aarão e lhes disseram: "Basta! Toda a comunidade é santa, todos são santos e no meio deles está Javé. Com que direito vos colocais acima da comunidade de Javé?"†

[4]Ouvindo isto, Moisés prostrou-se com o rosto em terra. [5]Depois falou a Coré e a todo o seu grupo, dizendo: "Amanhã de manhã Javé dará a conhecer quem lhe pertence e quem é santo e o fará aproximar-se dele; fará aproximar-se dele seu eleito. [6]Fazei, pois, isto: tomai turíbulos, tu, Coré, e todo o teu grupo; [7]amanhã ponde fogo neles e incenso sobre o fogo, diante de Javé; o homem que Javé tiver escolhido será o santo. Isso vos baste, filhos de Levi!". [8]Depois, disse a Coré: "Ouvi-me, ó filhos de Levi. [9]É pouco para vós que o Deus de Israel vos tenha separado da comunidade* de Israel e vos tenha aproximado dele, para o servirdes no tabernáculo de Javé e para estardes diante da comunidade como seus ministros? [10]Ele

---

* **15**,32. Êx 20,8; 31,12-17; 35,1-3 | 35. Lv 24,12 | 38. Dt 22,12; Mt 9,20; 23,5 | **16**,1. Sl 106,16-18; Eclo 45,18-20; Jd 11 | 9. 3,45; 8,14-19

† **16**,3. Revoltam-se por não aceitarem uma hierarquia dentro da comunidade, com funções próprias para cada categoria: leigos, levitas, sacerdotes.

vos chamou para junto dele, a ti e a todos os teus irmãos, filhos de Levi; agora ambicionais também o sacerdócio? 11É contra Javé que vos reunistes, tu e teus partidários. Quem é Aarão, para que murmureis contra ele?"

12Moisés mandou chamar Datã e Abiram, filhos de Eliab, mas eles responderam: "Não vamos. 13Não basta ter-nos tirado* de uma terra onde corre leite e mel, para nos fazer morrer neste deserto? Queres também dominar sobre nós? 14Não é a uma terra onde corre leite e mel que nos conduziste, nem nos deste em posse terrenos e vinhas. Pensas arrancar os olhos desta gente? Não, não vamos". 15Moisés, tomado de violenta ira, disse a Javé: "Não olheis para sua oblação; não tomei deles um jumento sequer e a nenhum deles fiz mal".

Castigo. 16Então Moisés disse a Coré: "Tu e todo o teu grupo, apresentai-vos amanhã diante de Javé; tu, eles e também Aarão. 17Cada um de vós tome seu turíbulo, ponha nele incenso e leve cada um seu turíbulo diante de Javé: duzentos e cinquenta turíbulos. Também tu e Aarão, levareis cada um seu turíbulo". 18Tomaram, pois, cada um seu turíbulo, puseram-lhe fogo, colocaram incenso por cima e se puseram à entrada da tenda da reunião com Moisés e Aarão. 19Coré reuniu diante deles toda a comunidade à entrada da tenda da reunião. Então a glória de Javé manifestou-se a toda a comunidade. 20Javé falou a Moisés e a Aarão, dizendo-lhes: 21"Separai-vos dessa comunidade, porque eu a destruirei num instante". 22Eles então se prostraram com o rosto em terra e disseram: "Ó Deus, Deus que destes a vida a todas as criaturas,* por causa de um só que pecou, vos irritais contra toda a comunidade?" 23Então Javé falou a Moisés e lhe disse: 24"Fala à multidão e dize-lhe: Saí de perto das tendas de Coré, Datã e Abiram". 25Moisés levantou-se e foi para onde estavam Datã e Abiram, seguido dos anciãos de Israel. 26E falou à comunidade, dizendo: "Afastai-vos das tendas desses homens ímpios e não toqueis em nenhuma de suas coisas, para não serdes consumidos em seus pecados". 27Eles saíram de perto das tendas de Coré, Datã e Abiram. Datã e Abiram saíram para fora e se puseram de pé à entrada de suas tendas, com suas mulheres, seus filhos e suas crianças. 28Então Moisés disse:* "Nisto conhecereis que foi Javé que me mandou fazer tudo o que fiz, e não agi por iniciativa própria. 29Se estes morrerem de morte natural e se a sorte deles for a de todos os mortais, não foi Javé que me enviou. 30Mas se Javé fizer uma coisa inaudita, se a terra abrir sua boca e os tragar com tudo o que lhes pertence, se descerem vivos ao abismo, então sabereis que estes homens rejeitaram Javé". 31Mal acabara de pronunciar essas palavras, fendeu-se o chão debaixo deles, 32a terra abriu-se e os tragou com suas famílias, com todo o grupo de Coré e com todos os seus bens. 33Eles, junto com tudo o que possuíam, desceram vivos à morada dos mortos†, a terra fechou-se por cima deles e assim pereceram no meio da comunidade. 34Ouvindo seus gritos, todos os israelitas que se achavam em torno deles fugiram, pois diziam: "Que a terra não nos engula a nós também!" 35Um fogo saiu de Javé* e devorou os duzentos e cinquenta homens que ofereciam incenso.

17

Remoção dos turíbulos. 1Javé falou a Moisés, dizendo: 2"Ordena a Eleazar, filho do sacerdote Aarão, que tire os turíbulos do meio das chamas,* porque são objetos consagrados, e jogue fora o fogo. 3Os turíbulos desses homens que pecaram e pagaram com a vida sejam reduzidos a lâminas batidas para revestir o altar, porque foram apresentados a Javé e

---

* **16**,13. Êx 3,8 | 22. 27,16; Jó 12,10; Ap 22,6; Gn 18,16-33 | 28. Êx 3,12; 4,30s; Jo 2,11 | 35. Lv 10,1-3 | **17**,2. Lv 10,1-3

† **16**,33. A expressão designa a morte repentina. Os antigos hebreus pensavam que todos os mortos iam para um mesmo lugar, subterrâneo, onde levavam uma vida semelhante ao sono.

portanto são sagrados; servirão de si-
nal para os israelitas". 4O sacerdote
Eleazar tomou os turíbulos de bronze,
apresentados pelos homens que foram
devorados pelo fogo, e os mandou
reduzir a lâminas para revestir o altar,
5como memorial para os israelitas, a
fim de que não se aproxime nenhum
estranho, não pertencente à descen-
dência de Aarão, ofereça incenso dian-
te de Javé e lhe aconteça como a Coré
e a seus partidários, como Javé havia
dito por meio de Moisés.
Tumulto acalmado. 6No dia seguinte,
toda a multidão dos israelitas começou
a reclamar contra Moisés e Aarão, di-
zendo: "Vós matastes o povo de Javé".
7Enquanto a comunidade se reunia
contra Moisés e Aarão, estes se volta-
ram para a tenda da reunião; a nuvem
a cobriu e apareceu a glória de Javé.
8Moisés e Aarão foram até diante da
tenda da reunião, 9e Javé falou a Moi-
sés, dizendo: 10"Saí do meio desta co-
munidade,* que eu a exterminarei num
instante". Eles então se prostraram com
o rosto em terra, 11e Moisés disse a Aa-
rão: "Toma o turíbulo, põe nele fogo do
altar e por cima incenso, vai depressa
à comunidade e oferece expiação por
ela, porque a ira de Javé se acendeu e
já começou o flagelo". 12Aarão tomou
o turíbulo, como Moisés havia ordena-
do, e correu para o meio da comunida-
de; o flagelo já havia começado entre
o povo. Mas ele pôs o incenso e fez a
expiação pelo povo, 13colocou-se entre
os mortos e os vivos, e cessou a cala-
midade. 14Contudo pereceram naquela
calamidade quatorze mil e setecentos,
sem contar os que haviam morrido por
causa de Coré. 15Aarão voltou para jun-
to de Moisés à entrada da tenda da re-
união, depois que cessou a calamidade.
A vara de Aarão. 16Javé disse a Moisés:
17"Fala aos israelitas que te deem uma
vara para cada casa patriarcal, de cada
um de seus chefes segundo suas casas
patriarcais, isto é, doze varas. Escreverás
o nome de cada um deles em sua vara;
18na vara de Levi escreverás o nome
de Aarão, porque haverá uma vara
para cada chefe de sua casa patriarcal.
19Tu as colocarás na tenda da reunião,*
diante do testemunho, no lugar onde
me encontro contigo. 20Aquele cuja
vara florescer, será o que eu escolhi,
e assim farei cessar diante de mim as
reclamações dos israelitas contra vós".
21Falou, pois, Moisés aos israelitas, e
todos os seus chefes lhe entregaram
uma vara, uma vara para cada chefe,
conforme suas casas patriarcais, isto é,
doze varas; a vara de Aarão achava-se
entre elas. 22Moisés colocou as varas
diante de Javé na tenda do testemu-
nho. 23No dia seguinte, Moisés entrou
na tenda do testemunho, e a vara de
Aarão, correspondente à tribo de Levi,
havia florescido: havia brotado, tinham
desabrochado flores e amadurecido as
amêndoas. 24Então Moisés tirou todas
as varas da presença de Javé e as levou
a todos os israelitas; eles as viram e re-
tomou cada qual sua vara. 25Javé disse
a Moisés: "Torna a pôr a vara de Aarão
diante do testemunho, para que seja
conservada como sinal contra esses
rebeldes; e farás cessar as reclamações
deles contra mim, para que não mor-
ram". 26Assim fez Moisés; como Javé
lhe havia ordenado, assim fez.
27Os israelitas disseram a Moisés:
"Vê, estamos para morrer, estamos per-
didos, todos perdidos! 28Todo aquele
que se aproximar do tabernáculo de
Javé morrerá; então morreremos to-
dos?".

18 **Deveres e direitos dos levi-
tas.** 1Javé disse a Aarão:* "Tu
e teus filhos, e contigo a casa de teu
pai, levareis o peso das iniquidades
cometidas com relação ao santuário;
tu e teus filhos contigo levareis o peso
das iniquidades cometidas no exercício
de vosso sacerdócio. 2Admite também
teus irmãos, os da tribo de Levi, da li-
nhagem de teu pai, para que sejam
teus auxiliares e te sirvam quando tu
e teus filhos contigo estiverdes diante
da tenda do testemunho. 3Cumprirão

* **17**,10. 16,21; Sb 18,20-25 | 19. Êx 25,21s | **18**,1. Hb 7,25-28

tuas ordens e estarão a serviço de toda a tenda, mas não deverão aproximar-se dos utensílios sagrados nem do altar, para que não morram nem eles, nem vós. [4]Serão teus auxiliares e cuidarão da tenda da reunião em todos os serviços da tenda; e nenhum estranho se aproximará de vós. [5]Fareis o serviço do santuário e do altar, e assim não haverá mais cólera contra os israelitas. [6]Eu escolhi os levitas,* vossos irmãos, do meio dos israelitas; são um dom para vós, "doados" a Javé para o serviço da tenda da reunião. [7]Tu, porém, e teus filhos contigo, exercereis vosso sacerdócio em tudo o que se refere ao altar* e ao que está além do véu; e prestareis vosso serviço. Eu vos dou vosso sacerdócio como um dom para o serviço; e o estranho que se aproximar será morto".

Parte reservada aos sacerdotes. [8]Javé disse a Aarão: "Eu te entrego* o cuidado de meus tributos. Eu te dou todas as coisas consagradas pelos israelitas, como a parte que é destinada a ti e a teus filhos por direito perpétuo por causa de vossa unção. [9]Isto caberá a ti dentre as coisas santíssimas não consumidas pelo fogo: todas as suas oferendas, isto é, qualquer oblação, todo sacrifício pelo pecado, todo sacrifício de reparação; são coisas santíssimas que pertencem a ti e a teus filhos. [10]Tu as comerás no lugar mais sagrado, e delas comerão todos os homens; será coisa sagrada para ti. [11]Também isto será para ti: um tributo sobre as ofertas dos israelitas e o que eles oferecerão com o gesto de apresentação. Dou-os a ti, a teus filhos e a tuas filhas, como estatuto perpétuo;* poderá comê-los todo aquele de tua casa que estiver puro. [12]O melhor do azeite, do vinho e do trigo, as primícias que eles oferecem a Javé, dou-os a ti. [13]Serão tuas as primícias de todos os produtos da terra, que eles levarão a Javé; todo aquele de tua casa que estiver puro poderá comê-las. [14]Tudo o que em Israel for votado ao interdito será para ti. [15]Todo primogênito de qualquer ser vivo,* oferecido a Javé, tanto de homens como de animais, será teu; mas cuidarás que sejam resgatados os primogênitos dos homens e do mesmo modo farás resgatar os primogênitos dos animais impuros. [16]Resgatarás os que devem ser resgatados quando completarem um mês, segundo tua avaliação, por cinco siclos de prata, conforme o siclo do santuário, que é de vinte geras. [17]Não farás resgatar, porém, os primogênitos de vaca, de ovelha ou de cabra, porque são sagrados. Aspergirás seu sangue sobre o altar e queimarás sua gordura como oferenda queimada de perfume agradável a Javé. [18]A carne deles será tua, bem como o peito oferecido com o gesto ritual e a coxa direita. [19]Dou a ti, a teus filhos e a tuas filhas contigo, por estatuto perpétuo,* todo o tributo das coisas sagradas que os israelitas oferecem a Javé. É um pacto inviolável e eterno diante de Javé para ti e para tua descendência contigo".

[20]Javé disse a Aarão: "Não possuirás nenhuma herança em sua terra, e no meio deles nenhuma porção terás; eu sou tua porção e tua herança no meio dos israelitas. [21]Entreguei aos filhos de Levi* todos os dízimos dos israelitas pelo serviço que prestam, o serviço da tenda* da reunião; [22]assim os israelitas não mais se aproximarão da tenda da reunião, para que não levem sobre si um pecado e morram. [23]São os levitas que prestarão serviço na tenda da reunião; e eles responderão por suas faltas. É uma lei perpétua para vossas gerações; e não terão herança no meio dos israelitas. [24]Porque aos levitas dei por herança os dízimos que os israelitas separam em tributo a Javé; por isso eu lhes disse que não terão nenhuma herança no meio dos israelitas".

[25]Javé disse a Moisés: [26]"Falarás* aos levitas e lhes dirás: Quando receberdes dos israelitas o dízimo que vos dou como vossa herança da parte deles, tirareis dele um tributo para Javé,

---

* **18**,6. Esd 2,43 | 7. Êx 26,33 | 8. Lv 6-7; Ez 44,28-30 | 11. Dt 26,1 | 15. Êx 13,11 | 19. Lv 2,13 | 21. Dt 14,22 / Êx 19,12 | 26. Dt 14,22

isto é, o dízimo dos dízimos; 27será
contado como tributo vosso, como se
fosse o trigo da eira ou o vinho do la-
gar. 28Assim também vós retirareis o
tributo de Javé de todos os dízimos
que receberdes dos israelitas, e esse
tributo separado para Javé o dareis ao
sacerdote Aarão. 29De qualquer coi-
sa que vos seja oferecida, separareis
todo tributo para Javé; é do melhor de
todas as coisas que retirareis a parte
a ser consagrada. 30Tu dirás aos le-
vitas: Uma vez separado o melhor, o
restante será contado para vós, levi-
tas, como o fruto da eira ou como o
produto do lagar. 31Podereis comê-lo
em qualquer lugar, vós e vossa famí-
lia, porque é vossa recompensa pelo
serviço que prestais na tenda da reu-
nião. 32Assim não sereis culpados de
nenhum pecado, porque oferecestes o
melhor como tributo; e não profana-
reis as oferendas sagradas dos israeli-
tas e não morrereis".

19 **Água da purificação.** 1Javé
disse a Moisés* e a Aarão:
2"Esta é uma norma da lei que Javé
prescreve: "Ordena aos israelitas que te
tragam* uma novilha vermelha†, per-
feita, sem defeito, que ainda não tenha
sido submetida ao jugo". 3Vós a en-
tregareis ao sacerdote Eleazar, o qual
a levará para fora do acampamento e
mandará que seja degolada em sua
presença. 4O sacerdote Eleazar* molha-
rá o dedo no sangue dela e aspergirá
sete vezes* em direção da entrada da
tenda da reunião. 5Depois fará queimar
a novilha em sua presença; serão quei-
mados o couro, a carne, o sangue e os
excrementos. 6O sacerdote tomará*
madeira de cedro, hissopo e escarlate e
os lançará no fogo que queima a novi-
lha. 7Então o sacerdote lavará suas ves-
tes e seu corpo com água e voltará ao
acampamento,* mas será impuro até a
tarde. 8Também aquele que tiver quei-
mado a novilha lavará suas vestes e seu
corpo com água e será impuro até a
tarde. 9Um homem puro recolherá as
cinzas da novilha e as depositará fora
do acampamento, em lugar puro, onde
serão guardadas* para a comunidade
dos israelitas, para a água purificadora.
É um sacrifício pelo pecado. 10Aquele
que tiver recolhido as cinzas da novilha
lavará suas vestes e será impuro até a
tarde. Isto será uma norma perpétua
para os israelitas e para o estrangeiro
que mora entre eles.

11Quem tocar o cadáver de qualquer
pessoa* torna-se impuro por sete dias;
12ele se purificará com aquela água no
terceiro e no sétimo dia e ficará puro;
mas se não se purificar no terceiro e
no sétimo dia, não ficará puro. 13Aque-
le que tocar o cadáver de uma pessoa
e não se purificar contamina o taber-
náculo de Javé e será exterminado de
Israel; porque a água lustral não foi as-
pergida sobre ele, está impuro, e sua
impureza permanece nele.
14Esta é a lei para o caso de uma pes-
soa que morre numa tenda: todos os
que nela entrarem e tudo o que nela se
encontrar serão impuros por sete dias.
15Todo vaso aberto, não fechado por
tampa ou atadura, será impuro. 16Todo
aquele que em campo aberto tiver to-
cado em alguém que morreu pela es-
pada ou de morte natural, ou em os-
sos humanos, ou num sepulcro, será
impuro por sete dias. 17Para o impuro
se tomará dentro de um vaso cinza*
da vítima queimada em sacrifício pelo
pecado, e sobre ela se derramará água
corrente. 18Um homem puro tomará
hissopo e o molhará na água; aspergirá
a tenda e todos os objetos, as pessoas
que ali estiverem, aquele que tocou
nos ossos, ou em alguém que foi mor-
to ou morreu de morte natural, ou num
sepulcro. 19O puro aspergirá o impuro
no terceiro e no sétimo dia; quando o
tiver purificado no sétimo dia, o impuro

---

* **19**,1. 31,23; Hb 9,13 | 2. Dt 21,3 | 4. Lv 4,12; Hb 13,11s / Lv 4,5s | 6. Lv 14,4-6 | 7. Lv 11,25.40 | 9. Lv 4,11s | 11. Lv 21,2; Ag 2,13 | 17. Lv 14,4s; Dt 21,1-9

† **19**,2. Este ritual, que parece de origem pagã, visava obter a cinza usada na água lustral. A cor vermelha lembra o sangue, fonte da vida, e a terra.

lavará as vestes e se banhará em água e
à tarde ficará puro. [20]Mas o impuro que
não se purificar será exterminado do
meio da comunidade, porque contami-
na o santuário de Javé; não tendo sido
aspergida sobre ele a água da purifi-
cação, permanece impuro. [21]Será uma
norma perpétua para eles; aquele que
tiver feito a aspersão com a água da
purificação lavará suas vestes, e quem
tiver tocado a água da purificação será
impuro até a tarde; [22]todas as coisas
que o impuro tocar ficarão impuras; e a
pessoa que o tiver tocado ficará impura
até a tarde".

20

Águas de Meriba. [1]Os israeli-
tas, toda a comunidade,* che-
garam ao deserto de Sin no primeiro
mês, e o povo acampou em Cades. Foi
ali que morreu Maria e ali mesmo foi
sepultada. [2]Como faltasse água* para
a comunidade, amotinaram-se contra
Moisés e Aarão. [3]O povo discutia com
Moisés e dizia: "Quem dera que tivés-
semos morrido quando morreram*
nossos irmãos diante de Javé! [4]Por que
trouxestes a comunidade de Javé a este
deserto? para morrermos aqui nós e
nossos rebanhos? [5]Por que nos fizestes
sair da terra do Egito? para trazer-nos
a este lugar miserável, que não serve
para semear, que não tem figueiras,
nem videiras, nem romãs e nem sequer
água para beber?"
[6]Moisés e Aarão deixaram a comuni-
dade, foram à entrada da tenda da re-
união e se prostraram com o rosto em
terra; então apareceu-lhes a glória de
Javé. [7]E Javé falou a Moisés,* dizendo:
[8]"Toma a vara e reúne a comunidade,
tu e Aarão, teu irmão; na presença de-
les falai à rocha, e ela dará suas águas;
farás assim brotar água da rocha e da-
rás de beber à comunidade e a seus
animais". [9]Moisés tomou a vara que es-
tava diante de Javé, conforme lhe fora
ordenado. [10]Moisés e Aarão reuniram
a comunidade diante da rocha, e dis-
se Moisés: "Ouvi, ó rebeldes! Podere-
mos fazer brotar água desta rocha para
vós?" [11]Moisés levantou a mão* e bateu
duas vezes na rocha com a vara; jorrou
água em abundância, e a comunidade
e seus animais beberam. [12]Javé disse a
Moisés e Aarão:* "Visto que não crestes
em mim†, de modo a manifestar minha
santidade aos olhos dos israelitas, vós
não introduzireis esta comunidade na
terra que lhe dou". [13]Estas são as águas
de Meriba,* onde os israelitas discu-
tiram com Javé, e ele manifestou sua
santidade entre eles.
Partida de Cades. [14]De Cades, Moisés
enviou embaixadores* ao rei de Edom,
para lhe dizerem: "Israel, teu irmão,†
manda dizer-te: Tu conheces todas as
tribulações por que passamos; [15]como
nossos pais desceram ao Egito e ali ha-
bitamos por longo tempo, e os egíp-
cios nos maltrataram a nós e a nossos
pais; [16]como nós clamamos a Javé, que
ele ouviu nossa voz* e enviou um anjo
que nos tirou do Egito. Agora estamos
em Cades†, cidade situada no limite de
teu território. [17]Deixa-nos passar por
tua terra; não atravessaremos campos
nem vinhas, nem beberemos água dos
poços; seguiremos a estrada real, sem
nos desviar para a direita nem para a
esquerda, até que tenhamos atraves-
sado teu território". [18]Mas Edom res-
pondeu-lhe: "Tu não passarás por meu
território; do contrário, sairei armado a
teu encontro". [19]Os israelitas lhe disse-
ram: "Subiremos pela estrada batida; se
nós ou nosso gado bebermos de tuas
águas, pagaremos seu preço; deixa-nos
simplesmente atravessar a pé". [20]Mas
ele disse: "Não passarás". E Edom saiu a
seu encontro com um exército grande
e forte. [21]Assim Edom recusou deixar

* **20**,1. Êx 17,1-7 | 2. Êx 14,11 | 3. 16,34; 17,28 | 7. 17,25 | 11. 1Cor 10,4; Jo 7,38; 19,34 | 12. Dt 1,37; 3,26s; 32,51; 33,8; Sl 106,32s | 13. 27,14; Êx 17,7 | 14. Dt 2,4-7; Jz 11,17; Am 1,11; Is 34; 63,1-6 | 16. Êx 23,20; 21,22 | 22. 33,38s; Dt 10,6

† **20**,12. O pecado de Moisés pode estar em suas palavras, v. 10, ou no gesto de bater duas vezes na rocha, ou ainda no fato de não ter empreendido logo a conquista de Canaã, Nm 14,20-25; Dt 4,21. | 14. Edom designa os descendentes de Esaú, filho de Isaac e irmão de Jacó-Israel. | 16. Os israelitas viveram em Cades trinta e oito anos, como se deduz de Nm 33,38.

Israel passar por seu território, e Israel desviou-se dele.

Morte de Aarão. [22]Então os israelitas, toda a comunidade, partiram de Cades* e chegaram ao monte Hor. [23]Javé falou a Moisés e a Aarão no monte Hor, nos confins da terra de Edom, dizendo: [24]"Aarão vai ser reunido a sua gente, pois não deve entrar na terra que dou aos israelitas, porque fostes rebeldes a minha ordem nas águas de Meriba. [25]Toma Aarão e seu filho Eleazar e faze-os subir ao monte Hor; [26]despoja Aarão de seus paramentos, reveste com eles seu filho Eleazar; Aarão será reunido aos seus e ali morrerá". [27]Moisés fez como Javé havia ordenado, e subiram ao monte Hor à vista de toda a comunidade. [28]Moisés tirou os paramentos de Aarão e com eles revestiu Eleazar, seu filho; e Aarão morreu ali, no alto do monte. Moisés e Eleazar desceram do monte. [29]Toda a multidão compreendeu que Aarão tinha morrido* e toda a casa de Israel o chorou durante trinta dias.

21 **Derrota do rei de Arad.** [1]Quando o rei cananeu de Arad, que morava no Negueb, soube que Israel vinha pela estrada de Atarim, combateu contra ele e fez prisioneiros. [2]Então Israel fez a Javé esta promessa: "Se entregardes este povo em minhas mãos, votarei suas cidades ao interdito". [3]Javé atendeu ao pedido de Israel e entregou os cananeus em suas mãos; Israel os votou ao interdito junto com suas cidades, e aquele lugar recebeu o nome de Horma†.

III. NAS ESTEPES DE MOAB (21,4–36,13)

A serpente de bronze. [4]Os israelitas partiram do monte Hor na direção do mar Vermelho, para rodearem o país de Edom. Durante a viagem* o povo perdeu a coragem [5]e reclamava contra Javé e contra Moisés, dizendo: "Por que nos fizestes subir do Egito? Para morrermos no deserto? Não há pão, não há água e estamos enjoados deste alimento fraco". [6]Então Javé enviou contra o povo* serpentes venenosas, que os mordiam, e morreu muita gente de Israel. [7]O povo dirigiu-se a Moisés, dizendo: "Pecamos, reclamando contra Javé e contra ti; pede a Javé que afaste de nós as serpentes". E Moisés rezou pelo povo. [8]Javé disse-lhe:* "Faze para ti uma serpente venenosa e suspende-a numa haste. Todo aquele que for mordido e olhar para ela ficará com vida". [9]Então Moisés fez uma serpente de bronze* e suspendeu-a numa haste; quando alguém era mordido por serpente, olhava para a serpente de bronze e ficava com vida†.

A caminho da Transjordânia. [10]Depois os israelitas partiram e acamparam em Obot. [11]Partindo de Obot, acamparam em Jeabarim, no deserto que está diante de Moab, ao oriente. [12]Partiram dali e acamparam junto à torrente de Zared. [13]Partindo dali, acamparam do outro lado do Arnon, que corre no deserto e nasce no território dos amorreus; pois o Arnon é a fronteira de Moab, entre Moab e os amorreus. [14]Por isso se diz no Livro das Guerras de Javé†:

"Vaeb, junto de Sufa, e a torrente do Arnon
[15]e o declive dos vales que se inclina para a sede de Ar e se apoia à fronteira de Moab".

[16]Daí foram a Beer, que é o poço ao qual se referia Javé quando disse a Moisés:* "Reúne o povo e eu lhe darei água". [17]Então Israel cantou este cântico:

---

* **20**,29. Dt 34,8 | **21**,4. Êx 22,27; 14,11 | 6. Dt 8,15; 1Cor 10,9 | 8. Êx 32,11 | 9. 2Rs 18,4; Sb 16,4s; Jo 3,14s; 19,37 | **21**,16. Jo 4,1

† **21**,3. Horma significa anátema, extermínio, interdito. Consagram-se a Javé os despojos da guerra, destruindo-os. | 9. A cura provinha daquele que é o Salvador de todos, diz Sb 16,7. Jesus faz dessa serpente o prenúncio de sua morte redentora, Jo 3,14-15. O rei Ezequias destruirá a serpente, porque se tornara objeto de idolatria, 2Rs 18,4. | 14. Livro perdido, citado somente aqui, que devia conter hinos de guerra. As guerras de Javé são as de seu povo.

"Jorra, ó poço; entoai-lhe cânticos;
18poço cavado pelos príncipes,
aberto pelos chefes do povo
com o cetro, com seus bastões".
Do deserto foram a Matana, 19de
Matana para Naaliel, de Naaliel para
Bamot 20e de Bamot ao vale que se
abre nos campos de Moab, em direção
às alturas do Fasga, que fica diante do
deserto e o domina.
Vitória sobre Seon, rei dos amorreus.
21Então Israel mandou mensageiros* a
Seon, rei dos amorreus, para dizer-lhe:
22"Deixa-me passar pela tua terra. Não
nos desviaremos pelos campos nem
pelas vinhas e não beberemos água
de teus poços; mas iremos pela estrada real até que tenhamos ultrapassado tuas fronteiras". 23Mas Seon não
deixou Israel atravessar seu território;
reuniu toda a sua gente e marchou
contra Israel no deserto; chegou a Jasa
e combateu contra Israel. 24Israel derrotou-o, passando-o ao fio da espada,
e conquistou seu país desde o Arnon
até o Jaboc, até os confins dos amonitas, pois Jazer estava na fronteira dos
amonitas. 25Israel tomou todas aquelas
cidades e estabeleceu-se em todas as
cidades dos amorreus, em Hesebon
e em todas as suas aldeias. 26Porque
Hesebon era a cidade de Seon, rei dos
amorreus, o qual tinha feito guerra ao
precedente rei de Moab, e lhe havia tomado toda a terra até o Arnon. 27Por
isso dizem os poetas:
"Vinde a Hesebon; que seja reconstruída
e restaurada a cidade de Seon;
28porque um fogo saiu de Hesebon,*
uma chama da cidade de Seon,
e devorou Ar Moab
e consumiu as alturas do Arnon.
29Ai de ti, Moab!
estás perdido, povo de Camos!†
Fez de seus filhos fugitivos
e de suas filhas, escravas
de Seon, rei dos amorreus.
30Nós os crivamos de flechas;
desde Hesebon até Dibon tudo está em ruínas,
devastamos tudo até Nofe,
que está junto de Medaba.
31Assim Israel se estabeleceu na terra
dos amorreus. 32A seguir, Moisés mandou explorar Jazer; os israelitas a tomaram junto com suas aldeias e expulsaram os amorreus que ali habitavam.
Vitória sobre Og, rei de Basã. 33Depois, mudando de direção,* subiram a
caminho de Basã. Og, rei de Basã, saiu-lhes ao encontro com toda a sua gente para combatê-los em Edrai. 34Javé
disse a Moisés: "Não o temas, pois o
entreguei em tuas mãos com todo o
seu povo e sua terra; tu o tratarás como
trataste Seon, rei dos amorreus, que
habitava em Hesebon". 35Eles o derrotaram junto com seus filhos e todo o
seu povo, até não restar nenhum sobrevivente; e apoderaram-se de seu
país.

22 **Balac, rei de Moab.** 1Os israelitas partiram e acamparam
nas estepes de Moab, na outra margem
do Jordão, em frente de Jericó. 2Balac,
filho de Sefor,* ficou sabendo de tudo
o que Israel tinha feito aos amorreus.
3Moab teve grande medo desse povo,
porque era numeroso, e ficou aterrorizado diante dos israelitas. 4Moab disse aos anciãos de Madiã: "Agora esta
multidão vai devorar tudo o que está
ao redor de nós, como o boi devora o
capim do campo".
Balac, filho de Sefor, que era o rei de
Moab naquele tempo, 5enviou mensageiros a Balaão†, filho de Beor, em
Petor, que está à margem do rio, na
terra dos filhos de Amaú, para que o
chamassem, dizendo-lhe: "Saiu do Egito um povo que cobre a face da terra
e está morando a minha frente. 6Vem,

* **21**,21. Dt 2,26-36; Jz 11,19s; 20,14-21 | 28. Jr 48,45s | 33. Dt 3,1-17 | **22**,2. 2Pd 2,15s; Jd 11; Ap 2,14

† **21**,29. Deus dos moabitas, descendentes de Ló, Gn 19,30-38. | **22**,5. Adivinho chamado para amaldiçoar Israel. Obediente a Javé, Nm 22,13.38, Balaão não se deixa corromper, Nm 24,13, e abençoa Israel; Js 24,10 diz que Javé o forçou a abençoar. Nm 31,16 culpa Balãao pela idolatria de Israel em Petor, Nm 25,1-13, e Nm 31,8 narra como foi morto. Cf. também 2Pd 2,15-16; Jd 11.

pois, e amaldiçoa por mim este povo,
porque é mais poderoso do que eu, a
fim de que eu possa derrotá-lo e ex-
pulsá-lo do país, pois eu sei que aquele
que tu abençoas é abençoado, e aque-
le que amaldiçoas é maldito".
7Os anciãos de Moab e os anciãos
de Madiã, levando consigo o preço
do malefício, foram até Balaão e lhe
transmitiram as palavras de Balac. 8Ele
respondeu-lhes: "Ficai aqui esta noite,
e eu vos responderei conforme o que
Javé me disser". Os chefes de Moab
pernoitaram na casa de Balaão.
9Deus veio a Balaão e lhe perguntou:
"Quem são estes homens que estão
contigo?" 10Balaão respondeu a Deus:
"Balac, filho de Sefor, rei de Moab, en-
viou-os a mim para me dizerem: 11'Saiu
do Egito um povo que cobre a face
da terra; vem, pois, e amaldiçoa-o por
mim, para que eu possa derrotá-lo e
expulsá-lo'". 12Mas Deus disse a Balaão:
"Não vás com eles, nem amaldiçoes
este povo, porque ele é abençoado".
13Levantando-se de manhã, Balaão
disse aos chefes de Balac: "Voltai para
vosso país, porque Javé não me deixou
ir convosco". 14Ouvindo isso, os che-
fes de Moab levantaram-se e voltaram
para junto de Balac e lhe disseram: "Ba-
laão não quis vir conosco".
15Balac, porém, enviou de novo ou-
tros chefes, mais numerosos e mais
importantes que os primeiros. 16Foram
até Balaão e lhe disseram: "Balac, filho
de Sefor, manda dizer-te: 'Não recuses
vir ter comigo, 17porque te cumularei
de honras e farei tudo o que me or-
denares! Vem, pois, e amaldiçoa para
mim este povo'". 18Balaão respondeu
aos servos de Balac: "Ainda que Ba-
lac me desse sua casa cheia de prata
e de ouro, eu não poderia transgredir
a ordem de Javé, meu Deus, em coisa
alguma, pequena ou grande. 19Ficai
também vós aqui esta noite, para que
eu saiba o que Javé tem ainda para me
falar".
20Durante a noite Deus veio a Balaão
e lhe disse: "Já que estes homens vie-
ram chamar-te, levanta-te e vai com
eles, mas farás apenas o que eu te or-
denar". 21Balaão levantou-se de ma-
nhã, arreou a jumenta e partiu com os
chefes de Moab.
A jumenta de Balaão. 22Mas Deus fi-
cou irritado por causa de sua ida, e o
anjo de Javé colocou-se no caminho
para barrar-lhe a passagem. Balaão ia
montado em sua jumenta e tinha con-
sigo dois de seus servos. 23A jumenta
viu o anjo de Javé parado no caminho
com sua espada desembainhada na
mão e desviou-se do caminho, indo
pelo campo. Balaão espancou a jumen-
ta para fazê-la voltar ao caminho. 24En-
tão o anjo de Javé se pôs numa passa-
gem estreita, entre as vinhas, com um
muro de ambos os lados. 25A jumen-
ta, vendo o anjo de Javé, encostou-se
ao muro apertando contra ele o pé
de Balaão, e ele a espancou de novo.
26Então o anjo de Javé os ultrapassou
novamente e se colocou numa passa-
gem tão estreita que não havia como
se desviar nem para a direita, nem para
a esquerda. 27A jumenta, vendo o anjo
parado, deitou-se debaixo de Balaão,
o qual, enfurecido, a espancava com o
bastão.* 28Então Javé abriu a boca da
jumenta, e ela disse a Balaão: "Que te
fiz eu para me espancares três vezes?"
29Balaão respondeu à jumenta: "Por-
que estás zombando de mim. Se tives-
se uma espada na mão, eu te mataria
agora mesmo!" 30A jumenta replicou
a Balaão: "Não sou eu tua jumenta, a
qual sempre montaste até hoje? Cos-
tumo comportar-me assim contigo?"
Respondeu Balaão: "Não". 31Então Javé
abriu os olhos de Balaão, e ele viu o anjo
de Javé que estava no caminho, tendo
na mão sua espada desembainhada; e
Balaão inclinou-se e se prostrou com o
rosto em terra. 32O anjo de Javé disse
a Balaão: "Por que espancaste tua ju-
menta essas três vezes? Eu vim para me
opor a ti, porque teu caminho é perver-
so diante de mim. 33A jumenta me viu
e se desviou de mim por três vezes. Se
ela não se tivesse desviado, a esta hora

* **22**,27. 2Pd 2,16

eu já te teria matado, deixando-a com
vida". 34Então Balaão disse ao anjo de
Javé: "Pequei, porque não sabia que tu
estavas postado contra mim no cami-
nho; agora, pois, se não agrada a teus
olhos o que estou fazendo, voltarei
para trás". 35Mas o anjo de Javé disse
a Balaão: "Podes ir com esses homens,
mas dirás somente o que eu te falar". E
Balaão seguiu com os chefes de Balac.
36Quando Balac ouviu dizer que Ba-
laão estava chegando, saiu-lhe ao en-
contro até Ar Moab, na fronteira do
Arnon, na extremidade do território.
37Balac disse a Balaão: "Não mandei
mensageiros para te chamar? Por que
não vieste logo? Não estou em condi-
ções de tratar-te com a devida honra?"
38Balaão respondeu a Balac:* "Eu vim
até tua presença; mas poderei eu dizer
qualquer coisa? Aquilo que Deus me
puser na boca é o que direi". 39Balaão
partiu com Balac e chegaram a Cariat-
-Husot. 40Balac imolou bois e ovelhas e
mandou uma parte a Balaão e aos che-
fes que o acompanhavam.
41Na manhã seguinte, Balac tomou
Balaão e o fez subir a Bamot-Baal, de
onde pôde ver a extremidade do acam-
pamento de Israel.

23 **Balaão abençoa Israel.** 1Ba-
laão disse a Balac: "Edifica-me
aqui sete altares e prepara-me sete
novilhos e sete carneiros". 2Balac fez
conforme Balaão lhe pediu; e Balac e
Balaão ofereceram um novilho e um
carneiro sobre cada altar. 3Depois Ba-
laão disse a Balac: "Fica junto de teu
holocausto, enquanto eu me retiro;
talvez Javé venha a meu encontro, e
qualquer coisa que me revele eu te in-
formarei". E subiu a um monte escalva-
do. 4Deus veio ao encontro de Balaão,
o qual lhe disse: "Preparei sete altares e
ofereci um novilho e um carneiro sobre
cada altar". 5Javé pôs uma mensagem
na boca de Balaão e disse: "Volta para
Balac e dize-lhe isto".
6Tendo voltado, encontrou-o de pé
junto de seu holocausto, com todos
os chefes de Moab. 7Então pronunciou
seu poema, dizendo:
"De Aram mandou-me vir Balac,
dos montes do oriente, o rei de
Moab:
Vem e amaldiçoa Jacó;
vem, impreca contra Israel.
8Como amaldiçoarei aquele que
Deus não amaldiçoou?
Como incriminarei, se Javé não incri-
mina?
9Das alturas dos rochedos o contem-
plo,
das colinas eu o vejo.
É um povo que mora à parte,
e entre as nações não será contado.
10Quem pode contar o pó de Jacó
e enumerar a areia de Israel?
Possa eu morrer a morte dos justos,
e seja meu fim semelhante ao deles!"
11Balac disse a Balaão: "Que me fizes-
te? Eu te chamei para amaldiçoar meus
inimigos, e tu os abençoas!" 12Respon-
deu Balaão: "Não devo eu cuidar de só
dizer aquilo que Javé põe em minha
boca?"
13Disse Balac: "Vem comigo a outro
lugar, donde tu possas vê-lo. Verás
apenas a extremidade dele e não o ve-
rás todo; amaldiçoa-o por mim de lá".
14Levou-o ao campo das Sentinelas, no
cume do Fasga. Construiu ali sete al-
tares e ofereceu um novilho e um car-
neiro sobre cada altar. 15Balaão disse a
Balac: "Fica aqui junto a teu holocausto,
enquanto vou encontrar-me com Javé".
16Javé foi ao encontro de Balaão, pôs
uma mensagem em sua boca e disse:
"Volta a Balac e dize-lhe isto".
17Tendo voltado, encontrou-o de pé
junto de seu holocausto, e os chefes
dos moabitas com ele. Balac pergun-
tou-lhe: "Que te disse Javé?" 18Balaão
pronunciou seu poema, dizendo:
"Levanta-te, Balac, e escuta;
inclina-me teu ouvido, filho de Sefor.
19Deus não é um homem, que possa
mentir,*
nem um filho de homem, para se re-
tratar.
Acaso ele diz e não faz?

---

* **22**,38. Jr 1,9 | **23**,19. 1Sm 15,29; Ml 3,6; Jó 9,32; Tt 1,2; Hb 6,18; Tg 1,17

ou promete e não cumpre?
[20]Pois bem: recebi a ordem de aben-
çoar;
ele abençoou, eu não posso revogar.
[21]Ele não viu iniquidade em Jacó,
não notou maldade em Israel.
Javé, seu Deus, está com ele,
é aclamado rei no meio dele.
[22]Deus o tirou do Egito;*
é para ele como a força de um bú-
falo.
[23]Contra Jacó não vale magia,
nem sortilégio contra Israel;
a seu tempo se dirá a Jacó
e a Israel o que Deus realiza.
[24]É um povo que se levanta como
uma leoa
e que se ergue como um leão;*
não se deita antes de ter devorado
a presa
e bebido o sangue das vítimas".
[25]Balac disse a Balaão: "Se não o
amaldiçoas, ao menos não o abençoes!"
[26]Balaão respondeu a Balac: "Eu não te
disse que faria tudo o que Javé me dis-
sesse?" [27]Balac disse a Balaão: "Vem, que
te levarei a um outro lugar, e talvez seja
do agrado de Deus que de lá o amal-
diçoes por mim!" [28]Balac levou Balaão
ao cimo do monte Fegor, que domina
o deserto. [29]Balaão disse a Balac: "Cons-
trói-me aqui sete altares e prepara-me
sete novilhos e sete carneiros". [30]Balac
fez como disse Balaão e ofereceu um
novilho e um carneiro sobre cada altar.

24

A profecia de Balaão. [1]Ba-
laão viu que Javé se comprazia
em abençoar Israel e por isso não foi,
como outras vezes, em busca de pres-
ságios, mas voltou-se para o deserto.
[2]Levantando os olhos, viu Israel acam-
pado segundo suas tribos, e o espírito
de Deus veio sobre ele. [3]Então pronun-
ciou seu poema, dizendo:
"Oráculo de Balaão, filho de Beor,
oráculo do homem do olhar pene-
trante;
[4]oráculo daquele que ouve as pala-
vras de Deus,
que contempla a visão do Onipoten-
te,*
que cai em êxtase e seus olhos se
abrem.
[5]Como são belas tuas tendas, ó Jacó,*
e tuas moradas, ó Israel!
[6]Elas se estendem como vales,
como jardins à beira de um rio,
como aloés que Javé plantou,
como cedros junto às águas.
[7]De sua descendência surgirá um ho-
mem*
que governará muitas nações;
seu rei será maior que Agag,
e seu reino será engrandecido.
[8]Aquele Deus que o tirou do Egito*
é para ele como a força do búfalo.
Devorará as nações que lhe são ini-
migas*
e lhes quebrará os ossos,
e os crivará com suas flechas.
[9]Ele se abaixa e se deita como o leão*
e como a leoa; quem o fará levantar-
-se?
Bendito seja quem te abençoar,*
maldito seja quem te amaldiçoar".
[10]Encolerizado contra Balaão, Balac
sacudiu as mãos e lhe disse: "Foi para
amaldiçoar meus inimigos que te cha-
mei, e já é a terceira vez que os cobriste
de bênçãos! [11]Pois bem, foge para tua
terra. Pensei em cumular-te de honras,
mas Javé te impediu de recebê-las".
[12]Balaão respondeu a Balac: "Não fa-
lei aos mensageiros que me enviaste:
[13]Ainda que Balac me desse sua casa
cheia de prata e de ouro, eu não po-
deria transgredir a ordem de Javé, fa-
zendo por minha conta bem ou mal; o
que Javé disser, isto eu direi? [14]E agora
que volto para meu povo, vem, que te
comunicarei o que este povo fará a teu
povo no futuro". [15]E pronunciou seu
poema, dizendo:
"Oráculo de Balaão, filho de Beor,
oráculo do homem do olhar pene-
trante;
[16]oráculo daquele que ouve as pala-
vras de Deus
e conhece a ciência do Altíssimo;

---

* **23**,22. 24,8s | 24. Gn 49,9 | **24**,4. Gn 17,1 | 5. Sl 84,2; Is 54,2s | 7. 24,17; Gn 49,10; Is 9,5s; 11,1s | 8. 23,22-24 / Dt 33,17 | 9. Gn 49,9 / Gn 12,3: 27,29

que vê as visões do Onipotente,
que cai em êxtase e seus olhos se
abrem.
[17]Eu o vejo, mas não agora;*
eu o contemplo, mas não de perto.
Surgirá uma estrela de Jacó
e se levantará um cetro de Israel
que esmagará os chefes de Moab
e abaterá todos os filhos de Set.†
[18]Edom será sua possessão*
e Seir, seu inimigo, será sua proprie-
dade,
e Israel fará coisas prodigiosas.
[19]De Jacó virá um dominador
que exterminará os sobreviventes
das cidades".
[20]Ao ver Amalec, pronunciou seu
poema, dizendo:*
"Primícias das nações é Amalec,
mas seu fim será a ruína perpétua".
[21]Depois viu os quenitas e pronun-
ciou seu poema, dizendo:*
"Tua morada é segura:
puseste teu ninho no rochedo;
[22]mesmo assim o quenita será de-
vastado,
até que Assur te leve prisioneiro".
[23]E retomando seu poema, disse:
"Ai! Quem viverá quando Deus fizer
estas coisas?
[24]Virão navios das costas de Setim*
e oprimirão Assur e oprimirão Héber,
e também ele acabará sendo destruí-
do".
[25]Depois Balaão partiu e voltou para
sua terra, e Balac também seguiu seu
caminho.*

25 Idolatria de Israel e castigo.

[1]Enquanto Israel estava acam-
pado em Setim, o povo começou a
prostituir-se* com as filhas de Moab.
[2]Elas o convidavam para os sacrifícios
a seus deuses, e o povo comia e se
prostrava diante de seus deuses. [3]Israel
aderiu a Baal-Fegor†, e a ira de Javé
acendeu-se contra ele. [4]Javé disse a
Moisés:* "Prende todos os príncipes do
povo e enforca-os diante de Javé, à luz
do dia, para que se afaste de Israel a
ira ardente de Javé". [5]Moisés disse aos
juízes de Israel: "Mate cada um aque-
le de seus que aderiram a Baal-Fegor".
[6]Chegou então um dos israelitas tra-
zendo para junto de seus irmãos uma
madianita, à vista de Moisés e de toda
a comunidade dos israelitas que cho-
ravam à entrada da tenda da reunião.
[7]Vendo isto, Fineias, filho de Eleazar,
filho do sacerdote Aarão, levantou-
-se do meio da assembleia, tomou na
mão* uma lança, [8]seguiu o israelita
até o interior da alcova e transpassou
ambos, homem e mulher,* no ventre;
e cessou o flagelo entre os israelitas.
[9]Nesse flagelo morreram vinte e qua-
tro mil pessoas. [10]Javé disse a Moisés:
[11]"Fineias, filho de Eleazar, filho do sa-
cerdote Aarão, afastou dos israelitas
minha ira, porque entre eles foi ani-
mado do mesmo zelo que eu, de sorte
que, em meu zelo, não exterminei todo
o povo* de Israel. [12]Por isso tu lhe dirás:
Dou a ele minha aliança de paz, [13]que
será para ele e para sua descendência
depois dele: a aliança de um sacerdó-
cio eterno, porque teve zelo por seu
Deus e fez expiação pelos israelitas".
[14]O israelita que foi morto com a ma-
dianita chamava-se Zambri; era filho
de Salu e chefe de uma casa patriar-
cal dos simeonitas. [15]A madianita que
foi morta chamava-se Cozbi; era filha
de Sur, chefe de uma família, isto é, de
uma casa patriarcal de Madiã. [16]Javé
falou a Moisés, dizendo:* [17]"Atacai os
madianitas e exterminai-os, [18]porque
vos provocaram com seus artifícios,
seduzindo-vos no caso de Fegor e de
Cozbi, filha de um príncipe de Madiã,

* **24**,17. Ap 2,28; 22,16; Gn 49,10 | 18. Gn 25,23; 27,39 | 20. Êx 17,8.14; 1Sm 15,3 | 21. 1Sm 15,6 | 24. Dn 11,30 | 25. 31,8 | **25**,1. 31,16; Dt 3,29; 4,3; Sl 106,28-31; Ap 2,14 | 4. Êx 18,25s | 7. Êx 6,25 | 8. 1Cor 10,8 | 11. Dt 4,24; Êx 32,25-29; Lv 1-7; Dt 33,8-11; Ez 44,15; Sl 106,30s; Eclo 45,23-26 | 16. 31,3-12

† **24**,17. Promessa de um rei guerreiro e vencedor, realizada em Davi, e, no sentido espiritual, no Messias. Esta profecia inspirou a mais antiga representação de Nossa Senhora, que é uma pintura da Mãe com o Filho, tendo ao lado um homem que indica uma estrela: está em Roma, na catacumba de Priscila.
25,3. Mulheres moabitas seduzem homens de Israel à prostituição em honra do deus local, o Baal (=senhor) de Fegor.

irmã deles, que foi morta no dia do flagelo por causa de Fegor".

26 Novo recenseamento.

[1]Após esse flagelo, Javé disse a Moisés e a Eleazar, filho do sacerdote Aarão: [2]"Fazei o recenseamento† de toda a comunidade dos israelitas, dos vinte anos para cima, segundo suas casas patriarcais, contando todos os que são aptos para pegar em armas em Israel". [3]E Moisés e Eleazar, sacerdote, falaram com eles nas estepes de Moab, junto ao Jordão, defronte de Jericó, dizendo: [4]"Serão recenseados os que tiverem a idade de vinte anos para cima, como Javé havia ordenado a Moisés".

São estes os israelitas que saíram da terra do Egito:

[5]Rúben, primogênito de Israel.* Filhos de Rúben: de Henoc, o clã henoquita; de Falu, o clã faluíta; [6]de Hesron, o clã hesronita; de Carmi, o clã carmita. [7]São estes os clãs rubenitas. Seus recenseados foram ao todo quarenta e três mil e setecentos e trinta.

[8]Filho de Falu: Eliab. [9]Filhos de Eliab:* Namuel, Datã e Abiram. Estes, Datã e Abiram, homens respeitados na comunidade, foram os que se rebelaram contra Moisés e Aarão em companhia de Coré, rebelando-se contra Javé, [10]e foram tragados, junto com Coré, pela terra que abriu sua boca, enquanto morriam os de seu grupo, devorando o fogo duzentos e cinquenta homens, para servir de advertência. [11]Mas os filhos de Coré não pereceram.

[12]Filhos de Simeão,* segundo seus clãs: de Namuel, o clã namuelita; de Jamin, o clã jaminita; de Jaquin, o clã jaquinita; [13]de Zara, o clã zaraíta; de Saul, o clã saulita. [14]São estes os clãs simeonitas. Seus recenseados foram ao todo vinte e dois mil e duzentos.

[15]Filhos de Gad,* segundo seus clãs: de Sefon, o clã sefonita; de Agi, o clã agita; de Suni, o clã sunita; [16]de Ozni, o clã oznita; de Heri, o clã herita; [17]de Arod, o clã arodita; de Areli, o clã arelita. [18]São estes os clãs dos filhos de Gad. Seus recenseados foram ao todo quarenta mil e quinhentos.

[19]Filhos de Judá:* Her e Onã. Her e Onã morreram na terra de Canaã. [20]Dos filhos de Judá, saíram os clãs: de Sela, o clã selaíta; de Farés, o clã faresita; de Zaré, o clã zareíta. [21]Os filhos de Farés foram: de Hesron, o clã hesronita; de Hamul, o clã hamulita. [22]Estes foram os clãs de Judá. Seus recenseados foram ao todo setenta e seis mil e quinhentos.

[23]Filhos de Issacar,* segundo seus clãs: de Tola, o clã tolaíta; de Fua, o clã fuaíta; [24]de Jasub, o clã jasubita; de Semron, o clã semronita. [25]São estes os clãs de Issacar. Seus recenseados foram ao todo sessenta e quatro mil e trezentos.

[26]Filhos de Zabulon,* segundo seus clãs: de Sared, o clã saredita; de Elon, o clã elonita; de Jalel, o clã jalelita. [27]São estes os clãs de Zabulon. Seus recenseados foram ao todo sessenta mil e quinhentos.

[28]Filhos de José,* segundo seus clãs: Manassés e Efraim.

[29]Filhos de Manassés: de Maquir, o clã maquirita; e Maquir gerou Galaad; de Galaad, o clã galaadita. [30]Estes são os filhos de Galaad: de Jezer, o clã jezerita; de Helec, o clã helequita; [31]de Asriel, o clã asrielita; de Siquém, o clã siquemita; [32]de Semida, o clã semidaíta; de Héfer, o clã heferita. [33]Salfaad, filho de Héfer, não teve filhos, mas apenas filhas; são estes os nomes das filhas de Salafaad: Maala, Noa, Hegla, Melca e Tersa. [34]São estes os clãs de Manassés. Seus recenseados foram ao todo cinquenta e dois mil e setecentos.

[35]São estes os filhos de Efraim, segundo seus clãs: de Sutala, o clã sutalaíta; de Bequer, o clã bequerita; de Teen, o clã teenita. [36]São estes os filhos

---

* **26**,5. Gn 46,8s | 9. 16,1-17,15 | 12. Gn 46,10 | 15. Gn 46,16 | 19. Gn 46,12 | 23. Gn 46,13; Jz 10,1s | 26. Gn 46,14; Jz 12,11s | 28. Gn 46,20; Js 17,1; Jz 5,14; 1Cr 7,14-19

† **26**,2. Esse recenseamento acontece trinta e oito anos depois do primeiro, Nm 1, e prepara a partilha da terra.

de Sutala: de Herã, o clã heranita. 37São
estes os clãs de Efraim. Formavam o
total de trinta e dois mil e quinhentos
recenseados.

São estes os filhos de José, segundo
seus clãs.

38Filhos de Benjamim,* segundo seus
clãs: de Bela, o clã belaíta; de Asbel, o
clã asbelita; de Airam, o clã airamita;
39de Sufam, o clã sufamita; de Hufam, o
clã hufamita. 40Bela teve os filhos Ared
e Naamã: de Ared, o clã aredita; de
Naamã, o clã naamanita. 41São estes os
filhos de Benjamim, segundo seus clãs.
Seus recenseados foram ao todo quarenta e cinco mil e seiscentos.

42São estes os filhos de Dã,* segundo
seus clãs: de Suam, o clã suamita. Estes
são os filhos de Dã, segundo seus clãs.
43Os recenseados de todos os clãs suamitas foram ao todo sessenta e quatro
mil e quatrocentos.

44Filhos de Aser,* segundo seus clãs:
de Jemna, o clã jemnaíta; de Jessui,
o clã jessuíta; de Beria, o clã beriaíta.
45Dos filhos de Beria: de Héber, o clã
heberita; de Melquiel, o clã melquielita.
46Aser tinha uma filha chamada Sara.
47São estes os clãs dos filhos de Aser.
Seus recenseados foram ao todo cinquenta e três mil e quatrocentos.

48Filhos de Neftali,* segundo seus
clãs: de Jasiel, o clã jasielita; de Guni,
o clã gunita; 49de Jeser, o clã jeserita;
de Selém, o clã selemita. 50São estes
os clãs de Neftali, repartidos segundo
seus clãs. Seus recenseados foram ao
todo quarenta e cinco mil e quatrocentos.

51O total dos israelitas recenseados
foi, portanto,* de seiscentos e um mil e
setecentos e trinta.

52Javé falou a Moisés: 53"A esses
repartirás a terra em herança na proporção do número das pessoas. 54Aos
que são em maior número* darás uma
propriedade maior e aos que são em
número menor darás uma propriedade
menor; a cada um será dada a propriedade em proporção do número dos recenseados. 55Mas a terra será repartida
por sorteio; tomarão posse conforme
os nomes de suas tribos paternas. 56Por
sorteio será repartida a herança deles,
entre o mais numeroso e o de menor
número.

Recenseamento dos levitas. 57São estes os levitas recenseados,* segundo
seus clãs: de Gérson, o clã gersonita;
de Caat, o clã caatita; de Merari, o clã
merarita.

58São estes os clãs levitas: o clã lobnita, o clã hebronita, o clã moolita, o
clã musita, o clã coreíta. Caat* gerou
Amram. 59A mulher de Amram chamava-se Jocabed, filha de Levi, que
lhe nasceu no Egito. Ela gerou para
Amram: Aarão, Moisés e Maria, irmã
deles. 60Aarão gerou Nadab e Abiú,
Eleazar e Itamar. 61Nadab e Abiú morreram* ao oferecerem um fogo irregular diante de Javé.

62Dos levitas foram recenseados vinte e três mil homens com idade superior a um mês. Não foram contados*
com os outros israelitas, porque a eles
não foi dada nenhuma herança entre
os israelitas.

63Foram esses que Moisés* e o sacerdote Eleazar recensearam quando
fizeram o recenseamento dos israelitas
nas estepes de Moab, junto ao Jordão,
defronte de Jericó. 64Entre eles não
havia mais ninguém dos que tinham
sido recenseados por Moisés e Aarão
no recenseamento feito no deserto do
Sinai, 65porque Javé dissera* a respeito
deles que morreriam no deserto; e de
fato não restou nenhum deles, exceto
Caleb, filho de Jefoné, e Josué, filho de
Nun.

27 **Herança das mulheres.** 1Vieram então as filhas de Salfaad,* filho de Héfer, filho de Galaad, filho de Maquir, filho de Manassés, filho
de José; seus nomes eram: Maala, Noa,
Hegla, Melca e Tersa. 2Apresentaram-se

* **26**,38. Gn 46,21 | 42. Gn 46,23 | 44. Gn 46,17 | 48. Gn 46,24 | 51. 2,32; 11,21; 1,46 | 54. 33,54 | 57. Gn 46,11; Êx 6,16-23; 1Cr 6,1-15 | 58. Êx 6,20 | 61. Lv 10,1-3; 3,4 | 62. 3,14-39 | 63. 18,20-24 | 65. 14,20-38
27,1. 26,33; Js 17,3s

diante de Moisés, diante do sacerdote Eleazar, diante dos chefes e de toda a comunidade à entrada da tenda da reunião e disseram: [3]"Nosso pai morreu no deserto; não estava entre os que se amotinaram contra Javé no grupo de Coré, mas morreu por causa de seu pecado e não deixou filhos. [4]Por que deveria desaparecer o nome de nosso pai no meio de sua família? Só porque não teve filhos? Dai-nos uma propriedade entre os irmãos de nosso pai".

[5]Moisés levou o caso delas à presença de Javé. [6]E Javé disse a Moisés: [7]"É justo o que dizem as filhas de Salfaad; dá-lhes uma propriedade entre os irmãos de seu pai e passa-lhes a herança de seu pai. [8]E assim dirás aos israelitas: Morrendo alguém sem deixar filhos homens, fareis passar sua herança a sua filha. [9]Se não tiver filhas, dareis sua herança a seus irmãos. [10]Se não tiver irmãos, dareis sua herança aos irmãos de seu pai. [11]E se seu pai não tiver irmãos, dareis sua herança ao parente mais próximo em sua família, e dela ficará dono. Esta será para os israelitas uma norma de direito, como ordenou Javé a Moisés".

Josué, sucessor de Moisés. [12]Disse ainda Javé a Moisés:* "Sobe a este monte Abarim e contempla a terra que dou aos israelitas. [13]Depois de a teres contemplado, também tu serás reunido aos teus, como se reuniu teu irmão* Aarão; [14]porque fostes rebeldes a minha ordem no deserto de Sin, na revolta da comunidade, e não manifestastes minha santidade mediante as águas, diante de seus olhos". São essas as águas de Meriba, de Cades, no deserto de Sin. [15]Moisés falou a Javé, dizendo-lhe: [16]"Javé, Deus que deu a vida* a todas as criaturas, estabelecei como chefe desta comunidade um homem [17]que saia e que entre à frente deles, que os faça sair e entrar, para que a comunidade de Javé não fique como rebanho sem pastor". [18]Javé disse* a Moisés: "Toma Josué, filho de Nun, homem no qual reside o espírito, e impõe tua mão sobre ele. [19]Depois apresenta-o ao sacerdote Eleazar e a toda a comunidade; dá-lhe tuas ordens diante deles [20]e comunica-lhe parte de tua autoridade†, a fim de que toda a comunidade dos israelitas lhe obedeça. [21]Ele se apresentará ao sacerdote Eleazar, o qual consultará* para ele o juízo dos Urim diante de Javé; a uma ordem sua sairão e a uma ordem sua entrarão ele e todos os israelitas com ele e toda a comunidade". [22]Moisés fez* como Javé havia ordenado. Tomou Josué e o fez comparecer perante o sacerdote Eleazar e toda a comunidade. [23]Impôs-lhe as mãos* e deu-lhe suas ordens, conforme Javé havia ordenado por meio de Moisés.

28 **Sacrifício cotidiano.** [1]Javé disse a Moisés: [2]"Ordena aos israelitas* e dize-lhes: Tereis o cuidado de me apresentar no tempo prescrito minha oferenda, meu alimento para minhas ofertas queimadas de perfume agradável. [3]Tu lhes dirás:* É esta a oferta queimada que oferecereis a Javé: cada dia dois cordeiros de um ano, sem defeito, em holocausto perpétuo. [4]Oferecerás um dos cordeiros pela manhã e o outro ao entardecer; [5]e para a oblação, um décimo de efá de flor de farinha amassada com um quarto de hin de óleo de olivas esmagadas. [6]É o holocausto perpétuo* que foi oferecido no monte Sinai, oferenda queimada de perfume agradável a Javé. [7]Sua libação será de um quarto de hin para cada cordeiro, e a libação de bebida inebriante a Javé será feita no lugar sagrado. [8]O outro cordeiro será oferecido ao entardecer, com uma oblação e uma libação semelhantes às da manhã: é uma oferenda queimada de perfume agradável a Javé.

---

* **27**,12. Dt 31,1-8.23; 34,9 | 13. 20,12 | 16. 16,22 | 18. Ez 34,5 | 21. Dt 33,8 | 22. Êx 28,30 | 23. Dt 34,9
28,2. Lv 23; Êx 23,14 | 3. Êx 29,38-46; Lv 6,2; Ez 46,13-15 | 6. 15,4; Lv 23,13

† **27**,20. Josué não será profeta como Moisés, o primeiro e maior deles; mas receberá os oráculos divinos por meio do sumo sacerdote.

Sacrifício do sábado. 9No dia de sá-
bado oferecereis* dois cordeiros de um
ano, sem defeito, e, como oblação, dois
décimos de flor de farinha amassada
com óleo, com sua libação. 10Este é o
holocausto do sábado, de cada sábado,
além do holocausto perpétuo e de sua
libação.
Sacrifício do início do mês. 11No pri-
meiro dia* de cada mês† oferecereis
em holocausto a Javé dois novilhos, um
carneiro e sete cordeiros de um ano,
sem defeito, 12e três décimos de flor
de farinha amassada com óleo, como
oblação para cada novilho, e dois dé-
cimos de flor de farinha amassada com
óleo, como oblação pelo carneiro, 13e
um décimo de flor de farinha amassa-
da com óleo, como oblação para cada
cordeiro: é um holocausto de perfu-
me agradável, oferenda queimada em
honra de Javé. 14Suas libações serão de
meio hin de vinho para cada novilho,
um terço de hin pelo carneiro e um
quarto de hin de vinho para cada cor-
deiro. Este é o holocausto de cada mês,
para todos os meses do ano. 15Além do
holocausto perpétuo, será oferecido a
Javé um bode em sacrifício pelo peca-
do, com sua oblação.
A Páscoa. 16No dia quatorze do primei-
ro mês* será a Páscoa de Javé. 17No dia
quinze desse mês é dia de festa; duran-
te sete dias se comerão pães ázimos.
18No primeiro dia haverá uma santa as-
sembleia; não fareis nenhum trabalho
servil. 19Oferecereis em holocausto, a
ser queimado em honra de Javé, dois
novilhos, um carneiro e sete cordeiros
de um ano, sem defeito; 20a respectiva
oblação de flor de farinha amassada
com óleo, de três décimos para cada
novilho, dois décimos pelo carneiro 21e
um décimo para cada um dos sete cor-
deiros; 22e um bode em sacrifício pelo
pecado, para fazer expiação por vós.
23Oferecereis tudo isto, além do ho-
locausto da manhã, que é holocausto
perpétuo. 24Assim oferecereis em cada
um dos sete dias o alimento da ofer-
ta queimada em perfume agradável a
Javé, além do holocausto perpétuo e
da libação correspondente. 25No séti-
mo dia haverá uma santa assembleia e
não fareis nenhum trabalho servil.
Pentecostes. 26No dia das primícias,*
quando apresentardes a Javé a oblação
de frutos novos, na festa das Semanas,
haverá uma santa assembleia e não
fareis nenhum trabalho servil. 27Ofe-
recereis em holocausto de perfume
agradável a Javé dois novilhos, um car-
neiro e sete cordeiros de um ano; 28sua
oblação de flor de farinha amassada
com óleo será de três décimos para
cada novilho, dois décimos pelo car-
neiro 29e um décimo para cada um dos
sete cordeiros; 30um bode em sacrifício
pelo pecado para fazer expiação por
vós. 31Fareis isto, além do holocausto
perpétuo e da respectiva oblação e as
libações correspondentes. Os animais
devem ser sem defeito.

29

Festas das aclamações. 1No
primeiro dia do sétimo* mês
tereis uma santa assembleia e não fa-
reis nenhum trabalho servil; será para
vós o dia de tocar as trombetas. 2Ofere-
cereis em holocausto de perfume agra-
dável a Javé um novilho, um carneiro e
sete cordeiros de um ano, sem defeito,
3e a oblação correspondente de flor de
farinha amassada com óleo, de três dé-
cimos pelo novilho, dois décimos pelo
carneiro 4e um décimo para cada um
dos sete cordeiros, 5e um bode em sa-
crifício pelo pecado, para oferecer ex-
piação por vós, 6além do holocausto
mensal com a oblação correspondente,
do holocausto perpétuo com a respec-
tiva oblação e de suas libações prescri-
tas, para serem queimadas em perfume
agradável a Javé.
O dia das Expiações. 7No dia dez des-
se sétimo mês* haverá uma santa as-

* **28**,9. Ez 46,4s | 11. Am 8,5; Is 1,13; Ez 46,6s | 16. Êx 12; Lv 23,5-8; Dt 16,1-8; Ez 45,21-24 | 26. Êx 23,14; Lv 23,15-21; Dt 16,9-12 | **29**,1. Lv 23,24; 10,5s | 7. Lv 16; Ez 45,18-20

† **28**,11. O mês começava com a lua nova, e o primeiro dia era marcado por cerimônias religiosas, inclusive sacrifícios, 1Sm 20,5; Os 2,13; Am 8,5.

sembleia; jejuareis e não fareis nenhum trabalho servil. [8]Oferecereis em holocausto de perfume agradável a Javé um novilho, um carneiro e sete cordeiros de um ano, que devem ser sem defeito, [9]com sua oblação de flor de farinha amassada com óleo: três décimos pelo novilho, dois décimos pelo carneiro, [10]um décimo para cada um dos sete cordeiros [11]e um bode em sacrifício pelo pecado. Isto, além do sacrifício expiatório próprio do rito da expiação e do holocausto perpétuo, com a oblação e das libações correspondentes.

Festa das Tendas. [12]No dia quinze do sétimo mês* haverá uma santa assembleia; não fareis nenhum trabalho servil e fareis festa em honra de Javé durante sete dias. [13]Oferecereis em holocausto, a ser queimado em perfume agradável em honra de Javé, treze novilhos, dois carneiros, quatorze cordeiros de um ano, sem defeito, [14]e sua oblação de flor de farinha amassada com óleo: três décimos para cada um dos treze novilhos, dois décimos para cada um dos dois carneiros, [15]um décimo para cada um dos quatorze cordeiros [16]e um bode em sacrifício pelo pecado, além do holocausto perpétuo, sua oblação e sua libação.

[17]No segundo dia oferecereis doze novilhos, dois carneiros e quatorze cordeiros de um ano, sem defeito, [18]bem como a oblação e as libações de costume, conforme o número dos novilhos, dos carneiros e dos cordeiros, [19]e um bode pelo pecado, além do holocausto perpétuo, sua oblação e suas libações.

[20]No terceiro dia oferecereis onze novilhos, dois carneiros e quatorze cordeiros de um ano, sem defeito, [21]com a oblação e as libações de costume, conforme o número dos novilhos, dos carneiros e dos cordeiros, [22]e um bode pelo pecado, além do holocausto perpétuo, sua oblação e libação.

[23]No quarto dia oferecereis dez novilhos, dois carneiros e quatorze cordeiros de um ano, sem defeito, [24]com a oblação e as libações de costume, conforme o número dos novilhos, dos carneiros e dos cordeiros, [25]e um bode pelo pecado, além do holocausto perpétuo, sua oblação e libação.

[26]No quinto dia oferecereis nove novilhos, dois carneiros e quatorze cordeiros de um ano, sem defeito, [27]com a oblação e as libações de costume, conforme o número dos novilhos, dos carneiros e dos cordeiros, [28]e um bode pelo pecado, além do holocausto perpétuo, sua oblação e libação.

[29]No sexto dia oferecereis oito novilhos, dois carneiros e quatorze cordeiros de um ano, sem defeito, [30]com a oblação e as libações de costume, conforme o número dos novilhos, dos carneiros e dos cordeiros, [31]e um bode pelo pecado, além do holocausto perpétuo, sua oblação e libação.

[32]No sétimo dia oferecereis sete novilhos, dois carneiros e quatorze cordeiros de um ano, sem defeito, [33]com a oblação e libações de costume,* conforme o número dos novilhos, dos carneiros e dos cordeiros, [34]e um bode pelo pecado, além do holocausto perpétuo, sua oblação e libação.

[35]No oitavo dia tereis uma santa assembleia; não fareis nenhum trabalho servil. [36]Oferecereis como holocausto a ser queimado em perfume agradável em honra de Javé, um novilho, um carneiro e sete cordeiros de um ano, sem defeito, [37]com a oblação e as libações de costume, conforme o número dos novilhos, dos carneiros e dos cordeiros, [38]e um bode pelo pecado, além do holocausto perpétuo, sua oblação e libação. [39]São estes os sacrifícios que oferecereis a Javé em vossas solenidades, além de vossas promessas e ofertas espontâneas, dos holocaustos, oblações, libações e sacrifícios de comunhão".

30 **Leis sobre as promessas.** [1]Moisés comunicou aos israelitas* tudo o que Javé lhe havia ordenado. [2]Moisés falou também aos chefes

* **29**,12. Êx 23,14; Lv 23,33-43; Dt 16,13-15; Ez 45,25; Jo 7,2 | 33. Jo 7,37 | **30**,1. Lv 27,1 | 3. Dt 23,21-23; Ecl 5,3-4; Sl 50,14; 56,13; 76,12; Jz 11,30-40

das tribos dos israelitas, dizendo-lhes:
"Isto é o que Javé ordenou: [3]Quando
alguém fizer uma promessa a Javé* ou
assumir uma obrigação sob juramento,
não faltará a sua palavra, mas fará tudo
conforme prometeu.
[4]Se uma mulher fizer uma promessa
a Javé ou se impuser uma obrigação,
enquanto é ainda solteira na casa pa-
terna, [5]e seu pai, ciente de sua pro-
messa e da obrigação que ela se im-
pôs, não lhe disser nada, todas as suas
promessas e todas as obrigações que
ela assumiu serão válidas. [6]Porém, se
o pai, logo que ficou ciente das pro-
messas ou das obrigações que ela se
impôs, a desaprovar, não serão válidas,
e Javé lhe perdoará, porque seu pai a
desaprova.
[7]E se ela se casar,* estando sujeita a
suas promessas ou a alguma obrigação
assumida sem reflexão, [8]e seu marido,
ao tomar conhecimento, nada lhe diz,
suas promessas e as obrigações assu-
midas serão válidas. [9]Mas se o marido,
no dia em que ficar ciente, a desapro-
var, invalida a promessa e a obrigação
assumida sem reflexão, e Javé a per-
doará.
[10]A promessa de uma viúva ou de
uma mulher repudiada, qualquer que
seja a obrigação que assumiram, será
válida.
[11]Se uma mulher, vivendo na casa
do marido, fizer uma promessa e assu-
mir com juramento alguma obrigação,
[12]e o marido, ao saber disso, não lhe
disser nada nem a desaprovar, todas
as suas promessas e obrigações terão
valor. [13]Mas se o marido, ao saber dis-
so, anular tudo o que ela pronunciou,
será nula toda promessa ou obrigação
assumida, porque foram anuladas pelo
marido; e Javé lhe perdoará.
[14]O marido pode confirmar ou anular
qualquer promessa ou juramento pelo
qual ela se obrigou a abster-se de al-
guma coisa. [15]Mas se o marido não lhe
disser nada até o dia seguinte, confirma
todas as suas promessas e toda obriga-
ção que tiver assumido; ele as confir-
ma, porque guardou silêncio no dia em
que foi informado. [16]E se as anular mais
tarde, responderá pelo pecado dela".
[17]São estas as leis que Javé prescreveu
a Moisés sobre marido e mulher e so-
bre o pai e a filha adolescente, enquan-
to ela viver na casa do pai.

31

Guerra contra os madianitas.
[1]Javé disse a Moisés: [2]"Vinga
os israelitas* do mal que lhes fizeram os
madianitas; depois serás reunido aos
teus". [3]Então Moisés falou ao povo:
"Que alguns de vossos homens se ar-
mem para a guerra e marchem contra
os madianitas, para executar a vingan-
ça* de Javé contra Madiã. [4]Mandareis
para o combate mil homens de cada
tribo de Israel". [5]Assim foram recruta-
dos dentre as fileiras de Israel mil de
cada tribo, isto é, doze mil homens
armados para a guerra. [6]Moisés os en-
viou ao combate, mil homens por tribo,
e com eles mandou Fineias,* filho do
sacerdote Eleazar, o qual levou consi-
go os objetos sagrados e as trombetas
para a aclamação. [7]Combateram con-
tra Madiã, como Javé havia ordenado
a Moisés, e mataram todos os homens.
[8]Além disso, mataram os reis madiani-
tas Evi, Recém, Sur, Hur* e Rebe, cin-
co reis de Madiã; também mataram à
espada Balaão, filho de Beor. [9]Os is-
raelitas levaram como prisioneiras as
mulheres madianitas e suas crianças, e
lhes tomaram todo o seu gado, todos
os seus rebanhos e todos os seus bens.
[10]Incendiaram todas as cidades que
eles habitavam e todos os seus acam-
pamentos. [11]Tomaram todos os despo-
jos, tudo o que haviam capturado, as
pessoas e os animais, [12]e trouxeram
os prisioneiros, os despojos e a pre-
sa a Moisés, ao sacerdote Eleazar e à
comunidade dos israelitas, acampados
nas estepes de Moab, junto ao Jordão,
defronte de Jericó.
[13]Moisés, o sacerdote Eleazar e todos
os chefes da comunidade saíram ao
encontro deles fora do acampamento.
[14]Moisés indignou-se contra os chefes

* **30**,7. Lv 5,4 | **31**,1. Dt 20,1-21,14 | 3. 25,17s | 6. 25,6-13; 10,9 | 8. Js 13,21s

do exército, chefes de mil e chefes de cem, que voltavam do combate, 15e lhes disse: "Poupastes a vida a todas as mulheres! 16Mas foram justamente elas que por instigação de Balaão levaram os israelitas a ser infiéis a Javé no caso de Fegor, motivo do flagelo que sobreveio à comunidade de Javé! 17Matai, portanto, todos os meninos e toda mulher que tenha tido relações com homem; 18mas conservai com vida, para vós, toda moça que não tenha tido relações com homem. 19Quanto a vós, acampai fora do acampamento durante sete dias, e qualquer um que tiver matado* alguém ou tocado um morto purifique-se no terceiro e no sétimo dia; isto vale tanto para vós como para vossos prisioneiros. 20Purificareis também todas as roupas e todos os objetos de couro, todos os tecidos de pelo de cabra e todo utensílio de madeira".

21O sacerdote Eleazar disse aos soldados que tinham ido à guerra: "Esta é uma prescrição da lei que Javé ordenou a Moisés: 22O ouro, a prata, o cobre, o ferro, o estanho e o chumbo, 23tudo que resiste ao fogo fareis passar pelo fogo e será puro; mas será purificado também com a água da purificação;* e tudo aquilo que não resiste ao fogo fareis passar pela água. 24No sétimo dia lavareis vossas vestes e sereis puros; depois podereis entrar no acampamento".

Divisão dos despojos. 25Javé falou a Moisés, dizendo-lhe: 26"Tu, o sacerdote Eleazar e os chefes das casas patriarcais da comunidade fazei o inventário de tudo o que foi capturado, tanto em pessoas como em animais. 27Dividirás a presa entre os combatentes que foram à guerra e toda a comunidade. 28Da parte que cabe aos combatentes que foram à guerra reservarás,* como tributo para Javé, um de cada quinhentos, tanto em pessoas como em bois, jumentos e ovelhas. 29Tu o tomarás da metade que lhes corresponde e o entregarás ao sacerdote Eleazar como oferta a Javé. 30E da metade que toca aos israelitas tomarás um de cada cinquenta, tanto das pessoas como dos bois, jumentos e ovelhas e de todos os outros animais, entregando-os aos levitas, que têm o encargo do tabernáculo de Javé".

31Moisés e o sacerdote Eleazar fizeram como Javé havia ordenado a Moisés. 32O que foi capturado, o que restou dos despojos tomados pelas tropas combatentes era ao todo seiscentos e setenta e cinco mil ovelhas, 33setenta e dois mil bois, 34sessenta e um mil jumentos, 35e trinta e duas mil pessoas, isto é, mulheres que não tiveram relações com homem. 36A metade atribuída àqueles que tinham ido à guerra foi de trezentas e trinta e sete mil e quinhentas ovelhas, 37das quais seiscentas e setenta e cinco para o tributo a Javé; 38trinta e seis mil bois, dos quais setenta e dois como tributo a Javé; 39trinta mil e quinhentos jumentos, e como tributo a Javé sessenta e um; 40dezesseis mil pessoas, e como tributo a Javé trinta e duas. 41Moisés entregou ao sacerdote Eleazar, conforme Javé lhe havia ordenado, o tributo separado para Javé.

42Quanto à metade correspondente aos israelitas, que Moisés tinha separado da dos combatentes, 43esta metade pertencente à comunidade foi de trezentas e trinta e sete mil e quinhentas ovelhas, 44trinta e seis mil bois, 45trinta mil e quinhentos jumentos, 46e dezesseis mil pessoas. 47Dessa metade que pertencia aos israelitas Moisés tomou um em cada cinquenta, tanto das pessoas como dos animais, e os entregou aos levitas, que têm o encargo do tabernáculo de Javé, como Javé havia ordenado a Moisés.*

As oferendas. 48Então os comandantes das fileiras do exército, chefes de mil e chefes de cem, aproximaram-se de Moisés 49e lhe disseram: "Teus servos fizeram a conta dos guerreiros que estavam sob nosso comando e não falta nenhum. 50Portanto, cada um de nós está trazendo, como oferenda a Javé,

* **31**,19. 19,11s | 23. 19,1-10 | 28. 1Sm 30,24 | 47. 18,26-32

os objetos de ouro que achou: braceletes, pulseiras, anéis, brincos, colares, correntes, para fazer expiação por nós diante de Javé". 51Moisés e o sacerdote Eleazar receberam deles aquele ouro: todo tipo de objetos feitos com arte. 52Todo o ouro da oferta* que eles apresentaram a Javé, da parte dos chefes de mil e dos chefes de cem, foi de dezesseis mil e setecentos e cinquenta siclos. 53Os guerreiros ficaram com aquilo que cada um havia saqueado. 54Moisés e o sacerdote Eleazar receberam o ouro dos chefes de mil e de cem e o levaram à tenda da reunião, como memorial para os israelitas diante de Javé.

32 **Divisão da Transjordânia.** 1Os filhos de Rúben* e os filhos de Gad possuíam rebanhos em enorme quantidade. Vendo que a terra de Jazer e a terra de Galaad eram lugares adequados para rebanhos, 2vieram dizer a Moisés, ao sacerdote Eleazar e aos chefes da comunidade: 3"Atarot, Dibon, Jazer, Nemra, Hesebon, Eleale, Sebam, Nebo e Meon, 4terras que Javé submeteu à comunidade de Israel, é uma região boa para rebanhos, e nós, teus servos, possuímos rebanhos". 5E acrescentaram: "Se temos encontrado graça diante de teus olhos, que esse território seja entregue em possessão a teus servos; não nos faças atravessar o Jordão".†

6Moisés respondeu aos filhos de Gad e aos filhos de Rúben: "Irão vossos irmãos combater e vós ficareis aqui? 7Por que quereis desanimar os israelitas para que não passem à terra que Javé lhes dá? 8Assim fizeram vossos pais quando os enviei de Cades Barne para explorar a terra. 9Subiram até o vale de Escol, observaram a terra e desencorajaram os israelitas para que não entrassem na terra que Javé lhes dava. 10Naquele dia acendeu-se a ira de Javé, o qual jurou dizendo: 11Jamais verão a terra que eu prometi com juramento a Abraão, a Isaac e a Jacó os homens que saíram do Egito com mais de vinte anos de idade, porque não me seguiram fielmente, 12exceto Caleb, filho de Jefoné, o cenezeu, e Josué, filho de Nun, que seguiram Javé fielmente. 13Assim, a ira de Javé se acendeu contra Israel, e ele o fez errar pelo deserto durante quarenta anos, até que desaparecesse aquela geração que havia feito o mal aos olhos de Javé. 14E vós, raça de homens pecadores, tomais o lugar de vossos pais, para aumentar ainda mais a indignação de Javé contra Israel! 15Se deixais de segui-lo, ele prolongará ainda a estadia no deserto e causareis a ruína de todo este povo".

16Então se aproximaram de Moisés e lhe disseram: "Construiremos aqui currais para nossos rebanhos e cidades para nossos filhos. 17Mas estamos prontos para marchar armados à frente dos israelitas, até que os tenhamos introduzido em seu lugar; nossos filhos ficarão nas cidades fortificadas, ao abrigo dos habitantes do país. 18Não regressaremos a nossas casas enquanto cada um dos israelitas não tiver tomado posse de sua herança. 19Porque nada herdaremos com eles do outro lado do Jordão, nem mais adiante, porque já teremos nossa herança deste lado do Jordão, ao oriente".

20Moisés respondeu-lhes: "Se fizerdes isto, se vos armardes para combater diante de Javé, 21e todo guerreiro entre vós passar o Jordão diante de Javé, até que ele expulse seus inimigos de sua presença, 22e só voltardes depois que o país estiver submetido a Javé, então estareis quites com Javé e com Israel, e este território será vossa propriedade diante de Javé. 23Mas se assim não fizerdes, pecareis contra Javé, e sabei que a pena de vosso pecado vos alcançará. 24Construí, portanto, cidades para vossos filhos e currais

---

* **31**,52. Êx 30,11-16 | **32**,1. Dt 3,12-20; 33,6.20s; Js 1,12-18; 13,8-32; 21,24s.31s

† **32**,5. Moisés permite que as tribos de Gad, Rúben e a metade da tribo de Manassés repartam entre si as terras já conquistadas, contanto que participem na conquista das terras do outro lado do Jordão. Começa a cumprir-se a promessa de Deus de dar a seu povo uma terra em Canaã.

para vossos rebanhos e cumpri a pro-
messa que fizestes".
[25]Os filhos de Gad e os filhos de
Rúben responderam a Moisés: "Teus
servos farão como meu senhor man-
dou. [26]Nossos filhos, nossas mulheres,
nossos rebanhos e todo o nosso gado
ficarão lá, nas cidades de Galaad, [27]mas
teus servos, todos os que estão arma-
dos para a guerra, marcharão diante de
Javé e combaterão como ordena meu
senhor".
[28]Então Moisés deu ordens a respei-
to deles ao sacerdote Eleazar, a Josué,
filho de Nun, e aos chefes de famílias
das tribos de Israel, dizendo-lhes: [29]"Se
os filhos de Gad e os filhos de Rúben
atravessarem convosco o Jordão, todos
armados para combater diante de Javé,
quando o país for por vós conquistado,
dareis a eles a terra de Galaad em pos-
sessão. [30]Mas se não passarem armados
convosco, receberão sua propriedade
no meio de vós na terra de Canaã".
[31]Responderam os filhos de Gad e
os filhos de Rúben: "Como Javé falou a
teus servos, assim faremos. [32]Passare-
mos armados diante de Javé à terra de
Canaã, mas a propriedade de nossa he-
rança ficará do lado de cá do Jordão".
[33]Então Moisés deu aos filhos de Gad e
aos filhos de Rúben, e à metade da tri-
bo de Manassés, filho de José, o reino
de Seon, rei dos amorreus, e o reino de
Og, rei de Basã: o país com suas cida-
des e territórios, e as cidades do país a
seu redor.
[34]Os filhos de Gad reedificaram Di-
bon, Atarot e Aroer, [35]Atrot-Sofã, Jazer,
Jegbaá, [36]Bet-Nemra, Bet-Arã, cidades
fortificadas e currais para os animais.
[37]Os filhos de Rúben reedificaram
Hesebon, Eleale, Cariataim, [38]Nebo,
Baal Meon, mudando-lhes os nomes, e
Sabama. Deram outros nomes às cida-
des que edificaram.
[39]Os filhos de Maquir, filho de Ma-
nassés, partiram para Galaad e dele se
apossaram, expulsando os amorreus
que lá habitavam. [40]Moisés deu Galaad
a Maquir, filho de Manassés, que aí se
estabeleceu. [41]Jair, filho de Manassés,*
foi também e conquistou suas aldeias
e as chamou aldeias de Jair. [42]Nobe foi
para Canat, apoderou-se dela e de suas
vizinhanças e chamou-a Nobe, confor-
me seu nome.

33 As etapas de toda a viagem.

[1]São estas as etapas dos israe-
litas†, que saíram da terra do Egito, se-
gundo suas fileiras, sob o comando de
Moisés e Aarão. [2]Moisés anotou seus
pontos de partida, em suas diversas
etapas, por ordem de Javé; e são estas
suas etapas, segundo seus pontos de
partida.
[3]Partiram de Ramsés no dia quinze do
primeiro mês. No dia seguinte à Páscoa,
os israelitas saíram corajosamente, à vis-
ta de todos os egípcios, [4]enquanto estes
sepultavam* os que dentre eles Javé ha-
via ferido de morte, todos os seus pri-
mogênitos; também contra seus deuses
Javé tinha feito justiça.
[5]Os israelitas partiram* de Ramsés e
acamparam em Sucot. [6]Partiram de Su-
cot e acamparam em Etam,* que está
nos limites do deserto. [7]Partiram de
Etam e voltaram em direção de Piai-
rot, que está defronte de Baal-Sefon,
e acamparam diante de Magdol. [8]Par-
tiram de Piairot e atravessaram pelo
meio do mar em direção ao deserto, fi-
zeram três dias de caminhada pelo de-
serto de Etam e acamparam em Mara.
[9]Partiram de Mara* e chegaram a Elim,
onde havia doze fontes e setenta pal-
meiras, e aí acamparam. [10]Partiram de
Elim e acamparam junto ao mar Ver-
melho. [11]Partiram do mar Vermelho e
acamparam no deserto de Sin. [12]Parti-
ram do deserto de Sin* e acamparam
em Dafca. [13]Partiram de Dafca e acam-
param em Alus. [14]Partiram de Alus* e
acamparam em Rafidim, onde o povo

* **32**,41. Dt 3,14; Jz 10,4 | **33**,4. Êx 14,8 | 5. Êx 12,37 | 6. Êx 13,20; 14,1-4 | 9. Êx 15,23.27 | 12. Êx 16,1 | 14. Êx 17,1-7 | 15. Êx 19,1

† **33**,1. Os vv. 3-49 mencionam quarenta etapas do êxodo, desde o Egito até à beira do Jordão. É difícil, ou até impossível, localizar a maioria desses lugares.

não encontrou água para beber. 15Par-
tiram de Rafidim* e acamparam no de-
serto do Sinai.
16Partiram do deserto do Sinai* e
acamparam em Cibrot-Ataava. 17Par-
tiram de Cibrot-Ataava e acamparam
em Haserot. 18Partiram de Haserot* e
acamparam em Retma. 19Partiram de
Retma e acamparam em Remon-Farés.
20Partiram de Remon-Farés e acam-
param em Lebna. 21Partiram de Leb-
na e acamparam em Ressa. 22Partiram
de Ressa e acamparam em Ceelata.
23Partiram de Ceelata e acamparam no
monte Séfer. 24Partiram do monte Séfer
e acamparam em Harada. 25Partiram
de Harada e acamparam em Macelot.
26Partiram de Macelot e acamparam
em Taat. 27Partiram de Taat e acam-
param em Taré. 28Partiram de Taré e
acamparam em Matca. 29Partiram de
Matca e acamparam em Hesmona.
30Partiram de Hesmona* e acamparam
em Moserot. 31Partiram de Moserot e
acamparam em Benê-Jacã. 32Partiram
de Benê-Jacã e acamparam em Hor-
-Gadgad. 33Partiram de Hor-Gadgad
e acamparam em Jetebata. 34Partiram
de Jetebata e acamparam em Ebrona.
35Partiram de Ebrona e acamparam em
Asiongaber.
36Partiram de Asiongaber* e acam-
param no deserto de Sin, que é Cades.
37Partiram de Cades* e acamparam no
monte Hor, nos confins da terra de
Edom. 38Por ordem de Javé, o sacer-
dote Aarão subiu ao monte Hor, e ali
morreu no quadragésimo ano depois
da saída dos israelitas do Egito, no
primeiro dia do quinto mês. 39Aarão
tinha cento e vinte e três anos quando
morreu no monte Hor. 40O rei de Arad,
cananeu,* que habitava no Negueb, na
terra de Canaã, ficou sabendo da che-
gada dos israelitas.
41Partiram do monte Hor* e acam-
param em Salmona. 42Partiram de Sal-
mona e acamparam em Finon. 43Parti-
ram de Finon e acamparam em Obot.
44Partiram de Obot* e acamparam em
Jeabarim, na fronteira de Moab. 45Par-
tiram de Jeabarim e acamparam em
Dibon-Gad. 46Partiram de Dibon-Gad
e acamparam em Elmon-Diblataim.
47Partiram de Elmon-Diblataim* e
acamparam nos montes Abarim, de-
fronte do Nebo. 48Partiram dos montes
Abarim e acamparam nas estepes de
Moab, às margens do Jordão, defron-
te de Jericó; 49acamparam às margens
do Jordão, desde Bet-Jesimot até Abel-
-Setim, nas estepes de Moab.
Divisão da terra prometida. 50Javé
falou a Moisés nas estepes de Moab,*
às margens do Jordão, defronte de Je-
ricó, dizendo-lhe: 51"Fala aos israelitas e
dize-lhes: Quando tiverdes atravessado
o Jordão e entrado na terra de Canaã,
52expulsareis de vossa frente todos os
habitantes do país, destruireis todos os
seus ídolos* esculpidos, quebrareis to-
das as suas estátuas de metal fundido e
devastareis todos os seus lugares altos.
53Tomareis posse da terra e nela habi-
tareis, porque vos dou essa terra como
propriedade. 54Dividireis a terra por
sorteio,* entre vossas famílias: a uma
numerosa dareis uma parte maior, a
uma pequena uma parte menor. Cada
um terá aquilo que lhe couber por sor-
te. A partilha será feita segundo vossas
tribos patriarcais. 55Mas se não expul-
sardes os habitantes do país de vossa
frente, os que ficarem serão como es-
pinhos em vossos olhos e aguilhões em
vossos flancos e vos afligirão na terra
em que habitardes. 56E aquilo que eu
tinha pensado fazer a eles, eu o farei
a vós".

34 **As fronteiras.** 1Javé disse a
Moisés: 2"Ordena aos israeli-
tas* e dize-lhes: Quando entrardes no
país de Canaã, esta será a terra que vos
caberá como herança: a terra de Canaã
com estas fronteiras.
3Vosso limite meridional começará
no deserto de Sin, que confina com

* **33**,16. 11,34s | 18. 12,16 | 30. Dt 10,6s | 36. Dt 2,1-8 | 37. 20,22-29; Dt 10,6; 32,50 | 40. 21,1.10-20 | 41. 21,4 | 44. 21,10s | 47. 22,1 | 50. Lv 26; Dt 7,1-6.16; 12,2s | 52. Lv 26,1 | 54. 26,54-56 | **34**,2. Jz 20,1; Js 14-19; Ez 47,13-21

Edom. O limite meridional se estenderá da extremidade do mar Salgado para o oriente, 4depois se voltará para o sul, em direção à subida dos Escorpiões, passará por Sin e chegará ao sul de Cades Barne, donde irá em direção de Hasar-Adar, passando por Asemona; 5de Asemona dobrará para a torrente do Egito e terminará no mar. 6Vosso limite ocidental será o mar Grande, que será para vós o limite ao ocidente. 7Vosso limite setentrional será este: do mar Grande traçareis a fronteira até o monte Hor; 8do monte Hor seguireis em frente até a entrada de Emat, e o limite terminará em Sedada; 9depois sairá em direção de Zefrona para terminar em Hasar-Enon. Este será vosso limite setentrional. 10Para o limite oriental traçareis uma linha de Hasar-Enon até Sefama; 11o limite descerá de Sefama a Harbel, ao oriente de Ain, e continuará descendo até tocar a margem oriental do mar de Quineret. 12Depois o limite descerá ao longo do Jordão para terminar no mar Salgado. Esta será vossa terra com suas fronteiras por todos os lados".

13Moisés ordenou aos israelitas o seguinte: "Este é o território que herdareis por sorteio e que Javé mandou dar às nove tribos e à meia tribo, 14porque a tribo dos filhos de Rúben e a tribo dos filhos de Gad, segundo suas famílias, e a meia tribo de Manassés, receberam sua herança. 15Essas duas tribos e a meia tribo já receberam sua herança do lado de lá do Jordão, na altura de Jericó, ao oriente, do lado do sol nascente".

16Javé disse a Moisés: 17"São estes os nomes dos homens que dividirão entre vós o país: o sacerdote Eleazar e Josué, filho de Nun. 18Chamareis também um chefe de cada tribo para repartir a terra. 19São estes os nomes desses homens: para a tribo de Judá, Caleb, filho de Jefoné; 20para a tribo dos filhos de Simeão, Samuel, filho de Amiud; 21para a tribo de Benjamim, Elidad, filho de Caselon; 22para a tribo dos filhos de Dã, o chefe Boci, filho de Jogli; 23para os filhos de José, para a tribo dos filhos de Manassés, o chefe Haniel, filho de Efod; 24para a tribo dos filhos de Efraim, o chefe Camuel, filho de Seftã; 25para a tribo dos filhos de Zabulon, o chefe Elisafã, filho de Farnac; 26para a tribo dos filhos de Issacar, o chefe Faltiel, filho de Ozã; 27para a tribo dos filhos de Aser, o chefe Aiud, filho de Salomi; 28para a tribo dos filhos de Neftali, o chefe Fedael, filho de Amiud". 29Foi a esses que Javé ordenou que dividissem a herança para os israelitas na terra de Canaã.

35

As cidades dos levitas. 1Javé falou a Moisés nas estepes de Moab,* às margens do Jordão, defronte de Jericó, dizendo-lhe: 2"Ordena aos israelitas que, da herança que possuem, deem aos levitas cidades onde possam habitar e também pastagens ao redor das cidades. 3As cidades lhes servirão de habitação, e as pastagens para seu gado, seus bens e para todos os seus animais. 4As pastagens das cidades que dareis aos levitas se estenderão por mil côvados a partir dos muros da cidade, em todo o seu redor. 5Do lado de fora da cidade, medireis dois mil côvados do lado oriental, dois mil côvados do lado meridional, dois mil côvados do lado ocidental, dois mil côvados do lado setentrional, ficando a cidade no meio; e estas serão para eles as pastagens das cidades. 6As cidades que dareis* aos levitas serão as seis cidades de refúgio, destinadas por vós para que nelas possa refugiar-se o homicida, e mais outras quarenta e duas; 7ao todo serão quarenta e oito as cidades que dareis aos levitas, com suas pastagens. 8As cidades que dareis serão tomadas da propriedade dos israelitas: tomareis mais de uma tribo maior e menos de uma tribo menor;* cada tribo cederá para os levitas algumas de suas cidades, em proporção da herança que tiver recebido".

Cidades de refúgio. 9Javé disse a Moisés: 10"Fala aos israelitas* o seguinte: Quando atravessardes o Jordão para

* **35**,1. 18,20-24; Js 20-21; Ez 48,13 | 6. Dt 4,41-43 | 8. 26,54 | 10. Êx 21,13; Dt 19,1-13

entrardes na terra de Canaã, [11]escolhe-
reis cidades que vos sirvam de cidades
de refúgio, onde possa refugiar-se o
homicida que matou alguém involun-
tariamente. [12]Essas cidades vos servi-
rão de refúgio contra o vingador do
sangue†, para que o assassino não seja
morto antes de comparecer em juízo
diante da comunidade. [13]As cidades
que indicareis serão vossas seis cida-
des de refúgio. [14]Indicareis três cida-
des* do outro lado do Jordão e outras
três na terra de Canaã: serão cidades
de refúgio.[15]Para os israelitas, para o
estrangeiro e para aquele que mora no
meio de vós, essas seis cidades servirão
de refúgio, para que nelas se refugie
todo aquele que matar alguém invo-
luntariamente.

[16]Mas se alguém feriu um outro com
um instrumento de ferro e disso resul-
tou a morte, é um homicida; o homici-
da deverá ser morto. [17]Se o feriu usan-
do uma pedra que tinha na mão, capaz
de causar a morte, e a vítima morreu,
é um homicida; o homicida deverá ser
morto. [18]Se o feriu com um instrumen-
to de madeira, capaz de causar a mor-
te, e a vítima morreu, é um homicida;
o homicida deverá ser morto. [19]É o
vingador do sangue que matará o ho-
micida; quando o encontrar, ele o ma-
tará. [20]Se alguém empurrar um outro
por ódio, ou lhe atirar alguma coisa de
propósito, causando-lhe a morte, [21]ou
então, se por hostilidade lhe bater com
as mãos e ele morrer, quem lhe bateu
será morto; cometeu um homicídio, e o
vingador de sangue o matará quando
o encontrar.

[22]Mas se o empurrar acidentalmente
ou atirar alguma coisa sobre ele sem
maldade, [23]ou se, não o vendo, deixar
cair sobre ele uma pedra que possa
causar a morte, e a vítima morrer, não
sendo ele inimigo da vítima, nem pro-
curando fazer-lhe mal, [24]a comunidade
julgará entre o que matou e o vingador
do sangue, conforme essas leis. [25]A co-
munidade livrará o homicida das mãos
do vingador do sangue e o fará voltar
à cidade de refúgio onde se havia refu-
giado. Ficará ali até a morte do sumo
sacerdote, que foi ungido com o óleo
santo. [26]Mas, se o homicida em qual-
quer momento sair dos limites de sua
cidade de refúgio onde se havia refu-
giado, [27]e o vingador do sangue o en-
contrar fora dos limites de sua cidade
de refúgio e o matar, não será culpado
do sangue derramado, [28]porque o ho-
micida deve permanecer em sua cidade
de refúgio até a morte do sumo sacer-
dote, e só depois da morte desse po-
derá voltar à terra de sua propriedade.

[29]Estas serão normas de direito para
vós e para vossas gerações, onde quer
que habiteis. [30]Todo aquele que matar
uma pessoa, conforme o depoimento
das testemunhas, será condenado à
morte; mas ninguém será condenado
à morte por depoimento de uma só
testemunha. [31]Não aceitareis resgate
pela vida de um homicida condenado
à morte, pois deve ser morto. [32]Tam-
pouco aceitareis resgate por quem se
tenha refugiado em sua cidade de re-
fúgio, para que volte a habitar em sua
terra antes da morte do sumo sacerdo-
te. [33]Não contaminareis* o país em que
viveis, porque o sangue contamina a
terra, e não se pode fazer expiação pela
terra, por causa do sangue nela derra-
mado, senão com o sangue de quem
o derramou. [34]Não profaneis a terra
em que habitais, e no meio da qual eu
também habito, pois eu sou Javé, que
habito entre os israelitas".*

36 **Herança das mulheres.** [1]Os
chefes das casas patriarcais da
família dos filhos de Galaad, filho de
Maquir, filho de Manassés, um dos clãs
dos filhos de José, tomaram a palavra

* **35**,14. Dt 4,41-43 | 33. Gn 9,5s | 34. Êx 29,45

† **35**,12. Na sociedade primitiva da época em que vigorava a lei do talião, Êx 21,24, o parente mais próximo da vítima exercia o direito de vingança. Essa pessoa, chamada "goel", redentor, era quem protegia a família, impedindo também a alienação dos bens, Lv 25,25. Deus é chamado o Redentor de Israel, Is 41,14; Jr 50,34; Sl 19,15.

diante de Moisés e dos principais chefes das casas patriarcais dos israelitas e disseram: 2“Javé ordenou a meu senhor que repartisse por sorteio a terra a ser dada em herança aos israelitas; e meu senhor recebeu ordem, da parte de Javé, de dar a herança de Salfaad, nosso irmão, a suas filhas. 3Ora, se elas se casarem* com homens de uma outra tribo de Israel, sua herança será retirada da parte de nossos pais: aumentará a parte da tribo na qual forem recebidas e diminuirá a parte que tocou por sorte a nós. 4Quando chegar o jubileu para os israelitas, a herança delas* será acrescida à herança das tribos às quais pertencerão e será subtraída da herança da tribo de nossos pais”.

5Então Moisés comunicou aos israelitas esta ordem recebida de Javé: “Tem razão a tribo de José. 6Isto é o que Javé ordena a respeito das filhas de Salfaad: Casem-se com quem quiserem, contanto que seja com alguém de uma família da tribo de seu pai. 7A herança dos israelitas não passará de uma tribo para outra, porque cada um dos israelitas estará ligado à herança da tribo de seus pais. 8Toda moça que possuir uma herança numa das tribos dos israelitas deverá casar-se com alguém de uma família de sua tribo paterna, para que cada israelita conserve a posse da herança de seus pais. 9Desse modo nenhuma herança passará de uma tribo a outra, mas cada uma das tribos dos israelitas ficará ligada à própria herança”.

10Conforme Javé havia ordenado a Moisés, assim fizeram as filhas de Salfaad, 11e Maala, Tersa, Hegla, Melca e Noa, filhas de Salfaad, casaram-se com os filhos de seus tios paternos. 12Casaram-se dentro das famílias dos filhos de Manassés, filho de José; e assim sua herança permaneceu dentro da tribo da família de seu pai.

13São estes os mandamentos e as leis que Javé deu aos israelitas por meio de Moisés nas estepes de Moab, às margens do Jordão, defronte de Jericó.

* **36**,3. 27,1-11 | 4. Lv 25,1

DEUTERONÔMIO

O título do livro é a transcrição de duas palavras gregas que significam "segunda lei" e têm sua origem em Dt 17,18, onde se prescreve que o rei tenha para seu uso "uma cópia desta lei". Bem diferente dos outros livros do Pentateuco, este se apresenta como uma coleção de três discursos de Moisés, o qual, logo antes de morrer, no limiar da terra prometida, relata ao povo os acontecimentos do êxodo, testemunhos da predileção de Deus por Israel, e lhe recorda a promulgação da lei no Sinai e outras normas complementares, para exortá-lo a permanecer fiel à aliança. O livro da Lei achado no templo em 622 a.C., na época de Josias (2Rs 22,8), é a primeira edição do Deuteronômio. Este fato suscitou uma grande reforma religiosa que aboliu todos os lugares de culto fora de Jerusalém, unificando o santuário.

O livro do Deuteronômio formou a escola chamada deuteronomista, que tinha sua própria teologia e vocabulário. Essa escola, que floresceu nos anos anteriores e sucessivos à queda de Jerusalém, foi responsável pela redação dos livros chamados na Bíblia Hebraica de "Profetas Anteriores", a saber, Josué, Juízes, e os livros de Samuel e dos Reis. A teologia que eles exprimem pode ser assim resumida: a aliança é um compromisso recíproco, que vale enquanto Israel respeita as leis. Porque ela foi rompida por culpa de Israel, cabe a Javé aplicar as penas previstas nesta aliança, e o povo tem de passar pelo castigo. Mas a esperança não fica perdida, porque é definitiva a escolha que Javé fez de Israel como seu povo.

Se é verdade que o Deuteronômio é antes de tudo um livro de leis, é preciso salientar também o forte influxo que os profetas exerceram na formulação dessas leis. Israel é um povo escolhido por amor e não por seu valor ou merecimento (7,7-9). O modo de corresponder a esse amor demonstrado por Deus é amá-lo de todo o coração, obedecendo a suas normas, não apenas às do culto, mas também às morais e sociais. No Antigo Testamento, é o Deuteronômio o livro que mais fala do amor divino.

I. MOISÉS RELEMBRA A HISTÓRIA (1,1–4,40)

1 **Introdução ao discurso: o lugar
e o tempo.** 1São estas as palavras
que Moisés falou a todo o Israel do
outro lado do Jordão, no deserto, na
Arabá, diante de Suf, entre Farã e Tofel,
Labã, Haserot e Dizaab. 2São onze dias
de caminho desde o Horeb até Cades-
-Barne, pelo caminho do monte Seir.
3No quadragésimo ano, no dia primei-
ro do décimo primeiro mês, Moisés
falou aos israelitas conforme tudo o
que Javé lhe havia mandado dizer-lhes.
4Depois de ter derrotado Seon,* rei dos
amorreus, que habitava em Hesebon, e
Og, rei de Basã, que residia em Astarot
e em Edrai, 5do outro lado do Jordão,
na terra de Moab, Moisés começou a
explicar esta lei, dizendo†:
Retrospectiva. 6"Javé, nosso Deus,
disse-nos no Horeb: Já morastes nes-
ta montanha o bastante. 7Voltai-vos
e parti; ide à região montanhosa dos
amorreus e a todas as vizinhanças, à
planície, à montanha, à baixada, ao Ne-
gueb, à costa marítima, à terra dos ca-
naneus e ao Líbano, até o grande rio, o
Eufrates. 8Coloco a terra diante de vós;
entrai e tomai posse da terra* que Javé,
vosso Deus, jurou dar a vossos pais, a
Abraão, a Isaac, a Jacó e sua descen-
dência depois deles.
9Eu vos disse naquele tempo:* 'Não
posso encarregar-me de vós sozinho;
10Javé, vosso Deus, vos multiplicou de
tal modo que hoje sois tão numerosos
como as estrelas do céu. 11Javé, Deus
de vossos pais,* vos multiplique mil
vezes mais e vos abençoe, como vos
prometeu. 12Como poderia eu supor-
tar sozinho vosso peso, vossa carga e
vossas contendas? 13Escolhei dentre
vossas tribos* homens sábios e dota-
dos de discernimento e de experiência,

* **1**,4. Nm 21,21-35 | **1**,8. Gn 12,7.15; 26,2-5; 28,13-15 | 9. Êx 18,13-26; Nm 11,14 | 11. Gn 15,5; 22,17 | 13. Nm 11,16s

† **1**,5. Este discurso de Moisés, 1,6–4,40, tem duas partes: na primeira, 1,6–3,29, relembra os principais acontecimentos do êxodo; na segunda, 4,1-40, exorta à fidelidade à lei de Deus.

e eu os constituirei vossos chefes'. [14]E vós me respondestes: 'É bom fazermos o que disseste'. [15]Então tomei os chefes de vossas tribos, homens sábios e dotados de experiência, e os constituí vossos chefes, chefes de mil, de cem, de cinquenta, de dez, e oficiais para vossas tribos. [16]Na mesma ocasião* prescrevi a vossos juízes: 'Escutai as contendas entre vossos irmãos e julgai com equidade entre cada um deles e seu irmão, ou um estrangeiro que mora junto dele. [17]Não façais acepção* de pessoa em juízo; ouvi tanto o pequeno como o grande; não tenhais medo de ninguém, porque o juízo pertence a Deus. Se alguma questão for difícil demais para vós, apresentai-a a mim, e eu a ouvirei'. [18]Naquela ocasião vos prescrevi tudo o que devíeis fazer".

Em Cades Barne. [19]"Partindo do Horeb,* percorremos todo aquele vasto e terrível deserto que vistes, em direção à região montanhosa dos amorreus, como Javé, nosso Deus, nos tinha ordenado, e chegamos a Cades Barne. [20]Então eu vos disse: 'Chegastes à região montanhosa dos amorreus, que Javé, nosso Deus, nos dá. [21]Javé, vosso Deus, colocou a terra diante de vós: subi, tomai posse dela,* como vos falou Javé, Deus de vossos pais; não temais nem desanimeis'. [22]Então viestes todos a mim, dizendo: 'Mandemos alguns homens a nossa frente para que explorem por nós o país e nos informem sobre o caminho pelo qual devemos subir e as cidades nas quais devemos entrar'. [23]A proposta me agradou e escolhi dentre vós doze homens, um de cada tribo. [24]Eles partiram e, subindo à região montanhosa, chegaram até o vale de Escol e o exploraram. [25]Tomando consigo frutos do lugar, eles os trouxeram para nós e nos informaram, dizendo: 'É boa a terra que Javé, nosso Deus, nos dá'. [26]Vós, porém, não quisestes subir e fostes rebeldes à ordem de Javé, vosso Deus; [27]reclamastes em vossas tendas, dizendo: 'Javé nos odeia, por isso tirou-nos do Egito para nos entregar ao poder dos amorreus e nos exterminar. [28]Para onde subiremos? Nossos irmãos nos fizeram perder a coragem, dizendo: É um povo maior e mais alto do que nós; as cidades são grandes e fortificadas até o céu; também vimos ali os descendentes de Enac'.

[29]Então eu vos disse: 'Não vos assusteis* nem tenhais medo deles. [30]Javé, vosso Deus, que vai a vossa frente, combaterá por vós ele mesmo, conforme tudo o que fez por vós no Egito, a vossos olhos, [31]e no deserto, onde vistes Javé, vosso Deus,* vos levar como um homem leva seu filhinho, por todo o caminho que percorrestes, até chegardes a este lugar'. [32]Não obstante tudo isso, não confiastes em Javé, vosso Deus, [33]o qual vos precedia no caminho, em busca de um lugar onde pudésseis acampar, com o fogo de noite,* para vos mostrar o caminho que devíeis seguir, e de dia com a nuvem.

[34]Ouvindo o som de vossas vozes, Javé se enfureceu e jurou, dizendo: [35]'Nenhum dos homens* dessa geração perversa verá aquela boa terra, que jurei dar a seus pais, [36]exceto Caleb, filho de Jefoné;* esse há de vê-la, e a ele e a seus filhos darei a terra que pisou, porque seguiu fielmente a Javé'. [37]Também contra mim se irritou Javé,* por vossa causa, e disse: 'Nem tu entrarás lá. [38]Mas teu servo Josué, filho de Nun, entrará; encoraja-o, pois é ele que fará Israel herdar a terra. [39]E vossos meninos, dos quais dissestes que seriam escravizados, vossos filhos que não sabem ainda distinguir entre o bem e o mal, eles entrarão; a eles darei a terra, e a possuirão. [40]Quanto a vós, voltai para trás e ide para o deserto pelo caminho do mar Vermelho'.

[41]Então me respondestes:* 'Pecamos contra Javé; vamos subir e combater, conforme tudo o que Javé, nosso Deus, nos ordenou'. E cada um de vós tomou

---

* **1**,16. 17,8-13 | 17. Lv 19,15 | 19. Nm 13,1-14,10 | 21. Js 1,6.9 | 29. 2,10; At 13,18 | 31. 7,6; 14,1; 32,6; Êx 4,22; Os 11,1; Is 63,16; Jr 31,9 | 33. Êx 13,21s | 35. Nm 14,21-35 | 36. Nm 13,30; 14,6.9 | 37. Nm 20,12; Dt 3,26; 4,21; 34,4 | 41. Nm 14,39-45

suas armas e vos preparastes para subir às montanhas. 42Mas Javé me disse: 'Dize a eles: Não subais nem luteis, porque eu não estou convosco; para não serdes derrotados diante de vossos inimigos'. 43Eu vos falei, mas não me ouvistes; fostes rebeldes à ordem de Javé e, cheios de arrogância, subistes às montanhas. 44Então os amorreus, que habitam naquelas montanhas, saíram contra vós e vos perseguiram como fazem as abelhas* e vos derrotaram desde Sin até Horma. 45Voltando, chorastes diante de Javé, mas Javé não ouviu vossa voz nem vos deu atenção. 46É por isso que tivestes de ficar em Cades esse tempo todo que lá permanecestes".

2 **Através do deserto.** 1"Voltamos então e fomos para o deserto, pelo caminho do mar Vermelho, conforme Javé me havia falado, contornando a montanha de Seir durante muito tempo. 2Depois Javé me disse: 3'Já andastes bastante ao redor desta montanha; dirigi-vos para o norte. 4Dá ao povo esta ordem: Ides atravessar o território de vossos irmãos, os filhos de Esaú, que habitam em Seir.* Eles terão medo de vós; mas tende cuidado: 5não os ataqueis, pois nada vos darei da terra deles, nem sequer o comprimento de um pé; porque dei a Esaú a posse da região* montanhosa de Seir. 6Comprareis deles, por dinheiro, o alimento que comereis; e também a água comprareis deles por dinheiro. 7Pois Javé, vosso Deus, vos abençoou* em toda obra de vossas mãos; ele vela sobre vossa caminhada por este vasto deserto; há quarenta anos Javé, vosso Deus, vos acompanha, e nada vos faltou. 8Passamos, pois, ao largo de nossos irmãos,* os filhos de Esaú, que habitam em Seir, pela estrada da Arabá, por Elat e Asiongaber e, virando, tomamos o caminho do deserto de Moab.

9Então Javé me disse: 'Não ataques os moabitas* nem lhes dês combate, porque nada te darei da terra deles; pois dei Ar como propriedade aos filhos de Ló. 10Antes habitavam ali os emim, povo grande, numeroso e de alta estatura como os enacim; 11eram considerados como rafaim, assim como os enacim; os moabitas, porém, os chamavam de emim. 12Em Seir habitavam antes os horreus; mas os filhos de Esaú os expulsaram e exterminaram, estabelecendo-se em seu lugar, como fez Israel com a terra de sua propriedade, que Javé lhe deu.

13Agora levantai-vos e atravessai a torrente de Zared'. E atravessamos a torrente de Zared. 14A duração de nossa caminhada desde Cades Barne até a passagem da torrente de Zared foi de trinta e oito anos, até que toda a geração dos guerreiros tivesse desaparecido do meio do acampamento, como Javé lhes havia jurado. 15Esteve contra eles a mão de Javé, para os exterminar do meio do acampamento até seu desaparecimento.

16Depois que a morte fez desaparecer todos os guerreiros dentre o povo, 17Javé me falou, dizendo: 18'Hoje estás para atravessar os limites de Moab, em Ar, 19e chegarás diante dos filhos de Amon. Não os ataques nem lhes dês combate†, porque nada te darei da terra dos filhos de Amon; pois dei-a aos filhos de Ló como propriedade. 20Também ela foi considerada terra dos rafaim; eles, de fato, nela habitaram anteriormente, e eram chamados de zomzomim pelos amonitas; 21era um povo grande e numeroso, de alta estatura como os enacim; Javé, porém, os exterminou diante dos amonitas, que os expulsaram e se estabeleceram em seu lugar; 22exatamente como tinha feito em favor dos filhos de Esaú, que habitavam em Seir, quando exterminou

* **1**,44. Sl 118,12 | **2**,4. Nm 20,14-21 | 5. Gn 36,8 | 7. Êx 33,14.16; 34,9s; Dt 8,2s; 29,5; Ne 9,20s | 8. Nm 20,21 9. Nm 21,10-20

† **2**,19. Javé impede que ataquem os idumeus, v. 5, os moabitas, v. 9, e os amonitas, v. 19, povos aparentados com Israel. Foi Javé mesmo que lhes dera aquelas terras. | 23. Ilha citada em Jr 47,4 e Am 9,7; provavelmente é Creta, e os caftorim são os filisteus, os "povos do mar".

os horreus diante deles, de modo que
os expulsaram e habitaram no lugar
deles até hoje. 23Também os aveus, que
moravam nas aldeias até Gaza, foram
exterminados pelos caftorim, emigra-
dos de Caftor†, que se estabeleceram
em seu lugar. 24Levantai-vos, ponde-
-vos a caminho e atravessai a torren-
te do Arnon. Entrego em vossas mãos
Seon, rei de Hesebon, o amorreu, com
sua terra; começai a tomar posse dela,
fazei-lhe guerra. 25Hoje começarei a
espalhar o terror e o medo de vós en-
tre os povos, onde quer que habitem:
quando ouvirem falar de vós, tremerão
e se angustiarão diante de vós'".

Conquista do reino de Seon. 26"Do
deserto de Cademot* mandei men-
sageiros a Seon, rei de Hesebon, com
palavras de paz, para dizer-lhe: 27'Dei-
xa-me atravessar teu país; caminharei
unicamente pela estrada, sem me des-
viar nem para a direita, nem para a es-
querda. 28Tu me venderás por dinheiro*
o alimento para comer, e por dinheiro
me darás água para beber; permite
apenas que eu passe a pé, 29como fize-
ram comigo os filhos de Esaú, que ha-
bitam em Seir, e os moabitas, que habi-
tam em Ar, até que eu passe o Jordão,
para entrar na terra que Javé, nosso
Deus, nos dá'. 30Mas Seon, rei de He-
sebon, não quis deixar-nos passar por
seu território; porque Javé, vosso Deus,
cegou seu espírito e endureceu-lhe o
coração para entregá-lo a vossa mão,
como é hoje. 31Disse-me então Javé:
'Comecei a entregar-te Seon e seu país;
começa a conquista para te apoderar
de seu país'. 32Seon saiu a nosso en-
contro com toda a sua gente até Jasa,
para combater contra nós. 33Mas Javé
o entregou a nosso poder, e nós o ven-
cemos, com seus filhos e toda a sua
gente. 34Então tomamos todas as suas
cidades e votamos ao interdito ho-
mens, mulheres e crianças, sem deixar
um sobrevivente; 35apenas tomamos
como presa para nós o gado e os des-
pojos das cidades que conquistamos.
36Desde Aroer, que está à margem do
vale do Arnon, e desde a cidade situada
nesse vale, até Galaad, não houve ci-
dade que fosse forte demais para nós:
Javé, nosso Deus, entregou-as todas a
nosso poder. 37Somente não invadistes
o país dos amonitas, isto é, toda a re-
gião da torrente do Jaboc e as cidades
da montanha e todos os lugares que
Javé, nosso Deus, nos havia proibido".

3 **Conquista do reino de Og.** 1"Vol-
tando, subimos pelo caminho de
Basã;* e Og, rei de Basã, veio a nosso
encontro em Edrai, com toda a sua
gente, para combater contra nós. 2E
Javé me disse: 'Não o temas, porque
eu o entreguei em tuas mãos com toda
a sua gente e seu país; farás com ele
como fizeste com Seon, rei dos amor-
reus, que morava em Hesebon'. 3Assim
Javé, nosso Deus, entregou em nossas
mãos também Og, rei de Basã, com
toda a sua gente, e nós o derrotamos,
a ponto de não lhe deixar nenhum so-
brevivente. 4Nessa ocasião lhe toma-
mos todas as cidades; não houve cida-
de que não lhes tomássemos: sessenta
cidades, toda a região de Argob, o rei-
no de Og em Basã. 5Todas essas cida-
des eram fortificadas com altos muros,
portas e ferrolhos; sem contar o grande
número de cidades sem muros. 6E nós
as votamos ao interdito, como tínha-
mos feito com Seon, rei de Hesebon;
votamos ao interdito cada cidade: ho-
mens, mulheres e crianças; 7mas reser-
vamos como nossa presa todo o gado
e os despojos das cidades. 8Tomamos,
assim, naquela ocasião, dos dois reis
amorreus, o território do outro lado
do Jordão, desde a torrente do Arnon
até o monte Hermon, 9chamado Sarion
pelos sidônios e Sanir pelos amorreus;
10todas as cidades do planalto, todo
o Galaad e todo o Basã, até Selca e
Edrai, cidades do reino de Og, em Basã.
11Porque Og, rei de Basã, era o último
sobrevivente dos rafaim; seu leito, um
leito de ferro, é o que está em Rabá

* **2**,26. Nm 21,21-25; Jz 11,19-22 | 28. Nm 20,18.21 | **3**,1. Nm 21,33-35

dos amonitas; mede nove côvados de comprimento e quatro de largura, em côvados comuns".

Divisão dos territórios conquistados. 12"Foi então que tomamos posse daquela terra.* Dei aos rubenitas e aos gaditas o território desde Aroer, à margem da torrente do Arnon, e a metade da região montanhosa de Galaad com suas cidades. 13À meia tribo de Manassés dei o restante de Galaad e todo o Basã, o reino de Og. Toda a região de Argob com todo o Basã se chamava terra dos rafaim. 14Jair, filho de Manassés,* tomou toda a região de Argob até a divisa com os gessuritas e os maacatitas e deu seu nome às aldeias de Basã, que ainda hoje se chamam aldeias de Jair. 15A Maquir dei Galaad. 16Aos rubenitas e aos gaditas dei o território de Galaad até a torrente do Arnon, com a metade do vale que serve de limite, e até a torrente do Jaboc, fronteira dos amonitas; 17e ainda a planície* com o Jordão como limite, desde Quineret até o mar da planície, o mar Salgado, ao pé das encostas do Fasga, ao oriente.

18Naquele tempo vos dei esta ordem: 'Javé, vosso Deus, vos deu como propriedade esta terra: vós todos, homens valentes, marchareis armados à frente dos israelitas, vossos irmãos. 19Somente vossas mulheres, vossas crianças e vosso gado – sei que tendes muito gado – ficarão nas cidades que vos dei, 20até que Javé tenha dado descanso a vossos irmãos, como a vós, e que também eles tenham tomado posse da terra que Javé, vosso Deus, lhes dá do outro lado do Jordão; então voltareis cada qual para a propriedade que vos dei'. 21Na mesma ocasião, dei a Josué esta ordem:* 'Teus olhos viram tudo o que Javé, vosso Deus, fez a esses dois reis: assim fará Javé a todos os reinos que vais atravessar. 22Não tenhas medo deles, porque Javé, vosso Deus, combate por vós'".

Moisés excluído da terra prometida. 23"Naquele tempo supliquei a Javé, dizendo: 24'Senhor Javé, vós começastes* a mostrar a vosso servo vossa grandeza e vossa mão poderosa: qual é o deus, no céu ou na terra, que pode fazer obras e portentos como os vossos? 25Eu vos peço: deixai-me atravessar, para ver a boa terra que está além do Jordão, essas belas montanhas e o Líbano!' 26Mas Javé* se irritou contra mim, por vossa causa, e não me atendeu. Javé me disse: 'Basta, não me fales mais nisto. 27Sobe ao cume do Fasga,* ergue teu olhar para o ocidente e o norte, para o sul e o oriente; contempla com teus olhos, porque não passarás esse Jordão. 28Entrega o comando a Josué, anima-o e encoraja-o; pois ele passará à frente desse povo e o fará possuir a terra que verás'. 29Assim permanecemos no vale, diante de Bet-Fegor".*

4 **Exortação à observância das leis.** 1"Agora, Israel, ouvi as leis* e os costumes que vos ensino. Ponde-os em prática, para que vivais e entreis para tomar posse da terra que vos dá Javé, Deus de vossos pais. 2Nada acrescentareis ao que vos mando e nada lhes tirareis, mas observareis os mandamentos de Javé, vosso Deus, que vos prescrevo. 3Vossos olhos* viram o que Javé fez em Baal-Fegor: Javé, vosso Deus, exterminou de vosso meio todos os que seguiram o Baal de Fegor; 4mas vós, que permanecestes fiéis a Javé, vosso Deus, estais hoje todos vivos. 5Vede! Ensinei-vos leis e costumes como Javé, meu Deus, me ordenou, para que os pratiqueis na terra em que entrareis para possuí-la. 6Observai-os e cumpri-os, pois serão eles vossa sabedoria* e vossa inteligência aos olhos dos povos, os quais, ao ouvirem falar de todas essas leis, dirão: 'Essa grande nação é o único povo sábio e sensato!' 7De fato, que grande nação* existe,

---

* **3**,12. Nm 32 | 14. Nm 32,41; Jz 10,3-5 | 17. Nm 34,11s | 21. Js 1,1 | 24. 5.24; 11,2s; Êx 15,6s; Sl 86,8 | 26. Nm 20,12 | 27. 32,48-52 | 29. Nm 25,1-18 | **4**,1. 5,1; 6,1; 8,1; 11,8s | 3. Nm 25,1-18 | 6. Jó 28,28; Sl 19,8; Eclo 1,16-18; Pr 1,7; 9,10 | 7. 4,32-34; Sl 145,18; 147,19s; 148,14

da qual a divindade tanto se aproxima, como está perto de nós Javé, nosso Deus, toda vez que o invocamos? [8]Que grande nação possui leis e costumes como toda esta Lei que hoje vos proponho?† [9]Somente tomai cuidado* e ficai atentos para não esquecerdes as coisas que vossos olhos viram e para que não se afastem de vosso coração em todos os dias de vossa vida, mas contai-as a vossos filhos e netos.

[10]Lembrai-vos do dia em que comparecestes perante Javé, vosso Deus, no Horeb,* quando Javé me disse: 'Convoca-me o povo, e eu os farei ouvir minhas palavras, para que aprendam a temer-me todo o tempo que viverem sobre a terra, e ensinem o mesmo a seus filhos'. [11]Então vos aproximastes e permanecestes ao pé da montanha, a qual ardia em chamas até o meio do céu, entre trevas, nuvens e escuridão. [12]E Javé vos falou do meio do fogo; ouvistes o som das palavras, mas não vistes nenhuma figura, era só uma voz. [13]Ele vos revelou sua aliança, que vos mandou cumprir, os dez mandamentos* que escreveu sobre duas tábuas de pedra. [14]Quanto a mim, Javé mandou-me, naquela ocasião, ensinar-vos leis e costumes, que deveríeis praticar na terra na qual entrareis para dela tomar posse".

Proibição da idolatria. [15]"Tende muito cuidado! Já que não vistes nenhuma figura no dia em que Javé vos falou no Horeb, do meio do fogo, [16]não aconteça que vos corrompais e vos fabriqueis alguma imagem esculpida†, na forma de alguma figura, como a representação de homem ou de mulher, [17]de qualquer animal* terrestre, de qualquer pássaro que voa pelo céu, [18]de qualquer réptil que se arrasta pelo chão,* de qualquer peixe que há nas águas sob a terra. [19]Não suceda que, levantando os olhos ao céu e vendo o sol, a lua, as estrelas* e todo o exército celeste, vos deixeis levar a prestar-lhes adoração e culto. Javé, vosso Deus, deu estas coisas em herança a todos os povos que há debaixo do céu. [20]A vós, porém, Javé escolheu e vos tirou da fornalha de ferro do Egito,* para serdes seu povo, sua herança, como hoje sois. [21]Javé irritou-se contra mim,* por vossa causa, e jurou que eu não passaria o Jordão e não entraria na boa terra que Javé, vosso Deus, está para vos dar em herança. [22]De fato, eu morrerei neste país e não passarei o Jordão; vós, sim, o passareis e tomareis posse daquela boa terra. [23]Guardai-vos de esquecer a aliança que Javé, vosso Deus, fez convosco e não façais para vós nenhuma imagem esculpida, representando alguma coisa que Javé, vosso Deus, vos proibiu; [24]porque Javé, vosso Deus, é um fogo devorador,* é um Deus apaixonado".

Ameaças e promessas. [25]"Quando tiverdes gerado filhos e netos e tiverdes envelhecido na terra, se vos corromperdes fazendo imagens esculpidas na forma de uma coisa qualquer e praticando o que desagrada a Javé, vosso Deus, de modo a provocar sua ira, [26]invoco hoje como testemunhas contra vós o céu e a terra, que logo desaparecereis totalmente da superfície da terra, da qual ides tomar posse atravessando o Jordão.* Não vivereis nela muito tempo, mas sereis inteiramente exterminados. [27]Javé vos dispersará entre os povos, e de vós não restará senão um pequeno número† entre as nações, aonde Javé

---

* **4**,9. 32,7; Sl 44,2; 78,3; Jl 1,3 | 10. Êx 19,16-20 | 13. Êx 20,1 | 17. Êx 20,4s | 18. Rm 1,23 | 19. 17,3; Sb 13,2 | 20. Jr 4,20 | 21. 1Rs 8,51; Nm 20,21 | 24. Êx 20,5; 13,22; Is 33,14; Sf 1,18; Hb 12,29 | 26. Js 23,16; Lv 26,14-19

† **4**,8. A lei é obra da sabedoria divina. É uma pedagogia, uma "torá" ou instrução paterna. É firme em seus preceitos e amorosa em suas promessas. | 16. Antigamente Deus, que não tem corpo nem aparência, não podia ser representado por uma imagem. Mas depois que se mostrou na carne e viveu entre os homens, posso fazer uma imagem daquilo que vi de Deus (S. João Damasceno). A encarnação do Filho de Deus inaugurou uma nova lei das imagens. | **4**,27. O povo será dizimado por causa de suas culpas e sofrerá o exílio, tempo de purificação. Um resto fiel a Deus será semente de um novo povo, Is 43; Sf 3,13.

vos levará. [28]Ali servireis* a deuses que são obra de mãos humanas, de madeira e pedra, incapazes de ver, ouvir, comer e cheirar. [29]De lá buscareis Javé,* vosso Deus, e o encontrareis, contanto que o busqueis de todo o vosso coração e de toda a vossa alma. [30]Quando estiverdes na angústia e vos tiverem alcançado todos esses males, nos últimos tempos, voltareis para Javé, vosso Deus, e ouvireis sua voz. [31]Porque Javé, vosso Deus, é um Deus misericordioso; ele não vos abandonará, nem vos destruirá, nem se esquecerá da aliança que jurou a vossos pais".*

Predileção de Deus para com Israel. [32]"Interrogai os tempos passados que vos precederam, desde o dia em que Deus criou o ser humano sobre a terra: de um extremo ao outro do céu jamais aconteceu coisa tão grande como esta? Ouviu-se algo semelhante? [33]Existe acaso um povo que ouviu a voz de Deus falando do meio do fogo,* como vós ouvistes, e tenha continuado a viver? [34]Houve jamais um deus* que tentou vir escolher uma nação do meio de outra, com provas, sinais, prodígios* e batalhas, com mão poderosa, com braço estendido e com grandes terrores, como Javé, vosso Deus, fez por vós, a vossos olhos no Egito? [35]Isto vos foi mostrado* para que reconhecêsseis que Javé é Deus, e não há outro fora dele. [36]Do céu vos fez ouvir sua voz para vos instruir; na terra vos mostrou seu grande fogo, do meio do qual o ouvistes falar. [37]E porque amou vossos pais, escolheu sua descendência depois deles, e vos fez sair do Egito com sua presença e sua grande força, [38]para expulsar* de vossa frente nações maiores e mais poderosas do que vós, para vos introduzir na terra delas, dando-a a vós como herança, como hoje acontece. [39]Reconhecei, pois hoje,* e gravai em vosso coração que Javé é Deus, lá em cima no céu e aqui embaixo na terra, e não há outro. [40]Observai suas leis e seus mandamentos, que hoje vos prescrevo, para que sejais felizes* vós e vossos filhos depois de vós, e vivais longos anos na terra que Javé, vosso Deus, vos dá para sempre".

II. MOISÉS EXPÕE A LEI (4,41–26,19)

Cidades de refúgio além do Jordão. [41]Então Moisés separou três cidades do outro lado do Jordão, a oriente, [42]para que nelas* se pudesse refugiar o homicida que houvesse matado seu próximo involuntariamente e sem o ter odiado antes, de modo que, refugiando-se numa dessas cidades, pudesse salvar a própria vida: [43]Bosor, no deserto,* no planalto, para os rubenitas; Ramot em Galaad, para os gaditas; e Golã, em Basã, para os manassitas.

Tempo e lugar do discurso. [44]Esta é a Lei que Moisés propôs aos israelitas. [45]São estes os preceitos, os estatutos e os decretos que Moisés comunicou aos israelitas, quando saíram do Egito, [46]do outro lado do Jordão, no vale diante de Bet-Fegor, no país de Seon, rei dos amorreus, que habitava em Hesebon, e que Moisés e os israelitas derrotaram quando saíram do Egito. [47]Eles se apoderaram* de seu país e do de Og, rei de Basã, os dois reis dos amorreus, que estavam do outro lado do Jordão, ao oriente, [48]desde Aroer, situada à margem da torrente do Arnon, até o monte Sião, isto é, o Hermon, [49]com toda a planície do outro lado do Jordão, ao oriente, até o mar da planície, ao pé do monte Fasga.

5 **Os dez mandamentos.** [1]Moisés convocou todos* os israelitas, e lhes disse:

"Ouve, Israel, as leis e os costumes que hoje proclamo a vossos ouvidos; aprendei-os e guardai-os a fim de ob-

* **4**,28. 2Rs 17,6; 25,8s / Is 4,3; Sl 105,12s | 29. 30,1-5; Os 5,15; Is 55,6; Jr 29,13; 2Cr 15,2.4.7s.15; Sl 27,8; 105,3s | 31. Mt 7,7s; Êx 34,6s 33. Êx 33,20 | 34. 7,6 / Jr 33,21; Sl 40,6 | 35. Êx 20,3; Dt 32,39; Is 43,10-13; Mc 12,32 | 38. 7,1; 9,1; 11,23 | 39. 1Rs 8,23; 2Cr 20,6; Sl 83,19 | 40. Is 65,20; Zc 8,4 | 42. Êx 21,13 | 43. Js 20,8 | 47. 2,26-3,17 | **5**,1. 4,1

servá-los. 2Javé, nosso Deus, fez conosco uma aliança* no Horeb; 3não com nossos pais fez Javé esta aliança, e sim conosco, nós, todos os que hoje aqui estamos vivos. 4Face a face Javé falou convosco na montanha, do meio do fogo. 5Eu estava então entre Javé e vós, para vos transmitir a palavra de Javé, porque tivestes medo do fogo e não subistes à montanha. Ele disse:

6'Eu sou Javé, teu Deus,* que te tirei da terra do Egito, da casa da escravidão. 7Não terás outros deuses diante de mim. 8Não farás para ti nenhuma escultura,* ou qualquer representação das coisas que estão lá em cima nos céus ou aqui embaixo na terra, ou nas águas sob a terra. 9Não as adorarás† nem as servirás, porque eu, Javé, teu Deus, sou um Deus apaixonado,* que puno a iniquidade dos pais nos filhos até a terceira e a quarta geração daqueles que me odeiam; 10mas uso de misericórdia até a milésima geração para com aqueles que me amam e observam meus preceitos.

11Não pronunciarás em vão o nome de Javé, teu Deus, porque Javé não deixará impune aquele que pronunciar seu nome em vão.

12Guardarás o dia de sábado, santificando-o, como te ordenou Javé, teu Deus. 13Seis dias trabalharás e farás toda a tua obra, 14mas o sétimo dia é o sábado de Javé, teu Deus; não farás nenhum trabalho nem tu, nem teu filho, nem tua filha, nem teu servo, nem tua serva, nem teu boi, nem teu jumento, nem qualquer de teus animais, nem o estrangeiro* que mora dentro de tuas cidades, para que teu servo e tua serva repousem como tu. 15Lembra-te que foste escravo na terra do Egito, de onde Javé, teu Deus, te tirou com mão poderosa e braço estendido; e é por isso que Javé, teu Deus, te ordenou guardar o dia de sábado†.

16Honrarás teu pai e tua mãe, como te ordenou Javé,* teu Deus, para que vivas muitos anos e sejas feliz na terra que Javé, teu Deus, te dá.

17Não matarás.

18Não cometerás adultério.

19Não furtarás.

20Não darás falso testemunho contra o próximo.

21Não desejarás a mulher do próximo. Não cobiçarás a casa de teu próximo, nem seu campo, nem seu servo, nem sua serva, nem seu boi, nem seu jumento, nem coisa alguma de teu próximo'.

22São essas as palavras* que Javé dirigiu a toda a vossa assembleia no monte, do meio do fogo, das nuvens e da escuridão, com voz forte, sem nada acrescentar. Escreveu-as sobre duas tábuas de pedra e as entregou a mim.

23Quando ouvistes a voz do meio das trevas,* enquanto o monte estava em chamas, vós, os chefes de vossas tribos e vossos anciãos vos aproximastes de mim e dissestes: 24'Javé, nosso Deus, mostrou-nos sua glória e sua grandeza, e ouvimos sua voz do meio do fogo.* Hoje vimos que Deus pode falar com o homem, e este permanecer vivo. 25Por que, então, nos expor a morrer? Esse grande fogo vai devorar-nos! Se continuarmos a ouvir a voz de Javé, nosso Deus, morreremos. 26De fato, quem dentre todos os mortais ouviu, como nós, a voz do Deus vivo,* falando do meio do fogo, e continuou com vida? 27Aproxima-te e ouve tudo o que dirá Javé, nosso Deus; depois nos transmitirás tudo o que Javé, nosso Deus, te tiver dito, e nós o ouviremos e cumpriremos'.

28Javé ouviu vossas palavras,* enquanto me faláveis, e me disse: 'Ouvi as palavras que este povo te dirigiu; está bem tudo o que falaram. 29Quem

* **5**,2. 4,10-13 | 6. Êx 20,2-17 | 8. 4,15-20 | 9. 4,24; 7,9s | 14. Êx 12,48 | 16. Eclo 3,1-16 | 22. Êx 24,8; Dt 4,12s | 23. Êx 20,18-21 | 24. Êx 19,16 / Êx 33,20 | 26. Is 6,5 | 28. Êx 19,8; 24,3

† **5**,8. No II Concílio de Niceia, VII Concílio Ecumênico, do ano 787, a Igreja Católica reconheceu oficialmente como legítimo o culto às imagens, porque esse culto é prestado ao santo representado e não à imagem como tal. | **5**,15. Aqui o sábado comemora a libertação da escravidão do Egito e não o repouso do Criador, como em Êx 20,11.

dera que o coração deles fosse sempre assim, decidido a me temer e a observar todos os meus mandamentos, para serem felizes eles e seus filhos para sempre! [30]Vai e ordena-lhes que voltem para suas tendas. [31]Tu, porém, fica aqui junto de mim, pois quero te comunicar todos os mandamentos, leis e costumes que lhes deves ensinar, para que os pratiquem na terra que lhes dou como herança'.

[32]Cuidai, pois, de agir como Javé, vosso Deus, vos mandou, sem vos desviardes nem para a direita, nem para a esquerda. [33]Segui em tudo* o caminho que Javé, vosso Deus, vos prescreveu, para que tenhais vida, sejais felizes e prolongueis vossos dias na terra da qual tomareis posse".

6 **O amor de Deus na observância da lei.** [1]"São estes os mandamentos, as leis e os costumes que Javé, teu Deus, ordenou que te ensinasse, para que os pratiques na terra na qual entrarás para dela tomar posse. [2]Assim, se por toda a tua vida temeres a Javé,* teu Deus, e observares todas as suas leis e seus mandamentos que te prescrevo, terás vida longa tu, teu filho e teu neto. [3]Ouve, pois, Israel, e esforça-te por praticá-los, para que sejas feliz e te multipliques muito na terra onde corre leite e mel, conforme te prometeu Javé, Deus de teus pais.

[4]Ouve, Israel: Javé, nosso Deus,* Javé é unico. [5]Amarás Javé, teu Deus, de todo o teu coração, de toda a tua alma e com todas as tuas forças†. [6]Estas palavras, que hoje te ordeno, estejam em teu coração. [7]Tu as ensinarás a teus filhos e delas falarás sentado em casa, andando pelo caminho, ao deitar-te e ao levantar-te; [8]tu as prenderás* a tua mão como um sinal, e serão como um frontal entre teus olhos; [9]tu as escreverás nas portas de tua casa e nas entradas de tua cidade. [10]Quando Javé, teu Deus, te tiver introduzido na terra que a teus pais, Abraão, Isaac e Jacó, prometeu com juramento que te daria: cidades grandes e belas* que não edificaste, [11]com casas cheias de toda espécie de bens que não acumulaste, cisternas que não cavaste, vinhas e oliveiras que não plantaste; quando comeres e te saciares, [12]então toma cuidado para não esqueceres* Javé, teu Deus, que te tirou do Egito, da casa da escravidão. [13]Temerás Javé, teu Deus, a ele servirás e por seu nome hás de jurar. [14]Não seguirás outros deuses,* nenhum dos deuses dos povos que houver a teu redor, [15]pois Javé, teu Deus, que mora no meio de ti, é um Deus apaixonado; não aconteça que a ira de Javé, teu Deus, se inflame contra ti e te faça desaparecer da face da terra.

[16]Não tentarás Javé, teu Deus,* como o tentaste em Massa. [17]Observa fielmente os mandamentos de Javé, teu Deus, suas instruções e suas leis que ele te prescreveu. [18]Faze o que é justo e bom aos olhos de Javé, para que sejas feliz e entres na posse da boa terra que Javé prometeu com juramento a teus pais, [19]depois de haver expulsado todos os teus inimigos de tua frente, como Javé prometeu.

[20]E amanhã, quando teu filho te perguntar:* 'Que significam estas instruções, estas leis e estes costumes que Javé, nosso Deus, vos prescreveu?' [21]Responderás a teu filho†: 'Éramos escravos do faraó no Egito, mas Javé nos tirou do Egito com mão poderosa. [22]Javé realizou, diante de nossos olhos, sinais e prodígios grandes e terríveis para o Egito, para o faraó e toda a sua casa. [23]Tirou-nos de lá para nos conduzir e nos dar a terra que havia jurado a nossos pais. [24]Javé nos mandou prati-

* **5**,33. 17,11.20; Js 1,7 | **6**,2. Êx 15,26 | 4. 4,35; 10,12; Mt 22,37; Jr 31,33; 11,18-21 | 8. Êx 13,9.16 | 10. Js 24,13 | 12. 8,10-18; 32,13-18 | 14. Êx 23,32s; Dt 4,24 | 16. Êx 17,1-7; Nm 20,2-13 | **6**,20. Êx 12,26s; 13,8

† **6**,5. Este é o mandamento identificado por Jesus como o maior, Mt 22,38. É amar o Deus único, com amor intenso e exclusivo, e por amor observar os mandamentos. | **6**,21. A Bíblia mostra a importância da catequese familiar, Êx 10,2; 13,8.14; Dt 11,19. É pelo testemunho dos pais que os filhos devem começar a aprender os ensinamentos da fé.

car todas estas leis e temer a Javé, nosso Deus, para sermos sempre felizes e para ele nos conservar em vida, como fez até agora. [25]Esta será nossa justiça: observar e praticar todos estes preceitos diante de Javé, nosso Deus, como ele nos prescreveu'".

7 Atitude para com os cananeus.

[1]"Quando Javé, teu Deus,* te houver introduzido na terra, na qual entrarás para dela tomar posse, e tiver expulsado de tua frente muitas nações – os heteus, os gergeseus, os amorreus, os cananeus, os ferezeus, os heveus e os jebuseus – sete nações maiores e mais poderosas do que tu; [2]quando Javé, teu Deus,* as entregar a ti, e tu as derrotares, tu as votarás ao interdito. Não farás aliança com elas nem delas terás piedade. [3]Não contrairás matrimônio* com elas; não darás tuas filhas a seus filhos nem tomarás suas filhas para teus filhos, [4]porque seduziriam* teus filhos para não me seguirem e para servirem outros deuses, de modo que a cólera de Javé se acenderia contra ti e sem demora te exterminaria. [5]Pelo contrário, assim agirás com elas: destruirás seus altares,* despedaçarás suas colunas sagradas, abaterás seus troncos idolátricos e queimarás no fogo seus ídolos. [6]Porque tu és um povo consagrado* a Javé, teu Deus; Javé, teu Deus, te escolheu para seres seu povo particular entre todos os povos que estão sobre a face da terra".

Israel, povo predileto. [7]"Não porque fosses mais numeroso que todos os outros povos Javé se afeiçoou a ti e te escolheu; pelo contrário, és o menor entre todos os povos; [8]mas porque Javé te ama† e quer cumprir o juramento feito a teus pais, com mão poderosa te tirou e te resgatou da casa da escravidão, do poder do faraó, rei do Egito.

[9]Reconhece, pois, que Javé, teu Deus, ele sim é Deus; o Deus fiel,* que guarda a aliança e a bondade até a milésima geração para com aqueles que o amam e observam seus mandamentos; [10]e que também retribui pessoalmente aos que o odeiam, fazendo-os perecer; não tardará, mas retribuirá prontamente a quem o odeia. [11]Guarda os mandamentos,* leis e costumes que hoje te mando pôr em prática. [12]E por teres obedecido* a esses costumes e os teres guardado e cumprido,* Javé, teu Deus, guardará contigo a aliança e a bondade que jurou a teus pais. [13]Ele te amará, te abençoará e te multiplicará; abençoará o fruto de teu seio e o fruto de tua terra – teu trigo, teu vinho e teu óleo – as crias de tuas vacas e as de tuas ovelhas, na terra que a teus pais jurou dar-te. [14]Serás bendito mais que todos os povos; não haverá no meio de ti homem ou mulher estéril, nem animal estéril em teu gado. [15]Javé afastará de ti* toda enfermidade; e todas as epidemias funestas do Egito, que bem conheces, não as mandará sobre ti, mas sobre todos aqueles que te odeiam".

Javé estará com seu povo. [16]"Exterminarás, pois,* todos os povos que Javé, teu Deus, está para te entregar. Não terás piedade deles, e assim não servirás a seus deuses, porque isto seria um laço para ti. [17]Talvez penses* contigo mesmo: 'Estas nações são mais numerosas do que eu; como poderei expulsá-las?' [18]Não as temas: lembra-te bem do que Javé, teu Deus, fez ao faraó e a todo o Egito, [19]das grandes provas que viste com teus olhos, dos sinais e prodígios, e da mão poderosa e do braço estendido,* com que Javé, teu Deus, te fez sair. Assim fará Javé, teu Deus, com todos os povos dos quais tens medo. [20]Além disso, Javé, teu Deus, mandará vespas contra eles, até que pereçam os que ficarem e os que se tiverem escondido de ti. [21]Não tremas diante deles,*

---

* **7**,1. Êx 34,11-17; Sl 106,34-39 / At 13,19 | 2. 2,34 | 3. Êx 23,32s; 34,12-16 | 4. Esd 9,1s | 5. 12,3 | 6. Êx 19,6; Dt 14,2; Is 62,3; Am 3,2 | 9. 4,35; 5,9s; Êx 34,6s | 11. Ez 14,12 | 12. Êx 23,22s / Jo 14,21-23; Lc 1,72 | 15. Êx 15,26 | 16. Êx 23,24-33 | 17. 9,1-6 | 19. Êx 23,28; Js 24,12; Sb 12,8 | 21. Êx 34,9s

† **7**,8. A escolha de Javé é livre e não depende dos merecimentos do povo. O mesmo acontece com o povo cristão, 1Jo 4,10.

porque Javé, teu Deus, o Deus grande e terrível, está no meio de ti. 22 Javé, teu Deus, vai expulsar* pouco a pouco de tua frente estas nações; não poderás destruí-las rapidamente, para que não se multipliquem para teu dano os animais ferozes. 23 Mas Javé, teu Deus, as entregará a ti e lançará sobre elas um grande pânico, até que sejam exterminadas. 24 Entregará em tuas mãos seus reis, e tu farás desaparecer seus nomes de debaixo do céu; ninguém te poderá resistir, até que os tenhas exterminado. 25 Lançareis no fogo as imagens de seus deuses; não cobiçarás a prata nem o ouro que os recobrem, retendo-os para ti, para não seres preso no laço por eles; pois isto é uma abominação para Javé, teu Deus. 26 Não introduzirás em tua casa uma abominação, porque te tornarias anátema igual a ela; deves detestá-la e abominá-la com horror, porque é votada ao extermínio".

8 Provações no deserto.

1 "Cuida de pôr em prática todos os mandamentos que hoje te prescrevo, para que possas viver e multiplicar-te, entrar e possuir a terra que Javé jurou a teus pais. 2 Lembra-te de todo o caminho* que Javé, teu Deus, te fez percorrer no deserto nestes quarenta anos, a fim de te humilhar e te provar, para saber o que tinhas no coração e se observarias ou não seus mandamentos. 3 Ele te humilhou,* te fez passar fome, depois te alimentou com o maná, que nem tu nem teus pais conhecíeis, para te ensinar que não só de pão vive o homem,* mas de toda palavra que sai da boca de Javé vive o homem†. 4 Tuas roupas não se gastaram nem inchou teu pé nesses quarenta anos. 5 Reconhece, pois, em teu coração que, assim como um homem corrige seu filho,* assim Javé, teu Deus, te corrigia.

6 Guarda os mandamentos de Javé, teu Deus,* andando por seus caminhos e temendo-o. 7 Porque Javé, teu Deus, te fará entrar numa terra excelente; terra de riachos, de fontes e de nascentes, que brotam nos vales e nas montanhas; 8 terra de trigo e de cevada, de vinhas, figueiras e romãzeiras, terra de oliveiras, de azeite e de mel; 9 terra onde não comerás pão racionado, onde nada te faltará; terra onde as pedras são de ferro e de cujas montanhas poderás extrair o cobre. 10 Comerás e te saciarás, e bendirás Javé, teu Deus, pela boa terra que te deu. 11 Toma cuidado para não esqueceres Javé, teu Deus, deixando de observar os mandamentos, os costumes e as leis que hoje te prescrevo; 12 não aconteça que, depois que comeres à saciedade, construíres belas casas e nelas morares, 13 e depois que se multiplicarem teus bois e tuas ovelhas, e aumentarem teu ouro e tua prata e todos os teus bens, 14 teu coração se encha de orgulho* e te esqueças de Javé, teu Deus, que te tirou da terra do Egito, da casa da escravidão, 15 que te conduziu por aquele grande e terrível deserto, lugar de serpentes venenosas e de escorpiões,* terra árida e sem água; que para ti fez brotar água da rocha duríssima;* 16 que no deserto te alimentou com o maná, desconhecido de teus pais, a fim de te humilhar e te pôr à prova, para teres um futuro feliz.

17 Não penses contigo mesmo: 'Foi minha força e o vigor de minha mão que me proporcionaram estas riquezas'. 18 Lembra-te de Javé, teu Deus,* porque é ele quem te dá força para adquirir riquezas, confirmando a aliança que jurou a teus pais, como hoje se vê. 19 Mas, se esqueceres Javé, teu Deus, seguindo outros deuses, prestando-lhes culto e adoração, eu te declaro solenemente hoje que perecerás com certeza. 20 Como as nações que Javé faz desaparecer diante de ti, assim também perecerás, por não teres atendido à voz de Javé, teu Deus".

---

* **7**,22. Êx 23,29; Jz 2,6 | **8**,2. 29,4s; Êx 15,25 | 3. Sb 11,9s; Êx 16 / Mt 4,4 | 5. Pr 3,11s; 1Cor 11,31s | 6. 11,10-12 | 14. Eclo 10,14; Jr 26 | 15. Nm 21,6 / Êx 17,7; Nm 20,1-13; Êx 16; Nm 11,7-9 | 18. 9,4; 32,17; Jz 7,2; Is 10,13-15; Am 6,13; 1Cor 1,26-31; Ef 2,8s; Jo 15,5

† **8**,3. A lei de Deus, palavra sua, é vida para o homem, v. 1; Lv 18,5.

9 **Fidelidade de Deus às promessas.** 1"Ouve, Israel: hoje vais passar o Jordão* para entrar e despojar nações maiores e mais poderosas do que tu, cidades grandes e fortificadas até o céu 2e um povo numeroso e de alta estatura, os enacim, que conheces e dos quais ouviste dizer: 'Quem pode resistir* aos enacim?' 3Pois bem, fica sabendo hoje que é Javé, teu Deus, que marchará diante de ti,* como um fogo devorador; ele os exterminará e os subjugará a ti; tu os expulsarás e os destruirás rapidamente, como Javé te prometeu. 4Quando Javé, teu Deus, os tiver expulsado de tua frente,* não penses contigo mesmo: 'É por causa de minha justiça que Javé me fez entrar nesta terra e possuí-la'; porque é por causa da perversidade dessas nações que Javé as expulsa de tua frente. 5Não é por tua justiça, nem pela retidão de teu coração que entrarás na posse de seu país, mas é por causa da perversidade dessas nações que Javé, teu Deus, as expulsa de tua frente; e para cumprir a palavra que Javé jurou a teus pais, Abraão, Isaac e Jacó. 6Fica sabendo, pois, que não é por tua justiça* que Javé, teu Deus, te dá esta boa terra como possessão; pois tu és um povo de cabeça dura.

Recordação da infidelidade de Israel. 7Lembra-te, não te esqueças,* que no deserto provocaste a ira de Javé, teu Deus. Desde o dia em que saíste da terra do Egito, até tua chegada a este lugar, estás sendo rebelde a Javé. 8Também no Horeb provocaste a ira de Javé, que se indignou contra ti a ponto de querer exterminar-te. 9Quando subi ao monte para receber as tábuas de pedra, as tábuas da aliança que Javé estabelecia contigo, fiquei no monte quarenta dias e quarenta noites sem comer pão nem beber água. 10Javé entregou-me as duas tábuas de pedra, escritas pelo dedo de Deus, nas quais estavam todas aquelas palavras que Javé te dirigiu no monte†, do meio do fogo, no dia da assembleia. 11Ao fim de quarenta dias* e de quarenta noites, Javé me deu as tábuas de pedra, as tábuas da aliança. 12Javé disse-me: 'Levanta-te, desce depressa daqui, pois teu povo, que tiraste do Egito, se corrompeu; depressa se afastaram do caminho que os mandei seguir: fizeram para si um ídolo de metal fundido'. Disse-me ainda Javé: 13'Eu vi este povo:* é um povo de cabeça dura. 14Deixa-me destruí-lo e cancelar seu nome de debaixo do céu; mas de ti farei uma nação mais forte* e mais numerosa do que esta'.

15Então voltei-me e desci do monte que estava todo em chamas, trazendo em minhas mãos as duas tábuas da aliança. 16Olhei e vi que tinhas pecado contra Javé, teu Deus: tinhas feito para ti um bezerro de metal fundido. Depressa te havias afastado do caminho que Javé te havia prescrito. 17Então agarrei as duas tábuas e as atirei de minhas mãos, quebrando-as ante teus olhos. 18Depois disso prostrei-me diante de Javé, como da primeira vez, durante quarenta dias e quarenta noites, sem comer pão nem beber água, por causa de todos os pecados que havias cometido, praticando que desagrada a Javé e provocando sua ira. 19Pois tive medo* da cólera e do furor de Javé, irritado contra ti a ponto de querer exterminar-te. Mas também desta vez Javé me ouviu. 20Javé se enfureceu fortemente também contra Aarão, até querer aniquilá-lo; mas naquela ocasião intercedi também em favor de Aarão. 21Quanto ao objeto do pecado, o bezerro por ti fabricado, eu o agarrei e o queimei ao fogo, esmigalhei-o, moendo-o até que ficasse reduzido a pó finíssimo,* e atirei o pó na torrente que desce da montanha.

22Também em Tabera, em Massa,* em Cibrot-Ataava, provocaste a cólera de Javé. 23E quando Javé queria que par-

* **9**,1. 4,38 | 2. 2,10 | 3. 7,22 | 4. 8,17; 18,12 | 6. Ef 2,6-8; Tt 3,5 | 7. Êx 32 | 11. 5,3-22 | 13. 9,6; 31,27; Êx 32,9 | 14. Jr 7,26; 17,23; 19,15; Br 2,30 | 19. Hb 12,21 | 21. Êx 32,20; Nm 11,1-3 | 22. Êx 17,1-7; Nm 20,1-13; 11,4-34; 13,25-14,38; Dt 1,25-40

† **9**,10. Na nova aliança, a nova lei será escrita não na pedra, mas no coração das pessoas, Jr 31,33.

tisses de Cades Barne, dizendo: 'Sobe e
toma posse da terra que te dou'; resis-
tiste à ordem de Javé, teu Deus, não lhe
deste crédito e não obedeceste a sua
voz. 24Tens sido rebelde a Javé desde o
dia em que te conheci.

25Eu me lancei à terra* diante de Javé e
fiquei prostrado quarenta dias e quaren-
ta noites, porque Javé falava em te exter-
minar. 26Intercedi junto a Javé, dizendo:
'Senhor Javé, não destruais vosso povo e
vossa herança que resgatastes com vos-
sa grandeza e que tirastes do Egito com
mão poderosa. 27Lembrai-vos de vossos
servos, Abraão, Isaac e Jacó; não consi-
dereis a dureza deste povo, sua malda-
de, seu pecado, 28para que não digam os
habitantes da terra de onde nos tirastes:
Javé não era capaz de os introduzir na
terra que lhes prometera e, porque os
odiava, ele os tirou de lá para fazê-los
morrer no deserto. 29Não obstante, são
eles vosso povo e vossa herança, que ti-
rastes de lá com vosso grande poder e
com vosso braço estendido'".

10

As novas tábuas da lei. 1"Na-
quele tempo, Javé me disse:*
'Corta duas tábuas de pedra, como as
primeiras, e sobe até mim na monta-
nha; faze também uma arca de madei-
ra. 2Escreverei sobre as tábuas as pa-
lavras que estavam nas primeiras, que
quebraste,* e tu as colocarás na arca'.
3Fiz, pois, uma arca de madeira de acá-
cia, cortei duas tábuas de pedra como
as primeiras e subi ao monte com as
duas tábuas na mão. 4Então Javé es-
creveu sobre as tábuas, como tinha
escrito a primeira vez, as dez palavras
que ele vos havia falado no monte, do
meio do fogo, no dia da assembleia, e
as entregou a mim. 5Voltei-me e desci
do monte e coloquei as tábuas na arca
que eu tinha feito, e lá elas permane-
cem, como Javé me ordenou.

6Os israelitas partiram dos poços dos
filhos de Jacã para Mosera; aí morreu
Aarão,* e foi sepultado, e em seu lugar
exerceu o sacerdócio seu filho Eleazar.
7De lá partiram para Gadgad e de Gad-
gad para Jetebata, lugar rico em água
corrente.

8Foi nesse tempo que Javé destacou
a tribo de Levi* para transportar a arca
da aliança de Javé, para estar em sua
presença, servi-lo e abençoar em seu
nome, como faz até hoje. 9Por isso Levi
não tem parte nem herança com seus
irmãos; Javé é sua herança,* como Javé,
teu Deus, lhe havia dito.

10Fiquei, pois, sobre o monte, como
a primeira vez, quarenta dias e quaren-
ta noites; e Javé me atendeu também
desta vez, renunciando a te destruir.
11Javé me disse: 'Levanta-te! Põe-te a
caminho à frente do povo, para que
entrem e tomem posse da terra que ju-
rei a seus pais que lhes daria'".

Exigências de Javé. 12"E agora, Israel, o
que te pede Javé, teu Deus, senão que
temas Javé, teu Deus, que andes em
todos os seus caminhos, que o ames*
e que sirvas a Javé, teu Deus, com todo
o teu coração e com toda a tua alma,
13guardando os mandamentos de Javé
e suas leis, que hoje te prescrevo, para
teu bem? 14Vê: a Javé, teu Deus, perten-
cem os céus* e o mais alto dos céus†,
a terra e tudo o que nela existe. 15No
entanto, somente a teus pais* Javé se
afeiçoou e os amou; e depois deles
escolheu, dentre todos os povos, sua
descendência, que és tu, como aconte-
ce no dia de hoje. 16Circuncida,* pois,
teu coração† e não endureças mais tua
nuca. 17Porque Javé, teu Deus, é o Deus
dos deuses, o Senhor dos senhores,* o
Deus grande, forte e terrível, que não
faz acepção de pessoas nem aceita
suborno; 18ele faz justiça ao órfão e à
viúva e ama o estrangeiro, dando-lhe

---

* **9**,25. Êx 32,11-14 | **10**,1. Êx 34,1s.27 | 2. Êx 25,10 | 6. Nm 33,31-38 | 8. Nm 1,48-53; 3,1-10; 4,1-33 | 9. Nm 18,20 | 12. 6,5 | 14. Sl 24,1s; Is 66,1s; Êx 19,5 | 15. 7,6 | 16. 30,6; Jr 4,4; Dt 9,13 | 17. 1Tm 6,15; Ap 17,14; 19,16 | 18. Jó 34,9; Sb 6,7

† **10**,14. Literalmente, "os céus dos céus", superlativo hebraico. Mesmo tipo de superlativo no v. 17, "o Deus supremo". | 16. A circuncisão do coração é a que tira tudo o que impede de compreender e praticar a vontade de Deus, é a que faz nascer a nova criatura, Gl 6,15.

pão e roupa.* [19]Tu, também, ama o estrangeiro, porque foste estrangeiro na terra do Egito. [20]Temerás Javé, teu Deus; a ele servirás, a ele estarás unido e por seu nome jurarás. [21]É a ele que deves louvar: ele é o teu Deus, que fez por ti essas coisas grandiosas e tremendas que teus olhos viram. [22]Quando teus pais desceram para o Egito* eram setenta pessoas, mas agora Javé, teu Deus, te fez tão numeroso como as estrelas do céu".

11 **Motivos para ser fiel a Javé.** [1]"Amareis a Javé, vosso Deus, e observareis sempre suas prescrições, suas leis, costumes e mandamentos. [2]Vossos filhos não conheceram nem viram as lições que deu Javé, vosso Deus; mas vós, hoje, conheceis sua grandeza, sua mão poderosa* e seu braço estendido; [3]seus sinais e seus feitos que realizou no Egito contra o faraó, rei do Egito, e todo o seu país; [4]o que fez com o exército egípcio, com seus cavalos e seus carros, arrojando sobre eles as águas do mar Vermelho, quando vos perseguiam, e destruindo-os até o dia de hoje; [5]o que fez por vós no deserto até que chegásseis a este lugar; [6]e o que fez a Datã e a Abiram,* filhos de Eliab, filho de Rúben, quando a terra se abriu e os engoliu com suas famílias, suas tendas e todos os seus adeptos, no meio de todo o Israel. [7]Vossos olhos viram todos esses grandes feitos que Javé realizou".

Promessas e advertências. [8]"Guardai todos os mandamentos que hoje vos prescrevo, para que sejais fortes e entreis e tomeis posse da terra para a qual ides passar, a fim de possuí-la, [9]e para que tenhais vida longa na terra que Javé jurou dar a vossos pais e a sua descendência, terra onde corre leite e mel.* [10]Porque a terra para onde ides, a fim de possuí-la, não é como a terra do Egito, de onde saístes, na qual lançáveis vossa semente* e a regáveis com o pé, como se rega uma horta. [11]A terra da qual ides tomar posse é uma terra de montanhas e vales, que absorve a água da chuva que vem do céu; [12]é uma terra da qual Javé, vosso Deus, cuida, tendo sempre os olhos sobre ela, do começo ao fim do ano.

[13]Se realmente obedecerdes* a meus mandamentos, que hoje vos prescrevo, amando Javé, vosso Deus, e servindo-o de todo o vosso coração e de toda a vossa alma, [14]farei cair a seu tempo a chuva* de que necessita vossa terra, a chuva do outono e da primavera†, para que possais recolher vosso trigo, vosso vinho novo e vosso azeite; [15]farei crescer o capim em vosso campo para vosso gado e tereis alimento até a saciedade. [16]Tende cuidado para que vosso coração não se deixe seduzir e vos desvieis para servir a outros deuses e prostrar-vos diante deles; [17]porque então Javé, tomado de ira contra vós, fecharia os céus e não cairia a chuva, a terra não daria seus produtos, e depressa iríeis desaparecer da boa terra que Javé vos dá".

A felicidade nas mãos do povo. [18]"Gravai estas minhas palavras em vosso coração e em vossa alma, prendei-as como um sinal a vossa mão e sejam como um frontal entre vossos olhos. [19]Ensinai-as a vossos filhos, falando delas sentados em vossa casa e quando caminhais pela estrada, ao deitar-vos e ao levantar-vos; [20]escrevei-as nas portas de vossa casa e nas entradas de vossa cidade, [21]para que vossos dias* e os de vossos filhos, na terra que Javé jurou dar a vossos pais, sejam tão numerosos como os dias do céu* sobre a terra. [22]Pois se observardes, de fato, todos estes mandamentos que vos mando praticar, amando Javé vosso Deus, andando em todos os seus caminhos e estando unidos a ele, [23]Javé expulsará de vossa frente

* **10**,22. Gn 46,27; Êx 1,5 | **11**,2. Êx 7-15 | 6. Nm 16 | 9. 28,3-5 | 10. 8,7-10; Ne 9,25 | **11**,13. Lv 26,3-13 | 14. Jr 5,24; Jl 2,19.23s | 21. Pr 3,2; Ne 9,29 / Jr 33,25

† **11**,14. Na Palestina, as primeiras chuvas caem em outubro/novembro (outono), e as últimas em março/abril (primavera).

todas essas nações, de sorte que despojareis nações maiores* e mais poderosas do que vós. 24Será vosso todo lugar* que a sola de vosso pé tiver pisado; vosso território se estenderá desde o deserto até o Líbano, desde o grande rio, o Eufrates, até o mar ocidental. 25Ninguém vos poderá resistir. Javé espalhará o terror e o medo de vós por toda a terra em que pisardes, como vos prometeu.

26Vede! Hoje ponho diante de vós* a bênção e a maldição: 27a bênção, se obedecerdes aos mandamentos de Javé, vosso Deus, que hoje vos prescrevo; 28a maldição, se não obedecerdes aos mandamentos de Javé, vosso Deus, e vos afastardes do caminho que hoje vos prescrevo, para ir atrás de outros deuses, que não conhecestes. 29Quando pois Javé, vosso Deus, vos houver introduzido* na terra, na qual ides entrar para dela tomar posse, colocareis a bênção sobre o monte Garizim e a maldição sobre o monte Ebal. 30Esses montes ficam além do Jordão, no caminho do ocidente, na terra dos cananeus, que habitam na planície, defronte de Guilgal, junto aos carvalhos de Moré. 31De fato, ides atravessar o Jordão para vos apoderardes da terra que Javé, vosso Deus, vos dá; tomareis posse dela e nela habitareis; 32e cuidareis de cumprir todas as leis e costumes que hoje vos exponho".

12 **Santuário único.** 1"São estas as leis e os costumes† que cuidareis de praticar na terra que Javé, Deus de vossos pais, vos deu como propriedade por todo o tempo que viverdes na terra. 2Destruireis inteiramente* todos os lugares onde as nações, que ides conquistar, prestaram culto a seus deuses sobre as altas montanhas, sobre as colinas e debaixo de toda árvore frondosa. 3Demolireis seus altares, quebrareis suas colunas sagradas, queimareis no fogo seus troncos idolátricos, abatereis as estátuas esculpidas de seus deuses,* fazendo desaparecer seus nomes daquele lugar.

4Não fareis assim com Javé, vosso Deus; 5mas o procurareis no lugar que Javé, vosso Deus, tiver escolhido entre todas as vossas tribos,* para pôr ali seu nome†. Lá deveis ir, 6e para lá levareis vossos holocaustos,* vossos sacrifícios, vossos dízimos, vossas contribuições, vossas promessas, vossas ofertas espontâneas e os primogênitos de vosso gado e de vosso rebanho. 7Lá comereis diante de Javé, vosso Deus, e vos alegrareis vós e vossas famílias† por todo empreendimento de vossa mão, no qual Javé, vosso Deus, vos tiver abençoado. 8Não fareis como nós fazemos aqui agora: cada qual faz tudo o que lhe parece bom; 9porque até agora não entrastes* ainda no repouso e na herança que Javé, vosso Deus, vos concede. 10Mas quando, atravessado o Jordão, habitardes na terra que Javé, vosso Deus, vos dá como herança, ele vos dará descanso de todos os vossos inimigos ao redor e habitareis em segurança. 11Então levareis para o lugar que Javé, vosso Deus, tiver escolhido, para fazer habitar nele seu nome, tudo o que vos ordeno: vossos holocaustos, vossos sacrifícios, vossos dízimos, vossas contribuições e todas as ofertas escolhidas que tiverdes prometido a Javé, vosso Deus; 12e vos alegrareis diante de Javé, vosso Deus, vós, vossos filhos, vossas filhas, vossos servos, vossas servas e o levita que mora em vossas cidades, porque ele não tem parte nem herança convosco".

* **11**,23. 4,38 | 24. Js 1,3-5 | 26. 27-28; 30,15-20 | 29. 27,4; Jo 4,20s | **12**,2. 1Rs 14,23; 2Rs 16,4; 17,10; Is 57,5; Ez 6,13 | 3. Êx 23,24; 34,13 | 5. Êx 20,24 | 6. Lv 1-3; Dt 14,22 | 9. Jz 17,6; 21,25

† **12**,1. Começa aqui o Código deuteronomista, cap. 12–26, conjunto de leis religiosas e sociais. Parece ter sido este código a "lei" encontrada no templo no reinado de Josias, 2Rs 22,8, ponto de partida de sua reforma. | 5. Esta lei do santuário único, o de Jerusalém, só vigorou a partir de Josias, 2Rs 23,8. Até então adoravam a Deus em muitos lugares sagrados. A lei visava evitar a contaminação pelos cultos cananeus. | 7. Ir a um santuário é viver um dia de alegria diante de Deus. O autor o repete muitas vezes: ver v. 12; 14,26; 16,11.14; 27,7.

Normas sobre os sacrifícios. 13"Guarda-te de oferecer teus holocaustos em qualquer lugar que vires; 14mas é no lugar que Javé escolher numa de tuas tribos que oferecerás teus holocaustos e ali farás tudo o que te ordeno. 15No entanto, toda vez que o desejares, poderás matar animais e comer sua carne em todas as tuas cidades, conforme a bênção que Javé, teu Deus, te houver concedido; quem é impuro e quem é puro poderão comer igualmente, como se faz com a gazela* e com o cervo; 16somente não comerás o sangue, mas o derramarás no chão como água. 17Não poderás comer em tua cidade o dízimo de teu trigo, de teu vinho novo e de teu azeite, os primogênitos de teu gado* e de teu rebanho, nem qualquer coisa que tiveres oferecido como promessa, nem tuas oferendas voluntárias e nem tuas contribuições; 18mas o comerás diante de Javé, teu Deus, no lugar que Javé, teu Deus, tiver escolhido, tu, teu filho, tua filha, teu servo, tua serva e o levita que mora em tuas cidades; e te alegrarás diante de Javé, teu Deus, por toda obra a de tuas mãos. 19Guarda-te de desamparar o levita enquanto viveres em tua terra.

20Quando Javé, teu Deus, tiver alargado teu território, como te prometeu, e tu disseres: 'Eu queria comer carne', e porque é teu desejo comê-la, poderás comer carne à vontade. 21Se for longe de ti o lugar que Javé, teu Deus, tiver escolhido para nele fazer morar seu nome, matarás de teu gado ou de teu rebanho que Javé te houver dado, conforme te ordenei, e poderás comer em tuas cidades o quanto quiseres. 22Mas comerás como se come carne de gazela e de cervo; o impuro e o puro poderão igualmente comer. 23Cuida, porém, de não comer o sangue,* pois o sangue é a vida; não comerás, portanto, a vida junto com a carne. 24Não o comas, mas derrama-o no chão como água. 25Não o comas, para que sejas feliz tu e teus filhos depois de ti, por teres feito aquilo que agrada a Javé. 26Mas as coisas santas que tens para oferecer e aquelas das quais fizeste uma promessa, tu as tomarás contigo e irás ao lugar que Javé tiver escolhido, 27e oferecerás teus holocaustos, a carne e o sangue sobre o altar de Javé, teu Deus; o sangue de teus sacrifícios será derramado sobre o altar de Javé, teu Deus, e a carne a comerás. 28Observa e pratica todas estas ordens que te dou, a fim de que sejas feliz tu e teus filhos depois de ti, para sempre, por teres feito o que é bom e justo aos olhos de Javé, teu Deus".

Contra os ritos cananeus. 29"Quando Javé, teu Deus, tiver exterminado* diante de ti as nações, em cuja terra entrarás para desalojá-las, e quando as tiveres conquistado e habitares em sua terra, 30cuida de não seres seduzido para seguir seu exemplo, depois que forem aniquiladas diante de ti. Não faças indagações sobre seus deuses, como, por exemplo: 'Como é que estas nações serviam a seus deuses? Eu também farei o mesmo'. 31Não farás assim com Javé, teu Deus, porque elas praticavam para seus deuses tudo o que há de abominável e de odioso aos olhos de Javé; chegaram a queimar no fogo,* para seus deuses, seus filhos e suas filhas!"

13 **Contra a idolatria.** 1"Cuidarás de pôr em prática todas as coisas que te ordeno, sem nada acrescentar e sem nada tirar.

2Se surgir em teu meio um profeta, ou um sonhador, que te anuncia um sinal ou um prodígio, 3e se esse sinal ou prodígio anunciado acontecer, e ele te disser: 'Vamos seguir outros deuses,* que não conheceste, e sirvamo-los', 4não darás atenção às palavras desse profeta, ou sonhador, porque é Javé, teu Deus, que assim te porá à prova, para saber se amas Javé, teu Deus, de todo o teu coração e de toda a tua alma. 5Seguirás Javé, teu Deus, a ele temerás, guardarás seus mandamentos e obedecerás a sua voz,* a ele servirás e a ele estarás unido. 6Esse profeta, ou

* **12**,15. 12,23; Lv 1,5 | 17. Dt 14,22 | 23. Lv 1,5 | 29. 7,1-6 | 31. Lv 18,21 | **13**,3. Jr 23,11-14 | 5. 6,13 | 6. 18,21

esse sonhador, será morto por ter pre-
gado a rebelião* contra Javé, teu Deus,
que te tirou da terra do Egito e te res-
gatou da casa da escravidão, para te
desviar do caminho que Javé, teu Deus,
te mandou seguir; extirparás assim o
mal de teu meio.
7Se teu irmão, filho de teu pai ou de
tua mãe, ou teu filho, ou tua filha, ou
esposa que repousa em teu seio,
ou teu amigo que é como tu mesmo,
tentar seduzir-te em segredo, dizen-
do: 'Vamos servir a outros deuses',
deuses que não conheceste, nem tu,
nem teus pais, 8entre os deuses dos
povos que te rodeiam, próximos ou
distantes, de um extremo a outro da
terra, 9não concordarás com ele nem
o ouvirás; teu olho não terá piedade
dele, não o pouparás nem encobrirás
seu erro. 10Ao contrário, tens o im-
preterível dever de matá-lo: tua mão
será a primeira a levantar-se contra ele
para fazê-lo morrer, e depois a mão de
todo o povo. 11Tu o apedrejarás até
que morra, porque procurou afastar-
-te de Javé, teu Deus, que te tirou da
terra do Egito, da casa da escravidão.
12E todo Israel, ouvindo isto, temerá
e não tornará a cometer tal crime em
teu meio.
13Se em alguma de tuas cidades que
Javé, teu Deus, te dá para ali habitar,
ouvires dizer 14que homens perver-
sos saíram do meio de ti e seduziram
os habitantes de sua cidade, dizendo:
'Vamos servir a outros deuses', 15deu-
ses que não conheces, deverás indagar,
examinar e interrogar cuidadosamen-
te. Se for verdade comprovada que
tal abominação foi cometida em teu
meio, 16deverás sem falta passar a fio
de espada os habitantes dessa cidade,
votando-a ao interdito com tudo o que
nela existir; inclusive seu gado passarás
a fio de espada. 17Juntarás no meio da
praça todos os seus despojos, e quei-
marás totalmente a cidade e seus des-
pojos, oferecendo-a toda a Javé, teu
Deus. Ela se tornará uma ruína eterna e
não será reconstruída. 18Não fique em
tua mão nenhuma das coisas interdita-
das, para que Javé aplaque o furor de
sua ira, te faça misericórdia e tenha pie-
dade de ti, e te multiplique como jurou
a teus pais, 19caso tenhas ouvido a voz
de Javé, teu Deus, observando todos os
seus mandamentos que hoje te pres-
crevo e fazendo o que agrada a Javé,
teu Deus".

14 Animais puros e impuros.

1"Vós sois filhos de Javé, vosso
Deus.* Não vos fareis incisões no corpo
nem vos raspareis os cabelos entre os
olhos por causa de um morto; 2sois um
povo consagrado a Javé, vosso Deus, e
Javé vos escolheu para que sejais seu
povo particular entre todos os povos
que existem sobre a face da terra.
3Não comereis coisa alguma abo-
minável. 4São estes os animais* que
podereis comer: boi, ovelha, cabra,
5cervo, gazela, corça, cabrito montês,
antílope, ovelha montês e gamo. 6Po-
dereis comer todo animal que tenha o
casco fendido, partido em duas unhas,
e que rumina. 7Todavia, entre os rumi-
nantes e os que têm o casco fendido
em duas unhas, não comereis os se-
guintes: o camelo, a lebre e o coelho,
porque, embora ruminantes, não têm
o casco fendido: para vós serão impu-
ros. 8Também o porco, porque, embo-
ra tenha a unha fendida, não rumina:
será impuro para vós. Não comereis
da carne deles nem tocareis seus ca-
dáveres.
9Entre todos os animais aquáticos,
são estes os que podereis comer: todos
os que têm barbatanas e escamas po-
dereis comer, 10mas não comereis ne-
nhum que não tenha barbatanas nem
escamas: será coisa impura para vós.
11Podereis comer de todas as aves
puras. 12Estas, porém, não podereis
comer: a águia, a ossifraga, o abutre;
13o milhafre e as diversas espécies de
falcões; 14toda espécie de corvos; 15o
avestruz, a coruja, a gaivota e toda es-
pécie de gaviões; 16o mocho, o íbis, o
cisne; 17o pelicano, o abutre egípcio e

* **14**,1. Lv 19,27s; Êx 19,6; Dt 7,6 | 4. Lv 11

o alcatraz; [18]a cegonha, as diversas espécies de garça, a poupa e o morcego. [19]Tereis como impuro todo inseto alado; não comereis deles. [20]Podereis comer toda ave pura.

[21]Não comereis de nenhum animal* achado morto. Podereis dá-lo para comer ao forasteiro que mora em vossas cidades, ou vendê-lo a um estranho; porque sois um povo consagrado a Javé, vosso Deus. Não cozinhareis um cabrito no leite de sua mãe".*

Dízimos. [22]"Sem falta separarás cada ano o dízimo† de todo o fruto de tua semeadura, de tudo o que teu campo tiver produzido, [23]e comerás diante de Javé, teu Deus, no lugar que ele tiver escolhido para nele fazer habitar seu nome, o dízimo de teu trigo, de teu vinho novo e de teu azeite, além dos primogênitos de teu gado e de teu rebanho, para que aprendas a temer sempre Javé, teu Deus.

[24]Se, porém, o caminho for longo demais para ti, e não possas levar o dízimo, porque fica muito distante o lugar que Javé, teu Deus, tiver escolhido para estabelecer seu nome, quando Javé, teu Deus, te houver abençoado, [25]trocarás o dízimo por dinheiro e, levando contigo o dinheiro, irás ao lugar escolhido por Javé, teu Deus. [26]Lá empregarás o dinheiro na compra de qualquer coisa que desejares: bois, ovelhas, vinho, bebidas fermentadas, tudo o que desejares, e o comerás ali, diante de Javé, teu Deus, e te alegrarás com tua família. [27]Não deixarás desamparado o levita que habita em tuas cidades, pois ele não tem parte nem herança contigo.

[28]No fim de cada três anos* separarás o dízimo de todos os teus produtos do terceiro ano e o guardarás em tuas cidades. [29]Virá então o levita, que não tem parte nem herança contigo, o estrangeiro, o órfão e a viúva, que moram em tuas cidades, e comerão até se fartarem; para que Javé, teu Deus, te abençoe em todas as obras que tuas mãos fizerem".

15 **O ano sabático.** [1]"Ao fim de cada sete anos* farás remissão. [2]Esta será a forma da remissão: Todo credor que emprestou alguma coisa a seu próximo perdoará o empréstimo feito; não exigirá nada de seu próximo nem de seu irmão, porque foi proclamada a remissão em honra de Javé. [3]Poderás exigi-lo do estrangeiro, mas a teu irmão perdoarás o que de teu estiver com ele, [4]para que não haja pobres no meio de ti; porque Javé te abençoará com certeza na terra que Javé, teu Deus, te dá como herança para a possuíres, [5]contanto que em verdade obedeças à voz de Javé, teu Deus, cuidando de pôr em prática todos estes mandamentos que hoje te prescrevo. [6]Javé, teu Deus,* te abençoará como te prometeu, de sorte que emprestarás a muitas nações, mas não tomarás empréstimo; dominarás muitas nações, e elas não te dominarão.

[7]Se houver em teu meio algum pobre entre teus irmãos, em alguma de tuas cidades, na terra que Javé, teu Deus, te dá, não endurecerás teu coração nem fecharás tua mão diante de teu irmão pobre, [8]mas tu lhe abrirás com largueza tua mão e lhe emprestarás generosamente o que precisar para atender a sua necessidade. [9]Cuida que não surja em teu coração este pensamento mesquinho: 'Está próximo o sétimo ano, o ano da remissão'; e, portanto, olhando com maus olhos teu irmão pobre, nada lhe dês; ele clamaria a Javé contra ti, e isto seria um pecado teu. [10]Sem falta lhe darás, e lhe darás de bom grado; assim Javé, teu Deus, te abençoará em toda obra tua e em todo empreendimento teu. [11]Porque jamais deixará de haver pobres* nesta terra†; por isso eu te ordeno: abre tua mão com largue-

---

* **14**,21. Lv 17,15 / Êx 23,19; 34,26 | 28. 26,12 | **15**,1. Lv 25,1-7 | 6. 23,20s | 11. Mt 26,11

† **14**,22. Esse dízimo devia lembrar ao povo que Deus era o dono da terra, Lv 25,23, e de seus frutos. **15**,11. O fato de haver gente pobre, vivendo na miséria, é contra o plano de Deus e é devido aos pecados da sociedade. Na Igreja primitiva, onde reinava a fraternidade, não havia pobres, At 4,34.

za a teu irmão, a teu necessitado, a teu pobre em tua terra.

[12]Se um irmão se vender a ti,* hebreu ou hebreia, ele te servirá por seis anos, e no sétimo o deixarás sair livremente. [13]E quando o libertares, não o despedirás de mãos vazias, [14]mas lhe darás com fartura alguma coisa de teu rebanho, de tua eira, de teu lagar; daquilo com que Javé, teu Deus, te houver abençoado lhe darás. [15]Lembra-te que foste escravo na terra do Egito e que Javé, teu Deus, te resgatou; é por isso que te ordeno* isto hoje. [16]Mas se ele te disser: 'Não quero deixar-te', porque gosta de ti e de tua família e se sente bem em tua casa, [17]então tomarás uma sovela e lhe furarás a orelha contra a porta, e assim será teu escravo para sempre; o mesmo farás com tua escrava. [18]Não sintas pesar ao deixá-lo sair livremente, pois te prestou durante seis anos um serviço que vale o dobro do salário de um diarista; e assim Javé, teu Deus, te abençoará em tudo o que fizeres".

Primogênitos. [19]"Todo primogênito macho que nascer* de teu gado e de teu rebanho tu o consagrarás a Javé, teu Deus. Não trabalharás com o primogênito de tuas vacas nem tosquiarás o primogênito de tuas ovelhas; [20]cada ano o comerás com tua família, diante de Javé, teu Deus, no lugar que Javé tiver escolhido. [21]Se ele tiver algum defeito, se for coxo ou cego ou tiver qualquer outro defeito grave, não o sacrificarás a Javé, teu Deus; [22]poderás comê-lo em tua cidade; o impuro e o puro podem comê-lo igualmente como se come a gazela ou o cervo. [23]Seu sangue, porém, não o comerás, mas o derramarás no chão como água".

16 **Festas: A Páscoa.** [1]"Guarda o mês de abib* e celebra a Páscoa em honra de Javé, teu Deus, porque foi no mês de abib que Javé, teu Deus, te fez sair do Egito, de noite. [2]Imolarás a Javé, teu Deus, o sacrifício pascal, tomando de teu gado e de teu rebanho, no lugar que Javé, teu Deus, tiver escolhido para nele fazer habitar seu nome. [3]Com ele não comerás nada fermentado; durante sete dias comerás ázimos, pão de aflição, porque saíste do Egito a toda pressa, a fim de recordares por toda a vida o dia de tua saída da terra do Egito. [4]Durante sete dias não se verá contigo fermento em todo o teu território; e da carne que tiveres imolado na tarde do primeiro dia, nada restará até a manhã seguinte. [5]Não poderás imolar a vítima pascal em qualquer uma das cidades que Javé, teu Deus, te dá, [6]mas sim no lugar que Javé, teu Deus, tiver escolhido para nele fazer habitar seu nome† é que imolarás a vítima pascal, pela tarde, ao pôr do sol, hora de tua saída do Egito. [7]Cozinharás e comerás a vítima no lugar escolhido por Javé, teu Deus. Na manhã seguinte poderás voltar e ir para tuas tendas. [8]Durante seis dias comerás pães ázimos, e no sétimo dia haverá uma assembleia em honra de Javé, teu Deus; não farás trabalho algum".

Pentecostes. [9]"Contarás sete semanas;* a partir do dia em que iniciarem a ceifar a messe, começarás a contar sete semanas. [10]Então celebrarás a festa das Semanas em honra de Javé, teu Deus, trazendo ofertas voluntárias de tua mão, na medida em que Javé, teu Deus, te houver abençoado. [11]E te alegrarás na presença de Javé, teu Deus, com teu filho, tua filha, teu servo, tua serva, com o levita que vive em tuas cidades, com o estrangeiro, o órfão e a viúva que moram em teu meio, no lugar escolhido por Javé, teu Deus, para nele fazer habitar seu nome. [12]Lembra-te de que foste escravo no Egito; observa e pratica estas leis".

Festa das Tendas. [13]"Celebrarás a festa das Tendas* durante sete dias, depois

---

* **15**,12. Êx 21,2-4; Lv 25,8s; Jr 34,14 | 15. Êx 21,5s | 19. Êx 13,2.11 | **16**,1. Êx 12,1; 23,14; Lv 23,5-8 | 9. Êx 23,14; Lv 23,15-21; Nm 28,26-31 | 13. Lv 23,33-43; Nm 29,12-39

† **16**,6. Em consequência da reforma de Josias, 2Rs 23, a Páscoa começou a ser celebrada com uma romaria ao templo de Jerusalém; antes era uma festa familiar.

de haveres recolhido o produto de tua eira e de teu lagar. 14E te alegrarás em tua festa com teu filho e tua filha, teu servo e tua serva, o levita e o estrangeiro, o órfão e a viúva, que vivem em tuas cidades. 15Durante sete dias festejarás Javé, teu Deus, no lugar que Javé tiver escolhido; porque Javé, teu Deus, te abençoará em todas as tuas colheitas e em todo o trabalho de tuas mãos, e assim estarás plenamente satisfeito.

16Três vezes ao ano todos os teus homens se apresentarão diante de Javé, teu Deus, no lugar que ele tiver escolhido: na festa dos Ázimos, na festa das Semanas e na festa das Tendas. Ninguém comparecerá diante de Javé de mãos vazias: 17cada um traga sua oferta na medida da bênção que Javé, teu Deus, lhe tiver concedido".

Deveres dos juízes. 18"Constituirás juízes* e oficiais para cada uma de tuas tribos em todas as cidades que Javé, teu Deus, te dá, para que julguem o povo com sentenças justas. 19Não distorcerás o direito, não farás acepção de pessoas nem aceitarás presentes, porque o presente cega os olhos dos sábios e corrompe as sentenças dos justos. 20Segue estritamente a justiça, a fim de viveres e possuíres a terra que Javé, teu Deus, te dá".

Repressão da apostasia. 21"Não plantarás nenhum tronco sagrado,* ou árvore qualquer junto do altar de Javé, teu Deus, que fizeres para ti; 22nem levantarás colunas sagradas, o que Javé, teu Deus, detesta".

17 **O direito penal.** 1"Não sacrificarás a Javé, teu Deus,* um boi ou uma ovelha que tenha algum defeito ou alguma deformidade; porque isto é uma abominação para Javé, teu Deus.

2Se no meio de ti, em alguma de tuas cidades que Javé, teu Deus, te dá,* houver um homem ou uma mulher que faça o que é mau aos olhos de Javé, teu Deus, transgredindo sua aliança, 3e vá servir a outros deuses e adorá-los, especialmente ao sol ou à lua ou a todo o exército celeste, coisa contrária a minhas ordens, 4e isto te for denunciado ou disto ouvires falar, farás uma investigação minuciosa; e se ficar comprovado que é verdade e que realmente foi cometida tal abominação em Israel, 5levarás às portas de tua cidade esse homem ou essa mulher, que tiverem cometido essa maldade, e tu apedrejarás tal homem ou mulher até que morram. 6Por depoimento de duas ou três testemunhas será decretada a pena de morte contra aquele que deve morrer; ninguém será morto por depoimento de uma só testemunha. 7A mão das testemunhas será a primeira a levantar-se contra ele para o fazer morrer, depois a mão de todo o povo; assim extirparás o mal do meio de ti".

Juízes levitas. 8"Quando o juízo sobre uma causa for difícil demais para ti, a respeito de um homicídio, uma controvérsia, ou um ferimento, e é motivo de contestação em tua cidade, então te levantarás, subirás ao lugar escolhido por Javé, teu Deus, 9e irás ter com os sacerdotes levitas e com o juiz que estiver em exercício na ocasião; tu os consultarás, e eles te comunicarão a sentença do julgamento. 10Tu procederás de acordo com a decisão que te houverem anunciado naquele lugar, escolhido por Javé, e cuidarás de pôr em prática todas as suas instruções. 11Agirás de acordo com a orientação que te derem e segundo a sentença que te anunciarem, sem te desviares nem para a direita, nem para a esquerda da sentença que te indicarem. 12Mas aquele que proceder com presunção, não obedecendo nem ao sacerdote que está ali a serviço de Javé, teu Deus, nem ao juiz, esse homem morrerá, e assim extirparás o mal de Israel. 13E todo o povo, ao saber disso, temerá e não mais agirá com presunção".

---

* **16**,18. Êx 23,1-3. 6-8 | 21. Êx 34,13; 23,24 | **17**,1. Lv 22,20-25 | 2. 13; 19,16-21

† **17**,14. A monarquia não é imposta por Javé, é apenas tolerada. Estas normas supõem já feita uma experiência negativa.

O rei. 14"Quando tiveres entrado na terra* que Javé, teu Deus, te dá, e dela tiveres tomado posse e nela habitares, se disseres: 'Quero estabelecer um rei sobre mim†, como todas as nações a meu redor', 15deverás estabelecer sobre ti o rei que Javé, teu Deus, escolher. Constituirás sobre ti um rei escolhido entre teus irmãos; não poderás constituir sobre ti um estrangeiro, alguém que não seja teu irmão. 16Mas ele não deve possuir grande número de cavalos nem reconduzir o povo ao Egito para aumentar sua cavalaria, porque Javé disse: 'Jamais voltareis por aquele caminho!'† 17Não possuirá grande número de mulheres, para que seu coração não se desvie, nem acumulará para si mesmo prata e ouro em quantidade excessiva. 18Quando subir a seu trono real, escreverá para si, num livro, uma cópia desta Lei, conforme o texto em poder dos sacerdotes levitas. 19Guardará consigo esse exemplar e o lerá todos os dias de sua vida, a fim de aprender a temer Javé, seu Deus, observando todas as palavras desta Lei e também estas regras, para pô-las em prática. 20Assim, não se tornará orgulhoso diante de seus irmãos e não se desviará dos mandamentos nem para a direita, nem para a esquerda; e desse modo terá ele, como também seus filhos, um longo reinado no meio de Israel".

18 **Os sacerdotes.** 1"Os sacerdotes levitas,* toda a tribo de Levi, não terão parte nem herança em Israel; viverão dos sacrifícios feitos pelo fogo a Javé e de seu patrimônio†. 2Esta tribo não terá herança entre seus irmãos;* Javé será sua herança, como lhe disse. 3Estes serão os direitos dos sacerdotes sobre o povo, sobre os que oferecem em sacrifício um boi ou uma ovelha: darão ao sacerdote a espádua, as mandíbulas e o estômago. 4Tu lhe darás as primícias de teu trigo, de teu vinho novo e de teu azeite, e as primícias da tosquia de tuas ovelhas; 5pois Javé, teu Deus, o escolheu entre todas as tuas tribos, para que ele e seus filhos estejam sempre em sua presença, a serviço* do nome de Javé. 6Se o levita que mora numa de tuas cidades, em qualquer parte de Israel, vier de livre vontade para o lugar escolhido por Javé, 7poderá exercer seu ministério em nome de Javé, seu Deus, como todos os seus irmãos levitas que lá estão diante de Javé. 8Receberá para seu sustento uma parte igual à dos outros, além do produto da venda de seu patrimônio".

Os profetas. 9"Quando tiveres entrado na terra que Javé, teu Deus, te dá, não apreenderás a imitar os abomináveis costumes daquelas nações. 10Não haja em teu meio quem faça passar* seu filho ou sua filha pelo fogo, nem quem pratique a adivinhação, o sortilégio, o agouro, o feitiço, 11ou a magia; nem quem consulte espíritos ou oráculos, nem quem evoque os mortos†. 12Porque Javé detesta* todo aquele que faz tais coisas, e é por causa dessas abominações que Javé, teu Deus, expulsa de tua frente essas nações. 13Tu serás irrepreensível para com Javé, teu Deus. 14Na verdade, essas nações, que estás para expulsar, ouvem os feiticeiros e os adivinhos; mas a ti, Javé, teu Deus, não permite agir assim.

15Javé, teu Deus, suscitará para ti,* em teu meio, dentre teus irmãos, um profeta como eu; a ele ouvirás. 16Foi isto mesmo que pediste a Javé, teu Deus, no Horeb, no dia da assembleia, dizendo: 'Que eu não ouça mais a voz de Javé, meu Deus, e que não veja mais este grande fogo, para não mor-

---

* **17**,14. 1Sm 8-10 | **18**,1. Nm 18 | 2. Ez 44,28s; Lv 6-7; Nm 18,8-24 | 5. 2Rs 23,9 | 10. Lv 18,21 | 12. Lv 19,31 | 15. Nm 12,6

† **17**,16. Esta ordem, citada também em Dt 28,68, não se encontra na Bíblia. | **18**,1. Muitos levitas ficaram na penúria quando foram eliminados os santuários locais e passaram a ser recomendados à caridade pública como as viúvas, os órfãos e os estrangeiros, Dt 14,27; 16,14. | 11. A Bíblia condena expressamente evocar os mortos como faz o Espiritismo, e condena toda forma de adivinhação, porque "esconde uma vontade de poder sobre o tempo, a história, as pessoas, e um desejo de obter poderes ocultos" (CIC).

rer'. [17]E Javé me disse: 'Está bem o que disseram.* [18]Suscitarei para eles, dentre seus irmãos, um profeta como tu†; porei minhas palavras em sua boca, e ele lhes dirá tudo o que eu lhe ordenar. [19]Se alguém não ouvir minhas palavras, que ele falar em meu nome, eu mesmo pedirei contas a essa pessoa.* [20]Mas o profeta que tiver a ousadia de dizer em meu nome alguma coisa que não o mandei dizer, ou que falar em nome de outros deuses, tal profeta morrerá'. [21]Talvez te perguntes a ti mesmo: 'Como poderemos saber que tal palavra Javé não a disse?' [22]Se o profeta falar em nome de Javé, e sua predição não se cumpre, não acontece, esta é uma palavra que Javé não disse; o profeta a falou por presunção; não o temas'".

19 **As cidades de refúgio e o homicídio.** [1]"Quando Javé, teu Deus, tiver exterminado* as nações cuja terra ele te dá, quando as tiveres expulsado e te estabeleceres em suas cidades e em suas casas, [2]reservarás três cidades no meio da terra que Javé, teu Deus, te dá como herança. [3]Manterás em bom estado o acesso a elas e dividirás em três partes a superfície de tua terra que Javé, teu Deus, te dá como patrimônio, a fim de que nelas possa refugiar-se todo homicida. [4]É este o caso em que o homicida que ali se refugia terá a vida salva: quando atinge seu próximo involuntariamente, sem que antes o odiasse. [5]Por exemplo: se alguém vai com seu companheiro à floresta para cortar lenha e, enquanto sua mão maneja o machado para derrubar a árvore, o ferro se desprende do cabo e atinge o companheiro, e este morre, ele fugirá para uma dessas cidades e terá a vida salva. [6]Senão, o vingador do sangue, indignado, perseguirá o homicida e o alcançará, se o caminho for muito longo, e lhe tirará a vida, embora não merecesse a morte, porque não o odiava anteriormente.

[7]Por isso, eu te ordeno: Reserva três cidades. [8]Se Javé, teu Deus, amplia tuas fronteiras, como jurou a teus pais, e te dá toda a terra* que prometeu dar a teus pais, [9]desde que observes todos estes mandamentos que hoje te prescrevo, amando Javé, teu Deus, e andando sempre por seus caminhos, então acrescentarás outras três cidades a essas três†, [10]para que assim não se derrame sangue inocente no meio de tua terra que Javé, teu Deus, te dá como herança, e tu não te tornes culpado de homicídio.

[11]Se, porém, um homem odeia seu próximo e lhe prepara uma cilada, lança-se sobre ele e o fere mortalmente, refugiando-se depois numa dessas cidades, [12]os anciãos de sua própria cidade mandarão prendê-lo e o entregarão ao vingador do sangue, para que morra. [13]Não terás piedade dele; mas removerás de Israel a culpa de ter derramado sangue inocente, e serás feliz.*

[14]Não modifiques as divisas de teu vizinho,* colocadas por teus antepassados, na herança que receberás na terra que Javé, teu Deus, te dá como posse".

As testemunhas. [15]"Uma só testemunha não será suficiente para incriminar alguém,* qualquer que seja o delito ou o pecado que ele tenha cometido; o fato será estabelecido pelo depoimento de duas ou três testemunhas. [16]Se contra alguém se levantar uma falsa testemunha, para o acusar de rebelião, [17]os dois contendores comparecerão diante de Javé, diante dos sacerdotes e dos juízes que estiverem em função naqueles dias. [18]Os juízes farão uma investigação minuciosa e, se for cons-

* **18**,17. At 3,22s; 7,37; Êx 4,12 | 19. Ez 3,19; 33,9 | **19**,1. Êx 21,13s; Nm 35,9-34 | 8. 4,41-43 | 13. 19,21; 21,13 | 14. 27,17 | 15. 17,2-7; Mt 18,16; 2Cor 13,1; 1Tm 5,19; Hb 10,28; Jo 8,16s | 21. 19,13; Êx 21,25

† **18**,18. Deus fala por meio de seus profetas, sobretudo por meio do maior deles, seu Filho Jesus, anunciado aqui, At 3,22-23 e esperado pelo povo, Jo 1,21. | **19**,9. Conforme Js 20,7-8, as cidades de refúgio são: Cedes na Galileia, Siquém e Hebron. E na Transjordânia, Bosor, Ramot de Galaad e Golã em Basã.

tatado que a testemunha é uma testemunha falsa e que ela caluniou seu irmão, [19]vós lhe fareis o que ela tramava fazer com seu irmão†. Assim extirparás o mal de teu meio, [20]e os demais, ao sabê-lo, terão medo e não se cometerá mais, em teu meio, esse tipo de ação malvada. [21]Não terás piedade; vida por vida, olho por olho, dente por dente,* mão por mão, pé por pé".

20 **Leis para a guerra.** [1]"Quando saíres para guerrear contra teus inimigos, ao veres cavalos e carros e um povo mais numeroso que tu, não tenhas medo, porque contigo está Javé, teu Deus†, que te tirou da terra do Egito. [2]Quando chegar a hora do combate, o sacerdote se adiantará e dirá ao povo: [3]'Ouve, Israel! Hoje ides combater contra vossos inimigos. Que vossa coragem não esmoreça! Não tenhais medo, não vos alarmeis nem tremais diante deles, [4]porque Javé, vosso Deus, marcha convosco* para combater por vós, contra vossos inimigos, para vos salvar'.

[5]Depois, assim falarão os oficiais* ao povo: 'Há alguém que construiu uma casa nova e ainda não a inaugurou? Que ele se retire e volte para casa, para não acontecer que, morrendo no combate, um outro a inaugure. [6]Há alguém que plantou uma vinha e ainda não aproveitou de seus frutos? Que se retire e volte para casa,* para não acontecer que, morrendo na batalha, um outro aproveite de seus frutos. [7]Há alguém que está noivo de uma mulher e ainda não se casou com ela? Que se retire e volte para casa, para não acontecer que, morrendo no combate, um outro se case com ela'. [8]E os oficiais dirão ainda ao povo: 'Há algum medroso e sem coragem? Que se retire e volte para casa, para que sua covardia não contagie seus irmãos'. [9]Quando tiverem terminado de falar ao povo, os chefes estabelecerão comandantes das tropas à frente do povo.

[10]Quando te aproximares* de uma cidade para atacá-la, tu lhe proporás a paz; [11]se ela aceitar a paz e te abrir as portas, toda a população que nela habita trabalhará para ti e te servirá. [12]Mas, se não aceitar a paz e te fizer guerra, tu a sitiarás. [13]Javé, teu Deus, a entregará em tuas mãos, e tu passarás a fio de espada todos os seus homens. [14]Mas as mulheres, as crianças, o gado e tudo o que houver na cidade, todos os seus despojos, tu os tomarás para ti e comerás dos despojos de teus inimigos que Javé, teu Deus, te houver dado. [15]Assim farás a todas as cidades que estão muito longe de ti e que não são cidades dessas nações. [16]Mas, nas cidades desses povos que Javé, teu Deus, te dá como herança, não deixarás com vida nenhum ser que respira, [17]mas votarás ao completo extermínio os heteus, os amorreus, os cananeus, os ferezeus, os heveus e os jebuseus, como Javé, teu Deus, te ordenou, [18]para que não te ensinem a imitar todas as abominações que cometeram para seus deuses, e assim peques contra Javé, teu Deus.

[19]Quando sitiares uma cidade por muito tempo para atacá-la e tomá-la, não cortarás suas árvores a golpes de machado; poderás comer de seus frutos, mas não deves abatê-las: acaso as árvores do campo são homens, para serem tratadas como os sitiados? [20]Somente poderás destruir e abater as árvores que souberes que não são frutíferas, para com elas fazeres as obras do cerco da cidade inimiga, até que se renda".

21 **Homicídio de autoria desconhecida.** [1]"Se na terra que Javé, teu Deus, te dá em possessão, for encontrado, estendido no campo, um

---

* **20**,4. Êx 33,14; 34,9s | 5. 1Mc 3,56 | **20**,6. 24,5 | 10. 7,1-5

† **19**,19. Esta norma foi aplicada a Amã na história de Ester, Est 7,9, e aos dois velhos que acusaram Suzana, Dn 13,62. | **20**,1. Para os hebreus, a guerra tinha um caráter religioso, era uma guerra santa, que "Javé dos exércitos", simbolizado pela arca da aliança, empreendia no meio de seu povo, para dar-lhe a terra prometida.

homem assassinado, sem que se saiba quem o matou, 2sairão teus anciãos e teus juízes e medirão as distâncias entre o morto e as cidades ao redor. 3Conhecida a cidade mais próxima do morto, os anciãos daquela cidade tomarão uma novilha que ainda não tenha sido submetida ao trabalho e ao jugo, 4e levarão a novilha a um córrego perene, num lugar não arado nem semeado, e ali, no córrego, quebrarão a nuca da novilha. 5Depois se aproximarão os sacerdotes, filhos de Levi, porque a eles Javé, teu Deus, escolheu para seu serviço e para abençoarem em seu nome, e a palavra deles deve decidir toda controvérsia e todo caso de lesão. 6E todos os anciãos da cidade* mais próxima do morto lavarão as mãos sobre a novilha cuja nuca quebraram no córrego 7e dirão estas palavras: 'Nossas mãos não derramaram este sangue e nossos olhos nada viram. 8Perdoai, Senhor, ao vosso povo de Israel, que resgatastes, e não culpeis vosso povo de Israel pelo sangue inocente derramado'. Assim se fará por eles a expiação daquele sangue, 9e assim tirarás do meio de ti a culpa* pelo sangue inocente, tendo feito o que agrada a Javé".

Casamento com uma prisioneira de guerra. 10"Quando fores à guerra contra teus inimigos, e Javé, teu Deus, os entregar em tuas mãos e os tiveres feito prisioneiros, 11e vires entre eles uma mulher bonita e gostares dela, podes tomá-la como tua mulher 12e introduzi-la em tua casa. Ela rapará a cabeça e cortará as unhas; 13deporá as vestes de prisioneira, ficará em tua casa e chorará seu pai e sua mãe durante um mês inteiro. Depois disso, poderás unir-te a ela: serás seu marido, e ela será tua mulher. 14Se mais tarde não te agradares dela, tu a deixarás ir livremente, mas de modo algum poderás vendê-la por dinheiro, ou maltratá-la, porque a humilhaste".

Direitos do primogênito. 15"Se um homem tem duas mulheres, uma que ele ama* e a outra que ele não ama, e ambas lhe derem filhos, se o filho primogênito for da mulher não amada, 16no dia em que repartir entre os filhos seus bens em herança, não poderá considerar primogênito o filho da mulher amada, preferindo-o ao filho da não-amada, que é de fato o primogênito. 17Mas terá de reconhecer como primogênito o filho da não-amada, dando-lhe uma dupla porção de tudo o que possui; pois ele é o primeiro fruto de seu vigor, e a ele pertence o direito de primogenitura".

O filho rebelde. 18"Se alguém tiver um filho indócil e rebelde,* que não obedece ao pai nem à mãe, e que, mesmo depois de corrigido por eles, não lhes dá atenção; 19seu pai e sua mãe o tomarão e o levarão aos anciãos, à porta de sua cidade, 20e dirão aos anciãos de sua cidade: 'Este nosso filho é indócil e rebelde; não nos obedece, é um vagabundo e beberrão'. 21Então todos os homens da cidade o apedrejarão até que morra; e assim extirparás o mal de teu meio. E todo o Israel, ao saber disso, temerá".

Cadáver de um condenado. 22"Se alguém cometeu um pecado que merece a pena de morte, e for executado e pendurado a uma árvore, 23seu cadáver não ficará ali* durante a noite; tu o sepultarás no mesmo dia sem falta, pois é amaldiçoado* por Deus aquele que é pendurado. Não contaminarás o chão que Javé, teu Deus, te dá em propriedade".

22

Deveres de humanidade. 1"Se vês extraviados o boi ou a ovelha de teu irmão,* não te esquives, mas reconduze-os a teu irmão. 2Se teu irmão não mora perto de ti e não o conheces, leva o animal para tua casa para que fique contigo até que teu irmão venha procurá-lo, e então devolve-o. 3Farás o mesmo com seu jumento e com seu manto e com qualquer objeto perdido por teu irmão que

* **21**,6. 17,8-12 | **21**,9. 19,13 | 15. Gn 29,30s; 1Sm 1,2.8 | 18. Pr 23,22; 30,17 | 23. Jo 19,31 / Gl 3,13 | **22**,1. Êx 23,4s

encontrares: não poderás esquivar-te. 4Ao veres o jumento ou o boi de teu irmão, caídos na estrada, não te esquivarás, mas ajudarás a levantá-lo.

5A mulher não deve usar roupa de homem, nem o homem usará vestido de mulher†, pois Javé, teu Deus, detesta quem faz essas coisas.

6Se encontrares pelo caminho, numa árvore ou no chão, um ninho de passarinho com filhotes ou ovos, e a mãe sobre os filhotes ou sobre os ovos, não apanharás a mãe com os filhotes; 7deixarás voar a mãe e poderás tomar para ti os filhotes, para que sejas feliz e vivas longamente. 8Ao construíres uma casa nova, farás um parapeito em torno do terraço; assim, se alguém cair lá de cima, tua casa não será responsável pelo acidente".

Misturas ilícitas. 9"Não semearás em tua vinha duas espécies de sementes, para que todo o produto não se torne impróprio para o uso: o produto da semente e o fruto da vinha. 10Não lavrarás* com boi e jumento atrelados juntos. 11Não usarás roupa de tecido misto, feito de lã e de linho. 12Farás borlas nos quatro cantos* do manto com que te cobrires".

Delitos contra o matrimônio. 13"Se um homem, depois de se casar com uma mulher, e depois de coabitar com ela, começar a detestá-la 14e a acusá-la de atos vergonhosos, e a difamá-la publicamente, dizendo: 'Casei-me com esta mulher, mas ao unir-me a ela descobri que não era virgem', 15então o pai e a mãe da jovem tomarão as provas de sua virgindade e as levarão aos anciãos, à porta da cidade. 16O pai da jovem dirá aos anciãos: 'Dei minha filha por esposa a este homem, mas, porque a detesta, 17ele a acusa de atos vergonhosos, dizendo: Não achei os sinais da virgindade em tua filha; no entanto, aqui estão as provas da virgindade de minha filha – e desdobrarão o pano diante dos anciãos da cidade. 18Então os anciãos daquela cidade tomarão o homem e o castigarão, 19impondo-lhe, além disso, uma multa de cem siclos de prata, que darão ao pai da jovem, porque aquele homem difamou uma virgem de Israel. Ela continuará sendo sua mulher, e ele não poderá repudiá-la enquanto viver. 20Mas, se a acusação for verdadeira, se não se acharem as provas da virgindade da jovem, 21então a levarão à porta da casa de seu pai e os homens de sua cidade a apedrejarão até que morra, pois cometeu uma infâmia em Israel, prostituindo-se na casa de seu pai. E assim extirparás o mal de teu meio.

22Se um homem for apanhado deitado com uma mulher casada, morrerão ambos, o homem que se deitou com a mulher, e ela também. Assim farás desaparecer de Israel o mal. 23Se uma moça é noiva* de um homem†, e um outro a encontra na cidade e se deita com ela, 24levareis os dois à porta da cidade e os apedrejareis até que morram; a jovem, porque não gritou, apesar de estar na cidade; e o homem, por ter desonrado a mulher do próximo. Assim extirparás o mal de teu meio.25Mas se foi no campo que o homem encontrou a jovem noiva e, violentando-a, deitou-se com ela, morrerá somente o homem que com ela se deitou. 26Nada farás à jovem, porque ela não cometeu um pecado que mereça a morte. Pois este caso é semelhante ao do homem que se lança sobre o outro e o mata. 27De fato ele a encontrou no campo, a jovem pode ter gritado, mas não havia ninguém para socorrê-la.

28Se um homem encontrar uma moça virgem, não noiva, e, agarrando-a, deitar-se com ela e for pego em flagrante, 29o homem que a violentou pagará ao pai da jovem cinquenta siclos de prata, e ela será sua esposa, uma vez que a desonrou; e durante toda a sua vida não poderá repudiá-la".

* **22**,10. Lv 19,19 | 12. Nm 15,37 | 23. Lv 20,10

† **22**,5. Prática condenada por causa dos escândalos que provocava nos cultos cananeus. | 23. A noiva pertencia a seu futuro marido e era obrigada à fidelidade como uma mulher casada.

23 1"Ninguém se casará com a mulher de seu pai* nem levantará a coberta do leito paterno".†

Participação na assembleia. 2"Não poderá entrar na assembleia de Javé o homem que tiver os testículos esmagados* ou o membro viril amputado. 3Não entrará na assembleia de Javé quem é filho ilegítimo; nenhum de seus descendentes,* nem mesmo na décima geração, será admitido na assembleia de Javé. 4Não será admitido na assembleia de Javé um amonita ou um moabita†; nenhum de seus descendentes, *nem mesmo na décima geração, será admitido na assembleia de Javé, 5porque não vieram a vosso encontro no caminho com pão e água, quando saístes do Egito e porque pagaram Balaão, filho de Beor, de Petor, na Mesopotâmia, para te amaldiçoar, 6embora Javé, teu Deus, não tenha ouvido Balaão, mas mudou para ti a maldição em bênção, porque Javé, teu Deus, te ama. 7Enquanto viveres, não te empenharás pela paz nem pela prosperidade deles. 8Não detestes o edomita, porque é teu irmão; não detestes o egípcio, porque foste estrangeiro em seu país: 9na terceira geração seus descendentes poderão ser admitidos na assembleia de Javé".

Pureza no acampamento. 10"Quando saíres em campo* contra teus inimigos, cuida de evitar todo mal. 11Se houver em teu meio algum homem que ficou impuro por causa de uma polução noturna, sairá do acampamento e não voltará; 12ao cair da tarde se banhará em água e, ao pôr do sol, voltará ao acampamento.

13Terás também um lugar fora do acampamento, aonde sairás para tuas necessidades. 14Levarás na bagagem uma pá, com a qual, ao saíres para tuas necessidades, farás um buraco e depois cobrirás as fezes. 15Pois Javé, teu Deus, anda no meio de teu acampamento, para te libertar e entregar em tuas mãos os inimigos; portanto, teu acampamento deve ser santo, de sorte que ele não veja em ti nada de inconveniente nem se afaste por isso de ti".

Leis de humanidade. 16"Não entregarás a seu dono o escravo fugitivo que buscar refúgio em tua casa; 17habitará contigo, no meio dos teus, no lugar que escolher em qualquer de tuas cidades, onde lhe agradar; não o maltrates.

18Entre os israelitas não deverá haver prostitutas nem prostitutos. 19Não levarás à casa de Javé, teu Deus, o salário de uma meretriz nem o pagamento de um cão† para cumprir qualquer promessa, porque ambos são abominação para Javé, teu Deus.

20A teu irmão não emprestarás a juros,* seja dinheiro, seja alimento, ou qualquer coisa que se costuma emprestar a juros. 21Ao estrangeiro emprestarás a juros, mas não a teu irmão, para que Javé, teu Deus, te abençoe em todos os teus empreendimentos na terra em que entrarás para te apoderares dela".

Cumprimento das promessas. 22"Quando fizeres uma promessa a Javé, teu Deus, não demores a cumpri-la, porque Javé,* teu Deus, de certo te pedirá contas, e tu serias culpado. 23Se deixas de fazer promessa, não estás pecando. 24Mas, mantém e cumpre o que saiu de tua boca, pois te comprometeste espontaneamente diante de Javé, teu Deus, mediante aquilo que prometeste com tua boca.

25Se entrares na vinha de teu próximo, poderás comer uva à vontade, até a saciedade, mas não te é permitido levar uvas em teu cesto. 26Se entrares no trigal de teu próximo, poderás colher espigas com tua mão,* mas não poderás cortar com a foice o trigo de teu próximo".

---

* **23**,1. 27,20 | 2. Lv 21,17-23; Is 56,3-5 | 4. Ne 13,1-3 | 10. Nm 5,1-4; Lv 15,16s | **23**,20. 15,6; Êx 22,24; Lv 25,35-38 | 22. Nm 30,3; Ecl 5,3s | 26. Mt 12,1 | **24**,1. Mt 19,7

† **23**,1. Violação do leito matrimonial do pai, como fez Rúben, filho de Jacó, Gn 35,22. Ao contrário, cobrir uma mulher com o manto significa desposá-la, Rt 3,9. | 4. De Rute, que devia ser excluída por ser moabita, Deus fez a bisavó de Davi, Mt 1,5-6. | **23**,19. Por imitação dos cultos cananeus, a prostituição sagrada entrou em Israel, 1Rs 14,24; cão é o nome dado ao prostituto, por desprezo.

24 **O divórcio.** 1“Se um homem,
depois de ter escolhido uma
mulher e casado com ela, não se agradar
mais dela, porque notou nela algum in-
conveniente, escreva-lhe uma certidão*
de divórcio†, que lhe entregará em mãos,
e a despedirá de sua casa. 2Se ela, saindo
da casa dele, se casar com outro homem
3e, se este segundo marido, não se agra-
dando mais dela, lhe escrever e entregar
em mãos uma certidão de divórcio e a
despedir de sua casa, ou se morrer esse
segundo marido que a havia desposado,
4o primeiro marido, que a tinha despe-
dido, não poderá retomá-la por esposa,
depois que ela se tornou impura, porque
isto seria um ato abominável diante de
Javé; e assim não mancharás de pecado
a terra que Javé, teu Deus, te dá em he-
rança. 5Um homem recém-casado* não
irá à guerra nem será encarregado de
qualquer ofício; por um ano ficará livre
em sua casa, para que possa dar alegria
à mulher que desposou”.
Equidade e humanidade. 6“Ninguém
tomará como penhor as duas mós,
nem mesmo a de cima, porque seria
penhorar uma vida. 7Se for surpreendi-
do alguém* que tenha sequestrado um
de seus irmãos israelitas e que o tenha
reduzido à escravidão ou vendido, o
sequestrador será morto, e assim ex-
tirparás o mal do meio de ti. 8Em caso
de lepra,* cuida de observar e seguir
todas as instruções que vos darão os
sacerdotes levitas; cuidareis de agir
conforme lhes ordenei. 9Lembra-te do
que Javé, teu Deus, fez a Maria durante
a viagem, quando saíeis do Egito.
10Se emprestares a teu próximo uma
coisa qualquer, não entrarás na casa dele
para apanhar seu penhor: 11ficarás do
lado de fora, e o homem a quem empres-
taste te trará o penhor lá fora. 12Se ele for
pobre,* não irás dormir tendo o penhor
em teu poder. 13Sem falta lhe devolverás
o penhor* ao pôr do sol, para que possa
dormir com seu manto† e te abençoe, e
com isto farás um ato de justiça diante
de Javé, teu Deus. 14Não deves explorar
um assalariado* humilde e pobre, quer
seja ele um de teus irmãos, quer seja um
dos estrangeiros que moram em tua ter-
ra, numa de tuas cidades. 15Tu lhe darás
no mesmo dia seu salário, antes que o
sol se ponha, pois é pobre e o espera an-
sioso; assim não clamará a Javé contra ti,
e não cometerás um pecado.
16Não serão condenados à morte os
pais por causa dos filhos,* nem os fi-
lhos por causa dos pais; cada qual mor-
rerá por seu próprio pecado.†
17Não lesarás o direito de um estran-
geiro ou de um órfão, nem tomarás
como penhor a roupa de uma viúva.
18Recorda que foste escravo no Egito,*
de onde te resgatou Javé, teu Deus;
é por isso que te mando agir assim.
19Quando fizeres a colheita em teu
campo,* se esqueceres algum feixe no
chão, não voltes para apanhá-lo: ficará
para o estrangeiro, o órfão e a viúva,
a fim de que Javé, teu Deus, te aben-
çoe em todo trabalho de tuas mãos†.
20Quando sacudires tuas oliveiras, não
voltarás para apanhar o que ficou nos
ramos: ficará para o estrangeiro, o ór-
fão e a viúva. 21Quando colheres os ca-
chos de tua vinha, não voltes para apa-
nhar os que restaram: ficarão para o es-
trangeiro, o órfão e a viúva. 22Recorda
que foste escravo na terra do Egito; é
por isso que te mando agir assim”.

25 1“Quando houver contenda
entre homens, eles se apre-
sentarão ao tribunal e serão julgados;
será absolvido o inocente e será con-

* **24**,5. 20,7 | 7. Êx 21,16 | 8. Lv 13-14; Nm 12,10-15 | 12. Êx 22,25s | 13. Jó 22,6; Am 2,8 | 14. Lv 19,13; Jr 22,13; Ml 3,5; Tg 5,4 | 16. Dt 7,10; Ez 14,12 | 18. Êx 22,21s; Dt 7,19 | 19. Lv 19,9s; 23,22; Rt 2,2; Êx 23,11; Dt 26,12s

† **24**,1. Alguns legistas admitiam o divórcio “por qualquer motivo”, Mt 19,3, e outros eram menos liberais. A certidão permitia à mulher casar-se de novo, sendo uma proteção para ela. | 13. O manto era a última coisa que restava ao pobre e lhe servia para dormir, Êx 22,25-26. | 16. Afirmar a responsabilidade individual é uma novidade numa época em que a sorte do indivíduo estava ligada à de seu grupo, e a sorte do grupo à do indivíduo. Comparar com Dt 5,9; Êx 34,7. | 19. Booz faz isto de propósito, para que Rute possa levar trigo para casa, Rt 2,16.

denado o culpado. [2]Se este merecer ser açoitado, o juiz o mandará deitar-se no chão e o fará açoitar em sua presença, com um número de golpes proporcional a sua culpa. [3]Poderão aplicar-lhe* não mais de quarenta açoites†, para que teu irmão não fique desonrado a teus olhos no caso de se ultrapassar de muito esse número de golpes. [4]Não porás mordaça ao boi* enquanto debulha o trigo†.

Lei do levirato. [5]Se irmãos morarem juntos e um deles morrer sem filhos,* a mulher do falecido não casará fora da família, com um estranho: seu cunhado a tomará por esposa, cumprindo para com ela a lei do levirato†; [6]e o primogênito que ela der à luz tomará o nome do irmão falecido, para que seu nome não desapareça de Israel. [7]Se, porém, aquele homem se recusa a tomar como esposa sua cunhada, esta irá à porta da cidade procurar os anciãos e dirá: 'Meu cunhado se nega a perpetuar o nome de seu irmão em Israel; não quer cumprir para comigo o dever de cunhado'. [8]Então os anciãos de sua cidade o convocarão e o interrogarão; se ele persistir, afirmando: 'Não quero desposá-la', [9]sua cunhada se aproximará dele na presença dos anciãos, lhe tirará a sandália do pé, lhe cuspirá no rosto e dirá: 'Assim se faz com o homem que não quer edificar a casa de seu irmão'. [10]E em Israel ele será apelidado: 'a casa do descalçado'".

Honestidade. [11]"Quando dois homens estiverem brigando entre si, e a mulher de um vier para livrar seu marido das mãos de quem bate nele, estender a mão e o pegar pelas partes vergonhosas, [12]tu lhe cortarás a mão sem piedade.

[13]Não terás na bolsa dois pesos diferentes, um grande e outro pequeno;* [14]não terás em tua casa dois alqueires desiguais, um grande e outro pequeno. [15]Terás um peso exato e justo, terás um alqueire exato e justo, para que tenhas vida longa na terra que Javé, teu Deus, te dá; [16]porque Javé, teu Deus, detesta quem faz isto, ele abomina quem comete fraude".

Contra os amalecitas. [17]"Lembra-te do que te fez Amalec* na viagem, quando saíste do Egito; [18]como, sem temor de Deus, veio a teu encontro no caminho e atacou na retaguarda todos os que se arrastavam atrás de ti, enquanto estavas cansado e extenuado. [19]Quando, pois, Javé, teu Deus, te houver dado descanso de todos os teus inimigos em redor, na terra que Javé, teu Deus, te dá em herança, apagarás a memória de Amalec de debaixo do céu; não o esqueças.

26

Primícias e dízimos. [1]"Quando tiveres entrado na terra que Javé, teu Deus, te dá e dela tiveres tomado posse e nela habitares, [2]tomarás das primícias de todos os frutos do solo, que colheres na terra que Javé, teu Deus, te dá e, colocando-as num cesto, as levarás ao lugar escolhido por Javé, teu Deus, para nele estabelecer seu nome. [3]Tu te apresentarás ao sacerdote em função naqueles dias e lhe dirás: 'Declaro hoje a Javé, meu Deus, que entrei na terra que Javé jurou a nossos pais que nos daria'.

[4]O sacerdote tomará de tua mão o cesto e o deporá diante do altar de Javé, teu Deus. [5]Então dirás na presença de Javé, teu Deus†: 'Meu pai era um arameu errante* que desceu ao Egito, onde viveu como emigrado, poucos em número, mas aí se tornou uma grande nação, forte e numerosa. [6]Os

---

* **25**,3. 2Cor 11,24 | 4. 1Cor 9,9; 1Tm 5,18 | 5. Gn 38; Rt 4; Mt 22,24 | 13. Lv 19,35s; Am 8,5; Os 12,8; Mq 6,10s; Pr 20,10; 11,1 | 17. Êx 17,8-15 | **26**,5. 10,22; Sl 105,12

† **25**,3. Para ficar dentro dos limites da lei, os algozes davam trinta e nove golpes, 2Cor 11,24. | 4. Princípio aplicado ao operário do Evangelho em 1Cor 9,9 e 1Tm 5,18. | 5. Levirato vem da palava latina "levir", cunhado. A finalidade da lei era assegurar a estabilidade do patrimônio familiar e obter para o defunto uma espécie de imortalidade, mediante um herdeiro. | **26**,5. Neste "credo israelita" o fiel oferece as primícias da colheita ao Senhor da terra, celebra seus prodígios e agradece o cumprimento das promessas que Deus tinha feito.

egípcios nos maltrataram, nos oprimiram e nos submeteram a uma dura escravidão. [7]Então clamamos a Javé, Deus de nossos pais, e Javé ouviu nossa voz, viu nossa miséria, nossa fadiga e nossa angústia. [8]E Javé nos fez sair do Egito com mão poderosa e com braço estendido, com grande terror, com sinais e prodígios, [9]e nos trouxe a este lugar e nos deu esta terra, terra onde corre leite e mel. [10]E agora estou trazendo as primícias dos frutos da terra que me destes, ó Senhor'.

E as deporás diante de Javé, teu Deus, e te prostrarás diante de Javé, teu Deus. [11]E te alegrarás com o levita e o estrangeiro que moram em teu meio, por todos os bens que Javé, teu Deus, te concedeu a ti e a tua casa".

Rito para os dízimos trienais. [12]"Quando acabares de separar* todo o dízimo de tua colheita, no terceiro ano, que é o ano do dízimo, tu o darás ao levita, ao estrangeiro, ao órfão e à viúva, para que comam dele à saciedade em tuas cidades. [13]Dirás então na presença de Javé, teu Deus: 'Tirei de minha casa o que era consagrado e o dei ao levita,* ao estrangeiro, ao órfão e à viúva, tudo conforme me ordenastes; não transgredi nem esqueci vossos mandamentos. [14]Não comi dessas coisas durante meu luto, nada tirei estando impuro e nada ofereci por um morto; obedeci à voz de Javé, meu Deus; fiz tudo como me ordenaste. [15]De tua santa morada do céu olha* e abençoa teu povo Israel e a terra que nos deste, como juraste a nossos pais, terra onde corre leite e mel'.

[16]Hoje Javé, teu Deus, te ordena que pratiques estas leis e estes costumes; deves observá-los e pô-los em prática com todo o teu coração e com toda a tua alma. [17]Hoje fizeste Javé declarar que ele será teu Deus, com a condição de andares em seus caminhos e observares suas leis, seus mandamentos e costumes, e obedeceres a sua voz. [18]Javé te fez declarar hoje que tu serás seu povo particular, como te prometeu, com a condição de guardares todos os seus preceitos. [19]Ele te elevará acima de todas as nações que fez, em honra, fama e glória; e serás um povo consagrado a Javé, teu Deus, como te prometeu".

III. SANÇÕES (27–30)

27 **Promulgação pública da lei.** [1]Moisés e os anciãos de Israel deram ao povo esta ordem: "Observai todos os mandamentos que hoje vos prescrevo†. [2]No dia em que passareis o Jordão para entrardes na terra que Javé,* vosso Deus, vos dá, levantareis grandes pedras e as revestireis de cal. [3]Escrevereis nelas todas as palavras desta lei, quando tiverdes atravessado para entrar na terra que Javé, vosso Deus, vos dá, terra onde corre leite e mel,* como vos prometeu Javé, Deus de vossos pais. [4]Depois de atravessado o Jordão, levantareis essas pedras, como hoje vos ordeno, sobre o monte Ebal, e as revestireis de cal. [5]Lá construireis um altar de pedras não trabalhadas por ferro algum; [6]de pedras brutas construireis o altar de Javé, teu Deus, e sobre este altar oferecereis holocaustos a Javé, vosso Deus. [7]Oferecereis sacrifícios de comunhão, dos quais comereis ali mesmo e vos alegrareis diante de Javé, vosso Deus. [8]Sobre as pedras escrevereis com toda a clareza as palavras desta lei". [9]Moisés e os sacerdotes levitas disseram a todo o Israel: "Guardai silêncio e ouvi, ó Israel: hoje vos tornastes o povo de Javé, vosso Deus; [10]obedecereis, portanto, à voz de Javé, vosso Deus, e guardareis seus mandamentos e suas leis que hoje vos prescrevo".

Maldições aos transgressores. [11]Naquele dia, Moisés deu ao povo a seguinte ordem: [12]"Quando tiverdes pas-

* **26**,12. 14,22; Êx 12,48 | 13. 24,19 | 15. 1Rs 8,43; Sl 11,4; Br 2,16 | **27**,2. Js 8,32 | 3. Js 8,30s | 8. Êx 20,24s | 12. Js 8,33-35 / 11,29

† **27**,2. As maldições e bênçãos são limitadas à perspectiva terrena que caracteriza o Deuteronômio. Nessa época o israelita ainda não tinha uma noção clara da vida futura.

sado o Jordão,* estes estarão sobre o
monte Garizim* para abençoar o povo:
Simeão, Levi, Judá, Issacar, José e Ben-
jamim. [13]Estes estarão sobre o monte
Ebal† para a maldição: Rúben, Gad,
Aser, Zabulon, Dã e Neftali. [14]Os levitas
tomarão a palavra e dirão em alta voz a
todos os homens de Israel:

[15] 'Maldito seja aquele que faz um
ídolo* esculpido ou de metal fundido,
coisa abominável para Javé, obra de ar-
tesão, e o põe em lugar escondido'; e
todo o povo dirá: 'Amém'.

[16] 'Maldito seja aquele que despreza
pai e mãe';* e todo o povo dirá: 'Amém'.

[17] 'Maldito quem desloca a divisa
de seu vizinho';* e todo o povo dirá:
'Amém'.

[18] 'Maldito seja aquele que faz o
cego errar o caminho';* e todo o povo
dirá: 'Amém'.

[19] 'Maldito seja aquele que lesa o
direito do estrangeiro, do órfão ou da
viúva';* e todo o povo dirá: 'Amém'.

[20] 'Maldito seja aquele que se dei-
ta com a mulher de seu pai,* porque
levanta a coberta do leito paterno'; e
todo o povo dirá: 'Amém'.

[21] 'Maldito seja aquele que tem rela-
ções com qualquer animal';* e todo o
povo dirá: 'Amém'.

[22] 'Maldito seja aquele que se deita
com sua irmã,* filha de seu pai ou de
sua mãe'; e todo o povo dirá: 'Amém'.

[23] 'Maldito seja aquele que se deita
com sua sogra';* e todo o povo dirá:
'Amém'.

[24] 'Maldito seja aquele que mata seu
próximo à traição';* e todo o povo dirá:
'Amém'.

[25] 'Maldito seja aquele que aceita
presente para tirar a vida* de um ino-
cente'; e todo o povo dirá: 'Amém'.

[26] 'Maldito seja aquele que não cum-
pre as palavras desta lei,* para pô-
-las em prática'; e todo o povo dirá:
'Amém'".

28 **Bênçãos para os que ob-servam a Lei.**

[1]"Se obedece-
res fielmente à voz de Javé, teu Deus,
guardando e praticando todos os seus
mandamentos, que hoje te prescre-
vo, Javé, teu Deus, te exaltará acima
de todas as nações da terra. [2]E todas
essas bênçãos descerão sobre ti e te
alcançarão, porque terás obedecido à
voz de Javé, teu Deus. [3]Bendito serás
na cidade* e bendito serás no campo.
[4]Benditos serão o fruto de teu seio,*
o produto de teu solo e o fruto de
teus animais, as crias de tuas vacas e
de tuas ovelhas. [5]Benditos serão teu
cesto e tua amassadeira. [6]Bendito se-
rás ao entrares e ao saíres. [7]Javé fará
com que sejam derrotados diante de
ti teus inimigos que te atacarem; por
um caminho sairão contra ti e por sete
caminhos fugirão de tua presença.
[8]Javé mandará que a bênção esteja
contigo, em teus celeiros e em to-
dos os teus empreendimentos; ele te
abençoará na terra que Javé, teu Deus,
te dá. [9]Javé fará de ti um povo a ele
consagrado, conforme te jurou, se ob-
servares os mandamentos de Javé, teu
Deus, e andares por seus caminhos.
[10]Todos os povos da terra,* vendo que
tu levas o nome de Javé, terão medo
de ti. [11]Javé te dará fartura de bens,
no fruto de teu seio, no fruto de teus
animais e no produto de teu solo, na
terra que Javé jurou a teus pais que
te daria. [12]Javé abrirá para ti* seu re-
servatório maravilhoso, o céu, para
dar a tua terra a chuva no tempo cer-
to e abençoar todo o trabalho de tuas
mãos. Emprestarás a muitas nações,
sem nada tomar emprestado. [13]Javé
te colocará na primeira fila e não na
última, e estarás sempre por cima e
não por baixo, contanto que ouças os
mandamentos de Javé, teu Deus, que
hoje te prescrevo, para guardá-los e
pô-los em prática, [14]sem te desviares

* **27**,15. Êx 20,4 | 16. Êx 21,17 | 17. 19,14 | 18. Lv 19,14 | 19. Êx 22,20s | 20. 23,1 | 21. Êx 22,18 | 22. Lv 18,23 | 23. Lv 18,9; Lv 18,17 | 24. Êx 20,13 | 25. Êx 23,8 | 26. Gl 3,10 | **28**,3. 11,10-15 | 4. Gn 49,25s | 10. Jr 14,9 | 12. 11,14

† **27**,13. Ebal e Garizim são dois montes da Samaria, próximos de Siquém. Js 8,30-35 narra o cumprimento desta ordem.

nem para a direita, nem para a esquerda de nenhuma das palavras que hoje te ordeno, seguindo outros deuses e servindo a eles”.

Maldições. 15“Mas se não obedeceres à voz de Javé, teu Deus, guardando e cumprindo todos os seus mandamentos e leis, que hoje te prescrevo, cairão sobre ti e te alcançarão todas estas maldições:* 16Maldito serás na cidade e maldito serás no campo. 17Malditos serão teu cesto e tua amassadeira. 18Malditos serão o fruto de teu seio e o produto de teu solo, as crias de tuas vacas e as crias de tuas ovelhas. 19Maldito serás ao entrares e ao saíres.

20Javé mandará contra ti a maldição, a confusão e a derrota em todo empreendimento de tuas mãos, até que sejas destruído e pereças rapidamente, por causa da maldade de tuas ações pelas quais me abandonaste. 21Javé mandará a peste contagiar-te, até que te elimine da terra em que entrarás para possuí-la. 22Javé te ferirá de tísica, febre, inflamação, queimadura, secura, carbúnculo e malária, que te perseguirão até te arruinarem. 23Teu céu por cima de tua cabeça será como bronze, e a terra sob teus pés será como ferro. 24Em lugar de chuva, Javé mandará a tua terra areia e pó, que descerão do céu sobre ti até que pereças.

25Javé te fará sucumbir diante de teus inimigos; por um caminho sairás contra eles e por sete fugirás da presença deles, e serás objeto de horror para todos os reinos da terra. 26Teus cadáveres servirão de alimento a todas as aves do céu e às feras da terra, sem que ninguém as expulse. 27Javé te ferirá com as úlceras do Egito, os bubões, a micose, a sarna, de que não sararás. 28Javé te ferirá de loucura, cegueira e delírio mental, 29de modo que, em pleno meio-dia, andarás tateando, como o cego na escuridão; teus esforços darão em nada, e serás oprimido e roubado continuamente, sem que haja quem te ajude. 30Serás noivo de uma mulher, mas um outro a possuirá; construirás uma casa, mas não a habitarás; plantarás uma vinha, mas não provarás seus frutos. 31Teu boi será morto* a tua frente, mas não comerás dele; teu jumento será roubado em tua presença e não te será devolvido; tuas ovelhas serão dadas a teus inimigos, sem que ninguém as recupere. 32Teus filhos e tuas filhas serão entregues a um povo estrangeiro diante de teus olhos, os quais se consumirão de saudade o dia todo, sem nada poderes fazer. 33Um povo que não conheces comerá o fruto de teu solo e o produto de tuas fadigas, e jamais deixarás de ser oprimido e maltratado em todo o tempo. 34Enlouquecerás diante do espetáculo que verão teus olhos. 35Javé te ferirá nos joelhos e nas coxas com uma úlcera maligna incurável, desde a planta dos pés até o alto da cabeça. 36Javé te levará a ti e ao rei, que houveres constituído sobre ti, a uma nação* que nem tu, nem teus pais conheceram, e ali servirás a outros deuses, de madeira e de pedra. 37Serás objeto de horror, de sarcasmo e de ironia para todos os povos entre os quais Javé te conduzirá. 38Lançarás no campo muita semente, mas colherás pouco, porque o gafanhoto a devorará. 39Plantarás e cultivarás vinhas, mas não beberás vinho, nem colherás uvas, porque o verme as comerá. 40Terás oliveiras em todo o teu território, mas não te ungirás com o óleo, porque as azeitonas cairão. 41Gerarás filhos e filhas, mas não te pertencerão, pois irão para o cativeiro. 42Todas as tuas árvores e o fruto de teu solo serão consumidos pelo gafanhoto. 43O estrangeiro que vive em teu meio se elevará cada vez mais alto a tua custa, ao passo que tu descerás cada vez mais baixo. 44É ele que te emprestará, mas tu não poderás emprestar-lhe; ele estará na primeira fila e tu na última. 45Todas estas maldições cairão sobre ti, te perseguirão e te alcançarão, até que sejas destruído, por não teres obedecido à voz de Javé, teu Deus, observando os mandamentos e as leis que ele te prescreveu; 46e elas serão como um sinal e um prodígio para ti e para teus descendentes para sempre”.

* **28**,15. Lv 26,14-39; Jr 26,4-6 | 31. Is 62,8s; Am 5,11; Mq 6,15; 20,5-7 | 36. 2Rs 17,4-6; 25,7.11; Lc 19,41-44

Prenúncio de guerras e do exílio. 47“Já que não serviste a Javé, teu Deus, com alegria e boa vontade quando tinhas de tudo* com fartura, 48servirás a teus inimigos, que Javé mandará contra ti, na fome, na sede, na nudez e na privação total; ele porá um jugo de ferro em teu pescoço até te destruir. 49Javé suscitará contra ti uma nação* distante, dos confins da terra, que cairá sobre ti como a águia;* uma nação cuja língua não entendes, 50gente de aspecto feroz, que não tem respeito pelo ancião, nem piedade da criança. 51Devorará o fruto de teu gado e de teu solo, até que sejas destruído; ela não te deixará trigo, nem vinho nem azeite, nem as crias de tuas vacas e de tuas ovelhas, até te destruir. 52Ela te sitiará em todas as tuas cidades, até que, em toda a tua terra, caiam teus muros altos e fortificados em que punhas tua confiança. Ela te sitiará em todas as tuas cidades, em toda a terra que Javé, teu Deus, te houver dado. 53Durante o cerco,* na angústia à qual te reduzirá teu inimigo, comerás o fruto de teu ventre, a carne de teus filhos e de tuas filhas que Javé, teu Deus, te houver dado. 54O homem mais delicado e sensível de teu meio olhará com maus olhos seu irmão, a esposa de seu coração e os filhos que lhe restaram, 55não querendo partilhar com nenhum deles a carne de seus filhos, que ele mesmo come, por não lhe ter sobrado nada no assédio e na angústia à qual te reduzirá teu inimigo em todas as tuas cidades. 56A mulher mais delicada e sensível de teu meio que, por sua delicadeza e sensibilidade, nem sequer ousava pôr a sola do pé no chão, olhará com maus olhos o marido de seu coração, seu filho e sua filha, 57por causa da placenta que saiu de seu ventre e por causa dos filhos que vai dar à luz, porque, na total privação, os comerá às ocultas durante o cerco e na angústia a que te reduzirá teu inimigo, em tuas cidades.

58Se não guardares, para pôr em prática, todas as palavras desta Lei, escritas neste livro, temendo este nome glorioso e terrível de Javé, teu Deus, 59Javé te ferirá a ti e a teus descendentes com flagelos extraordinários, flagelos tremendos e persistentes, enfermidades graves e crônicas. 60Voltará contra ti todas as doenças do Egito, diante das quais tremias, e elas te contagiarão. 61E também todas as enfermidades e todos os flagelos, não descritos no livro desta lei, Javé os fará vir sobre ti até que sejas destruído. 62Ficareis poucos em número, vós que éreis tão numerosos como as estrelas do céu, porque não obedecestes à voz de Javé, vosso Deus.

63Assim como Javé tinha prazer em vos abençoar e multiplicar, assim terá prazer em vos fazer perecer e vos destruir. Sereis arrancados da terra em que entrareis para a possuir. 64Javé vos dispersará no meio de todos os povos, de um extremo ao outro da terra, e ali servireis a outros deuses, de madeira e de pedra, que nem vós, nem vossos pais conheceram. 65No meio dessas nações não tereis descanso, nem lugar para pousar a planta do pé; lá Javé vos dará um coração temeroso, olhos sem brilho e um ânimo abatido. 66Vossa vida estará diante de vós como suspensa a um fio, sentireis temor noite e dia, sem acreditar em vossa vida. 67De manhã direis:* ‘Quem dera que fosse já tarde!’ E à tarde direis: ‘Quem dera que já fosse manhã!’, por causa do pavor que invadirá vosso coração e do espetáculo que vossos olhos terão de ver. 68Javé vos fará voltar de barco para o Egito,* pelo caminho do qual eu vos havia dito: ‘Nunca mais o vereis!’; e lá vos vendereis a vossos inimigos como escravos e escravas, mas não haverá comprador”.

69São estas as palavras da aliança que Javé mandou Moisés fazer com os israelitas, na terra de Moab, além da aliança já feita com eles no Horeb.

---

* **28**,47. Jr 5,19 | 49. Is 5,26; 33,19 / Jr 5,15; Br 4,15 | 53. Jr 19,9; Lv 26,29; Ez 5,10; Lm 2,20; 4,10 | 67. Jó 7,4 | 68. Os 8,13

29 **Lições da história.** 1Moisés
convocou todo Israel e lhes
disse†: "Vistes tudo o que Javé fez dian-
te de vossos olhos no Egito, ao faraó,
a todos os seus servos e a toda a sua
terra, 2as grandes provações que teus
olhos viram, aqueles grandes sinais e
prodígios. 3Mas até hoje Javé não vos
deu inteligência* para compreender,
olhos para ver e ouvidos para ouvir.
4Eu vos conduzi durante quarenta anos
através do deserto, e vossas vestes
não se gastaram sobre vós, nem se
gastou vossa sandália em vosso pé.
5Não comestes pão nem bebestes vi-
nho ou bebida fermentada,* para que
reconhecêsseis que eu sou Javé, vosso
Deus. 6Quando chegastes a esta região,
saíram a nosso encontro Seon, rei de
Hesebon, e Og, rei de Basã, para nos
atacarem, mas nós os vencemos. 7Con-
quistamos seu país* e o demos como
herança aos rubenitas e aos gaditas e
à meia tribo de Manassés. 8Observai,
portanto, as palavras desta aliança e
praticai-as, para que prospereis em
tudo o que fizerdes".

Ameaças contra os transgressores da aliança. 9"Hoje estais todos na pre-
sença de Javé, vosso Deus: os chefes
de vossas tribos, vossos anciãos, vos-
sos oficiais, todos os homens de Israel,
10vossas crianças e vossas mulheres, in-
clusive vossos estrangeiros que moram
em vosso acampamento, desde vosso
lenhador até vosso carregador de água,
11para entrardes na aliança de Javé,
vosso Deus, e no juramento que Javé,
vosso Deus, faz hoje convosco, 12a fim
de constituir-vos hoje como seu povo e
para ser ele próprio vosso Deus, como
vos prometeu e como jurou a vossos
pais, Abraão, Isaac e Jacó. 13Não é só
convosco que faço hoje esta aliança e
este juramento, 14mas tanto com quem
está conosco aqui hoje diante de Javé,
nosso Deus, como com quem não está
aqui conosco hoje. 15Sim, vós sabeis
como habitamos no Egito e como pas-
samos no meio das nações que atra-
vessastes; 16vistes suas abominações e
seus ídolos, de madeira e de pedra, de
prata e de ouro, que existem entre elas.

17Que não haja entre vós homem ou
mulher, família ou tribo, cujo coração se
desvie hoje de Javé, nosso Deus, para
ir servir aos deuses dessas nações; que
não haja entre vós nenhuma raiz que
produza veneno ou absinto. 18E se, de-
pois de ter ouvido estas palavras de im-
precação, alguém se achar abençoado e
disser: 'Eu tenho tudo, porque me obsti-
nei em seguir minhas ideias, pois terreno
regado não tem mais sede', 19Javé não
lhe dará seu perdão; a cólera e o zelo
de Javé se inflamarão contra ele; todas
as maldições escritas neste livro cairão
sobre ele, e Javé apagará seu nome de
debaixo do céu. 20Javé o separará, para
sua desgraça, de todas as tribos de Is-
rael, conforme todas as maldições da
aliança escrita neste livro da Lei.

21A geração futura, vossos filhos que
virão depois de vós, e o estrangeiro que
virá de um país distante, ao verem as ca-
lamidades desta terra e as doenças com
que Javé a terá afligido, dirão: 22'Toda
a sua terra está queimada com enxo-
fre e sal; não pode ser semeada nem
produzirá; nela não crescerá nenhuma
planta, como na destruição de Sodoma
e Gomorra,* de Adma e Seboim, que
Javé destruiu em sua ira e em seu fu-
ror'. 23Todas as nações perguntarão: 'Por
que Javé tratou assim este país?* Que
significa o ardor de tão grande ira?' 24E
responderão: 'Porque abandonaram a
aliança de Javé, Deus de seus pais, que
ele tinha feito com eles quando os tirou
da terra do Egito, 25e passaram a servir
outros deuses e os adoraram, deuses
que não conheciam, e que ele não lhes
tinha indicado. 26Por isso a ira de Javé
se inflamou contra esse país, fazendo
cair sobre ele todas as maldições es-
critas neste livro. 27Javé os arrancou do
próprio solo com ira, furor e grande
indignação e os atirou num outro país,

* **29**,3. 4,29; 30,14; Is 29,10; Rm 11,8; Dt 8,4 | 5. 2,30-35 | 7. 3,12-16 | 22. Gn 19,25 | 23. Jr 22,8s; 1Rs 9,7s

† **29**,1. Os cc. 29-30 contêm um terceiro e último discurso de Moisés, que acompanha a aliança realizada em Moab, antes de começar a conquista da terra prometida.

como se vê hoje'. [28]As coisas secretas*
pertencem a Javé, nosso Deus, mas as
coisas reveladas são para nós e nossos
filhos para sempre, a fim de cumprirmos
todas as palavras desta Lei".

30 **Promessas de misericórdia.**
[1]Quando te sobrevierem todas
estas coisas,* a bênção e a maldição,
que te propus, se as meditares, no meio
das nações para as quais Javé te hou-
ver deportado, [2]e voltares a Javé, teu
Deus, e obedeceres tu e teus filhos a
sua voz, com todo o teu coração e com
toda a tua alma, conforme tudo o que
hoje te ordeno, [3]Javé, teu Deus, recon-
duzirá teus cativos,* terá compaixão
de ti e te reunirá de novo do meio de
todos os povos entre os quais te havia
dispersado. [4]Ainda que tivesses sido
expulso para a extremidade do céu, de
lá te reuniria Javé, teu Deus, e iria lá te
buscar. [5]Javé, teu Deus, te reconduzirá
à terra que teus pais possuíram, para
que a possuas,* e ele te fará feliz e te
multiplicará mais que teus pais. [6]Javé,
teu Deus, circuncidará teu coração* e
o coração de teus descendentes, para
que ames Javé, teu Deus, com todo
o teu coração e com toda a tua alma,
para que tenhas vida. [7]Javé, teu Deus,
fará recair todas estas maldições sobre
teus inimigos e teus adversários que
te perseguiram. [8]E tu voltarás a obe-
decer à voz de Javé e cumprirás todos
os seus mandamentos que hoje te or-
deno. [9]Javé te fará prosperar em toda
obra de tuas mãos, no fruto de teu seio,
no fruto de teus animais e no fruto de
teu solo; pois Javé voltará a ter prazer
em te fazer bem, como tinha prazer em
fazer bem a teus pais, [10]contanto que
obedeças à voz de Javé, teu Deus, ob-
servando seus mandamentos e decre-
tos, escritos neste livro da Lei, e voltes a
Javé, teu Deus, de todo o teu coração e
de toda a tua alma. [11]Na verdade, este
mandamento, que hoje te prescrevo,
não é difícil demais para ti, nem está
fora de teu alcance. [12]Não está no céu,*
para que digas: 'Quem subirá por nós
ao céu para trazê-lo até nós e nos fa-
zer ouvi-lo, para que o pratiquemos?'
[13]Tampouco se acha do outro lado do
mar, para dizeres: 'Quem atravessará
por nós o mar para trazê-lo até nós
e nos fazer ouvi-lo, para que o prati-
quemos?' [14]Ao contrário, a palavra está
perto de ti,* em tua boca e em teu co-
ração, para que a ponhas em prática".
Escolhe a vida! [15]"Olha: hoje coloco a
tua frente a vida e o bem,* a morte e o
mal. [16]Por isso te ordeno hoje que ames
Javé, teu Deus, que andes em seus ca-
minhos e guardes seus mandamentos,
suas leis e seus costumes, para que vi-
vas e te multipliques, e Javé, teu Deus,
te abençoe na terra em que vais entrar
para dela tomar posse. [17]Se, porém, teu
coração se desviar e não obedeceres,
mas te deixares seduzir para te pros-
trares diante de outros deuses e os ser-
vires, [18]eu te declaro hoje que de certo
perecerás e não viverás muitos anos na
terra em que entrarás para a possuir,*
passado o Jordão. [19]Tomo hoje por tes-
temunhas contra ti o céu e a terra de
que te proponho a vida e a morte, a
bênção e a maldição. Escolhe a vida†,
para que vivas tu e tua descendência,
[20]amando Javé, teu Deus, obedecendo
a sua voz e a ele aderindo, porque ele
é tua vida e te dá vida longa, para que
possas morar na terra que Javé jurou
dar a teus pais, Abraão, Isaac e Jacó".

IV. CONCLUSÃO DO DEUTERONÔMIO (31–34)

31 **Últimas disposições. Eleição
de Josué.** [1]Depois, Moisés
veio dirigir a todo o Israel estas pala-
vras: [2]"Tenho hoje cento e vinte anos;

* **29**,28. Lv 26,40-45 | **30**,1. 4,29-31; 29,3 | 3. Jr 29,14; 31,10; Mq 2,12; Am 9,14; Zc 8,7s | 5. Is 43,5-7 | 6. 10,16; Jr 4,4 | 12. Jó 28; Rm 10,6-8 | 14. 6,7; Jo 1,14 | 15. 11,26-28; Sl 1,1; Jr 21,8; Eclo 15,17s; Rm 6,21-23; Gl 6,8; Ne 9,29; Pr 8,34s; 9,11 | 18. 4,26; 31,28 | **31**,2. 3,21-28

† **30**,19. Deus respeita a liberdade da pessoa, não a constrange a fazer o bem nem a impede de fazer o mal, para que seja ela a responsável por seus atos.

não posso mais comandar; e Javé me disse: 'Não passarás* este Jordão'. 3É Javé, teu Deus, que passará diante de ti; ele exterminará essas nações a tua frente, e tu possuirás suas terras. Josué passará a tua frente como disse Javé. 4Javé fará a elas* o que fez a Seon e Og, reis dos amorreus, e a seu país, que ele destruiu. 5Javé as entregará em teu poder, e tu as tratarás conforme o mandamento que te dei. 6Sê forte e corajoso;* não tenhas medo nem te atemorizes diante delas, porque é Javé, teu Deus, que caminha contigo; ele não te deixará nem te abandonará".

7Depois, Moisés chamou Josué e lhe disse na presença de todo o Israel: "Sê forte e corajoso, porque tu entrarás com este povo na terra que Javé jurou dar a seus pais e tu lhe darás a terra em herança. 8O próprio Javé caminha diante de ti; ele estará contigo e não te deixará nem te abandonará; não temas nem te intimides".

Leitura periódica da Lei. 9Moisés escreveu esta Lei* e entregou-a aos sacerdotes, filhos de Levi, que transportavam a arca da aliança de Javé, e a todos os anciãos de Israel. 10Moisés deu-lhes esta ordem: "No fim de cada sete anos, no tempo marcado para o ano da remissão, na festa das Tendas, 11quando todo o Israel vier apresentar-se diante de Javé, vosso Deus, no lugar por ele escolhido, lereis esta Lei diante de todo o Israel para que a ouçam. 12Reuni o povo, homens, mulheres e crianças, e o estrangeiro que mora em vossas cidades, para que ouçam e aprendam a temer Javé, vosso Deus, e para que guardem e ponham em prática todas as palavras desta Lei. 13E seus filhos, que ainda não a conhecem, ouvirão e aprenderão a temer Javé, vosso Deus, todos os dias que viverdes sobre a terra da qual ireis tomar posse, passando o Jordão".

Introdução ao cântico. 14Javé disse a Moisés: "O dia de tua morte se aproxima.* Chama Josué e apresentai-vos na tenda da reunião, para que eu lhe dê minhas ordens". Foram pois, Moisés e Josué, e se apresentaram na tenda da reunião. 15Então Javé apareceu numa coluna de nuvem, que parou à entrada da tenda. 16Javé disse a Moisés: "Vais adormecer com teus pais,* e este povo, levantando-se, irá prostituir-se, seguindo deuses estrangeiros da terra em que está para entrar; ele me abandonará, rompendo a aliança que fiz com ele. 17Porém, naquele mesmo dia minha cólera se inflamará contra ele, e eu os abandonarei, ocultando-lhes minha face. Muitos males e adversidades os atingirão para devorá-los. Então dirá: 'Se estes males me atingiram, não será porque Javé não está mais comigo?' 18Mas eu ocultarei completamente minha face naquele dia, por causa de todo o mal que praticou, voltando-se para outros deuses. 19E agora, escreve para ti este cântico e ensina-o aos israelitas, coloca-o em sua boca, a fim de que este cântico me sirva de testemunho contra os israelitas. 20Com efeito, quando eu o tiver introduzido na terra que prometi com juramento a seus pais, terra onde corre leite e mel,* ele comerá e ficará saciado, engordará e depois se voltará para outros deuses e os servirá, desprezando-me e rompendo minha aliança. 21Mas quando males e angústias sem número o atingirem, este cântico dará testemunho contra ele, porque não o esquecerão os lábios de seus descendentes. Pois eu conheço os propósitos que o animam hoje, antes mesmo que eu o faça entrar na terra que prometi com juramento". 22Naquele dia Moisés escreveu este cântico e o ensinou aos israelitas. 23Javé deu esta ordem a Josué, filho de Nun: "Sê forte e corajoso, porque és tu que conduzirás os israelitas à terra que lhes prometi com juramento; e eu estarei contigo".

A Lei junto da arca. 24Quando acabou de escrever num livro as palavras desta Lei até o fim, 25Moisés ordenou aos levitas que carregavam a arca da aliança de Javé: 26"Tomai este livro da Lei e

* **31,**4. Nm 21,24s | 6. 1,29s; Js 1,9 | 9. 2Rs 23,1s | 14. Êx 25,22 | 16. 4,25-28 | 20. 32,15

colocai-o ao lado da arca da aliança de
Javé, vosso Deus, para ali servir de tes-
temunho contra vós. 27Porque conheço
vosso espírito rebelde e vossa cabeça
dura. Se hoje, enquanto estou ainda
vivo no meio de vós, fostes rebeldes a
Javé, quanto mais o sereis depois de
minha morte! 28Reuni a meu redor to-
dos os anciãos de vossas tribos e vossos
oficiais, e falarei estas palavras a seus
ouvidos, tomando o céu e a terra como
testemunhas contra eles. 29Porque sei
que depois de minha morte certamente
vos corrompereis e vos desviareis do ca-
minho que vos ordenei; mas a desgraça
vos atingirá nos dias que virão, porque
tereis praticado o que desagrada a Javé,
irritando-o com as obras de vossas
mãos". 30Moisés pronunciou até o fim,
aos ouvidos de toda a comunidade de
Israel, as palavras deste cântico:

32 **Cântico de Moisés.** 1"Escutai,
ó céus, e eu falarei,*
ouve, ó terra, as palavras de minha
boca!
2Goteje qual chuva minha doutrina,*
destile qual orvalho minha palavra,
como chuvisco sobre a verdura,*
como aguaceiro sobre a relva.
3Porque proclamarei o nome de Javé;
engrandecei nosso Deus!
4Ele é a Rocha†, seu agir é perfeito,*
pois todos os seus caminhos são re-
tidão;
é um Deus fiel e sem iniquidade,
ele é justo e reto!
5Pecaram contra ele os filhos dege-
nerados,
geração perversa e tortuosa!
6É assim que retribuis a Javé,*
povo louco e insensato?
Não é ele teu pai que te adquiriu,*
que te fez e te firmou?
7Recorda os tempos antigos,
medita os anos de idade em idade!
Pergunta a teu pai, e te contará,*
a teus anciãos, e te dirão.
8Quando o Altíssimo deu às nações
sua herança,*
quando repartiu os filhos dos ho-
mens,
ele fixou as fronteiras dos povos
conforme o número dos filhos de Is-
rael:*
9porque a porção de Javé é seu povo,
Jacó é a parte de sua herança.
10Encontrou-o numa terra deserta,
na solidão medonha do deserto;
rodeou-o e cuidou dele,
guardando-o como a pupila dos
olhos.
11Como a águia encoraja seus filho-
tes,
esvoaçando sobre eles,
assim estendeu as asas, apanhou-o,*
e sobre as penas o carregou.
12Sozinho Javé o guiou:*
nenhum outro deus o acompanhava.
13Ele o fez subir às alturas da terra,
para comer os produtos do campo;
deu-lhe a sugar o mel do rochedo
e o azeite da mais dura rocha;
14manteiga de vacas, leite de ovelhas
com a gordura dos cordeiros,
dos carneiros da raça de Basã, e dos
bodes,
com a farinha do melhor trigo;
bebeste o sangue das uvas,
o vinho espumante.
15Jacó comeu e saciou-se,*
Jesurun† engordou e deu coices,
sim, ficaste gordo, pingue, rechon-
chudo.
Rejeitou o Deus que o criou
e ultrajou a Rocha que o salvou.
16Com outros deuses provocaram
seu ciúme,
com abominações o irritaram;
17ofereceram sacrifícios a demônios
que não são Deus,*
a deuses que não conheciam,
novos, recém-chegados,
que teus pais não veneravam.

---

* **32**,1. 4,26; 30,19 | 2. Is 55,10 / Sl 72,6; Os 6,3 | 4. Sl 18,32; Is 17,10; 44,8 | 6. Os 11,1-4 / 1,31 | 7. 4,32 | 8. Gn 10; At 17,26 | 9. 7,6 | 11. Sl 17,8 | 12. Is 43,11; Os 13,4; Is 58,14; Dt 8,7-10; 11,10-17; Sl 81,17 | 15. 31,20; Os 13,6; Is 44,2; Jr 5,7; Dt 4,24 | 17. 13,3.7s.14

† **32**,4. Símbolo do Deus imutável, que é apoio inabalável e refúgio seguro para o israelita fiel, Is 26,4; Sl 62,7-8. | 15. Nome poético para Israel, inspirado na imagem de um touro, Dt 33,5.26; Is 44,2.

18 Abandonaste a Rocha que te gerou,*
esqueceste o Deus que te formou.
19 Javé viu e, em sua ira, rejeitou
seus filhos e filhas que o provocaram
20 e disse: 'Ocultarei deles minha face*
e verei qual será seu fim;
porque são uma geração perversa,
filhos que não têm lealdade.
21 Provocaram meu ciúme com aquilo que não é deus*
e me irritaram com seus ídolos vãos;
também eu os provocarei com gente que não é povo,
com uma nação insensata os irritarei.
22 Pois em meu furor se acendeu um fogo*
que queimará até o mais profundo abismo;
vai devorar a terra e seus produtos
e abrasar o fundamento das montanhas.
23 Acumularei calamidades sobre eles,*
e esgotarei contra eles minhas flechas;
24 serão consumidos pela fome, devorados pela febre
e por uma terrível peste.
Mandarei contra eles os dentes das feras,
junto com o veneno das serpentes que rastejam pelo chão.
25 Fora, os privará de filhos a espada*
e dentro, o terror fará perecer
o rapaz e a moça,
o bebê e o idoso'.
26 Eu disse: 'Vou triturá-los,*
apagarei sua memória do meio dos homens.
27 Mas temo a provocação do inimigo.*
Que seus adversários não se iludam, dizendo:
Nossa mão prevaleceu,
não foi Javé que fez tudo isso'.
28 Pois eles são gente sem juízo,*
e não há neles discernimento.
29 Se fossem sábios, compreenderiam isto
e atentariam para seu fim.
30 Como poderia um só perseguir mil,* e dois pôr em fuga dez mil,
senão porque sua Rocha os vendeu
e Javé os entregou?
31 Pois a rocha deles não é como nossa Rocha,
nossos próprios inimigos o atestam.
32 Porque a vinha deles vem das vinhas de Sodoma
e das plantações de Gomorra;
suas uvas são venenosas,
seus cachos são amargos.
33 O vinho deles é veneno de serpentes,
veneno mortal de víboras.
34 Isto não está guardado comigo,*
selado em meus tesouros?
35 A mim pertencem a vingança e a retribuição*
na hora em que seu pé vacilar.
Porque o dia de sua ruína está perto,
o destino deles se apressa a chegar.
36 Pois Javé fará justiça a seu povo*
e terá piedade de seus servos,
ao ver que suas forças se esgotaram
e que já não existe nem escravo, nem livre.
37 Então ele dirá: 'Onde estão seus deuses,*
a rocha na qual confiavam?
38 Eles comiam a gordura de suas vítimas,
bebiam o vinho de suas libações!
Que se levantem e vos socorram,
que vos sirvam de defesa!
39 Vede agora que eu, eu sou,*
e não há Deus além de mim;
eu faço morrer e faço viver,
eu firo e eu mesmo curo,*
e ninguém pode livrar-se de minha mão.
40 Levanto a mão para o céu
e digo: Tão certo como eu vivo eternamente,
41 quando eu afiar minha espada fulgurante*
e minha mão empunhar o juízo,
eu me vingarei de meus adversários
e aos que me odeiam darei a paga.

* **32**,18. Is 17,10; Jr 2,27.32; Os 8,14 | 20. 31,17 | 21. Is 45,6; Jr 2,11 | 22. 28,15-68; Jr 15,14; 17,4 | 23. Ez 5,16s; Lv 26,21-26 | 25. Êx 7,15; Lm 1,20 | 26. Êx 32,10-12 | 27. Nm 14,13-16; 9,28; Is 10,12-15; 42,8; 48,11 | 28. 4,6; 29,8; Jr 4,22 | 30. Is 30,17 | 34. Is 49,2; Os 13,2 | 35. Rm 12,19; Hb 10,30 | 36. Sl 135,14 | 37. Jr 2,28 | 39. Is 41,4; 34,10.13 / Is 42,8 / Is 19,22 | 41. Ez 21,14-22; Is 49,2

42Enquanto minha espada devorará a carne,
embriagarei de sangue minhas flechas,*
do sangue dos mortos e dos prisioneiros,
das cabeças cabeludas do inimigo'.
43Exultai, ó nações, por seu povo,*
porque Javé vingará o sangue de seus servos,
fará recair a vingança sobre seus adversários
e purificará sua terra e seu povo".
44Moisés veio com Josué, filho de
Nun, e proferiu todas as palavras deste
cântico aos ouvidos do povo.
Últimas recomendações. 45Quando
Moisés acabou de falar todas estas pa-
lavras a todo o Israel, 46disse-lhes: "Pres-
tai atenção a todas as palavras com que
hoje testemunho contra vós; prescrevei-
-as a vossos filhos, a fim de que cuidem
de praticar todas as palavras desta Lei.
47Não se trata de palavra sem importân-
cia,* pois é a vossa vida, e é em virtude
dela que vivereis longamente na terra
que ides possuir, passando o Jordão".
48Nesse mesmo dia* Javé falou a Moi-
sés: 49"Sobe a este monte Abarim, ao
monte Nebo, na terra de Moab, defronte
de Jericó, e contempla a terra de Canaã
que dou aos israelitas como propriedade.
50Morrerás sobre o monte que vais subir e
serás reunido aos teus, como morreu teu
irmão Aarão, no monte Hor, e foi reunido
aos seus, 51porque fostes infiéis* a mim
no meio dos filhos de Israel nas águas de
Meriba de Cades,* no deserto de Sin, por
não terdes manifestado minha santidade
no meio dos israelitas. 52Por isso verás
diante de ti a terra que dou aos israelitas,
mas não entrarás nela".

33

Bênçãos de Moisés. 1Esta é a
bênção que Moisés,* homem
de Deus, pronunciou sobre os israeli-
tas, antes de morrer.
2Ele disse†:
"Javé veio do Sinai,*
surgiu para eles de Seir;
resplandeceu desde o monte Farã
e chegou a Meriba de Cades;
de sua mão direita saía o fogo da Lei para eles.
3Vós amais os povos,
todos os vossos santos estão em vossa mão;*
eles se sentam a vossos pés
para receber vossas palavras.
4Moisés nos prescreveu uma Lei,*
uma herança para a assembleia de Jacó.
5Houve um rei em Jesurun,*
quando se reuniram os chefes do povo
junto com as tribos de Israel.
6Viva Rúben e não morra,
e viva o número pequeno de seus homens".
7Isto é o que disse para Judá:
"Ouvi, ó Senhor, a voz de Judá
e reconduzi-o a seu povo;
que suas mãos defendam seu direito,
vinde em seu socorro contra seus inimigos".
8Para Levi disse:
"Dai a Levi vossos Tumim*
e vossos Urim ao homem santo,
que provastes em Massa*
e com o qual contendestes nas águas de Meriba;
9que disse de seus pais: 'Não os vi'
e não reconheceu seus irmãos
e ignorou seus próprios filhos;
mas guardaram vossa palavra
e cumprem vossa aliança.
10Ensinam vossos costumes a Jacó
e vossa Lei a Israel;
fazem subir o incenso ante vossas narinas
e oferecem holocaustos sobre vosso altar.
11Abençoai, Senhor, seus esforços
e aceitai a obra de suas mãos;

* **32**,42. Sl 68,22.24; Jr 46,10 | 43. Hb 1,6 | 47. 8,3; Ne 9,29 | 48. 3,23-28 | 51. Nm 20,12 / Ez 20,41
33,1. Gn 49 | 2. Êx 19,1 | 3. Jo 10,28 | 4. Jo 1,17 | 5. 32,15 | 8. 1Sm 14,41 / Nm 20,1-13; Êx 32,25-29; Nm 25,7s.10s

† **33**,2. Discurso de adeus, como o de Jacó em Gn 49, anunciando o futuro das tribos e dando a cada uma sua bênção. Simeão não é mencionado; Levi e José recebem as bênçãos mais solenes.

golpeai as costas de seus adversários
e dos que o odeiam, para que não se levantem".
[12]Para Benjamim disse:
"O amado de Javé
habita junto dele em segurança.
O Altíssimo o protege todo dia
e mora entre suas colinas".
[13]Para José disse:
"Sua terra será abençoada por Javé
com os dons preciosos do céu,
com o orvalho e com as águas profundas do abismo;
[14]com os melhores frutos que o sol amadurece
e com os melhores frutos de cada lua;
[15]com os melhores produtos dos montes antigos,*
com os dons preciosos das colinas eternas
[16]e com o melhor da terra e sua riqueza.*
O favor daquele que estava na sarça
desça sobre a cabeça de José
e sobre a fronte do predileto entre seus irmãos.
[17]De seu touro é o primogênito, a ele a glória!
Seus chifres são como os do búfalo,
ferirá com eles os povos,
até os confins da terra.
Tais são as miríades de Efraim,
tais são os milhares de Manassés".
[18]Para Zabulon disse:
"Rejubila-te, Zabulon, em tuas expedições,
e tu, Issacar, em tuas tendas!
[19]Convidarão os povos à montanha,
e ali imolarão sacrifícios legítimos;
porque sorverão as riquezas do mar
e os tesouros ocultos na areia".
[20]Para Gad disse:
"Bendito seja quem aumenta a terra de Gad!
Ele repousa como um leoa
e dilacera braço e cabeça.
[21]Escolheu para si as primícias,
onde lhe estava reservada a parte do chefe;
mas se juntou aos chefes do povo,
cumpriu a justiça de Javé
e suas sentenças sobre Israel".
[22]Para Dã disse:
"Dã é um leãozinho
que se lança de Basã".
[23]Para Neftali disse:
"Neftali, cumulado de favores
e repleto da bênção de Javé,
toma posse do mar e do sul".
[24]Para Aser disse:
"Bendito seja Aser entre os filhos;
seja o favorito de seus irmãos
e mergulhe no óleo seu pé.
[25]De ferro e de bronze sejam teus ferrolhos,
e dure teu vigor quanto teus dias".
[26]"Ninguém é como o Deus de Jesurun:*
cavalga os céus, para te socorrer,
e as nuvens, em sua majestade.
[27]O Deus eterno é teu refúgio,*
aqui embaixo é ele o braço antigo;
ele expulsa de tua frente o inimigo
e te diz: 'Destrói!'
[28]Israel habita em segurança;*
a fonte de Jacó jorra à parte
para uma terra de trigo e de vinho novo,
na qual o próprio céu goteja orvalho.
[29]Feliz és tu, ó Israel!*
Quem é igual a ti, um povo salvo por Javé?
Ele é o escudo que te protege*
e a espada que te dá a vitória.
Teus inimigos tratarão de corromper-te,
mas tu pisarás suas alturas".

34 **Morte de Moisés.** [1]Moisés
subiu das estepes de Moab ao
monte Nebo,* ao cimo do Fasga, que
está em frente de Jericó. Javé mostrou-
-lhe todo o país: de Galaad até Dã,
[2]todo Neftali, a terra de Efraim com
Manassés, toda a terra de Judá até o
mar ocidental, além do Negueb, [3]e a
região do vale de Jericó, cidade das
palmeiras, até Segor. [4]E Javé lhe disse:
"Esta é a terra que prometi com jura-

* **33**,15. Gn 49,26 | 16. Êx 3,1-3 | 26. Êx 15,11; Dt 32,15; Sl 18,11; 68,5 | 27. Sl 90,1s | 28. Nm 23,9; Jr 23,6 | 29. Sl 33,12; 144,15 / Sl 115,9-11 | **34**,1. Nm 22,1; Dt 3,27

mento a Abraão, a Isaac e a Jacó, dizen-
do: 'Eu a darei a tua posteridade'. Eu
te faço vê-la com teus olhos, mas nela
não entrarás".
5Aí, na terra de Moab, morreu Moi-
sés, servo de Javé, conforme a palavra
de Javé. 6Ele o sepultou† no vale, na
terra de Moab, defronte de Bet-Fegor;
e até hoje ninguém sabe o lugar de
sua sepultura. 7Moisés tinha cento e
vinte anos* quando morreu; sua vis-
ta não se havia enfraquecido, nem se
abatera seu vigor. 8Os israelitas cho-
raram Moisés nas estepes de Moab
durante trinta dias, até que se cum-
prissem os dias do pranto e do luto
por Moisés. 9Josué, filho de Nun, ficou
cheio do espírito de sabedoria, porque
Moisés havia imposto as mãos sobre
ele; e os israelitas lhe obedeceram,*
fazendo como Javé havia ordenado a
Moisés.
10Nunca mais surgiu em Israel* um
profeta igual a Moisés, com o qual Javé
conversava face a face, 11por todos os
sinais e prodígios que Javé o mandou
fazer na terra do Egito, contra o faraó
e todos os seus servos e todo o seu
país; 12e por todo o poder de sua mão
e todos os grandes e tremendos feitos
que Moisés operou diante dos olhos
de todo o Israel.

* **34**,7. Jd 9 | 9. Nm 27,18-23 | 10. Jr 15,1; Eclo 45,1-5; Êx 33,11.20; Nm 12,6-8

† **34**,6. Ficou desconhecido o lugar da sepultura de Moisés, talvez para evitar um culto supersticioso. Antigas lendas dizem que os anjos o sepultaram, Jd 9.

JOSUÉ

Esta obra trata da conquista de Canaã por parte do povo eleito, guiado por Josué, sucessor de Moisés, e da distribuição do território entre as doze tribos. Depois, a missão de Josué se encerra com seu último discurso e com a renovação da aliança em Siquém.

Javé promete estar com ele como esteve com Moisés (Js 1,5). Josué é apresentado como um chefe que cumpre com perfeição o ensinamento de Moisés, chegando a parecer uma cópia sua: também ele tem uma visão, faz o povo atravessar o Jordão como outrora o mar Vermelho, celebra a Páscoa, intercede pelo pecado do povo e faz um discurso de despedida.

Os acontecimentos, que devem ter sucedido pelo final do séc. XIII a.C., são narrados de forma esquemática, incompleta e idealizada. Se comparados com o que diz o início do livro dos Juízes, que parece bem mais próximo da realidade, percebe-se que a conquista de Canaã neste tempo não foi completa nem foi obra de um exército formado por todas as tribos. A ideia subjacente às narrativas é a de que Deus combate as batalhas de Israel e lhe dá a vitória, expulsando e mandando exterminar as populações locais, em punição de sua idolatria e também para que a religião do povo eleito não fosse por elas contaminada.

Josué é o protagonista, mas não o autor do livro, que pertence à história deuteronomística e teve sua primeira redação no tempo de Josias, séc. VII, e a redação definitiva após o exílio. Na época de Josué, o povo era fiel à aliança, por isso conquistou a terra, mas quando o livro foi escrito, o povo a havia perdido, em razão de seus pecados. Era preciso reavivar sua esperança de que, se voltasse à fidelidade do tempo de Josué, Deus lhe restituiria o país que lhe havia dado.

A doação da terra foi um ato de fidelidade às promessas feitas a Moisés e aos patriarcas. Se o Gênesis é o livro das promessas (Gn 12,7), Josué é o livro em que elas se cumprem.

Para o cristão, Josué, cujo nome significa o mesmo que Jesus, prefigura o Salvador: a travessia do rio Jordão que dá acesso à terra prometida anuncia o batismo, que introduz no reino de Deus. O livro de Josué ensina que toda a terra pertence a Javé (3,13). Fazendo uso da terra, o homem deve sentir-se administrador de um bem que não é seu e agir em tudo segundo as normas do Deus justo e santo.

I. CONQUISTA DA TERRA PROMETIDA (1–12)

1 **Josué sucede a Moisés.** 1Após a
morte de Moisés, servo de Javé,*
disse Javé a Josué†, filho de Nun, e as-
sistente de Moisés: 2"Meu servo Moisés
morreu; agora levanta-te, atravessa o
Jordão tu e todo este povo, em dire-
ção à terra que eu dou aos israelitas.
3Eu vos dou todo o território em que
puserdes os pés,* conforme prometi a
Moisés. 4Desde o deserto e o Líbano
até o grande rio, o Eufrates, toda a terra
dos heteus até o grande mar, onde se
põe o sol, será vosso território†. 5Nin-
guém te poderá resistir* em todos os
dias de tua vida; estarei contigo como
estive com Moisés; não te deixarei nem
te abandonarei. 6Sê forte e corajoso,
porque farás este povo herdar a terra
que a seus pais jurei* dar-lhes. 7Somen-
te sê forte e muito valente, procurando
agir conforme toda a lei que Moisés,
meu servo, te prescreveu; não te des-
vies dela nem para a direita, nem para
a esquerda,* para teres bom êxito em
todos os teus empreendimentos. 8Não
se afaste* de tua boca este livro da Lei,
mas medita-o dia e noite, procurando
agir em conformidade com tudo o que
nele está prescrito, e assim serás feliz
em teus empreendimentos e serás bem
sucedido. 9Não sou eu que te mando*
ser forte e corajoso? Não temas nem

---

* **1**,1. Dt 34 | 3. Dt 11,24s | 5. Êx 3,12; 1,9.17; 3,7; 6,27; Dt 31,7s.23 | 6. Dt 3,28 | 7. Dt 5,32 | 8. Dt 29,8; Dt 6,6s; 17,18s | 9. Dt 31,7.23; Dt 1,29s; 7,21; 20,1s; 31,6

† **1**,1. Josué significa "Javé salva", e é uma variante do nome de Jesus. Sua missão de introduzir o povo na terra prometida prefigura a de Jesus. | 4. O território aqui delimitado é muito maior do que a terra efetivamente conquistada e repartida.

te apavores, pois Javé, teu Deus, estará
contigo aonde quer que fores".

**Preparativos para a passagem do
Jordão.** 10Josué ordenou aos oficiais*
do povo: 11"Passai pelo meio do acam-
pamento e dai esta ordem ao povo:
'Preparai provisões, pois daqui a três
dias atravessareis este Jordão, para
tomar posse da terra que Javé, vosso
Deus, vos dá como herança'".

12E às tribos de Rúben,* de Gad e à
meia tribo de Manassés Josué disse:
13"Lembrai-vos do que vos ordenou
Moisés, servo de Javé, dizendo: 'Javé,
vosso Deus, vos concedeu repouso e
vos deu esta terra'†. 14Vossas mulheres,
vossos filhos e vosso gado fiquem na
terra que Moisés vos deu deste lado do
Jordão; mas vós todos, que sois fortes e
valorosos, passareis armados na frente
de vossos irmãos e os ajudareis, 15até
que Javé conceda descanso a vossos
irmãos, como a vós, e eles também
tomem posse da terra que Javé, vosso
Deus, lhes dá. Então podereis voltar à
terra que vos pertence e que vos foi
dada por Moisés, servo de Javé, deste
lado do Jordão, onde nasce o sol".

16Eles responderam a Josué: "Fare-
mos tudo o que nos ordenaste e iremos
aonde quer que nos mandes. 17Assim
como em tudo obedecemos a Moisés,
assim também obedeceremos a ti; so-
mente que Javé, teu Deus, esteja con-
tigo, como esteve com Moisés. 18Todo
aquele que for rebelde a tuas ordens e
não obedecer a tuas palavras em tudo
quanto lhe ordenares será morto. So-
mente sê forte e corajoso".*

2 **Josué envia exploradores.** 1Jo-
sué, filho de Nun, mandou* secre-
tamente de Setim dois espiões, dizen-
do: "Ide e examinai o país e a cidade de
Jericó"†. Eles foram e entraram na casa
de uma prostituta chamada Raab,* e ali
se hospedaram. 2Foi comunicado ao rei
de Jericó: "Alguns israelitas chegaram
aqui esta noite para explorar o país".
3Então o rei de Jericó mandou dizer a
Raab: "Põe para fora os homens que
vieram ter contigo e entraram em tua
casa, pois vieram para explorar todo o
país". 4Mas a mulher levou os dois ho-
mens a um esconderijo e depois disse:
"Sim, vieram a mim uns homens, mas
eu não sabia de onde eram; 5quando
ia ser fechada a porta da cidade, sendo
já escuro, eles partiram, e não sei para
onde foram; persegui-os depressa que
os alcançareis". 6Mas ela os fizera su-
bir ao terraço e os escondera entre os
feixes de linho que ali tinha empilhado.
7Os homens foram atrás deles pela es-
trada do Jordão, em direção dos vaus; e
logo que saíram os que os perseguiam,
a porta da cidade foi fechada.

O pacto com Raab. 8Antes que os
espiões* se deitassem, Raab subiu ao
terraço até eles 9e lhes disse: "Sei que
Javé vos deu esta terra, porque o medo
de vós nos invadiu e todos os habitan-
tes tremem diante de vós. 10Ouvimos
dizer como Javé secou diante de vós
as águas do mar Vermelho,* quando
saíeis do Egito; e o que fizestes do ou-
tro lado do Jordão aos dois reis dos
amorreus, Seon e Og, votando-os ao
extermínio. 11Tendo ouvido isto, nos-
so coração* desfaleceu e em ninguém
mais há ânimo algum por causa de vós,
porque Javé, vosso Deus, é Deus lá no
alto do céu e aqui embaixo na terra†.
12Agora, pois, vos peço: jurai-me* por
Javé que, assim como vos tratei com
bondade, também vós tratareis com
bondade a casa de meu pai; e dai-me
um sinal seguro 13de que preserva-
reis a vida de meu pai, de minha mãe,
de meus irmãos e de minhas irmãs e

---

* **1**,10. Dt 16,18 | 12. Nm 32; Dt 3,18-20 | 18. Dt 17,12 | **2**,1. Nm 13 / Mt 1,5 | 8. Hb 11,31; Tg 2,25 | 10. 9,9s; Êx 14 | 11. Nm 21,23s.33s; 5,1 | 12. Dt 4,39

† **1**,13. Esta parte do povo recebeu suas terras na Transjordânia, mas devia ajudar seus irmãos a conquistar as terras do outro lado do Jordão, Dt 3,13-20. | **2**,1. Jericó, cidade do período neolítico, 6.000 a.C., a 8 km a oeste do Jordão, é talvez a mais antiga do mundo. | 11. Raab, que vai pertencer ao povo de Deus e entrar na genealogia de Jesus, Mt 1,5, já fala como uma israelita, proclamando as convicções religiosas do povo.

de todos os que lhes pertencem, li-
vrando-nos da morte". [14]Os homens
responderam-lhe: "Estamos prontos a
dar nossa vida* por vós, contanto que
não reveles o que estamos fazendo; e
quando Javé nos der esta terra, nós te
trataremos com bondade e lealdade".
Volta dos exploradores. [15]Então ela os
fez descer pela janela* com uma corda,
porque sua casa era pegada aos muros
e ela morava sobre os muros.[16]E disse-
-lhes: "Ide em direção à montanha, para
que não vos encontrem os que vos pro-
curam, e ficai ali escondidos três dias, até
que eles voltem, e depois segui vosso
caminho". [17]Os homens disseram-lhe:
"Assim cumpriremos este juramento que
nos fizeste prestar: [18]quando entrarmos
no país, amarrarás este cordão de fio es-
carlate à janela pela qual nos fizeste des-
cer e reunirás em casa contigo teu pai,
tua mãe, teus irmãos e toda a família de
teu pai. [19]Todo aquele que sair para fora*
da porta de tua casa será responsável
por sua morte, e nós seremos inocentes;
mas se alguém tocar qualquer um que
estiver contigo em tua casa, seremos
nós os responsáveis. [20]Se revelares esta
nossa missão, ficaremos desobrigados
do juramento que nos fizeste prestar".
[21]Ela respondeu: "Seja como dizeis". Ela
os despediu e eles partiram. Ela atou à
janela o cordão de fio escarlate.

[22]Partiram, pois, e chegaram ao mon-
te, onde ficaram três dias, até que vol-
taram seus perseguidores, os quais os
procuraram por todo o caminho, mas
não os encontraram. [23]Então os dois
homens voltaram, desceram do monte,
atravessaram o Jordão e vieram a Josué,
filho de Nun, a quem narraram tudo o
que lhes tinha acontecido. [24]Disseram
a Josué: "Certamente Javé, nosso Deus,
entregou toda essa terra em nossas
mãos, e todos os seus habitantes estão
apavorados diante de nós".

3 **A passagem do Jordão.** [1]Josué
levantou-se bem cedo e partiram
de Setim ele e todos os israelitas; che-
garam ao Jordão e ali pararam antes
de atravessá-lo. [2]Três dias depois, os
oficiais percorreram o acampamento
[3]e ordenaram ao povo: "Quando virdes
a arca da aliança de Javé, vosso Deus,
carregada pelos sacerdotes levitas,
partireis de vosso lugar e a seguireis.
[4]Mas conservai entre vós e ela a dis-
tância de uns dois mil côvados; não vos
aproximeis dela, para que possais saber
o caminho pelo qual haveis de ir, pois
nunca passastes por este caminho!"

[5]Josué disse ao povo: "Santificai-
-vos,* porque amanhã Javé fará mara-
vilhas no meio de vós". [6]Aos sacerdotes
Josué disse: "Tomai a arca da aliança e
passai à frente do povo". E eles foram
andando à frente do povo, carregando
a arca da aliança. [7]Javé disse a Josué:
"Hoje começarei a engrandecer-te aos
olhos de todo o Israel, para que saibam
que, assim como estive com Moisés,
eu estarei contigo. [8]Tu ordenarás* aos
sacerdotes que carregam a arca da
aliança, dizendo: 'Quando chegardes
à beira das águas do Jordão, ficai pa-
rados no Jordão'". [9]Então Josué disse
aos israelitas: "Aproximai-vos e ouvi
as palavras de Javé, vosso Deus". [10]De-
pois acrescentou:* "Nisto reconhece-
reis que o Deus vivo está no meio de
vós e que ele expulsará de vossa frente
os cananeus,* os heteus, os heveus, os
ferezeus, os gergeseus, os amorreus e
os jebuseus: [11]a arca da aliança do Se-
nhor de toda a terra vai passar o Jordão
diante de vós.* [12]Agora, pois, escolhei
doze homens das tribos de Israel, um
de cada tribo. [13]Logo que as plantas
dos pés dos sacerdotes que transpor-
tam a arca de Javé, Senhor de toda a
terra, tocarem as águas do Jordão, elas
serão divididas: as águas que descem
de cima pararão, amontoando-se".

[14]Quando o povo desarmou as ten-
das para atravessar o Jordão, os sacer-
dotes que levavam a arca da aliança
caminharam à frente do povo. [15]Logo
que os transportadores da arca chega-
ram ao Jordão, e os pés dos sacerdotes

* **2**,14. 6,22-25 | 15. At 9,25; 2Cor 11,33 | 19. 2Sm 1,16 | **3**,5. Êx 19,10.15 | 8. 1,5.17 | 10. Êx 34,9s / Dt 7,1
| 11. 4,2

que carregavam a arca se molharam na beira das águas – pois o Jordão transborda por todas as suas margens durante todo o tempo da ceifa – [16]as águas que desciam de cima pararam* e se levantaram num montão, à grande distância, junto de Adam, cidade que fica ao lado de Sartã; as águas que desciam para o mar da Arabá, o mar Salgado, foram completamente separadas; e o povo atravessou defronte de Jericó. [17]Os sacerdotes que transportavam a arca da aliança de Javé pararam em terra seca, no meio do Jordão, enquanto todos os israelitas passavam a pé enxuto,* até que toda a nação acabou de atravessar o Jordão†.

4 **As doze pedras.** [1]Quando toda a nação acabou de atravessar o Jordão, Javé disse a Josué: [2]"Escolhei entre o povo doze homens, um de cada tribo, [3]e dai-lhes esta ordem: 'Tomai doze pedras daqui, do meio do Jordão, do lugar onde estiveram parados os pés dos sacerdotes, levai-as convosco e colocai-as no lugar onde passareis esta noite'". [4]Josué chamou os doze homens que havia escolhido entre os israelitas, um de cada tribo, [5]e lhes disse: "Passai adiante da arca de Javé, vosso Deus, até o meio do Jordão, e tomai cada um uma pedra sobre os ombros, conforme o número das tribos dos israelitas, [6]para que isto seja um sinal no meio de vós. Quando amanhã vossos filhos vos perguntarem: 'Que significam para vós estas pedras?',* [7]vós lhes respondereis: 'É que as águas do Jordão foram cortadas diante da arca da aliança de Javé; quando ela atravessou o Jordão, foram cortadas as águas do Jordão; e estas pedras serão para os israelitas um memorial para sempre'". [8]Foi assim que os israelitas fizeram o que Josué lhes tinha ordenado: tomaram doze pedras do meio do Jordão, como Javé tinha falado a Josué, conforme o número das tribos dos israelitas, e as levaram consigo ao lugar onde iam pernoitar e aí as depositaram.

[9]Josué erigiu outras doze pedras no meio do Jordão, no lugar onde estiveram parados os pés dos sacerdotes que levavam a arca da aliança, e ali estão elas até o dia de hoje. [10]Os sacerdotes que levavam a arca da aliança ficaram parados no meio do Jordão, até que foi executado tudo o que Javé tinha mandado Josué dizer ao povo, conforme tudo que Moisés tinha ordenado a Josué; e o povo se apressou em atravessar. [11]Quando todo o povo terminou de atravessar, a arca de Javé e os sacerdotes passaram à frente do povo.

[12]Os filhos de Rúben, os filhos de Gad e a meia tribo de Manassés passaram em ordem de batalha à frente dos israelitas, como Moisés lhes tinha ordenado. [13]Em número de aproximadamente quarenta mil guerreiros armados, eles passaram diante de Javé, prontos para o combate, rumo à planície de Jericó. [14]Naquele dia Javé engrandeceu Josué aos olhos de todo o Israel, que o respeitou como havia respeitado Moisés, durante toda a sua vida.

[15]Javé disse a Josué: [16]"Ordena aos sacerdotes que carregam a arca da aliança que saiam do Jordão". [17]Josué ordenou aos sacerdotes: "Saí do Jordão!" [18]E logo que os sacerdotes que levavam a arca da aliança de Javé saíram do meio do Jordão e as plantas de seus pés tocaram a terra seca, as águas do Jordão retornaram a seu leito e recomeçaram a correr, como antes, por todas as suas margens. [19]O povo saiu do Jordão no dia dez do primeiro mês e acampou em Guilgal, no limite oriental de Jericó.

[20]As doze pedras tiradas do Jordão, Josué as erigiu em Guilgal [21]e disse aos israelitas: "Quando amanhã vossos filhos perguntarem a seus pais: 'Que

---

*** 3**,16. Êx 14,21 | 17. Êx 14,22 | **4**,6. 4,21-24; Êx 12,26 | 21. 4,6s

† **3**,17. Nosso batismo é prefigurado na travessia do Jordão, pela qual o povo de Deus recebe o dom da terra prometida, imagem da vida eterna. O fato é narrado como uma solene liturgia e com termos que lembram a passagem do mar Vermelho.

significam* estas pedras?', [22]instruireis vossos filhos, respondendo: 'Israel atravessou este Jordão a pé enxuto!' [23]Pois Javé, vosso Deus, secou as águas do Jordão diante de vós até que passásseis, como Javé, vosso Deus, havia feito com o mar Vermelho, que ele secou diante de nós, até que o passamos, [24]para que* todos os povos da terra reconheçam que a mão de Javé é poderosa, e para que vós temais sempre Javé, vosso Deus".

5

Terror dos reis amorreus e cananeus. [1]Quando todos os reis dos amorreus, que habitavam além do Jordão, ao ocidente, e todos os reis cananeus, que habitavam junto ao mar, ouviram dizer que Javé tinha secado as águas do Jordão* diante dos israelitas até que tivessem passado, desfaleceu-se o coração deles e perderam toda a coragem diante dos israelitas.

Circuncisão dos israelitas. [2]Naquele tempo Javé disse a Josué: "Faze facas de pedra e torna a circuncidar pela segunda vez os israelitas". [3]Josué fez então facas de pedra* e circuncidou os israelitas na colina de Aralot. [4]Foi este o motivo por que Josué os circuncidou: todo o povo que tinha saído do Egito, os homens, todos os homens de guerra, já tinham morrido no deserto pelo caminho, depois que saíram do Egito. [5]Todo o povo que saíra do Egito havia sido circuncidado, mas todo o povo nascido no deserto, durante a viagem, depois da saída do Egito, não estava circuncidado. [6]Os israelitas tinham caminhado quarenta anos* pelo deserto, até que se extinguiu toda a nação, isto é, os homens de guerra que haviam saído do Egito. Porque não obedeceram à palavra de Javé, a eles Javé jurou que não os deixaria ver a terra que Javé a seus pais havia jurado dar-nos: uma terra onde corre leite e mel.* [7]Mas em lugar deles suscitou seus filhos, que Josué circuncidou, pois eram incircuncisos, não tendo sido circuncidados durante a viagem. [8]Quando toda a nação tinha sido circuncidada, ficaram no mesmo lugar no acampamento até sararem. [9]Então Javé disse a Josué: "Hoje tirei de vós a desonra do Egito". Assim, aquele lugar foi chamado Guilgal† até hoje.

Primeira Páscoa em Canaã. Cessa o maná. [10]Os israelitas acamparam em Guilgal e celebraram a Páscoa no dia quatorze do mês, à tarde, nas planícies de Jericó. [11]No dia seguinte à Páscoa comeram dos produtos da terra, pão ázimo e trigo tostado. [12]Um dia depois de terem comido dos frutos da terra cessou o maná.* Os israelitas não tiveram mais o maná†, mas comeram dos frutos da terra de Canaã naquele ano.

Visão de Josué. [13]Estando Josué perto de Jericó,* levantou os olhos e viu um homem em pé diante dele, tendo na mão uma espada desembainhada. Josué foi a seu encontro e perguntou-lhe: "És um dos nossos ou dos inimigos?" [14]Respondeu: "Não! Eu sou o chefe do exército de Javé†; cheguei agora mesmo". Josué prostrou-se com o rosto em terra, adorou-o e lhe disse: "Que tem a dizer meu Senhor a seu servo?" [15]O chefe do exército de Javé respondeu a Josué: "Tira as sandálias dos pés, pois o lugar em que estás é santo". E Josué assim o fez.*

6

Tomada de Jericó. [1]Jericó estava barricada e blindada por causa dos israelitas: ninguém saía nem entrava. [2]Javé disse a Josué: "Olha: entreguei em tuas mãos Jericó, seu rei e seus valentes guerreiros. [3]Vós todos, homens de guerra, circulai em torno da cidade, dando uma volta a seu redor; fazei as-

* **4**,24. Êx 14,21 | **5**,1. 2,11 | 3. Gn 17,10 | 6. Nm 14,20-38 / Êx 3,8 | 12. Êx 16,14 | 13. 1Cr 21,16 | 15. Êx 3,5; 19,12

† **5**,9. Guilgal quer dizer círculo de pedras, 4,20. Será a base das operações militares de Josué. Mais tarde ali será edificado um santuário. | 12. O maná era o pão da caminhada, Êx 16,15, por isso cessa quando o povo chega à terra prometida. É figura da Eucaristia, que nutre o povo a caminho da pátria definitiva e que também cessará quando virmos a Deus face a face. | 14. Como um novo Moisés, Josué começa sua missão com uma teofania, cf. Êx 3.

sim durante seis dias. 4Sete sacerdotes
levem diante da arca sete trombetas de
chifre de carneiro. No sétimo dia rodeai
a cidade sete vezes, e os sacerdotes
toquem as trombetas. 5Quando soar
longamente o chifre de carneiro e vós
ouvirdes o toque da trombeta, todo o
povo lançará com força seu grito de
guerra. Então as muralhas da cidade
cairão, e o povo entrará nela, cada um
pelo lugar a sua frente".

6Então Josué, filho de Nun, chamou
os sacerdotes e lhes disse: "Tomai a
arca da aliança, e sete sacerdotes levem
sete trombetas de chifre de carnei-
ro adiante da arca de Javé". 7Ao povo
ele disse: "Passai e rodeai a cidade, e
os guerreiros marchem diante da arca
de Javé". 8Depois que Josué falou ao
povo, os sete sacerdotes que levavam
as sete trombetas de chifre de carnei-
ro diante de Javé passaram e tocaram
as trombetas; a arca da aliança de Javé
os seguia. 9Os guerreiros marchavam
diante dos sacerdotes que tocavam
as trombetas, e a retaguarda seguia a
arca; e enquanto marchavam tocavam
as trombetas.

10Josué tinha dado esta ordem ao
povo: "Não griteis nem façais ouvir
vossa voz, nem saia de vossa boca pa-
lavra alguma até o dia em que eu vos
disser: 'Gritai!' Então gritareis". 11A arca
de Javé contornou a cidade, dando
uma volta a seu redor; depois voltaram
a acampamento e ali pernoitaram.

Procissão ao redor de Jericó. 12Josué
levantou-se bem cedo, e os sacerdo-
tes tomaram a arca de Javé. 13Os sete
sacerdotes que levavam as sete trom-
betas de chifre de carneiro caminha-
ram diante da arca de Javé tocando
as trombetas; diante deles iam os ho-
mens armados, e a retaguarda seguia
atrás da arca de Javé; caminhavam ao
som das trombetas. 14No segundo dia
deram uma volta ao redor da cidade e
voltaram para o acampamento; assim
fizeram durante seis dias. 15No sétimo
dia se levantaram de madrugada e ro-
dearam a cidade do mesmo modo, sete
vezes. 16Na sétima volta os sacerdotes
tocaram as trombetas e Josué disse ao
povo: "Gritai, pois Javé vos entregou a
cidade"†. 17A cidade com tudo o que
nela existe será votada ao extermínio
em honra de Javé†. Somente terão a
vida salva a prostituta Raab e todos os
que estiverem com ela na casa, porque
escondeu* os exploradores que en-
viamos. 18Mas guardai-vos das coisas
votadas ao extermínio para não ser-
des amaldiçoados tomando alguma
coisa votada ao extermínio; tornaríeis
maldito o acampamento de Israel e o
levaríeis à ruína. 19Mas toda a prata, o
ouro* e os objetos de bronze e de ferro
são consagrados a Javé e irão para seu
tesouro".

Tomada da cidade. Raab é salva. 20O
povo gritou, e as trombetas tocaram;
quando ouviu o som das trombetas,
o povo lançou um grande grito,* e os
muros desabaram. Então o povo en-
trou na cidade, cada qual no ponto em
que se achava, e assim tomaram a ci-
dade. 21Votaram ao extermínio tudo o
que havia na cidade, passando a fio de
espada homens e mulheres, crianças e
velhos, bois, ovelhas e jumentos.

22Josué disse aos dois exploradores:*
"Ide à casa daquela prostituta e fazei-
-a sair com tudo quanto lhe pertence
como lhe jurastes". 23Os jovens explo-
radores foram e fizeram sair Raab com
seu pai, sua mãe e seus irmãos, com
tudo o que lhe pertencia; fizeram sair
também todos os seus parentes e os
deixaram fora do acampamento de Is-
rael.

24Queimaram a cidade com tudo o
que nela havia, exceto a prata, o ouro
e os objetos de cobre e de ferro, que
depositaram no tesouro da casa de

---

* **6**,17. Lv 27,28s / 2,1-21 | 19. 7,1-26 | 20. Hb 11,30 | 22. 2,1-21

† **6**,16. A tomada de Jericó, primeira cidade conquistada em Canaã, é descrita em termos de uma liturgia, para mostrar que é o poder de Javé e não a força das armas que vence os inimigos. | 17. Na guerra santa, todos os despojos pertenciam à divindade vitoriosa. Os objetos eram levados para o templo e todos os seres vivos eram aniquilados. Costume difundido no Oriente antigo, não foi totalmente praticado em Israel, senão no tempo de Josué.

Javé. [25]Mas Josué poupou a vida da
prostituta Raab, de sua família e tudo o
que lhe pertencia; e ela morou no meio
de Israel até hoje, porque escondeu os
mensageiros enviados por Josué para
espiar Jericó.
[26]Naquele tempo Josué mandou
pronunciar o seguinte juramento:*
"Amaldiçoado seja da parte de Javé
aquele que se puser a reconstruir esta
cidade de Jericó: sobre seu primogêni-
to lançará seus fundamentos e sobre
seu caçula assentará suas portas"†.
[27]Javé esteve com Josué,* cuja fama
se espalhou por toda a terra.

7 **Pecado de Acã e derrota em Hai.**
[1]Os israelitas cometeram uma infi-
delidade violando o anátema, pois Acã,
filho de Carmi, filho de Zabdi, filho de
Zaré, da tribo de Judá, apoderou-se do
que era anátema; e a ira de Javé acen-
deu-se contra os israelitas. [2]De Jericó,
Josué mandou homens a Hai, que está
perto de Bet-Áven, ao oriente de Betel,
e lhes disse: "Subi para espiar o país".
Eles subiram e exploraram Hai.
[3]Retornando a Josué, disseram-lhe:
"Não é preciso que suba o povo todo,
mas subam uns dois ou três mil homens
e ataquem Hai. Não canseis ali todo o
povo, pois eles são poucos". [4]Assim
subiram lá uns três mil homens esco-
lhidos dentre o povo, mas tiveram de
fugir diante dos homens de Hai, [5]que
mataram cerca de trinta e seis e os per-
seguiram desde a porta da cidade até
Sabarim e os derrotaram na descida.
Por isso o coração do povo desfaleceu
e se tornou como água.
Lamentação de Josué. [6]Então Josué
rasgou suas vestes, prostrou-se com o
rosto em terra diante da arca de Javé
até a tarde, tanto ele como os anciãos
de Israel, e cobriram de pó suas cabe-
ças. [7]Josué disse:* "Ah! Senhor Deus,
por que fizestes este povo passar o
Jordão, se era para nos entregar nas
mãos dos amorreus e destruir-nos?
Oxalá tivéssemos ficado do outro lado
do Jordão! [8]Oh! Senhor, que posso di-
zer depois que Israel voltou as costas
aos inimigos? [9]Os cananeus e todos os
habitantes da terra saberão disso, eles
nos cercarão e apagarão da terra nosso
nome. Que fareis vós, então, por vosso
glorioso nome?" [10]Javé disse a Josué:
"Levanta-te! Por que ficas assim pros-
trado com o rosto em terra? [11]Israel
pecou e transgrediu minha aliança que
eu lhe prescrevi: tomaram do que era
anátema, roubando e mentindo, e as
esconderam em suas bagagens. [12]Por
isso, os israelitas não poderão enfren-
tar seus inimigos, mas voltarão as cos-
tas diante deles, porque eles próprios
se tornaram anátemas. Não estarei
mais convosco se não eliminardes o
objeto do anátema que está no meio
de vós†. [13]Levanta-te, santifica o povo
e dize-lhe: Santificai-vos para amanhã,
porque assim diz Javé, Deus de Israel:
'Um anátema está no meio de ti, ó
Israel; não poderás resistir diante de
teus inimigos enquanto não tiverdes
afastado de vosso meio* o anátema'.
[14]Por isso, amanhã cedo vos apresen-
tareis tribo por tribo; e a tribo que Javé
designar pela sorte se apresentará clã
por clã; e o clã que Javé designar pela
sorte se apresentará família por família;
e a família que Javé designar pela sor-
te se apresentará pessoa por pessoa.
[15]Aquele que for apontado pela sor-
te naquilo a que se refere o anátema
será queimado com tudo quanto lhe
pertence, porque transgrediu a aliança
com Javé e porque cometeu uma infâ-
mia em Israel".
O culpado é descoberto. [16]Josué le-
vantou-se bem cedo e convocou Israel
por tribos; foi sorteada a tribo de Judá.
[17]Depois mandou que se aproximas-
sem os clãs de Judá, e foi sorteado o clã
de Zaré. Mandou que se aproximasse
o clã de Zaré por famílias, e foi sortea-

* **6**,26. 1Rs 16,34 | 27. 1,5 | **7**,7. Êx 32,11-14 | 13. 1Sm 14,40-42

† **6**,26. Os cananeus costumavam edificar muros e portas das cidades imolando crianças, sepultadas nos alicerces. A maldição se cumpriu em Hiel de Betel, 1Rs 16,34. | **7**,12. O pecado de um indivíduo contamina todo o povo e afasta dele a presença de Javé vencedor.

da a família de Zabdi. [18]Fez com que se aproximasse a família deste, pessoa por pessoa, e foi sorteado Acã, filho de Carmi, filho de Zabdi, filho de Zaré, da tribo de Judá. [19]Disse então Josué a Acã: "Meu filho, dá glória a Javé, Deus de Israel, e rende-lhe homenagem! Dize-me o que fizeste, sem me esconder nada". [20]Acã respondeu a Josué: "É verdade, pequei contra Javé, Deus de Israel; foi isto que fiz: [21]Vi entre os despojos um belo manto de Senaar, duzentos siclos de prata e uma barra de ouro de cinquenta siclos; cobicei-os e os peguei; estão escondidos no chão, no meio de minha tenda, e a prata está embaixo".

Punição de Acã. [22]Josué enviou mensageiros, que foram correndo à tenda, e de fato tudo estava lá escondido, e a prata embaixo. [23]Tomaram o que estava na tenda e o levaram a Josué e a todos os israelitas, depondo-o diante de Javé. [24]Então Josué, e todo o Israel com ele, tomou Acã, filho de Zaré, a prata, o manto e a barra de ouro, com seus filhos e filhas, seus bois, jumentos e ovelhas, sua tenda e tudo o que tinha e conduziu-os ao vale de Acor. [25]Josué disse: "Por que trouxeste sobre nós a desgraça? Que Javé traga hoje a desgraça sobre ti". Todo o Israel o apedrejou; e depois de os terem apedrejado, eles os queimaram. [26]Levantaram sobre ele um grande monte de pedras que permanece até hoje. Então Javé se aplacou do ardor de sua ira. Por isso aquele lugar se chama até hoje vale de Acor†.

8 **Conquista de Hai.** [1]Javé disse a Josué: "Não temas e não desanimes. Toma contigo todos os guerreiros, levanta-te e sobe contra Hai. Eu entrego em tuas mãos o rei de Hai, seu povo, sua cidade e sua terra. [2]Trata Hai e seu rei como trataste Jericó e seu rei; mas podeis tomar para vós como presa seus despojos e seu gado. Arma uma emboscada à cidade, por detrás dela". [3]Josué e todos os guerreiros se levantaram para subir contra Hai. Josué escolheu trinta mil homens valentes e os fez partir de noite, [4]dando-lhes estas ordens: "Atenção, armareis uma emboscada contra a cidade, por detrás dela; não vos afasteis muito da cidade e ficai todos de prontidão. [5]Eu e todo o povo que está comigo nos aproximaremos da cidade e, quando saírem atrás de nós como da primeira vez, fugiremos diante deles. [6]Eles sairão atrás de nós até que os tenhamos afastado da cidade – porque dirão: 'Estão fugindo de nós como da primeira vez'. – Enquanto estivermos fugindo diante deles, [7]vós saireis da emboscada e tomareis a cidade, porque Javé, vosso Deus, a entregará em vossas mãos. [8]Logo que tiverdes tomado a cidade, incendiai-a. Fazei como Javé ordenou; esta é a ordem que vos dou".

[9]Em seguida Josué os despediu, e eles foram armar a emboscada; ficaram entre Betel e Hai, ao ocidente de Hai. Josué passou aquela noite no meio do povo.

[10]Josué levantou-se de madrugada, passou em revista o povo e subiu com os anciãos de Israel, à frente do povo, contra Hai. [11]Todos os guerreiros que estavam com ele subiram e avançaram até chegar à frente da cidade e acamparam ao norte de Hai. Havia um vale entre eles e Hai. [12]Tomou uns cinco mil homens e os pôs em emboscada entre Betel e Hai, ao ocidente da cidade. [13]Dispuseram assim o povo: todo o acampamento ao norte da cidade, e a emboscada ao ocidente dela; Josué passou aquela noite no meio do vale.

[14]Quando o rei de Hai viu isso, os homens da cidade levantaram-se às pressas bem cedo; o rei e todo o seu povo saíram contra Israel para lhe dar combate na descida que está defronte da Arabá; mas não sabia que havia uma emboscada contra ele atrás da cidade. [15]Josué e todo o Israel, fingindo-se derrotados por eles, fugiram em direção ao deserto. [16]Então todo o povo que estava na cidade foi convocado

† **7**,26. Do verbo "acar", trazer desgraça.

para persegui-los, e perseguindo Josué afastaram-se da cidade. 17Em Hai e em Betel não ficou um só homem que não saísse em perseguição de Israel; deixaram a cidade aberta e perseguiram Israel.

18Então Javé disse a Josué:* "Estende a lança que tens na mão contra Hai, porque vou entregá-la em teu poder". Josué levantou contra a cidade a lança que tinha na mão. 19Quando ele estendeu a mão, os homens que estavam de emboscada saíram depressa de seu lugar, entraram correndo na cidade, tomaram-na e sem demora a incendiaram. 20Quando os homens de Hai olharam para trás, viram a fumaça da cidade subir ao céu e não puderam fugir nem para um lado, nem para o outro, porque o povo que estava fugindo para o deserto voltou-se contra os que o perseguiam. 21De fato, Josué e todo o Israel, ao verem que os homens da emboscada tinham tomado a cidade e que dela subia fumaça, voltaram-se e atacaram os homens de Hai. 22Também os outros saíram da cidade contra eles, de modo que os homens de Hai se viram cercados de um lado e de outro pelos israelitas, que os desbarataram a ponto de não restar nem sobrevivente, nem fugitivo. 23O rei de Hai foi capturado vivo e levado a Josué. 24Quando Israel acabou de matar todos os habitantes de Hai no campo e no deserto, onde o haviam perseguido, e havendo todos, até o último, caído ao fio da espada, todo o Israel voltou a Hai e a passou a fio de espada. 25O total de mortos naquele dia, entre homens e mulheres, foi de doze mil, toda a população de Hai. 26Josué não retirou a mão que estendera com a lança até haver exterminado todos os habitantes de Hai. 27Israel tomou como presa somente o gado e os despojos da cidade, conforme a ordem que Javé havia dado a Josué. 28Josué queimou Hai e a reduziu a um montão de ruínas para sempre, uma desolação até hoje. 29Quanto ao rei de Hai, mandou enforcá-lo numa árvore e lá o deixou até a tarde. Ao pôr do sol, Josué mandou que tirassem o cadáver da árvore* e o lançassem à entrada da porta da cidade. Levantaram sobre ele um grande monte de pedras que permanece até hoje.

Renovação da aliança. 30Então Josué construiu um altar a Javé, Deus de Israel, sobre o monte Ebal, 31conforme a ordem dada por Moisés, servo de Javé,* aos israelitas, como está escrito no livro da Lei de Moisés: um altar de pedras intactas, ainda não tocadas pelo ferro†, e sobre ele foram oferecidos holocaustos a Javé e imolados sacrifícios de comunhão. 32E lá Josué escreveu sobre pedras* uma cópia da Lei que Moisés tinha escrito na presença dos israelitas. 33Israel inteiro,* tanto os estrangeiros como os nativos, seus anciãos, seus oficiais e seus juízes, estava de pé, dos dois lados da arca, diante dos sacerdotes levitas que carregavam a arca da aliança de Javé, metade voltados para o monte Garizim e metade para o monte Ebal, como antes havia ordenado Moisés, servo de Javé, que se fizesse ao dar a bênção ao povo de Israel. 34Em seguida Josué leu todas as palavras da Lei, as bênçãos e as maldições, conforme tudo o que está escrito no livro da Lei. 35Não houve uma só palavra, de tudo o que Moisés tinha ordenado, que Josué não lesse diante de toda a comunidade de Israel, incluindo as mulheres, as crianças e os estrangeiros que habitavam no meio deles.

9 **Astúcia dos gabaonitas.** 1Ao saberem dessas coisas, todos os reis que moravam deste lado do Jordão, nos montes,* na baixada e em todo o litoral do mar Grande até defronte do Líbano – heteus, amorreus, cananeus, ferezeus, heveus e jebuseus – 2aliaram-se para combater de comum acordo contra Josué e contra Israel. 3Os habitantes de Ga-

---

* **8**,18. 8,26; Êx 17,8-15; 2Rs 13,14-19 | 29. Dt 21,22s; Js 10,27; 7,26 | 31. Êx 20,25; Dt 27,5-7 | 32. Dt 27,2-4.8 | 33. Dt 27,9-26; Dt 11,29 | **9**,1. Jz 1,9; Dt 7,1

† **8**,31. O motivo é citado em Êx 20,25: o trabalho humano as profanaria.

bao, quando ouviram falar como Josué
havia tratado Jericó e Hai, 4usaram de
astúcia: partiram, munidos de provisões,
carregando sobre seus jumentos sacos
velhos e odres de vinho gastos, rotos e
remendados; 5calçaram sandálias velhas
e remendadas e vestiram roupas surra-
das; todo o pão que traziam era duro
e esfarelado. 6Eles foram até Josué, no
acampamento de Guilgal, e disseram
a ele e aos homens de Israel: "Estamos
vindo de uma terra distante. Fazei, pois,
aliança conosco agora". 7Os israelitas
responderam àqueles heveus: "Talvez
habiteis no meio de nós; como podemos
fazer aliança convosco?" 8Eles responde-
ram a Josué: "Nós somos teus servos".
Disse-lhes Josué: "Quem sois e de onde
vindes?" 9Responderam-lhe: "Teus servos
vêm de uma terra muito distante,† por
causa do nome de Javé, teu Deus, pois
ouvimos falar dele,* de tudo o que fez no
Egito 10e de tudo o que ele fez aos dois
reis amorreus que moravam além do
Jordão, Seon, rei de Hesebon, e Og, rei
de Basã, que morava em Astarot. 11Por
isso nossos anciãos e todos os habitan-
tes de nossa terra nos disseram: 'Tomai
convosco provisões de viagem, ide ao
encontro deles e dizei-lhes: Somos vos-
sos servos; fazei, pois, aliança conosco
agora'. 12Vede nosso pão: estava quente
quando pegamos provisões de nossas
casas no dia em que partimos para vir
a vosso encontro, e agora está seco e
esfarelado. 13Estes odres de vinho, que
eram novos quando os enchemos, ago-
ra estão gastos. Nossas vestes e nossas
sandálias estão surradas devido à longa
viagem". 14Os homens de Israel tomaram
das provisões deles sem consultar Javé†.
15Josué fez com eles a paz e firmou com
eles uma aliança, garantindo-lhes a vida;
também os chefes da comunidade a
confirmaram com juramento.

Punição dos gabaonitas. 16Mas, três
dias depois de fazerem a aliança com
eles, souberam que eram seus vizinhos
e que habitavam no meio deles. 17En-
tão os israelitas partiram e em três dias
chegaram a suas cidades, que eram Ga-
baon, Cafira, Berot e Cariat-Iarim. 18Os
israelitas não os mataram, porque os
chefes da comunidade lhes haviam ju-
rado por Javé, Deus de Israel. Por isso
toda a comunidade murmurava contra
os chefes. 19Então todos os chefes res-
ponderam a toda a comunidade: "Nós
juramos a eles em nome de Javé, Deus
de Israel, e por isso não os podemos to-
car. 20Nós os trataremos assim: poupa-
remos suas vidas para não atrair sobre
nós a ira divina por causa do juramento
que lhes fizemos". 21Disseram-lhes, pois,
os chefes: "Que conservem a vida";*
e se tornaram rachadores de lenha e
carregadores de água para toda a co-
munidade, como os chefes lhes haviam
falado.

22Josué chamou os gabaonitas e lhes
disse: "Por que nos enganastes, dizen-
do: 'Moramos muito longe de vós', ao
passo que habitais em nosso meio?
23Doravante sois malditos, e nunca dei-
xareis de ser escravos, cortadores de le-
nha e carregadores de água para a casa
de meu Deus". 24Eles responderam a Jo-
sué: "É que teus servos foram bem infor-
mados de que Javé, teu Deus, ordenou
a seu servo Moisés que vos entregaria
toda esta terra e que havia de aniquilar
diante de vós todos os seus habitantes.
Por isso, diante de vós tememos muito
por nossas vidas e agimos assim. 25Ago-
ra estamos em tuas mãos: trata-nos
como te parecer justo e bom". 26Assim
fez com eles Josué; livrou-os das mãos
dos israelitas, para que não os matas-
sem. 27Naquele dia os destinou a cortar
lenha e a carregar água para a comuni-
dade e para o altar de Javé, no lugar por
ele escolhido, coisa que fazem até hoje.

10 **Cinco reis em guerra contra
Gabaon.** 1Adonisedec, rei de
Jerusalém, soube que Josué tinha to-

* **9**,9. 2,10 | 21. Dt 29,10

† **9**,9. Os israelitas não podiam fazer aliança com os povos de Canaã, Dt 7,1-7, mas deviam poupar as cidades distantes Dt 20,10-15, por isso os gabaonitas fingem que vêm de longe. | 14. Sinal de hospitalidade, de paz e de aliança, não ratificado por uma palavra profética.

mado e destruído Hai, tratando Hai e seu rei como havia tratado Jericó e seu rei, e que os habitantes de Gabaon tinham feito a paz com os israelitas e habitavam no meio deles. 2Ficou aterrorizado, porque a cidade de Gabaon era uma cidade grande, como uma das cidades reais, maior do que Hai, e todos os seus homens eram valentes. 3Por isso, Adonisedec,* rei de Jerusalém, mandou dizer a Hoam, rei de Hebron, a Faram, rei de Jarmut, a Jáfia, rei de Laquis, e a Dabir, rei de Eglon: 4"Vinde até mim e ajudai-me a tomar Gabaon, porque fez a paz com Josué e com os israelitas". 5Então se reuniram os cinco reis amorreus – o rei de Jerusalém, o rei de Hebron, o rei de Jarmut, o rei de Laquis e o rei de Eglon – e subiram com todas as suas tropas, acamparam diante de Gabaon e a atacaram.

Socorro e vitória. 6Os gabaonitas mandaram dizer* a Josué no acampamento de Guilgal: "Não negues a teus servos tua ajuda, mas sobe depressa até nós para salvar-nos e ajudar-nos, pois todos os reis amorreus que habitam nas montanhas se aliaram contra nós". 7Josué subiu de Guilgal com todos os guerreiros e toda a elite do exército. 8Javé disse a Josué: "Não os temas, pois eu os entreguei em tuas mãos e nenhum deles te poderá resistir". 9Então Josué, depois de marchar por toda a noite desde Guilgal, caiu de repente sobre eles. 10Javé os desbaratou* diante de Israel e lhes infligiu uma grande derrota em Gabaon; perseguiu-os pelo caminho que sobe a Bet-Horon e os bateu até Azeca e Maceda. 11Enquanto fugiam de Israel e se achavam na descida de Bet-Horon, Javé fez cair do céu grandes pedras* sobre eles até Azeca, e eles morreram; foram mais numerosos os mortos pelas pedras do granizo do que pela espada dos israelitas.

12No dia em que Javé entregou os amorreus nas mãos dos israelitas, Josué falou a Javé, e disse na presença de Israel:

"Sol, detém-te sobre Gabaon,
e tu, Lua, no vale de Aialon".
13O Sol parou e a Lua não se moveu*
até que a nação se vingou de seus inimigos.

Não está isso escrito no livro do Justo?† O Sol parou no meio do céu e não se apressou a se esconder por quase um dia inteiro. 14Nunca houve, nem antes nem depois, um dia como aquele, no qual Javé atendeu à voz de um homem, pois Javé combatia por Israel. 15Depois disso, voltou Josué e todo Israel com ele para o acampamento de Guilgal.

Morte dos reis derrotados. 16Os cinco reis fugiram e se esconderam na caverna de Maceda. 17Contaram isto a Josué, dizendo: "Os cinco reis foram encontrados, escondidos na caverna de Maceda". 18Josué ordenou: "Rolai grandes pedras na entrada da caverna e ponde ali alguns homens para vigiá-los. 19Vós, porém, não fiqueis lá; persegui vossos inimigos e atacai-os pela retaguarda, não os deixando entrar em suas cidades, porque Javé, vosso Deus, os entregou em vossas mãos". 20Quando Josué e os israelitas acabaram de lhes infligir esta grande derrota até exterminá-los, os sobreviventes que escaparam se refugiaram nas cidades fortificadas. 21Todo o povo voltou são e salvo ao acampamento, em Maceda, junto a Josué, e ninguém ousou fazer coisa alguma contra os israelitas. 22Então Josué disse: "Abri a boca da caverna e trazei-me de lá os cinco reis". 23Assim fizeram, tirando da caverna e levando a ele os cinco reis – o rei de Jerusalém, o rei de Hebron, o rei de Jarmut, o rei de Laquis e o rei de Eglon. 24Quando os reis foram retirados e levados a Josué, este chamou todos os homens de Israel e disse aos chefes dos guerreiros que o tinham acompanhado: "Aproximai-vos e ponde os pés sobre o pes-

* **10**,3. Jz 1,5 | 6. 9,3-14 | 10. Eclo 46,4-6 | 11. Jó 38,22s; Êx 9,18-26 | 13. Hab 3,11s | 24. Sl 110,1

† **10**,13. Coleção de poesias sobre os grandes heróis do povo, citada também em 2Sm 1,18, e que depois se perdeu. É uma linguagem poética, que não se deve entender literalmente.

coço destes reis".* Eles, aproximando-
-se, puseram os pés sobre o pescoço
deles. [25]Josué lhes disse: "Não temais
e não vos acovardeis; mas sede fortes
e corajosos, pois assim fará Javé com
todos os vossos inimigos contra os
quais devereis combater". [26]Depois dis-
so, Josué os feriu de morte e mandou
suspendê-los em cinco árvores, onde
permaneceram até a tarde. [27]Ao pôr
do sol Josué ordenou* que os tirassem
das árvores e os lançassem na caverna
onde se haviam escondido. Colocaram
na entrada da caverna grandes pedras
que ali permanecem até hoje.
Conquista do sul de Canaã. [28]Na-
quele mesmo dia Josué tomou Mace-
da e a passou a fio de espada junto
com seu rei; votou-a ao extermínio com
todo ser vivo que nela se achava, sem
deixar sobrevivente; tratou o rei de Ma-
ceda como tinha tratado o rei de Jericó.
[29]Depois, Josué com todo o Israel pas-
sou de Maceda para Lebna e atacou-a.
[30]Javé entregou também esta cidade e
seu rei nas mãos de Israel, que a passou
a fio de espada com todos os que ali
moravam, sem deixar nenhum sobrevi-
vente; tratou seu rei como havia trata-
do o rei de Jericó. [31]Josué com todo o
Israel passou de Lebna para Laquis e,
depois de sitiá-la, atacou-a. [32]Javé en-
tregou Laquis nas mãos de Israel, que a
tomou no segundo dia e a passou a fio
de espada com todos os seus habitan-
tes, como havia feito com Lebna. [33]Na-
quele tempo Horam, rei de Gazer,* veio
em auxílio de Laquis; mas Josué o der-
rotou junto com seu povo, sem deixar
sobrevivente. [34]Depois Josué, e com
ele todo o Israel, passou de Laquis para
Eglon; depois de assediá-la, atacaram-
-na. [35]Naquele mesmo dia a tomaram
e a passaram a fio de espada; Josué
votou ao extermínio naquele mesmo
dia todo ser vivo que nela existia, exa-
tamente como fizera com Laquis. [36]De
Eglon Josué subiu* com todo o Israel a
Hebron e a atacou. [37]Tomaram-na e a
passaram a fio de espada* junto com
seu rei, com todas as cidades dela de-
pendentes e todo ser vivo que nela se
achava, sem deixar ninguém com vida,
como tinha feito com Eglon, e votou-
-a ao extermínio com todos os que
nela moravam. [38]Então Josué, e com
ele todo Israel, voltou-se contra Dabir
e atacou-a. [39]Tomou-a com seu rei* e
com todas as suas cidades dependen-
tes, passaram-nas a fio de espada e vo-
taram ao extermínio todo ser vivo que
lá se achava, sem deixar sobrevivente.
Josué tratou Dabir e seu rei como havia
tratado Hebron e como também havia
tratado Lebna e seu rei.

[40]Josué conquistou, pois, todo o país:
a região montanhosa, o Negueb,* a
baixada e as encostas e todos os seus
reis. Não deixou sobrevivente, votan-
do ao extermínio todo ser vivo, como
Javé, Deus de Israel, havia ordenado.
[41]Josué destruiu-os desde Cades Barne
até Gaza, e toda a terra de Gósen até
Gabaon. [42]Capturou de uma só vez to-
dos esses reis e suas terras, porque Javé,
Deus de Israel, combatia por Israel. [43]Por
fim, Josué, e com ele todo o Israel, vol-
tou para o acampamento de Guilgal.

11 **Conquista do norte de Ca-
naã.** [1]Quando soube disso, Ja-
bin, rei de Hasor, enviou mensageiros
a Jobab, rei de Merom, ao rei de Se-
meron, ao rei de Acsaf, [2]e aos reis que
moravam ao norte, nas montanhas, na
Arabá, ao sul de Genesaré, na planície
e nas alturas de Dor do lado do mar;
[3]aos cananeus* do oriente e do oci-
dente, aos amorreus, aos heveus, aos
ferezeus, aos jebuseus da montanha e
aos heteus aos pés do Hermon na terra
de Masfa. [4]Eles partiram com todas as
suas tropas, um povo numeroso como
a areia da praia do mar, com enorme
quantidade de carros e cavalos. [5]Todos
esses reis se reuniram e foram acampar
juntos perto das águas de Merom, para
combater Israel. [6]Javé disse a Josué:
"Não os temas, porque amanhã a esta
mesma hora eu os entregarei todos,
mortos, a Israel. Cortarás os tendões de
seus cavalos e queimarás seus carros".

* **10**,27. 8,29 | 33. Jz 1,29 | 36. Jz 1,10-15 | 37. 14,12s; 15,13s | 39. 15,15s | 40. Jz 1,9 | **11**,3. Dt 7,1

7Josué, com todos os guerreiros,
caiu de improviso sobre eles nas
águas de Merom e os atacou. 8Javé
os entregou nas mãos de Israel, que os
venceu e os perseguiu até Sidônia, a
grande, até Maserefot-Maim e até o
vale de Masfa, ao oriente; e os derrotou
até não lhes deixar um só sobrevivente.
9Josué os tratou como Javé lhe havia
ordenado: cortou os tendões de seus
cavalos e queimou seus carros.
Tomada das cidades. 10Então Josué
voltou, tomou Hasor e matou à espa-
da seu rei, pois Hasor era antigamen-
te a capital de todos aqueles reinos.
11Passou a fio de espada todo ser vivo
que aí se encontrava, votando-a ao
extermínio, sem deixar sobrevivente, e
incendiou Hasor. 12Josué apoderou-se
de todas as cidades daqueles reis e de
todos aqueles reis e passou-os a fio
de espada, votando-os ao extermínio,
como havia ordenado Moisés, servo
de Javé. 13Israel, porém, não incen-
diou nenhuma das cidades situadas
sobre colinas, exceto Hasor, a única
que Josué incendiou. 14Os israelitas
apoderaram-se de todos os despojos
dessas cidades e dos rebanhos; quan-
to às pessoas, passaram-nas a fio de
espada até exterminá-las completa-
mente, sem deixar ninguém com vida.
15Como Javé havia ordenado a Moisés,
seu servo, assim Moisés o ordenou a
Josué, o qual o executou sem omitir
coisa alguma do que Javé havia orde-
nado a Moisés.
Sumário das conquistas de Josué.
16Assim Josué conquistou toda aquela
terra†: a região montanhosa, o Negueb
inteiro, toda a terra de Gósen, a baixa-
da, a Arabá, a parte montanhosa de Is-
rael e suas campinas, 17desde o monte
Halac, que se eleva em direção de Seir
até Baal-Gad no vale do Líbano, aos
pés do monte Hermon; prendeu todos
os seus reis, a quem feriu de morte.
18Durante muito tempo Josué comba-
teu contra todos esses reis†, 19porque
não houve cidade que fizesse as pazes
com os israelitas, exceto os heveus que
habitavam em Gabaon.* Foi combaten-
do que conquistaram todas as outras,
20pois era desígnio de Javé que o co-
ração deles se obstinasse* em fazer a
guerra a Israel, a fim de que fossem vo-
tados ao extermínio sem compaixão e
aniquilados, como Javé havia ordenado
a Moisés.
21Naquele tempo veio Josué e exter-
minou os enaquitas* da região monta-
nhosa, isto é, de Hebron, de Dabir, de
Anab, de todos os montes de Judá e
de todos os montes de Israel; votou-
-os, com suas cidades, ao extermínio.
22Assim, pois, não restou nenhum ena-
quita na terra dos israelitas; só ficaram
alguns em Gaza, em Gat e em Azoto.
23Josué, portanto, ocupou todo o país,
exatamente como Javé havia dito a
Moisés, e deu-o em herança a Israel,
conforme sua divisão por tribos. E o
país descansou da guerra.

12 **Reis vencidos por Moisés.**
1São estes os reis do país que
os israelitas derrotaram e cujo território
ocuparam do outro lado do Jordão, ao
oriente, desde a torrente do Arnon até
o monte Hermon, e toda a Arabá orien-
tal: 2Seon, rei dos amorreus, que residia
em Hesebon e dominava desde Aroer,
à margem do vale do Arnon, e desde o
meio deste vale e a metade de Galaad
até o rio Jaboc, fronteira dos amonitas;
3e sobre a Arabá até o mar de Gene-
saré a leste e até o mar da Arabá, ou
mar Salgado, a leste, até Bet-Jesimot; e
ao sul, ao sopé das encostas do Fasga.
4Og, rei de Basã, um sobrevivente dos
refaítas,* que morava em Astarot e em
Edrai, 5dominava o monte Hermon e
Saleca, todo o Basã até a fronteira dos
gessuritas e dos maacatitas, e sobre a
metade de Galaad até a fronteira de
Seon,* rei de Hesebon. 6Moisés, servo

* **11**,19. 9,3 | 20. Êx 4,21 | 21. 15,13s; Jz 1,10-15 | **12**,4. Dt 2,10 | 5. Nm 21,21-35

† **11**,16. A terra prometida é dom de Deus, mas precisa ser conquistada. Assim é a obra de nossa salvação eterna. "Deus te criou sem ti, mas não te salvará sem ti" (S. Agostinho). | 18. As guerras da conquista duraram de cinco a sete anos, 14,7.10.

de Javé, e os israelitas os derrotaram; e Moisés, servo de Javé, deu seu país em herança às tribos de Rúben e de Gad e à meia tribo de Manassés.*

Reis vencidos por Josué. 7E são estes os reis do país, vencidos por Josué e pelos israelitas, aquém do Jordão, ao ocidente, desde Baal-Gad, no vale do Líbano, até o monte Halac, que se eleva em direção de Seir, e cujas terras Josué deu em herança às tribos de Israel, de acordo com suas divisões; 8nos montes, na planície, na Arabá, nas encostas, no deserto e no Negueb; o país dos heteus, dos amorreus, dos cananeus,* dos ferezeus, dos heveus e dos jebuseus: 9o rei de Jericó, o rei de Hai, perto de Betel, 10o rei de Jerusalém, o rei de Hebron, 11o rei de Jarmut, o rei de Laquis, 12o rei de Eglon, o rei de Gazer, 13o rei de Dabir,* o rei de Gader, 14o rei de Horma, o rei de Arad, 15o rei de Lebna, o rei de Odolam, 16o rei de Maceda,* o rei de Betel, 17o rei de Tafua, o rei de Ofer, 18o rei de Afec, o rei de Saron, 19o rei de Merom, o rei de Hasor, 20o rei de Semeron Meron,* o rei de Acsaf, 21o rei de Tanac, o rei de Meguido, 22o rei de Cedes, o rei de Jecnaam no Carmelo, 23o rei de Dor, nas alturas de Dor, o rei de Goim em Guilgal, 24o rei de Tersa; ao todo trinta e um reis.

II. PARTILHA DA TERRA (13–22)

13 **Partilha da terra conquistada.** 1Josué era já idoso e de idade avançada; Javé lhe disse: "Tu és idoso e de idade avançada, e resta ainda muita terra para conquistar. 2É esta a terra que falta: todas as províncias dos filisteus† e toda a terra dos gessuritas, 3desde o Sior, que está defronte do Egito, até a fronteira de Acaron,* ao norte – território considerado cananeu; os cinco principados dos filisteus: Gaza, Azoto, Ascalon, Gat e Acaron; também os heveus, 4ao sul; toda a terra dos cananeus, desde Ara dos sidônios até Afeca, e a fronteira dos amorreus; 5a região de Biblos e todo o Líbano, ao oriente, desde Baal-Gad, aos pés do monte Hermon, até a entrada de Emat. 6Todos os habitantes da montanha, desde o Líbano até Maserefot-Maim, todos os sidônios, eu os expulsarei de diante dos israelitas.* Tu deves somente distribuir por sorte este país em herança a Israel, como te ordenei. 7Agora, pois, reparte esta terra em herança entre as nove tribos e a meia tribo de Manassés". 8As tribos de Rúben e de Gad e a outra metade da tribo de Manassés já haviam recebido sua herança, aquilo que Moisés lhes havia dado do outro lado do Jordão, ao oriente; o próprio Moisés, servo de Javé, lhes havia dado: 9desde Aroer, na margem da torrente do Arnon, com a cidade que está no meio do vale, e todo o planalto de Medaba até Dibon; 10todas as cidades de Seon, rei dos amorreus, que reinava em Hesebon, até a fronteira dos amonitas; 11Galaad e o território dos gessuritas e dos maacatitas, toda a montanha do Hermon e todo o Basã até Saleca; 12no Basã, todo o reino de Og, que reinava em Astarot e em Edrai, e era o último sobrevivente dos refaítas. Estes foram derrotados e expulsos por Moisés. 13Mas os israelitas não expulsaram os gessuritas e os maacatitas, e assim eles continuam morando no meio de Israel até hoje. 14Somente à tribo de Levi não foi dada herança;* as oferendas feitas a Javé, Deus de Israel, são sua herança, como ele lhes disse.

Tribo de Rúben. 15Moisés havia dado uma parte à tribo dos filhos de Rúben,* segundo suas famílias. 16Seu território ia desde Aroer, à margem da torrente do Arnon, com a cidade que está no meio do vale, todo o planalto até Medaba, 17Hesebon e todas as cidades que estão no planalto: Dibon, Bamot-

---

* **12**,6. Nm 32 | 8. Dt 7,1 | 13. Jz 1,29 | 16. Jz 1,22-26 | 20. Jz 1,27s | **13**,3. Jz 3,3 | 6. 23,5 | 14. 13,33; Nm 18,20; Dt 18,2 | 15. Gn 49,3s; Dt 33,6

† **13**,2. Povo que chegou da ilha de Creta no séc. XIII a.C. e se estabeleceu na costa. Foram os principais inimigos de Israel. Mesmo depois de submetidos por Davi, conservaram sua autonomia.

-Baal, Bet-Baal-Meon, 18Jasa, Cedi-
mot, Mefaat, 19Cariataim, Sábama e,
na montanha da Arabá, Sarat-Asaar;
20Bet-Fegor, as encostas do Fasga, Bet-
-Jesimot, 21todas as cidades do pla-
nalto e todo o reino de Seon, rei dos
amorreus, que reinou em Hesebon e
foi derrotado por Moisés com os prín-
cipes de Madiã, Evi, Recém, Sur, Hur e
Rebe, vassalos de Seon, que habitavam
o país. 22Os israelitas também mata-
ram à espada, entre outros, Balaão, o
adivinho, filho de Beor.* 23O Jordão foi
a fronteira do território dos filhos de
Rúben. Esta foi a herança dos filhos de
Rúben, segundo suas famílias, com as
cidades e suas vilas.
Tribo de Gad. 24Também à tribo dos
filhos de Gad* Moisés havia dado uma
parte segundo suas famílias. 25Seu
território compreendia Jazer, todas as
cidades de Galaad, a metade do país
dos amonitas até Aroer que está em
frente de Rabá, 26e desde Hesebon até
Ramot-Masfa e Betonim; a partir de
Maanaim até o território de Debir, 27e
no vale: Bet-Aram, Bet-Nemra, Sucot,
Safon – o resto do reino de Seon, rei de
Hesebon –, tendo o Jordão por limite
até a extremidade do mar de Genesaré,
além do Jordão, ao oriente. 28Esta foi a
herança dos filhos de Gad, segundo suas
famílias, com as cidades e suas vilas.
Meia tribo de Manassés. 29Moisés ha-
via dado também uma parte à meia tri-
bo de Manassés; e foi esta a possessão
da meia tribo dos filhos de Manassés
segundo suas famílias: 30seu território
foi desde Maanaim, todo o Basã, todo
o reino de Og, rei de Basã, todas as al-
deias de Jair em Basã, sessenta cidades.
31A metade de Galaad, assim como As-
tarot e Edrai, cidades do reino de Og
em Basã, foram dadas aos filhos de
Maquir, filho de Manassés, a saber, à
metade dos filhos de Maquir, segundo
suas famílias.
32Estas são as heranças que Moisés
repartiu nas planícies de Moab, além
do Jordão, defronte de Jericó, ao orien-
te. 33Mas à tribo de Levi, Moisés não
deu herança:* Javé, Deus de Israel, é
sua herança, como lhes havia dito.

14 **Ao ocidente do Jordão.** 1Foi
isto que receberam em heran-
ça os israelitas na terra de Canaã e que
lhes distribuíram em herança o sacer-
dote Eleazar e Josué, filho de Nun, e os
chefes das famílias das tribos israelitas.
2Foi por sorteio entre as nove tribos
e meia que receberam sua herança,
como Javé havia ordenado por meio
de Moisés, 3pois às duas tribos e meia
Moisés já havia dado a herança do ou-
tro lado do Jordão, mas aos levitas não
deu herança entre elas. 4Os filhos de
José formavam duas tribos, Manassés e
Efraim; e não foi dada no país nenhuma
parte aos levitas, mas apenas algumas
cidades, para nelas habitarem, e seus
arredores, para seu gado e para seus
bens. 5Os israelitas fizeram como Javé
havia ordenado a Moisés e repartiram
o país.†
Hebron é destinada a Caleb. 6Os fi-
lhos de Judá vieram ter com Josué em
Guilgal e Caleb, filho de Jefoné, o ce-
nezeu, disse-lhe: "Tu sabes o que Javé
disse a Moisés, homem de Deus, a
meu e a teu respeito em Cades Barne.
7Eu tinha quarenta anos* quando Moi-
sés, servo de Javé, me enviou de Cades
Barne para explorar o país, e eu lhe fiz
um relato conforme sentia em meu
coração. 8Enquanto os irmãos que ha-
viam ido comigo desencorajavam o
povo, eu seguia fielmente Javé, meu
Deus. 9Por isso, naquele dia, Moisés
jurou, dizendo-me: 'A terra que teus
pés pisaram será herança tua e de teus
filhos para sempre, porque seguiste
fielmente Javé, meu Deus'. 10Pois bem,
Javé me conservou* em vida, como
prometeu, nestes quarenta e cinco
anos, desde quando ele disse isto a
Moisés, enquanto Israel peregrinava
no deserto. Agora estou com oitenta

* **13**,23. Nm 22,2; 31,8 | 24. Gn 49,19; Dt 33,20s | ,33. 13,14 | **14**,7. Nm 13-14 | 10. Nm 14,38

† **14**,5. Cada tribo devia ainda completar a conquista da terra que lhe foi designada, porque nem todo o território atribuído a cada uma estava já dominado.

e cinco anos, 11mas ainda forte* como no dia em que Moisés me enviou a explorar o país, com as mesmas forças agora como naquela época, tanto para combater como para ir e vir. 12Dá-me, pois, aquela montanha* da qual falou Javé naquele dia. Tu mesmo ouviste naquele dia que lá estavam* os enacim e cidades grandes e fortificadas. Se Javé estiver comigo, eu os expulsarei, como disse Javé".

13Josué abençoou Caleb, filho de Jefoné, e deu-lhe Hebron* como herança. 14Por isso Hebron permaneceu até o dia de hoje propriedade de Caleb, filho de Jefoné, o cenezeu, porque ele seguiu perfeitamente Javé, Deus de Israel. 15Hebron se chamava antes Cariat-Arbe;* Arbe foi o maior homem entre os enacim. E o país repousou da guerra.

15 **Tribo de Judá.** 1O território que coube por sorte à tribo dos filhos de Judá, segundo suas famílias, estendia-se até a fronteira de Edom, tendo o deserto de Sin, ao sul, como extremidade meridional. 2Ao sul sua fronteira partia da extremidade do mar Salgado,† da ponta voltada para o sul, 3e se prolongava ao sul da subida de Acrabim,* passava por Sin e subia ao sul de Cades Barne; passava por Hesron, subia até Adar, dobrava em direção a Carca; 4passava por Asemona, continuava até a torrente do Egito para terminar no mar. "Esta será vossa fronteira meridional", disse Josué.

5A fronteira oriental era o mar Salgado até a foz do Jordão. A fronteira setentrional, partindo do braço de mar onde desemboca o Jordão, 6subia a Bet-Hogla, passava ao norte de Bet-Arabá, subia até a Pedra de Boen, filho de Rúben; 7partindo do vale de Acor, subia a Dabir e dobrava ao norte para Guilgal, diante da subida de Adomim, ao sul da torrente; depois a fronteira passava pelas águas de En-Sames e terminava em En-Roguel; 8daí a fronteira subia pelo vale de Ben-Enom, na encosta meridional dos jebuseus, que é Jerusalém; depois subia até o alto do monte que está diante do vale de Enom, ao ocidente, e à extremidade da planície dos refaim, ao norte. 9Do alto do monte, a fronteira dobrava em direção da fonte das águas de Neftoa, continuava para as cidades do monte Efron e se voltava para Baala, que é Cariat-Iarim. 10De Baala, a fronteira dobrava para o ocidente em direção à montanha de Seir, passava pela encosta setentrional do monte Jearim, que é Queslon, descia a Bet-Sames e atravessava Tamna. 11De lá, a fronteira continuava para o lado setentrional de Acaron, dobrava para Secron, atravessava o monte Baala e chegava a Jebneel, para terminar no mar.

12O limite ocidental era a praia do mar Grande. Estas eram as fronteiras ao redor dos filhos de Judá, segundo suas famílias.

A parte de Caleb e de Otoniel. 13Como Javé lhe havia mandado, Josué deu a Caleb, filho de Jefoné,* uma porção no meio dos filhos de Judá: a Cidade de Arbe, pai de Enac, isto é, Hebron. 14Caleb expulsou dela os três filhos de Enac: Sesai, Aimã e Tolmai, descendentes de Enac. 15Dali subiu contra os habitantes de Dabir, que antes se chamava Cariat-Séfer. 16Caleb disse: "A quem atacar e tomar Cariat-Séfer darei minha filha Acsa por esposa". 17Quem tomou a cidade foi Otoniel, filho de Cenez, irmão de Caleb, e este lhe deu sua filha Acsa por esposa.18Ora, enquanto era levada para a casa de Otoniel, ela o incentivou a pedir ao pai um terreno. Ela apeou do jumento, e Caleb perguntou-lhe: "Que queres?" 19Respondeu ela: "Dá-me um presente: visto que me deste terra no Negueb, dá-me também fontes de água". Caleb deu-lhe as nascentes de cima e as de baixo.

Cidades de Judá. 20Esta foi a herança da tribo dos filhos de Judá, segundo suas

---

* **14**,11. Eclo 46,9s | 12. Nm 14,24 / Dt 2,10 | 13. 15,13-19; Jz 1,10-15 | 15. 15,14 | **15**,3. Jz 1,36 | 13. Jz 1,10-15; 14,6

† **15**,2. O mar Salgado é o mar Morto; e o mar Grande, 15,12.47, é o mar Mediterrâneo.

famílias: 21As cidades situadas na extre-
midade da tribo dos filhos de Judá, até
a fronteira de Edom, no Negueb, eram:
Cabseel, Eder, Jagur, 22Cina, Dimona,
Adeada, 23Cades, Hasot-Jetnã, 24Zif, Te-
lem, Balot, 25Hasor-Adata, Cariot-Hesron
– que é Hasor –, 26Amam, Sama, Mola-
da, 27Haser-Gada, Hasemon, Bet-Félet,
28Hasor-Sual, Bersabeia e seus arredores;
29Baala, Jim, Esem, 30Eltolad, Cesil, Hor-
ma, 31Siceleg, Madmana, Sensena, 32Le-
baot, Selim, Ain e Remon; ao todo vinte e
nove cidades com suas aldeias.
33Na planície: Estaol, Saraá, Asena,
34Zanoe, Aen-Ganim, Tafua, Enaim,
35Jarmut, Odolam, Soco, Azeca, 36Sa-
raim, Aditaim, Gedera e Gederotaim:
quatorze cidades com suas aldeias.
37Sanã, Hadasa, Magdol-Gad, 38De-
leã, Masfa, Jecetel, 39Laquis, Bascat,
Eglon, 40Quebon, Leemas, Cetlis, 41Ge-
derot, Bet-Dagon, Naama e Maceda:
dezesseis cidades com suas aldeias.
42Lebna, Éter, Asa, 43Jefta, Esna, Ne-
sib, 44Ceila, Aczib e Maresa: nove cida-
des com suas aldeias.
45Acaron com suas vilas e aldeias, 46e, a
partir de Acaron até o mar, todas as que
estão junto de Azoto com suas aldeias.
47Azoto com suas vilas e aldeias até a tor-
rente do Egito e as costas do mar Grande.
48Na montanha: Saamir, Jeter,
Soco, 49Dana, Cariat-Sana, hoje Dabir,
50Anab, Estemo, Anim, 51Gósen, Holon
e Gilo: onze cidades com suas aldeias.
52Arab, Duma, Esaã, 53Janum, Bet-
-Tafua, Afeca, 54Hamata, Cariat-Arbe,
hoje Hebron, e Sior: nove cidades com
suas aldeias.
55Maon, Carmel, Zif, Jota, 56Jezrael,
Jucadam, Zanoe, 57Acain, Gabaá e
Tamna: dez cidades com suas aldeias.
58Halul, Bet-Sur, Gedor, 59Maret, Bet-
-Anot e Eltecon: seis cidades com suas
aldeias.
Técua, Éfrata, hoje Belém, Fegor,
Etam, Culon, Tatam, Sores, Carem, Ga-
lim, Beter e Maanat: onze cidades com
suas aldeias.
60Cariat-Baal – que é Cariat-Iarim – e
Areba: duas cidades com suas aldeias.
61No deserto: Bet-Arabá, Medin, Sa-
caca, 62Nebsã, a Cidade do Sal e Enga-
di: seis cidades com suas aldeias.
63Mas os filhos de Judá não conse-
guiram expulsar os jebuseus* que habi-
tavam em Jerusalém; por isso os jebu-
seus moram ainda hoje em Jerusalém,
junto com os filhos de Judá.

16 **Território dos filhos de José.**
1A parte que coube por sorteio
aos filhos de José* se estendia desde
o Jordão, perto de Jericó, em direção
das águas de Jericó, ao oriente, até o
deserto que sobe de Jericó à região
montanhosa de Betel. 2Continuava de
Betel a Lusa e passava pela fronteira
dos arquitas, em Atarot; 3descia em di-
reção do ocidente para a fronteira dos
jeflatitas até o limite de Bet-Horon In-
ferior e até Gazer, terminando no mar.
4Os filhos de José, Manassés e Efraim,
receberam assim seu patrimônio.
Efraim. 5Este é o território dos filhos de
Efraim, segundo suas famílias: A fronteira
de sua herança era, ao oriente, Atarot-
-Adar até Bet-Horon Superior; 6e a fron-
teira se estendia até o mar, ao norte de
Macmetat, depois dobrava para leste
em direção a Tanat-Silo e passava diante
dela ao oriente de Janoe. 7De Janoe des-
cia para Atarot e Naarata, tocava Jericó e
terminava no Jordão. 8De Tafua, o limite ia
em direção do ocidente até a torrente de
Caná e acabava no mar. Esta foi a posses-
são da tribo dos filhos de Efraim, segun-
do suas famílias, 9mais as cidades reser-
vadas para os filhos de Efraim no meio da
possessão dos filhos de Manassés: todas
aquelas cidades com suas aldeias. 10Os
cananeus que habitavam em Gazer* não
foram expulsos; por isso moram até hoje
no meio de Efraim, sujeitos a trabalhos
forçados.

17 **Manassés.** 1Esta foi a parte
que coube por sorte* à tribo
de Manassés, pois era o primogêni-
to de José. A Maquir, primogênito de
Manassés e pai de Galaad, por ser ho-
mem de guerra, coube Galaad e Basã.

* **15**,63. Jz 1,8.21; 2Sm 5,6-9 | **16**,1. Dt 33,13-17 | 10. Jz 1,29 | **17**,1. Dt 33,13-17

2Foi sorteada também uma parte aos
outros filhos de Manassés, segundo
suas famílias: aos filhos de Abiezer, aos
filhos de Helec, aos filhos de Esriel, aos
filhos de Sequem, aos filhos de Héfer
e aos filhos de Semida. Esses eram os
filhos homens de Manassés, filho de
José, segundo suas famílias. 3Porém
Salfaad,* filho de Héfer, filho de Ga-
laad, filho de Maquir, filho de Manas-
sés, não teve filhos, mas só filhas, que
se chamavam Maala, Noa, Hegla, Melca
e Tersa. 4Elas se apresentaram ao sacer-
dote Eleazar, a Josué, filho de Nun, e
aos chefes e disseram: "Javé ordenou a
Moisés que nos desse uma herança no
meio de nossos irmãos". Então, segun-
do a ordem de Javé, foi-lhes dada uma
herança no meio dos irmãos de seu pai.
5Dessa maneira, Manassés obteve dez
partes além do território de Galaad e
de Basã, do outro lado do Jordão, 6por-
que as filhas de Manassés conseguiram
uma herança no meio dos filhos dele.
O país de Galaad ficou para os outros
filhos de Manassés.

7A fronteira de Manassés se estendia
de Aser a Macmetat, que se acha em
frente de Siquém, e seguia pela direita
até Jasib En-Tafua. 8A região de Tafua
pertencia a Manassés, ao passo que
Tafua, nos confins de Manassés, era
dos filhos de Efraim. 9Depois a fron-
teira descia para a torrente de Caná;
ao sul da torrente havia cidades de
Efraim no meio das cidades de Ma-
nassés. A fronteira de Manassés pas-
sava ao norte da torrente e termina-
va no mar. 10Assim, o território ao sul
pertencia a Efraim e aquele ao norte
a Manassés, tendo o mar por limite;
ao norte confinavam com Aser e ao
oriente com Issacar. 11Manassés pos-
suía também, nos territórios de Issacar
e de Aser:* Betsã e suas vilas, Jeblaam
e suas vilas, os habitantes de Dor e
suas vilas, os habitantes de En-Dor
e suas vilas, os habitantes de Tanac e
suas vilas, os habitantes de Meguido
e suas vilas: três províncias. 12Mas como
os filhos de Manassés não puderam to-
mar posse dessas cidades, os cananeus
conseguiram permanecer nessa região.
13Quando, porém, os israelitas se tor-
naram mais fortes,* submeteram os ca-
naneus a trabalhos forçados, mas não
os expulsaram totalmente.

Pretensões dos filhos de José. 14Os
descendentes de José disseram a Josué:
"Por que me deste em herança apenas
uma parte, uma só porção, quando sou
um povo numeroso, tendo Javé me
abençoado tanto?" 15Respondeu-lhes
Josué: "Se és um povo numeroso, sobe
à floresta e desmata-a à vontade na
terra dos ferezeus e dos refaítas, visto
que para ti é muito pequena a mon-
tanha de Efraim". 16Os descendentes
de José responderam: "Não nos basta
a montanha; e todos os cananeus que
habitam na planície* têm carros de fer-
ro, tanto os que estão em Betsã e suas
vilas, como os do vale de Jezrael". 17Jo-
sué replicou à casa de José – a Efraim
e a Manassés –: "Tu és um povo nume-
roso, e grande é tua força; não terás
uma parte apenas, 18pois a montanha
será tua. Embora seja uma floresta, tu
a desmatarás e será tua em toda a sua
extensão, porque expulsarás dela os
cananeus, não obstante possuam car-
ros de ferro e sejam fortes".

18 **Território das outras tribos.**
1Reuniu-se em Silo† toda a
comunidade* dos israelitas e lá foi ar-
mada a tenda da reunião. O país havia
sido dominado por eles. 2Mas entre os
israelitas restavam sete tribos que não
haviam recebido suas possessões. 3Jo-
sué disse aos israelitas: "Até quando
tardareis a ocupar a terra que vos deu
Javé, Deus de vossos pais? 4Escolhei
três homens de cada tribo, para que eu
os envie a percorrer o país; farão uma
descrição dele, com vistas à distribui-
ção a ser feita, e voltarão para junto de
mim. 5Eles o dividirão em sete partes;

* **17**,3. Nm 27,1-11 | 11. Jz 1,27s | 13. 1Rs 9,20s | 16. Jz 1,19 | **18**,1. Êx 25,22

† **18**,1. Cidade situada 30 km ao norte de Jerusalém, nela estava o santuário com a arca no tempo dos Juízes, Jz 18,31.

Judá ficará em seu território ao sul, e a
casa de José em seu território ao norte.
6Fazei, pois, uma descrição do país em
sete partes e trazei-a a mim; eu farei
o sorteio para vós aqui diante de Javé,
nosso Deus. 7Os levitas não devem
possuir nenhuma porção no meio de
vós, já que sua herança é o sacerdócio
de Javé; e quanto a Gad, a Rúben e à
meia tribo de Manassés, já receberam
sua parte além do Jordão, ao oriente,
dada a eles por Moisés, servo de Javé".
8Aqueles homens se levantaram e
partiram; aos que iam fazer a descrição
do país, Josué deu esta ordem: "Ide,
percorrei o país e descrevei-o; depois
voltai a mim, e eu farei o sorteio para
vós aqui diante de Javé, em Silo". 9Par-
tiram, pois, percorreram o país e o des-
creveram por cidades em sete partes,
num livro, e voltaram a Josué no acam-
pamento em Silo. 10Josué fez o sorteio
para eles em Silo, na presença de Javé,
e fez a divisão do país entre os israeli-
tas, segundo suas partes.
Benjamim. 11A sorte caiu primeiro*
sobre a tribo dos filhos de Benjamim,
segundo suas famílias; coube a eles
o território situado entre os filhos de
Judá e os filhos de José. 12Ao norte, sua
fronteira partia do Jordão e subia pela
encosta ao norte de Jericó, depois gal-
gava a montanha rumo ao oeste e ter-
minava no deserto de Bet-Áven. 13Daí
a fronteira passava por Luza, isto é, na
encosta ao sul de Luza, que é Betel.
Descia para Atarot-Adar no monte que
está ao sul de Bet-Horon-Inferior. 14De-
pois a fronteira dobrava para o oeste,
pelo lado sul do monte que se encon-
tra diante de Bet-Horon, e terminava
em Cariat-Baal, que é Cariat-Iarim, ci-
dade dos filhos de Judá; este era o lado
ocidental. 15Pelo lado sul, a fronteira
partia da extremidade de Cariat-Iarim e
se prolongava até Jim, chegando à fon-
te das águas de Neftoa. 16Depois des-
cia para a extremidade do monte, que
está defronte do vale de Ben-Enom,*
ao norte da planície dos refaítas; de-
pois descia pelo vale de Enom para a
encosta sul dos jebuseus e continuava
descendo até En-Roguel. 17Daí dobra-
va para o norte e chegava a En-Sames,
continuava até Gelilot, que está de-
fronte da subida de Adomim, para des-
cer à rocha de Boen, filho de Rúben.
18Passava pela vertente setentrional,
diante da Arabá em direção ao norte,
e descia para a Arabá; 19em seguida
passava pelo lado norte de Bet-Hegla
e terminava na ponta setentrional do
mar Salgado, na extremidade meridio-
nal do Jordão. Esta era a fronteira ao
sul. 20No lado oriental, o Jordão cons-
tituía a fronteira. Esta foi a possessão
dos filhos de Benjamim, segundo suas
famílias, com suas fronteiras de todos
os lados.
21As cidades da tribo dos filhos de
Benjamim, segundo suas famílias, eram
Jericó, Bet-Hegla, Amec-Casis, 22Bet-
-Arabá, Samaraim, Betel, 23Avim, Fara,
Efra, 24Cafar-Emona, Ofni, Gaba: doze
cidades e suas aldeias. 25Gabaon, Ramá,
Berot, 26Masfa, Cafira, Mosa, 27Recém,
Jarafel, Tarala, 28Sela, Elef, Jebus – que
é Jerusalém –, Gabaá e Cariat: quatorze
cidades com suas vilas. Esta foi a pos-
sessão dos filhos de Benjamim, segun-
do suas famílias.

19 **Simeão.** 1No segundo sorteio*
foi sorteado Simeão, isto é, a
tribo dos filhos de Simeão, segundo
suas famílias, e sua herança foi no meio
da herança dos filhos de Judá.
2Em sua herança tiveram: Bersabeia,
Saba, Molada, 3Haser-Sual, Bela, Asem,
4Eltolad, Betul, Horma, 5Siceleg, Bet-
-Marcabot, Haser-Susa, 6Bet-Lebaot e
Saroen: treze cidades com suas aldeias;
7Ain, Remon, Atar, Asa: quatro cidades
com suas aldeias, 8e todas as aldeias ao
redor dessas cidades até Baalat-Beer e
Ramá do Negueb. Esta foi a parte da
tribo dos filhos de Simeão, segundo
suas famílias. 9A herança dos filhos
de Simeão foi tomada da porção dos
filhos de Judá, porque a porção dos fi-
lhos de Judá era grande demais para
eles. Assim, os filhos de Simeão tive-

* **18**,11. Dt 33,12 | 16. 15,8 | **19**,1. 1Cr 4,28-33

ram sua herança no meio da herança
de Judá.
Zabulon. 10No terceiro sorteio* foram
sorteados os filhos de Zabulon, se-
gundo suas famílias. A fronteira de sua
possessão se estendia até Sarid; 11daí
subia a oeste até Merala, tocava Deba-
set e chegava à torrente que está dian-
te de Jecnaam.
12De Sarid a fronteira dobrava para
o oriente, onde nasce o sol, até o limi-
te de Ceselet-Tabor, continuava para
Daberet e subia a Jáfia. 13De lá passava
em direção do oriente, para o levante, a
Gat-Héfer e Etacasim, continuava para
Remon, virando para Noa. 14Depois a
fronteira dobrava ao norte para Ha-
naton e terminava no vale de Jectael;
15com Catet, Naalol, Semeron, Jerala
e Belém: doze cidades e suas aldeias.
16Esta foi a parte dos filhos de Zabulon,
segundo suas famílias: essas cidades e
suas aldeias.
Issacar. 17No quarto sorteio* foi sor-
teado Issacar, os filhos de Issacar, se-
gundo suas famílias. 18Seu território
compreendia Jezrael, Casalot, Suném,
19Hafaraim, Seon, Anaarat, 20Rabit, Ce-
sion, Abes, 21Ramet, En-Ganim, En-Ha-
da e Bet-Fases. 22A fronteira alcançava
o Tabor, Seesima e Bet-Sames, e termi-
nava no Jordão: dezesseis cidades com
suas aldeias. 23Foi esta a parte da tribo
dos filhos de Issacar, segundo suas fa-
mílias: essas cidades com suas aldeias.
Aser. 24No quinto sorteio* foi sorteada
a tribo dos filhos de Aser, segundo suas
famílias. 25Seu território incluía Halcat,
Cali, Beten, Acsaf, 26Elmelec, Amaad e
Messal; pelo lado ocidental chegava
até o Carmelo e Sior-Labanat. 27Depois
dobrava do lado do sol nascente para
Bet-Dagon, chegava a Zabulon e ao
vale de Jeftael, ao norte de Bet-Emec
e de Neiel, e se prolongava à esquerda
para Cabul, 28Abdon, Roob, Hamon e
Caná até Sidônia, a grande. 29Depois, a
fronteira dobrava em direção a Ramá
até a cidade fortificada de Tiro. De lá
virava para Hosa e terminava no mar,
na região de Aczib. 30Incluía também
Aco, Afec e Roob: vinte e duas cidades
e suas aldeias. 31Foi esta a parte da tri-
bo dos filhos de Aser, segundo suas fa-
mílias: essas cidades e suas aldeias.
Neftali. 32No sexto sorteio* foi sortea-
do Neftali, os filhos de Neftali, segundo
suas famílias. 33Sua fronteira se esten-
dia desde Helef e o carvalho de Saana-
nim, com Adami-Neceb e Jebnael, até
Lecum, e terminava no Jordão. 34De-
pois a fronteira dobrava ao ocidente
para Aznot-Tabor; daqui passava a Hu-
coca, limitava com Zabulon ao sul, ao
ocidente com Aser, e ao oriente com
Judá do Jordão. 35As cidades fortifica-
das eram: Assedim, Ser, Emat, Recat,
Genesaré, 36Edema, Rama, Hasor, 37Ce-
des, Edrai, En-Hasor, 38Jeron, Magdalel,
Horém, Bet-Anat e Bet-Sames: deze-
nove cidades e suas aldeias. 39Foi esta
a parte da tribo dos filhos de Neftali,
segundo suas famílias: essas cidades e
suas aldeias.
Dã. 40No sétimo sorteio* foi sorteada
a tribo dos filhos de Dã, segundo suas
famílias. 41O território de sua posses-
são compreendia: Saraá, Estaol, Ir-
-Sames, 42Salebim, Aialon, Itla, 43Elon,
Tamna, Acaron, 44Eltece, Gebeton, Baa-
lat, 45Jeud, Benê-Barac e Gat-Remon;
46e Me-Jarcon, Racon, com o território
defronte de Jope. 47Mas a parte dos
filhos de Dã* era muito pequena para
eles. Por isso subiram e atacaram Le-
sem. Depois de tomá-la, passaram-na
a fio de espada, tomaram posse dela e
aí se estabeleceram. E a Lesem deram
o nome de Dã, conforme o nome de
Dã, seu pai. 48Foi esta a parte da tribo
dos filhos de Dã, segundo suas famílias:
essas cidades e suas aldeias.
A parte de Josué. 49Quando acaba-
ram de repartir a terra segundo suas
fronteiras, os israelitas deram a Josué,
filho de Nun, uma possessão no meio
deles. 50Segundo a ordem de Javé,*
deram-lhe a cidade que ele pedira,
Tamnat-Serah, na montanha de Efraim;
ele reconstruiu a cidade e nela se esta-

* **19**,10. Jz 1,30; Dt 33,18 | 17. Dt 33,18 | 24. Jz 1,31s; Dt 33,24 | 32. Jz 1,33; Dt 33,23 | 40. Dt 33,22 | 47. Jz 18 | 50. 24,30; Jz 2,9

beleceu. [51]São estas as heranças que o
sacerdote Eleazar, Josué, filho de Nun,
e os chefes de família das tribos dos
israelitas distribuíram por sorteio em
Silo, na presença de Javé, na entrada
da tenda da reunião. Assim terminaram
a partilha da terra.

20 **Cidades de refúgio.** [1]Javé fa-
lou a Josué: [2]"Dize aos israeli-
tas:* Designai as cidades de refúgio de
que vos falei por meio de Moisés, [3]para
que nelas se possa refugiar o homicida
que houver matado alguém acidental-
mente, sem querer. Elas vos servirão de
refúgio contra o vingador do sangue.
[4]O homicida se dirigirá* a uma dessas
cidades, ficará parado à entrada da
porta da cidade e explicará seu caso
aos anciãos da cidade. Estes o acolhe-
rão no meio deles na cidade, lhe da-
rão moradia e habitará entre eles. [5]Se
o vingador do sangue o perseguir, não
o entregarão em suas mãos, porque
matou seu próximo sem querer, e não
o odiava antes. [6]Habitará nesta cidade
até que compareça em juízo perante a
comunidade e até que morra o sumo
sacerdote em exercício neste tempo.
Então o homicida poderá voltar e en-
trar de novo em sua cidade e em sua
casa, na cidade de onde fugiu".

[7]Eles designaram Cedes na Galileia, na
montanha de Neftali, Siquém na monta-
nha de Efraim e Cariat-Arbe, isto é, He-
bron, na montanha de Judá. [8]E do outro
lado do Jordão, ao oriente de Jericó, de-
signaram Bosor,* da tribo de Rúben, no
planalto do deserto, Ramot em Galaad,
da tribo de Gad, e Golã em Basã, da tri-
bo de Manassés. [9]Foram estas as cida-
des designadas para todos os israelitas
e para os estrangeiros que habitavam
entre eles, a fim de que nelas pudesse
refugiar- -se aquele que tivesse matado
alguém sem querer, e não fosse morto
pelo vingador do sangue antes de ter
comparecido perante a comunidade.

21 **Cidades dos levitas.** [1]Os
chefes de família dos levitas*
vieram falar com o sacerdote Elea-
zar, com Josué, filho de Nun, e com
os chefes de famílias das tribos dos
israelitas, [2]em Silo, na terra de Canaã,
e assim lhes disseram: "Javé ordenou
por meio de Moisés que nos fossem
dadas cidades para habitar e seus ar-
redores para nossos rebanhos"†. [3]En-
tão os israelitas, conforme a ordem
de Javé, deram aos levitas, de suas
possessões, as seguintes cidades com
seus arredores.

[4]A sorte saiu para as famílias dos
caatitas; e os filhos do sacerdote Aa-
rão, que eram levitas, obtiveram por
sorte treze cidades das tribos de Judá,
de Simeão e de Benjamim. [5]Aos ou-
tros filhos de Caat couberam por sor-
te dez cidades das famílias da tribo
de Efraim, da tribo de Dã e da meia
tribo de Manassés. [6]Para os filhos de
Gérson foram sorteadas treze cidades
das famílias da tribo de Issacar, da tri-
bo de Aser, da tribo de Neftali e da
meia tribo de Manassés, em Basã. [7]Os
filhos de Merari, segundo suas famí-
lias, receberam doze cidades da tribo
de Rúben, da tribo de Gad e da tribo
de Zabulon. [8]Assim os israelitas sor-
tearam entre os levitas essas cidades
com seus arredores, como Javé havia
ordenado por meio de Moisés.

[9]Assim eles deram, tomando-as da
tribo dos filhos de Judá e da tribo dos
filhos de Simeão, as cidades mencio-
nadas a seguir, [10]que ficaram para os
filhos de Aarão, pertencentes às famí-
lias caatitas dos filhos de Levi, porque
a eles tocara a primeira sorte. [11]Foram-
-lhes dadas, na montanha de Judá, Ca-
riat-Arbe, a cidade do pai de Enac, que
é Hebron, com seus campos ao redor,
[12]menos o campo da cidade* e suas
aldeias, já cedidos como possessão a
Caleb, filho de Jefoné. [13]Aos filhos do
sacerdote Aarão deram Hebron, cida-

* **20**,2. Êx 21,13; Nm 35,9-34; Dt 19,1-13 | 4. Nm 35,19 | 8. Dt 4,43 | **21**,1. Nm 35,1-8; 1Cr 6,39-66 | 12. 14,13s

† **21**,2. Os levitas não recebem território tribal, Js 18,7, mas ficam dispersos em Israel, Gn 49,7 em diversas cidades, com suas famílias e rebanhos.

de de refúgio para o homicida, com seus arredores; Lebna e seus arredores, 14Jeter e seus arredores, Estemo e seus arredores, 15Holon e seus arredores, Dabir e seus arredores, 16Asã e seus arredores, Jeta e seus arredores e Bet-Sames e seus arredores: nove cidades dessas duas tribos. 17Da tribo de Benjamim deram Gabaon e seus arredores, Gaba e seus arredores, 18Anatot e seus arredores e Almon e seus arredores: quatro cidades. 19O total das cidades dos sacerdotes, filhos de Aarão, foi de treze cidades com seus arredores.

20As famílias levíticas dos outros filhos de Caat receberam por sorte algumas cidades da tribo de Efraim; 21deram-lhes Siquém e seus arredores, nas montanhas de Efraim, como cidade de refúgio para o homicida, Gazer e seus arredores, 22Cibsaim e seus arredores, Bet-Horon e seus arredores: quatro cidades; 23da tribo de Dã deram Eltece e seus arredores, Gebeton e seus arredores, 24Aialon e seus arredores, Gat-Remon e seus arredores: quatro cidades. 25Da meia tribo de Manassés deram Tanac e seus arredores, Jibleam e seus arredores: duas cidades. 26Ao todo: dez cidades com seus arredores para as famílias dos outros filhos de Caat.

27Aos filhos de Gérson, que eram das famílias dos levitas, foram dadas, da meia tribo de Manassés: Golã, em Basã, com seus arredores, como cidade de refúgio para o homicida, e Astarot com seus arredores: duas cidades; 28da tribo de Issacar: Cesion e seus arredores, Daberat e seus arredores, 29Jarmut e seus arredores, En-Ganim e seus arredores: quatro cidades; 30da tribo de Aser: Masal e seus arredores, Abdon e seus arredores, 31Helcat e seus arredores, Roob e seus arredores: quatro cidades; 32da tribo de Neftali: Cedes, na Galileia, e seus arredores, cidade de refúgio para o homicida, Hamot-Dor e seus arredores, Cartã e seus arredores: três cidades. 33Total das cidades dos gersonitas, segundo suas famílias: treze cidades com seus arredores.

34Aos outros levitas das famílias dos filhos de Merari foram dadas, da tribo de Zabulon: Jecnaam e seus arredores, Carta e seus arredores, 35Dimna e seus arredores, Naalol e seus arredores: quatro cidades. 36Do outro lado do Jordão de Jericó, da tribo de Rúben: Bosor, no deserto do planalto, cidade de refúgio para o homicida, e seus arredores, Jasa e seus arredores, 37Cedimot e seus arredores, Mefaat e seus arredores: quatro cidades; 38da tribo de Gad: Ramot em Galaad, cidade de refúgio para o homicida, e seus arredores, Maanaim e seus arredores, 39Hesebon e seus arredores, Jazer e seus arredores: ao todo quatro cidades. 40Total das cidades que tocaram por sorte aos filhos de Merari, de acordo com suas famílias, que formavam o resto das famílias dos levitas: doze cidades. 41Total das cidades dos levitas no meio do território dos israelitas: quarenta e oito cidades com seus arredores. 42Cada uma dessas cidades abrangia seus campos ao redor; assim era para todas essas cidades.

43Desta forma Javé deu aos israelitas toda a terra que havia jurado dar a seus pais. Tomaram posse dela e nela moraram. 44Javé lhes deu descanso de todos os lados, conforme tudo o que havia jurado a seus pais; de todos os seus inimigos, nenhum lhes pôde resistir, e Javé entregou todos os seus inimigos em suas mãos. 45De todas as boas promessas que Javé havia feito à casa de Israel nenhuma falhou: todas foram cumpridas.*

22 **Retorno das tribos da Transjordânia.**

1Josué convocou os rubenitas, os gaditas e a meia tribo de Manassés 2e lhes disse: "Vós fizestes tudo o que vos ordenou Moisés,* servo de Javé, e me obedecestes em tudo o que vos mandei. 3Não abandonastes vossos irmãos durante este longo tempo até hoje, cuidando de observar o mandamento de Javé, vosso Deus. 4E agora que Javé, vosso Deus, concedeu

* **21**,45. 23,14; Is 55,11 | **22**,2. 1,12-18; Nm 32

descanso a vossos irmãos, como lhes havia prometido, voltai e ide para vossas tendas, na terra que vos pertence e que Moisés, servo de Javé, vos deu na outra margem do Jordão. 5Cuidai, somente, de praticar o mandamento e a Lei que Moisés,* servo de Javé, vos prescreveu, amando Javé, vosso Deus, seguindo todos os seus caminhos, observando seus mandamentos, permanecendo unidos a ele e servindo-o de todo o vosso coração e de toda a vossa alma". 6Depois Josué os abençoou e os despediu, e eles voltaram para suas tendas. 7Moisés tinha dado a uma metade da tribo de Manassés uma herança em Basã, e à outra metade Josué deu uma herança entre seus irmãos, aquém do Jordão, ao ocidente. Quando Josué os despediu para suas tendas, ele os abençoou 8e lhes disse: "Voltais para vossas tendas com grandes riquezas, com numerosos rebanhos, com prata, ouro, bronze, ferro e roupas em grande quantidade; reparti com vossos irmãos os despojos de vossos inimigos!"

O altar-testemunho. 9Assim, os rubenitas, os gaditas e a meia tribo de Manassés voltaram, deixando os israelitas em Silo, na terra de Canaã, para se dirigirem ao país de Galaad, à terra de sua propriedade que tinham recebido como herança segundo a ordem dada por Javé por intermédio de Moisés. 10Chegando a Gelilot do Jordão, que está na terra de Canaã, os rubenitas, os gaditas e a meia tribo de Manassés construíram um altar ali à margem do Jordão, um altar de aspecto imponente. 11Os israelitas ouviram dizer: "Os filhos de Rúben, os filhos de Gad e a meia tribo de Manassés ergueram um altar diante da terra de Canaã, em Gelilot do Jordão, do lado dos israelitas". 12Quando souberam disso, toda a comunidade dos israelitas se reuniu em Silo para subir e fazer guerra contra eles. 13Os israelitas enviaram aos filhos de Rúben, de Gad e à meia tribo de Manassés, na terra de Galaad, Fineias,* filho do sacerdote Eleazar, 14e com ele dez príncipes, um príncipe de cada tribo de Israel, cada um dos quais era chefe de sua casa patriarcal entre os milhares de Israel. 15Quando chegaram à terra de Galaad, junto aos rubenitas, aos gaditas e à meia tribo de Manassés, disseram-lhes: 16"Assim fala toda a comunidade de Javé: Que infidelidade é esta que cometestes contra o Deus de Israel, voltando hoje as costas a Javé, ao construir para vós um altar para vos rebelar hoje contra Javé? 17Não nos basta o pecado de Fegor,* do qual até hoje não nos purificamos, apesar do flagelo que caiu sobre a comunidade de Javé? 18Vós hoje deixais de seguir Javé! Se vós hoje vos rebelais contra Javé, amanhã ele ficará irado contra toda a comunidade de Israel. 19Se considerais impura a terra que possuís, podeis passar para a terra de propriedade de Javé, onde está instalado o tabernáculo de Javé, e tomar possessão no meio de nós; mas não vos revolteis contra Javé nem vos revolteis contra nós, erguendo outro altar, além do altar de Javé, nosso Deus. 20Quando Acã, filho de Zaré, cometeu uma infidelidade em relação ao extermínio, não foi sobre toda a comunidade de Israel que recaiu a ira divina? Não foi só ele que morreu por causa de seu crime!"

21Os rubenitas, os gaditas e a meia tribo de Manassés responderam aos chefes dos milhares de Israel: 22"Javé, Deus dos deuses,* Javé, Deus dos deuses, bem o sabe e Israel fique sabendo: se foi por rebelião e por infidelidade contra Javé, que não nos salve neste dia! 23O próprio Javé nos peça contas se erguemos um altar com intenção de nos afastar de Javé e para oferecer sobre ele holocaustos e oblações e fazer sacrifícios de comunhão. 24Mas o que fizemos foi por causa da seguinte preocupação: talvez amanhã vossos filhos perguntem aos nossos: 'Que tendes vós a ver com Javé, Deus de Israel? 25Javé pôs o Jordão como limite entre nós e vós, ó filhos de Rúben e de Gad; não tendes parte alguma com

* **22**,5. Dt 6,5 | 13. Nm 25,7.11s | **22**,17. Nm 25,3-5; Dt 4,3 | 22. Dt 10,17

Javé!' Assim vossos filhos poderiam
afastar os nossos do temor de Javé.
26Por isso dissemos: Vamos construir
um altar, não para holocaustos nem
para sacrifícios, 27mas para que sirva
de testemunho entre nós e vós, e en-
tre nossos descendentes depois de
nós, de que queremos servir a Javé, em
sua presença, com nossos holocaustos,
nossas vítimas e nossos sacrifícios de
comunhão, e para que amanhã vossos
filhos não digam aos nossos: 'Não ten-
des parte alguma com Javé!' 28Por isso
pensamos: Se algum dia falarem assim
a nós ou a nossos descendentes, nós
lhes responderemos: 'Vede a forma do
altar de Javé que nossos pais construí-
ram, não para holocaustos, nem para
sacrifícios, mas sim como testemunho
entre nós e vós'. 29Longe de nós a in-
tenção de nos rebelar contra Javé e de
deixar de segui-lo hoje, erigindo um al-
tar para holocaustos, oblações e sacrifí-
cios, além do altar de Javé, nosso Deus,
que está diante de seu tabernáculo".
30Ao ouvirem essas palavras dos filhos
de Rúben, de Gad e de Manassés, o sa-
cerdote Fineias e os príncipes da assem-
bleia, chefes dos milhares de Israel, que
estavam com ele, ficaram satisfeitos. 31E
Fineias, filho do sacerdote Eleazar, disse
aos filhos de Rúben, de Gad e de Ma-
nassés: "Hoje reconhecemos que Javé
está entre nós, pois não cometestes esta
infidelidade contra Javé e assim livrastes
os israelitas da mão de Jave". 32Depois
Fineias, filho do sacerdote Eleazar, e os
príncipes deixaram os filhos de Rúben
e de Gad e voltaram da terra de Galaad
para a terra de Canaã, para junto dos is-
raelitas, aos quais relataram o ocorrido.
33Os israelitas se deram por satisfeitos,
louvaram a Deus e não mais falaram
em fazer guerra contra eles e devastar
o país habitado pelos filhos de Rúben e
de Gad. 34Os filhos de Rúben e de Gad
chamaram o altar de "Ed", porque, dis-
seram, "ele é um testemunho entre nós
de que Javé é Deus".*

III. EPÍLOGO (23–24)

23 **Discurso de Josué.** 1Passado
muito tempo desde que Javé
dera descanso a Israel de todos os
seus inimigos ao redor, Josué, já ido-
so* e de idade avançada, 2convocou
todo o Israel, seus anciãos, seus che-
fes, seus juízes e seus oficiais, e lhes
disse†: "Estou velho e de idade avan-
çada. 3Vistes tudo o que Javé, vosso
Deus, fez a todas essas nações por
vossa causa, pois foi Javé que com-
bateu por vós. 4Vede! Eu distribuí por
sorte entre vós, como possessão para
vossas tribos, essas nações que ainda
restam, bem como as que exterminei
desde o Jordão até o mar Grande,
ao ocidente. 5O próprio Javé, vosso
Deus,* as expulsará de vossa frente e
as despojará diante de vós, e tomareis
posse de seu país como vos prometeu
Javé, vosso Deus. 6Por isso, esforçai-
-vos muito para observar e cumprir
tudo o que está escrito no livro da Lei
de Moisés, sem vos desviardes nem
para a direita, nem para a esquerda.
7Não vos mistureis com as nações*
que ficaram em vosso meio; não pro-
nuncieis o nome de seus deuses nem
jureis por eles; não os sirvais nem os
adoreis. 8Mas aderi a Javé, vosso Deus,
como fizestes até hoje. 9Javé expulsou
de vossa frente nações grandes e po-
derosas; e ninguém pôde resistir dian-
te de vós até hoje. 10Um só homem
dentre vós perseguia mil,* porque o
próprio Javé, vosso Deus, combatia
por vós, como vos prometeu. 11Velai
atentamente sobre vós mesmos, para
amardes Javé vosso Deus. 12Porque,
se dele vos desviardes e vos unirdes
ao que restou dessas nações que fica-
ram convosco, contraindo matrimônio
com elas e misturando-vos com elas e
elas convosco, 13estai bem certos de
que Javé, vosso Deus, não continuará
a expulsar de vossa frente essas na-

* **22**,34. Gn 31,48-52 | **23**,1. 13,1; 14,10; 24,29 | 5. 13,6 | 7. Dt 7,1-6 | 10. Lv 26,8; Dt 32,30; Dt 6,5; Dt 7,1-6

† **23**,2. Como Moisés, Dt 31, também Josué pronuncia um discurso de despedida. Recorda como Deus foi fiel em cumprir suas promessas e exorta o povo à fidelidade à aliança.

ções e elas serão para vós uma rede e
um laço, um flagelo para vossas costas
e espinhos em vossos olhos, até que
tenhais desaparecido desta boa terra
que vos deu Javé, vosso Deus.
14Vede: hoje estou para seguir o ca-
minho de todo o mundo. Reconhecei,
portanto, de todo o vosso coração e
de toda a vossa alma que, dentre to-
das as boas palavras que Javé, vos-
so Deus, tinha dito a vosso respeito,
nenhuma ficou sem efeito: todas se
cumpriram para vós, nenhuma* delas
falhou! 15Pois bem! Assim como se
cumpriu para vós toda promessa que
Javé, vosso Deus, havia feito em vos-
so favor, assim também Javé realiza-
rá contra vós todas as suas ameaças,
até vos eliminar desta boa terra que
Javé, vosso Deus, vos concedeu. 16Se
transgredirdes a aliança que Javé, vos-
so Deus, vos prescreveu, se servirdes a
outros deuses e os adorardes, a ira de
Javé se inflamará contra vós e desapa-
recereis rapidamente* desta boa terra
que ele vos deu".

24 **Renovação da aliança com
Javé.** 1Josué reuniu em Siquém
todas as tribos de Israel, chamou os an-
ciãos de Israel, seus chefes, seus juízes
e seus oficiais, e eles se apresentaram
diante de Deus. 2Então Josué disse a
todo o povo†: "Assim fala Javé, Deus de
Israel: Outrora vossos pais, Taré, pai de
Abraão e de Nacor,* habitavam do ou-
tro lado do rio e serviam a outros deu-
ses.* 3Mas eu tirei vosso pai Abraão do
outro lado do rio e o fiz percorrer toda
a terra de Canaã; multipliquei sua des-
cendência e lhe dei Isaac. 4A Isaac dei
Jacó e Esaú.* A Esaú dei em possessão
a montanha de Seir; mas Jacó e seus fi-
lhos desceram para o Egito. 5Enviei de-
pois Moisés e Aarão, castiguei o Egito*
com os prodígios que realizei no meio
deles e depois vos fiz sair. 6Fiz vossos
pais saírem do Egito e vós chegastes ao
mar; os egípcios perseguiram vossos
pais com carros e cavaleiros até o mar
Vermelho. 7Eles clamaram a Javé, e ele
colocou uma densa nuvem entre vós
e os egípcios; depois atirou sobre eles
o mar, que os recobriu. Vossos olhos
viram o que fiz no Egito; depois ha-
bitastes por muito tempo no deserto.
8Eu vos conduzi à terra dos amorreus*
que moravam além do Jordão; comba-
teram contra vós, mas eu os entreguei
em vossas mãos; ocupastes sua terra* e
eu os exterminei diante de vós. 9Em se-
guida surgiu Balac, filho de Sefor, rei de
Moab, para combater contra Israel. Ele
mandou chamar Balaão, filho de Beor,
para vos amaldiçoar. 10Eu, porém, não
quis ouvir Balaão; ele teve de vos aben-
çoar, e eu vos livrei de suas mãos. 11De-
pois atravessastes o Jordão e chegastes
a Jericó. Os habitantes de Jericó com-
bateram contra vós – os amorreus,* os
ferezeus, os cananeus, os heteus, os
gergeseus, os heveus e os jebuseus –
mas eu os entreguei em vossas mãos.
12Mandei a vossa frente vespas* que
expulsaram de vossa presença os dois
reis amorreus, não com tua espada,
nem com teu arco. 13Dei-vos uma ter-
ra* que não lavrastes, cidades que não
construístes e nas quais habitais, vinhas
e olivais que não plantastes e cujos fru-
tos comeis.
14Agora, pois, temei a Javé e servi-o
com integridade e sinceridade; lançai
fora os deuses* aos quais vossos pais
serviram do outro lado do rio e no
Egito, e servi a Javé. 15Todavia, se não
vos agrada servir a Javé, escolhei hoje
a quem quereis servir: se aos deuses a
quem serviram vossos pais do outro
lado do rio, ou aos deuses dos amor-
reus, em cujo país habitais. Eu e minha
casa serviremos a Javé!"

---

* **23**,14. Dt 28 | 16. Dt 4,26 | **24**,2. Gn 11,27-32 / Gn 12–24; 35,2-4 | 4. Gn 25,19-26; 27; 36,1-8; Gn 46,1-7 | 5. Êx 3-15 | 8. Nm 21,21-35; Dt 2,26-3,11 / Nm 22-24 | 11. Dt 7,1 | 12. Dt 7,20 | 13. Dt 6,10-13 | 14. Gn 35,2; Ez 20,7

† **24**,2. Terminada a conquista e a partilha da terra prometida, Israel é convidado a confirmar sua aliança com Deus em Siquém, santuário situado no centro do país e ligado à memória dos Patriarcas, Gn 33,18-20.

Compromissos do povo. 16O povo respondeu: "Longe de nós abandonar Javé para servir a outros deuses! 17Porque Javé, nosso Deus, é aquele que nos tirou, a nós e a nossos pais, da terra do Egito, da casa da servidão, que realizou diante de nossos olhos esses grandes prodígios e nos protegeu em todo o caminho que percorremos e por entre todos os povos pelos quais passamos. 18Javé expulsou de nossa frente todos os povos, inclusive os amorreus que habitavam a terra. Portanto, também nós serviremos a Javé, porque ele é nosso Deus".

19Josué disse ao povo:* "Não sereis capazes de servir a Javé, porque ele é um Deus santo, um Deus ciumento, que não suportará vossas transgressões, nem vossos pecados. 20Se abandonardes Javé para servir a outros deuses, ele se voltará contra vós, ele vos fará mal e vos consumirá, depois de vos ter feito bem". 21O povo, porém, respondeu: "Não! É a Javé que serviremos!" 22Josué disse ao povo: "Vós sois testemunhas contra vós mesmos de que escolhestes Javé para servi-lo!" Responderam: "Somos testemunhas!" 23Disse Josué: "Tirai, portanto, do meio de vós os deuses estrangeiros e orientai vosso coração para Javé, Deus de Israel!" 24O povo respondeu a Josué: "Serviremos a Javé, nosso Deus, e obedeceremos a sua voz".

25Naquele dia Josué fez em Siquém* um pacto com o povo e lhe deu leis e prescrições. 26Josué escreveu essas palavras no livro da Lei de Deus. Tomou em seguida uma grande pedra e a erigiu ali, debaixo do carvalho, junto ao santuário de Javé. 27Disse Josué a todo o povo: "Esta pedra será um testemunho contra nós, pois ela ouviu todas as palavras* que Javé nos disse; será um testemunho contra vós, a fim de que não renegueis vosso Deus". 28Em seguida Josué despediu o povo, cada um para sua herança.*

Morte de Josué. 29Depois desses acontecimentos, Josué, filho de Nun, servo de Javé,* morreu com a idade de cento e dez anos. 30Foi sepultado nos terrenos de sua propriedade em Tamnat-Sare, que fica nas montanhas de Efraim, ao norte do monte Gaás. 31Israel serviu a Javé durante toda a vida de Josué e durante toda a vida dos anciãos que sobreviveram a Josué e que tinham conhecido todos os feitos realizados por Javé em favor de Israel.

32Os ossos de José,* que os israelitas tinham trazido do Egito, foram sepultados em Siquém, na parte do campo que Jacó havia comprado dos filhos de Hemor, pai de Siquém, por cem moedas de prata, e que se tornou propriedade dos filhos de José. 33Morreu também Eleazar, filho de Aarão, e foi sepultado em Gabaá, na montanha de Efraim, cidade que haviam dado a seu filho Fineias.

* **24**,19. Lv 17,1; Dt 4,24; 6,15 | 25. Êx 15,25 | 27. Gn 12,6; 35,4; Dt 11,30; Jz 9,6 | 28. Jz 2,6 | 29. Jz 2,6-10 | 32. Gn 50,24s; Êx 13,19; Gn 33,18-20

JUÍZES

Após a morte de Josué, quando as tribos já se haviam dispersado por todo o território de Canaã, cada qual ocupando a parte que lhe fora designada, faltava ao povo um líder unanimemente aceito como houve até então. Não havia entre elas outro fator de unidade senão a fé no Deus único e a aliança do Sinai. É um tempo de transição, marcado pelas infidelidades de Israel que se deixa seduzir pelos atrativos da idolatria dos povos vizinhos. Esse pecado do povo é punido por frequentes incursões dos inimigos, que chegam a dominar os israelitas durante longos períodos. Nessa situação de desespero, o povo se recorda dos compromissos da aliança e clama a Javé por libertação. Para combater o opressor e afastar o perigo, Deus suscita um líder carismático, sob cuja chefia se reúne certo número de tribos. Esses chefes militares, doze ao todo, chamam-se "juízes", dos quais os mais conhecidos são Débora, Gedeão, Jefté e Sansão.

A história deles abrange o período que vai da morte de Josué ao nascimento de Samuel, por meio do qual será introduzida a monarquia, ou seja, do ano 1220 ao ano 1050 a.C. Os fatos são apresentados como se fossem um drama em quatro atos, que se repete várias vezes: infidelidade de Israel, castigo de Javé, clamor de Israel a Javé, vitória do povo que luta sob o comando do juiz mandado por Deus.

O livro, classificado entre os Profetas anteriores, é o único testemunho sobre aqueles cento e setenta anos e um retrato precioso do Israel pré-monárquico desorganizado e fraco para poder enfrentar um perigo comum.

O autor anônimo, que escreve lá pelos séculos VII e VI a.C., quer mostrar que a opressão, a guerra e a escravidão são um castigo causado pela infidelidade à aliança, ao passo que a vitória sobre os inimigos é uma consequência do retorno a Deus. Prega a conversão e a confiança em Javé, o Deus fiel, que salvou e pode sempre salvar o povo que segue sua lei.

I. PRÓLOGO HISTÓRICO E TEOLÓGICO (1,1–3,6)

1 Judá conquista seu território.
[1]Depois da morte de Josué, os is-
raelitas consultaram Javé, perguntando:
"Quem de nós será o primeiro a subir
para combater os cananeus?" [2]Javé res-
pondeu: "Judá subirá,* pois entreguei o
país em suas mãos!" [3]Então Judá pro-
pôs a Simeão, seu irmão: "Vem comigo
ao território que me coube por sorte e
lutemos contra os cananeus; depois eu
também irei contigo a teu território".
Simeão foi com ele. [4]Subiu, pois, Judá,
e Javé entregou-lhe nas mãos os ca-
naneus e os ferezeus, e derrotaram em
Bezec dez mil deles. [5]Encontraram em
Bezec Adonibezec, lutaram contra ele
e venceram os cananeus e os ferezeus.
[6]Adonibezec fugiu,* mas eles o perse-
guiram e prenderam, e lhe cortaram os
polegares das mãos e dos pés. [7]Então
Adonibezec exclamou: "Setenta reis,
cujos polegares das mãos e dos pés
mandei cortar, apanhavam as migalhas
debaixo de minha mesa! Assim como eu
fiz, Deus me deu a paga!" Levaram-no
para Jerusalém, onde morreu.
A situação no sul de Canaã. [8]Os fi-
lhos de Judá atacaram Jerusalém* e a
tomaram†; passaram seus habitantes
ao fio da espada e a incendiaram. [9]De-
pois, os filhos de Judá desceram para
combater os cananeus* que viviam na
região montanhosa, no Negueb e na
baixada. [10]Judá atacou os cananeus*
que habitavam em Hebron, antes cha-
mada Cariat-Arbe, e derrotou Sesai,
Aimã e Tolmai. [11]De lá marchou contra
os habitantes de Dabir,* que antes se

---

* **1**,2. 20,18 | 6. Js 10,1-27 | 8. Js 15,63; 1,21 | 9. Js 9,1; 10,40 | 10. Js 15,13-19 | 11. Js 10,36-39; 11,21s; Js 14,6; 3,9s

† **1**,8. Informação imprecisa, como também a do v. 18. Quem conquistou Jerusalém foi Davi, 2Sm 5,6-8, e as cidades filisteias – Gaza, Ascalon e Acaron – nunca pertenceram aos israelitas.

chamava Cariat-Séfer. 12Então Caleb prometeu: "Àquele que atacar e tomar Cariat-Séfer darei minha filha Acsa por esposa". 13Quem tomou a cidade foi Otoniel, filho de Cenez, irmão caçula de Caleb, e este lhe deu sua filha Acsa por esposa. 14Chegando à casa do marido, ela o incentivou a pedir ao pai dela um campo. Ela apeou do jumento, e Caleb perguntou-lhe: "Que desejas?" 15Ela respondeu: "Dá-me um presente: visto que me deste terra no Negueb, dá-me também fontes de água". Caleb deu-lhe as nascentes de cima e as de baixo.

16Os filhos de Hobab, o quenita,* sogro de Moisés, subiram junto com os filhos de Judá, da cidade das Palmeiras para o deserto de Judá que está ao sul de Arad, e vieram habitar com o povo. 17Depois, Judá marchou com seu irmão Simeão e venceram os cananeus residentes em Sefat, e votaram a cidade ao extermínio; por isso ela foi chamada Horma. 18Judá tomou ainda Gaza e seu território, Ascalon e seu território, Acaron e seu território. 19Javé estava com Judá, e ele conquistou a região montanhosa; mas não conseguiu expulsar os habitantes da planície, porque tinham carros de ferro. 20Segundo a ordem de Moisés, Hebron foi dada a Caleb, o qual expulsou de lá os três filhos de Enac. 21Os filhos de Benjamim não expulsaram os jebuseus que habitavam em Jerusalém; por isso os jebuseus habitam em Jerusalém com os filhos de Benjamim até hoje.

No centro. 22A casa de José também marchou contra Betel, e Javé esteve com eles. 23A casa de José mandou explorar Betel,* que antes se chamava Luza. 24Os exploradores viram um homem que saía da cidade e lhe disseram: "Indica-nos uma entrada para a cidade e te trataremos com bondade". 25Mostrou-lhes então uma entrada da cidade, e eles a passaram a fio de espada,* mas deixaram em liberdade aquele homem e toda a sua família. 26Ele emigrou para o país dos heteus, onde fundou uma cidade à qual chamou Luza, nome que tem ainda hoje.

27Manassés não desalojou os habitantes de Betsã e de seus arredores, nem os de Tanac* e de seus arredores, nem os de Dor e de seus arredores, nem os de Jeblaam e de seus arredores, nem os de Meguido e de seus arredores: os cananeus conseguiram permanecer nessa região. 28Mas quando Israel se tornou mais forte, sujeitou os cananeus a trabalhos forçados,* mas não os expulsou.

29Igualmente Efraim não expulsou os cananeus que habitavam em Gazer, e os cananeus permaneceram em Gazer no meio deles†.

No norte. 30Tampouco Zabulon expulsou os habitantes de Cetron* e de Naalol; assim os cananeus continuaram a morar no meio deles, porém foram sujeitos a trabalhos forçados. 31Aser não expulsou os habitantes de Aco,* nem os de Sidônia, de Maaleb, de Aczib, de Helba, de Afec e de Roob; 32os aseritas habitaram no meio dos cananeus, moradores da região, porque não os expulsaram. 33Neftali não expulsou os habitantes de Bet-Sames, nem os de Bet-Anat, e habitou no meio dos cananeus, moradores daquela região; mas sujeitou a trabalhos forçados os habitantes de Bet-Sames* e de Bet-Anat.

34Os amorreus empurraram* os filhos de Dã para as montanhas, não os deixando descer para a planície, 35e continuaram morando em Ar-Hares, em Aialon e em Salebim; mas depois, quando o poder da casa de José se tornou mais forte, foram submetidos a trabalhos forçados. 36O território dos amorreus estendia-se desde a subida de Acrabim* e de Sela para cima.

2 **Oráculo de Boquim.** 1O anjo de Javé subiu de Guilgal a Boquim* e disse: "Eu vos fiz sair do Egito e vos introduzi na terra que jurei dar a vossos

---

* **1**,16. Nm 24,21; 10,29-32; Êx 2,16 | 23. Js 7,2 | 25. Js 6,23 | 27. Js 17,11-13 | 28. Js 16,10 | 30. Js 19,10-15 | 31. Js 19,24-31 | 33. Js 19,32-38 | 34. Js 19,47; 17,1 | 36. Js 15,3; Nm 34,3-5 | **2**,1. 6,7-10 / Dt 7,1-5

† **1**,29. Conforme o livro de Josué, a conquista da terra foi rápida, total e obra conjunta de todas as tribos; as notícias do livro dos Juízes são mais próximas da realidade.

pais, dizendo: 'Jamais romperei minha
aliança* convosco; 2quanto a vós, não fa-
reis aliança com os habitantes deste país,
mas destruireis seus altares'. Vós, porém,
não obedecestes a minha voz. Por que
fizestes isto? 3Portanto, agora eu digo:
Não os expulsarei de vossa frente; serão
vossos adversários e seus deuses serão
uma tentação para vós". 4Quando o anjo
de Javé acabou de dizer essas palavras
a todos os israelitas, o povo começou
a chorar em voz alta. 5Por isso deram
àquele lugar o nome de Boquim,* e lá
ofereceram sacrifícios a Javé.

Morte de Josué. 6Josué despediu o
povo, e os israelitas foram cada qual para
sua herança, a fim de tomar posse da ter-
ra. 7O povo serviu a Javé durante toda a
vida de Josué e durante toda a vida dos
anciãos* que sobreviveram a Josué e que
tinham conhecido todos os feitos reali-
zados por Javé em favor de Israel. 8Josué,
filho de Nun, servo de Javé, morreu* com
a idade de cento e dez anos. 9Foi sepul-
tado nos terrenos de sua propriedade
em Tamnat-Hares, que fica nas monta-
nhas de Efraim, ao norte do monte Gaás.
10Quando toda aquela geração foi reu-
nida a seus pais, surgiu depois dela ou-
tra geração que não conhecia Javé, nem
tampouco os prodígios que ele fizera em
favor de Israel.

Pecado e castigo dos israelitas. 11Os
israelitas fizeram o que desagrada a
Javé e serviram aos ídolos de Baal†.
12Abandonaram Javé, Deus de seus
pais, que os tinha tirado do Egito, e se-
guiram outros deuses, dentre os deu-
ses dos povos a seu redor. Prostraram-
-se diante deles, provocando a ira de
Javé. 13Apartaram-se de Javé, para ser-
virem a Baal e às astartes.

14Por isso inflamou-se contra Israel a
ira de Javé, e ele os entregou nas mãos
de salteadores, que os saquearam. Ele
os abandonou nas mãos de seus ini-
migos ao redor, de sorte que já não
puderam* resistir a seus adversários.
15Em todas as suas expedições, a mão
de Javé intervinha contra eles para lhes
fazer mal, como Javé mesmo lhes havia
dito e jurado; e era extrema a aflição
deles.

Ofício dos juízes. 16Então Javé susci-
tava juízes que os livravam do poder
de seus salteadores. 17Mas nem a seus
juízes obedeciam, pois continuavam
a prostituir-se com outros deuses e
os adoravam. Depressa se afastavam
do caminho percorrido por seus pais,
que obedeciam aos mandamentos de
Javé; mas eles não procederam assim.
18Quando Javé lhes suscitava juízes,
Javé estava com o juiz e os livrava da
opressão dos inimigos durante toda a
vida do juiz, porque Javé se compa-
decia de seus gemidos por causa dos
que os perseguiam e afligiam. 19Mas
quando morria o juiz, reincidiam e se
corrompiam mais do que seus pais,
seguindo outros deuses para servi-los
e adorá-los; não renunciavam a suas
obras nem a sua conduta obstinada†.

Os cananeus vizinhos dos hebreus.
20Por isso acendeu-se contra Israel a ira
de Javé, que disse: "Já que esta geração
violou a aliança que eu fiz com seus
pais e não obedeceu a minha voz, 21eu
também não expulsarei da frente deles
nenhuma das nações que Josué deixou
quando morreu, 22a fim de, por meio
delas, submeter Israel à prova, para ver
se vai seguir ou não o caminho de Javé,
como fizeram seus pais. 23Foi por isso
que Javé deixou aquelas nações, não as
expulsando logo nem as entregando
nas mãos de Josué.

3 1São estas as nações que Javé
deixou ficar para pôr à prova, por
meio delas, os israelitas, isto é, todos
aqueles que não sabiam de todas as

---

* **2**,5. 20,26 | 7. Js 24,31 | 8. Js 24,29s; Js 19,50 | 14. Dt 28,15-46

† **2**,11. Baal, que quer dizer "senhor", é a divindade suprema dos cananeus, o deus do solo e da fertilida-de. Astarte, v. 13, é a deusa cananeia do amor e da fecundidade. Aserá, 3,7, era uma deusa semelhante, cujo símbolo era um tronco sagrado. | 19. A história desse período se resume em quatro momentos que se repetem: o povo peca por idolatria, é castigado com a opressão dos inimigos, implora o socorro divino e Deus lhe manda um libertador, um juiz, líder carismático local.

guerras de Canaã – 2ele queria ape-
nas que as gerações dos israelitas co-
nhecessem e aprendessem a guerra;*
aqueles pelo menos que não a tinham
visto antes –: 3os cinco principados dos
filisteus, todos os cananeus, os sidô-
nios e os heveus que habitavam nas
montanhas do Líbano, desde o monte
Baal-Hermon até a entrada de Emat.
4Essas nações serviram para provar
os israelitas e ver se obedeceriam aos
mandamentos que Javé havia prescrito
a seus pais por meio de Moisés. 5Assim,
os israelitas habitaram no meio dos
cananeus,* dos heteus, dos amorreus,
dos ferezeus, dos heveus e dos jebu-
seus. 6Tomaram por esposas as filhas
deles e deram aos filhos deles as pró-
prias filhas, e serviram a seus deuses.

II. HISTÓRIA DOS JUÍZES (3,7–16,31)

Otoniel. 7Os israelitas fizeram o que
desagrada a Javé;* esqueceram Javé,
seu Deus, e serviram aos ídolos de Baal
e às aserás. 8Acendeu-se contra Israel a
ira de Javé, que os entregou nas mãos
de Cusã-Rasataim, rei de Aram Naa-
raim, e os israelitas estiveram sujeitos a
Cusã-Rasataim durante oito anos. 9Os
israelitas clamaram a Javé, e ele susci-
tou-lhes um libertador que os salvou:
Otoniel,* filho de Cenez, irmão caçula
de Caleb.

10O espírito de Javé esteve sobre
ele†, e ele julgou Israel e partiu para a
guerra. Javé entregou em suas mãos
Cusã-Rasataim, rei de Aram, e seu po-
der prevaleceu sobre Cusã-Rasataim.*
11O país ficou em paz durante quaren-
ta anos. Depois Otoniel, filho de Cenez,
morreu.

Aod. 12Os israelitas voltaram a fazer o
que desagrada a Javé. E Javé deu po-
der a Eglon, rei de Moab, contra os
israelitas, porque haviam feito o que
desagrada a Javé. 13Eglon reuniu con-
sigo os amonitas e os amalecitas, mar-
chou contra Israel, derrotou-o e tomou
a cidade das Palmeiras. 14Os israelitas
serviram a Eglon, rei de Moab, durante
dezoito anos.

15Então os israelitas clamaram a Javé,
e Javé lhes suscitou um libertador: Aod,
o canhoto, filho de Gera, benjaminita.
Por meio dele os israelitas enviaram o
tributo a Eglon, rei de Moab. 16Aod fez
para si uma espada de dois gumes, de
um côvado de comprimento, e a cingiu
debaixo da roupa, do lado direito. 17En-
tregou o tributo a Eglon, rei de Moab,
que era um homem muito gordo. 18De-
pois de entregar o tributo, despediu as
pessoas que o haviam trazido. 19Mas
quando chegou aos ídolos que estão
perto de Guilgal, ele voltou para trás e
disse: "Tenho uma coisa a dizer-te em
segredo, ó rei!" O rei disse: "Silêncio!"
Todos os que estavam com ele saíram
de sua presença. 20Aod entrou; o rei
estava sentado na sala de cima, bem
fresca, reservada a ele. Aod disse-lhe:
"Tenho uma palavra de Deus para ti!"
Eglon levantou-se da cadeira. 21Então
Aod estendeu a mão esquerda, puxou
a espada que levava do lado direito e
cravou-a no ventre do rei. 22Até o cabo
penetrou com a lâmina e sobre esta
se fechou a gordura, pois Aod não re-
tirou do ventre a espada que saía por
detrás. 23Aod saiu para o pórtico, fe-
chou atrás de si as portas da sala de
cima e as trancou. 24Depois que ele
saiu, os servos vieram olhar e, encon-
trando trancadas as portas da sala de
cima, disseram: "Com certeza ele está
fazendo suas necessidades na sala de
verão". 25Esperaram tanto, que ficaram
preocupados; e como ele não abrisse
as portas da sala, pegaram a chave e
abriram: encontraram seu senhor es-
tendido morto no chão.

26Enquanto eles esperavam, Aod
fugiu, passou pelos ídolos e chegou
são e salvo a Seira. 27Ao chegar, man-
dou tocar as trombetas na montanha

* **3**,2. Js 13,3-6 | 5. Dt 7,1 | 7. 2,13 | 9. 1,13 | 10. 3,30; 5,31; 8,28; Js 11,23; 14,15

† **3**,10. O espírito de Javé, mediante o dom da fortaleza, assiste os juízes em sua função libertadora, 6,34; 11,29; 13,25.

de Efraim, e os israelitas desceram da montanha com ele à frente. 28Ele disse: "Segui-me, pois Javé entregou vossos inimigos moabitas em vossas mãos". Desceram atrás dele e se apoderaram dos vaus do Jordão onde há passagem para Moab, e não deixaram ninguém passar. 29Naquele dia derrotaram os moabitas, uns dez mil homens, todos robustos e valentes: ninguém escapou. 30Assim, naquele dia, Moab foi humilhado sob a mão* de Israel. E a terra ficou em paz durante oitenta anos.

Samgar. 31Depois de Aod surgiu Samgar,* filho de Anat, que matou seiscentos filisteus com um aguilhão de bois. Ele também salvou Israel.

4 **Débora e Barac.** 1Depois que morreu Aod, os israelitas recomeçaram a fazer o que desagrada a Javé, 2e Javé os entregou nas mãos de Jabin,* rei de Canaã, que reinava em Hasor. O general de seu exército chamava-se Sísara e morava em Haroset-Goim. 3Os israelitas clamaram a Javé, porque Sísara tinha novecentos carros de ferro e fazia vinte anos que oprimia duramente os israelitas. 4Naquele tempo era juíza em Israel uma profetisa, Débora, mulher de Lapidot. 5Atendia debaixo da palmeira de Débora, entre Ramá e Betel, na montanha de Efraim, e os israelitas vinham a ela para resolver suas questões. 6Ela mandou chamar* Barac, filho de Abinoem, de Cedes em Neftali, e lhe disse: "Javé, Deus de Israel, deu esta ordem: 'Vai, marcha para o monte Tabor e leva contigo dez mil homens dos filhos de Neftali e de Zabulon.* 7Na torrente do Quison, eu atrairei a ti Sísara, o general do exército de Jabin, com seus carros e suas tropas e o entregarei em tuas mãos'". 8Mas Barac respondeu-lhe: "Se vieres comigo, eu irei; mas se não vieres comigo, não irei". 9Ela respondeu-lhe: "Sim, irei contigo;* mas não será tua a honra da expedição que realizas, porque é nas mãos de uma mulher que Javé entregará Sísara". Débora levantou-se e foi para Cedes com Barac. 10Barac chamou Zabulon e Neftali a Cedes e subiram com ele dez mil homens, e também Débora o acompanhou.

11Héber, o quenita,* havia se separado dos quenitas, descendentes de Hobab, sogro de Moisés, e havia armado sua tenda perto do carvalho de Saananim, perto de Cedes. 12Anunciaram a Sísara que Barac, filho de Abinoem, subira ao monte Tabor; 13então Sísara reuniu todos os seus carros, novecentos carros de ferro, e toda a gente que estava com ele, desde Haroset-Goim até a torrente do Quison. 14Então Débora disse a Barac: "Levanta-te,* porque este é o dia em que Javé entregou Sísara em tuas mãos! Porventura Javé não saiu a tua frente?" Barac desceu do monte Tabor seguido dos dez mil homens. 15Javé desbaratou Sísara com todos os seus carros e com todo o seu exército, que foi passado ao fio da espada diante de Barac. Sísara desceu do carro e fugiu a pé. 16Barac perseguiu os carros e o exército até Haroset-Goim. Todo o exército de Sísara foi passado a fio de espada; ninguém escapou.

Sísara é morto por Jael. 17Entretanto Sísara tinha fugido a pé para a tenda de Jael, mulher de Héber, o quenita, pois havia paz entre Jabin, rei de Hasor, e a casa de Héber, o quenita. 18Jael saiu ao encontro de Sísara e lhe disse: "Entra, meu senhor, entra em minha morada; não temas". Ele entrou em sua tenda e ela o cobriu com um manto. 19Disse-lhe ele: "Dá-me, por favor, um pouco de água para beber, pois estou com sede". Ela abriu o odre de leite, deu-lhe de beber e o cobriu de novo. 20Ele disse: "Fica à porta da tenda, e se vier alguém te perguntar: 'Há alguém aqui?' responde-lhe: 'Não'". 21Então Jael, mulher de Héber, tomou um cravo da tenda e, pegando um martelo, chegou perto dele devagarinho e pregou-lhe na testa o cravo, que penetrou até o chão, enquanto Sísara estava num profundo sono e cansado; e

* **3**,30. 3,11 | 31. 5,6; 2Sm 23,11s | **4**,2. Js 11,1 | 6. Hb 11,32 / Sl 83,10 | 9. 4,14; Gn 16,7 | 11. Nm 24,21; | Jz 1,16 | 14. 4,8; 5,19

assim morreu. [22]Enquanto Barac perse-
guia Sísara, Jael saiu-lhe ao encontro e
lhe disse: "Vem e te mostrarei o homem
que procuras". Entrou com ela e viu Sí-
sara no chão, morto, com o cravo pre-
gado na testa. [23]Assim Deus humilhou,
naquele dia, Jabin, rei de Canaã, diante
dos israelitas. [24]E a mão dos israelitas foi
se tornando sempre mais pesada sobre
Jabin, rei de Canaã, até que o extermi-
naram.

5 **Cântico de Débora.** [1]Naquele dia,
Débora cantou este cântico† com
Barac, filho de Abinoem:

[2]"Porque os chefes assumiram o comando em Israel,
porque o povo se ofereceu espontaneamente, bendizei a Javé!
[3]Ouvi, ó reis, escutai, ó príncipes!
Eu, sim, eu cantarei a Javé,
celebrarei a Javé, Deus de Israel!*
[4]Senhor, quando saístes de Seir,*
quando avançastes dos campos de Edom,*
a terra estremeceu, os céus se dissolveram,*
as nuvens se desfizeram em água;*
[5]derreteram-se os montes*
na presença de Javé, o do Sinai;
diante de Javé, Deus de Israel.
[6]Nos dias de Samgar, filho de Anat,
nos dias de Jael, não havia mais caravanas,*
e os que viajavam seguiam caminhos tortuosos.
[7]Faltavam chefes em Israel, não os havia,
até que surgiste, ó Débora,
surgiste como mãe em Israel.
[8]Escolheram novos deuses,*
e a guerra estava às portas;
não se via nem escudo, nem lança,
para quarenta mil em Israel!
[9]Meu coração está com os chefes de Israel,
os que se ofereceram espontaneamente entre o povo:
bendizei a Javé!
[10]Vós que cavalgais brancas jumentas,
ou que sentais sobre tapetes,
e vós que andais pelo caminho, considerai.
[11]Longe do ruído dos arqueiros,
junto aos bebedouros,
celebrem-se as obras justas de Javé,
as obras justas para com seus camponeses em Israel.
Então o povo de Javé desceu às portas.
[12]Desperta, desperta, Débora!
Desperta, desperta, entoa um cântico!
Levanta-te, Barac,
e conduz teus prisioneiros, filho de Abinoem!
[13]Então desceu o resto dos poderosos,
e o povo de Javé veio a mim com os valentes.
[14]De Efraim vieram os radicados em Amalec,
atrás de ti, Benjamim, entre tua gente.
De Maquir desceram os chefes
e de Zabulon os que seguram o bastão do comando.*
[15]Os príncipes de Issacar foram com Débora;
como Issacar, Barac se lança a pé na planície.
Nos clãs de Rúben,
são grandes as deliberações.
[16]Por que ficas entre os currais,
ouvindo os balidos do rebanho?
Nos clãs de Rúben,
são grandes as deliberações.
[17]Galaad ficou do outro lado do Jordão,
e Dã, por que ficou junto dos navios?
Aser assentou-se na praia do mar*
e permaneceu nos seus portos.
[18]Zabulon é um povo que arriscou a vida,
como Neftali, nas alturas do campo.

---

* **5**,3. Dt 32,2 | 4. Dt 33,2 / Sl 68,8s / Êx 19,16 / Is 64,2 | 5. Sl 97,5 | 6. 3,31 | 8. 1Sm 13,19-22 | 14. Nm 32,29; Js 17,1 | 17. Js 19,40

† **5**,1. O belo cântico de Débora é considerado o documento mais antigo da Bíblia hebraica. Exalta o Senhor do universo que vence o inimigo e celebra a unidade das tribos de Israel.

[19]Vieram os reis e combateram,
os reis de Canaã combateram*
em Tanac, junto às águas de Meguido;*
mas não levaram despojo de prata.
[20]Do céu as estrelas combateram,*
de suas órbitas lutaram contra Sísara.
[21]A torrente do Quison, a antiga torrente os arrastou;
a torrente do Quison!
Avança, minha alma, com poder!
[22]Então ressoaram os cascos dos cavalos
pelo contínuo galope de seus corcéis.
[23]"Amaldiçoai Meroz", diz o anjo de Javé,
"amaldiçoai seus habitantes,
pois não vieram em auxílio de Javé,
em auxílio de Javé entre os heróis".
[24]Seja bendita Jael entre as mulheres!*
A mulher de Héber, o quenita,
seja bendita entre as mulheres que moram em tendas.
[25]Deu leite ao que lhe pediu água,
numa taça de nobres ofereceu-lhe nata.
[26]Pegou com a mão esquerda o cravo
e com a direita o martelo do operário;
golpeou Sísara, quebrou-lhe a cabeça,
partiu-lhe e atravessou-lhe a testa.
[27]Aos pés dela se encurvou, caiu e ficou estirado;
aos pés dela se encurvou, caiu
onde se encurvou, aí caiu morto.
[28]A mãe de Sísara olha pela janela
e grita atrás da veneziana:
'Por que o carro dele demora a chegar?
Por que é tão vagaroso o andar de seus carros?'
[29]As mais sábias de suas damas lhe respondem,
e ela repete a si própria as palavras:
[30]'Certamente acharam despojos e os repartem:
uma ou duas jovens para cada guerreiro,
roupas coloridas para Sísara,
despojos de roupas coloridas e bordadas,
de roupas coloridas e bordadas de ambos os lados
para os ombros do vencedor'.
[31]Assim pereçam, Javé, todos os vossos inimigos!†
Mas os que vos amam sejam como o sol,*
quando se levanta em sua força!"
E o país teve descanso durante quarenta anos.

6 **Madianitas oprimem Israel.** [1]Os
israelitas fizeram o que desagrada
a Javé, e Javé os entregou em poder
dos madianitas durante sete anos. [2]A
mão dos madianitas pesou duramente
sobre Israel. Por medo deles os israelitas se serviram das grutas* que existem
nos montes, das cavernas e das fortificações. [3]Cada vez que os israelitas semeavam os cereais, subiam contra eles
os madianitas, os amalecitas e os filhos
do oriente; [4]acampavam defronte deles e devastavam os produtos do solo
até Gaza,* não deixando em Israel sustento algum: nem ovelhas, nem bois,
nem jumentos. [5]Vinham com seus rebanhos e suas tendas, e chegavam tão
numerosos como gafanhotos. Eles e
seus camelos eram inumeráveis e invadiam o país para devastá-lo. [6]Por causa
dos madianitas Israel ficou reduzido a
grande miséria, e os israelitas clamaram a Javé.

[7]Quando os israelitas clamaram* a
Javé por causa dos madianitas, [8]Javé
enviou-lhes um profeta que lhes disse: "Assim fala Javé, Deus de Israel: 'Eu
vos tirei do Egito e vos fiz sair da casa
da servidão. [9]Libertei-vos da mão dos
egípcios e de todos os vossos opressores. Expulsei-os da vossa frente e vos
dei a terra deles. [10]Eu vos disse também: Eu sou Javé, vosso Deus; não ve-

* **5**,19. Sl 48,5 / 4,14 | 20. Js 10,10-14; 2Sm 5,24; Sl 18,14s | 24. Jt 13,18; Lc 1,42 | 31. 2Sm 23,3-7; Dn 12,3; Mt 13,43 | **6**,2. 1Sm 13,6 | 4. Lv 26,16; Dt 28,31s | 7. 2,1-5

† **5**,31. Os inimigos de Israel são inimigos do próprio Javé, por isso devem morrer, Sl 73,27.

nereis os deuses dos amorreus em cuja terra habitais! Vós, porém, não obedecestes a minha voz'".

Missão de Gedeão. [11]Veio o anjo de Javé e sentou-se debaixo do carvalho de Efra,* que pertencia a Joás de Abiezer, quando Gedeão, seu filho, estava malhando o trigo no lagar†, para escondê-lo dos madianitas. [12]O anjo de Javé apareceu-lhe e disse: "Javé está contigo, valente guerreiro!" [13]Gedeão respondeu: "Por favor, meu senhor, se Javé está conosco, por que nos aconteceu tudo isso? Onde estão todos os prodígios que nossos pais nos contaram, dizendo: 'Javé não nos tirou do Egito?' Mas agora Javé nos abandonou e nos entregou nas mãos dos madianitas". [14]Javé voltou-se para ele* e disse: "Vai com esta tua força. Tu livrarás Israel das mãos dos madianitas. Não sou eu que te envio?" [15]Respondeu Gedeão: "Por favor, meu senhor, como poderei salvar Israel? Minha família é a mais humilde de Manassés, e eu sou o menor na casa de meu pai". [16]Disse-lhe Javé: "Eu estarei contigo, e tu derrotarás os madianitas como se fossem um só homem". [17]Gedeão lhe disse: "Se encontrei graça* a vossos olhos, dai-me um sinal* de que sois vós que falais comigo. [18]Peço-vos que não vos afasteis daqui até que eu volte a vós, traga minha oferenda e a coloque a vossa frente". Ele respondeu: "Ficarei até voltares".

[19]Gedeão foi, preparou um cabrito e, com um efá de farinha, fez pães ázimos; pôs a carne num cesto e o caldo numa panela, levou-os para debaixo do carvalho e os apresentou [20]ao anjo de Javé, que lhe disse: "Toma a carne e os pães ázimos, coloca-os sobre esta pedra e derrama o caldo por cima". Ele assim o fez. [21]Então o anjo de Javé estendeu a vara que tinha na mão e tocou a carne e os pães ázimos. Da rocha saiu um fogo que consumiu a carne e os pães ázimos;* e o anjo de Javé desapareceu de sua vista. [22]Gedeão percebeu que era o anjo de Javé e exclamou: "Ai de mim, Senhor Javé! Pois vi o anjo de Javé face a face!" [23]Javé lhe disse: "A paz esteja contigo! Não temas, não morrerás"†. [24]Gedeão ergueu ali um altar e chamou-o "Javé é paz"; ele existe* até o dia de hoje em Efra de Abiezer.

Gedeão destrói o altar de Baal. [25]Naquela mesma noite Javé disse a Gedeão: "Toma o touro de teu pai, o segundo touro de sete anos; destrói o altar de Baal* que pertence a teu pai e derruba o tronco idolátrico que está perto dele. [26]Edifica um altar a Javé, teu Deus, no alto desta rocha, em lugar conveniente; toma depois o segundo touro e oferece-o em holocausto sobre a lenha do tronco idolátrico que vais derrubar". [27]Gedeão tomou consigo dez homens dentre seus servos e fez como Javé lhe ordenara; mas, por medo da família de seu pai e do povo da cidade, não o fez de dia, mas sim de noite. [28]Na manhã seguinte, quando os habitantes da cidade se levantaram, viram que estava destruído o altar de Baal, derrubado o tronco idolátrico que ficava perto dele e que o segundo touro tinha sido imolado sobre o altar recém-construído. [29]Perguntaram-se uns aos outros: "Quem fez isto?" Depois de indagar e procurar, disseram: "Foi Gedeão, filho de Joás, que fez isto". [30]Então a gente da cidade disse a Joás: "Traze para fora teu filho para que seja morto, pois destruiu o altar de Baal e cortou o tronco sagrado que ficava perto dele". [31]Mas Joás respondeu* a todos os que se puseram contra ele: "Quereis ser os defensores da causa de Baal? Quereis vir em seu auxílio? Quem lutar por Baal será morto antes do amanhecer. Se ele é deus, defenda ele mesmo sua causa, porque foi demolido seu altar". [32]Naquele dia deram a Gedeão o nome de

---

* **6**,11. Gn 16,7; Js 17,2; Nm 26,30 | 14. Êx 3,10-12 | 17. Êx 4,1-9 / 1Sm 14,10 | 21. Lv 9,24; 1Rs 18,38; 1Cr 21,26 | 24. Js 22,34 | 25. Êx 34,13 | 31. Dt 17,2-5 | 33. 3,10

† **6**,11. Lagar é onde se espremem as uvas para fazer vinho. Em suas incursões, os madianitas roubavam os produtos das colheitas. | **6**,23. Pensavam que morreria quem visse a Deus, Dt 5,26; Jz 13,22.

Jerobaal, porque se dizia: "Que Baal se defenda contra ele, porque demoliu seu altar".

Invasão dos madianitas. Prodígio do velo. 33Todos os madianitas, os amalecitas e os filhos do oriente se aliaram, atravessaram o Jordão e acamparam na planície* de Jezrael. 34Então o espírito de Javé revestiu Gedeão, que tocou a trombeta, e o clã de Abiezer foi convocado a segui-lo. 35Enviou mensageiros* a todo o Manassés, que também foi convocado a segui-lo. Mandou mensageiros às tribos de Aser, Zabulon e Neftali, que igualmente subiram a seu encontro.*

36Gedeão disse a Deus: "Se realmente quereis salvar Israel por meu intermédio, como dissestes, 37eu porei um velo de lã na eira; se somente o velo se cobrir de orvalho, ficando seco todo o terreno, saberei que libertareis Israel por meu intermédio, como dissestes". 38E assim aconteceu: na manhã seguinte levantou-se, apertou o velo, e com o orvalho que espremeu dele encheu uma bacia. 39Gedeão disse ainda a Deus: "Não vos irriteis contra mim se vos falo mais uma única vez. Permiti, por favor, que eu faça mais uma vez a prova do velo: que somente o velo fique enxuto e haja orvalho no terreno todo". 40E Deus assim fez naquela noite: somente o velo ficou enxuto e sobre o terreno todo havia orvalho.

7 **Escolha dos trezentos guerreiros.** 1Jerobaal, que é o mesmo Gedeão, e todo o povo que estava com ele, levantaram-se cedo e foram acampar perto da fonte de Harod; o acampamento dos madianias ficava ao norte do seu, ao pé da colina de Moré, no vale. 2Então Javé disse a Gedeão: "O povo que está contigo é numeroso demais para que eu entregue os madianitas em suas mãos. Assim Israel poderia gloriar-se* a minhas custas†, dizendo: 'Foi minha mão que me salvou!' 3Proclama o seguinte aos ouvidos do povo: 'Quem tem medo e treme, volte para trás e retire-se da montanha de Galaad'". Regressaram vinte e dois mil homens do povo, restando dez mil. 4Javé disse a Gedeão: "Ainda há gente demais. Faze-os descer à água e ali os porei à prova para ti. Aquele de quem eu disser: 'Este irá contigo', ele te seguirá; e todo aquele de quem eu te disser: 'Este não irá contigo', ele não irá". 5Gedeão fez o povo descer à água; e Javé lhe disse: "Todos aqueles que lamberem a água com a língua, como faz o cão, tu os porás de um lado; e todos aqueles que se ajoelharem para beber, tu os porás do outro lado". 6O número dos homens que lamberam a água, levando-a à boca com a mão, foi de trezentos; todo o restante do povo se ajoelhou para beber. 7Então Javé disse a Gedeão: "É com esses trezentos homens que lamberam a água que vos libertarei, entregando os madianitas em tuas mãos. Que todo o grosso do povo volte para suas casas". 8A tropa tomou nas mãos as provisões e suas trombetas, e Gedeão despediu todos os outros israelitas cada qual para sua tenda, ficando com os trezentos homens. O acampamento dos madianitas estava embaixo, no vale.

O sonho do madianita. 9Naquela noite Javé disse a Gedeão: "Levanta-te e desce ao acampamento porque o entrego em tuas mãos. 10Se, porém, tens medo de descer, desce ao acampamento com teu servo Fara 11e escuta o que eles dizem; tu então te sentirás encorajado e atacarás o acampamento". Desceu com Fara, seu servo, até os postos avançados dos homens armados do acampamento. 12Os madianitas, os amalecitas e todos os filhos do oriente estavam espalhados pelo vale, numerosos como gafanhotos, e seus camelos eram inumeráveis como a areia na praia do mar. 13Quando Gedeão chegou,* um homem estava contando um sonho a

---

* **6**,35. 3,27; 7,23s / 6,17 | **7**,2. Dt 8,17s; Am 6,13; Dt 20,8; 1Mc 3,56 | 13. 6,5; Êx 10,14s; Jr 46,23; Jl 1,6s

† **7**,2. Com um número reduzido de combatentes, a vitória será mais claramente obra de Deus. | 13. O pão de cevada representa Israel, povo sedentário, e a tenda representa os madianitas, seminômades.

seu companheiro, dizendo: "Tive um sonho: vi um pão de cevada que rolava pelo acampamento dos madianitas; quando chegou à tenda, bateu nela, derrubou-a e ela se virou de cima para baixo, ficando estendida no chão"+. [14]O companheiro disse-lhe: "Isto não é outra coisa senão a espada de Gedeão, filho de Joás, o israelita. Deus entregou-lhe nas mãos os madianitas e todo o acampamento!"

Primeira vitória de Gedeão. [15]Ao ouvir a narração do sonho e sua explicação, Gedeão se prostrou; depois voltou ao acampamento de Israel e disse: "Levantai-vos, que Javé entregou em vossas mãos o acampamento dos madianitas!" [16]Repartiu os trezentos homens em três batalhões, entregou a todos eles trombetas e cântaros vazios com tochas dentro dos cântaros [17]e lhes disse: "Olhai para mim e fazei como eu; quando eu chegar à extremidade do acampamento, o que eu fizer, fazei-o vós também. [18]Quando eu tocar a trombeta com todos os que estiverem comigo, vós também tocareis as trombetas em volta de todo o acampamento e gritareis: 'Por Javé e por Gedeão!'"

[19]Gedeão e os cem homens que o acompanhavam chegaram à extremidade do acampamento no início da vigília da meia-noite, quando acabavam de se trocar as sentinelas; tocaram as trombetas e quebraram os cântaros que tinham nas mãos. [20]Então os três batalhões tocaram as trombetas e quebraram os cântaros; seguravam com a mão esquerda as tochas e com a direita as trombetas, para tocá-las, e gritaram: "Espada por Javé e por Gedeão!" [21]Cada qual ficou em seu lugar, ao redor do acampamento, e todo o acampamento se pôs a correr, a gritar e a fugir. [22]Enquanto os trezentos continuavam a tocar as trombetas, Javé fez com que a espada de cada madianita se voltasse contra o próprio companheiro, em todo o acampamento, e o exército fugiu* até Bet-Seta, rumo a Serera, até a margem de Abel-Meúla, defronte de Tebat. [23]Então os israelitas de Neftali, de Aser e de todo o Manassés se reuniram e perseguiram os madianitas. [24]Gedeão enviou mensageiros por toda a montanha de Efraim para dizerem: "Descei ao encontro dos madianitas e ocupai antes deles os cursos de água e o Jordão até Bet-Bera". Todos os efraimitas se reuniram e ocuparam os cursos de água até Bet-Bera e o Jordão. [25]Capturaram os dois príncipes madianitas, Oreb e Zeb,* e mataram Oreb no rochedo de Oreb, e Zeb no lagar de Zeb. Continuaram a perseguir os madianitas e levaram as cabeças de Oreb e de Zeb a Gedeão, do outro lado do Jordão.

8

Murmurações contra Gedeão. [1]Os efraimitas disseram* a Gedeão: "Que é isto que nos fizeste, não nos chamando quando foste combater contra os madianitas?" E discutiram duramente com ele. [2]Mas ele lhes disse: "O que eu fiz em comparação convosco? Não vale mais o resto das uvas de Efraim do que a vindima de Abiezer? [3]Foi em vossas mãos que Javé pôs os príncipes dos madianitas, Oreb e Zeb; que pude fazer em comparação convosco?" Diante dessas palavras o ressentimento deles se aplacou.

[4]Gedeão e os trezentos homens chegaram ao Jordão e o atravessaram, continuando a perseguição, apesar de cansados. [5]Disse ele aos habitantes de Sucot: "Dai, por favor, pão aos homens que me acompanham, pois estão extenuados, e estou perseguindo Zebá e Sálmana, reis de Madiã". [6]Mas os chefes de Sucot responderam: "Acaso já estão em teu poder Zebá e Sálmana, para que tenhamos de dar pão a tuas tropas?" [7]Gedeão respondeu: "Pois bem, quando Javé tiver posto Zebá e Sálmana em minhas mãos, eu vos açoitarei com espinhos e cardos do deserto". [8]De lá subiu para Fanuel e falou aos moradores do mesmo modo; eles lhe responderam como os de Sucot. [9]Ele disse também aos habitantes

* **7**,22. 2Cr 24,23 | 25. Sl 83,12 | **8**,1. 6,35; 7,24

de Fanuel: "Quando voltar são e salvo,
destruirei esta torre".

Derrota e morte de Zebá e Sálmana.
[10]Zebá e Sálmana estavam em Carcar
com seu exército, uns quinze mil ho-
mens, todos os sobreviventes de todo
o exército dos filhos do oriente, pois
tinham sido mortos cento e vinte mil
soldados. [11]Gedeão subiu pelo cami-
nho dos nômades, a leste de Nobe e
de Jegbaá, e derrotou o acampamento
que se julgava em segurança. [12]Zebá
e Sálmana escaparam, mas Gedeão os
perseguiu e capturou esses dois reis
madianitas, Zebá e Sálmana, e desba-
ratou todo o exército. [13]Depois, Ge-
deão, filho de Joás, voltou da batalha
pela subida de Hares; [14]prendeu um ra-
paz de Sucot para interrogá-lo, e este
lhe deu por escrito os nomes dos che-
fes e dos anciãos de Sucot: setenta e
sete homens. [15]Gedeão se apresentou
aos habitantes de Sucot e lhes disse:
"Aqui estão Zebá e Sálmana, a respei-
to dos quais me insultastes, dizendo:
'Acaso já estão em teu poder Zebá e
Sálmana, para que demos pão a teus
homens cansados?'" [16]Tomando os an-
ciãos da cidade, castigou os homens de
Sucot com os espinhos e os cardos do
deserto. [17]Destruiu a torre de Fanuel
e massacrou os habitantes da cidade.
[18]Depois perguntou a Zebá e Sálmana:
"Como eram os homens que matastes
no Tabor?" Responderam: "Eram como
tu, cada um deles parecia filho de rei".
[19]Replicou ele: "Eram meus irmãos, fi-
lhos de minha mãe! Pela vida de Javé!
Se os tivésseis deixado vivos, não vos
mataria!" [20]Depois disse a Jeter, seu
primogênito: "Levanta-te, mata-os!"
Mas ele não puxou da espada, porque
sendo ainda muito novo tinha medo.
[21]Então Zebá e Sálmana disseram: "Le-
vanta-te e mata-nos tu mesmo, por-
que assim como é o homem, assim é
sua força". Gedeão levantou-se, matou
Zebá e Sálmana* e tirou os enfeites de
meias-luas que seus camelos levavam
ao pescoço.

Gedeão recusa a realeza. [22]Os israeli-
tas disseram a Gedeão: "Sê nosso go-
vernante, tu, teu filho e teu neto, pois
nos livraste do poder dos madianitas".
[23]Respondeu-lhes Gedeão: "Não sou
eu que vos governarei, nem meu filho:
é Javé que vos governará". [24]Disse-lhes
ainda Gedeão: "Gostaria de fazer-vos
um pedido: que cada um de vós me dê
um anel de seus despojos". Os inimi-
gos tinham anéis de ouro, por serem
ismaelitas. [25]Responderam* eles: "De
bom grado os daremos". Estenderam
um manto, no qual cada um lançou
um anel* de seus despojos. [26]O peso
dos anéis de ouro que Gedeão tinha
pedido foi de mil e setecentos siclos,
sem contar as meias-luas, os brincos, as
vestes de púrpura que usavam os reis
madianitas e os colares que seus ca-
melos traziam ao pescoço. [27]Com este
ouro, Gedeão fez um efod† e o colocou
em sua cidade, Efra.* Todo Israel foi lá
prostituir-se com ele, e isto veio a ser
um tropeço para Gedeão e sua família.
[28]Assim os madianitas foram humi-
lhados diante dos israelitas e não mais
levantaram a cabeça; e a terra ficou em
paz durante quarenta anos,* o tempo
que viveu Gedeão.

[29]Jerobaal, filho de Joás, foi morar em
sua casa. [30]Gedeão teve setenta filhos,
nascidos dele, pois tinha muitas mulhe-
res. [31]Sua concubina que morava em
Siquém gerou-lhe também um filho, a
quem deu o nome de Abimelec. [32]Ge-
deão, filho de Joás, morreu após uma
velhice feliz e foi sepultado no túmulo
de Joás, seu pai, em Efra de Abiezer.

[33]Depois que morreu Gedeão, os is-
raelitas voltaram a prostituir-se com os
ídolos de Baal e fizeram de Baal-Berit†
seu deus, [34]não se lembrando mais de
Javé, seu Deus, que os havia libertado

* **8**,21. 9,54; Sl 83,12 | 25. Nm 31,28s.50s / 2Sm 8,11s | 27. 17-18; 1Rs 12,26-32 | 28. 3,11

† **8**,27. A palavra efod, que em Êx 28 designa uma peça do vestuário sacerdotal, aqui indica uma estátua, um ídolo. Assim Gedeão, ao mesmo tempo que professa a soberania de Javé, não aceitando a realeza, arrasta o povo à idolatria, | 33. Baal-Berit quer dizer senhor da aliança. El Berit, 9,46, significa deus da aliança; são divindades cananeias.

de todos os inimigos ao redor. [35]Não demonstraram gratidão alguma para com a casa de Jerobaal-Gedeão* por todo o bem que tinha feito a Israel.

9 **Abimelec se faz rei.** [1]Abimelec, filho de Jerobaal, foi a Siquém à procura dos irmãos de sua mãe e assim falou a eles e a todo o clã da casa paterna de sua mãe: [2]"Dizei a todos os senhores de Siquém: 'O que é melhor para vós: que vos governem setenta homens, isto é, todos os filhos de Jerobaal, ou que vos governe um só?' Lembrai-vos que eu sou de vosso osso e de vossa carne". [3]Os irmãos de sua mãe repetiram essas palavras aos senhores de Siquém, e o coração deles se inclinou para Abimelec, porque disseram: "É nosso irmão". [4]Deram-lhe setenta siclos de prata do templo de Baal-Berit, com os quais Abimelec* contratou homens ordinários e aventureiros que o seguiram. [5]Foi à casa de seu pai, em Efra, e massacrou de uma só vez seus irmãos, os filhos de Jerobaal, setenta homens. Mas Joatão, o filho mais jovem de Jerobaal, escapou, porque tinha-se escondido. [6]Então se reuniram todos os habitantes de Siquém e toda a Bet-Melo e foram proclamar rei a Abimelec, junto do carvalho da estela* que está em Siquém.

Apólogo de Joatão. [7]Ao saber disso, Joatão* subiu ao cume do monte Garizim e gritou-lhes em alta voz: "Ouvi-me, senhores de Siquém! E que Deus vos ouça! [8]Um dia, as árvores se puseram a caminho para ungir um rei que reinasse sobre elas†. Disseram à oliveira: 'Reina sobre nós'. [9]Respondeu-lhes a oliveira: 'Hei de renunciar a meu azeite, com o qual se dá honra a Deus e aos homens,* para agitar-me acima das árvores?' [10]Então as árvores disseram à figueira: 'Vem tu, e reina sobre nós'. [11]Respondeu-lhes a figueira: 'Hei de renunciar a minha doçura e a meu fruto saboroso, para agitar-me acima das árvores?' [12]Disseram então à videira: 'Vem tu, e reina sobre nós'. [13]Respondeu, porém, a videira: 'Hei de renunciar a meu vinho, alegria de Deus* e dos homens, para agitar-me sobre as árvores?' [14]Então todas as árvores disseram ao espinheiro: 'Vem tu, e reina sobre nós!' [15]O espinheiro respondeu: 'Se realmente quereis ungir-me vosso rei, vinde e abrigai-vos a minha sombra; mas se não, que saia fogo do espinheiro e devore os cedros do Líbano!' [16]Pois bem! Se procedestes com lealdade e retidão proclamando Abimelec como rei, se agistes corretamente com Jerobaal e sua casa, se o tratastes como mereciam seus atos – [17]pois meu pai combateu por vós e, arriscando sua vida, vos libertou da opressão dos madianitas, [18]mas vos levantastes hoje contra a casa de meu pai e matastes seus filhos, setenta homens de uma só vez, e proclamastes rei dos senhores de Siquém a Abimelec, filho de uma escrava de meu pai, porque é vosso irmão –; [19]se, portanto, agistes hoje com lealdade e retidão com Jerobaal e sua casa, que Abimelec vos faça felizes e que vós o façais feliz igualmente. [20]Do contrário, que saia de Abimelec um fogo* que devore os senhores de Siquém e de Bet-Melo, e saia dos senhores de Siquém e de Bet-Melo um fogo que devore Abimelec!" [21]Depois, Joatão fugiu correndo e refugiou-se em Bera, onde habitou para escapar de seu irmão Abimelec.

Revolta contra Abimelec. [22]Abimelec governou Israel por três anos. [23]Depois, Deus suscitou um espírito de discórdia entre ele e os senhores de Siquém, e estes traíram Abimelec [24]para vingar a violência feita aos setenta filhos de Jerobaal e fazer recair o sangue deles sobre Abimelec, seu irmão, que os havia massacrado, e sobre os senhores de Siquém que o tinham ajudado a matar

---

* **8**,35. 9,16 | **9**,4. 8,33 | 6. Js 24,26 | 7. Js 8,33 | 9. Sl 104,15 | 13. Sl 104,15; Eclo 31,32-36; Pr 31,6; Ecl 9,7 | 20. 9,49

† **9**,8. Este apólogo ridiculariza a presunção de Abimelec de tornar-se rei: as árvores nobres recusam a realeza, mas ele, que é como o espinheiro, a aceita.

seus irmãos. 25 Os senhores de Siquém armaram emboscadas contra ele nos cimos dos montes, assaltando todos os que passavam por lá; e Abimelec foi informado disso.

26 Gaal, filho de Obed, passou por Siquém com seus irmãos, e os senhores de Siquém puseram nele sua confiança. 27 Saíram em campo, vindimaram suas vinhas, pisaram as uvas e fizeram festa; depois entraram no templo de seu deus, comeram e beberam, amaldiçoando Abimelec. 28 Disse Gaal, filho de Obed: "Quem é Abimelec e o que é Siquém, para estarmos a seu serviço? O próprio filho de Jerobaal e Zebul,* seu oficial, serviram outrora aos homens de Hemor, pai de Siquém; por que haveríamos de servir a Abimelec? 29 Ah! se eu tivesse este povo em minhas mãos! Expulsaria Abimelec e lhe diria: 'Aumenta teu exército e vem enfrentar-me!'" 30 As palavras de Gaal, filho de Obed, chegaram aos ouvidos de Zebul, prefeito da cidade, o qual se encheu de ira 31 e em segredo mandou mensageiros a Abimelec para dizer-lhe: "Gaal, filho de Obed, e seus irmãos vieram a Siquém e incitam a cidade contra ti. 32 Sai, pois, esta noite, tu e as tropas que estão contigo, e arma uma emboscada no campo. 33 Amanhã cedo, ao nascer o sol, levanta-te e ataca a cidade; quando Gaal e sua gente sair contra ti, faze com ele como puderes".

Abimelec derrota os siquemitas. 34 Abimelec e sua gente se levantaram durante a noite e puseram-se em emboscada contra Siquém, divididos em quatro grupos. 35 Entretanto Gaal, filho de Obed, saiu e parou diante da porta da cidade. Então Abimelec saiu da emboscada com seus soldados. 36 Vendo aquela tropa, Gaal disse a Zebul: "Há gente descendo dos cimos dos montes". Zebul respondeu: "Tu tomas por gente a sombra dos montes". 37 Gaal, porém, insistiu: "Há gente descendo do lado do Umbigo da Terra e um outro grupo que vem pelo caminho do carvalho dos Adivinhos". 38 Então Zebul lhe disse: "Onde está agora tua jactância, com a qual dizias: 'Quem é Abimelec para que o sirvamos?' Não é esse o povo que desprezavas? Sai agora e combate contra ele". 39 Gaal saiu à frente dos siquemitas e combateu contra Abimelec. 40 Mas Abimelec perseguiu Gaal, que fugiu diante dele, e muitos caíram mortos até a porta da cidade. 41 Abimelec ficou em Aruma, ao passo que Zebul expulsou Gaal e seus irmãos, impedindo-os de morar em Siquém.

Destruição de Siquém. 42 No dia seguinte, o povo saiu ao campo, e Abimelec soube disso. 43 Tomou seu exército, dividiu-o em três grupos e os pôs de emboscada no campo. Quando viu o povo saindo da cidade, levantou-se contra eles e os atacou. 44 Abimelec e o grupo que estava com ele correram e tomaram posição à entrada da porta da cidade, enquanto os outros dois grupos se lançavam sobre todos os que estavam no campo e os matavam. 45 Abimelec lutou aquele dia inteiro contra a cidade, apoderou-se dela e massacrou a população; arrasou a cidade e espalhou sal sobre ela.

46 Sabendo disso, todos os senhores de Magdol-Siquém se refugiaram na cripta do templo de El-Berit. 47 Informado de que todos os senhores* de Magdol-Siquém se haviam reunido lá, 48 Abimelec subiu ao monte Salmon com toda a gente que o acompanhava e, tomando um machado, cortou um galho de árvore, colocou-o sobre o ombro e disse aos que estavam com ele: "O que me vistes fazer, fazei-o também vós, depressa". 49 Então todos os homens cortaram galhos e seguiram Abimelec; amontoaram os galhos sobre a cripta e a incendiaram sobre os que lá se achavam. Assim morreram todos os habitantes de Magdol-Siquém, umas mil pessoas, entre homens e mulheres.

Morte de Abimelec. 50 Depois, Abimelec marchou contra Tebes, sitiou-a e tomou-a. 51 No meio da cidade havia uma torre fortificada, na qual se refu-

* **9**,28. Gn 34 | 47. 8,33; 9,4

giaram todos os homens e mulheres e todos os senhores da cidade; fecharam atrás de si a porta da torre e subiram a seu terraço. 52Abimelec chegou até a torre e a atacou; aproximou-se da porta para lhe atear fogo, 53mas uma mulher lhe atirou na cabeça a pedra de um moinho, quebrando-lhe o crânio. 54Abimelec chamou logo seu escudeiro e lhe disse: "Pega tua espada e me mata,* para que não digam de mim: 'Uma mulher o matou!'". O escudeiro o traspassou e ele morreu. 55Quando os israelitas viram que Abimelec estava morto, voltaram cada qual para sua casa. 56Desse modo, Deus fez recair sobre Abimelec o mal que havia feito a seu pai, massacrando seus setenta irmãos. 57Também todo o mal feito pelos siquemitas, Deus o fez recair sobre a cabeça deles; foi assim que se cumpriu sobre eles a maldição de Joatão, filho de Jerobaal.*

10 **Juízes Tola e Jair.** 1Depois de Abimelec, surgiu para salvar Israel Tola,* filho de Fua, filho de Dodo, da tribo de Issacar. Morava em Samir, na montanha de Efraim, 2e governou Israel durante vinte e três anos. Depois morreu e foi sepultado em Samir.

3Depois dele surgiu Jair, de Galaad,* que foi juiz em Israel durante vinte e dois anos. 4Tinha trinta filhos, que montavam trinta jumentos e possuíam trinta cidades, chamadas ainda hoje aldeias de Jair,* situadas na terra de Galaad. 5Depois Jair morreu e foi sepultado em Camon.

Opressão dos amonitas. 6Os israelitas recomeçaram* a fazer o que desagrada a Javé, servindo aos ídolos de Baal, às astartes e aos deuses dos arameus, dos sidônios, dos moabitas, dos amonitas e dos filisteus. Abandonaram Javé e não o serviram mais. 7Por isso acendeu-se contra os israelitas a ira de Javé, que os entregou ao poder dos filisteus e dos amonitas. 8A partir daquele ano, estes oprimiram e afligiram durante dezoito anos todos os israelitas que habitavam além do Jordão, na terra dos amorreus, em Galaad. 9Os amonitas atravessaram* o Jordão para combater também contra as tribos de Judá, de Benjamim e de Efraim, e foi grande a aflição de Israel.

10Então os israelitas clamaram a Javé, dizendo: "Pecamos contra vós, porque abandonamos nosso Deus e servimos aos ídolos de Baal". 11Javé respondeu-lhes: "Quando os egípcios, os amorreus, os amonitas, os filisteus, 12os sidônios, Amalec e Maon vos oprimiram, e clamastes a mim, não vos salvei de suas mãos? 13Vós, porém, me abandonastes e servistes a outros deuses. Por isso não vos salvarei mais. 14Ide e clamai aos deuses que escolhestes; que vos livrem eles no tempo de vossa angústia!" 15Os israelitas responderam a Javé: "Nós pecamos; fazei de nós o que vos parecer bom, mas, por favor, livrai-nos hoje!" 16Tiraram de seu meio os deuses estrangeiros e serviram a Javé, que não aguentou mais ver Israel sofrer.

17Os amonitas se reuniram e acamparam em Galaad, ao passo que os israelitas se reuniram e acamparam em Masfa. 18Então o povo e os anciãos de Galaad perguntaram uns aos outros: "Quem vai começar a batalha contra os amonitas? Ele vai chefiar todos os habitantes de Galaad".

11 **Jefté é eleito juiz.** 1Jefté, o galaadita, era um guerreiro valente. Era filho de uma prostituta, e seu pai era Galaad. 2A mulher de Galaad também lhe deu filhos, os quais, depois de crescidos, expulsaram Jefté de casa, dizendo-lhe: "Não terás herança na casa de nosso pai,* pois és filho de outra mulher". 3Jefté fugiu para longe de seus irmãos e foi morar na terra de Tob. Em torno dele se reuniram homens ordinários que assaltavam com ele.

4Passado algum tempo, os amonitas entraram em guerra contra Israel; 5e

---

* **9**,54. 1Sm 31,4 | 57. 9,20 | **10**,1. 1Cr 7,1-5 | 3. Nm 32,41; 1Cr 2,21-23 | 4. 12,14 | 6. 2,13 | 9. Nm 21,21-35
11,2. Gn 21,10

quando os amonitas atacaram Israel, os anciãos de Galaad foram buscar Jefté na terra de Tob 6e lhe disseram: "Vem, sê nosso chefe na guerra contra os amonitas". 7Jefté respondeu aos anciãos de Galaad: "Não sois vós que me odiáveis e me expulsastes de minha casa paterna? Por que recorreis a mim, agora que vos achais na aflição?" 8Os anciãos responderam: "É por isso que voltamos a ti agora, para que venhas conosco combater contra os amonitas; serás nosso chefe e o de todos os habitantes de Galaad". 9Disse Jefté aos anciãos de Galaad: "Se vós me reconduzis para combater contra os amonitas, e se Javé os entregar em meu poder, serei eu vosso chefe?" 10Responderam a Jefté os anciãos de Galaad: "Que Javé seja testemunha entre nós, se não fizermos o que estás dizendo". 11Jefté foi com os anciãos de Galaad, e o povo o aclamou seu chefe e comandante. E Jefté repetiu todas as suas palavras na presença de Javé, em Masfa.

Negociações entre Jefté e o rei de Amon. 12Jefté enviou mensageiros ao rei dos amonitas para lhe dizer: "Que há entre mim e ti, para que venhas contra mim, para fazer guerra a meu país?" 13O rei dos amonitas disse aos mensageiros de Jefté: "É porque, quando Israel subiu do Egito, tomou minha terra desde o Arnon até o Jaboc e até o Jordão. Devolve-a agora pacificamente". 14Jefté enviou de novo mensageiros ao rei dos amonitas 15para dizer-lhe: "Assim fala Jefté: Israel não tomou a terra de Moab nem a dos amonitas; 16porque, quando saiu do Egito, Israel andou pelo deserto até o mar Vermelho e chegou a Cades. 17Então Israel enviou embaixadores ao rei de Edom, dizendo: 'Por favor, deixa-me atravessar* teu país', mas o rei de Edom não permitiu. Enviou-os também ao rei de Moab, o qual recusou. E Israel permaneceu em Cades. 18Depois caminhou pelo deserto, contornou o país de Edom e de Moab e chegou ao oriente do país de Moab. Acampou do outro lado do Arnon, sem entrar no país de Moab, pois o Arnon* é o limite de Moab. 19Israel enviou depois mensageiros a Seon, rei dos amorreus, rei de Hesebon, para dizer-lhe: 'Deixa-me, por favor, atravessar teu país para alcançar meu destino'. 20Mas Seon não confiou em Israel para lhe dar passagem por seu território; ao contrário, reuniu toda a sua gente, acampou em Jasa e atacou Israel. 21Mas Javé, Deus de Israel, entregou Seon e todo o seu povo nas mãos de Israel, que os venceu; assim Israel conquistou todo o país dos amorreus, que habitavam naquela região. 22Apoderou-se de todo o território dos amorreus desde o Arnon até o Jaboc e desde o deserto até o Jordão. 23E agora que Javé, Deus de Israel, desalojou os amorreus diante de Israel, seu povo, pretendes tomar-lhe a terra? 24Não possuis aquilo que Camos, teu deus, te dá como propriedade? Assim também nós possuiremos tudo o que Javé desapropriou a nossa frente†. 25Serias tu maior que Balac, filho de Sefor, rei de Moab? Contendeu ele com Israel? Entrou em guerra contra ele? 26Faz trezentos anos* que os israelitas habitam em Hesebon e suas vilas, em Aroer e suas vilas e em todas as cidades às margens do Arnon; por que não procuraste retomá-las durante esse tempo? 27Eu não te fiz nenhum mal, mas ages mal para comigo, declarando-me guerra. Que Javé seja juiz entre os israelitas e os amonitas!" 28Mas o rei dos amonitas não atendeu às palavras que Jefté lhe mandara dizer.

A promessa de Jefté. 29O espírito de Javé veio* sobre Jefté, o qual atravessou Galaad e Manassés, passou por Masfa de Galaad, e dali chegou até os amonitas. 30Jefté fez uma promessa* a Javé, dizendo: "Se entregardes os amonitas em meu poder, 31o ser vivo que sair da porta de minha casa para vir a meu encontro, quando eu voltar são e

---

* **11**,17. Nm 20,14-21 | 18. Nm 21,21-35; Dt 2,26-37 | 26. Nm 22-24; Js 24,9s | 29. 3,10 | 30. 2Rs 3,27; Mq 6,7

† **11**,24. Jefté argumenta a partir da crença de que cada deus é senhor de um território.

salvo do combate contra os amonitas, pertencerá a Javé, e o oferecerei em holocausto". 32Jefté marchou contra os amonitas para combatê-los, e Javé os entregou em seu poder. 33Ele os derrotou desde Aroer até a entrada de Menit, vinte cidades, e até Abel-Carmim. Com essa tremenda derrota, os amonitas foram subjugados pelos israelitas.

34Quando Jefté estava voltando para casa, em Masfa, sua filha saiu para recebê-lo, dançando ao som de tamborins. Era sua filha única:* além dela não tinha filho nem filha. 35Ao vê-la, rasgou suas vestes e exclamou: "Ai, minha filha, tu me afundas na desgraça! És do número dos que me arruínam! Pois dei minha palavra a Javé, e não posso voltar atrás". 36Ela respondeu: "Meu pai,* se deste tua palavra a Javé, faze comigo segundo tua promessa, já que Javé te concedeu vingar-te de teus inimigos, os amonitas". 37Depois disse ao pai: "Seja-me concedido isto: deixa-me livre por dois meses, para que eu possa vagar pelos montes, chorando minha virgindade† com minhas companheiras". 38Ele disse: "Vai"; e deixou-a ir durante dois meses. Ela foi pelos montes com suas companheiras e chorou sua virgindade. 39Passados os dois meses, voltou para junto do pai, o qual cumpriu com ela a promessa que havia feito†. Ela não teve relações com nenhum homem. Daí vem o costume em Israel 40de as jovens israelitas* chorarem todo ano, por quatro dias, a filha de Jefté, o galaadita.

12 **Queixa e punição dos efraimitas.** 1Os efraimitas se reuniram* e passaram o Jordão em direção a Safon e disseram a Jefté: "Por que foste combater os amonitas sem nos convidar para ir contigo? Queimaremos tua casa, contigo dentro!" 2Jefté respondeu-lhes: "Eu e meu povo estávamos em sério conflito com os amonitas. Quando vos pedi auxílio, não viestes para me livrar de suas mãos. 3Vendo que não me ajudaríeis, arrisquei minha vida marchando contra os amonitas, e Javé os entregou em meu poder. Por que, então, vindes hoje combater-me?" 4Jefté convocou todos os homens de Galaad e lutou contra os efraimitas, e os homens de Galaad derrotaram os efraimitas, pois estes diziam: "Vós, galaaditas, sois fugitivos de Efraim, morando no meio de Efraim e de Manassés". 5Os galaaditas* se apoderaram das passagens do Jordão que conduzem a Efraim e, quando os efraimitas fugitivos diziam: "Deixai-me passar", os homens de Galaad lhe perguntavam: "És efraimita?" Se dissesse que não, 6eles lhe replicavam: "Fala, então, Chibolet". Se falasse* "Sibolet", não conseguindo pronunciar corretamente, eles o agarravam e matavam num dos vaus do Jordão†. Nessa ocasião morreram quarenta e dois mil efraimitas†.

7Jefté foi juiz de Israel durante seis anos. Depois, Jefté, o galaadita, morreu e foi sepultado em sua cidade em Galaad.

Os juízes Abesã, Elon e Abdon. 8Depois dele, Abesã, de Belém, governou Israel. 9Teve trinta filhos e trinta filhas; deu as filhas em casamento a gente de fora e mandou vir de fora trinta noivas para seus filhos. Governou Israel durante sete anos. 10Morreu e foi sepultado em Belém.

11Depois dele governou* Israel Elon, da tribo de Zabulon, o qual foi juiz de Israel durante dez anos. 12Depois, Elon, o zabulonita, morreu e foi sepultado em Aialon, na terra de Zabulon.

13Depois dele regeu* Israel Abdon, filho de Hilel, da cidade de Faraton. 14Teve quarenta filhos e trinta netos,

---

* **11**,34. 1Sm 18,6s | 36. Nm 30,3 | **11**,40. 2Cr 35,25 | **12**,1. 8,1-3 | 5. 3,28; 7,24 | 6. Mt 26,73 | 11. Nm 26,26 | 13. 10,4

† **11**,37. Era considerado uma desgraça morrer sem deixar descendência. | 39. Promessa absurda, porque só se pode prometer a Deus o que é lícito e bom. Jefté sentiu-se obrigado a cumpri-la, porque o voto era irrevogável, Nm 30,3. Os sacrifícios humanos existiram em Israel, embora condenados pela lei, Dt 12,31, e pelos profetas, Jr 7,31. | **12**,6. Esta palavra hebraica significa espiga ou torrente. / Foi a primeira guerra civil entre os israelitas.

que montavam setenta jumentos. Jul-
gou Israel durante oito anos. 15 Depois,
Abdon, filho de Hilel, o faratonita, mor-
reu e foi sepultado em Faraton, na terra
de Efraim, na montanha de Amalec.

13 **Nascimento de Sansão.** 1 Os
israelitas recomeçaram a fazer
o que desagrada a Javé, e Javé os entre-
gou nas mãos dos filisteus durante qua-
renta anos. 2 Havia um homem* de Saraá,
da tribo de Dã, chamado Manué. Sua
mulher, sendo estéril, não tinha gerado
filhos. 3 O anjo de Javé* apareceu à mu-
lher e lhe disse: "És estéril, não tens filhos,
mas conceberás e darás à luz um filho.
4 Agora pois, cuida de não beber vinho
nem qualquer bebida inebriante, nem
tomes alimento impuro, 5 pois concebe-
rás e darás à luz um filho. Sobre a cabeça
dele jamais passará* a navalha, porque o
menino será consagrado a Deus† desde
o seio materno, e ele começará a libertar
Israel do poder dos filisteus".
6 A mulher entrou em casa e contou
isto ao marido, dizendo: "Veio a mim
um homem de Deus, que tinha o as-
pecto de um anjo de Deus, de tão terrí-
vel que era. Não lhe perguntei de onde
era, nem ele me disse seu nome. 7 Assim
me falou: 'Conceberás e darás à luz um
filho. Daqui em diante não bebas vinho
nem qualquer bebida inebriante, nem
comas nada de impuro, porque o me-
nino será consagrado a Deus desde o
seio materno até o dia de sua morte'".
8 Então Manué suplicou a Javé, di-
zendo: "Eu vos peço, meu Senhor, que
o homem de Deus que nos enviastes,
venha outra vez e nos diga como deve-
mos tratar o menino que há de nascer".
9 Deus atendeu à oração de Manué, e o
anjo de Deus voltou à mulher enquanto
estava sentada no campo; Manué, seu
marido, não estava com ela. 10 Ela cor-
reu depressa e avisou o marido, dizen-
do: "Apareceu aquele homem que veio
a mim outro dia". 11 Manué levantou-
-se, acompanhou a mulher e, chegan-
do perto do homem, perguntou-lhe:
"És o homem que falou com esta mu-
lher?" Ele respondeu: "Sou eu mesmo".
12 Respondeu Manué: "Quando tua pa-
lavra se cumprir, como deverá viver o
menino, e que temos de fazer por ele?"
13 O anjo de Javé disse a Manué: "Que a
mulher se abstenha de tudo o que lhe
falei: 14 não tome nada do que provém
da videira, não beba vinho, nem bebi-
da inebriante e não coma nada de im-
puro; observe tudo o que lhe mandei".
15 Manué disse ao anjo de Javé: "Peço-
-te que fiques conosco, enquanto te
preparamos um cabrito". 16 Mas o anjo
de Javé respondeu a Manué: "Ainda
que me faças ficar, eu não comeria de
teu alimento; mas se queres fazer um
holocausto, oferece-o a Javé". Pois Ma-
nué não sabia que aquele era o anjo de
Javé. 17 Manué perguntou ao anjo de
Javé: "Qual é teu nome, para que pos-
samos honrar-te quando se cumprir
tua palavra?" 18 O anjo de Javé* respon-
deu-lhe: "Por que perguntas por meu
nome? Ele é maravilhoso!" 19 Manué to-
mou o cabrito com a oblação e, sobre
uma pedra, ofereceu-o em holocausto
a Javé, que faz maravilhas. Manué e sua
mulher ficaram olhando. 20 Enquanto a
chama subia do altar para o céu, o anjo
de Javé subiu junto com a chama do al-
tar. Vendo isto, Manué e sua mulher se
prostraram com o rosto em terra. 21 O
anjo de Javé não apareceu mais a Ma-
nué e sua mulher. Então Manué se deu
conta de que aquele era o anjo de Javé
22 e disse a sua mulher: "Vamos morrer*
certamente, porque vimos a Deus!"
23 Mas a mulher lhe respondeu: "Se Javé
nos quisesse fazer morrer, não teria re-
cebido de nossas mãos o holocausto
e a oblação, nem nos teria mostrado
tudo isso, nem nos teria comunicado
agora coisas como essas". 24 A mulher

* **13**,2. Js 13,2; 15,33 | 3. Gn 18; 1Sm 1; Lc 1,5-25 | 5. Nm 6,1 | 18. Gn 32,30; Êx 3,14; Ap 19,12 | 22. Êx 33,20 | **13**,24. Hb 11,32

† **13**,5. Bem diferente dos outros juízes, Sansão é um herói popular, um nazireu, Nm 6,1-21, sobre o qual foram conservadas algumas narrativas pitorescas que falam de suas lutas contra os filisteus e de seus amores. Os filisteus só serão plenamente vencidos no tempo de Davi.

deu à luz um filho* e o chamou Sansão. O menino cresceu e Javé o abençoou, [25]e o espírito de Javé* começou a manifestar-se nele no acampamento de Dã, entre Saraá e Estaol†.

14 **Sansão casa-se com uma filisteia.** [1]Sansão desceu a Tamna* e viu lá uma mulher entre as filhas dos filisteus. [2]Ao voltar para casa, informou seu pai e sua mãe: "Vi em Tamna uma mulher entre as filhas dos filisteus; tomai-a por esposa para mim". [3]Seu pai e sua mãe lhe responderam: "Acaso não há mulheres* entre as filhas de teus irmãos ou em todo o nosso povo, para que vás buscar uma entre os filisteus,* esses incircuncisos?" Mas Sansão disse a seu pai: "Toma-me essa, pois é dela que gostei". [4]Seu pai e sua mãe não sabiam que isto provinha de Javé, que buscava uma ocasião de contenda com os filisteus, que naquele tempo dominavam os israelitas.

[5]Sansão desceu a Tamna com seu pai e sua mãe; quando chegaram às vinhas de Tamna, um leãozinho veio a seu encontro, rugindo. [6]Então o espírito de Javé* se apoderou de Sansão, e ele, sem ter nada na mão, despedaçou o leão como se despedaça um cabrito. Mas não contou nem ao pai, nem à mãe o que tinha feito. [7]Desceu, conversou com a mulher, e ela lhe agradou. [8]Depois de algum tempo, ao descer para desposá-la, desviou-se do caminho para ver a carcaça do leão, e viu que havia dentro dela um enxame de abelhas e mel. [9]Tomou nas mãos um favo e foi comendo enquanto andava. Quando alcançou seu pai e sua mãe, deu-lhes do mel, e eles comeram; mas não lhes disse que havia tirado aquele mel da carcaça do leão. [10]Seu pai foi à casa da mulher, e Sansão deu ali um banquete, porque este é o costume entre os jovens. [11]Quando o viram, escolheram trinta jovens para ficarem com ele.

[12]Sansão lhes disse: "Vou propor-vos uma adivinhação: se nos sete dias do banquete souberdes decifrá-la, dando-me a resposta certa, eu vos darei trinta túnicas e trinta mudas de roupa; [13]mas, se não souberdes decifrá-la, me dareis trinta túnicas e trinta mudas de roupa". Responderam-lhe: "Propõe tua adivinhação, e nós a ouviremos". [14]Disse-lhes:

"Do que come saiu comida
e do forte saiu doçura".

Passaram-se três dias sem que tivessem conseguido decifrar a adivinhação. [15]No quarto dia disseram à mulher de Sansão: "Adula teu marido para que decifre* para nós a adivinhação; do contrário te queimaremos junto com a casa de teu pai. Foi para tomar nossas coisas que nos convidaste?" [16]A mulher de Sansão começou a chorar junto dele, dizendo-lhe: "Tu me odeias em vez de me amar: propuseste um enigma a minha gente e não o explicaste a mim". Respondeu ele: "Se nem a meu pai, nem a minha mãe o expliquei, eu o explicaria a ti?" [17]Ela continuou chorando junto dele durante os sete dias que durou o banquete. No sétimo dia ele lhe deu a solução, porque ela o importunava. E ela a comunicou a sua gente. [18]No sétimo dia, antes do pôr do sol, os homens da cidade disseram a Sansão:

"O que é mais doce que o mel?
O que é mais forte que o leão?"

Sansão respondeu-lhes:

"Se não tivésseis arado com minha novilha, não teríeis descoberto meu enigma".

[19]Então o espírito de Javé se apoderou dele e, descendo a Ascalon, matou trinta homens; tomou suas vestes e deu-as aos que haviam decifrado o enigma. Cheio de ira, voltou para a casa paterna. [20]E a mulher de Sansão foi dada ao companheiro que tinha sido seu acompanhante de honra.

---

* **13**,25. 3,10; 18,12; Js 19,41 | **14**,1. Js 15,10; 19,43 | 3. Gn 34,4 / Gn 24,3s; 28,1s | 6. 3,10; 1Sm 17,34s; 2Sm 23,20 | 15. 16,5-21

† **13**,25. O nascimento de Sansão, de mãe estéril, é prodigioso e é anunciado solenemente, como o de João Batista, Lc 1,5-20, e o de Jesus, Lc 1,26-38.

15

Sansão vinga-se dos filisteus. [1]Algum tempo depois, nos dias da ceifa do trigo, Sansão foi visitar sua mulher, levando um cabrito, e disse: "Quero estar com minha mulher em seu quarto". Mas o pai dela não o deixou entrar, [2]dizendo: "Eu pensei que não gostasses dela e a dei a teu companheiro de honra. Sua irmã menor não é mais bonita que ela? Toma-a em lugar da outra". [3]Sansão lhes disse: "Desta vez não terei culpa se eu fizer mal aos filisteus".

[4]Ele saiu, apanhou trezentas raposas e, tomando tochas, amarrou as raposas duas a duas pelas caudas, e pôs uma tocha entre cada par de caudas. [5]Depois acendeu as tochas e soltou as raposas nas plantações dos filisteus, incendiando os feixes, o trigo ainda por ceifar e até as vinhas e os olivais. [6]Os filisteus perguntaram: "Quem fez isso?" E lhes disseram: "Foi Sansão, o genro do homem de Tamna, porque este lhe tomou a mulher e a deu a um companheiro dele". Então os filisteus foram e queimaram a mulher e o pai dela. [7]Sansão lhes disse: "Já que fizeste isto, eu não descansarei enquanto não me tiver vingado de vós". [8]E os atacou impiedosamente, fazendo uma grande chacina. Depois desceu e foi morar numa caverna do rochedo de Etam.

[9]Então os filisteus subiram,* acamparam em Judá e investiram contra Lequi. [10]Os homens de Judá lhes perguntaram: "Por que subistes contra nós?" Eles responderam: "Viemos prender Sansão para tratá-lo como ele nos tratou". [11]Três mil homens de Judá desceram à caverna do rochedo de Etam e disseram a Sansão: "Não sabes que os filisteus nos dominam? Por que nos fizeste isso?" Ele respondeu-lhes: "Assim como fizeram comigo, eu fiz com eles". [12]Eles replicaram: "Descemos para te prender e te entregar nas mãos dos filisteus". Sansão respondeu: "Jurai-me que não me matareis". [13]Eles lhe garantiram, dizendo: "Não; vamos apenas te amarrar e te entregar nas mãos dos filisteus, mas não te mataremos". Amarraram-no com duas cordas novas e o fizeram sair do rochedo. [14]Quando chegou a Lequi, os filisteus vieram-lhe ao encontro com gritos de alegria. Então o espírito de Javé se apoderou de Sansão, e as cordas que tinha nos braços se tornaram como fios de linho queimados, e as amarras caíram de suas mãos. [15]Achou ali uma queixada de jumento ainda fresca, apanhou-a e com ela matou mil homens. [16]Sansão disse:

"Com a queixada de um jumento amontoei gente,
com a queixada de um jumento abati mil homens".

[17]Dito isto, lançou fora a queixada; por isso aquele lugar foi chamado Ramat-Lequi. [18]Ficou com muita sede e invocou Javé, dizendo: "Vós concedestes por meio de vosso servo esta grande vitória; mas agora terei de morrer de sede e cair nas mãos dos incircuncisos?" [19]Então Deus fendeu a rocha côncava que há em Lequi, e brotou água. Sansão bebeu, recuperou as forças e se reanimou. Por isso esta fonte foi chamada En-Coré†, a qual ainda hoje existe em Lequi. [20]Sansão foi juiz de Israel* no tempo dos filisteus durante vinte anos.

16

Sansão foge de Gaza. [1]Sansão foi a Gaza e, tendo visto uma prostituta, entrou na casa dela. [2]Quando o povo de Gaza soube que Sansão havia chegado lá, cercaram-no e ficaram a noite toda de emboscada à porta da cidade. Guardaram silêncio durante toda a noite, dizendo entre si: "Ao raiar do dia o mataremos". [3]Sansão dormiu até meia-noite; então se levantou, agarrou os batentes da porta da cidade com os dois postes, arrancou-os com as trancas, colocou tudo sobre os ombros e o levou para o alto do monte, que está diante de Hebron.

---

* **15**,9. 2Sm 23,11 | 20. 16,31 | **16**,5. 14,15-18

† **15**,19. En-Coré significa "a fonte do suplicante". Ramat-Lequi, v. 17, é "colina da queixada".

Sansão e Dalila. 4Depois disso, Sansão
enamorou-se de uma mulher do vale
de Sorec, chamada Dalila. 5Os che-
fes dos filisteus foram procurá-la para
dizer-lhe: "Seduze-o e descobre* de
onde é que lhe vem sua força extraor-
dinária e como poderemos dominá-lo
para o amarrar e castigar; e cada um de
nós te dará mil e cem siclos de prata".
6Dalila disse a Sansão: "Dize-me, por
favor, de onde vem tua força extraor-
dinária e de que modo poderias ser
amarrado e dominado?" 7Sansão res-
pondeu: "Se me amarrassem com sete
cordas de arco frescas, que ainda não
estivessem secas, eu ficaria fraco e seria
como um homem qualquer". 8Os che-
fes dos filisteus mandaram à mulher
sete cordas de arco frescas, ainda não
secas, com as quais ela o amarrou. 9Ela
havia escondido homens em seu quar-
to. E gritou: "Sansão, os filisteus vêm te
atacar!" Ele rompeu as cordas como se
rompe um fio de estopa chamuscado
pelo fogo. E continuou oculto o segre-
do de sua força.
10Dalila disse a Sansão: "Zombaste
de mim e me disseste mentiras. Dize-
-me agora, eu te peço, com que po-
derias ser amarrado". 11Ele respondeu:
"Se me amarrassem fortemente com
cordas novas, jamais usadas, eu perde-
ria as forças e seria como um homem
qualquer". 12Dalila tomou cordas no-
vas, amarrou-o com elas e gritou: "San-
são, os filisteus vêm te atacar!" Havia
gente escondida no quarto. Mas ele re-
bentou as cordas de seus braços como
se fossem um fio.
13Dalila disse a Sansão: "Até ago-
ra zombaste de mim e me disseste
mentiras. Dize-me com que poderias
ser amarrado". Ele respondeu-lhe: "Se
entrelaçares as sete tranças de minha
cabeleira com a urdidura de um tear e
as fixares com um pino, eu ficarei fra-
co e serei como um homem qualquer".
14Dalila o fez dormir, entrelaçou as sete
tranças de sua cabeça com a urdidura,
fixou-as com um pino e gritou: "San-
são, os filisteus vêm te atacar!" Mas ele,
despertando do sono, arrancou o pino
do tear com a urdidura.
15Dalila disse-lhe: "Como podes dizer
que me amas, quando teu coração não
está comigo? Por três vezes zombas-
te de mim e não me revelaste em que
consiste tua grande força". 16Como to-
dos os dias ela o pressionasse com suas
palavras e o importunasse até lhe causar
angústia mortal, 17ele acabou lhe abrin-
do por completo o coração, dizendo-
-lhe: "Nunca passou sobre minha cabeça
a navalha, pois sou consagrado a Javé
desde o seio materno. Se me raparem a
cabeça, perderei minha força, eu me tor-
narei fraco† e serei como qualquer ou-
tro homem". 18Dalila percebeu que lhe
havia contado toda a verdade; mandou
chamar os chefes dos filisteus, dizendo-
-lhes: "Vinde, pois desta vez revelou-me
toda a verdade". Os chefes dos filisteus
foram para a casa dela, levando consigo
o dinheiro. 19Ela fez Sansão dormir so-
bre seus joelhos, chamou um homem e
mandou-o cortar as sete tranças de sua
cabeça. Assim ela começou a dominá-lo
e retirou-se dele sua força. 20Então ela
gritou: "Sansão, os filisteus vêm te ata-
car!" Acordando, ele pensou: "Eu me sai-
rei como nas outras vezes e me livrarei".
Mas não sabia que Javé se havia aparta-
do dele. 21Os filisteus o prenderam, ar-
rancaram-lhe os olhos e o levaram para
Gaza acorrentado com uma dupla cadeia
de bronze, e o puseram a girar a mó do
moinho na prisão. 22Entretanto, seus ca-
belos recomeçaram a crescer depois de
terem sido cortados.

Morte de Sansão. 23Os chefes dos fi-
listeus se reuniram para oferecer um
sacrifício solene a seu deus Dagon e
para festejar. Diziam:

"Nosso deus entregou em nossas mãos
nosso inimigo Sansão".

24Quando o povo o viu, começou a
louvar seu deus, gritando:

"Nosso deus entregou em nosso poder nosso inimigo

---

† **16**,17. A milagrosa força de Sansão não estava nos cabelos, mas dependia da observância do voto do nazireato.

que devastou nosso país e matou
tantos dos nossos".
25Estando alegre seu coração, disse-
ram: "Chamai Sansão para nos divertir".
Sansão foi tirado da prisão e teve de dar
espetáculo diante deles. Colocaram-no
de pé entre as colunas. 26Sansão dis-
se ao rapaz que o conduzia pela mão:
"Deixa que eu toque as colunas que sus-
tentam o edifício e que me apoie nelas".
27O edifício estava repleto de homens e
mulheres, e todos os chefes dos filisteus
lá estavam; no terraço havia umas três
mil pessoas, homens e mulheres, assis-
tindo ao espetáculo de Sansão. 28San-
são invocou Javé, dizendo: "Senhor
Javé, lembrai-vos de mim, eu vos peço!
Dai-me força, ó Deus, somente para
esta vez, e com um só golpe me vin-
garei dos filisteus pela perda de meus
olhos". 29Sansão encostou as mãos nas
duas colunas centrais que sustentavam
o edifício, apoiou-se contra uma com a
mão direita e contra a outra com a mão
esquerda 30e exclamou: "Que eu morra
com os filisteus!" Sacudiu então com to-
das as suas forças as colunas, fazendo o
edifício desabar sobre os chefes e todo
o povo que ali se achava. Assim foram
mais numerosos os que ele matou ao
morrer do que os que ele matara duran-
te a vida. 31Seus irmãos e toda a casa de
seu pai desceram para buscar o corpo;
voltaram com ele e o sepultaram entre
Saraá e Estaol, no túmulo de Manué, seu
pai. Ele tinha sido juiz em Israel durante
vinte anos.*

III. APÊNDICES (17–21)†

17 **O santuário de Micas e o jo-
vem levita.** 1Havia um homem
na montanha de Efraim que se cha-
mava Micas. 2Disse ele a sua mãe: "Os
mil e cem siclos de prata que te foram
roubados, e a propósito dos quais pro-
feriste uma maldição, falando em mi-
nha presença, estão comigo; fui eu que
os tirei". Respondeu-lhe a mãe: "Que
meu filho seja bendito por Javé!" 3Ele
devolveu os mil e cem siclos de pra-
ta a sua mãe, e ela disse: "De coração
consagro a Javé esse dinheiro de mi-
nha mão, em favor de meu filho, a fim
de fazer uma estátua esculpida e uma
imagem de metal fundido. Por isso, eu
te devolvo agora o dinheiro". 4Ele resti-
tuiu o dinheiro a sua mãe, e ela tomou
duzentos siclos de prata e os entregou
a um ourives, para ele fazer uma está-
tua esculpida e uma imagem de metal
fundido, que foram postas na casa de
Micas. 5Assim, Micas veio a possuir*
um santuário. Fez também um efod e
terafins, e consagrou um de seus filhos
para ser seu sacerdote. 6Naquele tem-
po não havia rei em Israel* e cada qual
fazia o que lhe parecia bom.
7Ora, um jovem levita de Belém de
Judá, de um clã de Judá, morava ali
como forasteiro. 8Tinha deixado a cidade
de Belém de Judá para ir morar onde en-
contrasse lugar; e, passando pela monta-
nha de Efraim, chegou à casa de Micas.
9Este lhe perguntou: "De onde vens?"
Respondeu: "Sou um levita de Belém de
Judá e ando à procura de um lugar onde
morar". 10Micas lhe disse: "Fica comigo e
sê para mim pai e sacerdote. Eu te da-
rei dez siclos de prata por ano, roupa e
comida". O levita entrou. 11Consentiu
em morar com aquele homem, e este o
tratou como a um de seus filhos. 12Micas
consagrou o levita, e este jovem serviu-
-lhe de sacerdote, habitando na casa de
Micas. 13Micas disse: "Agora estou certo
de que Javé me fará o bem, porque te-
nho este levita como sacerdote".

18 **Danitas procuram um ter-
ritório.** 1Naquele tempo não
havia rei em Israel.* Naquela época a
tribo de Dã procurava um território

---

* **16**,31. 15,20 | **17**,5. 1Sm 2,28; 15,22; 1Sm 7,1 | 6. 18,1; 19,1; 21,25; Dt 12,8 | **18**,1. Js 19,40; 1,34-36; 5,17 | 2. 13,2

† **17.** Os cc. 17–21 falam da idolatria dos danitas e da guerra civil contra os benjaminitas, num contexto de desordem e de violência, motivado pela falta de um rei, diz o autor, favorável à monarquia. | **18**,1. A tribo migrou porque não conseguiu expulsar os amorreus do território que lhe foi destinado, Jz 1,34.

onde instalar-se, pois até então não ha-
via recebido nenhuma herança entre as
tribos de Israel†. 2Os danitas enviaram
de seu clã cinco homens valentes de
Saraá e de Estaol* para reconhecerem
o país e o explorarem, ordenando-lhes:
"Ide explorar o país". Ao chegarem à
montanha de Efraim, entraram na casa
de Micas, onde pernoitaram. 3Estando
perto da casa de Micas, reconheceram
a voz do jovem levita; e, chegando lá,
perguntaram-lhe: "Quem te trouxe
para cá? Que fazes aqui? Que tens tu
por aqui?" 4Ele lhes respondeu: "Micas
me fez isto e isto, e me contratou para
lhe servir de sacerdote". 5Então lhe dis-
seram: "Consulta, por favor, a Deus,
para sabermos se será bem-sucedida a
nossa viagem". 6Disse-lhes o sacerdote:
"Ide em paz; vossa viagem está sob o
olhar de Javé".

7Os cinco homens partiram e chega-
ram a Lais. Viram que a população de
lá vivia em segurança, à maneira dos
sidônios, tranquila e confiante, por-
que no país não havia ninguém com
autoridade que lhes pudesse causar o
menor dano; estavam afastados dos si-
dônios e não mantinham relações com
ninguém. 8Voltaram a seus irmãos, em
Saraá e Estaol, e estes lhes pergunta-
ram: "Que tendes a dizer?" 9Eles res-
ponderam: "Levantai-vos e subamos
contra eles, pois vimos o país, é de
fato excelente. E vós, ficais calados? Saí
sem demora para ir tomar posse dessa
terra. 10Chegando lá, encontrareis uma
população tranquila, numa região ex-
tensa. Pois Deus a entregou em vossas
mãos; é um lugar onde não falta nada
do que existe na terra!"

Violência dos danitas contra Micas.
11Então seiscentos homens* do clã dos
danitas partiram de Saraá e Estaol, bem
armados para a guerra. 12Subiram e
acamparam em Cariat-Iarim,* em Judá;
por isso aquele lugar, que fica a oeste
de Cariat-Iarim, foi chamado e se cha-
ma até hoje "Acampamento de Dã".
13Daí passaram à montanha de Efraim
e chegaram à casa de Micas. 14Os cin-
co homens, que tinham ido explorar
a terra de Lais, falaram a seus irmãos:
"Sabeis que nestas casas há um efod e
terafim, uma estátua esculpida e uma
imagem de metal fundido? Considerai,
pois, o que deveis fazer". 15Voltaram-se
para aquela direção e entraram na ha-
bitação do jovem levita, na casa de Mi-
cas, e o saudaram como amigos. 16Os
seiscentos danitas, com suas armas
de guerra, ficaram à entrada da porta,
17e os cinco homens que tinham ido
explorar o país subiram, entraram na
casa, apanharam a estátua esculpida, o
efod, os terafins e a imagem de metal
fundido, enquanto o sacerdote estava
à entrada da porta com os seiscentos
homens armados. 18Quando eles en-
traram na casa de Micas e apanharam a
estátua esculpida, o efod, os terafins e
a imagem de metal fundido, o sacerdo-
te perguntou-lhes: "O que estais fazen-
do?" 19Eles responderam: "Cala-te! Põe
a mão sobre tua boca e vem conosco.
Serás nosso pai e nosso sacerdote. Que
é melhor para ti: ser sacerdote na casa
de um só homem, ou ser sacerdote de
uma tribo e de um clã de Israel?" 20Com
o coração alegre, o sacerdote apanhou
o efod, os terafins e a estátua esculpi-
da e foi-se embora no meio da tropa.
21Retomando sua direção, eles parti-
ram, mandando a sua frente as crian-
ças, os animais e a bagagem.

22Já estavam longe da casa de Mi-
cas, quando este e os moradores das
casas próximas à sua se reuniram e
saíram em perseguição dos danitas.
23E como gritassem atrás dos danitas,
estes se voltaram e perguntaram a Mi-
cas: "Que há contigo, que reuniste essa
gente?" 24Ele respondeu: "Levastes os
deuses que fiz para mim e o sacerdote,
e fostes embora. Que me resta agora?
E como podeis perguntar-me: 'Que há
contigo?'" 25Os danitas lhe disseram:
"Não nos faças mais ouvir tua voz; do
contrário, homens exasperados pode-
riam lançar-se contra vós e perderias a
vida junto com tua família". 26Os dani-
tas continuaram seu caminho; e Micas,

---

* **18**,11. 13,2; 18,2 | 12. 13,25

vendo que eram mais fortes do que ele,
virou-se e voltou para casa.
[27]Os danitas levaram, pois, consi-
go os objetos fabricados por Micas e
o sacerdote que ele tinha a seu servi-
ço. Chegaram a Lais, uma população
tranquila e confiante, passaram-na a
fio de espada e incendiaram a cidade.
[28]Não houve quem a socorresse, por-
que estava longe de Sidônia e porque
não mantinha relações com ninguém.
Estava situada no vale que se estende
em direção a Bet-Roob. Os danitas re-
construíram a cidade e nela habitaram,
[29]e a chamaram Dã, do nome de seu
pai, nascido de Israel. Antes a cidade se
chamava Lais. [30]Depois erigiram para
si a estátua esculpida; e Jônatas,* filho
de Gérson, filho de Manassés, e seus
descendentes foram sacerdotes para a
tribo de Dã até a época do cativeiro do
país. [31]Instalaram para eles a estátua
esculpida feita por Micas,* e ela perma-
neceu lá durante todo o tempo em que
o santuário de Deus esteve em Silo.

19 **Levita em Gabaá.** [1]Naque-
le tempo, quando não havia
rei em Israel,* um levita que habitava
na parte mais distante da montanha
de Efraim tomou por concubina uma
mulher de Belém de Judá. [2]Essa mu-
lher lhe foi infiel e, separando-se dele,
voltou para a casa de seu pai, em Be-
lém de Judá, onde ficou quatro meses.
[3]Seu marido foi a seu encontro a fim de
falar-lhe ao coração e trazê-la de volta.
Levava consigo um servo e dois jumen-
tos. Ela o introduziu na casa de seu pai,
e este, ao vê-lo, veio recebê-lo com
alegria. [4]Seu sogro, o pai da jovem,
reteve-o consigo durante três dias; co-
meram, beberam e passaram as noites
ali. [5]No quarto dia, levantaram-se cedo,
e o levita dispunha-se a partir; mas o
pai da jovem lhe disse: "Restaura tuas
forças com um bocado de pão, depois
partireis". [6]Os dois se sentaram, come-
ram e beberam juntos. Depois, o pai
da jovem disse ao genro: "Eu te peço,
consente em passar aqui esta noite e
que teu coração se alegre!" [7]O homem,
porém, levantou-se para partir, mas
o sogro tanto insistiu que ele passou
mais aquela noite lá. [8]No quinto dia,
ele se levantou bem cedo para partir,
mas o pai da jovem lhe disse: "Recobra
tuas forças, por favor, e permanecei até
o fim do dia". E comeram juntos. [9]En-
tão o homem se levantou para partir
com sua concubina e seu servo; mas o
sogro, o pai da jovem, lhe disse: "Vê,
o dia está terminando e vai anoitecer;
passa a noite aqui e se alegre teu cora-
ção. Amanhã vos levantareis bem cedo
e partireis de volta para tua casa". [10]O
homem não aceitou pernoitar; levan-
tou-se, partiu e chegou defronte de
Jebus†, que é Jerusalém,* com os dois
jumentos selados e sua concubina.
[11]Quando estavam perto de Jebus, já
chegava o fim do dia, e o criado dis-
se* a seu senhor: "Deixemos a estrada
e entremos nesta cidade dos jebuseus
para pousar". [12]Mas seu senhor lhe res-
pondeu: "Não nos desviaremos para
entrar numa cidade de estrangeiros,
que não são israelitas; vamos até Ga-
baá". [13]E acrescentou: "Vamos ver se
chegamos a um desses lugares, Gabaá
ou Ramá, para passar a noite". [14]Foram
mais adiante, prosseguindo a viagem
e chegaram perto de Gabaá de Benja-
mim ao pôr do sol. [15]Dirigiram-se para
lá a fim de passar a noite. O levita en-
trou e sentou-se na praça da cidade; e
não houve quem os acolhesse em casa
para o pernoite.
[16]Nisso passou por lá um ancião que
voltava do trabalho no campo, ao anoi-
tecer. Ele era da montanha de Efraim,
mas habitava em Gabaá como foras-
teiro, ao passo que os habitantes do
lugar eram benjaminitas. [17]Erguendo
os olhos, viu o caminheiro na praça da
cidade e lhe disse: "Para onde vais? E de
onde vens?" [18]Ele lhe respondeu: "Esta-
mos viajando de Belém de Judá para

---

* **18**,30. Êx 2,22; 18,3 | 31. 2Rs 15,29 | **19**,1. 17,6 | 10. Js 15,8; 18,16.28; 2Sm 5,6; 1Cr 11,4s | 11. Gn 19,1-11; Os 9,9; 10,9

† **19**,10. Nome derivado do povo que ali habitava, os jebuseus.

a parte mais distante da montanha de
Efraim. Eu sou de lá e tinha ido até Be-
lém de Judá; agora volto para minha
casa, mas não há quem me receba em
sua casa. 19No entanto, tenho palha e
feno para nossos jumentos, e também
pão e vinho para mim, para tua serva
e para o criado que acompanha teus
servos; não falta nada!" 20O ancião lhe
disse: "Sê bem-vindo. Deixa-me cuidar
do que necessitas; somente não passes
a noite na praça". 21Levou-os para sua
casa e deu forragem aos animais. Os
viajantes lavaram os pés e depois co-
meram e beberam.
Infâmia dos gabaanitas. 22Enquanto
restauravam as forças, alguns homens
da cidade, gente perversa,* cercaram a
casa e, batendo à porta, gritaram para
o ancião, dono da casa: "Traze para fora
o homem que entrou em tua casa, para
que abusemos dele". 23Então o dono
da casa saiu e lhes disse: "Não, meus
irmãos, não façais tão grande maldade!
Uma vez que este homem se hospedou
em minha casa, não pratiqueis esta in-
fâmia! 24Estão aqui minha filha virgem
e a concubina dele; vou trazê-las e po-
dereis humilhá-las e fazer com elas o
que vos agradar; mas não pratiqueis
contra este homem semelhante crime".
25Eles, porém, não quiseram atendê-lo.
Então o levita tomou sua concubina e
levou-a para fora. Eles a violentaram e
abusaram dela a noite toda, até pela
manhã, deixando-a ao romper da au-
rora.

26Quando amanhecia, a mulher foi
cair à entrada da casa do homem onde
estava seu marido, e ali ficou até o dia
clarear. 27De manhã seu marido levan-
tou-se e abriu a porta da casa para sair
e continuar a viagem, e encontrou sua
concubina caída à entrada da casa com
as mãos na soleira da porta. 28Ele lhe
disse: "Levanta-te, vamos embora".
Mas não houve resposta. Então colo-
cou-a sobre seu jumento e, pondo-se a
caminho, voltou para casa. 29Chegando
a sua casa, apanhou uma faca, tomou
sua concubina,* dividiu-a membro por
membro em doze pedaços e mandou-
-os por toda a terra de Israel. 30E todos
os que viram aquilo disseram: "Jamais
aconteceu, nem nunca se viu coisa se-
melhante desde que os israelitas saí-
ram do Egito até o dia de hoje. Pensai
nisso, deliberai e manifestai-vos!"

20 **Punição dos benjaminitas.**
1Então todos os israelitas saí-
ram, desde Dã até Bersabeia e a terra
de Galaad†, e a comunidade se reuniu
como um só homem diante de Javé, em
Masfa. 2Os chefes de todo o povo, de
todas as tribos de Israel, apresentaram-
-se na assembleia do povo de Deus, em
número de quatrocentos mil homens
de infantaria que manejavam a espada.
3Os benjaminitas* souberam que os is-
raelitas tinham subido a Masfa. Os is-
raelitas disseram: "Contai-nos como foi
que aconteceu esse crime". 4Respon-
deu o levita, o marido da mulher que
foi morta: "Eu tinha entrado em Gabaá
de Benjamim com minha concubina
para ali passar a noite. 5Os habitantes
de Gabaá se levantaram contra mim e
de noite cercaram a casa onde eu es-
tava; queriam me matar, e violentaram
minha concubina de tal maneira que
ela morreu. 6Então tomei minha con-
cubina, dividi-a em pedaços e os man-
dei por todo o território da herança de
Israel, porque eles cometeram um ato
vergonhoso e uma infâmia em Israel.
7Vós todos, ó israelitas, deliberai e to-
mai uma decisão aqui mesmo".

8Então todo o povo levantou-se como
um só homem e exclamou: "Nenhum de
nós voltará a sua tenda, nenhum retor-
nará a sua casa. 9É isto que faremos a
Gabaá: nós a atacaremos tirando a sor-
te: 10tomaremos em cada tribo de Israel
dez homens de cada cem, cem de cada
mil e mil de cada dez mil, os quais irão
procurar alimento para o povo, a fim de
que, quando voltarem, Gabaá de Ben-
jamim seja tratada conforme a infâmia
que cometeu em Israel".

---

* **19**,22. Gn 19,4s | 29. 1Sm 11,7 | **20**,3. 20,17

† **20**,1. Limites de Israel, respectivamente ao norte, sul e leste.

11Assim ajuntaram-se contra a cidade todos os israelitas, unidos como um só homem. 12As tribos de Israel mandaram mensageiros por toda a tribo de Benjamim, dizendo: "Que crime é esse que foi cometido entre vós? 13Entregai-nos aqueles homens perversos de Gabaá para que os matemos e extirpemos o mal do meio de Israel". Mas os benjaminitas* não acataram a intimação de seus irmãos israelitas; 14ao contrário, deixaram suas cidades e se reuniram em Gabaá para combater contra os israelitas. 15Naquele dia fizeram uma contagem dos benjaminitas vindos das diversas cidades: vinte e seis mil homens que manejavam a espada, não incluídos os habitantes de Gabaá, que eram setecentos homens de elite. 16Entre toda essa gente havia setecentos homens de escol que eram canhotos, todos eles capazes de acertar um fio de cabelo com a pedra de sua funda, sem errar o alvo. 17Foram contados os israelitas, sem os de Benjamim: quatrocentos mil homens que manejavam a espada,* todos homens de guerra. 18Eles se puseram a caminho, subindo a Betel para consultar a Deus. Perguntaram: "Quem de nós irá primeiro combater os benjaminitas?" Javé respondeu: "Judá seja o primeiro a subir".

Luta contra os benjaminitas. 19Na manhã seguinte os israelitas puseram-se em marcha e acamparam em Gabaá. 20Saíram, pois, contra os benjaminitas e dispuseram-se em ordem de batalha contra eles perto de Gabaá. 21Os benjaminitas saíram de Gabaá, e naquele dia massacraram vinte e dois mil homens de Israel†. 23Os israelitas subiram e choraram diante de Javé até a tarde e consultaram Javé, dizendo: "Devo continuar a combater contra os filhos de Benjamim, meu irmão?" Javé respondeu: "Atacai-o!" 22Os homens de Israel recobraram ânimo e postaram-se de novo em ordem de batalha no lugar onde estiveram na véspera. 24Os israelitas avançaram contra os benjaminitas no segundo dia; 25neste segundo dia os benjaminitas saíram de Gabaá contra eles e massacraram dezoito mil israelitas, todos hábeis no manejo da espada. 26Então todos os israelitas, todo o povo, subiram a Betel e ali choraram sentados diante de Javé, jejuaram o dia todo até a tarde e ofereceram holocaustos e sacrifícios de comunhão diante de Javé. 27Depois consultaram Javé – porque naquele tempo a arca da aliança de Deus estava lá, 28e Fineias,* filho de Eleazar, filho de Aarão, prestava serviço naquele tempo diante dela – e perguntaram: "Devo continuar ainda a sair e combater contra os filhos de Benjamim, meu irmão, ou devo desistir?" Javé respondeu: "Ide, porque amanhã os entregarei em vossas mãos".

Derrota dos benjaminitas. 29Israel pôs emboscadas em torno de Gabaá;* 30e no terceiro dia os israelitas atacaram os benjaminitas, dispondo-se em ordem de batalha diante de Gabaá, como das outras vezes. 31Os benjaminitas saíram contra aquela tropa, deixando-se atrair para longe da cidade. Como das outras vezes, começaram a fazer vítimas entre as tropas, pelos caminhos que conduzem, um a Betel e outro a Gabaon: uns trinta homens de Israel. 32Os benjaminitas pensaram: "Estão derrotados diante de nós como antes". Mas os israelitas diziam: "Vamos fugir para atraí-los para longe da cidade pelos caminhos". 33Então todos os homens de Israel saíram de seu lugar e tomaram posição de combate em Baal-Tamar, enquanto os israelitas emboscados irrompiam de suas posições na planície de Gabaá. 34Dez mil homens escolhidos chegaram diante de Gabaá, e a luta foi terrível; mas os benjaminitas não imaginavam que a desgraça ia cair sobre eles. 35Javé derrotou Benjamim diante de Israel, e os israelitas mataram naquele dia vinte e cinco mil e cem homens de Benjamim, todos hábeis no manejo da espada. 36Finalmente, os benjaminitas viram que estavam derrotados.

* **20**,13. Dt 17,12 | 17. 20,27 | 28. Nm 25,7-13 | 29. Js 8

† **20**,21. Como sugerem vários comentaristas, invertemos os vv. 22 e 23.

Os israelitas haviam cedido terreno
aos benjaminitas, porque confiavam
na emboscada que haviam posto con-
tra Gabaá. 37Os homens da embos-
cada lançaram-se rapidamente sobre
Gabaá e, invadindo-a, passaram toda
a cidade a fio de espada. 38Havia um
sinal combinado entre os homens de
Israel e os da emboscada: estes de-
viam fazer subir ao céu uma coluna
de fumaça. 39Quando os homens de
Israel retrocediam na batalha, os ben-
jaminitas começaram a fazer vítimas,
matando uns trinta homens de Israel,
e pensavam: "Estão derrotados diante
de nós, como no primeiro combate".
40Mas quando começou a erguer-se da
cidade o sinal, isto é, a coluna de fuma-
ça, os benjaminitas olharam para trás
e viram que a cidade toda subia em
chamas para o céu. 41Nisso os israeli-
tas deram meia-volta e os benjaminitas
ficaram aterrados ao ver que se abatia
sobre eles a desgraça, 42fugiram dian-
te dos israelitas em direção ao deserto;
mas os combatentes os alcançaram, e
os que vinham da cidade os massacra-
ram no meio. 43Cercaram os benjami-
nitas e os perseguiram sem parar e os
esmagaram diante de Gabaá, ao orien-
te. 44De Benjamim caíram dezoito mil
homens, todos eles valentes guerrei-
ros. 45Os sobreviventes bateram em
retirada e fugiram para o deserto, para
a rocha de Remon, e os israelitas ma-
taram pelo caminho cinco mil homens
e, perseguindo-os até Guidom, mata-
ram mais dois mil. 46Assim o número
total dos benjaminitas que tombaram
naquele dia foi de vinte e cinco mil ho-
mens que manejavam a espada, todos
valentes guerreiros. 47Seiscentos ho-
mens que haviam batido em retirada e
fugido para o deserto, para o rochedo
de Remon, permaneceram ali durante
quatro meses. 48Os israelitas se volta-
ram contra os benjaminitas e na cida-
de passaram a fio de espada tanto os
homens como os animais e tudo o que
encontraram, e incendiaram também
todas as cidades que encontraram.

21 **Reabilitação dos benjamini-
tas.** 1Os israelitas tinham feito
em Masfa este juramento: "Nenhum
de nós dará sua filha em casamento a
um benjaminita". 2Depois o povo foi a
Betel e ficou ali diante de Deus até a
tarde, e em voz alta chorou amarga-
mente, 3dizendo: "Por que, ó Javé, Deus
de Israel, sucedeu isto, que falte hoje
uma tribo a Israel?" 4No dia seguinte o
povo se levantou cedo, ergueu lá um
altar e ofereceu holocaustos e sacrifí-
cios de comunhão. 5Depois os israelitas
perguntaram: "Quem é, dentre todas as
tribos de Israel, que não tomou parte
na assembleia diante de Javé?" Porque
tinham feito um juramento solene con-
tra quem não comparecesse diante de
Javé em Masfa, dizendo: "Será punido
de morte!"

6Os israelitas, porém, tiveram pena
de Benjamim, seu irmão, e diziam:
"Hoje uma tribo foi cortada de Israel.
7Que faremos para dar mulheres aos
sobreviventes, visto que juramos por
Javé que não lhes daríamos nossas fi-
lhas em casamento?" 8Então pergun-
taram: "Qual das tribos de Israel não
compareceu diante de Javé em Masfa?"
Constatou-se que ninguém de Jabes de
Galaad tinha ido ao acampamento para
a assembleia. 9De fato, ao contarem a
tropa, não foi encontrado ninguém de
Jabes de Galaad.

10Então a comunidade* mandou lá
doze mil homens dos mais valentes
guerreiros com esta ordem: "Ide e pas-
sai a fio de espada os habitantes de Ja-
bes de Galaad, inclusive as mulheres e
as crianças. 11Fareis desta maneira: vo-
tai ao extermínio* todos os homens e
toda mulher que não for virgem". 12En-
contraram entre os habitantes de Jabes
de Galaad quatrocentas moças que não
haviam tido relações com homens e as
levaram ao acampamento de Silo, que
está na terra de Canaã. 13Então toda
a assembleia enviou mensageiros aos
benjaminitas que estavam no rochedo
de Remon para lhes propor a paz. 14Os
benjaminitas voltaram para casa, e lhes

---

* **21**,10. Nm 31,5s | 11. Js 6,17; Nm 31,17s

foram dadas por esposas as jovens que
haviam sido poupadas dentre as mu-
lheres de Jabes de Galaad, mas não fo-
ram suficientes para eles.
15 O povo teve pena de Benjamim,
porque Javé havia feito uma brecha
nas tribos de Israel. 16 Os anciãos da
comunidade disseram: "Como fare-
mos para conseguir mulheres para os
sobreviventes, visto que as mulheres
de Benjamim foram exterminadas?"
17 E acrescentaram: "Os sobreviventes
de Benjamim devem ter uma herança,
para que não desapareça uma tribo
de Israel. 18 Nós não podemos dar-lhes
nossas filhas em casamento". Pois
os israelitas tinham jurado: "Maldito
aquele que der uma mulher a um ben-
jaminita!" 19 Mas disseram:* "Todo ano
se celebra a festa de Javé em Silo". A ci-
dade está situada ao norte de Betel, ao
oriente da estrada de Betel a Siquém,
e ao sul de Lebona. 20 E aconselha-
ram aos benjaminitas: "Ide esconder-
-vos nas vinhas 21 e ficai observando:
quando as moças de Silo saírem para
dançar em coro, irrompei das vinhas,
raptai cada um uma mulher entre as
moças de Silo e voltai para o país de
Benjamim. 22 Quando seus pais ou seus
irmãos vierem até nós para protestar,
nós lhes responderemos: 'Por amor de
nós, tende compaixão deles, porque
na guerra não conseguimos captu-
rar uma mulher para cada um deles,
e não fostes vós que as destes a eles:
nesse caso, seríeis culpados'". 23 Assim
fizeram os benjaminitas e tomaram
mulheres dentre as dançarinas segun-
do o seu número; voltaram para sua
herança, reconstruíram as cidades e
nelas habitaram. 24 Então também os
israelitas partiram de lá e foram cada
qual para sua tribo e seu clã, voltando
todos para sua herança.
25 Naquela época não havia rei em
Israel,* e cada um fazia o que achava
certo.

* **21**,19. 1Sm 1,3 | 25. 17,6

RUTE

O livro de Rute narra a história de uma família do tempo dos Juízes. Houve uma carestia em Israel e Elimelec migrou de Belém para Moab com sua mulher Noemi e os filhos Maalon e Quelion. Pouco depois, Elimelec morreu e seus filhos se casaram com as moabitas Orfa e Rute. Depois de dez anos, morreram Maalon e Quelion, e Noemi ficou sozinha, sem marido e sem filhos. Sabendo que a carestia em Israel havia terminado, ela decidiu voltar para Belém. Orfa ficou em Moab, mas Rute não quis deixar Noemi e seguiu-a rumo a Belém. Lá Rute se pôs a respigar nos campos de Booz, seu parente, que se tornou seu marido. Desse casamento nasceu Obed, pai de Jessé, pai de Davi.

Atribuído a Samuel pela tradição judaica, este livrinho, que é uma joia da literatura hebraica, foi escrito durante ou após o exílio de Babilônia. Na Jerusalém desse tempo, o partido conservador, dirigido por Esdras e Neemias, impunha aos israelitas a proibição de casamentos com mulheres estrangeiras, ordenando até mesmo que fossem expulsas as estrangeiras casadas com israelitas. O livro de Neemias (13,1) recorda explicitamente a palavra do Dt 23,4, segundo a qual o amonita e o moabita, enumerados entre os clássicos inimigos de Israel, "não deviam jamais entrar na comunidade de Deus".

Em polêmica com essa atitude intransigente, o livro de Rute apresenta o paradoxo de uma mulher moabita que se torna modelo de piedade familiar e de fidelidade à aliança. Não só merece ser acolhida no povo de Deus, mas depois vem a ser a bisavó de Davi, portanto, membro da família do Messias (Mt 1,5).

Todos os nomes dos personagens são simbólicos: Rute significa "cheia de bens". O simbolismo de seu nome mostra que as nações têm um papel decisivo no advento da era messiânica. Essa moabita é presença de Deus para Israel. A bênção que Deus concede a essa mulher estrangeira, que se converte ao Deus de Israel e se torna membro do povo eleito, prenuncia a mensagem da salvação universal, expressa por Pedro em At 10,34: "Deus não faz discriminação de pessoas, mas, em qualquer nação que seja, quem o teme e pratica a justiça é aceito por ele".

I. ELIMELEC EM MOAB (1,1-5)

1 **Elimelec emigra para Moab.** 1No tempo em que os Juízes governavam, houve uma fome no país. Então um homem de Belém de Judá foi morar nos campos de Moab com sua mulher e seus dois filhos. 2Esse homem chamava-se Elimelec, sua mulher chamava-se Noemi, e os nomes de seus dois filhos eram Maalon e Quelion. Eram efrateus, de Belém* de Judá. Chegando aos campos de Moab, ali se estabeleceram. 3Elimelec, marido de Noemi, morreu, e ela ficou com seus dois filhos, 4os quais se casaram com mulheres moabitas: uma chamada Orfa e a outra, Rute†. Permaneceram lá uns dez anos. 5Morreram também os dois, Maalon e Quelion, e Noemi ficou sem seus dois filhos e sem seu marido.

II. NOEMI VOLTA PARA BELÉM (1,6-22)

Noemi volta para Belém com Rute. 6Então ela se pôs a caminho para voltar dos campos de Moab com suas noras, pois ficara sabendo nos campos de Moab que Deus tinha visitado seu povo, dando-lhe pão. 7Partiu, pois, com as duas noras do lugar onde estava, e tomaram o caminho de volta à terra de Judá.

8Noemi disse a suas duas noras: "Ide, voltai cada qual para a casa de sua mãe. Que Javé vos trate com bondade, como tratastes os que morreram e a mim mesma! 9Que Javé vos conceda encontrar descanso, cada uma na casa

---

* **1**,2. Mq 5,1; 1Cr 4,4

† **1**,4. Alguns destes nomes parecem simbólicos. Elimelec: meu Deus é rei; Noemi: minha doçura; Maalon: enfermidade; Quelion: desfalecimento; Orfa: a que volta as costas; Rute: amiga; Mara, v. 20: amarga.

de um marido!" Beijou-as, e elas se pu-
seram a chorar em voz alta, 10dizendo:
"Não! Vamos voltar contigo para teu
povo". 11Noemi respondeu: "Voltai, mi-
nhas filhas; por que haveis de vir comi-
go? Porventura tenho ainda* em meu
seio filhos que possam vir a ser vossos
maridos?† 12Voltai, minhas filhas, parti,
pois estou velha demais para me casar
de novo. E mesmo que eu dissesse: 'Te-
nho esperança', se esta noite tivesse
um marido e desse à luz filhos, 13espe-
raríeis por eles até que crescessem? Fi-
caríeis sem casar por causa deles? Não,
minhas filhas! Minha amargura é maior
que a vossa, pois a mão de Javé pesa
sobre mim". 14Elas choraram novamen-
te em voz alta; depois, Orfa beijou sua
sogra e voltou para seu povo, mas Rute
ficou com ela.

15Disse-lhe então Noemi: "Olha, tua
cunhada voltou para seu povo e para
seus deuses; volta também com ela".
16Respondeu Rute: "Não insistas comi-
go para que te deixe e me afaste de ti,
pois

para onde fores, irei também,
onde for tua morada, será também a
minha;
teu povo será meu povo
e teu Deus será o meu Deus†.
17Onde morreres, ali morrerei e serei
sepultada.
Que Javé me mande um castigo
em cima do outro
se outra coisa, que não seja a morte,
me separar de ti!"

18Quando Noemi viu que Rute estava
firmemente decidida a acompanhá-la,
não insistiu mais com ela.

19Partiram, pois, as duas e chegaram
a Belém. A sua chegada, Belém inteira
agitou-se por causa delas, e as mulhe-
res diziam: "Esta é Noemi?" 20Mas ela
respondeu: "Não me chameis* de Noe-
mi; chamai-me de Mara, pois o Onipo-
tente me encheu de amargura. 21Parti
com as mãos cheias, e Javé me recon-
duz de mãos vazias! Por que haveríeis
de chamar-me Noemi quando Javé se
pronunciou contra mim e o Onipotente
me afligiu?"

22Foi assim que regressou Noemi
com sua nora Rute, a moabita, que veio
dos campos de Moab. Chegaram a Be-
lém no começo da colheita da cevada.

III. RUTE NO CAMPO DE BOOZ (2)

2 **Rute encontra Booz.** 1Noemi ti-
nha um parente por parte de seu
marido, homem rico e importante, da
família de Elimelec, chamado Booz.

2Rute, a moabita,* disse a Noemi:
"Permite que eu vá ao campo respi-
gar atrás daquele que me acolher com
bondade". Ela respondeu-lhe: "Vai, mi-
nha filha". 3Ela foi e respigou no campo
atrás dos segadores. Por coincidência,
entrou na parte do campo pertencente
a Booz, da família de Elimelec. 4Naque-
le momento, Booz estava chegando de
Belém e disse aos segadores: "Que Javé
esteja convosco!" Responderam eles:
"Que Javé te abençoe!"* 5Booz pergun-
tou depois a seu servo, o feitor dos se-
gadores: "De quem é esta jovem?" 6O
servo, feitor dos segadores, respondeu:
"Esta jovem é a moabita que voltou
com Noemi dos campos de Moab. 7Ela
pediu: 'Deixa-me respigar e recolher
entre os feixes atrás dos segadores'.
Veio e ficou desde a manhã até agora;
só descansou um pouco na choça".

8Booz disse a Rute: "Ouça, minha
filha. Não vás respigar noutro campo,
nem te afastes daqui, mas fica junto
com minhas criadas. 9Observa o terre-
no que os homens estiverem ceifando e
vai atrás deles. Ordenei aos servos para
não te molestarem. Quando tiveres
sede, vai procurar os cântaros e bebe
da água que os servos tiverem busca-
do". 10Então ela caiu com o rosto em
terra, prostrou-se e lhe disse: "Por que

---

* **1**,11. Dt 25,5-10 | 20. Êx 15,23; Jó 1,21 | **2**,2. Lv 19,9s; 23,22; Dt 24,19-22 | 4. Sl 129,7s

† **1**,11. Noemi refere-se à lei do levirato, a "lei do cunhado", Dt 25,5-6, conforme a qual se um homem casado morresse sem deixar filhos, o irmão dele devia casar-se com a viúva para suscitar uma descendência a seu irmão. | 16. Sendo moabita, Rute deveria ser excluída da comunidade de Israel, Dt 23,4.

encontrei favor a teus olhos, de modo que te interesses por mim, que não passo de uma estrangeira?" 11Em resposta, Booz lhe disse: "Foi-me contado tudo o que fizeste por tua sogra após a morte de teu marido, e como deixaste pai e mãe e tua terra natal para vires morar no meio de um povo que antes não conhecias. 12Que Javé te retribua o que fizeste e que recebas uma farta recompensa da parte de Javé, Deus de Israel, sob cuja proteção vieste abrigar-te!" 13Ela respondeu: "Possa eu ser bem acolhida* por ti, meu senhor! Pois me confortaste e falaste ao coração de tua serva, embora eu não seja sequer como uma de tuas servas". 14Na hora da refeição, Booz disse a Rute: "Vem aqui para comer do pão e molhar teu bocado no vinagre". Ela sentou-se junto aos segadores, e Booz ofereceu-lhe trigo tostado. Ela comeu até saciar-se e guardou as sobras. 15Quando ela se levantou para respigar, Booz ordenou a seus servos: "Deixai-a respigar também entre os feixes e não a molesteis. 16Cuidai também que caiam algumas espigas de vossos feixes, e deixai-as para que ela as recolha, e não a censureis". 17Rute respigou no campo até o entardecer e depois debulhou as espigas que havia colhido; deu quase um almude†.

18Voltou para a cidade carregando a cevada, e sua sogra viu o que ela havia recolhido. Rute tirou e lhe deu a comida que havia guardado depois de comer à vontade. 19Perguntou-lhe a sogra: "Onde respigaste hoje, onde trabalhaste? Bendito aquele que te deu atenção!" Ela contou a sua sogra com quem tinha trabalhado, dizendo: "O homem com quem trabalhei hoje se chama Booz". 20Noemi disse a sua nora: "Seja ele abençoado por Javé que não cessa de usar de misericórdia para com os vivos e os mortos!" E acrescentou: "Esse homem é nosso parente próximo, é um dos que têm sobre nós direito* de resgate"†. 21Rute, a moabita, disse: "Ele me falou também: 'Fica com meus servos até que terminem toda a colheita'". 22Noemi respondeu a Rute, sua nora: "É bom, minha filha, que estejas na companhia de suas servas e não te exponhas a maus tratos num outro campo". 23Assim ela ficou no meio das servas de Booz, respigando até o fim da colheita da cevada e do trigo. E morava com sua sogra.

IV. RUTE, ESPOSA DE BOOZ (3–4)

3 **Noemi propõe a Rute o matrimônio com Booz.** 1Noemi, sua sogra, disse-lhe: "Minha filha, não devo eu procurar um lar para ti, para que sejas feliz? 2Ora, esse Booz, com cujas servas estavas, não é nosso parente? Esta noite ele vai joeirar a cevada na eira. 3Lava-te, pois, e perfuma-te, põe teu manto e desce à eira, mas não te deixes reconhecer por ele, até que tenha acabado de comer e de beber. 4Quando ele for dormir, observa o lugar em que está deitado; então chega, descobre seus pés e deita-te; e ele te dirá o que deves fazer". 5Rute respondeu-lhe: "Farei tudo o que disseste".

6Desceu, pois, à eira e fez tudo o que sua sogra lhe havia mandado. 7Booz comeu, bebeu, seu coração se alegrou e ele foi deitar-se junto de um monte de cevada. Então ela veio de mansinho, descobriu seus pés e deitou-se. 8No meio da noite, o homem se assustou; voltou-se e viu uma mulher deitada a seus pés. 9Perguntou: "Quem és tu?" Ela respondeu: "Eu sou Rute, tua serva. Estende teu manto sobre tua serva, pois tens o direito de resgate"†. 10Ele disse: "Que Javé te abençoe, minha filha; este teu novo ato de bondade ex-

* **2**,13. Sl 36,8; 91,1.4 | 20. 2,1 | **3**,10. 2,11

† **2**,17. Um almude equivale a 45 litros. | 20. Parente próximo de Noemi e, por extensão, de Rute. Este parente devia resgatar a parte do campo vendida por Noemi, 4,3, para evitar que a família a perdesse, e desposar Rute, pois Noemi era idosa, para garantir uma posteridade a Elimelec. Mas existe um outro que é de fato o parente mais próximo, 3,12. | **3**,9. O manto é símbolo de proteção; Rute pede proteção, ou seja, pede que Booz a tome por esposa.

cede o primeiro,* pois não procuraste jovens, pobres ou ricos. 11E agora, minha filha, não tenhas medo: farei por ti tudo o que disseres, pois toda a comunidade de meu povo sabe que és uma mulher virtuosa. 12Realmente eu tenho o direito de resgate, mas há um outro que é parente mais próximo do que eu. 13Passa a noite* aqui e quando amanhecer o dia, se ele quiser exercer seu direito de resgate sobre ti, está bem, que ele te resgate; se, pelo contrário, não quiser te resgatar, eu te resgatarei; juro pela vida de Javé! Fica deitada até de manhã". 14Ela ficou deitada a seus pés até de manhã e levantou-se antes que uma pessoa pudesse reconhecer a outra; pois ele disse: "Que ninguém saiba que esta mulher veio à eira". 15Disse então Booz: "Estende o manto que te cobre e segura-o". Ela o segurou, e ele colocou no manto seis medidas de cevada, que lhe pôs às costas. E ela voltou para a cidade.

16Quando chegou à casa de sua sogra, esta lhe perguntou: "Como foi, minha filha?" Contou-lhe então tudo o que aquele homem havia feito por ela. 17E acrescentou: "Estas seis medidas de cevada foi ele que me deu, dizendo-me: 'Não voltarás de mãos vazias para junto de tua sogra'". 18Noemi disse-lhe: "Espera, minha filha, até saberes como terminará tudo isso; pois este homem não descansará enquanto não resolver hoje mesmo esta questão".

4 **Booz casa-se com Rute.**

1Booz subiu à porta da cidade e sentou-se ali. Vendo passar o parente do qual tinha falado, disse-lhe: "Fulano, vem e senta-te aqui". O homem aproximou-se e sentou-se. 2Booz escolheu dez homens dentre os anciãos da cidade e lhes disse: "Sentai-vos aqui". Eles se sentaram. 3Então disse ao homem que tinha o direito de resgate: "Noemi, aquela que veio dos campos de Moab, quer vender a parte do terreno que pertencia a nosso parente Elimelec. 4Resolvi informar-te disso,* dizendo-te: 'Compra-o na presença dos que estão aqui sentados e dos anciãos de meu povo'. Se quiseres resgatá-lo, resgata-o; mas se não o quiseres, declara-o, para eu tomar conhecimento. Pois não há outro que possa resgatá-lo a não ser tu e, depois de ti, eu". Ele respondeu: "Vou resgatá-lo". 5Replicou Booz: "No dia em que adquirires esse campo da mão de Noemi,* estarás adquirindo também Rute, a moabita, a mulher daquele que morreu, para perpetuar o nome do morto sobre seu patrimônio". 6Então respondeu o que tinha o direito de resgate: "Assim não posso exercer meu direito, pois iria prejudicar meu patrimônio. Resgata tu o que eu deveria resgatar, pois não posso fazê-lo".

7Ora, antigamente era costume* em Israel, em caso de resgate ou de alienação, para convalidar o ato, um tirar a sandália e entregá-la ao outro; era esse o modo de testemunhar em Israel. 8Disse então a Booz o resgatador: "Compra-o para ti", e tirou a sandália†.

9Booz disse aos anciãos e a todo o povo: "Sois testemunhas hoje de que comprei da mão de Noemi tudo o que pertencia a Elimelec, a Quelion e a Maalon. 10Ao mesmo tempo adquiro por mulher Rute, a moabita, viúva de Maalon, para restaurar o nome do falecido sobre sua herança e para que o nome do falecido não desapareça do meio de seus irmãos, nem da porta de sua cidade. Disso sois testemunhas hoje". 11Todo o povo que se achava junto à porta, bem como os anciãos, responderam: "Nós somos testemunhas! Que Javé faça a essa mulher que entra em tua casa como fez a Raquel e a Lia,* que fundaram a casa de Israel.

* **3**,13. 2,20 | **4**,4. Lv 25,25 | 5. Dt 25,5-10 | 7. Dt 25,9s | 11. Gn 35,23-26 / Gn 35,19s | 12. Gn 38 / 1Cr 2,5.9-12.19.50s

† **4**,8. O parente mais próximo renuncia ao direito de resgate, mas não é tratado com desprezo como prevê Dt 25,9-10. O gesto com a sandália é como assinar um contrato. Lançar a sandália sobre um terreno é tomar posse, Sl 60,10; 108,10.

Torna-te poderoso em Éfrata,
adquire um nome em Belém.*
12E seja tua casa semelhante à de Fa-
rés,*
que Tamar deu à luz para Judá,
graças à posteridade que Javé vai te
dar desta jovem".*
13Assim Booz desposou Rute, que se
tornou sua esposa. Uniu-se a ela, e Javé
deu a Rute a graça de conceber, e ela
deu à luz um filho. 14As mulheres disse-
ram então a Noemi: "Bendito seja Javé
que não te deixou hoje sem um redentor;
que o nome dele seja famoso em Israel!
15Possa ele reanimar tua vida e te apoiar
na velhice, pois quem o gerou é tua nora,
que te ama e que vale para ti mais do
que sete* filhos". 16Noemi tomou o me-
nino no colo e serviu-lhe de ama.
17As vizinhas* deram-lhe um nome,
dizendo: "Nasceu um filho a Noemi"
e o chamaram Obed†. Foi ele o pai de
Jessé, pai de Davi.
Genealogia de Davi. 18Esta é a poste-
ridade de Farés:* Farés gerou Hesron.
19Hesron gerou Ram e Ram gerou Ami-
nadab. 20Aminadab gerou Naasson e
Naasson gerou Salmon. 21Salmon ge-
rou Booz e Booz gerou Obed. 22Obed
gerou Jessé e Jessé gerou Davi†.

---

* **4**,15. 1Sm 1,8 | 17. Gn 30,3 | 18. 1Cr 2,5-15; Mt 1,3-5; Lc 3,31-33

† **4**,17. Obed quer dizer servo (de Deus); pela lei, o menino é filho de Noemi e de Elimelec. | 22. Na genealogia de Jesus, Mateus dirá que "Booz gerou Obed de Rute" (1,5). Assim, a moabita, nascida num povo excluído de Israel, Dt 23,4, por sua fé e sua dedicação à sogra, foi incorporada de modo especial ao povo eleito.

OS LIVROS DE SAMUEL

Esses dois livros abrangem um período que vai do nascimento de Samuel ao fim do reinado de Davi, ou seja, do ano 1050 ao ano 970. O nome da obra não exprime bem seu conteúdo, pois apenas os primeiros quinze capítulos têm Samuel como protagonista; daí em diante a história vai girar em torno de Saul e de Davi. A versão grega dos Setenta e a Vulgata dividem o livro em dois e unem Samuel e Reis sob um único título: "Reinos" nos Setenta e "Reis" na Vulgata, resultando assim um total de quatro livros. Na composição do livro foram utilizados documentos, às vezes justapostos e de diversas tendências, nem sempre bem combinados num relato lógico: há duas narrativas da instituição da monarquia, duas versões da rejeição de Saul e, na seção Saul-Davi, as repetições são várias.

Samuel foi o último juiz de Israel e o primeiro grande profeta que orientou os chefes e o povo de Israel. Em seu tempo, impotente diante da expansão dos filisteus, Israel vai abandonar o sistema das tribos e adotar a monarquia, para ter um rei "como todas as outras nações" e fortalecer-se numa unidade mais compacta. Mas Israel já tem um rei, Javé; como, então, constituir sobre ele um soberano terrestre? A solução será que o rei de Israel seja um vassalo de Javé, um instrumento dócil e totalmente fiel em suas mãos, para a realização de seus planos em benefício do povo.

A primeira experiência, com Saul, depois dos sucessos iniciais, fracassou, por causa de sua desobediência. Não obstante seus pecados, Davi vai viver o ideal da monarquia em Israel, mostrando-se servo do Senhor e obediente à voz dos profetas. Javé está com ele e lhe dá êxito em todas as suas campanhas militares. Davi toma dos jebuseus a cidade de Jerusalém e faz dela sua capital e a cidade santa pela presença da arca da aliança. Como recompensa de sua fidelidade, recebe pelo profeta Natã a promessa divina de uma dinastia perene. Essa promessa alimentou através das gerações a esperança de um Davi redivivo, salvador do povo, um Messias-rei, esperança realizada em Jesus, aclamado como rei e filho de Davi.

Os livros de Samuel ensinam que toda autoridade humana está sujeita ao poder supremo de Deus, rei dos reis e senhor dos senhores.

PRIMEIRO LIVRO DE SAMUEL

I. ÚLTIMOS JUÍZES DE ISRAEL (1–7)

1 **A família de Samuel.** [1]Havia um
homem de Ramataim-Sofim, da
montanha de Efraim, chamado Elca-
na,* filho de Jeroam, filho de Eliú, fi-
lho de Tou, filho de Suf, um efraimi-
ta. [2]Elcana tinha duas mulheres, uma
chamada Ana e a outra, Fenena. Fe-
nena tinha filhos; Ana, porém, não os
tinha. [3]Todo ano esse homem* subia
de sua cidade para adorar e oferecer
sacrifícios a Javé dos exércitos em
Silo†, onde os dois filhos de Eli, Hof-
ni e Fineias, eram sacerdotes de Javé.
[4]Quando chegava o dia em que Elcana
oferecia o sacrifício, dava porções* a
Fenena, sua mulher e a todos os seus
filhos e filhas. [5]A Ana dava uma por-
ção dupla, porque a amava,* embora
Javé a houvesse tornado estéril. [6]Sua
rival a provocava continuamente para
irritá-la, porque Javé a tornara estéril.
[7]Assim acontecia todo ano: sempre
que Ana subia à casa de Javé, Fene-
na a irritava dessa maneira; por isso
Ana chorava e não comia. [8]Elcana, seu
marido, lhe dizia: "Ana, por que estás
chorando e não queres comer? E por
que se aflige teu coração? Não sou
para ti mais do que dez filhos?"*

---

* **1**,1. 1Cr 6,19-23 | 3. Êx 23,14; Lv 23,39; Jz 21,19 | 4. Dt 12,18 | 5. Gn 16,4s | 8. Rt 4,15

† **1**,3. Silo, a 35 km ao norte de Jerusalém, era o santuário mais importante da época. Lá estava a tenda da reunião, Jz 18,1. "Javé dos exércitos" quer dizer Senhor dos exércitos de Israel, dos anjos, das estrelas e das forças do universo.

A promessa de Ana. [9]Depois de terem
comido e bebido em Silo, Ana levan-
tou-se. O sacerdote Eli estava sentado
numa cadeira à entrada do templo de
Javé. [10]Ela, com a alma amargurada,
suplicava a Javé e chorava copiosa-
mente. [11]Fez também uma promessa,
dizendo: "Javé dos exércitos, se vos
dignardes olhar para a aflição de vos-
sa serva* e vos lembrardes de mim, se
não esquecerdes de vossa serva e lhe
derdes um filho homem, eu o ofere-
cerei a Javé por todos os dias de sua
vida, e a navalha jamais passará sobre
sua cabeça". [12]Sua oração diante de
Javé se prolongava, e Eli observava o
movimento de seus lábios. [13]Ana fala-
va em seu coração e somente seus lá-
bios se moviam, mas não se ouvia sua
voz. Por isso Eli pensou que estivesse
bêbada† [14]e lhe disse: "Até quando es-
tarás embriagada? Cura tua ressaca!"
[15]Mas Ana respondeu, dizendo: "Não,
meu senhor; sou uma mulher de alma
atribulada. Não bebi vinho nem bebi-
da inebriante, mas estava desabafan-
do meu coração diante de Javé. [16]Não
tomes tua serva por uma mulher in-
digna, porque é o excesso de minha
dor e de minha tristeza que me fez
falar até agora". [17]Respondeu-lhe Eli:
"Vai em paz e que o Deus de Israel te
conceda o que lhe pediste". [18]Ela re-
plicou: "Que tua serva encontre graça
a teus olhos". A mulher retirou-se, to-
mou alimento e seu rosto não foi mais
o mesmo.

Nascimento de Samuel. [19]Na manhã
seguinte ela e o marido se levanta-
ram cedo e, depois de adorar Javé,
partiram e voltaram para sua casa em
Ramá. Elcana uniu-se a sua mulher
Ana, e Javé lembrou-se dela. [20]Pas-
sado o devido tempo depois de Ana
ter concebido, deu à luz um filho e o
chamou Samuel, dizendo: "Eu o pedi
a Javé"†. [21]Seu marido, Elcana, foi com
toda a sua família oferecer a Javé o sa-
crifício anual e cumprir sua promessa.
[22]Ana, porém, não foi, porque disse
a seu marido: "Vou esperar até que o
menino seja desmamado; então o le-
varei para ser apresentado diante de
Javé e ficar lá para sempre". [23]Respon-
deu-lhe Elcana, seu marido: "Faze o
que te parecer melhor; fica até que o
tenhas desmamado. Basta que Javé
realize sua palavra". Ela ficou e aleitou
seu filho até que o desmamou.

Samuel é consagrado a Javé. [24]Quan-
do o desmamou, tomou-o consigo, com
um novilho de três anos, um efá de fari-
nha e um odre de vinho, e o introduziu
na casa de Javé em Silo. O menino era
ainda pequeno. [25]Imolaram o novilho e
conduziram o menino a Eli. [26]Ana disse:
"Perdão, meu senhor! Por tua vida, se-
nhor; eu sou aquela mulher que estava
aqui junto de ti suplicando a Javé. [27]Foi
por este menino que eu lhe suplicava,
e Javé me concedeu o que lhe pedi.
[28]Por isso, por minha vez o entrego a
Javé por toda a vida: seja consagrado a
Javé". E Samuel adorou ali Javé.

2 **Cântico de Ana†.** [1]Então Ana
orou, dizendo:

"Meu coração exulta em Javé,*
minha fortaleza em Javé se exalta;
abre-se minha boca contra meus inimigos,
porque me alegro com tua salvação.
[2]Não há santo como Javé,*
porque não há outro além de vós;
não há Rocha como nosso Deus.
[3]Não multipliqueis palavras orgulhosas,
cesse em vossa boca a arrogância,
porque Javé é um Deus que tudo sabe,
um Deus que julga as ações humanas.
[4]O arco dos fortes é quebrado,
e os fracos são revestidos de vigor.*

---

* **1**,11. Lc 1,48; Nm 6,1-3; Jz 13,5; 16,17 | **2**,1. Lc 1,47; Is 61,10 | 2. Lv 17,1; Sl 17,3 | 4. Is 40,29

† **1**,13. Era costume rezar em voz alta, mas Ana apenas movia os lábios. | 20. Etimologia popular: "chaal" é pedir e "El" é Deus. Nascido de mãe estéril por um dom divino todo especial, Samuel pertencerá a Deus, que dará ao casal três filhos e duas filhas, 2,21. | **2**,1. Este hino a Javé, que abate os poderosos e eleva os humildes, tem semelhanças com o Magnificat de Maria, Lc 1,46-55. Prediz a destruição dos inimigos e a exaltação do rei, o ungido de Javé: é o que Deus fará por meio de Samuel.

5Os que eram fartos procuram um
ganha-pão,
os que tinham fome não têm mais de
trabalhar.
Sete vezes deu à luz a que era estéril,*
a mãe de muitos filhos perdeu as for-
ças.
6É Javé que faz morrer e faz viver,*
faz descer ao abismo e de lá voltar.
7Javé dá a pobreza e a riqueza,
humilha e também exalta.*
8Ergue da poeira o indigente,*
da imundície levanta o pobre,
para os fazer sentar entre os príncipes
e dar-lhes um trono glorioso;
porque são de Javé as colunas da
terra,*
e sobre elas firmou o mundo.
9Ele vela sobre os passos de seus
fiéis,
mas os ímpios morrerão nas trevas,
pois ninguém triunfará por sua força.
10Os inimigos de Javé serão destruí-
dos.
Do céu contra eles trovejará,
Javé julgará os confins da terra.*
A seu rei dará fortaleza,
e exaltará o poder de seu Ungido".*
11Elcana voltou para sua casa em
Ramá, e o menino ficou servindo a Javé
na presença do sacerdote Eli.

Maldade dos filhos de Eli. 12Os filhos
de Eli eram homens indignos, que não
se importavam com Javé. 13Assim se
comportavam esses sacerdotes com
o povo:* quando alguém oferecia um
sacrifício, enquanto a carne estava co-
zinhando, vinha um servo do sacerdote
com um garfo de três dentes, 14metia-o
no caldeirão, na panela, no tacho ou na
caçarola, e tudo o que o garfo apanha-
va, o sacerdote o tomava para si†. As-
sim faziam com todos os israelitas que
iam a Silo. 15Além disso, antes que se
queimasse a gordura, vinha um servo
do sacerdote e dizia ao que oferecia o
sacrifício: "Dá esta carne ao sacerdote,
para assar, pois ele não aceitará de ti
carne cozida, mas crua". 16Se a pessoa
lhe dissesse: "Deixa que se queime* pri-
meiro a gordura, depois tomarás o que
quiseres", o servo respondia: "Não, tens
de me dá-la agora mesmo, do contrá-
rio a tomarei à força". 17Era enorme o
pecado daqueles jovens diante de Javé,
porque desonravam as ofertas feitas a
Javé.

Samuel serve a Javé no templo. 18En-
tretanto Samuel prestava serviço dian-
te de Javé; era ainda menino e trajava
uma túnica de linho. 19Sua mãe fazia
para ele todo ano uma pequena ves-
te, que lhe levava quando subia com o
marido para oferecer o sacrifício anual.
20Eli abençoava Elcana e sua mulher,
dizendo: "Que Javé te conceda filhos
desta mulher, em lugar daquele que ela
ofereceu a Javé". E eles voltavam para
casa. 21Com efeito, Javé visitou Ana,
que concebeu e deu à luz três filhos e
duas filhas. E o jovem Samuel crescia
junto de Javé.

Eli repreende seus filhos. 22Eli já era
muito idoso. Ficou sabendo tudo o
que seus filhos faziam com todos os
israelitas e as relações que tinham com
as mulheres que prestavam serviço à
entrada da tenda da reunião. 23Ele lhe
disse: "Por que fazeis essas coisas? Eu
ouço o povo todo falar de vossas más
ações. 24Não, meus filhos, porque não
é boa a fama que ouço o povo de Javé
espalhar. 25Se alguém pecar contra o
próximo, Deus intercederá por ele; mas,
se pecar contra Javé, quem intercederá
por ele?" Eles, porém, não escutavam a
voz do pai, porque Javé queria fazê-los
morrer.* 26Entretanto o jovem Samuel
ia crescendo em estatura e no conceito
de Javé e das pessoas.

A sentença contra a família de Eli.
27Um homem de Deus veio a Eli e lhe
disse: "Assim fala Javé: 'Porventura não
me revelei claramente à casa de teu
pai, quando estavam no Egito, a servi-
ço do faraó? 28Eu o escolhi entre todas

---

* **2**,5. Sl 113,9; Is 54,1 | 6. Dt 32,39; Sb 16,13; Sl 30,4 | 7. Lc 1,52s | 8. Sl 113,7s / Sl 75,4; 104,5; Jó 9,6; 38,6 | 10. Sl 98,9 / Sl 89,25; 2,6 | 13. Dt 18,3; Lv 7,29-36 | 16. Lv 3,3-5 | 25. Eclo 46,13; Lc 2,52

† **2**,14. Estava bem determinado pelo ritual o que era reservado aos sacerdotes nos sacrifícios, Lv 7,28-34. | 28. Efod, aqui e em 23,9; 30,7, é um objeto pelo qual se tirava a sorte, para saber a resposta de Deus.

as tribos de Israel, para se tornar meu sacerdote, para subir a meu altar, para queimar incenso e para usar o efod† em minha presença; e dei à casa de teu pai todas as ofertas queimadas dos filhos de Israel. 29 Por que, pois, desprezais meus sacrifícios e minhas oblações que mandei oferecer em meu santuário, e por que honras teus filhos mais do que a mim, engordando-vos com o melhor de todas as oblações de Israel, meu povo? 30 Por isso – oráculo de Javé, Deus de Israel – eu tinha declarado que tua casa e a casa de teu pai estariam para sempre a meu serviço, mas agora – oráculo de Javé – longe de mim tal coisa! Porque eu honro* os que me honram, e serão desprezados os que me desprezam. 31 Virão dias em que eu cortarei teu braço e o braço da casa de teu pai, de modo que não haverá mais nenhum idoso em tua casa. 32 Verás um rival em minha morada e todo o bem que ele fará a Israel; mas em tua casa nunca mais haverá nenhum idoso. 33 Aquele dos teus que eu não excluir de meu altar ficará para te consumir os olhos e torturar-te o coração; mas todos os descendentes de tua casa* morrerão na flor da idade. 34 E te servirá de sinal o que acontecerá a teus dois filhos, Ofni e Fineias: ambos morrerão no mesmo dia. 35 Suscitarei para mim* um sacerdote fiel, que procederá segundo meu coração e meu desejo, e lhe edificarei uma casa estável, e ele andará sempre na presença de meu ungido. 36 Todo sobrevivente de tua casa irá prostrar-se diante dele em troca de uma moeda de prata e de um pedaço de pão e dirá: 'Rogo-te que me admitas a alguma das funções sacerdotais, para que eu tenha um pedaço de pão para comer'".

3

Vocação de Samuel. 1 Entretanto o menino Samuel servia a Javé na presença de Eli. Naquele tempo a palavra de Javé era rara e as visões não eram frequentes. 2 Certo dia, Eli estava dormindo em seu quarto. Sua vista começava a enfraquecer e não enxergava bem. 3 A lâmpada de Deus ainda não se havia apagado, e Samuel dormia* no templo de Javé, onde estava a arca de Deus. 4 Javé chamou: "Samuel, Samuel!" Ele respondeu: "Aqui estou"; 5 e correu para junto de Eli e disse: "Aqui estou, pois me chamaste". Ele respondeu: "Não te chamei; volta e dorme". Samuel voltou a dormir. 6 Javé tornou a chamar: "Samuel, Samuel!" Samuel levantou-se, foi para junto de Eli e disse: "Aqui estou, pois me chamaste". Eli respondeu: "Não te chamei, meu filho; volta e dorme". 7 Samuel ainda não conhecia Javé, e a palavra de Javé ainda não lhe havia sido revelada. 8 Javé chamou de novo Samuel, pela terceira vez; e ele se levantou, foi até Eli e lhe disse: "Aqui estou, pois me chamaste". Então Eli compreendeu que Javé estava chamando o menino, 9 por isso Eli disse a Samuel: "Vai deitar-te, e se te chamarem outra vez, dirás: 'Falai, Javé, que vosso servo escuta'". Samuel tornou a deitar-se em seu lugar. 10 Então Javé veio, pôs-se junto dele e o chamou como das outras vezes: "Samuel, Samuel!" Então Samuel respondeu: "Falai, que vosso servo escuta!" 11 Javé disse a Samuel: "Vou fazer em Israel uma coisa tal que a todos que a ouvirem retinirão os dois ouvidos. 12 Nesse dia realizarei* contra Eli tudo o que falei contra sua casa, do começo ao fim. 13 Eu lhe anunciei que executaria minhas sentenças sobre sua casa para sempre, por causa da iniquidade que ele bem conhece, pois seus filhos atraíram sobre si a maldição, e ele não os corrigiu. 14 Por isso juro à casa de Eli que a iniquidade de sua casa jamais será expiada, nem com sacrifícios, nem com oblações".

15 Samuel dormiu até de manhã, depois abriu as portas da casa de Javé; mas tinha medo de contar a Eli a visão. 16 Eli chamou Samuel, dizendo: "Samuel, meu filho!" Este respondeu: "Aqui estou!" 17 Eli continuou: "Que te

---

* **2**,30. 2Sm 22,25; Sl 18,26 | 33. 22,18s; 14,10 | 35. 4,11 | **3**,3. Lv 24,3 | 12. 2,27-36 | 17. Rt 1,17

† **3**,17. Veja a nota em 2Sm 19,14.

disse ele? Por favor, não me ocultes nada. Assim Deus te faça e outro tanto† se me ocultares* alguma coisa de tudo o que te disse". 18Samuel narrou-lhe tudo, sem lhe ocultar nada. Então Eli exclamou: "Ele é Javé; faça o que for de seu agrado!"*

19Samuel cresceu, e Javé estava com ele; e não deixou cair no vazio nenhuma de suas palavras. 20Então todo Israel, desde Dã até Bersabeia, reconheceu que Samuel tinha sido constituído profeta* de Javé. 21E Javé continuou a manifestar-se em Silo, porque em Silo Javé se revelava a Samuel mediante sua palavra.

4

Israel é derrotado pelos filisteus. 1A palavra de Samuel chegava a todo o Israel. Os israelitas saíram para combater contra os filisteus* em Ebenezer; os filisteus acamparam em Afec. 2Os filisteus se dispuseram em ordem de batalha contra Israel. Desfechado o ataque, os israelitas foram derrotados pelos filisteus, que mataram cerca de quatro mil homens dentre as fileiras. 3Quando a tropa voltou ao acampamento, os anciãos de Israel perguntaram: "Por que Javé nos derrotou hoje diante dos filisteus?† Vamos a Silo buscar a arca da aliança de Javé, para que venha entre nós e nos salve das mãos de nossos inimigos". 4O povo mandou,* pois, buscar em Silo a arca da aliança de Javé dos exércitos, que está sentado sobre querubins†, e os dois filhos de Eli, Ofni e Fineias, acompanharam a arca da aliança de Deus. 5Quando a arca da aliança de Javé entrou no acampamento, todo o Israel aclamou com voz tão forte, que fez retumbar a terra. 6Os filisteus ouviram o ruído da aclamação e perguntaram: "Que significa o ruído deste grande clamor no acampamento dos hebreus?" Então souberam que a arca de Javé havia chegado ao acampamento 7e tiveram medo, pois diziam: "Deus veio ao acampamento!" E acrescentaram: "Ai de nós! Isto nunca aconteceu até agora! 8Ai de nós! Quem nos salvará das mãos desses deuses poderosos? Esses são os deuses que feriram os egípcios com toda a sorte de pragas no deserto. 9Coragem, ó filisteus, e portai-vos como homens para não vos tornardes escravos dos hebreus, como eles foram vossos escravos. Agi como homens e combatei". 10Os filisteus lutaram, pois, e Israel foi vencido, fugindo cada um para sua tenda. A derrota foi enorme, e foram mortos de Israel trinta mil homens da infantaria. 11A arca de Deus foi tomada e morreram os dois filhos de Eli: Ofni e Fineias.

Morte de Eli. 12Um homem de Benjamim correu do campo de batalha e chegou no mesmo dia a Silo com as vestes rasgadas e a cabeça coberta de terra. 13Quando chegou, Eli estava sentado na cadeira, à beira do caminho, observando, porque seu coração estava receoso por causa da arca de Deus. Logo que o homem entrou na cidade e contou a notícia, toda a cidade prorrompeu em gritos. 14Ao ouvir o ruído dos gritos, Eli perguntou: "Que significa o ruído desse tumulto?" O homem apressou-se em ir informar Eli. 15Ora, Eli estava com noventa e oito anos, tinha o olhar fixo e não enxergava mais. 16O mensageiro disse a Eli: "Eu sou o que venho do campo de batalha; fugi de lá hoje". Eli perguntou-lhe: "Que aconteceu, meu filho?" 17Em resposta, o mensageiro disse: "Israel fugiu diante dos filisteus, e houve grande mortandade entre o povo; também teus dois filhos, Ofni e Fineias, foram mortos, e a arca de Deus foi tomada". 18Logo que ele falou da arca de Deus, Eli caiu da cadeira para trás, junto da porta, quebrou a nuca e morreu, pois era idoso e pesado. Tinha sido juiz de Israel durante quarenta anos.

19Sua nora, a esposa de Fineias, estava grávida e próxima do parto; ao ouvir a

* **3**,18. Jó 1,21 | 20. Jz 20,1 | **4**,1. Js 13,2; 1 Sm 29,1 | 4. Nm 10,35s

† **4**,3. Para o autor, a resposta é clara: por causa da idolatria; assim, Deus não está com o povo. | 4. Os querubins, esfinges aladas que estavam sobre o propiciatório da arca, Êx 25,18, eram como um trono para Deus.

notícia da tomada da arca de Deus e da
morte do sogro e do marido, agachou-
-se e deu à luz, porque lhe sobrevieram
as dores. 20Enquanto estava morrendo,
disseram-lhe as mulheres que a assis-
tiam: "Não temas, porque tiveste um fi-
lho". Mas ela não respondeu* nem pres-
tou atenção. 21Deu ao menino o nome
de Icabod†, dizendo: "A glória se afastou
de Israel", porque a arca de Deus fora to-
mada e tinham morrido seu sogro e seu
marido. 22Ela disse: "Passou a glória de Is-
rael, porque foi tomada a arca de Deus".

5 **A arca de Deus entre os filis-
teus.** 1Os filisteus tomaram a arca
de Deus* e a transportaram de Ebene-
zer para Azoto. 2Os filisteus tomaram a
arca de Deus e a introduziram no tem-
plo de Dagon†, colocando-a ao lado de
Dagon. 3No dia seguinte, levantando-
-se de manhã cedo, os habitantes de
Azoto encontraram Dagon caído com
o rosto por terra diante da arca de Javé.
Tomaram Dagon e o repuseram em seu
lugar. 4Na manhã seguinte, quando se
levantaram, encontraram Dagon caído
com o rosto por terra diante da arca de
Javé; a cabeça e as duas mãos, cortadas,
jaziam no limiar da porta, e de Dagon
só restava o tronco. 5Por isso, até hoje
os sacerdotes de Dagon e todos os que
entram no templo de Dagon não pisam
no limiar de Dagon em Azoto.
6A mão de Javé pesou duramente
sobre os habitantes de Azoto e os de-
vastou, afligindo-os com tumores em
Azoto e seus arredores. 7Diante de tais
coisas, eles tiveram medo e disseram:
"A arca do Deus de Israel não deve per-
manecer no meio de nós, porque sua
mão pesa sobre nós e sobre Dagon,*
nosso deus". 8Mandaram reunir-se jun-
to deles todos os príncipes dos filisteus
e lhes perguntaram: "Que faremos com
a arca do Deus de Israel?" Eles respon-
deram: "Que a arca do Deus de Israel
seja levada para Gat". E a arca do Deus
de Israel foi levada para lá.
9Depois que a transferiram, a mão de
Javé pesou sobre a cidade, causando
enorme pânico; afligiu os habitantes
da cidade, pequenos e grandes, e lhes
saíram tumores. 10Então mandaram
a arca de Deus para Acaron. Quando a
arca de Deus chegou a Acaron, os ha-
bitantes de Acaron gritaram, dizendo:
"Transportaram até nós a arca do Deus
de Israel para nos fazer perecer a nós
e a nosso povo". 11Mandaram convo-
car todos os príncipes dos filisteus, aos
quais disseram: "Mandai embora a arca
do Deus de Israel, para que volte a seu
lugar e não nos faça morrer a nós e a
nosso povo". Porque havia um terror
mortal na cidade inteira, de tão pesada
que se tornara ali a mão de Deus. 12Os
que não morriam eram afligidos com
tumores. E o clamor da cidade se ele-
vou até o céu.

6 **A arca volta a Israel.** 1A arca de
Javé esteve no país dos filisteus
durante sete meses. 2Depois, os filisteus
chamaram os sacerdotes e os adivinhos
e perguntaram: "Que devemos fazer
com a arca de Javé? Indicai-nos como
havemos de devolvê-la a seu lugar".
3Responderam eles: "Se devolverdes a
arca do Deus de Israel, não a mandeis
sem nada, mas fazei uma oferta de re-
paração. Então, sereis curados e sabereis
por que sua mão não cessou de pesar
sobre vós". 4Perguntaram: "E que oferta
de reparação devemos fazer-lhe?" Res-
ponderam: "Cinco tumores de ouro e
cinco ratos de ouro, conforme o núme-
ro dos príncipes dos filisteus, porque é
a mesma praga que atingiu todos vós e
vossos príncipes. 5Fazei, pois, imitações
de vossos tumores e dos ratos que de-
vastam o país e dai glória ao Deus* de
Israel. Talvez ele alivie o peso de sua mão
sobre vós, sobre vossos deuses e sobre
vosso país. 6Por que endurecer vosso
coração, como fizeram os egípcios e o
faraó? Depois que os tratou duramente,
não deixaram partir os israelitas, e es-

---

* **4**,20. Gn 35,16s | **5**,1. Jz 16,23 | 7. Js 13,2 | **6**,5. Js 7,19

† **4**,21. Icabod significa "onde está a glória?". | **5**,2. Deus do trigo, adorado pelos filisteus, Jz 16,23. Javé mostra seu poder contra Dagon.

tes não se foram? 7Fazei, pois, um carro novo, tomai duas vacas com bezerros, sobre as quais ainda não se tenha posto a canga†; atrelai-as ao carro* e separai delas os bezerros, mandando-os para o curral. 8Depois tomai a arca de Javé e colocai-a no carro, pondo a seu lado, numa caixa, os objetos de ouro que lhe ofereceis como reparação, e deixai-a ir. 9E observai: se ela subir pelo caminho de seu território, rumo a Bet-Sames, foi Javé que nos causou este grande mal; se não, saberemos que não foi sua mão que nos feriu, mas que isto nos sucedeu por acaso.

10E assim fizeram. Pegaram duas vacas com bezerros, atrelaram-nas ao carro e prenderam seus bezerros no curral. 11Puseram no carro a arca de Javé e a caixa com os ratos de ouro e as imitações dos tumores. 12As vacas se encaminharam diretamente pela estrada de Bet-Sames, seguindo sempre o mesmo caminho, berrando enquanto andavam, sem se desviarem nem para a direita, nem para a esquerda. Os príncipes dos filisteus foram atrás delas até a fronteira de Bet-Sames.

13Os habitantes de Bet-Sames estavam ceifando o trigo no vale e, levantando os olhos, viram a arca e se alegraram quando a viram. 14O carro chegou ao campo de Josué de Bet-Sames e parou ali, onde havia uma grande pedra. Cortaram em pedaços a madeira do carro e ofereceram as vacas em holocausto a Javé. 15Os levitas desceram a arca de Javé e a caixa que estava ao lado dela, com os objetos de ouro, e os puseram sobre a grande pedra. No mesmo dia os habitantes de Bet-Sames ofereceram holocaustos e sacrifícios a Javé. 16Os cinco príncipes dos filisteus viram isso e voltaram no mesmo dia para Acaron. 17Foram estes os tumores de ouro que os filisteus ofereceram a Javé como reparação: um por Azoto, um por Gaza, um por Ascalon, um por Gat, um por Acaron. 18Também os ratos de ouro foram segundo o número de todas as cidades dos cinco príncipes, desde as cidades fortificadas até as aldeias sem muros. A grande pedra, sobre a qual puseram a arca de Javé, está ainda hoje no campo de Josué de Bet-Sames. 19Deus castigou os habitantes de Bet-Sames, porque olharam dentro da arca de Javé, e matou setenta homens entre os cinquenta mil do povo. O povo ficou de luto, porque Javé o castigou com tão grande flagelo. 20Então disseram os habitantes de Bet-Sames: "Quem poderá estar diante de Javé,* este Deus santo? Saindo daqui, para quem irá?" 21Mandaram mensageiros aos habitantes de Cariat-Iarim, dizendo: "Os filisteus restituíram a arca de Javé; descei e levai-a para vós".

7 1Os homens de Cariat-Iarim vieram buscar a arca de Javé e a levaram para a casa de Abinadab, situada na colina; consagraram seu filho Eleazar para guardar a arca de Javé.

A reforma religiosa de Samuel. 2Desde o dia em que a arca de Javé foi colocada em Cariat-Iarim, passou muito tempo – vinte anos – e todo o Israel suspirou por Javé. 3Por isso Samuel falou* a toda a casa de Israel, dizendo: "Se é de todo o vosso coração que vos converteis a Javé, tirai do meio de vós os deuses estrangeiros e as astartes e dirigi vosso coração a Javé, servindo a ele só, e ele vos livrará do poder dos filisteus. 4Os israelitas lançaram fora* os ídolos de Baal e as astartes† e puseram-se a servir só a Javé. 5Samuel disse: "Reuni todo o Israel em Masfa e eu rogarei a Javé por vós". 6Reuniram-se em

* **6**,7. Dt 21,3; 2Rs 2,20 | **6**,20. Sl 76,8; Ml 3,2 | **7**,3. Jz 6,6-10; 10,10-16 | 4. Jz 2,13; Jz 20,1; 1Sm 10,17

† **6**,7. Seria para a divindade o primeiro serviço delas. Também Jesus no domingo de ramos pede um jumentinho que ninguém ainda montou, Mc 11,2. | **7**,4. Deuses cananeus: Baal, que significa "senhor", é o deus da fecundidade e Astarte é a deusa do amor. | 6. Única menção desse rito no Antigo Testamento; simboliza o coração contrito que "se derrama como água diante da face de Deus", Lm 2,19. / Samuel é comparado aos juízes, os heróis da luta pela independência. É também sua função interceder pelo povo, 12,19.23. Masfa, a 13 km a noroeste de Jerusalém, é um santuário existente desde o tempo dos Juízes, Jz 20,1, e mencionado até no tempo dos Macabeus, 1Mc 3,46.

Masfa e, tirando água, derramaram-na
diante de Javé† e jejuaram aquele dia,
dizendo: "Pecamos contra Javé". Sa-
muel foi juiz dos israelitas em Masfa†.
Derrota dos filisteus. 7Quando os filis-
teus ficaram sabendo que os israelitas
se haviam reunido em Masfa, os prín-
cipes dos filisteus marcharam contra
os israelitas. Informados disso, estes
tiveram medo dos filisteus. 8Os israe-
litas disseram a Samuel: "Não cesses
de clamar por nós a Javé, nosso Deus,
para que nos salve das mãos dos filis-
teus". 9Samuel tomou um cordeiro que
ainda mamava* e o ofereceu inteiro em
holocausto a Javé; clamou a Javé por
Israel, e Javé o ouviu. 10Enquanto Sa-
muel oferecia o holocausto, os filisteus
aproximaram-se para atacar Israel; mas
Javé trovejou naquele dia com grande
estrondo sobre os filisteus e os con-
fundiu, de modo que foram derrota-
dos diante de Israel. 11Os homens de
Israel saíram de Masfa, perseguiram os
filisteus e os derrotaram até abaixo de
Bet-Car. 12Então Samuel tomou uma
pedra, colocou-a entre Masfa e Sen e
a chamou Ebenezer, dizendo: "Até aqui
Javé nos ajudou"†.
Samuel, último juiz. 13Assim, os filis-
teus foram humilhados e não voltaram
mais a invadir o território de Israel. A
mão de Javé* pesou sobre os filisteus
durante toda a vida de Samuel. 14Fo-
ram restituídas aos israelitas as cidades
que os filisteus lhes haviam tomado,
desde Acaron até Gat. Israel libertou
seu território das mãos dos filisteus. E
houve paz entre Israel e os amorreus†.
15Samuel julgou Israel por todo o tem-
po de sua vida. 16Anualmente dava
uma volta* por Betel, Guilgal e Masfa
e julgava Israel em todos esses lugares.
17Depois voltava para Ramá, onde mo-
rava, e dali governava Israel. Ali cons-
truiu um altar a Javé.

II. SAUL, O PRIMEIRO REI DE ISRAEL (8–15)

8 **Israelitas pedem um rei.** 1Quan-
do Samuel envelheceu, nomeou
seus filhos juízes de Israel. 2Seu filho
primogênito chamava-se Joel, e o se-
gundo, Abias; eles foram juízes em
Bersabeia. 3Seus filhos, porém, não se-
guiram seu exemplo, mas se desviaram
pela cobiça, deixando-se subornar e
violando a justiça. 4Reuniram-se então
todos os anciãos de Israel, foram ao
encontro de Samuel em Ramá 5e lhe
disseram: "Estás idoso e teus filhos não
seguem teus caminhos; estabelece,
pois, um rei* sobre nós que nos gover-
ne, como o têm todas as nações". 6De-
sagradaram a Samuel estas palavras
que disseram: "Dá-nos um rei que nos
governe"; e Samuel orou a Javé†. 7Mas
Javé disse a Samuel: "Atende à voz do
povo em tudo o que te diz, porque não
é a ti que rejeitaram, mas a mim,* para
que eu não reine sobre eles. 8Conforme
sempre agiram desde o dia em que os
tirei do Egito até hoje, abandonando-
-me para servir a outros deuses,* assim
fazem também contigo. 9Agora, pois,
atende ao pedido deles, mas adverte-
-os solenemente e declara-lhes o direi-
to do rei que reinará sobre eles".
10Samuel referiu todas as palavras de
Javé ao povo que lhe havia pedido um
rei 11e disse: "Este será o direito do rei
que reinará sobre vós: Tomará vossos
filhos e os encarregará de seus carros e
de seus cavalos,* e os fará correr diante
de seu carro. 12Ele os nomeará chefes
de mil e chefes de cinquenta; ele os fará
lavrar seus campos, ceifar suas messes
e fabricar suas armas de guerra e peças
para seus carros. 13Tomará vossas filhas
para serem suas perfumistas, cozinhei-
ras* e padeiras. 14Vai desapropriar os
melhores de vossos campos, de vossas

---

* **7**,9. Eclo 46,16-18 | 13. Jz 3,30; 8,28; 11,33 | 16. Jz 12,7.9.11.14; 16,31 | **8**,5. Dt 17,14; At 13,21 | 7. 12,12; Jz 8,22s | 8. Jz 10,13; 1Rs 9,9 | 11. 1Rs 12; Dt 17,14-20 | 13. 1Rs 21,1-24

† **7**,12. Ebenezer, 2Sm 4,1, significa "pedra do auxílio". | 14. O termo amorreus designa os cananeus, habitantes da terra prometida. | **8**,6. No pedido do povo, Samuel percebe um sinal de sua desconfiança em Deus, único rei de Israel. Tenta convencer o povo expondo o caráter opressor da monarquia, 8,11-18. A essa visão antimonarquista (8; 10,17-27; 12) contrapõe-se a visão favorável à monarquia (9,1-10,16; 11). Samuel apresenta o ideal de um rei teocrático, observante da lei mosaica.

vinhas, de vossos olivais, para dá-los a seus servos. [15]Tomará a décima parte de vossas sementes e de vossas vinhas, para dá-la a seus cortesãos e oficiais. [16]Tomará vossos servos e servas, vossos melhores bois e jumentos, e com eles fará suas obras. [17]Cobrará o dízimo de vossos rebanhos, e vós mesmos sereis seus escravos. [18]Então clamareis por causa de vosso rei que escolhestes, mas naquele dia Javé não* vos atenderá". [19]O povo, porém, não deu atenção às palavras de Samuel e disse: "Não! Mas haverá um rei sobre nós, [20]e seremos também nós como todas as nações: nosso rei nos governará, marchará a nossa frente e combaterá nossas batalhas". [21]Samuel ouviu todas as palavras do povo e as repetiu aos ouvidos de Javé. [22]Javé disse a Samuel: "Ouve a voz deles e estabelece sobre eles um rei". Então Samuel disse aos israelitas: "Volte cada um para sua cidade".

9 Encontro de Saul com Samuel.

[1]Havia um homem da tribo de Benjamim,* chamado Cis, filho de Abiel, filho de Seror, filho de Becorat, filho de Afia, benjaminita, homem forte e valoroso. [2]Ele tinha um filho chamado Saul,* jovem e belo. Não havia entre os israelitas ninguém mais belo que ele; dos ombros para cima ultrapassava a todos. [3]As jumentas de Cis, pai de Saul, se perderam; por isso Cis disse a seu filho: "Toma contigo um dos servos, levanta-te e vai procurar as jumentas". [4]Eles percorreram a montanha de Efraim e atravessaram a terra de Salisa, mas não as encontraram. Depois passaram pela região de Salim, e tampouco estavam ali; atravessaram o país de Benjamim sem nada encontrar. [5]Quando chegaram à terra de Suf, Saul disse ao servo que o acompanhava: "Vem, voltemos para casa, senão meu pai deixará de pensar nas jumentas e ficará preocupado conosco". [6]O criado disse: "Nesta cidade há um homem de Deus* muito respeitado; tudo o que ele diz acontece sem falta. Vamos, pois, lá; talvez nos indique o caminho que devemos seguir". [7]Saul disse a seu criado: "Então vamos. Mas que levaremos a esse homem? O pão terminou em nossos alforjes e não temos nenhum presente para levar ao homem de Deus. Que temos?" [8]O criado respondeu de novo a Saul: "Eu tenho um quarto de siclo de prata;* vou dá-lo ao homem de Deus, para que nos mostre o caminho". [9]Antigamente, em Israel,* quando alguém ia consultar a Deus, dizia: "Vinde, vamos ao vidente", porque aquele que hoje se chama profeta, antigamente se chamava vidente. [10]Saul disse ao criado: "Boa proposta; vamos". E se encaminharam para a cidade onde estava o homem de Deus. [11]Enquanto iam subindo pela encosta da cidade,* encontraram umas moças que saíam para buscar água e lhes perguntaram: "O vidente está aqui?" [12]Responderam elas: "Sim, está ali diante de ti. Apressa-te, pois ele veio hoje à cidade, porque hoje o povo oferece um sacrifício no lugar alto†. [13]Logo que entrardes na cidade, vós certamente o encontrareis, antes que suba ao lugar alto para comer; pois o povo não começará a comer enquanto ele não chegar. É ele que deve abençoar o sacrifício; só depois é que os convidados comem. Subi, portanto, que o encontrareis* logo". [14]Eles subiram à cidade. Quando entravam, Samuel estava saindo na direção deles para subir ao lugar alto.

[15]Um dia antes da chegada de Saul,* Javé tinha avisado Samuel, dizendo-lhe: [16]"Amanhã a esta hora te enviarei um homem da terra de Benjamim, e tu o ungirás para chefe de Israel, meu povo. Ele libertará meu povo* da mão dos filisteus; com efeito, voltei o olhar para meu povo, visto que seu clamor chegou até mim".

---

* **8**,18. 1Rs 12,4; Pr 1,25-33; Mq 3,4 | **9**,1. 1Cr 8,33 | 2. 10,23; 16,12 | 6. 1Rs 13,1; Jz 13,6 | 8. 2Rs 5,15 | 9. Eclo 46,15 | 11. Gn 24,11; Êx 2,16 | 13. Lv 3,1 | 15. At 9,10-16 | 16. Êx 3,7.10

† **9**,12. Segundo um costume cananeu, conservado pelos israelitas, o lugar alto era o santuário da cidade, e o culto aí celebrado permaneceu legítimo até a reforma de Josias, 2Rs 23,8.

17Quando Samuel viu Saul, Javé lhe
disse: "Este é o homem de quem te
falei: ele governará* meu povo". 18Saul
aproximou-se de Samuel no meio da
porta da cidade e lhe disse: "Por favor,
mostra-me onde é a casa do vidente".
19Samuel respondeu a Saul: "Sou eu o
vidente. Sobe diante de mim ao lugar
alto; hoje comereis comigo e amanhã
de manhã eu te despedirei, depois de
te revelar tudo o que tens no coração.
20Quanto às jumentas que se perde-
ram há dias, não te preocupes, pois
foram encontradas. Para quem é tudo
o que há de precioso em Israel? Não é
para ti e para toda a casa de teu pai?"
21Saul respondeu: "Porventura não sou
eu benjaminita, da menor das tribos
de Israel? E minha família, não é ela a
menor entre todas as famílias da tribo
de Benjamim? Por que me falas assim?"
22Samuel, tomando consigo Saul e seu
criado, levou-os para a sala e deu-lhes
o primeiro lugar entre os convidados,
que eram umas trinta pessoas. 23Sa-
muel disse ao cozinheiro: "Traze a por-
ção que te entreguei e que te mandei
guardar à parte". 24O cozinheiro trouxe
a coxa com o que havia nela e colocou-
-a diante de Saul. Samuel disse: "Eis
aqui o que foi reservado; põe-no dian-
te de ti e come, pois foi guardado para
ti para esta ocasião, quando convidei o
povo". Assim Saul comeu com Samuel
naquele dia. 25Desceram do lugar alto
para a cidade, e Samuel conversou com
Saul no terraço.

Saul é ungido rei. 26Eles se levantaram
cedo; ao romper da aurora, Samuel
chamou Saul no terraço, dizendo-lhe:
"Levanta-te e te despedirei". Saul le-
vantou-se e ambos, ele e Samuel, saí-
ram para fora. 27Quando desciam à pe-
riferia da cidade, Samuel disse a Saul:
"Dize ao servo que passe adiante de
nós", e ele passou; "tu, porém, espera
um momento, para que eu te comuni-
que a palavra de Deus".

10

1Então Samuel tomou um
frasco de óleo, derramou-
-o sobre a cabeça de Saul† e o beijou,
dizendo: "Não foi Javé que te ungiu*
como chefe de sua herança? Terás po-
der sobre o povo de Javé e o livrarás
das mãos dos inimigos que o rodeiam.
Isto será para ti* o sinal de que Javé
te ungiu como chefe de sua herança:
2Hoje, quando te separares de mim,
encontrarás dois homens junto ao tú-
mulo de Raquel, na fronteira de Benja-
mim, em Selça, e eles te dirão: 'Foram
encontradas as jumentas que foste
procurar. Teu pai não se inquieta mais
por elas, mas está preocupado convos-
co, dizendo: Que farei por meu filho?'
3Continuando mais adiante, chegarás
ao carvalho do Tabor e encontrarás
aí três homens subindo para adorar a
Deus em Betel: um leva três cabritos,
outro três pães e o terceiro um odre
de vinho. 4Eles te saudarão e te darão
dois pães, que receberás de suas mãos.
5Depois chegarás a Gabaá de Deus,*
onde se encontra o destacamento dos
filisteus. Quando entrares na cidade,
encontrarás um grupo de profetas†
descendo do lugar alto, precedidos de
liras, pandeiros, flautas e cítaras, e eles
estarão profetizando.* 6Então o espíri-
to de Javé descerá sobre ti, profetiza-
rás com eles e serás transformado em
outro homem. 7Quando esses sinais te
acontecerem, faze o que as circunstân-
cias pedirem, porque Deus está conti-
go. 8Depois descerás antes de mim a
Guilgal, e eu descerei* a teu encontro
para oferecer holocaustos e imolar sa-
crifícios de comunhão. Esperarás sete
dias, até que eu chegue e te mostre o
que deverás fazer".

9Logo que voltou as costas para re-
tirar-se de Samuel, Deus lhe transfor-
mou o coração, e no mesmo dia se rea-
lizaram todos aqueles sinais. 10Ao che-
garem a Gabaá,* um grupo de profetas
saiu ao encontro de Saul; o espírito de

---

* **9**,17. 16,12 | **10**,1. 9,16s / 14,10; Dt 32,9; 7,6 | 5. 13,3 | 8. Jz 3,10 / Lv 1,1; 3,1 | 10. 19,20-24

† **10**,1. A unção dá ao rei um caráter sagrado, faz dele "o ungido de Javé", 12,3; 24,7. Messias é a palavra hebraica para "Ungido", que em grego é Cristo. O reino de Saul começa no ano 1030 a.C. | 5. Espécie de confraria que vivia em comunidade e usava a dança e a música para entrar em transe. Aos olhos do povo pareciam loucos, 2Rs 9,11. Aparecem com frequência na história de Eliseu, 2Rs 2,3.5.7.

Deus apoderou-se dele, e ele se pôs a profetizar no meio deles. 11Quando todos os que o conheciam antes o viram profetizar com os profetas, diziam entre si: "Que aconteceu com o filho de Cis? Saul também está entre os profetas?" 12Um homem do lugar respondeu: "Mas quem é o pai deles?"† Daí vem o provérbio: "Saul também está entre os profetas?"

13Quando acabou de profetizar, Saul subiu ao lugar alto. 14O tio dele perguntou a seu criado: "Aonde fostes?" Respondeu ele: "Procurar as jumentas; mas, vendo que não apareciam, fomos a Samuel". 15O tio lhe disse: "Conta-me, por favor, o que Samuel vos disse". 16Saul respondeu ao tio: "Ele nos garantiu que as jumentas tinham sido encontradas". Mas não lhe disse nada do que Samuel lhe havia falado sobre o reino.

17Samuel convocou o povo* diante de Javé, em Masfa, 18e disse aos israelitas: "Assim fala Javé, Deus de Israel: 'Eu tirei Israel do Egito* e vos livrei do poder dos egípcios e de todos os reinos que vos oprimiam'. 19Mas hoje vós rejeitastes vosso Deus, que vos salvou de todas as vossas aflições e angústias, e dissestes: 'Estabelece um rei sobre nós'. Agora, pois, apresentai-vos diante de Javé por tribos e por famílias". 20Samuel mandou que se aproximassem* todas as tribos de Israel, e a tribo de Benjamim foi designada pela sorte. 21Mandou que se aproximasse a tribo de Benjamim segundo suas famílias, e foi sorteada a família de Metri. Depois foi escolhido Saul, filho de Cis. Procuraram-no, mas não foi encontrado. 22Perguntaram então a Javé: "Esse homem já veio aqui?" Javé respondeu: "Está escondido entre a bagagem". 23Correram a tirá-lo de lá e, quando se apresentou no meio do povo, era mais alto que todos* dos ombros para cima. 24Samuel disse a todo o povo: "Estais vendo aquele que Javé escolheu? Não há ninguém como ele* em todo o povo". E todo o povo o aclamou, gritando: "Viva o rei!" 25Então Samuel expôs ao povo* a lei do reino e a escreveu num livro, que depôs diante de Javé. Depois, Samuel despediu todo o povo, cada um para sua casa. 26Também Saul foi para sua casa em Gabaá; e com ele foram homens valorosos, cujos corações Deus havia tocado. 27Alguns homens grosseiros, porém, disseram: "Como é que ele pode* salvar-nos?" Fizeram pouco caso dele e não lhe levaram presentes. Mas Saul não se importou.

11 Saul vence os amonitas.

1Naás, o amonita, marchou contra Jabes de Galaad e sitiou-a. Todos os habitantes de Jabes disseram a Naás: "Faze aliança conosco, e nós te serviremos". 2Mas Naás, o amonita, respondeu-lhes: "Farei aliança convosco com esta condição: tirar-vos a todos o olho direito, para assim lançar a desonra sobre todo o Israel". 3Os anciãos de Jabes lhe responderam: "Dá-nos sete dias de prazo, a fim de que enviemos mensageiros a todo o território de Israel; se ninguém vier em nosso socorro, nós nos entregaremos a ti". 4Os mensageiros chegaram a Gabaá de Saul e contaram isso ao povo; e todo o povo se pôs a chorar em voz alta. 5Saul voltava então do campo, atrás dos bois, e perguntou: "Que tem o povo para chorar assim?" Contaram-lhe as palavras dos homens de Jabes. 6Ao ouvir tais palavras, Saul ficou possuído do espírito de Deus* e encheu-se de cólera. 7Tomou uma junta de bois, dividiu-os em pedaços e mandou-os, por meio de mensageiros, a todo o território de Israel com este aviso: "Assim se fará com os bois de quem não seguir Saul* e Samuel". O terror de Javé apoderou-se do povo, e eles se puseram em marcha como um só homem. 8Saul passou-os em revista em Besec: os filhos de Israel eram trezentos mil

---

* **10**,17. 7,5 | 18. Jz 6,8s; Êx 20,2; Lv 25,38 | 20. Js 7,16-18 | 23. 9,2 | 24. 1Rs 1,39; 2Rs 11,12 | 25. 8,11-18; Dt 17,18ss; Js 24,26ss | 27. 11,12ss | **11**,6. 10,10; Jz 3,10 | 7. Jz 19,29; 14,15

† **10**,12. O sentido aqui é o mesmo que em Mt 13,54: "Donde lhe vem esta sabedoria?"

e os homens de Judá trinta mil. 9Dis-
seram aos mensageiros que tinham
vindo: "Assim direis aos habitantes de
Jabes: 'Amanhã, quando o sol esquen-
tar, sereis socorridos'". Os mensageiros
voltaram e deram a notícia aos homens
de Jabes, que se encheram de alegria.
10Disseram aos amonitas: "Amanhã sai-
remos até vós, e fareis de nós o que vos
aprouver".
11No dia seguinte, Saul dividiu o povo
em três grupos, que penetraram no
acampamento inimigo durante a vigília
da manhã e atacaram os amonitas até a
hora mais quente do dia. Os sobreviven-
tes dispersaram-se de tal maneira que
não ficaram dois deles juntos. 12Então o
povo disse a Samuel: "Quem é que per-
guntava se Saul devia reinar* sobre nós?
Entregai-nos esses homens para que
os matemos". 13Mas Saul disse: "Hoje
ninguém será morto, porque neste dia*
Javé salvou Israel". 14Samuel disse ao
povo: "Vinde, vamos a Guilgal* e reno-
vemos ali a realeza". 15Todo o povo foi a
Guilgal e lá, diante de Javé, em Guilgal,
proclamaram Saul rei. Ali ofereceram
sacrifícios de comunhão diante de Javé,
e Saul e todos os homens de Israel se
alegraram imensamente.*

12 Samuel renuncia ao cargo de juiz.
1Samuel disse a todo
o Israel†: "Eu vos atendi em tudo o
que me dissestes e estabeleci um rei
sobre vós. 2Agora será o rei que irá a
vossa frente.* Já sou idoso, de cabelos
brancos, e meus filhos estão em vos-
so meio.* Eu vos conduzi desde minha
juventude até hoje. 3Aqui estou. Tes-
temunhai contra mim na presença de
Javé e de seu Ungido. De quem tomei
o boi?* De quem tomei o jumento?
A quem defraudei? A quem oprimi?
De quem recebi presentes para fechar
os olhos e ajudá-lo? Eu vos restituirei
tudo". 4Responderam eles: "Tu não nos
prejudicaste, nem nos oprimiste, nem
tomaste nada de ninguém". 5Disse-
-lhes ele: "Javé é testemunha contra
vós e é testemunha seu Ungido, nes-
te dia, de que não encontrastes nada
em minha mão". E o povo respondeu:
"É testemunha". 6Samuel disse ao
povo:* "Javé é testemunha, ele que
designou Moisés e Aarão e tirou vos-
sos pais do Egito. 7Agora, pois, per-
manecei aqui, para que eu, diante de
Javé, discuta convosco a respeito
de todos os benefícios que Javé con-
cedeu a vós e a vossos pais. 8Depois
que Jacó entrou no Egito, vossos pais
clamaram a Javé, e ele enviou Moisés e
Aarão,* que tiraram vossos pais do Egi-
to e os fizeram morar neste lugar. 9Mas
eles se esqueceram de Javé, seu Deus,
e ele os entregou nas mãos de Sísara,
chefe do exército de Hasor, e nas mãos
dos filisteus e do rei de Moab, que lhes
fizeram guerra. 10Então clamaram a
Javé, dizendo: 'Pecamos, porque aban-
donamos Javé para servir aos ídolos de
Baal e às astartes. Mas agora, livrai-nos
das mãos de nossos inimigos, e nós
vos serviremos'. 11Javé enviou Jero-
baal,* Barac, Jefté e Samuel e vos livrou
das mãos de vossos inimigos ao re-
dor, e vivestes em segurança. 12Vendo
que Naás, rei dos amonitas, marchava
contra vós, dissestes-me: 'Não! Um rei
deve reinar sobre nós'. No entanto,
Javé, vosso Deus,* é o vosso rei. 13Aí
tendes, pois, o rei que escolhestes e pe-
distes; Javé estabeleceu* um rei sobre
vós. 14Se temerdes Javé e o servirdes e
obedecerdes a sua voz, se não fordes
rebeldes às ordens de Javé, então vós
e o rei que reina sobre vós continuareis
a seguir Javé, vosso Deus. 15Se, porém,
não obedecerdes à voz de Javé e se
vos rebelardes a suas palavras, a mão
de Javé será contra vós como foi contra
vossos pais. 16Aguardai ainda agora e
contemplai o prodígio que Javé vai rea-

* **11**,12. 10,27 | 13. 2Sm 19,23 | 14. Js 4,19 | 15. Lv 3,1 | **12**,2. Nm 27,16s / Eclo 46,19 | 3. Nm 16,15; 1Sm 8,11-17 | 6. Mq 6,4 | 8. Jz 4-5; 13-16; 3,12-30 | 11. Jz 6-8; 4-5; 11-12 | 12. 11,1s | 13. 8,7 | 17. 1Rs 18

† **12**,1. Como Moisés, Dt 29-30, e Josué, Js 23, Samuel faz um discurso de despedida: protesta sua integridade, recorda os grandes feitos de Deus em favor do povo e o exorta à fidelidade à aliança. | 17. Na Palestina não chove na época da colheita, maio-junho; só em outubro começam as chuvas.

lizar diante de vossos olhos. 17Não es-
tamos na época da ceifa do trigo?* Pois
eu invocarei Javé e ele fará trovejar e
chover†; assim compreendereis e vereis
que o mal que fizestes, pedindo para
vós um rei, é grande aos olhos de Javé".
18Samuel invocou Javé, o qual enviou
naquele dia trovões e chuva; e todo o
povo teve grande temor de Javé e de
Samuel. 19Por isso todo o povo disse a
Samuel: "Roga a Javé, teu Deus, por teus
servos, para não morrermos; porque
acrescentamos a todos os nossos pe-
cados o mal de pedir para nós um rei".
20Samuel respondeu ao povo: "Não te-
mais. Vós fizestes, sim, todo este mal;
todavia, não deixeis de seguir Javé, mas
servi-o de todo o vosso coração. 21Não
vos afasteis* dele para seguirdes coisas
vãs†, que para nada servem nem po-
dem salvar, porque nada são. 22Javé não
abandonará seu povo, por respeito a seu
grande nome, porque Javé quis fazer de
vós seu povo.* 23De minha parte, longe
de mim pecar contra Javé, deixando de
orar por vós; antes, eu vos ensinarei o
caminho bom e direito. 24Somente temei
Javé e servi-o com sinceridade de todo o
vosso coração; vede quão grandes coi-
sas fez por vós! 25Mas se continuardes a
fazer o mal, perecereis vós e vosso rei".

13 **Saul luta contra os filisteus.**
1Saul havia reinado um ano.
No segundo ano de seu reinado sobre
Israel, 2escolheu para si três mil ho-
mens de Israel: dois mil estavam com
ele em Macmas e na montanha de
Betel e mil com Jônatas em Gabaá
de Benjamim; despediu o restante do
povo, cada um para sua tenda. 3Jô-
natas derrotou o destacamento dos
filisteus que estava em Gaba; e os fi-
listeus souberam disso. Então Saul man-
dou tocar a trombeta por todo o país, di-
zendo: "Ouçam isto os hebreus!" 4Todo o
Israel ouviu dizer: "Saul derrotou o desta-
camento dos filisteus, e Israel tornou-se
odioso aos filisteus". O povo foi convo-
cado para junto de Saul em Guilgal. 5Os
filisteus reuniram-se para combater con-
tra Israel com trinta mil carros, seis mil
cavaleiros e uma tropa numerosa como
a areia que há na praia* do mar; subiram
e acamparam em Macmas, ao oriente de
Bet-Áven. 6Os homens de Israel viram-se
em apuros, porque o povo estava sendo
apertado. O povo escondeu-se então em
grutas,* cavernas, entre as rochas, nos
subterrâneos e nas cisternas. 7Houve he-
breus que passaram o Jordão para irem
à terra de Gad e de Galaad. Saul estava
ainda em Guilgal, e todo o povo o seguia
tremendo.
Desobediência de Saul. 8Ele esperou
sete dias, tempo determinado por Sa-
muel;* mas este não chegava a Guilgal,
e o povo, deixando Saul, debandava.
9Então disse Saul: "Trazei-me o holo-
causto e os sacrifícios de comunhão". E
ofereceu o holocausto. 10Mal tinha aca-
bado de oferecer o holocausto, chegou
Samuel, e Saul saiu-lhe ao encontro
para saudá-lo. 11Samuel perguntou:
"Que fizeste?" Saul respondeu: "Quan-
do vi que a tropa me abandonava e que
tu não chegavas no dia combinado, e
que os filisteus estavam concentrados
em Macmas, 12pensei: 'Os filisteus vão
descer a Guilgal contra mim, e eu ainda
não aplaquei Javé!' Assim me vi força-
do a oferecer o holocausto". 13Samuel
disse a Saul: "Agiste como um insen-
sato! Não observaste o mandamento
que Javé, teu Deus, te havia dado. Javé
teria estabelecido teu reino sobre Israel
para sempre. 14Agora, porém, teu reino
não subsistirá. Javé procurou* para si
um homem segundo seu coração e o
designou como soberano de seu povo,
porque tu não cumpriste o que Javé te
havia ordenado".
Preparação para a batalha. 15Samuel
pôs-se a caminho e subiu de Guilgal
para Gaba de Benjamim. Saul passou em
revista a tropa que se achava com ele:
eram cerca de seiscentos homens. 16Saul,
portanto, seu filho Jônatas e a tropa que

* **12**,21. Dt 32,37-39 | 22. Jr 14,21; Ez 20,9; Dt 7,5; Êx 32,11 | **13**,5. Js 7,2 | 6. 14,11 | 8. 10,8 | 14. At 13,22

† **12**,21. Samuel se refere aos ídolos, que nada são. O nome de Javé (= Ele é) afirma, ao contrário, seu Ser por excelência.

se achava com eles tomaram posição em
Gaba de Benjamim, enquanto os filisteus
estavam acampados em Macmas. 17Saiu
do acampamento dos filisteus uma tro-
pa de choque dividida em três grupos:
um tomou a direção de Efra, na terra de
Sual, 18o outro rumou para Bet-Horon e
o terceiro dirigiu-se para o caminho da
fronteira, que domina o vale das Hienas,
na direção do deserto.
19Em toda a terra de Israel não se
encontrava um ferreiro, porque os fi-
listeus tinham dito: "É preciso evitar
que os hebreus fabriquem espadas ou
lanças". 20Por isso todos os israelitas ti-
nham de descer aos filisteus para afiar
a relha de seu arado, seu machado, sua
enxada e sua foice. 21O custo da afiação
era de dois terços de siclo por relha e
por machado, e um terço de siclo para
a enxada ou para endireitar o aguilhão.
22Assim, no dia da batalha, aconteceu
que, em toda a tropa que estava com
Saul e Jônatas, ninguém possuía espa-
da ou lança, exceto Saul e Jônatas, seu
filho, que as possuíam. 23Um destaca-
mento dos filisteus saiu para o passo
de Macmas.

14 **Valentia de Jônatas.** 1Um dia,
Jônatas, filho de Saul, disse a
seu jovem escudeiro: "Vem, passemos
até o posto avançado dos filisteus que
está do outro lado"; mas não comunicou
isto a seu pai. 2Saul achava-se então na
extremidade de Gaba, debaixo da romã-
zeira de Magron, com uma tropa de uns
seiscentos homens. 3Aías, filho de Aqui-
tob,* irmão de Icabod, filho de Fineias,
filho de Eli, sacerdote de Javé em Silo,*
levava o efod. Aquela gente não sabia
que Jônatas tinha saído. 4No desfila-
deiro, por onde Jônatas tentava chegar
ao posto avançado dos filisteus, havia
dois picos rochosos, um de cada lado:
um se chamava Boses e o outro Sene.
5Um deles erguia-se ao norte, dian-
te de Macmas, e o outro, ao sul, dian-
te de Gaba. 6Disse Jônatas a seu jovem
escudeiro: "Vem, atravessemos até a po-
sição desses incircuncisos. Pode ser que
Javé faça alguma coisa por nós; porque
nada impede Javé de dar a vitória por
meio de muita* ou de pouca gente".
7Respondeu-lhe o escudeiro: "Faze o
que te parecer melhor; vai, que estou
contigo a tua disposição". 8Jônatas dis-
se: "Iremos na direção desses homens
e nos mostraremos a eles. 9Se nos dis-
serem: 'Esperai até que cheguemos até
vós', ficaremos em nosso lugar e não
subiremos até eles. 10Se, porém, nos
disserem: 'Subi até nós', subiremos, por-
que Javé os entregou em nossas mãos.
Isto nos servirá de sinal".
11Ambos se mostraram ao desta-
camento dos filisteus, que disseram:
"Os hebreus* estão saindo das caver-
nas onde se haviam escondido". 12Os
homens do destacamento disseram
a Jônatas e a seu escudeiro: "Subi até
nós, que temos uma coisa a vos dizer".
Então disse Jônatas a seu escudeiro:
"Sobe atrás de mim, pois Javé os en-
tregou nas mãos de Israel". 13Jônatas
subiu usando as mãos e os pés, segui-
do de seu escudeiro. Os filisteus caíam
diante de Jônatas, e o escudeiro, atrás
dele, acabava de matá-los. 14Esse pri-
meiro massacre realizado por Jônatas
e seu escudeiro foi de uns vinte ho-
mens no espaço de meio sulco. 15O
pânico espalhou-se no acampamento,
no campo e entre toda aquela gente;
também o destacamento* e a tropa de
choque encheram-se de medo; a terra
tremeu, e Deus mandou seu terror.
Derrota dos filisteus. 16As sentinelas*
de Saul, que se achavam em Gaba de
Benjamim, olharam e viram que a mul-
tidão se dispersava e fugia para todos
os lados. 17Saul disse à tropa que esta-
va com ele: "Fazei a chamada para ver
quem dos nossos saiu". Feita a chama-
da, viram que faltavam Jônatas e seu
escudeiro. 18Então Saul disse a Aías:

---

* **14**,3. 4,21 / 2,28; 14,18 | 6. 17,48 | 11. 13,6 | 15. 13,16s.23 | 16. 11,7

† **14**,18. Efod aqui tem o sentido de objeto para tirar a sorte. Nossa tradução segue o grego. O hebraico diz: "Traze a arca de Deus; pois nesse dia a arca de Deus estava com os israelitas". Saul interrompe a consulta a Deus, pressentindo a iminência do combate.

"Traze o efod"; pois era ele que leva-
va o efod diante de Israel nesse dia†.
19Enquanto* Saul estava falando com o
sacerdote, crescia o tumulto no acam-
pamento dos filisteus. Por isso Saul
disse ao sacerdote: "Retira tua mão".
20Saul e todos os que estavam com
ele se reuniram e foram até o lugar do
combate; os filisteus brandiam a espa-
da uns contra os outros, e a confusão
era total. 21Os hebreus, que antes se
haviam posto a serviço dos filisteus e
que tinham subido com eles dos arre-
dores ao acampamento, voltaram e se
uniram aos israelitas que estavam com
Saul e Jônatas. 22Também todos os is-
raelitas que se haviam escondido na
montanha de Efraim, ao saber que os
filisteus fugiam, puseram-se também
a persegui-los para combatê-los. 23As-
sim, naquele dia, Javé salvou Israel.

Jônatas desobedece ao juramento. A
batalha estendeu-se até além de Bet-
-Áven. 24Os israelitas estavam exaus-
tos naquele dia, porque Saul mandou
o povo fazer este juramento: "Maldito
quem comer alguma coisa antes do
anoitecer†, antes que eu me tenha vin-
gado de meus inimigos". Por isso nin-
guém dentre o povo comeu coisa algu-
ma. 25Todo o povo entrou num bosque,
onde havia mel à flor da terra. 26Quan-
do o povo entrou no bosque, viu o mel
que escorria, mas ninguém levou a
mão à boca, por respeito ao juramen-
to. 27Jônatas, porém, não tinha ouvido
quando seu pai mandou o povo jurar;
estendeu a ponta da vara que tinha na
mão, molhou-a num favo de mel, le-
vou a mão à boca e sua vista clareou.
28Alguém do povo disse: "Teu pai fez o
povo jurar, dizendo: 'Maldito o homem
que tomar alimento hoje!'" E o povo
estava exausto. 29Jônatas respondeu:
"Meu pai prejudicou o país. Vede como
se aclararam meus olhos por eu ter
provado um pouco deste mel. 30Quan-
to mais se o povo tivesse comido hoje
à vontade dos despojos tomados dos
inimigos: quão maior teria sido a der-
rota dos filisteus!" 31Naquele dia eles
bateram os filisteus desde Macmas até
Aialon; mas o povo estava esgotado.

As carnes com sangue. 32O povo
lançou-se,* então, sobre os despojos;
tomaram ovelhas, bois, novilhos, e os
mataram no chão e comeram as carnes
com o sangue. 33Comunicaram isto a
Saul, dizendo: "O povo está pecando
contra Javé, está comendo carne com o
sangue". Saul disse: "Fostes infiéis! Rolai
agora para perto de mim uma grande
pedra". 34E acrescentou: "Espalhai-vos
entre o povo e dizei-lhes: 'Cada um
me traga seu boi ou sua ovelha, para
degolá-los aqui e comê-los; mas não
pequeis contra Javé, comendo com o
sangue'". Assim, naquela noite, cada
um do povo trouxe consigo seu boi e
ali o imolou. 35Então Saul construiu um
altar* a Javé; esse foi o primeiro altar
que Saul construiu a Javé.

Jônatas é descoberto e salvo. 36De-
pois Saul disse: "Desçamos esta noite
atrás dos filisteus, saqueemo-los até o
raiar do dia e não deixemos nenhum
deles com vida". O povo respondeu:
"Faze tudo o que te parecer bom".
Mas o sacerdote disse: "Consultemos
a Deus aqui". 37Saul perguntou a Deus:
"Devo perseguir os filisteus? Vós os
entregareis nas mãos de Israel?" Mas
naquele dia Deus não lhe deu respos-
ta. 38Então disse Saul: "Vinde aqui, vós
todos, chefes do povo, e examinai* e
vede qual foi o pecado cometido hoje.
39Porque tão certo como vive Javé, o
salvador de Israel, ainda que a culpa
esteja em meu filho Jônatas, certa-
mente morrerá". Não houve em todo
o povo quem lhe respondesse. 40Então
disse a todo o Israel: "Ficai de um lado,
e eu com meu filho Jônatas ficaremos
do outro". O povo respondeu a Saul:
"Faze o que te parecer bem". 41Saul
disse a Javé: "Javé, Deus de Israel, dai
a resposta justa!" Caiu a sorte em Jôna-
tas e Saul, e o povo saiu livre. 42Então
disse Saul: "Lançai a sorte entre mim e
Jônatas, meu filho. E a sorte caiu em Jô-

---

* **14**,19. 2,28 | 32. Js 10,10ss; Lv 1,5 | 35. Jz 6,24 | 38. 28,6

† **14**,24. Como no combate espiritual contra o Maligno, o jejum serve para obter de Deus a vitória.

natas. 43Saul disse a Jônatas: "Declara-me o que fizeste". Jônatas o declarou, dizendo: "Provei, sim, um pouco de mel com a ponta da vara que tinha na mão; estou pronto para morrer". 44Saul disse: "Que Deus me faça um mal* em cima de outro se tu não morreres, Jônatas". 45Mas o povo disse a Saul: "Há de morrer Jônatas que obteve tamanha salvação em Israel? Jamais! Pela vida de Javé, não cairá por terra um só cabelo de sua cabeça, porque hoje ele agiu com Deus". Assim o povo salvou Jônatas, e ele não foi morto. 46Saul desistiu de perseguir os filisteus, e estes foram para sua terra.

Vitórias de Saul. Sua família. 47Depois de tomar posse do reino de Israel, Saul fez guerra contra todos os seus inimigos em redor: contra Moab, os amonitas, Edom, os reis de Soba* e os filisteus; e para onde quer que se voltasse, era vitorioso. 48Mostrou sua valentia derrotando os amalecitas e libertando Israel das mãos dos opressores. 49Os filhos de Saul eram: Jônatas, Jesui e Melquisua, e suas duas filhas se chamavam Merob, a primeira, e Micol, a mais nova. 50A mulher de Saul chamava-se Aquinoam, filha de Aquimaás; e o general de seu exército chamava-se Abner,* filho de Ner, tio de Saul. 51Cis, pai de Saul, e Ner, pai de Abner, eram filhos de Abiel. 52Durante todo o tempo de Saul houve uma guerra feroz contra os filisteus. Quando via um homem forte* e valoroso, ele o tomava consigo.

15 **Guerra contra os amalecitas.** 1Samuel disse a Saul: "Javé me enviou para te ungir rei sobre seu povo Israel. Agora, pois, ouve as palavras de Javé. 2Assim fala Javé dos exércitos: 'Vou punir Amalec* pelo que fez a Israel, barrando-lhe o caminho quando saía do Egito. 3Vai, pois, agora e ataca Amalec e vota ao extermínio* tudo o que lhe pertence, sem piedade, matando homens e mulheres, crianças e bebês, bois e ovelhas, camelos e jumentos'".

4Saul convocou o povo e o passou em revista em Telém: eram duzentos mil infantes e dez mil homens de Judá. 5Saul foi à cidade de Amalec e pôs uma emboscada no vale. 6Ele disse aos quenitas: "Retirai-vos, afastai-vos, saí do meio dos amalecitas,* para que eu não vos destrua com eles; pois vós tratastes com bondade os israelitas quando subiam do Egito". Os quenitas afastaram-se do meio dos amalecitas. 7E Saul derrotou os amalecitas desde Hévila até Sur, que está ao oriente do Egito. 8Capturou vivo Agag, rei dos amalecitas, e votou todo o povo ao extermínio, passando-o a fio de espada.

Segunda desobediência de Saul. 9Mas Saul e a tropa pouparam Agag e o melhor das ovelhas e dos bois, os animais cevados, os cordeiros e tudo o que havia de bom; não o quiseram votar ao extermínio, mas tudo o que era desprezível e sem valor votaram-no ao extermínio†. 10Então foi dirigida a Samuel esta palavra de Javé: 11"Arrependo-me de ter feito rei a Saul, porque se afastou de mim e não cumpriu minhas ordens". Samuel entristeceu-se e clamou a Javé a noite toda.

12Levantou-se de manhã cedo para ir ao encontro de Saul, mas alguém veio dizer-lhe: "Saul foi ao Carmelo, onde ergueu para si um monumento e, quando voltou, seguiu adiante e desceu a Guilgal". 13Samuel foi a Saul, e este lhe disse: "Que Javé te abençoe! Cumpri a ordem de Javé". 14Mas Samuel disse: "O que são esses balidos de ovelhas que chegam a meus ouvidos e esses mugidos de bois que ouço?" 15Disse Saul: "Foram trazidos dos amalecitas; porque o povo poupou o melhor das ovelhas e dos bois para oferecer em sacrifício a Javé, teu Deus; o resto nós votamos ao extermínio". 16Disse então Samuel a Saul: "Basta! Eu

* **14**,44. Rt 1,17 | 47. 2Sm 8,2s; 10,2s; 10,6s | 50. 18,17s.20s | 52. 9,1 | **15**,2. Êx 17,8-16; Dt 25,17ss | 3. Js 6,17 | 6. Êx 17,8

† **15**,9. Querendo agradar ao povo, Saul comete uma falta grave contra Javé, violando o extermínio, Dt 7,2.

te anunciarei o que Javé me disse esta noite". Respondeu-lhe Saul: "Fala". [17]Samuel prosseguiu: "Ainda que sejas pequeno a teus próprios olhos, não és o chefe das tribos de Israel, e Javé não te ungiu rei de Israel? [18]Javé te enviou em expedição, dizendo: 'Vai, e vota ao interdito esses pecadores, os amalecitas, e combate-os até exterminá-los'. [19]Por que não obedeceste à voz de Javé, mas te lançaste sobre os despojos, fazendo o que desagrada a Javé?" [20]Saul respondeu a Samuel: "Eu obedeci, sim, à voz de Javé; parti em expedição para onde Javé me mandou, trouxe aqui Agag, rei de Amalec, e votei os amalecitas ao extermínio. [21]Mas o povo tomou dos despojos ovelhas e bois, como primícias do que devia ser exterminado, para sacrificá-los a Javé, teu Deus, em Guilgal". [22]Samuel disse:

"Porventura Javé se compraz tanto nos holocaustos e nos sacrifícios*
como na obediência a sua voz?
A obediência vale mais* que o sacrifício†,
e a docilidade, mais que gordura dos carneiros.
[23]A rebeldia é como o pecado de adivinhação,
e a obstinação é igual à idolatria†.
Porque rejeitaste a palavra de Javé,
ele te rejeitou para que não reines mais".

[24]Então Saul disse a Samuel: "Pequei, transgredindo a ordem de Javé e tuas palavras, porque tive medo do povo e atendi a seus pedidos. [25]Agora, pois, eu te peço, perdoa meu pecado e volta comigo, para que possa adorar Javé". [26]Mas Samuel respondeu a Saul: "Não voltarei contigo, porque rejeitaste a palavra de Javé, e Javé te rejeitou, a fim de que não sejas rei sobre Israel". [27]Samuel voltou-se para se retirar, mas Saul o segurou pela orla do manto, o qual se rasgou. [28]Então Samuel* lhe disse: "Hoje Javé rasgou de ti o reino de Israel e o deu a um outro, que é superior a ti. [29]Além disso, Aquele que é a glória de Israel não mente nem se arrepende, pois não é um ser humano para se arrepender".* [30]Disse Saul: "Pequei; mas agora honra-me, te peço, diante dos anciãos de meu povo e diante de Israel: volta comigo, para que possa adorar Javé, teu Deus". [31]Samuel voltou com Saul, e este adorou Javé. [32]Em seguida Samuel ordenou: "Trazei-me Agag, rei de Amalec. Agag aproximou-se dele confiante, pensando: "Passou a amargura da morte". [33]Disse Samuel: "Assim como tua espada deixou sem filhos as mulheres, assim sem filhos ficará tua mãe entre as mulheres". E o fez em pedaços diante de Javé, em Guilgal. [34]A seguir Samuel partiu para Ramá, e Saul subiu para sua casa em Gabaá de Saul. [35]Samuel não viu mais Saul até o dia de sua morte; mas Samuel chorava por Saul, pois Javé se arrependera de ter estabelecido Saul como rei de Israel.

III. SAUL E DAVI (16–31)

16

Davi é ungido rei†. [1]Javé disse a Samuel: "Até quando ficarás chorando por Saul, quando eu o rejeitei, para que não reine sobre Israel? Enche de óleo o chifre† e vai; eu te envio a Jessé, de Belém,* pois dentre seus filhos escolhi para mim um rei". [2]Samuel respondeu: "Como irei? Se Saul ficar sabendo, ele me matará". Javé disse-lhe: "Toma contigo uma novilha e dize: 'Vim oferecer um sacrifício a Javé'. [3]Convida Jessé para o sacrifício e eu te mostrarei o que deves fazer; ungirás para mim aquele que eu te indicar". [4]Samuel fez como Javé lhe dissera. Quando chegou a Belém, os anciãos da cidade saíram tremendo a seu encontro e lhe per-

* **15**,22. Am 5,21 / Os 6,6 | 28. 1Rs 11,11.30s; Jr 18,1 | 29. Nm 23,19; 1Sm 15,11 | **16**,1. Rt 4,17.22; Is 11,1

† **15**,22. Princípio inculcado pelos profetas, Is 1,11-17; Jr 6,20; Os 6,6; Mq 6,6-8. | 23. Literalmente, "um crime de terafim". Terafim eram pequenos ídolos representando os deuses protetores do lar, Gn 31,19,34; serviam para a adivinhação, Ez 21,26, que é um pecado contra a fé em Deus. | **16**,1. Esta unção permanecerá secreta e não altera a vida de Davi nem a de Saul, que continua rei até a morte, 31,4, porém cada vez mais isolado de Deus e do povo. Davi será coroado rei em Hebron, 2Sm 5,1-5. / O chifre de boi servia de recipiente para guardar o óleo, 1Rs 1,39.

guntaram: "Vens trazer-nos a paz?" 5Ele
respondeu: "Venho, sim; vim para ofe-
recer um sacrifício a Javé; purificai-vos
e vinde comigo ao sacrifício". Purificou
Jessé e seus filhos e os convidou para o
sacrifício. 6Quando eles chegaram, Sa-
muel olhou para Eliab e pensou: "Com
certeza o Ungido de Javé está aqui
diante dele". 7Mas Javé disse a Samuel:
"Não leves em conta sua aparência,*
nem sua alta estatura, pois o descartei.
Não se trata do que o homem vê. O
homem vê a aparência,* mas Javé vê o
coração". 8Então Jessé chamou Abina-
dab e fê-lo passar diante de Samuel, o
qual disse: "Também não é este o que
Javé escolheu". 9Jessé fez passar Sama,*
mas Samuel disse: "Tampouco é este o
escolhido por Javé". 10Jessé apresentou
a Samuel sete de seus filhos, mas Sa-
muel disse a Jessé: "Javé não escolheu
nenhum desses". 11A seguir Samuel
perguntou a Jessé: "Teus filhos estão
todos aqui?" Respondeu Jessé: "Falta
o mais novo, que está apascentando o
rebanho". Samuel disse a Jessé: "Man-
da buscá-lo, pois não nos sentaremos à
mesa enquanto ele não tiver chegado".
12Jessé mandou buscá-lo. Era ruivo,*
de olhos bonitos e de bela aparência.
Javé disse: "Levanta-te e unge-o, pois é
este". 13Samuel tomou o chifre de óleo*
e o ungiu no meio de seus irmãos. A
partir desse dia, o espírito de Javé apo-
derou-se de Davi. Samuel levantou-se
e voltou para Ramá.

Davi na corte de Saul†. 14O espírito de
Javé retirou-se de Saul, e um espírito
mau, da parte de Javé, começou a ator-
mentá-lo†. 15Por isso os servos de Saul
lhe disseram: "Um mau espírito vindo
de Deus te atormenta. 16Ordene nosso
senhor a teus servos que estão diante
de ti que procurem alguém que saiba
tocar harpa e, quando de Deus vier
sobre ti o mau espírito, ele a tocará, e
te sentirás melhor". 17Saul disse a seus
servos: "Procurai para mim um homem
que saiba tocar bem e trazei-o". 18Um
dos jovens respondeu: "Conheço um fi-
lho de Jessé, de Belém, que sabe tocar;
é forte e valente, homem de guerra,
habilidoso no falar, de belo aspecto e
Javé está com ele". 19Saul enviou men-
sageiros a Jessé para lhe dizer: "Man-
da-me teu filho Davi, o que está com
o rebanho". 20Jessé tomou um jumento
carregado de pães, um odre de vinho
e um cabrito e os enviou a Saul por
meio de seu filho Davi. 21Davi chegou
à presença de Saul e se pôs a seu ser-
viço; Saul afeiçoou-se muito a ele e o
nomeou seu escudeiro. 22Saul mandou
dizer a Jessé: "Permite que Davi fique a
meu serviço, pois ganhou minha afei-
ção". 23Cada vez que o espírito de Deus
assaltava Saul, Davi tomava a harpa e
a tocava, e Saul se acalmava, se sentia
melhor e o espírito mau fugia dele.

17 **Guerra contra os filisteus.**
1Os filisteus ajuntaram suas
tropas para a guerra e se reuniram em
Soco de Judá; acamparam entre Soco
e Azeca, em Éfes-Domim. 2Também
Saul e os homens de Israel se reuniram
e acamparam no vale do Terebinto, e
se puseram em ordem de batalha para
enfrentar os filisteus. 3Os filisteus esta-
vam num monte de um lado, e Israel
estava num monte do outro lado, e no
meio havia o vale.
4Saiu então do acampamento dos
filisteus* um gigante, que se chamava
Golias, de Gat, e que tinha seis côva-
dos e um palmo de altura. 5Trazia na
cabeça um capacete de bronze e vestia
uma couraça de escamas que pesa-
va cinco mil siclos de bronze†. 6Trazia
caneleiras de bronze nas pernas e um
dardo de bronze entre os ombros. 7A
haste de sua lança era como o cilindro

* **16**,7. 9,2; 10,23s; / Jr 17,10; 20,12; 11,20; Is 55,8s | 9. Jó 10,4; Sl 147,10s; Pr 15,11 | 12. 2Sm 14,25s | 13. 10,6; Jz 3,10 | **17**,4. 2Sm 21,19

† **16**,14. Essas histórias sobre Davi provêm de várias tradições, difíceis de harmonizar. / O quadro que nós identificaríamos talvez como depressão, é diagnosticado pelo autor como resultante de um espírito mau. E esse espírito mau vem de Javé, conforme a linguagem bíblica que atribui diretamente a Deus o bem e o mal. | **17**,5. Golias é descrito como um herói legendário: 3 m de altura, com uma couraça de 60 kg e uma lança de 6 kg.

de um tear, e a ponta da lança pesava
seiscentos siclos de ferro. Um escudei-
ro o precedia. 8Parou diante das fileiras
de Israel e gritou-lhes: "Por que saís,
dispondo-vos em ordem de batalha?
Não sou eu filisteu, e vós os servos de
Saul? Escolhei dentre vós um homem
que venha contra mim. 9Se for capaz de
combater comigo e me matar, nós se-
remos vossos servos; mas se eu o ven-
cer e o matar, vós sereis nossos súditos
e nos servireis". 10E o filisteu acrescen-
tou: "Lanço hoje este desafio às fileiras
de Israel: Dai-me um homem que lute
comigo". 11Ao ouvirem essas palavras
do filisteu, Saul e todo o Israel ficaram
consternados e cheios de medo.

Davi no acampamento. 12Davi era fi-
lho de um efraimita de Belém* de Judá,
chamado Jessé, que tinha oito filhos.
Nos tempos de Saul, esse homem já
era idoso e de idade avançada. 13Seus
três filhos mais velhos partiram para a
guerra seguindo Saul; eles se chama-
vam Eliab, o primogênito, Abinadab, o
segundo, e Sama, o terceiro. 14Davi era
o mais novo e, enquanto os três mais
velhos seguiam Saul, 15ele ia e vinha de
onde estava Saul para apascentar o re-
banho de seu pai em Belém.

16Entretanto aquele filisteu vinha de
manhã e de tarde, apresentando-se
assim durante quarenta dias. 17Jessé
disse a seu filho Davi: "Toma para teus
irmãos um efá deste trigo tostado e es-
tes dez pães e leva-os, correndo, a teus
irmãos no acampamento. 18Leva tam-
bém estes dez queijos ao comandante
dos mil; vê se teus irmãos estão bem e
traze-me um sinal da parte deles. 19Saul
e eles, com todos os homens de Israel,
estão no vale do Terebinto, combaten-
do contra os filisteus". 20Davi levantou-
-se de manhã cedo, deixou o rebanho
com um guarda e, carregando as coisas,
partiu como Jessé lhe havia ordenado;
chegou ao acampamento na hora em
que o exército saía para tomar posição
de combate e lançava o grito de guer-
ra. 21Israelitas e filisteus puseram-se
em ordem de batalha, exército contra
exército. 22Então Davi deixou sua carga
aos cuidados do guarda das bagagens,
correu para as fileiras e foi cumprimen-
tar seus irmãos. 23Enquanto falava com
eles, saiu das fileiras dos filisteus aque-
le gigante, o filisteu de Gat, chamado
Golias, falando as palavras de sempre,
e Davi as ouviu. 24Ao verem aquele ho-
mem, todos os israelitas* fugiram dele e
tiveram grande medo. 25Os homens de
Israel diziam: "Vedes este homem que
avança? Vem desafiar Israel. O rei cumu-
lará de grandes riquezas aquele que o
matar, e lhe dará sua filha por esposa, e
isentará de qualquer tributo em Israel a
casa de seu pai". 26Davi perguntou aos
que estavam perto dele: "O que será
dado a quem matar esse filisteu e tirar
essa afronta de Israel? Mas quem é este
filisteu incircunciso que ousa insultar o
exército do Deus vivo?" 27E o povo lhe
repetiu* as mesmas palavras: "Assim
será feito a quem o matar". 28Eliab,
seu irmão mais velho, ouviu-o conver-
sar com os outros, irritou-se contra ele
e disse: "Por que vieste aqui? E com
quem deixaste aquelas poucas ovelhas
no deserto? Conheço tua arrogância e
a maldade de teu coração; foi para ver
a batalha que vieste". 29Davi disse: "Que
fiz eu agora? Fiz somente uma pergun-
ta". 30Afastando-se dele, dirigiu-se a um
outro, fazendo a mesma pergunta; e lhe
responderam como antes. 31Os que ou-
viram as palavras de Davi foram levá-las
ao conhecimento de Saul, que mandou
chamá-lo.

Davi mata o gigante Golias. 32Davi
disse a Saul: "Que ninguém perca a
coragem por causa dele. Teu servo irá
combater contra aquele filisteu". 33Saul
disse a Davi: "Não poderás enfrentar
esse filisteu para lutar com ele, porque
não passas de um rapaz, e ele é um
guerreiro desde sua juventude". 34Davi
respondeu a Saul: "Teu servo apascen-
tava o rebanho de seu pai, e quando
vinha um leão ou um urso e arrebatava
uma ovelha do rebanho, 35corria atrás
dele e o atacava e lhe tirava da boca a
presa; e se ele se voltava contra mim,

* **17**,12. Rt 1,2; 1Sm 10,16s | 24. 17,8ss | 27. Js 5,9; Jz 14,3; 15,18

eu o agarrava pela queixada e o feria e matava. [36]Teu servo venceu o leão e o urso, e esse filisteu incircunciso será como um deles, porque insultou as fileiras do Deus vivo". [37]E acrescentou: "Javé, que me salvou* das garras do leão e do urso, vai livrar-me do poder desse filisteu". Então Saul disse a Davi: "Vai, e que Javé esteja contigo".

[38]Saul revestiu Davi com sua armadura, colocou-lhe na cabeça um capacete de bronze e o vestiu com uma couraça. [39]Davi cingiu a espada de Saul sobre a armadura e tentou andar, porque não estava habituado. Por isso disse a Saul: "Não posso andar com isso, pois não estou acostumado". Tirando de si aquelas coisas, [40]tomou na mão seu cajado, escolheu na torrente cinco pedras lisas, colocou-as em seu embornal de pastor, ou seja, em seu alforje e, com a funda na mão, avançou contra o filisteu. [41]Também o filisteu avançou, aproximando-se sempre mais de Davi, e seu escudeiro o precedia. [42]O filisteu olhou e, quando viu Davi, o desprezou, porque era ainda moço,* ruivo e de bela aparência. [43]O filisteu perguntou a Davi: "Sou acaso um cachorro, para vires contra mim com paus?" E o amaldiçoou por seus deuses. [44]Disse ainda o filisteu a Davi: "Vem cá e darei tuas carnes às aves do céu e às feras do campo". [45]Em resposta, disse Davi ao filisteu: "Tu vens a mim com espada, lança e dardo; eu, porém, vou a ti em nome de Javé dos exércitos, o Deus das fileiras de Israel, que desafiaste. [46]Hoje Javé te entregará em minhas mãos, e eu te abaterei e te cortarei a cabeça; darei hoje os cadáveres do exército dos filisteus às aves do céu e às feras do campo; toda a terra saberá* que existe um Deus em Israel; [47]e toda esta assembleia vai ficar sabendo que Javé salva não com espada, nem com lança, porque a batalha é de Javé, e ele vos entregará em nosso poder".

[48]Quando o filisteu se moveu,* avançou e se aproximou para atacar Davi, este apressou-se e correu ao combate contra o filisteu. [49]Davi meteu a mão no embornal, apanhou uma pedra e atirou-a com a funda, atingindo o filisteu na fronte. A pedra penetrou-lhe na fronte, e ele caiu com o rosto em terra. [50]Foi assim que Davi venceu o filisteu, ferindo-o de morte com a funda e com a pedra. Como não tinha espada, [51]correu, pôs-se de pé sobre o filisteu, pegou a espada dele, desembainhou-a e matou-o, cortando-lhe a cabeça com ela. Vendo que estava morto seu herói, os filisteus fugiram. [52]Então os homens de Israel e de Judá se levantaram e, lançando gritos de guerra, perseguiram os filisteus até Gat e até as portas de Acaron; os filisteus caíram mortos pelo caminho desde Saraim até Gat e Acaron. [53]Voltando da perseguição aos filisteus, os israelitas saquearam seu acampamento. [54]Davi apanhou a cabeça do filisteu e levou-a para Jerusalém, e guardou as armas dele em sua tenda.*

[55]Quando Saul viu Davi avançar contra o filisteu, perguntou a Abner, general do exército: "Abner, de quem é filho esse rapaz?" Abner respondeu: "Por tua vida, ó rei, não sei". [56]O rei ordenou: "Pergunta de quem é filho esse rapaz". [57]Quando Davi voltou, depois de ter matado o filisteu, Abner tomou-o consigo e o levou à presença de Saul; Davi tinha na mão a cabeça do filisteu. [58]Saul perguntou-lhe: "Jovem, és filho de quem?" Davi respondeu: "Sou filho de teu servo Jessé, de Belém".

18 **A amizade entre Jônatas e Davi.** [1]Quando Davi acabou de falar com Saul, Jônatas afeiçoou-se a Davi,* e Jônatas o amou como a si mesmo. [2]Naquele dia Saul o reteve consigo e não o deixou voltar à casa de seu pai. [3]Jônatas fez um pacto com

---

* **17**,37. Dt 30,3s; Lv 26,8; Pr 28,1 | 42. 16,12 | 46. Js 4,24 | 48. Os 1,7; 1Sm 14,6; 2Rs 19,34s | 54. 17,57; 21,9 | **18**,1. 19,1-7; 20; 23,16ss; 2Sm 1,26

† **18**,3. Enquanto crescem a inveja e o ódio de Saul, nasce a forte amizade entre Davi e o filho de Saul, Jônatas.

Davi, porque o amava como a si pró-
prio†. 4Tirou o manto que usava e o
deu a Davi; assim fez com suas vestes,
a espada, o arco e o cinturão. 5Davi saía
aonde quer que Saul o mandava e era
bem-sucedido. Por isso Saul o colocou
à frente dos guerreiros, e ele era esti-
mado por todo o povo e também pelos
oficiais de Saul.
Inveja de Saul. 6Ao retornarem eles,
quando Davi voltava depois de matar
o filisteu, as mulheres de todas as ci-
dades de Israel saíram ao encontro* do
rei Saul cantando e dançando alegre-
mente, com tambores e címbalos. 7As
mulheres cantavam, enquanto tocavam
e diziam:

"Saul matou seus mil,
mas Davi, seus dez mil".*

8Saul se enfureceu, pois lhe desagra-
daram essas palavras, e disse: "Deram
a Davi dez mil e a mim apenas mil; que
mais lhe falta senão o reino?" 9Daque-
le dia em diante, Saul não mais olhou
Davi com bons olhos.
10No dia seguinte um espírito
mau* da parte de Deus apoderou-
-se de Saul, e ele começou a delirar
no meio de sua casa. Como nos ou-
tros dias, Davi dedilhava a harpa. Saul
estava com uma lança na mão. 11Ele
arremessou a lança, pensando cravar
Davi à parede, mas este se esquivou
duas vezes. 12Saul ficou com medo de
Davi, porque Javé estava com Davi,
ao passo que se havia retirado dele.
13Por isso o afastou de si, nomeando-
-o chefe de mil; e Davi saía e voltava
à frente da tropa. 14Era bem-sucedido
em todas as suas expedições, e Javé
estava com ele. 15Vendo como ele se
saía bem, Saul teve medo dele. 16Mas
todos em Israel* e em Judá gostavam
de Davi, porque os comandava na saí-
da e na volta.
Davi casa com a filha de Saul. 17Saul
disse a Davi: "Aqui está Merob, minha
filha mais velha, que te darei por es-
posa, contanto que sejas um guerrei-
ro valoroso a meu serviço e traves as
batalhas de Javé". Porque Saul pensa-
va: "Que não seja minha mão a abatê-
-lo, mas que seja a mão dos filisteus".
18Davi respondeu a Saul: "Quem sou eu
e o que é minha vida, ou a casa de meu
pai em Israel, para eu vir a ser genro
do rei?" 19Mas quando chegou o tem-
po em que Merob, filha de Saul, devia
ser dada a Davi, foi dada por esposa a
Adriel de Meola.*
20Ora Micol, outra filha de Saul,
amava Davi. Contaram isto a Saul, e
ele ficou contente. 21Pensava consigo
mesmo: "Eu lhe darei Micol, para que
seja para ele um laço que o fará cair
nas mãos dos filisteus". Portanto, disse
Saul a Davi pela segunda vez: "Hoje te
tornarás meu genro". 22Saul ordenou a
seus servos: "Falai em segredo a Davi,
dizendo: 'O rei te quer bem, e seus
servos te estimam; torna-te genro do
rei'". 23Os servos de Saul repetiram
essas palavras aos ouvidos de Davi,
mas ele respondeu: "Parece-vos pou-
co chegar a ser genro do rei? Eu sou
um homem pobre e de condição hu-
milde". 24Os servos de Saul levaram-
-lhe a resposta, dizendo: "Assim falou
Davi". 25Saul respondeu: "Dizei a Davi:
O rei não deseja dote algum, mas cem
prepúcios de filisteus,* para se vingar
de seus inimigos". Saul pensava fa-
zer Davi cair nas mãos dos filisteus.
26Quando os servos comunicaram a
Davi essas palavras, agradou-lhe a
proposta de se tornar genro do rei. E
antes de expirar o prazo, 27Davi se pôs
a caminho, partiu com seus homens e
matou duzentos filisteus. Levou todos
os seus prepúcios ao rei, a fim de se
tornar genro do rei. E Saul deu-lhe sua
filha Micol por esposa. 28Saul teve de
reconhecer que Javé estava com Davi
e que sua filha Micol o amava. 29Saul
ficou com mais medo ainda de Davi e
se tornou seu inimigo durante toda a
vida. 30Os chefes dos filisteus conti-
nuaram a sair para a guerra, mas cada
vez que o faziam, Davi tinha mais êxito
do que todos os oficiais de Saul. Por
esse motivo seu nome se tornou mui-
to famoso.

---

* **18**,6. Êx 15,20s; Jz 5; 11,34 | 7. 21,12; 29,5 | 10. 19,9s; 16,14 | 16. 2Sm 5,2 | 19. 2Sm 21,8 | 25. 17,26

19 **Jônatas defende Davi.** 1Saul comunicou a Jônatas, seu filho, e a todos os seus oficiais que planejava matar Davi. Mas Jônatas, filho de Saul, tinha grande afeição por Davi. 2Avisou Davi, dizendo: "Saul, meu pai, está procurando te matar; por isso, toma cuidado amanhã cedo, fica num lugar secreto e esconde-te". 3Eu sairei e estarei ao lado de meu pai no campo onde estiveres, e falarei de ti a meu pai; e se eu perceber alguma coisa te avisarei". 4Jônatas falou a Saul, seu pai, em favor de Davi e lhe disse: "Que o rei não faça mal a seu servo Davi, pois ele não te ofendeu; ao contrário, o serviço dele tem sido de grande vantagem para ti. 5Pondo em risco sua vida, ele matou o filisteu, e Javé deu uma grande vitória a todo o Israel. Tu mesmo o viste e te alegraste. Por que, pois, haverias de pecar, derramando sangue inocente, matando Davi sem motivo?" 6Saul atendeu ao apelo de Jônatas e jurou: "Pela vida de Javé, ele não morrerá!" 7Então Jônatas chamou Davi e lhe contou tudo isso; depois o apresentou a Saul, e Davi ficou a serviço dele como antes. 8Começou de novo* a guerra, e Davi saiu para combater contra os filisteus; infligiu-lhes uma grande derrota, e eles fugiram diante dele.

Micol salva Davi. 9Um espírito mau,* da parte de Javé, apoderou-se de Saul, quando estava sentado em sua casa com a lança na mão, enquanto Davi tocava a harpa. 10Saul tentou cravar Davi à parede com a lança; mas Davi desviou-se diante de Saul, e a lança cravou-se na parede. Davi fugiu e escapou naquela noite. 11Então Saul enviou emissários à casa de Davi para que o vigiassem e o matassem na manhã seguinte. Mas Micol, mulher de Davi, avisou-o, dizendo: "Se não fugires esta noite, amanhã serás morto". 12Micol fez Davi descer por uma janela, e ele saiu, fugiu e se pôs a salvo. 13Depois Micol tomou um ídolo doméstico* e o deitou na cama; pôs-lhe na cabeça uma pele de cabra e o cobriu com um manto. 14Saul mandou emissários para prenderem Davi, mas ela lhes disse: "Ele está doente". 15Saul tornou a mandar emissários para que vissem Davi, ordenando-lhes: "Trazei-o na cama, para ser morto". 16Ao entrarem, os emissários só encontraram na cama o ídolo com uma pele de cabra na cabeça. 17Saul perguntou a Micol: "Por que me enganaste assim e deixaste meu inimigo fugir e escapar?" Micol respondeu a Saul: "Ele me disse: Deixa-me ir, porque senão te mato!".

Davi refugia-se em Naiot. 18Depois que Davi fugiu e se pôs a salvo, foi encontrar-se com Samuel em Ramá e contou-lhe tudo o que Saul lhe havia feito. Ele e Samuel partiram e foram morar em Naiot. 19Informaram a Saul, dizendo: "Davi está em Naiot de Ramá". 20Então Saul enviou emissários para prenderem Davi; mas quando eles viram a comunidade dos profetas profetizando†, com Samuel a sua frente,* o espírito de Deus apoderou-se dos emissários de Saul, e eles também se puseram a profetizar. 21Informado disso, Saul mandou outros emissários, os quais também se puseram a profetizar. Mandou um terceiro grupo de emissários, que também se puseram a profetizar. 22Então ele próprio foi a Ramá; ao chegar à grande cisterna que está em Soco, perguntou: "Onde estão Samuel e Davi?" Responderam-lhe: "Estão em Naiot de Ramá". 23Então ele foi para Naiot de Ramá; e o espírito de Deus veio também sobre ele, e ia andando e profetizando até chegar a Naiot de Ramá. 24Também ele se despojou de suas vestes e também ele profetizou diante de Samuel; ficou caído no chão, despido, durante todo aquele dia e toda a noite. Daí o provérbio: "Saul também está entre os profetas?"*

20 **Jônatas intercede por Davi.** 1Davi fugiu de Naiot de Ramá* e foi se encontrar com Jônatas e lhe disse: "Que fiz eu? Qual é minha culpa

* **19**,8. 18,10s | 9. 16,14 | 13. 15,22 | 20. 10,5 | 24. 10,10s | **20**,1. 19,1-7; 11-17

† **19**,20. Profetizar designa aqui um tipo de exaltação mística, acompanhada de música, gritos e danças.

e que mal fiz a teu pai, para que procure me matar?" 2Respondeu-lhe Jônatas: "De modo algum! Não morrerás. Meu pai não faz coisa alguma, nem grande, nem pequena, sem me informar. Por que haveria de me ocultar isso? Não é possível!" 3Davi fez este juramento: "Bem sabe teu pai que me tens amizade, por isso deve ter dito: 'Que Jônatas não o saiba, para não ficar triste'. Mas pela vida de Javé e por tua vida, entre mim e a morte há apenas um passo". 4Jônatas disse a Davi: "Farei por ti tudo o que quiseres". 5Davi respondeu a Jônatas: "Amanhã é lua nova e eu deveria sentar-me à mesa com o rei†. Mas deixa-me partir, e me ocultarei no campo até a tarde. 6Se teu pai procurar por mim, tu lhe dirás: 'Davi me pediu com insistência que o deixasse ir correndo a Belém, sua cidade, porque lá se celebra o sacrifício anual para toda a sua família'. 7Se ele responder: 'Está bem', teu servo está fora de perigo; mas se ele ficar irado, saiba que decretou minha ruína. 8Tu, porém, trata com bondade teu servo, já que o admitiste a uma aliança contigo em nome de Javé. Se existe em mim alguma culpa, mata-me tu mesmo. Por que haverias de levar-me a teu pai?" 9Jônatas respondeu: "Longe de ti tal coisa! Se eu soubesse com certeza que meu pai decretou tua ruína, não te informaria?" 10Davi perguntou a Jônatas: "Quem me avisará no caso de teu pai te responder com dureza?"

11Disse Jônatas a Davi: "Vamos para o campo". Ambos foram ao campo. 12Então disse Jônatas a Davi: "Por Javé, Deus de Israel! Amanhã ou depois de amanhã a esta hora terei indagado sobre as intenções de meu pai. Se ele estiver bem disposto para contigo e eu não te avisar, 13que Javé me trate com todo o seu rigor. Se, ao contrário, meu pai quiser fazer-te mal, eu te avisarei e te farei partir, para que vás em paz e Javé esteja contigo, como esteve com meu pai. 14Se então eu ainda estiver vivo, trata-me com a bondade de Javé; se, porém, estiver morto, 15jamais deixarás de usar de benevolência com minha família, nem mesmo quando Javé tiver eliminado da face da terra os inimigos de Davi, um depois do outro†. 16Assim Jônatas* fez uma aliança com a família de Davi, dizendo: "Javé peça contas do sangue aos inimigos de Davi". 17Jônatas fez Davi jurar de novo por causa da amizade que lhe tinha, pois o amava como a si mesmo.

18Jônatas disse-lhe: "Amanhã é lua nova, e tua ausência será notada, pois tua cadeira estará vazia. 19Depois de amanhã descerás rapidamente ao lugar onde te escondeste no dia daquele fato e ficarás junto à pedra de Ezel. 20Eu atirarei três setas naquela direção, como se atirasse ao alvo. 21Mandarei a seguir um criado, dizendo: 'Vai procurar as setas'. Se eu disser ao criado: 'As setas estão para cá de ti, apanha-as', então vem, porque, pela vida de Javé, podes estar tranquilo e não há nada a temer. 22Mas se eu disser ao criado: 'As setas estão mais para lá de ti', então foge, porque Javé te manda partir. 23Quanto àquilo de que falamos tu e eu, Javé seja testemunha entre mim e ti para sempre".

Jônatas defende Davi. 24Davi escondeu-se no campo. Chegou a lua nova, e o rei sentou-se à mesa para comer. 25O rei tomou seu lugar de costume, junto à parede; Jônatas colocou-se defronte, Abner sentou-se ao lado de Saul, mas o lugar de Davi ficou vazio. 26Naquele dia Saul não disse nada, pois pensou: "Alguma coisa lhe terá acontecido, não estará puro, certamente não se purificou". 27Mas no dia seguinte, o segundo dia da lua nova, o lugar de Davi continuava vazio. Então Saul perguntou a Jônatas: "Por que o filho de Jessé não veio comer nem ontem, nem hoje?"

---

* **20**,16. 2Sm 9; 21,7

† **20**,5. A lua nova, ou novilúnio, marcava o começo de cada mês, quando se celebrava com sacrifícios e banquetes a festa da neomênia, Nm 28,11-15. | 15. Jônatas pressente que Davi sucederá a Saul, e como era costume eliminar a família do rei vencido, pede misericórdia para si e sua família.

28Respondeu Jônatas a Saul: "Ele me pediu com insistência que o deixasse ir a Belém. 29Ele disse: 'Deixa-me ir, por favor, porque temos na cidade um sacrifício de família, e um de meus irmãos ordena que eu vá. Agora, pois, se encontrei graça diante de teus olhos, permite-me ir visitar meus irmãos'. É por isso que não compareceu à mesa do rei". 30Então Saul se enfureceu contra Jônatas e disse: "Filho de mulher perversa e rebelde! Acaso não sei que tomas o partido do filho de Jessé, para tua vergonha e para vergonha da nudez de tua mãe? 31Enquanto o filho de Jessé viver sobre a terra, não estarás seguro nem tu, nem teu reino. Manda, pois, prendê-lo e conduzi-lo a mim, porque ele deve morrer". 32Jônatas respondeu a seu pai e disse: "Por que deve morrer? Que fez ele?" 33Então Saul arremessou a lança para matá-lo. Jônatas compreendeu que seu pai estava resolvido a matar Davi. 34Levantou-se da mesa, ardendo em ira, e nada comeu naquele segundo dia da lua nova, porque estava magoado por causa de Davi, porque seu pai o tinha ultrajado.

Jônatas aconselha Davi a fugir. 35Na manhã seguinte, Jônatas saiu ao campo para se encontrar com Davi, levando consigo um criado. 36Jônatas disse ao criado: "Corre e pega as setas que vou atirar". Enquanto o rapaz corria, ele atirou uma seta para além dele. 37Quando o rapaz chegou ao lugar onde se achava a seta que Jônatas tinha atirado, este lhe gritou: "A seta não está mais para lá de ti?" 38E Jônatas tornou a gritar* ao rapaz: "Corre, depressa, não pares". O servo de Jônatas recolheu as setas e as trouxe a seu senhor. 39O rapaz nada entendeu; somente Jônatas e Davi sabiam de que se tratava. 40Jônatas entregou suas armas ao criado e lhe disse: "Vai, leva-as à cidade". 41Logo que o rapaz se retirou, Davi levantou-se do lado sul e, caindo com o rosto em terra, prostrou-se três vezes; a seguir se beijaram e choraram juntos, mas Davi chorou mais. 42Jônatas disse a Davi: "Vai em paz; porquanto nós dois fizemos este juramento em nome de Javé. Javé seja testemunha entre mim e ti, entre minha descendência e a tua para sempre".

21

1Davi se pôs a caminho e partiu, e Jônatas voltou para a cidade.

Davi foge para Nob. 2Davi foi a Nob, à casa do sacerdote Aquimelec. Este saiu a seu encontro, tremendo, e lhe perguntou: "Por que vens sozinho, sem ninguém contigo?" 3Davi respondeu ao sacerdote Aquimelec: "O rei me deu um encargo e me disse: 'Que ninguém saiba da missão que te confiei e da ordem que te dei'. Quanto a meus servos, combinei que me encontrassem num determinado lugar. 4Se tens à mão cinco pães, ou outra coisa que tiveres, dá-me". 5O sacerdote respondeu a Davi: "Não tenho à mão pão comum; há somente pão sagrado;* com a condição de que teus homens pelo menos não tenham tido contato com mulheres"†. 6Davi respondeu ao sacerdote: "Estivemos afastados das mulheres, como antes, desde a partida; e os corpos dos jovens se conservam puros, ainda que a viagem seja profana; com maior razão hoje, eles têm seus corpos purificados". 7Então o sacerdote deu-lhe o pão sagrado, porque lá não havia outro senão os pães da apresentação, que foram tirados da presença de Javé, para serem substituídos por pão fresco quando eles são retirados.

8Achava-se lá, naquele dia, detido na presença de Javé, um dos servos de Saul, chamado Doeg,* edomita, chefe dos pastores de Saul. 9Davi perguntou a Aquimelec: "Tens aqui à mão uma espada ou uma lança? Pois eu não trouxe comigo nem minha espada, nem minhas armas, porque a ordem do rei era urgente". 10Respondeu-lhe o sacerdote: "Ali está a espada de Golias,

---

* **20**,38. 20,22 | **21**,5. Êx 25,30; Lv 24,5-9; Mt 12,3s | 8. 22,9s | 10. 17,51.54

† **21**,5. Os pães da apresentação eram reservados aos sacerdotes, Lv 24,6-9; Mt 12,4. As leis da guerra santa proibiam as relações sexuais durante a expedição, Dt 23,10.

o filisteu, que tu mataste no vale do Terebinto;* está embrulhada num pano atrás do efod. Se a queres levar, leva-a; porque aqui não há outra, senão esta". Davi disse: "Ela não tem igual, dá-me esta espada".

Davi em Gat. 11Partiu, pois, Davi, naquele dia, fugindo da presença de Saul, e foi para junto de Aquis, rei de Gat. 12Os servos de Aquis* lhe perguntaram: "Não é este Davi, o rei do país? Não é para ele que se cantava dançando:

'Saul matou seus mil,
mas Davi, seus dez mil'?"*

13Davi ficou preocupado com essas palavras e teve muito medo de Aquis, rei de Gat. 14Assim, mudou de conduta diante deles, fingindo-se de louco entre eles: traçava sinais nas portas da cidade e deixava a saliva escorrer-lhe pela barba†. 15Por isso Aquis perguntou a seus servos: "Estais vendo que esse homem é louco; por que o trouxestes a mim? 16Estão me faltando loucos, para me trazerdes mais este para fazer loucuras em minha presença? Ele há de entrar em minha casa?"

22

Davi na caverna de Odolam. 1Davi partiu de lá e refugiou-se na caverna de Odolam. Seus irmãos e toda a família de seu pai souberam disso e desceram para junto dele. 2Todos os que estavam em dificuldade, os que tinham dívidas e todos os descontentes juntaram-se a ele, e ele se tornou seu chefe. Uns quatrocentos homens estavam com ele. 3De lá Davi foi a Masfa de Moab e disse ao rei de Moab: "Permite que meu pai e minha mãe fiquem convosco até eu saber o que Deus quer fazer de mim". 4Apresentou-os ao rei de Moab, com o qual eles ficaram durante todo o tempo em que Davi esteve em seu refúgio. 5Mas o profeta Gad disse a Davi: "Não fiques em teu refúgio, mas parte e vai para a terra de Judá". Davi partiu e foi para o bosque de Haret.

Saul manda matar os sacerdotes de Nob. 6Saul ficou sabendo que Davi e os homens que estavam com ele tinham sido vistos. Saul achava-se em Gabaá, sentado debaixo de uma tamareira, na colina, com sua lança na mão, e todos os seus servos estavam de pé a seu redor. 7Disse Saul a seus servos que o rodeavam: "Escutai, benjaminitas! O filho de Jessé* também dará a todos vós campos e vinhas? Ele fará todos vós chefes de cem e de mil homens? 8Por que todos vós conspirastes contra mim? Por que ninguém me informou da aliança que meu filho fez com o filho de Jessé, e ninguém se inquietou por minha causa, nem me revelou que meu filho instigava meu servo contra mim, para me armar ciladas, como faz hoje?" 9Respondeu Doeg, o edomita,* que estava entre os oficiais de Saul: "Eu vi o filho de Jessé chegar a Nob, à casa de Aquimelec, filho de Aquitob, 10o qual consultou por ele Javé, deu-lhe provisões e lhe entregou a espada de Golias, o filisteu". 11Então o rei mandou chamar o sacerdote Aquimelec, filho de Aquitob, e toda a sua família, os sacerdotes que se achavam em Nob; e todos se apresentaram ao rei.

12Disse Saul: "Escuta, por favor, filho de Aquitob". Ele respondeu: "Eis-me aqui, meu senhor". 13Disse-lhe Saul: "Por que tu e o filho de Jessé conspirastes contra mim? Tu lhe deste pão e uma espada e consultaste a Deus por ele, para que se revolte contra mim e me arme ciladas como faz hoje". 14Aquimelec respondeu ao rei, dizendo: "E quem, entre todos os teus servos, é fiel como Davi, genro do rei, chefe de teus guardas e honrado em tua casa? 15Foi porventura hoje que comecei a consultar Javé por ele? De forma alguma! Não impute o rei a seu servo, nem a toda a sua família tal acusação, porque teu servo não sabia nada desse assunto, nem pouco e nem muito". 16E o rei disse: "Morrerás sem falta, Aquimelec, tu e toda a tua família".

* **21**,12. 27 / 18,7 | **22**,7. 8,14 | 9. 21,2-10

† **21**,14. Davi finge-se de louco para salvar a vida, confiando que os inimigos filisteus não atacarão um louco.

17Então o rei ordenou aos guardas* que o rodeavam: "Voltai-vos e matai os sacerdotes de Javé, porque também eles estão do lado de Davi: sabiam que tinha fugido e não me avisaram". Mas os servos do rei não ousaram estender a mão contra os sacerdotes de Javé. 18Disse então o rei a Doeg: "Volta-te e mata os sacerdotes!" Doeg, o edomita, voltando-se, lançou-se sobre os sacerdotes e massacrou naquele dia oitenta e cinco homens que vestiam o efod de linho. 19Saul passou* a fio de espada também Nob, a cidade dos sacerdotes: homens e mulheres, crianças e bebês, bois, jumentos e ovelhas caíram ao fio da espada. 20Mas um filho de Aquimelec, filho de Aquitob, chamado Abiatar, escapou e fugiu para junto de Davi†. 21Abiatar anunciou a Davi que Saul tinha trucidado os sacerdotes de Javé. 22Davi disse a Abiatar: "Imaginei naquele dia que Doeg, o edomita, estando lá, iria com certeza informar Saul. Sou eu a causa da morte de todas as pessoas de tua família. 23Fica comigo, não temas, pois quem atentar contra tua vida atentará também contra a minha. Mas comigo estarás seguro".

23

Davi em Ceila. 1Disseram a Davi: "Os filisteus estão atacando Ceila e saqueando as eiras". 2Davi consultou Javé: "Devo ir atacar esses filisteus?" Javé respondeu a Davi: "Vai, ataca os filisteus e liberta Ceila". 3Mas os homens de Davi lhe disseram: "Se mesmo aqui na Judeia temos medo, quanto mais indo a Ceila para atacar as tropas dos filisteus!" 4Davi consultou novamente Javé, o qual lhe respondeu: "Põe-te a caminho, desce a Ceila, porque eu entregarei os filisteus em tuas mãos". 5Marchou, pois, Davi com sua gente para Ceila e atacou os filisteus; tomou-lhes seus animais e infligiu-lhes grande derrota, salvando assim os habitantes de Ceila. 6Quando Abiatar,* filho de Aquimelec, refugiou-se junto de Davi, ele desceu a Ceila levando consigo o efod.*

7Saul foi informado de que Davi tinha ido para Ceila e disse: "Deus o entregou em minhas mãos, porque ele se fechou a si mesmo, entrando numa cidade de portas e ferrolhos". 8Saul chamou todo o povo para a guerra, a fim de descerem a Ceila e cercarem Davi e sua gente. 9Mas quando Davi soube que Saul tramava o mal contra ele, disse ao sacerdote Abiatar: "Traze o efod". 10Depois disse Davi: "Javé, Deus de Israel,* vosso servo tem informação segura de que Saul planeja vir a Ceila para destruir a cidade por minha causa. 11Os senhores de Ceila me entregarão nas mãos dele? Saul vai descer, como vosso servo ouviu dizer? Javé, Deus de Israel, manifestai-o, por favor, a vosso servo". Javé respondeu: "Descerá". 12Davi perguntou novamente: "Os senhores de Ceila me entregarão a mim e a minha gente nas mãos de Saul?" Javé respondeu-lhe: "Entregarão". 13Então Davi e sua gente, cerca de seiscentos homens, se retiraram e, tendo saído de Ceila, andaram sem rumo. Quando Saul foi informado de que Davi havia fugido de Ceila, desistiu da expedição.

Davi em Zif. 14Davi permaneceu no deserto, em lugares seguros, e ficou na região montanhosa do deserto de Zif. Saul o procurava continuamente, mas Deus não o entregou em suas mãos. 15Davi soube que Saul tinha saído para tirar-lhe a vida e permaneceu no deserto de Zif, em Horesa. 16Então Jônatas, filho de Saul, pôs-se a caminho e foi encontrar-se com Davi em Horesa e lhe fortaleceu a confiança em Deus, dizendo-lhe: 17"Não temas, porque a mão de Saul, meu pai, não te alcançará. Tu reinarás sobre Israel, e eu serei o segundo depois de ti; bem o sabe Saul, meu pai". 18E os dois fizeram aliança na presença de Javé. Davi ficou em Horesa, ao passo que Jônatas voltou para casa.

Davi é traído pelos habitantes de Zif. 19Os habitantes de Zif subiram até Gabaá, à procura de Saul, e lhe disseram:

* **22**,17. 2,31ss | 19. 2,18 | **23**,6. 22,20-23 / 2,28 | 10. 2,28

† **22**,20. Abiatar será o sumo sacerdote por todo o reinado de Davi, permanecendo-lhe sempre fiel.

"Davi está escondido entre nós nos refúgios de Horesa, na colina de Aquila, que está ao sul do deserto. [20]Desce, pois, conforme é teu desejo, ó rei; e nós o entregaremos nas mãos do rei". [21]Saul exclamou: "Que Javé vos abençoe, porque tivestes compaixão de mim! [22]Ide, por favor, e informai-vos melhor para conhecer e ver o lugar em que se refugia e quem o viu lá, pois me disseram que ele é muito esperto. [23]Procurai conhecer todos os esconderijos onde se oculta e voltai a mim com indicações precisas, e eu irei convosco. Se ele estiver na região, eu o buscarei entre todos os clãs de Judá". [24]Eles partiram e foram a Zif, à frente de Saul. Mas Davi e sua gente estavam no deserto de Maon, na planície ao sul do deserto. [25]Saul foi para lá com sua tropa a sua procura; mas Davi, tendo sido avisado, desceu para um rochedo e ficou no deserto de Maon. Saul soube disso e perseguiu Davi no deserto de Maon. [26]Saul caminhava por um lado do monte, enquanto Davi com os seus caminhavam pelo outro. Davi se apressava para escapar de Saul, mas este e sua tropa apertavam o cerco a Davi e a sua gente para os prender. [27]Nesse momento chegou um mensageiro a Saul, dizendo-lhe: "Vem depressa, pois os filisteus invadiram o país". [28]Então Saul desistiu de perseguir Davi e marchou contra os filisteus. Por isso aquele lugar foi chamado "Rocha da separação".

24 **Davi em Engadi.** [1]Davi subiu de lá e se estabeleceu nos refúgios de Engadi†. [2]Quando Saul voltou da perseguição aos filisteus, comunicaram-lhe: "Davi está no deserto de Engadi". [3]Então Saul tomou três mil homens escolhidos dentre todo o Israel e partiu em busca de Davi e de sua gente, diante dos rochedos das Cabras Montesas. [4]No caminho, chegou a uns currais de ovelhas, onde havia uma gruta. Saul entrou nela para fazer suas necessidades. Davi e sua gente estavam no fundo da gruta. [5]Então disseram a Davi seus homens: "Este é o dia no qual Javé te diz: 'Entrego em tuas mãos teu inimigo e tu o tratarás como te aprouver'". Davi levantou-se e, sem ser notado, cortou a orla do manto de Saul. [6]Depois disso, porém, Davi sentiu remorso por ter cortado a orla do manto de Saul. [7]E disse a sua gente: "Javé não permita que eu faça tal coisa* a meu senhor, ao ungido de Javé†, estendendo a mão contra ele, pois é o ungido de Javé". [8]Com estas palavras Davi conteve seus homens e não lhes permitiu que se lançassem sobre Saul. Então Saul se levantou, saiu da caverna e continuou seu caminho.

[9]Depois Davi se levantou também, saiu da caverna e gritou atrás de Saul: "Ó rei, meu senhor!" Quando Saul olhou para trás, Davi se inclinou com o rosto em terra e se prostrou. [10]Davi perguntou a Saul: "Por que dás ouvidos às palavras dos que dizem: 'Davi procura fazer-te mal'? [11]Hoje teus olhos viram como Javé te entregou em minhas mãos dentro da gruta; alguns me falaram para te matar, mas eu te poupei, pensando: 'Não estenderei a mão contra meu senhor, porque é o ungido de Javé e meu pai'. [12]Olha e vê em minha mão a orla de teu manto. Se eu cortei a orla de teu manto e não te matei, podes ver claramente que não existe em meu proceder nem maldade, nem rebeldia e não pequei contra ti, ao passo que tu me armas ciladas para tirar-me a vida! [13]Que Javé seja juiz entre mim e ti, e que ele me vingue de ti; mas nunca estenderei minha mão contra ti. [14]Como diz o velho ditado: 'A maldade vem dos maus; mas minha mão não te tocará'. [15]Contra quem saiu o rei de Israel? A quem estás perseguindo?* A um cão morto, a uma pulga! [16]Que Javé seja juiz e julgue entre mim e ti; que ele

* **24**,7. 31,4; 2Sm 1,14 | 15. 2Sm 9,8; 16,9

† **24**,1. Engadi, "fonte do cabrito", Ct 1,14, é um oásis no meio da margem ocidental do Mar Morto, onde há muitas grutas. | 7. Davi evita o confronto direto com Saul, para não ser forçado a matar aquele que Deus ungiu.

veja e defenda minha causa e me faça justiça, livrando-me de tuas mãos". 17Quando Davi acabou de dizer essas palavras a Saul, este respondeu: "É esta a tua voz, meu filho Davi?" E Saul chorou em voz alta. 18Disse a Davi: "Tu és mais justo que eu, pois me tens feito bem, e eu te paguei com o mal. 19Mostraste hoje que me tens feito bem, pois Javé me havia posto em tuas mãos e não me mataste. 20Quem é que encontra seu inimigo e o deixa ir são e salvo? Que Javé te recompense pelo bem que hoje me fizeste. 21Agora sei que reinarás com certeza, e que o reino de Israel há de ser estável em tua mão. 22Jura-me agora, por Javé, que não exterminarás minha descendência depois de mim† e não cancelarás meu nome da casa de meu pai". 23Davi o jurou a Saul. Saul voltou para casa, e Davi e seus homens subiram para o refúgio.

25 **Morte de Samuel.** 1Samuel morreu,* e todo o Israel se reuniu para fazer lamentação por ele. Sepultaram-no em sua casa, em Ramá. Davi se pôs a caminho e desceu ao deserto de Farã.

Davi em Maon. Nabal e Abigail. 2Havia em Maon um homem* que tinha suas possessões no Carmelo. Era muito rico: possuía três mil ovelhas e mil cabras. Estava no Carmelo tosquiando suas ovelhas. 3Chamava-se Nabal e sua esposa, Abigail, mulher inteligente e bela, ao passo que o marido, descendente de Caleb, era grosseiro e mau. 4No deserto, Davi soube que Nabal tosquiava as ovelhas 5e enviou dez jovens, dizendo-lhes: "Subi ao Carmelo, visitai Nabal e saudai-o em meu nome. 6Dizei-lhe: 'Salve! A paz esteja contigo! Paz para tua família, paz a tudo o que te pertence. 7Fiquei sabendo que estás tosquiando. Ora, teus pastores estiveram conosco e nunca os tratamos mal, e nada lhes faltou durante todo o tempo que estiveram no Carmelo. 8Pergunta-o a teus criados, e eles o confirmarão. Portanto, encontrem os jovens favor ante teus olhos, porque viemos num dia de festa†. Rogo-te que dês o que puderes a teus servos e a teu filho Davi'". 9Ao chegarem, os jovens de Davi repetiram todas essas palavras a Nabal da parte de Davi e aguardaram. 10Mas Nabal respondeu aos servos de Davi: "Quem é Davi e quem é o filho de Jessé? Hoje são muitos os servos que fogem de seus senhores! 11Então hei de tomar meu pão, minha água e a carne que preparei para meus tosquiadores, para dá-los a homens que não sei de onde vêm?" 12Os jovens de Davi retomaram seu caminho, voltaram e foram contar-lhe tudo o que fora dito. 13Então Davi disse a seus homens: "Cinja cada um sua espada". Todos cingiram sua espada e Davi cingiu também a sua. Saíram atrás de Davi uns quatrocentos homens, ficando duzentos para cuidar das bagagens.

14Um dos criados avisou Abigail, mulher de Nabal, dizendo: "Davi enviou do deserto mensageiros para saudarem nosso amo e ele os tratou mal. 15Ora, aqueles homens foram muito bons para conosco! Nunca nos ofenderam, e nós não perdemos nada durante todo o tempo que estivemos com eles, quando nos achávamos no campo. 16De dia e de noite foram para nós como uma muralha o tempo todo que estivemos com eles apascentando o rebanho. 17Agora, pois, considera e vê o que hás de fazer, porque está decretada a ruína de nosso amo e de toda a sua casa; e ele é de tão mau caráter, que não se lhe pode falar". 18Então Abigail tomou rapidamente duzentos pães, dois odres de vinho, cinco ovelhas já preparadas, cinco medidas de trigo tostado, cem cachos de uvas passas, duzentas tortas de figos secos e carregou tudo sobre jumentos 19e disse a seus servos: "Ide

---

* **25**,1. 28,3 | 2. 15,12

† **24**,22. Saul faz a Davi o mesmo pedido que Jônatas tinha feito, 20,15. Davi manterá seu juramento, 2Sm 9,1-10. | **25**,8. Era costume fazer festa no dia da tosquia das ovelhas. Davi pede uma remuneração pela proteção dada aos animais.

na frente, que eu vou depois". E não
disse nada a seu marido Nabal. 20En-
quanto ela, montada num jumento,
descia pela parte encoberta do monte,
Davi vinha descendo com sua gente na
direção contrária, e ela se encontrou
com eles. 21(Ora, Davi tinha dito: "Foi
em vão que protegi tudo o que este
homem tinha no deserto, de modo que
nada se perdesse de tudo o que pos-
suía, pois me pagou o bem com o mal.
22Que Deus mande a Davi um castigo
sobre o outro se até amanhã eu dei-
xar vivo um só homem dentre todos os
seus").

23Logo que viu Davi, Abigail desceu
rapidamente do jumento e prostrou-se
com o rosto em terra diante de Davi.
24Lançou-se a seus pés e disse: "Meu
senhor, sobre mim recaia a culpa! Per-
mite que tua serva fale a teus ouvidos,
e ouve as palavras de tua serva. 25Que
meu senhor não dê atenção a esse
homem de mau caráter que é Nabal,
pois ele é o que diz seu nome: ele se
chama Nabal e nele só existe insen-
satez†. Porém eu, tua serva, não vi os
jovens que meu senhor tinha enviado.
26Agora, pois, meu senhor, pela vida
de Javé e por tua própria vida, já que
Javé te impediu de derramar sangue
e de vingar-te com as próprias mãos,
tenham a sorte de Nabal teus inimi-
gos e os que procuram fazer mal a meu
senhor. 27Este presente que tua serva
trouxe a meu senhor seja entregue aos
jovens que acompanham meu senhor.
28Peço que perdoes a ofensa de tua
serva, porque de certo Javé edifica-
rá a meu senhor uma casa estável, já
que meu senhor combate as batalhas
de Javé, e em toda a tua vida não se
encontra em ti maldade. 29Ainda que
alguém se levante para te perseguir e
atentar contra tua vida, a vida de meu
senhor será guardada no cofre dos
que vivem junto de Javé, teu Deus†, ao
passo que a vida de teus inimigos ele
a lançará longe como a pedra de uma
funda. 30Quando Javé tiver feito a meu
senhor todo o bem que te prometeu e
te houver constituído soberano de Is-
rael, 31meu senhor não terá esta dor e
este remorso de ter derramado sangue
sem motivo e de ter feito justiça com as
próprias mãos. Quando Javé fizer bem
a meu senhor, recorda-te de tua serva".

32Então disse Davi a Abigail: "Bendi-
to seja Javé, Deus de Israel, que hoje te
enviou a meu encontro; 33bendita seja
tua sabedoria e bendita sejas tu que
hoje me impediste de derramar sangue
e de vingar-me por minhas mãos. 34De
fato, pela vida de Javé, Deus de Israel,
que me impediu de te fazer o mal, se
não tivesses vindo tão depressa a meu
encontro, ao amanhecer não teria res-
tado a Nabal um só homem". 35Davi
recebeu de suas mãos o que ela havia
trazido e disse-lhe: "Sobe em paz para
tua casa; vê que atendi a teu pedido e
te tratei com respeito".

36Abigail voltou para junto de Na-
bal; ele estava dando em sua casa um
banquete como o banquete de um
rei, e seu coração estava alegre. Esta-
va completamente embriagado, e por
isso ela não lhe contou nada até o
amanhecer. 37Na manhã seguinte, es-
tando Nabal já livre do vinho, sua mu-
lher contou-lhe o ocorrido; seu coração
parou dentro dele, e ele ficou como
uma pedra. 38Uns dez dias depois, Javé
feriu mortalmente Nabal e ele mor-
reu. 39Quando soube que Nabal havia
morrido, Davi exclamou: "Bendito seja
Javé que me fez justiça da afronta rece-
bida de Nabal e preservou seu servo de
praticar o mal! Javé fez recair sobre sua
cabeça a maldade de Nabal".

Davi casa-se com Abigail. Depois,
Davi mandou falar com Abigail para
pedi-la em casamento. 40Os servos de
Davi foram à casa de Abigail, no Car-
melo, e lhe disseram: "Davi nos enviou
a ti para te levar para seres sua espo-
sa". 41Então ela se levantou, inclinou-
-se com o rosto em terra e disse: "Tua
serva é como uma escrava, pronta a la-
var os pés dos servos de meu senhor".

---

† **25**,25. Nabal significa insensato. | 29. Deus guarda os justos como se guardam joias preciosas num cofre.

42Abigail rapidamente se pôs a cami-
nho, montada num jumento, com as
cinco moças que a atendiam e seguiu
os mensageiros de Davi, e se tornou
sua mulher. 43Davi se casou também
com Aquinoam de Jezrael, e ambas
foram suas esposas. 44Pois Saul tinha
dado sua filha* Micol, mulher de Davi,
a Falti, filho de Lais, que era de Galim.

26 **Davi poupa a vida de Saul.**
1Os habitantes de Zif* foram
procurar Saul em Gabaá para dizer-
-lhe: "Davi está escondido na colina de
Aquila, defronte da estepe". 2Saul pôs-
-se a caminho e desceu ao deserto de
Zif com três mil homens escolhidos de
Israel, para ir em busca de Davi no de-
serto de Zif. 3Saul acampou na colina
de Aquila, à margem da estepe, junto
da estrada, enquanto Davi ficou no
deserto. Quando soube que Saul tinha
vindo procurá-lo no deserto, 4Davi en-
viou espiões e soube com certeza que
Saul havia chegado. 5Então Davi se pôs
a caminho, foi ao lugar onde Saul tinha
acampado e observou o lugar onde
dormiam Saul e Abner, filho de Ner,
chefe de seu exército: Saul dormia no
meio do acampamento, e sua gente
estava acampada ao redor dele. 6Davi
perguntou* a Abimelec, o heteu, e a
Abisaí, filho de Sárvia, irmão de Joab:
"Quem quer descer comigo ao acam-
pamento de Saul?" Abisaí respondeu:
"Eu descerei contigo". 7Davi e Abisaí
penetraram, de noite, no meio da tro-
pa e viram Saul deitado, dormindo no
meio do acampamento, e sua lança fin-
cada no chão, a sua cabeceira; Abner e
a tropa estavam deitados a seu redor.
8Abisaí disse a Davi: "Hoje Deus entre-
gou teu inimigo* em tuas mãos. Agora,
pois, deixa-me cravá-lo no chão com
a lança, com um só golpe, pois não
precisarei de um segundo". 9Mas Davi
respondeu a Abisaí: "Não o mates! Pois
quem poderia* estender a mão con-
tra o ungido de Javé e ficar impune?"†
10E acrescentou: "Pela vida de Javé! É
Javé que o ferirá: ou chegará seu dia e
morrerá, ou irá combater e será morto.
11Javé me livre de estender a mão con-
tra o ungido de Javé. Mas agora, apa-
nha a lança que está a sua cabeceira e a
bilha de água e vamos embora". 12Davi
tirou a lança e a bilha de água da ca-
beceira de Saul, e se foram. Ninguém o
viu, ninguém percebeu nada, ninguém
acordou; todos dormiam, porque Javé
tinha feito cair sobre eles um sono pro-
fundo.
13Davi passou para o lado oposto,
pôs-se no cimo do monte, ao longe, a
grande distância deles, 14e gritou à tro-
pa e a Abner, filho de Ner: "Abner, não
respondes?" Abner respondeu: "Quem
és tu que gritas ao rei?" 15Disse Davi a
Abner: "Não és tu um homem? E quem
é igual a ti em Israel? Por que não guar-
daste o rei, teu senhor? Pois alguém do
povo entrou aí para matar o rei, teu
senhor. 16Não está certo o que fizeste.
Pela vida de Javé, mereceis a morte vós
que não protegestes vosso senhor, o
ungido de Javé. Olha agora onde estão
a lança do rei e a bilha de água que es-
tava a sua cabeceira". 17Saul reconhe-
ceu a voz de Davi e perguntou: "Não
é esta a tua voz, meu filho Davi?" Davi
respondeu: "Sim, é minha voz, ó rei,
meu senhor". 18E acrescentou: "Por que
meu senhor persegue seu servo? Que
fiz eu e que mal pratiquei? 19Agora,
pois, eu te peço, ó rei, meu senhor: es-
cuta as palavras de teu servo. Se é Javé
que te incita contra mim, seja ele apla-
cado por uma oferenda; mas se são
os homens, malditos sejam diante de
Javé, porque hoje me expulsaram, para
que eu não tenha parte na herança de
Javé, dizendo: 'Vai servir* a outros deu-
ses!'. 20Que meu sangue não caia por
terra longe da presença de Javé, já que
o rei de Israel saiu atrás de uma pul-
ga, como quem persegue uma perdiz
pelos montes". 21Então Saul disse: "Eu
pequei! Volta, meu filho Davi! Daqui

* **25**,44. 18,20s; 19,10s; 2Sm 3,13s | **26**,1. 23,19s | **26**,6. 1Cr 2,16 | 8. 18,11; 19,10 | 9. 9,26 | 19. Dt 7,6

† **26**,9. De novo, como no cap. 24, Davi está diante de Saul e, podendo matá-lo, respeita sua pessoa e sua vida.

por diante não te farei mal algum, por-
que hoje deste tamanha importância
a minha vida. Procedi como um louco
e cometi graves erros". 22Davi respon-
deu, dizendo: "Aqui está a lança do rei;
que um dos moços venha apanhá-la.
23Javé retribuirá* a cada um segundo
sua justiça e sua lealdade; pois Javé te
entregou hoje em minhas mãos, mas
eu não quis estender a mão contra o
ungido de Javé. 24Assim como hoje tua
vida foi preciosa a meus olhos, assim
também seja preciosa minha vida aos
olhos de Javé, e ele me livre de toda
aflição". 25Saul disse a Davi: "Bendito
sejas, meu filho Davi! De certo farás
grandes coisas e certamente triunfa-
rás". Davi continuou seu caminho,* e
Saul voltou para sua casa.

27 **Davi entre os filisteus.** 1Davi
pensou consigo mesmo: "Mais
dia, menos dia, vou acabar perecendo
pelas mãos de Saul; nada melhor para
mim do que refugiar-me na terra dos
filisteus. Assim Saul, perdendo a es-
perança, desistirá de procurar-me por
todo o território de Israel, e escaparei
de suas mãos". 2Davi pôs-se a cami-
nho* e foi com os seiscentos homens
que tinha consigo para junto de Aquis,
filho de Maaca, rei de Gat. 3Davi morou
com Aquis, em Gat, ele e seus homens,
cada um com sua família, e Davi com
suas duas mulheres, Aquinoam de Je-
zrael e Abigail, que fora esposa de Na-
bal, do Carmelo. 4Saul foi informado de
que Davi fugira para Gat e desistiu de
persegui-lo.

5Davi disse então a Aquis: "Se encon-
trei favor diante de teus olhos, seja-me
dado, numa das cidades do campo, um
lugar onde possa instalar-me; pois, por
que deveria teu servo habitar contigo
na cidade real?" 6Naquele dia Aquis lhe
deu Siceleg; e por isso Siceleg pertence
aos reis de Judá até o dia de hoje.

7O tempo que Davi permaneceu*
na região dos filisteus foi de um ano
e quatro meses. 8Davi subia com seus
homens e fazia incursões contra os
gessuritas, os gersitas e os amalecitas,*
porque esses povos habitavam a região
que vai de Telém, em direção a Sur, até
a terra do Egito. 9Davi assolava o país,
não deixando com vida nem homem
nem mulher, mas levava ovelhas, bois,
jumentos, camelos e roupas, e voltava
para junto de Aquis. 10Aquis pergun-
tava a Davi: "Onde fizestes incursão
hoje?" Davi respondia: "Contra o sul
de Judá, contra o sul de Jerameel, ou
contra o sul dos quenitas". 11Mas Davi
não deixava com vida nem homem e
nem mulher, para não ter de levá-los a
Gat, pensando: "Não aconteça que nos
denunciem, dizendo: Davi fez isto". Foi
este seu modo de agir durante todo o
tempo em que esteve no país dos fi-
listeus. 12Aquis confiava em Davi, pen-
sando: "Ele se tornou odioso a Israel,
seu povo, de modo que será meu servo
para sempre".

28 **Filisteus em guerra contra
Saul.** 1Naqueles dias os filis-
teus reuniram suas tropas para com-
bater contra Israel. Aquis disse a Davi:
"Bem sabes que deverás vir comigo à
guerra tu e teus homens". 2Davi res-
pondeu a Aquis: "Tu verás o que teu
servo pode fazer". Aquis disse a Davi:
"Pois bem, eu te nomeio meu guarda
pessoal para sempre".

A necromante de Endor. 3Samuel tinha
morrido,* e todo o Israel o tinha cho-
rado e o haviam sepultado em Ramá,
sua terra. Saul tinha expulsado do país
os que evocavam os mortos e os adivi-
nhos. 4Os filisteus se reuniram e foram
acampar em Sunam. Saul reuniu todo o
Israel e acampou em Gelboé. 5Quando
Saul viu o acampamento dos filisteus,
teve medo e seu coração estremeceu
com veemência. 6Consultou a Javé,*
mas Javé não lhe respondeu nem por
sonho, nem pela sorte, nem pelos pro-
fetas. 7Então disse Saul a seus servos:
"Procurai-me uma mulher que saiba
evocar os mortos, para que eu possa ir a

* **26**,23. Sl 7,9; 18,21 | 25. 24,21 | **27**,2. 21,11-16 | 7. 29,3; | 8. Êx 17,8; 1Sm 15; Js 13,2 | **28**,3. 25,1 | 6. 14,41 | 7. 1Rs 14,2

ela e consultá-la". Responderam-lhe os
servos: "Em Endor há uma mulher* que
sabe evocar os mortos". 8Saul disfarçou-
-se, vestiu outras roupas e partiu com
dois homens. Chegaram de noite à casa
da mulher e ele disse: "Peço-te que me
digas o futuro, evocando um espírito,
e faças subir aquele que eu te disser".
9Respondeu-lhe a mulher: "Bem sabes o
que fez Saul, que expulsou do país os
médiuns e os adivinhos; por que, pois,
armas cilada a minha vida, para fazer-
-me morrer?" 10Saul jurou-lhe por Javé,
dizendo: "Pela vida de Javé, nenhum
castigo te sobrevirá por causa disso".
11Perguntou a mulher: "A quem te devo
evocar?" Respondeu ele: "Evoca-me Sa-
muel"†. 12Quando a mulher viu Samuel,
gritou em voz alta e disse a Saul: "Por
que me enganaste? Tu és Saul". 13O rei
lhe disse: "Não temas. Que viste?" A
mulher respondeu a Saul: "Vi um ser di-
vino subindo da terra". 14Perguntou-lhe
Saul: "Que aspecto tem?" Respondeu
ela: "Vem subindo um ancião, coberto
com um manto". Compreendeu Saul
que era Samuel; inclinou-se com o rosto
em terra e se prostrou. 15Disse-lhe en-
tão Samuel: "Por que me incomodas-
te, fazendo-me subir?" Respondeu-lhe
Saul: "É que estou em grande angústia,*
porque os filisteus me fazem guerra e
Deus se retirou de mim, ele não me res-
ponde mais nem pelos profetas e nem
por sonhos; por isso te chamei, para
que me reveles o que devo fazer". 16Dis-
se Samuel: "E por que me consultas,* se
Javé se retirou de ti e se tornou teu ini-
migo? 17Javé agiu conforme havia dito
por meu intermédio; arrancou o reino
de tuas mãos e o deu a um outro, a
Davi. 18Porque não obedeceste à voz de
Javé, nem puseste em execução o ardor
de sua ira contra Amalec, Javé te fez isto
hoje. 19Javé entregará Israel junto con-
tigo nas mãos dos filisteus; amanhã tu*
e teus filhos estareis comigo, e Javé en-
tregará também o exército de Israel nas
mãos dos filisteus". 20Na mesma hora
Saul caiu estendido no chão, tomado
de grande terror por causa das palavras
de Samuel. Ademais, estava extenua-
do, porque nada tinha comido durante
todo o dia e durante toda a noite. 21A
mulher aproximou-se de Saul e, vendo-
-o tão aterrorizado, disse-lhe: "Tua serva
obedeceu a tua voz, e arrisquei minha
vida, obedecendo às ordens que me
deste. 22Agora pois te peço que escutes
também tu a voz de tua serva e permi-
tas que te sirva um bocado de pão, para
que comas e recuperes as forças para te
pores a caminho". 23Mas ele recusou, di-
zendo: "Não comerei". Seus servos, po-
rém, junto com a mulher insistiram com
ele, e ele cedeu; levantou-se do chão e
sentou-se no leito. 24A mulher tinha em
casa um bezerro cevado, que ela abateu
sem demora; tomou farinha, amassou-
-a e fez com ela pães ázimos. 25Colocou
tudo diante de Saul e de seus servos, e
eles comeram. Depois se levantaram e
partiram naquela mesma noite.

29 **Davi é afastado do exército
dos filisteus.** 1Os filisteus re-
uniram todas as suas tropas em Afec,*
e os israelitas acamparam junto à fonte
que existe em Jezrael. 2Os chefes dos
filisteus avançavam em batalhões de
cem e de mil, e Davi e seus homens iam
na retaguarda com Aquis. 3Os chefes
dos filisteus perguntaram: "Estes he-
breus, o que estão fazendo aqui?" Res-
pondeu Aquis aos chefes dos filisteus:
"É Davi, servo de Saul, rei de Israel; está
comigo há dias ou, melhor, há anos,
sem que eu tenha encontrado nele fal-
ta alguma, desde quando se refugiou
junto de mim até hoje". 4Mas os prínci-
pes dos filisteus se irritaram contra ele
e lhe disseram: "Manda de volta este
homem, para que volte ao lugar que
lhe designaste e não desça conosco à
batalha;* não suceda que na batalha
se torne nosso inimigo. Pois com que
meio ganharia melhor o favor de seu
senhor senão com as cabeças desses

* **28**,15. Eclo 46,20 | 16. 15,27s | 19. 31,2-6 | **29**,1. 4,1 | 4. 14,21

† **28**,11. A Bíblia proíbe evocar os mortos, Lv 19,31; 20,6. Deus permitiu que Samuel aparecesse realmente a Saul, não por forças misteriosas da médium, mas para anunciar a Saul seu fim próximo.

homens? 5Não é este aquele Davi do
qual cantavam, dançando:
'Saul matou seus mil,
mas Davi, seus dez mil'?"*
6Então Aquis chamou Davi e lhe disse:
"Pela vida de Javé, tu és um homem reto,
e gostaria que saísses e entrasses comigo
no acampamento, pois não achei em ti
nenhum mal desde o dia em que vieste a
mim até hoje; mas não és bem-visto pe-
los chefes dos filisteus. 7Volta, portanto, e
vai em paz, para que não desagrades aos
chefes dos filisteus". 8Respondeu Davi:
"Mas que fiz eu, ou o que encontraste
em teu servo desde o dia em que entrei
a teu serviço até hoje, para que não vá
combater contra os inimigos do rei, meu
senhor?" 9Respondeu Aquis a Davi: "Eu
sei que és tão grato a meus olhos como
um anjo de Deus; todavia os chefes dos
filisteus disseram: 'Ele não deve sair co-
nosco à batalha'.* 10Portanto, levanta-te
amanhã bem cedo, tu e os servos de teu
senhor que vieram contigo; e levantan-
do-se bem cedo, parti logo que o dia
clarear". 11Então Davi e seus homens se
levantaram cedo, para se porem a ca-
minho de manhã, voltando ao país dos
filisteus. E os filisteus subiram a Jezrael.

30 **Vitória de Davi sobre os
amalecitas.** 1Três dias depois,
quando Davi e seus homens chegaram
a Siceleg, os amalecitas tinham feito
uma incursão no Negueb e em Siceleg,
tinham destruído e incendiado Siceleg.
2Fizeram prisioneiras as mulheres e to-
dos os que lá se achavam, pequenos e
grandes; não mataram ninguém, mas
os levaram consigo e continuaram seu
caminho. 3Quando Davi e seus homens
chegaram à cidade, ela estava incendia-
da, e suas mulheres, seus filhos e suas fi-
lhas tinham sido levados cativos. 4Então
Davi e o povo que estava com ele cho-
raram em voz alta, até não terem mais
forças para chorar. 5Também tinham
sido levadas cativas as duas mulheres
de Davi, Aquinoam de Jezrael* e Abigail,
que fora mulher de Nabal do Carmelo.
6Davi ficou extremamente aflito, porque
o povo falava em apedrejá-lo, pois todos
estavam amargurados por causa de seus
filhos e suas filhas. Mas Davi recobrou
ânimo em Javé, seu Deus. 7Davi disse ao
sacerdote Abiatar,* filho de Aquimelec:
"Traze-me, por favor, o efod". Abiatar
trouxe o efod a Davi. 8Davi consultou
Javé, perguntando: "Devo perseguir esse
bando? Eu o alcançarei?" Ele respon-
deu: "Persegue-o, pois com certeza o
alcançarás e recuperarás a todos". 9Davi
partiu com os seiscentos homens que
estavam com ele e chegaram à torrente
de Besor, onde os retardatários ficaram.
10Mas Davi continuou a perseguição
com quatrocentos homens, porque fi-
caram para trás duzentos, que estavam
muito cansados para poderem atraves-
sar a torrente de Besor. 11Encontraram
no campo um egípcio e o levaram a
Davi. Deram-lhe pão para comer e água
para beber. 12Deram-lhe também um
pedaço de torta de figos secos e dois ca-
chos de uvas passas. Depois que comeu,
recuperou as forças, porque havia três
dias e três noites que não comia nem
bebia. 13Davi perguntou-lhe: "A quem
pertences e de onde vens?" Ele respon-
deu: "Sou um jovem egípcio, servo de
um amalecita; meu amo me abandonou
quando adoeci três dias atrás. 14Fizemos
uma incursão no Negueb dos cereteus,*
no território de Judá e no Negueb de
Caleb e incendiamos Siceleg". 15Davi
perguntou-lhe: "Poderias levar-me até
esse bando?" Respondeu ele: "Jura-me
por Deus que não me matarás nem me
entregarás a meu amo, e eu te guiarei
até esse bando". 16Ele o conduziu até lá.
Os amalecitas estavam espalhados por
toda a região, comendo, bebendo e fa-
zendo festa por todos os despojos sem
conta que haviam tomado da terra dos
filisteus e da terra de Judá. 17Davi os ata-
cou desde a aurora até à tarde do dia se-
guinte e nenhum deles escapou, exceto
quatrocentos jovens que montaram nos
camelos e fugiram. 18Assim Davi recu-
perou tudo o que os amalecitas tinham
tomado e recuperou também suas duas
esposas. 19Nada deles se perdeu, desde

* **29**,5. 18,7; 21,12 | 9. 2Sm 14,17-20; 19,28 | **30**,5. 27,3 | 7. 2,28 | 14. 27,10

as pequenas coisas até as grandes, nem
filhos e nem filhas, nem das coisas rou-
badas, nem do que lhes tinham tomado;
Davi recuperou tudo. 20Davi tomou to-
das as ovelhas e bois, e os que andavam
à frente do gado diziam: "Esta é a presa
de Davi". 21Quando Davi chegou ao lugar
onde estavam os duzentos homens que,
de tão cansados, não tinham podido
segui-lo e tinham ficado na torrente de
Besor, eles saíram ao encontro de Davi e
de sua gente. Davi aproximou-se deles e
os saudou cordialmente. 22Então todos
os homens maus e indignos dentre os
que tinham ido com Davi começaram a
dizer: "Visto que eles não foram conos-
co, não lhes daremos nada dos despojos
que recuperamos, exceto a cada qual
sua mulher e seus filhos; que os tomem
e se retirem". 23Mas Davi disse: "Não fa-
çais assim, meus irmãos, com o que Javé
nos deu; ele nos protegeu e entregou
em nossas mãos o bando que nos havia
atacado. 24Quem poderia ser de vossa
opinião neste assunto? Igual parte hão
de ter os que descem à batalha e os que
ficam guardando as bagagens; seja feita
a divisão em partes iguais". 25Daquele
dia em diante* ele fez disso para Israel
uma lei e um costume que duram até
hoje. 26Quando chegou a Siceleg, Davi
enviou parte dos despojos a seus ami-
gos, os anciãos de Judá, dizendo: "Aqui
está um presente para vós dos despojos
dos inimigos de Javé". 27Mandou para
os de Betel, os de Ramá do Negueb, os
de Jatir; 28para os de Aroer, os de Sefa-
mot, os de Estemo; 29para os de Racal, os
das cidades dos jerameelitas, os das ci-
dades dos quenitas; 30para os de Hor-
ma, os de Bor-Asã, os de Atar; 31para os
de Hebron e para todos os lugares por
onde Davi e sua gente haviam passado†.

31 **Derrota e morte de Saul.**

1Os
filisteus combateram* contra
Israel, e os homens de Israel fugiram
diante dos filisteus e caíram mortos no
monte Gelboé. 2Os filisteus arremete-
ram contra Saul e seus filhos e mata-
ram Jônatas, Abinadab e Melquisua,*
filhos de Saul. 3A violência do combate
recaiu sobre Saul. Os arqueiros o atin-
giram e o feriram gravemente. 4Então
disse Saul a seu escudeiro: "Desemba-
inha tua espada* e transpassa-me com
ela, para que não venham estes incir-
cuncisos, me transpassem e escarne-
çam de mim. Mas seu escudeiro* recu-
sou, porque estava com muito medo.
Então Saul tomou da espada* e se lan-
çou sobre ela. 5Vendo que Saul estava
morto, o escudeiro também se lançou
sobre sua espada e morreu com ele.
6Assim morreram juntos naquele dia
Saul, seus três filhos, seu escudeiro e
todos os seus homens. 7Quando os is-
raelitas que estavam do outro lado do
vale e os que viviam além do Jordão
viram que as tropas de Israel tinham
fugido e que Saul e seus filhos tinham
sido mortos, abandonaram as cidades
e fugiram; os filisteus vieram e nelas se
instalaram.

8No dia seguinte vieram os filisteus
para despojar os mortos e encontra-
ram Saul e seus três filhos estendidos
no monte Gelboé. 9Cortaram a cabe-
ça de Saul,* despojaram-no de suas
armas e enviaram mensageiros por
toda a terra dos filisteus, para levar
a boa-nova ao templo de seus ídolos
e ao povo. 10Colocaram as armas de
Saul* no templo de Astarte e pendu-
raram seu corpo nos muros de Betsã.
11Quando os habitantes de Jabes de
Galaad souberam o que os filisteus ti-
nham feito a Saul, 12todos os homens
mais valentes se puseram a cami-
nho, andaram a noite toda e tiraram
dos muros de Betsã o corpo de Saul
e os corpos de seus três filhos; eles
os levaram para Jabes e lá os crema-
ram. 13Depois recolheram seus ossos,
sepultaram-nos debaixo da tamareira
de Jabes e jejuaram durante sete dias.

* **30**,25. Nm 31,27 | **31**,1. 1Cr 10,1-12; 2Sm 1,1-16 | 2. 14,49 | 4. Jz 9,54 / 17,26 / 26,9; 9,26 | 9. 17,51 | 10. 5,2; 21,10

† **30**,31. Distribuindo-lhes os despojos, Davi agradecia a hospitalidade recebida e preparava seu futuro político.

SEGUNDO LIVRO DE SAMUEL

I. DAVI EM HEBRON (1 – 4)

1 **Davi é informado da morte de Saul e de Jônatas.** 1Depois da morte de Saul,* Davi voltou da derrota dos amalecitas e ficou dois dias em Siceleg. 2No terceiro dia* chegou do acampamento de Saul um homem com as vestes rasgadas e com a cabeça coberta de pó†; logo que chegou perto de Davi, prostrou-se com o rosto em terra e se inclinou. 3Davi perguntou-lhe: "De onde vens?" Ele respondeu-lhe: "Fugi do acampamento de Israel". 4Disse-lhe Davi: "O que aconteceu? Conta-me, por favor". Respondeu ele: "O povo fugiu do campo de batalha e muitos do povo caíram mortos, também Saul e seu filho Jônatas morreram". 5Davi então perguntou ao jovem que lhe trazia a notícia: "Como sabes que Saul e seu filho Jônatas morreram?" 6Respondeu o jovem informante: "Eu estava por acaso no monte Gelboé e vi Saul que se apoiava a sua lança, enquanto carros e cavaleiros o perseguiam. 7Então ele voltou-se para trás, avistou-me e me chamou. Eu respondi: 'Aqui estou'. 8Perguntou-me ele: 'Quem és tu?' Respondi-lhe: 'Sou um amalecita'. 9Disse-me ele: 'Lança-te sobre mim e mata-me, porque apoderou-se de mim uma grande angústia, embora minha vida ainda esteja toda em mim'. 10Lancei-me então sobre ele e o matei, porque sabia que não poderia viver depois de ter caído. Tirei-lhe o diadema* que tinha na cabeça e o bracelete que trazia no braço e os trouxe aqui a meu senhor". 11Então Davi agarrou suas vestes e as rasgou; e o mesmo fizeram todos os que estavam com ele. 12Lamentaram-se,* choraram e jejuaram até à tarde por causa de Saul e de Jônatas, seu filho, por causa do povo de Javé e da casa de Israel, porque tinham caído pela espada.

13Perguntou Davi ao jovem portador da notícia: "De onde és tu?" Ele respondeu: "Sou filho de um estrangeiro, amalecita". 14Disse-lhe Davi: "Como é que não tiveste temor de estender a mão* para matar o ungido de Javé?" 15Davi chamou um dos servos e lhe disse: "Vem e mata-o". O servo feriu-o, e ele morreu. 16Davi disse-lhe: "Teu sangue recaia sobre tua cabeça,* pois tua própria boca testemunhou contra ti ao dizer: 'Eu matei o ungido de Javé'".

Elegia de Davi sobre Saul e Jônatas. 17Então Davi entoou esta elegia sobre Saul e seu filho Jônatas 18e ordenou que fosse ensinada aos filhos de Judá. É o cântico do arco. Está escrito* no Livro do Justo†.

19O esplendor de Israel pereceu sobre tuas montanhas!
Como caíram os heróis?*
20Não leveis a notícia a Gat,*
não a publiqueis nas ruas de Ascalon,
para que não se alegrem as filhas dos filisteus,*
para que não exultem as filhas dos incircuncisos!
21Montes de Gelboé,*
nem orvalho nem chuva caia sobre vós!
Vossos campos não deem mais primícias para as ofertas,
porque aí foi profanado o escudo dos valentes,
o escudo de Saul,
como se não houvesse sido ungido com óleo!
22O arco de Jônatas jamais voltava
sem o sangue dos mortos e sem a gordura dos valentes;
também a espada de Saul jamais voltou vazia.*
23Saul e Jônatas, tão amados e queridos em sua vida,
nem na morte foram separados.

---

* **1**,1. 1Sm 31,1-13 | 2. 1Sm 30; 4,12-17 | 10. 2Rs 11,12 | 12. 1Sm 31,13 | 14. 1Sm 26,9 | 16. Js 2,19; Lv 20,9 | 18. Js 10,13 | 19. 1Mc 9,21 | 20. Mq 1,10 / 1Sm 31,9; Jz 16,23s | 21. Dt 33,13 | 22. 1Sm 14,47

† **1**,2. Manifestações de dor e de luto, 1Sm 4,12. | 18. Esse livro, que não existe mais, reunia uma série de poesias sobre os grandes heróis do povo. Ver Js 10,13.

Eram mais velozes que as águias,
mais fortes que os leões.
24Filhas de Israel, chorai por Saul,
que vos vestia luxuosamente de escarlate*
e punha enfeites de ouro em vossas vestes.
25Como caíram os valentes no meio da batalha,
como foi morto Jônatas nas alturas?
26Estou angustiado por ti, meu irmão Jônatas
que me foste tão caro!
Teu amor foi para mim mais maravilhoso
que o amor das mulheres.
27Como tombaram os heróis
e pereceram as armas de guerra?"

2 **Davi coroado rei em Hebron.**
1Depois disso, Davi consultou a
Javé,* perguntando: "Devo subir a alguma das cidades de Judá?" Javé respondeu-lhe: "Sobe". Perguntou Davi:
"Para onde devo subir?" Ele respondeu:
"Para Hebron".† 2Subiu, pois, Davi com
suas duas mulheres, Aquinoam de Jezrael e Abigail, que fora mulher de Nabal do Carmelo. 3Davi levou também
os homens que estavam com ele, cada um com sua família, e se estabeleceram
nas aldeias de Hebron. 4Chegaram os
homens de Judá e ali ungiram Davi rei sobre a casa de Judá.

Mensagem aos habitantes de Jabes de Galaad. Avisaram a Davi que tinham sido os homens de Jabes de Galaad* que haviam sepultado Saul. 5Então Davi
enviou mensageiros aos moradores de Jabes de Galaad para dizer-lhes: "Sede benditos de Javé, vós que praticastes esta obra de misericórdia para com Saul, vosso senhor, dando-lhe sepultura! 6Agora, pois, que Javé vos mostre
sua bondade e sua fidelidade; eu também vos recompensarei pelo gesto que
fizestes. 7Agora fortalecei vossas mãos
e sede homens valentes, pois, morto Saul, vosso senhor, a casa de Judá me ungiu como seu rei†.

Luta entre os seguidores de Isbaal e os de Davi. 8Entretanto Abner, filho de
Ner, chefe do exército de Saul, tomou Isbaal, filho de Saul,* levou-o a Maanaim 9e o proclamou rei sobre Galaad,
sobre Aser, sobre Jezrael, sobre Efraim, sobre Benjamim e sobre todo o Israel.
10Isbaal, filho de Saul, tinha quarenta anos quando começou a reinar sobre Israel, e reinou dois anos; somente a casa de Judá seguia Davi. 11O tem-
po que Davi reinou em Hebron sobre a casa de Judá foi de sete anos e seis meses.*

12Abner, filho de Ner, e os servos de Isbaal, filho de Saul, saíram de Maanaim com destino a Gabaon. 13Saiu
também Joab, filho de Sárvia, com os homens de Davi, e se encontraram perto da piscina de Gabaon, ficando uns de um lado da piscina e os outros do
lado oposto. 14Abner disse a Joab: "Que
se levantem alguns jovens e lutem diante de nós". Joab respondeu: "Que
se levantem". 15Levantaram-se, pois, e
avançaram em igual número: doze de Benjamim, da parte de Isbaal, filho de
Saul, e doze servos de Davi. 16Cada um
agarrou seu adversário pela cabeça, cravou-lhe a espada no lado, e caíram juntos. Por isso foi dado àquele lugar o nome de "campo das espadas"; está
perto de Gabaon. 17Foi violenta naque-
le dia a batalha. Abner e os homens de Israel foram derrotados diante dos
servos de Davi. 18Estavam ali os três fi-
lhos de Sárvia: Joab, Abisaí e Asael; este último era veloz como uma gazela do
campo. 19Ele perseguiu Abner, indo atrás dele sem se desviar nem para a
direita e nem para a esquerda. 20Ab-
ner voltou-se para trás e perguntou: "És tu Asael?" Ele respondeu: "Sim".
21Disse-lhe Abner: "Desvia-te para a

---

* **1**,24. Jz 5,30 | **2**,1. 1Sm 2,28 | 4. 1Sm 31,11ss | 8. 1Sm 14,49 | 11. 5,5 | 22. 3,27

† **2**,1. No ano 1000, Davi começa a reinar em Hebron, no centro do território de Judá, por ele muitas vezes percorrido em suas campanhas militares, e a princípio seu poder restringe-se a essa tribo, pois Isbaal, filho de Saul, reinava sobre as outras tribos, 2,10. | 7. Davi tenta atrair para seu partido os habitantes de Jabes, que veneravam a memória de Saul.

direita ou para a esquerda, agarra um dos jovens e toma seus despojos". Mas Asael não quis desistir de persegui-lo. 22Abner tornou a dizer a Asael: "Deixa de me perseguir; por que obrigar-me a te derrubar* no chão? Como poderia depois olhar para o rosto de Joab, teu irmão?" 23Mas ele recusou desviar-se; então Abner o feriu no estômago com a ponta da lança, e a lança o traspassou. Asael caiu e morreu ali mesmo. Todos os que chegavam ao lugar onde ele caíra morto paravam. 24Mas Joab e Abisaí continuaram a perseguir Abner, e o sol se punha quando chegaram à colina de Ama, que está defronte de Gia, junto ao caminho do deserto de Gabaon.

25Os benjaminitas juntaram-se atrás de Abner, formando um só esquadrão, e se puseram no alto de uma colina. 26Abner gritou a Joab: "A espada há de devorar para sempre? Não sabes que no fim haverá amargura? Até quando vais esperar para dizer a tua gente que deixe de perseguir seus irmãos?" 27Respondeu Joab: "Pela vida de Deus! Se não houvesses falado, o povo não cessaria de perseguir seus irmãos até amanhã cedo". 28Então Joab tocou a trombeta, e todo o povo parou; não perseguiram mais Israel, nem continuaram lutando. 29Abner e sua gente caminharam toda aquela noite pela Arabá, passaram o Jordão, atravessaram todo o Bitron e chegaram a Maanaim. 30Joab também voltou da perseguição a Abner e, quando reuniu toda a tropa, faltavam dos servos de Davi dezenove homens, além de Asael. 31Mas os servos de Davi tinham matado trezentos e sessenta homens entre os benjaminitas e os que estavam com Abner. 32Tomaram depois Asael e o sepultaram no túmulo de seu pai, em Belém. Depois Joab e sua gente caminharam toda a noite e chegaram a Hebron ao romper do dia.

3

Reinado de Davi em Hebron. 1Foi longa a guerra entre a casa de Saul e a de Davi; mas Davi se tornava sempre mais forte, ao passo que a casa de Saul ia se enfraquecendo.

2Nasceram filhos a Davi* em Hebron; o primogênito foi Amnon, de Aquinoam de Jezrael; 3o segundo foi Queleab, de Abigail, que fora mulher de Nabal do Carmelo; o terceiro foi Absalão, filho de Maaca, filha de Tolmai, rei de Gessur; 4o quarto foi Adonias, filho de Hagit; o quinto foi Safatias, filho de Abital; 5o sexto foi Jetraam, filho de Egla, mulher de Davi. Estes nasceram a Davi em Hebron.

Abner toma o partido de Davi. 6Durante a guerra entre a casa de Saul e a de Davi, Abner fortaleceu-se na casa de Saul. 7Ora, Saul tinha tido uma concubina chamada Resfa,* filha de Aías. Isbaal disse a Abner: "Por que te uniste à concubina de meu pai?" 8Abner ficou muito irado por causa dessas palavras de Isbaal e disse: "Porventura sou eu a cabeça de um cão que pertence a Judá? Até hoje guardei fidelidade à casa de Saul, teu pai, a seus irmãos e seus amigos, e não te entreguei nas mãos de Davi; e hoje me censuras pela culpa cometida com esta mulher? 9Que Deus mande a Abner* um castigo em cima de outro se eu não fizer para Davi o que Javé lhe prometeu com juramento: 10transferir a realeza da casa de Saul e estabelecer o trono de Davi sobre Israel e sobre Judá, desde Dã até Bersabeia!" 11Isbaal não ousou replicar a Abner, porque o temia.

12Então Abner enviou mensageiros a Davi de sua parte para lhe dizerem: "A quem pertence o país? Faze aliança comigo, e minha mão te ajudará a fazer voltar a ti todo o Israel". 13Davi respondeu: "Está bem, farei aliança contigo;* mas uma coisa te peço: não compareças diante de mim sem trazeres Micol, filha de Saul, quando vieres ver-me". 14Também Davi enviou mensageiros a Isbaal, filho de Saul, para lhe dizerem: "Devolve minha mulher, Micol, que desposei por cem prepúcios de filisteus". 15Isbaal mandou que a tirassem de seu marido, Faltiel, filho

* **3**,2. 1Cr 3,1-4 | 7. 21,8-10 | 9. 3,18; 5,2; 1Sm 25,30 | 13. 1Sm 18,20-27

de Lais. [16]Seu marido a acompanhou,*
caminhando e chorando atrás dela até
Baurim. Ali Abner lhe disse: "Anda, vol-
ta para trás". E ele voltou.
[17]Abner conversou* com os anciãos
de Israel, dizendo: "Já faz tempo que
estáveis querendo que Davi reinasse
sobre vós. [18]Agora é tempo de agir,
porque Javé falou a respeito de Davi:
'É pela mão de meu servo Davi que li-
bertarei meu povo Israel do poder dos
filisteus e de todos os seus inimigos'".
[19]Abner conversou também com os
benjaminitas e depois foi expor a Davi,
em Hebron, tudo o que Israel e toda
a casa de Benjamim haviam decidido.
[20]Abner apresentou-se a Davi, em He-
bron, acompanhado de vinte homens,
e Davi ofereceu um banquete a Abner
e a seus companheiros. [21]Depois Abner
disse a Davi: "Vou partir e reunir todo
o Israel em torno do rei, meu senhor,
para que façam aliança contigo, e as-
sim possas reinar sobre tudo o que teu
coração deseja". Depois disso Davi des-
pediu Abner, e ele partiu em paz.
Abner é morto por Joab. [22]Entretan-
to os servos de Davi e Joab regressa-
ram de uma expedição, trazendo mui-
tos despojos; Abner já não estava com
Davi em Hebron, pois este o havia des-
pedido e ele tinha ido em paz. [23]Quan-
do Joab chegou com toda a tropa que
estava com ele, disseram-lhe que Ab-
ner, filho de Ner, viera ter com o rei,
e que este o havia despedido, e ele
tinha ido em paz. [24]Então Joab com-
pareceu perante o rei e lhe disse: "Que
fizeste? Abner veio a ti; e por que o
deixaste partir livremente? [25]Conheces
Abner, filho de Ner. Ao certo veio para
enganar-te, espiar teus movimentos e
saber tudo o que fazes". [26]Saindo Joab
da presença de Davi, enviou atrás de
Abner mensageiros, que o fizeram vol-
tar da cisterna de Sira, sem que Davi
o soubesse. [27]Quando Abner chegou
a Hebron, Joab levou-o à parte, no
interior da porta, como para lhe falar
em segredo; ali o feriu no ventre e o
matou, por causa do sangue de Asael,
seu irmão. [28]Mais tarde Davi* ficou sa-
bendo do fato e disse: "Eu e meu reino
somos para sempre inocentes diante
de Javé do sangue de Abner, filho de
Ner: [29]recaia sobre a cabeça de Joab e
sobre toda a casa de seu pai. Que nun-
ca falte na casa de Joab quem sofra
de corrimento ou de lepra, nem quem
ande com bengala, nem quem morra
pela espada, nem quem tenha falta de
pão". [30]Joab e seu irmão Abisaí mata-
ram Abner* porque este havia assas-
sinado seu irmão Asael no combate
de Gabaon. [31]Disse então Davi a Joab
e a toda a gente que estava com ele:
"Rasgai vossas vestes, vesti roupas de
saco e chorai por causa de Abner". O
rei Davi seguiu atrás do féretro. [32]Se-
pultaram Abner em Hebron. O rei cho-
rou em voz alta junto ao sepulcro de
Abner, e chorou também todo o povo.
[33]O rei entoou um lamento para Ab-
ner, dizendo:

"Devia Abner morrer
como morre um insensato?
[34]Não tinhas as mãos atadas,
nem os pés presos com grilhões,
e caíste como os que caem
diante dos malvados".

E todo o povo recomeçou a chorar
sobre ele.
[35]Depois, toda a gente veio a Davi
para persuadi-lo a tomar alimento, en-
quanto ainda era dia. Mas Davi jurou,
dizendo: "Deus me mande um castigo
em cima de outro se antes do pôr do
sol* eu comer pão ou qualquer outra
coisa!" [36]Todo o povo soube disso e
o aprovou, pois tudo o que o rei fazia
agradava a todo o povo. [37]Assim todo
o povo e todo o Israel compreenderam
naquele dia que não tinha partido do
rei a ordem de matar Abner, filho de
Ner. [38]Depois disse o rei a seus servos:
"Não sabeis que hoje caiu em Israel um
príncipe, um grande homem? [39]Eu hoje
sou ainda fraco, embora ungido rei, e
esses homens, os filhos de Sárvia, são
mais duros do que eu. Que Javé retri-
bua a quem faz o mal conforme sua
malícia".*

---

* **3**,16. 1Sm 25,44 | 17. 3,10 | 28. 2,22s | 30. 2,22s | 35. 1Sm 31,13 | 39. Sl 27,4

4 **Isbaal é morto.** [1]Quando Isbaal, filho de Saul, soube que Abner tinha sido morto em Hebron, perdeu o ânimo, e todo o Israel ficou atemorizado. [2]Ora, o filho de Saul tinha dois homens que chefiavam bandos armados, um chamado Baana e o outro Recab, ambos filhos de Remon de Berot, da tribo de Benjamim, pois também Berot é considerada parte de Benjamim. [3]Os berotitas fugiram* para Getaim, onde moram como forasteiros até hoje.

[4]Jônatas, filho de Saul, tinha um filho aleijado* dos dois pés. Estava com cinco anos, quando chegou de Jezrael a notícia da morte de Saul e de Jônatas. Sua ama o tomou e fugiu com ele, mas na fuga precipitada o menino caiu e ficou coxo; seu nome era Meribaal.

[5]Recab e Baana, filhos de Remon, o berotita, foram e chegaram no calor do meio-dia à casa de Isbaal, que estava dormindo a sesta. [6]Entraram no interior da casa, como para apanhar trigo, e o feriram no ventre; e Recab e Baana, seu irmão, fugiram. [7]Quando entraram na casa, Isbaal dormia sobre seu leito, em seu quarto; eles o feriram mortalmente e o decapitaram. Depois tomaram a cabeça e caminharam a noite toda pela estrada da Arabá.

Davi manda matar os homicidas. [8]Levaram a Davi, em Hebron, a cabeça de Isbaal e disseram ao rei: "Eis a cabeça de Isbaal, filho de Saul, teu inimigo, que procurava matar-te. Assim Javé concedeu hoje a meu senhor, o rei, vingança contra Saul e sua descendência". [9]Em resposta, disse Davi a Recab e a Baana, seu irmão, filhos de Remon, o berotita: "Pela vida de Javé, que me livrou de toda angústia! [10]Quando veio aquele que me anunciou a morte de Saul, pensando trazer-me uma boa notícia, mandei prendê-lo e matá-lo em Siceleg, para recompensá-lo pela boa nova. [11]Quanto mais agora que homens malvados* assassinaram um homem justo em sua casa e sobre seu leito, não deverei pedir conta de seu sangue derramado por vossas mãos e exterminar-vos da terra?" [12]Davi ordenou a seus servos* que os matassem; cortaram-lhes as mãos e os pés e os suspenderam junto ao açude de Hebron. Depois tomaram a cabeça de Isbaal e a sepultaram no sepulcro de Abner em Hebron.

II. DAVI, REI EM JERUSALÉM (5–20)

5 **Davi, rei de todo o Israel.** [1]Todas as tribos de Israel* vieram a Davi em Hebron e lhe disseram: "Somos de tua raça* e de tua família†. [2]Já no passado, quando Saul reinava sobre nós, eras tu que conduzias Israel de um lado para o outro.* E Javé te disse: 'Tu serás o pastor de meu povo Israel e serás o soberano de Israel'". [3]Vieram, pois, todos os anciãos de Israel ao rei, em Hebron, e o rei Davi fez um pacto com eles em Hebron, diante de Javé, e ungiram Davi como rei de Israel. [4]Davi tinha trinta anos quando começou a reinar†, e reinou quarenta anos. [5]Em Hebron reinou* sobre Judá sete anos e seis meses, e em Jerusalém reinou trinta e três anos sobre todo o Israel e Judá.*

Davi conquista Jerusalém. [6]O rei partiu com seus homens* para Jerusalém, contra os jebuseus que moravam naquela terra. Disseram estes a Davi: "Não entrarás aqui, porque os cegos e os coxos te expulsarão"; querendo dizer: "Davi não entrará aqui". [7]Davi, porém, tomou a fortaleza de Sião, que é a Cidade de Davi†. [8]Naquele dia disse Davi: "Todo aquele que estiver disposto a atacar os jebuseus suba pelo canal subterrâneo† e fira os coxos e os cegos

* **4**,3. Js 18,25 | 4. 1Sm 31 | 11. 1,1-16 | 12. 1Sm 31,10; Dt 21,22s | **5**,1. 1Cr 11,1ss / Dt 17,15 | 2. 1Sm 18,16; 3,10 | 5. 2,11 / 1Cr 3,4 | 6. 1Cr 11,4-9 | 8. Lv 21,18

† **5**,1. Literalmente, "teus ossos e tua carne", ver Gn 2,23. | 4. Morto o rival Isbaal, 4,7, Davi passou a reinar sobre todo o povo. | 7. Davi conquista a capital dos jebuseus e faz dela a capital política e religiosa de seu reino. Jerusalém podia ser um polo de união das tribos pois era neutra, não pertencendo a nenhuma delas, e estava no centro do território. | 8. Um túnel, cavado na rocha, que levava para a cidade a água da fonte Guion.

que a alma de Davi detesta". Por isso* costuma-se dizer: "Cegos e coxos não entrarão na casa".

9Davi instalou-se na fortaleza e deu-lhe o nome de "Cidade de Davi"; levantou construções ao redor, do Melo para dentro. 10Davi ia crescendo* cada vez mais em poder, porque Javé, Deus dos exércitos, estava com ele.

11Hiram, rei de Tiro,* enviou mensageiros a Davi com madeira de cedro, carpinteiros e pedreiros, os quais construíram um palácio para Davi. 12Então Davi compreendeu que Javé o havia confirmado como rei sobre Israel e tinha enaltecido seu reinado por amor a seu povo Israel. 13Depois que veio de Hebron, Davi tomou mais concubinas* e mulheres de Jerusalém, e lhe nasceram outros filhos e filhas. 14São estes os nomes dos que lhe nasceram em Jerusalém: Samua, Sobab, Natã, Salomão, 15Jebaar, Elisua,* Nafeg, Jáfia, 16Elisama, Eliada e Elifalet.

Vitórias sobre os filisteus. 17Quando os filisteus souberam* que Davi fora ungido rei de Israel, subiram todos a sua procura; ao saber disso, Davi desceu à fortaleza. 18Os filisteus chegaram e se espalharam pelo vale de Rafaim. 19Então Davi consultou Javé,* perguntando: "Devo subir contra os filisteus? Vós os entregareis em minhas mãos?" Javé respondeu-lhe: "Sobe, pois com certeza os entregarei em tuas mãos". 20Davi foi a Baal-Farasim e ali os derrotou. E disse: "Javé me abriu uma brecha em meus inimigos como uma brecha feita pelas águas". Por isso aquele lugar foi chamado Baal-Farasim. 21Os filisteus deixaram lá seus ídolos, que Davi e sua gente recolheram.

22Os filisteus voltaram a subir* e se espalharam pelo vale de Rafaim. 23Davi consultou Javé, que lhe respondeu: "Não subas, mas rodeia por detrás deles e assalta-os defronte das amoreiras. 24Quando ouvires ruído como de passos nas copas* das amoreiras, lança-te logo ao ataque, porque então Javé sairá diante de ti para derrotar o exército dos filisteus". 25Davi fez conforme Javé lhe havia mandado e bateu os filisteus desde Gaba até a entrada de Gazer.

6 **Trasladação da arca para Jerusalém.** 1Davi tornou a reunir todos os homens escolhidos* de Israel, em número de trinta mil. 2Ele pôs-se a caminho e foi para Baala de Judá com toda a gente reunida em torno dele, para transportar de lá a arca de Deus, sobre a qual é invocado o Nome, o nome de Javé dos exércitos* que se assenta sobre os querubins. 3Puseram a arca de Deus num carro novo e a levaram da casa de Abinadab, situada na colina. Oza e Aio, filhos de Abinadab,* guiavam o carro novo. 4Oza caminhava ao lado da arca de Deus e Aio caminhava diante dela. 5Davi e toda a casa de Israel se alegravam diante de Javé com todo tipo de instrumentos de madeira de cipreste: cítaras, harpas,* tamborins, pandeiros e címbalos. 6Quando chegaram à eira de Nacon, Oza estendeu a mão para a arca de Deus e segurou-a, porque os bois tropeçaram. 7Então acendeu-se a ira de Javé contra Oza, e Deus o feriu ali mesmo por aquela temeridade, e ele caiu morto ali, perto da arca de Deus. 8Davi entristeceu-se porque Javé abriu uma brecha no povo, ferindo Oza, e aquele lugar foi chamado "Farés-Oza"†, nome que traz ainda hoje. 9Naquele dia Davi teve medo de Javé e disse: "Como poderá vir para junto de mim a arca de Javé?" 10Assim Davi não quis levar a arca de Javé para junto de si, para a Cidade de Davi, mas mandou que a levassem para a casa de Obed-Edom, de Gat.

11A arca de Javé permaneceu na casa de Obed-Edom, de Gat, durante três

---

* **5**,10. 1Sm 1,3 | 11. 1Cr 14,1s; 1Rs 5,15 | 13. 1Cr 14,3-7; 2Sm 3,2-5 | 15. 1Cr 3,5-8 | 17. 1Cr 14,8-16 | 19. 1Sm 2,28 | 22. 1Sm 4,11 | 24. Sl 84,7; 2Rs 7,6; Gn 3,8 | **6**,1. 1Cr 13,1-14; Sl 132,6-10-13s | 2. Js 15,9.60 | 3. 1Sm 4,3s; Êx 25,10 | 5. 1Sm 6,7; Sl 150,3-5; 68,25s

† **6**,8. Quer dizer "a brecha de Oza". Com a melhor das intenções, Oza comete uma falta de respeito a uma coisa sagrada, um ato proibido pela lei, Nm 4,15.

meses, e Javé abençoou Obed-Edom e toda a sua família. [12]Foi contado ao rei Davi* que Javé estava abençoando a família de Obed-Edom e todas as suas coisas por causa da arca de Deus. Então Davi foi lá e transportou com alegria a arca de Deus da casa de Obed-Edom para a Cidade de Davi. [13]Quando os carregadores da arca de Javé deram os seis primeiros passos, ele imolou um touro e um bezerro cevado. [14]Davi dançava* com todas as suas forças diante de Javé. Estava vestido com um efod de linho. [15]Assim Davi e toda a casa de Israel transladaram a arca de Javé com júbilo e ao som de trombetas.*

[16]Quando a arca de Javé entrou na Cidade de Davi, Micol, filha de Saul, olhou pela janela e, vendo o rei Davi que pulava e dançava diante de Javé, desprezou-o em seu coração. [17]Conduziram, pois, a arca de Javé* e a colocaram em seu lugar, na tenda que Davi havia armado para ela. Davi ofereceu holocaustos e sacrifícios* de comunhão diante de Javé. [18]Quando Davi acabou de oferecer os holocaustos e os sacrifícios de comunhão, abençoou o povo em nome de Javé dos exércitos. [19]Distribuiu a todo o povo, isto é, a toda a multidão dos israelitas, homens e mulheres, um bolo, um pedaço de carne e uma torta de uva passa para cada um. Depois todo o povo se retirou, cada qual para sua casa.

[20]Quando Davi voltou para abençoar sua família, Micol, filha de Saul, saiu-lhe ao encontro e disse: "Como se cobriu de honra hoje o rei de Israel, desnudando-se à vista das escravas de seus servos, como se despojaria sem pudor um homem qualquer!" [21]Respondeu Davi a Micol: "É diante de Javé, que me escolheu de preferência a teu pai e a toda a sua casa, constituindo-me príncipe de Israel, povo de Javé; é diante de Javé que tenho festejado [22]e ainda me tornarei mais vil que desta vez. Serei desprezível a teus olhos, mas pelas escravas de que falaste, por elas serei honrado". [23]E Micol, filha de Saul, não teve filhos até o dia de sua morte.*

7 **Profecia de Natã.** [1]Aconteceu que, quando o rei* já morava em seu palácio, depois que Javé lhe havia dado descanso de todos os seus inimigos em redor, [2]o rei disse ao profeta Natã: "Vê: eu moro num palácio de cedro, ao passo que a arca de Deus se acha debaixo* de uma tenda". [3]Respondeu-lhe Natã: "Vai, faze tudo o que tens em mente, porque Javé está contigo".

[4]Mas naquela mesma noite a palavra de Javé foi dirigida a Natã, dizendo: [5]"Vai e dize a meu servo Davi: Assim fala Javé: És tu que vais edificar uma casa para minha morada? [6]Não morei em casa* alguma desde o dia em que tirei do Egito os filhos de Israel até hoje, mas andei errante sob uma tenda, um tabernáculo. [7]Em todo lugar por onde tenho andado com todos os filhos de Israel, acaso falei uma palavra a algum dos juízes de Israel, que eu mandei apascentar meu povo, para dizer: 'Por que não me edificais uma casa de cedro?' [8]Agora, pois, assim dirás a meu servo Davi: Assim fala Javé dos exércitos: Eu te tirei das pastagens,* do pastoreio das ovelhas, para seres príncipe de meu povo Israel; [9]estive contigo em toda parte por onde andaste e exterminei todos os teus inimigos diante de ti; engrandecerei teu nome como o nome dos grandes da terra. [10]Prepararei um lugar para meu povo Israel; aí o plantarei para que more em sua casa e não seja mais incomodado, e os malvados não continuem a oprimi-lo como no passado, [11]desde o dia em que cons-

---

* **6**,12. 1Cr 15,1-29 | 14. 1Rs 18,26 | 15. 1Sm 2,18 | 17. 1Cr 16,1-3 / Lv 1,1; 3,1 | 23. 20,3 | **7**,1. 1Cr 17,1-15; 1Rs 5,4 | 2. Dt 12,10; 25,19; Sl 132,1-5 | 6. 1Rs 8,16.27; At 7,48; Êx 40,34-38 | 8. 1Sm 16,11; 17,14-20.28.34s; Sl 78,70; Sl 89,28 | 11. 23,5; Sl 89,30-38; Sl 132,11s; At 2,30

† **7**,11. Essa profecia de Natã está centrada na palavra "casa", entendida como morada e como família. Deus promete a Davi que o trono de Israel será estável e sempre ocupado por um descendente seu. A profecia refere-se a Salomão, filho de Davi, mas também a um futuro descendente dele, e filho de Deus de modo especial: o Messias, At 2,30; Hb 1,5.

tituí juízes sobre Israel, meu povo. Eu te darei descanso de todos os teus inimigos. E Javé te anuncia que ele te fará* uma casa†. 12Quando teus dias se tiverem completado e tu adormeceres com teus pais, farei surgir depois de ti um descendente teu, que sairá de ti, e tornarei estável seu reino. 13É ele que edificará uma casa* a meu nome, e eu estabelecerei para sempre seu trono real. 14Eu serei para ele um pai,* e ele será para mim um filho. Se ele fizer o mal, eu o castigarei com vara de homens e com açoites de filhos de homens, 15mas minha misericórdia não se apartará dele,* como a retirei de Saul, a quem expulsei de diante de tua presença. 16Tua casa e teu reino serão firmes para sempre* diante de mim, e teu trono será estável para sempre". 17Natã falou a Davi segundo todas estas palavras* e de acordo com toda esta visão.

Davi agradece a Deus. 18Então o rei Davi entrou, sentou-se diante de Javé e disse: "Quem sou eu, Senhor Javé, e o que é minha casa, para me terdes feito chegar até aqui? 19Mas isso ainda pareceu pouco a vossos olhos, Senhor Javé, pois estendestes vossas promessas à casa de vosso servo para um futuro distante! É assim que fazeis com os seres humanos, Senhor Javé? 20Que mais Davi poderia dizer-vos? Pois vós, Senhor Javé, bem conheceis vosso servo! 21Por causa de vossa palavra e segundo vosso coração realizastes todas essas grandes coisas, para manifestá-las a vosso servo. 22Por isso, ó Senhor Javé, vós sois grande, porque não há ninguém igual a vós,* nem existe Deus além de vós, conforme tudo o que ouvimos com nossos ouvidos. 23Que outra nação há na terra* igual a vosso povo Israel, que Deus veio resgatar para torná-lo seu povo, para dar-lhe um nome e realizar em seu favor coisas grandes e obras tremendas para vossa terra, por amor de vosso povo que resgatastes para vós do Egito, das nações e de seus deuses? 24Estabelecestes vosso povo Israel para ser vosso povo* para sempre; e vós, ó Javé, vos tornastes seu Deus. 25Agora, pois, Javé Deus, confirmai para sempre a palavra que pronunciastes acerca de vosso servo e de sua casa e fazei como dissestes. 26Que seja engrandecido vosso nome para sempre, e se diga: 'Javé dos exércitos é Deus sobre Israel'; e que a casa de vosso servo Davi seja estável diante de vós. 27Porque vós, Javé dos exércitos, Deus de Israel, fizestes uma revelação aos ouvidos de vosso servo, dizendo: 'Eu te edificarei uma casa'. Por isso vosso servo se animou a dirigir-vos esta prece. 28Sim, Senhor Javé, vós sois Deus,* e vossas palavras são verdade, e prometestes este bem a vosso servo. 29E agora dignai-vos abençoar a casa de vosso servo, para que permaneça para sempre diante de vós; já que vós, Senhor Javé, o prometestes, e com vossa bênção a casa de vosso servo será bendita eternamente".

8

As conquistas de Davi. 1Depois disso, Davi derrotou os filisteus e os submeteu; retirou dos filisteus a supremacia que tinham. 2Também derrotou os moabitas e os mediu com o cordel, fazendo-os deitar-se por terra; mediu dois cordéis para os matar e um cordel inteiro para os deixar com vida. Assim os moabitas ficaram sujeitos a Davi, pagando-lhe tributo.

3Davi derrotou também Adadezer, filho de Roob, rei de Soba, quando este ia estabelecer seu domínio até o rio.† 4Davi tomou-lhe mil e setecentos cavaleiros* e vinte mil homens de infantaria; desjarretou os cavalos de todos os carros, mas deixou suficientes para cem carros. 5Os arameus de Damasco vieram em socorro de Adadezer, rei de Soba, mas Davi matou vinte e dois mil homens entre os arameus. 6Davi esta-

* **7**,13. 1Rs 5,19; 8,19 | 14. 1Cr 17,11-14; 22,10; 28,6 | 15. 1Sm 13,14; 15,28 | 16. 23,5; Lc 1,32s | 17. 1Cr 17,16-27; 1Sm 18,18 | 22. Êx 15,11 | 23. Dt 4,7.34 | 24. Dt 7,6; 26,17; 29,12 | 28. Nm 23, 19 | **8**,4. Js 11,6-9; Dt 17,16 | 6. 2Rs 11,10

† **8**,3. Na Bíblia, o rio sem especificação é o Eufrates.

beleceu postos militares entre os arameus de Damasco; eles se tornaram servos de Davi e lhe pagaram tributo. Javé dava a vitória a Davi por onde quer que fosse.*

[7]Davi tomou dos servos de Adadezer seus escudos de ouro e levou-os para Jerusalém. [8]De Tebá e de Berotai, cidades de Adadezer, o rei Davi tomou uma grande quantidade de bronze.

[9]Quando Toú, rei de Emat, soube que Davi tinha vencido todo o exército de Adadezer, [10]mandou seu filho Joram ao rei Davi para o saudar e congratular-se com ele, porque tinha combatido contra Adadezer e o tinha derrotado, pois Adadezer estava sempre em guerra com Toú. Joram levava consigo objetos de prata, de ouro e de bronze, [11]os quais o rei Davi consagrou também a Javé, junto com a prata e o ouro que já havia consagrado, tomados de todas as nações que subjugara: [12]Edom, Moab, Amon, os filisteus, Amalec, e dos despojos de Adadezer, filho de Roob, rei de Soba.

[13]Davi ganhou renome quando voltou depois de derrotar os arameus* no vale do Sal, dezoito mil homens. [14]Pôs guarnições em Edom; em todo o Edom pôs guarnições, e todos os edomitas tornaram-se servos* de Davi. E Javé concedia a vitória a Davi por onde quer que fosse.

Oficiais de Davi. [15]Davi reinou sobre todo o Israel e administrava o direito e a justiça* a todo o seu povo. [16]Joab, filho de Sárvia, era chefe do exército; Josafá, filho de Ailud, era chanceler; [17]Sadoc, filho de Aquitob, e Aquimelec, filho de Abiatar, eram sacerdotes; Saraías era escrivão; [18]Banaías, filho de Joiada, era o comandante dos cereteus e dos feleteus†. Os filhos de Davi eram sacerdotes.

9

Favores de Davi ao filho de Jônatas. [1]Davi perguntou: "Resta ainda alguém da casa de Saul,* para que eu possa fazer-lhe o bem por amor de Jônatas?" [2]Ora havia um criado na casa de Saul, de nome Siba. Ele foi chamado à presença de Davi e o rei perguntou-lhe: "Tu és Siba?" Respondeu ele: "Sou teu criado". [3]Disse-lhe o rei: "Não restou alguém da casa de Saul* a quem eu possa demonstrar a benevolência de Deus?" Respondeu Siba ao rei: "Vive ainda um filho de Jônatas, aleijado dos pés". [4]"Onde está ele?", perguntou o rei. Respondeu Siba ao rei: "Está na casa de Maquir,* filho de Amiel, em Lo-Dabar". [5]E o rei mandou que fossem buscá-lo na casa de Maquir, filho de Amiel, em Lo-Dabar. [6]Então Meribaal, filho de Jônatas, filho de Saul, veio à presença de Davi, prostrou-se com o rosto em terra e se inclinou. Disse Davi: "Meribaal!" Respondeu ele: "Eis aqui teu servo". [7]Disse-lhe Davi: "Não temas,† pois quero tratar-te com benevolência em atenção a Jônatas, teu pai, e te restituirei todas as terras de Saul, teu avô, e tu comerás sempre a minha mesa". [8]Ele se inclinou profundamente e disse: "Quem é teu servo para teres olhado para um cão morto como eu?" [9]O rei chamou Siba, servo de Saul, e lhe disse: "Tudo o que pertencia a Saul e a sua casa eu o dou ao filho de teu senhor. [10]Lavrarás para ele a terra tu, teus filhos e teus servos e recolherás os produtos, a fim de que a família de teu senhor tenha o necessário para viver; mas Meribaal, filho de teu senhor, comerá sempre a minha mesa". Siba tinha quinze filhos e vinte servos. [11]Ele respondeu ao rei: "Teu servo fará conforme tudo o que o rei, meu senhor, ordena a seu servo". E Meribaal comeu à mesa do rei, como um de seus filhos. [12]Meribaal tinha um filho pequeno, chamado Micas; e todos os que moravam na casa de Siba* estavam a serviço de Meribaal. [13]Este habitava em Jerusalém, porque comia sempre à mesa do rei. Ele era coxo de ambos os pés.

* **8**,13. 2Rs 14,7 | 14. 1Rs 11,14.25; 1Cr 18,14-17 | 15. 20,23-26; 1Rs 4,1-6 | **9**,1. 1Sm 18,1-4; 20,15s.42; 21,1-14 | 3. 16,1-4; 19,27-31 | 5. 4,4; 17,27 | 12. 1Cr 8,34s; 16,1-4; 19,25-31; 21,7

† **8**,18. Mercenários estrangeiros, oriundos de dois clãs filisteus. | **9**,7. Meribaal tinha motivo para temer, pois a dinastia anterior costumava ser eliminada quando surgia um novo rei.

10 **Vitória sobre os amonitas.**

1Depois disso morreu o rei dos amonitas,* e seu filho Hanon reinou em seu lugar. 2Davi disse: "Quero usar para com Hanon, filho de Naás, a mesma benevolência que seu pai usou para comigo". Enviou seus servos para o consolar pela morte de seu pai. Mas quando os servos de Davi chegaram ao país dos amonitas, 3os príncipes dos amonitas* disseram a Hanon, seu senhor: "Pensas que Davi pretende honrar teu pai, enviando-te mensageiros de pêsames? Ou não foi antes para investigar e explorar a cidade, para depois destruí-la, que Davi te enviou seus servos? 4Então Hanon prendeu os servos de Davi, mandou rapar-lhes metade da barba, cortar-lhes as vestes pela metade, até às nádegas, e os despediu. 5Informado disso, Davi enviou alguns ao encontro deles, pois estavam muito humilhados, e mandou dizer-lhes: "Ficai em Jericó, até que vos cresça a barba, e depois voltareis".

6Quando os amonitas perceberam* que se haviam tornado odiosos a Davi, mandaram mensageiros para tomarem a seu soldo vinte mil homens de infantaria entre os arameus de Bet-Roob e entre os arameus de Soba, mil homens do rei de Maaca e doze mil homens da gente de Tob. 7Sabendo disso, Davi mandou Joab com todo o exército* dos valentes. 8Os amonitas saíram e se puseram em ordem de batalha à entrada da porta, enquanto os arameus de Soba e de Roob, e a gente de Tob e de Maaca estavam à parte, no campo. 9Vendo Joab que tinha contra ele duas frentes de batalha, uma adiante e outra atrás, escolheu alguns entre os melhores de Israel e os dispôs em ordem de combate diante dos arameus; 10colocou o restante das tropas sob as ordens de seu irmão Abisaí, que dispôs seus esquadrões para enfrentar os amonitas. 11Disse Joab: "Se os arameus me forem superiores, tu virás em meu auxílio; e se os amonitas forem mais fortes que tu, eu irei socorrer-te. 12Sê corajoso e mostremo-nos valentes em defesa de nosso povo e das cidades de nosso Deus; e que Javé faça o que lhe parecer bem". 13Então Joab avançou com a gente que estava com ele para combater contra os arameus, e estes fugiram diante deles. 14Os amonitas, vendo fugir os arameus, fugiram também eles diante de Abisaí e entraram na cidade. Joab retornou da guerra contra os amonitas e regressou a Jerusalém.

Vitória sobre os arameus. 15Vendo, pois, os arameus que tinham sido derrotados por Israel, reuniram-se em massa.* 16Adadezer mandou chamar os arameus que moravam do outro lado do rio; eles chegaram a Helam, tendo à frente Sobac, chefe do exército de Adadezer. 17Avisado disso, Davi reuniu todo o Israel, passou o Jordão e chegou a Helam. Os arameus puseram-se em ordem de batalha contra Davi e lhe deram combate. 18Mas fugiram diante de Israel, e Davi matou dentre os arameus os homens de setecentos carros e quarenta mil cavaleiros; feriu também Sobac, chefe do exército, que ali morreu. 19Todos os reis vassalos de Adadezer, ao verem que tinham sido vencidos por Israel, fizeram as pazes com os israelitas e os serviram. Daí em diante, os arameus não ousaram mais socorrer os amonitas.

11 **Duplo pecado de Davi.**

1No ano seguinte, no tempo em que os reis costumam sair* para a guerra, Davi enviou Joab com seus servos e todo o Israel. Eles massacraram os amonitas e sitiaram Rabá. Davi, porém, ficou em Jerusalém. 2Uma tarde ele se levantou do leito e estava passeando pelo terraço do palácio, quando de lá avistou uma mulher que se banhava. Era uma mulher muito bonita. 3Mandou perguntar quem era. Disseram-lhe: "É Betsabeia, filha de Eliam, esposa de Urias, o heteu". 4Então Davi mandou

---

* **10**,1. 1Cr 19,1-5 | 3. 1Sm 21,12; 2Sm 3,24s | 6. 1Cr 19,6-15; 8,3 | 7. 21,15-22; 23,8s | 15. 1Cr 19,16-19; 2Sm 8,3-8 | **11**,1. 1Cr 20,1; 10,7

mensageiros para que a trouxessem. Ela veio, e ele se uniu a ela, quando ela acabava de purificar-se da menstruação. A seguir ela voltou para casa.

5A mulher concebeu e mandou avisar Davi, dizendo: "Estou grávida!" 6Então Davi mandou dizer a Joab: "Envia-me Urias, o heteu". Joab enviou Urias a Davi. 7Quando Urias se apresentou a Davi, este lhe perguntou como estavam Joab e o exército e como ia a guerra. 8Depois disse Davi a Urias: "Desce a tua casa e lava os pés". Urias saiu do palácio real e depois foi-lhe mandado um presente do rei. 9Mas Urias dormiu junto da porta do palácio real com todos os servos de seu senhor e não desceu a sua casa. 10Comunicaram isto a Davi, dizendo: "Urias não desceu a sua casa". Por isso Davi perguntou a Urias: "Não chegaste de uma viagem? Por que, então, não desceste a tua casa?" 11Urias respondeu a Davi: "A arca, Israel e Judá estão debaixo de tendas;* Joab, meu senhor, e os servos de meu senhor estão acampados ao ar livre, e eu deveria ir para minha casa comer e beber e dormir com minha mulher?† Por tua vida e pela vida de tua alma, não farei tal coisa!" 12Davi disse a Urias: "Fica ainda hoje aqui e amanhã te despedirei". E Urias ficou em Jerusalém naquele dia. No dia seguinte, 13Davi o convidou a comer e beber com ele e o embriagou. Ao anoitecer, Urias saiu e foi deitar-se em sua cama entre os servos de seu senhor, mas não desceu a sua casa.

14Na manhã seguinte, Davi escreveu uma carta a Joab e enviou-a por meio de Urias. 15Na carta havia escrito: "Ponde Urias na primeira linha, onde o combate é mais violento, e abandonai-o, a fim de que seja ferido e morra". 16Enquanto sitiava a cidade, Joab colocou Urias num lugar onde sabia que estavam homens valorosos. 17Os defensores da cidade saíram para atacar Joab; tombaram alguns entre as tropas e entre os servos de Davi, morrendo também Urias, o heteu. 18Joab mandou informar Davi de tudo o que sucedera na batalha. 19Ordenou ao mensageiro, dizendo: "Quando tiveres acabado de contar ao rei tudo o que aconteceu no combate, 20se ele se enfurecer e te disser: 'Por que vos aproximastes tanto da cidade para combater? Não sabíeis que haviam de atirar do alto dos muros? 21Quem matou Abimelec,* filho de Jerobaal? Não foi uma mulher que atirou sobre ele do alto do muro um pedaço de uma roda de moinho, e assim ele morreu em Tebes? Por que vos aproximastes tanto dos muros?' Então lhe dirás: 'Morreu também teu servo Urias, o heteu'".

22O mensageiro partiu e, chegando, comunicou a Davi tudo o que Joab lhe havia mandado dizer. 23Disse o mensageiro a Davi: "Aqueles homens eram mais fortes que nós e saíram contra nós em campo aberto; nós, porém, os repelimos até à porta da cidade. 24Então os arqueiros atiraram contra teus servos do alto do muro; morreram alguns servos do rei e morreu também teu servo Urias, o heteu". 25Davi respondeu ao mensageiro: "Dirás isto a Joab: 'Não sintas pesar por isto, porque a espada devora tanto de um lado como do outro. Reforça o ataque à cidade até destruí-la'. E tu, encoraja-o".

26Quando a mulher de Urias soube que seu marido tinha morrido, ela o pranteou. 27Terminado o luto, Davi mandou buscá-la e a trouxe para seu palácio. Ela se tornou sua esposa e deu-lhe à luz um filho. Mas aquilo que Davi tinha feito desagradou a Javé.

12 **O arrependimento de Davi.** 1Javé enviou Natã* a Davi. Natã foi até ele e disse-lhe: "Havia numa mesma cidade dois homens: um

* **11**,11. 1Sm 4,3s | 21. Jz 9,50-54 | **12**,1. 14,4-17

† **11**,11. Davi tenta encobrir seu adultério fazendo Urias encontrar-se com sua esposa, mas este segue a lei que proibia os soldados de ter relações sexuais durante a guerra, Dt 23,10. | **12**,1. Natã conta uma parábola, a primeira da Bíblia, servindo-se do mesmo expediente que a mulher de Técua, 14,2-7: pede uma sentença do rei para um caso fictício, apresentado como real. Aqui a sentença do rei vai contra ele próprio.

rico e um pobre.† [2]O rico tinha ovelhas e bois em grande quantidade, [3]ao passo que o pobre não possuía nada senão uma ovelhinha, que ele havia comprado e criado, e que tinha crescido com ele e com seus filhos. Comia de seu pão, bebia da sua taça e dormia em seu colo: era para ele como uma filha. [4]Tendo chegado um viandante à casa do rico, este não quis tomar de suas ovelhas nem de seus bois para preparar a refeição para o caminheiro que havia chegado, mas tomou a ovelha do pobre e a preparou para seu hóspede".

[5]Então Davi foi tomado de violenta cólera contra aquele homem e disse a Natã: "Pela vida de Javé, o homem que fez isso é réu de morte! [6]Pagará* quatro vezes o valor da ovelha por haver feito tal coisa e porque não teve compaixão". [7]Natã respondeu a Davi: "Tu és esse homem! Assim diz Javé, Deus de Israel: 'Eu te ungi rei sobre Israel e te livrei das mãos de Saul. [8]Eu te dei a casa de teu senhor e pus em teus braços as mulheres de teu senhor, eu te dei a casa de Israel e de Judá. Se ainda é pouco, poderia dar-te muito mais. [9]Por que desprezaste a palavra de Javé, fazendo o que lhe desagrada? Mataste à espada Urias, o heteu, fazendo-o perecer pela espada dos amonitas e tomaste por esposa sua mulher. [10]Pois bem, a espada jamais se apartará de tua casa†, porque me desprezaste, tomando por esposa a mulher de Urias, o heteu'.

[11]Assim fala Javé: 'De tua própria casa vou suscitar o mal contra ti. Tomarei tuas mulheres* diante de teus olhos e as darei a teu próximo, que se unirá a elas à vista deste sol. [12]Tu agiste às ocultas, mas eu farei isto diante de todo o Israel, à luz do sol'".

[13]Davi respondeu a Natã: "Pequei contra Javé". Natã disse a Davi: "Javé, por sua vez, perdoou teu pecado; não morrerás. [14]Mas porque com isto deste aos inimigos de Javé ocasião de blasfemar, o filho que te nasceu morrerá certamente". [15]E Natã voltou para casa.

Javé feriu o menino que a mulher de Urias tinha dado à luz a Davi, e ele adoeceu gravemente. [16]Davi suplicou a Deus pelo menino* e jejuou; chegando a sua casa, passou a noite deitado no chão. [17]Os anciãos de seu palácio insistiram com ele para que se levantasse do chão, mas ele não quis e não tomou alimentos com eles. [18]No sétimo dia o menino morreu, e os servos de Davi tinham medo de dizer-lhe que o menino tinha morrido, porque diziam: "Se quando o menino ainda vivia, nós lhe falávamos e ele não nos ouvia, como, pois, lhe diremos agora: 'O menino morreu'? Poderia fazer-se algum mal". [19]Mas Davi, notando que seus servos cochichavam entre si, compreendeu que o menino tinha morrido. Então perguntou-lhes: "O menino morreu?" "Sim", responderam. [20]Então Davi levantou-se do chão, lavou-se, ungiu-se, mudou de roupa e entrou na casa de Javé para adorar. Depois voltou para casa, pediu que lhe servissem alimento e comeu. [21]Perguntaram-lhe então os servos: "Que é isto que fizeste? Quando o menino estava vivo, jejuaste e choraste; mas agora que morreu, te levantas e comes?" [22]Ele respondeu: "Quando o menino ainda estava vivo, jejuei e chorei porque pensava: 'Quem sabe se Javé não terá compaixão de mim e o menino viverá?' [23]Mas agora que morreu, por que haveria de jejuar? Poderei fazê-lo voltar? Eu irei a ele, mas ele não voltará a mim". *

[24]Davi consolou sua mulher Betsabeia, foi até ela e com ela se uniu. Ela deu à luz um filho, ao qual foi dado o nome de Salomão. Javé o amou [25]e comunicou isto por meio do profeta Natã, que lhe deu o nome de Jededias†, em atenção a Javé.

[26]Entretanto, Joab atacou* Rabá dos amonitas e tomou a cidade real. [27]Joab enviou mensageiros a Davi para lhe dizer: "Ataquei Rabá e tomei a cidade

---

* **12**,6. Êx 21,37 | 11. 16,22 | 16. 21,10; 1Rs 21,27 | 23. Jó 7,9 | 26. 1Cr 20,1-3

† **12**,10. Profecia que se cumpriu na morte violenta de seus filhos Amnon (13,28s), Absalão (18,14s) e Adonias (1Rs 2,23ss). | 25. O significado deste nome é "amado de Javé". Salomão significa "pacífico".

das águas. [28]Agora, pois, reúne o resto das tropas, vem sitiar a cidade e tomá-la; do contrário, conquistarei a cidade e lhe darei meu nome". [29]Davi juntou todas as tropas e marchou para Rabá; combateu contra ela e a tomou. [30]Tirou da cabeça do rei deles a coroa, que pesava um talento de ouro e tinha pedras preciosas, e a coroa foi posta sobre a cabeça de Davi. Levou da cidade grande quantidade de despojos. [31]Retirou a população que havia nela e ocupou-a em trabalhos com serras, picaretas e machados de ferro; empregou-a também na fabricação de tijolos. O mesmo fez com todas as cidades dos amonitas. Em seguida, Davi voltou* com todas as tropas para Jerusalém.

13

O incesto de Amnon. [1]Depois disso, aconteceu* que Absalão, filho de Davi, tinha uma irmã muito bonita chamada Tamar, da qual se enamorou Amnon, outro filho de Davi. [2]Ficou tão apaixonado por sua irmã Tamar que caiu doente, porque, sendo ela virgem, parecia-lhe difícil fazer-lhe alguma coisa. [3]Amnon tinha um amigo chamado Jonadab, filho de Sama, irmão de Davi. Jonadab, que era muito astuto, [4]perguntou-lhe: "Por que estás emagrecendo de dia para dia, ó filho do rei? Não vais me contar?" Respondeu-lhe Amnon: "Eu estou enamorado de Tamar, irmã de Absalão, meu irmão". [5]Disse-lhe Jonadab: "Deita-te na cama e finge que estás doente; quando teu pai vier te visitar, dize-lhe: 'Peço-te que venha minha irmã Tamar e me dê de comer; que ela prepare a comida a minha vista, para que eu a veja e coma de sua mão'". [6]Amnon deitou-se, pois, fingindo que estava doente. Quando o rei veio visitá-lo, disse-lhe Amnon: "Peço-te que venha minha irmã Tamar e prepare em minha presença dois bolos, para que eu coma de sua mão". [7]Então Davi mandou dizer a Tamar em sua casa: "Vai à casa de teu irmão Amnon e prepara alguma coisa para ele comer". [8]Tamar foi à casa de seu irmão Amnon, que estava deitado; tomou um pouco de farinha, amassou-a, fez bolos na presença dele e os assou. [9]Depois tomou a panela e a esvaziou diante dele, mas Amnon não quis comer. Ele disse: "Fazei sair todos daqui". Todos saíram. [10]Então Amnon disse a Tamar: "Traze a comida ao quarto, para que a coma de tua mão". Tamar tomou os bolos que havia preparado e os levou ao irmão Amnon no quarto. [11]Quando ela os colocou diante dele para que comesse, ele a segurou e lhe disse: "Vem, minha irmã, deita-te comigo". [12]Mas ela lhe disse: "Não, meu irmão; não me forces,* pois isto não se faz em Israel. Não cometas esta infâmia. [13]Para onde iria eu com minha vergonha? E tu serias considerado um infame em Israel. Agora, pois, peço-te que fales ao rei; ele não me negará a ti"†. [14]Mas ele não quis escutá-la e, sendo mais forte que ela, violentou-a e se uniu a ela. [15]Depois Amnon passou a detestá-la profundamente, a tal ponto que o ódio que sentiu foi maior que o amor com que a amara antes. Disse, pois, Amnon: "Levanta-te e vai embora". [16]Mas ela lhe disse: "Não vou! Porque esta injustiça que me fazes, mandando-me embora, é maior que a outra que me fizeste". Ele, porém, não quis ouvi-la [17]e, chamando seu criado que o servia, disse: "Manda-a para fora daqui e fecha a porta atrás dela". [18]Ela estava vestida com uma túnica luxuosa, porque assim se vestiam as filhas virgens do rei. Seu servo a expulsou e fechou a porta atrás dela. [19]Tamar então cobriu a cabeça de cinza, rasgou a túnica luxuosa que trajava e saiu gritando com as mãos na cabeça. [20]Seu irmão Absalão perguntou-lhe: "Amnon, teu irmão, esteve contigo? Guarda silêncio agora, minha irmã; ele é teu irmão. Não se angustie teu coração por isso". Tamar ficou desolada na casa de seu irmão Absalão.

---

* **12**,31. Êx 1,13; 1Cr 20,3 | **13**,1. 3,2s | 12. Gn 34,7; Dt 22,21; Jz 20,6.10; Jr 29,23

† **13**,13. Talvez não estivesse em vigor a lei contrária a esse tipo de união, Dt 27,22; Lv 18,9.11. Abraão e Sara eram irmãos, filhos do mesmo pai, mas não da mesma mãe, Gn 20,12.

21O rei Davi tomou conhecimento de todas essas coisas e ficou muito indignado. 22Mas Absalão não disse a Amnon nem mal e nem bem, pois odiava Amnon pelo fato de ter desonrado sua irmã Tamar.

Morte de Amnon; fuga de Absalão. 23Dois anos depois, aconteceu* que se tosquiavam as ovelhas de Absalão em Baal-Hasor, perto de Efraim; e Absalão convidou todos os filhos do rei. 24Absalão foi à presença do rei e lhe disse: "Teu servo está mandando tosquiar suas ovelhas; peço-te que venham com teu servo o rei e seus oficiais". 25Mas o rei respondeu a Absalão: "Não, meu filho, não iremos todos, para que não te sejamos pesados". Embora Absalão insistisse, ele não quis ir, mas deu-lhe sua bênção. 26Disse Absalão: "Neste caso, permite que venha conosco pelo menos meu irmão Amnon". Respondeu-lhe o rei: "Por que iria ele contigo?" 27Mas Absalão tanto insistiu que o rei deixou ir com ele Amnon e todos os filhos do rei.

28Ora, Absalão deu esta ordem a seus servos: "Ficai atentos; quando Amnon estiver alegre pelo vinho e eu vos disser: 'Feri Amnon!', matai-o sem medo. Sou eu que estou mandando. Tende coragem e sede fortes". 29Os servos de Absalão fizeram a Amnon como Absalão lhes tinha ordenado. Então todos os filhos do rei se levantaram e, montando cada um em seu animal, fugiram. 30Quando eles ainda estavam no caminho, chegou ao rei este boato: "Absalão matou todos os filhos do rei e nenhum deles escapou". 31Então o rei se levantou, rasgou suas vestes e lançou-se por terra, e todos os seus servos que estavam com ele rasgaram as vestes. 32Mas Jonadab, filho de Sama, irmão de Davi, tomou a palavra e disse: "Não pense meu senhor que assassinaram todos os jovens, filhos do rei, pois somente Amnon foi morto. Porque, por ordem de Absalão, isto tinha sido determinado desde o dia em que Amnon desonrou sua irmã Tamar. 33Portanto, não se aflija o rei, meu senhor, pensando que todos os filhos do rei foram mortos, porque morreu somente Amnon, 34e Absalão fugiu". O servo que estava de sentinela, levantando os olhos, viu que vinha muita gente pelo caminho de Horonaim. A sentinela foi anunciar ao rei: dizendo: "Vi gente que vinha pelo caminho de Horonaim, do lado do monte". 35Jonadab disse então ao rei: "São os filhos do rei que estão chegando; como disse teu servo, assim sucedeu". 36Logo que acabou de falar, chegaram os filhos do rei e choraram em voz alta; também o rei e todos os seus servos choraram amargamente. 37Quanto a Absalão, fugiu para junto de Tolmai, filho de Amiud, rei de Gessur. Davi chorava por seu filho todos os dias.*

38Assim, pois, Absalão fugiu e foi para Gessur, onde esteve três anos. 39Depois se acalmou a ira de Davi contra Absalão, porque se havia consolado da morte de Amnon.

14

Volta de Absalão a Jerusalém. 1Joab, filho de Sárvia, compreendeu que o coração do rei estava inclinado para Absalão. 2Mandou trazer de Técua uma mulher sagaz, a quem disse: "Finge estar de luto, veste roupas de luto e não te unjas com óleo; aparenta ser uma mulher que há muito tempo está de luto por um morto. 3Tu te apresentarás ao rei e lhe dirás tais e tais palavras". E Joab lhe comunicou* o que tinha de dizer. 4A mulher de Técua apresentou-se ao rei e, inclinando-se, prostrou-se com o rosto em terra e exclamou: "Salva-me, ó rei!"* 5Perguntou-lhe o rei: "O que tens?" Respondeu ela: "Sou uma mulher viúva, meu marido morreu. 6Tua serva tinha dois filhos,* os quais brigaram entre si no campo e, não havendo quem os separasse, um feriu o outro e o matou. 7Toda a família se levantou* contra tua serva, dizendo: 'Entrega-nos o fratricida a fim de que o matemos para vingar o irmão, que ele matou, e extermine-

13,23. 1Sm 25,4s | 37. 3,3 | **14**,3. 12,1s | 4. 1Rs 3,16s; 2Rs 8,3s | 6. 2Rs 6,26s

mos também o herdeiro'. Assim apa-
garão a última brasa que me ficou, de
sorte a não restar a meu marido nome
ou posteridade na terra". 8O rei disse à
mulher: "Vai para tua casa, que eu da-
rei ordens a teu respeito". 9A mulher de
Técua disse ao rei: "Ó rei, meu senhor,
a culpa caia sobre mim e sobre a casa
de meu pai, mas o rei e seu trono sejam
sem culpa". 10Disse o rei: "Se alguém
falar contra ti, traze-o a mim, e não
mais te molestará". 11Ela replicou: "Que
o rei se digne de pronunciar* o nome
de Javé, teu Deus, para que o vingador
do sangue não aumente a destruição
e não façam perecer meu filho!" Ele
respondeu: "Pela vida de Javé, não há
de cair ao chão um só cabelo de teu
filho!" 12A mulher acrescentou: "Permi-
te que tua serva diga mais uma palavra
ao rei, meu senhor". Respondeu ele:
"Fala". 13Disse, pois, a mulher: "Por que,
então, pensaste semelhante coisa con-
tra o povo de Deus? Pois falando deste
modo, o rei é de certa forma culpado,
porque não faz voltar seu desterrado.
14Na verdade, nós morremos e somos
como água derramada* no chão, que
não se pode mais recolher. Deus não
tira a vida, mas cogita meios para que
não fique banido dele o exilado. 15Se
eu vim agora falar dessa coisa ao rei,
meu senhor, é porque o povo me ate-
morizou. Tua serva disse consigo mes-
ma: Falarei ao rei e talvez ele faça o
que lhe disser sua serva; 16o rei ouvirá
sua serva e a livrará das mãos daquele
que intenta extirpar tanto a mim como
meu filho da herança de Deus. 17Disse,
portanto, tua serva: Que seja de alívio
a resposta do rei, meu senhor, que me
tranquilize, porque o rei, meu senhor,
é como um anjo de Deus para discer-
nir entre o bem e o mal. Que Javé, teu
Deus, esteja contigo".

18Então o rei respondeu à mulher,
dizendo: "Peço-te que não me ocul-
tes nada do que vou te perguntar".
Respondeu ela: "Pois fale o rei, meu
senhor". 19O rei perguntou: "Não está
contigo a mão de Joab em tudo isso?"
Respondeu a mulher: "Por tua vida, ó
rei, meu senhor, a coisa não está nem
à direita e nem à esquerda de tudo o
que disse o rei, meu senhor. Sim, foi
Joab que me incumbiu disso e que su-
geriu a tua serva todas essas palavras.
20Teu servo Joab planejou isso para
modificar a situação presente; mas meu
senhor é sábio como um anjo de Deus
e conhece tudo o que se passa na terra.
21O rei disse a Joab: "Decidi a questão:
Vai e traze de volta o jovem Absalão.
22Joab prostrou-se com o rosto em ter-
ra, fez reverência e bendisse o rei. Disse
depois: "Hoje teu servo reconhece que
obteve teu favor, ó rei, meu senhor,
já que o rei se dignou fazer segundo
o pedido de seu servo". 23Joab partiu,
foi a Gessur e trouxe Absalão para Je-
rusalém†. 24O rei, porém, advertiu: "Que
ele volte para casa e não compareça a
minha presença". Absalão voltou para
casa e não compareceu diante do rei.

**Absalão é readmitido à presença do
rei.** 25Em todo o Israel não havia ho-
mem tão louvado por sua beleza como
Absalão: da planta dos pés até o alto
da cabeça não havia nele defeito al-
gum. 26Quando cortava a cabeleira (e
a cortava todo final de ano, porque se
lhe tornava muito pesada e por isso a
cortava), o peso dos cabelos de sua ca-
beça era de duzentos siclos, segundo o
peso real. 27Absalão teve três filhos* e
uma filha chamada Tamar, que era uma
linda mulher.

28Absalão permaneceu dois anos
em Jerusalém sem ver o rosto do rei.
29Mandou chamar Joab com o intuito
de enviá-lo ao rei; mas ele não quis
ir a Absalão. Mandou chamá-lo pela
segunda vez, mas ele se recusou a ir.
30Então Absalão disse a seus servos:
"Vede: o campo de Joab está junto ao
meu, e há cevada nele; ide e ateai-lhe
fogo". Os servos de Absalão puseram
fogo* no campo. 31Então Joab foi até
a casa de Absalão e lhe disse: "Por que
razão teus servos incendiaram meu

* **14**,7. Nm 35,19 | 11. Nm 35,19 | 14. Jó 14,7-12; Sl 88,6-11; Jó 7,9 | 27. 18,18 | 30. Jz 15,4s

† **14**,23. Joab tenta conquistar as boas graças de Absalão, herdeiro do trono.

campo?" 32Respondeu-lhe Absalão: "Eu mandei chamar-te para te dizer: Vem cá, para eu te enviar ao rei e perguntar: Por que vim de Gessur? Seria melhor para mim estar ainda lá. Agora, portanto, quero comparecer diante do rei; e se for culpado, que me mande matar". 33Joab foi ter com o rei e lhe deu o recado. O rei mandou chamar Absalão, o qual veio até ele e se prostrou com a face em terra diante do rei. E o rei beijou Absalão.

15 **Revolta de Absalão.** 1Depois disso, aconteceu que Absalão procurou* para si carros e cavalos e cinquenta homens que corriam a sua frente. 2Absalão se levantava bem cedo e ficava à beira do caminho da porta; toda vez que alguém tinha um processo e ia dirigir-se ao rei para decidi-lo, Absalão o chamava e lhe dizia: "De qual cidade és tu?" Ele respondia: "Teu servo é de tal tribo de Israel". 3Absalão lhe dizia: "Olha, tua causa é boa e justa, mas não há ninguém que te atenda da parte do rei". 4E Absalão acrescentava: "Quem me dera ser constituído juiz desta terra! Viriam a mim todos os que tivessem demanda ou questão, e eu lhes faria justiça". 5Quando alguém se aproximava para prostrar-se diante dele, estendia-lhe a mão, abraçava-o e o beijava. 6Absalão fazia assim com todos os israelitas que vinham ao rei para pedir justiça e dessa maneira cativava os corações dos israelitas.

7Quatro anos mais tarde, Absalão disse ao rei: "Permite-me que vá a Hebron para cumprir uma promessa que fiz a Javé; 8porque teu servo fez uma promessa quando estava em Gessur, em Aram, dizendo: 'Se Javé me reconduzir a Jerusalém, prestarei culto a Javé'". 9Respondeu-lhe o rei: "Vai em paz". Ele se pôs a caminho rumo a Hebron. 10Absalão enviou espiões a todas as tribos de Israel para dizer-lhes: "Quando ouvirdes o toque da trombeta, gritai: 'Absalão reina em Hebron'". 11Com Absalão partiram de Jerusalém duzentos homens convidados por ele, os quais iam com toda a boa-fé, sem saber de nada. 12Enquanto oferecia os sacrifícios, Absalão mandou também chamar de Gilo, sua terra natal, Aquitofel,* o gilonita, conselheiro de Davi. E assim a conjuração se tornava poderosa, porque o povo ia aumentando em torno de Absalão.

Davi foge de Jerusalém. 13Veio a Davi um mensageiro, dizendo: "O coração dos israelitas inclina-se para Absalão". 14Então Davi disse a todos os seus servos que estavam com ele em Jerusalém: "Levantai-vos e fujamos, porque não poderemos escapar diante de Absalão. Apressai-vos em partir, do contrário ele nos surpreenderá e fará cair sobre nós a ruína e passará a cidade a fio de espada". 15Os servidores do rei lhe responderam: "Estamos prontos a fazer tudo o que parecer melhor ao rei, nosso senhor". 16O rei partiu com toda a sua família, mas deixou dez concubinas para guardar o palácio.

17Saiu, portanto, o rei* e todo o povo atrás dele, e pararam na última casa. 18Todos os seus servos iam a seu lado, como também todos os cereteus* e todos os feleteus; e todos os gateus, em número de seiscentos homens, que o tinham seguido desde Gat, caminhavam diante do rei. 19Disse o rei a Etai, o gateu: "Por que vens também conosco? Volta e fica com o rei, porque és estrangeiro e também um desterrado de teu lugar de origem. 20Chegaste ontem e hoje eu te faria andar errante conosco, enquanto eu mesmo não sei aonde vou? Volta e leva contigo teus irmãos; e que a misericórdia e a fidelidade de Javé estejam contigo". 21Mas Etai respondeu ao rei: "Pela vida de Javé e pela vida do rei, meu senhor! Em qualquer lugar onde estiver o rei, meu senhor, seja para a morte, seja para a vida, ali estará também teu servo". 22Davi respondeu a Etai: "Vem, pois, e segue adiante". Passou, pois, adiante Etai, o gateu, com toda a sua gente e com todas as crianças que estavam

* **15**,1. 1Rs 1,5 | 12. 16,23 | 17. 16,21s; 20,3 | 18. 8,18

com ele. [23]Todos choravam em voz alta,
enquanto o povo ia passando. O rei
atravessou o vale do Cedron†, e toda
a multidão passou diante dele pela es-
trada que leva ao deserto. [24]Com ele
ia também Sadoc, acompanhado de
todos os levitas que carregavam a arca
de Deus. Depuseram a arca de Deus,
e Abiatar ofereceu sacrifícios, até que
todo o povo acabou de sair da cidade.
[25]Então o rei disse a Sadoc: "Leva a arca
de Deus de volta para a cidade, por-
que se eu encontrar graça aos olhos de
Javé, ele me fará voltar* e me fará ver
a arca e sua morada. [26]Se, porém, me
disser: 'Não me agradas', eis-me aqui:
faça de mim o que lhe aprouver". [27]A
seguir o rei disse a Sadoc, o sacerdo-
te: "Estás vendo? Volta em paz para a
cidade, e vossos dois filhos convosco:
Aquimaás, teu filho, e Jônatas, filho de
Abiatar. [28]Vede: eu esperarei nas planí-
cies do deserto, até que me cheguem
notícias vossas". [29]Então Sadoc e Abia-
tar reconduziram a arca de Deus para
Jerusalém e lá ficaram.

[30]Davi, porém, ia subindo a encosta
do monte das Oliveiras e, enquanto su-
bia, chorava. Caminhava com a cabeça
coberta e os pés descalços. Toda a gen-
te que o seguia tinha a cabeça coberta
e, subindo, chorava. [31]Alguém infor-
mou a Davi que Aquitofel* se encon-
trava entre os conjurados de Absalão;
e Davi exclamou: "Fazei, Javé, eu vos
peço, que sejam loucos os conselhos
de Aquitofel". [32]Quando Davi chegou
ao cume do monte, onde se adorava
a Deus, saiu-lhe ao encontro Cusai, o
araquita, com as vestes rasgadas e a
cabeça coberta de pó. [33]Disse-lhe Davi:
"Se fores comigo, tu me serás pesado,
[34]mas se voltares à cidade e disseres a
Absalão: 'Serei teu servo, ó rei; como
fui antes servo de teu pai, agora serei
teu servo', então frustrarás em meu
favor o conselho de Aquitofel. [35]Não
estão aí contigo os sacerdotes Sadoc e
Abiatar? Pois bem, tudo o que ouvires
da casa do rei comunicarás aos sacer-
dotes Sadoc e Abiatar. [36]Lá estão com
eles seus dois filhos, Aquimaás, filho de
Sadoc, e Jônatas, filho de Abiatar; por
meio deles me comunicarás tudo o que
ouvires". [37]E Cusai, amigo de Davi, en-
trou na cidade, quando Absalão entra-
va em Jerusalém.

16 **Siba e Semei vão ao encontro
de Davi.** [1]Davi havia passado*
um pouco além do cume do monte,
quando Siba, criado de Meribaal, veio
a seu encontro com dois jumentos se-
lados, carregados de duzentos pães,
cem cachos de uvas passas, cem frutas
frescas e um odre de vinho. [2]Perguntou
o rei a Siba: "Para que trazes isto?" Res-
pondeu Siba: "Os jumentos são para
que monte a família real; os pães e as
frutas são para que os comam teus jo-
vens; e o vinho, para que bebam dele
os que se cansarem no deserto". [3]O rei
perguntou: "Onde está o filho de teu
senhor?" Siba respondeu ao rei: "Fi-
cou em Jerusalém, porque disse: 'Hoje
a casa de Israel me devolverá o reino
de meu pai'". [4]O rei disse a Siba: "É teu
tudo o que pertence a Meribaal!" Ao
que Siba respondeu: "Eu me prostro*
diante de ti; que eu possa obter teu fa-
vor, ó rei, meu senhor".

[5]Ao chegar o rei a Baurim,* saiu dali
um homem da família da casa de Saul,
chamado Semei, filho de Gera; ao sair,
ia amaldiçoando. [6]Atirava pedras con-
tra Davi e contra todos os servos do
rei Davi, embora todo o povo e todos
os valentes estivessem à direita e à es-
querda do rei. [7]Enquanto amaldiçoa-
va, Semei dizia: "Vai-te, vai-te, homem
sanguinário, homem perverso! [8]Javé
fez recair sobre ti todo o sangue da
casa de Saul, em cujo lugar reinaste,
e Javé pôs a realeza nas mãos de Ab-
salão, teu filho. Agora estás preso em
tua própria desgraça, pois és um ho-
mem sanguinário". [9]Então Abisaí, filho
de Sárvia,* perguntou ao rei: "Por que

* **15**,25. 16,10 | 31. 16,23; 17,14.23 | **16**,1. 4,4; 9,1.13 | 4. 19,25-31 | 5. 3,16 | 9. 1Sm 26,6

† **15**,23. Davi prefere fugir a ter de lutar contra seu próprio filho. O vale do Cedron está entre Jerusalém e o monte das Oliveiras. Sobre esse monte havia um lugar de culto a Deus, v. 32.

este cão morto há de amaldiçoar o rei, meu senhor? Permite-me que vá e lhe corte a cabeça". 10Mas o rei respondeu: "Que tenho eu convosco, filhos de Sárvia?* Deixai-o amaldiçoar, pois foi Javé que disse: 'Amaldiçoa Davi'; e quem pode dizer-lhe: 'Por que fizeste isso?'" 11Davi disse ainda a Abisaí e a todos os seus servos: "Se meu filho, que saiu de minhas entranhas, procura matar-me, quanto mais esse benjaminita! Deixai-o insultar, porque foi Javé que lho ordenou. 12Quem sabe se Javé olhará para minha aflição e me dará bens em troca das maldições de hoje?" 13Enquanto Davi e sua gente seguiam seu caminho, Semei ia pelo flanco do monte paralelo a ele, caminhando, insultando e atirando pedras* diante dele e lançando pó. 14O rei e toda a gente que o acompanhava chegaram fatigados e ali descansaram.

Absalão em Jerusalém. 15Enquanto isso, Absalão com todo o povo, os israelitas, entrou em Jerusalém e com ele também Aquitofel. 16Quando Cusai,* o araquita, amigo de Davi, chegou à presença de Absalão, disse-lhe: "Viva o rei, viva o rei!" 17Mas Absalão replicou a Cusai: "É esta tua fidelidade a teu amigo? Por que não acompanhaste teu amigo?" 18Cusai respondeu a Absalão: "Não; porque eu serei daquele que foi escolhido por Javé, por este povo e por todos os israelitas; serei dele e com ele ficarei. 19De resto, a quem devo servir? Não é a seu filho? Como servi a teu pai, assim servirei a ti!"

20Depois Absalão disse a Aquitofel: "Dai-me vosso conselho sobre o que devemos fazer". 21Aquitofel respondeu a Absalão: "Une-te às concubinas de teu pai, que ele deixou guardando o palácio;* quando todo o Israel souber que te tornaste odioso a teu pai, a coragem daqueles que estão de teu lado se fortalecerá". 22Armaram, pois, para Absalão uma tenda no terraço,* e ali, à vista de todo o Israel, ele se uniu às concubinas de seu pai†. 23Naquela época, um conselho dado por Aquitofel valia tanto como um oráculo recebido de Deus; assim era considerado, quer por Davi, quer por Absalão, todo conselho de Aquitofel.

17 **Conselho de Aquitofel é frustrado por Cusai.** 1Aquitofel disse a Absalão: "Deixa-me escolher doze mil homens e sair em perseguição de Davi esta noite. 2Cairei sobre ele quando estiver cansado e fraco e o amedrontarei; então fugirá todo o povo que está com ele, e eu matarei somente o rei. 3Assim farei voltar a ti todo o povo; o retorno de todos depende do homem a quem buscas; e todo o povo estará em paz". 4Essa ideia agradou a Absalão e a todos os anciãos de Israel. 5Mas Absalão ordenou: "Chamai também Cusai, o araquita, e ouçamos o que ele tem a dizer". 6Quando Cusai chegou à presença de Absalão, este lhe disse: "Desse modo falou Aquitofel. Devemos seguir sua opinião? Se não, fala tu". 7Disse Cusai a Absalão: "Desta vez o conselho dado por Aquitofel não é bom". 8Cusai acrescentou ainda: "Conheces teu pai e seus homens; sabes que são valentes e estão enfurecidos como a ursa no campo à qual foram roubados os filhotes. Teu pai é homem guerreiro e não passará a noite junto com o povo. 9Com certeza agora está escondido numa gruta ou em algum outro lugar. Se no começo caírem alguns dos teus, quem ficar sabendo dirá: 'Os seguidores de Absalão foram derrotados'. 10Então até o mais valente, que tem um coração de leão, desanimaria; pois todo o Israel sabe que teu pai é um herói e que são valorosos os que estão com ele. 11Por isso, meu conselho é que se reúna junto de ti todo o Israel, desde Dã até Bersabeia, tão numeroso como a areia na praia do mar, e que tu pessoalmente vás ao combate. 12Assim o alcançaremos em

---

* **16**,10. 19,23; 15,25s | 13. 19,19-25 | 16. 15,32-37 | 21. 15,16 | 22. 12,11s

† **16**,22. Esse gesto atrevido de Absalão, que também cumpre a profecia de Natã, 12,11, demonstra que já se considerava rei, pois é ao sucessor do rei que pertence seu harém, 12,8.

qualquer lugar onde estiver e cairemos sobre ele como cai o orvalho sobre a terra; nem ele e nem companheiro algum seu ficará vivo. [13]Se ele se refugiar em alguma cidade, todo o Israel trará cordas a essa cidade e nós a arrastaremos para a torrente, de sorte que não se encontre ali nem mesmo uma pedrinha". [14]Então Absalão e todos os israelitas disseram: "O conselho de Cusai, o araquita, é melhor do que o de Aquitofel". Com efeito, Javé havia decretado que se frustrasse o bom conselho de Aquitofel,* para fazer cair a desgraça sobre Absalão.

Davi é informado secretamente por Cusai. [15]Depois disse Cusai aos sacerdotes Sadoc e Abiatar: "Desse e desse modo Aquitofel aconselhou Absalão e os anciãos de Israel, mas eu o aconselhei assim e assim. [16]Agora, pois, mandai avisar Davi imediatamente, dizendo: "Não passes a noite* nas planícies do deserto, mas atravessa logo para o outro lado, para que não seja exterminado o rei e toda a gente que está com ele". [17]Ora, Jônatas e Aquimaás aguardavam junto à fonte de Rogel,* onde uma criada iria levar-lhes as informações, e eles iriam avisar o rei Davi, porque não podiam ser vistos entrando na cidade. [18]Mas um jovem os viu e comunicou a Absalão. Os dois então partiram rapidamente, chegaram à casa de um homem em Baurim, que tinha em seu pátio um poço, ao qual desceram.* [19]A dona da casa tomou uma coberta, estendeu-a sobre a boca do poço e espalhou por cima trigo descascado, de modo que não se notava nada. [20]Os servos de Absalão chegaram à casa da mulher e perguntaram: "Onde estão Aquimaás e Jônatas?" A mulher respondeu: "Passaram o riacho". Eles se puseram a procurar, mas, não os encontrando, voltaram para Jerusalém. [21]Depois que partiram, os dois saíram do poço e foram avisar o rei Davi, dizendo-lhe: "Ide depressa e atravessai as águas, porque Aquitofel aconselhou assim e assim contra vós". [22]Então Davi pôs-se em marcha com toda a gente que o seguia, e eles atravessaram o Jordão; quando amanheceu não faltava ninguém que não tivesse passado o Jordão. [23]Aquitofel,* vendo que não se havia seguido seu conselho, selou o jumento, partiu e foi para casa em sua cidade. Depois de pôr em ordem sua casa, enforcou-se e assim morreu†. Foi sepultado no túmulo de seu pai.

Absalão persegue Davi. [24]Davi chegou a Maanaim, enquanto Absalão atravessava o Jordão com todos os homens de Israel. [25]Absalão nomeou Amasa* chefe do exército em lugar de Joab. Amasa era filho de um homem chamado Jetra, ismaelita, que se havia unido a Abigail, filha de Naás e irmã de Sárvia, mãe de Joab. [26]Israel acampou com Absalão na região de Galaad.

[27]Quando Davi chegou a Maanaim, Sobi,* filho de Naás, de Rabá dos amonitas, Maquir, filho de Amiel, de Lo-Dabar, e Berzelai, o galaadita,* de Rogelim, [28]trouxeram camas, bacias e vasos de barro, trigo, cevada, farinha, grãos torrados, favas, lentilhas, [29]mel, manteiga, ovelhas, queijo de vaca, e apresentaram tudo a Davi e ao povo que estava com ele para que comessem; porque diziam: "Este povo deve ter sofrido fome, cansaço e sede no deserto".

18 **Derrota e morte de Absalão.** [1]Davi passou em revista o povo que o acompanhava e constituiu sobre eles chefes de mil e chefes de cem. [2]Davi enviou o povo: um terço sob o comando de Joab, outro terço sob o comando de Abisaí, filho de Sárvia, e outro terço sob o comando de Etai, o gateu. O rei disse ao povo: "Eu também sairei convosco". [3]Mas o povo respondeu: "Não deves ir, porque se tivermos de fugir, não se importarão conosco; e

* **17**,14. 15,31 | 16. 15,27s | 17. 15,27; 1Rs 1,9 | 18. Js 2,4s.15s | 23. 15,31 | 25. 19,14; 20,4-13 | 27. 10,2 / 9,4; 19,32

† **17**,23. Além do suicídio de Saul, 1Sm 31,4, a Bíblia conta o de Aquitofel, o de Zambri, 1Rs 16,18, o de Razias, 2Mc 14,41-46, e o de Judas, Mt 27,5.

ainda que morra a metade de nós, ninguém faria caso; tu, porém, vales tanto como dez mil de nós. É melhor que da cidade nos prestes socorro". [4]Respondeu-lhes o rei: "Farei o que bem vos parecer". Então o rei se pôs à entrada da porta, e todo o povo foi saindo em centenas e milhares. [5]Então o rei deu esta ordem a Joab, a Abisaí e a Etai: "Por consideração a mim, tratai benignamente o jovem Absalão". E toda a gente ouviu, quando o rei deu ordens a todos os chefes a respeito de Absalão.

[6]Saiu a campo a tropa contra Israel e travou-se a batalha no bosque de Efraim. [7]Lá foi derrotado o povo de Israel pelos servos de Davi, e naquele dia houve ali grande mortandade: vinte mil mortos. [8]A batalha estendeu-se por toda a região, e naquele dia o bosque fez mais vítimas entre o povo do que a espada.

[9]Absalão encontrou-se frente a frente com os oficiais de Davi. Absalão ia montado num burro e, tendo o burro entrado debaixo dos ramos espessos de um grande carvalho, a cabeça de Absalão embaraçou-se no carvalho, de modo que ele ficou suspenso entre o céu e a terra, enquanto seguia adiante o burro que ele cavalgava. [10]Um homem o viu e foi dizer a Joab: "Vi Absalão pendurado num carvalho". [11]Joab respondeu ao homem que lhe deu a notícia: "Já que o viste, por que não o mataste ali mesmo, deixando-o no chão? Eu te daria dez siclos de prata e um cinto". [12]Mas ele respondeu a Joab: "Ainda que me pusessem na mão mil siclos de prata, não estenderia a mão contra o filho do rei, porque nós ouvimos quando o rei ordenou a ti, a Abisaí e a Etai, dizendo: 'Por consideração a mim,* tratai benignamente o jovem Absalão'. [13]Se eu tivesse procedido traiçoeiramente contra a vida dele, como ao rei nada fica oculto, tu mesmo estarias contra". [14]Respondeu Joab: "Não quero perder tempo assim contigo". E tomando três dardos, cravou-os no coração de Absalão, que ainda estava vivo no meio do carvalho. [15]Depois, dez jovens escudeiros de Joab* rodearam Absalão e a golpes acabaram de matá-lo. [16]Em seguida Joab mandou tocar a trombeta, e o povo cessou de perseguir Israel, porque Joab deteve o povo. [17]Carregaram Absalão e o lançaram numa grande fossa, na floresta,* e levantaram sobre ele um enorme monte de pedras. Depois, todo o Israel fugiu, cada um para sua tenda. [18]Quando ainda era vivo, Absalão mandara erguer para si um monumento que se acha no vale do Rei, porque dizia: "Não tenho um filho que conserve a lembrança de meu nome". Deu seu nome àquele monumento, que ainda hoje se chama monumento de Absalão.*

Davi é informado da morte de Absalão. [19]Aquimaás, filho de Sadoc, disse: "Vou correndo anunciar ao rei a boa notícia de que Javé lhe fez justiça livrando-o do poder de seus inimigos". [20]Joab respondeu-lhe: "Hoje não serás portador de boa-nova; outro dia a levarás, mas hoje não darás a notícia, já que o filho do rei morreu". [21]Joab disse a um etíope: "Vai e comunica ao rei o que viste". [22]Aquimaás, filho de Sadoc, disse de novo a Joab: "Aconteça o que acontecer, deixa-me correr também atrás do etíope". Respondeu Joab: "Para que correr, meu filho? A notícia não te trará recompensa". [23]Replicou ele: "Seja o que for, eu correrei". Então Joab lhe disse: "Corre". Aquimaás correu pelo caminho da planície e ultrapassou o etíope.

[24]Davi estava sentado entre as duas portas; a sentinela subiu ao terraço da porta junto ao muro, ergueu os olhos e avistou um homem que corria sozinho. [25]A sentinela gritou e avisou o rei, o qual disse: "Se está só, traz boas notícias". Enquanto o homem se aproximava sempre mais, [26]a sentinela avistou outro homem que vinha correndo e gritou ao porteiro: "Um outro vem correndo sozinho". Disse o rei: "Também este traz boas notícias". [27]Disse a sentinela: "O modo de correr* do primeiro me parece

---

* **18**,12. 18,5 | 15. 1Sm 14,13 | 17. Js 7,26; 8,29; 10,27 | 18. Gn 14,17; 14,27 | 27. 2Rs 9,20; 1Rs 1,42

ser o de Aquimaás, filho de Sadoc". O rei respondeu: "É um homem de bem e vem com boas notícias". 28Gritando, Aquimaás disse ao rei: "Paz!" Inclinou-se diante do rei com o rosto em terra e acrescentou: "Bendito seja Javé, teu Deus, que te entregou os que tinham levantado as mãos contra o rei, meu senhor!" 29O rei perguntou: "Está bem o jovem Absalão?" Aquimaás respondeu: "Vi um grande tumulto quando Joab enviou o servo do rei e a mim, teu servo, mas não fiquei sabendo o que era". 30Disse-lhe o rei: "Põe-te ao lado e espera aqui". Ele se pôs a um lado e esperou. 31Chegou também o etíope e disse ao rei: "Receba meu senhor, o rei, a boa notícia de que hoje Javé te fez justiça, livrando-te de todos os que se haviam levantado contra ti". 32Perguntou o rei ao etíope: "Está bem o jovem Absalão?" O etíope respondeu-lhe: "Sejam como esse jovem os inimigos do rei, meu senhor, e todos os que se levantam contra ti para o mal".

19 **Davi chora a morte de Absalão.** 1O rei comoveu-se profundamente e, subindo ao aposento que havia em cima da porta, pôs-se a chorar; e, andando, dizia: "Meu filho Absalão! Meu filho, meu filho Absalão! Quem me dera ter morrido em teu lugar! Absalão, meu filho, meu filho!"

2Então foram dizer a Joab: "O rei está chorando e se lamenta por Absalão. 3Assim, naquele dia a vitória se converteu em luto para todo o povo, porque o povo ouviu dizer naquele dia que o rei estava de luto por causa de seu filho. 4Naquele dia o povo entrou na cidade às escondidas, como costuma entrar às escondidas o povo envergonhado que fugiu da batalha. 5O rei cobriu o rosto* e gritava em voz alta: "Meu filho Absalão! Absalão, meu filho! Meu filho!" 6Joab entrou na casa do rei e disse: "Hoje cobriste de vergonha a face de toda a tua gente, que hoje salvou tua vida, a de teus filhos e filhas e a de tuas mulheres e concubinas, 7porque amas a quem te odeia e odeias a quem te ama. Hoje demonstraste que chefes e soldados nada te importam; pois percebo que, se Absalão estivesse vivo, e todos nós tivéssemos morrido hoje, estarias contente. 8Agora, pois, levanta-te, sai e fala ao coração de teus servos, porque juro por Javé que, se não saíres, ninguém ficará contigo esta noite; e isto será para ti uma desventura maior do que todas as que te sobrevieram desde tua juventude até agora".† 9Então o rei se levantou e foi sentar-se à porta. Quando avisaram a todo o povo, dizendo: "O rei está sentado à porta da cidade", todo o povo veio à presença dele.

Davi retorna à capital. Entretanto, os de Israel tinham fugido cada qual para sua tenda. 10Todo o povo discutia em todas as tribos de Israel, dizendo: "O rei livrou-nos das mãos de nossos inimigos e nos salvou das mãos dos filisteus, mas agora fugiu do país por causa de Absalão. 11Mas Absalão, a quem ungíramos como rei sobre nós, morreu na batalha. Que esperais ainda para trazer o rei de volta?" 12Então o rei Davi mandou dizer aos sacerdotes Sadoc e Abiatar: "Falai assim aos anciãos de Judá: 'Por que seríeis os últimos a reconduzir o rei a sua casa? O que se dizia em todo o Israel chegou aos ouvidos do rei, a sua casa. 13Vós sois meus irmãos, sois meu osso e minha carne. Por que, então, seríeis os últimos a reconduzir o rei?' 14A Amasa direis: 'Não és tu meu osso e minha carne? Que Deus me mande um castigo sobre outro† se não vieres a ser para sempre chefe de meu exército em lugar de Joab'". 15Assim conquistou o coração de toda a gente de Judá como se fosse o de um só homem; por isso mandaram dizer ao rei: "Volta com todos os teus servos".

* **19**,5. 15,30

† **19**,8. Joab avisa a Davi que seu apego ao filho morto, Absalão, pode sublevar as tropas contra ele. | 14. Literalmente: "este castigo e mais este"; nesse tipo de imprecação, a pessoa mencionava o castigo que aceitava de Deus, se estivesse mentindo. Mas Joab eliminará Amasa, 20,10, e continuará no cargo.

16Então o rei voltou e chegou ao Jordão. Os de Judá vieram a Guilgal para receber o rei e ajudá-lo a passar o Jordão. 17Semei, filho de Gera,* benjaminita de Baurim, apressou-se em descer com os homens de Judá ao encontro do rei Davi. 18Com ele vinham mil homens de Benjamim e Siba, servo da família de Saul, acompanhado de seus quinze filhos e seus vinte servos. Eles cruzaram o Jordão antes do rei 19e passaram à outra margem, a fim de atravessar a família do rei e fazer o que lhe aprouvesse. Semei, filho de Gera, prostrou-se diante do rei, quando este estava para atravessar o Jordão, 20e lhe disse: "Não me considere culpado meu senhor e não te lembres do mal que fez teu servo no dia em que o rei, meu senhor, saiu de Jerusalém; que o rei não guarde rancor. 21Teu servo reconhece que pecou, e por isso hoje sou o primeiro de toda a casa de José a descer ao encontro do rei, meu senhor".

22Mas Abisaí, filho de Sárvia, tomando a palavra, disse: "Semei não merece a morte por ter amaldiçoado o ungido de Javé?" 23Davi respondeu-lhe: "Que tenho eu a ver* convosco, filhos de Sárvia, para que hoje vos torneis meus adversários? Alguém poderia ser condenado à morte em Israel num dia como o de hoje? Não tenho eu certeza de que hoje sou rei sobre Israel?" 24E o rei disse a Semei: "Não morrerás"; e jurou-lho.

25Também Meribaal, neto de Saul, desceu ao encontro do rei; não tinha lavado os pés, nem feito a barba, nem lavado as vestes desde o dia* em que o rei partira até o dia em que voltou em paz. 26Logo que chegou a Jerusalém para receber o rei, este lhe perguntou: "Por que não vieste comigo, Meribaal?" 27Ele respondeu: "Ó rei, meu senhor, meu servo me enganou. Com efeito, teu servo tinha dito: 'Mandarei selar um jumento e o montarei para ir com o rei, porque teu servo é coxo'. 28Ele caluniou teu servo diante do rei, meu senhor; mas o rei, meu senhor, é como um anjo de Deus: faze, pois, o que te aprouver. 29Porque todos os da casa de meu pai não mereciam do rei, meu senhor, senão a morte, e não obstante admitiste teu servo entre os que comem a tua mesa. Que direito, pois, tenho ainda de me queixar ao rei?" 30Disse-lhe o rei: "Não precisas dizer mais nada. Já decidi que tu e Siba repartireis as terras". 31Meribaal disse ao rei: "Fique ele com tudo, já que o rei, meu senhor, voltou em paz a sua casa".

32Também Berzelai, o galaadita, desceu de Rogelim e passou o Jordão com o rei, despedindo-se dele perto do Jordão. 33Berzelai era muito idoso, da idade de oitenta anos; tinha fornecido víveres ao rei, quando este estava em Maanaim,* pois era muito rico. 34O rei disse a Berzelai: "Passa comigo e eu te sustentarei junto a mim em Jerusalém". 35Mas Berzelai respondeu ao rei: "Quanto tempo me resta de vida, para que eu suba com o rei a Jerusalém? 36Tenho agora oitenta anos; acaso posso ainda distinguir o que é bom do que é mau? Pode teu servo ainda saborear o que come e o que bebe? Pode ainda ouvir a voz dos cantores e das cantoras? Por que teu servo deveria ainda ser um peso ao rei, meu senhor? 37Teu servo irá com o rei um pouco além do Jordão; e por que o rei há de retribuir-me com tal recompensa? 38Permite que teu servo volte para morrer em minha cidade, junto ao sepulcro de meu pai e de minha mãe. Mas aqui está teu servo Camaam: que ele passe com o rei, meu senhor, e faze a ele o que te aprouver". 39O rei disse: "Camaam passará comigo, e eu lhe farei tudo o que te aprouver; e tudo o que me pedires, eu farei por ti". 40Todo o povo atravessou o Jordão, e o rei também passou; beijou e abençoou Berzelai, e este voltou para seu lugar. 41O rei prosseguiu para Guilgal e Camaam continuou com ele. Todo o povo de Judá e a metade do povo de Israel acompanhavam o rei.

---

* **19**,17. 16,5-13; 16,1-4; 19,25-31 | 23. 16,9s; 1Sm 11,13 | 25. Dt 21,12 | 33. 17,27-29

Dissensões entre Israel e Judá†. 42To-
dos os homens de Israel vieram ter
com o rei e lhe perguntaram: "Por que
nossos irmãos, os homens de Judá, te
sequestraram e fizeram o rei e sua casa
atravessar o Jordão com todos os ho-
mens de Davi?" 43Todos os homens de
Judá responderam aos homens de Is-
rael: "Porque o rei é nosso parente. Por
que ficais irados com isso? Acaso co-
memos às custas do rei ou recebemos
dele algum presente?" 44Os homens
de Israel responderam aos homens
de Judá, dizendo: "Nós temos no rei
dez partes,* e mais direito sobre Davi
do que vós. Por que, pois, nos despre-
zastes? Não fomos nós os primeiros a
propor que se reconduzisse nosso rei?"
Mas as palavras dos homens de Judá
foram mais duras do que as dos ho-
mens de Israel.

20 **Revolta de Seba.** 1Achava-se
ali um homem perverso, cha-
mado Seba, filho de Bocri, benjaminita,
o qual tocou a trombeta e disse:

"Não temos parte em Davi,*
nem herança no filho de Jessé!
Cada um para sua tenda, ó Israel".

2Todos os homens de Israel deixaram
de seguir Davi e foram atrás de Seba,
filho de Bocri, ao passo que os de Judá
ficaram com seu rei, conduzindo-o
desde o Jordão até Jerusalém.

3Quando Davi chegou a sua casa em
Jerusalém, tomou as dez concubinas*
que havia deixado para guardar a casa
e mandou encerrá-las; dava-lhes o sus-
tento, mas não se uniu mais a elas; e
assim permaneceram encerradas até à
morte, vivendo como viúvas.

Amasa é morto por Joab. 4O rei disse
a Amasa: "Convoca-me* os homens de
Judá para daqui a três dias; tu também
apresenta-te aqui". 5Amasa partiu para
convocar os homens de Judá, mas de-
morou-se além do prazo fixado. 6Davi
disse a Abisaí: "Seba, filho de Bocri, nos
fará agora mais mal do que Absalão.
Toma os servos de teu senhor e per-
segue-o, para que não encontre cida-
des fortificadas e nos escape". 7Então
saíram atrás dele os homens de Joab,
os cereteus,* os feleteus e todos os va-
lentes; saíram de Jerusalém perseguin-
do Seba, filho de Bocri. 8Quando se
achavam perto da grande pedra* que
está em Gabaon, veio a seu encontro
Amasa. Joab estava vestido com sua
roupa de soldado, sobre a qual usava
um cinturão atado à cintura, com a es-
pada embainhada, a qual caiu enquan-
to ele caminhava. 9Joab disse a Amasa:
"Estás bem, meu irmão?" E com a mão
direita pegou na barba de Amasa para
o beijar. 10Amasa não percebeu a espa-
da que Joab tinha na mão; este o feriu
no ventre e derramou pelo chão suas
entranhas; caiu morto, sem precisar de
outro golpe. Depois, Joab e Abisaí, seu
irmão, continuaram a perseguir Seba,
filho de Bocri. 11Um dos jovens de
Joab parou junto ao corpo de Amasa
e gritou: "Quem está do lado de Joab
e de Davi, que siga Joab!" 12Entretan-
to, Amasa jazia banhado em sangue
no meio do caminho; vendo aquele
homem que todo o povo parava, reti-
rou Amasa do caminho para o campo e
cobriu-o com uma roupa, pois viu que
todos os que chegavam perto dele pa-
ravam. 13Uma vez retirado do caminho,
todos prosseguiram atrás de Joab para
perseguirem Seba, filho de Bocri.

Fim de Seba e de sua revolta. 14Joab
percorreu todas as tribos de Israel até
Abel-Bet-Maaca, e todos os beritas se
ajuntaram e o seguiram. 15Chegaram
a Abel-Bet-Maaca e aí sitiaram Seba,
levantando contra a cidade um aterro
que dominava as fortificações. Toda a
tropa que estava com Joab solapava
o muro para derrubá-lo. 16Então uma
mulher sagaz começou a gritar de den-
tro da cidade: "Escutai, escutai! Dizei
a Joab que se aproxime, para eu falar
com ele". 17Quando ele chegou perto,
a mulher perguntou: "És tu Joab?" Ele

* **19**,44. 1Rs 11,31 | **20**,1. 1Rs 12,16 | 3. 15,16; 16,20ss | 4. 19,14 | 7. 8,18; 23,8s | 8. 2,13

† **19**,42. Israel aqui designa as tribos do norte: a rivalidade as levará ao cisma, 1Rs 12,16. Seba já procla-
ma a separação, 20,1.

respondeu: "Sim". Disse-lhe ela: "Ouve
as palavras de tua serva". Respondeu
ele: "Estou ouvindo". 18A mulher con-
tinuou: "Antigamente se dizia: 'Peça-se
conselho em Abel'; e assim encerravam
qualquer assunto. 19Somos uma cida-
de das mais pacíficas e fiéis de Israel;
e tu procuras destruir uma cidade que
é uma mãe em Israel. Por que queres
aniquilar a herança de Javé?" 20Joab
respondeu: "Longe, longe de mim a
ideia de destruir e de devastar. 21Não
é assim; mas um homem da montanha
de Efraim, chamado Seba, filho de Bo-
cri, levantou a mão contra o rei, contra
Davi. Entregai-o somente, e eu me re-
tirarei da cidade". A mulher respondeu
a Joab: "A cabeça dele te será lançada
dos muros". 22Então a mulher, com sua
sabedoria, dirigiu-se a todo o povo;
eles cortaram a cabeça de Seba, filho
de Bocri, e a lançaram a Joab, o qual
tocou a trombeta, e todos se retiraram
da cidade, cada qual para sua tenda; e
Joab voltou para junto do rei em Jeru-
salém.
23Joab comandava* todo o exérci-
to de Israel e Banaías, filho de Joiada,
comandava os cereteus e os feleteus.
24Adoniram era superintendente das
obras públicas; Josafá, filho de Ailud,
era o cronista; 25Siva era escrivão; Sa-
doc e Abiatar eram sacerdotes. 26Tam-
bém Ira, de Jair,* era sacerdote de Davi.

III. APÊNDICES (21–24)

21 **Reparação feita aos gabao-
nitas.** 1No tempo de Davi
houve fome durante três anos conse-
cutivos. Davi consultou a Javé, e Javé
lhe disse: "É por causa de Saul e de sua
casa sanguinária, porque ele matou os
gabaonitas"†. 2Então o rei chamou
os gabaonitas e conversou com eles.
Os gabaonitas* não eram israelitas,
mas sim um resto dos amorreus, aos
quais os israelitas se haviam ligado
com juramento, mas Saul, em seu zelo
pelos filhos de Israel e de Judá, tinha
procurado exterminá-los. 3Davi per-
guntou aos gabaonitas: "Que devo fa-
zer por vós e que reparação vos darei,
para que possais abençoar a herança
de Javé?" 4Responderam os gabao-
nitas: "Nós não temos questão com
Saul nem com sua família por causa de
prata ou de ouro, nem queremos que
morra alguém em Israel". Davi lhes dis-
se: "Farei por vós o que me pedirdes".
5Responderam eles ao rei: "Daquele
homem que nos massacrou e que ti-
nha planejado exterminar-nos para nos
fazer desaparecer de todo o território
de Israel, 6sejam-nos entregues sete
homens dentre seus descendentes, e
nós os enforcaremos diante de Javé em
Gabaá de Saul, o eleito de Javé". O rei
respondeu: "Eu os entregarei". 7Porém
o rei poupou Meribaal, filho de Jônatas,
filho de Saul, por causa do juramento*
que Davi e Jônatas tinham feito entre si
diante de Javé. 8O rei tomou os dois fi-
lhos que Resfa, filha de Aías, tinha dado
a Saul, isto é, Armoni e Meribaal,* e os
cinco filhos que Merab, filha de Saul, ti-
nha dado a Adriel, filho de Berzelai, de
Meola. 9Entregou-os aos gabaonitas,
que os enforcaram no monte, diante de
Javé. Todos os sete morreram juntos,
tendo sido executados nos primeiros
dias da colheita da cevada.
10Então Resfa, filha de Aías, tomou
um pano de saco* e o estendeu para
si sobre uma rocha, ficando lá desde
o início da ceifa até que caiu água do
céu sobre os corpos, e não deixou as
aves do céu se aproximarem deles de
dia, nem as feras do campo de noite.
11Contaram a Davi o que havia feito
Resfa, filha de Aías, concubina de Saul.
12Ele foi recolher os ossos de Saul e de
Jônatas, seu filho, junto aos habitantes
de Jabes de Galaad,* que os haviam
furtado da praça de Betsã, onde os fi-

* **20**,23. 8,16ss | 26. 8,18 | **21**,2. Js 9,3-27 | 7. 1Sm 20,15s.42 | 8. 1Sm 18,19 | 10. 3,31; 12,16 | 12. 1Sm 31,10-13

† **21**,1. Era preciso expiar o pecado para afastar o castigo da seca. Saul pecou, violando o juramento narrado em Js 9,15. A vingança do sangue não pode atingir o culpado, e seus descendentes pagam por ele.

listeus os tinham pendurado quando
derrotaram Saul em Gelboé. 13Mandou
trazer de lá os ossos de Saul e os de
Jônatas, seu filho, e foram recolhidos
também os ossos dos enforcados. 14Os
ossos de Saul e de seu filho Jônatas fo-
ram sepultados na terra de Benjamim,
em Sela, no sepulcro de Cis, seu pai.
Assim fizeram tudo o que o rei havia
mandado. Depois disso, Deus foi pro-
pício ao país.

Os heróis de Davi. 15Houve de novo
guerra dos filisteus contra Israel. Davi
desceu com seus servos para combater
os filisteus e ficou extenuado. 16Ishbi, fi-
lho de Nob, um dos descendentes de
Rafa, cuja lança pesava trezentos siclos
de bronze e que cingia uma espada nova,
tentou matar Davi, 17mas veio em seu
auxílio* Abisaí, filho de Sárvia, que feriu o
filisteu e o matou. Então os soldados de
Davi lhe fizeram este juramento: "Nunca
mais* sairás conosco à guerra, para que
não se apague a lâmpada de Israel".

18Depois disso houve* outra batalha
contra os filisteus em Gob; então Sobo-
cai, de Husa, matou Saf, descendente
de Rafa.

19Houve em Gob mais outra bata-
lha contra os filisteus, na qual Elcanã,
filho de Iari, belemita, matou Golias de
Gat, cuja lança tinha uma haste que era
como o cilindro de um tear.

20Depois houve outra batalha em
Gat, na qual se encontrou um homem
de grande estatura, que tinha seis de-
dos em cada mão e em cada pé, isto é,
vinte e quatro dedos, e que era tam-
bém descendente de Rafa. 21Ele insul-
tou Israel; mas Jônatas,* filho de Sama,
irmão de Davi, o matou. 22Esses quatro
eram descendentes de Rafa, em Gat, e
foram mortos pelas mãos de Davi e de
seus soldados.

22 **Hino ao Deus salvador.** 1Davi
dirigiu a Javé as palavras des-
te cântico no dia em que Javé o livrou
das mãos de todos os seus inimigos
e das mãos de Saul. 2Disse ele:

"Javé é minha rocha, minha fortaleza,
meu libertador,
3meu Deus, meu rochedo em que me
refugio,*
meu escudo e minha poderosa sal-
vação,*
meu alto refúgio, meu abrigo,
meu salvador, da violência me livrais.
4Invoco a Javé, digno de ser louvado,
e serei salvo de meus inimigos.
5Ondas mortais me rodearam,
torrentes de perdição me atemoriza-
ram,*
6envolveram-me as correntes do
abismo,
laços de morte me surpreenderam.
7Em minha angústia invoquei Javé,
a meu Deus gritei por socorro;
lá de seu templo ele ouviu minha voz,
chegou meu grito a seus ouvidos.
8Então a terra se abalou e tremeu;*
vacilaram as bases dos céus,
oscilaram porque ele se indignou.
9Saiu fumaça de suas narinas,
e de sua boca um fogo devorador;
e dele surgiram brasas ardentes.
10Inclinou os céus e desceu*
com uma nuvem escura a seus pés.
11Cavalgava um querubim e voou;
foi visto sobre as asas do vento.
12Fez das trevas uma tenda a seu re-
dor;
acúmulo de águas, espessas nuvens.
13Do fulgor de sua presença
brasas de fogo se acenderam.
14Javé trovejava dos céus,
o Altíssimo soltou sua voz;
15disparou suas flechas e os disper-
sou,*
lançou relâmpagos e os desbaratou.
16E apareceu o fundo do mar,
descobriram-se as bases do mundo
por vossa ameaça, Javé,
pela rajada de vento de vosso furor.
17Lá do alto estendeu a mão e me
tomou,*
tirou-me das águas caudalosas;
18livrou-me de meu inimigo poderoso
e dos que me odiavam, pois eram
mais fortes que eu.

* **21**,17. 14,7 / 1Rs 11,36; 15,4; 2Rs 8,19 | 18. 1Cr 20,4-8; 23,27 | 21. 13,3; 1Sm 16,9 | **22**,3. 1Sm 2,2 / 1Sm 2,1 | 5. 23,6 | 8. Êx 19,16 | 10. Sl 144,5 | 15. Sl 144,6 | 17. Sl 144,7

[19]Assaltaram-me no dia de meu infortúnio,
mas Javé se fez meu amparo;
[20]retirou-me para um lugar espaçoso,
salvou-me porque me ama.
[21]Javé recompensou-me segundo minha justiça,
conforme a pureza de minhas mãos me retribuiu;
[22]porque tenho seguido os caminhos de Javé
e não tenho agido mal longe de meu Deus;
[23]porque tenho ante os olhos todas as suas leis,
e não me desvio de seus preceitos.
[24]Tenho sido correto para com ele,
e me preservei de minha iniquidade.
[25]Por isso Javé me retribuiu segundo minha justiça,
e conforme minha pureza ante seus olhos.
[26]Sois bondoso com quem é bondoso,
e com quem é íntegro vos mostrais íntegro;
[27]com quem é sincero sois sincero,
mas inflexível com o perverso.
[28]Vós salvais o povo humilde,
mas vossos olhos estão sobre os altivos para abatê-los.
[29]Sim, vós sois minha lâmpada, Javé;
Javé aclara minhas trevas.
[30]Convosco enfrento um exército,
com meu Deus escalo muralhas.
[31]Perfeito é o proceder de Deus,
acrisolada é a palavra de Javé;
ele é escudo para todos os que nele se abrigam.
[32]Pois quem é Deus, senão Javé?
Quem é Rocha, afora nosso Deus?
[33]Deus é minha poderosa fortaleza
e torna irrepreensível meu caminho.
[34]Iguala meus pés aos das corças,
e me mantém firme em minhas alturas.
[35]Treinou minhas mãos para a batalha,
e meus braços para retesar o arco de bronze.
[36]Vós me destes vosso escudo salvador,
e vossa gentileza me engrandeceu.
[37]Fizestes-me avançar a largos passos,
e meus pés não vacilaram.
[38]Persegui meus inimigos e os derrotei,
e não voltei atrás sem tê-los destruído.
[39]Acabei com eles e os abati, e não puderam reerguer-se,
caíram debaixo de meus pés.
[40]De força me dotastes para o combate,
dobrastes diante de mim meus adversários.
[41]Fizestes meus inimigos voltar-me as costas,
e exterminei os que me odiavam.
[42]Clamaram, mas ninguém os acudiu,
gritaram a Javé, mas ele não respondeu.
[43]Triturei-os como o pó da terra,
pisei neles como no barro das ruas.
[44]Das contendas de meu povo me livrastes
e me guardastes para ser chefe de nações.
Um povo que eu não conhecia me serviu.
[45]Os filhos dos estrangeiros se submetem a mim,
ouvindo minha voz me obedecem.
[46]Os filhos dos estrangeiros desfalecem,
tremendo abandonam seus refúgios.
[47]Viva Javé! Bendito seja meu Rochedo,
e exaltado seja Deus, minha Rocha salvadora;
[48]o Deus que me concedeu vitória,
e os povos a mim submeteu
[49]e livrou-me de meus inimigos.
Sobre meus adversários me elevais
e do homem violento me livrais.
[50]Por isso, Javé, eu vos louvo entre as nações*
e cantarei louvores a vosso nome.
[51]Ele concede a seu rei grandes vitórias,

---

* **22**,50. Sl 22,23

e usa de benignidade para com seu
ungido,
para com Davi e sua descendência
para sempre.

23 **Últimas palavras de Davi.**
1São estas as últimas palavras
de Davi: *
"Oráculo de Davi, filho de Jessé,
oráculo do homem exaltado por
Deus,
do ungido do Deus de Jacó,
do doce cantor de Israel.
2O espírito de Javé fala por meu in-
termédio,*
e sua palavra está em minha língua.
3Falou o Deus de Israel,*
a Rocha de Israel me disse:
Aquele que governa os homens com
justiça,*
que governa com o temor de Deus,
4é como a luz da manhã quando sai
o sol,
como manhã sem nuvens,
como a chuva que faz germinar a
terra.
5Não é assim minha casa diante de
Deus?
Pois fez comigo um pacto eterno,*
em tudo bem regulado e seguro.
Não fará ele germinar minha com-
pleta salvação
e tudo o que eu desejo?
6Mas os malvados serão todos lança-
dos fora como os espinhos,
porque não podem ser tocados com
a mão;
7quem os toca se arma com um ferro
ou com o cabo de uma lança,
e com fogo serão totalmente consu-
midos em seu lugar".

Os três mais famosos heróis de Davi.
8São estes os nomes dos heróis* de
Davi: Isbaal, o haquemonita, chefe dos
Três; foi ele que brandiu sua lança con-
tra oitocentos, matando-os de uma só
vez.
9Depois deste, Eleazar, filho de
Dodô,* o aoíta, um dos três valoro-
sos que estavam com Davi, quando
desafiaram os filisteus reunidos para
combater, enquanto os israelitas se re-
tiravam. 10Eleazar permaneceu firme e
combateu os filisteus até que sua mão
se cansou e ficou colada à espada. Na-
quele dia Javé concedeu uma grande
vitória, e o povo voltou para junto de
Eleazar, mas somente para recolher os
despojos.
11Depois dele, Sama, filho de Age, o
ararita. Os filisteus tinham-se concen-
trado em Lequi, onde havia um terreno
coberto de lentilhas. O povo havia fu-
gido diante dos filisteus; 12mas Sama se
postou no meio do campo, defendeu-o
e derrotou os filisteus. Javé efetuou as-
sim uma grande vitória.

Os Trinta: a guarda de Davi. 13Três
dos Trinta desceram e no tempo da
colheita foram à gruta* de Odolam,
onde estava Davi, enquanto uma tro-
pa dos filisteus se achava acampada no
vale dos refaítas. 14Davi achava-se en-
tão no refúgio, e havia em Belém uma
guarnição* de filisteus. 15Davi exprimiu
este desejo: "Quem me dera beber da
água do poço que está junto à porta
de Belém!" 16Então os três valorosos
abriram uma passagem através do
acampamento filisteu, tiraram água
do poço de Belém, que está junto à
porta, levaram-na e ofereceram-na
a Davi; mas ele não a quis beber e a
derramou em honra de Javé, 17dizen-
do: "Longe de mim, Javé, fazer tal coisa!
Beberia eu o sangue dos homens que
lá foram arriscando a própria vida?" E
não a quis beber. Isto fizeram aqueles
três heróis.
18Abisaí, irmão de Joab, filho de Sár-
via, era chefe dos Trinta. Foi ele que
vibrou sua lança contra trezentos ho-
mens e os matou; e ganhou renome
entre os Trinta. 19Era o mais ilustre dos
Trinta e por isso tornou-se o chefe de-
les; mas não igualou os Três primeiros.
20Banaías, filho de Joiada, filho de um
homem valoroso* de Cabseel, fez gran-
des proezas: foi quem matou os dois
heróis de Moab e foi quem desceu a

---

* **23**,1. 1Rs 2,5-9 | 2. Is 59,21 | 3. Jr 1,9 / Sl 72,1-6 | 5. 7,11-16 | 8. 1Cr 11,11-41; 27,2-15 | 9. 1Sm 17,1 | 13. 1Sm 22,1 | 14. 5,18 | 20. 8,18; 20,23; 1Rs 2,29s

uma cisterna num dia de neve, e ma-
tou ali um leão. 21Matou também um
egípcio de enorme estatura; o egípcio
tinha na mão uma lança, mas ele saiu
a seu encontro com um cajado, ar-
rancou a lança da mão do egípcio e
o matou com sua própria lança. 22Isto
fez Banaías, filho de Joiada, obtendo
fama entre os Trinta. 23Foi mais ilustre
que os Trinta, mas não chegou a igua-
lar os Três primeiros. Davi o colocou à
frente de sua guarda pessoal.

24Asael, irmão* de Joab, figurava en-
tre os Trinta, com Elcanã, filho de Dodô,
de Belém; 25Sama, de Harod; Elica, de
Harod; 26Heles, de Falti; Ira, filho de
Aces, de Técua; 27Abiezer, de Anatot;
Sabeni, o husaíta; 28Selmon, o aoíta;
Maarai, de Netofa; 29Hélod, filho de
Baana, de Netofa; Etai, filho de Ribai,
de Gabaá dos filhos de Benjamim; 30Ba-
naías, de Faraton; Hedai, das torrentes
de Gaás; 31Abi-Albon, de Arbat; Azmot,
de Baurim; 32Eliaba, de Saalbon; Jazen,
o gunita; 33Jônatas, filho de Sama, de
Arar; Aiam, filho de Sarar, de Arar; 34Eli-
falet, filho de Aasbai, filho do maaca-
tita; Aliam, filho de Aquitofel, de Gilo;
35Hersai, do Carmelo; Faraai, de Arbi;
36Igaal, filho de Natã, de Soba; Bani, de
Gad; 37Selec, o amonita; Naarai, de Be-
rot, escudeiro de Joab, filho de Sárvia;
38Ira, de Jeter; Gareb, de Jeter; 39Urias, o
heteu.* Ao todo, trinta e sete.

24 Recenseamento e castigo†.

1A ira de Javé* acendeu-se de
novo contra os israelitas e instigou Davi
contra eles, dizendo-lhe: "Vai e faze um
recenseamento de Israel e de Judá".
2Disse o rei a Joab, chefe do exército,
que estava com ele: "Percorre todas
as tribos de Israel, de Dã a Bersabeia,
e faze o recenseamento da população,
para que eu saiba seu número" 3Mas
Joab respondeu ao rei: "Que Javé, teu
Deus, multiplique o povo cem vezes
mais do que agora e faça com que os
olhos do rei, meu senhor, possam vê-lo;
mas por que o rei, meu senhor, deseja
isto?" 4Contudo, a ordem do rei preva-
leceu contra Joab e contra os chefes do
exército. Saiu, pois, Joab com os chefes
do exército da presença do rei, para fa-
zer o recenseamento do povo de Israel.

5Passaram o Jordão e acamparam
em Aroer, à direita da cidade situada
no meio do vale, e chegaram a Gad e
Jazer. 6Daí foram a Galaad e seguiram
até Cades, na terra dos heteus; passa-
ram por Dã-Jaã e dobraram para Sidô-
nia. 7Foram à fortaleza de Tiro e a todas
as cidades dos heveus e dos cananeus,
e saíram para Bersabeia, no Negueb de
Judá. 8Percorreram, pois, todo o país
e voltaram para Jerusalém ao cabo de
nove meses e vinte dias. 9Joab entre-
gou* ao rei o resultado do recensea-
mento do povo: havia em Israel oito-
centos mil guerreiros que manejavam
a espada e em Judá quinhentos mil
guerreiros†.

10Depois de ter recenseado o povo,
Davi sentiu remorsos e disse a Javé:
"Pequei gravemente fazendo isto; mas
agora, Javé, perdoai, vos peço, a culpa
de vosso servo, porque agi com grande
insensatez". 11De manhã, quando Davi
se levantava, a palavra de Javé foi dirigi-
da ao profeta Gad, vidente de Davi, nes-
tes termos: 12"Vai dizer a Davi:* Assim
fala Javé: 'Eu te proponho três coisas;
escolhe uma delas para que eu a faça'".
13Gad compareceu diante de Davi e lhe
transmitiu esta mensagem: "Queres que
sobrevenham* três anos de fome a teu
país, ou que tu fujas durante três meses
diante de teu inimigo que te perseguirá,
ou que haja três dias de epidemia em
teu país? Agora reflete e vê que res-

* **23**,24. 1Sm 22,14; 2,18-23 | 39. 11,3s | **24**,1. 1Cr 21,1-5 | 9. 1Cr 21,7-17; 1Sm 24,6 | 12. 1Sm 22,5 | 13. 21,1

† **24**. Recensear a população era considerado uma violação de um direito exclusivo de Javé, dispensador da vida e chefe de Israel, o único que pode saber o número de seus súditos. Por isso, Êx 30,12 prevê um resgate ao se fazer recenseamento. Aqui ele é feito "por instigação de Javé", conforme o modo de atribuir tudo a Deus, o bem e o mal. | 9. Esses números significariam que a população total era de 7 milhões de pessoas, evidente exagero. | 16. Localizada no monte Moriá, Gn 22,2, nela será edificado o templo de Salomão, 2Cr 3,1.

posta devo levar a quem me enviou". 14Davi respondeu a Gad: "Estou muito angustiado. É melhor cair nas mãos de Javé, porque é grande sua misericórdia, do que cair nas mãos dos homens". 15E Javé mandou sobre Israel uma epidemia, desde aquela manhã até a tempo fixado, e de Dã a Bersabeia morreram setenta mil homens do povo.

O altar sobre a eira de Areúna. 16O anjo estendeu a mão* sobre Jerusalém para exterminá-la, mas Javé se arrependeu* daquele mal e disse ao anjo que semeava a destruição entre o povo: "Basta! Detém agora tua mão!" O anjo de Javé estava junto da eira de Areúna, o jebuseu†. 17E Davi, vendo o anjo flagelar o povo, disse a Javé: "Fui eu que pequei, fui eu que fiz o mal; mas estas ovelhas, que fizeram? Que vossa mão se volte contra mim e contra minha família!"

18Naquele dia Gad* apresentou-se a Davi e lhe disse: "Sobe, ergue a Javé um altar na eira de Areúna, o jebuseu". 19Davi subiu conforme a palavra de Gad, como Javé lhe havia ordenado. 20Areúna olhou e viu que vinham a ele o rei e seus servos; saiu e se prostrou diante do rei com o rosto em terra. 21Areúna disse: "Por que vem o rei, meu senhor, a seu servo?" Respondeu Davi: "Para comprar de ti esta eira, a fim de construir um altar a Javé; assim se afastará do povo a epidemia". 22Disse então Areúna a Davi: "Que o rei, meu senhor, a tome e ofereça o que bem lhe parecer. Eis aqui os bois* para o holocausto, a grade e os jugos dos bois para a lenha. 23Tudo isto, ó rei, Areúna entrega ao rei". Disse também Areúna ao rei: "Javé, teu Deus, te seja propício". 24O rei lhe respondeu: "De modo algum! Eu comprarei tudo por seu preço, pois não vou oferecer a Javé, meu Deus, holocaustos que não me custem nada". Davi comprou a eira e os bois por cinquenta siclos de prata. 25Edificou ali um altar a Javé e ofereceu holocaustos e sacrifícios de comunhão. Então Javé teve piedade do país, e a epidemia* foi afastada de Israel.

* **24**,16. Êx 12,23 / 2Rs 19,35 | 18. 1Cr 21,18-28 | 22. 1Sm 6,14; 1Rs 19,21 | 25. 21,14

OS LIVROS DOS REIS

Os dois livros dos Reis, que possuímos atualmente, eram um só no cânon judaico e ficaram divididos desde que foi feita a versão grega dos Setenta, a qual uniu Samuel e Reis num só conjunto de quatro livros, procedimento adotado também pela Vulgata.

A história narrada é a da monarquia de Israel, desde os últimos anos de Davi até a conquista de Jerusalém pelos babilônios (ano 970 a 586 a.C.).

Com o forte apoio da mãe e do profeta Natã, Salomão sobrepuja seus irmãos e sobe ao trono sacrificando a vida de várias pessoas. Pede a Deus sabedoria e dele recebe, além desta, riqueza e glória. Sua maior obra é a construção do grandioso templo de Jerusalém, que será dedicado numa festa solene, para tornar-se o centro de toda a vida religiosa do povo. O fim da vida de Salomão é marcado por seus desastrosos casamentos com mulheres pagãs, que desviaram seu coração do culto ao único Deus verdadeiro. O castigo virá no tempo de seu filho Roboão: o magnífico reino perde a unidade, ficando dividido em dois, o reino de Israel no norte da Palestina, e o de Judá no sul. Além de político, o cisma é ao mesmo tempo religioso, pois são fundados dois santuários rivais do de Jerusalém.

Depois de narrar a história paralela dos dois reinos, até a ruína do reino do norte em 721 a.C., o livro concentra-se no reino do sul, que resistiu ainda por mais de um século, graças à dinastia davídica, ao templo e às reformas empreendidas por reis piedosos. É nessa época que viveram muitos profetas, alguns dos quais pronunciaram oráculos que fazem parte da Bíblia. A obra contém tudo o que sabemos dos profetas Elias e Eliseu e mostra em ação, como guias espirituais dos reis e do povo, os profetas Isaías e Jeremias. As notícias que dá sobre os reis são geralmente esquemáticas, porque, tratando-se de uma história religiosa, os redatores só conservaram aquilo que servia a sua finalidade. No final de sua biografia, cada rei recebe uma avaliação global de seu comportamento religioso.

No espírito do Deuteronômio, o autor explica o exílio e a ruína da cidade e do templo como consequência da infidelidade à aliança. Mas Deus é fiel às promessas feitas a Davi e a sua descendência, por isso o caminho da esperança é a conversão a ele.

PRIMEIRO LIVRO DOS REIS

I. REINADO DE SALOMÃO (1–11)

1 **Velhice de Davi.** [1]O rei Davi estava
velho, em idade avançada; por mais
que o cobrissem de roupas, não conse-
guia aquecer-se. [2]Por isso disseram-lhe
seus servos: "Procure-se para o senhor
nosso rei uma jovem virgem que assista
o rei, cuide dele e durma em seus braços,
para que o senhor nosso rei se aqueça".
[3]Procuraram, pois, em todo o território
de Israel uma jovem bela e acharam Abi-
sag, a sunamita, e a trouxeram ao rei.
Conspiração de Adonias†. [4]Essa jo-
vem era extremamente bela, cuidava
do rei e o servia, mas ele não se uniu
a ela. [5]Ora, Adonias, filho de Haguit,*
exaltou-se, dizendo: "Sou eu que vou
reinar!" Arranjou para si carro e cava-
los,* além de cinquenta homens que
corriam diante dele. [6]Seu pai, enquan-
to viveu, jamais o repreendeu, dizendo:
"Por que fazes isso?" Também ele era
extraordinariamente belo e havia nas-
cido depois de Absalão. [7]Entrou em
entendimentos com Joab, filho de Sár-
via, e com o sacerdote Abiatar, que lhe
deram apoio; [8]mas o sacerdote Sadoc,
Banaías, filho de Joiada, o profeta Natã,
Semei e Rei, bem como os valentes de
Davi, não estavam do lado de Adonias.
[9]Certa vez, Adonias imolou ovelhas,
bois e bezerros cevados junto à Pe-

---

* **1**,5. 2 Sm 3,4 / 2Sm 15,1

† **1**,4. Adonias era o quarto filho de Davi, nascido depois de Amnon, Queleab e Absalão. De Queleab nada sabemos; estando mortos os outros dois irmãos, Adonias pensava que o trono lhe pertencia.

dra de Zoélet, situada perto da fonte de Roguel, e convidou todos os seus irmãos, os filhos do rei, e todos os homens de Judá que estavam a serviço do rei, [10]mas não convidou o profeta Natã, nem Banaías, nem os valentes, nem seu irmão Salomão.

A luta pela sucessão. [11]Então Natã disse a Betsabeia,* mãe de Salomão: "Não ficaste sabendo que Adonias, filho de Haguit, proclamou-se rei sem que Davi, nosso senhor, o saiba? [12]Agora, deixa-me dar-te um conselho, para que salves tua vida e a de teu filho Salomão. [13]Vai, apresenta-te ao rei Davi e dize-lhe: 'Senhor, meu rei, porventura não juraste a tua serva, dizendo: É teu filho Salomão que reinará depois de mim e se sentará em meu trono?† Por que então Adonias se tornou rei?' [14]Enquanto ainda estiveres lá, falando com o rei, entrarei depois de ti e confirmarei tuas palavras".

[15]Betsabeia foi ter com o rei em seu aposento. Ora, o rei estava muito velho e Abisag, a sunamita, o servia. [16]Betsabeia inclinou-se e prostrou-se diante do rei, o qual lhe perguntou: "Que desejas?" [17]Ela respondeu-lhe: "Meu senhor, juraste a tua serva por Javé teu Deus, dizendo: 'É teu filho Salomão que reinará depois de mim e se sentará em meu trono'. [18]Agora, porém, Adonias tornou-se rei e tu, senhor meu rei, não sabes disso. [19]Ele imolou grande número de bois, bezerros cevados e ovelhas e convidou todos os filhos do rei, o sacerdote Abiatar e Joab, general do exército, mas não convidou teu servo Salomão. [20]Agora, senhor meu rei, todo Israel dirige para ti seu olhar, a fim de que lhe anuncies quem se sentará sobre o trono do senhor meu rei depois dele. [21]Do contrário, quando o senhor meu rei tiver adormecido com seus pais, eu e meu filho Salomão seremos tidos como culpados".

[22]Ela ainda estava falando com o rei, quando entrou o profeta Natã. [23]Anunciaram ao rei: "O profeta Natã está aí". Ele veio perante o rei e prostrou-se diante dele com o rosto em terra. [24]Disse Natã: "Senhor meu rei, acaso dissestes: 'Adonias reinará depois de mim e se sentará em meu trono?' [25]Pois ele desceu hoje para imolar inúmeros bois, bezerros cevados e ovelhas e convidou todos os filhos do rei, os oficiais do exército e o sacerdote Abiatar; eles estão comendo e bebendo em sua presença e gritando: 'Viva o rei Adonias!' [26]Mas não convidou a mim, teu servo, nem o sacerdote Sadoc, nem Banaías, filho de Joiada, nem teu servo Salomão. [27]Porventura foi por ordem do senhor meu rei que isto se fez, sem que tenhas indicado a teu servo quem sucederia no trono ao senhor meu rei?

Salomão é consagrado rei. [28]O rei Davi respondeu: "Chamai para mim Betsabeia". Ela veio perante o rei e ficou de pé diante dele. [29]Então o rei fez este juramento: "Pela vida de Javé, que me livrou de toda adversidade, [30]como te jurei por Javé, Deus de Israel, dizendo: 'Teu filho Salomão reinará depois de mim e se sentará em meu trono em meu lugar', assim o farei hoje mesmo". [31]Betsabeia inclinou-se com o rosto em terra, prostrou-se diante do rei e disse: "Viva para sempre o rei Davi, meu senhor!" [32]Depois o rei Davi ordenou: "Chamai para mim o sacerdote Sadoc, o profeta Natã e Banaías, filho de Joiada". Eles vieram perante o rei, [33]e este lhes disse: Tomai convosco* os servos de vosso senhor, fazei montar em minha mula meu filho Salomão e fazei-o descer até Guion. [34]Lá o sacerdote Sadoc e o profeta Natã* o ungirão rei de Israel e vós tocareis a trombeta e gritareis: 'Viva o rei Salomão!' [35]Depois subireis atrás dele, e ele virá sentar-se em meu trono e reinará em meu lugar, pois foi a ele que constituí chefe sobre Israel e sobre Judá". [36]Banaías, filho de Joiada, respondeu ao rei: "Amém! Que assim o ordene o Senhor, o Deus do senhor meu rei! [37]Como Javé esteve com o senhor meu rei, assim esteja com Sa-

---

* **1**,11. 2Sm 12,24 | 33. 2Rs 11,11-20 | 34. 1Sm 9,26

† **1**,13. Este juramento não consta na Bíblia, mas Davi não recusaria nada à mulher que tanto amou.

lomão e que exalte seu trono mais do que o trono do rei Davi, meu senhor!".

38 Desceram, pois, o sacerdote Sadoc, o profeta Natã, Banaías, filho de Joiada, os cereteus* e os feleteus†. Fizeram Salomão montar na mula do rei Davi e o conduziram a Guion. 39 O sacerdote Sadoc apanhou na tenda o chifre de óleo e ungiu Salomão;* soaram a trombeta e todo o povo gritou: "Viva o rei Salomão!" 40 Depois, todo o povo subiu atrás dele, tocando flauta e exultando com tão grande júbilo que a terra se fendia com seus clamores.

Adonias abandonado. 41 Adonias e todos os seus convidados ouviram aqueles clamores quando estavam acabando a refeição. Joab ouviu o toque da trombeta e perguntou: "Por que esse barulho e alvoroço na cidade?" 42 Estava ainda falando quando chegou Jônatas, filho do sacerdote Abiatar, e Adonias disse: "Entra, pois és um homem valente e certamente trazes* boas notícias". 43 Jônatas respondeu a Adonias: "Pelo contrário, o rei Davi, nosso senhor, acaba de constituir Salomão rei! 44 O rei mandou com ele o sacerdote Sadoc, o profeta Natã, Banaías, filho de Joiada, os cereteus e os feleteus, fizeram-no montar na mula do rei 45 e o sacerdote Sadoc e o profeta Natã o ungiram rei em Guion; voltaram de lá soltando gritos de alegria, e a cidade se alvoroçou; é este o rumor que acabais de ouvir. 46 Além disso, Salomão já está sentado no trono real, 47 e os oficiais do rei já foram felicitar o rei Davi, nosso senhor, dizendo: 'Que teu Deus glorifique o nome de Salomão mais ainda que o teu e que ele engrandeça seu trono mais que o teu!' O rei prostrou-se sobre seu leito 48 e assim falou: 'Bendito seja Javé, Deus de Israel, que fez alguém sentar-se sobre meu trono hoje, permitindo que meus olhos o vissem'".

49 Então todos os convidados de Adonias entraram em pânico, levantaram-se e cada qual partiu para um lado. 50 Adonias, temendo Salomão, levantou-se e foi agarrar-se aos chifres do altar†. 51 Informaram Salomão nestes termos: "Adonias está com medo* do rei Salomão e agarrou-se aos chifres do altar, dizendo: 'Que o rei Salomão me jure hoje que não mandará matar seu servo à espada'". 52 Salomão respondeu: "Se ele se portar como pessoa honesta, nem sequer um de seus cabelos cairá por terra; mas se for surpreendido em falta, morrerá". 53 O rei Salomão ordenou que o descessem do altar; ele veio e prostrou-se diante do rei Salomão, que lhe disse: "Vai para casa".

2

Últimas disposições de Davi†. 1 Aproximando-se o momento de sua morte, Davi ordenou a seu filho Salomão: 2 "Vou seguir o caminho de todo o mundo.* Sê corajoso e porta-te como homem. 3 Observa as ordens de Javé,* teu Deus, andando em seus caminhos, pondo em prática seus estatutos, seus mandamentos, seus decretos e seus preceitos, conforme está escrito na lei de Moisés, a fim de seres bem-sucedido em tudo quanto fizeres e em todos* os teus projetos. 4 Para que Javé cumpra a promessa que me fez quando disse: 'Se teus filhos conservarem* boa conduta, caminhando com lealdade diante de mim, de todo o seu coração e de toda a sua alma, jamais te faltará um sucessor no trono de Israel'. 5 Tu sabes também o que me fez Joab,* filho de Sárvia, o que ele fez aos dois chefes do exército de Israel, Abner, filho de Ner, e Amasa, filho de Jeter. Ele os matou, vingando em tempo de paz o sangue derramado na guerra e manchando de sangue inocente o cinturão de seus rins e a sandália de seus pés; 6 agirás conforme tua sabedoria, mas não deixes que seus cabelos brancos desçam em paz ao xeol. 7 Aos filhos de

---

* **1**,38. 2Sm 8,18 | 39. 1Sm 10,1; 16,1.13; Êx 30,22 | 42. 2Sm 18,27 | 51. Êx 21,13s; 1Rs 2,28 | **2**,2. Js 23,14 | 3. Dt 17,18-20 / Dt 29,8 | 4. 2Sm 7,11-16 | 5. 2Sm 3,21-27; 20,8-12 | 7. 2Sm 19,32-40

† **1**,38. Ver a nota em 2Sm 8,18. | 50. Ver a nota em Êx 27,2. | **2**. Davi exorta Salomão a ser fiel à aliança e o encarrega de vingar certos crimes, coisa que ele não pôde fazer, ou por causa de um juramento, ou porque as circunstâncias não lho permitiram.

Berzelai,* o galaadita, porém, mostrarás benevolência e eles estarão entre os que comem a tua mesa, pois com igual bondade vieram a meu encontro quando eu fugia diante de teu irmão Absalão. [8]Tens contigo Semei,* filho de Gera, o benjaminita de Baurim, que me amaldiçoou violentamente no dia em que parti para Maanaim; mas como ele desceu para me encontrar no Jordão, jurei-lhe por Javé que eu não o mataria pela espada. [9]Mas agora, não o deixarás impune: sensato como és, saberás como tratá-lo para fazer descer ao xeol manchados de sangue seus cabelos brancos".

Morte de Davi. Reina Salomão. [10]Davi adormeceu* com seus pais e foi sepultado na Cidade de Davi. [11]O reinado de Davi sobre Israel durou quarenta anos: em Hebron reinou sete anos, em Jerusalém trinta e três. [12]Salomão subiu ao trono de Davi, seu pai, e sua realeza foi firmemente estabelecida.

Morte de Adonias. [13]Adonias, filho de Haguit, foi ter com Betsabeia, mãe de Salomão. Ela perguntou: "É pacífica tua visita?" Ele respondeu: "Sim". [14]E acrescentou: "Tenho algo a te dizer". Ela respondeu: "Fala". [15]E ele: "Bem sabes que a realeza me pertencia e que todo o Israel esperava que eu me tornasse rei, mas a realeza me escapou e foi dada a meu irmão, porque por vontade de Javé era dele. [16]Agora, só tenho um pedido a fazer-te, não o recuses". Ela respondeu: "Fala". [17]E ele: "Dize, eu te peço, ao rei Salomão – pois ele nada te negará – que me dê Abisag, a sunamita, por esposa". [18]"Está bem", respondeu Betsabeia, "eu falarei ao rei em teu favor". [19]Betsabeia foi, pois, à presença do rei Salomão para lhe falar em favor de Adonias, e o rei ergueu-se para ir a seu encontro e prostrou-se diante dela; depois sentou-se no trono e mandou colocar um assento para a mãe do rei, e ela sentou-se a sua direita. [20]Disse ela: "Tenho um pequeno pedido para te fazer, não o negues". O rei lhe respondeu: "Pede, minha mãe, que não o negarei". [21]Ela respondeu: "Que se dê Abisag, a sunamita, por esposa a teu irmão Adonias". [22]Em resposta, o rei Salomão disse a sua mãe: "E por que pedes para Adonias Abisag, a sunamita? Pede também para ele a realeza! Pois ele é meu irmão mais velho; para ele, para o sacerdote Abiatar e para Joab, filho de Sárvia!" [23]O rei Salomão jurou por Javé, dizendo: "Que Deus me mande um castigo em cima de outro se Adonias não pagar com a própria vida esta palavra que pronunciou! [24]Agora pois, pela vida de Javé que me estabeleceu e me fez sentar no trono de Davi, meu pai,* e me edificou uma casa conforme prometera, hoje mesmo Adonias estará morto". [25]O rei Salomão encarregou disso Banaías, filho de Joiada, o qual se lançou sobre Adonias, e ele morreu.

Demissão de Abiatar. [26]Ao sacerdote Abiatar o rei disse: "Vai para Anatot, para tua propriedade, porque és digno de morte, mas não te farei morrer hoje, porque carregaste a arca de Javé diante de Davi, meu pai, e compartilhaste todas as provações de meu pai". [27]Salomão afastou Abiatar do sacerdócio de Javé, cumprindo-se assim a palavra que Javé havia pronunciado contra a casa de Eli em Silo.

Punição de Joab. [28]Quando essa notícia* chegou a Joab – que havia apoiado Adonias, embora não tivesse apoiado Absalão – ele refugiou-se na tenda de Javé e agarrou-se aos chifres do altar. [29]Comunicaram ao rei Salomão: "Joab refugiou-se na tenda de Javé e acha-se junto do altar". Então Salomão mandou Banaías, filho de Joiada, dizendo-lhe: "Vai e mata-o!" [30]Banaías foi à tenda de Javé e lhe disse: "O rei ordena que saias daqui". "Não", respondeu ele, "eu morrerei* aqui". Banaías levou a resposta ao rei: "Assim me falou Joab e assim me respondeu". [31]O rei lhe disse: "Faze como ele disse; mata-o e depois sepulta-o. Assim tirarás de cima de mim e de cima da casa de meu pai o sangue que Joab derramou* sem motivo. [32]Javé fará recair sobre a cabeça dele o sangue

---

* **2**,8. 2Sm 16,5-14 | 10. 1Cr 29,26s | 24. 2Sm 7,11-16 | 28. 1Rs 1,51 | 30. Êx 21,14 | 31. 2,5

que derramou quando atacou e matou
à espada dois homens mais justos e
melhores do que ele, sem que meu pai
Davi o soubesse: Abner, filho de Ner,
chefe do exército de Israel, e Amasa, fi-
lho de Jeter, chefe do exército de Judá.
33Assim recairá o sangue deles sobre a
cabeça de Joab e de sua descendência
para sempre; mas a Davi e a sua descen-
dência, a sua dinastia e a seu trono Javé
dará paz para sempre!" 34Banaías, filho
de Joiada, saiu, arremeteu contra Joab
e o matou, enterrando-o depois em
sua casa, no deserto. 35Em seu lugar, na
chefia do exército, o rei colocou Banaías,
filho de Joiada; e em lugar de Abiatar
colocou o sacerdote Sadoc.
Morte de Semei. 36Depois o rei mandou
chamar Semei e lhe disse: "Constrói para
ti uma casa em Jerusalém: nela habita-
rás e dela não sairás para lugar nenhum.
37No dia em que saíres e atravessares a
torrente do Cedron, tem por certo que
morrerás; teu sangue recairá sobre tua
cabeça". 38Semei respondeu ao rei: "Está
bem, teu servo fará como o senhor meu
rei ordenou"; e Semei permaneceu por
muito tempo em Jerusalém.

39Mas, decorridos três anos, aconte-
ceu que dois escravos de Semei* fugiram
para junto de Aquis, filho de Maaca, rei
de Gat. Avisaram Semei, dizendo: "Teus
escravos estão em Gat". 40Então Semei
preparou-se, selou seu jumento e partiu
para Gat, para a casa de Aquis, a fim de
procurar seus escravos; Semei foi e trou-
xe de Gat seus escravos. 41Informaram
Salomão de que Semei tinha viajado de
Jerusalém a Gat e que havia regressado.

42O rei mandou chamar Semei e lhe
disse: "Porventura não te fiz jurar por
Javé e não te adverti, dizendo: 'No dia
em que saíres para ir aonde quer que
seja, tem por certo que morrerás?' E tu
me respondeste: 'Está bem o que dis-
seste'. 43Por que então não observaste
o juramento de Javé e a ordem que te
dei?" 44Depois o rei disse a Semei: "Bem
conheces todo o mal que fizeste a meu
pai Davi; por isso Javé vai fazer recair
tua maldade sobre tua própria cabeça.
45Mas bendito seja o rei Salomão e que
o trono de Davi permaneça firme dian-
te de Javé para sempre!" 46O rei deu or-
dens a Banaías, filho de Joiada, o qual
saiu e arremeteu contra Semei, e este
morreu. Assim foi consolidado o reino
nas mãos de Salomão.

3 **Salomão pede a Deus a sabedo-
ria.** 1Salomão tornou-se genro*
do faraó, rei do Egito, tomando por es-
posa a filha do faraó; introduziu-a na
Cidade de Davi,* enquanto acabava de
construir seu palácio, a casa de Javé e
as muralhas em torno de Jerusalém. 2O
povo oferecia sacrifícios* nos lugares
altos†, pois até então não havia sido
construída uma casa para o nome de
Javé. 3Salomão amou a Javé; compor-
tava-se segundo os preceitos de seu
pai Davi; mas oferecia sacrifícios e in-
censo nos lugares altos.

4O rei foi a Gabaon* para lá oferecer
um sacrifício, pois era o lugar alto mais
importante; Salomão ofereceu mil ho-
locaustos sobre aquele altar. 5Em Ga-
baon, Javé apareceu em sonho a Salo-
mão durante a noite. Deus disse: "Pede
o que queres que eu te dê". 6Salomão
respondeu: "Vós demonstrastes gran-
de benevolência para com vosso servo
Davi, meu pai, porque ele caminhou
diante de vós na fidelidade, justiça e
retidão de coração para convosco; vós
lhe guardastes essa grande benevolên-
cia e lhe destes um filho que se sentas-
se em seu trono como hoje acontece.
7Agora, pois, Javé, meu Deus, fizestes
reinar vosso servo em lugar de meu pai
Davi, mas eu não passo de um jovem,
não sei como conduzir-me. 8Vosso ser-
vo se encontra no meio de vosso povo
que escolhestes, povo tão numeroso*
que não se pode contar nem calcular.
9Dai, pois, a vosso servo* um coração

* **2**,39. 1Sm 21,11; 27,2s | **3**,1. 7,8; 9,16s.24 / 2Sm 5,9 | 2. 1Sm 9,12 | 4. 2Cr 1,3-12 | 8. 4,20 | 9. Sb 8,21-9,18 / Pr 2,6-9

† **3**,2. Ver a nota em 1Sm 9,12. | **3**,9. O coração é aqui considerado como o órgão com que se percebem o sentido e a ordem do mundo.

compreensivo* para governar vosso povo† e para discernir entre o bem e o mal, pois quem poderia governar vosso povo que é tão numeroso?" [10]Agradou ao Senhor que Salomão tivesse pedido tal coisa; [11]e Deus lhe disse: "Porque foi este teu pedido e não pediste para ti vida longa, nem riqueza, nem a vida de teus inimigos, mas pediste para ti discernimento para governar com retidão, [12]vou fazer como pediste: dou-te um coração sábio e inteligente como ninguém teve antes de ti e ninguém terá depois de ti. [13]E também o que não pediste eu te dou: riqueza e glória tais que não haverá entre os reis quem te seja semelhante durante toda a tua vida. [14]E se andares em meus caminhos, guardando meus estatutos e meus mandamentos como o fez teu pai Davi, eu te darei uma vida longa". [15]Salomão despertou e viu que aquilo fora um sonho. Voltou a Jerusalém e pôs-se diante da arca da aliança do Senhor; ofereceu holocaustos e sacrifícios de comunhão e deu um banquete para todos os seus servos.

O julgamento de Salomão. [16]Certa vez duas prostitutas vieram apresentar-se diante do rei. [17]Disse uma das mulheres: "Ó meu senhor! Eu e esta mulher moramos na mesma casa, e eu dei à luz quando ela estava em casa. [18]Três dias depois de eu ter dado à luz, esta mulher também teve uma criança; e não havia ninguém mais na casa além de nós duas. [19]Ora, certa noite morreu o filho desta mulher, pois ela se deitou sobre ele. [20]Ela então se levantou durante a noite, retirou meu filho de meu lado enquanto tua serva dormia e o deitou em seus braços, e nos meus colocou seu filho morto. [21]Levantei-me de manhã para amamentar meu filho e encontrei-o morto. Mas reparando nele pela manhã, constatei que não era o meu filho que eu tinha dado à luz". [22]Então a outra mulher disse: "Não é verdade! Meu filho é o que está vivo e o teu é o que está morto!" A outra protestava: "Não é verdade! Teu filho é o que está morto e o meu é o que está vivo!" Assim discutiam diante do rei. [23]Ele disse: "Uma diz: 'Meu filho é o que está vivo e o teu é o que está morto!', e a outra responde: 'Não! Teu filho é o que está morto e o meu é o que está vivo!' [24]"Trazei-me uma espada", ordenou o rei; e levaram uma espada diante do rei. [25]O rei disse: "Cortai o menino vivo em duas partes e dai metade a uma e metade à outra". [26]Então a mulher, de quem era o filho vivo, suplicou ao rei, pois suas entranhas se comoveram por causa do filho, dizendo: "Ó meu senhor! Dai-lhe então o menino vivo, mas não o mateis!" Mas a outra dizia: "Não seja meu nem teu, cortai-o!" [27]Então o rei tomou a palavra e disse: "Dai à primeira o menino vivo e não o mateis, pois é ela a sua mãe". [28]Todo Israel soube da sentença pronunciada pelo rei e todos lhe demonstraram muito respeito, pois viram que havia nele a sabedoria de Deus para fazer justiça†.

4 **Os ministros de Salomão.** [1]O rei Salomão reinava sobre todo o Israel, [2]e estes eram seus altos funcionários:

Azarias, filho de Sadoc, sacerdote;

[3]Eliorefe e Aías, filhos de Sisa, secretários;

Josafá, filho de Ailud, cronista;

[4]Banaías, filho de Joiada, comandante do exército;

Sadoc e Abiatar, sacerdotes;

[5]Azarias, filho de Natã, chefe dos prefeitos;*

Zabud, filho de Natã, sacerdote e amigo do rei;

[6]Aisar, prefeito do palácio;

Adoram, filho de Abda, encarregado dos trabalhos forçados.*

Os prefeitos de Salomão. [7]Salomão tinha doze prefeitos, sobre todo o Israel, que abasteciam o rei e sua casa;

---

* **4**,5. 1Rs 4,7s | 6. 1Rs 5,27

† **3**,28. Salomão revelou-se profundo conhecedor do coração humano e também um rei justo, por isso digno de estima. | **4**,7. Introduz um tipo de administração moderna, não baseada na divisão por tribos, para não sobrecarregar as menores.

cada um cuidava do abastecimento durante um mês do ano†.

8Eis seus nomes:

O filho de Hur, na montanha de Efraim†;

9o filho de Decar, em Maces, Salebim, Bet-Sames, Eilon-Bet-Hanã;

10o filho de Hesed, em Arubot, ao qual pertenciam Soco e toda a terra de Héfer;

11o filho de Abinadab em todo o distrito de Dor; era casado com Tabaat, filha de Salomão;

12Baana, filho de Ailud, em Tanac e Meguido, e todo o Betsã que está perto de Sartã, abaixo de Jezrael, desde Betsã até Abel-Meúla e até além de Jecmaan;

13o filho de Gaber, em Ramot de Galaad; ele tinha as aldeias de Jair, filho de Manassés, que estão em Galaad; possuía também o território de Argob que está em Basã, sessenta grandes cidades muradas e com ferrolhos de bronze;

14Ainadab, filho de Ado, em Maanaim;

15Aquimaás em Neftali, que também se casou com uma filha de Salomão, de nome Basemat;

16Baana, filho de Husi, em Aser e em Baalot;

17Josafá, filho de Farué, em Issacar;

18Semei, filho de Ela, em Benjamim;

19Gaber, filho de Uri, na região de Galaad, terra de Seon, rei dos amorreus, e de Og, rei de Basã; ele era o único prefeito que havia nesta terra.

20A população de Judá e de Israel era grande, tão numerosa* como a areia que está na praia do mar; comiam, bebiam e viviam felizes.

5 **Grandeza e sabedoria de Salomão.** 1Salomão dominava* sobre todos os reinos desde o rio Eufrates até a terra dos filisteus e até a fronteira do Egito. Pagavam-lhe tributo e serviram a Salomão todos os dias de sua vida.

2As provisões diárias de Salomão eram trinta coros de flor de farinha e sessenta de farinha comum, 3dez bois cevados, vinte bois de pasto, cem carneiros, sem contar os veados, gazelas, antílopes e as aves cevadas. 4Pois ele dominava sobre toda a região a oeste do Eufrates – desde Tafsaco até Gaza, sobre todos os reis da região a oeste do Eufrates – e vivia em paz com todos os países a seu redor. 5Judá e Israel viveram em segurança, cada qual debaixo de sua videira e de sua figueira, desde Dã até Bersabeia, durante toda a vida de Salomão†.

6Salomão possuía quarenta mil estábulos† para os cavalos de seus carros* e doze mil cavalos.

7Os prefeitos zelavam, cada qual durante um mês, pelo sustento de Salomão e de todos os que se sentavam à mesa do rei, não deixando faltar coisa alguma. 8Mandavam levar também a cevada e a palha para os cavalos e os animais de tração, no lugar onde estivesse o rei, e cada qual segundo as ordens recebidas.

9Deus concedeu a Salomão sabedoria e inteligência extraordinárias e um coração tão grande como a areia que está na praia do mar. 10A sabedoria de Salomão foi maior que a de todos os filhos do oriente e maior que toda a sabedoria do Egito†. 11Foi mais sábio que qualquer pessoa: mais que Etã, o ezraíta, mais que os filhos de Maol, Emã, Calcol e Darda; sua fama espalhou-se por todas as nações circunvizinhas. 12Pronunciou três mil provérbios, e seus cânticos foram em número de mil e cinco. 13Falou das plantas, desde o cedro que cresce no Líbano até o hissopo que sobe pelos muros; falou também dos quadrúpedes, das aves, dos répteis e dos peixes. 14De todos os povos vinha gente para ouvir a sabedoria de Salomão e também enviados

---

* **4**,20. Gn 22,17 | **5**,1. 2Cr 9,26 | 6. 1Rs 10,26; 2Cr 1,14; 9,25

† **4**,8. Região montanhosa do centro da Palestina, onde residia a tribo de Efraim. | **5**,5. O nome Salomão significa "pacífico" e em seu tempo realiza-se o ideal da paz messiânica. | 6. Erro de copista: o certo é quatro mil, cf. 2Cr 9,25. | 10. Os árabes, "filhos do oriente", e os egípcios eram famosos por sua sabedoria. Salomão foi o primeiro e o maior sábio de Israel.

por todos os reis da terra que tinham ouvido falar de sua sabedoria.

Tratado com Hiram. [15]Quando Hiram, rei de Tiro,* soube que Salomão havia sido ungido rei em lugar de seu pai, mandou-lhe seus servos, pois Hiram sempre tinha sido amigo de Davi. [16]Salomão mandou dizer a Hiram: [17]"Bem sabes que Davi,* meu pai, não pôde construir um templo para o nome de Javé, seu Deus, por causa das guerras que o importunavam de todos os lados, até que Javé submetesse os inimigos a seus pés. [18]Mas agora Javé, meu Deus, deu-me tranquilidade por todos os lados: não existe adversário nem calamidade. [19]Por isso resolvi construir um templo ao nome de Javé, meu Deus, conforme o que disse Javé a Davi,* meu pai: 'Teu filho, que colocarei no trono em teu lugar, é que construirá um templo para meu nome'. [20]Ordena, pois, que cortem para mim cedros do Líbano; meus servos estarão com os teus e eu te darei como salário de teus servos tudo o que me pedires, porque tu sabes que não há entre nós ninguém que saiba cortar madeira como os sidônios". [21]Quando Hiram ouviu a mensagem* de Salomão, muito se alegrou e disse: "Bendito seja hoje Javé,* que deu a Davi um filho sábio que governa este grande povo!" [22]Hiram mandou responder a Salomão: "Recebi tua mensagem. Eu te darei toda a madeira de cedro e de cipreste que desejares. [23]Meus servos a descerão do Líbano até o mar e a farei transportar pelo mar até o lugar que me indicares; ali, eu a desembarcarei e tu a levarás. Por tua vez, desejo que forneças víveres para minha casa". [24]Hiram forneceu* a Salomão madeira de cedro e de cipreste na quantidade que ele quis, [25]e Salomão pagou a Hiram vinte mil coros de trigo para o sustento de sua casa e vinte coros de azeite virgem. Era isso que Salomão pagava a Hiram todo ano. [26]Javé concedeu a Salomão a sabedoria, conforme lhe prometera. Houve bom entendimento entre Hiram e Salomão, e os dois fizeram uma aliança.

[27]O rei Salomão recrutou em todo o Israel mão de obra para os trabalhos forçados; e os recrutados foram trinta mil homens. [28]Mandava-os para o Líbano, em rodízio, dez mil cada mês; eles passavam um mês no Líbano e dois meses em casa; Adoram dirigia os trabalhos forçados. [29]Salomão tinha* ainda setenta mil carregadores e oitenta mil que talhavam pedra na montanha†, [30]afora os oficiais de Salomão, em número de três mil e trezentos, que dirigiam os trabalhos e comandavam o povo que os efetuava. [31]O rei mandou extrair grandes blocos de pedra escolhida e lavrada, destinadas aos alicerces do templo. [32]Os operários de Salomão, os de Hiram e os de Biblos cortaram e prepararam as madeiras e as pedras para a construção do templo.

6 **A construção do templo.** [1]No ano quatrocentos e oitenta*, após a saída dos israelitas da terra do Egito, no quarto ano do reinado de Salomão sobre Israel, no mês de ziv, que é o segundo mês, ele começou a construir o templo de Javé. [2]O templo que o rei Salomão edificou para Javé tinha sessenta côvados de comprimento, vinte de largura e trinta de altura†. [3]O pórtico diante do lugar santo do templo tinha vinte côvados de comprimento, igualando assim à largura do templo, e dez côvados de largura em frente do templo. [4]Fez no templo janelas quadrangulares com grades. [5]Contra a parede do templo, ele fez quartos ao redor dos muros do templo, em torno do lugar santo e do santuário interior, e fez aposentos laterais ao redor. [6]O andar de baixo tinha cinco côvados de largura, o do meio seis e o terceiro sete, pois do lado de fora do templo ao redor, ele

* **5**,15. 2Cr 2,2-8 | 19. 2Sm 7,12s | 21. 2Cr 2,10s / 2Cr 2,15 | 24. 2Cr 2,9 | 29. 2Cr 2,2.17 | **6**,1. 2Cr 3,1-7

† **5**,29. Trata-se do monte Bezeta, na parte norte da Cidade Santa. | **6**,2. O templo foi iniciado no ano 960 a.C. Media 30 metros de comprimento, 10 de largura e 15 de altura.

tinha feito reentrâncias de modo que
as vigas não se introduziam nas pare-
des do templo. [7]Quando edificaram o
templo, usaram pedras já talhadas nas
pedreiras; assim, durante sua constru-
ção, não se ouviu no templo barulho de
martelo, de machado, nem de qualquer
outro instrumento de ferro. [8]A entrada
para o andar inferior situava-se no lado
direito do templo e por meio de uma
escada em caracol subia-se ao andar
do meio e, deste, ao terceiro. [9]Termi-
nada a construção do templo, Salomão
cobriu-o com vigas e tábuas de cedro.
[10]Os andares que construiu ao redor de
todo o templo tinham cinco côvados
de altura e estavam ligados ao templo
por traves de cedro.
[11]A palavra de Javé foi então dirigi-
da a Salomão nestes termos: [12]"Quan-
to a esta casa que estás construindo,*
se procederes segundo minhas leis, se
observares minhas normas e seguires
todos os meus mandamentos, agindo
de acordo com eles, eu cumprirei em
teu favor minha palavra, que falei a
Davi, teu pai, [13]e habitarei no meio dos
israelitas e não abandonarei meu povo,
Israel". [14]Salomão edificou o templo e
o concluiu.

A decoração interna. O santo dos santos. [15]Revestiu com tábuas* de ce-
dro o lado interno das paredes do tem-
plo, desde o pavimento até as vigas
do teto, revestiu com madeira o inte-
rior e cobriu com tábuas de cipreste o
pavimento do templo. [16]No fundo do
templo fez um compartimento de vinte
côvados com tábuas de cedro, desde o
chão até as vigas, e reservou esse es-
paço como santuário interior, ou santo
dos santos. [17]O templo, isto é, o lugar
santo que estava na frente, media qua-
renta côvados. [18]No interior do templo,
o cedro era esculpido com botões e
flores abertas; tudo era de cedro e não
se via pedra alguma. [19]Salomão dispôs
um santuário interior dentro do tem-
plo, para nele colocar a arca da alian-
ça de Javé. [20]O santuário interior tinha
vinte côvados de comprimento, vinte
côvados de largura e vinte côvados de
altura; Salomão o revestiu de ouro fino
e recobriu o altar de cedro.
[21]Salomão revestiu de ouro fino o in-
terior do templo e fez passar correntes
de ouro diante do santuário interior,
que revestiu de ouro. [22]Assim recobriu
de ouro o templo todo, até que todo
o templo fosse terminado e recobriu
também de ouro todo o altar que per-
tencia ao santuário interior.

Os querubins†. [23]No santuário interior,
ele fez dois querubins* de madeira de
oliveira, de dez côvados de altura cada
um. [24]A asa de um querubim media
cinco côvados e a outra também tinha
cinco côvados; de uma extremidade à
outra das asas havia, pois, a distância
de dez côvados. [25]O outro querubim
media também dez côvados; ambos os
querubins tinham a mesma dimensão
e o mesmo formato. [26]A altura do pri-
meiro querubim era de dez côvados, e
essa também era a altura do segundo.
[27]Colocou os querubins no meio do
santuário interior; os querubins esta-
vam de asas estendidas, de sorte que
a asa de um tocava uma parede e a asa
do outro tocava a outra parede, e suas
asas tocavam uma na outra, no meio
da sala. [28]Revestiu de ouro os queru-
bins. [29]Em todas as paredes ao redor
do templo, tanto no interior como no
exterior, mandou esculpir querubins,
palmas e flores. [30]Cobriu de ouro o pa-
vimento do templo, por dentro e por
fora.

As portas. O pátio. [31]Para a entrada
do santuário interior ele fez portas de
madeira de oliveira; a verga com as
ombreiras ocupavam a quinta parte
da parede. [32]Os dois batentes eram de
madeira de oliveira. Mandou esculpir
neles figuras de querubins, palmeiras
e flores e cobriu-as de ouro; também
recobriu de ouro os querubins e as pal-
meiras. [33]Para a entrada do lugar santo
fez também ombreiras de madeira de
oliveira, que ocupavam a quarta parte

---

* **6**,12. 2Sm 7,11-16 | 15. 2Cr 3,8s | 23. 2Cr 3,10-13

† **6**,23. Ver a nota em 1Sm 4,4.

da largura da parede. [34]As duas por-
tas eram de madeira de cipreste: cada
batente constava de dois painéis gira-
tórios. [35]Mandou esculpir neles queru-
bins, palmeiras e flores, revestidos de
ouro ajustado sobre a escultura.
[36]Construiu o pátio interior com três
fileiras de pedras lavradas e uma fileira
de vigas de cedro.
[37]No quarto ano, no mês de ziv, fo-
ram lançados os alicerces do templo;
[38]no décimo primeiro ano, no mês de
bul, que é o oitavo mês, o templo foi
concluído em todas as suas partes e em
todos os seus detalhes. Foi construído
em sete anos.

7 **O palácio de Salomão.** [1]Salomão
levou treze anos para construir seu
palácio, até seu completo acabamento.
[2]Construiu o palácio chamado Floresta
do Líbano, de cem côvados de compri-
mento, cinquenta de largura e trinta de
altura, sobre quatro fileiras de colunas
de cedro e vigas de cedro sobre as
colunas. [3]Estava coberto de cedro em
cima das vigas que se apoiavam sobre
as colunas, que eram quarenta e cinco,
quinze para cada fileira. [4]Havia três fi-
leiras de janelas, umas frente às outras,
em três fileiras. [5]Todas as portas e ja-
nelas tinham marcos quadrados, e uma
janela estava diante da outra, em três
fileiras. [6]Fez também o pórtico das co-
lunas com cinquenta côvados de com-
primento e trinta de largura; e diante
das colunas desse pórtico havia outro
pórtico com colunas, com uma cober-
tura na frente. [7]Depois fez o pórtico do
trono, ou sala do julgamento, onde ele
administrava a justiça; era revestido de
cedro desde o pavimento até o teto. [8]A
casa onde morava, construída da mes-
ma forma, tinha um outro pátio no in-
terior do pórtico. Salomão fez também
uma casa com um pórtico semelhante
a esse para a filha do faraó, que ele ha-
via desposado.
[9]Todos esses edifícios eram feitos de
pedras escolhidas, talhadas sob medi-
da, serradas nos lados interno e exter-
no, desde os fundamentos até as bei-
ras dos tetos,* e por fora até o grande
pátio. [10]Também os alicerces eram de
pedras selecionadas, enormes blocos,
uns de dez côvados e outros de oito
côvados. [11]Em cima também havia pe-
dras escolhidas, talhadas sob medida, e
madeira de cedro. [12]O grande pátio era
cercado por três fileiras de pedra talha-
da e por uma fileira de vigas de cedro;
assim também eram feitos o pátio in-
terno do templo de Javé e o pórtico do
templo.
O bronzista Hiram. [13]Salomão man-
dou chamar Hiram, de Tiro,* [14]filho de
uma viúva da tribo de Neftali, cujo pai
era natural de Tiro e trabalhava com
bronze. Era dotado de grande sabe-
doria, inteligência e habilidade para
executar qualquer trabalho em bronze.
Apresentou-se ao rei Salomão e execu-
tou todos os seus trabalhos.
As colunas de bronze. [15]Modelou as
duas colunas* de bronze; a altura de
cada uma era de dezoito côvados, e
sua circunferência media-se com um
fio de doze côvados. [16]Fez dois capi-
téis de bronze fundido, colocando-os
no topo das colunas; cada capitel tinha
cinco côvados de altura. [17]Os capitéis,
no topo das colunas, tinham redes de
tranças em forma de correntes: sete
para um capitel e sete para o outro.
[18]Fez também romãs, em duas fileiras
em torno de cada rede, para cobrir os
capitéis da parte superior das colu-
nas. Fez o mesmo para o outro capitel.
[19]Os capitéis que encimavam as colu-
nas eram em forma de lótus e eram de
quatro côvados. [20]Os capitéis sobre as
duas colunas tinham duzentas romãs,
em duas fileiras, em cima da parte con-
vexa do capitel, próxima à rede, tanto
no primeiro capitel como no segundo.
[21]Ergueu as colunas no pórtico do tem-
plo; ergueu a coluna do lado direito, à
qual deu o nome de Jaquin; ergueu a
coluna do lado esquerdo e chamou-
-a Booz†. [22]O topo das colunas tinha a

* **7**,9. 2Cr 4,9 | 13. 2Cr 2,12s | 15. 2Cr 3,15ss

† **7**,21. Estes nomes significam "estabilidade" e "força".

forma de um lótus. Assim ficou pronto
o trabalho das colunas.*
O mar de bronze†. [23]Fez o mar de me-
tal fundido, redondo, medindo dez cô-
vados de um lado ao outro. Tinha cinco
côvados de altura e trinta côvados de
circunferência. [24]Havia por baixo de
sua borda ao redor botões de flores,
em número de dez por côvado, dispos-
tos em duas fileiras e fundidos numa
só peça com o mar. [25]Este repousava
sobre doze bois, dos quais três olha-
vam para o norte, três para o oeste, três
para o sul e três para o leste; o mar se
elevava sobre eles, e a parte posterior
de seus corpos estava voltada para o
interior. [26]Sua espessura era de um pal-
mo e sua borda tinha a mesma forma
que a borda de uma taça, como a flor
do lótus. Sua capacidade era de dois
mil batos.
As bases e as bacias de bronze. [27]Fez
também dez bases de bronze, tendo
cada uma quatro côvados de compri-
mento, quatro de largura e três de al-
tura. [28]Eram assim construídas: tinham
painéis laterais, e os painéis estavam
encerrados em molduras. [29]Sobre os
painéis que estavam entre as molduras
havia leões, bois e querubins, e sobre
as molduras se apoiava um pedestal;
em cima e embaixo dos leões e dos
bois havia guirlandas em forma de fes-
tões. [30]Cada base tinha quatro rodas
de bronze e eixos também de bronze;
seus quatro pés tinham suportes por
baixo da bacia; esses suportes eram de
bronze fundido e tinham guirlandas de
cada lado. [31]Sua abertura sobressaía
do interior um côvado, à maneira de
um capitel; sua abertura era redonda,
feita com uma base de um côvado e
meio de diâmetro. Também ao redor
de sua abertura havia esculturas; mas
os painéis eram retangulares e não
redondos. [32]As quatro rodas estavam
debaixo dos painéis; os eixos das ro-
das saíam da base; a altura das rodas
era de um côvado e meio. [33]A forma
das rodas era como a da roda de um
carro: eixos, aros, raios e cubos, tudo
era de metal fundido. [34]Havia quatro
suportes, nos quatro cantos de cada
base: a base e seus suportes forma-
vam uma só peça. [35]Na parte superior
da base havia um suporte redondo de
meio côvado de altura; e sobre a base
havia suportes e painéis que formavam
uma só peça com a base. [36]Sobre a su-
perfície de seus painéis e de suas mol-
duras mandou gravar querubins, leões
e palmeiras, conforme o espaço livre, e
guirlandas ao redor. [37]Assim fez as dez
bases: todas do mesmo metal, da mes-
ma dimensão e da mesma forma.

[38]Fez ainda dez bacias de bron-
ze,* contendo cada uma quarenta
batos; cada bacia tinha quatro cô-
vados de circunferência e repousa-
va sobre uma das dez bases. [39]Dis-
pôs as bases,* colocando cinco do
lado direito do templo e cinco do
lado esquerdo do templo; e pôs o mar
do lado direito do templo, a sudoeste.
Os utensílios do templo. [40]Hiram fez
as bacias,* as pás e as taças. Assim aca-
bou de fazer toda a obra que devia fa-
zer para o rei Salomão no templo de
Javé:

[41]duas colunas, os globos dos capi-
téis que estavam no alto das colunas,
as duas redes para cobrir os dois glo-
bos dos capitéis que estavam no alto
das colunas, [42]as quatrocentas romãs
para as duas redes, isto é, duas fileiras
de romãs para cada rede, para cobrir os
dois globos dos capitéis que estavam
no alto das colunas;

[43]as dez bases e as dez bacias sobre
as bases;

[44]o mar único com os doze bois em-
baixo;

[45]as bacias, as pás, as taças.

Todos esses objetos que Hiram fez
para o rei Salomão no templo de Javé
eram de bronze polido. [46]Foi na planí-
cie do Jordão que o rei mandou fundi-
-los, em terra argilosa, entre Sucot e

---

* **7**,22. 2Cr 4,2-5 | 38. 2Cr 4,6 | 39. 2Cr 4,10 | 40. 2Cr 4,11-18

† **7**,23. O “mar” era uma grande bacia com a água lustral destinada às abluções dos sacerdotes, 2Cr 4,6; tinha 15 metros de circunferência e 2,50 de profundidade.

Sartã. 47Salomão deixou de pesar todos
esses objetos; por causa de sua enorme
quantidade, não se calculou o peso do
bronze.
48Salomão fez todos os utensílios
do templo de Javé: o altar de ouro, a
mesa* sobre a qual estavam os pães da
apresentação, também de ouro; 49os
candelabros de ouro puríssimo,* cinco
à direita e cinco à esquerda, diante do
santuário interior; as flores, as lâmpa-
das e as tenazes, também de ouro; 50as
bacias, as facas, as taças, as colheres e
os incensórios de ouro puríssimo; as
dobradiças para as portas da sala inte-
rior, isto é, do santo dos santos e do
lugar santo, também de ouro.
51Assim ficou terminada toda a obra*
que o rei Salomão executou para o
templo de Javé. Então Salomão man-
dou trazer as coisas que seu pai Davi
havia consagrado: a prata, o ouro e os
utensílios, e colocou-os nos tesouros
do templo de Javé.

8 **A dedicação do templo.** 1Depois
Salomão reuniu* em sua presença
em Jerusalém os anciãos de Israel, to-
dos os chefes das tribos e os chefes das
famílias dos israelitas, para trasladar da
Cidade de Davi, que é Sião, a arca da
aliança de Javé. 2Todos os homens de
Israel congregaram-se junto do rei Sa-
lomão para a festa, no mês de etanim,
que é o sétimo mês. 3Vieram todos os
anciãos de Israel. Os sacerdotes toma-
ram a arca 4e a levaram para cima, com
a tenda da reunião e todos os utensí-
lios sagrados que nela estavam. Os sa-
cerdotes e os levitas os transportaram.
5O rei Salomão e toda a comunidade
de Israel reunida junto dele diante da
arca imolaram ovelhas e bois em quan-
tidade tal que não se podia contar nem
calcular. 6Os sacerdotes introduziram a
arca da aliança de Javé em seu lugar,
no santuário interior do templo, a sa-
ber, no santo dos santos, sob as asas
dos querubins. 7Com efeito, os queru-
bins estendiam as asas sobre o lugar da
arca, abrigando do alto a arca e seus
varais. 8Estes eram tão compridos que
do lugar santo, diante do santuário
interior, podiam-se ver suas extremi-
dades, mas não se podiam ver de fora.
Aí estão até hoje. 9Na arca nada havia,*
exceto as duas tábuas de pedra que
Moisés, no Horeb, aí havia colocado,
quando Javé concluiu a aliança com os
israelitas, depois que saíram da terra
do Egito.
Deus toma posse do templo. 10Quan-
do os sacerdotes saíram do santuário,*
a nuvem encheu o templo* de Javé, 11e
os sacerdotes não puderam continuar
sua função por causa da nuvem, por-
que a glória de Javé enchia o templo de
Javé†. 12Então disse Salomão:
"Javé declarou que habitaria na obs-
curidade.*
13Sim, construí para vós uma sublime
morada,*
um lugar onde habitareis para sem-
pre".
Discurso de Salomão. 14Depois o rei
voltou-se* e abençoou toda a assem-
bleia de Israel, enquanto toda ela se
mantinha de pé. 15Salomão disse: "Seja
bendito Javé, Deus de Israel, que rea-
lizou com poder o que com sua boca
prometera a meu pai Davi, dizendo:
16'Desde quando fiz sair do Egito meu
povo Israel, não escolhi cidade alguma
dentre todas as tribos de Israel, para
nela se construir um templo onde habi-
taria* meu nome†, mas escolhi Davi para
comandar Israel, meu povo'. 17Meu pai
Davi teve a intenção de construir uma
casa para o nome de Javé, Deus de Is-
rael, 18mas Javé disse a meu pai Davi:
'Planejaste edificar uma casa para meu
nome e fizeste bem ao conceber tal
projeto. 19Contudo, não serás tu quem
edificará a casa, e sim teu filho, saído

* **7**,48. Êx 25,23; 1Rs 6,20s | 49. 2Cr 4,7 | 51. 2Cr 5,1 | **8**,1. 2Cr 5,2-10 | 9. Êx 25,21; 40,20; Dt 10,2-5 | 10. 2Cr 5,11-6,2 / Êx 40,34s; Ap 15,8; Êx 24,16 | 12. Sl 18,12; 97,2 | 13. Sl 132,13s | 14. 2Cr 6,3-11 | 16. Ez 48,35

† **8**,11. Como a escada de Jacó que unia o céu com a terra, Gn 28, o santuário é o lugar onde se cancela a distância entre o céu e a terra. | 16. O nome é a pessoa. Jerusalém, o templo, é o lugar que Deus escolheu para estar presente no meio do povo.

de tuas entranhas, é que construirá a casa para meu nome'. 20Javé realizou a palavra que dissera: sucedi a meu pai Davi e tomei posse do trono de Israel como prometera Javé, construí a casa para o nome de Javé, Deus de Israel, 21e nela preparei um lugar para a arca, na qual se acha a aliança que Javé concluiu com nossos pais quando os fez sair da terra do Egito".

Oração de Salomão. 22Em seguida, Salomão* postou-se diante do altar de Javé, diante de toda a assembleia de Israel, estendeu as mãos para o céu 23e disse: "Javé, Deus de Israel! Não existe nenhum Deus* como vós lá em cima nos céus, nem aqui embaixo sobre a terra; como vós, que sois fiel à aliança e conservais a misericórdia para com vossos servos que caminham de todo o coração diante de vós. 24Cumpristes a vosso servo Davi, meu pai, a promessa* que lhe havíeis feito, e o que dissestes com vossa boca executastes hoje com vosso poder. 25E agora, Javé, Deus de Israel, mantende a vosso servo Davi, meu pai, a promessa que lhe fizestes, ao dizer: 'Jamais te faltará um descendente diante de mim que se assente no trono de Israel, contanto que teus filhos atendam a seu procedimento, caminhando diante de mim como tu mesmo caminhaste'. 26Agora, pois, Deus de Israel, que se cumpra a palavra que dissestes a vosso servo Davi, meu pai! 27Mas será verdade que Deus habita sobre a terra?* Se os céus e os céus* dos céus não vos podem conter, muito menos esta casa que construí! 28Sede atento à oração e à súplica de vosso servo, Javé, meu Deus! Escuta o clamor e a prece que vosso servo faz hoje diante de vós! 29Que vossos olhos estejam abertos dia e noite sobre esta casa, sobre este lugar do qual dissestes: 'Meu nome estará lá'.* Ouvi a prece que vosso servo fará voltado para este lugar.

Oração pelo povo. 30Escutai as súplicas de vosso servo* e de vosso povo Israel quando rezarem voltados para este lugar. Escutai do lugar onde residis, no céu, escutai* e perdoai.

31Se alguém pecar contra seu próximo e, porque obrigado a jurar, vier jurar ante vosso altar neste templo, 32escutai do céu e agi! Fazei justiça a vossos servos: declarai culpado o mau, fazendo recair sobre sua cabeça o peso de sua falta, e declarai justo o inocente, tratando-o segundo sua retidão.

33Quando Israel, vosso povo,* for vencido diante do inimigo, por haver pecado contra vós, se ele se converter a vós, louvar vosso nome, rezar e suplicar a vós neste templo, 34escutai do céu, perdoai o pecado de Israel, vosso povo, e reconduzi-o à terra que destes a seus pais.

35Quando o céu se fechar* e não houver chuva por terem eles pecado contra vós, se eles rezarem voltados para este lugar, louvarem vosso nome e se arrependerem de seu pecado, por os terdes afligido, 36escutai do céu, perdoai o pecado de vossos servos e de vosso povo Israel, indicando-lhes o caminho reto que devem seguir e concedei a chuva a vossa terra que destes em herança a vosso povo.

37Quando na terra houver fome,* ou peste, mela ou ferrugem, gafanhotos ou pulgões; quando o inimigo sitiar as cidades do país, quando houver qualquer calamidade ou epidemia, 38qualquer que seja a oração ou a súplica que vos for dirigida por um indivíduo ou por todo o Israel, vosso povo, desde que experimente o remorso no coração, se ele erguer as mãos para este templo, 39escutai do céu, onde morais, perdoai e agi; retribuí a cada um segundo seu proceder, pois conheceis seu coração – sois o único que conhece o coração de todos – 40a fim de que vos respeitem por todos os dias que viverão sobre a terra que destes a nossos pais.

41Também o estrangeiro,* que não pertence a Israel, vosso povo, se vier

* **8**,22. 2Cr 6,12-20 | 23. Dt 4,39; 7,9 | 24. 2Sm 7,11-16 | 27. Dt 4,7; Jo 1,14 / Is 66,1; Jr 23,24; At 7,49; 17,24 | 29. Dt 12,5.11; Ez 48,35 | 30. 2Cr 6,21-31 / Sl 123,1 | 33. Lv 26,14.17; Dt 28,25.45; Js 7 | 35. Dt 11,17; 28,23s | 37. Dt 28,21.38.42.51 | 41. 2Cr 6,32-39; Êx 12,48; At 8,27; Is 2 2-5; Mq 4,1-3; Jr 16,19-21

de uma terra longínqua por causa de
vosso nome – 42porque ouvirão falar
de vosso grande nome, de vossa mão
forte e de vosso braço estendido –, se
ele vier rezar neste templo, 43escutai
do céu, onde residis, atendei todos os
pedidos do estrangeiro,* a fim de que
todos os povos da terra conheçam
vosso nome e vos temam como o faz
Israel, vosso povo, e saibam eles que
este templo que edifiquei foi dedicado
a vosso nome.

44Quando vosso povo sair à guerra
contra seus inimigos, na direção à qual
o enviardes, e ele rezar a Javé, voltado
para a cidade* que escolhestes e para o
templo que construí para vosso nome,
45escutai do céu sua prece e sua súplica
e fazei-lhe justiça.

46Quando tiverem pecado contra vós
– pois não há pessoa alguma* que não
peque – e vós, irritado contra eles, os
entregardes ao inimigo, e seus vence-
dores os deportarem para uma terra
inimiga, distante ou próxima, 47se eles
caírem em si, na terra para onde tive-
rem sido deportados, se arrependerem
e vos suplicarem na terra* dos que os
levaram cativos, dizendo: 'Pecamos,
agimos mal, cometemos iniquidade',
48se retornarem a vós de todo o seu
coração e de toda a sua alma na terra
dos inimigos que os tiverem deporta-
do, e se rezarem a vós voltados para
sua terra que destes a seus pais,* para a
cidade que escolhestes e para o templo
que construí para vosso nome, 49escu-
tai do céu, onde residis, sua prece e sua
súplica e fazei-lhes justiça. 50Perdoai a
vosso povo que pecou contra vós to-
das as transgressões que cometeram
contra vós e movei à compaixão os que
os levaram cativos, para que se compa-
deçam deles, 51pois são vosso povo e
vossa herança, são os que fizestes sair
do Egito, daquela fornalha de ferro.*

52"Que vossos olhos estejam aber-
tos* para a súplica de vosso servo e de
vosso povo Israel, para ouvirdes todos
os apelos que lançarem a vós. 53Pois
vós o separastes* de todos os povos da
terra como vossa herança, como decla-
rastes por meio de vosso servo Moisés,
quando fizestes sair do Egito nossos
pais, Senhor Javé!"

Bênção do povo. 54Quando Salomão
acabou de dirigir a Javé toda essa ora-
ção e essa súplica, levantou-se do lugar
onde estava ajoelhado, diante do altar
de Javé, de mãos erguidas para o céu.
55Pôs-se de pé e abençoou em voz alta
toda a assembleia de Israel, dizendo:
56"Seja bendito Javé que concedeu o
repouso a seu povo Israel, conforme
todas as suas promessas; de todas as
boas promessas que fez por meio de
seu servo Moisés, nenhuma falhou!
57Que Javé, nosso Deus, esteja conos-
co* como esteve com nossos pais, que
não nos abandone nem nos rejeite!
58Incline para ele nossos corações,* a
fim de que andemos em todos os seus
caminhos e guardemos os mandamen-
tos, as leis e os decretos que ele pres-
creveu a nossos pais. 59Que essas pala-
vras por mim pronunciadas em oração
diante de Javé estejam presentes dia e
noite diante de Javé, nosso Deus, para
que faça justiça a seu servo e a Israel,
seu povo, conforme as necessidades
de cada dia. 60Assim todos os povos
da terra saberão que Javé é Deus e que
não há outro além dele. 61Seja vosso
coração totalmente dedicado a Javé,
nosso Deus, observando seus estatutos
e guardando seus mandamentos como
o fazeis hoje".

**Os sacrifícios na dedicação do tem-
plo.** 62O rei e todo Israel com ele ofe-
receram sacrifícios* diante de Javé.
63Salomão imolou, para o sacrifício de
comunhão* que ofereceu a Javé, vin-
te e dois mil bois e cento e vinte mil
ovelhas. Assim o rei e todos os israe-
litas consagraram o templo de Javé.
64Naquele mesmo dia o rei consagrou
o interior do pátio que está diante do
templo de Javé; pois foi lá que ofereceu

* **8**,43. Zc 8,20-32 | 44. Dn 6,11 | 46. Pr 20,9; Ecl 7,20; Rm 3,23; 1Jo 1,8ss | 47. Dt 28,63s; 30,1s | 48. Dt 9,5 | 51. Dt 9,26; 32,9; Jr 11,4; Dt 4,20 | 52. 2Cr 6,40 | 53. Dt 7,6 | 57. Is 55,10s; Dt 31,6; Js 1,5 | 58. Jr 31,31 | 62. 2Cr 7,4-10 | 63. Lv 3,1 | 64. Lv 1-3

o holocausto, a oblação e as gorduras
dos sacrifícios de comunhão, uma vez
que o altar de bronze, que estava dian-
te de Javé, era pequeno demais para
conter o holocausto,* a oblação e as
gorduras dos sacrifícios de comunhão.
[65]Nesta ocasião, Salomão celebrou a
festa,* e todo o Israel com ele; houve
uma grande assembleia, desde a en-
trada de Emat até a torrente do Egito,
diante de Javé, nosso Deus, por sete
dias e mais sete dias, isto é, quatorze
dias. [66]No oitavo dia despediu o povo;
bendizendo o rei, eles voltaram para
suas casas, alegres e de coração con-
tente por todo o bem que Javé fizera a
seu servo Davi e a Israel, seu povo.

9 **Nova aparição divina.** [1]Depois
que Salomão acabou* de cons-
truir o templo de Javé, o palácio real
e tudo o que tencionava realizar, [2]Javé
apareceu-lhe* uma segunda vez, como
lhe aparecera em Gabaon. [3]Javé lhe
disse: "Ouvi a oração e a súplica que
me dirigiste. Consagrei esta casa que
construíste, nela colocando meu nome
para sempre; meus olhos e meu cora-
ção aí estarão todos os dias. [4]Quanto a
ti, se procederes diante de mim como
teu pai Davi, na integridade e retidão
do coração, se agires segundo minhas
ordens e observares meus estatutos e
meus decretos, [5]firmarei para sempre
teu trono real sobre Israel, como pro-
meti a Davi, teu pai, dizendo: 'Jamais te
faltará um descendente sobre o trono
de Israel'. [6]Porém, se vós e vossos filhos
me abandonardes, não observando os
mandamentos e os estatutos* que vos
prescrevi e indo servir a outros deuses
e prostrar-vos diante deles, [7]então er-
radicarei Israel da terra que lhe dei; re-
jeitarei para longe de mim este templo†
que consagrei a meu nome, e Israel
será objeto de sarcasmo* e de zom-
baria entre todos os povos. [8]E quan-
to a este templo, que é sublime, todo
aquele que passar perto dele ficará
estupefato e exclamará: 'Por que Javé
tratou assim* esta terra e este templo?'
[9]Responderão: 'Porque abandonaram
Javé, seu Deus, que fez sair seus pais
da terra do Egito; aderiram a outros
deuses, prostraram-se diante deles e
os serviram; por isso Javé fez cair sobre
eles todas estas desgraças'".
Cidades dadas a Hiram. [10]Ao cabo de
vinte anos,* durante os quais Salomão
construiu os dois edifícios: o templo de
Javé e o palácio real – [11]Hiram, rei de
Tiro, lhe havia fornecido madeira de
cedro e de cipreste* e também ouro na
quantidade que ele quis –, então o rei
Salomão deu a Hiram vinte cidades na
região da Galileia. [12]Hiram veio de Tiro
para ver as cidades que Salomão lhe
havia dado e elas não lhe agradaram.
[13]Por isso disse: "Que cidades são estas
que me deste, meu irmão?" E deu-lhes
o nome de "terra de Cabul", que persis-
te até hoje. [14]Hiram enviou ao rei cento
e vinte talentos de ouro.
Edifícios de Salomão. Sua grandeza.
[15]Esta é a razão pela qual o rei Salomão
impôs o trabalho forçado: construir o
templo de Javé, seu palácio, o Melo e o
muro de Jerusalém, bem como Hasor,
Meguido e Gazer. [16]O faraó, rei do Egi-
to, fez uma expedição, tomou Gazer,
incendiou-a e massacrou os cananeus
que lá moravam e depois deu-a como
dote a sua filha, esposa de Salomão.
[17]Salomão reconstruiu Gazer, Bet-Ho-
ron inferior, [18]Baalat, Tamar, na região
deserta do país, [19]todas as cidades-
-armazéns pertencentes a Salomão, as
cidades para seus carros e para seus
cavalos e tudo quanto aprouve a Salo-
mão construir em Jerusalém, no Líba-
no e em toda a terra sob seu domínio.
[20]Toda a população que restava dos
amorreus,* heteus, ferezeus, heveus e
jebuseus, que não pertencia aos israe-
litas, [21]e todos os descendentes desses
povos que ficaram após eles na terra

* **8**,65. Jz 20,1 | **9**,1. 2Cr 7,11-22 | 2. 1Rs 3,5-15 | 6. Dt 28,15 | 7. Dt 28,37; Jr 18,16; 19,8; 29,18 | 8. Dt 29,23-26 | 10. 2Cr 8,1-6 | 11. 5,24s | 20. 2Cr 8,7-10; Dt 7,1 | 21. Dt 7,2; 20,16

† **9**,7. Se for rejeitado por seu povo, Deus rejeitará também o templo e todo tipo de culto, que seria hipócrita.

sem serem votados ao extermínio* pelos israelitas, Salomão os empregou como mão de obra nos trabalhos forçados, e tal é sua condição ainda hoje. 22Mas não impôs os trabalhos forçados aos israelitas que serviam como soldados; eram seus servos, seus oficiais e seus escudeiros, comandantes de seus carros e de sua cavalaria. 23Os chefes dos prefeitos que dirigiam os trabalhos de Salomão eram quinhentos e cinquenta; tinham a seu encargo o povo empregado nas obras. 24Logo que a filha do faraó subiu da Cidade de Davi para a residência que Salomão lhe havia construído, ele edificou o Melo.

25Três vezes por ano Salomão oferecia holocaustos e sacrifícios de comunhão sobre o altar que erguera a Javé† e queimava incenso sobre o altar que estava diante de Javé. Assim terminou o templo.

26Salomão construiu também uma frota* em Asiongaber, perto de Elat, na costa do mar Vermelho, na terra de Edom. 27Hiram enviou-lhe nos navios da frota seus súditos, marinheiros que conheciam o mar†, para trabalharem junto com os servos de Salomão. 28Foram a Ofir e de lá trouxeram quatrocentos e vinte talentos de ouro, que entregaram ao rei Salomão.

10 A rainha de Sabá visita Salomão†. 1A rainha de Sabá* ouviu falar da fama de Salomão, por causa do nome de Javé, e veio pô-lo à prova por meio de perguntas difíceis. 2Chegou a Jerusalém com numerosa comitiva, com camelos carregados de aromas, de grande quantidade de ouro e de pedras preciosas. Apresentou-se diante de Salomão e lhe expôs tudo o que tinha no coração. 3Salomão respondeu a todas as suas perguntas e nada houve, por demais obscuro para ele, que não pudesse explicar. 4Quando a rainha de Sabá viu toda a sabedoria de Salomão, o palácio que fizera para si, 5as iguarias de sua mesa, os aposentos de seus oficiais, o serviço de seus criados e suas vestes, seus copeiros e os holocaustos que ele oferecia no templo de Javé, ficou fora de si 6e disse ao rei: "Realmente era verdade o que ouvi em minha terra a respeito de ti e de tua sabedoria! 7Eu não acreditava no que diziam antes de vir e ver com meus próprios olhos; mas de fato não me haviam contado nem a metade: tua sabedoria e tua riqueza superam tudo quanto ouvi. 8Feliz tua gente, felizes estes teus servos, que estão continuamente em tua presença e ouvem tua sabedoria! 9Bendito seja Javé, teu Deus, que se agradou de ti, colocando-te sobre o trono de Israel; é porque Javé ama Israel para sempre que ele te constituiu rei, para exerceres o direito e a justiça".

10Ela deu ao rei cento e vinte talentos de ouro, uma grande quantidade de aromas e de pedras preciosas. Nunca mais chegou tamanha quantidade de aromas como a que a rainha de Sabá ofereceu ao rei Salomão. 11Por sua vez, a frota de Hiram, que trazia ouro de Ofir, trouxe de lá também madeira de sândalo em grande quantidade e pedras preciosas. 12Com essa madeira de sândalo o rei fez balaustradas para o templo de Javé e para o palácio real, liras e harpas para os músicos. Nunca mais se transportou dessa madeira de sândalo nem se viu mais dela até hoje. 13Por sua vez, o rei Salomão ofereceu à rainha de Sabá tudo o que ela desejou e pediu, além dos presentes que lhe deu conforme sua generosidade real. Depois ela partiu e voltou para sua terra com seus servos.

As riquezas de Salomão. 14O peso do ouro* que chegava para o rei Salomão, anualmente, era de seiscentos e sessen-

* **9**,26. 2Cr 8,17s | **10**,1. 2Cr 9,1-12; Mt 12,42 | 14. 2Cr 9,13-24

† **9**,25. Nas festas de Páscoa, Pentecostes e das Tendas. | 27. Os fenícios, chamados sidônios em 5,20 e 16,31, eram hábeis navegadores. Ofir, terra do ouro, provavelmente fica na Arábia ocidental. | **10**. Deve ser do norte da Arábia que vem a rainha de Sabá; não por mera curiosidade, mas certamente para celebrar um acordo comercial e/ou de autorização para a passagem de caravanas.

ta e seis talentos de ouro, [15]sem contar o que lhe provinha dos vendedores, do comércio dos negociantes, de todos os reis da Arábia e dos governadores do país. [16]O rei Salomão fez duzentos escudos grandes de ouro batido, para cada um dos quais utilizou seiscentos siclos de ouro, [17]e trezentos pequenos escudos de ouro batido, empregando em cada um deles três minas de ouro, e os depositou na casa da Floresta do Líbano. [18]O rei fez também um grande trono de marfim e o revestiu de ouro puro. [19]Esse trono tinha seis degraus, um espaldar redondo na parte superior, braços de cada lado do assento e perto dos braços dois leões em pé, [20]e doze leões em pé de cada lado dos seis degraus. Jamais se fez algo semelhante em nenhum outro reino.

[21]Todas as taças que o rei Salomão usava para beber eram de ouro e todos os objetos da casa da Floresta do Líbano* eram de ouro puro; nada era de prata, porque da prata não se fazia nenhum caso no tempo de Salomão. [22]Com efeito, o rei tinha no mar uma frota de Társis† junto com a frota de Hiram, e de três em três anos a frota de Társis voltava trazendo ouro, prata, marfim, macacos e pavões. [23]O rei Salomão superou em riqueza e em sabedoria todos os reis da terra. [24]Todo o mundo queria ser recebido por Salomão para ouvir a sabedoria que Deus lhe havia posto no coração. [25]Ano após ano, cada um trazia seu presente: objetos de prata e objetos de ouro, roupas, armas e aromas, cavalos e mulas.

Os carros de Salomão. [26]Salomão reuniu também carros e cavaleiros;* possuía mil e quatrocentos carros e doze mil cavaleiros, distribuídos nas cidades dos carros* e junto do rei, em Jerusalém. [27]Fez com que a prata fosse tão comum em Jerusalém* quanto as pedras, e que os cedros fossem tão numerosos como os sicômoros da Planície. [28]Importavam-se para Salomão cavalos* do Egito e da Cilícia; os comerciantes do rei importavam-nos da Cilícia pelo preço estipulado. [29]Um carro era importado do Egito por seiscentos siclos de prata e um cavalo, por cento e cinquenta. O preço era o mesmo para os reis dos heteus e para os reis de Aram, que os importavam por meio desses comerciantes.

11

As mulheres de Salomão. [1]Além da filha do faraó, o rei Salomão amou muitas mulheres estrangeiras: moabitas, amonitas, edomitas, sidônias e heteias, [2]pertencentes às nações das quais Javé dissera aos israelitas: "Não caseis com elas nem casem elas convosco, pois certamente desviariam vossos corações para seus deuses". Mas Salomão uniu-se a elas por amor. [3]Teve setecentas mulheres princesas e trezentas concubinas, e suas mulheres perverteram seu coração†. [4]Quando ficou velho, suas mulheres desviaram seu coração para outros deuses, e seu coração não foi mais todo de Javé, seu Deus, como o fora o de Davi, seu pai. [5]Salomão prestou culto à Astarte, deusa dos sidônios, e a Melcom, a abominação dos amonitas. [6]Fez o mal aos olhos de Javé e não lhe foi fiel plenamente como seu pai Davi. [7]Foi então que Salomão construiu, na montanha que está defronte de Jerusalém, um lugar alto para Camos, a abominação dos moabitas, e para Moloc, a abominação dos amonitas. [8]Fez o mesmo para todas as suas mulheres estrangeiras, as quais ofereciam incenso e sacrifícios a seus deuses.

Anúncio do cisma. [9]Javé indignou-se contra Salomão, porque seu coração se desviara de Javé, Deus de Israel, que lhe aparecera duas vezes [10]e que lhe havia ordenado precisamente que não seguisse outros deuses, mas ele não obedeceu ao que Javé lhe ordenara. [11]Então Javé

* **10**,21. Eclo 47,18 | 26. 2Cr 1,14-17; 9,25 / 1Rs 5,6; 9,19 | 27. 2Cr 1,15; 9,27 | 28. 2Cr 1,16; 9,28

† **10**,22. Grandes navios para viagens longas pelo mar Mediterrâneo. | **11**,3. A grandeza de um rei media-se pelas proporções de seu harém, e seus casamentos representavam alianças políticas. Mas as mulheres desviaram o coração de Salomão para a idolatria, para a infidelidade a Javé.

disse a Salomão: "Já que procedeste assim e não guardaste minha aliança e os estatutos que te dei, vou tirar-te o reino e dá-lo a um de teus servos. [12]Todavia, não farei isso durante tua vida, por amor a Davi, teu pai; é da mão de teu filho que o arrebatarei. [13]Mas não lhe tirarei o reino todo: darei a teu filho uma tribo, por amor a meu servo Davi e a Jerusalém, que escolhi.

Os inimigos de Salomão. [14]Javé suscitou contra Salomão um inimigo: Adad, o edomita, da estirpe real de Edom. [15]Depois que Davi esteve em Edom,* Joab, general do exército, foi sepultar os mortos e matou todos os homens de Edom. [16]Joab e todo o Israel lá permaneceram por seis meses até exterminar todos os homens de Edom. [17]Então Adad fugiu para o Egito com alguns edomitas, servos de seu pai. Ele era ainda muito jovem. [18]Partindo de Madiã, chegaram a Farã; tomaram consigo alguns homens de Farã e foram para o Egito, para junto do faraó, rei do Egito. O faraó deu a Adad uma casa, cuidou de seu sustento e lhe doou um terreno. [19]Adad ganhou a simpatia do faraó, que lhe deu por mulher sua cunhada, a irmã de Táfnis, a rainha-mãe. [20]A irmã de Táfnis deu-lhe um filho, Genubat, que Táfnis criou no palácio do faraó. Genubat morava no palácio do faraó, junto com os filhos deste. [21]Quando Adad ouviu dizer, no Egito, que Davi adormecera com seus pais e que Joab, general do exército, estava morto, disse ao faraó: "Deixa-me partir, quero voltar para minha terra". [22]O faraó respondeu-lhe: "Que te falta em minha casa para desejares voltar para tua terra?" – "Nada", respondeu ele, "mas deixa-me partir".

[23]Javé suscitou contra Salomão um outro inimigo: Razon, filho de Eliada, que fugira de seu senhor, Adadezer,* rei de Soba. [24]Reuniu outros homens em torno de si e se tornou chefe de um bando; foi então que Davi os massacrou. Foram a Damasco, aí se estabeleceram e reinaram sobre Damasco. [25]Foi um adversário de Israel durante toda a vida de Salomão, fazendo o mal como fez Adad: detestava Israel e reinou sobre a Síria.

Revolta de Jeroboão. [26]Também Jeroboão, filho de Nabat, efraimita de Sareda e servo de Salomão, revoltou-se contra o rei; sua mãe era uma viúva chamada Sarva. [27]Foi esta a causa de sua revolta: Salomão estava construindo o Melo* e fechando a brecha da Cidade de Davi, seu pai. [28]Jeroboão* era um homem valente e forte; vendo Salomão como esse jovem trabalhava, colocou-o à frente de todos os trabalhos forçados da casa de José. [29]Aconteceu que, tendo Jeroboão saído de Jerusalém, o profeta Aías de Silo,* que trajava um manto novo, encontrou-o no caminho; os dois estavam sozinhos no campo. [30]Aías tomou o manto novo que trajava, rasgou-o em doze pedaços† [31]e disse a Jeroboão: "Toma para ti dez pedaços, pois assim fala Javé, Deus de Israel: Rasgarei o reino das mãos de Salomão e te darei dez tribos. [32]Mas ele ainda ficará com uma tribo, por amor a meu servo Davi e a Jerusalém, cidade que escolhi dentre todas as tribos de Israel. [33]É que eles me abandonaram, prestaram culto à Astarte, deusa dos sidônios, a Camos, deus de Moab, a Melcom, deus dos amonitas, e não andaram em meus caminhos, fazendo o que é reto a meus olhos e observando meus estatutos e decretos, como fez seu pai Davi. [34]Todavia, não tirarei da mão dele o reino todo, pois o estabeleci príncipe por todo o tempo de sua vida, por amor a meu servo Davi, que escolhi, e que observou meus mandamentos e meus estatutos; [35]é da mão de seu filho que tirarei o reino e o darei a ti, isto é, dez tribos. [36]A seu filho deixarei uma tribo, para

* **11**,15. 2Sm 8,13s | 23. 2Sm 8,3; 10,16s | 27. 9,15 | 28. 2Sm 5,6 | 29. 1Sm 1,3 | 36. 2Sm 21,17; 1Rs 15,4; 2Rs 8,19

† **11**,30. Gesto simbólico e profético, expediente muito comum entre os profetas para confirmar suas palavras e realizar de certa forma a predição.

que meu servo Davi tenha* sempre uma lâmpada diante de mim em Jerusalém, cidade que escolhi para nela colocar meu nome. 37Quanto a ti, eu te tomarei para reinares sobre tudo o que desejares e serás rei de Israel. 38Se obedeceres a tudo que eu te mandar, se seguires meus caminhos e fizeres o que é reto a meus olhos, observando meus estatutos e meus mandamentos, como fez meu servo Davi, então estarei contigo e construirei para ti uma casa estável, como o fiz para Davi. Eu te entregarei Israel 39e humilharei, por causa disso, a descendência de Davi, mas não para sempre".

40Salomão procurou matar Jeroboão, mas este fugiu para o Egito,* para junto de Sesac, rei do Egito, e permaneceu no Egito até a morte de Salomão.

Morte de Salomão. 41O resto dos atos de Salomão,* tudo o que ele fez e sua sabedoria, não estão escritos no livro dos Atos de Salomão? 42O tempo que Salomão reinou em Jerusalém sobre todo o Israel foi de quarenta anos. 43Depois, Salomão adormeceu com seus pais e foi sepultado na Cidade de Davi, seu pai; seu filho Roboão reinou em seu lugar.

II. HISTÓRIA DOS REIS DE ROBOÃO ATÉ ACAB (12–16)

12 **Roboão, rei de Judá.** 1Roboão foi para Siquém,* pois foi lá que todo o Israel se havia congregado para proclamá-lo rei. 2Quando Jeroboão, filho de Nabat, soube disso, ele ainda estava no Egito, para onde fugira do rei Salomão, pois morava no Egito. 3Mandaram chamá-lo, e ele veio com toda a assembleia de Israel. Disseram assim a Roboão: 4"Teu pai nos impôs um jugo pesado; agora, pois, alivia a dura servidão de teu pai e o jugo pesado que ele nos impôs, e nós te serviremos"†. 5Ele respondeu: "Ide e daqui a três dias voltai a mim". E o povo foi embora.

6O rei Roboão consultou os anciãos que haviam auxiliado seu pai Salomão durante sua vida e perguntou: "Que me aconselhais a responder a este povo?" 7Eles responderam: "Se hoje te fizeres servo deste povo, se o servires e lhe responderes com boas palavras, então eles serão para sempre teus servidores". 8Mas ele rejeitou o conselho que os anciãos lhe deram e consultou os jovens que foram seus companheiros de infância e que estavam a seu serviço. 9Perguntou-lhes: "Que aconselhais que se responda a este povo que me falou assim: 'Alivia o jugo que teu pai nos impôs'?" 10Os jovens, seus companheiros de infância, responderam-lhe: "Eis o que dirás a este povo que te disse: 'Teu pai tornou pesado nosso jugo, mas tu alivia-o'; eis o que lhes responderás: 'Meu dedo mínimo é mais grosso que os rins de meu pai! 11Meu pai vos sobrecarregou com um jugo pesado, mas eu o tornarei mais pesado ainda; meu pai vos castigou com açoites, e eu vos castigarei com escorpiões!'"

12Jeroboão e todo o povo se apresentaram a Roboão, no terceiro dia, de acordo com a ordem que lhe dera: 'Voltai a mim daqui a três dias'. 13O rei respondeu duramente ao povo, rejeitou o conselho dos anciãos 14e, seguindo o conselho dos jovens, falou-lhes assim: "Meu pai tornou vosso jugo pesado, mas eu aumentarei o peso de vosso jugo: meu pai vos castigou com açoites, e eu vos castigarei com escorpiões". 15Assim, o rei não ouviu o povo, porque isto era uma disposição de Javé, para cumprir a palavra que ele dissera a Jeroboão, filho de Nabat,* por intermédio de Aías de Silo.

O cisma político. 16Quando todo o Israel viu que o rei não os ouvia, o povo respondeu ao rei:

"Que parte temos com Davi?*

---

* **11**,40. 14,25 | 41. 2Cr 9,29-31 | **12**,1. 2Cr 10 | 15. 11,29-39 | 16. 2Sm 20,1

† **12**,4. As tribos do norte sentiam-se discriminadas desde o tempo de Davi. As tendências separatistas e a intransigência de Roboão provocam a divisão do reino.

Não temos herança com o filho de Jessé.
A tuas tendas, ó Israel!
E agora, cuida de tua casa, Davi!"
E Israel voltou para suas tendas. 17Mas Roboão continuou a reinar sobre os israelitas que moravam nas cidades de Judá. 18O rei Roboão enviou Adoram,* chefe dos trabalhos forçados, mas todo o Israel o apedrejou, e ele morreu; então o rei Roboão subiu depressa a seu carro a fim de fugir para Jerusalém. 19Assim Israel* se rebelou contra a casa de Davi até o dia de hoje.

Jeroboão, rei de Israel. 20Quando todo o Israel soube que Jeroboão tinha voltado, convidaram-no para a assembleia e o proclamaram rei sobre todo o Israel. Ninguém seguiu a casa de Davi, com a única exceção da tribo de Judá.

21Quando Roboão chegou a Jerusalém,* convocou toda a casa de Judá e a tribo de Benjamim, num total de cento e oitenta mil guerreiros de escol, para dar combate à casa de Israel e restituir o reino a Roboão, filho de Salomão. 22Mas a palavra de Deus foi dirigida a Semeías, homem de Deus, nestes termos: 23"Fala a Roboão, filho de Salomão, rei de Judá, a toda a casa de Judá e de Benjamim e ao resto do povo: 24Assim fala Javé: Não subais para guerrear contra vossos irmãos, os israelitas; volte cada um para sua casa, pois o que aconteceu foi por minha vontade". Eles obedeceram à ordem de Javé e regressaram como Javé lhes ordenara.

25Jeroboão fortificou Siquém na montanha de Efraim e ali se estabeleceu. Depois saiu de lá e fortificou Fanuel.

O cisma religioso. 26Jeroboão refletiu consigo mesmo: "Desse jeito o reino pode voltar à casa de Davi. 27Se este povo continuar subindo ao templo de Javé em Jerusalém para oferecer sacrifícios, o coração deste povo se voltará para seu senhor, Roboão, rei de Judá; vão me matar e voltar para Roboão, rei de Judá". 28Depois de ter pedido conselho, fez dois bezerros de ouro† e disse ao povo: "Deixai de subir a Jerusalém! Israel, eis aqui teus deuses* que te fizeram sair da terra do Egito". 29Colocou um em Betel e o outro em Dã. 30Este procedimento levou ao pecado, porque o povo ia até Dã para prostrar-se diante de um dos bezerros. 31Construiu também santuários nos lugares altos e designou como sacerdotes homens tirados do povo, que não eram filhos de Levi. 32Jeroboão instituiu uma festa no dia quinze do oitavo mês, à semelhança da que se celebrava em Judá,* e subiu ao altar que fez em Betel para sacrificar aos bezerros que tinha feito. Em Betel também estabeleceu sacerdotes para os lugares altos que havia edificado. 33Subiu ao altar que havia feito em Betel, no dia quinze do oitavo mês, data que escolhera arbitrariamente; instituiu uma festa para os israelitas e subiu ao altar para queimar incenso.

13 **Condenação do altar de Betel.** 1Um homem de Deus chegou de Judá a Betel, por ordem de Javé, no momento em que Jeroboão estava de pé diante do altar para oferecer o sacrifício. 2Por ordem de Javé, gritou contra o altar: "Altar, altar! Assim fala Javé: Na casa de Davi nascerá um filho* chamado Josias†, que imolará sobre ti os sacerdotes dos lugares altos que sobre ti ofereceram incenso e queimará sobre ti ossadas humanas". 3Ao mesmo tempo, ele deu um sinal, dizendo: "Este é o sinal de que Javé falou: Este altar vai partir-se e se espalhará a cinza que está por cima dele". 4Quando ouviu o que o homem de Deus bradava contra o altar de Betel, o rei Jeroboão estendeu a mão fora do altar e disse: "Agarrai-o!" Mas a mão que ele estendera contra o homem secou, de sorte que ele não

* **12**,18. 4,6; 5,27 | 19. Eclo 47,21 | 21. 2Cr 11,1-4 | 28. Êx 32,4 | 32. 8,65 | **13**,2. 2Rs 23,15s

† **12**,28. Jeroboão funda dois santuários cismáticos, nos extremos sul e norte do território, e esse pecado de levar o povo à idolatria será condenado pelo autor sacro em cada avaliação dos reis do norte: 15,34; 16,26 etc. | **13**,2. Josias, que reinou em Judá de 640 a 609 a.C., cumpre essa profecia, 2Rs 23,15-17.

a pôde mais recolher. [5]O altar partiu-se e as cinzas do altar se espalharam, conforme o sinal que dera o homem de Deus, por ordem de Javé. [6]Então o rei tomou a palavra e disse ao homem de Deus: "Aplaca, eu te peço, Javé teu Deus, e roga por mim, a fim de que me seja restituída a mão". O homem de Deus aplacou Javé, e a mão do rei lhe foi restituída, ficando como antes. [7]O rei disse ao homem de Deus: "Vem comigo a minha casa para refazeres tuas forças, e eu te darei um presente". [8]Mas o homem de Deus disse ao rei: "Mesmo que me desses a metade de tua casa,* não iria contigo. Nada comerei nem beberei neste lugar, [9]pois recebi de Javé esta ordem: 'Nada comerás nem beberás, nem voltarás pelo mesmo caminho por onde fores'". [10]E ele voltou por outro caminho, sem retomar o caminho pelo qual chegara a Betel.

O homem de Deus e o profeta. [11]Vivia em Betel um profeta já idoso, ao qual seus filhos vieram contar tudo o que o homem de Deus tinha feito naquele dia em Betel; também contaram ao pai as palavras que dissera ao rei. [12]O pai perguntou-lhes: "Em que direção ele seguiu?" Pois seus filhos tinham visto o caminho que tomara o homem de Deus que viera de Judá. [13]Disse ele aos filhos: "Selai o jumento"; eles lhe selaram o jumento, e o pai montou. [14]Foi atrás do homem de Deus e o encontrou sentado debaixo de um terebinto e perguntou-lhe: "És tu o homem de Deus vindo de Judá?" Ele respondeu: "Sim". [15]O profeta continuou: "Vem comigo a minha casa para comer alguma coisa". [16]Mas ele respondeu: "Não posso voltar nem ir contigo, nem comer pão, nem beber água contigo aqui, [17]pois recebi de Javé esta ordem: 'Lá não comerás nem beberás nada, nem voltarás pelo mesmo caminho por onde fores'". [18]Então o outro lhe disse: "Eu também sou profeta como tu e um anjo me disse, por ordem de Javé: 'Leva-o contigo a tua casa, para ele comer pão e beber água'", mas era mentira. [19]O homem de Deus voltou então com ele, comeu e bebeu em sua casa.

[20]Ora, enquanto estavam à mesa, a palavra de Javé foi dirigida ao profeta que o havia trazido [21]e este clamou ao homem de Deus vindo de Judá: "Assim fala Javé. Porque foste rebelde à palavra de Javé e não cumpriste a ordem que te deu Javé teu Deus, [22]mas voltaste, comeste e bebeste no lugar do qual te havia dito: 'Não comerás nem beberás ali', teu cadáver não entrará no sepulcro de teus pais". [23]Depois que ele comeu e bebeu, o profeta que o havia feito voltar mandou selar seu jumento, [24]e ele partiu. No caminho, um leão o encontrou e o matou; seu cadáver ficou estendido no caminho, o jumento continuou a seu lado e o leão também ficou junto do cadáver. [25]Passaram por ali algumas pessoas que viram o cadáver estendido no caminho, e o leão junto dele; foram e divulgaram a notícia na cidade onde morava o velho profeta. [26]Ao saber disso, o profeta que o havia feito voltar atrás no caminho disse: "É o homem de Deus, aquele que desobedeceu à ordem de Javé! Javé o entregou ao leão, que o dilacerou e matou, conforme a predição que Javé lhe havia feito!" [27]Ordenou a seus filhos: "Selai para mim o jumento"; e eles o selaram. [28]Partiu e encontrou o cadáver estendido no caminho, com o jumento e o leão ao lado; o leão não tinha devorado o cadáver nem dilacerado o jumento. [29]Ergueu o cadáver do homem de Deus, colocou-o sobre o jumento e conduziu-o para a cidade onde morava, para pranteá-lo e sepultá-lo. [30]Depositou o cadáver em seu próprio túmulo e pranteou-o dizendo: "Ai, meu irmão!" [31]Depois de tê-lo sepultado, disse* a seus filhos: "Quando eu morrer, sepultai-me no mesmo túmulo em que foi sepultado o homem de Deus;* poreis meus ossos ao lado dos seus. [32]Porque com certeza se cumprirá a palavra que ele bradou por ordem de Javé contra o altar de Betel e contra todos os santuários dos

* **13**,8. Nm 22,18 | **13**,31. Jr 22,18 / 2Rs 23,17s

lugares altos que estão nas cidades da Samaria".

[33]Depois desse fato, Jeroboão não se converteu de sua má conduta, mas continuou a designar como sacerdotes dos lugares altos homens tirados do povo. A quem a desejasse, ele dava a investidura para tornar-se sacerdote dos lugares altos. [34]Nisto consistiu o pecado da casa de Jeroboão e é por isso que foi destruída e exterminada da face da terra.

14 **Profecia de Aías contra Jeroboão.** [1]Por aquele tempo, adoeceu Abias, filho de Jeroboão, [2]e Jeroboão disse a sua mulher: "Levanta-te e disfarça-te para que não reconheçam que és a esposa de Jeroboão e vai a Silo, onde está* o profeta Aías, aquele que me predisse que eu reinaria sobre este povo. [3]Leva contigo dez pães, bolos e um pote de mel* e vai ter com ele; ele te indicará o que vai suceder ao menino". [4]Assim fez a mulher de Jeroboão; levantou-se, foi a Silo e entrou na casa de Aías. Ora, este não mais conseguia enxergar, porque a velhice lhe obscurecera os olhos. [5]Mas Javé lhe dissera: "Aí vem a esposa de Jeroboão para te pedir um oráculo a respeito do filho, que está doente; e tu lhe dirás isso e isso. Ela virá fingindo ser uma outra". [6]Logo que Aías ouviu o barulho de seus passos junto à porta, disse: "Entra, esposa de Jeroboão! Por que queres passar por outra? Estou encarregado de te dar uma triste notícia. [7]Vai dizer a Jeroboão: 'Assim fala Javé, Deus de Israel: Eu te levantei do meio do povo e te estabeleci como chefe sobre meu povo Israel; [8]arranquei o reino da casa de Davi para dá-lo a ti. Mas tu não foste como meu servo Davi, que observou meus mandamentos e me seguiu de todo o coração, fazendo somente o que é reto a meus olhos; [9]ao contrário, fizeste mais mal que todos os teus antecessores e chegaste a fazer para ti outros deuses,* imagens fundidas para me irritares, e me lançaste para trás das costas. [10]Por isso mandarei a desgraça sobre a casa de Jeroboão; exterminarei todos os homens* da casa de Jeroboão, escravos ou livres em Israel; varrerei a casa de Jeroboão como se varre o esterco, até que não reste nada. [11]Os membros da família de Jeroboão que morrerem* na cidade serão devorados pelos cães e os que morrerem no campo serão comidos pelas aves do céu†, porque o disse Javé'. [12]E tu, levanta-te e vai para casa; quando puseres os pés na cidade, o menino morrerá. [13]Todo o Israel chorará sobre ele e o sepultará. Com efeito, ele é o único membro da família de Jeroboão que será sepultado, pois só nele, entre toda a família de Jeroboão, achou-se alguma coisa de bom diante de Javé, Deus de Israel. [14]Javé estabelecerá sobre Israel um rei que exterminará a casa de Jeroboão. É hoje, sim! É agora mesmo! [15]Javé ferirá Israel como quando o caniço se agita na água; arrancará Israel desta boa terra que deu a seus pais e o dispersará do outro lado do rio, porque fizeram seus troncos idolátricos, provocando a ira de Javé. [16]Ele abandonará Israel por causa dos pecados que Jeroboão cometeu e levou Israel a cometer"†.

[17]A mulher de Jeroboão levantou-se, partiu e chegou a Tersa†; quando transpôs a soleira de sua porta, o menino morreu. [18]Sepultaram-no, e todo o Israel pranteou-o como dissera Javé, por intermédio de seu servo, o profeta Aías.

[19]O resto dos atos de Jeroboão, as guerras que fez e seu governo, tudo isso está escrito no livro dos Anais dos reis de Israel†. [20]O tempo que reinou Jeroboão foi de vinte e dois anos; adormeceu com seus pais, e seu filho Nadab reinou em seu lugar.

---

* **14**,2. 11,29-39 | 3. 1Sm 9,7 | 9. Êx 20,3ss | 10. 1Sm 25,22 | 11. 15,27-30; 16,4; 21,24

† **14**,11. Ficar sem sepultura era uma das maiores infâmias para um israelita. | 16. Mais um exemplo, depois daquele de Samuel-Saul, de reprovação de um rei por um profeta. Haverá outros conflitos entre os dois poderes: Elias-Acab, Isaías-Acaz, Jeremias-Joaquim. | 17. A 10 km ao nordeste de Siquém, foi capital do reino do norte até a fundação de Samaria, 16,24. | 19. O autor cita diversas vezes as fontes que ele usou, mas que depois se perderam.

Reinado de Roboão. 21Roboão, filho
de Salomão,* tornou-se rei de Judá; ti-
nha quarenta e um anos quando subiu
ao trono e reinou dezessete anos em
Jerusalém, cidade que Javé escolhe-
ra entre todas as tribos de Israel para
nela colocar seu nome. Sua mãe, amo-
nita, chamava-se Naama. 22Judá fez o
mal aos olhos de Javé; irritaram seu
ciúme mais do que haviam feito seus
pais, com todos os pecados que co-
meteram. 23Também eles construíram
lugares altos, ergueram colunas sagra-
das e troncos idolátricos† sobre toda
colina elevada e debaixo de toda árvo-
re frondosa.* 24Houve até prostitutos
sagrados† no país. Praticaram todas as
abominações das nações que Javé ha-
via expulsado da frente dos israelitas.

25No quinto ano do rei Roboão, o
rei do Egito,* Sesac†, atacou Jerusalém.
26Apoderou-se dos tesouros do templo
de Javé e dos do palácio real, levando
tudo, até mesmo todos os escudos
de ouro que Salomão mandara fa-
zer. 27Para substituí-los,* o rei Roboão
mandou fazer escudos de bronze e os
confiou aos chefes dos guardas, que vi-
giavam a porta do palácio real. 28Cada
vez que o rei ia ao templo de Javé, os
guardas vinham e os tomavam e de-
pois os devolviam à sala dos guardas.

29O resto da história de Roboão,* tudo
o que fez, não está escrito no livro dos
Anais dos reis de Judá? 30Houve guerra
contínua entre Roboão e Jeroboão. 31Ro-
boão adormeceu com seus pais e foi se-
pultado com seus pais na Cidade de Davi.
Sua mãe chamava-se Naama, a amonita.
Seu filho Abiam reinou em seu lugar.

15 **Abiam, rei de Judá.** 1No déci-
mo oitavo ano do rei Jeroboão,
Abiam* tornou-se rei em Judá 2e reinou
três anos em Jerusalém. Sua mãe cha-
mava-se Maaca, filha de Absalão. 3Imi-
tou todos os pecados que seu pai* co-
metera antes dele, e seu coração não foi
plenamente fiel a Javé, seu Deus, como
o coração de Davi, seu antepassado.
4Mas por amor a Davi, Javé, seu Deus,
concedeu-lhe uma lâmpada em Jeru-
salém, elevando seu filho depois dele e
poupando Jerusalém. 5Davi, com efeito,
fizera* o que é reto aos olhos de Javé e
em nada se havia afastado do que ele
lhe ordenara por toda a sua vida, com
exceção do episódio de Urias, o heteu.

6Houve guerra entre Roboão e Je-
roboão todos os dias de sua vida. 7O
resto da história de Abiam, tudo o que
fez, não está escrito no livro dos Anais
dos reis de Judá? Houve guerra en-
tre Abiam e Jeroboão. 8Depois Abiam
adormeceu* com seus pais e foi sepul-
tado na Cidade de Davi; seu filho Asa
reinou em seu lugar.

Asa, rei de Judá. 9No vigésimo ano de
Jeroboão, rei de Israel, Asa tornou-se
rei de Judá 10e reinou quarenta e um
anos em Jerusalém. Sua avó chamava-
-se Maaca, filha de Absalão. 11Asa fez
o que é reto* aos olhos de Javé, como
Davi, seu antepassado. 12Expulsou do
país* todos os prostitutos sagrados e
aboliu todos os ídolos que seus pais
haviam feito. 13Chegou a retirar de sua
avó a dignidade de rainha-mãe, porque
ela fizera um ídolo para Aserá; Asa que-
brou o ídolo e o queimou na torrente
do Cedron. 14Mas os lugares altos não
desapareceram; contudo o coração de
Asa foi plenamente fiel a Javé por toda
a sua vida. 15Depositou no templo de
Javé as oferendas consagradas por seu
pai e suas próprias oferendas: prata,
ouro e objetos.

16Houve guerra entre Asa e Baasa,*
rei de Israel, enquanto viveram. 17Baa-
sa, rei de Israel, atacou Judá e fortificou
Ramá para impedir as comunicações
com Asa, rei de Judá. 18Então Asa to-

* **14**,21. 2Cr 12,13s | 23. 1Sm 9,12; Êx 23,24; | 34,13; Dt 12,2; Dt 23,19 | 25. 2Cr 12,2.9ss | 27. 10,16 | 29. 2Cr 12,16 | **15**,1. 2Cr 13,1s | 3. 2Cr 11,20 | 5. 2Cr 13,2 | 8. 2Cr 13,23 | 11. 2Cr 14,1-3; Dt 23,19 | 12. 2Cr 15,16ss | 16. 2Cr 16,1-6

† **14**,23. As colunas sagradas eram pedras erigidas para simbolizar divindades masculinas; os troncos idolátricos representavam as divindades femininas. | 24. Ver as notas em Lv 19,29 e em Dt 23,19. | 25. Reinou no Egito de 945 a 925 a.C.; foi o primeiro faraó da XXII dinastia.

mou a prata e o ouro que restavam
nos tesouros do templo de Javé e nos
tesouros do palácio real e os entregou
a seus servos, para enviá-los a Ben-
-Adad†, filho de Tabremon, filho de
Hezion, rei de Aram, que residia em
Damasco, com esta mensagem: 19"Haja
aliança entre mim e ti, como houve en-
tre meu pai e teu pai! Envio-te um pre-
sente de prata e ouro. Vai e rompe tua
aliança com Baasa, rei de Israel, para
que se afaste de mim!" 20Ben-Adad deu
ouvidos ao rei Asa e enviou os chefes
de seu exército contra as cidades de
Israel; conquistou Aion, Dã, Abel-Bet-
-Maaca, toda a região de Quineret com
toda a terra de Neftali. 21Quando Baasa
o soube, suspendeu os trabalhos em
Ramá e ficou em Tersa. 22Então o rei
Asa convocou todos os de Judá, sem
excetuar ninguém; tiraram as pedras e
a madeira com as quais Baasa estava
fortificando Ramá, e com elas o rei for-
tificou Gaba de Benjamim e Masfa.
23O resto da história de Asa,* toda
a sua valentia, todos os seus atos e as
cidades que construiu, não está tudo
escrito no livro dos Anais dos reis de
Judá? Mas em sua velhice teve uma
doença nos pés. 24Asa adormeceu com
seus pais e foi sepultado na Cidade de
Davi, seu antepassado, e seu filho Josa-
fá reinou em seu lugar.
Nadab, rei de Israel. 25No segundo
ano de Asa, rei de Judá, Nadab, filho
de Jeroboão, tornou-se rei de Israel e
reinou dois anos em Israel. 26Fez o mal
aos olhos de Javé, imitando o compor-
tamento de seu pai e o pecado ao qual
tinha arrastado Israel. 27Baasa, filho
de Aías, da casa de Issacar, conspirou
contra ele e o assassinou em Gebeton,
cidade filisteia, enquanto Nadab e todo
o Israel a sitiavam. 28Baasa matou-o no
terceiro ano de Asa, rei de Judá, e rei-
nou em seu lugar. 29Logo que se tornou
rei, massacrou toda a casa de Jeroboão,
não deixou ninguém com vida, a todos
exterminou†, segundo a predição que
Javé fizera por intermédio de seu servo
Aías* de Silo, 30por causa dos pecados
que ele cometera e fizera Israel come-
ter, provocando assim a indignação de
Javé, Deus de Israel.
31O resto da história de Nadab, to-
dos os seus feitos, não está tudo escri-
to no livro dos Anais dos reis de Israel?
32Houve guerra entre Asa e Baasa, rei
de Israel, enquanto viveram.
Baasa, rei de Israel. 33No terceiro ano
de Asa, rei de Judá, Baasa, filho de
Aías, tornou-se rei sobre todo o Israel
em Tersa e reinou vinte e quatro anos.
34Fez o mal aos olhos de Javé, imitando
a conduta de Jeroboão e o pecado ao
qual ele havia arrastado Israel.

16

O profeta Jeú. 1A palavra de
Javé foi dirigida a Jeú, filho de
Hanani, contra Baasa, nestes termos:
2"Eu te levantei do pó e te estabeleci
chefe* sobre meu povo Israel, mas tu
imitaste o comportamento de Jero-
boão e levaste Israel, meu povo, a pe-
car, irritando-me com seus pecados.
3Por isso varrerei Baasa e sua casa, tra-
tarei sua casa como a de Jeroboão, fi-
lho de Nabat. 4Todo membro da família
de Baasa que morrer na cidade será de-
vorado pelos cães* e o que morrer no
campo será comido pelas aves do céu".
5O resto da história de Baasa, seus
atos e proezas, não está tudo escrito
no livro dos Anais dos reis de Israel?
6Baasa adormeceu com seus pais e foi
sepultado em Tersa. Seu filho Ela rei-
nou em seu lugar.
7Também por meio do profeta Jeú,
filho de Hanani, veio a palavra de Javé
contra Baasa e contra sua casa, por
causa de todo o mal que fizera aos
olhos de Javé, irritando-o com suas
ações, tornando-se semelhante à casa
de Jeroboão e também por ter exter-
minado essa casa.
Ela, rei de Israel. 8No vigésimo sexto
ano de Asa, rei de Judá, Ela, filho de
Baasa, tornou-se rei de Israel em Ter-

---

* **15**,23. 2Cr 16,11-14 | 29. 1Rs 14,10s | **16**,2. 14,7-11 | 4. 14,11

† **15**,18. Esta aliança com Ben-Adad I dá início a uma série de recursos a reis pagãos, que serão reprovados pelos profetas, por verem neles um sinal de pouca confiança em Javé e um perigo de sincretismo.

sa e reinou por dois anos. 9Seu servo Zambri, chefe da metade de seus carros, conspirou contra ele. Estando ele em Tersa, bebendo* e embriagando-se em casa de Arsa, mordomo do palácio em Tersa, 10Zambri entrou, feriu-o e o matou no vigésimo sétimo ano de Asa, rei de Judá; depois reinou em lugar dele. 11Logo que se tornou rei e sentou-se no trono, massacrou toda a família de Baasa, sem deixar um só homem,* e matou também seus parentes e amigos. 12Zambri exterminou toda a casa de Baasa, segundo a predição que Javé fizera contra Baasa por intermédio do profeta Jeú, 13por causa de todos os pecados* que cometeram Baasa e Ela, seu filho, e fizeram Israel cometer, irritando Javé, Deus de Israel, com seus ídolos.

14O resto da história de Ela e todos os seus atos, não está tudo escrito no livro dos Anais dos reis de Israel?

Zambri, rei de Israel. 15No vigésimo sétimo ano de Asa, rei de Judá, Zambri reinou sete dias em Tersa. O povo estava acampado diante de Gebeton, que pertence aos filisteus. 16Quando o acampamento recebeu esta notícia: "Zambri fez uma conspiração e matou o rei", todo Israel, no mesmo dia, no acampamento, proclamou rei de Israel Amri, chefe do exército. 17Amri e todo o Israel com ele saíram de Gebeton e vieram sitiar Tersa. 18Quando Zambri viu que a cidade ia ser tomada, entrou na cidadela do palácio real, pôs fogo no palácio, estando lá dentro, e morreu. 19Tudo por causa do pecado que cometeu, fazendo o mal aos olhos de Javé, imitando a conduta de Jeroboão e o pecado que fez, levando Israel a pecar.

20O resto da história de Zambri e a conspiração que ele tramou, não está tudo escrito no livro dos Anais dos reis de Israel?

21Então o povo de Israel se dividiu: metade apoiou Tebni, filho de Ginet, querendo fazê-lo rei; a outra metade apoiou Amri. 22Mas o partido de Amri prevaleceu sobre o de Tebni, filho de Ginet; Tebni morreu e Amri tornou-se rei.

Amri, rei de Israel. 23No trigésimo primeiro ano de Asa, rei de Judá, Amri tornou-se rei de Israel e reinou doze anos, seis dos quais em Tersa. 24Depois comprou de Semer, por dois talentos de prata, o monte de Samaria; construiu sobre ele uma cidade, a que deu o nome de Samaria†, por causa do nome de Semer, proprietário do monte. 25Amri fez o mal aos olhos de Javé, agindo pior que todos os seus antecessores. 26Imitou em tudo a conduta de Jeroboão, filho de Nabat, e os pecados a que este levou Israel, irritando Javé, Deus de Israel, com seus ídolos.

27O resto da história de Amri, seus atos e proezas, não está tudo escrito no livro dos Anais dos reis de Israel? 28Amri adormeceu com seus pais e foi sepultado em Samaria. Seu filho Acab reinou em seu lugar.

Acab, rei de Israel. 29Acab, filho de Amri, tornou-se rei de Israel no trigésimo oitavo ano de Asa, rei de Judá, e reinou vinte e dois anos sobre Israel, em Samaria. 30Acab, filho de Amri, fez o mal aos olhos de Javé, mais que todos os seus antecessores. 31Como se não lhe bastasse imitar os pecados de Jeroboão, filho de Nabat, desposou ainda Jezabel, filha de Etbaal, rei dos sidônios†, e passou a servir a Baal e a adorá-lo. 32Erigiu-lhe um altar no templo de Baal, que construiu em Samaria. 33Acab erigiu também um tronco idolátrico* e cometeu ainda outros pecados, irritando Javé, Deus de Israel, mais que todos os reis de Israel que o precederam. 34Em seu tempo, Hiel de Betel reconstruiu Jericó; pelo preço de

* **16**,9. Is 5,11 | 11. 1Sm 25,22 | 13. 16,1-4 | 33. Êx 34,13 | 34. Lv 18,21 / Js 6,26

† **15**,29. Quem usurpava o trono costumava eliminar a família do rei. Enquanto o reino do norte passa por uma série de golpes de estado, a dinastia davídica mantém-se firme no sul. | **16**,24. Samaria foi uma capital comparável a Jerusalém: em boa posição estratégica, fácil de se defender e sem ligação com nenhuma tribo. | 31. Ver nota em 9,27. | 34. Ver a nota em Js 6,26.

seu primogênito Abiram* lançou seus fundamentos e pelo preço de seu último filho Segub assentou suas portas, conforme a predição que fizera Javé por meio de Josué,* filho de Nun†.

III. O PROFETA ELIAS (17–22)

17 **Anúncio do castigo.** [1]Elias, o tesbita, um dos habitantes de Galaad, disse a Acab: "Pela vida de Javé, Deus de Israel, a quem sirvo: não haverá nestes anos nem orvalho e nem chuva,* a não ser quando eu o ordenar"†.

Na torrente de Carit. [2]A palavra de Javé foi-lhe dirigida nestes termos: [3]"Vai-te daqui, retira-te para o oriente e esconde-te na torrente de Carit, que está a leste do Jordão. [4]Beberás da torrente, e os corvos por ordem minha te levarão alimento". [5]Elias partiu e fez como Javé ordenara, indo morar na torrente de Carit, a leste do Jordão. [6]Os corvos lhe traziam pão* e carne de manhã, pão e carne de tarde, e ele bebia da torrente.

O milagre da farinha e do óleo. [7]Depois de certo tempo,* a torrente secou, porque não chovia no país. [8]Então lhe veio a palavra de Javé, dizendo: [9]"Levanta-te e vai a Sarepta, que pertence a Sidônia,* e lá habitarás. Ordenei lá a uma viúva que te dê o sustento". [10]Ele se levantou e foi para Sarepta. Ao chegar à porta da cidade, estava lá uma viúva apanhando lenha; chamou-a e disse: "Por favor, traze-me num vaso um pouco de água para eu beber!" [11]Quando ela já estava indo para buscar água, ele gritou-lhe: "Traze-me também um pedaço de pão em tua mão!" [12]Respondeu ela: "Pela vida de Javé, teu Deus, não tenho pão cozido; tenho apenas um punhado de farinha numa vasilha e um pouco de azeite num jarro. Estou ajuntando uns gravetos e vou preparar esse resto para mim e meu filho; nós o comeremos e depois esperaremos a morte". [13]Elias respondeu-lhe: "Não temas; vai e faze como disseste. Mas, primeiro, prepara-me com o que tens um pãozinho e traze-o para mim; depois o prepararás para ti e para teu filho. [14]Pois assim fala Javé, Deus de Israel:

A vasilha de farinha não ficará vazia
e o jarro de azeite não acabará
até o dia em que Javé enviar
a chuva sobre a face da terra".

[15]Ela foi e fez como Elias dissera; e comeram ela, ele e sua casa durante muito tempo. [16]A vasilha de farinha não se esvaziou e o jarro de azeite não acabou, conforme a palavra que Javé havia pronunciado por meio de Elias.

A ressurreição do filho da viúva. [17]Depois disso, aconteceu que o filho* dessa mulher, dona da casa, adoeceu, e seu mal foi tão grave que ele veio a falecer. [18]Então ela disse a Elias: "Que tenho eu contigo, homem de Deus? Vieste a minha casa para reavivar a lembrança de minhas faltas e causar a morte de meu filho?"† [19]Ele respondeu-lhe: "Dá-me teu filho". Tomando-o dos braços dela, levou-o ao quarto de cima, onde morava, e colocou-o sobre seu leito. [20]Depois clamou a Javé, dizendo: "Javé, meu Deus, até a viúva que me hospeda quereis afligir, fazendo seu filho morrer?" [21]Estendeu-se por três vezes* sobre o menino e invocou Javé, dizendo: "Javé, meu Deus, eu vos peço, fazei voltar a ele a alma deste menino!" [22]Javé atendeu à súplica de Elias; a alma do menino voltou a ele, e ele reviveu. [23]Elias tomou o menino, desceu-o do quarto de cima para a casa e entregou-o a sua mãe, dizendo: "Olha, teu filho está vivo". [24]A mulher respondeu a Elias: "Agora reconheço que és um homem de Deus e que de fato Javé fala por tua boca!"

---

* **17**,1. Tg 5,17; Ap 11,6 | 6. Êx 16,8.12 | 7. 2Rs 4,1-7 | 9. Lc 4,25s | 17. 2Rs 4,18-37; Lc 7,11-17 | 21. 2Rs 4,33-36; At 20,10

† **17**,1. Elias desafia Baal, o deus da chuva, que os israelitas estavam seguindo, abandonando Javé. **17**,18. Diante da santidade de Elias, a mulher sente sua indignidade e pensa que a morte do filho é castigo por algum pecado.

18 Encontro de Elias com Abdias. 1Passado muito tempo, no terceiro ano, a palavra de Javé foi dirigida a Elias nestes termos: "Vai apresentar-te diante de Acab; vou mandar a chuva sobre a face da terra". 2Elias partiu e foi apresentar-se a Acab.

Havia uma grande fome em Samaria. 3Acab mandou chamar Abdias, intendente do palácio. Este era um homem muito temente a Javé; 4quando Jezabel massacrou os profetas de Javé, ele tomou cem profetas e os escondeu numa gruta em grupos de cinquenta, providenciando-lhes comida e bebida. 5Acab disse a Abdias: "Vai pelo país, a todas as fontes e torrentes, talvez encontremos capim para manter vivos os cavalos e os burros e não tenhamos de sacrificar os animais". 6Repartiram entre si a terra para percorrê-la: Acab partiu sozinho para um lado e Abdias partiu sozinho para o outro. 7Enquanto Abdias caminhava, Elias veio a seu encontro; ele o reconheceu e se prostrou com o rosto em terra, dizendo: "És tu meu senhor Elias?" 8Ele respondeu: "Sou eu! Vai e dize a teu senhor: Elias está aqui". 9Mas o outro replicou: "Que pecado cometi para entregares teu servo nas mãos de Acab, para ele me matar? 10Pela vida de Javé, teu Deus, não há nação nem reino onde meu senhor não tenha mandado procurar-te; e quando respondiam: 'Ele não está aqui!', fazia o reino e a nação jurar que não te haviam achado. 11E agora mandas: 'Vai dizer a teu senhor: Elias está aqui!' 12Mas, quando eu me apartar de ti, o espírito de Javé te transportará não sei para onde, eu irei informar Acab e ele, não te achando, me matará! No entanto, teu servo teme a Javé desde a juventude. 13Porventura não foi contado a meu senhor o que fiz quando Jezabel massacrava os profetas de Javé, como escondi cem profetas de Javé, em grupos de cinquenta, numa gruta e lhes forneci pão e água? 14E agora ordenas: 'Vai dizer a teu senhor: Elias está aqui'. Ele vai me matar!" 15Elias respondeu-lhe: "Pela vida de Javé dos exércitos†, a quem sirvo,* hoje mesmo me apresentarei a ele".

Encontro de Acab com Elias. 16Abdias foi encontrar-se com Acab e contou-lhe o acontecido; e Acab saiu ao encontro de Elias. 17Logo que viu Elias, Acab lhe disse: "És tu, flagelo de Israel?" 18Elias respondeu: "Não sou eu o flagelo de Israel, mas és tu e a casa de teu pai, porque vós abandonastes os mandamentos de Javé e tu seguiste os ídolos de Baal.* 19Pois bem, manda que se reúna todo o Israel junto de mim, no monte Carmelo, com os quatrocentos e cinquenta profetas de Baal e os quatrocentos profetas de Aserá, que comem à mesa de Jezabel".

O sacrifício no Carmelo†. 20Acab convocou todo o Israel e reuniu os profetas no monte Carmelo. 21Elias, aproximando-se de todo o povo, disse: "Até quando ficareis mancando de duas pernas? Se Javé é Deus, segui-o! Se é Baal, segui-o!" Mas o povo não lhe respondeu nada. 22Então Elias disse ao povo: "Sou o único dos profetas de Javé que fiquei, enquanto os profetas de Baal são quatrocentos e cinquenta. 23Deem-nos dois novilhos; que eles escolham um para si e depois de esquartejá-lo o coloquem sobre a lenha, sem lhe pôr fogo. Eu prepararei o outro novilho e o colocarei sobre a lenha, sem lhe pôr fogo. 24Invocareis depois o nome de vosso deus, e eu invocarei o nome de Javé: o deus que responder enviando fogo, é ele o Deus". Todo o povo respondeu: "Está bem".

25Elias disse então aos profetas de Baal: "Escolhei para vós um novilho e preparai-o vós primeiro, pois sois mais numerosos. Invocai o nome de vosso deus, mas não acendais o fogo". 26Eles tomaram o novilho que lhes foi

* **18**,15. 1Sm 1,3 | **18**,18. Jz 2,13

† **18**,15. Ver a nota em 1Sm 1,3. | 20. Monte da Galileia, de 552 metros, que avança pelo Mediterrâneo formando a linda baía de Haifa. Na nuvem de que fala o v. 44 os antigos viram uma prefiguração de Maria, a flor do Carmelo, Nossa Senhora do Carmo.

dado, prepararam-no e invocaram o nome de Baal desde a manhã até o meio-dia, dizendo: "Baal, responde-nos!" Mas não houve voz nem resposta; e eles dançavam dobrando o joelho diante do altar que haviam feito. [27]Ao meio-dia, Elias começou a zombar deles, dizendo: "Gritai mais alto, pois ele é deus; ele pode estar meditando ou fazendo negócios ou, em viagem; talvez esteja dormindo e precisa ser acordado!" [28]Gritaram mais forte e, segundo seu costume, fizeram incisões no próprio corpo com espadas e lanças, até escorrer sangue. [29]Passado o meio-dia, eles profetizaram* até a hora da apresentação da oferenda, mas não houve voz, nem resposta, nem sinal de atenção.

[30]Então Elias disse a todo o povo: "Aproximai-vos de mim"; e todo o povo se aproximou dele. Ele restaurou o altar de Javé que fora demolido. [31]Tomou doze pedras, segundo o número das doze tribos dos filhos de Jacó, a quem Javé havia dito: "Teu nome será Israel" [32]e edificou com as pedras um altar* ao nome de Javé. Fez em redor do altar um rego capaz de conter duas medidas de semente. [33]Empilhou a lenha, esquartejou o novilho e o colocou sobre a lenha. [34]Depois disse: "Enchei quatro talhas de água e entornai-a sobre o holocausto e sobre a lenha". Ele disse: "Fazei-o de novo", e eles o fizeram. E acrescentou: "Fazei-o pela terceira vez", e eles o fizeram. [35]A água se espalhou em torno do altar e inclusive o rego ficou cheio de água. [36]Na hora em que se apresentava a oferenda, o profeta Elias aproximou-se e disse: "Javé, Deus de Abraão, de Isaac e de Jacó, fazei que hoje se saiba que vós sois Deus em Israel, que sou vosso servo e que foi por ordem vossa que fiz todas essas coisas. [37]Respondei-me, Javé, respondei-me, para que este povo reconheça que vós, Javé, sois Deus e que converteis os corações deles!" [38]Então caiu o fogo de Javé* que consumiu o holocausto e a lenha, as pedras e a terra, secando a água que estava no rego. [39]Vendo isto, todo o povo prostrou-se com o rosto em terra, exclamando: "É Javé que é Deus!" É Javé que é Deus!" [40]Elias lhes disse: "Prendei os profetas de Baal; que nenhum deles escape!" Eles os prenderam. Elias fê-los descer à torrente de Quison e lá os degolou.

O fim da seca. [41]Disse Elias a Acab: "Sobe, come e bebe, pois já se ouve o rumor de uma tempestade". [42]Enquanto Acab subia para comer e beber, Elias subiu ao topo do Carmelo, prostrou-se por terra* e pôs o rosto entre os joelhos. [43]Disse a seu criado: "Sobe e olha para o lado do mar". Ele subiu, olhou e disse: "Não há nada". Elias disse: "Retorna sete vezes". [44]Na sétima vez, o criado disse: "Está subindo do mar uma nuvem pequena como a mão de uma pessoa". Elias disse: "Vai dizer a Acab: Prepara o carro e desce, para que a chuva não te detenha". [45]Num instante o céu se escureceu com muita nuvem e vento e caiu uma forte chuva. Acab subiu a seu carro e partiu para Jezrael. [46]A mão de Javé esteve* sobre Elias. Ele cingiu os rins e correu diante de Acab até a entrada de Jezrael.

19 **O caminho do Horeb.** [1]Acab contou a Jezabel tudo o que fizera Elias e como passara a fio de espada todos os profetas. [2]Então Jezabel mandou a Elias um mensageiro para lhe dizer: "Que os deuses me mandem um castigo sobre outro se amanhã a esta hora eu não tiver feito de tua vida o que fizeste da vida deles!" [3]Vendo isto, Elias levantou-se e partiu para salvar sua vida. Chegou a Bersabeia, que pertence a Judá, e deixou lá seu criado. [4]Ele fez a caminhada de um dia pelo deserto* e foi sentar-se debaixo de um junípero. Pediu a morte, dizendo: "Agora basta,* Javé! Retira-me a vida, pois não sou melhor que meus pais". [5]Deitou-se e dormiu debaixo do junípero. Mas um anjo o tocou e lhe disse: "Levanta-te e come".

* **18**,29. 18,36; 2Rs 3,20; Dn 9,21. | 32. Gn 32,39. | 38. Nm 11,1; 16,35; Lv 9,24; Jz 6,21. | 42. Tg 5,18. | 46. 2Rs 3,15; Ez 13. | **19**,4. Gn 21,14-21 / Nm 11,14; Tb 3,6; Jn 4,3.8; Jó 7,15

6Abriu os olhos e viu a sua cabeceira um pão cozido sobre pedras quentes e um jarro de água. Comeu, bebeu e tornou a deitar-se. 7Mas o anjo de Javé veio pela segunda vez, tocou-o e disse: "Levanta-te e come, porque o caminho é longo demais para ti". 8Levantou-se, comeu e bebeu e, depois, com a força daquela comida, caminhou* quarenta dias e quarenta noites até a montanha de Deus, o Horeb†.

Deus aparece a Elias. 9Lá entrou na gruta,* onde passou a noite. Então veio a ele a palavra de Javé, que lhe disse: "Que fazes aqui, Elias?" 10Ele respondeu: "Estou cheio de ardente zelo por Javé dos exércitos, porque os israelitas abandonaram vossa aliança,* derrubaram vossos altares e mataram vossos profetas a espada. Fiquei somente eu, e procuram tirar-me a vida". 11Deus disse: "Sai e fica na montanha diante de Javé". E Javé passou.* Um vento forte e impetuoso fendia as montanhas e quebrava os rochedos diante de Javé, mas Javé não estava no vento; depois do vento houve um terremoto, mas Javé não estava no terremoto; 12depois do terremoto, um fogo, mas Javé não estava no fogo; depois do fogo, o sussurro de uma leve brisa†. 13Quando Elias o ouviu, cobriu o rosto* com o manto, saiu e pôs-se à entrada da gruta. Então veio-lhe uma voz que disse: "Que fazes aqui, Elias?" 14Ele respondeu: "Estou cheio de ardente zelo por Javé dos exércitos, porque os israelitas abandonaram vossa aliança, derrubaram vossos altares e mataram vossos profetas à espada. Fiquei somente eu, e procuram tirar-me a vida".

15Javé lhe disse: "Vai, retoma teu caminho na direção do deserto de Damasco. Ungirás Hazael como rei de Aram.* 16Ungirás Jeú, filho de Namsi, como rei de Israel e ungirás Eliseu, filho de Safat, de Abel-Meúla, como profeta em teu lugar. 17Quem escapar da espada de Hazael, Jeú o matará e quem escapar da espada de Jeú, Eliseu o matará. 18Mas pouparei em Israel sete mil homens, todos os que não dobraram os joelhos* diante de Baal e não o beijaram com sua boca".

Vocação de Eliseu. 19Partindo dali, Elias encontrou Eliseu, filho de Safat, que estava arando com doze juntas de bois diante dele, e ele estava com a duodécima. Elias passou perto dele e lançou sobre ele seu manto. 20Eliseu abandonou seus bois, correu atrás de Elias e disse: "Deixa-me abraçar meu pai e minha mãe, depois te seguirei". Elias respondeu: "Vai e volta; pois bem sabes o que te fiz". 21Eliseu afastou-se de Elias e, tomando a junta de bois, a imolou. Serviu-se da lenha do arado para cozinhar a carne e deu-a aos seus para comer. Depois levantou-se, seguiu Elias e se pôs a seu serviço†.

20 **Samaria é sitiada.** 1Ben-Adad, rei de Aram†, mobilizou todo o seu exército: tinha consigo trinta e dois reis, cavalos e carros. Subiu, sitiou Samaria e a atacou. 2Enviou mensageiros à cidade, a Acab, rei de Israel, 3para lhe dizer: "Assim fala Ben-Adad: Tua prata e teu ouro são meus; tuas mulheres e teus filhos são meus". 4O rei de Israel deu esta resposta: "Seja como disseste, senhor meu rei. Eu sou teu com tudo o que me pertence".

5Mas os mensageiros voltaram e disseram: "Assim fala Ben-Adad. Eu mandei dizer-te que deves entregar-me tua prata e teu ouro, tuas mulheres e teus filhos. 6Amanhã a esta hora enviar-te-ei meus servos, que revistarão tua casa e as casas de teus servos e se apoderarão de tudo quanto lhes aprouver e o carregarão".

* **19**,8. Êx 24,18; Mt 4,1 | 9. Êx 33,18-34,9 | 10. Rm 11,3 | 11. Êx 13,22; 19,16 | 13. Êx 3,6; 33,20 | 15. 2Rs 8,7-15; 2Rs 9,1-13; 19,19-21 | 18. Is 4,3; Rm 11,4s

† **19**,8. O pão que sustenta Elias na caminhada é figura da Eucaristia, que alimenta o cristão até o encontro definitivo com Deus. | **19**,12. Os fenômenos da teofania do Sinai, Êx 19,19, aqui precedem a manifestação divina, que acontece no silêncio e na intimidade. | 21. O gesto com o manto significa tomada de posse em nome de Deus, que chama Eliseu para ser seu profeta. | **20**,1. Este é Ben-Adad II, filho daquele mencionado em 15,18.

7Então o rei de Israel convocou todos
os anciãos do país e disse: "Reparai e
vede que esse homem quer nossa rui-
na! Mandou exigir de mim minhas mu-
lheres e meus filhos, minha prata e meu
ouro, e não lhe recusei nada". 8Todos
os anciãos e todo o povo disseram-lhe:
"Não lhe obedeças nem consintas!"
9Ele deu, pois, esta resposta aos men-
sageiros de Ben-Adad: "Dizei ao senhor
meu rei: Farei tudo o que pediste a teu
servo da primeira vez, mas esta outra
exigência não a posso satisfazer". Os
mensageiros partiram, levando a res-
posta.

10Então Ben-Adad mandou dizer-
-lhe: "Que os deuses me mandem um
castigo sobre outro se o pó de Samaria
for suficiente para encher o côncavo da
mão de todo o povo que me acompa-
nha!" 11Mas o rei de Israel deu-lhe esta
resposta: "Dizei-lhe: Aquele que cinge
seu cinturão não se glorie como aquele
que o tira!"† 12Quando Ben-Adad ou-
viu esta resposta – ele estava bebendo
com os reis em suas tendas – ordenou
a seus servos: "Tomai posição!" Eles to-
maram posição contra a cidade.

Vitória israelita. 13Então um profeta
veio procurar Acab, rei de Israel, e dis-
se: "Assim fala Javé: Vês toda esta mul-
tidão imensa? Pois eu a entrego hoje
em tuas mãos e reconhecerás que eu
sou Javé". 14Acab perguntou: "Por meio
de quem?" Ele respondeu: "Assim fala
Javé: Pelos servos dos chefes das pro-
víncias". Acab perguntou: "Quem dará
início ao combate?" – "Tu mesmo", res-
pondeu o profeta.

15Acab passou em revista os servos
dos chefes das províncias. Eram ao
todo duzentos e trinta e dois. Em segui-
da passou em revista todo o exército,
todos os israelitas, que eram sete mil.
16Fizeram uma incursão ao meio-dia,
enquanto Ben-Adad estava nas tendas
bebendo até embriagar-se juntamente
com os trinta e dois reis, seus aliados.
17Saíram primeiro os servos dos chefes
das províncias. Ben-Adad mandou sa-
ber o que era e lhe informaram: "Saí-
ram alguns homens de Samaria". 18Ele
ordenou: "Se saíram com intento de
paz, capturai-os vivos, e se saíram para
combater, capturai-os vivos também!"
19Saíram então da cidade os servos
dos chefes das províncias, seguidos
do exército, 20e cada um deles abateu
seu adversário. Os arameus fugiram, e
Israel os perseguiu; Ben-Adad, rei de
Aram, escapou a cavalo com alguns
cavaleiros. 21Então saiu o rei de Israel;
atacou os cavalos e os carros e infligiu
a Aram uma grande derrota.

22O profeta aproximou-se do rei de
Israel e lhe disse: "Vamos! Coragem!
Considera bem o que deves fazer, pois
daqui a um ano o rei de Aram te ata-
cará".

23Os servos do rei de Aram disseram-
-lhe: "O Deus dessa gente é um Deus
de montanhas, é por isso que nos
venceram. Mas lutemos contra eles na
planície e certamente os venceremos.
24Faze, pois, o seguinte: afasta esses
reis de seu posto e substitui-os por
prefeitos. 25Recruta um exército tão
numeroso como o que perdeste, com
o mesmo número de cavalos e carros;
depois os atacaremos na planície e cer-
tamente os venceremos". O rei seguiu
o conselho deles e assim fez.

Vitória de Afec. 26No começo do
ano†, Ben-Adad passou em revista os
arameus e subiu a Afec para combater
Israel. 27Os israelitas foram mobilizados
e providos de víveres, saindo depois a
seu encontro. Acampados diante dos
inimigos, os israelitas pareciam dois
rebanhos de cabras, enquanto os ara-
meus enchiam toda a região.

28Um homem de Deus aproximou-
-se do rei de Israel e lhe disse: "Assim
fala Javé: Já que Aram disse que Javé é
um Deus de montanhas e não um Deus
de planícies, entrego em tuas mãos
toda essa multidão e reconhecerás
que eu sou Javé". 29Durante sete dias
estiveram acampados uns diante dos
outros. No sétimo dia travou-se a ba-
talha, e os israelitas mataram num só
dia cem mil soldados de infantaria dos

† **20**,11. O provérbio significa: Não cantar vitória antes da hora. | 26. No começo da primavera.

arameus. [30]Os sobreviventes fugiram para Afec, para a cidade, mas as muralhas desabaram sobre os vinte e sete mil homens que restaram.

Ben-Adad também fugiu e se refugiou na cidade num quarto retirado. [31]Seus servos disseram-lhe: "Olha! Ouvimos dizer que os reis de Israel são reis clementes. Ponhamos sacos nos rins e cordas no pescoço e vamos ao encontro do rei de Israel; talvez ele te poupe a vida". [32]Puseram, pois, sacos nos rins e cordas no pescoço, apresentaram-se ao rei de Israel e disseram: "Assim fala teu servo Ben-Adad: Por favor, poupa-me a vida!" Ele respondeu: "Ele ainda está vivo? Ele é meu irmão!" [33]Aqueles homens acolheram essas palavras como um bom augúrio e logo quiseram confirmá-las, dizendo: "Ben-Adad é teu irmão". Acab respondeu: "Ide buscá-lo". Veio Ben-Adad à presença de Acab e este o fez subir a seu carro. [34]Ben-Adad então lhe disse: "Vou restituir-te as cidades que meu pai tomou de teu pai e poderás abrir para ti mercados em Damasco, como meu pai os possuía em Samaria". "Quanto a mim", disse Acab, "deixar-te-ei em liberdade mediante esse tratado". Acab fez uma aliança com ele e o deixou em liberdade.

Um profeta condena a atitude de Acab. [35]Um dos discípulos dos profetas* disse a seu companheiro, por ordem de Javé: "Fere-me!", mas este se recusou a feri-lo. [36]Replicou ele: "Porque não obedeceste à voz de Javé,* logo que te afastares de mim um leão te matará". Logo que ele se afastou, um leão o encontrou e o matou. [37]O profeta encontrou-se com outro homem e disse: "Fere-me!" O homem desferiu-lhe um golpe e o feriu. [38]O profeta partiu e ficou aguardando* o rei na estrada; tinha ficado irreconhecível com a atadura que pôs sobre os olhos. [39]Ao passar o rei, ele gritou: "Teu servo estava no meio do combate quando alguém saiu das fileiras e trouxe-me um homem dizendo-me: 'Toma conta deste homem! Se ele desaparecer, tua vida responderá pela sua ou, então, pagarás um talento de prata'. [40]Ora, enquanto teu servo estava ocupado aqui e ali, o outro desapareceu". O rei de Israel disse-lhe: "Esta é tua sentença: tu mesmo a pronunciaste". [41]Mas, sem demora, o homem tirou a atadura que trazia sobre os olhos, e o rei de Israel reconheceu que ele era um dos profetas. [42]Ele disse ao rei: "Assim fala Javé: porque deixaste escapar o homem que eu tinha votado ao extermínio, tua vida responderá por sua vida e teu povo por seu povo". [43]O rei de Israel voltou para casa aborrecido e irritado, e entrou em Samaria.

21 **A vinha de Nabot.** [1]Depois disso aconteceu o seguinte: Nabot de Jezrael tinha uma vinha* em Jezrael, ao lado do palácio de Acab, rei de Samaria. [2]Acab disse a Nabot: "Cede-me tua vinha, para que eu a transforme numa horta, já que ela está situada junto a meu palácio; em troca te darei uma vinha melhor, ou, se preferires, pagarei em dinheiro seu valor". [3]Mas Nabot respondeu a Acab: "Javé me livre de ceder-te a herança de meus pais!"

Acab e Jezabel. [4]Acab voltou para casa aborrecido e irritado por causa da resposta que lhe dera Nabot de Jezrael: "Não te cederei a herança* de meus pais". Deitou-se na cama, voltou o rosto para a parede e não quis comer nada. [5]Sua mulher Jezabel aproximou-se dele e lhe disse: "Por que estás aborrecido e não queres comer?" [6]Respondeu ele: "Porque conversei com Nabot de Jezrael e lhe propus: 'Cede-me tua vinha por seu preço em dinheiro, ou, se preferires, dar-te-ei outra vinha em troca'. Mas ele respondeu: 'Não te cederei minha vinha'". [7]Então sua mulher Jezabel lhe disse: "Mas és tu que agora governas Israel! Levanta-te, come e que teu coração se alegre, pois eu te darei a vinha de Nabot de Jezrael".

Assassinato de Nabot. [8]Ela escreveu então umas cartas em nome de Acab,

* **20**,35. 2Rs 2,3s | 36. 13,20-25 | 38. 2Sm 12,1-12; 14,1-20 | **21**,1. Is 5,8ss | 4. 21,3

selou-as com o selo real e as enviou
aos anciãos e aos nobres da cidade,
concidadãos de Nabot. 9Nessas cartas
escrevera o seguinte: "Proclamai um je-
jum† e fazei Nabot sentar-se entre os
primeiros do povo. 10Fazei comparecer
diante dele dois homens inescrupulo-
sos que o acusem assim: 'Tu amaldi-
çoaste a Deus* e ao rei!' Depois, levai-o
para fora e apedrejai-o até morrer!"
11Os homens da cidade de Nabot,
os anciãos e os nobres que moravam
em sua cidade fizeram conforme Je-
zabel lhes havia ordenado, segundo
estava escrito nas cartas que ela lhes
enviara. 12Proclamaram um jejum e co-
locaram Nabot entre os primeiros do
povo. 13Então chegaram dois homens
inescrupulosos, que se sentaram dian-
te dele e testemunharam contra Nabot
diante do povo, dizendo: "Nabot amal-
diçoou a Deus e ao rei". Levaram-no
para fora da cidade e o apedrejaram
até a morte. 14Depois mandaram a no-
tícia a Jezabel: "Nabot foi apedrejado
e está morto". 15Quando Jezabel ouviu
que Nabot tinha sido apedrejado e que
estava morto, disse a Acab: "Levanta-te
e vai tomar posse da vinha de Nabot de
Jezrael, que ele não quis te ceder por
seu preço em dinheiro, pois Nabot já
não vive, está morto". 16Quando Acab
soube que Nabot estava morto, levan-
tou-se para descer à vinha de Nabot de
Jezrael e dela tomar posse.

Profecia de Elias contra Acab. 17Então
a palavra de Javé* foi dirigida a Elias,
o tesbita, nestes termos: 18"Levanta-
-te e desce ao encontro de Acab, rei
de Israel, que está em Samaria. Ele se
encontra na vinha de Nabot, aonde
desceu para dela tomar posse. 19Isto
lhe dirás: 'Assim fala Javé: Matas-
te e ainda por cima tomas a heran-
ça!'† Tu lhe dirás: 'Assim fala Javé: No
mesmo lugar em que os cães lambe-
ram* o sangue de Nabot, os cães lam-
berão também o teu'". 20Acab disse a
Elias: "Então me apanhaste, meu inimi-
go!" Elias respondeu: "Sim, apanhei-te.
Porque te deixaste subornar para fazer
o que é mau aos olhos de Javé, 21fa-
rei cair sobre ti a desgraça: varrerei tua
raça,* exterminarei os homens da casa
de Acab, escravos ou livres em Israel.
22Farei com tua casa como fiz com a de
Jeroboão, filho de Nabat, e com a de
Baasa, filho de Aías, porque provo-
caste minha ira e fizeste Israel pecar.
23Também de Jezabel Javé falou, di-
zendo: 'Os cães devorarão* Jezabel
no campo de Jezrael'. 24Os membros
da família de Acab que morrerem
na cidade serão devorados pelos
cães; e os que morrerem no campo
serão comidos pelas aves do céu".
25De fato, não houve ninguém* que
se prestou para fazer o que desagra-
da a Javé como Acab, porque a isso o
instigava sua mulher Jezabel. 26Agiu de
maneira muito abominável, cultuando
os ídolos, como fizeram os amorreus
que Javé expulsara da frente dos is-
raelitas.

Arrependimento de Acab. 27Quando
Acab ouviu essas palavras, rasgou as
vestes, cobriu o corpo com pano de
saco e jejuou; dormia vestido de pano
de saco e andava de cabeça baixa.
28Então a palavra de Javé foi dirigida a
Elias, o tesbita, dizendo: 29"Viste como
Acab se humilhou diante de mim? Por
se ter humilhado diante de mim, não
mandarei a desgraça durante sua vida;
é nos dias de seu filho que enviarei a
desgraça sobre sua casa".

22 **Acab e Josafá contra os ara-
meus.** 1Passaram-se três anos*
sem guerra entre Aram e Israel. 2No
terceiro ano, Josafá, rei de Judá, veio
visitar o rei de Israel. 3Disse o rei de Is-
rael a seus oficiais: "Não sabeis que Ra-
mot de Galaad nos pertence? E nós não
fazemos nada para tomá-la das mãos
do rei de Aram!" 4Perguntou a Josafá:

---

* **21**,10. Êx 22,27; Lv 24,14 | 17. 2Sm 12 | 19. 2Rs 9,25s | 21. 14,10s; 16,3s | 23. 2Rs 9,10 | 25. 1Rs 16,30-34 | **22**,1. 2Cr 18,2-3

† **21**,9. O jejum era proclamado durante as calamidades públicas, para obter o perdão dos pecados que as causaram. | **21**,19. Javé defende o direito dos pobres, ofício que o rei deveria cumprir, Sl 72,2.

"Queres vir comigo à guerra em Ramot
de Galaad?" Josafá respondeu ao rei
de Israel: "Conta comigo como conti-
go mesmo, com meu povo como com
teu povo, com meus cavalos como com
teus cavalos".

Os falsos profetas predizem a vitória.
5Mas Josafá disse ao rei* de Israel: "Por
favor, consulta hoje mesmo a palavra
de Javé". 6O rei de Israel reuniu os pro-
fetas, quatrocentos aproximadamente,
e perguntou-lhes: "Devo ir atacar Ra-
mot de Galaad, ou devo desistir?" Res-
ponderam: "Ataca-a; Javé a entregará
nas mãos do rei". 7Mas Josafá disse:
"Acaso não existe aqui um outro pro-
feta de Javé que possamos consultar?"
8O rei de Israel respondeu a Josafá: "Há
ainda um pelo qual se pode consultar
Javé, mas eu o detesto, pois jamais
profetiza o bem a meu respeito, mas
sempre a desgraça: é Miqueias, filho de
Jemla"†. Josafá respondeu: "Que o rei
não fale assim!" 9O rei de Israel chamou
um eunuco e disse: "Chama depressa
Miqueias, filho de Jemla".

10O rei de Israel e Josafá, rei de Judá,
estavam sentados, cada um em seu
trono, revestidos com seus trajes reais;
estavam sentados numa eira diante da
porta de Samaria, e todos os profetas
profetizavam diante deles. 11Sedecias,
filho de Canaana, fez para si chifres de
ferro e disse: "Assim fala Javé: Com isto
ferirás os arameus até exterminá-los"†.
12E todos os profetas faziam a mesma
predição, dizendo: "Sobe a Ramot de
Galaad. Triunfarás! Javé vai entregá-la
nas mãos do rei".

O profeta Miqueias prediz o fracasso.
13O mensageiro que foi chamar* Mi-
queias disse-lhe: "Os profetas são unâ-
nimes em predizer coisas boas para o
rei. Procura falar como eles e predizer
o sucesso". 14Mas Miqueias respondeu:
"Pela vida de Javé! O que Javé me dis-
ser, é isso que anunciarei!" 15Chegando
à presença do rei, este perguntou-lhe:
"Miqueias, devemos ir a Ramot de Ga-
laad para combater ou devemos desis-
tir?" Respondeu ele: "Ataca-a. Triunfa-
rás! Javé vai entregá-la nas mãos do
rei". 16Mas o rei lhe disse: "Quantas
vezes é preciso que eu te conjure para
que me digas somente a verdade em
nome de Javé?" 17Então ele disse:

"Eu vi todo o Israel disperso pelas
montanhas
como um rebanho sem pastor.
E Javé me disse: Eles não têm mais
senhor,
que cada um volte em paz para sua
casa!"

18O rei de Israel disse então a Josafá:
"Não te havia dito que ele não profe-
tizaria para mim o bem, mas o mal?"
19Disse Miqueias : "Escuta, pois, a pala-
vra de Javé: Eu vi Javé sentado em seu
trono;* todo o exército do céu estava
junto dele, a sua direita e a sua esquer-
da. 20Javé perguntou: 'Quem enganará
Acab, para que ele suba contra Ramot
de Galaad e lá pereça?' Um dizia uma
coisa e outro dizia outra. 21Então um
espírito se aproximou e se colocou
diante de Javé: 'Sou eu que o engana-
rei', disse ele. Javé lhe perguntou: 'E de
que modo?' 22Respondeu: 'Partirei e se-
rei um espírito de mentira na boca de
todos os seus profetas'. Javé disse: 'Tu
o enganarás e ainda prevalecerás. Vai e
faze assim'. 23Agora, pois, Javé infundiu
um espírito de mentira na boca de to-
dos esses teus profetas, mas Javé pre-
nunciou a teu respeito uma desgraça"†.

24Então Sedecias, filho de Canaana,
aproximou-se de Miqueias, esbofe-
teou-o e disse: "Por qual caminho o
espírito de Javé saiu de mim para te fa-
lar?" 25Miqueias respondeu: "Tu o verás
no dia em que tiveres de fugir de um
aposento a outro para te esconder".
26O rei de Israel ordenou: "Prende Mi-
queias e conduze-o a Amon, o gover-
nador da cidade, e a Joás, o filho do rei.
27Tu lhes dirás: 'Assim fala o rei. Lançai

---

* **22**,5. 2Cr 18,4-11 | 13. 2Cr 18,12-27 | 19. Is 6,1; Jó 1,6; 2,1

† **22**,8. Não é o profeta do qual a Bíblia conserva um livro e que viveu um século e meio depois. | 11. Ver a nota em 11,30 | 23. Miqueias quer mostrar como Deus permitiu ao espírito mau enganar os ímpios para os castigar.

este homem na prisão e alimentai-o com pão e água escassos até que eu volte são e salvo'". [28]Miqueias disse: "Se voltares são e salvo, é porque Javé não falou por meu intermédio". E ele disse: "Escutai, povos todos!"

Morte de Acab em Ramot de Galaad. [29]O rei de Israel marchou com Josafá,* rei de Judá, contra Ramot de Galaad. [30]O rei de Israel disse a Josafá: "Vou disfarçar-me para entrar no combate, mas quanto a ti, veste-te com tuas roupas". O rei de Israel disfarçou-se e foi para o combate. [31]O rei de Aram dera esta ordem a seus trinta e dois comandantes dos carros: "Não atacareis nem pequenos e nem grandes, mas somente o rei de Israel". [32]Quando os comandantes dos carros viram Josafá, disseram: "O rei de Israel é ele", e se voltaram contra ele para o atacar; mas Josafá se pôs a gritar [33]e, quando os comandantes dos carros viram que não era ele o rei de Israel, deixaram de persegui-lo. [34]Ora, um homem atirou com seu arco, ao acaso, e atingiu o rei de Israel numa brecha da couraça. Este disse a seu cocheiro: "Volta e leva-me para fora do combate, pois me sinto mal". [35]Mas o combate tornou-se tão violento naquele dia que tiveram de manter o rei de pé sobre seu carro diante dos arameus, e pela tarde ele morreu; o sangue de sua ferida escorria no fundo do carro. [36]Ao pôr do sol, um grito percorreu o acampamento: "Volte cada um para sua cidade e cada um para sua terra!" [37]E o rei morreu. Foi transportado para Samaria e lá sepultado. [38]Lavaram o carro na piscina de Samaria, onde as prostitutas se lavavam, e os cães lamberam seu sangue, conforme a palavra que Javé pronunciara.

[39]O resto da história de Acab, todos os seus atos, a casa de marfim que construiu, todas as cidades que fortificou, não está tudo escrito no livro dos Anais dos reis de Israel? [40]Acab adormeceu com seus pais, e seu filho Ocozias reinou em seu lugar.

Josafá, rei de Judá. [41]Josafá, filho de Asa, tornou-se rei de Judá* no quarto ano de Acab, rei de Israel. [42]Josafá tinha trinta e cinco anos quando começou a reinar, e reinou vinte e cinco anos em Jerusalém. Sua mãe chamava-se Azuba, filha de Selaqui. [43]Seguiu em tudo o procedimento de seu pai Asa, sem dele se apartar, fazendo o que é reto aos olhos de Javé. [44]Todavia, os lugares altos não desapareceram; o povo continuou a oferecer sacrifícios e incenso nos lugares altos. [45]Josafá viveu em paz com o rei de Israel.

[46]O resto da história de Josafá, as proezas que realizou e as guerras que empreendeu, não está tudo escrito no livro dos Anais dos reis de Judá? [47]Ele extirpou do país o resto dos prostitutos sagrados* que ainda existiam do tempo de seu pai Asa. [48]Não havia rei em Edom, mas um prefeito era aí rei. [49]Josafá construiu navios de Társis para ir a Ofir em busca de ouro, mas eles não puderam ir porque os navios se quebraram em Asiongaber. [50]Então Ocozias, filho de Acab, disse a Josafá: "Meus servos poderiam ir com os teus nos navios". Mas Josafá não concordou. [51]Josafá adormeceu com seus pais e foi sepultado com seus pais na Cidade de Davi, seu ancestral. Seu filho Jorão reinou em seu lugar.

Ocozias, rei de Israel. [52]Ocozias, filho de Acab, tornou-se rei de Israel em Samaria no décimo sétimo ano de Josafá, rei de Judá, e reinou dois anos sobre Israel. [53]Fez o mal aos olhos de Javé e imitou o comportamento de seu pai e de sua mãe, e o de Jeroboão, filho de Nabat, que levara Israel a pecar. [54]Prestou culto a Baal e prostrou-se diante dele, provocando a ira de Javé, Deus de Israel, como o fizera seu pai.

* **22**,29. 2Cr 18,28-34 | 41. 2Cr 20,31-21,1 | 47. 15,12; Dt 23,19

SEGUNDO LIVRO DOS REIS

I. OS PROFETAS ELIAS E ELISEU (1–13)

1 **Ocozias e Elias.** [1]Depois da morte de Acab,* Moab rebelou-se contra Israel. [2]Ocozias caiu da janela de seu aposento em Samaria e ficou ferido. Enviou mensageiros, dizendo-lhes: "Ide consultar Baal Zebub†, deus de Acaron, para saber se ficarei curado deste mal". [3]Mas o anjo de Javé disse a Elias, o tesbita: "Levanta-te e vai ao encontro dos mensageiros do rei de Samaria e dize-lhes: Porventura não há um Deus em Israel, para irdes consultar Baal Zebub, deus de Acaron? [4]Por isso, assim diz Javé: 'Não descerás do leito ao qual subiste, mas com certeza morrerás'". E Elias partiu. [5]Os mensageiros voltaram para junto de Ocozias, que lhes perguntou: "Por que voltastes?" [6]Responderam: "Veio a nosso encontro um homem que nos disse: 'Ide, voltai para junto do rei que vos enviou e dizei-lhe: Assim fala Javé. Porventura não há um Deus em Israel, para mandardes consultar Baal Zebub, deus de Acaron? Por isso, não descerás do leito ao qual subiste, mas com certeza morrerás'". [7]Perguntou-lhes Ocozias: "Que aparência tinha o homem que veio a vosso encontro e vos disse essas palavras?" [8]Responderam-lhe: "Era um homem que trajava uma veste de pelos, com um cinto de couro na cintura". Disse o rei: "É Elias, o tesbita!"

[9]Então o rei mandou a Elias um chefe de cinquenta com seus cinquenta comandados; o chefe subiu até ele, que estava sentado no alto da montanha, e lhe disse: "Homem de Deus! O rei te ordena que desças!" [10]Elias respondeu ao chefe dos cinquenta: "Se eu sou um homem de Deus, que desça fogo do céu* e te devore a ti e a teus cinquenta". Um fogo desceu do céu e o devorou com seus cinquenta. [11]O rei enviou de novo outro chefe de cinquenta com seus cinquenta comandados, que lhe falou dizendo: "Homem de Deus! O rei te ordena que desças depressa!" [12]Elias respondeu: "Se eu sou um homem de Deus, que desça fogo do céu e te devore a ti e a teus cinquenta". Um fogo desceu do céu e o devorou com seus cinquenta. [13]O rei mandou um terceiro chefe de cinquenta com seus cinquenta comandados. Esse terceiro chefe subiu, dobrou os joelhos diante de Elias e suplicou-lhe assim: "Ó homem de Deus! Que tenham algum valor a teus olhos minha vida e a destes teus cinquenta servos. [14]Caiu fogo e devorou os dois primeiros chefes dos cinquenta com seus comandados; mas agora, que minha vida tenha algum valor a teus olhos!" [15]O anjo de Javé disse a Elias: "Desce com ele, não o temas". Ele se levantou, desceu com ele e foi ter com o rei, [16]a quem disse: "Assim fala Javé: Por teres enviado mensageiros para consultar Baal Zebub, deus de Acaron – porventura não há Deus em Israel, cuja palavra possa ser consultada? – não descerás do leito ao qual subiste, mas com certeza morrerás".

[17]Ele morreu, conforme a palavra de Javé, pronunciada por Elias. Como não tinha filhos, Jorão tornou-se rei em seu lugar no segundo ano de Jorão, filho de Josafá, rei de Judá. [18]O resto da história de Ocozias e seus feitos, não está tudo escrito no livro dos Anais dos reis de Israel?

2 **Elias é arrebatado ao céu.** [1]Quando Javé ia arrebatar Elias no turbilhão, Elias e Eliseu partiram de Guilgal [2]e Elias disse a Eliseu: "Fica aqui, pois Javé me enviou até Betel". Mas Eliseu respondeu: "Pela vida de Javé e por tua vida, não te deixarei!" Eles desceram a

---

* **1**,1. 3,4-27 | 10. Lc 9,54s

† **1**,2. O nome do deus era Baal-Zebul, "Baal príncipe", mas por zombaria falavam Baal-Zebub, "Baal das moscas".

Betel. 3Os discípulos dos profetas† que
moravam em Betel foram ao encontro
de Eliseu e lhe disseram: "Sabes que
hoje Javé vai levar teu mestre por cima
de tua cabeça?" Ele respondeu: "Sei,
mas ficai calados". 4Elias disse-lhe: "Eli-
seu, fica aqui, pois Javé me envia até
Jericó". Mas ele respondeu: "Pela vida
de Javé e por tua vida, não te deixarei!"
E foram para Jericó. 5Os discípulos dos
profetas que moravam em Jericó apro-
ximaram-se de Eliseu e lhe disseram:
"Sabes que hoje Javé vai levar teu mes-
tre por cima de tua cabeça?" Ele res-
pondeu: "Sei, mas ficai calados". 6Elias
disse-lhe: "Fica aqui, pois Javé me envia
até o Jordão". Mas ele respondeu: "Pela
vida de Javé e por tua vida, não te dei-
xarei!" E partiram os dois juntos.

7Cinquenta homens dentre os dis-
cípulos dos profetas foram também
e pararam a certa distância deles, en-
quanto os dois se detinham à beira do
Jordão. 8Então Elias tomou seu manto,
enrolou-o e bateu com ele nas águas,
que se dividiram de um lado e de ou-
tro, e ambos atravessaram a pé enxu-
to.* 9Depois que passaram, Elias disse
a Eliseu: "Pede o que quiseres que eu
faça por ti antes de ser arrebatado de
tua presença". Eliseu respondeu: "Que
uma dupla porção de teu espírito venha
sobre mim!"† 10Elias respondeu: "Pedes
uma coisa difícil; todavia, se me vires ao
ser arrebatado de tua presença, isso te
será concedido; caso contrário, não te
será dado". 11Aconteceu que, enquan-
to andavam e conversavam, um carro
de fogo* e cavalos de fogo os separa-
ram um do outro, e Elias subiu ao céu
no turbilhão†. 12Eliseu olhava e gritava:
"Meu pai! Meu pai! Carro* e cavalaria
de Israel!" Depois não mais o viu e, to-
mando suas vestes, rasgou-as em duas
partes. 13Apanhou o manto de Elias,
que havia caído, e voltou para trás, pa-
rando à beira do Jordão.

14Tomou o manto de Elias, que havia
caído dele, e bateu com ele nas águas,
dizendo: "Onde está Javé, o Deus de
Elias?" Quando bateu nas águas, estas
se dividiram de um lado e de outro, e
Eliseu atravessou o rio. 15Os discípulos
dos profetas de Jericó viram-no à dis-
tância e disseram: "O espírito de Elias
repousa sobre Eliseu!" Vieram a seu en-
contro e se prostraram por terra diante
dele. 16Disseram-lhe: "Há aqui com teus
servos cinquenta homens valentes. Per-
mite que saiam à procura de teu mestre;
talvez o espírito de Javé* o tenha arre-
batado e lançado sobre algum monte
ou em algum vale". Mas ele respondeu:
"Não mandeis ninguém". 17Mas eles o
importunaram até que, constrangido,
disse: "Mandai!" Mandaram pois os
cinquenta homens,* que procuraram
Elias durante três dias sem encontrá-lo.
18Voltaram para junto de Eliseu, que ha-
via ficado em Jericó, o qual lhes disse:
"Não vos disse eu que não fôsseis?"

O poder de Eliseu. 19Os habitantes da
cidade disseram a Eliseu: "Esta cidade
é bem-situada, como bem pode ver
meu senhor, mas suas águas são ruins
e a terra é estéril". 20Disse ele: "Trazei-
-me um prato e ponde nele sal". Eles o
trouxeram. 21Ele foi à fonte das águas,
lançou-lhe sal e disse: "Assim fala Javé:
'Eu saneio estas águas* e elas não mais
causarão morte nem esterilidade'". 22E
as águas se tornaram saudáveis até
hoje, segundo a palavra pronunciada
por Eliseu.

23De lá subiu a Betel. Enquanto su-
bia pelo caminho, uns rapazinhos que
saíram da cidade zombaram dele, di-
zendo: "Sobe, careca! Sobe, careca!"
24Eliseu virou-se, olhou para eles e os
amaldiçoou em nome de Javé. Então
saíram do bosque duas ursas e despe-
daçaram quarenta e dois deles. 25Dali
foi para o monte Carmelo e depois vol-
tou para Samaria.

---

* **2**,8. Êx 14,16.22 | 11. 6,16s | 12. Eclo 48,9.12; 13,14 | 16. 1Rs 18,12 | 17. Dt 34,6; Ml 3,23 | 21. Êx 15,25

† **2**,3. Ver a nota em 1Sm 10,5. | 9. Uma dupla porção da herança era a parte do filho mais velho. Mas aqui, tratando-se de um carisma, não depende de Elias mas de Deus. | 11. Elias desaparece no mistério, fazendo surgir sobre ele muitas crenças, sobretudo a de sua volta para preparar a vinda do Messias. Jesus dirá que seu Elias foi João Batista, Mt 17,10-13.

3 **Jorão, rei de Israel.** 1No décimo oitavo ano de Josafá, rei de Judá, Jorão, filho de Acab, tornou-se rei de Israel em Samaria e reinou doze anos. 2Fez o mal aos olhos de Javé; não, porém, como seu pai e sua mãe, pois derrubou a coluna sagrada de Baal que seu pai tinha feito. 3Mas continuou apegado aos pecados que Jeroboão, filho de Nabat, fez Israel cometer† e deles não se apartou.

Guerra contra Moab. 4Mesa, rei de Moab, era criador de gado e pagava ao rei de Israel como tributo cem mil cordeiros e a lã de cem mil carneiros. 5Mas quando morreu Acab, o rei de Moab revoltou-se contra o rei de Israel.

6Então o rei Jorão saiu de Samaria* e passou em revista todo o Israel. 7Partiu e mandou dizer a Josafá, rei de Judá: "O rei de Moab revoltou-se contra mim; queres vir comigo para combater* contra Moab?" Ele respondeu: "Irei; conta comigo como contigo mesmo, com meu povo como com teu povo, com meus cavalos como com teus cavalos". 8E perguntou: "Por qual caminho subiremos?" O outro respondeu: "Pelo caminho do deserto de Edom".

9O rei de Israel, o rei de Judá e o rei de Edom partiram. Depois de caminharem sete dias, faltou água para o exército e para os animais que os seguiam. 10O rei de Israel exclamou: "Ai de nós! Javé chamou-nos, os três reis, para entregar-nos nas mãos de Moab!" 11Mas Josafá perguntou: "Não existe aqui um profeta de Javé pelo qual possamos consultar* Javé?" Então um dos servos do rei de Israel respondeu: "Está aqui Eliseu, filho de Safat, que derramava água nas mãos de Elias".* 12Então Josafá disse: "A palavra de Javé está com ele". Desceram pois até ele o rei de Israel, Josafá e o rei de Edom. 13Mas Eliseu disse ao rei de Israel: "Que tenho eu a ver contigo? Vai procurar os profetas de teu pai e os profetas de tua mãe!" O rei de Israel respondeu-lhe: "Não! É que Javé chamou-nos, os três reis, para entregar-nos nas mãos de Moab!" 14Eliseu retrucou: "Pela vida de Javé dos Exércitos†, a quem sirvo, se não fosse em atenção a Josafá, rei de Judá,* eu não te daria atenção nem sequer olharia para ti! 15No entanto, trazei-me agora um músico".* Enquanto o músico tocava, a mão de Javé veio sobre Eliseu 16que disse: "Assim fala Javé: 'Cavai neste vale fossos e mais fossos'; 17pois assim fala Javé: 'Não vereis vento nem vereis chuva, mas este vale se encherá de água e bebereis vós, vossos rebanhos e vossos animais de carga'. 18Mas isto é ainda pouco aos olhos de Javé, pois ele entregará Moab em vossas mãos. 19Destruireis todas as cidades fortificadas* e todas as cidades principais, cortareis todas as árvores frutíferas, tapareis todas as nascentes e cobrireis de pedras todos os campos férteis". 20E aconteceu que, na manhã seguinte, na hora da apresentação da oferenda, escorreu água da direção de Edom, e a região ficou alagada.

21Quando os moabitas souberam que aqueles reis tinham vindo atacá-los, convocaram todos os que tinham idade para pegar em armas, do mais novo ao mais velho, e tomaram posição na fronteira. 22De manhã, quando eles se levantaram e o sol brilhou sobre as águas, os moabitas viram ao longe as águas vermelhas como sangue. 23Disseram: "É sangue! Certamente aqueles reis lutaram entre si e se mataram uns aos outros. E agora, Moab, à pilhagem!"

24Mas quando eles chegaram ao acampamento dos israelitas, estes se levantaram e venceram os moabitas, que fugiram diante deles; os israelitas invadiram o país e dizimaram os moabitas. 25Destruíram as cidades; cada um lançou uma pedra em todas as terras cultivadas para as cobrir, taparam todas as nascentes e cortaram

---

* **3**,6. 1Rs 22 | 7. 1Rs 22,4 | 11. 1Rs 22,7 / 1Rs 19,21 | 14. 1Rs 18,15 | 15. 1Sm 10,6 | 19. Dt 20,19

† **3**,3. Ver a nota em 1Rs 12,28. | 14. Ver a nota em 1Sm 1,3. | 25. Essa prática, comum nas guerras antigas, era proibida em Israel: Dt 20,19.

todas as árvores frutíferas†. Não restaram a Qir-Hareset senão suas pedras; os fundibulários a cercaram e a atacaram. [26]Quando o rei de Moab viu que a batalha estava perdida para ele, tomou consigo setecentos homens armados de espada para abrir uma passagem e chegar até o rei de Edom, mas não o conseguiu. [27]Tomando, então, seu filho primogênito, que devia suceder-lhe no trono, ofereceu-o em holocausto sobre a muralha. Isto provocou grande cólera contra os israelitas, que se retiraram e voltaram para sua terra.

4 **Milagres de Eliseu.** [1]A mulher de um dos discípulos* dos profetas suplicou a Eliseu, dizendo: "Teu servo, meu marido, morreu, e bem sabes que teu servo temia a Javé. Ora, veio o credor para tomar meus dois filhos e fazê-los escravos". [2]Eliseu lhe disse: "Que posso fazer por ti? Dize-me, que tens em casa?" Respondeu ela: "Tua serva nada tem em casa a não ser um frasco de óleo". [3]Então, ele ordenou: "Vai e pede emprestados a todos os teus vizinhos jarros vazios em grande quantidade! [4]Depois entra, fecha a porta atrás de ti e de teus filhos e derrama óleo em todos esses jarros, pondo-os de lado à medida que estiverem cheios". [5]Ela retirou-se e fechou a porta atrás dela e dos filhos; estes lhe apresentaram os jarros e ela os enchia. [6]Ora, quando os jarros ficaram cheios, ela disse a um dos filhos: "Traze mais um". Mas ele respondeu: "Não há mais nenhum". Então o óleo parou de correr. [7]Ela foi informar o homem de Deus, o qual disse: "Vai, vende esse óleo e paga a dívida, e vivereis tu e teus filhos do que restar".

[8]Certo dia, Eliseu passava por Sunam e uma mulher rica que lá morava o convidou com insistência para uma refeição. Depois, cada vez que passava por ali, ia até lá para comer. [9]Ela disse a seu marido: "Sei que é um santo homem de Deus este que passa sempre por nossa casa. [10]Façamos para ele, no terraço, um quarto de tijolos com cama, mesa, cadeira e lâmpada, a fim de que, quando vier a nossa casa, possa ficar lá". [11]Passando um dia por ali, retirou-se ao quarto do terraço e se deitou. [12]Disse a seu servo Giezi: "Chama essa sunamita". Chamou-a e ela veio a sua presença. [13]Ele disse ao servo: "Dize-lhe: 'Tu nos trataste com todo desvelo. Que podemos fazer por ti? Queres que eu interceda por ti junto ao rei ou junto ao chefe do exército?'" Mas ela respondeu: "Vivo no meio de meu povo"†. [14]Eliseu perguntou: "Então, que se pode fazer por ela?" Giezi respondeu: "Ela não tem filhos e seu marido já é idoso". [15]Disse Eliseu: "Chama-a". O servo a chamou e ela veio à porta. [16]Ele disse: "Daqui a um ano, nesta mesma época, terás um filho* nos braços". Mas ela replicou: "Não, meu senhor, homem de Deus, não enganes tua serva!" [17]Mas a mulher concebeu e deu à luz um filho na mesma época, no ano seguinte, como Eliseu lhe havia dito.

[18]O menino cresceu. Certo dia foi ter com o pai junto dos ceifeiros [19]e disse a seu pai: "Ai, minha cabeça! Ai, minha cabeça!"* O pai ordenou a um dos servos: "Leva-o para junto da mãe dele". [20]Este o tomou e o conduziu à mãe. O menino ficou nos joelhos da mãe até o meio-dia e depois morreu. [21]Ela subiu, colocou o menino sobre o leito do homem de Deus, fechou a porta atrás dele e saiu. [22]Chamou o marido e disse-lhe: "Manda-me um dos servos com uma jumenta; vou depressa à casa do homem de Deus e volto". [23]Perguntou-lhe ele: "Por que vais ter com ele hoje? Não é lua nova nem sábado!" Mas ela respondeu: "Fica em paz". [24]Mandou selar a jumenta e disse ao servo: "Conduze-me e vai adiante. Não me detenhas pelo caminho, a não ser que eu te ordene". [25]Ela partiu e foi até o homem de Deus no monte Carmelo. Quando o homem de Deus a viu de longe, disse a Giezi, seu servo: "Lá está a sunami-

---

* **4**,1. 1Rs 17,8-15 | 16. Gn 18,10 | 19. 1Rs 17,17-24

† **4**,13. Quer dizer que não precisa de nada e que seus serviços são gratuitos.

ta. 26Corre-lhe ao encontro e pergunta: Estás bem? Teu marido vai bem? Teu filho está bem?" Ela respondeu: "Tudo bem". 27Chegando perto do homem de Deus na montanha, ela agarrou-lhe os pés. Giezi aproximou-se para afastá-la, mas o homem de Deus disse: "Deixa-a, pois tem a alma amargurada, e Javé me ocultou o motivo e nada me revelou". 28Ela disse: "Acaso eu pedi um filho a meu senhor? Não te havia pedido que não me enganasses?" 29Eliseu disse a Giezi: "Cinge teus rins, toma meu bastão na mão e parte! Se encontrares alguém, não o saúdes,* e se alguém te saudar, não lhe respondas†. Colocarás meu bastão sobre o rosto do menino". 30Mas a mãe do menino disse: "Pela vida de Javé e por tua vida, eu não te deixarei!" Então ele se ergueu e a seguiu. 31Giezi, que os havia precedido, tinha colocado o bastão sobre o rosto do menino, mas este não disse nada nem reagiu. Então o servo voltou para encontrar-se com Eliseu e informou-o: "O menino não despertou".

32Eliseu chegou à casa: lá estava o menino morto e estendido sobre sua cama. 33Ele entrou, fechou a porta atrás deles dois e orou a Javé. 34Depois subiu à cama, deitou-se sobre o menino,* pondo a boca sobre a dele, os olhos sobre os dele, as mãos sobre as dele, estendeu-se sobre ele e a carne do menino se reaqueceu. 35Eliseu levantou-se, pôs-se a andar de um lado para outro na casa, depois tornou a subir e se estendeu sobre ele. Então o menino espirrou sete vezes e abriu os olhos. 36Eliseu chamou Giezi e disse-lhe: "Chama a sunamita". Chamou-a e, quando ela chegou perto, disse-lhe: "Toma teu filho". 37Ela entrou, lançou-se a seus pés, prostrou-se por terra, depois tomou seu filho e saiu.

38Eliseu voltou a Guilgal.* A fome reinava então no país. Estando os discípulos dos profetas sentados a sua frente, ele disse a seu servo: "Põe a panela grande no fogo e prepara uma sopa para os discípulos dos profetas. 39Um deles saiu ao campo para apanhar ervas e encontrou uma trepadeira selvagem, colheu de seus frutos, enchendo o manto. Voltou e cortou-os em pedaços dentro da panela de sopa, sem saber o que era. 40Distribuíram a sopa aos homens, para que comessem. Porém, logo que provaram dela, soltaram um grito: "Homem de Deus! Na panela está a morte!" E não puderam mais comer. 41Então Eliseu disse: "Trazei-me farinha". Jogou farinha na panela e disse: "Serve aos homens, para que comam". E já não havia mais nada de nocivo na panela.

42Veio um homem de Baal-Salisa e trouxe para o homem de Deus pão das primícias: vinte pães de cevada e espigas novas de trigo que tinha em seu embornal. Eliseu ordenou: "Oferece a esta gente para que coma". 43Mas seu servo respondeu: "Como hei de servir isso para cem pessoas?" Ele repetiu: "Oferece a esta gente para que coma,* pois assim fala Javé: 'Comerão e ainda sobrará'". 44Serviu-o para eles, que comeram e ainda sobrou, segundo a palavra de Javé.

5 Cura de Naamã, o leproso.

1Naamã, chefe do exército do rei de Aram, era um homem muito importante e estimado por seu senhor, pois fora por meio dele que Javé concedera a vitória aos arameus. Mas esse homem valente era leproso. 2Ora, os arameus, numa incursão, tinham levado do território de Israel uma moça que ficou ao serviço da mulher de Naamã. 3Disse ela a sua patroa: "Se meu senhor se dirigisse ao profeta que está em Samaria, este o livraria da lepra". 4Naamã foi informar seu senhor: "A moça que veio da terra de Israel falou isso e isso". 5O rei de Aram respondeu: "Vai, que eu enviarei uma carta ao rei de Israel". Naamã partiu, levando consigo dez ta-

* **4**,29. Lc 10,4 | 34. 1Rs 17,21 | 38. 2,1 | 43. Mt 14,13-21; 15,32-38

† **4**,29. Missão urgente, que não admite perda de tempo, Lc 10,4; no Oriente as saudações são demoradas.

lentos de prata, seis mil siclos de ouro e dez vestes. [6]Entregou ao rei de Israel a carta que dizia: "Quando esta carta chegar a tuas mãos, fica sabendo que mandei a ti meu servo Naamã, para que o cures da lepra". [7]Ao ler a carta, o rei de Israel rasgou suas vestes e disse: "Acaso sou um deus,* capaz de dar a morte ou a vida, para que este me mande um homem para eu curá-lo da lepra? Considerai e vede que ele anda buscando pretextos contra mim!"

[8]Mas quando Eliseu, o homem de Deus, soube que o rei de Israel havia rasgado as vestes, mandou dizer-lhe: "Por que rasgaste as vestes? Que ele venha a mim para que saiba que há um profeta em Israel". [9]Naamã chegou com seu carro e seus cavalos à porta da casa de Eliseu. [10]Este mandou um mensageiro dizer-lhe: "Vai lavar-te sete vezes* no Jordão e tua carne te será restituída e ficarás limpo". [11]Naamã, irritado, retirou-se dizendo: "Eu pensava comigo: Certamente ele sairá e, ficando de pé, invocará o nome de Javé, seu Deus, tocará com a mão o lugar infetado e me curará da lepra. [12]Porventura os rios de Damasco, o Abana e o Farfar, não valem mais que todas as águas de Israel? Não poderia eu lavar-me neles para ser purificado?" Voltando as costas, retirou-se indignado. [13]Mas seus servos, aproximando-se dele, disseram-lhe: "Meu pai! Se o profeta te houvesse ordenado uma coisa difícil, não a terias feito? Quanto mais agora que ele te diz: 'Lava-te e ficarás purificado'". [14]Ele então desceu e mergulhou sete vezes no Jordão, conforme a ordem do homem de Deus, e sua carne tornou-se como a de uma criança:* estava curado!†

[15]Ele voltou à casa do homem de Deus com todo o seu séquito; entrou, apresentou-se diante dele e disse: "Agora sei que não há Deus em toda a terra a não ser em Israel! Por favor, aceita este presente de teu servo". [16]Mas Eliseu replicou: "Pela vida de Javé, a quem sirvo, nada aceitarei". Naamã insistiu para que ele aceitasse, mas ele recusou. [17]Então Naamã disse: "Sendo assim, permite, então, que se dê a teu servo a quantidade de terra que duas mulas podem carregar, pois teu servo não mais oferecerá holocausto nem sacrifício a outros deuses, mas só a Javé†. [18]Que Javé perdoe, porém, a teu servo isto: quando meu senhor vai ao templo de Remon para adorar, ele se apoia sobre meu braço e também eu me prostro no templo de Remon. Quando, pois, eu me prostrar no templo de Remon, que Javé perdoe isto a teu servo!"† [19]Eliseu respondeu-lhe: "Vai em paz". Naamã se retirou e caminhou até certa distância.

[20]Giezi, servo de Eliseu, o homem de Deus, disse consigo: "Meu senhor foi generoso demais para com esse arameu Naamã, não aceitando dele o que havia trazido. Pela vida de Javé, vou correr atrás dele e ganharei dele alguma coisa". [21]E Giezi correu no encalço de Naamã. Quando Naamã o viu correndo atrás dele, saltou de seu carro, foi-lhe ao encontro e perguntou: "Vai tudo bem?" [22]Ele respondeu: "Tudo bem. Meu senhor mandou-me dizer-te: 'Agora mesmo acabam de chegar a minha casa dois jovens da montanha de Efraim, discípulos dos profetas. Dá-me para eles, eu te peço, um talento de prata e duas vestes". [23]Naamã respondeu: "Aceita dois talentos". Insistiu com ele e atou os dois talentos de prata em dois sacos, junto com duas vestes, e entregou-os a dois de seus servos, que os levaram à frente de Giezi. [24]Quando chegou a Ofel, Giezi tomou os objetos de suas mãos e os guardou em casa; depois despediu os homens, que se retiraram.

---

* **5**,7. Gn 30,2; 1Sm 2,6 | 10. Jo 9,7 | 14. Mt 3,13ss; Lc 4,27

† **5**,14. No sentido espiritual, a lepra significa o pecado e as águas do Jordão, o batismo. | 17. Naamã quer "terra pura" para oferecer sobre ela seus sacrifícios a Javé, ver Am 7,17. | 18. Remon, também chamado Hadad, era o deus da chuva, correspondente ao Baal cananeu. Eliseu não vê problema nesse tipo de participação apenas exterior.

25 A seguir veio apresentar-se a seu senhor. Eliseu perguntou-lhe: "Donde vens, Giezi?" "Teu servo não foi a lugar nenhum", respondeu. 26 Mas Eliseu lhe disse: "Acaso meu espírito não estava presente quando alguém saltou de seu carro a teu encontro? Era este o momento de aceitar dinheiro, de aceitar vestes, olivais e vinhas, ovelhas, bois, servos e servas? 27 A lepra de Naamã se apegará a ti e a tua posteridade para sempre". E Giezi saiu de sua presença branco como a neve por causa da lepra.*

6

O machado no rio. 1 Os discípulos dos profetas disseram a Eliseu: "Como vês, o lugar em que moramos contigo é pequeno demais para nós. 2 Vamos até o Jordão; ali cada um de nós apanhará um tronco de madeira e lá construiremos uma moradia". Ele respondeu: "Ide". 3 Um deles disse: "Queiras vir com teus servos". Ele respondeu: "Irei". 4 Partiu com eles. Chegados ao Jordão, puseram-se a cortar madeira. 5 Estando um deles a abater um tronco, o ferro do machado caiu na água, e ele gritou: "Ai, meu senhor, era um machado emprestado!" 6 Mas o homem de Deus perguntou-lhe: "Onde ele caiu?". O outro mostrou-lhe o lugar. Então Eliseu cortou um pedaço de madeira, jogou-o naquele lugar e o ferro veio à tona. 7 Disse então: "Apanha-o". O homem estendeu a mão e o apanhou.

Eliseu captura um batalhão arameu. 8 O rei de Aram estava em guerra contra Israel. Tomou conselho com seus oficiais e disse-lhes: "Em tal e tal lugar estará meu acampamento". 9 O homem de Deus mandou dizer ao rei de Israel: "Cuidado, não passes por esse lugar, pois os arameus estão descendo para lá". 10 O rei de Israel mandou seus homens para o lugar que o homem de Deus lhe havia indicado. Ele o advertia e o rei ficava de sobreaviso; e isto se deu não apenas uma ou duas vezes.

11 O coração do rei de Aram ficou intrigado com isso e convocou seus oficiais para perguntar-lhes: "Não me poderíeis informar quem dentre os nossos está do lado do rei de Israel?" 12 Um de seus oficiais respondeu: "Ninguém, senhor meu rei; é Eliseu, profeta de Israel, que revela ao rei de Israel até mesmo as palavras que dizes em teu quarto de dormir". 13 Ordenou ele: "Ide, vede onde ele está e mandarei prendê-lo". Foi-lhe anunciado: "Ele está em Dotã". 14 Então o rei mandou para lá cavalos, carros e uma poderosa tropa; chegaram de noite e cercaram a cidade.

15 O servo do homem de Deus levantou-se bem cedo e saiu. Viu que um batalhão cercava a cidade com cavalos e carros. Seu servo lhe disse: "Ai, meu senhor, como vamos fazer?" 16 "Não tenhas medo", respondeu, "pois são mais numerosos os que estão conosco do que os que estão com eles". 17 Eliseu orou dizendo: "Javé, abre seus olhos para que veja!" Javé abriu os olhos do servo e ele viu a montanha coberta de cavalos e carros de fogo em torno de Eliseu.

18 Quando os arameus desciam contra ele, Eliseu orou assim a Javé: "Dignai-vos ferir essa gente de cegueira";* e ele os feriu de cegueira, conforme a palavra de Eliseu. 19 Então Eliseu lhes disse: "Não é este o caminho nem é esta a cidade. Segui-me, que vos conduzirei ao homem que procurais". Ele os conduziu a Samaria. 20 Ao entrarem em Samaria, Eliseu disse: "Javé, abri os olhos dessa gente para que veja". Javé abriu seus olhos e eles viram: estavam no centro de Samaria!

21 Quando os viu, o rei de Israel disse a Eliseu: "Devo matá-los, meu pai?" 22 Mas ele respondeu: "Não! Porventura tiras a vida àqueles que fizeste prisioneiros com tua espada e teu arco? Dá-lhes pão e água, para que comam e bebam e depois voltem para seu senhor". 23 O rei serviu-lhes um grande banquete; depois de terem comido e bebido, despediu-os e eles voltaram para seu senhor. Dali em diante os bandos arameus não fizeram mais incursões no território de Israel.

---

* **5**,27. Êx 4,6; Nm 12,10 | **6**,18. Gn 19,11

A fome em Samaria. [24]Depois disso,
aconteceu que Ben-Adad, rei de Aram,
reuniu todo o seu exército e veio sitiar
Samaria. [25]Houve então grande fome
em Samaria, e o cerco foi tão cruel que
uma cabeça de jumento valia oitenta
siclos de prata e a quarta parte de um
cab de cebola selvagem, cinco siclos de
prata.
[26]Passando o rei pela muralha, uma
mulher gritou-lhe: "Socorre-me, senhor
meu rei!" [27]Respondeu ele: "Se Javé
não te socorre, donde posso tirar auxí-
lio para ti? Dos produtos da eira ou do
lagar?" [28]Depois o rei perguntou: "Que
te aconteceu?" Respondeu ela: "Esta
mulher me disse: 'Entrega teu filho
para que o comamos hoje,* que ama-
nhã comeremos o meu'. [29]Cozinhamos,
pois, meu filho e o comemos. No dia
seguinte eu lhe disse: 'Entrega teu filho
para que o comamos'; mas ela ocultou
seu filho". [30]Quando o rei ouviu o que
dissera a mulher,* rasgou suas vestes†.
O rei estava andando sobre a muralha,
e o povo viu que ele trazia sobre o cor-
po um cilício. [31]Ele disse: "Que Deus me
mande um castigo sobre o outro† se a
cabeça de Eliseu, filho de Safat, ainda
lhe ficar sobre os ombros hoje!"
[32]Eliseu estava sentado em sua casa e
os anciãos com ele; o rei fez-se prece-
der por um mensageiro. Mas antes que
este chegasse até ele, Eliseu disse aos
anciãos: "Vereis que este filho de as-
sassino mandou cortar minha cabeça.
Atenção! Quando chegar o mensagei-
ro, fechai a porta e empurrai-o com ela.
Acaso atrás dele não se ouve o barulho
dos passos de seu senhor?" [33]Ele ainda
estava falando, quando o mensageiro
desceu até ele e disse: "Todo este mal
vem de Javé! Que devo ainda esperar
de Javé?"

7 **Libertação de Samaria.** [1]Eliseu
respondeu: "Escutai a palavra de
Javé! Assim fala Javé: 'Amanhã a esta
hora, na porta de Samaria, um seah de
flor de farinha custará um siclo e dois
seah de cevada, um siclo'". [2]Mas o es-
cudeiro, em cujo braço o rei se apoiava,
respondeu ao homem de Deus: "Ainda
que Javé fizesse janelas no céu,* isto
seria possível?" Eliseu disse: "Tu o ve-
rás com teus próprios olhos, mas não
comerás".*
[3]À porta da cidade estavam qua-
tro leprosos,* os quais disseram entre
si: "Por que ficarmos aqui à espera da
morte? [4]Se resolvermos entrar na ci-
dade, morreremos lá, porque a fome
reina lá dentro; se ficarmos aqui, mor-
reremos na mesma. Vamos, pois, e
passemos para o acampamento dos
arameus; se nos deixarem viver, vive-
remos, e se nos matarem, morrere-
mos!" [5]Ao anoitecer, levantaram-se
para ir em direção ao acampamento
dos arameus. Ao chegarem ao limite
do acampamento, notaram que lá não
havia ninguém. [6]É que Javé fizera ou-
vir no acampamento* dos arameus um
ruído de carros e de cavalos, o ruído
de um grande exército, de modo que
eles disseram entre si: "O rei de Israel
deve ter contratado contra nós os reis
dos heteus e os reis do Egito, para que
marchem contra nós". [7]Levantaram-se
e fugiram ao anoitecer, abandonando
suas tendas, cavalos e jumentos; deixa-
ram o acampamento intacto e fugiram
para salvar a vida. [8]Aqueles leprosos
chegaram ao limite do acampamento e
entraram numa tenda; depois de terem
comido e bebido, levaram de lá prata,
ouro e vestes, que foram em seguida
esconder. Voltaram depois e penetra-
ram em outra tenda, tiraram de lá os
despojos e igualmente os esconderam.
Fim do cerco e da fome. [9]Disseram
então entre si: "Não está certo o que
estamos fazendo. Hoje é um dia de
boas novas e nós estamos calados! Se
esperarmos até raiar o dia de amanhã,
um castigo nos sobrevirá. Vamos pois,
entremos na cidade e levemos a notícia
ao palácio do rei". [10]Foram, chamaram
os guardas da porta da cidade e lhes
disseram: "Fomos ao acampamento

* **6**,28. Dt 28,53 | 30. 1Rs 20,31; 21,27 | **7**,2. Gn 7,11; 8,2; Is 24,18; Ml 3,10 / 2Rs 7,17 | 3. Lv 13,46 | 6. 6,17

† **6**,30. Sinal de dor e de consternação, Gn 37,29; Jz 11,35. | 31. Ver a nota em 2Sm 19,14.

dos arameus; lá não havia ninguém,
não se ouvia a voz de ninguém; havia
somente cavalos e jumentos amarra-
dos e as tendas intactas". 11Os guardas
da porta gritaram e transmitiram a no-
tícia para o interior do palácio do rei.
12De noite, o rei levantou-se e disse
a seus oficiais: "Vou explicar-vos o que
os arameus nos fizeram. Sabendo que
estamos sofrendo fome, retiraram-se
do acampamento para se esconderem
no campo, pensando: Eles sairão da
cidade, nós os apanharemos vivos e
entraremos na cidade". 13Um de seus
oficiais respondeu: "Tomem-se cinco
dos cavalos sobreviventes que ainda
estão aqui – acontecerá a eles como
a toda a multidão de Israel que per-
manece na cidade e como a toda a
multidão de Israel que pereceu –, nós
os mandaremos lá e veremos". 14To-
maram dois carros com os cavalos, e o
rei os enviou atrás do exército dos ara-
meus, dizendo: "Ide e vede". 15Eles os
seguiram até o Jordão; a estrada esta-
va cheia de vestes e de outros objetos
que os arameus tinham abandonado
em sua pressa; os mensageiros volta-
ram e informaram o rei.
16Então o povo saiu e saqueou o
acampamento dos arameus; um seah
de flor de farinha passou a custar um
siclo e dois seah de cevada, um siclo,
conforme a palavra de Javé. 17O rei ti-
nha posto como sentinela na porta o
escudeiro em cujo braço ele se apoia-
va;* o povo o pisoteou junto à porta e
ele morreu, conforme dissera o homem
de Deus quando o rei descera até ele.
18Com efeito, depois que o homem de
Deus dissera ao rei: "Amanhã a esta
hora, na porta de Samaria dois seah
de cevada custarão um siclo e um seah
de flor de farinha custará um siclo", 19o
escudeiro respondera ao homem de
Deus: "Ainda que Javé fizesse janelas
no céu, isto seria possível?" E Eliseu
dissera: "Tu o verás com teus próprios
olhos, mas não comerás". 20Foi o que
lhe aconteceu: o povo o pisoteou na
porta e ele morreu.

8 **A sunamita recupera seus bens.**
1Eliseu tinha dito à mulher, cujo
filho ele havia ressuscitado: "Levanta-
-te, parte com tua família e vai morar
onde puderes, pois Javé fez vir a fome,
e ela já está vindo sobre a terra por sete
anos". 2A mulher se levantara e fizera o
que o homem de Deus tinha mandado:
partiu com sua família e morou sete
anos na terra dos filisteus. 3Ao cabo de
sete anos, ela voltou da terra dos filis-
teus e foi ao rei para reclamar sua casa
e suas terras.
4O rei estava conversando com Gie-
zi, servo do homem de Deus, e dizia:
"Conta-me todas as grandes coisas
realizadas por Eliseu". 5Ele estava jus-
tamente contando ao rei como ele
havia ressuscitado um morto, quando
se apresentou ao rei a mulher, cujo fi-
lho ele ressuscitara, para reclamar sua
casa e suas terras. Giezi disse: "Senhor
meu rei, aí está a mulher e aí está seu
filho que Eliseu fez voltar à vida". 6O
rei interrogou a mulher, e ela lhe con-
tou o acontecido. Então o rei pôs a
sua disposição um oficial e ordenou
a este: "Cuida que lhe seja restituído
tudo o que lhe pertence e todos os
rendimentos das terras, desde o dia em
que deixou o país até agora".
Eliseu e Hazael de Damasco. 7Eliseu
foi a Damasco. O rei de Aram, Ben-
-Adad, estava doente; foi-lhe anuncia-
do: "O homem de Deus veio até aqui".
8Então o rei ordenou a Hazael: "Toma
contigo um presente, vai ao encontro
do homem de Deus* e consulta Javé
por meio dele, para saber se ficarei
curado desta enfermidade".
9Hazael partiu ao encontro de Eliseu
e levou como presente tudo o que ha-
via de melhor em Damasco, com o que
carregou quarenta camelos. Veio à pre-
sença dele e disse-lhe: "Teu filho Ben-
-Adad, rei de Aram,* mandou pergun-
tar-te: 'Ficarei curado desta enfermida-
de?'" 10Eliseu respondeu: "Vai dizer-lhe:
'Certamente ficarás curado',* mas Javé
mostrou-me que de certo ele morre-
rá". 11Depois tornou imóvel a expres-

* **7**,17. 7,2 | **8**,8. 5; 1,2 | 9. 6,21 | 10. 1Rs 19,15

são de seu rosto, olhando-o fixamente até que Hazael se sentiu embaraçado, e o homem de Deus chorou. 12Hazael disse: "Por que meu senhor está chorando?" Eliseu respondeu: "Porque sei o mal que farás aos israelitas: incendiarás suas fortalezas, passarás ao fio da espada seus jovens, esmagarás suas crianças e rasgarás o ventre* das mulheres grávidas". 13Hazael disse: "Mas o que é teu servo? Como este cão poderia realizar essa grande façanha?" Eliseu respondeu: "Javé mostrou-me que serás rei de Aram".

14Hazael deixou Eliseu e voltou para junto de seu senhor, o qual lhe perguntou: "Que te disse Eliseu?" "Disse-me que certamente vais sarar", respondeu ele. 15No dia seguinte, ele pegou uma coberta, mergulhou-a na água e estendeu-a sobre seu rosto, de modo que Ben-Adad morreu, e Hazael reinou em seu lugar.

Jorão, rei de Judá. 16No quinto ano de Jorão, filho de Acab,* rei de Israel, reinando ainda Josafá em Judá, Jorão, filho de Josafá, tornou-se rei de Judá. 17Tinha trinta e dois anos quando começou a reinar e reinou oito anos em Jerusalém. 18Imitou o comportamento dos reis de Israel, como fizera a casa de Acab, pois sua mulher era filha de Acab. Fez o mal aos olhos de Javé. 19Todavia, Javé não quis destruir Judá por causa de seu servo Davi, segundo a promessa* que lhe fizera de dar-lhe uma lâmpada, a ele e a seus filhos para sempre.

20Em seu tempo, Edom libertou-se* do domínio de Judá e constituiu um rei para si. 21Jorão foi a Seira com todos os seus carros. Levantou-se à noite e forçou a linha dos edomitas que haviam cercado a ele e aos comandantes dos carros, mas sua gente fugiu para as tendas. 22Assim, Edom livrou-se do domínio de Judá até o dia de hoje. Naquele tempo Lebna também se revoltou.

23O resto da história de Jorão e tudo o que fez não está escrito no livro dos Anais dos reis de Judá? 24Jorão adormeceu com seus pais* e foi sepultado com seus pais na Cidade de Davi. Seu filho Ocozias reinou em seu lugar.

Ocozias, rei de Judá. 25No décimo segundo ano de Jorão,* filho de Acab, rei de Israel, Ocozias, filho de Jorão, tornou-se rei em Judá. 26Tinha vinte e dois anos quando começou a reinar e reinou um ano em Jerusalém. Sua mãe chamava-se Atalia e era filha de Amri, rei de Israel. 27Ele imitou a conduta da família de Acab e fez o mal aos olhos de Javé, como a família de Acab, pois era aparentado com a casa de Acab.

28Ele foi com Jorão, filho de Acab, combater Hazael,* rei de Aram, em Ramot de Galaad. Mas os arameus feriram Jorão. 29O rei Jorão voltou a Jezrael para tratar-se dos ferimentos recebidos dos arameus em Ramot, quando combatia contra Hazael, rei de Aram; e Ocozias, filho de Jorão, rei de Judá, desceu a Jezrael para visitar Jorão, filho de Acab, que estava enfermo.

9 **Jeú, rei de Israel.** 1O profeta Eliseu chamou um dos discípulos dos profetas e disse-lhe: "Cinge teus rins, toma contigo este frasco de óleo e parte para Ramot de Galaad. 2Chegando lá, procura por Jeú, filho de Josafá, filho de Namsi. Tendo-o encontrado, chama-o do meio de seus colegas e leva-o a um aposento separado. 3Tomarás então o frasco de óleo e o derramarás sobre sua cabeça, dizendo: 'Assim fala Javé: Eu te unjo como rei* de Israel'; depois abre a porta e foge depressa".

4O jovem, o jovem profeta, partiu em direção de Ramot de Galaad. 5Quando chegou, encontrou os chefes do exército em reunião e disse: "Chefe, tenho algo a dizer-te". Jeú perguntou: "A qual de nós?" "A ti, chefe", respondeu ele. 6Então Jeú ergueu-se e entrou na casa. O jovem derramou-lhe o óleo sobre a cabeça e disse: "Assim fala Javé, Deus de Israel: Eu te unjo como rei sobre o

* **8**,12. 15,16; Am 1,3 | 16. 2Cr 21,5ss | 19. 2Sm 7,11-16; 1Rs 11,36 | 20. 2Cr 21,8ss | 24. 2Cr 21,20 | 25. 2Cr 22,1-6 | 28. 1Rs 22,3s; 2Rs 9,14s | **9**,3. 1Rs 19,16

povo de Javé, sobre Israel. 7Exterminarás a casa de Acab,* teu senhor, e eu vingarei o sangue de meus servos, os profetas, e de todos os servos de Javé derramado por Jezabel, 8e morrerá toda a família de Acab. Exterminarei todo homem* da família de Acab†, tanto o escravo como o livre em Israel. 9Tratarei a família de Acab como a de Jeroboão, filho de Nabat,* e a de Baasa, filho de Aías.* 10Os cães devorarão Jezabel no campo de Jezrael; ninguém lhe dará sepultura". Depois ele abriu a porta e fugiu.

11Jeú saiu para onde estavam os oficiais de seu senhor, os quais lhe perguntaram: "Está tudo bem? Por que veio a ti esse louco?" Respondeu ele: "Conheceis bem esse homem e sua linguagem!" 12Mas eles disseram: "Não é verdade! Explica-nos tudo!" Ele respondeu: "Falou-me desse e desse modo e disse: Assim fala Javé: 'Eu te ungi como rei de Israel'". 13Imediatamente, todos tomaram seus mantos e os estenderam debaixo de seus pés, sobre os degraus; tocaram a trombeta e gritaram: "Jeú é rei!"

14Jeú, filho de Josafá, filho de Namsi, conspirou* contra Jorão. Jorão, com todo o Israel, tinha defendido Ramot de Galaad de um ataque de Hazael, rei de Aram. 15Depois o rei Jorão tinha voltado a Jezrael para tratar-se das feridas que os arameus lhe haviam infligido nos combates que sustentava contra Hazael, rei de Aram. Jeú disse: "Se estais de acordo, que não saia ninguém da cidade para levar a notícia a Jezrael". 16Jeú subiu num carro e partiu para Jezrael. Jorão lá estava, acamado, e Ocozias, rei de Judá, tinha ido visitá-lo.

Jeú mata os reis de Israel e de Judá.

17A sentinela que estava na torre de Jezrael viu aproximar-se a tropa de Jeú e anunciou: "Estou vendo uma tropa". Jorão ordenou: "Chama um cavaleiro e manda-o a seu encontro para perguntar: 'Tudo vai bem?'" 18O cavaleiro foi ao encontro de Jeú e disse: "Assim fala o rei: 'Tudo vai bem?'" "Que te importa se tudo vai bem?", respondeu Jeú. "Passa para trás de mim e segue-me". A sentinela anunciou: "O mensageiro chegou até eles, mas não volta". 19O rei enviou um segundo cavaleiro; este chegou perto deles e perguntou: "Assim fala o rei: 'Tudo vai bem?'" "Que te importa se tudo vai bem?", respondeu Jeú. "Passa para trás de mim e segue-me". 20A sentinela anunciou: "Ele chegou até eles, mas não volta. Pela maneira de dirigir o carro deve ser Jeú, filho de Namsi; ele dirige como um doido!" 21Jorão disse: "Preparai meu carro!"* O carro foi preparado e Jorão, rei de Israel, e Ocozias, rei de Judá, partiram, cada qual em seu carro, ao encontro de Jeú e o alcançaram no campo de Nabot de Jezrael.

22Ao ver Jeú, Jorão perguntou: "Vai tudo bem, Jeú?" Este respondeu: "Como pode ir tudo bem se perduram as prostituições† de tua mãe Jezabel e suas inúmeras magias?" 23Então Jorão virou seu carro e fugiu, bradando a Ocozias: "Traição, Ocozias!" 24Mas Jeú já havia retesado seu arco e atingiu Jorão entre as espáduas; a flecha atingiu o coração do rei, que tombou dentro do carro. 25Jeú ordenou a Badacer, seu escudeiro: "Tira-o e lança-o no campo de Nabot de Jezrael.* Lembras-te? Quando nós dois estávamos num carro seguindo Acab, seu pai, Javé pronunciou contra ele esta sentença: 26'De certo, vi ontem o sangue de Nabot e de seus filhos, oráculo de Javé.* Neste mesmo campo eu te retribuirei, oráculo de Javé'. Tira-o, pois, e joga-o no campo, conforme a palavra de Javé".

27Vendo isso, Ocozias, rei de Judá, fugiu pela estrada* de Bet-Gã, mas Jeú o perseguiu e gritou: "Matai-o também!" Feriram-no dentro de seu carro na subida de Gaver, que fica perto de Jeblaam; refugiou-se em Meguido e lá

* **9**,7. 1Rs 16,4.13; 19,10; 21 | 8. 1Rs 21,21-24 | 9. 1Rs 14,10s / 1Rs 16,3s | 14. 1Rs 22,3 | 21. 2Cr 22,7s | 25. 1Rs 21 | 26. 1Rs 21,19 | 27. 2Cr 22,8s

† **9**,8. O profeta Oseias condenará Jeú "pelo sangue derramado em Jezrael", Os 1,4. | **9**,22. Ver a nota em Êx 34,15.

morreu. 28Seus servos o transportaram num carro até Jerusalém e o sepultaram em seu túmulo com seus pais, na Cidade de Davi. 29Ocozias se tornara rei de Judá no décimo primeiro ano de Jorão, filho de Acab.

Fim de Jezabel. 30Quando Jeú chegou a Jezrael, Jezabel o soube. Pintou os olhos, enfeitou a cabeça e se pôs à janela. 31Quando Jeú atravessou a porta, ela perguntou: "Tudo vai bem, Zambri†, assassino* de seu senhor?" 32Jeú ergueu os olhos para a janela e disse: "Quem está comigo? Quem?" Dois ou três eunucos olharam para ele. 33Ordenou ele: "Lançai-a abaixo". Eles a lançaram para baixo; seu sangue salpicou a parede e os cavalos, e Jeú passou sobre ela. 34Depois entrou, comeu e bebeu e enfim disse: "Ide ver aquela maldita e dai-lhe sepultura, pois é filha de rei". 35Quando chegaram para sepultá-la, só encontraram o crânio, os pés e as mãos. 36Voltaram para contar isso a Jeú, que disse: "Esta foi a palavra que Javé pronunciou por intermédio de seu servo Elias, o tesbita: 'No campo de Jezrael, os cães devorarão a carne de Jezabel; 37e o cadáver de Jezabel no campo de Jezrael* será como esterco espalhado no solo, de modo que não se poderá dizer: Esta é Jezabel!'"

10 **Massacre da família real de Israel.** 1Havia em Samaria setenta filhos* de Acab. Jeú escreveu cartas e enviou-as a Samaria, aos chefes da cidade, aos anciãos e aos tutores dos filhos de Acab. Dizia a carta: 2"Quando esta carta vos chegar às mãos, vós que tendes convosco os filhos de vosso senhor, carros e cavalos, uma cidade fortificada e armamentos, 3escolhei entre os filhos de vosso senhor o melhor e o mais digno, ponde-o no trono de seu pai e combatei pela casa de vosso senhor!" 4Eles, porém, sentiram grande medo e disseram: "Se dois reis não puderam resistir-lhe, como o poderíamos nós?" 5O mordomo do palácio, o prefeito da cidade, os anciãos e os tutores mandaram dizer a Jeú: "Somos teus servos, faremos tudo o que ordenares, não escolheremos rei algum; faze o que te agradar".

6Jeú escreveu-lhes depois uma segunda carta em que dizia: "Se estais do meu lado e quereis obedecer-me, tomai as cabeças dos filhos de vosso senhor e vinde ter comigo amanhã a esta hora em Jezrael". Havia setenta filhos do rei nas casas dos nobres da cidade, que os educavam. 7Recebida a carta, apoderaram-se dos filhos do rei, degolaram todos os setenta e, pondo suas cabeças em cestos, enviaram-nas para Jezrael.

8Veio um mensageiro anunciar a Jeú: "Trouxeram as cabeças dos filhos do rei". Ele disse: "Colocai-as em dois montes à entrada da porta da cidade até a manhã seguinte". 9De manhã ele saiu e, de pé, disse a todo o povo: "Vós sois inocentes. Quanto a mim, conspirei contra meu senhor e o matei; mas, e estes todos, quem os matou? 10Sabei, pois, que não ficará* sem cumprimento nenhuma das palavras que Javé pronunciou contra a família de Acab; Javé executou o que havia dito por intermédio de seu servo Elias". 11E Jeú matou todos os sobreviventes da família de Acab em Jezrael: todos os nobres, os parentes e os sacerdotes; não deixou escapar nenhum.

Massacre dos príncipes de Judá. 12A seguir pôs-se a caminho* e partiu para Samaria. Passando por Bet-Eced-dos-Pastores, 13encontrou parentes de Ocozias, rei de Judá, e perguntou: "Quem sois?" Responderam: "Somos parentes de Ocozias e descemos para saudar os filhos do rei e os filhos da rainha-mãe". 14Ordenou Jeú: "Prendei-os vivos!" Foram apanhados vivos e degolados junto ao poço de Bet-Eced.

* **9**,31. 1Rs 16,9-18 | 37. 9,10; 1Rs 21,23; Jr 8,2 | **10**,1. Jz 9,5; 1Rs 15,29; 16,11; 2Rs 11,1 | 10. 1Rs 21,21-24 | 12. 2Cr 22,8

† **9**,31. Jezabel compara Jeú a Zambri, que usurpou o trono matando o rei Ela, 1Rs 16,10. | **10**,15. Jonadab e os recabitas viviam uma religião baseada no nomadismo: não possuíam casas nem campos, Jr 35.

Eram quarenta e dois e nenhum foi
poupado.

Jeú e Jonadab. [15]Partindo dali encon-
trou-se* com Jonadab, filho de Recab†,
que vinha a seu encontro; saudou-o e
disse-lhe: "Teu coração é leal para co-
migo, como meu coração para conti-
go?" "Sim", respondeu Jonadab. E Jeú
replicou: "Se é assim, dá-me a mão". Jo-
nadab deu-lhe a mão e Jeú fê-lo subir
a seu lado no carro. [16]Disse-lhe: "Vem
comigo e verás meu zelo por Javé". E o
levou consigo em seu carro. [17]Entrando
em Samaria, matou todos os sobrevi-
ventes da família de Acab em Samaria;
exterminou-a, segundo a palavra que
Javé dissera a Elias.

Massacre dos fiéis de Baal e destruição de seu templo. [18]Jeú reuniu
todo o povo e disse: "Acab venerou um
pouco a Baal; Jeú vai venerá-lo muito.
[19]Agora, pois, congregai-me todos os
profetas de Baal, todos os seus fiéis e
todos os seus sacerdotes; que ninguém
falte, porque desejo oferecer um gran-
de sacrifício a Baal. Quem faltar perderá
a vida". Mas Jeú agiu com astúcia, para
exterminar os fiéis de Baal. [20]Ordenou:
"Convocai uma solene assembleia para
Baal"; e eles a convocaram. [21]Jeú en-
viou mensageiros por todo o Israel e
vieram todos os fiéis de Baal sem faltar
ninguém. Entraram no templo de Baal,*
que ficou lotado de uma extremidade
à outra. [22]Jeú disse ao guarda do ves-
tiário: "Traze vestes para todos os fiéis
de Baal"; e ele trouxe vestes para eles.
[23]Jeú veio ao templo de Baal com Jo-
nadab, filho de Recab, e disse aos fiéis
de Baal: "Reparai bem se não há ser-
vidores de Javé aqui convosco, mas
somente fiéis de Baal". [24]Entraram para
oferecer sacrifícios e holocaustos.

Ora, Jeú colocara do lado de fora oi-
tenta homens e dissera: "Se algum de
vós deixar escapar um desses homens
que vou entregar-vos, responderá com
a própria vida pela dele". [25]Quando Jeú
acabou de oferecer o holocausto, orde-
nou aos guardas e aos escudeiros: "En-
trai, matai-os! E que nenhum escape!"
Os guardas e os escudeiros passaram-
-nos ao fio da espada e chegaram até o
santuário do templo de Baal. [26]Tiraram
a coluna sagrada do templo de Baal e
a queimaram. [27]Derrubaram a coluna
sagrada de Baal, demoliram também o
templo de Baal e o transformaram em
latrina, que permanece até hoje.

Reinado de Jeú em Israel. [28]Assim Jeú
fez Baal desaparecer de Israel. [29]Entre-
tanto, Jeú não se desviou dos pecados
que Jeroboão, filho de Nabat, fizera
Israel cometer, isto é, os bezerros de
ouro de Betel* e de Dã. [30]Javé disse a
Jeú: "Porque executaste bem o que era
agradável a meus olhos e cumpriste
toda a minha vontade contra a casa de
Acab, teus filhos até a quarta geração
se assentarão sobre o trono de Israel".
[31]Mas Jeú não seguiu fielmente e de
todo o seu coração a lei de Javé, Deus
de Israel; não se afastou dos pecados
que Jeroboão fizera Israel cometer.

[32]Por aquele tempo, Javé começou
a reduzir o território de Israel; Hazael
venceu Israel em todas as suas frontei-
ras, [33]desde o Jordão até o oriente, ar-
rebatando-lhe toda a terra de Galaad, a
terra de Gad, de Rúben, de Manassés,
desde Aroer, junto à torrente do Arnon,
até Galaad e Basã†.

[34]O resto da história de Jeú, tudo o
que fez, todas as suas façanhas, não
está tudo escrito no livro dos Anais dos
reis de Israel? [35]Ele adormeceu com
seus pais e foi sepultado em Samaria.
Seu filho Joacaz sucedeu-lhe no trono.
[36]Jeú reinou sobre Israel durante vinte
e oito anos em Samaria.

11 **Atalia usurpa o reino de Judá**†. [1]Quando Atalia, mãe de
Ocozias,* soube que seu filho estava
morto, resolveu exterminar toda a des-
cendência real. [2]Mas Josaba, filha do rei
Jorão e irmã de Ocozias, tomou Joás,
filho de Ocozias, retirou-o do meio dos

---

* **10**,15. Jr 35,1-11 | 21. 1Rs 16,32 | 29. 1Rs 12,28s | **11**,1. 2Cr 22,9-23,21

† **10**,33. Assim Israel perdeu todo o território a leste do rio Jordão. | **11**. Atalia era filha de Acab e Jezabel, e esposa de Jorão, pai de Ocozias; para usurpar o trono, massacrou o resto da família real.

filhos do rei que estavam sendo massacrados e o instalou, com sua ama, no quarto dos leitos; assim ela o escondeu de Atalia e ele não foi morto. 3Ficou seis anos com ela, escondido no templo de Javé, enquanto Atalia reinava sobre o país.

4No sétimo ano, Joiada mandou chamar os centuriões dos caritas e os guardas e os convocou para junto de si no templo de Javé. Concluiu com eles uma aliança, fê-los prestar juramento no templo de Javé e mostrou-lhes o filho do rei. 5Deu-lhes esta ordem: "Eis o que haveis de fazer: a terça parte de vós, que entra em serviço no dia de sábado, montará guarda no palácio real, 6a outra terça parte na porta de Sur, e a outra terça parte na porta atrás dos guardas; assim guardareis o palácio por turnos. 7Os outros dois grupos vossos, todos os que largam o serviço no sábado, montarão guarda no templo de Javé junto ao rei. 8Fareis um círculo em torno do rei, cada qual com sua arma na mão; e todo aquele que quiser forçar vossas fileiras será morto. Acompanhareis o rei em todo lugar aonde ele for".

9Os centuriões fizeram tudo quanto lhes ordenara o sacerdote Joiada. Cada qual reuniu seus homens, tanto os que entravam em serviço no sábado, como os que largavam no sábado, e vieram para junto do sacerdote Joiada. 10O sacerdote entregou aos centuriões as lanças e os escudos do rei Davi, que estavam no templo de Javé. 11Os guardas postaram-se, de armas na mão, desde o ângulo sul até o ângulo norte do templo, diante do altar e do templo e ao redor do rei. 12Então Joiada mandou que trouxessem o filho do rei, cingiu-o com o diadema e entregou-lhe o documento da aliança; proclamaram-no rei e deram-lhe a unção. Bateram palmas e gritaram: "Viva o rei!"

13Ouvindo os gritos dos guardas e do povo, Atalia veio em direção ao povo no templo de Javé. 14Quando viu o rei de pé sobre o pilar, segundo o costume, os chefes e os tocadores de trombeta perto do rei, todo o povo do país gritando de alegria e tocando as trombetas, Atalia rasgou suas vestes e bradou: "Traição! Traição!" 15Então o sacerdote Joiada deu ordens aos centuriões da tropa: "Arrastai-a para fora, por entre as fileiras e, se alguém a seguir, passai-o ao fio da espada"; pois o sacerdote dissera: "Não a mateis dentro do templo de Javé". 16Agarraram-na e, quando ela chegou ao palácio real, pela porta dos Cavalos, foi morta nesse lugar.

17Joiada concluiu entre Javé, o rei e o povo uma aliança pela qual o povo se comprometia a ser o povo de Javé; fez também uma aliança entre o rei e o povo. 18Todo o povo da terra dirigiu-se depois ao templo de Baal e o demoliu, quebrando totalmente seus altares e suas imagens e mataram Matã, sacerdote de Baal, diante dos altares.

O sacerdote colocou guardas no templo de Javé. 19Depois reuniu os centuriões, os caritas, os guardas e todo o povo do país. Fizeram o rei descer do templo de Javé e pela porta dos Guardas entraram no palácio, onde Joás sentou-se no trono dos reis. 20Todo o povo da terra estava em festa e a cidade estava calma. Atalia fora morta pela espada no palácio real.

12 **Joás, rei de Judá.** 1Joás tinha sete anos* quando começou a reinar. 2No sétimo ano de Jeú, Joás tornou-se rei e reinou quarenta anos em Jerusalém. Sua mãe chamava-se Sebias e era de Bersabeia. 3Joás fez o que é agradável aos olhos de Javé por todo o tempo durante o qual o sacerdote Joiada o instruiu. 4Contudo, os lugares altos não desapareceram, e o povo continuava a oferecer sacrifícios e incenso sobre os lugares altos.

5Joás disse aos sacerdotes: "Todo o dinheiro das oferendas sagradas que for trazido ao templo de Javé, tanto o dinheiro estipulado para cada pessoa – o dinheiro do resgate das pessoas

* **12**,1. 2Cr 24,1.16

– como todo o dinheiro oferecido espontaneamente ao templo, 6recebam-no os sacerdotes, cada qual da mão de seus conhecidos, e o empreguem no templo, para fazer as restaurações necessárias". 7Mas no vigésimo terceiro ano do rei Joás, os sacerdotes não tinham ainda restaurado o templo. 8Então Joás chamou o sacerdote Joiada e os outros sacerdotes e disse-lhes: "Por que não restaurais os estragos do templo? Doravante não recebereis mais o dinheiro de vossos conhecidos, mas o dareis para restaurar os estragos do templo". 9Os sacerdotes concordaram em não mais receber dinheiro do povo e em não ser mais os encarregados de reparar os estragos do templo.

10Então o sacerdote Joiada tomou um cofre, fez-lhe uma abertura na tampa e o colocou ao lado do altar, à direita de quem entrava no templo de Javé, e os sacerdotes que guardavam a entrada depositavam nele todo o dinheiro oferecido ao templo de Javé. 11Quando viam que havia muito dinheiro no cofre, subiam o secretário do rei e o sumo sacerdote, que ensacavam e contavam o dinheiro que havia no templo de Javé. 12Uma vez conferido o dinheiro, era entregue aos empreiteiros contratados para as obras do templo de Javé, e estes o empregavam para pagar os carpinteiros e os construtores que trabalhavam no templo de Javé, 13os pedreiros e talhadores de pedras, e na compra de madeira e pedras lavradas, destinadas à restauração do templo de Javé. 14Mas não se faziam taças de prata, nem facas, nem bacias, nem trombetas, nem objeto algum de ouro ou de prata para o templo de Javé com o dinheiro oferecido ao templo de Javé; 15este era entregue aos empreiteiros que o empregavam na restauração do templo de Javé. 16Nem se pediam contas aos homens aos quais era entregue o dinheiro para dá-lo aos operários, porque agiam com honestidade. 17O dinheiro dos sacrifícios de reparação e dos sacrifícios pelo pecado não eram destinados ao templo de Javé, mas ficavam para os sacerdotes.

18Naquele tempo Hazael,* rei de Aram, partiu para combater Gat e tomou-a; depois resolveu marchar contra Jerusalém. 19Joás, rei de Judá, tomou todos os objetos que haviam consagrado os reis de Judá, seus pais, Josafá, Jorão e Ocozias, e também os que ele próprio havia consagrado, bem como todo o ouro que se encontrava nos tesouros do templo de Javé e do palácio real, e enviou tudo isso a Hazael, rei de Aram, o qual se retirou de Jerusalém†.

20O resto da história de Joás e todos os seus feitos, não está tudo escrito no livro dos Anais dos reis de Judá? 21Seus oficiais sublevaram-se e fizeram uma conspiração; mataram Joás em Bet-Melo, na descida para Sila. 22Jozacar, filho de Semaat, e Jozabad, filho de Somer, o feriram e ele morreu. Foi sepultado com seus pais na Cidade de Davi, e seu filho Amasias reinou em seu lugar.

13 **Joacaz, rei de Israel.** 1No vigésimo terceiro ano de Joás, filho de Ocozias, rei de Judá, tornou-se rei sobre Israel em Samaria Joacaz, filho de Jeú, e reinou dezessete anos. 2Fez o mal aos olhos de Javé e imitou o pecado ao qual Jeroboão, filho de Nabat, arrastou Israel e não se afastou dele.

3Então a ira de Javé inflamou-se contra Israel e ele o entregou a Hazael, rei de Aram, e a Ben-Adad, filho de Hazael, por todo aquele período. 4Mas Joacaz implorou a Javé, e Javé o atendeu, porque viu a tirania com que o rei de Aram* oprimia Israel. 5Javé deu a Israel um libertador†; eles se libertaram do poder de Aram, e os israelitas puderam de novo morar em suas tendas como antes. 6Todavia, não se apartaram do

* **12**,18. 2Cr 24,23-27; 2Rs 8,7-15 | **13**,4. 14,26s | 6. Êx 34,13

† **12**,19. Conforme 2Cr 24,23s. 27, Joás foi derrotado por Hazael e tornou-se vassalo de Damasco. | **13**,5. Esse libertador parece ser Jeroboão II, que reinou em Israel de 783 a 743 a.C. Era filho de Joás de Israel, v. 13.

pecado ao qual a casa de Jeroboão havia arrastado Israel; obstinaram-se nele. Até mesmo o tronco idolátrico* permaneceu de pé em Samaria. 7Javé só deixou como tropas a Joacaz cinquenta cavaleiros, dez carros e dez mil soldados de infantaria; o rei de Aram os havia exterminado e reduzido a pó que se calca aos pés.

8O resto da história de Joacaz, tudo o que fez e suas façanhas, não está tudo escrito no livro dos Anais dos reis de Israel? 9Joacaz adormeceu com seus pais e foi sepultado em Samaria. Seu filho Joás reinou em seu lugar.

Joás, rei de Israel. 10No trigésimo sétimo ano de Joás, rei de Judá, tornou-se rei sobre Israel em Samaria Joás, filho de Joacaz, e reinou dezesseis anos. 11Fez o mal aos olhos de Javé e não se afastou de todos os pecados aos quais Jeroboão, filho de Nabat, havia arrastado Israel, mas obstinou-se neles.

12O resto da história de Joás,* tudo o que fez e suas façanhas, a guerra que fez a Amasias,* rei de Judá, não está tudo escrito no livro dos Anais dos reis de Israel? 13Joás adormeceu com seus pais, e Jeroboão sucedeu-lhe no trono. Joás foi sepultado em Samaria com os reis de Israel.

Morte de Eliseu. 14Quando Eliseu foi atingido pela doença da qual ia morrer, Joás, rei de Israel, desceu para visitá-lo e chorou diante dele, dizendo: "Meu pai! Meu pai!* Carro e cavalaria de Israel!"† 15Disse-lhe Eliseu: "Toma um arco e flechas"; e Joás tomou um arco e flechas. 16Eliseu disse ao rei de Israel: "Empunha o arco"; e ele o empunhou. Eliseu pôs as mãos sobre as mãos do rei 17e disse: "Abre a janela do lado do oriente"; e ele a abriu. Então Eliseu disse: "Atira!"; e ele atirou. Eliseu disse: "Flecha de vitória para Javé! Flecha de vitória contra Aram! Vencerás Aram em Afec até o extermínio".

18Depois disse Eliseu: "Toma as flechas"; e Joás tomou-as. Eliseu disse ao rei de Israel: "Atira contra a terra"; e ele deu três golpes e parou. 19Então o homem de Deus irritou-se contra ele e disse: "Era preciso dar cinco ou seis golpes. Então terias derrotado Aram até o extermínio; agora, porém, vencerás Aram apenas três vezes".

20Eliseu morreu e foi sepultado. Na entrada do ano, bandos de moabitas costumavam fazer incursões no país. 21Aconteceu que, enquanto alguns homens estavam sepultando um morto, avistaram um desses bandos; jogaram o corpo dentro do túmulo de Eliseu e partiram. Quando o morto tocou nos ossos de Eliseu, recobrou a vida e pôs-se de pé.

Vitória sobre os arameus. 22Hazael, rei de Aram, tinha oprimido os israelitas por todo o tempo em que vivera Joacaz. 23Mas Javé se mostrou benévolo e compadeceu-se deles. Voltou-se para eles por causa da aliança que fizera com Abraão, Isaac e Jacó; não os quis destruir e nem os rejeitou para longe de sua face até o presente. 24Hazael, rei de Aram, morreu e seu filho Ben-Adad† reinou em seu lugar. 25Então Joás, filho de Joacaz, retomou das mãos de Ben-Adad, filho de Hazael, as cidades que Hazael tinha arrebatado de seu pai Joacaz na guerra. Joás os venceu três vezes* e assim reconquistou as cidades de Israel.

II. OS REIS ATÉ A QUEDA DE SAMARIA (14–17)

14 **Amasias, rei de Judá.** 1No segundo ano de Joás,* filho de Joacaz, rei de Israel, tornou-se rei Amasias, filho de Joás, rei de Judá. 2Tinha vinte e cinco anos quando começou a reinar e reinou vinte e nove anos em Jerusalém. Sua mãe chamava-se Joaden e era de Jerusalém. 3Fez o que é agradável a Javé, mas não como seu

---

* **13**,12. 14,15 / 14,8-14 | 14. Gn 50,1; 2Rs 2,12 | 25. 13,19 | **14**,1. 2Cr 25,1-4.11.17-28

† **13**,14. Porque Eliseu adivinhava os movimentos do inimigo, 2Rs 6,10, e levava Israel à vitória. | 24. Trata-se aqui de Ben-Adad III.

pai Davi; em tudo imitou Joás, seu pai.
4 No entanto, os lugares altos não de-
sapareceram, e o povo continuava a
oferecer sacrifícios e incenso sobre os
lugares altos.
5 Logo que o poder real se consolidou
em suas mãos, mandou matar aqueles
seus oficiais que tinham assassinado o
rei, seu pai. 6 Mas não mandou matar os
filhos dos assassinos, em obediência ao
que está escrito no livro da lei de Moi-
sés, onde Javé ordenou: Os pais não
serão mortos por causa de seus filhos
nem os filhos serão mortos por causa
dos pais; mas cada um morrerá por seu
próprio pecado†.
7 Ele matou dez mil edomitas no
vale do Sal, tomou de assalto a Rocha
e deu-lhe o nome de Jecetel, que ela
conserva até hoje.
8 Então Amasias enviou mensageiros
a Joás, filho de Joacaz, filho de Jeú, rei
de Israel, para lhe dizer: "Vem, para
medirmos forças!" 9 Joás, rei de Israel,
mandou em resposta esta mensagem
a Amasias, rei de Judá: "O espinheiro
do Líbano* mandou dizer ao cedro do
Líbano: 'Dá tua filha por esposa a meu
filho'. Mas os animais selvagens do Lí-
bano passaram e pisaram o espinheiro.
10 Obtiveste uma vitória sobre Edom e
teu coração se enche de orgulho! Ce-
lebra tua glória, mas fica em casa. Para
que provocar a desgraça e causar tua
ruína e a de Judá contigo?"
11 Mas Amasias não quis atendê-
-lo e Joás, rei de Israel, partiu para a
guerra. Enfrentaram-se os dois, ele e
Amasias, rei de Judá, em Bet-Sames,
que pertence a Judá. 12 Judá foi derro-
tado por Israel e cada um fugiu para
sua tenda. 13 Joás, rei de Israel, prendeu
Amasias, rei de Judá, filho de Joás, fi-
lho de Ocozias, em Bet-Sames. Depois
foi a Jerusalém e fez uma brecha de
quatrocentos côvados na muralha
de Jerusalém, desde a porta de Efraim
até a porta do Ângulo. 14 Apoderou-se
de todo o ouro e prata e de todos os
objetos que se achavam no templo de
Javé e no tesouro do palácio real, além
de reféns, e voltou para Samaria.
15 O resto da história de Joás,* tudo o
que fez e suas façanhas, a guerra que
fez a Amasias, rei de Judá, não está
tudo escrito no livro dos Anais dos reis
de Israel? 16 Joás adormeceu com seus
pais e foi sepultado em Samaria com
os reis de Israel. Jeroboão, seu filho,
reinou em seu lugar.
17 Amasias, filho de Joás, rei de Judá,
viveu ainda quinze anos depois da
morte de Joás, filho de Joacaz, rei de
Israel.
18 O resto da história de Amasias não
está escrito no livro dos Anais dos reis
de Judá? 19 Tramaram contra ele uma
conspiração em Jerusalém; ele fugiu
para Laquis, mas mandaram persegui-
-lo até Laquis e ali o mataram. 20 Trans-
portaram seu corpo sobre cavalos e
o sepultaram em Jerusalém, junto de
seus pais, na Cidade de Davi. 21 Todo o
povo* de Judá escolheu Azarias†, que
tinha dezesseis anos, e o constituiu rei
em lugar de seu pai Amasias. 22 Foi ele
que reconstruiu Elat e a reconquistou
para Judá, depois que o rei adormecera
com seus pais.
Jeroboão II, rei de Israel. 23 No décimo
quinto ano de Amasias, filho de Joás,
rei de Judá, tornou-se rei de Israel, em
Samaria, Jeroboão†, filho de Joás, e rei-
nou quarenta e um anos. 24 Fez o mal
aos olhos de Javé e não se afastou de
todos os pecados aos quais Jeroboão,
filho de Nabat, havia arrastado Israel.
25 Restabeleceu as fronteiras de Israel,
desde a entrada de Emat até o mar da
Arabá, conforme Javé, Deus de Israel,
havia dito por intermédio de seu ser-
vo, o profeta Jonas, filho de Amitai†,
que era de Gat-Ofer. 26 Pois Javé viu a
extrema aflição de Israel, onde não ha-
via mais nem escravo, nem livre, nem
quem o pudesse socorrer. 27 Javé não

* **14**,9. Jz 9,8-15 | 15. 2Rs 13,12 | 21. 2Cr 26,1

† **14**,6. Ver a nota em Dt 24,16, que é o texto citado aqui. | 21. Chamado também Ozias: 15,1.30. | 23. É no tempo dele e em seu território que profetizam Oseias e Amós. | 25. É a este profeta que foi atribuído, por pseudonímia, o livro de Jonas.

havia decidido apagar o nome de Israel de debaixo do céu, por isso o salvou pela mão de Jeroboão, filho de Joás.

[28]O resto da história de Jeroboão, tudo o que fez e suas façanhas, as guerras que fez e como reconquistou para Israel Damasco e Emat que pertenciam a Judá, tudo isso não está escrito no livro dos Anais dos reis de Israel? [29]Jeroboão adormeceu com seus pais junto aos reis de Israel, e seu filho Zacarias reinou em seu lugar.

15 **Azarias, rei de Judá.** [1]No vigésimo sétimo ano* de Jeroboão, rei de Israel, tornou-se rei de Judá Azarias, filho de Amasias. [2]Tinha dezesseis anos quando começou a reinar e reinou cinquenta e dois anos em Jerusalém; sua mãe chamava-se Jequelias e era de Jerusalém. [3]Fez o que é agradável a Javé, como tudo o que fizera seu pai Amasias. [4]Entretanto, os lugares altos não desapareceram, e o povo continuava a oferecer sacrifícios e incenso nos lugares altos.

[5]Mas Javé castigou o rei, e ele ficou leproso até o dia de sua morte. Morava numa casa isolada, e seu filho Joatão regia o palácio e governava o povo.

[6]O resto da história de Azarias e tudo o que fez não estão escritos no livro dos Anais dos reis de Judá? [7]Azarias adormeceu com seus pais, foi sepultado com seus pais na Cidade de Davi, e seu filho Joatão tornou-se rei em seu lugar.

Zacarias, rei de Israel. [8]No trigésimo oitavo ano de Azarias, rei de Judá, tornou-se rei de Israel, em Samaria, Zacarias, filho de Jeroboão, e reinou seis meses. [9]Fez o mal aos olhos de Javé, como fizeram seus pais, e não se afastou dos pecados aos quais Jeroboão, filho de Nabat, havia arrastado Israel.

[10]Selum, filho de Jabes, fez uma conspiração contra ele, feriu-o mortalmente diante do povo e tornou-se rei em seu lugar.

[11]O resto da história de Zacarias está escrito no livro dos Anais dos reis de Israel. [12]Realizou-se o que Javé havia dito a Jeú: "Teus filhos até a quarta geração se assentarão sobre o trono de Israel"; e assim aconteceu†.

Selum, rei de Israel. [13]Selum, filho de Jabes, tornou-se rei no trigésimo nono ano de Azarias, rei de Judá, e reinou um mês em Samaria.

[14]Manaém, filho de Gadi, partiu de Tersa e entrou em Samaria; ali matou Selum, filho de Jabes, e tornou-se rei em seu lugar.

[15]O resto da história de Selum e a conspiração que ele tramou, tudo está escrito no livro dos Anais dos reis de Judá. [16]Manaém devastou Tipsa, matando todos os que lá estavam e assolou seu território desde Tersa, porque não lhe tinham aberto as portas; arrasou a cidade e rasgou o ventre de todas as mulheres grávidas.

Manaém, rei de Israel. [17]No trigésimo nono ano de Azarias, rei de Judá, Manaém, filho de Gadi, tornou-se rei em Israel e reinou dez anos em Samaria. [18]Fez o mal aos olhos de Javé, não se afastando, durante toda a sua vida, dos pecados que Jeroboão, filho de Nabat, fizera Israel cometer.

[19]Pul, rei da Assíria†, invadiu o país. Manaém pagou a Pul mil talentos de prata para que o ajudasse a consolidar o poder real em suas mãos. [20]Manaém requereu essa quantia de Israel, de todas as pessoas abastadas, para dá-la ao rei da Assíria: a cada um solicitou cinquenta siclos de prata. Então o rei da Assíria se retirou, não permanecendo na terra.

[21]O resto da história de Manaém e tudo o que fez, não está tudo escrito no livro dos Anais dos reis de Israel? [22]Manaém adormeceu com seus pais, e Faceias, seu filho, reinou em seu lugar.

Faceias, rei de Israel. [23]No quinquagésimo ano de Azarias, rei de Judá, tornou-se rei de Israel, em Samaria, Fa-

---

* **15**,1. 2Cr 26,3s.21ss

† **15**,12. Terminada a dinastia de Jeú, o reino do norte entra numa fase de anarquia e de rápida decadência. | 19. Outro nome para Teglat-Falasar III, mencionado no v. 29, que reinou de 745 a 727 a.C.

ceias, filho de Manaém, e reinou dois anos. [24]Fez o mal aos olhos de Javé, não se afastando dos pecados que Jeroboão, filho de Nabat, fizera Israel cometer.

[25]Seu escudeiro, Faceia, filho de Romelias, conspirou contra ele e o assassinou em Samaria, na torre do palácio real, junto com Argob e Arié. Tinha consigo cinquenta homens de Galaad. Matou o rei e reinou em seu lugar.

[26]O resto da história de Faceias e tudo o que fez está escrito no livro dos Anais dos reis de Israel.

Faceia, rei de Israel. [27]No quinquagésimo segundo ano de Azarias, rei de Judá, tornou-se rei de Israel, em Samaria, Faceia, filho de Romelias, e reinou vinte anos. [28]Fez o mal aos olhos de Javé, não se afastando dos pecados que Jeroboão, filho de Nabat, fizera Israel cometer.

[29]No tempo de Faceia, rei de Israel, veio Teglat-Falasar, rei da Assíria, e tomou Aion, Abel-Bet-Maaca, Janoe, Cedes, Hasor, Galaad, a Galileia e toda a terra de Nefali e deportou seus habitantes para a Assíria†. [30]Oseias, filho de Ela, conspirou contra Faceia, filho de Romelias, feriu-o mortalmente e tornou-se rei em seu lugar no vigésimo ano de Joatão, filho de Ozias.

[31]O resto da história de Faceia e tudo o que ele fez está escrito no livro dos Anais dos reis de Israel.

Joatão, rei de Judá. [32]No segundo ano de Faceia,* filho de Romelias, rei de Israel, começou a reinar Joatão, filho de Ozias, rei de Judá. [33]Tinha vinte e cinco anos quando subiu ao trono e reinou dezesseis anos em Jerusalém. Sua mãe chamava-se Jerusa e era filha de Sadoc. [34]Fez o que é reto aos olhos de Javé, imitando em tudo a conduta de seu pai Ozias. [35]Entretanto, os lugares altos não desapareceram, e o povo continuou a oferecer sacrifícios e incenso nos lugares altos. Foi ele que construiu a porta superior do templo de Javé.

[36]O resto da história de Joatão, tudo o que fez, não está escrito no livro dos Anais dos reis de Judá? [37]Naqueles dias, Javé começou a mandar contra Judá Rason, rei de Aram, e Faceia, filho de Romelias. [38]Joatão adormeceu com seus pais, foi sepultado com eles na Cidade de Davi, seu antepassado, e seu filho Acaz tornou-se rei em seu lugar.

16

Acaz, rei de Judá. [1]No décimo sétimo ano* de Faceia, filho de Romelias, começou a reinar Acaz, filho de Joatão, rei de Judá. [2]Acaz tinha vinte anos quando subiu ao trono e reinou dezesseis anos em Jerusalém. Não fez o que é reto aos olhos de Javé, seu Deus, como havia feito Davi, seu antepassado. [3]Imitou a conduta dos reis de Israel e chegou a fazer passar seu filho* pelo fogo†, segundo os costumes abomináveis das nações que Javé havia expulsado de diante dos israelitas. [4]Ofereceu sacrifícios e incenso nos lugares altos,* nas colinas e debaixo de toda árvore frondosa.

[5]Naquele tempo marcharam contra Jerusalém Rason, rei de Aram, e Faceia, filho de Romelias, rei de Israel; sitiaram Acaz, mas não puderam vencê-lo†. [6]Na mesma época, Rason, rei de Aram, reconquistou Elat para Aram,* expulsou de Elat os judeus, os edomitas a ocuparam e lá permanecem* até hoje. [7]Então Acaz enviou mensageiros a Teglat-Falasar, rei da Assíria, para dizer-lhe: "Sou teu servo e teu filho. Vem libertar-me das mãos do rei de Aram e do rei de Israel que se insurgiram contra mim". [8]Acaz tomou a prata e o ouro* que havia no templo de Javé e nos tesouros do palácio real e os enviou como presente ao rei da Assíria. [9]O rei da Assíria atendeu a seu pedido, subiu contra

---

* **15**,32. 2Cr 27,1-4.7-9 | **16**,1. 2Cr 28,1-4 | 3. Lv 18,21 | 4. Dt 12,2 | 6. 2Cr 28,17 / 2Cr 18,16 | 8. 2Cr 28,21

† **15**,29. O rei assírio deporta os povos vencidos, em vez de massacrá-los ou vendê-los como escravos. **16**,3. Expressão que designa a imolação de seres humanos ao deus cananeu Moloc. Ver a nota em Lv 18,21. | 5. Essa guerra, empreendida para tentar dissuadir Judá de aliar-se à Assíria, é o contexto dos cap. 7 e 8 de Isaías.

Damasco e apoderou-se dela; depor-
tou seus habitantes para Quir e matou
Rason.
[10]O rei Acaz foi a Damasco para encon-
trar-se com Teglat-Falasar, rei da Assíria.
Tendo visto o altar que havia em Da-
masco, o rei Acaz mandou ao sacerdote
Urias o desenho do altar e seu modelo,
com todos os detalhes para sua execu-
ção. [11]Assim o sacerdote Urias construiu
o altar, seguindo todas as instruções que
o rei Acaz lhe havia mandado de Damas-
co, antes que este voltasse de Damasco.
[12]Quando o rei Acaz chegou de Damas-
co, viu o altar, aproximou-se e subiu a
ele. [13]Fez queimar sobre o altar seu holo-
causto* e suas oblações; derramou sua li-
bação e espargiu o sangue de seus sacri-
fícios de comunhão. [14]Quanto ao altar de
bronze que estava diante de Javé, man-
dou tirá-lo da frente do templo, onde ele
estava entre o altar e o templo de Javé,
e mandou colocá-lo no lado norte de
seu altar. [15]O rei Acaz deu esta ordem ao
sacerdote Urias: "É sobre o altar grande
que queimarás o holocausto da manhã
e a oblação da tarde, o holocausto e a
oblação do rei, o holocausto, a oblação
e as libações de todo o povo; derramarás
sobre ele todo o sangue dos holocaus-
tos e dos sacrifícios. Quanto ao altar de
bronze, competirá a mim determinar".
[16]O sacerdote Urias fez tudo o que lhe
ordenara o rei Acaz.
[17]O rei Acaz quebrou os painéis das
bases,* retirou das bases as bacias,
mandou descer o mar de bronze de
cima dos bois de bronze* que o sus-
tentavam e o colocou sobre um pavi-
mento de pedras. [18]Em consideração
ao rei da Assíria, removeu do templo
de Javé o pórtico do sábado, que fora
construído no templo, e a entrada ex-
terna do rei.
[19]O resto da história de Acaz, tudo o
que fez,* não está escrito no livro dos
Anais dos reis de Judá? [20]Acaz ador-
meceu com seus pais e foi sepultado
na Cidade de Davi. Seu filho Ezequias
reinou em seu lugar.

17 **Oseias, rei de Israel.** [1]No dé-
cimo segundo ano de Acaz,
rei de Judá, tornou-se rei de Israel, em
Samaria, Oseias, filho de Ela, o qual rei-
nou nove anos. [2]Fez o mal aos olhos de
Javé, mas não como os reis de Israel,
seus predecessores.
[3]Salmanasar, rei da Assíria, marchou
contra Oseias, e este submeteu-se a
ele, pagando-lhe tributo. [4]Mas o rei
da Assíria descobriu que Oseias cons-
pirava, porque havia mandado mensa-
geiros a Sô, rei do Egito, e não pagava
mais o tributo ao rei da Assíria, como
fazia todo ano. Então o rei da Assíria
mandou encarcerá-lo e prendê-lo com
grilhões.
Tomada da Samaria. [5]Depois, o rei
da Assíria invadiu todo o país* e sitiou
Samaria durante três anos. [6]No nono
ano de Oseias, o rei da Assíria tomou
Samaria e deportou os israelitas para a
Assíria, estabelecendo-os em Hala e às
margens do Habor, rio de Gozã, e nas
cidades dos medos.
Motivos da ruína de Israel. [7]Isso acon-
teceu porque os israelitas pecaram con-
tra Javé, seu Deus, que os fizera subir da
terra do Egito, libertando-os do poder
do faraó, rei do Egito. Veneraram outros
deuses, [8]seguiram os costumes das na-
ções que Javé havia expulsado da frente
deles e os costumes introduzidos pe-
los reis de Israel. [9]Os israelitas fizeram
secretamente coisas não justas contra
Javé, seu Deus; construíram lugares al-
tos em todas as cidades onde moravam,
desde as torres de vigia até as cidades
fortificadas. [10]Erigiram para si colunas
sagradas e troncos idolátricos* sobre
toda colina elevada e debaixo de toda
árvore frondosa. [11]Queimaram incenso
em todos os lugares altos, imitando as
nações que Javé havia expulsado da
frente deles, e cometeram ações más,
provocando a ira de Javé. [12]Prestaram
culto aos ídolos, embora Javé lhes hou-
vesse dito: "Vós não fareis tal coisa".
[13]No entanto, Javé tinha feito esta
advertência a Israel e a Judá, por meio

---

* **16**,13. 2Cr 28,23 | 17. 2Cr 28,24; 1Rs 7,27-37 / 1Rs 7,23-26 | 19. 2Cr 28,26s | **17**,5. 2Rs 18,9ss | 10. Êx 23,24; 34,13; Dt 12,2

de todos os seus profetas e videntes:
"Convertei-vos de vossa má condu-
ta e observai meus mandamentos e
meus estatutos, conforme toda a lei
que prescrevi a vossos pais e que lhes
comuniquei por intermédio de meus
servos, os profetas". 14Mas eles não
obedeceram; antes, endureceram sua
cerviz* como o haviam feito seus pais,
que não tinham acreditado em Javé,
seu Deus. 15Desprezaram seus estatu-
tos, bem como a aliança que ele havia
concluído com seus pais, e as ordens
que lhes havia dado. Correndo atrás
das vaidades,* eles próprios se torna-
ram vaidade, como as nações ao redor,
apesar de Javé lhes ter ordenado que
não as imitassem. 16Rejeitaram todos
os mandamentos de Javé, seu Deus, fa-
bricaram para si estátuas de metal fun-
dido, os dois bezerros de ouro, fizeram
um tronco idolátrico, adoraram todo
o exército do céu e prestaram culto a
Baal. 17Fizeram passar pelo fogo seus
filhos e filhas,* praticaram a adivinha-
ção e a feitiçaria e venderam-se para
fazer o mal na presença de Javé, pro-
vocando sua ira. 18Então Javé irritou-se
extremamente contra Israel e arrojou-o
para longe de sua face. Restou apenas
a tribo de Judá.

19Judá tampouco guardou os man-
damentos de Javé, seu Deus, mas
seguiu os costumes que Israel intro-
duziu. 20Por isso, Javé rejeitou toda a
descendência de Israel, humilhou-a e
entregou-a aos saqueadores e, enfim,
baniu-a para longe de sua face. 21Com
efeito, quando ele arrancou Israel da
casa de Davi, eles proclamaram como
rei Jeroboão, filho de Nabat; Jeroboão
afastou Israel de Javé e levou-o a co-
meter um grande pecado. 22Os israe-
litas imitaram todos os pecados que
Jeroboão cometera e deles não se afas-
taram 23até que finalmente Javé baniu
Israel de sua presença, como o havia
anunciado por intermédio de todos os
seus servos, os profetas; assim Israel
foi deportado para longe de sua terra,
para a Assíria, onde está até hoje.

Origem dos samaritanos†. 24O rei da
Assíria mandou vir gente de Babilônia,
de Cuta, de Ava, de Emat e de Sefar-
vaim e estabeleceu-os nas cidades de
Samaria, em lugar dos israelitas; eles
tomaram posse de Samaria e fixaram-
-se em suas cidades.

25Quando começaram a se instalar
na terra, não veneravam Javé, e este
mandou contra eles leões que os mata-
vam. 26Disseram, pois, ao rei da Assíria:
"As populações que deportaste para
fixá-las nas cidades de Samaria não co-
nhecem a religião do deus do país, e
ele mandou leões contra elas. Os leões
as matam porque elas não conhecem a
religião do deus do país". 27Então o rei
da Assíria ordenou: "Mandai para lá um
dos sacerdotes que deportastes; que
ele se estabeleça lá e lhes ensine a reli-
gião do deus do país". 28Então veio um
dos sacerdotes deportados de Samaria
e se fixou em Betel; este ensinava-lhes
como deviam venerar Javé.

29Mas cada nação fabricou para si
seus próprios deuses e os colocou nos
templos dos lugares altos, que os sa-
maritanos haviam feito; assim fez cada
povo nas cidades* em que habitou.
30Os homens de Babilônia fizeram uma
estátua de Sucot-Benot; os de Cuta,
uma de Nergel; os de Emat, uma de
Asima; 31os de Ava, uma de Nebaaz e
uma de Tartac; e os de Sefarvaim quei-
mavam seus próprios filhos em honra
de Adramelec e de Anamelec, deuses
de Sefarvaim. 32Prestavam culto tam-
bém a Javé e do meio deles mesmos
elegeram sacerdotes* dos lugares al-
tos, que oficiavam para eles nos tem-
plos dos lugares altos. 33Veneravam
Javé e serviam a seus deuses, segundo
o costume das nações de onde tinham
sido deportados. 34Seguem ainda hoje
esses ritos antigos: não honram Javé,
nem observam seus estatutos e seus
decretos, nem a lei e os mandamentos

* **17**,14. Dt 9,13 | 15. Jr 2,5 | 17. Dt 18,10 | 29. Jo 4,9 | 32. 1Rs 12,31

† **17**,24. Os samaritanos eram discriminados pelos judeus, Jo 4,9, porque eram uma população mestiça de religião sincretista.

que Javé prescreveu aos filhos de Jacó, a quem dera o nome de Israel. 35Javé concluíra* com eles uma aliança e lhes dera esta ordem: "Não adoreis deuses estrangeiros nem vos prostreis diante deles, não lhes presteis culto nem lhes ofereçais sacrifícios. 36Mas temei a Javé, que vos fez subir da terra do Egito pelo grande poder de seu braço estendido; diante dele vos prostrareis e oferecereis sacrifícios. 37Observareis os estatutos e os decretos, a lei e o mandamento que ele vos deu por escrito, pondo-os em prática todos os dias, e não temereis outros deuses. 38Não esqueçais a aliança que eu concluí convosco e não presteis culto a deuses estrangeiros; 39adorai somente a Javé, vosso Deus, e ele vos libertará da mão de todos os vossos inimigos". 40Eles, porém, não obedeceram e continuaram a seguir seus costumes antigos.

41Assim, essas nações adoravam a Javé e prestavam culto a seus ídolos; seus filhos e seus netos continuam até hoje fazendo o que fizeram seus pais.

III. REIS DE JUDÁ ATÉ O CATIVEIRO (18–25)

18 **Ezequias, rei de Judá.** 1No terceiro ano de Oseias,* filho de Ela, rei de Israel, tornou-se rei Ezequias, filho de Acaz, rei de Judá. 2Tinha vinte e cinco anos quando começou a reinar e reinou vinte e nove anos em Jerusalém. Sua mãe chamava-se Abi e era filha de Zacarias. 3Fez o que agrada aos olhos de Javé, imitando tudo o que fizera Davi, seu antepassado. 4Foi ele que aboliu os lugares altos,* quebrou as colunas sagradas, abateu os troncos idolátricos e reduziu a pedaços a serpente de bronze* que Moisés havia feito, pois os israelitas até então lhe ofereciam incenso e a chamavam Noestã†. 5Pôs sua confiança em Javé, Deus de Israel. Depois dele, não houve entre todos os reis de Judá quem fosse semelhante a ele; e antes dele também não houve. 6Conservou-se fiel a Javé, sem jamais se afastar dele, e observou os mandamentos que Javé prescrevera a Moisés. 7Por isso, Javé estava com ele,* e ele teve êxito em todos os seus empreendimentos. Revoltou-se contra o rei da Assíria e não mais lhe foi submisso. 8Derrotou os filisteus até Gaza e seus territórios, desde as torres de vigia até as cidades fortificadas.

Fim do reino de Israel. 9No quarto ano de Ezequias,* que era o sétimo ano de Oseias, filho de Ela, rei de Israel, Salmanasar, rei da Assíria†, atacou Samaria e a sitiou. 10No fim de três anos conquistou-a. Foi no sexto ano de Ezequias, que era o nono ano de Oseias, rei de Israel, que Samaria foi tomada. 11O rei da Assíria deportou os israelitas para a Assíria, estabelecendo-os em Hala e às margens do Habor, rio de Gozã, e nas cidades dos medos†. 12Isso aconteceu porque eles não obedeceram* à palavra de Javé, seu Deus, e violaram sua aliança; não ouviram nem puseram em prática tudo o que prescrevera Moisés, servo de Javé.

Invasão de Senaquerib†. 13No décimo quarto ano* do rei Ezequias, Senaquerib, rei da Assíria, atacou e tomou todas as cidades fortificadas de Judá. 14Então Ezequias, rei de Judá, mandou esta mensagem ao rei da Assíria em Laquis: "Cometi um erro! Retira-te de mim e aceitarei as condições que me impuseres". O rei da Assíria exigiu de Ezequias, rei de Judá, trezentos talentos de prata e trinta talentos de ouro. 15Ezequias entregou toda a prata que se achava no templo de Javé e nos tesouros do palácio real. 16Então Ezequias mandou

---

* **17**,35. Êx 19,5; 20,1-5 | **18**,1. 2Cr 29,1 | 4. 2Cr 31,1 / Nm 21,4-9; Sb 16,6 | 7. Gn 39,2 | 9. 2Rs 17,1-4 | 12. 2Rs 17,7-18 | 13. 2Cr 32,1; Is 36,1

† **18**,4. Ver a nota em Nm 21,9. | 9. Salmanasar V, filho e sucessor de Teglat-Falasar III, invade o país e sitia a cidade, mas quem toma Samaria é seu irmão e sucessor, Sargon II, em 721 a.C. | 11. Entre esses deportados o autor bíblico situa a história de Tobias. | 13. Senaquerib diz em seus Anais: "Encerrei Ezequias em Jerusalém como um pássaro na gaiola". Esta seção, 18,13-20,19, encontra-se também em Is 36-39.

retirar das portas do templo de Javé e dos umbrais o ouro de que ele, rei de Judá, os havia revestido, e o entregou ao rei da Assíria.

17 De Laquis, o rei da Assíria* mandou ao rei Ezequias, em Jerusalém, o comandante supremo, o oficial superior e o ajudante de campo com um grande exército. Subiram e chegaram a Jerusalém. Tendo subido e chegado, postaram-se perto do canal do açude superior,* que está no caminho do campo do Lavador. 18 Chamaram o rei e saíram a seu encontro o chefe do palácio, Eliacim, filho de Helcias,* o secretário Sobna e o arauto Joaé, filho de Asaf. 19 O ajudante de campo lhes disse: "Dizei a Ezequias: Assim fala o grande rei, o rei da Assíria: 'Que confiança é essa em que te apoias? 20 Pensas que palavras vãs representam conselho e valentia para guerrear? Ora, em que depões tua confiança para te revoltares contra mim? 21 Confias no apoio do Egito, esse caniço quebrado,* que penetra e fura a mão de quem nele se apoia; pois assim é o faraó, rei do Egito, para todos os que nele confiam. 22 Tu me dirás talvez: É em Javé, nosso Deus, que pomos nossa confiança. Mas não é aquele mesmo, do qual Ezequias destruiu os lugares altos e os altares, dizendo ao povo de Judá e de Jerusalém: Só diante deste altar, em Jerusalém, é que deveis prostrar-vos? 23 Pois bem! Aceita um desafio de meu senhor, o rei da Assíria: eu te darei dois mil cavalos, se puderes encontrar cavaleiros para montá-los! 24 Como poderás repelir um só capitão, um dos menores servos de meu senhor? Mas tu confias no Egito para ter carros e cavaleiros! 25 E então, foi porventura sem o consentimento de Javé que eu ataquei este lugar para o destruir? Foi Javé que me disse: Ataca este país e devasta-o!'"

26 Eliacim, filho de Helcias, Sobna e Joaé disseram ao ajudante de campo: "Peço-te que fales a teus servos em aramaico†, pois nós o entendemos; não nos fales em hebraico, porque o povo que está sobre as muralhas está ouvindo". 27 Mas o ajudante de campo respondeu-lhes: "Porventura foi a teu senhor e a ti que meu senhor mandou dizer essas coisas? Não foi antes ao povo, que está sentado sobre as muralhas e que está condenado, como vós, a comer seus excrementos e a beber a própria urina?"

28 Então o ajudante de campo pôs-se de pé e, gritando em voz alta, em língua hebraica, disse: "Escutai a palavra do grande rei, o rei da Assíria. 29 Assim fala o rei: 'Não vos deixeis enganar por Ezequias, pois não poderá livrar-vos de minha mão. 30 Que Ezequias não vos faça confiar em Javé, dizendo: Certamente Javé nos salvará, esta cidade não cairá nas mãos do rei da Assíria. 31 Não deis ouvidos a Ezequias, pois assim fala o rei da Assíria: Fazei as pazes comigo e rendei-vos; então cada um poderá comer o fruto de sua vinha e de sua figueira e beber a água de seu poço, 32 até que eu venha para vos transportar para uma terra como a vossa, terra que produz trigo e vinho, terra de pão e de vinhas, terra de azeite e de mel, para que possais viver e não morrer. Mas não deis ouvidos a Ezequias, que vos ilude, dizendo: Javé nos salvará! 33 Acaso os deuses das nações puderam livrar cada qual sua própria terra das mãos do rei da Assíria? 34 Onde estão os deuses de Emat e de Arfad?* Onde estão os deuses de Sefarvaim, de Ana e de Ava? Acaso eles livraram Samaria de minha mão? 35 Dentre todos os deuses das nações, quais os que livraram sua terra de minha mão, para que Javé possa livrar Jerusalém de minha mão?'"

36 O povo guardou silêncio e não lhe respondeu nada, pois tal fora a ordem do rei: "Não lhe dareis resposta alguma". 37 O chefe do palácio, Eliacim, filho de Helcias, o secretário Sobna e o escriba Joaé, filho de Asaf, foram à presença do rei Ezequias, com as vestes rasgadas, e lhe transmitiram as palavras do ajudante de campo.

---

* **18**,17. 2Cr 32,9-19; Is 36,2-22 / Is 7,3 | 18. Is 22,15-25 | 21. Is 30,1-7; 31,1-3; Ez 29,6 | 34. 2Rs 17,5s.24

† **18**,26. O aramaico era a língua internacional, e será a língua dos hebreus depois do exílio de Babilônia.

19 **Isaías exorta à resistência.**
[1]Ao ouvir essas coisas,* o rei
Ezequias rasgou suas vestes, cobriu-
-se de pano de saco e foi ao templo de
Javé. [2]Enviou o chefe do palácio, Elia-
cim, o secretário Sobna e os anciãos
dos sacerdotes, cobertos de pano de
saco, ao profeta Isaías, filho de Amós,
[3]para lhe dizerem: "Assim fala Ezequias:
Hoje é um dia de angústia, de castigo e
de opróbrio. Os filhos estão para nascer
e não há força para dá-los à luz†. [4]Oxa-
lá, Javé, teu Deus, tenha ouvido todas
as palavras do ajudante de campo, que
o rei da Assíria, seu senhor, mandou
para insultar o Deus vivo; oxalá, Javé,
teu Deus, dê o castigo merecido pe-
las palavras que Javé, teu Deus, ouviu!
Faze uma prece em favor do resto* que
ainda subsiste"†.
[5]Os ministros do rei Ezequias foram
ter com Isaías, [6]e este lhes disse: "Direis
a vosso senhor: Assim fala Javé: Não
tenhas medo das palavras que ouviste
e com as quais os servos do rei da As-
síria* me ultrajaram. [7]Mandarei sobre
ele um espírito, de modo que, ao ouvir
certa notícia, voltará para sua terra, e
farei com que pereça pela espada em
sua terra".
[8]O ajudante de campo* retornou e
encontrou o rei da Assíria combaten-
do contra Lebna. O ajudante de cam-
po, com efeito, ouviu dizer que o rei se
retirara de Laquis, [9]pois tinha recebido
esta notícia a respeito de Taraca, rei da
Etiópia: "Ele partiu para te fazer guerra".
Carta de Senaquerib a Ezequias. Ou-
tra vez enviou Senaquerib mensagei-
ros* a Ezequias para lhe dizer: [10]"Assim
falareis a Ezequias, rei de Judá: Que teu
Deus, em quem confias, não te iluda,
dizendo: Jerusalém não será entregue
às mãos do rei da Assíria! [11]Ouviste
contar o que os reis da Assíria fize-
ram a todas as nações, destruindo-as
completamente, e tu poderias escapar?
[12]Acaso seus deuses libertaram as na-
ções que meus pais devastaram: Gozã,
Harã, Resef e os edenitas que moravam
em Telassar? [13]Onde estão o rei de
Emat, o rei de Arfad, o rei de Lair, de
Sefarvaim, de Ana e de Ava?"
[14]Ezequias tomou a carta das mãos dos
mensageiros e leu-a. Depois subiu ao
templo de Javé e desdobrou-a diante de
Javé. [15]Ezequias rezou assim na presença
de Javé: "Javé, Deus de Israel, que estais
sentado sobre os querubins,* vós sois o
único Deus de todos os reinos da terra;
vós fizestes o céu e a terra. [16]Inclinai vos-
sos ouvidos, Javé, e escutai, abri vossos
olhos, Javé, e vede! Escutai as palavras de
Senaquerib, que mandou mensageiros
para insultar o Deus vivo. [17]É verdade,
Javé, os reis da Assíria devastaram as na-
ções e sua terra, [18]lançaram ao fogo seus
deuses, pois aqueles não eram deuses,
mas obras de mãos humanas,* madeira
e pedra; por isso puderam aniquilá-los.
[19]Mas agora, Javé, nosso Deus, livrai-nos
de sua mão, vos suplico, e que todos os
reinos da terra saibam que somente vós,
Javé, sois Deus!"
Oráculo de Isaías contra Senaquerib.
[20]Então Isaías, filho de Amós,* mandou
dizer a Ezequias: "Assim fala Javé, Deus
de Israel. Ouvi a súplica que me dirigis-
te a respeito de Senaquerib, rei da Assí-
ria. [21]Eis o oráculo que Javé pronunciou
contra ele:

"Despreza-te, zomba de ti
a virgem, filha de Sião†.
Atrás de ti meneia a cabeça
a filha de Jerusalém.
[22]A quem insultaste e blasfemaste?
Contra quem elevaste a voz
e olhaste com arrogância?
Contra o Santo de Israel!†
[23]Por teus mensageiros insultaste o
Senhor.

---

* **19**,1. Is 37,1-7 | 4. Is 4,3 | 6. Is 10,5-19 | 8. Is 37,9-20; 2Cr 32,17 | 9. 2Cr 32,17 | 15. Êx 25,18; 2Cr 32,20 | 18. Is 40,20; Jr 10,1-16 | 20. Is 37,21-35

† **19**,3. O provérbio exprime a angústia de Ezequias, que quer defender a cidade, mas não tem como. | 4. Depois de exilados 200 mil de seus habitantes, Judá, a única tribo que sobrou, 17,18, é um pobre resto, o qual, porém, será fiel a Deus e será semente do novo Israel. Dele nascerá o Messias. | 21. Expressão cara aos profetas, para designar Jerusalém. | 22. Expressão típica de Isaías, para indicar o Deus transcendente.

Disseste: 'Com meus numerosos carros
galguei os cimos dos montes,
os píncaros do Líbano.
Cortei seus cedros mais altos
e seus mais belos ciprestes.
Cheguei a sua morada mais distante,
ao bosque mais exuberante.
24Cavei e bebi águas estrangeiras,
sequei com a planta dos pés
todos os canais do Egito!'
25Não sabes que há muito tempo fiz esse projeto
e desde tempos remotos o decidi?
Agora o realizo.
Coube a ti reduzir a montes de ruínas cidades fortificadas.
26Seus habitantes, sem poder fazer nada,
cheios de medo e confusão,
eram como a erva do campo,
como a grama verdejante
e o capim dos telhados,
queimado antes que cresça.
27Eu sei quando te assentas,*
quando sais e quando entras,
e também teu furor contra mim.
28Porque ficaste furioso contra mim,
e tua insolência chegou até meus ouvidos,
porei meu anel em tuas narinas
e meu freio em tua boca,
e te farei voltar pelo caminho por onde vieste.
29Isto te servirá de sinal:
Neste ano comereis o que nascer por si só,
no segundo ano, o que brotar do mesmo chão,
mas, no terceiro ano, semeai e colhei,
plantai vinhas e comei de seu fruto.
30O resto da casa de Judá que escapar
tornará a produzir raízes embaixo
e frutos em cima.
31Pois de Jerusalém sairá um resto
e do monte Sião, sobreviventes.
Fará isto o zelo de Javé dos Exércitos!*

32Por isso, diz Javé sobre o rei da Assíria:
Ele não entrará nesta cidade,
nela não lançará nenhuma flecha,
não empunhará escudo contra ela,
nem acumulará contra ela os terraplenos.
33Por onde veio, voltará,
não entrará nesta cidade, oráculo de Javé.
34Protegerei esta cidade e a salvarei
em atenção a mim mesmo e a meu servo Davi".*

O anjo exterminador†. 35Naquela
mesma noite, saiu o anjo de Javé* e
exterminou no acampamento assírio
cento e oitenta e cinco mil homens. De
manhã, quando o povo despertou, todos estavam mortos.
36Senaquerib, rei da Assíria, levantou o acampamento e partiu. Voltou
para Nínive e aí permaneceu. 37Certo
dia, estando ele a adorar no templo de
Nesroc, seu deus, Adramelec e Sarasar,
seus filhos, mataram-no a espada e fugiram para a terra de Ararat. Seu filho
Asaradon reinou em seu lugar.

20 Doença e cura de Ezequias.

1Naquela época Ezequias foi
atingido* por uma doença mortal. O
profeta Isaías, filho de Amós, veio dizer-lhe: "Assim fala Javé: Põe ordem em
tua casa porque vais morrer, não sobreviverás". 2Ezequias virou o rosto para
a parede e assim rezou a Javé: 3"Javé,
lembrai-vos, por favor, de como andei
fielmente e com toda a integridade de
coração diante de vós, fazendo o que
era agradável a vossos olhos". E Ezequias chorou abundantes lágrimas.
4Antes que Isaías deixasse o pátio
central, veio-lhe a palavra de Javé, dizendo: 5"Volta e dize a Ezequias, chefe de meu povo: Assim fala Javé, Deus
de teu antepassado Davi. Escutei tua
prece e vi tuas lágrimas. Vou curar-te:
em três dias subirás ao templo de Javé.

---

* **19**,27. Sl 139,2s / 1Sm 14,10 | 31. Dt 4,24 | 34. 2Sm 7,12-17; Os 1,7 | 35. 2Cr 32,21s; Is 37,36ss; Eclo 48,21 | **20**,1. 2Cr 32,24; Is 38,1-8

† **19**,35. O exército assírio é aniquilado pela peste, na qual o povo vê a intervenção divina, 1Mc 7,41; 2Mc 8,19.

6 Acrescentarei quinze anos a tua vida. Livrar-te-ei, a ti e a esta cidade, da mão do rei da Assíria, protegerei esta cidade por amor de mim mesmo e de meu servo Davi".

7 Isaías disse: "Tomai um pão de figos"; tomaram-no e o aplicaram sobre a úlcera, e o rei ficou curado.

8 Ezequias perguntou* a Isaías: "Qual é o sinal de que Javé vai me curar e de que, dentro de três dias, subirei ao templo de Javé?" 9 Isaías respondeu: "Eis, da parte de Javé, o sinal de que ele realizará o que disse: Queres que a sombra avance dez degraus ou que retroceda dez degraus?" 10 Ezequias disse: "É fácil que a sombra avance dez degraus, mas não que retroceda dez degraus". 11 O profeta Isaías invocou Javé, que fez a sombra recuar dez degraus, que já havia descido na escada de Acaz†.

Os embaixadores de Babilônia. 12 Naquele tempo* Merodac-Baladã, filho de Baladã, rei de Babilônia, mandou cartas e um presente a Ezequias, pois ouvira falar que Ezequias estivera doente. 13 Ezequias deu audiência aos mensageiros e lhes mostrou toda a sala do tesouro, a prata, o ouro, os aromas, o óleo precioso, bem como seu arsenal e tudo o que havia em seus armazéns. Não houve nada em seu palácio ou em todos os seus domínios que Ezequias não lhes mostrasse.

14 Então o profeta Isaías foi ter com o rei Ezequias e perguntou-lhe: "Que disseram aqueles homens e de onde vieram para te visitar?" Ezequias respondeu: "Vieram de um país longínquo, de Babilônia". 15 Isaías continuou: "Que é que viram em teu palácio?" Ezequias respondeu: "Viram tudo o que há em meu palácio; nada há em meus armazéns que eu não lhes tenha mostrado".

16 Então Isaías disse a Ezequias: "Escuta a palavra de Javé: 17 Dias virão em que será levado para Babilônia tudo quanto existe em teu palácio†, tudo o que teus antepassados acumularam até hoje; nada ficará, diz Javé. 18 Dentre os filhos que te nascerem e que tiveres gerado, tomarão alguns para serem eunucos no palácio do rei de Babilônia". 19 Ezequias disse a Isaías: "É favorável a palavra de Javé que anuncias". Com efeito, ele pensava: "Por que não? Pelo menos haverá paz e segurança enquanto eu for vivo".

Morte de Ezequias. 20 O resto da história de Ezequias, todas as suas façanhas, e como construiu o açude e o canal* para levar água à cidade†, não está tudo escrito no livro dos Anais dos reis de Judá? 21 Ezequias adormeceu com seus pais, e seu filho Manassés reinou em seu lugar.

21

Manassés, rei de Judá. 1 Manassés tinha doze anos* quando começou a reinar e reinou cinquenta e cinco anos em Jerusalém. Sua mãe chamava-se Hafsiba. 2 Ele fez o que é mau aos olhos de Javé, imitando as abominações das nações que Javé havia expulsado de diante dos israelitas. 3 Reconstruiu os lugares altos que Ezequias, seu pai,* havia destruído, ergueu altares a Baal, fabricou um tronco idolátrico, como havia feito Acab, rei de Israel, e prostrou-se diante de todo o exército do céu e lhe prestou culto. 4 Construiu altares no templo de Javé, do qual Javé dissera: "É em Jerusalém que colocarei meu nome".

5 Edificou altares para todo o exército do céu nos dois pátios do templo de Javé. 6 Fez passar seu filho* pelo fogo. Praticou a magia e a adivinhação, estabeleceu necromantes e feiticeiros. Multiplicou as ações que Javé consi-

* **20**,8. 1Sm 14,10 | 12. Is 39; 2Cr 32,25-29; 32,23 | 20. 2Cr 32,30; Eclo 48,17 | **21**,1. 2Cr 33,1-10 | 3. 18,4; 1Rs 16,32s; 2Rs 17,16 | 6. Lv 18,21

† **20**,11. Trata-se de um relógio solar, que marcava as horas pela sombra que o sol dava nos degraus da escada. | 17. Os profetas condenavam as alianças com outros povos, sinal de pouca confiança em Javé e ocasião de contaminação pagã. Isaías já anuncia o castigo do exílio de Babilônia, que começará cem anos depois. | 20. Túnel, cavado na rocha, para levar a água da fonte Guion, que era fora da cidade, para a piscina de Siloé.

dera más, provocando assim sua ira.
7Colocou o ídolo de Aserá, que man-
dara esculpir, no templo do qual Javé
dissera a Davi e a seu filho* Salomão:
"Neste templo e em Jerusalém, cidade
que escolhi entre todas as tribos de Is-
rael, colocarei meu nome para sempre.
8Não mais farei com que os pés dos
israelitas vagueiem longe da terra que
dei a seus pais, contanto que se dedi-
quem a praticar tudo quanto lhes orde-
nei, segundo toda a lei que meu servo
Moisés lhes prescreveu". 9Mas eles não
obedeceram. Manassés os corrompeu,
a tal ponto que fizeram mais mal que
as nações que Javé havia exterminado
diante dos israelitas.

10Então Javé falou por intermédio
de seus servos, os profetas: 11"Já que
Manassés, rei de Judá, cometeu essas
abominações, procedendo ainda pior
que tudo* o que tinham feito antes
dele os amorreus, e fez pecar também
Judá com seus ídolos, 12assim fala Javé,
Deus de Israel: Eis que faço cair sobre
Jerusalém e sobre Judá uma desgra-
ça tal que fará retinir os dois ouvidos
de todos os que dela ouvirem falar.
13Passarei sobre Jerusalém o cordel de
Samaria* e o prumo da casa de Acab;
limparei Jerusalém como se limpa um
prato, que se vira para baixo depois de
haver sido limpado. 14Abandonarei os
restos de minha herança, entregá-los-
-ei nas mãos de seus inimigos, e eles
servirão de presa e de espólio a todos
os seus inimigos, 15porque fizeram o
que é mau a meus olhos e provocaram
minha ira, desde o dia em que seus pais
saíram do Egito até hoje".

16Manassés derramou também o
sangue inocente em quantidade tão
grande que inundou Jerusalém de um
lado a outro†, sem falar nos pecados
que fez Judá cometer, procedendo mal
aos olhos de Javé.

17O resto da história* de Manassés,
tudo o que fez, os pecados que co-
meteu, não está tudo escrito no livro
dos Anais dos reis de Judá? 18Manassés
adormeceu com seus pais e foi sepul-
tado no jardim de seu palácio, o jardim
de Oza. Seu filho Amon reinou em seu
lugar.

Amon, rei de Judá. 19Amon tinha vinte
e dois anos* quando começou a reinar
e reinou dois anos em Jerusalém. Sua
mãe chamava-se Mesalemet; era filha
de Harus e natural de Jeteba. 20Ele fez
o que é mau aos olhos de Javé, como
havia feito seu pai Manassés. 21Seguiu
em tudo a conduta de seu pai, prestou
culto aos ídolos que ele havia servido e
prostrou-se diante deles. 22Abandonou
Javé, Deus de seus pais, e não seguiu o
caminho de Javé.

23Os servos de Amon conspiraram
contra ele e mataram o rei em seu pa-
lácio. 24Mas o povo da terra matou to-
dos os que haviam conspirado contra o
rei Amon e proclamou rei em seu lugar
seu filho Josias.

25O resto da história de Amon, o que
ele fez, não está escrito no livro dos
Anais dos reis de Judá? 26Sepultaram-
-no em seu túmulo, no jardim de Oza,
e seu filho Josias reinou em seu lugar.

22 **Josias, rei de Judá.** 1Josias ti-
nha oito anos* quando come-
çou a reinar e reinou trinta e um anos
em Jerusalém. Sua mãe chamava-se
Idida; era filha de Hadaia e natural de
Besecat. 2Fez o que é agradável aos
olhos de Javé e imitou em tudo a con-
duta de seu antepassado Davi, sem se
desviar nem para a direita e nem para
a esquerda.

Descoberta do livro da lei†. 3No déci-
mo oitavo ano* de Josias, o rei mandou
o secretário Safã, filho de Aslias, filho
de Mesolam, ao templo de Javé,* orde-
nando: 4"Vai ter com o sumo sacerdote
Helcias, para que ele faça a conta do
dinheiro que foi oferecido ao templo
de Javé e que os guardas da porta re-

* **21**,7. 1Rs 8,16 | 11. 1Rs 21,26 | 13. Is 34,11; Am 7,7-9; Lm 2,8 | 17. 2Cr 33,18ss | 19. 2Cr 33,21-25 | **22**,1. 2Cr 34,1s | 3. 2Cr 34,8.18 / 12,11-16

† **21**,16. Conforme o Talmud e o apócrifo Ascensão de Isaías, este profeta foi uma das vítimas de Manassés. | **22**,3. Ver a nota em Dt 12,1.

colheram do povo. 5Que ele o entre-
gue aos empreiteiros encarregados do
templo de Javé, para que estes o deem
aos operários que trabalham na restau-
ração do templo de Javé – 6aos carpin-
teiros, aos construtores e aos pedreiros
– e o utilizem na compra de madeira
e de pedras talhadas destinadas à res-
tauração do templo. 7Mas não lhes
peçam contas do dinheiro que lhes for
entregue, pois agem com honestidade.
8O sumo sacerdote Helcias disse ao
secretário Safã: "Achei no templo de
Javé o livro da lei!" Helcias deu o livro a
Safã, que o leu. 9O secretário Safã veio
ter com o rei e informou-lhe: "Teus ser-
vos retiraram o dinheiro que se achava
no templo e o entregaram aos emprei-
teiros da obra, encarregados do tem-
plo de Javé". 10Depois o secretário Safã
anunciou ao rei: "O sacerdote Helcias
deu-me um livro"; e Safã leu-o diante
do rei.

Consulta à profetisa Hulda. 11Ao ou-
vir as palavras* contidas no livro da lei,
o rei rasgou as vestes†. 12Ordenou ao
sacerdote Helcias, a Aicam, filho de
Safã, a Acobor, filho de Micas, ao se-
cretário Safã e a Asaías, ministro do
rei: 13"Ide consultar Javé por mim, pelo
povo e por todo o Judá a respeito das
palavras deste livro que acaba de ser
encontrado. Grande é a ira de Javé, que
se inflamou contra nós, porque nossos
pais não obedeceram às palavras des-
te livro e não agiram conforme tudo o
que nele está escrito para nós".
14O sacerdote Helcias, Aicam, Aco-
bor, Safã e Asaías foram ter com a
profetisa Hulda, esposa de Selum, fi-
lho de Tícua, filho de Haraas, guarda
dos vestiários; ela morava em Jerusa-
lém, no bairro novo. Expuseram-lhe a
questão, 15e ela respondeu: "Assim fala
Javé, Deus de Israel. Dizei ao homem
que vos enviou a mim: 16'Assim fala
Javé: Estou para fazer cair a desgraça
sobre este lugar e sobre seus habitan-
tes, cumprindo tudo o que diz o livro
que o rei de Judá acaba de ler. 17Por-
que me abandonaram e queimaram
incenso a outros deuses, para me irritar
com todas as suas ações, minha ira se
inflamou contra este lugar e ela não se
aplacará'. 18E direis ao rei de Judá que
vos enviou para consultar Javé: 'Assim
fala Javé, Deus de Israel, a respeito
das palavras que ouviste: 19Porque teu
coração se comoveu e te humilhaste
diante de Javé, ouvindo as palavras que
pronunciei contra este lugar e seus ha-
bitantes, a saber, que se tornarão ob-
jeto de horror e de maldição, e porque
rasgaste as vestes e choraste diante de
mim, eu também te ouvi, oráculo de
Javé. 20Por isso te reunirei a teus pais,
serás deposto em paz em teu sepulcro
e teus olhos não verão todos os males
que vou mandar sobre este lugar'". Eles
levaram ao rei essa resposta.

23 **Josias renova a aliança com
Javé.** 1Então o rei mandou re-
unir* junto de si todos os anciãos de
Judá e de Jerusalém, 2subiu ao templo
de Javé com todos os homens de Judá
e todos os habitantes de Jerusalém, os
sacerdotes e os profetas e todo o povo,
desde o menor até o maior. Leu dian-
te deles todo o conteúdo do livro da
aliança encontrado no templo de Javé.
3De pé junto ao pilar, o rei concluiu
diante de Javé uma aliança, compro-
metendo-se a seguir Javé e a guardar
seus mandamentos, seus testemunhos
e seus estatutos, de todo o seu coração
e de toda a sua alma, pondo em prática
as cláusulas da Aliança escritas nesse
livro. Todo o povo aderiu à Aliança.

Reforma religiosa. 4O rei ordenou a
Helcias,* o sumo sacerdote, aos sacer-
dotes da segunda ordem e aos guardas
das portas que retirassem do santuário
de Javé todos os objetos que tinham
sido feitos para Baal, para Aserá e
para todo o exército do céu; queimou-
-os fora de Jerusalém, nos campos do
Cedron e levou suas cinzas para Betel.
5Destituiu os sacerdotes idólatras, que
os reis de Judá haviam estabelecido

* **22**,11. 2Cr 34,19-28 | **23**,1. 2Cr 34,29ss | 4. 2Cr 34,3ss; 21,3-7 | 5. Dt 17,3

† **22**,11. Ver a nota em 6,30.

para oferecer incenso nos lugares altos
das cidades de Judá e dos arredores de
Jerusalém, e os que ofereciam incen-
so a Baal,* ao Sol, à Lua, às estrelas e
a todo o exército do céu. 6Transportou
do templo de Javé para fora de Jerusa-
lém, para a torrente do Cedron, o tron-
co idolátrico e queimou-o na torrente
do Cedron; reduziu-o a cinzas e lançou
suas cinzas* na vala comum. 7Demoliu
as casas dos prostitutos sagrados, que
estavam no templo de Javé, onde as
mulheres teciam tendas para Aserá.

8Mandou vir das cidades de Judá to-
dos os sacerdotes e profanou os lugares
altos* onde esses sacerdotes haviam
oferecido incenso, desde Gaba até Ber-
sabeia†. Demoliu os lugares altos das
portas, que se achavam à entrada da
porta de Josué, governador da cidade,
à esquerda de quem entra pela porta da
cidade. 9Mas os sacerdotes dos lugares
altos* não podiam subir ao altar de Javé
em Jerusalém; comiam, porém, pães
sem fermento no meio de seus irmãos.
10O rei profanou o Tofet do vale de Ben-
-Enom,* para que ninguém mais pudes-
se passar pelo fogo seu filho ou sua filha
em honra de Moloc. 11Fez desaparecer
os cavalos que os reis de Judá tinham
dedicado ao Sol na entrada do templo
de Javé, perto do aposento do eunuco
Natã-Melec, nas dependências, e quei-
mou os carros do Sol†. 12Os altares que
estavam no terraço do quarto superior
de Acaz, edificados pelos reis de Judá,
e os que Manassés tinha construído nos
dois pátios do templo de Javé, o rei os
demoliu, reduziu-os a pedaços e lançou
suas cinzas na torrente do Cedron. 13O
rei profanou os lugares altos situados
diante de Jerusalém, ao sul do mon-
te das Oliveiras, e que Salomão, rei de
Israel, tinha construído para Astarte,*
abominação dos sidônios, para Camos,
abominação dos moabitas, e para Mel-
com, abominação dos amonitas. 14Que-
brou as colunas sagradas, cortou os
troncos idolátricos* e encheu de ossos
humanos o seu local†.

15Demoliu também o altar que es-
tava em Betel,* o lugar alto edificado
por Jeroboão, filho de Nabat, que ha-
via arrastado Israel ao pecado; demo-
liu também esse altar e esse lugar alto,
queimou o lugar alto e o reduziu a pó;
queimou o tronco idolátrico.

16Josias voltou-se e viu os túmulos
que estavam na montanha; mandou
buscar os ossos daqueles túmulos e
queimou-os sobre o altar, profanando-
-o conforme a palavra de Javé, anun-
ciada pelo homem de Deus* que tinha
predito essas coisas, 17e perguntou:
"Que sepulcro é esse que estou ven-
do?" Os homens da cidade responde-
ram: "É o túmulo do homem de Deus
que veio de Judá e anunciou essas
coisas que acabas de realizar contra o
altar de Betel". 18Disse o rei: "Deixai-o
em paz e que ninguém toque em seus
ossos". Deixaram, pois, seus ossos in-
tactos,* bem como os do profeta que
tinha vindo de Samaria†.

19Josias fez desaparecer também to-
dos os templos dos lugares altos que
estavam nas cidades de Samaria e que
os reis de Israel haviam construído, irri-
tando com isso a Javé, e procedeu com
eles exatamente como tinha agido em
Betel. 20Todos os sacerdotes dos luga-
res altos que ali se achavam foram por
ele imolados sobre os altares e quei-
mou sobre esses altares ossos huma-
nos. Depois regressou a Jerusalém.

Celebração da Páscoa†. 21O rei orde-
nou a todo o povo:* "Celebrai a Pás-
coa em honra de Javé, vosso Deus, do
modo como está descrito neste livro*
da aliança". 22Não se havia celebrado
uma Páscoa semelhante a esta em Is-
rael desde os dias dos juízes que ha-
viam governado Israel, ou seja, durante
todo o tempo dos reis de Israel e dos
reis de Judá. 23Foi somente no décimo
oitavo ano do rei Josias que semelhan-
te Páscoa foi celebrada em honra de
Javé em Jerusalém.

24Josias eliminou* também os necro-
mantes, os adivinhos, os deuses domés-

* **23**,6. 1Rs 14,23; Dt 16,21 | 8. 1Rs 14,24; Dt 23,18s | 9. Dt 12 | 10. Lv 18,21 | 13. 1Rs 11,7 | 14. 1Rs 14,23; Dt 16,21s | 15. 1Rs 12,31s | 16. 1Rs 12,33-13,32 | 18. 1Rs 13,31 | 21. 2Cr 35,1.18s / Dt 16,1-8

ticos, os ídolos e todas as abominações
que se viam na terra de Judá e em Je-
rusalém, a fim de executar as palavras
da lei escritas no livro que o sacerdote
Helcias havia encontrado no templo de
Javé. 25Não houve antes dele rei algum
que se tivesse voltado, como ele, para
Javé, de todo o seu coração,* de toda
a sua alma e com toda a sua força, em
perfeita fidelidade à lei de Moisés; nem
depois dele houve outro igual.
26Contudo, Javé não abrandou o
furor de sua grande ira que se havia
inflamado contra Judá por causa das
provocações que Manassés lhe havia
feito. 27Disse Javé: "Também expulsarei
Judá da minha presença, como expul-
sei Israel; rejeitarei esta cidade de Je-
rusalém, que eu tinha escolhido, e o
templo do qual eu dissera: Aí residirá
o meu nome".
Morte de Josias. 28O resto da histó-
ria* de Josias, tudo o que fez, não está
escrito no livro dos Anais dos reis de
Judá?
29Em seu tempo, o faraó Necao, rei
do Egito, partiu para socorrer o rei da
Assíria, às margens do rio Eufrates. O rei
Josias marchou contra ele†, mas Necao
matou-o em Meguido, no primeiro en-
contro. 30Seus servos transportaram seu
corpo num carro desde Meguido, con-
duziram-no para Jerusalém* e o sepul-
taram em seu túmulo. O povo da terra
tomou Joacaz, filho de Josias, ungiu-o e
o constituiu rei em lugar de seu pai.
Joacaz, rei de Judá. 31Joacaz tinha vin-
te e três anos* quando começou a rei-
nar e reinou três meses em Jerusalém.
Sua mãe chamava-se Hamital; era filha
de Jeremias e natural de Lebna. 32Ele
fez o mal aos olhos de Javé, como o
haviam feito seus pais.
33O faraó Necao o aprisionou em
Rebla, no território de Emat, para que
não reinasse mais em Jerusalém, e im-
pôs ao país um tributo de cem talentos
de prata e um talento de ouro. 34O fa-
raó Necao nomeou rei a Eliacim, filho
de Josias, em lugar de seu pai Josias, e
mudou seu nome para Joaquim. Levou
Joacaz para o Egito, onde morreu.
35Joaquim pagou ao faraó a prata e
o ouro, mas teve de criar impostos na
terra para pagar a quantia exigida pelo
faraó; cobrou de cada um, segundo
suas posses, a prata e o ouro que era
preciso dar ao faraó Necao.
Joaquim, rei de Judá. 36Joaquim tinha
vinte e cinco anos* quando começou
a reinar e reinou onze anos em Jeru-
salém. Sua mãe chamava-se Zebida;
era filha de Fadaías e natural de Ruma.
37Ele fez o mal aos olhos de Javé, como
o haviam feito seus pais.

24 **Primeira invasão babilônica.**
1Em seu tempo, Nabucodo-
nosor, rei de Babilônia, marchou con-
tra Joaquim, o qual lhe esteve sujeito
durante três anos e depois se revoltou.
2Javé mandou contra ele bandos de
caldeus, de arameus, de moabitas e de
amonitas; incitou-os contra Judá para
destruí-lo, conforme a palavra que Javé
havia pronunciado por intermédio de
seus servos, os profetas. 3Isto acon-
teceu a Judá unicamente por ordem
de Javé, que queria rejeitá-lo de sua
presença, por causa dos pecados de
Manassés, por tudo o que ele fizera,
4e também por causa do sangue ino-
cente* que ele havia derramado, inun-
dando Jerusalém de sangue inocente,
o que Javé não quis perdoar.
5O resto da história de Joaquim,*
tudo o que fez, não está escrito no livro
dos Anais dos reis de Judá? 6Joaquim
adormeceu com seus pais, e Joaquin,
seu filho, reinou em seu lugar.

* **23**,24. 21,6; Dt 18,11 | 25. Dt 6,5 | 28. 2Cr 35,26s.20-24 | 30. 2Cr 36,1; 11,20; 21,24 | 31. 2Cr 36,2-4 | 36. 2Cr 36,5s | **24**,4. 21,16 | 5. 2Cr 36,8

† **23**,8. A partir de Josias, só o santuário de Jerusalém era legítimo. Ver a nota em Dt 12,5. Essa reforma foi apoiada pelos profetas Jeremias e Sofonias, que viveram nessa época. | 11. Josias elimina do templo os carros e os cavalos que eram usados nas procissões em honra do Sol divinizado. | 14. Tornando impuro o local com os ossos, o culto ali ficava impraticável. | 18. Ver a história dele em 1Rs 13,11-32. | 21. Ver a nota em Esd 6,19. | 29. Josias tomou o partido de Babilônia contra a Assíria e por isso enfrentou o faraó que ia em auxílio dos assírios.

7O rei do Egito não saiu mais de sua terra, pois o rei de Babilônia havia conquistado, desde a torrente do Egito até o rio Eufrates, tudo o que pertencia ao rei do Egito.

Joaquin, rei de Judá. 8Joaquin tinha dezoito anos* quando começou a reinar e reinou três meses em Jerusalém. Sua mãe chamava-se Noesta; era filha de Elnatã e natural de Jerusalém. 9Ele fez o mal aos olhos de Javé, como o havia feito seu pai.

A primeira deportação. 10Naquele tempo os oficiais* de Nabucodonosor, rei de Babilônia, marcharam contra Jerusalém e a cidade foi sitiada. 11Nabucodonosor, rei de Babilônia, veio em pessoa atacar a cidade, enquanto seus soldados a sitiavam. 12Então Joaquin, rei de Judá, saiu ao encontro do rei de Babilônia, acompanhado de sua mãe, de seus oficiais, de seus chefes e de seus eunucos, e o rei de Babilônia o fez prisioneiro; era o oitavo ano de seu reinado.

13Nabucodonosor levou todos os tesouros do templo de Javé e os tesouros do palácio real e quebrou todos os objetos de ouro que Salomão, rei de Israel, havia fabricado* para o templo de Javé, como Javé havia anunciado. 14Levou para o cativeiro Jerusalém inteira, todos os chefes e todos os homens valentes, em número de dez mil exilados, e todos os ferreiros e artesãos; só restou a população mais pobre do país. 15Deportou Joaquin para Babilônia; também deportou de Jerusalém para Babilônia a mãe do rei, suas mulheres, seus eunucos e os nobres do país. 16Todos os homens de valor, em número de sete mil, os ferreiros e os artesãos, em número de mil, e todos os homens valorosos aptos para a guerra foram conduzidos para o exílio em Babilônia pelo rei de Babilônia. 17Em lugar de Joaquin, o rei de Babilônia constituiu rei a seu tio Matanias, cujo nome mudou para Sedecias.

Sedecias, rei de Judá. 18Sedecias tinha vinte e um anos† quando começou* a reinar e reinou onze anos em Jerusalém. Sua mãe chamava-se Hamital, filha de Jeremias, e era de Lebna. 19Ele fez o mal aos olhos de Javé, como o havia feito Joaquin. 20Isto aconteceu a Jerusalém e a Judá por causa da ira de Javé que, por fim, os rejeitou de sua presença. Sedecias revoltou-se contra o rei de Babilônia†.

25 **Cerco de Jerusalém.** 1No nono ano de seu reinado,* no dia dez do décimo mês, Nabucodonosor, rei de Babilônia, veio atacar Jerusalém com todo o seu exército; acampou diante da cidade e construiu terraplenos a seu redor. 2A cidade ficou sitiada até o décimo primeiro ano de Sedecias. 3No dia nove do mês, quando a fome reinava na cidade e a população não tinha mais alimento, 4abriram uma brecha nas muralhas da cidade.† Então todos os guerreiros escaparam de noite pela porta que há entre os dois muros perto do jardim do rei e, enquanto os caldeus ainda cercavam a cidade, tomaram o caminho da Arabá. 5O exército dos caldeus perseguiu o rei e o alcançou nas planícies de Jericó, enquanto todos os seus soldados se dispersaram para longe dele. 6O rei foi preso e conduzido a Rebla, à presença do rei de Babilônia, e pronunciaram a sentença contra ele. 7Degolaram os filhos de Sedecias na presença dele; depois Nabucodonosor furou os olhos de Sedecias, algemou-o e o conduziu para Babilônia.

Queda de Jerusalém e segunda deportação. 8No dia sete do quinto mês* – era o décimo nono ano do reinado de Nabucodonosor, rei de Babilônia – Nabuzardã, comandante da guarda,

* **24**,8. 2Cr 36,9 | 10. 2Cr 36,10 | 13. 20,17 | 18. 2Cr 36,11s; Jr 52,1ss; 22,17; 23,26s | **25**,1. 2Cr 36,13; Jr 39,1-7 | 8. Jr 52,12-27; 39,8ss

† **24**,18. O trecho que vai de 24,18 a 25,30 constitui o c 52 de Jeremias. | 20. Jeremias era contra essa rebelião, Jr 27,12, mas era tachado de derrotista e contestado pelos falsos profetas, Jr 28,2. | **25**,4. Jerusalém caiu no ano 586. O templo foi incendiado, a cidade destruída, o povo deportado para Babilônia junto com o rei. Parecia o fim de tudo, mas Deus fará o povo renascer no exílio.

oficial do rei de Babilônia, fez sua entrada em Jerusalém. 9Incendiou o templo* de Javé, o palácio real e todas as casas de Jerusalém. 10Todo o exército caldeu que acompanhava o comandante da guarda destruiu as muralhas que rodeavam Jerusalém. 11Nabuzardã, comandante da guarda, deportou o resto da população que tinha ficado na cidade, os desertores que haviam passado para o lado do rei de Babilônia e o resto da multidão. 12Do povo pobre do país, o comandante da guarda deixou uma parte, como viticultores e agricultores.

13Os caldeus quebraram* as colunas de bronze do templo de Javé, as bases e o mar de bronze que estavam no templo de Javé e levaram o bronze para Babilônia. 14Levaram também as panelas, as pás, as facas, os incensórios e todos os objetos de bronze que serviam para o culto. 15O comandante da guarda* tomou os turíbulos e os vasos de aspersão, tudo o que era de ouro e tudo o que era de prata. 16Quanto às duas colunas, ao mar e às bases, que Salomão havia feito para o templo de Javé, o peso do bronze de todos esses objetos não se podia calcular. 17A altura de uma coluna era de dezoito côvados, e sobre ela havia um capitel de bronze da altura de três côvados; havia uma rede e romãs em torno do capitel, tudo de bronze. A segunda coluna era feita do mesmo modo, com a rede.

18O comandante da guarda* prendeu Saraías, sacerdote principal, Sofonias, sacerdote da segunda ordem, e os três guardas das portas. 19Na cidade prendeu um eunuco, chefe dos guerreiros, cinco dos que eram conselheiros do rei, que foram encontrados na cidade, o secretário do chefe do exército, encarregado da mobilização, e sessenta homens do povo que foram encontrados na cidade. 20Nabuzardã, comandante da guarda, prendeu-os e os levou à presença do rei de Babilônia, em Rebla, 21e o rei de Babilônia mandou matá-los em Rebla, no país de Emat. Assim Judá foi exilado para longe de sua terra.

Godolias, governador de Judá. 22Quanto ao povo que ficou na terra de Judá, aí deixado por Nabucodonosor, rei de Babilônia,* ele o entregou ao governo de Godolias, filho de Aicã, filho de Safã. 23Quando todos os oficiais das tropas e seus homens souberam que o rei de Babilônia havia nomeado Godolias governador, vieram ter com ele em Masfa; eram eles: Ismael, filho de Natanias, Joanã, filho de Carea, Saraías, filho de Taneumet, o netofatita, Jezonias, o maacatita, junto com seus homens. 24Godolias declarou-lhes sob juramento, a eles e a seus homens, e disse-lhes: "Nada temais da parte dos servos dos caldeus; ficai na terra, submetei-vos ao rei de Babilônia e tudo vos correrá bem".

25Mas no sétimo mês, Ismael, filho de Natanias, filho de Elisama, que era de linhagem real, veio com dez homens e matou Godolias, bem como os judeus e os caldeus que estavam com ele em Masfa. 26Então todo o povo, desde o maior até o menor, como também os chefes das tropas, partiram e foram para o Egito porque tinham medo dos caldeus.

Joaquin tratado como rei. 27No trigésimo sétimo ano* da deportação de Joaquin, rei de Judá, no dia vinte e sete do décimo segundo mês, Evil-Merodac, rei de Babilônia, no ano em que subiu ao trono, deu anistia a Joaquin, rei de Judá, e o tirou da prisão. 28Falou-lhe benignamente e deu-lhe um lugar mais elevado que o dos outros reis que estavam com ele em Babilônia. 29Mandou que trocasse suas vestes de prisioneiro. Joaquin passou a comer na mesa do rei por toda a vida. 30Seu sustento foi garantido constantemente pelo rei, dia após dia, enquanto viveu.

---

* **25**,9. 2Cr 36,19 | 13. 1Rs 7,15.22.27-39; 16,17; 1Rs 7,23-26; 2Cr 36,18 | 15. 1Rs 7,45.50 | 18. 23,4 | 22. Jr 40,5; 40,7-41,18 | 27. Jr 52,31-34

OS LIVROS DAS CRÔNICAS

Assim se chamam os dois livros que, na origem, formavam um só e que as versões grega e latina chamaram de "Paralipômenos", quer dizer, livros que contêm "as notícias omitidas" nos livros precedentes. Mas o conteúdo do livro vai muito além, porque narra a vida de Davi, de Salomão e dos reis de Judá, recordando, portanto, fatos já conhecidos, mas apresentados como a história de uma comunidade religiosa, que tem no templo e na liturgia seu centro vital.

O autor não faz parte da escola deuteronomista, mas é um levita de Jerusalém que escreve em torno do ano 300 a.C., portanto, na época em que a comunidade judaica era governada pelos sacerdotes.

Antes de narrar a história dos reis, o livro traz nove capítulos de longas listas genealógicas, que vão desde Adão até Davi, como se quisesse resumir todo o período anterior. A preocupação do autor parece ser a unidade política e religiosa do judaísmo, porque nessa época a maior parte dos judeus vivia na diáspora e prosperava o cisma dos samaritanos. É seu objetivo, portanto, sustentar e promover a teocracia, ressaltando a importância da monarquia davídica com suas instituições e a restauração do culto depois do exílio de Babilônia. Para ele, Davi é um segundo Moisés, o rei ideal e imagem do rei messiânico. O cronista gosta de falar da função dos levitas, dos cantores, dos músicos, da oração e do culto no templo. É preciso notar, porém, que a organização minuciosa do culto, que o autor atribui a Davi, é posterior ao exílio.

Sobre os reis Davi e Salomão, o autor traz apenas as informações positivas e seus méritos com relação ao templo e à liturgia. Na biografia deles omite tudo o que poderia obscurecer a imagem desses grandes e beneméritos reis. Também a história dos doze sucessores de Salomão no trono de Judá, até sua ruína, é vista sempre sob um prisma religioso.

O cronista parece conformado com o desaparecimento da monarquia e não espera sua restauração, mas para ele o importante é que Javé reside e reina no meio de seu povo em Jerusalém, no templo reconstruído. A idolatria provocou a ruína do reino de Davi, mas permanecem as instituições davídicas, e a comunidade, que celebra o culto de Javé, é chamada a servi-lo na fidelidade à lei e ao templo. Para o cristão de hoje, os livros das Crônicas são um convite a honrar nossas igrejas e santuários, com sua liturgia e sobretudo a Eucaristia, fonte e ápice de toda a vida cristã.

PRIMEIRO LIVRO DAS CRÔNICAS

I. GENEALOGIAS (1–9)†

1 **Três grandes famílias dos povos.**
1Adão, Set, Enós, 2Cainã, Malaleel,* Jared, 3Henoc, Matusalém, Lamec,
4Noé, Sem, Cam e Jafé.
5Filhos de Jafé: Gomer, Magog,* os medos, Javã, Tubal, Mosoc, Tiras. 6Filhos de Gomer: Asquenez, Rifat, Togorma. 7Filhos de Javã: Elisa, Társis, os cetim e os rodanim.
8Filhos de Cam: Cuch,* Mesraim, Fut, Canaã.
9Filhos de Cuch: Seba, Hévila, Sabata, Regma, Sabataca. Filhos de Regma: Sabá e Dadã. 10Cuch gerou Nemrod, que foi o primeiro homem poderoso na terra.
11Mesraim gerou os povos* de Lud, de Anam, de Laab, de Naftu, 12de Patros, de Caslu, dos quais descendem os filisteus, e de Cáftor. 13Canaã gerou Sidon, seu primogênito, depois Het, 14os jebuseus, os amorreus, os gergeseus,
15os heveus, os araceus, os sineus, 16os arádios, os samareus e os emateus.
17Filhos de Sem: Elam,* Assur, Arfaxad, Lud e Aram; Hus, Hul, Geter e Mes.

---

* **1**,1. Gn 5 | 5. Gn 10,2ss | 8. Gn 10,6ss | 11. Gn 10,13-18 | 17. Gn 10,22-29

† **1**. Os cc. 1-9 contêm uma série de genealogias, destinadas a mostrar que a construção do templo e a organização do culto realizam um projeto de Deus estabelecido desde o princípio do mundo.

18Arfaxad gerou Salé, e Salé gerou Héber. 19Héber teve dois filhos: o primogênito recebeu o nome de Faleg, pois foi em sua época que a terra foi dividida, e seu irmão chamava-se Jectã. 20Jectã gerou Elmodad, Salef, Asarmot, Jaré, 21Aduram, Uzal, Decla, 22Ebal, Abimael, Sabá, 23Ofir, Hévila, Jobab; todos esses são filhos de Jectã.

De Sem a Abraão. 24Sem, Arfaxad,* Salé, 25Héber, Faleg, Réu, 26Sarug, Nacor, Taré, 27Abrão ou, melhor,* Abraão†. 28Filhos de Abraão: Isaac e Ismael. 29São estes os seus descendentes:

O primogênito de Ismael foi Nabaiot;* depois nasceram-lhe Cedar, Adbeel, Mabsam, 30Masma, Duma, Massa, Hadad, Tema, 31Jetur, Nafis e Cedma. Esses são os filhos de Ismael.

32Filhos de Cetura,* concubina de Abraão: deu à luz Zamrã, Jecsã, Madã, Madiã, Jesboc e Sue. Filhos de Jecsã: Sabá e Dadã. 33Filhos de Madiã: Efa, Ofer, Henoc, Abida, Eldaá. Todos esses são filhos de Cetura.

Isaac e Esaú. 34Abraão gerou Isaac.* Filhos de Isaac: Esaú e Israel.

35Filhos de Esaú: Elifaz, Reuel, Jeús, Jalam e Coré. 36Filhos de Elifaz: Temã, Omar, Efó, Gatam, Cenez, Tamna, Amalec. 37Filhos de Reuel: Naat, Zara, Sama, Meza.

38Filhos de Seir: Lotã,* Sobal, Sebeon, Ana, Dison, Eser, Disã. 39Filhos de Lotã: Hori e Emam. Irmã de Lotã: Tamna. 40Filhos de Sobal: Aliã, Manaat, Ebal, Sefo, Onam. Filhos de Sebeon: Aía e Ana. 41Filho de Ana: Dison. Filhos de Dison: Hamrã, Esebã, Jetrã, Carã. 42Filhos de Eser: Balaã, Zavã, Jacã. Filhos de Disã: Hus e Arã.

43São estes os reis que reinaram* no país de Edom, antes que algum rei reinasse sobre os israelitas: Bela, filho de Beor, cuja cidade se chamava Danaba. 44Após a morte de Bela, reinou em seu lugar Jobab, filho de Zara, de Bosra. 45Após a morte de Jobab, reinou em seu lugar Husam, da região dos temanitas. 46Morto Husam, reinou em seu lugar Adad, filho de Badad, que venceu os madianitas nos Campos de Moab; sua cidade chamava-se Avit. 47Morto Adad, sucedeu-lhe no trono Semla de Masreca. 48Morto Semla, sucedeu-lhe Saul de Reobot Naar. 49Saul morreu e em seu lugar reinou Baalanã, filho de Acobor. 50Quando morreu Baalanã, sucedeu-lhe Adad, natural da cidade de Fau e casado com Meetabel, filha de Matred, filha de Mezaab.

51Após a morte de Adad,* surgiram chefes em Edom: o chefe Tamna, o chefe Alva, o chefe Jetet, 52o chefe Oolibama, o chefe Ela, o chefe Finon, 53o chefe Cenez, o chefe Temã, o chefe Mabsar, 54o chefe Magdiel, o chefe Iram. São esses os chefes de Edom.

2 **Filhos de Jacó.** 1Estes são os israelitas:* Rúben, Simeão, Levi e Judá, Issacar e Zabulon, 2Dã, José e Benjamim, Neftali, Gad e Aser.

3Filhos de Judá: Her,* Onã e Sela. Todos esses três lhe nasceram de Bat-Sua, a cananeia. Her, primogênito de Judá, fez o mal* aos olhos de Javé, que lhe tirou a vida. 4Tamar, nora de Judá, lhe gerou Farés e Zara.* Foram, ao todo, cinco os filhos de Judá.

5Filhos de Farés:* Hesron e Hamul.

6Filhos de Zara:* Zambri, Etã, Calcol e Darda: cinco ao todo.

7Filho de Carmi: Acar,* que atraiu a desgraça sobre Israel, por ter violado o anátema.

8Filho de Etã: Azarias.

Origens de Davi. 9Filhos de Hesron: nasceram-lhe Jerameel, Ram e Calubi.

10Ram gerou Aminadab, Aminadab gerou Naasson, príncipe dos filhos de Judá. 11Naasson* gerou Salma, e Salma gerou Booz. 12Booz gerou Obed,* e Obed gerou Jessé. 13Jessé gerou Eliab, seu primogênito; Abinadab, o segundo; Samaá, o terceiro; 14Natanael, o quarto; Radai, o quinto; 15Asom, o sexto; Davi,

---

* **1**,24. Gn 11,10-26 | 27. Gn 17,5 | 29. Gn 25,13-16 | 32. Gn 25,2ss | 34. Gn 25,19; 36,10-13; Gn 36,15ss | 38. Gn 36,20-28 | 43. Gn 36, 31-39 | 51. Gn 36,40-43 | **2**,1. Gn 35,23-26 | 3. Gn 38,2-5 / Gn 38,7 | 4. Gn 38,27-30 | 5. Gn 46,12 | 6. 1Rs 5,11 | 7. Js 7 | 11. Nm 1,7 | 12. Rt 4,19-22

† **1**,27. Ver a nota em Gn 17,5.

o sétimo. [16]Eles tinham duas irmãs: Sár-
via e Abigail. Filhos de Sárvia: Abisaí,
Joab e Asael: três. [17]Abigail deu à luz
Amasa, cujo pai foi Jéter, o ismaelita.
Caleb. [18]Caleb,* filho de Hesron, gerou
Jeriot, de sua mulher Azuba; são estes
os filhos que ela teve: Jaser, Sobab e
Ardon. [19]Quando Azuba morreu, Caleb
casou-se com Éfrata, que lhe deu à luz
Hur. [20]Hur gerou Uri, e Uri gerou Be-
seleel.

[21]Depois Hesron desposou a filha de
Maquir, pai de Galaad. Aos sessenta
anos casou-se com ela, que lhe gerou
Segub. [22]Segub gerou Jair,* que pos-
suía vinte e três cidades na terra de
Galaad. [23]Mais tarde, Aram e Gessur
apoderaram-se das aldeias de Jair, Ca-
nat e suas aldeias, num total de sessen-
ta cidades. Todos eles eram filhos de
Maquir, pai de Galaad.

[24]Depois que morreu Hesron, Caleb
casou-se com Éfrata, esposa de seu pai
Hesron, que lhe gerou Asur, pai de Té-
cua†.
Jerameel. [25]Jerameel, primogênito de
Hesron, teve os seguintes filhos: Ram,
o primogênito, Buna, Oren, Asom, Aías.
[26]Jerameel teve outra mulher,* chama-
da Atara, que foi a mãe de Onam.

[27]Os filhos de Ram, primogênito de
Jerameel, foram Moos, Jamin e Acar.

[28]Os filhos de Onam foram Semei
e Jada. Filhos de Semei: Nadab e Abi-
sur. [29]A mulher de Abisur chamava-se
Abiail; ela lhe deu à luz Aobã e Molid.
[30]Filhos de Nadab: Saled e Apaim. Saled
morreu sem filhos. [31]Filho de Apaim:
Jesi; filho de Jesi: Sesã; filho de Sesã:
Oolai. [32]Filhos de Jada, irmão de Semei:
Jéter e Jônatas. Jéter morreu sem filhos.
[33]Filhos de Jônatas: Falet e Ziza. Foi esta
a descendência de Jerameel.

[34]Sesã não teve filhos, mas filhas sim.
Tinha ele um servo egípcio de nome
Jaraá, [35]ao qual Sesã deu sua filha por
esposa. Ela lhe deu à luz Etei. [36]Etei ge-
rou Natã, Natã gerou Zabad, [37]Zabad
gerou Oflal, Oflal gerou Obed, [38]Obed
gerou Jeú, Jeú gerou Azarias, [39]Azarias
gerou Helés, Helés gerou Elasa, [40]Elasa
gerou Sisamoi, Sisamoi gerou Selum,
[41]Selum gerou Icamias, Icamias gerou
Elisama.
Descendentes de Caleb. [42]Filhos de
Caleb,* irmão de Jerameel: Mesa, o pri-
mogênito, que foi o pai de Zif, e seu
filho Maresa, pai de Hebron. [43]Filhos
de Hebron: Coré, Tafua, Recém e Sama.
[44]Sama gerou Raam, pai de Jercaam.
Recém gerou Samai. [45]O filho de Samai
foi Maon, o qual foi o pai de Betsur.

[46]Efa, concubina de Caleb, gerou
Harã, Mosa e Gezez. Harã gerou Gezez.

[47]Filhos de Jaadai: Regom, Joatão,
Gesã, Falet, Efa e Saaf.

[48]Maaca, concubina de Caleb, gerou
Saber e Tarana; [49]gerou também Saaf,
pai de Madmana, e Sue, pai de Macbe-
na e de Gabaá. A filha de Caleb chama-
va-se Acsa.* [50]Foram estes os descen-
dentes de Caleb.

Filhos de Hur,* primogênito de Éfra-
ta: Sobal, pai de Cariat-Iarim, [51]Salma,
pai de Belém, Harif, pai de Bet-Gader.
[52]Sobal, pai de Cariat-Iarim, teve por
filhos Haroe e a metade dos manaati-
tas. [53]As famílias de Cariat-Iarim foram
os jetritas, os futitas, os sematitas e os
maseritas. Deles descendem os povos
de Saraá e de Estaol.*

[54]Filhos de Salma: Belém, os netofati-
tas, Atarot-Bet-Joab, a metade dos ma-
naatitas, os saraítas. [55]As famílias dos
escribas* que moravam em Jabes eram
os tiriateus, os simeateus, os sucateus.
São estes os quenitas que descendem
de Emat, pai da casa de Recab.*

3 **Descendentes de Davi.** [1]São estes
os filhos de Davi,* que lhe nasce-
ram em Hebron: Amnon, o primogênito,
filho de Aquinoam de Jezrael; Daniel, o
segundo, filho de Abigail do Carmelo;
[2]Absalão, o terceiro, filho de Maaca, fi-
lha de Tolmai, rei de Gessur; Adonias, o
quarto, filho de Hagit; [3]Safatias, o quin-
to, filho de Abital; Jetraam, o sexto, filho

* **2**,18. Js 14,6; 1Cr 2,42s; 4,11s | 22. Nm 32,41s | 26. 1Sm 27,10 | 42. Js 14,6; 1Cr 2,18s; 4,11s | 49. Js 15,16-19 | 50. 2,19; 4,1s | 53. Jz 13,2; 18,2 | 55. Nm 24,21 / 2Rs 10,15 | **3**,1. 2Sm 3,2-5

† **2**,24. Nessas genealogias, alguns nomes geográficos tornam-se nomes de pessoas.

de Egla, sua esposa. 4Foram, pois, seis os que lhe nasceram em Hebron, onde reinou sete anos e seis meses.

Reinou, depois, trinta e três anos em Jerusalém. 5São estes os filhos* que lhe nasceram em Jerusalém: Samua, Sobab, Natã, Salomão, todos os quatro filhos de Betsabeia, filha de Amiel; 6Jebaar, Elisama, Elifalet, 7Noge, Nafeg, Jáfia, 8Elisama, Eliada, Elifalet: nove. 9Todos estes eram filhos de Davi, sem contar os filhos das concubinas. Tamar era irmã deles.*

Reis de Judá. 10Filhos de Salomão: Roboão, de quem foi filho Abias, de quem foi filho Asa, de quem foi filho Josafá, 11de quem foi filho Jorão, de quem foi filho Ocozias, de quem foi filho Joás, 12de quem foi filho Amasias, de quem foi filho Azarias, de quem foi filho Joatão, 13de quem foi filho Acaz, de quem foi filho Ezequias, de quem foi filho Manassés, 14de quem foi filho Amon, de quem foi filho Josias. 15Filhos de Josias: Joanã, o mais velho; Joaquim, o segundo; Sedecias, o terceiro; Selum, o quarto. 16Filhos de Joaquim: Jeconias, de quem foi filho Sedecias.*

A estirpe real depois do exílio. 17Filhos de Jeconias, o cativo: Salatiel, 18Melquiram, Fadaías, Senasser, Jecemias, Hosama, Nadabias. 19Filhos de Fadaías: Zorobabel e Semei. Filhos de Zorobabel: Mosolam e Hananias. Salomit era irmã deles. 20Filhos de Mosolam: Hasaba, Ool, Baraquias, Hasadias, Josab-Hesed: cinco. 21Filhos de Hananias: Faltias, Jeseías, Rafaías, Arnã, Abdias, Sequenias.* 22Filhos de Sequenias: Semeías, Hatus, Jegaal, Bárias, Naarias, Safat: seis. 23Filhos de Naarias: Elioenai, Ezequias, Ezricam: três. 24Filhos de Elioenai: Oduías, Eliasib, Feleías, Acub, Joanã, Dalaías, Anani: sete.

4 **Estirpe de Judá.** 1Filhos de Judá:* Farés, Hesron, Carmi, Hur, Sobal. 2Reaías, filho de Sobal, gerou Jaat, e Jaat gerou Aumai e Laad. São estes os clãs saraítas.

3E esta é a descendência* de Etam: Jezrael, Jesema, Jedebos; a irmã deles se chamava Asalelfuni.

4Fanuel foi o pai de Gedor; Ezer foi o pai de Hosa.

São estes os filhos de Hur, primogênito de Éfrata, pai de Belém.

5Asur, pai de Técua, teve duas esposas: Halaá e Naara.

6Naara lhe deu à luz Oozam, Héfer, os tamanitas e os aastaritas. São estes os filhos de Naara.

7Filhos de Halaá: Seret, Saar, Etna.

8Cós gerou Anob, Soboba e os clãs de Aareel, filho de Arum. 9Jabes suplantou seus irmãos. Sua mãe deu-lhe o nome de Jabes,* dizendo: "Dei-o à luz entre dores". 10Jabes invocou o Deus de Israel, dizendo: "Quem me dera que realmente me abençoasses e aumentasses meu território, que tua mão estivesse comigo, conservando-me longe do mal, de modo que eu não sofra!" Deus lhe concedeu o que pediu.

11Calub, irmão de Suaá,* gerou Mair, que foi o pai de Eston. 12Eston gerou Bet-Rafa, Fesse e Teína, pai de Irnaás. São estes os homens de Reca.

13Filhos de Cenez:* Otoniel e Saraías. Filhos de Otoniel: Hatat e Maonati. 14Maonati gerou Ofra. Saraías gerou Joab,* pai do vale dos Artesãos. De fato eles eram artesãos.

15Filhos de Caleb,* filho de Jefoné: Hir, Ela e Naam. Filho de Ela: Cenez.

16Filhos de Jalelel: Zif, Zifa, Tirias, Asrael.

17Filhos de Ezra: Jéter, Mered, Éfer, Jalon. A mulher de Mered deu à luz Maria, Samai e Jesba, pai de Estemo; 18sua mulher judia deu à luz Jared, pai de Gedor, Héber, pai de Soco, e Icutiel, pai de Zanoe. São estes os filhos de Betias, a filha do faraó, com a qual se casara Mered.

19Filhos de sua esposa judia, irmã de Naam, pai de Ceila: Dalaia e Simão, pai de Jomã. Filhos de Naam, pai de Ceila: os garmitas e Estemo, o maacatita.

* **3**,5. 14,3-7; 2Sm 5,14s | 9. 2Sm 13,1s | 16. 2Cr 36,1s | 21. Esd 8,3 | **4**,1. 2,3 | 3. 2,50 | 9. 2,55; Gn 35,18 | 11. Js 14,6; 2,18s.42s | 13. Jz 1,13 | 14. Ne 11,35 | 15. Nm 13,6

20 Filhos de Simão: Amnon, Rina, Ben-
-Hanã, Tilon.
Filhos de Jesi: Zoet e Ben-Zoet.
21 Filhos de Sela,* filho de Judá: Her,
pai de Leca; Laada, pai de Maresa, e os
clãs dos fabricantes de linho em Bet-
-Asbea. 22 Joaquim, os homens de Co-
zeba, Joás e Saraf, que dominaram so-
bre Moab e depois voltaram a Belém.
Esses fatos são antigos. 23 Eles eram
oleiros e moravam em Nataim e Gade-
ra, em companhia do rei, para o qual
trabalhavam.
Simeão. 24 Filhos de Simeão:* Namuel,
Jamin, Jarib, Zara, Saul, 25 de quem foi
filho Selum, de quem foi filho Mabsam,
de quem foi filho Masma. 26 Filhos de
Masma: Hamuel, de quem foi filho Za-
cur, de quem foi filho Semei. 27 Semei
teve dezesseis filhos e seis filhas, mas
seus irmãos não tiveram muitos filhos
e seus clãs não se multiplicaram como
os filhos de Judá.
28 Moravam em Bersabeia: Molada,
Hasar-Sual, 29 Bala,* Asem, Tolad, 30 Ba-
tuel, Horma, Siceleg, 31 Bet-Marcabot,
Hasar-Susim, Bet-Berai e Saari. Foram
essas as suas cidades, até o reinado de
Davi. 32 Suas aldeias foram: Etam, Ain,
Remon, Toquen e Asa: cinco cidades,
33 e todas as aldeias ao redor dessas ci-
dades até Baal. Foi lá que eles moraram
e esta foi sua genealogia. 34 Masobab,
Jemlec, Josa, filho de Amasias, 35 Joel,
Jeú, filho de Josabias, filho de Sa-
raías, filho de Asiel, 36 Elioenai, Jacoba,
Isuaías, Asaías, Adiel, Isimiel, Banaías,
37 Ziza, filho de Sefei, filho de Jedaías,
filho de Semri, filho de Samaías: 38 esses
homens, citados nominalmente, eram
príncipes em seus clãs e suas famílias
cresceram enormemente. 39 Andaram
rumo à entrada de Gedor até o orien-
te do vale, procurando pastagens para
seu gado. 40 Encontraram pastagens
boas e abundantes; a região era vasta,
tranquila e pacífica. Eram descendentes
de Cam os que habitavam lá antes.
41 Estes que acabam de ser mencio-
nados chegaram no tempo de Eze-
quias, rei de Judá; atacaram suas ten-
das e os meunitas† que lá se achavam.
Votaram-nos ao extermínio,* que dura
ainda em nossos dias, e se estabelece-
ram em seu lugar, pois lá havia pasta-
gens para seu rebanho.
42 Quinhentos homens, dentre os
descendentes de Simeão, foram para
a montanha de Seir, comandados por
Faltias, Naarias, Rafaías e Oziel, filhos
de Jesi. 43 Abateram o resto dos sobre-
viventes de Amalec e fizeram lá sua
morada até nossos dias.*

5 **Rúben.** 1 Filhos de Rúben,* primo-
gênito de Israel. Era de fato o pri-
mogênito; mas por ter violado o leito
de seu pai, seu direito de primogenitu-
ra foi dado aos filhos de José, filho de
Israel, e ele não foi mais considerado
como primogênito. 2 Judá suplantou
seus irmãos e dele nasceu um príncipe,
mas o direito de primogenitura coube
a José.
3 Filhos de Rúben,* primogênito de
Israel: Henoc, Falu, Hesron, Carmi.
4 Filhos de Joel: Samaías, de quem foi
filho Gog, de quem foi filho Semei, 5 de
quem foi filho Micas, de quem foi fi-
lho Reaías, de quem foi filho Baal, 6 de
quem foi filho Beera, que Teglat-Fala-
sar, rei da Assíria, levou para o cativei-
ro. Ele foi príncipe dos rubenitas.
7 Seus irmãos, conforme os clãs, como
estão inscritos nas genealogias, são: Jeiel,
o primeiro; depois Zacarias, 8 e Bela, filho
de Azaz, filho de Sama, filho de Joel,*
que morava em Aroer, até Nebo e Baal-
-Meon. 9 Para o oriente, seu território
atingia a entrada do deserto, o qual se
estende até o rio Eufrates, pois ele tinha
numerosos rebanhos na terra de Galaad.
10 No tempo de Saul, guerrearam con-
tra os agarenos, que caíram em suas
mãos, e se estabeleceram nas tendas de-
les em toda a parte oriental de Galaad.

---

* **4**,21. 2,3 | 24. Gn 46,10; Nm 26,12; 1,29s; Gn 25,13 | 29. Js 19,1-8 | 41. Js 6,17 | 43. Êx 17,8 | **5**,1. Gn 35,22 | 3. Gn 46,9; Nm 26,5s | 8. Nm 32,37

† **4**,41. Tribo edomita da região de Seir, ao sul do mar Morto.

Gad. 11Defronte deles moravam os fi-
lhos de Gad na região de Basã até Sel-
ca: 12Joel, o primeiro;* Safam, o segun-
do; depois Janaí e Safat em Basã.
13Seus irmãos, segundo suas famílias,
foram: Miguel, Mosolam, Sebe, Jorai,
Jacã, Zie e Héber: sete.
14Estes eram os filhos de Abiail, filho
de Uri, filho de Jaroe, filho de Galaad,
filho de Miguel, filho de Jesesi, filho de
Jedo, filho de Buz. 15Ai, filho de Abdiel,
filho de Guni, era o chefe de sua família.
16Tinham-se fixado em Galaad, em
Basã e seus arredores, bem como em
todas as pastagens do Saron até seus
limites extremos. 17Foi na época de
Joatão, rei de Judá, e de Jeroboão, rei
de Israel, que todos eles foram regis-
trados nas listas genealógicas.
18Os filhos de Rúben, os filhos de
Gad, a metade da tribo de Manassés,
gente valorosa, homens armados de
escudo e espada, sabendo manejar o
arco e exercitados em combates, po-
diam sair para a guerra em número
de quarenta e quatro mil e setecentos
e sessenta. 19Lutaram contra os aga-
renos* e contra Jetur, Nafis e Nodab.
20Deus lhes veio em auxílio contra eles,
e os agarenos, bem como todos os seus
aliados, caíram em seu poder, pois no
combate haviam invocado a Deus, que
os atendeu por terem posto nele sua
confiança. 21Arrebataram os rebanhos
dos agarenos: cinquenta mil camelos,
duzentas e cinquenta mil ovelhas, dois
mil jumentos e cem mil pessoas, 22pois
muitos caíram mortos, sendo a guerra
querida por Deus. E se instalaram na
terra deles até o exílio.
A meia tribo de Manassés. 23Os mem-
bros da meia tribo* de Manassés, que
eram numerosos, estabeleceram-se na
região desde Basã até Baal-Hermon,
Sanir e o monte Hermon.
24Eis os chefes de suas famílias: Éfer,
Jesi, Eliel, Ezriel, Jeremias, Odoías, Je-
diel. Eram homens fortes e valorosos,
gente famosa, chefes de suas famílias.
25Mas foram infiéis ao Deus de seus
pais e se prostituíram com os deuses
dos povos do país que Deus havia ani-
quilado diante deles. 26O Deus de Israel
excitou o espírito de Pul, rei da Assíria,
e o de Teglat-Falasar, rei da Assíria.† Ele
deportou Rúben, Gad e a meia tribo
de Manassés, e os conduziu para Hala,
para Habor, para Ara e para o rio Gozã,
onde estão ainda hoje.
Levi. 27Filhos de Levi: Gérson, Caat e
Merari.* 28Filhos de Caat: Amram, Isaar,
Hebron, Oziel. 29Filhos de Amram: Aa-
rão, Moisés e Maria. Filhos de Aarão:
Nadab e Abiú, Eleazar e Itamar.
30Eleazar gerou Fineias, Fineias ge-
rou Abisue, 31Abisue gerou Boci, Boci
gerou Ozi, 32Ozi gerou Zaraías, Zaraías
gerou Meraiot, 33Meraiot gerou Ama-
rias, Amarias gerou Aquitob, 34Aquitob
gerou Sadoc, Sadoc gerou Aquimaás,
35Aquimaás gerou Azarias, Azarias ge-
rou Joanã, 36Joanã gerou Azarias. Foi
este que exerceu o sacerdócio no tem-
plo construído por Salomão em Jerusa-
lém. 37Azarias gerou Amarias, Amarias
gerou Aquitob, 38Aquitob gerou Sadoc,
Sadoc gerou Selum, 39Selum gerou
Helcias, Helcias gerou Azarias, 40Aza-
rias gerou Saraías, Saraías gerou Jose-
dec, 41e Josedec foi para o exílio quan-
do Javé, pela mão de Nabucodonosor,
deportou Judá e Jerusalém.

6 **Descendência de Levi.** 1Os fi-
lhos de Levi* foram: Gérson, Caat
e Merari. 2São estes os nomes dos fi-
lhos de Gérson: Lobni e Semei. 3Filhos
de Caat: Amram, Isaar, Hebron e Oziel.
4Filhos de Merari: Mooli e Musi. São es-
tes os clãs de Levi, agrupados segundo
seus pais.
5O filho de Gérson foi Lobni, de
quem foi filho Jaat, de quem foi filho
Zama, 6de quem foi filho Joa, de quem
foi filho Ado, de quem foi filho Zara, de
quem foi filho Jetrai.
7Filhos de Caat: Aminadab, de quem
foi filho Coré, de quem foi filho Asir,

---

* **5**,12. Js 13,24-28; Gn 46,16; Nm 26,15-18; Dt 3,10s | 19. Dt 33,21 | 23. Nm 32,39 | **5**,27. Gn 46,11; Êx 6,18; Nm 26,59s | **6**,1. Nm 3,17.20

† **5**,26. São o mesmo personagem, ver a nota em 2Rs 15,19.

8de quem foi filho Elcana, de quem foi
filho Abiasaf, de quem foi filho Asir, 9de
quem foi filho Taat, de quem foi filho
Uriel, de quem foi filho Ozias, de quem
foi filho Saul. 10Filhos de Elcana: Amasai
e Aquimot, 11de quem foi filho Elcana,
de quem foi filho Sofai, de quem foi fi-
lho Naat, 12de quem foi filho Eliab, de
quem foi filho Jeroam, de quem foi fi-
lho Elcana. 13Filhos de Elcana: Samuel,
o mais velho, e Abias, o segundo.

14Filhos de Merari:* Mooli, de quem
foi filho Lobni, de quem foi filho Semei,
de quem foi filho Oza, 15de quem foi
filho Samaá, de quem foi filho Hagias,
de quem foi filho Asaías.

Os cantores do templo. 16Eis os que
Davi encarregou de dirigir o canto no
templo de Javé, quando a arca teve aí
seu lugar de repouso. 17Exerceram o
ministério do canto diante da habita-
ção da tenda da reunião, até que Salo-
mão construiu em Jerusalém o templo
de Javé, e exerciam seu ofício de acor-
do com a norma estabelecida para eles.

18Eis os que estavam em função e
seus filhos:

Entre os filhos de Caat: Emã, o can-
tor, filho de Joel, filho de Samuel, 19fi-
lho de Elcana, filho de Jeroam, filho de
Eliel, filho de Tou, 20filho de Suf, filho
de Elcana, filho de Maat, filho de Ama-
sai, 21filho de Elcana, filho de Joel, filho
de Azarias, filho de Sofonias, 22filho de
Taat, filho de Asir, filho de Abiasaf, filho
de Coré, 23filho de Isaar, filho de Caat,
filho de Levi, filho de Israel.

24Seu irmão Asaf ficava a sua direita.
Asaf era filho de Baraquias, filho de Sa-
maé, 25filho de Miguel, filho de Basaías,
filho de Melquias, 26filho de Atanai, fi-
lho de Zara, filho de Adaías, 27filho de
Etã, filho de Zama, filho de Semei, 28fi-
lho de Jet, filho de Gérson, filho de Levi.

29À esquerda, seus irmãos, filhos de
Merari, que eram Etã, filho de Cusi, fi-
lho de Abdi, filho de Maloc, 30filho de
Hasabias, filho de Amasias, filho de
Helcias, 31filho de Amasai, filho de Boni,
filho de Somer, 32filho de Mooli, filho
de Musi, filho de Merari, filho de Levi.

Os outros levitas. 33Seus irmãos, os
levitas, estavam designados para todo
o serviço da habitação do templo de
Deus. 34Aarão e seus filhos apresen-
tavam as oferendas sobre o altar dos
holocaustos e sobre o altar do incenso;
cuidavam de todo o serviço no santo
dos santos* e faziam o rito da expiação
para Israel conforme tudo quanto or-
denara Moisés, servo de Deus.

35São estes os filhos de Aarão: Elea-
zar, de quem foi filho Fineias, de quem
foi filho Abisue, 36de quem foi filho Boci,
de quem foi filho Ozi, de quem foi filho
Zaraías, 37de quem foi filho Meraiot, de
quem foi filho Amarias, de quem foi fi-
lho Aquitob, 38de quem foi filho Sadoc,
de quem foi filho Aquimaás.

Cidades dos sacerdotes. 39Eis os lu-
gares em que moravam, segundo seus
acampamentos em seu território:*

Aos filhos de Aarão, do clã de Caat,
que foi sorteado primeiro, 40foi dada
Hebron, no país de Judá,* com as pas-
tagens vizinhas. 41Mas os campos da
cidade e suas aldeias foram dados a
Caleb, filho de Jefoné. 42Aos filhos de
Aarão foram dadas Hebron, cidade de
refúgio, Lebna e suas pastagens, Jé-
ter, Estemo e suas pastagens, 43Helon
e suas pastagens, Dabir e suas pas-
tagens, 44Asã e suas pastagens, Bet-
-Sames e suas pastagens. 45Aos da
tribo de Benjamim foram dadas Gaba
e suas pastagens, Almat e suas pasta-
gens, Anatot e suas pastagens. O total
de suas cidades foi treze, repartidas
segundo seus clãs.

Cidades dos levitas. 46Os outros filhos
de Caat,* segundo seus clãs, obtiveram
por sorte dez cidades tomadas aos clãs
da tribo de Efraim, da tribo de Dã e da
meia tribo de Manassés. 47Os filhos de
Gérson, segundo seus clãs, obtiveram
treze cidades tomadas da tribo de Issa-
car, da tribo de Aser, da tribo de Neftali
e da tribo de Manassés, em Basã. 48Os
filhos de Merari, segundo seus clãs, ob-
tiveram por sorte doze cidades toma-
das da tribo de Rúben, da tribo de Gad
e da tribo de Zabulon. 49Os israelitas

---

* **6**,14. Êx 6,19; Nm 26,58 | 34. Lv 1,4 | 39. Js 21,5-40 / Js 21,4.10-19 | 46. Js 21,5-8

designaram aos levitas essas cidades
com suas pastagens.
[50]Também por sorteio* designaram
as cidades às quais deram seus respec-
tivos nomes e que foram tomadas das
tribos dos filhos de Judá, dos filhos de
Simeão e dos filhos de Benjamim.
[51]Os outros clãs dos filhos de Caat*
receberam cidades no território da tri-
bo de Efraim. [52]Foram-lhes dadas as
seguintes cidades de refúgio: Siquém
e suas pastagens, na montanha de
Efraim, Gazer e suas pastagens, [53]Jec-
maam e suas pastagens, Bet-Horon e
suas pastagens, [54]Aialon e suas pas-
tagens, Gat-Remon e suas pastagens;
[55]e da meia tribo de Manassés, Tanac
e suas pastagens, Balaam e suas pas-
tagens. Isto foi dado ao clã dos outros
filhos de Caat.
[56]Para os filhos de Gérson, segundo
seus clãs, foram dadas por sorteio, da
meia tribo de Manassés, Golã em Basã
e suas pastagens, Astarot e suas pas-
tagens; [57]da tribo de Issacar, Cedes e
suas pastagens, Daberet e suas pasta-
gens, [58]Ramot e suas pastagens, Anem
e suas pastagens; [59]da tribo de Aser,
Masal e suas pastagens, Abdon e suas
pastagens, [60]Hucoc e suas pastagens,
Roob e suas pastagens; [61]da tribo de
Neftali, Cedes, na Galileia, e suas pasta-
gens, Hamon e suas pastagens, Caria-
taim e suas pastagens.
[62]Para os outros filhos de Merari, fo-
ram tomadas da tribo de Zabulon: Re-
mon e suas pastagens, Tabor e suas pas-
tagens; [63]do outro lado do Jordão, perto
de Jericó, a oriente do Jordão, da tribo
de Rúben: Bosor, no deserto, e suas
pastagens, Jasa e suas pastagens, [64]Ce-
dimot e suas pastagens, Mefaat e suas
pastagens; [65]da tribo de Gad: Ramot,
em Galaad, e suas pastagens, Maanaim
e suas pastagens, [66]Hesebon e suas pas-
tagens, Jazer e suas pastagens.

7 **Issacar.** [1]Os filhos de Issacar foram
quatro: Tola,* Fua, Jasub e Semron.
[2]Filhos de Tola: Ozi, Rafaías, Jeriel, Jemai,
Jebsem, Samuel, chefes de suas casas
paternas, homens valentes que soma-
vam, no tempo de Davi, vinte e dois mil
e seiscentos. [3]Filho de Ozi: Izraías. Filhos
de Izraías: Miguel, Abdias, Joel, Jesias;
ou seja, cinco, todos chefes. [4]Tinham,
em suas gerações, segundo suas famí-
lias, em tropas de guerra trinta e seis mil
homens, pois tinham muitas mulheres e
filhos. [5]Seus irmãos, em todas as famí-
lias de Issacar, homens valentes, foram
oitenta e sete mil, todos registrados por
suas genealogias.
Benjamim. [6]Filhos de Benjamim: Bela,
Bocor, Jadiel: três.*
[7]Filhos de Bela: Esbon, Ozi, Oziel, Je-
rimot e Urai: cinco, chefes de família,
valentes guerreiros, somando vinte e
dois mil e trinta e quatro homens.
[8]Filhos de Bocor:* Zamira, Joás, Elie-
zer, Elioenai, Amir, Jerimot, Abias, Ana-
tot, Almat; todos filhos de Bocor; [9]os
chefes de suas famílias, guerreiros va-
lentes, contavam, segundo sua paren-
tela, vinte mil e duzentos homens.
[10]Filho de Jadiel: Balã. Filhos de Balã:
Jeús, Benjamim, Aod, Canana, Zetã, Tár-
sis, Aisaar. [11]Todos esses filhos de Jadiel
tornaram-se chefes de família, valentes
guerreiros, em número de dezessete
mil e duzentos homens aptos para a
guerra e para combater.
[12]Sufan e Hufam* foram filhos de Ir.
Hasim, filho de Aer.
Neftali. [13]Filhos de Neftali:* Jasiel,
Guni, Jeser, Selum. Eram filhos de Bala.
Manassés. [14]Filhos de Manassés:* Es-
riel, que sua concubina arameia deu à
luz. Ela deu à luz também Maquir, pai
de Galaad. [15]Maquir tomou uma espo-
sa para Hufam e Sufan. O nome de sua
irmã era Maaca. O nome do segundo
era Salfaad.* Salfaad teve filhas.
[16]Maaca, mulher de Maquir, deu à luz
um filho, a quem deu o nome de Farés.
Seu irmão chamava-se Sares, e seus fi-
lhos, Ulam e Recém.
[17]Filho de Ulam: Badã. Estes foram os
filhos de Galaad, filho de Maquir, filho
de Manassés.

* **6**,50. Js 21,9 | 51. Js 21,20-37 | **7**,1. Gn 46,13; Nm 26,23s; Jz 10,1 | 6. 8,1s; Gn 46,21; Nm 26,38 | 8. Gn 21,18 | 12. Nm 26,38s | 13. Gn 46,24 | 14. Nm 26,48ss | 15. Nm 26,33

18Tinha uma irmã chamada Ama-
léquet,* que deu à luz Isod, Abiezer e
Moola.
19Semida teve os seguintes filhos:
Asin, Siquém, Leci e Aniam.
Efraim. 20Filho de Efraim:* Sutala, de
quem foi filho Bared, de quem foi filho
Taat, de quem foi filho Elada, de quem
foi filho Taat, 21de quem foi filho Zabad,
de quem foi filho Sutala, de quem fo-
ram filhos Ezer e Elada, mortos pelos
homens de Gad, nascidos no país, pois
eles tinham descido para roubar seus
rebanhos. 22Seu pai, Efraim, chorou-
-os por muito tempo e seus irmãos
vieram consolá-lo. 23Depois uniu-se
a sua esposa, a qual concebeu e deu
à luz um filho que ele chamou Berias,
pois "a adversidade tinha sobrevindo
a sua casa". 24Teve por filha Sara,* que
construiu Bet-Horon inferior e superior
e Ozensara.
25Foi filho dele Rafa,* de quem foi
filho Resef, de quem foi filho Tela, de
quem foi filho Taã, 26de quem foi filho
Laadã,* de quem foi filho Amiud, de
quem foi filho Elisama, 27de quem foi
filho Nun,* de quem foi filho Josué.
28Sua propriedade e seu domicílio
eram Betel e seus arredores, Norã, a
leste, Gazer e seus arredores, a oeste,
Siquém e seus arredores até Ai e seus
arredores. 29Pertenciam aos filhos de
Manassés: Betsã com seus arredores,
Tanac com seus arredores, Meguido
com seus arredores, Dor com seus ar-
redores. Era lá que moravam os filhos
de José, filho de Israel.
Aser. 30Filhos de Aser:* Jemna, Jesua,
Jessui, Beria; Sara era irmã deles.
31Filhos de Beria: Héber e Melquiel.
Este foi o pai de Barzait. 32Héber ge-
rou Jeflat,* Somer, Hotam e Suaá, irmã
deles.
33Filhos de Jeflat: Fosec, Bamaal e
Asot. São estes os filhos de Jeflat.
34Filhos de Somer, irmão dele: Roaga,
Haba e Aram.
35Filhos de Hélem, irmão dele: Sufa,
Jemna, Seles e Amal. 36Filhos de Sufa:
Sue, Harnafer, Sual, Beri e Jamra, 37Bo-
sor, Od, Sama, Salusa, Jetrã e Beera.
38Filhos de Jéter: Jefoné, Fasfa, Ara.
39Filhos de Ola: Área, Haniel, Resias.
40Todos esses eram filhos de Aser,
chefes de famílias, homens de elite,
guerreiros valentes, chefes dentre os
príncipes. Contados nos registros ge-
nealógicos, para o serviço na guerra, seu
número foi de vinte e seis mil homens.

8 **Descendência de Benjamim.**
1Benjamim gerou Bela,* seu pri-
mogênito; Asbel, o segundo; Ahrah, o
terceiro; 2Noaá, o quarto; Rafa, o quin-
to. 3Os filhos de Bela foram: Adar, Gera,
pai de Aod, 4Abisue, Naamã e Aoe,
5Gera, Sefufam e Huram.
6Estes foram os filhos de Aod, que
eram chefes de família entre os habi-
tantes de Gaba e que foram deporta-
dos para Manaat: 7Naamã, Aías e Gera,
que os levou cativos; ele gerou Oza e
Aiud.
8Saaraim teve filhos nos Campos de
Moab, depois de haver repudiado suas
mulheres Husim e Baara. 9De Hodes,
sua mulher, teve os seguintes filhos: Jo-
bab, Sebias, Mesa, Melcam, 10Jeús, Se-
quias, Marma. Esses foram seus filhos,
chefes de família.
11De Husim nasceram-lhe Abitob e
Elfaal. 12Filhos de Elfaal: Héber, Misaam
e Samad: foi este quem construiu Ono
e Lod com seus arredores.
13Berias e Sama eram chefes de famí-
lia dos habitantes de Aialon e puseram
em fuga os habitantes de Gat.*
14Seus irmãos: Sesac e Jerimot. 15Za-
badias, Arod, Éder, 16Miguel, Jesfa e Joá
eram filhos de Berias.
17Zabadias, Mosolam, Hezeci, Héber,
18Jesamari, Jeslias, Jobab eram filhos de
Elfaal.
19Jacim, Zecri, Zabdi, 20Elioenai, Se-
letai, Eliel, 21Adaías, Baraías, Samaat
eram filhos de Semei. 22Jesfã, Héber,
Eliel, 23Abdon, Zecri, Hanã, 24Hananias,
Elam, Anatotias, 25Jefdaías, Fanuel eram
filhos de Sesac.

---

* **7**,18. Jz 6,11s | 20. Nm 26,35 | 24. 8,13 | 25. Js 16,3 | 26. Nm 1,10 | 27. Êx 33,11 | 30. Gn 46,17 | 32. Nm 26,44 | **8**,1. Gn 46,21; Nm 26,38ss; Jz 3,15 | 13. 7,23

26Semsari, Soorias, Otolias, 27Jersias,
Elias, Zecri eram filhos de Jeroam.
28Esses foram chefes de famílias, se-
gundo suas gerações. Moravam em Je-
rusalém.*
29Em Gabaon habitavam Jeiel, pai de
Gabaon,* cuja esposa se chamava Maa-
ca; 30e os filhos: Abdon, o primogênito;
Sur, Cis, Baal, Ner, Nadab, 31Gedor, Aio,
Zaquer e Macelot. 32Macelot gerou Sa-
maá. Moraram em Jerusalém com seus
irmãos, bem defronte deles.
Saul e sua família. 33Ner gerou Cis,
Cis* gerou Saul, Saul gerou Jônatas,
Melquisua, Abinadab e Isbaal. 34Filho
de Jônatas: Meribaal; Meribaal gerou
Micas. 35Filhos de Micas: Fiton, Melec,
Taraá, Aaz. 36Aaz gerou Joada, Joada
gerou Almat, Azmot e Zambri; Zambri
gerou Mosa, 37Mosa gerou Banaá, de
quem foi filho Rafa, de quem foi filho
Elasa, de quem foi filho Asel. 38Asel
teve seis filhos, cujos nomes são: Ezri-
cam, seu primogênito; Ismael, Sarias,
Azarias, Abdias, Hanã. Todos filhos de
Asel.
39Filhos de Esec, seu irmão: Ulam, o
primogênito; Jeús, o segundo; Elifalet,
o terceiro. 40Os filhos de Ulam foram
homens valorosos, arqueiros. Tiveram
muitos filhos e netos: cento e cinquen-
ta. Todos estes eram filhos de Benja-
mim.

9 **Habitantes de Jerusalém.** 1To-
dos os israelitas foram registra-
dos segundo as genealogias e foram
inscritos no livro dos reis de Israel e
de Judá. Foram deportados para Babi-
lônia por causa de suas infidelidades.
2Os primeiros* que voltaram a habitar
em suas propriedades e em suas cida-
des foram os israelitas: os sacerdotes,
os levitas e os "oblatos". 3Em Jerusalém
moravam filhos de Judá, de Benjamim,
de Efraim e de Manassés.
4Utai, filho de Amiud, filho de Amri,
filho de Imri, filho de Bani, um dos fi-
lhos de Farés, filho de Judá. 5Dos se-
lanitas, Asaías, o primogênito, e seus
filhos. 6Dos filhos de Zara, Jeuel e seus
irmãos: seiscentos e noventa homens.
7Dos filhos de Benjamim: Salo, filho
de Mosolam, filho de Oduías, filho de
Asana; 8Joabnias, filho de Jeroam. Ela,
filho de Ozi, filho de Mocori; Mosolam,
filho de Safatias, filho de Reuel, filho
de Jebanias. 9E seus irmãos, segundo
suas gerações, foram novecentos e
cinquenta e seis; todos esses homens
foram chefes de família em suas casas
paternas.
10Dos sacerdotes: Jedaías, Joiarib, Ja-
quin, 11Azarias, filho de Helcias, filho de
Mosolam, filho de Sadoc, filho de Ma-
raiot, filho de Aquitob, chefe do tem-
plo de Deus. 12Adaías, filho de Jeroam,
filho de Fassur, filho de Melquias; Maa-
sai, filho de Adiel, filho de Jezra, filho
de Mosolam, filho de Mosolamot, filho
de Emer, 13e seus irmãos, chefes de fa-
mília, foram mil e setecentos e sessenta
homens de valor para a obra do serviço
do templo de Deus.
14Dos levitas: Semeías, filho de Has-
sub, filho de Ezricam, filho de Hasabias,
dos filhos de Merari, 15Bacbacar, Hares,
Galal, Matanias, filho de Micas, filho de
Zecri, filho de Asaf; 16Abdias, filho de
Semeías, filho de Galal, filho de Iditun;
Baraquias, filho de Asa, filho de Elcana,
que habitavam nas aldeias dos netofa-
titas.
17Os porteiros: Selum, Acub, Telmon,
Aimã e seus irmãos. Selum, o chefe,
18permanece ainda hoje junto à porta
real, a oriente. Eram estes os porteiros
dos acampamentos dos levitas: 19Se-
lum, filho de Cora, filho de Abiasaf, filho
de Coré e seus irmãos, os coreítas, da
mesma família, dedicavam-se ao ser-
viço litúrgico; guardavam a entrada da
tenda, e seus pais, responsáveis pelo
acampamento de Javé, guardavam seu
acesso. 20Fineias, filho de Eleazar, fora
outrora seu chefe – que Javé esteja com
ele! 21Zacarias, filho de Mosolamias,
era porteiro na entrada da tenda da
reunião. 22Todos esses escolhidos para
serem guardas das portas eram duzen-
tos e doze quando foram registrados,
segundo seus registros genealógicos.

* **8**,28. 9,34 | 29. 9,35-38 | 33. 1Sm 14,49ss; 1Cr 9,39-43 | **9**,2. Ne 11,3-19

Davi e Samuel, o vidente, estabeleceram-nos em sua função permanente. [23]Eles e seus filhos eram responsáveis pelas portas do templo de Javé, pela casa da Tenda. [24]Nos quatro pontos cardeais ficavam os porteiros: a leste, a oeste, ao norte e ao sul. [25]Seus irmãos que moravam em suas aldeias vinham ter com eles, de tempos a tempos, por uma semana, [26]pois os quatro chefes dos porteiros lá ficavam constantemente. Os levitas eram responsáveis pelos aposentos e pelos tesouros do templo de Deus. [27]Passavam a noite ao redor do templo de Deus, pois deviam guardá-lo e abri-lo todas as manhãs.

[28]Alguns deles cuidavam dos objetos do culto; contavam-nos ao levá-los para dentro e ao retirá-los. [29]Alguns outros eram responsáveis pela mobília, por toda a mobília sacra, pela flor de farinha, pelo vinho, pelo óleo, pelo incenso e pelos perfumes. [30]Alguns dos filhos dos sacerdotes preparavam a essência aromática para os perfumes.

[31]Um dos levitas, Matatias,* primogênito de Selum, o coreíta, tinha a responsabilidade permanente pelas coisas que se preparavam na frigideira. [32]Entre os caatitas, alguns de seus irmãos estavam encarregados dos pães a serem apresentados cada sábado.

[33]Quanto aos cantores, chefes de famílias levíticas, moravam nas dependências do templo, livres de outras funções, pois estavam em serviço dia e noite.

[34]São esses os chefes das famílias levíticas,* segundo suas gerações. Esses chefes moravam em Jerusalém.

Origens de Saul. [35]Em Gabaon* moravam o pai de Gabaon, Jeiel, cuja mulher chamava-se Maaca, [36]e os filhos: Abdon, o primogênito, Sur, Cis, Baal, Ner, Nadab, [37]Gedor, Aio, Zacarias, Macelot. [38]Macelot gerou Samaam. Moravam em Jerusalém com seus irmãos, defronte deles.

[39]Ner gerou Cis, Cis gerou Saul, Saul gerou Jônatas, Melquisua, Abinadab, Isbaal. [40]Filho de Jônatas: Meribaal. Meribaal gerou Micas. [41]Filhos de Micas: Fiton, Melec, Taraá. [42]Aaz gerou Jará, Jará gerou Almat, Azmot e Zambri. Zambri gerou Mosa. [43]Mosa gerou Banaá, de quem foi filho Rafaías, de quem foi filho Elasa, de quem foi filho Asel. [44]Asel teve seis filhos, cujos nomes são: Ezricam, seu primogênito, Ismael, Saraías, Azarias, Abdias, Hanã; esses são os filhos de Asel.

II. HISTÓRIA DE DAVI (10–29)

10 **Morte de Saul e de seus filhos.** [1]Os filisteus* combateram contra Israel; os israelitas fugiram diante dos filisteus e caíram mortos na montanha de Gelboé. [2]Os filisteus perseguiram de perto Saul e seus filhos e mataram Jônatas, Abinadab e Melquisua, filhos de Saul. [3]O peso do combate recaiu então sobre Saul. Os arqueiros o surpreenderam, e ele foi ferido gravemente pelos arqueiros. [4]Então disse Saul a seu escudeiro: "Toma tua espada e traspassa-me, para não acontecer que esses incircuncisos venham zombar de mim". Mas seu escudeiro recusou-se, pois estava com muito medo. Então Saul pegou sua espada e lançou-se sobre ela. [5]Vendo que Saul estava morto, o escudeiro lançou-se também sobre sua espada e morreu. [6]Assim morreram juntos Saul, seus três filhos e toda a sua casa. [7]Todos os homens de Israel que estavam no vale, ao verem que os homens de Israel fugiam e que Saul e seus filhos tinham morrido, abandonaram suas cidades e fugiram. Vieram os filisteus e lá se estabeleceram.

[8]No dia seguinte, os filisteus foram despojar os mortos e encontraram Saul e seus filhos caídos no monte Gelboé. [9]Eles o despojaram, levaram sua cabeça e suas armas; enviaram mensageiros por toda a terra dos filisteus para anunciar a boa nova a seus ídolos e a seu povo. [10]Colocaram suas armas na casa de seu deus e pregaram seu crânio no templo de Dagon.

---

* **9**,31. Lv 2,4-7 | 34. 8,28 | 35. 8,29-38 | **10**,1. 1Sm 31,1-13

[11]Quando todos os habitantes de Ja-
bes de Galaad souberam tudo o que os
filisteus tinham feito com Saul, [12]todos
os guerreiros se puseram a caminho e
retiraram o corpo de Saul e o corpo de
seus filhos, levaram-nos para Jabes, se-
pultaram seus ossos debaixo do terebin-
to de Jabes e jejuaram durante sete dias.
[13]Saul pereceu por causa de sua in-
fidelidade para com Javé: não seguira
a palavra de Javé e também consultara
uma necromante pedindo conselho,
[14]em vez de consultar Javé, que por
isso o fez perecer e transferiu a realeza
a Davi, filho de Jessé†.

11 **Unção de Davi como rei de
Israel.** [1]Todos os israelitas* se
reuniram em torno de Davi, em He-
bron, e lhe disseram: "Vê, somos de
teus ossos e de tua carne. [2]Já no pas-
sado, quando Saul reinava sobre nós,
eras tu que conduzias Israel de um lado
para o outro, e Javé, teu Deus, te dis-
se: 'És tu que apascentarás Israel, meu
povo; és tu que serás o chefe de meu
povo, Israel'". [3]Todos os anciãos de Is-
rael vieram, pois, para junto do rei em
Hebron. Davi concluiu um pacto com
eles em Hebron, na presença de Javé,
e eles ungiram Davi como rei de Israel,
segundo a palavra de Javé, transmitida
por Samuel.*
Davi conquista Jerusalém†. [4]Davi,
com todo o Israel, avançou* sobre Je-
rusalém – isto é, Jebus – onde estavam
os jebuseus, habitantes daquela região.
[5]Os habitantes de Jebus disseram a
Davi: "Tu não entrarás aqui". Mas Davi
se apoderou da fortaleza de Sião, que
é a Cidade de Davi. [6]Disse Davi: "Quem
for o primeiro a atacar os jebuseus será
chefe e príncipe". Joab, filho de Sárvia,
foi o primeiro a subir e tornou-se che-
fe. [7]Davi estabeleceu-se na fortaleza
que, por isso, foi chamada Cidade de
Davi. [8]Edificou a cidade ao redor, des-
de o Melo, completando o circuito, e
Joab restaurou o resto da cidade. [9]Davi
tornava-se cada vez mais poderoso, e
Javé dos Exércitos estava com ele.
Os valentes de Davi. [10]São estes os
chefes dos valentes de Davi, que se
tornaram poderosos com ele em seu
reinado e que, com todo o Israel, o
haviam constituído rei, segundo a pa-
lavra de Javé a respeito de Israel. [11]Eis
a lista dos valentes* de Davi: Jesbaam,
filho de Hacamon, chefe dos Três; ele
brandiu sua lança contra trezentos e os
matou de uma só vez.
[12]Depois dele, Eleazar, filho de Dodô,
o aoíta, que era um dos três valentes.
[13]Estava com Davi em Afes-Domim
quando os filisteus se reuniram lá para
o combate. Havia lá um campo todo
plantado de cevada; o exército fugiu
diante dos filisteus, [14]mas eles se pos-
taram no meio do campo, defende-
ram-no e abateram os filisteus. Javé
efetuou lá uma grande vitória.
[15]Três dentre os trinta chefes desce-
ram para perto de Davi, até o rochedo
próximo à gruta de Odolam, enquanto
o exército dos filisteus estava acampa-
do no vale dos Rafaim. [16]Davi estava
então no refúgio e havia uma guar-
nição dos filisteus em Belém. [17]Davi
exprimiu este desejo: "Quem me dera
beber da água do poço situado junto
à porta de Belém!" [18]Os três, abrindo
passagem através do acampamento
filisteu, tiraram água do poço situado
junto à porta de Belém, levaram-na e
ofereceram-na a Davi; mas ele não a
quis beber e a derramou em libação a
Javé, [19]dizendo: "Deus me livre de fazer
isso! Acaso hei de beber o sangue des-
tes homens que arriscaram suas vidas?
Pois foi com risco de vida que eles a
trouxeram!" E não quis mesmo beber.
Foi isso que fizeram esses três valentes.
[20]Abisaí, irmão de Joab, era o chefe
dos Trinta. Ele brandiu a lança contra
trezentos e os matou, tornando-se fa-
moso entre os Três. [21]Entre os Trinta era
o mais respeitado e foi seu chefe, mas
não chegou a igualar-se aos Três.

---

* **11**,1. 2Sm 5,1ss | 3. 1Sm 16,1-13 | 4. 2Sm 5,4-10 | 11. 2Sm 23,8-39

† **10**,14. O autor chega a seu tema central: a dinastia davídica, depositária das promessas divinas e o esplendor da liturgia do templo, que tem em Davi seu organizador. | **11**,4. Ver a nota em 2Sm 5,7.

[22]Banaías, filho de Joiada, guerreiro de muitas façanhas, natural de Cabseel, abateu os dois heróis de Moab; desceu dentro de uma cisterna, onde matou um leão num dia de neve. [23]Matou também um egípcio, um gigante de cinco côvados de altura, que tinha nas mãos uma lança semelhante a um cilindro de tear; desceu contra ele com um bastão, arrebatou a lança da mão do egípcio e matou-o com sua própria lança. [24]Eis o que fez Banaías, filho de Joiada, conquistando um nome entre os trinta valentes. [25]Era famoso entre os Trinta, mas não chegou a igualar-se aos Três; Davi colocou-o no comando de sua guarda pessoal.

[26]São estes os heróis valorosos: Asael, irmão de Joab; Elcanã, filho de Dodô, de Belém; [27]Samot, o harodita; Heles, o felonita; [28]Ira, filho de Aces, de Técua; Abiezer, de Anatot; [29]Sobocai, de Husa; Elai, de Ao; [30]Maarai, de Netofa; Héled, filho de Baana, de Netofa; [31]Etai, filho de Riblai, de Gabaá dos filhos de Benjamim; Banaías, de Faraton; [32]Hurrai, das torrentes de Gaás; Abiel, de Arbat; [33]Azmot, de Baurim; Eliaba, de Saalbon; [34]Asem, de Gezon; Jônatas, filho de Saage, de Arar; [35]Aiam, filho de Sacar, de Arar; Elifelet, filho de Ur; [36]Héfer, de Maquera; Aías, o felonita; [37]Hesron, do Carmelo; Naarai, filho de Azbai; [38]Joel, irmão de Natã; Mibar, filho de Agarai; [39]Selec, o amonita; Naarai, de Beerot, escudeiro de Joab, filho de Sárvia; [40]Ira, de Jéter; Gareb, de Jéter; [41]Urias, o heteu; Zabad, filho de Oolai; [42]Adina, filho de Siza, o rubenita, chefe dos rubenitas e com ele outros trinta; [43]Hanã, filho de Maaca; Josafá, o matanita; [44]Ozias, de Astarot; Sama e Jaiel, filhos de Hotam, de Aroer; [45]Jediel, filho de Samri, e Joás, seu irmão, o tasaíta; [46]Eliel, o maumita; Jeribaal e Josaías, filhos de Elnaem; Etma, o moabita; [47]Eliel, Obed e Jasiel, de Soba.

12 **Primeiros seguidores de Davi.** [1]Eis os que aderiram a Davi em Siceleg, quando ele se conservava longe de Saul, filho de Cis. Estavam entre os valentes que o ajudaram na guerra. [2]Estavam armados com arcos e sabiam usar tanto a mão direita como a esquerda para lançar pedras com a funda e flechas com o arco.* Eram dos irmãos de Saul, da tribo de Benjamim: [3]Aiezer, o chefe, e Joás, filho de Samaá, de Gabaá; Jaziel e Falet, filhos de Azmot; Baraca e Jeú, de Anatot; [4]Ismaías, de Gabaon, valente do número dos trinta e chefe dos Trinta; [5]Jeremias, Jeeziel, Joanã e Jozabat, de Gaderot; [6]Eluzaí, Jeerimot, Baalias, Samarias, Safatias, de Harif; [7]Elcana, Jesias, Azareel, Joezer, Jesbaam, coreítas; [8]Joela, Zabadias, filhos de Jeroam de Gedor.

[9]Dentre os gaditas alguns passaram para Davi em sua fortaleza no deserto. Eram guerreiros valorosos, homens de guerra prontos para combater, que sabiam manejar o escudo e a lança. Tinham o aspecto de leões e eram ágeis como gazelas nas montanhas. [10]Ezer era seu chefe; Abdias, o segundo; Eliab, o terceiro; [11]Masmana, o quarto; Jeremias, o quinto; [12]Eti, o sexto; Eliel, o sétimo; [13]Joanã, o oitavo; Elzabad, o nono; [14]Jeremias, o décimo; Macbanai, o undécimo. [15]Esses eram os filhos de Gad, capitães do exército; o menor valia por cem homens e o maior, por mil. [16]Foram eles que passaram o Jordão, no primeiro mês, quando transbordava em todas as suas margens, e puseram em fuga todos os habitantes do vale, tanto da margem oriental como da ocidental.

[17]Alguns dos filhos de Benjamim e de Judá vieram também aliar-se a Davi em sua fortaleza. [18]Davi foi a seu encontro, tomou a palavra e lhes disse: "Se é com intenções pacíficas que vindes a mim, para me prestar auxílio, estou disposto a unir-me convosco; mas se é para trair-me e entregar-me a meus inimigos, não havendo eu cometido violência alguma, que o Deus de nossos pais o veja e faça justiça!"

[19]Então um espírito desceu sobre Amasai, chefe dos Trinta, que exclamou:

* **12**,2. 8,40

"Nós somos teus, Davi,
e contigo estamos, filho de Jessé!
Paz, paz a ti e a quem te ajuda,
pois é teu Deus que te ajuda!"

Davi os acolheu e os colocou entre os chefes da tropa.

[20]Também de Manassés alguns passaram para Davi, quando ele veio com os filisteus para lutar contra Saul. Mas não lhe prestaram auxílio,* porque, tendo-se reunido em conselho, os príncipes dos filisteus despediram Davi, dizendo: "Ele poderia passar para o lado de seu senhor Saul à custa de nossas cabeças!" [21]Quando partia para Siceleg, alguns de Manassés se juntaram a ele: Ednas, Jozabad, Jediel, Miguel, Jozabad, Eliú, Salati, chefes de milhares de homens de Manassés. [22]Eles ajudaram Davi contra os assaltantes, pois todos eram homens valorosos e se tornaram oficiais do exército.

[23]Cada dia, com efeito, chegava gente para ajudar Davi, de tal modo que seu acampamento se tornou enorme.

Davi, rei de todo o Israel. [24]Eis o número de guerreiros equipados para a guerra que vieram para junto de Davi, em Hebron, para transferir-lhe a realeza de Saul, segundo a ordem de Javé:

[25]Dos filhos de Judá, armados de escudo e lança: seis mil e oitocentos homens equipados para a guerra;

[26]dos filhos de Simeão: sete mil e cem soldados valentes para a guerra;

[27]dos filhos de Levi: quatro mil e seiscentos, [28]e Joiada, chefe da família de Aarão, com três mil e setecentos homens; [29]Sadoc, jovem e valente guerreiro, e vinte e dois oficiais de sua família;

[30]dos filhos de Benjamim, irmãos de Saul: três mil, porque a maioria deles tinha até então ficado fiel à casa de Saul;

[31]dos filhos de Efraim: vinte mil e oitocentos guerreiros valentes, homens ilustres em suas famílias;

[32]da meia tribo de Manassés: dezoito mil, que foram escolhidos individualmente para ir proclamar Davi rei;

[33]dos filhos de Issacar, que sabiam discernir os tempos para saber o que Israel devia fazer: duzentos chefes e todos os seus irmãos sob suas ordens;

[34]de Zabulon: cinquenta mil homens aptos para a guerra, prontos para a batalha com toda sorte de armas e dispostos a prestar ajuda de coração resoluto;

[35]de Neftali: mil oficiais e com eles trinta e sete mil homens armados de escudo e lança;

[36]dos filhos de Dã: vinte e oito mil e seiscentos homens prontos para o combate;

[37]de Aser: quarenta mil guerreiros prontos para a batalha;

[38]da Transjordânia, isto é, de Rúben, de Gad e da meia tribo de Manassés: cento e vinte mil homens com todas as armas de guerra.

[39]Todos esses homens de guerra, prontos para a batalha, dirigiram-se a Hebron de coração sincero a fim de proclamar Davi rei sobre todo o Israel; também todos os outros de Israel eram unânimes em conferir a Davi a realeza. [40]Durante três dias ficaram lá, comendo e bebendo em companhia de Davi, porque seus irmãos haviam preparado tudo para eles. [41]Também os que eram vizinhos até de Issacar, Zabulon e Neftali levaram alimentos sobre jumentos e camelos, sobre mulas e bois: provisões de farinha, tortas de figos e uvas secas, vinho e azeite, bois e ovelhas em abundância, pois havia alegria em Israel.

13

Trasladação da arca. [1]Davi reuniu-se em conselho com os oficiais de milhares e de centenas e com todos os comandantes. [2]Disse ele a toda a assembleia de Israel: "Se é de vosso agrado e se isso vem de Javé, nosso Deus, enviaremos mensageiros a nossos irmãos que ficaram em todas as terras de Israel, bem como aos sacerdotes e aos levitas em suas cidades e campos vizinhos, para que eles se juntem a nós. [3]Então reconduziremos para o meio de nós a arca de nosso Deus, pois não nos ocupamos dela no tempo de Saul".

* **12**,20. 1Sm 29

4Toda a assembleia decidiu agir as-
sim, pois a proposta pareceu justa a
todo o povo. 5Davi convocou* todo o
Israel, desde Sior no Egito até a entrada
de Emat, para trazer de Cariat-Iarim* a
arca de Deus. 6Em seguida, Davi e todo
o Israel subiram a Baala, isto é, a Ca-
riat-Iarim, que está em Judá, a fim de
trazer de lá a arca de Deus, Javé, que
tem seu trono sobre os querubins†,
onde é invocado seu nome. 7Da casa
de Abinadab transportaram a arca de
Deus sobre um carro novo. Oza e Aio
conduziam o carro. 8Davi e todo o Is-
rael dançavam diante de Deus com
todas as suas forças, cantando ao som
de cítaras, harpas, tamborins, címbalos
e trombetas. 9Quando chegaram à eira
de Quidon, Oza estendeu a mão para
segurar a arca, porque os bois tropeça-
ram. 10Então a ira de Javé se inflamou
contra Oza e o feriu por ter colocado a
mão na arca; Oza morreu lá, diante de
Deus. 11Davi ficou desgostoso porque
Javé fulminou Oza, e deu àquele lugar
o nome de Farés-Oza†, que conserva
até hoje.

12Naquele dia Davi temeu a Deus e
disse: "Como poderei levar para minha
casa a arca de Deus?" 13Assim Davi não
conduziu a arca para sua casa, na Ci-
dade de Davi, mas mandou que a le-
vassem para a casa de Obed-Edom, de
Gat. 14A arca de Deus ficou três meses
com a família de Obed-Edom, em sua
casa; Javé abençoou a casa de Obed-
-Edom e tudo o que lhe pertencia.

14 **O palácio de Davi.** 1Hiram, rei
de Tiro, enviou mensageiros*
a Davi, levando madeira de cedro, e
também pedreiros e carpinteiros para
construir-lhe uma casa. 2Então Davi
teve certeza de que Javé o havia con-
firmado como rei de Israel e que sua
realeza era grandemente exaltada por
causa de Israel, seu povo.

3Em Jerusalém, Davi casou-se ainda
com outras mulheres e gerou mais fi-
lhos e filhas. 4Eis os nomes dos filhos*
que lhe nasceram em Jerusalém: Sa-
mua, Sobab, Natã, Salomão, 5Jebaar,
Elisua, Elifalet, 6Noga, Nafeg, Jáfia, 7Eli-
sama, Baaliada, Elifalet.

Vitória sobre os filisteus. 8Quando os
filisteus souberam* que Davi fora ungi-
do rei de todo o Israel, subiram todos
para prendê-lo. Sabendo disso, Davi
saiu contra eles. 9Os filisteus chegaram
e se espalharam pelo vale dos rafaim.
10Então Davi consultou a Deus: "Devo
atacar os filisteus? Hás de entregá-los
em minhas mãos?" Javé respondeu-lhe:
"Ataca-os! Eu os entregarei em tuas
mãos". 11Eles subiram a Baal-Farasim e
lá Davi os derrotou. Davi disse: "Por mi-
nha mão Deus abriu uma brecha entre
meus inimigos como uma brecha feita
pelas águas". É por isso que esse lugar
recebeu o nome de Baal-Farasim. 12No
local, eles abandonaram seus deuses.
"Que sejam jogados ao fogo!", orde-
nou Davi.

13Os filisteus tornaram a se espalhar
pelo vale. 14Davi consultou de novo a
Deus e Deus lhe respondeu: "Não os si-
gas, mas rodeia por detrás deles, a cer-
ta distância, e cai sobre eles diante das
amoreiras. 15Quando ouvires um ruído
de passos no alto das amoreiras, sairás
para o combate, porque Deus terá saí-
do a tua frente para vencer o exército
filisteu". 16Davi fez como Deus lhe or-
denara e desbaratou o exército filisteu
desde Gabaon até Gazer.

17A fama de Davi espalhou-se por to-
dos os países, e Javé fez com que todas
as nações o temessem.

15 **Preparativos para o trans-
porte da arca.** 1Davi construiu
para si edifícios na Cidade de Davi, pre-
parou um lugar para a arca de Deus e
ergueu para ela uma tenda. 2Depois
disse: "Ninguém pode levar a arca* de
Deus a não ser os levitas, pois Javé os
escolheu para carregarem a arca de
Javé e nela servirem para sempre".

3Então Davi convocou todo o Israel
em Jerusalém para transportar a arca

* **13**,5. 2Sm 6,2-11 / Jz 20,1 | **14**,1. 2Sm 5,11-16 | 4. 3,5-8 | 8. 2Sm 5,17-25 | **15**,2. Nm 1,50; 3,5s; 4; 7.9

† **13**,6. Ver a nota em 1Sm 4,4. | 11. Ver a nota em 2Sm 6,8.

de Javé para o lugar que lhe havia pre-
parado. 4Reuniu os filhos de Aarão* e
os levitas: 5dos filhos de Caat, Uriel, o
chefe, e seus cento e vinte irmãos; 6dos
filhos de Merari, Asaías, o chefe, e seus
duzentos e vinte irmãos; 7dos filhos de
Gérson, Joel, o chefe, e seus cento e
trinta irmãos; 8dos filhos de Elisafã, Se-
meías, o chefe, e seus duzentos irmãos;
9dos filhos de Hebron, Eliel, o chefe,
e seus oitenta irmãos; 10dos filhos de
Oziel, Aminadab, o chefe, e seus cento
e doze irmãos.

11Davi convocou os sacerdotes Sa-
doc e Abiatar, os levitas Uriel, Asaías,
Joel, Semeías, Eliel e Aminadab 12e dis-
se-lhes: "Vós sois os chefes das famílias
levíticas; santificai-vos, vós e vossos
irmãos, e depois transportai a arca de
Javé, Deus de Israel, para o lugar que
lhe preparei. 13Porque não estáveis lá
na primeira vez, Javé irrompeu contra
nós: não nos dirigimos a ele segundo
a regra". 14Os sacerdotes e os levitas
se santificaram para transportar a arca
de Javé, Deus de Israel, 15e os levitas
transportaram a arca de Deus sobre os
ombros por meio de varais,* como o
havia prescrito Moisés, segundo a pa-
lavra de Javé.

16Davi ordenou aos chefes dos levitas
que designassem seus irmãos cantores,
com instrumentos musicais, harpas, cí-
taras e címbalos, para que, levantando
a voz, fizessem ouvir sons de alegria.
17Os levitas nomearam Emã, filho de
Joel, Asaf, um de seus irmãos, filho de
Baraquias e, entre os filhos de Merari,
seus irmãos, Etã, filho de Casaías. 18Eles
tinham consigo seus irmãos da segun-
da ordem: Zacarias, Ben, Jaziel, Semira-
mot, Jaiel, Ani, Eliab, Banaías, Maasias,
Matatias, Elifalu, Macenias e os portei-
ros Obed-Edom e Jeiel. 19Os cantores
Emã, Asaf e Etã faziam ressoar címba-
los de bronze. 20Zacarias, Aziel, Semi-
ramot, Jaiel, Ani, Eliab, Maasias, Banaías
tocavam a lira para vozes de soprano.
21Matatias, Elifalu, Macenias, Obed-
-Edom, Jeiel e Ozazias tocavam cítaras
na oitava para guiar o canto. 22Cone-
nias, chefe dos levitas encarregados do
transporte, orientava o transporte, pois
era perito nisso. 23Baraquias e Elcana
exerciam a função de porteiros junto à
arca. 24Os sacerdotes Sebanias, Josafá,
Natanael, Amasai, Zacarias, Banaías e
Eliezer tocavam as trombetas diante da
arca de Deus. Obed-Edom e Jeías eram
porteiros junto à arca.

A arca na Cidade de Davi. 25Então
Davi, os anciãos de Israel* e os chefes
de mil, com grande júbilo, transporta-
ram da casa de Obed-Edom a arca da
aliança de Javé. 26E porque Deus assis-
tia os levitas que carregavam a arca da
aliança de Javé, foram imolados sete
touros e sete carneiros. 27Davi trajava
um manto de linho fino, como também
todos os levitas que levavam a arca, os
cantores e Conenias, chefe encarregado
do transporte. Davi usava também um
efod de linho. 28Todo o Israel acompa-
nhou a arca da aliança de Javé, fazendo
aclamações ao som das trombetas, do
clarim e dos címbalos, fazendo ressoar
liras e cítaras. 29Ao chegar a arca da
aliança de Javé à Cidade de Davi, Micol,
a filha de Saul, olhou pela janela e viu
o rei Davi dançando e saltando; em seu
coração, ela o desprezou.

16 **Sacrifícios e ofertas na tras-
ladação.** 1Introduziram, pois, a
arca de Deus e a depositaram no cen-
tro da tenda que Davi tinha armado
para ela. Ofereceram diante de Deus
holocaustos e sacrifícios de comunhão.
2Quando Davi acabou de oferecer es-
ses holocaustos e esses sacrifícios de
comunhão, abençoou o povo em nome
de Javé. 3Depois mandou distribuir a
todos os israelitas, homens e mulheres,
para cada um, um pão, uma porção de
carne e um bolo de passas.

4Davi designou alguns dos levitas
para prestar serviço diante da arca de
Javé, para celebrar, glorificar e louvar a
Javé, Deus de Israel. 5Eram Asaf, o che-
fe, em segundo lugar Zacarias, depois
Oziel, Semiramot, Jaiel, Matatias, Eliab,
Banaías, Obed-Edom e Jeiel. Eles toca-

* **15**,4. Dt 31,25 | 15. Nm 7,9 | 25. 2Sm 6,12-19

vam liras e cítaras, enquanto Asaf fazia
ressoar os címbalos. 6Os sacerdotes
Banaías e Jaziel com as trombetas esta-
vam sempre diante da arca da aliança
de Deus. 7Foi naquele dia que Davi en-
carregou, pela primeira vez, Asaf e seus
irmãos de celebrar Javé com hinos:
Cântico de Davi. 8Louvai a Javé, acla-
mai seu nome,*
anunciai entre os povos seus grandes
feitos.
9Cantai, entoai salmos para ele,
narrai todas as suas maravilhas.
10Gloriai-vos de seu Nome santo,
alegrem-se os corações que buscam
a Javé.
11Procurai Javé e sua força,
sem cessar buscai sua face.
12Lembrai-vos das maravilhas que
ele fez,
de seus prodígios e das sentenças de
sua boca.
13Descendentes de Israel, seu servo,
filhos de Jacó, seus eleitos;
14é ele Javé, nosso Deus,
sobre toda a terra ele julga.
15Lembrai-vos sempre de sua aliança,
da palavra promulgada para mil ge-
rações,
16do pacto concluído com Abraão,
do juramento que fez a Isaac.
17Ele o erigiu como lei para Jacó,
para Israel, como aliança para sem-
pre,
18dizendo: "Eu te darei a terra de Ca-
naã,
como vossa parte de herança".
19Então éreis pouco numerosos,
pouquíssimos e estrangeiros no país.
20Eles iam de nação em nação,
de um reino para um povo diferente;
21não deixou que ninguém os opri-
misse,
por causa deles até reis castigou:
22"Não toqueis em meus consagra-
dos,
nem façais mal a meus profetas!".
23Cantai a Javé, habitantes de toda a
terra,*
proclamai, dia após dia, sua salvação;
24narrai entre as nações sua glória,
entre todos os povos suas maravi-
lhas.
25Pois Javé é grande e muito digno
de louvor,
mais temível que todos os deuses.
26Nada são todos os deuses das na-
ções,
mas foi Javé quem fez os céus.
27Diante dele, esplendor e majesta-
de,
em seu santuário, poder e alegria.
28Rendei a Javé, famílias dos povos,
rendei a Javé glória e poder,
29rendei a Javé a glória de seu Nome.
Apresentai a oblação, trazei-a a sua
presença,
adorai a Javé na beleza de sua san-
tidade.
30Tremei diante dele, habitantes de
toda a terra.
Ele firmou o universo, inabalável.
31Que os céus se alegrem e exulte a
terra.
Dizei entre as nações: "Javé reina!"
32Ressoe o mar e tudo o que ele en-
cerra,
rejubile o campo e tudo o que há
nele.
33Gritem de alegria as árvores das
florestas,
na presença de Javé, pois ele vem
para julgar a terra.
34Dai graças a Javé, pois ele é bom,*
porque eterno é seu amor.
35Dizei: Salvai-nos, Deus de nossa
salvação,
reuni-nos, livrai-nos do meio das na-
ções,
para celebrarmos vosso santo Nome
e nos gloriarmos em vosso louvor.
36Bendito seja Javé, o Deus de Israel,
desde sempre e para sempre!
E todo o povo disse: "Amém!"
E louvou a Javé.
Encargos dos levitas. 37Davi deixou
lá, diante da arca da aliança de Javé,
Asaf e seus irmãos, para garantirem
um serviço permanente diante da arca,
conforme o ritual cotidiano; 38deixou
também Obed-Edom e seus sessenta e
oito irmãos. Obed-Edom, filho de Idi-

* **16**,8. Sl 105,1-15 | 23. Sl 96 | 34. Sl 106,1.47s

tun, e Hosá eram porteiros. [39]Deixou o sacerdote Sadoc e os sacerdotes seus irmãos diante da habitação de Javé, no lugar alto de Gabaon, [40]para oferecer a Javé holocaustos perpétuos sobre o altar dos holocaustos, de manhã e de tarde, e fazer tudo o que está escrito na lei que Javé prescrevera a Israel. [41]Estavam com eles Emã e Iditun e os outros que foram escolhidos e designados pelo nome para louvar a Javé, "porque eterno é seu amor". [42]Na companhia deles estavam Emã e Iditun, encarregados de tocar as trombetas, os címbalos e os instrumentos que acompanhavam os cânticos de Deus. Os filhos de Iditun foram designados para a porta.

[43]Depois todo o povo partiu,* cada um para sua casa, e Davi voltou para abençoar sua casa.

17 **Profecia de Natã†.** [1]Quando Davi se instalou em sua casa, disse ao profeta Natã: "Eu moro* numa casa de cedro e a arca da aliança de Javé está sob a tenda!" [2]Natã respondeu a Davi: "Faze tudo o que estiver em teus planos, porque Deus está contigo". [3]Mas, naquela mesma noite, a palavra de Deus foi dirigida a Natã nestes termos: [4]"Vai dizer a Davi, meu servo: Assim fala Javé: 'Não serás tu que me construirás uma casa para eu nela morar. [5]Sim, jamais morei numa casa desde o dia em que fiz Israel subir até hoje, mas eu passava de uma tenda à outra e de uma morada à outra. [6]Durante todo o tempo em que caminhei com todo o Israel, acaso disse eu a algum dos juízes de Israel que designei como pastores de meu povo: Por que não me construís uma casa de cedro?' [7]Agora, pois, dirás a meu servo Davi: Assim fala Javé dos exércitos: 'Fui eu que te tirei do pastoreio, de detrás do rebanho, para seres chefe de meu povo Israel. [8]Estive contigo por toda a parte aonde ias, exterminei diante de ti todos os teus inimigos. Dar-te-ei um renome igual ao dos mais ilustres da terra. [9]Escolherei um lugar para Israel, meu povo, lá o estabelecerei e ele habitará nesse lugar, sem ser inquietado, e os maus não tornarão a oprimi-lo como outrora, [10]desde quando estabeleci juízes sobre meu povo Israel. Submeterei todos os teus inimigos. Eu te anuncio que Javé te fará uma casa. [11]Quando se completarem teus dias e fores para junto de teus pais, suscitarei depois de ti um descendente teu, que será um de teus filhos, e consolidarei seu reino. [12]Ele me construirá uma casa, e eu firmarei seu trono para sempre. [13]Eu serei para ele um pai, e ele será para mim um filho; não lhe retirarei meu amor como o retirei daquele que te precedeu. [14]Mantê-lo-ei para sempre em minha casa e em meu reino, e seu trono será firme para sempre'".

[15]Natã comunicou a Davi todas essas palavras e toda essa revelação.

Oração de Davi. [16]Então o rei Davi entrou,* sentou-se diante de Javé e disse: "Quem sou eu, Javé Deus, e o que é minha casa, para me terdes conduzido até aqui? [17]Mas isso é pouco demais a vossos olhos, ó Deus, e estendestes vossas promessas à casa de vosso servo para um futuro longínquo e me tratastes como se eu fosse um homem ilustre, ó Javé Deus. [18]Que mais poderia dizer-vos Davi, em vista da glória que destes a vosso servo? Pois conheceis bem vosso servo. [19]Javé, em consideração a vosso servo e segundo vosso coração, fizestes toda essa grandeza para dar a conhecer todas essas grandes coisas. [20]Javé, não há ninguém como vós e não há outro Deus senão vós, conforme tudo o que ouviram nossos ouvidos. [21]Que outra nação há sobre a terra, como vosso povo Israel, que um Deus tenha ido resgatá-la para dela fazer seu povo, para torná-la famosa, mediante feitos grandes e temíveis, ao expulsar nações da frente de vosso povo que resgatastes do Egito? [22]Constituístes vosso povo Israel como vosso povo para sempre e vós,

---

* **16**,43. 2Sm 6,19s | **17**,1. 2Sm 7,1-17 | 16. 2Sm 7,18-29

† **17**. Ver a nota em 2Sm 7,11.

Javé, vos tornastes seu Deus. 23E agora, que permaneça para sempre, ó Javé, a promessa que fizestes a vosso servo e a sua casa, e faze como dissestes. 24Seja firme e engrandecido vosso nome para sempre, a fim de que se diga: 'Javé dos exércitos é o Deus de Israel, ele é Deus para Israel'. A casa de Davi, vosso servo, será confirmada diante de vós, 25pois fostes vós, meu Deus, que revelastes a vosso servo a intenção de construir-lhe uma casa. É por isso que vosso servo teve a coragem de rezar em vossa presença. 26Sim, Javé, vós sois Deus, e fizestes essa bela promessa a vosso servo. 27Agora, pois, dignai-vos abençoar a casa de vosso servo para que ela perdure para sempre em vossa presença. Porque o que abençoais, Javé, é bendito para sempre".

18 **Vitórias de Davi.** 1Aconteceu, depois disso,* que Davi venceu os filisteus e os subjugou. Tomou das mãos dos filisteus Gat e suas vizinhanças. 2Depois venceu Moab, e os moabitas se tornaram súditos de Davi e lhe pagaram tributo.

3Davi derrotou Adadezer, rei de Soba, em Emat, quando ele ia estabelecer seu domínio sobre o rio Eufrates. 4Davi tomou-lhe mil carros, sete mil cavaleiros e vinte mil soldados de infantaria; e Davi cortou os jarretes de todos os cavalos, guardando apenas cem deles. 5Os arameus de Damasco vieram em auxílio de Adadezer, rei de Soba, mas Davi matou vinte e dois mil homens dos arameus. 6Depois Davi estabeleceu postos militares entre os sírios de Damasco, e assim os arameus se tornaram súditos de Davi e lhe pagaram tributo. Aonde quer que Davi fosse, Javé lhe concedia a vitória. 7Davi tomou os escudos de ouro que os guardas de Adadezer traziam e levou-os para Jerusalém. 8De Tebat e de Cun, cidades de Adadezer, Davi retirou uma enorme quantidade de bronze com a qual Salomão fez o mar de bronze, as colunas e os utensílios de bronze.*

9Quando Toú, rei de Emat, soube que Davi tinha derrotado todo o exército de Adadezer, rei de Soba, 10mandou seu filho Adoram ao rei Davi para saudá-lo e felicitá-lo por ter guerreado contra Adadezer e por tê-lo vencido, pois Toú estava em guerra com Adadezer. Mandou-lhe toda espécie de objetos de ouro, prata e bronze, 11que o rei Davi consagrou também a Javé, junto com a prata e o ouro que havia tomado de todas as nações: de Edom, Moab, dos filhos de Amon, dos filisteus e dos amalecitas.

12Abisaí, filho de Sárvia, venceu os edomitas em número de dezoito mil no vale do Sal. 13Estabeleceu postos militares em Edom, e todos os edomitas se tornaram súditos de Davi. Aonde quer que Davi fosse, Javé lhe concedia a vitória.

14Davi reinou* sobre todo o Israel, praticando o direito e a justiça para todo o seu povo.

15Joab, filho de Sárvia, comandava o exército; Josafá, filho de Ailud era o arauto; 16Sadoc, filho de Aquitob, e Aquimelec, filho de Abiatar, eram sacerdotes; Susa era secretário; 17Banaías, filho de Joiada, comandava os cereteus e os feleteus. Os filhos de Davi eram os primeiros ao lado do rei.

19 **Insulto aos embaixadores de Davi.** 1Depois disso sucedeu* que Naás, rei dos amonitas, morreu e seu filho reinou em seu lugar. 2Disse Davi: "Tratarei com bondade Hanon, filho de Naás, porque seu pai tratou-me com bondade". Então Davi mandou mensageiros para dar-lhe os pêsames pela morte de seu pai. Mas quando os servos de Davi chegaram ao país dos amonitas, junto a Hanon, para dar-lhe os pêsames, 3os príncipes dos amonitas disseram a Hanon: "Pensas acaso que Davi pretende honrar teu pai por ter ele mandado pessoas que te deem os pêsames? Não é antes para reconhecer, explorar e espionar o país que seus servos vieram a tua casa?" 4Então Hanon

---

* **18**,1. 2Sm 8,1-14 | 8. 22,3 | 14. 2Sm 8,15-18 | **19**,1. 2Sm 10,1-5

prendeu os servos de Davi, rapou-lhes a barba, cortou suas vestes a meia altura até as coxas e depois os despediu. [5]Informaram Davi do que havia acontecido àqueles homens, e ele mandou alguém ao encontro deles, pois estavam muito envergonhados. O rei mandou dizer-lhes: "Ficai em Jericó até que vossa barba cresça e depois voltareis".

Derrota dos amonitas. [6]Os amonitas* notaram que se haviam tornado odiosos a Davi; Hanon e os amonitas mandaram mil talentos de prata para contratar arameus da Mesopotâmia, arameus de Maaca e habitantes de Soba. [7]Contrataram sete mil carros e o rei de Maaca com seu povo, os quais vieram acampar diante de Medaba, enquanto os amonitas, depois de deixarem suas cidades e se reunirem, chegavam para o combate. [8]Quando soube disso, Davi enviou Joab com todo o exército dos valentes. [9]Os amonitas saíram e formaram em linha de batalha na entrada da cidade, enquanto os reis que tinham vindo mantinham-se à parte, em campo aberto. [10]Vendo Joab que a frente de batalha estava tanto diante como detrás dele, escolheu um grupo dentre toda a elite de Israel e os dispôs para enfrentar os arameus. [11]Confiou a seu irmão Abisaí o resto do exército e os alinhou defronte dos amonitas. [12]Ele disse: "Se os arameus prevalecerem sobre mim, virás em meu socorro; se os amonitas prevalecerem sobre ti, irei em teu auxílio. [13]Tem coragem e mostremo-nos fortes por nosso povo e pelas cidades de nosso Deus. E que Javé faça o que lhe parecer bem!" [14]Joab e a tropa que estava com ele avançaram para combater contra os arameus, mas estes fugiram diante dele. [15]Quando os amonitas viram que os arameus tinham fugido, fugiram também eles diante de Abisaí, irmão de Joab, e tornaram a entrar na cidade. Então Joab voltou para Jerusalém.

Derrota dos arameus. [16]Vendo que haviam sido derrotados* perante Israel, os arameus enviaram mensageiros e mobilizaram os arameus que moravam do outro lado do rio; Sofac, general de Adadezer, era quem os comandava. [17]Isso foi notificado a Davi, que reuniu todo o Israel, passou o Jordão, alcançou-os e tomou posição diante deles. Depois Davi se postou em ordem de batalha diante dos arameus que lhe deram combate. [18]Mas os arameus fugiram diante de Israel, e Davi matou sete mil homens dos carros e quarenta mil peões; matou também Sofac, o general. [19]Quando os servos de Adadezer se viram vencidos diante de Israel, fizeram a paz com Davi e sujeitaram-se a ele. Os arameus não mais quiseram prestar socorro aos amonitas.

20 **Cerco e tomada de Rabá.** [1]Aconteceu no ano seguinte, no tempo em que os reis costumam partir para a guerra, que Joab conduziu as forças do exército e devastou o país dos amonitas. Depois veio sitiar Rabá, enquanto Davi permanecia em Jerusalém†. Joab venceu Rabá* e a destruiu. [2]Davi retirou de Melcom a coroa que estava em sua cabeça. Constatou que ela pesava um talento de ouro* e continha uma pedra preciosa. Davi colocou-a na cabeça. Trouxe da cidade uma enorme quantidade de despojos. [3]Quanto aos habitantes, fê-los sair e colocou-os em trabalhos de serra, de picaretas de ferro e de machados. Assim agiu com todas as cidades dos amonitas. Depois Davi e todo o exército voltaram a Jerusalém.

Batalhas contra os filisteus. [4]Aconteceu depois disso* que houve uma outra batalha contra os filisteus em Gazer. Foi então que Sobocai de Husa matou Safai, um descendente dos rafaim. Os filisteus foram subjugados.*

[5]Houve ainda uma outra batalha contra os filisteus, na qual Elcanã, filho de Jair, matou Lami, irmão de Golias de Gat; a haste de sua lança era como um

---

* **19**,6. 2Sm 10,6-14 | 16. 2Sm 10,15-19 | **20**,1. 2Sm 12,26 | 2. 2Sm 12,30s | 4. 2Sm 21,18-22 / Dt 2,10

† **20**,1. O autor silencia o duplo pecado de Davi e suas consequências: os dramas familiares e as rebeliões internas; narra apenas suas vitórias e sua obra litúrgica.

cilindro de tear. [6]Houve mais uma ba-
talha em Gat, onde havia um homem
de grande estatura, que tinha vinte e
quatro dedos, seis em cada mão e em
cada pé. Também ele era descendente
de Rafa. [7]Como desafiasse Israel, Jô-
natas, filho de Samaá, irmão de Davi,
o matou. [8]Esses homens eram descen-
dentes de Rafa de Gat e pereceram
pela mão de Davi e de seus servos.

21 **Recenseamento.** [1]Satã levan-
tou-se contra Israel* e induziu
Davi a fazer o recenseamento de Is-
rael†. [2]Davi disse a Joab e aos chefes do
povo: "Ide e recenseai Israel, de Bersa-
beia a Dã, e trazei-me o número deles
para que eu o saiba". [3]Mas Joab res-
pondeu: "Que Javé multiplique por cem
o número de seu povo! Senhor, meu
rei, acaso não são todos eles servos
de meu senhor? Por que, então, meu
senhor faz esta pesquisa? Por que ele
quer ser causa de pecado para Israel?"
[4]Mas a ordem do rei prevaleceu contra
Joab. Partiu Joab, percorreu todo o Is-
rael e depois voltou a Jerusalém. [5]Joab
entregou a Davi o resultado do recen-
seamento do povo: todo o Israel conta-
va um milhão e cem mil homens aptos
para a guerra, e Judá quatrocentos e
setenta mil aptos para a guerra. [6]Entre
esses Joab não incluía nem os levitas e
nem os filhos de Benjamim, porque lhe
repugnava a ordem do rei.
Castigo e perdão divinos. [7]Esse fato
desagradou a Deus, o qual feriu Israel.
[8]Então Davi disse a Deus: "Pequei* gra-
vemente fazendo tal coisa! Mas agora
perdoa, eu te peço, o pecado de teu
servo, pois cometi uma grande loucu-
ra". [9]Javé disse então a Gad, o viden-
te de Davi: [10]"Vai dizer a Davi: Assim
fala Javé. 'Eu te proponho três coisas:
escolhe uma delas e eu a mandarei'".
[11]Veio, pois, Gad até Davi e disse-lhe:
"Assim fala Javé: Escolhe: [12]ou três anos
de fome, ou ser derrotado durante três
meses diante de teus adversários, atin-
gindo-te a espada de teus adversários,
ou três dias da espada de Javé com a
peste que se difunde sobre o país, e o
anjo de Javé devastando todo o ter-
ritório de Israel. Decide agora o que
devo responder àquele que me en-
viou". [13]Davi respondeu a Gad: "Estou
numa grande aflição. Ah! Que eu caia
nas mãos de Javé, pois imensa é sua
misericórdia, mas não caia nas mãos
dos homens!"
[14]Assim Javé enviou a peste sobre
Israel e morreram setenta mil israeli-
tas. [15]Depois Deus enviou um anjo a
Jerusalém para exterminá-la; mas, no
momento de exterminá-la, Javé viu e
se compadeceu diante do mal; e disse
ao anjo exterminador: "Basta! Retira tua
mão".
O anjo de Javé achava-se então per-
to da eira de Ornã, o jebuseu.
[16]Erguendo os olhos, Davi viu o anjo
de Javé entre a terra e o céu, tendo na
mão a espada desembainhada, voltada
contra Jerusalém. Vestidos de panos de
saco, Davi e os anciãos prostraram-se
com o rosto em terra, [17]e Davi disse a
Deus: "Não fui eu quem mandou recen-
sear o povo? Não fui eu quem pecou e
cometeu o mal? Mas estes, o rebanho,
que fizeram? Javé, meu Deus, que vos-
sa mão pese sobre mim e sobre minha
família, mas que não haja epidemia em
vosso povo!"
Compra da eira de Ornã. [18]O anjo de
Javé mandou* Gad dizer a Davi que
subisse e edificasse um altar a Javé na
eira de Ornã, o jebuseu†. [19]Subiu, pois,
Davi, segundo a palavra que Gad lhe
havia dito em nome de Javé. [20]Ora, ao
se voltar, Ornã viu o anjo, e seus quatro
filhos que estavam com ele se escon-
deram. Ornã estava debulhando o trigo
[21]quando Davi veio ter com ele. Ornã
olhou, viu Davi, saiu da eira e prostrou-
-se diante dele com o rosto em terra.
[22]Davi disse então a Ornã: "Cede-me o
local desta eira, para que eu aí construa
um altar para Javé; cede-me por seu

* **21**,1. 2Sm 24,1-9 | 8. 2Sm 24,10-17 | 18. 2Sm 24,18-25

† **21**,1. Em 2Sm 24 é Deus mesmo e não Satã que sugere a ideia do recenseamento. Ver a nota em 2Sm 24,1. | **21**,18. Ver a nota em 2Sm 24,16.

justo preço. Assim o flagelo se afasta-
rá do povo". 23Ornã respondeu a Davi:
"Toma-o e que o senhor, meu rei, faça
o que lhe parecer bom. Vê: eu dou os
bois para os holocaustos, os manguais
como lenha e o trigo para a oblação.
Tudo isto te dou". 24Mas o rei Davi res-
pondeu a Ornã: "Não! Quero comprá-
-lo por seu valor em dinheiro, pois não
quero tomar para Javé o que te per-
tence e assim oferecer um holocausto
que nada me custe". 25Davi deu a Ornã,
pelo terreno, o peso de seiscentos si-
clos de ouro.

26Davi construiu lá um altar para Javé
e ofereceu holocaustos e sacrifícios de
comunhão. Invocou Javé, e Javé lhe
respondeu, fazendo cair fogo do céu
sobre o altar do holocausto 27e orde-
nou ao anjo* que recolocasse sua espa-
da na bainha. 28Naquele tempo, vendo
que Javé lhe havia respondido na eira
de Ornã, o jebuseu, Davi ofereceu lá
um sacrifício. 29A habitação de Javé que
Moisés havia feito no deserto e o altar
do holocausto achavam-se nessa épo-
ca no lugar alto de Gabaon, 30mas Davi
não tinha podido ir até lá para consul-
tar a Deus, porque a espada do anjo de
Javé o amedrontara.

22 **Preparativos para a constru-
ção do templo.** 1Depois Davi
disse: "Aqui estará a casa de Javé Deus
e aqui estará o altar do holocausto para
Israel".

2Davi mandou reunir* os estrangei-
ros que se achavam na terra de Israel, e
depois designou canteiros para traba-
lharem as pedras para a construção da
casa de Deus. 3Davi preparou também
muito ferro para os cravos dos baten-
tes das portas e para os ganchos, bem
como uma quantidade incalculável de
bronze 4e troncos de cedro sem con-
ta, pois os sidônios e os tírios tinham
enviado a Davi troncos de cedro em
abundância.

5Depois Davi disse: "Meu filho Salo-
mão é jovem e imaturo; e esta casa que
se deve construir para Javé tem de ser
grande e sublime, para suscitar fama
e admiração em todos os países. Farei
para ele os preparativos". Assim Davi,
antes de morrer, fez grandes preparati-
vos. 6Em seguida chamou seu filho Sa-
lomão e ordenou-lhe que construísse
um templo para Javé, o Deus de Israel.
7Davi disse a Salomão: "Meu filho, esta-
va em meus planos construir uma casa
para o nome de Javé, meu Deus. 8Mas
foi-me dirigida esta palavra de Javé:
'Tu derramaste sangue em demasia e
efetuaste grandes guerras; não cons-
truirás uma casa para meu nome, pois
derramaste muito sangue sobre a terra,
diante de mim. 9Vai nascer-te um filho,
que será um homem pacífico, e eu lhe
darei a paz com todos os seus inimi-
gos ao redor. Seu nome será Salomão
e em seus dias darei a Israel paz e tran-
quilidade†. 10Ele construirá uma casa
para meu nome. Ele será para mim um
filho, e eu serei para ele um pai; firma-
rei para sempre o trono de sua realeza
sobre Israel'. 11Agora, pois, meu filho,
Javé esteja contigo para que construas
a casa de Javé, teu Deus, como ele o
disse a teu respeito. 12Que Javé te con-
ceda inteligência e entendimento, para
que, quando ele te constituir rei sobre
Israel, observes a lei de Javé, teu Deus.
13Só prosperarás se observares e puse-
res em prática os estatutos e as normas
que Javé prescreveu a Moisés para Is-
rael. Sê forte* e corajoso! Não temas
nem te amedrontes! 14Com grandes
esforços pude reservar para a casa de
Javé cem mil talentos de ouro, um mi-
lhão de talentos de prata e uma quan-
tidade de bronze e de ferro que não se
pode avaliar. Preparei também madeira
e pedras, e tu ainda acrescentarás mais.
15Terás a tua disposição muitos operá-
rios: canteiros, pedreiros, carpinteiros,
toda espécie de artesãos para qualquer
trabalho. 16De ouro, prata, bronze e
ferro há uma quantidade incalculável.
Avante! Mãos à obra e que Javé esteja
contigo!"

* **21**,27. 1Rs 18,38 | **22**,2. 1Rs 5,31s | 13. Dt 31,23

† **22**,9. Ver a nota em 1Rs 5,5.

17Davi ordenou também a todos os oficiais de Israel que ajudassem seu filho Salomão. Ele disse: 18"Javé, vosso Deus, não está convosco? Não vos deu o descanso por toda parte? Com efeito, entregou em minhas mãos os habitantes da região, e a terra foi submetida a Javé e a seu povo. 19Agora, aplicai vosso coração e vossa alma a buscar a Javé, vosso Deus. Ide, construí o santuário de Javé, vosso Deus, para introduzir a arca da aliança de Javé e os objetos sagrados de Deus no templo que será edificado para o nome de Javé".

23 **Organização dos levitas.** 1Quando ficou velho* e cheio de dias, Davi proclamou seu filho Salomão rei sobre Israel. 2Reuniu todos os chefes de Israel, os sacerdotes e os levitas.

3Foi feito o recenseamento* dos levitas de trinta anos para cima. Contados um por um, seu número foi de trinta e oito mil homens; 4vinte e quatro mil dentre eles presidiam aos ofícios do templo de Javé, seis mil eram escribas e juízes, 5quatro mil eram porteiros e outros quatro mil louvavam a Javé com os instrumentos que Davi tinha feito para esse fim.*

6Davi os repartiu por turnos, segundo os filhos de Levi: Gérson, Caat e Merari.

7Para os gersonitas: Leedã e Semei. 8Filhos de Leedã: Jaiel,* o primeiro, Zetam e Joel; três ao todo. 9Filhos de Semei: Salomit, Hoziel, Arã; três ao todo. São estes os chefes das famílias de Leedã. 10Filhos de Semei: Jeet, Ziza, Jeús, Berias; foram estes os filhos de Semei: quatro ao todo. 11Jeet era o mais velho; Ziza, o segundo; depois Jeús e Berias que não tiveram muitos filhos e foram registrados numa só família.

12Filhos de Caat: Amram, Isaar, Hebron, Oziel; quatro ao todo. 13Filhos de Amram: Aarão e Moisés. Aarão foi escolhido para consagrar as coisas sacrossantas, ele e seus filhos para sempre, para queimar o incenso diante de Javé, servi-lo e abençoar em seu nome para sempre. 14Moisés foi um homem de Deus, e seus filhos foram contados na tribo de Levi. 15Filhos de Moisés: Gérson e Eliezer. 16Filhos de Gérson: Subael,* o primeiro. 17Filhos de Eliezer foram: Roobias, o primeiro. Eliezer não teve outros filhos, mas os filhos de Roobias foram muitíssimos. 18Filhos de Issar: Salomit, o primeiro. 19Filhos de Hebron: Jerias, o primeiro; Amarias, o segundo; Jaaziel, o terceiro; Jecmaan, o quarto. 20Filhos de Oziel: Micas, o primeiro; Jesias, o segundo.

21Filhos de Merari: Mooli e Musi. Filhos de Mooli: Eleazar e Cis. 22Eleazar morreu sem filhos, mas teve filhas que foram desposadas pelos filhos de Cis, seus irmãos. 23Filhos de Musi: Mooli, Éder, Jerimot; três ao todo.

24Eram estes os filhos de Levi segundo suas famílias, os chefes de família conforme o recenseamento, contados nominalmente, um por um, escalados para o serviço do templo de Javé dos vinte anos para cima.

25Pois Davi tinha dito: "Javé, Deus de Israel, deu o descanso a seu povo e habita para sempre em Jerusalém. 26Os levitas não terão mais de transportar a habitação e os objetos destinados a seu serviço". 27De fato, segundo as últimas disposições de Davi, os levitas que foram* recenseados tinham vinte anos ou mais. 28Deviam estar às ordens dos filhos de Aarão para o serviço do templo de Javé nos átrios e nas salas, para a purificação de tudo o que é consagrado e para fazer o serviço do templo de Deus. 29Cuidavam dos pães da apresentação, da flor de farinha destinada à oblação, dos pães ázimos, das tortas cozidas sobre a chapa e das tortas fritas e de todas as medidas de capacidade e de comprimento. 30Deviam comparecer todas as manhãs para celebrar e louvar a Javé, e igualmente à tarde. 31Presidiam* a todos os holocaustos oferecidos a Javé nos sábados, nas luas novas e nas solenidades, segundo um número preciso e de acordo com as normas, sempre diante de Javé. 32As-

---

* **23**,1. 1Rs 1,1-21 | 3. Nm 4,3 | 5. Am 6,5 | 8. 26,21s | 16. 24,20-30 | 27. 23,3.24 | 31. Nm 28-29

sim competia a eles o cuidado da tenda da reunião, o cuidado do santuário e o cuidado de seus irmãos, os filhos de Aarão, no serviço do templo de Javé.

24 **Classes sacerdotais.** [1]São estas as classes dos filhos* de Aarão. Os filhos de Aarão foram: Nadab, Abiú, Eleazar, Itamar. [2]Nadab e Abiú morreram antes de seu pai, sem deixar filhos, e foram Eleazar e Itamar que se tornaram sacerdotes. [3]Davi com Sadoc, dos filhos de Eleazar, e Aquimelec, dos filhos de Itamar, dividiu-os em classes segundo suas funções. [4]Visto que se encontraram entre os filhos de Eleazar mais chefes que entre os filhos de Itamar, formaram-se dezesseis classes com os chefes de família dos filhos de Eleazar e oito com os chefes de família dos filhos de Itamar. [5]Foram repartidos por sorte, tanto uns como os outros, porque havia oficiais do santuário e oficiais de Deus tanto entre os filhos de Eleazar como entre os filhos de Itamar. [6]Um dos levitas, o escriba Semeías, filho de Natanael, inscreveu-os diante do rei, dos oficiais, do sacerdote Sadoc, de Aquimelec, filho de Abiatar, dos chefes de famílias sacerdotais e levíticas; uma família era sorteada para Eleazar, depois uma outra, ao passo que uma só era sorteada para Itamar.

[7]Joiarib foi o primeiro a ser sorteado; Jedeías, o segundo; [8]Harim, o terceiro; Seorim, o quarto; [9]Melquias, o quinto; Mainã, o sexto; [10]Acos, o sétimo; Abias, o oitavo†; [11]Jesua, o nono; Sequenias, o décimo; [12]Eliasib, o décimo primeiro; Jacim, o décimo segundo; [13]Hofa, o décimo terceiro; Isbaab, o décimo quarto; [14]Belga, o décimo quinto; Emer, o décimo sexto; [15]Hezir, o décimo sétimo; Hafses, o décimo oitavo; [16]Fetatias, o décimo nono; Ezequiel, o vigésimo; [17]Jaquin, o vigésimo primeiro; Gamul, o vigésimo segundo; [18]Dalaías, o vigésimo terceiro; Maazias, o vigésimo quarto.

[19]Assim foram distribuídos em seu serviço para entrar no templo de Javé, de acordo com o regulamento estabelecido para eles por Aarão, seu pai, como Javé, Deus de Israel, lhe ordenara.

Chefes dos outros filhos de Levi. [20]Quanto aos outros* filhos de Levi, os chefes foram:

Dos filhos de Amram: Subael; dos filhos de Subael, Jeedias. [21]Quanto a Roobias, o chefe dos filhos de Roobias era Jesias. [22]Dos isaaritas, Solomot; dos filhos de Solomot, Jaat. [23]Filhos de Hebron: Jerias, o primeiro; Amarias, o segundo; Jaaziel, o terceiro; Jecmaam, o quarto. [24]Filho de Oziel: Micas. Dos filhos de Micas, Samir. [25]Jesias era irmão de Micas. Dos filhos de Jesias, Zacarias. [26]Os filhos de Merari foram Mooli e Musi. Seus filhos: Jazias e Bani. [27]Filhos de Merari da parte de Jazias, seu filho: Soam, Zacur, Hebri; [28]de Mooli, Eleazar, que não teve filhos; [29]de Cis, o filho de Cis foi Jerameel. [30]Filhos de Musi: Mooli, Éder e Jerimot.

Foram estes os filhos de Levi, divididos segundo suas famílias. [31]Também estes participaram do sorteio, como seus irmãos, os filhos de Aarão, tanto os chefes de casas paternas como o menor de seus irmãos, na presença do rei Davi, de Sadoc, de Aquimelec e dos chefes de famílias sacerdotais e levíticas.

25 **Cantores.** [1]Davi,* junto com os chefes do exército, separou para o serviço também alguns dos filhos de Asaf, de Emã e de Iditun, que profetizavam com cítaras, harpas e címbalos†. A lista desses homens encarregados de tal atividade é esta:

[2]Dos filhos de Asaf: Zacur, José, Natanias, Asarela; os filhos de Asaf dependiam de seu pai, que profetizava sob a direção do rei.

[3]Quanto a Iditun,* filhos de Iditun: Godolias, Sori, Jesaías, Hasabias, Semei

* **24**,1. Nm 3,2s | 20. 23,16s | **25**,1. 16,37-43 | 3. 2Rs 3,15

† **24**,10. A essa classe de Abias pertencia o pai de João Batista, Zacarias, Lc 1,5. | **25**,1. Falavam em nome de Javé e transmitiam suas mensagens compondo hinos.

e Matatias; eram seis, sob a direção de
seu pai, Iditun, que profetizava ao som
de cítaras para celebrar e louvar a Javé.
4Quanto a Emã, filhos de Emã: Bocias,
Matanias, Oziel, Subael, Jerimot, Hana-
nias, Hanani, Eliata, Gedelti, Romenti-
-Ezer, Jesbacasa, Meiloti, Otir, Maaziot.
5Todos estes eram filhos de Emã, o vi-
dente do rei que transmitia as palavras
de Deus para exaltar seu poder. Deus
deu a Emã quatorze filhos e três filhas.
6Todos eles cantavam no templo de
Javé sob a direção de seu pai, ao som de
címbalos, harpas e cítaras para o serviço
do templo de Deus, sob as ordens do
rei, de Asaf, de Iditun e de Emã.
7O número deles, juntamente com
seus irmãos instruídos no canto dedi-
cado a Javé, todos eles mestres, era de
duzentos e oitenta e oito. 8Lançaram
sortes para determinar os turnos do ser-
viço, tanto para o pequeno como para
o grande, tanto para o mestre como
para o discípulo. 9O primeiro sobre o
qual recaiu a sorte foi o asafita José. O
segundo foi Godolias; com seus filhos
e irmãos, eram doze. 10O terceiro foi
Zacur; com seus filhos e irmãos, eram
doze. 11O quarto foi Isari; com seus fi-
lhos e irmãos, eram doze. 12O quinto
foi Natanias; com seus filhos e irmãos,
eram doze. 13O sexto foi Bocias; com
seus filhos e irmãos, eram doze. 14O
sétimo foi Isreela; com seus filhos e ir-
mãos, eram doze. 15O oitavo foi Jesaías;
com seus filhos e irmãos, eram doze.
16O nono foi Matanias; com seus filhos
e irmãos, eram doze. 17O décimo foi
Semei; com seus filhos e irmãos, eram
doze. 18O décimo primeiro foi Azareel;
com seus filhos e irmãos, eram doze.
19O décimo segundo foi Hasabias; com
seus filhos e irmãos, eram doze. 20O
décimo terceiro foi Subael; com seus
filhos e irmãos, eram doze. 21O décimo
quarto foi Matatias; com seus filhos e
irmãos, eram doze. 22O décimo quinto
foi Jerimot; com seus filhos e irmãos,
eram doze. 23O décimo sexto foi Ha-
nanias; com seus filhos e irmãos, eram
doze. 24O décimo sétimo foi Jesbacasa;
com seus filhos e irmãos, eram doze.
25O décimo oitavo foi Hanani; com seus
filhos e irmãos, eram doze. 26O déci-
mo nono foi Meiloti; com seus filhos
e irmãos, eram doze. 27O vigésimo foi
Eliata; com seus filhos e irmãos, eram
doze. 28 O vigésimo primeiro foi Otir;
com seus filhos e irmãos, eram doze.
29O vigésimo segundo foi Gedelti; com
seus filhos e irmãos, eram doze. 30O vi-
gésimo terceiro foi Maaziot; com seus
filhos e irmãos, eram doze. 31O vigési-
mo quarto foi Romenti-Ezer; com seus
filhos e irmãos, eram doze.

26 **Porteiros.** 1A distribuição dos
porteiros* foi assim: Dos coreí-
tas: Meselemias, filho de Coré, um dos
filhos de Asaf. 2Filhos de Meselemias:
Zacarias, o primogênito; Jediel, o se-
gundo; Zabadias, o terceiro; Jatanael, o
quarto; 3Elam, o quinto; Joanã, o sexto;
Elioenai, o sétimo.
4Foram filhos de Obed-Edom:* Se-
meías, o primogênito; Jozabad, o se-
gundo; Joaá, o terceiro; Sacar, o quar-
to; Natanael, o quinto; 5Amiel, o sexto;
Issacar, o sétimo; Folati, o oitavo; com
efeito, Deus havia abençoado Obed-
-Edom. 6A seu filho Semeías nasceram
filhos que tiveram autoridade sobre
suas famílias, pois eram homens va-
lentes. 7Filhos de Semeías: Otni, Ra-
fael, Obed, Elzabad e seus irmãos Eliú
e Samaquias, homens de valor. 8Todos
estes eram descendentes de Obed-
-Edom. Eles, seus filhos e irmãos, ho-
mens robustos e capazes em sua fun-
ção, somavam sessenta e dois da linha-
gem de Obed-Edom.
9Meselemias teve filhos e irmãos: de-
zoito homens valentes.
10Hosa, um dos filhos de Merari, teve
os seguintes filhos: Semri, o primeiro,
porque, embora não fosse o mais ve-
lho,* seu pai o nomeara chefe. 11Helcias
era o segundo; Tebelias, o terceiro; Za-
carias, o quarto. Eram treze ao todo os
filhos e irmãos de Hosa.
12A essas classes de porteiros, isto
é, a seus chefes, foi confiada a guarda

---

* **26**,1. 9,17-27 | 4. 2Sm 6,10s; 1Cr 15,21 | 10. Gn 48,13-20

para servirem, como seus irmãos, no
templo de Javé. [13]Para cada porta tira-
ram a sorte,* participando tanto o pe-
queno como o grande, segundo suas
famílias. [14]O lado do oriente coube por
sorte a Selemias; a Zacarias, seu filho,
conselheiro prudente, a sorte atribuiu
o lado norte. [15]A Obed-Edom coube o
sul, e os armazéns a seus filhos. [16]A Se-
fim e a Hosa coube o oeste com a por-
ta Salequet, no caminho que sobe. Um
posto de guarda estava defronte do
outro: [17]seis levitas cada dia a oriente,
quatro cada dia ao norte, quatro cada
dia ao sul, e nos armazéns, dois em
cada um; [18]no átrio do ocidente havia
quatro na rua e dois no próprio átrio.
[19]Eram esses os turnos dos porteiros,
descendentes de Coré e de Merari.

Outras funções levíticas. [20]Os levitas,
seus irmãos, encarregados da guarda
dos tesouros do templo de Deus e dos
tesouros das oferendas consagradas,
[21]eram filhos de Leedã, filhos de Gér-
son segundo a linha de Leedã. Chefes
das famílias de Leedã, o gersonita,
eram os jaielitas. [22]Os jaielitas, Zatam e
Joel, seu irmão, eram responsáveis pe-
los tesouros do templo de Javé.

[23]Quanto aos amramitas, isaaritas,
hebronitas e ozielitas: [24]Subael, filho de
Gérson, filho de Moisés, era superinten-
dente dos tesouros. [25]Seus irmãos pela
linha de Eliezer: Roobias, seu filho, de
quem foi filho Isaías, de quem foi filho
Jorão, de quem foi filho Zecri, de quem
foi filho Salomit. [26]Este Salomit e seus
irmãos eram responsáveis por todos os
tesouros das oferendas consagradas
que o rei Davi, os chefes de famílias, os
chefes de esquadrões de mil e de cem
e os chefes do exército [27]tinham consa-
grado,* tomando-os dos despojos de
guerra para a manutenção do templo
de Javé. [28]Tudo o que havia sido con-
sagrado pelo vidente Samuel, por Saul,
filho de Cis, por Abner, filho de Ner, e
por Joab, filho de Sárvia, e todos os ob-
jetos consagrados por qualquer pessoa
estavam sob a responsabilidade de Sa-
lomit e seus irmãos.

[29]Dentre os isaaritas: Conenias* e
seus filhos eram encarregados dos ne-
gócios externos de Israel como magis-
trados e juízes.

[30]Dentre os hebronitas: Hasabias e
seus irmãos, homens valentes, em nú-
mero de mil e setecentos, eram res-
ponsáveis pela segurança de Israel do
lado oeste do Jordão, no referente a
todo o serviço de Javé e aos interesses
do rei. [31]Jerias era o chefe dos hebro-
nitas segundo as gerações de suas ca-
sas paternas. No quadragésimo ano do
reinado de Davi fizeram- se pesquisas e
encontraram-se entre eles homens de
valor em Jazer de Galaad. [32]Seus irmãos
eram dois mil e setecentos homens va-
lorosos, chefes de famílias; o rei Davi os
nomeou inspetores dos rubenitas, dos
gaditas e da meia tribo de Manassés
para todas as coisas referentes a Deus
e aos interesses do rei.

27 **Organização do reino.** [1]Esta
é a lista dos israelitas segundo
seu número, os chefes das famílias, os
comandantes de esquadrões de mil e
de cem e seus oficiais a serviço do rei
em tudo o que se referia às divisões
que entravam e saíam cada mês, du-
rante todos os meses do ano. Cada di-
visão tinha vinte e quatro mil homens.

[2]À frente da primeira divisão,* de-
signada para o primeiro mês, estava
Jesboam, filho de Zabdiel. Sua divisão
tinha vinte e quatro mil homens. [3]Era
um dos filhos de Farés e estava à frente
de todos os oficiais do exército para o
primeiro mês. [4]À frente da divisão do
segundo mês* estava Dudi, o aoíta, e
sua divisão, comandada por Macelot;
contava vinte e quatro mil homens. [5]O
oficial da terceira divisão,* designada
para o terceiro mês, era Banaías, filho
de Joiada, sumo sacerdote. Sua divisão
tinha vinte e quatro mil homens. [6]Este
Banaías era um dos trinta valentes e es-
tava à frente dos Trinta. Em sua divisão
estava também seu filho Amizabad. [7]O
quarto, designado para o quarto mês,*
era Asael, irmão de Joab; seu filho Za-

* **26**,13. 9,24 | 27. 18,11; Nm 31,48-54 | 29. 15,22; 27,17 | **27**,2. 11,11 | 4. 11,12 | 5. 12,27 | 7. 2Sm 2,18-23

badias lhe sucedeu. Sua divisão tinha
vinte e quatro mil homens. 8O quinto,
designado para o quinto mês, era o
oficial Samaot, o jezraíta. Era responsá-
vel por uma divisão de vinte e quatro
mil homens. 9O sexto, designado para
o sexto mês, era Ira, filho de Aces, de
Técua; era responsável por uma divi-
são de vinte e quatro mil homens. 10O
sétimo, designado para o sétimo mês,
era Heles, o felonita, dos descenden-
tes de Efraim; era responsável por uma
divisão de vinte e quatro mil homens.
11O oitavo, designado para o oitavo
mês, era Sobocai, de Husa, zaraíta; era
responsável por uma divisão de vinte
e quatro mil homens. 12O nono, desig-
nado para o nono mês, era Abiezer de
Anatot, benjaminita; era responsável
por uma divisão de vinte e quatro mil
homens. 13O décimo, designado para o
décimo mês, era Maarai, de Netofa, za-
raíta; era responsável por uma divisão
de vinte e quatro mil homens. 14O déci-
mo primeiro, designado para o décimo
primeiro mês, era Banaías, filho de Fa-
raton, dos descendentes de Efraim; era
responsável por uma divisão de vinte e
quatro mil homens. 15O décimo segun-
do, designado para o décimo segundo
mês, era Holdai, de Netofa, da estirpe
de Otoniel; era responsável por uma
divisão de vinte e quatro mil homens.

16Com relação às tribos de Israel: de
Rúben era chefe Eliezer, filho de Zecri;
de Simeão, Safatias, filho de Maaca;
17de Levi, Hasabias, filho de Camuel; de
Aarão, Sadoc; 18de Judá, Eliú, um dos
irmãos de Davi; de Issacar, Amri, filho
de Miguel; 19de Zabulon, Jesmaías, filho
de Abdias; de Neftali, Jerimot, filho de
Oziel; 20de Efraim, Oseias, filho de Oza-
zias; da meia tribo de Manassés, Joel,
filho de Fadaías; 21da meia tribo de Ma-
nassés, em Galaad, Jado, filho de Zaca-
rias; de Benjamim, Jesiel, filho de Abner;
22de Dã, Ezriel, filho de Jeroam. Estes fo-
ram os chefes das tribos de Israel.

23Davi não fez o recenseamento dos
que tinham menos de vinte anos, por-
que Javé dissera que multiplicaria Israel
como as estrelas do céu. 24Joab, filho
de Sárvia, começara o recenseamento,
mas não o terminou, porque a grande
ira se abateu sobre Israel por causa dis-
so, e o número não foi registrado nos
Anais do rei Davi.

25Azmot, filho de Adiel, era o encar-
regado dos tesouros do rei. Jônatas,
filho de Ozias, era o encarregado dos
armazéns nos campos, nas cidades,
nas aldeias e nas torres. 26Responsável
pelos lavradores dos campos e empre-
gados no cultivo da terra: Ezri, filho de
Quelub. 27Responsável pelas vinhas:
Semei, de Ramá. Responsável pelo pro-
duto das vinhas depositado nas ade-
gas: Zabdi, de Sefam. 28Responsável
pelas oliveiras e sicômoros na Planície:
Baalanã, de Gader. Responsável pelas
reservas de azeite: Joás. 29Responsável
pelo gado que pastava em Saron: Se-
trai, de Saron. Responsável pelo gado
nos vales: Safat, filho de Adli. 30Res-
ponsável pelos camelos: Ubil, ismaelita.
Responsável pelas jumentas: Jadias, de
Meranot. 31Responsável pelos reba-
nhos de ovelhas: Jaziz, o agareno. To-
dos estes foram administradores dos
bens pertencentes a Davi.

32Jônatas, tio de Davi, conselheiro,
homem inteligente e escriba, era o en-
carregado dos filhos do rei junto com
Jaiel, filho de Hacamon. 33Aquitofel*
era conselheiro do rei. Cusai, o araqui-
ta, era amigo do rei. 34Joiada, filho de
Banaías, e Abiatar sucederam a Aquito-
fel. Joab era o comandante do exército
do rei.

28 **Instruções de Davi para a construção do templo.**

1Davi
reuniu em Jerusalém todos os chefes
de Israel: os chefes das tribos, os che-
fes das divisões a serviço do rei, os co-
mandantes de esquadrões de mil e de
cem, os chefes encarregados de todo
o patrimônio, do gado do rei e de seus
filhos, como também os funcionários,
os homens valorosos e todos os guer-
reiros valentes. 2O rei Davi levantou-se
e, de pé, declarou:

---

* **27**,33. 2Sm 15,31s; 16,17 | **28**,2. Sl 132,7

"Escutai-me, meus irmãos* e meu povo. Eu tinha a intenção de edificar uma casa onde repousasse a arca da aliança de Javé, para pedestal de nosso Deus. Fiz os preparativos para a construção, 3mas Deus me disse: 'Não construirás uma casa* para meu nome, pois foste homem de guerra e derramaste sangue'.

4Dentre toda a família de meu pai, foi a mim que Javé, o Deus de Israel, escolheu para ser rei de Israel para sempre. Com efeito, foi Judá que ele escolheu como chefe, foi minha família que ele escolheu na casa de Judá e, entre os filhos de meu pai, foi a mim que ele elegeu para constituir-me rei sobre todo o Israel. 5Dentre todos os meus filhos – pois Javé me deu muitos – é meu filho Salomão que ele escolheu para ocupar o trono da realeza de Javé sobre Israel. 6Ele me disse: 'É teu filho* Salomão que construirá minha casa e meus átrios, pois eu o escolhi como filho e serei para ele um pai. 7Consolidarei seu reino para sempre, se ele continuar a cumprir fielmente, como faz hoje, meus mandamentos e minhas normas'.

8E agora, ante os olhos de todo o Israel, a assembleia de Javé, diante de nosso Deus que nos ouve, guardai e observai todos os mandamentos de Javé, vosso Deus, a fim de possuirdes esta boa terra e a transmitirdes depois de vós para sempre como herança a vossos filhos.*

9E tu, Salomão, meu filho, reconhece o Deus de teu pai e serve-o de todo o coração, com ânimo disposto, pois Javé sonda todos os corações e penetra todos os desígnios do pensamento. Se o procurares, ele se deixará encontrar por ti, mas se o abandonares, ele te rejeitará para sempre. 10Considera, pois, que Javé te escolheu para lhe construíres uma casa para santuário. Sê forte e mãos à obra!"

11Davi deu a seu filho Salomão o modelo do pórtico, dos edifícios, dos armazéns, das salas superiores, dos aposentos interiores e da sala do propiciatório. 12Deu-lhe também a descrição de tudo o que tinha em mente sobre os átrios do templo de Javé, as salas ao redor, os tesouros* do templo de Deus e os tesouros das coisas sagradas; 13as classes dos sacerdotes e dos levitas, todos os cargos do serviço do templo de Javé e todos os utensílios para o serviço do templo de Javé. 14Para as coisas de ouro, entregou a quantidade devida de ouro para todos os utensílios de cada serviço, e para os utensílios de prata, a quantidade devida para todos os utensílios de cada serviço. 15Entregou a quantidade devida de ouro para os candelabros de ouro e suas lâmpadas de ouro, a quantidade devida para cada candelabro com suas lâmpadas. Fez o mesmo para os candelabros de prata: deu a quantidade devida para cada candelabro e suas lâmpadas, de acordo com a função de cada candelabro. 16Também entregou a quantidade devida de ouro para cada uma das mesas da apresentação dos pães e a prata para as mesas de prata. 17Também entregou ouro puro para os garfos, as bacias* e os copos. Para as taças de ouro, entregou a quantidade devida de ouro para cada taça, e para as taças de prata, a quantidade devida de prata. 18Além disso, entregou a quantidade devida de ouro puro para o altar do incenso e para o modelo do carro de ouro dos querubins que estendem suas asas e cobrem a arca da aliança de Javé. 19Disse Davi: "Tudo isto me foi dado por escrito pela mão de Javé para fazer-me compreender todos os detalhes do modelo".†

20Disse ainda Davi a seu filho Salomão: "Sê forte e corajoso, age sem medo e não desanimes, pois Javé Deus, meu Deus, está contigo. Ele não te deixará nem te abandonará, até que tenhas concluído todo o trabalho para o serviço da casa de Javé. 21Eis aí as clas-

* **28**,3. 22,8 | 6. 17,12s; 22,10s | 8. Dt 4,5 | 12. Ez 42; 26,20 | 17. Nm 4,14; Êx 27,3

† **28**,19. O santuário terrestre era considerado cópia do santuário celeste, do qual Deus dava o modelo. Assim como deu a Moisés o modelo da tenda, Êx 25,9.40, assim dá a Davi o modelo do templo.

ses dos sacerdotes e dos levitas para todo o serviço da casa de Deus. Todos os voluntários hábeis em qualquer especialidade te ajudarão em toda esta obra; os oficiais e todo o povo estão às tuas ordens".

29 **Ofertas para o templo.** [1]O rei Davi disse então a toda a assembleia: "Meu filho Salomão, o escolhido por Deus, é jovem e imaturo, ao passo que a obra é imensa, pois este palácio não se destina a um homem, mas a Javé Deus. [2]Empenhei todos os meus esforços, preparando para a casa de meu Deus: o ouro para o que deve ser de ouro, a prata para o que deve ser de prata, o bronze para o que deve ser de bronze, o ferro para o que deve ser de ferro, a madeira para o que deve ser de madeira; pedras de ônix, pedras de engaste, pedras ornamentais, pedras de diversas cores, toda espécie de pedras preciosas e grande quantidade de mármore. [3]Ademais, pelo amor que tenho à casa de meu Deus, dou à casa de meu Deus o ouro e a prata que possuo, além daquele que preparei para o santuário: [4]três mil talentos de ouro, de ouro de Ofir, e sete mil talentos de prata para o revestimento das paredes internas; [5]ouro para o que deve ser de ouro, prata para o que deve ser de prata e para os trabalhos manuais a serem feitos pelos artesãos. Quem hoje está disposto a trazer ofertas voluntárias para consagrá-las a Javé?" [6]Os chefes das famílias, os chefes das tribos de Israel, os chefes de esquadrões de mil e de cem e os administradores dos negócios do rei se prontificaram a fazer ofertas. [7]Deram para o serviço da casa de Deus cinco mil talentos de ouro,* dez mil dáricos, dez mil talentos de prata, dezoito mil talentos de bronze e cem mil talentos de ferro. [8]E os que possuíam pedras preciosas ofertaram-nas ao tesouro da casa de Javé, entregando-as a Jaiel, o gersonita. [9]O povo alegrou-se com suas ofertas voluntárias, pois foi de todo o coração que eles assim fizeram ofertas voluntárias a Javé; também o rei Davi sentiu grande alegria.

Ação de graças de Davi. [10]Davi bendisse então a Javé na presença de toda a assembleia. Disse ele:

"Bendito sejais, Javé,
Deus de nosso pai Israel,
desde sempre e para sempre!
[11]É vossa, Javé, a grandeza, a força,
a glória, a majestade e o esplendor,
pois tudo no céu e na terra vos pertence.
É vossa, Javé, a realeza
e a soberania sobre todas as coisas.
[12]De vós emanam riqueza e glória;
sois o Senhor de tudo.
Em vossa mão, força e poder;
em vossa mão, o poder de tudo elevar e de tudo fortalecer.
[13]Por isso, ó nosso Deus, agora vos damos graças
e louvamos vosso Nome glorioso.
[14]Pois quem sou eu e quem é meu povo para sermos capazes de fazer tais ofertas voluntárias? Porque tudo vem de vós, e vos ofertamos o que recebemos de vossa mão. [15]Diante de vós somos estrangeiros e peregrinos como todos os nossos pais; nossos dias na terra são como a sombra e não há esperança. [16]Javé, nosso Deus, toda esta fartura de coisas que prepamos para a construção de uma casa para vós, para vosso santo nome, provém de vossa mão, e tudo vos pertence. [17]Sei, ó meu Deus, que provais os corações e que amais a retidão; e foi na retidão de meu coração que fiz todas estas ofertas; e agora vejo com alegria teu povo, aqui presente, fazer-te estas ofertas espontâneas. [18]Javé, Deus de Abraão, de Isaac e de Israel, nossos pais, conservai para sempre no coração de vosso povo estas disposições e sentimentos e dirigi seus corações para vós. [19]A meu filho Salomão dai um coração íntegro para que guarde vossos mandamentos, vossos testemunhos e vossos estatutos, para que ele os ponha todos em prática e construa este edifício para o qual fiz os preparativos".

*** 29**,7. Nm 7

[20]Depois Davi disse a toda a assembleia: "Bendizei, pois, a Javé, vosso Deus!" E toda a assembleia bendisse a Javé, Deus de seus pais, ajoelhou-se e prostrou-se diante de Deus e diante do rei.

Salomão sobe ao trono. [21]No dia seguinte os israelitas ofereceram sacrifícios e holocaustos a Javé: mil touros, mil carneiros, mil cordeiros com as respectivas libações e grande quantidade de sacrifícios por todo o Israel. [22]Nesse dia comeram e beberam diante de Javé* com grande alegria. De novo proclamaram rei a Salomão, filho de Davi, e o ungiram, consagrando-o a Javé como chefe, e ungiram Sadoc como sacerdote. [23]Salomão assentou-se no trono de Javé para reinar no lugar de Davi, seu pai. Prosperou e todo o Israel lhe obedeceu. [24]Todos os oficiais, todos os homens valentes e também todos os filhos de Davi submeteram-se ao rei Salomão. [25]À vista de todo o Israel, Javé engrandeceu sobremaneira a Salomão e deu-lhe a glória de uma realeza tal que nenhum rei de Israel antes dele havia tido.

Morte de Davi. [26]Assim Davi, filho de Jessé,* reinou sobre todo o Israel. [27]Seu reinado sobre Israel durou quarenta anos: em Hebron reinou sete anos e em Jerusalém, trinta e três anos. [28]Morreu numa feliz velhice, saciado de anos, de riquezas e de glória. Seu filho Salomão reinou em seu lugar. [29]A história do rei Davi, do começo ao fim, está registrada nas crônicas de Samuel, o vidente, nas crônicas do profeta Natã e nas crônicas de Gad, o vidente†, [30]com tudo o que se refere a seu reino, a seu poder e aos fatos que aconteceram com ele, com Israel e com todos os reinos dos outros países.

* **29**,22. 1Rs 1,39 | 26. 1Rs 2,11

† **29**,29. O autor usou fontes que não chegaram até nós. Destas três obras só conhecemos aquilo que foi incorporado aos livros de Samuel e dos Reis.

SEGUNDO LIVRO DAS CRÔNICAS

I. REINADO DE SALOMÃO (1–9)†

1 Primeiros atos de Salomão. 1Salomão, filho de Davi, consolidou-se em sua realeza. Javé, seu Deus, estava com ele e muito o engrandeceu. 2Salomão mandou ordens a todo o Israel, aos comandantes de esquadrões de mil e de cem, aos magistrados e a todos os príncipes de todo o Israel, chefes das famílias. 3Depois Salomão com toda a assembleia* dirigiu-se para o lugar alto de Gabaon, porque lá se achava a tenda da reunião de Deus, erguida no deserto por Moisés,* servo de Javé. 4Mas Davi tinha transladado a arca de Deus de Cariat-Iarim até o lugar que lhe havia preparado; com efeito, erguera para ela uma tenda em Jerusalém. 5O altar de bronze feito por Beseleel, filho de Uri, filho de Hur,* lá estava diante da habitação de Javé. Salomão e a assembleia foram lá consultá-lo. 6Ali Salomão, na presença de Deus, subiu ao altar de bronze que estava diante da tenda da reunião e ofereceu mil holocaustos†.

Salomão pede a sabedoria. 7Naquela noite, Deus apareceu a Salomão e lhe disse: "Pede o que queres que eu te dê". 8Salomão respondeu a Deus: "Vós demonstrastes grande amor para com meu pai Davi e me fizestes reinar em seu lugar. 9Agora, Javé Deus, cumpra-se vossa promessa feita a meu pai Davi, pois me estabelecestes rei sobre um povo tão numeroso como o pó da terra. 10Concedei-me sabedoria e inteligência para que eu possa conduzir este povo; pois quem poderia governar este teu povo tão grande?"

11Deus disse a Salomão: "Já que é este teu desejo e não pediste nem riqueza, nem tesouros, nem glória, nem a vida de teus inimigos; já que nem mesmo pediste vida longa, mas pediste sabedoria e inteligência para governar meu povo sobre o qual te constituí rei, 12a sabedoria e a inteligência te são concedidas. Eu te darei também riqueza, tesouros e glória como não teve nenhum dos reis* que te precederam nem terão os que vierem depois de ti".

13Salomão deixou o lugar alto de Gabaon* e a tenda da reunião, foi para Jerusalém e começou a reinar sobre Israel. 14Reuniu carros e cavalos; chegou a possuir mil e quatrocentos carros e doze mil cavalos; ele os colocou nas cidades destinadas aos carros e perto do rei, em Jerusalém. 15O rei fez com que a prata e o ouro fossem tão comuns em Jerusalém quanto as pedras, e o cedro tão abundante como os sicômoros na Planície. 16Os cavalos de Salomão eram importados do Egito e da Cilícia; os comerciantes do rei compravam-nos na Cilícia pelo preço estipulado. 17Importavam também do Egito um carro por seiscentos siclos de prata e um cavalo por cento e cinquenta siclos; da mesma forma, por meio daqueles comerciantes, os exportavam a todos os reis dos heteus e aos reis de Aram.

18Salomão decidiu construir um templo para o nome de Javé e um palácio para si.

2 Preparativos para a construção do templo. 1Salomão contratou* setenta mil homens para o transporte, oitenta mil para extrair pedras nas montanhas e três mil e seiscentos supervisores.

2Depois Salomão mandou dizer a Hiram, rei de Tiro: "Como fizeste com meu pai Davi, ao qual enviaste cedro para edificar uma casa* para ele morar, faze-o também comigo. 3Resolvi edifi-

---

* **1**,3. 1Rs 3,4-15 / 1Cr 16,39; 21,29 | 5. 1Cr 2,20 | 12. Mt 6,33 | 13. 1Rs 10,26-33; 2Cr 9,22-27 | **2**,1. 2,17; 1Rs 5,29s | 2. 1Cr 14,1 | 3. Nm 20,12; 17,5; Lv 24,6; Nm 28-29

† **I**. O Cronista omite tudo o que lhe parece menos digno do rei sábio e glorioso: as lutas sangrentas que marcaram sua subida ao trono, seus amores proibidos e seus fracassos na política externa e interna. | 6. O culto do templo será a continuação da liturgia do período do deserto. Ver 8,13.

car um templo ao nome de Javé, meu Deus, para consagrá-lo a ele, a fim de queimar diante dele incenso aromático, oferecer continuamente os pães da apresentação* e holocaustos de manhã e de tarde, aos sábados, nas luas novas e nas solenidades de Javé, nosso Deus, o que é lei perpétua para Israel. [4]A casa que vou construir há de ser grande, porque nosso Deus é maior que todos os deuses. [5]Mas quem seria capaz de lhe construir uma casa, se os céus e os céus dos céus não o podem conter? E eu, quem sou para construir-lhe uma casa, embora seja apenas para queimar incenso em sua presença? [6]Envia-me, por favor, um homem perito em trabalhar o ouro, a prata, o bronze, o ferro, a púrpura carmesim e violeta e que saiba fazer obras de entalhe; ele trabalhará com os artesãos que tenho comigo em Judá e em Jerusalém e que Davi, meu pai, preparou. [7]Envia-me do Líbano troncos de cedro, de cipreste e de sândalo, pois sei que teus servos sabem cortar as madeiras do Líbano. Meus servos trabalharão com os teus, [8]para me prepararem madeira em grande quantidade, pois a casa que quero construir será grande e maravilhosa. [9]A teus servos, que vão cortar e lavrar a madeira, darei vinte mil coros de trigo, vinte mil coros de cevada, vinte mil batos de vinho e vinte mil batos de azeite".

Tratado com Hiram. [10]Numa carta que enviou a Salomão, Hiram, rei de Tiro, respondeu: "É porque ama seu povo que Javé te fez reinar sobre ele". [11]Depois acrescentou: "Bendito seja Javé, o Deus de Israel, que fez os céus e a terra e deu ao rei Davi um filho sábio, sensato e prudente, que vai construir uma casa para Javé e um palácio para si próprio. [12]Envio-te um homem hábil e entendido, Hiram-Abi, [13]filho de uma descendente de Dã e de um pai de Tiro. Sabe trabalhar* o ouro, a prata, o bronze, o ferro, a pedra, a madeira, a púrpura, o tecido violeta, o linho fino, o carmesim, e sabe fazer toda espécie de entalhe e executar qualquer projeto que lhe for proposto. Ele trabalhará com teus artesãos e com os de Davi, teu pai. [14]Agora, pois, que meu senhor envie a seus servos o trigo, a cevada, o azeite e o vinho prometidos. [15]Nós cortaremos no Líbano toda a madeira de que terás necessidade e a levaremos pelo mar em balsas até Jope, e tu a farás subir até Jerusalém".*

[16]Salomão fez o recenseamento de todos os estrangeiros que residiam no território de Israel, depois do censo que fizera Davi seu pai, e acharam-se cento e cinquenta e três mil e seiscentos. [17]Destinou setenta mil deles como carregadores, oitenta mil para extrair pedras na montanha e três mil e seiscentos como supervisores dos trabalhos dessa gente.

3 **A construção do templo.** [1]Salomão começou, então, a construção* do templo de Javé em Jerusalém, sobre o monte Moriá†, que fora indicado a seu pai Davi, no lugar preparado por Davi* na eira de Ornã, o jebuseu. [2]Salomão começou a construir no segundo mês do quarto ano de seu reinado. [3]Foram estas as medidas dos alicerces que Salomão lançou para construir o templo de Deus: tinha sessenta côvados de comprimento, segundo a medida antiga, e vinte de largura. [4]O pórtico* na frente do templo tinha vinte côvados de comprimento, igualando à largura do edifício, e tinha uma altura de cento e vinte côvados. Salomão revestiu seu interior de ouro puro. [5]Quanto à grande sala, revestiu-a de madeira de cipreste, que recobriu de ouro puro e mandou esculpir por cima palmeiras e guirlandas. [6]Revestiu esta sala com uma decoração de pedras preciosas; o ouro era de Parvaim. [7]Recobriu de ouro

---

* **2**,13. 1Rs 7,14; Êx 31,2s | 15. 1Rs 5,23-26; 1Cr 22,2 | **3**,1. 1Rs 6 / 1Cr 21,15s | 4. Ez 40,5

† **3**,1. Local do sacrifício de Abraão e Isaac, Gn 22,2. A construção do templo demorou sete anos e meio, 1Rs 6,37s. | 7. A fachada do templo estava voltada para o sol nascente. O santuário tinha duas partes: o santo e o santo dos santos. Nelas não entrava o povo, que ficava nos pátios diante do templo: o primeiro era reservado aos sacerdotes e o segundo era do povo. No tempo de Herodes acrescentaram o pátio das mulheres e o dos gentios.

a sala, as vigas, os umbrais, as paredes
e as portas, e depois mandou esculpir
querubins nas paredes†.
8 A seguir, construiu a sala do san-
tuário interior, cujo comprimento era
de vinte côvados, correspondendo à
largura do templo, e cuja largura era
de vinte côvados. Recobriu-a com ouro
puríssimo, avaliado em seiscentos ta-
lentos; 9 os pregos de ouro pesavam
cinquenta siclos. Forrou de ouro tam-
bém as salas superiores. 10 Para a sala
do santuário interior mandou esculpir
dois querubins e revestiu-os de ouro.
11 As asas dos querubins tinham vinte
côvados de comprimento. A asa de um
tinha cinco côvados e chegava até uma
parede da sala; e a outra asa, de cinco
côvados, tocava a asa do outro que-
rubim. 12 A asa do outro querubim, de
cinco côvados, também chegava até a
parede da sala; e a outra asa, de cinco
côvados, tocava a asa do outro queru-
bim. 13 As asas desses querubins, esten-
didas, mediam vinte côvados. Estavam
colocados de pé, com as faces voltadas
para o interior do templo.
14 Mandou fazer a cortina de púrpura
violeta, escarlate, carmesim e de linho
puro; e nela mandou bordar querubins.
15 Diante do templo fez duas colu-
nas* de trinta e cinco côvados de altu-
ra, encimadas por um capitel de cinco
côvados. 16 Fez correntes à maneira de
guirlandas, que mandou colocar no
alto das colunas, e fez cem romãs para
colocar nas correntes. 17 Erigiu as colu-
nas diante do lugar santo, uma à direita
e a outra à esquerda, dando o nome
de Jaquin à da direita, e de Booz à da
esquerda†.

4 **A mobília do templo.** 1 Fabricou
um altar de bronze com vinte cô-
vados de comprimento, vinte de largu-
ra e dez de altura. 2 Fez o mar de metal
fundido,* medindo dez côvados de
uma borda à outra, de forma circular,
com cinco côvados de altura e trinta
côvados de circunferência†. 3 Por baixo
de sua borda, ao redor, havia figuras
semelhantes a bois, dez em cada côva-
do, dispostos em duas fileiras ao redor
do mar, os quais tinham sido fundidos
numa só peça com ele. 4 O mar repou-
sava sobre doze bois, dos quais três es-
tavam voltados para o norte, três para
o oeste, três para o sul e três para o
leste. O mar se apoiava sobre eles, e a
parte posterior de seus corpos estava
voltada para o interior. 5 Sua espessu-
ra era de um palmo, e sua borda tinha
a mesma forma que a borda de uma
taça, como uma flor de lírio. Sua capa-
cidade era de três mil batos.
6 Fez dez bacias* e colocou cinco à
direita e cinco à esquerda, para nelas
se lavar o que servia para o holocausto,
mas era no mar que os sacerdotes se
lavavam. 7 Fez os dez candelabros* de
ouro, segundo as normas prescritas, e
os colocou no templo, cinco à direita
e cinco à esquerda. 8 Fez dez mesas* e
instalou-as no templo, cinco à direita
e cinco à esquerda; e fez também cem
bacias de ouro.
9 Construiu o pátio dos sacerdotes*
e o pátio grande, como também suas
portas, que mandou revestir de bron-
ze. 10 Colocou o mar à direita, para o
lado* sudeste. 11 Hiram fez as panelas,
as pás e as bacias. Assim terminou a
obra de que o encarregara o rei Salo-
mão para o templo de Deus: 12 as duas
colunas, os dois globos* dos capitéis
que estavam no alto das colunas, as
duas redes para cobrir os dois globos
dos capitéis que estavam no alto das
colunas; 13 as quatrocentas romãs para
as duas redes, isto é, duas fileiras de
romãs para cada rede, para cobrir os
dois globos dos capitéis que estavam
no topo das colunas; 14 ele fez as bases
e as dez bacias sobre as bases; 15 o mar
único com os doze bois embaixo; 16 as
panelas, as pás, os garfos e todos os
utensílios que Hiram-Abi fez de bron-
ze polido para o rei Salomão, para o
templo de Javé. 17 Foi na planície do
Jordão, entre Sucot e Sardata, em ter-

---

* **3**,15. 1Rs 7,15-22 | **4**,2. 1Rs 7,23-26 | 6. 1Rs 7,38s | 7. 1Rs 7,49 | 8. 1Cr 28,16 | 9. 1Rs 7,50 | 10. 1Rs 7,12
† **3**,17. Ver a nota em 1Rs 7,21. | **4**,2. Ver a nota em 1Rs 7,23.

ra argilosa, que o rei os mandou fundir. [18]Salomão fez todos esses objetos em tal quantidade que não se podia calcular o peso do bronze.

[19]Salomão fez todos os objetos destinados ao templo de Deus: o altar de ouro e as mesas sobre as quais estavam os pães da apresentação; [20]os candelabros, com suas lâmpadas de ouro puro, para serem acesas, conforme a lei, perante o santuário interior; [21]as flores, as lâmpadas, as tenazes, de ouro, e era ouro puro; [22]as facas, as taças, as colheres e os incensórios, de ouro puro. Quanto às portas do templo, as portas interiores para o santuário interior e as portas do lugar santo eram de ouro.

5 [1]Assim ficou terminada toda a obra que Salomão executou para a casa de Javé; e Salomão mandou trazer o que seu pai Davi havia consagrado: a prata, o ouro e todos os utensílios, e colocou-os no tesouro da casa de Deus.

Trasladação da arca da aliança. [2]Então, Salomão reuniu* em Jerusalém os anciãos de Israel, todos os chefes das tribos e os chefes das famílias dos israelitas, para fazer subir da Cidade de Davi, que é Sião, a arca da aliança de Javé. [3]Todos os homens de Israel se congregaram junto do rei, na festa do sétimo mês. [4]Vieram todos os anciãos de Israel, e foram os levitas que carregaram a arca. [5]Transportaram a arca e a tenda da reunião com todos os objetos sagrados que nela estavam; foram os sacerdotes-levitas que os transportaram.

[6]O rei Salomão e toda a comunidade de Israel reunida junto dele, diante da arca, imolaram ovelhas e bois em quantidade tal que não se podia contar nem calcular. [7]Os sacerdotes conduziram a arca da aliança de Javé a seu lugar, ao santuário interior do templo, a saber, a lugar santíssimo, sob as asas dos querubins. [8]Os querubins estendiam suas asas sobre o lugar da arca, cobrindo a arca e seus varais. [9]Estes eram tão longos que do lugar santo, defronte do santuário interior, se viam suas extremidades no prolongamento da arca, mas não fora daí; eles aí permanecem até hoje. [10]Na arca nada havia, exceto as duas tábuas que Moisés, no Horeb, aí tinha colocado, quando Javé concluiu uma aliança com os israelitas na saída do Egito.

Deus toma posse do templo. [11]Ora, quando os sacerdotes* saíram do santuário – pois todos os sacerdotes que lá estavam se haviam santificado sem observar a ordem das classes – [12]e os levitas cantores* em sua totalidade, Asaf, Emã e Iditun, com seus filhos e irmãos, vestidos de linho puro, portando címbalos, harpas e cítaras, permaneciam de pé a oriente do altar, e com eles cento e vinte sacerdotes que tocavam trombetas, [13]aconteceu que, quando os que tocavam trombetas e os cantores, bem juntos, se fizeram ouvir em uníssono louvando e dando graças a Javé, quando levantaram a voz junto com as trombetas, os címbalos e os outros instrumentos para celebrar a Javé "porque ele é bom, porque eterno é seu amor", então o templo, o templo de Javé, se encheu com uma nuvem, [14]e os sacerdotes não puderam continuar sua função por causa da nuvem, pois a glória de Javé enchia a casa de Deus.

6 **A dedicação do templo.** [1]Então disse Salomão:

"Javé declarou que habitaria na obscuridade.

[2]Mas eu construí para vós uma sublime morada,

um lugar onde habitareis para sempre".

Discurso de Salomão. [3]Depois o rei se voltou* e abençoou toda a assembleia de Israel, enquanto toda a assembleia de Israel se mantinha de pé; [4]e ele disse: "Bendito seja Javé, Deus de Israel, que realizou com poder o que com sua boca prometeu a meu pai Davi, dizendo: [5]'Desde quando fiz sair meu povo

---

* **5**,2. 1Rs 8,1-9 | 11. 1Rs 8,10-13 | 12. 1Cr 24 | **6**,3. 1Rs 8,14-21

do Egito, não escolhi uma cidade, dentre todas as tribos de Israel, para nela se construir um templo onde habitaria meu nome, e não escolhi um homem para ser chefe de Israel, meu povo. [6]Mas escolhi Jerusalém para que meu nome aí estivesse e escolhi Davi para comandar Israel, meu povo'.

[7]Meu pai Davi teve a intenção de construir uma casa para o nome de Javé, Deus de Israel, [8]mas Javé disse a meu pai Davi: 'Planejaste edificar uma casa para meu nome, e fizeste bem ao conceber tal projeto. [9]Contudo, não serás tu quem edificará esta casa, e, sim, teu filho, saído de tuas entranhas, que construirá a casa para meu nome'. [10]Javé realizou a palavra que dissera: sucedi a meu pai Davi e tomei posse do trono de Israel como prometera Javé; construí a casa para o nome de Javé, Deus de Israel, [11]e nela coloquei a arca, na qual se acha a aliança que Javé concluiu com os israelitas".

Oração de Salomão. [12]Em seguida, Salomão postou-se diante do altar de Javé, na presença de toda a assembleia de Israel, e estendeu as mãos†. [13]Ora, Salomão mandara* fazer uma tribuna de bronze, de cinco côvados de comprimento, cinco de largura e três de altura, que pusera no meio da esplanada. Salomão subiu à tribuna e se ajoelhou diante de toda a assembleia de Israel. Estendeu as mãos para o céu [14]e disse:

"Javé, Deus de Israel! Não existe nenhum Deus semelhante a vós, nem no céu e nem na terra; vós que guardais a aliança e o amor para com vossos servos que caminham de todo o coração diante de vós. [15]Cumpristes para com vosso servo Davi, meu pai, a promessa que lhe havíeis feito, e o que dissestes com vossa boca executastes com poder, como hoje se vê. [16]E agora, Javé, Deus de Israel, mantende a vosso servo Davi, meu pai, a promessa que lhe fizestes, ao dizer: 'Jamais te faltará um descendente que se assente diante de mim no trono de Israel, contanto que teus filhos atendam a seu procedimento e sigam minha lei como procedeste diante de mim'. [17]Agora, pois, Javé, Deus de Israel, que se cumpra a palavra que dissestes a vosso servo Davi! [18]Mas será verdade que Deus habita com os homens nesta terra? Se os céus e os céus dos céus não vos podem conter, muito menos esta casa que construí! [19]Todavia, sede atento à prece e à súplica de vosso servo, Javé, meu Deus; escuta o clamor e a prece que vosso servo faz diante de vós! [20]Que vossos olhos estejam abertos dia e noite sobre esta casa, sobre o lugar onde prometestes colocar vosso nome, para ouvirdes a prece que vosso servo fará voltado para este lugar".

Oração pelo povo. [21]"Escutai as súplicas* de vosso servo e de vosso povo Israel quando rezarem voltados para este lugar. Escutai do céu, do lugar em que residis, escutai e perdoai.

[22]Se alguém pecar contra seu próximo e, porque obrigado a jurar, vier jurar ante vosso altar neste templo, [23]escutai do céu e agi! Fazei justiça a vossos servos: declarai culpado o mau, fazendo recair sobre sua cabeça o peso de sua falta, e declarai inocente o justo, tratando-o segundo sua retidão.

[24]Quando Israel, vosso povo, for vencido pelo inimigo, por haver pecado contra vós, e depois se converter e louvar vosso nome, rezar e suplicar diante de vós neste templo, [25]escutai do céu, perdoai o pecado de Israel, vosso povo, e reconduzi-o ao país que lhe destes a ele e a seus pais.

[26]Quando o céu se fechar e não houver chuva, por terem eles pecado contra vós, se rezarem voltados para este lugar, louvarem vosso nome e se arrependerem de seu pecado, por os terdes afligido, [27]escutai do céu, perdoai o pecado de vossos servos e de Israel, vosso povo – vós lhe ensinareis o caminho reto que devem seguir – e regai com a chuva vossa terra que destes em herança a vosso povo.

---

* **6**,13. 1Rs 8,22-29 | 21. 1Rs 8,30-51

† **6**,12. O israelita rezava de pé, com as mãos erguidas.

[28]Quando o país sofrer a fome, a peste, a mela e a ferrugem; quando sobrevierem os gafanhotos ou os pulgões; quando o inimigo deste povo o sitiar em seu país ou em suas cidades, quando houver qualquer calamidade ou epidemia, [29]toda oração ou súplica que qualquer pessoa ou todo o vosso povo de Israel fizer, tomando consciência cada um de sua chaga e de sua dor, e estendendo as mãos para este templo, [30]escutai do céu onde residis, perdoai e retribuí a cada um segundo seu proceder, pois conheceis seu coração – sois o único que conhece o coração dos homens – [31]a fim de que vos temam e sigam vossos caminhos por todos os dias que viverem sobre a terra que destes a nossos pais.

[32]Mesmo o estrangeiro que não pertencer a Israel, vosso povo, se vier de um país longínquo por causa da grandeza de vosso nome, de vossa mão forte e de vosso braço estendido, para rezar neste templo, [33]escutai do céu onde residis, atendei a todos os pedidos do estrangeiro, a fim de que todos os povos da terra conheçam vosso nome e vos temam como o faz Israel, vosso povo, e saibam eles que este templo que edifiquei é dedicado a vosso nome.

[34]Quando vosso povo sair à guerra contra seus inimigos, na direção à qual o enviardes, e ele rezar a vós voltado para esta cidade que escolhestes e para o templo que construí para vosso nome, [35]escutai do céu sua prece e sua súplica e fazei-lhe justiça.

[36]Quando tiverem pecado contra vós – pois não há pessoa alguma que não peque – e vós, irritado contra eles, os entregardes ao inimigo, e seus vencedores os deportarem para uma terra distante ou próxima, [37]se eles caírem em si, na terra para onde tiverem sido deportados, se converterem e vos suplicarem na terra de seu cativeiro, dizendo: 'Pecamos, agimos mal, cometemos iniquidade', [38]se retornarem a vós de todo o seu coração e de toda a sua alma na terra de seu cativeiro para onde foram deportados, e se rezarem a vós voltados para sua terra que destes a seus pais, para a cidade que escolhestes e para o templo que construí para vosso nome, [39]escutai do céu, do lugar onde residis, sua prece e sua súplica, e fazei-lhes justiça. Perdoai a vosso povo que pecou contra vós".

[40]"Agora, ó meu Deus,* que vossos olhos estejam abertos e vossos ouvidos atentos às orações feitas neste lugar!

[41]E agora,
levantai-vos, Javé Deus,
e vinde para o lugar de vosso repouso,*
vós e a arca de vossa força!
Que vossos sacerdotes, Javé Deus,
se revistam de salvação
e que vossos fiéis se alegrem na felicidade!
[42]Javé Deus, não rejeiteis vosso ungido,
lembrai-vos do amor que tivestes a vosso servo Davi!"

7 **Oferta de sacrifícios.** [1]Quando Salomão* acabou de rezar, desceu fogo do céu, que consumiu o holocausto e os sacrifícios, e a glória de Javé encheu o templo. [2]Os sacerdotes não puderam entrar no templo de Javé, pois a glória de Javé enchia o templo de Javé. [3]Todos os israelitas, vendo o fogo descer e a glória de Javé sobre o templo, prostraram-se com o rosto em terra sobre o pavimento; adoraram e celebraram Javé, "porque ele é bom, porque eterno* é seu amor". [4]O rei e todo o povo ofereceram sacrifícios diante de Javé. [5]O rei Salomão imolou* em sacrifício vinte e dois mil bois e cento e vinte mil ovelhas. Assim o rei, junto com todo o povo, consagrou o templo de Deus. [6]Os sacerdotes exerciam suas funções; assim também os levitas, com os instrumentos musicais consagrados a Javé e feitos por Davi para louvar a Javé, "porque eterno* é seu amor", cada vez que Davi louvava por meio deles. Os sacerdotes tocavam* as trom-

* **6**,40. 1Rs 8,52 | 41. Sl 132,8-11 | **7**,1. 1Cr 21,26; 5,14 | 3. Sl 136,1 | 5. 1Rs 8,62s | 6. Sl 136,s / Nm 10,1-10

betas defronte deles e todo o Israel se mantinha de pé.

7Salomão consagrou* a parte central do pátio que estava diante do templo de Javé, porque foi lá que ele ofereceu os holocaustos e as gorduras dos sacrifícios de comunhão, pois o altar de bronze que Salomão fizera não podia conter o holocausto, as oblações e as gorduras. 8Naquele tempo Salomão celebrou a festa durante sete dias e todo o Israel com ele, uma grande assembleia desde a entrada de Emat até a torrente do Egito. 9No oitavo dia fez-se uma reunião solene, pois haviam celebrado a dedicação do altar durante sete dias e a festa durante outros sete dias. 10No dia vinte e três do sétimo mês Salomão despediu o povo para que voltasse a suas casas, alegre e de coração contente pelo bem que Javé fizera a Davi, a Salomão e a Israel, seu povo.

Javé responde à oração de Salomão. 11Salomão terminou* o templo de Javé e o palácio real, e completou tudo o que tencionava fazer no templo de Javé e em sua casa. 12Javé apareceu, então, de noite a Salomão e lhe disse: "Ouvi tua prece e escolhi este lugar para mim como casa dos sacrifícios. 13Quando eu fechar o céu e não houver chuva, quando eu ordenar aos gafanhotos que devorem o país e quando eu enviar a peste contra meu povo, 14se meu povo, sobre quem foi invocado meu nome, se humilhar, rezar, buscar minha face e se arrepender de sua má conduta, eu escutarei do céu, perdoarei seus pecados e restaurarei seu país. 15Doravante, meus olhos estarão abertos e meus ouvidos atentos à oração feita neste lugar†. 16Para o futuro escolhi e consagrei esta casa, a fim de que meu nome aí esteja para sempre; meus olhos e meu coração estarão ali todos os dias. 17Quanto a ti, se caminhares diante de mim como fez Davi, teu pai, fazendo tudo quanto te ordeno, e se observares meus estatutos e meus decretos, 18consolidarei teu trono real como prometi a teu pai Davi quando disse: 'Jamais te faltará um descendente que reine em Israel'.† 19Mas se vos desviardes, abandonando os estatutos e os mandamentos que vos propus, se fordes servir a outros deuses e lhes prestardes culto, 20eu vos arrancarei de minha terra que vos dei, rejeitarei para longe de minha presença esta casa que consagrei a meu nome e a farei objeto de escárnio e de zombaria entre todos os povos. 21Todo aquele que passar perto desta casa, que era tão excelsa, vai espantar-se e perguntar: 'Por que Javé tratou assim este país e esta casa?' 22E responderão: 'Porque abandonaram Javé, o Deus de seus pais, que os fez sair da terra do Egito, aderiram a outros deuses, adoraram-nos e serviram-nos; por isso fez vir sobre eles todas estas calamidades'".

8 **Obras de Salomão.** 1Passados vinte anos,* durante os quais Salomão construiu o templo de Javé e seu próprio palácio, 2ele reconstruiu as cidades que Hiram lhe havia dado e nelas estabeleceu os israelitas. 3Depois marchou contra Emat de Soba e apoderou-se dela. 4Reconstruiu Tadmor† no deserto e todas as cidades-armazéns por ele edificadas no país de Emat. 5Reconstruiu Bet-Horon superior e Bet-Horon inferior, cidades fortificadas com muros, portas e ferrolhos, 6bem como Baalat, todas as cidades-armazéns pertencentes a Salomão, todas as cidades para os carros e as cidades para a cavalaria, enfim, tudo o que desejou construir em Jerusalém, no Líbano e em todos os países sob seu domínio.

7Toda a população que restava dos heteus, dos amorreus, dos ferezeus,

* **7**,7. 1Rs 8,64ss | 11. 1Rs 9,1-9 | **8**,1. 1Rs 9,10-25

† **7**,15. A igreja é o lugar ideal para a oração: "Não podes rezar em casa como na igreja, onde se encontra o povo reunido, onde o grito é lançado a Deus de um só coração. Há ali algo mais, a união dos espíritos, a harmonia das almas, o vínculo da caridade, as orações dos presbíteros" (S. João Crisóstomo). | 18. A fidelidade do rei e do povo à aliança é condição essencial para obterem o que Deus prometeu. **8**,4. Chamada também Palmira, fica na Síria, 250 km a nordeste de Damasco.

dos heveus e dos jebuseus, que não pertenciam a Israel, [8]e todos os descendentes desses povos que ficaram depois deles no país sem serem exterminados pelos israelitas, Salomão os levou para mão de obra nos trabalhos forçados, como são ainda hoje.

[9]Mas Salomão não utilizou nenhum dos israelitas como escravo para suas obras, pois eles serviam como soldados; eram oficiais de seus escudeiros, comandantes de seus carros e de sua cavalaria. [10]Os chefes dos inspetores do rei Salomão eram em número de duzentos e cinquenta, encarregados de governar o povo.

[11]Salomão transferiu a filha do faraó da Cidade de Davi para a casa que lhe havia construído. Com efeito, ele dizia: "Nenhuma mulher minha pode habitar na casa de Davi, rei de Israel, porque estes lugares nos quais entrou a arca de Javé são sagrados".

[12]Salomão ofereceu, então, holocaustos a Javé sobre o altar de Javé que ele havia edificado diante do pórtico, [13]e o fazia* segundo o número exigido cada dia, oferecendo-os, conforme a ordem de Moisés, nos sábados, nas luas novas e nas três solenidades anuais: a festa dos Ázimos, a festa das Semanas e a festa das Tendas. [14]Ele estabeleceu, segundo a disposição de Davi,* seu pai, as classes sacerdotais para seu serviço, os levitas em sua função para louvar e assistir aos sacerdotes segundo o ritual cotidiano, e os porteiros, segundo sua respectiva classe, em cada porta, pois esta foi a norma de Davi, homem de Deus. [15]Em nenhum outro ponto, nem no que concerne ao tesouro, afastaram-se da norma que o rei dera aos sacerdotes e aos levitas. [16]Assim foi completada toda a obra de Salomão, desde o dia em que foram lançados os alicerces do templo até que ficou concluída. Assim ficou terminado o templo de Javé.

[17]Então Salomão partiu* para Asiongaber e Elat, junto ao mar, no país de Edom. [18]Hiram enviou-lhe, por meio de seus servos, navios e servos que conheciam o mar. Com os servos de Salomão eles foram a Ofir e, de lá, trouxeram quatrocentos e cinquenta talentos de ouro, que entregaram ao rei Salomão.

9 **A rainha de Sabá visita Salomão†.** [1]A rainha de Sabá* ouviu falar da fama de Salomão e veio a Jerusalém para pô-lo à prova por meio de enigmas. Chegou com um cortejo muito numeroso, com camelos carregados de aromas, grande quantidade de ouro e de pedras preciosas. Apresentou-se a Salomão e lhe expôs tudo o que tinha no coração. [2]Salomão respondeu a todas as suas perguntas e nada houve por demais obscuro para ele que não pudesse solucionar. [3]Quando a rainha de Sabá viu a sabedoria de Salomão, o palácio que fizera para si, [4]as iguarias de sua mesa, os aposentos de seus oficiais, o serviço e as vestes de seus domésticos, seus copeiros e seus trajes e os holocaustos que ele oferecia no templo de Javé, ficou fora de si e disse ao rei: [5]"Realmente, era verdade tudo o que ouvi em meu país a respeito de ti e de tua sabedoria! [6]Eu não queria acreditar no que diziam antes de vir e ver com meus próprios olhos: porém, não me disseram nem a metade sobre a grandeza de tua sabedoria: ultrapassas a fama que chegou a meus ouvidos. [7]Feliz tua gente, felizes teus servos que estão continuamente em tua presença e ouvem tua sabedoria! [8]Bendito seja Javé, teu Deus, que se agradou de ti para te colocar sobre seu trono como rei para Javé, teu Deus. É porque teu Deus ama Israel e deseja consolidá-lo para sempre, que ele te constitui rei sobre ele para exerceres o direito e a justiça".

[9]Ela deu ao rei cento e vinte talentos de ouro, uma grande quantidade de aromas e de pedras preciosas. Jamais houve aromas como os que a rainha de Sabá ofereceu ao rei Salomão.

* **8**,13 Nm 28-29; Êx 23,14 | 14. 1Cr 23-26 | 17. 1Rs 9,26ss | **9**,1. 1Rs 10,1-13

† **9**. Ver a nota em 1Rs 10,1.

[10]Os servos de Hiram e os de Salomão,
que trouxeram ouro de Ofir, trouxeram
também madeira de sândalo e pedras
preciosas. [11]Com a madeira de sândalo
o rei fez as escadas do templo de Javé
e do palácio real, liras e harpas para os
cantores; jamais se viu antes coisa igual
no país de Judá. [12]O rei Salomão ofere-
ceu à rainha de Sabá tudo o que ela de-
sejou e pediu, além do equivalente ao
que ela lhe trouxera. Depois ela partiu e
voltou para sua terra com seus servos.

[13]O peso do ouro* que chegava para
Salomão, anualmente, era de seiscen-
tos e sessenta e seis talentos de ouro,
[14]sem contar o que lhe provinha dos
viajantes e comerciantes importadores.
Todos os reis da Arábia e todos os go-
vernadores do país também traziam a
Salomão ouro e prata.

Riquezas de Salomão. [15]O rei Salomão
fez duzentos* escudos grandes de ouro
batido, para cada um dos quais utilizou
seiscentos siclos de ouro batido, [16]e tre-
zentos escudos pequenos de ouro bati-
do, para cada um dos quais empregou
trezentos siclos de ouro, e depositou-os
na casa da Floresta do Líbano. [17]O rei fez
também um grande trono* de marfim,
que revestiu de ouro puro. [18]Esse tro-
no tinha seis degraus e um estrado de
ouro, fixos no trono; de ambos os lados
do assento havia braços e dois leões em
pé perto dos braços. [19]Doze leões esta-
vam colocados à direita e à esquerda,
nos seis degraus. Jamais se fez algo de
semelhante em nenhum reino.

[20]Todas as taças* que Salomão usava
para beber eram de ouro, e toda a bai-
xela da casa da Floresta do Líbano era
de ouro puro; a prata, no tempo do rei
Salomão, não tinha valor. [21]Com efei-
to, o rei tinha navios que iam a Társis
com os servos de Hiram e, de três em
três anos, os navios voltavam de Társis
carregados de ouro, prata, marfim, ma-
cacos e pavões.

[22]O rei Salomão superou em riqueza
e em sabedoria todos os reis da terra.
[23]Todos os reis da terra queriam ser re-
cebidos por Salomão para ouvir a sa-
bedoria que Deus lhe tinha posto no
coração, [24]e cada um trazia anualmente
seu presente: objetos de prata, objetos
de ouro, roupas, armas e aromas, cava-
los e mulas.

[25]Salomão tinha quatro mil* está-
bulos para seus cavalos e seus carros,
e doze mil cavalos, que distribuiu nas
cidades dos carros e junto do rei, em
Jerusalém.

[26]Ele estendeu seu domínio* sobre
todos os reis, desde o rio até o país dos
filisteus e até à fronteira com o Egito.
[27]Fez com que a prata fosse tão co-
mum* em Jerusalém quanto as pedras,
e os cedros tão numerosos como os
sicômoros da Planície. [28]Importavam-
-se para Salomão cavalos do Egito e de
todos os países.

Morte de Salomão. [29]O resto da histó-
ria* de Salomão, do começo ao fim, não
está tudo escrito nas crônicas do pro-
feta Natã, na profecia de Aías de Silo e
nas visões de Ido, o vidente, a respeito
de Jeroboão, filho de Nabat? [30]Salomão
reinou quarenta anos em Jerusalém so-
bre todo o Israel. [31]Depois ele adorme-
ceu com seus pais e foi enterrado na Ci-
dade de Davi, seu pai. Tornou-se rei em
seu lugar seu filho Roboão.

II. REIS DE JUDÁ ATÉ O CATIVEIRO (10–36)

10 **O cisma político†.** [1]Roboão foi
a Siquém,* pois foi lá que todo
o Israel tinha ido para proclamá-lo rei.
[2]Sabendo disso, regressou do Egito Je-
roboão, filho de Nabat, que se encon-
trava no Egito, para onde fugira do rei
Salomão. [3]Mandaram chamá-lo, e ele
veio com todo o Israel.

Disseram assim a Roboão: [4]"Teu pai
tornou pesado nosso jugo; agora, ali-
via a dura servidão de teu pai e o jugo
pesado que ele nos impôs e nós te ser-

* **9**,13. 1Rs 10,14s | 15. 1Rs 10,16s | 17. 1Rs 10,18ss | 20. 1Rs 10,21-25 | 25. 1Rs 5,6; 10,26; 2Cr 1,14 | 26. 1Rs 5,1 | 27. 1Rs 10,27s; 2Cr 1,15 | 29. 1Rs 11,41ss | **10**,1. 1Rs 12,1-19

† **10**. Ver a nota em 1Rs 12,4.

viremos". 5Ele respondeu: "Voltai a mim daqui a três dias". E o povo foi embora. 6O rei Roboão consultou os anciãos que haviam servido a seu pai Salomão durante sua vida e perguntou: "Que me aconselhais a responder a este povo?" 7Eles disseram: "Se te mostrares benévolo para com este povo, se o contentares e lhe dirigires boas palavras, então eles serão para sempre teus servidores". 8Mas ele rejeitou o conselho dos anciãos e consultou os jovens que haviam crescido com ele e estavam a seu serviço. 9Perguntou-lhes: "Que aconselhais que se responda a este povo que me falou assim: 'Alivia o jugo que teu pai nos impôs'?" 10Os jovens, seus companheiros de infância, responderam: "Eis o que dirás ao povo que te disse: 'Teu pai tornou pesado nosso jugo, mas tu, alivia nosso jugo', eis o que responderás: 'Meu dedo mínimo é mais grosso que os rins de meu pai! 11Meu pai vos sobrecarregou com um jugo pesado, mas eu o tornarei mais pesado ainda; meu pai vos castigou com açoites, e eu vos castigarei com escorpiões!'"

12Jeroboão e todo o povo se apresentaram a Roboão no terceiro dia, de acordo com a ordem que ele dera: "Voltai a mim daqui a três dias". 13O rei respondeu-lhes duramente. O rei Roboão rejeitou o conselho dos anciãos 14e, seguindo o conselho dos jovens, falou-lhes assim: "Meu pai tornou vosso jugo pesado, mas eu o tornarei mais pesado ainda; meu pai vos castigou com açoites e eu, com escorpiões". 15Assim, o rei não ouviu o povo: era uma disposição de Deus, para cumprir a palavra que Javé dissera a Jeroboão, filho de Nabat, por intermédio de Aías de Silo. 16Quando todo o Israel viu que o rei não os ouvia, o povo respondeu ao rei:

"Que parte temos com Davi?
Não temos herança com o filho de Jessé.
Cada um para suas tendas, ó Israel!
E agora cuida de tua casa, Davi!"

E todo o Israel voltou para suas tendas. 17Mas Roboão continuou a reinar sobre os israelitas que moravam nas cidades de Judá. 18O rei Roboão enviou Adoram, chefe dos trabalhos forçados, mas os israelitas o apedrejaram e ele morreu; então o rei Roboão subiu depressa a seu carro a fim de fugir para Jerusalém. 19Assim Israel se rebelou contra a casa de Davi até o dia de hoje.

11 **Reinado de Roboão.** 1Quando Roboão chegou* a Jerusalém, convocou a casa de Judá e a de Benjamim, em número de cento e oitenta mil guerreiros escolhidos, para combater Israel e reconquistar o reino para Roboão. 2Mas foi dirigida a Semeías, homem de Deus, esta palavra de Javé: 3"Dize a Roboão, filho de Salomão, rei de Judá, e a todo o Israel que está em Judá e em Benjamim: 4Assim fala Javé: Não subais para combater vossos irmãos; que cada um volte para sua casa, porque o que aconteceu foi por minha vontade". Eles deram ouvidos às palavras de Javé, regressaram e não marcharam contra Jeroboão.

5Roboão ficou morando em Jerusalém e, para defesa, fortificou cidades em Judá. 6Reconstruiu Belém, Etam e Técua, 7Betsur, Soco, Odolam, 8Gat, Maresa, Zif, 9Aduram, Laquis, Azeca, 10Saraá, Aialon, Hebron; eram cidades fortificadas situadas em Judá e em Benjamim. 11Reforçou essas fortalezas e colocou nelas comandantes, bem como depósitos de víveres, de azeite e de vinho. 12Em cada uma dessas cidades pôs escudos e lanças e tornou-as extremamente fortes. Judá e Benjamim permaneceram-lhe fiéis.

O cisma religioso. 13Os sacerdotes e os levitas que se achavam em todo o Israel deixaram seu território e passaram para o lado dele. 14Os levitas, com efeito,* abandonaram suas pastagens e suas propriedades e vieram morar em Judá e em Jerusalém, porque Jeroboão e seus filhos os excluíram do sacerdócio

* **11**,1. 1Rs 12,21-24 | 14. Nm 35,2

de Javé. [15]Jeroboão estabelecera seus próprios sacerdotes para os lugares altos e para os demônios* e os bezerros que tinha fabricado†. [16]Além deles,* também de todas as tribos de Israel os que buscavam de coração a Javé, Deus de Israel, foram a Jerusalém a fim de oferecer sacrifícios a Javé, Deus de seus pais. [17]Assim fortaleceram o reino de Judá e durante três anos apoiaram Roboão, filho de Salomão, porque por três anos ele seguiu o caminho de Davi e de Salomão.

A família de Roboão. [18]Roboão tomou por esposa* Maalat, filha de Jerimot, filho de Davi e de Abigail, filha de Eliab, filho de Jessé. [19]Ela lhe deu à luz os filhos Jeús, Somorias, Zoom. [20]Depois dela,* tomou por esposa Maaca, filha de Absalão, que lhe gerou Abias, Etai, Ziza e Solomit. [21]Roboão amou Maaca, filha de Absalão, mais que todas as outras mulheres e concubinas. Com efeito, ele teve dezoito mulheres e sessenta concubinas, e gerou vinte e oito filhos e sessenta filhas. [22]Roboão fez de Abias, filho de Maaca, o chefe da família, príncipe entre seus irmãos, porque pensava fazê-lo rei. [23]Roboão foi prudente* e distribuiu alguns de seus filhos em todas as regiões de Judá e de Benjamim e em todas as cidades fortificadas; forneceu-lhes víveres em abundância e procurou para eles muitas mulheres.

12 **A infidelidade de Roboão.** [1]Quando o reino foi consolidado e ele sentiu-se forte, Roboão abandonou a lei de Javé, e todo o Israel seguiu* seu exemplo. [2]No quinto ano do reinado de Roboão, o rei do Egito, Sesac†, marchou contra Jerusalém – pois ela fora infiel a Javé – [3]com mil e duzentos carros, sessenta mil cavaleiros e um exército incontável formado de líbios, suquitas e etíopes, que vieram com ele do Egito. [4]Tomou as cidades fortificadas de Judá e chegou até Jerusalém. [5]Semeías, o profeta, veio ter com Roboão e os oficiais de Judá que se haviam reunido em Jerusalém, fugindo de Sesac, e disse-lhes: "Assim fala Javé: Vós me abandonastes, por isso também vos abandonei nas mãos de Sesac". [6]Então os chefes de Israel e o rei se humilharam e disseram: "Javé é justo". [7]Quando Javé viu que eles se haviam humilhado, a palavra de Javé foi dirigida a Semeías nestes termos: "Porque eles se humilharam, não os exterminarei; em breve lhes permitirei escapar, e não é pelas mãos de Sesac que minha ira se abaterá sobre Jerusalém. [8]Mas eles se tornarão seus servos para que saibam a diferença entre servir a mim e servir aos reinos dos outros países!"

[9]Subiu pois Sesac, rei do Egito,* contra Jerusalém. Tomou os tesouros do templo de Javé e os do palácio real; apoderou-se de tudo, inclusive dos escudos de ouro que Salomão fizera. [10]Para substituí-los, o rei Roboão mandou fazer escudos de bronze e os confiou aos chefes dos guardas que vigiavam a porta do palácio real; [11]cada vez que o rei ia ao templo de Javé, os guardas vinham e os tomavam e depois os devolviam à sala dos guardas.

[12]Mas porque Roboão se humilhara, a ira de Javé se afastou dele e não o aniquilou completamente. Em Judá havia também coisas boas. [13]O rei Roboão* consolidou-se em Jerusalém e continuou reinando. Tinha quarenta e um anos quando subiu ao trono e reinou dezessete anos em Jerusalém, cidade que Javé escolhera entre todas as tribos de Israel para nela colocar seu nome.

Sua mãe chamava-se Naama, a amonita. [14]Ele, porém, fez o mal, porque não aplicou seu coração a buscar Javé. [15]A história de Roboão,* do começo ao fim, não está porventura escrita

---

* **11**,15. Lv 17,7 | 16. Esd 2,43 | 18. 1Rs 11,1-13 | 20. 1Rs 15,2 | 23. 1Rs 11,7-27 | **12**,1. 1Rs 14,22.25 | 9. 1Rs 14,26s | 13. 1Rs 14,21 | 15. 1Rs 14,29ss

† **11**,15. Para evitar que o povo continuasse a adorar em Jerusalém, Jeroboão fez dois santuários cismáticos. Mas os sacerdotes e os levitas repudiaram a idolatria. | **12**,2. Ver a nota em 1Rs 14,25.

nas crônicas do profeta Semeías e do vidente Ido? Houve guerras contínuas entre Roboão e Jeroboão. [16]Roboão adormeceu com seus pais e foi enterrado na Cidade de Davi; seu filho Abias reinou em seu lugar.

13 Guerra entre Abias e Jeroboão.

[1]No décimo oitavo ano* do reinado de Jeroboão, Abias tornou-se rei de Judá [2]e reinou três anos em Jerusalém. Sua mãe chamava-se Micaías, era filha de Uriel e natural de Gabaá. Houve guerra entre Abias e Jeroboão. [3]Abias lançou-se ao combate com um exército de guerreiros valentes, quatrocentos mil homens de elite, e Jeroboão deu-lhe batalha com oitocentos mil homens escolhidos, fortes e valorosos.

O discurso de Abias†. [4]Abias postou-se no alto do monte Semeron, situado na montanha de Efraim†, e exclamou: "Ouvi-me, Jeroboão e todo o Israel! [5]Não sabeis que Javé, o Deus de Israel, deu a realeza sobre Israel para sempre a Davi e a seus filhos com uma aliança inviolável? [6]Jeroboão, filho de Nabat, servo de Salomão, filho de Davi, levantou-se e se revoltou contra seu senhor. [7]Homens ociosos e sem valor uniram-se a ele e se impuseram a Roboão, filho de Salomão; Roboão era ainda jovem, de caráter tímido, e não pôde resistir-lhes. [8]E agora pensais em oferecer resistência à realeza de Javé, que os filhos de Davi exercem, porque sois uma imensa multidão e tendes convosco os bezerros de ouro que Jeroboão fabricou para serem vossos deuses! [9]Acaso não expulsastes os sacerdotes de Javé, filhos de Aarão, e os levitas, instituindo para vós sacerdotes como o fazem os povos das outras terras? Todo aquele que vem com um touro e sete carneiros para se fazer consagrar torna-se sacerdote daquilo que não é Deus. [10]Quanto a nós, nosso Deus é Javé, e não o abandonamos: os sacerdotes a serviço de Javé são os filhos de Aarão, e os levitas exercem seu ofício. [11]Toda manhã e toda tarde eles oferecem holocaustos a Javé, queimam o incenso aromático, fazem a apresentação dos pães sobre a mesa pura, acendem o candelabro de ouro com suas lâmpadas para que ardam cada noite. Pois nós observamos as prescrições de Javé, nosso Deus, mas vós as haveis abandonado. [12]Conosco, a nossa frente,* está Deus e aqui estão seus sacerdotes com as trombetas retumbantes, prontos para tocá-las contra vós! Israelitas, não luteis contra Javé, o Deus de vossos pais, pois não tereis sucesso!"

A batalha. [13]Jeroboão pôs uma emboscada para atingi-los pela retaguarda, de modo que estavam em frente de Judá, mas tinham a emboscada por trás deles. [14]Voltando-se, as tropas de Judá viram-se atacadas pela frente e pelas costas. Clamaram por Javé, os sacerdotes tocaram a trombeta, [15]os homens de Judá lançaram o grito de guerra e, enquanto os homens de Judá gritavam, Deus derrotou Jeroboão e todo o Israel diante de Abias e de Judá. [16]Os israelitas fugiram diante de Judá, e Deus os entregou nas mãos de Judá. [17]Abias e seu exército lhes infligiram uma grande derrota, e de Israel caíram mortos quinhentos mil homens escolhidos. [18]Nesta ocasião, pois, os israelitas foram humilhados, e os filhos de Judá prevaleceram porque se apoiaram em Javé, Deus de seus pais.

Fim do reinado. [19]Abias perseguiu Jeroboão e tomou-lhe algumas cidades: Betel e seus arredores, Jesana e seus arredores, Efron e seus arredores. [20]Jeroboão não recuperou seu poderio durante a vida de Abias; Javé o feriu e ele morreu. [21]Abias, porém, tornou-se* poderoso; desposou quatorze mulheres e gerou vinte e dois filhos e dezesseis filhas. [22]O resto da história de Abias, seu proceder e seus atos, estão escritos no comentário do profeta Ado. [23]Depois

* **13**,1. 1Rs 15,1s.7 | 12. Nm 10,9 | 21. 1Rs 15,7s

† **13**,4. Abias proclama ao Israel cismático que o legítimo sucessor de Davi e o culto prescrito por Javé estão em Judá. / Ver a nota em 1Rs 4,8.

Abias adormeceu com seus pais e foi sepultado na Cidade de Davi.* Seu filho Asa reinou em seu lugar. Durante sua vida, o país esteve tranquilo por dez anos.

14 **Reinado de Asa.** 1Asa fez o que é bom e justo* aos olhos de Javé, seu Deus. 2Eliminou os altares estrangeiros e os lugares altos, despedaçou as colunas sagradas, destruiu os troncos idolátricos,† 3ordenou a Judá que buscasse Javé, o Deus de seus pais, e praticasse a lei e os mandamentos. 4Suprimiu em todas as cidades de Judá os lugares altos e os altares de incenso. E o reino viveu tranquilo durante seu reinado. 5Reconstruiu as cidades fortificadas de Judá, pois o país gozava de paz, e não houve guerra contra ele naqueles anos, porque Javé lhe deu descanso.

6Disse ele a Judá: "Restauremos estas cidades, circundando-as de muros com torres e portas guarnecidas de ferrolhos. O país ainda nos pertence, pois temos buscado a Javé, nosso Deus. Nós o temos buscado, e ele nos deu a paz de todos os lados".

Reconstruíram e prosperaram. 7Asa dispunha de um exército de trezentos mil homens de Judá armados de escudo e lança e de duzentos e oitenta mil benjaminitas armados de escudo e arco, todos valentes guerreiros.

Asa vence Zara. 8Zara, o etíope, marchou contra eles com um exército de um milhão de homens e trezentos carros e chegou até Maresa. 9Asa saiu a seu encontro e tomou posição no vale de Sefata, perto de Maresa. 10Asa invocou Javé, seu Deus, e disse: "Não há ninguém igual a vós, Javé, para socorrer tanto o poderoso como o fraco. Socorrei-nos, Javé, nosso Deus! É em vós que nos apoiamos e é em vosso nome que marchamos contra esta multidão. Javé, vós sois nosso Deus, que o mortal não prevaleça contra vós!" 11Javé derrotou os etíopes diante de Asa e de Judá; os etíopes fugiram 12e Asa os perseguiu com seu exército até Gerara. Pereceram tantos etíopes que não restou um sequer, pois foram destroçados diante de Javé e de seu exército. E estes recolheram imensa quantidade de despojos. 13Atacaram todas as cidades em torno de Gerara, pois o terror de Javé pesava sobre elas e todas foram saqueadas, pois nelas havia muitos despojos. 14Saquearam também as tendas dos pastores e capturaram grande número de ovelhas e camelos; e voltaram para Jerusalém.

15 **A reforma de Asa.** 1O espírito de Deus desceu* sobre Azarias, filho de Oded†, 2que saiu ao encontro de Asa e lhe disse: "Asa, e vós todos de Judá e de Benjamim, ouvi-me! Javé está convosco quando estais com ele. Se o procurardes, ele se deixará encontrar, mas se o abandonardes, também ele* vos abandonará. 3Israel esteve por muito tempo sem o Deus verdadeiro, sem sacerdote para ensiná-lo e sem lei; 4mas quando, em sua aflição, eles voltaram para Javé, Deus de Israel, e o buscaram, Javé se deixou encontrar* por eles. 5Naquele tempo não havia paz para quem entrava nem para quem saía, mas muitas tribulações sobre todos os habitantes daquelas terras. 6As nações e as cidades se batiam umas contra as outras, pois Deus as afligia com todo tipo de calamidades. 7Quanto a vós, sede fortes e que vossas mãos não se enfraqueçam, porque haverá uma recompensa para vosso trabalho".

8Quando Asa ouviu essas palavras e essa profecia, criou coragem e fez desaparecer os ídolos abomináveis de toda a terra de Judá e de Benjamim e das cidades que havia conquistado na montanha de Efraim, e restaurou o altar de Javé que se achava diante do pórtico de Javé. 9Congregou todos os habitantes de Judá e de Benjamim, bem

---

* **13**,23. 12,15 | **14**,1. 1Rs 15,11s | 7. 1Cr 8,40 | **15**,1. Os 3,4s | 2. Dt 4,29s | 4. Is 19,2

† **14**,2. Ver a nota em 1Rs 14,23. | **15**,1. Única menção do profeta Azarias, do qual nada sabemos. Também desconhecido é o profeta Eliezer, citado em 20,37.

como os de Efraim, de Manassés e de
Simeão que habitavam com eles, pois
muitos israelitas tinham passado para
Asa, vendo que Javé, seu Deus, estava
com ele. 10No terceiro mês do décimo
quinto ano do reinado de Asa, eles se
reuniram em Jerusalém. 11Ofereceram
em sacrifício a Javé, naquele dia, uma
parte dos despojos que tinham reco-
lhido, a saber, setecentos bois e sete
mil ovelhas. 12Comprometeram-se por
uma aliança a buscar Javé, Deus de seus
pais, de todo o seu coração e de toda a
sua alma; 13e todo aquele que não bus-
casse Javé, Deus de Israel, seria morto,
fosse ele grande ou pequeno, homem
ou mulher. 14Prestaram juramento a
Javé em voz alta* e com gritos de júbi-
lo, ao som das trombetas e dos clarins.
15Todos os de Judá se alegraram com
este juramento, porque tinham jurado
de todo o coração. Foi com toda a sua
boa vontade que procuraram Javé. Por
isso ele se deixou encontrar por eles e
deu-lhes a paz por todos os lados.

16O rei Asa destituiu* de sua digni-
dade de rainha sua mãe Maaca, por ter
feito um ídolo para Aserá; Asa quebrou
o ídolo, reduziu-o a pó e queimou-o na
torrente do Cedron. 17Mas os lugares
altos não desapareceram de Israel, em-
bora o coração de Asa permanecesse
íntegro por toda a sua vida. 18Deposi-
tou no templo de Deus as oferendas
sagradas de seu pai e suas próprias
oferendas: prata, ouro e objetos.

19Não houve guerra até o trigésimo
quinto ano do reinado de Asa.

16 **Aliança de Asa com Ben-
-Adad I.** 1No trigésimo sexto
ano do reinado de Asa, Baasa, rei de
Israel, marchou contra Judá; fortificou
Ramá para impedir as comunicações
com Asa, rei de Judá. 2Então Asa tirou
ouro e prata dos tesouros do templo
de Javé e do palácio real e enviou-os a
Ben-Adad, rei de Aram†, que residia em
Damasco, com esta mensagem: 3"Haja
aliança entre mim e ti como houve en-
tre meu pai e teu pai. Envio-te prata e
ouro; vai, rompe tua aliança com Baa-
sa, rei de Israel, para que se retire de
mim". 4Ben-Adad deu ouvidos ao rei
Asa e enviou os chefes de seu exército
contra as cidades de Israel; conquistou
Aion, Dã, Abelmaim e todas as cidades-
-armazéns de Neftali. 5Quando Baasa o
soube, desistiu de fortificar Ramá e in-
terrompeu sua obra. 6Então o rei Asa
convocou todo o Judá; tiraram as pe-
dras e a madeira com que Baasa estava
fortificando Ramá, e ele fortificou com
elas Gaba e Masfa.

7Então Hanani, o vidente, veio ter
com Asa, rei de Judá, e disse-lhe: "Por-
que te apoiaste no rei de Aram e não
em Javé, teu Deus, as forças do rei de
Aram escaparam de tuas mãos†. 8Não
formavam os etíopes e os líbios um nu-
meroso exército com uma grande mul-
tidão de carros e de cavalos? E, contu-
do, porque te apoiaste em Javé, não te
foram entregues nas mãos? 9Pois os
olhos de Javé percorrem toda a terra*
para fortalecer os que têm um coração
íntegro para com ele; agiste como in-
sensato desta vez e por isso, doravante,
haverá guerras contra ti". 10Encoleriza-
do contra o vidente, Asa mandou me-
tê-lo na prisão, pois ficara irritado por
causa disso; pela mesma época maltra-
tou também alguns do povo.

Fim do reinado de Asa. 11A história de
Asa, do começo ao fim, está narrada no
livro dos reis de Judá e de Israel. 12No
trigésimo nono ano de seu reinado, Asa
teve uma doença muito grave nos pés;
todavia, em sua doença não recorreu a
Javé, mas aos médicos. 13Asa adorme-
ceu com seus pais; morreu no quadra-
gésimo primeiro ano de seu reinado.
14Sepultaram-no no túmulo que tinha
mandado cavar para si na Cidade de
Davi. Estenderam-no num leito repleto
de aromas e perfumes preparados por
um perito em perfumaria; e fizeram em
sua honra uma grande fogueira.

---

* **15**,14. Ne 10,30 | 16. 1Rs 15,13ss | 9. Sl 33,13s

† **16**,2. Ver a nota em 1Rs 15,18. | 7. Os profetas se opõem aos reis cada vez que estes buscam alianças com os pagãos; elas demonstravam falta de confiança em Deus e foram sempre prejudiciais para Israel.

17 **Reinado de Josafá†.** 1Suce-
deu-lhe no trono seu filho
Josafá, que se fortificou contra Israel.
2Colocou tropas em todas as cida-
des fortificadas de Judá e estabeleceu
guarnições no país de Judá e nas cida-
des de Efraim que Asa, seu pai, tinha
conquistado.
3Javé esteve com Josafá, pois sua
conduta foi aquela que de início segui-
ra seu pai Davi, e não seguiu os ídolos
de Baal. 4Mas buscou o Deus de seu pai
e procedeu segundo seus mandamen-
tos sem imitar as ações de Israel. 5Javé
consolidou o reino em suas mãos e to-
dos os de Judá traziam ofertas a Josafá,
o qual teve riquezas e glória em abun-
dância. 6Seu coração* se fortaleceu em
seguir os caminhos de Javé e de novo
ele suprimiu em Judá os lugares altos e
os troncos idolátricos.
7No terceiro ano de seu reinado
enviou seus oficiais Ben-Hail, Abdias,
Zacarias, Natanael e Miqueias para
instruir as cidades de Judá. 8Estavam
com eles os levitas Semeías, Natanias,
Zabadias, Asael, Semiramot, Jônatas,*
Adonias e Tobias e os sacerdotes Elisa-
ma e Jorão. 9Puseram-se a ensinar em
Judá, levando consigo o livro da Lei de
Javé,* e percorreram todas as cidades
de Judá, instruindo o povo. 10O terror
de Javé estendeu-se sobre todos os
reinos das terras que circundavam Judá
e assim não guerrearam contra Josafá.
11Alguns dos filisteus vieram trazer a
Josafá, como tributo, presentes e pra-
ta; também os árabes lhe trouxeram
um rebanho de sete mil e setecentos
carneiros e sete mil e setecentos bo-
des. 12Josafá prosperava sempre mais;
edificou em Judá cidadelas e cidades-
-armazéns.
13Possuía provisões abundantes nas
cidades de Judá e tinha guerreiros em
Jerusalém, homens fortes e valorosos.
14Este é o número deles, segundo suas
famílias: de Judá, os comandantes de
milhares eram o chefe Ednas, com tre-
zentos mil valentes guerreiros; 15depois
dele o chefe Joanã, com duzentos e oi-
tenta mil homens; 16depois dele Ama-
sias, filho de Zecri, que se dedicou vo-
luntariamente ao serviço de Javé, com
duzentos mil guerreiros valentes.
17De Benjamim: Eliada, valente guer-
reiro, com duzentos mil homens arma-
dos com arco e escudo; 18depois dele
Jozabad,* com cento e oitenta mil ho-
mens preparados para a guerra.
19São esses os que estavam a serviço
do rei, sem contar os homens por ele
colocados nas praças fortes de todo o
território de Judá.

18 **Aliança de Josafá com Acab.**
1Josafá, que tinha riquezas* e
glória em abundância, aparentou-se
com Acab. 2Depois de alguns anos,
desceu a Samaria para visitar Acab. Este
matou muitas ovelhas e bois para ele e
para sua comitiva, e o persuadiu a ata-
car com ele Ramot de Galaad. 3Acab,
rei de Israel, perguntou a Josafá, rei de
Judá: "Queres vir comigo contra Ramot
de Galaad?" Este respondeu-lhe: "Con-
ta comigo como contigo, com meu
povo como com teu povo; iremos con-
tigo à guerra".
4Mas Josafá disse ao rei de Israel:
"Consulta primeiro a palavra de Javé".
5O rei de Israel reuniu os profetas, em
número de quatrocentos, e perguntou-
-lhes: "Devemos ir atacar Ramot de
Galaad, ou devo desistir?" Eles respon-
deram: "Ataca-a; Deus a entregará nas
mãos do rei". 6Mas Josafá disse: "Não
existe aqui um outro profeta de Javé
que podemos consultar?" 7O rei de Is-
rael respondeu a Josafá: "Há ainda um
pelo qual se pode consultar Javé, mas
eu o detesto; jamais profetiza o bem a
meu respeito, senão sempre a desgra-
ça: é Miqueias, filho de Jemla". Josafá
disse: "Que o rei não fale assim!" 8O rei
de Israel chamou um eunuco e disse-

* **17**,6. 1Sm 9,12 | 8. 19,8 | 9. Esd 7,25 | 18. 1Cr 8,40 | **18**,1. 1Rs 22,1-40

† **17**. O Cronista manifesta simpatia por Josafá, rei fiel a Deus, que promoveu a instrução religiosa do povo, era poderoso e respeitado no exterior e vitorioso na guerra. Seu erro foi aliar-se a Acab, 19,2, e a Jorão, reis do norte.

-lhe: "Manda vir depressa Miqueias, fi-
lho de Jemla".
9O rei de Israel e Josafá, rei de Judá,
estavam sentados, cada um em seu
trono, revestidos com suas vestes reais;
estavam sentados numa eira diante da
porta de Samaria, e todos os profetas
profetizavam diante deles. 10Sedecias,
filho de Canaana, fez para si uns chifres
de ferro e disse: "Assim diz Javé: Com
isto ferirás os arameus até destruí-los"†.
11E todos os profetas faziam a mesma
predição, dizendo: "Sobe a Ramot de
Galaad. Triunfarás! Javé vai entregá-la
nas mãos do rei".
12O mensageiro que fora chamar
Miqueias lhe disse: "Os profetas são
unânimes em predizer coisas boas
para o rei. Procura falar como eles e
predize o sucesso". 13Miqueias, porém,
respondeu: "Pela vida de Javé! O que
meu Deus disser, é isso que anuncia-
rei". 14Chegando à presença do rei, este
lhe perguntou: "Miqueias, devemos
ir combater em Ramot de Galaad ou
devo desistir?" Ele respondeu: "Atacai-
-a. Triunfareis! Seus habitantes serão
entregues em vossas mãos". 15Mas o
rei lhe disse: "Quantas vezes é preciso
que eu te conjure que me digas so-
mente a verdade em nome de Javé?"
16Então ele disse:
"Eu vi todo o Israel disperso pelas
montanhas
como um rebanho sem pastor.
E Javé me disse: Eles não têm mais
senhor,
que cada um volte em paz para sua
casa!"
17O rei de Israel então disse a Josafá:
"Não te havia dito que ele não profe-
tizaria para mim o bem, mas o mal?"
18Miqueias respondeu:
"Escutai, pois, a palavra de Javé: Eu
vi Javé assentado em seu trono; todo
o exército celeste estava a sua direita
e a sua esquerda. 19Javé perguntou:
'Quem enganará Acab, rei de Israel,
para que marche contra Ramot de Ga-
laad e lá pereça?' Responderam este de
um modo e aquele de outro. 20Então
um espírito se aproximou e colocou-se
diante de Javé: 'Sou eu que o engana-
rei', disse ele. Javé perguntou-lhe: 'E de
que modo?' 21Respondeu: 'Partirei e se-
rei um espírito de mentira na boca de
todos os seus profetas'. Javé disse: 'Tu
o enganarás e ainda prevalecerás. Vai e
faze assim'. 22Agora, pois, Javé infundiu
um espírito de mentira na boca de teus
profetas, mas Javé prenunciou a teu
respeito uma desgraça".
23Então Sedecias, filho de Canaana,
aproximou-se de Miqueias, esbofe-
teou-o e disse: "Por qual caminho o
espírito de Javé saiu de mim para te
falar?" 24Miqueias replicou: "É o que
verás no dia em que tiveres de fugir
de um aposento a outro para te escon-
der". 25O rei de Israel ordenou: "Prendei
Miqueias e conduzi-o a Amon, gover-
nador da cidade, e a Joás, filho do rei.
26Vós lhes direis: 'Assim diz o rei: Lançai
este homem na prisão e alimentai-o
com pão e água escassos até que eu
volte são e salvo'. 27Miqueias disse: 'Se
voltares são e salvo, é porque Javé não
falou pela minha boca'. Depois acres-
centou: 'Ouvi, povos todos'".
O combate. 28O rei de Israel e Josafá,
rei de Judá, marcharam contra Ramot
de Galaad. 29O rei de Israel disse a Jo-
safá: "Vou disfarçar-me para entrar no
combate, mas quanto a ti, veste-te com
tuas roupas!" O rei de Israel disfarçou-
-se e eles foram combater. 30O rei de
Aram dera esta ordem a seus coman-
dantes de carros: "Não atacareis nem
pequeno e nem grande, mas somente
o rei de Israel". 31Quando os coman-
dantes dos carros viram Josafá, disse-
ram: "O rei de Israel é ele"; e concentra-
ram sobre ele o combate. Mas Josafá se
pôs a gritar, e Javé lhe veio em socor-
ro e Deus os afastou para longe dele.
32Quando os comandantes dos carros
viram que não era ele o rei de Israel,
afastaram-se dele.
33Ora, um homem atirou com seu
arco, ao acaso, e atingiu o rei de Israel
numa brecha da couraça. O rei disse
ao cocheiro: "Volta e leva-me para fora

† **18**,10. Ver a nota em 1Rs 11,30.

da batalha, pois estou ferido". [34]Mas o
combate se tornou tão violento naque-
le dia, que o rei de Israel teve de ficar
sobre seu carro diante dos arameus até
a tarde, e ao pôr do sol ele morreu.

19 **Um profeta repreende Josa-
fá.** [1]Josafá, rei de Judá, voltou
são e salvo para casa em Jerusalém. [2]O
vidente Jeú, filho de Hanani, saiu a seu
encontro* e disse ao rei Josafá: "Devias
tu levar auxílio ao ímpio e amar os ini-
migos de Javé? Por isso caiu sobre ti a
ira de Javé. [3]Todavia, foi encontrado em
ti algo de bom, pois eliminaste da ter-
ra os troncos idolátricos e aplicaste teu
coração à procura de Deus.
Reformas de Josafá. [4]Josafá, rei de
Judá, depois de uma permanência em
Jerusalém, visitou de novo seu povo,
desde Bersabeia até a montanha de
Efraim, a fim de conduzi-lo a Javé, o
Deus de seus pais. [5]Estabeleceu juízes
no país, de cidade em cidade, em todas
as cidades fortificadas de Judá. [6]Disse a
estes juízes: "Vede bem o que fazeis,*
porque não administrais a justiça em
nome dos homens, mas em nome de
Javé, que está convosco quando pro-
nunciais uma sentença. [7]Agora, pois,
convosco esteja o temor de Javé. Cui-
dado com o que fazeis, pois em Javé
nosso Deus não existe nenhuma iniqui-
dade, nem parcialidade, nem corrup-
ção por suborno".
[8]Também em Jerusalém Josafá esta-
beleceu alguns levitas,* sacerdotes e
chefes de família israelitas, para julgar
segundo Javé e para os pleitos dos ha-
bitantes de Jerusalém. [9]Deu-lhes esta
ordem: "Agireis no temor de Javé, na
fidelidade e integridade de coração.
[10]Seja qual for a causa que vos for
apresentada por vossos irmãos resi-
dentes em suas cidades* – questões
de homicídio, de contestação sobre a
lei, sobre um mandamento, sobre esta-
tutos ou normas – instruí-os, para que
eles não se tornem culpados diante de
Javé, e sua ira não se inflame contra vós
e contra vossos irmãos; agindo assim
não sereis culpados.
[11]O sumo sacerdote Amarias vos
guiará em toda questão religiosa e Za-
badias, filho de Ismael, chefe da casa
de Judá, em toda questão referente ao
rei. Os levitas estarão a vossa disposi-
ção como escribas. Sede fortes e traba-
lhai, e Javé estará com quem for bom".

20 **Guerra contra os moabitas e
os amonitas.** [1]Depois disso, os
moabitas e os amonitas, acompanha-
dos dos meunitas†, vieram lutar contra
Josafá. [2]Anunciaram isto a Josafá, di-
zendo: "Uma multidão imensa marcha
contra ti do outro lado do mar†, de
Edom; já está em Asasontamar, que é
Engadi".
[3]Josafá ficou com medo e se dispôs a
buscar Javé e proclamou um jejum para
todo o Judá. [4]O povo de Judá* reuniu-
-se para buscar socorro junto de Javé,
e de todas as cidades de Judá vieram
para buscar Javé. [5]Josafá pôs-se de pé
no meio da assembleia de Judá e de
Jerusalém no templo de Javé, dian-
te do pátio novo, e exclamou: [6]"Javé,
Deus de nossos pais, não sois vós o
Deus que está nos céus e que domina
sobre todos os reinos das nações? Em
vossa mão estão a força e o poder e
ninguém vos pode resistir. [7]Não fostes
vós, nosso Deus, que, diante de Israel,
vosso povo, expulsastes os habitantes
desta terra e a destes* à raça de vos-
so amigo Abraão, a qual amarás para
sempre? [8]Nela se estabeleceram e
construíram um santuário para vosso
nome, dizendo: [9]'Se nos sobrevier al-
guma desgraça, guerra, punição, peste
ou fome, compareceremos diante des-
te templo e diante de vós, pois vosso
nome está neste templo; clamaremos
a vós em nossa angústia, vós nos ou-
vireis e nos salvareis'. [10]Eis agora os
amonitas, os moabitas e os habitantes
das montanhas de Seir, através dos

---

* **19**,2. 16,7 | 6. Dt 1,16s | 8. Dt 17,8-13 | 10. Nm 35,19 | **20**,4. 1Rs 21,9; Jr 36,6; Jl 1,14 | 7. Is 41,8 | 10. Dt 2,4s.9s.18s

† **20**,1. Ver a nota em 1Cr 4,41. | 2. Refere-se ao mar Morto.

quais não deixastes Israel passar quando vinha* da terra do Egito, de sorte que se afastou deles sem os destruir; 11agora nos pagam, vindo expulsar-nos de vossa herança que nos destes como propriedade. 12Ó nosso Deus, não exercerás justiça sobre eles, posto que não temos força diante dessa multidão imensa que nos ataca? Não sabemos o que fazer, mas nossos olhos se voltam para vós".

13Todos os habitantes de Judá se mantinham de pé na presença de Javé, junto com suas crianças, suas mulheres e seus filhos. 14Então, no meio da assembleia, o espírito de Javé desceu sobre Jaaziel, filho de Zacarias, filho de Banaías, filho de Jeiel, filho de Matanias,* o levita, um dos filhos de Asaf. 15Ele exclamou: "Prestai atenção, vós todos de Judá e habitantes de Jerusalém, e tu, ó rei Josafá! Assim vos fala Javé: Não temais, não vos deixeis atemorizar diante dessa imensa multidão; pois esta guerra não é vossa, mas de Deus. 16Descei amanhã contra eles: subirão pela encosta de Sis e vós os encontrareis na extremidade do vale, defronte do deserto de Jeruel. 17Não tereis de combater nesse momento. Tomai posição, ficai parados e vereis a salvação de Javé em vosso favor. Judá e Jerusalém, não temais nem vos atemorizeis; parti amanhã ao encontro deles, e Javé estará convosco".

18Josafá inclinou-se com o rosto em terra, e todos os de Judá e os habitantes de Jerusalém prostraram-se diante de Javé para o adorarem. 19Os levitas da linhagem dos caatitas e dos coreítas puseram-se então a louvar Javé, Deus de Israel, em voz alta.

20Na manhã seguinte levantaram-se bem cedo e partiram para o deserto de Técua. Enquanto saíam, Josafá, de pé, exclamou: "Ouvi-me, Judá e habitantes de Jerusalém! Crede em Javé, vosso Deus, e estareis seguros;* crede em seus profetas e triunfareis". 21A seguir, depois de ter deliberado com o povo, designou cantores para Javé que, revestidos com os ornamentos sagrados, marchassem diante dos guerreiros, louvando Javé e dizendo:

"Louvai a Javé,
porque seu amor é para sempre".*

22Quando começaram a cantar e a louvar, Javé pôs emboscadas contra os amonitas, os moabitas e os habitantes da montanha de Seir que vieram contra Judá, e foram derrotados. 23Os amonitas e os moabitas insurgiram-se contra os habitantes da montanha de Seir para destiná-los ao extermínio e destruí-los; mas quando aniquilaram os habitantes da montanha de Seir, eles contribuíram para se aniquilar uns aos outros.*

24Quando os homens de Judá chegaram a certa altura donde se avistava o deserto, olharam para a multidão e só viram cadáveres estendidos pelo chão: ninguém tinha escapado. 25Então vieram Josafá e sua gente para saquear seus despojos; encontraram entre eles gado em grande quantidade, riquezas, vestes e objetos preciosos; apanharam mais do que podiam carregar e passaram três dias ocupados no saque, de tão abundante que era a presa. 26No quarto dia reuniram-se no vale da Bênção e, porque ali bendisseram a Javé, deram ao lugar o nome de vale da Bênção, nome em uso até hoje. 27Depois, todos os homens de Judá e de Jerusalém, com Josafá à frente, voltaram muito alegres a Jerusalém, pois Javé os havia alegrado à custa dos inimigos. 28Chegaram a Jerusalém, ao templo de Javé, ao som das liras, das cítaras e das trombetas, 29e o terror de Deus se abateu* sobre todos os reinos daquelas terras, quando souberam que Javé havia combatido contra os inimigos de Israel.

30O reinado de Josafá foi calmo, porque seu Deus lhe deu paz de todos os lados.

Fim do reinado de Josafá. 31Josafá reinou em Judá;* tinha trinta e cinco anos quando se tornou rei e reinou vinte e cinco anos em Jerusalém. Sua mãe chamava-se Azuba, filha de Selaqui.

* **20**,14. 1Cr 9,15; Ne 11,17.22 | 20. Is 7,9 | 21. Sl 136,1 | 23. Js 6,17; Ez 38,21 | 29. Dt 2,25 | 31. 1Rs 22,41-51

[32]Seguiu o modo de proceder de seu
pai Asa sem se desviar, fazendo o que
é justo aos olhos de Javé. [33]Contudo,
os lugares altos não desapareceram,
porque o povo ainda não havia fixado
seu coração* no Deus de seus pais. [34]O
resto da história de Josafá, do começo
ao fim, acha-se escrito nos Atos de Jeú,
filho de Hanani, que foram inseridos no
livro dos reis de Israel.
[35]Depois disso, Josafá, rei de Judá,
fez aliança com Ocozias, rei de Israel,
que procedia iniquamente. [36]Associou-
-se a ele para construir navios que che-
gassem a Társis; foi em Asiongaber que
os construíram. [37]Mas Eliezer, filho de
Dodias, de Maresa†, profetizou então
contra Josafá: "Porque te associaste a
Ocozias – disse – Javé abriu uma bre-
cha em tuas obras". Os navios se des-
pedaçaram e não puderam partir para
Társis.

21 [1]Josafá adormeceu com seus
pais e foi sepultado com eles
na Cidade de Davi. Seu filho Jorão rei-
nou em seu lugar.
Reinado de Jorão. [2]Seus irmãos, filhos
de Josafá, eram: Azarias, Jaiel, Zacarias,
Azarias, Miguel e Safatias; todos filhos
de Josafá, rei de Israel†. [3]Seu pai lhes
havia dado numerosos presentes: pra-
ta, ouro, joias e cidades fortificadas,
mas deixara o trono para Jorão, pois
era o primogênito. [4]Mas, quando Jorão
tomou posse do reino de seu pai e se
fortaleceu, matou a fio de espada to-
dos os seus irmãos e também alguns
oficiais.
[5]Jorão tinha trinta e dois anos* quan-
do começou a reinar e reinou oito anos
em Jerusalém. [6]Imitou o comporta-
mento dos reis de Israel, como fizera
a casa de Acab, pois tinha se casado
com uma filha de Acab; e fez o mal aos
olhos de Javé. [7]Todavia, Javé não quis
destruir a casa de Davi, por causa da
aliança que havia concluído com ele e
segundo a promessa que lhe fizera de
dar a ele e a seus filhos uma lâmpada
para sempre.*
Punição de Jorão. [8]Em seu tempo,
Edom libertou-se do domínio de Judá
e constituiu seu próprio rei. [9]Jorão,
com seus oficiais e todos os seus car-
ros, passou a fronteira e, levantando-
-se à noite, derrotou os edomitas que
o tinham cercado, junto com os oficiais
de seus carros. [10]Mas Edom foi rebelde
ao domínio de Judá até o dia de hoje.
Foi também nessa época que Lebna
sacudiu seu jugo, porque Jorão havia
abandonado Javé, o Deus de seus pais.
[11]Além disso, edificou lugares altos nos
montes de Judá, fez os habitantes de
Jerusalém se prostituir e fez Judá se ex-
traviar. [12]Chegou-lhe então um escrito
do profeta Elias, que dizia: "Assim fala
Javé, o Deus de Davi, teu pai. Porque
não seguiste o comportamento de Jo-
safá, teu pai, nem o de Asa, rei de Judá,
[13]mas imitaste o exemplo dos reis de
Israel e induziste à prostituição Judá e
os habitantes de Jerusalém, como se
prostituiu a casa de Acab, e porque,
além disso, mataste teus irmãos, tua
família, que eram melhores do que tu,
[14]Javé vai ferir com um grande flagelo
teu povo, teus filhos, tuas mulheres e
todos os teus bens. [15]Tu mesmo serás
afligido por graves doenças, por uma
doença intestinal, de tal modo que, dia
após dia, tuas entranhas sairão de teu
corpo pelo efeito da doença".
[16]Javé excitou contra Jorão a hos-
tilidade dos filisteus e dos árabes, vi-
zinhos dos etíopes. [17]Atacaram Judá,
invadiram-no* e levaram todas as ri-
quezas que acharam no palácio real,
como também seus filhos e suas mu-
lheres, não lhe deixando nenhum outro
filho senão Ocozias, o mais novo de-
les. [18]Depois de tudo isso, Javé feriu-o
nas entranhas com um mal incurável.
[19]Com o passar do tempo, pelo fim do
segundo ano, saíram-lhe as entranhas
por causa de sua doença, e ele morreu
em meio a cruéis tormentos. O povo

* **20**,33. 17,6 | **21**,5. 2Rs 8,17ss | 7. 1Rs 11,36; 2Rs 8,20ss | 17. 14,8 | 19. 16,14

† **20**,37. Nada se sabe desse profeta Eliezer. | **21**,2. Propriamente, rei de Judá, mas para o Cronista Judá é o verdadeiro Israel.

não fez em sua homenagem a fogueira como tinha feito para seus pais.*

20Tinha trinta e dois anos quando subiu ao trono* e reinou oito anos em Jerusalém. Ele se foi sem ser pranteado e foi sepultado na Cidade de Davi, mas não nos sepulcros dos reis.

22 **Reinado de Ocozias.** 1Em seu lugar, os habitantes de Jerusalém* proclamaram rei Ocozias, seu filho mais novo, pois a tropa que, com os árabes, tinha invadido o acampamento matara todos os mais velhos. Assim, Ocozias, filho de Jorão, tornou-se rei de Judá. 2Tinha vinte e dois anos quando começou a reinar e reinou um ano em Jerusalém. Sua mãe chamava-se Atalia e era filha de Amri. 3Também ele imitou a conduta da casa de Acab, pois sua mãe o aconselhava a proceder iniquamente. 4Fez o mal aos olhos de Javé, como a família de Acab, pois foram eles que, para sua ruína, se tornaram seus conselheiros* após a morte de seu pai. 5Seguindo o conselho deles, marchou com Jorão, filho de Acab, rei de Israel, para combater Hazael, rei de Aram, em Ramot de Galaad. Mas os arameus feriram Jorão; 6e ele voltou a Jezrael para curar os ferimentos que recebera em Ramot ao combater Hazael, rei de Aram.

Ocozias, filho de Jorão, rei de Judá, desceu a Jezrael para visitar Jorão, filho de Acab, porque ele estava enfermo. 7Foi desígnio de Deus* que a ruína de Ocozias acontecesse por causa dessa visita a Jorão. Pois quando chegou, saiu com Jorão para combater Jeú, filho de Namsi, ungido por Javé para exterminar a casa de Acab. 8Enquanto fazia justiça contra a casa de Acab, Jeú encontrou os oficiais de Judá e os sobrinhos de Ocozias,* seus servos, e os matou. 9Depois mandou procurar Ocozias. Eles o capturaram quando estava escondido em Samaria e o trouxeram a Jeú, que o executou. Mas foi-lhe dada uma sepultura, porque diziam: "É filho de Josafá, que buscava Javé de todo o coração". Não havia ninguém na casa de Ocozias que estivesse em condições de reinar.

Usurpação de Atalia†. 10Quando a mãe de Ocozias, Atalia, soube que seu filho estava morto, resolveu exterminar toda a descendência real da casa de Judá. 11Mas Josaba, filha do rei, retirou Joás, filho de Ocozias, dentre os jovens filhos do rei que estavam sendo massacrados e o colocou, com sua ama, no quarto dos leitos. Assim Josaba, filha do rei Jorão, esposa do sacerdote Joiada e irmã de Ocozias, ocultou-o das vistas de Atalia, evitando que ela o matasse. 12Ficou seis anos com eles, escondido no templo de Deus, enquanto Atalia reinava sobre o país.

23 **Coroação de Joás e morte de Atalia.** 1No sétimo ano Joiada* se animou e mandou chamar os comandantes de cem, a saber, Azarias, filho de Jeroam, Ismael, filho de Joanã, Azarias, filho de Obed, Maasias, filho de Adaías, Elisafat, filho de Zecri, e fez com eles uma aliança. 2Percorreram Judá, reuniram os levitas de todas as cidades de Judá e os chefes das famílias israelitas. Vieram a Jerusalém, 3e toda a assembleia concluiu uma aliança com o rei no templo de Deus. "Eis o filho do rei", disse-lhes Joiada; "que ele reine, como Javé o declarou a respeito dos filhos de Davi! 4Eis o que fareis: um terço dentre vós, sacerdotes e levitas que entram para o turno no sábado, montará guarda nas entradas; 5um outro terço estará no palácio real e o terço restante na porta do Fundamento, e todo o povo estará nos pátios do templo de Javé. 6Que ninguém entre no templo de Javé, exceto os sacerdotes e os levitas em serviço; poderão entrar porque são consagrados. Todo o povo observará as ordens de Javé. 7Os levitas formarão um círculo ao redor do rei de ar-

---

* **21**,20. 2Rs 8,24 | **22**,1. 2Rs 8,24-29 | 4. Eclo 10,16 | 7. 2Rs 9,21; 10,12ss | 8. 2Rs 9,28s / 2Rs 11,1ss **23**,1. 2Rs 11,4-16

† **22**,10. Ver a nota em 2Rs 11,1.

mas em punho; todo aquele que entrar no templo será morto. Acompanhareis o rei a todo lugar aonde ele for".

[8]Os levitas e todos os homens de Judá executaram tudo o que lhes ordenara o sacerdote Joiada. Cada qual reuniu seus homens, os que começavam a semana e os que a terminavam, pois o sacerdote Joiada não dispensou nenhuma classe. [9]A seguir, o sacerdote Joiada entregou aos chefes de cem as lanças, escudos grandes e pequenos* que pertenceram ao rei Davi e estavam no templo de Deus. [10]Dispôs todo o povo, cada qual com sua arma na mão, desde o ângulo sul ao ângulo norte do templo, perto do altar e do templo, rodeando o rei. [11]Então trouxeram o filho do rei, cingiram-no com o diadema e deram-lhe o documento da aliança. Depois, Joiada e seus filhos ungiram-no e clamaram: "Viva o rei!"

[12]Ouvindo os gritos do povo que corria para junto do rei e o aclamava, Atalia veio em direção ao povo no templo de Javé. [13]Quando viu o rei de pé sobre seu pilar, à entrada, os chefes e os tocadores de trombetas perto do rei, todo o povo do país, gritando de alegria ao som de trombetas e os cantores com os instrumentos musicais dirigindo o canto dos hinos, Atalia rasgou as vestes e bradou: "Traição! Traição!" [14]Mas Joiada mandou que saíssem os chefes de cem, que comandavam as tropas, e disse-lhes: "Arrastai-a para fora por entre as fileiras e, se alguém a seguir, passai-o ao fio da espada"; pois o sacerdote dissera: "Não a mateis no templo de Javé". [15]Agarraram-na e, quando ela chegou ao palácio real, na entrada da porta dos Cavalos, foi morta neste lugar.

A reforma de Joiada. [16]Joiada concluiu* entre ele, todo o povo e o rei uma aliança, para que eles fossem o povo de Javé. [17]O povo todo dirigiu-se depois ao templo de Baal e o demoliu; quebraram os altares e as imagens e mataram Matã, sacerdote de Baal, diante dos altares.

[18]Joiada confiou a vigilância do templo de Javé aos sacerdotes e levitas que Davi tinha organizado para cuidarem do templo de Javé,* a fim de oferecerem holocaustos a Javé como está escrito na lei de Moisés, na alegria e com cânticos, segundo as ordens de Davi.* [19]Instalou porteiros nas entradas do templo de Javé, para que por nenhum pretexto entrasse lá uma pessoa impura. [20]Depois chamou os chefes de cem, os nobres, os que exerciam autoridade sobre o povo e toda a população do país, e fizeram o rei descer do templo de Javé. Entraram no palácio real pela porta superior e fizeram o rei sentar-se no trono real. [21]Todo o povo da terra estava em festa e a cidade se mantinha calma depois que Atalia fora morta pela espada.

24 **Joás restaura o templo.** [1]Joás tinha sete anos quando começou* a reinar e reinou quarenta anos em Jerusalém. Sua mãe chamava-se Sebias e era de Bersabeia. [2]Joás fez o que agrada aos olhos de Javé por todo o tempo em que viveu o sacerdote Joiada. [3]Joiada tomou para o rei duas mulheres, das quais teve filhos e filhas. [4]Mais tarde Joás resolveu restaurar o templo de Javé.

[5]Convocou os sacerdotes e os levitas e disse-lhes: "Ide pelas cidades de Judá e recolhei de todo o Israel dinheiro para restaurar de ano em ano o templo de vosso Deus. Fazei isto rapidamente". Mas os levitas não se apressaram. [6]Então o rei mandou chamar Joiada, o chefe deles, e disse-lhes: "Por que não exigiste* dos levitas que trouxessem de Judá e de Jerusalém o tributo que Moisés, servo de Javé, e a assembleia de Israel estabeleceram para a tenda do testemunho? [7]A perversa Atalia e seus filhos dilapidaram o templo de Deus e usaram para os ídolos de Baal todas as coisas sagradas do templo de Javé". [8]Então o rei ordenou que se fizesse um cofre para ser colocado diante da porta do templo de Javé. [9]Proclamou-se em

* **23**,9. 1Cr 24,19 | 16. 2Rs 11,17-20 | 18. 1Cr 23,13 / 1Cr 25-26 | **24**,1. 2Rs 12,2-17 | 6. Êx 25,1-9; 38,25-31

Judá e em Jerusalém que trouxessem a Javé o tributo que Moisés, servo de Deus, tinha prescrito a Israel no deserto. 10Todos os oficiais e todo o povo vieram com alegria colocar o tributo no cofre até enchê-lo.

11Quando o cofre era levado pelos levitas ao administrador do rei, porque viam que havia nele muito dinheiro, então o secretário real vinha com o comissário do sacerdote-chefe para esvaziar o cofre, depois o tomavam e o recolocavam em seu lugar. Faziam assim diariamente e recolheram muito dinheiro.12O rei e Joiada deram esse dinheiro aos encarregados da obra para o serviço do templo de Javé, e eles pagaram os pedreiros e carpinteiros para restaurar o templo de Javé e também os artesãos que trabalhavam com ferro e bronze para restaurar o templo de Javé. 13Os empreiteiros se puseram a trabalhar, e as obras de restauração progrediram em suas mãos: restauraram o templo de Deus como era em seu estado primitivo e o consolidaram. 14Terminadas as obras, levaram ao rei e a Joiada o resto do dinheiro; com ele foram feitos utensílios para o templo de Javé, objetos para o ministério e os holocaustos, vasos e objetos de ouro e de prata.

Continuamente ofereciam-se holocaustos no templo de Javé por todo o tempo em que viveu Joiada. 15Depois, Joiada ficou velho e morreu saciado de anos. Tinha cento e trinta anos quando morreu, 16e foi sepultado com os reis na Cidade de Davi, pois ele tinha praticado o bem em Israel para com Deus e seu templo.

Apostasia de Joás e castigo. 17Após a morte de Joiada, os oficiais de Judá vieram prostrar-se diante do rei e desta vez o rei os ouviu. 18Abandonaram o templo de Javé, Deus de seus pais, para prestar culto aos troncos idolátricos e aos ídolos. Devido a este pecado, a ira de Deus se abateu sobre Judá e sobre Jerusalém. 19Para os reconduzir a Javé foram-lhes enviados profetas, que deram testemunho contra o povo, mas este não lhes deu ouvidos. 20Então o espírito de Deus apoderou-se de Zacarias, filho do sacerdote Joiada,† que se apresentou diante do povo e lhe disse: "Assim fala Deus: Por que transgredis os mandamentos de Javé, de sorte que já não prosperais? Já que abandonastes a Javé, ele vos abandona". 21Conspiraram então contra ele e, por ordem do rei, o apedrejaram* no pátio do templo de Javé. 22Assim, o rei Joás não se recordou da bondade que lhe havia testemunhado Joiada, pai de Zacarias, e matou seu filho, que ao morrer gritou: "Que Javé o veja e peça contas!"

23Na passagem do ano,* o exército dos arameus marchou contra Joás. Invadiu Judá e Jerusalém, exterminou entre o povo todos os chefes e enviou todos* os despojos ao rei de Damasco. 24Embora o exército dos arameus tivesse vindo com poucos homens, Javé entregou em suas mãos um exército considerável, porque abandonaram Javé, Deus de seus pais.

Os arameus fizeram justiça contra Joás 25e, quando se retiraram, deixando-o gravemente enfermo, seus servos conspiraram contra ele para vingar o filho do sacerdote Joiada e mataram-no em seu leito. Assim morreu e foi sepultado na Cidade de Davi, mas não nos sepulcros dos reis. 26Foram estes os que conspiraram contra ele: Zabad, filho de Semaat, a amonita, e Jozabad, filho de Semarit, a moabita. 27O que se refere a seus filhos, à quantia do tributo que ele impôs e à restauração do templo de Deus, tudo está relatado no comentário do livro dos reis. Amasias, seu filho, reinou em seu lugar.

25 **Reinado de Amasias.** 1Amasias tornou-se rei* com vinte e cinco anos de idade e reinou vinte e nove anos em Jerusalém. Sua mãe

---

* **24**,21. Mt 23,35 | 23. 2Rs 12,18-22 / Dt 32,30 | **25**,1. 2Rs 14

† **24**,20. É o Zacarias citado em Lc 11,51, chamado filho de Baraquias em Mt 23,35, por assimilação com Is 8,2.

chamava-se Joaden e era de Jerusalém. 2Fez o que é agradável aos olhos de Javé, mas não com coração íntegro. 3Quando se sentiu seguro no poder, mandou matar os oficiais que tinham assassinado o rei, seu pai. 4Mas poupou os filhos deles, pois está escrito na Lei, no livro de Moisés,* esta ordem de Javé: Os pais não serão mortos por causa dos filhos, nem os filhos serão mortos por causa dos pais, mas cada um morrerá por seu próprio pecado†.

Guerra contra Edom. 5Amasias reuniu os homens de Judá e os colocou, segundo suas famílias, sob as ordens de comandantes de mil e de cem para todo o Judá e Benjamim. Fez o recenseamento dos que tinham vinte anos ou mais e encontrou trezentos mil homens de elite aptos para a guerra, armados de lança e escudo. 6Recrutou depois como mercenários, por cem talentos de prata, cem mil guerreiros valentes de Israel. 7Um homem de Deus veio então a seu encontro e lhe disse: "Ó rei, não é preciso que as tropas de Israel venham em teu auxílio, porque Javé não está nem com Israel e nem com nenhum efraimita. 8Pois se eles vierem, em vão procurarás lutar com coragem; Deus te fará fraquejar diante de teus inimigos, pois é nele que está o poder para sustentar e abater". 9Amasias respondeu ao homem de Deus: "Mas e os cem talentos que dei ao exército de Israel?" Disse o homem de Deus: "Javé pode dar-te muito mais que isso". 10Amasias despediu então de seu exército os que tinham vindo de Efraim e mandou-os voltar para casa; eles ficaram muito irritados contra Judá e voltaram para casa cheios de cólera.

11Amasias animou-se,* partiu à frente de seu exército e chegou ao vale do Sal, onde derrotou dez mil filhos de Seir. 12Os homens de Judá capturaram outros dez mil vivos, levaram-nos ao cume de um rochedo e de lá os precipitaram, de modo que todos ficaram despedaçados. 13Quanto à tropa que Amasias tinha despedido, em vez de levá-la para combater a seu lado, ela invadiu as cidades de Judá, desde Samaria até Bet-Horon, matou três mil pessoas e levou imensos despojos.

14Depois de voltar de sua campanha vitoriosa contra os edomitas, Amasias trouxe os deuses dos filhos de Seir e os constituiu como seus deuses, prostrou-se diante deles e lhes queimou incenso. 15Por isso inflamou-se contra Amasias a ira de Javé, que lhe enviou um profeta para dizer-lhe: "Por que buscaste os deuses deste povo, que não puderam livrar seu povo de tua mão?" 16Enquanto ele ainda falava, Amasias o interrompeu: "Acaso te nomeamos conselheiro do rei? Cala-te! Por que queres ser morto?" O profeta calou-se, mas depois disse: "Sei que Deus decretou tua ruína por teres agido assim e não teres ouvido meu conselho".

Guerra contra Israel. 17Depois de ter tomado conselho,* Amasias, rei de Judá, mandou dizer a Joás, filho de Joacaz, filho de Jeú, rei de Israel: "Vem para medirmos forças!" 18Joás, rei de Israel, mandou em resposta esta mensagem a Amasias, rei de Judá: "O espinheiro do Líbano mandou dizer ao cedro do Líbano: 'Dá tua filha* por esposa a meu filho'. Mas um animal selvagem do Líbano passou e pisou o espinheiro. 19Tu dizes: 'Triunfei de Edom', e teu coração se envaideceu e te glorias. Mas fica em tua casa! Para que provocar a desgraça e causar tua ruína e a de Judá contigo?"

20Mas Amasias não lhe deu ouvidos, pois era vontade de Deus entregá-los nas mãos dos inimigos por terem buscado os deuses de Edom. 21Joás, rei de Israel, partiu para a guerra e se enfrentaram ele e Amasias, rei de Judá, em Bet-Sames, que pertence a Judá. 22Judá foi derrotado por Israel e cada um fugiu para sua tenda. 23Joás, rei de Israel, fez prisioneiro em Bet-Sames o rei de Judá, Amasias, filho de Joás, filho de Joacaz, e conduziu-o a Jerusalém. Fez uma brecha de quatrocentos côva-

---

* **25**,4. Dt 24,16 | 11. 2Rs 14,7 | 17. 2Rs 14,8-14 | 18. Jz 9,7-15

† **25**,4. Ver a nota em Dt 24,16, que é o texto citado aqui.

dos na muralha de Jerusalém, desde a
porta de Efraim até a porta do Ângulo.
24 Tomou todo o ouro,* a prata e todos
os objetos que se achavam no templo
de Deus, aos cuidados de Obed-Edom,
e os tesouros do palácio real, e voltou
a Samaria, levando reféns.

Fim do reinado de Amasias. 25 Ama-
sias, filho de Joás,* rei de Judá, viveu
ainda quinze anos depois da morte de
Joás, filho de Joacaz, rei de Israel.

26 O resto da história de Amasias, do
começo ao fim, não está escrito no li-
vro dos reis de Judá e de Israel? 27 De-
pois que Amasias se desviou de Javé,
tramou-se contra ele uma conspiração
em Jerusalém e ele fugiu para Laquis;
perseguiram-no, porém, até Laquis e lá
o mataram. 28 Transportaram seu corpo
sobre cavalos e o sepultaram junto de
seus pais na Cidade de Davi.

26 **Reinado de Ozias.** 1 Todo o
povo de Judá tomou Ozias,
que tinha dezesseis anos,* e o consti-
tuiu rei em lugar de seu pai Amasias.
2 Ele reconstruiu Elat e a reconquistou
para Judá, depois que o rei adormeceu
com seus pais. 3 Ozias tinha dezesseis
anos* quando começou a reinar e rei-
nou cinquenta e dois anos em Jerusa-
lém. Sua mãe chamava-se Jequelias e
era de Jerusalém. 4 Fez o que é agra-
dável aos olhos de Javé, como tudo o
que fizera seu pai Amasias. 5 Aplicou-se
a procurar a Deus, enquanto viveu Za-
carias que o instruiu no temor de Deus.
Todo o tempo que buscou a Javé, Deus
o fez prosperar.

6 Saiu a combater contra os filisteus,
derrubou as muralhas de Gat, de Jabne
e de Azoto e construiu cidades na re-
gião de Azoto e entre os filisteus. 7 Deus
o ajudou contra os filisteus, contra os
árabes que habitavam em Gur-Baal e
contra os meunitas. 8 Os amonitas pa-
garam tributo* a Ozias. Seu renome
estendeu-se até a fronteira do Egito,
porque se tornara extremamente po-
deroso.

9 Ozias construiu torres em Jerusalém:
na porta do Ângulo, na porta do Vale e
na Esquina, e as fortificou. 10 Construiu
também torres no deserto e cavou nu-
merosas cisternas, pois dispunha de
numeroso rebanho na planície e no
planalto; tinha lavradores e vinhateiros
nas montanhas e nos campos férteis,
pois gostava da agricultura.*

11 Ozias tinha um exército treinado,
pronto para entrar em combate, di-
vidido em fileiras segundo o núme-
ro registrado pelo escriba Jeiel e pelo
comissário Maasias, sob a direção de
Hananias, um dos oficiais do rei. 12 O
número total dos chefes das famílias
desses guerreiros valentes era de dois
mil e seiscentos. 13 Tinham sob suas or-
dens as tropas do exército, constituído
de trezentos e sete mil e quinhentos
homens, de grande valor, prontos para
auxiliar o rei contra o inimigo. 14 Ozias
distribuiu a eles, a todo o exército, es-
cudos, lanças, capacetes, couraças, ar-
cos e pedras para as fundas. 15 Mandou
fazer em Jerusalém máquinas inventa-
das por técnicos, para colocá-las sobre
as torres e sobre os ângulos, a fim de
atirar flechas e grandes pedras. Seu re-
nome estendeu-se até bem longe, pois
foi maravilhosamente ajudado até se
tornar poderoso.

Orgulho e castigo de Ozias. 16 Mas
quando viu que estava forte, seu co-
ração encheu-se de orgulho para sua
própria ruína. Pecou contra Javé seu
Deus, entrando no templo de Javé para
queimar incenso no altar dos perfumes.
17 Atrás dele entrou o sacerdote Azarias
com mais oitenta corajosos sacerdo-
tes de Javé. 18 Eles se opuseram ao rei
Ozias, dizendo-lhe: "Não é a ti que
compete oferecer incenso a Javé, mas
aos sacerdotes descendentes de Aarão,
consagrados para este ofício. Sai do
santuário, porque pecaste, e isto não te
servirá de glória diante de Javé Deus".
19 Ozias, que tinha nas mãos o incensó-
rio, encolerizou-se. Mas, enquanto ele
se irritava contra os sacerdotes, apare-

---

* **25**,24. 1Cr 26,15 | 25. 2Rs 14,17-20 | **26**,1. 2Rs 14,21s | 3. 2Rs 15,2ss | 8. 20,1 | 10. 1Cr 27,25-31 | 19. Nm 12,10

ceu a lepra em sua fronte na presença dos sacerdotes, no templo de Javé,* perto do altar dos perfumes. [20]O sumo sacerdote Azarias e todos os sacerdotes voltaram-se para ele e viram a lepra em sua fronte. Expulsaram-no imediatamente, e ele mesmo se apressou em sair, porque Javé o havia castigado.

[21]O rei Ozias ficou leproso* até o dia de sua morte. Por ser leproso, morava numa casa separada, porque estava excluído do templo de Javé. Seu filho Joatão regia o palácio e governava a população do país. [22]O resto da história de Ozias, do começo ao fim, foi escrito pelo profeta Isaías, filho de Amós†. [23]Ozias adormeceu com seus pais e foi sepultado com eles no terreno dos sepulcros reais, pois diziam: "É um leproso". Joatão, seu filho, reinou em seu lugar.

27 **Reinado de Joatão.** [1]Joatão tinha vinte e cinco anos* quando começou a reinar e reinou dezesseis anos em Jerusalém. Sua mãe chamava-se Jerusa e era filha de Sadoc. [2]Fez o que é agradável aos olhos de Javé, imitando em tudo a conduta de seu pai, Ozias, sem todavia entrar no santuário de Javé. Mas o povo continuou a corromper-se.

[3]Ele construiu a porta superior do templo de Javé e fez numerosas obras na muralha do Ofel. [4]Edificou cidades na montanha de Judá e também cidadelas e torres nos bosques.

[5]Combateu contra o rei dos amonitas. Venceu-os, e os amonitas lhe pagaram naquele ano cem talentos de prata, dez mil coros de trigo e dez mil de cevada; isto lhe pagaram os amonitas também no segundo e no terceiro anos. [6]Joatão tornou-se poderoso, pois ordenou seus caminhos diante de Javé, seu Deus.

[7]O resto da história de Joatão,* todas as suas guerras e suas atividades, tudo está escrito no livro dos reis de Israel e de Judá. [8]Tinha vinte e cinco anos quando começou a reinar e reinou dezesseis anos em Jerusalém. [9]Joatão adormeceu com seus pais e foi sepultado na Cidade de Davi. Seu filho Acaz reinou em seu lugar.

28 **Reinado de Acaz.** [1]Acaz tinha vinte anos* quando começou a reinar e reinou dezesseis anos em Jerusalém. Não fez o que é agradável aos olhos de Javé, como o havia feito Davi, seu antepassado. [2]Imitou a conduta dos reis de Israel e até mandou fazer estátuas de metal de Baal, [3]queimou perfumes no vale dos filhos de Enom e fez passar seus filhos pelo fogo†, segundo os costumes abomináveis* das nações que Javé tinha expulsado da frente dos israelitas. [4]Ofereceu sacrifícios e incenso nos lugares altos, nas colinas e debaixo de toda árvore verdejante.

[5]Por isso Javé, seu Deus, entregou-o* nas mãos do rei dos arameus. Estes o derrotaram e fizeram grande número de prisioneiros, que foram levados para Damasco. Foi também entregue às mãos do rei de Israel, que lhe infligiu pesada derrota. [6]Faceia, filho de Romelias, matou num só dia cento e vinte mil homens de Judá, todos guerreiros valentes, por terem abandonado Javé, o Deus de seus pais. [7]Zecri, herói efraimita, matou Maasias, filho do rei, Ezricam, chefe do palácio, e Elcana, que era o lugar-tenente do rei. [8]Os israelitas levaram presos de Judá, seu povo irmão, duzentos mil: mulheres, meninos e meninas; tomaram também imensos despojos, que levaram para Samaria.

Os israelitas ouvem o profeta Oded. [9]Havia lá um profeta de Javé, de nome Oded†. Saindo ao encontro do exército que chegava a Samaria, assim falou: "Em sua ira contra eles, Javé, o Deus de

---

* **26**,21. 2Rs 15,5ss; Lv 13,46; Nm 19,20 | **27**,1. 2Rs 15,32-35 | 7. 2Rs 15,36ss | **28**,1. 2Rs 16,2-5 | 3. Lv 18,21 | 5. 2Rs 16; Is 7-9

† **26**,22. Esse escrito, atribuído ao profeta Isaías, não chegou até nós. | **28**,3. É o vale da Geena, que fica na zona sul de Jerusalém, local de sacrifícios humanos ao deus Moloc. 9. Profeta que vem da Samaria: mais um dos muitos que o Cronista gosta de relembrar: 15,1; 16,7; 24,20; 25,7s.

vossos pais, entregou Judá em vossas mãos, mas vós os massacrastes com um furor tal que chegou até o céu. 10E agora pensais em reduzir os filhos de Judá e de Jerusalém a servos e servas vossos! Mas vós próprios não sois também culpados diante de Javé, vosso Deus? 11Ouvi-me agora: fazei voltar vossos irmãos, os prisioneiros que fizestes, porque o ardor da ira de Javé vos ameaça".

12Alguns dos chefes dos efraimitas, a saber, Azarias, filho de Joanã, Baraquias, filho de Mosolamot, Ezequias, filho de Selum, Amasa, filho de Hadali, insurgiram-se contra os que voltavam da expedição 13e disseram: "Não podeis introduzir aqui estes prisioneiros, porque já pesa sobre nós uma culpa diante de Javé e pretendeis aumentar o número de nossos pecados e de nossas faltas; na verdade, nossa culpa é enorme e uma ira ardente ameaça Israel". 14Então o exército abandonou os prisioneiros e os despojos na presença dos chefes e de toda a assembleia. 15Em seguida, alguns homens, designados nominalmente para este fim, puseram-se a reconfortar os prisioneiros. Com os despojos, vestiram todos os que estavam nus: deram-lhes roupa, calçado, comida e bebida e os medicaram com unções. Transportaram todos os fracos sobre animais* e os conduziram a seus irmãos em Jericó, a cidade das palmeiras. Em seguida regressaram a Samaria.

Idolatria e morte de Acaz. 16Por esse tempo, Acaz mandou* pedir ao rei da Assíria que o socorresse.

17Os edomitas tinham outra vez invadido Judá, derrotaram-no e levaram consigo prisioneiros. 18Os filisteus fizeram incursões contra as cidades da Planície e do Negueb de Judá. Conquistaram Bet-Sames, Aialon, Gederot, Soco e seus arredores, Tamna e seus arredores, Gamzo e seus arredores, e aí se estabeleceram. 19Com efeito, Javé humilhava Judá por causa de Acaz, rei de Judá, que incitava Judá ao relaxamento e era infiel a Javé. 20Teglat-Falasar, rei da Assíria, veio contra ele e o oprimiu em vez de ajudá-lo. 21Acaz retirou uma parte* dos bens do templo de Javé e das casas do rei e dos príncipes para dá-los ao rei da Assíria, mas isto de nada lhe serviu. 22Enquanto sofria o cerco,* ele, o rei Acaz, pecou ainda mais contra Javé. 23Ofereceu sacrifícios aos deuses de Damasco que o haviam derrotado, pois pensou: "Já que os deuses dos reis de Aram vieram em seu socorro, também eu lhes oferecerei sacrifícios para que me ajudem". Mas foram eles que causaram sua perda e a de todo o Israel.

24Acaz juntou todos os utensílios* do templo de Deus e os reduziu a pedaços; fechou as portas do templo de Javé e fez altares para si em todas as esquinas de Jerusalém; 25edificou lugares altos em todas as cidades de Judá, para neles oferecer incenso a outros deuses, e provocou a ira de Javé, o Deus de seus pais.

26O resto de sua história e de todas as suas ações, do começo ao fim, está tudo escrito no livro dos reis de Judá e de Israel. 27Acaz adormeceu* com seus pais e foi sepultado na cidade, em Jerusalém, mas não o colocaram nos sepulcros dos reis de Israel. Seu filho Ezequias reinou em seu lugar.

29 **Reinado de Ezequias.** 1Ezequias tornou-se rei* com vinte e cinco anos de idade e reinou vinte e nove anos em Jerusalém. Sua mãe chamava-se Abia e era filha de Zacarias. 2Fez o que é agradável aos olhos de Javé, imitando tudo o que fizera Davi, seu antepassado.

Purificação do templo. 3No primeiro mês do primeiro ano* de seu reinado ele abriu as portas do templo de Javé e as restaurou. 4Depois convocou os sacerdotes e os levitas, reuniu-os na praça oriental 5e disse-lhes: "Escutai-me, levitas! Santificai-vos agora e consagrai o templo de Javé, Deus de nossos pais, e eliminai do santuário a

* **28**,15. Lc 10,25-37 | 16. 2Rs 16,6s; Is 7-8 | 21. 2Rs 16,8 | 22. 2Rs 16,12s; Is 10,20 | 24. 2Rs 16,17 | 27. 2Rs 16,19s | **29**,1. 2Rs 18,1ss | 3. 28,24

impureza. 6Nossos pais foram infiéis e fizeram o mal aos olhos de Javé, nosso Deus. Abandonaram-no, desviaram seus olhos da habitação de Javé e lhe voltaram as costas. 7Chegaram a fechar as portas do vestíbulo, apagaram as lâmpadas* e não mais queimaram incenso, nem ofereceram holocaustos ao Deus de Israel no santuário. 8Por isso a ira de Javé caiu sobre Judá e sobre Jerusalém; ele os fez objetos de terror, espanto e zombaria,* como o vedes com os próprios olhos. 9É assim que nossos pais caíram sob a espada; nossos filhos, nossas filhas e nossas mulheres estão no cativeiro. 10Agora decidi concluir uma aliança com Javé, Deus de Israel, para que se afaste de nós sua ira ardente. 11Meus filhos, não sejais mais negligentes, pois foi a vós que Javé escolheu para estardes em sua presença, para servi-lo, para vos dedicardes a seu culto e lhe oferecerdes incenso".

12Levantaram-se então os levitas: Maat, filho de Amasai, Joel, filho de Azarias, dos filhos de Caat; dos meraritas: Cis, filho de Abdi, e Azarias, filho de Jalaleel; dos gersonitas: Joá, filho de Zema, e Éden, filho de Joá; 13dos filhos de Elisafã: Samri e Jeiel; dos filhos de Asaf: Zacarias e Matanias; 14dos filhos de Emã: Jaiel e Semei; dos filhos de Iditun: Semeías e Oziel. 15Reuniram seus irmãos e, depois de se terem santificado, vieram por ordem do rei, conforme as palavras de Javé, purificar o templo de Javé.

16Os sacerdotes penetraram na parte interna do templo de Javé para purificá-lo. Removeram para o pátio do templo de Javé todas as coisas impuras que encontraram no santuário de Javé, e os levitas amontoaram-nas e foram jogá-las fora, na torrente do Cedron. 17Começaram a purificação no primeiro dia do primeiro mês; no oitavo dia* desse mês entraram no vestíbulo de Javé; em oito dias consagraram o templo de Javé e terminaram a purificação no décimo sexto dia do primeiro mês.

Ezequias restabelece o culto. 18Apresentaram-se então no palácio do rei Ezequias e disseram-lhe: "Purificamos todo o templo de Javé, o altar dos holocaustos e todos os utensílios, a mesa dos pães da apresentação e todos os seus utensílios. 19Preparamos e consagramos todos os objetos que o rei Acaz havia lançado fora durante seu ímpio reinado; estão agora diante do altar de Javé".

20O rei Ezequias levantou-se imediatamente, reuniu os oficiais da cidade e subiu ao templo de Javé. 21Mandou trazer sete touros, sete carneiros, sete cordeiros e sete bodes para o sacrifício pelo pecado, na intenção da casa real, do santuário e de Judá. O rei mandou então que os sacerdotes, filhos de Aarão, oferecessem os holocaustos sobre o altar de Javé. 22Imolaram os touros, e os sacerdotes recolheram o sangue que derramaram sobre o altar. Depois imolaram os carneiros e derramaram seu sangue sobre o altar. Imolaram os cordeiros e derramaram seu sangue sobre o altar. 23Em seguida mandaram trazer os bodes destinados ao sacrifício pelo pecado, diante do rei e da assembleia, que lhes impuseram as mãos. 24Os sacerdotes os imolaram e ofereceram seu sangue como sacrifício pelo pecado, a fim de executarem o rito de expiação por todo o Israel; com efeito, era por todo o Israel que o rei ordenara que se oferecessem os holocaustos e o sacrifício pelo pecado.

25Também estabeleceu os levitas no templo de Javé com címbalos, liras e cítaras, segundo as prescrições de Davi, de Gad, o vidente do rei, e do profeta Natã; pois a ordem vinha de Deus por intermédio de seus profetas. 26Assim, os levitas tomaram lugar com os instrumentos de Davi, e os sacerdotes com as trombetas. 27Ezequias mandou oferecer os holocaustos sobre o altar; o holocausto estava começando quando entoaram os cânticos de Javé e soaram as trombetas, acompanhadas dos instrumentos de Davi, rei de Israel. 28Toda

* **29**,7. 2,3 | 8. Lv 26,32; Dt 28,25; Jr 25,18 | 17. 15,16

a assembleia se prostrou, enquanto os
cantores cantavam e as trombetas to-
cavam até se concluir o holocausto.
29Terminado o holocausto, o rei e
todos os que o acompanhavam se
ajoelharam e se prostraram. 30Depois
o rei Ezequias e os oficiais ordenaram
aos levitas que louvassem a Javé com
as palavras de Davi e de Asaf, o viden-
te; eles o louvaram com entusiasmo,
depois se inclinaram e se prostraram.
31Ezequias tomou então a palavra e
disse: "Agora vos consagrastes a Javé.
Aproximai-vos, trazei ao templo de Javé
as vítimas e os sacrifícios de louvor". A
assembleia trouxe as vítimas e os sacri-
fícios de louvor, e todos os de coração
generoso* trouxeram holocaustos. 32O
número dos holocaustos trazidos pela
assembleia foi de setenta bois, cem
carneiros, duzentos cordeiros, tudo em
holocausto a Javé; 33seiscentos bois e
três mil ovelhas foram consagrados.
34Todavia, o número dos sacerdotes
foi insuficiente para esfolar todos esses
holocaustos; por isso os levitas, seus ir-
mãos, os ajudaram até que esta obra
terminasse e até que os sacerdotes*
fossem santificados; os levitas, de fato,
estavam mais dispostos que os sacer-
dotes* a se santificar. 35Além do grande
número de holocaustos, houve a gor-
dura dos sacrifícios de comunhão e as
libações correspondentes a cada holo-
causto. Assim foi restabelecido o culto
no templo de Javé. 36Ezequias e todo o
povo se alegraram com o que Deus ha-
via realizado para o povo, porque tudo
foi feito com presteza.

30 **Convocação para a Páscoa.**
1Ezequias enviou mensageiros
para todo o Israel e Judá; escreveu tam-
bém cartas a Efraim e Manassés para
convidá-los a vir ao templo de Javé,
em Jerusalém, para celebrar a Páscoa*
em honra de Javé, Deus de Israel. 2O
rei, seus oficiais e toda a assembleia de
Jerusalém resolveram celebrá-la no se-
gundo mês,* 3já que não puderam ce-
lebrá-la no tempo devido, porque não
se haviam santificado sacerdotes em
número suficiente e o povo ainda não
se tinha reunido em Jerusalém. 4Isto
pareceu justo aos olhos do rei e de
toda a assembleia. 5Decidiu-se publicar
em todo o Israel, de Bersabeia a Dã, um
apelo para que viessem celebrar em Je-
rusalém uma Páscoa para Javé, Deus
de Israel†; de fato, muitos não tinham
observado as normas prescritas. 6Par-
tiram então os mensageiros, com as
cartas escritas pelo rei e seus oficiais, e
foram por todo o Israel e Judá. Deviam
dizer, segundo a ordem do rei: "Israe-
litas, voltai a Javé, o Deus de Abraão,
de Isaac e de Israel, e ele voltará para
vós, que sobrevivestes depois de ter
escapado das mãos dos reis da Assíria.
7Não sejais como vossos pais e vos-
sos irmãos que pecaram contra Javé,
o Deus de seus pais, e foram por ele
entregues à ruína, como vedes. 8Não
endureçais vossa cerviz como o fizeram
vossos pais. Submetei-vos a Javé, vin-
de a seu santuário que ele consagrou
para sempre, servi a Javé, vosso Deus,
para que se afaste de vós sua arden-
te ira. 9Porque, se voltardes para Javé,
vossos irmãos e vossos filhos encon-
trarão misericórdia* diante dos que os
deportaram e poderão regressar a esta
terra, pois Javé, vosso Deus, é clemente
e misericordioso. Se voltardes para ele,
não afastará de vós sua face".
10Os mensageiros foram e percor-
reram, de cidade em cidade, o país
de Efraim e de Manassés, e também
o de Zabulon, mas o povo zombava
deles e os escarnecia. 11No entanto,
alguns homens de Aser, de Manassés
e de Zabulon se humilharam e vieram
a Jerusalém. 12Também em Judá a mão
de Deus agiu para fazê-los executar
unanimemente as prescrições do rei
e dos oficiais, conforme a palavra de
Javé. 13Uma grande multidão reuniu-
-se em Jerusalém para celebrar no se-

* **29**,31. Lv 7,11 | 34. 1Cr 15,12 | **30**,1. Êx 12,1 | 2. Nm 9,6-13 | 9. 1Rs 8,50

† **30**,5. Este convite às tribos do norte exprime a esperança profética da volta à unidade e à fidelidade ao Deus único.

gundo mês a festa dos Ázimos; foi uma assembleia extremamente numerosa. 14Puseram-se a destruir os altares que estavam em Jerusalém e todos os altares de incenso,* e os jogaram na torrente do Cedron.

A Páscoa e os Ázimos. 15Imolaram a Páscoa no dia catorze* do segundo mês. Cheios de confusão, os sacerdotes e os levitas santificaram-se e levaram holocaustos ao templo de Javé. 16Depois puseram-se em seus postos, conforme as normas a eles impostas pela lei de Moisés, homem de Deus. Os sacerdotes derramavam o sangue que recebiam das mãos dos levitas, 17pois na assembleia havia muitos que não se tinham santificado. Por isso os levitas estavam encarregados de imolar as vítimas pascais em lugar dos que não tinham a pureza exigida para consagrá-las a Javé. 18Na verdade, grande parte do povo, muitos de Efraim, de Manassés, de Issacar e de Zabulon, não se tinham purificado: comeram a Páscoa sem obedecer ao que é prescrito. Mas Ezequias orou por eles, dizendo: "Que Javé, em sua bondade, perdoe 19a todos os que aplicaram seu coração em buscar a Deus, a Javé, o Deus de seus pais, mesmo se não têm a pureza exigida para as coisas santas". 20Javé ouviu Ezequias e conservou o povo são e salvo.

21Assim os israelitas que se achavam em Jerusalém celebraram durante sete dias e com grande alegria a festa dos Ázimos, enquanto os levitas e os sacerdotes louvavam cada dia a Javé, cantando a Javé com instrumentos sonoros. 22Ezequias dirigiu palavras de encorajamento a todos os levitas que mostravam grande conhecimento das coisas de Javé; durante sete dias tomaram parte no festim da solenidade, celebrando os sacrifícios de comunhão e louvando a Javé, o Deus de seus pais. 23Depois toda a assembleia resolveu celebrar mais sete dias de festa e festejaram outros sete dias com alegria. 24Pois Ezequias, rei de Judá, ofereceu à assembleia mil touros e sete mil ovelhas, e os oficiais deram à assembleia mil touros e dez mil ovelhas. Os sacerdotes se santificaram em grande número. 25Toda a assembleia dos filhos de Judá se alegrou, como também os sacerdotes, os levitas e toda a assembleia vinda de Israel, os refugiados vindos da terra de Israel e também os que moravam em Judá. 26Reinou imenso júbilo em Jerusalém, pois desde os dias de Salomão, filho de Davi, rei de Israel, nada de semelhante se havia realizado em Jerusalém. 27Os sacerdotes levitas puseram-se a abençoar o povo: sua voz foi ouvida e sua oração chegou até os céus, a morada santa de Javé.

31 **Luta contra a idolatria.** 1Quando tudo foi terminado,* todo o Israel que lá se achava saiu pelas cidades de Judá quebrando as colunas sagradas, despedaçando os troncos idolátricos, demolindo os lugares altos e os altares, para eliminá-los por completo de todo Judá, Benjamim, Efraim e Manassés. A seguir, todos os israelitas voltaram para suas cidades, cada um para sua propriedade.

Reorganização do clero. 2Ezequias restabeleceu as classes dos sacerdotes e dos levitas, cada um em sua classe, segundo sua função; os sacerdotes e os levitas para os holocaustos, os sacrifícios de comunhão, o serviço litúrgico, a ação de graças e o louvor nas portas dos acampamentos de Javé. 3O rei reservou uma parte de seus bens* para os holocaustos da manhã e da tarde, para os holocaustos dos sábados, das luas novas e das solenidades,* como está escrito na lei de Javé. 4Ordenou também ao povo, aos habitantes de Jerusalém, que entregassem aos sacerdotes e aos levitas a parte que lhes tocava, a fim de que pudessem observar a lei de Javé. 5Logo que foi promulgada esta ordem, os israelitas trouxeram* em abundância as primícias do trigo,

---

* **30**,14. 28,24s | 15. Esd 9,6 | **31**,1. 2Rs 18,4 | 3. 1Cr 9,19 / Ez 45,17; 1Cr 29,3; Nm 28-29 | 5. Nm 18,18-24; Dt 14,22

do vinho, do óleo, do mel e de todos os produtos agrícolas e trouxeram em abundância o dízimo de tudo. 6Os israelitas e os de Judá, que moravam nas cidades de Judá, trouxeram também o dízimo dos bois e das ovelhas e o dízimo das coisas santas consagradas a Javé, fazendo grandes montões. 7Foi no terceiro mês que começaram a fazer tais montões e terminaram no sétimo. 8Ezequias e os oficiais vieram ver os montões e bendisseram a Javé e a Israel, seu povo. 9Ezequias interrogou os sacerdotes e os levitas acerca dos montões. 10O sumo sacerdote Azarias, da casa de Sadoc, respondeu-lhe: "Desde que começaram a trazer essas oferendas ao templo de Javé, temos tido o que comer com fartura e tem sobrado muita coisa, pois Javé abençoou seu povo; esta grande quantidade é o que sobra".

11Ezequias ordenou que se preparassem depósitos no templo de Javé, o que foi feito. 12Depositaram-se ali, fielmente, as oferendas, os dízimos e as coisas consagradas. Encarregado disso foi o levita Conenias, auxiliado por seu irmão Semei. 13Jaiel, Azarias, Naat, Asael, Jerimot, Jozabad, Eliel, Jesmaquias, Maat e Banaías eram os inspetores, sob as ordens de Conenias e de seu irmão Semei, por disposição do rei Ezequias e de Azarias, chefe do templo de Deus. 14O levita Coré, filho de Jemna, guarda da porta oriental, era encarregado das oferendas espontâneas feitas a Deus; distribuía os dons oferecidos a Javé e as coisas sacrossantas. 15Sob suas ordens, Éden, Miniamin, Jesua, Semeías, Amarias e Sequenias, nas cidades sacerdotais, deviam distribuir fielmente as porções a seus irmãos, grandes e pequenos, segundo suas classes; 16com exceção dos homens que estavam registrados em suas genealogias,* de três anos para cima, eles distribuíam a todos os que entravam no templo de Javé sua porção diária para seu serviço, segundo suas funções e de acordo com suas classes. 17Os sacerdotes foram inscritos por famílias e os levitas, de vinte anos ou mais, segundo suas funções e suas classes. 18Foram inscritos com todas as crianças, as mulheres, os filhos, as filhas, toda a assembleia, pois deviam consagrar-se com fidelidade às coisas sagradas. 19Para os sacerdotes, filhos de Aarão, que residiam nos campos ao redor de suas cidades, havia em cada cidade homens nominalmente designados para distribuir as porções a todos os homens entre os sacerdotes e a todos os levitas inscritos.

20Assim procedeu Ezequias em todo o Judá. Fez o que é bom, reto e leal aos olhos de Javé, seu Deus. 21Tudo o que executou para o serviço do templo de Deus, pela lei e pelos mandamentos, ele o fez buscando a Deus de todo o coração e foi bem-sucedido.

32 **Invasão de Senaquerib.** 1Depois desses acontecimentos* e dessas provas de fidelidade, veio Senaquerib, rei da Assíria, invadiu Judá e sitiou as cidades fortificadas com o propósito de conquistá-las. 2Vendo, então, Ezequias que Senaquerib chegava com a intenção de atacar Jerusalém, 3decidiu, com seus oficiais e seus guerreiros, obstruir as águas das nascentes que estavam fora da cidade e eles lhe prestaram ajuda. 4Tendo-se reunido uma grande multidão,* obstruíram todas as fontes e o riacho que corria pelo território, dizendo: "Por que os reis da Assíria, vindo aqui, haveriam de achar água em abundância?" 5Corajosamente Ezequias se pôs a restaurar todas as brechas da muralha, sobre ela construiu torres, ergueu uma segunda muralha na parte externa, fortificou o Melo na Cidade de Davi e mandou fazer armas e escudos em abundância. 6Colocou generais à frente do povo, reuniu-os em seu redor na praça da porta da cidade e os encorajou, dizendo: 7"Sede firmes e corajosos!* Não temais nem vos apavoreis diante do rei da Assíria e diante de toda a multidão que o acompanha, pois Aquele que está conosco é mais

* **31**,16. 1Cr 23,3 | **32**,1. 2Rs 18,13 | 4. Is 22,9ss; Ne 2,17s | 7. 14,10; 20,6-12

poderoso do que o que está com ele.
8Com ele está um braço* de carne, mas
conosco está Javé, nosso Deus, que nos
socorre e combate nossas batalhas". O
povo ganhou confiança ao ouvir as pa-
lavras de Ezequias, rei de Judá.
Insultos de Senaquerib. 9Depois dis-
so, Senaquerib, rei da Assíria,* enquan-
to ainda estava sitiando Laquis com
todas as suas tropas, enviou seus ser-
vos a Jerusalém para dizer a Ezequias,
rei de Judá, e a todos os de Judá que
se achavam em Jerusalém: 10"Assim
fala Senaquerib, rei da Assíria: Em que
confiais para permanecerdes em Jeru-
salém sitiados? 11Acaso Ezequias não
vos está enganando, para vos fazer
perecer pela fome e pela sede, quando
vos diz: 'Javé, nosso Deus, nos livrará
das mãos do rei da Assíria?' 12Não foi
este mesmo Ezequias que suprimiu os
lugares altos e os altares de Javé, or-
denando a Judá e a Jerusalém: 'Diante
de um só altar vos prostrareis e sobre
ele oferecereis incenso?' 13Não sabeis
o que temos feito, meus pais e eu, a
todos os povos de outras terras? Os
deuses das nações dessas terras pude-
ram livrá-las de minhas mãos? 14Qual
é, dentre todos os deuses das nações
que meus pais votaram ao extermí-
nio, aquele que pôde livrar seu povo
de minhas mãos? E vosso Deus pode-
ria então livrar-vos de minhas mãos?
15Portanto, não vos deixeis iludir por
Ezequias! Que não vos engane dessa
maneira! Não lhe deis crédito, pois ne-
nhum deus de nação alguma, nem de
reino algum, pôde livrar seu povo de
minhas mãos nem das mãos de meus
pais; vossos deuses tampouco vos li-
vrarão de minhas mãos".
16Seus servos falaram ainda mais
contra Javé Deus e contra Ezequias,*
seu servo. 17Senaquerib escrevera uma
carta insultando Javé, Deus de Israel, e
falando contra ele nestes termos: "As-
sim como os deuses das nações das
outras terras não livraram seus povos
de minhas mãos, o Deus de Ezequias
não livrará delas seu povo". 18Os servos
de Senaquerib bradavam em voz alta,
usando a língua hebraica, dirigindo-se
ao povo que estava sobre a muralha,
para atemorizá-lo e intimidá-lo e assim
se apoderarem da cidade. 19Falavam
do Deus de Jerusalém como se ele fos-
se um dos deuses dos povos da terra,
obra de mãos humanas.
Senaquerib é vencido. 20Então o rei
Ezequias* e o profeta Isaías, filho de
Amós, rezaram para este fim e clama-
ram ao céu. 21E Javé enviou um anjo
que exterminou todos os guerreiros
valentes, os capitães e os oficiais no
acampamento do rei da Assíria†. Este
voltou para sua terra coberto de ver-
gonha;* e, tendo entrado no templo
de seu deus, alguns de seus próprios
filhos ali o mataram à espada. 22Assim
Javé salvou Ezequias e os habitantes
de Jerusalém das mãos de Senaquerib,
rei da Assíria, e das mãos de todos os
outros, e concedeu-lhes a tranquili-
dade em todas as fronteiras. 23Muitos
levaram a Jerusalém ofertas* para Javé
e presentes para Ezequias, rei de Judá,
que, depois desses acontecimentos,
adquiriu prestígio aos olhos de todas
as nações.
Últimos anos de Ezequias. 24Por aque-
les dias Ezequias caiu doente* e esteve
a ponto de morrer. Implorou a Javé, que
lhe falou e lhe concedeu um milagre.
25Ezequias, porém, não correspondeu
ao benefício recebido, porque seu cora-
ção se orgulhou; por isso a ira divina se
abateu sobre ele, sobre Judá e sobre Je-
rusalém. 26Ezequias, porém, humilhou-
-se* do orgulho de seu coração, assim
como os habitantes de Jerusalém; a ira
de Javé cessou de abater-se sobre eles
durante a vida de Ezequias. 27Ezequias
possuiu muitas riquezas* e glória. Acu-
mulou tesouros para si em ouro, pra-
ta, pedras preciosas, aromas, escudos

* **32**,8. Is 31,3 | 9. 2Rs 18,17-37; Is 36,1-22 | 16. 2Rs 19,9-13; Is 37,9-19 | 20. 2Rs 19,15; Is 37,15 | 21. 2Rs 19,35ss; Is 37,36ss | 23. 14,6; 2Rs 20,12 | 24. 2Rs 20,1s; Is 38,1s | 26. 2Rs 20,12-19; Is 39,1-8 | 27. 2Rs 20,13; Is 39,2

† **32**,21. Ver a nota em 2Rs 19,35.

e toda espécie de objetos preciosos. [28]Teve armazéns para as safras de trigo, vinho e óleo; estábulos para todo tipo de gado e apriscos para os rebanhos. [29]Construiu cidades para si e possuiu ovelhas e bois em grande quantidade, pois Deus lhe havia dado bens imensos.

[30]Ezequias obstruiu a saída* superior das águas do Guion e as canalizou para baixo, para o ocidente da Cidade de Davi†. Ezequias foi bem-sucedido em todas as suas empresas. [31]Quando os oficiais de Babilônia lhe enviaram mensageiros para se informarem a respeito do milagre que havia acontecido no país, Deus o abandonou para experimentá-lo e para conhecer o íntimo de seu coração. [32]O resto da história de Ezequias e os testemunhos de sua piedade, tudo está escrito na visão do profeta Isaías, filho de Amós, e no livro dos reis de Judá e de Israel. [33]Ezequias adormeceu com seus pais e foi sepultado na subida para os túmulos dos filhos de Davi. Em sua morte, todos os de Judá e os habitantes de Jerusalém lhe prestaram homenagens. Seu filho Manassés reinou em seu lugar.

33

Manassés e o retorno à idolatria. [1]Manassés tinha doze anos* quando começou a reinar e reinou cinquenta e cinco anos em Jerusalém. [2]Fez o que é mau aos olhos de Javé, imitando as abominações das nações que Javé tinha expulsado da frente dos israelitas. [3]Reconstruiu os lugares altos que Ezequias, seu pai, havia destruído, ergueu altares para os ídolos de Baal, fabricou troncos idolátricos, prostrou-se diante de todo o exército do céu e lhe prestou culto. [4]Construiu altares no templo de Javé, do qual Javé dissera: "É em Jerusalém que meu nome estará para sempre".

[5]Construiu altares para todo o exército do céu nos dois pátios do templo de Javé. [6]Fez passar seus filhos pelo fogo no vale dos filhos de Enom. Praticou a magia, os encantamentos, a feitiçaria e instituiu necromantes e adivinhos; multiplicou as ações que Javé considera como más, provocando assim sua ira. [7]Colocou o ídolo que mandara esculpir no templo de Deus, do qual Deus tinha dito a Davi e a Salomão, seu filho: "Neste templo e em Jerusalém, cidade que escolhi entre todas as tribos de Israel, farei residir meu nome para sempre. [8]Não mais farei com que o pé de Israel vagueie fora da terra que destinei a seus pais, contanto que procurem cumprir tudo o que lhes ordenei por meio de Moisés: toda a lei, os decretos e as decisões". [9]Mas Manassés corrompeu os habitantes de Judá e de Jerusalém, a tal ponto que fizeram mais mal do que as nações que Javé havia exterminado diante dos israelitas. [10]Javé falou a Manassés e a seu povo, mas não lhe deram ouvidos.

Cativeiro e conversão. [11]Então Javé fez vir contra Manassés os generais do exército do rei assírio, que o prenderam com ganchos, amarraram-no com cadeias e o levaram para Babilônia. [12]Angustiado, implorou a Javé, seu Deus, e humilhou-se profundamente diante do Deus de seus pais. [13]Orou a Javé, que se deixou comover. Ouviu sua súplica e o fez voltar para Jerusalém, a seu reino. Manassés reconheceu que Javé é Deus. [14]Depois disso, ele edificou o muro exterior da Cidade de Davi a oeste do Guion, no vale, até a porta dos Peixes, rodeando o Ofel; ele o fez muito alto. Pôs também chefes militares em todas as cidades fortificadas de Judá.

[15]Fez desaparecer do templo* de Javé os deuses estrangeiros e o ídolo, como também todos os altares que havia construído sobre o monte do templo e em Jerusalém, e os lançou fora da cidade. [16]Reconstruiu o altar de Javé, ofereceu sobre ele sacrifícios de comunhão e de louvor, e ordenou a Judá que servisse a Javé, Deus de Israel. [17]Mas o povo continuava a sacrificar nos lugares altos, ainda que somente a Javé, seu Deus.

---

* **32**,30. 2Rs 20,20s | **33**,1. 2Rs 21,1-18 | 15. 14,2

† **32**,30. Trata-se do canal de Ezequias, notável obra de engenharia da época, ver a nota em 2Rs 20,20.

18O resto da história de Manassés, a oração que fez a seu Deus† e as palavras dos videntes que lhe falaram* em nome de Javé, Deus de Israel, acham-se nas crônicas dos reis de Israel. 19Sua oração e como foi ouvido, todos os seus pecados e sua impiedade, os pontos onde havia construído os lugares altos e erguido troncos idolátricos e estátuas antes que se humilhasse, tudo está consignado na história de Hozai. 20Manassés adormeceu com seus pais e foi sepultado em sua casa. Amon, seu filho, reinou em seu lugar.

Reinado de Amon. 21Amon tinha vinte e dois anos* quando começou a reinar e reinou dois anos em Jerusalém. 22Fez o mal aos olhos de Javé, como havia feito seu pai Manassés. Amon ofereceu sacrifícios e prestou culto a todos os ídolos que seu pai Manassés tinha feito. 23Não se humilhou diante de Javé como se havia humilhado seu pai Manassés; ao contrário, tornou-se mais e mais culpado. 24Seus servos tramaram contra ele e o mataram no palácio; 25mas o povo do país matou todos os que haviam conspirado contra Amon e proclamou rei, em seu lugar, seu filho Josias.

34

Reinado de Josias. 1Josias tinha oito anos* quando começou a reinar e reinou trinta e um anos em Jerusalém. 2Fez o que é agradável aos olhos de Javé e seguiu a conduta de seu antepassado Davi, sem se desviar nem para a direita e nem para a esquerda.

Primeiras reformas. 3No oitavo ano de seu reinado,* quando ainda não era mais que um adolescente, começou a buscar o Deus de Davi, seu antepassado. No décimo segundo ano* de seu reinado começou a purificar Judá e Jerusalém dos lugares altos†, dos troncos idolátricos, dos ídolos de madeira ou de metal fundido. 4Derrubaram diante dele os altares dos ídolos de Baal, ele próprio demoliu os altares de incenso que estavam sobre eles, despedaçou os troncos idolátricos, os ídolos de madeira ou de metal fundido e, tendo-os reduzido a pó, espalhou o pó sobre os túmulos dos que lhes ofereceram sacrifícios. 5Queimou os ossos dos sacerdotes sobre seus altares e assim purificou Judá e Jerusalém. 6Nas cidades de Manassés, de Efraim, de Simeão e também de Neftali e nos territórios devastados que os rodeavam, 7ele demoliu os altares, quebrou os troncos idolátricos, quebrou e pulverizou os ídolos, derrubou os altares de incenso em toda a terra de Israel e depois voltou para Jerusalém.

Os trabalhos do templo. 8No décimo oitavo ano* de seu reinado, depois de ter purificado o país e o templo, Josias encarregou Safã, filho de Aslias, Maasias, governador da cidade, e Joá, filho de Joacaz, o arauto, de restaurar o templo de Javé, seu Deus. 9Eles se apresentaram a Helcias, sumo sacerdote, e lhe entregaram o dinheiro oferecido ao templo* de Deus e que os levitas, guardas da porta, haviam recolhido de Manassés, de Efraim e de todo o resto de Israel, assim como de todos os de Judá e de Benjamim que habitavam em Jerusalém. 10Puseram esse dinheiro nas mãos dos que faziam a obra do templo de Javé e estes o utilizaram para os trabalhos de restauração e de reparação do templo. 11Deram-no aos carpinteiros e aos pedreiros para comprar as pedras talhadas e a madeira necessária para a estrutura e para as vigas das construções que os reis de Judá tinham deixado cair em ruínas.

12Esses homens executaram fielmente o trabalho; tinham como inspetores Jaat e Abdias, levitas dos filhos de Merari, Zacarias e Mosolam, descendentes dos caatitas, assim como outros levitas que sabiam tocar instrumentos musi-

* **33**,18. 2Rs 21,17s | 21. 2Rs 21,19-26 | **34**,1. 2Rs 22,1s | 3. 2Rs 23,4-20 / 14,1-4; 31,1 | 8. 2Rs 22,3-7 | 9. 24,8s

† **33**,18. Salmo apócrifo da época helenística, conhecido como "Oração de Manassés", que exprime em 15 vv. os sentimentos do rei convertido. | **34**,3. Ver a nota em 2Rs 23,8.

cais. [13]Eles também vigiavam os carregadores e dirigiam todos os que faziam trabalhos de qualquer tipo. E alguns dos levitas eram escribas, inspetores e porteiros.

Descoberta do livro da lei†. [14]No momento em que se retirava* o dinheiro oferecido ao templo de Javé, o sacerdote Helcias encontrou o livro da Lei de Javé transmitida por Moisés. [15]Helcias tomou a palavra e disse ao secretário Safã: "Achei o livro da lei no templo de Javé". E Helcias deu o livro a Safã. [16]Safã entregou o livro ao rei e disse-lhe também: "Tudo o que foi confiado a teus servidores, eles o executam; [17]tiraram o dinheiro encontrado no templo de Javé e o puseram nas mãos dos empreiteiros e dos que executam as obras". [18]Depois o secretário Safã anunciou ao rei: "O sacerdote Helcias deu-me um livro". E fez sua leitura diante do rei.

[19]Quando ouviu as palavras da lei, o rei rasgou suas vestes. [20]Ordenou a Helcias, a Aicam, filho de Safã, a Abdon, filho de Micas, ao secretário Safã e a Asaías, ministro do rei: [21]"Ide e consultai Javé por mim e pelos que restam de Israel e de Judá a respeito das palavras do livro que foi encontrado. Grande é a ira de Javé que caiu sobre nós, porque nossos pais não observaram a palavra de Javé e não agiram segundo tudo o que está escrito neste livro".

Oráculo da profetisa Hulda. [22]Helcias e os enviados* do rei foram ter com a profetisa Hulda, mulher de Selum, filha de Técua, filho de Haraas, guarda dos vestiários; ela morava em Jerusalém, no bairro novo. Transmitiram-lhe o recado [23]e ela respondeu: "Assim fala Javé, Deus de Israel.

Dizei ao homem que vos enviou a mim: [24]Assim fala Javé: Farei cair a desgraça sobre este lugar e sobre seus habitantes, todas as maldições escritas no livro que foi lido diante do rei de Judá, [25]porque me abandonaram e ofereceram incenso a outros deuses, irritando-me com todo o seu modo de agir. Minha ira se inflamará contra este lugar e não se aplacará. [26]E direis ao rei de Judá que vos enviou para consultar a Javé: Assim fala Javé, Deus de Israel, a respeito das palavras que ouviste: [27]Porque teu coração se comoveu e te humilhaste diante de Deus, ouvindo as palavras que ele pronunciou contra este lugar e contra seus habitantes, porque te humilhaste, rasgaste tuas vestes e choraste diante de mim, eu também te ouvi, oráculo de Javé. [28]Eu te reunirei a teus pais e serás deposto em paz no sepulcro, e teus olhos não verão toda a desgraça que vou mandar sobre este lugar e sobre seus habitantes". Eles levaram ao rei essa resposta.

Renovação da aliança. [29]Então o rei mandou* reunir todos os anciãos de Judá e de Jerusalém; [30]subiu ao templo de Javé com todos os homens de Judá, os habitantes de Jerusalém, os sacerdotes, os levitas e todo o povo, do maior ao menor, e leu diante deles todo o conteúdo do livro da aliança encontrado no templo de Javé. [31]O rei pôs-se de pé em seu lugar e concluiu diante de Javé uma aliança, obrigando-se a seguir a Javé, a guardar seus mandamentos, seus testemunhos e estatutos, de todo o seu coração e de toda a sua alma, pondo em prática as palavras da aliança escritas nesse livro. [32]Fez com que aderissem ao pacto todos os que se achavam em Jerusalém e em Benjamim; e os habitantes de Jerusalém procederam de acordo com a aliança de Deus, o Deus de seus pais. [33]Josias fez desaparecer* todas as abominações de todos os territórios pertencentes aos israelitas e obrigou todos os que estavam em Israel a servir a Javé, seu Deus. Durante toda a sua vida eles não deixaram de seguir a Javé, o Deus de seus pais.

35

Preparação da Páscoa. [1]Josias celebrou em Jerusalém* a Páscoa para Javé; imolaram o cordeiro pascal no dia catorze do primeiro mês†.

* **34**,14. 2Rs 22,8-13 | 22. 2Rs 22,14-20 | 29. 2Rs 23,1ss | 33. 2Rs 23,4s | **35**,1. 2Rs 23,21; Êx 12,1

† **34**,14. Ver a nota em Dt 12,1. | **35**,1. Ver a nota em Esd 6,19.

[2]Restabeleceu os sacerdotes em suas funções e os estimulou a se dedicarem ao serviço do templo de Javé. [3]Depois disse aos levitas, que ensinavam a todo o Israel e que estavam consagrados a Javé: "Depositai a arca santa no templo construído por Salomão, filho de Davi, rei de Israel:* ela não será mais um peso para vossos ombros. Servi agora a Javé, vosso Deus, e a Israel, seu povo. [4]Disponde-vos por famílias, segundo vossas classes, conforme as instruções escritas de Davi, rei de Israel, e de seu filho Salomão. [5]Permanecei* no santuário, segundo a distribuição das casas paternas de vossos irmãos, os filhos do povo e do grupo das casas paternas dos levitas. [6]Imolai a Páscoa,* santificai-vos e preparai-a para vossos irmãos, a fim de que procedam conforme a palavra de Javé transmitida por Moisés.

A solenidade. [7]Josias forneceu aos homens do povo, para todos os que se achavam presentes, trinta mil cordeiros e cabritos do rebanho, todos destinados* a vítimas pascais, e ainda três mil bois. Tudo isso foi tirado das propriedades do rei. [8]Seus oficiais fizeram também* espontaneamente uma oferenda ao povo, aos sacerdotes e aos levitas. Helcias, Zacarias e Jeiel, chefes do templo de Deus, deram aos sacerdotes, para os sacrifícios pascais, duas mil e seiscentas ovelhas e trezentos bois. [9]Os chefes dos levitas, Conenias, Semeías e Natanael, seus irmãos, Hasabias, Jeiel e Jozabad deram aos levitas, como vítimas pascais, cinco mil cordeiros e quinhentos bois. [10]Preparada assim a liturgia, os sacerdotes colocaram-se em seus postos e os levitas fizeram o mesmo, segundo suas classes, de acordo com a ordem do rei. [11]Imolaram os cordeiros pascais; os sacerdotes derramavam o sangue que recebiam das mãos dos levitas, e os levitas esfolavam as vítimas. [12]Puseram à parte o holocausto, para dá-lo aos filhos do povo, segundo as divisões das casas paternas, para que o oferecessem a Javé, como está escrito no livro de Moisés; o mesmo fizeram com os bois. [13]Assaram ao fogo o cordeiro pascal segundo a norma* e cozeram as ofertas consagradas em panelas, caldeirões e caçarolas e distribuíram-nas rapidamente a todo o povo. [14]Depois disso prepararam a Páscoa para si mesmos e para os sacerdotes, porque os sacerdotes, filhos de Aarão, tinham estado ocupados até a noite em oferecer o holocausto e as gorduras; é por isso que os levitas prepararam a Páscoa para si e para os sacerdotes, filhos de Aarão. [15]Os cantores, filhos de Asaf, estavam em seus postos, segundo as prescrições de Davi, de Asaf, de Emã, e de Iditun, o vidente do rei. Os porteiros estavam nas várias portas e não tiveram de abandonar suas funções, pois seus irmãos levitas lhes prepararam tudo.

[16]Assim, naquele dia, toda a liturgia de Javé foi preparada de modo que se pudesse celebrar a Páscoa e oferecer holocaustos sobre o altar de Javé segundo a ordem do rei Josias. [17]Os israelitas que estavam presentes celebraram a Páscoa naquela data e a festa dos Ázimos durante sete dias. [18]Não se havia celebrado em Israel* uma Páscoa semelhante a essa desde a época do profeta Samuel; nenhum rei de Israel celebrara uma Páscoa como a que celebrou Josias com seus sacerdotes, os levitas, todo o Judá e Israel, que se acharam ali, e os habitantes de Jerusalém. [19]Foi no décimo oitavo ano* do reinado de Josias que esta Páscoa foi celebrada.

Morte trágica de Josias. [20]Depois de tudo isso, tendo Josias já restaurado o templo, Necao, rei do Egito, partiu para uma guerra em Carquemis, junto ao Eufrates. Josias marchou contra ele†, [21]e Necao enviou mensageiros para lhe dizer: "Que tenho a ver contigo, rei de Judá? Não é a ti que vou atacar hoje, mas é com outra casa que estou em

---

* **35**,3. 1Cr 15,15; 5,4 | 5. 1Cr 24-26 | 6. 30,17; Dt 12,18s | 7. Êx 12,5 | 8. Nm 7; 1Cr 29,6-9 | 13. Êx 12,2-11 | 18. 2Rs 23,22 | 19. 2Rs 23,23.28ss

† **35**,20. Ver a nota em 2Rs 23,29.

guerra, e Deus me ordenou que me
apressasse. Deixa de opor-te ao Deus
que está comigo, para que ele não te
destrua". [22]Mas Josias não se retirou,
animou-se a combatê-lo e não aten-
deu às palavras de Necao, inspiradas
por Deus, e deu-lhe combate no vale
de Meguido. [23]Os arqueiros* atiraram
contra o rei Josias, e este disse a seus
servos: "Levai-me para fora, porque es-
tou gravemente ferido". [24]Seus servos
o tiraram para fora de seu carro, fize-
ram-no subir em outro carro e o leva-
ram a Jerusalém, onde ele morreu. Foi
sepultado nos sepulcros de seus pais.
Todo Judá e Jerusalém o prantearam;
[25]Jeremias compôs uma lamentação
sobre Josias, e todos os cantores e
cantoras até hoje têm falado de Josias.
Fizeram disso uma norma em Israel, e
esses cânticos se acham nas Lamenta-
ções.

[26]O resto da história de Josias, os tes-
temunhos de sua piedade, conforme as
prescrições da lei de Javé, [27]suas ações,
do começo ao fim, tudo isso está escri-
to no livro dos reis de Israel e de Judá.

36

Reinado de Joacaz. [1]O povo
da terra* tomou Joacaz, filho
de Josias, e o constituiu rei em lugar
de seu pai, em Jerusalém. [2]Joacaz ti-
nha vinte e três anos quando começou
a reinar e reinou três meses em Jeru-
salém. [3]O rei do Egito o destituiu em
Jerusalém e impôs ao país um tributo
de cem talentos de prata e um talento
de ouro. [4]Depois o rei do Egito esta-
beleceu seu irmão Eliaquim como rei
sobre Judá e Jerusalém e mudou seu
nome para Joaquim. Quanto a seu ir-
mão Joacaz, Necao o tomou e levou
para o Egito.
Reinado de Joaquim. [5]Joaquim tinha
vinte e cinco anos* quando começou a
reinar e reinou onze anos em Jerusa-
lém; fez o mal aos olhos de Javé, seu
Deus. [6]Nabucodonosor, rei de Babilô-
nia,* marchou contra ele e prendeu-o
com cadeias de bronze a fim de levá-lo
para Babilônia. [7]Nabucodonosor levou
para Babilônia também uma parte dos
objetos do templo de Javé e guardou-
-os em seu palácio em Babilônia. [8]O
resto da história de Joaquim, as abomi-
nações que cometeu e todo o mal que
se achou nele, tudo isso está escrito no
livro dos reis de Israel e de Judá. Joa-
quin, seu filho, reinou em seu lugar.
Reinado de Joaquin. [9]Joaquin tinha
dezoito anos* quando começou a rei-
nar e reinou três meses e dez dias em
Jerusalém; fez o mal aos olhos de Javé.
[10]Na passagem do ano,* o rei Nabuco-
donosor mandou prendê-lo e deportá-
-lo para Babilônia, junto com os obje-
tos preciosos do templo de Javé, e no-
meou Sedecias, irmão de seu pai, como
rei sobre Judá e Jerusalém.*
Reinado de Sedecias. [11]Sedecias tinha
vinte e um anos quando começou a
reinar e reinou onze anos em Jerusa-
lém. [12]Fez o mal aos olhos de Javé, seu
Deus. Não se humilhou diante do pro-
feta Jeremias,* que falava da parte de
Javé. [13]Revoltou-se, além disso, contra
o rei Nabucodonosor,* o qual o tinha
feito jurar em nome de Deus. Endure-
ceu a cerviz e tornou seu coração in-
flexível, recusando-se a voltar a Javé, o
Deus de Israel.

[14]Igualmente todos os chefes de
Judá, os sacerdotes e o povo multi-
plicaram suas infidelidades, imitando
todas as abominações das nações, e
contaminaram o templo que Javé ha-
via consagrado para si em Jerusalém.
[15]Javé, Deus de seus pais, enviou-lhes
advertências* oportunas e frequentes
por meio de seus mensageiros, pois ti-
nha compaixão de seu povo e de sua
habitação. [16]Mas eles zombaram dos
mensageiros de Deus, desprezaram
suas palavras, caçoaram dos profetas,*
até que a ira de Javé contra seu povo
chegou a tal ponto que já não havia
mais remédio.
A queda de Jerusalém. [17]Mandou en-
tão contra eles o rei dos caldeus, que
matou pela espada* seus jovens na

* **35**,23. 18,33s | **36**,1. 2Rs 23,30-34 | 5. 2Rs 23,36s | 6. 2Rs 24,1s | 9. 2Rs 24,8s | 10. 2Rs 24,10-16 / 2Rs 24,18ss; Jr 52,1ss | 12. Jr 37-39 | 13. Ez 17,13-16 | 15. Hb 1,1 | 16. Mt 23,34ss | 17. Lm 1,15; 5,11-14

casa de seu santuário e não poupou
nem o adolescente, nem a moça, nem
o ancião, nem o homem de cabelos
brancos. Deus entregou-os todos em
suas mãos. 18Nabucodonosor levou
para Babilônia* todos os objetos do
templo de Deus, grandes e pequenos,
os tesouros do templo de Javé, os te-
souros do rei e de seus oficiais. 19Quei-
maram o templo de Deus, derrubaram
as muralhas de Jerusalém,* incendia-
ram todos os seus palácios e destruí-
ram todos os seus objetos preciosos†.
20Depois Nabucodonosor deportou
para Babilônia os que escaparam da
espada; tiveram de servir a ele e a seus
filhos até o advento do reino persa,
21cumprindo assim o que Javé dissera
pela boca de Jeremias: "Até que o país
tenha desfrutado de seus sábados, ele
repousará durante todos os dias da
desolação, até que se tenham passado
setenta anos"†.

Ciro concede a liberdade aos judeus.
22No primeiro ano de Ciro,* rei da Pér-
sia, para cumprir a palavra de Javé pro-
nunciada por Jeremias, Javé suscitou o
espírito de Ciro, rei da Pérsia, que man-
dou proclamar em todo o seu reino,
de viva voz e por escrito, o seguinte:
23"Assim fala Ciro, rei da Pérsia: Javé,
o Deus do céu, entregou-me todos os
reinos da terra; ele me encarregou de
construir para ele um templo em Jeru-
salém, na terra de Judá. Quem, dentre
vós, pertence a todo o seu povo? Que
seu Deus esteja com ele e que suba
para lá!"†

* **36**,18. 2Rs 25,14s | 19. 2Rs 25,9s | 22. Esd 1,1ss

† **36**,19. Ver a nota em 2Rs 25,4. | 21. A terra que não cumpriu suas obrigações para com Javé deverá "repousar", ficará sem a presença e o trabalho de seus habitantes, Lv 26,34; Jr 25,11; 29,10. | 23. Os vv. 22s, tirados do início do livro de Esdras, mostram que o templo e as instituições davídicas permanecem.

ESD NEE

ESDRAS

Esdras-Neemias era a princípio um livro só, e a separação dos dois começa na Vulgata, que os denomina primeiro e segundo livros de Esdras, e contém além destes um terceiro e um quarto livros. A obra é a continuação dos livros das Crônicas e provavelmente tem o mesmo autor. Começa com o edito de Ciro, do ano 538 a.C., que põe fim ao exílio de Babilônia, autorizando os hebreus a regressar à pátria e a reconstruir o templo destruído por Nabucodonosor. Uma primeira caravana de repatriados volta para Jerusalém sob a chefia de Zorobabel e Josué. Começavam a realizar-se as profecias, segundo as quais haveria de voltar um resto santo, ao qual o povo ficaria reduzido (Is 4,3). O altar é reerguido e celebra-se a festa das Tendas. Depois empreendem a obra de reconstruir o templo, estimulados pelos oráculos dos profetas Ageu, Zacarias e Malaquias. Terminado e consagrado o templo em 515 a.C., celebram a festa da Páscoa e dos Ázimos. Em 398 a.C. chega a Jerusalém Esdras, "sacerdote e escriba da lei do Deus do céu" (Esd 7,12), com uma nova caravana de repatriados, munido de uma autorização do rei Artaxerxes II para levar ouro e prata destinados ao culto do templo. Ele encontra a cidade já rodeada de muros, reconstruídos sob a direção de Neemias. Uma das providências tomadas por ele refere-se à proibição dos casamentos com mulheres estrangeiras e à expulsão delas e dos filhos nascidos dessas uniões. Além das reconstruções materiais, era preciso reerguer e organizar a comunidade. Três ideias-mestras comandam esta restauração espiritual: o povo eleito, a lei, o templo. Esdras cumpriu tão bem essa missão que é chamado o pai do judaísmo. A tradição atribui a ele também a fixação do cânon hebraico do Antigo Testamento.

O cronista utiliza diversas fontes, entre as quais uma crônica aramaica, citada na língua original em 4,6–6,12, além de cartas e decretos. Embora não seja completa a visão que o livro oferece desse período, no entanto ele parece bem fundamentado historicamente: é confirmado por textos dos profetas Ageu, Zacarias, Malaquias, e a história do império persa lhe dá credibilidade.

As feridas abertas em sua alma pela amarga experiência do exílio de Babilônia, ensinam ao resto de Israel que ele somente pode construir o futuro respeitando e seguindo a vontade de Deus, que em sua misericórdia mantém sua presença salvífica no meio da comunidade que escolheu.

I. VOLTAM OS PRIMEIROS REPATRIADOS (1–6)

1 **Ciro concede a liberdade aos judeus†.** 1No primeiro ano de Ciro,
rei da Pérsia,* para cumprir a palavra de
Javé pronunciada por Jeremias,* Javé
suscitou o espírito de Ciro, rei da Pérsia, que mandou proclamar em todo o
seu reino, de viva voz e por escrito, o
seguinte: 2"Assim fala Ciro, rei da Pérsia:* Javé, o Deus do céu, entregou-me
todos os reinos da terra e me encarregou de construir para ele um templo em Jerusalém, na terra de Judá.
3Quem dentre vós pertence a todo o
seu povo? Que Deus esteja com ele e
que ele suba a Jerusalém, na terra de
Judá, e construa o templo de Javé, o
Deus de Israel, o Deus que reside em
Jerusalém. 4A população de todos os
lugares, onde reside o resto do povo†,
ofereça-lhes uma ajuda em prata, ouro,
bens, animais e donativos espontâneos
para o templo de Deus que está em Jerusalém".

5Então puseram-se a caminho os
chefes de família de Judá e de Benjamim, os sacerdotes e os levitas; todos
aqueles cujo espírito Deus despertou
subiram para ir edificar o templo de
Javé em Jerusalém. 6Todos os seus vizinhos os ajudaram com prata, ouro,

---

* **1**,1. 2Cr 36,23s / Jr 25,11s; 29,10; Zc 1,12 | 2. Is 45,1

† **1**. Esse edito é do ano 538 a.C., um ano depois da conquista de Babilônia por Ciro, anunciada em Is 44,28; 45,1-7. | 4. O "resto" são os israelitas que sobreviveram ao desastre da nação e ao exílio. São os construtores do novo Israel.

bens, animais e objetos preciosos, fora o que eles tinham oferecido voluntariamente.

7O rei Ciro mandou trazer os utensílios do templo de Javé que Nabucodonosor havia transportado de Jerusalém e tinha posto no templo de seu deus. 8Ciro, rei da Pérsia, retirou-os por meio do tesoureiro Mitridates, que os entregou contados a Sasabassar, príncipe de Judá. 9Eis seu número: trinta bacias de ouro, mil bacias de prata, vinte e nove facas, 10trinta taças de ouro, quatrocentas e dez taças de prata de segunda categoria, mil outros utensílios. 11Todos os objetos de ouro e prata somavam cinco mil e quatrocentos. Tudo isso Sasabassar levou, quando os deportados subiram de Babilônia para Jerusalém.

2 **Lista dos repatriados.** 1São estes os homens da província* que voltaram do cativeiro, os quais Nabucodonosor, rei de Babilônia, deportara para Babilônia; voltaram para Jerusalém e para Judá, cada um para sua cidade. 2Eles voltaram com Zorobabel, Josué, Neemias, Saraías, Raelaías, Naamani, Mardoqueu, Belsã, Mesfar, Beguai, Reum, Baana.

Lista dos homens do povo de Israel: 3filhos de Faros†: dois mil e cento e setenta e dois; 4filhos de Safatias: trezentos e setenta e dois; 5filhos de Area: setecentos e setenta e cinco; 6filhos de Faat-Moab, isto é, filhos de Josué e de Joab: dois mil e oitocentos e doze; 7filhos de Elam: mil e duzentos e cinquenta e quatro; 8filhos de Zetua: novecentos e quarenta e cinco; 9filhos de Zacai: setecentos e sessenta; 10filhos de Baani: seiscentos e quarenta e dois; 11filhos de Bebai: seiscentos e vinte e três; 12filhos de Azgad: mil e duzentos e vinte e dois; 13filhos de Adonicam: seiscentos e sessenta e seis; 14filhos de Beguai: dois mil e cinquenta e seis; 15filhos de Adin: quatrocentos e cinquenta e quatro; 16filhos de Ater, isto é, de Ezequias: noventa e oito; 17filhos de Besai: trezentos e vinte e três; 18filhos de Jora: cento e doze; 19filhos de Hasum: duzentos e vinte e três; 20filhos de Gebar: noventa e cinco; 21filhos de Belém: cento e vinte e três; 22homens de Netofa: cinquenta e seis; 23homens de Anatot: cento e vinte e oito; 24filhos de Azmot: quarenta e dois; 25filhos de Cariat-Iarim, de Cafira e de Berot: setecentos e quarenta e três; 26filhos de Ramá e de Gaba: seiscentos e vinte e um; 27homens de Macmas: cento e vinte e dois; 28homens de Betel e de Hai: duzentos e vinte e três; 29filhos de Nebo: cinquenta e dois; 30filhos de Megbis: cento e cinquenta e seis; 31filhos de outro Elam: mil e duzentos e cinquenta e quatro; 32filhos de Harim: trezentos e vinte; 33filhos de Lod, de Hadid e de Ono: setecentos e vinte e cinco; 34filhos de Jericó: trezentos e quarenta e cinco; 35filhos de Senaá: três e mil seiscentos e trinta.

36Sacerdotes: filhos de Jedaías, da casa de Josué: novecentos e setenta e três; 37filhos de Emer: mil e cinquenta e dois; 38filhos de Fasur: mil e duzentos e quarenta e sete; 39filhos de Harim: mil e dezessete.

40Levitas: filhos de Josué e de Cadmiel, descendentes de Odovias: setenta e quatro.

41Cantores: filhos de Asaf, cento e vinte e oito.

42Filhos dos porteiros: filhos de Selum, filhos de Ater, filhos de Telmon, filhos de Acub, filhos de Hatita, filhos de Sobai: ao todo cento e trinta e nove.

43Oblatos†: filhos de Siá, filhos de Hasufa, filhos de Tabaot, 44filhos de Ceros, filhos de Siaá, filhos de Fadon, 45filhos de Lebana, filhos de Hagaba, filhos de Acub, 46filhos de Hagab, filhos de Semlai, filhos de Hanã, 47filhos de Guidel, filhos de Gaer, filhos de Raaías, 48filhos de Rasin, filhos de Necoda, filhos de Gazam, 49filhos de Uza, filhos de Fasea,

---

* **2**,1. Ne 7,6-72

† **2**,3. Aqui a expressão "filhos de" seguida de um nome geográfico significa "natural de". | **2**,43. Pessoal subalterno a serviço dos levitas; descendiam dos gabaonitas, Js 9,23, de prisioneiros de guerra, Nm 31,28, e de mercenários estrangeiros.

filhos de Besai, [50]filhos de Asena, filhos
dos meunitas, filhos dos nefusitas, [51]fi-
lhos de Bacbuc, filhos de Hacufa, filhos
de Harur, [52]filhos de Baslut, filhos de
Maida, filhos de Harsa, [53]filhos de Ber-
cos, filhos de Sísara, filhos de Tema,
[54]filhos de Nasias, filhos de Hatifa.

[55]Filhos dos servos de Salomão: fi-
lhos de Sotai, filhos de Soferet, filhos
de Feruda, [56]filhos de Jaala, filhos de
Darcon, filhos de Guidel, [57]filhos de Sa-
fatias, filhos de Hatil, filhos de Foque-
ret-Assebaim, filhos de Ami. [58]Total dos
oblatos e dos filhos dos servos de Salo-
mão: trezentos e noventa e dois.

[59]Quanto aos seguintes que volta-
vam de Tel-Mela, Tel-Harsa, Querub,
Adon e Emer, não puderam demons-
trar que sua família e sua estirpe eram
de Israel: [60]filhos de Dalaías, filhos de
Tobias, filhos de Necoda: seiscentos e
cinquenta e dois. [61]E entre os filhos dos
sacerdotes: filhos de Habias, filhos de
Acos, filhos de Berzelai, o qual se ca-
sara* com uma das filhas de Berzelai, o
galaadita, e adotou seu nome; [62]esses
procuraram seus registros genealógi-
cos e, não os achando, foram excluídos
do sacerdócio como impuros, [63]e o
governador proibiu-lhes comer dos ali-
mentos sagrados, até que se apresen-
tasse um sacerdote para usar os *Urim*
e os *Tumim*.†

[64]Toda a assembleia reunida era de
quarenta e duas mil e trezentas e ses-
senta pessoas, [65]afora seus escravos e
escravas, em número de sete mil e tre-
zentos e trinta e sete. Tinham consigo
duzentos cantores e cantoras. [66]Seus
cavalos eram setecentos e trinta e seis
e suas mulas, duzentas e quarenta e
cinco; [67]seus camelos eram quatrocen-
tos e trinta e cinco e seus jumentos,
seis mil e setecentos e vinte.

[68]Alguns chefes de família, chegando
ao templo de Javé que está em Jeru-
salém, fizeram ofertas voluntárias para
o templo de Deus, a fim de que fosse
reconstruído em seu local. [69]Segundo
suas posses, deram ao tesouro da obra
sessenta e uma mil dracmas de ouro,
cinco mil minas de prata e cem túnicas
sacerdotais.

[70]Os sacerdotes, os levitas e uma par-
te do povo se instalaram em Jerusalém;
os cantores, os porteiros e os oblatos,
em suas respectivas cidades, e todos os
outros israelitas em suas cidades.

3 **Reconstrução do altar.** [1]Quando
chegou o sétimo mês,* já estan-
do estabelecidos em suas cidades os
israelitas, todo o povo se reuniu como
um só homem em Jerusalém. [2]Josué, fi-
lho de Josedec, com seus irmãos, os sa-
cerdotes, e Zorobabel, filho de Salatiel,
e seus irmãos, puseram-se a recons-
truir o altar do Deus de Israel, para nele
se oferecerem holocaustos,* como está
escrito na lei de Moisés, homem de
Deus. [3]Restabeleceram o altar em seu
lugar, apesar do medo que tinham dos
povos das terras, e ofereceram sobre
ele holocaustos a Javé, holocaustos da
manhã e da tarde†. [4]Celebraram a festa
das Tendas,* como está prescrito, com
o número de holocaustos cotidianos
que está determinado para cada dia.
[5]Depois, além do holocausto perpétuo,
ofereceram os que estão previstos para
os sábados, luas novas e todas as so-
lenidades consagradas a Javé, e os de
todos aqueles que faziam uma oferen-
da voluntária a Javé. [6]No primeiro dia
do sétimo mês começaram a oferecer
holocaustos a Javé, embora os alicerces
do santuário de Javé ainda não tives-
sem sido colocados.

Primeiras obras do templo. [7]Depois
deu-se dinheiro aos talhadores de pe-
dra* e aos carpinteiros; aos sidônios e
tírios foram dados víveres, bebidas e
óleo, para que transportassem pelo
mar até Jafa madeiras de cedro do Lí-
bano, segundo a autorização dada por
Ciro, rei da Pérsia. [8]No segundo ano de

---

* **2**,61. 2Sm 17,27; 19,32s; 1Rs 2,7 | **3**,1. Ne 7,72b; 8,1 | 2. 1Rs 8,64 | 4. Êx 23,14; Nm 28,3-8 | 7. 1Cr 22,4; 2Cr 2,9.14

† **2**,63. Ver a nota em Êx 28,30. | **3**,3. O culto renasce em Jerusalém, com as festas e os sacrifícios prescritos, para reatar as relações com Deus.

sua chegada ao templo de Deus em
Jerusalém, no segundo mês, Zoroba-
bel, filho de Salatiel, e Josué, filho de
Josedec, com os outros irmãos seus,
os sacerdotes, os levitas e todo o povo
que regressou do cativeiro para Jerusa-
lém, começaram a obra; confiaram aos
levitas de vinte anos para cima a dire-
ção dos trabalhos do templo de Javé.
9Josué, seus filhos e seus irmãos, Cad-
miel e seus filhos e os filhos de Odovias
puseram-se unanimemente a dirigir os
operários da construção no templo
de Deus. 10Quando os construtores
acabaram de colocar os alicerces do
santuário de Javé, os sacerdotes, para-
mentados e com trombetas, bem como
os levitas, filhos de Asaf, com címbalos,
apresentaram-se para louvar a Javé,*
segundo as prescrições de Davi, rei
de Israel. 11Cantavam louvando e dan-
do graças a Javé; diziam: "Porque ele
é bom, pois eterno é seu amor"* por
Israel. E o povo todo aclamava em al-
tas vozes, louvando a Javé, porque
eram lançados os alicerces do templo
de Javé. 12Contudo, muitos sacerdotes,
muitos levitas e chefes de família, já
idosos, e que tinham visto o primeiro
templo, choravam em voz alta* en-
quanto, sob suas vistas, punham-se os
alicerces†, mas muitos gritavam de ale-
gria e júbilo. 13E assim não se podiam
distinguir as vozes de alegria das vozes
do choro do povo; pois o povo gritava
em altos brados e o vozerio se ouvia
de longe.

4 **Oposição dos samaritanos.**
1Quando os inimigos de Judá e
de Benjamim souberam que os repa-
triados estavam construindo um san-
tuário a Javé, o Deus de Israel, 2vieram
ao encontro de Zorobabel e dos chefes
de família e lhes disseram: "Deixai-nos
edificar convosco, pois, como vós, bus-
camos vosso Deus e lhe oferecemos
sacrifícios desde o tempo de Asaradon,
rei da Assíria, que nos trouxe para cá".
3Mas Zorobabel, Josué e os outros che-
fes de família de Israel responderam:
"Não nos convém edificar convosco
um templo a nosso Deus; cabe unica-
mente a nós construí-lo para Javé, o
Deus de Israel, como no-lo prescreveu
Ciro, rei da Pérsia". 4Então o povo da
terra pôs-se a desencorajar o povo de
Judá e a amedrontá-lo para que não
construísse. 5E ainda subornaram con-
tra eles conselheiros para frustrar seu
projeto durante todo o tempo de Ciro,
rei da Pérsia, até o reinado de Dario, rei
da Pérsia.
Denúncia ao rei Xerxes. 6Durante
o reinado de Xerxes, no começo de seu
reinado, eles escreveram uma carta de
denúncia contra os habitantes de Judá
e de Jerusalém.
7No tempo de Artaxerxes, Mitrida-
tes, Tabel e outros companheiros seus
escreveram a Artaxerxes, rei da Pér-
sia; o texto do documento estava em
caracteres aramaicos e traduzido em
aramaico. 8Depois Reum, governador,
e Samsai, secretário, escreveram ao rei
Artaxerxes, contra Jerusalém, a seguin-
te carta:
9"Reum, o governador, Samsai, o
secretário, e seus outros colegas, os
juízes e os legados, oficiais e funcio-
nários, homens de Uruc, de Babilônia
e de Susa – isto é, os elamitas – 10e de
outros povos que o grande e ilustre
Assurbanipal deportou e estabeleceu
nas cidades de Samaria e nas outras
regiões de além-rio".
11Esta é a cópia da carta que eles en-
viaram:
"Ao rei Artaxerxes, teus servos, o
povo da região de além-rio:
12Saiba o rei que os judeus, que saí-
ram de junto de ti para cá e vieram para
Jerusalém, estão reconstruindo a cida-
de rebelde e perversa; reconstroem as
muralhas e já restauram seus funda-
mentos. 13Saiba ainda o rei que, se esta
cidade for reconstruída e restauradas
suas muralhas, eles não pagarão mais

* **3**,10. 2,41 | 11. Sl 100,5; 136 | 12. Ag 2,3

† **3**,12. Choravam de emoção, ou talvez porque pressentiam a modéstia do segundo templo se compa-
rado ao esplendor do primeiro, Tb 14,5; Ag 2,3.

impostos, nem tributos, nem pedágio, e o tesouro do rei sairá prejudicado. 14Ora, já que somos mantidos pelo palácio, não nos parece conveniente ver a desonra do rei; por isso enviamos ao rei essas informações, 15para que se façam pesquisas no livro das memórias de teus pais; encontrarás nessas memórias e saberás que esta cidade é uma cidade rebelde, que causa prejuízo aos reis e às províncias, e que nela se têm fomentado revoltas desde os tempos antigos. Foi por isso que esta cidade foi destruída. 16Fazemos saber ao rei que, se esta cidade for reconstruída e suas muralhas reedificadas, em breve não terás mais possessão alguma na região de além-rio!"

Suspensão dos trabalhos. 17O rei mandou a seguinte resposta:

"A Reum, governador, a Samsai, secretário, e a seus outros colegas que residem na Samaria e em outros lugares da região de além-rio, paz!

18A carta que enviastes a mim foi lida em minha presença acuradamente. 19Ordenei que se fizessem investigações e achou-se que desde os tempos antigos esta cidade se têm sublevado contra os reis e que nela tem havido insurreições e revoltas. 20Reis poderosos reinaram em Jerusalém, tendo se tornado senhores de toda a região de além-rio: a eles se pagavam impostos, tributos e pedágio. 21Mandai, portanto, que esses homens suspendam as obras e que esta cidade não seja reconstruída, até que eu o ordene. 22Guardai-vos de agir com negligência neste assunto, para que o mal não aumente com prejuízo dos reis".

23Logo que a cópia do documento do rei Artaxerxes foi lida diante do governador Reum, de Samsai, o secretário,* e de seus colegas, partiram a toda pressa para Jerusalém, ao encontro dos judeus e, pela força das armas, fizeram cessar os trabalhos.

24Assim ficaram interrompidos os trabalhos do templo de Deus em Jerusalém. A interrupção durou até o segundo ano do reinado de Dario, rei da Pérsia.

5 **Recomeço das obras.** 1Mas os profetas Ageu e Zacarias†, filho de Ado,* puseram-se a profetizar aos judeus que estavam na Judeia e em Jerusalém, em nome do Deus de Israel que os inspirava. 2Então Zorobabel, filho de Salatiel, e Josué, filho de Josedec, começaram a construir o templo de Deus em Jerusalém; os profetas de Deus estavam com eles, dando-lhes apoio. 3Por esta época, Tatanai, governador da região de além-rio, Setar-Buzanai e seus colegas vieram ter com eles e lhes perguntaram: "Quem vos deu permissão para reconstruir este templo e restaurar estas paredes? 4Quais os nomes das pessoas que estão fazendo esta construção?" 5Mas Deus tinha os olhos voltados para os anciãos dos judeus: não foram obrigados a parar o trabalho, até que chegasse a Dario um relatório e viesse uma resposta escrita sobre a questão.

6Cópia da carta que Tatanai, governador da região de além-rio, Setar-Buzanai e seus colegas, as autoridades da região de além-rio mandaram ao rei Dario. 7Enviaram-lhe um relatório nestes termos:

"Ao rei Dario, paz completa! 8Saiba o rei que estivemos na província de Judá, no templo do grande Deus. Ele está sendo reconstruído com pedras enormes e suas paredes estão sendo revestidas de madeira; o trabalho está sendo executado com diligência e progride nas mãos dessa gente. 9Interrogamos, pois, aqueles anciãos e lhes dissemos: 'Quem vos deu permissão para reconstruirdes este templo e restaurardes estas paredes?' 10Pedimos também os nomes deles para te relatar; pudemos assim transcrever os nomes dos homens que estão à frente deles.

11Eis a resposta que nos deram: 'Somos os servidores do Deus do céu e

---

* **4**,23. Ne 1,3 | **5**,1. Ag 1,14-2,9; Zc 4,9

† **5**,1. Dois profetas bíblicos que incentivaram o povo a reerguer o templo.

da terra; estamos reconstruindo um
templo que havia sido edificado mui-
tos anos atrás e que um grande rei de
Israel construiu e terminou. 12Mas por-
que nossos pais irritaram o Deus do céu,
este os entregou nas mãos de Nabuco-
donosor, o caldeu, rei de Babilônia, que
destruiu este templo e deportou o povo
para Babilônia. 13Entretanto, no primei-
ro ano de Ciro, rei de Babilônia, o pró-
prio rei Ciro deu ordem de reconstruir
este templo de Deus; 14além disso, o rei
Ciro retirou do santuário de Babilônia
os utensílios de ouro e prata do templo
de Deus, que Nabucodonosor levara do
santuário de Jerusalém e transportara
para o santuário de Babilônia; mandou
entregá-los a um homem chamado Sa-
sabassar, que ele nomeou governador,
15e disse-lhe: Toma estes utensílios, vai
depositá-los no santuário de Jerusa-
lém, e que o templo de Deus seja re-
construído em seu lugar primitivo. 16O
mesmo Sasabassar veio, pois, colocou
os fundamentos do templo de Deus em
Jerusalém; e desde aquela época até o
presente está sendo construído, mas
ainda não está acabado'. 17Agora, pois,
se o rei acha conveniente, procure-se
nos arquivos do rei, em Babilônia, se é
verdade que foi dada por Ciro a ordem
de reconstruir o templo de Deus em
Jerusalém; e que o rei nos mande sua
decisão sobre o assunto".

6 **Decreto favorável de Dario.** 1En-
tão, por ordem do rei Dario, fize-
ram-se pesquisas nos arquivos onde
estavam guardados os tesouros, em
Babilônia, 2e encontrou-se em Ecbá-
tana, fortaleza situada na província da
Média, um rolo onde estava escrito o
seguinte:
"Memorando.*
3No primeiro ano de seu reino, o rei
Ciro ordenou a respeito do templo de
Deus em Jerusalém:
O templo seja reconstruído como lu-
gar onde se ofereçam sacrifícios; seus
fundamentos sejam sólidos, sua altura
seja de sessenta côvados e sua largu-
ra de sessenta côvados. 4Tenha três fi-
leiras de pedras talhadas e uma fileira
de madeira. A despesa será paga pela
casa do rei. 5Além disso, serão restituí-
dos os utensílios de ouro e de prata do
templo de Deus, que Nabucodonosor
retirou do santuário de Jerusalém e
transferiu para Babilônia; de modo que
tudo retome seu lugar no santuário de
Jerusalém e seja depositado no templo
de Deus.
6Agora, pois, Tatanai, governador da
região de além-rio, Setar-Buzanai e vós,
seus colegas, e autoridades da região
de além-rio, afastai-vos de lá; 7deixai
que o governador de Judá e os anciãos
dos judeus prossigam a obra desse
templo de Deus; que eles reconstruam
esse templo de Deus em seu lugar. 8Eis
o que ordeno sobre o que deveis fazer
no tocante a esses anciãos dos judeus,
para a reconstrução desse templo de
Deus: com as entradas do rei, isto é,
com os impostos da região de além-
-rio, as despesas desta gente lhe serão
reembolsadas com exatidão e sem in-
terrupção. 9O que for necessário para
os holocaustos do Deus do céu – novi-
lhos, carneiros e cordeiros – e também
trigo, sal, vinho e óleo, isto lhes será
fornecido diariamente, sem negligên-
cia, conforme as indicações dos sacer-
dotes de Jerusalém, 10para que possam
oferecer ao Deus do céu sacrifícios de
agradável odor e para que rezem pela
vida do rei e de seus filhos. 11Ordeno
também que, se alguém transgredir
este edito, arranque-se de sua casa
uma viga de madeira, que será erguida
para que nela seja ele suspenso; e sua
casa seja convertida num montão de
imundícies. 12Que o Deus que faz habi-
tar ali seu nome abata todo rei e todo
povo que ousar modificar este decreto
ou destruir esse templo de Deus em Je-
rusalém. Eu, Dario, dei esta ordem: seja
pontualmente executada".

* **6**,2. 1,4

† **6**,15. A construção, iniciada em 537, terminou em 515. O templo será reformado por Herodes Magno, Jo 2,20, e será destruído por Tito em 70 d.C.

Dedicação do templo. 13Então Tata-
nai, governador da região de além-
-rio, Setar-Buzanai e seus colegas
obedeceram fielmente às instruções
enviadas pelo rei Dario. 14Os anciãos
dos judeus continuaram a construir e
fizeram progressos sob a inspiração
do profeta Ageu e de Zacarias, filho de
Ado. Terminaram a construção de acor-
do com a ordem do Deus de Israel e
segundo o decreto de Ciro, de Dario e
de Artaxerxes, rei da Pérsia. 15Este tem-
plo foi concluído no dia vinte e três do
mês de adar, no sexto ano do reinado
do rei Dario†. 16Então os israelitas – os
sacerdotes, os levitas e o resto dos
repatriados – celebraram com alegria
a dedicação deste templo de Deus;
17ofereceram para a dedicação deste
templo de Deus cem touros, duzentos
carneiros e quatrocentos cordeiros e,
como sacrifício pelo pecado de todo o
Israel, doze bodes, segundo o número
das tribos de Israel. 18Estabeleceram
também os sacerdotes, segundo suas
classes, e os levitas, segundo suas divi-
sões, para a liturgia do templo de Deus
em Jerusalém, como está escrito no li-
vro de Moisés.

Celebração da Páscoa†. 19Os repa-
triados celebraram a Páscoa* no dia
catorze do primeiro mês, 20porque os
sacerdotes e os levitas se haviam puri-
ficado todos juntos e por isso todos es-
tavam puros; imolaram, pois, a Páscoa
para todos os repatriados, para seus
irmãos, os sacerdotes, e para si mes-
mos. 21Comeram a Páscoa os israelitas
que haviam voltado do exílio e todos
os que, tendo rompido com a impureza
dos pagãos do país, se haviam juntado
a eles para buscar a Javé, o Deus de Is-
rael. 22Celebraram com alegria durante
sete dias a festa dos Ázimos, pois Javé
os enchera de alegria, tendo feito in-
clinar-se para eles o coração do rei da
Assíria†, para que apoiasse seu esforço
nas obras do templo de Deus, o Deus
de Israel.

II. A REFORMA DE ESDRAS (7–10)

7 **Chegada de Esdras.** 1Depois
desses fatos, no reinado de Ar-
taxerxes, rei da Pérsia, chegou Esdras,
filho de Saraías, filho de Azarias, fi-
lho de Helcias, 2filho de Selum, fi-
lho de Sadoc, filho de Aquitob, 3fi-
lho de Amarias, filho de Azarias, filho
de Maraiot, 4filho de Zaraías, filho de
Ozi, filho de Boci, 5filho de Abisue, fi-
lho de Fineias, filho de Eleazar, filho
do sumo sacerdote Aarão; 6este Es-
dras subiu de Babilônia. Era um escri-
ba† versado na lei de Moisés,* dada por
Javé, o Deus de Israel. Como a mão de
Javé, seu Deus, estava sobre ele, o rei
lhe concedeu tudo o que pediu. 7Subi-
ram também para Jerusalém, no sétimo
ano do rei Artaxerxes, certo número de
israelitas: sacerdotes, levitas, cantores,
porteiros e oblatos. 8Esdras chegou a
Jerusalém no quinto mês do sétimo
ano do rei. 9No primeiro dia do primei-
ro mês ele iniciou sua partida de Babi-
lônia e no primeiro dia do quinto mês
chegou a Jerusalém: a mão benéfica de
Deus estava sobre ele. 10Com efeito,
Esdras havia aplicado seu coração a es-
tudar a Lei de Javé, a praticar e ensinar
em Israel os estatutos e as normas.

Decreto de Artaxerxes. 11Esta é a có-
pia do documento que o rei Artaxerxes
entregou ao sacerdote Esdras, escriba
versado nos mandamentos de Javé e
em seus estatutos* referentes a Israel.

12"Artaxerxes, o rei dos reis, ao sacer-
dote Esdras, escriba da lei do Deus do
céu, paz completa.

---

* **6**,19. Êx 12,1 | **7**,6. 7,28; 8,18; Ne 2,8.18 | 11. 1,2

† **6**,19. Celebrar a Páscoa é reviver a memória do Deus salvador e confirmar o compromisso de fidelidade. Quatro vezes a Bíblia recorda a celebração de uma Páscoa solene após uma grande experiência salvífica: na noite do êxodo, Êx 12,21, após a entrada na terra prometida, Js 5,10ss, na reforma de Josias, 2Rs 23,21s, e aqui, na dedicação do templo. | 22. Os reis persas são os sucessores dos reis babilônios, os quais sucederam aos reis assírios. | **7**,6. Escriba era um escrivão ou secretário da corte. Depois do exílio, o escriba será o especialista, sacerdote ou leigo, que lê, traduz e explica as leis ao povo.

13Dei ordem para que todo aquele que em meu reino faça parte do povo de Israel, de seus sacerdotes ou levitas, e queira partir para Jerusalém, possa ir contigo; 14porque tu és enviado pelo rei e por seus sete conselheiros, para inspecionar Judá e Jerusalém, segundo a lei de teu Deus, a qual está em tuas mãos, 15e para levares a prata e o ouro que o rei e seus conselheiros ofereceram espontaneamente ao Deus de Israel que reside em Jerusalém, 16e toda a prata e ouro que encontrares em toda a província de Babilônia, além das ofertas espontâneas que o povo e os sacerdotes doarem para o templo de seu Deus em Jerusalém. 17Com esse dinheiro, pois, cuidarás de comprar touros, carneiros, cordeiros, bem como as oblações e libações que os acompanham, e os oferecerás sobre o altar do templo de vosso Deus em Jerusalém. 18Utilizareis o restante da prata e do ouro como vos parecer melhor a ti e a teus irmãos, conforme a vontade de vosso Deus. 19Deposita diante de teu Deus, em Jerusalém, os utensílios que te foram entregues para o culto do templo de teu Deus. 20Tudo o mais que for necessário para o templo de teu Deus, e que te compete providenciar, porás na conta do tesouro real. 21Sou eu mesmo, o rei Artaxerxes, que dou esta ordem a todos os tesoureiros da região de além-rio: 'Executai rigorosamente tudo o que vos pedir o sacerdote Esdras, escriba da lei do Deus do céu, 22até o limite de cem talentos de prata, cem coros de trigo, cem batos de vinho, cem batos de azeite e sal à vontade. 23Tudo o que for prescrito pelo Deus do céu seja executado com exatidão para o templo do Deus do céu, para que a Ira não venha sobre o reino do monarca e de seus filhos. 24Nós vos fazemos saber, também, que não é permitido cobrar imposto, tributo ou pedágio de nenhum dos sacerdotes, levitas, cantores, porteiros, oblatos, numa palavra, de nenhum dos servidores desta casa de Deus'. 25E tu, Esdras, segundo a sabedoria de teu Deus que possuis, estabelece escribas e juízes que administrem a justiça para todo o povo da região de além-rio, para todos os que conhecem a lei de teu Deus, e ensina-a a quem não a conhece. 26Todo aquele que não observar a lei de teu Deus e a lei do rei será castigado rigorosamente: com a morte ou o desterro, com multa ou prisão".

27Bendito seja Javé, o Deus de nossos pais, que dispôs o coração do rei para honrar o templo de Javé em Jerusalém 28e que me fez obter o favor do rei, de seus conselheiros e de todos os mais altos ministros do rei. Quanto a mim, enchi-me de coragem, pois a mão de Javé, meu Deus, estava sobre mim, e reuni alguns chefes de Israel para que subissem comigo.

8 **Lista dos repatriados com Esdras.** 1São estes, com sua genealogia†, os chefes de família que subiram comigo de Babilônia no reinado do rei Artaxerxes:

2Dos filhos de Fineias: Gérson; dos filhos de Itamar: Daniel; dos filhos de Davi: Hatus, filho de Sequenias; 3dos filhos de Faros: Zacarias, com o qual foram registrados cento e cinquenta homens; 4dos filhos de Faat-Moab: Elioenai, filho de Zaraías, e com ele duzentos homens; 5dos filhos de Zetua: Sequenias, filho de Jaaziel, e com ele trezentos homens; 6dos filhos de Adin: Abed, filho de Jônatas, e com ele cinquenta homens; 7dos filhos de Elam: Isaías, filho de Atalia, e com ele setenta homens; 8dos filhos de Safatias: Zebedias, filho de Miguel, e com ele oitenta homens; 9dos filhos de Joab: Abdias, filho de Jaiel, e com ele duzentos e dezoito homens; 10dos filhos de Bani: Salomit, filho de Josfias, e com ele cento e sessenta homens; 11dos filhos de Bebai: Zacarias, filho de Bebai, e com ele vinte e oito homens; 12dos filhos de Azgad:

† **8**,1. As listas genealógicas servem para estabelecer a identidade das pessoas e seus cargos hereditários, 2,62.

Joanã, filho de Ectã, e com ele cento e dez homens; [13]dos filhos de Adonicam: os mais novos, cujos nomes são: Elifalet, Jeiel e Semeías, e com eles sessenta homens; [14]e dos filhos de Beguai: Utai, filho de Zabud, e com ele setenta homens.

Viagem e chegada a Jerusalém. [15]Reuni-os junto ao rio que corre para Aava e lá acampamos três dias. Encontrei ali homens do povo e sacerdotes, mas não encontrei nenhum levita. [16]Então mandei chamar Eliezer, Ariel, Semeías, Elnatã, Jarib, Elnatã, Natã, Zacarias e Mosolam, homens sábios, [17]e os enviei a Ado, chefe na localidade de Casfia; ditei-lhes as palavras que deviam dizer a Ado e a seus irmãos, oblatos na localidade de Casfia: que nos enviassem ministros para o templo de nosso Deus. [18]E, graças à mão benéfica de nosso Deus, que estava sobre nós, eles nos apresentaram um homem prudente, dos filhos de Mooli, filho de Levi, filho de Israel: Serebias, com seus filhos e irmãos, dezoito homens; [19]e ainda Hasabias e com ele Isaías, um dos filhos de Merari, seus irmãos e seus filhos: vinte homens. [20]E entre os oblatos* que Davi e os chefes tinham posto a serviço dos levitas: duzentos e vinte oblatos, todos registrados nominalmente.

[21]Ali, perto do rio Aava, proclamei um jejum, para nos humilharmos diante de nosso Deus e lhe pedirmos uma boa viagem para nós, para nossas crianças e para todos os nossos bens. [22]Porque eu teria vergonha* de pedir ao rei uma escolta e cavaleiros para nos defender do inimigo durante a viagem; ao contrário, tínhamos declarado ao rei: "A mão de nosso Deus se estende benigna sobre todos os que o buscam; mas seu poder e sua ira se abatem sobre todos os que o abandonam". [23]Jejuamos, pois, invocando nosso Deus nessa intenção, e ele nos atendeu.

[24]Escolhi doze chefes dos sacerdotes, isto é, Serebias e Hasabias e com eles dez de seus irmãos; [25]pesei diante deles a prata, o ouro e os utensílios, oferendas que o rei, seus conselheiros, seus príncipes e todo o Israel que se achava lá haviam feito para o templo de nosso Deus. [26]Pesei, portanto, e entreguei nas mãos deles seiscentos e cinquenta talentos de prata, utensílios de prata no valor de cem talentos, cem talentos de ouro, [27]vinte taças de ouro de mil dáricos e dois vasos de um bronze muito claro e brilhante, precioso como ouro. [28]Declarei-lhes: "Sois consagrados a Javé; estes utensílios são sagrados; esta prata e este ouro são oferta voluntária a Javé, o Deus de vossos pais. [29]Sede vigilantes em guardá-los até que possais pesá-los diante dos chefes dos sacerdotes e dos levitas e dos chefes de famílias de Israel, em Jerusalém, nas salas do templo de Javé". [30]Os sacerdotes e os levitas tomaram então a seus cuidados a prata, o ouro e os utensílios assim pesados, para transportá-los a Jerusalém, para o templo de nosso Deus.

[31]No dia doze do primeiro mês, partimos do rio Aava e fomos para Jerusalém. A mão de nosso Deus estava sobre nós, e na estrada protegeu-nos dos assaltos dos inimigos e dos salteadores. [32]Chegamos a Jerusalém e lá descansamos três dias. [33]No quarto dia, a prata, o ouro e os utensílios foram pesados no templo de nosso Deus e entregues nas mãos do sacerdote Meremot, filho de Urias, com quem estavam Eleazar, filho de Fineias, e os levitas Jozabad, filho de Josué, e Noadaías, filho de Benui. [34]Tudo correspondia ao número e ao peso; e o peso total foi registrado.

Naquele tempo, [35]os que voltaram do exílio, os exilados, ofereceram holocaustos ao Deus de Israel: doze touros por todo o Israel, noventa e seis carneiros, setenta e dois cordeiros, doze bodes pelo pecado; tudo isso em holocausto a Javé.

[36]Entregaram os decretos do rei aos sátrapas reais e aos governadores da região de além-rio, os quais deram sua ajuda ao povo e ao templo de Deus.

* **8**,20. 2,43 | 22. Ne 2,9

9 Matrimônios com estrangeiras†.

1 Feito isso, os chefes vieram* procurar-me, dizendo: "O povo de Israel, os sacerdotes e os levitas não se separaram dos povos de outras terras no que se refere a suas abominações – cananeus,* heteus, ferezeus, jebuseus, amonitas, moabitas, egípcios e amorreus – 2 porque, para si e para seus filhos, tomaram esposas entre as filhas deles,* e assim a linhagem santa misturou-se com os povos dessas terras; os chefes e os magistrados foram os primeiros a incorrer nessa infidelidade!" 3 Quando ouvi isso, rasguei minha veste e meu manto, arranquei os cabelos da cabeça* e da barba† e sentei-me consternado. 4 Todos os que temiam as palavras do Deus de Israel reuniram-se a meu redor por causa dessa infidelidade dos exilados. Eu fiquei sentado e consternado até a oblação da tarde. 5 Na hora da oblação da tarde, levantei-me de minha prostração; com a veste e o manto rasgados, caí de joelhos, estendi as mãos para Javé, meu Deus, 6 e disse:

Oração de Esdras. "Meu Deus, estou coberto de vergonha e confusão ao levantar minha face para vós, meu Deus. Porque nossas iniquidades se multiplicaram até acima de nossas cabeças, e nossa culpa cresceu até o céu. 7 Desde os dias de nossos pais até este dia uma grande culpa pesa sobre nós: por causa de nossas iniquidades, nós, nossos reis e nossos sacerdotes, fomos entregues às mãos dos reis de outras terras e temos sido sujeitos à espada, ao cativeiro, à rapina e à vergonha, como ainda hoje. 8 Mas agora, por um breve instante, Javé, nosso Deus, nos concedeu a graça de deixar-nos um resto* de sobreviventes† e de dar-nos um asilo em seu lugar santo; assim nosso Deus deu brilho a nossos olhos e um pouco de vida no meio de nossa escravidão. 9 Porque somos escravos, mas em nossa escravidão nosso Deus não nos abandonou; antes, granjeou-nos o favor dos reis da Pérsia, fazendo-nos reviver para podermos reconstruir o templo de nosso Deus e restaurar suas ruínas, concedendo-nos proteção em Judá e em Jerusalém. 10 Mas agora, ó nosso Deus, que podemos dizer depois disso? Pois abandonamos vossos mandamentos 11 que destes por meio de vossos servos, os profetas, dizendo: 'A terra aonde ides entrar* para dela tomar posse é uma terra contaminada pela imundície dos povos do país, pelas abominações com que a infestaram de uma extremidade à outra* com suas impurezas. 12 Por isso, não deis vossas filhas a seus filhos e não tomeis suas filhas como esposas para vossos filhos; não deveis jamais contribuir para sua prosperidade e seu bem-estar, para que assim vos torneis fortes e comais os melhores frutos da terra e a deixeis como herança a vossos filhos para sempre'.

13 Ora, depois de tudo o que nos aconteceu, por causa de nossas más ações e por causa de nossa grande culpa – embora vós, ó nosso Deus, nos tenhais castigado menos do que mereciam nossas iniquidades e nos tenhais deixado os sobreviventes que aqui estão – 14 tornaremos a violar vossos mandamentos e nos aparentar com os povos que cometem essas abominações? Não vos irritaríeis contra nós até nos aniquilardes, sem deixar resto nem sobreviventes? 15 Javé, Deus de Israel, vós sois justo, por isso o que restou de nós é um grupo de sobreviventes, como acontece hoje. Eis-nos aqui diante de vós com nossa culpa! Sim, por sua causa é impossível subsistirmos em vossa presença".

10 A ordem de repudiar as mulheres estrangeiras.

1 Enquanto Esdras rezava e fazia esta confissão chorando, prostrado diante do templo

---

* **9**,1. Ml 2,10s / Dt 7,1 | 2. Ne 9,2 | 3. Is 66,2.5 | 8. Is 4,3 | 11. Lv 18,24s; Ez 36,17 / Dt 7,3

† **9**. A lei mosaica proibia os casamentos com estrangeiras, Êx 34,16; Dt 7,3s. Ver Ml 2,11. A experiência nefasta de reis como Salomão, 1Rs 11,1-13 e Acab, 1Rs 16,31, servia de advertência, Ne 13,26. | 3. Rasgar as vestes é sinal de dor e consternação. Esta é a única vez que ocorre a expressão "arrancar os cabelos". | 8. Ver a nota em 1,4.

de Deus, uma imensa assembleia de Israel, homens, mulheres e crianças, reuniu-se em torno dele, e o povo chorava copiosamente. 2Então Sequenias, filho de Jaiel, um dos filhos de Elam, tomou a palavra e disse a Esdras: "Fomos infiéis a nosso Deus, desposando mulheres estrangeiras, tomadas dentre os povos do país. Pois bem, apesar disso, resta ainda uma esperança para Israel. 3Façamos uma aliança com nosso Deus: despediremos todas essas mulheres e os filhos que delas nasceram, de acordo com o conselho de meu senhor e dos que temem os mandamentos de nosso Deus, e que seja feito conforme a lei. 4Levanta-te, pois a ti é confiada esta incumbência, mas estaremos a teu lado. Coragem e mãos à obra!" 5Então Esdras se levantou e fez os chefes dos sacerdotes e dos levitas e todo o Israel jurar que fariam como acabava de ser dito; e eles juraram. 6Esdras ergueu-se diante do templo de Deus e dirigiu-se ao aposento de Joanã, filho de Eliasib, onde passou a noite sem comer pão nem beber água, pois estava de luto por causa da infidelidade dos repatriados.

7Fez-se uma proclamação em Judá e em Jerusalém a todos os repatriados, para que se reunissem em Jerusalém: 8quem não comparecesse dentro de três dias, segundo o conselho dos chefes e dos anciãos, teria todos os seus bens votados ao extermínio e seria excluído da comunidade dos repatriados. 9Reuniram-se, pois, todos os homens de Judá e de Benjamim no prazo de três dias em Jerusalém: era o dia vinte e nove do nono mês. Todo o povo se encontrava na praça do templo de Deus, tremendo por causa daquele assunto e porque chovia forte. 10Então o sacerdote Esdras levantou-se e declarou-lhes: "Cometestes uma infidelidade desposando mulheres estrangeiras: aumentastes desta forma a culpa de Israel! 11Mas agora confessai-vos a Javé, o Deus de vossos pais, e executai sua vontade separando-vos dos povos do país e das mulheres estrangeiras". 12A assembleia inteira respondeu com voz forte: "Sim, nosso dever é agir segundo tuas ordens! 13Mas o povo é numeroso e estamos na estação das chuvas: não se consegue ficar ao relento; além disso, o assunto não se resolve em um dia ou dois, pois somos muitos os que fomos rebeldes neste ponto. 14Que nossos chefes representem a assembleia inteira; e todos os que, em nossas cidades, desposaram mulheres estrangeiras venham aqui em datas marcadas, acompanhados dos anciãos e dos juízes da respectiva cidade, até que se afaste de nós o furor da ira de nosso Deus por causa disso".

15Só Jônatas, filho de Asael, e Jaasias, filho de Tícua, fizeram oposição a esta proposta, sustentados por Mosolam e pelo levita Sebetai. 16Os repatriados agiram como fora proposto. O sacerdote Esdras escolheu para si alguns homens, chefes de famílias, segundo suas casas, todos designados nominalmente. Começaram no primeiro dia do décimo mês as sessões para examinar os casos. 17E no primeiro dia do primeiro mês terminaram a investigação de todos os homens que tinham desposado mulheres estrangeiras.

Lista dos culpados. 18Entre os filhos dos sacerdotes que haviam desposado mulheres estrangeiras foram achados os seguintes: entre os filhos de Josué, filho de Josedec, e entre seus irmãos: Maasias, Eliezer, Jarib e Godolias. 19Prometeram com juramento repudiar suas mulheres e, por seu pecado, ofereceram um carneiro como sacrifício de reparação;

20entre os filhos de Emer: Hanani e Zabadias;

21entre os filhos de Harim: Maasias, Elias, Semeías, Jaiel e Ozias;

22entre os filhos de Fasur: Elioenai, Maasias, Ismael, Natanael, Jozabad e Elasa.

23Entre os levitas: Jozabad, Semei,* Celaías, também chamado Calita, Petaías, Judá e Eliezer.

24Entre os cantores: Eliasib.

Entre os porteiros: Selum, Telem e Uri.

---

* **10**,23. Ne 8,7; 10,11

[25]Entre os israelitas:
dos filhos de Faros: Remeías, Jezias,
Melquias, Miamin, Eleazar, Melquias e
Banaías;
[26]dos filhos de Elam: Matanias, Zaca-
rias, Jaiel, Abdi, Jerimot e Elias;
[27]dos filhos de Zetua: Elioenai, Elia-
sib, Matanias, Jerimot, Zabad e Aziza;
[28]dos filhos de Bebai: Joanã, Hana-
nias, Zabai, Atlai;
[29]dos filhos de Beguai: Mosolam,
Meluc, Adaías, Jasub, Jerimot;
[30]dos filhos de Faat-Moab: Ednas,
Calal, Banaías, Maasias, Matanias, Be-
seleel, Benui, Manassés;
[31]dos filhos de Harim: Eliezer, Jesias,
Melquias, Semeías, Simeão, [32]Benja-
mim, Meluc, Semerias;
[33]dos filhos de Hasum: Matanai, Ma-
tatias, Zabad, Elifalet, Jermai, Manassés,
Semei;
[34]dos filhos de Bani: Maadai, Amram,
Joel, [35]Banaías, Badaías, Quelias, [36]Va-
nias, Meremot, Eliasib, [37]Matanias, Ma-
tanai e Jasi;
[38]dos filhos de Benui: Semei, [39]Sele-
mias, Natã e Adaías;
[40]dos filhos de Zacai: Sisai, Sarai,
[41]Azareel, Selemias, Semerias, [42]Selum,
Amarias, José;
[43]dos filhos de Nebo: Jeiel, Matanias,
Zabad, Zabina, Jedu, Joel, Banaías.
[44]Todos esses tinham desposado
mulheres estrangeiras; e alguns deles
tinham mulheres das quais tiveram fi-
lhos.

NEEMIAS

Chama-se Neemias o governador da província judaica sujeita ao império persa, responsável pela reconstrução dos muros de Jerusalém, obra iniciada em 445 a.C. Já estava reconstruído o templo, mas a cidade não tinha segurança, com os muros em ruínas e a população reduzida a poucas famílias. Os samaritanos opunham tenaz resistência, fazendo fracassar as várias tentativas de reconstrução; denunciavam os judeus ao rei da Pérsia, obtendo dele a interrupção das obras.

Neemias era um judeu de Susa, copeiro da corte de Artaxerxes I, rei da Pérsia. Obteve dele a anulação do decreto que proibia a reconstrução e recebeu licença para ir pessoalmente dirigir a obra, com a autoridade de governador do rei. Homem enérgico e bom organizador, conseguiu reunir as forças, animar o povo e iniciar os trabalhos, não se deixando intimidar pelos sarcasmos e pela oposição dos vizinhos. Levou doze anos para reconstruir os muros e ao mesmo tempo conseguiu aumentar a população e socorrer os pobres, explorados por saqueadores e usurários. Assim, por obra desse leigo corajoso, a cidade renasceu, alimentando a esperança da realização das profecias que falavam de uma nova Jerusalém, centro de atração para todas as nações (Is 60,1-6).

Num dia solene, às vezes chamado "Dia do Nascimento do Judaísmo", Esdras, o escriba, faz ao povo a leitura do livro da Lei, ou seja, do Pentateuco, na forma em que existia na época (Ne 8,1-12).

O livro refere ainda a celebração da festa das Tendas e a realização de uma liturgia penitencial. Neemias empreende uma reforma religiosa e moral, insistindo na observância do sábado e dos dízimos para os levitas e na proibição dos matrimônios com estrangeiras.

Para o leitor do livro, aquele trabalho de refazer os muros caídos, fortificar as portas e reconstruir as casas pode significar simbolicamente reconstruir a vida pessoal e comunitária, com a força da fé e da união, à luz da palavra de Deus. É um convite à luta pelo crescimento de nossas comunidades, para que sejam sinal de unidade, de amor e de paz.

I. NEEMIAS RECONSTRÓI AS MURALHAS (1–7)†

1 **Tristeza de Neemias pela sorte dos repatriados.** [1]Palavras de Neemias, filho de Hacalias. No mês de casleu, no vigésimo ano, quando me encontrava na cidadela de Susa, [2]chegou Hanani, um de meus irmãos, com alguns homens de Judá. Interroguei-os sobre os judeus repatriados que haviam sobrevivido ao cativeiro e sobre Jerusalém. [3]Responderam-me: "Os sobreviventes do cativeiro, que estão lá na província, vivem em grande miséria e abatimento: as muralhas de Jerusalém estão em ruínas e suas portas, incendiadas". [4]Ouvindo essas palavras, sentei-me, chorei, fiquei de luto vários dias, jejuando e rezando diante do Deus do céu.

[5]Eu disse: "Ah! Javé, Deus do céu, Deus grande e temível, que mantendes a aliança* e a misericórdia para com aqueles que vos amam e observam* vossos mandamentos, [6]que vossos ouvidos estejam atentos e vossos olhos abertos para ouvir a prece de vosso servo. Dia e noite eu vos suplico em favor dos israelitas, vossos servos, e confesso os pecados que nós israelitas cometemos contra vós: também eu e a casa de meu pai pecamos. [7]Procedemos muito mal para convosco, não observando os mandamentos, estatutos e normas que havíeis prescrito a Moisés, vosso servo. [8]Lembrai-vos, porém, da palavra que confiastes a Moisés,* vosso servo: 'Se fordes infiéis, eu vos dispersarei entre as nações; [9]mas se voltardes a mim, observando meus mandamentos e pondo-os em prática, mesmo que vossos exilados

---

* **1**,5. Dt 7.9.12 / 2Cr 6,40 | 8. Dt 30,1-4

† **1**. Os cc. 1-7 reproduzem um diário de Neemias. O ano 20 de Artaxerxes I é 446 a.C. Susa era residência de inverno dos reis da Pérsia.

se acharem nos confins do céu, de lá os
reunirei e reconduzirei ao lugar que es-
colhi para nele fazer habitar meu nome'.
10Eles são vossos servos e vosso povo
que resgatastes* por vosso grande po-
der e com vossa mão poderosa! 11Se-
nhor, que vossos ouvidos estejam aten-
tos à prece de vosso servo, à prece de
vossos servos que desejam temer vosso
nome. Concedei, vos suplico, o bom
êxito a vosso servo e fazei-o ganhar a
benevolência deste homem".

Eu era então copeiro do rei.

2 **Neemias vai a Jerusalém.** 1No mês
de nisã, no vigésimo ano do rei Ar-
taxerxes, estando diante dele o vinho, eu
o tomei e ofereci ao rei. E, como antes eu
nunca havia estado triste em sua presen-
ça, 2o rei me disse: "Por que estás com
a fisionomia triste se não estás doente?
Certamente é teu coração que está afli-
to!" Fiquei muito apreensivo 3e disse ao
rei: "Viva o rei para sempre! Como meu
rosto poderia não estar triste quando
está em ruínas a cidade onde estão os
túmulos de meus pais e suas portas, de-
voradas pelo fogo?" 4E o rei me disse:
"Então, que desejas?" Invoquei o Deus
do céu 5e respondi ao rei: "Se é do agra-
do do rei e se encontrei favor ante teus
olhos, envia-me a Judá, à cidade santa
onde jazem meus pais, a fim de que pos-
sa reconstruí-la". 6O rei perguntou-me,
estando a rainha sentada a seu lado:
"Até quando durará tua viagem? Quan-
do voltarás?" Aprouve ao rei enviar-me
e marquei-lhe um prazo. 7Eu disse ainda
ao rei: "Se parecer bem ao rei, sejam-me
dadas cartas para os governadores da
região de além-rio, a fim de que me dei-
xem passar e entrar em Judá; 8e também
uma carta para Asaf, guarda do parque
real, para que me forneça madeira de
construção para as portas da cidadela
do templo, para as muralhas da cidade
e para a casa em que vou morar". O rei
me deu as cartas, pois a mão benévola
de meu Deus estava sobre mim.
9Fui, pois, ter com os governadores*
da região de além-rio e entreguei-lhes
as cartas do rei. O rei mandou uma es-
colta de oficiais do exército e de cava-
leiros para me acompanhar.
10Quando Sanabalat, o horonita†, e
Tobias, o funcionário amonita, foram
informados disso, mostraram-se muito
aborrecidos pelo fato de ter chegado
alguém para trabalhar em benefício
dos israelitas.

**Neemias exorta a reconstruir as mu-
ralhas.** 11Chegando a Jerusalém, lá
permaneci três dias. 12Depois levantei-
-me de noite, acompanhado de alguns
homens, sem ter revelado a ninguém o
que meu Deus me havia inspirado fazer
por Jerusalém e sem ter comigo outro
animal senão minha própria montaria.
13Saí, pois, à noite, pela porta do Vale,
dirigi-me à fonte do Dragão e depois à
porta do Esterco; inspecionei os muros
de Jerusalém, que estavam derrubados
e cujas portas tinham sido incendia-
das. 14Prossegui meu caminho rumo
à porta da Fonte e à piscina do Rei, e
não encontrei mais passagem para o
animal que cavalgava. 15Por isso fui su-
bindo de noite pela torrente, sempre
observando as muralhas, entrei pela
porta do Vale e voltei para casa. 16Os
magistrados não ficaram sabendo aon-
de eu tinha ido, nem o que havia feito.
Até então nada tinha comunicado aos
judeus, nem aos sacerdotes, nem aos
nobres, nem aos magistrados, nem aos
que se ocupavam dos trabalhos. 17Dis-
se-lhes então: "Estais vendo a situação
miserável em que estamos: Jerusalém
está destruída e suas portas, devoradas
pelo fogo. Vinde! Reconstruamos as
muralhas de Jerusalém e não seremos
mais objeto de insulto!" 18Eu lhes expus
como a mão benévola de Deus tinha
estado sobre mim, e as palavras que o
rei me havia dirigido. "Levantemo-nos!
– exclamaram – e ponhamos mãos à
obra!" E lançaram-se com coragem a
esse belo empreendimento.

* **1**,10. Dt 9,29 | **2**,9. Esd 8,22

† **2**,10. Governador da Samaria, mencionado nos papiros de Elefantina. Tobias tinha aliados importantes, 6,18.

19Ao saber disso, Sanabalat, o horonita, Tobias, o funcionário amonita, e Gosem, o árabe, zombaram de nós e nos olharam com desprezo, dizendo: "Que é que estais fazendo? Uma revolta contra o rei?" 20Mas eu lhes respondi: "O Deus do céu nos fará triunfar. Nós, seus servos, vamos começar a construir. Quanto a vós, não tendes parte, nem direito, nem memória em Jerusalém".

3

Os operários e suas obras†. 1Eliasib, o sumo sacerdote, e seus irmãos, os sacerdotes, puseram-se a trabalhar e construíram a porta das Ovelhas: puseram as vigas, fixaram os batentes e continuaram a construir até a torre dos Cem e até a torre de Hananeel. 2Junto dele trabalhou o povo de Jericó e, mais adiante, Zacur, filho de Imri. 3Os filhos de Asená construíram a porta dos Peixes*: puseram as vigas, fixaram os batentes, as fechaduras e as trancas. 4Junto deles trabalhava na restauração Meremot, filho de Urias, filho de Acus; junto deles trabalhava na restauração Mosolam, filho de Baraquias, filho de Mesebezet; junto deles trabalhava na restauração Sadoc, filho de Baana. 5Junto deles trabalhou na restauração o povo de Técua, mas seus nobres se recusaram a submeter-se ao serviço de seus senhores. 6Joiada, filho de Fasea, e Mosolam, filho de Besodias, restauraram a porta Velha: puseram as vigas, fixaram os batentes, as fechaduras e as trancas. 7Ao lado deles trabalharam na restauração Meltias de Gabaon e Jadon de Meronot, bem como o povo de Gabaon e de Masfa, que pertenciam ao domínio do governador da região de além-rio. 8Junto deles trabalhou na restauração Oziel, membro da corporação dos ourives; mais além restaurou Hananias, da corporação dos perfumistas: eles reforçaram Jerusalém até a muralha larga. 9Junto deles restaurou Rafaías, filho de Hur, chefe da metade do distrito de Jerusalém. 10A seu lado trabalhava Jedaías, filho de Haromaf, defronte de sua casa. Ao lado dele trabalhou Hatus, filho de Hasebonias. 11Melquias, filho de Herem e Hasub, filho de Faat-Moab, reconstruíram o setor seguinte e a torre dos Fornos. 12Junto deles trabalhou na restauração, junto com suas filhas, Selum, filho de Aloés, chefe da metade do distrito de Jerusalém. 13Hanun e os habitantes de Zanoc restauraram a porta do Vale: reconstruíram-na, puseram-lhe os batentes, as fechaduras e as trancas, e refizeram mil côvados de muro, até a porta do Esterco. 14Melquias, filho de Recab, chefe do distrito de Bet-Acarem, restaurou a porta do Esterco: reconstruiu-a, fixou-lhe os batentes, as fechaduras e as trancas.

15Selum, filho de Col-Hoza, chefe do distrito de Masfa, restaurou a porta da Fonte: construiu-a, cobriu-a, fixou-lhe os batentes, as fechaduras e as trancas. Reconstruiu também o muro da piscina de Siloé, ao lado do jardim do rei, até a escada que desce da Cidade de Davi. 16Depois dele, Neemias, filho de Azboc, chefe da metade do distrito de Betsur, fez a restauração até defronte dos túmulos de Davi, até o açude artificial e até a casa dos Heróis. 17Depois deles trabalharam os levitas: Reum, filho de Bani; ao lado dele, restaurou Hasabias, chefe da metade do distrito de Ceila, para seu distrito; 18junto dele restauraram seus irmãos: Benui, filho de Henadad, chefe da metade do distrito de Ceila. 19A seu lado, Ezer, filho de Jesua, chefe de Masfa, restaurou um outro setor, defronte da subida do Arsenal, na esquina.

20Depois dele, Baruc, filho de Zabai, reconstruiu com grande entusiasmo outro setor, desde a esquina até a porta da casa de Eliasib, o sumo sacerdote. 21Depois dele, Meremot, filho de Urias, filho de Acos, restaurou outro setor, desde a entrada da casa de Eliasib até

---

* **3**,3. Esd 2,35

† **3**. Este c. parece reproduzir um documento dos arquivos do templo; é o texto mais rico em detalhes sobre a topografia da antiga Jerusalém.

sua extremidade. 22Depois dele traba-
lharam na restauração os sacerdotes
que moravam na periferia. 23Depois
deles, Benjamim e Hasub restaura-
ram diante de suas casas. Depois de-
les, Azarias, filho de Maasias, filho de
Ananias, restaurou ao lado de sua casa.
24Depois dele, Benui, filho de Henadad,
restaurou um outro setor, desde a casa
de Azarias até a esquina e até o ângulo.
25Depois dele, Falel, filho de Ozi, res-
taurou em frente à esquina e à torre
que sobressai acima do andar superior
do palácio real e está junto ao pátio da
prisão. Depois dele, Fadaías, filho de
Faros, restaurou 26até defronte da por-
ta das Águas, ao oriente, e até a torre
que sobressai. 27Depois dele, o povo
de Técua restaurou um outro setor, em
frente da grande torre que sobressai e
até o muro de Ofel.

28A partir da porta dos Cavalos, os
sacerdotes trabalharam nas restaura-
ções, cada um em frente de sua casa.
29Depois deles, Sadoc, filho de Hemer,
restaurou* diante de sua casa. Depois
dele, restaurou Semaías, filho de Se-
quemias, guardião da porta do Orien-
te. 30Depois deles, Hananias, filho de
Selemias, e Hanun, sexto filho de Selef,
restauraram outro setor. Depois dele,
Mosolam, filho de Baraquias, restaurou
diante de seu aposento. 31Depois dele,
Melquias, da corporação dos ourives,
restaurou até a morada dos oblatos† e
dos comerciantes, em frente à porta da
Guarda, até a sala alta do ângulo. 32E
entre a sala alta do ângulo e a porta
das Ovelhas restauraram os ourives e
os comerciantes.

Reações dos inimigos. 33Logo que Sa-
nabalat soube que estávamos recons-
truindo as muralhas, encolerizou-se
e mostrou-se muito irritado. Escarne-
cendo dos judeus, 34exclamou dian-
te de seus irmãos e diante das tropas
de Samaria: "Que estão fazendo esses
pobres judeus? Refazer os muros e de-
pois oferecer sacrifícios? Vão terminar
num dia? Farão reviver essas pedras†,
tiradas de montões de escombros e já
calcinadas?" 35Tobias, o amonita, que
estava a seu lado, disse: "Isso que eles
estão construindo, se uma raposa subir
aí, derrubará sua muralha de pedras!"
36Ouvi, nosso Deus, como somos des-
prezados! Fazei recair seus insultos
sobre sua cabeça. Entregai-os como
presa numa terra de cativeiro! 37Não
perdoeis sua iniquidade* e que seu pe-
cado não seja cancelado diante de vós,
pois ofenderam os construtores.

38Assim reconstruímos os muros, que
foram completados até meia altura. O
povo tinha ânimo para trabalhar.

4 **Tenacidade dos construtores.**
1Quando Sanabalat, Tobias, os
árabes, os amonitas e os azotitas sou-
beram que a reconstrução das mura-
lhas de Jerusalém ia adiante e que as
brechas começavam a ser fechadas,
ficaram muito irritados 2e ajuntaram-se
todos de comum acordo, para virem
atacar Jerusalém e criar confusão no
local.

3Invocamos então nosso Deus e, por
causa deles, para proteger a cidade,
estabelecemos contra eles um policia-
mento dia e noite. 4Judá, porém, dizia:
"Diminuem as forças dos carregadores,
há escombros demais: não poderemos
reerguer as muralhas!" 5E nossos ini-
migos declaravam: "Antes que saibam
ou vejam qualquer coisa, surgiremos
no meio deles: então vamos massacrá-
-los e parar a obra!" 6Estavam chegan-
do alguns judeus que moravam perto
deles e que dez vezes nos avisaram:
"De todos os lados para os quais vos
voltais, eles virão contra nós". 7Eu dis-
tribuí o povo por famílias nos lugares
baixos e abertos por detrás dos muros,
com suas espadas, lanças e arcos. 8De-
pois que inspecionei tudo, levantei-me
e disse aos nobres, aos magistrados e

* **3**,29. Ez 40,6 | 37. Jr 18,23

† **3**,31. Ver a nota em Esd 2,43. | **3**,34. As ruínas são pedras mortas, mas ganham vida as pedras quando formam um conjunto. Na Igreja, os cristãos são "pedras vivas", 1Pd 2,5, que formam o edifício de Deus, 1Cor 3,9.

ao resto do povo: "Não tenhais medo dessa gente! Lembrai-vos do Senhor, grande e temível, e combatei por vossos irmãos, vossos filhos, vossas filhas, vossas mulheres e vossas casas!" 9Quando nossos inimigos souberam que estávamos informados e que Deus lhes frustrara o projeto, voltamos todos às muralhas, cada qual a seu trabalho.

10Mas, a partir desse dia, a metade de meus homens participava dos trabalhos e os outros empunhavam lanças, escudos, arcos e couraças; os chefes estavam atrás de toda casa dos judeus. 11Os que construíam as muralhas e os que carregavam e levavam as cargas, com uma das mãos trabalhavam e com a outra seguravam uma arma. 12Cada um dos construtores, no momento do serviço, trazia sua espada cingida na cintura. Um trombeteiro estava a meu lado. 13Eu disse aos nobres, aos magistrados e ao resto do povo: "A obra é grande e extensa, e nós estamos espalhados ao longo das muralhas, longe uns dos outros. 14Reuni-vos em torno de nós no lugar de onde ouvirdes sair o som da trombeta, e nosso Deus combaterá por nós". 15Assim, pois, nós continuávamos os trabalhos, e a metade dos homens empunhava as lanças, desde o raiar da aurora até aparecerem as estrelas. 16Naquela época eu disse ainda ao povo: "Cada um com seu ajudante passe a noite em Jerusalém, para que de noite nos sirvam de guarda e de dia trabalhem". 17Mas nem eu, nem meus irmãos, nem meus homens, nem os guardas que me escoltavam, ninguém tirava a roupa: cada um conservava sua arma na mão direita.

5 **Medidas sociais.** 1Surgiu uma grande queixa* entre os homens do povo e suas mulheres contra seus irmãos, os judeus. 2Uns diziam: "Nós, nossos filhos e nossas filhas somos numerosos; queremos trigo para comer e viver". 3Outros diziam: "Temos de hipotecar nossos campos, nossas vinhas e nossas casas para recebermos trigo durante a carestia". 4Outros ainda diziam: "Tomamos dinheiro emprestado para pagarmos o tributo do rei, empenhando nossas terras e nossas vinhas. 5Ora, temos a mesma carne que nossos irmãos, e nossos filhos* são como os deles; no entanto, temos de entregar à escravidão nossos filhos e filhas†; e há entre nossas filhas algumas que já são escravas! Não podemos fazer nada, porque nossos campos e nossas vinhas já pertencem a outros".

6Fiquei muito irritado quando ouvi suas lamúrias e essas palavras. 7Tendo considerado comigo mesmo, repreendi os nobres e os magistrados nestes termos: "Praticais a usura, cada qual contra seu irmão!" Convoquei contra eles uma grande assembleia 8e lhes disse: "Resgatamos na medida de nossas posses nossos irmãos judeus que se haviam vendido às nações. E agora vós vendeis vossos irmãos para que sejam vendidos a nós?" Eles emudeceram e não acharam resposta. 9Continuei: "Não está certo o que fazeis. Não deveríeis caminhar no temor de Deus, para evitar os insultos das nações, nossas inimigas? 10Também eu, meus irmãos e meus homens emprestamos-lhes dinheiro e trigo. Pois bem, perdoemos-lhes essa dívida. 11Restituí-lhes hoje mesmo seus campos, suas vinhas, seus olivais e suas casas e renunciai aos juros que lhes cobrais pelo dinheiro, pelo trigo, pelo vinho e pelo óleo". 12Responderam: "Nós restituiremos; não exigiremos nada mais deles: faremos como disseste". Chamei então os sacerdotes e os fiz jurar que agiriam segundo essa promessa. 13Depois sacudi a dobra de meu manto, dizendo: "Que Deus assim sacuda* para fora de sua casa e de seus bens todo homem que não mantiver essa palavra: que seja assim sacudido e despojado de tudo!" Toda a assembleia respondeu: "Amém!" E deu louvor a Javé. E o povo agiu conforme esse compromisso.

---

* **5**,1. Jr 34,8-22 | 5. Lv 25,39 | 13. Jr 18,1

† **5**,5. Ver a nota em Êx 21,2.

Retidão de Neemias. 14Além disso, desde o dia em que o rei me nomeou governador do país de Judá, do vigésimo ao trigésimo segundo ano do rei Artaxerxes†, durante doze anos, eu e meus irmãos jamais comemos o pão devido ao governador. 15Ora, os antigos governadores que me precederam oneravam o povo: cobravam dele todo dia, para o pão, quarenta siclos de prata; até seus servos oprimiam o povo. Eu, ao contrário, jamais agi assim, por temor de Deus.

16Dei-me ao trabalho para fazer essas muralhas e não comprei nenhum terreno. Todo o meu pessoal estava lá reunido no trabalho.

17A minha mesa comiam os judeus e os magistrados em número de cento e cinquenta, sem contar os que vinham a nós das nações vizinhas. 18O que era preparado cada dia – um boi, seis ovelhas escolhidas e aves – era preparado por minha conta e, de dez em dez dias, muito vinho de todo tipo. Apesar de tudo isso, jamais reclamei o pão do governador, pois os trabalhos pesavam muito sobre o povo. 19Lembrai-vos a meu favor, ó meu Deus, de tudo o que fiz por este povo!

6 **Intrigas dos inimigos.** 1Quando Sanabalat, Tobias, Gosem, o árabe, e outros inimigos nossos souberam que eu havia reconstruído as muralhas e que não havia mais nenhuma brecha, embora nesta data eu não tinha ainda fixado os batentes nas portas, 2Sanabalat e Gosem enviaram-me esta mensagem: "Vem para um encontro em Cefirim, no vale de Ono". Mas eles pensavam em fazer-me mal. 3Enviei-lhes, pois, mensageiros com esta resposta: "Estou ocupado num grande trabalho e não posso descer: por que haveria de cessar a obra, quando eu a deixasse para ir até vós?" 4Quatro vezes mandaram-me o mesmo convite e dei-lhes a mesma resposta. 5Então Sanabalat mandou-me dizer a mesma coisa pela quinta vez, por meio de seu servo, que tinha nas mãos uma carta aberta, 6na qual estava escrito: "Ouve-se dizer entre as nações, e Gasmu o confirma, que tu e os judeus pensais em rebelar-vos, e é por isso que estais reconstruindo as muralhas; que tu serias o rei deles 7e terias até mesmo constituído profetas para proclamarem a teu respeito em Jerusalém: 'Há um rei em Judá!' Agora esses boatos vão chegar aos ouvidos do rei: vem, pois, e entendamo-nos". 8Mas mandei responder-lhe: "Não aconteceu isto que afirmas, mas tu o inventas em teu espírito". 9A verdade é que eles todos queriam amedrontar-nos, pensando: "Suas mãos desistirão do trabalho, que jamais será terminado". No entanto, dava-se o contrário: eu fortalecia minhas mãos!

10Um dia fui à casa de Semaías, filho de Delaías, filho de Metabeel, que se havia encerrado lá dentro. Ele declarou:

"Reunamo-nos no templo de Deus,
no interior do santuário;
fechemos as portas do santuário,
porque virão para te matar,
sim, esta noite, virão te matar!"

11Mas eu respondi: "Um homem como eu há de fugir? E qual é o homem de minha condição que entraria no santuário para salvar sua vida?† Não, não irei!" 12Reconheci que não era Deus que o tinha enviado, mas que ele pronunciara este oráculo contra mim porque Tobias e Sanabalat o haviam subornado. 13Fora subornado para amedrontar-me e levar-me a agir daquele modo e pecar, para criar-me uma reputação má e expor-me à desonra. 14Lembrai-vos, meu Deus, de Tobias* e de Sanabalat, pelo que cometeram; e também de Noadias, a profetisa, e dos outros profetas que quiseram intimidar-me.

Término das muralhas. 15As muralhas ficaram prontas no dia vinte e cinco de elul, em cinquenta e dois dias. 16Quando todos os nossos inimigos o souberam e todas as nações em torno de

---

* **6**,14. Jr 23,9-40; Zc 13,2s | 16. Sl 118,22s; 127,1

† **5**,14. Neemias governou a Judeia de 446 a 434 a.C. | **6**,11. Sendo leigo, Neemias não podia entrar no santuário, Nm 18,7.

nós viram isto, sentiram-se fortemente humilhados e reconheceram que este trabalho fora realizado* graças a nosso Deus.

[17]Por essa época os nobres de Judá mandavam muitas cartas a Tobias e as de Tobias lhes chegavam às mãos; [18]pois ele tinha em Judá muitos aliados, sendo genro de Sequenias, filho de Area, e tendo seu filho Joanã desposado a filha de Mosolam, filho de Baraquias. [19]Até mesmo em minha presença enalteciam suas boas ações e lhe transmitiam minhas palavras. Tobias mandava cartas para me intimidar.

7 **Vigilância nas portas.** [1]Quando as muralhas foram reedificadas, eu fixei os batentes; os porteiros, os cantores e os levitas foram estabelecidos em suas funções. [2]Confiei a administração de Jerusalém a Hanani, meu irmão, e a Hananias, comandante da cidadela, pois era um homem fiel e que temia a Deus mais do que muitos outros. [3]Ordenei-lhes: "As portas de Jerusalém não serão abertas antes que o sol comece a esquentar; e, enquanto os cidadãos ainda estiverem de pé, serão fechadas e trancadas. Sejam estabelecidos postos de guarda para os habitantes de Jerusalém, ficando cada um em seu posto, cada um diante de sua casa".

[4]A cidade era espaçosa e grande, mas sua população era pouca e não se construíam casas. [5]Meu Deus inspirou-me então que reunisse os nobres, os magistrados e o povo para fazer o recenseamento genealógico. Achei o registro genealógico dos que haviam regressado no início e lá encontrei escrito:

Lista dos primeiros repatriados†. [6]São estes os cidadãos da província que regressaram do exílio, os quais Nabucodonosor, rei de Babilônia, tinha deportado* e que regressaram a Jerusalém e a Judá, cada qual a sua cidade. [7]Chegaram com Zorobabel, Josué, Neemias, Azarias, Raamias, Naamani, Mardoqueu, Belsã, Mesfarat, Beguai, Naum e Baana.

Número dos homens do povo de Israel: [8]filhos de Faros: dois mil e cento e setenta e dois; [9]filhos de Safatias: trezentos e setenta e dois; [10]filhos de Area: seiscentos e cinquenta e dois; [11]filhos de Faat-Moab, isto é, filhos de Josué e de Joab: dois mil e oitocentos e dezoito. [12]filhos de Elam: mil e duzentos e cinquenta e quatro; [13]filhos de Zetua: oitocentos e quarenta e cinco; [14]filhos de Zacai: setecentos e sessenta; [15]filhos de Benui: seiscentos e quarenta e oito; [16]filhos de Bebai: seiscentos e vinte e oito; [17]filhos de Azgad: dois mil e trezentos e vinte e dois; [18]filhos de Adonicam: seiscentos e sessenta e sete; [19]filhos de Beguai: dois mil e sessenta e sete; [20]filhos de Adin: seiscentos e cinquenta e cinco; [21]filhos de Ater, isto é, de Ezequias: noventa e oito; [22]filhos de Hasum: trezentos e vinte e oito; [23]filhos de Besai: trezentos e vinte e quatro; [24]filhos de Haref: cento e doze; [25]filhos de Gabaon: noventa e cinco; [26]homens de Belém e de Netofa: cento e oitenta e oito; [27]homens de Anatot: cento e vinte e oito; [28]homens de Bet-Azmot: quarenta e dois; [29]homens de Cariat-Iarim, de Cafira e de Beerot: setecentos e quarenta e três; [30]homens de Ramá e de Gaba: seiscentos e vinte e um; [31]homens de Macmas: cento e vinte e dois; [32]homens de Betel e de Hai: cento e vinte e três; [33]homens de outro Nebo: cinquenta e dois; [34]filhos de outro Elam: mil e duzentos e cinquenta e quatro; [35]filhos de Harim: trezentos e vinte; [36]filhos de Jericó: trezentos e quarenta e cinco; [37]filhos de Lod, de Hadid e de Ono: setecentos e vinte e um; [38]filhos de Senaá: três mil e novecentos e trinta.

[39]Sacerdotes, filhos de Jedaías, isto é, a casa de Josué: novecentos e setenta e três; [40]filhos de Emer: mil e cinquenta e dois; [41]filhos de Fasur: mil e duzentos e quarenta e sete; [42]filhos de Harim: mil

* **7**,6. Esd 2,1-70

† **7**,6. Repete a lista de Esd 2. Ver a nota em Esd 2,3.

e dezessete.

43Levitas: filhos de Josué, isto é, de Cadmiel, filhos de Odovias: setenta e quatro.

44Cantores: filhos de Asaf: cento e quarenta e oito.

45Porteiros: filhos de Selum, filhos de Ater, filhos de Telmon, filhos de Acub, filhos de Hatita, filhos de Sobai: cento e trinta e oito.

46Oblatos: filhos de Siá, filhos de Hasufa, filhos de Tabaot, 47filhos de Ceros, filhos de Siaá, filhos de Fadon, 48filhos de Lebana, filhos de Hagaba, filhos de Selmai, 49filhos de Hanã, filhos de Guidel, filhos de Gaar, 50filhos de Raaías, filhos de Rasin, filhos de Necoda, 51filhos de Gazam, filhos de Oza, filhos de Fasea, 52filhos de Besai, filhos dos meunitas, filhos dos nefusitas, 53filhos de Bacbuc, filhos de Hacufa, filhos de Harur, 54filhos de Baslut, filhos de Meida, filhos de Harsa, 55filhos de Bercos, filhos de Sísara, filhos de Tema, 56filhos de Nasias, filhos de Hatifa.

57Filhos dos servos de Salomão: filhos de Sotai, filhos de Soferet, filhos de Feruda, 58filhos de Jaala, filhos de Darcon, filhos de Guidel, 59filhos de Safatias, filhos de Hatil, filhos de Foqueret-Assebaim, filhos de Amon. 60Total dos oblatos e dos filhos dos servos de Salomão: trezentos e noventa e dois.

61As pessoas seguintes, que voltavam de Tel-Mela, Tel-Harsa, Querub, Adon e Emer, não puderam demonstrar que sua família e sua estirpe eram de Israel: 62filhos de Dalaías, filhos de Tobias, filhos de Necoda: seiscentos e quarenta e dois. 63E entre os sacerdotes, os filhos de Hobias, os filhos de Acos, os filhos de Berzelai, o qual se casara com uma das filhas de Berzelai, o galaadita, e adotou seu nome. 64Esses procuraram seu registro genealógico, mas não foi encontrado: foram excluídos, pois, do sacerdócio como impuros, 65e o governador proibiu-lhes comer dos alimentos sagrados, até que se apresentasse um sacerdote para usar os *Urim* e os *Tumim*.

66Toda a assembleia reunida era de quarenta e duas mil e trezentas e sessenta pessoas, 67fora seus escravos e escravas, em número de sete mil e trezentos e trinta e sete. Tinham também duzentos e quarenta e cinco cantores e cantoras. 68Seus cavalos eram setecentos e trinta e seis e suas mulas, duzentas e quarenta e cinco; 69seus camelos eram quatrocentos e trinta e cinco e seus jumentos, seis mil e setecentos e vinte. 70Certo número de chefes de família fez doações para as obras. O governador deu para o tesouro mil dracmas de ouro, cinquenta cálices e quinhentas e trinta túnicas sacerdotais. 71Alguns chefes de família depuseram no cofre das obras vinte mil dracmas de ouro e duas mil e duzentas minas de prata. 72As doações feitas pelo resto do povo atingiram o montante de vinte mil dracmas de ouro, duas mil minas de prata e sessenta e sete túnicas sacerdotais. 73Os sacerdotes e os levitas instalaram-se em Jerusalém; os porteiros, os cantores, uma parte do povo, os oblatos e todo o Israel estabeleceram-se em suas cidades. Quando chegou o sétimo mês, os israelitas estavam assim instalados em suas cidades.

II. ESDRAS RESTAURA O CULTO (8–9)

8 **Esdras expõe a Lei ao povo†.** 1Todo o povo se reuniu* como um só homem na praça situada defronte da porta das Águas. Disseram ao escriba Esdras que trouxesse o livro da Lei de Moisés†, que Javé havia dado a Israel. 2Então o sacerdote Esdras trouxe a Lei diante da assembleia, formada de homens, mulheres e de todos os que

* **8**,1. Esd 3,1

† **8**. O povo devia refazer não apenas sua vida material, mas principalmente sua vida de comunidade religiosa, de povo escolhido, cuja base era a observância da lei mosaica. | 1. Os cinco livros do Pentateuco, na forma existente na época. | 2. Dia festivo no calendário judaico, ver a nota em Lv 23,23.

tinham o uso da razão. Era o primeiro dia do sétimo mês†. [3]Na praça, situada diante da porta das Águas, ele leu o livro desde a aurora até o meio-dia, na presença dos homens, das mulheres e dos que tinham o uso da razão: todo o povo ouvia atentamente a leitura do livro da Lei.

[4]O escriba Esdras estava sobre uma tribuna de madeira, construída para a ocasião; perto dele estavam, a sua direita, Matatias, Sema, Anias, Urias, Helcias, Maasias; e a sua esquerda, Fadaías, Misael, Melquias, Hasum, Hasbadana, Zacarias e Mosolam. [5]Esdras abriu o livro à vista de todo o povo, pois ele estava mais alto que todos; quando ele o abriu, todo o povo se pôs de pé. [6]Então Esdras bendisse a Javé, o grande Deus, e todo o povo, com as mãos erguidas, respondeu: "Amém! Amém!" Depois se inclinaram e se prostraram diante de Javé, com o rosto em terra. [7]Josué, Bani, Serebias, Jamim, Acub, Sabatai, Hodias, Maasias, Celita, Azarias, Jozabad, Hanã, Falaías, que eram levitas, explicavam a Lei ao povo, enquanto o povo estava de pé em seu lugar. [8]Leram no livro da Lei de Deus* claramente e explicando o sentido, de modo que se podia compreender a leitura.

[9]Neemias, que era o governador, e Esdras, o sacerdote-escriba, e os levitas que instruíam o povo disseram a todo o povo: "Hoje é um dia consagrado a Javé, vosso Deus". Não vos entristeçais nem choreis!" É que todo o povo chorava ao ouvir as palavras da Lei. [10]Disse-lhes ainda: "Ide, comei carnes gordas, tomai bebidas doces e mandai porções a quem nada preparou, porque hoje é um dia consagrado a nosso Senhor! Não fiqueis tristes: a alegria de Javé é a vossa força!"† [11]E os levitas acalmavam todo o povo, dizendo: "Calai-vos, porque hoje é um dia santo. Não vos aflijais!" [12]E todo o povo se retirou para comer e beber; distribuíram porções aos pobres e celebraram uma grande festa, pois haviam compreendido as palavras que lhes foram proclamadas.

A festa das Tendas. [13]No segundo dia, os chefes de família de todo o povo, os sacerdotes e os levitas se reuniram em torno do escriba Esdras para estudar as palavras da Lei. [14]Encontraram escrito na Lei, que Javé havia prescrito por intermédio de Moisés, que os israelitas deviam morar* em tendas durante a festa do sétimo mês. [15]Então anunciaram e publicaram em todas as suas cidades e em Jerusalém: "Ide à montanha e trazei ramos de oliveira, de azambujeiro, de murta, de palmeira e de outras árvores frondosas, para fazer tendas, como está prescrito". [16]O povo saiu; trouxe ramos e fez tendas, cada qual sobre seu terraço, em seus pátios, nos átrios do templo de Deus, na praça da porta das Águas e na praça da porta de Efraim. [17]Toda a assembleia dos que haviam voltado do cativeiro construiu assim tendas e nelas morou. Os israelitas não tinham feito isso desde os dias de Josué, filho de Nun, até aquele dia. E houve uma alegria muito grande.

[18]Esdras fez a leitura do livro da Lei de Deus cada dia, do primeiro ao último. Durante sete dias celebrou-se a festa, e no oitavo houve, segundo a norma, uma reunião solene.

9 Penitência e confissão pública†.

[1]No dia vinte e quatro do mesmo mês, os israelitas, vestidos de pano de saco e com a cabeça coberta de pó, reuniram-se para um jejum. [2]Os da estirpe de Israel* separaram-se de todos os estrangeiros e, estando de pé, confessaram seus pecados e as iniquidades de seus pais. [3]Ficando de pé em seu lugar, leram o livro da Lei de Javé, seu Deus, durante a quarta parte do dia; durante outra quarta parte do dia confessaram seus pecados e se prostraram diante de Javé, seu Deus. [4]No palanque dos levitas ficaram de pé Josué, Benui, Cadmiel, Sebanias, Buni, Serebias, Bani,

* **8**,8. Esd 7,6 | 14. Lv 23,33-36.39-43; Êx 23,14 | **9**,2. Esd 9,1s; 10,11

† **8**,10. O povo sente a alegria da salvação, da presença protetora de Javé em seu meio. | **9**. A leitura da lei serviu de exame de consciência, avivou o sentimento coletivo de culpa.

Canani e invocaram em voz alta a Javé, seu Deus; [5]e os levitas Josué, Cadmiel, Bani, Hasabneias, Serebias, Hodias, Sebanias, Fetaías disseram†:

"Levantai-vos, bendizei a Javé, vosso Deus,*
de eternidade em eternidade!
E que se bendiga vosso nome glorioso
que excede toda bênção e louvor!
[6]Vós, Javé, sois o único!*
Fizestes os céus, os céus dos céus
e todo o seu exército,
a terra e tudo o que ela contém,
os mares e tudo quanto há neles.
A tudo isso sois vós que dais vida,
e o exército dos céus vos adora.
[7]Sois vós, Javé, o Deus*
que escolheu Abrão,
tirou-o de Ur dos caldeus
e lhe deu o nome de Abraão.
[8]Achando seu coração fiel diante de vós,
fizestes aliança com ele,*
para dar-lhe a terra do cananeu,
do heteu e do amorreu,
do ferezeu, do jebuseu e do gergeseu,
a ele e a sua posteridade.
E cumpristes vossas promessas,
pois vós sois justo.
[9]Vistes a aflição de nossos pais no Egito*
e ouvistes seu grito junto ao mar Vermelho.
[10]Realizastes sinais e prodígios contra o faraó,*
contra todos os seus servos e todo o povo de seu país,
pois sabíeis quão arrogantes tinham sido contra nossos pais.
Adquiristes um renome que dura ainda hoje.
[11]Abristes o mar diante deles,*
passaram pelo meio do mar a pé enxuto.
Precipitastes nos abismos seus perseguidores,*
como uma pedra em águas impetuosas.
[12]Vós os guiastes de dia com uma coluna de nuvem*
e de noite com uma coluna de fogo,
para iluminar diante deles o caminho
pelo qual haveriam de andar.
[13]Descestes sobre o monte Sinai*
e do céu lhes falastes;
e lhes destes normas justas,
leis verdadeiras,*
estatutos e mandamentos excelentes;
[14]destes-lhes a conhecer vosso santo sábado;*
prescrevestes-lhes mandamentos, estatutos e uma lei
por intermédio de Moisés, vosso servo.
[15]Do céu lhes destes o pão para sua fome,*
do rochedo fizestes brotar água para sua sede.
Ordenastes-lhes que fossem tomar posse da terra
que havíeis jurado dar-lhes.
[16]Mas nossos pais se comportaram com soberba,
endureceram a cerviz, não obedeceram*
a vossos mandamentos.
[17]Recusaram-se a obedecer, esquecidos das maravilhas
que havíeis feito por eles;
endureceram o coração e escolheram um chefe
a fim de voltarem para o Egito, para sua escravidão.
Mas vós sois o Deus do perdão,*
clemente e misericordioso,
lento para a cólera e cheio de ternura:
não os abandonastes!
[18]Mesmo quando fizeram para si
um bezerro de metal fundido
e disseram: 'Eis teu Deus
que te fez sair do Egito!'*
e cometeram grandes blasfêmias,

* **9**,5. Sl 78 | 6. Dt 6,4 | 7. Gn 12,1; 17,5 | 8. Gn 15,18s | 9. Êx 2,23s | 10. Êx 7-12 | 11. Êx 14 / Êx 15,5.10 | 12. Êx 13,21s | 13. Êx 19 / Dt 4,5-8 | 14. Êx 20,8 | 15. Êx 16,1; 17,1 | 16. Nm 14,1-4 | 17. Êx 34,6 | 18. Êx 32,4

† **9**,5. Uma das mais belas orações da Bíblia: louva a Deus pelas maravilhas que operou em favor de Israel, e confessa os pecados do povo.

[19]em vossa imensa compaixão
não os abandonastes no deserto;
a coluna de nuvem não se apartou deles,
para guiá-los de dia pelo caminho,
nem a coluna de fogo durante a noite,
para iluminar diante deles a estrada
pela qual haviam de andar.
[20]Destes-lhes vosso bom espírito
para instruí-los;
não recusastes o maná a sua boca
e lhes destes água para sua sede.
[21]Por quarenta anos cuidastes deles no deserto,
e nada lhes faltou:
suas vestes não se estragaram*
e seus pés não se incharam.
[22]E vós lhes entregastes reinos e povos,*
e os repartistes entre eles por fronteiras:
tomaram posse da terra de Seon, rei de Hesebon,
e da terra de Og, rei de Basã.
[23]Multiplicastes seus filhos*
como as estrelas do céu
e os introduzistes na terra
aonde ordenastes a seus pais
que entrassem para dela tomarem posse.
[24]Seus filhos invadiram e conquistaram a terra;
e vós humilhastes diante deles
os habitantes da terra, os cananeus,
que entregastes nas mãos deles,
com seus reis e os povos da terra,
para os tratarem como quisessem.
[25]Apoderaram-se de cidades fortificadas*
e de uma terra fértil;
apossaram-se de casas
repletas de toda sorte de bens,
de cisternas já cavadas, de vinhas, de olivais,*
de árvores frutíferas em abundância;
comeram, saciaram-se, engordaram
e se alegraram por vossa grande bondade.
[26]Mas depois desobedeceram, revoltados contra vós,
viraram as costas a vossa lei,
mataram vossos profetas que os admoestavam
para que voltassem a vós
e cometeram grandes impiedades.
[27]Por isso os abandonastes nas mãos de seus inimigos,*
que os oprimiram.
Mas no tempo de sua angústia gritaram a vós,
e vós, do céu, os ouvistes,
e em vossa grande compaixão lhes enviastes
salvadores que os libertaram das mãos de seus opressores.
[28]Mas logo que recuperavam a paz,
de novo faziam o mal diante de vós,
e por isso os abandonáveis nas mãos de seus inimigos
que os tiranizavam.
De novo clamavam a vós,
e vós, do céu, os ouvíeis
e muitas vezes em vossa compaixão os libertastes.
[29]Vós os advertíeis para reconduzi-los a vossa lei;
mas se orgulhavam, não obedeciam a vossos mandamentos,
pecaram contra vossas normas,
nas quais acha a vida quem as observa†.
Seus ombros recusaram o jugo,
endureceram a cerviz e não obedeceram.
[30]Fostes paciente com eles por muitos anos;
vós os advertistes por vosso espírito
e pela boca dos profetas;
eles, porém, não quiseram ouvir.
Então os entregastes
ao poder dos povos de outras terras.
[31]Mas em vossa grande compaixão
não os exterminastes nem os abandonastes,
porque sois um Deus clemente e misericordioso.
[32]E agora, ó nosso Deus,

* **9**,21. Dt 8,4 | 22. Dt 1,4; 2,26-3,11; Nm 21,21-35 | 23. Dt 1,10 | 25. Dt 3,5; 6,10s / Dt 32,15 | 27. Sb 2,10-23 | 32. Lm 5; Eclo 36,1-9

† **9**,29. Ver Lv 18,5, citado em Gl 3,12.

vós que sois o Deus grande, poderoso e tremendo,*
que mantendes a aliança e o amor,
não menosprezeis toda a aflição
que se abateu sobre nós, nossos reis, nossos chefes,
nossos sacerdotes, nossos profetas e todo o vosso povo,
desde o tempo dos reis da Assíria
até o dia de hoje.
[33]Tendes sido justo em tudo o que nos sucedeu,
pois agistes com fidelidade,
enquanto nós procedemos mal.
[34]Sim, nossos reis, nossos chefes, nossos sacerdotes
e nossos pais não seguiram vossa lei,
nem prestaram atenção a vossos mandamentos,
nem às advertências que vós lhes repetíeis.
[35]E quando estavam em seu reino
e na grande prosperidade que lhes concedestes,
e na terra espaçosa e fértil
que pusestes diante deles, não vos serviram
nem se apartaram de suas ações más.
[36]E hoje estamos escravizados
na terra que havíeis dado a nossos pais
para gozarem de seus frutos e de seus bens;
nós estamos na escravidão.
[37]Seus produtos enriquecem os reis,
que nos impusestes, por causa de nossos pecados,
e que dispõem a seu arbítrio
de nossas pessoas e de nosso gado.
Achamo-nos em grande aflição".

III. REFORMA RELIGIOSA (10–13)

10 **Novo pacto com Deus.** [1]Por causa disso tudo, assumimos um sério compromisso por escrito. No documento selado constam os nomes de nossos chefes, de nossos levitas e de nossos sacerdotes.

[2]O documento selado trazia* as assinaturas de:

Neemias, o governador, filho de Hacalias, e Sedecias.

[3]Seraías, Azarias, Jeremias, [4]Fasur,
Amarias, Melquias, [5]Hatus, Sebanias,
Meluc, [6]Harim, Meremot, Abdias, [7]Daniel, Genton, Baruc, [8]Mosolam, Abias,
Miamin, [9]Maazias, Belgai, Semeías: estes são os sacerdotes.

[10]Depois os levitas: Josué, filho de
Azanias, Benui, dos filhos de Henadad, Cadmiel [11]e seus irmãos Sebanias,
Odias, Celita, Falaías, Hanã, [12]Micas,
Roob, Hasebias, [13]Zacur, Serebias, Sebanias, [14]Odias, Bani, Beninu.

[15]Os chefes do povo: Faros, Faat-Moab, Elam, Zetu, Bani, [16]Buni, Azgad,
Bebai, [17]Adonias, Beguai, Adin, [18]Ater,
Ezequias, Azur, [19]Adias, Hasum, Besai,
[20]Haref, Anatot, Nebai, [21]Megfias, Mosolam, Hazir, [22]Mesezebel, Sadoc, Jedua, [23]Feltias, Hanã, Anaías, [24]Oseias,
Hananias, Hasub, [25]Aloés, Falea, Sobec, [26]Reum, Hasabna, Maasias, [27]Aías,
Hanã, Anã, [28]Meluc, Harim, Baana.

[29]O resto do povo, os sacerdotes, os levitas, os porteiros, os cantores, os oblatos, numa palavra, todos os que se separaram dos povos dos países estrangeiros para abraçarem a lei de Deus, e também suas esposas, filhos e filhas, todos os que tinham o uso da razão,
[30]unem-se a seus irmãos e chefes e se comprometem, por imprecação e juramento, a caminhar segundo a lei de Deus, dada pelo ministério de Moisés, o servo de Deus, a guardar e praticar todos os mandamentos de Javé, nosso Deus, suas normas e estatutos;
[31]a não dar nossas filhas* às populações locais e não tomar suas filhas para esposas de nossos filhos;
[32]a não comprar nada em dia de sábado,* ou em outro dia santificado, dos povos do país que trouxerem para vender, no dia de sábado, qualquer espécie de mercadorias ou víveres; a não cultivar nosso solo no sétimo ano, e a perdoar toda dívida.

[33]Impusemo-nos como obrigações:* dar a terça parte de um siclo por ano

* **10**,2. 12,12-26 | 31. 13,23-27 | 32. 13,15-22; Êx 20,8 | 33. Êx 30,11s; 2Cr 24,6.9

para o culto do templo de nosso Deus:
34para o pão da apresentação, para a
oblação perpétua e o holocausto per-
pétuo, para os sacrifícios dos sábados,
das luas novas, das solenidades, e para
as oferendas sagradas, para os sacrifícios
pelo pecado que garantem a expiação
em favor de Israel; em suma, para toda a
liturgia do templo de nosso Deus. 35Nós,
os sacerdotes,* os levitas e o povo resol-
vemos também pela sorte a questão das
ofertas de lenha que se devem fazer ao
templo de nosso Deus, cada família por
sua vez, em datas fixas, cada ano, para
ser queimada sobre o altar de Javé, nos-
so Deus, como está escrito na Lei. 36Nós
nos empenhamos também a levar cada
ano* ao templo de Javé as primícias de
nosso solo e as primícias de todos os
frutos de todas as árvores, 37bem como
os primogênitos de nossos filhos e de
nosso rebanho, como está escrito na Lei,
as primeiras crias de nossas vacas e de
nossas ovelhas, para apresentá-las no
templo de nosso Deus, aos sacerdotes
em função no templo de nosso Deus.
38Além disso, a melhor parte de nossas
farinhas, dos frutos de toda árvore, do
vinho novo e do azeite levaremos aos sa-
cerdotes, nas dependências* do templo
de nosso Deus; e o dízimo das rendas de
nosso solo, aos levitas;* são os próprios
levitas que recolherão o dízimo em todas
as nossas cidades agrícolas. 39Um sacer-
dote, filho de Aarão, acompanhará os
levitas quando forem recolher* o dízimo
para o templo de nosso Deus, nas salas
do tesouro; 40pois é para estas salas que
os israelitas e os levitas devem levar as
ofertas de trigo, de vinho e de azeite; lá
se acham também os utensílios do san-
tuário, os sacerdotes em serviço, os por-
teiros e os cantores. Assim não mais ne-
gligenciaremos o templo de nosso Deus.

11 **Jerusalém é repovoada.** 1En-
tão os chefes do povo se es-
tabeleceram em Jerusalém. O resto do
povo tirou a sorte para que de cada dez
homens um viesse residir em Jerusa-
lém, a cidade santa, enquanto os outros
nove ficariam nas cidades. 2E o povo
abençoou todos os que espontanea-
mente decidiram morar em Jerusalém.
3São estes os chefes* da província
que se fixaram em Jerusalém, enquanto
nas cidades de Judá habitou cada um
em sua propriedade, em suas cidades:
israelitas, sacerdotes, levitas, oblatos e
os descendentes dos servos de Salo-
mão.
4Em Jerusalém moravam* alguns dos
filhos de Judá e dos filhos de Benja-
mim.
Entre os filhos de Judá: Ataías, fi-
lho de Ozias, filho de Zacarias, filho
de Amarias, filho de Safatias, filho de
Malaleel, dos descendentes de Farés;
5Maasias, filho de Baruc, filho de Col-
-Hoza, filho de Hazias, filho de Adaías,
filho de Joiarib, filho de Zacarias, des-
cendente de Sela. 6O total dos descen-
dentes de Farés que se fixaram em Je-
rusalém era de quatrocentos e sessenta
e oito homens valorosos.
7Estes são os filhos de Benjamim:
Salu, filho de Mosolam, filho de Joed,
filho de Fadaías, filho de Calaías, fi-
lho de Maasias, filho de Eteel, filho de
Isaías, 8e depois dele Gabai, Salati: ao
todo novecentos e vinte e oito.
9Joel, filho de Zecri, era seu chefe e
Judá, filho de Senua, era o segundo
chefe da cidade.
10Entre os sacerdotes: Jedaías, fi-
lho de Joiarib, filho de 11Saraías, filho
de Helcias, filho de Mosolam, filho de
Sadoc, filho de Maraiot, filho de Aqui-
tob, chefe do templo de Deus, 12e seus
irmãos que se dedicavam ao serviço
do templo: oitocentos e vinte e dois;
Adaías, filho de Jeroam, filho de Fele-
lias, filho de Amsi, filho de Zacarias, fi-
lho de Fasur, filho de Melquias, 13e seus
irmãos, chefes de família: duzentos e
quarenta e dois; Amasai, filho de Aza-
reel, filho de Aazi, filho de Mosolamot,
filho de Emer, 14e seus irmãos, homens
valorosos, em número de cento e vinte
e oito.

* **10**,35. Lv 24,5-9; Nm 28,3-8 | 36. Dt 26,1; Êx 13,11; Ne 13,31 | 38. 13,10-14 / Dt 14,22; Nm 18,21.24s | 39. Nm 18,26 | **11**,3. 1Cr 9,2 | 4. 1Cr 9,4-17

Zabdiel, filho de Guedolim, era seu
chefe.
15Entre os levitas: Semeías, filho de
Asub, filho de Ezricam, filho de Hasa-
bias, filho de Buni; 16Sabatai e Jozabad,
aqueles dentre os chefes levíticos que
eram responsáveis pelo serviço externo
do templo de Deus; 17Matanias, filho
de Micas, filho de Zabdi, filho de Asaf,
que dirigia os hinos e entoava a ação
de graças durante a oração; Becbecias,
o segundo entre seus irmãos; Abdias,
filho de Samua, filho de Galal, filho
de Iditun. 18Total dos levitas na cida-
de santa: duzentos e oitenta e quatro.
19Os porteiros: Acub, Telmon e seus ir-
mãos, que montavam guarda nas por-
tas: cento e setenta e dois.
20O resto de Israel, dos sacerdotes e
dos levitas moravam em todas as cida-
des de Judá, cada qual em sua proprie-
dade.
21Os oblatos estabeleceram-se no
Ofel: Siá e Gasfa estavam à frente dos
oblatos. 22O chefe dos levitas de Jeru-
salém era Ozi, filho de Bani, filho de
Hasabias, filho de Matanias, filho
de Micas; ele fazia parte dos filhos de
Asaf, os cantores encarregados da li-
turgia do templo de Deus; 23pois havia
uma instrução do rei a respeito deles e
um regulamento acerca dos cantores,
determinando as coisas para cada dia.
24Fetaías, filho de Mesezebel, que per-
tencia aos filhos de Zara, filho de Judá,
estava à disposição do rei para todos
os negócios do povo.

A população judaica na província.
25Quanto às cidades e suas aldeias,
alguns filhos de Judá moravam em
Cariat-Arbe e em suas aldeias, em Di-
bom e em suas aldeias, em Cabseel
e em suas aldeias, 26em Jesua, em
Molada, em Bet-Falet, 27em Haser-
-Sual, em Bersabeia e em suas aldeias,
28em Siceleg, em Mecona e em suas
aldeias, 29em En-Remon, em Saraá,
em Jarmut, 30em Zanoe, em Odolam
e em suas aldeias, em Laquis e em suas
aldeias, em Azeca e em suas aldeias.
Estabeleceram-se, pois, desde Bersa-
beia até o vale de Enom. 31Os filhos de
Benjamim estabeleceram-se em Gaba,
Macmas, Aía e Betel e em suas aldeias,
32em Anatot, Nob, Ananias, 33em Ha-
sor, Ramá, Getaim, 34em Hadid, Se-
boim, Nebalat, 35em Lod e em Ono, e
no vale dos Artesãos.
36Uma parte dos levitas estabeleceu-
-se em Judá e outra em Benjamim.

12 **Sacerdotes e levitas repatria-
dos.** 1São estes os sacerdotes e
os levitas que subiram com Zorobabel,
filho de Salatiel, e com Josué: Saraías,
Jeremias, Esdras, 2Amarias, Meluc, Ha-
tus, 3Sequenias, Reum, Meremor, 4Ado,
Guenton, Abias, 5Miamin, Madias, Bel-
ga, 6Semeías, Joiarib, Jedaías, 7Salu,
Amoc, Helcias, Jedaías.
Esses eram os chefes dos sacerdotes
e de seus irmãos no tempo de Josué.
8Os levitas eram: Josué, Benui, Cadmiel,
Serebias, Judá, Matanias; este último,
com seus irmãos, dirigia os hinos de
louvor, 9enquanto Becbecias e Ani,
seus irmãos, ficavam defronte deles,
segundo seus turnos de serviço.
10Josué gerou Joaquim; Joaquim ge-
rou Eliasib, Eliasib gerou Joiada, 11Joiada
gerou Jônatas, e Jônatas gerou Jedua.
12No tempo de Joaquim,* os sacer-
dotes chefes de famílias sacerdotais fo-
ram: da família de Saraías: Maraías; da
família de Jeremias: Hananias; 13da fa-
mília de Esdras: Mosolam; da família de
Amarias: Joanã; 14da família de Meluc:
Jônatas; da família de Sebanias: José;
15da família de Harim: Ednas; da famí-
lia de Maraiot: Helci; 16da família de
Ado: Zacarias; da família de Guenton:
Mosolam; 17da família de Abias: Zeri;
da família de Miniamin e de Moadias:
Felti; 18da família de Belga: Samua; da
família de Semeías: Jônatas; 19da fa-
mília de Joiarib: Matanai; da família de
Jedaías: Ozi; 20da família de Selai: Celai;
da família de Amoc: Héber; 21da família
de Helcias: Hasabias; da família de Ze-
daías: Natanael.
22Os levitas foram registrados, quan-
to aos chefes de família, no tempo de

* **12**,12. 10,3-14; 12,1

Eliasib, de Joiada, de Joanã e de Jedua;
e os sacerdotes foram inscritos no rei-
nado de Dario, o persa.
23Os filhos de Levi, chefes de família,
foram inscritos no livro das Crônicas†
até o tempo de Joanã, filho de Eliasib.
24Os chefes dos levitas* eram: Hasa-
bias, Serebias, Josué, Benui, Cadmiel e
seus irmãos que ficavam defronte deles
para executar os hinos de louvor e de
ação de graças segundo as instruções
de Davi, homem de Deus, cada um
conforme seu turno de serviço. 25Ma-
tanias, Becbecias, Abdias, Mosolam,
Telmon* e Acub eram porteiros e mon-
tavam guarda nos armazéns perto das
portas.
26Esses viviam no tempo de Joa-
quim, filho de Josué, filho de Josedec,
e no tempo de Neemias, o governador, e
de Esdras, o sacerdote-escriba.

**Dedicação das muralhas de Jerusa-
lém.** 27Para a dedicação das muralhas
de Jerusalém convocaram-se os levitas
de todos os lugares onde residiam para
vir a Jerusalém e celebrar a dedicação
alegremente, com hinos e cânticos
ao som de címbalos, harpas e cítaras.
28Reuniram-se os cantores do distrito
que circunda Jerusalém, das aldeias
dos netofatitas, 29de Bet-Guilgal, dos
campos de Gaba e de Azmot, pois os
cantores haviam construído para si al-
deias em torno de Jerusalém. 30Os sa-
cerdotes e os levitas purificaram-se e
depois purificaram o povo, as portas e
as muralhas.
31Mandei então que subissem às
muralhas os chefes de Judá e organi-
zei dois grandes coros. O primeiro ca-
minhava no alto das muralhas para a
direita, na direção da porta do Esterco;
32atrás deles iam Osaías e a metade
dos chefes de Judá, 33como também
Azarias, Esdras, Mosolam, 34Judá, Ben-
jamim, Semeías e Jeremias, 35perten-
centes ao coro dos sacerdotes, com
trombetas; depois Zacarias, filho de Jô-
natas, filho de Semeías, filho de Mata-
nias, filho de Micas, filho de Zacur, filho
de Asaf, 36com seus irmãos Semeías,
Azareel, Malalai, Galalai, Maai, Nata-
nael, Judá, Hanani, com os instrumen-
tos musicais de Davi, homem de Deus;
Esdras,* o escriba, ia à frente deles†.
37Chegando à porta da Fonte,* subi-
ram diretamente os degraus da Cidade
de Davi, pela escada das muralhas, por
cima do palácio de Davi, até a porta
das Águas, a oriente.
38O segundo coro caminhava para a
esquerda: eu o segui com a outra me-
tade do povo, pelo alto das muralhas,
passando por cima da torre dos Fornos,
até a muralha larga; 39depois, passando
por cima da porta de Efraim, da porta
Velha, da porta dos Peixes, pela torre
de Hananeel e pela torre dos Cem, até
a porta das Ovelhas; pararam na porta
da Guarda.
40Depois os dois coros tomaram lu-
gar no templo de Deus; também eu,
e a metade dos magistrados comigo,
41e os sacerdotes Eliaquim, Maasias,
Miniamin, Micas, Elioenai, Zacarias,
Hananias, com trombetas; 42e também
Maasias, Semeías, Eleazar, Ozi, Joanã,
Melquias, Elam e Ezer. Os cantores fize-
ram-se ouvir sob a direção de Jezraías.
43Naquele dia ofereceram grandes sa-
crifícios e se regozijaram, pois Deus
lhes havia concedido uma grande ale-
gria. Também as mulheres e as crianças
se alegraram, e a alegria de Jerusalém
ouvia-se de longe.

O tributo sagrado. 44Naquele tem-
po,* alguns homens foram designados
para guardar as salas destinadas a ar-
mazenar as contribuições, as primícias
e os dízimos; esses homens deveriam
recolher dos campos das cidades as
porções que a lei reserva para os sa-
cerdotes e para os levitas. Pois Judá
se regozijava pelos sacerdotes e pelos
levitas em exercício. 45Eles executavam
o serviço de seu Deus e o serviço das
purificações, como também os canto-
res* e os porteiros, segundo as prescri-

---

* **12**,24. Esd 2,40 | 25. 11,17 | 36. Am 6,5 | 37. 1Cr 23,5 | 44. 13,10s | 45. 1Cr 23-26; 2Cr 8,14; 29,30; 33,15

† **12**,23. Trata-se dos arquivos do templo e não dos livros que fazem parte da Bíblia. | **12**,36. Estão juntos, na festa da dedicação das muralhas, Esdras e Neemias, os dois fundadores do Judaísmo.

ções de Davi e de Salomão, seu filho. 46Com efeito, já antigamente, desde os dias de Davi e de Asaf, havia chefes de cantores, cânticos de louvor e hinos de ação de graças a Deus. 47Todo o Israel, no tempo de Zorobabel* e no tempo de Neemias, servia cada dia as porções destinadas aos cantores e aos porteiros; dava aos levitas as coisas consagradas,* e os levitas davam aos filhos de Aarão as coisas consagradas que lhes eram destinadas.

13 **A reforma de Neemias.** 1Naquele tempo fez-se ao povo uma leitura do livro de Moisés e lá se achou escrito que o amonita e o moabita* não deviam jamais entrar na assembleia de Deus†, 2porque não vieram ao encontro dos israelitas com pão e água e porque tinham contratado contra eles Balaão para os amaldiçoar, embora nosso Deus tivesse mudado a maldição em bênção. 3Quando ouviram a leitura da Lei,* excluíram de Israel todos os estrangeiros.

4Mas, antes disso, o sacerdote Eliasib, que fora encarregado das salas do templo de nosso Deus e era parente de Tobias,* 5havia posto à disposição deste uma sala espaçosa, onde antes se colocavam as oferendas, o incenso, os utensílios, o dízimo do trigo, do vinho e do azeite, isto é, as partes devidas por lei aos levitas, aos cantores e aos porteiros e o que se reservava para os sacerdotes. 6Enquanto se fazia tudo isso, eu estava ausente de Jerusalém, pois no trigésimo segundo ano de Artaxerxes, rei de Babilônia, tinha voltado para junto do rei; mas ao cabo de certo tempo, pedi ao rei uma licença 7e voltei a Jerusalém. Soube então do mal que havia cometido Eliasib em favor de Tobias,* cedendo-lhe uma sala nos átrios do templo de Deus. 8Fiquei muito indignado: atirei para fora do aposento toda a mobília de Tobias 9e ordenei que se purificassem as salas e que se recolocassem nela os utensílios do templo de Deus, as oferendas e o incenso.

Os dízimos para os levitas. 10Eu soube também que as porções dos levitas não lhes eram dadas e que os levitas* e os cantores, encarregados do serviço, haviam fugido cada qual para sua propriedade. 11Repreendi os magistrados e lhes disse: "Por que o templo de Deus está abandonado?" Tornei a reuni-los e os reintegrei em suas funções. 12Então todo Judá trouxe* para os armazéns o dízimo do trigo, do vinho e do azeite. 13Nomeei para cuidar dos armazéns o sacerdote Selemias, o escriba Sadoc e Fadaías, um dos levitas, e, como seu assistente, Hanã, filho de Zacur, filho de Matanias, pois eles tinham fama de íntegros; sua função era fazer as distribuições a seus irmãos. 14Por isso, lembrai-vos de mim, meu Deus: não apagueis de vossa memória os atos de piedade que realizei pelo templo de meu Deus e por seu culto.

Observância do sábado. 15Naqueles dias eu vi em Judá* gente que, em dia de sábado, calcava no lagar; outros que transportavam feixes de trigo, colocavam-nos sobre os jumentos, e também vinho, uvas, figo e toda espécie de cargas que queriam levar para Jerusalém em dia de sábado; eu protestei por causa do dia em que vendiam seus produtos. 16Em Jerusalém havia alguns habitantes vindos de Tiro, que importavam peixe e mercadorias de toda espécie, para vendê-las aos filhos de Judá em Jerusalém em dia de sábado. 17Repreendi os nobres de Judá, dizendo-lhes: "Que coisa abominável estais fazendo, profanando o dia de sábado! 18Não foi assim que agiram vossos pais? Pois Deus então mandou vir toda esta desgraça sobre nós e sobre esta cidade. E vós, quereis aumentar a Ira contra Israel, profanando o sábado?" 19Por isso mandei que, mal

---

* **12**,47. 13,10s / 10,39; Nm 18,26 | **13**,1. Dt 23,3-6 | 3. 13,4-9.23-28 | 4. 12,44 | 7. Mt 21,12s; Jo 2,13-17 | 10. 12,44.47 | 12. 10,38s | 15. 10,32; Êx 20,8

† **13**,1. Ver a nota em Dt 23,4. | 19. O sábado começa quando anoitece a sexta-feira.

as sombras caíssem sobre as portas de
Jerusalém, antes do sábado†, se fechas-
sem os batentes e que não se abrissem
senão depois do sábado. Coloquei nas
portas alguns de meus homens, para
que nenhuma carga entrasse no dia de
sábado. [20]Assim, uma ou duas vezes,
comerciantes e vendedores de toda es-
pécie de mercadoria passaram a noite
fora de Jerusalém, [21]mas eu os adver-
ti, declarando-lhes: "Por que passais a
noite ao pé das muralhas? Se o fizerdes
outra vez, mandarei prender-vos!" De
então em diante não vieram mais aos
sábados. [22]Ordenei aos levitas que se
purificassem e viessem vigiar as portas,
para que se santificasse o sábado. Lem-
brai-vos de mim também por isso, meu
Deus, e tende piedade de mim, segun-
do vossa grande misericórdia!

Os casamentos com estrangeiras.
[23]Naqueles dias também encontrei
judeus* que se haviam casado com
mulheres azotitas, amonitas ou moa-
bitas. [24]A metade de seus filhos falava
a língua de Azoto ou a língua deste
ou daquele povo, mas não sabia mais
falar a língua dos judeus. [25]Admoestei-
-os, amaldiçoei-os e bati em alguns,
arranquei-lhes os cabelos e ordenei-
-lhes em nome de Deus: "Não deveis
dar vossas filhas aos filhos deles, nem
tomar como esposa para vossos filhos
ou para vós mesmos alguma das filhas
deles! [26]Não foi este o pecado de Sa-
lomão,* rei de Israel? Entre tantas na-
ções, não houve rei que se igualasse a
ele; era amado por seu Deus, e Deus
o tinha feito rei de todo o Israel. Mas
também ele foi levado ao pecado pelas
mulheres estrangeiras! [27]Quereis que
se diga de vós que cometeis também
este grande crime de trair nosso Deus
desposando mulheres estrangeiras?"

[28]Um dos filhos de Joiada, filho de
Eliasib, o sumo sacerdote, tornara-se
genro de Sanabalat, o horonita.* Expul-
sei-o para longe de mim. [29]Lembrai-
-vos dessa gente, ó meu Deus, porque
profanaram o sacerdócio e a aliança do
sacerdócio e dos levitas.

[30]Assim purifiquei-os de todo ele-
mento estrangeiro e restabeleci as
funções para os sacerdotes e os levi-
tas, designando a cada um sua tarefa.
[31]Também dei disposições sobre o for-
necimento da lenha em tempos deter-
minados e sobre as primícias.

Lembrai-vos de mim, ó meu Deus,
para meu bem!

---

* **13**,23. 10,31; 13,1-3 | 26. 1Rs 11,1-13; 2Sm 12,25 | 28. 2,10

TOBIAS

O herói desta história de família, que dá o nome ao livro, é um jovem da tribo de Neftali, que vive exilado em Nínive, capital da Assíria, com seu pai Tobit e com sua mãe Ana. O pai é um israelita fiel a todas as observâncias da lei, que se distingue pela prática das obras de misericórdia, sobretudo pela sepultura que dá aos mortos e pela solidariedade com os pobres.

Acontece que Tobit, homem de tantos méritos, perde a vista acidentalmente e, no meio de tanto sofrimento, à semelhança de Jó, deve ainda ouvir as palavras irreverentes da esposa, que lhe lança em rosto a inutilidade de todas aquelas boas obras.

Tobias se recomenda a Deus, e suas preces chegam ao céu junto com as de uma moça, Sara, que vive em Ecbátana, na Média, e também leva uma vida cheia de provações, pois já foi dada em casamento a sete noivos, e todos eles morreram na noite de núpcias. Sua serva chegou ao ponto de acusá-la de ser ela a responsável pela morte dos jovens, mas, na verdade, era o demônio Asmodeu que os matava.

Querendo recuperar uma quantia que ele tem depositada na Média, Tobit manda seu filho fazer uma longa viagem, na qual é guiado por um tal Azarias, filho de Ananias, que na verdade é o anjo Rafael. Na viagem, Tobias e Azarias apanham e guardam um peixe, que depois servirá para dar a Tobit e a Sara a solução de seus problemas. Tobias vai à casa de Raguel, pai de Sara, e recebe a moça em casamento. Enquanto a família festeja o evento, Azarias vai à Média para trazer o dinheiro que pertence a Tobit.

Depois, os três, Azarias, Tobias e Sara, fazem a viagem de volta a Nínive, onde Azarias se manifesta como anjo de Deus, enviado para proteger e abençoar aquela família israelita fiel. Tobit recupera a vista e canta então um hino de louvor à providência de Deus.

O livro inspira-se nos modelos bíblicos patriarcais, propõe uma ideia elevada do matrimônio e mostra como Deus recompensa os que permanecem fiéis a seus deveres religiosos. Ele não abandona seus fiéis na provação, mas guia toda a história segundo seu desígnio, operando no cotidiano das pessoas também por meio de seus anjos.

É anônimo o autor, que usou a língua hebraica ou aramaica. Do texto original perdido acharam-se recentemente fragmentos. A versão grega chegou até nós em duas principais recensões, cuja data provável é 200 a.C., pelas semelhanças com o Eclesiástico.

O leitor de Tobias aprende a buscar uma sadia convivência doméstica, feita de respeito e de pequenas gentilezas, santificando sua vida de família, fortalecida pelo sacramento do matrimônio.

I. AS PROVAÇÕES DOS JUSTOS TOBIT E SARA (1–4)

1 **Tobit no exílio.** 1História de To-
bit, filho de Tobiel, filho de Ana-
niel, filho de Aduel, filho de Gabael,
da descendência de Asiel, da tribo de
Neftali, 2o qual, no tempo de Salma-
nasar, rei da Assíria†, foi exilado de
Tisbé, que fica ao sul de Cedes em
Neftali, na Galileia setentrional, acima
de Hasor, para o ocidente, ao norte
de Sefat.
3Eu, Tobit, trilhei os caminhos da ver-
dade e da justiça todos os dias de minha
vida. Dei muitas esmolas a meus irmãos
e a meus compatriotas, deportados
comigo para Nínive, no país da Assíria.
4Quando eu era jovem e estava ainda
em minha terra, a terra de Israel, toda
a tribo de Neftali, meu antepassado,
separou-se da casa de Davi e de Jeru-
salém, cidade escolhida dentre todas as
tribos de Israel para seus sacrifícios; lá é
que fora construído e consagrado para
todas as gerações futuras o templo em
que Deus habita. 5Todos os meus irmãos

---

* **1**,5. 2Rs 12,16-32 / Dt 16,16

† **1**,1. Salmanasar V, que reinou de 726 a 722. | **1**,5. Na rebelião que separou o reino do norte do reino do sul, Jeroboão fundou dois santuários, para evitar que o povo continuasse a ir a Jerusalém para adorar, 1Rs 11,28s.

e a casa de Neftali, meu antepassado,
ofereciam sacrifícios ao bezerro que
Jeroboão,* rei de Israel, fizera em Dã†,
sobre todas as montanhas da Galileia.
[6]Muitas vezes eu era o único a ir em
peregrinação a Jerusalém, por ocasião
das festas, como prescreve a todo Is-
rael uma lei perpétua. Corria a Jeru-
salém com as primícias dos frutos e
dos animais,* com o dízimo do gado
e a primeira lã das ovelhas. [7]Entrega-
va tudo* para o culto aos sacerdotes,
filhos de Aarão. Aos levitas, então em
serviço em Jerusalém, eu dava o dízimo
do vinho e do trigo, do óleo, das ro-
mãs e dos outros frutos. Por seis anos
consecutivos convertia em dinheiro o
segundo dízimo e ia gastá-lo cada ano
em Jerusalém. [8]O terceiro dízimo* eu o
entregava aos órfãos, às viúvas e aos
estrangeiros que viviam com os israe-
litas;* levava-o e dava-o a eles de três
em três anos, e nós o consumíamos
juntos, conforme os preceitos da lei de
Moisés e as recomendações de Débo-
ra, mãe de nosso pai Ananiel, pois meu
pai havia morrido deixando-me órfão.
[9]Chegando à idade adulta, casei-me
com uma mulher de minha parentela,
chamada Ana; ela me deu um filho a
quem chamei Tobias†.

[10]Depois da deportação para a Assíria,
quando fui levado prisioneiro, cheguei
a Nínive. Todos os meus irmãos e os de
minha raça comiam dos alimentos dos
pagãos; [11]quanto a mim, eu me guarda-
va de comer dos alimentos dos pagãos.
[12]Como me lembrava de meu Deus com
toda a minha alma, [13]o Altíssimo me fez
ganhar o favor de Salmanasar e cheguei
a ser seu procurador. [14]Enquanto ele vi-
veu, eu costumava viajar para a Média e
lá administrava seus negócios; foi então
que depositei em Ragés, na Média, na
casa de meu parente Gabael, irmão de
Gabri, uns sacos de dinheiro no valor de
dez talentos de prata.

[15]Morto Salmanasar, sucedeu-lhe no
trono seu filho Senaquerib; as estradas
da Média foram fechadas e não pude
voltar mais lá. [16]Nos dias de Salmanasar
dei muitas esmolas* a meus irmãos de
raça; [17]dava meu pão aos famintos e rou-
pa aos que estavam nus; e quando via o
cadáver de algum de meus compatriotas
jogado para fora das muralhas de Níni-
ve, sepultava-o. [18]Enterrei igualmente os
que Senaquerib matou quando regres-
sou da Judeia em fuga: depois do castigo
que lhe mandou o Rei do céu, por causa
de suas blasfêmias, Senaquerib, em sua
ira, mandou matar muitos dos israelitas.
Então eu retirava seus corpos para dar-
-lhes sepultura. Senaquerib os procurava
e não mais os encontrava. [19]Mas um nini-
vita foi denunciar ao rei que era eu quem
os enterrava às escondidas. Quando eu
soube que o rei estava informado a meu
respeito e que me procurava para matar,
tive medo e fugi. [20]Todos os meus bens
me foram arrebatados; tudo foi confisca-
do para o tesouro real: nada me restou
senão Ana, minha esposa, e meu filho
Tobias.

[21]Menos de quarenta dias depois, o rei
foi assassinado por seus dois filhos, que
fugiram para os montes Ararat. Sucedeu-
-lhe seu filho Asaradon. Este constituiu
Aicar†, filho de meu irmão Anael, supe-
rintendente das finanças do reino, de
modo que ele dirigia toda a administra-
ção. [22]Então Aicar intercedeu por mim e
assim pude retornar a Nínive. No tempo
de Senaquerib, rei da Assíria, Aicar havia
sido copeiro-mor, chanceler, administra-
dor e encarregado das finanças; e Asara-
don o havia mantido no ofício. Era meu
sobrinho, um de minha parentela.

2 **Tobit fica cego.** [1]No reinado de
Asaradon pude voltar para minha
casa e foi-me devolvida minha esposa
Ana com meu filho Tobias. Em nossa
festa de Pentecostes,* a festa das Se-

* **1**,6. Dt 14,22 | 7. Dt 18,3ss; Nm 18,12s | 8. Dt 14,22-27 / Dt 14,28s | 16. Jó 31,16-20 | **2**,1. Êx 23,14

† **1**,9. Tobit pratica fielmente a lei: esmola, dízimos, peregrinação a Jerusalém, abstenção de alimentos proibidos, casamento dentro da tribo, sepultura dos mortos. | **1**,21. Aicar é célebre pela obra que traz seu nome, a "Sabedoria de Aicar", coleção de provérbios e de fábulas de origem assíria, do começo do séc. VII a.C., conhecida por uma tradução aramaica do séc. V a.C. Ver Tb 14,10.

manas, foi-me preparado um excelen-
te almoço e tomei meu lugar à mesa.
2Quando puseram a mesa com nu-
merosos pratos, disse a meu filho To-
bias: "Filho, vai procurar entre nossos
irmãos deportados em Nínive algum
pobre, de coração fiel, e traze-o aqui
para comer conosco. Vou esperar-te
até que voltes, meu filho". 3Saiu, pois,
Tobias à procura de algum pobre den-
tre nossos irmãos e quando regressou
disse: "Meu pai!" Respondi: "E então,
filho?" Continuou Tobias: "Pai, há um
homem de nosso povo que acaba de
ser assassinado; foi estrangulado e
depois lançado na praça, onde ainda
está". 4Levantei-me imediatamente,
deixei meu prato intacto, fui tirar o
homem da praça e o coloquei num
quarto, esperando o pôr do sol para
enterrá-lo. 5Tornei a entrar, lavei-me
e tomei a refeição na tristeza, 6recor-
dando as palavras que disse o profeta
Amós contra Betel:

"Vossas festas se converterão em
luto*
e todos os vossos cânticos em la-
mentações".

7E eu chorei. Depois, quando o sol se
pôs, saí, cavei uma fossa e o sepultei.
8Meus vizinhos diziam, rindo de mim:
"Ele não tem mais medo. Justamente
por esse motivo já foi procurado para
ser morto. Teve de fugir e agora está de
novo sepultando os mortos!"
9Naquela noite, depois de tomar ba-
nho, fui para o pátio da casa e deitei-
-me junto ao muro do pátio com o
rosto descoberto por causa do calor.
10Não reparei que havia pardais acima
de mim no muro. Caiu-me nos olhos
excremento ainda quente, produzindo
neles manchas brancas. Fui aos médi-
cos para me tratar; mas quanto mais
me aplicavam pomadas, mais as man-
chas me cegavam, até que fiquei com-
pletamente cego. Durante quatro anos
fiquei cego, e todos os meus irmãos se
afligiam por minha causa; Aicar cuidou
de meu sustento por dois anos, até que
partiu para Elimaida†.

Paciência de Tobit. 11Naquela ocasião,
minha mulher Ana começou a traba-
lhar como operária: 12fiava lã e recebia
tela para tecer; ela a entregava aos fre-
gueses e estes lhe pagavam o preço.
Ora, no dia sete do mês de distros, ela
acabou uma encomenda e entregou-
-a aos fregueses, que lhe pagaram o
preço inteiro e ainda lhe deram um
cabrito para um almoço. 13Ao entrar
em minha casa, o cabrito começou a
berrar. Chamei então minha esposa e
perguntei-lhe: "Donde vem este cabri-
to? Não terá sido roubado? Devolve-o
a seus donos, porque não temos direi-
to de comer coisa roubada". 14Ela me
disse: "É um presente que me foi dado
além de meu salário!" Mas não acredi-
tei nela e ordenei-lhe que o devolvesse
a seus donos, envergonhando-me por
causa dela. Então ela replicou: "Onde
estão tuas esmolas? Onde estão tuas
boas obras?* Todos sabem o que isto
te causou!"

3 **Oração de Tobit.** 1Com a alma
atormentada pela dor, suspirei e
chorei; depois fiz esta prece de lamen-
tação:

2"Vós sois justo, Senhor,*
e justas são todas as vossas obras.
Todos os vossos caminhos são mise-
ricórdia e lealdade,
e vós sois o Juiz do mundo.*
3E agora, Senhor,
lembrai-vos de mim, olhai para mim;
não me castigueis por meus peca-
dos,*
nem por meus erros,
nem pelos de meus pais,
pois pecamos em vossa presença
4e desobedecemos a vossos man-
damentos;*

---

* **2**,6. Am 8,10 | 14. Jó 2,9 | **3**,2. Dn 3,27-32 / Êx 34,7 | 3. Sl 119,137; 25,10 | 4. Br 1,17s / Dn 9,5s; Br 2,4s; 3,8

† **2**,10. A Vulgata acrescenta aqui: "O Senhor permitiu que lhe acontecesse essa provação para que fosse dado à posteridade o exemplo de sua paciência como a do santo homem Jó". E cita esta palavra de Tobias: "Nós somos filhos dos santos e esperamos aquela vida que Deus há de dar aos que jamais deixam de acreditar nele".

por isso nos entregastes ao saque,*
ao cativeiro e à morte,
ao escárnio, à zombaria e ao desprezo
de todos os povos entre os quais nos dispersastes.
5E agora, todas as vossas sentenças são verdadeiras,
quando me tratais segundo minhas faltas
e as de meus pais.
Pois não obedecemos a vossas ordens,
nem caminhamos na verdade diante de vós.
6E agora, tratai-me como vos aprouver,*
dignai-vos retirar-me a vida,
para que eu desapareça da face da terra
e de novo me torne pó.
Pois para mim mais vale morrer que viver.*
Sofri ultrajes sem motivo,
imensa é minha tristeza.
Ordenai, Senhor, que eu seja livre desta provação.
Deixai-me partir para a morada eterna,
não afasteis vosso rosto de mim, Senhor.
Pois para mim é melhor morrer do que passar a vida
aguentando um mal inexorável,
e não quero mais ouvir injúrias contra mim".

Infelicidade de Sara. 7Naquele mesmo dia aconteceu que Sara, filha de Raguel, habitante de Ecbátana, na Média, teve também de ouvir insultos de uma serva de seu pai. 8Ela fora dada sete vezes em casamento, mas Asmodeu, o pior dos demônios†, matara seus maridos um após outro, antes que se tivessem unido a ela como esposos. A serva lhe dizia: "És tu que matas teus maridos! Já foste dada a sete homens e não foste feliz sequer uma vez! 9Queres castigar-nos por terem morrido teus maridos? Vai procurá-los e que nunca se veja de ti nem filho e nem filha!" 10Naquele dia, a alma de Sara encheu-se de tristeza: ela se pôs a chorar e subiu ao quarto de seu pai com a intenção de se enforcar. Mas, refletindo melhor, pensou: "Que não venham depois insultar meu pai, dizendo-lhe: 'Tua filha única, que amavas,* enforcou-se porque se sentia infeliz'. Assim eu faria meu pai, em sua velhice, descer acabrunhado à mansão dos mortos. É melhor que, em vez de me enforcar, suplique ao Senhor que me envie a morte, para não ter de ouvir injúrias durante minha vida".

Oração de Sara. 11E naquele momento, estendendo as mãos para a janela, orou assim:*
"Bendito sejais, Deus de misericórdia,
e bendito seja vosso nome pelos séculos.
Que todas as vossas obras
vos bendigam para sempre.
12Elevo agora para vós meu rosto e meus olhos.
13Que vossa palavra me livre da terra,
pois não quero mais ouvir ultrajes.
14Vós sabeis, Senhor, que estou pura,
homem algum me tocou;
15não desonrei meu nome
nem o nome de meu pai
na terra de meu cativeiro.
Sou a filha única de meu pai:
ele não tem outro filho para herdar,
não tem junto a si irmão algum nem parente
a quem eu me deva reservar como esposa.
Já perdi sete maridos:
por que deveria ainda viver?
Se não vos apraz, Senhor, dar-me a morte,
olhai-me com piedade,
e não tenha eu de ouvir injúrias".

Deus ouve as orações de Tobit e de Sara. 16Naquele instante, na glória de Deus, foi acolhida a oração de ambos
17e foi enviado Rafael† para curar os dois: para tirar as manchas brancas dos

* **3**,6. Nm 11,15; 1Rs 19,4 / Jn 4,3.8; Jó 7,15 | 10. 6,15; Gn 37,35; 42,38; 44,29.31 | 11. Dn 6,11; 1Rs 8,44.48; Sl 5,8; 28,2; 134,2; 138,2

† **3**,8. Asmodeu significa "o devastador". | 17. Rafael quer dizer "Deus cura".

olhos de Tobit, a fim de que visse com seus próprios olhos a luz de Deus, e para dar Sara, filha de Raguel, como esposa a Tobias, filho de Tobit, e livrá-la de Asmodeu, o pior dos demônios; porque Tobias tinha mais direitos de tê-la como esposa do que todos os outros pretendentes. Naquela mesma hora, voltava Tobit do pátio para a casa; e Sara, filha de Raguel, estava descendo do quarto.

4 **Conselhos de Tobit a seu filho.** 1 Naquele dia, Tobit lembrou-se do dinheiro que havia depositado com Gabael, em Ragés, na Média, 2 e pensou consigo: "Já estou desejando morrer; seria bom chamar meu filho Tobias para lhe falar sobre esse dinheiro, antes de morrer". 3 Chamou, pois, seu filho Tobias para junto de si e lhe disse:

"Quando eu morrer, dar-me-ás uma digna sepultura;* honra tua mãe e não a abandones em nenhum dia de tua vida;* faze o que lhe agrada e não lhe sejas causa de tristeza alguma. 4 Lembra-te, meu filho, dos muitos perigos que ela correu por tua causa, quando estavas em seu seio. E quando ela morrer, sepulta-a junto de mim, no mesmo túmulo.

5 Meu filho, lembra-te do Senhor todos os dias e não queiras pecar nem transgredir seus mandamentos. Pratica boas obras todos os dias de tua vida e não andes pelos caminhos da injustiça. 6 Pois, se agires com retidão,* terás êxito em todas as tuas ações, como todos os que praticam a justiça.

7 Toma de teus bens para dar esmola.* Nunca afastes de algum pobre tua face, e Deus não afastará de ti sua face. 8 Tua esmola seja de acordo com os bens que possuis: se tens muito, dá mais; se tens pouco, não tenhas receio de dar esmola de acordo com aquele pouco. 9 Porque assim acumulas um bom tesouro para o dia da necessidade. 10 Pois a esmola livra da morte e impede que se caia nas trevas. 11 Dom precioso é a esmola para quantos a praticam na presença do Altíssimo.

12 Guarda-te, meu filho, de toda impureza.* Escolhe uma esposa da estirpe de teus pais e não uma mulher estrangeira, que não pertença à tribo de teu pai, porque nós somos filhos dos profetas. Lembra-te de Noé, de Abraão,* de Isaac e de Jacó, nossos pais mais antigos. Todos eles escolheram sua esposa entre seus parentes e foram abençoados em seus filhos, e sua descendência possuirá a terra como herança. 13 Tu também, meu filho, ama teus parentes, e que teu coração não se ensoberbeça, fazendo-te desprezar teus irmãos, os filhos e as filhas de teu povo; escolhe por esposa uma dentre eles. Pois o orgulho é causa de ruína e de muita inquietação. A ociosidade traz a pobreza e a penúria, porque a mãe da indigência é a ociosidade.

14 Não deixes para pagar no dia seguinte* o salário de quem trabalha para ti, mas entrega-o imediatamente. Se serves a Deus, serás recompensado. Sê vigilante, meu filho, em todas as tuas ações e mostra-te educado em todo o teu comportamento. 15 Não faças a ninguém* o que não queres que te façam†. Não bebas vinho até a embriaguez e não faças da embriaguez tua companheira pela estrada.

16 Dá de teu pão aos que têm fome e de tuas roupas aos que estão nus. Dá esmola de tudo o que tens em abundância; e, ao dares esmola, não haja pesar em teus olhos. 17 Oferece teu pão e derrama teu vinho sobre o túmulo dos justos, mas não o dês ao pecador†.

18 Pede o conselho de toda pessoa sensata e não desprezes nenhum conselho salutar. 19 Bendize ao Senhor

* **4**,3. Êx 20,12 / Pr 23,22; Eclo 7,29 | 6. 13,6; Jo 3,21; Ef 4,15 | 7. 12,8ss; Pr 19,17; Eclo 4,1-6; Dt 15,7s.11; 1Jo 3,17; Mt 12. 6,20; Eclo 3,33; 29,15 | 12. Gn 24,3s; 28,1s; Jz 14,3 / Gn 11,31; 25,20; 29,15-30; Tb 6,12 | 14. Lv 19,13; Dt 24,15 | 15. Mt 7,12; Lc 6,31; Is 58,7; Mt 25,35s; Dt 15,10; 2Cor 9,7; Dt 26,14 | 19. Sl 119,10.12.26s.33s/ Dt 4,6; 1Sm 2,7

† **4**,15. Essa "regra de ouro da caridade" encontra-se em quase todas as religiões. Jesus lhe dá uma forma positiva, Mt 7,12; Lc 6,31. | 17. Quando morria alguém, era costume levar alimento aos familiares do morto, Jr 16,7.

Deus em toda circunstância,* pede-
-lhe que dirija teus caminhos e que
cheguem a bom termo todas as tuas
veredas e teus projetos. Pois nem toda
nação possui a sabedoria; é o Senhor
quem lhes dá o dom de desejar o bem.
Segundo sua vontade, ele exalta* ou
rebaixa até o fundo da mansão dos
mortos. Portanto, meu filho, lembra-te
desses mandamentos e não permitas
que se apaguem de teu coração.
20Também quero dizer-te, meu filho,
que deixei em depósito com Gabael,
filho de Gabri, em Ragés, na Média,
dez talentos de prata. 21Não te preo-
cupes, filho, se ficamos pobres. Tens
uma grande riqueza se temes a Deus,
se evitas toda espécie de pecado e se
fazes o que agrada ao Senhor teu
Deus.*

II. VIAGEM DE TOBIAS E RAFAEL (5–6)

5 **Tobias é enviado à Média.** 1En-
tão Tobias respondeu a seu pai
Tobit: "Pai, farei tudo quanto me orde-
naste. 2Mas como poderei recuperar
esse dinheiro, se ele não me conhece
nem eu a ele? Que sinal lhe darei para
que me reconheça, creia em mim e me
entregue o dinheiro? Além disso, não
sei que caminho tomar para chegar à
Média". 3Tobit então respondeu a seu
filho Tobias: "Ele me deu um documen-
to assinado, e eu também lhe entreguei
um documento escrito; eu o dividi em
duas partes, para que cada um de nós
ficasse com a metade. Tomei uma e
deixei a outra com o dinheiro. Faz vinte
anos que depositei esse dinheiro. Ago-
ra, filho, procura um homem de con-
fiança que te possa acompanhar, e lhe
pagaremos por todo o tempo até tua
volta; vai e recupera esse dinheiro junto
a Gabael".
Rafael, guia de Tobias. 4Tobias saiu
em busca de alguém que conhecesse
o caminho e que fosse com ele à Mé-
dia. Ao sair, encontrou o anjo Rafael,
de pé diante dele; mas não sabia que
era um anjo de Deus. 5Disse-lhe, pois:
"De onde és, ó jovem?" Respondeu-lhe:
"Sou um dos israelitas, teus irmãos, e
vim procurar trabalho". Perguntou-lhe
Tobias: "Conheces o caminho da Mé-
dia?" 6"Sim", respondeu ele; "já estive
lá muitas vezes e conheço bem todos
os caminhos. Fui à Média com frequên-
cia e hospedei-me na casa de Gabael,
nosso irmão, que mora em Ragés, pois
Ragés está situada na montanha e Ec-
bátana na planície". 7Disse-lhe Tobias:
"Espera-me, jovem, que vou informar
meu pai, porque preciso que venhas
comigo e te darei teu salário". 8Respon-
deu o outro: "Fico esperando, mas não
demores".
9Tobias foi informar seu pai e disse-
-lhe: "Encontrei um homem, que é dos
israelitas, nossos irmãos". E seu pai
lhe disse: "Chama-o aqui, para que eu
saiba a qual família e a qual tribo per-
tence e se é digno de confiança para
que te acompanhe, filho". Tobias saiu,
chamou-o e disse-lhe: "Jovem, meu pai
está te chamando".
10Ele entrou na casa, e Tobit o saudou
por primeiro. Ele respondeu: "Desejo-te
grande alegria". Disse Tobit: "Que ale-
gria posso ainda ter? Estou cego e não
posso ver a luz do céu; estou mergulha-
do nas trevas como os mortos que não
contemplam mais a luz. Estou vivo mas
moro com os mortos; ouço a voz das
pessoas, mas não as vejo". Disse-lhe o
anjo: "Tem confiança, que Deus em bre-
ve te curará. Tem confiança!" Tobit lhe
disse: "Meu filho Tobias quer ir à Média.
Podes ir com ele e servir-lhe de guia? Eu
te darei teu salário, irmão". Ele respon-
deu: "Posso ir com ele, pois conheço to-
dos os caminhos e fui frequentes vezes
à Média, percorri todas as suas planícies
e suas montanhas e conheço todas as
suas estradas". 11Disse-lhe Tobit: "Irmão,
de que família e de que tribo és tu? Fala,
irmão". 12Respondeu-lhe: "Que importa
minha tribo?" Tobit insistiu: "Gostaria de
saber com segurança de quem és filho
e qual é teu nome". 13Respondeu-lhe:
"Sou Azarias, filho do grande Ananias†,

† **5**,13. Azarias quer dizer "auxílio divino" e Ananias "graça divina".

um de teus irmãos". [14]Disse-lhe Tobit:
"Sejas bem-vindo e tenhas boa saúde,
irmão! Não leves a mal, irmão, meu de-
sejo de conhecer com certeza tua famí-
lia. Vejo que és parente meu e perten-
ces a uma família honesta e honrada.
Conheci Ananias e Natã, os dois filhos
do grande Semeías; eles iam comigo a
Jerusalém, juntos lá adorávamos, e eles
não se desviaram do bom caminho. Teus
irmãos são homens de bem; descendes
de ilustre estirpe. Sê bem-vindo!"
[15]E acrescentou: "Pagar-te-ei como
salário uma dracma por dia e te darei,
como a meu filho, o que te for neces-
sário. Viaja, pois, com meu filho, [16]e
depois ainda acrescentarei algo a teu
salário". Ele respondeu: "Irei com teu
filho, nada receies. Sãos partiremos
e sãos regressaremos a ti, porque o
caminho é seguro". [17]Respondeu-lhe
Tobit: "Bendito sejas, irmão!" Chamou
seu filho e disse-lhe: "Filho, prepara as
coisas para a viagem e parte com teu
irmão; que lá vos proteja o Deus que
está nos céus e que vos reconduza a
mim sãos e salvos; e que seu anjo vos
acompanhe com sua proteção, filho".
Tobias parte em viagem. Tobias saiu
para empreender a viagem, e beijou
seu pai e sua mãe. Tobit lhe disse: "Boa
viagem!" [18]Sua mãe pôs-se a chorar e
disse a Tobit: "Para que mandaste meu
filho partir? Não é ele o bastão de nos-
sa mão que sempre vai e vem conos-
co? [19]Que não seja o dinheiro o mais
importante; que ele não tenha valor ao
lado de nosso filho. [20]O nível de vida
que Deus nos tinha dado era-nos su-
ficiente". [21]Respondeu-lhe Tobit: "Não
penses nisso; são partiu nosso filho e
são voltará a nós; com teus próprios
olhos o verás no dia em que ele regres-
sar a ti são e salvo. Não penses nisso
nem te inquietes por causa deles, mi-
nha irmã. [22]Um bom anjo o acompa-
nhará, lhe dará uma viagem tranquila
e o devolverá são e salvo! [23]Então ela
parou de chorar.

6 **Um peixe providencial.** [1]Partiu,
pois, Tobias, em companhia do
anjo, e o cão os seguia. Caminharam
juntos até que os surpreendeu a primei-
ra noite; então pararam e acamparam
à margem do rio Tigre. [2]Tobias desceu
ao rio para lavar os pés, mas naquela
hora um grande peixe saltou da água
e tentou devorar-lhe o pé. Ele gritou [3]e
o anjo lhe disse: "Agarra o peixe e não o
deixes fugir!" Tobias dominou o peixe
e o arrastou para a beirada. [4]O anjo
acrescentou: "Abre o peixe, tira-lhe o
fel, o coração e o fígado†; guarda-os
e joga fora os intestinos. O fel, o co-
ração e o fígado são remédios úteis".
[5]O jovem abriu o peixe, tirou-lhe o fel,
o coração e o fígado. Assou uma parte
do peixe e comeu-a, e guardou o resto
depois de o ter salgado. Depois conti-
nuaram ambos a caminhada até chega-
rem perto da Média.
[6]Então Tobias perguntou ao anjo:
"Azarias, meu irmão, que remédio
há no coração, no fígado e no fel do
peixe?" [7]Respondeu ele: "Queima-se
o coração ou o fígado do peixe dian-
te de um homem ou de uma mulher
atormentados por um demônio ou por
um espírito mau, e a fumaça faz cessar
todo ataque contra eles e não resta-
rá nenhum vestígio. [8]O fel serve para
untar os olhos de quem tem manchas
brancas: soprando sobre as manchas,
ele ficará curado".
Rafael fala a Tobias sobre Sara. [9]Quan-
do entraram na Média, estando já perto
de Ecbátana, [10]Rafael disse ao jovem:
"Tobias, meu irmão!" Respondeu-lhe:
"Eis-me aqui". E disse ele: "Esta noite
ficaremos na casa de Raguel; ele é teu
parente e tem uma filha de nome Sara;
[11]além dela, ele não tem filhos nem fi-
lhas. Tu és seu parente mais próximo e
tens direito de desposá-la mais do que
qualquer outro homem, e é justo que
sejas o herdeiro dos bens de seu pai.
É uma moça prudente, corajosa, muito
graciosa, e seu pai lhe tem muito amor".

† **6**,5. Conforme o testemunho de Galeno, médico grego do séc. II, os antigos acreditavam que o fel do peixe podia curar doenças dos olhos.

12E acrescentou: "Tens o direito de tomá-
-la por esposa.† Escuta-me, irmão. Esta
noite falarei com o pai acerca da moça,
para que te seja dada como noiva; e
quando voltarmos de Ragés, celebrare-
mos o casamento. Tenho certeza de que
Raguel não tem o direito de recusá-la
a ti, nem de dá-la a outro. Seria réu de
morte, segundo a sentença do livro de
Moisés, pois ele sabe que é teu direito,
de preferência a qualquer outro, tomar
sua filha como esposa. Portanto, ouve-
-me, irmão: falaremos esta noite sobre
a moça e pediremos sua mão. Quando
voltarmos de Ragés, nós a tomaremos
para levá-la conosco a tua casa".
13Tobias respondeu a Rafael: "Aza-
rias, meu irmão, ouvi dizer que ela já
foi dada a sete maridos e que todos
morreram no quarto nupcial, na pró-
pria noite em que deviam unir-se a
ela. Também ouvi dizer que era um
demônio que os matava. 14Por isso
tenho medo: o demônio tem ciúme
dela, não lhe faz nenhum mal, porém
mata quem queira aproximar-se dela.
Sou filho único; se eu morrer, farei
descer ao túmulo a vida de meu pai*
e de minha mãe em consequência de
sua tristeza por minha causa. Eles não
têm outro filho que lhes dê sepultu-
ra. 15Respondeu-lhe o anjo: "Não te
lembras das recomendações de teu
pai, que te mandou tomar como es-
posa uma mulher da casa de teu pai?*
Ouve-me, irmão; não tenhas medo
desse demônio, desposa-a; sei que
esta noite ela te será dada por mulher.
16Quando entrares no quarto nupcial,
toma o fígado e o coração do peixe e
coloca-os sobre as brasas do incenso.
O cheiro se espalhará e, quando o de-
mônio o respirar, fugirá e nunca mais
aparecerá junto dela. 17Mas antes de
unir-te a ela, levantai-vos ambos para
fazer oração e suplicai ao Senhor do
céu que vos conceda sua graça e sua
salvação. Não temas, pois ela te foi
destinada* desde a eternidade, 18e a
ti compete salvá-la. Ela te seguirá, e
creio que te dará filhos que serão para
ti como irmãos. Não te preocupes".
19Quando Tobias ouviu as palavras de
Rafael e soube que Sara era sua irmã,
parente da família de seu pai, enamo-
rou-se de tal modo que seu coração
não podia separar-se dela.

III. CASAMENTO DE TOBIAS E SARA (7–9)

7 **A acolhida de Raguel.** 1Entrando
em Ecbátana, disse Tobias: "Aza-
rias, meu irmão, leva-me imediata-
mente à casa de nosso irmão Raguel".
Conduziu-o, pois, à casa de Raguel e o
encontraram sentado à porta do pátio.
Eles o saudaram primeiro e ele respon-
deu: "Salve, irmãos, sede bem-vindos!"
E os fez entrar em sua casa. 2Disse a sua
esposa Edna: "Como esse rapaz se pa-
rece com meu irmão Tobit!" 3Edna per-
guntou-lhes: "De onde sois, irmãos?"
Responderam: "Somos dos filhos de
Neftali, deportados para Nínive". 4Disse
então: "Conheceis Tobit, nosso irmão?"
"Conhecemos, sim", responderam. Per-
guntou de novo: "Ele está bem?" 5Res-
ponderam:* "Vive e está bem". E Tobias
acrescentou: "É meu pai". 6Raguel en-
tão levantou-se, beijou-o, chorou 7e
disse: "Bendito sejas,* filho! És filho de
um pai honrado e bom. Que infelicida-
de ter ficado cego um homem tão justo
e generoso em dar esmolas!" Lançou-
-se ao pescoço de Tobias, filho de seu
irmão, e chorou. 8Também chorou so-
bre ele sua mulher Edna, e também sua
filha Sara chorou. 9Matou depois um
carneiro do rebanho e fez-lhes caloro-
sa recepção.
Casamento de Tobias com Sara. De-
pois de se lavarem e se purificarem,
puseram-se à mesa. Tobias disse então
a Rafael: "Azarias, meu irmão, dize a

* **6**,15. Gn 24,7.40; Êx 23,20 | 16. 3,10 / 4,12s | 18. Gn 24,44 | **7**,5. Gn 29,4ss; 43,27-30 | 7. Gn 33,4; 45,14; Lc 15,20

† **6**,13. Alude a uma legislação matrimonial desconhecida, segundo a qual o direito de casar com uma moça pertence em primeiro lugar a seu parente mais próximo.

Raguel que me dê por esposa minha
irmã Sara". 10Raguel ouviu essas pala-
vras e disse ao jovem: "Come e bebe
e passa a noite tranquilo, porque nin-
guém, a não ser tu, meu irmão, tem o
direito de desposar minha filha Sara;
de tal modo que nem mesmo eu te-
nho possibilidade de dá-la a outro,
pois és meu parente mais próximo.
Mas vou falar-te com franqueza, rapaz.
11Já a dei a sete maridos dentre nossos
irmãos, e todos morreram na mesma
noite em que entraram em seu quar-
to. Mas agora, filho, come e bebe, e o
Senhor vos dará sua graça e sua paz".
Tobias respondeu: "Não comerei nem
beberei até que tenhas tomado uma
decisão* a meu respeito". Raguel lhe
disse: "Está bem! Ela te é dada segun-
do a sentença da lei de Moisés e como
o Céu decreta que ela te seja dada.
Recebe tua irmã. A partir de agora tu
és seu irmão, e ela é tua irmã. Ela te é
dada a partir de hoje e para sempre.
Que o Senhor do céu vos faça felizes
esta noite, filho, e vos dê sua miseri-
córdia e sua paz". 12Raguel chamou
sua filha Sara e, quando ela se apre-
sentou, tomou-a pela mão e entregou-
-a a Tobias,* dizendo: "Recebe-a, pois
ela te é dada por esposa, segundo a lei
e a sentença escrita no livro de Moi-
sés. Toma-a e leva-a sã e salva para a
casa de teu pai. E que o Deus do céu
vos dê boa viagem e a paz". 13Chamou
depois a mãe da moça e mandou que
trouxesse uma folha de papiro, e redi-
giu o documento do matrimônio, pelo
qual dava a Tobias sua filha por esposa,
conforme a sentença da Lei de Moisés.
14Depois disso começaram a comer
e a beber. 15Raguel chamou sua mu-
lher Edna* e disse-lhe: "Irmã, prepara o
outro quarto e leva Sara para lá". 16Ela
preparou o leito do quarto, tal como
lhe fora ordenado, e levou a filha para
lá. Chorou por causa dela, depois en-
xugou as lágrimas e disse: "Tem con-
fiança, minha filha! Que o Senhor do
céu mude tua tristeza em alegria! Tem
confiança, minha filha!" E saiu.

8 **Sara é libertada do demônio.**
1Quando acabaram de comer e
beber, decidiram ir dormir; conduzi-
ram, pois, o jovem e o introduziram no
aposento. 2Tobias então recordou-se
dos conselhos de Rafael e, tirando o
coração e o fígado do peixe de dentro
da sacola onde os guardara, colocou-
-os sobre as brasas do incenso. 3O
cheiro do peixe expulsou o demônio,
que fugiu para as regiões do alto Egito.
Rafael seguiu-o, prendeu-o e acorren-
tou-o imediatamente.
4Entretanto, os pais haviam saído e
fechado a porta do quarto. Então To-
bias levantou-se do leito e disse a Sara:
"Levanta-te, minha irmã! Rezemos e
peçamos a nosso Senhor que tenha
compaixão de nós e nos salve".
Oração de Tobias e Sara. 5Ela se le-
vantou e começaram a rezar e a pedir
para obterem a salvação. E começaram
a dizer:
"Bendito sejais, Deus de nossos pais,*
e bendito seja vosso nome
por todos os séculos dos séculos!
Bendigam-vos os céus
e vossa criação inteira
em todos os séculos!
6Vós criastes Adão
e criastes Eva, sua mulher,
para ser sua ajuda e amparo,
e de ambos nasceu o gênero humano.
Vós mesmo dissestes:
'Não é bom que o homem fique só:*
façamos-lhe uma ajuda semelhante
a ele'.
7E agora, não é por luxúria
que tomo esta minha irmã,
mas com reta intenção.
Dignai-vos ter piedade de mim e
dela
e conduzir-nos juntos a uma idade
avançada!
8E disseram em coro: Amém! Amém!"
9E dormiram a noite toda.
Alegria dos pais de Sara. Ora, Raguel
levantou-se e, tomando consigo os
criados, foram cavar um túmulo. 10Pois
dizia consigo: "Não aconteça que te-
nha morrido e nos tornemos objeto

* **7**,11. Gn 24,33 | 12. Gn 24,50s | 15. Gn 24,54 | **8**,5. Dn 3,26 | 6. Gn 2,18

de escárnio e zombaria". 11Quando
acabaram de cavar o túmulo, Raguel
voltou para casa, chamou sua mulher
12e disse-lhe: "Manda uma criada en-
trar no quarto e ver se Tobias está vivo;
porque, se morreu, nós o enterraremos
sem que ninguém o saiba". 13Manda-
ram a criada, acenderam a lâmpada e
abriram a porta; ela entrou e os achou
deitados juntos e dormindo. 14A cria-
da saiu e anunciou-lhes que ele estava
vivo e que nada de mal lhe acontecera.
15Raguel bendisse ao Deus do céu com
estas palavras:

"Bendito sois, ó Deus,
com todo o puro louvor!
Que vos bendigam por todos os sé-
culos!
16Bendito sejais porque me alegrastes,
e porque não sucedeu o mal que eu
temia,
mas nos tratastes segundo vossa
grande misericórdia.
17Bendito sejais por terdes tido com-
paixão
dos dois filhos únicos.
Tende piedade deles, Senhor,
e dai-lhes vossa salvação;
fazei que sua vida transcorra
na alegria e na graça".

18Depois mandou que os criados fe-
chassem a cova antes do amanhecer.
19Raguel ordenou a sua esposa que
fizesse muitos pães;* ele foi ao estábu-
lo, tomou dois bois e quatro carneiros
e mandou aprontá-los. E assim come-
çaram os preparativos para o banque-
te. 20Depois chamou Tobias e lhe disse:
"Durante quatorze dias não sairás da-
qui, mas ficarás onde estás, comendo e
bebendo em minha casa e encherás de
gozo a alma de minha filha após todas
as suas tristezas. 21Depois tomarás a
metade de tudo quanto aqui possuo e
voltarás feliz à casa de teu pai. E quan-
do minha mulher e eu tivermos morri-
do, também será vossa a outra metade.
Tem confiança, filho! Sou teu pai e Edna
é tua mãe; somos teus e de tua irmã
desde agora e para sempre. Tem con-
fiança, filho!"

9 **Rafael vai à casa de Gabael.** 1En-
tão Tobias chamou Rafael e disse-
-lhe: 2"Azarias, meu irmão, toma con-
tigo quatro criados e dois camelos e
parte para Ragés. 3Dirige-te à casa de
Gabael, entrega-lhe o documento, re-
cebe o dinheiro e conduze-o também
a ele contigo para as bodas. 4Sabes que
meu pai deve estar contando os dias e,
se eu me demoro um dia a mais, dou-
-lhe um grande desgosto. 5Bem viste
como Raguel me conjurou, de modo
que não posso contrariar seu juramen-
to". Rafael partiu, então, para Ragés,
na Média, com os quatro criados e os
dois camelos, e pernoitaram na casa de
Gabael. Apresentou-lhe o documento
e deu-lhe a notícia de que Tobias, filho
de Tobit, se havia casado e o convida-
va para as bodas. Gabael levantou-se,
trouxe os sacos de dinheiro com os se-
los ainda intactos e contou o dinheiro;
depois colocaram-nos sobre os came-
los. 6De madrugada, partiram juntos
para as bodas e, chegando à casa de
Raguel, encontraram Tobias reclinado à
mesa. Este levantou-se logo para sau-
dá-lo, e Gabael começou a chorar e o
abençoou, dizendo: "Filho excelente de
um pai perfeito, justo e caridoso! Que
o Senhor te conceda as bênçãos do céu
a ti, a tua mulher e ao pai e à mãe de
tua mulher! Bendito seja Deus que me
concedeu ver esta imagem viva de meu
primo Tobit!"

IV. VOLTA PARA NÍNIVE (10–11)

10 **Ânsia dos pais de Tobias.** 1En-
quanto isso, diariamente Tobit
contava* os dias necessários para fazer
aquela viagem de ida e volta. Quando
se esgotou o prazo, não tendo regres-
sado o filho, 2ele pensou: "Será que fi-
cou retido por lá? Ou talvez tenha mor-
rido Gabael e não haja ninguém para
entregar-lhe o dinheiro!" 3E começou
a ficar aflito. 4Ana, sua mulher, dizia:
"Meu filho morreu e já não se encon-

* **8**,19. Gn 24,54s; Jz 14,10-18 | **10**,1. Gn 44,18-34

tra entre os vivos!” E começou a chorar e a lamentar-se por seu filho, dizendo: 5“Ai de mim, filho meu! Por que te deixei partir, luz de meus olhos? 6Tobit respondeu: “Tranquiliza-te, irmã, não te preocupes; ele está bem. Com certeza tiveram lá um imprevisto. Seu companheiro é um homem de confiança e um de nossos irmãos; não te inquietes por causa dele, minha irmã; em breve estará aqui”. 7Ela replicou-lhe: “Deixa-me, não tentes enganar-me; meu filho morreu”. E todos os dias saía cedo para observar a estrada por onde seu filho havia partido. Não acreditava em mais ninguém. E quando o sol se punha,* entrava em casa e gemia e chorava a noite inteira, sem poder dormir.

Quando se completaram os catorze dias* das bodas, que Raguel havia prometido com juramento celebrar em honra de sua filha, Tobias veio dizer-lhe: “Deixa-me partir; estou certo de que meu pai e minha mãe não têm mais esperança de rever-me. Portanto, peço-te, meu pai, deixa-me regressar para junto de meu pai. Já te expliquei em que situação o deixei”. 8Raguel respondeu a Tobias: “Fica, filho, fica comigo e enviarei mensageiros a teu pai Tobit, que lhe dêem notícias tuas”. 9Tobias disse: “De modo algum. Peço-te que me permitas voltar para junto de meu pai”. 10Então Raguel levantou-se,* entregou a Tobias sua mulher Sara e a metade de todos os seus bens: servos e servas, bois e carneiros, jumentos e camelos, vestes, prata e utensílios. 11E deixou-os partir contentes. Ao despedir-se de Tobias, disse: “Felicidades, filho, e boa viagem! Que o Senhor do céu vos guie, a ti e a tua mulher Sara, pelo bom caminho, e que eu possa ver vossos filhos* antes de morrer”. 12A sua filha Sara ele disse: “Vai para a casa de teu sogro, pois doravante eles são teus pais, como os que te deram a vida. Vai em paz, filha. Que eu tenha boas notícias de ti, enquanto eu viver”. Depois abraçou-os e deixou-os partir.

Edna disse a Tobias: “Filho e irmão caríssimo, que o Senhor te traga de volta e que eu viva até ver os filhos teus e de minha filha Sara, antes de morrer. Na presença do Senhor confio-te minha filha Sara em tutela; não lhe causes tristeza em todos os dias de tua vida. Vai em paz, filho. A partir de hoje sou tua mãe, e Sara é tua irmã. Que possamos todos juntos ter boa sorte por todos os dias de nossa vida!” E beijando os dois, deixou-os partir sãos e salvos.

13Assim Tobias saiu da casa de Raguel contente e feliz, e bendizendo o Senhor do céu e da terra, Rei de todas as coisas, porque havia levado a bom termo sua viagem. Bendisse também a Raguel* e sua mulher Edna e lhes disse: “Possa eu ter a felicidade de vos honrar todos os dias de minha vida!”

11 **Viagem para Nínive.** 1Quando chegaram perto de Caserin, que fica diante de Nínive, 2disse Rafael: “Sabes em que situação deixamos teu pai; 3corramos à frente de tua esposa, para preparar a casa, antes que ela chegue com os outros”. 4Seguiram, pois, os dois juntos. Ele acrescentou: “Toma contigo o fel”. O cão seguia atrás deles.

5Ana estava sentada, observando o caminho por onde devia voltar seu filho. 6Pressentiu que era ele que estava chegando e disse a Tobit: “Teu filho está chegando com seu companheiro!”

7Rafael disse a Tobias, antes que ele se aproximasse do pai: “Tenho certeza de que se abrirão os olhos de teu pai. 8Unta-lhe os olhos com o fel do peixe; o remédio fará as manchas brancas contrair-se, e elas cairão de seus olhos como escamas. Assim teu pai vai recuperar a vista e verá a luz”.

9Ana correu adiante e lançou-se ao pescoço de seu filho, dizendo: “Eu te revejo, meu filho; agora posso morrer!” E começou a chorar.*

Tobit recupera a vista. 10Tobit levantou-se e, tropeçando, atravessou a porta do pátio. 11Tobias foi-lhe ao

* **10**,7. Gn 45,26 / Gn 24,54-61 | 10. Gn 24,35; 30,43 | 11. Gn 45,28 | 13. Gn 24,21.40.42.56 | **11**,9. Gn 33,4; 45,14; 46,29s; Lc 15,20

encontro, tendo na mão o fel do pei-
xe; soprou-lhe nos olhos e, fazendo-o
aproximar-se, disse-lhe: "Tem confian-
ça, pai!" Aplicou-lhe o remédio e espe-
rou um pouco. 12Depois, com ambas as
mãos, tirou-lhe as escamas* dos cantos
dos olhos. 13Então Tobit lançou-se-
-lhe ao pescoço, 14chorando, e excla-
mou: "Agora te vejo, filho, luz de meus
olhos!" E disse ainda:

"Bendito seja Deus!
Bendito seja seu grande nome!
Benditos todos os seus santos anjos
por todos os séculos!
15Porque ele me havia punido,
e de novo se compadeceu de mim,*
e agora vejo meu filho Tobias!"

Tobias entrou em casa, cheio de ale-
gria e bendizendo a Deus em voz alta.
Depois contou a seu pai como fora feliz
sua viagem; disse-lhe que trouxera o di-
nheiro e que se havia casado com Sara,
filha de Raguel, a qual estava vindo e já
estava perto das portas de Nínive.

A acolhida a Sara. 16Tobit saiu ao en-
contro de sua nora até as portas de
Nínive, louvando a Deus em sua ale-
gria. Quando os habitantes de Níni-
ve viram-no caminhar com o mesmo
vigor de outrora, sem que ninguém o
conduzisse pela mão, ficaram admira-
dos. 17Tobit proclamou diante deles
que Deus se havia compadecido dele
e lhe havia aberto os olhos. Enfim To-
bit aproximou-se de Sara, esposa de
seu filho Tobias, e abençoou-a com
estas palavras: "Sê bem-vinda, minha
filha! Bendito seja teu Deus que te
trouxe até nós! Bendito seja teu pai,
bendito seja meu filho Tobias e bendi-
ta sejas tu, minha filha! Entra na casa
que é tua casa em boa saúde, na ale-
gria e na bênção! Entra, minha filha".
Foi esse um dia de júbilo para todos os
judeus de Nínive. 18Seus primos Aicar
e Nadav vieram congratular-se com
Tobit. E festejaram as núpcias com ale-
gria durante sete dias.

V. O ANJO REVELA SUA IDENTIDADE (12)

12 **O anjo Rafael.** 1Terminadas as
bodas,* Tobit chamou seu filho
Tobias e disse-lhe: "Filho, cuida de pa-
gar o salário ao homem que te acom-
panhou, acrescentando também algu-
ma gratificação". 2Tobias respondeu:
"Pai, quanto devo dar-lhe por seus ser-
viços? Mesmo entregando-lhe a meta-
de dos bens que ele trouxe comigo eu
não teria prejuízo. 3Reconduziu-me são
e salvo, curou minha mulher, trouxe-
-me o dinheiro e, enfim, te curou! Que
recompensa posso dar-lhe?" 4Disse-lhe
Tobit: "Filho, é justo que ele receba a
metade de tudo o que trouxe". 5Cha-
mou-o, pois, Tobias, e disse-lhe: "Toma
como recompensa a metade de tudo
quanto trouxeste e vai em paz".

6Então Rafael chamou ambos à parte
e disse-lhes: "Bendizei a Deus e pro-
clamai entre todos os viventes os be-
nefícios que vos concedeu; bendizei e
celebrai seu nome. Manifestai a todos
os homens as obras de Deus, como é
justo, e não deixeis de dar-lhe graças.
7É bom manter oculto* o segredo do
rei; porém, é coisa gloriosa revelar e
publicar as obras de Deus. Praticai o
bem, e nenhum mal vos atingirá†.

8Boa coisa é a oração e o jejum, e a
esmola com a justiça. Mais vale o pou-
co com justiça do que a riqueza com a
iniquidade. É melhor praticar a esmo-
la* do que acumular tesouros de ouro.
9A esmola livra da morte e purifica de
todo pecado. Os que dão esmola terão
longa vida;* 10mas os que cometem o
pecado e a injustiça são inimigos da
própria vida.

11Vou dizer-vos toda a verdade, sem
nada vos ocultar: já vos ensinei que é
conveniente manter oculto o segredo
do rei, mas que é honroso apregoar as
obras de Deus. 12Quando tu e Sara fa-

---

* **11**,12. At 9,18 | 15. Dt 32,39; Tb 13,2 | **12**,1. Gn 30,25-31 | 7. 4,7-11; Eclo 29,11-18 | 8. Pr 11,4; 16,8 | 9. Eclo 3,29; Dn 4,24 | 12. Zc 1,12; Jó 33,23s; At 10,4; Ap 8,3s

† **12**,7. Princípio fundamental da doutrina clássica da retribuição: "A quem teme o Senhor não acontece nenhum mal", Eclo 33,1.

zíeis oração, era eu quem apresentava vossas súplicas diante da glória do Senhor; eu fazia o mesmo quando enterravas* os mortos. 13Quando não hesitaste em te levantares da mesa, deixando a refeição, para ires sepultar* um morto, fui enviado para provar tua fé, 14e agora Deus enviou-me para curar-te a ti e a tua nora Sara. 15Eu sou Rafael, um dos sete anjos† que estão a serviço de Deus e têm acesso junto à glória do Senhor".

16Ficaram ambos cheios de espanto* e caíram com a face em terra, com grande temor. 17Mas ele lhes disse: "Não tenhais medo; a paz esteja convosco! Bendizei a Deus para sempre. 18Se estive convosco, não foi por benevolência minha, mas por vontade de Deus; a ele deveis bendizer todos os dias, a ele deveis cantar hinos. 19Embora me tenhais visto comer,* eu nada comia; o que víeis era só aparência. 20E agora, bendizei o Senhor sobre a terra e dai graças a Deus. Vou voltar para Aquele que me enviou. Escrevei tudo isto que vos aconteceu". E ele foi subindo. 21Quando se reergueram, não puderam mais vê-lo. Puseram-se então a bendizer e a celebrar a Deus, dando-lhes graças por aquelas grandes maravilhas, porque lhes havia aparecido um anjo de Deus.

VI. CÂNTICO E EPÍLOGO (13–14)

13 **Cântico de Tobit.** 1E disse Tobit:

"Bendito seja Deus, que vive eternamente;*
seu reino dura por todos os séculos.
2Ele castiga e tem piedade,
faz descer às profundezas dos abismos*
e faz subir da grande perdição:
nada escapa de sua mão.*
3Celebrai-o, israelitas, diante das nações!*
Porque vos dispersou entre elas,
4e aí vos mostrou sua grandeza.
Exaltai-o diante de todos os seres vivos,
pois ele é nosso Senhor,*
ele é nosso Deus,
ele é nosso Pai,
ele é Deus por todos os séculos!
5Se ele vos castiga por vossas iniquidades,
terá compaixão de todos vós
e vos reunirá de todas as nações
entre as quais fostes dispersos.*
6Se voltardes para ele
de todo o coração e com toda a vossa alma,*
para agir na verdade em sua presença,
então ele se voltará para vós
e não mais vos ocultará sua face.
Considerai, pois, como vos tratou,
dai-lhe graças em alta voz.
Bendizei o Senhor da justiça
e exaltai o Rei dos séculos.*
7Eu o celebro na terra de meu exílio,
manifesto sua força e sua grandeza
a um povo de pecadores.
Convertei-vos, pecadores,
praticai a justiça diante dele;
quem sabe, voltará a amar-vos
e vos fará misericórdia!
8Eu exalto a meu Deus,
celebro o Rei do céu
e exulto por sua grandeza.
Que todos o aclamem e celebrem em Jerusalém!
9Jerusalém, cidade santa,*
Deus te castigou por causa das obras de teus filhos,
mas ainda terá piedade dos filhos dos justos.*
10Celebra o Senhor dignamente
e bendize o Rei dos séculos;
ele reconstruirá em ti seu templo com alegria,

* **12**,13. Jó 1-2; Lc 1,19 | 16. Jz 13,20ss | 19. Jz 13,16.20 | **13**,1. 3,11; 8,5.15; Sl 144,1 | 2. Dn 3,26 / 1Sm 2,6 | 3. Sb 16,15 | 4. Is 63,16; 64,7; Sb 14,3; Eclo 23,1.4; Mt 6,9 | 5. Dt 30,3 | 6. Dt 30,2 / 1Tm 1,17 | 9. Is 60; Ap 21 / Mq 7,19 | 10. Am 9,11; Is 44,26.28; Zc 1,16

† **12**,15. Na Bíblia apenas três anjos têm nome: Rafael, 3,17; 5,4; 6,11 etc., Gabriel, Dn 8,16; 9,21; Lc 1,19.26, e Miguel, Dn 10,21; Jd 9; Ap 12,7. Ap 8,2 fala também de sete anjos. São criaturas de Deus, totalmente espirituais, que compõem sua corte celeste e estão a seu serviço. A palavra "anjo" quer dizer mensageiro.

para em ti alegrar todos os deportados,*
para contentar em ti todos os infelizes,
por todas as gerações futuras.
11Como luz esplêndida brilharás*
até os confins da terra;
virão a ti de longe nações numerosas,*
os habitantes de todos os confins da terra
virão para a morada de teu santo nome,*
trazendo nas mãos presentes para o Rei do céu.
Em ti as gerações das gerações
manifestarão sua alegria,
e o nome da cidade eleita durará pelos séculos.
12Malditos os que te insultam;*
malditos serão os que te destroem,
os que derrubam tuas muralhas,
os que abatem tuas torres,
os que queimam tuas casas!
Mas sejam benditos para sempre os que te reconstruírem!
13Então exultarás e te alegrarás
por causa dos filhos dos justos,
pois serão todos reunidos
e bendirão o Senhor dos séculos!
14Felizes os que te amam,*
felizes os que se alegram por tua paz!
Felizes todos os homens
que tiverem chorado por tuas adversidades!
Pois vão se alegrar em ti,
verão toda a tua felicidade para sempre.
15Minha alma, bendize o Senhor, o grande Rei,
16porque Jerusalém vai ser reconstruída,
e sua casa para sempre!
Serei feliz, se ficar um resto de minha descendência
para ver tua glória e louvar o Rei do céu!*
As portas de Jerusalém serão reconstruídas*
com safiras e esmeraldas,
e todas as tuas muralhas, com pedras preciosas;
as torres de Jerusalém serão construídas com ouro,*
e com ouro puro seus baluartes.
17As praças de Jerusalém serão calçadas
com rubis e pedras de Ofir;*
as portas de Jerusalém
entoarão cânticos de alegria;
e todas as suas casas aclamarão:
Aleluia! Bendito seja o Deus de Israel
e benditos aqueles que bendizem seu santo nome
para sempre e pelos séculos!"

14 1Aqui terminaram as palavras do cântico de Tobit.

Recomendações de Tobit ao filho.
Tobit morreu em paz na idade de cento
e doze anos, e recebeu honrosa sepul-
tura em Nínive. 2Tinha sessenta e dois
anos quando perdeu a vista; e, depois
de recuperá-la, viveu na abundância,
praticou a esmola e continuou sem-
pre a bendizer a Deus e a celebrar sua
grandeza. 3Estando perto de morrer,*
chamou seu filho Tobias e recomen-
dou-lhe: "Meu filho, toma teus filhos 4e
vai para a Média, pois creio na palavra
de Deus pronunciada por Naum* sobre
Nínive. Vai se cumprir e realizar contra
a Assíria e contra Nínive† tudo o que
anunciaram os profetas de Israel, que
Deus enviou; nenhuma de suas palavras ficará sem cumprimento. Tudo sucederá a seu tempo. Haverá mais segurança na Média do que na Assíria e em Babilônia, porque sei e creio que se cumprirá tudo o que Deus disse; acontecerá, e não há de falhar nem uma palavra das profecias.

Nossos irmãos que moram na terra de Israel serão dispersos e deportados para longe de sua bela pátria, e todo o solo de Israel se transformará num de-

* **13**,11. Is 9,1; 49,6; 60,1 / Sl 22,28; Mq 4,2 / Zc 8,20ss | 12. Br 4,31s | 14. Is 66,10; Sl 122,6 | 16. Ag 2,9 / Is 62,1s; Br 5,1 / Is 54,11; 60,17 | 17. Ap 21,10-21 | **14**,3. Gn 47,29 | 4. Na 1-3 / Ez 23; Is 64,10

† **14**,4. Nínive foi tomada em 612 a.C. por Nabopalassar, pai de Nabucodonosor, e por Ciáxares, rei dos Medos. Babilônia foi destruída por Ciro em 539 a.C.

serto. Samaria e Jerusalém* serão um deserto. E a casa de Deus ficará por algum tempo desolada e queimada. [5]Depois, de novo Deus terá compaixão* deles e os reconduzirá à terra de Israel. Eles reconstruirão sua casa, menos bela que a primeira, até estarem completos os tempos. Mas então, voltando todos do cativeiro,* reconstruirão Jerusalém em seu esplendor, e nela a casa de Deus será reerguida, como o anunciaram os profetas de Israel. [6]E todos os povos da terra inteira* se converterão e temerão a Deus de verdade. Eles todos abandonarão seus ídolos que os extraviaram no erro. [7]E bendirão ao Deus dos séculos na justiça.* Todos os israelitas que tiverem sido poupados naqueles dias se lembrarão de Deus com sinceridade. Eles se reunirão e virão para Jerusalém,* e para sempre habitarão com segurança a terra de Abraão, que lhes será dada como propriedade. Então alegrar-se-ão os que amam a Deus de verdade. Mas os que cometem o pecado e a injustiça desaparecerão de toda a terra.

[8]E agora, meus filhos, eu vos recomendo que sirvais a Deus de verdade e façais o que lhe agrada. Ensinai a vossos filhos a obrigação de praticar a justiça e a esmola, de se lembrar de Deus, de bendizer seu nome em todo o tempo, de verdade e com todas as suas forças.

[9]Portanto, meu filho, sai de Nínive, não fiques aqui. [10]Logo que tiveres sepultado tua mãe junto de mim, parte naquele mesmo dia e não te demores mais neste país, porque vejo que aqui se cometem sem pudor muitas injustiças e muitas fraudes. Considera, filho, tudo o que fez Nadab a Aicar, seu pai de criação. Não mandou lançá-lo vivo debaixo da terra? Deus, porém, fez o criminoso pagar sua infâmia diante de sua vítima, porque Aicar voltou à luz, enquanto Nadab desceu às trevas eternas, em castigo por seu atentado contra a vida de Aicar. Por haver praticado a esmola, Aicar escapou do laço mortal que lhe havia preparado Nadab, e este nele caiu para sua ruína. [11]Vede, portanto, meus filhos, aonde conduz a esmola e aonde conduz a iniquidade, a saber, à morte. Mas meu espírito se vai".

Eles o estenderam sobre o leito; ele morreu e foi sepultado com veneração.

Últimos anos de Tobias. [12]Quando sua mãe morreu,* Tobias enterrou-a junto do pai. Depois partiu para a Média com sua mulher e os filhos. Passou a morar em Ecbátana, na casa de Raguel, seu sogro. [13]Assistiu seus sogros com respeito em sua velhice e depois os sepultou em Ecbátana, na Média. Tobias herdou as posses de Raguel e também as de seu pai Tobit. [14]Faleceu estimado por todos, na idade de cento e dezessete anos. [15]Antes de morrer, foi testemunha da ruína de Nínive. Viu os ninivitas prisioneiros deportados para a Média por ordem de Ciáxares, rei da Média. Bendisse a Deus por tudo o que ele fez aos ninivitas e aos assírios. Antes de morrer, pôde alegrar-se com a sorte de Nínive e bendisse o Senhor Deus pelos séculos dos séculos.*

* **14**,5. Jr 31; Ez 36,24s / Esd 3,12; Ag 2,3 | 6. Ag 2,9; Ez 40-42 | 7. Is 18,7; 19,22; Jr 16,19 / Is 60,4.21; Ez 34,28; 36,12; 37,25; 39,26 | 12. 4,4; Gn 49,31 | 15. Sl 137,8; Na 1-3

JUDITE

"Deus escolhe os fracos para confundir os fortes" (1Cor 1,27). Esta frase de São Paulo traduz perfeitamente a lição principal do livro de Judite. Uma mulher vence o soberbo, o forte, o violento. Betúlia e seus habitantes foram salvos do cerco de Holofernes e seu exército por meio de Judite, cujo nome significa "a judia" por excelência, verdadeira mãe da pátria. Essa jovem e virtuosa viúva salva a cidade graças a sua fé, beleza, coragem e astúcia. O fato exprime um frequente modo de agir da providência divina, que costuma servir-se, para suas grandes obras, de instrumentos humildes e inadequados. Como disse o papa Bento XVI, em sua primeira mensagem como Papa: "Conforta-me o fato de que o Senhor sabe como trabalhar e agir, mesmo com instrumentos insuficientes". A tese que domina o relato é a da reviravolta das situações, a da "revolução divina da esperança" (L. Boff), que Maria cantou no Magnificat: "Depôs do trono os poderosos e elevou os humildes" (Lc 1,52). A confiança em Deus, a oração e a obediência à palavra divina foram a base da vitória sobre a situação dramática, humanamente sem saída.

O autor introduz na história um personagem estrangeiro, Aquior, chefe amonita, que afirma a experiência de que, quando Israel é fiel a seu Deus, é inútil combatê-lo, pois se torna invencível. Este homem depois se converte e é admitido na comunidade de Israel, dentro de uma perspectiva universalista da salvação e passando por cima da lei escrita (Dt 23,4).

Como o livro de Tobias, também este foi escrito provavelmente em hebraico ou aramaico e é conhecido somente em suas versões. Não é uma obra histórica, mas uma livre composição com fins didáticos, que ilustra a presença salvífica de Deus no meio de seu povo perseguido. O autor é desconhecido e a época de composição é a metade do séc. II a.C., no contexto da perseguição de Antíoco IV. É uma mensagem de esperança baseada na fé no Deus de Israel, que guia a história de seu povo. O relato convida a ver as adversidades da vida não como castigo, mas como provação que pode ser superada com fé paciente, na certeza de que Deus comanda os caminhos da história e não abandona os seus.

I. AMEAÇAS AO POVO DE DEUS (1–3)†

1 **Guerra de Nabucodonosor contra Arfaxad.** 1No décimo segun-
do ano* do reinado de Nabucodono-
sor, que reinava sobre os assírios na
grande cidade de Nínive, reinava Ar-
faxad sobre os medos em Ecbátana.
2Este edificou em torno de Ecbátana
muralhas de pedras cortadas, de três
côvados de largura por seis de com-
primento. A altura da muralha era de
setenta côvados e sua espessura era
de cinquenta côvados. 3Junto às por-
tas da cidade construiu torres de cem
côvados de altura, cujas bases tinham
sessenta côvados de largura. 4Fez as
portas, elevando-as à altura de seten-
ta côvados; a largura de cada uma era
de quarenta côvados, para a passagem
de seu poderoso exército e o desfile
de seus infantes. 5Naquela época o rei
Nabucodonosor fez guerra ao rei Arfa-
xad, na grande planície, que se acha no
território de Ragau. 6Coligaram-se com
ele todos os habitantes das montanhas
e todos os residentes nas margens do
Eufrates, do Tigre e do Hidaspes, e os
habitantes da planície de Arioc, rei dos
elamitas; de modo que muitas nações
se reuniram para tomar parte na bata-
lha dos filhos de Queleud.

Os povos ocidentais não entram na guerra. 7Então Nabucodonosor, rei dos
assírios, mandou mensageiros a todos
os habitantes da Pérsia, a todos os ha-
bitantes das regiões ocidentais, isto é,

---

* **1**,1. Gn 10,22

† **1**. Os oito primeiros capítulos do livro contam a história de uma guerra na qual se defrontam o poder político de Nabucodonosor sobre as nações e a força do Deus "defensor dos fracos", 9,11.

aos da Cilícia e de Damasco, do Líbano
e do Antilíbano, a todos os que mora-
vam na costa, 8aos que pertenciam às
populações do Carmelo e de Galaad,
da Galileia superior e da grande planí-
cie de Esdrelon, 9bem como a todos os
habitantes da Samaria e de suas cida-
des, aos que estavam além do Jordão
até Jerusalém, Batana, Quelus, Cades, a
torrente do Egito, Táfnes, Ramsés e toda
a terra de Gessen, 10até além de Tânis e
de Mênfis, e a todos os habitantes do
Egito até os confins da Etiópia. 11Mas
os habitantes de todas essas regiões
receberam com desprezo o convite de
Nabucodonosor, rei dos assírios, e não
o seguiram na guerra, porque não o te-
miam, considerando-o um homem iso-
lado, e despediram seus enviados com
as mãos vazias e menosprezados.

12Nabucodonosor se encheu de vio-
lenta cólera contra todas essas regiões
e jurou por seu trono e por seu reino
vingar-se delas, devastando com a es-
pada todos os territórios da Cilícia, de
Damasco e da Síria; todos os habitantes
do país de Moab e os filhos de Amon;
toda a Judeia e todos os habitantes do
Egito até os confins dos dois mares.
Vitória de Nabucodonosor. 13Mar-
chou, pois, com seu exército contra Ar-
faxad no décimo sétimo ano e derrotou-
-o no combate; desbaratou seu exército
com toda a sua cavalaria e todos os seus
carros. 14Apoderou-se de suas cidades,
chegou até Ecbátana, tomou de assalto
suas torres, saqueou suas praças e mu-
dou seu esplendor em opróbrio. 15Cap-
turou Arfaxad nas montanhas de Ragau,
traspassou-o com suas lanças e o exter-
minou de uma vez para sempre. 16Vol-
tou depois para Nínive com suas tropas
e com aqueles que se haviam juntado a
ele, uma imensa multidão de guerreiros;
ali se entregaram a festas e banquetes
durante cento e vinte dias.*

2

Campanha contra o ocidente.
1No décimo oitavo ano, no dia
vinte e dois do primeiro mês, no pa-
lácio de Nabucodonosor, rei dos assí-
rios, foi debatido um plano de vingan-
ça contra toda a terra, como ele havia
ameaçado. 2Tendo convocado todos
os seus ministros e todos os seus no-
bres, fez com eles uma reunião secreta
e decidiu ele mesmo a destruição total
daquelas regiões. 3Eles opinaram que
se devia exterminar todos aqueles que
não haviam atendido a seu apelo. 4Ter-
minada a consulta, Nabucodonosor,
rei dos assírios, chamou Holofernes,
general supremo de seu exército, o se-
gundo depois dele, e lhe disse: 5"Assim
fala o grande rei, o senhor de toda a
terra: Quando saíres de minha presen-
ça, tomarás contigo homens valorosos,
num total de cento e vinte mil infantes
e doze mil cavalos com seus cavaleiros,
6e marcharás contra toda a terra do
ocidente, porque desobedeceram à or-
dem de minha boca. 7Ordena-lhes que
me preparem terra e água, porque em
meu furor vou marchar contra eles e
cobrir toda a superfície da terra com os
pés de meus soldados, e a entregarei
a eles para que a saqueiem. 8Seus fe-
ridos encherão os vales, e transborda-
rão suas torrentes e seus rios, repletos
de seus cadáveres. 9Eu os conduzirei
prisioneiros até os extremos confins
da terra. 10Vai, pois, e ocupa para mim
todos os seus territórios e, quando se
entregarem a ti, tu os reservarás para
mim, para o dia de seu castigo. 11Quan-
to aos insubmissos, teu olho não terá
piedade deles: vota-os ao extermínio e
ao saque em todo o território que te
é confiado. 12Porque, por minha vida e
pelo poder de meu reino, eu o disse e o
realizarei com meu braço! 13De tua par-
te, cuida de não transgredir nem uma
só ordem de teu senhor, mas cumpre
exatamente o que te ordenei, executa-
-o sem demora".

14Ao sair da presença de seu senhor,
Holofernes convocou todos os chefes,
generais e oficiais do exército assírio.
15Contou homens de elite para a ex-
pedição, de acordo com as ordens de
seu senhor, cerca de cento e vinte mil,
e doze mil arqueiros a cavalo, 16e os

---

* **1**,16. Est 1,3s

pôs em ordem, como se costuma or-
ganizar a tropa para a guerra. 17Tomou
consigo também camelos, jumentos e
bestas em enorme quantidade para o
transporte da bagagem, e ovelhas, bois
e cabras sem conta, para o abasteci-
mento; 18víveres em abundância para
cada homem e grande quantidade de
ouro e prata da casa do rei. 19Em segui-
da, ele e todo o seu exército puseram-
-se em marcha a fim de preceder o rei
Nabucodonosor e cobrir toda a face da
terra do ocidente com seus carros, seus
cavaleiros e seus infantes selecionados.
20Com eles partiu uma multidão hete-
rogênea, numerosa como gafanhotos*
e como a areia da terra, em tamanha
quantidade que não se podia contar.
Vitórias de Holofernes. 21Partiram de
Nínive e, após três dias de marcha, che-
garam à planície de Bectilet, de onde
saíram e foram acampar perto da mon-
tanha situada à esquerda da Cilícia su-
perior. 22Dali, Holofernes avançou com
todo o seu exército, infantaria, cavala-
ria e carros pela região montanhosa.
23Devastou Fud e Lud, espoliou todos
os filhos de Rassis* e os ismaelitas que
vivem à margem do deserto, ao sul de
Queleon. 24Transpôs o Eufrates, per-
correu a Mesopotâmia e arrasou todas
as cidades fortificadas que dominam
a torrente Abrona, chegando até o
mar. 25Depois apoderou-se dos terri-
tórios da Cilícia, abateu todos os que
lhe opunham resistência e alcançou as
fronteiras de Jafé, que se estendem ao
sul, defronte da Arábia. 26Cercou todos
os madianitas, queimou suas tendas e
apoderou-se de seus rebanhos. 27Des-
ceu, a seguir, às planícies de Damasco
nos dias da colheita do trigo, incendiou
seus campos, exterminou ovelhas e
bois, saqueou suas cidades, devastou
seus campos e passou ao fio da espada
todos os seus jovens.
28O temor e o terror diante dele in-
vadiram os habitantes da costa: os de
Sidônia e de Tiro, os habitantes de Sur
e de Oquina, e todos os moradores
de Jâmnia. Também as populações de
Azoto e de Ascalon foram tomadas de
grande terror.

3 **Rendição e devastação.** 1Envia-
ram-lhe, por isso, embaixadores
com propostas de paz: 2"Nós somos –
disseram – servos do grande rei Nabu-
codonosor e nos lançamos a teus pés;
trata-nos como te aprouver. 3Nossas
casas, todo o nosso território, todos os
campos de trigo, o gado, os rebanhos e
todos os currais de nossas tendas estão
a teu dispor: faze deles o que quiseres.
4Também nossas cidades com seus
moradores estão a teu serviço: vem e
trata-os como achares melhor". 5Os
homens se apresentaram a Holofernes
e lhe referiram essas palavras. 6Então
desceu ele à costa com seu exército,
estabeleceu guarnições nas praças for-
tes e tomou delas homens escolhidos
como auxiliares. 7Aquelas populações
com toda a região ao redor o recebe-
ram com coroas, danças e ao som de
tamborins. 8Mas ele demoliu* todos os
templos deles e cortou seus bosques
sagrados, porque tinha a ordem de
destruir todos os deuses da terra, de
modo que todos os povos adorassem
unicamente a Nabucodonosor,† e em
todas as suas línguas e tribos o invo-
cassem como deus. 9Depois chegou
defronte de Esdrelon, perto de Dotain,
que fica em frente à grande cadeia de
montanhas da Judeia. 10Acamparam
entre Geba e Citópolis, e ele ficou lá um
mês inteiro a fim de recolher todas as
provisões para seu exército.

II. O POVO É OPRIMIDO (4–8)

4 **Alarme na Judeia.** 1Os israelitas
que habitavam na Judeia ouviram
tudo o que Holofernes, comandante
supremo de Nabucodonosor, rei dos

* **2**,20. Jl 2,2-7.11 | 23. Gn 10,6.13.22 | **3**,8. 2Cr 17,6; Êx 34,13

† **3**,8. A realidade histórica é outra: nenhum rei assírio, babilônio ou persa pretendeu ser adorado como deus.

assírios, tinha feito aos outros povos e como havia votado ao saque e à destruição todos os seus templos. 2Foram tomados de indizível terror dele e temeram por Jerusalém e pelo templo do Senhor, seu Deus. 3Fazia pouco que tinham voltado do cativeiro e que todo o povo da Judeia se havia reunido; os vasos sagrados, o altar e o templo tinham sido consagrados de novo após a profanação. 4Enviaram, pois, mensageiros a todo o território da Samaria, a Cona, Bet-Horon, Belmain, Jericó, a Coba, a Aisora e ao vale de Salém; 5ocuparam todos os cumes dos montes mais altos, rodearam de muros as aldeias situadas sobre eles e se abasteceram de víveres em preparação para a guerra, pois seus campos acabavam de ser ceifados. 6Joaquim, que era sumo sacerdote em Jerusalém naquele período, escreveu aos habitantes de Betúlia† e de Betomestain, situada diante de Esdrelon, em frente à planície próxima de Dotain, 7ordenando-lhes que ocupassem as passagens dos montes, porque por elas se entrava na Judeia; seria fácil deter ali os invasores, já que o acesso era estreito e só permitia a passagem de dois de cada vez.

8Os israelitas fizeram o que lhes havia ordenado o sumo sacerdote Joaquim e o conselho dos anciãos de todo o povo de Israel, residentes em Jerusalém.

Os israelitas se recomendam a Deus. 9Com insistente fervor, todos os israelitas ergueram seu clamor a Deus e se humilharam com grande ardor. 10Eles, com as mulheres e os filhos, seus rebanhos, todos os estrangeiros, mercenários e seus escravos, cingiram-se de pano* de saco. 11Todos os israelitas de Jerusalém, inclusive as mulheres e as crianças, prostraram-se diante do templo, cobriram a cabeça de cinza e estenderam seus panos de saco diante do Senhor. 12Recobriram de pano* de saco também o altar e clamaram a uma voz e com insistência ao Deus de Israel, para que não fossem entregues à pilhagem seus filhos, raptadas suas mulheres, destruídas as cidades de sua herança, profanado o santuário, para a ironia ultrajante dos pagãos. 13O Senhor ouviu seu clamor e olhou para sua aflição, enquanto o povo continuava a jejuar por muitos dias em toda a Judeia e em Jerusalém, diante do santuário do Senhor onipotente. 14O sumo sacerdote Joaquim,* todos os sacerdotes que estavam diante do Senhor e os ministros do Senhor,* com os rins cingidos de pano de saco, ofereciam o holocausto perpétuo, bem como os sacrifícios votivos e as ofertas espontâneas do povo. 15Com os turbantes cobertos de cinza, invocavam com todo fervor o Senhor, para que se dignasse visitar benignamente toda a casa de Israel.

5 **Holofernes informa-se sobre os israelitas.** 1Entretanto foi comunicado a Holofernes, comandante supremo do exército assírio, que os israelitas se aprontavam para a guerra, que haviam fechado as passagens dos montes, fortificado todos os cumes dos altos montes e colocado obstáculos nas planícies. 2Tomado de grande furor, ele convocou todos os chefes de Moab, os generais de Amon e todos os sátrapas do litoral 3e lhes disse: "Explicai-me, filhos de Canaã, que povo é esse que habita na montanha, quais são as cidades em que reside, quantos guerreiros tem seu exército, em que consiste sua força e seu vigor, quem é o rei que os governa e dirige seu exército, 4e por que recusaram vir a meu encontro, ao contrário do que fizeram todos os habitantes do ocidente?"

Discurso de Aquior. 5Então Aquior, chefe de todos os amonitas,* respondeu-lhe: "Ouça meu senhor uma palavra da boca de teu servo; eu te direi a

* **4**,10. Jn 3,7s | 12. Est 4,1 | 14. Est 4,16 / Jl 2,17 | **5**,5. 11,9-19

† **4**,6. As imprecisões geográficas e históricas do livro não devem impedir o leitor de captar a lição teológica que ele transmite. Betúlia é uma posição-chave para a conquista da Judeia, 8,21, mas é impossível de se localizar.

verdade acerca desse povo que habita
nesta região montanhosa, e não sairá
mentira da boca de teu servo.
6Este povo é descendente dos cal-
deus. 7Primeiro foram morar na Meso-
potâmia, porque não quiseram seguir
os deuses de seus pais que viviam na
terra dos caldeus. 8Tendo abandona-
do a religião de seus pais, adoraram o
Deus do céu, o Deus que haviam reco-
nhecido; expulsos da presença de seus
deuses, fugiram para a Mesopotâmia,
onde moraram por muito tempo. 9Mas
seu Deus* ordenou-lhes que deixas-
sem aquela terra e fossem para a terra
de Canaã; aí se estabeleceram e se en-
riqueceram de ouro e prata e de nume-
rosos rebanhos. 10Depois, por causa de
uma fome que se abateu sobre toda a
terra de Canaã, desceram para o Egito,*
onde permaneceram enquanto tiveram
o que comer; lá se tornaram uma gran-
de multidão e uma estirpe inumerável.
11Então o rei do Egito levantou-se con-
tra eles e os explorou, obrigando-os
a fabricar tijolos; foram humilhados e
tratados como escravos.* 12Mas eles
clamaram a seu Deus, o qual feriu toda
a terra do Egito com pragas incurá-
veis,* e por isso os egípcios os expul-
saram para longe. 13Deus secou o mar
Vermelho* diante deles 14e os condu-
ziu pelo caminho do Sinai e de Cades
Barne; expulsaram todos os habitantes
do deserto, 15estabeleceram-se no ter-
ritório dos amorreus* e com seu poder
exterminaram todos os habitantes de
Hesebon. Depois de terem atravessa-
do o Jordão, apoderaram-se de toda
a região montanhosa, 16expulsaram da
frente deles os cananeus,* os ferezeus,
os jebuseus, os siquemitas e todos os
gergeseus e moraram ali por muito
tempo. 17Enquanto não pecaram* con-
tra seu Deus, gozaram de prosperida-
de, porque têm consigo um Deus que
detesta a iniquidade. 18Mas quando se
desviaram do caminho que lhes havia
traçado, sofreram tremendas destrui-
ções em muitas guerras, foram levados
cativos para uma terra estrangeira,* o
templo de seu Deus foi arrasado e suas
cidades caíram em poder dos inimigos.
19Agora, porém, tendo-se convertido
a seu Deus, voltaram dos lugares por
onde foram dispersos, reocuparam Je-
rusalém, onde se encontra seu santuá-
rio, repovoaram a região montanhosa
até então deserta. 20Portanto, soberano
senhor, se há alguma falta neste povo
por haver pecado contra seu Deus e, se
constatarmos que há neles esse trope-
ço, avancemos para atacá-los. 21Mas se
em sua nação não há iniquidade,* pas-
se adiante meu senhor, para não suce-
der que o Senhor e Deus deles tome
sua defesa, e nós nos tornemos alvo de
zombaria diante de toda a terra".
**Holofernes rejeita o conselho de
Aquior.** 22Quando Aquior acabou de
dizer essas palavras, todo o povo que
formava uma roda em torno da tenda
se pôs a murmurar, e os oficiais de Ho-
lofernes e todos os habitantes do litoral
e de Moab falavam em esquartejá-lo.
23Disseram: "Não temeremos os israe-
litas. É um povo que não tem exército
nem força para uma batalha violenta.
24Avancemos, pois, e serão uma presa
fácil para todo o teu exército, soberano
Holofernes!

6

Aquior é entregue aos israelitas.
1Cessado o tumulto do povo reu-
nido em círculo, em assembleia, Holo-
fernes, comandante supremo do exér-
cito assírio, disse a Aquior, na presença
de toda aquela multidão de estran-
geiros e a todos os amonitas: 2"Quem
és tu, Aquior, tu e os mercenários de
Efraim para profetizar em nosso meio
como fizeste hoje e dizer-nos que não
façamos guerra à estirpe de Israel, por-
que seu Deus será seu escudo? Quem
é deus exceto Nabucodonosor? Ele
lançará* suas forças e os extermina-
rá da face da terra, e seu deus não os
poderá salvar". 3Nós, os servos do rei,

* **5**,9. Gn 11,31-12,5 | 10. Gn 42,1-5; 46,1-7; Êx 1,7 | 11. Êx 1,8-14; | 12. Êx 7-12 | 13. Êx 14,21s | 15. Nm 21,21-32 / Js 3 | 16. Dt 7,1 | 17. Dt 28-30; Sl 106,40-46 | 18. 2Rs 25 | 21. 11,10 | **6**,2. Dn 3,14-18; Is 36,18ss; 37,4.16-20

os bateremos como a um só homem, e não poderão resistir ao ímpeto de nossos cavalos. [4]Nós os queimaremos no território deles, suas montanhas se embriagarão com seu sangue e seus campos ficarão cheios de seus cadáveres. Diante de nós não se manterão firmes sobre a planta dos pés, mas serão inteiramente destruídos, diz o rei Nabucodonosor, senhor de toda a terra. Ele falou e não ficarão sem efeito suas palavras. [5]Quanto a ti, Aquior, mercenário de Amon, que pronunciaste essas palavras no dia de tua perversidade, de hoje em diante não verás mais minha face, até que eu tenha tomado vingança desta raça que fugiu do Egito. [6]Então a espada de meu exército* e a lança de meus servos te transpassarão as costas e cairás entre os feridos daquele povo quando eu voltar. [7]E agora meus servos te conduzirão à montanha e te deixarão numa das cidades de acesso, [8]e não perecerás até que sejas exterminado com eles. [9]Se em teu coração esperas que não serão capturados, não fiques com esse ar abatido! Tenho dito; e nenhuma de minhas palavras ficará sem efeito".

[10]Holofernes ordenou a seus servos, que prestavam serviço na tenda, que tomassem Aquior consigo e o levassem a Betúlia, para entregá-lo nas mãos dos israelitas. [11]Os servos o tomaram e o conduziram para fora do acampamento, rumo à planície, e de lá, tomando a direção da montanha, chegaram perto das fontes que se acham ao pé de Betúlia. [12]Quando os homens da cidade os viram subir ao topo do monte, empunharam as armas e saíram da cidade para o alto do monte, enquanto todos os fundibulários ocupavam a via de acesso e lançavam pedras sobre eles. [13]Estes, abrigando-se no sopé do monte, amarraram Aquior e o deixaram estendido no chão ao pé do monte, e voltaram ao seu senhor. [14]Então os israelitas desceram de sua cidade, aproximaram-se dele, desataram-no e, conduzindo-o a Betúlia, apresentaram-no aos chefes de sua cidade, [15]que naquele tempo eram Ozias, filho de Micas, da tribo de Simeão, Cabris, filho de Gotoniel, e Carmis, filho de Melquiel. [16]Estes convocaram todos os anciãos da cidade, e todos os jovens e as mulheres acorreram à assembleia.

Colocaram Aquior no meio de toda aquela gente, e Ozias perguntou-lhe o que havia acontecido. [17]Em resposta, ele contou as deliberações do conselho de Holofernes, o discurso que este pronunciara no meio dos príncipes dos assírios e todas as palavras arrogantes de Holofernes contra a casa de Israel. [18]Então o povo prostrou-se para adorar a Deus e exclamou: [19]"Senhor, Deus do céu, olhai para a arrogância desta gente e tende piedade da humilhação de nossa estirpe; e neste dia olhai benigno para aqueles que vos são consagrados". [20]Depois confortaram Aquior e muito o elogiaram. [21]Ozias o levou da assembleia para sua casa, onde ofereceu um banquete aos anciãos. E durante toda aquela noite invocaram o socorro do Deus de Israel.

7 Holofernes marcha contra Betúlia. [1]No dia seguinte, Holofernes ordenou a todo o seu exército e a toda a multidão dos que se haviam reunido a ele como aliados que se pusessem em marcha contra Betúlia, que ocupassem as vias de acesso da montanha e que fizessem a guerra contra os israelitas. [2]Naquele dia, pois, avançaram todos os seus homens valorosos. O exército de seus guerreiros era formado de cento e setenta mil infantes e doze mil cavaleiros, sem contar os encarregados dos serviços e os homens que iam com eles a pé, uma multidão enorme. [3]Acamparam no vale próximo de Betúlia, perto da fonte, e se espalharam, em largura, sobre Dotain até Belbaim e, em extensão, desde Betúlia até Quiamon, situada defronte de Esdrelon.

[4]Ao ver a multidão deles, os israelitas ficaram angustiados, e disseram

* **6**,6. 5,12; 16,12

uns aos outros: "Agora esta gente vai
arrasar a superfície de todo o país, e
nem os montes mais altos, nem os
vales, nem as colinas suportarão seu
peso". [5]Cada qual empunhou suas ar-
mas e, depois de acender fogo em suas
torres, montaram guarda toda aquela
noite.* [6]No segundo dia, Holofernes
fez desfilar toda a sua cavalaria à vista
dos israelitas que estavam em Betúlia,
[7]inspecionou as vias de acesso à cida-
de, procurou os mananciais de água
e ocupou-os, colocando neles guarni-
ções de homens armados, e retornou a
seu exército.

A cidade fica sem água. [8]Vieram a
ele todos os príncipes dos edomitas,
todos os chefes do povo de Moab e
os comandantes do litoral e lhe disse-
ram: [9]"Queira nosso senhor ouvir um
conselho, para evitar qualquer perda
a seu exército. [10]Este povo dos israe-
litas confia menos em suas lanças* do
que nas alturas dos montes onde mo-
ram, pois não é fácil escalar o topo de
seus montes. [11]Portanto, meu senhor,
não combatas contra eles como se
usa fazer numa batalha ordenada, e
não cairá homem algum de teu povo.
[12]Fica em teu acampamento e mantém
nele todos os homens de teu exérci-
to; mas que teus servos se apoderem
da fonte de água que jorra ao pé do
monte, [13]porque é lá que buscam água
todos os habitantes de Betúlia. A sede
os consumirá e entregarão sua cidade.
Nós subiremos com nossa gente ao
cimo dos montes vizinhos, onde to-
maremos posição, vigiando para que
ninguém saia da cidade. [14]Ficarão ex-
tenuados pela fome eles, suas mulhe-
res e seus filhos e, antes que a espada
os alcance, jazerão estendidos nas ruas
onde moram. [15]Assim lhes darás uma
dura retribuição, por se terem rebelado
e por não terem vindo pacificamente a
teu encontro".

[16]Essas palavras agradaram a Holo-
fernes e a todos os seus oficiais, e por
isso ele ordenou que se fizesse con-
forme haviam proposto. [17]Partiu, pois,
o batalhão dos moabitas e, com eles,
cinco mil assírios; acamparam no vale,
ocupando os depósitos de água e os
mananciais dos israelitas. [18]Por sua vez,
os edomitas e os amonitas subiram à
montanha defronte de Dotain e daí
enviaram parte de seus homens para o
sul e para o oriente, diante de Egrebel,
localidade vizinha de Cuch, junto à tor-
rente de Mocmur. O resto do exército
assírio acampou na planície e cobria
toda a superfície da região. As tendas
e seus equipamentos, em grandíssimo
número, formavam um enorme acam-
pamento.

**Os habitantes de Betúlia pensam em
render-se.** [19]Então os israelitas clama-
ram ao Senhor, seu Deus, com o ânimo
abatido, porque todos os seus inimigos
os haviam cercado e não era possível
escapar do meio deles. [20]Todo o acam-
pamento assírio, infantaria, carros e ca-
valaria, os manteve cercados por trinta
e quatro dias, e todos os habitantes de
Betúlia viram esgotar-se todos os seus
recipientes de água. [21]As cisternas se
esvaziaram e não mais dispunham de
água para beber à vontade nem por
um só dia, pois a água era racionada.
[22]As crianças desmaiavam, as mulhe-
res e os jovens desfaleciam de sede
e caíam pelas praças da cidade e nas
passagens das portas, não restando
neles nenhuma energia.

[23]Então todo o povo, jovens, mulhe-
res e crianças, reuniu-se em torno de
Ozias e dos chefes da cidade, clamaram
em alta voz e disseram diante de todos
os anciãos: [24]"Deus seja juiz entre nós e
vós pelo grande dano que nos fizestes,
não querendo propor a paz aos assí-
rios. [25]Agora não há ninguém que nos
possa socorrer, mas Deus nos vendeu
às mãos deles, para sermos abatidos
diante deles pela sede e pela grande
miséria. [26]Chamai-os agora e entregai
toda a cidade à gente de Holofernes e
a todo o seu exército para que a sa-
queiem. [27]É melhor para nós sermos
presa de sua pilhagem: seremos seus
escravos com certeza, mas pelo menos

---

* **7**,5. 1Mc 12,28s | 10. 1Rs 20,23.28; Sl 68,15.17

ficaremos com vida e não teremos de ver nossas crianças morrendo diante de nossos olhos, e nossas mulheres e filhos dando o último suspiro. 28Nós vos conjuramos pelo céu e pela terra, por nosso Deus e Senhor de nossos pais, que nos pune segundo nossos pecados e as culpas de nossos pais, que façais hoje mesmo conforme dissemos". 29E no meio da assembleia todos prorromperam num grande pranto, a uma só voz, e clamaram ao Senhor Deus em altos brados†.

30Ozias, porém, lhes disse: "Coragem, irmãos! Resistamos ainda por cinco dias, durante os quais o Senhor, nosso Deus, voltará sua misericórdia para nós, pois não nos abandonará até o fim†. 31Se, passados esses cinco dias, não nos chegar socorro algum, farei como dissestes". 32Assim despediu o povo, cada qual para seu lugar: os homens voltaram aos muros e às torres de sua cidade e mandaram as mulheres e as crianças para suas casas. Na cidade reinava grande consternação.

8

Intervenção de Judite†. 1Naqueles dias, esses fatos chegaram ao conhecimento de Judite, filha de Merari, filho de Ox, filho de José, filho de Oziel, filho de Elquias, filho de Ananias, filho de Gedeão, filho de Rafain, filho de Aquitob, filho de Elias, filho de Helcias, filho de Eliab, filho de Natanael, filho de Salamiel, filho de Surisadai, filho de Israel. 2Manassés, seu marido, da mesmo tribo e linhagem que ela, tinha morrido nos dias da colheita da cevada. 3Ele estava no campo vigiando os que amarravam os feixes, quando teve insolação na cabeça e precisou recolher-se ao leito, morrendo em Betúlia, sua cidade. Foi sepultado com seus pais no campo situado entre Dotain e Balamon. 4Havia três anos e quatro meses que Judite ficara viúva e desde então vivia recolhida em sua casa, 5em cujo terraço tinha mandado construir para si uma tenda. Vestia um pano de saco e trajava roupas de viúva. 6Desde que ficara viúva, jejuava todos os dias, exceto nas vigílias dos sábados e nos sábados, nas vigílias dos novilúnios e nos novilúnios†, nas festas e nos dias de alegria para o povo de Israel. 7Tinha uma bela aparência e um aspecto encantador. Seu marido, Manassés, deixara-lhe ouro e prata, servos e criadas, animais e campos, e ela morava no meio de tudo isso. 8Não havia quem falasse mal dela, pois era muito temente a Deus.

Judite repreende os chefes da cidade. 9Ela soube das palavras exasperadas que o povo, desalentado pela falta de água, dissera às autoridades e soube também da resposta que Ozias lhe dera, ao jurar-lhe que entregaria a cidade aos assírios após cinco dias. 10Mandou a serva, administradora de todos os seus bens, chamar Cabris e Carmis, os anciãos de sua cidade. 11Vieram a sua presença, e ela lhes disse: "Ouvi-me, ó chefes dos cidadãos de Betúlia! Não foram justas as palavras que hoje pronunciastes diante do povo, interpondo este juramento que pronunciastes entre Deus e vós, de entregar a cidade a nossos inimigos, se o Senhor não vos socorrer no prazo fixado. 12Quem sois vós* que hoje tentais a Deus e usurpais seu lugar entre os filhos dos homens? 13Agora pondes à prova o Senhor onipotente, mas nunca compreendereis nada dele. 14Com efeito, se não sois capazes* de conhecer o íntimo do coração humano nem

---

* **8**,12. Jó 38,2; 40,2s.7s; 42,3 **|** 14. Pr 14.10; 1Cor 2,11 / Sl 139,16s; Rm 11,33s

† **7**,29. A Vulgata exprime assim a oração do povo: "Pecamos nós e nossos pais, agimos injustamente, cometemos a iniquidade. Vós, que sois misericordioso, tende misericórdia de nós, ou então, com vossos castigos, vingai nossas iniquidades e não entregueis aqueles que vos louvam a um povo que vos ignora, para que não se diga entre as nações: 'Onde está o Deus deles?'" **|** 30. Ozias espera um milagre, pois fazia só um mês que terminara a colheita, 4,5, e estava começando o verão, época em que não chove. **|** **8**. O autor vai expor como uma viúva se contrapõe à arrogância dos inimigos e ao erro daqueles que pretendem exigir de Deus um milagre. Judite significa "a judia": é uma verdadeira filha do povo de Deus, é a glória de Israel, 15,9. **|** **8**,6. Ver a nota em 1Sm 20,5.

de entender os pensamentos de sua mente, como podereis perscrutar o Deus que fez tudo isso, conhecer sua mente* e compreender seus desígnios? Não, irmãos! Não provoqueis à ira o Senhor, nosso Deus. 15Pois, se ele não tem a intenção de nos socorrer no período de cinco dias, tem poder para nos defender nos dias que quiser, como também de nos exterminar diante de nossos inimigos. 16Não exijais garantias dos desígnios do Senhor, nosso Deus, porque Deus não é como um homem, que pode receber ameaças, nem como um filho de homem, que pode sofrer pressões. 17Por isso, aguardando com esperança a salvação que vem dele, invoquemo-lo em nosso socorro, e ele ouvirá nosso clamor, se for de seu agrado. 18Pois em nossa geração não houve* nem existe hoje tribo ou família, povo ou cidade entre nós que adore deuses feitos por mão humana, como sucedia outrora. 19Por isso nossos pais foram abandonados à espada* e à rapina e sucumbiram miseravelmente diante de nossos inimigos. 20Nós, porém, não reconhecemos outro Deus afora ele; por isso esperamos que não nos desdenhará, nem a nós e nem a ninguém de nossa nação. 21Se formos conquistados,* toda a Judeia também o será, nosso santuário será saqueado, e Deus pedirá conta a nosso sangue de sua profanação. 22Ele fará recair sobre nossa cabeça, entre as nações das quais seremos escravos, a morte de nossos irmãos, a escravidão do país e a desolação de nossa herança. Seremos assim motivo de escândalo e de opróbrio diante de nossos conquistadores. 23Nossa escravidão não nos alcançará favor algum, mas o Senhor, nosso Deus, a converterá em desonra. 24Agora, pois, irmãos, demonstremos a nossos irmãos que de nós depende a vida deles, e que o santuário, o templo e o altar repousam sobre nós. 25Além de tudo, agradeçamos ao Senhor, nosso Deus, que nos prova como a nossos pais. 26Recordai tudo o que fez com Abraão, todas as provações a que submeteu Isaac* e tudo o que aconteceu com Jacó na Mesopotâmia da Síria, quando apascentava as ovelhas de Labão, seu tio materno. 27Assim como os fez passar pelo fogo, para provar seu coração, assim também não está se vingando de nós, mas é para advertir que o Senhor flagela* os que lhe estão próximos"†.

Judite se oferece para salvar a cidade. 28Ozias respondeu-lhe: "Tudo o que disseste foi falado com um coração reto, e ninguém pode contradizer tuas palavras. 29Não é de hoje que se manifesta tua sabedoria, mas desde o início de teus dias todo o povo reconheceu tua inteligência e a nobreza de índole de teu coração. 30Mas o povo sofre tremendamente com a sede e nos obrigou a agir como lhe prometemos e a nos onerar com um juramento que não poderemos transgredir. 31Pois bem, roga por nós, porque és uma mulher piedosa, e o Senhor enviará a chuva para encher nossas cisternas, e não mais desfaleceremos".

32Respondeu-lhes Judite: "Ouvi-me: vou realizar uma ação que se transmitirá de geração em geração entre os filhos de nosso povo. 33Esta noite ponde-vos à porta da cidade; eu sairei com minha serva e, antes da data na qual pensastes entregar a cidade a nossos inimigos, o Senhor visitará Israel por meu intermédio†. 34Vós, porém, não me pergunteis por meus planos, pois não vos direi nada, até que seja concluído o que vou fazer". 35Responderam-lhe Ozias e os chefes: "Vai em paz e que o Senhor esteja contigo, para tirar vingança de nossos inimigos". 36Saíram então da tenda e se retiraram para seus lugares.

---

* **8**,18. 5,20s; 11,10 | 19. Sl 78,56s; 106,13s; Ez 16,15-58 | 21. Jr 7,17-20; 14,7-15,9 | 26. Gn 22,1-19; 28,5; 29,23-30; 31 | 27. Dt 4,7

† **8**,27. O sofrimento não deve ser interpretado como castigo de Deus, mas como uma provação, Hb 12,7. | 33. Ver a nota em Êx 3,16.

III. JUDITE LIBERTA O POVO (9–16)

9 **Judite implora o auxílio divino.**
1Judite prostrou-se com o rosto
em terra, cobriu de cinzas a cabeça e
descobriu o pano de saco com que
estava vestida. Era a hora em que na
casa de Deus em Jerusalém* se ofere-
cia o incenso no templo de Deus; ela
invocou o Senhor em voz alta, dizendo:
2"Senhor, Deus de meu pai Simeão,*
pusestes na mão dele a espada para
tomar vingança dos estrangeiros que
desataram o cinto de uma virgem para
manchá-la, e desnudaram sua coxa
para desonrá-la, e violaram seu seio
para ultrajá-la; porque vós dissestes:
'Não se fará isto', mas eles o fizeram.
3Por isso entregastes à morte seus che-
fes e ao sangue aquele leito, mancha-
do com a astúcia deles, retribuída com
astúcia; abatestes os servos com seus
chefes e os chefes sobre seus tronos.
4Entregastes suas mulheres ao saque,
suas filhas à escravidão, e todos os seus
despojos para serem divididos entre
vossos filhos diletos, porque eles, infla-
mados de zelo por vós, ficaram horro-
rizados com a profanação de seu san-
gue e a vós tinham clamado, invocando
vosso auxílio. Ó Deus, Deus meu,* ouvi
também a mim, pobre viúva. 5Pois vós
fizestes os acontecimentos de outrora,
de agora e do futuro. Vós dispusestes
o presente e o futuro, e o que pensas-
tes se cumpriu. 6As coisas por vós de-
liberadas* se apresentaram e disseram:
'Eis-nos aqui'; porque todos os vossos
caminhos são preparados e vossas re-
soluções são tomadas com previdência.
7Vede os assírios: engrandecidos com a
força de seu exército,* orgulhosos de
seus cavalos e cavaleiros, envaidecidos
com o valor de seus infantes, confian-
do em seus escudos, flechas, arcos e
fundas, não reconhecem que vós sois
o Deus que acaba com as guerras. 8Se-
nhor é vosso nome. Abatei a força de-
les com vosso poder e esmagai seu vi-
gor com vossa cólera, já que decidiram
profanar vosso santuário, contaminar o
tabernáculo onde repousa vosso nome
glorioso e quebrar com o ferro o chifre
de vosso altar†. 9Olhai para sua sober-
ba e descarregai vossa ira sobre suas
cabeças. Dai-me a mim, que sou viúva,
a força de fazer o que projetei. 10Feri
com a astúcia de meus lábios o escravo
com o patrão e o patrão com o servo, e
quebrantai sua arrogância pela mão de
uma mulher, 11já que vossa força não
está no número,* nem vosso poder nos
valorosos; antes, vós sois o Deus dos
humildes, o socorro dos pequenos,
o defensor dos fracos, o protetor dos
abandonados, o salvador dos desespe-
rados. 12Sim, sim, ó Deus de meu pai,
Deus da herança de Israel, soberano
dos céus e da terra, criador das águas,
rei de toda a tua criação, ouvi minha
oração. 13Dai-me uma palavra seduto-
ra, que se torne uma ferida e um golpe
mortal para aqueles que conceberam*
desígnios cruéis contra vossa aliança,
contra vosso templo consagrado, con-
tra o monte Sião e contra a casa que
pertence a vossos filhos. 14Fazei que
todo o vosso povo e cada uma de suas
tribos reconheça que vós sois Deus, o
Deus de todo poder e de toda fortale-
za, e que não há outros fora de vós que
possam proteger a estirpe de Israel".

10 **Judite sai da cidade.** 1Quan-
do Judite terminou de invocar
o Deus de Israel e de pronunciar todas
essas palavras, 2levantou-se do chão,
chamou sua criada e desceu à casa
onde passava* os sábados e os dias de
festa. 3Depôs o pano de saco com que
estava vestida e se despojou de suas
vestes de viúva. Lavou com água o pró-
prio corpo, ungiu-se com óleos perfu-
mados, penteou os cabelos e atou-os
com uma fita. Vestiu as roupas de festa

---

* **9**,1. Êx 30,7s; Sl 141,2 | 2. 6,15; Gn 34 | 4. Is 44,7 | 6. Br 3,35; Jó 38,35; Is 46,9-13 | 7. 2Mc 8,18; Sl 33,16s; 16,2; Sl 46,10; 76,4 | 11. 1Sm 14,6; Jz 7,4-7 | 13. Est 4,17r-s; Jt 10,4; 11,20.23; 16,6.9 | **10**,2. 8,6

† **9**,8. Ver a nota em Êx 27,2. Os quatro chifres do altar tinham um especial caráter de santidade; quebrá-los seria um ato particularmente sacrílego.

que costumava usar quando era vivo seu marido, Manassés. 4Calçou as sandálias, pôs os braceletes, os colares, os anéis, os brincos e todas as suas joias; tornou-se muito fascinante,* a ponto de seduzir os olhos de qualquer homem que a visse. 5Entregou depois a sua serva um odre de vinho e uma garrafa de azeite, encheu uma sacola com trigo torrado, figos secos, pães puros; envolveu todos os seus recipientes e os deu à serva* para levar. 6Saíram para a porta da cidade e encontraram ali postados Ozias e os anciãos da cidade, Cabris e Carmis, 7os quais, ao vê-la com o aspecto transfigurado e roupas diferentes, ficaram extremamente admirados com sua beleza e lhe disseram: 8"Que o Deus de nossos pais te conceda encontrar favor e cumprir teus desígnios, para a glória dos israelitas e a exaltação de Jerusalém". 9Ela adorou a Deus e lhes disse: "Ordenai que me seja aberta a porta da cidade, para que eu possa sair e executar isto que me augurastes". Ordenaram aos jovens da guarda que abrissem a porta como ela pedira, 10e assim foi feito. Judite saiu junto com sua criada. Os homens da cidade a seguiram com o olhar enquanto descia o monte, até ela atravessar o vale; depois perderam-na de vista.

Judite é levada à presença de Holofernes. 11Elas caminharam em linha reta pelo vale; vieram então a seu encontro as sentinelas avançadas dos assírios, 12que a detiveram e lhe perguntaram: "De quem és, de onde vens e para onde vais?" Ela respondeu: "Sou filha de hebreus e estou fugindo deles, porque estão prestes a ser entregues a vós para serem devorados. 13Desejo ir à presença de Holofernes, comandante supremo de vosso exército, para lhe dar informações seguras; quero indicar-lhe o caminho pelo qual poderá passar e apoderar-se de toda a região montanhosa, sem que haja um só ferido ou morto entre seus soldados". 14Quando ouviram essas palavras e contemplaram seu rosto, que lhes pareceu um prodígio de beleza, os homens lhe disseram: 15"Salvaste tua vida, apressando-te a descer para te apresentar a nosso senhor; vai, pois, a sua tenda; alguns dos nossos te acompanharão até entregar-te a ele. 16Quando estiveres diante dele, não temas em teu coração, mas informa-o conforme disseste, e serás bem tratada". 17Escolheram dentre eles cem homens que se colocaram ao lado dela e da criada e as conduziram à tenda de Holofernes.

18Logo que correu pelas tendas a notícia de sua chegada, houve alvoroço em todo o acampamento; vieram colocar-se a seu redor, enquanto ela estava fora da tenda de Holofernes, aguardando que fosse informado a seu respeito. 19Ficaram admirados com sua beleza e, por causa dela, admiravam os israelitas, dizendo uns aos outros: "Quem desprezará um povo que possui semelhantes mulheres? Não convém deixar vivo nenhum de seus homens. Os sobreviventes poderiam seduzir a terra inteira". 20Então saíram os guardas de Holofernes, com todos os seus oficiais, e introduziram Judite na tenda. 21Holofernes estava repousando em seu leito, sob um cortinado, tecido de púrpura e de ouro, de esmeraldas e de pedras preciosas. 22Anunciaram-lhe a presença dela, e ele veio para a entrada da tenda, precedido de lâmpadas de prata. 23Quando Judite chegou à presença dele e de seus oficiais, todos se maravilharam com a beleza de seu rosto. Ela se prostrou com a face em terra para reverenciá-lo, mas os oficiais a fizeram levantar-se.

11 **Judite é acolhida por Holofernes.** 1Disse-lhe então Holofernes: "Coragem, mulher, não temas em teu coração, porque nunca tratei mal a homem algum que estivesse disposto a servir a Nabucodonosor, rei de toda a terra. 2Se teu povo, que habita na montanha, não me houvesse desprezado, eu não teria erguido minha lança contra eles; mas foram eles mesmos

* **10**,4. 9,13 | 5. Est 4,17x

que causaram isto a si próprios. 3Agora
dize-me: por que fugiste deles para vir
até nós? Certamente vieste para salvar
tua vida. Coragem! Ficarás viva esta
noite e no futuro, 4porque ninguém te
fará mal; antes, todos te tratarão bem,
como se costuma fazer aos servos de
meu senhor, o rei Nabucodonosor.
**Judite promete a vitória a Holofer-
nes.** 5Judite lhe respondeu: "Digna-te
acolher as palavras de tua escrava, e
possa tua serva falar em tua presença;
não direi mentira* a meu senhor nesta
noite. 6Se seguires as palavras de tua
serva, Deus levará tua empresa a bom
termo por meio de ti, e meu senhor não
ficará frustrado em seus projetos. 7Pela
vida de Nabucodonosor, rei de toda a
terra, e pelo poder dele, que te enviou
para reconduzir ao reto caminho todos
os viventes, graças a ti* não somente
os homens lhe servirão, mas também
as feras do campo, os rebanhos e as
aves do céu viverão, graças a tua força,
submissos a Nabucodonosor e a toda
a sua dinastia. 8Pois nós ouvimos falar
de tua sabedoria e da habilidade de teu
gênio, e é sabido em toda a terra que
somente tu és valente em todo o reino,
poderoso no saber e maravilhoso nas
expedições guerreiras.

9Quanto àquilo que disse Aquior em
teu conselho, tivemos conhecimen-
to de suas palavras, pois os homens
de Betúlia lhe pouparam a vida e ele
lhes comunicou tudo o que dissera em
tua presença. 10Por isso, soberano se-
nhor, não desprezes suas palavras, mas
guarda-as no coração, porque são ver-
dadeiras; realmente, nosso povo não
será punido nem prevalecerá a espa-
da contra ele, se não houver pecado
contra seu Deus. 11Pois bem, para que
meu senhor não seja repelido e seu
propósito fique frustrado, a morte cairá
sobre eles, porque apoderou-se deles
o pecado, com o qual provocam a ira
de seu Deus, cada vez que cometem
um erro. 12Já que lhes faltavam víveres
e toda a água se esgotara, decidiram
matar seu gado e resolveram alimen-
tar-se de tudo o que Deus, em suas leis,
lhes proibira comer. 13Deliberaram co-
mer as primícias do trigo e os dízimos
do vinho e do óleo, que conservavam
e reservavam* para os sacerdotes que
prestam serviço na presença de nos-
so Deus em Jerusalém; essas coisas a
ninguém do povo era permitido tocar
com as mãos. 14Enviaram mensageiros
a Jerusalém, uma vez que também ali
os habitantes fizeram o mesmo, para
lhes trazerem a autorização da parte
do conselho dos anciãos. 15Acontecerá
que, quando lhes chegar a resposta e
a puserem em prática, naquele mesmo
dia serão entregues a teu poder, para a
sua perdição.

16Por isso, eu, tua serva,* ao saber de
tudo isso, fugi do meio deles. Deus me
enviou para realizar contigo façanhas
tais que todas as pessoas que as ouvi-
rem no mundo inteiro ficarão atônitas.
17Porque tua serva é uma mulher pie-
dosa, que serve a Deus noite e dia. Eu
me proponho a permanecer junto de ti,
meu senhor, mas tua serva irá à noite
ao vale fazer oração a Deus, e ele me
comunicará quando tiverem cometido
seus pecados. 18Então virei comunicar-
-te, e sairás com todo o teu exército, e
nenhum deles poderá opor-te resistên-
cia. 19Eu te levarei através da Judeia até
defronte de Jerusalém; e no meio dela
colocarei teu trono. Tu os conduzirás
como ovelhas sem pastor, e não haverá
nem sequer um cão para latir contra ti.
Essas coisas me foram ditas segundo
minha previdência, foram-me revela-
das e fui encarregada de anunciá-las a
ti".

20Suas palavras agradaram a Holo-
fernes e a todos os seus oficiais que,
maravilhados de sua sabedoria, dis-
seram: 21"De um extremo ao outro da
terra não existe mulher semelhante em
beleza corporal e em inteligência no fa-
lar". 22E Holofernes lhe disse: "Deus fez
bem enviando-te à frente de teu povo,
para que haja força em nossas mãos e
ruína entre os que desprezaram meu
senhor. 23És bela de aspecto e sábia nas

* **11**,5. 10,13 | 7. Jr 27,6; Br 3,16s; Dn 2,38 | 13. Dt 14,22; Lv 22,15s | 16. 11,6

palavras; se fizeres como disseste, o teu Deus será o meu Deus e tu habitarás no palácio de Nabucodonosor, e tua fama se estenderá por toda a terra".

12 Judite no banquete de Holofernes.

1Holofernes ordenou que a introduzissem onde guardava sua prataria e mandou que lhe servissem à mesa de suas próprias iguarias e lhe dessem a beber de seu vinho. 2Mas Judite respondeu: "Não as comerei,* para que não me sejam ocasião de queda. Eu me servirei dos alimentos que trouxe comigo". 3Disse-lhe Holofernes: "E quando se esgotarem as provisões que trouxeste, como poderemos fornecer-te outras semelhantes, já que não há ninguém de tua gente entre nós?" 4Respondeu-lhe Judite: "Por tua vida, meu senhor, tua serva não consumirá as provisões que trouxe consigo, antes que o Senhor realize por meu intermédio o que decidiu!" 5Os oficiais de Holofernes a introduziram na tenda e ela dormiu até meia-noite. Por volta da vigília da manhã, levantou-se 6e mandou dizer a Holofernes: "Que meu senhor ordene que se permita a sua serva sair para rezar". 7Holofernes ordenou a sua guarda pessoal que não a impedissem.

Permaneceu ela três dias no acampamento, saindo todas as noites para o vale de Betúlia e se lavava no campo, na fonte. 8Quando voltava, orava ao Senhor, Deus de Israel, para que lhe dirigisse os passos para o restabelecimento dos filhos de seu povo. 9Voltava purificada e ficava na tenda até ao cair da tarde, quando lhe traziam a refeição†.

10No quarto dia, Holofernes ofereceu um banquete somente a seus oficiais, sem convidar nenhum dos funcionários. 11Disse ao eunuco Bagoas, encarregado de todos os seus bens: "Vai e persuade aquela mulher hebreia que se encontra junto de ti, para que venha até nós a fim de comer e beber conosco. 12Seria vergonhoso para nós deixar partir tal mulher sem ter tido relações com ela; porque se não soubermos conquistá-la, zombará de nós". 13Bagoas saiu da presença de Holofernes, foi até ela e disse: "Não hesite a bela jovem em vir a meu senhor, para ser honrada em sua presença e beber vinho conosco alegremente e se tornar neste dia como uma das filhas dos assírios que vivem no palácio de Nabucodonosor". 14Respondeu-lhe Judite: "Quem sou eu para contradizer a meu senhor? Tudo o que lhe agradar eu o farei sem demora e será para mim motivo de satisfação até o dia de minha morte". 15E, levantando-se, adornou-se com as vestes e com todos os seus adereços femininos. Sua serva foi a sua frente e estendeu por terra, diante de Holofernes, as peles que recebera de Bagoas para seu uso cotidiano, a fim de reclinar-se sobre elas durante a refeição†. 16Judite entrou e reclinou-se. O coração de Holofernes ficou extasiado diante dela e seu espírito se agitou. Apoderou-se dele o desejo ardente de se unir a ela, porque, desde o dia que a vira, procurava um momento favorável para a seduzir. 17Disse-lhe, portanto: "Bebe e alegra-te conosco". 18Respondeu Judite: "Beberei, sim, meu senhor, porque hoje minha vida é para mim mais gloriosa do que em qualquer outro dia desde meu nascimento!" 19E começou a comer e a beber diante dele daquilo que a serva lhe havia preparado. 20Alegre por causa dela, Holofernes bebeu tão grande quantidade de vinho como jamais havia bebido num só dia desde seu nascimento.

13 Judite corta a cabeça de Holofernes.

1Sendo já tarde, seus oficiais se apressaram a retirar-se. Bagoas fechou a tenda por fora e afastou os guardas da presença de seu senhor; foram todos para seus leitos, extenua-

---

* **12**,2. 10,5; Dn 1,8; Est 4,17x

† **12**,9. Abluções e jejum são práticas de penitência. O jejum consistia em não comer nada até o pôr do sol, 2Sm 3,35. Também Ester, antes de apresentar-se ao rei Assuero, impõe a si própria e aos judeus um jejum de três dias, Est 4,16. | 15. Os antigos não se sentavam para as refeições, mas se reclinavam.

dos pela bebida excessiva. [2]Judite ficou
sozinha na tenda com Holofernes, afo-
gado em vinho e caído sobre o leito.
[3]Judite havia dito à serva que ficasse
fora de sua tenda e aguardasse sua saí-
da como fazia todo dia. Tinha dito que
sairia para a oração, e o mesmo dissera
a Bagoas. [4]Todos se haviam retirado, e
ninguém, pequeno ou grande, se acha-
va mais na tenda. Então Judite, de pé
junto do leito de Holofernes, disse em
seu coração: "Senhor, Deus de todo
poder, volvei nesta hora vosso olhar à
obra de minhas mãos, para exaltação
de Jerusalém, [5]pois é este o momento
de virdes em auxílio de vossa herança
e de executar meu plano, para a ruína
dos inimigos que se ergueram contra
nós!" [6]Aproximando-se da coluna do
leito que estava perto da cabeça de
Holofernes, retirou sua espada. [7]Depois
chegou perto do leito, agarrou a cabe-
leira da cabeça dele e disse: "Dai-me
forças, ó Senhor, Deus de Israel, neste
dia!" [8]E com toda a sua força deu-lhe
dois golpes* no pescoço, cortando-lhe
a cabeça. [9]Fez o corpo rolar para fora
do leito e tirou das colunas o cortinado.
**A cabeça de Holofernes é levada
para Betúlia.** Pouco depois saiu e en-
tregou à serva a cabeça de Holofernes,
[10]que ela pôs na sacola das provisões. E
ambas saíram juntas, segundo o costu-
me, para fazer oração. Atravessaram o
acampamento, contornaram o vale, su-
biram o monte de Betúlia e chegaram
às portas da cidade. [11]De longe, Judite
gritou aos guardas das portas: "Abri,
abri a porta! Deus, nosso Deus, está
conosco,* para mostrar mais uma vez
seu poder em Israel e sua força contra
os inimigos, como fez também hoje!"
[12]Quando os homens de sua cidade
ouviram sua voz, desceram rapidamen-
te à porta da cidade e convocaram os
anciãos da cidade. [13]Acorreram todos,
pequenos e grandes, pois lhes parecia
inacreditável a chegada dela. Abriram
a porta, acolheram as duas mulheres
e, acendendo fogo para alumiar, reu-
niram-se em torno delas. [14]Disse Judite
em voz alta: "Louvai a Deus, louvai-o!
Louvai a Deus, que não retirou sua mi-
sericórdia da casa de Israel, mas por
minha mão abateu nesta noite nossos
inimigos". [15]Tirou da sacola a cabeça e
mostrou-a, dizendo-lhes: "Eis a cabeça
de Holofernes, comandante supremo
do exército dos assírios, e eis o cortina-
do sob o qual ele jazia em sua embria-
guez. O Senhor o matou pela mão de
uma mulher. [16]Viva o Senhor que me
protegeu no caminho por onde andei!
Minha face o seduziu para sua ruína,
sem que ele tenha cometido pecado
comigo para minha desonra e vergo-
nha".
Louvores do povo. [17]Todo o povo fi-
cou estupefato e, prostrando-se para
adorar a Deus, exclamou em coro:
"Bendito sois, ó Deus nosso, que ani-
quilastes hoje os inimigos de vosso
povo!" [18]Ozias lhe disse: "Bendita sejas
tu, ó filha,* pelo Deus Altíssimo, sobre
todas as mulheres da terra, e bendito o
Senhor Deus, criador do céu e da terra,
que te conduziu para cortares a cabeça
do chefe de nossos inimigos! [19]A con-
fiança de que deste prova não se apa-
gará jamais da memória dos homens,
que recordarão para sempre o poder
de Deus. [20]Que Deus faça com que isto
seja para tua eterna exaltação, cumu-
lando-te de bens, por teres arriscado a
vida, por causa da humilhação de nos-
sa gente, mas socorreste nossa ruína,
comportando-te retamente diante de
nosso Deus". E todo o povo respondeu:
"Amém! Amém!"

14 **Conselhos de Judite.** [1]Disse-
-lhes Judite: "Ouvi-me, irmãos:
tomai esta cabeça e pendurai-a no
parapeito de vossos muros. [2]Quando
brilhar a luz da manhã e o sol surgir
sobre a terra, tome cada um suas ar-
mas, e todo homem válido saia da ci-
dade. Estabelecei sobre vós um chefe,
simulando descer à planície contra as
sentinelas avançadas dos assírios, sem
descer de fato. [3]Eles tomarão suas ar-
maduras, irão a seu acampamento para

* **13**,8. Jz 4,21 | 11. Êx 15,1s; Sl 48,8-12; 68; 98,1ss | 18. Jz 5,24; Lc 1,28

acordar os generais do exército assírio; correrão à tenda de Holofernes, mas não o encontrando, o terror vai apoderar-se deles e fugirão diante de vós. 4Então vós e todos os habitantes de todo o território de Israel os perseguireis e os abatereis em sua fuga. 5Mas antes de fazer isso, chamai-me Aquior, o amonita, para que venha reconhecer aquele que desprezou a casa de Israel e o enviou entre nós como destinado à morte".

A cabeça de Holofernes é mostrada a Aquior. 6Chamaram Aquior da casa de Ozias. Quando chegou e viu a cabeça de Holofernes na mão de um homem no meio do povo reunido, caiu com o rosto em terra e desmaiou. 7Logo que o levantaram, lançou-se aos pés de Judite e, prostrado diante dela, exclamou: "Bendita sejas tu em todas as tendas de Judá e entre todos os outros povos que se encherão de assombro ao ouvirem teu nome! 8Agora conta-me tudo o que fizeste nestes dias". Judite, rodeada pelo povo, narrou-lhe tudo o que fizera desde o dia em que partira até o momento em que lhes falava. 9Quando acabou de falar, o povo prorrompeu em grandes aclamações e encheu a cidade de gritos de alegria. 10Aquior, vendo tudo o que o Deus de Israel tinha feito,* creu firmemente em Deus, recebeu a circuncisão e foi agregado definitivamente† à casa de Israel.

A morte de Holofernes aterroriza os assírios. 11Ao surgir a aurora, suspenderam à muralha a cabeça de Holofernes e, empunhando cada qual as próprias armas, saíram em esquadrões para as encostas do monte. 12Quando os assírios os viram, mandaram informar seus capitães, e estes foram prevenir seus generais, os chefes de milhares e todos os seus comandantes. 13Foram à tenda de Holofernes e disseram ao encarregado de todos os seus bens: "Desperta nosso senhor, porque aqueles escravos se atreveram a descer para dar-nos combate, para se fazerem aniquilar". 14Bagoas entrou e bateu palmas diante da cortina da tenda, pensando que estivesse dormindo com Judite. 15Mas como ninguém respondesse, abriu a cortina e, entrando no dormitório, encontrou-o morto, estendido no chão, sem a cabeça, que haviam levado. 16Gritou com voz forte, com lamentações, gemidos, altos brados e rasgou suas vestes. 17A seguir entrou na tenda onde estava alojada Judite e não a encontrou. Então precipitou-se para fora em direção ao povo e exclamou: 18"Aqueles escravos nos traíram!* Uma única mulher hebreia lançou a vergonha sobre a casa de Nabucodonosor! Holofernes jaz por terra sem cabeça!" 19Ouvindo tais palavras, os chefes do exército assírio rasgaram suas túnicas e, com a alma profundamente consternada, elevaram no meio do acampamento altíssimos gritos e clamores de dor.

15 **Fuga dos assírios.** 1Os que estavam nas tendas, quando souberam do que acontecera, ficaram atônitos. 2Dominados pelo terror e pelo pânico, ninguém mais quis ficar perto do outro, mas todos com o mesmo ímpeto se dispersaram, fugindo por todos os caminhos da planície e da montanha. 3Também os acampados no monte em torno de Betúlia se deram à fuga. Então os israelitas, todos dentre eles capazes de combater, lançaram-se sobre eles. 4Ozias enviou mensageiros a Betomestain, a Bebai, a Cobe, a Cola e a todo o território de Israel, para anunciar o acontecido e incitar todos a atacar os inimigos para os massacrar. 5Ouvindo isso, os israelitas lançaram-se sobre eles, todos ao mesmo tempo, e os destroçaram até Coba. Vieram também os de Jerusalém e de toda a região montanhosa, porque lhes fora

* **14**,10. Dt 23,4s | 18. 13,15; 16,6-9; Jz 9,54

† **14**,10. Literalmente: "até o dia de hoje". Aquior era amonita; sua admissão na comunidade transgride a prescrição de Dt 23,4. Mas Aquior tinha dado um testemunho tão firme do Deus de Israel, 5,5-21, que não podia ser deixado de fora.

anunciado o que se passara no acampamento de seus inimigos. Os habitantes de Galaad e da Galileia os atacaram pelos lados, infligindo-lhes grandes massacres até perto de Damasco e de seus confins. 6 Os outros habitantes de Betúlia precipitaram-se sobre o acampamento dos assírios e o saquearam, tornando-se extremamente ricos. 7 Ao voltarem do extermínio, os israelitas* apoderaram-se do restante, de modo que as vilas e aldeias da montanha e da planície apoderaram-se de muitos despojos, pois os havia em enorme quantidade.

Triunfo de Judite. 8 Então o sumo sacerdote Joaquim e o conselho dos anciãos dos israelitas, que moravam em Jerusalém, vieram ver o grande bem que o Senhor havia feito a Israel e para ver Judite e cumprimentá-la. 9 Tendo entrado em sua casa, todos a exaltaram a uma só voz, dizendo: "Tu és a glória de Jerusalém, o supremo orgulho de Israel, a grande honra de nosso povo. 10 Realizando tudo isso com tua mão, fizeste grandes coisas por Israel, e delas o Senhor se agradou. Bendita sejas para sempre da parte do Senhor onipotente"†. E todo o povo respondeu: "Amém!"

11 Todo o povo continuou a saquear o acampamento durante trinta dias. Deram a Judite a tenda de Holofernes com toda a sua prataria, seus divãs, seus vasos e toda a sua mobília. Ela tomou tudo isso, carregou-o sobre sua mula e, tendo atrelado seus carros, empilhou tudo neles. 12 Acorreram todas as mulheres de Israel para vê-la;* cumularam-na de elogios e organizaram entre elas uma dança em sua honra. Ela tomou ramos em suas mãos e os distribuiu às mulheres que a acompanhavam. 13 Ela e suas companheiras se coroaram com ramos de oliveira; depois, colocando-se à frente de todo o povo, ela dirigiu a dança de todas as mulheres; atrás vinham todos os homens de Israel, revestidos de suas armaduras, cingidos com coroas e cantando hinos.

Cântico de Judite. 14 No meio de todo o Israel, Judite entoou este cântico de ação de graças, e todo o povo acompanhava em voz alta este hino de louvor:

16 1 Disse Judite:
"Entoai com tímpanos um hino para meu Deus,
cantai ao Senhor com címbalos,*
Modulai em sua honra um salmo de louvor,
exaltai e invocai seu nome.
2 Sim, o Senhor é um Deus que acaba com as guerras;*
ele acampou no meio do povo
e me salvou da mão de meus perseguidores.
3 Veio Assur das montanhas do norte,
veio com as miríades de seu exército,
uma multidão que obstruía as torrentes,
seus cavalos recobriam as colinas.
4 Jurou incendiar meu território,
passar meus jovens ao fio da espada,
despedaçar ao chão meus lactantes,
entregar ao saque minhas crianças
e à rapina minhas virgens.
5 Mas o Senhor onipotente os deixou frustrados
pela mão de uma mulher.
6 Seu herói não sucumbiu diante de jovens,
nem foram filhos de titãs que o abateram,
nem enormes gigantes os que o atacaram;
mas Judite, a filha de Merari,
com a beleza de seu rosto o desarmou.
7 Despojou-se das roupas de viúva
para confortar os aflitos em Israel.
Ungiu o rosto com perfumes,

---

* **15**,7. Est 9,5.16 | 12. Êx 15,20; Jz 11,34; 1Sm 18,6; Jr 31,4.13 | **16**,1. Sl 81,2ss; 135,1ss; 149,1ss | 2. 9,7; Êx 15,3; Sl 46,10; 68,31; 76,4

† **15**,10. Esses louvores do povo a Judite são também palavras que a Igreja dirige a Nossa Senhora. Como uma nova Judite, ela vence o inimigo do povo, a serpente (Gn 3,15), e contribui para a salvação do mundo, aceitando ser a Mãe do Salvador.

[8]prendeu os cabelos com uma fita,
trajou um vestido de linho para seduzi-lo.
[9]Suas sandálias arrebataram-lhe os olhos,
sua beleza cativou-lhe a alma,
e a espada cortou-lhe o pescoço.
[10]Os persas aterrorizaram-se com sua audácia,
e os medos assombraram-se com sua coragem.
[11]Então meus humildes gritaram e os amedrontaram,
bradaram meus fracos e incutiram-lhes pavor;
ergueram sua voz e os puseram em fuga.
[12]Filhos de mães jovens os traspassaram,*
como a filhos de desertores os feriram;
pereceram na batalha de meu Senhor.
[13]Cantarei a meu Deus um hino novo.*
Senhor, vós sois grande e glorioso,*
admirável em vossa força, invencível!
[14]A vós sirvam todas as criaturas,
porque falastes e tudo ganhou existência,*
enviastes vosso espírito e tudo foi construído,
e ninguém pode resistir a vossa voz.*
[15]Os montes se abalam desde seus fundamentos com as águas*
e, como cera, derretem-se as rochas a vossa vista.
Mas para os que vos veneram
vos mostrais sempre propício.*
[16]É pouca coisa todo o sacrifício de suave fragrância,*
é coisa mínima toda a gordura dos holocaustos a vós oferecidos.
Mas aquele que venera o Senhor
é grande em todos os sentidos.*
[17]Ai das nações que se levantam contra meu povo!*
O Senhor todo-poderoso os punirá no dia do juízo,
entregando ao fogo e aos vermes suas carnes,*
e chorarão, penando, eternamente".

Últimos atos e morte de Judite.
[18]Chegados a Jerusalém, adoraram a
Deus e, depois que o povo se purifi-
cou, ofereceram holocaustos, oblações
e oferendas. [19]Judite dedicou todos os
objetos de Holofernes que o povo lhe
havia oferecido, e o baldaquino que
arrancara do leito dele ofereceu-o em
homenagem ao Senhor. [20]O povo pro-
longou os festejos em Jerusalém, dian-
te do santuário, por três meses, du-
rante os quais Judite permaneceu com
eles. [21]Passados esses dias, cada qual
voltou para sua casa. Judite retirou-se
para Betúlia e fixou sua habitação em
suas possessões, e em seu tempo foi
celebrizada em toda a terra. [22]Muitos
a cortejaram, mas ela não se deu a
nenhum homem durante todos os
dias de sua vida, desde o dia em que
morreu Manassés, seu marido, e foi
reunido a seus antepassados. [23]Ela
alcançou uma idade muito avançada,
envelhecendo na casa de seu marido
até os cento e cinco anos. Ela deu a
liberdade a sua serva. Morreu em Be-
túlia e foi sepultada no túmulo de Ma-
nassés, seu marido. [24]Israel pranteou-
-a durante sete dias. Antes de morrer,
ela distribuiu todos os seus bens a to-
dos os parentes mais próximos, quer
de Manassés, seu marido, quer de sua
própria família. [25]Enquanto viveu Ju-
dite, ninguém mais atemorizou Israel,
nem durante muito tempo* depois de
sua morte†.

* **16**,12. 5,23 | 13. Sl 144,9 / Sl 86,10; 147,5 | 14. Sl 33,9; 148,5; 104,30 / Est 4,17b | 15. Sl 97,5; Jz 5,5 / Sl 25,14; 103,13 | 16. Sl 51,18 / Eclo 34,14-20 | 17. Jz 5,31; Jl 4,1-4 / Is 66,24 | 25. Jz 3,11

† **16**,25. A Vulgata acrescenta: "A data desta vitória foi incluída pelos hebreus entre as festividades religiosas, e foi celebrada pelos judeus desde então até hoje".

ESTER

O livro conta como foi salva de uma ameaça de extermínio a comunidade israelita residente na Pérsia no tempo do rei Xerxes I, aí denominado Assuero. Como na história de Judite, é de novo pela intervenção de uma mulher que o povo escapa do perigo. A protagonista, que dá o nome ao livro, é uma jovem judia que vive com seu tio Mardoqueu na corte e foi elevada à dignidade de rainha.

O primeiro ministro Amã encheu-se de ódio contra Mardoqueu pelo fato de este não se ajoelhar a sua passagem, como mandava um decreto do rei. Sabendo que ele pertencia ao povo judeu, obtém do rei um decreto de extermínio desse povo, fixando por sorteio a data de seu cumprimento. Os judeus ficam extremamente angustiados, mas Mardoqueu convence Ester a interceder em favor de seu povo. Amã, que já havia preparado a forca para Mardoqueu, é sentenciado em seu lugar, e Mardoqueu é nomeado primeiro ministro. O decreto contra os judeus é revogado, e eles são autorizados a vingar-se de seus inimigos, o que fazem promovendo grandes massacres. Para comemorar o fato, foi instituída uma festa popular chamada Purim, termo babilônico que significa "sorteio".

O nacionalismo exacerbado do livro e a violência da vingança deixam perplexo o leitor cristão, mas é preciso lembrar que nem todos os detalhes do relato têm caráter histórico. Tratava-se de uma reação a uma ameaça de extermínio, justificada até certo ponto pela lei do talião, e também que se trata de uma época ainda não iluminada pela luz do Evangelho.

Esta obra anônima chegou até nós em duas formas: o texto hebraico, mais breve, escrito por volta do ano 250 a.C., que não menciona nenhuma vez o nome de Deus, e o texto grego, reconhecido como inspirado, que acrescenta nove suplementos de caráter profundamente religioso, colocados pela Vulgata em apêndice e pelas traduções modernas, dentro do texto, como faz o grego.

O autor escreve para explicar a origem da festa de Purim, na qual era lido este livro. Ele não é citado no Novo Testamento e nem existia na biblioteca de Qumrã.

Demonstra uma perene consciência de um Deus providente que inverte as situações em favor de seu povo oprimido.

I. ESTER NA CORTE DO REI PERSA (1–2)

1 **Sonho de Mardoqueu.** [1a]No se-
gundo ano do reinado do grande
rei Assuero†, no primeiro dia do mês
de Nisã, Mardoqueu, filho de Jair, filho
de Semei, filho de Cis, da tribo de Ben-
jamim, teve um sonho. [1b]Ele era um
judeu que morava na cidade de Susa,
homem ilustre, que prestava serviço
na corte do rei; [1c]descendia do grupo
dos exilados que Nabucodonosor, rei
de Babilônia, havia deportado* de Je-
rusalém, com Jeconias, rei da Judeia.
[1d]Foi este seu sonho: Gritos e tumul-
to, trovões e terremoto, uma agitação
sobre a terra. [1e]Dois dragões enormes
avançaram, ambos prontos para o
combate. Soltaram um forte rugido;
[1f]e, ao ouvi-lo, todas as nações se pre-
pararam para a guerra, para combater
contra o povo dos justos. [1g]Foi um dia
de trevas e de escuridão, de tribula-
ção e de angústia, de grande inquie-
tação na terra. [1h]Toda a nação dos
justos ficou perturbada, temendo sua
própria ruína, e se preparou para mor-
rer. [1i]Clamaram a Deus, e de seu grito
brotou, como de uma pequena fonte,
um grande rio, de águas caudalosas.
[1j]Despontaram a luz e o sol;* os humil-
des foram exaltados e devoraram os
poderosos. [1k]Tendo visto esse sonho e
o que Deus decidira fazer, Mardoqueu
acordou. Guardou o sonho em sua
mente e até a noite tentou por todos
os meios compreendê-lo.

---

* **1**,1c. 2Rs 24,8.15 | **1**,1j. 8,16; Sf 2,3

† **1**,1a. Este rei é Xerxes I, que reinou na Pérsia de 486 a 465 a.C.

Mardoqueu descobre uma conspiração. 1lMardoqueu morava* na corte com Bagatã e Tares, dois eunucos do rei, que guardavam o palácio. 1mOuviu suas conversas e, indagando sobre seus planos, descobriu que preparavam um atentado contra o rei Assuero, e avisou o rei. 1nEste mandou submeter os dois eunucos a um interrogatório; eles confessaram* e foram justiçados. 1oDepois o rei mandou registrar essas coisas nas crônicas, e também Mardoqueu as registrou. 1pO rei nomeou Mardoqueu funcionário da corte e lhe ofereceu presentes por seu feito. 1qEntretanto, Amã, filho de Amadates, o agagita,* que tinha prestígio junto ao rei, procurava arruinar Mardoqueu* e seu povo por causa desses dois eunucos do rei.

Banquete do rei Assuero. 1No tempo de Assuero, aquele Assuero que reinou desde a Índia até a Etiópia sobre cento e vinte e sete províncias, 2naquele tempo em que o rei Assuero ocupava seu trono real na cidadela de Susa, 3no terceiro ano de seu reinado, deu ele um banquete a todos os seus oficiais e servidores, estando assim perante ele os mais poderosos da Pérsia e da Média, os nobres e os governadores das províncias. 4Então mostrou-lhes as riquezas e a glória de seu reino e o esplendor de sua eminente grandeza, por muitos dias, a saber, cento e oitenta dias. 5Passados aqueles dias, o rei ofereceu a todo o povo, grandes e pequenos, que se achavam na cidadela de Susa, um banquete de sete dias no pátio do jardim do palácio real. 6Cortinas brancas, verdes e azuis, suspensas com cordões de linho fino e de púrpura, pendiam de anéis de prata e de colunas de mármore; os divãs de ouro e prata estavam sobre o pavimento de mármore vermelho, azul, branco e preto. 7Dava-se de beber em copos de ouro de formas diversas; o vinho na corte era abundante, graças à liberalidade do rei. 8Por ordem do rei ninguém devia ser constrangido a beber, pois o rei havia ordenado a todos os oficiais do palácio que deixassem cada um agir como quisesse. 9Também a rainha Vasti ofereceu um banquete* às mulheres no palácio real do rei Assuero.

Repúdio da rainha Vasti. 10No sétimo dia, quando o coração do rei estava alegre pelo vinho, ele ordenou a Maumã, Bazata, Harbona, Agdata, Bagata, Zetar e Carcas, os sete eunucos que serviam pessoalmente ao rei Assuero, 11que trouxessem a sua presença a rainha Vasti com a coroa real, para mostrar ao povo e aos nobres sua beleza, pois era muito bela. 12Mas a rainha Vasti recusou-se a comparecer, conforme a ordem do rei transmitida pelos eunucos. Então o rei ficou extremamente irritado e se inflamou de ira. 13Consultou os sábios, que entendiam das leis, porque assim se tratavam os interesses do rei na presença de todos os que conheciam a lei e o direito. 14Os mais chegados a ele eram Carsena, Setar, Admata, Társis, Mares, Marsana e Mamucã, sete príncipes da Pérsia e da Média, que tinham acesso ao rei e ocupavam os primeiros postos no reino. 15Perguntou-lhes o que, segundo a lei, se devia fazer à rainha Vasti, por não ter cumprido a ordem do rei Assuero transmitida por meio dos eunucos. 16Mamucã respondeu diante do rei e dos príncipes: "Não somente contra o rei pecou a rainha Vasti, mas também contra todos os príncipes e contra todos os povos que há em todas as províncias do rei Assuero. 17Pois a conduta da rainha chegará ao conhecimento de todas as mulheres, de modo que desprezarão seus maridos, quando ouvirem dizer: 'O rei Assuero ordenou que introduzissem a sua presença a rainha Vasti, porém ela não foi'. 18Hoje mesmo as princesas da Pérsia e da Média,* que souberem do comportamento da rainha, dirão o mesmo a todos os príncipes do rei e assim haverá muito desprezo e indignação. 19Se bem parecer ao rei, promulgue um decreto real, para ser registrado entre as leis da Pérsia e da Média, para que seja irre-

* **1**,1l.2,21s; 6,2s | 1n. 6,1; 10,2 | 1q. 3,1 / 3,5s | 9. Dn 5,1.4 | 19. Dn 6,8.10.13.16; Est 3,12; 8,5.8

vogável, determinando que nunca mais Vasti compareça diante do rei Assuero; e o rei confira o título de rainha a uma outra melhor do que ela. 20Quando o decreto emanado pelo rei for conhecido em todo o seu reino, que é vasto, todas as mulheres darão honra a seus maridos, do maior ao menor". 21O conselho agradou ao rei e aos príncipes, de modo que o rei agiu segundo dissera Mamucã. 22Enviou cartas a todas as províncias do rei,* a cada província em sua respectiva escrita, e a cada povo em sua própria língua, determinando que cada homem fosse senhor em sua casa e que falasse a língua de seu povo.

2 **Ester é eleita rainha.** 1Depois disso, quando a ira do rei Assuero já se havia acalmado, lembrou-se ele de Vasti, do que ela fizera e do decreto emanado contra ela. 2Disseram, então, os cortesãos que o serviam: "Procurem-se para o rei jovens, virgens e belas. 3Que o rei nomeie oficiais em todas as províncias de seu reino, a fim de que reúnam todas as jovens, virgens e belas na cidadela de Susa, na casa das mulheres, aos cuidados de Egeu, eunuco do rei, guarda das mulheres; ele lhes dará o necessário para seus enfeites. 4A jovem que agradar ao rei será rainha em lugar de Vasti". A proposta agradou ao rei e assim foi feito.

5Havia, então, na cidadela de Susa, um judeu chamado Mardoqueu, filho de Jair, filho de Semei, filho de Cis, benjaminita, 6que havia sido exilado de Jerusalém entre os deportados* levados com Jeconias, rei de Judá, por Nabucodonosor, rei de Babilônia. 7Ele havia criado Hadassa, que é Ester†, filha de seu tio, órfã de pai e mãe, uma jovem bela e formosa. Depois da morte de seus pais, Mardoqueu a adotara como filha. 8Quando a ordem do rei e seu decreto foram divulgados, e numerosas moças foram acolhidas na residência real de Susa, sob a guarda de Egeu, também Ester foi conduzida* ao palácio do rei, sob a guarda de Egeu, encarregado das mulheres. 9A jovem agradou-lhe e ganhou seu favor; pelo que se apressou em dar-lhe os unguentos e sua alimentação, pôs a sua disposição sete jovens escolhidas da casa do rei e instalou-a com suas jovens nos melhores aposentos da casa das mulheres. 10Ester não revelou sua nacionalidade, nem sua linhagem, pois Mardoqueu lhe ordenara que não as revelasse. 11Todos os dias Mardoqueu passeava diante do pátio da casa das mulheres, a fim de saber como estava Ester e se era bem tratada.

12Quando chegava para cada uma das jovens a vez de se apresentar ao rei Assuero, ao cabo dos doze meses prescritos às mulheres para seus preparativos – porque assim se distribuía o tempo de seu tratamento: seis meses com óleo de mirra e seis meses com aroma e unguentos para mulheres, 13e só então a jovem se apresentava ao rei – era-lhe dado tudo o que desejasse levar consigo da casa das mulheres para a casa do rei. 14Entrava ao entardecer e na manhã seguinte passava para outro apartamento de mulheres, sob a guarda de Sasagaz, eunuco do rei e encarregado das concubinas, e não voltava mais à presença do rei, salvo se este a quisesse de novo* e a chamasse pelo nome.

15Ao chegar sua vez de apresentar-se ao rei, Ester, filha de Abiail, tio de Mardoqueu, que a adotara como filha, nada pediu além daquilo que lhe fora indicado por Egeu, eunuco do rei, guarda das mulheres; e Ester atraía a simpatia de todos os que a viam. 16Ester foi conduzida ao rei Assuero em seu palácio real, no décimo mês, que é o mês de tebet, no sétimo ano de seu reinado. 17E o rei amou Ester mais do que todas as outras mulheres, tendo ela alcançado sua graça e benevolência mais do que qualquer outra virgem, de modo que o rei lhe pôs na cabeça* o diadema régio e a fez rainha em lugar

* **1**,22. Dn 3,4; 6,26 | **2**,6. 1,1a-c | **2**,8. Dn 1,3-20 | 14. 4,11 | 17. 4,17u-y

† **2**,7. Ester na língua persa significa estrela; Hadassa em hebraico quer dizer murta.

de Vasti. 18Então o rei ofereceu um sun-
tuoso banquete, o banquete de Ester, a
todos os seus oficiais e servidores; con-
cedeu às províncias um dia de repouso
e distribuiu presentes com a generosi-
dade de um rei.
**Mardoqueu descobre uma conspira-
ção.** 19Quando as jovens se reuniram
pela segunda vez, Mardoqueu estava
sentado à porta do rei. 20Como Mar-
doqueu lhe recomendara, Ester* não
havia revelado sua linhagem e sua na-
ção, pois guardava as ordens de Mar-
doqueu como outrora, quando estava
sob sua tutela. 21Naqueles dias, pois,
estando Mardoqueu sentado junto à
porta do rei, Bagatã e Tares, dois eu-
nucos do rei, guardas da porta, irrita-
dos com o rei Assuero, planejaram um
atentado contra ele. 22Isto chegou ao
conhecimento de Mardoqueu, que o
revelou à rainha Ester, e ela preveniu
o rei em nome de Mardoqueu. 23Feitas
as investigações e verificado o fato, os
dois eunucos foram pendurados a uma
forca, e isso foi registrado nas crônicas
na presença do rei.

II. CONSPIRAÇÃO CONTRA OS JUDEUS (3–7)

3 **Exaltação de Amã, inimigo dos
judeus.** 1Depois desses aconte-
cimentos, o rei Assuero engrandeceu
Amã, filho de Amadates, o agagita, e o
exaltou, fazendo-o superior a todos os
oficiais que estavam com ele. 2Todos os
servidores do rei, que estavam à porta
do rei, inclinavam-se e se prostravam
diante de Amã, porque assim tinha
ordenado o rei a seu respeito; porém
Mardoqueu não se inclinava nem se
prostrava. 3Por isso os servidores do
rei, que estavam a sua porta, pergunta-
ram a Mardoqueu: "Por que transgrides
a ordem do rei?" 4Apesar de lhe repeti-
rem isso todos os dias, Mardoqueu não
lhes dava ouvidos; então informaram
Amã, para ver se Mardoqueu persisti-
ria em sua atitude, pois ele lhes dissera
que era judeu. 5Vendo Amã que Mar-
doqueu não se inclinava nem se pros-
trava diante dele, encheu-se de furor.
Amã propõe o extermínio dos judeus.
6Mas achou pouco atentar apenas con-
tra Mardoqueu, pois o haviam informa-
do de que povo era ele; por isso tramou
exterminar todos os judeus, povo de
Mardoqueu, que se achavam em todo
o reino de Assuero. 7No primeiro mês,
isto é, no mês de nisã, no duodécimo
ano do reinado de Assuero, foi lançado
o Pur†, ou seja, as sortes, na presença de
Amã,* para a escolha do dia e do mês.
A sorte caiu no dia treze do duodécimo
mês, chamado adar. 8Então Amã disse
ao rei Assuero: "Entre os povos de to-
das as províncias de teu reino existe um
povo espalhado e segregado, cujas leis
são diferentes das leis de todos os ou-
tros povos, e que não cumpre as ordens
do rei; não convém ao rei deixá-lo viver.
9Se o rei está de acordo, promulgue-se
uma ordem para exterminá-los, e eu fa-
rei passar às mãos dos funcionários dez
mil talentos de prata, para que os de-
positem nos tesouros do rei". 10Então o
rei tirou do dedo seu anel* e o entregou
a Amã, filho de Amadates, o agagita, o
inimigo dos judeus, 11dizendo-lhe: "Seja
para ti o dinheiro, e faz desse povo o
que quiseres".
Publicação do decreto de extermínio.
12No dia treze do primeiro mês foram
chamados os secretários do rei, que es-
creveram, seguindo em tudo as ordens
de Amã, aos sátrapas do rei, aos gover-
nadores de cada província* e aos prín-
cipes de cada povo, a cada província na
respectiva escrita e a cada povo em sua
língua. O escrito foi redigido em nome
do rei Assuero e selado com o selo do
rei. 13Foram enviadas cartas, por meio
de estafetas, a todas as províncias do
rei, com a ordem de destruir, matar e
exterminar todos os judeus, jovens e an-
ciãos, crianças e mulheres, num só dia,
no dia treze do duodécimo mês, que é
o mês de adar, e de saquear seus bens.

* **2**,20. 2,14 | **3**,7. 9,24ss | 10. 7,4 | 12. Dn 3,4.7

† **3**,7. Pur é um nome assírio, mencionado aqui porque vai dar seu nome à festa de Purim, 9,26-32.

13aEra este o teor dessa carta: "O
grande rei Assuero, aos sátrapas das
cento e vinte e sete províncias, desde
a Índia até a Etiópia, e aos governado-
res a eles subordinados, assim escre-
ve: 13bEstando eu à frente* de muitas
nações e tendo o domínio do mundo
inteiro, não exaltado pelo orgulho do
poder, mas governando sempre com
moderação e doçura, resolvi assegu-
rar continuamente uma vida serena a
meus súditos, garantir um reino tran-
quilo e seguro até as fronteiras e fazer
florescer a paz suspirada por todos.
13cOra, tendo indagado a meus con-
selheiros como pode ser realizado tudo
isso, um deles, chamado Amã, que se
distingue entre os nossos pela prudên-
cia, notável por sua devoção indefec-
tível e comprovada fidelidade, elevado
à segunda dignidade do reino, 13dde-
nunciou-nos que, entre todas as estir-
pes* do mundo, mistura-se um povo
mal-intencionado, oposto a todos os
outros por suas leis, que despreza con-
tinuamente os decretos do rei, a ponto
de ser um obstáculo ao governo que
exercemos para a satisfação geral.
13eConsiderando, pois, que esta na-
ção é a única que está em contínuo
contraste com todo ser humano, di-
ferenciando-se por um regime de leis
extravagantes e que, mal-intencionada
contra nossos interesses, comete as
piores desordens e ameaça assim a es-
tabilidade do reino, 13fordenamos que
os homens que vos forem assinalados
nas cartas de Amã,* o intendente dos
negócios públicos e nosso segundo
pai, sejam todos, com suas mulheres e
filhos, radicalmente exterminados pe-
las espadas de seus adversários, sem
piedade nem consideração de espécie
alguma, no dia quatorze do duodécimo
mês, isto é, adar, do corrente ano, 13ga
fim de que, lançados esses opositores
de ontem e de hoje lançados violenta-
mente ao abismo num único dia, sejam
doravante asseguradas ao Estado esta-
bilidade e tranquilidade plenas".
14Uma cópia desse edito devia ser
emanada com força de lei em todas as
províncias e promulgada para todos os
povos, para estarem preparados para
o dia indicado. 15Por ordem do rei, os
estafetas partiram a toda pressa, e o
edito foi promulgado na cidadela de
Susa. O rei e Amã assentaram-se para
beber, mas na cidade de Susa reinava a
consternação.

4 **Consternação dos judeus.**
1Quando Mardoqueu soube de
tudo o que havia acontecido, rasgou as
vestes, cobriu-se de pano de saco e de
cinzas e saiu pela cidade clamando em
voz alta e amargamente. 2Chegou até a
porta do palácio, pois ninguém podia
atravessá-la vestido de pano de saco.
3Em todas as províncias aonde chega-
vam a ordem do rei e seu edito, houve
grande luto entre os judeus, com je-
jum, prantos e lamentos†, e muitos se
deitavam sobre pano de saco e sobre
a cinza.

**Mardoqueu exorta Ester a interce-
der.** 4As damas de Ester e seus eunucos
vieram contar-lhe essa novidade, e a
rainha ficou muito angustiada. Man-
dou roupas para Mardoqueu vestir,
fazendo-o despir a veste de saco, mas
ele não aceitou. 5Então Ester chamou
Atac, um dos eunucos do rei que este
havia posto a serviço dela, e o encar-
regou de ir perguntar a Mardoqueu o
que significava aquilo e por que agia
assim. 6Atac saiu para encontrar-se
com Mardoqueu na praça da cidade,
diante da porta do rei. 7Mardoqueu
narrou-lhe tudo o que lhe acontecera e
falou também da soma de dinheiro que
Amã prometera pagar ao tesouro real
para obter o extermínio dos judeus.
8Entregou-lhe uma cópia do decreto
publicado em Susa para os exterminar,
a fim de que o mostrasse a Ester, infor-
mando-a de tudo e encarregando-a de
apresentar-se ao rei para implorar sua
graça e interceder em favor do povo.
8a"Recorda-te – mandou dizer-lhe –

* **3**,13b. Jt 2,5 | 13d. 3,8 | 13f. 8,12

† **4**,3. Práticas comuns para manifestar dor e luto.

dos dias de tua pobreza, quando eras alimentada por minha mão; porque Amã, o segundo depois do rei, falou contra nós, para nossa ruína. Invoca o Senhor, fala ao rei em nosso favor e livra-nos da morte!"

Ester aceita e assume o risco. [9]Veio, pois, Atac e transmitiu a Ester as palavras de Mardoqueu. [10]Ester conversou com Atac e mandou-o dizer a Mardoqueu: [11]"Todos os servidores do rei e o povo das províncias sabem que se alguém, homem ou mulher, entrar no pátio interno para estar com o rei, sem ter sido chamado, por força de uma lei igual para todos, incorre na pena de morte, a não ser que o rei lhe estenda o cetro de ouro, salvando-lhe neste caso a vida. Ora, há trinta dias que não sou chamada para me apresentar ao rei". [12]Estas palavras de Ester foram comunicadas a Mardoqueu. [13]E este mandou dizer-lhe: "Não penses que serás a única entre todos os judeus a escapar, por estares na casa do rei; [14]porque se tu nesta hora te calares, os judeus receberão socorro e libertação de alguma outra parte,† mas tu e a casa de teu pai perecereis. Quem sabe se não foi justamente em previsão de uma circunstância como esta que chegaste à realeza?"

[15]Ester mandou responder a Mardoqueu: [16]"Vai, reúne todos os judeus que se acham em Susa e jejuai por mim; ficai três dias sem comer e sem beber, nem de noite e nem de dia. Eu também com minhas damas jejuaremos da mesma forma†, e depois me apresentarei ao rei, embora seja contra a lei; e se tiver de morrer, morrerei". [17]Mardoqueu retirou-se e fez tudo conforme Ester lhe ordenara.

Oração de Mardoqueu. [17a]Depois, recordando-se de todas as obras do Senhor, Mardoqueu dirigiu-lhe a seguinte oração: [17b]"Senhor, Senhor rei todo-poderoso, tudo está sob vosso domínio,* e não há quem possa opor-se a vós em vossa vontade de salvar Israel! [17c]Sois vós que criastes o céu e a terra e todas as maravilhas que estão sob o firmamento; sois o Senhor do universo, e não há quem possa resistir a vós, Senhor! [17d]Vós conheceis tudo; sabeis, ó Senhor, que não foi por orgulho, nem por vanglória que deixei de prostrar-me diante do soberbo Amã, pois que, para a salvação de Israel, estaria pronto a beijar-lhe as plantas dos pés. [17e]Mas agi assim para não colocar a glória de um homem acima da glória de Deus. Não me prostrarei jamais diante de alguém, senão diante de vós, que sois meu Senhor, e não farei isto por orgulho. [17f]Agora, pois, Senhor Deus, rei, Deus de Abraão, poupai vosso povo, porque querem destruir-nos e fazer perecer aquela que desde os tempos antigos é vossa herança. [17g]Não desprezeis a porção que para vós libertastes* da terra do Egito. [17h]Ouvi minha súplica e sede propício a vossa herança, transformai nosso luto em alegria, para que, vivos, possamos cantar hinos a vosso nome, Senhor, e não fecheis a boca dos que vos louvam!" [17i]E todo o Israel clamava com toda a força, pois pairava a morte diante de seus olhos.

Oração de Ester. [17j]Também a rainha Ester, tomada de mortal angústia, procurava refúgio junto ao Senhor. Depôs suas vestes suntuosas e vestiu roupas de luto e de dor; em lugar de perfumes preciosos, cobriu a cabeça com cinzas e pó; mortificou duramente o corpo e, nos lugares onde costumava ostentar seus alegres penteados, deixava cair as tranças de sua cabeleira desfeita. Ela suplicou assim ao Senhor, Deus de Israel:

[17k]"Ó meu Senhor, nosso rei, vós sois o Único; socorrei-me a mim, que estou só, e não tenho outro refúgio senão vós, pois um grande perigo me amea-

* **4**,17b. Êx 19,5; 2Cr 20,6s; Jt 16,14; Is 41,10-16; 2Rs 19,15; Is 40,21-26 | **4**,17g. Dt 9,26; 32,9; 1Rs 8,51; Jr 10,16; Sl 33,12; Jl 4,2; Sl 6,6; 115,17s; Is 38,18ss

† **4**,14. Mardoqueu pode estar pensando numa intervenção divina. Mas alguns autores fazem desta frase uma frase interrogativa e então o sentido seria que só de Ester pode vir a salvação. | 16. Ver a nota em Jt 12,9.

ça. [17l]Desde minha infância aprendi, no seio de minha família,* que vós, Senhor, escolhestes Israel entre todas as nações e nossos pais entre todos os seus antepassados para vossa herança perpétua, e em seu favor executastes tudo o que havíeis prometido. [17m]Agora, pecamos contra vós,* e por isso nos entregastes às mãos de nossos inimigos, por termos adorado seus deuses. Sois justo, Senhor! [17n]Mas agora eles, não satisfeitos com a amargura de nossa escravidão, colocaram as mãos sobre as mãos de seus ídolos,* para frustrar a sentença que pronunciastes, para exterminar vossa herança, fechar a boca dos que vos louvam, extinguir vosso altar e a glória de vosso templo [17o]e abrir, ao invés, a boca das nações, para enaltecer os ídolos vãos e idolatrar continuamente um rei de carne. [17p]Não abandoneis, Senhor, vosso cetro a deuses que nem sequer existem; que não se riam de nossa ruína, mas fazei recair esses projetos sobre seus autores e puni exemplarmente o primeiro de nossos perseguidores. [17q]Lembrai-vos, Senhor! Manifestai-vos no dia de nossa aflição e dai-me coragem, Rei dos deuses e senhor de toda autoridade! [17r]Ponde em minha boca* palavras persuasivas na presença do leão, voltai seu coração para o ódio a nosso inimigo, para a perdição dele e de seus semelhantes. [17s]Quanto a nós, salvai-nos com vossa mão e socorrei-me, porque estou só e não tenho senão a vós, Senhor. [17t]Vós conheceis todas as coisas e sabeis que odeio a glória dos ímpios, que abomino o leito dos incircuncisos e de todo estrangeiro. [17u]Conheceis a necessidade que me constrange e como detesto a insígnia de minha elevada posição, que trago na cabeça* nos dias em que devo aparecer em público; detesto-a como a um pano imundo e não a trago nos dias em que estou retirada. [17v]Jamais vossa serva comeu à mesa de Amã, nem prestigiou os banquetes do rei, nem bebeu o vinho das libações. [17w]Desde sua promoção até agora, nunca vossa serva provou alegria a não ser em vós, Senhor, Deus de Abraão. [17x]Ó Deus, cuja força prevalece sobre todos, ouvi a voz dos desesperados, salvai-nos das mãos dos malfeitores e livrai-me de meus temores".

5 **Ester apresenta-se ao rei.** [1]No terceiro dia, quando terminou de rezar, Ester despojou-se das vestes de suplicante e se cobriu de todo o luxo de sua grandeza. [1a]Assim, radiante de beleza, depois de invocar o Deus que vela sobre todos e os salva, tomou consigo duas servas; a uma delas se apoiava delicadamente, enquanto a outra a seguia, erguendo-lhe a cauda do vestido. [1b]No auge de sua beleza, tinha as faces rosadas, seu rosto irradiava alegria e amor, mas seu coração estava angustiado pelo medo. [1c]Depois de atravessar todas as portas, apresentou-se ante o rei, que estava sentado em seu trono real, revestido de todos os ornamentos de suas solenes aparições, todo fulgurante de ouro e pedras preciosas, e seu aspecto era terrificante. [1d]Quando ele ergueu a cabeça cintilante de majestade e lançou um olhar cheio de cólera, a rainha empalideceu e desmaiou, apoiando a cabeça sobre a serva que a precedia. [1e]Então Deus converteu em mansidão o coração do rei que, apreensivo, saltou do trono e tomou Ester nos braços até que ela voltou a si; procurava confortá-la com palavras tranquilizantes, dizendo-lhe: [1f]"Que tens, Ester? Sou teu irmão. Coragem! Não morrerás, pois nossa lei foi feita para a gente comum. Aproxima-te". [2]E, erguendo o cetro de ouro, pousou-o sobre o pescoço de Ester e a beijou, dizendo-lhe: "Fala!" [2a]Ela lhe disse: "Eu te vi, ó senhor, como um anjo de Deus, e meu coração perturbou-se diante de tua glória, porque és maravilhoso, senhor, e teu rosto é cheio de encanto". [2b]Mas enquanto falava, caiu

* **4**, 17l. Dt 6,20-25; 7,6 | 17m. Jz 2,6 | 17n. 4,17 | 17r. Dt 10,17; Sl 136,2; 95,3; Dn 2,47; 11,36 | 17u. Is 64,6; Lv 15,19-30

desfalecida. O rei ficou perturbado, enquanto todos os seus servos tentavam reanimá-la.
[3]Disse-lhe então o rei: "Que tens, rainha Ester? Qual é teu pedido?* Mesmo que seja a metade de meu reino, te será concedido". [4]Respondeu Ester: "Se parecer bem ao rei, venha hoje com Amã ao banquete que lhe preparei". [5]O rei ordenou: "Chamai logo Amã para atender ao desejo de Ester".

Assim, o rei foi com Amã ao banquete preparado por Ester.

[6]Enquanto era servido o vinho, o rei perguntou a Ester: "Qual é teu pedido? Será deferido. Que desejas? Ainda que seja a metade de meu reino, te será concedido". [7]Respondeu Ester: "Eis meu pedido e o que desejo: [8]Se encontrei graça aos olhos do rei e se lhe apraz atender a meu pedido e satisfazer meu desejo, venha o rei com Amã ao banquete que lhes darei; e amanhã farei o que o rei ordena".

Amã resolve mandar enforcar Mardoqueu. [9]Naquele dia Amã saiu feliz e com o coração alegre; mas quando, junto à porta do rei, ele viu Mardoqueu, que não se levantava nem se movia do lugar a sua passagem, encheu-se de ira contra ele. [10]Amã porém conteve-se, foi para casa, convocou os amigos e Zares, sua esposa, [11]e lhes falou da glória de suas riquezas, do grande número de seus filhos, de tudo o que o rei havia feito para engrandecê-lo e de como o elevara sobre todos os príncipes e cortesãos. [12]E acrescentou: "Também a rainha Ester, a ninguém fez vir com o rei ao banquete que havia preparado, a não ser a mim; e também para amanhã fui convidado por ela juntamente com o rei. [13]Mas tudo isso de nada vale para mim, enquanto eu vir o judeu Mardoqueu assentar-se à porta do rei!"
[14]Então lhe disseram sua esposa Zares e todos os seus amigos: "Manda preparar uma forca da altura de cinquenta côvados e amanhã de manhã pede ao rei que nela seja suspenso Mardoqueu; poderás então, todo alegre, acompanhar o rei no banquete". Este conselho agradou a Amã, e ele mandou preparar a forca.

6 **Elevação de Mardoqueu.** [1]Naquela noite, o rei não conseguia dormir; mandou, então, trazer o livro das memórias, das crônicas, que foram lidas em sua presença. [2]Achou-se escrito como Mardoqueu havia denunciado Bagatã e Tares, os dois eunucos do rei, guardas da porta, que haviam tramado um atentado contra o rei Assuero. [3]O rei perguntou: "Que honra e distinções se deram a Mardoqueu por esse ato?"* Responderam-lhe seus cortesãos que lhe serviam: "Nada foi feito por ele".
[4]Perguntou o rei: "Quem está no átrio?" Ora, Amã acabava de entrar no átrio externo do palácio real, para dizer ao rei que mandasse pendurar Mardoqueu na forca que ele lhe havia preparado. [5]Os cortesãos responderam: "É Amã que está no átrio". "Que ele entre!" disse o rei. [6]Tendo entrado Amã, o rei perguntou-lhe: "Que se deve fazer a um homem que o rei deseja honrar?" Amã pensou: "A quem o rei desejaria honrar senão a mim?" [7]E respondeu ao rei: "Para o homem que o rei deseja honrar, [8]tragam-se a veste real que o rei costuma usar e o cavalo que ele costuma montar, e sobre sua cabeça seja posta uma coroa real. [9]Veste e cavalo sejam entregues a um dos mais nobres oficiais do rei, e este revestirá o homem a quem o rei deseja honrar; ele o conduzirá montado a cavalo pelas ruas da cidade, clamando diante dele: "Assim se faz ao homem a quem o rei quer honrar!" [10]Então o rei disse a Amã: "Toma logo a veste* e o cavalo, como disseste, e faze assim a Mardoqueu, o judeu que se acha à porta do rei; e não omitas nada de tudo o que disseste"†.
[11]Amã tomou a veste e o cavalo, revestiu Mardoqueu e o levou a cavalo pelas

---

* **5**,3. 5,6; 7,2; 9,12; Mc 6,23 | **6**,3. 1,1q | 10. Dn 5,29

† **6**,10. O orgulhoso e egoísta Amã viu-se forçado a honrar e glorificar a pessoa que ele planejava enforcar.

ruas, clamando diante dele: "Assim se
faz ao homem a quem o rei quer hon-
rar!" 12Depois disso, Mardoqueu voltou
à porta do rei, e Amã foi depressa para
casa, abatido e com o rosto coberto.
13Contou à esposa Zares e a todos os
seus amigos tudo o que lhe sucedera.
Então lhe disseram seus sábios e sua
esposa Zares: "Se Mardoqueu, diante
do qual começaste a sucumbir, é da es-
tirpe dos judeus, nada poderás contra
ele, mas sucumbirás totalmente".
Amã é punido com a morte. 14Es-
tavam ainda conversando com Amã,
quando chegaram os eunucos do rei e
o conduziram apressadamente ao ban-
quete preparado por Ester.

7 1Foram, pois, o rei e Amã ao ban-
quete da rainha Ester. 2Nova-
mente, neste segundo dia, enquanto
bebiam vinho, o rei perguntou a Ester:
"Qual é teu pedido, rainha Ester? Será
deferido. Que desejas? Mesmo que
fosse a metade do reino, te será conce-
dido". 3Respondeu então a rainha: "Se
realmente encontrei graça diante de
teus olhos, ó rei, e se ao rei agradar,
concede-me a vida – eis meu pedido
– e a vida de meu povo – eis meu de-
sejo†. 4Pois fomos vendidos eu e meu
povo para sermos destruídos, massa-
crados e exterminados. Se fôssemos
vendidos como escravos e escravas,
eu me calaria; mas nosso adversário
não poderia reparar o dano feito ao
rei com nossa morte". 5O rei Assuero
perguntou* à rainha Ester: "Quem é e
onde está aquele que ousou planejar
semelhante coisa?" 6Respondeu Ester:
"O perseguidor, o inimigo é Amã, este
miserável!" Então Amã ficou aterroriza-
do na presença do rei e da rainha. 7En-
colerizado, o rei se levantou do ban-
quete e foi para o jardim do palácio,
enquanto Amã ficou a implorar por sua
vida à rainha Ester, pois compreendera
que em seu coração o rei decidira sua
ruína. 8Quando o rei voltou do jardim
do palácio à sala do banquete, viu Amã
prostrado sobre o divã onde estava Es-
ter e exclamou: "Ainda se atreve a fazer
violência à rainha em minha presença,
em minha casa?" Logo que estas pala-
vras saíram da boca do rei, cobriram o
rosto de Amã. 9Então Harbona, um dos
eunucos, disse na presença do rei: "Na
casa de Amã há uma forca de cinquen-
ta côvados de altura, preparada por ele
para Mardoqueu, o qual com uma pa-
lavra tanto bem fez ao rei". Ordenou o
rei: "Suspendei-o nela!"†. 10Suspende-
ram, pois, Amã na forca que ele havia
preparado para Mardoqueu; e o furor
do rei se aplacou.

III. O POVO JUDEU É SALVO (8–10)

8 **Mardoqueu é empossado no car-
go de Amã.** 1Naquele mesmo dia,*
o rei Assuero deu à rainha Ester a casa
de Amã, o inimigo dos judeus, e Mardo-
queu veio perante o rei, pois Ester lhe
explicara o parentesco deles dois. 2En-
tão o rei tirou do dedo o anel que havia
retirado de Amã e o entregou a Mardo-
queu;* e Ester confiou a Mardoqueu a
administração da casa que fora de Amã.
É revogado o decreto de extermínio.
3Ester voltou novamente a falar ao rei;
prostrou-se a seus pés e suplicou-lhe
entre lágrimas que revogasse a malda-
de de Amã, o agagita, e o plano que
havia tramado. 4O rei estendeu a Ester
o cetro de ouro, ela se pôs de pé diante
dele 5e disse: "Se ao rei aprouver e se
encontrei favor perante ele, se esta coi-
sa lhe parece justa e se eu lhe agrado
a seus olhos, escreva-se que ficam re-
vogadas as cartas concebidas por Amã,
filho de Amadates, o agagita, que as
fez escrever com o propósito de exter-
minar os judeus em todas as províncias
do rei; 6pois como poderia eu resistir,
ao ver a calamidade que atingiria meu

---

* **7**,5. 3,8s | **8**,1. Pr 11,8; 26,27 | 2. Dn 2,48s; Pr 13,22

† **7**,3. A intercessão de Ester, que salva o povo da perdição, faz dela uma figura de Nossa Senhora, que Deus exaltou como rainha e à qual Ele nada recusa. Este trecho do livro é lido na Missa de Nossa Senhora Aparecida. | 9. A ordem do rei é o que está prescrito em Dt 19,19.

povo? E como poderia eu resistir, ao ver a destruição de minha estirpe?" [7]Respondeu, então, o rei Assuero à rainha Ester e ao judeu Mardoqueu: "Dei a Ester a casa de Amã, e ele foi suspenso a uma forca por ter levantado a mão contra os judeus. [8]Escrevei, vós mesmos,* um decreto em favor dos judeus, em nome do rei, como vos parecer melhor, e selai-o com o anel do rei, pois uma ordem escrita em nome do rei e selada com seu anel é irrevogável". [9]Sem perder tempo, no dia vinte e três do terceiro mês, ou seja, do mês de sivã, foram convocados os secretários do rei e escreveram, conforme tudo o que ordenou Mardoqueu, aos judeus, aos sátrapas, aos governadores e aos chefes das cento e vinte e sete províncias, desde a Índia até a Etiópia, a cada província em sua respectiva escrita, a cada povo em sua própria língua e aos judeus em sua escrita própria e em sua língua. [10]Essas cartas, escritas em nome do rei Assuero e seladas com o anel do rei, foram expedidas por meio de estafetas que montavam velozes corcéis, nascidos de cavalos de raça. [11]Nelas o rei concedia aos judeus, em qualquer cidade que habitassem, o direito de se reunir e de defender sua vida, destruindo, matando e exterminando todas as pessoas armadas de qualquer povo e de qualquer província que os atacassem, sem excluir as crianças e as mulheres, e de saquear-lhes os bens, [12]e isto num mesmo dia, isto é, no dia treze do duodécimo mês, ou seja, o mês de adar, em todas as províncias do rei Assuero.

Carta em favor dos judeus. [12a]Eis o texto dessa carta:

[12b]O grande rei Assuero, aos sátrapas das cento e vinte e sete províncias, desde a Índia até a Etiópia, aos governadores de província e a todos os seus súditos leais, saudações!

[12c]Há pessoas que, quanto mais frequentemente são honradas com a maior generosidade por seus benfeitores, tanto mais se tornam arrogantes; e não só procuram prejudicar nossos súditos, mas, tornando-se sua saciedade um fardo insuportável para elas, tramam insídias contra seus próprios benfeitores. [12d]Elas não só expulsam do coração dos homens a gratidão, mas, embriagadas pelos aplausos de quem ignora o bem, presumem até poder escapar de Deus, que tudo vê, e de sua justiça, que odeia o mal. [12e]Com frequência também acontece com as autoridades constituídas que, por haverem confiado a amigos a administração dos negócios públicos e se terem deixado influenciar por eles, tornam-se responsáveis com eles pelo derramamento de sangue inocente, provocando males irreparáveis;[12f]porque os falsos raciocínios de sua índole perversa enganaram a irrepreensível boa-fé dos governantes. [12g]Isto se pode constatar não só nas antigas histórias às quais fizemos referência, mas observando também os delitos cometidos por essa peste de governantes indignos. [12h]Para o futuro envidaremos esforços para assegurar a todos a tranquilidade e a paz do reino, [12i]promovendo as oportunas mudanças e julgando sempre com a maior equidade as questões que nos forem submetidas.

[12j]Assim foi que Amã, filho de Amadates, o macedônio, na verdade estranho ao sangue persa e muito alheio a nossa benignidade, fora acolhido como hóspede entre nós. [12k]Foi tão favorecido pela amizade que professamos com todos os povos a ponto de ser proclamado nosso pai e de ver-se reverenciado por todos com a prostração, como a segunda personalidade do reino. [12l]Mas não aguentando o peso de sua soberba, intentou privar-nos do poder e da vida; [12m]valendo-se de falsos e tortuosos argumentos, pediu a pena de morte para nosso salvador e constante benfeitor, Mardoqueu, para nossa irrepreensível companheira no reino, Ester, e para todo o seu povo. [12n]Esperava, com tais meios, surpreender-nos no isolamento e passar aos macedônios o império dos persas.

---

* **8**,8. 1,19; 3,12

[12o]Ora, nós verificamos que esses judeus, condenados ao extermínio por aquele homem três vezes criminoso, não são malfeitores, mas se governam por leis justíssimas [12p]e são filhos do Altíssimo, Deus supremo e sempre vivo, a quem nós e nossos predecessores devemos a conservação do reino na maior prosperidade. [12q]Por conseguinte, agireis bem não fazendo nenhum caso das cartas enviadas por Amã, filho de Amadates, pois este seu autor foi enforcado com toda a sua família diante das portas de Susa, justo castigo que lhe foi dado sem demora por Deus, Senhor do universo. [12r]Afixai uma cópia da presente carta em todo lugar público, deixai os judeus praticar abertamente suas leis e auxiliai-os para que possam repelir os que queriam atacá-los no dia marcado para a perseguição, o dia treze do duodécimo mês, que é adar; [12s]porque este dia, que deveria ser um dia de ruína para a estirpe eleita, Deus, Senhor de todas as coisas, o transformou em dia de alegria. [12t]Quanto a vós, entre vossas festas comemorativas, celebrai este dia memorável com toda a sorte de festejos, a fim de que no presente e no futuro seja memorial de vossa salvação para nós e para os persas de boa vontade, mas para nossos adversários seja lembrança de sua perdição. [12u]Toda cidade e mais geralmente toda localidade que não executar as presentes ordens será inexoravelmente arrasada a ferro e fogo, reduzida a ser não só inabitável para os homens, mas ainda odiosa aos animais selvagens e às aves para sempre".

Júbilo dos judeus. [13]Uma cópia do edito a ser promulgado em cada província foi transmitida a todas as populações, a fim de que os judeus estivessem preparados para se vingar de seus inimigos no dia estabelecido. [14]Os estafetas, montados em cavalos velozes, usados para o serviço do rei, partiram às pressas e estimulados pela ordem do rei. O decreto foi logo promulgado também na cidadela de Susa. [15]Mardoqueu saiu da audiência com o rei trajando uma veste régia, de púrpura violeta e de linho branco, com uma grande coroa de ouro e um manto de linho e de púrpura. A cidade de Susa gritava de alegria e estava em festa. [16]Para os judeus foi um dia de luz, de alegria, de regozijo e de glória. [17]Em toda província, em toda cidade e em toda parte aonde chegava a ordem do rei e seu edito, havia entre os judeus júbilo e alegria, banquetes e festas. Entre a população do país muitos se tornaram judeus, pois o temor dos judeus apoderou-se deles.

9 **Vingança dos judeus contra seus inimigos.** [1]No dia treze do duodécimo mês, que é o mês de adar, quando a ordem e o edito do rei deveriam ser executados, naquele mesmo dia em que os inimigos dos judeus esperavam tê-los em seu poder, aconteceu o contrário: os judeus é que tiveram em seu poder seus inimigos. [2]Os judeus congregaram-se em suas cidades, em todas as províncias do rei Assuero, para agredir os que procuravam sua perdição, e ninguém lhes pôde resistir, porque o temor deles se apoderara de todos os povos. [3]Todos os chefes das províncias, os sátrapas, os governadores e os que cuidavam dos interesses do rei apoiaram os judeus, porque o temor de Mardoqueu os dominava; [4]ele se tornara poderoso na corte, e por todas as províncias se divulgava sua fama; Mardoqueu crescia sempre mais em poder. [5]Assim os judeus massacraram todos os seus inimigos, passando-os a fio de espada, matando-os e exterminando-os; e trataram seus adversários como quiseram†.

[6]Na cidadela de Susa, os judeus mataram e exterminaram quinhentos homens; [7]mataram Farsandata, Delfon, Esfata, [8]Forata, Adalia, Aridata, [9]Fermesta,* Arisai, Aridai e Jezata, [10]os dez filhos de Amã, filho de Amadates,

* **9**,9. 3,13; 9,15; Jt 15,7.11.19

† **9**,5. O autor não quer exaltar a vingança, mas demonstrar como Deus reverte as situações beneficiando os oprimidos.

o perseguidor dos judeus; mas não se
entregaram à pilhagem.
Outro dia de chacina. 11Naquele mes-
mo dia foi comunicado ao rei o nú-
mero dos mortos na cidadela de Susa.
12O rei disse à rainha Ester: "Os judeus
mataram e exterminaram quinhentos
homens e os dez filhos de Amã na ci-
dadela de Susa; que terão feito nas
outras províncias do rei? Qual é teu
pedido agora? Ele te será concedido.
Que mais solicitas? Será feito". 13Res-
pondeu Ester: "Se ao rei aprouver, seja
permitido aos judeus de Susa fazer
também amanhã o que estava decre-
tado para hoje, e os dez filhos de Amã
sejam suspensos à forca". 14O rei orde-
nou que assim se fizesse, e o decreto
foi publicado em Susa; os dez filhos
de Amã foram dependurados na forca.
15Os judeus de Susa reuniram-se tam-
bém no dia catorze do mês de adar e
mataram em Susa trezentos homens,
sem, no entanto, entregar-se à pilha-
gem. 16Também os outros judeus, que
estavam nas províncias do rei, reuni-
ram-se para defender a própria vida e
se pôr ao abrigo dos ataques de seus
inimigos; mataram setenta e cinco mil
deles, sem, todavia, entregar-se à pi-
lhagem. 17Isto aconteceu no dia treze
do mês de adar. No dia catorze repou-
saram e fizeram dele um dia de festa
e de alegria. 18Mas os judeus de Susa
reuniram-se nos dias treze e catorze
do mesmo mês; no dia quinze repou-
saram e fizeram dele um dia de festa
e de alegria. 19Por isso os judeus dos
campos, que habitam nas aldeias não
cercadas de muros, celebram o dia ca-
torze do mês de adar como um dia de
alegria, de banquete e de festa, trocan-
do presentes entre si, 19aenquanto que
para os das cidades, o dia festivo* que
passam na alegria, enviando presentes
a seus vizinhos, é o dia quinze de adar.
Instituição da festa de Purim. 20Mar-
doqueu redigiu o relato desses acon-
tecimentos e enviou cartas a todos os
judeus de todas as províncias do rei
Assuero, próximas e distantes, 21orde-
nando-lhes que celebrassem anual-
mente os dias catorze e quinze do mês
de adar, 22porque foi nesses dias que
os judeus se haviam livrado de seus
inimigos, foi nesse mês que sua angús-
tia se convertera em alegria e seu luto
em festa; que fizessem deles dias de
banquetes e de alegria, com troca de
manjares e donativos aos pobres. 23Os
judeus comprometeram-se a continuar
aquilo que já haviam começado a fazer,
e que Mardoqueu lhes havia prescrito.
24Efetivamente, Amã, filho de Ama-
dates, o agagita, o inimigo de todos os
judeus, tinha planejado exterminá-los
e havia lançado o pur, isto é, a sorte,
para o extermínio e a destruição de-
les. 25Mas quando Ester se apresentou
diante do rei, este ordenou por escrito
que recaísse sobre a cabeça de Amã a
perversa maquinação tramada contra
os judeus, e que ele e seus filhos fos-
sem suspensos à forca. 26É por isso que
esses dias foram chamados Purim†, da
palavra pur. Assim, por causa de todas
as palavras desta carta, do que teste-
munharam e do que lhes havia sucedi-
do, 27os judeus estabeleceram e adota-
ram para si mesmos, para seus descen-
dentes e para todos os que haveriam
de unir-se a eles, o costume irrevogável
de celebrar anualmente esses dois dias,
do modo prescrito na carta e no tem-
po determinado. 28Esses dias haveriam
de ser comemorados e festejados por
todas as gerações, em todas as famí-
lias, províncias e cidades; esses dias de
Purim nunca poderiam deixar de ser
celebrados entre os judeus, e sua re-
cordação jamais haveria de se apagar
entre seus descendentes.
29A rainha Ester, filha de Abiail, e o ju-
deu Mardoqueu escreveram com toda
a autoridade para dar vigor a essa se-
gunda carta relativa aos Purim. 30Foram
expedidas cartas a todos os judeus nas
cento e vinte e sete províncias do rei-

---

* **9**,19a. Ne 8,10ss

† **9**,26. Purim é o plural hebraico de Pur, 3,7. A data que os hebreus celebram até hoje com o mesmo nome chamava-se "festa de Mardoqueu" no tempo dos Macabeus, 2Mc 15,36.

no de Assuero, com sinceros votos de paz, [31]recomendando que celebrassem esses dias de Purim no tempo devido, conforme estabeleceram o judeu Mardoqueu e a rainha Ester, da maneira que eles mesmos tinham determinado para si e para seus descendentes acerca do jejum e das lamentações. [32]Uma ordem de Ester estabeleceu as modalidades desses Purim, e foi registrada num livro.

10

Poder de Assuero e de Mardoqueu. [1]O rei Assuero impôs um tributo ao continente e às ilhas do mar. [2]Todos os feitos de seu poder e de sua autoridade, bem como o relato da elevação de Mardoqueu, a quem ele exaltou, estão escritos no livro das crônicas dos reis da Média e da Pérsia. [3]Com efeito, o judeu Mardoqueu era o segundo depois do rei Assuero; era muito considerado entre os judeus e estimado pela multidão de seus irmãos, pois procurava o bem* de seu povo e falava a favor da prosperidade de toda a sua linhagem.

Mardoqueu interpreta o sonho. [3a]Então Mardoqueu disse: "Veio de Deus tudo isso! [3b]Lembro-me do sonho que tive acerca desses acontecimentos: nenhum detalhe foi omitido. [3c]A pequena fonte que se transformou em rio, a luz que despontou, o sol e as águas caudalosas. Este rio é Ester, desposada pelo rei e constituída rainha. [3d]Os dois dragões somos eu e Amã. [3e]As nações são os que se reuniram para destruir o nome dos judeus. [3f]Minha nação é Israel, aqueles que elevaram a voz a Deus e foram salvos. Sim, o Senhor salvou seu povo e nos livrou de todos esses males, e Deus operou sinais e prodígios tão grandes como jamais tinha havido entre as nações. [3g]Por isso, ele estabeleceu dois destinos: um para o povo de Deus e outro para todas as nações. [3h]Esses dois destinos se realizaram na hora, no momento e no dia, segundo o desígnio de Deus, e em todas as nações. [3i]Então, Deus se lembrou de seu povo e fez justiça a sua herança. [3j]Por isso, esses dois dias do mês de adar, isto é, os dias treze e catorze desse mês, serão por eles celebrados, reunindo-se com alegria e exultação diante de Deus, por todas as gerações, para sempre, em Israel, seu povo".

A tradução grega do livro. [3k]No quarto ano do reinado de Ptolomeu e de Cleópatra, Dositeu, que dizia ser sacerdote e levita, e Ptolomeu, seu filho, trouxeram a presente carta sobre os Purim, afirmando que se tratava da carta autêntica traduzida por Lisímaco, filho de Ptolomeu, membro da comunidade de Jerusalém.

* **10**,3. 2Mc 15,14

PRIMEIRO LIVRO DOS MACABEUS

Macabeu, que significa "martelo", é o apelido que foi dado a Judas, filho de Matatias, e depois estendido a seus irmãos João, Simão, Judas, Eleazar e Jônatas, por causa da valentia com que lutaram contra os exércitos pagãos durante a perseguição ao judaísmo. Esta perseguição foi decretada por Antíoco IV Epífanes, da dinastia dos Selêucidas, que dominaram a Judeia desde 200 até 142 a.C. Foram introduzidos na Palestina os costumes dos pagãos, a cultura e o estilo de vida dos gregos, denominado helenismo, e ao mesmo tempo os judeus foram proibidos de praticar as normas da lei mosaica sob pena de morte. Contra essas determinações levantou-se Matatias, judeu fervoroso, que arrastou atrás de si um bom número de seguidores, entre os quais os assideus. Começa então uma verdadeira guerra, com muitas batalhas travadas entre os dois lados. Sempre vitorioso nos confrontos, Judas morre afinal na batalha de Elasa e sucede-lhe Jônatas, que também conduz as tropas a diversas vitórias, até ser morto traiçoeiramente. Em seu lugar, assume o comando Simão, que obtém a independência da Judeia. A história narrada neste primeiro livro aconteceu no espaço de quarenta anos, de 175 a 134 a.C.

Apesar de terem o mesmo nome e serem chamados de primeiro e segundo, trata-se de dois livros autônomos e independentes, isto é, o segundo não é a continuação do primeiro. Este foi escrito em hebraico, mas só chegou até nós na versão grega. O autor não é conhecido, mas é provável que seja um judeu palestinense, cheio de zelo por sua fé, que escreveu depois de 134 a.C., mas antes de 63 a.C., quando os romanos anexaram a Palestina, sob Pompeu. Ele conta fatos ocorridos em sua época e cita documentos oficiais, portanto sua narrativa merece crédito, tendo-se em conta, porém, que se trata de uma história religiosa, com a mesma concepção dos livros anteriores, que viam nas adversidades do povo um castigo divino por suas infidelidades e, nas vitórias, o socorro vindo do Céu.

O livro é um apelo a amar nossa fé e nossas tradições, base de uma vida comunitária que merece ser defendida e promovida com todo o empenho.

I. PERSEGUIÇÃO RELIGIOSA (1)

1 **Alexandre Magno e seus sucessores.** 1Depois que Alexandre, o
macedônio, filho de Filipe, saindo da
terra de Cetim, venceu Dario, rei dos
persas e dos medos, reinou em seu
lugar, tendo começado pela Grécia.
2Empreendeu muitas guerras, tomou
fortalezas, matou os reis da região,
3avançou até os confins da terra, apoderou-se dos despojos de uma multidão de nações e a terra se calou diante
dele. Mas seu coração se exaltou e se
encheu de orgulho. 4Reuniu um exército poderosíssimo e conquistou regiões,
povos e soberanos, que se tornaram
seus tributários. 5Mas, depois disso,
caiu doente e compreendeu que estava
para morrer. 6Por isso convocou seus
oficiais mais ilustres, que tinham sido
educados com ele desde a mocidade,
e repartiu entre eles seu reino, quando ainda estava vivo. 7Alexandre tinha
reinado doze anos quando morreu†.
8Então seus oficiais tomaram o poder,
cada qual em seu território 9e, após sua
morte, todos cingiram o diadema e depois deles seus filhos, por muitos anos,
multiplicando os males sobre a terra.
Antíoco IV Epífanes. 10Saiu deles uma
raiz pecadora,* Antíoco Epífanes, filho
do rei Antíoco, que havia estado em
Roma como refém, e começou a reinar
no ano cento e trinta e sete da dominação grega†. 11Naqueles dias, surgiram
de Israel* homens iníquos, que instigaram a muitos, dizendo: "Vamos, façamos aliança com as nações circunvizi-

---

* **1**,10. 2Mc 4,7 | 11. 2Mc 4,9-17

† **1**,7. Alexandre Magno reinou de 336 a 323 a.C. e morreu de febre em Babilônia, aos 32 anos. | 10. O ano 137 da era selêucida equivale ao ano 175 a.C.

nhas, pois, desde que nos separamos
delas, muitos males caíram sobre nós".
12Agradou-lhes esse modo de falar, 13e
alguns dentre o povo tomaram a ini-
ciativa de ir ao rei, o qual lhes deu au-
torização para introduzir os costumes
dos gentios†. 14Construíram, então,
em Jerusalém, uma praça de espor-
tes, segundo os costumes dos pagãos,
15cancelaram os sinais da circuncisão†,
afastaram-se da santa aliança, para se
associar aos pagãos, e se venderam
para fazer o mal.
16Quando lhe pareceu que seu reino
estava bem consolidado, Antíoco resol-
veu conquistar o Egito para reinar sobre
os dois reinos. 17Invadiu, pois, o Egito*
com um exército imponente, com carros
e elefantes, com a cavalaria e uma gran-
de esquadra. 18Travou batalha contra
Ptolomeu, rei do Egito, que bateu em
retirada diante dele, e muitos caíram fe-
ridos. 19As cidades fortes do Egito foram
tomadas, e o país foi saqueado.
Perseguição contra os judeus. 20De-
pois de ter vencido o Egito,* no ano
cento e quarenta e três, Antíoco vol-
tou e marchou contra Israel, subindo
até Jerusalém com numeroso exército.
21Entrou no santuário com arrogância,
tirou o altar de ouro, o candelabro da
luz com todos os seus acessórios, 22a
mesa da apresentação, os copos, as ta-
ças, os incensórios de ouro, o véu, as
coroas e os ornamentos de ouro que
havia na fachada do templo, removen-
do tudo. 23Tomou também a prata,* o
ouro e os objetos preciosos, bem como
os tesouros escondidos que conseguiu
encontrar. 24Tendo recolhido tudo, par-
tiu para sua região, depois de ter feito
uma matança e falado com extrema
arrogância.
25Israel celebrou um grande luto em
todos os lugares,
26gemeram os chefes e os anciãos;
as virgens e os jovens perderam todo
o vigor,
e a beleza das mulheres se alterou.
27Todo recém-casado entoou um la-
mento,
e a esposa esteve de luto em seu
quarto.
28Tremeu a terra por causa de seus
habitantes,
e toda a casa de Jacó se cobriu de
vergonha.
Destruição e mortes em Jerusalém.
29Dois anos depois, o rei enviou* às ci-
dades de Judá um coletor de tributos,
que veio a Jerusalém com um exército
imponente. 30Dirigiu aos habitantes
falsas palavras de paz e ganhou a con-
fiança deles. Mas depois, caindo sobre
a cidade de improviso, golpeou-a du-
ramente e matou muita gente de Israel.
31Saqueou a cidade, entregou-a às cha-
mas e abateu as casas e os muros a seu
redor. 32Reduziram à escravidão mu-
lheres e crianças, e se apoderaram dos
rebanhos. 33Reconstruíram a cidade de
Davi† com um muro elevado, um forte
e com torres possantes, fazendo dela
sua cidadela. 34Instalaram ali gente ím-
pia, homens iníquos que se fortificaram
lá dentro. 35Abasteceram-na de armas
e víveres e depositaram aí os despojos
tomados de Jerusalém, de sorte que
se tornou uma grande armadilha. 36Foi
uma emboscada para o santuário e uma
constante ameaça para Israel.
37Derramaram sangue inocente ao
redor do santuário
e profanaram o lugar santo.
38Por causa deles fugiram os habi-
tantes de Jerusalém,
que ficou sendo habitação de estran-
geiros.
Tornou-se estranha a sua gente,
abandonada por seus próprios filhos!

---

* **1**,17. 2Mc 5,1; Dn 11,25-28 | 20. 2Mc 5,11-16 | 23. 2Mc 5,21 | 29. 2Mc 5,24ss

† **1**,13. Gentios, pagãos, nações, são termos que os judeus usavam para designar os outros povos. Aqui tem um sentido claramente pejorativo; mas em São Paulo os gentios são os destinatários da salvação, depois da recusa dos judeus, At 13,46. | 15. Uma das novidades do helenismo era o ginásio, onde os atletas lutavam completamente despidos; os jovens hebreus, para não serem discriminados, disfarçavam por meio de uma operação o sinal da aliança de Deus com Abraão. | 33. Esta "cidade de Davi" não é o mesmo local de 2Sm 5,7; fica na parte oeste de Jerusalém. Chamada cidadela ou Acra, será o baluarte da repressão síria, até ser tomada pelos judeus no tempo de Simão em 141 a.C., 13,49-52.

[39]Seu santuário ficou desolado como um deserto,
suas festas se mudaram em luto,
seus sábados, em dias de vergonha,
e sua honra, em desprezo.
[40]Igual a sua glória foi sua desonra,
e sua grandeza deu lugar ao luto.

Imposição de costumes pagãos. [41]Depois o rei enviou a todo o seu reino uma ordem para que todos formassem um só povo, [42]renunciando cada qual aos próprios costumes†. Todas as nações aceitaram a ordem do rei; [43]também em Israel muitos abraçaram de bom grado a religião dele, sacrificando aos ídolos e violando o sábado. [44]O rei expediu também decretos por meio de mensageiros a Jerusalém e às cidades de Judá, prescrevendo-lhes que adotassem os costumes estranhos ao país; [45]que se abolissem os holocaustos, os sacrifícios e as libações no santuário; que se violassem os sábados e as festas; [46]que se profanassem o santuário e as pessoas consagradas; [47]que se construíssem altares, templos e ídolos, e se imolassem porcos e animais impuros; [48]que deixassem incircuncisos os filhos e que se contaminassem com toda a sorte de impurezas e profanações, [49]de tal modo que esquecessem a lei e subvertessem todas as instituições. [50]Quem não agisse conforme a ordem do rei devia ser morto. [51]Em conformidade com todas essas ordens, que tinha enviado a todo o reino, nomeou inspetores para todo o povo e ordenou às cidades de Judá que oferecessem sacrifícios em cada uma delas. [52]Muitos dentre o povo aderiram a eles: todos os que tinham abandonado a lei. Praticaram o mal no país, [53]obrigando Israel a viver nos esconderijos e em todos os seus lugares de refúgio. [54]No dia quinze do mês de casleu,* do ano cento e quarenta e cinco, construíram a abominação da desolação sobre o altar dos holocaustos†; nas cidades circunvizinhas de Judá ergueram altares [55]e às portas das casas e nas praças ofereciam sacrifícios. [56]Os livros da lei que lhes caíam nas mãos eram rasgados e lançados ao fogo. [57]Se descobrissem na casa de alguém um exemplar da aliança, e se alguém observasse a lei, o decreto do rei o condenava à morte. [58]Com prepotência tratavam os israelitas que eram surpreendidos cada mês nas várias cidades. [59]No dia vinte e cinco de cada mês ofereciam sacrifícios no altar que estava sobre o altar dos holocaustos. [60]Conforme o decreto, as mulheres* que circuncidassem os filhos eram condenadas à morte, [61]com os filhinhos pendurados ao pescoço, com seus familiares e com os que tinham feito a circuncisão. [62]Todavia, muitos em Israel permaneceram firmes e tiveram a força de não comer nada de impuro, [63]preferindo morrer a se contaminar com alimentos impuros e a profanar a santa aliança, e de fato morreram. [64]Uma grande ira pesou fortemente sobre Israel.

II. MATATIAS
(2)

2 **Matatias, pai dos Macabeus†.** [1]Naquele tempo, Matatias, filho de João, filho de Simão, sacerdote da descendência de Joarib, deixou Jerusalém para se estabelecer em Modin. [2]Tinha cinco filhos: João, apelidado Gadi; [3]Simão, chamado Tassi; [4]Judas, chamado Macabeu; [5]Eleazar, chamado Auarã; Jônatas, chamado Afus†. [6]Ao ver

---

* **1**,54. Dn 9,27; 11,31 | 60. 2Mc 6,10

† **1**,42. Para promover a unificação do país, o rei impõe o helenismo, ou seja, os costumes gregos, seu modo de viver e a cultura grega. Começa a perseguição religiosa aos judeus com a abolição de suas instituições. Muitos judeus abandonam a lei, enquanto outros passam da resistência passiva à guerra santa. | 54. A expressão significa "horror devastador" e reaparece em Dn 9,27; 11,31; 21,11; Mt 24,15; Mc 13,11. Foi erigido um altar pagão no templo sobre o altar dos holocaustos. | **2**. Macabeu significa martelo: a família foi um verdadeiro martelo contra os inimigos. Os descendentes de Matatias também são chamados asmoneus, de Asmon, um dos antepassados deles. | 5. Todos os cinco morrerão de morte violenta: dois no campo de batalha – Eleazar, 6,43-46, e Judas, 9,18 – e os outros três por traição – João, 9,6.38, Jônatas, 12,48, e Simão, 16,16.

as impiedades que se cometiam em
Judá e em Jerusalém, 7exclamou: "Ai de
mim! Por que eu nasci para ver a ruína
de meu povo e a destruição da cidade
santa, ficando aqui sentado, enquanto
ela é entregue às mãos dos inimigos e
o santuário às mãos de estrangeiros?
8Seu templo tornou-se como um ho-
mem sem glória,
9os objetos que eram sua glória fo-
ram levados como despojos;
seus meninos foram mortos em suas
praças,
seus jovens, pela espada do inimigo.
10Que nação não herdou uma parte
de seu reino
e não se apoderou de seus despojos?
11Foi-lhe roubado todo o ornamen-
to,
e de livre tornou-se escrava.
12Nosso lugar santo, nossa beleza,
nossa glória,
foi devastado, e as nações o profa-
naram:
13para que ainda viver?"
14Matatias e seus filhos rasgaram as
vestes, vestiram roupas de saco e cho-
raram amargamente.
Zelo de Matatias. 15Os emissários do
rei, encarregados de forçar à aposta-
sia, vieram à cidade de Modin para os
sacrifícios. 16Muitos israelitas juntaram-
-se a eles, porém, Matatias e seus fi-
lhos reuniram-se à parte. 17Tomando a
palavra, os emissários do rei disseram
a Matatias: "Tu és um chefe ilustre e
poderoso nesta cidade, apoiado por
filhos e parentes. 18Aproxima-te, pois,
por primeiro e cumpre a ordem do rei,
como têm feito todas as nações, como
também os homens de Judá e os que
ficaram em Jerusalém. Assim, tu e teus
filhos sereis contados entre os amigos
do rei; tu e teus filhos sereis honrados
com prata, ouro e muitos outros pre-
sentes". 19Em resposta, disse Matatias
em voz alta: "Ainda que todas as na-
ções sob o domínio do rei lhe obede-
çam, abandonando cada qual a religião
de seus pais e aderindo às ordens do
rei, 20eu, meus filhos e meus parentes
continuaremos a caminhar na alian-
ça de nossos pais. 21Deus nos livre de
abandonar a lei e as tradições! 22Não
daremos ouvido às palavras do rei para
nos desviar de nosso culto, nem à direi-
ta e nem à esquerda".
23Mal acabou de falar, um judeu
adiantou-se à vista de todos para sacri-
ficar sobre o altar de Modin, conforme
o ordem do rei. 24Quando o viu, Mata-
tias inflamou-se de zelo, estremeceram
suas entranhas e, tomado de justa có-
lera, arremessou-se sobre ele e o ma-
tou sobre o altar. 25Matou também na
mesma hora o oficial do rei que forçava
a sacrificar e destruiu o altar. 26Agiu por
zelo pela Lei, como havia feito Fineias*
com Zambri, filho de Salu. 27Depois
Matatias pôs-se a gritar pela cidade:
"Quem tem zelo pela Lei e quer defen-
der a aliança siga-me!" 28Ele e seus fi-
lhos* fugiram para os montes, abando-
nando na cidade tudo o que possuíam.
Preparação para a guerra. 29Então,
muitos que buscavam a justiça e o di-
reito desceram para morar no deserto,
30levando consigo os filhos, as mu-
lheres e os animais, porque os males
pesavam sobre eles. 31Foi referido aos
oficiais do rei e às milícias que esta-
vam em Jerusalém na cidade de Davi
que aqueles homens, os quais haviam
transgredido a ordem do rei, haviam
descido para os esconderijos no de-
serto†. 32Então saíram muitos* em sua
perseguição e, alcançando-os, acam-
param defronte deles, preparando-se
para dar-lhes combate em dia de sába-
do. 33E lhes diziam: "Agora basta! Saí,
cumpri a ordem do rei e tereis salva a
vida". 34Mas eles responderam: "Não
sairemos e não cumpriremos a ordem
do rei, profanando o dia de sábado".
35Então os inimigos sem demora os
atacaram, 36mas eles não revidaram,
não atiraram uma só pedra, nem bar-
ricaram seus esconderijos, 37dizendo:

* **2**,26. 25,6-15 | 28. 2Mc 5,27 | 32. 2Mc 6,11

† **2**,31. Esses esconderijos são principalmente grutas, algumas enormes, resultantes da erosão. Em muitas delas foram descobertos os "manuscritos do mar Morto" ou "de Qumran".

"Morramos todos em nossa inocência; o céu e a terra são testemunhas de que nos matais injustamente". 38A tropa se lançou sobre eles, atacando-os em dia de sábado, e morreram eles, suas mulheres, seus filhos e seus animais em número de mil pessoas.

39Quando Matatias e seus filhos souberam disso, muito se entristeceram por eles. 40Disseram, depois, um ao outro: "Se todos fizermos como fizeram nossos irmãos, não combatendo contra os gentios por nossas vidas e por nossas tradições, em breve nos exterminarão da face da terra". 41Tomaram naquele dia esta decisão: "Combateremos contra quem quer que nos ataque em dia de sábado e não morreremos todos, como pereceram nossos irmãos nos esconderijos".

Os assideus se unem a Matatias. 42Então uniu-se a eles um grupo dos assideus†, homens valentes de Israel, todos apegados à lei. 43Também todos os que fugiam por causa dos males juntaram-se a eles e lhes deram apoio. 44Formaram assim um exército e bateram, em sua ira, os pecadores e os homens ímpios com furor. Os restantes, para salvar-se, refugiaram-se junto aos gentios. 45Matatias e seus amigos percorreram o país, destruíram os altares 46e circuncidaram à força os meninos incircuncisos que encontraram no território de Israel. 47Deram caça aos soberbos, e por seu mérito a empresa foi bem-sucedida; 48defenderam a lei contra a prepotência das nações e dos reis e não permitiram que prevalecessem os pecadores.

Testamento de Matatias. 49Contudo, aproximavam-se de seu fim os dias de Matatias. Ele disse a seus filhos: "Agora triunfam a soberba e a injustiça, é o tempo da destruição e da explosão da cólera. 50Pois bem, caros filhos, mostrai zelo pela Lei e dai vossas vidas pela aliança de nossos pais. 51Lembrai-vos dos grandes feitos de nossos pais em seus tempos e ganhareis uma grande glória e um renome eterno. 52Porventura Abraão* não foi achado fiel na prova e isto não lhe foi imputado como justiça? 53José, no tempo de sua angústia,* observou o preceito e tornou-se senhor do Egito. 54Fineias,* nosso pai, pelo zelo demonstrado, obteve a aliança de um sacerdócio eterno. 55Josué, por ter cumprido* a palavra divina, tornou-se juiz em Israel. 56Caleb, por haver testemunhado diante da assembleia, recebeu uma herança no país. 57Davi, por sua piedade,* obteve o trono do reino para sempre. 58Elias foi elevado* ao céu porque demonstrara um zelo ardente pela lei. 59Ananias, Azarias, Misael,* por sua fé, foram salvos das chamas. 60Daniel, por sua retidão,* foi libertado da boca dos leões. 61Compreendei assim que, de geração em geração, todos aqueles que esperam nele não sucumbem. 62Não tenhais medo das palavras do homem pecador, pois sua glória acabará em esterco e em vermes. 63Hoje é exaltado, mas amanhã terá desaparecido, porque voltará a seu pó, e seus projetos serão aniquilados. 64Filhos, sede valorosos e ficai firmes na lei, porque por ela sereis glorificados. 65Aí tendes vosso irmão Simão. Sei que é homem sábio; ouvi-o sempre; ele será vosso pai. 66Judas Macabeu, valente guerreiro desde a juventude, será para vós o comandante do exército e conduzirá a batalha contra os povos. 67Reuni em torno de vós todos os cumpridores da Lei e vingai vosso povo. 68Retribuí aos gentios o que merecem e estai sempre atentos às prescrições da Lei". 69Depois os abençoou e foi reunido a seus pais. 70Morreu no ano cento e quarenta e seis e foi sepultado no sepulcro de seus pais em Modin. Todo o Israel o chorou com grande luto.

* **2**,52. Gn 15,6 | 53. Gn 37; 39-41 | 54. Nm 25,6-13 | 55. Nm 13,30; 14,24 | 57. 2Sm 7 | 58. 1Rs 19,10.14; 2Rs 2,11s | 59. Dn 3 | 60. Dn 6

† **2**,42. O termo "assideus" significa "piedosos" e designa um grupo de judeus observantes da lei, hostis aos costumes pagãos e alheios à política. Apoiaram os macabeus, enquanto estes se mantiveram no campo religioso. Deles derivam os fariseus e os essênios.

III. AS BATALHAS DE JUDAS MACABEU (3,1–9,22)

3 **Judas, herói nacional.** 1Em seu lugar surgiu seu filho Judas, chamado Macabeu; 2todos os seus irmãos e todos os que haviam aderido a seu pai lhe deram apoio e combateram com entusiasmo a guerra por Israel.

3Ele dilatou a glória de seu povo,
revestiu-se com a couraça como um gigante,
cingiu-se com a armadura de guerra;
travou batalhas
e protegeu o acampamento com a espada.
4Foi semelhante a um leão em suas empresas,
a um leãozinho que ruge sobre a presa.
5Perseguiu os ímpios, caçando-os,
e entregou às chamas os que perturbavam seu povo.
6Esmoreceram os ímpios por medo dele,
e os malfeitores foram confundidos.
7Causou amarguras a muitos reis
e alegrou Jacó com seus feitos.
8Percorreu as cidades de Judá e exterminou delas os ímpios
e apartou de Israel a ira divina.
9Tornou-se famoso até os confins da terra
e reuniu os dispersos.

Primeiras vitórias de Judas. 10Apolônio havia reunido, além dos gentios, um grande exército da Samaria para guerrear contra Israel. 11Judas, sabendo disso, marchou a seu encontro, derrotou-o e o matou; muitos caíram feridos de morte e os restantes fugiram. 12Tomaram seus despojos. Judas apoderou-se da espada de Apolônio e com ela combateu durante todos os seus dias.

13Seron, comandante do exército da Síria, soube que Judas havia reunido ao redor de si um grupo de fiéis e de homens prontos a sair para a guerra. 14Ele disse: "Vou ganhar fama e alcançar glória no reino; combaterei Judas e seus adeptos que desprezam as ordens do rei". 15Partiu, pois, e junto com ele subiu um forte exército de ímpios para ajudá-lo a tomar vingança dos israelitas. 16Quando chegou à subida de Bet-Horon, Judas saiu contra ele com pouca gente. 17Ao verem o exército que marchava contra eles, disseram a Judas: "Como poderemos nós, sendo tão poucos, combater contra uma multidão tão grande e forte? Estamos esgotados porque hoje ainda estamos em jejum". 18Mas Judas respondeu: "É bem fácil que muitos caiam nas mãos de poucos, e para o Céu† é indiferente salvar por meio de muitos ou de poucos; 19na guerra* o triunfo não depende da grandeza do exército, mas é do Céu que vem a força. 20Eles marcham contra nós, cheios de insolência e de impiedade, para eliminar-nos com nossas mulheres e nossos filhos e para nos saquear; 21mas nós combatemos por nossas vidas e por nossas leis. 22Ele os aniquilará diante de nós; portanto, não os temais". 23Logo que acabou de falar, caiu sobre eles de improviso, e Seron e seu exército saíram derrotados* diante dele. 24Eles os perseguiram pela descida de Bet-Horon até à planície. Caíram cerca de oitocentos homens, e os restantes fugiram para a região dos filisteus. 25Assim, Judas e seus irmãos começaram a ser temidos, e o terror se apoderou das nações ao redor. 26A fama dele chegou ao conhecimento do rei, e as nações falavam das batalhas de Judas.

Lísias, delegado de Antíoco. 27Ao ouvir essas notícias, o rei Antíoco inflamou-se de cólera e mandou reunir todas as tropas de seu reino, um exército poderosíssimo. 28Abriu seu erário, pagou às tropas o soldo de um ano e ordenou-lhes que estivessem prontas para qualquer eventualidade. 29Viu,

---

* **3**,19. 1Sm 14,6 | 23. Js 10,10

† **3**,18. Para evitar toda profanação, nem sequer pronunciavam o nome divino, que substituíam por "Céu".

porém, que faltava dinheiro em seus cofres e que os tributos do país eram escassos por causa da revolta e da ruína que ele mesmo havia provocado na região, por ter abolido as tradições que estavam em vigor desde os tempos antigos. 30Teve receio, então, de não poder dispor, como lhe acontecera uma ou duas vezes, de recursos para as despesas e os donativos que fazia com mão pródiga, superando os reis precedentes. 31A ansiedade apoderou-se de sua alma e então resolveu ir à Pérsia recolher os tributos das províncias e juntar muito dinheiro. 32Deixou Lísias, homem ilustre de estirpe régia, na direção dos negócios do reino desde o rio Eufrates até à fronteira do Egito, 33incumbindo-o também de educar seu filho Antíoco, até seu regresso. 34Confiou-lhe a metade de seu exército com os elefantes e deu-lhe instruções a respeito de tudo o que desejava, também com referência aos habitantes da Judeia e de Jerusalém; 35devia enviar contra eles um exército para abater e destruir o poder de Israel e o resto de Jerusalém, cancelar até mesmo sua lembrança daquele lugar 36e instalar estrangeiros em todos os seus territórios, distribuindo-lhes as terras. 37O rei tomou a outra metade do exército e partiu de Antioquia, capital de seu reino, no ano cento e quarenta e sete. Atravessou o rio Eufrates e pôs-se a percorrer as províncias setentrionais.

38Lísias escolheu Ptolomeu,* filho de Dorímenes, Nicanor e Górgias, homens valorosos entre os amigos do rei; 39enviou com eles quarenta mil homens e sete mil cavaleiros para invadir a terra de Judá e devastá-la conforme a ordem do rei. 40Partiram com todas as suas tropas e foram acampar na planície, perto de Emaús.

41Quando os comerciantes do país ouviram falar deles, vieram ao acampamento trazendo grande quantidade de prata e de ouro, como também correntes, para comprar os israelitas como escravos. A eles se juntaram tropas da Síria e de países estrangeiros.

Conselho dos Macabeus. 42Judas e seus irmãos viram que os males se agravavam e que aquelas tropas acampavam em seu território; souberam o que o rei havia mandado fazer para a ruína e o extermínio do povo. 43Por isso disseram uns aos outros: "Façamos o povo reerguer-se de seu abatimento e combatamos por nosso povo e pelo santuário". 44Então foi convocada a assembleia geral em preparação para a guerra e para rezar e implorar piedade e misericórdia.

45Jerusalém estava desabitada como um deserto:

não havia entre seus filhos quem entrasse ou saísse;
o santuário era calcado aos pés;
filhos de estrangeiros ocupavam a cidadela,
transformada em abrigo de gentios;
a alegria fora banida de Jacó,
não se ouvia mais a flauta nem a cítara.

46Reuniram-se, pois,* e foram para Masfa, defronte de Jerusalém, porque antigamente havia em Masfa um lugar de oração para Israel. 47Naquele dia jejuaram, vestiram-se de pano de saco, puseram cinza na cabeça e rasgaram as vestes. 48Desenrolaram o livro da Lei,* buscando nele as coisas que os gentios perguntavam aos ídolos de seus deuses. 49Trouxeram também as vestes sacerdotais, as primícias e os dízimos e mandaram vir os nazireus* que tinham cumprido o tempo de seu voto. 50Elevaram a voz para o Céu,* dizendo: "Que faremos destes e para onde os levaremos? 51Vosso santuário foi calcado aos pés e profanado, vossos sacerdotes estão de luto e humilhados. 52As nações se reuniram contra nós para nos aniquilar; vós sabeis o que tramam contra nós. 53Como poderemos resistir diante deles, se não nos socorreis?" 54Então tocaram as trombetas e gritaram em voz alta.

* **3**,38. 2Mc 8,8-15; 4,45; 8,8s; 10,14; 2,18 | 46. 2Mc 8,16-23; Jz 20,1ss; 1Sm 7,5s | 48. 2Mc 8,23 | 49. Nm 6,1 | 50. 2,21

[55]Depois, Judas nomeou os comandantes do povo: chefes de mil, de cem, de cinquenta e de dez; [56]ordenou aos que estavam construindo sua casa, aos que tinham acabado de se casar ou de plantar uma vinha,* como também aos medrosos, que cada qual voltasse para casa, conforme a Lei. [57]Então o exército pôs-se em marcha e foi acampar ao sul de Emaús. [58]Judas disse: "Cingi as armas, sede fortes e estai prontos para dar combate amanhã de manhã a estas nações que se aliaram contra nós para destruir a nós e nosso santuário. [59]Porque para nós é melhor morrer combatendo do que ver a ruína de nossa gente e do santuário. [60]O que for da vontade do Céu* ele o fará!"

4 **Judas derrota Górgias.** [1]Górgias tomou consigo* cinco mil homens e mil cavaleiros escolhidos; essa tropa saiu de noite [2]para invadir o acampamento dos judeus e atacá-los de improviso. Os homens da cidadela lhe serviam de guia. [3]Logo que o soube, Judas* partiu com seus guerreiros para cair sobre o exército do rei que se achava em Emaús, [4]enquanto as tropas ainda estavam dispersas fora do acampamento. [5]Górgias chegou à noite ao acampamento de Judas e, não encontrando ninguém, pôs-se a procurá-los pelas montanhas, dizendo: "Fugiram de nós". [6]Ao despontar do dia, Judas surgiu na planície com três mil homens, os quais, porém, não tinham armaduras nem espadas como desejariam. [7]Viram que o acampamento dos gentios era poderoso e fortificado, que a cavalaria o rodeava e que eram homens treinados para a guerra. [8]Judas disse aos que estavam com ele: "Não temais seu número e não tenhais medo de seu assalto. [9]Lembrai-vos como nossos pais foram salvos no mar Vermelho, quando o Faraó os perseguiu com um exército. [10]Clamemos, pois, agora ao Céu,* na esperança de que nos seja benigno, que se recorde da aliança com nossos pais e derrote hoje esse exército diante de nós. [11]Assim todas as nações saberão que existe quem resgata e salva Israel". [12]Quando os estrangeiros levantaram os olhos e viram que os judeus marchavam contra eles, [13]saíram do acampamento para travar batalha. Os que estavam com Judas tocaram então as trombetas [14]e atacaram. Os gentios foram derrotados e fugiram para a planície. [15]Os que ficaram para trás caíram todos a golpes de espada. Perseguiram-nos até Gazara e até as planícies da Idumeia, de Azoto e de Jâmnia, de modo que tombaram uns três mil homens.

[16]Quando Judas e suas tropas retornaram da perseguição, [17]disse ele ao povo: "Deixai de lado a avidez dos despojos, porque um outro combate nos espera: [18]Górgias com suas tropas está na montanha perto de nós; por isso resisti agora diante de nossos inimigos e combatei-os; depois recolhereis os despojos com segurança". [19]Judas estava acabando de falar, quando apareceu um esquadrão que espiava do alto do morro. [20]Viram que os seus tinham sido postos em fuga e que o acampamento estava em chamas, pois a fumaça que ainda se via manifestava o acontecido. [21]Ao verem isto, foram dominados pelo pânico e, vendo também que as tropas de Judas estavam na planície, prontas para o combate, [22]fugiram todos para a região dos filisteus. [23]Então Judas voltou para saquear o acampamento, onde encontraram muito ouro, prata, tecidos de púrpura violeta e de púrpura marinha e riquezas em quantidade. [24]Ao voltar cantavam hinos e bendiziam o Céu:

"Porque ele é bom e eterna é sua misericórdia".*

[25]Aquele foi um dia de grande libertação para Israel.

Judas derrota Lísias. [26]Os estrangeiros* que escaparam foram referir a Lísias todo o acontecido. [27]Ao ouvir isto, ficou consternado e abatido, porque as coisas em Israel não tinham acontecido como ele desejava, e o êxito não fora

* **3**,56. Dt 20,5-9 | 60. 2,21 | **4**,1. 2Mc 8,23-29 | 3. 1,33 | 10. 2,21 | 24. Sl 118,1ss | 26. 2Mc 11,1-12

conforme as ordens do rei. 28Por isso, no ano seguinte reuniu sessenta mil homens escolhidos e cinco mil cavaleiros para combater os judeus. 29Entraram na Idumeia e acamparam em Betsur, e Judas saiu contra eles com dez mil homens. 30Ao ver tão forte exército, rezou, dizendo: "Bendito sois vós, ó Salvador de Israel, que quebrastes o ímpeto do gigante pela mão de vosso servo Davi e entregastes o exército dos filisteus nas mãos de Jônatas, filho de Saul,* e de seu escudeiro. 31Do mesmo modo, fazei cair este exército nas mãos de Israel, vosso povo, de modo que sejam cobertos de ignomínia com suas forças e com sua cavalaria. 32Infundi neles o terror, quebrantai a audácia de sua força e sejam arrastados na própria derrota. 33Derrubai-os sob a espada dos que vos amam, a fim de que vos louvem com hinos todos os que conhecem vosso nome". 34Lançaram-se uns contra os outros e caíram diante deles cerca de cinco mil homens do exército de Lísias. 35Vendo a retirada de suas tropas e a audácia demonstrada pelos soldados de Judas, como estavam prontos a viver ou morrer corajosamente, Lísias voltou para Antioquia, onde começou a recrutar mercenários estrangeiros em maior número, para depois voltar para a Judeia.

Restabelecimento do culto. 36Então Judas e seus irmãos* disseram: "Nossos inimigos estão derrotados; vamos, pois, purificar o santuário e consagrá-lo de novo. 37Reuniram todo o exército e subiram ao monte Sião. 38Viram o santuário deserto,* o altar profanado, as portas incendiadas e o mato que crescia nos átrios como se fora num bosque ou num monte, e as salas destruídas. 39Rasgaram as vestes, fizeram uma grande lamentação, cobriram-se de cinzas, 40prostraram-se com a face por terra, mandaram dar os sinais com as trombetas e elevaram clamores ao Céu.* 41Judas incumbiu certo número de homens de combater os da cidadela, até que ele tivesse purificado o santuário. 42Escolheu sacerdotes sem mácula, observantes da lei, 43os quais purificaram o santuário e levaram para um lugar impuro* as pedras contaminadas. 44Deliberaram o que deviam fazer do altar dos holocaustos, que tinha sido profanado, 45e ocorreu-lhes a boa ideia de demoli-lo, a fim de que não se tornasse para eles motivo de desonra, porque os gentios o haviam contaminado. Demoliram-no 46e colocaram as pedras no monte do templo, num lugar conveniente, à espera de que viesse algum profeta† e se pronunciasse a seu respeito. 47Depois tomaram pedras intactas, segundo a prescrição da Lei,* e construíram um altar novo, conforme o modelo do anterior. 48Restauraram o santuário* e o interior do templo e consagraram os átrios. 49Mandaram fazer novos utensílios sagrados e introduziram no templo o candelabro, o altar dos perfumes e a mesa. 50Queimaram incenso sobre o altar, acenderam as lâmpadas do candelabro, que voltaram a brilhar no templo. 51Puseram os pães sobre a mesa, dependuraram as cortinas e terminaram todos os trabalhos empreendidos. 52No dia vinte e cinco do nono mês, ou seja, do mês de casleu, do ano cento e quarenta e oito, levantaram-se bem cedo* 53e ofereceram um sacrifício, conforme as prescrições da Lei, sobre o novo altar dos holocaustos que tinham construído. 54Exatamente no tempo e no dia em que os gentios o haviam profanado, foi inaugurado entre cânticos e ao som de cítaras, harpas e címbalos. 55Todo o povo se prostrou com o rosto por terra, adorando e bendizendo o Céu que os havia conduzido ao sucesso. 56Celebraram a dedicação do altar durante oito dias, oferecendo com alegria holocaustos e sacrifícios de comunhão e de ação de graças. 57Além disso, ornaram a fa-

---

* **4**,30. 1Sm 17; 14,1-23 | 36. 2Mc 10,1-8 | 38. Sl 74,2-7 | 40. 2,21 | 43. 1Rs 8,64 | 47. Êx 20,25 | 48. Êx 25,31-39; 30,1-10; 25,23-30 | 52. Êx 20,25

† **4**,46. Desde o tempo de Malaquias não havia profetas; o povo sentia sua ausência e continuava na espera, 9,27; 14,41.

chada do templo com coroas de ouro e pequenos escudos. Refizeram os portões e os aposentos, nos quais colocaram portas. [58]Foi imensa a alegria entre o povo, e assim foi cancelado o opróbrio infligido pelos gentios. [59]Depois, Judas, seus irmãos e toda a assembleia de Israel estabeleceram que se celebrassem os dias da dedicação do altar em sua data própria, todos os anos, durante oito dias, a partir do dia vinte e cinco do mês de casleu, com grande júbilo e alegria†. [60]Nesse tempo construíram em torno do monte Sião muros altos e torres sólidas, para que os gentios não voltassem a calcá-lo aos pés como fizeram antes. [61]Judas instalou ali forças militares para o defender e fortificou também Betsur, para que o povo tivesse um baluarte contra a Idumeia.

5 **Vitória sobre as nações vizinhas.** [1]Quando as nações ao redor ouviram falar que o altar tinha sido reconstruído e que o santuário fora restaurado em seu estado anterior, ficaram sumamente irritados; [2]decidiram eliminar os da estirpe de Jacó que viviam entre eles e começaram a matar e a fazer massacre entre o povo. [3]Então Judas* pôs-se a combater contra os filhos de Esaú na Idumeia, em Acrabatena, porque oprimiam os israelitas; infligiu-lhes uma fragorosa derrota, humilhando-os e tomando seus despojos. [4]Lembrou-se depois da maldade dos filhos de Beã, que eram para o povo um laço e um tropeço, armando-lhes emboscadas nos caminhos. [5]Obrigou-os a se refugiar nas torres, sitiou-os e votou-os ao extermínio, incendiando-lhes as torres* com todos os que se encontravam dentro. [6]Em seguida, passou aos amonitas, onde encontrou um forte contingente e um povo numeroso sob o comando de Timóteo. [7]Organizou contra eles muitas expedições de guerra, derrotando-os e aniquilando-os. [8]Conquistou também Jazer e seus arredores e voltou para a Judeia.

[9]Então se aliaram os pagãos de Galaad contra os israelitas que viviam em seu território, para os destruir, mas estes fugiram para a fortaleza de Datema [10]e escreveram uma carta a Judas e a seus irmãos, dizendo: "Os gentios que nos circundam reuniram-se contra nós para nos eliminar [11]e já se preparam para tomar a fortaleza onde nos refugiamos; Timóteo comanda seu exército. [12]Vem, pois, livrar-nos de suas mãos, porque já tombaram muitos dos nossos. [13]Todos os nossos irmãos que estavam no território de Tobias foram mortos; suas mulheres foram levadas escravas com seus filhos e seus bens, e trucidaram aí cerca de mil homens".

Vitória de Simão na Galileia. [14]Estavam ainda lendo esta carta, quando chegaram da Galileia outros mensageiros com as vestes rasgadas, trazendo notícias semelhantes. [15]Diziam que se tinham unido contra eles os habitantes de Ptolemaida, de Tiro e de Sidônia, com toda a Galileia das nações, para exterminá-los.

[16]Quando Judas e o povo ouviram essas coisas, reuniu-se uma grande assembleia para deliberar o que haviam de fazer por seus irmãos atribulados e oprimidos pelos gentios. [17]Judas disse a seu irmão Simão: "Escolhe um contingente de homens e vai libertar teus irmãos da Galileia; eu e meu irmão Jônatas iremos para Galaad". [18]Deixou José, filho de Zacarias, e Azarias, chefe do povo, com o resto das tropas guardando a Judeia. [19]Deu-lhes esta ordem: "Governai este povo, mas não traveis batalhas com os gentios até nossa volta". [20]Foram dados três mil homens a Simão para a expedição à Galileia, e a Judas oito mil para Galaad.

[21]Simão partiu para a Galileia, onde travou muitas batalhas com os gentios, que foram desbaratados diante dele. [22]Perseguiu-os até às portas de Ptolemaida; dos gentios tombaram cerca de três mil homens, e Simão se apoderou

* **5**,3. 2Mc 10,15-23 | 5. Js 6,17

† **4**,59. Festa ainda hoje celebrada pelos judeus, que a chamam de Hanucá. Festa das luzes, que representam o dom da Lei, ela aparece no Evangelho com o nome de "Dedicação", Jo 10,22.

de seus despojos. 23Tomou depois os israelitas que estavam na Galileia e em Arbates, com suas mulheres e filhos e todos os seus bens, e os levou para a Judeia com grande alegria.

Novas vitórias de Judas. 24Enquanto isso, Judas Macabeu e Jônatas, seu irmão, atravessaram o rio Jordão* e caminharam três dias pelo deserto. 25Encontraram-se com os nabateus, que os acolheram pacificamente e os informaram a respeito de tudo o que acontecera a seus irmãos em Galaad. 26"Muitos deles, disseram, encontram-se presos em Bosora, Bosor, Alimas, Casfo, Maced e Carnaim, todas elas cidades grandes e fortificadas; 27e há prisioneiros também nas outras cidades de Galaad. Para amanhã está marcado o ataque às fortalezas, para conquistá-las, e eliminar todos no mesmo dia". 28Então Judas, com seu exército, voltou logo atrás pelo caminho do deserto rumo a Bosora; tomou a cidade e passou a fio de espada todos os homens, tomou todos os seus despojos e incendiou a cidade. 29De noite partiu de lá e levou os seus até a fortaleza. 30De manhã, erguendo os olhos, viram uma multidão incalculável que erguia escadas e máquinas para tomar a fortaleza e que atacava os sitiados. 31Ao ver que a batalha já havia começado e que a gritaria da cidade subia ao céu com o clangor das trombetas e clamores intensos, 32Judas disse a seus soldados: "Lutai hoje por vossos irmãos!" 33Lançou-os em três fileiras às costas do inimigo, tocando as trombetas e erguendo gritos de invocações. 34As tropas de Timóteo souberam que era o Macabeu, puseram-se em fuga diante dele e sofreram uma pesada derrota. Nesse dia tombaram cerca de oito mil de seus homens. 35Judas dirigiu-se então para Alimas, atacou-a, tomou-a, matou todos os seus varões, saqueou-a e entregou-a às chamas. 36Partindo dali, conquistou Casfo, Maced, Bosor e as outras cidades de Galaad.

Judas vence Timóteo em Basã. 37Depois desses acontecimentos, Timóteo recrutou outro exército e acampou defronte de Rafon, do outro lado da torrente. 38Judas mandou explorar o acampamento, e lhe referiram: "Uniram-se a ele todos os estrangeiros que nos rodeiam, formando um exército imponente; 39também árabes foram recrutados como auxiliares. Estão acampados do outro lado da torrente, prontos para atacar-te". Então Judas marchou para enfrentá-los. 40Enquanto Judas se aproximava da torrente com seu exército, Timóteo disse aos comandantes de suas tropas: "Se ele atravessar por primeiro* contra nós, não poderemos resistir-lhe, porque terá uma grande vantagem sobre nós. 41Mas se tiver medo e acampar além do rio, nós atravessaremos e sairemos vitoriosos". 42Quando Judas se aproximou da torrente, pôs os escribas do povo ao longo da torrente, dando-lhes esta ordem: "Não permitais que ninguém se detenha, mas todos deverão ir ao combate". 43Passou ele por primeiro ao encontro do inimigo, e todo o povo o seguiu. Foram batidos diante dele todos aqueles gentios, que atiraram fora as armas e se refugiaram no templo de Carnaim. 44Os judeus tomaram a cidade e atearam fogo ao templo com todos os que estavam dentro. Assim, Carnaim foi vencida e não puderam mais resistir diante de Judas. 45Judas reuniu todos os israelitas residentes em Galaad, do menor ao maior, com suas mulheres e filhos e com todos os seus bens, uma multidão imensa, para levá-los à terra de Judá.

Destruição de Efron. 46Chegaram a Efron, cidade grande e fortificada, situada no caminho, e que não se podia contornar nem pela direita e nem pela esquerda, sendo necessário atravessá-la. 47Mas seus moradores* fecharam a passagem e obstruíram as portas com pedras. 48Judas mandou dizer-lhes em termos amistosos: "Vamos atravessar tua terra para voltar-mos à nossa. Ninguém vos fará mal; apenas passaremos a pé". Mas não quiseram abrir as portas. 49Então Judas mandou anunciar

---

* **5**,24. 2Mc 12,10-31 | 40. 1Sm 14,9s | 47. Nm 20,14s; 21,21s

a toda a tropa que cada um tomasse
posição no lugar onde estivesse. 50Os
soldados tomaram posição; ele atacou
a cidade durante todo aquele dia e
toda a noite, e a cidade caiu* em suas
mãos. 51Passou a fio de espada todos
os varões, destruiu a cidade totalmente
e, tomando os despojos, atravessou-
-a, passando por sobre os cadáveres.
52Depois passaram o rio Jordão rumo
à grande planície defronte de Betsã.
53Judas ia reunindo os retardatários e
encorajando o povo durante todo o
trajeto até chegarem à terra de Judá.
54Subiram, então, com alegria e júbilo
ao monte Sião e ofereceram holocaus-
tos, porque tinham voltado em paz e
sem ter perdido nenhum deles.
Ambição humilhada. 55No tempo em
que Judas e Jônatas estavam em Ga-
laad e Simão, seu irmão, na Galileia,
diante de Ptolemaida, 56José, filho de
Zacarias, e Azarias, comandante do
exército, vieram a saber dos feitos glo-
riosos e das batalhas que tinham tra-
vado 57e disseram: "Celebrizemos tam-
bém nosso nome; combatamos contra
os gentios que nos rodeiam". 58Deram
ordem aos soldados que estavam com
eles e foram atacar Jâmnia. 59Mas Gór-
gias saiu da cidade com seus homens,
ao encontro deles, para combatê-los.
60José e Azarias foram vencidos e per-
seguidos até o território da Judeia, e
naquele dia caíram cerca de dois mil
israelitas. 61Foi uma grande derrota
para o povo, porque não deram ouvi-
dos a Judas e a seus irmãos, pensando
realizar proezas. 62Mas eles não eram
da estirpe daqueles aos quais era dado
salvar Israel. 63O valente Judas e seus
irmãos foram sumamente honrados
diante de todo o Israel e de todas as
nações que ouviram pronunciar seus
nomes, 64de tal modo que se reuniam
ao redor deles para congratular-se.
**Vitórias sobre os idumeus e os filis-
teus.** 65Depois, Judas foi com seus ir-
mãos guerrear contra os filhos de Esaú,
na região meridional; tomou Hebron
com suas vilas, destruiu as fortalezas
e incendiou as torres que as rodea-
vam. 66Partiu de lá em direção à terra
dos filisteus e atravessou Marisa. 67Na-
quela ocasião caíram mortos em com-
bate alguns sacerdotes, que queriam
fazer atos de bravura, indo combater
de modo temerário. 68Judas dirigiu-se
para Azoto, distrito dos filisteus; des-
truiu seus altares, queimou as estátuas
de seus ídolos e, depois de recolher os
despojos das cidades, voltou para a Ju-
deia.

6 **Morte inglória de Antíoco IV.**
1Enquanto percorria as provín-
cias* setentrionais, o rei Antíoco ficou
sabendo que existia na Pérsia a cidade
de Elimaida, famosa por sua riqueza,
sua prata e seu ouro; 2que lá havia um
templo riquíssimo, onde se achavam
armaduras de ouro, couraças e armas,
deixadas por Alexandre, filho de Filipe,
o rei macedônio que havia reinado por
primeiro sobre os gregos. 3Foi até lá e
procurava apoderar-se da cidade e sa-
queá-la, mas não conseguiu, porque os
habitantes souberam de seus planos,
4levantaram-se contra ele armados, e
ele fugiu, retirando-se com grande tris-
teza, para regressar a Babilônia. 5Estava
ainda na Pérsia, quando alguém veio
anunciar-lhe que as tropas enviadas à
Judeia tinham sido derrotadas, 6que Lí-
sias fora para lá com um forte exército,
mas que fora vencido pelos judeus, os
quais se tinham reforçado com armas,
instrumentos de guerra e a grande
quantidade de despojos tomados aos
exércitos destruídos; 7que, além disso,
haviam abatido* a abominação por ele
erguida sobre o altar em Jerusalém e
tinham rodeado o santuário com altos
muros, como era antes, e igualmente
Betsur, cidade pertencente ao rei. 8Ao
ouvir tais notícias, o rei ficou aturdido
e fortemente agitado; lançou-se sobre
o leito e adoeceu de tristeza, porque
as coisas não aconteceram confor-
me seus desejos. 9Ficou assim muitos
dias, porque se renovava nele uma
forte depressão, e pensou que estava

* **5**,50. Js 6,17 | **6**,1. 2Mc 9; 1,11-17 | 7. 1,54; 4,45

para morrer. [10]Convocou todos os seus
amigos e lhes disse: "Fugiu o sono de
meus olhos e tenho o coração abatido
pela inquietude. [11]E digo a mim mes-
mo: 'A que grau de aflição cheguei e
em que terrível agitação caí, eu que era
tão feliz e amado no tempo de meu
poder!' [12]Agora, porém, assalta-me a
lembrança do mal que fiz em Jerusa-
lém, saqueando todos os objetos de
prata e ouro que ali se encontravam e
mandando exterminar os habitantes da
Judeia sem motivo. [13]Reconheço que
é por causa disso que estas desgraças
me atingiram; e agora morro de tris-
teza numa terra estrangeira". [14]Então
chamou Filipe, um de seus amigos, e
nomeou-o regente de todo o seu rei-
no. [15]Deu-lhe o diadema, seu manto
e o anel, encarregando-o de guiar seu
filho Antíoco e educá-lo para reinar. [16]E
ali morreu o rei Antíoco, no ano cento
e quarenta e nove. [17]Ao saber da mor-
te do rei, Lísias proclamou rei seu filho
Antíoco, que ele educara desde peque-
nino, e deu-lhe o nome de Eupátor.
Antíoco V invade a Judeia. [18]Ora, os
que ocupavam a cidadela* impediam
a passagem dos israelitas ao redor
do templo, procurando importuná-
-los continuamente e ajudar os gen-
tios. [19]Judas resolveu exterminá-los e
convocou todo o povo para sitiá-los.
[20]Reuniram-se, pois, e puseram o cerco
em torno da cidadela no ano cento e
cinquenta, e construíram plataformas
e máquinas. [21]Alguns dos sitiados, po-
rém, escaparam do cerco, e a eles se
uniram alguns israelitas renegados;
[22]foram ter com o rei e lhe disseram:
"Até quando esperarás para fazer jus-
tiça e vingar nossos irmãos? [23]Nós
aceitamos de boa vontade servir a teu
pai, seguir suas ordens e cumprir seus
decretos. [24]Por essa razão, os filhos de
nosso povo sitiaram a cidadela e se
apartaram de nós; antes, matam todos
os nossos que caem em suas mãos e
saqueiam nossos bens. [25]E não apenas
contra nós estendem as mãos, mas
também contra todos os territórios
vizinhos. [26]Hoje estão acampados em
torno da cidadela de Jerusalém, para se
apoderarem dela, e fortificaram o san-
tuário e Betsur. [27]Se não te apressas em
precedê-los, farão coisas ainda piores e
não mais poderás detê-los".
[28]Ao ouvir isso, o rei se encheu de
cólera e reuniu todos os seus amigos,
comandantes do exército e da cavala-
ria. [29]Vieram a ele também tropas mer-
cenárias de outros reinos e das ilhas
marítimas, [30]de sorte que o número
de suas tropas era de cem mil infantes,
vinte mil cavalos e trinta e dois elefan-
tes adestrados para a guerra. [31]Passa-
ram pela Idumeia e acamparam junto
a Betsur; atacaram-na durante muitos
dias utilizando máquinas, mas os si-
tiados saíram, incendiaram-nas numa
investida e contra-atacavam valorosa-
mente. [32]Então Judas saiu da cidadela
e foi acampar em Bet-Zacarias, de-
fronte do acampamento do rei. [33]Mas
o rei levantou-se bem cedo, moveu
o acampamento, lançando impetuo-
samente suas tropas em direção de
Bet-Zacarias, onde as tropas se dis-
puseram para o combate e soaram as
trombetas. [34]Para instigar os elefantes
ao combate, mostraram-lhes suco de
uvas e de amoras. [35]Repartiram esses
animais por entre as falanges, colocan-
do nos dois lados de cada elefante mil
homens, protegidos com couraça de
malhas de ferro e com elmos de bronze
na cabeça, e quinhentos cavaleiros es-
colhidos estavam dispostos em torno
de cada animal; [36]esses ficavam sempre
ao lado do animal, onde quer que esti-
vesse, e o acompanhavam aonde quer
que fosse, sem jamais afastar-se dele.
[37]Sobre cada elefante havia sólidas
torres de madeira, protegidas dos ata-
ques, firmadas a ele por meio de cilhas,
e em cada torre estavam quatro solda-
dos que combatiam lá de cima, e mais
seu condutor indiano. [38]O rei repartiu
o restante da cavalaria pelas duas alas
do exército, para incutir terror e dar
cobertura às falanges. [39]Quando o sol
brilhava sobre os escudos de ouro e de

* **6**,18. 1,33s

bronze, as montanhas resplandeciam e
brilhavam como tochas acesas. 40Parte
do exército do rei se dispôs no alto dos
montes, uma outra parte na planície, e
começaram a avançar com passo firme
e em ordem. 41Todos tremiam ao ouvir
o clamor daquela multidão, o marchar
de tanta gente e o retinir de suas armas,
pois era de fato um exército imenso e
forte. 42Judas com suas tropas avançou
para o ataque, e no exército do rei caí-
ram seiscentos homens.
Heroísmo de Eleazar. 43Eleazar, cha-
mado Auarã, vendo um dos elefantes
protegido com couraças régias, que
superava em altura todos os animais,
julgou que fosse o rei que o montava.
44Sacrificou-se então para a salvação de
seu povo e para conquistar um nome
eterno. 45Correu até ele com ousadia
através da falange, golpeando à direita
e à esquerda, de modo que os inimigos
se repartiam diante dele para um lado
e para o outro. 46Meteu-se debaixo do
elefante, golpeou-o por baixo e o ma-
tou; o animal tombou ao solo por cima
dele, e ali morreu Eleazar. 47Os judeus,
vendo o poderio do exército do rei e o
ímpeto das tropas, retiraram-se diante
deles.
Pacificação. 48Então o exército do rei
subiu para atacá-los em Jerusalém, e
o rei acampou contra a Judeia e con-
tra o monte Sião. 49Fez a paz com os
habitantes de Betsur, os quais saíram
da cidade, não tendo mais provisões
para resistir ao cerco, visto que a terra
estava no repouso* do ano sabático†.
50O rei apoderou-se de Betsur e pôs ali
uma guarnição para defendê-la. 51Si-
tiou o santuário durante muito tempo,
empregando plataformas, máquinas
de atirar, lança-chamas, catapultas, es-
corpiões para lançar flechas e fundas.
52Também os judeus prepararam má-
quinas contra as máquinas dele e luta-
ram por muito tempo. 53Mas não ha-
via mais víveres nos depósitos, porque
aquele era o ano sabático e porque
os que se tinham refugiado na Judeia,
fugindo dos gentios, haviam consu-
mido o resto das provisões. 54Foram
deixados poucos homens no santuário
porque a fome os afligia; os outros se
dispersaram, indo cada qual para sua
terra. 55Entretanto Lísias ficou sabendo
que Filipe, encarregado pelo rei Antío-
co, quando ainda vivo, de educar seu
filho Antíoco para que pudesse reinar,
56tinha voltado da Pérsia e da Média
com as tropas que haviam acompanha-
do o rei e procurava tomar as rédeas*
do governo. 57Então, apressadamente,
resolveu partir e disse ao rei, aos co-
mandantes do exército e aos soldados:
"Nós estamos ficando cada dia mais
fracos, o alimento é pouco e o lugar
que sitiamos está bem fortificado, e
temos de cuidar dos negócios do rei-
no. 58Estendamos, pois, a mão direita a
esses homens e façamos as pazes com
eles e com toda a sua nação. 59Vamos
permitir que vivam segundo suas leis,
como antes, pois é por causa dessas
leis, abolidas por nós, que eles se irri-
taram e fizeram tudo isso". 60A propos-
ta agradou ao rei e aos comandantes;
mandou negociar a paz com eles, e eles
aceitaram. 61O rei e os comandantes
juraram diante deles e, sob essas con-
dições, eles saíram da fortaleza. 62Mas
quando o rei subiu ao monte Sião e viu
as fortificações do lugar, violou o jura-
mento prestado e mandou demolir os
muros a seu redor. 63Depois partiu às
pressas e voltou para Antioquia, onde
encontrou Filipe, que se tinha apode-
rado da cidade; combateu contra ele e
tomou a cidade à força.

7 **Judas acusado diante de Demé-
trio.** 1No ano cento e cinquenta e
um,* Demétrio, filho de Seleuco, esca-
pou de Roma com poucos homens e
desembarcou numa cidade marítima
onde começou a reinar. 2Quando ele
entrou no palácio real de seus pais, o
exército capturou Antíoco e Lísias para

* **6**,49. Lv 25,1 | 56. 2Mc 11,13-33 | **7**,1. 2Mc 14,1-10

† **6**,49. De 7 em 7 anos, por um ano não se cultivava a terra, e tudo o que ela produzia espontaneamente pertencia a todos, Êx 23,11; Lv 25,2-7.

entregá-los a ele. 3Informado disso, ele
falou: "Não me mostreis seus rostos".
4Por isso os soldados os mataram, e
assim Demétrio sentou-se no trono de
seu reino. 5Vieram a ele todos os ho-
mens iníquos e ímpios de Israel, con-
duzidos por Alcimo, que desejava o
cargo de sumo sacerdote. 6Acusaram
o povo diante do rei, dizendo: "Judas
e seus irmãos exterminaram todos os
teus amigos e nos expulsou de nossa
terra. 7Manda agora um homem de tua
confiança, para que vá ver quanto dano
ele fez a nós e aos domínios do rei e
castigue aquela gente e todos os que
a ajudam".

Báquides contra Judas. 8O rei esco-
lheu Báquides,* um dos amigos do rei,
que governava a região do outro lado
do rio, homem poderoso no reino e
fiel ao rei; 9ele o enviou com o ímpio
Alcimo, a quem conferiu o sumo sa-
cerdócio, e lhe deu ordem de tirar vin-
gança dos israelitas. 10Eles partiram e
chegaram à Judeia com um forte exér-
cito. Enviaram mensageiros a Judas e a
seus irmãos com falsas palavras de paz.
11Eles, porém, não confiaram em suas
palavras, porque notaram que tinham
vindo com um grande exército. 12To-
davia, um grupo de escribas reuniu-se
com Alcimo e Báquides para buscar
uma solução justa.* 13Os assideus fo-
ram os primeiros entre os israelitas a
lhes pedir a paz, 14pois diziam: "É um
sacerdote da estirpe de Aarão que veio
com as tropas; não vai cometer injus-
tiça contra nós". 15Falou-lhes com pa-
lavras amistosas, jurando-lhes: "Não
faremos mal algum nem a vós e nem
a vossos amigos". 16Deram-lhe crédito,
mas ele mandou prender sessenta de-
les e os massacrou num só dia, confor-
me o que está escrito:

17"As carnes de vossos santos e o seu
sangue*
derramaram em torno de Jerusalém,
e não havia quem os sepultasse".

18O medo e o terror apoderaram-
-se de todo o povo, que dizia: "Não
há neles sinceridade nem justiça, pois
violaram o pacto e o juramento pres-
tado". 19Báquides partiu de Jerusalém e
acampou em Bet-Zet; prendeu muitos
dos homens que tinham passado para
seu lado e alguns do povo; mandou
matá-los e jogá-los no poço grande.
20Confiou o país a Alcimo, deixando-
-lhe soldados que o apoiassem, e vol-
tou para junto do rei.

Alcimo é superado por Judas. 21Al-
cimo reivindicava o sumo sacerdócio.
22Todos os perturbadores do povo uni-
ram-se a ele, apoderaram-se da Judeia
e provocaram uma grande calamidade
em Israel. 23Judas viu que o mal, fei-
to por Alcimo e os seus aos israelitas,
era pior que o dos gentios; 24por isso
percorreu todo o território da Judeia,
tirando vingança dos que haviam de-
sertado e impedindo-os de fazer incur-
sões pelo país. 25Quando Alcimo viu
que Judas e seus companheiros se tor-
naram mais fortes e que não poderia
resistir-lhes, voltou para junto do rei e
acusou-os dos piores crimes.

Expedição de Nicanor. 26Então o rei
mandou Nicanor,* um de seus mais
ilustres generais, que odiava e detesta-
va Israel, com ordens para exterminar*
o povo. 27Nicanor veio a Jerusalém*
com um poderoso exército e enviou
alguns mensageiros a Judas e a seus
irmãos com falsas palavras de paz, para
dizer-lhes: 28"Não haja luta entre mim
e vós; irei com poucos homens para
encontrar-vos pacificamente". 29De
fato, veio a Judas e trocaram cumpri-
mentos amistosos; mas os inimigos
estavam prontos para raptar* Judas.
30Percebendo que Nicanor viera até
ele com intenções dolosas, Judas teve
medo dele e não quis mais ver sua face.
31Então Nicanor, vendo desmascarado
seu plano, marchou contra Judas para
dar-lhe combate perto de Cafarsalama.
32Ali tombaram da parte de Nicanor
cerca de cinco mil homens, e os restan-
tes refugiaram-se na cidade de Davi.

33Depois desses fatos, Nicanor* su-

* **7**,8. 2,18 | 12. 2,42 | 17. Sl 79,2s | 26. 2Mc 14,12ss / 1Mc 3,38 | 27. 2Mc 14,15-24 | 29. 2Mc 14,30 | 33. 2Mc 14,31-36

biu ao monte Sião. Vieram do santuário a seu encontro alguns sacerdotes e anciãos do povo para saudá-lo amigavelmente e mostrar-lhe o holocausto que ofereciam pelo rei.
34Mas ele zombou deles e os ridicularizou, ultrajando-os e falando com arrogância.
35Irritado, fez este juramento: "Se Judas não me for entregue de imediato com seu exército, quando eu voltar vitorioso, entregarei este templo às chamas"; e retirou-se enfurecido.
36Então os sacerdotes voltaram para dentro e foram postar-se diante do altar e do templo, chorando e dizendo:
37"Vós escolhestes esta casa para que sobre ela fosse invocado vosso Nome e fosse casa de oração e de súplica para vosso povo.
38Exercei vossa vingança sobre este homem e seu exército; fazei que pereçam pela espada. Lembrai-vos de suas blasfêmias e não permitais que sobrevivam".

Derrota de Nicanor.
39Nicanor saiu de Jerusalém e foi acampar em Bet-Horon, onde veio juntar-se a ele um exército da Síria.
40Judas acampou em Adasa com três mil homens e rezou assim:
41"Quando os emissários do rei blasfemaram,* interveio vosso anjo e matou cento e oitenta e cinco mil de seus homens.
42Abatei do mesmo modo este exército diante de nós hoje, a fim de que os outros saibam que ele falou impiamente contra vosso santuário, e julgai-o segundo sua impiedade".
43Os exércitos travaram batalha* no dia treze do mês de adar, e foi derrotado o exército de Nicanor, que foi o primeiro a tombar na luta.
44Quando suas tropas o viram caído, largaram as armas e fugiram.
45Os judeus os perseguiram um dia de caminho, desde Adasa até perto de Gazarra, tocando atrás deles as trombetas de alarme.
46Saíram então camponeses de todas as aldeias circunvizinhas da Judeia, que os cercaram, de modo que se voltavam uns contra os outros, e assim caíram todos sob a espada, sem que restasse um só.
47Os judeus tomaram os despojos e a presa, cortaram a cabeça de Nicanor e a mão direita que ele havia estendido com arrogância e as levaram para pendurá-las à vista de Jerusalém.
48O povo fez uma grande festa e passou aquele dia como um dia de intenso júbilo.
49Decidiram celebrar todo ano esse dia, no dia treze de adar.
50Assim a terra de Judá ficou tranquila por algum tempo.

8 **Elogio dos romanos†.**
1Judas ficou sabendo da fama dos romanos: que eram muito poderosos e benévolos com todos os seus aliados, que concediam sua amizade aos que se dirigiam a eles e que eram fortes e poderosos.
2Narraram-lhe suas guerras e as gloriosas façanhas realizadas entre os gauleses, como os tinham vencido e submetido a tributo;
3tudo quanto fizeram na região da Espanha para se apoderarem das minas de prata e de ouro ali existentes;
4como conquistaram todo aquele país graças a sua habilidade e a sua perseverança, não obstante o país estivesse muito distante do deles; como esmagaram os reis vindos contra eles dos confins da terra, infligindo-lhes graves derrotas, enquanto que os outros lhes pagavam um tributo anual;
5que tinham vencido na guerra e submetido Filipe e Perseu, rei dos ceteus, e os que se haviam rebelado contra eles.
6Também Antíoco, o Grande, rei da Ásia, que marchou contra eles com cento e vinte elefantes, cavalaria, carros e um exército imenso, foi por eles derrotado
7e capturado vivo; impuseram a ele e a seus sucessores que pagassem um pesado tributo, entregassem reféns e cedessem territórios:
8a região da Índia, a Média, a Lídia, com algumas de suas mais belas províncias, que tomaram dele para dá-las ao rei Eumenes.
9Os gregos decidiram enfrentá-los e destruí-los,
10mas quando estes souberam desse plano, mandaram contra eles um único general; combateram contra eles e muitos caíram mortos; levaram cativos suas mulheres e filhos, saquearam seus bens, conquistaram o

* **7**,41. 2Mc 15,22-24; 2Rs 18,17-19,37; Is 36-37 | 43. 2Mc 15,26-36

país, demoliram suas fortalezas e redu-
ziram-nos à servidão até o dia de hoje.
11Quanto aos outros reinos e ilhas que
se opuseram a eles, foram destruídos
e submetidos. 12Com seus amigos, po-
rém, e com os que se fiavam em seu
apoio, mantiveram amizade; estende-
ram seu poder sobre os reis, quer vi-
zinhos quer distantes, e todos os que
ouviam pronunciar seu nome sentiam
temor. 13Os que eles querem ajudar e
instalar no trono reinam; mas depõem
quem eles querem. Atingiram um po-
der considerável. 14Apesar de tudo,
nenhum deles cingiu o diadema, nem
se vestiu de púrpura para se engran-
decer; 15mas constituíram um conselho
e, diariamente, trezentos e vinte conse-
lheiros deliberam continuamente sobre
os negócios públicos para seu bom an-
damento. 16Confiam cada ano a um só
homem o encargo de os governar e o
domínio sobre todo o império, e a ele
todos obedecem, sem que haja entre
eles inveja ou rivalidade.

Judas faz aliança com os romanos.
17Então Judas escolheu* Eupólemo, fi-
lho de João, filho de Acos, e Jasão, filho
de Eleazar, e mandou-os a Roma para
fazer amizade e aliança com eles 18e
para libertar-se do jugo, porque viam
que a dominação dos gregos reduzia
Israel à escravidão. 19Chegaram a Roma
depois de uma viagem muito longa,
entraram no Senado e falaram nestes
termos: 20"Judas, chamado Macabeu,
seus irmãos e o povo dos judeus nos
enviaram a vós para concluir convosco
um tratado de aliança e de paz e para
sermos inscritos entre vossos aliados e
amigos". 21A proposta* agradou-lhes.
22Esta é a cópia da carta que gravaram
em tábuas de bronze e que enviaram a
Jerusalém, para que lá ficasse como do-
cumento de paz e de aliança: 23"Pros-
peridade aos romanos e à nação dos
judeus, no mar e na terra, para sempre!
Estejam longe deles a espada e o ini-
migo. 24Mas se uma guerra ameaça
Roma primeiramente ou algum de seus
aliados em todos os seus domínios,
25a nação dos judeus combaterá a seu
lado como as circunstâncias o permiti-
rem, de coração sincero. 26Não darão
aos inimigos nem lhes fornecerão tri-
go, armas, dinheiro, navios, conforme
a decisão de Roma, e cumprirão seus
compromissos sem pretender nada.
27Do mesmo modo, se sobrevier uma
guerra aos judeus primeiramente, os
romanos combaterão a seu lado de co-
ração sincero, conforme o permitirem
as circunstâncias. 28Aos inimigos não
será dado trigo, nem armas, nem di-
nheiro, nem navios, segundo a decisão
de Roma, mas cumprirão essas obri-
gações lealmente. 29Foi nestes termos
que os romanos fizeram aliança com o
povo dos judeus. 30Se depois disso, es-
tes ou aqueles quiserem acrescentar ou
tirar algo, poderão fazê-lo à vontade,
e aquilo que tiverem acrescentado ou
tirado será obrigatório. 31E com rela-
ção aos males que o rei Demétrio lhes
vem causando, assim lhe escrevemos:
'Por que fazes pesar teu jugo sobre os
judeus, nossos amigos e aliados? 32Se,
portanto, eles recorrerem novamente
contra ti, defenderemos seus direitos
e te atacaremos por mar e por terra'".

9 **Gloriosa morte de Judas.** 1Quan-
do Demétrio soube que Nicanor
tinha morrido no combate e que seu
exército tinha sido destruído, decidiu
enviar novamente Báquides e Alcimo
para a Judeia à frente da ala direita de
suas tropas. 2Tomaram o caminho da
Galileia e acamparam em Masalot, no
território de Arbelas; ocuparam-na e
mataram muitas pessoas. 3No primeiro
mês do ano cento e cinquenta e dois
acamparam diante de Jerusalém. 4De-
pois partiram e se dirigiram a Beerzet
com vinte mil homens e dois mil cava-
leiros. 5Judas estava acampado em Ela-

* **8**,17. 2Mc 4,11 | 21. 14,18

† **8**. Os romanos acabavam de aniquilar Cartago (ano 202 a.C.) e despertavam em todos os povos grande admiração por seu sucesso militar e sua diplomacia. Mas, de aliados dos judeus, transformaram-se em seus dominadores a partir de 63 a.C.

sa com três mil homens escolhidos, [6]os quais, à vista de um exército tão numeroso, entraram em pânico e muitos fugiram do campo, não restando mais do que oitocentos. [7]Judas viu que seu exército se desagregava justamente na iminência da batalha; sentiu seu coração angustiado, porque não tinha mais tempo de reuni-los. [8]Desamparado, disse aos que tinham ficado: "Levantemo-nos e marchemos contra nossos adversários, caso possamos enfrentá-los". [9]Mas eles o dissuadiam, dizendo: "Não podemos; é melhor salvarmos nossas vidas agora; depois voltaremos com nossos irmãos e lhes daremos combate; somos poucos demais". [10]Judas replicou: "Longe de mim fazer tal coisa, fugir diante deles! Se é chegada nossa hora, morramos corajosamente por nossos irmãos e não deixemos motivo de censura a nossa glória".

[11]O exército inimigo saiu do acampamento, e os judeus se dispuseram para enfrentá-los. A cavalaria estava dividida em duas alas; os fundibulários e os arqueiros precediam o grosso do exército, e na primeira fila estavam todos os mais valentes. Báquides estava na ala direita. [12]A falange avançou dos dois lados ao som das trombetas; os homens de Judas também tocaram as trombetas. [13]A terra tremeu com o fragor dos exércitos, que travaram batalha desde a manhã até a tarde. [14]Judas viu que Báquides e a parte mais forte do exército estavam à direita; reuniram-se por isso em torno de Judas todos os mais valentes; [15]destroçaram a ala direita e a perseguiram até o monte Azara. [16]Mas os da ala esquerda, vendo que tinha sido derrotada a ala direita, voltaram-se no encalço de Judas e dos seus, atacando-os pelas costas. [17]A batalha se tornou mais violenta e houve muitas vítimas de ambas as partes. [18]Tombou também Judas, e os restantes fugiram. [19]Jônatas e Simão recolheram o corpo de seu irmão Judas e o sepultaram no túmulo de seus pais em Modin. [20]Todo o Israel o chorou, fez um grande luto por ele e se lamentaram durante muitos dias, dizendo:

[21]"Como pôde cair o herói*
que salvava Israel?"

[22]O resto das ações de Judas, de suas guerras, dos atos de bravura que praticou e de seus títulos de glória, não foi escrito, porque as ações foram muito numerosas.

IV. JÔNATAS, SUCESSOR DE JUDAS (9,23–12,53)

Báquides oprime os judeus. [23]Depois da morte de Judas, os renegados reapareceram em todo o território de Israel e todos os malfeitores levantaram a cabeça. [24]Naquele tempo houve uma fome terrível, e o país passou para o lado deles. [25]Báquides escolheu homens ímpios e os estabeleceu à frente do país. [26]Estes procuravam os amigos de Judas e os interrogavam, levando-os a Báquides, que se vingava deles e os insultava. [27]Foi uma grande tribulação para Israel, como não se tinha visto desde o dia em que não mais aparecera um profeta no meio deles.

Jônatas, chefe dos judeus. [28]Reuniram-se por isso todos os amigos de Judas e disseram a Jônatas: [29]"Desde que morreu teu irmão Judas, não se acha mais um homem semelhante a ele que possa conduzir a ação contra os inimigos e Báquides, e contra os que hostilizam nossa nação. [30]Por isso, nós te elegemos agora no lugar dele como nosso chefe e guia para combater nossas batalhas". [31]Assim, Jônatas assumiu naquele mesmo dia o comando e sucedeu a seu irmão Judas.

[32]Quando Báquides soube disso, procurava matá-lo. [33]Mas Jônatas, Simão, seu irmão, e todos os seus adeptos foram informados e fugiram para o deserto de Técua, acampando perto da água da cisterna de Asfar. [34]Báquides teve conhecimento disso num dia de sábado e foi também, com todo

* **9**,21. 2Sm 1,27

o seu exército, para o outro lado do
Jordão. 35Jônatas mandou seu irmão,*
comandante da tropa, pedir aos naba-
teus, seus amigos, licença para guar-
dar junto deles sua bagagem que era
enorme. 36Mas os filhos de Iambri, que
moravam em Medaba, fizeram uma
incursão, capturaram João com tudo
quanto tinha e partiram com sua presa.
37Depois desses fatos contaram a Jôna-
tas e a seu irmão Simão o seguinte: "Os
filhos de Iambri estão celebrando uma
grande festa de casamento, e de Na-
bata acompanham com grande pompa
a noiva, filha de um grande persona-
gem de Canaã". 38Lembraram-se então
do fim sangrento de seu irmão João e
foram esconder-se ao abrigo de um
monte. 39Levantando os olhos para ob-
servar, viram aparecer um cortejo gran-
de e ruidoso. O noivo, acompanhado
dos amigos e irmãos, caminhava ao
encontro do cortejo ao som de tam-
borins, instrumentos musicais e com
grande aparato. 40De seu esconderijo
lançaram-se sobre eles e os massa-
craram; morreram muitos, e os outros
fugiram para a montanha. Eles recolhe-
ram todos os seus despojos. 41Assim,
as núpcias transformaram-se em luto,
e o som de seus instrumentos musicais
em lamentações. 42Depois de vingar
dessa maneira o sangue do irmão, vol-
taram para o pantanal do Jordão.

Batalha contra Báquides. 43Ao saber
disso, Báquides veio num dia de sá-
bado até as margens do Jordão com
um grande exército. 44Jônatas disse a
seus companheiros: "Levantemo-nos e
combatamos por nossas vidas, porque
hoje não é como das outras vezes. 45Te-
mos inimigos pela frente e pelas cos-
tas, e dos dois lados temos as águas
do Jordão, pantanal e matagais; não
é possível retirar-nos. 46Clamai, pois,
ao Céu, para que possais escapar das
mãos de nossos inimigos". 47Travou-se
o combate, e Jônatas estendeu a mão
para ferir Báquides, mas este esquivou
o golpe, recuando. 48Então Jônatas e
seus homens arrojaram-se ao Jordão e
nadaram até o lado oposto, mas os ou-
tros não passaram o Jordão para perse-
gui-los. 49Naquele dia caíram cerca de
mil homens da parte de Báquides.
50Regressando a Jerusalém, Báqui-
des edificou fortificações na Judeia: as
fortalezas de Jericó, Emaús, Bet-Horon,
Betel, Tamnata, Faraton e Tefon, com
altas muralhas, portas e ferrolhos, 51e
instalou nelas guarnições para hostili-
zar Israel. 52Fortificou também a cidade
de Betsur, Gazarra e a cidadela, onde
colocou guarnições e armazenou víve-
res. 53Tomou como reféns os filhos dos
chefes do país e os prendeu na cidade-
la de Jerusalém.

Morte de Alcimo. 54No ano cento
e cinquenta e três, no segundo mês,
Alcimo mandou derrubar o muro do
átrio interno do santuário, destruindo
assim a obra dos profetas.† Foi inicia-
da a demolição. 55Mas justamente en-
tão Alcimo sofreu um derrame, e sua
obra ficou interrompida. Sua boca se
fechou e ficou paralisada, impedindo-o
de pronunciar sequer uma palavra e de
dar ordens a respeito de sua casa. 56Al-
cimo morreu nesta época, no meio de
grandes tormentos. 57Vendo que Alci-
mo estava morto, Báquides voltou para
junto do rei, e a terra de Judá gozou de
paz por dois anos.

Intrigas dos judeus apóstatas. 58En-
tão todos os renegados se reuniram
em conselho e disseram: "Jônatas e os
seus vivem tranquilos e seguros; vamos
chamar Báquides e ele os prenderá to-
dos numa só noite". 59Foram procurá-
-lo e deliberaram com ele, 60que se pôs
a caminho com um grande exército
e enviou em segredo cartas a todos
os seus aliados na Judeia, dizendo-
-lhes que capturassem Jônatas e seus
companheiros. Mas não conseguiram,
porque seu plano foi descoberto. 61Ao
invés, os homens de Jônatas consegui-
ram apanhar uns cinquenta homens do

* **9**,35. 5,25

† **9**,54. Os profetas Ageu e Zacarias animaram o povo, que voltava do exílio de Babilônia, a reconstruir o templo.

país, que tinham sido instigadores de tal iniquidade, e os mataram. [62]Depois, Jônatas e Simão com seus homens retiraram-se para Bet-Basi, no deserto, e reconstruíram suas ruínas e a fortificaram. [63]Informado disso, Báquides reuniu toda a sua gente e avisou os da Judeia. [64]Veio acampar diante de Bet-Basi e atacou-a durante muitos dias, mandando construir também máquinas. [65]Jônatas deixou seu irmão Simão na cidade e saiu pela região, percorrendo-a com uns poucos homens. [66]Bateu Odomer com seus irmãos e os filhos de Faziron em suas tendas. Começaram a atacar e cresceram em forças.

Báquides, derrotado, firma a paz. [67]Então Simão e seus companheiros saíram da cidade e incendiaram as máquinas. [68]Enfrentaram Báquides; venceram-no e lhe infligiram uma grande humilhação, porque seu plano e sua expedição tinham fracassado. [69]Sumamente irritado contra aqueles renegados que o haviam induzido a vir ao país, matou muitos deles e decidiu voltar para sua terra. [70]Sabendo disso, Jônatas enviou-lhe mensageiros para as conversações de paz e para a restituição dos prisioneiros. [71]Báquides aceitou e agiu segundo suas propostas, jurando-lhe que, pelo resto da vida, nunca mais lhe faria mal. [72]Restituiu-lhe os prisioneiros que no passado tinha levado da terra de Judá, retirou-se para seu país e não voltou mais ao território deles; [73]assim descansou a espada em Israel. Jônatas estabeleceu-se* em Macmas, onde começou a governar o povo e fez desaparecer os ímpios de Israel.

10

Jônatas entre dois rivais. [1]No ano cento e sessenta veio Alexandre Epífanes, filho de Antíoco, e ocupou a Ptolemaida, onde foi bem acolhido e começou a reinar. [2]Ao saber disso, o rei Demétrio reuniu um exército muito numeroso e saiu para combater contra ele. [3]Ao mesmo tempo, Demétrio enviou uma carta a Jônatas com palavras pacíficas e lisonjeiras. [4]Pois dizia consigo mesmo: "Apressemo-nos em fazer aliança com eles, antes que ele a faça com Alexandre contra nós, [5]porque certamente se lembrará de todos os males que causamos a ele, a seus irmãos e a sua nação". [6]Autorizou-o a recrutar exércitos, fabricar armas e considerar-se seu aliado; além disso, deu ordens para que lhe fossem entregues os reféns que estavam na cidadela.

[7]Então Jônatas veio a Jerusalém e leu a carta a todo o povo e aos da cidadela.[8]Um grande medo apoderou-se deles, quando ouviram que o rei o autorizava a recrutar tropas. [9]Por isso os da cidadela entregaram os reféns a Jônatas, que os restituiu a seus pais. [10]Jônatas fixou residência em Jerusalém e começou a reconstruir e renovar a cidade. [11]Ordenou aos que executavam os trabalhos que construíssem os muros e rodeassem o monte Sião com uma muralha de pedras quadradas, como para uma fortaleza; e assim fizeram. [12]Então fugiram os estrangeiros que ficavam nas fortalezas construídas por Báquides, [13]abandonando cada qual seu lugar para voltar a seu país, [14]com exceção de alguns dos que haviam abandonado a lei e os preceitos, os quais permaneceram em Betsur, onde era seu refúgio.

[15]O rei Alexandre ficou sabendo das muitas promessas que Demétrio fizera a Jônatas. Falaram-lhe também das guerras e proezas que ele e seus irmãos tinham realizado, como também das aflições que tinham suportado. [16]Disse então: "Poderemos encontrar outro homem igual a este? Pois bem, façamos dele agora um amigo e aliado nosso". [17]Escreveu e enviou-lhe esta carta:

[18]"O rei Alexandre a seu irmão Jônatas, saúde.

[19]Ouvimos falar de ti que és homem forte e poderoso, merecedor de nossa amizade. [20]Por isso te nomeamos hoje sumo sacerdote de tua nação* e te damos o título de amigo do rei – e lhe

* **9**,73. Dt 19,19; 22,22 | **10**,20. 2,18

enviou púrpura e uma coroa de ouro – para que abraces nosso partido e nos conserves amizade".

21Jônatas vestiu a túnica sagrada no sétimo mês do ano cento e sessenta, na festa das Tendas; entretanto recrutou tropas e fabricou muitas armas.

22Tendo ouvido falar dessas coisas, Demétrio ficou contrariado e disse: 23"Que fizemos, deixando que Alexandre nos precedesse em ganhar a amizade dos judeus para fortalecer sua posição! 24Também eu lhe escreverei em termos persuasivos, com promessas de honras e de presentes, para que estejam do meu lado, dando-me apoio". 25Enviou-lhes uma carta nestes termos: "O rei Demétrio à nação dos judeus, saúde.

26Ficamos contentes por saber que tendes observado os acordos feitos conosco e que permanecestes fiéis a nossa amizade, sem passar para o lado de nossos adversários. 27Continuai, pois, a nos guardar fidelidade, que nós, em troca do que fazeis por nós, vos retribuiremos com benefícios: 28nós vos concederemos muitas isenções e vos enviaremos presentes. 29Desde agora já dispensamos e isentamos a todos os judeus dos tributos e dos impostos do sal e do ouro das coroas. 30Renuncio também, a partir de hoje, à terça parte dos produtos do solo e à metade dos frutos das árvores que me caberiam, deixando de cobrá-los, desde hoje e para sempre, da terra de Judá e dos três distritos da Samaria* e da Galileia a ela anexados†. 31Jerusalém com seu território será sagrada e isenta dos dízimos e dos tributos. 32Renuncio também ao controle da cidadela de Jerusalém, cedendo-a ao sumo sacerdote, para que ponha lá homens que quiser escolher para guardá-la. 33Concedo gratuitamente a liberdade a todo judeu levado escravo da terra da Judeia para qualquer lugar de meu reino, e todos sejam isentos dos impostos, também daqueles sobre seus animais. 34Todas as solenidades, os sábados, os novilúnios e as festas prescritas, com os três dias precedentes e os três seguintes, sejam todos dias de imunidade e de remissão para todos os judeus que estão em meu reino; 35ninguém terá autoridade para fazer processo contra eles ou molestar a qualquer um deles por qualquer motivo. 36Serão recrutados entre os judeus, para os exércitos do rei, até trinta mil homens, aos quais será pago o soldo como a todas as tropas do rei. 37Alguns deles serão destacados para as maiores fortalezas do rei e outros serão encarregados dos negócios de confiança do reino. Seus superiores e comandantes serão escolhidos dentre eles e poderão viver segundo suas leis, como o rei determinou para a terra de Judá. 38Os três distritos da região de Samaria anexados à Judeia lhe sejam incorporados de tal forma que dependam de uma só pessoa e não obedeçam a outra autoridade que não a do sumo sacerdote. 39Faço doação de Ptolemaida, com seu território, ao santuário de Jerusalém, para as despesas necessárias do santuário. 40Darei também cada ano quinze mil siclos de prata das rendas do rei, provenientes dos lugares mais apropriados. 41E todo o excedente que os funcionários não entregaram, como nos anos precedentes, de agora em diante será entregue para as obras do templo. 42Além disso, os cinco mil siclos de prata cobrados cada ano sobre as rendas do santuário sejam também cancelados, porque pertencem aos sacerdotes em função. 43E todos aqueles que se refugiarem no templo de Jerusalém e em todas as suas dependências por motivo de dívida para com o rei ou por qualquer outra obrigação sejam deixados livres com todos os bens que possuem em meu reino. 44Para as construções e as reparações no santuário, as despesas serão pagas pelo erário real. 45Também para a construção dos muros e das fortificações ao redor de Jerusalém e para

* **10**,30. 11,34

† **10**,30. Conforme 11,34, os três distritos são: Aferema, Lida e Ramataim.

a construção de muros na Judeia, as
despesas ficarão por conta do rei".
46Quando Jônatas e o povo ouviram
essas palavras, não lhes deram crédito
nem as aceitaram, porque se recorda-
ram do grande mal que Demétrio ha-
via feito em Israel e como os havia du-
ramente oprimido. 47Decidiram-se, ao
invés, a favor de Alexandre, que fora o
primeiro a dirigir-se a eles com palavras
amistosas, e foram para sempre seus
aliados. 48Então o rei Alexandre reuniu
um grande exército e marchou contra
Demétrio. 49Os dois reis travaram bata-
lha; o exército de Demétrio pôs-se em
fuga, e Alexandre, saindo em sua per-
seguição, prevaleceu sobre ele. 50Com-
bateu violentamente até o pôr do sol e
Demétrio morreu naquele mesmo dia.
Honras reais a Jônatas. 51Alexandre
mandou embaixadores a Ptolomeu, rei
do Egito†, para dizer-lhe:
52"Voltei a meu reino e sentei-me no
trono de meus pais; recobrei o poder,
derrotando Demétrio, e tomei posse
de nossa terra. 53Travei batalha com
ele; foi derrotado por nós, ele com seu
exército, e assim sentamo-nos em seu
trono real. 54Façamos amizade entre
nós; dá-me tua filha em casamento e
eu, uma vez teu genro, darei a ti e a ela
presentes dignos de ti".
55O rei Ptolomeu respondeu, dizendo:
"Feliz o dia em que voltaste à terra
de teus pais e te sentaste em seu trono
real. 56Farei por ti tudo o que escreveste;
somente vem encontrar-me em Ptole-
maida, a fim de que nos vejamos mutua-
mente, e serei teu sogro, como disseste".
57Ptolomeu partiu do Egito com sua
filha Cleópatra e chegou a Ptolemaida
no ano cento e sessenta e dois. 58O rei
Alexandre foi a seu encontro. Ptolomeu
deu-lhe sua filha Cleópatra, e celebra-
ram-se as núpcias em Ptolemaida com
grande magnificência, como costu-
mam fazer os reis.
59O rei Alexandre escreveu a Jônatas
para que viesse visitá-lo. 60Ele foi a Pto-
lemaida com grande pompa, encon-
trou-se com os dois reis* e deu a eles,
bem como a seus amigos, prata, ouro e
muitos outros presentes, e assim con-
quistou sua simpatia. 61Então se uniram
contra ele uns homens perversos de
Israel, traidores da lei, e apresentaram
acusações contra ele, mas o rei não
lhes deu atenção. 62Ao invés, ordenou
que se trocassem as vestes de Jônatas
e que fosse revestido de púrpura, e as-
sim foi feito. 63Depois o rei o fez sentar-
-se a seu lado e disse a seus oficiais:
"Saí com ele pela cidade e proclamai
que ninguém faça acusações contra ele
por nenhum motivo, e que ninguém
o importune por qualquer razão que
seja. 64Quando os caluniadores viram
as honras que recebia, como procla-
mava o arauto, e como estava vestido
de púrpura, fugiram todos. 65O rei o
cumulou de honras, inscreveu-o entre
seus primeiros amigos e nomeou-o co-
mandante e governador da província.*
66Então Jônatas voltou para Jerusalém
na paz e na alegria.
Apolônio é derrotado por Jônatas.
67No ano cento e sessenta e cinco,
Demétrio, filho de Demétrio, veio de
Creta à terra de seus pais. 68Quando o
rei Alexandre o soube, ficou bastante
preocupado e voltou para Antioquia.
69Ora, Demétrio nomeou Apolônio
governador da Celessíria, e este, recru-
tando um grande exército, foi acampar
em Jâmnia e mandou dizer ao sumo
sacerdote Jônatas: "Só tu te levantaste
contra nós e, por tua causa, tornei-me
objeto de zombaria e de insulto. 70Por
que exerces tua autoridade contra nós
nas montanhas? 71Pois bem, se tens
confiança em tuas tropas, desce contra
nós na planície e ali nos mediremos um
com o outro, porque comigo está a for-
ça das cidades. 72Informa-te e fica sa-
bendo quem sou eu e quem são os ou-
tros, nossos aliados. Eles te dirão que
não podeis manter firmes os pés diante
de nós, pois teus pais foram postos em
fuga duas vezes em sua própria terra.
73Não poderás resistir à cavalaria e a
tão grande exército na planície, onde

* **10**,60. 2,18 | 65. 2,18

† **10**,51. Trata-se de Ptolomeu VI Filométor, 180-145 a.C.

não há pedra, nem rocha, nem lugar para onde fugir". 74Ao ouvir as palavras de Apolônio, o ânimo de Jônatas se agitou. Escolheu dez mil homens e saiu de Jerusalém. Simão, seu irmão, veio a seu encontro para auxiliá-lo. 75Acampou diante de Jope, mas seus habitantes fecharam-lhe as portas, porque em Jope havia uma guarnição de Apolônio. Ele atacou-a 76e, amedrontados, os habitantes da cidade abriram-lhe as portas, e assim Jônatas apoderou-se de Jope. 77Apolônio o soube e pôs em campo três mil cavaleiros e um grande exército; dirigiu-se para Azoto, como se quisesse atravessar o país, mas ao mesmo tempo invadiu a planície, porque tinha uma cavalaria numerosa na qual confiava. 78Jônatas seguiu-o em direção de Azoto, e os dois exércitos travaram batalha. 79Apolônio tinha deixado mil cavaleiros escondidos atrás deles. 80Jônatas percebeu que havia uma emboscada a suas costas. Os cavaleiros rodearam seu exército e lançaram flechas sobre as tropas da manhã à noite, 81mas as tropas permaneceram firmes, conforme ordenara Jônatas, e por isso os cavalos deles se cansaram. 82Então Simão fez avançar seu exército e atacou a falange; e como a cavalaria estivesse extenuada, foram derrotados e fugiram, 83enquanto a cavalaria se dispersava pela planície. Os fugitivos chegaram a Azoto e entraram no templo de Dagon,* seu ídolo, procurando salvar-se. 84Jônatas incendiou Azoto e as cidades circunvizinhas, depois de tê-las saqueado, e entregou às chamas também o templo de Dagon com os que aí se haviam refugiado. 85Foram cerca de oito mil os que morreram à espada, junto com os que foram queimados pelo fogo. 86Partindo dali, Jônatas foi acampar em Ascalon, cujos habitantes vieram a seu encontro prestando-lhe grandes honras. 87Depois, Jônatas regressou a Jerusalém com os seus, levando imensos despojos. 88O rei Alexandre, ao saber desses fatos, concedeu a Jônatas honras ainda maiores. 89Enviou-lhe uma fivela de ouro, daquelas com que se costuma presentear os parentes do rei, e entregou-lhe como propriedade Acaron e todo o seu território.

11 **Luta entre Ptolomeu VI e Alexandre.** 1O rei do Egito reuniu forças numerosas como a areia da praia do mar e muitos navios, querendo apoderar-se com astúcia do reino de Alexandre para anexá-lo a seu próprio reino. 2Foi à Síria, com palavras de paz, e os habitantes das cidades lhe abriam as portas e saíam-lhe ao encontro, porque era ordem do rei Alexandre que recebessem seu sogro. 3Mas quando Ptolomeu entrava nas cidades, deixava em cada uma tropas para guarnecê-la. 4Ao se aproximar de Azoto,* mostraram-lhe o templo de Dagon incendiado, Azoto e sua periferia destruídas, os cadáveres abandonados e os restos dos que tinham sido queimados na guerra, pois os haviam amontoado ao longo de seu percurso. 5Contaram ao rei o que Jônatas fizera, pensando que ele o haveria de censurar, mas o rei ficou calado. 6Jônatas, com grande pompa, saiu ao encontro do rei em Jope, trocaram saudações e ali pernoitaram. 7Jônatas acompanhou o rei até o rio chamado Eleûtero e depois voltou para Jerusalém. 8O rei Ptolomeu apoderou-se das cidades costeiras até Selêucia marítima; forjava maus planos contra Alexandre. 9Enviou embaixadores ao rei Demétrio para dizer-lhe: "Vem, façamos aliança entre nós; eu te darei minha filha, casada com Alexandre, e reinarás no reino de teu pai. 10Pois me arrependi de lhe ter dado minha filha, porque tentou matar-me". 11Acusava-o assim, porque desejava apoderar-se de seu reino. 12Tomou-lhe a filha e deu-a a Demétrio; mudou de atitude para com Alexandre, e a inimizade entre eles se tornou manifesta. 13Ptolomeu fez sua entrada em Antioquia e cingiu a coroa da Ásia; pôs na cabeça duas coroas: a do Egito e a da Ásia.

* **10**,83. 1Sm 5,1s; 1Mc 11,4 | **11**,4. 10,84

**Morte de Ptolomeu VI e de Alexan-
dre.** 14Naquela época, o rei Alexandre
estava na Cilícia, porque os habitantes
daquela região se haviam revoltado.
15Quando soube do acontecido, Ale-
xandre marchou contra ele para com-
batê-lo; mas Ptolomeu foi a seu en-
contro com grandes forças e o pôs em
fuga. 16Alexandre fugiu para a Arábia,
procurando aí refúgio, e o rei Ptolo-
meu triunfou. 17O árabe Zabdiel cortou
a cabeça de Alexandre e mandou-a a
Ptolomeu. 18Mas três dias depois mor-
reu também o rei Ptolomeu, e seus ho-
mens que estavam nas fortalezas foram
mortos pelos outros que estavam nas
mesmas fortalezas. 19Assim, Demétrio
começou a reinar; era o ano cento e
sessenta e sete.

Jônatas, favorito de Demétrio II.
20Naqueles dias, Jônatas reuniu os ho-
mens da Judeia para atacar a cidadela
de Jerusalém e mandou fazer muitas
máquinas de guerra para usá-las con-
tra ela. 21Mas alguns homens iníquos,
que odiavam sua própria nação, foram
ter com o rei e lhe anunciaram que Jô-
natas sitiava a cidadela. 22Ao ouvir isso,
Demétrio se enfureceu; e, confirmada
a notícia, partiu imediatamente. Foi a
Ptolemaida e escreveu a Jônatas que
levantasse o cerco e se apresentas-
se, o mais depressa possível, a ele em
Ptolemaida para uma conversa. 23Jô-
natas recebeu o aviso e ordenou que
se continuasse o assédio; depois, esco-
lhendo um grupo de anciãos de Israel
e de sacerdotes, enfrentou o perigo.
24Tomou consigo prata, ouro, vestes e
muitos outros presentes e foi até o rei,
em Ptolemaida, e ganhou-lhe as boas
graças; 25alguns renegados de sua na-
ção apresentaram acusações contra
ele, 26mas o rei o tratou como o haviam
tratado seus predecessores* e o exal-
tou na presença de todos os seus ami-
gos. 27Confirmou-o na dignidade de
sumo sacerdote e em todas as outras
honras que tinha antes e estabeleceu
que fosse contado entre seus primeiros
amigos. 28Jônatas pediu ao rei que de-
clarasse a Judeia isenta dos tributos,*
junto com os três distritos da Samaria,
prometendo-lhe em troca trezentos ta-
lentos. 29O rei concordou, e a respeito
de tudo isso escreveu uma carta* a Jô-
natas com os seguintes dizeres:
30"O rei Demétrio a Jônatas, seu ir-
mão, e à nação judaica, saudações!
31Remetemos também a vós, para
que tomeis conhecimento, uma có-
pia da carta que escrevemos a vosso
respeito a Lástenes, nosso parente:
32'O rei Demétrio a Lástenes, seu pai,
saudações! 33Decidimos favorecer a
nação dos judeus, nossos amigos e
cumpridores das obrigações que têm
para conosco, em vista de seus bons
sentimentos a nosso respeito. 34Por
isso, nós lhes confirmamos a posse
dos territórios da Judeia* e dos três
distritos de Aferema, Lida e Ramataim,
desmembrados da Samaria e anexa-
dos à Judeia, com todas as suas de-
pendências, em favor de todos os que
oferecem sacrifícios em Jerusalém, em
lugar dos tributos que no passado o
rei cobrava deles anualmente sobre os
produtos do solo e sobre os frutos das
árvores. 35Quanto aos outros direitos*
que temos sobre os dízimos e sobre os
tributos que nos cabem, sobre as sali-
nas, e as coroas que nos eram devidas,
a partir deste momento renunciamos
completamente a eles. 36Nenhuma
dessas disposições será revogada a
partir de agora e para sempre'. 37Cuidai
de fazer uma cópia deste decreto, para
ser entregue a Jônatas e colocada na
montanha santa em lugar bem-visível".

Jônatas apoia Demétrio II. 38O rei
Demétrio, vendo que o país estava em
paz diante dele e que ninguém se lhe
opunha, despediu todas as suas tro-
pas, cada qual para a sua terra, com
exceção das tropas estrangeiras que
havia recrutado nas ilhas dos gentios;
por esse motivo todas as tropas que
tinham estado com seus pais começa-
ram a odiá-lo. 39Trifão, que antes fora
do partido de Alexandre, vendo que
todas as tropas murmuravam contra

* **11**,26. 2,18; 10,65 | 28. 10,30; 11,34 | 29. 10,26-45 | 34. 10,30 | 35. 10,29

Demétrio, dirigiu-se ao árabe Jâmlico,
o qual educava Antíoco, o jovem filho
de Alexandre, [40]e o pressionava para
que lho entregasse, a fim de fazê-lo
reinar em lugar de seu pai. Narrou-lhe
tudo o que fizera Demétrio e como
suas tropas o odiavam; e lá ficou por
muitos dias.
[41]Jônatas mandou pedir ao rei De-
métrio que retirasse de Jerusalém os
homens que estavam na cidadela e os
outros que se achavam nas fortalezas,
porque faziam guerra a Israel. [42]Em res-
posta, Demétrio mandou dizer a Jôna-
tas: "Por ti e por tua nação farei não só
isto, mas cumularei de honras a ti e tua
nação na primeira oportunidade. [43]Por
ora farás bem em mandar-me homens
que combatam a meu lado, porque
todas as minhas tropas desertaram".
[44]Jônatas enviou-lhe a Antioquia três
mil guerreiros valorosos, e quando eles
chegaram à presença do rei, ele mui-
to se alegrou com sua vinda. [45]Mas
os habitantes da cidade reuniram-se
no centro da cidade, em número de
cento e vinte mil, com o propósito de
matar o rei. [46]Então o rei refugiou-se
no palácio, enquanto os cidadãos inva-
diam as ruas da cidade e começavam a
combater. [47]O rei chamou em socorro
os judeus, os quais se reuniram todos
junto dele e depois se espalharam pela
cidade, matando naquele dia cerca de
cem mil. [48]Puseram fogo na cidade,
recolheram muitos despojos naquele
dia e salvaram o rei. [49]Os habitantes da
cidade, ao verem que os judeus se ha-
viam apoderado da cidade como que-
riam, perderam a coragem e clamaram
ao rei, suplicando-lhe com estas pa-
lavras: [50]"Estende-nos a mão direita e
cessem os judeus de combater contra
nós e contra a cidade!" [51]E, depondo
as armas, fizeram as pazes. Assim, os
judeus cobriram-se de glória diante do
rei e de todos os cidadãos de seu reino
e voltaram para Jerusalém carregados
de despojos. [52]O rei Demétrio se forta-
leceu sobre seu trono real e o país ficou
tranquilo sob seu governo. [53]Mas de-
pois renegou tudo o que havia prome-
tido, mostrou-se hostil a Jônatas e não
retribuiu os favores que este lhe fizera;
ao contrário, muito o atormentou.

Jônatas apoia Antíoco VI. [54]Depois
disso, Trifão voltou com Antíoco, ain-
da menino, que começou a reinar e
cingiu o diadema. [55]Reuniram-se em
torno dele todas as tropas despedidas
por Demétrio e combateram contra
este, que fugiu e foi vencido. [56]Trifão
capturou os elefantes e apoderou-se
de Antioquia. [57]Então o jovem Antíoco
escreveu a Jônatas o seguinte: "Con-
firmo-te no ofício de sumo sacerdote,
nomeio-te chefe dos quatro distritos
e te incluo entre os amigos do rei".
[58]Mandou-lhe ainda vasos de ouro e
um serviço de mesa, deu-lhe o direito
de beber em taças de ouro, de vestir
púrpura e de usar uma fivela de ouro.
[59]Além disso, constituiu Simão, seu ir-
mão, governador do território que vai
da Escada de Tiro até a fronteira com
o Egito.
[60]Então Jônatas começou a percorrer
a região do outro lado do rio e as vá-
rias cidades, e todo o exército da Síria
se uniu a ele para combaterem juntos.
Chegou a Ascalon, cujos moradores o
receberam com honra. [61]De lá partiu
para Gaza, mas os moradores de Gaza
lhe fecharam as portas; ele a sitiou e
incendiou sua periferia, depois de tê-la
saqueado. [62]Então os cidadãos de Gaza
suplicaram a Jônatas, e ele estendeu-
-lhes a mão direita em sinal de paz;
todavia tomou os filhos de seus chefes
como reféns e mandou-os para Jeru-
salém. Depois atravessou a região até
Damasco.

**Jônatas derrota os partidários de De-
métrio.** [63]Jônatas ficou sabendo que
os generais de Demétrio se achavam
em Cedes, na Galileia, com um gran-
de exército, com a intenção de fazê-lo
desistir da empresa. [64]Marchou, então,
contra eles, deixando no país seu ir-
mão Simão. [65]Este veio acampar diante
de Betsur e por muitos dias combateu
contra ela, mantendo-a sitiada. [66]Então
suplicaram-lhe que fizesse as pazes, e
ele consentiu; mas expulsou-os dali,
ocupou a cidade e pôs nela uma guar-
nição. [67]Enquanto isso, Jônatas acam-

pou com seu exército junto das águas
de Genesar, e de manhã cedo chega-
ram à planície de Asor. 68Ali na planície
avançou contra ele o exército dos es-
trangeiros, depois de haver posto uma
emboscada contra ele nos montes.
69Atacavam pela frente, quando os da
emboscada, saindo de suas posições,
se lançaram na luta. 70Todos os homens
de Jônatas fugiram, não ficando um se-
quer, exceto Matatias, filho de Absalão,
e Judas de Calfi, comandantes do exér-
cito. 71Então Jônatas rasgou as vestes,
cobriu a cabeça com cinza e se pôs a
rezar. 72Depois voltou a combater os
inimigos e os derrotou, obrigando-os a
fugir. 73Vendo isto, os seus, que tinham
fugido, voltaram para junto dele e com
ele perseguiram o inimigo até o acam-
pamento deles em Cedes, onde tam-
bém acamparam. 74Morreram naquele
dia cerca de três mil homens das tropas
estrangeiras. Então Jônatas voltou para
Jerusalém.

12 **Renovação da aliança com
Roma e com Esparta.** 1Ven-
do que a ocasião era favorável, Jônatas
escolheu alguns homens e os enviou a
Roma para confirmar e renovar a ami-
zade* com eles. 2Também a Esparta e
a outros lugares enviou cartas com o
mesmo objetivo. 3Foram, pois, a Roma,
entraram no Senado e disseram: "O
sumo sacerdote Jônatas e a nação dos
judeus nos enviaram para que renoveis
a amizade e a aliança com eles, como
antes". 4Os romanos lhes deram cartas
para as autoridades de cada lugar, para
que lhes facilitassem um retorno tran-
quilo à Judeia.

5Esta é a cópia da carta escrita por
Jônatas aos espartanos:

6"Jônatas, sumo sacerdote, o Senado
da nação, os sacerdotes e o restante
do povo judeu, aos espartanos, seus
irmãos, saudações!

7Já no passado, vosso rei Ario* enviou
a Onias, sumo sacerdote, uma carta, na
qual dizia que sois nossos irmãos, como
atesta a cópia anexa. 8Onias acolheu o
enviado* com honras e recebeu a carta
na qual se falava de aliança e de amiza-
de. 9Nós, portanto, embora não tenha-
mos necessidade de tais coisas, porque
temos para nossa consolação* os livros
santos† que estão em nossas mãos,
10tentamos enviar-vos alguns para re-
novar a fraternidade e a amizade que
nos liga a vós, para não nos tornarmos
estranhos a vós, visto que muitos anos
são passados desde quando nos man-
dastes mensageiros. 11Em todo o tempo
e incessantemente, nas festas e nos ou-
tros dias prescritos, nos lembramos de
vós nos sacrifícios que oferecemos e nas
orações, porque é justo e conveniente
recordar-se dos irmãos. 12Alegramo-nos
com vossa glória. 13Nós, ao invés, temos
sido afligidos por muitas tribulações e
muitas guerras, porque os reis a nosso
redor nos têm combatido. 14Durante
essas guerras, porém, não quisemos im-
portunar-vos a vós nem a outros aliados
e amigos nossos, 15porque recebemos
do Céu uma ajuda segura e assim fomos
libertados de nossos inimigos, que fo-
ram humilhados. 16Escolhemos Numê-
nio, filho de Antíoco,* e Antípatro, filho
de Jasão, para enviá-los aos romanos
para renovar nossa antiga amizade e
aliança com eles. 17Ordenamos também
a eles que fossem até vós para saudar-
-vos e entregar-vos de nossa parte esta
carta referente à renovação de nossa
fraternidade. 18Agora tende a gentileza
de nos responder sobre esse assunto".

19Esta é a cópia da carta que tinham
enviado a Onias:

20"Ario, rei dos espartanos, a Onias,
sumo sacerdote, saudações.

21Foi encontrado num escrito refe-
rente aos espartanos e aos judeus que
eles são irmãos e descendentes da es-

---

* **12**,1. 8,17-32 | 7. 12,20-23 | 8. 2Mc 5,9 | 9. Rm 15,4 | 16. 14,22; 15,15

† **12**,9. Primeiro uso desta expressão para indicar o Antigo Testamento, que já estava formado. Em 7,17, o autor citava o Sl 79, chamando-o de "Escritura". Esdras e Neemias, e depois Judas, se preocuparam em reunir os livros sagrados. | 21. Corria em Esparta a lenda de que o povo de lá era descendente de Abraão como os judeus.

tirpe de Abraão†. 22Agora que sabemos disso, tende a bondade de nos escrever a respeito de vossa prosperidade. 23De nossa parte vos respondemos: vosso gado e todos os vossos bens são nossos, e os nossos são vossos. Ordenamos, pois, que isto vos seja comunicado".

Outras vitórias de Jônatas. 24Jônatas soube que os generais de Demétrio tinham voltado com um exército mais numeroso que o anterior para lutar contra ele. 25Partiu de Jerusalém e foi encontrá-los na região de Hamat, sem lhes dar tempo de penetrar em sua região. 26Enviou exploradores a seu acampamento, e estes, ao voltar, referiram-lhe que estavam já dispostos a assaltá-los naquela noite. 27Quando o sol se pôs, Jônatas ordenou a seus homens que vigiassem com as armas na mão, prontos para o combate durante toda a noite, e dispôs sentinelas nos postos avançados ao redor de todo o acampamento. 28Os inimigos, porém, ao saber que Jônatas e os seus estavam prontos para o combate, sentiram medo e pavor no coração. Acenderam fogueiras em seu acampamento e fugiram. 29Jônatas e os seus não se aperceberam de nada até a manhã, porque viam o fogo aceso. 30Jônatas lançou-se em sua perseguição, mas não conseguiu alcançá-los, porque haviam atravessado o rio Eleútero. 31Jônatas voltou-se então contra os árabes chamados zabadeus, bateu-os e tomou seus despojos. 32Partindo dali, marchou para Damasco e percorreu toda a região. 33Também Simão havia partido e chegou até Ascalon e as fortalezas vizinhas; depois dirigiu-se para Jope e ocupou-a, 34porque ouvira dizer que queriam entregar a fortaleza aos partidários de Demétrio; por isso pôs ali uma guarnição para defendê-la.

35Quando voltou, Jônatas convocou os anciãos do povo e com eles decidiu construir fortalezas na Judeia, 36levantar mais os muros de Jerusalém e erguer uma grande barreira entre a cidadela e a cidade, para separá-la da cidade, a fim de que ficasse isolada, de tal modo que os da cidadela não pudessem comprar nem vender. 37Então se reuniram para reconstruir a cidade; e, visto que tinha caído uma parte do muro da torrente, do lado leste, mandou restaurar a parte chamada Cafenata. 38Simão edificou Adida, na Sefelá, e fortificou-a, munindo-a de portas com trancas.

Jônatas, prisioneiro de Trifão. 39Trifão desejava reinar* sobre a Ásia e cingir o diadema, estendendo a mão contra o rei Antíoco; 40mas temia que Jônatas o impedisse e lhe declarasse guerra; por isso, procurava um modo de prendê-lo e eliminá-lo. Partiu e foi para Betsã. 41Jônatas marchou contra ele com quarenta mil homens escolhidos para uma batalha ordenada e chegou a Betsã. 42Quando Trifão o viu chegar com um exército numeroso, não ousou lançar as mãos sobre ele. 43Recebeu-o com honras, apresentou-o a todos os seus amigos, deu-lhe presentes e ordenou a suas tropas que lhe obedecessem como a ele próprio. 44Depois disse a Jônatas: "Por que incomodaste toda esta gente, não havendo guerra nenhuma entre nós? 45Por isso, despede-os agora para suas casas; escolhe uns poucos homens para te acompanharem e vem comigo a Ptolemaida. Eu a entregarei a ti junto com as outras fortalezas, as outras tropas e todos os funcionários; depois disso partirei, tomando o caminho da volta, pois foi para isso que eu vim". 46Jônatas, acreditando nele, fez como ele dissera: despediu as tropas, que retornaram para a Judeia, 47e reteve consigo três mil homens, dois mil dos quais deixou na Galileia, e mil o acompanharam. 48Mas quando Jônatas entrou em Ptolemaida, os habitantes

* **12**,39. 11,39s.54s

† **13**,41. Neste ano de 142 a.C. Israel torna-se um estado independente. Simão foi não só etnarca, mas também sumo sacerdote. Para os Macabeus, a liberdade política era necessária para garantir a liberdade religiosa. Mas envolvendo-se na política perderam a estima dos grupos religiosos.

da cidade fecharam as portas, prenderam-no e passaram a fio de espada todos os que tinham entrado com ele. 49Trifão mandou as tropas e a cavalaria para a Galileia e para a grande planície, a fim de aniquilar todos os partidários de Jônatas. 50Estes, porém, ao ouvirem dizer que ele fora preso e estava perdido, juntamente com seus companheiros, encorajaram-se mutuamente e marcharam em linhas cerradas, prontos para o combate. 51Então os perseguidores, vendo que eles lutavam pela vida, voltaram para trás. 52Aqueles chegaram todos sãos e salvos à Judeia. Choraram Jônatas e seus companheiros e sentiram grande medo. E todos os israelitas fizeram luto fechado. 53Todas as nações ao redor deles procuraram então exterminá-los, pois diziam: "Não têm chefe nem quem os auxilie; agora é o momento de combatê-los, para apagar sua memória do meio dos homens.

V. SIMÃO, SUCESSOR DE JÔNATAS (13–16)

13 **Simão, o novo comandante.** 1Simão soube que Trifão reunira um poderoso exército para ir à Judeia e devastá-la. 2Vendo que o povo tremia de medo, subiu a Jerusalém, reuniu o povo 3e os confortou, dizendo-lhes: "Bem sabeis o quanto eu, meus irmãos e a casa de meu pai temos feito pelas leis e pelo santuário, as guerras e as angústias que suportamos. 4É por isso que todos os meus irmãos pereceram pela causa de Israel e eu fiquei sozinho. 5Agora, longe de mim o pensamento de poupar minha vida em qualquer momento de tribulação! Pois não sou melhor que meus irmãos; 6antes, vingarei minha nação, o santuário,* vossas mulheres e vossos filhos, uma vez que todos os povos, por causa de seu ódio, se aliaram para exterminar-nos". 7Ouvindo essas palavras, reacendeu-se o ânimo do povo, 8que respondeu em altos brados: "Tu és nosso chefe em lugar de Judas e de Jônatas, teu irmão; 9dirige nossas batalhas, e faremos tudo o que nos disseres". 10Então ele reuniu todos os homens aptos para a guerra, acelerou o acabamento dos muros de Jerusalém e fortificou-a em todo o redor. 11Depois enviou a Jope Jônatas, filho de Absalão, com um numeroso exército, e ele expulsou de lá os ocupantes e lá se instalou.

Trifão tenta invadir a Judeia. 12Trifão saiu de Ptolemaida com um grande exército para invadir a Judeia, levando consigo Jônatas prisioneiro. 13Simão veio acampar em Adida, diante da planície. 14Quando Trifão soube que Simão havia substituído Jônatas, seu irmão, e que se preparava para dar-lhe batalha, enviou-lhe mensageiros para dizer-lhe: 15"É por causa do dinheiro que teu irmão Jônatas devia ao tesouro real pelos cargos que exercia, que nós o mantemos preso. 16Manda agora cem talentos de prata e dois de seus filhos como reféns, a fim de que, posto em liberdade, não se rebele contra nós; depois o soltaremos". 17Simão percebeu que lhe falava assim com engano e no entanto mandou trazer o dinheiro e os meninos, a fim de não suscitar uma grande hostilidade entre o povo, 18que haveria de dizer: "É porque ele não mandou o dinheiro e os meninos que Jônatas morreu. 19Por isso mandou os meninos e os cem talentos; mas ele o enganou e não libertou Jônatas.

20Depois disso, Trifão retomou sua marcha para invadir a região e devastá-la. Deu uma volta pelo caminho que vai a Adora; mas Simão com seu exército se opunha a ele aonde quer que fosse. 21Entretanto, os ocupantes da cidadela enviaram mensageiros a Trifão, para que se apressasse a vir em seu auxílio através do deserto e a mandar-lhes víveres. 22Trifão mandou preparar toda a sua cavalaria para a viagem, mas naquela noite caiu muita neve e ele, por causa da neve, não pôde viajar. Partiu e dirigiu-se para Galaad.

---

* **13**,6. 5,2; 12,53

Assassínio de Jônatas. 23Ao se apro-
ximar de Bascama, matou Jônatas, que
foi sepultado ali. 24E Trifão voltou para
sua terra.
25Simão mandou recolher os ossos
de seu irmão Jônatas e o sepultou em
Modin, cidade de seus pais. 26Todo o
Israel o chorou com grandes lamen-
tações e guardou luto por ele durante
muitos dias. 27Depois, Simão construiu
sobre o túmulo de seu pai e de seus
irmãos um monumento de pedras po-
lidas atrás e na frente, bastante alto
para ser visto. 28Ergueu também sete
pirâmides, uma em frente da outra, em
honra do pai, da mãe e dos quatro ir-
mãos, 29mandou decorá-las com gran-
des colunas ao redor e sobre as colunas
mandou esculpir armas para eterna re-
cordação; e ao lado das armas, navios
esculpidos, para serem vistos por todos
os que navegam pelo mar. 30Assim é o
mausoléu que ele mandou fazer em
Modin, e que existe ainda hoje. 31Trifão
agia falsamente com o jovem rei Antío-
co. Mandou matá-lo, 32reinou em seu
lugar, cingiu a coroa da Ásia e causou
grande calamidade ao país.
Reconciliação com Demétrio II. 33Si-
mão reconstruiu as fortalezas da Judeia,
muniu-as de altas torres, de grandes
muros, de portas com trancas e abaste-
ceu de víveres as fortalezas. 34Também
escolheu alguns homens, que mandou
ao rei Demétrio, para que concedesse
a imunidade ao país, porque todos os
atos de Trifão haviam sido rapinas. 35O
rei Demétrio mandou-lhe uma respos-
ta conforme tais pedidos e escreveu-
-lhe uma carta que dizia assim:
36"O rei Demétrio a Simão, sumo sa-
cerdote e amigo dos reis, aos anciãos e
à nação dos judeus, saudações!
37Recebemos a coroa de ouro e a
palma que enviastes. Estamos dispos-
tos a concluir convosco uma paz com-
pleta e a escrever aos administradores
para que vos concedam as isenções.
38Tudo o que estabelecemos a vosso
respeito fica confirmado, e as fortalezas
que construístes sejam vossas. 39Per-
doamo-vos também os erros e as fal-
tas cometidas até o dia de hoje, como
também a coroa que nos deveis; e se
algum outro tributo era arrecadado em
Jerusalém, não seja mais exigido. 40Se
existem entre vós homens aptos para
se alistarem em nossa guarda, que se
alistem, e haja paz entre nós".
Independência da Judeia. 41No ano
cento e setenta foi tirado de Israel o
jugo dos gentios†; 42e o povo de Israel
começou a datar assim os documentos
e os contratos: "No ano primeiro de
Simão, sumo sacerdote, governador e
chefe dos judeus".
43Naquele tempo, Simão acampou*
diante de Gazara e cercou-a com suas
tropas; construiu uma torre móvel,
aproximou-a da cidade, abateu uma
torre e tomou-a. 44Os que estavam na
torre móvel saltaram para dentro da
cidade, provocando ali enorme agita-
ção. 45Os habitantes da cidade subiram
aos muros com suas mulheres e filhos,
rasgaram suas vestes e com grandes
gritos suplicavam a Simão que fizesse
as pazes com eles. 46Diziam: "Não nos
trates conforme nossa maldade, mas
conforme tua misericórdia". 47Simão
fez um acordo com eles e cessou de
combatê-los. Mas expulsou-os da cida-
de, purificou as casas onde havia ídolos
e fez seu ingresso na cidade entre can-
tos de hinos e de bênçãos. 48Baniu dela
toda a impureza e nela estabeleceu
pessoas observantes da lei; fortificou-a
e construiu nela uma casa para si.
Tomada da cidadela. 49Os que es-
tavam na cidadela em Jerusalém não
podiam ir e vir pelas redondezas para
comprar ou vender; passavam muita
fome e não poucos haviam morrido à
míngua. 50Por isso clamaram a Simão
pedindo a paz, e ele a concedeu, mas
expulsou-os dali e purificou a cidadela
das contaminações. 51Fizeram seu in-
gresso nela no dia vinte e três do se-
gundo mês do ano cento e setenta e
um, com cantos de louvor, ramos de
palmeiras, com cítaras, címbalos e har-
pas, com hinos e cantos, porque um

---

* **13**,43. 2Mc 10,28-38

grande inimigo tinha sido extirpado do
meio de Israel. 52Simão ordenou que
todo ano se celebrasse essa data com
alegria. Fortificou o monte do templo
ao lado da cidadela e foi morar lá com
os seus. 53Vendo que seu filho João já
se tornara um homem maduro, Simão
nomeou-o chefe de todas as tropas. E
este morou em Gazara.

14 **Demétrio II, prisioneiro dos
partas.** 1No ano cento e setenta
e dois, o rei Demétrio reuniu suas tropas
e foi à Média buscar reforços para combater Trifão. 2Mas Arsaces, rei da Pérsia
e da Média, soube que Demétrio tinha
penetrado em seu território e mandou
um de seus generais para capturá-lo
vivo. 3Este partiu, derrotou o exército de
Demétrio, prendeu-o vivo e o levou a
Arsaces, que o lançou na prisão.
Elogio de Simão. 4A Judeia gozou de
paz enquanto viveu Simão.*
Ele procurou o bem de seu povo;
e aos seus agradou seu governo
e sua glória por todo o tempo.
5Além de todas as suas glórias, tomou Jope,
fez dela um porto e abriu um acesso às ilhas do mar.
6Dilatou os limites de sua nação,*
manteve a região sob controle
7e recuperou muitos prisioneiros.
Tomou Gazara, Betsur e a cidadela,
tirou delas as impurezas,
e não houve quem lhe pudesse resistir.
8Em paz cultivavam sua terra,
o solo dava seus produtos*
e as árvores do campo seus frutos.
9Os anciãos sentavam-se nas praças;*
todos falavam sobre a prosperidade,
e os jovens usavam esplêndidas vestes e armaduras de guerra.
10Forneceu provisões às cidades
e as muniu de fortificações;
seu nome glorioso chegou aos confins da terra.
11Restabeleceu a paz no país,
e grande foi a alegria de Israel.
12Sentou-se cada um debaixo de sua videira e de sua figueira,*
e não havia quem lhes causasse medo.
13Desapareceu do país quem os combatia,
e os reis, naqueles dias, foram esmagados.
14Fortaleceu todos os humildes de seu povo†,
zelou pela lei e exterminou todos os ímpios e perversos.
15Tornou glorioso o santuário
e multiplicou os vasos sagrados.
**Simão renova a aliança com Roma e
Esparta.** 16Souberam em Roma e em
Esparta que Jônatas tinha morrido, e
muito se entristeceram. 17Mas quando
ouviram dizer que seu irmão Simão se
tornara sumo sacerdote em seu lugar
e que tinha o domínio da região e de
suas cidades, 18escreveram-lhe uma
carta* em placas de bronze para renovar com ele a amizade e a aliança* que
haviam contraído com Judas e Jônatas,
seus irmãos. 19A carta foi lida na assembleia em Jerusalém. 20Esta é a cópia
da carta enviada pelos espartanos:
"As autoridades e os cidadãos de
Esparta, a Simão, sumo sacerdote, aos
anciãos, aos sacerdotes e ao restante
do povo judeu, seus irmãos, saudações!
21Os embaixadores que enviastes a
nosso povo nos informaram de vossa
glória e de vossa honra, e nos alegramos com sua vinda. 22Registramos da
seguinte forma, entre as decisões do
povo, as coisas que eles disseram: Numênio, filho de Antíoco, e Antípatro, filho de Jasão, embaixadores dos judeus,
vieram até nós para renovar a amizade conosco. 23O povo houve por bem
recebê-los com honras e inserir a cópia
de seus discursos nos arquivos públicos, para que o povo dos espartanos
conserve sua lembrança. Uma cópia

---

* **14**,4. 3,3-9 | 6. Êx 34,24 | 8. Zc 8,12 | 9. Zc 8,4s | 12. 1Rs 5,5; Mq 4,4; Zc 3,10 | 18. 8,22 / 8,17s; 12,3

† **14**,14. Esse grupo de judeus, de vida simples, marcada pela fé e confiança em Deus, é anunciado por Sofonias como o povo do futuro, 2,3; 3,12, e aparece nos Salmos, 18,28, nos escritos de Qumran e em Mt 5,3.

dessas coisas foi escrita para o sumo sacerdote Simão".

24Depois disso, Simão enviou Numênio a Roma com um grande escudo de ouro, pesando mil minas, para confirmar a aliança com eles.

Poderes conferidos a Simão. 25Quando o povo soube disso, perguntou: "Que prova de reconhecimento daremos a Simão e a seus filhos? 26Pois ele, com seus irmãos e a casa de seu pai, mostrou-se firme, combateu e expulsou os inimigos de Israel, garantindo-lhe a liberdade". Gravaram uma inscrição em placas de bronze, que foram postas sobre colunas no monte Sião. 27Este é o texto da inscrição:

"No dia dezoito de elul, do ano cento e setenta e dois, terceiro ano de Simão, sumo sacerdote, em Asaramel, 28na grande assembleia dos sacerdotes, do povo, dos chefes da nação e dos anciãos da região nos foi notificado o seguinte:

29Durante as guerras frequentes que ocorreram na região, Simão, filho de Matatias, da estirpe de Joarib, e seus irmãos afrontaram o perigo e resistiram aos adversários de sua nação, para que o santuário e a lei permanecessem estáveis, e assim tributaram a sua nação uma glória insigne; 30Jônatas congregou sua nação, tornou-se seu sumo sacerdote e reuniu-se a sua gente. 31Os inimigos dos judeus tentaram invadir sua região e estender a mão contra seu santuário. 32Surgiu então Simão, que combateu por sua nação e gastou grande parte de seus bens para equipar os homens do exército e pagar-lhes o soldo. 33Fortificou as cidades da Judeia, como também Betsur, na fronteira da Judeia, onde antes se achavam as armas dos inimigos, e pôs ali uma guarnição de soldados judeus. 34Fortificou também Jope, que está à beira-mar, e Gazara nos confins de Azoto, na qual antes moravam os inimigos, mas ele colocou lá os judeus e armazenou ali todo o necessário para seu sustento. 35O povo viu a lealdade de Simão e a glória que ele se propunha conquistar para sua nação. Constituiu-o seu chefe e sumo sacerdote por ter feito todas essas coisas, por causa da justiça e da fidelidade que manteve com sua nação e porque de todos os modos tinha procurado exaltar seu povo. 36Em seus dias conseguiu extirpar com suas mãos os gentios de sua região, especialmente os que ocupavam a cidade de Davi em Jerusalém, onde haviam construído para si uma cidadela; de lá faziam suas incursões, profanando os arredores do santuário e atentando gravemente contra sua santidade. 37Ele pôs ali uma guarnição de judeus, fortificou-a para a segurança da região e da cidade e elevou os muros de Jerusalém. 38Por isso o rei Demétrio o confirmou no cargo de sumo sacerdote, 39incluiu-o* entre seus amigos e lhe conferiu grandes honras. 40Com efeito, ele ficou sabendo que os judeus foram considerados como amigos, aliados e irmãos pelos romanos, que haviam recebido com honras os embaixadores de Simão; 41que aprouve aos judeus e aos sacerdotes que Simão fosse seu chefe e sumo sacerdote para sempre, até que surgisse um profeta* acreditado, 42e que fosse também seu governador e responsável pelo santuário, com poderes para designar os superintendentes das obras, da região, dos armamentos e das fortalezas; 43que assumisse o cuidado do santuário e fosse obedecido por todos; que em seu nome se escrevessem todos os documentos; que pudesse revestir-se de púrpura e usar ornamentos de ouro. 44Portanto a ninguém dentre o povo e dentre os sacerdotes será lícito ab-rogar qualquer dessas coisas ou contradizer o que ele disser, ou convocar assembleias no país sem sua autorização, ou vestir-se de púrpura e usar fivela de ouro; 45todo aquele que agir contra essas disposições ou violar alguma delas seja considerado culpado. 46Todo o povo houve por bem conceder a Simão essas prerrogativas.

47Simão aceitou e concordou em exercer o cargo de sumo sacerdote, ser o governador e príncipe dos judeus e

---

* **14**,39. 2,18 | 41. 4,46

dos sacerdotes e estar à frente de todos. [48]Ordenaram que esta inscrição fosse gravada em placas de bronze para ser colocada no recinto do santuário, num lugar visível, [49]e que uma cópia fosse guardada no tesouro, à disposição de Simão e de seus filhos".

15 **Antíoco VII faz concessões a Simão.** [1]Antíoco, filho de Demétrio, enviou das ilhas do mar uma carta a Simão, sumo sacerdote e príncipe dos judeus, e a toda a nação, [2]nos seguintes termos:

"O rei Antíoco, a Simão, sumo sacerdote e príncipe, e à nação dos judeus, saudações!

[3]Visto que certos homens infames usurparam o reino de nossos pais, pretendo reivindicar a posse do reino para restabelecê-lo em seu estado primitivo. Recrutei tropas mercenárias e mandei equipar navios de guerra [4]com o intento de desembarcar no país, a fim de me vingar daqueles que arruinaram nosso país e devastaram muitas cidades de meu reino. [5]Agora, pois, te confirmo todas as isenções tributárias que te foram concedidas pelos reis antes de mim, bem como quaisquer outras isenções de donativos. [6]Concedo-te autorização para cunhar moeda própria para o uso de teu país. [7]Que Jerusalém e o santuário sejam livres. Todas as armas que fabricaste e as fortalezas que construíste permaneçam em teu poder. [8]Toda a dívida que tens ou poderás ter com o tesouro régio te seja perdoada desde agora e para sempre. [9]E quando tivermos reconquistado nosso reino, tributaremos a ti, a tua nação e ao templo honras tão grandes que vossa glória se torne manifesta por toda a terra".

Antíoco VII na Palestina. [10]No ano cento e setenta e quatro, Antíoco partiu para a terra de seus pais, e todas as tropas se uniram a ele, de sorte que somente poucas permaneceram com Trifão. [11]Antíoco se pôs a persegui-lo, e ele veio fugindo até Dora, na costa do mar, [12]pois sabia que as desgraças se acumulavam sobre ele e que as tropas o haviam abandonado. [13]Antíoco veio acampar diante de Dora com cento e vinte mil combatentes e oito mil cavaleiros. [14]Cercou a cidade, enquanto os navios atacavam do mar, e assim apertava a cidade por mar e por terra, não deixando ninguém sair nem entrar.

Promulgação da aliança entre romanos e judeus. [15]Então chegaram de Roma* Numênio e seus companheiros, trazendo cartas para o rei e para as regiões. Nelas estava escrito:

[16]"Lúcio, cônsul dos romanos, ao rei Ptolomeu, saudações!

[17]Vieram a nós, como nossos amigos e aliados, os embaixadores dos judeus, enviados por Simão, sumo sacerdote, e pelo povo dos judeus para renovar a antiga amizade e aliança. [18]Trouxeram um escudo de ouro de mil minas. [19]Então pareceu-nos bem escrever aos reis e às regiões para que não lhes causem nenhum dano, nem combatam contra eles, nem contra suas cidades e sua região, e para que não se aliem com os que lhes fazem guerra. [20]Aprouve-nos aceitar da parte deles o escudo. [21]Se houver, por acaso, homens perversos que fugiram da região deles para junto de vós, entregai-os ao sumo sacerdote Simão, para que os castigue conforme sua lei".

[22]Escreveu a mesma coisa ao rei Demétrio, a Átalo, a Ariarates e a Arsaces, [23]e para todas as regiões: para Sampsames, os espartanos, Delos, Mindos, Siciônia, Cária, Samos, Panfília, Lícia, Halicarnasso, Rodes, Fasélis, Cós, Side, Arados, Gortina, Cnido, Chipre e Cirene. [24]E escreveram uma cópia também para o sumo sacerdote Simão.

Antíoco VII retira sua palavra. [25]O rei Antíoco estava acampado diante de Dora, na parte nova, lançando continuamente contra ela as fileiras e construindo máquinas. Mantinha Trifão cercado, de modo que não podia entrar nem sair. [26]Simão mandou-lhe dois mil homens de elite para combater a seu lado e também prata, ouro e

---

* **15**,15. 12,16; 14,22ss; 8,17

equipamentos em quantidade. [27]Mas
ele não só recusou-se a aceitá-los, mas
revogou todas as concessões que lhe
havia feito antes e se mostrou hostil.
[28]Enviou-lhe Atenóbio,* um de seus
amigos, para tratar com ele e dizer-lhe:
"Vós ocupais Jope, Gazara e a cidade
de Jerusalém, que são cidades de meu
reino. [29]Assolastes seus territórios, cau-
sastes graves danos ao país e vos apo-
derastes de muitas localidades de meu
reino. [30]Agora, pois, entregai as cida-
des que ocupastes e os tributos das lo-
calidades de que vos apoderastes fora
das fronteiras da Judeia. [31]Ou então,
dai-nos em troca quinhentos talentos
de prata pelas devastações causadas e
outros quinhentos talentos pelos tribu-
tos das cidades; do contrário, iremos
guerrear-vos".

[32]Atenóbio, o amigo do rei, foi a Je-
rusalém, viu a magnificência de Simão,
seu serviço de mesa com vasilhame de
ouro e de prata, o grandioso aparato,
e ficou maravilhado. Depois transmi-
tiu-lhe a mensagem do rei. [33]Simão
respondeu-lhe: "Não ocupamos terra
estrangeira, nem nos apoderamos de
bens alheios, mas sim da herança de
nossos pais que, injustamente, a certo
momento, foi usurpada por nossos ini-
migos. [34]Simplesmente aproveitamos
de uma ocasião favorável para recupe-
rar a herança de nossos pais. [35]Quanto
a Jope e Gazara, que tu reclamas, elas
infligiram graves danos a nosso povo
e a nossa região; por elas te daremos
cem talentos". [36]Ele, sem dizer nada,
voltou furioso para junto do rei e refe-
riu-lhe as palavras de Simão, sua mag-
nificência e tudo o que tinha visto. E o
rei ficou sumamente irado.

[37]Nesse meio tempo, Trifão embar-
cou num navio e fugiu para Ortosia.
[38]Então o rei nomeou Cendebeu sub-
comandante do litoral e entregou-
-lhe tropas de infantaria e cavalaria;
[39]deu-lhe ordem para acampar diante
da Judeia, reconstruir Quedron, refor-
çando-lhe as portas, e guerrear contra
o povo. Enquanto isso, o rei se pôs a
perseguir Trifão. [40]Cendebeu chegou
a Jâmnia, começou a provocar o povo
e a invadir a Judeia, a fazer prisionei-
ros entre a população e a massacrá-la.
[41]Restaurou Quedron e ali estabeleceu
cavalaria e tropas para que, fazendo
incursões, patrulhassem as estradas da
Judeia, como o rei havia mandado.

16 **Vitória dos filhos de Simão
sobre Cendebeu.** [1]João† par-
tiu então de Gazara para referir a seu
pai, Simão, tudo o que Cendebeu esta-
va fazendo. [2]Simão chamou seus dois
filhos maiores, Judas e João, e disse-
-lhes: "Eu, meus irmãos e a casa de
meu pai combatemos as guerras de
Israel desde nossa juventude até o dia
de hoje, e por várias vezes consegui-
mos libertar Israel com nossa atuação.
[3]Agora, porém, já estou velho, enquan-
to vós, pela misericórdia do Céu, estais
na idade boa. Tomai meu lugar e o de
meu irmão e ide combater por nossa
nação. A ajuda do Céu esteja convos-
co!" [4]Depois escolheu na região vinte
mil combatentes e cavaleiros, que par-
tiram contra Cendebeu. Eles pernoi-
taram em Modin. [5]Levantando-se de
manhã, avançavam rumo à planície,
quando surgiu diante deles um enor-
me exército de infantaria e cavalaria;
entre eles e os outros havia uma tor-
rente. [6]João com sua gente tomou po-
sição diante deles; depois, vendo que
os seus tinham medo de atravessar a
torrente, atravessou-a ele mesmo por
primeiro; os outros, vendo-o, atraves-
saram também atrás dele. [7]Dividiu sua
gente e pôs os cavaleiros no meio da
infantaria, pois a cavalaria inimiga era
muito numerosa. [8]Então ressoaram as
trombetas, e Cendebeu foi derrotado
com seu exército; muitos deles caíram
feridos, e os sobreviventes fugiram
para a fortaleza. [9]Judas, irmão de João,
ficou ferido. João, porém, perseguiu os
inimigos até Quedron, que Cendebeu
havia reconstruído. [10]Outros se refu-

---

* **15**,28. 2,18

† **16**,1. Este é João Hircano, que governou de 134 a 104 a.C.; era filho de Simão, ver 13,53.

giaram nas torres que há nos campos de Azoto, mas João as incendiou, e assim morreram dentre eles cerca de dois mil homens. Em seguida voltou em paz para a Judeia.

Simão é assassinado. [11]Ptolomeu, filho de Abubo, tinha sido nomeado governador da planície de Jericó; ele tinha muita prata e ouro, [12]pois era genro do sumo sacerdote. [13]Seu coração se encheu de orgulho e, pretendendo tornar-se senhor da região, maquinava pérfidos projetos para eliminar Simão e seus filhos. [14]Enquanto Simão estava visitando as cidades da região, preocupado com suas necessidades, desceu a Jericó com seus filhos Matatias e Judas no ano cento e setenta e sete, no undécimo mês†, que é o mês de sebat. [15]O filho de Abubo os recebeu com perfídia na pequena fortaleza chamada Doc, que ele tinha construído; preparou-lhe um grande banquete, e escondeu lá alguns homens. [16]Quando Simão e seus filhos ficaram ébrios, Ptolomeu levantou-se com seus cúmplices, que, de armas nas mãos, precipitaram-se sobre Simão na sala do banquete, matando-o juntamente com seus filhos e alguns de seus servos. [17]Cometeu assim uma grande traição e retribuiu o bem com o mal. [18]A seguir, Ptolomeu escreveu um relato dessas coisas e enviou-o ao rei, a fim de que lhe mandasse tropas em seu auxílio e lhe confiasse a região e as cidades. [19]Enviou outros a Gazara para matar João e expediu cartas aos comandantes para que viessem ter com ele, porque queria dar-lhes prata, ouro e presentes. [20]Mandou outros para que ocupassem Jerusalém e o monte do templo. [21]Mas alguém correu adiante e anunciou a João, em Gazara, a notícia da morte de seu pai e de seus irmãos; e acrescentou: "Mandou matar também a ti". [22]Ao ouvir isto, ficou estarrecido; prendeu os que tinham vindo para liquidá-lo e os matou, pois sabia que procuravam matá-lo.

João, filho de Simão, sucede ao pai. [23]Os demais feitos de João, suas guerras, os atos de bravura que praticou, os muros que construiu e suas façanhas, [24]tudo isso está escrito nos anais de seu pontificado, a partir do momento em que se tornou sumo sacerdote depois de seu pai.

† **16**,14. Essa data corresponde a fevereiro de 134 a.C.

SEGUNDO LIVRO DOS MACABEUS

Este livro não é a continuação do primeiro, mas sim o resumo, redigido por um autor desconhecido, de uma obra em cinco volumes, que não chegou até nós, escrita por Jasão de Cirene, e tem como tema central a figura de Judas Macabeu. A data de composição do livro parece ser por volta do ano 124 a.C., por isso é provável que o autor nem sequer tenha conhecido o primeiro livro dos Macabeus. Os fatos que ele conta ocorreram num período de apenas quinze anos, 176-161 a.C., portanto são em parte anteriores e em parte contemporâneos aos de 1Mc 1-7. O autor documenta sua narrativa citando várias cartas, dando-lhe assim um cunho de historicidade. Seu estilo é muito particular, frequentemente oratório, como se falasse a uma assembleia. Tece inúmeras considerações de natureza espiritual e salienta o clima religioso em que se desenvolvem os combates, falando de orações, exortações e jejuns. Também insere no relato elementos misteriosos como visões e aparições. Destaca o heroísmo dos que sacrificaram suas vidas para defender a lei de Deus e se manter fiéis a ela. Escrevendo aos irmãos judeus que moram no Egito, para interessá-los pela sorte do templo de Jerusalém, fala com entusiasmo da dedicação do altar e da purificação do templo "famoso em todo o universo" (2,22).

O livro testemunha uma evolução notável das crenças sobre a vida futura, falando claramente da ressurreição dos mortos, das penas da vida futura, da oração pelos defuntos. Contém ainda afirmações preciosas da criação ex nihilo (a partir do nada), dos méritos dos mártires e da intercessão dos santos.

Podemos encontrar em 6,12.16 a mensagem do livro para nós hoje: "Recomendo àqueles que terão em mãos este livro, que não se deixem abater por causa dessas calamidades; pensem, antes, que esses castigos não sucederam para a ruína, mas para a correção de nossa gente. O Senhor nunca retira de nós sua misericórdia e, mesmo quando o corrige com a adversidade, jamais abandona seu povo".

I. RECORDANDO A HISTÓRIA (1–2)

1 **Cartas aos judeus do Egito.** *Primeira carta*

1"Os irmãos judeus que moram em
Jerusalém e na região da Judeia, aos
irmãos judeus do Egito†, saudações e
votos de paz e prosperidade!
2Que Deus vos cumule de benefícios
e se lembre de sua aliança com Abraão,
Isaac e Jacó, seus servos fiéis. 3Que vos
conceda a todos ânimo para adorá-lo e
cumprir seus desígnios com um coração
grande e de boa vontade, 4que vos abra a
mente para entender sua lei e seus preceitos e vos dê a paz. 5Ouça vossas orações,
mostre-vos misericórdia e não vos abandone no tempo da adversidade. 6Estamos
rezando por vós aqui neste momento.
7Quando reinava Demétrio, no ano
cento e sessenta e nove†, nós, os judeus, vos escrevemos: 'Na tribulação
e na angústia que se abateram sobre
nós nestes anos, desde quando Jasão
e seus adeptos, traindo a terra santa e
o reino, 8incendiaram a grande porta
do templo e derramaram sangue inocente, suplicamos ao Senhor e fomos
atendidos; oferecemos um sacrifício e
flor de farinha, acendemos as lâmpadas e apresentamos os pães'. 9E agora vos escrevemos para vos convidar
a celebrar a festa das Tendas do mês
de casleu. No ano cento e quarenta e
oito".

Segunda carta

10"Os habitantes de Jerusalém e da
Judeia, o conselho dos anciãos† e Ju-

---

† **1**,1. Havia judeus no Egito desde a queda de Jerusalém em 586 a.C. Tinham um templo na ilha de Elefantina, destruído em 411 a.C., e ergueram um outro em Leontópolis no ano 170 d.C. Os judeus de Jerusalém consideravam-no contrário à lei, Dt 12,5-12. Celebrar no Egito a Dedicação do templo de Jerusalém seria reconhecê-lo como único templo legítimo. | 7. O ano 169 da era selêucida corresponde ao ano 143 a.C. | 10. Espécie de Senado, mencionado também em 1Mc 12,6; 2Mc 4,44; 11,27; participava do governo da comunidade.

das, a Aristóbulo, mestre do rei Ptolo-
meu, da estirpe dos sacerdotes sagra-
dos, e aos judeus que moram no Egito,
saudações e felicidade!
[11]Libertados por Deus de grandes
perigos, muito lhe agradecemos por
ter combatido a nosso lado contra o
rei, [12]pois ele mesmo expulsou aque-
les que atacaram a cidade santa. [13]Com
efeito, seu chefe, estando na Pérsia,*
foi massacrado junto com seu exérci-
to, que parecia invencível, no templo
de Naneia, por meio de uma artima-
nha dos sacerdotes de Naneia†. [14]É que
Antíoco tinha ido com seus amigos ao
templo da deusa, sob o pretexto de
celebrar seu casamento com ela, mas
sua intenção era apropriar-se, a título
de dote, de suas muitas riquezas. [15]Os
sacerdotes do Naneion as expuseram
quando ele entrou no recinto do tem-
plo com uns poucos. Fecharam o tem-
plo logo que Antíoco entrou, [16]abriram
a porta secreta do teto e, lançando pe-
dras, fulminaram o chefe junto com os
outros, esquartejaram-nos e cortaram
suas cabeças, que lançaram aos que
estavam fora. [17]Em tudo seja bendito
nosso Deus que entregou à morte os
sacrílegos! [18]Como estamos para cele-
brar a festa da purificação do templo
no dia vinte e cinco do mês de casleu,
julgamos necessário informar-vos dis-
so, para que também vós celebreis a
festa das Tendas e do fogo que apare-
ceu quando Neemias ofereceu sacrifí-
cios depois da reconstrução do templo
e do altar".

O fogo sagrado. [19]De fato, quando
nossos pais foram deportados para a
Pérsia†, os sacerdotes fiéis de então ti-
raram o fogo do altar e o esconderam
com cautela na cavidade de um poço
seco, no qual o depositaram em segu-
rança, de modo que o lugar ficou des-
conhecido de todos.
[20]Passados muitos anos, quando
aprouve a Deus, Neemias, enviado
pelo rei da Pérsia, ordenou aos des-
cendentes dos sacerdotes, que escon-
deram o fogo, que fossem buscá-lo.
Eles referiram que não haviam encon-
trado o fogo, e sim água grossa†, en-
tão ele mandou tirar dessa água para
levar-lhe. [21]Quando tudo estava pron-
to para os sacrifícios, Neemias ordenou
aos sacerdotes que aspergissem com
aquela água a lenha e as coisas pos-
tas sobre ela. [22]Assim foi feito e, pouco
tempo depois, o sol, que antes esta-
va encoberto por nuvens, começou a
brilhar e acendeu-se um grande fogo,
maravilhando a todos. [23]Enquanto se
consumia o sacrifício, os sacerdotes fi-
zeram uma oração, e todos os outros
com eles; Jônatas entoava e os demais,
com Neemias, respondiam.

Oração litúrgica. [24]A oração dizia as-
sim: 'Senhor, Senhor Deus, criador de
todas as coisas, terrível e forte, justo e
misericordioso, o único rei e o único
bom, [25]o único generoso, o único justo,
onipotente e eterno, que livrais Israel
de todo o mal, que fizestes de nossos
pais vossos escolhidos e os santificas-
tes, [26]aceitai este sacrifício em favor de
todo o vosso povo de Israel, guardai
vossa herança e santificai-a. [27]Reuni
nossos dispersos, concedei a liberda-
de aos que vivem como escravos entre
as nações, olhai para os que são des-
prezados e ultrajados; fazei que as na-
ções reconheçam que sois nosso Deus.
[28]Castigai os que nos oprimem e nos
injuriam com soberba; [29]plantai vosso
povo* em vosso lugar santo, como dis-
se Moisés'.
[30]Entretanto, os sacerdotes cantavam
hinos. [31]Quando o sacrifício foi con-
sumido, Neemias mandou derramar
sobre grandes pedras a água restante.
[32]Feito isso, apareceu uma chama que
foi absorvida pelo clarão que resplan-
decia sobre o altar. [33]Quando o fato
foi divulgado, contaram também ao rei
dos persas que, no lugar onde os sacer-

---

* **1**,13. 1Mc 6,1-13; 2Mc 9,1-29 | 29. Dt 30,3ss

† **1**,13. Deusa persa da natureza e da fecundidade, identificada pelos gregos com Diana. | 19. Propriamente Babilônia, chamada Pérsia depois de conquistada por Ciro, o persa, em 539 a.C. | 20. Esse líquido denso é o petróleo. Pensaram que o fogo desse líquido tivesse caído do céu.

dotes deportados haviam escondido o fogo, aparecera uma água, com a qual os companheiros de Neemias tinham purificado o que era preciso para o sacrifício. 34Constatado o fato, o rei mandou cercar o local e o declarou sagrado. 35Àqueles a quem o rei queria obsequiar, ele distribuía as copiosas rendas que dali retirava. 36Neemias e seus companheiros deram a esse líquido o nome de neftar, que quer dizer 'purificação'; mas por muitos é chamado 'nafta'.

2 **A arca e o fogo milagroso.** 1Encontra-se nos documentos que o profeta Jeremias ordenou aos deportados que tomassem do fogo, como foi falado. 2Que o mesmo profeta recomendou aos deportados, ao entregar-lhes a Lei, que não esquecessem os mandamentos do Senhor e não se deixassem desviar nos pensamentos ao verem as estátuas de ouro e de prata e os ornamentos que as revestiam. 3E com outras recomendações semelhantes exortava-os a não afastarem de seu coração a Lei. 4Naquele documento constava também que o profeta, avisado por um oráculo, mandou que a tenda e a arca o seguissem, enquanto ele se dirigia para o monte em que subira Moisés para contemplar a herança de Deus. 5Lá chegando, Jeremias encontrou uma habitação em forma de gruta, onde pôs a tenda, a arca e o altar dos perfumes, fechando depois a entrada. 6Alguns dos que o haviam acompanhado voltaram para marcar o caminho, mas não puderam encontrá-lo. 7Ao saber disso, Jeremias os repreendeu, dizendo: 'O lugar ficará desconhecido até que Deus reúna o povo e use de misericórdia para com ele. 8Então o Senhor mostrará de novo essas coisas, e aparecerá a glória do Senhor junto com a nuvem, como se mostrava no tempo de Moisés* e quando Salomão rezou para que o lugar santo fosse consagrado com magnificência'. 9Contava-se ainda como ele, sendo sábio, ofereceu sacrifícios pela dedicação e conclusão do templo. 10Assim como Moisés suplicara* ao Senhor, e do céu descera o fogo que consumiu as vítimas, da mesma maneira Salomão suplicou, e o fogo descido do alto consumiu os holocaustos. 11Moisés havia dito:* 'Por não ter sido comido, o sacrifício pelo pecado foi destruído'. 12Do mesmo modo Salomão celebrou oito dias de festa.

Coleção de escritos. 13Além dessas coisas, narrava-se também nos documentos e nas memórias de Neemias como ele fundou uma biblioteca, na qual reuniu os livros referentes aos reis e aos profetas, os escritos de Davi e as cartas dos reis sobre as oferendas votivas. 14Do mesmo modo, também Judas recolheu os livros* que estavam dispersos por causa da guerra que tivemos de enfrentar; agora os temos em nossas mãos. 15Se, pois, precisardes deles, mandai pessoas que os levem até vós.

16Nós vos escrevemos* enquanto estamos para celebrar a purificação; fareis bem se celebrardes esses dias. 17O Deus que salvou todo o seu povo e restituiu a todos a herança, o reino, o sacerdócio e a santificação, 18como havia prometido na Lei, este Deus, nós o esperamos, sem demora terá piedade de nós e nos reunirá, de todas as regiões que há debaixo do céu,* no lugar santo, pois nos livrou de grandes males e purificou este lugar".

Prefácio do autor. 19A história de Judas Macabeu e de seus irmãos, a purificação do grande templo e a dedicação do altar, 20as guerras contra Antíoco Epífanes e seu filho Eupátor, 21as aparições celestes em favor daqueles que generosamente lutaram em defesa do judaísmo†, a ponto de saquear toda a região, apesar de serem poucos, e de pôr em fuga uma multidão de bárbaros, 22de reconquistar o templo famoso em todo o

* **2**,8. Êx 24,16; 1Rs 8,10s | 10. Lv 9,24; 2Cr 7,1 | 11. Lv 10,16s; 1Rs 8,65s | 14. 1Mc 1,56s | 16. 1Mc 4,59| 18. Dt 30,3ss

† **2**,21. Primeira vez que aparece este termo; ver também 8,1; 14,38; Gl 1,14. Por oposição ao helenismo, designa o conjunto de crenças, instituições, costumes e práticas dos judeus.

universo, libertar a cidade e restabelecer as leis que estavam para ser abolidas; [23]todas essas coisas que foram expostas por Jasão de Cirene em cinco livros, nós tentaremos resumi-las num só volume. [24]De fato, considerando a multidão de números e a dificuldade que encontram os que querem se aprofundar nas narrativas históricas de material abundante, [25]procuramos oferecer satisfação ao leitor, facilidade para quem quer guardar na memória e utilidade para todos a quem chegar este livro. [26]Para nós, que assumimos a penosa tarefa de fazer este resumo, não foi trabalho fácil, mas custou-nos suores e vigílias, [27]assim como não é fácil preparar um banquete e satisfazer os gostos dos outros. Não obstante, pelo reconhecimento que esperamos de muitos, suportaremos com prazer esse duro trabalho, [28]deixando ao autor a exposição completa dos pormenores e procurando proceder segundo os esquemas de um resumo. [29]Pois como o arquiteto de uma casa nova deve cuidar do conjunto da construção, enquanto compete ao decorador e ao pintor procurar os materiais adequados a sua ornamentação, assim, a meu ver, acontece conosco. [30]Cabe a quem compõe a história penetrar nas questões e investigá-las, ocupando-se dos mínimos detalhes; [31]mas a quem faz uma adaptação deve-se permitir certa brevidade no dizer, renunciando à exposição minuciosa dos fatos. [32]Comecemos, pois, aqui nossa narração, sem nada acrescentar ao que foi dito, uma vez que é ingênuo ser prolixo no que precede a história e ser sucinto na história propriamente dita.

II. PERSEGUIÇÃO RELIGIOSA DE ANTÍOCO (3–7)

3 **Intrigas de Simão.** [1]Quando a cidade santa gozava de completa paz e as leis eram observadas do melhor modo possível, graças à piedade do sumo sacerdote Onias[†] e sua aversão ao mal, [2]os próprios reis honravam o lugar santo e glorificavam o templo com os dons mais esplêndidos. [3]Tanto assim que Seleuco, rei da Ásia, custeava com suas rendas todas as despesas necessárias para a liturgia dos sacrifícios.

[4]Certo Simão, da tribo de Belga, nomeado superintendente do templo, desentendeu-se com o sumo sacerdote a respeito da administração do mercado da cidade. [5]Não podendo prevalecer sobre Onias, recorreu a Apolônio de Tarso, então governador da Celessíria e da Fenícia, [6]e contou-lhe que o tesouro de Jerusalém estava repleto de riquezas indizíveis, a ponto de ser incalculável a quantidade de dinheiro que havia ali e que, não tendo nada que ver com as despesas para os sacrifícios, era possível fazer cair tudo em poder do rei.

Atentados contra os tesouros do templo. [7]Numa audiência com o rei, Apolônio informou-o acerca das riquezas que lhe haviam sido denunciadas. O rei escolheu Heliodoro, superintendente de seus negócios, e enviou-o com a ordem de confiscar as referidas riquezas. [8]Heliodoro pôs-se logo a caminho, aparentemente para visitar as cidades da Celessíria e da Fenícia, mas na realidade para cumprir a ordem do rei. [9]Chegando a Jerusalém, foi acolhido com benevolência pelo sumo sacerdote da cidade; passou-lhe a informação recebida e manifestou o motivo de sua vinda. Perguntou, pois, se as coisas eram realmente assim. [10]O sumo sacerdote informou-o de que os depósitos eram de viúvas e órfãos; [11]que uma parte pertencia a Hircano, filho de Tobias, homem de posição elevada; que, ao contrário do que havia falsamente afirmado o ímpio Simão, o total do dinheiro era quatrocentos talentos de prata e duzentos de ouro; [12]e que era absolutamente impossível lesar os que tinham confiado na santidade do lugar, na majestade e na inviolabilidade do

* **3**,24. 5,4
† **3**,1. Onias III foi sumo sacerdote de 198 a 175 a.C. Era filho de Simão II.

templo, venerado no mundo inteiro.
13Mas Heliodoro, em virtude das ins-
truções que recebera do rei, respondeu
resoluto que aqueles bens deveriam
ser transferidos para o tesouro do rei.
14No dia por ele marcado, apresentou-
-se para fazer o inventário das riquezas,
enquanto era grande a agitação em
toda a cidade.15Os sacerdotes, revesti-
dos com suas vestes sacerdotais, pros-
traram-se diante do altar dos holocaus-
tos e invocavam o Céu†, autor da lei so-
bre os depósitos, para que conservasse
intactos esses bens para aqueles que
os haviam depositado. 16Quem obser-
vasse o semblante do sumo sacerdote
sentia o coração ferido, porque o olhar
e a palidez de seu rosto manifestavam
a angústia de sua alma. 17Dominado
pelo medo e pelo tremor em todo o
seu corpo, ele demonstrava aos que o
viam a angústia de seu coração. 18Das
casas saltavam fora as pessoas em gru-
pos para rezarem juntas, por causa da
profanação que o lugar sagrado estava
para sofrer. 19As mulheres, com o pei-
to cingido com a faixa de penitência,
enchiam as ruas; as meninas, recolhidas
em casa, acorriam umas para as portas,
outras para os muros e outras ainda
debruçavam-se às janelas. 20Todas, de
mãos estendidas para céu, faziam suas
súplicas. 21Era comovente ver a pros-
tração confusa da multidão e a ânsia
do sumo sacerdote, agitado por gran-
de angústia.

Castigo de Heliodoro. 22Enquanto
invocavam o Senhor onipotente, para
que com toda a segurança guardasse
intactos os bens para quem os haviam
depositado, 23Heliodoro, de sua parte,
executava o que fora decidido. 24Mal
chegara lá com seus cúmplices, junto à
câmara do tesouro, o Senhor dos espí-
ritos e de todo o poder manifestou-se
de modo tão extraordinário que todos
os que tiveram a ousadia de entrar,
atingidos pelo poder de Deus, perde-
ram o vigor* e a coragem. 25Apareceu-
-lhes um cavalo, montado por um ter-
rível cavaleiro e ricamente ajaezado, o
qual se movia impetuosamente e lança-
va contra Heliodoro suas patas anterio-
res. Quem o montava parecia usar uma
armadura de ouro. 26Apareceram-lhe
outros dois jovens, dotados de força
extraordinária e de beleza esplêndida,
ricamente vestidos, os quais, postados
de um e de outro lado de Heliodoro,
açoitavam-no sem parar, aplicando-
-lhe numerosos golpes. 27De repente
caiu por terra, envolto numa densa
escuridão; eles o ergueram e o puse-
ram na maca. 28Aquele que pouco an-
tes entrara na câmara do tesouro com
numeroso séquito e toda a sua guarda
foi levado assim, incapaz de ajudar a
si mesmo. Reconheceram claramente
a soberania de Deus! 29Enquanto ele,
prostrado pela força divina, estava caí-
do sem fala e sem qualquer esperança
de salvação, 30os outros bendiziam o
Senhor que havia glorificado seu lugar
santo. E o templo, pouco antes invadi-
do pelo terror e pela consternação, en-
cheu-se de glória e de alegria quando
apareceu o Senhor onipotente.

31Alguns companheiros de Heliodo-
ro rogaram a Onias que suplicasse ao
Altíssimo para que concedesse àquele
que estava exalando seu último respiro
a graça da vida. 32O sumo sacerdote,
temendo que o rei pudesse suspeitar
que os judeus tinham feito um aten-
tado contra Heliodoro, ofereceu um
sacrifício para que fosse salvo. 33En-
quanto o sumo sacerdote oferecia o
sacrifício de expiação, apareceram de
novo a Heliodoro os mesmos jovens,
com as mesmas vestes e, ficando de
pé, lhe disseram: "Agradece muito ao
sumo sacerdote Onias, porque é graças
a ele que o Senhor te poupou a vida.
34E tu, açoitado pelo Céu, anuncia a to-
dos o grande poder de Deus". Dito isto,
desapareceram.

Conversão de Heliodoro. 35Então He-
liodoro ofereceu um sacrifício ao Se-
nhor e fez as mais fervorosas promes-
sas Àquele que lhe havia conservado
a vida; depois despediu-se de Onias e
voltou com suas tropas para junto do

† **3**,15. Ver a nota em 1Mc 3,18.

rei. [36]Dava a todos testemunho das obras do Deus imenso, as quais ele havia visto com seus próprios olhos. [37]Ao rei que lhe perguntava quem lhe parecia apto para ser enviado outra vez a Jerusalém, Heliodoro respondeu: [38]"Se tens algum inimigo ou algum conspirador contra teu governo, manda-o lá; e o receberás de volta bem flagelado, se é que conseguirá escapar, pois em torno daquele lugar há realmente uma força divina. [39]De fato, aquele que tem sua morada no céu vela sobre aquele lugar e o protege; golpeia e elimina os que vão lá com más intenções".

[40]Assim aconteceram os fatos referentes a Heliodoro e à preservação do tesouro.

4 **Onias denuncia Simão perante o rei.** [1]O mencionado Simão, que havia denunciado o tesouro e traído a pátria, caluniava Onias, acusando-o de ter mandado assaltar Heliodoro e de ser o causador de seus males. [2]Ousava chamar de perturbador da ordem pública aquele benfeitor da cidade, protetor dos concidadãos e zeloso observador das leis. [3]Sua hostilidade cresceu a tal ponto que foram cometidos homicídios por um dos homens recrutados por Simão. [4]Onias, considerando o dano dessa rivalidade e o fato de que Apolônio, filho de Menesteu, governador da Celessíria e da Fenícia, fomentava a maldade de Simão, [5]foi ter com o rei, não para acusar seus concidadãos, mas visando ao interesse geral e particular de todo o povo. [6]De fato, ele percebia que, sem uma intervenção do rei, já não era possível que se restabelecesse a paz na vida pública e que Simão pusesse termo a sua insensatez.

Jasão, sumo sacerdote, introduz costumes helenistas. [7]Quando Seleuco morreu e sucedeu-lhe no trono Antíoco,* chamado Epífanes, Jasão, irmão de Onias, obteve por corrupção o cargo de sumo sacerdote. [8]Prometeu ao rei, durante uma audiência, trezentos e sessenta talentos* de prata e oitenta talentos provenientes de outras rendas. [9]Comprometeu-se também a pagar outros cento e cinquenta talentos, se lhe fosse concedido construir, por sua conta, um ginásio e um campo de treinamento e conferir a cidadania antioquena aos habitantes de Jerusalém. [10]Tendo o rei consentido, Jasão, logo que assumiu o cargo, começou a levar seus concidadãos a adotar os costumes gregos. [11]Suprimiu as concessões feitas aos judeus pelos reis, por intermédio de João, pai de Eupólemo,* aquele que depois chefiou a embaixada para concluir um tratado de amizade e aliança com os romanos e, abolindo as legítimas instituições pátrias, introduziu costumes contrários à lei. [12]Foi com satisfação que ele construiu o ginásio bem debaixo da fortaleza e induziu os melhores jovens aos exercícios de atletismo. [13]Desse modo, tanto prosperou o helenismo† e houve tal invasão de costumes estrangeiros, por causa da desmedida perversidade de Jasão, homem ímpio e não sumo sacerdote, [14]que os sacerdotes já não demonstravam nenhum zelo pela liturgia do altar, mas, desprezando o templo e descuidando os sacrifícios, corriam, ao sinal do gongo, para o ginásio, a fim de tomar parte nos espetáculos contrários à lei. [15]Não davam mais a mínima importância às honras pátrias, mas apreciavam sumamente as honrarias gregas. [16]Por causa disso se acharam numa situação penosa, quando tiveram por inimigos e justiceiros justamente aqueles cuja forma de viver seguiam com zelo e aos quais desejavam assemelhar-se em tudo. [17]Mas não se violam impunemente as leis divinas, como o demonstrará o período histórico seguinte.

[18]Quando eram celebrados em Tiro* os jogos quinquenais com a presença do rei, [19]o torpe Jasão mandou, como espectadores, alguns antioquenos de Jerusalém, levando consigo trezentas dracmas de prata para o sacrifício

* **4**,7. 1Mc 1,10 | 8. 1Mc 1,11-15 | 11. 1Mc 8,17 | 18. 4,9

† **4**,13. Ver a nota em 1Mc 1,42.

em honra de Hércules. Os portadores
julgaram, porém, não ser convenien-
te empregá-las para o sacrifício, mas
destiná-las para uma outra despesa.
20Assim, a soma enviada para o sacri-
fício em honra de Hércules foi usada,
por iniciativa dos portadores, para a
construção de galeras.
21Por meio de Apolônio, filho de Me-
nesteu, enviado ao Egito por ocasião
da festa da entronização do rei Filo-
métor, Antíoco veio a saber que este
se tornara hostil a seu governo e por
isso preocupou-se com sua segurança.
Dirigiu-se a Jope e de lá foi a Jerusa-
lém. 22Acolhido magnificamente por
Jasão e pela cidade, foi introduzido à
luz de tochas e com aclamações. De-
pois, conduziu seu exército para acam-
par na Fenícia.

Menelau, sumo sacerdote. 23Três
anos depois,* Jasão enviou Menelau,
irmão do mencionado Simão, para en-
tregar o dinheiro ao rei e levar a bom
termo as negociações sobre certos as-
suntos urgentes. 24Tendo sido apresen-
tado ao rei, adulou-o com um compor-
tamento de gente importante e obteve
o cargo de sumo sacerdote, superando
em trezentos talentos de prata a ofer-
ta de Jasão. 25De posse do documento
de nomeação, ele se apresentou, não
trazendo consigo nada que fosse dig-
no do sumo sacerdócio, mas somente
os sentimentos de um tirano cruel e a
fúria de um animal feroz.
26Desse modo Jasão, que havia en-
ganado o próprio irmão, foi por sua
vez enganado por outro e obrigado
a fugir para a região da Amanítida.
27Quanto a Menelau, mantinha-se fir-
me no poder, mas não se preocupava
em pagar ao rei o dinheiro prometi-
do. 28Então Sóstrato, comandante da
fortaleza, o reclamou, porque era en-
carregado de receber os impostos. Por
essa razão, ambos foram convocados
pelo rei. 29Menelau deixou como subs-
tituto no sumo sacerdócio seu irmão
Lisímaco, enquanto Sóstrato deixou
Crates, comandante dos cipriotas.

Onias é morto por Andrônico. 30Es-
tando assim as coisas, aconteceu que
os habitantes de Tarso e de Malos re-
voltaram-se, porque estas cidades fo-
ram doadas a Antioquide, concubina
do rei. 31O rei partiu a toda pressa a fim
de acalmar a situação, deixando como
substituto Andrônico, um de seus altos
dignitários. 32Então Menelau, julgando
ter encontrado uma ocasião favorável,
roubou alguns objetos de ouro do tem-
plo e os deu de presente a Andrônico, e
conseguiu vender outros em Tiro e nas
cidades vizinhas. 33Mas Onias protestou,
quando se certificou do fato e depois de
se ter refugiado num lugar seguro em
Dafne, perto de Antioquia. 34Por isso
Menelau, em conversa particular com
Andrônico, incitou-o a eliminar Onias.
Andrônico foi visitar Onias, ganhou sua
confiança com engano, estendendo-
-lhe até a direita em sinal de juramen-
to e persuadiu-o,* embora despertasse
suspeitas, a sair de seu refúgio; então
o matou imediatamente, sem nenhum
respeito pela justiça. 35Por esse motivo,
não somente os judeus, mas também
muitos de outras nações ficaram indig-
nados e consternados com o injustificá-
vel assassínio desse homem.

Punição de Andrônico. 36Quando o rei
regressou dos mencionados lugares da
Cilícia, apresentaram-se a ele os judeus
da cidade, juntamente com alguns gre-
gos que com eles compartilhavam da
indignação por causa do assassínio in-
justo de Onias. 37Antíoco entristeceu-
-se profundamente e, compadecido,
chorou, recordando a prudência e a
grande moderação do morto. 38Depois,
cheio de furor, mandou imediatamente
despojar Andrônico da púrpura, ras-
gar-lhe as vestes e conduzi-lo por toda
a cidade até o lugar onde havia come-
tido sua impiedade contra Onias, e lá
cancelou do mundo o assassino. Assim
o Senhor lhe deu o merecido castigo.

Lisímaco morre numa sedição. 39En-
tretanto, muitos roubos sacrílegos
tinham sido feitos na cidade com o
consentimento de Menelau. Quando

* **4**,23. 3,4 | 34. Dn 9,26

a notícia se espalhou também fora, o
povo se insurgiu contra Lisímaco, pois
muitos objetos de ouro já haviam de-
saparecido. 40Como a multidão estava
excitada e cheia de ira, Lisímaco armou
cerca de três mil homens e começou
a usar de violência sob o comando de
certo Aurano, avançado em idade, mas
não menos em loucura. 41Percebendo
que Lisímaco os atacava, uns apanha-
ram pedras, outros bastões, outros ain-
da enchiam as mãos com a cinza que
estava lá e se lançaram confusamen-
te contra os partidários de Lisímaco.
42Desse modo feriram muitos e aba-
teram outros; obrigaram todos a fugir
e mataram o próprio ladrão sacrílego
junto da câmara do tesouro.

Processo contra Menelau. 43Sobre es-
tes fatos foi instaurado um processo
contra Menelau. 44Quando o rei veio a
Tiro, três homens enviados pelo conse-
lho dos anciãos apresentaram denúncia
contra ele. 45Menelau, vendo-se já perdi-
do, prometeu elevada soma a Ptolomeu
de Dorimeno, para que lhe obtivesse o
favor do rei. 46Então Ptolomeu* condu-
ziu o rei a um pórtico, sob o pretexto
de tomar um pouco de ar, e o fez mu-
dar de parecer. 47Assim, o rei absolveu
das acusações Menelau, autor de todo
aquele mal, e condenou à morte aqueles
infelizes, os quais teriam sido declarados
inocentes, ainda que tivessem defendido
sua causa diante dos citas. 48Sem demora
sofreram esta pena injusta os que tinham
tomado a defesa da cidade, dos povos e
dos vasos sagrados. 49Por essa razão, os
próprios habitantes de Tiro, indignados
com esse crime, providenciaram magni-
ficamente o necessário para os funerais
das vítimas. 50Entretanto, Menelau, gra-
ças à cobiça dos poderosos, permanecia
no poder, crescendo em maldade e tor-
nando-se o principal adversário de seus
concidadãos.

5 **Expedição de Antíoco IV no Egi-
to.** 1Por esse tempo, enquanto
Antíoco preparava a segunda expedi-
ção contra o Egito, 2aconteceu que, du-
rante cerca de quarenta dias, foram vis-
tos na cidade inteira, correndo pelo ar,
cavaleiros com vestes douradas, arma-
dos de lanças e dispostos em coorte,
espadas desembainhadas; 3esquadrões
de cavalaria alinhados para a batalha,
assaltos e incursões desfechados de
um e de outro lado, movimentação de
escudos, florestas de lanças, arremesso
de dardos, cintilações de armaduras de
ouro e couraças de toda espécie. 4To-
dos, por isso, rezavam para que a apa-
rição fosse de bom augúrio.

Jasão assalta Jerusalém. 5Tendo-se
espalhado a falsa notícia de que Antío-
co morrera, tomou Jasão não menos de
mil homens e atacou a cidade de sur-
presa. Batidos os defensores dos mu-
ros, a cidade já estava tomada, quando
Menelau se refugiou na fortaleza. 6Ja-
são começou a fazer um massacre im-
piedoso de seus próprios concidadãos,
sem pensar que o sucesso obtido con-
tra a própria gente é um grandíssimo
insucesso, mas crendo, ao contrário,
que conquistava troféus sobre inimigos
e não sobre os próprios compatriotas.
7Não conseguiu, porém, assumir o po-
der; consciente da vergonha de sua
conspiração, fugiu novamente para a
região da Amanítida. 8Coube-lhe final-
mente um miserável destino. Denun-
ciado perante Aretas, tirano dos árabes,
fugia de cidade em cidade, perseguido
por todos, detestado como traidor das
leis, execrado como algoz de sua pátria
e dos próprios concidadãos, foi enxo-
tado para o Egito. 9Ele, que a muitos
expulsara da pátria, foi morrer exilado
entre os espartanos, aonde se dirigira
na esperança de encontrar refúgio* em
nome da comum origem. 10Ele, que
mandara atirar ao solo sem sepultura
tanta gente, morreu sem ser chorado,
não teve funeral de espécie alguma,
nem um lugar no sepulcro de seus pais.

Devastação da cidade e do templo.
11Quando esses acontecimentos che-
garam ao conhecimento do rei, ele
pensou que a Judeia se tivesse rebela-
do. Deixou, pois, o Egito, furioso como

---

* **4**,46. 1Mc 3,38; 2Mc 8,8; 10,12 | **5**,9. 1Mc 12,7

uma fera, e ocupou a cidade à mão ar-
mada. 12Deu ordens aos soldados para
matar sem piedade a quantos encon-
trassem e trucidar os que se refugias-
sem nas casas. 13Houve matança de
jovens e velhos, extermínio de homens,
mulheres e crianças, massacre de mo-
ças e criancinhas. 14Em apenas três dias
houve oitenta mil vítimas: quarenta mil
no decurso da luta, e não foi menor o
número dos que foram vendidos como
escravos. 15Não contente com isso, ou-
sou entrar no templo* mais santo de
toda a terra, guiado por Menelau, o
traidor das leis e da pátria; 16com suas
mãos imundas tomou os vasos sagra-
dos e saqueou com suas mãos sacrí-
legas os objetos doados por outros
reis para o engrandecimento, a glória
e a honra do lugar santo. 17Antíoco se
exaltou* em seu pensamento, não con-
siderando que o Senhor se tinha irado
somente por pouco tempo por causa
dos pecados dos habitantes da cidade,
e que daí provinha sua aparente indi-
ferença para com o lugar santo. 18Com
efeito, se não estivessem mergulhados
numa multidão de pecados, também
ele, logo que entrasse, teria sido flage-
lado e dissuadido de sua temeridade,
como acontecera a Heliodoro, enviado
pelo rei Seleuco para inspecionar a câ-
mara do tesouro. 19Mas o Senhor não
escolheu o povo* por causa do lugar
santo, mas o lugar santo por causa do
povo. 20É por isso que o próprio lugar,
depois de ter participado das desven-
turas caídas sobre o povo, participou
também de seus benefícios; e assim
como foi abandonado enquanto ardeu
a ira do Onipotente, do mesmo modo
foi restaurado em toda a sua glória,
quando se deu a reconciliação com o
grande Soberano.
Massacre em Jerusalém. 21Antíoco
tirou do templo mil e oitocentos ta-
lentos e voltou a toda pressa para An-
tioquia, julgando em seu orgulho, por
causa da exaltação de seu coração, que
tinha tornado navegável a terra firme e
transitável a pé o mar. 22Deixou minis-
tros para oprimir a nação: em Jerusa-
lém, um tal Filipe, originário da Frígia,
mas de índole mais bárbara do que
aquele que o nomeara; 23em Garizim,
Andrônico; além destes, Menelau, que
a todos excedeu em maldade contra
seus concidadãos, nutrindo uma hos-
tilidade declarada* contra os judeus.
24Depois enviou o misarca† Apolônio
com um exército de vinte e dois mil ho-
mens, com a ordem de trucidar todos
os adultos e vender as mulheres e as
crianças como escravas. 25Ele chegou
a Jerusalém, fingindo intenções pací-
ficas, e aguardou até ao dia santo do
sábado; depois, aproveitando-se do
repouso dos judeus, ordenou aos seus
um desfile militar 26e mandou extermi-
nar todos os que saíram para assistir ao
espetáculo. Depois, invadindo a cidade
com seus soldados armados, massa-
crou uma grande multidão.
27Judas, chamado também Maca-
beu,* fugiu com uns dez homens para
o deserto, onde vivia à maneira dos
animais selvagens, nos montes, com
os companheiros. Alimentando-se uni-
camente de ervas, resistiam para evitar
toda contaminação.

6 **Perseguição de Antíoco IV Epí-
fanes.** 1Não muito tempo depois,
o rei mandou um ancião,* um atenien-
se, com o encargo de obrigar os judeus
a abandonar as leis de seus pais e a
não viver mais segundo as leis de Deus.
2Mandou também profanar o templo
de Jerusalém, dedicando-o a Júpiter
Olímpio, e dedicar o do monte Garizim
a Júpiter Hospitaleiro, conforme o pe-
dido dos habitantes do lugar†. 3A pro-
pagação do mal foi penosa e intolerá-
vel para todos. 4O templo ficou repleto

---

* **5**,15. 1Mc 1,20-24 | 17. 6,12-16; 7,16-19.32-38 | 19. 3,1; 1Cr 17,9; Mc 2,27 | 23. 1Mc 1,29-37 | 27. 1Mc 2,28 | **6**,1. 1Mc 1,45-51

† **5**,24. Comandante de tropas mercenárias da Mísia, na Ásia Menor. | **6**,2. Trata-se dos samaritanos, que haviam construído sobre o Garizim um templo rival do de Jerusalém e o consagraram a um deus pagão, para não sofrerem a repressão que sofriam os judeus – diz o historiador Flávio Josefo.

de dissolução e de orgias dos pagãos, que lá se divertiam com meretrizes; nos próprios átrios sagrados tinham relações com mulheres e introduziram aí coisas inconvenientes. [5]O altar estava coberto de coisas detestáveis, proibidas pelas leis. [6]Não se podia observar o sábado, nem guardar as festas tradicionais, nem simplesmente declarar-se judeu. [7]Eram arrastados com brutal violência ao banquete sacrifical que se realizava todo mês, no dia natalício do rei; e, por ocasião das festas dionisíacas, eram obrigados a acompanhar, coroados de hera, o cortejo em honra de Dionísio.

[8]Por instigação dos habitantes de Ptolemaida, foi promulgado um decreto para que, nas cidades helenísticas circunvizinhas, se procedesse do mesmo modo a respeito dos judeus, obrigando-os a participar dos banquetes sacrificais, [9]com a ordem de matar os que se recusassem a adotar os costumes gregos. Podia-se então entrever a tribulação que os aguardava.* [10]Assim, foram presas duas mulheres por terem circuncidado os filhos; tiveram de circular publicamente pela cidade com o filho pendurado aos seios, e depois foram precipitadas do alto dos muros. [11]Outros, que se haviam reunido nas grutas vizinhas para celebrar secretamente o sábado, foram denunciados a Filipe e juntos entregues às chamas; não ousaram defender-se, por respeito àquele sacratíssimo dia.

Sentido da perseguição. [12]Recomendo àqueles* que terão em mãos este livro que não se deixem abater por causa dessas calamidades; pensem, antes, que esses castigos não sucederam para a ruína, mas para a correção de nossa gente. [13]Porque não deixar impunes por muito tempo os que cometem a impiedade, mas castigá-los sem demora, é sinal de grande benevolência. [14]Com efeito, para castigar* as outras nações, o Soberano espera com paciência que elas cheguem a completar a medida de suas iniquidades, mas não foi assim que lhe aprouve agir conosco, [15]para que não tenha de nos punir no fim, quando nossos pecados chegarem ao extremo. [16]Por isso ele nunca retira de nós sua misericórdia e, mesmo quando corrige seu povo com a adversidade, ele jamais o abandona.

[17]Sirva de advertência o que acabamos de dizer; depois disso, voltemos a nossa narrativa.

Martírio de Eleazar. [18]Certo homem, chamado Eleazar, um dos principais escribas, já avançado em idade e de bela aparência, estava sendo forçado a abrir a boca para comer carne de porco. [19]Preferindo a morte gloriosa* a uma existência infame, encaminhou-se espontaneamente ao suplício. [20]Cuspiu o que lhe puseram na boca, comportando-se como deveriam fazer os que têm a coragem de recusar as comidas que não se podem comer nem por amor à própria vida. [21]Os que presidiam àquele ímpio banquete sacrifical, conhecendo de longa data aquele homem, tomaram-no à parte e tentavam persuadi-lo a mandar trazer carne permitida, por ele mesmo preparada, e fingir que estava comendo das carnes do sacrifício prescrito pelo rei; [22]agindo assim, escaparia da morte e seria tratado com clemência por causa da antiga amizade que os ligava. [23]Mas ele tomou uma nobre resolução, digna da idade e do prestígio da velhice, da merecida distinção de seus cabelos brancos e da ótima conduta observada desde a infância, mas sobretudo digna da santa lei estabelecida por Deus e, sem hesitar, respondeu logo que o mandassem à morada dos mortos: [24]"Na verdade, não é digno de nossa idade fingir; senão muitos jovens, pensando que Eleazar, com seus noventa anos, adotou os costumes estrangeiros, [25]serão desviados também eles, por minha causa, por minha simulação, por amor a uns poucos e breves dias de vida, e eu atrairia sobre minha velhice a vergonha e a infâmia. [26]Pois, mesmo que no presente eu conseguisse evitar o castigo dos homens, vivendo

* **6**,9. 1Mc 1,60s | 12. 5,17-20; 7,16-19. 32-38 | 14. Sb 11,9s; 12,2.22; 1Ts 2,16 | 19. Lv 11,7s; Hb 11,35

ou morrendo não escaparia das mãos
do Onipotente. [27]Por isso, renunciando
agora corajosamente à vida, mostrar-
-me-ei digno de minha velhice, [28]dei-
xando aos jovens um nobre exemplo de
uma bela morte, voluntária e generosa,
pelas venerandas e santas leis". Dizendo
isso, encaminhou-se logo para o suplí-
cio. [29]Os que o conduziam mudaram
em dureza a benevolência de pouco
antes, porque as palavras que acabava
de dizer lhes pareciam uma loucura.
[30]Ele, porém, prestes a morrer sob os
golpes, suspirando, disse: "O Senhor, a
quem pertence a sagrada ciência, bem
sabe que, podendo escapar da morte,
sofro no corpo tormentos atrozes sob
os açoites, mas na alma suporto de boa
vontade tudo isso pelo temor dele".
[31]Assim partiu ele desta vida, deixando
não só aos jovens, mas também à gran-
de maioria do povo, sua morte como
exemplo de generosidade e um memo-
rial de fortaleza.

7 **Martírio dos sete irmãos e de
sua mãe†.** [1]Aconteceu também
que sete irmãos* foram presos com sua
mãe e torturados com flagelos e nervos
de boi pelo rei, que queria forçá-los a
comer carne de porco, proibida pela
lei. [2]Um deles, fazendo-se porta-voz de
todos, disse: "Que pretendes perguntar
ou saber de nós? Estamos prontos a
morrer, antes que transgredir as leis de
nossos pais". [3]O rei, enfurecido, orde-
nou que pusessem ao fogo frigideiras
e caldeirões. [4]Quando começaram a
ferver, mandou cortar a língua daquele
que tinha falado, arrancar-lhe o couro
cabeludo e cortar-lhe as mãos e os pés
à vista dos outros irmãos e da mãe.
[5]Quando ficou completamente mutila-
do, o rei mandou conduzi-lo ao fogo
e pô-lo na frigideira enquanto ainda
respirava. Enquanto um denso vapor
subia da frigideira, os outros com sua
mãe se exortavam a morrer com co-
ragem, dizendo: [6]"O Senhor Deus está
vendo e certamente tem compaixão de
nós, como o declarou Moisés em seu
cântico, que atesta abertamente: 'E Ele
terá piedade de seus servos'".
[7]Quando o primeiro partiu assim
desta vida, levaram o segundo ao su-
plício. Depois de lhe terem arrancado
a pele da cabeça com os cabelos, per-
guntaram-lhe: "Queres comer, antes
que seja torturado teu corpo, membro
por membro?" [8]Respondeu ele na lín-
gua de seus pais: "Não!" Por isso, tam-
bém ele sofreu os tormentos como o
primeiro. [9]Ao exalar o último suspiro,
disse: "Tu, ó criminoso, nos excluis da
vida presente, mas o Rei do universo
nos fará ressurgir para uma vida eter-
na† a nós que morremos por suas leis".
[10]Depois deste, torturaram o tercei-
ro. Apresentou logo a língua, como lhe
foi ordenado, estendeu corajosamente
as mãos [11]e disse com dignidade: "Do
Céu recebi estes membros; mas por
causa de suas leis os desprezo, porque
espero recebê-los novamente dele".
[12]Até o próprio rei* e sua corte ficaram
impressionados com a força de ânimo
do jovem, que não fazia caso algum
dos sofrimentos.
[13]Morto este, torturaram o quarto do
mesmo modo, com suplícios. [14]Estando
para morrer, disse: "Vale mais morrer
pela mão dos homens, tendo da par-
te de Deus a esperança de ser por ele
ressuscitado. Porque para ti não haverá
ressurreição para a vida".
[15]Logo depois conduziram o quinto e
o torturaram. [16]Mas ele, olhando para o
rei, disse: "Porque tens autoridade so-
bre os homens, embora sejas mortal,
fazes o que queres; não creias, porém,
que nossa raça tenha sido abandonada
por Deus. [17]Quanto a ti, espera e verás
seu grande poder e como atormentará
a ti e tua descendência".

---

* **7**,1. Hb 11,35 | 12. 12,38-46

† **7**. Esta narrativa deu início a um gênero literário de muito sucesso, imitado nas atas dos mártires, que exalta a coragem dos justos e incrimina a crueldade dos perseguidores. | 9. Primeira afirmação da crença numa vida sem fim dos corpos ressuscitados. Ver também Dn 12,1-4. Uma ressurreição dos justos somente.

18Depois deste, trouxeram o sexto.*
Quando estava para morrer, disse:
"Não tenhas vãs ilusões; é por nossa
causa que sofremos tais coisas, por-
que pecamos contra nosso Deus; eis
por que nos acontecem essas coisas
assombrosas; 19tu, porém, não penses
que ficarás impune, depois que ousaste
combater contra Deus".
20Mas admirável sobretudo e dig-
na de eterna memória foi a mãe, que,
vendo morrer num só dia seus sete
filhos, suportava tudo corajosamente,
amparada pela esperança que tinha no
Senhor. 21Cheia de nobres sentimentos
e dando força varonil a suas palavras
de mulher, exortava a cada um deles na
língua materna, dizendo-lhes: 22"Não
sei de que modo aparecestes* em meu
seio; não fui eu que vos dei o espírito
e a vida, nem fui eu que dispus orga-
nicamente os elementos de cada um
de vós. 23Por isso, o Criador do mundo,
que plasmou no princípio o homem e
deu origem a todos os seres, por sua
misericórdia vos restituirá o espírito e a
vida, porque agora vos sacrificais a vós
mesmos por suas leis".
24Antíoco, considerando-se despre-
zado, porque pensava que aquelas
palavras eram ofensivas, enquanto o
mais novo estava ainda vivo, começou
não só a exortá-lo com palavras, mas
também a prometer-lhe com jura-
mento que o faria rico e feliz e que, se
abandonasse as tradições de seus pais,
o trataria como amigo e lhe confiaria
importantes cargos. 25Mas como o me-
nino não lhe desse a menor atenção,
o rei chamou a mãe e exortou-a a dar
conselhos ao filho para salvar sua vida.
26Depois de longas exortações, ela
aceitou tentar persuadir o filho. 27Incli-
nando-se para ele e ludibriando o cruel
tirano, disse na língua materna: "Meu
filho, tem piedade de mim, que durante
nove meses te trouxe no seio, por três
anos te amamentei, criei-te, eduquei-
-te e te alimentei até esta idade. 28Eu
te peço, meu filho: Contempla o céu e
a terra e observa todas as coisas que
neles há, reconhece que não foi de coi-
sas existentes que Deus as fez† e que
também o gênero humano tem a mes-
ma origem. 29Não temas este verdugo,
mas sê digno de teus irmãos e aceita a
morte, para que eu te reencontre com
eles no dia da misericórdia".
30Enquanto ela ainda falava, o me-
nino disse: "O que é que esperais?
Não obedeço à ordem do rei; obe-
deço à Lei que foi dada a nossos pais
por meio de Moisés. 31E tu, que és o
autor de toda* essa maldade contra
os hebreus, não escaparás das mãos
de Deus. 32Pois é por causa de nos-
sos pecados que nós sofremos. 33E se
agora, para nos punir e corrigir, nosso
Senhor, que vive, por breve tempo se
mostra irado contra nós, ele se recon-
ciliará novamente com seus servos.
34Mas tu, ó ímpio, tu, o mais torpe de
todos os homens, não te exaltes como
um louco, embalando-te em vãs espe-
ranças, enquanto ergues a mão con-
tra os filhos do Céu, 35porque ainda
não escapaste ao juízo do Onipoten-
te, que tudo vê. 36Pois nossos irmãos,
depois de terem suportado um breve
tormento em vista de uma vida pere-
ne, caíram pela aliança de Deus; mas
tu receberás, no juízo de Deus, o jus-
to castigo de tua soberba.37Também
eu, como meus irmãos, sacrifico meu
corpo e minha vida pelas leis de meus
pais, pedindo a Deus que sem demo-
ra se mostre misericordioso para com
nossa nação e te obrigue, com duras
provas e flagelos, a reconhecer que só
ele é Deus; 38e que afinal se detenha
em mim e em meus irmãos a ira do
Onipotente, que com toda a justiça se
abateu sobre toda a nossa raça".
39Fora de si pela cólera, o rei tratou
este último com crueldade ainda maior
do que os outros, sentindo amarga-
mente o sarcasmo. 40Assim este tam-
bém partiu desta vida, ilibado, confian-
do inteiramente no Senhor. 41Por últi-
mo, depois dos filhos, morreu a mãe.

* **7**,18. 5,17-20; 6,12-15 | 22. Jó 10,8-12; Sl 139,13ss; Eclo 11,5 | 31. 5,17-20; 6,12-16

† **7**,28. Primeira e mais precisa afirmação da criação a partir do nada, ver Hb 11,3

[42]Mas, em torno dos banquetes sa-
crificais e dessas torturas monstruosas,
seja suficiente o que aqui foi exposto.

III. JUDAS MACABEU (8–15)

8 **A insurreição dos Macabeus.** [1]En-
tretanto Judas, chamado também
Macabeu, e seus companheiros, entran-
do secretamente nas aldeias, convida-
vam os parentes e, recrutando os que
haviam permanecido fiéis ao judaísmo,
reuniram cerca de seis mil homens. [2]Su-
plicavam ao Senhor a fim de que vol-
vesse o olhar para o povo, oprimido por
todos, tivesse piedade do templo, pro-
fanado pelos ímpios, [3]que se compade-
cesse da cidade, devastada e prestes a
ser arrasada até ao solo, que escutasse
os clamores do sangue que gritava a
ele, [4]que se lembrasse da iníqua ma-
tança das crianças inocentes, que vin-
gasse as blasfêmias lançadas contra seu
Nome e manifestasse sua aversão ao
mal. [5]Depois de organizado o grupo, o
Macabeu* tornou-se invencível para os
pagãos, pois a ira do Senhor se havia
mudado em misericórdia. [6]Chegando
de surpresa a cidades e vilas, incendia-
va-as; ocupava os pontos estratégicos
e punha em fuga não poucos inimigos.
[7]Para esses ataques, escolhia de prefe-
rência como aliada a noite; e a fama de
sua bravura se difundia por toda a parte.
Nicanor enviado contra Judas. [8]Ven-
do que esse homem crescia em impor-
tância e obtinha sucessos* sempre mais
frequentes, Filipe escreveu a Ptolomeu,
governador da Celessíria e da Fenícia,*
para que viesse defender os interesses
do rei. [9]Este escolheu logo Nicanor, filho
de Pátroclo,* um dos amigos mais pró-
ximos do rei, e enviou-o à frente de não
menos de vinte mil homens, mercená-
rios de diversas nações, a fim de exter-
minar toda a raça dos judeus; associou-
-lhe também Górgias, general de pro-
fissão e perito em operações de guerra.
[10]Nicanor planejava pagar o tributo de
dois mil talentos, que o rei devia aos
romanos, com a venda dos judeus que
haveria de capturar. [11]Sem demora di-
vulgou pelas cidades costeiras o convite
para que viessem comprar escravos ju-
deus, prometendo ceder noventa deles
por um talento. Não esperava que a jus-
tiça de Deus estivesse para atingi-lo.
Judas encoraja os seus. [12]Judas foi
informado da expedição de Nicanor e
anunciou a seus homens a chegada do
exército inimigo. [13]Então os medrosos
e os que não confiavam na justiça de
Deus fugiram e foram para outros lu-
gares. [14]Outros, porém, venderam tudo
o que lhes restava e ao mesmo tempo
rezavam ao Senhor para que salvasse
aqueles que o ímpio Nicanor tinha ven-
dido antes mesmo da batalha; [15]e isso,
se não por eles mesmos, pelo menos
por causa das alianças feitas com seus
pais e porque sobre eles fora invocado
seu Nome augusto e cheio de majesta-
de. [16]O Macabeu reuniu seus homens,
em número de seis mil, exortou-os a
não se atemorizar diante dos inimigos,
nem se preocupar com a multidão dos
gentios, que vinham agredi-los injusta-
mente, mas a combater heroicamente,
[17]tendo diante dos olhos o ultraje co-
metido por eles contra o lugar santo, a
humilhação imposta à cidade devastada
e a abolição dos costumes tradicionais.
[18]Ele disse: "Eles confiam nas armas*
e em sua audácia, mas nós confiamos
em Deus Onipotente, que pode abater
com um só aceno os que vêm contra
nós e o mundo inteiro". [19]Lembrou-
-lhes os socorros* recebidos por seus
antepassados, de modo especial aquele
contra Senaquerib, quando foram mor-
tos cento e oitenta e cinco mil homens;
[20]e a batalha que teve lugar em Babilô-
nia contra os gálatas, quando oito mil
judeus com quatro mil macedônios se
lançaram à luta, mas depois, achando-
-se os macedônios em dificuldade, os
oito mil massacraram cento e vinte mil
homens, graças ao auxílio que lhes veio
do Céu, obtendo grande vantagem.
Primeira vitória sobre Nicanor. [21]Com
essas palavras encorajou-os e os dispôs

* **8**,5. 1Mc 3,3-9 | 8. 1Mc 3,38-4,25 / 4,45; 10,12 | 9. 1Mc 3,38; 2,18 | 18. Sl 20,8 | 19. 2Rs 19,35; Is 37,36

a morrer pela lei e pela pátria; depois
repartiu o exército em quatro divisões,
[22]pondo à frente de cada uma seus
irmãos Simão, José e Jônatas, e deu a
cada um o comando de mil e quinhen-
tos homens. [23]Além disso, ordenou a
Eleazar* que lesse o livro sagrado e deu
a palavra de ordem: "Socorro de Deus",
e ele mesmo se pôs à frente da primei-
ra divisão e atacou Nicanor. [24]O Oni-
potente se fez seu aliado e massacra-
ram mais de nove mil inimigos, feriram
e mutilaram a maior parte do exército
de Nicanor e obrigaram todos à fuga.
[25]Apoderaram-se do dinheiro dos que
tinham vindo para comprá-los e perse-
guiram os fugitivos até certa distância,
mas voltaram atrás porque já era tarde;
[26]com efeito, era véspera do sábado,
motivo pelo qual não continuaram a
persegui-los. [27]Recolhidas as armas
e tomados os despojos dos inimigos,
passaram o sábado bendizendo e lou-
vando mais do que nunca o Senhor
que os havia salvo naquele dia e havia
começado a usar de misericórdia para
com eles. [28]Passado o sábado, distri-
buíram uma parte dos despojos entre
as vítimas da perseguição, as viúvas e
os órfãos, e dividiram o resto entre si e os
filhos. [29]Depois disso, fizeram uma sú-
plica coletiva, pedindo ao Senhor mise-
ricordioso que se reconciliasse plena-
mente com seus servos.

Vitórias sobre Timóteo e Báquides.
[30]Combateram também com os solda-
dos de Timóteo e de Báquides e mata-
ram mais de vinte mil deles; tornaram-
-se senhores absolutos de altas fortale-
zas e dividiram seus imensos despojos
em partes iguais entre si mesmos, os
perseguidos, os órfãos, as viúvas e
também os idosos. [31]Recolhidas as ar-
mas dos inimigos, com muito cuidado
as colocaram em depósitos convenien-
tes e levaram para Jerusalém o resto
dos despojos. [32]Mataram o comandan-
te das tropas de Timóteo, um crimino-
so de marca maior, que muito fizera
sofrer os judeus. [33]Enquanto na pátria
se celebrava a vitória, queimaram vivos
os que haviam incendiado as portas do
templo, inclusive Calístenes, que se re-
fugiara numa casinha, e assim recebeu
o justo castigo por sua profanação. [34]O
supercriminoso Nicanor, que havia tra-
zido mil mercadores para lhes vender*
os judeus, [35]humilhado, com a ajuda de
Deus, por aqueles que ele considerava
insignificantes, depôs suas esplêndi-
das vestes e atravessou o país como
um escravo fugitivo; abandonado por
todos, chegou a Antioquia, favoreci-
do por uma sorte extraordinária, pois
seu exército tinha sido destruído. [36]E
aquele que se comprometera a pagar o
tributo aos romanos com a venda dos
prisioneiros de Jerusalém confessava
que os judeus tinham um Defensor e
que eles eram invulneráveis porque se-
guiam as leis prescritas por ele.

9 **Castigo do ímpio Antíoco IV.**
[1]Nessa mesma época, Antíoco*
voltou das regiões da Pérsia envergo-
nhado. [2]Com efeito, tinha ido à cida-
de chamada Persépolis, havia tentado
saquear o templo e ocupar a cidade;
mas a multidão se revoltou, pegou em
armas, e Antíoco, expulso pelos habi-
tantes do país, teve de retirar-se vergo-
nhosamente.

[3]Ao chegar perto de Ecbátana, rece-
beu notícias do que acontecera com
Nicanor e com as tropas de Timóteo.
[4]Inflamado de ira, planejava fazer os
judeus pagar pela desonra que lhe
fora infligida por aqueles que o ha-
viam posto em fuga. Por isso ordenou
a seu cocheiro que conduzisse o car-
ro sem parar até o fim da viagem. Mas
já o acompanhava a sentença do Céu,
pois em seu orgulho havia dito: "Farei
de Jerusalém o cemitério de judeus
logo que eu chegar lá!" [5]Mas o Senhor
que tudo vê, o Deus de Israel, feriu-o
com uma doença incurável e invisível.
De fato, mal terminara de pronun-
ciar aquelas palavras, foi acometido
de dores atrozes nas entranhas e de
cruéis tormentos nos intestinos; [6]isto
era perfeitamente justo, pois ele havia

* **8**,23. 1Mc 3,48 | 34. 8,23s | **9**,1. 1Mc 6,1-16; 1,11-17

atormentado as entranhas dos outros
com numerosas e estranhas torturas.
7Mas ele não desistia de sua altivez;
ao contrário, ainda cheio de soberba,
respirando o fogo de sua cólera contra
os judeus, mandou acelerar a corrida.
De repente, porém, caiu do coche, que
corria veloz, e a queda foi tão violenta
que todos os membros de seu corpo
ficaram fraturados. 8Ele, que até en-
tão pensava em sua arrogância sobre-
-humana, que podia dominar as ondas
do mar e se julgava* capaz de pesar na
balança a altura das montanhas, esten-
dido no chão, era levado numa maca,
demonstrando claramente a todos o
poder de Deus; 9tanto mais que do
corpo desse ímpio começaram a sair
vermes* e, enquanto estava vivo, suas
carnes caíam aos pedaços entre dores
e tormentos, e todo o exército sentia
náuseas daquela podridão por causa
do mau cheiro. 10Aquele que pouco an-
tes pensava tocar os astros do céu, nin-
guém agora o podia carregar por causa
do incômodo intolerável do mau cheiro.
11Naquele momento, enfim, coberto de
feridas, começou a despojar-se do ex-
cesso de orgulho e a tomar consciência
de sua situação, pelo efeito do flagelo
divino, torturado por crises dolorosas.
12Não podendo mais nem ele próprio
suportar seu mau cheiro, disse: "É jus-
to sujeitar-se a Deus e não pretender,
sendo mortal, igualar-se à divindade".
13Aquele celerado rezava ao Soberano,
que não havia de usar de misericórdia
para com ele, dizendo 14que ia declarar
livre a cidade santa, aonde ele se apres-
sava em chegar a fim de arrasá-la ao
solo e convertê-la em cemitério; 15que
ia igualar, nos direitos, aos atenienses
todos os judeus, que antes ele julgava
indignos de uma sepultura, mas bons
para ser lançados, com seus filhos, em
pasto às feras e às aves†; 16que ia ador-
nar com as mais belas ofertas votivas
o santo templo por ele anteriormente
saqueado; que ia restituir, em número
ainda maior, todos os vasos sagrados
e prover com suas rendas às despesas
necessárias para os sacrifícios; 17e que,
além disso, prometia tornar-se judeu e
percorrer todos os lugares habitados
para proclamar o poder de Deus.

Carta de Antíoco aos judeus. 18Como,
porém, as dores não cessavam de
modo algum, porque pesava sobre ele
o justo juízo de Deus, e ele perdia toda
a esperança de cura, escreveu aos ju-
deus a carta seguinte, em tom de súpli-
ca, assim redigida:

19"Aos nobres cidadãos judeus, o rei
e comandante Antíoco envia cordiais
saudações e votos de saúde e felici-
dade perfeita. 20Se estais bem, vós e
vossos filhos, e se vossos negócios vão
conforme desejais, é o que desejo eu
que ponho minha esperança no Céu.
21Recordo com afeto vossas provas de
estima e benevolência para comigo.
Quanto a mim, ao voltar das regiões da
Pérsia, achando-me atingido por uma
doença insuportável, achei necessário
preocupar-me com a comum seguran-
ça de todos. 22Não que eu desespere
de meu estado; pelo contrário, tenho
muitas esperanças de escapar dessa
doença; 23mas considerando que tam-
bém meu pai, toda vez que empreen-
dia expedições nas regiões setentrio-
nais, designava o sucessor, 24a fim de
que, no caso de um acontecimento
inesperado ou de uma notícia infausta,
os habitantes do país não se agitassem,
sabendo em que mãos fora deixado o
poder; 25além disso, constatando que
os soberanos próximos de nós e os
vizinhos de nosso reino espreitam as
circunstâncias e aguardam as eventua-
lidades, nomeei como rei meu filho An-
tíoco, que em outras ocasiões, ao partir
para as regiões setentrionais, confiei e
recomendei a muitos de vós. Escrevi a
ele a carta citada abaixo. 26Eu vos re-
comendo, pois, e vos peço que, lem-
brados dos benefícios que recebestes
de mim em público ou em particular,

* **9**,8. Is 40,12; 51,15; Jó 38,8-11; Sl 65,7s | 9. Eclo 7,19; At 12,23

† **9**,15. Para os judeus, como para quase todos os povos antigos, ficar sem sepultura era o mais terrível dos castigos depois da morte.

cada um de vós conserve para comigo
e para com meu filho vossa costumeira
benevolência. 27Estou certo de que ele,
seguindo minhas diretrizes, usará con-
vosco de moderação e humanidade".
Morte de Antíoco. 28Assim, este ho-
micida e blasfemador, sofrendo as do-
res mais horríveis, do mesmo modo
que havia tratado os outros, teve a
sorte lamentável de perder a vida em
terra estrangeira, nas montanhas. 29Seu
companheiro de infância, Filipe, trans-
portou seu corpo; mas, temendo o filho
de Antíoco, retirou-se para o Egito, jun-
to de Ptolomeu Filométor.

10 **Purificação do templo.** 1En-
tretanto, o Macabeu e seus
companheiros, sob a guia do Senhor,
recuperaram o templo e a cidade; 2de-
moliram os altares construídos pelos
estrangeiros na praça, como também
os lugares de culto; 3purificaram o
templo e ali edificaram um outro altar;
tiraram de pederneiras centelhas de
fogo, tomaram deste fogo e, depois de
dois anos de interrupção, ofereceram
sacrifícios, fizeram fumegar o incenso,
acenderam as lâmpadas e expuseram
os pães da apresentação. 4Feito isso,
prostrados por terra, suplicaram ao Se-
nhor que não os deixasse cair de novo
em tão grandes males, mas que, se
voltassem a pecar, ele os castigasse
com clemência e não os entregas-
se às nações blasfemas e bárbaras. 5No
mesmo dia em que o templo tinha sido
profanado pelos estrangeiros, ocorreu
a purificação do templo, isto é, no dia
vinte e cinco do mês de casleu.

6Celebraram com alegria oito dias
de festa, como na festa das Tendas,
lembrando que pouco tempo antes,
durante a festa das Tendas, estavam
dispersos pelos montes e nas cavernas
como feras. 7Por isso, levando bastões
ornados, ramos verdes e palmas, can-
tavam hinos Àquele que de modo tão
feliz os conduzira até a purificação de
seu lugar santo. 8Decretaram então
com edito público, confirmado por vo-
tação, que toda a nação dos judeus fes-
tejasse anualmente esses dias.

9Tais foram as circunstâncias da mor-
te de Antíoco, chamado Epífanes.
Judas vence os idumeus. 10Agora ex-
poremos os fatos referentes a Antíoco
Eupátor,* filho daquele ímpio, limitan-
do-nos aos males causados pelas guer-
ras. 11Este, tendo tomado posse do rei-
no, pôs à frente de sua administração
certo Lísias, comandante supremo da
Celessíria e da Fenícia. 12Entretanto
Ptolomeu, chamado Macron, o primei-
ro a observar a justiça para com os ju-
deus, procurando reparar as injustiças
cometidas contra eles, esforçava-se
por resolver pacificamente as questões
deles. 13Por causa disso foi acusado
pelos amigos do rei perante Eupátor.
Ouvindo em todas as ocasiões que o
chamavam de traidor por ter aban-
donado Chipre, que lhe fora confiada
por Filométor, e porque passara para o
partido de Antíoco Epífanes, não mais
podendo exercer com honra seu cargo,
suicidou-se, tomando veneno.

14Górgias, tornando-se governador
da região, recrutava mercenários es-
trangeiros e se aproveitava de todas as
ocasiões para guerrear os judeus. 15Ao
mesmo tempo, também os idumeus,*
que ocupavam fortalezas estratégicas,
importunavam os judeus e, acolhendo
os que eram expulsos de Jerusalém,
procuravam manter acesa a luta. 16Mas
os soldados do Macabeu,* depois de
elevar preces, implorando a Deus que
fosse seu aliado, assaltaram as fortale-
zas dos idumeus.

17Depois de um vigoroso ataque
conseguiram apoderar-se delas, re-
chaçaram todos os que combatiam
sobre os muros, trucidaram a quantos
lhes caíssem nas mãos, matando assim
não menos de vinte mil homens. 18Ou-
tros nove mil, ao menos, conseguiram
refugiar-se em duas torres particu-
larmente fortes, abastecidas de todo
o necessário para um cerco. 19Então
o Macabeu deixou lá Simão e José e
também Zaqueu com seus soldados,

---

* **10**,10. 1Mc 6,17 | 15. 1Mc 5,1-8 | 16. 8,23s

em número suficiente para sustentar o
cerco, e transferiu-se para outros luga-
res mais críticos. [20]Mas os soldados de
Simão, seduzidos pelo dinheiro, deixa-
ram corromper-se por alguns dos que
estavam nas torres e, depois de rece-
berem setenta mil dracmas, deixaram
fugir certo número deles. [21]Informado
do ocorrido, o Macabeu reuniu os che-
fes do povo e acusou os culpados de
terem vendido seus irmãos por dinhei-
ro, pondo em liberdade seus inimigos.
[22]Mandou matá-los como traidores e
imediatamente ocupou as duas torres.
[23]E visto que, com as armas na mão, em
tudo teve êxito, exterminou nas duas
fortalezas mais de vinte mil inimigos.
Derrota e morte de Timóteo. [24]Ti-
móteo, que antes havia sido derrotado
pelos judeus, juntou numerosas forças
mercenárias, reuniu não poucos cava-
leiros da Ásia e foi para a Judeia com
a intenção de conquistá-la com as ar-
mas. [25]Quando ele se aproximava, os
homens do Macabeu cobriram de pó a
cabeça para a oração a Deus† e, cingi-
dos os rins com cilícios, [26]prostraram-
-se diante do altar, pedindo a Deus que
lhes fosse propício, que fosse inimigo*
de seus inimigos e adversário de seus
adversários, como diz a Lei. [27]Termina-
da a oração, empunharam as armas e
avançaram até uma boa distância da
cidade e, quando já estavam perto do
inimigo, pararam. [28]Ao despontar a luz
da manhã, começou o ataque das duas
partes: uns tinham como garantia de
sucesso e de vitória, além de seu valor,
o recurso ao Senhor; os outros toma-
vam como guia para o combate seu
furor. [29]Quando a batalha* se tornou
mais violenta, apareceram do céu aos
inimigos, sobre cavalos com freios de
ouro, cinco homens majestosos, que se
puseram à frente dos judeus. [30]Toman-
do o Macabeu no meio e protegendo-
-o com suas armaduras, tornavam-
-no invulnerável, ao mesmo tempo
que lançavam flechas e raios contra
os inimigos que, confusos e cegos, se
dispersaram na maior desordem. [31]Re-
sultaram mortos vinte mil e quinhentos
soldados e seiscentos cavaleiros.
[32]O próprio Timóteo teve de refugiar-
-se numa fortaleza muito bem fortifica-
da, chamada Gazara, onde era coman-
dante Quéreas. [33]Mas os soldados do
Macabeu* cercaram com entusiasmo
a fortaleza durante quatro dias. [34]Os
sitiados, confiantes nas fortificações
do lugar, multiplicavam as blasfêmias
e não cessavam de proferir palavras
ímpias. [35]Ao amanhecer do quinto dia,
vinte jovens do exército do Macabeu,
inflamados de indignação por aquelas
blasfêmias, lançaram-se valorosamen-
te contra os muros e trucidaram com
ardor feroz a quantos lhes caíam nas
mãos. [36]Outros também, atacando os
assediados pelo lado oposto da mura-
lha, atearam fogo às torres e, acenden-
do fogueiras, queimaram vivos os blas-
femadores; outros ainda arrombaram
as portas, fizeram entrar o resto das
tropas e ocuparam a cidade. [37]Mata-
ram também Timóteo, que se esconde-
ra numa cisterna, bem como seu irmão
Quéreas e Apolófanes. [38]Realizada essa
façanha, glorificaram com hinos e can-
tos de louvor o Senhor que fizera tão
grandes benefícios a Israel e lhes dera
a vitória.

11 **Primeira expedição de Lísias.**
[1]Logo depois, Lísias,* tutor e pa-
rente do rei e encarregado dos negó-
cios do reino, mal suportando o que
tinha acontecido, [2]recrutou cerca de
oitenta mil homens com toda a sua
cavalaria e marchou contra os judeus,
com o propósito de fazer da cidade
uma residência para os gregos, [3]subme-
ter o templo a tributo, como os outros
templos dos gentios, e pôr a leilão to-
dos os anos a dignidade de sumo sa-
cerdote. [4]Não tendo em conta alguma
o poder de Deus, mas confiando apenas
em suas dezenas de milhares de infan-

* **10**,26. Êx 23,22 | 29. 5,4 | 33. 1Mc 13,43-48 | **11**,1. 1Mc 4,26-35

† **10**,25. Em sinal de luto e como prática de penitência, Js 7,6; Jó 2,12; Lm 2,10. Como em nossa quarta-feira de cinzas.

tes, milhares de cavaleiros e em seus oitenta elefantes, 5penetrou na Judeia,* aproximou-se de Betsur, que era uma localidade fortificada, distante cerca de cinco esquenos† de Jerusalém, e lhe pôs cerco. 6Logo que os homens do Macabeu souberam que Lísias cercava as fortalezas, suplicaram ao Senhor entre gemidos e lágrimas, juntamente com todo o povo, que mandasse um anjo bom* para salvar Israel. 7O próprio Macabeu foi o primeiro a empunhar armas e exortou os outros a enfrentar com ele o perigo, para socorrer seus irmãos. Partiram todos juntos com coragem. 8Quando ainda estavam perto de Jerusalém, apareceu à frente deles um cavaleiro vestido de branco,* que agitava armas de ouro. 9Então todos juntos glorificaram o Deus misericordioso e sentiram-se animados de tamanho ardor que estavam prontos a atacar não só os homens, mas também os mais ferozes animais e muros de ferro. 10Avançaram em formação de batalha, tendo um aliado vindo do céu, pela misericórdia que o Senhor tivera deles. 11Lançaram-se contra os inimigos como leões, abateram onze mil infantes, mil e seiscentos cavaleiros e obrigaram os demais a fugir. 12Quase todos escaparam feridos e sem armas; o próprio Lísias conseguiu salvar-se, fugindo de maneira vergonhosa.

Lísias faz as pazes com os judeus. 13Mas Lísias, que não era tolo,* refletindo sobre a derrota sofrida, compreendeu que os hebreus eram invencíveis, porque o Deus poderoso combatia por eles. 14Por isso enviou-lhes embaixadores a fim de persuadi-los a fazer um acordo em tudo o que fosse justo, prometendo-lhes que para tanto ele haveria de persuadir também o rei e induzi-lo a se tornar amigo deles. 15Todas as propostas de Lísias foram aceitas pelo Macabeu, que se preocupava apenas com o bem público; quanto ao rei, concedeu tudo o que o Macabeu pedira a Lísias por escrito a respeito dos judeus.

16São estes os termos da carta que Lísias escreveu aos judeus:

"Lísias, ao povo dos judeus, saudações! 17Vossos enviados, João e Absalão, entregaram-nos o documento aqui transcrito, pedindo que ratificasse o que nele está contido. 18Submeti ao rei tudo o que era preciso referir-lhe, e ele concedeu o que era aceitável. 19Se, pois, conservardes uma atitude favorável ao governo, eu me esforçarei por promover vossos interesses também no futuro. 20Sobre esses pontos e outros particulares, dei ordens a meus e a vossos negociadores a fim de que os discutam convosco. 21Passai bem. Ano cento e quarenta e oito, aos vinte e quatro dias do mês de dióscoro".

Carta de Antíoco V a Lísias. 22A carta do rei assim dizia: "O rei Antíoco, a seu irmão Lísias, saudações! 23Tendo sido nosso pai transladado para junto dos deuses, e querendo nós que os cidadãos do reino possam entregar-se tranquilamente ao cuidado de seus negócios, 24e tendo sabido que os judeus não querem adotar os costumes gregos, mas, preferindo seu modo de viver, pedem que lhes seja permitido observar suas leis, 25e desejando nós que também esse povo viva sem temor, decidimos que o templo lhes seja restituído e que possam viver segundo os costumes de seus antepassados. 26Farás bem, portanto, em lhes enviar embaixadores para concluir a paz com eles, para que, conhecendo nossa intenção, tenham confiança e se entreguem alegremente a suas ocupações".

Carta de Antíoco V aos judeus. 27A carta do rei ao povo dizia o seguinte:

"O rei Antíoco, ao Conselho dos judeus e aos demais judeus, saudações! 28Se estais bem, é o que nós desejamos; também nós estamos bem de saúde. 29Menelau nos informou que quereis voltar para casa e cuidar de vossos afazeres. 30Àqueles, pois, que voltarem até o dia trinta do mês de

---

* **11**,5. 1Mc 4,29 | 6. Êx 23,20 | 8. 5,4 | 13. 1Mc 6,57-61

† **11**,5. Um esqueno equivale a 5,5 km. Betsur fica a 28,5 km a sudoeste de Jerusalém. | 30. Primeiro mês do calendário macedônio, corresponde ao nisã hebraico. Essa data corresponde a fins de março de 164.

xântico†, será garantida segurança
com permissão 31aos judeus de fazer
uso de seus alimentos especiais e de
suas leis, como no passado, e nenhum
deles será de modo algum molestado
pelos erros cometidos por ignorância.
32Envio também Menelau para tran-
quilizar-vos. 33Passai bem. Ano cento e
quarenta e oito, no dia quinze do mês
de xântico".

Carta dos romanos aos judeus.
34Também os romanos mandaram aos
judeus uma carta nestes termos:
"Quinto Mêmio e Tito Mânio, embai-
xadores dos romanos, ao povo judeu,
saudações! 35Também nós aprovamos
as coisas que Lísias, parente do rei, vos
concedeu. 36Quanto aos pontos que
julgou necessário submeter à apre-
ciação do rei, depois de haverdes de-
liberado entre vós, mandai-nos logo
alguém, para que os exponhamos ao
rei como melhor vos convém. Pois
estamos de partida para Antioquia.
37Portanto, mandai alguém sem demo-
ra para nos comunicar vossa opinião.
38Passai bem. Ano cento e quarenta e
oito, no dia quinze do mês de xântico".

12

**Vingança de Judas contra
Jope e Jâmnia.** 1Concluídos
esses tratados, Lísias voltou para junto
do rei, e os judeus retomaram o culti-
vo dos campos. 2Mas, alguns dos co-
mandantes locais como Timóteo, Apo-
lônio, filho de Geneu, Jerônimo, De-
mofonte e também Nicanor, coman-
dante dos cipriotas, não os deixavam
viver tranquilos nem estar em paz. 3Os
habitantes de Jope cometeram um ato
particularmente ímpio. Convidaram
os judeus, que moravam entre eles,
a subir com suas mulheres e filhos a
algumas embarcações, preparadas por
eles, como se não houvesse nenhuma
animosidade contra eles, 4mas fosse
uma iniciativa de todos os cidadãos.
Os judeus aceitaram, como gente que
desejava a paz, e não tinha nenhuma
suspeita. Mas, quando chegaram ao
largo, foram afogados em número não
inferior a duzentos. 5Logo que Judas
soube da crueldade cometida contra
seus compatriotas, deu ordem a seus
homens 6e, invocando a Deus, jus-
to juiz, marchou contra os assassinos
de seus irmãos e de noite incendiou
o porto, queimou as embarcações e
passou a fio de espada todos os que
aí se haviam refugiado. 7Como a cida-
de estivesse fechada, retirou-se com a
intenção de voltar outra vez a fim de
exterminar toda a população de Jope.
8No entanto, ao saber que também
os moradores de Jâmnia pretendiam
fazer a mesma coisa com os judeus
que habitavam entre eles, 9atacou de
noite também os habitantes de Jâm-
nia e ateou fogo ao porto e à frota,
a tal ponto que o clarão das chamas
se avistava até em Jerusalém, distante
duzentos e quarenta estádios.

Campanha de Judas em Galaad.
10Quando se haviam afastado dali nove
estádios,* enquanto marchavam con-
tra Timóteo, não menos de cinco mil
árabes com quinhentos cavaleiros ir-
romperam contra eles. 11Foi violenta a
batalha, mas os homens de Judas, com
o auxílio de Deus, saíram vitoriosos;
então os nômades, vencidos, pediram
a Judas que lhes estendesse a mão
direita em sinal de paz, prometendo
fornecer-lhes gado e ajudá-los em ou-
tras coisas. 12Judas compreendeu que
na realidade podiam ser-lhe úteis em
muitas coisas e consentiu em fazer a
paz com eles. Concluído o acordo, os
árabes partiram para suas tendas.

13Judas atacou também uma cidade
fortificada de nome Caspin, fortemente
defendida por trincheiras, cercada de
muros e habitada por uma mistura de
povos. 14Confiantes na solidez dos mu-
ros e em seus depósitos de víveres, os
moradores insultavam de modo trivial
os homens de Judas, zombando deles,
blasfemando e dizendo coisas incon-
venientes. 15Mas os homens de Judas,
depois de terem invocado o supremo
Senhor do universo, que sem aríetes
e sem máquinas de guerra fez ruir Je-

* **12**,10. 1Mc 5,24-53 | 15. Js 6

ricó* no tempo de Josué, assaltaram furiosamente os muros. [16]Tomada a cidade por vontade de Deus, fizeram um massacre indescritível, a ponto de um lago vizinho, de dois estádios de largura, parecer cheio de sangue que para lá escorria.

Vitória de Judas em Cárnion. [17]Tendo-se afastado de lá setecentos e cinquenta estádios,* chegaram a Cáraca, onde residiam os judeus chamados tubianos. [18]Mas nesses lugares não encontraram Timóteo, que já se havia retirado de lá sem ter feito nada, deixando, porém, em certo lugar uma guarnição muito forte. [19]Mas Dositeu e Sosípatro, oficiais do Macabeu, fizeram uma incursão e exterminaram os homens de Timóteo deixados na fortaleza, que eram mais de dez mil. [20]Por sua vez, o Macabeu dispôs seu exército em fileiras, cujo comando confiou a ambos, e marchou contra Timóteo, que dispunha de cento e vinte mil infantes e dois mil e quinhentos cavaleiros. [21]Informado do avanço de Judas, Timóteo mandou à frente as mulheres e as crianças com as bagagens, para um lugar chamado Cárnion, uma posição inexpugnável e inacessível pela estreiteza de todas as passagens. [22]Quando apareceu a primeira fileira de Judas, difundiu-se entre os inimigos o pânico, como também o terror que lhes inspirava a aparição daquele que tudo vê. Puseram-se em fuga, correndo em todas as direções, a ponto de se ferirem entre si frequentemente e se traspassarem mutuamente com as pontas de suas espadas. [23]Judas os perseguiu com um vigor extremo, passando ao fio da espada aqueles criminosos, dos quais massacrou cerca de trinta mil. [24]O próprio Timóteo, que caiu em poder das tropas de Dositeu e Sosípatro, suplicava com muita astúcia que o deixassem ir com vida, porque ele mantinha como reféns os pais de muitos deles e os irmãos de outros, que poderiam ser tratados sem consideração alguma. [25]Quando ele os persuadiu, com longos discursos, de que os restituiria ilesos, deixaram-no ir livre a fim de salvar seus irmãos.

[26]A seguir, Judas marchou contra Cárnion e contra o templo de Atargates† e matou vinte e cinco mil homens. [27]Depois da derrota e da destruição destes, atacou também Efron, cidade fortificada na qual morava Lísias com uma multidão de várias nacionalidades. Jovens robustos, enfileirados diante dos muros, combatiam vigorosamente, e dentro havia um grande estoque de máquinas de guerra e de projéteis. [28]Após invocar o Senhor que destrói com seu poder as forças dos inimigos, os judeus se apoderaram da cidade e mataram cerca de vinte e cinco mil dos que estavam dentro.

[29]Partindo de lá, foram a Citópolis, que fica a seiscentos estádios de Jerusalém. [30]Mas os judeus que ali moravam deram testemunho da benevolência com que os cidadãos de Citópolis os tinham tratado e da acolhida benigna que lhes tinham dispensado nos dias calamitosos; [31]por isso Judas e os seus lhes agradeceram e exortaram-nos a mostrar-se bem-dispostos também dali em diante para com seu povo. Chegaram a Jerusalém quando já estava próxima a festa das Semanas.

Derrota de Górgias. [32]Depois desta festa, chamada Pentecostes, marcharam contra Górgias, governador da Idumeia, [33]que lhes saiu ao encontro com três mil homens e quatrocentos cavaleiros. [34]Travada a batalha, aconteceu que tombaram alguns dentre os judeus. [35]Certo Dositeu, valoroso cavaleiro dos tubianos, conseguiu agarrar Górgias e, segurando-o pelo manto, arrastava-o à força com o propósito de capturar vivo aquele maldito. Nisso, porém, um cavaleiro trácio investiu contra ele e cortou-lhe o braço, e assim Górgias fugiu para Marisa. [36]Quanto aos soldados de Esdrin, combatiam há muito tempo e se achavam extenuados; Judas então

* **12**,17. 1Mc 5,13.37-44

† **12**,26. Deusa que os sírios identificavam com Astarte, e os gregos com Afrodite ou Ártemis.

invocou o Senhor, para que se mostras-
se seu aliado e guia na batalha. 37Em
seguida, entoou na língua paterna o
grito de guerra com cantos religiosos e
arremessou-se de improviso contra as
tropas de Górgias, pondo-as em fuga.
O sacrifício pelos mortos. 38Reunido
o exército, Judas foi para a cidade de
Odolam. Chegando o sétimo dia, puri-
ficaram-se segundo o costume e pas-
saram ali o sábado. 39No dia seguinte,
quando a necessidade já se impunha,
os soldados de Judas saíram para re-
colher os corpos dos que haviam tom-
bado, para depô-los junto aos parentes
nos sepulcros de seus pais. 40Então en-
contraram debaixo da túnica de cada
morto objetos consagrados aos ídolos
de Jâmnia, que a lei proíbe aos judeus.
Ficou assim claro para todos o moti-
vo pelo qual haviam morrido. 41Todos,
pois, glorificaram a conduta do Senhor,
justo juiz, que manifesta as coisas ocul-
tas, 42e puseram-se em oração, implo-
rando que o pecado cometido fosse
completamente cancelado. E o nobre
Judas exortou sua gente a se conservar
sem pecado, de vez que tinham visto
com os próprios olhos o que acontece-
ra aos mortos por causa de seu pecado.
43Depois, feita uma coleta de um tanto
por pessoa, ajuntou cerca de duas mil
dracmas de prata, que enviou a Jerusa-
lém, para mandar oferecer um sacrifí-
cio pelo pecado, e realizou assim uma
ação muito boa e nobre, pensando na
ressurreição; 44com efeito, se não es-
perasse que os mortos ressuscitariam,
teria sido coisa supérflua e vã rezar
pelos defuntos†. 45Mas se ele pensava
na magnífica recompensa que está re-
servada àqueles que adormecem com
sentimentos de piedade, seu pensa-
mento foi santo e piedoso. Por isso,
mandou oferecer o sacrifício de expia-
ção pelos mortos, para que fossem ab-
solvidos de seu pecado.

13 **Antíoco V e Lísias contra os
judeus.** 1No ano cento e qua-
renta e nove chegou aos homens de
Judas a notícia de que Antíoco Eupá-
tor avançava contra a Judeia com um
exército, 2e que com ele estava tam-
bém Lísias, seu tutor e primeiro minis-
tro, tendo cada qual um exército gre-
go de cento e dez mil infantes, cinco
mil e trezentos cavaleiros, vinte e dois
elefantes e trezentos carros armados
de foices. 3A eles se juntara também
Menelau, que com muita astúcia insti-
gava Antíoco, movido não pelo desejo
de ser útil à pátria, mas pela esperança
de ser reconduzido ao poder. 4Mas o
Rei dos reis excitou contra aquele cri-
minoso a ira de Antíoco, o qual, depois
que Lísias demonstrou ser Menelau o
responsável por todos os males, deu
ordens para que fosse levado a Bereia
e ali executado segundo o costume do
lugar. 5Naquele lugar existe uma torre
de cinquenta côvados de altura, cheia
de cinza, com um mecanismo giratό-
rio, que de todos os lados faz precipi-
tar na cinza. 6É daí que é lançado para
morrer quem é réu de furtos sacrílegos
ou quem chegou aos extremos de ou-
tros delitos graves. 7Tal foi o suplício
no qual morreu o ímpio Menelau, que
nem sequer foi sepultado. 8Com toda a
justiça, porque depois de ter cometido
tantos crimes contra o altar, cujo fogo
e cinza são puros, na cinza encontrou
a morte†.
Batalha de Modin. 9O rei, cheio de fe-
rozes sentimentos, vinha para mostrar
aos judeus coisas piores que as acon-
tecidas no tempo de seu pai. 10Quando
Judas soube disso, convidou o povo a
invocar o Senhor dia e noite, para que,
como das outras vezes, socorresse os
que estavam em perigo de se verem
privados da Lei, da pátria e do santo
templo, 11e que não permitisse que o
povo,* que apenas começara a reco-

* **13**,11. 1Mc 4,36

† **12**,44. Os que morrem na graça de Deus podem ser libertados de pecados não expiados, que impedem obter a ressurreição gloriosa. Isto é a base da doutrina da Igreja sobre o purgatório e sobre os sufrágios pelos mortos. | **13**,8. Mais uma vez o autor constata que todo crime é punido, e precisamente por meio daquilo com que foi cometido.

brar ânimo, caísse nas mãos daque-
les infames gentios. [12]Quando todos
haviam feito isso juntos e haviam im-
plorado o Senhor misericordioso com
gemidos, jejuns e prostrações durante
três dias contínuos, Judas os exortou e
ordenou-lhes que estivessem prepara-
dos. [13]Depois de um encontro reser-
vado com os anciãos, decidiu que se
devia, com a ajuda de Deus, resolver a
situação saindo a combate, antes que
o exército do rei invadisse a Judeia e
ocupasse a cidade. [14]Entregando todo
o cuidado nas mãos do Criador do
universo, exortou os seus a combater
heroicamente até à morte em defesa
das leis, do templo, da cidade, da pá-
tria e das instituições; e fez seu exér-
cito acampar perto de Modin. [15]Dada
aos seus a palavra de ordem: "Vitória
de Deus", com um grupo de jovens es-
colhidos entre os melhores, atacou de
noite a tenda do rei, matou cerca de
dois mil homens em seu acampamen-
to e matou também o maior dos ele-
fantes* com seu condutor; [16]enfim, es-
palharam pelo acampamento o terror
e a confusão e retiraram-se com pleno
êxito. [17]Já raiava o dia quando esta fa-
çanha foi concluída, graças à proteção
que o Senhor dera a Judas.

**Antíoco V faz as pazes com os ju-
deus.** [18]Então o rei, tendo assim ex-
perimentado* a audácia dos judeus,
tentou conquistar com astúcia as posi-
ções. [19]Partiu contra Betsur, praça forte
dos judeus, mas foi rechaçado, mal-su-
cedido e vencido, [20]pois Judas fez che-
gar aos sitiados o que necessitavam.
[21]Certo Rôdoco, soldado do exército
judeu, revelou aos inimigos informa-
ções secretas; foi descoberto, captura-
do e encarcerado. [22]Pela segunda vez,
o rei tratou com os sitiados de Betsur:
estendeu-lhes a mão, estreitou a deles
em sinal de paz e retirou-se. Atacou os
homens de Judas, mas saiu derrotado.
[23]Veio a saber depois que Filipe, que
ele deixara à frente da administração
em Antioquia, se havia rebelado. Cons-
ternado, convidou os judeus a fazer
negociações, submeteu-se, obrigou-
-se sob juramento a respeitar todas as
suas justas exigências, restabeleceu o
acordo e ofereceu um sacrifício, hon-
rou o templo e foi generoso para com
o lugar santo. [24]Dispensou boa acolhi-
da ao Macabeu e deixou Hegemônides
como governador do território entre a
Ptolemaida e a região dos gerrênios.
[25]Passou por Ptolemaida, mas os ci-
dadãos do lugar, descontentes com
o tratado de paz, estavam indignados
e queriam rescindir o contrato. [26]En-
tão Lísias subiu à tribuna, defendeu-o
como pôde, conseguiu persuadi-los e
acalmá-los, ganhou sua benevolência
e voltou para Antioquia. São esses os
fatos relacionados com a expedição e
a retirada do rei.

14

**Intrigas de Alcimo junto ao
rei Demétrio.** [1]Três anos de-
pois, Judas e os seus souberam que
Demétrio, filho de Seleuco, havia de-
sembarcado no porto de Trípoli com
um grande exército e uma frota [2]e que
se havia apoderado do país, eliminan-
do Antíoco e seu tutor Lísias. [3]Certo
Alcimo, que antes havia sido sumo
sacerdote, mas que voluntariamen-
te se havia contaminado no tempo
da revolta, tendo compreendido que
para ele já não havia salvação alguma
nem possibilidade de acesso ao santo
altar, [4]foi ter com o rei Demétrio, por
volta do ano cento e cinquenta e um,*
oferecendo-lhe uma coroa de ouro e
uma palma, além dos tradicionais ra-
mos de oliveira do templo. Naquele
dia ficou quieto. [5]Mas encontrou uma
ocasião favorável a seus loucos inten-
tos, quando foi convocado por Demé-
trio ao conselho e interrogado sobre
as disposições e intenções dos judeus.
Ele respondeu: [6]"Os judeus que se cha-
mam assideus, cujo chefe é Judas Ma-
cabeu, fomentam a guerra e as rebe-
liões, não permitindo que o reino reen-
contre a tranquilidade. [7]É por isso que
eu, despojado de minha dignidade he-
reditária, ou seja, do sumo sacerdócio,

* **13**,15. 1Mc 6,43 | 18. 1Mc 6,48-63 | **14**,4. 1Mc 10,29

vim aqui, 8em primeiro lugar pensando
sinceramente nos interesses do rei; em
segundo lugar, porque me preocupo
com meus compatriotas, pois não é
pouco o que todo o nosso povo sofre
pela atitude temerária dos homens de
que falei. 9Tu, ó rei, que bem conheces
os pormenores de cada uma dessas
coisas, digna-te prover ao bem-estar
de nosso país e de nossa gente amea-
çada, com aquela cortês benevolên-
cia que tens para com todos. 10Pois,
enquanto Judas viver, é impossível o
Estado gozar de paz". 11Logo que ele
acabou de falar, os outros amigos do
rei, irritados com os sucessos de Ju-
das,* apressaram-se a incitar Demétrio.
12Este escolheu imediatamente Nica-
nor, que era comandante da divisão
dos elefantes, nomeou-o governador
da Judeia e o enviou 13com a ordem
de eliminar Judas, dispersar seus parti-
dários e constituir Alcimo sumo sacer-
dote do grande templo. 14Os gentios
da Judeia, que haviam fugido diante
de Judas, acorriam em massa para se
juntar a Nicanor, imaginando que o
infortúnio e as desgraças dos judeus
redundariam em vantagem para eles.

Nicanor faz amizade com Judas. 15Ao
saberem da expedição de Nicanor* e
da agressão dos gentios, os judeus,
cobrindo-se de pó, elevaram súplicas
Àquele que para a eternidade havia
constituído seu povo e que com sinais
manifestos havia sempre socorrido
os que são sua herança. 16Depois, a
uma ordem do comandante, partiram
logo dali e foram travar batalha com
o inimigo perto da aldeia de Dessau.
17Simão, irmão de Judas,* já havia ata-
cado Nicanor, quando sofreu um ligei-
ro contratempo por causa da chegada
repentina de adversários. 18Todavia Ni-
canor, conhecendo a coragem dos sol-
dados de Judas e seu entusiasmo nas
lutas pela pátria, não ousava decidir a
questão com derramamento de san-
gue. 19Mandou, por isso, Possidônio,
Teódoto e Matatias apresentar e re-
ceber propostas de paz. 20Estas foram
longamente discutidas, e quando o co-
mandante fez o comunicado às tropas,
por voto unânime manifestaram sua
aceitação dos acordos. 21Portanto mar-
caram uma data para se encontrarem
reservadamente num mesmo lugar; de
um e de outro lado avançou um carro
e foram colocados assentos. 22Judas
tinha postado homens armados nos
lugares apropriados, receando que os
inimigos cometessem alguma perfídia
imprevista. Encerraram o encontro com
pleno acordo. 23Nicanor se deteve em
Jerusalém, onde nada fez de inconve-
niente; despediu as tropas que haviam
acorrido em massa a ele. 24Procurava
sempre a companhia de Judas e sentia
um afeto cordial por ele. 25Aconselhou-
-o a se casar e a constituir família; e ele
se casou, ficou tranquilo e levou uma
vida normal.

**Nicanor recebe a ordem de capturar
Judas.** 26Quando Alcimo ficou saben-
do da amizade entre ambos, conseguiu
uma cópia dos tratados concluídos e
apresentou-se a Demétrio, acusando
Nicanor de ter sentimentos contrários
ao governo, pois designara para seu
sucessor Judas, o perturbador do rei-
no. 27O rei, furioso e exasperado pelas
calúnias desse depravado, escreveu
a Nicanor, dizendo-lhe que estava
descontente com os tratados e orde-
nando-lhe que lhe enviasse imediata-
mente o Macabeu, acorrentado, para
Antioquia. 28Ao receber essas ordens,
Nicanor ficou consternado; custava-lhe
muito ter de violar os tratados concluí-
dos com aquele homem que não ha-
via feito mal algum. 29Mas, como não
era possível agir* contra a vontade do
rei, procurava uma oportunidade de
cumprir as ordens do rei com um es-
tratagema. 30O Macabeu, notando que
Nicanor se comportava para com ele
de modo mais frio e que nos encon-
tros habituais se mostrava mais rude,
pensou que aquela frieza não era bom
sinal; por isso, reuniu não poucos de
seus homens e não compareceu mais
diante de Nicanor.* 31Quando este per-

---

* **14**,11. 1Mc 2,18; 7,26 | 15. 1Mc 7,27s | 17. 1Mc 7,31 | 29. 1Mc 7,29s | 30. 1Mc 7,33-38

cebeu que havia sido habilmente logrado por Judas, dirigiu-se ao sublime e santo templo, enquanto os sacerdotes ofereciam os sacrifícios prescritos, e ordenou que lhe entregassem aquele homem. [32]Como eles jurassem que não sabiam onde podia estar o homem procurado, [33]ele estendeu a mão direita para o templo e jurou: "Se não me entregardes Judas algemado, arrasarei esta morada de Deus, derrubarei o altar e levantarei aqui um santuário esplêndido a Dionísio". [34]Dito isto, retirou-se. Os sacerdotes, erguendo as mãos ao céu, puseram-se a invocar Aquele que sempre combateu por nossa nação, dizendo: [35]"Vós, ó Senhor, que não precisais de nada, quisestes possuir um templo entre nós para vossa morada. [36]E agora, ó Senhor, santo de toda a santidade, preserva para sempre da profanação esta casa há pouco purificada".

Suicídio de Razis. [37]Foi denunciado perante Nicanor certo Razis, um dos anciãos de Jerusalém, homem cheio de amor pela cidade e tido em grande consideração, a ponto de ser chamado, por sua bondade, "pai dos judeus". [38]Já antes, nos dias anteriores à revolta, havia sofrido acusações de professar o judaísmo e realmente tinha empenhado pelo judaísmo corpo e alma com plena generosidade. [39]Querendo Nicanor manifestar a todos a hostilidade que tinha contra os judeus, mandou mais de quinhentos homens para prendê-lo, [40]pois pensava que com sua prisão haveria de infligir grave golpe aos judeus. [41]Mas quando aquela tropa estava para ocupar a torre, tentava forçar a porta do pátio e já ordenava que trouxessem fogo para incendiar as portas, ele, vendo-se cercado de todos os lados, lançou-se sobre sua espada, [42]preferindo morrer com honra* a cair nas mãos dos ímpios e sofrer insultos indignos de sua nobreza. [43]Mas porque, na precipitação do combate, não se feriu com golpe mortal, enquanto a tropa já irrompia pelas portas adentro, subiu corajosamente os muros e precipitou-se virilmente sobre a multidão. [44]Todos recuaram rapidamente, deixando um espaço livre no meio do qual ele caiu. [45]Respirando ainda e ardendo de indignação, levantou-se, enquanto o sangue lhe escorria em torrentes e as feridas o atormentavam, atravessou correndo por entre a multidão, pôs-se de pé sobre uma rocha escarpada [46]e, já completamente exangue, arrancou as entranhas, agarrou-as com ambas as mãos e lançou-as sobre a multidão, implorando ao senhor* da vida e do espírito que lhas restituísse um dia. Desse modo expirou.

15 **Arrogância de Nicanor.** [1]Nicanor, informado de que os homens de Judas se encontravam na região da Samaria, decidiu atacá-los com toda a segurança num dia de sábado. [2]Disseram-lhe então os judeus que haviam sido forçados a segui-lo: "Não deves matá-los de modo tão cruel e bárbaro! Respeita o dia que foi honrado e santificado por Aquele que tudo vê!" [3]Mas aquele supercriminoso perguntou se existia no céu um soberano que havia mandado santificar o sábado. [4]Eles responderam: "Foi o Senhor vivo, o Soberano do céu, que ordenou que se celebrasse o sétimo dia". [5]Replicou: "E eu, que sou soberano da terra, ordeno-vos que pegueis em armas e executeis as ordens do rei". Todavia, não conseguiu levar a termo seu cruel intento.

Judas encoraja seus homens. [6]Enquanto Nicanor, exaltando-se com toda a sua soberba, estava decidido a erigir um público troféu pela vitória sobre os homens de Judas, [7]o Macabeu, de seu lado, estava firmemente convencido, com toda a esperança, de obter o socorro do Senhor. [8]Exortava os seus a não temer o ataque dos gentios, mas a recordar a ajuda que no passado tinham recebido do Céu e a confiar na vitória que lhes fora concedida também no presente pelo Todo-poderoso.

---

* **14**,42. 1Sm 31,4 | 46. 7,9

9Confortou-os com as palavras da Lei
e dos Profetas e, recordando-lhes tam-
bém as lutas que já haviam superado,
deixou-os ainda mais animados. 10Ten-
do assim despertado seu ardor, de-
monstrou e denunciou a perfídia dos
gentios e sua violação dos juramentos.
11Armou cada um deles, não tanto com
a segurança dos escudos e das lanças,
quanto com o conforto de nobres pala-
vras, e encheu-os de alegria, narrando-
-lhes um sonho digno de fé, uma espé-
cie de visão.

12Sua visão foi esta: Onias, que fora
sumo sacerdote, homem excelente,
modesto no trato, de caráter manso,
distinto no falar, exercitado assidua-
mente desde criança na prática de to-
das as virtudes, estendendo as mãos,
rezava por toda a comunidade dos ju-
deus. 13Depois, do mesmo modo, apa-
recera outro homem, que se distinguia
por seus cabelos brancos, revestido de
uma prodigiosa e soberana majestade.
14Tomando a palavra, disse Onias: "Este
é o amigo de seus irmãos e que reza
muito pelo povo e pela cidade santa,
Jeremias, o profeta de Deus"†. 15Jere-
mias estendeu a mão direita para en-
tregar a Judas uma espada de ouro e,
ao entregá-la, pronunciou estas pala-
vras: 16"Toma a santa espada, presente
de Deus; com ela abaterás os inimigos".

17Animados por essas belíssimas
palavras de Judas, capazes de excitar
o heroísmo e de dar aos jovens uma
alma viril, decidiram não se demorar
no acampamento, mas passar cora-
josamente ao ataque e bater-se com
todas as energias para resolver a ques-
tão, pois a cidade, a religião e o templo
corriam perigo. 18De fato, a apreensão
pelas mulheres e filhos, pelos irmãos e
parentes era para eles coisa de menor
importância, pois sua primeira e princi-
pal preocupação* era o templo sagra-
do. 19A inquietação dos que ficaram na
cidade não era menor, ansiosos pelo
êxito da batalha em campo aberto.

Derrota e morte de Nicanor. 20En-
quanto todos estavam à espera da
prova iminente, estando já próximos
os inimigos, o exército disposto em
ordem de batalha, os elefantes colo-
cados em suas posições e a cavalaria
enfileirada nas alas, 21o Macabeu, ven-
do aquela multidão imensa, a varieda-
de das armas preparadas e o aspecto
feroz dos elefantes, estendeu as mãos
para o céu e invocou o Senhor que
faz prodígios, bem sabendo que não
é pelas armas, mas segundo sua deci-
são que ele concede a vitória àqueles
que são dignos dela. 22Em sua oração
ele dizia: "Vós, ó Senhor, no tempo de
Ezequias,* rei de Judá, enviastes vosso
anjo que exterminou cento e oitenta e
cinco mil homens no acampamento de
Senaquerib; 23mandai também agora, ó
Soberano dos céus, um anjo bom dian-
te de nós para incutir temor e espanto.
24Com o poder de vosso braço sejam
esmagados os que, blasfemando, vie-
ram atacar vosso santo povo". Com
essas palavras, concluiu. 25Enquanto os
soldados de Nicanor* avançavam entre
toques de trombetas e hinos de guer-
ra, 26os soldados de Judas afrontavam
os inimigos entre súplicas e orações.
27Combatendo com as mãos e rezando
a Deus com o coração, prostraram por
terra não menos de trinta e cinco mil
homens e ficaram cheios de alegria por
essa manifestação de Deus. 28Termi-
nada a batalha, enquanto se retiravam
jubilosos, reconheceram Nicanor, caído
por terra, revestido com sua armadura.
29No meio dos clamores e da confusão,
glorificaram o Soberano Senhor na lín-
gua materna. 30Então aquele que havia
sido sempre o primeiro a combater de
corpo e alma pelos compatriotas e que
conservara para com eles o afeto da ju-
ventude, ordenou que cortassem a ca-
beça de Nicanor, sua mão com o braço
inteiro e os levassem para Jerusalém.

31Quando lá chegou, convocou seus
concidadãos, dispôs os sacerdotes

* **15**,18. 1Mc 4,36 | 22. 1Mc 7,40ss; 8,19; 2Rs 19,35; Is 37,36 | 25. 1Mc 7,43-50

† **15**,14. É a primeira vez que a Bíblia afirma a eficácia da oração dos santos, depois da morte, a favor dos vivos. Esta fé está ligada à da ressurreição.

diante do altar e mandou chamar os que se achavam na cidadela. 32Mostrou então a cabeça do imundo Nicanor e a mão que este blasfemador estendera com arrogância contra o santuário do Onipotente. 33Mandou cortar a língua do ímpio Nicanor e lançá-la em pedaços às aves. Quanto ao braço, salário de sua loucura, mandou pendurá-lo diante do templo†.

O dia de Nicanor. 34Todos fizeram subir ao céu louvores ao Senhor glorioso, dizendo: "Bendito seja Aquele* que conservou incontaminado seu santo lugar!" 35Judas mandou pendurar a cabeça de Nicanor na cidadela, como sinal claro e evidente para todos da ajuda do Senhor. 36Enfim decretaram unanimemente, com voto público, que não se deixasse passar despercebido esse dia, mas que fosse celebrado no dia treze do duodécimo mês, chamado adar* na língua siríaca, o dia anterior à festa de Mardoqueu†.

37Assim, pois, se desenrolaram os fatos referentes a Nicanor. E como, a partir daí, a cidade ficou em poder dos hebreus, também eu encerro aqui minha narração.

Epílogo. 38Se a disposição dos fatos foi boa e bem-sucedida, é exatamente isso o que eu queria; se, porém, tem pouco valor e é medíocre, é o quanto pude fazer. 39Pois assim como faz mal beber somente vinho ou somente água, ao passo que o vinho misturado com água é agradável e causa um delicioso prazer, assim também é a arte de bem dispor a narração que agrada aos ouvidos do leitor. Portanto, aqui termino.

---

* **15**,34. 1Sm 31,9s | 36. 1Mc 7,49

† **15**,33. Jogo de palavras: a palavra que significa "salário" significa também "braço", Jr 48,25. | 36. Outro nome da festa de Purim, ver a nota em Est 9,26.

JÓ

Um homem está com seu filho de oito anos diante do corpo do Beato João XXIII, venerado num altar da basílica de São Pedro, e diz ao menino, quase chorando:

– Meu filho, este era o "Papa buono".

E o pequeno, com sua inocência, responde:

– E por que ele morreu?

Só a Bíblia, e nenhuma obra sapiencial extrabíblica, coloca o problema da dor, da morte e do sofrimento do inocente, enigma que angustia a humanidade de todos os tempos. Mas nem os sábios da Bíblia têm a resposta.

A forma literária do livro de Jó é a de um relato em prosa no início e no fim, dentro do qual, em forma de poesia, estão três ciclos de discursos polêmicos.

Não sabemos quem seja o autor, certamente o maior poeta da Bíblia, que escreveu essa obra-prima da literatura mundial, provavelmente depois do exílio, talvez pelo ano 450 a.C.

Os dois primeiros capítulos revelam que o drama que vai começar deriva de uma permissão de Deus, em resposta a um desafio lançado por Satanás para testar se Jó consegue permanecer fiel na provação. O leitor está advertido, mas os personagens não conhecem essa chave de leitura. Apresenta-se então o santo homem Jó, íntegro, rico e feliz, que é submetido a provações duríssimas. Seus três amigos vêm chorá-lo, e numa longa conversa põem em confronto as ideias correntes sobre a justiça de Deus. Segundo a teoria da retribuição neste mundo, sem a perspectiva da vida futura, afirmam que Jó sofre porque pecou. Ele protesta sua inocência, fazendo com que os três endureçam mais ainda sua posição. Jó se debate nas trevas, e seus gritos de desabafo se alternam com expressões de confiança e de submissão a Deus. Intervém um novo personagem, que tenta justificar a conduta de Deus, mostrando que o mal não serve só para punir, mas também para corrigir e ensinar. Enfim, fala o próprio Deus, revelando a Jó Sua onipotência e Sua sabedoria na criação e no governo do mundo. Jó confessa sua ignorância e reconhece que falou como insensato. Afinal, Deus reprova os três sábios e recompensa Jó, restituindo-lhe a saúde, os filhos e os bens em dobro.

Jó não é a última palavra da revelação divina sobre o misterioso tema do mal no mundo. O Novo Testamento mostra como "na cruz de Cristo não só a redenção foi realizada mediante o sofrimento, mas o próprio sofrimento humano foi remido" (João Paulo II). "Só em Cristo e por Cristo se ilumina o enigma da dor e da morte" (Vat. II).

I. PRÓLOGO (1–2)

1 **Virtude e felicidade de Jó.** [1]Havia
na terra de Hus um homem* chamado Jó†: homem íntegro e reto, que temia a Deus e evitava o mal. [2]Nasceram-
-lhe sete filhos e três filhas. [3]Possuía sete
mil ovelhas e três mil camelos, quinhentas juntas de bois, quinhentas jumentas e grande número de servos. Este homem era o mais rico de todos os do Oriente.

[4]Seus filhos costumavam ir às casas uns dos outros banquetear-se, em rodízio, e mandavam convidar também suas três irmãs para comer e beber juntos. [5]Quando terminava
o ciclo desses banquetes, Jó mandava chamá-los para purificá-los. Levantava-se bem cedo e oferecia um holocausto para cada um deles†. Pois ele pensava: "Talvez meus filhos tenham pecado e ofendido a Deus em seu coração". Assim fazia Jó cada vez.

---

* **1**,1. Ez 14,14 | 6. 1Rs 22,19-23; Zc 3,1s; Gn 3,1

† **1**,1. Jó é um sincero adorador do verdadeiro Deus, mas não é israelita; mora nos confins da Arábia e da Idumeia. | 5. Jó faz o ofício de intercessor, 42,8, como Abraão, Gn 18,23s e Moisés, Êx 32,12. Espíritos celestes, que fazem parte da corte divina. "Satã" significa acusador, adversário; lança um desafio a Deus e Deus aceita. Satã desaparece do livro de Jó: foi talvez um recurso usado para não atribuir a Deus os males de Jó.

Deus permite que Jó seja posto à prova. [6]Um dia os filhos de Deus† foram apresentar-se* diante de Javé, e entre eles foi também Satã. [7]Javé perguntou a Satã: "De onde vens?" Satã respondeu a Javé: "De percorrer a terra e de andar por ela". [8]Javé disse a Satã: "Reparaste em meu servo Jó? Não há ninguém como ele na terra: homem íntegro e reto, que teme a Deus e evita o mal". [9]Satã respondeu a Javé e disse: "É por nada que Jó teme a Deus? [10]Não puseste um muro de proteção em torno dele, de sua casa e de tudo o que ele tem? Abençoaste o trabalho de suas mãos e seu gado se multiplica na região. [11]Mas estende a mão, toca tudo o que possui e verás como te lançará maldições em rosto!" [12]Javé disse a Satã: "Tudo o que ele possui está em teu poder; só não estendas a mão contra ele". E Satã saiu da presença de Javé.

[13]Aconteceu que um dia, enquanto seus filhos e suas filhas estavam comendo e bebendo na casa do irmão mais velho, [14]um mensageiro veio a Jó e disse: "Os bois estavam arando e as jumentas pastando perto deles, [15]quando os sabeus* caíram sobre eles e os roubaram e passaram os servos ao fio da espada. Só eu escapei e vim trazer-te a notícia".

[16]Enquanto ele ainda falava, entrou um outro e disse: "O fogo de Deus caiu do céu: atingiu as ovelhas e os servos e os devorou. Só eu escapei e vim trazer-te a notícia.

[17]Enquanto ele ainda falava, entrou um outro e disse: "Os caldeus, divididos em três bandos, lançaram-se sobre os camelos e os levaram e passaram os servos ao fio da espada. Só eu escapei e vim trazer-te a notícia".

[18]Enquanto ele ainda falava, entrou um outro e disse: "Teus filhos e tuas filhas estavam comendo e bebendo na casa do irmão mais velho, [19]quando um vento impetuoso veio do deserto e abalou os quatro cantos da casa; ela caiu sobre os jovens e eles morreram. Só eu escapei e vim trazer-te a notícia".

[20]Então Jó se levantou e rasgou as vestes; raspou a cabeça, caiu por terra, prostrou-se [21]e disse:

"Nu saí do seio de minha mãe,*
e nu voltarei para lá†.
Javé deu, Javé tirou,*
seja bendito o nome de Javé!"

[22]Em tudo isto Jó não pecou e não atribuiu a Deus nada de injusto.

2 **Doença de Jó.** [1]Num outro dia em que os filhos de Deus* foram apresentar-se a Javé, entre eles foi também Satã apresentar-se a Javé. [2]Javé perguntou a Satã: "De onde vens?" Satã respondeu a Javé: "De percorrer a terra e de andar por ela". [3]Javé disse a Satã: "Reparaste em meu servo Jó? Não há ninguém como ele na terra: homem íntegro e reto, que teme a Deus e evita o mal. Ele persevera firme em sua integridade, não obstante me tenhas instigado contra ele, sem razão, para arruiná-lo". [4]Satã respondeu a Javé: "Pele por pele; tudo quanto tem, o homem está pronto a dá-lo por sua vida. [5]Mas estende a mão, toca-o nos ossos e na carne e verás como te lançará maldições em rosto!" [6]Javé disse a Satã: "Pois bem, ele está em tuas mãos. Apenas poupa-lhe a vida".

[7]Satã retirou-se da presença de Javé e feriu Jó com uma úlcera maligna desde a planta dos pés até o alto da cabeça. [8]Jó apanhou um caco para se coçar, sentado entre as cinzas. [9]Então sua mulher* disse: "Continuas ainda firme em tua integridade? Amaldiçoa a Deus e morre!" [10]Mas ele respondeu-lhe: "Falas como uma ignorante! Se de Deus aceitamos o bem, por que não deveríamos aceitar o mal?"

Em tudo isto Jó não pecou em palavras.

Três amigos vão visitar Jó. [11]Três amigos de Jó ficaram sabendo de todas as desgraças que se tinham abatido sobre ele. Partiram cada um de seu país: Elifaz de Temã, Baldad de Suás e Sofar de Naamat e se puseram de acordo para

---

* **1**,15. 1Rs 10,1 | 20. Ecl 5,14; Eclo 40,1 | 21. Gn 2,7; 3,19; Eclo 11,14; Ecl 5,18 | **2**,1. 1,6 | 9. Tb 2,14

† **1**,6. Existe uma piedade desinteressada, que não busca recompensa nem na extrema necessidade? Jó mostra que sim. | 21. Fala da mãe biológica e da mãe terra. Ver Ecl 5,14; Sb 7,1-6; Eclo 40,1.

ir mostrar-lhe amizade e consolá-lo.
[12]Erguendo os olhos de longe, não o
reconheceram e choraram em voz alta.
Rasgaram suas vestes e espalharam
cinza na cabeça jogando-a para o céu.
[13]Depois ficaram sentados ao lado dele
no chão por sete dias e sete noites. Ninguém lhe dirigiu uma palavra, porque
viam que era muito grande sua dor.

II. PRIMEIRA SÉRIE DE DISCURSOS (3–14)

3 **Jó maldiz o dia de seu nascimento.** [1]Enfim, Jó abriu a boca e amal-
diçoou o dia de seu nascimento; [2]come-
çou a dizer:

[3]Pereça o dia em que nasci*
e a noite em que se disse: "Foi concebido um homem!"†
[4]Aquele dia seja trevas,
não cuide dele Deus lá do alto,
nem brilhe sobre ele a luz†.
[5]Apoderem-se dele as trevas e a sombra da morte,
uma nuvem se estenda sobre ele
e a escuridão do dia o apavore!
[6]O escuro domine aquela noite,
não seja ela contada entre os dias do ano,
nem entre na conta dos meses.
[7]Aquela noite seja estéril
e nela não entre o som do júbilo;
[8]Que lhe lancem maldições os que amaldiçoam o dia,
os que sabem evocar Leviatã†.
[9]Escureçam as estrelas de sua aurora;
que espere a luz e não venha;
não veja abrir-se os olhos da alvorada,
[10]porque não fechou a porta do ventre de minha mãe,
e não escondeu de meus olhos a miséria!
[11]Por que não morri ao nascer*
e não pereci logo que saí do ventre?
[12]Por que dois joelhos me acolheram†
e dois seios me amamentaram?
[13]Sim, agora eu repousaria tranquilo,
dormiria e teria descanso
[14]com os reis e os conselheiros da terra,*
que para si construíram mausoléus;
[15]ou com os príncipes, que têm ouro
e enchem de prata suas casas.
[16]Ou, como aborto oculto, eu não existiria,*
como os fetos que não viram a luz.
[17]Lá embaixo os maus param de atormentar
e repousa quem se cansou.
[18]Os prisioneiros descansam juntos,
não ouvem mais a voz do opressor.
[19]Lá estão o pequeno e o grande,
e o escravo está livre de seu patrão.
[20]Para que dar luz a um infeliz
e vida a quem tem amargura no coração,
[21]àqueles que esperam a morte e ela não vem,*
e a procuram mais que a um tesouro,
[22]que se alegram exultantes
e rejubilam ao encontrar a sepultura...*
[23]a um homem, cujo caminho é oculto
e a quem Deus de todo lado cercou?
[24]Em lugar da comida tenho meu gemido,*
e meus clamores se derramam como água,
[25]porque o que eu temo me acontece*
e o que me espanta me atinge.
[26]Não tenho paz, não tenho descanso,
não tenho repouso, me assalta o tormento!

4 **Ninguém é justo diante de Deus.**
[1]Elifaz de Temã tomou a palavra e
disse:

[2]Se alguém tenta falar-te, ficarás ofendido?
Mas quem pode conter as palavras?
[3]Tu a muitos ensinavas
e sabias fortalecer as mãos fracas.
[4]Tuas palavras levantavam quem caía,
e os joelhos que se dobravam reforçaste.

* **3**,3. Jr 20,14-18; Eclo 23,18 | 11. 10,18s | **3**,14. Is 14,9ss | 16. Ecl 6,3 | 21. Ap 9,6 | 22. Pr 4,18s; Is 26,7 | 24. Sl 42,4 | 25. Pr 10,24

† **3**,3. Melhor que uma vida miserável seria não ter nascido. | 4. Jó diz o contrário do "Faça-se a luz" do Criador; ele diz: "que haja trevas". | 8. Os feiticeiros, aos quais se atribuía o poder de tornar bons ou maus os dias. | 12. Ao nascer o filho, o pai o reconhecia como seu, colocando-o sobre os joelhos.

5 Mas agora acontece contigo e ficas deprimido;*
és atingido e esmoreces.
6 Tua piedade não era talvez tua confiança
e a integridade de tua conduta, tua esperança?
7 Lembra-te: qual o inocente que pereceu?*
E quando foi exterminada gente honesta?
8 Conforme tenho visto, quem cultiva a iniquidade*
e quem semeia o sofrimento, são esses que os colhem.
9 A um sopro de Deus perecem
e pelo vento de sua ira são aniquilados†.
10 Cessam o rugido do leão e o bramido da fera,
e os dentes dos leõezinhos são quebrados.*
11 Morre o leão por falta de presa
e os filhotes da leoa se dispersam.
12 Foi-me trazida em segredo uma palavra
e meu ouvido percebeu seu leve sussurro.
13 Entre os fantasmas de visões noturnas,
quando cai sobre os homens o sono profundo,
14 assaltou-me o medo e um terror
que fez tremer todos os meus ossos;
15 um vento soprou em meu rosto,
arrepiando-me os cabelos do corpo.
16 Alguém estava de pé, mas não o reconheci,
só uma figura apareceu a meus olhos.
Houve silêncio, depois ouvi uma voz que dizia:
17 "Pode um mortal ser justo diante de Deus?*
Pode um ser humano ser puro diante do seu criador?
18 Mesmo em seus servos ele não pode confiar
e até em seus anjos encontra defeitos;
19 quanto mais naqueles que moram em casas de barro†,
que têm em pó seu fundamento
e são esmagados como a traça!
20 Serão aniquilados entre a manhã e a tarde†;
sem que ninguém o perceba, perecem para sempre.
21 Não foi já arrancada a corda de sua tenda?
Eles morrem, mas sem possuir a sabedoria!"

5 Elifaz convida Jó a refugiar-se em Deus.

1 Chama, pois! Alguém te responderá?
E a qual dos santos recorrerás?
2 Porque a raiva mata o insensato
e a inveja leva à morte o imbecil.
3 Eu vi um tolo criar raízes,
mas logo amaldiçoei sua casa.
4 Seus filhos estão sem nenhum socorro,
são oprimidos no tribunal, sem defensor.*
5 O faminto devora sua colheita,
roubando-a até entre os espinhos;
e quem tem sede engole seus bens.
6 A miséria não nasce do chão,
nem brota da terra o sofrimento,
7 mas o homem nasce para sofrer,*
como as faíscas para voar para o alto†.
8 Eu, porém, me voltarei para Deus
e a Deus confiarei minha causa;
9 a ele, que faz prodígios insondáveis*
e maravilhas sem número,
10 que espalha a chuva sobre a terra
e manda as águas sobre os campos.
11 Eleva os humildes*
e põe a salvo, no alto, os aflitos.*
12 Frustra os projetos dos astutos*
e faz fracassar suas manobras;
13 apanha os sábios em sua própria astúcia
e faz abortar as intrigas dos espertos.
14 Em pleno dia topam com as trevas
e ao meio-dia andam tateando como se fosse noite.

---

* **4**,5. Pr 24,10 | 7. Sl 37,25; Pr 12,20; Eclo 2,10; 2Pd 2,9 | 8. Pr 22,8; Eclo 7,3 | 10. Pr 28,15; Sl 17,12; 23,14.22 | 17. Sl 143,2; Jó 15,14; 14,4 | **5**,4. Sl 127,5 | 7. 15,35; Gn 3,17ss | 9. 9,10; Eclo 43,36 | 11. 1Sm 2,7s / Sl 75,8 | 12. 12,23ss

† **4**,9. Elifaz exprime a doutrina tradicional: os justos são recompensados com a felicidade, os maus são punidos com sofrimentos. | 19. O homem feito do barro, ver Sb 9,15, | 20. Ninguém é justo diante de Deus, por isso todos passam pelo sofrimento. | **5**,7. Deus não é o autor do mal; este vem do pecado do homem.

15Mas Deus salva o pobre da língua afiada
e da mão dos poderosos.
16Assim há esperança para o fraco,
e a injustiça tem de fechar a boca.
Em Deus há felicidade. 17Feliz o homem a quem Deus corrige!*
Por isso não recuses a lição do Onipotente,
18porque ele faz a chaga e a enfaixa,*
fere e suas mãos curam†.
19De seis angústias te libertará,
e na sétima não te tocará o mal†;
20na fome te livrará da morte*
e na guerra, do golpe da espada;
21serás protegido do flagelo da língua*
e não temerás quando chegar a ruína.
22Rirás da calamidade e da penúria
e não temerás os animais selvagens.
23Farás um pacto com as pedras do campo,*
e as feras do campo viverão em paz contigo†.
24Saberás que tua tenda está em paz
e verás que nada te falta
quando visitares tua propriedade.
25Verás crescer tua prole,*
tua descendência como a erva dos prados.
26Em robusta velhice descerás ao sepulcro,
como o trigo colhido a seu tempo.
27É isto que temos observado: é assim.
Escuta-o e tira proveito.

6

O sofrimento revela a fraqueza humana. 1Então Jó respondeu:
2Se possível fosse pesar minha aflição,
e pôr na balança todos os meus males,
3pesariam certamente mais que a areia do mar;
por isso minhas palavras não têm nexo†.
4Porque as flechas do Onipotente estão cravadas em mim,*
e meu espírito bebe seu veneno,
e terrores imensos se juntam contra mim.*
5Zurra talvez o asno quando tem capim?
O boi berra diante de seu feno?
6Come-se sem sal comida insípida?
Ou que gosto há no suco de malva?
7O que eu recusava tocar
é minha comida de doente.
8Oh! Se me acontecesse o que desejo,
e Deus me concedesse o que espero!
9Quem dera que Deus me esmagasse,*
soltasse a mão e me aniquilasse!
10Seria para mim um conforto:
eu me alegraria nas dores que ele não me poupa,
por não ter renegado os decretos do Santo.*
11Qual é minha força, para poder resistir,
ou qual meu fim, para prolongar minha vida?
12Minha força é a força das pedras?
Minha carne é talvez de bronze?
13Terei como apoio o nada?
Todo socorro me é negado?
14Quem deixa de compadecer-se do aflito*
abandonou o temor do Onipotente†.
15Meus irmãos me traíram como uma torrente,
como as águas de torrentes que passam,
16que se turvam com o degelo*
e nas quais se dissolve a neve,
17mas no verão desaparecem
e no calor somem de seus leitos.
18As caravanas se desviam de suas pistas,
adentram o deserto e ali se perdem.
19As caravanas de Temã as procuram,*
os viajantes de Sabá contam com elas.

---

* **5**,17. Pr 3,11s | 18. Dt 32,39; Os 6,1 | 20. Jr 39,18; Sl 33,19 | 21. Sl 12,3ss; 31,21; 91 | 23. 2Rs 3,19-25; Os 2,20; Is 11,6ss | 25. Dt 28,4.11 | **6**,4. 7,20; 16,13; Sl 38,3 / Sl 88,17 | 9. 7,15 | 10. Lv 17,1 | 14. 29,12s; 31,16-20 | 16. Jr 15,18 | 19. Is 21,14; 1Rs 10,1

† **5**,18. Por meio dos sofrimentos, Deus age para corrigir e educar o homem, para convertê-lo e fazê-lo voltar a ele. | 19. Este provérbio numérico significa que Deus libertará Jó de todo o mal. | 23. Quem está em paz com Deus sentirá sobre si a proteção do mundo: "Tudo concorre para o bem dos que amam a Deus" (Rm 8,28). Ao contrário, a criação persegue o ímpio, Jó 20,27. | **6**,3. Jó reconhece sua falta, mas pensa que seu sofrimento é maior que sua falta. | 14. Os amigos de Jó diziam-lhe boas palavras no tempo da felicidade, mas agora não sabem confortá-lo.

20Mas ficam desiludidos por terem confiado,
chegando lá, ficam confusos.
21Assim sois para mim agora:
vedes meus males e o medo vos assalta.
22Por acaso eu vos disse: "Dai-me alguma coisa",*
ou "tomai de vossos bens um presente para mim",
23ou "livrai-me das mãos do inimigo",
ou "do poder dos violentos resgatai-me"?
24Instruí-me e então me calarei,
fazei-me conhecer em que errei.
25Que têm de ofensivo as palavras justas?
Mas o que provam vossos argumentos?
26Pensais talvez em criticar palavras
e o que um desesperado falou ao vento?
27Seríeis capazes de leiloar um órfão
e de pôr à venda vosso amigo.
28Agora, pois, prestai-me atenção,
porque diante de vós não mentirei.
29Retratai-vos: não sejais injustos!
Retratai-vos: é minha justiça que está em jogo!
30Há iniquidade em minha língua?
Ou meu paladar não distingue mais o infortúnio?

7 **Jó desabafa com Deus.** 1Não é uma luta a vida do homem sobre a terra?*
Seus dias não são como os de um assalariado?
2Como o escravo suspira pela sombra*
e como o operário espera seu salário,
3assim o que ganhei foram meses de ilusão,
noites de aflição me foram concedidas.
4Ao deitar-me, digo: "Quando me levantarei?"
Mas a noite se prolonga e fico todo agitado até a aurora.
5Minha carne está recoberta de vermes e de uma crosta de terra,
minha pele se racha e supura.
6Mais velozes que a lançadeira são meus dias,*
que se acabam sem esperança.
7Recordai-vos que minha vida é apenas um sopro*
e meus olhos não tornarão a ver a felicidade.
8Os olhos dos que me veem não me verão mais;
vossos olhos me procurarão e eu não estarei mais lá.
9Como a nuvem se dissipa e passa,*
assim quem desce ao abismo não retorna;
10não voltará mais a sua casa,
sua morada não o reconhecerá.
11Mas eu não manterei fechada a boca,
falarei na angústia de meu espírito,
me lamentarei na amargura de meu coração!
12Sou eu por acaso o mar ou um monstro marinho,*
para que coloqueis um guarda a meu lado?
13Quando digo: "Meu catre me dará alívio,
meu leito aliviará meu sofrimento",
14vós então me espantais com sonhos
e com fantasmas me aterrorizais.
15Preferiria ser asfixiado*
e morrer, em lugar de minhas dores!
16Detesto minha vida, não viverei para sempre.
Deixai-me, porque meus dias não são mais que um sopro.
17Que é o homem, para lhe dardes tanta importância*
e lhe prestardes atenção,
18a ponto de sondá-lo toda manhã*
e a cada instante o pô-lo à prova?
19Quando deixareis de me espiar
e me dareis tempo para engolir a saliva?
20Se pequei, o que vos fiz,
ó guarda dos homens?†
Por que fizestes de mim um alvo
e me tornei um peso para vós?

* **6**,22. Jr 15,10 | **7**,1. 14,14 | 2. Eclo 40,1s; Ecl 2,23; Eclo 30,17 | 6. Is 38,12 | 7. Sl 78,39; 89,48 | 9. Sb 2,1.4 | 12. 3,8; 9,13; 26,12 | 15. 6,9 / Sl 144,4 | 17. Sl 8,5; 144,3 | 18. Sl 139

† **7**,20. "Jó se queixa de ser vigiado. Ele desfigura seu Deus. Jó já está desfigurado, e ele sabe disso; mas agredindo seu Deus, ele se desfigura mais ainda" (Maurice Gilbert). | **9**,6. Terremotos e eclipses eram considerados manifestações da onipotência divina. As colunas da terra são as imaginárias pilastras de sustentação do mundo.

21Por que não perdoais meu pecado
e não cancelais minha iniquidade?
Porque em breve estarei deitado no pó;
vós me buscareis, e já não existirei!

8 **Deus não subverte o direito.**
1Então começou a dizer Baldad de
Suás:
2Até quando falarás desse modo*
e tuas palavras serão como um vento
impetuoso?
3Pode Deus desviar o direito?
Pode o Onipotente subverter a justiça?
4Se teus filhos pecaram contra ele,
entregou-os ao poder da iniquidade
deles.*
5Se buscares a Deus
e implorares ao Onipotente,
6se és puro e íntegro,
desde agora velará sobre ti
e restabelecerá a morada de tua justiça.
7Tua primitiva condição será pouca
coisa
diante de teu magnífico futuro.
8Pergunta às gerações passadas,*
reflete na experiência de seus pais,
9porque nós somos de ontem e nada
sabemos,
passam como sombra nossos dias na
terra.*
10Mas eles te instruirão e te falarão,
trazendo do coração as palavras.
11Cresce o papiro fora do pântano?
Pode brotar o junco sem água?
12Quando está verde e ainda não cortado,
seca antes de qualquer outra planta.
13Tal é o destino de quem se esquece
de Deus;*
assim se frustra a esperança do ímpio.
14Sua confiança é como um fio,*
e uma teia de aranha é sua segurança:
15Ele se apoia em sua casa, mas ela
não resiste;*
agarra-se nela, mas ela não aguenta.
16É árvore viçosa diante do sol,
e sobre o jardim se expandem seus
ramos,
17sobre um montão de pedras se entrelaçam suas raízes,
explora as fendas das rochas.
18Mas se é tirado de seu lugar,
este o renega: "Nunca te vi!"
19Esta é a alegria de sua vida,
e da terra brotam outros.
20Não, Deus não rejeita o homem íntegro
nem colabora com os malfeitores.
21Encherá de novo tua boca de sorrisos
e teus lábios de cantos de alegria.
22Teus inimigos serão cobertos de vergonha,*
e a tenda dos ímpios não mais existirá.

9 **É inútil lutar contra Deus.**
1Jó respondeu dizendo:
2Na verdade eu sei que é assim:*
pois como pode um homem ter razão
diante de Deus?
3Se alguém quisesse discutir com ele,
não poderia responder-lhe uma vez
entre mil.
4Ele é sábio de coração e forte em poder;
quem o desafiou e saiu ileso?
5Ele remove as montanhas sem que
elas o percebam,*
e em sua ira as desmorona.
6Sacode a terra de seu lugar
e suas colunas estremecem†.
7A um seu comando, o sol não se levanta,*
e nas estrelas põe um selo.
8Ele sozinho estende os céus*
e caminha sobre as ondas do mar.
9Criou a Ursa e o Órion,*
as Plêiades e as constelações do Sul.
10Faz coisas grandes e insondáveis*
e maravilhas sem número.
11Passa perto de mim e não o vejo,*
ele se afasta e não o percebo.
12Se retira alguma coisa, quem o pode
impedir?
Quem ousa dizer-lhe: "Que estais fazendo?

* **8**,2. 34,10-12; Dt 32,4 | 4. 1,19 | 8. Eclo 8.,9; Dt 4,32; 32,7 | 9. 14,2 | 13. Sl 37,1s; Pr 10,28 | 14. 27,18 | 15. Mt 7,26s | 22. Sl 6,11; Pr 14,11 | **9**,2. 38-42 | 5. Is 13,10.13; Jl 2,10 | 7. Sl 19,5ss; Br 3,34s | 8. Sl 104,2; Is 40,22; 42,5

[13]Deus não retira sua cólera:
debaixo dele se curvam os aliados de Raab.*
[14]Como, pois, posso eu responder-lhe,*
escolher palavras para replicar-lhe?
[15]Ainda que eu tivesse razão, não posso responder-lhe,
a meu juiz pediria clemência.
[16]E se a meu apelo respondesse,
eu não acreditaria que tivesse escutado minha voz.
[17]Com uma tempestade ele me esmaga,
multiplica minhas chagas sem razão.
[18]Não me deixa retomar o fôlego,*
mas sacia-me de amarguras.
[19]Se é questão de força, é ele o poderoso;
se de justiça, quem pode convocá-lo?
[20]Se eu tivesse razão, minha boca me condenaria;
se fosse inocente, ele provaria que sou culpado.
[21]Sou inocente? Nem mesmo eu sei; detesto minha vida!†
[22]Para mim é tudo a mesma coisa; por isso eu digo:*
"Ele extermina o inocente e o culpado".
[23]Se um flagelo mata de improviso,
ele se ri da dor dos inocentes.
[24]A terra é deixada à mercê do mau:
ele cobre o rosto de seus juízes;
se não é ele, quem pode ser?*
[25]Meus dias passam mais velozes que um corredor,
fogem sem ter visto a felicidade.
[26]Passam como barcos de junco,
como águia que se lança sobre a presa.
[27]Se digo: "Quero esquecer meu gemido,
deixar esse meu ar triste e ser alegre",
[28]todas as minhas dores me apavoram;
pois bem sei que não me tereis por inocente.
[29]Se sou culpado,
por que cansar-me em vão?
[30]Ainda que me lavasse com a neve*
e limpasse com soda minhas mãos,
[31]então me afundaríeis na lama
e minhas próprias roupas teriam nojo de mim.
[32]Porque ele não é um ser humano como eu
a quem eu possa responder:
"Compareçamos juntos em juízo".*
[33]Não há entre nós um árbitro
que ponha a mão sobre nós dois
[34]para afastar de mim sua vara
de modo que seu terror não me amedronte.*
[35]Então poderei falar sem temê-lo,
porque a meu ver não sou assim.

10 Por que me fazeis sofrer?†.

[1]Minha vida me causa tédio!
Darei livre curso a meu lamento,*
falarei na amargura de meu coração.
[2]Direi a Deus: Não me condeneis!
Mostrai-me por que sois meu adversário.
[3]É bom para vós oprimir-me,
desprezar a obra de vossas mãos
e favorecer os projetos dos malvados?
[4]Tendes olhos de carne
ou também vós vedes como o homem vê?*
[5]São vossos dias como os dias de um mortal,
vossos anos como os dias de um homem,
[6]para que investigueis minha culpa
e examineis meu pecado,
[7]mesmo sabendo que não sou culpado
e que ninguém pode livrar-me de vossa mão?*
[8]Vossas mãos me formaram e me fizeram*
íntegro em toda parte; quereríeis agora destruir-me?
[9]Recordai-vos que como argila me plasmastes*
e ao pó me fareis voltar?
[10]Não me derramastes como leite*

* **9**,9. 38,31s; Am 5,8 | 10. 5,9 | 11. 23,8s | 13. Sl 89,11 | 14. 9,32; 13,13s.18s; 23,1-7 | 18. 7,19 | 22. Ecl 9,2s | 24. 12,9 | 30. Is 1,18; Sl 51,9; Jr 2,22 | 32. Ecl 6,10 | 34. 13,21 | **10**,1. 7,11.15 | 4. 1Sm 16,7; Jr 11,20 | 7. Sb 16,15 | 8. Gn 2,7 | 9. 33,6 | 10. Sb 7,2; Sl 139,13.15

† **9**,21. Jó confirma que é inocente, mas diante do silêncio e da hostilidade de Deus, começa a duvidar de sua inocência. | **10**. Jó quer defender-se e para isso pede uma pausa nos sofrimentos.

e me fizestes coalhar como queijo?
[11]De pele e de carne me vestistes,
de ossos e de nervos me tecestes†.
[12]Vida e benevolência me concedestes*
e vossa providência guardou meu espírito.
[13]No entanto, isto escondíeis no coração,
sei que isto tínheis no pensamento!
[14]Vós me vigiais, se peco,
e não me deixais impune por minha culpa.
[15]Se sou culpado, ai de mim!
Se sou justo, não ouso levantar a cabeça,
saciado como estou de ignomínia e cheio de miséria.
[16]Se a levanto, me caçais como um leão,
realizando de novo prodígios contra mim.
[17]Repetis vossos ataques a mim,
contra mim aumentais vossa ira
e me assaltais com tropas descansadas.
[18]Por que me fizestes sair do seio materno?*
Ah! Se eu tivesse morrido antes que algum olho me visse!
[19]Eu seria como se jamais houvesse existido;
do ventre transportado ao túmulo!
[20]Não são poucos os dias de minha vida?*
Deixai-me, de modo que eu possa respirar um pouco*
[21]antes que eu me vá, sem retorno,*
para o país das trevas e da sombra da morte,
[22]terra escura como noite profunda,
onde reinam a sombra da morte e a desordem,
onde a luz é como as trevas.

11 **Deus sabe o que faz.** [1]Então Sofar de Naamat tomou a palavra e disse†:
[2]A tantas palavras não se dará resposta?
Ou o homem falador deve ter razão?
[3]Teu palavreado fará a gente se calar?
Zombas e ninguém te desmascara?
[4]Tu dizes: "Pura é minha conduta,
sou inocente aos olhos dele".
[5]Mas se Deus quisesse falar
e abrir os lábios contra ti,
[6]para manifestar-te os segredos da sabedoria,*
que são tão difíceis de entender,
então saberias que Deus te perdoa parte de tua culpa.
[7]Pretendes sondar o íntimo de Deus
ou penetrar a perfeição do Onipotente?
[8]É mais alta que o céu: que podes fazer?*
É mais profunda que os abismos: que sabes dela?
[9]Mais longa que a terra é sua dimensão,
mais vasta que o mar.
[10]Se ele intervém e aprisiona
e chama a juízo, quem pode impedi-lo?
[11]Pois ele conhece os homens falsos,
vê a iniquidade e a observa.
[12]O insensato criará juízo,*
embora o homem nasça como um asno selvagem.
[13]Se dirigires o coração para Deus
e estenderes a ele tuas mãos,
[14]se afastares a iniquidade de tua mão
e não deixares habitar a injustiça em tuas tendas,
[15]então poderás erguer a fronte sem mancha,
estarás firme e não terás temor,
[16]porque esquecerás tua aflição
e a recordarás como águas passadas.
[17]Tua vida ressurgirá mais clara que o meio-dia,
as trevas serão para ti como a aurora.
[18]Estarás seguro porque há esperança,
e, olhando a teu redor, repousarás tranquilo.
[19]Tu te deitarás e ninguém te perturbará,
ao contrário, muitos procurarão teu favor.

* **10**,12. Gn 2,7 | 18. 3,11-16 | 20. 14,1 / 7,7 | 21. Sl 39,14 | **11**,6. Rm 11,33 | 8. Ef 3,18 | 12. 39,5-8

† **10**,11. Admira a maravilha da criação que é o corpo humano. | **11**,1. Sofar repete as acusações contra Jó e exorta-o à conversão.

[20]Mas os olhos dos maus se consomem,
não há refúgio para eles,
sua única esperança é o último respiro!

12 **Ironia de Jó.** [1]Jó então respondeu†:

[2]Realmente, vós sois a voz do povo
e a sabedoria morrerá convosco!
[3]Mas também eu tenho entendimento como vós*
e não sou menos que vós;
quem não sabe coisas como essas?
[4]Sou motivo de zombaria para meus amigos,
eu que clamava a Deus e ele me respondia;
zombam do homem justo e reto.
[5]"Para o infeliz, desprezo", pensam os de vida folgada†,
"para quem cambaleia, um empurrão".
[6]As tendas dos ladrões estão tranquilas,
há segurança para quem provoca a Deus,
pensando que ele está em suas mãos.

A sabedoria infinita de Deus. [7]Mas interroga também os animais, para que te ensinem,
as aves do céu, para que te informem;
[8]ou fala com os répteis da terra, para que te instruam,
ou com os peixes do mar, para que te contem.
[9]Quem não sabe, entre todos esses seres,*
que a mão de Deus fez isto?
[10]Ele tem na mão a alma de todo ser vivo,*
e o espírito de todo ser humano.
[11]O ouvido não distingue as palavras,
e o paladar não saboreia os alimentos?
[12]Nos anciãos está a sabedoria*
e na vida longa a prudência.
[13]Em Deus residem a sabedoria e a força,*
a ele pertencem o conselho e o entendimento!
[14]Se ele destrói, ninguém pode reconstruir,*
se aprisiona alguém, ninguém pode libertar.
[15]Se retém as águas, tudo seca,
se as solta, devastam a terra.
[16]Força e sabedoria o acompanham,
dele dependem quem erra e quem faz errar.
[17]Torna imbecis os conselheiros
e priva de entendimento os juízes.
[18]Desata o cinturão dos reis
e cinge seus rins com uma corda.
[19]Faz andar descalços os sacerdotes
e derruba os poderosos.
[20]Aos acreditados retira a palavra
e priva de entendimento os anciãos.
[21]Sobre os nobres espalha o desprezo*
e afrouxa o cinturão dos fortes.
[22]Arranca das trevas os segredos
e traz à luz as coisas obscuras.
[23]Engrandece os povos e os aniquila,*
expande as nações e as suprime.
[24]Tira o entendimento aos chefes do país
e os faz vaguear em desertos sem pista.*
[25]Vão tateando pelas trevas, sem luz,
e ele os faz cambalear como bêbados.

13 **Jó espera compreensão de Deus.** [1]Sim, tudo isto meu olho viu,

meu ouvido ouviu e entendeu.
[2]O que vós sabeis, eu também sei;*
não sou menos que vós.
[3]Mas eu quero falar ao Onipotente,*
com Deus gostaria de argumentar.
[4]Vós sois fabricantes de mentiras,
sois todos médicos inúteis.
[5]Oxalá vos calásseis de todo!
Seria para vós um ato de sabedoria!*
[6]Escutai, pois, minha defesa
e aos argumentos de meus lábios prestai atenção.

* **12**,3. 13,2 | 9. 9,24 | 10. Nm 16,22; Dn 5,23 | 12. 32,7ss | 13. Is 11,2; Pr 8,14 | 14. Sl 127,1; Is 22,22 | 21. Sl 107,40 | 23. At 17,26 | 24. Sl 107,40 | 2. 12,3 | 3. 9,14 | 5. Pr 17,28

† **12**,1. Jó acredita na sabedoria de Deus e por isso pergunta como é que ele pode castigar um inocente. | 5. Se apenas os pecadores sofressem, os que sofrem seriam desprezados.

7 Quereis em defesa de Deus dizer o falso
e em seu favor falar com engano?
8 Tomais assim seu partido
e assim vos fazeis seus advogados?
9 Seria bom para vós se vos examinasse?
Pensais enganá-lo como se engana um homem?
10 Severamente vos repreenderá,
se em segredo mostrais parcialidade.
11 Sua majestade não vos amedronta?
E o terror dele não vos assalta?
12 Provérbios de cinzas são vossas sentenças,
defesas de argila vossas respostas.
13 Calai-vos diante de mim e falarei eu,*
aconteça o que acontecer.
14 Quero agarrar minha carne com os dentes
e pôr em minhas mãos minha vida.
15 Ainda que me mate, eu nele esperarei;
quero só defender diante dele minha conduta!
16 E isto mesmo será minha salvação,
porque um ímpio não se apresentaria diante dele.
17 Escutai bem minhas palavras
e prestai atenção a minha explicação.
18 Preparei meu processo,*
sei que serei declarado inocente.
19 Quem quer disputar comigo?
Porque então me calarei, pronto a morrer†.
20 Mas, ó Deus, concedei-me só duas coisas
e então não me esconderei de vossa presença:
21 afastai de mim vossa mão*
e não me espante mais vosso terror.
22 Depois interrogai-me e eu responderei
ou falarei eu e vós me respondereis.
23 Quantas são minhas culpas e meus pecados?
Dai-me a conhecer minhas faltas e meu pecado.
24 Por que me escondeis vossa face*
e me considerais um inimigo?†
25 Quereis espantar uma folha levada pelo vento
e perseguir uma palha seca?*
26 Pois escreveis contra mim sentenças amargas
e fazeis pesar sobre mim os erros de minha mocidade;*
27 prendeis meus pés ao cepo,
observais todos os meus passos
e examinais os rastos de meus pés,
28 apesar de eu ser como madeira carcomida*
ou como roupa roída pela traça.

14

Brevidade da vida humana. 1 O homem, nascido de mulher,*
tem a vida curta, mas cheia de tormentos.
2 Como uma flor desabrocha e murcha,*
foge como a sombra sem parar.
3 E sobre um tal ser mantendes abertos vossos olhos*
e o chamais a juízo diante de vós?
4 Quem pode tirar o puro do impuro?*
Ninguém!†
5 Se seus dias estão contados,
se o número de seus meses depende de vós,
se lhe fixastes um limite intransponível,
6 afastai dele o olhar para que descanse,
até que termine, como um operário, seu dia.
7 Pois para a árvore há esperança:
mesmo cortada, ainda renasce,
e seus ramos não cessam de crescer;
8 mesmo se sob a terra envelhece sua raiz
e no solo morre seu tronco,
9 ao sentir a água, torna a brotar
e solta ramos como planta nova.
10 O homem, porém, se morre, jaz inerte,
quando o mortal expira, onde está?*

---

* **13**,13. 10,1 | 18. 9,14 | 21. 9,34; 23,6 | 24. Sl 4,7; 44,25; 88,15 | 25. Sl 83,14 | 26. Sl 25,7 | 28. Is 50,9; Sl 39,12; 102,27 | **14**,1. Eclo 40,1-10; 41,1-4; Sb 2,1 | 2. Is 40,6ss | 3. Ecl 6,12; Sl 8,5; 144,3 | 4. 4,17; 9,30; 15,14; 25,4; Sl 51,7 | 10. Ecl 3,21; Is 19,5; 51,6

† **13**,19. Numa disputa com Deus, Jó acredita que sairia vencedor. | 24. O problema já não é tanto o sofrimento, mas a pessoa de Deus que Jó vê agora como um inimigo: "Esse Deus é ainda o meu Deus?" **14**,4. A tradição cristã viu neste v., que fala de uma impureza congênita que vem da natureza humana, um esboço da doutrina do pecado original, explicitada por São Paulo em Rm 5,12-14.

[11]Poderão desaparecer as águas do mar
e os rios secar e esgotar-se,
[12]mas o homem que jaz não mais se
levantará†,
enquanto durarem os céus não des-
pertará,
nem mais acordará de seu sono.
[13]Oh! Se quisésseis esconder-me no
abismo,*
ocultar-me, até que passe vossa ira,
fixar-me um prazo e depois lembrar-
-vos de mim!
[14]Se o homem que morre pudesse re-
viver,
eu esperaria todos os dias de minha luta*
até acabar meu turno.
[15]Vós me chamaríeis e eu responderia,
teríeis saudade da obra de vossas
mãos.
[16]Enquanto agora contais meus pas-
sos,
não vigiaríeis mais meu pecado.*
[17]Fecharíeis numa caixa meu pecado
e cobriríeis minha iniquidade.*
[18]Mas igual à montanha que cai e des-
morona,
igual ao rochedo que muda de lugar;
[19]como as águas gastam as pedras
e as cheias carregam a terra,
assim aniquilais a esperança do ho-
mem.
[20]Vós o abateis para sempre e ele se vai,
desfigurais seu rosto e o expulsais.
[21]Se são honrados seus filhos, ele não
o sabe;
se são desprezados, ele o ignora!
[22]Somente suas dores ele sente
e só por ele seu coração se aflige.

III. SEGUNDA SÉRIE DE DISCURSOS (15–21)†

15 **Jó se condena por suas pala-
vras.** [1]Então Elifaz de Temã res-
pondeu dizendo†:
[2]Um sábio responde com vã ciência
e enche o ventre com o vento oriental?
[3]Defende-se ele com palavras inúteis
e com razões sem proveito?
[4]Sim, tu destróis a religião
e eliminas a oração diante de Deus.
[5]Pois tua iniquidade inspira tuas pala-
vras
e adotas a linguagem dos astutos.
[6]É tua boca que te condena, não eu,
e teus próprios lábios testemunham
contra ti.
[7]És porventura o primeiro homem que
nasceu,*
ou foste formado antes das colinas?
[8]Ouviste os secretos conselhos de
Deus*
e és dono exclusivo da sabedoria?
[9]O que sabes tu, que nós não saiba-
mos?
Que conhecimento tens, que nós não
tenhamos?
[10]Também entre nós há idosos e an-
ciãos,
muito mais velhos que teu pai.
[11]Fazes pouco caso das consolações
de Deus
e do tom moderado de nossas pala-
vras?
[12]Por que te deixas levar pela paixão
e por que flamejam teus olhos,
[13]quando voltas contra Deus teu furor
deixando sair tais palavras de tua
boca?
[14]O que é o homem, para considerar-
-se puro,*
e o que nasce de mulher, para se jul-
gar justo?
[15]Se nem mesmo em seus santos
Deus confia,
e os céus não são puros a seus olhos;
[16]quanto menos este ser abominável
e corrupto,
o homem, que bebe a iniquidade
como água!*
[17]Quero explicar-te, escuta-me,
o que tenho visto te contarei;
[18]o que os sábios referem, sem ocultá-lo,
tendo-o ouvido de seus pais;*

* **14**,13. Is 26,20; Am 9,2 | 14. 7,1 | 16. 10,6 | 17. 9,30 | **15**,7. Eclo 49,16; Pr 8,25 | 8. Jr 23,18; Rm 11,34 | 14. 4,17s; 14,4 | 16. 34,7 | 18. 8,8ss; Dt 32,7ss

† **14**,12. No tempo do autor, a ressurreição dos mortos ainda não tinha sido revelada. | **III**. Os amigos de Jó tornam-se cada vez mais agressivos. Jó contra-ataca e começa a abrir-se à esperança. | **15**,1. Querer entrar em demanda com Deus, como faz Jó, é uma ofensa a Ele.

19só a eles foi concedida esta terra,
nem estrangeiro algum se havia infiltrado entre eles.
20Por todos os dias da vida o mau é atormentado;*
poucos são os anos reservados ao prepotente.
21Gritos de espanto lhe ressoam aos ouvidos,*
e em plena paz é assaltado pelo bandido.

22Ele não espera sair das trevas,
sente-se votado à espada.
23Destinado como pasto aos abutres,
sabe que está próxima sua ruína,
o dia das trevas.
24A tribulação e a angústia o amedrontam,
assaltam-no como um rei pronto ao ataque.
25Porque estendeu contra Deus sua mão,
ousou desafiar o Onipotente;
26lançou-se contra ele com audácia,
protegido por seus escudos blindados;
27porque tinha o rosto coberto de gordura
e banha em torno da cintura.
28Tinha morado em cidades devastadas,
em casas desabitadas,
destinadas a se tornar ruínas.
29Não ficará rico, não durará sua fortuna,
nem se estenderá seu patrimônio sobre a terra.
30Das trevas não escapará,
a chama do fogo secará seus ramos
e suas flores serão levadas pelo vento.
31Não confie na vaidade que engana,*
porque a vaidade será sua recompensa.
32Sua ramagem secará antes do tempo
e seus ramos não tornarão a ficar verdes.
33Será como a videira que deixa cair sua uva ainda verde
e como a oliveira que perde suas flores.
34porque a raça do ímpio é estéril
e o fogo devora as tendas do homem venal.*
35Concebe a malícia e gera a infelicidade,*
e em seu seio prepara o engano.

16 **Jó ainda tem esperança.** 1Então Jó respondeu†:
2Já ouvi muitas coisas como estas;
sois todos consoladores importunos.
3Quando acabarão vossos discursos vazios?
Ou o que te leva a responder ainda?
4Também eu seria capaz de falar como vós,
se estivésseis em meu lugar:
multiplicaria as palavras contra vós
e sacudiria a cabeça contra vós.
5Eu vos confortaria com a boca
e movendo meus lábios vos acalmaria.
6Mas se falo, não cessa minha dor;
se me calo, ela se afastará de mim?
7Agora, porém, Deus me extenuou,
devastou toda a minha companhia;
8insurgiu-se como testemunha contra mim:*
meu caluniador depõe contra mim.
9Sua cólera me dilacera, me persegue,
range os dentes contra mim;
meu inimigo sobre mim aguça os olhos.
10Abrem sua boca contra mim,
batem-me no rosto com insultos,
todos se aliam contra mim.
11Deus me entrega aos malvados,
e me lança nas mãos dos ímpios.
12Eu estava tranquilo e ele me arruinou,
agarrou-me pelo pescoço e me triturou;
fez de mim seu alvo.
13Seus arqueiros me rodeiam de todo lado;
ele atravessa meus rins sem piedade
e derrama no chão meu fel.
14Abre-me ferida sobre ferida,
assalta-me como um guerreiro.
15Costurei um saco sobre minha pele
e prostrei a fronte no pó.

* **15**,20. Sb 17,3s | 21. 18,11 | 31. 20,6s | 34. 5,6s | 35. Pr 22,8; Sl 7,15; Gl 6,8 | **16**,8. 30,12
† **16**,1. A agressão dos amigos faz Jó dirigir-se a Deus, confiando em Sua justiça.

[16]De tanto chorar, tenho o rosto vermelho
e a sombra cobre minhas pálpebras.
[17]Contudo, não há violência em minhas mãos
e pura tem sido minha oração.
[18]Ó terra, não cubras meu sangue†
e não tenha descanso meu clamor.
[19]Mas desde agora minha testemunha está nos céus,
meu defensor está lá em cima†.
[20]Meus amigos zombam de mim,*
mas diante dele meus olhos derramam lágrimas,
[21]para que defenda o homem diante de Deus,
como faz um mortal com seu próximo;
[22]pois passarão mais uns poucos anos
e irei por um caminho sem retorno.*

17 A falsa sabedoria dos amigos.

[1]Meu espírito se apaga,
meus dias se extinguem;*
o sepulcro me espera.
[2]Não estou rodeado de zombadores?
Meus olhos contemplam sua hostilidade.
[3]Sede vós mesmo minha garantia junto de vós.
Quem mais quereria bater em minha mão?†
[4]Porque privastes de inteligência a mente deles,
por isso não deixareis que triunfem.
[5]Como quem convida os amigos à partilha,
enquanto os olhos de seus filhos desfalecem;
[6]assim me tornei ludíbrio dos povos,
sou objeto de escárnio diante deles.
[7]Meu olho se ofusca de dor*
e meus membros não são mais que sombra.
[8]Gente honesta se espanta com isto
e o inocente se indigna contra o ímpio.*
[9]Mas o justo se confirma em sua conduta,
e quem tem mãos puras redobra de coragem.
[10]Quanto a vós, voltai todos e vinde:
e entre vós não acharei um sábio.
[11]Passaram meus dias, se esfumaram meus projetos,
os desejos de meu coração.
[12]Pretendem que a noite seja dia,
que a luz esteja iminente, quando chegam as trevas.*
[13]Se posso esperar alguma coisa, o abismo é minha casa,
nas trevas estendo meu leito.
[14]Ao sepulcro eu grito: "Tu és meu pai!"
e aos vermes: "Minha mãe, minhas irmãs sois vós!"
[15]E minha esperança onde está?
Meu bem-estar, quem o pode ver?
[16]Descerão comigo ao abismo,
quando juntos baixarmos ao pó.

18 Vida infeliz do ímpio.

[1]Baldad de Suás respondeu dizendo:
[2]Quando terminarás esses discursos?
Reflete bem e depois falaremos.
[3]Por que considerar-nos como animais*
e nos fazer passar por idiotas a teus olhos?
[4]Tu que dilaceras tua alma em teu furor,
por tua causa deve ficar deserta a terra
e os rochedos se mover de seu lugar?
[5]Sim, a luz do malvado se apagará*
e não brilhará mais a chama de seu fogo.
[6]A luz se ofuscará em sua tenda
e a lâmpada se extinguirá sobre ele.
[7]Seu passo vigoroso se encurtará*
e seus projetos o arruinarão,
[8]porque seus pés o empurram para a rede*
e sobre malhas caminhará.
[9]Um laço o apanhará pelo calcanhar,
uma armadilha o prenderá.

* **16**,20. 19,15 | 22. 10,21 | **17**,1. Ecl 12,1-7 | 7. 30,9 | 8. Is 52,15 | 12. 5,17-26; 8,6s; 11,17; Jo 8,12 | **18**,3. 12,7s; 16,9s | 5. Jo 8,12; Jr 25,10 | 7. Sl 18,37; Pr 4,12 | 8. Sl 35,7s; 140,6

† **16**,18. O sangue clama por vingança enquanto não for recoberto, Gn 4,10; Ez 24,7. | 19. Deus não é somente aquele que acusa, é também aquele que defende. | **17**,3. Bater na mão do outro, gesto ainda em uso para concluir um acordo.

[10]No chão se esconde uma cilada para ele
e lhe é armado um alçapão no caminho.
[11]Terrores o amedrontam de todo lado*
e o perseguem a cada passo.
[12]Sua riqueza se mudará em fome,
e a ruína está pronta a seu lado.
[13]Um mal devorará sua pele,
consumirá seus membros o primogênito da morte.
[14]Será retirado da segurança de sua tenda,
para ser arrastado perante o rei dos terrores.
[15]Podes morar na tenda que não é mais dele;*
sobre sua morada se espalhará enxofre.
[16]Por baixo, suas raízes secarão,*
por cima, serão cortados seus ramos.
[17]Sua lembrança se apagará na terra*
e seu nome não mais se ouvirá pelas ruas.
[18]Da luz será lançado nas trevas
e do mundo será banido.
[19]Nem família, nem descendência terá entre seu povo,*
nem sobrevivente onde morava.
[20]Diante de seu fim se espantará o ocidente
e o oriente sentirá pavor.
[21]Esta é a sorte do iníquo,
este é o paradeiro de quem desconhece a Deus.

19 **Esperança na provação**†. [1]Em resposta, Jó disse:

[2]Até quando me atormentareis
e me afligireis com vossas palavras?
[3]São dez vezes que me injuriais
e me maltratais sem pudor.
[4]Mesmo se fosse verdade que eu errei,
só a mim importaria meu erro.
[5]Se realmente quereis triunfar de mim,
e fazer de minha humilhação um argumento contra mim,
[6]sabei, então, que Deus me tratou injustamente
e me envolveu em sua rede.
[7]Eu grito contra a violência, mas não tenho resposta,*
peço ajuda, mas não há justiça!
[8]Fechou-me a estrada para que eu não passe,
e em meu caminho estendeu as trevas.
[9]Despojou-me de minha glória*
e tirou-me da cabeça a coroa.
[10]Demoliu-me de todo lado e eu pereço,*
arrancou como árvore minha esperança.
[11]Acendeu contra mim sua ira*
e me considera como seu adversário.
[12]Suas tropas acorreram juntas
e aplanaram sua estrada contra mim;
puseram cerco em torno de minha tenda.
[13]Afastou de mim meus irmãos*
e meus conhecidos se tornaram estranhos para mim.
[14]Os parentes desapareceram
e meus amigos íntimos me esqueceram.
[15]Os moradores de minha casa e minhas criadas me tratam como estranho,
sou um estrangeiro a seus olhos.
[16]Chamo meu servo e ele não responde,
tenho de suplicar-lhe com minha boca.
[17]Meu hálito é repugnante para minha esposa
e provoco nojo aos filhos de minha mãe.
[18]Até os moleques me desprezam:
se tento levantar-me, zombam de mim.
[19]Todos os meus amigos íntimos me abominam,*
e os que eu amava se revoltam contra mim.
[20]Meus ossos se colam à pele e à carne
e só me restou a pele de meus dentes.

---

* **18**,11. 15,21; Sb 17,10-14 | 15. Is 34,9 | 16. Is 34,9; Sl 11,6 | 17. Sl 9,6; 34,17; Pr 10,7 | 19. Sl 37,28 | **19**,7. Lm 3,7ss | 9. 29,14 | 10. 14,7s; 17,15 | 11. 33,10 | 13. Sl 38,12; 69,9; 88,9.19 | 19. Sl 41,10; Eclo 6,8; Jo 13,18

† **19**. No auge de sua tragédia, Jó se abandona a Deus, do qual espera uma reabilitação completa.

21 Piedade, piedade de mim, meus amigos,
porque a mão de Deus me atingiu!
22 Por que me perseguis como o faz Deus,
e nunca vos saciais de minha carne?*
23 Quem dera que minhas palavras fossem escritas*
e gravadas num livro;
24 que fossem esculpidas para sempre sobre a rocha,
com estilete de ferro e com o chumbo!
25 Pois eu sei que meu Redentor está vivo†
e que, por último, se erguerá sobre o pó!†
26 Depois que esta minha pele for destruída,
de minha carne verei a Deus.
27 Eu o verei, eu mesmo,
e meus olhos o contemplarão e não um outro.
Meus rins se consomem dentro de mim†.
28 Porque dizeis: "Como o perseguiremos,
se a raiz desses males está nele?"
29 Temei para vós a espada,
porque o furor traz a punição da espada;
assim sabereis que existe um juiz.

20 Consequências do pecado.

1 Sofar de Naamat tomou a palavra e disse†:
2 Por isso meus pensamentos me levam a responder:
por causa da agitação que sinto em mim.
3 Escutei uma repreensão que me ultraja,
mas meu espírito me inspira a resposta.
4 Não sabes tu que desde sempre,*
desde quando o homem foi posto sobre a terra,
5 o triunfo dos maus dura pouco
e a alegria do ímpio é momentânea?
6 Mesmo se sua estatura chegasse até o céu*
e sua cabeça tocasse as nuvens,
7 como seu próprio esterco, desaparece para sempre
e os que o viram dirão: "Onde está ele?"
8 Como um sonho se esfumará e não será achado,*
e se dissipará como uma visão noturna.
9 O olho acostumado a vê-lo não o verá mais,
sua morada o perderá de vista.
10 Seus filhos deverão indenizar os pobres,
suas mãos restituirão suas riquezas.*
11 Seus ossos ainda cheios de vigor
com ele jazem no pó.
12 Se a sua boca foi doce o mal,*
se o mantinha escondido sob a língua,
13 saboreando-o sem engoli-lo,
retendo-o em seu paladar:
14 sua comida se estragará em suas entranhas,
será veneno de cobra em seu intestino.
15 Agora vomita os bens devorados,
Deus os expulsa de seu ventre.
16 Sugou veneno de cobra,*
uma língua de víbora o mata.
17 Não verá mais torrentes de óleo,*
rios de mel e de coalhada;
18 entregará o que ganhou sem aproveitá-lo,
não gozará do lucro de seu comércio.
19 Porque oprimiu e abandonou os pobres,
roubou casas em vez de construí-las;
20 porque seu ventre não soube contentar-se,
não salvará nenhum de seus tesouros.

* **19**,22. Sl 27,2 | 23. 16,18-21 | **20**,4. Sl 37; 73 | 6. Sl 37,35 | 8. Sl 73,20; Is 29,8; Sb 5,14 | 10. 27,16s | 12. Pr 20,17 | 16. Dt 32,32s | 17. 29,6

† **19**,25. Este Redentor, "goel" em hebraico, é o parente mais próximo, que tem a obrigação de resgatar da pobreza, redimir da escravidão e vingar a morte. Jó espera que um dia Deus, seu Redentor, proclamará sua inocência. / "Por último": pronuncia a sentença definitiva, preservando Jó da morte e triunfa sobre toda injustiça. A tradução de São Jerônimo "em minha carne verei a Deus" fez do v. 26 uma afirmação da ressurreição. | 27. Para o homem da Bíblia, é dos rins que nascem as emoções violentas, os sentimentos secretos e as paixões, Sl 7,10; 16,7; Pr 23,16; Jr 11,20. | **20**,1. Sofar reage com violência às palavras de Jó, afirmando que a felicidade do ímpio é passageira e que é infalível seu castigo.

[21]Nada escapou a sua voracidade,
por isso não durará seu bem-estar.
[22]No auge da abundância se achará na penúria;
todo tipo de miséria cairá sobre ele.
[23]Quando estiver para encher seu ventre,
Deus lançará sobre ele o ardor de sua ira,
que choverá sobre ele enquanto está comendo.
[24]Se escapar da arma de ferro,*
o arco de bronze o traspassará.
[25]A flecha sai de suas costas,
uma espada chamejante de seu fígado.
Terrores o assaltam.
[26]Todas as trevas lhe estão reservadas.*
Um fogo não aceso pelo homem o devorará,*
consumirá o que restou em sua tenda.
[27]Revelarão os céus sua iniquidade
e a terra se levantará contra ele.
[28]Escorrem as riquezas de sua casa*
como águas no dia de sua ira.
[29]Esta é a sorte que Deus reserva ao homem mau,*
a herança que Deus lhe destinou.

21 A prosperidade dos maus†.

[1]Jó respondeu:
[2]Escutai bem minha palavra
e seja este o conforto que me dais.
[3]Permiti que eu fale
e quando tiver terminado, zombai à vontade.
[4]É de um homem que me queixo?
E por que não deveria perder a paciência?*
[5]Prestai-me atenção e ficareis atônitos
e poreis a mão sobre a boca.
[6]Quando penso nisto, eu me perturbo*
e um calafrio se apodera de minha carne.
[7]Por que os maus continuam em vida,*
envelhecem e crescem em poder?
[8]Sua prole prospera com eles a sua frente,
seus rebentos crescem ante seus olhos.
[9]Suas casas estão tranquilas e sem temores;
a vara de Deus não pesa sobre eles.
[10]Seu touro fecunda e não falha,
sua vaca dá cria e não aborta.
[11]Deixam correr seus meninos, como um rebanho,
e seus filhos dançam.
[12]Cantam com tamborins e cítaras,*
divertem-se ao som da flauta.
[13]Acabam no bem-estar seus dias
e tranquilos descem ao abismo.
[14]No entanto diziam a Deus: "Afastai-vos de nós,*
não queremos conhecer vossos caminhos.
[15]Quem é o Onipotente, para que devamos servir-lhe?
E que nos adianta suplicar-lhe?"
[16]Não têm nas mãos seu bem-estar?
O conselho dos ímpios não está longe dele?
[17]Quantas vezes se apaga a lâmpada dos ímpios,*
ou sobre eles se abate a ruína,
ou a ira de Deus lhes retribui com castigos?
[18]Serão eles como palha diante do vento*
ou como cisco que a tempestade arrasta?
[19]"Deus reserva a punição para seus filhos...".
Que seja castigado ele próprio para que aprenda!
[20]Veja com seus olhos sua ruína
e beba da ira do Onipotente!
[21]Pois o que lhe importa sua casa depois de morto,
quando o número de seus meses acabou?*
[22]Acaso se ensina a ciência a Deus
a ele que julga os seres superiores?

---

* **20**,24. Dt 32,41s; Sb 5,17-23 | 26. 15,21; 18,14; Sl 88,16s / 1,16; 15,34 | 28. Is 24,18 | 29. 27,13; Ap 21,8
21,4. 6,3.26; 16,4ss | 6. 29,9; 40,4 | 7. Jr 12,1s; Sl 73,3-12; Ml 3,15.18s | 12. Am 6,5 | 14. 22,17; Mt 3,14s; Jr 2,31 | 17. 18,5; 20,22; 26-28 | 18. Sl 1,4 | 21. 14,21s; Ecl 9,5s

† **21**. Jó se apoia na experiência diária e refuta Sofar, porta-voz da doutrina tradicional: a retribuição terrestre, como é imaginada, não acontece. No fim do segundo ciclo de discursos, Jó chega à conclusão de que seu Deus que o fere é o único que o pode salvar.

[23]Um morre em pleno vigor,
todo tranquilo e feliz;
[24]sua cintura está coberta de gordura
e a medula de seus ossos ainda fresca.
[25]Um outro morre com o coração amargurado
sem nunca ter provado a felicidade.
[26]No pó jazem juntos,*
e os vermes os recobrem.
[27]Eu conheço vossos pensamentos
e vossos maus juízos a meu respeito!
[28]Com efeito dizeis: "Onde está a casa do prepotente
e onde as tendas dos ímpios?"
[29]Não interrogastes os que viajam?
Não podeis negar seus testemunhos
[30]de que no dia da aflição é poupado o malvado*
e no dia da ira ele é protegido.
[31]Quem lhe lançará em rosto sua conduta
e lhe retribuirá pelo que fez?
[32]Quando for levado ao sepulcro,
farão vigília sobre seu túmulo.
[33]Os torrões do vale lhe serão leves.
Atrás dele toda a população desfila
e a sua frente uma multidão sem número.
[34]Por que, pois, me consolais em vão?
De vossas respostas não resta senão engano.

IV. TERCEIRA SÉRIE DE DISCURSOS (22–31)

22 **Supostos pecados de Jó.** [1]Elifaz de Temã tomou a palavra e disse†:

[2]Pode o homem ser útil a Deus,
se o sábio só ajuda a si mesmo?
[3]Que proveito tira o Onipotente, se és justo?*
O que ele ganha, se procedes retamente?
[4]É por tua piedade que te corrige
e te convoca em juízo?
[5]Não é, antes, por causa de tua grande maldade*
e de tuas iniquidades sem limite?
[6]Com efeito, sem motivo tomavas penhores de teus irmãos*
e das vestes despojaste os nus.*
[7]Não deste de beber ao que tinha sede*
e ao faminto recusaste o pão.*
[8]Entregavas a terra ao prepotente
e nela habitavam teus favoritos.
[9]As viúvas despedias de mãos vazias*
e os braços dos órfãos eram quebrados.
[10]Eis por que estás cercado de laços*
e um repentino pavor te perturba.
[11]Ou a escuridão, que não te permite ver,*
e águas abundantes te submergem.
[12]Mas Deus não está no alto dos céus?*
Olha a abóbada estrelada como é alta!
[13]E dizes: "O que Deus sabe?*
Pode julgar através da nuvem escura?
[14]As nuvens são um véu para ele e não vê*
enquanto caminha sobre a abóbada do céu".
[15]Queres seguir a rota antiga,
já pisada por homens iníquos,
[16]arrebatados antes do tempo,
quando um rio arrastou seus fundamentos?
[17]Diziam a Deus: "Afastai-vos de nós!*
O que pode nos fazer o Onipotente?"
[18]No entanto, foi ele que enchera de bens as casas deles.
Mas eu me afasto das intrigas dos maus.
[19]Os justos veem isto e se alegram*
e o inocente zomba deles:
[20]"Sim, nossos inimigos foram aniquilados
e o fogo devorou o que restou deles!"
[21]Reconcilia-te com ele e terás a paz.*
Assim a felicidade te será restituída.
[22]Acolhe de sua boca a instrução
e põe em teu coração suas palavras.

---

* **21**,26. Ecl 9,2s | 30. Pr 11,4; Am 5,18; Rm 2,3-6 | **22**,3. 35,7 | 5. 29,11-17; 31 | 6. Êx 22,25s / Is 58,7 | 7. Ez 18,7 / Mt 25,42s | 9. 31,16-26; Êx 22,21 | 10. 18,8.11; 19,6 | 11. Is 58,10s; Sl 69,2s | 12. Is 40,26s | 13. Sl 73,11; Is 29,15 | 14. Jr 23,23s | 17. 21,14 | 19. Sl 58,11

† **22**,1. Elifaz acusa Jó de pecados concretos, que são a causa de suas desgraças, mas diz que Deus lhe mostrará misericórdia se ele se converter humildemente.

23Se te voltares para o Onipotente se-
rás restabelecido.
Se afastares de tua tenda a iniquidade,
24se considerares o ouro como pó
e como as pedras dos riachos o ouro
de Ofir,
25então o Onipotente será teu ouro*
e prata acumulada para ti.
26Então sim, no Onipotente encontra-
rás tuas delícias
e levantarás para Deus teu rosto.
27Tu lhe suplicarás e ele te ouvirá
e tu cumprirás tuas promessas.
28Quando decidires uma coisa, serás
bem-sucedido
e sobre teus caminhos brilhará a luz.
29Ele humilha o orgulho do soberbo,*
mas socorre quem tem os olhos bai-
xos.
30Ele livra o inocente;
serás libertado graças à pureza de
tuas mãos.

23 **Deus parece distante.**

1Então
Jó respondeu†:
2Ainda hoje meu lamento é amargo
e sua mão pesa sobre meus gemidos.
3Quem dera que eu soubesse onde
encontrá-lo!
Então eu chegaria até seu trono!
4Exporia diante dele minha causa*
e encheria minha boca de argumen-
tos.
5Eu conheceria os termos de sua res-
posta
e entenderia o que tivesse a me dizer.
6Discutiria comigo ostentando seu
poder?
Não, ele me prestaria atenção!
7Então um justo debateria com ele
e eu seria absolvido para sempre por
meu juiz.
8Mas se vou adiante, ele não está lá,*
se vou para trás, não o percebo.
9À esquerda o busco e não o avisto,
volto-me para a direita e não o vejo.
10Mas ele conhece minha conduta,*
se me submete à prova, saio dela
como ouro puro.*
11Meus pés seguiram suas pegadas,*
a seu caminho me apeguei sem me
desviar.
12Não me afastei dos mandamentos
de seus lábios,
no coração guardei as palavras de sua
boca.
13Se ele decide, quem o fará mudar?
Tudo o que ele deseja, ele o realiza.*
14Ele executará, pois, minha sentença,
como tantos outros decretos seus.
15Por isso na presença dele eu me per-
turbo;*
quanto mais penso nisso, mais medo
tenho dele.
16Deus me fez perder a coragem,
o Onipotente me encheu de terror.
17Pois não é por causa das trevas que
estou abatido,
ainda que a escuridão me cubra o rosto.

24 **Injustiças no mundo.**

1Por que
o Onipotente não tem tempos
de reserva
e seus fiéis não veem seus dias?†
2Os malvados deslocam as divisas,*
roubam os rebanhos e os levam ao
pasto;
3levam o jumento dos órfãos,*
tomam como penhor o boi da viúva.
4Empurram os necessitados para fora
da estrada,*
todos os pobres do país têm de se es-
conder.
5Como asnos selvagens no deserto
saem para o trabalho;
bem cedo vão em busca de alimento;
a estepe lhes oferece alimento para os
filhos.
6Colhem num campo que não é deles;
vindimam a vinha do malvado.
7Passam a noite nus por falta de roupa,*
não têm coberta contra o frio.

---

* **22**,21. 5,17s | 25. Sl 4,8; 16,5s; 63,4ss; 84,11; Is 58,14 | 29. Is 2,11-17; Lc 1,52s | **23**,4. 9,14 | 8. Sl 139,7-10 | 10. Sl 139,1-6 / Jr 11,20 | 11. Sl 17,5 | 13. Is 55,10s | 15. Sl 119,120 | **24**,2. Dt 27,17 | 3. Dt 24,17 | 4. Dt 15,11 | 7. Dt 24,12s

† **23**,1. Jó quer defender-se diante desse Deus misterioso que deixa os maus cometer os piores crimes e oprimir os pequenos. | **24**,1. É a pergunta de muita gente: Se Deus é Todo-poderoso, por que não impede que aconteça tanta coisa ruim?

[8]São molhados pela chuva das montanhas,
por falta de abrigo se agarram aos rochedos.
[9]Arrancam o órfão do seio materno*
e tomam em penhor a coberta do pobre.*
[10]E estes andam nus, sem ter o que vestir;
têm fome e carregam os feixes.
[11]Espremem o óleo no recinto do ímpio,
pisam a uva e sofrem a sede.
[12]Da cidade sobe o gemido dos moribundos
e a alma dos feridos implora socorro:
mas Deus não presta atenção a suas preces.*
[13]Há outros que são rebeldes à luz,*
não querem conhecer seus caminhos
nem seguir suas veredas.
[14]De madrugada se levanta o homicida
para matar o pobre e o indigente;*
e de noite atua como ladrão.
[15]O olho do adúltero aguarda o anoitecer*
e pensa: "Ninguém vai me ver";
e põe um véu sobre o rosto.
[16]Nas trevas penetram nas casas,
de dia estão escondidos:
não querem saber da luz.
[17]A aurora é para eles como sombra de morte;
porque estão acostumados com os terrores das trevas.
[18]São velozes sobre a superfície das águas;
maldita é sua porção sobre a terra,
já não andam pelo caminho das vinhas.
[19]Como seca e calor consomem as águas da neve,
assim faz o abismo com o pecador.
[20]O seio que o trouxe o esquece,
os vermes o devoram com gosto,
não se conserva sua memória
e é cortada como uma árvore a iniquidade.
[21]Ele maltratava a estéril sem filhos
e não fazia nenhum bem à viúva.
[22]Mas com sua força arrastava os poderosos,
e quando desesperava de viver, se levanta são.
[23]Deus lhe concede segurança e ele está firme,
mas seus olhos observam sua conduta.
[24]São exaltados por breve tempo, depois desaparecem,
são abatidos e arrebatados como todos os mortais,
ceifados como a ponta de uma espiga.
[25]Não é assim mesmo? Quem pode desmentir-me
e reduzir a nada minhas palavras?

25 **O homem não é justo diante de Deus.** [1]Baldad de Suás tomou a palavra e disse:
[2]Ele possui o domínio e o terror;
ele faz reinar a paz no alto dos céus.
[3]Podem-se contar suas legiões?
E sobre quem não se levanta sua luz?
[4]Como pode ser justo o homem diante de Deus*
e ser puro o que nasce de mulher?
[5]Se mesmo a lua perde o clarão
e as estrelas não são puras a seus olhos:
[6]quanto menos o homem, este verme,
o ser humano, esta larva!

26 **A majestade de Deus é insondável.** [1]Jó respondeu:
[2]Como tens ajudado o homem fraco
e socorrido o braço sem vigor!
[3]Como sabes aconselhar o ignorante
e quanta sagacidade tens demonstrado!
[4]A quem dirigiste tuas palavras
e de quem vem a inspiração que emana de ti?*
[5]Os mortos tremem debaixo da terra,
como também as águas e os que nelas vivem.
[6]O abismo está desnudo diante dele*
e sem véu a perdição.*
[7]Ele estende o norte sobre o vazio,*
mantém suspensa a terra sobre o nada.
[8]Encerra as águas em suas nuvens,

* **24**,9. Pr 23,10 / Êx 22,25s | 12. Ap 6,10s | 13. Jo 3,20; Ef 5,8-14; 1Ts 5,4-8 | 14. Sl 10,8s; 37,32 | 15. Pr 7,9s | **25**,4. 4,17; 15,15 | **26**,4. 1Rs 22,24

e estas não se rompem sob seu peso.
[9]Cobre a vista de seu trono
estendendo sobre ele sua nuvem.
[10]Traçou um círculo sobre as águas,*
no limite entre a luz e as trevas.*
[11]As colunas do céu estremecem,
e se espantam ante sua ameaça.
[12]Com sua força agita o mar
e com sua inteligência doma Raab.*
[13]A seu sopro se acalmam os céus,*
sua mão traspassa a serpente fugidia.
[14]Isto é apenas o exterior de suas obras;
o eco fraco que nós percebemos.
Mas o trovão de seu poder, quem o entenderá?

27 Jó reafirma sua inocência.

[1]Prosseguindo seu discurso, Jó disse:
[2]Pela vida de Deus, que me nega justiça,*
e do Onipotente, que amargurou meu ânimo:
[3]enquanto em mim houver alento,
e o sopro de Deus em minhas narinas,*
[4]jamais meus lábios dirão falsidade
e minha língua jamais falará mentira!
[5]Longe de mim que eu vos dê razão;
até a morte reivindicarei minha integridade.
[6]Eu me apegarei a minha justiça sem ceder,
minha consciência não me reprova nenhum de meus dias.
[7]Seja tratado como iníquo meu inimigo
e meu adversário como um malfeitor.
[8]Pois o que pode esperar o ímpio, quando é cortado,
quando Deus lhe tira a vida?
[9]Deus escutará seu grito,
quando a angústia cair sobre ele?
[10]Encontrará sua alegria no Onipotente?*
Invocará Deus em todo momento?
[11]Eu vos mostrarei o poder de Deus,
não vos ocultarei os desígnios do Onipotente.
[12]Vós todos já o vistes;
por que, pois, vos perdeis em coisas vãs?
[13]Esta é a sorte que Deus reserva ao malvado
e a porção que os violentos recebem do Onipotente.
[14]Se tem muitos filhos, serão para a espada,
e seus descendentes não terão o que comer.
[15]Os sobreviventes, a peste os sepultará,
e suas viúvas não os chorarão.
[16]Se ele acumula prata como pó
e amontoa vestimentas como barro:
[17]ele as amontoa, mas o justo é que as vestirá,*
e a prata, o inocente a repartirá.
[18]A casa que constrói é como a da traça,*
como uma cabana feita pelo vigia.
[19]Deita-se rico, mas pela última vez,
quando abre os olhos, não tem mais nada.
[20]Em pleno dia o terror o assalta,*
de noite o furacão o arrebata.
[21]O vento leste o carrega e ele vai,
varre-o para longe de seu lugar.
[22]Deus o atinge sem piedade,
enquanto ele tenta escapar de sua mão.
[23]Aplaudem sua ruína
e assobiam contra ele de seu lugar.

28 Hino à sabedoria.

[1]Certamente, para a prata há minas
e para o ouro, lugares onde é refinado.
[2]O ferro se retira do solo
e da pedra se funde o cobre.
[3]O homem põe termo às trevas
e explora até o extremo limite
as rochas nas trevas e na densa escuridão.
[4]Abre galerias longe do povoado,
em lugares inacessíveis aos transeuntes;
oscila suspenso, longe dos homens.
[5]A terra, da qual se retira o pão,
por baixo é revolvida como pelo fogo.
[6]Suas pedras contêm safiras,
e ouro sua poeira.
[7]Essa vereda, a ave de rapina a ignora,
e não a avistam os olhos do falcão.

---

* **26**,6. Pr 15,11 / Sl 139,8.11s | 7. Am 9,2; 38,6 | 10. 22,14 / Jo 1,7.14 | 12. 7,12; 9,13 | 13. 3,8; Is 27,1 | **27**,2. 34,5 | 3. 33,4; Gn 2,7 | 10. 22,26 | 17. 20,10-15 | 18. 8,15 | 20. 20,25

[8]Nunca a pisaram animais ferozes,
nem o leão jamais a atravessou.
[9]Contra o rochedo o homem estende a mão,
revolve as montanhas a partir da base:
[10]nas rochas escava galerias
e sobre tudo o que é precioso põe o olho.
[11]Explora as fontes dos rios
e traz à luz o que aí estava escondido.
[12]Mas a sabedoria, onde se acha?†
E o lugar da inteligência, onde está?*
[13]O homem não sabe o preço dela,
ela não se encontra na terra dos vivos.
[14]O abismo diz: "Não está em mim"
e o mar diz: "Nem tampouco comigo".
[15]Não se troca por ouro maciço,
nem se compra a peso de prata.
[16]Não se adquire com o ouro de Ofir,
nem com o precioso ônix ou a safira.
[17]O ouro e o cristal não a igualam;*
ela não se permuta por vasos de ouro puro.
[18]Corais e cristais não merecem menção,
vale mais descobrir a sabedoria que as pérolas.
[19]Não a iguala o topázio da Etiópia;
nem se pode avaliar com o ouro puro.
[20]Mas de onde vem a sabedoria?
E o lugar da inteligência, onde está?
[21]Ela se esconde dos olhos de todo ser vivo
e é desconhecida das aves do céu.
[22]O abismo e a morte dizem:*
"Com nossos ouvidos ouvimos sua fama".
[23]Só Deus conhece o caminho dela,*
só ele sabe onde ela se acha,
[24]porque ele observa até as extremidades da terra,
vê tudo o que há debaixo do céu.
[25]Quando determinou o peso do vento*
e fixou a medida das águas,
[26]quando impôs uma lei à chuva
e um caminho ao relâmpago dos trovões:
[27]então a viu e a avaliou,*
compreendeu-a e sondou-a plenamente
[28]e disse ao homem:
"Temer ao Senhor, isto é a sabedoria*
e evitar o mal, isto é a inteligência".

29

Passado feliz. [1]Jó continuou a pronunciar suas sentenças e disse:
[2]Oh! Quem me dera voltar a ser como nos meses passados,
como nos dias em que Deus me protegia,
[3]quando brilhava sua lâmpada sobre minha cabeça
e a sua luz eu caminhava no meio das trevas;
[4]como eu era nos dias de meu outono,
quando Deus protegia minha tenda,*
[5]quando o Onipotente estava ainda comigo*
e meus filhos estavam a meu redor;*
[6]quando eu lavava meus pés no leite*
e a rocha me derramava arroios de óleo!
[7]Quando eu saía para a porta da cidade*
e na praça punha minha cadeira:
[8]ao ver-me, os jovens se retiravam*
e os velhos se levantavam e ficavam de pé;
[9]os notáveis interrompiam suas conversas*
e punham a mão sobre a boca;
[10]calava-se a voz dos príncipes
e sua língua ficava colada ao paladar.
[11]O ouvido que me escutava, me proclamava feliz,*
e o olho que me via, me dava testemunho,
[12]porque eu socorria o pobre que pedia ajuda,*
o órfão sem socorro.
[13]A bênção do moribundo descia sobre mim
e ao coração da viúva eu comunicava alegria.

---

* **28**,12. Ecl 7,24; Br 3,15; Eclo 1,6; Br 3,29ss | 17. Sb 7,9 | 22. 26,6 | 23. Br 3,32; Pr 2,6; 8,27-30 | 25. 36,27-33; Is 40,12ss | 27. Eclo 1,8s.19 | 28. Pr 1,7; 8,13 | **29**,4. 1,10 | 5. Sl 127,3ss / Sl 128,3 | 6. 20,17 | 7. 5,4 | 8. Lv 19,32 | 9. Sb 8,10ss | 11. 22,6.9 | 12. Sl 72,12s; Is 11,4s

† **28**,12. O homem pode achar ouro nas profundezas da terra, mas não sabe onde se acha a sabedoria, a coisa mais preciosa de todas. Mas pode alcançar a sabedoria prática, o temor do Senhor, v.28.

[14]Eu me revestia de justiça como de uma veste;*
minha equidade me servia de manto e turbante.
[15]Eu era os olhos para o cego,
era os pés para o coxo.
[16]Pai eu era para os pobres
e examinava a causa do desconhecido.*
[17]Quebrava o queixo do malvado*
e de seus dentes arrancava a presa.
[18]Pensava: "Morrerei em meu ninho
e multiplicarei como areia em meus dias".*
[19]Minha raiz se estenderá até as águas
e o orvalho cairá de noite sobre meus ramos.
[20]Minha glória será sempre nova em mim
e meu arco se reforçará em minha mão.
[21]Escutavam-me e esperavam
e guardavam silêncio para ouvir meu conselho.
[22]Depois que eu falava, não replicavam;
sobre eles desciam gota a gota minhas palavras.
[23]Esperavam-me como se espera a chuva*
e abriam a boca como para as águas da primavera.
[24]Eu sorria para eles quando não tinham confiança,
e não podiam obscurecer a luz de meu rosto.
[25]Sentado como chefe, eu lhes indicava o caminho a seguir
e aí permanecia como um rei entre seus soldados,
como quem consola os aflitos.

30 **Infelicidade presente**†. [1]Mas agora se riem de mim
os mais jovens do que eu,
cujos pais eu recusaria
colocar entre os cães de meu rebanho.
[2]De resto, de que me serviria a força de suas mãos?*
Perderam todo o vigor,
[3]esgotados pela miséria e pela fome,
pois roíam a estepe,
lúgubre e vasta solidão,
[4]recolhendo malvas entre os arbustos
e raízes de giesta para comer.
[5]Foram expulsos do convívio humano;
contra eles se grita como contra o ladrão;
[6]de modo que habitam nas fendas dos vales,
nas cavernas da terra e nos rochedos.
[7]Gritam no meio dos arbustos,
debaixo dos espinheiros se amontoam;
[8]gente imbecil, gente sem nome,
rejeitados pelo país.
[9]E agora sou motivo de escárnio para eles,*
assunto de suas piadas!
[10]Têm horror de mim e me evitam
e não hesitam cuspir-me no rosto!
[11]Porque Deus afrouxou a corda de meu arco e me abateu,*
diante de mim eles são desenfreados.
[12]A minha direita se levanta a ralé;*
empurram meus pés
e abrem caminho até mim para me perder.
[13]Arruínam minha vereda,
conspirando para minha derrota
e ninguém se opõe a eles.
[14]Irrompem como por uma larga brecha,
e se revolvem no meio dos escombros.
[15]Terrores caem sobre mim;
como vento se dissipa minha honra
e como nuvem passou minha felicidade.
[16]Agora a vida em mim me consome*
e me oprimem dias de tristeza.
[17]De noite, o mal me traspassa os ossos,
e as dores que me roem não me dão repouso.

* **29**,14. 19,9; Sl 132,9; Is 59,17 | 16. Pr 29,7 | 17. Pr 30,14 | 18. Sl 1,1ss | 23. Dt 32,2 **30**,2. 24,4s | 9. 16,7-11; Lm 3,14; Sl 69,13 | 11. 29,20 | 12. Sl 109,6 | 16. 16,12-17

† **30**. Em contraste com o c. anterior, no qual recordava a felicidade de outrora, Jó enumera o que sofre agora da parte das pessoas e de Deus.

18 Com grande força ele me agarra pela roupa,
me aperta pela gola de minha túnica.
19 Lançou-me na lama:
tornei-me como pó e cinza.
20 Grito a vós, mas não me respondeis,
eu me apresento, mas não me prestais atenção.
21 Vós vos tornastes cruel contra mim
e com a força de vossas mãos me perseguis.
22 Vós me levantais e me fazeis cavalgar o vento
e me fazeis desaparecer na tempestade.
23 Sei bem que me conduzis à morte,
à casa destinada a todo ser vivo.
24 Mas de nada vale suplicar quando ele estende a mão,
embora eles gritem quando ele castiga.
25 Não chorei por quem passava por dias difíceis
e não me angustiei pelo indigente?
26 Pois eu esperava o bem e veio o mal,
esperava a luz e veio a escuridão.
27 Minhas entranhas fervem sem parar
e dias de aflição me assaltam.
28 Eu caminho triste, sem consolo,
na assembleia me levanto para invocar auxílio.
29 Tornei-me irmão dos chacais
e companheiro dos avestruzes.
30 Minha pele escurece e cai
e meus ossos ardem de calor.
31 Minha cítara acompanha os lamentos
e minha flauta a voz de quem chora.

31 **Retidão de Jó**†. 1 Eu tinha feito com meus olhos um pacto
de não fitar nem mesmo uma virgem.*
2 Que parte me atribuiria Deus lá de cima
e que porção me reservaria o Onipotente lá do alto?
3 Não é a ruína reservada ao iníquo
e o infortúnio quem faz o mal?
4 Não vê ele minha conduta
e não conta todos os meus passos?
5 Se agi com falsidade*
e meu pé se apressou para a fraude,
6 pode me pesar numa balança justa
e Deus reconhecerá minha integridade.
7 Se meu passo andou fora da estrada
e meu coração seguiu meus olhos,
se a minhas mãos se apegou qualquer mancha,
8 que um outro coma o que eu semeio
e sejam arrancadas minhas plantações.
9 Se meu coração foi seduzido por uma mulher*
e estive à espreita à porta de meu próximo,
10 que minha mulher gire a mó para um outro
e outros a possuam!
11 Pois isto seria uma infâmia,*
um delito a ser punido pelos juízes;
12 seria um fogo que devora até a destruição
e teria consumido toda a minha colheita.
13 Se neguei os direitos de meu escravo*
e da escrava, quando em demanda comigo,
14 que faria, quando Deus se levantar,
e quando me pedir contas, que responderia?
15 Quem me fez no seio materno, não o fez também?*
Não foi o mesmo que nos formou no seio?
16 Se recusei aos pobres o que desejam,
se deixei desfalecer os olhos da viúva;
17 se comi sozinho meu pedaço de pão,*
sem o partilhar com o órfão,
18 – porque Deus, como um pai, me educou desde a infância
e desde o ventre de minha mãe me guiou –
19 se jamais vi perecer um indigente por falta de roupa

* **30**, | **31**,1. Êx 20,14.17; Dt 5,18.21; Eclo 9,5 | 5. Pr 11,1; 20,10 | **31**,9. Pr 7 | 11. Dt 22,22s; Pr 6,32-35 | 13. Êx 21,2s; Lv 25,39s; Dt 5,14s | 15. Pr 17,5; 22,2; Ef 6,9; Cl 4,1; Is 58,7; Tb 4,7-11.16 | 17. Mt 25,35s

† **31**. Depois de um belo exame de consciência, Jó conclui de novo que é inocente, e pede para ser ouvido por Deus.

ou um pobre por não ter coberta;
20se não me abençoaram seus flancos,
que com a lã de meus cordeiros se aqueceram;
21se levantei a mão contra o órfão,
porque via à porta quem me apoiava:
22que meu ombro se separe da nuca
e se quebre no cotovelo meu braço.
23De fato, me aterroriza o castigo de Deus
e diante de sua majestade não posso resistir.
24Se pus minha confiança no ouro*
e ao ouro fino eu disse: "Tu és minha segurança";
25se me alegrei porque eram grandes meus bens
e muito tinha ganho minha mão;
26se vendo o sol resplandecer*
e a luz avançando radiosa,
27deixou-se seduzir em segredo meu coração
mandando um beijo com a mão na boca†,
28também este teria sido um delito digno de castigo,
porque teria renegado a Deus que está no alto.
29Acaso me alegrei com a ruína de meu inimigo*
e exultei porque o atingia a desventura,
30eu que não permitia a minha língua pecar,
desejando sua morte com imprecações?
31Não diziam os que moravam em minha tenda:
"Quem não ficou saciado com a carne servida por ele?"
32Ao relento não passava a noite o estrangeiro,
e ao viandante eu abria minhas portas.
33Não escondi, à maneira dos homens, minha culpa,
mantendo oculto no peito meu delito,
34como se temesse a grande multidão,
e o desprezo das famílias me espantasse,
de modo a ficar calado e sem sair de casa.
35Ah! quem me dera ter alguém que me ouvisse!
Aponho minha assinatura! O Onipotente me responda!
O documento escrito por meu adversário,
36eu quereria levá-lo sobre meus ombros
e cingi-lo como meu diadema!
37Eu lhe daria conta do número de meus passos
e me apresentaria a ele como um príncipe.
38Se contra mim grita minha terra
e seus sulcos choram com ela,
39se comi seu fruto sem pagar
e causei a morte de seus donos,
40em lugar de trigo, me produza espinhos,
e joio em lugar de cevada.
Fim das palavras de Jó.

V. DISCURSOS DE ELIÚ (32–37)

32 **Intervenção do jovem Eliú.**
1Aqueles três homens pararam
de responder a Jó, porque ele se considerava justo.
2Então se acendeu a ira de
Eliú, filho de Baraquel, de Buz, da tribo
de Ram. Sua ira se acendeu contra Jó,
porque este pretendia ter razão contra
Deus. 3Ficou também irado contra seus
três amigos porque, não lhe tendo dado
resposta, jogavam a culpa em Deus.
4Eliú tinha esperado, enquanto eles falavam com Jó, porque eram mais idosos
que ele. 5Mas quando viu que na boca
desses três homens não havia mais resposta, sua ira se acendeu.
Eliú se apresenta. 6Tomando, pois, a
palavra, Eliú, filho de Baraquel, de Buz,
disse:
Eu sou jovem de idade
e vós já sois anciãos;
por isso em minha timidez não ousava
manifestar-vos meu pensamento.
7Eu refletia: Falarão os anos*
e a idade avançada ensinará a sabedoria.
8Mas o que torna inteligente o ho-

---

* **31**,24. Pr 11,28; Sl 49,7; 52,9; Eclo 31,5-10; Mt 6,24 | 26. Dt 4,19; Ez 8,16 | 29. Pr 24,17s; Mt 5,43-48

† **31**,27. Enviar beijos era um gesto de adoração, conhecido em toda a Antiguidade, Os 13,2.

mem é o espírito,
e o sopro do Onipotente.
9A idade avançada não dá sabedoria,*
nem a velhice a compreensão do que
é justo†.
10Por isso eu ouso dizer: Escutai-me;
também eu exporei meu saber.
11Aguardei vossas palavras,
prestei atenção a vossos argumentos
enquanto procuráveis respostas.
12Eu vos segui com atenção,
mas ninguém pôde convencer Jó,
nem dar resposta a suas razões.
13Não digais: Encontramos a sabedoria;*
só Deus pode triunfar dele, não um homem!
14Não foi a mim que ele dirigiu suas palavras,
e não lhe responderei com vossos argumentos.
15Estão desconcertados, não respondem mais,
faltam-lhes as palavras.
16Esperei, mas porque não falam mais,
porque estão aí sem resposta,
17quero também eu dizer o que penso,
eu também darei meu parecer.
18Pois tenho muito o que falar,
pressionado pelo espírito que mora em mim.
19Dentro de mim há como vinho não aberto,*
como odres novos que vão se arrebentar.
20Falarei para desabafar,
abrirei a boca e responderei.
21Não farei acepção de pessoas,
não adularei ninguém.
22Porque não sei adular;
senão meu criador em breve me levaria.

33 **Deus ensina o homem por meio da dor.** 1Escuta, pois, Jó,
o que tenho a dizer;
a cada palavra minha presta atenção.
2Eu abro a boca,
em minha garganta fala minha língua.
3Meu coração dirá sábias palavras
e meus lábios falarão com sinceridade.
4O espírito de Deus me criou*
e o sopro do Onipotente me dá vida.
5Se podes, responde-me,
prepara-te a defender tuas posições.
6Diante de Deus sou igual a ti
e também eu fui tirado do barro.
7Nada tens a temer de mim,
nem farei pesar sobre ti minha mão.*
8Ora, disseste a meu ouvido
– e ouvi bem o som de tuas palavras:
9"Eu sou puro, sem pecado,*
sou inocente, não tenho culpa;
10mas Deus inventa pretextos contra mim
e me considera inimigo seu;
11prendeu meus pés no tronco*
e vigia todos os meus passos!"*
12Nisto não tens razão – eu te respondo;
Deus, com efeito, é maior que o homem.
13Por que debates com ele
por não responder a cada palavra tua?†
14Deus fala ora de um, ora de outro modo,
mas não se presta atenção.
15Fala no sonho, em visão noturna,*
quando o sono profundo cai sobre os homens
adormecidos na cama;
16abre então o ouvido dos homens
e sela a instrução que lhes dá,
17para dissuadir o homem do mal
e mantê-lo distante do orgulho,
18para preservar sua alma da fossa
e sua vida da morte violenta.
19Corrige-o com a dor em seu leito†
e com o tormento incessante em seus ossos;*
20a ponto de sentir náusea do pão*
e repugnância pelo alimento preferido;

---

* **32**,7. 12,12; 15,10; Eclo 25,6ss | 9. Sb 4,8 | 13. 4,12s; 11,6 | 19. Jr 20,9; Mt 9,17 | **33**,4. 10,8; Gn 2,7 | 7. 13,21 | 9. 10,7; 16,17; 23,10; 27,5 | 11. 13,24; 19,11 / 13,27 | 15. 4,12-16; Dn 4,2s | 19. Dt 8,5; Pr 3,12 | 20. Sl 107,18

† **32**,9. A sabedoria não vem automaticamente com o passar dos anos, mas é dom de Deus. | **33**,13. O homem precisa aceitar que os desígnios de Deus estão acima de sua compreensão. | 19. Os males que nos afligem têm um caráter medicinal e educativo, Pr 3,11s; Dt 8,5.

[21]quando sua carne se consome a
olhos vistos*
e seus ossos, que antes não se viam,
aparecem;
[22]quando ele se aproxima da fossa
e sua vida da morada dos mortos.
[23]Mas se houver um anjo junto dele,
um mediador só entre mil,
para mostrar ao homem seu dever,
[24]que tenha piedade dele e diga:
"Preserva-o de descer à fossa,
encontrei o resgate para ele";
[25]então sua carne será mais robusta
que a de um jovem,*
voltará aos dias de sua adolescência.
[26]Suplicará a Deus, que lhe será pro-
pício
e o fará ver com alegria seu rosto,
e devolverá ao homem sua justiça.
[27]Cantará diante dos homens e dirá:
"Eu tinha pecado e violado a justiça,
mas ele não me puniu como eu merecia;
[28]livrou-me da fossa
e minha vida contempla a luz".
[29]Tudo isto Deus faz,
duas, três vezes com o homem,
[30]para tirar sua alma da fossa
e iluminá-la com a luz dos vivos.
[31]Presta atenção, Jó, escuta-me;
cala-te e eu falarei.
[32]Mas se tens algo a dizer, responde-
-me;
fala, porque gostaria de poder dar-te
razão.
[33]Se não, escuta-me;
cala-te e te ensinarei a sabedoria.

34 **Aceitar os juízos divinos.** [1]Eliú
continuou a falar, dizendo†:
[2]Ouvi, sábios, minhas palavras,
e vós, entendidos, prestai-me ouvido,
[3]porque o ouvido aprecia os discur-
sos,*
como o paladar saboreia os alimentos.
[4]Examinemos o que é justo,
indaguemos entre nós o que é o bem.
[5]Porque Jó disse: "Eu sou justo,
mas Deus me nega justiça.*
[6]Apesar de meu direito, passo por
mentiroso;*
incurável é minha chaga, ainda que eu
seja sem culpa".
[7]Quem é como Jó
que bebe, como água, o sarcasmo,
[8]que anda em companhia dos malfei-
tores*
e caminha com homens iníquos?
[9]Porque ele disse: "Não adianta ao ho-
mem
estar em boas graças com Deus".
[10]Por isso escutai-me, homens de
bom senso:*
longe de Deus a iniquidade
e do Onipotente a injustiça!
[11]Porque ele retribui ao homem se-
gundo seu agir*
e trata cada um conforme sua conduta.
[12]Na verdade Deus não faz o mal*
e o Onipotente não viola o direito!
[13]Quem lhe confiou o governo da terra
e quem lhe entregou o universo?
[14]Se ele só pensasse em si mesmo
e chamasse de volta seu sopro,
[15]toda criatura morreria no mesmo
instante*
e o homem retornaria ao pó.*
[16]Se tens inteligência, escuta bem isto,
presta atenção ao som de minhas pa-
lavras.
[17]Quem odeia o direito pode gover-
nar?
Ousas condenar o supremo Justo?
[18]Ele que ousa dizer a um rei: "Iní-
quo!"*
e aos príncipes: "Malvados!";
[19]ele que não usa parcialidade com os
poderosos
e não prefere o rico ao pobre,
porque todos eles são obra de suas
mãos?
[20]Num instante morrem em plena noite,*
o povo se agita e eles desaparecem;
e sem esforço remove os tiranos,
[21]porque Deus mantém os olhos aber-
tos sobre a conduta do homem*
e vê todos os seus passos.

---

* **33**,21. 19,20 | 25. Sl 103,5 | **34**,3. 12,11 | 5. 27,2 | 6. 9,15; 30,21 | 8. 15,16 | 10. 8,3-7 | 11. Sl 62,13; Pr 24,12 Eclo 16,14 | 12. Mt 16,27; Rm 2,6 | 15. Sl 104,29s / Gn 6,3; 3,19 | 18. Is 40,23s | 20. Êx 12,29; Sb 18,14ss | 21. Sl 33,14s; Jr 32,19

† **34**,1. Deus não pode ser acusado de injustiça no governo do mundo.

[22]Lá não há trevas, nem densa escuridão,
onde possam esconder-se os malfeitores.
[23]Porque não precisa observar o homem por muito tempo
para fazer comparecê-lo diante dele em juízo.
[24]Sem investigar ele abate os poderosos,
e coloca outros em seu lugar.
[25]Porque conhece suas obras,
os derruba de noite e são esmagados.
[26]Ele os castiga como malvados,
à vista de todos;
[27]porque se afastaram dele
sem prestar atenção a seus caminhos,
[28]de modo a fazer chegar até ele o grito do pobre
e fazê-lo ouvir o lamento dos aflitos.
[29]Mas se ele se cala, quem o pode condenar?
Se oculta sua face, quem poderá vê-lo?*
No entanto ele vela sobre as nações como sobre os indivíduos,
[30]para impedir que o ímpio reine,
e ponha armadilhas para o povo.

[31]Pode-se, portanto, dizer a Deus:
"Carrego a pena, sem ter feito o mal;
[32]ensina-me o que não vejo;
se cometi iniquidade, não o farei mais?"
[33]Deveria ele retribuir segundo tuas ideias,
visto que tu recusas seu juízo?
Porque tu deves escolher e não eu,
dize, pois, o que sabes.
[34]Os homens sensatos me dirão
com todo sábio que me escuta:
[35]"Jó não fala com sabedoria
e suas palavras não têm sentido".
[36]Seja ele examinado até o fundo,
porque suas respostas são como as de um ímpio,
[37]pois junta a seu pecado a revolta,
zomba de nós batendo palmas
e multiplica contra Deus suas palavras.

35 Atitude do homem diante de Deus.

[1]Eliú prosseguiu dizendo†:
[2]Achas que é justo dizeres:
"Tenho razão diante de Deus"?
[3]Porque disseste: "O que te importa?*
Que ganharei por não ter pecado?"
[4]Eu te darei a resposta:
a ti e a teus amigos contigo.
[5]Contempla o céu e observa,
considera as nuvens: são mais altas que tu.
[6]Se pecas, em que o atinges?
Se multiplicas teus delitos, que dano lhe causas?
[7]Se tu és justo, que lhe dás,*
ou o que recebe ele de tua mão?
[8]Tua malícia só pode afetar um homem como tu,
e tua justiça só ajuda a um filho de homem!
[9]Grita-se sob os excessos da opressão,
invoca-se ajuda por causa da força dos poderosos.
[10]Mas ninguém diz: "Onde está aquele Deus que me criou,
que na noite inspira cantos de alegria;
[11]que nos torna mais inteligentes que os animais da terra
e nos faz mais sábios que as aves do céu?"
[12]Grita-se então, mas ele não responde
por causa da soberba dos maus.
[13]Com certeza Deus não escuta trivialidades,*
o Onipotente não lhes dá atenção".
[14]Mais ainda quando dizes que não o vês, que tua causa está diante dele e nele esperas.
[15]Mas agora, se sua ira não intervém*
e não faz muito caso das transgressões
[16]é que Jó abre inutilmente a boca
e acumula palavras sem sentido.

36 Deus é justo.

[1]Eliú continuou dizendo†:
[2]Espera um pouco e te instruirei,
porque em defesa de Deus tenho mais a dizer.

---

* **34**,29. Sb 11,23; 12,2 | **35**,3. 7,20 | 7. 22,3 | 13. 22,13 | 15. 21

† **35**,1. Deus está muito acima dos homens: não tira vantagem do bem que fazem, nem sofre danos quando fazem o mal. Mas Deus está sempre pronto para socorrer os que o invocam. | **36**,1. Será feliz aquele que aceita o sofrimento como uma correção.

[3]Longe irei buscar meu saber
para justificar meu criador,
[4]pois, certamente não são mentira minhas palavras:
é um homem de perfeita ciência que está aqui contigo.
[5]Olha: Deus é grande, mas não despreza ninguém;
ele é grande em força e sabedoria.
[6]Não deixa o iníquo viver,
mas faz justiça aos aflitos.
[7]Não afasta dos justos seu olhar,*
mas os faz sentar no trono com os reis
e os exalta para sempre.
[8]Se eles estão presos com correntes
e apertados pelas cordas da aflição,
[9]é que ele quis fazê-los reconhecer o que fizeram
e as faltas em que caíram por orgulho;
[10]abre seus ouvidos para a correção*
e ordena que se apartem da iniquidade.
[11]Se escutam e se submetem,
terminarão seus dias no bem-estar
e seus anos em delícias.
[12]Mas se não quiserem escutar,
de morte violenta perecerão,
morrerão em sua cegueira.
[13]Os ímpios de coração acumulam para si a ira;
não pedem socorro, quando Deus os acorrenta:
[14]morrem em plena juventude,
sua vida acaba entre os dissolutos.
[15]Mas Deus liberta o pobre por meio da aflição,
abre seus ouvidos com a infelicidade.
[16]Também a ti pretende retirar-te da angústia:
terás em troca um lugar amplo e sem limites
e tua mesa será cheia de comidas suculentas.
[17]Mas tu estás cheio do juízo do ímpio:
justiça e condenação te alcançarão.
[18]Que tua cólera não te induza a escarnecer,
e a gravidade da expiação não te leve a desviar-te.
[19]Pode teu grito fazer-te sair da angústia,
ou todos os recursos de tua força?
[20]Não suspires por aquela noite,
na qual os povos vão para seu lugar.
[21]Cuida de não caminhares para a iniquidade,
porque por isto foste provado pela aflição.
[22]Olha: Deus é sublime em seu poder;
que mestre se lhe pode comparar?
[23]Quem pode impor-lhe o caminho a seguir?*
Quem ousaria dizer-lhe: "Agistes mal"?
[24]Recorda-te que deves exaltar sua obra
que outros homens cantaram.
[25]Todo homem a admira,
o mortal a contempla de longe.
[26]Sim, Deus é tão grande que não o compreendemos:
o número de seus anos é incalculável.
[27]Ele atrai ao alto as gotas-d'água,
que se condensam em vapor para a chuva,
[28]que as nuvens derramam
e deixam cair sobre o homem em abundância.
[29]Quem pode calcular a extensão das nuvens,*
os fragores de sua morada?
[30]Expande sua luz a seu redor
e cobre as profundezas do mar.
[31]Por esses meios governa os povos*
e oferece alimento em abundância.
[32]Enche as mãos de relâmpagos
e os lança contra o alvo.
[33]Seu fragor anuncia sua vinda,
a cólera se inflama contra a iniquidade.

37 Hino à onipotência de Deus.

[1]Por isso meu coração bate forte
e salta fora do peito.
[2]Escutai, escutai o fragor de sua voz,*
o estrondo que sai de sua boca.
[3]Ele o difunde debaixo de todo o céu
e seu relâmpago chega aos confins da terra.
[4]Atrás dele ruge o trovão,
troveja com sua voz majestosa

* **36**,7. 2Cr 33,11ss | 10. 33,23 | 23. Rm 11,33s; Is 40,13 | 29. Sl 18,10-15 | 31. Sl 104,13s | 2. Sl 18,14; 30

e nada detém os raios,
quando se ouve sua voz.
5De modo admirável troveja Deus com sua voz,*
faz prodígios que não compreendemos!
6Ele de fato diz à neve: "Cai sobre a terra"
e às chuvas torrenciais: "Sede impetuosas".
7Sobre a mão de cada um põe um sigilo,*
para que todos reconheçam sua obra.
8As feras se retiram a seus abrigos
e em suas tocas permanecem.
9Do sul avança o furacão*
e do norte o frio.
10Ao sopro de Deus se forma o gelo*
e a extensão das águas se congela.
11Carrega de umidade os nimbos
e as nuvens espalham seus raios.
12Ele as faz vaguear por toda parte
conforme suas ordens,
para fazerem tudo o que lhes manda sobre o mundo inteiro.
13Ele as envia para castigo da terra,
ou como sinal de bondade.
14Presta ouvido a isto, Jó;
para e considera as maravilhas de Deus.
15Sabes como Deus as dirige
e como as nuvens produzem o relâmpago?
16Conheces como a nuvem paira no ar,
os prodígios daquele que tudo sabe?
17Sabes por que tuas vestes são quentes*
quando a terra repousa por causa do vento sul?
18Estendeste com ele o firmamento,*
sólido como espelho de metal fundido?
19Ensina-nos o que devemos dizer-lhe;
em nossas trevas, estamos sem palavras.
20Ele deverá ser informado de que eu quero falar?
Mas quem pode desejar ser engolido?
21Agora não se vê mais a luz,
obscurecida no meio das nuvens;
mas o vento sopra e as dispersa.
22Do norte chegam esplendores dourados,
Deus é rodeado de uma tremenda majestade.
23Não podemos alcançar o Onipotente,
sublime em poder e retidão
e grande pela justiça: ele não oprime ninguém.
24Por isso os homens o temem:
mas ele não olha para os que se julgam sábios.

VI. DISCURSOS DE JAVÉ (38–42,6)

38 **Intervenção de Javé. A Sabedoria criadora**†. 1Então Javé
respondeu a Jó do meio do turbilhão:
2Quem é este que quer ofuscar meus desígnios*
com palavras insensatas?
3Cinge teus rins como homem;
eu te interrogarei e tu me instruirás.
4Onde estavas tu quando lancei os fundamentos da terra?
Fala, se tens tanta inteligência!
5Quem fixou suas dimensões, se é que o sabes?*
Ou quem estendeu sobre ela a medida?
6Onde se apoiam suas bases?*
Ou quem pôs sua pedra angular,
7enquanto alegravam-se em coro as estrelas da manhã*
e aplaudiam todos os filhos de Deus?*
8Quem fechou com duas portas o mar,*
quando saiu impetuoso do seio ma-

* **37**,5. 5,9 | 7. Sl 104,19-23 | 9. 9,9 | 10. Sl 147,17 | 17. Pr 8,28 | 18. Gn 1,6 | **38**,2. 42,3 | 5. Zc 1,16 | 6. 26,7 / Sl 118,22 | 7. Br 3,34 / Zc 4,7 | 8. Sl 148,2s

† **38**. Jó acusou Deus de desordem no mundo dos homens; Deus vai lhe mostrar a ordem do universo. Com ironia, fala do modo maravilhoso como governa sua criação. Também os amigos de Jó haviam falado das ações incompreensíveis do Deus Criador: Jó, 11,7-9; 36,22-30; 37,12-16. Jó deve confiar que o mundo está em boas mãos.

terno,
9quando eu o circundava de nuvens para vesti-lo
e de densa escuridão para enfaixá-lo;
10quando lhe fixei um limite
e lhe pus ferrolhos e portas
11e eu disse: "Até aqui chegarás e não além*
e aqui se quebrará o orgulho de tuas ondas"?
12Alguma vez na vida deste ordens à manhã
e designaste à aurora seu lugar,
13para ela segurar os cantos da terra
e expulsar para fora os malvados?
14Então a terra se transforma como argila sob o selo
e toma cor como roupa.
15Mas é retirada aos maus sua luz*
e é quebrado o braço levantado.
16Chegaste alguma vez às fontes do mar
e percorreste o fundo do abismo?
17As portas da morte te foram mostradas?
Viste as portas da sombra da morte?*
18Tens uma ideia da extensão da terra?
Fala, se sabes tudo isso!
19Qual o caminho para a morada da luz,
e onde têm morada as trevas,
20para que possas conduzi-las a seu domínio
e saibas dirigi-las para sua casa?
21Com certeza, tu sabes, porque então já tinhas nascido
e o número de teus dias é bem grande!
22Entraste alguma vez nos depósitos da neve,*
viste alguma vez os reservatórios do granizo,
23que eu guardo para o tempo da calamidade,
para o dia da guerra e da batalha?
24Por quais caminhos se difunde a luz,
ou se propaga o vento leste sobre a terra?
25Quem abriu canais para os aguaceiros
e uma estrada para os relâmpagos e trovões,
26para fazer chover sobre uma terra desabitada,
sobre um deserto onde não há ninguém,
27para regar solidões desoladas
e fazer brotar a erva na estepe?
28A chuva tem um pai?
Ou quem gera as gotas do orvalho?
29Do seio de quem sai o gelo,
e quem dá à luz a geada do céu?
30As águas endurecem como pedra
e a superfície do abismo se congela.
31Podes tu atar os laços das Plêiades*
ou soltar as cordas do Órion?
32És tu que fazes nascer a seu tempo as constelações
e guias a Ursa com seus filhotes?
33Conheces as leis do céu
ou regulas seu influxo sobre a terra?
34Podes dar ordens às nuvens
para que te cubra a abundância de águas?
35És tu que envias os raios e eles partem*
dizendo-te: "Aqui estamos"?
36Quem deu ao íbis a sabedoria
ou quem concedeu ao galo a inteligência?
37Quem pode contar as nuvens com exatidão
ou quem derrama os odres do céu,
38quando se funde o pó numa massa
e os torrões se apegam uns aos outros?
39És tu que caças a presa para a leoa*
e sacias a fome dos leõezinhos,
40quando estão deitados em suas covas
ou quando espreitam na moita?
41Quem prepara ao corvo seu alimento,*
quando seus filhotes gritam para Deus
e vagueiam por falta de comida?

39 **As maravilhas do reino animal.** 1Sabes tu quando parem as cabras montesas
ou assistes ao parto das corças?
2Contas os meses de sua gestação
e sabes o tempo de seu parto?

* **38**,11. Sl 104,6-9; Jó 7,12; Pr 8,29 | 15. 24,13-17 | 17. 10,21s | 22. Êx 9,18-26; Js 10,11; Is 28,17; 30,30 | 31. 9,9 | 35. Br 3,35 | 39. Sl 104,20ss | 41. Sl 147,9

[3]Elas se abaixam para dar cria,
e se livram de suas dores.
[4]Os filhotes se tornam fortes, crescem no campo,
partem e não voltam mais a elas.
[5]Quem deixa livre o asno selvagem,
quem solta os laços do onagro,
[6]ao qual dei a estepe como casa
e como morada a terra salgada?
[7]Ele despreza o barulho da cidade
e não ouve os gritos dos tropeiros.
[8]Gira pelas montanhas, sua pastagem,
e anda à procura de tudo o que é verde.
[9]O búfalo estará disposto a servir-te
ou a passar a noite em teu curral?
[10]Poderás prendê-lo com a corda ao arado
ou fazê-lo lavrar os vales atrás de ti?
[11]Confiarás nele, porque sua força é grande
e a ele entregarás teu trabalho?
[12]Contarás com ele, para que traga para casa
e ajunte tua colheita em tua eira?
[13]A asa do avestruz bate alegremente,
como se tivesse penas e plumagem de cegonha.
[14]Pois abandona à terra os ovos
e os deixa aquecer na areia.
[15]E se esquece de que algum pé pode esmagá-los,
ou um animal selvagem pisá-los.
[16]Trata duramente os filhotes, como se não fossem seus,*
não se incomoda de se ter cansado em vão,
[17]porque Deus o privou de sabedoria
e não lhe concedeu a inteligência.
[18]Mas quando se levanta para fugir,
zomba do cavalo e de seu cavaleiro.
[19]És tu que dás a força ao cavalo
e revestes de crinas seu pescoço?
[20]És tu que o fazes saltar como um gafanhoto?
Seu fogoso respirar é terrível.
[21]Por sua força exulta e escava a terra
e se lança ao encontro das armas.
[22]Despreza o medo, não teme,
nem retrocede diante da espada.
[23]Sobre ele ressoa a aljava,
a lança reluzente e o dardo.
[24]Com ímpeto e com furor, devora a distância
e ao som da trombeta não mais se contém.
[25]Relincha cada vez que toca a trombeta
e de longe fareja a batalha,
os gritos dos chefes e o alarido.
[26]É por tua inteligência que o falcão alça o voo*
e estende as asas para o sul?
[27]É a teu comando que a águia se eleva
e faz seu ninho nas alturas?
[28]Ela mora nas rochas e aí passa a noite,
no cimo do penhasco inacessível.
[29]Lá de cima espia a presa,
de longe a observam seus olhos.
[30]Seus filhotes são ávidos de sangue;
e onde há cadáveres, lá ela está.

40

Humilde resposta de Jó. [1]E Javé disse a Jó:
[2]Aquele que disputa com o Onipotente quer instruí-lo?
Responda aquele que discute com Deus.
[3]E Jó respondeu a Javé:
[4]Eu sou bem mesquinho: que vos posso responder?
Ponho a mão sobre minha boca.
[5]Falei uma vez, mas não replicarei,
falei duas vezes, mas não continuarei.
Grandeza de Deus criador. [6]Então Javé
respondeu a Jó do meio do turbilhão,
dizendo:
[7]Cinge os rins como homem:
eu te interrogarei e tu me instruirás.
[8]Ousarias mesmo anular meu juízo
e dizer que estou errado para teres razão?
[9]Tens tu um braço como o de Deus
e podes trovejar com a voz como ele?
[10]Orna-te de majestade e de grandeza,
reveste-te de esplendor e de glória.
[11]Derrama os furores de tua cólera,
e com um olhar abate todos os soberbos.
[12]Humilha com um olhar todo arrogante,

* **39**,16. Lm 4,3 | 26. Jr 8,7

esmaga os ímpios onde quer que estejam.
[13]Esconde-os no pó todos juntos,
encerra suas faces no lugar oculto.
[14]Então também eu te louvarei,
porque tua mão direita te haverá dado a vitória.†

O hipopótamo. [15]Vê o hipopótamo, que eu criei como também a ti:
ele come capim como o boi.
[16]Observa: sua força está nos rins
e seu vigor nos músculos do ventre.
[17]Endurece a cauda como um cedro,
os nervos de suas coxas se entrelaçam;
[18]seus ossos são tubos de bronze,
suas vértebras como barras de ferro.
[19]Ele é a primeira das obras de Deus;
seu criador o proveu de espada.
[20]Os montes lhe fornecem pastagem
e lá todos os animais do campo se divertem.
[21]Debaixo das plantas de lótus se deita,
entre os caniços do pântano se esconde.
[22]Com sua sombra o cobrem os lótus selvagens,
os salgueiros da torrente o circundam.
[23]Se o rio transborda, ele não teme,
fica tranquilo, ainda que o Jordão suba até sua boca.
[24]Quem pode agarrá-lo pela frente
e atravessar seu focinho com uma corda?

O crocodilo. [25]Podes fisgar o crocodilo com o anzol
e prender sua língua com uma corda,
[26]fincar-lhe um junco nas narinas*
e furar-lhe a queixada com um gancho?
[27]Ele te fará muitas súplicas
e te dirigirá palavras mansas?
[28]Fará contigo uma aliança,
para que o tomes como servo para sempre?
[29]Brincarás com ele como se fosse um passarinho,
prendendo-o para divertir tuas filhas?
[30]As companhias de pesca o venderão,
os comerciantes o dividirão entre si?
[31]Crivarás de dardos sua pele
e com o arpão sua cabeça?
[32]Põe sobre ele tua mão:
à lembrança da luta, não tentarás de novo!

41 **A força do crocodilo.** [1]Diante dele tua esperança é ilusória,
a vista dele basta para amedrontar.
[2]Ninguém é tão audaz que ouse provocá-lo
e quem pode estar firme diante dele?
[3]Quem o enfrentou e saiu com vida?
Ninguém debaixo de todo o céu.
[4]Não deixarei de falar da força de seus membros:
em matéria de força não tem igual.
[5]Quem pode despojá-lo de sua couraça
e na dupla fila de seus dentes quem pode penetrar?
[6]As portas de sua boca quem jamais as abriu?
Em torno de seus dentes está o terror!
[7]Seu dorso são fileiras de escudos,
estreitamente ligados entre si.
[8]Um está tão perto do outro,
que entre eles o ar não passa.
[9]Cada um adere ao próximo,
são compactos e inseparáveis.
[10]Seu espirro irradia luz
e seus olhos são como as pálpebras da aurora.
[11]De sua boca saem chamas,*
dela saltam faíscas de fogo.
[12]De suas narinas sai fumaça
como de uma panela fervendo ou de um caldeirão.
[13]Seu sopro incendeia carvões,
jorram chamas de sua boca.
[14]Em seu pescoço reside a força
e diante dele corre o terror.
[15]As dobras de sua carne são bem compactas,

* **40**,26. Ez 19,4.9; 29,4 | **41**,11. Ap 9,17

† **40**,14. Deus pergunta a Jó se ele é capaz de acabar com toda a maldade que há no mundo. Com ironia, diz que se prostrará diante de Jó se ele for capaz.

são bem firmes sobre ele e não se movem.
16Seu coração é duro como pedra,
duro como a pedra inferior do moinho.
17Quando se levanta, tremem os valentes
e pelo terror ficam perdidos.
18A espada que o atinge não entra nele,
nem lança, dardo ou flecha.
19Para ele o ferro é como palha,
o bronze como pau podre.
20A flecha não o afugenta;
as pedras da funda são restolho para ele.
21O tacape lhe parece uma estopa;
ele zomba do vibrar da lança.
22Por baixo tem escamas pontiagudas
e se arrasta como grade no barro.
23Faz o abismo ferver como panela,
transforma o mar num vaso de unguento.
24Atrás de si deixa um rastro luminoso,
como se o mar tivesse cabelos brancos.
25Na terra ninguém é igual a ele,
foi feito para não ter medo.
26Desafia todo ser altaneiro;
ele é o rei de todas as feras soberbas.

42

Jó retrata suas palavras. 1Então Jó respondeu a Javé, dizendo:

2Compreendo que podeis tudo
e que coisa alguma vos é impossível.
3Quem é esse que, sem saber nada,*
denigre a providência?
É verdade: falei sobre o que não entendia,
maravilhas que me ultrapassam e que eu ignorava.
4"Escuta-me e deixa-me falar,
eu te interrogarei e tu me instruirás".
5Eu vos conhecia só por ouvir dizer,
mas agora meus olhos vos veem.
6Por isso me retrato
e me arrependo sobre pó e cinza†.

VII. EPÍLOGO (42,7-17)†

Javé repreende os amigos de Jó. 7Depois de haver dirigido essas palavras a Jó, Javé disse a Elifaz de Temã: "Minha ira se acendeu contra ti e contra teus dois amigos, porque não dissestes de mim coisas retas como fez meu servo Jó.
8Tomai, pois, sete novilhos e sete carneiros e ide a meu servo Jó e oferecei-os em holocausto por vós; meu servo Jó intercederá por vós; e assim, em atenção a ele, não castigarei vossa insensatez, porque não dissestes de mim coisas retas como fez meu servo Jó".
9Elifaz de Temã, Baldad de Suás e Sofar de Naamat foram e fizeram como lhes tinha dito Javé, o qual aceitou a oração de Jó.

Jó retorna à felicidade. 10Quando Jó rezou por seus amigos,* Javé o restabeleceu em seu estado anterior e lhe concedeu o duplo do que antes possuía.
11Todos os seus irmãos, suas irmãs e seus antigos conhecidos vieram visitá-lo e comeram com ele em sua casa. Tiveram compaixão dele e o consolaram de todo o mal que Javé tinha mandado sobre ele e o presentearam cada qual com uma moeda de prata e um anel de ouro.
12Javé abençoou a nova condição de Jó mais que a primeira. Ele possuiu quatorze mil ovelhas e seis mil camelos, mil juntas de bois e mil jumentas.
13Teve também sete filhos e três filhas.
14Chamou a primeira Pomba, a segunda Cássia e a terceira Azeviche.
15Em toda a

---

* **42**,3. 38,2 | 10. Êx 22,8

† **42**,6. Há em Jó uma aceitação de seu estado: "eu me consolo" em meu estado de homem sofredor. Ele julgava Deus a partir de seu caso pessoal; agora reconhece que Deus o supera infinitamente. | **VII**. Javé não repreende Jó por suas palavras quase blasfemas. Jó intercede pelos amigos, sinal de sua reconciliação com Deus, com os amigos e com a sociedade. Não há explicação, não há resposta para o sofrimento do inocente. Jó aceita o mistério da vida, não se coloca no centro do mundo, a partir do qual vá julgar se Deus existe ou não. Há muito inocente vítima de injustiça. O verdadeiro justo sofredor é o Cristo. Por sua paixão e morte na cruz, deu um novo sentido ao sofrimento, o qual doravante pode configurar-nos com ele e unir-nos a sua paixão redentora. Assim nosso sofrimento incompreensível servirá para o bem da humanidade, por sua união ao de Cristo que salvou o mundo.

terra não se acharam mulheres tão belas como as filhas de Jó; e seu pai lhes destinou uma parte da herança junto com seus irmãos.

16Depois disso, Jó viveu ainda cento e
quarenta anos e viu seus filhos e netos
até a quarta geração. 17Depois Jó mor-
reu,* velho e saciado de anos†.

* **42**,17. Gn 25,8; 35,29

† **42**,17. O texto grego termina com uma adição interessante, que afirma a ressurreição: "Está escrito que ele ressuscitará de novo com aqueles que o Senhor ressuscitar".

SALMOS

Os Salmos são uma coleção de cento e cinquenta cânticos ou hinos, inspirados pelo Espírito Santo, destinados a ser cantados no culto do templo de Jerusalém. Utilizados também por Cristo e pelos apóstolos, a Igreja os escolheu como fundamento de sua prece oficial, a Liturgia das Horas. Síntese de todo o Antigo Testamento em forma de poesia e oração, neles o israelita fiel cantava sua vida, suas alegrias e esperanças, tristezas e angústias. Embora a tradição tenha considerado Davi como autor de todos os Salmos, por seu talento musical e poético e por seu zelo pelo culto, eles foram compostos ao longo de toda a história de Israel e por isso traduzem em oração as várias experiências de vida do povo eleito. Acredita-se que 70% dos Salmos sejam da época monárquica; foram depois retocados e reeditados durante a época persa ou helenística para se adaptarem a exigências novas.

Conforme seu conteúdo, podemos distinguir nos Salmos: meditações sobre a antiga história de Israel, lamentações individuais e públicas, poemas que exaltam Jerusalém, a divina realeza, a lei dada por Deus ao povo, cânticos de romaria, de louvor a Jerusalém e ao templo, orações de louvor, de súplica, de agradecimento, de penitência, etc.

"Salmo é bênção pronunciada pelo povo, louvor de Deus pela assembleia, aplauso de todos, palavra dita pelo universo, voz da Igreja, melodiosa profissão de fé" (S. Ambrósio). Nos salmos de louvor, celebram-se as obras maravilhosas de Deus na criação, na história e em sua providência amorosa. Nas lamentações, o coração humano desabafa nas horas tristes da doença, do perigo, da calúnia, da traição, da guerra, da derrota, da perseguição e do exílio. Mas a alma que sofre se abre à confiança num Deus bom e misericordioso, que a seu tempo intervém. Se o salmo reflete uma situação do passado, por outro lado, seu caráter universal faz com que possa ser rezado por pessoas de qualquer condição e em qualquer tempo.

Os Salmos são a oração de todos os tempos, e neles reza a voz do próprio Cristo, no qual eles encontram seu pleno significado, pois falam dele (Lc 24,44), anunciando os mistérios de sua vida. "Nos salmos fala a Igreja em Cristo e fala Cristo na Igreja" (S. Agostinho).

Aqui numeramos os Salmos de acordo com a bíblia hebraica, seguida por todas as traduções modernas. Entre parênteses colocamos a numeração antiga, que provém dos Setenta e da Vulgata.

I. LIVRO PRIMEIRO
(1–41 [40])

1 **Os dois caminhos**†. 1É feliz quem
não segue o conselho dos maus,*
não se detém no caminho dos pecadores
nem toma parte nas reuniões dos zombadores,
2mas na lei de Javé encontra sua alegria*
e nela medita dia e noite.
3Será como árvore plantada à beira de um regato,*
que dá fruto no devido tempo
e cuja folhagem não seca:
em tudo o que faz terá sempre sucesso.
4Os maus, porém, não são assim;
são como palha que o vento carrega.*
5Por isso não podem enfrentar o julgamento,
e os pecadores não têm vez na reunião dos justos.
6Pois Javé conhece o caminho dos justos,
mas a senda dos maus leva à ruína.*

2 **Promessa de Deus a seu Ungido.**
1Por que este tumulto entre as nações?*
Por que os povos fazem vãos projetos?

---

* **1**,1. Jr 21,8; Dt 30,15-20 | 2. 119 | 3. Jr 17,8; Ez 19,10s | 4. Jó 21,18; Sl 35,5 | 6. 112,10 | **2**,1. At 4,25-28

† **1**. Os Salmos começam com uma bem-aventurança. O Salmo 1 propõe o tema da pessoa humana diante das opções do bem e do mal, da felicidade e da ruína.

2 Os reis da terra se insurgem*
e os poderosos fazem aliança
contra Javé e contra seu Ungido:
3 "Vamos quebrar suas correntes*
e libertar-nos de sua opressão!"
4 Aquele que mora nos céus ri deles,*
zomba deles Javé.
5 Então, cheio de ira, vai dizer-lhes,
apavorando-os com seu furor:
6 "Eu consagrei meu rei
sobre Sião, meu santo monte!"
7 Vou proclamar o decreto de Javé:
Ele me disse: "Tu és meu Filho,*
eu hoje te gerei!†
8 Pede-me e te darei como herança as
nações,
e por tua possessão os confins da terra.
9 Tu as governarás com cetro de ferro,*
tu as quebrarás como potes de barro".
10 Agora, pois, tomai cuidado, ó reis,
aceitai este aviso, juízes da terra:
11 Servi a Javé com reverência
e alegrai-vos nele com tremor.
12 Beijai seus pés para que não se irrite
e pereçais pelo caminho,
pois sua ira se inflama de repente.
Felizes todos os que nele se abrigam!*

3 Confiança em Deus na adversidade.

1 *Salmo de Davi, quando fugia de seu filho Absalão.**
2 Ó Javé, como são numerosos meus
adversários!
Muitos são os que se levantam contra
mim.
3 Muitos dizem a meu respeito:
"Deus não vai dar-lhe a salvação!"
4 Mas vós, Javé, sois minha defesa,*
sois minha glória, vós que ergueis minha cabeça.
5 Quando com minha voz eu invoquei
Javé,*
ele me respondeu de seu santo monte.
6 Eu me deito e adormeço;*
desperto, pois Javé me sustenta.*
7 Não tenho medo da multidão de gente
que se lança contra mim de todo lado.
8 Levantai-vos, Javé, salvai-me, Deus
meu!
Feristes na face todos os meus inimigos;
os dentes dos ímpios quebrastes.*
9 A salvação é de Javé.
Sobre vosso povo desça vossa bênção.

4 Oração da noite.

1 *Ao regente do coro. Com instrumentos de corda. Salmo de Davi.*
2 Quando eu clamo, respondei-me,
ó meu Deus justiceiro;
na angústia libertai-me;
tende piedade de mim e ouvi minha
oração.
3 Ó raça humana, até quando ofendereis minha glória,
amareis a vaidade, buscareis a mentira?
4 Sabei que Javé faz maravilhas em favor de seu amigo;
Javé escuta quando lhe c[illegible] me[illegible] apelo.
5 Tremei e não pequeis;*
no silêncio de vosso leito meditai e calai.
6 Oferecei sacrifícios legítimos
e tende confiança em Javé.*
7 São muitos os que dizem: "Quem nos
fará provar o bem?"
Levantai sobre nós, Javé, a luz de vossa
face†.
8 Destes a meu coração alegria maior
que a daqueles que têm muito trigo e
vinho.
9 Em paz adormeço, logo que me deito,*
pois só vós, Javé, me fazeis repousar
com segurança.

5 Oração da manhã.

1 *Ao regente do coro. Com flautas. Salmo de Davi.*
2 Escutai, Javé, minhas palavras,*
atendei a meu clamor;
3 ficai atento à voz de minha prece,
meu Rei e meu Deus,

* **2**,2. Ap 19,19; Sl 83,6 | 3. 149,8 | 4. Is 40,15ss.22ss; Sl 59,9 | 7. 89,27; At 13,33; Hb 1,5; 5,5; At 2,36 | 9. Is 49,6; Dt 7,14 | 12. 35,9; Pr 16,20 | **3**,1. 2Sm 15,13ss | 4. 18,3; 62,8 | 5. Dt 33,29; Sl 27,6; 110,7 | 6. Pr 3,24 / Sl 4,9 | 8. 58,7; Jn 2,10 | **4**,5. Ef 4,26; Sl 51,21 | 6. Nm 6,25; Pr 16,16; Dn 9,17 | 9. 3,6 | **5**,2. 86,6

† **2**,7. No dia de sua coroação, o rei era adotado como filho de Deus, 2Sm 7,14. Aqui o rei de Israel é figura do Messias. | **4**,7. A imagem sugere o rosto sorridente de Deus ao conceder seus benefícios, Sl 44,4; 89,16.

4pois é a vós que imploro.*
Javé, de manhã ouvis minha voz,
bem cedo para vós me volto e fico esperando.
5Pois não sois um Deus que gosta da maldade;
junto de vós o mau não habita.
6Os insolentes não podem ficar em vossa presença,
odiais todos os que fazem o mal.*
7Destruís os que falam mentira;
Javé abomina quem derrama sangue
ou comete fraude.
8Eu, porém, pela grandeza de vosso amor
posso entrar em vossa casa,
diante de vosso santo templo com reverência me prostro.*
9Javé, guiai-me em vossa justiça,
por causa de meus inimigos
aplainai a minha frente vosso caminho.*
10Pois não existe na boca deles sinceridade,
seu coração é cheio de malícia,
sua garganta é um sepulcro aberto,*
usam a língua para adular.
11Castigai-os, ó Deus! Que fracassem seus planos,
em razão de seus muitos crimes rejeitai-os,
pois se revoltam contra vós†.
12Alegrem-se, porém, todos os que em vós confiam;*
exultem para sempre porque vós os protegeis;
e em vós se rejubilem os que amam vosso nome.*
13Pois abençoais o justo, Javé,
como um escudo vossa bondade o rodeia.

6 **Súplica de um enfermo†.** 1*Ao regente do coro. Com instrumentos de corda. Na oitava. Salmo de Davi.*
2Javé, não me repreendais em vossa ira*
nem me castigueis em vosso furor.
3Tende piedade de mim, Javé: perdi as forças;
curai-me, Javé: meus ossos estremecem,*
4e minha alma está aflita ao extremo.
Mas vós, Javé, até quando?
5Voltai, Javé, livrai minha alma;
por vossa misericórdia salvai-me.
6Pois na morte ninguém se lembra de vós;*
quem vos louvará* na morada dos mortos?†
7Estou cansado de tanto gemer,
inundo de pranto meu leito toda noite
e de lágrimas banho minha cama.
8A tristeza perturba meus olhos,
já envelheço entre tantos inimigos.
9Afastai-vos de mim, todos vós malfeitores,
pois Javé ouviu a voz de meu pranto.
10Javé ouviu minha súplica,
Javé acolheu minha oração.
11Fiquem confusos e conturbados todos os meus inimigos,
envergonhados, recuem num instante.

7 **Oração de um justo caluniado.** 1*Lamento de Davi, que ele cantou diante de Javé por causa do benjaminita Cuch.*
2Javé, meu Deus, em vós me refugio,
salvai-me de todos os que me perseguem e livrai-me,
3para que ninguém, como um leão, me arrebate
e me devore sem que ninguém me socorra.
4Javé, meu Deus, se agi mal,
se há em minhas mãos iniquidade,
5se paguei com o mal meu amigo,
ou despojei meu inimigo sem razão,
6o inimigo me persiga e me atinja,*
pise ao chão minha vida
e lance minha honra ao pó.
7Levantai-vos, Javé, em vossa ira,
erguei-vos contra a fúria de meus inimigos

---

* **5**,4. 84,4 | 6. Pr 6,17ss | 8. 138,2; 1Rs 8,44.48; Dn 6,11; Sl 23,3 | 9. Is 26,7 | 10. Rm 3,13 | 12. Ap 7,15s / Sl 69,37; 119,132 | **6**,2. Jr 10,24; Sl 38,2 | 3. Jr 17,14s | 6. Is 38,18 / Sl 88,11ss | **7**,6. 6,5

† **5**,11. O salmista apela para a justiça de Deus, porque os inimigos do povo eram considerados inimigos de Deus. | **6**. Primeiro dos sete Salmos Penitenciais: 6; 32; 38; 51; 102; 130; 143, com os quais o pecador arrependido suplica com confiança o perdão ao Deus misericordioso. | 6. Naquela época achavam que após a morte as pessoas viviam como sombras, num sono que as desligava de tudo, até mesmo de Deus, Sl 88,11-13. Daí o destaque dado à retribuição nesta vida.

e exercei em meu favor a justiça que
mandastes.
8Que vos rodeie a assembleia dos povos,
no alto sobre ela assentai-vos.
9Javé é o juiz dos povos.
Defendei meu direito, ó Javé,
conforme a justiça e a inocência que há
em mim.
10Ponde um termo à maldade dos ímpios
e confirmai o justo,
vós que sondais corações e mentes, ó
Deus justo.*
11Minha defesa está em Deus,*
ele salva os que têm o coração reto.
12Deus é um justo juiz,
todo dia se acende sua ira.
13Acaso não afiará de novo a espada?
Armou e apontou seu arco.
14Armas mortíferas preparou,
tornou ardentes suas flechas.*
15Vede: o ímpio concebe a iniquidade:
traz em seu seio a malícia
e dará à luz o engano.*
16Abriu uma cisterna e escavou-a
e caiu na fossa que ele mesmo fez.*
17Que sua malícia lhe recaia na cabeça,
e sobre seu crânio desça sua violência.*
18Darei graças a Javé por sua justiça
e cantarei louvores ao nome de Javé
Altíssimo.

8 **Grandeza de Javé e dignidade do homem.** 1*Ao regente do coro.
Para harpa de Gat. Salmo de Davi.*
2Ó Javé, Senhor nosso,
como é grande vosso nome em toda
a terra!*
Sobre os céus se eleva vossa majestade.
3Da boca das crianças e dos lactentes
procurais um louvor
contra vossos adversários,
para calar o inimigo e o vingador.
4Ao contemplar vosso céu, obra de
vossas mãos,
vejo a lua e as estrelas que criastes:
5que coisa é o homem, para dele vos
lembrardes†,
que é o ser humano, para o visitardes?*
6No entanto o fizestes pouco menor
que um deus,*
de glória e de honra o coroastes.
7Vós o colocastes acima das obras de
vossas mãos,
tudo pusestes sob seus pés:
8ovelhas e bois, todos juntos,
e também os animais do campo,
9as aves do céu e os peixes do mar;
todo ser que percorre os caminhos do
mar.
10Ó Javé, Senhor nosso,
como é grande vosso nome em toda
a terra!

9 **Poder e justiça de Deus†.** 1*Ao regente do coro. Conforme a melodia*
(9A) *"Morrer pelo filho". Salmo de Davi.*
Alef 2Eu vos louvarei, Javé, de todo o
coração,*
proclamarei todas as vossas maravilhas.
3Quero alegrar-me e exultar em vós,
cantar a vosso nome, ó Altíssimo.
Bet 4Meus inimigos recuaram,
diante de vossa face caíram e pereceram.
5Porque sustentastes meu direito e minha causa,*
sentastes em vosso trono como justo juiz.
Guimel 6Ameaçastes as nações, os ímpios aniquilastes,
cancelando o nome deles eternamente
e para sempre.
7Pereceram os inimigos, são ruínas
para sempre,
suas cidades destruístes, acabou sua
lembrança.*
Hê 8Javé permanece para sempre†,
preparou seu trono para o juízo.
9Julga o mundo com justiça,*
governa as nações com retidão.

---

* **7**,10. Jr 11,20 | 11. 3,4 | 14. Is 50,11 | 15. Is 59,4; Jó 15,35 | 16. 9,16; 35,8; Pr 26,27 | 17. Jó 4,8; Eclo 27,28ss
8,2. 19,2-7; 104 | 5. 144,3; Jó 7,17s; Hb 2,6-9 | 6. Gn 1,26; Eclo 17,1-4; Sb 2,23 | **9**,2. 138,1 | 5. 7,9.12; 89,15 | 7. Gn 19,23ss | 9. 96,13; 98,9

† **8**,5. O homem é um frágil caniço, mas um caniço que pensa (Pascal). Uma pessoa vale mais que um milhão de estrelas. | **9**. Acróstico em ordem alfabética, cada verso começando com uma letra hebraica. Esse tipo de composição representa uma busca de perfeição e de totalidade no louvar a Deus. Outros salmos alfabéticos: 25; 37; 111; 112; 119; 145. | 8. O reino de Deus é sem fim e ninguém pode resistir a seu poder soberano; embora muitos pensem que são senhores absolutos, não escapam do juízo de Deus.

Waw 10Para o oprimido Javé será um
refúgio,*
um refúgio no tempo da angústia.
11Em vós confiam os que conhecem
vosso nome,*
pois não desamparais os que vos buscam, Javé.
Záin 12Cantai louvores a Javé, que habita em Sião,*
entre os povos suas obras proclamai.
13Pois deles se lembra o vingador do
sangue,*
não esquece o clamor dos pobres.
Het 14Piedade de mim, Javé, vede a aflição
que me causaram meus perseguidores,
vós que me tirais das portas da morte,*
15para que eu cante todos os vossos
louvores
nas portas da filha de Sião
e exulte com vossa salvação.
Tet 16As nações se afundaram na fossa
que cavaram,
seu pé ficou preso na rede que armaram.*
17Javé se manifestou, exerceu o juízo,
o ímpio foi apanhado em sua armadilha.
Yod 18Sejam lançados no abismo os ímpios,
e todas as gentes que se esquecem de
Deus.
Caf 19Porque o pobre não ficará esquecido para sempre,
a esperança dos aflitos jamais se perderá.*
20Levantai-vos, Javé, não prevaleça o
homem,
sejam as nações julgadas em vossa
presença.
21Javé, incuti nelas o temor,
saibam as nações que são mortais.

10 (9B)

Prece para ser libertado do inimigo†. *Lamed* 1Javé, por
que estais tão longe*
e vos escondeis no tempo da angústia?
2Com soberba o ímpio oprime o pobre:
seja apanhado nas intrigas que tramou.
(Mem) 3Pois o mau se gloria da cupidez
de sua alma,
o avarento ultraja e despreza Javé.*
(Nun) 4Em sua arrogância o ímpio diz:
"Ele não castiga";
"Deus não existe" – eis todo o seu pensamento.
5Seus caminhos prosperam o tempo
todo,
vossos juízos estão muito distantes de
sua vista,
despreza todos os seus adversários.
(Samec) 6Diz consigo mesmo: "Não vacilarei,
de geração em geração estarei livre do
mal".
Pê 7Sua boca está cheia de maldição,*
de enganos e de fraude;
debaixo de sua língua há insulto e maldade.
8Põe-se de tocaia nas vilas,*
mata às ocultas o inocente.*
Áin 9Seus olhos espreitam o desamparado,
arma insídias na surdina, como um leão
em sua cova,*
tocaia para atacar o pobre,
para agarrá-lo e prendê-lo em sua
rede.
(Çade) 10Abaixa-se, rasteja
e caem em suas garras os fracos.
11Diz consigo mesmo: "Deus se esqueceu,
desviou o rosto, não verá isto nunca".
Qof 12Levantai-vos, Javé! Erguei, ó
Deus, vossa mão!*
Não vos esqueçais dos pobres!
13Com que direito pode o ímpio desprezar a Deus
dizendo consigo mesmo que Deus não
se importa?*
Resh 14Vós, porém, vistes a fadiga e a
aflição
e estais atento para dar-lhes a paga.
A vós se entrega o infeliz,
do órfão sois o defensor.*
Shin 15Quebrai o braço do ímpio e do
malvado,

* **9**,10. Is 25,4; Sl 37,39 | 11. 36,11; 86,4 | 12. 7,18 | 13. Jó 16,18 | 14. Sb 16,13 | 16. 7,16 | 19. 7,7 | **10**,1. 22,2; 74,1 | 3. 10,13; Jó 22,13; 14,1; 36,2; Sf 1,12 | 7. Rm 3,14 | 8. 17,12 / Os 6,9 | **10**,9. 17,12 | 12. 74,11; 44,25; 94,7; Ez 9,9; Jó 22,13 | 13. 10,4; 31,8; 56,9 | 14. Êx 22,21s

† **10**. Este salmo e o anterior formam um só nas versões grega e latina, cuja numeração fica por isso uma unidade abaixo da hebraica, que aqui adotamos, colocando entre parênteses a greco-latina.

castigai a impiedade, até nada mais se
encontrar.
[16]Javé é rei pelos séculos eternos,*
de sua terra são exterminadas as nações.
Taw [17]Ouvistes o desejo dos humildes,
Javé,
fortaleceis seu coração e os escutais,
[18]para fazerdes justiça ao órfão e ao
oprimido,*
a fim de que o homem feito de barro já
não infunda terror.

11 (10) **Em Javé está a confiança do justo.** [1]*Ao regente do coro. De Davi.*

Confio em Javé! Como podeis dizer-me:
"Voa para um monte como um pássaro!*
[2]Pois os inimigos armam o arco,*
preparam sua flecha na corda
para ferir às ocultas os de reto coração.
[3]Destruídos os fundamentos, que pode
fazer o j[illegible]?"
[4]Javé está em seu templo santo,*
no céu está o trono de Javé.*
Seus olhos observam,*
suas pálpebras sondam os seres humanos.
[5]Javé põe à prova o justo e o ímpio,
mas detesta quem ama a violência.
[6]Fará chover sobre os ímpios brasa,
fogo e enxofre,*
e um vento abrasador é a porção de
seu cálice.
[7]Pois justo é Javé, ele ama a justiça,
os bons contemplarão sua face.

12 (11) **Pedido de socorro.** [1]*Ao regente do coro. Na oitava. Salmo de Davi.*

[2]Socorro, Javé! Os bons estão acabando,*
desaparecem os fiéis entre os filhos
dos homens.*
[3]Dizem mentiras uns aos outros,*
adulam com os lábios, com um coração
fingido.
[4]Javé exterminará toda boca mentirosa,
e a língua que fala com arrogância.
[5]Porque dizem: "Por nossa língua somos fortes,*
nossos lábios nos pertencem;
quem é senhor sobre nós?"
[6]"Por causa da miséria dos pobres
e do gemido dos necessitados
agora me levanto – diz Javé –*
levarei a salvação a quem a deseja".
[7]As promessas de Javé são sinceras,*
como prata refinada em forno de barro,
sete vezes depurada.
[8]Vós, Javé, nos guardareis,
para sempre nos livrareis dessa gente.
[9]Os ímpios vagueiam por toda parte,
quando entre os filhos dos homens
reina a baixeza.

13 (12) **Lamento de um justo na provação.** [1]*Ao regente do coro. Salmo de Davi.*

[2]Até quando, Javé, me esquecereis
para sempre?
Até quando me ocultareis vossa face?*
[3]Até quando terei conflitos em minha
alma,
com tristeza no coração cada dia?
Até quando de mim triunfará o inimigo?
[4]Olhai, respondei-me, Javé, meu Deus,
conservai-me a luz dos olhos,
para que eu não durma o sono da
morte,
[5]para que não diga meu inimigo: "Eu
o venci!",*
e não exultem meus adversários se eu
vacilar.
[6]Mas em vossa misericórdia eu confio.
Alegre-se meu coração em vossa salvação
e cante a Javé pelo bem que me fez.

14 (13) **Um mundo sem Deus.** [1]*Ao regente do coro. De Davi.*

O insensato pensa: "Deus não
existe!"†
São corruptos, fazem coisas abomináveis,*

---

* **10**,16. Jr 10,10; 145,13; Na 2,1 | 18. Dt 10,18 | **11**,1. 91,3; 55,7 | 2. 7,13; 10,8; 37,14; 57,5; 64,4 | 4. Hab 2,20 / 102,20 / Dt 26,15; Is 66,1 | 6. Gn 19,24; Ez 38,22; Ap 20,9; 8,5 | **12**,2. Mq 7,2 / Is 59,15 | 3. Jr 9,7; Is 59,3s; Sl 55,22 | 5. 31,19 | 6. Is 33,10 | 7. 18,31; 19,8; Pr 30,5 | **13**,2. 6,4; 77,8s; 89,47; 94,3; Lm 5,20 | 5. 37,17 | **14**,1. 10,4; 36,2; Sf 1,12

† **14**,1. Salmo quase totalmente igual ao Sl 53. O termo "insensato" significa muitas vezes "ímpio".

não há quem faça o bem.
2 Do céu Javé se inclina sobre os homens*
para ver se existe um sábio, alguém
que procure a Deus.
3 Todos se extraviaram, são todos corruptos;*
não há quem faça o bem, nem um sequer.
4 Não entendem nada todos os malvados
que devoram meu povo como se fosse
pão?
Não invocam Javé:*
5 tremerão de pavor, porque Deus está
com a estirpe do justo.
6 Quereis confundir as esperanças do
pobre,
mas é Javé seu refúgio.
7 Venha de Sião a salvação de Israel!
Quando Deus fizer voltar os exilados
de seu povo,*
exultará Jacó e Israel se alegrará.

15 Quem é digno de estar diante de Javé?.

1 *Salmo de Davi.*
(14) Javé, quem pode habitar em
vossa tenda?
Quem pode morar em vosso santo
monte?
2 Aquele que vive na integridade, age
com justiça*
e em seu coração fala a verdade;
3 que não calunia com sua língua,
não causa dano ao próximo
e não lança insulto ao vizinho.
4 A seus olhos é desprezível o malvado,
mas ele honra quem respeita Javé.
Mesmo se jura com dano próprio, não
volta atrás;
5 se empresta dinheiro, é sem usura,*
e não aceita presentes para condenar
o inocente.
Quem agir deste modo ficará firme
para sempre.

16 Javé é minha herança.

1 *Hino de Davi.*
(15) Guardai-me, ó Deus: em vós
me refugio.
2 Eu digo a Javé: "Sois vós meu Senhor,
fora de vós não tenho bem algum".
3 Para os santos que estão na terra, homens nobres,
é toda a minha afeição.
4 Multiplicam seus ídolos, correm atrás
deles;
não derramarei suas libações de sangue,
nem pronunciarei com meus lábios
seus nomes.
5 Javé é minha parte da herança e meu
cálice.*
Vós garantis minha sorte.
6 Um lugar ameno coube-me por sorte†,
maravilhosa é minha herança.
7 Bendigo a Javé que me aconselha;
mesmo de noite meu coração me ensina.
8 Sempre coloco Javé ante meus olhos;
porque está a minha direita, não vacilo.*
9 Disso se alegra meu coração, exulta
minha alma;
também meu corpo repousa seguro,
10 pois não abandonareis minha vida no
abismo,*
nem deixareis vosso santo experimentar a corrupção†.
11 O caminho da vida me indicareis;
em vossa presença há plena alegria,
a vossa direita, delícias eternas.

17 Deus esperança do inocente perseguido.

1 *Oração de Davi.*
(16) Acolhei, Javé, minha justa causa,
sede atento a meu clamor.
Escutai minha prece
feita com lábios sem engano.
2 Venha de vós minha sentença,
vossos olhos vejam o que é justo.
3 Sondai meu coração, visitai-me de
noite,*

---

* **14**,2. 11,4 | 3. Rm 3,11s; Sl 11,3 | 4. Dt 28,67 | 7. 85,2; 126,1 | **15**,2. 119,1 | 5. Êx 22,24; 23,8 | **16**,5. Nm 18,20; Dt 10,9; Eclo 45,20ss | 8. 121,5 | 10. At 2,26ss; 13,35; Sl 49,16; 73,24 | **17**,3. Jó 7,18; 23,10; Sl 26,2; 138,23

† **16**,6. Lit. "o cordel mediu para mim", alusão ao sistema de medir as partes da herança para depois sorteá-las entre os herdeiros. A herança do salmista é o próprio Javé, v.5: tal era a porção dos levitas, Dt 18,1s. | 10. O salmista confia que o amor de Deus por ele é tão forte que Ele vai querer tê-lo sempre consigo, e portanto vai impedir que a morte os separe. É uma esperança, ainda vaga, de ressurreição; mas, partindo desse texto, os apóstolos anunciam a ressurreição de Cristo, At 2,25-28; 13,35

provai-me no fogo: em mim não encontrareis malícia.
4Minha boca não se tornou culpada,*
conforme agem os homens;
seguindo a palavra de vossos lábios,
evitei os caminhos do violento.
5Firmai meus passos em vossos caminhos,*
para que meus pés não vacilem.
6Eu vos invoco, meu Deus, pois me respondeis;
prestai-me ouvidos, escutai minhas palavras.
7Mostrai-me os prodígios de vosso amor;
vós que salvais dos inimigos
quem se refugia a vossa direita.
8Guardai-me como a pupila dos olhos,*
à sombra de vossas asas escondei-me,*
9da vista dos maus que me oprimem,
dos inimigos mortais que me rodeiam.
10Eles fecharam seu coração insensível,
suas bocas falam com arrogância.
11Cercaram agora nossos passos,
em nós fixam os olhos para abater-nos.
12São como um leão que anseia agarrar a presa,*
e um leãozinho que espreita na tocaia.
13Levantai-vos, Javé, enfrentai-os, abatei-os;*
com vossa espada livrai-me dos ímpios,
14com vossa mão, Javé, dos homens deste mundo,
para quem o melhor é esta vida
e cujo ventre está cheio de vossos bens;*
seus filhos ficam saciados
e ainda lhes sobra para os filhos deles.
15Eu, porém, na justiça contemplarei vossa face,*
ao despertar me saciarei de vossa presença†.

18 (17)

Cântico de triunfo†. 1*Ao regente do coro. Do servo de Javé, Davi, que dirigiu a Javé as palavras desse cântico,* no dia em que Javé o livrou de todos os seus inimigos e de Saul.* 2*Ele disse:*
Eu vos amo, Javé, minha força,
3Javé, meu rochedo, minha fortaleza, meu libertador;*
meu Deus, minha rocha, na qual me refugio;
meu escudo e minha poderosa salvação, meu baluarte.*
4Invoquei Javé, digno de ser louvado,
e fui salvo de meus inimigos.*
5Ondas mortais me rodearam,*
torrentes de perdição me atemorizaram,
6laços infernais me envolveram,
redes de morte me surpreenderam.
7Em minha angústia invoquei Javé,
a meu Deus gritei por socorro;
minha voz ele ouviu de seu templo,
chegou meu grito a seus ouvidos.
8Então a terra se abalou e tremeu;*
vacilaram as bases dos montes,
oscilaram porque ele se indignou.
9Saiu fumaça de suas narinas,
de sua boca, um fogo devorador,
e dele surgiram brasas ardentes.
10Inclinou os céus e desceu
com uma nuvem escura a seus pés.
11Cavalgava um querubim e voou,
pairando nas asas do vento.
12Pôs as trevas como véu a seu redor*
e como tenda, águas escuras e espessas nuvens.
13Do esplendor que o precedia derramaram-se nuvens,
granizo e brasas de fogo.
14Do céu trovejou Javé,*
o Altíssimo soltou sua voz;
granizo e brasas de fogo;
15lançou suas flechas e as espalhou,
multiplicou seus raios e os expulsou.
16E apareceu o fundo do mar,
descobriram-se as bases do mundo,*
por causa de vossa ameaça, Javé,
e do vento de vosso furor.*
17Do alto estendeu a mão e me tomou,
tirou-me das águas profundas.

---

* **17**,4. Jó 23,11s | 5. 17,37 | 8. Dt 32,10s / Sl 36,8; 61,5; 64,8; 91,4 | 12. 10,9; 22,14; 35,17; 56,5 | 13. Jr 15,15s | 14. 73,12 | 15. 4,8; 73,25s | **18**,1. 2Sm 22 | 3. Dt 32,4 / Gn 49,24; Dt 32,15.18.37; 33,17 | 4. 75,5; Lc 1,69 | 5. Dt 13,14 | 8. Êx 19,16ss; Jz 5,4s; Hab 3,3-6.8-13 | 12. Êx 13,21; 19,16; Dt 4,11 | 14. 29; 77,18s; Êx 19,19 | 16. Jó 36,29s; Sl 77,17 / Êx 15,8

† **17**,15. O salmista tem a esperança de ver a Deus depois de despertar do sono da morte. | **18**. Este salmo encontra-se também em 2Sm 22.

[18]Livrou-me de inimigos muito fortes,
e dos que me odiavam
porque eram mais fortes que eu.
[19]Assaltaram-me no dia de meu infortúnio,
mas Javé foi meu apoio.
[20]Levou-me a um lugar espaçoso,
salvou-me porque me ama.
[21]Javé me tratou segundo minha justiça,
recompensou-me conforme a pureza de minhas mãos.
[22]Pois tenho seguido os caminhos de Javé,
não me apartei perversamente de meu Deus.
[23]Tenho ante os olhos todas as suas leis,
não afastei de mim seus preceitos.
[24]Tenho sido correto com ele,*
atento para não pecar.
[25]Javé me retribuiu segundo minha justiça,
conforme a pureza de minhas mãos diante de seus olhos.
[26]Sois bondoso com quem é bondoso,
com quem é íntegro vos mostrais íntegro;
[27]com quem é sincero sois sincero,
mas inflexível com o perverso†.
[28]Pois vós salvais o povo humilde,*
mas os olhos altivos humilhais.
[29]Javé, vós acendeis minha lâmpada,*
meu Deus, aclarai minhas trevas.
[30]Sim, convosco sinto-me forte para o ataque,
com meu Deus venço qualquer barreira.
[31]Perfeito é o proceder de Deus,*
acrisolada é a palavra de Javé;
ele é um escudo para todos os que nele se abrigam.
[32]Pois quem é Deus senão Javé?*
Quem é rochedo senão nosso Deus?
[33]Foi Deus que me encheu de força
e tornou perfeito meu caminho;
[34]deu-me pés velozes como os das corças*
e me faz estar seguro nas alturas;
[35]treinou minhas mãos para a guerra
e meus braços para retesar o arco de bronze.*
[36]Vós me destes vosso escudo salvador,
vossa mão direita é meu apoio,
e vossa bondade me engrandeceu.
[37]Fizestes-me avançar a largos passos,
e meus pés não vacilaram.
[38]Persegui meus inimigos e os alcancei,
não voltei atrás sem tê-los destruído;
[39]esmaguei-os e não puderam reerguer-se,
caíram debaixo de meus pés.
[40]De força me dotastes para o combate,
dobrastes debaixo de mim meus adversários.
[41]Pusestes em fuga meus inimigos;*
exterminei os que me odiavam.
[42]Ninguém acudiu quando pediram socorro,
gritaram a Javé, mas não os ouviu.
[43]Triturei-os como pó diante do vento,
pisei neles como na lama das ruas.
[44]Das conjuras do povo me livrastes,
como chefe das nações me colocastes;*
serviu-me um povo que não conheci.
[45]Mal escutam minha voz, obedecem.
Os estrangeiros se inclinam a minha frente.
[46]Os povos estrangeiros caem exaustos,
saem tremendo de seus refúgios.
[47]Viva Javé e bendito meu rochedo!
Seja exaltado o Deus meu salvador,
[48]o Deus que me concedeu vitória
e os povos a mim submeteu;
[49]libertou-me de inimigos furiosos,
elevou-me sobre meus agressores
e salvou-me de homens violentos.
[50]Por isso vos louvo, ó Javé, entre os povos,*
e com cânticos vosso nome louvarei.
[51]"Ele deu a seu rei grandes vitórias,*
foi bondoso com Davi, seu consagrado†,
e com sua descendência para sempre".

---

* **18**,24. Dt 18,13 | 28. Pr 3,34; Jó 22,29 | 29. Jó 29,3 | 31. Dt 32,4; Pr 30,5; Sl 11,7 | 32. Is 44,8; 45,21 | 34. Hab 3,19; Dt 32,13 | 35. Is 58,14 | 41. 20,13 | 44. 2,8s; Ap 2,26ss | 50. Rm 15,9; Sl 7,18 | 51. 1Sm 2,10; Sl 89,29-38

† **18**,27. Deus sairá vencedor de quem se ilude de poder enganá-lo enquanto desobedece à lei divina. | 51. Consagrado pela unção real. Mas na pessoa de Davi está incluído o Messias, herdeiro das promessas divinas a Davi, 2Sm 7,16. As palavras "Cristo" e "Messias" significam ungido, consagrado.

19 (18) Hino ao Deus criador.

[1]*Ao regente do coro. Salmo de Davi.*
[2]Os céus proclamam a glória de Deus*
e o firmamento anuncia a obra de suas mãos†.
[3]O dia passa a mensagem ao outro dia
e a noite conta a notícia à outra noite.
[4]Não é uma fala, nem são palavras,
sua voz não se ouve.
[5]Por toda a terra se difunde seu anúncio*
e aos confins do mundo a sua mensagem†.
Lá ele armou uma tenda para o sol
[6]que surge como o esposo do quarto nupcial;
exulta como um herói que percorre o caminho.
[7]Ele nasce numa extremidade do céu*
e seu percurso alcança o outro extremo;
nada escapa a seu calor.
[8]A lei de Javé é perfeita, conforto para a alma;*
o testemunho de Javé é verdadeiro,
torna sábios os pequenos.
[9]As ordens de Javé são justas,
alegram o coração;
é puro o mandamento de Javé,
ilumina os olhos.
[10]É límpido o temor de Javé, dura para sempre;
os juízos de Javé são verdade, são todos justos.
[11]São mais preciosos que o ouro, que muito ouro fino,*
mais doces que o mel e que o licor de um favo.
[12]Também vosso servo neles se instrui,
em guardá-los há grande recompensa.
[13]Quem pode discernir seus próprios erros?
Perdoai-me os que não vejo.
[14]Também do orgulho salvai vosso servo
para que não me domine;
então serei irrepreensível e imune do grande pecado.
[15]Dignai-vos aceitar as palavras de minha boca
e os pensamentos de meu coração.
Javé, meu rochedo e meu redentor.

20 (19) Oração pela vitória do rei.

[1]*Ao regente do coro, Salmo de Davi.*
[2]Javé te escute no dia da aflição,*
e te proteja o nome do Deus de Jacó.
[3]De seu santuário te mande auxílio*
e de Sião te sustente.
[4]Lembre-se de todos os teus sacrifícios
e aceite teus holocaustos.
[5]O que teu coração deseja ele te dê
e realize todos os teus planos;
[6]para podermos exultar por tua vitória
e desfraldar estandartes em nome de nosso Deus;
conceda-te Javé tudo o que lhe pedes.
[7]Agora sei que Javé salva seu ungido*
e lhe responde de seu santo céu,
com a força vitoriosa de sua mão direita.
[8]Uns confiam nos carros, outros nos cavalos,*
mas nós invocamos o nome de Javé nosso Deus.
[9]Eles tropeçam e caem,
mas nós nos levantamos e ficamos de pé.
[10]Javé, dai ao rei a vitória,
atendei-nos, quando vos invocamos.

21 (20) Ação de graças pela vitória do rei.

[1]*Ao regente do coro. Salmo de Davi.*
[2]Javé, o rei se alegra com vosso poder,
quanto exulta por vossa salvação!
[3]Realizastes o desejo de seu coração,
não rejeitastes o pedido de seus lábios.
[4]Ao encontro dele viestes com venturosas bênçãos;
em sua cabeça pusestes uma coroa de ouro puro.
[5]Ele vos pediu vida, e vida lhe destes,*
longos dias para sempre, sem fim.
[6]Grande é sua glória por vossa salvação,

---

* **19**,2. Gn 1,1-8.14-19; Eclo 43; Sl 93; 147,4s.15-20; Pr 8,22-31; Jó 38,7.31ss; Sl 104 | 5. Rm 10,18 | 7. 65,9 | 8. 119 | 11. 119,127.103 | **20**,2. Pr 18,10; Sl 18,47-50; 44,6 | 3. 1Rs 8,30 | 7. 18,51 | 8. Os 1,7; Sl 33,16s; 147,10s | **21**,5. 2Rs 20,1-7; Is 38,1-20; 1Rs 3,14 | 6. 45,4

† **19**,2. O firmamento, através de sua magnificência, de sua beleza, de sua ordem, é um arauto eloquente do Criador, cuja glória enche o universo (S. Atanásio). | 5. São Paulo cita este texto para dizer que os apóstolos pregaram o Evangelho por todo o mundo, Rm 10,18.

sobre ele pusestes majestade e honra;*
7vós o fazeis bendito para sempre,
a vossa presença o inundais de alegria.*
8Porque o rei confia em Javé:
pela misericórdia do Altíssimo jamais vacilará.
9Tua mão alcançará todos os teus inimigos,
tua mão direita castigará os que te odeiam.*
10Farás deles como uma fornalha ardente
no dia em que mostrares teu rosto.
Javé os aniquilará em sua ira,
e o fogo os consumirá.
11Farás sumir da terra seus descendentes*
e sua posteridade dentre os mortais.
12Se contra ti tramam o mal e fazem intrigas,
nada poderão fazer,
13porque tu os porás em fuga,*
com teu arco visarás sua face.
14Levantai-vos, Javé, com vossa força!
Vamos cantar e celebrar vosso poder.

22 (21) O sofrimento redentor do justo†.

1Ao regente do coro. Conforme a melodia "A corça da aurora". Salmo de Davi.

2Meu Deus, meu Deus, por que me abandonastes?*
Estão longe de me salvar
as palavras de meu clamor.
3Meu Deus, clamo de dia e não respondeis,
grito de noite e não encontro repouso.
4Vós, porém, sois o santo,*
vós que habitais entre os louvores de Israel.
5Em vós confiaram nossos pais,
confiaram e vós os libertastes;
6a vós clamaram e foram salvos,
esperando em vós não ficaram frustrados.
7Mas eu sou um verme, e não um homem,
infâmia dos homens e desprezado pelo povo.
8Zombam de mim todos os que me veem,*
torcem os lábios, sacodem a cabeça:
9"Confiou em Javé, que ele o salve;*
que o livre, se é seu amigo".
10Fostes vós que me tirastes do seio materno,*
em segurança me pusestes sobre o peito de minha mãe.
11A vós fui entregue desde quando nasci,
desde o seio materno vós sois meu Deus.
12Não fiqueis longe de mim,* pois a angústia está próxima
e não há quem me ajude.
13Rodeiam-me touros numerosos,
cercam-me touros de Basã.
14Contra mim escancaram a boca
como um leão que dilacera e ruge.*
15Como água sou derramado,
deslocam-se todos os meus ossos.
Como a cera se tornou meu coração:
derrete-se dentro de meu peito.
16Está seca minha garganta como um caco,
minha língua ficou colada ao céu da boca,
na poeira da morte me deitastes.
17Um bando de cachorros me rodeia,
circunda-me uma corja de bandidos.
Traspassaram minhas mãos e meus pés,
18posso contar todos os meus ossos.
Eles me olham, me observam,
19repartem entre si minhas roupas*
sobre minha túnica tiram a sorte.
20Mas vós, Javé, não fiqueis longe,
minha força, vinde logo em meu socorro.
21Livrai da espada minha alma,
das unhas do cão, minha única vida.*
22Da boca do leão e cos chifres dos búfalos
salvai este pobre que sou eu.
23Anunciarei vosso nome a meus irmãos,*
no meio da assembleia vou louvar-vos.

---

* **21**,7. 16,11 | 9. 18,36 | 11. 109,13; Jó 18,19 | 13. 18,41 | **22**,2. Is 52,13-53,12; Mt 27,46; Is 49,14; 54,7 | 4. Lv 17,1; Is 6,3 | 8. Mt 27,39 | 9. Mt 27,43; Sb 2,18ss | 10. Is 44,2.24 | 12. 35,22; 38,22; 40,14; 71,12 | 14. 17,12 | 19. Mt 27,35; Jo 19,24 | 21. 7,3; 17,12; 57,5 | 23. Hb 2,12; 40,10

† **22**. O justo descreve seus sofrimentos e sente que de seu sacrifício nasce uma vida nova para seu povo e para o mundo. Como os cânticos do Segundo Isaías, sobretudo Is 52,13–53,12, também este salmo prenuncia a Paixão de Cristo.

27 Confiança em Deus nos perigos. 1*De Davi.*

(26) Javé é minha luz e minha salvação;*
de quem terei medo?
É Javé quem defende minha vida;
a quem temerei?
2Quando me assaltam os malvados
para devorar-me a carne,*
são eles, os adversários e inimigos,
que tropeçam e caem.
3Se contra mim acampa um exército,
meu coração não teme;
se contra mim enfurece a batalha,
mesmo então tenho confiança.
4Uma só coisa peço a Javé, só isto deseje:
morar na casa de Javé todos os dias de minha vida*
para gozar da suavidade de Javé
e contemplar seu santuário.
5Ele me dá abrigo em sua tenda*
no dia da desgraça.
Esconde-me em sua morada,*
sobre o rochedo me eleva.
6E agora levanto a cabeça
sobre os inimigos que me rodeiam;
imolarei em sua tenda sacrifícios de louvor,
hinos de alegria cantarei a Javé.
7Ouvi, Javé, minha voz;
eu clamo, tende piedade de mim! Respondei-me!
8De vós meu coração disse: "Buscai minha face".*
Vossa face, Javé, eu busco.
9Não me escondais vossa face,
não rejeiteis com ira vosso servo.
Sois meu auxílio, não me deixeis,
não me abandoneis, Deus meu salvador.
10Ainda que pai e mãe me abandonem,
Javé me acolhe.*
11Mostrai-me, Javé, vosso caminho,*
guiai-me pela reta estrada por causa de meus inimigos.
12Não me entregueis ao arbítrio de meus adversários;
pois contra mim se levantaram falsas testemunhas
que só respiram violência.
13Tenho certeza de que vou contemplar
a bondade de Javé na terra dos vivos.*
14Espera em Javé, sê forte,
anima teu coração e espera em Javé.

28 Súplica e ação de graças. 1*De Davi.*

(27) A vós eu clamo, Javé, meu rochedo;
não fiqueis surdo a minha voz.*
Pois, se não me falais,
serei como quem desce à sepultura.
2Escutai a voz de minha súplica quando vos imploro,
quando elevo as mãos* para vosso santuário†.
3Não me arrasteis com os ímpios*
e com os que praticam o mal.
Falam de paz com seu próximo,*
mas têm no coração a maldade.
4Tratai-os conforme suas obras, Javé,
e segundo a malícia de seus atos.
Pagai-lhes de acordo com suas ações,
dai-lhes o salário merecido.*
5Pois não atendem às obras de Javé,
nem ao que fazem suas mãos.
Que ele os destrua e não os reedifique!
6Bendito seja Javé*
que ouviu a voz de minha súplica.
7Javé é minha força e meu escudo;
meu coração nele confia;
socorreu-me, por isso exulta meu coração,
com meu canto dou-lhe graças.
8Javé é a força de seu povo,
o refúgio salvador de seu ungido.
9Salvai vosso povo e abençoai vossa herança,*
guiai-os e para sempre sustentai-os.

29 A voz poderosa de Javé.* 1*Salmo de Davi.*

(28) Ofertai a Javé, filhos de Deus,*
ofertai a Javé glória e poder.
2Dai a Javé a glória devida a seu nome,
adorai a Javé em sua santa aparição.

---

* **27**,1. 18,29; 36,10; 43,3 | 2. Jó 19,22; Sl 14,4 | 4. 23,6; 42,3 | 5. Ap 7,15s / 31,32; 18,3 | 8. 24,6; 105,4 | 10. Jr 31,20; Os 11,8; Is 49,15 | 11. 86,11; 25,4 | 13. 115,9; 142,6 | **28**,1. 18,3 | 2. 5,8; 134,2; 1Rs 8,48 | 3. 26,9 / 11,3; 55,22; 62,5; Pr 26,24s | 4. Jr 50,29 | 6. 52,7 | 9. 3,9; 29,11; Dt 32,11 | **29**. 18,14; 68,9; 77,17ss; 97,2-6; 144,5s; Êx 19,9; Hab 3 | 1. 96,7s

† **28**,2. Os hebreus e os primeiros cristãos rezavam de pé, com as mãos erguidas; os hebreus, voltados para o templo.

3 Eis a voz de Javé sobre as águas!*
O Deus glorioso troveja,
Javé, sobre a imensidão das águas.
4 Poderosa é a voz de Javé;
é majestosa a voz de Javé.
5 A voz de Javé quebra os cedros,
Javé quebra os cedros do Líbano.
6 Faz saltar como um bezerro o Líbano*
e o Sarion, como bois selvagens.
7 A voz de Javé espalha chamas de
fogo;*
8 a voz de Javé estremece o deserto,
Javé estremece o deserto de Cades.
9 A voz de Javé retorce os carvalhos
e desnuda as florestas.
E em seu templo todos dizem: "Glória!"
10 Na tempestade tem Javé seu trono,*
Javé se assenta como rei eterno.
11 Javé dará força a seu povo,*
Javé abençoará seu povo com a paz.

30 (29) **Ação de graças pela libertação da morte.** 1 *Salmo de Davi. Cântico para a dedicação do templo.**

2 Eu vos exalto, Javé, porque me livrastes
e não deixastes rir de mim meus inimigos.
3 Javé, meu Deus, a vós clamei e me
curastes.
4 Javé, me fizestes subir do abismo,
me reanimastes para eu não descer à
sepultura.
5 Cantai hinos a Javé, vós que o amais,*
celebrai seu memorial santo;
6 porque sua ira dura um instante,
mas sua bondade, por toda a vida.
Se de tarde sobrevém o pranto,
de manhã chega a alegria.
7 Quando eu era feliz, eu disse:
"Nada me fará vacilar!"
8 Em vossa bondade, Javé,
me fizestes mais firme que um monte;
mas quando escondestes vosso rosto,*
eu fiquei conturbado.
9 A vós eu clamo, Javé,
a meu Senhor peço socorro.
10 Que proveito tendes se eu morro,
se baixo à sepultura?
Acaso o pó vos poderá louvar*
e proclamar vossa fidelidade?†
11 Atendei, Javé, tende piedade,
Javé, vinde em meu auxílio.
12 Mudastes em alegria meu lamento,
minha veste de luto em roupa de festa,*
13 para que meu coração vos cante sem
cessar.
Javé, meu Deus, eu vos louvarei para
sempre.

31 (30) **Súplica de um aflito.** 1 *Ao regente do coro. Salmo de Davi.*

2 Em vós, Javé, me refugiei,*
não seja eu jamais envergonhado;
por vossa justiça livrai-me!
3 Inclinai para mim vosso ouvido,
vinde depressa libertar-me.
Sede para mim um rochedo protetor,*
a fortaleza que me salva.
4 Porque sois minha rocha e meu baluarte,
por vosso nome me conduzis e me
guiais.
5 Livrai-me do laço que me armaram,
porque sois meu protetor.
6 Em vossas mãos entrego meu espírito;
vós me remistes, Javé, Deus fiel.*
7 Odiais os que seguem ídolos vãos;
quanto a mim, é em Javé que espero.
8 Eu me alegrarei e exultarei por vosso
amor,
porque olhastes para minha miséria,
e as angústias de minha alma compreendestes.
9 Não me entregastes às mãos do inimigo,
mas pusestes meus pés em lugar seguro.
10 Piedade de mim, Javé, pois me sinto
angustiado;*
definham de tristeza meus olhos, meu
corpo e minha alma.

---

* **29**,3. 77,19; 104,7; Is 30,30; Ez 10,5 | 6. 114,4 | 7. Hab 3,11 | 10. Gn 6-9; Is 54,9 | 11. Dn 7,27 | **30**,1. Esd 6,16; 1Mc 4,36s | **30**,5. 7,18; 97,12; Is 54,7s; Jó 14,13; Sl 17,15 | 8. 104,29 | 10. Is 38,18; Sl 6,6; 88,11s | 12. Jr 31,13; Is 61,3; Sl 126; Est 9,22 | **31**,2. 71,1s | 3. 18,3; 71,3 | 6. Lc 23,46; At 7,59 | 10. 35; 38; 69; 71

† **30**,10. Ver a nota em Sl 6,6. A vida no além-túmulo era imaginada como uma vida de sombras, num total esquecimento de Deus.

[11]Sim, na dor se gasta minha vida,
e meus anos entre gemidos;
por causa de minha culpa decaiu meu vigor,
e meus ossos se consomem.*
[12]De todos os meus adversários tornei--me o opróbrio,
alvo de zombaria para meus vizinhos,
um terror para meus conhecidos:*
quem me vê pela rua foge de mim.
[13]Caí no esquecimento como um morto;
sou como um vaso quebrado.
[14]Pois ouvi a calúnia de muitos;*
terror por todos os lados.
Reuniram-se contra mim,
tramando acabar com minha vida.
[15]Mas eu em vós espero, Javé,
repito: sois vós meu Deus.
[16]Na vossa mão está meu destino;
livrai-me de meus inimigos e dos que me perseguem.
[17]Sobre vosso servo fazei brilhar vossa face,
salvai-me por vossa misericórdia.
[18]Javé, não seja eu confundido, pois vos invoquei;
confundidos sejam os ímpios,
desçam mudos ao abismo.
[19]Emudeçam as bocas mentirosas,
que falam contra o justo com insolência,
com soberba e desprezo.
[20]Como é grande vossa bondade,
que reservastes aos que vos temem,
que demonstrais aos que em vós se refugiam
diante dos filhos dos homens!
[21]Sob o abrigo de vossa face os defendeis,
longe das intrigas humanas;
sob a tenda os protegeis,*
longe das línguas maldosas.*
[22]Bendito seja Javé
que engrandeceu sua misericórdia para comigo
numa cidade fortificada.
[23]Em minha prostração eu dizia:
"De vossa presença fui expulso".*
Mas ouvistes a voz de minha súplica,
quando por vós clamei.
[24]Amai a Javé, vós todos, seus santos!*
Javé defende seus fiéis,
mas trata com rigor os que agem com soberba.
[25]Tende coragem e um coração firme,
vós todos que esperais em Javé.

32 (31) Ação de graças pelo perdão dos pecados*.

[1]*Poema de Davi.*
Feliz aquele a quem foi cancelada a culpa
e foi perdoado o pecado.
[2]Feliz o homem ao qual Javé não atribui iniquidade*
e em cujo espírito não há engano.
[3]Enquanto eu me calava,
meus ossos consumiam-se,*
eu gemia o dia inteiro.
[4]Pois dia e noite sobre mim pesava vossa mão,
e meu vigor transformou-se em seca de verão.
[5]Revelei-vos meu pecado,*
meu erro não escondi.
Eu disse: "Confessarei a Javé minhas culpas",
e vós perdoastes a malícia de meu pecado.*
[6]Por isso a vós suplica todo fiel no tempo oportuno.
Quando irrompem grandes águas, não o poderão atingir†.
[7]Vós sois meu refúgio, da angústia me guardais,
com cantos de libertação me rodeais.
[8]"Vou instruir-te, vou indicar-te o caminho a seguir;
com os olhos sobre ti, eu te darei conselho.*
[9]Não sejas como o cavalo ou o jumento sem inteligência
que se dominam com freio e rédea,
de outra forma, de ti não se aproximam".
[10]Serão muitas as dores do ímpio,

* **31**,11. 6,3 | 12. Jó 19,13-19; 38,12 | 14. Jr 20,10; Sl 41,6 | 21. 37,5 / Ap 7,15s; Jó 5,21; Sl 109,3 | 23. 60,11; Is 26,1 | 24. 37,34s | **32**. Os 14,3; Is 1,18; Pr 28,13; Tg 5,16; 1Jo 1,9 | 2. Rm 4,7s | 3. 31,11 | 5. Jó 31,33; Sl 51,5 / 51,3s | 8. 33,18

† **32**,6. As grandes águas simbolizam calamidades ou graves perigos.

mas a graça envolve quem confia em
Javé.
11Alegrai-vos em Javé e exultai, ó jus-
tos;*
jubilai, vós todos, retos de coração!

33 (32) Hino à providência divina.

1Exultai, ó justos, em Javé;
aos homens retos convém lou-
vá-lo.
2Louvai a Javé com a cítara,*
com a harpa de dez cordas cantai-lhe.
3Entoai-lhe um cântico novo,*
salmodiai com arte e aclamai.
4Pois reta é a palavra de Javé,
e fidelidade toda a sua obra.*
5Ele ama a justiça e o direito†;
da misericórdia de Javé a terra está
cheia.
6Pela palavra de Javé foram feitos os
céus,*
e todo o seu exército, pelo sopro de
sua boca.*
7Como num odre ajunta as águas do
mar,
encerra em comportas os oceanos.*
8Tema a Javé toda a terra,*
tremam diante dele todos os habitan-
tes do mundo;
9pois ele falou e a criação se fez,
deu uma ordem e ela existiu.*
10Javé anula os projetos das nações,
frustra os intentos dos povos.
11Mas o plano de Javé perdura para
sempre,*
os desígnios de seu coração, por todas
as gerações.
12Feliz a nação que tem Javé como
Deus,*
o povo que escolheu por sua herança.
13Do céu Javé está olhando,*
ele vê a humanidade inteira.
14Do lugar onde mora observa
todos os habitantes da terra.
15Foi ele que lhes formou o coração,*
ele discerne tudo o que fazem.
16O rei não se salva por um forte exér-
cito,
nem o herói por seu grande vigor.
17O cavalo não garante a vitória,*
com toda a sua força não pode salvar.
18O olhar de Javé está sobre os que o
temem,*
sobre os que esperam em seu amor,
19para da morte livrá-los
e conservar-lhes a vida em tempo de
fome.
20Nossa alma espera em Javé,
é ele nosso auxílio e nosso escudo.*
21Nele se alegra nosso coração,
porque confiamos em seu santo nome.
22Javé, esteja sobre nós vossa miseri-
córdia,*
do modo como esperamos em vós.

34 (33) Javé, protetor dos justos.

1*De Davi, quando se fingiu de doido diante de Abimelec e, expulso por ele, retirou-se.*

Alef 2Bendirei a Javé em todo o tempo,
seu louvor estará sempre em minha
boca.
Bet 3Em Javé se gloria minha alma,
ouçam os humildes e se alegrem.
Guimel 4Celebrai comigo a Javé,
exaltemos juntos seu nome.
Dalet 5Busquei a Javé, e ele me respon-
deu
e de todos os meus temores me livrou.
Hê 6Olhai para ele e sereis iluminados,
vossas faces não ficarão envergonha-
das.
Záin 7Este pobre clamou e Javé o ouviu:
de todas as suas angústias o livrou.
Het 8O anjo de Javé acampa*
em volta dos que o temem e os salva.
Tet 9Provai e vede como é bom Javé;*
feliz o homem que nele se abriga.
Yod 10Temei a Javé, vós, seus fiéis,
pois nada falta aos que o temem†.
Kaf 11Os ricos empobrecem, passam
fome,
mas nada falta a quem busca Javé.

---

* **32**,11. 33,1 | **33**,2. 32,11; 92,2; 147,1 | 3. 92,4; 144,9 | 4. 89,15 | 6. 119,64 / Gn 2,1 | 7. Gn 1,9s; Jó 38,8-11.22 | 8. Êx 15,8; Sl 78,13 | 9. Gn 1,3s; Is 48,13; Sl 148,5 | 11. Is 40,8; 46,10 | 12. 144,15; Êx 19,6 | 13. Jó 34,21 | 15. Zc 12,1; Sl 94,9ss; 139,1-16 | 17. Os 1,7 | 18. 32,8; 34,16 | 20. 115,9s | 22. 90,17 | **34**,8. Êx 14,19 | 9. 1Pd 2,3 / Sl 2,12

† **33**,5. Justiça e direito significam a obediência aos mandamentos de Deus. | **34**,10. O temor de Deus consiste em reconhecer a supremacia de Deus sobre a própria vida e exprimir esse reconhecimento fazendo Sua vontade e adorando-o.

Lamed [12]Vinde, filhos, escutai-me:*
eu vos ensinarei o temor de Javé.
Mem [13]Quem é que ama a vida*
e deseja longos dias para saborear o
bem?
Nun [14]Preserva tua língua do mal,
e teus lábios de palavras mentirosas.
Samec [15]Evita o mal e faze o bem,*
busca a paz e persegue-a.*
Áin [16]Os olhos de Javé estão voltados
para os justos,
seus ouvidos estão atentos a seu grito
de socorro.
Pê [17]Javé afasta seu rosto dos maus,
para cancelar da terra a lembrança de-
les.
Çade [18]Clamam os justos e Javé os
ouve,
e os livra de todas as suas angústias.
Qof [19]Javé está perto dos que têm o co-
ração ferido,*
e salva os de ânimo abatido.*
Resh [20]Muitas são as aflições do justo,
mas de todas Javé o livra.
Shin [21]Preserva todos os seus ossos,
nem um só deles se quebrará.*
Taw [22]A malícia mata o ímpio,
e quem odeia o justo será punido.
[23]Javé resgata a vida de seus servos;
dos que nele confiam nenhum será pu-
nido.

35 (34) Invocação contra os perseguidores.

[1]*De Davi.*
Javé, julgai os que me acusam,
combatei os que me combatem.
[2]Empunhai o escudo e a couraça
e levantai-vos para me defender.
[3]Vibrai a lança e o dardo
contra meus perseguidores.
Dizei a minha alma: "Sou eu tua salva-
ção".*
[4]Sejam confundidos e cobertos de ver-
gonha*
os que ameaçam minha vida;
voltem para trás e sejam envergonhados
os que tramam minha ruína.
[5]Sejam como a palha diante do vento,*
quando o anjo de Javé os expulsar.
[6]Seja escura e escorregadia sua estrada,
e que o anjo de Javé os persiga.
[7]Pois sem motivo me armaram seu laço,
sem razão cavaram uma fossa para
mim.
[8]Venha sobre eles a ruína de repente,*
e que os prenda a rede que armaram;
nela caiam para sua ruína.
[9]Mas minha alma se alegre em Javé,
exulte com sua salvação.
[10]Digam todos os meus ossos:*
"Javé, quem é semelhante a vós,
que livrais do mais forte o indefeso,
o pobre e o desvalido, de quem os ex-
plora?"
[11]Levantam-se testemunhas mentiro-
sas,*
querem saber de mim o que não sei.
[12]Pagam-me o bem com o mal,*
desolação para minha alma.
[13]Eu, porém, quando eles adoeciam,
vestia-me de saco, com jejum me afli-
gia,
e ecoava em meu peito minha súplica.
[14]Como por um amigo, ou por um ir-
mão, me angustiava,
como quem está de luto pela mãe, eu
andava curvado.
[15]Mas agora que estou sofrendo,
eles se alegram e se reúnem,
contra mim se reúnem para ferir-me
sem que eu o saiba;
dilaceram-me sem trégua.
[16]Atacam-me, zombam de mim,
rangem os dentes contra mim.
[17]Senhor, até quando ficareis olhando?
Livrai minha alma da violência deles,
e desses leões minha única vida!*
[18]Eu vos darei graças na grande assem-
bleia*
e vos louvarei no meio de um povo nu-
meroso.
[19]Não riam de mim meus inimigos gra-
tuitos,*
nem pisquem os olhos os que me
odeiam sem razão.*
[20]Pois eles não falam de paz,*
mas contra os mansos da terra tramam
intrigas.

---

* **34**,12. Pr 1,8; 4,1 | 13. 1Pd 3,10ss | 15. 37,27 / Mt 5,9 | 19. 51,19 / Mt 11,29s | 21. Jo 19,36 | **35**,3. 27,1 | 4. 71,13; 40,15 | 5. 1,4; 83,13 / 34,8; Jr 23,12 | 8. Is 47,11 | 10. 51,10; 85,8 | 11. 26,12; Mt 26,59s | 12. 38,21; 109,5 | 17. 17,12; 22,21s | 18. 22,23 | 19. 38,17 / 69,5 | 20. 120,6s

21 Contra mim escancaram a boca e di-
zem:
"Ah! Ah! vimos com nossos olhos!"*
22 Vistes, Javé, não fiqueis mudo!
Senhor, não fiqueis longe de mim!*
23 Despertai e levantai-vos para defen-
der-me,
meu Deus e meu Senhor, defendei mi-
nha causa!
24 Julgai-me segundo vossa justiça,
Javé meu Deus; que não se riam de
mim.
25 Que não possam dizer entre si:*
"Ah! é isto que queríamos!"
nem digam: "Nós o devoramos".
26 Fiquem confusos todos juntos e co-
bertos de ignomínia
os que se alegram com meus males;
sejam cobertos de confusão e de opró-
brio
os que se elevam contra mim.
27 Exultem e rejubilem
os que se alegram com minha justiça
e possam dizer sempre: "Seja exaltado
Javé*
que zela pela paz de seu servo".
28 E minha língua proclamará vossa jus-
tiça
e vosso louvor todo dia.

36 (35) **Maldade humana e bondade divina.** 1 *Ao regente do coro. De Davi, servo de Javé.*

2 No coração do ímpio fala o pecado;
não há temor de Deus ante seus olhos.*
3 Porque adula a si próprio,
não pode descobrir e detestar seu erro.
4 Suas palavras são maldade e engano,
deixou de entender e de fazer o bem.
5 Trama em seu leito a maldade,*
obstina-se no caminho que não serve,
não quer rejeitar o mal.
6 Javé, vossa misericórdia chega até o céu,*
e até as nuvens, vossa fidelidade.
7 Vossa justiça é como os montes mais
altos,
vossos juízos, como o grande abismo:
por eles salvais os homens, Javé.
8 Como é preciosa vossa misericórdia, ó
Deus!
Por isso os filhos dos homens se refu-
giam*
à sombra de vossas asas.
9 Da abundância de vossa casa eles se
fartam;*
da torrente de vossas delícias lhes dais
de beber.
10 Pois em vós está a fonte da vida;*
em vossa luz vemos a luz†.
11 Estendei vossa misericórdia aos que
vos conhecem
e vossa justiça aos retos de coração.
12 Que o pé dos soberbos não me al-
cance
e que a mão dos ímpios não me expulse.
13 Caíram os que cometem o pecado,
abatidos, não podem levantar-se.

37 (36) **A sorte dos bons e a dos maus**†. 1 *De Davi.*

Alef Não te irrites por causa
dos maus*
nem invejes os malfeitores.
2 Porque logo serão cortados como a relva
e como o mato verde vão secar.
Bet 3 Espera em Javé e faze o bem:
habitarás na terra e viverás seguro.
4 Põe em Javé tuas delícias,
e ele te dará o que teu coração deseja.
Guimel 5 Entrega a Javé teu futuro,*
espera nele, que ele vai agir.
6 Fará brilhar como a luz tua justiça
e teu direito como o meio-dia.*
Dalet 7 Descansa em Javé e nele espera.
Não te irrites por causa dos que pros-
peram em seu caminho
e executam seus maus intentos.
Hê 8 Desiste da ira, renuncia ao furor,
não te irrites, o que é de certo um mal.
9 Pois os malfeitores serão exterminados,
mas herdarão a terra os que esperam
em Javé.*

---

* **35**,21. Lm 2,16 | 22. 38,22 | 25. 40,16; Ez 25,3; 26,2 | 27. 40,17 | **36**,2. Rm 3,18 | 5. Mq 2,1 | 6. 57,11; 71,19 | 8. 17,8 | 9. 63,6 | 10. 16,11; 46,5 | **37**,1. Pr 23,17; 24,1.19; Ml 2,17; Sl 90,6; 103,15; Is 40,7 | 5. Pr 3,5 | 6. Is 58,10; Sb 5,6 | 9. 25,13

† **36**,10. A luz do olhar de Deus ilumina os olhos de nosso coração e ensina-nos a ver tudo na luz de Sua verdade e de Sua misericórdia para com todos. | **37**. Por que os maus, em vez de receber castigos, levam uma vida feliz? O salmista responde que é uma felicidade passageira, como passageira é a provação do justo.

Waw [10]Daqui a pouco não existirá o
ímpio;
olharás para seu lugar e não o encon-
trarás.
[11]Mas os humildes herdarão* a terra†
e gozarão de uma paz imensa.
Záin [12]O ímpio trama contra o justo
e range os dentes contra ele.
[13]Dele se ri o Senhor,
pois vê chegar seu dia.
Het [14]Os maus puxam a espada e ar-
mam o arco
para abater o pobre e o necessitado,
para matar os de reta conduta.
[15]Mas sua espada penetrará em seu
próprio coração,
seus arcos serão quebrados.
Tet [16]Mais vale o pouco que tem o jus-
to*
do que as riquezas de muitos ímpios.
[17]Pois os braços dos ímpios se quebra-
rão,
mas Javé confirma os justos.
Yod [18]Javé conhece os dias dos inocen-
tes,
eterna será a herança deles.
[19]No tempo do infortúnio não serão
confundidos
e nos dias de fome serão saciados.
Kaf [20]Os ímpios, porém, morrerão,
os inimigos de Javé como os prados
mais belos vão secar
e desaparecer como a fumaça.
Lamed [21]O ímpio toma emprestado e
não devolve,
mas o justo tem piedade e doa.
[22]Pois os que Javé abençoa possuirão
a terra,
mas serão exterminados os que ele
amaldiçoa.
Mem [23]Javé firma os passos do ho-
mem,*
e seu caminho lhe agrada.
[24]Se ele cair, não ficará prostrado,
pois Javé o segura pela mão.
Nun [25]Fui jovem e agora sou idoso:
mas nunca vi um justo abandonado
nem um descendente seu mendigando
pão.
[26]Sempre se compadece e empresta,
e sua posteridade é abençoada.
Samec [27]Foge do mal e faze o bem*
e terás uma morada para sempre.
[28]Pois Javé ama a justiça
e não abandona seus fiéis.
Áin Os maus serão destruídos para
sempre,
a descendência dos ímpios será elimi-
nada.
[29]Os justos possuirão a terra
e nela para sempre habitarão.
Pê [30]A boca do justo fala a sabedoria,
sua língua diz o que é justo†.
[31]A lei de seu Deus está em seu cora-
ção,*
não vacilarão seus passos.
Çade [32]O malvado espreita o justo
e busca um modo de o matar.
[33]Javé não abandona o justo na mão
do ímpio,
não deixa que seja condenado no jul-
gamento.
Qof [34]Espera em Javé e guarda seu ca-
minho.
Ele te exaltará, para herdares a terra;
verás o extermínio dos ímpios.
Resh [35]Eu vi o ímpio em sua arrogância*
crescendo como um cedro frondoso†;
[36]passei depois e não estava mais lá,
procurei-o e não o encontrei.
Shin [37]Observa o justo e vê o homem
reto,
pois o homem de paz terá uma descen-
dência.*
[38]Mas os rebeldes serão todos aniqui-
lados,
a posteridade dos maus será extermi-
nada.
Taw [39]A salvação dos justos vem de
Javé,
é ele seu protetor no tempo da angústia.
[40]Javé os ajuda e os livra,*
livra-os dos ímpios e os salva,
porque nele buscam refúgio.

---

* **37**,11. Mt 5,4 | 16. Pr 15,16; 16,8 | 23. Pr 20,24 | 27. 34,15 | 31. Dt 6,3.6; Jr 31,33 | 35. Jó 20,6s; Is 2,13; 14,13; Ez 31,10 | 37. Pr 23,18; 24,14 | 40. 9,10

† **37**,11. Os humildes, em hebraico "anawim", são as pessoas simples, que não possuem riquezas nas quais confiar, mas colocam em Deus sua esperança, conscientes de que dependem dele. | 30. Justiça e sabedoria se equivalem: o sábio tem um comportamento de fidelidade e transparência. | 35. Na Bíblia o cedro pode simbolizar o orgulhoso, Is 2,13.

38 (37)

Dor pelo pecado. 1 *Salmo de Davi. Para comemorar.*
2 Javé, não queirais repreender-
-me em vossa ira,*
nem castigar-me em vosso furor.
3 Porque vossas flechas me atingiram
e sobre mim se abateu vossa mão.*
4 Por causa de vossa ira nada em mim
é são,*
não há saúde em meus ossos por causa
de meu pecado.
5 Minhas culpas ultrapassam minha ca-
beça,
como uma carga pesada excedem mi-
nhas forças.*
6 São fétidas e purulentas minhas chagas
por causa de minha loucura.
7 Estou encurvado e muito abatido,
ando triste o dia inteiro.
8 Porque meus rins estão cheios de ar-
dor,
em meu corpo nada há de sadio.
9 Estou sem forças e muito alquebrado,
meu coração transtornado me faz ge-
mer.*
10 Senhor, diante de vós está todo o
meu desejo,
e meu gemido não vos é oculto.
11 Meu coração se agita, o vigor me
abandona,*
apaga-se a luz de meus olhos.
12 Amigos e companheiros
fogem à vista de minhas chagas,*
meus parentes se mantêm à distância.
13 Armam laços os que tramam contra
minha vida,
os que buscam minha ruína me amea-
çam
e imaginam astúcias o dia todo.*
14 Mas eu, como um surdo, não escuto,
como um mudo, não abro a boca.*
15 Sou como quem não ouve nem tem
resposta.
16 Pois em vós espero, Javé,
vós me respondereis, Senhor meu
Deus.
17 Porque eu disse: "Não permitais que
se alegrem de mim*
e contra mim se ensoberbeçam,
quando meu pé vacila".
18 Pois estou prestes a cair
e tenho sempre ante os olhos minha
dor.
19 Confesso minha culpa,*
ânsias me provoca meu pecado.
20 Meus inimigos estão vivos e são fortes,
são muitos os que me odeiam sem mo-
tivo;
21 pagam-me o bem com o mal,
são meus adversários porque sigo o
que é bom.*
22 Não me abandoneis, Javé;*
meu Deus, não fiqueis longe de mim.*
23 Vinde depressa em meu auxílio,*
Senhor, minha salvação!

39 (38)

Pedido de sabedoria e de perdão. 1 *Ao regente do coro. Para Iditun. Salmo de Davi.*
2 Eu decidi: "Vou controlar meus cami-
nhos
para não pecar com a língua;
vou pôr um freio a minha boca
enquanto o malvado estiver a minha
frente".
3 Fiquei mudo, em silêncio,
calei-me, mas sem resultado.
E minha dor se agravou.*
4 Ardia meu coração dentro de mim:
um fogo interior me consumia.
Então falei com minha língua:
5 "Dai-me a conhecer, Javé, meu fim,
qual seja a extensão de meus dias.
Quero saber como sou frágil.*
6 Em poucos palmos fixastes meus
dias,*
e a duração de minha vida
é um nada a vossos olhos.
É apenas um sopro todo ser humano!
7 O homem passa como sombra,*
em vão se inquieta.
Acumula riquezas e não sabe quem as
recolherá.
8 E agora, que posso esperar, Senhor?
Em vós está minha esperança.
9 Livrai-me de todas as minhas culpas;

---

* **38**,2. 6,2 | 3. Lm 3,12; Jó 6,4 | 4. Is 1,5s | 5. Esd 9,6 | 9. 102,4ss | 11. 6,8; 31,11; 88,7 | 12. Jó 12,4s; 19,13-19; Sl 31,12; 41,6-10; 88,9 | 13. 35,20 | 14. Is 53,7 | 17. 13,5; 35,19 | 19. 51,5; 32,5 | 21. 109,3ss | 22. 109,3ss; 35,12 / 35,22; 22,12 | 23. 40,14.18 | **39**,3. 37,1 | 5. 89,48 | 6. Jó 7,6.16; 14,1-5; Sl 73,20; 90,9s | 7. 62,10; 94,11; Is 40,7; Ecl 2,22; 6,2

não façais de mim o opróbrio do insensato.
10Calo-me, não abro a boca,
pois sois vós que o fizestes.
11Afastai de mim vosso flagelo;
pelos golpes de vossa mão estou no fim.
12Castigando o erro, corrigis o homem,
e como a traça destruís tudo o que lhe é caro.
Sim, como um sopro é todo ser humano.
13Escutai minha prece, Javé,
e prestai ouvidos a meu grito;
diante de minhas lágrimas não fiqueis mudo.
Pois sou diante de vós um peregrino,
um forasteiro como todos os meus pais.
14Afastai de mim vosso olhar para que eu tome alento,*
antes que eu me vá e não exista mais.

40 Ação de graças e pedido de auxílio.

1*Ao regente do coro. Salmo de Davi.*
(39) 2Esperei firmemente em Javé
e ele se inclinou para mim,
atendendo minha súplica.
3Tirou-me da fossa da morte, do barro do pântano,*
colocou meus pés sobre a rocha,
deu segurança a meus passos.
4Fez-me cantar um canto novo,
um louvor a nosso Deus.
Muitos vão ver e temer, e confiarão em Javé.*
5Feliz quem põe em Javé sua esperança
e não se volta para os soberbos,*
nem para os que seguem a mentira.
6Quantos prodígios fizestes, Javé, meu Deus,*
quantos projetos em nosso favor!
Ninguém a vós se pode comparar.
Quero anunciá-los e proclamá-los,
mas são demais para serem contados.
7Não quisestes sacrifício nem oferta,*
mas abristes meus ouvidos†.
Não pedistes holocausto nem vítima expiatória.
8Então eu disse: "Eis que venho.*
No rolo do livro está escrito a meu respeito
9que eu cumpra vossa vontade.
Meu Deus, é isto que desejo,*
vossa lei está dentro de meu coração".
10Anunciei a justiça na grande assembleia;*
não cerrei meus lábios, Javé, vós o sabeis.
11Não ocultei vossa justiça no fundo do coração,
proclamei vossa fidelidade e vossa salvação.
Não escondi da grande assembleia
vossa misericórdia e vossa fidelidade.
12Javé, não me recuseis vossa misericórdia,
vosso amor e vossa fidelidade me guardem sempre.*
13Pois me rodeiam males sem número,
minhas culpas me oprimem e me impedem a vista.*
São mais que os cabelos de minha cabeça;*
meu coração desfalece.
14Dignai-vos, Javé, libertar-me;*
vinde depressa, Javé, em meu socorro.
15Que todos juntos fiquem confusos e envergonhados
os que buscam tirar-me a vida;*
caiam para trás e fiquem cobertos de ignomínia*
os que desejam minha ruína.
16Fiquem consternados por sua ignomínia
os que me dizem: "Bem feito!"
17Exultem e se alegrem em vós
todos os que vos buscam;
digam sempre: "Javé é grande!"*
os que desejam vossa salvação.
18Eu porém sou pobre e infeliz,
mas o Senhor cuida de mim.
Vós sois meu auxílio e meu libertador;
Meu Deus, não tardeis.

---

* **39**,14. 119,19; Jó 7,19; 14,6 | **40**,3. 18,5; 69,2s.15s; Jr 38,6 | 4. 52,8; Is 41,5 | 5. Jr 17,7; Sl 1,1 | 6. 139,17s; Dt 4,34; Sl 35,10 | 7. Hb 10,5ss; Is 50,5 | 8. Am 5,21; Sl 50,7-15; 51,18s; 69,31s | 9. 37,31 | 10. 22,23; 35,18; 149,1 | 12. 89,34 | 13. 38,5; 6,8; 38,11 / 69,5 | 14. 70,2 | 15. 71,13 | 16. 35,20-25 | 17. 35,27; 69,7; 104,1

† **40**,7. Para compreender e aceitar o ensinamento de Deus, Is 50,4s; Lc 24,45. A tradução grega entendeu: "vós me formastes um corpo", leitura adotada pela Carta aos Hebreus, 10,5ss, que viu aí uma alusão à encarnação do Verbo.

41 (40)

Oração de um doente. 1*Ao regente do coro. Salmo de Davi.*

2Feliz o homem que cuida do pobre,*
no dia do infortúnio Javé o libertará.
3Velará sobre ele Javé,
e o fará viver feliz sobre a terra,
e não o entregará às mãos dos inimigos.
4Javé o sustentará no leito da dor
e lhe dará alívio em sua doença.
5Eu disse: "Piedade de mim, Javé;
curai-me, porque pequei contra vós".
6Meus inimigos me desejam o mal:*
"Quando é que morrerá
e será cancelado seu nome?"
7Quem vem visitar-me diz mentira,
seu coração acumula maldade*
e, saindo, fala mal.
8Juntos murmuram contra mim todos
os que me odeiam,
prevendo o mal para mim:
9"Uma doença ruim caiu sobre ele,
de onde está deitado não se levantará".
10Até meu amigo íntimo, em quem eu confiava,*
aquele que comia de meu pão,
levanta contra mim seu calcanhar.
11Mas vós, Javé, de mim tende piedade,
fazei que eu me levante, e lhes darei a paga.
12Nisso reconhecerei que me amais:
se não triunfar de mim meu inimigo.
13Por minha integridade me sustentais
e me pondes em vossa presença para sempre.
14Seja bendito Javé, Deus de Israel,*
desde sempre e para sempre. Amém, amém.

II. LIVRO SEGUNDO
(42 [41] – 72 [71])

42-43 (41-42)

Desejo de Deus e de seu templo†. 1*Ao regente do coro. Poema. Dos filhos de Coré.*

2Como a corça deseja as águas correntes,*
assim minha alma anseia por vós, ó Deus.
3Minha alma tem sede de Deus, do Deus vivo:*
quando hei de ir ver a face de Deus?
4As lágrimas são meu pão dia e noite,
enquanto me repetem o dia inteiro:
"Onde está teu Deus?"*
5Disto me lembro, e meu coração se aflige:*
através da multidão eu caminhava entre os primeiros,*
rumo à casa de Deus,
entre cantos de alegria e de louvor
de uma multidão em festa.
6Por que estás triste, minha alma?
Por que gemes dentro de mim?
Espera em Deus, pois ainda o louvarei,
a ele, que é meu salvador e meu Deus.*
7Dentro de mim se entristece minha alma;
então me lembro de vós na terra do Jordão e do Hermon
e no monte Misar.*
8Um abismo chama outro abismo,*
ao fragor de vossas cascatas;
todas as vossas vagas e ondas passaram sobre mim.*
9De dia Javé me concede sua misericórdia,
de noite elevo a ele meu canto,
uma oração ao Deus de minha vida.
10Digo a Deus, meu rochedo: "Por que me esquecestes?
Por que ando triste, oprimido pelo inimigo?"*
11Quebram-se meus ossos
quando me insultam meus adversários,
repetindo o dia inteiro:
"Onde está teu Deus?"
12Por que estás triste, minha alma?
por que gemes dentro de mim?
Espera em Deus, pois ainda o louvarei,
a ele, que é meu salvador e meu Deus.

43

1Fazei-me justiça, ó Deus,
defendei minha causa contra o povo infiel;

---

* **41**,2. Pr 14,21; Tb 4,7-11 | 6. Jr 20,10; Sl 31,12ss; 38,12s; 88,9 | 7. Jó 19,13-19 | 10. 55,14; Jo 13,18 | 14. Ne 9,5; Dn 2,20 | **42**,2. Jo 4,1; Is 26,9; Sl 63,2; 84,3 | 3. 36,9s; 27,4 | 4. Mq 7,10 | 5. Ml 2,17; Sl 79,10 / Lm 3,20; Sl 27,4s | 6. 6,5 | 7. 43,3; 68,17 | 8. Jn 2,4 / Sl 32,6; 69,3; 88,8 | 10. 18,3

† **42**. Dois salmos que propriamente formam um só pelo tema, estrutura e refrão.

livrai-me de quem é iníquo e enganador.
2Pois vós sois, ó Deus, minha fortaleza;
por que me rejeitais?
Por que devo andar triste, oprimido
pelo inimigo?
3Enviai vossa luz e vossa verdade*
para que me guiem e me conduzam
a vosso monte santo, a vossa morada.
4Irei ao altar de Deus,
ao Deus que é minha alegria e meu júbilo;
e vos louvarei ao som da harpa, Deus,
meu Deus.*
5Por que estás triste, minha alma?
Por que gemes dentro de mim?
Espera em Deus, pois ainda o louvarei,
a ele, que é meu salvador e meu Deus.

44 (43) **Elegia nacional***. 1*Ao regente do coro. Poema dos filhos de Coré.*
2Deus, com nossos ouvidos ouvimos;*
nossos pais nos contaram
as obras que fizestes em seu tempo,
nos dias de outrora.
3Com vossa mão expulsastes nações
para plantá-los,*
afligistes povos para dar-lhes lugar.
4Pois não foi com a espada que tomaram a terra*
nem foi o braço deles que lhes deu a vitória.
Mas foi vossa mão direita, vosso braço,*
e o esplendor de vosso rosto†, porque os amastes.
5Éreis vós, meu rei e meu Deus,
que decidíeis as vitórias de Jacó.
6Convosco vencíamos nossos inimigos,
com vosso nome pisávamos nossos adversários.*
7De fato, não confio em meu arco
e não é minha espada que me salva.
8Mas vós nos salvastes de nossos inimigos,
humilhastes os que nos odiavam.
9Em Deus nos gloriávamos todo dia,
e vosso nome louvávamos para sempre.
10Porém nos rejeitastes, cobrindo-nos de vergonha;*
já não saís à frente de nossas fileiras.
11Diante do inimigo nos fizestes recuar,*
e os que nos odeiam pilharam nossos bens.
12Como ovelhas para o corte nos entregastes*
e nos dispersastes entre as nações.
13Vendestes vosso povo por um nada,
e nada lucrastes com seu preço.
14Fizestes de nós um ludíbrio para nossos vizinhos,*
alvo de zombaria e de desdém para os que nos rodeiam.
15Fizestes de nós uma fábula no meio das nações,
um motivo de se menear a cabeça entre os povos.
16Minha desonra está a minha frente o dia todo,
de confusão se cobre meu rosto
17ao ouvir aquele que ultraja e insulta,
à vista do inimigo e do vingador.
18Tudo isso nos aconteceu,
sem que nos tenhamos esquecido de vós
nem traído vossa aliança.
19Nosso coração não voltou para trás,
nem se desviaram de vosso caminho nossos passos.
20Vós nos humilhastes num lugar de chacais*
e estendestes sobre nós a sombra da morte.
21Se tivéssemos esquecido o nome de nosso Deus
e estendido as mãos para um deus estrangeiro,
22não teria Deus descoberto o fato,
já que ele conhece os segredos do coração?
23Sim, por vossa causa somos entregues à morte todo dia*
e somos tratados como gado de corte.
24Levantai-vos, por que dormis, Senhor?*

* **43**,3. 57,4 | 4. 63,6; 81,3; 108,3 | **44**. Is 63,7-64,11; Sl 74; 79; 80 | 2. 2Sm 7,22s; Sl 78,3 | 3. 78,55 | 4. Dt 8,17s; Js 24,12; Os 1,7 / Sl 4,7 | 6. 60,14 | 10. 60,12; 68,8 | 11. Lv 26,17; Dt 28,25 | 12. Lv 26,33; Dt 28,64; 32,30; Is 52,3 | 14. 79,4 | 20. Is 34,13; Jr 9,10 | 23. Rm 8,36 | 24. 74,1 / 79,5; 80,5; 89,47

† **44**,4. O favor e a benevolência de Deus para com seu povo, e por outro lado, o terror que incutia nos inimigos o esplendor divino.

Despertai, não nos rejeiteis para sempre.*
[25]Por que escondeis vossa face
e esqueceis nossa miséria e nossa aflição?
[26]Sim, nossa alma está prostrada ao pó,*
ao chão está pegado nosso corpo.
[27]Levantai-vos em nosso socorro;
por vossa misericórdia resgatai-nos.

45 (44) **As núpcias do rei messiânico†**. [1]*Ao regente do coro. Conforme a melodia "Os lírios". Poema dos filhos de Coré. Cântico de amor.**

[2]De meu coração nasce um lindo poema:
vou cantar meus versos para o rei.
Minha língua é como a pena de um escritor veloz.
[3]Tu és o mais belo dos filhos dos homens,*
em teus lábios se espalha a graça,
por isso Deus te abençoou para sempre.
[4]Herói, põe a espada em teu cinto
no esplendor de tua majestade,*
[5]avança com sucesso, sobe ao carro
em defesa da verdade, da mansidão e da justiça.
Tua mão direita te ensine prodígios;
[6]tuas flechas agudas penetram o coração dos inimigos do rei;
a teus pés caem os povos.
[7]Vosso trono, ó Deus, dura para sempre,
é cetro justo o cetro de vosso reino.
[8]Amais a justiça e odiais a iniquidade;
por isso Deus, vosso Deus, vos consagrou com óleo de alegria,
de preferência a vossos iguais.
[9]Vossas vestes têm o perfume de mirra, aloé e cássia,
dos palácios de marfim vos alegra o som das cítaras.
[10]Filhas de reis estão entre vossas prediletas;
a vossa direita está a rainha, vestida com ouro de Ofir.
[11]Ouve, filha, vê, presta atenção:
esquece teu povo e a casa de teu pai;*
[12]que agrade ao rei tua beleza.
Ele é teu senhor: presta-lhe homenagem.
[13]Vem o povo de Tiro trazendo dons,*
os mais ricos do povo imploram teu favor.
[14]Toda formosa é a filha do rei em sua morada,
tecido de ouro é seu vestido.*
[15]É apresentada ao rei com vestes bordadas;
com ela as virgens, suas companheiras,
a vós são conduzidas;
[16]guiadas com alegria e exultação,
entram no palácio real.
[17]A vossos pais sucederão vossos filhos,
os quais fareis príncipes por toda a terra.
[18]Farei recordar vosso nome por todas as gerações,*
assim vos louvarão os povos para todo o sempre.

46 (45) **Deus, refúgio* e força de seu povo†**. [1]*Ao regente do coro. Cântico dos filhos de Coré. Conforme a melodia "As virgens". Cântico.*

[2]Deus é nosso amparo e fortaleza,
auxílio sempre pronto na angústia.
[3]Por isso não tememos se a terra é transtornada,*
se os montes desmoronam no fundo do mar;
[4]se suas águas se agitam espumando,*
e em sua fúria os montes estremecem.
[5]Um rio com seus canais*
alegra a cidade de Deus†,
a santa morada do Altíssimo.
[6]No meio dela Deus está: não poderá vacilar,

---

* **44**,26. 119,25; 7,6 | **45**,1. 60,1; 69,1; 80,1 | 3. Ct 5,10-16 | 4. 21,6 | 11. Gn 12,1; Js 24,2; Ez 16,3 | 13. Is 60,5s; 72,10s | 14. Ez 16,10-13 | 18. Is 60,15.21; 61,9; 62,2.7 | **46**. Is 33,20s; 66,12 | 3. Is 24,18-23; 54,10 | 4. Jó 9,5s | 5. 36,9; Gn 2,10 | 6. 2Rs 19,35

† **45**. Salmo para o casamento do rei, no estilo do Cântico dos Cânticos. Faz referência à promessa divina da permanência do trono davídico para sempre, 2Sm 7,16, e prefigura as núpcias de Deus com seu povo e de Cristo com a Igreja. | **46**. Primeiro dos salmos de Sião: Sl 46; 48; 76; 84; 87; 122. O contexto histórico deste salmo parece ser o fim de um cerco, do qual a cidade foi libertada graças ao Emanuel, "Deus conosco", v. 8. | 5. Simboliza as bênçãos divinas sobre Jerusalém e sobre o templo.

Deus vai socorrê-la antes que amanheça.*
7As nações se agitam, os reinos se abalam;*
ele faz ouvir sua voz, a terra se dissolve.
8Javé dos exércitos está conosco,
nosso refúgio é o Deus de Jacó.*
9Vinde e vede as obras de Javé,
ele fez prodígios sobre a terra.
10Acabará com as guerras até nos confins da terra,
quebrará os arcos e partirá as lanças,*
queimará no fogo os carros de guerra.
11"Parai e reconhecei que eu sou Deus;*
eu domino sobre as nações e domino sobre a terra".
12Javé dos exércitos está conosco,
nosso refúgio é o Deus de Jacó.

47 (46)

Javé, rei do universo*. 1*Ao regente do coro. Salmo dos filhos de Coré.*

2Povos todos, batei palmas,*
aclamai a Deus com gritos de alegria.
3Porque Javé, o Altíssimo, é tremendo,*
grande rei sobre a terra inteira.
4Ele sujeitou a nós os povos,
pôs as nações sob nossos pés.
5Escolheu para nós nossa herança,*
orgulho de Jacó, seu predileto.
6Deus subiu por entre aclamações,*
Javé ao som da trombeta.*
7Cantai a Deus, cantai;*
cantai a nosso rei, cantai;
8porque Deus é o rei de toda a terra,
cantai com sabedoria.
9Deus reina sobre as nações,*
Deus se assenta em seu trono santo.
10Os chefes dos povos se reuniram*
com o povo do Deus de Abraão,
porque a Deus pertencem os poderosos da terra:
é ele o Altíssimo.

48 (47)

A glória e a força de Sião. 1*Cântico. Salmo dos filhos de Coré.*

2Grande é Javé e digno de todo louvor*
na cidade de nosso Deus.
3Seu monte santo, que se eleva em sua beleza,*
é a alegria de toda a terra.
O monte Sião, para os lados do norte,
é a cidade do grande rei.
4Deus em seus palácios
dá-se a conhecer como fortaleza.
5Pois os reis se aliaram,
juntos avançaram.
6Mas logo que viram se espantaram
e, tomados de medo, fugiram.
7Lá o terror os dominou,*
dor como de parturiente,
8semelhante ao vento oriental
que destrói os navios de Társis†.
9Como ouvimos, assim vimos
na cidade de Javé dos exércitos,
na cidade de nosso Deus;
Deus a estabeleceu para sempre.
10Recordamos, ó Deus, vossa bondade
no interior de vosso templo.
11Como vosso nome, ó Deus,*
assim vosso louvor se estende até os confins da terra;
está cheia de justiça vossa mão direita.
12Alegre-se o monte Sião,
exultem as cidades de Judá
por causa de vossos julgamentos.*
13Percorrei Sião, girai em torno dela,*
contai suas torres.
14Contemplai suas muralhas,
observai suas fortalezas,
para narrar às gerações futuras:*
15"Este Deus é o nosso Deus
pelos séculos dos séculos;
é ele que nos guia para sempre".*

49 (48)

Vaidade das riquezas. 1*Ao regente do coro. Salmo dos filhos de Coré.*

2Ouvi isto, povos todos,*
prestai ouvidos, habitantes do mundo,
3nobres e gente simples,
ricos e pobres igualmente.
4Minha boca fala a sabedoria,

---

* **46**,7. Is 17,14 | 8. 24,10 | 10. Is 2,4; Ez 39,9s | 11. 76,4; Dt 32,39; Ez 12,16 | **47**. 93; 96; 97; 98; 99 | 2. Sf 3,14s | 3. Êx 15,18; Is 52,7 | 5. Is 58,14; 2,8 | 6. Nm 23,21 / 24,7-10; 68,19 | 7. 89,16; 98,6 | 9. Jr 10,7; 72,11 | 10. Is 2,2ss; Esd 6,21 | **48**,2. 96,4 | 3. 50,2 | 7. Êx 15,14; Jr 4,31 | 11. 113,3; Ml 1,11 | 12. 97,8 | 13. Is 26,1; 33,20s | 14. 71,18; Sl 90,2; 102,28 | 15. 23,3 | **49**,2. Pr 8,4s

† **48**,8. Ver a nota em 1Rs 10,22.

meu coração tem um pensar inteligen-
te.
[5]Inclinarei meus ouvidos às sentenças,*
explicarei meu enigma ao som da har-
pa.
[6]Por que ter medo nos dias de infor-
túnio,
quando me cerca a malícia dos perver-
sos?
[7]Eles confiam em seus bens*
e se orgulham de sua grande riqueza.
[8]Ninguém pode resgatar-se a si mes-
mo,*
nem pagar a Deus seu preço.
[9]Por mais que se pague o resgate de
sua vida,*
jamais poderá bastar
[10]para viver sem fim e não ver o túmulo.
[11]Porque verá morrer os sábios;*
o néscio e o insensato morrerão juntos,
deixando para outros suas riquezas.
[12]O sepulcro será sua casa para sem-
pre,*
sua morada por todas as gerações,
no entanto deram seu nome a suas ter-
ras.
[13]Mas o homem na prosperidade não
compreende,*
é como os animais que perecem.
[14]Esta é a sorte de quem confia em si
mesmo,
o futuro de quem se compraz em suas
palavras.
[15]Como ovelhas são levadas para o
abismo,
a morte será seu pastor;
descerão diretamente ao sepulcro,
sua glória está destinada à ruína,*
sua morada será o lugar dos mortos.
[16]Mas Deus vai resgatar-me do poder
do abismo*
e me acolherá†.
[17]Não te preocupes se vires alguém
enriquecer-se
e aumentar a glória de sua casa.
[18]Pois ao morrer nada leva consigo,*
nem desce com ele sua glória.
[19]Ainda que em vida se tenha lisonjeado:
"Hão de louvar-te por teu sucesso",
[20]vai juntar-se à geração de seus pais*
que nunca mais verão a luz.
[21]O homem na prosperidade não com-
preende,
é como os animais que perecem.

50 **O verdadeiro culto†.** [1]*Salmo de Asaf.*

(49) Fala Javé, o Deus dos deuses,*
convoca a terra do nascer ao pôr do
sol.
[2]De Sião, beleza perfeita, Deus resplan-
dece,
[3]chega nosso Deus e não se calará.*
Diante dele há um fogo devorador,
e a seu redor, tempestade furiosa.
[4]Chama do alto os céus e a terra,*
pois vai julgar seu povo:
[5]"Congregai a minha frente meus fiéis
que fizeram aliança comigo por meio
do sacrifício!"*
[6]Os céus anunciam sua justiça,*
pois é Deus que vai julgar.
[7]"Ouve, meu povo, deixa-me falar,
Israel, vou testemunhar contra ti:
Eu sou Deus, o teu Deus.
[8]Não te censuro por teus sacrifícios†;
teus holocaustos estão sempre a minha
frente.*
[9]Não aceito novilhos de tua casa
nem cabritos de teus rebanhos.
[10]Pois são minhas todas as feras da flo-
resta
e os milhares de animais sobre os mon-
tes.
[11]Conheço todas as aves do céu
e tudo o que se move nos campos me
pertence.
[12]Se eu tivesse fome, não te falaria,
porque o mundo é meu com o que
nele existe.*

---

* **49**,5. 78,2 | 7. Pr 10,15; Jr 9,22 | 8. Ez 7,19 | 9. Mt 16,26; Rm 3,24 | 11. Ecl 2,16; Sl 38,7 | 12. Eclo 11,18s; Ecl 12,5 | 13. Ecl 3,18-21 | 15. 73,20 | 16. 73,24 | 18. 1Tm 6,7 | 20. Jó 10,21 | **50**,1. Js 22,22; Dt 10,17 | 2. Is 63,19 | 4. Dt 32,1 | 5. Êx 24,4-8 | 6. 19,2 | 8. Am 5,21 | 12. 24,1

† **49**,16. Expressão de uma esperança de vida em comunhão com Deus que dura além da morte. É um passo na revelação da doutrina da imortalidade da alma e da ressurreição. | **50**. Os sacrifícios não agradam a Deus quando falta a obediência a suas leis, sobretudo à lei do amor fraterno. | 8. Deus não condena os sacrifícios, mas sim a ideia de que têm eficácia automática, mesmo quando oferecidos com más disposições.

[13]Por acaso comerei carne de touros
ou beberei sangue de cabritos?
[14]Como sacrifício, oferece a Deus o louvor
e cumpre tuas promessas ao Altíssimo.*
[15]Invoca-me no dia da angústia,
que eu te livrarei e tu me honrarás".
[16]Porém ao ímpio Deus diz:
"Por que repetes meus preceitos*
e recitas minha aliança com a boca,
[17]sendo que odeias a disciplina
e desprezas minhas palavras?
[18]Quando vês um ladrão andas com ele
e tens parte com os adúlteros.
[19]Abandonas ao mal tua boca,
e tua língua trama a falsidade.
[20]Sentado falas contra teu irmão
e calunias o filho de tua mãe.
[21]É isto que fizeste, e eu me calaria?
Pensas que sou como tu?
Eu te repreendo e te lanço tudo em rosto.
[22]Compreendei isto, vós que vos esqueceis de Deus,
para que eu não vos dilacere,*
e não haja quem vos livre.
[23]Quem me oferece o sacrifício de louvor,
esse me glorificará;
e a quem caminha retamente*
farei gozar da salvação de Deus".

51 (50) **Oração de Davi penitente†.**

[1]*Ao regente do coro. Salmo de Davi.* [2]*Quando o profeta Natã veio a seu encontro, depois que ele pecou com Betsabeia.**
[3]Tende piedade de mim, ó Deus,*
conforme vossa misericórdia;
em vosso grande amor meus pecados apagai.
[4]Lavai-me de toda a minha culpa,
e purificai-me de meu pecado.
[5]Reconheço minha iniquidade*
e meu pecado está sempre a minha frente†.
[6]Contra vós, só contra vós eu pequei,*
fiz o que é mau a vossos olhos;
por isso sois justo quando falais,*
reto em vosso julgamento.
[7]Eu nasci* na iniquidade†,
no pecado minha mãe me concebeu.
[8]Mas vós quereis a sinceridade do coração
e no íntimo me ensinais a sabedoria.
[9]Purificai-me com o hissopo e ficarei puro;*
lavai-me e ficarei mais branco que a neve.
[10]Fazei-me ouvir alegria e júbilo,
exultem os ossos que vós quebrastes.*
[11]Afastai de meus pecados vosso olhar,
apagai todas as minhas culpas.
[12]Criai em mim, ó Deus, um coração puro†,
renovai em mim um espírito resoluto.*
[13]Não me rejeiteis de vossa presença*
e não me priveis de vosso santo espírito.
[14]Devolvei-me a alegria de ser salvo,*
que me sustente um ânimo generoso.
[15]Quero ensinar vossos caminhos aos que erram,
e a vós retornarão os pecadores.
[16]Livrai-me do sangue* derramado†,
ó Deus, Deus meu salvador,
e minha língua exaltará vossa justiça.
[17]Abri, Senhor, meus lábios
e minha boca proclamará vosso louvor.
[18]Pois não vos agrada o sacrifício*
e, se ofereço holocaustos, não os aceitais.
[19]Sacrifício para Deus é um espírito contrito;*

---

* **50**,14. Os 14,3 | 16. Rm 2,17-24 | 22. Dt 32,39 | 23. 91,16 | **51**,2. 2Sm 11-12 | 3. Ez 18,23 | 5. Is 59,12; Ez 6,9 | 6. Is 59,2 / Rm 3,4 | 7. Jó 14,4 | 9. Is 1,18; Ez 36,25; Jó 9,30; Hb 9,13s | 10. 6,3; 35,10 | 12. Ez 11,19 | 13. Sb 1,5; 9,17 | 14. Rm 8,9.14ss; Is 57,15s | 16. 30,10 | 18. 50,8

† **51**. Este salmo, verdadeira joia do Saltério, no qual o salmista pede a Deus que o purifique e renove interiormente, tornou-se a oração por excelência dos pecadores que somos todos nós. | 5. Há alguns que, depois de terem pecado, estão totalmente tranquilos, como se nada tivesse acontecido (Orígenes). | 7. A consciência de que todo ser humano nasce impuro prepara a revelação do mistério do pecado original. | 12. Só Deus pode criar; assim a reconciliação do pecador é obra exclusiva de Deus, como o ato de criar. É mais do que ressuscitar um morto, porque é restituir a vida não do corpo, mas da alma. | **51**,16. O sangue de Urias, que Davi mandou matar, 2Sm 11,15. Outra tradução possível: "Rompe o silêncio que me envolve", tradução que combina bem com o contexto.

não desprezais, ó Deus, um coração
contrito e humilhado.
20Em vosso amor sede propício a Sião,*
reconstruí os muros de Jerusalém.
21Então aceitareis os sacrifícios prescritos,*
o holocausto e a inteira oblação;
então imolarão novilhos sobre vosso
altar.*

52 (51) **Destino do fraudulento†.**

1*Ao regente do coro. Poema de
Davi.* 2*Quando Doeg, o edomita,
veio avisar a Saul que Davi
tinha entrado na casa de Abimelec.**
3Por que te glorias do mal,
ó prepotente em tua malícia?
4O dia todo planejas ciladas;
tua língua é uma navalha afiada,
fabricante de enganos.
5Preferes o mal ao bem,*
a mentira à sinceridade;
6gostas de palavras perniciosas,
ó língua enganadora!
7Por isso Deus te abaterá para sempre,
te destruirá, te expulsará da tenda*
e te extirpará da terra dos vivos.
8Os justos verão, temerão*
e se rirão dele, dizendo:
9"Eis o homem que não punha em
Deus seu refúgio,
mas confiava em sua grande riqueza,
e com seus crimes se fortalecia".
10Eu, porém, sou como uma oliveira
verdejante na casa de Deus;*
confio na misericórdia de Deus eternamente
e para sempre.
11Para sempre vos louvarei pelo que
fizestes*
e diante de vossos fiéis proclamarei a
bondade de vosso nome†.

53 (52) **Um mundo sem Deus†.**

1*Ao regente do coro. Conforme a melodia
"Mahalat". Poema de Davi.*
2O insensato pensa: "Deus não existe".
São corruptos, fazem coisas abomináveis;*
não há quem faça o bem.
3Do céu Deus se inclina sobre os homens*
para ver se existe um sábio,
alguém que procure a Deus.
4Todos se extraviaram, são todos corruptos;*
não há quem faça o bem, nem um sequer.
5Não entendem nada todos os malfeitores
que devoram meu povo como se fosse
pão?
Não invocam a Deus:*
6tremeram de pavor lá onde não havia
o que temer.
Porque Deus dispersou os ossos dos
que te sitiam;
tu os confundirás, porque Deus os rejeitou.
7Quem mandará de Sião a salvação de
Israel?
Quando Deus fizer voltar os exilados
de seu povo,*
exultará Jacó e Israel se alegrará.

54 (53) **Oração no perigo iminente.**

1*Ao regente do coro. Com instrumentos
de corda. Poema de
Davi.* 2*Quando os zifeus vieram dizer a
Saul: "Por acaso Davi não está escondido
entre nós?"**
3Deus, por vosso nome, salvai-me,
por vosso poder fazei-me justiça;
4Deus, ouvi minha oração,
prestai ouvidos às palavras de minha
boca.
5Pois levantaram-se contra mim os arrogantes*
e os violentos procuram tirar-me a vida,
sem se importar com Deus.
6Deus vem em meu auxílio,
o Senhor sustenta minha vida.*

---

* **51**,19. Is 57,15; 66,2; Sl 35,19 | 20. Jr 30,18; 31,4 | 21. Ez 36,33; Is 58,12 / Sl 4,6; Lv 1,3 | **52**,2. 1Sm 21,8; 22,6s | 5. Jr 4,22; 9,4; Jo 3,19s | 7. Jó 18,14; Pr 2,22 | 8. 40,4 | 10. 1,3; 92,13ss | 11. Jr 11,16; Zc 4,14 | **53**,2. 10,4; 36,2; Sf 1,12 | 3. 11,4 | 4. Rm 3,11s; Sl 12,2 | 5. Dt 28,67 | 7. 85,2; 126,1 | **54**,2. 1Sm 23,15; 26,1s | 5. 86,14

† **52**. Anúncio do castigo que virá do Deus justo sobre o pérfido caluniador. | 11. O ímpio confia nas riquezas e usa a língua para fazer o mal: será excluído da tenda de Deus; o salmista confia no constante amor de Deus e O louva com sua língua: será instalado no templo. | **53**. Com pequenas variantes, este salmo reproduz o Sl 14.

[7]Faz recair o mal sobre meus adversá-
rios†.
Em vossa fidelidade aniquilai-os.
[8]De todo o coração vos oferecerei um
sacrifício,
o sacrifício de louvor a vosso nome,
Javé, porque é bom.*
[9]Porque me livrou de toda a angústia,
e meu olhar desafiou meus inimigos.*

55 **(54)** **Oração do justo perseguido*.** [1]*Ao regente do coro. Com instrumentos de corda. Poema de Davi.*
[2]Ó Deus, escutai minha oração,
não rejeiteis minha súplica;
[3]prestai-me atenção e atendei-me.
Estou ansioso em minha tristeza e me
perturbo
[4]pelo grito do inimigo, pelo clamor do
malvado.
Pois sobre mim fazem cair desgraças,
me perseguem com furor.
[5]Meu coração treme em meu peito
e terrores mortais se abateram sobre
mim.
[6]Temor e tremor me invadem
e de mim se apodera o horror.
[7]Então digo: "Ah! Se eu tivesse asas
como a pomba*
para voar em busca de descanso!
[8]Fugiria para longe, iria morar no de-
serto.*
[9]Buscaria depressa um lugar de refúgio,
protegido do vendaval e da tempesta-
de".
[10]Dispersai-os, Senhor, confundi suas
línguas,
porque vejo na cidade violência e dis-
córdia:*
[11]dia e noite circulam sobre seus mu-
ros,
e dentro há iniquidade e malícia.
[12]Insídias reinam em seu interior
e não cessam em suas praças a opres-
são e a fraude†.
[13]Se fosse um inimigo que me insultas-
se, eu suportaria;
se fosse um adversário que se levantas-
se contra mim,
me esconderia dele.
[14]Mas és tu, meu companheiro,*
meu amigo e confidente;
[15]uma doce amizade nos unia,
na casa de Deus alegres caminhávamos.*
[16]Que a morte caia sobre eles,
que desçam vivos* ao lugar dos mortos†,
pois a maldade mora com eles, no
meio deles.*
[17]Eu, porém, invoco a Deus, e Javé me
salva.
[18]De tarde, de manhã e ao meio-dia me
lamento e suspiro†,
e ele escutará minha voz;
[19]vai dar-me a paz, livrando-me dos
que me combatem:
porque são muitos contra mim.
[20]Deus vai ouvir-me e humilhá-los,
ele que domina desde sempre.*
Pois para eles não há conversão,
não têm temor de Deus.
[21]Cada qual estendeu a mão contra
seus aliados,
violou sua aliança.
[22]Mais macia que a manteiga é sua boca,*
porém no coração têm a guerra;
mais brandas que o óleo são suas pa-
lavras,*
mas são espadas afiadas.
[23]Entrega a Javé teus cuidados*
e ele te dará apoio;
jamais permitirá que o justo vacile".
[24]Vós, ó Deus, os precipitareis na fossa
profunda.
Os homens sanguinários e fraudulentos
não chegarão à metade de seus dias†.
Mas eu em vós confio.*

56 **(55)** **Confiança na palavra de Deus.** [1]*Ao regente do coro. Conforme a melodia "A pom-*

* **54**,6. 118,7 | 8. 52,11 | 9. 58,11; 91,8 | **55**. Jr 9,1-8 | 7. 11,1 | 8. Jr 9,1 | 10. Jr 5,1; 6,6; Ez 22,2; Sf 3,1 | 14. 41,10 | 15. Jr 9,3-7; Mt 26,21-24 | 16. 49,15 / Is 5,14; Pr 1,12 | 20. 29,10; 93,2 | 22. 28,3 / 57,5; Pr 12,18 | 23. 37,5; 1Pd 5,7 | 24. 25,2; 56,5 | **56**,1. 1Sm 21,11s

† **54**,7. Aplicação da lei do talião: a má sorte que os inimigos planejavam para o salmista caberá a eles, Sl 37,14s. | **55**,12. Perto da porta da cidade, único espaço mais aberto, estava a praça, palco de toda a vida social: negócios, processos, bate-papos, etc. | 16. A morte prematura ou repentina era o castigo do ímpio. | 18. O dia dos hebreus começava de tarde, por isso a tarde é mencionada primeiro. | 24. Morrer jovem era um dos piores castigos, para quem esperava retribuição somente nesta vida.

*ba dos terebintos distantes". Poema de Davi. Quando os filisteus o mantinham preso em Gat.**
2Piedade de mim, ó Deus,
porque um homem me persegue;
o dia todo um agressor me oprime.
3Meus adversários me humilham o dia
todo,
os que me atacam são muitos, ó Altís-
simo.
4Na hora do medo, em vós me refugio.
5Em Deus, cuja promessa eu louvo,
em Deus confio, não temerei:
que pode fazer-me um homem?
6Estão sempre falando e tramando,
só pensam em fazer-me o mal.
7Conjuram, armam ciladas,
observam meus passos
para atentarem contra minha vida.
8Pagai-lhes conforme sua iniquidade,
em vossa ira abatei os povos, ó Deus.
9Contastes os passos de minha vida er-
rante,
minhas lágrimas recolheis em vosso
odre;*
não estão elas inscritas em vosso livro?
10Então vão recuar meus inimigos,
quando eu vos invocar;
sei que Deus está do meu lado.*
11Em Deus, cuja promessa eu louvo,
12em Deus confio, não temerei:*
que pode fazer-me um homem?
13Mantenho, ó Deus, os votos que vos
fiz:
vou render-vos ações de graças,*
14porque me livrastes da morte,*
preservastes meus pés da queda,
para que eu caminhe na presença de
Deus
na luz dos vivos.*

57 (56) **Oração da manhã no sofrimento.**

1*Ao regente do coro. Segundo a melodia "Não destruas". Poema de Davi. Quando fugiu de Saul na caverna.**
2Piedade de mim, ó Deus, tende pie-
dade,
pois em vós me refugio;
abrigo-me à sombra de vossas asas*
até que passe a calamidade.
3Invocarei o Deus Altíssimo,
Deus que me faz o bem.
4Mande do céu para salvar-me,
confundindo meus perseguidores,
Deus mande sua misericórdia e sua fi-
delidade.*
5Eu me deito entre leões que devoram
a gente:*
seus dentes são lanças e flechas,
sua língua, espada afiada.*
6Ó Deus, elevai-vos acima dos céus,*
sobre toda a terra se estenda vossa
glória.
7Armaram uma rede a meus pés, me
humilharam;
cavaram a minha frente uma fossa,
mas eles mesmos caíram nela.*
8Meu coração está pronto, ó Deus,*
está pronto meu coração.
Quero cantar, a vós quero louvar.
9Desperta, minha glória,
despertai, harpa e cítara,*
quero acordar a aurora.
10Entre os povos, Senhor, vos louvarei,*
entre as nações vos cantarei hinos,
11porque vossa bondade se eleva até
os céus,*
e vossa fidelidade até as nuvens.
12Ó Deus, elevai-vos acima dos céus,
sobre toda a terra se estenda vossa
glória.

58 (57) **Contra os juízes iníquos*.**

1*Ao regente do coro. Segundo a melodia "Não destruas". Poema de Davi.*
2Fazeis mesmo justiça, ó poderosos?
É segundo o direito que julgais os ho-
mens?
3Não! No coração cometeis crimes;*
no país vossas mãos distribuem a in-
justiça.
4Desde o seio materno os maus se des-
viaram;
desde seu nascimento os mentirosos
se perdem.
5Têm um veneno como o da serpente,*

---

* **56**,9. Is 25,8; Ap 7,17 | 10. 118,7; 124,1s | 12. Hb 13,6; Sl 118,6 | 13. Lv 7,11s | 14. Jó 33,30; 27,13/ 116,9; Ecl 11,7 | **57**,1. 1Sm 24,4s | 2. 17,8 | 4. 43,3 | 5. 17,12 / 64,4 | 6. 72,19; 102,16 | 7. 7,16 | 8. 108,2-6 | 9. 6,5 | 10. Jó 38,12; 9,12; 18,50 | 11. 36,6 | **58**. 82 | 3. Dt 16,19; Mq 2,1; Sl 82,2 | 5. Dt 32,33; Sl 140,4

como o veneno da víbora surda, que
fecha os ouvidos
6para não ouvir a voz do encantador,
do mago mais perito.
7Ó Deus, quebrai-lhes os dentes na
boca;*
Javé, parti suas presas de leões!
8Que se dissipem como água que corre,*
que sequem como mato que se pisa;
9como a lesma que se derrete e some,*
como o abortivo que nunca viu a luz
do dia.*
10Antes que soltem espinhos como o
mato,*
verdes ou queimados, o turbilhão os
carregue.*
11O justo se alegrará ao ver a vingança;*
banhará seus pés no sangue dos ímpios.*
12Dirão: "Existe, sim, recompensa para
o justo,*
existe um Deus que governa a terra!"

59 (58) **Pedido de proteção contra os agressores.**
1*Ao regente do coro. Segundo a melodia "Não destruas". Poema de Davi. Quando Saul mandou homens para vigiar sua casa e matá-lo.**
2Livrai-me de meus inimigos, meu
Deus,
protegei-me contra meus adversários.
3Livrai-me dos que fazem o mal,
salvai-me dos que derramam sangue.
4Pois espreitam minha vida,
gente poderosa trama contra mim,
sem que eu tenha culpa nem pecado,
Javé.
5Sem culpa minha se apressam e atacam.
Despertai, vinde a meu encontro e
olhai!
6Mas vós, Javé, Deus dos exércitos,
Deus de Israel,
levantai-vos e castigai todas as nações,
não tenhais piedade de ninguém que
faz o mal.*
7Eles voltam cada noite, ladrando como
cães*
e giram pela cidade.
8Alardeiam com sua boca, têm espadas
entre os lábios:*
"Pois quem está ouvindo?"
9Mas vós, Javé, vos rides deles,*
zombais de todas as nações.
10A vós, minha força, eu me dirijo;
pois sois vós, ó Deus, minha defesa.
11Venha a meu encontro meu Deus de
misericórdia;
ele me fará desafiar meus inimigos.*
12Não os extermineis, para que meu
povo não esqueça;
dispersai-os com vossa força e humilhai-os,
ó Senhor, que sois nosso escudo.
13Eles pecam a cada palavra de seus
lábios;*
mas serão vítimas de seu orgulho
por causa da maldição e da mentira
que proferem.
14Aniquilai-os em vosso furor, aniquilai-os,*
de modo que não mais existam.
Para saberem que Deus reina em Jacó
e até os confins da terra.
15Eles voltam cada noite ladrando
como cães,
e giram pela cidade;
16em busca de alimento vagueiam†,
uivando se não conseguem saciar-se.
17Eu, porém, cantarei vosso poder,
de manhã exaltarei vossa misericórdia,*
porque fostes minha defesa,
meu refúgio no dia da angústia.
18Ó minha força, a vós quero cantar
porque sois, ó Deus, minha defesa,
meu Deus de misericórdia.

60 (59) **Oração depois de uma derrota.**
1*Ao regente do coro. Conforme a melodia "O lírio do tes-*

* **58**,7. 3,8; 35,17; Sl 57,5 | 8. Jó 11,16; Sl 37,2 | 9. Jó 3,16 / Ecl 6,3s | 10. Os 13,8 / Jó 21,18; 27,21 | 11. Na 1,10 / Sl 52,8; 68,24 | 12. Jó 19,29; Ml 2,17; 3,18 | **59**,1. 1Sm 19,11-17 | 6. Is 26,10 | 7. 54,11 | 8. 52,4; 55,2; 57,5; 64,4 | 9. 2,4; 37,13 | 11. 54,9 | 13. Pr 12,13; 18,7 | 14. Ez 5,13; 6,12; 13,13; Sl 46,10s; 83,19 | 17. 17,15

† **59**,16. Os inimigos do salmista são como chacais e cães que à noite invadem a cidade à procura de alimento; mas o salmista lhes escapa.

temunho". Poema de Davi. Para ensinar.
2*Quando ele guerreou os arameus da Mesopotâmia e os arameus de Soba; e Joab, na volta, venceu Edom no vale do Sal, doze mil homens.**
3Ó Deus, vós nos rejeitastes, nos dispersastes;
estáveis irado, voltai para nós.
4Abalastes e fendestes a terra;*
reparai suas brechas, pois ameaça ruir.
5Fizestes vosso povo passar por duras provas,
a beber nos destes vinho atordoante†.
6Aos que vos temem destes um sinal*
a fim de fugirem para longe do arco.
7Para que vossos amados sejam libertados,*
salvai-nos com a mão direita e respondei-nos.
8Deus falou em seu santuário:
"Exultarei, dividirei Siquém*
e vou medir o vale de Sucot†.
9Galaad e Manassés me pertencem,
Efraim é o capacete de minha cabeça.
Judá é meu cetro,*
10Moab é a bacia em que me lavo,
sobre a Idumeia lançarei minhas sandálias†,
sobre a Filisteia cantarei vitória".*
11Quem me conduzirá à cidade fortificada?
Quem me guiará até Edom,
12a não ser vós, ó Deus, que nos rejeitastes,
e já não saís, ó Deus, com nossas fileiras?*
Vinde em nosso auxílio na tribulação,
porque é vã a salvação humana.*
13Com Deus faremos proezas,*
e ele esmagará nossos inimigos.

61 (60)

Prece de um exilado. 1*Ao regente do coro. Com instrumentos de corda. De Davi.*
2Ouvi, ó Deus, meu clamor,
ficai atento a minha oração.
3Dos confins da terra eu vos invoco,*
enquanto meu coração desfalece.
Levai-me para um rochedo inacessível,*
4pois vós sois para mim um refúgio,*
torre forte diante do inimigo.
5Possa eu morar em vossa tenda para sempre,
à sombra de vossas asas encontrar abrigo.
6Porque vós, ó Deus, aceitastes meus votos*
e me destes a herança dos que temem vosso nome.
7Aos dias do rei acrescentai muitos dias,*
por muitas gerações durem seus anos.
8Reine para sempre diante de Deus;*
designai o amor e a fidelidade para o guardarem.
9Assim cantarei hinos a vosso nome, sempre,
cumprindo meus votos dia após dia.*

62 (61)

Só em Deus existe paz. 1*Ao regente do coro. Segundo a melodia de Iditun. Salmo de Davi.*
2Só em Deus repousa minha alma;
dele vem minha salvação.
3Só ele é meu rochedo e minha salvação,
minha rocha de defesa: jamais vacilarei.
4Até quando vos lançareis contra um homem,
para abatê-lo todos juntos,
como parede inclinada,
ou um muro prestes a cair?
5Só conspiram para precipitá-lo do alto,*
têm prazer em mentir.
Com a boca bendizem, mas no coração maldizem.*
6Só em Deus repousa, ó minha alma,*
pois dele vem minha esperança.
7Só ele é meu rochedo e minha salvação,
minha rocha de defesa: jamais vacilarei.

---

* **60**,2. 1Sm 8,1-14; 10,7s; 1Cr 18,1-13 | 4. Is 24,20 | 6. Jr 25,15; Is 51,17.21s; Sl 74,9 | 7. 108,7-14 | 8. Is 42,13; Eclo 50,26; Ab 19s; Is 11,13 | 9. Gn 49,10 | 10. Is 11,14 | 12. 44,10; 68,8 / 33,16s | 13. Os 1,7; 2Cr 14,10; Sl 44,6 | **61**,3. 27,4s / 43,3 | 4. Pr 18,10; Sl 46,2 | 6. 17,8 | 7. 21,5 | 8. 72,5; 89,5.30.34.37; 40,12; 85,11s; 89,15.25 | 9. Pr 20,28 | **62**,5. 4,3 / 28,3; 55,22 | 6. 42,6.12; 43,5; 118,8; Mq 7,7

† **60**,5. Deus os inebriou de amargura com a derrota. | 8. Dividir e medir eram sinais de posse. | 10. Mais outros gestos que indicam domínio, agora de terras estrangeiras.

[8]Em Deus está minha salvação e minha glória;*
minha rocha de defesa, meu refúgio está em Deus.
[9]Confiai nele, ó povo, em todo o tempo,*
diante dele derramai vosso coração,
nosso refúgio é Deus.
[10]São apenas um sopro os filhos de Adão,*
uma mentira os seres humanos;*
juntos, na balança,* são menos que um sopro†.
[11]Não confieis na violência,*
não vos enganeis com a rapina;*
não apegueis o coração às riquezas, se elas aumentam.*
[12]Deus disse uma palavra, duas eu ouvi:*
que o poder pertence a Deus
[13]e a vós, Senhor, a misericórdia;
pois retribuís a cada um segundo suas obras.*

63 (62) Sede de Deus†.

[1]*Salmo de Davi. Quando estava no deserto de Judá.**
[2]Ó Deus, vós sois meu Deus,*
desde a aurora vos procuro.
De vós tem sede minha alma,*
anela por vós minha carne,
como terra deserta, seca, sem água.*
[3]Assim no santuário vos contemplei,
para ver vosso poder e vossa glória.
[4]Pois vossa bondade vale mais que a vida†,
meus lábios proclamarão vosso louvor.
[5]Assim vos bendirei enquanto eu viver,
em vosso nome erguerei minhas mãos.
[6]Eu me saciarei como num farto banquete,*
e com vozes de alegria vos louvará minha boca.
[7]Quando de vós me lembro em meu leito
e penso em vós nas vigílias noturnas,
[8]porque fostes meu auxílio,
exulto de alegria à sombra de vossas asas.*
[9]A vós minha alma está unida,
vossa mão direita me sustenta.
[10]Mas os que querem me fazer mal*
irão para as profundezas da terra;
[11]serão entregues ao poder da espada
e se tornarão pasto dos chacais†.
[12]O rei, porém, se alegrará em Deus,*
e se gloriarão todos os que juram por ele,
pois será fechada a boca dos mentirosos.

64 (63) Castigo dos caluniadores.

[1]*Ao regente do coro. Salmo de Davi.*
[2]Ouvi, ó Deus, a voz de meu lamento,
preserva minha vida do terror do inimigo.
[3]Protegei-me da conjura dos malvados,
do tumulto dos malfeitores.
[4]Afiam sua língua como espada,*
lançam como flechas palavras amargas†
[5]para ferir às ocultas o inocente;*
de surpresa o atacam, sem nada temer.
[6]Em sua maldade se obstinam,
fazem acordo para esconder ciladas,*
dizendo: "Quem poderá vê-las?"*
[7]Meditam a iniquidade, executam suas tramas;
impenetrável é o homem, seu coração é um abismo.
[8]Mas Deus os atinge com suas flechas,*
de repente são feridos.
[9]Sua própria língua é a causa de sua ruína;
todos, ao vê-los, menearão a cabeça.*

* **62**,8. Jr 3,23; Is 45,17; 60,19 | 9. Is 26,4 | 10. 39,6s / 116,11 / Is 40,15 | 11. Is 30,12 / Ez 22,29 / Jr 17,11; Jó 27,12s; 31,25 | 12. Mt 6,19s.24; Ecl 5,9s; Jó 40,5 | 13. 28,4; 31,24; Jó 34,11; Rm 2,6; 2Tm 4,14 **63**,1. 1Sm 22-24 | 2. Sl 36,8ss / 42,2 / 143,6 | 6. 36,9 | 8. 17,8 | 10. 5,11 | 12. 21,2; 64,11 | **64**,4. 55,22; 57,6; 59,8; 140,4 | 5. Jr 9,2; 11,2 | 6. Pr 1,11s; 6,14 / Sl 10,11; 94,7 | 8. 7,13s; 39,3 | 9. 44,15

† **62**,10. Por detrás de seu orgulho, os inimigos não têm nenhum peso. | **63**. A oração é o encontro entre a sede de Deus e a nossa. Deus tem sede de que nós tenhamos sede dele (S. Agostinho). | 4. Para os hebreus o bem supremo era a vida, mas aqui algo é colocado acima dela: o amor de Deus. Partindo daí, era possível acreditar que o amor de Deus se estende para além da vida: "Quem nos separará ... ?" Rm 8,35-39. | 11. Ficarão sem sepultura, o pior castigo para um morto. | **64**,4. As flechas são símbolo da calúnia. O caluniador também será atingido por flechas, conforme a lei do talião: pelas flechas de Deus, v. 8.

10 Então todos temerão,*
anunciarão as obras de Deus
e entenderão o que ele fez.
11 O justo se alegrará em Javé*
e nele porá sua esperança,
e todos os de coração reto se gloriarão.

65 (64) Alegria das criaturas pela providência divina.

1 *Ao regente do coro. Salmo de Davi. Cântico.*
2 A vós se deve o louvor, ó Deus, em Sião,
a vós a promessa se cumpra em Jeru-
salém.
3 A vós, que escutais a oração,
vem todo mortal.*
4 As iniquidades prevalecem contra
nós,*
mas vós perdoais nossas rebeliões.
5 Feliz quem escolheis e atraís para vós†,
para morar em vossos átrios.
Queremos saciar-nos com os bens de
vossa casa,
com a santidade de vosso templo.
6 Com os prodígios de vossa justiça,
vós nos respondeis, ó Deus, nossa sal-
vação,
esperança dos confins da terra e dos
mares distantes.*
7 Firmais os montes com vossa força,*
cingido de poder.*
8 Fazeis calar o fragor do mar e o es-
trondo de suas ondas;*
acabais com o tumulto dos povos.
9 Os habitantes dos extremos confins
tremem ante vossos prodígios;
fazeis exultar de alegria
as portas do oriente e do ocidente.
10 Visitais a terra e a regais,*
enchendo-a com vossas riquezas.*
O rio de Deus está cheio de água;
fazeis crescer o trigo para os homens.
Assim preparais a terra:
11 irrigais seus sulcos, aplanais os torrões,
com as chuvas abrandais a terra e
abençoais seus germes.
12 Coroais o ano com vossos benefí-
cios,*
a vossa passagem goteja a fartura.
13 Gotejam os pastos do deserto*
e as colinas se revestem de júbilo.
14 Os prados se cobrem de rebanhos,
douram-se os vales com o trigo,*
tudo canta e vibra de alegria.

66 (65) Louvor à bondade de Deus.

1 *Ao regente do coro. Cântico. Salmo.*
Aclamai a Deus, terra inteira,
2 cantai a glória de seu nome;*
dai-lhe glorioso louvor.
3 Dizei a Deus: "Como são estupendas
vossas obras!
Pela grandeza de vossa força
diante de vós se curvam vossos inimigos.*
4 A vossa frente toda a terra se prostra
e canta para vós, canta para vosso
nome".
5 Vinde ver as obras de Deus,
as maravilhas que fez pelos filhos dos
homens.
6 Mudou o mar em terra seca,*
atravessaram o rio a pé enxuto;
por isso, alegremo-nos nele!
7 Com seu poder ele domina para sem-
pre,
seus olhos observam as nações,
para que não se levantem os rebeldes.
8 Povos, bendizei nosso Deus
e proclamai a plena voz seu louvor.
9 Ele preservou nossa vida
e não permitiu que vacilassem nossos
pés.
10 Sim, ó Deus, vós nos provastes,*
nos apurastes, como se faz com a prata†.
11 Fizestes-nos cair numa cilada,
pusestes um peso em nossas costas.
12 Deixastes os homens cavalgar* nos-
sas cabeças†,
passamos pelo fogo e pela água,*
mas enfim nos trouxestes a um lugar
de descanso.

---

* **64**,10. 40,4; 52,8 | 11. 5,12; 58,11; 63,12 | **65**,3. Is 66,23 | 4. 32,1 | 6. Is 66,19 | 7. Jó 38,6s / Sl 89,10; 107,29 | 8. Jó 38,11; Mt 8,26; Is 17,12 | 10. Jl 2,22s / Is 30,23.25; Lv 26,3s | 12. Am 9,13 | 13. 96,12 | 14. Is 44,23; 66,1
66,2. Ef 1,12.14 | 3. 17,45; 81,16 | 6. 114,3; Is 44,27; 50,2 | 10. Is 48,10 | 12. Is 51,23 / Is 43,2; Sl 32,6; 81,8

† **65**,5. Deus é tua riqueza. Não cuides do que te promete o mundo, mas do que te promete o Criador do mundo (S. Agostinho). | **66**,10. O povo confessa seus pecados e se reconcilia com Deus, reconhecendo que a derrota foi uma correção divina. | 12. Era costume o vencedor colocar o pé sobre o pescoço do vencido.

[13]Quero entrar em vossa casa com holocaustos
e para vós cumprir minhas promessas
[14]que meus lábios formularam
e minha boca pronunciou em minha angústia.
[15]Holocaustos gordos vos ofertarei,
junto com a fumaça dos carneiros;
imolarei bois com cabritos.
[16]Vinde e escutai, vós todos que temeis a Deus,
vou narrar o que ele fez por mim.
[17]A ele gritei com minha boca
e minha língua o exaltou.
[18]Se eu achasse culpa em meu coração,
o Senhor não me teria ouvido;
[19]mas Deus me ouviu,
deu atenção à voz de minha súplica.
[20]Bendito seja Deus que não rejeitou minha oração
nem apartou de mim seu amor.

67 (66) **Louvor universal**†. [1]*Ao regente do coro. Com instrumentos de corda. Salmo. Cântico.*

[2]Deus tenha compaixão de nós e nos abençoe,*
faça brilhar sobre nós sua face.
[3]Para que se conheça na terra vosso caminho,*
e vossa salvação entre todas as nações†.
[4]Que os povos vos louvem, ó Deus,
que vos louvem todos os povos.
[5]Exultem as nações e se alegrem,
porque julgais os povos com justiça,*
governais as nações sobre a terra.*
[6]Que os povos vos louvem, ó Deus,
que vos louvem todos os povos.
[7]A terra deu seu fruto.*
Que Deus, nosso Deus, nos abençoe;*
[8]que Deus nos abençoe,
e o temam todos os confins da terra.

68 (67) **Marcha triunfal do Deus vencedor.** [1]*Ao regente do coro. Salmo de Davi. Cântico.*

[2]Deus se levanta! Seus inimigos se dispersam;*
fogem diante dele os que o odeiam.
[3]Como se dissipa a fumaça, vós os dispersais;
como se derrete a cera diante do fogo,
perecem os ímpios diante de Deus.
[4]Os justos, porém, se alegram,
exultam diante de Deus e cantam de alegria.
[5]Cantai a Deus, salmodiai a seu nome,*
abri caminho para o que cavalga as nuvens;
Javé é seu nome, alegrai-vos diante dele.*
[6]Pai dos órfãos e defensor das viúvas,*
assim é Deus em sua santa morada.
[7]Aos desamparados Deus dá uma casa onde morar,
abre aos cativos a porta da felicidade;
mas os rebeldes ele deixa em terra seca.*
[8]Quando saístes à frente de vosso povo, ó Deus,*
quando atravessastes o deserto,
[9]a terra tremeu, o céu dissolveu-se diante do Deus do Sinai,
diante de Deus, o Deus de Israel†.
[10]Uma chuva torrencial derramastes, ó Deus,*
fortalecestes vossa herança exausta.
[11]E vosso povo habitou a terra
que em vosso amor, ó Deus, preparastes para o pobre.
[12]O Senhor anuncia uma notícia,
as mensageiras de vitória são uma grande fileira:
[13]"Fogem os reis, fogem os exércitos,*
até as mulheres repartem os despojos.
[14]Enquanto dormis entre os rebanhos,*
as asas da pomba se cobrem de prata,
suas penas, de um reflexo de ouro".
[15]Quando o Todo-poderoso expulsava os reis,*
caía neve sobre o Salmon.
[16]Monte de Deus é o monte de Basã,
monte altaneiro é o monte de Basã.

* **67**,2. Nm 6,24s | 3. 31,17; 4,7; Jr 33,9 | 5. 98,9 / 82,8 | 7. 85,13 / Lv 26,4; Ez 34,27; Os 2,23s | **68**,2. Nm 10,35; Is 33,3 | 5. 18,10s; Dt 33,26; Is 19,1; 66,15; 57,14 / Êx 22,21s | 6. Br 6,37 | 7. Nm 16,35 | 8. Jz 5,4s; Hab 3,3s; Dt 33,2 | 10. Êx 16,1.13; Sl 78,24s | 13. Jz 5,19-22 | 14. Jz 5,16 | 15. Gn 17,1

† **67**. Esta oração inspira-se na bênção que Moisés ensinou a Aarão, Nm 6,23-26. | 3. As bênçãos de Deus a seu povo são um incentivo para as nações buscarem também as mesmas bênçãos. O desejo de felicidade, inerente ao coração humano, deve levar a Deus, do qual vem a felicidade verdadeira. **68**,9. Recorda o êxodo, quando Deus ia à frente de seu povo para conduzi-lo ao combate e à vitória.

17 Por que tendes inveja, montes elevados,
do monte que Deus escolheu para morar?†
Javé habitará nele para sempre.
18 Os carros de Deus são milhares e milhares;*
o Senhor vem do Sinai para o santuário†.
19 Subistes às alturas conduzindo prisioneiros,*
recebestes homens como tributo;
mesmo os rebeldes habitarão junto a Javé Deus.
20 Bendito o Senhor para sempre,
cuida de nós o Deus salvador.*
21 Nosso Deus é um Deus libertador,*
cabe ao Senhor Javé livrar da morte.
22 Sim, Deus esmaga a cabeça de seus inimigos
e o crânio cabeludo de quem caminha em seus pecados.
23 Disse o Senhor: "De Basã os trarei de volta,
dos abismos do mar os farei voltar,
24 para que laves no sangue teu pé,*
e a língua de teus cães receba sua parte entre os inimigos"†.
25 Surge vosso cortejo, ó Deus,
o cortejo de meu Deus, de meu rei, no santuário:
26 na frente os cantores, por último os que tocam cítaras,
no meio as meninas tocando tamborins.
27 "Bendizei a Deus em vossas assembleias,
bendizei a Javé, descendentes de Israel".*
28 Ali está Benjamim, o mais novo, que os precede,*
os chefes de Judá e suas fileiras,
os chefes de Zabulon, os chefes de Neftali.*
29 Ordenai, ó Deus, conforme vosso poder!
Ó Deus, confirmai o que por nós fizestes,
30 de vosso templo que está em Jerusalém.
Os reis vos trarão presentes.
31 Ameaçai a fera dos caniços†,
a manada dos touros com os bezerros dos povos,*
até que se humilhem, trazendo barras de prata.
Dispersai os povos que gostam de guerras!
32 Virão os nobres do Egito,*
a Etiópia estenderá as mãos para Deus.
33 Reinos da terra, cantai a Deus,
salmodiai ao Senhor,
34 Àquele que cavalga os céus, os céus eternos.*
Ele faz ressoar sua voz, sua voz possante.
35 Reconhecei o poder de Deus,
sua majestade está sobre Israel,
seu poder sobre as nuvens†.
36 Tremendo sois, ó Deus, de vosso santuário.
O Deus de Israel dá força e vigor a seu povo.*
Bendito seja Deus!

69 (68)

Angústia mortal. 1 *Ao regente do coro. Conforme a melodia "Os lírios". De Davi.**
2 Salvai-me, ó Deus,*
porque sobem as águas até meu pescoço.*
3 Estou atolado no lodo profundo,*
onde não tenho apoio;
em águas profundas caí, e a correnteza me arrasta.
4 Cansei-me de gritar, minha garganta está seca;
meus olhos se consomem esperando por meu Deus.

---

* **68**,18. Ez 43,7; 2Rs 6,17; 7,6 | 19. 47,6; Ef 4,8ss | 20. Dt 32,11 | 21. Is 46,3s; 63,9 | 24. 1Rs 21,19; 22,38; 2Rs 9,36 | 27. Dt 33,28; Jr 2,13; 17,13 | 28. 80,2s / Is 8,23 | 31. Ez 29,2s | 32. Is 18,7; 45,14 | 34. 68,5 | 36. 28,8; 29,11 | **69**,1. 45,1 | 2. 18,5 / 124,4s | 3. Jn 2,6 |

† **68**,17. As montanhas disputam entre si a honra de serem a morada divina. | 18. Javé é como um rei vitorioso, que vai em cortejo com seus carros, os prisioneiros e os despojos, para a colina de Sião, onde vai estabelecer sua morada terrestre. | 24. Imagem rude da vingança, coroamento da vitória, da qual Javé faz os israelitas participar. | 31. A fera dos caniços é o crocodilo, símbolo do Egito; os touros são os chefes e os bezerros são o povo. | 35. Convite às nações para louvar o Senhor e reconhecer seu poder e a proteção que dá a seu povo.

5 Os que me odeiam sem motivo*
são mais numerosos que meus cabelos.*
São poderosos os que querem arruinar-me*
e que injustamente são meus inimigos;
deverei restituir o que não roubei?
6 Deus, conheceis minha loucura,
meus pecados não vos são ocultos.
7 Não fiquem confundidos por minha causa
os que esperam em vós, Javé, Senhor dos exércitos†.
Não sejam cobertos de vergonha por causa de mim
os que vos buscam, Deus de Israel.
8 Pois por vossa causa suportei afrontas,*
a ignomínia cobriu-me o rosto.
9 Tornei-me um estranho para meus irmãos,*
um estrangeiro para os filhos de minha mãe.
10 Pois o zelo por vossa casa me devorou,*
os insultos dos que vos insultam caíram sobre mim.*
11 Se me mortifico com o jejum,
isto é motivo de infâmia para mim;
12 se me visto de saco, sou alvo de seus sarcasmos.
13 Falam mal de mim os que se assentam junto à porta
e os que bebem vinho fazem canções sobre mim.
14 Mas elevo a vós, Javé, minha oração no tempo favorável.*
Atendei-me conforme vossa grande bondade, ó Deus,
por vossa fidelidade em socorrer.
15 Tirai-me do lodo, para que eu não afunde,
que eu seja livre dos que me odeiam e das águas profundas.
16 Que a correnteza não me arraste,
que não me devore o pântano
e o abismo não feche sua boca sobre mim.
17 Ouvi-me, ó Javé, pois vossa bondade é benigna,
conforme vossa grande misericórdia, olhai para mim.
18 Não escondais de vosso servo vossa face,*
pois estou em perigo; depressa, atendei-me.
19 Aproximai-vos de mim e resgatai-me,
livrai-me por causa de meus inimigos.
20 Conheceis a infâmia, a vergonha
e a desonra que padeço.*
Em vossa presença estão todos os que me afligem.
21 A ignomínia oprime meu coração e eu desfaleço;
esperei em vão quem tivesse pena de mim,*
procurei quem me consolasse, mas não encontrei.
22 Como alimento me deram fel,
quando tive sede, me deram a beber vinagre.*
23 Que sua mesa* seja um laço para eles†
e sua prosperidade, uma armadilha.
24 Que se ofusquem seus olhos para não verem;
e que seus rins estejam sempre doentes.
25 Derramai sobre eles vossa ira,
e o furor de vossa cólera os alcance.
26 Fique deserta sua morada,*
não haja quem more em suas tendas.
27 Porque perseguiram aquele que feristes,*
aumentando a dor dos que provastes.
28 À culpa deles ajuntai mais culpa,
e não tenham acesso a vossa justiça.
29 Sejam riscados do livro dos vivos*
e entre os justos* não sejam inscritos†.
30 Quanto a mim, infeliz e doente,
vosso auxílio, ó Deus, me ponha a salvo.

* **69**,5. Jo 15,25 / Sl 40,13 / 35,19 | 8. Jr 15,15 | 9. Jó 19,13ss | 10. 119,139 / Jo 2,17; Rm 15,3 | 14. Is 49,8; 32,6; 102,14 | 18. 102,3 | 20. Jó 6,14; Lm 1,2 | 21. Mt 26,40; Jo 16,32 | 22. Mt 27,34.48 | 23. Rm 11,9s | 26. At 1,20 | 27. Is 53,4; Sl 71,11 | 29. Êx 32,32; Is 4,3 / Dn 12,1; Ap 3,5 | 31. 22,26s

† **69**,7. Não fiquem desiludidos em sua esperança, vendo alguém que rezou em vão. | 23. A "mesa" era um couro curtido estendido no chão, ao redor do qual os comensais se sentam ou se recostam. Por baixo do couro, era possível haver um buraco com uma armadilha. | 29. Deseja para eles uma morte prematura. O livro dos vivos contém os nomes dos que estão vivos. Mais tarde, ele será considerado como o registro dos que se salvam, Fl 4,3; Ap 3,5; 13,8.

31 Celebrarei com um cântico o nome
de Deus,*
com ações de graças o exaltarei.
32 Isto agradará a Javé mais que um
touro,*
mais que um novilho com chifres e cas-
cos.
33 Os humildes veem e se alegram.*
Vós que buscais a Deus, que vosso co-
ração reviva!
34 Pois Javé atende os pobres,
não despreza seus cativos.
35 Que o louvem céus e terra,
os mares e tudo o que neles se move.
36 Pois Deus salvará Sião*
e reedificará as cidades de Judá;
ali habitarão e a possuirão.*
37 E a posteridade de seus servos a her-
dará,*
e nela habitarão os que amam seu
nome.

70 (69) **Clamor do perseguido.**
1 *Ao regente do coro. De Davi. Para comemorar.**
2 Ó Deus, libertai-me;*
Javé, socorrei-me sem demora.
3 Fiquem confusos e envergonhados
os que querem tirar-me a vida.
Voltem para trás envergonhados
os que desejam minha ruína.
4 Recuem, cobertos de vergonha,
os que me dizem: "Bem feito!".
5 Exultem e se alegrem em vós
todos os que vos buscam;
digam sempre: "Deus é grande!"
os que amam vossa salvação.
6 Eu, porém, sou pobre e indigente;
socorrei-me, ó Deus, depressa!
Vós sois meu auxílio e meu libertador,
Javé, não tardeis.

71 (70) **Oração de um idoso.**
1 Em vós me refugio, Javé,*
não seja eu jamais envergo-
nhado.*
2 Por vossa justiça libertai-me e resga-
tai-me,
prestai-me atenção e salvai-me.
3 Sede para mim um rochedo hospita-
leiro,
onde possa sempre refugiar-me.
Ordenastes que eu seja salvo
porque sois minha rocha e minha for-
taleza.
4 Meu Deus, salvai-me da mão do ím-
pio,*
do poder do malvado e do opressor.
5 Porque sois vós, Senhor, minha espe-
rança,
sois minha confiança, Javé, desde mi-
nha juventude.
6 Desde o seio materno tenho em vós
meu apoio;*
fostes vós que me tirastes do ventre de
minha mãe.
Para vós será sempre meu louvor.*
7 Para muitos eu sou como um prodí-
gio;*
mas vós sois meu abrigo seguro.
8 De vosso louvor está cheia minha
boca,
de vossa glória, o dia todo.
9 Não me rejeiteis no tempo da velhice,
não me abandoneis quando declinam
minhas forças.*
10 Pois contra mim falam meus inimigos,
os que me espreitam conspiram juntos,
11 dizendo: "Deus o abandonou, perse-
gui-o e prendei-o,*
porque não há quem o liberte".
12 Ó Deus, não fiqueis longe de mim,*
meu Deus, socorrei-me sem demora.
13 Sejam confundidos e aniquilados os
que me acusam;*
sejam cobertos de infâmia e de vergo-
nha*
os que querem arruinar-me.
14 Eu, porém, não perco a esperança
e sempre mais vos louvarei.
15 Minha boca anunciará vossa justiça
todos os dias*
e vossa salvação que não sei calcular.
16 Narrarei os prodígios do Senhor Javé
e me lembrarei de vossa justiça, so-
mente dela.
17 Vós me instruístes, ó Deus, desde mi-
nha juventude*

---

* **69**,32. 50,8.14; 51,18 | 33. 22,27; 70,5; 119,144 | 36. Is 44,26 / Ez 36,10; Sl 102,21ss | 37. Is 65,9 | **70**,1. 38,1 | 2. 40,14-18 | **71**,1. 31,2ss / 25,2 | 4. 140,2 | 6. Jr 17,14; Sl 22,11 / 109,1 | 7. Is 52,14; Sl 31,12 | 9. 22.12.20 | 11. 3,3; 22,9; 69,27 | 12. 22,12 | 13. 40,15 / 35,4 | 15. 35,28; 109,35 | 17. Os 2,17; Jr 2,1 / 129,1s; Is 46,3s

e até hoje vossas maravilhas proclamo.*
[18]E agora, na velhice, de cabelos brancos,
não me abandoneis, ó Deus,
até que eu anuncie vossa força a esta geração,*
e vosso poder a todas as que virão.
[19]Vossa justiça, ó Deus, é alta como os céus,
fizestes coisas grandes: quem é como vós, ó Deus?*
[20]Muitas angústias e males me fizestes provar;*
tornareis a dar-me vida,
e dos abismos da terra me fareis subir de novo.
[21]Aumentareis minha grandeza*
e me consolareis novamente.
[22]Então vos darei graças com a lira,
por vossa fidelidade, meu Deus;
vou cantar-vos com a harpa, ó santo de Israel.*
[23]Cantando vossos louvores, exultarão meus lábios*
e minha vida, que resgatastes.
[24]Também minha língua o dia todo
proclamará vossa justiça,
porque foram confundidos e humilhados
os que procuravam arruinar-me.

72 (71) O poder do rei Messias*. [1]*De Salomão.*

Dai ao rei, ó Deus, vosso julgamento,*
ao filho do rei vossa justiça;
[2]para que governe vosso povo com justiça
e vossos pobres com retidão.
[3]Que os montes tragam a paz ao povo*
e as colinas, justiça.
[4]Aos pobres de seu povo fará justiça,*
salvará os filhos do indigente
e abaterá seu opressor.
[5]Seu reino durará quanto o sol,*
quanto a lua, através das gerações.
[6]Descerá como a chuva sobre a relva,*
como a garoa que molha a terra.*
[7]Em seus dias florescerá a justiça*
e grande paz, até se extinguir a lua.
[8]Ele dominará de um mar ao outro,*
do rio até os confins da terra.
[9]Diante dele se inclinarão os habitantes
do deserto,*
e lamberão o pó seus inimigos.
[10]Os reis de Társis e das ilhas vão trazer-lhe ofertas,*
os reis da Arábia e de Sabá lhe pagarão tributo.*
[11]Que o adorem todos os reis da terra
e o sirvam todas as nações.
[12]Ele libertará o indigente que o invoca
e o aflito que não acha auxílio;
[13]terá piedade do fraco e do pobre
e salvará a vida dos pobres.
[14]Da opressão e da violência os resgatará,
será precioso a seus olhos o sangue deles.*
[15]Viverá e lhe será dado ouro da Arábia;
rezarão por ele todo dia,
será bendito para sempre.
[16]Haja fartura de trigo no país,*
ondulando sobre o alto dos montes;
floresça seu fruto como o Líbano,
e se recolha como a relva da terra.
[17]Dure seu nome para sempre,
diante do sol permaneça seu nome.
Nele serão abençoadas todas as raças da terra*
e todas as nações vão proclamá-lo feliz.
[18]Seja bendito Javé Deus, o Deus de Israel,
o único que faz prodígios!
[19]E bendito para sempre seu nome glorioso.
De sua glória se encha toda a terra.
Amém! Amém!
[20]*Final das orações de Davi, filho de Jessé.*

III. LIVRO TERCEIRO
(73 [72] – 89 [88])

73 (72) A prosperidade dos ímpios†. [1]*Salmo de Asaf.*

Sim, Deus é bom para Israel,

---

* **71**,18. 36,7; 22,31 | 19. 72,18 | 20. 86,8 | 21. 9,14; 40,3 | 22. Is 6,3 | 23. 7,18 | **72**. Is 11,1-5; Zc 9,9s | 1. Jr 23,5 | 3. Is 45,8; 52,7; 55,12 | 4. Sf 2,3 | 5. 61,8 | 6. Os 6,3; Is 45,8 / Dt 32,2 | 7. 2Sm 7,13s; Jr 31,35; 33,20 | 8. 89,38; Zc 9,10; Eclo 44,21 | 9. Is 27 | **72**,10. Is 49,23 / 1Rs 10,1 | 14. 116,15; 61,7s | 16. Is 27,6; Os 14,6-9; Am 9,13 | 17. Gn 12,3

† **73**. Diante do escândalo da prosperidade dos maus, o salmista passa da revolta a uma confiança totalmente nova. O fim, o que vem depois, é que soluciona o enigma: os maus cairão em ruína, e Deus conduzirá o justo à glória, v. 24.

para os que têm um coração puro.
2 Mas quase tropeçaram meus pés,
por pouco vacilavam meus passos.
3 Pois tive inveja dos soberbos,*
quando vi a prosperidade dos maus.
4 Para eles sofrimento não existe,
sadio e bem nutrido é seu corpo;
5 não sofrem as labutas dos mortais,
nem são afligidos como o são os outros.
6 Por isso, como colar os cinge o orgulho,
como veste os envolve a violência.
7 De suas entranhas sai a malícia,*
transbordam de seu coração maus pensamentos.
8 Zombam, falam com malícia,
com soberba ameaçam de cima.
9 Levantam a boca até o céu
e sua língua percorre a terra.
10 Por isso no alto estão sentados,
e a enchente não os atinge;
11 e dizem: "O que é que Deus sabe?*
Existe conhecimento no Altíssimo?"
12 Assim são os ímpios, sempre tranquilos,
aumentam seu poder.
13 Foi à toa que conservei puro meu coração*
e na inocência lavei minhas mãos?*
14 Porque sou molestado o dia todo*
e castigado cada manhã.
15 Se eu dissesse: "Vou falar como eles",
estaria traindo a geração de vossos filhos.
16 Refleti para entender isto,
mas achei difícil demais para meus olhos†,
17 até que entrei no santuário de Deus*
e entendi qual era o fim deles.
18 De certo, num chão escorregadio os colocais
e assim os fazeis cair em ruína.
19 Como ficaram assolados num instante!
Pereceram, consumidos pelo terror.
20 Como um sonho, quando se acorda, Senhor,
ao despertardes, desprezais a imagem deles.*
21 Quando meu coração se amargurava
e em meus rins sentia dor aguda,
22 eu era imbecil e ignorante,
como um animal a vossa frente.
23 No entanto, estou sempre convosco;
vós me tomastes pela mão direita†.
24 Com vosso conselho me guiareis
e depois me acolhereis na glória.*
25 Que tenho nos céus fora de vós?
Além de vós, nada desejo nesta terra.
26 Ainda que minha carne e meu coração desfaleçam,*
rochedo de meu coração e minha porção
é Deus para sempre!
27 Pois os que se afastam de vós perecerão;
aniquilais todos os que vos são infiéis.
28 Minha felicidade, porém, é estar perto de Deus.
Ponho no Senhor Javé meu refúgio,
para que possa anunciar todas as vossas obras
junto às portas da filha de Sião.

74 (73) **Lamento pela destruição do templo†.** 1 *Poema de Asaf.*

Ó Deus, por que nos rejeitais para sempre?*
Por que arde vossa ira contra o rebanho de vosso pasto?
2 Lembrai-vos de vossa comunidade
que adquiristes desde o início,*
que resgatastes para ser a tribo de vossa herança;
e do monte Sião, no qual habitais.
3 Voltai vossos passos para essas ruínas sem fim:
o inimigo devastou tudo em vosso santuário.
4 Rugiram vossos adversários no lugar de vossas assembleias,
ergueram seus estandartes como emblema.
5 Eram como os que brandem o machado
em meio a uma densa floresta;

* **73**,3. 37,1; Jó 21, 13-26 | 7. 17,10; 119,70; Jó 15,27; Jr 5,28 | 11. 10,11 | 13. Ml 3,14 / 26,6 | 14. Jó 7,18 | 17. 119,130 | 20. 49,15 | 24. 16,10 | 26. 16,6 | **74**,1. Is 63,17 | 2. Dt 7,6; Jr 10,6; Is 51,19

† **73**,16. Ele não entende como é que Deus, justo e onisciente, deixa os maus prosperar. | 23. A resposta do salmista é que a verdadeira felicidade está em Deus, e o resto não importa. | **74**. Chora a destruição de Jerusalém e do templo pelos babilônios em 586 a.C.

[6]e agora a golpes de martelo e de machado
quebraram vossas portas.
[7]Entregaram às chamas vosso santuário,*
profanaram e demoliram a morada de vosso nome.
[8]Disseram em seu coração: "Acabemos com eles de uma vez".
Queimaram todos os santuários de Deus no país.*
[9]Não vemos mais nossos sinais,
já não há profetas, e entre nós ninguém sabe até quando.*
[10]Até quando, ó Deus, o adversário nos insultará?
O inimigo desprezará vosso nome até o fim?
[11]Por que retirais vossa mão
e conservais escondida no seio vossa mão direita?
[12]Mas desde a origem Deus é nosso rei,*
ele que faz no meio do país gestos salvadores.
[13]Com vosso poder dividistes o mar,*
quebrastes a cabeça dos dragões nas águas;
[14]ao Leviatã esmagastes as cabeças,*
e o destes como pasto aos animais selvagens.
[15]Fizestes brotar fontes e torrentes,
secastes rios perenes.
[16]Vosso é o dia e vossa é a noite,*
vós criastes a luz e o sol†.
[17]Vós marcastes todos os limites da terra,
vós formastes o verão e o inverno.
[18]Lembrai-vos: o inimigo insultou a Javé,
um povo insensato desprezou vosso nome.
[19]Não abandoneis às feras a vida de quem vos louva,
não esqueçais para sempre a vida de vossos pobres.
[20]Considerai vossa aliança,
porque os lugares sombrios da terra
estão cheios de moradas de violência.
[21]Que o oprimido não fique envergonhado;
louvem vosso nome o aflito e o necessitado.
[22]Levantai-vos, ó Deus, defendei vossa causa;
lembrai-vos de que o estulto vos ultraja o dia todo.
[23]Não esqueçais os clamores de vossos inimigos;
o tumulto de vossos adversários aumenta sem cessar.

75 (74)

Deus, juiz supremo. [1]*Ao regente do coro. Segundo a melodia "Não destruas". Salmo de Asaf. Cântico.*

[2]Nós vos damos graças, ó Deus, vos damos graças:
invocando vosso nome, narramos vossas maravilhas.
[3]No tempo que eu tiver marcado, julgarei com retidão.*
[4]Ainda que trema a terra com todos os seus habitantes,
eu mantenho firmes suas colunas.*
[5]Aos que se orgulham eu digo: "Não vos orgulheis".*
E aos ímpios: "Não levanteis a cabeça.
[6]Não levanteis tão alto vossa fronte,
não faleis com tanta arrogância.*
[7]Pois não é do oriente, nem do ocidente
e nem do deserto das montanhas†,
[8]mas é de Deus que vem o juízo:
é ele que humilha este e eleva aquele.*
[9]Pois na mão de Javé há uma taça
com vinho espumante, cheio de mistura†.
Ele o derrama: até as fezes o sorverão,*
dele vão beber todos os ímpios da terra.
[10]Eu, porém, exultarei para sempre,
cantarei hinos ao Deus de Jacó.
[11]Abaterei toda a arrogância dos ímpios;
então será exaltado o poder dos justos.*

---

* **74**,7. Is 64,10; Sl 77,9 | 8. Lm 2,9 | 9. Ez 7,26; Sl 89,47 | 12. Is 52,10 | 13. Jó 7,12; Is 51,9s; Sl 89,10s | 14. Jó 3,8; 40,25; Is 27,1 | 16. Gn 1 | **75**,3. 93,1s; 96,10 | 4. 46,3; 60,4 | 5. Zc 2,1-4 | 6. 94,4 | 8. 1Sm 2,7; Dn 2,21 | 9. 60,5; Jó 21,20 / Is 51,17 | 11. 92,11

† **74**,16. Recorda a Deus sua ação prodigiosa como Criador, pedindo que derrote agora os inimigos de seu povo, como havia derrotado os poderes do caos ao criar o mundo. | **75**,7. A perfeita justiça não vem dos homens, mas de Deus. | 9. Símbolo da cólera do Juiz divino contra os maus.

76 (75)

Canto de vitória. [1]*Ao regente do coro. Com instrumentos de corda. Salmo de Asaf. Cântico.*

[2]Deus se manifesta em Judá,
grande é em Israel seu nome;
[3]sua tenda está em Salém
e sua morada em Sião.*
[4]Lá ele quebrou as flechas do arco,*
o escudo, a espada e a guerra.
[5]Esplêndido sois e mais glorioso
do que os montes eternos.†
[6]Os corajosos foram despojados,
apanhados pelo sono,
nenhum guerreiro tinha força em seu braço.*
[7]A vossa ameaça, ó Deus de Jacó,*
carros e cavalos ficaram parados.
[8]Vós sois terrível! Quem vos resiste*
quando explode vossa ira?
[9]Do céu fizestes ouvir a sentença:*
a terra tremeu e ficou quieta,*
[10]quando Deus se levantou para julgar,
para salvar todos os pobres da terra.
[11]Pois até a ira humana vos dá glória,
e vos cingis com os que escapam da ira.*
[12]Fazei promessas a Javé vosso Deus e cumpri-as;
todos os que estão a seu redor tragam ofertas ao Terrível,
[13]a ele que retira o respiro dos príncipes;
ele é terrível para os reis da terra!

77 (76)

Deus renova os prodígios de seu amor†. [1]*Ao regente do coro. Sobre Iditun. Salmo de Asaf.*

[2]Com minha voz clamei a Deus;
chega a Deus minha voz, e ele me ouve.
[3]No dia da angústia busco o Senhor;*
à noite minhas mãos se estendem, incansáveis,*
e rejeito qualquer consolo.
[4]Lembro-me de Deus e solto gemidos,*
medito, e meu espírito se abate.
[5]Não me deixais pegar no sono,
fico aturdido sem poder falar.
[6]Relembro os dias de outrora†,
recordo os anos passados.*
[7]De noite medito em meu coração,
reflito, e meu espírito se interroga:
[8]Será que o Senhor nos rejeitará para sempre*
e nunca mais se mostrará benévolo?
[9]Terá acabado para sempre seu amor*
e a promessa feita para todas as gerações?
[10]Deus se esqueceu de agir com clemência,*
ou em sua ira retirou sua misericórdia?
[11]E concluo: "Meu sofrimento é este:
está mudada a mão direita do Altíssimo".*
[12]Quero lembrar os feitos de Javé,
sim, recordarei vossas antigas maravilhas.
[13]Vou refletir sobre toda a vossa obra
e meditar em vossos grandes feitos.*
[14]Ó Deus, é santo vosso caminho,*
que deus é grande como nosso Deus?*
[15]Vós sois o Deus que faz prodígios,
manifestastes vosso poder entre os povos.
[16]Remistes com vosso braço vosso povo,*
os filhos de Jacó e de José.*
[17]As águas vos viram, ó Deus,*
as águas vos viram e tremeram
e até os abismos se abalaram.*
[18]As nuvens derramaram águas,
as nuvens fizeram ouvir sua voz,*
e vossas setas voaram de todos os lados.
[19]Vosso trovão ressoou no turbilhão,*
vossos relâmpagos iluminaram o mundo,*
a terra tremeu e se abalou.*
[20]Abriu-se no mar vosso caminho,
vossa senda na imensidão das águas,
mas vossos vestígios ficaram invisíveis.*

---

* **76**,3. 122,6s | 4. 48,4-8; 46,10 | 6. Na 3,18 | 7. Jr 51,39.57 | 8. Dt 7,21; 10,17 | 9. Na 1,6 / Ml 3,2 | 11. Jr 13,11 | **77**,3. Is 26,16 / Sl 50,15; 88,2 | 4. Jn 2,8 | 6. 143,5 | 8. 74,1; 89,47s | 9. Lm 3,22s.31 | 10. Is 63,15; 74,9; Is 49,14s | 11. Ml 3,6 | 13. 143,5 | 14. 18,31s; 89,7 / Dt 32,4 | 16. Ne 1,10 / Gn 46,26s | 17. Hab 3,10s; Jó 7,12 / Na 1,4 | 18. 18,15; 144,6 | 19. 29 / Êx 19,16 / Sl 97,4; Is 43,16; 51,10 | 20. Ne 9,11; Sb 14,3 | 21. Is 63,11-14; Sl 78,52 / Mq 6,4

† **76**,5. Os montes são símbolo de solidez, de estabilidade, que resiste a todos os assaltos. | **77**. Num tempo de profunda desolação para Israel, relembrando os prodígios do êxodo, o salmista volta a confiar em Deus. | 6. Professar a fé nas maravilhas que Deus realizou no passado conduz a crer no que Ele é constantemente, e portanto também no tempo presente (João Paulo II).

21 Guiastes vosso povo como um rebanho,*
por meio de Moisés e de Aarão.*

78 (77) **Lições* da história†.** 1 *Poema de Asaf.*

Meu povo, escuta meu ensinamento;*
presta atenção às palavras de minha boca.*
2 Vou abrir a boca pronunciando sentenças†,
relembrarei mistérios do passado.
3 O que ouvimos, o que aprendemos,*
o que nossos pais nos contaram,
4 não ocultaremos a seus filhos;
mas vamos contar à geração futura*
as glórias de Javé, seu poder
e os prodígios que operou.
5 Estabeleceu um testemunho em Jacó,*
instituiu uma lei em Israel†;
ordenou a nossos pais que a ensinassem a seus filhos,*
6 para que tomasse conhecimento a nova geração,*
a dos filhos que vão nascer.
Que se levantem e narrem a seus filhos,
7 para que ponham em Deus sua confiança,
e não esqueçam as obras de Deus,
mas observem seus preceitos.
8 Para não serem como seus pais,
uma geração indócil e rebelde,*
de coração inconstante,
e cujo espírito foi infiel a Deus.
9 Os filhos de Efraim, arqueiros valentes,*
bateram em retirada no dia do combate.
10 Não guardaram a aliança de Deus,
não quiseram proceder segundo sua lei;
11 esqueceram suas obras
e os prodígios que lhes havia mostrado.
12 Diante de seus pais fez milagres
na terra do Egito, no campo de Tânis.
13 Abriu o mar para fazê-los passar,*
detendo as águas como num dique.*
14 Guiou-os de dia com uma nuvem,*
e de noite com um clarão de fogo.
15 Fendeu rochedos no deserto*
e deu-lhes a beber como do grande abismo†.
16 Da pedra fez brotar riachos
e fez manar água como rios.*
17 Mas continuaram a pecar contra ele,*
revoltando-se contra o Altíssimo no deserto.
18 Tentaram a Deus em seu coração,*
pedindo comida a seu gosto.
19 Falaram contra Deus, dizendo:
"Pode Deus preparar uma mesa no deserto?"*
20 Bateu na rocha, escorreram águas,
e as torrentes transbordaram.
"Poderá dar-nos pão também,
ou fornecer carne a seu povo?"
21 Ouvindo isto, Javé ficou irado;*
um fogo acendeu-se contra Jacó*
e a cólera explodiu contra Israel,
22 porque não acreditaram em Deus
e não confiaram em sua salvação.
23 No entanto ordenou às nuvens do alto
e abriu as portas do céu;*
24 fez chover sobre eles maná para nutri-los
e deu-lhes o trigo do céu.*
25 O homem comeu* o pão dos fortes†;
enviou-lhes comida com fartura.
26 Fez soprar no céu o vento oriental
e trouxe com seu poder o vento sul;
27 fez chover sobre eles carne como poeira,
e aves como areia da praia.

---

* **78**. Is 63,7s; Sl 105; 106; 114; 115; 136; Sb 16-19; Ne 9,9-37 | 1. Dt 32,1 / Sl 49,5 | 3. 44,2; Dt 4,9 | 4. Êx 10,2; 13,14; Sl 145,4 | 5. 147,19 / Dt 4,9; 6,7 | 6. 22,31 | 8. Dt 31,27; 32,5.20 | 9. Os 7,13-16 | 13. Êx 14-15 / Êx 14,22; 15,8 | 14. Êx 13,21; Sl 105,39 | 15. Êx 17,1-7; Nm 20,2-13; Sl 105,41; 114,8 | 16. Is 48,21 | 17. Êx 20,13 | 18. Êx 16,2-36 | 19. 23,5 | 21. Nm 11 / Dt 32,22 | 23. 2Rs 7,2; Ml 3,10 | 24. Jo 6,31 | 25. Sb 16,20; 1Cor 10,4; 105,40; Dt 8,3

† **78**. Meditação sobre a história do povo, desde o êxodo até o tempo de Samuel. Javé não se cansa de mostrar seu carinho para com Israel, que lhe retribui com repetidas infidelidades. | 2. "A história é mestra de vida", dizia Cícero, mas é preciso refletir para tentar entender seus enigmas. Recordar o passado é edificar o futuro. | 5. Privilégio único de Israel, que recebeu de Deus a lei, fundamento de seu direito. | 15. O grande abismo é, na mente dos antigos, o oceano subterrâneo que alimenta as fontes. | 25. O pão que dá força, ou o pão que os fortes comem: assim entendeu Sb 16,29, que chama o maná de "alimento dos anjos".

28 Fê-las cair no meio do acampamento,
ao redor de suas tendas.
29 Comeram e ficaram saciados;*
serviu-lhes o que desejavam.
30 Mal haviam matado a fome*
e a comida ainda estava em sua boca,
31 quando a ira de Deus se acendeu contra eles;
castigou com a morte os mais robustos
e prostrou os jovens de Israel.*
32 Apesar de tudo isto tornaram a pecar,
não tiveram fé em seus prodígios.
33 Por isso dissipou seus dias como um sopro
e seus anos num terror repentino.
34 Quando os matava, o buscavam,*
arrependidos, procuravam a Deus.
35 Recordavam que Deus era seu rochedo
e o Deus Altíssimo, seu redentor.
36 Mas o adulavam com suas palavras*
e com a língua lhe mentiam.
37 Seu coração não era sincero com ele,*
nem foram fiéis a sua aliança.
38 Mas ele, em sua misericórdia,
perdoava o pecado e não os destruía.*
Muitas vezes refreou sua ira
e não deixava agir todo o seu furor.
39 Lembrava-se de que eram mortais,
um sopro que passa e não volta.
40 Quantas vezes se revoltaram contra ele no deserto*
e na solidão o provocaram!
41 Recomeçavam a tentar a Deus
e a exasperar o Santo de Israel.*
42 Não mais se lembraram de seu poder,*
do dia em que os resgatou do opressor,
43 dos sinais que realizou no Egito*
e de seus prodígios no campo de Tânis.
44 Mudou em sangue seus rios e riachos
para impedi-los de beber.
45 Enviou contra eles moscas para os devorar,
e rãs para infestá-los.
46 Entregou às pragas suas colheitas,
e ao gafanhoto o produto de seu trabalho.
47 Destruiu suas vinhas com o granizo,
seus sicômoros com a geada.
48 Entregou seu gado ao granizo,
e seus rebanhos ao raio.
49 Lançou contra eles o furor de sua ira:
cólera, indignação, calamidade,
todo um exército de anjos maus.
50 Deixou agir livremente sua cólera,
não os preservou da morte,
entregou à peste a vida deles.
51 Matou todos os primogênitos do Egito,*
as primícias de seu vigor nas tendas de Cam.
52 Fez sair seu povo como ovelhas,*
conduziu-os como um rebanho no deserto.
53 Guiou-os com segurança, e não temeram,
e o mar recobriu seus inimigos.*
54 Conduziu-os a sua terra santa,
ao monte que sua mão direita conquistou.
55 Expulsou diante dele as nações,*
repartiu por sorte entre eles a herança†
e fez morar em suas tendas as tribos de Israel.
56 Mas eles tentaram com suas revoltas
o Deus Altíssimo,
não observaram seus preceitos.
57 Desviaram-se e foram infiéis como seus pais,
voltaram-se como um arco enganador.
58 Com seus lugares altos* o provocaram†
e com seus ídolos excitaram seu zelo.
59 Deus o soube e se indignou,
e rejeitou Israel duramente.
60 Abandonou a morada de Silo,*
a tenda onde habitava entre os homens.
61 Entregou ao cativeiro sua força*
e às mãos do inimigo sua glória†.

---

* **78**,29. Os 13,6 | 30. Nm 11,33 | 31. Nm 14,29 | 34. Os 5,15; Is 26,16; Nm 21,7; Dt 32,15.18 | 36. Os 6,4 | 37. Is 29,13; Os 8,1 | 38. Êx 32,14; Nm 14,20; Is 48,9; Ez 20,22; Os 11,8s; Sl 65,4; 85,4 | 40. Dt 9,22 | 41. Is 6,3 | 42. 71,22; 89,19 | 43. Êx 7,14-11,10; 12,29-36; Sb 16-18 | 51. Êx 12,29; Sl 105,36 | 52. 77,21 | 53. Êx 14,26ss | 55. 44,3; Js 24,8-13 | 58. Dt 32,16-21 | 60. 1Sm 1,3; Js 18,1 | 61. Jr 7,12; 26,6

† **78**,55. A terra que pertencia aos cananeus foi dada aos israelitas, que a dividiram entre as tribos no tempo de Josué. | 58. Ver a nota em 1Sm 9,12. | 61. Silo é a cidade onde estava o santuário principal na época dos Juízes. A arca da aliança, sede da glória de Deus, que foi tomada pelos filisteus, 1Sm 4,3-7.

62 Abandonou seu povo à espada*
e se indignou contra sua própria herança.
63 O fogo devorou seus jovens,*
e suas virgens não ouviram o canto nupcial.
64 Seus sacerdotes caíram vítimas da espada,
e suas viúvas não fizeram lamentações.
65 O Senhor despertou como de um sono,
como um guerreiro que grita dominado pelo vinho.
66 Golpeou os inimigos pelas costas,*
infligindo-lhes eterna ignomínia.
67 Repudiou a tenda de José,
não escolheu a tribo de Efraim,
68 mas escolheu a tribo de Judá,*
o monte Sião que ele amava.*
69 Construiu seu santuário alto como o céu,
como a terra que ele fundou para sempre.
70 Escolheu Davi, seu servo,*
tomou-o do aprisco das ovelhas;
71 tirou-o do cuidado das ovelhas-mães*
para apascentar Jacó, seu povo,*
e Israel, sua herança.
72 Ele os dirigiu com um coração íntegro
e com mão sábia os conduziu.

79 (78) **Lamento* pela destruição de Jerusalém†.** 1 *Salmo de Asaf.*

Ó Deus, os pagãos invadiram vossa herança,*
profanaram vosso santo templo,
reduziram Jerusalém a um montão de ruínas.
2 Entregaram os corpos de vossos servos*
às aves do céu como alimento,
e a carne de vossos fiéis aos animais do campo.
3 Derramaram o sangue deles*
como água em torno de Jerusalém,
e ninguém lhes deu sepultura.
4 Tornamo-nos o opróbrio de nossos vizinhos,*
o escárnio e a zombaria dos que nos rodeiam.
5 Até quando, Javé? Estareis irado para sempre?*
Arderá como fogo vosso zelo?†
6 Derramai vosso furor sobre os pagãos
que não vos conhecem*
e sobre os reinos que não invocam vosso nome,*
7 pois devoraram Jacó*
e devastaram sua morada.
8 Não recordeis contra nós as culpas de nossos pais†;
venha depressa a nosso encontro vossa misericórdia,
porque estamos reduzidos à miséria extrema.*
9 Ajudai-nos, ó Deus, nosso salvador,
pela glória de vosso nome;
salvai-nos e perdoai nossos pecados
por amor de vosso nome.
10 Por que os povos deveriam dizer:
"Onde está o Deus deles?"*
Seja conhecida entre os povos, sob nossos olhos,*
a vingança pelo sangue de vossos servos que foi derramado.
11 Chegue a vossa presença o gemido dos cativos;*
com o poder de vosso braço* salvai os condenados à morte†.
12 Devolvei sete vezes a nossos vizinhos no seio deles
o insulto que lançaram* contra vós, Senhor†.
13 E nós, vosso povo e rebanho de vosso pasto,
sempre vos daremos graças;
vossos louvores proclamaremos de geração em geração.

---

* **78**,62. Jr 12,7 | 63. Dt 32,22-25; Jr 7,34 | 66. 1Sm 5,6s | 68. 2Sm 5,9 / Sl 87,2; 48,3 | 70. 1Sm 13,14; 16,11ss | 71. 2Sm 7,8; Sl 89,21 / Ez 34; 37,24; Sl 77,21 | **79**. 44; 74; 80 | 1. 2Rs 25,9s; Lm 1,10 | 2. Jr 7,33; 80,13s; 1Mc 7,17 | 3. Sf 1,17; Jr 14,16 | 4. 44,14; 80,7 | 5. Sf 2,8; 89,47; 44,24 | 6. Jr 10,25; Eclo 36,1-5 / 14,4 | 7. Jr 50,7 | 8. 142,7 | 10. 115,2 / Jl 2,17 | 11. 42,4; 126,2 / Dt 32,43; Jl 4,21; Sl 102,21 | 12. 89,51; Ez 34,1

† **79**. Meditação sobre os fatos ocorridos em 586 a.C., quando os babilônios saquearam e destruíram a cidade e massacraram a população. | 5. Deus se mostra ciumento, apaixonado, quando seu povo o abandona para ir atrás de outros deuses. | 8. Tão grande é a calamidade, que o salmista pensa que ela só pode ser castigo dos pecados dos antigos. | 11. Os vencidos na guerra eram condenados à escravidão ou exterminados. | 12. Os vizinhos edomitas e moabitas, que na guerra se aliaram aos inimigos de Israel e saquearam suas cidades.

80 (79) Canto da vinha* devastada†.

1 *Ao regente do coro. Conforme a melodia "Os lírios do testemunho".* Salmo de Asaf.*
2 Pastor de Israel, escutai,*
vós que guiais José como um rebanho.
Sentado sobre os querubins, resplandecei*
3 diante de Efraim, Benjamim e Manassés.
Despertai vosso poder
e vinde em nosso auxílio.
4 Restaurai-nos, ó Deus;*
fazei brilhar vosso rosto e seremos salvos.*
5 Javé, Deus dos exércitos,
até quando estareis indignado*
contra as orações de vosso povo?
6 Vós nos alimentais com pão de lágrimas*
e nos dais a beber lágrimas em abundância.
7 Fizestes de nós motivo de discórdia
para nossos vizinhos*
e nossos inimigos se riem de nós.
8 Deus dos exércitos, restaurai-nos,
fazei brilhar vosso rosto e seremos salvos.
9 Tirastes uma videira do Egito,*
expulsastes nações para plantá-la.
10 O terreno lhe preparastes;
ela criou raízes e encheu a terra.
11 Sua sombra cobriu as montanhas
e seus ramos, os mais altos cedros†.
12 Estendeu seus sarmentos até o mar*
e até o rio, seus brotos.
13 Por que derrubastes sua cerca,*
de modo que todo caminheiro a vindime,
14 o javali do bosque a devaste
e os animais do campo a devorem?
15 Deus dos exércitos, voltai-vos†,
olhai do céu e vede, visitai esta vinha;
16 protegei a cepa que vossa mão direita plantou,
o germe que para vós cultivastes.
17 Os que a queimaram com o fogo e a cortaram
morrerão ante vossa face ameaçadora.
18 Esteja vossa mão sobre o homem de vossa direita,
sobre o filho do homem que para vós fortalecestes.
19 E assim não nos afastaremos mais de vós,
vida nos dareis e invocaremos vosso nome.
20 Javé, Deus dos exércitos, restaurai-nos,
fazei brilhar vosso rosto e seremos salvos.

81 (80) Solene renovação da aliança†.

1 *Ao regente do coro. Para harpa de Gat. De Asaf.*
2 Cantai a Deus, nossa força,
aclamai ao Deus de Jacó.
3 Entoai o cântico e tocai o tímpano,
a cítara melodiosa com a harpa.
4 Tocai a trombeta no dia da lua nova,
na lua cheia, nosso dia de festa.*
5 Este é um preceito para Israel,
um decreto do Deus de Jacó.
6 Como testemunho o deu a José,
quando saiu da terra do Egito.
Ouvi uma língua que eu não entendia:
7 "Libertei do peso seu ombro,*
suas mãos ficaram livres do cesto.
8 Clamaste na angústia e eu te libertei,
oculto no trovão te dei resposta,
junto às águas de Meriba te provei.*
9 Ouve, meu povo, quero te avisar;
Israel, quem dera que me ouvisses!
10 Não haja em teu meio um outro deus,
não adores um deus estrangeiro.*
11 Eu sou Javé, teu Deus,
que te tirei da terra do Egito;
abre a boca, eu a encherei.
12 Mas meu povo não ouviu minha voz,*
Israel não me obedeceu.
13 Por isso o abandonei à dureza de seu coração,*
e seguiram seus próprios conselhos.

---

* **80**. Is 63,15-64,11 | 1. 45,1 | 2. Ez 34,1 / Êx 25,18 | 4. Jr 31,18 / Sl 4,7 | 5. 44,24; 74,1 | 6. 42,4 | 7. 79,4 | 9. Is 5,1 | 12. Jz 20,1 | 13. Jr 12,7-13 | **81**,4. Lv 23,24; Nm 29,12; Êx 23,14 | 7. Êx 1,14; 6,6 | 8. Êx 19,19; Êx 17,1-7; Sl 95,8 | 10. Êx 20,2s | 12. Dt 9,7 | 13. Jr 3,17; 7,24

† **80**. Lamentação pela ruína causada pelos invasores e recordação dos antigos benefícios de Deus ao povo. | 11. A vinha é Israel, trazido do Egito no tempo do êxodo, e que em Canaã superou os cedros, isto é, outros povos. | 15. Deus está sempre disposto a voltar para seu povo, mas é preciso que também seu povo volte a Ele na fidelidade (João Paulo II). | **81**. O salmo é um convite a participar da festa das Tendas, que comemorava a estadia do povo no desert o no tempo do êxodo.

14 Ah! Se meu povo me escutasse,*
se Israel andasse por meus caminhos,
15 num instante eu venceria seus inimigos*
e contra seus adversários voltaria minha mão.
16 A ele se submeteriam os que odeiam
a Javé,
e o tempo deles estaria para sempre
acabado.
17 Eu o alimentaria com o melhor do
trigo*
e o saciaria com mel do rochedo"†.

82 (81) Deus juiz supremo†. 1 *Salmo de Asaf.*

Deus se levanta na assembleia
divina,*
dá a sentença no meio dos deuses.
2 Até quando julgareis injustamente,
tomando partido pela causa dos ímpios?
3 Defendei o fraco e o órfão,*
fazei justiça ao infeliz e ao pobre.
4 Salvai o fraco e o indigente,
livrai-o da mão dos ímpios.
5 Não sabem, não entendem, andam
nas trevas,
vacilam todos os fundamentos da terra†.
6 Eu disse: "Vós sois deuses,
sois todos filhos* do Altíssimo†.
7 No entanto, morrereis como todo homem,
caireis como um príncipe qualquer".
8 Levantai-vos, ó Deus, julgai a terra,
porque a vós pertencem todas as nações.

83 (82) Os inimigos de Israel†. 1 *Cântico. Salmo de Asaf.*

2 Ó Deus, não guardeis silêncio,*
não fiqueis calado e indiferente, ó
Deus!
3 Pois vossos inimigos tumultuam,
levantam a cabeça os que vos odeiam.
4 Contra vosso povo tramam com astúcia,
contra vossos protegidos conspiram.
5 Dizem: "Vinde, destruamo-los,*
de modo que não sejam mais um povo
e não se fale mais o nome de Israel".
6 Sim, todos juntos entraram em acordo
para formar uma aliança contra vós:
7 as tendas de Edom com os ismaelitas,*
Moab com os agarenos;*
8 Gebal com Amon e Amalec,*
a Filisteia com os habitantes de Tiro.*
9 Até Assur se juntou a eles,
tornou-se o braço forte dos filhos de
Ló.
10 Fazei-lhes como fizestes a Madiã,
como a Sísara e a Jabin na torrente
Quison,*
11 que foram exterminados em Endor*
e serviram de esterco para o solo.
12 Tratai seus chefes como outrora a
Oreb e a Zeb,*
como a Zebá e a Sálmana, todos os
seus príncipes.
13 Eles tinham dito: "Tomemos posse
das regiões de Deus".
14 Meu Deus, fazei-os semelhantes ao
turbilhão,*
à palha diante do vento,
15 ao fogo que queima a floresta,*
à chama que devora os montes.
16 Persegui-os assim com vossa tempestade,
aterrai-os com vosso furacão.*
17 Cobri o rosto deles de vergonha,
para que busquem vosso nome, ó Javé!
18 Fiquem confusos e perturbados para
sempre
e morram de morte ignominiosa.
19 Assim saberão que só vós, cujo nome
é Javé,*
sois o Altíssimo sobre toda a terra.

---

* **81**,14. Is 48,18 | 15. Lv 26,7s | 17. 147,14; Dt 32,13s | **82**,1. Is 3,13s | 3. Êx 23,6; Dt 1,17 | 6. 58,2 | **83**,2. 44,24; 50,3; 109,1 | 5. Jr 11,9 | 7. Nm 20,23 / 1Cr 5,10.19 | 8. Êx 17,8 / Js 13,2 | 10. Jz 7; Is 9,3; 10,26 | 11. Jz 4-5; Jr 8,2 | 12. Jz 7,25; 8,10-21 | 14. Is 17,13; 29,5 | 15. 58,10; Is 5,24; 10,17; Ez 21,3 | 16. Jr 25,32 | 19. 97,9; 46,11; Is 42,8

† **81**,17. Como sempre na história da salvação, a última palavra no diálogo entre Deus e o povo pecador não é nunca o juízo ou o castigo, mas o amor e o perdão (João Paulo II). | **82**. Deus julga os juízes, os quais devem administrar a justiça em Seu nome. | 5. Sem justiça, base de uma sociedade organizada, abalam-se os fundamentos da vida civil. | 6. Os magistrados, os quais participam da autoridade divina. **83**. Contra os inimigos que atacaram Israel no tempo dos Juízes. Agredir o povo de Deus é ir contra o próprio Deus

84 (83)

Canto do romeiro†. 1*Ao regente do coro. Para harpa de Gat. Salmo dos filhos de Coré.**
2Como são amáveis vossas moradas,
Javé dos exércitos!
3Minha alma suspira e desfalece pelos
átrios de Javé.*
Ao Deus vivo cantam meu coração e
minha carne.
4Até o pardal encontra casa
e a andorinha, um ninho seu, onde pôr
os filhotes;
junto a vossos altares, Javé dos exércitos,
meu rei e meu Deus.
5Feliz quem mora em vossa casa:*
sempre canta vossos louvores.
6Feliz quem encontra em vós sua força
e decide em seu coração subir ao templo.
7Passando pelo vale do pranto,
transforma-o numa fonte,
e a primeira chuva também o cobre de
bênçãos.*
8Cresce seu vigor ao longo do caminho,
até que compareça diante de Deus em
Sião.
9Javé, Deus dos exércitos, ouvi minha
prece;
escutai, ó Deus de Jacó.
10Olhai, ó Deus, nosso escudo,
contemplai o rosto de vosso ungido†.
11Porque um dia em vossos átrios
vale mais que mil;
prefiro estar à porta da casa de meu
Deus
a morar nas tendas dos ímpios.
12Porque sol e escudo é Javé Deus;
Javé concede graça e glória.
Não recusa bem algum aos que caminham com retidão.
13Javé dos exércitos, feliz o homem que
em vós confia.

85 (84)

A salvação está próxima†. 1*Ao regente do coro. Salmo dos filhos de Coré.*
2Fostes benévolo, Javé, com vossa terra,*
reconduzistes Jacó do cativeiro.
3Perdoastes a iniquidade de vosso
povo,
cancelastes todos os seus pecados.
4Renunciastes a todo o vosso furor*
e acabastes com vossa grande ira.
5Restaurai-nos, ó Deus, nossa salvação,*
e acalmai vossa ira contra nós.
6Estareis para sempre irado conosco,*
de idade em idade estendereis vosso
furor?
7Não tornareis a dar-nos vida,
para que em vós se alegre vosso povo?
8Mostrai-nos, Javé, vossa misericórdia*
e dai-nos vossa salvação.
9Que eu proclame o que diz Javé Deus:
pois anuncia a paz a seu povo, a seus
fiéis
e aos que voltam para ele de todo o
coração.
10Sua salvação está próxima dos que o
temem
e a glória* habitará em nossa terra†.
11Misericórdia e verdade se encontram,*
justiça e paz se abraçam.
12A verdade brota da terra*
e a justiça está olhando do céu†.
13Javé também dará a felicidade,
e nossa terra produzirá seu fruto.
14A justiça caminhará diante dele*
e seus passos abrirão caminho.

86 (85)

Oração na adversidade. 1*Oração de Davi.*
Javé, prestai atenção, respondei-me,
porque sou pobre e infeliz.
2Guardai-me porque sou fiel;
meu Deus, salvai vosso servo que em
vós confia.
3Piedade de mim, Senhor,
porque a vós clamo o dia todo.

---

* **84**,1. 8,1 | 3. 42,2s; 122,1 | 5. 5,3 | 7. Ez 34,26; Jl 2,23 | **85**,2. 126 | 4. 78,38 | 5. 80,4 | 6. 79,5 | 8. Is 49,14s; 54,7 | 10. Ez 11,23; 43,2 | 11. 89,15; 97,2 | 12. Is 45,8 | 14. Zc 8,12; 9,10; Is 58,8

† **84**. Os romeiros exaltam o templo e os que nele servem a Deus. | 10. Aquele que foi consagrado pela unção: o rei ou o sumo sacerdote. | **85**. Os que voltam do exílio de Babilônia em 538 a.C. louvam e agradecem a Deus, e professam sua confiança nele diante da situação precária que enfrentam. | 10. A glória simboliza Deus: ela se afastou do templo e da cidade santa, Ez 11,23, mas voltará a habitar no meio do povo. | **85**,12. Deus volta para o meio do povo e o povo volta para Deus: céu e terra se reconciliam.

4 Alegrai a alma de vosso servo,
porque a vós, Senhor, elevo minha alma.*
5 Vós sois bom, Senhor, e compassivo,
rico em misericórdia para com todos os que vos invocam.
6 Prestai atenção, Javé, a minha prece*
e sede atento à voz de minha súplica.
7 No dia de minha angústia vos invoco,
porque me respondeis, Senhor.
8 Entre os deuses nenhum é como vós, Senhor,*
e nada há que se iguale a vossas obras.*
9 Todas as nações que criastes virão
e se prostrarão diante de vós, Senhor,*
para dar glória a vosso nome;
10 pois vós sois grande e fazeis maravilhas;
só vós sois Deus.
11 Ensinai-me, Javé, vosso caminho,
para eu caminhar em vossa verdade;*
disponde meu coração para que tema vosso nome.
12 Graças vos darei, Senhor, meu Deus, de todo o coração
e glorificarei vosso nome para sempre,
13 porque é grande vosso amor para comigo
e das profundezas do abismo me livrastes.*
14 Ó Deus, os arrogantes me assaltaram,*
uma turma de violentos atenta contra minha vida
e não se importam convosco.
15 Mas vós, Senhor, Deus misericordioso e compassivo,*
lento para a ira e rico de amor e de fidelidade,
16 voltai-vos para mim e tende compaixão;*
dai a vosso servo vossa força,
salvai o filho de vossa serva.*
17 Dai-me um sinal de benevolência,
para que meus inimigos vejam e fiquem envergonhados,
porque vós, Javé, me socorreis e me consolais.

87 (86) **Jerusalém,* mãe de todos os povos†.**

1 *Salmo dos filhos de Coré. Cântico.*
Seus fundamentos estão sobre os montes sagrados;
2 Javé ama as portas de Sião
mais que todas as moradas de Jacó.*
3 De ti se dizem coisas estupendas,
ó cidade de Deus.
4 Recordarei o Egito e Babilônia
entre os que me conhecem.
Eis a Palestina, Tiro e Etiópia: este ali nasceu.
5 De Sião, porém, se dirá: "Todos nasceram nela†,
e o Altíssimo a mantém firme".*
6 Javé escreverá no registro dos povos:
"Este nasceu lá".*
7 E dançando cantarão:
"Estão em ti todas as minhas fontes".*

88 (87) **Oração numa doença grave†.**

1 *Cântico. Salmo dos filhos de Coré. Ao regente do coro. Conforme a melodia "Mahalat". Para cantar. Poema de Emã, o ezraíta.*
2 Javé, Deus meu salvador,
diante de vós eu clamo dia e noite.
3 Chegue a vossa presença minha oração,
prestai atenção a meu lamento.
4 Pois estou saturado de males,*
minha vida está perto do abismo.
5 Sou contado entre os que descem à cova,
sou como um homem sem força.*
6 É entre os mortos minha morada,
sou como os que jazem no sepulcro,
dos quais não guardais lembrança†
e foram retirados de vossa mão.
7 Numa fossa profunda me lançastes,
nas trevas, nos abismos.
8 Pesa sobre mim vosso furor*

---

* **86**,4. 25,2 | 6. 5,2s | 8. 35,10; 89,9 / Jr 10,6 | 9. 22,28 | 11. 26,3; 27,11 | 13. 88,7 | 14. 54,5 | 15. Êx 34,6; 103,8; 145,8 | 16. 25,16 / 116,16 | **87**. 2Sm 5,9; Sl 48; 46,5; Is 2,2s | 2. 76,3; 78,68 | 5. Is 62,4s | 6. Is 4,3; Ez 13,9 | 7. Is 66,21 | **88**,4. Jó 10,15; 17,1 | 5. 143,7 | 8. 42,8 / 18,5

† **87**. Como Jerusalém acolhe pessoas de todas as nações, assim a Igreja é mãe e mestra de todos os povos. | 5. Os nascidos em Sião estarão abertos à fraternidade universal. | **88**. O doente se encontra em profundo abatimento, sentindo-se abandonado até por Deus. | 6. Nesse tempo ainda pensavam que os mortos caíam num total esquecimento, mesmo por parte de Deus.

e com todas as vossas ondas me esmagais.*
9Afastastes de mim meus amigos,*
para eles me tornastes objeto de horror.
Sou prisioneiro, sem poder sair.*
10Meus olhos se consomem pela dor.*
O dia todo vos invoco, Javé,
e para vós estendo minhas mãos.
11Fazeis prodígios para os mortos?
As sombras se levantam para vos louvar?*
12Celebra-se vossa bondade no sepulcro
e vossa fidelidade no lugar da destruição?
13Nas trevas são conhecidos vossos prodígios,
e vossa justiça no país do esquecimento?
14Eu, porém, clamo a vós, Javé,
e de manhã chega a vós minha prece.
15Por que, Javé, me rejeitais,
por que me escondeis vosso rosto?
16Sou infeliz e moribundo desde jovem,
sob o peso de vossos terrores me desoriento.
17Sobre mim passou vossa ira,
vossos terrores me aniquilaram.
18Eles me rodeiam como água o dia todo,
todos juntos me circundam.
19Afastastes de mim amigos e conhecidos;
só as trevas me fazem companhia.*

89 (88) Aliança de Deus com Davi†.

1*Poema de Etã, o ezraíta.*
2Vou cantar para sempre a bondade de Javé;
vossa fidelidade anunciarei com minha boca†
de geração em geração.
3Pois dissestes: "Minha misericórdia permanece para sempre".
Estabelecestes nos céus vossa fidelidade.
4"Fiz aliança com meu eleito;*
jurei a Davi, meu servo:
5Para sempre confirmarei tua descendência,
teu trono edificarei por todas as gerações".
6Os céus celebram vossas maravilhas, Javé,
e vossa fidelidade na assembleia dos santos.*
7Pois quem, nas alturas, se compara a Javé?*
Quem é semelhante a Javé entre os filhos de Deus?
8Deus é tremendo na grande assembleia dos santos,
grande e terrível entre os que o rodeiam.
9Javé, Deus dos exércitos, quem é como vós?*
Sois poderoso, Javé, e vossa fidelidade vos circunda.
10Sois vós que domais o orgulho do mar*
e que acalmais as ondas quando elas se elevam.
11Esmagastes o Egito como um inimigo abatido,
com braço poderoso dispersastes vossos inimigos.
12Vossos são os céus, vossa é a terra;
o mundo e o que nele existe vós fundastes.*
13Criastes o norte e o sul;
o Tabor e o Hermon cantam a vosso nome.
14Vosso braço é cheio de vigor,
forte é vossa mão esquerda, elevada vossa direita.
15A justiça e o direito são as bases de vosso trono,*
a bondade e a fidelidade caminham a vossa frente.*
16Feliz o povo que sabe fazer festa,*
ele caminha, Javé, à luz de vossa face!
17Em vosso nome ele se alegra sem cessar,
e em vossa justiça encontra sua glória.
18Pois vós sois sua esplêndida força,
e por vossa benevolência aumentais nosso poder.

---

* **88**,9. 38,12 / 142,8 | 10. Lm 3,7 | 11. 6,6; Is 38,18 | 19. Jó 17,13s | **89**,4. 2Sm 7,8-16 | 6. Jó 5,1 | 7. 29,1; 82,1; Jó 1,6 | 9. 86,8 | 10. Jó 7,12; Sl 65,8 | 12. 24,1s | 15. 85,11; 97,2 / Êx 34,6s | 16. 47,1

† **89**. Deus fez a Davi a promessa de que seu trono duraria para sempre, 2Sm 7,16, mas o reino se encontra numa situação desesperada. | 2. Por sua fidelidade à promessa feita, Deus concede a graça e se mostra paciente e misericordioso.

[19]Porque a Javé pertence nosso escudo,
e ao Santo de Israel, nosso rei.*
[20]Outrora falastes numa visão a vossos fiéis*
e dissestes: "Prestei auxílio a um herói,
elevei um eleito no meio do povo.
[21]Encontrei Davi, meu servo,*
com meu santo óleo o ungi;
[22]minha mão o sustentará,*
meu braço o fortalecerá.
[23]O inimigo não o surpreenderá
e o iníquo não o oprimirá.
[24]Esmagarei diante dele seus adversários
e abaterei os que o odeiam.
[25]Minha fidelidade e minha bondade estarão com ele
e por meu nome crescerá seu poder.
[26]Estenderei sua mão esquerda sobre o mar
e sua mão direita sobre os rios.
[27]Ele me invocará, dizendo: 'Vós sois meu pai,*
meu Deus e meu rochedo salvador'.
[28]Farei dele meu primogênito,*
o mais elevado dos reis da terra.
[29]Para sempre lhe conservarei minha misericórdia,
e minha aliança com ele será estável.
[30]Farei viver para sempre sua descendência
e seu trono como os dias do céu.
[31]Se seus filhos abandonarem minha lei
e não andarem segundo meus preceitos,
[32]se violarem minhas prescrições
e não observarem meus mandamentos,
[33]castigarei com a vara suas transgressões*
e com açoites seus pecados.
[34]Mas não lhe retirarei meu amor,
nem desmentirei minha fidelidade.
[35]Não violarei minha aliança,*
nem modificarei as promessas que fiz.
[36]Eu o jurei uma vez por minha santidade*
e não mentirei a Davi;
[37]sua descendência durará para sempre
e seu trono, como o sol diante de mim,
[38]como a lua que permanece para sempre,*
testemunha fiel no firmamento".
[39]Mas vós rejeitastes e repudiastes,
e vos irritastes contra vosso ungido.
[40]Rompestes a aliança com vosso servo,
lançastes por terra e profanastes sua coroa.
[41]Fizestes brechas em todas as suas muralhas,*
reduzistes a ruínas suas fortalezas.
[42]Todos os que passam o depredam,
e seus vizinhos o escarnecem.
[43]Fizestes triunfar seus adversários,
alegrastes todos os seus inimigos.
[44]Cegastes o corte de sua espada,
não o sustentastes no combate.
[45]Pusestes fim a seu esplendor
e lançastes por terra seu trono.
[46]Abreviastes os dias de sua juventude
e de vergonha o cobristes.
[47]Até quando, Javé, vos escondereis, para sempre?*
E vosso furor se abrasará como o fogo?
[48]Lembrai-vos de como é breve minha vida;*
foi para nada que criastes todos os filhos dos homens?
[49]Quem é que pode viver e não ver a morte?*
Quem pode livrar sua alma do poder do abismo?
[50]Onde estão, Senhor, vossos antigos gestos de bondade
que jurastes a Davi por vossa fidelidade?
[51]Lembrai-vos, Senhor, do ultraje feito a vossos servos,
trago no peito a injúria de muitos povos,
[52]os insultos lançados por vossos inimigos, Javé,
lançados contra os passos de vosso ungido.
[53]Seja bendito Javé para sempre!
Amém! Amém!*

---

* **89**,19. Is 6,3; Sl 47,10 | 20. 132,11s; 2Sm 7 | 21. 78,70 | 22. Is 42,1 | 27. 2Sm 7,14; Sl 2,7 | 28. Cl 1,15-18; Ap 1,5; Is 55,3 | 33. 2Sm 7,14 | 35. Jr 33,20s | 36. 110,4 | 38. 72,5.7 | 41. 80,13s | 47. 79,5 | 48. 39,5 | 49. 90,3s | 53. 106,48

IV. LIVRO QUARTO
(90 [89] – 106 [105])

90 (89) Eternidade de Deus e fragilidade humana.

[1]*Súplica de Moisés, homem de Deus.*
Senhor, fostes para nós um refúgio
de geração em geração;
[2]Antes que nascessem os montes*
e formásseis a terra e o mundo,
desde sempre e para sempre vós sois Deus.*
[3]Fazeis o homem voltar ao pó*
dizendo: "Voltai, filhos de Adão!"
[4]Pois a vossos olhos, mil anos
são como o dia de ontem que passou,*
e como uma vigília na noite.
[5]Vós os mergulhais no sono;*
são como a relva que brota de manhã:*
[6]de manhã floresce, cresce,*
de tarde murcha e seca.
[7]Porque somos consumidos por vossa ira
e por vosso furor conturbados.
[8]Pondes diante de vós nossas culpas,
e nossos pecados ocultos à luz de vossa face.
[9]Pois todos os nossos dias passam por causa de vossa ira,
acabam nossos anos como um sopro.*
[10]Nossos anos de vida são setenta,*
oitenta para os mais robustos,
mas na maior parte são fadiga e sofrimento,*
porque passam depressa e nós voamos.
[11]Quem conhece o ímpeto de vossa ira?
E vossa indignação, conforme o temor que vos é devido?
[12]Ensinai-nos a contar nossos dias†,
e assim teremos um coração sábio.
[13]Voltai-vos, Javé, até quando?*
Tende compaixão de vossos servos!
[14]Saciai-nos de manhã com vossa bondade,*
e exultaremos de alegria pela vida afora.
[15]Alegrai-nos em proporção dos dias em que nos afligistes,*
e dos anos em que suportamos a adversidade.
[16]Que vossa obra se manifeste a vossos servos
e vossa glória a seus filhos.
[17]Esteja sobre nós a bondade do Senhor, nosso Deus.
Confirmai sobre nós a obra de nossas mãos;
sim, confirmai a obra de nossas mãos.

91 (90) Certeza da proteção divina*.

[1]Quem habita sob a proteção do Altíssimo
e repousa à sombra do Onipotente
[2]diga a Javé: "Meu refúgio, minha fortaleza,*
meu Deus, em quem confio".
[3]Ele te livrará do laço do caçador,*
da peste destruidora;
[4]ele te cobrirá com suas penas,*
sob suas asas encontrarás refúgio.
Escudo e couraça é sua fidelidade.
[5]Não temerás os terrores da noite*
nem a flecha que voa de dia,*
[6]nem a peste que vaga nas trevas,
nem a epidemia que devasta ao meio-dia.*
[7]Caiam mil a teu lado
e dez mil a tua direita;
tu não serás atingido.
[8]Basta que observes com teus olhos,
verás o castigo dos ímpios.
[9]"Pois vós sois meu refúgio, ó Javé".
Fizeste do Altíssimo tua morada.
[10]Nenhum mal te sucederá,*
nenhuma praga chegará a tua tenda.
[11]Pois ele dará ordem a seus anjos*
para te guardarem em todos os teus passos.
[12]Em suas mãos te levarão*
para que teu pé não tropece nalguma pedra.
[13]Caminharás sobre a áspide e a víbora,*
pisarás sobre o leãozinho e o dragão.

---

* **90**,2. Gn 1,1; Pr 8,25 / Hab 1,12 | 3. 93,2; Gn 3,19 | 4. 2Pd 3,8 | 5. Is 40,6s / Jó 14,1s; 20,8 | 6. 103,15s | 9. Gn 6,3 | 10. Pr 10,27; Eclo 18,8s / Ecl 12,1-7 | 13. 7,6 | 14. 17,15 | 15. Nm 14,34 | **91**. Jó 5,19-22 | 2. 18,3 | 3. Dt 32,11; 17,8 | 4. Rt 2,12; Mt 23,37 | 5. Ct 3,8 / Pr 3,25 | 6. Dt 32,24; Os 13,14; Jr 15,8; Eclo 34,19 | 10. Pr 12,21; Dt 7,15 | 11. Mt 4,6; Hb 1,14 | 12. Pr 3,23 | 13. Is 11,8

† **90**,12. Tomar consciência de que tudo passa rápido.

14 “Eu o salvarei, porque ele me ama;
eu o exaltarei, porque conhece meu nome.*
15 Ele me invocará e lhe darei resposta;*
perto dele estarei em sua angústia,
vou salvá-lo e torná-lo glorioso.
16 Com longos dias o saciarei
e lhe mostrarei minha salvação”.*

92 (91) **Louvor ao Deus criador.** 1 *Salmo. Cântico. Para o dia de sábado.*

2 É belo louvar a Javé*
e celebrar vosso nome, ó Altíssimo;
3 anunciar de manhã vosso amor,
e vossa fidelidade durante a noite,
4 na harpa de dez cordas e na lira,
com o tom suave da cítara.
5 Porque me alegrais, Javé, com vossas maravilhas,
exulto diante das obras de vossas mãos.
6 Como são grandes vossas obras, Javé,*
quão profundos vossos pensamentos!
7 O homem insensato não compreende*
e o imbecil não entende isto.
8 Se os pecadores brotam como erva*
e florescem todos os malfeitores,
uma eterna ruína os aguarda.
9 Mas vós sois excelso para sempre, ó Javé.
10 Porque vossos inimigos, Javé,*
vossos inimigos perecerão;
serão dispersos todos os malfeitores.
11 Vós me dais a força de um búfalo,*
com óleo fresco me ungis†.
12 Meus olhos desprezaram meus inimigos,
meus ouvidos ouviram falar
dos malfeitores que me desejavam o mal.
13 O justo crescerá como a palmeira†,
como o cedro do Líbano se elevará.
14 Plantados na casa de Javé,*
nos átrios de nosso Deus florescerão.
15 Mesmo na velhice darão frutos,
serão cheios de seiva e verdejantes,
16 para anunciar que Javé é reto:
é meu rochedo, e nele não há injustiça.*

93 (92) **Hino a Javé, rei supremo†.**

1 Javé reina, de esplendor se veste;*
de poder Javé se reveste e se cinge.*
Firmou o mundo, que jamais será abalado.*
2 Firme está vosso trono desde o princípio;
vós existis desde sempre.*
3 Elevam os rios, ó Javé,
elevam os rios sua voz, elevam os rios seu fragor.*
4 Mais poderoso que o bramido de águas caudalosas,
mais poderoso que as ondas do mar,
poderoso é Javé nas alturas.
5 Mui dignos de fé são vossos testemunhos;
a santidade convém a vossa casa*
por dias sem fim, ó Javé!

94 (93) **Deus, juiz do mundo.**

1 Deus justiceiro, Javé,
Deus justiceiro, manifestai-vos!*
2 Levantai-vos, juiz da terra,*
pagai aos soberbos o que merecem.*
3 Até quando os ímpios, Javé,*
até quando os ímpios triunfarão?
4 Derramam palavras arrogantes,*
todos os malfeitores se vangloriam.
5 Esmagam vosso povo, Javé,
e oprimem vossa herança†.
6 Matam a viúva e o estrangeiro,*
massacram os órfãos.

---

* **91**,14. 9,11 | 15. Jr 33,3; Is 43,2 | 16. Pr 3,2 10,27; Jó 5,26 | **92**,2. 33,1-3 | 6. 8; 139,6,17s | 7. Sb 13,1 | 8. 36,33s | 10. 68,2s | 11. 75,11; Dt 33,17; Sl 23,5 | 14. 52,10 | 16. Dt 32,4 | **93**,1. 97,1; 99,1 / 47,8; 96,10 / Is 52,7 | 2. 90,2 | 3. 18,5; 96,10; 104,5 | 5. 1Rs 9,3 | **94**,1. Na 1,2; Dt 32,35 | 2. Jr 51,56 / Lm 3,62 | 3. Jr 12,1; Ml 2,17; 3,14 | 4. 73 | 6. Êx 22,21s; Dt 24,17-22

† **92**,11. Ungir-se com óleo era sinal de festa e também representa força e energia. | 13. Em grego, a mesma palavra designa “palmeira” e “fênix”, a ave mitológica que renascia das próprias cinzas, símbolo da imortalidade do cristão que participa da morte de Cristo, fonte de vida nova, Rm 6,3s. | **93**. Com este salmo começa uma série de salmos de entronização, que celebram Javé como rei vencedor da batalha contra as forças do caos, para criar o mundo bem ordenado. | **94**,5. Os maus oprimem e perseguem os fracos, justamente aqueles que a lei protegia, Dt 24,17-21.

7 Dizem: "Javé não está vendo,*
o Deus de Jacó não percebe"†.
8 Compreendei, insensatos do povo;*
e vós, imbecis, quando criareis juízo?
9 Quem plantou o ouvido não escuta?*
Quem formou o olho não enxerga?
10 Quem corrige as nações não castiga,
ele que ensina ao homem o saber?
11 Javé sabe como são fúteis
os pensamentos dos homens.*
12 Feliz o homem a quem educais, Javé,*
e que instruís com vossa lei,
13 para dar-lhe repouso nos dias maus,
até que se cave a fossa para o ímpio.
14 Porque Javé não rejeita seu povo*
nem abandona sua herança.*
15 Mas o juízo voltará a ser conforme a justiça,
e o seguirão todos os retos de coração.
16 Quem se levantará a meu favor contra os malvados?†
Quem ficará de meu lado contra os malfeitores?
17 Se Javé não viesse em meu auxílio,
em breve eu habitaria no reino do silêncio.
18 Quando eu digo: "Meu pé vacila",
vossa bondade, Javé, me sustenta.
19 Quando o excesso de cuidados me invade,
vossas consolações alegram minha alma.
20 Pode ser vosso aliado um tribunal iníquo,
que comete violências em nome da lei?
21 Conspiram contra a vida do justo
e condenam o sangue inocente.
22 Mas Javé é minha defesa
e meu Deus é rocha em que me abrigo.*
23 Fará recair sobre eles sua iniquidade,*
por sua malícia os destruirá.
Javé, nosso Deus, os destruirá.

95 (94)

Convite ao louvor e à obediência. 1 Vinde, alegres cantemos a Javé,
aclamemos o rochedo que nos salva,*
2 vamos até ele com louvores
e o celebremos com salmos.
3 Pois Javé é um grande Deus,*
grande rei acima de todos os deuses.
4 Em sua mão estão os abismos da terra,*
são suas as alturas dos montes.
5 É dele o mar, pois foi ele que o fez,
e a terra firme suas mãos modelaram.
6 Vinde, prostrados adoremos,
de joelhos diante de Javé que nos criou.
7 Pois ele é nosso Deus, e nós o povo de que ele cuida,*
o rebanho que sua mão conduz.*
8 Quem dera que hoje ouvísseis sua voz:*
"Não endureçais os corações como em Meriba,
como no dia de Massa no deserto,*
9 onde vossos pais me tentaram, me provaram,
apesar de terem visto minhas obras.
10 Por quarenta anos* aquela geração me aborreceu†,
e eu disse: São um povo de coração transviado,
não conhecem meus caminhos;*
11 por isso jurei em minha ira:
não entrarão* em meu repouso"†.

96 (95)

Hino ao rei universal*. 1 Um cântico novo cantai a Javé,
terra inteira, cantai a Javé.*
2 Cantai a Javé, seu nome bendizei,
anunciai sua salvação* dia após dia†.
3 Entre as nações narrai sua glória,
entre todos os povos, seus prodígios.
4 Pois Javé é grande e digno de sumo louvor,*
temível mais que todos os deuses.

---

* **94**,7. 10,11; Ez 9,9 | 8. Pr 1,22; 8,5 | 9. Êx 4,11; Pr 20,12 | 11. 1Cor 3,20; Ecl 1,2 | 12. Sl 119,71 | 14. 1Sm 12,22 / Eclo 47,24 | 22. 7,17 | 23. 63,12; 107,42 | **95**,1. Dt 32,15 | 3. 47,3; 96,4 | 4. Dn 2,47 | 7. 100,3 / Ez 34,1; Sl 23,1-4; 80,2 | 8. Êx 19,5; Hb 3,7-10 / Êx 17,1-7; Nm 20,2-13; Dt 6,16; 33,8 | 10. Nm 14,30.34; Sl 78,8.37 / Dt 32,5.20 | 11. 132,8.14; Dt 12,9 | **96**. 1Cr 16,23-33 | 1. 98,1 | 2. 98,2; 105,1 | 4. 48,2; 145,3

† **94**,7. Para calar a voz de sua consciência, os maus dizem que Deus não está vendo. | 16. O orante procura testemunhas que o defendam no tribunal. | **95**,10. Os 40 dias que Jesus passou no deserto em obediência ao Pai são uma resposta aos 40 anos durante os quais os israelitas provocaram a ira de Deus no deserto com sua desobediência. | 11. A terra prometida, que pertence a Deus, é seu repouso, onde os hebreus descansam depois da caminhada e das guerras do êxodo. | **96**,2. Os vv. 3 e 10 fazem deste salmo um salmo "missionário", que lembra ao povo o dever de anunciar a glória de Deus no mundo.

5 Porque são um nada todos os deuses
das nações,*
mas Javé fez os céus.
6 Estão a sua frente esplendor e majestade,
força e beleza em seu santuário.
7 Tributai a Javé, ó famílias dos povos,*
glória e poder tributai a Javé,
8 dai a Javé a glória devida a seu nome.
Trazei a oferta e entrai em seus átrios,
9 adorai a Javé em sua santa aparição.*
Tremei diante dele, terra inteira.
10 Dizei entre as nações: "Javé reina!"*
Ele sustenta o mundo para que não vacile;
julga os povos com retidão.
11 Alegrem-se os céus, exulte a terra,
ressoe o mar e o que ele contém;*
12 exulte o campo e o que ele encerra,*
gritem de alegria todas as árvores do bosque
13 diante de Javé, pois ele vem,*
ele vem julgar a terra†.
14 Julgará o mundo com justiça
e os povos conforme sua verdade.

97 (96) A glória de Javé no juízo.

1 Javé reina,* exulte a terra†;
que se alegrem as numerosas ilhas.
2 Nuvens e trevas o envolvem,
justiça e direito são a base de seu trono.*
3 Um fogo caminha diante dele,*
que queima ao redor seus inimigos.
4 Seus relâmpagos iluminam o mundo:*
ao vê-los a terra estremece.
5 Os montes se derretem como cera
diante de Javé,*
diante do Senhor de toda a terra.
6 Os céus anunciam sua justiça*
e todos os povos contemplam sua glória.
7 Sejam confundidos todos os que adoram estátuas
e os que se gloriam de seus ídolos.*
Diante dele todos os deuses se prostrem.
8 Sião escuta e se alegra,*
exultam as cidades de Judá
por causa de vossos julgamentos, Javé.
9 Porque vós, Javé, sois o Altíssimo sobre toda a terra,*
muito mais alto que todos os deuses†.
10 Javé ama os que detestam o mal;
protege a vida de seus fiéis,
livrando-os das mãos dos ímpios.
11 Surge uma luz para o justo*
e a alegria para os retos de coração.*
12 Ó justos, alegrai-vos em Javé,
celebrai sua santa memória.*

98 (99) Louvor ao juiz do universo.

1 Um cântico novo cantai a Javé,*
pois ele fez maravilhas.
Deu-lhe a vitória sua mão direita*
e seu braço santo†.
2 Javé manifestou sua salvação,*
aos olhos das nações revelou sua justiça.
3 Lembrou-se de sua misericórdia
e de sua fidelidade à casa de Israel.
Todos os confins da terra puderam ver
a salvação de nosso Deus.
4 Aclamai a Javé, terra inteira,*
vibrai de alegria e salmodiai.
5 Cantai a Javé com a harpa,
com a harpa e com som melodioso;
6 com a trompa e ao som da corneta*
exultai diante do rei Javé.
7 Ressoe o mar e o que ele encerra,*
o mundo e seus habitantes.
8 Os rios batam palmas,*
rejubilem todas as montanhas
9 diante de Javé, porque ele vem julgar a terra.*
Julgará o mundo com justiça
e os povos com retidão.*

---

* **96**,5. Is 40,17-20; Sl 97,7; 1Cor 8,4ss | 7. 29,1s | 9. 29,2 | 10. 93,1 | 11. 98,7 | 12. Is 55,12 | 13. 98,9 | **97**,1. 93,1 | 2. 85,11 | 3. 18,9; 50,3 | 4. 77,19 | 5. 68,3 | 6. 50,6 | 7. 96,5 | 8. 48,12 | 9. 83,19 | 11. 112,4 / 4,7; 36,10 | 12. 30,5 | **98**,1. 96,1 / Is 52,10; 59,16; 64,5 | 2. 96,2 | 4. 96,1; Is 52,9 | 6. 47,6 | 7. 96,11 | 8. Is 55,12 | 9. 96,13 / 67,5

† **96**,13. Cada vez que Deus intervém em favor de seu povo está anunciando o julgamento universal do final da história. | **97**,1. Com a morte e a ressurreição de Cristo, foi definitivamente instaurado o reino de justiça e de amor querido por Deus. | 9. Os justos assistem exultantes ao juízo de Deus que elimina a mentira e a falsa religiosidade, fontes de miséria moral e de escravidão (João Paulo II). | **98**,1. Toda ação do braço divino está a serviço da justiça e da santidade.

99 (98) Hino à grandeza e à santidade de Deus.

[1]Javé reina, os povos tremem,*
sobre os querubins está sentado,
a terra estremece.
[2]Grande é Javé em Sião,*
muito mais alto que todos os povos.
[3]Celebrem vosso nome grande e tremendo,
porque ele é santo.
[4]Rei poderoso que amais a justiça,*
estabelecestes o que é reto;*
o direito e a justiça exerceis em Jacó.
[5]Exaltai a Javé, nosso Deus,
prostrai-vos ante o estrado de seus pés;
ele é santo.
[6]Moisés e Aarão estavam entre seus sacerdotes,
Samuel entre os que invocavam seu nome;
invocavam a Javé, e ele os ouvia.
[7]Na coluna de nuvens falava com eles;
obedeciam a seus preceitos*
e à lei que lhes havia dado.
[8]Javé, nosso Deus, vós lhes respondíeis,
éreis para eles um Deus indulgente,
mesmo castigando seus pecados.*
[9]Exaltai a Javé, nosso Deus,
prostrai-vos ante seu santo monte,
porque santo é Javé, nosso Deus.

100 (99) Alegria dos que entram no templo.

[1]*Salmo de ação de graças.*
Aclamai a Javé, terra inteira,
[2]servi a Javé com alegria,
vinde a ele cantando jubilosos.
[3]Ficai sabendo que Javé é Deus;*
ele nos fez e nós somos seus,*
seu povo e rebanho de que ele cuida.
[4]Entrai por suas portas dando graças,
e em seus átrios com hinos de louvor,
louvai-o, bendizei seu nome;
[5]pois Javé é bom, eterno é seu amor,*
e sua fidelidade se estende a todas as gerações.

101 (100) Programa de um rei justo.

[1]*Salmo de Davi.*
Quero cantar o amor e a justiça,
a vós, Javé, salmodiarei.
[2]O caminho da retidão vou seguir;*
quando virás a mim?
Caminharei com coração íntegro,*
no interior de minha casa.
[3]Nada de mal porei ante meus olhos.
Detesto quem faz o mal;*
jamais estará perto de mim.
[4]Longe de mim o coração perverso,
não quero conhecer o malvado.
[5]Quem calunia em segredo seu próximo*
vou reduzi-lo ao silêncio;
o que tem olhar altivo e coração arrogante*
não suportarei.
[6]Meus olhos estarão voltados para os fiéis do país,
para que morem comigo;
quem anda pelo caminho íntegro será meu servo.*
[7]Não há de morar em minha casa quem comete fraudes;*
quem diz mentiras não ficará em minha presença.*
[8]Cada manhã exterminarei todos os ímpios do país†;
para extirpar da cidade de Javé todos os malfeitores.

102 (101) Prece na aflição.

[1]*Oração de um aflito que, prostrado, expõe seu lamento diante de Javé.*
[2]Javé, ouvi minha oração,
e chegue a vós meu clamor.
[3]Não me oculteis vosso rosto*
no dia de minha angústia.
Inclinai para mim vosso ouvido,
quando vos invoco, atendei-me sem demora.
[4]Pois meus dias se dissipam como fumaça
e meus ossos ardem como brasa.
[5]Pisado como a erva, meu coração secou;

---

* **99**,1. 18,8.11; 80,2 | 2. 48,2,4. 6,3 / 72,1s | 7. Êx 19,18s; 33,9; Nm 12,5 | 8. Êx 32,11; Nm 20,12 | **100**,3. 95,7 / Dt 4,32; 32,39; Is 43,10.13; 64,7 | 5. 106,1; 107,1; 118,1s; 136,1s | **101**,2. 26,11s; 50,3 / Is 33,15 | 3. Pr 11,20 | 5. Pr 17,20; 30,10 / Pr 21,4 | 6. 26,11; 14,35; 20,7 | 7. Pr 25,5 / 5,6 | **102**,3. 69,18; 143,7

† **101**,8. Era de manhã que o rei administrava a justiça na porta da cidade.

pois até me esqueço de comer meu
pão.
6 De tanto gemer,
minha pele está colada a meus ossos.
7 Pareço um pelicano do deserto,
sou como a coruja entre ruínas.
8 Não tenho sono
e sou como um pássaro solitário no te-
lhado.
9 Todo dia meus inimigos me insultam;
furiosos contra mim, praguejam com
meu nome.
10 Em vez de pão, estou comendo cinza,*
misturo lágrimas a minha bebida,
11 por causa de vossa indignação e de
vossa ira,
pois me erguestes e depois me abates-
tes.
12 Meus dias são como a sombra que
declina,
e vou secando como a erva.*
13 Mas vós, Javé, reinais para sempre,
e vossa lembrança permanece
de geração em geração.
14 Levantando-vos, de Sião tereis pie-
dade,
pois é tempo de compadecer-vos dela:
a hora é esta.
15 De fato, vossos servos amam suas
pedras
e têm dó de sua poeira.*
16 Então as nações temerão o nome de
Javé,*
e todos os reis da terra, vossa glória,
17 quando Javé reconstruir Sião*
e aparecer em sua glória†.
18 Ele ouvirá a prece do desamparado
e não rejeitará sua súplica.
19 Que isto seja escrito para a geração
futura,*
e um povo regenerado louvará a Javé.
20 Pois Javé olhou do alto de seu san-
tuário,
dos céus olhou para a terra
21 a fim de ouvir os gemidos dos cativos*
e libertar os condenados a morrer†,
22 para que o nome de Javé seja cele-
brado em Sião
e seu louvor em Jerusalém,
23 quando se reunirem todos os povos
e reinos*
para servir a Javé.
24 Quebrantou-se minha força no cami-
nho,
meus dias se encurtaram.*
25 Eu digo: Meu Deus, não me leveis na
metade de meus dias,*
vossos anos se estendem de geração
em geração.
26 No princípio fundastes a terra,*
e os céus são obra de vossas mãos.
27 Eles perecerão, mas vós permane-
ceis;*
e todos ficarão gastos como veste,
como roupa os mudais e serão mudados.*
28 Mas vós continuais o mesmo,
e vossos anos não têm fim.
29 Os filhos de vossos servos terão mo-
rada,*
e sua descendência se firmará diante
de vós.

103 (102) Gratidão pela bondade divina.

1 *De Davi.*
Minha alma, bendize a
Javé,
e todo o meu ser bendiga seu santo
nome!
2 Minha alma, bendize a Javé,
e não esqueças nenhum de seus bene-
fícios.
3 É ele que perdoa todas as tuas culpas
e te cura* de toda doença†.
4 É ele que salva tua vida da fossa
e te coroa com sua bondade e sua mi-
sericórdia.
5 É ele que pela vida afora te cumula de
bens

* **102**,10. 42,4 | 12. 90,6 | 15. Is 52,2 | 16. Is 59,19; 66,18 | 17. Is 60,1 | 19. 22,31s | 21. 79,11 | 23. Is 60,3s | 24. 39,5 | 25. 90,10 | 26. Is 51,6ss | 27. Is 65,17; 66,22 / Ap 20,11; 21,1 | 29. 69,36s | **103**,3. 41; Jó 42,10 | 6. Is 40,31

† **102**,17. A poeira representa as ruínas de Jerusalém, devastada pelos babilônios. Sua reconstrução vai demonstrar o poder de Javé às nações, que se converterão. | 21. Ver a nota no Sl 79,11. | **103**,3. Mc 2,10-11s também associam perdão dos pecados e cura de doenças. | 5. "Quando fica velha e seus olhos se ofuscam, a águia queima as penas nos raios do sol e mergulha três vezes numa fonte; rejuvenescida, torna a elevar-se nos ares. Tu também, discípulo de Cristo, busca a fonte da palavra de Deus e voa para as alturas do sol de justiça, Jesus Cristo" (Physiologus, séc. III d.C.).

e renova tua juventude como a da
águia†.
6 Javé age com retidão,*
faz justiça a todos os oprimidos.
7 Revelou a Moisés seus caminhos,
seus grandes feitos aos filhos de Israel.
8 Javé é misericordioso e compassivo,*
lento para a ira e rico em bondade.
9 Não contenderá para sempre
e não dura eternamente sua ira.
10 Não nos trata conforme nossos pe-
cados,*
não nos castiga segundo nossas culpas.
11 Pois quanto é alto o céu sobre a terra,
tanto é grande seu amor aos que o te-
mem.
12 Quanto é distante o oriente do oci-
dente,
tanto ele afasta de nós nossas culpas.*
13 Como um pai se compadece dos filhos,
assim Javé se compadece dos que o
temem.
14 Pois ele sabe de que somos feitos:
ele se lembra de que somos pó.*
15 Os dias do homem são como a relva,*
ele floresce como a flor do campo;
16 basta que sopre o vento, desaparece,
e não conhecerá mais seu lugar.*
17 Mas a bondade de Javé é desde sem-
pre e para sempre
para os que o temem;
e sua justiça, para os filhos de seus fi-
lhos,
18 para os que guardam sua aliança
e se lembram de seus preceitos e os
guardam.
19 Javé estabeleceu seu trono nos céus
e seu reino domina acima de tudo.*
20 Bendizei a Javé, vós, seus anjos,
valorosos em poder, que executais suas
ordens,
obedecendo a sua palavra!
21 Bendizei a Javé, vós, todos os seus
exércitos,
que o servis e executais suas vontades!
22 Bendizei a Javé, vós, todas as suas
obras,
em todos os lugares de seu domínio!
Minha alma, bendize a Javé!

104 (103)

Hino a Javé criador. 1 Mi-
nha alma, bendize a Javé!
Javé, meu Deus, como sois
grande!
De esplendor e majestade vos revestis,
2 envolto em luz como num manto.
Estendeis o céu como uma tenda,*
3 construís sobre as águas vossos apo-
sentos,*
fazeis das nuvens vosso carro,
andais sobre as asas do vento.
4 Fazeis dos ventos vossos mensagei-
ros,*
das chamas de fogo vossos ministros.
5 Firmastes a terra sobre suas bases,
para ficar imóvel pelos séculos eternos.
6 Com o abismo a envolvestes como
numa veste,
as águas cobriam as montanhas.
7 A vossa ameaça fugiram,*
ao fragor de vosso trovão se retiraram.
8 Os montes sobem, os vales descem
ao lugar que lhes designastes.*
9 Para as águas marcastes um limite in-
transponível*
para não tornarem a cobrir a terra.*
10 Fazeis brotar fontes nos vales
e escorrem entre os montes;
11 dão de beber a todos os animais do
campo,
e matam sua sede os asnos selvagens.
12 A seus lados moram as aves do céu,*
cantam entre as ramagens.
13 De vossos aposentos irrigais os montes,
com o fruto de vossas obras saciais a
terra.
14 Fazeis crescer o capim para o gado*
e a erva útil ao homem,
para da terra tirar seu alimento:*
15 o vinho que alegra o coração huma-
no,*
o óleo que dá brilho a seu rosto
e o pão que sustenta seu vigor.
16 Saciam-se as árvores de Javé,*
os cedros do Líbano que ele plantou.
17 Aí fazem seus ninhos as aves,
e a cegonha em seu topo tem sua casa.
18 Para as camurças são os altos montes,
as rochas, o refúgio dos roedores.

---

* **103**,8. Êx 34,6s; Sl 86,15; 145,8 | 10. Jr 3,12; Is 57,16; Jn 4,2; Jl 2,13 | 12. 145,9 | 14. 90,3 | 15. Is 40,7; Sl 90,5s | 16. Jó 7,10 | 19. 22,29 | **104**,2. Gn 1,3; Sl 19,2s | 3. Gn 1,6s; Am 9,6; Sl 18,11; 68,5 | 4. Hb 1,7 | 7. Jó 7,12 | 8. Gn 1,9 | 9. Jó 38,8-11 / Gn 9,11-15 | 12. Ez 31,6.13 | 14. Gn 1,11s. 29s; 2,16 / Gn 2,15; 3,17ss; 9,20 | 15. Zc 10,7; Eclo 31,26; Jz 9,13; Gn 5,29 | 16. Jz 19,5.8

19Para marcar as estações fizestes a lua†,
e o sol sabe a hora de se esconder.
20Estendeis as trevas e chega a noite
e vagueiam todas as feras da floresta;
21rugem os leõezinhos em busca de presa*
e pedem a Deus seu alimento.
22Ao nascer do sol se retiram
e se acomodam em suas tocas.*
23Então sai o homem para o trabalho,
para sua fadiga até a tarde.
24Como são numerosas, Javé, vossas obras!*
Tudo fizestes com sabedoria,
a terra está cheia de vossas criaturas.
25Eis o mar, espaçoso e vasto,
no qual há seres inumeráveis,
animais pequenos e grandes.
26Percorrem-no os navios,
e o Leviatã que formastes para nele brincar.*
27Todos em vós esperam
que a seu tempo lhes deis o alimento.
28Vós lhes forneceis, e eles o recolhem,
abris vossa mão, e saciam-se de bens.*
29Se escondeis o rosto, desfalecem;*
se a respiração lhes tirais, perecem
retornando a seu pó.
30Enviais vosso espírito e são criados,*
e assim renovais a face da terra.
31Seja para sempre a glória de Javé,
alegre-se Javé em suas obras.*
32Ele olha a terra, e ela treme,
toca os montes, e eles fumegam.*
33Quero cantar a Javé enquanto eu viver,*
cantar a meu Deus por toda a vida.
34Seja-lhe agradável meu poema.*
Minha alegria está em Javé.
35Desapareçam da terra os pecadores
e não existam mais os ímpios.
Minha alma, bendize a Javé!

105 (104) Fidelidade de Javé à aliança†.

1Aleluia!
Celebrai a Javé, invocai seu nome,
manifestai entre os povos seus feitos.
2Cantai em sua honra, salmodiai para ele,
recordai todas as suas maravilhas.
3Gloriai-vos de seu santo nome,
alegre-se o coração dos que buscam a Javé.*
4Buscai a Javé e seu poder,
não cesseis de buscar sua face.*
5Lembrai-vos dos prodígios que fez,
de seus milagres e dos julgamentos que proferiu,
6vós, descendentes de Abraão, seu servo,*
filhos de Jacó, seu escolhido.
7Ele é Javé, nosso Deus;
seus juízos estão em toda a terra.
8Lembra-se para sempre de sua aliança,
da palavra dada por mil gerações,
9da aliança concluída com Abraão,*
do juramento que fez a Isaac;*
10ele o confirmou como lei para Jacó,
para Israel como aliança eterna,
11dizendo: "Eu te darei a terra de Canaã*
como tua parte de herança".
12Quando eram em pequeno número,
bem poucos e estrangeiros no país,
13e migravam de nação em nação,
de um reino para outro povo,
14a ninguém permitiu oprimi-los,*
e castigou reis por causa deles:
15"Não toqueis em meus ungidos,
não maltrateis meus profetas!"†
16Chamou a fome sobre o país,*
retirou todo o sustento de pão.
17Enviou a sua frente um homem:*
José, vendido como escravo.
18Prenderam seus pés com grilhões,*
cadeias de ferro puseram-lhe ao pescoço,
19até que se realizou sua predição,*
e a palavra de Javé o justificou.
20O rei mandou soltá-lo,*
o dominador dos povos o libertou.

---

* **104**,21. Jó 38,39 | 22. Jó 37,8 | 24. 8,2; Pr 8,22-31 | 26. Jó 3,8; 40,25 | 28. Jó 34,14s; Gn 3,19 | 29. Ecl 12,7; Sl 90,3 | 30. Gn 1,2; 2,7; At 2,2s | 31. Gn 1,31 | 32. 144,5 | 33. 146,2 | 34. 7,18 | **105**,3. 18,50; 96,3; 145,5 | 4. 27,8 | 6. Is 45,4; 51,2 | 9. Gn 15,1 / Gn 26,3 | 11. Gn 15,18 | 14. Gn 12,10-20; 20; 26,1-11 | 16. Gn 41,54 | 17. Gn 37,28; 45,5 | 18. Gn 39,20 | 19. Gn 40; 41,9-13 | 20. Gn 41,14

† **104**,19. O calendário hebraico era regulado pela lua, que marcava o início dos meses. | **105**. Meditação sobre as maravilhas que Deus fez na história da salvação, desde o tempo dos Patriarcas até à entrada na terra prometida. "Aleluia" significa "louvai a Javé". | 15. Ungidos e profetas são os patriarcas, aos quais Deus revelou sua Pessoa e fez suas promessas.

21 Fez dele o senhor de sua casa,*
o administrador de todas as suas posses,
22 para instruir seus príncipes como queria,
e a seus anciãos ensinar sabedoria.
23 Então Israel entrou no Egito*
e Jacó habitou na terra de Cam.
24 Deus fez seu povo crescer muito*
e tornou-o mais forte que seus opressores.
25 Mudou o coração deles,*
de modo que odiassem seu povo
e agissem com astúcia contra seus servos.
26 Então enviou Moisés, seu servo,*
e Aarão, que ele tinha escolhido.*
27 Realizaram entre eles seus prodígios
e milagres na terra de Cam.
28 Enviou trevas e ficou tudo escuro,*
mas não respeitaram sua ordem.
29 Mudou suas águas em sangue,*
fez morrer seus peixes.
30 Sua terra pululou de rãs,*
até nos aposentos de seus reis.
31 Ele ordenou e veio uma nuvem de moscas,*
mosquitos em todo o seu território.
32 Deu-lhes granizo em vez de chuva,*
chamas de fogo em seu país.
33 Danificou suas vinhas e figueiras,
quebrou as árvores de seu território.
34 Ordenou e vieram os gafanhotos,*
e grilos sem número,
35 que comeram toda a erva de seu país
e devoraram os produtos de seu solo.
36 Exterminou todos os primogênitos em sua terra,*
todas as primícias de seu vigor.
37 Fez sair seu povo com prata e ouro
e ninguém estava doente em suas tribos.
38 O Egito se alegrou com sua partida,*
pois lhes tinham inspirado terror.
39 Estendeu uma nuvem para cobri-los,*
e um fogo para iluminar a noite.
40 A pedido deles mandou vir codornizes,*
e os saciou com pão do céu.*
41 Abriu o rochedo, e brotaram águas*
que correram no deserto como um rio.
42 Pois lembrou-se de sua palavra santa,
dada a Abraão, seu servo.
43 Fez seu povo sair com alegria,
seus eleitos com cânticos de júbilo.
44 E deu-lhes as terras das nações,*
e tomaram posse da riqueza dos povos,
45 a fim de guardarem seus preceitos
e observarem suas leis.
Aleluia!

106 (105) Confissão dos pecados de Israel†

1 Aleluia!
Celebrai a Javé, pois ele é bom,*
porque eterno é seu amor.
2 Quem pode narrar as façanhas de Javé
e proclamar todo o seu louvor?
3 Felizes os que guardam a retidão*
e praticam a justiça o tempo todo†.
4 Lembrai-vos de mim, Javé,
pelo amor de vosso povo,*
visitai-me com vossa salvação;
5 para que eu sinta a felicidade de vossos eleitos
e me alegre com a alegria de vosso povo
e me glorie com vossa herança.
6 Como nossos pais, nós pecamos,
cometemos a iniquidade, procedemos mal†.
7 Nossos pais, no Egito, não compreenderam vossos prodígios;
não se lembraram da multidão de vossas misericórdias,
mas se revoltaram junto ao mar, o mar Vermelho.*
8 Ele, porém, os salvou por amor de seu nome,
para manifestar seu poder.
9 Ameaçou o mar Vermelho e ele secou;*
guiou-os pelo abismo como por um deserto.

---

* **105**,21. Gn 41,39-44 | 23. Gn 46,1; 47,12 | 24. Êx 1,7 | 25. Êx 1,8s | 26. Êx 3,10 / Êx 4,27 | 28. Êx 10,21-29 | 29. Êx 7,14-25 | 30. Êx 7,26-8,11 | 31. Êx 8,12-15 | 32. Êx 9,13-35 | 34. Êx 10,1-20 | 36. 78,51; Êx 12,29-36 | 38. Êx 12,33 | 39. 78,14; Êx 13,21s | 40. 78,24 / Êx 16,2-36 | 41. 78,15; Êx 17,1-7 | 44. Êx 15; Dt 4,37-40; 6,20-25; 7,8-11 | **106**,1. 107,1; 100,5 | 3. Is 56,1s | 4. Ne 5,19; 13,14.22.31; Sl 25,7 | 7. Êx 14,11 | 9. Êx 14,21s

† **106**. Lamentação coletiva que vê a história de Israel como uma sequência de infidelidades, sanadas pela misericórdia divina. |3. Retidão e justiça designam a prática autêntica da religião. | 6. O povo do tempo do exílio confessa seu pecado, tendo experimentado o juízo de Deus.

10 Salvou-os da mão de quem os odiava,
resgatou-os do poder do inimigo.
11 As águas cobriram seus adversários;*
não escapou nenhum deles.
12 Então acreditaram em suas palavras
e cantaram seu louvor.*
13 Depressa esqueceram suas obras,
não esperaram que executasse seu plano.
14 Cederam à cobiça no deserto,*
tentaram a Deus na solidão.
15 Concedeu-lhes o que pediam,
mas enviou a fraqueza sobre eles.
16 Tiveram inveja de Moisés no acampa-
mento*
e de Aarão, o santo de Javé.
17 A terra se abriu e engoliu Datã
e recobriu o bando de Abiram;
18 ardeu o fogo contra seus sequazes,
a chama consumiu os ímpios.*
19 Fizeram um bezerro em Horeb*
e adoraram uma imagem de metal;*
20 trocaram sua glória†
pela figura de um boi que come ca-
pim.*
21 Esqueceram o Deus, seu salvador,*
que tinha feito façanhas no Egito,
22 maravilhas na terra de Cam,
prodígios no mar Vermelho.
23 Então pensou em exterminá-los,
se não fosse Moisés, seu eleito,
que se manteve na brecha diante dele*
para desviar sua ira, a fim de que não
os destruísse.
24 Desprezaram um país delicioso,*
não acreditaram em sua palavra†;
25 ao contrário, murmuraram em suas
tendas,
não obedeceram à voz de Javé.
26 Então ergueu a mão para lhes jurar*
que os faria cair no deserto,
27 que dispersaria seus descendentes
entre as nações
e os espalharia em outras terras.
28 Eles aderiram ao Baal de Fegor*
e comeram carnes sacrificadas aos
deuses mortos.
29 Eles o provocaram com suas obras,*
e caiu uma praga sobre eles.
30 Mas surgiu Fineias e agiu como juiz,*
e a praga cessou;*
31 isto lhe foi imputado como justiça†,
de geração em geração, para sempre.*
32 Eles o irritaram junto às águas de Me-
riba,*
e Moisés sofreu por causa deles;
33 pois aborreceram seu espírito,
e ele foi precipitado no falar.
34 Não exterminaram os povos*
como Javé lhes havia mandado.
35 Antes, misturaram-se às nações*
e aprenderam a agir do modo delas.
36 Serviram a seus ídolos,*
que se tornaram uma armadilha para
eles.
37 Aos demônios sacrificaram
seus filhos e suas filhas.*
38 Derramaram o sangue inocente,
sangue de seus filhos e de suas filhas,
que imolaram aos ídolos de Canaã.
E o país foi profanado pelos assassínios.*
39 Eles se mancharam por seus atos
e se prostituíram com seus feitos†.
40 Por isso a ira de Javé se acendeu con-
tra seu povo,
e ele abominou sua herança.
41 Entregou-os nas mãos das nações,*
e seus adversários os dominaram.
42 Seus inimigos os oprimiram,
e tiveram de curvar-se a seu domínio.
43 Muitas vezes os libertou,*
mas eles se obstinavam em sua rebeldia
e foram humilhados por causa de suas
iniquidades.
44 Contudo, Deus olhou para a angústia
deles,
quando escutou suas súplicas.

---

* **106**,11. Êx 14,28 | 12. Êx 15,1-21 | 14. Nm 11,4ss; Sl 78,18 | 16. Nm 16; Dt 11,6 | 18. Is 26,11 | 19. Êx 32 / Dt 9,8-21. 25-29 | 20. Jr 2,11; Rm 1,23 | 21. Dt 32,18; Jr 2,32; Sl 78,42 | 23. Êx 32,11; Ez 22,30 | 24. Nm 13,25-14,37; Dt 1,25-36 | 26. Ez 20,15.23; Nm 14,29s | 28. Nm 25 | 29. Tb 4,17 | 30. Nm 25,7s / Eclo 45,28ss | 31. Eclo 45,23s; Nm 25,11-13 | 32. 95,8s; Êx 17,1-7; Nm 20,2-13 | 34. Jz 1,21s; 2,1-5 | 35. Lv 18,3 | 36. Jz 2,11ss | 37. Dt 32,17; Br 4,7; 1Cor 10,20 | 38. Nm 35,33 | 41. Jz 2,14-23 | 43. Is 63,7ss

† **106**,20. A glória de Israel é Deus, assim chamado em outros textos como Dt 10,21; Sl 85,10; Jr 2,11. | 24. Os hebreus chegaram a duvidar que Deus lhes daria a terra prometida, Dt 1,26s. | 31. Deus reconheceu seu mérito e o considerou como justo, Gn 15,6, e esta justiça beneficiou também seus descendentes, que foram elevados ao sacerdócio. | 39. Dentro do quadro simbólico da aliança como matrimônio entre Deus e o povo, a infidelidade deste é denominada adultério e prostituição, Os 5,3; Jr 3,6; Ez 6,9.

45Lembrou-se de sua aliança*
e se compadeceu segundo sua grande misericórdia,
46e fez com que achassem compaixão*
junto a todos que os mantinham cativos.
47Salvai-nos, Javé, nosso Deus,
reuni-nos do meio das nações,
para podermos celebrar vosso santo nome
e gloriar-nos com vosso louvor!
48Bendito seja Javé, Deus de Israel,*
desde sempre e para sempre!
E todo o povo diga: Amém!

V. LIVRO QUINTO (107 [106] – 150)

107 (106) **Ação de graças pela libertação.** 1Aleluia!
Louvai a Javé, pois ele é bom,*
porque eterno é seu amor!
2Assim digam os que Javé remiu,
os que resgatou da mão do opressor,*
3e que ele reuniu de vários países,*
do oriente e do ocidente, do norte e do sul.
4Vagavam pelo deserto, por um lugar desolado,*
sem achar o caminho para uma cidade habitada;
5sofrendo fome e sede*
suas forças iam se acabando.
6Em sua angústia, clamaram a Javé*
e ele os livrou de suas aflições.
7Conduziu-os pelo caminho reto,*
para chegarem a uma cidade habitada.
8Rendam graças a Javé por sua bondade
e por suas maravilhas para com os filhos dos homens.
9Pois saciou quem tinha sede*
e cumulou de bens quem tinha fome.
10Jaziam nas trevas e na sombra da morte,*
prisioneiros de sofrimentos e de grilhões,
11por se terem revoltado contra os oráculos de Deus*
e desprezado o desígnio do Altíssimo.
12Ele humilhou o coração deles pelo sofrimento;
sucumbiram e ninguém os socorria.
13Em sua angústia, clamaram a Javé
e ele os livrou de suas aflições.
14Tirou-os das trevas e da sombra da morte*
e quebrou seus grilhões.
15Rendam graças a Javé por sua bondade
e por suas maravilhas para com os filhos dos homens.
16Pois arrombou as portas de bronze*
e quebrou as trancas de ferro.
17Os insensatos, por causa de seus caminhos rebeldes,
por causa de suas iniquidades, foram afligidos.
18Rejeitavam qualquer comida
e chegaram às portas da morte.
19Em sua angústia, clamaram a Javé,
e ele os livrou de suas aflições.
20Enviou sua palavra e os curou*
e os livrou de sua ruína.
21Rendam graças a Javé por sua bondade
e por suas maravilhas para com os filhos dos homens.
22Ofereçam sacrifícios de louvor
e proclamem com júbilo suas obras.
23Desceram ao mar em navios,
para negociar na imensidão das águas.
24Estes viram as obras de Javé
e suas maravilhas no oceano.
25Com sua palavra mandou soprar*
um vento de tempestade que levantou as ondas.
26Subiam até os céus, desciam até os abismos;
suas almas definhavam na angústia.
27Giravam, vacilando como bêbados,*
e foi inútil toda a sua habilidade.
28Em sua angústia, clamaram a Javé*
e ele os livrou de suas aflições.
29Mudou a tempestade em calmaria,*
e as ondas do mar silenciaram.
30Então se alegraram com a bonança,*
e ele os conduziu ao porto desejado.

* **106**,45. Lv 26,42; Jr 42,10 | 46. Esd 9,9 | 48. 90,53 | **107**,1. 106,1; 100,5 | 2. Is 62,12 | 3. Is 43,5s; 49,12; Zc 8,7 | 4. Dt 8,15; 32,10 | 5. Is 49,10 | 6. Os 5,15; Is 63,9 | 7. Is 35,8; 40,3; 43,19 | 9. Is 49,10; 55,1; Lc 1,53 | 10. Is 42,7.22; Jó 36,8s | 11. Lv 26,40s; 106,43 | 14. Is 42,7.16; 49,9; 51,14; 52,2; 61,1 | 16. Is 45,2; 61,1 | 20. Is 55,11; Sl 147,15; Sb 16,12 | 25. Jn 1,4s | 27. Is 29,9 | 28. Jn 1,14s; 89,10 | 29. Mt 8,26; Sl 65,8 | 30. Is 43,2; 54,11; 57,20

31Rendam graças a Javé por sua bondade
e por suas maravilhas para com os filhos dos homens.
32Que o exaltem na assembleia do povo
e o louvem no conselho dos anciãos.
33Transformou os rios em deserto*
e as fontes de água em terra seca;
34o solo fértil em terra salgada,*
por causa da maldade de seus habitantes.
35Mudou o deserto em açude,*
a terra seca em mananciais.
36Ali fez morar os famintos
que fundaram uma cidade para morar.
37Semearam campos e plantaram vinhas*
e recolheram seus produtos.
38Ele os abençoou e proliferaram muito,
e não deixou diminuir seu rebanho.
39Mas depois foram reduzidos a poucos
e humilhados sob o peso da desgraça e do sofrimento.
40Ele lança o desprezo sobre os príncipes
e os faz errar no deserto sem caminho,
41mas levanta o pobre da miséria*
e multiplica como um rebanho as famílias.
42Os justos veem e se alegram,
mas toda maldade deve fechar a boca.
43Quem é sábio observe essas coisas*
e compreenda as misericórdias de Javé.

108 (107) **Louvor e oração pela vitória**†. 1*Cântico. Salmo de Davi.*

2Meu coração está pronto, ó Deus!*
Quero cantar e salmodiar.
Esta é minha glória.
3Despertai, harpa e cítara,
quero acordar a aurora.
4Entre os povos, Javé, vos louvarei,
entre as nações vos cantarei hinos,
5porque vossa bondade se eleva acima dos céus
e vossa fidelidade chega até as nuvens.
6Ó Deus, elevai-vos acima dos céus,
sobre toda a terra se estenda vossa glória.
7Para que vossos amados sejam libertados,
salvai-nos com a mão direita e respondei-nos.*
8Deus falou em seu santuário:
"Exultarei, dividirei Siquém
e vou medir o vale de Sucot.
9Galaad e Manassés me pertencem,
Efraim é o capacete de minha cabeça,
Judá é meu cetro,
10Moab é a bacia em que me lavo,
sobre Edom lançarei minhas sandálias†,
sobre a Filisteia cantarei vitória".
11Quem me conduzirá à cidade fortificada?
Quem me guiará até Edom,
12a não ser vós, ó Deus, que nos rejeitastes
e já não saís, ó Deus, com nossas fileiras?
13Vinde em nosso auxílio contra o adversário,
porque vã é a salvação humana.
14Com Deus faremos proezas,
e ele esmagará nossos inimigos.

109 (108) **Contra os ímpios**†. 1*Ao regente do coro. Salmo de Davi.*

Deus de meu louvor, não fiqueis mudo,*
2pois abrem contra mim uma boca malvada e pérfida.
Com língua mentirosa falam contra mim;
3com palavras de ódio me rodeiam,
e sem motivo me fazem guerra.
4Em troca de minha afeição, me caluniam,*
enquanto eu fico rezando.

---

* **106**,33. Is 42,15 | 34. Gn 13,10s; 19,23-28; Dt 29,22; Eclo 39,23; Is 41,18 | 35. 114,8 | 37. Jr 31,5; Is 65,21 | 41. Is 65,13s; 113,7ss | 43. Os 14,10 | **108**,2. 57,8-12 | 7. 60,7-14 | **109**,1. 35,22 | 4. Jr 18,20; Sl 34,12s; 38,21

† **108**. Salmo formado por dois trechos, tomados um do Sl 57,8-12 e o outro do Sl 60,7-14. | 10. Gesto de tomar posse. | **109**. O salmista invoca os piores castigos contra seus perseguidores. Naquela época primitiva, a justiça era a lei do talião. O horizonte era limitado a este mundo, e o inimigo de uma pessoa religiosa era considerado inimigo de Deus. Alguns autores acham que os vv. 6-19 não são palavras do salmista, mas citação das pragas dos adversários contra ele.

5 Pagam-me o bem com o mal
e o amor com o ódio.
6 Colocai-o sob a autoridade de um ímpio,
e o acusador se ponha a sua direita.
7 Quando for julgado, saia condenado,
e sua oração se converta em pecado.
8 Sejam abreviados seus dias,*
e um outro assuma seu ofício.
9 Fiquem órfãos seus filhos,
e viúva sua esposa.
10 Seus filhos andem errantes e mendiguem,*
sejam expulsos de suas casas em ruínas.
11 Que o credor lhe tome todos os bens,*
e os estrangeiros roubem o fruto de seu trabalho.
12 Ninguém lhe demonstre compaixão,*
e ninguém tenha dó de seus órfãos.
13 Sejam exterminados seus descendentes*
e seu nome desapareça na geração seguinte†.
14 Lembre-se Javé da culpa de seus pais,*
e o pecado de sua mãe jamais seja apagado.
15 Estejam sempre diante de Javé,*
e ele cancele da terra sua memória.*
16 Porque não se lembrou de exercer a misericórdia,*
mas perseguiu o pobre e o indigente
e o homem de coração ferido, para matá-los.
17 Amava a maldição: que venha sobre ele;
não gostava de bênção: que se afaste dele.
18 Revestiu-se de maldição como de um manto;
que ela entre em seu interior como água,
e em seus ossos como óleo.
19 Seja-lhe como veste que o cobre*
e como um cinto que o aperte sempre.
20 Seja esta da parte de Javé
a paga de meus acusadores
e dos que falam mal de mim.
21 Vós, porém, Senhor Javé,
favorecei-me por amor de vosso nome;
conforme vossa bondade misericordiosa libertai-me,*
22 porque sou pobre e infeliz
e meu coração está ferido dentro de mim.
23 Sou passageiro como a sombra que declina;*
como gafanhoto sou atirado para longe†.
24 Por causa do jejum, vacilam meus joelhos,*
sem gordura minha carne desfalece.*
25 Tornei-me para eles alvo de insulto:
ao me verem meneiam a cabeça.*
26 Socorrei-me, Javé, meu Deus;
salvai-me segundo vossa misericórdia.
27 E saibam eles que foi vossa mão,
que fostes vós, Javé, que o fizestes.*
28 Que eles maldigam, mas vós abençoai.
Levantem-se e sejam confundidos,
mas se alegre vosso servo.
29 Sejam revestidos de ignomínia meus acusadores,*
e sua vergonha os cubra como um manto.
30 Muitas graças darei a Javé com minha boca
e o louvarei no meio da multidão;*
31 porque ele se põe à direita do pobre*
para salvá-lo dos que o condenam.

110 (109)

Messias, rei e sacerdote†.

1 *Salmo de Davi.*
Disse Javé a meu senhor:
"Senta-te a minha direita,*
até que eu ponha teus inimigos como estrado de teus pés"†.

* **109**,8. At 1,20 | 10. Jr 18,21; Jó 5,4s | 11. Jó 20,18 | 12. Is 14,21 | 13. Jó 18,19; Pr 10,7 | 14. Jr 18,23 | 15. 90,8; 139,16 / 34,17 | 16. Jó 20,19 | 19. 73,6; 76,11 | 21. 103,8 | 23. 102,12 | 24. Jó 30,22 / Sl 69,11 | 25. 22,7 | 27. 22,32; 64,10; Nm 22,2s | 29. Jr 20,11; Is 65,13ss | 30. 22,26s | 31. 71,22s | **110**,1. Mt 22,44; At 2,34s; Hb 1,13; 10,12s; 1Pd 3,22

† **109**,13. Uma das piores desgraças era morrer sem deixar filhos, porque não sabendo da outra vida, achavam que só se podia sobreviver nos descendentes. | 23. Quando os gafanhotos invadiam o país, sacudiam-se as árvores em que pousavam. | **110**. É o salmo mais citado no NT, o qual o aplica à exaltação do Cristo ressuscitado à direita do Pai, At 2,33ss; Hb 1,13. | 1. Era costume o rei vencedor colocar o pé sobre a nuca ou sobre o peito do rei vencido.

[2]De Sião Javé estende o cetro de teu poder:
"Domina no meio de teus inimigos!
[3]A ti o principado no dia de teu poder,*
entre santos esplendores;
do seio da aurora, como orvalho, eu te gerei".
[4]Javé jurou e não se arrepende:
"Tu és sacerdote para sempre* à maneira de Melquisedec"†.
[5]O Senhor está a tua direita,
aniquilará os reis no dia de sua ira.*
[6]Julgará as nações e amontoará cadáveres,
esmagando cabeças na imensidão da terra.
[7]Ao longo do caminho ele bebe da torrente,†
por isso levanta a cabeça.

111 (110)

Louvor pelas grandes obras de Javé†. [1]Aleluia!
Alef De todo o coração darei graças a Javé,
Bet na reunião dos justos e na assembleia.
Guimel [2]Grandes são as obras de Javé,
Dalet merecem a reflexão dos que as amam.
Hê [3]Suas obras são esplendor e majestade;
Waw sua justiça dura para sempre.*
Záin [4]Deixou um memorial de seus prodígios:*
Het Javé é clemente e misericordioso.
Tet [5]Dá o alimento aos que o temem,
Yod para sempre se recorda de sua aliança.
Kaf [6]Mostrou a seu povo o poder de suas obras
Lamed ao dar-lhe a herança das nações.
Mem [7]As obras de suas mãos são verdade e justiça,
Nun fidelidade são todos os seus preceitos;
Samec [8]são imutáveis nos séculos, para sempre,
Áin executados com fidelidade e retidão.
Pê [9]Enviou a seu povo a redenção,
Çade estabeleceu sua aliança para sempre.
Qof Santo e tremendo é seu nome.
Resh [10]O princípio da sabedoria* é o temor de Javé†;
Shin sábios são todos os que o observam;
Taw seu louvor permanece para sempre.

112 (111)

Felicidade do justo†. [1]Aleluia!
Alef Feliz quem teme a Javé*
Bet e muito se alegra em seus mandamentos.
Guimel [2]Poderosa sobre a terra será sua descendência,
Dalet a posteridade dos justos será abençoada.
Hê [3]Em sua casa há riqueza e bem-estar,
Waw e sua justiça permanece para sempre.*
Záin [4]Surge nas trevas como luz para quem é reto,*
Het é clemente, misericordioso e justo.
Tet [5]Feliz quem é compassivo e empresta,*
Yod administra seus bens com justiça.*
Kaf [6]Porque jamais será abalado.
Lamed O justo será sempre recordado.
Mem [7]Não tem medo de más notícias,
Nun seu coração é firme, confia em Javé;
Samec [8]seu coração está seguro, nada teme,
Áin até triunfar de seus inimigos.
Pê [9]Ele reparte e dá aos pobres,
Çade sua justiça permanece para sempre,
Qof seu poder se eleva na glória.*

---

* **110**,3. 2,6 | 4. Gn 14,18; Hb 5,6 | 5. 2,9 | **111**,3. 112,3 | 4. 103,8; 112 | 10. Eclo 1,20; Pr 1,7; 9,10; 15,33; Jó 28,28 | **112**,1. 1,1s | 3. 111,3 | 4. 37,6; 97,11 | 5. Pr 13,9 / Sl 111,6 | 9. 89,18

† **110**,4. Escolhido diretamente por Deus, e não por pertencer a uma família sacerdotal. | 7. A segunda parte deste salmo se inspira na história de Gedeão, talvez sugerida pela palavra "orvalho", ver Jz 6,36-40. | **111**. Salmo alfabético, em louvor do Deus poderoso, bom, justo e fiel. | 10. Este é um dos princípios essenciais ensinados pelos sábios, Pr 1,7; 9,10; Jó 28,28. | **112**. Outro salmo alfabético, desta vez exaltando o israelita fiel em praticar a lei de seu Deus.

Resh [10]O ímpio vê e se irrita,
Shin range os dentes e definha.
Taw É vão o desejo dos ímpios.

113 (112) Javé, auxílio dos humildes†.

[1]Aleluia!
Louvai, servos de Javé,
louvai o nome de Javé.
[2]Seja bendito o nome de Javé,
desde agora e para sempre.
[3]Do nascer ao pôr do sol
seja louvado o nome de Javé.
[4]Excelso é Javé sobre todos os povos,
mais alta que os céus é sua glória.
[5]Quem é igual a Javé nosso Deus*
que nas alturas tem seu trono
[6]e se inclina para olhar os céus e a terra?
[7]Ergue da poeira o indigente,*
levanta o pobre da imundície,
[8]para fazê-lo sentar-se entre os príncipes,
entre os príncipes de seu povo.
[9]Faz a estéril morar em sua casa*
como alegre mãe de filhos†.

114 (113) As maravilhas de Javé no êxodo†.

[1]Aleluia!
Quando Israel saiu do Egito,
a casa de Jacó do meio de um povo bárbaro†,
[2]Judá se tornou seu santuário,*
e Israel, seu domínio.*
[3]O mar viu e se retirou,*
o Jordão voltou para trás;*
[4]os montes saltaram como carneiros,
e as colinas como cordeiros.*
[5]Que há contigo, ó mar, para fugires,
e tu, Jordão, por que voltas para trás?
[6]Por que vós, montes, saltais como carneiros
e vós, colinas, como cordeiros?
[7]Treme, ó terra, diante do Senhor,
diante do Deus de Jacó,*
[8]que muda o rochedo em açude,*
e a rocha em mananciais.

115 (114) Único Deus verdadeiro†.

[1]Não a nós, Javé, não a nós,*
mas a vosso nome dai glória†,
por causa de vossa misericórdia e de vossa fidelidade.*
[2]Por que hão de dizer os povos:
"Onde está o Deus deles?"
[3]Nosso Deus está nos céus,*
tudo o que ele quer, realiza.*
[4]Os ídolos das nações são prata e ouro,*
obra de mãos humanas.
[5]Têm boca mas não falam,
têm olhos mas não veem;
[6]têm ouvidos mas não ouvem,
têm nariz mas não cheiram;
[7]têm mãos mas não palpam,
têm pés mas não andam;
da garganta não emitem sons.
[8]Sejam como eles os que os fazem
e todos os que neles confiam.
[9]É em Javé que Israel confia:*
ele é seu auxílio e proteção.
[10]É em Javé que a casa de Aarão confia:*
ele é seu auxílio e proteção.*
[11]É em Javé que confiam os que temem a Javé:
ele é seu auxílio e proteção.*
[12]Que Javé se lembre de nós e nos abençoe:
abençoe a casa de Israel,
abençoe a casa de Aarão;
[13]abençoe os que temem a Javé,
pequenos e grandes.
[14]Que Javé vos multiplique*
a vós e a vossos filhos.
[15]Sede abençoados por Javé
que fez o céu e a terra.

---

* **113**,5. 89,7.9 | 7. 1Sm 2,8; Sl 107,41 | 9. 1Sm 2,5 | **114**,2. Êx 19,6 / Sl 78,54 | 3. 66,6; 74,14s;77,17 / Jz 5,4; Sl 29,6; 68,9 | 4. Sb 19,9 | 7. 68,9 | 8. Êx 17,1-7; 1Cor 10,4; Sl 107,35 | **115**,1. Ez 36,22s / Sl 23,3 | 3. 79,10 / 135,6 | 4. Is 44,9s; Jr 10,1s; Br 6,3.7s | 9. 135,19s | 10. 118,2ss / 33,20 | 11. Ml 3,16 | 14. 127,3

† **113**. Os salmos 113-117, que começam todos com "Aleluia", são por isso chamados Hallel, e eram cantados nas festas, sobretudo na ceia pascal. | 9. A mulher estéril estava sujeita a ser repudiada pelo marido e desprezada pela sociedade como castigada por Deus. Dando-lhe filhos, Deus lhe garante a honra e a estima do marido. | **114**. As traduções grega e latina unem este salmo ao seguinte. | 1. Bárbaro, para os antigos, era quem não falava a língua deles. | **115**. Os antigos pensavam que os deuses dos povos em guerra também combatiam. No cativeiro, os babilônios diziam aos hebreus que o Deus deles tinha sido derrotado, e eles replicavam que os deuses locais eram ídolos mortos. | 1. A prosperidade de Israel é manifestação da glória e do poder do Deus que o protege.

16 Os céus são os céus de Javé,
mas a terra, ele a deu aos filhos de Adão.*
17 Não são os mortos que louvam a Javé,*
nem os que descem ao lugar do silêncio.
18 Mas nós, que vivemos, a Javé bendizemos
desde agora e para sempre.

116 (115) **Ação de graças pela cura**†.

1 Aleluia!
Eu amo a Javé porque ele escuta
o clamor de minha prece;
2 porque inclinou para mim seu ouvido
no dia em que o invoquei.
3 Laços de morte me apertavam,*
fiquei preso nas redes do abismo;
tristeza e angústia me oprimiam.
4 Invoquei então o nome de Javé:*
"Salvai, ó Javé, minha alma!"
5 Javé é clemente e justo,
nosso Deus é misericordioso.
6 Javé protege os humildes:
eu estava prostrado, e ele me salvou.
7 Volta, minha alma, a tua paz,*
pois Javé te fez o bem.
8 Da morte libertou minha alma,*
das lágrimas, meus olhos,
e da queda, meus pés.
9 Caminharei na presença de Javé*
na terra dos vivos.
10 Acreditei, até mesmo quando dizia:*
"É demais meu sofrimento!"
11 Eu disse em minha angústia:
"Todo homem é mentiroso".*
12 Como retribuir a Javé
por todo o bem que me fez?
13 Erguerei o cálice da salvação
e invocarei o nome de Javé.
14 Cumprirei minhas promessas a Javé
diante de todo o seu povo.
15 É preciosa aos olhos de Javé*
a morte de seus fiéis†.
16 Sou vosso servo, Javé,
vosso servo e filho de vossa serva:
quebrastes minhas correntes.*
17 Vou oferecer-vos um sacrifício de louvor
e invocarei o nome de Javé.*
18 Cumprirei minhas promessas a Javé*
diante de todo o seu povo,
19 nos átrios da casa de Javé,
no meio de ti, Jerusalém.

117 (116) **Louvor a Deus por seu amor**†.

1 Aleluia!
Nações todas, louvai a Javé,*
povos todos, dai-lhe glória;
2 porque forte é seu amor para conosco
e a fidelidade de Javé dura para sempre.

118 (117) **Canto de alegria e de vitória.**

1 Aleluia!
Dai graças a Javé, porque ele é bom;*
porque eterno é seu amor.
2 Diga Israel que ele é bom: eterno é seu amor.
3 Que o diga a casa de Aarão: eterno é seu amor.*
4 Digam os que temem a Javé:
eterno é seu amor.
5 Na angústia clamei a Javé:*
Javé ouviu-me e libertou-me.
6 Javé está comigo, nada temo:*
que pode um homem contra mim?
7 Javé está comigo, é meu auxílio,
vou desafiar meus inimigos.*
8 É melhor refugiar-se em Javé
que confiar no ser humano.
9 É melhor refugiar-se em Javé
que confiar nos poderosos.
10 Todas as nações me circundaram:
no nome de Javé as destruí.
11 Elas me rodearam e sitiaram:
no nome de Javé as destruí.
12 Como abelhas me cercaram,

---

* **115**,16. Gn 1,28 | 17. 6,6; 94,17; Is 38,18s | **116**,3. 18,5ss; Jn 2,3 | 4. Êx 34,6 | 7. 13,6 | 8. 56,14 | 9. 27,13; 52,7; 142,6; Is 38,11 | 10. 1Cor 4,13 | 11. 12,3; 62,10 | 15. Is 43,4; Sl 72,14 | 16. 86,16 | 17. Lv 7,11 | 18. Jn 2,10 | **117**,1. Rm 15,11 | **118**,1. 100,5; 136,1s | 3. 115,9ss; 135,19s | 5. 4,2 | 6. 27,1; 56,12 | 7. 54,6.9

† **116**. As traduções grega e latina separam em dois este salmo, fazendo começar o 115 no v.10. | 15. Mesmo pensamento de Sl 72,14: o sangue dos pobres e dos infelizes é precioso aos olhos de Deus. | **117**. Este convite às nações para louvar a Javé mostra a consciência do povo de ter sido eleito para a salvação do mundo.

mas se extinguiram como fogo no es-
pinheiro:
no nome de Javé as destruí.
13Empurraram-me com força para der-
rubar-me,
mas Javé me socorreu.
14Minha força e meu canto é Javé,*
ele foi minha salvação.
15Gritos de júbilo e de vitória
se elevam nas tendas dos justos:
"A mão direita de Javé fez maravilhas,
16a mão direita de Javé se levantou,
a mão direita de Javé fez maravilhas".
17Não morrerei, mas viverei*
para anunciar as obras de Javé.
18Javé me provou duramente,
mas não me entregou à morte.
19Abri-me as portas da justiça,*
entrarei para dar graças a Javé.
20É esta a porta de Javé,*
os justos entram por ela.
21Dou-vos graças, porque me ouvistes
e fostes minha salvação.
22A pedra que os pedreiros rejeitaram*
veio a ser a pedra principal†.
23Foi Javé que fez isto:
maravilha a nossos olhos.
24Este é o dia que Javé fez:
nele exultemos e nos alegremos.
25Dai a salvação, ó Javé!*
Dai a vitória, ó Javé!
26Bendito o que vem em nome de Javé!*
Da casa de Javé vos bendizemos.
27Javé é Deus e nos ilumina.
Formai a procissão com ramos nas
mãos,
até os lados do altar.
28Vós sois meu Deus e vos rendo graças,
vós sois meu Deus e vos exalto.
29Dai graças a Javé, porque ele é bom;
porque eterno é seu amor.

119 **Louvor à Lei divina**†. 1Ale-
luia!
(118) *Alef* Felizes os que agem
com retidão,*
os que seguem a lei de Javé.
2Felizes os que guardam seus testemu-
nhos
e o procuram de todo o coração.*
3Não cometem iniquidade,
mas andam por seus caminhos.
4Promulgastes vossos preceitos
para serem observados fielmente.
5Sejam firmes meus caminhos
para eu guardar vossos decretos.
6Então não terei de envergonhar-me
se observar todos os vossos manda-
mentos.
7Vou louvar-vos com um coração sin-
cero
quando aprender vossas justas normas.
8Quero observar vossos estatutos;
não me abandoneis jamais.

Bet 9Como pode um jovem levar vida
pura?
Guardando vossa palavra!
10De todo o coração vos procuro:
não me deixeis desviar de vossos man-
damentos.
11Conservo no coração vossas promes-
sas
para não pecar contra vós.
12Bendito sois, Javé;*
ensinai-me vossos estatutos.
13Com meus lábios enumerei
todas as sentenças de vossa boca.
14Eu me alegro em seguir vossos tes-
temunhos,
como se possuísse todas as riquezas.
15Quero meditar em vossos preceitos
e considerar vossos caminhos.
16Em vossos decretos me deleito;
não esquecerei vossa palavra.

Guimel 17Sede bondoso com vosso ser-
vo,
para que eu viva e observe vossa pa-
lavra.
18Abri-me os olhos
e contemplarei as maravilhas de vossa lei.

---

* **118**,14. Êx 15,2; Is 12,2 | 17. 115,17s; Is 38,19 | 19. 24,7-10 | 20. Is 26,2 | 22. Zc 3,9; 4,7; Mt 21,42; At 4,11; 1Pd 2,4s; Ef 2,20; 1Cor 3,11 | 25. Ne 1,11 | 26. Mt 21,9; 23,39 | **119**,1. 1,1; 112,1 | 2. Dt 4,29 | 12. 25,4; 143,10 | 19. 39,13

† **118**,22. Israel, oprimido pelos grandes impérios vizinhos, vai ser a base do novo reino messiânico. Esse texto ajudou a Igreja primitiva a entender o mistério de Cristo rejeitado por seu povo e exaltado pelo Pai, Mt 21,42; At 4,11; 1Cor 3,11. | **119**. Salmo alfabético que exalta a Lei, ou seja, o conjunto das revelações feitas por Deus a Israel e os preceitos da Aliança.

19Sou estrangeiro sobre a terra,*
não escondais de mim vossos mandamentos.
20Minha alma se consome
desejando vossas decisões o tempo todo.
21Ameaçastes os malditos orgulhosos
que de vossos preceitos se desviam.
22Afastai de mim a vergonha e o desprezo,
porque observei vossos testemunhos.
23Ainda que os poderosos se reúnam e me caluniem,
vosso servo medita em vossos estatutos.
24Vossos testemunhos são minhas delícias,
são eles meus conselheiros.

Dalet 25Minha alma no pó está prostrada;*
dai-me vida conforme vossa palavra.
26Meus caminhos vos expus e me respondestes;
ensinai-me vossos decretos.
27Fazei-me conhecer o caminho de vossos preceitos
e meditarei em vossas maravilhas.
28Minha alma chora de tristeza;
confortai-me segundo vossa palavra.
29Afastai de mim o caminho da mentira,
dai-me o dom de vossa lei.
30Escolhi o caminho da lealdade,
decidi seguir vossas sentenças.
31Aderi a vossos testemunhos, Javé,
não permitais que eu seja confundido.
32Correrei pelo caminho de vossos mandamentos,
porque dilatastes meu coração.

Hê 33Ensinai-me, ó Javé, o caminho de vossos decretos:*
quero segui-lo até o fim.
34Dai-me entendimento, para guardar vossa lei
e observá-la de todo o coração.
35Dirigi-me na senda de vossos mandamentos,
porque nela está minha alegria.
36Inclinai meu coração para vossos testemunhos
e não para a cobiça.
37Desviai meu olhar para não ver vaidades,
fazei-me viver em vosso caminho.
38Cumpri para com vosso servo a vossa promessa
que conduz a vosso temor.
39Afastai o insulto que me aflige,
porque vossas decisões são boas.
40Sim, vossos preceitos eu desejo;
por vossa justiça conservai-me a vida.

Waw 41Venha sobre mim vossa misericórdia, Javé,
vossa salvação segundo vossa promessa.
42A quem me insulta, poderei dar resposta
porque confio em vossa palavra.
43Não me tireis da boca toda palavra verdadeira,
porque espero em vossas sentenças.
44Guardarei continuamente vossa lei,
para sempre e pelos séculos.
45Caminharei na liberdade,
porque vossos preceitos eu procuro.*
46Diante de reis falarei de vossos testemunhos
sem ficar envergonhado.
47Em vossos mandamentos encontro alegria
porque os amo.
48Erguerei as mãos a vossos preceitos que amo
e meditarei em vossos estatutos.

Záin 49Lembrai-vos da promessa a vosso servo,
com ela me destes esperança.
50Isto me consola em minha miséria:
vossa promessa me faz viver.
51Os soberbos me cobrem de insultos,
mas não me desvio de vossa lei.
52Recordo vossas sentenças de outrora, Javé,
e assim me consolo.
53Fiquei cheio de ira contra os ímpios
que abandonam vossa lei.
54São cânticos para mim vossos estatutos
na terra em que sou peregrino.

---

* **119**,25. 44,26 | 33. 19,12 | 45. 111,2; Esd 7,10

55Recordo vosso nome durante a noite, Javé,
e observo vossa lei.
56Assim me acontece
porque guardo vossos preceitos.

Het 57Eu disse: Minha porção, Javé,
é guardar vossas palavras.
58De todo o coração vos supliquei:
piedade de mim segundo vossa promessa.
59Examinei meus caminhos
e orientei meus passos para vossos testemunhos.
60Eu me apresso sem demora
a guardar vossos mandamentos.
61Os laços dos ímpios me envolveram,
mas não esqueci vossa lei.
62No meio da noite me levanto para vos louvar
por vossas justas sentenças.
63Sou amigo de todos os que vos são fiéis
e observam vossos preceitos.
64De vossa bondade, Javé, está cheia a terra:*
ensinai-me vossos decretos.

Tet 65Fizestes o bem a vosso servo, Javé,
segundo vossa palavra.
66Ensinai-me o bom senso e a sabedoria,
pois em vossos mandamentos tenho fé.
67Antes de ser afligido, andei errado,
mas agora guardo vossa palavra.
68Vós sois bom e fazeis o bem;
vossos estatutos ensinai-me.
69Os soberbos me caluniaram;
mas de todo o coração guardarei vossos preceitos.
70O coração deles é insensível como a gordura;*
em vossa lei encontro minhas delícias.
71Foi bom para mim ser humilhado,
para aprender vossos decretos.
72Para mim vale mais a lei de vossa boca
do que milhões em ouro e prata.

Yod 73Vossas mãos me fizeram e plasmaram;*
dai-me inteligência e aprenderei vossos mandamentos.
74Vossos fiéis se alegrarão ao me verem,
porque esperei em vossa palavra.*
75Javé, sei que são justas vossas sentenças
e com razão me humilhastes.
76Vossa bondade seja meu consolo,
segundo vossa promessa a vosso servo.
77Vossa misericórdia venha a mim e viverei,
pois minhas delícias são vossa lei.
78Envergonhem-se os soberbos
que sem razão me oprimem;
mas eu meditarei em vossos preceitos.
79Voltem para mim os que vos temem
e os que conhecem vossos testemunhos.
80Que eu siga com retidão vossos estatutos
para não ficar envergonhado.

Kaf 81Desfalece minha alma à espera de vossa salvação,
mas confio em vossa palavra.
82Esmorecem meus olhos esperando por vossa promessa,
enquanto digo: Quando me darás consolo?
83Sou como um odre exposto à fumaça,*
mas não esqueço vossos estatutos.
84Quantos serão os dias de vosso servo?
Quando farás justiça contra meus perseguidores?†
85Cavaram-me fossas os soberbos
que não seguem vossa lei.
86Todos os vossos mandamentos são verdade;
sem razão me perseguem: socorrei-me!
87Quase me expulsaram deste mundo,
mas não abandonei vossos preceitos.
88Segundo vosso amor fazei-me viver,
e guardarei os testemunhos de vossa boca.

---

* **119**,64. 33,5 | 70. 17,10; 73,7 | 73. Dt 32,6; Jó 10,8 | 74. 130,5 | 83. Jó 30,30; Sl 35,14

† **119**,84. Para os antigos, a justiça divina não podia tardar, porque a vida é breve e não imaginavam uma outra vida.

Lamed [89]Para sempre, ó Javé,*
vossa palavra permanece no céu.
[90]Vossa fidelidade dura por todas as gerações;
fundastes a terra e ela está firme.
[91]Tudo subsiste até hoje conforme vossas sentenças,
pois tudo está a vosso serviço.
[92]Se vossa lei não fosse meu prazer,
eu teria perecido em minha miséria.
[93]Jamais esquecerei vossos preceitos,
pois por meio deles me destes a vida.
[94]Eu vos pertenço: salvai-me,
pois tenho buscado vossos preceitos.
[95]Os ímpios me espreitam para arruinar-me,
mas estou atento a vossos testemunhos.
[96]Eu vi limites em tudo o que é perfeito,
mas vosso mandamento não tem confins.

Mem [97]Quanto amo vossa lei!
Nela medito o dia todo.
[98]Vossos preceitos me fazem mais sábio que meus inimigos,
porque sempre me acompanham.
[99]Sou mais sábio que todos os meus mestres,
porque medito em vossos testemunhos†.
[100]Entendo mais do que os idosos,*
porque observo vossos preceitos.
[101]Preservei meus pés de todo mau caminho
para guardar vossa palavra.
[102]Não me afasto de vossas sentenças,
porque sois vós que me instruís.
[103]Como são doces a meu paladar vossas promessas:*
mais que o mel para minha boca.
[104]De vossos preceitos recebo inteligência,
por isso odeio todo caminho falso.

Nun [105]Lâmpada para meus passos é vossa palavra*
e luz em meu caminho.
[106]Jurei, e o confirmo:
hei de guardar vossas justas decisões.
[107]É demais minha aflição, Javé;
dai-me vida segundo vossa palavra.*
[108]Aceitai, Javé, as ofertas de meus lábios,
vossas sentenças ensinai-me.
[109]Em constante perigo está minha vida,
mas não esqueço vossa lei.
[110]Os ímpios me armaram laços,
mas não me desviei de vossos preceitos.
[111]Minha herança para sempre são vossos testemunhos,
são a alegria de meu coração.
[112]Inclinei meu coração a cumprir vossos estatutos
para sempre, até o fim.

Samec [113]Detesto as pessoas falsas,
mas amo vossa lei.
[114]Vós sois meu refúgio e meu escudo,
espero em vossa palavra.*
[115]Afastai-vos de mim, malvados,
quero guardar os mandamentos de meu Deus.
[116]Sustentai-me segundo vossa promessa e viverei,
não deixeis que eu fique envergonhado em minha esperança.
[117]Sede vós meu auxílio e serei salvo;
e sempre terei ante os olhos vossos decretos.
[118]Desprezais todos os que se desviam de vossos estatutos,
porque sua astúcia é falsidade.*
[119]Rejeitais como escória todos os ímpios da terra,
por isso amo vossos testemunhos.*
[120]Minha carne estremece por vosso temor,
e vossas sentenças eu temo.

Áin [121]Pratiquei o direito e a justiça;
não me abandoneis a meus opressores.
[122]Assegurai o bem a vosso servo;
não me oprimam os soberbos.

---

* **119**,89. 19,10 | 100. Sb 4,8s | 103. 19,11; Jr 15,16 | 105. 18,28; Pr 6,23 | 107. 50,14.23; Hb 13,15 | 114. 6,9 | 118. Ez 22,18-22 | 119. Jó 4,14s; Sl 88,17

† **119**,99. A verdadeira sabedoria não vem com a idade, nem pela educação ou condição social, mas é fruto da adesão aos mandamentos.

123Meus olhos anseiam por vossa salvação
e por vossa promessa de justiça.
124Tratai vosso servo conforme vosso amor
e ensinai-me vossos estatutos.
125Sou vosso servo, dai-me inteligência
e entenderei vossos testemunhos.
126É tempo de agirdes, Javé†;
violaram vossa lei.
127Por isso amo vossos mandamentos
mais que o ouro, mais que o ouro fino.
128Por isso considero retos todos os vossos preceitos,
e todo caminho falso eu detesto.

Pê 129Maravilhosos são vossos testemunhos,
por isso os observa minha alma.
130A revelação de vossas palavras ilumina;*
dai entendimento aos simples.
131Abro a boca suspirando,
porque desejo vossos mandamentos.
132Voltai-vos para mim e tende misericórdia,*
como é vossa norma para os que amam vosso nome.*
133Firmai meus passos em vossa promessa
e não deixeis que me domine iniquidade alguma.
134Libertai-me da opressão dos homens,
e vossos preceitos guardarei.
135Sobre vosso servo fazei brilhar vossa face*
e ensinai-me vossos estatutos.
136Meus olhos derramam rios de lágrimas,*
porque não é obedecida vossa lei.

Çade 137Vós sois justo, Javé,
e vossas sentenças são retas.
138Vossos testemunhos prescrevestes com justiça
e com fidelidade incomparável.
139Meu zelo me devora,*
porque meus inimigos esquecem vossas palavras.
140Vossa promessa é totalmente pura,
por isso vosso servo a ama.
141Sou pequeno e desprezado,
mas não esqueço vossos preceitos.
142Vossa justiça é justiça eterna
e vossa lei é a verdade.
143Aflição e angústia caíram sobre mim,
mas vossos mandamentos são minhas delícias.
144Vossos testemunhos são eternamente justos;
fazei-me compreendê-los e terei a vida.

Qof 145De todo o coração vos invoco, Javé, respondei-me;
observarei vossos estatutos.
146A vós eu clamo, salvai-me,
e vossos testemunhos guardarei.
147Precedo a aurora e suplico;
espero em vossa palavra.
148Meus olhos antecipam as vigílias da noite*
para meditar em vossa promessa.
149Escutai minha voz segundo vossa bondade, Javé;
fazei-me viver de acordo com vossas decisões.
150Aproximam-se de mim os que seguem a maldade;
estão longe de vossa lei.
151Mas vós, Javé, estais perto,
e todos os vossos mandamentos são verdade.
152Há muito tempo conheço vossos testemunhos
que estabelecestes para sempre.

Resh 153Vede minha miséria e libertai-me,
porque não esqueço vossa lei.
154Defendei minha causa, resgatai-me;*
segundo vossa promessa, fazei-me viver.
155A salvação está longe dos ímpios,
porque não se importam com vossos estatutos.
156Vossas misericórdias são grandes, Javé,

---

* **119**,130. 73,17 | 132. 25,16 / 5,12; 91,14 | 135. 4,7 | 136. Ez 9,4; Esd 9,3s | 139. 69,10 | 148. 63,7; 77,5 | 154. 43,1

† **119**,126. A impaciência do salmista que pede a intervenção de Deus contra os maus é compreensível no quadro da retribuição terrestre.

dai-me vida segundo vossas sentenças.
157Meus perseguidores e meus adversários são muitos,
mas não abandono vossos testemunhos.
158Senti desgosto ao ver os rebeldes,
porque não guardam vossa promessa.
159Vede como amo vossos preceitos, Javé;
conforme vossa bondade, dai-me vida.
160A base de vossa palavra é a verdade;
são para sempre vossas justas decisões.

Shin 161Poderosos me perseguem sem motivo,
mas meu coração respeita vossa palavra.
162Alegro-me com vossa promessa,
como quem acha grandes despojos.
163Odeio e detesto a mentira,
mas amo vossa lei.
164Sete vezes por dia eu vos louvo
por causa de vossas justas sentenças.
165Os que amam vossa lei têm muita paz,*
e nada os faz tropeçar.
166Espero em vossa salvação, Javé,
e a vossos mandamentos obedeço.
167Observo vossos testemunhos
que muito amo.
168Guardo vossos preceitos e vossos testemunhos,
porque diante de vós estão todos os meus caminhos.

Taw 169Chegue a vós meu clamor, Javé;
dai-me entendimento, segundo vossa palavra.
170Chegue a vossa presença minha súplica,*
libertai-me segundo vossa promessa.
171Que meus lábios exprimam vosso louvor,
porque me ensinais vossos decretos.
172Cante minha língua vossa promessa,
porque são justos todos os vossos mandamentos.
173Venha em meu auxílio vossa mão,
pois escolhi vossos preceitos.
174Desejo vossa salvação, Javé,*
e vossa lei é meu prazer.
175Possa eu viver para louvar-vos,*
e que vossas decisões me auxiliem.
176Sou errante como ovelha desgarrada:*
procurai vosso servo;
porque não esqueço vossos mandamentos.

120 (119)

Desejo da paz†. 1*Cântico das romarias.*
Em minha angústia clamei a Javé,
e ele me respondeu.
2Javé, livrai-me dos lábios mentirosos*
e da língua enganadora.
3Que te será dado, que te será acrescentado,
língua enganadora?
4Flechas agudas de um guerreiro*
com brasas de giesta.
5Infeliz de mim! Sou estrangeiro em Mosoc,
moro entre as tendas de Cedar.
6Morei muito tempo com os que detestam a paz.*
7Eu sou pela paz, mas, quando falo em paz,
eles querem a guerra.

121 (120)

Divino protetor. 1*Cântico das romarias.*
Levanto os olhos para os montes:*
de onde me virá auxílio?
2Meu auxílio vem de Javé
que fez o céu e a terra.*
3Não deixará que teu pé vacile;*
aquele que te guarda não dorme.
4Não dorme nem cochila
o guarda de Israel.*
5Javé é teu guarda;*
Javé é tua sombra e está a tua direita.

---

* **119**,165. 37,11; 72,7; Is 54,13 | 170. 79,11; 88,3 | 174. 22,27; 69,33 | 175. Is 38,19; 55,3 | 176. Is 53,6; Jr 50,6; Ez 34,1; Lc 15,1-7 | **120**,2. 12,3ss; 52,4ss | 4. 11,6; 140,11 | 6. 140,3 | **121**,1. Jr 3,23 | 2. 124,8 | 3. 1Sm 2,9; Sl 66,9; 91,12 | 4. Dt 32,10 | 5. 16,8; 73,23

† **120**. Os salmos 120-134 chamam-se “Cânticos das romarias” porque eram cantados nas romarias ao templo, feitas três vezes ao ano: na Páscoa, em Pentecostes e na festa das Tendas, Dt 16,16. As romarias nos lembram que somos caminheiros na terra em direção ao céu. Os santuários são para os romeiros, em busca de suas fontes vivas, lugares privilegiados para se viver “como Igreja” as formas da oração cristã.

6 De dia o sol não te fará mal,*
nem a lua de noite.
7 Javé te guardará de todo mal,*
guardará tua vida.
8 Javé te protegerá
em tuas idas e vindas,*
desde agora e para sempre.

122 (121) **Oração por Jerusalém.** 1 *Cântico das romarias. De Davi.*

Eu me alegrei com os que me disseram:*
"Vamos à casa de Javé!"
2 E agora estão nossos pés
dentro de tuas portas, Jerusalém!*
3 Jerusalém é construída como cidade
sólida e compacta.
É uma cidade que ele escolheu para si.
4 É para lá que sobem as tribos, as tribos de Javé,
conforme o testemunho dado a Israel,
para louvar o nome de Javé.*
5 Pois lá estão os tribunais de justiça,*
os tribunais da casa de Davi.
6 Pedi a paz para Jerusalém:
prosperem os que te amam.
7 Haja paz dentro de teus muros,*
prosperidade em teus palácios.
8 Por amor a meus irmãos e a meus amigos
eu direi: "Paz para ti!"
9 Por amor à casa de Javé, nosso Deus,*
quero que sejas feliz.

123 (122) **Confiança no Deus libertador.** 1 *Cântico das romarias.*

Para vós levanto meus olhos,
para vós que habitais nos céus.
2 Sim, como os olhos dos escravos
olham para a mão de seus patrões†,
como os olhos da escrava
olham para a mão de sua patroa,
assim nossos olhos estão voltados
para Javé, nosso Deus, até que tenha piedade de nós.*
3 Piedade de nós, Javé, piedade,
pois estamos saturados de desprezo;
4 estamos saturados dos insultos dos abastados
e do desprezo dos soberbos.*

124 (123) **Confiança no auxílio de Deus.** 1 *Cântico das romarias. De Davi.*

Se Javé não estivesse de nosso lado,
– que o diga Israel –*
2 se Javé não estivesse de nosso lado,
quando os homens nos atacaram,
3 então nos teriam devorado vivos,
no furor de sua ira contra nós.
4 Então as águas nos teriam inundado,*
uma torrente teria passado sobre nós,
5 águas impetuosas teriam passado sobre nós†.
6 Bendito seja Javé
que não nos entregou como presa a seus dentes.
7 Escapamos como pássaro do laço do caçador:
rompeu-se o laço e recuperamos a liberdade.
8 Nosso auxílio está no nome de Javé*
que fez o céu e a terra.

125 (124) **Confiança em Javé.** 1 *Cântico das romarias.*

Quem confia em Javé é como o monte Sião:*
não se abala, está firme para sempre.
2 Como os montes rodeiam Jerusalém,
assim Javé está em volta de seu povo*
desde agora e para sempre.
3 Porque o cetro dos ímpios não pesará
sobre a herança dos justos,
para que os justos não estendam a mão* para fazer o mal†.
4 Dai felicidade aos bons, ó Javé,*
e aos retos de coração.
5 Mas quanto aos que se desviam por seus caminhos tortuosos,*
Javé os elimine junto com os malfeitores.
Paz sobre Israel!*

---

* **121**,6. Is 49,10 | 7. 97,10 | 8. Tb 5,17 | **122**,1. 42,5ss; 43,3; 84,2-5 | 2. 48,13s | 4. Dt 16,16 | 5. 1Rs 7,7 | 7. 48,13 | 9. 26,8; Tb 13,14 | **123**,2. 25,15; 69,4; 119,82; 141,8; Ne 3,36 | 4. Zc 1,15 | **124**,1. 129,1; 118,2s | 4. 18,5 | 8. 121,2 | **125**,1. Pr 10,25 | 2. Dt 32,10 | 3. 119,134 | 4. 18,26s | 5. 92,10 / 128,6

† **123**,2. A mão como fonte de bênçãos e de comida abundante. | **124**,5. Símbolo da ira ameaçadora dos inimigos. | **125**,3. A vitória dos ímpios seria um escandaloso desmentido do princípio segundo o qual todo mal é castigado neste mundo.

126 (125) **O retorno dos exilados†.**

1*Cântico das romarias.* Quando Javé trouxe de
volta os cativos de Sião,
parecíamos sonhar.
2Então nossa boca transbordava de
sorrisos
e nossa língua cantava de alegria.
Então se comentava entre as nações:*
"Javé fez por eles maravilhas".
3Maravilhas Javé fez por nós,*
encheu-nos de alegria.
4Trazei de volta, Javé, nossos cativos
como as torrentes do Negueb†.
5Quem semeia entre lágrimas
colherá com alegria.*
6Quando vai, vai chorando,*
levando a semente do plantio;
mas quando volta, volta alegre,*
carregando seus feixes.

127 (126) **A bênção dos filhos.**

1*Cântico das romarias. De Salomão.*
Se Javé não construir a casa,
é inútil o cansaço dos pedreiros.*
Se Javé não guardar a cidade,
em vão vigia a sentinela.*
2É inútil madrugar, deitar tarde,
comendo um pão ganho com suor;
a quem o ama ele o concede enquanto
dorme.
3Os filhos são herança de Javé,*
é recompensa o fruto do ventre†.
4Como flechas na mão de um guerreiro
são os filhos gerados na juventude.*
5Feliz o homem que enche deles sua aljava:
não ficará humilhado quando vier à porta†
para tratar com seus inimigos.*

128 (126) **O lar feliz do fiel.**

1*Cântico das romarias.* Feliz todo aquele que teme
a Javé*
e anda em seus caminhos.
2Do trabalho de tuas mãos comerás,*
serás feliz e gozarás de bem-estar.
3Como videira frutífera será tua esposa
no recanto de teu lar;
teus filhos, como brotos de oliveira*
ao redor de tua mesa.
4Assim será abençoado
o homem que teme a Javé.*
5Javé te abençoe de Sião!*
Possas ver Jerusalém feliz
todos os dias de tua vida;
6e ver os filhos de teus filhos.*
Paz sobre Israel!*

129 (128) **Libertação das angústias.**

1*Cântico das romarias.* Muito me afligiram desde a
juventude†
– Israel que o diga –*
2desde a juventude muito me afligiram,*
mas não me derrotaram.
3Os lavradores araram minhas costas,*
fazendo longos sulcos†.
4Mas Javé é justo:
rompeu as cordas dos ímpios.
5Voltem para trás envergonhados
todos os que odeiam Sião.
6Sejam como a erva dos telhados*
que seca antes de ser arrancada,
7não enche a mão de quem colhe
nem a braçada de quem amarra os feixes.
8E os que passam não vão dizer:
"Sobre vós esteja a bênção de Javé;
em nome de Javé vos abençoamos".*

130 (129) **Desejo da redenção.**

1*Cântico das romarias.* Do profundo abismo clamo a vós, Javé:*
2Senhor, escutai minha voz!*
Sejam atentos vossos ouvidos
à voz de minhas súplicas.

---

* **126**,2. Ez 36,36 | 3. Lc 1,49 | 5. Is 25,8s; Br 4,23; Ap 21,4 | 6. Jr 31,9 / Is 65,19 | **127**,1. Dt 8,11-18 / Mt 6,25-34 | 3. Dt 28,11 | 4. 128 | 5. Jó 29,5-8; Pr 31,23 | **128**,1. 112,1; 37,3ss | 2. 112,3 | 3. 144,12 | 4. 134,3 | 5. 20,3; 122,9 | 6. Gn 50,23; Jó 42,16; Pr 17,6 / Sl 125,5 | **129**,1. 124,1 | 2. 118,13 | 3. Is 51,23 | 6. Is 37,27 | 8. 118,26 | **130**,1. 18,5; 69,3; Jn 2,3 | 2. 5,2s; 55,2s; 2Cr 6,40; 7,15; Ne 1,6s

† **126**. Ação de graças pelo fim do exílio de Babilônia, ano 538 a.C. | 4. Essas torrentes, secas no verão, carregam a água das chuvas que trazem de volta o verde à paisagem. | **127**,3. Os filhos são o dom mais estimado: não sabendo da vida futura, achavam que os filhos eram o único modo de alguém sobreviver depois de morto. | **127**,5. Ver a nota em Sl 55,12. | **129**,1. A "juventude" de Israel é o período que vai da escravidão no Egito até a entrada em Canaã. | 3. Imagem forte da opressão da qual o povo de Deus foi vítima.

3Se considerais as culpas, Javé,*
Senhor, quem poderá resistir?
4Mas em vós se encontra o perdão,*
para que sejais temido†.
5Espero em Javé, minha alma espera,
confio em sua palavra.
6Minha alma anseia pelo Senhor
mais que as sentinelas pela aurora,
sim, mais que as sentinelas pela aurora.
7Israel, põe em Javé tua esperança;
porque em Javé está a misericórdia
e nele copiosa redenção.*
8Ele vai redimir Israel
de todas as suas culpas.*

131 (130) **Salmo da infância espiritual†.** 1*Cântico das romarias. De Davi.*

Javé, meu coração não se orgulha*
e meu olhar não é soberbo.
Não ando atrás de grandezas,*
nem de coisas superiores a minhas forças.
2Ao contrário, eu me acalmo e tranquilizo,
como criança amamentada no colo da mãe,*
como criança amamentada é minha alma.
3Israel, espera em Javé
desde agora e para sempre.

132 (131) **As promessas de Deus a Davi.** 1*Cântico das romarias.*

Lembrai-vos, Javé, de Davi
e de toda a sua devoção†;
2do juramento que fez a Javé
e de sua promessa ao Poderoso de Jacó:*
3"Não entrarei na tenda em que moro,*
não subirei ao leito de meu repouso,
4não darei sono a meus olhos
nem descanso a minhas pálpebras,
5até que encontre um lugar para Javé,
uma morada para o Poderoso de Jacó".
6Ouvimos dizer que a arca estava em Éfrata,
e a encontramos nos campos de Jaar.*
7Entremos em sua morada,
diante do estrado de seus pés nos prostremos.*
8Levantai-vos, Javé, e vinde para o lugar de vosso repouso,*
vós e a arca de vosso poder.
9Vossos sacerdotes* se revistam de justiça†
e vossos fiéis exultem de alegria.
10Por amor de Davi, vosso servo,*
não rejeiteis a face de vosso ungido.
11Javé jurou a Davi*
uma verdade que não retratará:
"É um fruto de tuas entranhas
que vou colocar em teu trono.*
12Se teus filhos guardarem minha aliança
e os testemunhos que lhes ensinarei,
também os filhos deles para sempre
se sentarão em teu trono".
13Porque Javé escolheu Sião,*
ele a quis para sua morada:
14"Este é para sempre o lugar de meu repouso;
aqui vou morar porque o desejei.
15Suas provisões abençoarei amplamente
e seus pobres saciarei de pão.
16De salvação revestirei seus sacerdotes*
e exultarão de alegria seus fiéis.*
17Lá farei germinar o poder de Davi*
e vou preparar uma lâmpada para meu ungido†.
18Cobrirei de vergonha seus inimigos,
mas sobre ele brilhará seu diadema".

133 (132) **Alegria do amor fraterno.** 1*Cântico das romarias. De Davi.*

Oh! como é bom, como é agradável*
viverem os irmãos em harmonia!

---

* **130**,3. Jó 9,2; Na 1,6; Mq 7,18 | 4. Êx 34,7; 1Rs 8,39s; 56,5; 119,81; Is 21,11; 26,9 | 7. Is 30,18; Sl 68,21; 86,15; 100,5; 103,8 | 8. Mt 1,21; Sl 25,22; Tt 2,14 | **131**,1. Mq 6,8 / Sl 139,6 | 2. Is 30,15 | **132**,2. Gn 49,24 | 3. 2Sm 7,1s; 1Cr 28,2 | 6. 1Sm 7,1 | 7. 99,5 | 8. Nm 10,35; 68,2 | 9. 2Cr 6,41s | 10. 1Sm 9,26 | 11. 110,4 / 2Sm 7,1; Sl 89,20 | 13. 68,17; 2Sm 5,9 | 16. 2Cr 6,41; Is 61,10 / Jr 31,14 | 17. Ez 29,21; Is 11,1; Jr 33,15 | **133**,1. 87

† **130**,4. Viver no temor de Deus significa viver a existência de uma pessoa transformada por Deus. | **131**. Com a simplicidade e a confiança de um menino, o salmista está tranquilo nos braços de Deus, Mc 10,15s. | **132**,1. Os antigos reis demonstravam sua devoção construindo templos para os deuses; Davi não pôde realizar seu desejo, 1Cr 22,8. | 9. Revestir-se não é apenas entrar em contato: é um envolvimento completo, uma tomada de posse. Imagem frequente no Novo Testamento, 1Cor 15,54; Gl 3,27; Cl 3,12. | 17. Lâmpada aqui significa descendência.

2É como óleo precioso sobre a cabeça,
que escorre pela barba, pela barba de
Aarão,
e desce até a orla de suas vestes.
3É como o orvalho do Hermon,*
descendo sobre os montes de Sião.
Pois é lá que Javé dá sua bênção*
e a vida para sempre.

134 (133) **Oração da noite no templo.**

1*Cântico das romarias.*
Bendizei a Javé, vós todos,
servos de Javé;*
vós que estais na casa de Javé durante
as noites.
2Erguei as mãos para o santuário*
e bendizei a Javé.
3Javé te abençoe de Sião,*
ele que fez o céu e a terra.

135 (134) **Louvor a Javé que fez maravilhas.**

1Aleluia!
Louvai o nome de Javé,*
louvai-o, servos de Javé;*
2vós que estais na casa de Javé,
nos átrios da casa de nosso Deus.
3Louvai a Javé, porque Javé é bom;
cantai salmos a seu nome, porque é
amável.
4Pois Javé escolheu para si Jacó,*
fez de Israel seu tesouro.
5Reconheço que Javé é grande,
acima de todos os deuses está o Senhor nosso.
6Tudo o que ele quer, Javé faz no céu
e na terra,*
no mar e em todos os abismos.
7Faz as nuvens subir dos confins da terra,*
faz os relâmpagos para a chuva,
tira os ventos de seus depósitos.
8Feriu os primogênitos do Egito,*
desde os homens até os animais.
9Mandou sinais e prodígios em teu
meio, ó Egito,
contra Faraó e todos os seus ministros.
10Feriu numerosas nações*
e matou reis poderosos:
11Seon, rei dos amorreus, Og, rei de
Basã,
e todos os reinos de Canaã.
12E deu as terras deles como herança,
como herança a Israel seu povo.
13Javé, vosso nome é para sempre;*
Javé, vossa memória permanece por
todas as gerações.
14Porque Javé fará justiça a seu povo
e terá compaixão de seus servos.
15Os ídolos das nações são prata e
ouro,*
obra de mãos humanas:
16têm boca mas não falam,
têm olhos mas não veem,
17têm ouvidos mas não ouvem,
nem há respiro em suas bocas.
18Sejam como eles os que os fazem*
e todos os que neles confiam.
19Bendizei a Javé, casa de Israel;*
bendizei a Javé, casa de Aarão;
20bendizei a Javé, casa de Levi;
vós que temeis a Javé, bendizei a Javé.
21De Sião seja bendito Javé
que habita em Jerusalém.

136 (135) **Hino pascal.**

1Aleluia!
Louvai a Javé, porque ele é
bom:
porque eterno é seu amor.
2Louvai o Deus dos deuses:*
porque eterno é seu amor.
3Louvai o Senhor dos senhores:
porque eterno é seu amor.
4Só ele fez grandes maravilhas:*
porque eterno é seu amor.
5Fez os céus com sabedoria:*
porque eterno é seu amor.
6Estendeu a terra sobre as águas:*
porque eterno é seu amor.
7Fez os grandes luminares:*
porque eterno é seu amor.
8O sol para governar o dia:
porque eterno é seu amor.
9A lua e as estrelas para governar a noite:
porque eterno é seu amor.
10Feriu o Egito em seus primogênitos:*
porque eterno é seu amor.

---

* **133**,3. Os 14,6 / Dt 28,8; 30,20; Sl 36,10 | **134**,1. 135,1 | 2. 141,2 | 3. 128,5; 118,26; Nm 6,24 | **135**,1. 134,1 / 113,1 | 4. 7,18; 33,12; Êx 19,5; Dt 7,6 | 6. 115,3 | 7. Jr 10,13; 51,16; Jó 28,26; 37,9; Sl 148,8 | 8. 136,10; Êx 12,29; Sl 78,43 | 10. 136,17-22 | 13. Is 63,12; 102,13; Dt 32,36 | 15. 115,4ss | 18. 115,8 | 19. 115,9ss | **136**,2. Dt 10,17 | 4. 72,18; Êx 15,11 | 5. Pr 3,19; 8,27ss | 6. 24,2 | 7. Gn 1,16 | 10. Êx 12,29; Sl 78,51; 135,8;

[11]E tirou Israel do meio deles:
porque eterno é seu amor.
[12]Com mão poderosa e braço estendido:*
porque eterno é seu amor.
[13]Dividiu o mar Vermelho em duas partes:*
porque eterno é seu amor.
[14]E fez Israel passar em seu meio:
porque eterno é seu amor.
[15]Precipitou no mar Vermelho o faraó e seu exército:
porque eterno é seu amor.
[16]Conduziu seu povo no deserto:*
porque eterno é seu amor.
[17]Feriu grandes soberanos:
porque eterno é seu amor.
[18]E matou reis poderosos:
porque eterno é seu amor.
[19]Seon, rei dos amorreus:*
porque eterno é seu amor.
[20]E Og, rei de Basã:*
porque eterno é seu amor.
[21]E deu a terra deles como herança:*
porque eterno é seu amor.
[22]Como herança a seu servo, Israel:*
porque eterno é seu amor.
[23]Em nossa humilhação se lembrou de nós:*
porque eterno é seu amor.
[24]Libertou-nos de nossos inimigos:*
porque eterno é seu amor.
[25]Dá o alimento a todo ser vivo:*
porque eterno é seu amor.
[26]Louvai o Deus dos céus:
porque eterno é seu amor.

137 (136)

Canção dos exiladosᵗ. [1]Na beira dos rios de Babilônia*
nós nos sentamos a chorar*
com saudades de Sião.
[2]Nos salgueiros que lá havia
penduramos nossas liras.*
[3]Pois lá os que nos deportaram nos pediam cânticos,
pediam canções alegres nossos opressores:
"Cantai para nós um cântico de Sião!"
[4]Como cantar um cântico de Javé
em terra estrangeira?
[5]Se eu te esquecer, Jerusalém,*
fique paralisada minha mão direita;
[6]minha língua se apegue ao céu da boca
se não me lembrar de ti,
se eu não puser Jerusalém*
acima de qualquer outra alegria.
[7]Lembrai-vos, Javé, dos filhos de Edom,
que no dia de Jerusalém diziam: *
"Arrasai-a, arrasai-a até os alicerces!"
[8]Filha de Babilônia, condenada à destruição,*
feliz quem te devolver o mal que nos fizeste!†
[9]Feliz quem tomar tuas criancinhas
e esmagá-las contra a rocha!

138 (137)

Ação de graças. [1]*De Davi.*
Dou-vos graças, Javé, de todo o coração,*
pois ouvistes as palavras de minha boca.
Diante dos anjos vos cantarei louvores
[2]e me prostrarei diante de vosso santo templo.*
Celebro vosso nome por vosso amor e vossa verdade,
pois engrandecestes vossa promessa
acima de todo o vosso nome.
[3]Quando vos invoquei, me respondestes
e aumentastes o vigor de minha alma.
[4]Todos os reis da terra vos louvarão, Javé,*
quando ouvirem as palavras de vossa boca.
[5]E cantarão nos caminhos de Javé:
"Grande é a glória de Javé!"
[6]Sim, excelso é Javé e olha para o humilde,*
mas conhece o soberbo de longe.

---

* **136**,12. Dt 4,34 | 13. Êx 14,21s | 16. Dt 8,2.15 | 19. Dt 2,30s | 20. Dt 3,1s | 21. 44,3 | 22. Is 41,8; 43,21 | 23. Lc 1,48 | 24. 106,43s; Lc 1,71 | 25. 104,27; 145,15s | **137**,1. Ez 3,15 / Lm 3,48 | 2. Lm 5,14 | 5. Jr 51,50 | 6. 122,1 | 7. Ez 25,12ss; 35; Ab 10-14; Lm 4,21s | 8. Is 47,1s; Jr 50-51 | **138**,1. 9,2 | 2. 5,8 | 4. Is 40,29; Sl 68,33; Ml 1,11 | 6. Is 57,15; Lc 1,51s

† **137**. Recorda o tempo amargo do cativeiro de Babilônia, que durou de 586 a 538 a.C. | 8. Conforme a lei do talião, o povo de Babilônia e o povo de Edom devem pagar o mal que fizeram aos israelitas quando Jerusalém foi destruída em 586 a.C.

[7]Se ando no meio da angústia, preser-
vais minha vida;
contra a ira de meus inimigos estendeis
a mão
e vossa mão direita me salva.*
[8]Javé completará sua obra em mim.
Javé, vossa bondade dura para sempre:
não abandoneis a obra de vossas mãos.

139 (138) Ao Deus onipresente.

[1]*Ao regente do coro. Salmo de Davi.*
Vós me sondais e me conheceis, Javé:
[2]sabeis quando me sento ou me levan-
to.*
De longe penetrais meus pensamen-
tos;*
[3]discernis quando ando ou me deito,*
todos os meus caminhos conheceis.
[4]Pois a palavra ainda não me chegou
à língua
e vós, Javé, já a sabeis inteiramente.
[5]Por trás e pela frente me envolveis
e pondes sobre mim vossa mão.
[6]Maravilhosa ciência que me ultrapas-
sa,
tão elevada que não a posso atingir.
[7]Para onde irei, longe de vosso espíri-
to?*
Para onde fugirei de vossa face?
[8]Se subo ao céu, lá estais;
se desço ao abismo, aí vos achais.
[9]Se tomo as asas da aurora
e vou morar nos confins do mar,
[10]também lá vossa mão me conduz
e vossa mão direita me sustenta.
[11]Se eu digo: "Que ao menos a escuri-
dão me esconda
e que a luz se faça noite a meu redor";
[12]nem as trevas são escuras para vós*
e a noite é clara como o dia;
para vós as trevas são como luz.
[13]Fostes vós que criastes minhas entra-
nhas*
e me tecestes no seio de minha mãe.
[14]Dou-vos graças porque me fizestes
maravilhoso;
estupendas são vossas obras, bem o
sei.
[15]Não vos eram ocultos meus ossos
quando eu era formado em segredo
e era tecido nas profundezas da terra†.
[16]Eu era um simples embrião, e vossos
olhos me viram*
e em vosso livro foram todos escritos
esses dias que me estavam destina-
dos,*
quando nem um só deles existia.
[17]Como são profundos para mim vos-
sos pensamentos,*
como é grande seu número, ó Deus!
[18]Se quisesse contá-los, são mais que
a areia,
e se chego ao fim, ainda estou convosco.
[19]Ó Deus, fazei morrer o ímpio;
assassinos, afastai-vos de mim!
[20]Eles falam de vós coisas iníquas;*
em vão se ergueram contra vós.*
[21]Javé, não devo odiar os que vos
odeiam
e detestar os que se revoltam contra
vós?*
[22]Eu os odeio com ódio implacável
e os considero como inimigos†.
[23]Sondai-me, ó Deus, e conhecei meu
coração,*
provai-me e conhecei meus pensa-
mentos.
[24]Vede se estou no mau caminho*
e guiai-me pelo caminho da eternidade.

140 (139) Deus, refúgio contra os inimigos.

[1]*Ao regente do coro. Salmo de Davi.*
[2]Livrai-me do homem mau, Javé,
defendei-me de quem faz violência,
[3]dos que tramam maldades em seu co-
ração
e provocam guerras todo dia.
[4]Afiam sua língua como a da serpente;
têm veneno de víbora nos lábios.
[5]Protegei-me, Javé, das mãos do ímpio,
salvai-me do homem violento:
eles planejam me fazer cair.*

---

* **138**,7. 23,5 | **139**,2. 2Rs 19,27 / Jó 31,4 | 3. 44,22 | 7. Am 9,2s; Jó 11,8s; 23,8s | 12. Jó 12,22; 34,22; Dn 2,22 | 13. Jó 10,8s | 16. Ml 3,16; Dn 7,10 / Sl 69,29; 31,16; Jó 14,5 | 17. Jó 11,7; Eclo 18,4ss; Rm 11,33 | 20. 119,115 / Jó 21,14 | 21. 119,158; 5,11 | 23. 17,3; 26,2 | 24. 5,9; 143,10 | **140**,5. Jr 18,22; Sl 57,7; 56,17; Eclo 12,16

† **139**,15. O seio materno que forma prodigiosamente o ser humano é misterioso e fecundo como o solo. | 22. Expressão de uma moral provisória e imperfeita, que Jesus levará à perfeição, ensinando a detestar o pecado, mas amar o pecador, Mt 5,43-48.

6 Às escondidas me armam laços os soberbos
e estendem cordas como uma rede;
põem armadilhas em meu caminho.
7 Digo a Javé: "Vós sois meu Deus;*
escutai, Javé, a voz de minha prece".
8 Senhor Javé, meu forte salvador,
protegeis minha cabeça no dia da batalha.
9 Javé, não atendais aos desejos do ímpio,
não favoreçais suas tramas.
10 Não levantem a cabeça os que me rodeiam;
recaia sobre eles o mal que me desejam.
11 Chovam sobre eles brasas acesas;*
sejam lançados no fogo, no abismo,
donde não possam sair.
12 Que o caluniador não se instale sobre a terra,*
que a desgraça persiga o violento até o destruir.
13 Sei que Javé fará justiça ao oprimido
e defenderá o direito do pobre.
14 Os justos louvarão vosso nome
e os retos habitarão em vossa presença.

141 (140) Oração no perigo.

1 *Salmo de Davi.*
A vós eu clamo, Javé; vinde em meu auxílio sem demora;
escutai minha voz, quando vos invoco.
2 Que minha oração suba a vossa presença como o incenso;
minhas mãos erguidas* sejam como o sacrifício da tarde†.
3 Ponde, Javé, uma guarda a minha boca,
vigiai a porta de meus lábios.
4 Não deixeis que meu coração se incline ao mal
e pratique más ações com os malfeitores;
que eu não prove de seus manjares.
5 Que o justo me castigue com amor e me repreenda;*
mas o óleo do ímpio não me ungirá a cabeça;
continuarei rezando em meio a suas maldades.
6 Caíram nas mãos severas de seus juízes,
eles que de mim ouviram palavras amigas.
7 Como a terra que se fende e se abre,
seus ossos foram espalhados na porta do abismo.
8 Para vós, Senhor Javé, se voltam meus olhos:
em vós me refugio, não me desampareis.
9 Preservai-me do laço que me armaram,
das ciladas dos malvados.
10 Caiam os ímpios em suas próprias redes,
enquanto são e salvo escaparei.

142 (141) Deus, refúgio do perseguido.

1 *Poema de Davi. Quando estava na caverna. Oração.**
2 Com minha voz eu clamo a Javé,
imploro a Javé com minha voz.
3 Diante dele derramo meu lamento,
a sua frente manifesto minha angústia.
4 Enquanto meu espírito desfalece,
vós conheceis meu caminho.*
Na trilha em que eu andava
me esconderam uma cilada.
5 Olhai à direita e vede: ninguém me reconhece.*
Não tenho para onde fugir,
ninguém cuida de minha vida.
6 Clamo a vós, Javé, e digo: "Sois meu refúgio,*
sois minha porção na terra dos vivos".
7 Sede atento a meu clamor,*
porque estou extenuado.
Livrai-me de meus perseguidores,
pois são mais fortes do que eu.
8 Retirai-me da prisão,*
para que eu celebre vosso nome;
os justos virão me rodear,
quando me fizerdes este bem.

---

* **140**,7. 31,15 | 11. Gn 19,24; Nm 16,31s | 12. 11,6; 16,11; 17,15 | **141**,2. Nm 28,4 | 5. Pr 9,8; 25,12; 27,6.9 **142**,1. 57,1 | 4. 139,24; 141,9 | 5. 121,5 | 6. 91,2.9; 16,5 | 7. 79,8 | 8. 88,9; Lm 3,7

† **141**,2. Os antigos rezavam de pé, com os braços abertos. Nas catacumbas, a Igreja é muitas vezes representada como uma mulher em oração. Como Cristo que abriu os braços na cruz, ela se oferece e intercede por todos, por meio dele, com ele e nele.

143 Oração do perseguido.

1 *Salmo de Davi.*
(**142**) Javé, ouvi minha oração,
sede atento a minha súplica, vós que sois fiel,*
e respondei-me segundo vossa justiça.
2 Não chameis a juízo vosso servo,*
pois diante de vós nenhum* ser vivo é inocente†.
3 O inimigo me persegue,*
jogou no chão minha vida
e me fez habitar nas trevas*
como os que já morreram há muito tempo.
4 Em mim se abateu meu espírito,
meu coração dentro de mim está desolado.
5 Recordo os tempos antigos,*
medito em todos os vossos feitos,
sobre as obras de vossas mãos reflito.*
6 Para vós estendo minhas mãos,
como a terra seca anseio por vós.*
7 Respondei-me sem demora, Javé,
pois desfalece meu espírito.
Não me escondais vosso rosto,*
para eu não ser como os que descem ao sepulcro.*
8 Pela manhã fazei-me sentir vossa misericórdia,*
pois em vós confio.
Indicai-me a estrada que devo seguir,
porque a vós elevo minha alma.*
9 Salvai-me de meus inimigos, Javé;
em vós busco refúgio.
10 Ensinai-me a cumprir vossa vontade,*
porque sois meu Deus.
Vosso espírito bom me guie por uma terra plana.
11 Por amor de vosso nome, ó Javé, fazei-me viver,
por vossa justiça, tirai-me da angústia.
12 Em vossa misericórdia exterminai meus inimigos*
e aniquilai todos os meus adversários,
pois sou vosso servo.*

144 Oração pela vitória e pela paz.

1 *De Davi.*
(**143**) Seja bendito Javé, meu rochedo,*
que treina minhas mãos para a batalha,*
meus dedos para o combate.
2 Meu amor e minha fortaleza,*
meu refúgio e minha libertação,
meu escudo em que confio
e que submete os povos a mim.*
3 Javé, quem é o homem para que o leveis em conta,
ou o filho do homem para que nele penseis?*
4 O ser humano é como um sopro;*
seus dias, uma sombra que passa.
5 Javé, inclinai vossos céus e descei,*
tocai os montes e eles fumegarão.*
6 Lançai os raios e dispersai os inimigos,
disparai vossas flechas e afugentai-os.
7 Estendei do alto vossa mão,*
libertai-me e salvai-me das águas caudalosas,
da mão dos estrangeiros.
8 A boca deles fala mentiras
e sua mão direita jura falso.
9 Um cântico novo, ó Deus, vos cantarei,*
tocarei para vós a harpa de dez cordas;
10 para vós, que dais a vitória aos reis,*
que salvais Davi, vosso servo, da espada cruel.
11 Salvai-me e livrai-me da mão dos estrangeiros;
cuja boca fala mentiras
e cuja mão direita jura falso.
12 Sejam nossos filhos como plantas*
bem crescidas em sua juventude;
nossas filhas, como colunas angulares*
talhadas para adornar um palácio.
13 Nossos paióis estejam cheios,*
transbordantes de frutos de toda espécie;
nossos rebanhos se multipliquem aos milhares
e miríades em nossos campos;

---

* **143**,1. Jó 9,2; 14,3s | 2. Ecl 7,20 / Rm 3,20 | 3. 7,6 / Lm 3,6 | 5. 77,6 / 77,13 | 6. 63,2 | 7. 69,18; 102,3 / 28,1; 88,5 | 8. 17,15 / 25,1s; 86,4 | 10. 25,4s | 12. 54,7 / 116,16 | **144**,1. 18,47 / 18,35 | 2. 18,3 / 18,48 | 3. 8,5 | 4. 39,6s; Jó 14,2 | 5. 18,10 / 104,32; Is 63,19; 18,15 | 7. 18,17 | 9. 32,2s | 10. 18,51 | 12. 128,3 / Jó 42,14; Eclo 26,23 | 13. Lv 26,4s; Dt 7,13

† **143**,2. O AT ensina muitas vezes que todo ser humano é pecador, 1Rs 8,46; Jó 4,17; Sl 51,7; assim se preparava a revelação do dogma do pecado original, Rm 5,12-21.

[14]carreguem nossos bois pesadas cargas;
não haja brechas nem incursões,*
e nenhum alarme em nossas praças.
[15]Feliz o povo que vive assim;
feliz o povo cujo Deus é Javé.*

145 (144) Hino à majestade divina.

[1]*Louvor de Davi.*
Alef Ó Deus, meu rei, quero exaltar-vos*
e bendizer vosso nome eternamente e para sempre.
Bet [2]Quero bendizer-vos todo dia*
e louvar vosso nome eternamente e para sempre.
Guimel [3]Grande é Javé e digno de todo louvor;*
insondável é sua grandeza.
Dalet [4]Uma geração narre à outra vossas obras,*
e vossos prodígios anuncie.
He [5]Proclamem o glorioso esplendor de vossa majestade
e narrem vossas maravilhas.
Waw [6]Falem da força de vossos portentos
e comentem vossa grandeza.
Záin [7]Divulguem a lembrança de vossa imensa bondade
e celebrem com júbilo vossa justiça.
Het [8]Clemente e compassivo é Javé,*
lento para a ira e rico em misericórdia.
Tet [9]Javé é bom para com todos,*
cheio de ternura para com todas as suas obras.
Yod [10]Que todas as vossas obras vos louvem, Javé,
e vos bendigam vossos fiéis.
Kaf [11]Proclamem a glória de vosso reino*
e falem de vosso poder,
Lamed [12]para anunciar aos filhos de Adão vossos prodígios
e o glorioso esplendor de vosso reino.
Mem [13]Vosso reino é um reino de todos os séculos,*
vosso domínio se estende a todas as gerações.*
(Nun) Fiel é Javé em suas promessas
e santo em todas as suas obras.
Samec [14]Javé ampara todos os que caem*
e reergue todos os abatidos.
Áin [15]Os olhos de todos em vós esperam,*
e vós lhes forneceis o alimento na hora certa.*
Pê [16]Abris vossa mão
e saciais o desejo de todo ser vivo.
Cadê [17]Javé é justo em todos os seus caminhos,*
santo em todas as suas obras.
Qof [18]Javé está perto de todos os que o invocam,*
de todos os que o invocam de coração sincero.
Resh [19]Satisfaz o desejo dos que o temem,
escuta seu clamor e os salva.
Shin [20]Javé protege todos os que o amam,*
mas há de destruir todos os ímpios.
Taw [21]Que minha boca proclame o louvor de Javé,
e todo ser vivo bendiga seu nome santo
eternamente e para sempre.

146 (145) Louvor a Javé salvador.

[1]Aleluia!
Louva a Javé, minha alma;
[2]enquanto eu viver, louvarei a Javé,*
cantarei hinos a meu Deus por toda a minha vida.*
[3]Não confieis nos poderosos,*
em seres humanos que não podem salvar.
[4]Exalam o espírito e voltam ao pó da terra;
nesse dia se acabam seus planos.
[5]Feliz aquele cujo auxílio é o Deus de Jacó*
e cuja esperança é Javé, seu Deus,
[6]que fez o céu e a terra,*
o mar e tudo o que há neles,
e que mantém sua fidelidade para sempre.*

---

* **144**,14. Lv 26,6; Is 65,19 | 15. 28,11; 32,12 | **145**,1. 44,5 | 2. 34,2; 68,20 | 3. 48,2; 95,4; Jó 36,26 | 4. 71,18; 78,4 | 8. 103,8 | 9. 103,13; Sb 1,13s | 11. 93,1 | 13. Dn 3,100/ Sl 102,13 | 14. 94,18; 146,8 | 15. 104,26ss / Mt 6,25s | 17. Dt 32,4 | 18. Dt 4,7; Jr 29,13; Is 58,9 | 20. 33,18 | **146**,2. 104,33 / 7,18 | 3. 90,3; 104,29; Ecl 12,9; 1Mc 2,63 | 5. Jr 17,7 | 6. 121,2; 124,8 / 103,6

7Ele faz justiça aos oprimidos,
dá alimento a quem tem fome.
Javé livra os prisioneiros,*
8Javé devolve a vista aos cegos,*
Javé levanta os abatidos,*
Javé ama os justos.*
9Javé protege os estrangeiros,
ampara o órfão e a viúva,*
mas transtorna o caminho dos ímpios.
10Javé reinará para sempre,*
teu Deus, ó Sião, por todas as gerações.
Aleluia!

147 (146) **Poder e bondade de Javé†.**

1Aleluia!
Louvai a Javé, pois é bom cantar a nosso Deus;*
é suave e apropriado seu louvor.
2Javé reconstrói Jerusalém,
reúne os exilados* de Israel†.
3Ele cura os corações atribulados*
e enfaixa suas feridas.
4Ele conta o número das estrelas
e chama cada uma pelo nome.
5Grande é o Senhor nosso, imenso é seu poder,*
sua sabedoria não tem limites.
6Javé ampara os humildes,*
mas rebaixa os ímpios até o chão.
7Entoai a ação de graças a Javé†,
cantai a nosso Deus ao som da harpa.
8Ele cobre o céu de nuvens,*
prepara a chuva para a terra,
faz brotar a relva sobre os montes
e plantas úteis ao homem;
9fornece alimento para o gado*
e para os filhotes do corvo que o suplicam.
10Não lhe apraz o vigor do cavalo*
nem aprecia a corrida do homem.
11Agradam a Javé os que o temem
e esperam em sua bondade.
12Glorifica a Javé, Jerusalém,*
louva teu Deus, ó Sião!
13Porque reforçou as trancas de tuas portas†,
e em teu meio abençoou teus filhos.*
14Fez reinar a paz em tuas fronteiras*
e te sacia com o trigo melhor.
15Envia à terra sua mensagem,*
sua palavra corre veloz.
16Faz cair neve como lã,
espalha a geada como cinza.
17Lança como migalhas o granizo;*
diante de seu frio, quem resiste?
18Manda uma ordem e se derretem,
sopra seu vento e correm as águas.*
19Anuncia a Jacó sua palavra,
seus decretos e suas sentenças a Israel.
20Com as outras nações não fez assim:*
elas não conhecem seus juízos†.
Aleluia!

148 (147) **Glorificação de Javé Criador*.**

1Aleluia!
Louvai a Javé do alto dos céus,
louvai-o nas alturas.
2Louvai-o, vós todos, seus anjos,*
louvai-o, vós todos, seus exércitos.
3Louvai-o, sol e lua,
louvai-o, vós todas, estrelas brilhantes.
4Louvai-o, céus dos céus,*
e vós, águas de cima dos céus.
5Louvem todos o nome de Javé,
porque ele mandou e foram criados.
6Firmou-os para sempre, eternamente,
deu-lhes uma lei que jamais passará.*
7Daqui da terra, louvai a Javé,
monstros marinhos e todos os abismos;
8fogo e granizo, neve e neblina,
vento de tempestade que cumpre suas ordens;
9montes e todas as colinas,*
árvores frutíferas e todos os cedros;

---

* **146**,7. 68,7 | 8. Is 49,9; 61,1 / Sl 145,14 / 11,7 | 9. Êx 22,20s; Sl 68,6 | 10. Êx 15,18; Sl 145,13 | **147**,1. 92,2 | 2. 56,8 | 3. Jr 31,10; 33,6; Is 61,1; Jó 5,18 | 5. Is 40,28; Jó 36,5 | 6. 1Sm 2,7s | 8. 104,10.14.27s; Jl 2,23 | 9. Jó 38,41; Mt 6,26 | 10. 20,8s; 33,16ss | 12. Jr 33,10s; Is 65,18s | 13. 48,14; Lv 26,6 | 14. 81,17 | 15. 29,3s; 33,9; 107,20; Is 55,10s | 17. Jó 6,16; 37,10; 38,22 | 18. Dt 33,3s | 20. Dt 4,7s | **148**. Gn 1; 104; Dn 3,57-90 | 2. 103,20s | 4. 1Rs 8,27; Gn 1,7 | **148**,6. Jr 31,35s | 9. Is 44,23

† **147**. As versões grega e latina dividem este salmo em dois e fazem começar o salmo 147 no v. 12. | 2. O salmo fala do período de Esdras e Neemias, quando os judeus, de volta do exílio, reconstroem Jerusalém. | 7. Os vv. 7-11 louvam a Deus porque com a chuva renova cada ano seu ato de criar. | 13. Restaurados os muros sob a direção de Neemias, os judeus gozam de segurança, Ne 6,15s. | 20. Assim como existem duas ações gloriosas de Deus – a criação e a história – assim também são duas as revelações: uma escrita na própria natureza e aberta a todos, e a outra dada ao povo eleito na Bíblia, para testemunhá-la e comunicá-la a toda a humanidade.

10 animais selvagens e domésticos,*
répteis e aves que voam;
11 os reis da terra e todos os povos,
governantes e chefes todos da terra;
12 rapazes e moças, idosos e crianças:*
13 louvem o nome de Javé
porque só seu nome é sublime.
Sua majestade está acima da terra e dos céus.*
14 Ele exaltou o poder de seu povo:*
motivo de louvor para todos os seus fiéis,
para os filhos de Israel, povo que está perto dele.
Aleluia!

149 (148)

Festa de Israel†. 1 Aleluia!
Cantai a Javé um cântico novo;
ressoe seu louvor na assembleia dos fiéis.*
2 Alegre-se Israel em seu Criador,
exultem em seu rei os filhos de Sião.
3 Louvem seu nome com danças,*
com o pandeiro e a lira cantem seu louvor.
4 Pois Javé se agrada de seu povo,*
adorna com a salvação os humildes.
5 Exultem os fiéis no Glorioso
e cantem de alegria em seus leitos†;
6 com os louvores de Deus na boca
e a espada de dois gumes nas mãos,*
7 para exercer a vingança entre as nações*
e castigar os povos;
8 para prender com correntes seus reis,
e seus nobres com grilhões de ferro;
9 para executar contra eles a sentença decretada.
É uma honra para todos os seus fiéis.
Aleluia!

150 (149)

Sinfonia final. 1 Aleluia!
Louvai a Deus em seu santuário,
louvai-o no firmamento de seu poder.
2 Louvai-o por seus prodígios,
louvai-o por sua grandeza imensa.
3 Louvai-o tocando trombeta,
louvai-o com harpa e cítara;
4 louvai-o com pandeiros e danças,
louvai-o nas cordas e nas flautas.
5 Louvai-o com címbalos sonoros,
louvai-o com címbalos retumbantes.
Tudo o que respira,* louve a Javé!†
Aleluia!

---

* **148**,10. Is 43,20 | 12. Jr 31,13 | 13. 108,6; 113,4 | 14. 89,18 | **149**,1. 40,10 | 3. 87,7; 150,4; 68,26; 81,3 | 4. Is 61,9; 62,4s; 1Sm 2,8 | 6. Ne 4,10ss; 2Mc 15,27 | 7. Zc 9,13-16 | **150**,5. Ap 5,13

† **149**. O povo de Deus como instrumento do reinado de Deus sobre as nações. São Paulo dirá que o Reino de Deus é justiça, paz e alegria no Espírito Santo, Rm 14,17. | 5. Na assembleia... nos leitos, isto é, em público e em particular. | **150**,5. Todas as criaturas louvam e adoram a Deus em seu templo, que é o universo. Unidos com o Filho, voz perfeita de todo o mundo criado por meio dele, tornamo-nos também nós oração incessante diante do trono do Pai (João Paulo II).

PROVÉRBIOS

O livro dos Provérbios, verdadeira antologia da sabedoria de Israel, apresenta-se como um conjunto de coleções de máximas e sentenças. Entre as nove coleções que se podem individuar, as mais importantes são 10,1–22,16 e 25–29, que são as partes mais antigas e atribuídas a Salomão, cujos provérbios estavam na boca de todos, como patrimônio da sabedoria popular. Salomão pode ter encarregado outras pessoas de recolher provérbios populares. Talvez tenha sido o pessoal da corte que pôs os provérbios na forma atual, mas a fonte é o povo. Ainda hoje se recolhem provérbios em todas as culturas. São todos anônimos, mas alguém os inventou. Uma vez escrito, o provérbio se transmite como dado pedagógico. Ele é um depósito a ser usado na hora certa.

Este livro recolhe provérbios de temas sapienciais tirados do ensinamento dos sábios de Israel desde o tempo dos reis até o exílio. Na volta do exílio foi feito o trabalho de reunir o material acumulado pela tradição, para salvar o patrimônio espiritual de Israel. Os nove primeiros capítulos formam uma ampla introdução, que ilustra o valor e a importância da Sabedoria. A dama Sabedoria põe a mesa e convida ao banquete, cujas iguarias são as coleções de provérbios, verdadeiro alimento para o espírito humano. Nos dois últimos capítulos encontram-se provérbios saídos de um ambiente não israelita, mais precisamente de Massa, na Transjordânia, região habitada por tribos árabes, famosas pela sua sabedoria. Serve de conclusão ao livro um célebre poema alfabético em louvor da mulher virtuosa, a qual parece ser a encarnação da sabedoria divina e humana (31,10-31).

A palavra "provérbio" designa na Bíblia toda forma literária de tipo sapiencial. Os provérbios propriamente ditos costumam ter duas partes: antitéticas, quando uma se opõe à outra (p. ex. 10,16), e paralelas, quando a segunda repete o pensamento da primeira (p. ex. 16,6).

As sentenças e ensinamentos do livro dos Provérbios atestam o grande amor dos hebreus pela Sabedoria, que se pode definir como o conjunto das virtudes morais que tem como fundamento o temor de Deus, resguardado pela disciplina, pela prudência e pelo conselho.

Ler hoje o livro dos Provérbios é beber de uma fonte inesgotável de experiência humana, que aponta o justo caminho da felicidade, meta do ser humano em todas as eras.

I. TÍTULO E TEMA DO LIVRO (1, 1-7)

1 **Introdução.** 1 Provérbios de Salomão, filho de Davi, rei de Israel†,
2 para conhecer a sabedoria e a disciplina†,
para entender palavras profundas,
3 para adquirir instrução esclarecida:
justiça, equidade e retidão;
4 para dar aos simples a prudência†,
aos jovens o saber e o discernimento.
5 Que o sábio escute e aumentará seu saber;*
e o homem entendido adquirirá sábios conselhos;
6 para compreender provérbios e alegorias,
as máximas dos sábios e seus enigmas.
7 O temor de Javé é o princípio* da sabedoria†;
os estultos desprezam a sabedoria e a disciplina.

II. EXORTAÇÃO A CULTIVAR A SABEDORIA (1,8–9,18)

As más companhias. 8 Escuta, meu filho, a instrução de teu pai†
e não desprezes o ensinamento de tua mãe,*

---

* **1**,5. 22,17 | 7. Sl 111,10; Pr 9,10; 15,33; Jó 28,28; Eclo 1,16 | 8. 6,20

† **1**,1. O uso do nome de Salomão confere autoridade ao livro todo. | 2. A sabedoria em Israel não é teórica e abstrata, mas moral e prática. Dom de Deus, concedido através da observação do mundo e das pessoas, ensina a viver conforme o projeto divino. | 4. O livro se dirige sobretudo aos simples, inexperientes e jovens, mais sujeitos a influências negativas. | 7. Temor de Deus é a atitude de respeito, humildade e veneração diante do mistério que nos ultrapassa. | 8. Filho no sentido próprio do termo, ou como sinônimo de discípulo. A família é a primeira escola de sabedoria. "Na família todos os membros evangelizam e são evangelizados" (Paulo VI).

[9]porque serão um diadema gracioso em tua cabeça
e colares para teu pescoço.
[10]Meu filho, se os pecadores quiserem te seduzir,*
não consintas!
[11]Se te disserem: "Vem conosco,
façamos emboscadas para derramar sangue,*
insidiemos impunemente o inocente;
[12]como o abismo, devoremo-los vivos,
inteiros, como os que descem à fossa.
[13]Encontraremos toda espécie de bens preciosos,
encheremos de despojos nossas casas.
[14]Lança tua sorte conosco,
uma só bolsa teremos todos em comum".
[15]Meu filho, não andes com eles,
mantém teu pé longe de seus caminhos!
[16]Pois seus passos correm para o mal*
e se apressam a derramar o sangue.
[17]Sim, é inútil estender a rede
à vista de qualquer ave.
[18]Mas estes fazem emboscadas contra seu próprio sangue,
armam laços contra si mesmos†.
[19]Assim acontece com todos os gananciosos:*
a ganância tira a vida de quem se deixa dominar por ela.

Convite da Sabedoria. [20]A Sabedoria grita pelas ruas,
nas praças levanta a voz;*
[21]nas esquinas movimentadas ela clama,
pronuncia seus discursos nas entradas das portas da cidade:
[22]"Até quando, ó inexperientes, amareis a inexperiência*
e os zombadores se deleitarão em suas zombarias†
e os insensatos terão ódio à ciência?†
[23]Voltai-vos para minhas exortações:
eu infundirei meu espírito sobre vós
e vos manifestarei minhas palavras.
[24]Porque eu chamei e recusastes,*
estendi a mão e ninguém deu atenção;
[25]descuidastes todo conselho meu*
e minha exortação não acolhestes;
[26]também eu vou rir de vossa desventura,*
vou zombar de vós quando vier o que temeis,
[27]quando vos sobrevier, como uma tempestade, o que temeis,
quando a desgraça vos atingir como um furacão,
quando vos afligirem angústia e tribulação.
[28]Então me invocarão, mas não responderei,*
me procurarão, mas não me encontrarão.*
[29]Porque odiaram a sabedoria
e não preferiram o temor de Javé;
[30]ignoraram meu conselho
e desprezaram todas as minhas exortações;
[31]comerão o fruto de sua conduta*
e se fartarão de seus próprios conselhos.
[32]Sim, a rebeldia dos ingênuos os leva à morte*
e a despreocupação dos estultos os faz perecer;*
[33]mas quem me escuta viverá tranquilo e seguro,
sem temor do mal".

2 **Benefícios da Sabedoria.** [1]Meu filho, se acolheres minhas palavras
e guardares dentro de ti meus mandamentos,

* **1**,10. Eclo 6,24.29 | 11. Sl 10,8; Eclo 11,34 | 16. Is 59,7; Pr 6,18 | 19. 15,27 | 20. 8,1ss; 9,3 | 22. Sl 94,8 | 24. Is 65,2.12; 66,4 | 25. Sl 107,11 | 26. Dt 28,63; Jr 23,19 | 28. Jr 11,11 / Os 5,6 | 31. Jr 6,19 | 32. 8,36 / Am 6,1; Jr 5,12s

† **1**,18. As aves não caem nas armadilhas preparadas diante de seus olhos; os maus, porém, caem nos laços que eles próprios armaram. | 20. A Sabedoria personificada assume uma função profética: denuncia a infidelidade do povo e exorta à conversão. | 22. Zombador é o dissoluto, o soberbo, aquele que, em vez de observar a ordem social estabelecida, despreza-a. / Insensato é aquele que não está disposto a submeter-se às normas ensinadas pelos sábios, porque não sabe dominar-se e não refreia suas paixões. Opõe-se à verdade que lhe vem ao encontro na criação e não confia numa ordem que lhe poderia trazer salvação.

2 prestando ouvido à sabedoria,
inclinando teu coração ao entendimento†,
3 se invocares o discernimento
e chamares a inteligência,
4 se a buscares como a prata*
e a procurares como um tesouro,*
5 então compreenderás o temor de Javé
e encontrarás o conhecimento de Deus.
6 Porque é Javé quem dá a sabedoria,*
de sua boca provêm a ciência e a inteligência.*
7 Aos homens retos reserva a prosperidade,
é escudo para aqueles que agem com retidão,
8 protege as veredas da justiça
e guarda os caminhos de seus fiéis.
9 Então compreenderás a justiça e o direito,
a retidão com todos os bons caminhos.
10 Porque a sabedoria entrará em teu coração
e o conhecimento alegrará tua alma.
11 A reflexão te guardará
e a inteligência velará sobre ti,
12 para te afastar do mau caminho,
e do homem que fala coisas perversas,
13 daqueles que abandonam as veredas retas
para caminhar por estradas tenebrosas,
14 e que se alegram fazendo o mal*
e encontram prazer nas perversidades do vício.
15 Eles seguem veredas tortuosas
e se extraviam em seus caminhos.
16 Ela te salvará da mulher* estrangeira†,
da infiel que diz palavras sedutoras,
17 que abandona o companheiro de sua juventude
e esquece a aliança de seu Deus.*
18 Porque sua casa conduz para a morte
e para o reino das sombras suas veredas.
19 Dos que vão a ela nenhum retorna,
não alcançam as veredas da vida†.
20 Por isto caminharás pela estrada dos bons
e te conservarás nas sendas dos justos.
21 Porque os homens retos habitarão a terra*
e os íntegros permanecerão nela.
22 Mas os malvados serão exterminados da terra,*
e dela serão extirpados os infiéis.

3 Como adquirir a Sabedoria.

1 Meu filho, não esqueças meu ensinamento
e teu coração guarde meus preceitos,
2 porque te alcançarão longos dias,*
anos de vida e de prosperidade.
3 Que a bondade e a fidelidade não te abandonem;*
prende-as em torno a teu pescoço,*
escreve-as sobre a tábua de teu coração,*
4 e obterás favor e bom êxito
aos olhos de Deus e dos homens.
5 Confia em Javé com todo o coração*
e não te apoies em tua inteligência.*
6 Em todos os teus passos pensa nele*
e ele aplainará teus caminhos.*
7 Não te consideres sábio;*
teme Javé e fica longe do mal.
8 Isto será saudável para teu corpo
e um refrigério para teus ossos.†
9 Honra Javé com teus bens*
e com as primícias de todas as tuas colheitas;*

* **2**,4. 3,14; 8,19; 16,16 / Mt 13,44ss | 6. Jó 32,8 / Sb 9,10 | 14. 10,23 | 16. 5,2-20; 6,24-7,27; Eclo 9,12s | 17. Êx 20,14 | 21. Sl 37,9.29; Mt 5,4 | 22. 10,30 | **3**,2. 4,10; 9,11; Dt 4,40; 8,3; Ne 9,29; Eclo 1,20 | 3. 6,21 / 7,3 / Dt 6,6-9 | 5. Sl 37,5 / 28,26 | 6. 16,3 / Eclo 2,6 | 7. Rm 12,16; Sl 34,10.15 | 9. Ml 3,10ss / Dt 26,1 | 10. Sl 4,8; Dt 28,8

† **2**,2. O coração é a sede da inteligência, dos desejos, da vontade, da consciência, da vida afetiva e moral, Mt 15,18-20. | 16. A mulher "estrangeira" é a que não é a tua. O adultério ofende também a Deus, testemunha da aliança matrimonial, Ml 2,14. | 19. Correr atrás dos prazeres provoca o vício, caminho sem retorno em muitos casos. | **3**,8. Considerava-se a saúde como a recompensa de uma vida correta, e a doença como castigo do pecado.

10então teus celeiros se encherão de
trigo*
e teus lagares transbordarão de vi-
nho†.
Valor da Sabedoria. 11Meu filho, não
rejeites a instrução de Javé*
e não te canses de seus avisos,
12porque Javé corrige quem ele
ama,*
como um pai ao filho predileto.
13Feliz o homem que encontrou a sa-
bedoria
e aquele que adquiriu o entendimen-
to;
14porque sua posse é preferível à da
prata*
e melhor que o ouro é seu lucro.
15Ela é mais preciosa que as pérolas,*
e nada do que desejas a pode igua-
lar.
16Longos dias estão em sua mão di-
reita,
e em sua esquerda riqueza e honra.*
17Seus caminhos são caminhos deli-
ciosos
e todas as suas veredas conduzem
ao bem-estar.
18É uma árvore de vida para quem a
alcança,*
e quem a abraça é feliz.
19Javé fundou a terra com a sabedo-
ria,*
consolidou os céus com inteligência.
20Por sua ciência foram abertos os
abismos,
e as nuvens destilam orvalho†.
Felicidade do justo. 21Meu filho, con-
serva a sabedoria e a discrição;*
não se afastem jamais de teus olhos:
22serão vida para ti
e ornamento para teu pescoço.*
23Então caminharás seguro por tua
estrada*
e teu pé não tropeçará.
24Quando te deitares, não terás o
que temer
e, uma vez deitado, teu sono será
doce.*
25Não temerás o pavor repentino,*
nem o ataque que vem dos maus;
26porque Javé será tua segurança,
e de toda insídia preservará teu pé.
Conduta para com o próximo. 27Não
negues um benefício a quem ele é de-
vido,*
se está em teu poder fazê-lo.
28Não digas a teu próximo: "Vai, volta
depois, te darei amanhã",*
se tens o que te pede.
29Não trames o mal contra teu pró-
ximo,
quando ele mora confiante a teu
lado.
30Não contendas sem motivo com
ninguém,
se não te fez nada de mal.
31Não invejes o homem* violento†
e não imites jamais sua conduta,
32porque Javé detesta o malvado,
mas sua amizade é para os homens
retos.
33A maldição de Javé está sobre a
casa do opressor,
mas ele abençoa a morada dos jus-
tos.
34Dos zombadores ele zomba,
aos humildes, porém, concede a gra-
ça.*
35Os sábios herdarão a glória,
mas a infâmia será a parte dos estul-
tos.

4 **Vantagens da Sabedoria.** 1Escu-
tai, ó filhos, a instrução de um pai
e aplicai-vos a aprender o discerni-
mento;
2porque vos transmito uma boa dou-
trina;
não abandoneis meu ensinamento.
3Também eu fui um filho para meu pai,
terno e predileto aos olhos de minha
mãe.

---

* **3**,11. Hb 12,5s; Jó 5,17 | 12. Ap 3,19; Dt 8,5 | 14. 2,4 | 15. 8,11 | 16. Sl 8,18; Eclo 4,13 | 18. 11,30; Gn 2,9; 3,22; Ap 2,7 | 19. Pr 8,22-31 | 21. 4,20 | 22. 1,9 | 23. 4,12; 6,22; Sl 91,12 | 24. Sl 3,6 | 25. Sl 91,5 | 27. Eclo 4,3 | 28. Lc 10,25-37; Mt 5,44-48 | 31. Eclo 11,22; 23,17; Sl 37,1 | 34. Tg 4,6; 1Pd 5,5; Eclo 3,20s

† **3**,10. Ver em Dt 28,8 promessas semelhantes de Javé aos que obedecem seus mandamentos. | **3**,20. O mundo tem uma mensagem, transmite uma verdade: a ordem do universo interpela o homem para que também ele ponha em ordem sua vida. | 31. A prosperidade dos maus pode causar nos justos a inveja e a tentação de imitá-los.

[4]Ele me instruía dizendo-me:
"Teu coração retenha minhas palavras;
guarda meus mandamentos* e viverás†.
[5]Adquire a sabedoria, adquire a inteligência;
não esqueças as palavras de minha boca
e jamais delas te afastes.
[6]Não a abandones e ela te guardará,
ama-a e velará sobre ti.
[7]O princípio da sabedoria é: adquire a sabedoria;
em troca de tudo o que possuis, adquire a inteligência.
[8]Estima-a, e ela te exaltará,
será tua glória, se a abraçares.
[9]Uma coroa de graça porá sobre tua cabeça,*
com um diadema de glória te cingirá".
O caminho reto. [10]Escuta, meu filho, e acolhe minhas palavras*
e se multiplicarão os anos de tua vida.
[11]Eu te indico o caminho da sabedoria;
pelas veredas da retidão eu te guio.*
[12]Quando caminhares, não serão impedidos teus passos,
e se correres, não tropeçarás†.
[13]Adere à disciplina, não a deixes;
guarda-a, porque ela é tua vida.
[14]Não sigas a estrada dos ímpios
e não andes pelo caminho dos maus.
[15]Evita-o, não passes por ele,
fica longe e passa ao largo.
[16]Pois eles não dormem se não fizeram o mal;
perdem o sono se não fizeram alguém cair.
[17]Comem o pão da impiedade
e bebem o vinho da violência.
[18]Mas a estrada dos justos é como a luz da aurora,
cujo esplendor aumenta até o meio-dia.
[19]O caminho dos ímpios é como a escuridão:
não sabem onde vão tropeçar.
Vigilância. [20]Meu filho, fica atento ao que eu falo,*
presta ouvido a minhas palavras.
[21]Não as percas jamais de vista,
guarda-as no fundo de teu coração;
[22]porque elas são vida para quem as encontra
e saúde para todo o teu corpo.
[23]Com todo o cuidado guarda teu coração,
porque dele emana a vida.
[24]Desvia de ti a boca enganosa
e afasta de ti os lábios maldizentes.
[25]Que teus olhos olhem de frente
e teu olhar se fixe no que está adiante.
[26]Examina a estrada onde pões o pé
e todos os teus caminhos sejam bem firmes.
[27]Não te desvies nem para a direita e nem para a esquerda,*
mantém teu pé longe do mal.

5

A mulher sedutora. [1]Meu filho,
presta atenção a minha sabedoria
e presta ouvido a minha inteligência,
[2]para que conserves a discrição
e teus lábios guardem o conhecimento.
[3]Pois destilam mel os lábios da estrangeira,
e mais suave que o óleo é sua boca;
[4]mas o fim ao qual conduz é amargo* como absinto†,
cortante como espada de dois gumes.
[5]Seus pés descem para a morte,
seus passos conduzem ao abismo.*
[6]Não considera a vereda da vida;
anda errante em seus caminhos e não se importa.
[7]Agora, meus filhos, escutai-me
e não vos afasteis das palavras de minha boca.

---

* **4**,4. 7,2; 8,35 | 9. 1,9; Sb 5,16 | 10. 3,1s | 11. Sl 23,3 | 20. 3,21 | 27. Dt 5,32; 28,14 | **5**,4. Ecl 7,26 | 5. 7,27

† **4**,4. A sabedoria passa de uma geração à outra; mas, propriamente, uma experiência não se transmite, descreve-se apenas. Cada geração deve refazer sua experiência e aprender de novo. | 12. Somos peregrinos pelos caminhos do mundo; a Sabedoria nos faz vencer os obstáculos da caminhada. | **5**,4. Planta de sabor amargo que cresce espontaneamente na Palestina. A amargura do absinto é símbolo de dor, sofrimento, castigo, Am 6,12; Jr 9,14; Lm 3,15.19.

[8]Mantém longe dela teu caminho
e não te aproximes da porta de sua casa,
[9]para não dares a outros tua honra
e teus anos a um homem cruel;
[10]para que não se saciem de teus bens os estranhos,
e não acabem tuas fadigas na casa de um outro;
[11]e tu não gemas quando vier teu fim,*
quando decaírem teu corpo e tua carne,
[12]e digas: "Por que odiei a disciplina
e meu coração desprezou a correção?†
[13]Não escutei a voz de meus mestres,
não dei atenção a quem me instruía.
[14]Por pouco não me achei no cúmulo dos males*
no meio da assembleia e da comunidade".

Sê fiel a tua esposa†. [15]Bebe água de tua cisterna*
e a que brota de teu poço,
[16]para que tuas fontes não escorram para fora,
e nas ruas teus riachos;
[17]mas sejam para ti somente
e não para estranhos junto contigo.
[18]Seja bendita tua fonte;
alegra-te com a mulher de tua juventude:*
[19]corça amável, gazela graciosa.
Suas ternuras sempre te inebriem
e por seu amor sejas sempre atraído!
[20]Por que, meu filho, te apaixonar por uma estranha
e abraçar o peito de uma desconhecida?
[21]Porque os caminhos do homem estão diante dos olhos de Javé
e ele observa todas as suas veredas.
[22]Suas culpas aprisionam o ímpio;
ele é capturado com os laços de seu pecado.
[23]Morrerá por falta de disciplina
e se perderá pelo excesso de sua loucura.

6 **Cuidado com a fiança**†. [1]Meu filho, se aceitaste ser fiador do próximo,*
se te empenhaste com um estranho
[2]e te ligaste com as palavras de teus lábios
e te deixaste prender pelas palavras de tua boca;
[3]meu filho, faze assim para livrar-te
porque caíste nas mãos de teu próximo:
vai, lança-te a seus pés, importuna teu próximo;
[4]não concedas sono a teus olhos
nem repouso a tuas pálpebras,
[5]livra-te como a gazela da armadilha,
como a ave da mão do caçador.

A formiga e o preguiçoso. [6]Vai ver a formiga, ó preguiçoso,*
observa seus hábitos e torna-te sábio.
[7]Ela não tem chefe,
nem capataz, nem patrão;
[8]no verão prepara seu alimento,
no tempo da colheita ajunta a comida†.
[9]Até quando, preguiçoso, ficarás deitado?
Quando te levantarás do sono?
[10]Dormir um pouco, cochilar um pouco,
cruzar um pouco os braços para repousar,
[11]assim te sobrevirá a pobreza como um vagabundo,*
e a indigência, como um homem armado.

O insensato. [12]A pessoa indigna, o homem iníquo,
anda com a falsidade na boca;
[13]acena com os olhos, bate os pés,*
faz sinais com os dedos;

---

* **5**,11. 29,3 | 14. Eclo 1,39 | 15. 31,10s | 18. Ecl 9,9 | 1. 11,15; 17,18; 20,16; 27,13; 22,26s; Eclo 29,19-27 | 6. 20,4-13; 22,131-16; 24,30-34; 30,24s | 11. 24,33s | 13. 10,10; Eclo 27,25

† **5**,12. Tudo pode ficar perdido para quem se deixa cativar pela mulher sedutora: reputação, saúde, vigor, riqueza. | 15. A cisterna é a esposa, o poço é a potência genital, os riachos são os filhos. | **6**. Os sábios não aprovam este tipo de caridade, 6,1-5; 17,18; 20,16; 22,27, com certeza devido às experiências negativas que conheceram. | 8. O texto grego acrescenta: "Ou então, vai ver a abelha e aprende como trabalha e como é nobre o trabalho que faz. Reis e súditos procuram seus produtos para sua saúde; embora pequena e fraca, é tida em muita estima por sua sabedoria".

14 tem a perversidade no coração,
trama o mal continuamente, semeia
discórdias.
15 Por isso de improviso virá sua ruína,
num instante será aniquilado sem
remédio.
As coisas que Javé abomina†. 16 Seis
coisas odeia Javé,
aliás, sete são abominação para ele:
17 olhar arrogante, língua mentirosa,
mãos que derramam sangue inocente,
18 coração que trama iníquos projetos,
pés que correm rápidos para o mal,
19 testemunha falsa que fala mentiras*
e aquele que provoca discórdias entre irmãos.
Contra o adultério. 20 Meu filho, observa o mandamento de teu pai,*
não esqueças o ensinamento de tua
mãe.
21 Fixa-os sempre em teu coração,*
pendura-os ao pescoço.
22 Quando caminhares te guiarão,*
quando repousares velarão sobre ti,
quando acordares falarão contigo.
23 Porque o mandamento é uma lâmpada, e o ensinamento é uma luz,*
e um caminho de vida as correções
que corrigem,*
24 para preservar-te da mulher alheia,
das palavras sedutoras da estrangeira.
25 Não desejes em teu coração sua
beleza;
não te deixes cativar por seus olhares,
26 porque, se a prostituta se contenta
com um pedaço de pão,
a mulher casada custa uma vida preciosa†.
27 Pode-se levar fogo no peito
sem queimar a roupa†,
28 ou caminhar sobre brasas
sem queimar os pés?
29 Assim, quem se aproximar da mulher do próximo,
quem a tocar, não ficará impune.
30 Não se desaprova um ladrão, se
rouba
para saciar-se quando tem fome;
31 no entanto, se é preso, deverá restituir sete vezes
e entregar todos os bens de sua casa.
32 Mas o adúltero não tem entendimento;
quem age assim arruína sua vida.
33 Encontrará castigo e desonra,
e sua vergonha jamais será cancelada,
34 porque o ciúme enfurece o marido,
que não terá piedade no dia da vingança;*
35 não aceitará nenhuma compensação,
ele recusará, mesmo se multiplicas as
ofertas.

7 **As adulações da adúltera.** 1 Meu
filho, guarda minhas palavras;
sejam para ti um tesouro meus preceitos.
2 Observa meus preceitos e viverás;
guarda meu ensinamento como a
pupila de teus olhos.*
3 Prende-os a teus dedos,*
escreve-os na tábua de teu coração.*
4 Dize à sabedoria: "Tu és minha*
irmã"†,
e chama de amigo o entendimento,
5 para que te preserve da mulher
alheia,*
da estranha que tem palavras sedutoras.
6 Enquanto da janela de minha casa
eu estava observando pela treliça,
7 vi entre os ingênuos,
descobri entre os jovens um moço
sem juízo
8 que passava pela praça, junto à esquina da estrangeira,
e se encaminhava para a casa dela,

---

* **5**,19. 1,16 | 20. 1,8 | 21. 3,3 | 22. 3,23s | **6**,23. Sl 119,105 / 10,17; 2,16-19; 5,2-20 | 34. 27,4 | **7**,2. 4,4; 8,35 | 3. Dt 6,8 / 3,3 | 4. 6,20s | 5. 2,16

† **6**,16. Provérbio numérico, semelhante a uma adivinhação, maneira atraente de propor um dado da experiência. | 26. Os adúlteros eram condenados à morte, Dt 22,22. | 27. "No peito" quer dizer no bolso formado pela túnica ou pelo manto acima da cintura. | **7**,4. Irmã quer dizer esposa, como em Ct 4,9.14; 5,1s.

9ao entardecer, ao declinar o dia,
ao surgir a noite e a escuridão.
10Vem a seu encontro uma mulher,
em vestes de prostituta e com a falsidade no coração.
11Ela é ousada e insolente,
não sabe manter os pés em sua casa.
12Ora está na rua, ora nas praças:*
em todo canto está à espreita.
13Agarra-o, beija-o*
e com ar deslavado lhe diz:
14"Eu devia oferecer sacrifícios de comunhão;*
hoje cumpri minhas promessas†,
15por isso saí a teu encontro
para procurar-te e te encontrei.
16Cobri de colchas meu leito,*
de linho colorido do Egito;
17perfumei minha cama com mirra,
aloés e canela.
18Vem, inebriemo-nos de amor até a manhã,
gozemos juntos no prazer,
19porque meu marido não está em casa,
partiu para uma longa viagem,
20levou consigo a bolsa do dinheiro,
voltará para casa só no dia da lua cheia".
21De tanto insistir o convence,
arrasta-o com seus lábios sedutores.
22Ele a seguiu sem demora,
como um boi vai para o matadouro;
como um cervo preso pelo laço,
23até que uma flecha lhe dilacera o fígado;*
como ave que se precipita na rede
sem saber que está em jogo sua vida.
24Agora, meus filhos, escutai-me,
prestai atenção às palavras de minha boca.
25Que teu coração não se desvie para os caminhos dela,
não te percas em suas veredas,
26porque a muitos fez cair traspassados,
e os mais robustos foram suas vítimas.
27A casa dela é estrada para o abismo,
que desce para as câmaras da morte.

8

Segundo convite da Sabedoria.*
1A Sabedoria não chama?
A inteligência não faz ouvir sua voz?
2Ela se põe de pé lá em cima nas alturas,
ao longo da estrada, nas encruzilhadas dos caminhos.
3Junto às portas, na entrada da cidade,
nos lugares de passagem ela exclama:*
4"A vós, homens, eu chamo,
aos filhos de Adão se dirige minha voz.
5Aprendei, ingênuos, a prudência
e vós, estultos, tende um coração sensato.
6Escutai, porque direi coisas importantes,
de meus lábios sairá o que é reto.
7Porque minha boca proclama a verdade
e a impiedade é abominação para meus lábios.
8Todas as palavras de minha boca são justas;
nada há nelas de falso ou de tortuoso;
9todas são leais para quem as compreende
e retas para quem encontrou o conhecimento.
10Aceitai minha instrução mais que a prata,*
e o conhecimento mais que o ouro fino;
11porque a sabedoria vale mais que as pérolas*
e nenhuma coisa desejável pode se comparar com ela".
Dotes da Sabedoria. 12Eu, a Sabedoria,
moro com a prudência;
possuo a ciência da reflexão.
13Temer Javé é odiar o mal:*
detesto a soberba, a arrogância,
a má conduta e a boca perversa.
14Meu é o conselho e minha a verdadeira sabedoria;

---

* **7**,12. 5,6 | 13. 23,27-28s | 14. 5,3 | 16. Ct 3,2s | 23. Ecl 7,27; 9,12 | **8**,1.1,20-33 | 3. Jo 7,37 | 10. 3,14; 16,16 | 11. Jó 28,15-19; 3,15 | 13. Jó 28,28; Eclo 15,7

† **7**,14. Nos sacrifícios de comunhão, Lv 3, uma parte das carnes da vítima era consumida num banquete com os amigos.

eu sou a inteligência, a mim pertence
a força.
15Por meu intermédio reinam os reis*
e os magistrados decretam o que é
justo.
16Por meu intermédio governam os
príncipes
e os nobres são os juízes legítimos†.
17Eu amo aqueles que me amam,*
e aqueles que me buscam me encontrarão.
18Comigo estão riquezas e honra,*
seguro bem-estar e equidade.
19Meu fruto vale mais que o ouro,
que o ouro fino,
e meu produto mais que a prata escolhida.
20Eu ando pelo caminho da justiça
e pelas veredas da equidade,
21para dotar de bens os que me
amam
e encher seus cofres.

A parte da Sabedoria na criação†.
22Javé me criou como início de sua atividade,*
antes de suas obras mais antigas.
23Desde a eternidade fui tecida,
desde o princípio, antes que existisse
a terra.*
24Quando não existiam os abismos,
eu fui gerada;
quando ainda não havia as fontes de
águas abundantes.
25Antes que os montes fossem firmados,
antes das colinas, eu fui gerada.
26Quando ainda não tinha feito a terra e os campos,
nem os primeiros elementos do
mundo;
27quando ele consolidava os céus, lá
estava eu;*
quando traçava um círculo sobre a
face do abismo†;
28quando condensava as nuvens no
alto,
quando reforçava as fontes do abismo;
29quando impunha ao mar seus confins,*
de modo que as águas não ultrapassassem seus limites;*
quando traçou os fundamentos da terra.
30Então eu estava com ele como sua
predileta,
e eu era suas delícias todo dia,
alegrando-me diante dele a cada instante;
31eu brincava sobre a superfície terrestre,
encontrando minhas delícias entre
os filhos de Adão.
32Agora, filhos, escutai-me:
bem-aventurados os que seguem
meus caminhos!
33Escutai a exortação
e sede sábios, não a descuideis!
34Bem-aventurado o homem que me
escuta,*
velando todo dia a minhas portas
e guardando o limiar de minha casa.
35Pois quem me encontra, encontra
a vida*
e obtém o favor de Javé;
36mas quem peca contra mim faz mal
a si próprio;
todos os que me odeiam amam a
morte.*

9 **O banquete da Sabedoria**†. 1A
Sabedoria construiu sua casa,
lavrou suas sete colunas.
2Matou seus animais, preparou seu
vinho
e pôs sua mesa.

---

* **8**,15. Is 11,2-5; Jr 23,5; 1Rs 3,4-15; Eclo 10,4 | 17. Sb 6,12 | 18. 3,16 | 22. Eclo 1,4.9; 24,12s | 23. Jo 1,1 | 27. Jó 28,23-27; Eclo 24,8; Sb 9,9 | 29. Jó 38,8-11 / Sl 104,7ss | 34. Ap 3,20; Sb 6,14 | 35. 3,1s; 1Jo 5,12 | 36. Sb 1,12-16

† **8**,16. A autoridade tem origem divina. É em nome de Deus que se governa, Rm 13,1. | 22. A Sabedoria é o projeto de Deus, projeto de ordem na criação, concretizado no coração do mundo; é distinta de Deus e do mundo. Ainda pequenina, assistiu à atividade criadora de Deus; foi gerada, tecida, depois nasceu e tornou-se uma menina mimada: são descritas as etapas de seu crescimento. A Sabedoria personificada prepara a revelação que o NT fará do Verbo de Deus, pelo qual tudo foi criado, e que, encarnado, viveu entre os filhos dos homens, v. 31. | 27. O círculo é o horizonte, limite da terra e base da abóbada celeste. | **9**. Aqui a Sabedoria é uma senhora que convida a um banquete em seu palácio. Os Santos Padres viram na Sabedoria Jesus Cristo, no palácio a Igreja, nas sete colunas os Sacramentos, na mesa a Palavra de Deus, nas servas os ministros da Palavra e nos convidados todos nós.

[3]Enviou suas servas e proclama
nos pontos mais altos da cidade:
[4]"Quem é simples venha aqui!"
A quem é sem entendimento ela diz:
[5]"Vinde, comei de meu pão†,
bebei o vinho que preparei.*
[6]Abandonai a insensatez e vivereis,
andai pelo caminho da inteligência".
Contra os zombadores. [7]Quem corrige o zombador atrai sobre si a desonra,
quem repreende o ímpio atrai a si a injúria.
[8]Não repreendas o zombador, porque te odiará;*
repreende o sábio, e ele te amará.
[9]Dá conselho ao sábio, e ele se tornará mais sábio;*
instrui o justo, e aumentará seu saber.
[10]Princípio da sabedoria é o temor de Javé,*
a ciência do Santo é a inteligência.
[11]Por meu intermédio teus dias serão numerosos,*
e os anos de tua vida se multiplicarão.
[12]Se és sábio, o és para teu bem,
se és zombador, somente tu carregarás a pena†.
O banquete da insensatez. [13]A insensatez é uma mulher irrequieta,
uma imbecil que não sabe nada.
[14]Está sentada à porta de sua casa,
numa cadeira, num lugar alto da cidade,
[15]para convidar os que passam pela rua,
que seguem direto seu caminho:
[16]"Quem é simples venha aqui!"
E a quem é sem entendimento ela diz:
[17]"As águas roubadas são doces,
e o pão comido às ocultas é saboroso".
[18]Ele não sabe que lá estão os mortos,
e que seus convidados estão no profundo dos abismos.

III. SENTENÇAS DE SALOMÃO (10,1–22,16)

10 **O justo e o ímpio.** [1]Provérbios de Salomão.
O filho sábio alegra o pai;*
o filho insensato entristece a mãe.
[2]De nada servem os tesouros mal adquiridos,*
mas a justiça livra da morte.*
[3]Javé não deixa o justo passar fome,*
mas reprime a avidez dos ímpios.
[4]O braço preguiçoso gera pobreza,*
mas a mão que trabalha enriquece.
[5]Quem recolhe no verão é previdente;
quem dorme no tempo da colheita é desprezível.
[6]As bênçãos de Javé descem sobre a cabeça do justo,*
mas a boca dos ímpios esconde a violência.
[7]A memória do justo é abençoada,*
mas o nome dos ímpios apodrece.
[8]O sábio de coração aceita os mandamentos,
mas quem tem lábios insensatos vai para a ruína.
[9]Quem caminha na integridade anda seguro,*
quem segue caminhos tortuosos será descoberto.
[10]Quem acena com os olhos† causa sofrimento,*
mas quem repreende francamente promove a paz.
As palavras do justo. [11]Fonte de vida é a boca do justo,
mas a boca dos ímpios esconde violência.
[12]O ódio provoca litígios,*
mas o amor recobre todas as faltas.*

* **9**,5. Is 55,1ss; Eclo 24,19ss; Jo 6,35 | 8. 15,12 | 9. 19,25 | 10. 1,7 | 11. 3,1s | **10**,1. 15,20; 17,25; 19,13 | 2. Eclo 5,10 / 11,4; 12,28 | 3. Sl 34,10 | 4. 15,19; 19,15 | 5. 20,4; 6,9-11 | 6. 10,6-24; 11,18 | 7. 10,27; 12,17; 14,11; Sl 112,6 | 9. 28,18 | 10. 6,13; Eclo 27,25 | 12. 17,9 / 1Cor 13,7; 1Pd 4,9

† **9**,5. O pão são as coleções de provérbios que começam no c. 10: esta é a comida que todos deveriam comer. | 12. O texto grego acrescenta: "Aquele que se apoia em mentiras apascenta os ventos, persegue aves que voam, pois abandonou os caminhos de sua própria vinha e erra pelas estradas de seu próprio domínio; percorre um deserto sem água, um país onde reina a sede, e com suas mãos recolhe a esterilidade". | **10**,10. Para zombar ou para dar aprovação ao mal feito.

13Nos lábios do entendido se encontra a sabedoria,
mas a vara é para o dorso* do insensato†.
14Os sábios entesouram o conhecimento,*
mas a boca do tolo é um perigo iminente.
15Os bens do rico são sua fortaleza;*
a ruína dos pobres é sua miséria.*
16O salário do justo serve para a vida,
o ganho do ímpio é para o pecado.
17Caminha para a vida quem guarda a disciplina;*
quem descuida a correção se extravia.*
18Os lábios sinceros aplacam o ódio;
quem difunde a calúnia é insensato.
19No muito falar não falta a culpa,*
quem refreia seus lábios é prudente.
20Prata preciosa é a língua do justo,
mas o coração dos ímpios vale bem pouco.
21Os lábios do justo nutrem a muitos;
os estultos morrem por falta de juízo.
Felicidade da virtude. 22É a bênção de Javé que enriquece:*
a fadiga nada lhe acrescenta†.
23Fazer o mal é uma diversão para o insensato,*
como o cultivar a sabedoria para o homem prudente.
24Ao malvado sobrevém o mal que teme,*
mas o desejo dos justos é satisfeito.
25Ao passar a tempestade, desaparece o ímpio;
mas o justo está firme para sempre.
26Como o vinagre para os dentes e a fumaça para os olhos,*
assim é o preguiçoso para quem lhe confia uma missão.
27O temor de Javé prolonga os dias,*
mas os anos dos ímpios serão abreviados.
28A espera dos justos redundará em alegria,*
mas a esperança dos ímpios perecerá.
29O caminho de Javé é uma fortaleza para o homem reto,
mas é ruína para os malfeitores.
30O justo jamais será abalado,*
mas os ímpios não habitarão a terra.
31A boca do justo exprime a sabedoria,*
mas a língua perversa será cortada.
32Os lábios do justo destilam benevolência,*
a boca dos ímpios, perversidade.

11 **Justiça e malvadeza.** 1Balança falsa é abominação para Javé,*
mas o peso exato lhe agrada.
2Quando vem a soberba, vem também a desonra,
ao passo que a sabedoria está com os humildes.
3A integridade dos homens retos os guia,
a perversidade dos traidores os arruína.*
4É inútil a riqueza no dia da cólera,
mas a justiça livra da morte.
5A justiça do homem honesto lhe aplana o caminho;
por sua impiedade cai o ímpio.
6A justiça dos homens retos os salva;
em sua ganância ficam presos os traidores.*
7Quando morre o ímpio, acaba sua esperança;*
perece a confiança dos malvados.
8O justo é libertado da angústia;
em seu lugar entra o ímpio.
O bem público. 9Com sua boca o ímpio arruína seu próximo,*
mas os justos se salvam pelo conhecimento.
10Com a prosperidade dos justos a cidade se alegra;*
e quando perecem os ímpios se faz festa.

* **10**,13. 19,29; 26,3 | 14. 18,7 | 15. 18,11 / Eclo 8,2; Sl 49,7 | 17. 6,23 / 15,32 | 19. Ecl 5,2; Pr 13,3; 17,27; Tg 3,8 | 22. Sl 127,1 | 23. 2,14 | 24. Jó 3,25; Sl 37,4 | 25. 12,3 | 26. 13,17; 25,13; 26,6 | 27. 4,10 | 28. Jó 8,13; Sl 112,10 | 30. 2,21s | 31. Sl 37,30 | 32. Ecl 10,12 | **11**,1. 20,10.23; Dt 25,13-16; Am 8,3-6; Os 12,8; Mq 6,10s | 3. 13,10 | 6. 11,3 | 7. 10,28; Sl 112,10 | 9. 29,5 | 10. 28,12

† **10**,13. Os antigos incluíam em seus métodos educativos os castigos com a vara. | 22. É Deus que torna frutuoso o trabalho humano, Sl 127,1s.

11 Com a bênção dos homens retos se ergue uma cidade;*
mas pela boca dos ímpios é destruída.
12 Quem despreza seu próximo não tem entendimento;*
o homem prudente, porém, se cala.
13 Quem anda tagarelando revela segredos,*
quem tem espírito fiel os mantém ocultos.
14 Sem governo o povo decai,*
a segurança depende de um bom número de conselheiros†.
15 Quem se faz fiador de um estranho se dá mal,*
quem evita dar garantias vive tranquilo.
16 A mulher graciosa alcança glória,*
mas os homens enérgicos adquirem riquezas.
Sentenças várias. 17 Faz bem a si mesmo o homem misericordioso,*
mas o cruel atormenta sua própria carne.
18 O ímpio obtém um falso lucro,
mas para quem semeia a justiça a recompensa é certa.
19 Assim como a justiça é para a vida,
quem segue o mal é destinado à morte.
20 Javé abomina os corações tortuosos,*
mas lhe agradam os que têm uma conduta íntegra.
21 Com certeza não ficará impune o malvado,*
mas a descendência dos justos será salva.
22 Anel de ouro em focinho de porco:
tal é a mulher bonita mas sem juízo.
23 O desejo dos justos é só o bem;
os maus só podem esperar a ira.
24 Há quem é pródigo e aumenta sua riqueza,
há quem poupa além da medida e só empobrece.
25 A pessoa generosa terá sucesso,*
e quem dá de beber será dessedentado.
26 Quem retém o trigo é amaldiçoado pelo povo,
mas a bênção estará sobre a cabeça de quem o vende.
27 Quem procura o bem encontra o favor,*
quem busca o mal, o mal o atingirá.
28 Quem confia em sua riqueza cairá;*
mas os justos germinarão como a folhagem.
29 Quem deixa sua casa em desordem herdará o vento;
e o tolo será escravo de quem tem um coração sábio.
30 O fruto do justo é uma árvore de vida,*
e quem conquista as almas é sábio.
31 Se o justo recebe sua retribuição na terra,
quanto mais o ímpio e o pecador!

12 **Os bons e os maus.** 1 Quem ama a disciplina ama o conhecimento,*
quem odeia a correção é insensato.
2 Quem é bom obtém o favor de Javé,*
mas o homem mal-intencionado ele o condena.
3 Ninguém se consolida com a impiedade,*
mas a raiz dos justos não será removida.
4 A mulher virtuosa é a coroa do marido,*
mas a que o desonra é como cárie em seus ossos.
5 Os pensamentos dos justos são equidade,
mas as tramas dos ímpios são engano.
6 As palavras dos ímpios são insídias mortais,*
mas a boca dos homens retos os livrará.
7 Os ímpios, uma vez abatidos, não mais existem,
mas a casa dos justos está firme.

---

* **11**,11. 14,1 | 12. 14,21 | 13. 10,19; 17,27s | 14. 24,6; 15,22; Sb 6,24 | 15. 6,1 | 16. 31,10s; 5,15 | 17. Eclo 14,6 | 20. 12,22; 15,9 | 21. 16,5; 12,21 | 25. Is 58,10; Mt 7,2; 10,42 | 27. 12,2; 5,22 | 28. Sl 52,9s; Mc 10,24; Sl 1,3 | 30. Sl 1; 10,6 | **12**,1. 13,18; 15,5; Eclo 21,7 | 2. 11,27 | 3. 10,25 | 4. 31,10s | 6. 14,3

† **11**,14. Pedir conselho é importante tanto na vida pública como na particular.

8 Um homem é louvado por seu bom
senso,
quem tem um coração perverso é
desprezado.
9 É melhor ser pouco estimado mas
ter um servo*
do que ser honrado e não ter pão.
10 O justo conhece as necessidades
de seus animais,*
mas os sentimentos dos ímpios são
cruéis.
11 Quem cultiva sua terra tem pão em
abundância,*
mas quem vai atrás de quimeras é
sem juízo.
12 O ímpio cobiça os despojos dos
maus,
a raiz dos justos produz fruto.
Uso da língua. 13 No pecado de seus
lábios se prende o malvado,*
mas o justo escapará da angústia.
14 Do fruto de sua boca cada um se
sacia de bens,*
mas receberá a recompensa confor-
me as obras de suas mãos.
15 O estulto julga reta sua conduta†,
mas quem escuta o conselho é sábio.
16 O insensato manifesta logo sua cólera,
mas o homem prudente dissimula a
ofensa.
17 Quem diz a verdade anuncia a jus-
tiça,*
mas a falsa testemunha proclama o
engano.
18 Quem fala sem refletir fere como
espada;*
mas a língua dos sábios é um remédio.
19 Os lábios sinceros são estáveis para
sempre,
a língua mentirosa dura só por um
instante†.
20 Há engano no coração dos que tra-
mam o mal;
alegria têm os conselheiros de paz.*
21 Ao justo não acontecerá nenhum
dano,*
mas os ímpios serão cheios de males.
22 Lábios mentirosos são abominação
para Javé;*
ele ama os que agem com sinceridade.
23 O homem prudente esconde seu
saber,*
mas o coração dos insensatos pro-
clama sua tolice.
A pessoa operosa. 24 A mão operosa
obtém o comando,
a preguiçosa será para o trabalho
forçado.
25 A ansiedade deprime o coração do
homem,*
mas uma palavra boa o alegra.
26 O justo é guia para seu próximo,
mas o caminho dos ímpios os faz
desviar.
27 O preguiçoso não encontrará caça;
mas o diligente achará a riqueza da
estepe.
28 Na estrada da justiça está a vida,*
e em seu caminho não existe morte.

13 **A pobreza e a riqueza.** 1 O fi-
lho sábio ama a disciplina,
o zombador não escuta a repreen-
são.
2 Do fruto de sua boca o homem
come o que é bom;*
mas o apetite dos traidores se satis-
faz com a violência.
3 Quem vigia sua boca preserva sua
vida:*
quem abre demais os lábios encon-
tra a ruína.
4 O preguiçoso deseja e não tem
nada,
mas o desejo dos diligentes será sa-
tisfeito.*
5 O justo odeia a palavra mentirosa,
mas o ímpio desonra e calunia.
6 A justiça guarda quem tem uma
conduta íntegra,
mas a maldade causa a ruína do pe-
cador.
7 Há quem se faz de rico e não tem
nada,

* **12**,9. Eclo 10,30 | 10. 27,23 | 11. 28,19 | 13. 13,7 | 14. 13,2; 18,20; Lc 6,37s | 17. 14,25 | 18. 15,4 | 20. Mt 5,9 | 21. 11,21; Sl 91,10 | 22. 11,20 | 23. 10,19; 13,16 | 25. 15,13 | 28. 10,16; Rm 6,21ss | **13**,2. 12,14; 18,20 | 3. 21,23; Eclo 28,28.30; Tg 3,2-12 | 4. 6,6-11

† **12**,15. Não tomando consciência de seu erro, não aceita a correção e não se emenda. | 19. A verdade é constante, mas a mentira muda continuamente.

há quem se faz de pobre e tem mui-
tos bens.
8O resgate da vida de um homem é
sua riqueza,*
mas o pobre não percebe a ameaça.
9A luz dos justos alegra,*
mas a lâmpada dos ímpios se apaga†.
10A insolência só provoca contendas,
mas a sabedoria se encontra entre os
que pedem conselho.*
11Riquezas depressa acumuladas di-
minuem;*
quem as reúne pouco a pouco as au-
menta.
12Espera adiada faz mal ao coração,*
mas um desejo satisfeito é árvore de
vida.
A docilidade e seus efeitos. 13Quem
despreza a palavra se perderá,
quem respeita o mandamento será
recompensado.
14O ensinamento do sábio é fonte de
vida*
para evitar os laços da morte.
15Um sólido bom senso obtém favor,
mas o caminho dos traiçoeiros é ás-
pero.
16O homem prudente age conscien-
temente,*
mas o tolo manifesta sua insensatez.
17Um mau mensageiro cai em des-
graça,
mas um enviado fiel traz saúde.*
18Pobreza e ignomínia para quem re-
cusa a instrução,*
mas quem aceita a repreensão será
honrado.
19Desejo realizado é uma doçura
para a alma,*
mas é abominação para os tolos de-
sapegar-se do mal.*
20Quem anda com os sábios se torna
sábio,*
quem frequenta os insensatos sofre-
rá dano.
21O mal persegue os pecadores,
mas o justo é recompensado com o
bem.
22Quem é bom deixa herança aos fi-
lhos de seus filhos,*
mas a riqueza do pecador está reser-
vada ao justo.
23O campo arado pelo pobre dá co-
mida em abundância,
mas há quem perece por falta de juízo.
24Quem poupa a vara odeia seu fi-
lho†,
mas quem o ama o corrige a tempo.*
25O justo come até ficar satisfeito,
mas o ventre dos ímpios sofre a
fome.

14 **A sabedoria e a insensatez.**
1A mulher sábia constrói sua
casa,
mas a insensata a destrói com suas
mãos.
2Quem procede com retidão teme a
Javé,
quem se afasta de seus caminhos o
despreza.
3Na boca do imbecil há o germe da
soberba,
mas os sábios são protegidos por
seus lábios.
4Onde não há bois, o celeiro está va-
zio,
mas a abundância da colheita está
no vigor do boi.
5A testemunha fidedigna não mente,
mas a falsa testemunha profere men-
tiras.
6O zombador busca a sabedoria e
não a encontra,
mas para quem tem entendimento a
ciência é coisa fácil.
7Afasta-te do homem insensato*
porque não encontrarás conheci-
mento em seus lábios.
8A sabedoria do homem prudente
está em discernir seu caminho,
mas a insensatez dos imbecis é en-
gano.
9Os insensatos zombam do pecado,
mas entre os homens retos há bene-
volência.

---

* **13**,8. 15,16 | 9. Sl 97,11 | 10. 11,2 | 11. 20,21 | 12. 3,28 | 14. 14,27 | 16. 12,23; Ecl 10,3 | 17. 25,13 | 18. 12,1 | 19. 13,12 / 29,27 | 20. Eclo 6,35s; Pr 14,7 | 22. 28,8 | 24. 22,15; 23,13s; 29,15ss; 3,12 | **14**,7. 13,20

† **13**,9. Luz e lâmpada simbolizam a vida: aqui, a vida feliz do justo e a vida curta do mau. | 24. Odiar no sentido de amar menos, Lc 14,26.

10 O coração conhece sua própria amargura
e de sua alegria não pode participar um estranho†.
11 A casa dos ímpios será destruída,*
mas a tenda dos homens retos prosperará.
12 Existe caminho que a alguém parece reto,*
mas desemboca em veredas de morte.
13 Mesmo no riso o coração se entristece*
e a alegria termina em sofrimento.
14 O relapso se fartará de seus caminhos,
mas o homem de bem ficará contente com suas obras.

A prudência. 15 O ingênuo acredita em tudo,
mas o prudente controla os próprios passos.
16 O sábio teme o mal e dele se afasta,
o insensato é arrogante e despreocupado.
17 Quem se irrita facilmente comete loucuras,*
o mal-intencionado se torna odioso.
18 Os ingênuos têm por herança a insensatez,
mas os prudentes se adornam de ciência.*
19 Os maus se inclinam diante dos bons,
os ímpios diante das portas dos justos.
20 O pobre é odiado até pelo companheiro,*
mas são muitos os amigos do rico.
21 Quem despreza seu próximo peca,*
mas quem se compadece dos humildes é feliz.
22 Não erram aqueles que planejam o mal?
Benevolência e favor para os que planejam o bem.
23 Em todo trabalho há proveito,
mas a conversa inútil só leva à penúria.
24 Coroa dos sábios é sua prudência,*
diadema dos tolos é sua insensatez.
25 Uma testemunha verdadeira salva vidas;*
quem fala mentiras é um impostor.

Religião e governo. 26 No temor de Javé está a confiança do homem forte;*
para seus filhos ele será um refúgio.
27 O temor de Javé é fonte de vida*
para evitar os laços da morte.
28 Um povo numeroso é a glória do rei;
população escassa é a ruína do príncipe.
29 Quem é lento para a ira tem grande bom senso,*
mas o irascível demonstra desatino.
30 Um coração tranquilo é vida para todo o corpo,*
mas a inveja é a cárie dos ossos.
31 Quem oprime o pobre ofende seu Criador,*
mas quem tem piedade do indigente o honra.
32 Por sua maldade é arruinado o ímpio,
mas o justo encontra refúgio em sua integridade.
33 Num coração sensato habita a sabedoria,
mas entre os insensatos será reconhecida?
34 A justiça engrandece uma nação,
mas o pecado é a vergonha dos povos.
35 O favor do rei é para o servo inteligente,*
seu furor é para quem o desonra.

15

A mansidão. 1 Uma resposta gentil acalma a cólera,
uma palavra dura excita a ira.
2 A língua dos sábios faz apreciar a ciência,*
a boca dos estultos derrama insensatez.
3 Em todo lugar estão os olhos de Javé*
observando os maus e os bons.

---

* **14**,11. Jó 8,22 | 12. 16,25 | 13. Ecl 2,1s; 7,2-6; Lc 6,25 | 17. 14,29; 29,22 | 18. 14,24 | 20. Eclo 6,8-12; Pr 19,4.6s | 21. 11,12; Sl 41,2 | 24. 14,18 | 25. 12,17 | 26. 19,23 | 27. 13,14 | 29. 14,17; 15,18; 19,11 | 30. 17,22 | 31. 17,5 | 35. Eclo 8,10; Mt 24,45 | **15**,2. Eclo 10,14 | 3. 5,21; 15,11; 16,2; Sl 7,10; 139,1s

† **14**,10. A norma é alegrar-se com os que se alegram e chorar com os que choram, Rm 12,15, mas as profundezas do coração podem ser impenetráveis.

4Uma língua benévola é árvore de
vida,
mas a língua perversa destrói o es-
pírito.*
5O insensato despreza a correção pa-
terna,*
mas quem aceita a admoestação é
prudente.
6Na casa do justo há muita riqueza,
mas nos lucros do ímpio há insegu-
rança†.
7A boca dos sábios difunde o conhe-
cimento,
mas não é assim o coração dos in-
sensatos.
8O sacrifício dos ímpios é abomina-
ção para Javé,*
mas a oração dos homens retos lhe
agrada.
9A conduta dos maus é abominação
para Javé;*
ele ama quem busca a justiça.
10Severa é a punição para quem
abandona o reto caminho;
quem odeia a correção morrerá.*
11O abismo e a perdição estão diante
de Javé;
tanto mais os corações dos filhos dos
homens!*
12O zombador não gosta de ser cor-
rigido,*
ele não procura os sábios.

O coração feliz. 13Um coração alegre
embeleza o rosto,*
mas, quando o coração está triste, o
espírito se abate.
14O coração sábio busca o entendi-
mento,*
a boca dos tolos se alimenta de lou-
cura.
15Para o pobre todos os dias são
maus;
para um coração contente é sempre
festa.*
16Mais vale o pouco com o temor de
Javé*
do que um grande tesouro com in-
quietação.*
17Mais vale um prato de verdura
onde há amor*
do que um boi gordo onde há ódio.
18O homem colérico suscita conten-
das,*
mas quem é lento para a ira acalma
as disputas.
19O caminho do preguiçoso é fecha-
do com espinhos,
a estrada dos homens retos é desim-
pedida.
20O filho sábio alegra seu pai,*
o homem insensato despreza sua
mãe.*
21A insensatez é alegria para quem é
sem juízo,
mas quem tem entendimento cami-
nha retamente.
22Falham as decisões tomadas sem
consulta,*
têm êxito quando há muitos conse-
lheiros.
23É uma alegria saber dar uma res-
posta;
como é agradável uma palavra opor-
tuna!
24Para o homem sensato o caminho
da vida é para cima,*
para salvá-lo do abismo que está
embaixo.

Quem é caro e quem é odioso a Deus.
25Javé derruba a casa dos soberbos*
e consolida os confins da viúva.
26São abominação para Javé os maus
desejos,
mas as palavras benévolas são puras.
27Perturba sua casa quem age com
avareza,*
mas quem detesta subornos viverá†.
28O coração do justo reflete antes de
responder,*
mas a boca dos maus jorra maldades.
29Javé está longe dos ímpios,*
mas escuta a oração dos justos.

---

* **15**,4. 12,18 | 5. 12,1; 13,18 | 8. 21,27; 1Sm 15,22 | 9. 11,20; 12,22 | 10. 12,1; 15,32 | 11. Jr 11,20 | 12. 9,8 | 13. 12,25; Eclo 13,25 | 14. 18,15 | 15. Eclo 30,27 | 16. 13,8; 16,8 / 17,1; Sl 37,16 | 17. 17,1 | 18. 14,29; 28,25; Mt 5,9 | 20. 10,1 / 17,25; 23,22 | 22. 11,14 | 24. Ecl 3,21 | 25. 22,28; 23,10s; Dt 19,14; Os 5,10 | 27. 1,19; 17,23 | 28. 19,28 | 29. Is 59,2 | 31. 25,12

† **15**,6. Todo ato, mau ou bom, libera uma energia que cedo ou tarde repercute sobre seu autor. | 27. O autor faz várias advertências contra os presentes que "abrem portas" corrompendo a justiça: 17,8; 18,16; 19,6.

30 Um olhar luminoso alegra o cora-
ção;
uma boa notícia fortalece os ossos.
31 O ouvido que escuta uma repreen-
são salutar*
terá sua morada no meio dos sábios.
32 Quem recusa a correção despreza
a si mesmo,*
quem escuta a repreensão adquire
entendimento.
33 O temor de Javé é escola de sabe-
doria;*
antes da glória está a humildade.*

16

A providência divina. 1 Ao ho-
mem pertencem os projetos
do coração,*
mas de Javé vem a resposta da lín-
gua†.
2 Todos os caminhos do homem pa-
recem puros a seus olhos,*
mas quem sonda os espíritos é Javé.
3 Recomenda a Javé tuas obras,*
e teus projetos terão sucesso.
4 Javé fez tudo para um fim,
também o ímpio, para o dia* da des-
graça†.
5 É abominação para Javé todo cora-
ção orgulhoso,
certamente não ficará impune.*
6 Com a bondade e a fidelidade se ex-
pia a culpa,*
e com o temor de Javé se evita o mal.
7 Quando agrada a Javé a conduta de
um homem,
reconcilia com ele até seus inimigos.
8 É melhor o pouco com honestidade*
do que grande rendimento sem
equidade†.
9 O coração do homem planeja seu
caminho,*
mas é Javé que dirige seus passos.
10 O oráculo está nos lábios do rei,
sua boca não erra quando julga.
11 O peso e a balança justos perten-
cem a Javé,*
são obra sua todos os pesos da bolsa†.
12 Fazer o mal é abominação para o rei,
porque o trono se consolida com a
justiça.*
13 Lábios justos agradam aos reis;
eles amam quem fala com retidão.*
14 A ira do rei é mensageira de morte,*
mas o homem sábio a aplacará.
15 Na alegria do rosto do rei está a
vida,*
seu favor é como nuvem de chuva de
primavera.
O sábio é modesto. 16 Quanto é me-
lhor adquirir a sabedoria do que o
ouro!*
A posse da inteligência é preferível à
prata.
17 A estrada dos homens retos é evi-
tar o mal;
conserva a vida quem controla seu
caminhar.
18 Antes da ruína vem o orgulho*
e antes da queda, a altivez de espí-
rito.
19 É melhor ser humilde de espírito
com os pobres*
do que repartir despojos com os so-
berbos.
20 Quem está atento à palavra encon-
tra o bem*
e quem confia em Javé é feliz.
21 Será chamado inteligente quem é
sábio de coração;*
a linguagem suave aumenta o saber.
22 Fonte de vida é a prudência para
quem a possui,
mas o castigo dos tolos é a insensatez.
O dom da palavra. 23 O coração do sá-
bio torna prudente* sua boca*
e aumenta o saber sobre seus lábios.
24 Favo de mel são as palavras gentis,
doçura para a alma e saúde para o
corpo.
25 Existe caminho que a alguém pare-
ce reto,
mas desemboca em veredas de morte.

---

* **15**,32. 15,10; 10,17; 19,20 | 33. 1,7 / 18,12 | **16**,1. 19,21; 16,9 | 2. 21,2 | 3. 3,6; Sl 37,5 | 4. Rm 9,22 | 5. 11,21 | 6. Tb 12,9 | 8. 15,16; Tb 12,8 | 9. 19,21 | 11. 11,1 | 12. 25,5; 29,14 | 13. 14,35; 22,11 | 14. 19,12; 20,2 | 15. Sl 4,7; Pr 19,12 | 16. 3,14 | 18. 11,2; 15,33 | 19. Is 57,15 | 20. 13,13; Sl 40,5 | 21. 16,23 | 23. 14,12 / 16,21; Ecl 10,12

† **16**,1. É o que diz o provérbio "O homem propõe e Deus dispõe". | 4. Deus quer a salvação de todos, 1Tm 2,4, mas a justiça de Deus exige que o ímpio seja castigado. | 8. Não condena a riqueza como tal, mas sim a riqueza adquirida injustamente. | 11. Os comerciantes levavam na bolsa os pesos da balança.

26 O apetite do trabalhador trabalha
para ele,
porque sua boca o estimula.
27 O homem perverso trama o mal,
e em seus lábios há como que fogo
ardente.*
28 O homem ambíguo provoca con-
tendas,*
e o caluniador divide os amigos.
29 O homem violento seduz seu pró-
ximo
e o conduz por um caminho que não
é bom.
30 Quem fecha os olhos trama o mal
e, quando morde os lábios, já o co-
meteu.
31 Coroa de honra são os cabelos
brancos,*
ela se encontra nos caminhos da jus-
tiça.
32 Quem é lento para a cólera vale
mais que um herói,
e quem domina a si mesmo
vale mais do que quem conquista
uma cidade.*
33 Nas dobras do manto se lança a
sorte†,
mas toda decisão vem de Javé.

17

**A bondade para com o pró-
ximo.** 1 Mais vale um pedaço
de pão seco com tranquilidade*
do que uma casa cheia de carnes
com discórdia.
2 O escravo prudente suplantará o fi-
lho desonroso
e com os irmãos terá parte na heran-
ça.
3 O cadinho é para a prata e o forno
para o ouro,*
mas quem prova os corações é Javé.
4 O malfeitor presta atenção aos lá-
bios iníquos,
e o mentiroso dá ouvidos à língua
perniciosa.
5 Quem zomba do pobre insulta seu
Criador,*
quem se alegra com a desgraça
alheia não ficará impune.
6 A coroa dos anciãos são seus netos*
e a glória dos filhos são seus pais.*
7 Não convém ao insensato uma lin-
guagem elevada,
menos ainda ao príncipe uma lingua-
gem mentirosa.
8 Um presente é como um talismã
para quem o possui:*
para onde quer que se volte, tem su-
cesso.*
9 Quem esconde a culpa conquista a
amizade,*
mas quem a divulga desune os amigos.
10 Aproveita mais uma repreensão ao
homem sensato
do que cem chicotadas ao tolo.
11 O malvado só procura a revolta,
mas contra ele será mandado um
mensageiro cruel.
12 É melhor encontrar uma ursa da
qual foram roubados os filhotes
do que um insensato em seu delírio.
13 Quem paga o bem com o mal*
terá sempre a desventura em sua
casa.
14 Começar uma disputa é como abrir
uma comporta,
antes que a contenda se exaspere,
abandona-a.
A justiça. 15 Absolver o culpado e con-
denar o justo
são duas coisas que Javé abomina.*
16 Para que serve o dinheiro na mão
do insensato?
Para comprar sabedoria? Mas ele
não tem entendimento!
17 O amigo quer sempre bem,*
mas o irmão nasceu para o tempo da
aflição.
18 É sem entendimento quem assume
compromisso*
e se oferece como fiador para seu
próximo.
19 Quem ama a contenda ama o pe-
cado;

---

* **16**,27. Tg 3,6 | 28. 17,9; Eclo 28,15s | 31. Sb 4,9; Eclo 25,6ss | 32. 25,28 | **17**,1. 15,17 | 3. Jr 11,20 | 5. 14,31 | 6. Sl 128,3.6 / Eclo 3,12s | 8. 18,16; 21,14 / 17,23 | 9. 10,12; 16,28 | 13. Sl 109,4s | 15. Êx 23,7; Dt 16,18ss | 17. Eclo 6,7-10 | 18. 6,1

† **16**,33. O sorteio se fazia com pedrinhas levadas nas dobras do manto. Os antigos achavam que Deus interferia quando se tirava a sorte para resolver contendas, 1Sm 14,41; 28,6.

quem se exalta causa sua ruína.
[20]Coração mau não encontra felicidade,
língua desonesta cai na desgraça.
[21]Quem gera um insensato terá aflição;*
o pai de um imbecil não pode se alegrar.
[22]Um coração alegre é um santo remédio,*
mas um espírito abatido resseca os ossos.
[23]O iníquo aceita suborno às escondidas*
para desviar o curso da justiça.
[24]O homem prudente tem diante dele a sabedoria,
mas os olhos do insensato vagueiam pelo mundo afora†.
[25]Um filho estulto é uma tristeza para seu pai*
e uma amargura para aquela que o deu à luz.
[26]Não é justo punir o inocente;
é contra a equidade bater em gente honesta.
[27]Quem modera suas palavras possui a ciência;*
a pessoa inteligente possui um espírito sereno.
[28]Até o insensato, quando se cala, é tido por sábio*
e, se cerra seus lábios, por inteligente.

18

Sentenças várias. [1]Quem vive isolado busca seu próprio interesse
e se insurge contra toda sabedoria.
[2]O imbecil não ama o entendimento,
mas só quer manifestar seus sentimentos.*
[3]Com a impiedade vem também o desprezo,
e com a desonra, a ignomínia.
[4]As palavras da boca do homem são águas profundas;*
a fonte da sabedoria é uma torrente que transborda.
[5]Não é bom favorecer o ímpio*
fazendo injustiça ao justo no julgamento.
[6]Os lábios do insensato provocam rixas
e sua boca lhe atrai chicotadas.
[7]A boca do imbecil é sua ruína*
e seus lábios são um laço para sua vida.*
[8]As palavras do caluniador são como gulodices*
que descem ao fundo das entranhas†.
[9]Quem é indolente em seu trabalho
é irmão do esbanjador.
[10]Torre forte é o nome de Javé:*
o justo nele se refugia e está seguro.
[11]Os bens do rico são sua fortaleza,*
uma alta muralha, em sua opinião.
[12]Antes da queda o coração humano se exalta,*
mas a humildade vem antes da glória.*
[13]Quem responde antes de escutar*
mostra insensatez para sua própria confusão.
[14]O moral do homem o sustenta na doença,
mas um espírito abatido, quem o levantará?
[15]O coração inteligente adquire o conhecimento,*
o ouvido dos sábios procura o saber.
[16]O presente que alguém dá lhe abre o caminho
e lhe dá acesso à presença dos grandes.*
[17]Parece ter razão quem fala primeiro numa disputa,
mas vem seu adversário e o questiona.
[18]A sorte faz cessar as contendas*
e decide entre os poderosos.
[19]Um irmão ofendido resiste mais que uma fortaleza,
e as demandas são como os ferrolhos de um castelo†.

* **17**,21. 10,1; Eclo 22,3 | 22. 14,30 | 23. Êx 23,8; Dt 16,19; 27,25 | 25. 10,1; 29,15 | 27. 10,19 | 28. Jó 13,5; Eclo 20,5 | **18**,2. 12,23 | 4. 20,5; Eclo 21,16 | 5. 17,15; 24,23 | 7. 10,14; 13,3 / 12,13 | 8. 26,22 | 10. Sl 61,4; 124,8 | 11. 10,15 | 12. 16,18 / 15,33 | 13. Eclo 11,8 | 15. 15,14 | 16. 17,8; 21,14; 17,23 | 18. 16,33 | 20. 12,14; 13,2

† **17**,24. Em vez de mirar o objetivo, o insensato se perde ocupando-se de muitas coisas sem importância. | **18**,8. Sempre encontra ouvintes atentos quem fala mal do próximo. | 19. As demandas entre irmãos costumam ser as mais violentas.

20 Com o fruto de sua boca o homem
sacia o estômago,*
ele se farta com o produto de seus
lábios.
21 Morte e vida estão em poder da
língua,*
e quem dela faz bom uso comerá
seus frutos.
22 Quem achou uma mulher achou
uma fortuna,
alcançou de Javé uma graça.*
23 O pobre fala suplicando,
mas o rico responde com dureza.
24 Há companheiros que levam à ruína,*
mas há amigos mais chegados que
um irmão.

19 **O pobre e o rico.** 1 É melhor
um pobre que vive honesta-
mente*
que um insensato de lábios perver-
sos.
2 Sem reflexão, nem o zelo é coisa
boa,*
e quem acelera os passos tropeça.
3 A insensatez do homem perverte
seu caminho,*
e contra Javé seu coração se irrita.
4 As riquezas multiplicam os amigos,*
mas o pobre é abandonado até por
seu próprio amigo.
5 A falsa testemunha não ficará impu-
ne*
e quem espalha mentiras não esca-
pará.
6 Muitos são os aduladores do ho-
mem generoso*
e todos são amigos de quem dá pre-
sentes.
7 Todos os irmãos do pobre o odeiam,
quanto mais se afastarão dele seus
amigos!*
Ele vai atrás deles com súplicas, mas
eles já se foram.
O prudente e o imbecil. 8 Quem ad-
quire bom senso ama a si mesmo
e quem conserva a prudência encon-
tra a felicidade.
9 A falsa testemunha não ficará impune*
e quem espalha mentiras perecerá.
10 Ao imbecil não convém viver no
luxo,*
menos ainda a um servo comandar
os príncipes.
11 A prudência de um homem retarda
sua ira*
e é sua glória passar por cima de
uma ofensa.
12 O furor do rei é como o rugido do
leão,*
mas seu favor é como o orvalho so-
bre a relva.*
13 Um filho insensato é uma calami-
dade para seu pai,*
e as disputas da esposa são como
goteira sem fim.*
14 Casa e riquezas se herdam dos
pais,*
mas uma mulher judiciosa é dom de
Javé.
15 A preguiça faz cair no torpor,
e o indolente sofrerá fome.*
16 Quem guarda os mandamentos
preserva sua vida,*
mas quem descuida a própria condu-
ta morrerá.
17 Quem faz caridade ao pobre* em-
presta a Javé†,
o qual lhe retribuirá a boa ação.
18 Corrige teu filho enquanto há es-
perança,*
mas não te excedas a ponto de ma-
tá-lo.
19 O violento deve ser punido,
se o poupas, tu o incitas a recomeçar.
20 Escuta o conselho e aceita a corre-
ção*
para seres sábio no futuro.
21 Muitos são os projetos na mente
do homem,*
mas só o desígnio de Javé se realiza†.
22 O que se deseja do homem é a
bondade;

---

* **18**,21. 21,23; Eclo 37,21; Tg 3,2-12 | 22. 5,15; 31,10s; Eclo 26,1-4 | 24. Eclo 13,4; 17,17; 27,10 | **19**,1. 28,6 | 2. 21,5 | 3. Eclo 15,11-21; Tg 1,13s | 4. 14,20; Eclo 6,8-12 | 5. 19,9; 21,28 | 6. Eclo 13,6s; Eclo 5,10 | 7. Eclo 13,25 | 9. 19,5 | 10. 30,22; Ecl 10,6s | 11. 14,29 | 12. 20,2 / 16,14s | 13. 17,25 / 27,15 | 14. 18,22; 31,10s | 15. 10,4 | 16. Lc 11,28 | 17. 28,27; Mt 25,40 | 18. Dt 21,18-21 | 20. 15,32 | 21. 16,1.9; Sl 33,11

† **19**,17. "Quando damos aos pobres as coisas indispensáveis, lhes devolvemos o que é deles: cumprimos um dever de justiça e não tanto um ato de caridade" (S. João Crisóstomo). | 21. Deus tem a última palavra em todos os projetos humanos e pode tomar o homem sob sua proteção até contra seus próprios planos.

é melhor um pobre que um mentiroso.
23O temor de Javé conduz à vida;*
quem o possui repousará satisfeito
e não será atingido pelo mal.
24O preguiçoso põe a mão no prato,*
mas nem sequer consegue levá-la à boca.
25Castiga o zombador, e o ingênuo se tornará prudente,*
repreende o inteligente, e aprenderá o conhecimento.
26Quem maltrata o pai e expulsa a mãe*
é um filho que envergonha e desonra.
27Meu filho, deixa de ouvir a instrução,
se queres afastar-te das palavras da sabedoria.
28A testemunha corrupta zomba da justiça,*
e a boca dos ímpios devora a iniquidade.
29Para os zombadores estão prontos os castigos
e os açoites, para as costas dos insensatos.*

20 **Sentenças várias.** 1O vinho é zombador, o licor é turbulento;*
quem se deixa seduzir por eles não é sábio.
2O terror do rei é como o rugido do leão:*
quem o irrita arrisca a vida.
3É uma honra para o homem abster-se de demandas,
mas todo insensato nelas se envolve.*
4Desde o outono o preguiçoso não ara,
e no tempo da colheita procura e nada encontra.
5Como águas profundas é o conselho no coração humano,*
mas o homem inteligente sabe tirá-las.
6Muitos proclamam sua própria bondade,*
mas uma pessoa de confiança, quem a encontra?
7O justo caminha em sua integridade;
felizes dos filhos que deixa atrás de si!
8O rei que toma assento no tribunal*
dissipa todo mal com seu olhar.
9Quem pode dizer: "Purifiquei meu coração,*
estou limpo de meu pecado?"
10Duplo peso e dupla medida
são duas coisas que Javé abomina.
11Até a criança demonstra com seus atos
se sua conduta é pura e reta.
12O ouvido que escuta e o olho que vê:*
um e outro os fez Javé.
13Não ames o sono para não te tornares pobre,
mantém os olhos abertos e terás pão à vontade.
14"É ruim, é ruim", diz o comprador,
mas quando se retira se gaba da compra.
15Existem ouro e muitas pérolas,*
mas os lábios instruídos são joia preciosa.
16Toma-lhe a veste, porque se fez fiador para um outro,
e guarda-a como penhor para os estranhos.*
17O homem acha gostoso o pão obtido com fraude,*
mas depois sua boca fica cheia de grãos de areia.
18Consolida teus planos pedindo conselho,
e faze a guerra com sábia direção.
19Quem vai por aí falando revela segredos;*
não te associes a quem tem a língua solta.*
20Se alguém maldiz o pai e a mãe,*
sua lâmpada se apagará no coração das trevas.
21Os bens adquiridos às pressas no começo*
não serão abençoados no fim.

---

* **19**,23. 14,27 | 24. 26,15 | 25. 9,8 | 26. Êx 20,12; Pr 20,20; 23,22; 30,17 | 28. 15,28 | 29. 10,13 | **20**,1. 23,29-35 | 2. 19,12 | 3. 14,17.29 | 5. 18,4 | 6. 27,2 | 8. 16,10 | 9. Jó 4,17; 1Jo 1,8ss; 11,1 | 12. Êx 4,11; Sl 94,9 | 15. 3,13ss | 16. 27,13; 6,1 | 17. Jó 20,12ss | 19. 11,13 / Êx 20,12; 21,17 | 20. 19,26 | 21. 13,11

22Não digas: "Vou vingar-me do
mal";*
confia em Javé e ele te salvará.
23O duplo peso é abominação para
Javé,*
e a balança falsa não é coisa boa.
24Por Javé são dirigidos os passos do
homem,*
e como pode o homem compreen-
der seu caminho?
25É um laço para o homem dizer sem
pensar: "Eu prometo!"*
e refletir só depois de feita a promessa.
O rei sábio. 26Um rei sábio dispersa os
maus
e faz passar sobre eles a roda†.
27O espírito do homem é uma lâm-
pada de Javé*
que sonda todas as profundezas de
seu ser.
28Bondade e fidelidade velam sobre
o rei;*
sobre a justiça ele firma seu trono.
29A glória dos jovens é sua força;*
o ornamento dos idosos são os ca-
belos brancos.
30As feridas que sangram são um re-
médio para o mal;
as chicotadas purificam as profunde-
zas do ser humano.

21

A providência de Deus. 1O
coração do rei é água corrente
na mão de Javé:
ele o dirige para onde quer.
2Cada um pensa que todo o caminho
seu é reto,*
mas quem sonda os corações é Javé.
3Praticar a justiça e a equidade
agrada mais a Javé que os sacrifí-
cios.*
4Olhar altivo e coração soberbo,
a lâmpada dos ímpios, são pecado.
5Os planos do homem diligente pro-
duzem fartura,*
mas todo apressado caminha para a
penúria.
6Acumular tesouros a poder de men-
tiras
é vaidade efêmera de quem procura
a morte.
7A violência dos ímpios os arrasta,
porque rejeitam praticar a justiça.
8É tortuosa a conduta do criminoso,
mas o inocente é reto em seu agir.
9É melhor morar num canto do sótão*
do que com uma mulher briguenta
numa mesma casa.
10A alma do ímpio deseja fazer o mal;
nem seu amigo encontra piedade a
seus olhos.
11Quando o zombador é punido, o
simples se torna sábio,*
e quando o sábio é instruído, adquire
conhecimento.
12O Justo observa a casa do ímpio
e precipita os ímpios na ruína†.
Caridade e justiça. 13Quem fecha o
ouvido ao grito do pobre*
invocará por sua vez e não obterá
resposta†.
14Presente dado em segredo acalma
a ira,*
e oferta feita às ocultas aplaca o fu-
ror violento.
15É alegria para o justo que seja feita
justiça,
mas é um terror para os malfeitores.
16O homem que se afasta do cami-
nho da prudência
repousará na assembleia dos mor-
tos†.
17Quem ama os prazeres ficará pobre*
e quem gosta de vinho e de perfu-
mes não se enriquecerá.
18O ímpio serve de resgate para o
justo
e o pérfido para os homens retos.
19É melhor morar num deserto*
do que com uma mulher briguenta
e irascível.
20Na morada do sábio há tesouros
preciosos e perfume,
mas o insensato dilapida tudo isto.

---

* **20**,22. 25,22; Rm 12,17; 1Ts 5,15 | 23. 11,1 | 24. Sl 37,23; Pr 16,9; 19,21 | 25. Dt 23,22s; Ecl 5,3ss | 27. Mt 6,22; 1Cor 2,11 | 28. Sl 61,8; Is 16,5 | 29. 16,31 | **21**,2. 16,1; Lc 16,15; 18,9-14 | 3. Am 5,22ss; 1Sm 15,22 | 5. 19,2 | 9. 25,24; 19,13; 21,19 | 11. 19,25 | 13. Mt 6,15; Tg 2,13 | 14. 17,8.23 | 17. 23,20s | 19. 21,9

† **20**,26. A roda dos carros que na colheita separava o grão da palha. | **21**,12. O Justo é Deus juiz. | 13. "Não socorrer os pobres é roubá-los e tirar-lhes a vida" (S. João Crisóstomo). | 16. A morte, sobretudo quando repentina e prematura, era considerada o castigo dos maus. | 22. A sabedoria vale mais que a força.

[21]Quem procura a justiça e a bondade*
encontrará vida, justiça e glória.
Sabedoria e maldade. [22]O sábio assal-
ta uma cidade aguerrida*
e abate a fortaleza na qual ela con-
fiava†.
[23]Quem guarda a boca e a língua*
preserva a si mesmo da angústia.
[24]O soberbo arrogante se chama
zombador;
ele age com orgulho insolente.
[25]Os desejos do preguiçoso o levam
à morte,*
porque suas mãos rejeitam o traba-
lho.
[26]O ímpio cobiça o dia todo,
ao passo que o justo doa sem pou-
par.
[27]O sacrifício dos ímpios é coisa abo-
minável,*
tanto mais quando oferecido com
má intenção.
[28]A falsa testemunha perecerá,*
mas quem sabe escutar poderá falar
sempre.
[29]O ímpio assume um ar altivo,
mas o homem reto consolida sua
conduta.
[30]Não há sabedoria, não há entendi-
mento,
não há conselho contra Javé.
[31]Prepara-se o cavalo para o dia da
batalha,*
mas a Javé pertence a vitória.

22

Sentenças várias. [1]Mais vale
o bom nome do que grandes
riquezas,*
e ser estimado é melhor que a prata
e o ouro.
[2]O rico e o pobre se encontram,*
Javé criou um e outro†.
[3]O prudente vê o perigo e se escon-
de,*
mas os ingênuos seguem adiante e
sofrem a pena.
[4]Frutos da humildade são o temor de
Javé,
a riqueza, a honra e a vida.
[5]Espinhos e cardos se encontram no
caminho do mau;
quem cuida de si mesmo se mantém
longe deles.
[6]Acostuma o jovem no caminho que
deve seguir;*
e nem mesmo quando velho se afas-
tará dele.
[7]O rico domina sobre o pobre
e quem toma emprestado é escravo
de quem empresta.
[8]Quem semeia a injustiça recolhe a
calamidade,*
e a vara de sua cólera será aniquila-
da.
[9]Quem tem um olhar generoso será
abençoado*
porque doa de seu pão ao pobre.
[10]Expulsa o zombador e a discórdia
acabará*
e cessarão as demandas e os insul-
tos.
[11]Javé ama quem é puro* de cora-
ção†,
e o rei é amigo de quem tem a graça
nos lábios.*
[12]Os olhos de Javé protegem a ciên-
cia,
e ele confunde as palavras do iníquo.
[13]O preguiçoso diz: "Há um leão lá
fora:*
serei morto no meio da rua"†.
[14]A boca das estrangeiras é uma fos-
sa profunda,*
quem é objeto da ira de Javé cairá
nela.
[15]A insensatez é ligada ao coração da
criança,*
mas a vara da correção a afastará
dele.
[16]Quem oprime o pobre o enriquece;
quem dá ao rico apenas o empobre-
ce†.

---

* **21**,21. Mt 5,6 | 22. Ecl 9,13ss | 23. 13,3 | 25. 13,4; 20,4 | 27. 15,8; Eclo 7,11 | 28. 19,5.9 | 31. Sl 20,8; Os 1,7
22,1. Ecl 7,1 | 2. 29,13; Jó 31,15; Sb 6,7 | 3. 27,12 | 6. Eclo 6,18 | 8. Jó 4,8; 12,14 | 9. 19,17; 28,27; Sl 112,9; Lc 14,13s | 10. 26,20 | 11. Mt 5,8 / 16,13 | 13. 26,13 | 14. 5,2 | 15. 13,24; 29,15.17

† **22**,2. O bom relacionamento entre as classes sociais exige o respeito dos deveres e direitos recíprocos. | 11. Quem age com reta intenção. | 13. O preguiçoso inventa ou aumenta as dificuldades para justificar sua inércia. | 16. A adversidade estimula ao esforço que conquista a prosperidade, mas a riqueza que não custou trabalho se perde.

IV. SENTENÇAS DOS SÁBIOS (22,17–24,34)†

Introdução. 17Inclina o ouvido e es-
cuta as palavras dos sábios,
e aplica tua mente a minha instrução.
18porque te será agradável guardá-
-las em teu íntimo;
juntas estarão prontas sobre teus lá-
bios.
19Para que tua confiança esteja em
Javé,
quero hoje instruir-te também a ti.
20Não te escrevi trinta máximas,
entre conselhos e instruções,
21para mostrar-te a certeza das pala-
vras da verdade,
a fim de que possas responder com
segurança a quem te interrogar?†
Recomendações. 22Não despojes o
fraco, porque é fraco,*
nem aflijas o pobre no julgamento;
23porque Javé defenderá a causa deles
e despojará da vida os que os des-
pojaram.*
24Não te associes com uma pessoa
colérica
e não andes com quem é iracundo,*
25para que não aprendas seus costu-
mes
e te exponhas a uma cilada.
26Não sejas daqueles que se com-
prometem,*
que aceitam ser fiadores de dívidas,
27porque, se não tiveres com que pa-
gar,
te tomarão o leito debaixo de ti.
28Não desloques a cerca antiga*
que teus pais colocaram.
29Viste um homem solícito no traba-
lho?
Ele estará a serviço do rei;
não ficará a serviço de gente inferior.

23 **Civilidade à mesa.** 1Quando
te assentares à mesa de um
soberano,
considera bem o que tens à frente;
2põe uma faca em tua garganta
se tens muito apetite.
3Não desejes suas gulodices:*
são comida enganadora.
4Não te canses para adquirir riqueza;
renuncia a tal pensamento;
5logo que fixas nela teus olhos,
ela não existe mais,
porque cria asas como águia e voa
para o céu.
6Não comas o pão de quem tem
olhar maldoso,
nem desejes suas gulodices,*
7porque como pensa dentro de si,
assim ele é;
ele te diz: "Come e bebe",
mas seu coração não está contigo.
8Vomitarás o bocado que comeste
e terás desperdiçado tuas palavras
gentis.
Regras práticas. 9Não fales aos ouvi-
dos de um imbecil,
porque desprezará tuas sábias pala-
vras.
10Não desloques a cerca antiga,*
e não invadas o terreno dos órfãos,
11porque o seu Defensor é forte,*
ele defenderá a causa deles contra ti.
12Aplica teu coração à instrução
e o ouvido às palavras da experiên-
cia.
13Não poupes ao menino a corre-
ção;*
mesmo se tu o castigas com a vara,
não morrerá;
14antes, se o castigas com a vara,
o salvarás do abismo†.
Conselhos de um pai. 15Meu filho, se
teu coração for sábio,
também meu coração se alegrará.
16Exultará meu íntimo,
quando teus lábios disserem pala-
vras retas.
17Teu coração não inveje os pecado-
res,*
mas fique sempre no temor de Javé,*

---

* **22**,22. Êx 23,6 | 23. 23,11; Is 33,11 | 24. Eclo 8,19 | 26. 6,1 | 28. 23,10; 15,25; Dt 19,14 | **23**,3. 23,6 | 6. 23,3 | 10. 22,28 | 11. Êx 22,21ss; Pr 22,23 | 13. 19,18 | 17. Sl 37,1-4; 73,3 / Pr 3,31

† **IV.** O trecho que vai de 22,17 a 23,11 apresenta muitas semelhanças com o texto egípcio "Instrução de Amenemope", do séc. XII a.C. | **22**,21. Os sábios egípcios se preocupavam em formar bons mensageiros para a corte e também governantes competentes. | **23**,14. O abismo é a morte prematura, da qual será salva a pessoa que foi corrigida quando criança e assim preparada para acolher as lições da sabedoria.

18porque assim terás um futuro*
e tua esperança não ficará frustrada.
19Escuta, meu filho, e sê sábio
e dirige o coração pelo caminho reto.
20Não estejas entre os beberrões de
vinho,
nem entre os que são gulosos de carne,
21porque o bêbado e o guloso em-
pobrecerão,*
e a sonolência os vestirá de farrapos.
22Escuta teu pai que te gerou,*
não desprezes tua mãe quando velha.
23Adquire o verdadeiro bem e não o
cedas:
a sabedoria, a instrução e o enten-
dimento.
24O pai do justo terá grande alegria*
e quem gerou um sábio exultará por
causa dele.
25Que teu pai e tua mãe se alegrem*
e exulte aquela que te gerou.
26Presta bem atenção, meu filho,
e teus olhos observem meus cami-
nhos;
27porque a prostituta é uma fossa
profunda,*
e um poço estreito, a estrangeira†.
28Ela se põe à espreita como um ladrão*
e aumenta entre os homens o núme-
ro dos infiéis.

O beberrão. 29Para quem são os ma-
les? Para quem os lamentos?
Para quem as brigas? Para quem os
gemidos?
Para quem as feridas sem motivo?
Para quem os olhos turvados?
30Para aqueles que se demoram jun-
to ao vinho
e vão à procura de bebidas misturadas.
31Não olhes para o vinho: como é
vermelho,
como cintila na taça e desce suave-
mente;
32ele acabará por morder-te como
cobra
e picar-te como víbora.
33Então teus olhos verão coisas es-
tranhas
e tua mente dirá coisas desconexas.
34Serás como alguém deitado em
alto mar,*
e como quem se deita no alto do
mastro.
35Dirás: "Eles me espancaram, mas
não sinto dor;
bateram-me, mas não reparei.
Quando acordarei? Irei buscar mais".

24 **Outros conselhos.** 1Não inve-
jes os homens maus,*
nem desejes estar com eles;
2porque seu coração trama a violência
e seus lábios só falam maldades.
3Com a sabedoria se constrói a casa*
e com a prudência ela se firma;
4e com a ciência se enchem seus
quartos
de todos os bens preciosos e agra-
dáveis.
5O sábio é cheio de força,
e quem é experiente aumenta seu
vigor;
6porque com decisões prudentes fa-
rás a guerra,*
e a vitória está no grande número
dos conselheiros.
7É alta demais a sabedoria para o im-
becil,
na porta da cidade ele não poderá
abrir a boca†.
8Quem planeja fazer o mal
chama-se mestre de intrigas.
9O propósito do tolo é o pecado,
e o zombador é abominação para os
homens.
10Se ficas abatido no dia da angústia,
bem pouca é tua força.*

Deveres de caridade. 11Livra os desti-
nados à morte
e salva os que são arrastados ao su-
plício.
12Se dizes: "Não sabíamos disso",
acaso aquele que pesa os corações
não o percebe?*
Aquele que vela sobre tua vida não
o sabe?

---

* **23**,18. 24,14 | 21. 21,17 | 22. Dt 21,18-21; Pr 19,26 | 24. 10,1 | 25. 17,25 | 27. 22,14 | 28. 7,12 | 34. Sl 107,26s | **24**,1. 23,17 | 3. 14,1 | 6. Lc 14,31; 11,14 | 10. Jó 4,5 | 12. 16,2 / Jr 17,10

† **23**,27. Dificultando sair da situação criada. | **24**,7. Ver a nota em Sl 55,12. | 12. Peca por omissão quem não testemunha em favor de um inocente. Não vale inventar desculpas.

Ele não retribuirá* a cada um segun-
do suas obras?†
13Come, meu filho, o mel, porque é
bom;
um favo de mel será doce a teu pa-
ladar.
14Sabe que assim é a sabedoria para
ti:
se a achares, terás um futuro,*
e tua esperança não será frustrada.
15Não armes ciladas contra a morada
do justo, ó ímpio,
não destruas seu lugar de repouso,
16porque o justo cai sete vezes e se
levanta,
mas os ímpios sucumbem na adver-
sidade.
17Não te alegres pela queda de teu
inimigo*
e não exulte teu coração quando ele
tropeça,
18para não suceder que Javé o veja e
se desgoste
e afaste dele sua ira†.
19Não te irrites por causa dos maus*
e não invejes os ímpios;
20porque não haverá futuro para o
malvado†
e a lâmpada dos ímpios se extinguirá.
21Meu filho, teme a Javé e o rei*
e não te associes com os revoltosos,
22porque de repente surgirá sua vin-
gança
e quem sabe que ruína ambos po-
dem fazer?†
Palavras dos sábios. 23Também estas
são palavras dos sábios.
Ter preferências no julgamento não
fica bem.*
24Se alguém diz ao ímpio: "Tu és justo",
os povos o maldirão, as nações o
odiarão;
25mas para os que o repreendem
tudo irá bem,
sobre eles descerão as melhores
bênçãos.
26Dá um beijo sobre os lábios
aquele que responde com palavras
justas.
27Organiza teus negócios de fora,*
faze teus trabalhos dos campos
e depois constrói tua casa.
28Não testemunhes com leviandade
contra teu próximo
e não enganes com teus lábios.
29Não digas: "Como fez comigo, as-
sim lhe farei,*
darei a cada um conforme sua obra".
A propriedade do preguiçoso. 30Pas-
sei perto do campo de um preguiçoso,
da vinha de um homem sem juízo:
31por toda parte havia crescido o
mato,
o terreno estava coberto de espinhos
e o muro de pedras tinha caído.
32Observando, pus-me a refletir
e, do que vi, tirei esta lição:
33Dormir um pouco, cochilar um
pouco,*
cruzar um pouco os braços para re-
pousar,
34assim te sobrevirá a pobreza como
um vagabundo,
e a indigência, como um homem ar-
mado.

V. SENTENÇAS DE SALOMÃO RECOLHIDAS PELOS SÁBIOS DE EZEQUIAS (25,1–29,27)

25 **A discrição.** 1Também estes
são provérbios de Salomão,
transcritos pelos homens de Ezequias,
rei de Judá.
2É glória de Deus encobrir as coisas,*
mas é glória do rei investigá-las.

---

* **24**,14. 23,18 | 17. Jó 31,29 | 19. Sl 37,1 | 21. 1Pd 2,17 | 23. 18,5; 28,21; 31,5 | 27. Eclo 7,16 | 29. Mt 6,12.14 | 30. 26,13.16 | 33. 6,10s | **25**,2. Tb 12,7

† **24**,18. Transferindo-a sobre ti. | 20. O problema da prosperidade dos maus só se esclarece considerando seu fim, Sl 37,9s; 49,13; 73,17. A lâmpada simboliza a vida. | 22. O texto grego acrescenta: "O filho que recebe a palavra e a guarda com carinho será preservado da perdição. Que nenhuma mentira seja pronunciada pela boca do rei, que nenhuma inverdade saia de sua língua. É uma espada a língua do rei, não um órgão de carne; quem lhe é entregue será destruído. Pois se seu furor se excita, ele devora os ossos dos homens e os queima como a chama, a tal ponto que não podem ser comidos pelos filhotes das águias".

[3]Os céus por sua altura, a terra por sua profundidade
e o coração do rei são impenetráveis.
[4]Tira as escórias da prata,
e o ourives fará com ela um vaso;
[5]tira o ímpio da presença do rei,
e seu trono se firmará na justiça.*
[6]Não te glories diante do rei
e não te ponhas no lugar dos grandes,*
[7]porque é melhor ouvires dizer: "Sobe aqui"
do que ser humilhado diante de um superior.
O que teus olhos viram
[8]não o reveles logo num processo;
senão, que farás no fim,
se teu próximo te deixar confuso?
[9]Resolve teu problema com teu próximo,
mas não reveles o segredo de um outro;
[10]senão, quem te escuta te desprezará
e teu descrédito será irreparável.
A boa palavra. [11]Como maçãs de ouro em salvas de prata
assim é uma palavra falada na hora certa.
[12]Como anel de ouro e colar de ouro fino
é a repreensão de um sábio para um ouvido atento.*
[13]Como o frescor da neve no tempo da colheita†,
assim é um mensageiro fiel para quem o manda;*
ele reconforta o ânimo de seu senhor.
[14]Nuvens e vento, mas sem chuva,
tal é o homem que promete uma doação e não a faz.
A moderação. [15]Com a paciência o juiz se deixa persuadir,*
uma língua suave quebra os ossos.
[16]Se encontraste mel, come só o que te basta,*
para que não fiques enjoado e o vomites.
[17]Põe raramente o pé na casa de teu vizinho,
para não suceder que se canse de ti e te odeie.
[18]Clava, espada e flecha aguda
é aquele que levanta falso testemunho contra o próximo.
[19]Como dente cariado e pé que manca,
assim é a confiança num homem desleal no dia da angústia.
[20]É tirar o manto num dia frio,
e derramar vinagre numa chaga viva,
entoar canções para um coração aflito.
[21]Se teu inimigo tem fome, dá-lhe de comer,*
se tem sede, dá-lhe de beber;
[22]porque assim amontoarás brasas* sobre sua cabeça†
e Javé te recompensará.
[23]O vento norte provoca a chuva,
e uma língua caluniadora, o rosto irado.
[24]É melhor morar num canto do sótão*
do que com uma mulher briguenta numa mesma casa.
[25]Água fresca para uma garganta com sede*
é uma boa notícia de um país distante.
[26]Fonte turvada e nascente poluída,
assim é o justo que cede diante do ímpio.
[27]Comer mel demais não faz bem,*
e buscar a própria glória não é glória.
[28]Cidade aberta, sem muros:
é o homem que não tem domínio próprio.*

26 **O estulto.** [1]Como a neve no verão e a chuva na colheita,
assim a honra não convém ao insensato.
[2]Como a ave que esvoaça e a andorinha que voa,*

* **25**,5. 16,12; 29,14 | 6. Eclo 7,4; 13,12s; Lc 14,7-11 | 12. 15,31 | 13. 25,25; 13,17 | 15. Lc 18,1-8 | 16. 25,27; 27,7 | 21. Êx 23,4s | 22. 20,22; Rm 12,20 | 24. 21,9 | 25. 25,13 | 27. 25,16 | 28. 16,32 | **26**,2. Nm 23,8; Dt 23,5

† **25**,13. No tempo quente da colheita costumavam recolher a neve do monte Hermon para refrescar as bebidas. | 22. Isto é, provocarás nele um remorso que o levará a converter-se. Num rito egípcio de expiação, o culpado levava sobre a cabeça, em sinal de conversão, uma vasilha com brasas. Ver Rm 12,20.

assim não tem efeito maldição sem
motivo.
3O chicote é para o cavalo, o freio
para o jumento
e a vara para as costas dos insensatos.*
4Não respondas ao idiota segundo
sua idiotice
para não te tornares também como
ele.
5Responde ao idiota segundo sua
idiotice
para que ele não se julgue sábio†.
6Corta seus pés e bebe amarguras
quem manda mensagens por meio
de um tolo.
7As pernas de um coxo não têm força:
assim é um provérbio na boca dos
imbecis.*
8É como prender uma pedra na funda
conceder honras a um tolo.
9Como um galho de espinhos na
mão de um bêbado,
tal é um provérbio* na boca dos imbecis†.
10Como um arqueiro que fere todo
o mundo,
assim é quem contrata um tolo ou
um bêbado.
11Como o cão que volta a seu vômito,*
assim é o tolo que repete suas tolices.
12Vistes um homem que se julga sábio?*
Há mais esperança para o tolo do
que para ele†.
O preguiçoso. 13O preguiçoso diz: "Há
uma fera no caminho,*
um leão está nas ruas"†.
14A porta gira em seus gonzos,
assim o preguiçoso em seu leito.
15O preguiçoso põe a mão no prato,*
mas se cansa ao levá-la à boca.
16O preguiçoso se julga mais sábio
do que sete pessoas que respondem
com juízo.
O briguento. 17Segura um cão pelas
orelhas
quem se intromete numa questão
que não é sua.
18Como um louco que lança fogo
e flechas de morte,
19assim é aquele que engana seu
próximo
e depois diz: "Fiz isso por brincadeira!"
20Por falta de lenha o fogo se apaga;
não havendo delator, cessa a contenda.*
21Como o carvão é para a brasa e a
lenha para o fogo,
assim é o briguento para atiçar brigas.
22As palavras do caluniador são
como gulodices:*
descem ao fundo das entranhas.
O simulador. 23Como prata não purificada recobrindo um vaso de barro
são as palavras doces com um coração perverso†.
24Quem odeia dissimula com os lábios,*
mas em seu íntimo encobre o engano;
25mesmo se falar suavemente, não
confies,*
porque ele tem sete abominações no
coração.
26O ódio pode cobrir-se de simulação,
mas sua malícia aparecerá publicamente.*
27Quem cava uma fossa cairá dentro
dela,*
e quem rola uma pedra esta lhe cairá
em cima.
28A língua mentirosa odeia a verdade
e a boca aduladora causa ruína.

27

A vaidade e a inveja. 1Não te
glories do dia de amanhã*
porque não sabes o que o hoje pode
gerar.
2Que te louve um outro, e não tua
boca,

---

* **26**,3. 10,1; 19,29 | 7. 26,9 | 9. 26,7 | 11. 2Pd 2,22 | 12. 3,7; 29,20 | 13. 22,13 | 15. 19,24 | 20. 22,10 | 22. 18,8 | 24. Eclo 12,10s | 25. Eclo 27,26; Jr 9,4-8 | 26. Sl 28,3 | 27. Sl 7,16; Ecl 10,8; Eclo 27,29s | **27**,1. Lc 12,19s; Tg 4,13s

† **26**,5. O sábio não deve rebaixar-se ao nível do idiota, e o idiota não deve elevar-se ao nível do sábio. | 9. Assim como o bêbado não sente o espinho, o imbecil não percebe o valor do provérbio. | 12. A sabedoria já desapareceu, quando a pessoa se sente segura de si e se gloria. | 13. Ver a nota em 22,13. | 23. São ambas as coisas que não combinam, portanto os elogios não são sinceros.

um estranho, e não teus lábios.
3Pesada é a pedra, também a areia pesa,
mas a ira do insensato pesa mais que uma e outra.
4O furor é cruel e a ira é impetuosa,*
mas quem pode resistir ao ciúme?
5É melhor uma repreensão franca
que um amor dissimulado.
6São leais as feridas feitas por um amigo,
enganosos, porém, os beijos do inimigo.*
7Garganta saciada despreza o mel;
para quem tem fome toda coisa amarga é doce.*
8Como um pássaro vagando longe do ninho,
assim é quem anda vagando longe de sua terra.*
9O perfume e o incenso alegram o coração,
a doçura de um amigo tranquiliza a alma.

Amigos e vizinhos. 10Não abandones teu amigo nem o de teu pai,*
não entres na casa de teu irmão
no dia de teu infortúnio†.
É melhor um vizinho próximo que um irmão distante.*
11Sê sábio, filho, e alegrarás meu coração,
para que eu possa responder a quem me insulta.
12Quem é prudente vê o perigo* e se esconde,*
mas os ingênuos seguem adiante e sofrem a pena.
13Toma-lhe a veste, porque se fez fiador para um outro,*
e guarda-a como penhor para os estranhos.
14Abençoar o próximo de manhã cedo em voz alta
será imputado como maldição†.
15Goteira contínua em dia de chuva*
e mulher briguenta se parecem:
16querer contê-la é como reter o vento
e recolher óleo na mão.
17O ferro se aguça com o ferro
e o homem pelo contato com seu próximo.
18Quem cuida de uma figueira come de seus frutos,
quem cuida de seu patrão será honrado.
19Como um rosto é diferente do outro,
assim os corações humanos diferem entre si.
20Como o abismo e a perdição nunca se saciam,*
assim são insaciáveis os olhos do homem.
21Como o cadinho é para a prata* e o forno para o ouro†,
assim o homem é provado pelo louvor que recebe†.
22Ainda que soques o insensato
no morteiro entre os grãos, com o pilão,
não tiras dele sua insensatez.

Cuidado com as próprias coisas.
23Procura conhecer bem teu rebanho*
e presta atenção a teu gado,
24porque não são perenes as riquezas,
nem um diadema passa de geração em geração.
25Uma vez cortado o capim, aparece a relva nova
e se recolhe a forragem dos montes;
26os cordeiros te dão com que te vestir
e os bodes, o preço para comprar um campo;
27as cabras, leite abundante para teu sustento,
para alimento de tua família
e para manter tuas escravas.

28 **O justo e o ímpio.** 1O ímpio foge mesmo se ninguém o persegue,
ao passo que o justo está seguro como um leão novo.*

* **27**,4. 6,34s | 6. 26,24ss | 7. Lc 15,16 | 8. Eclo 29,28-35 | 10. Eclo 37,6 / 18,24 | 12. 22,3 / 18,24 | 13. 20,16; 6,1 | 15. 19,13 | 20. 30,15s; Ecl 1,8; 6,7 | 21. 17,3 | 23. 12,10; Eclo 7,24 | **28**,1. Sl 118,6

† **27**,10. O verdadeiro amigo pode valer mais que um irmão. | 14. Exagerar na cortesia pode ser hipocrisia. | **27**,21. Olhos, símbolo da inveja. O elogio serve de teste para a humildade. "Quem me elogia e quem me critica não alteram o que sou: Deus é quem sabe como eu sou" (S. Gregório Nazianzeno). / O texto grego acrescenta: "O coração do ímpio busca o mal, mas o coração reto busca a ciência".

2Por causa dos delitos de um país
multiplicam-se os tiranos,
mas com um homem inteligente e
sábio a ordem se mantém†.
3Um homem ímpio que oprime os
fracos
é uma chuva torrencial que faz faltar
o pão.
4Os que transgridem a lei exaltam o
ímpio,
mas os que a observam lhe fazem
guerra.
5Os maus não entendem o que é justo,
mas os que buscam Javé entendem
tudo.*
6É melhor um pobre de conduta ín-
tegra*
que um de costumes perversos, ain-
da que rico.
7Quem observa a lei é um filho inte-
ligente,*
quem frequenta os desregrados en-
vergonha seu pai.
8Quem aumenta seus bens com usu-
ra e juros*
ajunta-os para o que tem piedade
dos pobres†.
9Quem desvia o ouvido para não es-
cutar a lei,
até sua oração é abominável.*
Máximas várias. 10Quem desvia os ho-
mens retos para o mau caminho
cairá ele mesmo na fossa que cavou,
enquanto os íntegros herdarão a fe-
licidade.*
11O rico se julga sábio,
mas o pobre inteligente o desmascara.
12Grande é a alegria quando triunfam
os justos,*
mas se prevalecem os ímpios, cada
qual se esconde.*
13Quem encobre as próprias culpas
não terá sucesso,*
mas quem as confessa e as abando-
na obtém misericórdia.
14Feliz do homem que está sempre
vigilante,
mas quem endurece* o coração cairá
no mal†.
15Leão que ruge e urso esfaimado,
tal é o ímpio que domina sobre um
povo pobre.
16Um príncipe insensato multiplica as
opressões,
mas quem detesta a avareza prolon-
gará seus dias.
17Um homem culpado de homicídio
fugirá até o túmulo: ninguém o so-
correrá†.
18Quem procede com retidão será
salvo,*
quem anda por caminhos tortuosos
cairá de repente.
19Quem cultiva sua terra se saciará
de pão,*
quem vai atrás de coisas vãs se farta-
rá de pobreza.
Bondade e equidade. 20O homem leal
será cumulado de bênçãos,
mas quem quer se enriquecer de-
pressa não ficará impune†.
21Não fica bem ser parcial;*
até por um pedaço de pão se peca.
22O avarento é impaciente por se en-
riquecer
e não pensa que cairá sobre ele a
miséria.
23Quem corrige um outro encontra-
rá* depois mais gratidão†
do que aquele que adula com a lín-
gua.
24Quem rouba do pai e da mãe e diz:
"Não é pecado",
é companheiro do bandido.
25O homem ávido provoca brigas,*
mas quem confia em Javé prosperará.
26Quem confia em sua própria mente
é um insensato,*
mas quem se comporta com sabedo-
ria será salvo.

---

* **28**,5. Sb 3,9 | 6. 19,1 | 7. 23,19-22 | 8. Êx 22,24; Pr 13,22 | 9. 15,8 | 10. 26,27 | 12. 11,10; 29,2 / 28,28 | 13. 1Jo 1,9; Eclo 4,26 | 14. Eclo 3,27ss | 18. 10,9 | 19. 12,11 | 21. 24,23; Dt 16,19 | 23. 27,5s | 25. 15,18 | 26. 3,5s

† **28**,2. Um governo estável é sinal de ordem e justiça; mas as contínuas mudanças de governo, com as suspeitas e disputas que provocam, denotam uma situação precária. | 8. A riqueza adquirida com desonestidade está destinada aos pobres. | 14. Endurecer o coração é tornar-se insensível aos apelos de Deus, Sl 95,8; Mc 6,52; Jo 12,40. | 17. Como Caim, fugitivo sobre a terra, Gn 4,12. | 20. A riqueza obtida rapidamente é suspeita. | 23. Corrigir os que erram é uma das obras de misericórdia.

27 Quem dá ao pobre não passará ne-
cessidade,*
mas quem fecha os olhos será co-
berto de maldições.
28 Quando os ímpios prevalecem, to-
dos se escondem;*
quando eles perecem, os justos se
multiplicam.

29 **O bom governo.** 1 O homem
que, repreendido muitas ve-
zes, persiste no erro
será arruinado de repente e sem re-
médio.
2 Quando dominam os justos, o povo
se alegra,*
mas quando governam os ímpios, o
povo geme.
3 Quem ama a sabedoria alegra seu
pai,*
mas quem frequenta prostitutas dis-
sipa seus bens.*
4 Pela equidade o rei faz o país pros-
perar,*
mas quem aceita suborno o leva à
ruína.
5 O homem que adula seu próximo
estende uma rede sob seus passos.
6 Há uma cilada no pecado do ho-
mem mau,*
ao passo que o justo exulta e se ale-
gra†.
7 O justo se interessa pela causa dos
pobres,*
mas o ímpio não sabe reconhecê-la.
8 Os zombadores tumultuam a cidade,
mas os sábios aplacam a cólera.
9 Se um sábio tem uma contenda
com um tolo,
quer se zangue, quer se ria, não ha-
verá conclusão.
10 Os homicidas odeiam quem é ín-
tegro,
ao passo que os justos protegem sua
vida.
11 O tolo desafoga toda a sua ira,*
mas o sábio a reprime e acalma.
12 Se um príncipe dá atenção às men-
tiras,
todos os seus ministros são maus.
13 O pobre e o opressor se encon-
tram;*
é Javé quem ilumina os olhos de to-
dos os dois†.
14 Um rei que julga os fracos com
equidade*
consolida seu trono para sempre.
Regras de educação. 15 A vara e a cor-
reção dão sabedoria,*
mas a criança entregue a si mesma
envergonha sua mãe.
16 Quando os maus governam, multi-
plicam-se os crimes,
mas os justos assistirão à ruína deles.
17 Corrige o filho e ele te dará con-
forto*
e te obterá consolações.
18 Faltando a profecia, o povo se tor-
na desenfreado,
mas quem observa a lei é feliz.
19 Não se corrige um escravo com pa-
lavras,*
porque, ainda que compreenda, não
obedece.
20 Viste um homem apressado no fa-
lar?
Há mais esperança para o tolo do
que para ele.*
21 Um escravo mimado desde a infância,
no fim se tornará insolente.
22 O homem colérico suscita conten-
das,*
e o iracundo comete muitas faltas.
23 O orgulho do homem provoca sua
humilhação,*
mas o humilde de coração obtém
honras.
24 Quem é cúmplice do ladrão odeia-
-se a si mesmo,
ele ouve a imprecação e nada de-
nuncia.
25 O temor do homem arma ciladas,
mas quem confia em Javé está em
segurança.*

---

* **28**,27. 11,25; 19,17; 22,9 | 28. 28,12 | **29**,2. 11,10; 28,12.29 | 3. 5,10; 10,1 / 6,26; Eclo 9,6; Lc 15,13 | 4. 14,34; Is 11,4s; 11,9 | 6. Jó 18,7-10 | 7. Jó 29,16 | 11. 12,16 | 13. 22,2 | 14. 16,12; 20,28 | 15. 10,1; 22,15 | 17. 13,24; 19,18 | 19. Eclo 33,25-33 | 20. 26,12 | 22. 14,17; Eclo 1,22 | 23. Mt 23,12 | 25. 16,20

† **29**,6. Quem não deve não teme. | 13. O brilho dos olhos representa vitalidade e alegria; mas é Deus que julga o interior das pessoas.

26Muitos buscam o favor do príncipe,
mas é de Javé que vem a justiça para cada um.
27O iníquo é uma abominação para os justos,
e quem age retamente é abominação para os maus.

VI. SENTENÇAS DE OUTROS SÁBIOS (30–31)

30 **A grandeza de Deus.** 1Máximas de Agur, filho de Jaces, de Massa.
Este homem diz: Estou cansado, Deus,
estou cansado, Deus, e desfaleço,
2porque sou o mais ignorante dos homens
e não tenho inteligência humana;
3não aprendi a sabedoria
e ignoro a ciência do Santo.
4Quem subiu ao céu e dele desceu?*
Quem recolheu o vento em suas mãos?
Quem encerrou as águas em seu manto?*
Quem fixou todos os confins da terra?
Como se chama? Qual é o nome de seu filho, se o sabes?†
5Toda palavra de Deus é provada;*
ele é um escudo para quem recorre a ele.
6Não acrescentes nada a suas palavras,
para que não te repreenda e sejas achado mentiroso.
A virtude está no meio. 7Eu te peço
duas coisas,
não mas negues antes que eu morra:
8afasta de mim falsidade e mentira;
não me dês nem pobreza e nem riqueza;
concede-me o pão que me for necessário;
9não suceda que, saciado,* eu te renegue*
e diga: "Quem é Javé?",
ou, reduzido à indigência, eu roube
e profane o nome de meu Deus.*
10Não calunies o escravo diante de seu senhor,*
para que não te amaldiçoe e sejas achado culpado.
A gente pior. 11Há gente que maldiz
seu pai*
e não abençoa sua mãe.
12Há gente que se julga pura,
mas não foi lavada de sua imundície.
13Há gente de olhos altivos
e de olhar orgulhoso!
14Há gente cujos dentes são espadas
e cujos molares são facas
para devorar os humildes, eliminando-os da terra*
e os pobres, do meio dos homens.
Quatro coisas insaciáveis. 15A san-
guessuga tem duas filhas: "Dá-me! Dá-me!"
Três coisas não se saciam jamais,
aliás, quatro jamais dizem: "Basta!":
16a mansão dos mortos, o seio estéril,
a terra que não se sacia de água*
e o fogo que nunca diz: "Basta!"
17O olho que desdenha o pai*
e despreza a obediência devida à mãe
seja arrancado pelos corvos do vale
e devorado pelas águias†.
Quatro coisas misteriosas. 18Três coi-
sas são incompreensíveis para mim,
aliás, quatro que não consigo entender:
19o caminho da águia no céu,*
o caminho da serpente sobre a rocha,
o caminho do navio no alto mar,
o caminho do homem para uma jovem.
20Tal é a conduta da mulher adúltera:
come, limpa a boca
e diz: "Não fiz nada de mal!"

---

* **30**,4. Jo 3,13 / Jó 38-39; Eclo 1,2s | 5. Sl 18,31; 2Sm 22,31 | 9. Dt 6,12; 32,15 / Sl 119,29 / Lv 5,21 | 10. Fm 8-20 | 11. Êx 21,17 | 14. Jó 19,22; Is 9,11 | 16. 27,20 | 17. 19,26 | 19. Sb 5,10ss | 21. Ecl 10,5ss

† **30**,4. O Deus transcendente interroga a sabedoria humana, como em Jó 38-39 e Is 40,12-18. Os mistérios conduzem à adoração aquele que os medita. | 17. Seja deixado sem sepultura, para alimento das aves.

Quatro pessoas insuportáveis. [21]Por
três coisas a terra treme,*
aliás, quatro coisas não pode suportar:
[22]um escravo que se torna rei,*
um insensato que vive na fartura,
[23]uma mulher rejeitada que encontra
marido
e uma escrava que se torna herdeira
da patroa.*
Quatro coisas pequenas, mas sábias.
[24]Quatro seres estão entre as coisas
menores da terra,
porém, são extremamente sábios:
[25]as formigas, povo sem força,
que preparam sua comida no verão;*
[26]os arganazes, povo pacífico,
mas têm seu ninho nos rochedos;
[27]os gafanhotos, que não têm rei,
porém, avançam todos em bandos;
[28]a lagartixa, que se pode segurar
com as mãos,
mas penetra até nos palácios dos reis.
Quatro coisas de nobre andadura.
[29]Três seres têm um porte majestoso,
aliás, quatro caminham com elegância:
[30]o leão, o mais forte dos animais,
que não foge de nada;
[31]o galo empinado, o bode
e o rei à frente de seu exército.
[32]Se te exaltaste por insensatez
e depois refletiste,
põe a mão sobre a boca†,
[33]porque, batendo o leite produz-se
a manteiga,
apertando o nariz sai sangue
e espremendo a cólera sai a contenda.

31

O bom príncipe. [1]Palavras de
Lemuel, rei de Massa, que sua
mãe lhe ensinou.
[2]Que te direi, meu filho? O que, filho
de minhas entranhas?*
O que, filho de minhas promessas?
[3]Não dês teu vigor às mulheres,*
nem teu destino àquelas que cor-
rompem os reis.
[4]Não convém aos reis, Lemuel,
não convém aos reis beber vinho,*
nem aos príncipes desejar bebida
forte,
[5]para não suceder que, bebendo, es-
queçam seus decretos
e traiam o direito de todos os aflitos.
[6]Dai bebidas inebriantes a quem está
para morrer
e o vinho a quem tem o coração
amargurado:
[7]que ele beba e esqueça sua pobreza
e não se lembre mais de suas penas.
[8]Abre a boca em favor do mudo,
em defesa de todos os desampara-
dos.*
[9]Abre a boca e julga com equidade
e faz justiça ao pobre e ao infeliz.
A mulher ideal†. *Alef* [10]Mulher perfei-
ta, quem pode encontrá-la?
Bem superior às pérolas é seu valor.
Bet [11]Nela confia o coração de seu
marido
e não virá a faltar-lhe o lucro.
Guimel [12]Ela lhe dá felicidade e não
desgosto
todos os dias de sua vida.
Dalet [13]Procura lã e linho
e gosta de trabalhar com suas mãos.
Hê [14]É como o navio de um mercador:
manda vir de longe suas provisões.
Waw [15]Levanta-se quando ainda é
noite,
distribui a comida para os criados
e dá ordens às empregadas.
Záin [16]Examina um terreno e o com-
pra,
e com o fruto de suas mãos planta
uma vinha.
Het [17]Cinge a cintura com firmeza
e fortalece seus braços.
Tet [18]Constata que vão bem seus ne-
gócios;
de noite não se apaga sua lâmpada.
Yod [19]Estende a mão à roca
e seus dedos manejam o fuso.
Kaf [20]Abre as mãos ao pobre,
estende a mão ao indigente.
Lamed [21]Não teme a neve para sua
família,

---

* **30**,22. 19,10 | 23. Gn 16,3-6 | 25. 6,6ss | **31**,2. 5,1-14 | 3. Eclo 9,2; 1Rs 11,1-4 | 4. Ecl 10,16s | 8. Sl 72,2.4.12-14

† **30**,32. Evitando falar de si com louvor e vaidade, evita-se a contenda. | **31**,10. Esta mulher é a encarnação da Sabedoria humana e divina.

porque todos os de sua casa têm
veste dupla.
Mem 22Faz para si cobertas,
de linho e de púrpura são suas vestes.
Nun 23Seu marido é estimado na pra-
ça†,
onde toma assento junto com os an-
ciãos do lugar.*
Samec 24Ela faz tecidos de linho e os
vende
e fornece cintos ao mercador.
Áin 25Fortaleza e honra são seus or-
namentos
e sorri diante do futuro†.
Pê 26Abre a boca com sabedoria
e sua língua ensina a bondade.
Çade 27Segue atenta o andamento
da casa
e não come o pão ociosa.
Qof 28Seus filhos se levantam e a pro-
clamam feliz
e seu marido a elogia dizendo:
Resh 29"Muitas mulheres fizeram
grandes coisas,
mas tu superaste a todas!"
Shin 30A graça é enganosa e a beleza
é vã,
mas a mulher que teme a Javé deve
ser louvada.
Taw 31Dai-lhe do fruto de suas mãos
e celebrai-a por suas obras nas por-
tas da cidade.

---

* **30**,23. 24,7

† **31**,23. Ver a nota em Sl 55,12. | 26. Previdente, a mulher encara confiante o futuro.

ECLESIASTES

Coélet é um termo hebraico que significa "pregador", aquele que fala na assembleia, chamada "caal", termo traduzido para o grego como "ecclesia", de onde veio o nome "Eclesiastes". Seu autor, conforme um artifício literário muito comum no Oriente, se diz filho de Davi, rei de Jerusalém, Salomão, portanto, mas deve ser um sábio hebreu da Palestina que viveu lá pelo ano 250 a.C. O livro insiste muito no conceito de vaidade, entendida como incapacidade de revelar ao ser humano os recônditos desígnios de Deus.

É o livro da Bíblia mais fascinante para nossa geração. Coélet é o primeiro dos sábios da Bíblia a falar de seu método de reflexão e de sua pessoa. Reflete sobre o que ele observou. Apresenta três ideias principais: uma análise racional da vida não consegue achar nela um sentido, pois tudo é vaidade; Deus determina tudo o que acontece; o homem não consegue conhecer o que Deus estabeleceu, o agir de Deus no mundo.

O livro tem provérbios, reflexões sobre a brevidade da vida, sobre a inutilidade do cansaço, sobre a falência das empresas humanas, confirmadas em geral por uma referência do autor a sua experiência. Sua conclusão é que é preciso gozar da vida e dos bens deste mundo, porque são o único fruto que o ser humano retira de seus trabalhos. Mas o autor não é um puro materialista: o gozo da vida também é dom de Deus. Sabe que o ser humano deve prestar contas a Deus de seus atos e do uso que faz dos bens materiais. E não se fazem ilusões sobre a duração deles.

Comenta as contradições da vida neste mundo, ou "debaixo do sol", conforme sua expressão típica. Mostra como na terra não é possível conquistar a felicidade plena e duradoura, porque os bens estão misturados com muitos males, que não se podem evitar, mas devem ser aceitos em espírito de resignação. A obrigação do ser humano é contentar-se com o que o Senhor lhe concede e usar os bens com sabedoria, sem pretensões. O autor manifesta sua perplexidade diante do modo misterioso como Deus governa o mundo, e ao mesmo tempo afirma: "Reconheço que tudo quanto Deus faz é imutável: não há nada que acrescentar, nada que tirar" (3,14).

É natural que um livro desse tipo tenha provocado diversas reações. Uns pensam que o texto atual é um texto corrigido por piedosos que acharam o livro muito pagão. Outros dizem que Coélet faz citações de opiniões alheias que ele comenta e critica. Alguns o acusam de ser pessimista, hedonista, cético, incoerente. Mas o fato é que nós também temos nossas incoerências e contradições no modo de explicar as coisas. Coélet manifesta com toda a sinceridade os atos contraditórios que fazemos e nos ajuda a constatar como era necessária a revelação do Novo Testamento para dar pleno sentido à vida humana, "revelando o ser humano ao ser humano" (Vat. II).

I. PRÓLOGO (1,1-11)

1 **Tudo é vaidade neste mundo.**
1Palavras de Coélet, filho de Davi, rei de Jerusalém†.
2Vaidade das vaidades, diz Coélet,*
vaidade das vaidades, tudo é vaidade†.
3Que proveito tira o homem de todo o seu trabalho
com que se afadiga debaixo do sol?†
4Uma geração passa e uma geração vem,*
mas a terra sempre permanece.
5O sol se levanta e o sol se põe,
e se apressa rumo ao lugar de onde nascerá de novo.
6O vento sopra para o sul, depois muda para o norte,
gira e torna a girar
para recomeçar os mesmos giros.

---

* **1**,2. Sl 61,10; Rm 8,20 | **1**,4. Eclo 14,18

† **1**,1. Por uma ficção literária, para dar mais valor ao livro, é atribuído a Salomão, o sábio por excelência. | 2. "Vaidade das vaidades" é um superlativo que quer dizer a maior vaidade. O termo aparece 37 vezes no livro e significa frustração, contrassenso, vazio, o nada. No mundo não existe nada capaz de fazer o homem feliz. | 3. O autor diz que o trabalho do homem na terra é duro e decepcionante.

7Todos os rios correm para o mar,*
mas o mar nunca se enche;
para o lugar de onde os rios vêm
lá eles voltam novamente.
8Todas as coisas exigem fadiga,
e ninguém é capaz de explicá-las†.
O olho nunca se farta de ver*
e nunca o ouvido se sacia de ouvir†.
9O que foi é o que será,*
e o que se fez é o que se tornará a
fazer;
nada há de novo debaixo do sol†.
10Há talvez alguma coisa de que se
possa dizer:
"Olha, isto é novidade"?
Já existia nos séculos que nos precederam.
11Não resta lembrança das coisas
passadas,
e nem das que acontecerão se conservará memória*
entre os que virão depois.

II. MEDITAÇÕES SOBRE A VIDA HUMANA (1,12–12,8)

Vaidade da ciência. 12Eu, Coélet,
fui rei de Israel em Jerusalém. 13Eu me
propus pesquisar e investigar com sabedoria tudo o que se faz debaixo do
céu. Esta é uma ocupação penosa que
Deus impôs* aos homens, para que a
ela se apliquem. 14Vi todas as coisas
que se fazem debaixo do sol: tudo é
vaidade e correr atrás do vento.
15O que é torto não se pode endireitar
e o que falta não se pode calcular†.
16Eu pensava e dizia comigo mesmo:
"Alcancei uma sabedoria superior* e
mais vasta do que a que tiveram os que
reinaram antes de mim em Jerusalém, e
minha mente adquiriu muita sabedoria
e muita ciência". 17Decidi então conhecer a sabedoria e a ciência, como também a insensatez e a loucura; e compreendi que também isto é correr atrás
do vento, 18porque
muita sabedoria, muita aflição;
quem aumenta o saber aumenta a
dor†.

2 **Vaidade dos prazeres.** 1Eu disse a
mim mesmo: "Vem, quero pôr-te
à prova com a alegria: goza o prazer!"
Mas também isto é vaidade.
2Do riso eu disse: "É loucura!"*
e da alegria: "Para que serve?"
3Decidi em meu coração satisfazer meu
corpo com o vinho† – mas deixando que
meu coração me guiasse sabiamente – e
entregar-me à loucura,* até descobrir o
que convém aos filhos dos homens realizar debaixo do céu nos dias contados
de sua vida. 4Empreendi grandes obras,
construí para mim casas,* plantei vinhas.
5Fiz para mim parques e jardins, nos
quais plantei árvores frutíferas de toda
espécie; 6fiz açudes para regar com suas
águas o bosque onde cresciam as árvores. 7Adquiri escravos e escravas e outros
eu tive nascidos em casa e possuí também bois e ovelhas, mais que todos os
meus antecessores em Jerusalém. 8Acumulei também ouro e prata,* riquezas de
reis e de províncias; procurei cantores e
cantoras, junto com as delícias dos filhos
dos homens: uma esposa e concubinas.
9Tornei-me grande, mais poderoso que
todos os meus antecessores em Jerusalém, embora conservando* minha sabedoria. 10Não neguei a meus olhos nada
do que desejavam, nem recusei prazer
algum a meu coração, que se alegrava
com todo o meu trabalho; esta foi a recompensa de todas as minhas fadigas.
11Depois considerei todas as obras feitas
por minhas mãos e toda a fadiga que eu

---

* **1**,7. Eclo 40,11 | 8. Pr 27,20 | 9. 2,12; 3,15 | 11. 2,16 | 13. Gn 3,17ss; Ecl 3,10 | 16. 1Rs 3,12;4,29s; 10,1-13; Eclo 47,14-18 | **2**,2. Pr 14,13 | 3. 1Rs 11,1ss | 4. 1Rs 7,1-12; 1Cr 27,27 | 8. 1Rs 9,28;10 | 9. 1Rs 10,23 | 12. 1,9 | 14. 10,2 | 15. 6,8 | 16. Sb 2,4; Eclo 44,8-15; Ecl 1,11

† **1**,8. Para que a multiplicidade de ações em minha vida? Muita gente se põe esta pergunta, e é bonito a gente ver que ela está na Bíblia. / Os sentidos do homem são insaciáveis, nada na terra o satisfaz. | 9. O mundo é um eterno retorno e sem resultado. | 15. As criaturas são imperfeitas, daí a frustração diante delas. | 18. "Só sei que não sei" (Sócrates). O autor contradiz o otimismo dos sábios diante da aquisição da ciência, Pr 2,10; Eclo 14,25. | **2**,3. Os sábios não eram contra o uso moderado do vinho, Eclo 31,32s, mas advertiam contra o excesso, Eclo 31,30.

tinha suportado para fazê-las: tudo isto
me pareceu vaidade e perseguir o vento:
não há vantagem alguma debaixo do sol.
Vaidade da sabedoria. 12Considerei
depois a sabedoria,* a loucura e a in-
sensatez. "Que fará o sucessor do rei?
O que já foi feito". 13Percebi que a sa-
bedoria é superior à insensatez, como a
luz é superior às trevas.

14O sábio tem os olhos na fronte,*
o insensato anda na escuridão.
Mas sei também que a mesma sorte
está reservada a todos os dois.

15Então pensei: "Comigo vai acon-
tecer* o mesmo que com o insensa-
to. Então por que procurei ser sábio?
Onde está a vantagem?"† E concluí:
"Também isto é vaidade!" 16De fato,
nem do sábio* e nem do insensato
restará uma lembrança duradoura,
porque nos dias futuros tudo será es-
quecido. Morrem do mesmo modo o
sábio e o insensato.

17Comecei a odiar a vida, porque me
desgostei de tudo o que se faz debai-
xo do sol. Com efeito, tudo é vaidade e
perseguir o vento. 18Passei a odiar todo
o trabalho com que me cansei debaixo
do sol, porque deverei deixá-lo a meu
sucessor†. 19E quem sabe se este será
sábio ou insensato? No entanto, será
dono de todo o meu trabalho, que fiz
com meu esforço e minha inteligência
debaixo do sol. Também isto é vaidade!
20Cheguei ao ponto de desesperar em
meu coração por todo o cansaço que
eu tinha enfrentado debaixo do sol,
21porque quem trabalhou com sabe-
doria, com ciência e com sucesso de-
verá deixar seus bens a um outro que
por eles não se esforçou. Também isto
é vaidade e grande mal.

22Então que proveito o homem tira
de todo o seu trabalho e da fadiga de
seu coração com que se cansa debaixo
do sol? 23Sim, todos os seus dias não
são senão dores e trabalho penoso;
nem de noite seu coração repousa.
Também isto é vaidade! 24Não há nada
melhor para o homem do que comer
e beber e trabalhar feliz;* mas perce-
bi que também isto vem das mãos de
Deus†. 25Com efeito, quem pode comer
e se alegrar sem ele? 26Pois ele concede
sabedoria, ciência e alegria a quem lhe
agrada, mas ao pecador dá a tarefa* de
recolher e ajuntar para entregar àquele
que é agradável a Deus. Também isto é
vaidade e perseguir o vento!

3 **Cada coisa tem seu tempo†.**
1Para cada coisa há seu momento
e um tempo para toda atividade debai-
xo do céu.

2Há um tempo para nascer e um
tempo para morrer,
um tempo para plantar e um tempo
para arrancar as plantas.
3Um tempo para matar e um tempo
para curar,
um tempo para demolir e um tempo
para construir.
4Um tempo para chorar e um tempo
para rir,
um tempo para prantear e um tempo
para dançar.
5Um tempo para jogar pedras e um
tempo para recolhê-las,
um tempo para abraçar e um tempo
para se abster de abraços.
6Um tempo para buscar e um tempo
para perder,
um tempo para guardar e um tempo
para jogar fora.
7Um tempo para rasgar e um tempo
para costurar†,
um tempo para se calar e um tempo
para falar.
8Um tempo para amar e um tempo
para odiar,

---

* **2**,24. 3,12s.22; 5,17; 8,15; 9,7s; Eclo 1,10 | 26. Jó 27,16s; Pr 13,22

† **2**,15. O autor aprecia a sabedoria, 1,13, mas a vida diária o obriga a refutar as declarações dos sábios sobre suas vantagens. | 18. Ter de deixar o fruto de seu trabalho a um herdeiro, que poderá usá-lo sem juízo, é para Coélet uma amargura. | 24. Aproveitar este prazer associado por Deus às coisas simples da vida compensa a dureza do trabalho: refrão que o autor repete, 3,13.22; 5,17; 8,15; 9,7-11; 11,9s, e que ele propõe como atitude fundamental diante da vida. | **3**. Um dos objetivos do ensinamento sapiencial era o de conhecer o tempo justo, o lugar justo e a medida justa da ação humana. | 7. Rasgar simboliza a dor e o sofrimento, como rasgar as vestes era sinal de tristeza.

um tempo para a guerra e um tempo
para a paz.
Estamos nas mãos de Deus. 9Que
proveito tira de sua fadiga aquele que
trabalha?
10Tenho observado a tarefa que Deus
dá aos homens para que dela se ocu-
pem. 11Ele fez belas todas as coisas*
em seu devido tempo; pôs no coração
dos homens o sentido da duração, mas
sem que eles possam entender a obra
realizada por Deus do princípio ao fim.
12Concluí que não há nada melhor para
eles do que se alegrar* e agir bem em
sua vida. 13Mas que um homem coma,
beba e encontre alegria em seu traba-
lho* é um dom de Deus. 14Reconheço
que tudo quanto Deus faz é imutável:
não há nada que acrescentar, nada que
tirar†. Deus age assim para que os ho-
mens* o temam. 15O que é já existiu; o
que será já existe; Deus recupera o que
já passou†.
Desordens. 16Mas também notei de-
baixo do sol* que no lugar do direito
está a iniquidade e no lugar da justiça
está a impiedade. 17Pensei: Deus julgará
o justo e o ímpio, porque há um tempo
para cada coisa e para cada ação.
Sorte do homem. 18Depois, a respeito
dos filhos dos homens eu disse a mim
mesmo: Deus quer prová-los e mostrar
que eles de per si são como animais.
19Com efeito a sorte dos homens e a
dos animais* é a mesma; como morrem
estes, morrem aqueles; têm todos o
mesmo sopro vital. Não existe superio-
ridade do homem em relação aos ani-
mais, porque tudo é vaidade†. 20Todos
caminham para o mesmo lugar:
tudo veio do pó*
e tudo retorna ao pó.
21Quem sabe se o sopro vital do
homem sobe para o alto e se o dos
animais desce para baixo da terra?
22Percebi que nada há de melhor*
para o homem do que alegrar-se em
suas obras,* porque esta é sua parte†.
Quem, aliás, poderá levá-lo a ver o que
sucederá depois dele?*

4 **Males e bens da sociedade.**
1Considerei depois* todas as
opressões que se cometem debaixo
do sol. Vi o pranto dos oprimidos que
não têm quem os console;* a força está
do lado de seus opressores, mas não
há quem os console. 2Então considerei
mais felizes os mortos, que já falece-
ram, do que os vivos que estão ainda
em vida; 3porém, mais feliz* é quem
ainda não nasceu e não viu o mal que
se comete debaixo do sol.
4Observei também que toda a fadiga
e todo o sucesso de um trabalho não
são senão inveja recíproca. Também
isto é vaidade e perseguir o vento†.
5O insensato cruza os braços*
e devora sua própria carne.
6É melhor um bocado com repouso
que dois com cansaço, correndo
atrás do vento†.
7Além disso considerei uma outra
vaidade debaixo do sol: 8alguém é
completamente só, sem companheiro,
não tem filho, nem irmão. No entanto
não cessa nunca de trabalhar, e seus
olhos não se fartam de riqueza; e nun-
ca se perguntou: "Para quem eu traba-
lho e me privo dos bens?" Também isto
é vaidade e uma ocupação ingrata.
9Mais valem dois do que um,* por-
que dois têm melhor remuneração por
seu trabalho. 10Com efeito, se chega-

---

* **3**,11. 8,17; 11,5; Sl 139,17; Eclo 11,4; 18,5; Rm 11,33 | 12. 2,24 | 13. Sl 33,11 | 14. 1,9 | 16. 4,1; 5,7 | 19. Sl 49,13.21 | 20. Gn 2,7; 3,19; Sl 104,29; Jó 34,15; Eclo 16,31; Ecl 12,7 | 22. Pr 15,24 / Ecl 2,24 / Ecl 6,12 | **4**,1. 3,16 / Jó 3,11-23; 10,18-22; Ecl 6,3 | 3. Jr 20,17s; Ecl 3,16 | 5. Pr 6,9,11 | 9. Pr 18,19 | 10. Lc 10,1

† **3**,14. Deus age com soberana independência e com sabedoria, e seus segredos são impenetráveis para o homem. | 15. Faz retornar os fatos do passado. | 19. Uma vantagem do homem aparece em 12,7: seu sopro vital retorna a Deus na morte. | 22. Ao problema da parte do homem, i. é, do lugar que lhe é atribuído na vida, Coélet responde positivamente, pois é possível reconhecer nela uma vontade de Deus favorável ao homem. | **4**,4. O autor é menos otimista que os sábios: estes sentiam que por meio do mundo, que interpela o homem, era Deus mesmo que lhe falava, e neste diálogo o homem descobria seu lugar na vida. | 6. Também no trabalho é preciso observar o meio termo: nem de menos, nem de mais.

rem a cair, um levanta o outro. Porém,
ai de quem está só:* se cair, não tem
ninguém que o levante. 11Assim tam-
bém, se dois dormem juntos, podem
esquentar-se; mas quem está só, como
faz para esquentar-se? 12Se alguém
agride quem está só, dois podem re-
sistir-lhe; uma corda tripla não se arre-
benta facilmente.

13É melhor um jovem pobre, mas sá-
bio,
do que um rei velho e insensato
que não sabe mais escutar conse-
lhos.

14Porque o jovem saiu da prisão para
reinar†, embora tivesse nascido pobre
em seu reino. 15Vi todos os viventes*
que se movem debaixo do sol unir-se
ao jovem que ficará no lugar do ou-
tro. 16Era uma multidão imensa a cuja
frente ele estava. Mas os que vierem
depois não estarão contentes com ele.
Também isto é vaidade e correr atrás
do vento.

Deveres para com Deus. 17Vela sobre
teus passos quando te diriges à casa de
Deus. Aproximar-se para escutar vale
mais do que oferecer sacrifícios como
fazem os insensatos, que não com-
preendem que fazem o mal.

5 1Não sejas precipitado com a bo-
ca,* e teu coração não se apres-
se a proferir alguma palavra diante de
Deus, porque Deus está no céu e tu
estás na terra; por isso tuas palavras
sejam poucas,*

2porque das muitas preocupações
vêm os sonhos
e do muito falar, palavras insensatas.

3Quando fazes uma promessa* a
Deus, não demores a cumpri-la, por-
que ele não gosta dos insensatos: cum-
pre aquilo que prometeste. 4É melhor
não fazer promessas do que fazê-las e
depois não as cumprir. 5Não permitas
a tua boca que te faça culpado e não
digas ao mensageiro que se tratou de
uma inadvertência; por que dar a Deus
motivo para irar-se com tuas palavras
e destruir o trabalho de tuas mãos?
6Com efeito, nos muitos sonhos* e nas
muitas palavras há vaidade. Tu, porém,
teme a Deus.*

Injustiças sociais. 7Se vês na região
a opressão dos pobres* e a negação
do direito e da justiça, não te admires,
porque sobre uma autoridade há uma
outra superior que a vigia e sobre elas,
uma outra ainda mais alta†. 8Mas sob
todos os aspectos é proveitoso para o
país um rei que se ocupa dos campos.

9Quem ama o dinheiro jamais se sa-
cia de dinheiro e quem ama a riqueza
não tira proveito dela. Também isto é
vaidade. 10Quando crescem os bens,*
aumentam também os que os devo-
ram; e que vantagem para os donos,
senão um espetáculo para os olhos?

11Doce é o sono do trabalhador,
quer coma pouco, quer muito;
mas a saciedade do rico
não o deixa dormir.

Fadigas inúteis. 12Um outro grave mal
eu vi debaixo do sol:* riquezas guarda-
das pelo dono com prejuízo próprio.
13Essas riquezas se perdem por causa
de um mau negócio, e ao filho que
lhe nasceu não resta nada nas mãos.
14Como saiu nu do seio de sua mãe,*
assim irá de novo como veio, e de suas
fadigas não pôde tirar nada para levar
consigo. 15Também isto é um grave
mal: que ele vá exatamente como veio.
Que vantagem tira de haver lançado
suas fadigas ao vento? 16Além disso
terá passado todos os seus dias na
obscuridade e no pranto entre muitos
males, doenças e irritação.

17Eis o que concluí: é bom e conve-
niente* para o homem comer, beber e
encontrar alegria em todo trabalho que
faz debaixo do sol, em todos os dias
da vida que Deus lhe dá: é esta a sua
parte†. 18Todo homem, a quem Deus
concede riquezas e bens, tem também

---

* **4**,15. Eclo 11,5 | **5**,1. Pr 20,25 / Mt 6,7; Eclo 7,15 | 3. Lv 27,1; Nm 30,3; Dt 23,22ss | 6. Eclo 34,1-5 / Ecl 12,13 | 7. 3,16; 4,1 | 10. Pr 19,6; Eclo 13,7 | 12. Pr 13,8 | 14. Jó 1,21 | 17. 2,24

† **4**,14. Como José do Egito, Gn 41,41. | **5**,7. Multiplicando-se as autoridades, aumentam a opressão e o peso financeiro sobre os súditos. | **5**,17. A alegria do coração é também um modo de Deus se revelar.

a faculdade de gozar deles, tomar sua
porção e tirar proveito de suas fadigas:
também isto é dom de Deus. 19Pois as-
sim ele não pensará muito nos dias de
sua vida, porque Deus o mantém ocu-
pado com a alegria de seu coração.

6 **Desejo insaciado.** 1Um outro mal
eu vi debaixo do sol,* que pesa
sobre os homens. 2A um, Deus conce-
deu bens, riquezas, honras e não lhe
falta nada do que deseja;* mas Deus
não lhe concede que possa gozar de-
les, porque é um estranho que os apro-
veita. Isto é vaidade e grave mal!
3Se alguém tivesse cem filhos e vives-
se muitos anos e muitos fossem seus
dias, mas não encontrasse satisfação
em seus bens e não tivesse sequer um
sepulcro, então eu digo que mais feliz
do que ele é um aborto, 4porque este
vem em vão e nas trevas* se vai, e seu
nome é coberto pelas trevas. 5Não viu
nem conheceu o sol, todavia tem mais
repouso do que o outro. 6Mesmo que
aquele vivesse duas vezes mil anos,
mas sem desfrutar de seus bens, não
deverão ir ambos para o mesmo lugar?
7Toda a fadiga do homem é para sua
boca e no entanto seu desejo nunca é
satisfeito†. 8Que vantagem tem o sábio
sobre o insensato? Qual a vantagem do
pobre que sabe comportar-se bem en-
tre os vivos?
9É melhor ver com os olhos do que
vagar com o desejo. Também isto é vai-
dade e correr atrás do vento. 10O que
existe já foi determinado* há muito
tempo; e todos sabem o que é um ho-
mem: ele não pode discutir com quem
é mais forte do que ele†. 11Quanto mais
palavras, tanto mais vaidade; e que
vantagem há para o homem? 12Quem
sabe o que convém* ao homem nesta
vida, durante todos os dias de sua vã
existência que ele percorre como som-
bra? Quem pode indicar ao homem o
que acontecerá depois dele debaixo do
sol?†

7 **O melhor.** 1É melhor o bom nome
do que um óleo perfumado,*
e o dia da morte do que o dia do
nascimento.
2É melhor ir a uma casa onde há luto
do que a uma casa em festa;
porque aquele é o fim de todo ho-
mem,
e quem vive refletirá nisto.
3É preferível a tristeza ao riso,
porque pela tristeza do rosto o cora-
ção se torna melhor.
4O coração dos sábios está numa
casa enlutada
e o coração dos insensatos, numa
casa em festa.
5É melhor escutar a repreensão do
sábio
do que ouvir o canto dos insensatos:
6porque como o crepitar dos espi-
nhos debaixo da panela,
tal é o riso dos insensatos.
E também isto é vaidade.
7A opressão faz do sábio um insensato,
e o suborno corrompe o coração.
8É melhor o fim de uma coisa que
seu início;
é melhor a paciência que a soberba.
9Que teu espírito não se irrite* ra-
pidamente, porque a ira se aloja no
íntimo dos insensatos. 10Não pergun-
tes: "Como o tempo antigo era me-
lhor que o presente?", porque não é a
sabedoria* que te faz perguntar isto†.
11A sabedoria é como uma herança e é
vantajosa para aqueles que veem o sol;
12porque a sabedoria é uma proteção
como também é o dinheiro; mas a van-
tagem do saber é que a sabedoria faz
viver quem a possui.
13Observa a obra de Deus: quem
pode endireitar o que ele fez torto?

---

* **6**,1. 2,18s; | 2. Lc 12,20 | 4. Jó 3,11 | 10. 1,9ss | 12. Sl 39,7; 90,10; 102,12; 109,23; Jó 8,9; 14,2 | **7**,1. Pr 22,1 | 9. Pr 22,24; Tg 1,9 | 10. Eclo 39,21.39s | 14. 1,15

† **6**,7. "Fizestes-nos para vós, ó Deus, e nosso coração estará inquieto enquanto não descansar em vós" (S. Agostinho). | 10. O homem não pode mudar a história nem discutir com Deus sobre o governo do mundo, que supera a inteligência humana. | 12. Não podendo prever o futuro, falta ao homem um elemento-chave para poder tomar decisões. | **7**,10. Contra todo saudosismo, o autor não concorda com os que ficam lembrando o passado para criticar o presente.

14Nos dias felizes fica alegre e nos
dias tristes reflete: "Deus fez tanto uns
como os outros,* para que o homem
nunca possa saber nada do próprio fu-
turo".
15Tudo eu vi em minha vã existência:
o justo que morre,* não obstante sua
justiça, e o ímpio que vive muito, não
obstante sua maldade†.

16Não sejas escrupuloso demais
nem sábio além da medida.†
Por que arruinar-te?
17Não sejas mau demais
e não sejas insensato.
Por que morrer antes do tempo?

18É bom que te apegues a isto* sem
deixar aquilo, porque quem teme a
Deus tem êxito em todas estas coisas.

Valor da sabedoria. 19A sabedoria
torna o sábio mais forte* do que dez
poderosos numa cidade. 20De fato, não
existe sobre a terra um homem tão jus-
to que faça só o bem* sem jamais pe-
car. 21Tampouco dês atenção a todas as
palavras que se dizem, para não ouvires
que teu servo falou mal de ti, 22porque
teu coração sabe que também tu falas-
te tantas vezes mal dos outros. 23Tudo
isto eu examinei com sabedoria e dis-
se: "Quero ser sábio!", mas a sabedoria
está longe de mim! 24O que existiu é
distante e profundo, profundo: quem
pode alcançá-lo?

A mulher. 25Apliquei-me então a co-
nhecer, a indagar e a buscar a sabedo-
ria e o porquê das coisas, a conhecer
a maldade da insensatez* e a tolice da
loucura. 26Vejo que mais amarga do
que a morte é a mulher cujo coração
são laços e redes e cujos braços são
correntes†. Quem é agradável a Deus
escapará dela, mas o pecador será seu
prisioneiro.
27Isto eu descobri, diz Coélet, con-
frontando uma a uma as coisas, para
encontrar sua razão. 28O que eu busco
e ainda não achei é isto:

Um homem entre mil eu achei;
mas uma mulher entre todas não
achei†.
29Só isto eu achei:
Deus fez o homem reto,
mas eles buscam muitos subterfú-
gios.

8 **O sábio.** 1Quem é como o sábio?
Quem conhece a explicação das
coisas?
A sabedoria do homem ilumina seu
rosto
e muda a dureza de seu semblante.

2Observa as ordens do rei e, por cau-
sa do juramento feito a Deus, 3não te
apresses a afastar-te de sua presença e
não persistas no mal; porque ele pode
fazer tudo o que quer. 4Com efeito, a
palavra do rei é soberana; quem pode
dizer-lhe: "Que estás fazendo?" 5Quem
observa o preceito não experimenta
mal algum; a mente do sábio conhece
o tempo e o juízo. 6De fato, para cada
coisa há um tempo e um juízo. Mas
pesa um grande mal sobre o homem:
7ele não sabe o que vai acontecer;*
quem jamais pode indicar-lhe como
será? 8Homem algum é dono* de seu
sopro vital a ponto de segurá-lo, nem
tem poder sobre o dia de sua morte;
não há trégua nesta guerra; a iniquida-
de não salva quem a pratica.

Vicissitudes da vida humana. 9Tudo
isto eu vi ao refletir sobre toda a ação
que se faz debaixo do sol, quando um
homem domina sobre outro homem,
para seu próprio dano. 10Assim eu vi
levar à sepultura ímpios que antes en-
travam e saíam do lugar santo; eram
esquecidos na cidade onde haviam
feito tais coisas†. Também isto é vai-
dade. 11Porque não se executa logo a

---

* **7**,15. 8,14 | 18. Pr 10,27 | 19. 9,16s; Pr 21,22 | 20. 1Jo 1,8s; Jó 14,4 | 25. Pr 5,3s; Jz 16 | **8**,7. 10,14 | 8. Sb 2,1 | 13. 6,12

† **7**,15. A experiência contradizendo a lei da retribuição terrestre. Coélet rejeita toda teologia que ele considera irreal, porque desmentida pela experiência. | 16. A virtude está no meio, no equilíbrio, evitando todo excesso no bem e no mal. | 26. Refere-se à prostituta ou à mulher casada com outro. | 28. Superioridade do homem sobre a mulher, preconceito comum na Antiguidade. | **8**,10. Os crimes caem no esquecimento quando morrem seus autores. | 12. Constata no dia a dia um desmentido da lei da retribuição, tal como era ensinada pelos sábios.

sentença contra uma ação má, o cora-
ção dos filhos dos homens está cheio
de vontade de fazer o mal; 12porque o
pecador, mesmo se comete o mal cem
vezes, tem vida longa†. Todavia eu sei
que serão felizes aqueles que temem
a Deus, justamente porque sentem te-
mor diante dele, 13mas não será feliz o
ímpio* e, como a sombra, não alongará
seus dias, porque ele não teme a Deus.
14Sobre a terra existe esta vaidade: há
justos que são tratados conforme a
conduta dos ímpios e há ímpios que
são tratados conforme a conduta dos
justos.* Eu digo que também isto é vai-
dade†.

15Por isso exalto a alegria,* porque o
homem não tem outra felicidade de-
baixo do sol senão comer e beber e
estar alegre†. Seja esta sua companhia
em suas fadigas durante os dias de vida
que Deus lhe concede debaixo do sol.

16Quando me apliquei a conhecer
a sabedoria e a considerar o traba-
lho que se faz sobre a terra – pois o
homem não concede repouso a seus
olhos nem de dia nem de noite – 17en-
tão observei toda a obra de Deus;* o
homem não pode descobrir a obra que
se faz debaixo do sol; por mais que se
canse procurando-a, não pode desco-
bri-la. Ainda que um sábio diga que a
conhece, não pode encontrá-la.

9 **Tudo depende de Deus.** 1Sim,
sobre todas essas coisas refleti e
compreendi tudo isto: que os justos e
os sábios e suas ações estão nas mãos
de Deus.*

O homem não conhece o amor nem
o ódio†; diante dele tudo é vaidade.

2Há uma sorte única para todos,*
para o justo e o ímpio,
para o bom, o puro e o impuro,
para quem oferece sacrifícios e para
quem não os oferece,
para o bom e para o pecador,
para quem jura e para quem tem
medo de jurar.

3Este é o mal que há em tudo o que
acontece debaixo do sol: uma mesma
sorte espera a todos, e também o co-
ração humano está cheio de malícia.
A insensatez se aloja em seu coração
durante a vida, depois vão para o meio
dos mortos.* 4Ora, enquanto a pes-
soa está entre os vivos, há esperança:
porque é melhor um cão vivo do que
um leão morto†. 5Os vivos sabem que
vão morrer, mas os mortos não sabem
nada; não há mais retribuição para eles,
porque sua lembrança é esquecida†.
6Seu amor, seu ódio e sua inveja, tudo
já acabou, não terão mais parte alguma
em tudo o que se faz debaixo do sol.

7Vai, come com alegria teu pão,*
bebe teu vinho com o coração ale-
gre,
porque Deus já aprovou tuas ações.

8Em todo o tempo tuas vestes sejam
brancas
e o perfume não falte sobre tua ca-
beça†.

9Goza a vida com a esposa que
amas,* por todos os dias de tua vida
fugaz que Deus te concede debaixo do
sol, porque esta é tua parte na vida e
nas penas que sofres debaixo do sol.
10Tudo o que achas para fazer faze-o
enquanto és capaz, porque não haverá
nem atividade, nem razão, nem ciência,
nem sabedoria lá embaixo, no lugar
dos mortos, para onde vais.

Incerteza do êxito. 11Eu vi também
debaixo do sol que a corrida não é
vencida por quem é veloz, nem a ba-
talha pelos fortes; que o pão não vai
para os sábios, nem as riquezas para

---

* **8**,14. Sl 73; Jr 12,1s | 15. 2,24 | 17. 3,11 | **9**,1. Pr 16,1; Dt 33,3; Sb 7,16 | 2. 7,15; 8,14 | 3. 3,19ss | 7. 2,24 | 9. Pr 5,15

† **8**,14. O tormento da vida humana não são as contradições, mas o limite insuperável que é posto à vontade do homem de conhecer. | 15. É melhor aproveitar dos prazeres que Deus colocou na vida do que procurar resolver problemas insolúveis. | **9**,1. Diz que não podemos saber se Deus nos considera bons ou maus, pois tudo acontece do mesmo modo para uns e outros. | 4. O cão era quase sempre um animal vadio e faminto, por isso repelente e desprezível. | 5. Não sabendo da vida futura, o autor sabe apenas que irá para o lugar dos mortos, que ele descreve no v. 10. | 8. Roupas brancas e perfume são sinais de festa: como se a vida fosse uma festa contínua, Pr 15,15.

os homens inteligentes, nem o favor
para os hábeis, porque todos depen-
dem do tempo e das circunstâncias†.
12Com efeito, o homem não conhece
sua hora:* semelhante aos peixes que
são apanhados na rede fatal e às aves
presas no laço, o homem é surpreendi-
do pelo tempo da calamidade que de
repente se abate sobre ele.
13Também este exemplo de sabedo-
ria eu vi debaixo do sol e me pareceu
significativo: 14Havia uma pequena ci-
dade de poucos habitantes. Um gran-
de rei marchou contra ela, cercou-a e
construiu contra ela grandes fortifica-
ções. 15Achava-se porém nela um ho-
mem pobre mas sábio, que com sua
sabedoria salvou a cidade; contudo
ninguém mais se lembrou deste ho-
mem pobre. 16Então eu disse:
É melhor a sabedoria que a força,*
mas a sabedoria do pobre é despre-
zada*
e suas palavras não são ouvidas.
17As palavras calmas dos sábios são
ouvidas
mais que os gritos de quem governa
entre os insensatos.
18É melhor a sabedoria que as armas
de guerra,
mas um só pecador pode causar a
perda de um grande bem.

10 **Sabedoria e loucura.** 1Moscas
mortas fazem o unguento do
perfumista exalar mau cheiro:
assim um pouco de loucura estraga o
valor da sabedoria e da honra.
2A mente do sábio se dirige para o
que é certo*
e a do insensato para o que é errado.
3Até na rua, enquanto o tolo cami-
nha, falta-lhe o entendimento e de-
monstra a todos que é tolo.
4Se a ira de um poderoso se acende
contra ti, não deixes teu lugar, porque
a calma aplaca até as ofensas graves.
Experiências negativas. 5Há um mal
que observei debaixo do sol, como
um erro que escapou ao soberano: 6a
insensatez ocupando postos mais ele-
vados* e ricos sentados em posição
inferior. 7Eu vi escravos montados a
cavalo e príncipes andando a pé como
escravos.
8Quem cava uma fossa cai dentro
dela,*
e quem derruba um muro é mordido
por uma cobra.
9Quem remove pedras se machuca,
e quem corta lenha corre perigo.
10Se o machado estiver cego e não
se amola seu corte, é preciso redobrar
os esforços;
a sabedoria é valiosa para se obter
sucesso. 11Se a serpente morde antes
de ser encantada, de nada serve o en-
cantador.
O sábio e o estulto. 12As palavras da
boca do sábio agradam,*
mas os lábios do estulto causam sua
ruína:
13o princípio de seu falar é insensatez,
e o fim de suas palavras, loucura fu-
nesta.
14O insensato multiplica as palavras,*
mas o homem não sabe o que aconte-
cerá: quem lhe manifestará o que have-
rá depois dele?
15O trabalho do insensato o cansa,
porque não sabe nem como ir à ci-
dade.
Temperança. 16Ai de ti, ó país, que tens
como rei uma criança*
e cujos príncipes comem desde o
amanhecer!
17Feliz de ti, ó país, que tens como rei
um filho de nobres
e cujos príncipes comem no devido
tempo
para restaurar suas forças e não para
se banquetear!
18Por causa da negligência o teto de-
saba
e por causa da inércia das mãos cho-
ve dentro de casa.
19Para o divertimento se fazem ban-
quetes,*

* **9**,12. Lc 12,20 | 16. 7,19 / Pr 21,22; 24,5 | **10**,2. 2,14 | 6. Pr 19,10; 30,22 | 8. Pr 26,27; Sl 7,16; Eclo 27,29s | 12. Pr 10,32; 15,2 | 14. 8,7 | 16. Pr 31,4-7 | 19. Sl 104,15

† **10**,11. O sucesso da pessoa não depende só de suas qualidades.

e o vinho alegra a vida;
e o dinheiro serve para tudo.
20Não fales mal do rei nem em pen-
samento;
não fales mal do rico nem em teu
quarto de dormir,
porque uma ave do céu pode levar
tua voz
e um ser alado comunicar a palavra.

11 **Trabalha e sê alegre.** 1Lança
teu pão sobre as águas, por-
que depois de muito tempo o reen-
contrarás†. 2Reparte com sete ou com
oito, porque não sabes que mal poderá
suceder sobre a terra.
3Se as nuvens estão cheias de água,
vão derramá-la sobre a terra;
e se uma árvore cai ao sul ou ao norte,
lá onde cai permanece.
4Quem observa o vento não semeia
e quem olha para as nuvens não colhe†.
5Assim como não conheces o cami-
nho do vento e como crescem os os-
sos no ventre da mulher grávida, assim
ignoras a obra de Deus que faz tudo.*
6Lança tua semente de manhã, e de
tarde não dês descanso a tuas mãos,
porque não sabes qual dos dois tra-
balhos terá êxito,
se este ou aquele,
ou se serão bons todos os dois†.
Conselhos aos jovens. 7Doce é a luz,
e aos olhos agrada ver o sol.
8Ainda que o homem viva por muitos
anos,
aproveite-os todos,
mas pense nos dias tenebrosos, que
serão muitos:
tudo o que acontece é vaidade.
9Alegra-te, jovem, em tua juventude,
e alegre-se teu coração nos dias de
tua mocidade.
Segue os caminhos de teu coração
e os desejos de teus olhos.
Sabe, porém, que de tudo isto
Deus te pedirá contas†.
10Expulsa de teu coração a melancolia,
afasta de teu corpo a dor,
porque a juventude e a adolescência
são vaidade.

12 **A velhice**†. 1Lembra-te de teu
Criador nos dias de tua juven-
tude,
antes que venham os dias tristes
e cheguem os anos dos quais dirás:
"Não tenho neles nenhum gosto",
2antes que se escureçam o sol e a luz,
a lua e as estrelas,
e retornem as nuvens depois da chuva;
3quando tremem os guardas da casa
e se curvam os homens robustos,
e as mulheres, uma depois da outra,
cessam de moer,
e se ofuscam aquelas que olham das
janelas,
4e se fecham as portas da rua;
quando diminui o ruído do moinho;
quando se acorda com o canto dos
pássaros
e se calam todas as canções;
5quando se tem medo das subidas
e se levam sustos no caminho;
quando floresce a amendoeira
e o gafanhoto se arrasta com dificul-
dade,
e a alcaparra não terá mais efeito,
porque o homem parte para sua mo-
rada eterna
e os pranteadores percorrem as ruas;
6antes que se arrebente o cordão de
prata
e a lâmpada de ouro se quebre,
e se rompa a ânfora na fonte,
e a roda se parta e caia no poço†,
7e retorne o pó à terra, como era antes,
e o espírito volte a Deus que o deu†.
8Vaidade das vaidades, diz Coélet,
tudo é vaidade.*

---

* **11**,5. Jo 3,8; Sl 139,14ss; 3,11 | **12**,8. 1,2

† **11**,1. Saber arriscar pode ser condição de sucesso. | 4. Precaução demasiada impede de agir; é preciso saber arriscar. | 6. Perseverar no esforço e aproveitar as circunstâncias. | 9. Gozar a vida respeitando os limites que Deus colocou. | **12**. A célebre alegoria do envelhecimento representa a idade, que faz o corpo humano parecer com uma casa em decadência: os guardas são os braços; os homens robustos, os ombros; as mulheres que moem, os dentes; as que olham das janelas, os olhos; as portas da rua, os ouvidos; o ruído do moinho, a voz. | 6. As imagens do v. 6 referem-se todas ao coração que para de bater, portanto, à morte. | 7. O espírito, sopro dado por Deus, Gn 2,7, retorna a Ele.

III. EPÍLOGO
(12,9-14)

9Além de ser sábio, Coélet ensinou
também a ciência ao povo; escutou,
indagou e compôs um grande número
de sentenças.
10Coélet tratou de encontrar pro-
vérbios agradáveis e escreveu com
exatidão palavras de verdade. 11As
palavras dos sábios são como agui-
lhões e as sentenças colecionadas são
como cravos bem fixados: são dadas
por um só pastor. 12De resto, meu fi-
lho, fica atento: os livros se multipli-
cam sem-fim, mas o muito estudar
cansa o corpo.
13Esta é a conclusão, depois de ou-
vir tudo: Teme a Deus* e observa seus
mandamentos, porque isto para o ho-
mem é tudo†.
14Com efeito, Deus fará vir ao julga-
mento todas as ações, todas as ocultas
também, sejam boas, sejam más.

---

* **12**,13. 5,6; Eclo 1,13

† **12**,13. Acima de todas as suas desilusões, o autor coloca o temor de Deus e a fidelidade a seus mandamentos.

CÂNTICO DOS CÂNTICOS

O título do livro é tradução literal de um superlativo hebraico, que significa propriamente "o mais belo dos cânticos", "o cântico sublime", "o cântico por excelência". Sua atribuição a Salomão não se sustenta, é uma ficção literária. A linguagem está mais próxima da do Eclesiastes, e o livro deve ter sido composto por volta do ano 450 a.C. Nele é possível distinguir vários poemas ou cenas, obra de um só e mesmo autor.

A obra se apresenta como um drama do amor de um rapaz e uma moça, que às vezes usam linguagem bastante ousada para quem não conhece os costumes orientais. Nada evoca o sentimento religioso ou o aspecto moral das realidades humanas. Deus não é mencionado senão no fim, numa expressão consagrada.

Pelo fato de ser reconhecido como inspirado, este livro só pode ser interpretado dentro do contexto da Bíblia. Já os antigos hebreus lhe davam uma interpretação alegórica. Entre os cristãos foi Orígenes o primeiro a seguir esta linha. Depois dele, os autores em geral consideraram o Cântico como um epitalâmio, que celebra as núpcias de Cristo e da Igreja. De fato, os profetas apresentam a aliança como um matrimônio entre Deus e Israel (Is 62,5). Certos autores dizem que foi intenção do autor falar do amor divino sob aquelas imagens. A liturgia e alguns místicos também aplicam frases do Cântico a Maria Santíssima. Hoje, porém, toma-se o Cântico em seu sentido mais óbvio e imediato, de coleção de poesias de amor, que têm vários paralelos nos textos egípcios. É de fato muito oportuno proclamar a sacralidade do amor humano, que remonta ao ato criador de Deus, numa sociedade que tantas vezes o profana e espezinha. Não se nega a legitimidade da interpretação alegórica, só se afirma que não foi esta a intenção do autor.

O ambiente do livro é todo pastoril, e suas poesias estão cheias de imagens agrestes, exaltando a beleza e o valor do amor: nada pode destruí-lo, é forte como a morte, as grandes águas não podem extingui-lo (Ct 8,6s).

A leitura do Cântico deve recordar-nos que Deus é amor e fonte de todo amor verdadeiro. O amor entre homem e mulher é um dom pelo qual Deus lhes concede beber daquela fonte de vida que é seu próprio coração.

I. PRIMEIRO CÂNTICO (1,1–2,7)

1 **Amabilidade do esposo.** 1Cântico dos cânticos, que é de Salomão†.
2Beija-me com os beijos de tua boca!
Porque tuas carícias são melhores que o vinho†.
3Teus perfumes têm um odor suave,
aroma que se expande é teu nome,
por isso as adolescentes te amam.*
4Atrai-me a ti, corramos!
Que o rei me introduza em seus aposentos†:
exultaremos e nos alegraremos por ti,
recordaremos tuas carícias mais que o vinho.
É com razão que te amam!

A esposa se apresenta. 5Sou morena, mas formosa,
ó filhas de Jerusalém†,
como as tendas de Cedar,
como os pavilhões de Salma.
6Não repareis que sou morena,
porque o sol me bronzeou.
Os filhos de minha mãe se irritaram contra mim:
puseram-me para guardar as vinhas;
mas minha própria vinha* eu não guardei†.

Desejo do esposo. 7Dize-me, ó amor de minha alma,
onde vais apascentar o rebanho,*
onde o fazes repousar ao meio-dia,

---

* **1**,3. 6,8 | 6. Is 5,1 | 7. Ez 34,1; Sl 23,1ss; Jo 10,1-29

† **1**,1. Modo hebraico de exprimir o superlativo: "o cântico por excelência". A tradição atribuía a Salomão 1.005 cânticos, 1Rs 5,12. | 2. Ver a nota em Ecl 2,3. | 4. O rei é o esposo: no casamento os esposos traziam coroas na cabeça. | 5. As filhas de Jerusalém são as amigas da esposa que fazem o papel do coro. | 6. Os irmãos da moça acham que ela está jovem demais para o amor, mas ela não guarda sua vinha, quer dizer, seu amor.

para que eu não ande errante
atrás dos rebanhos de teus companheiros.
[8]Se não o sabes, ó mais bela das mulheres,
segue os rastos do rebanho
e leva tuas cabritas a pastar
perto das tendas dos pastores.

Colóquio entre os esposos. [9]Minha querida, eu te comparo
à égua do carro do faraó†.
[10]Belas são tuas faces entre os brincos,
teu pescoço entre os colares de pérolas.
[11]Faremos para ti brincos de ouro,
cravejados de prata.
[12]Enquanto o rei está em seu divã,
meu nardo exala seu perfume.*
[13]Meu amado é para mim como um saquinho de mirra†,
repousando entre meus seios.
[14]Meu amado é para mim como um ramalhete de flores de alfena†
nas vinhas de Engadi†.
[15]Como és bela, minha querida, como és bela!
Teus olhos são como pombas.
[16]Como és belo, meu amado, quão gracioso!
Também nosso leito é relva verde.
[17]As traves de nossa casa são os cedros,
nosso teto são os ciprestes.†

2 [1]Eu sou um narciso de Saron, um lírio dos vales.
[2]Como um lírio entre os espinhos,
assim é minha querida entre as moças.
[3]Como a macieira entre as árvores do bosque,*
assim é meu amado entre os jovens.
Eu me sento a sua sombra, que eu tanto desejava,
e doce é seu fruto a meu paladar.
[4]Introduziu-me na adega do vinho†,
e seu estandarte sobre mim é o amor.
[5]Sustentai-me com tortas de uvas,
fortalecei-me com maçãs,
porque estou doente de amor.
[6]Sua mão esquerda está debaixo de minha cabeça*
e sua direita me abraça.
[7] Eu vos conjuro, filhas de Jerusalém,*
pelas gazelas, pelas corças dos campos:*
não desperteis, não acordeis a amada,
até que ela o queira†.

II. SEGUNDO CÂNTICO (2,8-17)

O esposo busca a esposa. [8]A voz de meu amado!
Ele está vindo,
saltando pelos montes,
pulando pelas colinas.†
[9]Meu amado parece um gamo ou um filhote de gazela.
Ali está ele,
atrás de nosso muro;
olha das janelas,
espia pelas treliças.
[10]Fala meu amado e me diz:
"Levanta-te, minha querida,
minha bela, e vem!
[11]Porque o inverno passou†,
cessou a chuva, ela se foi;*
[12]Aparecem as flores na terra,
chegou o tempo de cantar,
e a voz da rola se faz ouvir
em nossa terra.
[13]A figueira começa a dar os primeiros frutos
e as videiras em flor exalam perfume.
Levanta-te, minha querida,
minha bela, e vem!
[14]Minha pomba, que estás nas fendas dos rochedos,

---

* **1**,12. 1,3 | **2**,3. 8,5 | 6. 8,3 | 7. 3,5; 8,4 / 5,2-5; 8,5 | 11. 6,11; 7,13s

† **1**,9. Esse tipo de comparação com os esplêndidos animais do faraó era comum no oriente: símbolo de beleza, de agilidade. | 13. As mulheres o levavam no peito, por isso significa que ela se lembrará sempre do esposo. | 14. Planta que dá flores brancas de ótimo perfume. / Ver a nota em 1Sm 24,1. | 17. Madeiras usadas por Salomão na construção do templo, 1Rs 5,22. Os esposos estão em plena natureza como se fosse num palácio. | **2**,4. O vinho é o símbolo do amor; a esposa se sente inebriada de amor. | 7. O amor não é um sentimento artificial e calculado, mas tem seu tempo. | 8. O esposo é descrito como um pastor que chega com seu rebanho na primavera. | 11. Os vv. 11-13 são o mais belo canto à natureza em todo o AT (W. Rudolph).

nos esconderijos das rochas escarpadas,
mostra-me teu rosto,
faze-me ouvir tua voz,
porque tua voz é suave,
teu rosto é gracioso".
15Apanhai para nós as raposas,
as raposas pequenas
que devastam as vinhas,
porque nossas vinhas estão em flor†.
16Meu amado é meu e eu sou dele.*
Ele apascenta o rebanho entre os lírios.*
17Antes que sopre a brisa do dia
e fujam as sombras,
volta, meu amado,
semelhante ao gamo
ou ao filhote da gazela,
sobre os montes dos aromas.

III. TERCEIRO CÂNTICO (3,1-5)

3 **A esposa busca o esposo.** 1De
noite, em meu leito,
procurei o amado de meu coração;
procurei-o, mas não o encontrei.*
2"Vou levantar-me e percorrer a cidade;
pelas ruas e pelas praças
quero procurar o amado de meu coração".
Procurei-o, mas não o encontrei.
3Encontraram-me os guardas que rondavam a cidade:*
"Vistes o amado de meu coração?"
4Logo que passei por eles,
encontrei o amado de meu coração.
Segurei-o e não o deixarei,
enquanto não o conduzir à casa de minha mãe†,
ao quarto daquela que me concebeu.*
5Eu vos conjuro, filhas de Jerusalém,*
pelas gazelas, pelas corças dos campos:
não desperteis, não acordeis a amada,
até que ela o queira.

IV. QUARTO CÂNTICO (3,6–5,1)

O cortejo nupcial†. 6Que é aquilo
que sobe do deserto*
como coluna de fumaça,
exalando perfume de mirra, de incenso
e de todo pó aromático importado?
7É a liteira de Salomão:
sessenta valentes estão a seu redor,
dentre os mais fortes de Israel.
8Todos sabem manejar a espada
e são treinados para a guerra;
cada um traz a espada na cintura
por causa dos perigos da noite.
9O rei Salomão faz para si um palanquim
de madeira do Líbano.
10Fez de prata suas colunas,
de ouro seu encosto,
o assento de púrpura;
e seu interior foi decorado com amor
pelas filhas de Jerusalém.
11Saí, filhas de Sião,
e contemplai o rei Salomão
com a coroa com que o coroou sua mãe
no dia de suas núpcias,
no dia da alegria de seu coração.

4 **Louvores à beleza da esposa.**
1Como és bela, minha querida,
como és bela!†
Teus olhos são como pombas
por detrás de teu véu.*
Teus cabelos são como um rebanho de cabras
que descem da montanha de Galaad†.
2Teus dentes são como um rebanho de ovelhas tosquiadas
que sobem do lavadouro:
todas tiveram gêmeos
e nenhuma delas está sem cria.
3Como fita escarlate são teus lábios
e tua boca é graciosa;

---

* **2**,16. 6,3 / 2,1 | **3**,1. 5,6 | 3. 5,7 | 4. 8,2.5 | 5. 2,7; 8,4 | 6. 6,10; 8,5 | **4**,1. 4,3; 6,7

† **2**,15. A vinha é o amor, e as raposas são os obstáculos que o amor pode encontrar. | **3**,4. Quer dizer: enquanto não o desposar, Gn 24,67. | 6. Representação da amada como a filha do faraó que Salomão, seu esposo, manda buscar na liteira para introduzi-la no palácio. | **4**,1. Descrever a beleza física dos noivos era costume nas festas de casamento, como também na literatura amorosa. / As cabras tinham o pelo luzidio e preto. As comparações são singelas e ingênuas.

como romã partida é tua face através do véu.
[4]Teu pescoço é como a torre de Davi,
construída para arsenal.
Mil escudos aí estão pendurados,
todos os escudos dos valentes.
[5]Teus seios são como dois filhotes,*
gêmeos de uma gazela,
que pastam entre os lírios.
[6]Antes que sopre a brisa do dia
e fujam as sombras,
eu irei ao monte da mirra
e à colina do incenso.
[7]És toda bela, minha querida,
em ti não há mancha†.

Convite à esposa. [8]Vem comigo do Líbano, minha esposa,
vem comigo do Líbano!
Olha do alto do Amaná,
do alto do Sanir e do Hermon,
das cavernas dos leões,
dos montes dos leopardos.
[9]Roubaste meu coração,
minha irmã, minha esposa,
roubaste meu coração
com um só de teus olhares,
com uma só pérola de teu colar!
[10]Como são suaves tuas carícias,*
minha irmã, minha esposa!
Como são mais deliciosas que o vinho tuas carícias!
E o odor de teus perfumes supera todos os aromas.
[11]Teus lábios destilam mel virgem, minha esposa;*
há mel e leite debaixo de tua língua,
e o perfume de tuas vestes é como o perfume do Líbano.*
[12]És um jardim* fechado,*
minha irmã, minha esposa;
jardim fechado, fonte selada†.
[13]Teus rebentos são um pomar de romãs
com os frutos mais deliciosos,
alfena e nardo,
[14]nardo e açafrão, canela e cinamomo,
com todas as árvores de incenso;
mirra e aloés
com todos os mais finos aromas.
[15]Tu és a fonte que rega os jardins,*
poço de águas vivas
e riachos que brotam do Líbano†.
[16]Levanta-te, vento norte; vem, vento sul!
Sopra em meu jardim,
para que se espalhem seus aromas.
Entre meu amado em seu jardim
e coma seus frutos deliciosos.

5 [1]Entrei em meu jardim, minha irmã, minha esposa,
colhi minha mirra e meu bálsamo;
comi meu favo e meu mel,
bebi meu vinho e meu leite.
Amigos, comei, bebei;*
inebriai-vos, meus caros.

V. QUINTO CÂNTICO (5,2–6,9)

Visita noturna do esposo. [2]Eu dormia, mas meu coração estava atento.*
Ouvi meu amado que batia:
"Abre-me, minha irmã,
minha querida, minha pomba, minha perfeita:
porque minha cabeça está coberta de orvalho,
meus cabelos, do sereno da noite".
[3]"Eu tirei minha veste,
como vesti-la outra vez?
Já lavei meus pés,
por que sujá-los de novo?"
[4]Meu amado pôs a mão na fenda da porta
e minhas entranhas estremeceram por causa dele.
[5]Levantei-me para abrir a meu amado;
minhas mãos destilavam mirra
e meus dedos gotejavam mirra
sobre a maçaneta da fechadura.
[6]Abri então a meu amado,
mas meu amado já se tinha retirado, ele partiu.
Desfaleci por seu desaparecimento.
Procurei-o, mas não o encontrei.
Chamei-o, mas não me respondeu.*

---

* **4**,5. 7,4 | 10. 1,2.4 | 11. Pr 5,3 / Os 14,7 | 12. 6,2 / Pr 5,16 | 15. Pr 5,15s | **5**,1. Is 55,1s | 2. 2,7 | 6. 3,1

† **4**,7. A Igreja aplica este v. a Maria Imaculada. | 12. Fechado a todo outro amor, reservado somente ao amado. | 15. A fonte, a água dá vida à natureza: assim a mulher é a vida do lar.

7Encontraram-me os guardas que rondam a cidade;*
espancaram-me, feriram-me;
tiraram-me o manto
os guardas dos muros.
8Eu vos conjuro, filhas de Jerusalém,*
se encontrardes meu amado,
que lhe direis?
Que estou doente de amor!
9Que tem teu amado a mais que um outro,
ó mais bela das mulheres?
Que tem teu amado a mais que um outro,
para que assim nos conjures?

Descrição do esposo. 10Meu amado é claro e rosado
e se distingue entre dez mil.
11Sua cabeça é como ouro, ouro puro,
seus cabelos, cachos de palmeira,
são negros como o corvo.
12Seus olhos são como pombas
junto a correntes de água;
seus dentes, lavados em leite,
colocados com perfeição.
13Suas faces, como canteiros de bálsamo,*
canteiros de ervas aromáticas;
seus lábios são lírios
que destilam mirra líquida.
14Suas mãos são anéis de ouro,
engastados de pedras preciosas.
Seu ventre é um bloco de marfim,
cravejado de safiras.
15Suas pernas, colunas de alabastro†,
apoiadas em bases de ouro puro.
Seu aspecto é o do Líbano,
majestoso como os cedros.
16Sua boca é a própria doçura,
tudo nele é um encanto!
Este é meu amado, este é meu amigo,
ó filhas de Jerusalém.

6 1Aonde foi teu amado,
ó mais bela das mulheres?
Aonde se dirigiu teu amado,
para que o procuremos contigo?
2Meu amado desceu a seu jardim*
entre os canteiros de bálsamo
para apascentar o rebanho nos jardins
e colher lírios.
3Eu sou de meu amado e meu amado é meu;*
ele apascenta o rebanho entre os lírios.

Complacência do esposo. 4Tu és bela, minha querida, como Tersa†,
graciosa como Jerusalém,
terrível como um exército em ordem de batalha.
5Afasta de mim teus olhos,
porque eles me perturbam.
Teus cabelos são como um rebanho de cabras*
que descem de Galaad.
6Teus dentes, como um rebanho de ovelhas
que sobem do lavadouro:
todas tiveram gêmeos
e nenhuma delas está sem cria.
7Como romã partida é tua face
através do véu.
8Sessenta são as rainhas,
oitenta as concubinas
e sem número as jovens.
9Mas uma só é minha pomba, minha perfeita†,
ela é a única de sua mãe,*
a preferida daquela que a deu à luz.
Ao vê-la, as jovens a proclamam feliz;*
as rainhas e as concubinas a celebram.

VI. SEXTO CÂNTICO (6,10–8,4)

10"Quem é esta que avança como a aurora,*
formosa como a lua,
brilhante como o sol,
terrível como um exército* em ordem de batalha?"†

---

* **5**,7. 3,3 | 8. 2,7; 3,5 | 13. Sl 133,2 | **6**,2. 4,12-16 | 3. 2,16 | 5. 4,1ss | 9. Pr 4,3 / Pr 31,28 | 10. 3,6 / 4,4

† **5**,15. Rocha translúcida, de intensa brancura, comum no Egito e usada para esculturas. | **6**,4. Capital do reino do norte antes de Samaria; seu nome significa a graciosa, a desejada. | 9. Todo um harém não vale tanto quanto a amada. | 10. A liturgia aplica este v. a Maria Ss[ma] em sua Assunção ao céu.

[11]Ao jardim das nogueiras eu desci*
para ver as plantas verdes do vale,*
para ver se tinham brotado as videiras,*
se estavam em flor as romãzeiras.
[12]Não sei como, mas meu desejo me
fez subir
aos carros de meu nobre povo.

7 **Contemplação da esposa.** [1]"Vol-
ta, volta, Sulamita†,
volta, volta: queremos admirar-te".
"Que admirais na Sulamita
durante a dança em duas filas?"
[2]"Como são belos teus pés
nas sandálias, filha de príncipe!
As curvas de teus quadris são como
colares,
obra de mãos de artista.
[3]Teu umbigo é uma taça redonda,
onde nunca falta o vinho aromático.
Teu ventre é um monte de trigo,
rodeado de lírios.
[4]Teus seios, como dois filhotes,*
gêmeos de gazela.
[5]Teu pescoço é como uma torre de
marfim;
teus olhos são como os açudes de
Hesebon,
junto à porta de Bat-Rabim.
Teu nariz é como a torre do Líbano,
sentinela diante de Damasco.
[6]Tua cabeça sobre teu corpo é como
o Carmelo,
e os cabelos de tua cabeça são como
a púrpura;
um rei ficou prisioneiro de tuas tran-
ças".
[7]Como és bela e como és graciosa,
ó amor, com todas as tuas delícias!
[8]Teu porte se assemelha ao da pal-
meira
e teus seios, a seus cachos.
[9]Eu disse: "Subirei à palmeira
e colherei seus frutos.
Sejam teus seios como cachos de uva
e o perfume de tua respiração como
o de maçãs".
[10]Tua boca é como vinho delicioso,
que se escoa docemente para meu
amado
e flui entre seus lábios e dentes!
Posse mútua. [11]Eu sou para meu amado
e seu desejo é para mim.*
[12]Vem, meu amado, vamos aos cam-
pos,*
passemos a noite nas aldeias.
[13]De manhã iremos às vinhas
para ver se a videira brotou,
se desabrocham suas flores,
se estão em flor as romãzeiras:
ali te darei meus amores!*
[14]As mandrágoras exalam seu perfu-
me;
a nossas portas há frutos deliciosos
de toda espécie,
novos e secos,
que guardei para ti, meu amado.

8 **O desejo da união.** [1]Quem me
dera que tu fosses meu irmão,
amamentado ao seio de minha mãe!
Quando te encontrasse na rua, eu
poderia beijar-te
sem que ninguém me desprezasse†.
[2]Eu te conduziria, te introduziria na
casa de minha mãe;
tu me iniciarias.
Eu te daria a beber vinho aromático
e suco de minhas romãs.
[3]Tua mão esquerda está debaixo de
minha cabeça*
e tua direita me abraça.
[4]Eu vos conjuro, filhas de Jerusalém,*
não desperteis, não acordeis minha
amada,
até que ela o queira.

VII. SÉTIMO CÂNTICO (8,5-14)

A esposa é conduzida ao esposo.
[5]Quem é esta que sobe do deserto,
apoiada a seu amado?
Debaixo da macieira eu te despertei;*

---

* **6**,11. 4,12 / 2,11 / 7,13s | **7**,4. 4,5 | 11. Gn 3,16 | 12. 2,10-14 | 13. 2,16; 7,11 | **8**,3. 2,6 | 4. 2,7;3,5 | 5. 2,7; 3,5; 5,2; 8,4

† **7**,1. Este nome pode ser o feminino de Salomão; significaria pacífica, a que possui todo bem, especialmente a beleza. | **8**,1. Ainda hoje, entre os beduínos, só pode abraçar uma moça em público seu irmão ou primo.

Lá, onde tua mãe te deu à luz,
lá onde te deu à luz aquela que te gerou.

Ardor e estabilidade do amor. 6Põe-
-me como um selo sobre teu coração,*
como um selo sobre teu braço†;
porque forte como a morte é o amor,
inflexível como o abismo é o ciúme.
Suas chamas são chamas de fogo,
uma chama de Javé!†
7As grandes águas não podem extinguir o amor,*
nem os rios afogá-lo†.
Se alguém desse todas as riquezas de sua casa
em troca do amor, seria com certeza desprezado.

A irmãzinha. 8Temos uma irmã pequena
que ainda não tem seios formados.
Que faremos para nossa irmã
no dia em que pedirem sua mão?
9Se ela fosse um muro,
construiríamos em cima um palácio de prata;
se fosse uma porta,
nós a reforçaríamos com tábuas de cedro.
10Eu sou um muro
e meus seios são como torres!
Assim sou a seus olhos
como aquela que encontrou paz!

A vinha de Salomão. 11Salomão tinha
uma vinha em Baal-Hamon.
Ele confiou a vinha aos guardas;
cada um lhe devia levar por seus frutos
mil siclos de prata.
12Minha vinha, que me pertence, está
diante de mim†;
sejam para ti, Salomão, os mil siclos
e duzentos para os guardas de seus frutos!

O consentimento da esposa. 13Ó tu
que moras nos jardins,
os companheiros estão atentos a tua voz:
faze-me ouvi-la.
14"Corre, meu amado,*
torna-te semelhante a um gamo
ou a um filhote de gazela,
sobre os montes perfumados!"

---

* **8**,6. Dt 6,6.8; 11,18; Jr 31,33; Pr 3,3 | 7. Is 43,2 | 14. 2,17

† **8**,6. O selo servia para autenticar escritos e era um objeto que nunca se deixava: exprime o amor inseparável. / Que só Javé pode acender. Todo o Cântico é um comentário de Gn 2. | 7. A metáfora passa do fogo à água, mas é sempre o poder insuperável do amor que se exprime. | 12. A vinha é a esposa, que vale mais que a melhor vinha de Salomão.

SABEDORIA

É o livro mais recente do Antigo Testamento, tendo sido escrito na segunda metade do séc. I a.C, diretamente na língua grega. Seu título original é "Sabedoria de Salomão", em homenagem ao rei que recebeu de Deus o dom da sabedoria (1Rs 3,5-15). O autor é certamente um judeu, conhecedor do mundo helenista, pois viveu provavelmente em Alexandria, capital do helenismo sob os Ptolomeus, mas cheio de fé no "Deus dos pais e Senhor de misericórdia" (9,1).

Dirige-se aos judeus, seus compatriotas, para fortificá-los na fé dos pais, a fim de que resistam aos atrativos da cultura helenista. Ensina-os a professar a superioridade da sabedoria hebraica sobre a filosofia pagã e a redescobrir sua verdadeira identidade, mediante uma reflexão aprofundada sobre a palavra de Deus, manifestada na história de Israel. Convencido da vocação missionária do povo eleito (Is 49, 1-6), dirige-se também aos pagãos, anunciando-lhes o Deus dos hebreus e mostrando a insensatez da idolatria.

Podemos distinguir três partes no livro: na primeira (1–6,21), o autor compara a situação atual dos justos e dos ímpios e sua situação final, quando será revelada a verdade; na segunda (6,22–9,18), coloca em cena Salomão, que faz um elogio da sabedoria de Deus e reza uma oração para obter a Sabedoria; na terceira (10–19), mostra a Sabedoria agindo na história do povo eleito, desde Adão a Moisés, e retoma, em forma de midraxe, a narrativa do êxodo, recordando os benefícios concedidos a Israel, povo que acolhe e segue a sabedoria, e os castigos enviados sobre os egípcios, que recusam e combatem a sabedoria, entregando-se à idolatria.

O livro afirma claramente a imortalidade e a incorruptibilidade do ser humano, imagem de Deus, mas não fala explicitamente de ressurreição. Conhece uma dupla morte, a temporal e a eterna: a primeira, à qual também os justos estão sujeitos, é apresentada como passagem para a vida eterna no amor com Deus (3,9; 5,15). A condição da imortalidade é a prática da justiça e o reconhecimento da soberania do Senhor que virá como juiz. Revelando a Sabedoria como expressão da presença de Deus no mundo e entre os seres humanos (7,25s), o livro dá o último passo para a revelação de Cristo, Sabedoria de Deus encarnada, a fonte da vida e da felicidade eterna.

I. A SABEDORIA, FONTE DE FELICIDADE E DE IMORTALIDADE (1–9)

1 **Exortação à justiça.** 1Amai a justiça†, vós que governais a terra,
pensai sobre o Senhor retamente
e buscai-o com um coração simples;
2porque ele se deixa encontrar* pelos que não o tentam†
e se mostra aos que não recusam crer nele.
3Com efeito, os raciocínios tortuosos afastam de Deus,
e a onipotência, posta à prova, confunde os insensatos.
4A sabedoria não entra numa alma que pratica o mal
nem habita num corpo* escravo do pecado†.
5Pois o santo espírito, que ensina, foge do fingimento,*
mantém-se longe dos discursos insensatos
e se retira quando sobrevém a injustiça†.

Nada escapa à sabedoria de Deus.
6A Sabedoria é um espírito amigo dos homens,*
mas não deixará impune quem blasfema com os lábios,
porque Deus é testemunha de seus sentimentos,*

---

* **1**,2. 2Cr 15,2; Pr 8,17 | 4. Rm 7,24; 8,2 | 5. Rm 8,14 | 6. 7,23; Pr 8,31; Tt 3,4 / Jr 11,20

† **1**,1. Justiça é o cumprimento da vontade de Deus, tal como se revela na lei. | 2. Seria tentar a Deus pretender encontrá-lo sem respeitar as condições de fidelidade que Ele estabeleceu. | 4. Em si mesmo o corpo não é mau, mas pode vir a ser instrumento do pecado e de escravidão, Jo 8,34. | 5. O autor exorta a levar uma vida virtuosa e a confiar em Deus, para gozar da companhia de Deus e da Sabedoria.

observador leal de seu coração
e mantém-se à escuta de suas palavras.
7 Com efeito, o espírito do Senhor enche o mundo*
e, abraçando todo o universo,* conhece toda voz†.
8 Por isso não lhe escapará quem profere coisas injustas,*
e a justiça que corrige não o poupará.
9 Será feito um exame dos propósitos do ímpio,*
o som de suas palavras chegará até o Senhor
para a condenação de seus crimes.
10 Pois um ouvido cioso escuta tudo:*
nem o sussurro das murmurações lhe escapa.
11 Guardai-vos, portanto, do murmúrio inútil,*
preservai a língua da maledicência,
porque nem uma palavra secreta ficará sem efeito,
e a boca mentirosa mata a alma.

Pecado e morte. 12 Cessai de procurar a morte com os erros de vossa vida*
e de atrair sobre vós a ruína com as obras de vossas mãos,
13 porque Deus não fez a morte*
e não se alegra com a perdição dos seres vivos†.
14 De fato, ele criou todas as coisas para que existam;
as criaturas do mundo são saudáveis,
nelas não há veneno mortífero,
e o abismo não domina sobre a terra,
15 porque a justiça é imortal.*
16 Mas os ímpios invocam sobre si a morte†
com gestos e com palavras;
considerando-a amiga, por ela se consomem*
e com ela concluem aliança*
porque são dignos de pertencer-lhe.

2

Os discursos dos maus. 1 Dizem eles entre si, raciocinando erroneamente:
"Nossa vida é breve e triste;
não há remédio, quando chega o fim,
e não se conhece ninguém que tenha voltado do abismo.*
2 Nascemos por acaso
e depois seremos como se não tivéssemos existido.
É fumaça a respiração em nossas narinas,*
o pensamento é uma centelha
que nasce do palpitar do coração.
3 Uma vez apagada, o corpo se tornará cinza
e o espírito se dissipará como ar inconsistente.
4 Nosso nome será esquecido com o tempo*
e ninguém recordará nossas obras.*
Nossa vida passará como os traços de uma nuvem,*
se dispersará como neblina
expulsa pelos raios do sol
e dissolvida pelo calor.
5 Nossa existência é o passar de uma sombra*
e não há retorno em nossa morte,
porque é aposto o selo e ninguém pode voltar atrás†.
6 Então, gozemos os bens presentes,
aproveitemos das criaturas com ardor juvenil!
7 Inebriemo-nos com o melhor vinho e com perfumes,
não deixemos escapar a flor da primavera.
8 Coroemo-nos com botões de rosas antes que murchem;
9 nenhum de nós falte a nossa orgia.
Deixemos por toda parte os sinais de nossa alegria
porque esta é nossa parte, esta é nossa sorte.

---

* **1**,7. Sl 139,7-12 / At 2,4 | 8. Pr 22,12; Eclo 39,24 | 9. 11,20 | 10. Dt 29,19 | 11. Êx 15,24; Sl 78,19 | 12. Pr 8,36 | 13. 2,23s; 11,23-12,1; Ez 18,32; 33,11 | 15. 3,4 | 16. Pr 8,36 / Is 28,15; Eclo 14,12 | **2**,1. Jó 14,1s; Sl 39,3-7; Ecl 8,8; Jó 7,9 | 2. Sl 102,4 | 4. Ecl 1,11; 2,16; 9,5s / Jó 18,17ss / Jó 7,9 | 5. Sl 39,7; 144,4; Jó 8,9; 14,2; Ecl 6,12; 8,13; 1Cr 29,15

† **1**,7. Este v. é aplicado pela liturgia ao Espírito Santo. | 13. É diante da morte que o enigma da condição humana atinge seu ponto mais alto (Vat. II). Em certo sentido, a morte corporal é natural, mas para a fé ela é na realidade salário do pecado, Rm 6,23. | 16. Os ímpios são sobretudo os judeus renegados, que perseguiam os judeus fiéis. | **2**,5. O selo num documento tornava-o definitivo e irrevogável, Est 8,8.

10 Oprimamos o justo pobre,
não poupemos as viúvas,
nem respeitemos os cabelos brancos
do idoso.
11 Nossa força seja a norma da justiça,
porque a fraqueza se revela inútil.
12 Armemos ciladas ao justo, porque
nos incomoda†
e é contrário a nossas ações;*
repreende nossas transgressões da
lei*
e nos lança em rosto as faltas contra
a educação recebida.
13 Pretende possuir o conhecimento
de Deus
e se declara filho do Senhor.*
14 Tornou-se uma censura a nossos
pensamentos;
sua vista nos é insuportável,
15 porque sua vida é diferente da dos
outros,*
e totalmente diversos são seus cami-
nhos.
16 Ele nos compara à moeda falsa,
rejeita nossos costumes como imun-
dícias.
Proclama feliz o fim dos justos*
e se gloria de ter Deus como pai.
17 Vejamos se suas palavras são ver-
dadeiras;
verifiquemos o que lhe acontecerá
no fim.
18 Pois se o justo é filho de Deus, Ele
o assistirá*
e libertará das mãos de seus adver-
sários.
19 Ponhamo-lo à prova com insultos
e tormentos,
para conhecer a mansidão de seu
caráter
e testar sua resignação.
20 Condenemo-lo a uma morte infame,*
porque, conforme ele disse, Deus
cuidará dele".

O erro dos ateus. 21 Eles pensam assim,
mas se enganam,
pois sua malícia os cegou.
22 Não conhecem os segredos de
Deus;
não esperam retribuição pela santi-
dade
nem creem na recompensa reserva-
da às almas puras.
23 Sim, Deus criou o homem* para ser
incorruptível†;
ele o fez à imagem de sua própria
natureza.
24 Mas foi pela inveja do diabo* que a
morte entrou no mundo†;
e fazem experiência dela os que lhe
pertencem.

3

Felicidade dos bons†. 1 As almas
dos justos, porém, estão nas mãos
de Deus,*
e nenhum tormento as atingirá.*
2 Aos olhos dos insensatos pareciam
ter morrido;*
sua partida foi considerada um de-
sastre,
3 sua saída de nosso meio, uma ruína,
mas eles estão na paz†.
4 Mesmo se, na opinião dos homens,
sofreram castigos,
sua esperança está cheia* de imorta-
lidade†.
5 Depois de leves sofrimentos*
receberão grandes benefícios,
porque Deus os provou
e os achou dignos dele†;
6 provou-os como o ouro na forna-
lha*
e os acolheu como oferta de holo-
causto.

---

* **2**,12. Jr 11,19; 20,10-13 / Mt 26,3s | 13. 5,5 | 15. Est 3,8.13d-e | 16. Mt 5,11 | 18. Sl 22,9; Mt 27,43 | **2**,20. Is 53,7; Mt 26,67s; 27,12s | 23. 1,13; 3,4; Gn 1,26; 2Pd 1,4 | 24. Gn 3; Rm 5,12 | **3**,1. Dt 33,3 / Sl 89,22 | 2. 4,17 | 4. 1,15; 2,23 | 5. Rm 8,18; 2Cor 4,17 | 6. Sl 16,3; 25,3; Pr 17,3; Jó 23,10

† **2**,12. Esse trecho, vv.12-20 é aplicado pela tradição cristã a Jesus, o Justo perseguido, Hb 12,3. | 23. Esta é a resposta ao problema do mal no mundo: o que acontece aqui é apenas a preparação para a outra vida. | 24. A morte espiritual, com sua consequência, a morte física. O termo "diabo" corresponde ao hebraico "Satã" e quer dizer "acusador", "adversário". | **3**. Afirma a fé na imortalidade da alma e na retribuição conforme os méritos de cada um. | 3. Os sofrimentos do justo não são castigo, mas pedagogia. A morte do justo é sua entrada na verdadeira vida. | 4. Primeira vez que esse termo aparece na Bíblia. É o dom gratuito de uma vida sem-fim com Deus. Responde à esperança do salmista de prolongar além da morte sua intimidade com Deus, Sl 16,10s; 17,15; 49,16. | 5. O sofrimento do justo não é um contrassenso, é uma purificação.

7No dia de seu julgamento resplan-
decerão
e correrão como fagulhas no meio
da palha.
8Governarão as nações, terão poder
sobre os povos*
e sobre eles reinará para sempre o
Senhor.
9Os que confiam nele compreende-
rão a verdade
e os que lhe são fiéis viverão junto
dele no amor,*
porque a graça e a misericórdia são
para seus eleitos.
Sorte infeliz dos incrédulos. 10Mas os
ímpios terão o castigo que seus pensa-
mentos merecem,
eles que desprezaram o justo e aban-
donaram o Senhor.
11Infeliz de quem despreza a sabedo-
ria e a disciplina:
vã é sua esperança, inúteis suas fa-
digas
e sem proveito suas obras.
12Suas mulheres são insensatas,
perversos seus filhos,*
maldita sua descendência.
Louvor à castidade. 13Feliz a estéril*
não contaminada†,
que não conheceu uma união peca-
minosa:
terá seu fruto na retribuição das almas.
14Feliz também o eunuco, que não
cometeu a iniquidade com suas mãos*
e que não teve pensamentos maus
contra o Senhor†;
receberá uma graça especial por sua
fidelidade
e uma parte muito deliciosa no tem-
plo do Senhor.*
15Pois o fruto de lutas nobres é glo-
rioso
e imorredoura a raiz* da sabedoria†.
Condenação do adultério. 16Mas os
filhos dos adúlteros não chegarão à
maturidade;
a descendência de uma união ilegíti-
ma será exterminada.
17Ainda que tenham vida longa, se-
rão tidos por nada,
e, no fim, sua velhice será sem honra.
18Se morrerem cedo, não terão espe-
rança
nem consolação no dia do juízo,
19porque é terrível o destino de uma
geração iníqua.*

4 **Virtude e vício.** 1É melhor não ter
filhos e possuir a virtude:*
ela deixa uma lembrança rica de
imortalidade,*
pois é reconhecida por Deus e pelos
homens.
2Quando está presente, é imitada;
quando ausente, sentem sua falta;
na eternidade triunfa, coroada,*
por ter vencido num concurso de lu-
tas sem mancha.
3Mas a descendência numerosa dos
ímpios de nada servirá;
nascida de ramos bastardos, não lan-
çará raízes profundas*
nem se firmará numa base sólida.
4Mesmo se por algum tempo seus
ramos brotam,
sem solidez, será abalada pelo ven-
to*
e desenraizada pela violência da
tempestade.
5Seus ramos, ainda tenros, se que-
brarão;
seu fruto será inútil, ainda verde para
se comer,
e para nada servirá.
6Pois os filhos nascidos de uniões ile-
gítimas†
atestarão a perversidade dos pais,
quando estes forem julgados.
Qual é a vida longa diante de Deus.
7Quanto ao justo, ainda que morra
prematuramente, encontrará repou-
so.*

---

* **3**,8. Dt 7,27; Sl 49,15; 149,7s; 1Cor 6,2; Ap 5,10; 20,4ss | 9. Pr 28,5; 1Cor 13,12; 1Jo 3,2 | 12. Eclo 41,8s; Sl 109,9s | 13. 4,1 | 14. Is 56,3-7 / Sl 16,5s | 15. 1,15; 2,23 | 19. Eclo 16,5 | **4**,1. Eclo 16,4 / Pr 10,7 | 2. 5,16 | 3. Eclo 23,25; 40,15 | 4. Sl 58,10 | 7. 3,3; Is 57,1s

† **3**,13. Ver a nota em Sl 113,9. | 14. O eunuco era excluído da comunidade, Dt 23,2, mas o 3º Isaías o reabilita, Is 56,3ss. | 15. A esperança da imortalidade dá valor a uma vida humanamente fracassada. | **4**,6. Trata-se do casamento com pagãos.

[8]Velhice veneranda não é a longevidade,
nem se calcula pelo número de anos;*
[9]mas a sabedoria faz as vezes dos cabelos brancos para os homens;
longevidade verdadeira é uma vida sem mancha.*
[10]O justo agradou a Deus, foi por ele amado,
e porque vivia entre pecadores, foi transferido.
[11]Foi arrebatado, para que a malícia não mudasse sua mente*
nem o engano pervertesse sua alma.
[12]Porque o fascínio do vício ofusca o bem,
e o torvelinho da paixão abala uma mente sem maldade.
[13]Tendo chegado rapidamente à perfeição,
completou uma longa carreira.
[14]Sua alma agradou ao Senhor,
o qual por isso apressou-se a retirá-lo do meio da maldade.
Os povos veem mas sem compreender;*
não refletem neste fato:
[15]que a graça e a misericórdia de Deus são para seus eleitos
e a proteção para seus santos.
[16]O justo que morre condena os ímpios que ainda vivem;
uma juventude, que em breve chega à perfeição,
condena a longa velhice do injusto.
Insensatez dos incrédulos. [17]Eles verão o fim do sábio,*
mas não entenderão o desígnio do Senhor sobre ele
nem por que o pôs em segurança.
[18]Verão e desprezarão,*
mas o Senhor zombará deles.
[19]Enfim se tornarão um cadáver sem honra,
objeto de ultraje entre os mortos para sempre.
Deus os precipitará mudos, de cabeça para baixo,
e os abalará até os fundamentos;
serão completamente arruinados
no meio de dores,
e sua memória perecerá.
[20]Tremendo se apresentarão ao julgamento de seus pecados;
suas iniquidades se levantarão contra eles para acusá-los.

5 **No juízo universal.** [1]Então o justo estará de pé com grande confiança
diante dos que o oprimiram
e dos que desprezaram seus sofrimentos.*
[2]Ao vê-lo, estes serão tomados de um pavor terrível,
atônitos diante de sua salvação inesperada.
[3]Arrependidos, dirão entre si,
gemendo, com o espírito angustiado:
[4]"Este é aquele de quem outrora escarnecemos
e que em nossa insensatez fizemos alvo de ultraje;
consideramos loucura sua vida*
e desonrosa sua morte.*
[5]Como é que agora é contado entre os filhos de Deus*
e compartilha da sorte dos santos?
[6]Portanto, nós nos desviamos do caminho da verdade;*
a luz da justiça não brilhou para nós*
nem se ergueu para nós o sol.
[7]Nós nos saciamos nos caminhos da iniquidade e da perdição;
percorremos desertos impraticáveis,
mas não conhecemos o caminho do Senhor.
[8]De que nos serviu nossa soberba?
Que ganhamos com a riqueza e a arrogância?
[9]Tudo isto passou como sombra*
e como notícia fugaz,
[10]como barco que sulca a onda agitada,
sem que se possa achar vestígio de sua passagem,
nem rastro de sua quilha nas ondas;
[11]ou qual ave que voa pelos ares
sem deixar sinal algum de seu trajeto;*

* **4**,8. Eclo 25,6ss | 9. Pr 16,31 | 11. Gn 5,24; Eclo 44,16; Hb 11,5 | 14. Is 57,1 | 17. 3,2 | 18. Sl 37,13; 59,9; Pr 1,26 | **5**,1. 2,10-20 | 4. 2,15 / 2,20 | 5. 2,13; Cl 1,12 | 6. Pr 21,16 / Sl 119,105 | 9. 2,5; Jó 9,25s | 11. Pr 30,19

porque o ar ligeiro, tocado pelo mo-
vimento das asas
é dividido pelo ímpeto vigoroso das
asas em movimento,
é atravessado sem que depois se
ache vestígio de sua passagem.
12 Ou como flecha lançada contra o
alvo,
quando o ar se divide e logo reflui
sobre si mesmo,
e assim não se pode distinguir seu
percurso;
13 assim também nós: mal nascemos,
já desaparecemos.
Não temos nenhum sinal de virtude
para mostrar;
na malícia nos deixamos consumir".
14 Sim, a esperança do ímpio é como
palha levada pelo vento,*
como leve espuma que a tempesta-
de expulsa;
como fumaça ao vento se dissipa,*
fugaz como a lembrança do hóspede
de um só dia.

O triunfo dos justos. 15 Os justos, ao
contrário, vivem para sempre.
O Senhor lhes dá sua recompensa*
e o Altíssimo cuida deles.
16 Por isso receberão uma esplêndida
coroa real,*
um belo diadema da mão do Senhor,
porque ele os cobrirá com a mão di-
reita*
e com o braço os protegerá.*
17 Tomará como armadura seu zelo
e armará as criaturas para castigar os
inimigos;*
18 vestirá como couraça a justiça
e usará como capacete um juízo im-
parcial;
19 empunhará como escudo uma san-
tidade invencível;*
20 afiará sua cólera implacável como
espada,
e o universo combaterá a seu lado
contra os insensatos.*
21 Como flechas certeiras partirão os
raios,*
e das nuvens, como de um arco bem
retesado,
atingirão o alvo;
22 da funda serão lançados granizos
cheios de furor.
A água do mar se enfurecerá contra
eles,
e os rios os afogarão sem piedade.
23 Um vento impetuoso se levantará
contra eles*
e os dispersará como um furacão.
A iniquidade devastará a terra inteira,
e a malícia derrubará os tronos dos
poderosos.

6 **Sabedoria e autoridade.** 1 Escutai,
ó reis, e procurai compreender;*
aprendei, governantes de toda a ter-
ra†.
2 Prestai ouvido, vós que dominais as
multidões
e vos gloriais do grande número de
vossos povos.*
3 Porque é do Senhor que provém
vosso domínio,*
e do Altíssimo vosso poder†.
Ele examinará vossas obras
e sondará vossos propósitos.
4 Porque, sendo ministros de seu rei-
no,
não governastes retamente,
nem observastes a Lei
e nem vos comportastes conforme a
vontade de Deus.
5 De modo terrível e repentino ele se
levantará contra vós,
porque contra os grandes se exerce
um juízo severo.
6 Ao pequeno, por piedade, se per-
doa,
mas os poderosos serão examinados
com rigor.
7 Pois o Senhor de todos não recua
diante de ninguém,*
não se deixa impressionar pela gran-
deza,

---

* **5**,14. Sl 1,4 / Sl 36,20; 68,3 | 15. Is 62,11 | 16. 4,2 / Is 28,5 / Sl 7,11 | 17. 16,24; 19,6 | 19. Lv 17,1 | 20. 16,17 | 21. Sl 7,13s; 17,15 | 23. Is 30,27s | **6**,1. 1,1; Sl 2,10; Eclo 33,19 | 2. Pr 8,15s | 3. Dn 2,21.37; 1Cr 29,12; Rm 13,1; Jo 19,11 | 7. Jó 34,17ss; Eclo 35,15s / Pr 22,2; Jó 31,15

† **6**,1. A Vulgata acrescenta aqui: "A Sabedoria é melhor que a força, e o homem prudente, que o poderoso. | 3. Toda autoridade vem de Deus, Pr 8,16; Rm 13,1 e deve ser exercida segundo a Sua lei.

porque ele criou o pequeno e o
grande*
e cuida igualmente de todos.
8Mas para os poderosos o juízo será
severo.
9Portanto a vós, ó soberanos, se diri-
gem minhas palavras,
para que aprendais a sabedoria e
eviteis as quedas.
10Porque quem guarda santamente
as coisas santas será reconhecido san-
to,*
e quem as aprendeu nelas encontra-
rá uma defesa.
11Desejai, pois, minhas palavras;
ansiai por elas e recebereis a instru-
ção.

**Quem procura a Sabedoria a encon-
tra.** 12A Sabedoria é brilhante, sua be-
leza é imutável;*
facilmente é contemplada pelos que
a amam
e encontrada pelos que a buscam.
13Para dar-se a conhecer, antecipa-se
aos que a desejam†.
14Quem se levanta cedo para encon-
trá-la não se cansa:*
pois a encontra sentada a sua porta.
15Refletir sobre ela é a perfeição da
inteligência,
e quem está vigilante por ela logo
estará tranquilo.
16Pois ela mesma vai à procura dos
que são dignos dela,*
mostra-se a eles favorável pelas ruas,
vai-lhes ao encontro com toda a so-
licitude.
17Porque seu princípio é o sincero
desejo da instrução;*
a procura da instrução é amor;
18o amor é observância de suas leis;
o respeito das leis é garantia de
imortalidade,*
19e a imortalidade nos aproxima de
Deus.
20Assim, o desejo da sabedoria con-
duz ao reino.*
21Se portanto, soberanos dos povos,
amais tronos e cetros,
honrai a sabedoria para que possais
reinar sempre.

Descrição da Sabedoria. 22Vou dizer-
-vos o que é a Sabedoria e qual sua
origem;
não vos esconderei seus segredos.*
Seguirei sua rota desde o início da
criação,
trazendo à luz o conhecimento de
sua natureza,
sem me afastar da verdade.
23Não será minha companheira a in-
veja que consome,*
porque ela nada tem em comum
com a Sabedoria.
24O grande número dos sábios é a
salvação do mundo;*
um rei sábio garante a estabilidade
do povo.
25Deixai-vos, pois, instruir por mi-
nhas palavras
e delas tirareis proveito.

7

Salomão como homem. 1Eu
também sou um homem mortal
como todos†,
descendente do primeiro ser forma-
do da terra.*
Fui modelado em carne no seio de
uma mãe,
2durante dez meses consolidado no
sangue,
fruto do sêmen de um homem e do
prazer que acompanha o sono.
3Também eu, logo que nasci, respirei
o ar comum
e caí numa terra igual para todos,
e o choro foi meu primeiro grito,
como acontece com todos.
4Fui envolto em faixas e criado com
todo o cuidado.
5Porque nenhum rei começou de ou-
tro modo a existência.
6Entra-se na vida e dela se sai do
mesmo modo.

---

* **6**,10. 5,5 | 12. Pr 8,17; Eclo 6,23s | 14. Eclo 6,36; 39,6s | 16. Pr 1,20s; 8,2s; Eclo 15,2; 1Jo 4,10 | 17. Pr 4,7 | 18. 3,4 | 20. 3,7s; 5,16 | 22. Jó 28 | 23. Eclo 51,23s | 24. Pr 29,4; Eclo 10,1ss | **7**,1. Gn 2,7; Eclo 17,1; Sl 139,13-16; Jó 10,11

† **6**,13. Há um sublime laço de amor entre o homem e o mistério divino da criação. | **7**,1. Mas no tempo do autor os reis eram divinizados.

Exaltação à Sabedoria. [7]Por isso pedi e foi-me dada a inteligência;*
supliquei e veio a mim o espírito da Sabedoria.
[8]Eu a preferi aos cetros e aos tronos,
e, em comparação com ela, considerei um nada a riqueza;
[9]não a equiparei sequer à pedra mais preciosa,
porque todo o ouro, a seu lado, é um pouco de areia,
e como lama será avaliada diante dela a prata.
[10]Eu a amei mais que a saúde e a beleza,
preferi sua posse à própria luz,
porque seu esplendor não se ofusca.
[11]Junto com ela vieram-me todos os bens;*
em suas mãos há uma riqueza incalculável.
[12]Aproveitei de todos esses bens,
pois é a Sabedoria que os traz,
mas eu ignorava que de todos ela é mãe.*
[13]Sem falsidade aprendi e sem inveja eu reparto:
não escondo suas riquezas.*
[14]Porque ela é um tesouro inexaurível para os homens;*
os que o adquirem alcançam a amizade de Deus,
são a ele recomendados pelos dons que provêm da instrução.
[15]Que Deus me conceda falar com inteligência
e pensar de modo digno dos dons recebidos,
porque é ele que guia a sabedoria e dirige os sábios.
[16]Em suas mãos estamos nós e nossas palavras,*
toda inteligência e toda habilidade.

Deus dá a Sabedoria. [17]Ele me concedeu um perfeito conhecimento das coisas,
para compreender a estrutura do mundo e a atividade dos elementos,
[18]o princípio, o fim e o meio dos tempos,
a alternância dos solstícios e a sequência das estações,
[19]os ciclos dos anos e a posição dos astros,
[20]a natureza dos animais e o instinto das feras,*
os poderes dos espíritos e os raciocínios dos homens,
a variedade das plantas e as propriedades das raízes.
[21]Conheço tudo, o que está escondido e o que é visível,
porque instruiu-me a Sabedoria,* artífice de todas as coisas†.

Natureza e dotes da Sabedoria. [22]Nela há um espírito inteligente, santo, único, múltiplo, sutil,
móvel, perspicaz, puro,
claro, invulnerável, amante do bem, penetrante,
[23]irresistível, benéfico, amigo do homem, firme, seguro, sereno,
que tudo pode, tudo vê,*
e que penetra todos os espíritos inteligentes, puros, os mais sutis.
[24]A Sabedoria é mais ágil que qualquer movimento;
por causa de sua pureza tudo atravessa e penetra.
[25]Pois ela é um sopro do poder de Deus,*
uma emanação genuína da glória do Onipotente;*
por isso nada de impuro nela se infiltra.
[26]É um reflexo da luz eterna,*
um espelho sem mancha da atividade de Deus*
e uma imagem de sua bondade.*
[27]Embora única, tudo pode;*
permanecendo em si mesma, tudo renova
e através das idades, entrando nas almas santas,
faz delas amigos de Deus e profetas.

---

* **7**,7. 1Rs 3,6-9.12; 5,9-14; Eclo 47,14-20 | 11. 1Rs 3,13; 10,21s; Eclo 47,18 | 12. 7,21; 8,5s | 13. 6,22 | 14. Lc 12,33 | 16. Sl 31,16; Jó 12,10; Eclo 10,5 | 20. 1Rs 5,13 | 21. 8,4.6; 9,9; 14,2; Pr 8,22-31 | 23. 1,6-10 | 25. Eclo 24,5 / Êx 24,16 | 26. Hb 1,3 / Jo 1,9 / Cl 1,15 | 27. Sl 102,27s; 104,30

† **7**,21. O autor parece divinizar a Sabedoria, até então considerada criatura de Deus; ela é Sua companheira no trono, Sb 9,4.

[28]Com efeito, Deus ama somente quem vive com a Sabedoria.
[29]Ela, na verdade, é mais bela que o sol
e supera todas as constelações;
comparada à luz do dia, é mais esplêndida;
[30]pois à luz sucede a noite,
mas contra a Sabedoria o mal não prevalece.*

8 A Sabedoria obtém todos os bens.

[1]Ela se estende com vigor de uma extremidade à outra do mundo
e governa o universo com bondade.
[2]Eu a amei e busquei desde minha juventude,*
procurei tomá-la como esposa,*
enamorado de sua beleza.
[3]Ela manifesta sua nobreza de origem
vivendo em comunhão de vida com Deus,
porque o Senhor do universo a amou.
[4]Iniciada na ciência de Deus,
é ela que escolhe suas obras.*
[5]Se a riqueza é um bem desejável na vida,
que há de mais rico que a Sabedoria,*
a qual tudo produz?
[6]Se é a inteligência que trabalha,
quem, entre os seres, é mais artífice que ela?
[7]Se alguém ama a justiça,
as virtudes são o fruto de seus trabalhos;
pois ela ensina a temperança e a prudência,
a justiça e a fortaleza†:
na vida coisa alguma é mais útil aos homens do que elas.
[8]Se alguém deseja também uma rica experiência,
ela conhece o passado e entrevê o futuro;
conhece a sutileza das palavras e as soluções dos enigmas,
prevê sinais e prodígios,
como também o desenrolar dos tempos e das épocas.

Desejo da Sabedoria. [9]Decidi, pois, tomá-la por companheira de minha vida,
sabendo que seria para mim uma boa conselheira
e conforto nas preocupações e na tristeza.
[10]Graças a ela terei glória entre as multidões
e honra entre os anciãos, apesar de jovem.*
[11]Serei considerado perspicaz no julgamento*
e admirado diante dos poderosos.*
[12]Se eu me calar, ficarão à espera;
se eu falar, me prestarão atenção;
se prolongar meu discurso,
porão a mão sobre a boca†.
[13]Por meio dela obterei a imortalidade
e deixarei uma lembrança eterna a meus sucessores.
[14]Governarei os povos, e as nações me serão submissas.*
[15]Ouvindo meu nome, soberanos terríveis me temerão;
para com o povo me mostrarei bom
e na guerra, corajoso.
[16]Voltando a minha casa, repousarei junto dela,
porque sua companhia não traz amargura,
nem tristeza sua convivência,
mas contentamento e alegria.*
[17]Refletindo comigo sobre tais coisas
e considerando em meu coração
que na união com a Sabedoria está a imortalidade
[18]e em sua amizade, alegria perfeita,
na obra de suas mãos, uma riqueza inesgotável,
na assiduidade de sua companhia, a inteligência,
na participação em seus discursos, a fama,
eu andava por toda a parte procurando conquistá-la.

---

* **7**,30. Jo 1,5; 16,33 | **8**,2. 6,12-16; Eclo 15,2 | 4. Pr 8,27.30 | 5. 7,21 | 10. 1Rs 3,7s | 11. 1Rs 3,16-28; 1Rs 5,14.21; 10,4-9 | 14. Sl 112,6; Eclo 39,12; 1Rs 5,1 | 16. Ecl 1,18; Pr 3,17s

† **8**,7. São mencionadas as 4 virtudes cardeais. | 12. Em sinal de profundo respeito.

19Eu era um menino de índole nobre,
dotado de uma alma boa;
20ou melhor, como era bom,
entrei num corpo sem mancha†.
21Mas sabendo que não obteria de
outra forma a sabedoria,
a não ser recebendo-a de Deus,
– e era uma prova de discernimento
saber de quem procede este dom –
dirigi-me ao Senhor e lhe supliquei,
dizendo de todo o coração:

9 **A oração de Salomão.** 1"Deus de
meus pais e Senhor de misericórdia,*
que tudo criastes com vossa palavra,
2que com vossa Sabedoria formastes
o homem,
para dominar as criaturas que fizestes,*
3e governar o mundo com santidade
e justiça
e exercer o julgamento com ânimo
reto,
4dai-me a Sabedoria, que se assenta
no trono a vosso lado,*
e não me excluais do número de vos-
sos filhos,
5porque sou vosso servo e filho de
vossa serva,*
homem fraco e de vida breve,
incapaz de compreender a justiça e
as leis.
6Até o mais perfeito entre os filhos
dos homens,
sem vossa Sabedoria, será tido por
nada.
7Vós me escolhestes como rei de
vosso povo
e juiz de vossos filhos e de vossas fi-
lhas;
8mandastes-me construir um templo
em vosso santo monte,*
um altar na cidade onde morais,
imitação da tenda santa
que preparastes desde o princípio†.
9Convosco está a Sabedoria que co-
nhece vossas obras,
que est[illegible] presente quando criáveis
o mundo;*
ela conhece o que é agradável a vos-
sos olhos
e o que é conforme a vossos man-
damentos.
10Mandai-a dos céus santos†,
de vosso trono glorioso,
para que me assista e trabalhe comigo
e eu saiba o que vos é agradável.
11Ela, que tudo conhece e tudo com-
preende,*
vai guiar-me com prudência em mi-
nhas ações
e proteger-me com sua glória.*
12Assim minhas obras vos serão
agradáveis;
eu julgarei com equidade vosso povo
e serei digno do trono de meu pai.
13Pois que homem pode conhecer o
desígnio de Deus?*
Quem pode imaginar o que quer o
Senhor?
14De fato, os raciocínios dos mortais
são tímidos
e incertas nossas reflexões,
15porque um corpo corruptível torna
pesada a alma
e a tenda de argila agrava a mente
com muitas preocupações.
16Mal podemos imaginar as coisas
terrestres:
descobrimos com fadiga aquelas ao
alcance da mão;
mas quem pode atingir as coisas do
céu?*
17Quem conheceria vosso desígnio,
se não lhe concedêsseis a Sabedoria
e não lhe enviásseis do alto vosso
santo espírito?†
18Assim foram endireitados os cami-
nhos dos que estão na terra,*
os homens aprenderam o que vos
agrada
e por meio da Sabedoria foram sal-
vos".

---

* **9**,1. Eclo 42,15 | 2. Gn 1,28 | 4. Pr 8,27.30; Eclo 1,1 | 5. Sl 86,16; 116,16 | 8. 2Sm 7,13; 1Rs 5,19; Eclo 47,15 | 9. 7,21; Pr 8,22-30 | 11. 7,23 / Êx 24,16 | 13. Rm 11,34; 1Cor 2,16 | 16. Is 55,9; Jo 3,12 | 18. Br 4,4

† **8**,20. Não se trata da preexistência da alma, incompatível com o contexto do livro, mas de sua preeminência. | **9**,8. Salomão construiu o templo imitando a tenda construída por Moisés segundo o modelo celeste mostrado por Deus. | 10. Os céus são santos porque são a morada de Deus. | 17. O autor parece assemelhar espírito santo e Sabedoria.

II. A SABEDORIA EM ISRAEL (10–19)†

**10 A sabedoria na história de
Adão a Abraão.** 1Foi ela que
protegeu o primeiro homem modela-
do, o pai do mundo,
que foi criado sozinho,
e o libertou de sua queda,
2e deu-lhe o poder de dominar todas
as coisas.*
3Mas um injusto, afastando-se dela
em sua cólera,*
pereceu por seu furor fratricida.
4Por sua causa a terra foi submersa,*
mas a Sabedoria de novo a salvou,
conduzindo o justo num lenho sem
valor.*
5E quando as nações foram confun-
didas,*
concordes apenas na malícia,
foi ela que reconheceu o justo e o
conservou diante de Deus sem man-
cha*
e o manteve forte, não obstante sua
ternura pelo filho.*
6E enquanto morriam os ímpios, sal-
vou um justo,*
que fugia do fogo caído sobre as cin-
co cidades.
A Sabedoria e os Patriarcas. 7Como
testemunho daquela gente má,
existe ainda uma terra fumegante e
desolada,
cujas árvores produzem frutos que
não amadurecem,
e em memória de uma alma incré-
dula
se ergue uma coluna de sal.*
8Pois, afastando-se da Sabedoria,
não só se tornaram incapazes de co-
nhecer o bem,
mas deixaram também aos vivos
uma lembrança de sua insensatez,*
para que suas culpas não ficassem
ocultas.
9Mas a Sabedoria livrou das prova-
ções seus fiéis.
10Ela conduziu por caminhos retos
o justo que fugia da ira do irmão;*
mostrou-lhe o reino de Deus*
e deu-lhe a conhecer as coisas san-
tas;
deu-lhe sucesso em suas fadigas*
e multiplicou os frutos de seu traba-
lho.
11Assistiu-o contra a avareza dos que
o exploravam
e o fez rico;*
12guardou-o dos inimigos
e protegeu-o contra os que lhe ar-
mavam ciladas;
declarou-o vencedor numa luta
dura,*
para ensinar-lhe que a piedade* é
mais poderosa que tudo†.
13Ela não abandonou o justo vendi-
do,*
mas o preservou do pecado.
14Desceu com ele à cisterna*
e não o abandonou em suas cadeias,
até que lhe obteve o cetro real
e poder sobre os que o oprimiam;
desmascarou os que o difamavam
e deu-lhe uma glória eterna.
A Sabedoria guia Israel. 15Ela libertou
de uma nação de opressores*
o povo santo, raça irrepreensível.
16Entrou na alma de um servo do Se-
nhor*
e com prodígios e sinais se opôs a
reis terríveis.*
17Deu aos santos a recompensa de
suas fadigas,*
guiou-os por um caminho maravi-
lhoso;
foi para eles refúgio de dia*
e brilho de estrelas à noite.

---

* **10**,2. Gn 1,26.28; Sb 9,2 | 3. Gn 4,8-13 | 4. Gn 7-8; 1Pd 3,20s / Gn 6,9; Sb 14,6s | 5. Gn 11,1-9 / Gn 12,1-3 / Gn 22,1-19 | 6. Gn 19; 2Pd 2,6ss | 7. Gn 19,26 | 8. Gn 19,1 | 10. Gn 27,43 / Gn 28,10-22 / Gn 29,1-31,16 | 11. Gn 31,23-29; 32-33 | 12. Gn 32,25-31 / Os 12,4-5 | 13. Gn 37-39 | 14. Sl 105,17-22; Gn 41,40-44 | 15. 18,1 | 16. Êx 19,6 / Êx 7-12 | 17. Sl 135,9s / Êx 13,21s

II. Com um midraxe sobre a história antiga, o autor atualiza os fatos, mostrando seu significado para o presente, mas também salientando seu alcance escatológico, pois estes fatos, acontecidos nas origens de Israel, manifestaram o julgamento de Deus e prefiguraram como Ele julgará, no fim dos tempos, justos e pecadores. | **10**,12. De todos os fatos da história deduz-se uma lição de ordem religiosa ou moral.

18Fê-los atravessar o mar Vermelho,*
guiando-os através de grandes
águas;
19mas enquanto submergia seus ini-
migos,
lançou-os do fundo do abismo.
20Por isso os justos despojaram os
ímpios
e celebraram, Senhor, vosso nome
santo
e louvaram unânimes vossa mão
protetora,*
21porque a Sabedoria abriu a boca
dos mudos*
e tornou eloquente a língua das
crianças.*

11 **A sabedoria e Israel no de-**
serto. 1Ela fez prosperar suas
obras
por meio de um santo profeta:*
2atravessaram um deserto desabita-
do,
armaram suas tendas em lugares ina-
cessíveis;
3resistiram aos inimigos, expulsaram
os adversários.
4Quando tiveram sede, vos invoca-
ram,*
e de um rochedo abrupto foi-lhes
dada água,
de uma dura rocha, um remédio con-
tra a sede.
Castigo dos egípcios. 5Assim, o que
tinha servido para punir seus inimigos,
na necessidade foi para eles um be-
nefício†.
6Em vez das águas de um rio pere-
ne,*
infectado por sangue putrefato,
7em punição de um decreto infanti-
cida,*
vós lhes destes inesperadamente
água abundante,
8mostrando-lhes, pela sede que sen-
tiam,
como tínheis punido seus adversá-
rios.
9De fato, postos à prova, embora pu-
nidos com misericórdia,*
compreenderam quais tormentos ti-
nham sofrido os ímpios,
sentenciados por vossa cólera,
10porque provastes os vossos como
um pai que corrige,*
mas os outros castigastes como um
rei severo que condena.*
11Longe ou perto foram igualmente
atingidos,
12porque uma dupla aflição os co-
lheu
e gemiam recordando o passado.
13Quando, de fato, souberam que
por meio de seu castigo
aqueles outros recebiam benefícios,
sentiram a intervenção do Senhor;
14porque aquele que tinham outrora
exposto
e depois rejeitado com zombaria,*
no final dos acontecimentos o admi-
ravam,
ao sofrerem uma sede diferente da
dos justos.
15Seus pensamentos insensatos, ins-
pirados por sua injustiça,*
os extraviaram a ponto de prestarem
culto
a répteis irracionais e vis animais†.
Vós lhes enviastes como castigo uma
massa de animais irracionais,
16para que entendessem que cada
um é punido
pelas mesmas coisas pelas quais
peca†.
17Certamente, para vossa mão oni-
potente
que criou o mundo de uma matéria
sem forma,
não era difícil mandar contra eles
uma multidão de ursos ou de leões fe-
rozes,
18ou feras desconhecidas, criadas
para a ocasião, cheias de furor,
que expirassem um hálito de fogo,

---

* **10**,18. Êx 14,21-29 | 20. Êx 15 | 21. Sl 8,2 / Mt 21,16 | **11**,1. Dt 18,15.18; 34,10; Os 12,14 | 4. Êx 17,1-7; Nm 20,2-13 | 6. Êx 7,17-21 | 7. Êx 1,15s | 9. Dt 8,2-5 | 10. Dt 8,5 | 14. 12,22 / Êx 1,22; 2,3 | 15. 12,24s; Rm 1,21 | 18. Jó 41,10-13

† **11**,5. Os mesmos elementos da natureza serviam nas mãos de Deus para castigar os maus e premiar os bons, 11,13; 18,8. | 15. Os egípcios veneravam entre outros o crocodilo, a serpente e a rã, 15,18. | 16. Conforme a lei do talião; mas o objetivo de Deus é a conversão.

ou exalassem vapores pestíferos,
que soltassem pelos olhos relâmpagos terríveis,*
19capazes não só de exterminá-los com seu ataque,
mas também de aniquilá-los somente com seu aspecto aterrador
20E mesmo sem isso, podiam sucumbir só com um sopro,*
perseguidos pela justiça
e varridos pelo sopro de vosso poder.*
Mas dispusestes tudo com medida, número e peso.
21Prevalecer pela força sempre vos é possível;
quem poderá resistir à força de vosso braço?
22O mundo inteiro diante de vós é como pó sobre a balança*
e como gota de orvalho que cai de manhã sobre a terra.*
23Tendes compaixão de todos, porque tudo podeis,*
e fechais os olhos para os pecados dos homens, para que se arrependam.*
24Porque amais tudo o que existe*
e nada desprezais de tudo o que criastes;
pois se odiásseis alguma coisa, não a teríeis criado.
25Como poderia subsistir uma coisa, se não a tivésseis querido?
Ou conservar-se, se não a tivésseis chamado à existência?
26Vós poupais todas as coisas*
porque são vossas, Senhor, amante da vida!†

12 **Penas dos cananeus.** 1Vosso espírito incorruptível* está em todas as coisas†.
2Por isso corrigis um pouco de cada vez os culpados
e os repreendeis lembrando-lhes seus pecados,*
para que renunciem ao mal e creiam em vós, Senhor.
3Detestáveis os antigos habitantes de vossa terra santa,
4por causa de suas práticas abomináveis,*
atos de magia e ritos infames.
5Esses cruéis matadores* de seus filhos†,
devoradores de vísceras em banquetes de carne humana e de sangue,
iniciados em ritos de orgia,
6esses pais assassinos de vidas indefesas,
vós os quisestes destruir pela mão de nossos pais,*
7para que essa terra, por vós amada mais que todas,*
recebesse uma digna colônia de filhos de Deus.

Clemência divina. 8Mas também com eles, porque eram homens, fostes indulgente,*
mandando-lhes vespas como precursoras de vosso exército,*
para os exterminar pouco a pouco.
9Sem dúvida, podíeis entregar os ímpios às mãos dos justos numa batalha,
ou destruí-los de um só golpe por meio de animais ferozes
ou de uma ordem inexorável;*
10mas castigando-os pouco a pouco,*
dáveis tempo para o arrependimento,
ainda que não ignorásseis que sua raça era perversa
e inata sua maldade,
e que sua mentalidade jamais mudaria,
11porque era uma estirpe maldita desde o princípio.*
Não era por temor de alguém que deixáveis impunes suas culpas.
12Com efeito, quem poderia perguntar-vos: "Que fizestes?",*

---

* **11**,20. Jó 4,9; Is 11,4 / Jó 28,25; Eclo 1,9 | 22. Is 40,15 / Os 6,4; 13,3 | 23. Eclo 18,12 / 12,2.10; Rm 2,4; 3,25 | 24. Gn 1,31; Sl 145,9; Sb 1,13s; 2,23s | 26. Ez 33,11; 18,23 | **12**,1. Gn 2,7 | 2. Am 4,6 | 4. Dt 12,31; 18,10s | 5. Lv 18,21 | 6. Nm 33,51-56; Dt 20,16ss | 7. Dt 11,12 | 8. Sl 78,39; 103,14 / 6,7; 11,23; Êx 23,28 | 9. 11,17ss | 10. 12,2 | 11. Gn 9,25; 3,12.19 | 12. Jó 9,12; Rm 9,19-23 / Jó 9,19

† **11**,26. A glória de Deus é o homem vivo, e a vida do homem é a visão de Deus (S. Irineu). | **12**,1. Todas as criaturas do Senhor são habitadas por seu espírito incorruptível, e é este sopro divino que assegura a vida de todos os seres (Gn 2,7); também por isso Deus os ama. | 5. Ver a nota em Lv 18,21.

ou quem poderia opor-se a uma sen-
tença vossa?
Quem ousaria acusar-vos pela elimi-
nação de nações que vós criastes?*
Quem entraria em juízo contra vós
como defensor de homens injustos?
13 Não há Deus, fora de vós, que cui-
de de tudo,*
para que preciseis demonstrar que
não agistes injustamente.
14 Nenhum rei ou soberano poderia
enfrentar-vos
em defesa daqueles que punistes.
15 Sendo justo, tudo governais com
justiça
e considerais incompatível com vos-
so poder
condenar quem não merece castigo.
16 De fato vossa força é princípio da
justiça*
e vosso domínio universal vos torna
indulgente para com todos.
17 Mostrais a força se não se crê em
vossa onipotência
e reprimis a insolência daqueles que
a conhecem.
18 Mas dominando a força, julgais
com brandura
e nos governais com muita clemência,
porque o poder, quando quereis,
está a vossa disposição.*
Lições da Sabedoria. 19 Com este
modo de agir ensinastes a vosso povo
que o justo deve amar os seres hu-
manos†.
Além disso destes a vossos filhos a
bela esperança
de que concedeis o arrependimento
depois dos pecados.*
20 Se aos inimigos de vossos filhos e
dignos de morte
punistes com tanta consideração e
indulgência,
concedendo tempo e lugar
para se afastarem da maldade,
21 com quanta precaução castigastes
vossos filhos,
a cujos pais, com juramentos e alianças*
fizestes tão boas promessas!
22 Assim, enquanto nos corrigis,*
flagelais nossos inimigos mil vezes
mais,
para que, quando julgamos, pense-
mos em vossa bondade*
e, quando somos julgados, contemos
com vossa misericórdia.
23 Por isso aos que levavam, na injus-
tiça, uma vida insensata,
vós os atormentastes* com as mes-
mas abominações deles†.
24 Porque se extraviaram demais nos
caminhos do erro,
considerando deuses os mais abje-
tos* e mais repugnantes animais†,
deixando-se enganar como meninos
sem juízo.
25 Por isso, como a crianças sem o uso
da razão,
mandastes um castigo para zombar
deles.
26 Mas os que não se deixam corrigir
por castigos de escárnio
experimentarão um juízo digno de
Deus.
27 Indignados pelos sofrimentos cau-
sados por aqueles animais,
que julgavam deuses, e vendo que
eram usados para puni-los,*
compreenderam e reconheceram o
verdadeiro Deus,
que antes não tinham querido co-
nhecer.
Por isso abateu-se sobre eles a con-
denação final.

13 Insensatez dos que adoram as criaturas.

1 Realmente, vãos
por natureza são todos os homens
que viviam na ignorância de Deus
e que, a partir dos bens visíveis,
não foram capazes de reconhecer
Aquele que é,*
nem de chegar a conhecer o artífice,*
considerando suas obras†.

---

* **12**,13. Dt 32,39; Jó 34,13 | 16. 2,11 | 18. Sl 115,3; 135,6 | 19. 11,23 | 21. Gn 12,7 / Sb 11,10 | 22. Mt 5,7; 7,2 | 23. 11,16 | 24. 11,15 | 27. 11,15 | **13**,1. Êx 3,14 / At 14,17; Rm 1,19s; Eclo 17,8

† **12**,19. O comportamento de Deus é proposto à imitação dos justos. | 23. Refere-se aos egípcios, punidos pelos animais que adoravam. | 24. Ver a nota em 11,15. | **13**,1. Israel não chegou ao conhecimento de Deus por argumentos racionais, mas por experimentar na história Suas intervenções salvíficas.

2 Mas foi o fogo, o vento ou o ar sutil,
a abóbada estrelada, a água impetuosa ou os luzeiros do céu
que consideraram como deuses, governantes do mundo.*
3 Se, fascinados por sua beleza, os tomaram como deuses,
pensem quanto lhes é superior seu Senhor,
porque foi o próprio autor da beleza que os criou.
4 E se ficam admirados com sua força e atividade,
deduzam daí quanto é mais poderoso aquele que os formou.
5 De fato, a grandeza e a beleza das criaturas
conduzem, por analogia, a contemplar seu Autor.*
6 Todavia estes merecem menor repreensão,
porque talvez se enganem
em sua busca de Deus e no querer encontrá-lo.*
7 Vivendo no meio de suas obras, eles as investigam,
mas se deixam seduzir pela aparência,
porque é belo o espetáculo do mundo.
8 Mas nem estes sequer são desculpáveis:
9 porque se tanto foram capazes de conhecer
para poderem perscrutar o universo,
como não encontraram mais depressa seu Senhor?†

Insensatez dos que adoram os ídolos. 10 Infelizes são aqueles cujas esperanças estão em coisas mortas
e que chamam de deuses as obras* de mãos humanas†,
ouro e prata trabalhados com arte
e imagens de animais,
ou uma pedra inútil, artesanato antigo.
11 Suponhamos um hábil lenhador*
que corta uma árvore fácil de manejar,
retira com cuidado toda a casca
e, trabalhando com habilidade,
faz dela um utensílio para o uso diário;*
12 recolhe depois as sobras de seu trabalho
e as emprega no preparo da comida que o sacia.
13 O que ainda sobra, e que para nada serve,
madeira torta e cheia de nós,
ele a toma e a esculpe para ocupar o tempo livre;
com perícia, por prazer, lhe dá forma,
e a faz semelhante a uma figura humana
14 ou semelhante a um vil animal;
passa-lhe vermelhão, pinta de vermelho sua superfície
e recobre toda mancha sua;
15 depois, prepara-lhe um nicho conveniente,
coloca-a na parede, prendendo-a com um prego.*
16 Cuida que não caia,
bem sabendo que não tem como ajudar-se a si mesma;
de fato é apenas uma imagem e precisa de ajuda.*
17 Porém, quando reza por seus bens,
seu casamento ou seus filhos,
não se envergonha de falar com aquele objeto sem vida;*
para sua saúde invoca um ser fraco,
18 para sua vida pede a um morto;
por auxílio suplica a um ser inepto,
para sua viagem, àquilo que não pode dar um passo;*
19 para seu lucro, trabalho e sucesso da obra de suas mãos,
pede força a um que não tem vigor nas mãos†.

---

* **13**,2. Dt 4,19; 17,3; Jó 31,26ss | 5. 13,1 | 6. At 17,27 | 10. Dt 4,28; 2Rs 19,18; Is 40,18ss | 11. Is 40,20; Jr 10,3ss / 15,7-13 | 15. Is 46,7 | 16. Br 6,25ss | 17. Is 44,17; Jr 2,27 | 18. Sl 115,4-7

† **13**,9. O ídolo não pode representar o Criador, mas é na criação que deve ser reconhecido o verdadeiro Deus. | 10. Pior que adorar os astros do céu é adorar ídolos feitos pelos próprios adoradores. | 19. "A idolatria não diz respeito somente aos falsos cultos do paganismo: ela é uma tentação constante da fé. Existe idolatria quando se presta honra e veneração a uma criatura em lugar de Deus, quer se trate de deuses ou demônios, ou do poder, do prazer, do dinheiro..." (CIC).

14 **É Deus que salva.** 1Um outro,
que se dispõe a navegar e a
sulcar ondas impetuosas,
implora a um lenho mais frágil do
que a barca que o leva†.
2Esta foi inventada pelo desejo de
lucro
e construída por uma sabedoria ar-
tesã;
3mas é vossa providência, ó Pai, que
a guia,
porque traçastes um caminho, mes-
mo no mar,*
uma rota segura entre as ondas,
4mostrando que podeis salvar de
tudo,
de modo que se possa embarcar,
mesmo sem experiência.
5Não quereis que as obras de vossa
Sabedoria sejam inúteis;
por isso os homens confiam suas vidas
até a um minúsculo lenho
e, atravessando as ondas numa jan-
gada, chegam sãos e salvos.*
6Também no princípio, enquanto pe-
reciam gigantes soberbos,*
a esperança do mundo, refugiada
numa barca
guiada por vossa mão,
deixou para os séculos futuros a se-
mente de uma nova geração.
7Bendito o lenho* pelo qual vem a
justiça†,
8mas maldito o ídolo e quem o fez;*
este porque o fabricou,
aquele porque, sendo corruptível, é
chamado deus.
9Porque Deus detesta igualmente
o ímpio e sua impiedade;
10a obra e o artífice serão igualmente
punidos.
11Por isso haverá um castigo também
para os ídolos das nações,*
porque entre as criaturas de Deus se
tornaram uma abominação,
escândalo para as almas dos homens
e armadilha para os pés dos insen-
satos.

Origem da idolatria. 12A invenção dos
ídolos foi o início da apostasia,
sua descoberta corrompeu a vida†.
13Eles não existiam no princípio nem
existirão para sempre.
14Entraram no mundo pela vaidade
do homem,
por isto foi decretado para eles um
rápido fim.*
15Um pai, desconsolado por um luto
prematuro,
encomendou uma imagem daquele
seu filho tão cedo arrebatado,
e agora honra como um deus quem
pouco antes era só um defunto
e transmitiu a seus dependentes mis-
térios e ritos.
16Depois o ímpio uso, consolidado
com o tempo,
foi observado como lei.
17As estátuas foram adoradas tam-
bém por ordem dos soberanos†:
os súditos, não podendo honrá-los
pessoalmente
porque moravam longe,
reproduziram sua figura distante,
fazendo uma imagem visível do rei
venerado,
para adular com zelo o ausente,
como se estivesse presente.
18Mesmo entre aqueles que não o
conheciam,
a difusão do culto foi estimulada
pela ambição do artista.
19Com efeito, este, desejoso de agra-
dar ao soberano,
forçou sua arte a fazer mais bela a
imagem do que a natureza;
20e o povo, atraído pelo encanto da
obra,
considerou objeto de culto
aquele que pouco antes honrava
apenas como homem.*
21Isto se tornou uma cilada para os
viventes,

---

* **14**,3. Sl 77,20; Is 43,16 | 5. Sl 107,29s | 6. Gn 6,1-5; Eclo 16,8; Br 3,26ss | 7. Gl 3,13s | 8. Dt 27,15 | 11. Is 2,18.20; Jr 10,11.15; Zc 13,2 | 14. 14,11 | 20. Dn 3,1-6 | 21. Êx 3,14

† **14**,1. Na popa ou na proa, os navios costumavam ter imagens de deuses, que eram invocados na viagem, At 28,11. | 7. Muitos Padres aplicaram esta expressão ao lenho da cruz, pelo qual Cristo nos salvou. | 12. A idolatria é causa de perversão moral, Rm 1,24-32. | 17. Na era helenística os soberanos eram divinizados.

porque os homens, vítimas da des-
ventura ou da tirania,
impuseram à pedra ou à madeira o
Nome incomunicável.*
Consequências da idolatria. 22 Além
disso, não lhes bastou errar sobre o co-
nhecimento de Deus,*
mas, vivendo no vasto conflito gera-
do pela ignorância,
dão a tão grandes males o nome de
paz.
23 Com seus sacrifícios de crianças,
seus mistérios secretos,*
seus banquetes orgiásticos de estra-
nhos ritos,
24 não conservam puras nem a vida e
nem as núpcias,
e um mata o outro à traição
ou o aflige pelo adultério.
25 Por toda a parte, sem distinção,
há sangue e homicídio, furto e enga-
no,
corrupção, deslealdade, tumulto,
perjúrio;
26 perseguição dos bons, ingratidão
pelos favores,
corrupção das almas, perversão se-
xual,
desordens matrimoniais, adultério e
dissolução.
27 Porque a adoração de ídolos sem-
-nome
é princípio, causa e fim de todo mal†.
28 Os idólatras, de fato, ou se diver-
tem até o delírio, profetizam o falso,*
vivem como iníquos ou perjuram
com facilidade.
29 Pondo sua confiança em ídolos ina-
nimados,
não esperam castigo por terem jura-
do falso.
30 Mas, por um duplo motivo os atin-
girá a justiça:
porque conceberam uma ideia falsa
de Deus,
recorrendo aos ídolos,
e porque perjuraram com malícia,
desprezando a santidade.
31 Pois não é o poder daqueles pelos
quais se jura,
mas é o castigo devido aos pecado-
res
que persegue sempre a transgressão
dos injustos.

15 **Israel preservado da idola-
tria.** 1 Mas vós, nosso Deus,
sois bom e fiel,
sois paciente e tudo governais com
misericórdia.*
2 Mesmo pecando, somos vossos,
pois reconhecemos vosso poder;
mas não pecaremos, sabendo que
vos pertencemos.
3 Com efeito, conhecer-vos* é justiça
perfeita†,
reconhecer vosso poder é a raiz da
imortalidade.*
4 Não nos induziu em erro
nem a invenção humana de uma arte
perversa,
nem a estéril fadiga dos pintores,
figuras lambuzadas de várias cores,*
5 cuja vista provoca nos insensatos a
paixão,
e os faz desejar a forma inanimada
de uma imagem morta.
6 Amantes do mal e dignos de seme-
lhantes esperanças*
são os que fazem, desejam e vene-
ram os ídolos.
Insensatez da idolatria. 7 Um oleiro,
amassando com fadiga a terra mole,
plasma para nosso uso todo tipo de
vasos.
Mas com o mesmo barro modela
vasos destinados a usos nobres
e aqueles para usos contrários, todos
do mesmo modo.
Qual deva ser o uso de cada um de-
les*
é o oleiro que o determina.
8 Depois – trabalho infame –
plasma com o mesmo barro um deus
vão,
ele que pouco antes nascera da terra*

---

* **14**,22. Rm 1,24-32 | 23. 12,5; Lv 18,21 | 28. 14,23 | **15**,1. Êx 34,6s | 3. Jo 17,3 / 1,15; 2,23 | 4. 13,14 | 6. 13,10 | 7. Is 29,16 | 8. Gn 2,7 / Gn 3,19

† **14**,27. Os ídolos, não sendo de condição divina, não podem manter as pessoas no justo temor de Deus.
15,3. Esse conhecimento conduz à justiça, porque leva a viver conforme a vontade de Deus, Jo 17,3.

e que em breve retornará à terra da qual foi tirado,*
quando se lhe pedirá de volta a alma que lhe foi emprestada.
[9]Mas não o preocupa o fato de ter de morrer
nem o de ter vida breve;
antes, compete com os ourives e com os que lavram a prata,
imita os que trabalham o bronze
e considera um orgulho fabricar imitações.
[10]Cinza é seu coração,*
sua esperança mais vil que a terra,
sua vida mais desprezível que o barro,
[11]porque desconhece Aquele que o modelou,*
que nele infundiu uma alma ativa*
e lhe inspirou um espírito vital.
[12]Mas ele considera um jogo nossa vida,
e a existência um comércio lucrativo.*
Ele diz: "De tudo se deve tirar proveito,
até do mal".
[13]Sim, este, mais que todos os outros, sabe que está pecando
ao fabricar de matéria terrena
frágeis vasos e estátuas de ídolos.
Insensatez dos egípcios. [14]Mas muito insensatos
e mais infelizes que uma alma infantil
são todos os inimigos de vosso povo, que o oprimiram.
[15]Pois consideraram deuses também todos os ídolos das nações,
os quais não têm o uso dos olhos para ver,*
nem das narinas para aspirar o ar,
nem dos ouvidos para ouvir,
nem dos dedos das mãos para apalpar,
e cujos pés são incapazes de andar.
[16]Pois foi um homem que os fez;
plasmou-os alguém que recebeu de empréstimo o espírito.*
Ora, homem algum pode plasmar um deus semelhante a si próprio;
[17]sendo mortal, é uma coisa morta que ele produz com ímpias mãos.
Ele é melhor que os objetos que adora:
ele possui a vida, mas aqueles jamais.
[18]Adoram até os mais repugnantes animais,*
que são piores que os outros em termos de estupidez;
[19]não são tão belos a ponto de serem atraentes,
como acontece à vista de outros animais,
e não tiveram o louvor e a bênção de Deus.

16 **Comparação entre os egípcios e os hebreus.** [1]Por isso foram justamente punidos por seres semelhantes*
e atormentados por uma multidão de animais.
[2]Em lugar desse castigo, favorecestes vosso povo:
para saciar seu ardente apetite lhe preparastes
um alimento de sabor maravilhoso, as codornizes.
[3]Assim, aqueles, embora desejosos de alimento,
diante do aspecto repugnante dos animais enviados contra eles,
perderam também o natural apetite;
estes, porém, depois de uma breve privação,
apreciaram um alimento delicioso.*
[4]Era necessário que aos opressores
sobreviesse uma carestia implacável;
mas a estes bastava que se lhes mostrasse*
como eram atormentados seus inimigos.
[5]Pois quando os assaltou o terrível furor dos animais ferozes
e pereceram por mordidas de tortuosas serpentes,*
vossa cólera não durou até o fim.
[6]Para sua correção foram amedrontados por breve tempo,
mas já tinham um sinal de salvação*

---

* **15**,10. Is 44,20 | 11. Dt 32,15 / Gn 2,7 | 12. At 19,24 | 15. Sl 115,4-7; Sb 13,18 | 16. Gn 2,7; Sl 104,29s | 18. 11,15 | **16**,1. 11,16; 12,23.27 | 3. Êx 16,9-13; Nm 11,10-32 | 4. 11,8s | 5. Nm 21,4-9 | 6. Nm 21,9

a recordar-lhes o mandamento de vossa lei.
[7]De fato quem se voltava para ele era salvo*
não por aquilo que via,
mas por vós, Salvador de todos.*
[8]E assim convencestes nossos inimigos
de que sois aquele que livra de todo mal.
[9]Pois eles foram mortos pelas mordidas
de gafanhotos e de moscas,*
e não se achou um remédio para a vida deles,
porque mereciam ser punidos com tais meios.*
[10]Mas contra vossos filhos
nem os dentes de serpentes venenosas prevaleceram,
porque interveio vossa misericórdia e os curou.
[11]Para que recordassem vossas palavras,
eram picados mas logo curados,
para não caírem em profundo esquecimento
e serem excluídos de vossos benefícios.
[12]Não foi erva ou unguento que os curou,
mas vossa palavra, Senhor, que tudo sara.*
[13]Sim, tendes poder sobre a vida e sobre a morte,
fazeis descer às portas do abismo e de lá subir.
[14]O ser humano, em sua malícia, pode matar,
mas não fazer voltar o espírito que saiu,
nem libertar a alma já recebida no abismo.
[15]É impossível escapar de vossa mão:*
[16]aos ímpios, que recusavam conhecer-vos,
açoitastes com a força de vosso braço,
perseguidos por estranhas chuvas e por granizo,
por implacáveis aguaceiros, e devorados pelo fogo.*
[17]E, coisa mais insólita, na água que tudo apaga,
o fogo ficava mais violento:
o universo combate pelos justos.*
[18]Às vezes a chama se atenuava
para não queimar os animais enviados contra os ímpios
e para fazê-los compreender à vista deles
que estavam sendo perseguidos pelo juízo de Deus.
[19]Outras vezes, mesmo no meio da água,
o fogo queimava, excedendo sua força habitual,
para destruir os produtos de uma terra iníqua.
[20]Por outro lado, nutristes vosso povo com um alimento de anjos:*
do céu lhes proporcionastes, sem fadiga para eles, um pão já pronto,
contendo em si todo o sabor e adaptando-se a todos os gostos.
[21]Este vosso sustento manifestava
vossa doçura para com vossos filhos;
ele se adaptava ao gosto de quem dele comia†
e se transformava naquilo que cada um desejava.
[22]Neve e gelo resistiam ao fogo sem derreter-se,
para que reconhecessem que o fogo,
ardendo no meio do granizo e relampejando entre as chuvas,
destruía os frutos dos inimigos.*
[23]Ao contrário, o mesmo fogo
esquecia sua própria violência
para que se nutrissem os justos.
[24]Pois a criação, obedecendo a vós, seu Criador,*
aumenta sua força para castigar os maus,
mas se abranda para beneficiar os que confiam em vós.
[25]Por isso também então, prestando-se a toda mudança,*

---

* **16**,7. Jo 3,14-17 / Is 45,14 | 9. Êx 8,16-20; 10,4-15 / Sb 11,15s | 12. Sl 107,20; Dt 32,39 | 15. Dt 32,39; 12,27 | 16. Êx 9,24s; Sl 78,47ss | 17. 5,17.20 | 20. Êx 16; Sl 78,25; 105,40 | 22. 16,19 | 24. 5,17; 19,6 | 25. 19,18; Sl 104,27s; 136,25; 145,16

† **16**,21. O maná, "pão do céu que contém todo o sabor" é figura da Eucaristia, Jo 6,31ss.

punha-se a serviço de vossa liberalidade que a todos alimenta,*
conforme o desejo dos necessitados,
[26]para que vossos filhos que amais, Senhor, compreendessem
que não são as diversas espécies de frutos que nutrem o homem,
mas é vossa palavra que conserva os que creem em vós.*
[27]Com efeito, o que não era destruído pelo fogo
logo se derretia ao simples calor de um raio de sol,*
[28]para que se soubesse que é preciso
antecipar-se ao sol para vos dar graças
e encontrar-vos ao despontar da luz,*
[29]porque a esperança do ingrato
se dissolve como a geada do inverno
e escorre como água inútil.*

17 **As trevas do Egito.** [1]Sim, vossos julgamentos são grandes e difíceis de entender,*
por isso as almas incultas se extraviaram.
[2]Os iníquos, pensando dominar a nação santa,
acorrentados nas trevas e prisioneiros de uma longa noite,*
fechados em suas casas, jaziam excluídos da providência eterna.*
[3]Pensando ficar escondidos, com seus pecados secretos,
sob o véu opaco do esquecimento,
foram dispersos, atingidos por um pavor horrível
e amedrontados por alucinações†.
[4]Nem o esconderijo em que se abrigavam
os preservou do temor;
mas ruídos aterradores ressoavam ao redor deles
e fantasmas lúgubres de semblante triste lhes apareciam.
[5]Nenhum fogo, por mais intenso que fosse, conseguia iluminá-los;
nem mesmo as luzes brilhantes dos astros
conseguiam aclarar aquela noite horrível.
[6]Aparecia-lhes somente um braseiro
que se acendia por si mesmo e semeava o terror;
uma vez desaparecida esta visão,
julgavam piores ainda as coisas vistas.
[7]Fracassavam os artifícios da magia,
e sua pretensa sabedoria recebeu humilhante desmentido.
[8]Os que prometiam expulsar temores e inquietações
da alma enferma
caíam vitimas de um medo ridículo.
[9]Mesmo não havendo nada de espantoso para os aterrorizar,
a passagem dos animais e o silvo das serpentes
bastavam para sobressaltá-los;
morriam de medo e recusavam até mesmo olhar este ar
do qual não há como fugir.
[10]A malícia é uma coisa vil,
condenada pelo próprio testemunho,
e, oprimida pela consciência, presume sempre o pior†.
[11]Com efeito, o temor não é outra coisa
senão a renúncia aos auxílios da razão:
[12]quanto menos no íntimo se espera deles,
tanto mais grave parece a ignorância
da causa que produz o tormento.
[13]Mas eles, durante aquela noite realmente impotente,
saída dos recessos do impotente abismo,
entorpecidos por um mesmo sono,
[14]ora eram perseguidos por fantasmas monstruosos,
ora paralisados pela depressão da alma,
porque um terror repentino e inesperado se abatera sobre eles.

---

* **16**,26. Dt 8,3 | 27. Êx 16,21 | 28. Sl 5,4; Eclo 39,6 | 29. Sl 58,8 | **17**,1. Sl 92,6s; Rm 11,33ss / Êx 10,21ss | 2. Êx 10,21ss / Sb 14,3

† **17**,3. Conforme a lei do talião, a praga das trevas castiga as trevas do pecado. | 10. Da consciência do pecado nasce o medo.

15Assim também, qualquer um que caísse lá
era encerrado num cárcere sem grades.
16Fosse ele agricultor, pastor
ou operário que trabalha em lugares solitários,
surpreendido, tinha de suportar a necessidade inelutável,
porque todos estavam acorrentados à mesma cadeia de trevas.
17O sibilar do vento,
o canto melodioso de pássaros na ramagem frondosa,
a cadência da água que corre impetuosa,
o surdo fragor de rochas desmoronando,
18a corrida invisível de animais que saltavam,
o rugido de crudelíssimas feras que bramiam,
o eco que repercutia nas cavidades dos montes,
tudo os paralisava e enchia de terror.
19Todo o mundo era iluminado de luz resplandecente
e cada um se dedicava a seus trabalhos sem impedimento.
20Somente sobre eles se estendia uma noite profunda,
imagem das trevas que mais tarde os envolveriam;
e eles eram para si mesmos um peso maior que as trevas.

18 **A coluna de fogo.** 1Para vossos santos, ao contrário, resplandecia uma grande luz;*
os egípcios, porém, escutando suas vozes, sem ver seu semblante,
os proclamavam felizes, porque não tinham sofrido como eles;
2e eram-lhes gratos porque, depois de maltratados,
não revidavam
e imploravam perdão por terem sido inimigos deles.
3Em vez das trevas, destes aos vossos uma coluna de fogo,*
para os guiar por um caminho desconhecido,
e um sol inofensivo em sua gloriosa migração.*
4Quanto aos outros, mereciam ficar sem-luz*
e ser aprisionados nas trevas*
por haverem encerrado em prisões vossos filhos,
por meio dos quais a luz incorruptível da lei
devia ser comunicada ao mundo†.

A morte dos primogênitos. 5Como eles tinham decidido matar os recém-nascidos dos santos
– e um só menino foi exposto e salvo –*
como castigo arrebatastes uma multidão de filhos deles*
e os fizestes perecer todos juntos na água impetuosa.*
6Aquela noite foi prenunciada a nossos pais,
para que, sabendo com certeza em quais promessas tinham acreditado,
ficassem cheios de coragem†.
7Vosso povo esperava
a salvação dos justos e o extermínio dos inimigos.
8De fato, o que vos servia para punir nossos adversários
tornou-se para nós um título de glória,
pois nos chamáveis a vós.
9Os filhos santos dos justos ofereciam sacrifícios em segredo
e estabeleceram, de comum acordo, esta lei divina:
os santos participariam igualmente dos bens e dos perigos;
e já entoavam os hinos de seus pais.
10Respondia-lhes o grito confuso dos inimigos*
e se difundia o lamento dos que choravam seus filhos.
11O mesmo castigo atingia escravo e senhor;*

---

* **18**,1. Êx 10,23 | 3. Êx 13,21s / Sb 10,17 | 4. Sl 121,6 / Sb 11,16 | 5. Êx 1,22-2,10 / Êx 12,29s / Êx 14,26-29 | 10. Êx 11,6; 12,30 | 11. Êx 11,5; 12,29

† **18**,4. A luz da salvação para todos os povos vem dos judeus, Jo 4,22. | 6. Os patriarcas mostravam interesse pelo futuro de seus descendentes, Hb 11,13.39s; 1Pd 1,10ss.

o homem do povo sofria as mesmas penas que o rei.
12Todos igualmente tiveram inúmeros mortos,
abatidos da mesma maneira;
e os vivos não bastavam para sepultá-los*
porque num instante pereceu a parte melhor de sua geração.
13Aqueles que descriam de tudo por causa de suas magias,
vendo morrer seus primogênitos, reconheceram
que este povo era filho* de Deus†.
14Enquanto um profundo silêncio envolvia todas as coisas*
e a noite chegava à metade de seu rápido percurso,
15vossa Palavra onipotente lançou-se*
do céu, de vosso trono real, como implacável guerreiro†,
no meio daquela terra votada ao extermínio,
levando, como espada afiada, vossa ordem inexorável.*
16Ao parar, encheu de morte o universo;
tocava o céu e caminhava sobre a terra.
17Então, de repente, fantasmas de sonhos terríveis os sobressaltaram;*
temores inesperados caíram sobre eles.
18Caindo semimortos aqui e ali,
manifestavam a causa da morte que os atingia.
19Porque seus sonhos aterradores os tinham prevenido,
para que não morressem sem saber
o motivo de seus sofrimentos.

O flagelo passageiro dos hebreus.
20Mas a provação da morte atingiu também os justos
e uma multidão foi massacrada no deserto.*
Mas a ira não durou muito tempo,
21porque um homem irrepreensível se apressou a defendê-los:
servindo-se das armas de seu ministério,
a oração e o sacrifício expiatório do incenso,*
se opôs à cólera e pôs fim ao flagelo,
demonstrando que era vosso servo.
22Ele não superou a ira divina com a força física,
nem com o poder das armas,
mas com a palavra deteve aquele que castigava,
recordando-lhe os juramentos feitos aos pais e as alianças.*
23Os mortos já tinham caído aos montes uns sobre os outros
quando ele interveio, deteve a Ira
e lhe barrou o caminho para os vivos.
24Pois em sua veste longa estava todo o mundo,
os nomes gloriosos dos pais,*
gravados sobre quatro fileiras de pedras preciosas,
e vossa Majestade no diadema* de sua cabeça†.
25Diante disso o exterminador recuou, teve medo,
porque uma só demonstração da Cólera bastava.

19 **Hebreus e egípcios no mar Vermelho.** 1Mas sobre os ímpios se abateu até o fim um furor implacável,
porque Deus previa também o que iriam fazer:
2que, depois de permitir que saíssem
e apressá-los a partir,
mudando de ideia, os perseguiriam.*
3De fato, enquanto estavam ainda ocupados com o luto
e choravam sobre o túmulo dos mortos,
tomaram uma outra decisão insensata:

---

* **18**,12. Nm 33,4 | 13. Êx 4,22; Os 11,1 | 14. Êx 11,4; 12,29 | 15. Ap 19,11ss / Ap 19,15 | 17. Jó 4,13ss | 20. Nm 17,6-15; 1Cor 10,8 | 21. Nm 17,11s | 22. Êx 32,11ss | 24. Êx 28,17-21.29 / Êx 28,36 | **19**,2. Êx 14,5-9; 18,12

† **18**,13. Israel é filho primogênito de Deus, Êx 4,22. | 15. A liturgia do tempo do Natal aplica esse texto poético à Encarnação do Verbo. | 24. Na veste do sumo sacerdote, Êx 28,1-35, estava representado o céu na cor, a terra nas flores e no linho, o fogo no ouro, o mar nas romãs, a harmonia do universo nas campainhas; nas pedras do peitoral, as 12 tribos.

puseram-se a perseguir como fugitivos
aqueles aos quais tinham rogado que partissem.
4 Arrastou-os a este extremo um merecido destino,
que lançou no esquecimento o ocorrido,
para que completassem a punição
que ainda faltava a seus tormentos;
5 enquanto vosso povo empreendia uma viagem extraordinária,*
eles encontrassem uma morte inaudita.
6 Pois toda a criação, em sua própria natureza,*
assumia nova forma, como no princípio,
obedecendo a vossas ordens,
para que vossos filhos fossem preservados de todo o mal.
7 Apareceu a nuvem para cobrir de sombra o acampamento,*
e da água que antes havia, surgiu a terra seca:
uma estrada livre se abriu no mar Vermelho
e as ondas impetuosas deram lugar a uma planície verdejante†.
8 Por ela passou todo o vosso povo,*
os protegidos de vossa mão,
espectadores de prodígios estupendos.
9 Como cavalos conduzidos ao pasto,*
como cordeiros saltitantes,
glorificavam a vós, Senhor, seu libertador.*
10 Recordavam ainda os acontecimentos do exílio:
como a terra, em vez de diversos tipos de animais, produziu moscas;*
como o rio, em vez de peixes, derramou uma multidão de rãs.*
11 Mais tarde viram também um novo gênero de aves,
quando, levados pelo apetite, pediram comidas delicadas;*
12 e para satisfazê-los, subiram do mar codornizes.*

Os egípcios mais culpados que os sodomitas. 13 Sobre os pecadores, porém, recaíram os castigos,
não sem sinais premonitórios de relâmpagos fragorosos;
eles sofreram justamente por sua malícia,
pois tinham manifestado ao estrangeiro um ódio profundo.
14 Outros não acolheram visitantes desconhecidos,
mas estes reduziram a escravos
hóspedes que eram seus benfeitores.
15 Mais ainda: haverá para os primeiros um castigo,
porque receberam forasteiros com hostilidade;
16 mas estes, depois de tê-los festivamente acolhido,*
depois, quando já participavam de seus direitos,
os oprimiram com trabalhos duríssimos.*
17 Foram por isso atingidos pela cegueira,
como o foram os primeiros à porta do justo,
quando, envoltos em espessas trevas,
cada um procurava a entrada de sua porta.*
18 Assim os elementos se combinavam de modo diferente,
como na harpa a variação das notas muda a natureza do ritmo,
embora conservando sempre o mesmo tom.

Conclusão. É justamente isto que se pode deduzir
da atenta consideração dos acontecimentos:
19 animais terrestres se tornavam aquáticos,
os que nadavam saltavam para a terra.
20 Na água, o fogo aumentava seu poder

---

* **19**,5. 18,3 | 6. 5,17; 16,24 | 7. Êx 14,19-22 | 8. 3,1 | 9. Is 63,13s; Ml 3,20 / Êx 15,1-21 | 10. Êx 8,12-15 / Êx 8,2 | 11. Nm 11,31 | 12. Êx 16,13 | 16. Gn 45,17-20; 47,1-12 / Êx 1,8-14; 5,4-18 | 17. Gn 19,11

† **19**,7. A intervenção salvífica de Deus no êxodo, evento fundador de Israel, é o modelo de todas as libertações posteriores, inclusive a do fim da história.

e a água esquecia sua propriedade natural de apagá-lo.
[21]As chamas, ao contrário, não consumiam as carnes*
de animais tenros, que passeavam em seu meio,
nem dissolviam aquela espécie de comida celeste,*
semelhante à geada e tão fácil de se derreter.
[22]Em tudo, ó Senhor, engrandecestes*
e glorificastes vosso povo
e não o descuidastes,
assistindo-o em todo o tempo e lugar†.

* **19**,21. 16,18 / 16,221 | 22. Is 45,17.25

† **19**,22. Apesar dos pecados de seu povo, Deus não o abandonou; sua proteção na história passada é garantia da assistência divina para o povo superar as perseguições, Is 45,17.25.

ECLESIÁSTICO

De todos os livros sapienciais, é o mais rico de ensinamentos práticos, parecendo uma síntese da tradição de sabedoria que o precede, um manual do bom comportamento religioso e moral.

Foi escrito em hebraico, entre os anos 190 e 180 a.C, por um sábio educador da juventude, chamado Ben Sira, que vivia em Jerusalém. O neto do autor conta no Prólogo como levou a obra para o Egito no ano 132 a.C. e a traduziu para o grego para os hebreus do lugar. O texto hebraico, que São Jerônimo conheceu e era citado pelos rabinos, foi considerado perdido durante muito tempo, mas alguns fragmentos de cinco manuscritos hebraicos dos séc. XI ou XII foram descobertos em 1896 e 1900 numa sinagoga do Cairo; foram achados fragmentos em duas grutas de Qumrân e, em 1964, nas escavações de Masada, fragmentos do séc. I a.C. Assim foi possível reconstruir 3/5 do original do livro. No grego o livro se chama "Sabedoria de Jesus, filho de Sirac", e a tradução latina chamou-o de "Ecclesiasticus liber", por causa de seu uso na Igreja, sobretudo na instrução dos catecúmenos.

Na época de Ben Sira, a Palestina estava sob o domínio dos Selêucidas, propagadores dos costumes pagãos. Diante daquela invasão do mundo grego, Israel precisava confirmar sua fé, seu apego ao patrimônio religioso e salvar sua identidade como povo da Aliança. Em breve, Antíoco IV haveria de desencadear a perseguição contra a fé e os costumes judaicos, e a jovem geração educada por Ben Sira terá de optar entre a traição e o heroísmo.

O livro é uma coleção de conselhos e sentenças referentes à prática da sabedoria, fundada sobre o temor de Deus. Aborda aspectos da vida de cada dia e das relações com o próximo. Apresenta duas novidades: a sabedoria é identificada concretamente com a Lei dada por Deus ao povo eleito; e, pela primeira vez, a história é inserida no gênero sapiencial: os grandes personagens do passado são apresentados como ilustres exemplos de pessoas guiadas pela sabedoria no exercício das mais altas virtudes.

A perspectiva do autor continua limitada a esta vida. O ser humano recolhe o que semeia. Deus lhe deu dons e liberdade para que faça suas escolhas, pensando nas consequências. Uma vida guiada pelo temor de Deus gozará de sua bênção.

O texto grego, reconhecido como inspirado, existe em duas formas, a mais longa e a mais breve. Algumas traduções modernas seguem a primeira e outras, a segunda, dando origem a diferenças na numeração dos versículos. Nossa tradução segue a forma longa, opção feita também pela Nova Vulgata.

I. PRÓLOGO DO TRADUTOR GREGO†

Muitos e profundos ensinamentos nos foram dados na Lei, nos Profetas e nos outros Escritos† sucessivos, e por eles se deve louvar Israel como povo instruído e sábio.

Ora, os que leem as Escrituras devem não apenas entendê-las, mas também, como estudiosos, ser capazes de tornar-se úteis aos de fora com a palavra falada e escrita. Assim meu avô Jesus, tendo-se dedicado longamente à leitura da Lei, dos Profetas e dos outros Livros de nossos pais, e tendo alcançado uma notável competência neles, sentiu-se chamado a escrever alguma coisa a respeito do ensinamento e da sabedoria†, para que os estudiosos, familiarizando-se com seu livro, possam progredir ainda mais na conduta conforme a Lei.

Sois portanto convidados a fazer sua leitura com benevolência e atenção e a mostrar-vos indulgentes nos casos

† **I**. O neto de Jesus Ben Sira explica por que seu avô escreveu um livro de ensinamento e sabedoria, e por que ele o traduziu. / Aparece aqui pela primeira vez a divisão do AT em 3 partes: Lei, Profetas e outros Escritos, Lc 24,44. / Sabedoria é a maneira de dirigir a própria vida conforme a lei de Deus e de obter a felicidade terrestre. / Corresponde ao ano 132 a.C.

em que, não obstante o esforço que empregamos na tradução, parecermos não ter conseguido exprimir o sentido de certas expressões. De fato, as coisas ditas em hebraico não têm a mesma força quando são traduzidas para outra língua. E não somente esta obra, mas também a própria Lei, os Profetas e os outros Livros, quando traduzidos, diferem não pouco do texto original.

No ano trinta e oito do rei Evergetes†, vim ao Egito, onde permaneci por certo tempo. Tendo descoberto aí um escrito de grande valor educativo, considerei necessário aplicar-me também com diligência e fadiga a traduzi-lo. Depois de lhe haver dedicado muitas vigílias e estudos em todo aquele tempo, levei a bom termo o trabalho e publico o livro para aqueles que no exterior pretendem instruir-se, reformar seus costumes e viver segundo a Lei.

II. NATUREZA E PRECEITOS DA SABEDORIA (1,1–42,14)

1 **A sabedoria vem de Deus.** [1]Toda
sabedoria vem do Senhor Deus*
e está com ele para sempre.
Ela existe antes de todos os séculos.
[2]A areia do mar, as gotas da chuva
e os dias dos séculos, quem poderá contá-los?
[3]A altura do céu, a extensão da terra,
a profundeza do abismo, quem poderá medi-las?
Quem pode penetrar a Sabedoria divina que precede a tudo?
[4]Antes de todas as coisas foi criada a sabedoria,*
e a inteligência prudente existe desde sempre.
[5]Fonte da sabedoria é a palavra de Deus nas alturas,
seu acesso são os mandamentos eternos.
[6]A quem foi revelada a raiz da sabedoria?
Quem conhece suas sutilezas?
[7]A quem foi revelada e manifestada a ciência da sabedoria?
Quem compreendeu sua grande experiência?
[8]Somente o Altíssimo, Criador onipotente,
rei poderoso e muito temível,
aquele que está sentado em seu trono, Deus dominador.
[9]Foi ele que no espírito santo criou a Sabedoria,*
ele a viu, enumerou e mediu;
[10]e difundiu-a sobre todas as suas obras
e sobre todo ser mortal, segundo sua generosidade,
e a concedeu aos que o temem.

O temor de Deus conduz à Sabedoria. [11]O temor do Senhor é glória e honra,*
alegria e coroa de exultação.
[12]O temor do Senhor alegra o coração
e dá contentamento, gozo e vida longa.
[13]Para quem teme o Senhor tudo acabará bem,
será abençoado no dia de sua morte.
[14]O amor de Deus é uma sabedoria digna de honra;
[15]àqueles a quem se manifestou ele a concede como partilha em sua visão,
para que reconheçam suas grandes obras.
[16]Princípio da sabedoria é temer o Senhor;*
ela foi gerada com os fiéis no seio materno;
com os que amam a verdade foi firmada desde sempre
e a seus descendentes se dará.
[17]O temor do Senhor é a religião da ciência;
[18]esta religião guarda e justifica o coração,
e lhe traz alegria e satisfação.
[19]Quem teme o Senhor encontrará conforto,
no dia da morte será abençoado.
[20]Plenitude da sabedoria é temer a Deus;
com seus frutos inebria seus fiéis.*

* **1**,1. Pr 2,6; Sb 9,4 | 4. 24,12s; Pr 8,22; Br 3,20ss; Jó 28,12-23 | 9. Jó 28,27; Jl 3,1s | 11. Dt 9,16; Pr 4,10; 1,29 | 16. Pr 1,7; Sl 111,10 | 20. Pr 8,18s

[21]Enche de coisas preciosas toda a
sua casa,
e de seus tesouros seus celeiros.*
[22]Coroa da sabedoria é o temor do
Senhor;
faz florescer a paz e o fruto da sal-
vação:
[23]ambos porém são dons de Deus.
[24]A Sabedoria derrama como chuva a
ciência e o conhecimento inteligente,*
e aumenta a glória dos que a pos-
suem.
[25]Raiz da sabedoria é temer o Se-
nhor;*
seus ramos são uma longa vida.
Como adquirir a sabedoria. [26]A inteli-
gência e a religião da ciência estão nos
tesouros da sabedoria;
mas para os pecadores a sabedoria é
abominação.
[27]O temor do Senhor expulsa o pe-
cado,
mas quando está presente, afasta
toda ira.
[28]Pois quem não tem temor não po-
derá tornar-se justo:*
a violência de sua paixão causará sua
ruína.
[29]O homem paciente aguentará até o
devido tempo†
e depois lhe será restituída a alegria.
[30]A pessoa de bom senso guarda as
palavras até a hora certa,
e os lábios de muitos celebrarão sua
prudência.
[31]Entre os tesouros da sabedoria es-
tão as máximas instrutivas,
[32]mas para o pecador o culto a Deus
é abominação.
[33]Meu filho, se desejas a sabedoria,
pratica a justiça,
e Deus ta concederá.
[34]Pois o temor do Senhor é sabedo-
ria e instrução;*
o que lhe agrada
[35]é a confiança e a doçura†.
[36]Não sejas indócil ao temor do Se-
nhor
e não te aproximes dele com duplici-
dade de coração.
[37]Não sejas fingido diante dos ho-
mens*
e controla tuas palavras.
[38]Não te exaltes para não caíres
e para não atrair sobre ti a desonra;
[39]para que o Senhor não revele teus
segredos
e te humilhe diante da assembleia,*
[40]porque te aproximaste do temor
do Senhor com malícia,
e teu coração está cheio de astúcia e
de engano.

2 **Constância na provação.** [1]Filho,
se pretendes servir ao Senhor,*
permanece firme na justiça e no te-
mor
e prepara-te para a provação†.
[2]Governa teu coração e sê constante,
inclina teu ouvido e acolhe as pala-
vras de sabedoria
e não te perturbes no tempo da ad-
versidade.*
[3]Suporta as demoras de Deus, fica
unido a ele sem te separar,
para que fiques sábio em teus cami-
nhos.*
[4]Aceita tudo o que te acontece;
permanece firme na dor e paciente
em tua humilhação,
[5]porque com o fogo se provam o
ouro e a prata,*
e os eleitos no cadinho da humilha-
ção.
[6]Crê em Deus, e ele te ajudará;
espera nele, e dirigirá teus cami-
nhos;*
conserva seu temor e nele permane-
ce até a velhice.
Confiança. [7]Vós que temeis o Senhor,
contai com sua misericórdia;
não vos desvieis dele para não cairdes.
[8]Vós que temeis o Senhor, confiai
nele,
e vossa recompensa não falhará.

* **1**,21. Sb 7,11 | 24. Jó 28,27 | 25. 1,16 | 28. Pr 29,22 | 34. Pr 15,33 | 37. 2,14; 5,11; Tg 1,6ss | 39. Pr 5,14 | **2**,1. Ap 2,10; Tg 1,2ss | 2. 1Pd 4,12 | 3. Ap 3,21 | 5. Rm 5,3; Tg 1,2ss | 6. Pr 3,5s

† **1**,29. No Eclo, a palavra tempo, tempo oportuno, momento favorável, "kairós", aparece 60 vezes. É sabedoria achar esse tempo e agir nele. | 35. Doçura é a disposição de acolher docilmente os mandamentos de Deus. | **2**,1. A provação na época do autor eram as dificuldades criadas pela difusão do helenismo e seu confronto com a religião e os costumes judaicos.

[9]Vós que temeis o Senhor, esperai
seus benefícios,
a felicidade eterna e a misericórdia.
[10]Vós que temeis o Senhor, amai-o,
e vossos corações serão iluminados.
[11]Considerai, filhos, as gerações pas-
sadas e refleti:*
quem confiou no Senhor e ficou de-
siludido?
[12]Ou quem perseverou em seu temor
e foi abandonado?
Ou quem o invocou e foi por ele des-
prezado?
[13]Porque o Senhor é clemente e mi-
sericordioso,*
perdoa os pecados no dia da tribu-
lação
e protege todos os que o procuram
de verdade.
[14]Ai dos corações covardes, dos lá-
bios perversos e das mãos indolentes,
e do pecador que quer entrar na ter-
ra por dois caminhos!
[15]Ai dos corações sem coragem por-
que não têm fé;
por isso não serão protegidos.
[16]Ai de vós que perdestes a paciência
e abandonastes os caminhos retos e
vos extraviastes por maus caminhos!
[17]Que fareis quando o Senhor come-
çar o acerto de contas?
[18]Os que temem o Senhor não são
incrédulos a sua palavra;
e os que o amam permanecem em
seus caminhos.*
[19]Os que temem o Senhor procuram
o que lhe agrada;
e os que o amam se saciam com sua
lei.
[20]Os que temem o Senhor têm o co-
ração sempre preparado
e santificam sua alma diante dele.
[21]Os que temem o Senhor guardam
seus mandamentos
e esperam com paciência sua vinda
[22]dizendo: "Se não fizermos penitên-
cia,
cairemos nas mãos do Senhor* e não
nas dos homens;
[23]porque, conforme é sua grandeza,
tão grande é também sua misericór-
dia".

3 **Deveres para com os pais.** [1]Os
discípulos da sabedoria são uma
assembleia de justos,
e a nação deles se distingue pela
obediência e pelo amor.
[2]Ouvi, filhos, a advertência de um pai
e segui-a para serdes salvos.
[3]Pois Deus glorifica o pai nos filhos
e confirma a autoridade da mãe so-
bre eles.
[4]Quem honra o pai intercede pelos
pecados,
evita cair neles e é ouvido em sua
oração diária.
[5]Quem honra a mãe é como alguém
que acumula tesouros.
[6]Quem honra o pai terá alegria em
seus filhos
e será ouvido no dia de sua oração.
[7]Quem honra o pai terá vida longa;
quem obedece ao pai dá consolo à
mãe.
[8]Quem teme o Senhor respeita pai e
mãe
e serve como a senhores os que lhe
deram a vida.
[9]Honra teu pai com tuas ações e pa-
lavras*
[10]para que desça sobre ti sua bênção.
[11]A bênção do pai consolida as casas
dos filhos,*
mas a maldição da mãe arrasa até os
alicerces†.
[12]Não te glories da desonra de teu
pai,
porque a desonra dele não pode ser
tua glória;
[13]pois a glória de um homem depen-
de da honra do pai,*
vergonha para os filhos é a mãe des-
prezada.
[14]Filho, ajuda teu pai na velhice,*
não o entristeças durante sua vida.
[15]E se ele perder a lucidez, sabe des-
culpar

---

* **2**,11. Jó 4,7; Sl 22,5s; 37,25 | 13. Sl 145,8s; Êx 34,6s | 18. Jo 14,15.21.23 | 22. 2Sm 24,14 | **3**,9. Mt 21,28-31 | 11. Gn 27,27s; 48,15-20; 49,3-27; Dt 33,1-25 | 13. Pr 17,6 | 14. Mt 15,4ss; Pr 19,26

† **3**,11. Os antigos consideravam infalível a bênção ou a maldição dos pais.

e não o desprezes em nenhum dia de
sua vida.
Porque a bondade com o pai não
será esquecida,
16mas será plantada em lugar de teus
pecados
17e contada para ti como justiça;
no dia de tua tribulação Deus se lem-
brará de ti
e como a geada ao calor se dissolve-
rão teus pecados.
18Como é infame aquele que aban-
dona seu pai!*
Como é amaldiçoado pelo Senhor
aquele que exaspera sua mãe!
Ser humilde. 19Filho, realiza teu traba-
lho com mansidão
e serás amado mais que um homem
generoso.
20Quanto maior fores, tanto mais te
humilhes em tudo,*
e assim encontrarás graça diante de
Deus.
Muitos são importantes e gloriosos,
mas é aos humildes que ele revela
seus mistérios.
21Porque só Deus tem grande po-
der,*
e é pelos humildes que ele é honra-
do.*
22Não procures o que é mais alto do
que tu
nem investigues o que é mais forte;*
mas pensa sempre no que Deus te
ordenou
e não sejas curioso acerca de suas
muitas obras.
23Pois não precisas ver com teus
olhos o que está escondido.
24Guarda-te de pesquisar com exa-
gero coisas supérfluas,
25porque te foi mostrado mais do
que compreende uma inteligência hu-
mana.
26Muitos foram enganados por suas
próprias opiniões,
e uma falsa aparência extraviou seus
pensamentos.
Sem a pupila, falta a luz,
sem o conhecimento, falta a sabedo-
ria.
Os danos do orgulho. 27Um coração
obstinado acabará na desgraça;*
quem ama o perigo nele perecerá.
28O coração que segue dois cami-
nhos não será bem-sucedido,
quem é perverso tropeçará neles.
29O coração mau será acabrunhado
de dores,
e o pecador acrescentará pecado so-
bre pecado.
30Para as chagas dos soberbos não
existe cura,
porque a planta do mal se enraizou
neles e não é percebida.
31O coração dos sábios compreende
as palavras dos sábios,
e o ouvido atento cobiçará a sabe-
doria.
32O coração sábio e inteligente se
abstém dos pecados
e praticando a justiça terá bom êxito.
33A água apaga um fogo ardente,
assim a esmola expia os pecados.
34Deus observa aquele que presta
um favor
e lembra-se dele no futuro;*
no momento da queda este encon-
trará apoio.

4

Obras de misericórdia. 1Filho,
não negues ao pobre a esmola†,
não desvies dele teus olhos.
2Não entristeças um faminto,
não exasperes o pobre em sua indi-
gência.
3Não aflijas o coração do indigente,
não adies a esmola ao angustiado.*
4Não rejeites o pedido do aflito,
e do necessitado não desvies o ros-
to.*
5Do pobre não afastes o olhar por
causa da ira:
não lhe dês ocasião de amaldiçoar-te
por detrás;
6porque será ouvida a súplica daquele
que te amaldiçoar amargurado:
seu Criador o atenderá.*

---

* **3**,18. Pr 19,26; 30,17 | 20. Fl 2,5-8 | 21. Tg 4,6.10 / Pr 3,34; Sf 2,3 | 22. Sl 131,1 | 27. Pr 28,14; Rm 2,5 | 34. Tb 12,9; 1Pd 4,8 | **4**,3. Pr 3,27s | 4. Tb 4,7

† **4**,1. "Não socorrer os pobres é roubá-los e tirar-lhes a vida" (S. João Crisóstomo).

[7]Faze-te amar pela comunidade;
humilha-te diante do mais velho
e diante de um poderoso abaixa a cabeça.
[8]Inclina ao pobre teu ouvido sem tristeza;
paga-lhe tua dívida
e responde-lhe com afabilidade e mansidão.
[9]Arranca o oprimido do poder do opressor,*
e quando julgares não procedas com amargor.
[10]Sê misericordioso com os órfãos como um pai*
e como um esposo para a mãe deles;
[11]e serás como um filho obediente do Altíssimo,*
e ele terá compaixão de ti mais que uma mãe.

A Sabedoria educa. [12]A Sabedoria inspira a vida a seus filhos
e acolhe os que a procuram.*
[13]Quem a ama, ama a vida,
os que a procuram solícitos receberão do Senhor a alegria.*
[14]Quem a possui herdará a glória;*
aonde quer que vá, Deus o abençoará.
[15]Os que a veneram prestam culto ao Santo,
e Deus ama os que a amam.*
[16]Quem a escuta julgará as nações;
quem lhe presta atenção viverá tranquilo.
[17]Quem nela confia a obterá em herança;
seus descendentes conservarão sua posse.
[18]Pois andará com ele disfarçada,
e a princípio o porá à prova;
[19]e lhe incutirá temor e medo,*
e o experimentará com as provas de sua disciplina,
até que ele a conserve em seus pensamentos e nela confie.
[20]Então ela voltará diretamente a ele e o fortalecerá
dando-lhe alegria;
[21]manifestará a ele seus segredos
e o enriquecerá com o tesouro do conhecimento
e da compreensão da justiça.
[22]Se ele, porém, seguir uma estrada falsa, ela o abandonará*
e o entregará às mãos de seu inimigo.

Pudor e respeito. [23]Filho, observa o tempo oportuno e evita o mal,
[24]assim não te envergonharás de ti mesmo.
[25]Pois há uma vergonha que leva ao pecado*
e há uma vergonha que traz honra e graça.
[26]Não te mostres parcial para teu prejuízo
e não sejas mentiroso para tua ruína.
[27]Não receies advertir o teu próximo quando errar,
[28]não retenhas a palavra no devido tempo;
não escondas tua sabedoria por respeito humano.
[29]Pois é pela palavra que se reconhece a sabedoria,
e o bom senso, pela resposta da língua.
[30]De nenhum modo contradigas a verdade,
mas sente vergonha da tua ignorância.
[31]Não te envergonhes de confessar teus pecados,*
e a ninguém te submetas por causa do pecado.
[32]Não resistas diante de um poderoso,
como não se enfrenta a correnteza de um rio.
[33]Luta pela justiça até a morte,*
e Deus combaterá por ti contra teus inimigos.
[34]Não sejas arrogante na tua linguagem
e, ao invés, covarde e indolente em tuas ações.*
[35]Não sejas como um leão em tua casa,
ameaçando teus empregados e oprimindo teus dependentes.

---

* **4**,6. Dt 15,9 | 9. Jó 29,15ss | 10. Êx 22,21 | 11. Lc 6,35 | 12. 6,28s | 13. Pr 3,16ss; Sb 8,17s | 14. Pr 3,35 | 15. Jo 14,21 | 19. Mt 7,14 | 22. Jó 11,6; Dn 2,21s; Jo 15,15 | 25. 20,24 | 31. Lv 5,5 | 33. Jo 18,37 | 34. 1Jo 3,18

[36]Tua mão não seja aberta para re-
ceber
e, ao contrário, fechada para dar.*

5

A falsa segurança. [1]Não confies
em tuas riquezas*
e não digas: "Tenho o bastante para
viver".
[2]Não sigas o teu vigor,
para te entregares às paixões do teu
coração.
[3]Não digas: "Quem me dominará?",*
ou "Quem me fará prestar contas dos
meus atos?"
Porque o Senhor sem dúvida fará
justiça.
[4]Não digas: "Pequei,* e o que me
aconteceu de mal?"†,
porque o Senhor é paciente para re-
tribuir.
[5]Não estejas sem medo do pecado
perdoado
nem acrescentes pecado a pecado.
[6]Não digas: "A misericórdia do Se-
nhor é grande;
ele me perdoará os muitos pecados";
[7]porque sua misericórdia e sua ira
chegam depressa,*
e sua ira se abate sobre os pecado-
res.
[8]Não demores para converter-te ao
Senhor*
e não o adies de um dia para outro,
[9]pois sua ira virá de repente,
e no tempo do castigo serás arreba-
tado.
[10]Não confies em riquezas injustas,
porque de nada valem no dia da des-
graça.*
[11]Não joeires o trigo com qualquer
vento
e não andes por qualquer caminho,
pois é assim que todo pecador se re-
vela pela sua fala hipócrita.
Bom uso da língua. [12]Sê firme na tua
convicção*
e na verdade de tua convicção e no
conhecimento;
e a palavra da paz e da justiça te
acompanhará.
[13]Sejas pronto para ouvir a palavra a
fim de entendê-la,*
e com lentidão darás a resposta.*
[14]Se conheces o assunto, responde a
teu próximo;
se não, põe a mão sobre a boca,*
para não seres surpreendido numa
palavra incorreta
e ficares envergonhado.
[15]No falar pode haver honra ou desonra;
a língua do homem é a sua ruína.*
[16]Não te faças chamar de boateiro
e não calunies com a língua;
[17]porque a vergonha é para o ladrão,
a má fama é para quem fala com hi-
pocrisia
e para o boateiro, o ódio, a inimizade
e a injúria.

6

[1]Não causes dano, nem grande e
nem pequeno,
e de amigo não te tornes inimigo.
Porque herdarás má fama, afronta e
injúria;
assim acontece a todo pecador, inve-
joso e de fala hipócrita.
[2]Não te exaltes como um touro nos
pensamentos de teu coração,
para não suceder que a insensatez
quebre tua força,
[3]devore tuas folhas e estrague teus
frutos,
deixando-te como árvore seca no
deserto.*
[4]Uma paixão desenfreada arruína
quem a possui
e o faz objeto de zombaria para os
inimigos,
levando-o ao destino dos ímpios.
O amigo fiel. [5]Uma palavra gentil mul-
tiplica os amigos e acalma os inimigos;*
uma linguagem afável favorece o
bom relacionamento.
[6]Sejam muitos os que vivem em paz
contigo,
mas teu conselheiro, um entre mil.*

---

* **4**,36. At 20,35 | **5**,1. 11,26; Lc 12,15-21 | 3. Sl 13,5; Sb 2,11 | 4. Ecl 8,11-14; Rm 2,4; 3,25 | 7. 16,11 | 8. Is 55,6s; Lc 12,35-40 | 10. Pr 10,2 | 12. Mt 5,37 | 13. Tg 5,12 / Tg 1,19 | 14. Pr 30,32 | 15. Pr 18,21; Tg 3,6 **6**,3. Jo 15,5s | 5. Pr 15,1 | 6. 37,7-17

† **5**,4. Os céticos duvidam da intervenção de Deus nas coisas humanas e de sua função de juiz.

7 Se pretendes adquirir um amigo,
adquire-o na provação*
e não confies logo nele.
8 Há, com efeito, quem é amigo quan-
do lhe é cômodo,
mas não resiste no dia da adversida-
de.
9 Há também o amigo que se torna
inimigo
e revela as desavenças contigo.*
10 Há amigo que é companheiro à
mesa,
mas não resiste no dia do infortúnio.
11 Na tua prosperidade, será como
teu igual
e se sentirá à vontade para dar or-
dens a teus criados.
12 Mas se fores humilhado, ele se vol-
tará contra ti*
e da tua presença se esconderá.
13 Fica longe dos teus inimigos,
e sê cauteloso com teus amigos.
14 Um amigo fiel é uma proteção po-
derosa,*
quem o encontra, encontra um te-
souro.
15 Nada é comparável a um amigo
fiel:
é um bem que não tem preço.
16 Um amigo fiel é um bálsamo de
vida,*
os que temem o Senhor o encontrarão.
17 Quem teme o Senhor dirige bem
sua amizade,
porque como alguém é, assim será
seu amigo.
Aprender a sabedoria. 18 Filho, desde
a juventude aceita a instrução*
e conseguirás uma sabedoria que
durará até a velhice.
19 Aproxima-te dela como quem ara
e semeia*
e espera seus bons frutos.
20 Porque labutarás um pouco para
cultivá-la,
mas em breve comerás de seus pro-
dutos.
21 Quanto é áspera a sabedoria para
os incultos!
O insensato não permanecerá nela.*
22 Pesará sobre ele como pedra de
provação†,
e ele não tardará a jogá-la fora.
23 A instrução é de fato como diz seu
nome,
mas para muitos não é manifesta.
24 Escuta, filho, e aceita meu parecer,
não rejeites meu conselho.
25 Mete teus pés em seus grilhões,
e teu pescoço em sua coleira;*
26 curva teu ombro e carrega-a,
não sejas impaciente com suas cor-
rentes†.
27 Aproxima-te dela com todo o teu
ânimo*
e com toda a tua força guarda seus
caminhos.
28 Investiga e sonda, procura e en-
contrarás;
e quando a tiveres alcançado, não a
deixes.
29 No fim encontrarás nela o repou-
so,*
e ela se mudará para ti em alegria.
30 Seus troncos serão para ti uma pro-
teção poderosa,
suas coleiras uma veste de glória.*
31 Nela há um ornamento de ouro,
suas correntes são laços de púrpura.
32 Tu te revestirás dela como de uma
veste de glória
e como uma coroa de júbilo a cin-
girás.*
33 Filho, se prestares atenção, apren-
derás;
se aplicares teu espírito, serás pru-
dente.*
34 Se gostas de ouvir, aprenderás a
doutrina;
se prestares ouvido, serás sábio.
35 Frequenta o ambiente dos anciãos
e adere de coração a sua sabedoria,
para que possas ouvir tudo o que di-
zem sobre Deus,

* **6**,7. Pr 17,17; Eclo 12,8s | 9. Pr 25,9s | 12. Pr 19,4.7 | 14. Pr 18,19; Ecl 4,9-12 | 16. Pr 17,17; 18,24 | 18. Pr 22,6 | 19. Pr 8,18s; Sb 7,14 | 21. Pr 24,7 | 25. Mt 11,29 | 27. Dt 6,5 | 29. 4,12s; Mt 11,29; Jr 6,16 | 30. Pr 1,9 | 32. Pr 4,9 | 33. 8,9; Pr 13,20

† **6**,22. Grande pedra que se levantava nas competições de atletismo. | 26. O discípulo da sabedoria era comparado a um animal que traz o jugo em sua nuca, Mt 11,29s.

e as máximas sábias não te escaparão.
36E se vires um homem sensato, madruga para estar com ele,
e teu pé gaste os degraus de sua porta.
37Reflete sobre os preceitos de Deus,
e sê muito assíduo em seus mandamentos;*
ele tornará firme teu coração,
e teu desejo de sabedoria será satisfeito.

7 **Pecados a evitar.** 1Não faças o mal, e o mal não te dominará.*
2Afasta-te da iniquidade, e ela se afastará de ti.
3Filho, não semeies nos sulcos da injustiça*
para não colher sete vezes mais.
4Não peças ao Senhor o poder*
nem ao rei um lugar de honra.
5Não queiras passar por justo diante de Deus,
pois ele conhece o coração;
nem pretendas parecer sábio diante do rei.
6Não procures tornar-te juiz,
a não ser que tenhas bastante força para extirpar as iniquidades;
para não suceder que tenhas medo diante dos poderosos
e comprometas tua própria integridade†.
7Não ofendas a população de uma cidade
e não te degrades no meio do povo.
8Não te deixes prender duas vezes no pecado,
porque nem de um só sairás impune.
9Não sejas hesitante em tua oração*
10e não deixes de rezar e de dar esmola.
11Não digas: "Deus vai considerar a multidão de minhas ofertas*
e, quando eu as apresentar ao Deus Altíssimo, ele as aceitará"†.
12Não zombes de alguém que esteja amargurado,
porque há quem humilha e exalta: Deus que tudo vê.*
13Não espalhes mentiras contra teu irmão
nem algo semelhante contra um amigo.
14Não recorras de modo algum à mentira:
habituar-se a ela não é bom.
15Não fales demais no meio dos anciãos†
e não repitas palavras em tua oração.*
16Não desprezes o serviço penoso,
nem a agricultura, criada pelo Altíssimo.*
17Não te juntes à multidão dos indisciplinados;
18lembra-te de que a ira divina não tardará.
19Humilha profundamente tua alma,
porque fogo e vermes são o castigo do ímpio.*
20Não troques um amigo por dinheiro,
nem um irmão querido pelo ouro de Ofir.

O pai de família. 21Não te separes de uma esposa sensata e virtuosa
que recebeste em sorte no temor do Senhor;
porque a graça de sua modéstia vale mais que o ouro.
22Não maltrates um escravo que trabalha fielmente*
nem um mercenário que dá o melhor de si.
23O servo sábio te seja caro como tua alma;*
não lhe recuses a liberdade†
nem o abandones na indigência.

---

* **6**,37. Sl 1,2 | **7**,1. Gn 4,7 | 3. Jó 4,8; Pr 22,8; Gl 6,7s | 4. 13,12s; Pr 25,6s | 9. Tg 1,6; Eclo 3,33 | 11. Pr 21,27; Am 5,21 | 12. 1Sm 2,7; Lc 1,52 | 15. Mt 6,7 | 16. Pr 2,27 | 19. Is 66,24; Jt 16,17; Mc 9,48 | 22. 33,25-33; Dt 24,14s | 23. Dt 15,12-15

† **7**,6. Embora a lei o proibisse expressamente, Lv 19,15, havia muita parcialidade e venalidade entre os juízes de Israel, praga que os profetas e os sábios combatem, Pr 17,15; Is 1,23. |11. Muitos achavam que bastava oferecer sacrifícios, mesmo sem ter as disposições religiosas necessárias. |15. Deve-se deixar os velhos falar, 32,3, porque transmitem a sabedoria dos antigos. | 23. Após seis anos de serviço, o escravo devia ser libertado, Êx 21,2-6; Dt 15,12s.

[24]Tens rebanhos? Cuida deles
e, se te forem úteis, continuem contigo.*
[25]Tens filhos? Educa-os*
e submete-os desde a infância.
[26]Tens filhas? Vela sobre seus corpos
e não lhes mostres um rosto indulgente.*
[27]Casa tua filha e terás feito um grande negócio;
entrega-a a um homem sensato.
[28]Se tens uma mulher conforme teu coração, não a repudies;
mas naquela que é odiosa não confies.

Honra os pais e os sacerdotes. [29]Honra teu pai de todo o coração
e não esqueças as dores de tua mãe.*
[30]Lembra-te de que sem eles não terias nascido;
o que lhes darás pelo que fizeram por ti?
[31]Teme com toda a alma o Senhor
e respeita seus sacerdotes.
[32]Ama com todas as tuas forças aquele que te criou
e não abandones seus ministros.
[33]Honra a Deus com toda a tua alma
e reverencia o sacerdote.
[34]Entrega-lhes sua parte, como te foi ordenado:
primícias, sacrifícios expiatórios e pelas negligências
[35]a oferenda das espáduas, o sacrifício de santificação
e as primícias das coisas santas.

Sê compreensivo e generoso. [36]Estende a mão ao pobre,*
para que sejam perfeitas tua propiciação e tua bênção.
[37]Tua generosidade se estenda a todo vivente
e ao morto não negues tua piedade.
[38]Nao deixes de consolar os que choram*
e sofre com os que sofrem.
[39]Não te desagrade visitar um doente,
porque por isto serás amado.
[40]Em todas as tuas obras recorda-te de teu fim
e jamais cairás no pecado.

8 Prudência nas relações sociais.

[1]Não disputes com um homem poderoso
para não caíres em suas mãos.
[2]Não contendas com um rico,*
para não suceder que ele use contra ti o peso de seu dinheiro†;
[3]porque o ouro tem sido a perdição de muitos
e a prata faz desviar até o coração dos reis.
[4]Não tenhas demanda com um homem falador
e não jogues lenha em sua fogueira.
[5]Não convivas com pessoa ignorante
para que não sejas desprezado pelos príncipes.
[6]Não desprezes um homem que se afastou do pecado*
e não o censures;
lembra-te de que todos merecemos castigo.*
[7]Não desprezes quem é idoso,
porque alguns dentre nós também ficarão velhos.
[8]Não te alegres com a morte do inimigo;
recorda que todos morreremos
e não queremos que se alegrem com isso.

A tradição. [9]Não desprezes o que falaram os antigos sábios,*
mas medita suas máximas,
[10]porque deles aprenderás a sabedoria e a instrução da inteligência
e como servir aos grandes* com perfeição†.
[11]Não desprezes o que contam os velhos,
porque eles o aprenderam de seus pais;
[12]deles aprenderás a compreender
e como responder no tempo oportuno.*

---

* **7**,24. Pr 27,23 | 25. 30,1-13; Pr 13,24 | 26. 42,9-11 | 29. Êx 20,12; Tb 4,4 | 36. Dt 14,29; Sl 41,2 | 38. 37,15; Rm 12,15; Mt 25,35 | **8**,2. Pr 10,15 | 6. Mt 7,1-5 / Rm 3,9-20 | 9. Pr 13,20 | 10. Pr 14,35; 16,13s | 12. Cl 4,6

† **8**,2. Com o dinheiro e com sua influência pode comprar os juízes. | 10. A formação de bons funcionários para a corte era um dos objetivos dos sábios no Egito e em Israel.

A prudência. [13]Não acendas os tições dos pecadores repreendendo-os,
para não te queimares nas chamas de seus pecados.
[14]Não permaneças na presença do insolente,
para que não arme ciladas contra tuas palavras.
[15]Não emprestes a um homem mais forte que tu;
o que lhe emprestares, considera-o perdido.*
[16]Não prestes fiança além de tua possibilidade;
se o fizeres, preocupa-te com o pagamento.*
[17]Não movas processo contra um juiz,
porque ele julga a seu bel-prazer.
[18]Com um aventureiro não te ponhas em viagem
para não aumentares teus males:*
pois ele agirá segundo seu capricho,
e perecerás com ele por causa de sua insensatez.
[19]Não tenhas desavenças com um homem irascível*
e não vás com ele para um lugar solitário,
porque a seus olhos o sangue é como se não fosse nada
e, onde não há socorro, ele te eliminará.
[20]Não peças conselho aos insensatos,
porque não saberão manter teu segredo.
[21]Diante de um estranho, nada faças que deva ficar oculto
porque não sabes como reagirá.
[22]Não abras teu coração a qualquer pessoa
para não afastares de ti a felicidade.

9

Mulheres. [1]Não tenhas ciúme da esposa amada
para não dar-lhe a ideia de te fazer mal.
[2]Não dês à mulher poder sobre ti,*
para que não usurpe tua autoridade e fiques humilhado.
[3]Não te encontres com mulher leviana*
para que não venhas a cair em seus laços.
[4]Não frequentes mulher sedutora, nem a ouças*
para que não pereças por suas artimanhas.
[5]Não fixes o olhar numa virgem,*
para que sua beleza não cause tua queda†.
[6]Não te entregues jamais às prostitutas*
para não te perderes juntamente com tua herança.
[7]Não gires os olhos pelas ruas da cidade
nem vagueies por suas praças.
[8]Desvia teu olhar de mulher formosa,
não fites uma beleza que não te pertence.
[9]Por causa da beleza de uma mulher muitos pereceram;
por ela a concupiscência queima como fogo.
[10-11]†
[12]Jamais te sentes ao lado de mulher casada,*
nem te recostes para beber junto com ela,*
[13]para que teu coração não se apaixone por ela
e, arriscando a vida, descambes na perdição.
Homens. [14]Não abandones um velho amigo,
porque o novo não será igual a ele.
[15]É vinho novo o amigo novo:
quando ficar velho, tu o beberás com prazer.
[16]Não invejes a glória nem a riqueza do pecador*
porque não sabes qual será sua ruína.

---

* **8**,15. 29,4 | 16. 29,19-27 | 18. Pr 22,24s | 19. Pr 15,18 | **9**,2. Pr 31,3; Jz 16,4-21; 1Rs 11,1-4 | 3. Pr 23,27; 29,3 | 4. Pr 7,6-27 | 5. Jó 31,1; Mt 5,28 | 6. Pr 29,3; Lc 15,13 | 12. Pr 5,2 / Pr 5,15 | 16. Sl 37; 74

† **9**,5. Quem seduzia uma moça devia pagar 50 siclos, tinha a obrigação de casar-se com ela e não podia despedi-la, Dt 22,29. | 9. A Nova Vulgata omitiu os vv. 10-11, que constavam na antiga Vulgata e diziam o seguinte: [10]Toda mulher que se prostitui será calcada aos pés no caminho como o esterco. [11]Muitos, alucinados pela beleza de uma mulher alheia, se tornaram réprobos, pois a conversa dela é como fogo que queima.

17 Não te agrade a prosperidade dos injustos:
sabendo que não ficarão impunes até descerem ao abismo.
18 Fica longe de quem tem o poder de matar
e não experimentarás o temor da morte.
19 Se te aproximas dele, fica atento para não errares
para que não tire tua vida;
20 Fica sabendo que a morte está por perto,
pois caminhas no meio de armadilhas
e andas sobre redes.
21 Convive como podes com teu próximo
e conversa com gente sábia e prudente.*
22 Teu pensamento se ocupe com os sensatos
e toda conversa tua seja sobre as leis do Altíssimo.
23 Teus comensais sejam os homens justos,
e tua glória esteja no temor de Deus.
24 As obras dos artesãos são louvadas por suas mãos,*
o chefe do povo, pela sabedoria de seu falar
e a palavra dos anciãos, por seu bom senso.
25 O falador é o terror de sua cidade:*
quem não sabe controlar suas palavras será detestado.

10 **Governantes.** 1 Um governante sábio educa seu povo,
a autoridade de um homem sensato será estável.
2 Tal o governante do povo, tais serão seus ministros;
tal o chefe de uma cidade, tais seus habitantes.
3 Um rei ignorante arruinará seu povo,
mas as cidades prosperarão pela sensatez dos chefes.*
4 O governo do mundo está nas mãos do Senhor:
ele suscitará na hora certa um governador adequado para ele.
5 O sucesso do homem está nas mãos do Senhor,
que investirá o magistrado em sua autoridade.*
O orgulho. 6 Não revides qualquer injúria de teu próximo*
e não faças nada levado pela soberba.
7 É odiosa a soberba perante Deus e o ser humano,
para ambos é abominável toda opressão.
8 O império passa de um povo a outro
por causa das injustiças, violências e riquezas dolosas.
9 Nada há de mais criminoso que o avarento,
pois ele vende a própria alma.
10 Por que se ensoberbece quem é terra e cinza?*
Vivo ainda, expele suas entranhas.
11 A doença prolongada cansa o médico,
a doença passageira o tranquiliza.
12 A vida é breve para todo monarca:
quem hoje é rei,* amanhã morrerá†.
13 Quando o homem morre
recebe em herança serpentes, feras e vermes.
14 Princípio da soberba do homem é abandonar a Deus;*
15 afasta seu coração daquele que o fez.
Princípio de todo pecado é a soberba;
quem a possui fará ferver a maldição,
e no fim ela o destruirá.
16 Por isso o Senhor tornou espantosos os castigos dos maus
e os destruiu até o extermínio.
17 Deus abateu o trono dos chefes soberbos,*
no lugar deles fez sentar-se os mansos.

---

* **9**,21. 37,7-15 | 24. 1,13; 10,25 | 25. 37,23 | **10**,3. Jr | 27,5; Pr 8,15s; Is 11,2-5 | 5. Rm 13,1 | 6. Lv 19,18; Mt 5,21-24; 18,21s | 10. Gn 2,7; 18,27; Eclo 17,31 | 12. Is 14,11; Jó 17,14 | 14. Dt 8,14 | 17. Lc 1,52; 1Sm 2,4-8

† **10**,12. A vida humana é precária: um mal-estar ao qual o médico não dá importância pode acabar com ela.

18 Deus extirpou as raízes das nações arrogantes*
e em seu lugar plantou os humildes.
19 O Senhor arruinou os territórios das nações*
e as destruiu até os fundamentos.
20 Muitas delas devastou e dispersou,
e fez desaparecer da terra sua lembrança.
21 Deus apagou a memória dos soberbos
e preservou a memória dos humildes de coração.
A verdadeira glória. 22 A soberba não foi criada para os homens,
nem a raiva para os nascidos de mulher.
23 É honrada a descendência que teme a Deus;*
mas é desprezada a descendência que transgride os mandamentos do Senhor.
24 Entre os irmãos é honrado seu chefe,
mas aos olhos do Senhor, são os que o temem.
25 Forasteiro, migrante e pobre
têm como glória o temor de Deus.*
26 Não desprezes um justo pobre
e não exaltes um pecador rico.
27 O nobre, o juiz e o poderoso são honrados;
mas ninguém está acima de quem teme a Deus.
28 Homens livres servirão a um servo sábio;*
quem é prudente e disciplinado não se queixa quando é corrigido.
A humildade. 29 Não te orgulhes na execução de teu trabalho
nem te glories no tempo da adversidade.
30 É melhor quem trabalha e tem tudo com fartura
do que quem se orgulha e não tem o que comer.*
31 Filho, com modéstia honra tua alma*
e dá-lhe o alimento e a glória conforme merece.
32 Quem dará razão a quem peca contra si mesmo?
Quem honrará aquele que se desonra?
33 Existe pobre honrado por causa de sua instrução e seu temor de Deus,*
e existe rico honrado por causa de sua riqueza.
34 Quem é honrado na pobreza, quanto mais o será na riqueza?
E quem é desprezado na riqueza, quanto mais o será na pobreza?†

11 **Sabedoria no juízo.** 1 A sabedoria do humilhado o fará manter a cabeça erguida
e lhe permitirá sentar-se entre os grandes.
2 Não louves alguém por sua beleza*
e não desprezes quem tem uma aparência deformada.
3 A abelha é pequena entre os seres alados,
mas seu produto é o que há de mais doce.
4 Não te orgulhes jamais de tuas roupas
e não te ensoberbeças no dia da glória,
porque só as obras do Altíssimo são estupendas;
suas obras são escondidas e invisíveis aos homens†.
5 Muitos soberanos sentaram-se no pó*
e um desconhecido cingiu seu diadema.
6 Muitos poderosos foram profundamente humilhados
e homens ilustres foram entregues ao poder de estranhos.
Prudência e reflexão. 7 Não repreendas ninguém antes de o teres indagado;
mas depois de interrogado, corrige com justiça.

---

* **10**,18. 33,12; Dn 2,35 | 19. Is 40,15ss; Sb 11,21s | 23. Jr 9,22s; 1Cor 1,26-31; 2Cor 10,17; Tg 1,9 | 25. 9,23 | 28. Pr 17,2; 11,29 | 30. Pr 12,9 | 31. Jr 9,22; 1Cor 1,31 | 33. 11,1; 10,25 | **11**,2. 1Sm 16,7; 2Cor 10,10s **11**,5. 10,17; Ecl 4,14; 10,6s

† **10**,34. A sabedoria vale mais que a riqueza. | **11**,4. Ben Sira parece conhecer a problemática de Coélet; e lhe responde que a lógica do agir de Deus não é clara ao homem no curso dos acontecimentos.

[8]Não respondas antes de ter ouvido*
e não te intrometas nas conversas de outros.
[9]Não contendas pelo que não te molesta
e nas demandas dos pecadores não te metas.
[10]Filho, não te ocupes com muitas coisas;*
ainda que te apresses, não estarás isento de culpa;
mesmo se perseguires, não atingirás
e fugindo, não conseguirás sobreviver.
[11]Há quem trabalha, se apressa e sofre,*
mas só se torna menos rico.
[12]Há quem é fraco e precisa de socorro,*
carente de bens e rico de miséria,
[13]no entanto Deus o olha com benevolência,
levanta-o de sua baixeza
e o faz estar de cabeça erguida,
de modo que muitos ficam pasmados.

Tudo está nas mãos de Deus. [14]Bens e males, vida e morte,
pobreza e riqueza, tudo provém do Senhor.*
[15]Sabedoria, instrução e conhecimento da Lei estão no Senhor;
junto dele a caridade e a retidão.
[16]Erro e trevas foram criados para os pecadores;
os que se comprazem nas más ações envelhecem no mal.
[17]O dom de Deus é assegurado aos justos
e seu favor dará bons frutos para sempre.
[18]Há quem fica rico fazendo economia;*
e esta é a parte de sua recompensa:
[19]enquanto diz: "Encontrei repouso;
agora aproveitarei sozinho de meus bens",
[20]não repara que o tempo passa e a morte chega,
e morrendo deixará tudo para outros.
[21]Fica firme em teu dever e faz dele tua vida
e envelhece realizando teu trabalho.
[22]Não admires as obras dos pecadores;*
confia em Deus e persevera em tua tarefa,
[23]porque é fácil aos olhos de Deus
enriquecer um pobre de repente.
[24]A bênção de Deus é a recompensa imediata do justo;
num instante se revela seu sucesso.
[25]Não digas: "De que tenho necessidade?*
e quais serão meus bens de agora em diante?"*
[26]Não digas: "Sou autossuficiente;*
que mal posso temer no futuro?"
[27]No tempo da prosperidade não te esqueças dos males;*
no tempo da adversidade não te esqueças dos bens.
[28]Pois é fácil para Deus no dia da morte
retribuir a cada um segundo sua conduta.
[29]A infelicidade de uma hora faz esquecer os maiores prazeres;
no fim de um homem são reveladas suas obras.*
[30]Não louves ninguém antes da morte,
porque é em seu fim que se conhece a pessoa.

Prudência. [31]Não leves qualquer um para tua casa,
porque são muitas as insídias do impostor.
[32]Pois como as entranhas vomitam podridão,
como a perdiz é atraída para a gaiola,
e a corça para o laço,
assim é o coração do soberbo,
tal como alguém à espreita para ver a queda de seu próximo.

---

* **11**,8. Pr 18,13 | 10. 38,25 | 11. Pr 11,24; 21,5; Sl 127,1s | 12. Sf 2,3 | 14. Is 45,7; Jó 1,21 | 18. Jó 27, 16-23; Sl 49,17s; Ecl 2,21ss; Lc 12,16-21 | 22. Pr 3,31; 23,17; Eclo 9,16 | 25. Mt 6,25s / Eclo 5,1 | 26. Lc 12,16-21 | 27. 18,25; Jo 16,21 | 29. 1,13

[33]Mudando o bem em mal, arma ciladas
e até nos eleitos encontra mancha.
[34]Com uma centelha, o braseiro aumenta,
por um impostor aumenta o sangue;
o pecador arma ciladas para derramá-lo.*
[35]Guarda-te do malvado, porque trama o mal;
para que não macule para sempre teu bom nome.
[36]Hospeda um estranho, e ele te derrubará como um turbilhão
e te afastará de teus parentes.

12

Discernimento no fazer o bem. [1]Se fizeres o bem, sabe a quem o fazes
e será grande a gratidão por teus benefícios.
[2]Faze o bem ao justo e terás grande recompensa:
se não dele, certamente do Senhor.*
[3]Pois não há bem para quem se obstina no mal
e não dá esmolas;
porque o Altíssimo odeia os pecadores
e se compadece dos que se arrependem.
[4]Dá ao misericordioso e não ampares o pecador;
Deus dará aos ímpios e pecadores o que merecem,
guardando-os para o dia do castigo.
[5]Ajuda os bons mas não acolhas os pecadores.
[6]Faze o bem ao humilde, mas ao ímpio não auxilies;
não lhe dês instrumentos de guerra,
para que não se torne com eles mais poderoso que tu.
[7]Pois encontrarás males em dobro
por todo o bem que lhe tiveres feito,
porque também o Altíssimo odeia os pecadores*
e dará aos ímpios o castigo.
Verdadeiros e falsos amigos. [8]Na prosperidade não se pode reconhecer quem é amigo,
mas na adversidade não se esconderá o inimigo.*
[9]Quando alguém prospera, até seus inimigos são amigos,
mas quando é infeliz, até o amigo se separa dele.
[10]Não confies nunca em teu inimigo,*
porque sua malícia é como o ferro que enferruja.
[11]Ainda que, humilhado, ele ande encurvado,
fica atento e guarda-te dele;
comporta-te com ele como quem limpa um espelho
e perceberás que no fim enferrujou.
[12]Não o ponhas a teu lado,
nem se assente ele a tua direita,
para não acontecer que, voltando-se para teu lugar,
ele procure ocupar tua cadeira;
no fim conhecerás a verdade de minhas palavras
e sentirás remorso pelo que falei.
[13]Quem terá piedade de um encantador mordido por uma serpente
e de todos os que se aproximam das feras?
Assim acontece com quem se associa a um homem iníquo
e se envolve com seus pecados.
[14]Por um momento ficará contigo,
mas se vacilas, ele não te sustentará.
[15]O inimigo tem a doçura nos lábios,*
mas no coração arma ciladas para te lançar numa fossa.
[16]O inimigo tem lágrimas nos olhos,
mas se encontrar ocasião, será insaciável de teu sangue.
[17]Se males te acontecerem, lá o encontrarás por primeiro
[18]e, com o pretexto de te ajudar, cavará debaixo de teus pés.
[19]Balançará a cabeça, baterá palmas
e, murmurando muitas palavras, mudará seu semblante.

13

Escolhe as amizades. [1]Quem toca no piche com ele se suja,
e quem frequenta o soberbo se reveste de soberba†.

---

* **11**,34. Pr 1,11 | **12**,2. Dt 14,29 | 7. Mt 5,45; Lc 6,35 | 8. Pr 19,4; 17,17 | 10. Pr 26,24ss | 15. Pr 26,24ss; Jr 9,7

† **13**,1. Recomenda a prudência na escolha dos companheiros e das amizades.

[2]Não carregues um peso superior a tuas forças,
nem te associes a alguém mais nobre e mais rico que tu.
[3]Que há em comum entre a panela de barro e a panela de ferro?
Quando se chocarem, a panela de barro se quebrará.
[4]O rico comete injustiça e ainda reclama,*
mas o pobre sofre injustiça e ainda deve desculpar-se.
[5]Se podes ser útil, o rico se aproveitará de ti;
se não tens nada, ele te abandonará.
[6]Se tens alguma coisa, viverá contigo e te despojará
e de ti não terá compaixão.
[7]Se precisar de ti, ele te enganará
e, com sorrisos e belas palavras, te dará esperança
e perguntará: "De que precisas?"
[8]Ele te fará enrubescer com seus banquetes,*
até que te tenha exaurido duas ou três vezes,
e por fim zombará de ti;
depois, ao ver-te, não te dará atenção
e balançará a cabeça diante de ti.
[9]Humilha-te perante Deus
e espera que sua mão intervenha.
[10]Cuidado para não seres humilhado,
seduzido pela insensatez.
[11]Não te rebaixes em tua sabedoria,
para não suceder que, humilhado, caias na insensatez.
[12]Se alguém mais poderoso te chamar, afasta-te,
e ele te chamará mais ainda.
[13]Não te aproximes para não seres rejeitado,
mas também não fiques longe dele para não seres esquecido.
[14]Não ouses falar com ele em pé de igualdade
e não confies em suas muitas palavras:
com seu palavreado te porá à prova
e entre sorrisos sondará teus segredos.
[15]Relembrará, impiedoso, tuas palavras
e não te poupará maus-tratos e cadeias.
[16]Toma cuidado e presta muita atenção ao que ouves,
porque andas à beira de um abismo.
[17]Ouvindo, porém, estas coisas,
desperta de teu sono.
[18]Ama a Deus por toda a vida
e invoca-o para tua salvação.
[19]Todo ser vivo ama seu semelhante:
assim todo ser humano ama seu próximo.
[20]Todo ser se acasala segundo sua espécie
e todo homem se associa a quem lhe é semelhante.
[21]Que pode haver em comum entre o lobo e o cordeiro?
O mesmo acontece entre o pecador e o justo.
[22]Que paz pode haver entre a hiena e o cão?
Ou que entendimento entre o rico e o pobre?†
[23]O asno selvagem no deserto é a presa dos leões:
assim os pobres servem de pasto para os ricos.
[24]Assim como a humildade é uma abominação para o soberbo,
assim o pobre é uma abominação para o rico.
[25]Se o rico vacila, é sustentado pelos amigos;*
se o humilde cai, até pelos conhecidos é rejeitado.
[26]Quando o rico é enganado, muitos o ajudam;*
fala tolices, e ainda o justificam;
[27]quando o pobre é enganado, ainda o repreendem;
se fala com sabedoria, não lhe dão vez.
[28]Fala o rico e todos se calam
e exaltam até as nuvens suas palavras;
[29]fala o pobre e dizem: "Quem é este?"

---

* **13**,4. Pr 18,23 | 8. Pr 23,1ss | 25. Pr 19,4.7 | 26. Pr 14,20

† **13**,22. Muitas vezes "rico" quer dizer "ímpio" e "pobre", "justo".

Se tropeça, fazem-no cair.
30A riqueza é boa para quem não
tem pecado na consciência,
mas péssima é a pobreza no dizer do
ímpio.
31O coração do homem modifica seu
rosto*
para o bem ou para o mal.
32Um rosto alegre é sinal de bom co-
ração;
é difícil encontrá-lo, e só com esfor-
ço.

14 **Avareza.** 1Feliz o homem que
não pecou pelas palavras de
sua boca*
e não é atormentado pelo remorso
do pecado.†
2Feliz aquele, cuja consciência não o
acusa
e que não perdeu a esperança.
3A um avarento não convém a rique-
za;
de que serve o ouro para um inve-
joso?
4Quem nega para si injustamente
acumula para outros:*
com seus bens um outro viverá no
luxo.
5Quem é mau consigo mesmo, com
quem se mostrará bom?
Não tira proveito de seus bens.
6Ninguém é pior do que aquele que
maltrata a si mesmo;*
esta é a paga de sua malícia.
7Se faz o bem, ele o faz sem saber e
sem querer;
mas no fim mostrará sua maldade.
8O olhar do invejoso é malvado:
desvia o rosto e despreza os outros.
9O olho insaciável do ambicioso não
se contenta com uma parte,*
enquanto não consumir e ressecar
sua alma.
10Um olho mau é invejoso até do pão
e não cuida de sua mesa.
11Filho, se possuis bens, cuida de ti
e apresenta a Deus as ofertas devi-
das.
12Lembra-te que a morte não demo-
ra
e que o decreto do abismo não te foi
revelado,
pois o decreto deste mundo é que a
morte é certa†.
13Antes de morrer faze o bem a teu
amigo
e conforme tuas posses sê com ele
generoso.
14Não te prives de um dia feliz;*
não deixes escapar nenhuma parte
de um bom desejo.
15Não deixarás a outrem os bens ob-
tidos com esforço
e o fruto de tuas fadigas para serem
divididos entre os herdeiros?
16Dá e recebe, e distrai tua alma;
17pratica a justiça antes de morrer,
porque na mansão dos mortos não
há alegrias* para se buscar†.
18Toda carne envelhece como roupa,
e como a folha que dá fruto numa
árvore verde:
19umas nascem, outras caem;*
o mesmo acontece com as gerações
de carne e sangue:
umas morrem, outras nascem.
20Toda obra corruptível no fim desa-
parece,*
e com ela se vai quem a fez.
21Toda obra excelente será louvada
e nela será honrado seu autor.
Felicidade do sábio. 22É feliz quem
permanece na sabedoria*
e medita em sua justiça,
e com sensatez pensa em Deus que
tudo vê.
23Feliz quem considera no coração
seus caminhos,
e penetra com a mente seus segre-
dos.
Caminha atrás da sabedoria seguin-
do-lhe as pegadas,
e permanece em suas veredas.

---

* **13**,31. Pr 15,13 | **14**,1. 19,16; 25,11 | 4. Lc 12,16-21; Jó 27,16s; Pr 13,22 | 6. Pr 11,17 | 9. Sb 6,23 | 14. Ecl 2,24 | 17. Ecl 9,10 | 19. Ecl 1,4 | 20. Ecl 9,6; Ap 14,13 | 22. Pr 8,32-35

† **14**,1. Uma consciência tranquila garante a paz e a felicidade. | 12. A morte um dia nos vencerá, mas o amor que tivermos doado nos salvará. | 17. Ben Sira segue a tradição, imaginando a vida depois da morte como uma vida sem alegria nem dor, Ecl 9,10.

24 Ele olha por suas janelas
e escuta junto a suas portas.
25 Repousa perto de sua casa
e, fincando uma estaca em suas paredes,
arma sua tenda junto dela;
e para sempre repousa num refúgio de bem-estar.
26 Põe os próprios filhos sob sua proteção
e sob seus ramos permanece;
27 a sua sombra será protegido contra o calor,
e repousará em sua glória.

15 **Benefícios da Sabedoria.** 1 Assim agirá quem teme a Deus;
quem é fiel à Lei obterá a sabedoria.
2 Esta virá a seu encontro qual mãe honrada,*
e o acolherá como esposa virgem;
3 com o pão da vida e da inteligência o nutrirá,*
e lhe dará de beber a água da sabedoria salutar.*
Ele se apoiará nela e não vacilará,
4 confiará nela e não ficará desiludido.
Ela o exaltará entre seus companheiros*
5 e lhe dará a palavra no meio da assembleia.
Ela o encherá do espírito de sabedoria e de inteligência
e o cobrirá com um manto de glória.
6 Acumulará sobre ele um tesouro de alegria e de júbilo
e lhe dará como herança um nome eterno.
7 Os insensatos não alcançarão a sabedoria,
mas os homens de bom senso irão a seu encontro;
os pecadores não a verão,
pois ela está longe da soberba e do engano.*
8 Os mentirosos não se lembrarão dela,
mas os homens sinceros nela serão encontrados
e serão bem-sucedidos até o julgamento de Deus.
9 Não é belo o louvor na boca do pecador,
10 porque não lhe foi concedido por Deus.
Com efeito, à sabedoria de Deus convém o louvor,
que será proclamado pela boca do sábio;
e é seu Dominador que a ensinará.

Liberdade do homem. 11 Não digas: "Vem de Deus* meu pecado"†,
porque ele não faz o que ele próprio detesta.
12 Não digas: "Ele me extraviou",
porque ele não precisa dos ímpios.
13 O Senhor odeia todo erro e toda abominação,
quem o teme não ama essas coisas.
14 Desde o princípio Deus criou o ser humano
e o deixou à mercê de seu livre arbítrio
e o entregou ao poder de sua concupiscência.
15 Deu-lhe ainda os mandamentos e preceitos
e a inteligência, para fazer o que lhe agrada.
16 Se quiseres observar os mandamentos, eles te guardarão;
se confias em Deus, tu também viverás.
17 Ele pôs diante de ti a água e o fogo;*
estenderás a mão para o que quiseres.
18 Diante dos homens estão a vida e a morte, o bem e o mal;
a cada um será dado o que lhe agradar.
19 Grande, com efeito, é a sabedoria de Deus,*
ele é forte e poderoso e tudo vê continuamente.

---

* **15**,2. Sb 8,2 | 3. Pr 9,5 / Eclo 24,19-22; Jo 4,1 | 4. Sb 8,10-15 | 7. Pr 8,13 | 11. Tg 1,13s | 17. Dt 11,26ss; Dt 30,15-20; Jr 21,8 | 19. Sl 33,13-18 | 20. 34,19; Sl 34,16

† **15**,11. Se Deus sabe tudo antes que aconteça (Eclo 23,29), a conclusão parece negar a responsabilidade do homem em suas decisões e em suas ações; mas Deus criou o homem livre e cada um define seu comportamento.

[20]Os olhos do Senhor estão voltados
para os que o temem,*
ele conhece todas as ações dos homens.
[21]Não mandou ninguém agir como
ímpio
e a ninguém deu licença para pecar.
[22]Não desejes uma multidão de filhos infiéis e iníquos.

16

Justiça de Deus. [1]Nao te alegres com filhos ímpios;*
se são numerosos, não te comprazas neles,
se não tiverem o temor de Deus.
[2]Não confies na vida deles
nem contes com seus trabalhos;
[3]porque é melhor um filho só, temente a Deus,
do que mil filhos ímpios.
[4]É preferível morrer sem filhos
a deixar filhos ímpios.*
[5]A pátria poderá povoar-se por obra
de um único homem sensato,
mas a estirpe dos ímpios será aniquilada.*
[6]Meus olhos viram muitas coisas assim
e meus ouvidos ouviram coisas mais espantosas ainda.
[7]Na assembleia dos pecadores* arderá um fogo†,
e contra uma nação incrédula se inflamará a ira divina.
[8]Não o aplacaram os antigos gigantes,*
que foram rebeldes, confiando em sua força.
[9]E não poupou os concidadãos de Ló,*
mas abominou-os por causa da soberba de suas palavras.
[10]Não teve piedade da nação condenada,
que foi expulsa por causa de seus pecados†.
[11]Assim tratou os seiscentos mil soldados
que se reuniram com o coração obstinado†;
se houvesse um só rebelde,
seria para admirar se ficasse impune.
[12]Pois a misericórdia e a ira estão em
Deus:*
é paciente, deixa-se aplacar, mas derrama sua ira.
[13]Igual a sua grande misericórdia é
também sua severidade;
julga os homens conforme suas obras.
[14]Não escapará o pecador com sua
rapina,
como não ficará frustrada a constância do justo.
[15]Haverá recompensa para toda obra
de misericórdia;
cada um a encontrará a sua frente
conforme o mérito de suas obras
e conforme a inteligência de sua conduta.
O Senhor endureceu o coração do faraó, para que não o reconhecesse,
para que suas obras fossem manifestadas debaixo do céu.
Sua misericórdia revelou-se a todas as suas criaturas;
distribuiu aos filhos dos homens sua luz e as trevas.
Deus vê tudo. [16]Não digas: "Vou me
esconder de Deus!*
Lá do alto, quem pensará em mim?
[17]Não serei reconhecido entre um
povo numeroso,
quem sou eu no meio da criação tão imensa?"
[18]O céu e o mais alto dos céus,
o abismo e a terra inteira com o que há neles
serão abalados no dia de sua visita.
[19]Também os montes, as colinas e os
fundamentos da terra*
tremerão de pavor quando Deus olhar para eles.
[20]Mas ninguém reflete sobre essas
coisas;
Deus, porém, conhece todos os corações.
[21]E os caminhos de Deus, quem os
compreende?

* **16**,1. Pr 17,21; 19,13 | 4. Sb 4,1 | 5. Sb 3,19 | 7. Nm 11,1; 16,1-30 | 8. Gn 6,1-7 | 9. Gn 19,1-29 | 12. 5,6; Êx 34,6s | 16. Sl 139,7-12; Jr 23,24; Am 9,2s | 19. Sl 18,8; Jó 37,1-7

† **16**,7. Fala das revoltas do povo no tempo de Moisés, Nm 16. | 10. Os cananeus, que expulsou diante dos israelitas. | 11. No êxodo, toda uma geração dos israelitas morreu no deserto, Nm 14,22s.

E a tempestade, que nem o olho hu-
mano percebe?
22Na verdade, a maior parte de suas
obras estão ocultas.*
E as obras de sua justiça, quem as
proclama, ou quem as espera?
Pois o decreto está longe,
e o julgamento de todos só virá no final.
23Assim pensa quem tem o coração
mesquinho,
e o imprudente e extraviado pensa
tolices.

Deus Criador. 24Escuta-me, filho, e
aprende a prudência do bom senso;*
25vou te dar fielmente a instrução
e vou investigar para te ensinar a sa-
bedoria;
sê atento em teu coração a minhas
palavras.
Manifesto com exatidão as maravilhas
que Deus colocou em suas obras
desde o princípio
e com toda a verdade exponho seu
conhecimento.
26Quando Deus criou suas obras des-
de o princípio,*
desde sua origem distinguiu suas
partes.
27Ele ordenou para sempre suas ta-
refas,*
e o domínio de cada uma em suas
gerações.
Não sentem fome nem cansaço
e não interrompem seu trabalho.
28Nenhuma delas atrapalha a vizinha
29e jamais desobedecem a uma or-
dem sua†.
30Depois disso, Deus olhou para a terra
e encheu-a de seus dons;
31Cobriu sua superfície com todo o
gênero de seres vivos*
e é para ela que devem retornar.*

17

Dons de Deus ao homem. 1Da
terra Deus criou o homem*
e o fez conforme sua imagem;
2à terra o faz voltar de novo
e o revestiu de força semelhante à
sua.
3Concedeu ao homem dias contados
e um tempo marcado,*
e deu-lhe o domínio sobre as coisas
que existem na terra.*
4Infundiu em todo ser vivo o temor
do homem,*
para que este dominasse sobre os
animais e as aves.*
5Deu aos homens discernimento, lín-
gua, olhos, ouvidos
e coração para pensar,
e cumulou-os de instrução e de sa-
ber.
6Deu-lhes também a ciência do es-
pírito,
encheu seu coração de bom senso
e mostrou-lhes* o bem e o mal†.
7Pôs seu olho em seus corações†,
mostrando-lhes a grandeza de suas
obras.*
8Concedeu-lhes que se gloriassem
de suas maravilhas,
para louvarem seu santo nome
e anunciarem a grandeza de suas
obras†.
9Além disso deu-lhes a instrução*
e como herança a lei da vida.
10Estabeleceu com eles uma aliança
eterna*
e revelou-lhes sua justiça e seus de-
cretos.
11Seus olhos contemplaram a gran-
deza de sua glória,
e seus ouvidos ouviram a majestade
de sua voz.*
Disse-lhes: "Guardai-vos de toda in-
justiça!"
12E deu a cada um preceitos referen-
tes ao próximo.

Deus vê e julga. 13Seus caminhos es-
tão sempre diante dele,
não ficam escondidos a seus olhos.
14Sobre todo povo colocou um chefe,

---

* **16**,22. Rm 11,33 | 24. Pr 1,23 | 26. Gn 1 | 27. 42,20-25 | 31. Gn 1,24s / Gn 3,19; Sl 104,29 | **17**,1. Gn 2,7; Ecl 3,20; 12,7 | 3. Gn 6,3 / Gn 1,28; Sb 9,2s | 4. Gn 1,27 / Gn 9,2 | 6. Gn 2,17 | 7. Sb 13,1; Rm 1,19s | 9. Dt 30,15-20 | 10. Êx 34,10 | 11. Dt 4,11s

† **16**,29. Refere-se aos astros do céu. | **17**,6. A lei natural, escrita por Deus dentro do coração humano. | 7. Quer dizer que Deus tornou os homens capazes de compreender corretamente suas obras. | 8. O louvor é o ato mais nobre que somos chamados a realizar, 15,9s; 39,14s.

[15]mas fez de Israel a porção de Deus.*
[16]Todas as obras humanas estão
diante dele como o sol:
seus olhos observam continuamente
sua conduta.
[17]A ele não são ocultas suas iniqui-
dades:
todos os seus pecados estão diante
de Deus.
[18]A beneficência do homem é para
ele como um selo†:
ele guardará sua generosidade como
a pupila dos olhos.
[19]Depois se levantará e lhes dará a
recompensa,
derramando sobre cada um deles o
que lhe é devido.
[20]Mas a quem se arrepende ele ofe-
rece o retorno,
fortalece os que perderam a espe-
rança
dando-lhes a verdade como herança.
Convite à virtude. [21]Retorna ao Se-
nhor e abandona teus pecados,*
[22]reza diante dele e diminui tuas
ofensas.
[23]Volta para o Altíssimo e afasta-te
de tua injustiça;
detesta profundamente a iniquidade.
[24]Reconhece a justiça e os decretos
de Deus
e permanece firme no estado em que
te colocou
e na oração ao Deus altíssimo.
[25]De fato, na mansão dos mortos
quem louvará o Altíssimo,*
em lugar dos vivos e dos que rendem
louvor a Deus?†
[26]Não te detenhas no erro dos ím-
pios;
louva a Deus antes da morte:
de um morto, como se nada fosse,
cessa o louvor.
[27]Louva a Deus enquanto estás vivo,
louva-o enquanto tens vida e saúde;
louva a Deus e gloria-te em suas mi-
sericórdias.
[28]Como é grande a misericórdia do
Senhor*
e seu perdão para os que se conver-
tem a ele!
[29]Pois nem tudo pode estar ao alcan-
ce do homem,
já que ele não é imortal.
[30]Que há de mais brilhante que o sol?
Mas também ele desaparece.
Ou que há de mais criminoso
do que os pensamentos* da carne e
do sangue?†
Mas isto também será castigado.
[31]Ele contempla as potências dos al-
tos céus,*
mas os homens são todos terra e
cinza.

18

Grandeza de Deus. [1]Aquele
que vive para sempre criou to-
das as coisas juntamente.
Somente Deus será reconhecido jus-
to
e permanece como rei invencível
para sempre.
[2]Quem será capaz de proclamar suas
obras?
[3]E quem pode investigar suas mara-
vilhas?
[4]E o poder de sua majestade, quem
poderá descrevê-lo?
Ou quem conseguirá explicar sua mi-
sericórdia?
[5]Não há nada a tirar e nada a acres-
centar;*
não é possível detalhar as maravilhas
de Deus.
[6]Quando alguém termina, é apenas
o começo*
e, quando pára, fica perplexo.
Miséria do homem. [7]O que é o ho-
mem?* Qual seu defeito e sua utilida-
de?†
Qual é seu bem e qual é seu mal?
[8]A duração da vida humana é, quan-
do muito, cem anos;*
equivalem a uma gota-d'água no mar

---

* **17**,15. Dt 7,6 | 21. Sl 33,15 | 25. Sl 6,16; 115,17 | 28. Sl 111,4 | 30. Gn 6,5; 8,21 | 31. Jó 15,14ss; Gn 18,27; Eclo 10,10 | **18**,5. 42,22 | 6. Sl 139,17s | 7. Sl 8,5 | 8. Sl 90,10; Eclo 17,3

† **17**,18. Ver a nota em Ct 8,6. | 25. Ver a nota em Nm 16,33. | 30. A expressão "carne e sangue" designa a natureza humana em sua fraqueza, Mt 16,17. | **18**,7. O homem não pode acrescentar nada a Deus, nem diminuir nada dele.

e a um grão de areia, de tão pouco
que são perante a eternidade.
9 Por isto Deus é paciente com eles
e derrama sobre eles sua misericórdia.
10 Vê quanto é má a presunção de seu
coração,
e sabe que seu fim é funesto.
11 Por isso multiplica sua piedade
para com eles,
e lhes mostra o caminho da justiça.
12 A misericórdia do homem é para
com o próximo,
mas a misericórdia de Deus é para
com todo ser vivo.
13 Ele repreende, ensina e instrui
como um pastor que guia seu rebanho.
14 Tem piedade dos que aceitam a lição da misericórdia
e dos que são zelosos em cumprir
suas decisões.
Como fazer o bem. 15 Filho, não ajuntes aos benefícios a repreensão
e, ao dar um presente, não causes
tristeza com uma palavra amarga.
16 O orvalho não mitiga o calor?
Assim também uma palavra é melhor
que um presente.
17 Uma palavra não vale mais que um
bom presente?
Mas o homem caridoso oferece todos os dois.
18 O insensato repreende com aspereza,*
e o presente do indisciplinado resseca os olhos.
Prudência no agir. 19 Antes do julgamento, procura um advogado para ti;
e antes de falar, informa-te.
20 Toma o remédio antes de adoecer†
e antes do julgamento examina-te a
ti mesmo;
assim, no momento da sentença encontrarás perdão.
21 Humilha-te, antes de caíres doente
e, quando tiveres pecado, mostra arrependimento.
22 Nada te impeça de cumprir a tempo uma promessa,*
não esperes até a morte para justificar-te,
porque a recompensa de Deus permanece para sempre.
23 Antes de fazer uma promessa, prepara-te a ti mesmo,
não faças como alguém que tenta o
Senhor†.
24 Pensa na ira do dia final
e no tempo em que Deus castigará,
desviando seu rosto†.
25 Pensa na carestia no tempo da
abundância;
na indigência e na pobreza, nos dias
de riqueza.
26 De manhã até a tarde o tempo
muda,
e tudo passa depressa aos olhos de
Deus.
27 Um homem sábio é sempre cauteloso
e nos dias do pecado se abstém da
culpa.
28 Todo homem sagaz reconhece a
sabedoria
e presta homenagem àquele que a
encontrou.
29 Quem é sensato no falar também
age com sabedoria,
compreende a verdade e a justiça
e fará chover provérbios e sentenças.
Sobre a temperança. 30 Não sigas tuas
paixões;
põe um freio a teus desejos.
31 Se te concedes a satisfação da paixão,
ela te tornará objeto da zombaria de
teus inimigos.
32 Não te deleites com muitos banquetes,
pois a dupla porção é pobreza do
outro.
33 Não frequentes tavernas nem sejas
beberrão
quando nada tens no bolso,*
pois seria maquinar contra tua própria vida.

---

* **18**,18. Tg 1,5 | 22. Dt 23,22ss; Ecl 5,3; Pr 20,25; Ecl 5,1-6 | 33. Pr 23,20s

† **18**,20. É melhor prevenir que remediar. | 23. A pessoa deve pensar bem antes de fazer uma promessa e, depois de fazê-la, cumpri-la logo. | 24. O juízo final, quando Deus não usará mais de misericórdia, mas exercerá a justiça.

19 **A bebida e o muito falar.** [1]Um operário beberrão não ficará rico;
quem despreza as pequenas coisas irá caindo aos poucos.
[2]O vinho e as mulheres extraviam os homens de bom senso,*
e quem frequenta prostitutas perecerá:
a podridão e os vermes o terão como herança.*
[3]O atrevido caminha para a ruína:
será eliminado do meio dos vivos
e será apontado como o pior exemplo.
[4]Quem acredita de imediato é leviano e terá prejuízo;
quem peca contra si mesmo, quem o salvará?
[5]Quem se alegra com a iniquidade será desprezado;
quem detesta a correção abrevia sua vida
[6]e quem odeia a tagarelice extingue a malícia.
[7]Jamais repitas uma palavra maldosa e dura
e não sofrerás nenhum dano.
[8]Não fales do amigo nem do inimigo*
e, se sabes de um delito, não o reveles.
[9]Pois quem te ouvir desconfiará de ti
e, para defender o pecado, te odiará.
[10]Ouviste alguma coisa contra o próximo?
Guarda-a contigo e fica certo de que ela não te fará morrer.
[11]Por causa de uma palavra o insensato sofre dores,
como a parturiente para dar à luz†.
[12]Como uma flecha cravada na coxa,
assim é a palavra no coração do insensato.
Não crer facilmente. [13]Corrige o amigo: talvez tenha feito o mal e diz que não o fez;
e, se o fez, para que não o faça de novo.
[14]Corrige o próximo: talvez não tenha dito nada;
mas se disse, para que não o repita.
[15]Indaga de teu amigo, porque com frequência se trata de calúnia,
e não creias em qualquer palavra.
[16]Há quem erre pela língua, mas não de propósito,*
pois quem não pecou com a língua?
[17]Interroga teu próximo, antes de ameaçá-lo,
e deixa intervir a lei do Altíssimo†.
Verdadeira e falsa sabedoria. [18]Pois toda a sabedoria é temor de Deus e nela está o temor de Deus;
e em toda a sabedoria está a prática da lei.
[19]Não é sabedoria o conhecimento do mal,
e nunca é prudência o conselho dos pecadores.
[20]Há uma astúcia que é abominável,
e há insensato que tem pouca sabedoria.
[21]É melhor alguém de pouca sabedoria
e de pouco bom senso, mas que possui o temor de Deus,
do que um outro muito inteligente,
mas que transgride a lei do Altíssimo.
[22]Existe uma esperteza eficiente, mas que é iníqua.
[23]Há quem deprave a graça para proferir a sentença
e há quem pareça oprimido e de ânimo abatido,
mas seu íntimo está cheio de engano.
[24]Há quem se rebaixe em excesso com muita humildade
e há quem incline a cabeça
fingindo-se de surdo;
mas, quando não for observado, ele te suplantará.
[25]E se a fraqueza o impede de pecar,
ao encontrar uma ocasião propícia de fazer o mal, ele o fará.
[26]Pelo semblante se conhece a pessoa;

* **19**,2. Pr 31,3ss; Os 4,11 / Pr 5,5; 7,26s; 9,18 | 8. Pr 25,9s | 16. Ecl 7,14

† **19**,11. Sente necessidade de revelar o segredo, como a mulher que não pode reter o filho no ventre. | 17. A lei manda investigar antes de agir, Dt 19,18, e também repreender com doçura, Lv 19,17.

pelo aspecto do rosto se conhece a
pessoa sensata:
27a roupa que usa, seu sorriso
e seu modo de andar revelam o que
é.
Discrição. 28Existe repreensão inopor-
tuna
e indício que se comprova infunda-
do,
e há quem se cale e é prudente.

20 1É melhor repreender do que
irritar-se,
e não impedir de falar aquele que
confessa.
2Como o eunuco que quer violentar
uma moça,*
3assim é quem quer impor pela força
uma sentença iníqua.
4Como é bom quando a pessoa cor-
rigida manifesta arrependimento!
Pois assim evitarás o pecado volun-
tário.
5Há quem se cala e é considerado
sábio,*
e há quem é odiado por sua tagare-
lice.
6Há quem se cala porque não tem
resposta,
e há quem se cala porque sabe a
hora oportuna.
7O homem sábio se cala até o mo-
mento certo,
mas o leviano e o imprudente não
esperam a ocasião.
8Quem se excede no falar será detes-
tado;
quem abusa de sua posição será
odiado.
Não confiar nas aparências. 9Os ma-
les aumentam para quem é indiscipli-
nado,
e o que ele inventa lhe causa preju-
ízo.
10Existe presente que não é útil
e existe presente duplamente retri-
buído.
11Há humilhação motivada pela gló-
ria
e há quem depois da humilhação*
levanta a cabeça†.
12Há quem compre muitas coisas
com pouco dinheiro,
mas paga sete vezes seu valor.
13O sábio torna-se amável com suas
palavras,
mas os favores dos insensatos são
rejeitados.
Os presentes do insensato. 14O pre-
sente do insensato não te será útil,
porque seus olhos desejam receber
sete vezes mais†.
15Dará pouco, mas reclamará muito,
e abrirá a boca como um arauto.
16Empresta hoje e amanhã pedirá de
volta;
um homem assim é odioso.
17O insensato diz: "Não tenho um
amigo,
não há gratidão por meus benefí-
cios".
18Pois os que comem de seu pão são
falsos no falar.
Quantas vezes e quantos zombarão
dele!
19Pois não teve bom senso repartin-
do o que deveria guardar,
e igualmente o que não deveria
guardar: para ele é indiferente.
Danos da língua. 20É melhor escorre-
gar no chão do que com a língua;
por isso a queda dos maus chega de-
pressa.
21Uma pessoa grosseira é como his-
tória inconveniente:
está com frequência na boca dos
mal-educados.
22Não se aceita um provérbio da
boca do insensato,*
porque nunca é falado a propósito.
23Há quem esteja impedido de pecar
pela miséria:
assim, durante o repouso não terá
remorsos.
24Há quem se perca por respeito hu-
mano*
e se arruína por causa de um impru-
dente;

---

* **20**,2. 30,21 | 5. Pr 17,28 | 11. Lc 1,52 | 22. Pr 26,7.9 | 24. 4,25

† **20**,11. A experiência mostra que um aparente fracasso pode ser um sucesso, e o que parecia uma vantagem pode ser uma perda. | 14. Os olhos representam a cobiça e a inveja.

perde-se devido à acepção de pessoas.
[25]Há quem por timidez faça promessas ao amigo
e ganha por um nada um inimigo.
[26]Mancha vergonhosa no homem é a mentira,*
está com frequência na boca dos mal-educados.
[27]É melhor um ladrão que um mentiroso incorrigível,
mas ambos herdarão a ruína.
[28]O vicio do mentiroso é uma desonra,*
e a vergonha o acompanhará sempre.
Discurso de parábolas. [29]O sábio se promove por suas palavras,
e o homem prudente agrada aos grandes.
[30]Quem trabalha a terra aumentará a colheita
e quem pratica a justiça será exaltado;
mas quem agrada aos grandes deve fugir da iniquidade.*
[31]Presentes e dádivas cegam os olhos dos juízes*
e, como freio na boca, impedem suas repreensões.
[32]Sabedoria escondida e tesouro invisível:*
para que servem uma e outro?
[33]Age melhor quem esconde sua insensatez
do que aquele que esconde sua sabedoria.

21 Fugir do pecado é sabedoria.

[1]Filho, pecaste? Não o faças de novo
e reza pelas culpas passadas, para que te sejam perdoadas.
[2]Foge dos pecados como de uma cobra:
se te aproximares, te morderão.
[3]Dentes de leão são seus dentes,
que destroem vidas humanas.
[4]Toda transgressão é como espada de dois gumes:*
a chaga que produz é incurável.
[5]O terror e a violência aniquilam a riqueza,
e a casa rica demais será destruída pela soberba;
assim a riqueza do soberbo será devastada.
[6]A oração do pobre vai de sua boca aos ouvidos de Deus,
que não tardará a lhe fazer justiça.
[7]Quem detesta a correção segue os passos do pecador,*
mas quem teme a Deus a introduz no coração.
[8]De longe se reconhece o prepotente atrevido no falar,
mas o homem sensato sabe que ele cai.
[9]Quem constrói sua casa com as riquezas de outrem
é como quem amontoa pedras para seu sepulcro.
[10]A assembleia dos pecadores é como um monte de estopa:*
seu fim é uma chama de fogo.
[11]O caminho dos pecadores é calçado com pedras,*
mas termina no abismo profundo.
O sábio e o insensato. [12]Quem observa a lei controla seus pensamentos;*
[13]a perfeição do temor de Deus é a sabedoria e o bom senso.
[14]Jamais será instruído quem não é prudente,
[15]mas há uma astúcia cheia de maldade
e não há bom senso onde existe amargura.
[16]A ciência do sábio transborda como enchente,*
e seu conselho permanece como fonte de vida.
[17]O coração do insensato é como vaso quebrado:
nada pode guardar da sabedoria.
[18]Qualquer palavra sábia que o homem sensato ouvir,
ele a aprovará e lhe acrescentará algo seu;
mas se a escuta um dissoluto, fica descontente
e a joga para trás das costas.
[19]O falar do insensato é como um fardo na viagem,

* **20**,26. Pr 13,5 | 28. Pr 12,22 | 30. Pr 14,35 | 31. Pr 17,8; 18,16; 21,14 | 32. 41,17s; Mt 5,14ss | **21**,4. Pr 5,4 | 7. Pr 12,1 | 10. 16,7 | 11. Mt 7,13 | 12. Gn 4,7 | 16. Pr 13,14; 18,4

mas é um prazer ouvir uma pessoa
sensata.
[20]A palavra do homem prudente é
apreciada na assembleia,
e o que ele diz é meditado nos co-
rações.
[21]Como casa em ruína, assim é a sa-
bedoria para o insensato;
a ciência do insensato é um discurso
incompreensível.
[22]Para o insensato a instrução é
como grilhões nos pés
e como algemas em sua mão direita.
[23]O insensato eleva a voz quando ri,
mas o homem sábio apenas sorri dis-
cretamente.
[24]Para o homem prudente a instru-
ção é como um ornamento de ouro,
como um bracelete no braço direito.
[25]O insensato põe facilmente os pés
na casa do vizinho,
mas o homem experiente respeita as
pessoas.
[26]O insensato espia da janela o inte-
rior da casa,
mas quem é educado ficará de fora.
[27]É má educação ficar na porta escu-
tando:
é grave ofensa para o homem pru-
dente.
[28]Os lábios dos insensatos repetem
tolices,
mas as palavras dos homens pruden-
tes são pesadas na balança.
[29]Na boca dos insensatos está seu
coração,
mas no coração dos sábios está sua
boca.
[30]Quando um ímpio maldiz o adversário,
maldiz a si próprio.
[31]O maldizente mancha sua alma e é
odiado por todos;
quem permanecer com ele será odiado,
mas quem se cala e é sensato será
honrado.

22 **O preguiçoso.** [1]O preguiçoso
é semelhante a uma pedra co-
berta de lama,
todos assobiam mostrando-lhe des-
prezo.
[2]O preguiçoso é semelhante a um
monte de esterco,
quem toca nele sacode a mão.
O filho mal-educado. [3]De um filho
mal-educado o pai se envergonha,
mas uma filha veio ao mundo para
sua confusão.
[4]Uma filha prudente será um tesouro
para o marido,
mas a desonrada é uma aflição para
seu pai.
[5]A filha insolente envergonha o pai
e o marido,
e por ambos será desprezada.
[6]Uma conversa inoportuna é como
música em velório,
mas a vara e a instrução em qualquer
tempo são sabedoria†.
O insensato. [7]Ensinar a um insensato é
como colar um vaso quebrado.
[8]Falar com quem não quer ouvir
é como despertar um dorminhoco
de um sono profundo.
[9]Quem fala com o insensato sobre a
sabedoria
é como se falasse a um que está dor-
mindo;
no fim da conversa ele dirá: "Quem é?"
[10]Chora por um morto porque per-
deu a luz;
chora por um insensato porque per-
deu o conhecimento.
[11]Chora um pouco menos por um
morto porque agora repousa,
[12]mas a vida do insensato é pior que
a morte.
[13]O luto por um morto dura sete dias,
mas por um insensato e um ímpio
dura toda a sua vida.
[14]Nao fales muito com o tolo
e não viajes com o insensato.
[15]Guarda-te dele para não teres
aborrecimentos
e para que não te contamines com
seu contato.
[16]Afasta-te dele e encontrarás repouso,
e não serás importunado por sua tolice.
[17]Que há de mais pesado que o
chumbo?
E qual é seu nome, a não ser "insen-
sato"?

† **22**,6. Ver a nota em Pr 10,13.

[18]É mais fácil carregar areia, sal, barra de ferro*
do que o imprudente, o insensato e o ímpio.
[19]Uma trave de madeira bem presa
no alicerce de uma casa não se desconjunta;
assim um coração decidido depois de madura reflexão
não será abalado por nenhum temor.
[20]Um coração baseado em sábias reflexões
é como um ornamento numa parede polida.
[21]Uma paliçada posta no alto
e cascalho juntado sem argamassa
não resistem diante do vento:
[22]assim um coração mesquinho, de pensamentos tolos,
não resiste ao ímpeto do temor.[23]

Como comportar-se com os amigos.
[24]Quem machuca um olho, dele faz sair lágrimas;
quem magoa um coração, dele expulsa a amizade.
[25]Quem lança pedras contra os pássaros os põe em fuga;
quem humilha um amigo rompe a amizade.
[26]Ainda que tenhas desembainhado a espada contra um amigo,*
não desesperes: pode haver um retorno.
[27]Se abriste a boca contra um amigo,
não temas: pode haver reconciliação.
Mas se houve insulto, afronta, arrogância,*
revelação de segredos e traição,
nestes casos qualquer amigo desaparecerá.
[28]Conquista a confiança do amigo em sua pobreza
para também partilhares de sua prosperidade.
[29]Quando sofrer tribulação, permanece fiel a ele,
para também teres parte em sua herança.
[30]O vapor e a fumaça se elevam da fornalha antes do fogo;
assim, antes do derramamento de sangue,
as maldições, as injúrias e as ameaças.
[31]Não me envergonharei de proteger um amigo,
nem me esconderei de sua presença.
Se me suceder o mal por causa dele,
ficarei firme;
[32]todos os que vierem a saber se guardarão dele.
[33]Quem porá uma guarda a minha boca*
e sobre meus lábios, um selo apropriado,
para que eu não caia por sua causa,
e minha língua não cause minha ruína?

23

A oração. [1]Senhor, pai e dono de minha vida†,
não me abandoneis à vontade deles,
nem me deixeis cair por causa deles.
[2]Quem aplicará a correção a meus pensamentos
e a meu coração a instrução da sabedoria,
para que não sejam poupados meus erros*
e meus delitos não apareçam?
[3]Para não suceder que cresça o número de meus erros,
multipliquem-se meus delitos,
meus pecados aumentem
e eu caia diante de meus adversários,
e o inimigo se alegre a minha custa.
[4]Senhor, pai e Deus de minha vida,
não me abandoneis ao arbítrio deles.
[5]Não me deis um olhar arrogante*
e afastai de mim toda cobiça.
[6]Tirai de mim a sensualidade
e que a luxúria não se apodere de mim,
e não me abandoneis às paixões vergonhosas e insensatas.

Instrução sobre o falar. [7]Filhos, escutai a instrução sobre o falar:
quem a observa não ficará enredado por suas palavras
nem cairá em ações criminosas.

---

* **22**,18. Pr 27,3 | 26. 19,13-17 | 27. Pr 11,13; 20,19; 25,9 | 33. Sl 141,3 | **23**,2. Sl 141,5 | 5. Sl 131,1

† **23**,1. Como povo, Israel reconheceu bem cedo a paternidade de seu Senhor, mas Ben Sira pode ter sido o primeiro indivíduo em Israel a ver em Deus seu pai pessoal.

8O pecador é vítima dos próprios lábios,
o maldizente e o soberbo neles en-
contram tropeço.
9Não acostumes tua boca ao jura-
mento,*
pois muitas são as quedas por causa
dele.
10Não pronuncies com frequência o
nome de Deus
e não mistures em tuas conversas os
nomes dos santos,
porque não estarás imune de ofen-
dê-los.
11Como um escravo sempre vigiado
não ficará sem feridas,
assim aquele que jura e tem sempre
na boca o nome de Deus
não será isento de pecado.
12Quem jura com frequência se en-
che de iniquidades;
o flagelo não se afastará de sua casa.
13Se não cumprir o juramento, seu
delito virá sobre ele,
se dissimular, peca duas vezes;
14e se jura falso, não será justificado;
sua casa se encherá de males.
15Há um outro modo de falar que se
pode comparar à morte†;
não se encontre na herança de Jacó.
16Pois tudo isto está afastado dos
que temem a Deus,
e eles não se envolverão nesses pe-
cados.
17Que tua boca não se habitue a vul-
garidades grosseiras,
pois nelas sempre há pecado.
18Lembra-te de teu pai e de tua mãe
quando te sentares entre os grandes,
19para que na presença deles não es-
queças quem tu és,
e, envaidecido com tua familiaridade,
sofras injúrias;
chegarias a desejar não ter nascido
e a amaldiçoar o dia de teu nasci-
mento.
20Quem tem o costume de usar pala-
vras inconvenientes
não se corrigirá pelo resto da vida.
Luxúria. 21Duas espécies de pessoas
multiplicam os pecados,
a terceira provoca ira e perdição:
22a alma que arde como fogo aceso
não se acalmará, enquanto não for
consumida;
23um homem que entrega à impure-
za sua própria carne
não cessará, enquanto não acender
o fogo.
24Para o homem impuro todo pão é
apetitoso,
não cessará de prová-lo, enquanto
não morrer.
25Todo homem que comete adultério
em seu leito,
zombando em seu íntimo e dizendo:
"Quem me vê?
26As trevas me rodeiam, as paredes
me escondem,
ninguém me vê; que devo temer?
De meus pecados não se recordará
o Altíssimo".
27Não compreende que os olhos
dele tudo veem,
porque o medo desse homem afasta
de si o temor de Deus.
Só teme os olhos dos homens.
28Não sabe que os olhos do Senhor*
são muito mais luminosos que o sol,
observam todas as ações humanas e
a profundeza do abismo
e examinam os corações dos homens
em seus lugares mais ocultos.
29Pois o Senhor Deus conhece todas
as coisas antes de sua criação;*
do mesmo modo, depois de as ter
criado, ele as observa todas.
30Este homem será punido nas pra-
ças da cidade,
banido como um potro
e será preso quando menos o es-
pera.
31Será desonrado à frente de todos,
porque não compreendeu o temor
do Senhor.
32O mesmo vale para toda mulher
que abandona o marido,*
e lhe dá um herdeiro nascido de ou-
tro matrimônio.
33Antes de tudo desobedeceu à lei
do Altíssimo,

---

* **23**,9. Mt 5,34s; 23,20s; Tg 5,12 | 28. Pr 15,3.11; 17,3; 24,12 | 29. Pr 8,22s | 32. Pr 2,16; 5,2-20; 6,24-35; 7,5

† **23**,15. Fala da blasfêmia, que merecia pena de morte, Lv 24,16.

em segundo lugar pecou contra o marido,
em terceiro lugar prostituiu-se no adultério
e teve filhos com outro homem.
34Esta será conduzida diante da assembleia
e se procederá a uma investigação sobre seus filhos.
35Seus filhos não lançarão raízes
e seus ramos não darão fruto.
36Deixará uma memória maldita,
sua infâmia não será cancelada.
37Os sobreviventes reconhecerão
que nada é melhor que o temor de Deus
e nada é mais doce que observar os preceitos do Senhor.
38Seguir o Senhor é uma grande glória,
pois é ele quem dá vida longa.

24 **Elogio da Sabedoria**†. 1A Sabedoria faz seu próprio elogio*
e em Deus será honrada
e no meio de seu povo será glorificada.
2Na assembleia do Altíssimo abre a boca
e se gloria diante de seu poder.
3No meio de seu povo será exaltada
e será admirada em toda a santa assembleia.
4Entre a multidão dos eleitos receberá louvores
e bênçãos, entre os abençoados por Deus, e dirá:
5"Saí da boca do Altíssimo,
como primogênita antes de todas as criaturas†.
6Eu fiz surgir no céu uma luz inextinguível,
e como um vapor cobri toda a terra.*
7Coloquei minha morada lá no alto,
meu trono está sobre uma coluna de nuvens.*
8Percorri sozinha a órbita do céu,*
passeei nas profundezas do abismo.
9Estive sobre as ondas do mar e em toda a terra,
10e sobre todo povo e nação assumi o domínio;
11sujeitei com meu poder os corações de todos, grandes e pequenos.
Entre todos estes procurei um lugar de repouso:
na herança de quem poderei estabelecer-me?
12Então o Criador do universo deu-me uma ordem,*
meu Criador deu um repouso para minha tenda
13e me disse: 'Habita em Jacó,
possui tua herança em Israel
e lança raízes entre meus eleitos'†.
14Desde o princípio, antes dos séculos, ele me criou,*
e por toda a eternidade não deixarei de existir.
15Oficiei na tenda santa diante dele
e assim me estabeleci em Sião.
Na cidade igualmente amada repousei
e em Jerusalém está meu poder.
16Lancei raízes no meio de um povo glorioso,
na porção do Senhor, sua herança,
e fixei minha morada na assembleia dos santos.
17Elevei-me como o cedro do Líbano
e como um cipreste nas alturas do Hermon.
18Cresci como palmeira em Engadi
e como canteiro de rosas em Jericó.
19como oliveira majestosa na planície;
cresci como plátano nos caminhos à beira-d'água.
20Exalo um perfume de canela e de bálsamo perfumado;
como mirra escolhida espalhei bom odor,

* **24**,1. Pr 1,20-33; 8,1-36; 9,1-6; Jó 28; Br 3,9-4,4 | 6. Gn 1,2 | 7. Êx 13,21s | 8. Pr 8,27; Jó 22,14 | 12. Sl 132,8.13s | 14. Pr 8,23

† **24**. A Sabedoria descreve sua origem divina e sua atividade no céu e na terra. | 5. Alusão a Gn 1, que mostra a palavra de Deus em ação na criação do mundo, Sl 33,6. | 13. No sentido espiritual, aplica-se este v. ao Verbo de Deus que veio morar entre nós, Jo 1,14. Este cap. prepara a revelação do Verbo e da Santíssima Trindade no NT. | 24. A Sabedoria é um dom de Deus aos que vivem no amor reverencial, no temor de Deus. Viver no amor é cumprir a Lei. Obedecer os mandamentos é o melhor meio de alcançar a Sabedoria. Sabedoria e temor de Deus não se identificam; este é condição para se alcançar aquela.

[21]como o estoraque, o gálbano, o ônix e o aloés,
como nuvem de incenso na tenda.*
[22]Como um terebinto estendi meus ramos,
e meus galhos são majestosos e belos.
[23]Como a videira produzi germes graciosos,
e minhas flores são frutos de glória e riqueza.
[24]Sou a mãe do belo amor e do temor†,
do conhecimento e da santa esperança.
[25]Em mim está toda a graça do caminho e da verdade,
em mim toda a esperança da vida e da virtude.
[26]Vinde a mim todos vós que me desejais
e saciai-vos de meus frutos.
[27]Minha instrução é mais doce que o mel*
e minha herança, mais que o mel e o favo.
[28]Minha lembrança permanece por todos os séculos.
[29]Os que se nutrem de mim terão ainda fome
e os que bebem de mim terão ainda sede.
[30]Quem me obedece não se envergonhará,
e quem realiza minhas obras não pecará;
[31]os que me tornam conhecida terão a vida eterna".

A Sabedoria e a Lei†. [32]Tudo isto é o livro da aliança do Altíssimo,*
[33]a lei que Moisés nos prescreveu
como herança para a casa de Jacó.
[34]Deus prometeu a Davi, seu servo,
que faria nascer dele um rei muito poderoso,
o qual se sentaria para sempre num trono glorioso.
[35]A Lei faz transbordar a sabedoria como o Pison*
e como o Tigre na estação dos frutos novos;
[36]inunda de inteligência como o Eufrates
e como o Jordão no tempo da colheita;
[37]derrama a doutrina como o Nilo
e se apresenta como o Geon nos dias da vindima.*
[38]O primeiro não exauriu seu conhecimento
nem o último conseguiu investigá-la.
[39]Com efeito, seu pensamento é mais vasto que o mar
e seu conselho é mais profundo que o grande abismo.

O autor. [40]Eu, a Sabedoria, fiz correr os rios;
[41]sou como um canal de grandes águas que sai de um rio*
e como uma corrente de água entrando num jardim.
[42]Eu disse: "Regarei meu jardim
e darei de beber aos frutos de meu prado".
[43]Meu canal se tornou um rio,*
e meu rio se tornou um mar.
[44]Farei resplandecer minha doutrina como a aurora;
eu a farei brilhar longe.
[45]Penetrarei em todas as profundezas da terra,
lançarei os olhos sobre todos os que dormem
e iluminarei todos os que esperam no Senhor.
[46]Continuarei a espalhar minha instrução como uma profecia
e a deixarei para as gerações futuras,
não cessarei de anunciá-la a sua posteridade
até o século santo.
[47]Vede que não trabalhei só para mim,
mas para todos os que a procuram.

25 **Coisas amadas e coisas detestadas.** [1]Três coisas encantam minha alma

---

* **24**,21. Êx 30,7s.34s | 27. Sl 19,11; Jo 4,13s | 32. Êx 19,1; Dt 33,4 | 35. Gn 2,11 | 37. Gn 2,13; Jr 2,8 | 41. Is 58,11; Jo 4,14 | 43. Ez 47,1-12; Is 11,9; Jo 7,38

† **24**,32. Agora a Sabedoria é identificada com a Lei, manifestação da vontade de Deus e fonte de sabedoria.

e são apreciadas por Deus e pelos homens:
[2]concórdia entre irmãos, amizade entre vizinhos
e mulher e marido que vivem em plena harmonia.
[3]Três tipos de pessoas eu detesto,
e sua vida é para mim insuportável:
[4]um pobre soberbo, um rico mentiroso,
um idoso tolo e insensato.

Os anciãos. [5]Na juventude não ajuntaste;
como poderias encontrar alguma coisa na velhice?
[6]Como é belo para os cabelos brancos saber julgar
e para os anciãos saber aconselhar!
[7]Como é bela nos idosos a sabedoria*
e nas pessoas eminentes o discernimento e o conselho!
[8]Coroa dos anciãos é uma rica experiência,
e sua gloria é o temor de Deus.

Provérbio numérico. [9]Nove coisas de que o coração não suspeita eu enalteço,
e a décima eu a contarei às pessoas com minhas palavras:
[10]um homem que encontra sua alegria nos filhos,
aquele que vê em vida a ruína de seus inimigos;
[11]feliz quem vive com uma mulher sensata
e não ara como o boi preso ao burro,
aquele que não peca com a língua,*
que não deve servir a alguém indigno dele;
[12]feliz quem encontrou um amigo verdadeiro
e que fala da justiça a um ouvido atento;
[13]como é grande quem encontrou a sabedoria e a ciência,
mas ninguém supera quem teme a Deus.
[14]O temor de Deus é mais que tudo;
[15]quem o possui, a quem pode ser comparado?

As mulheres más. [16]O temor de Deus é o começo de seu amor
e a fé é o início da adesão a ele.
[17]Toda ferida é uma tristeza para o coração,
e a maldade feminina é malícia consumada.
[18]Qualquer ferida, mas não a ferida do coração;
[19]qualquer maldade, mas não a maldade da mulher.
[20]Qualquer aflição, mas não aquela causada pelos que nos odeiam;
[21]qualquer vingança, mas não a vingança dos inimigos.
[22]Não há veneno pior que o da cobra,
[23]e não há ira pior que a ira de uma mulher.
É preferível morar com um leão e com um dragão*
a morar com uma mulher malvada.
[24]A maldade da mulher altera seu semblante,
torna seu rosto sombrio como o de um urso.
Seu marido senta-se no meio dos vizinhos
[25]e sem querer suspira amargamente.
[26]Toda maldade é pequena diante da maldade de uma mulher:
que lhe sobrevenha a sorte do pecador!
[27]Como ladeira arenosa para os pés de um ancião,
assim é a mulher faladeira para um homem quieto.
[28]Não te deixes levar pela beleza de uma mulher
e não cobices seus haveres.
[29]É motivo de indignação, desrespeito e de grande vergonha
[30]se a mulher tem o domínio sobre o marido.
[31]Ânimo abatido, rosto triste
e ferida no coração: é o que faz uma mulher má.
[32]Mãos fracas e joelhos vacilantes,
assim é aquela que não faz feliz o marido.
[33]Pela mulher teve início o pecado,*

* **25**,7. Sb 4,8s | 11. 14,1 | 23. Pr 21,9.19; 25,24; 27,15 | 33. Gn 3,1-6; 1Cor 15,22; 1Tm 2,14; Rm 5,12

e é por causa dela que todos mor-
remos.
[34]Não deixes perder a água de tua
cisterna
nem dês liberdade de sair a uma mu-
lher má.
[35]Se não anda conforme o aceno de
tua mão,
ela te envergonhará diante de teus
inimigos;
[36]retira-a de tua intimidade
e despede-a de tua casa.

26 **A mulher virtuosa.** [1]Feliz o
homem que tem uma boa es-
posa;*
o número de seus dias será duplicado.
[2]A mulher forte é a alegria do ma-
rido;
este passará em paz os anos de sua
vida.
[3]Uma mulher virtuosa é uma boa
sorte
concedida a quem teme a Deus:
será dada ao marido em recompensa
pelas boas obras.
[4]Rico ou pobre, o coração dele se
alegra,
em todo tempo seu rosto se mostra
alegre.
A mulher maldosa. [5]Três coisas teme
meu coração
e pela quarta fico atemorizado:
[6]uma calúnia espalhada na cidade,
aglomeração de pessoas,
[7]e uma falsa acusação: tudo isto é
pior que a morte.
[8]Mas a mulher que tem ciúme de
uma outra†
causa ao coração angústia e aflição;
[9]sua língua é um flagelo que a todos
atinge.
[10]Mulher maldosa é como canga de
bois mal ajustada:
dominá-la é como pegar um escor-
pião.
[11]Mulher que tem o vício da bebida
causa grande ira e ofensa;
não conseguirá esconder sua vergo-
nha.
[12]A libertinagem da mulher está no
atrevimento dos olhares*
e se reconhece por suas pálpebras.
[13]Guarda-te bem de uma moça au-
daciosa,
para que não aproveite da ocasião
que encontrar.
[14]Toma cuidado com toda insolência
de seus olhos,
e não te admires se ela te deixar.
[15]Como um viajante sedento, ela
abre a boca diante da fonte
e bebe qualquer água que esteja
perto;
ela se assenta diante de qualquer es-
taca
e oferece seu corpo a toda impureza
até não poder mais.
Beleza feminina. [16]A graça de uma
mulher cuidadosa alegra o marido
[17]e sua instrução revigora seus os-
sos.
[18]É um dom de Deus uma mulher
sensata e silenciosa;
nada se compara a uma pessoa edu-
cada.
[19]Mulher santa e honesta é uma gra-
ça inestimável;
[20]não se pode determinar o valor de
uma alma casta.
[21]Como o sol que surge para o mun-
do nas alturas de Deus,
assim a beleza da mulher virtuosa
adorna sua casa.
[22]Lâmpada que arde sobre o cande-
labro santo:
assim é um rosto bonito num sólido
corpo.
[23]Colunas de ouro sobre bases de
prata:
tais são as pernas graciosas sobre os
pés firmes da mulher.
[24]Como fundamentos eternos sobre
a rocha firme,
assim são os mandamentos de Deus
no coração de uma mulher santa.
Coisas que entristecem. [25]Duas coisas
me entristecem o coração
e a terceira me irrita:
[26]um guerreiro que definha na miséria,

* **26**,1. Pr 12,4; 31,10s **|** 12. Pr 6,25

† **26**,8. Trata-se de duas mulheres do mesmo homem; a bigamia era tolerada pela lei, Dt 21,15ss.

um homem sábio tratado com desprezo,
27 e quem passa da justiça ao pecado;
este último, Deus o destina à espada.
28 Duas coisas me parecem árduas e perigosas:
dificilmente um comerciante será isento de culpa†
e um taberneiro, imune de pecado.

27

Comércio e honestidade.
1 Por amor ao lucro muitos pecam;
quem procura enriquecer mostra-se impiedoso†.
2 Como entre as fendas das pedras se finca uma estaca,
assim entre a compra e a venda se insinua o pecado†.
4 Se não te agarras ao temor do Senhor,
tua casa em breve será destruída.
5 Quando se balança uma peneira, sobra o refugo;
assim em seu modo de pensar aparecem os defeitos da pessoa.
6 O forno prova os vasos do oleiro;
assim a adversidade comprova os justos.
7 O fruto demonstra como é cultivada a árvore;*
assim a palavra revela o sentimento do homem.
8 Não elogies ninguém antes de ele falar,
porque este é o teste das pessoas.
A justiça. 9 Se procuras a justiça, tu a alcançarás
e dela te revestirás como de um manto de glória;
habitarás com ela, e ela te protegerá para sempre
e, no dia de prestar contas, encontrarás apoio.
10 Os pássaros pousam junto a seus semelhantes;
assim a verdade retorna àqueles que a praticam.
11 O leão está sempre à espreita da presa;
assim os pecados espreitam os que praticam a iniquidade.
12 A conversa de quem teme a Deus é sempre sábia,
mas o insensato muda como a lua.
13 Entre os insensatos mede teu tempo,
mas frequenta assiduamente os que refletem.
14 A conversa dos insensatos é odiosa,
seu riso é uma devassidão culposa.*
15 A linguagem de quem muito jura faz arrepiar os cabelos
e suas disputas levam a tapar os ouvidos.
16 Contenda entre gente soberba faz derramar sangue,
suas maldições doem aos ouvidos.
Os segredos e a amizade. 17 Quem revela os segredos perde a confiança do amigo
e não encontra mais um amigo segundo seu coração.*
18 Ama o amigo e sê fiel na amizade com ele;
19 mas se revelaste seus segredos,
não o procures mais;
20 porque como alguém que sepultou seu morto,
assim é aquele que perde a amizade de seu próximo.
21 Como alguém que solta um pássaro de sua mão,
assim deixaste partir teu amigo e não o recuperarás.
22 Não o sigas, porque já está longe;
fugiu como uma corça do laço,
porque sua alma está ferida;
23 não conseguirás alcançá-lo.
Até da maldição pode haver perdão,
24 mas revelar segredos de um amigo
é um caso desesperado.
A hipocrisia. 25 Quem pisca o olho está tramando o mal,*
e quem conhece tal pessoa dela se afasta.

---

* **27**,7. Mt 7,16 | 14. Ecl 7,3-6 | 17. 22,27 | 25. Pr 6,13; 10,10; Sl 35,19

† **26**,28. Ben Sira considera legítimo o lucro do comerciante, 42,4s, mas adverte contra os perigos da profissão. | **27**,1. Lit. "desvia os olhos". | 2. A NV omitiu o v. 3, que na antiga Vulgata dizia: [3]O pecado será eliminado junto com o pecador.

[26]Em tua presença fala com doçura
e admira o que dizes,
mas depois muda sua linguagem
e te arma insídias com tuas próprias palavras.
[27]Detesto muitas coisas, mas nenhuma quanto uma pessoa assim,
e o Senhor também a detesta.
[28]Se alguém joga uma pedra para cima, ela lhe cairá na cabeça;
e um golpe traiçoeiro fere o próprio traidor.
[29]Quem abre uma cova cairá dentro dela;*
quem põe uma pedra no caminho do outro nela tropeçará;
e quem arma uma cilada para alguém nela será apanhado.
[30]O plano criminoso se volta contra seu autor,
e ele não saberá de onde lhe vem o mal.
[31]Sarcasmo e insulto estão reservados para o soberbo;
a vingança, como um leão, o espreita.
[32]Serão presos no laço os que se alegram com a queda dos justos;
a dor os consumirá antes que morram.
[33]O rancor e a ira são ambos execráveis,
até o pecador os reprime.

28 **O perdão.** [1]Quem quer vingar-se enfrentará a vingança do Senhor
que exigirá rigorosas contas de seus pecados.
[2]Perdoa ao próximo que te prejudicou*
e assim, ao rezares, teus pecados serão perdoados.
[3]Se alguém guarda raiva de um outro,
como ousa pedir a Deus a cura?
[4]Se não tem compaixão de seu semelhante,*
como pode pedir perdão por seus pecados?
[5]Ele, que é apenas um mortal, guarda rancor
e pede perdão a Deus?
Quem lhe obterá o perdão dos pecados?
[6]Lembra-te de teu fim e cessa de odiar;*
[7]pensa na corrupção e na morte
e fica fiel aos mandamentos.
[8]Lembra-te dos mandamentos*
e não tenhas rancor de teu próximo;
[9]lembra-te da aliança com o Altíssimo
e ignora a ofensa recebida.
Evitar as disputas. [10]Evita as disputas e diminuirás os pecados;*
[11]porque um homem passional provoca disputa,
e o pecador perturba os amigos
e semeia a inimizade entre os que viviam em paz.
[12]O fogo se alastra conforme a madeira da floresta;*
assim a ira da pessoa se inflama conforme seu poder,
e em proporção a sua riqueza cresce sua cólera.
[13]Uma contenda repentina acende o fogo,
uma disputa violenta faz derramar sangue
e a língua que dá testemunho causa a morte.
[14]Se sopras sobre uma fagulha, ela se acende;
se lhe cospes em cima, ela se apaga;
ambas as coisas saem de tua boca.
A língua maldizente. [15]Maldito o delator e o homem de dupla linguagem,
porque arruinou muitos que viviam em paz.*
[16]A língua maldizente perturbou a muitos
e os expulsou de nação em nação;
[17]destruiu as cidades fortificadas dos ricos
e arrasou as casas dos grandes;
[18]destruiu as forças dos povos
e dispersou nações poderosas.
[19]A língua maldizente expulsou de casa mulheres excelentes,

* **27**,29. Pr 26,27; Ecl 10,7; Sl 7,16; 9,16 | **28**,2. Mt 6,12ss; 5,23ss | 4. Mt 18,23-35 | 6. 7,40; 38,21 | 8. Lv 19,17s; Êx 23,4s | 10. Pr 15,18 | 12. Pr 26,20s | 15. Pr 16,28

privando-as do fruto de seus traba-
lhos.
20Quem lhe presta atenção não terá
descanso,
nem terá um amigo com quem re-
pousar.
21O golpe do chicote produz feridas,*
mas o golpe da língua quebra os os-
sos.
22Muitos caíram pelo fio da espada,
mas não tantos quantos pereceram
por culpa de sua língua.
23Feliz quem dela está protegido*
e não passou por sua cólera;
quem não atraiu seu jugo
e não foi preso com suas correntes.
24Pois seu jugo é um jugo de ferro,
e suas correntes, correntes de bronze.
25Terrível é a morte que ela provoca
e, em comparação com ela, é preferí-
vel a mansão dos mortos.
26Ela não tem poder sobre os justos,
e estes não serão devorados por sua
chama.
27Os que abandonam a Deus lhe se-
rão entregues,
ela os consumirá sem extinguir-se.
Ela se lançará contra eles como um
leão,
e como uma pantera os despedaçará.
28Cerca teus ouvidos com espinhos,
não dês atenção à língua perversa
e põe em tua boca uma porta com
ferrolhos.
29Guarda com cuidado tua prata e
teu ouro,
faze uma balança para pesar tuas pa-
lavras
e freios bem ajustados para tua
boca.*
30Fica atento para não errar por cau-
sa da língua,
para não suceder que caias diante
dos inimigos que te armam ciladas
e tua queda seja incurável e mortal.

29

Empréstimos. 1Emprestar ao
próximo é praticar a misericór-
dia;
quem o socorre observa os manda-
mentos†.
2Empresta ao próximo quando ele
precisa,
e por tua vez restitui ao próximo no
tempo combinado.
3Mantém a palavra e sê leal com ele:
assim acharás em todo momento o
que necessitas.
4Muitos consideram como coisa
achada o que pediram emprestado*
e causam aborrecimentos aos que os
ajudaram.
5Antes de receber, cada um beija as
mãos do doador
e fala com humildade sobre as rique-
zas do amigo;
6mas, chegada a hora de restituir,
pede um prazo,
manifesta seu enfado, recrimina e
culpa as circunstâncias.
7Se pode pagar, faz dificuldade;
paga apenas a metade da dívida
e a considera como coisa achada.
8Caso contrário, o credor fica frauda-
do de seu dinheiro
e ganhará sem motivo um inimigo;
9Paga-lhe com injúrias e maldições
e devolve insultos em vez da honra e
do benefício.
10Muitos recusam emprestar não por
maldade,
mas por medo de serem defrauda-
dos sem razão.
Caridade. 11Todavia sê magnânimo
com o indigente*
e não o faças esperar demais pela
esmola.
12Por causa do mandamento, socorre
o pobre
e, por causa de sua indigência, não o
despeças de mãos vazias.
13Perde dinheiro em favor de um ir-
mão e amigo,
não o escondas debaixo de uma pe-
dra para ficar perdido.
14Dispõe das riquezas conforme os
preceitos do Altíssimo*
e te serão mais úteis que o ouro.

* **28**,21. Pr 25,15 | 23. Sl 31,21 | 29. 22,33; Pr 13,3 | **29**,4. 8,15 | 11. 3,33-4,11; 7,36-40; Tb 12,8s; Mt 6,19-21; 19,21; Dt 15,11 | 14. Mt 6,19ss; Tg 5,3

† **29**,1. Pela lei, os hebreus não podiam cobrar juros uns dos outros, Êx 22,24; Lv 25,36.

15Encerra a esmola no coração do
pobre*
e ela rogará por ti para te preservar
de todo mal†.
18Melhor que um escudo resistente e
uma lança pesada,
combaterá por ti diante do inimigo.
Fiança. 19O homem de bem se faz fia-
dor de seu próximo,*
mas aquele que perdeu toda a ver-
gonha o abandona.
20Não esqueças o benefício de teu
fiador,
porque ele arriscou a vida por ti†.
22O pecador dilapida os bens de seu
fiador,
e o ingrato abandona quem o salvou†.
24A fiança arruinou muitas pessoas
honestas,
sacudiu-as como as ondas do mar.
25mandou para o exílio homens po-
derosos,
obrigados a vaguear entre gente es-
trangeira.
26O pecador, transgredindo os man-
damentos do Senhor,
compromete-se com fianças
e, procurando obter lucros, será en-
volvido em processos.
27Ajuda teu próximo segundo tua
possibilidade
e cuida de ti mesmo para não caíres.
Frugalidade e hospitalidade. 28Isto
basta para viver: água, pão, roupa
e uma casa para garantir a privacida-
de.
29É melhor uma vida de pobre sob
um teto de tábuas
do que esplêndidos banquetes no
estrangeiro sem ter onde morar.
30Contenta-te com o pouco ou o
muito que tens
e não te sentirás tratado como estra-
nho.
31Triste vida a de quem anda de casa
em casa:*
onde for recebido, não pode agir
com liberdade nem abrir a boca.
32Serás recebido como um estranho,
comerás e beberás sem prazer
e além disso escutarás coisas amar-
gas como estas:
33"Vem, forasteiro, prepara a mesa,
se tens alguma coisa na mão, dá-me
de comer".
34"Cede o lugar a um outro mais im-
portante!
Meu irmão será meu hóspede, preci-
so da casa".
35Estas coisas são duras para uma
pessoa de bom senso:
repreensões por ser estrangeiro e os
insultos de um credor.

30 **Educação dos filhos.** 1Quem
ama seu filho usa com fre-
quência a vara*
para alegrar-se com ele mais tarde.
2Quem educa seu filho terá vanta-
gem com ele
e dele poderá orgulhar-se com seus
familiares.
3Quem ensina seu filho deixará com
inveja o inimigo
e diante dos amigos poderá gloriar-
-se dele.
4Se morre o pai, é como se não mor-
resse,*
porque deixa depois de si um seu se-
melhante.
5Durante a vida ele se alegrava ao
vê-lo,
no momento da morte não se afligiu
nem ficou envergonhado diante dos
inimigos,
6pois deixou alguém que defende a
casa contra os inimigos
e retribui os benefícios dos amigos.
7Quem mima um filho depois terá de
enfaixar-lhe as feridas,
e a cada gemido suas entranhas se
comoverão.
8Um cavalo não domado se torna
obstinado;
um filho deixado a si mesmo se torna
atrevido.

---

* **29**,15. Tb 4,9ss; Mt 6,19s; Lc 16,9 | 19. 8,16; Pr 6,1 | 31. Pr 27,8 | **30**,1. Pr 13,24; 23,13s; 29,15 | 4. Tb 9,6

† **29**,15. Os vv.16-17 estão omitidos tanto na Nova Vulgata como na antiga. | 20. A NV omite o v. 21 que diz: 21O pecador e o imundo fogem de seu fiador. | 22. A NV omite o v. 23 que diz: 23Um homem se faz fiador de seu próximo, mas este perde todo o pudor e o abandona.

[9]Mima o filho, e ele te causará pavor,
brinca com ele, e te dará desgostos.
[10]Não rias com ele para que não sofras
e no fim não te faça ranger os dentes.
[11]Não lhe dês liberdade na juventude,
não feches os olhos a seus erros.
[12]Obriga-o a curvar o pescoço enquanto jovem
e bate-lhe nas costas enquanto criança,
para não suceder que fique teimoso e te desobedeça,
e tu sintas uma dor profunda.
[13]Educa teu filho e cuida dele,
para que não te aborreças com sua insolência.
A saúde. [14]É melhor um pobre sadio e forte
do que um rico fraco e atribulado em seu físico†.
[15]A saúde do corpo vale mais que todo ouro e prata,
e um ânimo robusto mais que uma imensa fortuna.
[16]Não há riqueza melhor que a saúde do corpo
nem contentamento superior à alegria do coração.
[17]É melhor a morte que uma vida amarga,
o repouso eterno que uma longa doença.
[18]Manjares oferecidos a uma boca fechada:
assim são as ofertas de iguarias
postas à beira de um túmulo.
[19]Para que serve ao ídolo a libação?
Ele não come nem sente o cheiro;*
[20]assim é aquele que é expulso pelo Senhor
levando a paga da iniquidade;
[21]observa com os olhos e geme,
como um eunuco que abraça uma virgem e suspira.*
Ansiedade e alegria. [22]Não entregues tua alma à tristeza,
não te atormentes com teus pensamentos.
[23]A alegria do coração é vida para o homem
e um inesgotável tesouro de santidade.
A alegria de um homem prolonga sua vida.
[24]Sê indulgente para contigo e consola teu coração;
expulsa para longe a tristeza.
[25]Pois a tristeza já matou muita gente
e nela não há nada de útil.
[26]A inveja e a ira abreviam os dias,
a preocupação antecipa a velhice.
[27]Um coração luminoso e bom vive em festa,*
pois seus banquetes são preparados com capricho.

31

As riquezas. [1]A insônia do rico arruína o corpo
e suas preocupações não o deixam dormir.
[2]A inquietação pelo sustento tira o sono,
como uma grave doença desperta do sono.
[3]O rico trabalha para ajuntar riquezas
e, quando repousa, goza de suas delícias.
[4]O pobre trabalha levando uma vida de penúria
e, se descansa, cai na indigência.
[5]Quem ama o ouro não será isento de culpa,*
quem persegue o lucro por ele se extraviará.
[6]Muitos caíram em ruína por causa do ouro;
a ruína deles estava a sua frente.
[7]O ouro é uma armadilha para os que lhe sacrificam;
infelizes daqueles que vão atrás dele:
por ele será apanhado todo imprudente.
[8]Feliz o rico que se encontra sem mancha
e que não corre atrás do ouro.
[9]Quem é ele, para que possamos louvá-lo?
Porque fez prodígios no meio de seu povo.

* **30**,19. Dt 4,28; Sl 115,4-7; Is 40,20 | 21. 20,3 | 27. Pr 15,15 | **31**,5. Pr 28,20
† **30**,14. Saúde é a maior riqueza.

[10]Quem passou por essa prova, revelando-se perfeito?
Glória eterna lhe está reservada.
Quem, podendo transgredir a lei, não a transgrediu
e, podendo fazer o mal, não o fez?
[11]Por isso seus bens serão consolidados no Senhor
e toda a assembleia dos santos celebrará sua beneficência.
Sobre a temperança. [12]Estás sentado à frente de uma mesa farta?*
Não sejas o primeiro a abrir a boca diante dela,
[13]nem digas: "Que abundância!"
[14]Lembra-te de que o olhar ávido é coisa má†
e o próprio Deus o detesta.
[15]Que coisa pior que o olho foi criada?
Por isso ele derrama lágrimas de todas as faces.
[16]Para onde alguém olhar, não estendas a mão por primeiro
para que não cores, envergonhado por tua cobiça.
[17]Não te encontres com ele no mesmo prato.
[18]Julga os desejos do próximo pelos teus
e reflete sobre toda coisa.
[19]Serve-te com sobriedade dos pratos oferecidos
para que não te tornes odioso comendo muito.
[20]Sê o primeiro a terminar por educação,
não sejas guloso para não dares má impressão.
[21]Se estiveres sentado no meio de muitos,
não estendas a mão antes deles,
nem sejas o primeiro a pedir de beber.
[22]Quão pouco vinho é suficiente para um homem instruído!*
Assim, ao dormires não te causará dano nem sentirás dor.
[23]Insônia, cólica e dor de estômago
aguardam quem é guloso;
[24]um sono salutar é para a pessoa sóbria:
dorme até de manhã e está contente consigo mesma.
[25]Mas se foste obrigado a comer demais,
levanta-te, vai vomitar e ficarás aliviado†
e não te exporás à doença.
[26]Escuta-me, filho, e não me desprezes,
mais tarde compreenderás minhas palavras.
[27]Em todas as ações sê moderado
e nenhuma doença te sobrevirá.
[28]Os lábios de muitos louvarão quem oferece mesa farta;
e verdadeiro é o testemunho de sua bondade.
[29]Mas a cidade criticará aquele que é mesquinho em banquetes;
e certo é o testemunho de sua avareza.
[30]Não te faças de valente com o vinho,*
porque ele levou muitos à ruína.
[31]A fornalha prova a têmpera do ferro em brasa;
assim, nas disputas, o vinho prova os corações dos arrogantes.
[32]O vinho é como a vida para as pessoas,
contanto que o bebas com moderação.
[33]Que vida é a daquele que não tem vinho?
[34]O que é que nos priva da vida? A morte.
[35]Desde o início o vinho foi criado para a alegria*
e não para a embriaguez.
[36]Alegria da alma, júbilo e prazer do coração*
é o vinho bebido com moderação a seu tempo.
[37]A sobriedade no beber é a saúde da alma e do corpo.

---

* **31**,12. Pr 23,1ss.6ss | 22. Pr 13,25 | 30. Pr 20,1; 23,20ss.29-35; 31,4-7; Is 5,22; 28,1-4 | 35. Sl 104,15 | 36. Jz 9,13; 1Tm 5,23

† **31**,14. Ver a nota em 20,14. | 25. Trata-se de um caso fortuito e não de uma prática habitual como faziam os romanos.

38O vinho bebido em excesso causa irritação,
ira e muitas desgraças.
39O vinho tomado em demasia é amargura da alma
com irritação e ruína.
40A embriaguez aumenta o furor do imprudente e o faz cair,
diminui suas forças e lhe causa feridas.
41Num banquete com vinho não repreendas o vizinho,
nem o desprezes em sua alegria;
42não lhe dirijas palavras de censura
e não o atormentes com reclamações.

32 **Chefes da mesa**†. 1Foste colocado como dirigente da festa?
Não te envaideças;
comporta-te no meio dos outros como um deles.
2Cuida deles e depois senta-te;
e, quando tiveres terminado tua tarefa, toma teu lugar
3para te alegrares com eles;
receberás a coroa por tua cortesia
e ganharás a consideração dos convidados.
4Fala, tu que és o mais idoso, pois convém
5que sejas o primeiro a falar com acurada ciência,
mas sem impedir a música†.
6Num banquete, não prolongues o discurso
e não faças importuna ostentação de sabedoria.
7Como pedra de rubi sobre ornamento de ouro
é um concerto musical num banquete com vinho.
Conduta dos jovens. 8Como sinete de esmeralda engastada em ouro,
assim é um conjunto de músicos com vinho alegre e moderado.
9Ouve em silêncio, e por teu respeito obterás simpatia.
10Adolescente, fala de teus assuntos uma só vez;
11duas vezes, se fores interrogado.
12Resume teu discurso, muitas coisas em poucas palavras;
comporta-te como alguém que sabe mas se cala.
13Entre os grandes não sejas presunçoso
e, onde há idosos, não fales muito.
14Como antes do trovão vem o relâmpago,*
assim a simpatia precede o homem modesto.
15Na hora de levantar-te, não fiques por último;
sê o primeiro a correr para casa
e lá te diverte e brinca.
16Faze o que desejas,
mas não peques com palavras arrogantes.
17Por tudo isso glorifica o Senhor que te criou
e te cumula de todos os seus bens.
A lei de Deus. 18Quem teme o Senhor aceitará a instrução;
os que o procuram desde a aurora receberão sua bênção.
19Quem busca a Lei será por ela saciado,
mas quem procede com falsidade nela tropeçará.
20Os que temem o Senhor terão um juízo justo
e farão brilhar suas boas ações como luzes.
21O pecador evita a repreensão,
encontra desculpas conforme seus caprichos.
22Um homem sensato não despreza os conselhos;
o estrangeiro ou o soberbo não sentem nenhum temor†.
24Filho, não faças nada sem reflexão
e não te arrependerás depois de teres agido.
25Não andes por um caminho de perdição

---

* **32**,14. Pr 15,33; 18,12

† **32**. Para os banquetes, os gregos costumavam escolher um mestre-sala, encarregado de marcar os lugares dos hóspedes, preparar o cardápio e escolher o vinho, 2Mc 2,27: Jo 2,8ss. | 5. Nos banquetes era importante deixar tempo para a parte artística.

para não tropeçar duas vezes nas pe-
dras.
Não te metas num caminho desco-
nhecido
para não buscar para ti mesmo oca-
sião de queda.
26Guarda-te também de teus filhos
e toma cuidado com teus familiares.
27Em tudo quanto fizeres confia em
ti mesmo,*
porque isto é observar os manda-
mentos.
28Quem crê na Lei observa os man-
damentos
e quem confia no Senhor não sofrerá
dano.*

33

O sábio ama a lei de Deus.
1A quem teme o Senhor não
acontece nenhum mal,*
mas Deus o protegerá na tentação e
o livrará dos males.
2Um homem sábio não detesta os
mandamentos
nem as normas da justiça
é não será destroçado como um na-
vio na tempestade.
3O homem sensato crê na palavra de
Deus,
a Lei para ele é digna de fé como um
oráculo.
4Prepara tuas palavras e assim serás
ouvido no que pedires;
conserva a disciplina e depois res-
ponde.
5Os sentimentos do insensato são
como roda de carro,
e seu raciocínio é como o eixo que gira.
6Amigo zombador é como um cavalo
no cio:
relincha debaixo de qualquer um que
o monta.
Disposições de Deus. 7Por que um dia
é mais importante que outro,
se toda a luz do ano vem do mesmo
sol?
8Foi a ciência do Senhor que os tor-
nou diferentes
9e distinguiu os tempos e seus dias
festivos.
10Deus exaltou e engrandeceu al-
guns deles
e deixou outros no número dos dias
comuns.
Também os homens provêm todos
do mesmo solo
e da terra foi criado Adão.
11Em sua grande sabedoria, o Senhor
os distinguiu
e determinou-lhes diversos destinos:
12alguns ele abençoou e exaltou,*
outros, os santificou e tomou para si,
outros, os amaldiçoou e humilhou
e os derrubou de suas posições.
13Como a argila está nas mãos do
oleiro,*
que a molda e a dispõe como lhe
apraz,
14assim o homem está nas mãos da-
quele que o fez,
o qual lhe retribuirá segundo seu jul-
gamento.
15Diante do mal está o bem,
diante da morte, a vida;
assim diante do justo, o pecador.
Considera assim todas as obras do
Altíssimo:*
duas a duas, uma oposta à outra.
A obra do autor. 16Eu, o último a che-
gar,
velei como quem cata uvas atrás dos
vindimadores.
17Com a bênção de Deus chego
adiantado
e, como um vindimador, enchi meu
lagar.
18Vede que não me cansei apenas
por mim,
mas para todos os que buscam a ins-
trução.
19Escutai-me, chefes do povo,
e vós, dirigentes da assembleia, pres-
tai atenção†.
Ao pai de família. 20Ao filho e à espo-
sa, ao irmão e ao amigo
não dês poder sobre ti enquanto vi-
ves.
Não dês aos outros teus bens
para que depois não te arrependas e
tenhas de pedi-los de volta.

---

* **32**,27. Pr 13,3; 16,17; 22,5; Dt 4,9 | 28. Pr 19,16 | **33**,1. Jó 5,19; Pr 12,21; Sl 1; 91 | 12. 1Sm 2,6ss; Lc 1,51ss; Eclo 10,17s | 13. Is 29,16; Rm 9,21 | 15. 42,25s; Ecl 3,1-8

[21]Enquanto vives e respiras,
não te deixes dominar por ninguém.
[22]É melhor que os filhos te peçam
do que teres de depender das mãos deles.
[23]Em todas as tuas ações mantém tua autoridade,
[24]não permitas que se manche teu bom nome.
Quando chegar o fim dos dias de tua vida,
no momento da morte, distribui tua herança.

Os escravos. [25]Para o jumento, feno, vara e carga;*
para o escravo, pão, disciplina e trabalho.
[26]Faze o trabalho por meio do escravo e encontrarás repouso;
deixa suas mãos livres e procurará a liberdade.
[27]Canga e correia dobram o pescoço,
e o trabalho contínuo torna dócil o escravo.
[28]Para o escravo malévolo, tortura e grilhões;
manda-o trabalhar para que não fique ocioso,
[29]porque a ociosidade ensina muitas coisas más.
[30]Ocupa-o com o trabalho como lhe convém
e, se não obedecer, submete-o com grilhões.*
mas não cometas excessos com ninguém
e nada faças de grave contra a justiça.
[31]Se tens um único escravo, estima-o como a ti mesmo,
porque tens tanta necessidade dele como de tua própria vida.
Se tens um único escravo, trata-o como irmão*
para não te irritares contra o sangue de tua vida.
[32]Se tu o maltratas sem motivo, ele fugirá;
[33]e se ele te deixar,
não sabes por qual caminho procurá-lo.

34 **Vaidade dos sonhos**†. [1]Esperanças vãs e enganadoras são próprias do insensato,
os sonhos dão asas aos imprudentes.
[2]Como alguém que agarra a sombra e persegue o vento,
assim é quem acredita em sonhos.
[3]Uma coisa que reflete outra: isto é o sonho;
é a imagem de um rosto diante do mesmo rosto.
[4]Do impuro o que pode sair de puro?*
E que verdade pode provir do mentiroso?
[5]Adivinhações, horóscopos e sonhos são coisas vãs,*
[6]e fantasias da mente, como as de uma parturiente.
A não ser que provenham de uma intervenção do Altíssimo,
não permitas que disto se ocupe tua mente.
[7]Pois os sonhos já fizeram muitos errar,
caíram os que neles esperaram.
[8]A palavra da Lei se cumprirá sem mentira,
e a sabedoria é perfeita na boca de quem é sincero.

Viagens. [9]Quem viaja aprende muitas coisas,
e quem tem muita experiência fala com inteligência.
[10]Quem não tem experiência conhece pouco,
quem viaja aumenta a perspicácia†.
[12]Vi muitas coisas em minhas viagens
e compreendi muitas coisas;
[13]algumas vezes corri perigo de morte†,
mas fui salvo graças a essas coisas.

---

* **32**,25. Pr 26,3 | 30. Pr 29,19 | 31. 7,22 | **34**,4. Jó 14,4 | 5. Ecl 5,6 | 19. 15,20; Sl 33,18; 34,16

† **33**,22. A NV omite o v. 23: Mesmo quando agiu sozinho e sem pedir conselho, ele será acusado por seus ultrajes. | 19. Os chefes da comunidade ou os chefes das sinagogas. | **34**. Os sonhos aparecem na história bíblica, p. ex. Gn 28,10-17, mas o uso que deles fizeram os falsos profetas, Dt 13,2-6, lançou sobre eles o descrédito. | 10. A NV omite o v. 11: Que sabe aquele que não foi tentado? Mas quem foi enganado terá grande sagacidade. | 13. Os sábios viajavam para adquirir experiência. Ben Sira atribui sua salvação à proteção divina, v.13-17; 51,2-12.

Temor de Deus. [14]O espírito daqueles que temem o Senhor viverá,
sob seu olhar será abençoado.
[15]Pois sua esperança está posta naquele que os salva,
e os olhos de Deus estão sobre os que o amam.
[16]Quem teme o Senhor não tem medo de nada
e não se apavora, porque ele é sua esperança.
[17]É feliz quem teme o Senhor;
[18]para quem ele olha? quem é seu baluarte?
[19]Os olhos do Senhor estão sobre os que o temem:*
poderoso protetor, apoio sólido,
abrigo contra o calor, sombra ao meio-dia,
[20]defesa contra os obstáculos e amparo na queda;
eleva a alma e ilumina os olhos,
concede saúde, vida e bênção.
[21]O Senhor se dá só aos que o esperam pacientemente
no caminho da verdade e da justiça.

Sacrifícios não agradáveis a Deus. [22]Sacrifício de uma coisa mal adquirida é uma oferta impura;
as dádivas dos injustos não são bem aceitas.
[23]O Altíssimo não aprova as oferendas dos iníquos,
não olha para as oblações deles
e não lhes perdoará os pecados por causa da multidão de seus sacrifícios.*
[24]Quem oferece um sacrifício com os bens dos pobres
é como se sacrificasse um filho diante de seu pai.
[25]O pão dos necessitados é a vida dos pobres,
tirá-lo deles é cometer um assassínio.
[26]Quem toma de alguém o pão de seu trabalho
é como quem mata seu próximo.
[27]Derrama sangue
quem priva o operário de seu sustento.*
[28]Um edifica, o outro destrói:*
que proveito tira além da fadiga?
[29]Um reza, o outro amaldiçoa:
qual das duas vozes Deus escutará?
[30]Quem se lava depois de ter tocado um morto e depois o toca de novo:*
que utilidade há em semelhante ablução?
[31]Assim o homem que jejua por seus pecados
e depois os comete de novo.
Quem ouvirá sua oração?
De que lhe serve ter-se humilhado?

35

Sacrifícios aceitos†. [1]Quem observa a Lei faz numerosas ofertas;
[2]é sacrifício salutar* cumprir os mandamentos†.
[4]Quem retribui um favor é como quem oferece flor de farinha;*
quem dá esmola oferece um sacrifício de louvor.*
[5]Abster-se do mal é coisa agradável ao Senhor;
é sacrifício expiatório abster-se da injustiça.*
[6]Não te apresentes de mãos vazias diante do Senhor,
[7]pois tudo isto se faz por causa do mandamento de Deus.
[8]A oferta do justo enriquece o altar,
seu perfume suave sobe à presença do Altíssimo.*
[9]O sacrifício do justo é aceito,
e o Senhor não esquecerá sua memória.*
[10]Dá glória a Deus de bom ânimo,
não diminuas as primícias que ofereces.*
[11]Faze todas as tuas ofertas com rosto alegre,*
e consagra com satisfação o dízimo.*
[12]Dá ao Altíssimo conforme o que dele recebeste,

---

* **34**,23. Am 5,21 | 27. Lv 19,13 | 28. Dt 24,14s; Jr 22,13 | 30. Nm 29,11 | **35**,2. Lv 3,1 | 4. Lv 2,1 / Lv 7,11 | 5. Lv 16,1 | 8. Êx 29,18 | 9. Lv 2,1ss | 10. Dt 26,1 | 11. 2Cor 9,7 / Dt 14,22 | 12. Dt 12,6; 14,23; 26,12-15

† **35**. As boas obras são o melhor culto, o culto espiritual, Rm 12,1. | 2. A NV omitiu v. 2b e 3: [2b]e afastar-se de toda iniquidade. [3]Afastar-se da injustiça é oferecer um sacrifício de propiciação.

dá de bom ânimo segundo tuas posses,*
13porque o Senhor é alguém que re-
tribui,
e sete vezes mais te dará.
14Não procures corrompê-lo com
teus dons,
porque não os aceitará.
15E não confies num sacrifício injusto,
porque o Senhor é juiz*
e não faz distinção de pessoas.
16Não é parcial em detrimento do
pobre,*
antes escuta a oração do oprimido.
17Não despreza a súplica do órfão*
nem da viúva, quando desabafa com
gemidos†.
18As lágrimas da viúva não correm
por suas faces?
E seu grito não é contra quem a faz
derramá-las?
19Pois de sua face sobem até o céu,
e o Senhor, que a ouve, não terá pra-
zer em vê-las.
A oração do aflito. 20Quem adora a
Deus será acolhido com benevolência
e sua oração chegará até as nuvens.
21A oração do humilde penetra as
nuvens:
não se dá descanso até que atinge
a meta;*
não desiste até que o Altíssimo inter-
venha,
e o justo juiz faça justiça.
22O Senhor não tardará
e o Fortíssimo não terá paciência
enquanto não tiver quebrado o dor-
so dos homens cruéis
23e se tiver vingado das nações;
enquanto não tiver extirpado a mul-
tidão dos soberbos
e quebrado o cetro dos iníquos;
24enquanto não tiver retribuído a
cada um conforme suas ações
e julgado as obras dos homens se-
gundo sua presunção;
25Assim fará justiça a seu povo
e o alegrará com sua misericórdia.
26Bela é a misericórdia no tempo da
aflição:
é como nuvens portadoras de chuva
em tempo de seca.

36 **Oração pela salvação de Is-
rael†.** 1Tende piedade de nós,
Deus do universo, olhai para nós
e mostrai-nos a luz de vossas mise-
ricórdias;
2infundi vosso temor sobre as na-
ções*
que não vos procuram,
para que saibam que não há outro
Deus senão vós
e proclamem vossas maravilhas.
3Levantai vossa mão contra as na-
ções estrangeiras,
para que vejam vosso poder.
4Como a seus olhos mostrastes vossa
santidade no meio de nós,*
assim a nossos olhos mostrai-vos
grande entre elas†,
5para que reconheçam, como nós re-
conhecemos,*
que não há Deus além de vós, Se-
nhor†.
6Renovai os sinais e fazei novos pro-
dígios,
7glorificai vossa mão e fortalecei vos-
so braço direito,
8despertai vosso furor e derramai
vossa ira,*
9destruí o adversário e aniquilai o ini-
migo.
10Apressai o tempo† e lembrai-vos
de vosso desígnio,
para que sejam proclamadas vossas
maravilhas.
11Que um fogo vingador devore
quem procura escapar;
os opressores de vosso povo encon-
trem a perdição.

---

* **35**,15. Dt 10,17; Jó 34,19 | 16. Pr 24,23 | 17. Êx 22,21ss; Pr 23,10s | 21. Jó 16,18 | **36**,2. Jr 10,25; Sl 79,6 | 4. Ez 28,22; 38,23 | 5. Dt 32,39; Is 45,14; 1Rs 8,43; 1Cr 17,20 | 8. Sl 79,6

† **35**,17. O pobre, o órfão e a viúva são por excelência os protegidos de Deus. | **36**. Pede pela restauração de Israel, pelo retorno das tribos à terra prometida, pela conversão dos pagãos. | 4. Deus mostrou-se santo castigando Israel por suas faltas e se mostrará grande castigando as nações opressoras. | 5. Notar o espírito missionário do autor: que o conhecimento do Deus único não seja o privilégio de Israel. **36**,10. O tempo da salvação, Is 60,22.

[12]Esmagai as cabeças dos chefes inimigos
que dizem: "Não há ninguém fora de nós".
[13]Reuni todas as tribos de Jacó,
restituí-lhes a herança como era no princípio.
[14]Tende piedade de vosso povo que traz vosso nome*
e de Israel que tratastes como um primogênito.
[15]Tende piedade de vossa cidade santa,
de Jerusalém, lugar de vosso repouso.*
[16]Enchei Sião de vossa majestade,
vosso templo, de vossa glória.
[17]Dai testemunho em favor daqueles
que desde o princípio são criaturas vossas
e cumpri as profecias feitas em vosso nome.
[18]Recompensai os que esperam em vós,
para que sejam acreditados vossos profetas.
E escutai as orações de vossos servos,
[19]conforme a benevolência que tendes para com vosso povo,
e conduzi-nos pelo caminho da justiça;
saibam todos os que habitam a terra
que vós sois o Deus dos séculos†.

Escolha da esposa. [20]O ventre aceita todo tipo de comida,
no entanto um alimento é preferível a outro;
[21]O paladar distingue pelo sabor a caça,
assim uma mente sensata distingue as palavras mentirosas.
[22]Um coração perverso é causa de tristeza,
mas uma pessoa experiente saberá retribuir-lhe.
[23]A mulher aceita qualquer marido,
mas uma jovem é melhor que uma outra†.
[24] A beleza de uma mulher alegra o rosto do marido
e ultrapassa todo desejo do homem.
[25]Se, ademais, houver em sua língua
cuidado, doçura e misericórdia,*
seu marido não é como os homens comuns.
[26]Quem possui uma mulher virtuosa possui a melhor riqueza,
um auxílio adequado a ele e uma coluna de apoio.*
[27]Onde não há cerca, a vinha é saqueada,
onde não há mulher, o homem geme e vagueia.*
[28]Quem confia naquele que não tem um ninho
e repousa onde a noite o surpreende,
como um ladrão ágil que corre de cidade em cidade?

37 **Os amigos.** [1]Todo amigo diz:
"Eu também sou teu amigo",*
mas existe amigo que só o é de nome.
Não é uma dor quase mortal
[2]um companheiro e um amigo que se torna inimigo?
[3]Ó inclinação malvada, de onde surgiste*
para cobrir a terra com tua malícia e tua perfídia?
[4]Há companheiro que se alegra com o amigo na felicidade,
mas no tempo da tribulação se torna seu adversário.
[5]Há companheiro que sofre com o amigo por causa da comida,
mas diante do inimigo tomará o escudo.
[6]Não te esqueças do amigo em teus pensamentos,*
não te esqueças dele quando fores rico.

Os conselheiros. [7]Nao te aconselhes com quem te arma ciladas
e esconde teus planos dos que te invejam.

---

* **36**,14. Êx 4,22; Dt 7,6 | 15. 2Sm 5,9 | 25. Pr 15,4 | 26. Gn 2,18 | 27. Gn 4,12 | **37**,1. Pr 20,6 | 3. 17,30; 21,12; Gn 3,22; 4,7 | 6. Pr 27,10

† **36**,19. Na Bíblia, o lamento dos sofredores nunca termina no desespero, mas é sempre aberto à esperança, porque na base da oração está a certeza de que Deus não abandona seus filhos (João Paulo II). | 23. Entre os antigos, era o homem que escolhia a mulher, e a esta só restava aceitar o que fora combinado.

[8]Todo conselheiro dá sua opinião,
mas há conselheiro que só visa seu próprio interesse.
[9]Guarda-te do conselheiro:
procura saber primeiro quais são suas aspirações
– pois ele pensará em si mesmo –
[10]para que não lance a sorte a teu respeito e diga:
[11]"Estás no bom caminho".
E depois se coloca do outro lado para ver o que te acontecerá.
[12]Não peças conselho a um invejoso
e esconde teus planos de quem tem ciúme de ti.
Não te aconselhes com uma mulher sobre sua rival,
nem com um medroso sobre a guerra,
nem com um comerciante sobre um negócio,
nem com um comprador sobre venda,*
com um invejoso sobre gratidão,
[13]nem com um homem sem coração sobre um gesto de bondade,
nem com uma pessoa desonesta sobre honestidade,
nem com um trabalhador preguiçoso sobre qualquer trabalho,
[14]nem com um operário contratado por ano sobre o término da obra,
nem com um escravo preguiçoso sobre uma grande tarefa:
não os procures para nenhum conselho.
[15]Ao contrário, frequenta alguém que teme a Deus,*
que reconheces como observante dos mandamentos,
[16]cuja alma é como tua alma
e que, se tropeçares, saberá compadecer-se.
[17]E confia no conselho de teu coração,
porque ninguém te será mais fiel que ele.
[18]O coração do homem às vezes percebe
melhor do que sete sentinelas postadas no alto para vigiar.
[19]Acima de tudo isto, reza ao Altíssimo*
para que guie tua caminhada na verdade.

Falsa e verdadeira sabedoria. [20]Que uma palavra de verdade preceda todos os teus atos
e, antes de cada ação, uma decisão firme.
[21]A raiz das decisões é o coração
do qual nascem estes quatro ramos:
o bem e o mal, a vida e a morte,*
mas é sempre a língua que os domina.
[22]Há quem seja hábil para ensinar a muitos,
mas é inútil para si mesmo.
[23]Há quem fale com sutilezas e é odiado:*
a este faltará todo alimento agradável.
[24]Não lhe foi concedido o favor do Senhor,
porque está desprovido de toda sabedoria.
[25]Há quem seja sábio para si mesmo,
e os frutos de seu bom senso são para seu corpo.
[26]O sábio instrui seu povo,
e os frutos de sua ciência são seguros.
[27]O sábio será repleto de bênçãos,
e todos os que o virem o proclamarão bem-aventurado.
[28]A vida do homem tem os dias contados,
mas os dias de Israel são sem número.
[29]O sábio herdará honra entre seu povo,
e seu nome viverá para sempre.

Temperança. [30]Filho, em tua vida prova-te a ti mesmo e considera:
se algo a prejudica, não lha concedas.
[31]De fato, nem tudo convém a todos*
e nem todos aprovam todas as coisas.

---

* **37**,12. Pr 20,14 | 15. 9,22 | 19. Pr 16,9 | 21. Pr 18,21 | 23. 9,25 | 31. 1Cor 3,2; 6,12; 10,23; Hb 5,12

† **38**,1. É uma concepção avançada da medicina, pois antes os hebreus pensavam que era Deus que provocava as doenças e que só Ele podia curar, Êx 15,26. Recorrer ao médico seria contestar a justiça divina. O autor aconselha o doente a rezar e a arrepender-se dos pecados também.

32Não sejas guloso em banquete al-
gum,
nem te lances sobre as iguarias;
33porque o abuso na comida gera
doença,
e a intemperança causa cólicas.
34Muitos têm morrido por causa da
gula,
mas quem se controla prolongará
sua vida.

38 **Médico e doença.** 1Honra o
médico, porque ele é neces-
sário,
pois foi o Altíssimo que o criou†.
2De Deus lhe vem a sabedoria
e do rei ele recebe presentes.
3A ciência do médico o faz andar de
cabeça erguida,
e ele é louvado entre os poderosos.
4Da terra o Altíssimo criou os remé-
dios,
e quem é prudente não os despreza.
5A água amarga não se tornou doce
por meio de um pedaço de madeira,*
para que os homens reconhecessem
o poder de Deus?
6O Altíssimo deu aos homens a ciência
para que pudessem honrá-lo por
suas maravilhas.
7Com elas o médico acalma a dor
e o farmacêutico prepara os produ-
tos;
assim suas obras não ficam inacaba-
das
8e a saúde se difunde sobre a terra.
9Filho, se adoeceres, não te descui-
des,
mas reza ao Senhor e ele te dará a
cura.
10Evita as faltas, conserva puras tuas
mãos
e purifica teu coração de todo peca-
do.
11Oferece incenso, a oblação de flor
de farinha
e a gordura das vítimas conforme
tuas possibilidades.*
Recorre depois ao médico,
12pois foi o Senhor que o criou;
e não esteja longe de ti, porque ne-
cessitas de seu serviço.
13Há casos em que a cura está nas
mãos dele.
14Também eles rogarão ao Senhor,
para que os guie no diagnóstico cer-
to
e faça acontecer a cura.
15Peca contra o próprio Criador
aquele que quer mostrar-se valente
diante do médico†.
No tempo de luto†. 16Filho, derrama
lágrimas por um falecido
e entoa um lamento como alguém
que sofre cruelmente;
depois sepulta o corpo segundo o
rito
e não descuides de sua sepultura.
17Chora amargamente e faze a la-
mentação
18e observa o luto conforme ele me-
rece:
um dia ou dois, para evitar comen-
tários,
depois consola-te da tristeza.
19Com efeito, a tristeza apressa a
morte,
e a tristeza do coração diminui a for-
ça.
20Na solidão a tristeza permanece,
e o coração maldiz uma vida de po-
bre.
21Não abandones teu coração à tris-
teza,
mas afasta-a de ti pensando em teu
fim.*
22Não penses mais no morto, pois
não haverá retorno;
de nada lhe servirás e farás mal a ti
mesmo.
23Recorda-te de sua sentença, que
será também a tua:
ontem para mim e hoje para ti.
24No repouso do morto deixa repou-
sar também sua lembrança;
consola-te a seu respeito, quando
seu espírito houver partido.

---

* **38**,5. Êx 15,23ss | 11. 35,4.8 | 21. 7,40; 28,6

† **38**,15. Seguimos o hebraico. A NV diz: Quem peca diante daquele que o criou cairá nas mãos do médico. | 16. O autor procura banir da vida tudo o que é tristeza, por isso aconselha reduzir ao mínimo a participação em ritos fúnebres.

Trabalhos braçais. 25A sabedoria do escriba é adquirida nas horas de descanso;
quem tem pouca atividade se tornará sábio.
26Como poderá tornar-se sábio quem maneja o arado
e se orgulha de brandir um aguilhão,
conduz os bois e se ocupa do trabalho deles
e fala só sobre bezerros?
27Aplica sua mente a traçar sulcos
e fica sem dormir para dar a forragem às novilhas.
28Assim acontece com todo artesão e todo construtor
que estão ocupados noite e dia;
os que gravam as marcas dos sinetes
e se esforçam para variar o entalhe;
eles se empenham em copiar bem o desenho
e perdem o sono para terminar a obra.
29Assim acontece com o ferreiro sentado diante da bigorna,
atento ao trabalho com o ferro:
o vapor do fogo lhe queima as carnes
e ele se debate no calor da fornalha.
30O ruído do martelo lhe ensurdece os ouvidos,
enquanto seus olhos estão fixos no modelo do objeto.
31Está todo preocupado com o acabamento de seu trabalho
e passa as vigílias a retocá-lo com perfeição.
32O mesmo sucede com o oleiro sentado a trabalhar;
girando com os pés a roda,
sempre preocupado com sua obra:
todos os seus gestos são calculados.
33Com o braço ele molda a argila,
enquanto com os pés dobra sua resistência;
34está preocupado com um envernizamento perfeito
e passa suas vigílias a limpar o forno.
35Todos esses têm confiança nas próprias mãos,
cada um é sábio no próprio ofício.
36Sem cada um deles seria impossível construir uma cidade,
37nem se poderia aí habitar ou circular.
Mas eles não são procurados para o conselho do povo,
nem terão lugar nas assembleias;
38não se sentam na cadeira do juiz,
nem conhecem as disposições da lei,
nem proclamarão a instrução ou o direito,
nem são encontrados entre os que governam.
39Mas se ocupam com as coisas de seu trabalho,
e sua solicitude está no exercício de sua arte

39 **O sábio**†. 1Diferente é aquele que se dedica ao temor de Deus*
e medita na lei do Altíssimo;
investiga a sabedoria de todos os antigos
e aplica-se ao estudo das profecias.
2Conserva as narrativas dos homens famosos
e penetra nas sutilezas das parábolas.
3Indaga o sentido oculto dos provérbios
e se ocupa dos enigmas das parábolas.
4Exerce seu ofício entre os grandes
e comparece perante os que governam.
5Viaja pela terra de nações estrangeiras
e faz experiência do que é bom e mau entre os homens.
6Desde o amanhecer, de todo o coração†,
ele se volta para o Senhor, que o criou,
e reza diante do Altíssimo.

---

* **39**,1. Sl 1,2

† **39**. A mais nobre profissão é dedicar-se ao temor do Senhor, ao estudo da Lei, da sabedoria dos antigos e das profecias: notar a tríplice divisão do AT, v.1, já presente no Prólogo. | 6. Sinal de uma busca ávida, diligente, 6,36.

7Abre a boca para rezar
e implora por seus pecados.
8Pois se for da vontade do supremo Senhor,*
ele será cumulado do espírito de inteligência.
9Derramará como chuva as palavras de sua sabedoria
e na oração dará louvor ao Senhor.
10Ele dirigirá seu conselho e sua instrução
e meditará nos mistérios divinos.
11Manifestará a doutrina de seu ensinamento,
e se gloriará da lei da aliança do Senhor.
12Muitos louvarão sua sabedoria,
e ele nunca será esquecido.
13Não se apagará sua lembrança
e seu nome será recordado de geração em geração;
14as nações celebrarão sua sabedoria*
e a comunidade proclamará seus louvores.
15Se viver longos anos, terá maior reputação que mil outros
e, se morrer, isto lhe basta.

Hino ao Criador. 16Exporei ainda minhas reflexões;
estou repleto delas como a lua cheia.
17Escutai-me, filhos piedosos,
e vossa carne florescerá
como uma roseira plantada à beira de água corrente.
18Como o incenso, exalai um perfume suave*
19e dai flores como o lírio.
Erguei a voz e entoai um canto de louvor;
bendizei o Senhor por todas as suas obras.
20Engrandecei seu nome,
publicai seus louvores
com vossos cânticos e vossas cítaras;
assim direis em vosso louvor:
21"Como são magníficas todas as obras do Senhor!*
Todas as suas ordens são executadas a seu tempo!"
Não se deve dizer: "Que é isto?" Ou: "Por que aquilo?",*
porque todas as coisas serão examinadas no devido tempo.
22A uma palavra sua a água se juntou como numa represa,
a uma ordem sua se formaram reservatórios de águas.
23A um comando seu se realiza o que ele quer;
ninguém pode impedir sua obra de salvação.
24Toda ação humana está diante dele,*
e não há nada oculto a seus olhos.
25Seu olhar se estende de uma eternidade à outra,
e nada é extraordinário para ele.
26Não se deve dizer: "Que é isto?" Ou: "Por que aquilo?",
pois todas as coisas foram criadas para uma finalidade.
27Sua bênção é como um rio que transborda
28e inebria a terra como o dilúvio.
Assim sua ira dispersará as nações que não o procuraram,
29como transformou as águas* em salmoura†.
Para os santos, seus caminhos são retos,
mas em sua ira, são ocasião de queda para os pecadores.
30Os bens foram criados para os bons desde o princípio,*
assim como os bens e os males para os pecadores.
31As coisas de primeira necessidade para a vida humana são:
água, fogo, ferro, sal, leite, pão de flor de farinha,
mel, suco de uva, óleo e roupa.
32Todas estas coisas para os santos são bens,
mas para os ímpios e pecadores se tornam males.
33Há ventos que foram criados para o castigo
e, quando enfurecidos, aumentam seus flagelos;
34quando vier o fim, desencadearão violência
e aplacarão o furor de seu Criador.

---

* **39**,8. Is 11,2 | 14. 44,15 | 18. Sl 1,3 | 21. Sl 104,24; 33,9 / Ecl 3,11 | 24. 1Sm 14,6; Sb 1,7s | 29. Gn 19,24ss | 30. 33,15

† **39**,29. Alusão à destruição de Sodoma e Gomorra, Gn 19,24-26.

35 Fogo, granizo, fome e morte
tudo isso foi criado para o castigo.
36 Os dentes das feras, escorpiões e
serpentes,
e a espada vingadora para a ruína
dos ímpios:
37 todos exultarão ao executar suas
ordens;
estão prontos na terra para quando
necessário
e no momento oportuno não trans-
gredirão sua palavra.
38 Por isso eu estava convencido des-
de o princípio,
aconselhei-me, refleti e deixei escrito:
39 "Todas as obras do Senhor são
boas;
ele provê a toda necessidade no de-
vido tempo".
40 Não há razão para dizer: "Isto é
pior que aquilo",
porque a seu tempo toda coisa será
considerada boa.
41 E agora, de todo o coração e com a
boca, cantai hinos*
e bendizei o nome do Senhor.

40 **Misérias humanas.** 1 Uma sor-
te penosa foi imposta a todos
os homens,*
um jugo pesado oprime os filhos de
Adão,
desde o dia em que saem do seio
materno*
até o dia de seu retorno à mãe co-
mum†.
2 Objeto de suas reflexões e temor de
seu coração
é a descoberta do que os espera, o
dia final.
3 Desde aquele que está sentado num
trono glorioso
até o infeliz que jaz sobre a terra e
a cinza;
4 desde aquele que se veste de púr-
pura e ostenta a coroa
até aquele que se veste com linho cru:
tudo é indignação, inveja, inquieta-
ção, agitação,
medo da morte, rivalidades e con-
tendas.
5 E durante o repouso no leito*
o sono da noite apenas muda suas
preocupações.
6 Descansa um pouco, quase nada;
e nos sonhos, como num dia de sen-
tinela,
7 é perturbado pelos fantasmas de
seu coração,
como quem escapou de uma bata-
lha;
no momento em que se salva, ele
desperta,
admirando-se de seu vão temor.
8 Assim acontece com todo ser vivo,
desde o homem até o animal,
mas para os pecadores é sete vezes
pior:
9 morte, sangue, contendas, espada,
opressões, fome, destruição e flagelos.
10 Essas coisas foram criadas para os
iníquos,*
e foi por causa deles que veio o di-
lúvio.
11 Tudo o que vem da terra volta para
a terra,*
e tudo o que vem das águas volta
para o mar.
Os bens do ímpio. 12 Todo suborno e
toda iniquidade desaparecerão,
ao passo que a lealdade durará para
sempre;
13 As riquezas dos injustos secarão
como torrente,
passarão como um grande trovão
que retumba na tempestade.
14 Como a gente se alegra, abrindo as
mãos,
assim os prevaricadores no fim pere-
cerão.
15 A estirpe dos ímpios não multipli-
cará seus ramos,*
e as raízes impuras estão sobre a ro-
cha dura.
16 A vegetação que cresce à beira
d'água e às margens de um rio*
será arrancada antes de qualquer ou-
tra erva.

---

* **39**,41. Sl 145,21 | **40**,1. Jó 7,1s; 14,1s / Jó 1,21 | 5. Dt 28,65ss; Jó 7,4; Ecl 3,23; 8,16 | 10. 39,30.35 | 11. 41,13; Gn 3,19; Ecl 1,7 | 15. 23,35; Sb 4,3 | 16. Jó 8,11s

† **40**,1. Ver a nota em Jó 1,21.

As coisas boas. 17A bondade é como
um jardim de bênçãos,*
a esmola permanece para sempre.
18É doce a vida de quem basta a si
mesmo e a do trabalhador,
porém mais ainda o será para quem
acha um tesouro.
19Os filhos e a fundação de uma cidade perpetuam um nome,
mas acima disso está uma mulher irrepreensível.
20Vinho e música alegram o coração,
mas o amor da sabedoria supera ambas as coisas.
21A flauta e a harpa emitem um som
harmonioso,
acima delas, porém, está uma voz
melodiosa.
22A graça e a beleza são atraentes
para os olhos,
porém mais que elas, o verde dos
campos.
23Amigo e companheiro se encontram num bom momento;
melhor ainda a mulher e o homem.
24Os irmãos e uma ajuda servem no
tempo da tribulação,*
mas acima de ambos é a esmola que
liberta.
25Ouro e prata dão segurança,
mas acima de ambos se aprecia um
bom conselho.
26Riquezas e poder exaltam o coração,
mas acima deles, o temor do Senhor.
27Com o temor do Senhor não falta
nada;
com ele não é preciso buscar socorro.
28O temor do Senhor é como um jardim de bênçãos;*
sua proteção vale mais que toda glória.
Não ser mendigo. 29Filho, não vivas
como mendigo,
pois é melhor morrer que mendigar.
30Alguém que fica olhando para a
mesa do outro
tem uma existência que não merece
o nome de vida.
Contamina-se com comidas alheias.
31Mas quem é instruído e educado se
guardará delas.
32Na boca do impudente a mendicância é doce,*
mas em seu ventre queimará como
fogo.

41 **A morte.** 1Ó morte, quão
amarga é tua lembrança
para quem vive em paz no meio de
seus bens,
2para quem vive tranquilo e é feliz
em tudo,
e ainda é capaz de gozar do prazer!
3Ó morte, tua sentença é bem-vinda*
para o indigente e para aquele cujas
forças diminuem,
4para quem é de idade avançada e se
preocupa com tudo,
que não tem mais confiança nem paciência.
5Não temas a sentença da morte.
Pensa nos que te precederam
e nos que virão depois de ti:
esta é a sentença do Senhor para
todo ser vivo.*
6Por que revoltar-se contra a vontade do Altíssimo?
Sejam dez, cem, ou mil anos,
7nos abismos não se lamenta a respeito da vida.*
O fim dos ímpios. 8Abomináveis se
tornam os filhos dos pecadores
e os que frequentam as moradas dos
ímpios.
9A herança dos filhos dos pecadores
perecerá,
e sua descendência continuará marcada pela desonra.
10De um pai ímpio se queixam os filhos
porque por sua causa sofrem a desonra.
11Ai de vós, homens ímpios,
que abandonastes a lei do Senhor
Altíssimo!
12Quando nasceis, é para a maldição
que nasceis;
quando morrerdes, herdareis a maldição.

---

* **40**,17. 40,28 | 24. Pr 17,17; Eclo 29,11 | 28. 40,17; Is 51,3 | 32. Jó 20,12ss | **41**,3. Jó 3,20s | 5. Gn 3,19; 6,3 | 7. Ecl 6,6; 9,10

[13]Tudo o que vem da terra volta para a terra,*
assim os ímpios, que vêm da maldição para a ruína.
O bom nome. [14]O luto das pessoas é homenagem a seus corpos,
o nome maldito dos ímpios será cancelado.
[15]Toma cuidado com teu bom nome,*
porque ele durará para ti
mais do que mil tesouros grandes e preciosos.
[16]Uma vida feliz tem os dias contados,
mas um bom nome dura para sempre.
[17]É melhor aquele que esconde sua ignorância
do que aquele que esconde sua sabedoria.
Sabedoria escondida, tesouro invisível:*
para que servem ambos?
[18]Filhos, guardai em paz essa instrução.
De que devemos envergonhar-nos.
[19]Portanto, deveis sentir vergonha nos casos que vou mencionar,
[20]porque não é bom enrubescer-se por qualquer vergonha
e nem toda vergonha é aprovada.
[21]Envergonhai-vos por causa da prostituição, diante do pai e da mãe,
e da mentira, diante de um chefe e de um poderoso;
[22]do delito, diante de um juiz e de um magistrado,
da iniquidade, diante da comunidade e do povo;
[23]da injustiça, diante do companheiro e do amigo,
do furto, no ambiente em que moras.
[24]Envergonhai-vos diante da verdade de Deus e da aliança
por apoiar os cotovelos sobre a mesa†
e por desprezar o que dás ou o que recebes;
[25]por não responder aos que te saúdam,
por lançar os olhos sobre uma prostituta,
por evitar o encontro com um parente;
[26]por tirar o que lhe pertence e não restituir,
[27]por olhar para a mulher do próximo,*
por ter intimidades com a escrava dela
– não te aproximes de seu leito –.
[28]Envergonha-te das palavras injuriosas diante dos amigos
– não faças injúrias depois de haver dado alguma coisa –.

42 [1]Envergonha-te por repetir o que ouviste
e por revelar segredo escondido.
Então conhecerás a verdadeira vergonha
e terás aceitação junto a todos.
De que não devemos envergonhar-nos. Não te envergonhes das seguintes coisas
e não peques discriminando pessoas:
[2]da lei do Altíssimo e de sua aliança,
do julgamento que faz justiça ao ímpio,
[3]por fazer as contas com os sócios e companheiros de viagem,
por repartir uma herança alheia,
[4]da exatidão da balança e dos pesos,
da compra de muitas ou poucas coisas,
[5]por contratar o preço com os comerciantes,
por corrigir com frequência os filhos*
e por fazer sangrar as costas de um péssimo escravo.*
[6]Com mulher curiosa é oportuno usar o sigilo,
[7]onde as mãos são muitas, usa a chave.
Tudo o que depositares seja contado e pesado;
anota por escrito tudo o que dás e recebes.
[8]Não te envergonhes de corrigir o insensato e o tolo*
e o idoso acusado de libertinagem:
assim te mostrarás realmente instruído
e serás aprovado por todos.

---

* **41**,13. 40,11 | 15. Pr 22,1; Ecl 7,1 | 17. 20,32s; Mt 5,14ss | 27. 9,8s.12s | **42**,5. 30,1 / 33,25.27 | 8. Pr 10,13; 19,25.29; 26,3

† **41**,24. Deve ser uma expressão para indicar a gula.

Precauções pelas filhas. 9Uma filha é para o pai uma inquietação secreta,
a preocupação por ela tira-lhe o sono:
em sua juventude, para que não passe do tempo de se casar
e, uma vez casada, para que não seja repudiada.*
10Enquanto é moça, teme-se que seja seduzida
e se encontre grávida na casa paterna;
quando desposada com um marido, que caia em culpa
e, morando com ele, que seja estéril.
11Sobre uma filha indócil, reforça a vigilância
para que não te exponha ao escárnio dos inimigos,
e te torne objeto de boatos na cidade e de desprezo do povo,
e te envergonhe diante da população.
12Que ela não mostre sua beleza a qualquer homem,
nem se demore no meio das mulheres;
13porque assim como das roupas sai a traça,
da mulher procede a malícia feminina.
14É melhor a malícia de um homem* que a bondade de uma mulher†;
a mulher desavergonhada expõe à infâmia.

III. A SABEDORIA NA NATUREZA E NA HISTÓRIA DE ISRAEL (42,15–50,26)

Glória de Deus na criação. 15Recordarei agora as obras do Senhor
e descreverei o que tenho visto.
Pelas palavras do Senhor suas obras existem*
e seu decreto se realiza segundo sua vontade.
16O sol com seu esplendor tudo contempla,
e da glória do Senhor está cheia sua obra.
17Nem mesmo os santos do Senhor são capazes
de proclamar todas as suas maravilhas.
O Senhor confirmou seus exércitos
para que continuassem firmes diante de sua glória.
18Ele sonda o abismo e o coração humano*
e penetra em sua astúcia.
19O Senhor conhece toda a ciência
e observa os sinais dos tempos,
anunciando as coisas passadas e as futuras
e revelando os vestígios das coisas ocultas.
20Nenhum pensamento lhe escapa
e nem sequer uma palavra lhe fica escondida.*
21Dispôs com ordem as maravilhas de sua sabedoria;
só ele existe desde sempre e para sempre.
22Nada se lhe pode acrescentar nem tirar;*
ele não precisa do conselho de ninguém.
As obras de Deus. 23Como são amáveis todas as suas obras!*
E apenas uma centelha delas se pode observar.
24Todas estas coisas vivem e permanecem para sempre
e em todas as circunstâncias todas lhe obedecem.
25Todas existem aos pares, uma diante da outra,*
ele não fez nada de incompleto.
26Uma confirma a excelência da outra;
quem se fartará de contemplar sua glória?

43 **O sol.** 1O límpido firmamento é a glória das alturas,*
o espetáculo do céu é uma visão de glória!
2O sol, quando aparece, proclama ao surgir:

* **42**,9. Dt 24,1 | 14. Ecl 7,26ss | 15. Gn 1,3s | 18. Pr 15,11 | 20. Sl 139,1-4 | 22. 18,5; Ecl 3,14 | 23. 16,24-29 | 25. 33,15; Ecl 3,1-8 | **43**,1. Sl 8,4

† **42**,14. Porque os favores da mulher se pagam caro e se tornam laços.

"Que maravilha é a obra do Excelso!"
3Ao meio-dia ele abrasa a terra,
e diante de seu calor quem pode resistir?
Atiça-se a fornalha para os trabalhos com fogo:
4o sol queima os montes três vezes mais;
emitindo vapores de fogo
e refulgindo com seus raios cega os olhos.
5Grande é o Senhor que o criou
e com suas ordens apressa seu curso.
A lua e as estrelas. 6Também a lua, sempre pontual em suas fases,*
marca as datas como um sinal eterno.
7Da lua depende a indicação das festas†,
luminar que decresce até seu desaparecimento.
8É dela que o mês tira seu nome,
admiravelmente crescendo até ficar cheia.
9É um emblema para as milícias nas alturas,
brilhando gloriosamente no firmamento do céu.
10Beleza do céu é o brilho das estrelas,*
iluminando o mundo nas alturas do Senhor.
11Comportam-se conforme as ordens do Santo e seu decreto
e não se cansam em suas vigílias.
As maravilhas da natureza. 12Observa o arco-íris e bendize aquele que o fez,*
é belíssimo em seu esplendor.
13Envolve o céu num círculo de glória,
as mãos do Altíssimo o estenderam.
14Com um comando seu precipita a neve,*
lança os relâmpagos de seu julgamento.
15Assim se abrem os depósitos,
e as nuvens voam como pássaros.
16Com sua grandeza ele condensa as nuvens,
que se pulverizam em pedras de granizo.
O rumor de seu trovão faz tremer a terra;*
17a sua vista se abalam os montes;
conforme seu querer sopra o vento sul,
18assim como o furacão do norte e o turbilhão de vento.
19Espalha a neve como aves que pousam,
como gafanhotos que se abatem sobre a terra, ela desce.
20Os olhos admiram a beleza de seu candor
e o coração se extasia quando ela cai.
21Como o sal, derrama sobre a terra a geada
que, gelando-se, forma como que pontas de espinhos.
22Sopra o vento frio do norte,
e sobre a água se condensa o gelo;
ele pousa sobre toda a massa de água,
que se reveste como de uma couraça.
23Devora os montes, queima o deserto
e extingue a vegetação como um fogo.
24O remédio para tudo isso é a névoa que chega logo,
o orvalho depois do calor traz alegria.
O mar. 25Conforme seu desígnio, Deus domou o abismo
e nele plantou as ilhas.*
26Os navegadores descrevem os perigos do mar,
e ficamos admirados ao ouvi-los.
27Lá existem coisas singulares e estupendas,
várias espécies de feras, de todos os animais e seres monstruosos.*
28Graças a Deus, seu mensageiro chega ao destino,
e tudo procede segundo sua palavra.
Conclusão. 29Poderíamos dizer muitas coisas e nos faltariam palavras;
em resumo: "Ele é tudo!"

---

* **43**,6. Sl 89,34; 104,19; Gn 1,14-18 | 10. Br 3,33ss | 12. Gn 9,13; Ez 1,28; 50,8 | 14. Sl 147,16ss; Jó 38,22s | 16. Sl 29,8 | 25. Jó 7,12; Sl 104,5s | 27. Sl 104,25s; 107,23s

† **43**,7. A Páscoa e a festa das Tendas começavam na lua cheia; a lua nova era também dia de festa, Nm 28,11.

30Onde encontraríamos força para
louvá-lo?
Pois ele é Grande, acima de todas as
suas obras.*
31O Senhor é terrível e soberana-
mente grande,
e maravilhoso é seu poder.
32Ao glorificar o Senhor, exaltai-o
quanto puderdes,
porque ainda mais alto será
e admirável é sua grandeza†.
34Enaltecendo-o, enchei-vos de força,
não vos canseis, porque não chega-
reis ao fim.
35Quem o contemplou para poder
descrevê-lo?
Quem pode engrandecê-lo como ele é?
36Há muitas coisas ocultas maiores
que estas,
pois vimos apenas umas poucas
obras suas.*
37Mas foi o Senhor que tudo fez
e deu a sabedoria aos que agem com
piedade.

44 **Elogio dos antepassados.**

1Façamos o elogio dos ho-
mens ilustres†,
que são nossos antepassados através
das gerações.
2O Senhor criou uma glória imensa,
mostrou sua grandeza desde o início
dos séculos.
3Alguns governaram seu reinos
e ficaram famosos por seu poder;
com seus dotes de prudência
anunciaram profecias.
4Outros guiaram o povo com suas
decisões,
com a inteligência da sabedoria po-
pular
e os sábios discursos de seu ensina-
mento.
5Outros foram compositores de me-
lodias musicais
e de cantos poéticos.
6Outros foram dotados de riqueza e
de força,
tinham gosto pela beleza
e viveram em paz em suas moradas.
7Todos esses foram glorificados por
seus contemporâneos
e louvados desde seu tempo.
8Os que deles nasceram deixaram
um nome
que publica seus louvores.
9E há outros, dos quais não há lem-
brança;
desapareceram como se não tives-
sem existido;
nasceram, eles e seus filhos depois
deles,
e foram como se jamais tivessem
nascido.
10Estes, porém, foram homens virtu-
osos,
cujas boas obras não foram esque-
cidas.
11Eles permanecem em seus descen-
dentes:
seus netos, sua boa herança.
12Seus descendentes continuam fiéis
às alianças,*
13e seus filhos também, por causa
deles.
Para sempre permanece sua descen-
dência
e sua glória não será ofuscada.
14Seus corpos foram sepultados em paz,
mas seu nome vive para sempre.
15Os povos proclamam sua sabedoria,*
e a comunidade celebra seus louvores.
Henoc e Noé. 16Henoc agradou a Deus
e foi arrebatado ao paraíso*
para levar as nações à conversão†.
17Noé foi reconhecido como o per-
feito justo,*
e no tempo da ira foi mediador da
reconciliação;
18por causa dele um resto sobreviveu
sobre a terra*
quando veio o dilúvio.

---

* **43**,30. Sl 96,4; 145,3 | 36. Jó 26,14; Eclo 1,7s; 42,17 | **44**,12. 39,12 | 15. 39,14 | 16. Gn 5,24; Hb 11,5 | 17. Gn 6,9 | 18. 1Pd 3,20; 2Pd 2,5

† **43**,32. A NV omitiu o v. 33, que diz: Ao bendizer o Senhor, exaltai-o quanto podeis, pois ele está acima de todo louvor. | **44**,1. Foi Deus que os exaltou à glória: Deus é admirável em seus santos. "Tendes não só uma grande história para recordar e contar, mas também uma grande história a construir.Olhai para o futuro!" (João Paulo II aos religiosos). | 16. Ver a nota em Gn 5,24.

[19]Com ele foram feitas alianças eternas*
para que daí em diante nenhum ser vivo fosse exterminado por um dilúvio.
Abraão. [20]Abraão foi o grande pai de uma multidão de nações;*
nada maculou sua glória.
Ele guardou a lei do Excelso
e com ele fez aliança.
[21]Estabeleceu esta aliança* em sua carne†
e na prova foi encontrado fiel.*
[22]Por isso Deus lhe prometeu com juramento
abençoar as nações em sua descendência,*
multiplicá-la como o pó da terra,
[23]exaltar sua posteridade como as estrelas
e dar-lhe uma herança que iria de um mar ao outro,
desde o rio até as extremidades da terra.*
Isaac e Jacó. [24]A Isaac foi feita a mesma promessa*
por causa de Abraão, seu pai.
[25]O Senhor deu-lhe a bênção de todas as nações
e confirmou sua aliança sobre a cabeça de Jacó.
[26]Distinguiu-o com suas bênçãos
e deu-lhe a herança;
dividiu-a em partes
e a repartiu entre as doze tribos.

Moisés. [27]Dele fez surgir um homem misericordioso,
que conquistou uma estima universal.

45

[1]Moisés, que foi amado por Deus e pelos homens
e cuja memória é abençoada.
[2]Deus o tornou glorioso como os santos*
e o fez grande e temido pelos inimigos.
Por sua palavra multiplicou os prodígios*
[3]e o glorificou diante dos reis;
deu-lhe mandamentos para seu povo*
e lhe mostrou sua glória.
[4]Santificou-o na fidelidade e na mansidão;
escolheu-o entre todos os viventes.
[5]Fê-lo ouvir sua voz;*
introduziu-o na nuvem
[6]e lhe deu face a face os mandamentos,*
lei de vida e de inteligência,
para que explicasse a Jacó sua aliança,
e seus decretos a Israel.
Aarão. [7]Deus exaltou também Aarão, santo como ele,*
seu irmão, da tribo de Levi.
[8]Com um decreto eterno o constituiu,*
deu-lhe o sacerdócio entre o povo
e o cumulou de felicidade e glória.
[9]Adornou-o com uma cinta de honra,
revestiu-o com toda a magnificência*
e o coroou com as insígnias de seu cargo:
[10]calções, túnica e manto.
Circundou-o com sininhos de ouro*
e muitas romãs ao redor,
[11]para que tocassem quando ele andava
e seu som fosse ouvido no templo
como advertência para os filhos de seu povo.
[12]Ornou-o com uma estola sagrada,*
tecida de ouro, jacinto e púrpura, bordada com arte;
com o peitoral do julgamento e o cíngulo,*
[13]com o tecido de fios de escarlate, obra-prima de artista;
e com pedras preciosas sobre o peitoral,

---

* **44**,19. Gn 9,9; 8,21s | 20. Gn 12,2; 17,4s; Rm 4,1.13-18 | 21. Gn 17,10 / Gn 22,1-19; 1Mc 2,52; Hb 11,17 | 22. Gn 22,18; 12,3; 15,5; At 3,25; Gl 3,8s | 23. Gn 15,18; Jz 20,1 | 24. Gn 17,19; 26,3ss | **45**,2. 42,17 / Êx 8,8s.26s; 9,33; 10,18s | 3. Êx 19,1s; 33,20; Nm 12,3 | 5. Êx 19,19s; 20,21; 24,18 | 6. Êx 20,1s.22s; Dt 4,6ss; 32,47 | 7. Sl 106,16; Êx 4,14 | 8. Nm 18,19; 45,19; | 9. Êx 28,6-12.31-35.42 | 10. Êx 28,33s | 12. Êx 28,2-5 / Êx 28,6; 1Sm 14,41

† **44**,21. A circuncisão, Gn 17,11.

incrustadas em ouro, obra-prima de joalheiro,
como memorial com as palavras gravadas
conforme o número das tribos de Israel.
14Sobre o turbante lhe pôs uma coroa de ouro
e a lâmina com o sinal da santidade, honra gloriosa;*
Era uma obra majestosa que encantava os olhos
com sua beleza perfeita.
15Antes dele não se tinham visto coisas tão belas,
16e jamais um estranho as revestirá,
mas são reservadas só a seus filhos
e a seus descendentes para sempre.
17Seu sacrifício é consumido pelo fogo diariamente,
duas vezes ao dia, sem interrupção.
18Moisés consagrou-lhe as mãos
e o ungiu com o óleo santo.*
19Foi-lhe concedido por aliança perene,*
a ele e a seus descendentes, enquanto durar o céu,
servir ao Senhor e exercer o sacerdócio
e abençoar seu povo em seu nome.
20Escolheu-o entre todos os viventes*
para oferecer a Deus sacrifícios, incenso e gorduras
como perfume suave e memorial
e para fazer a expiação em favor de seu povo.*
21Deu-lhe autoridade sobre seus preceitos,
sobre as instituições e o direito,
para que ensinasse a Jacó seus testemunhos
e educasse Israel em sua Lei.
22Mas estranhos se insurgiram contra ele*
e por inveja o cercaram no deserto;
eram os homens de Datã e de Abiram
e o bando de Coré, furiosos e violentos.
23O Senhor viu e se indignou;
eles acabaram aniquilados pela fúria de sua ira.
24Ele realizou prodígios para dano deles
e os exterminou com chamas de fogo.
25E aumentou ainda mais a glória de Aarão,
destinou-lhe uma herança
e repartiu com ele as primícias dos frutos da terra.*
26Antes de tudo concedeu-lhes pão em abundância,
pois eles comerão dos sacrifícios do Senhor,*
reservados a ele e a seus descendentes.
27Mas ele não tem herança na terra do povo,*
não há uma porção para ele no meio do povo,
porque o próprio Deus é sua porção e sua herança.*
Fineias. 28Fineias, filho de Eleazar, é o terceiro em glória
por seu zelo no temor do Senhor.
29Manteve-se na brecha em favor de seu povo;*
por sua bondade e prontidão
agradou a Deus em favor de Israel.
30Por isso foi estabelecida com ele uma aliança de paz,*
para que presidisse ao santuário e ao povo;
assim a ele e a sua descendência foi reservada
a dignidade do sacerdócio para sempre.
31Como sua aliança com Davi,
filho de Jessé, da tribo de Judá,
é perante sua glória a herança de um homem,
assim a herança de Aarão pertence a seus descendentes.
32Que Deus dê sabedoria a vosso coração
para governar seu povo com justiça,
para que não desapareçam as virtudes dos pais,
nem sua glória pelas gerações eternas.

---

* **45**,14. Êx 28,36-39 | 18. Lv 8,1-13 | 19. 45,8 | 20. 35,3.6; Lv 2,2.9.16 / Lv 16,1 | 22. Nm 16,1-17 | 25. Nm 18,12s | 26. Êx 29,28.31s; Lv 6,9ss; 7,9s.32-36 | 27. Nm 18,20 / Sl 16,5 | 29. Nm 25,7s | 30. Nm 25,11ss

46 **Josué.** 1Valoroso na guerra,
assim foi Josué, filho de Nun,*
sucessor de Moisés no ofício profético;
ele, conforme o significado de seu
nome†,
2foi grande para a salvação dos elei-
tos de Deus,
exercendo o castigo contra os inimi-
gos rebelados,
para dar a Israel a posse de sua he-
rança.
3Que glória não obteve ele quando
erguia os braços
e brandia a espada contra as cidades!
4Quem pôde resistir-lhe?
Pois ele comandava as guerras do
Senhor.
5Sua mão não parou o sol,*
para que o dia se tornasse longo
quanto dois?
6Invocou o Altíssimo poderoso,
enquanto os inimigos o atacavam de
todo lado;
o grande Senhor o atendeu,
lançando pedras de granizo de extre-
ma violência.
7Investiu contra a nação inimiga
e na descida do vale destruiu os ad-
versários,*
8para que as nações reconhecessem
sua força
e soubessem que estavam lutando
contra Deus.
De fato, seguiu sempre o Poderoso.
Caleb. 9E no tempo de Moisés mani-
festou sua lealdade,
assim como Caleb, filho de Jefoné:
ele se opôs à comunidade,*
impedindo o povo de pecar,
e assim fez cessar a murmuração ma-
ligna.
10Somente estes dois se salvaram
entre os seiscentos mil guerreiros,*
para introduzir Israel em sua herança,
na terra onde correm leite e mel.
11O Senhor deu a Caleb uma força*
que o assistiu até a velhice.
*Ele o fez subir às alturas do país**
que sua descendência recebeu como
herança,
12de modo que todos os israelitas
soubessem
como é bom seguir o Senhor.
Os Juízes. 13Depois vieram os Juízes,
cada um com seu nome,
cujo coração não se deixou seduzir
e que não se afastaram do Senhor:
14seja abençoada sua memória!
Que seus ossos tornem a brotar do
sepulcro*
15e seu nome seja renovado
nos filhos desses homens santos!†
Samuel. 16Samuel, amado de seu Se-
nhor,
do qual foi profeta, instituiu a mo-
narquia
e ungiu príncipes entre seu povo.*
17Governou a comunidade segundo
a lei do Senhor,
e Deus interveio em favor de Jacó.
Por sua fidelidade demonstrou-se
um profeta
18e por suas palavras foi reconhecido
como vidente fidedigno.
19Ele invocou o Senhor onipotente,*
quando os inimigos o comprimiam
ao redor,
imolando um tenro cordeiro.
20E o Senhor trovejou do céu;
com grande fragor fez ouvir sua voz
21e exterminou os príncipes de Tiro*
e todos os chefes dos filisteus.
22Antes de ir repousar para sempre,*
deu este testemunho diante do Se-
nhor e de seu ungido:
"Dinheiro e nem sequer sandálias
de pessoa alguma aceitei";
e não houve quem o acusasse.
23Até depois que adormeceu profe-
tizou,*
revelando e mostrando ao rei seu
fim;
da terra elevou sua voz profética
para cancelar a impiedade do povo†.

---

* **46**,1. Js 1,1 | 5. Js 10,13 | 7. Js 10,10-15 | 9. Nm 14,6-10 | 10. 16,11 | 11. Js 14,10s / Nm 14,24; Js 14,12-15 | 14. 49,12 | 16. 1Sm 10,1; 16,13 | 19. 46,7; 47,6; 1Sm 7,9s | 21. 1Sm 7,13 | 22. 1Sm 12 | 23. 1Sm 28,6-25

† **46**,1. O nome "Josué" significa "Javé salva". | 15. Ou seja, aconteça o que dizem de Dom Oscar Romero os salvadorenhos: "Ele ressuscitou em nossas vidas". | 23. O autor considera a morte de Saul, profetizada por Samuel, como expiação do pecado do rei e do povo, 1Sm 28,18.

47 **Natã e Davi.** 1Depois dele sur-
giu Natã*
para profetizar no tempo de Davi.
2Como se separa a gordura do sacri-
fício de comunhão,*
assim Davi foi separado do meio dos
israelitas†.
3Ele brincou com leões como se fos-
sem cordeiros,*
e com os ursos igualmente como se
fossem cordeirinhos.
4Na juventude não matou o gigante*
e cancelou a humilhação do povo?
5Brandiu com a mão a funda,
abatendo a arrogância de Golias.
6Porque invocou o Senhor Altíssimo,
que concedeu a seu braço direito a
força
para derrubar um poderoso guerrei-
ro
e exaltar o poder de seu povo.
7Assim o glorificaram por seus dez
mil,*
o louvaram pelas bênçãos do Senhor
e lhe ofereceram um diadema de
glória.
8Ele com efeito esmagou os inimigos
ao redor
e humilhou os filisteus, seus adver-
sários,
abatendo o poder deles até hoje.
9Em todas as suas ações deu graças*
ao Santo e Excelso com palavras de
louvor;
10de todo o coração cantou hinos ao
Senhor
e amou a Deus que o criou.
11Estabeleceu cantores diante do al-
tar,*
e para seu canto compôs suaves me-
lodias.
12Deu esplendor às festas,
organizou as solenidades ao longo
do ano,
fazendo com que louvassem o nome
santo do Senhor
e enchessem de som o santuário
desde o amanhecer.
13O Senhor perdoou-lhe os pecados*
e exaltou seu poder para sempre;
concedeu-lhe a aliança real*
e um trono glorioso em Israel.
Salomão. 14Sucedeu-lhe um filho sábio
que, graças a ele, viveu tranquilo.
15Salomão reinou em tempo de paz;
Deus lhe deu tranquilidade nas fron-
teiras*
para que construísse uma casa a seu
nome*
e preparasse um santuário perene.
Como foste sábio na juventude*
16e cheio de inteligência como um
rio!
Tua alma recobriu a terra
17e tu a encheste de sentenças enig-
máticas.
Teu nome foi divulgado até as ilhas
longínquas
e foste amado por tua paz.
18Por teus cânticos e provérbios,
parábolas e interpretações,
todo o mundo te admira.*
19No nome do Senhor Deus,
que é chamado Deus de Israel,
20ajuntaste ouro como se fosse esta-
nho,*
acumulaste prata como se fosse
chumbo.
21Mas entregaste teu corpo às mu-
lheres*
e foste escravo de teus sentidos.
22Assim manchaste tua glória
e profanaste tua descendência,
a ponto de atrair a ira divina sobre
teus filhos,
fazendo-os sofrer com tua loucura.
23O reino foi dividido em dois,*
e de Efraim surgiu um reino rebelde.
24Mas Deus não renuncia a sua mi-
sericórdia;*
não modifica nem cancela nenhuma
de suas palavras.
Não deixará faltar os descendentes
de seu eleito em sua posteridade,
nem extinguirá a estirpe daquele que
amou o Senhor.
25Assim concedeu um resto a Jacó,*
e a Davi uma descendência nascida
dele.

---

* **47**,1. 2Sm 7; 12 | 2. Lv 4,8 | 3. 1Sm 17,34-37 | 4. 1Sm 17 | 7. 1Sm 18,7; 2Sm 5,1ss | 9. 2Sm 23,1 | 11. 1Cr 16,4s | 13. 1Sm 12,13.24s / 2Sm 7,1 | 15. 1Rs 5,17ss / 1Rs 6 / 1Rs 3,4-28; 5,9-14 | 18. 1Rs 10,1-10 | 20. 1Rs 10,11s.27 | 21. 1Rs 11,1-13 | 23. 1Rs 12 | 24. 2Sm 7,1; Sl 89,31-38 | 25. Is 4,3

† **47**,2. A gordura, parte melhor das vítimas, era reservada a Deus, Lv 3,16.

Roboão e Jeroboão. 26Salomão foi repousar com seus pais,*
27deixando atrás de si um descendente,
o mais estulto do povo, um homem sem prudência,
28Roboão, que causou a revolta do povo com sua decisão.
29Jeroboão, filho de Nabat, fez Israel pecar*
e abriu para Efraim o caminho do pecado.
Suas culpas se multiplicaram tanto*
30que Deus os expulsou de sua terra.*
31Excogitaram toda sorte de iniquidades,
até vir sobre eles o castigo.

48

Elias. 1Então surgiu o profeta Elias, semelhante ao fogo;
sua palavra queimava como tocha.
2Fez vir sobre eles a fome*
e com seu zelo os dizimou.*
3Pela palavra do Senhor fechou o céu*
e de lá fez cair o fogo três vezes.*
4Como te tornaste glorioso, Elias, por teus prodígios!
E quem pode orgulhar-se de ser igual a ti?
5Tu que levantaste um morto da morte*
e dos abismos, pela palavra do Senhor;
6tu que lançaste reis na ruína*
e despojaste do cetro homens ilustres.
7Ouviste no Sinai censuras,*
e no Horeb sentenças de vingança.
8Ungiste reis como vingadores
e profetas como teus sucessores.
9Foste arrebatado num turbilhão de fogo,*
num carro de cavalos de fogo.
10De ti está escrito que estás destinado
para, no tempo marcado, aplacar a ira divina antes que irrompa,
para reconduzir o coração dos pais para os filhos*
e restabelecer as tribos de Jacó†.
11Felizes os que te viram*
e que adormeceram em tua amizade!
12Porque também nós, com certeza, viveremos,
mas, após a morte, tal não será nosso nome.

Eliseu. 13Logo que Elias foi envolvido pelo turbilhão,
Eliseu ficou repleto de seu espírito.*
Durante a vida não teve medo de nenhum príncipe
e ninguém conseguiu dominá-lo.
14Nada foi difícil demais para ele;
no sepulcro seu corpo profetizou.
15Em vida operou prodígios
e, depois da morte, fez maravilhas.
16Apesar de tudo isso, o povo não se converteu;
não abandonaram seus pecados,
até que foram expulsos de seu próprio país
e dispersos por toda a terra.
17Restou apenas um povo pouco numeroso
com um príncipe da casa de Davi.
18Alguns desses fizeram o que é agradável a Deus,
mas outros multiplicaram seus pecados.

Ezequias. 19Ezequias fortificou sua cidade*
e trouxe água a seu interior;
cavou a rocha com o ferro†
e construiu reservatórios para a água.
20Em seus dias marchou contra ele Senaquerib,*
que deixou o encargo a Rabsaces e partiu;
este ergueu a mão contra Sião
na insolência de seu orgulho.
21Então estremeceram seus corações e suas mãos,
sofrendo como parturientes.

---

* **47**,26. 1Rs 12 | 29. 1Rs 12,26-33 / 1Rs 13,33s | 30. 2Rs 17,21ss | **48**,2. 1Rs 17,1; 18,2 / 1Rs 19,10.14.17 | 3. 1Rs 18,36ss / 2Rs 1,10.12 | 5. 1Rs 17,17-24 | 6. 1Rs 21,17-24; 2Rs 1,16 | 7. 1Rs 19,9-18 | 9. 2Rs 2,1-11 | 10. Ml 3,24 | 11. 2Rs 2,10.12 | 13. 2Rs 2,9s | 19. 2Rs 20,20; 2Cr 32,5-30; Is 22,11 | 20. 2Rs 18,13-19,37; Is 36-37

† **48**,10. Aplica a Elias a profecia de Malaquias, Ml 3,23s, que no NT é referida a João Batista, Lc 1,17. | 19. Ver a nota em 2Rs 20,20.

[22]Invocaram o Senhor misericordio-
so,
estendendo as mãos e erguendo-as
para ele.
Logo o Santo os escutou;
[23]não se recordou de seus pecados,
nem os entregou a seus inimigos,
mas purificou-os pelas mãos do san-
to profeta Isaías.
[24]Feriu o acampamento dos assírios
e seu anjo os exterminou.
Isaías. [25]Pois Ezequias fez o que agrada
ao Senhor
e seguiu com firmeza os caminhos
de Davi, seu pai,
como lhe indicara o profeta Isaías,
grande e fidedigno em suas visões.
[26]Em seus dias o sol retrocedeu,*
e ele prolongou a vida do rei.
[27]Com grande inspiração viu o fim
dos tempos
e consolou os que choravam em
Sião.
Manifestou o futuro até a eternidade
[28]e as coisas ocultas, antes que acon-
tecessem.

49

Josias e Jeremias. [1]A lem-
brança de Josias é como uma
mistura de aromas,
preparada pela arte do perfumista.
[2]Em todas as bocas sua lembrança é
doce como o mel
e como música num banquete com
vinho.
[3]Foi destinado por Deus para a refor-
ma do povo*
e extirpou as abominações da impie-
dade.
[4]Dirigiu seu coração para o Senhor
e numa época de pecados robuste-
ceu a religião.
[5]Com exceção de Davi, Ezequias e
Josias,
todos os reis de Judá pecaram
[6]porque abandonaram a lei do Altís-
simo
e desprezaram o temor de Deus.
[7]Entregaram seu reino a outros
e sua glória a uma nação estrangeira,
[8]a qual incendiou a cidade eleita do
santuário,
tornando desertas suas ruas,
segundo a palavra de Jeremias.*
[9]Com efeito, a este maltrataram,
embora tivesse sido consagrado pro-
feta desde o seio materno
para erradicar, destruir e arruinar,*
mas também para construir, plantar
e renovar.
Ezequiel e os profetas menores. [10]Eze-
quiel contemplou uma visão da glória,*
que Deus lhe mostrou sobre o carro
dos querubins.
[11]Pois recordou-se dos inimigos na
tempestade
e fez o bem aos que andavam no
reto caminho.
[12]Quanto aos doze profetas,
que seus ossos tornem a brotar de
seus sepulcros,*
pois fortaleceram Jacó
e o resgataram com sua fé corajosa.
Outros personagens. [13]Como elogiar
Zorobabel?
Ele é como um sinete na mão direita;*
[14]assim também Josué, filho de Jo-
sedec.
Em seus dias construíram a Casa
e elevaram um santuário consagrado
ao Senhor
e destinado a uma glória eterna.
[15]Também a memória de Neemias
durará muito tempo;
ele reergueu nossas muralhas des-
truídas
e assentou nelas portas e ferrolhos;
e reedificou nossas casas.
[16]Ninguém sobre a terra foi criado
igual a Henoc,*
pois ele foi arrebatado da terra.
[17]Também não nasceu homem como
José:
chefe dos irmãos, baluarte de seu
povo;
[18]até seus ossos foram honrados*
e após a morte profetizaram.

---

* **48**,26. 2Rs 20,5-11; Is 38,4-8 | **49**,3. 2Rs 22,23 | 8. Lm 1,4; 2,3; Jr 1,5 | 9. Jr 1,10 | 10. Ez 1-3; 9-10 | 12. 46,14 | 13. Ag 2,23 | 16. 44,16 | 18. Gn 50,25s

† **50**. O autor fala de um personagem que ele deve ter conhecido: Simão II (219-199 a.C.), filho de Onias II. Na época do autor, o sumo sacerdote era o chefe religioso e político da comunidade.

[19]Set e Sem foram glorificados entre os homens,
mas acima de toda criatura vivente, na origem, está Adão.

50 **O sumo sacerdote Simão†.** [1]Simão, filho de Onias, sumo sacerdote,
em sua vida restaurou a Casa
e em seus dias fortificou o templo.
[2]Por ele foram feitos os fundamentos do templo
e também a base elevada da parede do templo.
[3]Em seus dias foi cavado o reservatório das águas,
uma piscina grande como o mar.
[4]Defendeu seu povo dos ladrões
e fortificou a cidade para o caso de um cerco.
[5]Como era esplêndido quando olhava da tenda,
quando saía do santuário atrás do véu!*
[6]Era como a estrela da manhã no meio da névoa,*
como a lua cheia nos dias de festa,
[7]como o sol fulgurante sobre o templo de Deus;
[8]como o arco-íris esplendoroso entre nuvens de glória,
como a flor das roseiras nos dias da primavera,
como lírios à beira de uma água corrente,
como a flor do Líbano nos dias do verão,
[9]como fogo brilhante e incenso ardendo ao fogo,
[10]como um vaso de ouro maciço,
ornado com toda espécie de pedras preciosas,
[11]como uma oliveira carregada de frutos
e como um cipreste que se ergue até as nuvens.
Quando se cobria com seu manto de glória
e se revestia dos ornamentos mais belos,
[12]subindo os degraus do santo altar,
enchia de glória todo o santuário.
[13]Quando recebia das mãos dos sacerdotes as porções das vítimas,
estando ele de pé junto ao altar,
seus irmãos o rodeavam formando uma coroa
como mudas de cedro no monte Líbano;
[14]e o circundavam como ramos de palmeiras
todos os filhos de Aarão em sua glória.
[15]Com as ofertas do Senhor em suas mãos,
mantinham-se de pé diante de toda a comunidade de Israel.
Ele celebrava o rito litúrgico sobre os altares,
apresentando com nobreza a oferta ao Onipotente.
[16]Estendia a mão sobre a taça
e fazia a libação do sangue da uva;
[17]derramava-o sobre as bases do altar
como perfume agradável ao Excelso Príncipe.
[18]Então os filhos de Aarão erguiam a voz,*
tocavam as trombetas de metal trabalhado,
produzindo um imenso alarido*
como memorial diante do Deus Altíssimo.*
[19]Então todo o povo, juntamente, se apressava
a prostrar-se com a face por terra
para adorar o Senhor seu Deus,
suplicando ao Deus onipotente e excelso.
[20]Os salmistas louvavam com suas vozes,
e ressoava um canto vibrante, cheio de suavidade.
[21]O povo suplicava ao Senhor excelso
em oração diante do Misericordioso,
até que fosse terminada a homenagem ao Senhor
e todos encerrassem sua função.
[22]Então, descendo, ele erguia as mãos*
sobre toda a comunidade dos filhos de Israel
para dar com seus lábios a bênção do Senhor*

* **50**,5. Lv 16,23s | 6. Lv 16,13 | 18. Nm 10,2-10 / 45,10s / Nm 10,10 | 22. Lv 9,22 / Nm 6,23-27

e ter a honra de pronunciar seu
nome.
23Todos repetiam a adoração
para receber a bênção do Altíssimo.
Exortação†. 24Agora bendizei o Deus
do universo
que faz maravilhas na terra inteira,
que exaltou nossos dias desde o seio
materno
e age conosco segundo sua miseri-
córdia.
25Que ele nos conceda a alegria do
coração
e que haja paz em nossos dias,
em Israel, por todo o sempre.
26Que Israel acredite que a misericór-
dia de Deus está conosco
para nos libertar em nossos dias.
Três povos detestados. 27Duas nações
minha alma odeia,
e a terceira nem sequer é uma nação:
28os que habitam no monte Seir, os
filisteus
e o povo insensato que habita em
Siquém†.

IV. SUPLEMENTOS (50,29–51,38)

Conclusão. 29Jesus, filho de Sirac, de
Jerusalém,
condensou neste livro uma instrução
de sabedoria e de ciência
e derramou nele a sabedoria de seu
coração.
30Feliz aquele que for versado nessas
palavras;
quem as fixar no coração será sem-
pre sábio;
31se as puser em prática, será capaz
de tudo,
porque seu caminho é a luz do Se-
nhor.

51 **Oração de Jesus, filho de
Sirac**†. 1Eu vos dou glória, Se-
nhor meu rei,*
e vos louvo, Deus meu salvador;
2glorifico vosso nome,
porque fostes meu auxílio e proteção
3e libertastes meu corpo da perdição,
do laço da língua caluniadora,*
dos lábios que proferem mentiras.
Diante de meus adversários fostes
meu auxílio.
4E me libertastes,
conforme a grandeza de vossa mise-
ricórdia e de vosso nome,*
dos laços preparados para me devo-
rar,
5das mãos dos que procuravam tirar-
-me a vida,*
das muitas tribulações que me rode-
avam;
6da violência das chamas que me en-
volviam
e do meio do fogo, pelo qual não fui
consumido;
7das profundas entranhas da mansão
dos mortos,*
da língua impura e da palavra falsa
e dos dardos de uma língua injusta.
8Minha alma esteve próxima da mor-
te,
9minha vida chegou às portas do
abismo profundo.
10Assaltavam-me de todo lado e nin-
guém me socorria;
eu olhava à procura de socorro dos
homens, mas em vão.
11Então lembrei-me de vossa miseri-
córdia, Senhor,*
e de vossas obras que são desde
sempre,
12porque libertais os que confiam em
vós, Senhor,
e os salvais das mãos dos iníquos.
13Eu fiz subir da terra minha súplica;
rezei para ser libertado da morte já
próxima.
14Invoquei o Senhor: "Vós sois meu
pai!†
Não me abandoneis no dia de minha
tribulação,

---

* **51**,1. Êx 15,2 | 3. Sl 119,2 | 4. Sl 103,8; Êx 34,6 | 5. Sl 35,4 | 7. Nm 16,33 | 11. Sl 25,6

† **50**,24. O convite ao louvor vem ligado à menção dos sacerdotes, porque para Ben Sira é o sacerdócio que mantém a esperança de Israel e não a realeza ou o profetismo. | 28. Trata-se dos edomitas, filisteus e samaritanos. Ver as notas em Sl 137,8 e 2Rs 17,24. | **51**. Agradece a Deus que o livrou quando foi caluniado num processo perante o rei. | 14. Ver a nota em 23,1.

no tempo dos soberbos, desampa-
rado.
[15]Louvarei sempre vosso nome
e cantarei hinos em louvação".
E minha súplica foi ouvida.
[16]Sim, vós me salvastes da ruína
e me livrastes de uma situação extrema.
[17]Por isto vos agradeço e vos louvo,
bendizendo o nome do Senhor.
A busca da sabedoria. [18]Quando eu
era ainda jovem, antes de começar a
viajar,*
procurei assiduamente a sabedoria
em minha oração;
[19]diante do templo eu a implorava
e até o fim a buscarei.
E ela floresceu como a uva prematura.
[20]Meu coração se alegrou nela,
meu pé andou pela estrada reta*
e desde a juventude segui suas pe-
gadas.
[21]Inclinei um pouco os ouvidos para
recebê-la;
[22]e achei nela instrução abundante.
Por meio dela fiz progresso;
[23]dou glória àquele que me conce-
deu a sabedoria.
[24]Sim, decidi pô-la em prática;
tenho procurado o bem e não ficarei
confundido.
[25]Minha alma aprendeu com ela a
lutar
e fui diligente em praticar a Lei.
[26]Estendi as mãos para o alto
e compreendi seus mistérios.
[27]Para ela orientei minha alma,
e a encontrei na purificação.
[28]Com ela governei meu coração
desde o princípio,
por isso não serei abandonado.
[29]Ao procurá-la, minhas entranhas se
comoveram,
por isso obtive sua preciosa aquisi-
ção.
[30]O Senhor me deu como recompen-
sa uma língua
com a qual o louvarei.
[31]Aproximai-vos de mim, ó ignoran-
tes,
e reuni-vos na casa da instrução.
[32]Por que demorais ainda nessas coi-
sas,
enquanto vossas almas sentem tanta
sede?*
[33]Abro a boca para dizer:
"Comprai-a sem dinheiro,*
[34]submetei o pescoço a seu jugo†
e vossa alma receba a instrução:
ela está próxima, a vosso alcance.*
[35]Vede com vossos olhos que eu
pouco trabalhei
e não obstante encontrei grande re-
pouso.
[36]Participai da instrução a preço de
muito dinheiro*
e com ela obtereis ouro em abun-
dância.
[37]Que vossa alma se alegre com a
misericórdia do Senhor;
não vos envergonheis de o louvar.
[38]Executai vossa obra antes do tem-
po marcado,
e ele a seu tempo vos recompensa-
rá".

---

* **51**,18. 6,18; 15,2s; 34,9-12; Sb 8,2 | 20. Sl 25,5; 26,3 | 32. Am 8,11 | 33. Is 55,1; Pr 4,5ss | 34. Dt 30,11-14 | 36. Pr 16,16

† **51**,34. Ver a nota em 6,26.

OS PROFETAS

Os profetas bíblicos são pessoas escolhidas e chamadas por Deus para a missão de falar em seu nome ao povo, como guias espirituais. "Profeta" é uma palavra derivada do grego, que significa exatamente porta-voz, mensageiro. É um carismático, um inspirado, porque veio sobre ele o Espírito, que nele fala, como professamos no Credo: "Foi ele que falou pelos profetas".

A palavra de Deus chega ao profeta de muitos modos, inclusive por meio de visões; por isso no tempo de Samuel, o profeta era chamado "vidente" (1Sm 9,9). Muitas vezes ele não diz como Deus lhe falou, afirmando apenas: "Assim fala Javé". Tem perfeita consciência de não dizer uma palavra sua, mas a de Deus, que o enviou e o sustenta; por isso o profeta se arma de coragem e audácia. É que muitas vezes tem de enfrentar os poderosos, como Natã diante de Davi (2Sm 12,7) e Elias diante de Acab (1Rs 18,17s). O confronto entre carisma e poder é de todos os tempos.

Colocado por Deus como sentinela para seu povo (Ez 33,7), e sempre atento aos acontecimentos dos meios políticos e religiosos, o profeta assume diante deles uma posição crítica e iluminadora, e sua pregação está sempre encarnada numa situação concreta. Nenhum profeta se isola da história. Prega a fé nas promessas divinas, a aliança, a libertação, o dom da terra e da descendência, a esperança do Messias, mas também a punição divina pelos pecados de infidelidade à aliança. Purifica e santifica o povo, chamando-o à conversão. Denuncia as injustiças sociais, o formalismo e a hipocrisia de um culto estéril e exterior. Mostra o verdadeiro rosto de Deus, santo, justo e amoroso. Diante desse Deus, com o qual está sempre em contato, intercede pelo povo pecador (2Mc 15,14).

O profeta é antes de tudo um orador, um pregador, que fala com palavras e atos. Seus gestos proféticos, parábola em ação, sua própria vida e sobretudo sua morte (At 7,52) são seu principal testemunho. Mas fala-se de "profetas escritores" para designar aqueles dos quais possuímos um livro de oráculos. São os quatro grandes profetas – Isaías, Jeremias, Ezequiel e Daniel – e os doze menores – Oseias, Joel, Amós, Abdias, Jonas, Miqueias, Naum, Habacuc, Sofonias, Ageu, Zacarias e Malaquias. No entanto, o termo profeta se estende a muitos outros personagens, desde Moisés (Dt 34,10) e a profetisa Débora (Jz 4,4) até João Batista (Mt 11,9) e os profetas do Novo Testamento (At 13,1). O tempo áureo do profetismo começa com Samuel (1Sm 3,20) e dura mais ou menos do séc. XI ao séc. IV a.C. Nesse período, a história bíblica apresenta, além dos acima mencionados: Natã, Aías de Silo, a profetisa Hulda, as figuras gigantescas de Elias e Eliseu e alguns anônimos. Menciona ainda as confrarias de profetas, os profetas profissionais da corte e falsos profetas, como os do deus Baal (1Rs 18,19). Nos últimos séculos antes de Cristo, a voz da profecia se calou (Sl 74,9), mas ficou gravada na mente do povo a promessa de Moisés: "Javé, teu Deus, suscitará para ti, em teu meio, dentre teus irmãos, um profeta como eu" (Dt 18,15), e assim o próprio Jesus foi considerado como "o profeta que devia vir ao mundo" (Jo 6,14).

O livros proféticos que estão na Bíblia são quase sempre obra de discípulos, que recolheram o testemunho do mestre e o publicaram com adaptações redacionais, por vezes acrescentando a contribuição da escola nos séculos posteriores. Essas obras estão redigidas quase sempre em forma poética, às vezes de notável valor literário. Elas contêm oráculos, poemas litúrgicos e sapienciais, narrativas sobre a vocação, visões e milagres, além de relatos biográficos.

Ler os profetas é sentir-se chamado a exercer no mundo de hoje a missão recebida no batismo, sem se deixar atemorizar diante dos desafios, mas confiando naquele que diz a cada um de seus mensageiros: "Eu estou contigo".

ISAÍAS

O profeta que dá nome a este livro é um gênio da literatura mundial, um israelita de família nobre, nascido provavelmente em Jerusalém, pelo ano 770 a.C. De seu casamento nasceram filhos aos quais deu nomes simbólicos. Tem no templo uma visão do Deus três vezes santo, que vai influenciar profundamente sua vida e sua mensagem. Deus o envia para anunciar a ruína de Israel e de Judá como castigo de suas inúmeras infidelidades. Durante seu longo ministério, assiste à crescente ameaça assíria, à queda de Samaria e do reino do norte, em 721 a.C. Tem uma atuação decisiva no episódio do cerco de Jerusalém por Senaquerib, em 701 a.C. Contrário às alianças com as potências da época, afirma que só a fé em Deus e a fidelidade à aliança podem salvar a nação. Proclama que a santidade de Deus exige o respeito ao direito dos mais fracos e pobres e condena toda hipocrisia no culto e na vida. Anuncia a ruína do reino de Judá como castigo da corrupção e da idolatria. O povo voltou as costas a seu Deus, por isso ficará reduzido a um simples "resto", do qual, porém, germinará um povo santo, fiel a Deus. Isaías anuncia também o nascimento do Emanuel, rei messiânico, portador da justiça e da paz de Javé.

Isaías fez escola; do capítulo 40 em diante são seus discípulos que tomam a palavra. A segunda parte do livro (40–55) é o "livro da consolação", destinado aos deportados em Babilônia para confortá-los com a promessa de que Deus em breve os libertará e poderão retornar à terra. Esta seção aborda os temas do Deus único, da criação do mundo, da presciência divina, do amor fiel de Javé por seu povo, da glória de Javé, da destruição dos ídolos. Em quatro cânticos, ponto alto do livro, apresenta o Servo, que recebe a missão de conduzir seu povo a Javé e de ser a luz das nações (49,5s), aceitando o caminho do sofrimento e da morte.

A terceira parte (56–66), do tempo posterior ao exílio, anuncia aos repatriados as exigências de uma religião viva e prediz o esplendor de uma nova Jerusalém, iluminada pela glória divina. O Senhor é fiel e manterá suas promessas. Mas este mesmo Deus por vezes guarda silêncio, esconde seu rosto e fica à distância. Se o povo arrependido confessar seus pecados, que são o obstáculo à salvação, Javé vai curar suas feridas e dar-lhe a paz. Será a glorificação de Sião, a libertação dos prisioneiros, a explosão de uma alegria imensa, pois Javé reatará os laços com a comunidade, sua esposa.

I. LIVRO DO EMANUEL (1–12)

1 **Título.** [1]Visão de Isaías†, filho de Amós, que ele teve a respeito de Judá e de Jerusalém, no tempo de Ozias, Joatão,* Acaz e Ezequias, reis de Judá.
Ingratidão do povo†. [2]Ó céus, ouvi, escutai, ó terra,*
pois Javé falou:
"Eu criei filhos e os fiz crescer,*
mas eles se revoltaram contra mim.*
[3]O boi conhece seu dono*
e o jumento, o curral de seu senhor;
mas Israel não conhece,
meu povo não compreende".
[4]Ai dessa nação pecadora†,
povo carregado de iniquidade,
geração de malvados,*
filhos destruidores!
Abandonaram Javé;*
desprezaram o Santo* de Israel†;
viraram as costas e dele se afastaram.
[5]Onde quereis ainda ser castigados,
vós que acumulais rebeliões?
A cabeça está toda doente,
e o coração todo desfalece.
[6]Dos pés à cabeça
não há nele nada intacto;
só feridas, contusões
e chagas abertas

---

* **1**,1. Mq 1,1 | 2. Dt 4,26; 32,1; Mq 1,2 / Dt 32,5s.10 / Br 4,8 | 3. Jr 8,7 | 4. 30,9 / Jr 2,13 / Lv 17,1 | 6. Jr 30,12ss

† **1**,1. O nome Isaías significa "Javé salva". | 2. Is 1 é considerado uma síntese da mensagem de Isaías. | 4. Israel não entende o que acontece diante de seus olhos. / O título "Santo de Israel", característico de Isaías, exprime a transcendência e a suma perfeição de Deus. | 6. Este v. descreve a situação de Judá depois da invasão de Senaquerib, 2Rs 18,13, e é aplicado pela liturgia a Cristo em sua paixão. O óleo era o remédio comum para tratar feridas, Lc 10,34.

que não foram medicadas, nem en-
faixadas,*
nem suavizadas com óleo†.
7Vossa terra está desolada,
vossas cidades consumidas pelo
fogo;
vosso solo é devorado
por estranhos em vossa frente,
é uma desolação como devastação
de estrangeiros.*
8E a filha de Sião ficou sozinha†
como cabana no meio da vinha,
como choça num terreno de abóbo-
ras,
como cidade sitiada.
9Se Javé dos exércitos
não nos tivesse deixado um pequeno
resto†,
seríamos como Sodoma*
e semelhantes a Gomorra.
A hipocrisia no culto†. 10Ouvi a pala-
vra de Javé,
chefes de Sodoma;*
escutai a exortação de nosso Deus,
povo de Gomorra!
11"De que me servem vossos muitos
sacrifícios?*
– diz Javé.
Estou farto dos holocaustos de car-
neiros,
e da gordura de animais cevados;
não me agrada o sangue de novilhos,
nem de cordeiros, nem de bodes.
12Quem pediu isto de vossas mãos,
quando vindes apresentar-vos diante
de mim
para pisardes meus átrios?
13Não continueis a trazer-me ofertas
vãs.
O incenso é para mim uma abomi-
nação;
não posso suportar lua nova, sábado
e assembleias,
iniquidade com assembleia festiva.*
14Eu detesto vossas luas novas e vos-
sas festas;
são um peso para mim,
estou cansado de suportá-las.
15Por isso, quando estendeis as
mãos,*
afasto de vós meu olhar.
Ainda que multipliqueis as orações,*
não vou ouvi-las.
Vossas mãos estão cheias* de san-
gue.*
16Lavai-vos, purificai-vos;
tirai da frente de meus olhos
a maldade de vossos atos.*
Cessai de fazer o mal,
17aprendei a fazer o bem;
procurai o que é justo;
socorrei o oprimido,
fazei justiça ao órfão,*
defendei a causa da viúva†.
18"Vinde então* e discutamos"†,
diz Javé.
"Se vossos pecados são como escar-
late,*
tornar-se-ão brancos como neve.
Se são vermelhos como púrpura,
como lã vão se tornar.
19Se estais dispostos a obedecer,*
comereis os melhores frutos desta
terra.*
20Mas se recusais e vos rebelais,*
sereis devorados pela espada;
porque a boca de Javé falou".*
Lamento sobre Jerusalém. 21Como foi
que se tornou meretriz a cidade fiel?†
Estava cheia de retidão, nela morava
a justiça,
mas agora está cheia de assassinos.
22Tua prata tornou-se escória,*
teu vinho está adulterado com água.

---

* **1**,7. 5,2; Gn 19,1 | 9. Gn 18,16-33; 19,24 | 10. Dt 32,32 | 11. Sl 40,7; 50,8-13; 51,18; Jr 6,20; Am 5,21s; Mq 6,6ss | 13. Nm 28,11 | 15. Pr 1,28; Jr 14,12; Ml 3,4 / Mq 3,4 / Is 59,2s; Jr 2,34 / Sl 37,27 | 16. Am 5,14s | 17. Êx 22,21s | 18. 43,26 / Sl 32,1; 51,9 | 19. Lv 25,18s / Lv 26,3-12; Dt 28,1-14 | 20. Lv 26,14-39; Dt 28,15s / Is 40,5; 58,14; Mq 4,4 | 22. Ez 22,18; Jr 6,29 | 23. Jr 5,28

† **1**,8. "Filha de Sião" é Jerusalém personificada. | 9. "Resto de Israel" é o povo extremamente reduzido pelo juízo de Deus e que, após a purificação do exílio de Babilônia, viverá na fidelidade e será o núcleo do novo Israel e herdeiro das promessas messiânicas. | 10. Deus não aceita a oração daqueles que maltratam os pobres, Pr 15,8. Para esses o culto só seria um modo de enganar-se a si mesmos e de fugir da própria responsabilidade. | 17. "Tomar consciência das necessidades do próximo ajuda a redescobrir a verdadeira imagem do Deus, cujos prediletos são os necessitados. Só um Deus dos homens é o verdadeiro Deus vivo" (Simian-Yofre). | 18. Deus repreende o povo num processo jurídico, imagem comum nos profetas, Mq 6,1s. | 21. Ver a nota em Sl 106,39.

23Teus príncipes são rebeldes
e companheiros de ladrões;
todos eles gostam de presentes
e correm atrás de recompensas.
Não fazem justiça ao órfão*
e não chega até eles a causa da viúva.
Purificação. 24Por isso, oráculo de Javé,
Deus dos exércitos,
o Poderoso de Israel†:
"Ah! tomarei satisfações de meus adversários
e me vingarei de meus inimigos.
25Estenderei a mão sobre ti;*
purificarei tuas escórias
e no cadinho removerei toda a tua impureza
26Restabelecerei teus juízes como antigamente
e teus conselheiros, como no princípio:
depois disso serás chamada a cidade da justiça,* a cidade fiel".
27Sião será remida pelo juízo
e seus convertidos, mediante a justiça.
Castigo para os obstinados. 28Mas os rebeldes e os pecadores serão destruídos igualmente,*
e os que abandonam Javé vão perecer.
29Então tereis vergonha dos terebintos que amais*
e sentireis rubor pelos jardins que escolhestes.
30Pois vós sereis como um terebinto de folhas secas
e como um jardim no qual falta água.
31O homem forte será como estopa
e sua obra, como faísca;
ambos queimarão juntos, e não haverá quem os apague.

2

Paz messiânica. 1Visão de Isaías, filho de Amós, a respeito de Judá e Jerusalém.
2Acontecerá, nos últimos tempos,*
que o monte da casa de Javé
se erguerá sobre o alto dos montes,
será elevado acima das colinas
e para ele afluirão todas as nações.
3E virão muitos povos dizendo:*
"Vinde, subamos
ao monte de Javé,
à casa do Deus de Jacó,
para que nos ensine seus caminhos,
e caminharemos por suas veredas".
Pois de Sião sairá a lei,*
e de Jerusalém, a palavra de Javé.
4Ele será juiz entre as nações*
e árbitro de povos numerosos.
Mudarão suas espadas em relhas de arado*
e suas lanças, em foices;
uma nação não levantará a espada contra a outra,
nem mais se treinarão para a guerra†.
5Vinde, ó casa de Jacó,*
caminhemos na luz de Javé.
Castigo dos idólatras. 6Sim, rejeitastes vosso povo,
a casa de Jacó,
pois estão cheios de adivinhos*
e de magos semelhantes aos filisteus,
e fazem aliança com os filhos dos estrangeiros.
7Seu país está cheio de prata e ouro,*
e não têm conta seus tesouros;
seu país está cheio de cavalos,*
e não têm conta seus carros.
8Seu país está cheio de ídolos;*
eles se prostram diante da obra de suas mãos,
diante daquilo que seus dedos fabricaram.
9Assim o povo se curvará,*
e serão abaixados os olhos orgulhosos;
e não lhes perdoareis.*
10Vem para a rocha
e esconde-te na poeira,
diante do terror de Javé,
diante do esplendor de sua majestade,
quando se levantar para fazer tremer a terra.

---

* **1**,25. Ml 3,3 | 26. 1,21; Zc 8,3 | 28. Sl 1,6 | 29. 57,5; 65,3 | **2**,2. Mq 4,1ss | 3. Zc 8,20s; 14,16; Is 56.6ss; 0,11-14 / Jo 4,22 | 4. 9,6; 11,6-9 / Jl 4,9ss; Zc 9,9s; Os 2,20 | 5. 60,1ss | 6. Dt 18,14 | 7. Sl 33,17; Mq 5,10 / Dt 17,16s | 8. Sl 115,4 | 9. 5,15 / Os 10,8

† **1**,24. O "Poderoso de Israel" é Deus que o defende dos inimigos. | **2**,4. "Nada se perde com a paz, tudo pode ser perdido com a guerra" (Pio XII). "Na era atômica, é irracional pensar que a guerra seja um instrumento apto para restabelecer os direitos violados" (João XXIII).

O dia de Javé. 11O homem de olhar soberbo será abatido,
o orgulhoso será humilhado;
naquele dia, só Javé será enaltecido.
12Pois Javé dos exércitos se reserva um dia†
para julgar tudo o que é orgulhoso e soberbo,
e tudo o que é elevado a fim de rebaixá-lo.
13Contra todos os cedros do Líbano,
altos e elevados,
e contra todos os carvalhos de Basã†;
14contra todas as altas montanhas
e contra todas as colinas dominantes;
15contra toda torre altaneira
e contra todas as muralhas fortificadas;
16contra todos os navios* de Társis†
e contra todos os barcos de luxo.*
17O orgulho humano será humilhado,
os arrogantes serão rebaixados;
naquele dia só Javé será enaltecido,
18e os ídolos serão totalmente eliminados.*
19 Entrarão nas cavernas das rochas*
e nas fendas da terra,
diante do terror de Javé
e diante da glória de sua majestade,
quando se levantar para fazer tremer a terra.*
20Naquele dia os homens jogarão*
aos ratos e aos morcegos
seus ídolos de prata e seus ídolos de ouro,
que tinham fabricado para se prostrar diante deles.
21Entrarão nas fendas das rochas
e nos antros da terra,
diante do terror de Javé
e diante do esplendor de sua majestade,
quando ele se levantar para fazer tremer a terra.
22Cessai de confiar no homem,*
em cujas narinas não há mais que um sopro:
que importância se pode atribuir-lhe?

3

Anarquia em Jerusalém. 1Sim, o Senhor Javé dos exércitos*
vai retirar de Jerusalém e de Judá
a provisão e o sustento:
toda provisão de pão
e toda provisão de água,
2herói e guerreiro,
juiz e profeta,
adivinho e ancião,
3o chefe de cinquenta e o dignitário,
quem é hábil nas artes mágicas
e o perito em sortilégios.
4Vou dar-lhes meninos como príncipes,
e crianças os governarão.*
5Entre o povo um oprimirá o outro,
cada qual seu próximo;
o jovem será insolente com o ancião
e o infame, com quem é honrado.
6Um homem se achegará a seu irmão
na casa paterna e lhe dirá:
"Tu tens um manto, sê nosso chefe
e cuida desta ruína".
7Mas o outro, naquele dia, levantará a voz, dizendo:
"Eu não sou médico,
em minha casa não há pão nem manto,
não me faças chefe do povo".
8Pois Jerusalém tropeça
e Judá está no chão.
Em palavras e atos se opõem a Javé,
irritando os olhos de sua majestade.*
9O aspecto de seu rosto os acusa,
proclamam seu pecado como Sodoma*
sem mesmo ocultá-lo.
Ai deles, porque preparam sua própria ruína.
10Dizei: O justo é feliz porque tudo lhe vai bem,
comerá do fruto de seus atos.
11Ai do ímpio! O mal recairá sobre ele,
porque sua paga será o que suas mãos fizeram.
12Quanto a meu povo, seus opressores o rapinam,
os credores dominam sobre ele.

---

* **2**,16. Sl 47,8 / Sl 48,8 | 18. Jr 10,11.15 | 19. 2,10 / 30,22 | 20. 31,7 | 22. Jr 17,3; Gn 2,7; 6,3; Jó 34,14
3,1. Lv 26,26 | 4. Ecl 10,16 | 8. Gn 19,5 | 9. Gn 18,20s; 19,4-11

† **2**,12. No "dia de Javé", em meio a uma conflagração cósmica, Ele mostrará seu poder e sua glória, julgando os inimigos de Israel e o próprio povo infiel.

Povo meu, os que te governam te fazem desviar
e invertem a direção de teu caminho.
O juízo de Javé. 13Javé se levanta para o processo*
e fica de pé para julgar seu povo.
14Javé entra em juízo
contra os anciãos de seu povo e contra seus chefes:
"Fostes vós que devorastes a vinha,*
e o espólio do pobre está em vossas casas.
15Por que esmagais meu povo
e pisais o rosto dos pobres?"*
Oráculo do Senhor Javé dos exércitos.
Punição da arrogância. 16Diz Javé:*
"Visto que são orgulhosas as filhas de Sião,
andam com o pescoço erguido,
lançando olhares sedutores,
caminhando com passos miúdos
e fazendo tinir os anéis de seus pés,
17Javé tornará calva
a cabeça das filhas de Sião†,
Javé desnudará sua fronte.
18Naquele dia Javé retirará delas o
ornamento dos anéis dos tornozelos,
os diademas, as meias-luas, 19os brin-
cos, os braceletes, os véus, 20os tur-
bantes, os adornos dos pés, as cintas,
as caixinhas de perfumes e os amule-
tos, 21os anéis e as joias do nariz, 22as
roupas de festa, as capas, os xales e as
bolsas, 23os espelhos, os tecidos finos,
as tiaras e as mantilhas.
24Então, em lugar de perfume haverá podridão,*
em lugar de cinto, uma corda,
em lugar da cabeleira, a cabeça raspada,
em lugar de uma veste de gala, um pano de saco,
e a marca do ferro quente em lugar da beleza.
25Teus homens tombarão pela espada
e teus guerreiros na batalha".
26Tuas portas chorarão e estarão de luto;
desolada, ela vai sentar-se no chão.

4 **"Resto" de Jerusalém.** 1Naquele dia, sete mulheres se achegarão
a um homem, dizendo-lhe:
"Nós mesmas cuidaremos de nosso alimento
e de nossa roupa;
deixa-nos somente ter teu nome; tira nossa desonra!"†
2Naquele dia, o germe de Javé*
será esplendor e glória,
e o fruto da terra será grandeza e prestígio
para os sobreviventes de Israel.
3Então os que ficarem em Sião e
os sobreviventes de Jerusalém* serão
chamados santos: todos serão inscri-
tos em Jerusalém para viver. 4Quando
Javé tiver lavado a imundície das filhas
de Sião e purificado Jerusalém do san-
gue derramado, pelo vento do juízo e
pelo vento do extermínio, 5então Javé
criará em todo lugar do monte Sião e
sobre todas as assembleias* uma nu-
vem de fumaça durante o dia* e um
esplendor de fogo chamejante duran-
te a noite, porque sua glória prote-
gerá tudo. 6E haverá uma tenda para
dar sombra de dia contra o calor, para
refúgio e abrigo durante a tempestade
e a chuva.*

5 **Cântico da vinha†.** Deixa-me cantar para meu amigo*
um cântico de amor a sua vinha.
Meu amigo tinha uma vinha sobre fértil colina.
2Preparou o terreno, retirou as pedras,
plantou vides escolhidas;
construiu no meio uma torre*
e cavou um lagar.

---

* **3**,13. Mq 6,1-15; Os 4,1-5 | 14. 5,1-7 | 15. Am 2,7 | 16. 32,9-14; Am 4,1ss | 24. Am 8,10 | **4**,2. Jr 23,5s; Zc 3,8; 6,12 | 3. 52,1; 60,21; Sf 3,13; Dn 12,1 | 5. Jl 4,17-21; Êx 13,21s; 24,16; Ap 7,15s; 21,3s / Êx 13,22 | 6. 25,4s | **5**,1. Os 10,1; Jr 2,21; 5,10; 6,9; 12,10; Ez 15,1-8; 17,3-10; 19,10-14; Sl 80,9-19; Is 27,2-5; Mt 21,33-44 | 2. Mt 21,18s

† **3**,13. As imagens dos vv. 13-16 representam os soberbos, Sl 37,35. | 16. Ver a nota em 1Rs 10,22. | 17. As cidades vassalas de Jerusalém. | **4**,1. A população masculina foi dizimada pela guerra, e as mulheres procuram um marido renunciando a todos os direitos. | **5**. A vinha é o símbolo do povo de Deus, Sl 80,9-17; Os 10,1.

Esperava que desse uva boa,
mas deu uva selvagem.
[3]E agora, habitantes de Jerusalém
e homens de Judá,
sede juízes entre mim e minha vinha.
[4]Que mais poderia ter feito por minha vinha*
e não fiz?
Eu esperava uvas boas;
por que ela deu uvas selvagens?
[5]Mas agora vou mostrar-vos
o que farei a minha vinha:
vou retirar sua cerca
para que sirva de pasto;
derrubarei seu muro
para que seja pisada.
[6]Farei dela um terreno baldio:
não será podada nem cultivada,
mas crescerão nela espinhos e cardos;*
e proibirei as nuvens de chover sobre ela.*
[7]Pois a vinha de Javé dos exércitos
é a casa de Israel;
os habitantes de Judá
são sua plantação predileta.
Ele esperava dela a retidão,
e eis, no entanto, o derramamento de sangue;
esperava a justiça,
e eis gritos de angústia.

Ameaças contra os hebreus infiéis. [8]Ai
daqueles que acumulam casa sobre casa*
e acrescentam um campo depois do outro†
até não sobrar mais espaço
e ficarem sós no meio do país.
[9]A meus ouvidos, Javé dos exércitos jurou:
"Sim, muitas casas
serão reduzidas a ruínas; grandes e belas casas
ficarão desabitadas".
[10]Pois três hectares de vinha*
não produzirão mais que um bat,
e quem semeia um homer de trigo só colherá um efá†.
[11]Ai daqueles que se levantam cedo,*
correm para as bebidas fortes
e até tarde da noite
se esquentam com o vinho!
[12]Em seus banquetes há harpa e lira,
tamborim e flauta,
mas não consideram o que Javé faz
e não veem o que as mãos dele realizam.*

Castigo. [13]Por isso meu povo será exilado,
por causa de sua ignorância.
Seus nobres morrerão de fome
e sua multidão ressecará de sede.
[14]Por isso o lugar dos mortos dilatou sua garganta
e abriu a boca sem limite;
para lá descerão sua glória, sua multidão,
seu ruído e quem nela festejava.
[15]O ser humano será abaixado
e o mortal será humilhado,
e serão abatidos os olhares dos soberbos.
[16]Mas Javé dos exércitos será exaltado por seu juízo,*
e o Deus santo será reconhecido santo por sua justiça.*
[17]Os cordeiros pastarão lá como em seus pastos*
e, nos lugares desolados dos ricos, os nômades comerão.

Contra os insolentes. [18]Ai daqueles
que puxam a iniquidade
com as cordas da mentira
e o pecado, com os tirantes de um carro!*
[19]Os que dizem: "Que se apresse,
que acelere sua obra,
para que a vejamos;
que se aproxime e se realize
o projeto do Santo de Israel,
e nós o reconheceremos"†.
[20]Ai dos que chamam
o mal de bem, e o bem de mal;*
que mudam as trevas em luz, e a luz em trevas;

---

* **5**,4. Mq 6,1-5; Jr 2,4-7 | 6. 32,13 / 2Sm 1,21 | 8. Am 6,1-7; Mq 2,1-5; Jr 22,13.19; Ez 7,5.26; Hab 2,6-20; Lc 6,24ss; Mt 23 | 10. 7,23 | 11. 28,1.7s; 56,12; 22,13; Am 4,1; Mq 2,11; Jl 1,5; Sb 2,7ss | 12. Sl 28,5 | 16. 2,9.11 / 1,26; 6,3 | 17. 7,25 | 18. 2Pd 3,4 | 20. Pr 17,15; Mt 23,13

† **5**,8. "Não socorrer os pobres é roubá-los e tirar-lhes a vida. Nós não detemos nossos bens mas os deles" (S. João Crisóstomo). | 10. Bat = 36 l; homer = 420 l; efá = 45 l. | 19. Deus, que está dando tempo para o arrependimento, é desafiado a mandar logo o castigo anunciado.

que consideram o amargo como doce, e o doce como amargo!
[21]Ai dos que se consideram sábios e se julgam inteligentes!
[22]Ai dos que são heróis para beber vinho
e campeões para misturar bebidas fortes,
[23]que por suborno absolvem o culpado
e ao inocente negam a justiça.
[24]Por isso, assim como a língua de fogo devora a palha
e o feno desaparece na chama,
sua raiz será como podridão
e sua flor será carregada como poeira;
porquanto rejeitaram o ensinamento de Javé dos exércitos,
desprezaram a palavra do Santo de Israel.

Invasão dos assírios. [25]Por isso a cólera de Javé
acendeu-se contra seu povo.
Ele ergueu a mão contra ele e o feriu;
as montanhas tremeram,
e seus cadáveres jazem como imundície
no meio das ruas.
Apesar de tudo isso, sua cólera não se acalmou*
e sua mão ainda está estendida.
[26]Javé erguerá uma bandeira para os povos distantes*
e lhes assobiará das extremidades da terra;
e eis que eles se apressarão e chegarão velozes.
[27]Nenhum deles está cansado, nenhum vacila,
nenhum cochila, nenhum se adormenta;
o cinto de seus rins não se desata
nem se parte a correia de suas sandálias.
[28]Suas flechas são agudas
e todos os seus arcos estão retesados.
Parecem pedras
os cascos de seus cavalos
e um turbilhão, as rodas de seus carros.
[29]Seu rugido é como o de uma leoa;*
ruge como um leãozinho;
ruge, agarra a presa,
leva-a para um lugar seguro, sem que ninguém lha tome.
[30]Naquele dia rugirão contra ele
como ruge o mar.
Olhando para a terra,*
apenas trevas e angústia se verão,
e a luz obscurecida pelas nuvens.

6 **Vocação de Isaías**†. [1]No ano em
que morreu o rei Ozias, eu vi Javé
assentado num trono grandioso* e
muito elevado e a orla de seu manto
enchia o templo†.
[2]Serafins estavam* sobre ele, tendo
cada qual seis asas: duas para lhes co-
brir a face, duas para lhes cobrir os pés
e duas para voar. [3]Eles clamavam um
para o outro:
"Santo, santo, santo,* Javé dos exércitos; a terra inteira* está cheia de sua glória!"†
[4]Os umbrais das portas tremeram*
com a voz de seus clamores e a casa
se encheu de fumaça. [5]E eu disse: "Ai
de mim, estou arruinado! Pois sou um
homem de lábios impuros e moro no
meio de um povo de lábios impuros;
mas meus olhos viram* o rei, Javé dos
exércitos".
[6]Então voou até mim um dos sera-
fins,* trazendo na mão uma brasa que
tinha tirado do altar com uma tenaz.
[7]Tocou com ela minha boca e disse:
"Agora que isto tocou teus lábios,
tua culpa foi tirada
e teu pecado foi perdoado".
[8]E eu ouvi a voz de Javé que dizia:
"Quem enviarei? Quem irá por nós?" E
eu respondi: "Eis-me aqui, enviai-me!"

---

* **5**,25. 9,11.16.20; 10,4 | 26. Jr 5,15ss; 6,22-30 | 29. Os 5,14; Am 3,12 | 30. 8,20ss | **6**,1. Ap 4,2 | 2. Ez 1,11; 10,21 | 3. Ap 4,8 / Nm 14,21 | 4. Êx 19,16; 40,34s; 1Rs 8,10ss | 5. Êx 33,20 | 6. Jr 1,9

† **6**. Nesta visão no templo, Isaías faz a experiência da santidade e do poder de Deus, que serão o centro de sua mensagem. | 1. O santuário é o lugar onde céu e terra se aproximam e se encontram. | 3. A santidade de Deus é força santificadora, mas também punitiva; Deus manifesta sua santidade no juízo, Eclo 36,3.

9Então ele disse: "Vai e dize a este
povo:*
Escutai, escutai e não entendereis;*
olhai, olhai, e não percebereis.
10Torna insensível o coração desse
povo,
endurece seus ouvidos,
fecha-lhes os olhos,
para que não veja com os olhos,
não ouça com os ouvidos
nem entenda com o coração,
e se converta e seja curado"†.
11E eu perguntei: "Até quando, Se-
nhor?"
Ele respondeu:
"Até que as cidades sejam devastadas,
fiquem sem habitantes,
e as casas sem ninguém,
e a terra devastada e desolada;
12e até que Javé tenha expulsado a
população
e haja uma grande solidão no meio
do país.
13Restará ainda a décima parte,
mas será de novo despojada
como o carvalho e o terebinto
que, uma vez abatidos,
não têm mais que um tronco;
seu tronco é uma semente santa".

7 **Anúncio a Acaz.** 1No tempo de
Acaz, filho de Joatão, filho de
Ozias,* rei de Judá, Rason, rei de Aram,
e Faceia, filho de Romelias, rei de Israel,
subiram contra Jerusalém para atacá-
-la†, mas não puderam conquistá-la.
2Foi anunciado à casa de Davi: "Aram
tomou posição no território de Efraim".
Então, seu coração e o coração de seu
povo se agitaram como as árvores da
floresta são agitadas pelo vento. 3E
Javé disse a Isaías:* "Sai ao encontro de
Acaz tu e teu filho Sear-Iasub†, rumo à
extremidade do canal do açude supe-
rior, no caminho do campo do Lavador.
4Tu lhe dirás: Sê atento e fica calmo.
Não temas, e que teu coração não des-
faleça por causa desses dois pedaços
de tições fumegantes, por causa do
ardor da ira de Rason de Aram e do fi-
lho de Romelias. 5Porque Aram, Efraim
e o filho de Romelias tramaram o mal
contra ti, dizendo: 6Marchemos contra
Judá, para o invadir e conquistar, e ins-
talemos lá como rei o filho de Tabeel.
7Isto diz o Senhor Javé:
Tal não acontecerá, não sucederá!
8Pois a cabeça de Aram é Damasco,
e o cabeça de Damasco é Rason.
Daqui a sessenta e cinco anos
Efraim será destruído e deixará de ser
um povo.
9A cabeça de Efraim é Samaria,
e o cabeça de Samaria é o filho de
Romelias.
Mas se não acreditardes, não subsis-
tireis".*
O Emanuel. 10Javé falou de novo a
Acaz, dizendo: 11"Pede a Javé teu Deus
um sinal para ti, na profundeza do lu-
gar dos mortos ou nas alturas lá em
cima"†.
12Mas Acaz respondeu:* "Não pedi-
rei, não quero tentar Javé".
13Isaías disse: "Ouvi, casa de Davi: não
vos basta fatigar os homens, mas ainda
fatigais também meu Deus? 14Por isso,
o próprio Senhor vos dará um sinal. Eis
que a jovem† está grávida, vai dar à luz
um filho* e lhe porá o nome de Emanuel.
15Ele comerá coalhada e mel, até que
saiba rejeitar o mal e escolher o bem†.

* **6**,9. Mt 13,14s / At 28,26s | **7**,1. 2Rs 16,5-9 | 3. 2 Rs 20,20 | 9. 28,26; 30,15 | 12. Dt 6,16 | 14. Mt 1,23; Mq 5,2 | 16. 9,5; 7,22

† **6**,10. O fracasso da conversão é consequência da recusa de escutar a palavra de Javé proclamada pelo profeta: não é Deus nem o profeta que impedem o povo de se converter e de ser curado. O profeta deve saber de antemão que não aceitarão sua palavra, e que esta endurecerá o coração deles. | **7**,1. É a chamada guerra siro-efraimita, 2Rs 16,5; Deus manda Isaías para tranquilizar o rei de Judá. | 3. Este nome significa "um resto voltará": a promessa do retorno do exílio. | 11. O sinal ajudaria o incrédulo Acaz, pois confirmaria a vontade de Deus de intervir em auxílio de Judá. | 14. O termo hebraico significa "jovem": a esposa de Acaz terá um filho que garantirá o futuro da dinastia, por isso pode ser chamado "Deus conosco". Mas as versões grega e latina usaram o termo "virgem", e S. Mateus viu nesse texto o anúncio da maternidade virginal de Maria, Mt 1,23. O sentido messiânico da profecia está construído sobre o sentido literal. | 15. Manteiga e mel, único alimento disponível numa terra devastada. A disciplina da adversidade ensinará o Emanuel a "rejeitar o mal e escolher o bem", fazendo dele a antítese de Acaz.

[16]Pois antes que o menino* saiba
rejeitar o mal e escolher o bem, será
abandonado o país cujos dois reis
tu temes. [17]Javé vai fazer vir sobre ti,
sobre teu povo e sobre a casa de teu
pai dias tais como nunca houve desde
quando Efraim se separou de Judá – o
rei da Assíria".

Invasão devastadora. [18]Naquele dia,
Javé assobiará às moscas
que estão na extremidade dos canais do Egito
e às abelhas que estão no país da Assíria.
[19]Elas virão e pousarão todas
nos vales desolados,
nas fendas das rochas,
em todos os espinheiros
e em todas as pastagens.
[20]Naquele dia, o Senhor raspará
com uma navalha alugada do outro lado do rio,
com o rei da Assíria,
a cabeça, os cabelos das pernas,
e tirará também a barba.
[21]Naquele dia,
cada um criará uma novilha e duas ovelhas.
[22]E acontecerá que, pela abundância do leite que darão,
se comerá coalhada;
todo sobrevivente no país
comerá coalhada e mel.
[23]E acontecerá, naquele dia,*
que todo lugar onde houver mil videiras,
avaliadas em mil moedas de prata,
será abandonado aos espinheiros e aos cardos.
[24]Aí se entrará com flechas e arco,
porque todo o país será cardos e espinheiros.
[25]E, nos montes que eram cultivados com enxada,
não se entrará mais,
por medo dos cardos e dos espinheiros;*
serão pasto de bois
e terra pisada por ovelhas.

8

Ruína de Damasco e de Samaria.
[1]Javé me disse: "Toma uma gran-
de placa e escreve nela com um estilete
ordinário: Pronto-Despojo, Próximo-
-Saque"†. [2]Tomei como fiéis testemu-
nhas o sacerdote Urias e Zacarias, filho
de Baraquias. [3]Depois me uni à profe-
tisa, ela concebeu e deu à luz um filho.
E Javé me disse: "Põe-lhe o nome de
"Pronto-Despojo, Próximo-Saque";
[4]pois antes que o menino* saiba dizer
"papai" e "mamãe", as riquezas de Da-
masco e os despojos de Samaria serão
levados à presença do rei da Assíria".*

Invasão do reino de Judá. [5]Falou-me
ainda Javé, dizendo:
[6]"Já que esse povo desprezou*
as águas de Siloé que correm mansamente
e tremeu diante de Rason e do filho de Romelias,*
[7]por isso o Senhor fará subir contra
eles o rei da Assíria e toda a sua glória,
como as águas de um rio, impetuosas e abundantes,*
transbordará sobre todos os seus canais
e inundará todas as suas margens.
[8]Ele invadirá Judá, inundará e atravessará;
atingirá até o pescoço,
e suas asas abertas cobrirão
toda a extensão de teu país, ó Emanuel!*

Ameaça às nações. [9]Sabei, ó povos,
sereis esmagados!
Escutai, todos os países distantes da terra.
Cingi as armas, sereis esmagados!
[10]Fazei um projeto, será desvendado;
tomai uma resolução, não terá efeito,
pois Deus está conosco".*

Javé será a pedra de tropeço. [11]Pois
assim me disse Javé quando me tomou
pela mão e me advertiu para que não
andasse pelo caminho deste povo:
[12]"Não chameis de aliança
tudo o que este povo chama de aliança,

---

* **7**,23. 5,10 | 25. 5,17 | **8**,4. 2Rs 16,10-16; 18,2 / Is 7,16 | 6. Jo 9,7 / Is 7,1s | 7. Ap 12,15 | 8. 7,14 | 10. 7,14

† **8**,1. Este nome simbólico significa a invasão iminente dos reinos de Damasco e de Israel pelos assírios.

não temais o que ele teme e não vos
assombreis.*
13É Javé dos exércitos que deveis
proclamar santo,
seja ele vosso temor e vosso assom-
bro.
14Ele será um santuário, mas será um
rochedo que faz cair,
uma pedra de tropeço para as duas
casas de Israel,
uma rede e um laço para os habitan-
tes de Jerusalém.
15Muitos deles aí tropeçarão,
cairão e serão quebrantados;
serão apanhados no laço e captura-
dos.
Missão de Isaías. 16Fecha este tes-
temunho, sela esta exortação entre
meus discípulos. 17Eu confio em Javé,
que oculta sua face à casa de Jacó, e
ponho nele minha esperança.18Eis-me
aqui com os filhos que Javé me deu:*
somos sinais e presságios em Israel, da
parte de Javé dos exércitos que habita
no monte Sião.
19E se vos disserem: "Consultai os
necromantes* e os adivinhos†, que
sussurram e murmuram. Não deve um
povo consultar seu deus? dirigir-se aos
mortos por causa dos vivos?", 20aten-
ção à lei e ao testemunho! Se o povo
fala assim, não haverá para ele nenhu-
ma aurora.
21Ele atravessará o país, oprimido e
faminto.
Quando estiver faminto, ele se irritará,
amaldiçoará seu rei e seu Deus
e olhará para cima.
22Depois olhará para a terra,
e eis angústia, escuridão
e noite desolada!
Será lançado nas trevas.
23Mas as trevas não durarão para
sempre
sobre a terra que agora está na an-
gústia.
Luz e alegria. Como nos tempos pas-
sados, Deus cobriu de opróbrio o país
de Zabulon* e o país de Neftali, assim
no futuro cobrirá de glória o caminho
do mar, além do Jordão, a Galileia dos
gentios.

9

1O povo que caminhava nas tre-
vas viu uma grande luz;
para aqueles que habitavam no país
da sombra da morte,
uma luz resplandeceu.
2Fizestes crescer a nação,
aumentastes sua alegria;*
eles se alegram diante de vós com a
alegria da colheita,
como exulta quem reparte os despojos.
3Pois, como no dia de Madiã,*
quebrastes o jugo que pesava sobre
ele,
a vara que lhes feria os ombros
e o bastão do opressor.*
4Pois todo calçado que o guerreiro
usava na batalha
e todo manto revolvido em sangue
serão queimados e devorados pelo
fogo.
Nascimento do esperado. 5Pois um
menino* nasceu para nós†,
um filho nos foi dado.
Ele recebeu o poder em seus ombros
e será chamado*
"Conselheiro maravilhoso, Deus forte,*
Pai sempiterno, Príncipe da paz";
6para que se estenda o poder
numa paz* sem-fim †
sobre o trono de Davi e sobre seu
reino,
para estabelecê-lo e reforçá-lo
mediante o direito e a justiça
desde agora e para sempre.
O amor ardente de Javé dos exérci-
tos fará isto.
Castigo de Javé. 7O Senhor enviou
uma palavra a Jacó,
e ela caiu em Israel.

---

* **8**,12. 1Pd 3,14 | 18. 7,3; 8,3s; 1,26; Hb 2,13 | 19. 1Sm 28,3 | 23. Mt 4,13-16 | **9**,2. Sl 126 | 3. 10,25s; 14,25 / Jz 7,15-25 | 5. 7,14; Gn 3,15; 49,10 / Nm 24,17 / Zc 9,9 | 6. Lc 2,14

† **8**,19. A lei proibia severamente evocar espíritos e consultar adivinhos, Dt 18,11. | **9**,5. O nascimento de um menino prodigioso, portador de alegria e paz, firmará o trono de Davi para sempre. A tradição e a liturgia veem aqui o anúncio da chegada do Messias, filho de Davi. | 6. "A paz não é a mera ausência de guerra, nem se reduz ao estabelecimento de um equilíbrio das forças adversárias, nem surge de uma dominação despótica, mas se chama com propriedade 'obra da justiça', Is 32,17" (Vat. II).

8Todo o povo a conhecerá,
Efraim e os habitantes de Samaria,
que dizem no orgulho e na soberba de seu coração:
9"Os tijolos caíram,
mas reconstruiremos com pedras,
os sicômoros foram cortados,
mas os substituiremos por cedros".
10Contra ele Javé suscita os adversários de Rason
e instiga seus inimigos:
11do oriente Aram,*
e do ocidente os filisteus,
que devorarão Israel com a boca escancarada.
Com tudo isso, a ira dele não se acalma
e sua mão permanece estendida.
12Mas o povo não voltou para aquele que o feria,*
nem buscou a Javé dos exércitos.
13Pelo que Javé corta de Israel a cabeça e a cauda,
a palma e o junco num só dia.
14O ancião e o respeitado são a cabeça;
o profeta, mestre de mentira, é a cauda.
15Os guias deste povo o extraviaram
e os que o dirigiam tomaram o mau caminho.
16Por isso o Senhor não se compraz em seus jovens,
de seus órfãos e de suas viúvas não terá compaixão,
pois todos são ímpios e malfeitores,
toda boca profere a insensatez.
Com tudo isso, a ira dele não se acalma
e sua mão permanece estendida.
17Sim, a maldade queima como fogo,
devora cardos e espinhos,
ela incendeia a espessura da floresta,
que sobe em turbilhões de fumaça.
18Pelo furor de Javé dos exércitos, o país está em chamas
e o povo é presa do fogo;
ninguém poupa seu irmão.
19Se cortar à direita, ainda terá fome,
se comer à esquerda, não ficará saciado,
cada um comerá a carne de seu braço.
20Manassés devora Efraim,
e Efraim a Manassés,
e ambos se levantam contra Judá.
Com tudo isso, a ira dele não se acalma
e sua mão permanece estendida.

10 **Ai dos chefes injustos.** 1Ai dos que promovem leis injustas
e redigem sentenças opressoras
2para negar justiça aos fracos*
e privar do direito os pobres de meu povo,
de modo a despojar as viúvas
e roubar os órfãos!†
3Que fareis no dia do juízo,*
quando a desgraça vier de longe?
Para quem fugireis para encontrar socorro
e onde depositareis vossa riqueza?
4Não vos restará senão curvar-vos entre os prisioneiros
e cair entre os mortos.
Com tudo isso, a ira dele não se acalma
e sua mão permanece estendida.
Ai da Assíria†. 5Ai da Assíria, bastão de minha ira!*
essa vara em sua mão é minha indignação.
6Eu a enviarei contra uma nação ímpia*
e contra o povo de minha ira.
Eu lhe darei ordem de saqueá-lo,
de depredá-lo e pisá-lo como a lama das ruas.
7Mas ela não pensa assim
e seu coração não julga desse modo;
mas em seu coração se propõe destruir
e aniquilar nações numerosas.

* **9**,11. Mq 3,3; Jr 10,25; Hab 1,13 | 12. Am 4,6-11; Os 7,10-15; Jr 5,3-6 | **10**,2. 1,17.23; 3,14; 5,23; Êx 22,21 | 3. Jr 5,31 | 5. 14,24-27 | 6. 47,6; Zc 1,15

† **10**,2. A pregação dos profetas é encarnada na história. "Pregar sem referir-se à história em que se prega não é pregar o Evangelho. Uma pregação que não denuncia as realidades pecaminosas nas quais se faz a reflexão evangélica não é Evangelho" (Dom Oscar Romero). | 5. A Assíria é instrumento na execução da vontade de Deus, mas é culpada por se exceder neste encargo que lhe foi dado e por ser orgulhosa.

8 Com efeito diz:
"Meus príncipes não são todos eles reis?*
9 Acaso Calane não é como Carquemis?
Emat não é como Arfad?
Samaria não é como Damasco?
10 Assim como minha mão atingiu
os reinos dos falsos deuses,
onde há mais imagens
do que em Jerusalém e em Samaria,
11 como fiz com Samaria e seus ídolos,
não posso fazer também com Jerusalém e suas imagens?"
12 Mas, quando o Senhor tiver concluído toda a sua obra na montanha de Sião e em Jerusalém, ele castigará o fruto do coração orgulhoso do rei da Assíria e a arrogância de seus olhares insolentes.
13 Pois ele diz: "Foi pela força da minha mão
e por minha sabedoria que eu agi, pois eu sou inteligente.
Suprimi as fronteiras dos povos
e saqueei seus tesouros.
Como um herói,
fiz descer os que se assentavam em tronos.
14 Minha mão apanhou, como num ninho, as riquezas dos povos;
como se recolhem ovos abandonados,
assim eu reuni toda a terra;
nenhum bateu asas nem abriu o bico para piar.
15 Acaso se gloria o machado contra quem corta com ele?*
ou se orgulha a serra contra quem a maneja?
Como se a vara fizesse mover quem a levanta,
como se o bastão levantasse aquele que não é madeira.
16 É por isso que o Senhor Javé dos exércitos
enviará contra seus homens robustos a fraqueza,
e debaixo de sua glória acenderá um fogo
como o fogo de um incêndio.
17 A luz de Israel será como um fogo
e seu Santo, uma chama
que queimará e consumirá
seus espinhos e seus cardos num só dia.*
18 O esplendor de sua floresta e de sua terra boa ele o consumirá
desde a alma até o corpo, e será como um doente que definha.
19 O resto das árvores de sua floresta será tão pouco
que um menino poderá contá-las.

Um resto voltará. 20 Naquele dia, o resto de Israel
e os sobreviventes da casa de Jacó
deixarão de se apoiar em quem os feriu,
mas se apoiarão de verdade em Javé,
o Santo de Israel.
21 Um resto voltará,*
o resto de Jacó, para o Deus Forte†.
22 Pois, mesmo se teu povo*
for como a areia do mar, ó Israel,
será apenas um resto que voltará:
está decretado um extermínio
que fará transbordar a justiça!
23 De fato, o Senhor Javé dos exércitos
executará a destruição decretada*
no meio de todo o país.
24 Por isso, assim fala o Senhor Javé
dos exércitos: "Ó meu povo, que habi-
tas em Sião, não temas a Assíria que te
bate com a vara e levanta contra ti seu
bastão à maneira do Egito. 25 Pois da-
qui a pouco minha indignação contra
ti cessará, mas minha cólera se volta-
rá para sua ruína". 26 Javé dos exércitos
suscitará contra ela um flagelo, como
quando feriu Madiã junto ao rochedo
do Horeb; e como estendeu seu bas-
tão* sobre o mar, assim o levantará
ainda, como o fez no caminho do Egito:
27 Naquele dia,
seu fardo será tirado de teus ombros
e seu jugo, de tua nuca,
e o jugo cederá diante da abundância.

---

* **10**,8. 36,18ss | 15. 45,9; Rm 9,20s | 17. 37,36 | 21. 4,3 | 22. Rm 9,27 | 23. Rm 5,20s | 26. 9,3; Jz 7,25; Êx 14,16

† **10**,21. Ver a nota em 1,9.

Horror e devastação. 28 Ele chega a
Aiat, atravessa Magron,*
depõe sua bagagem em Macmas.
29 Passaram pelo desfiladeiro:
"Em Gaba passaremos a noite!"
Ramá treme,
Gabaá de Saul foge.*
30 Ergue a voz, filha de Galim!
presta atenção, Laísa!
Ó pobre Anatot!*
31 Madmena fugiu;
os habitantes de Gabim procuram abrigo.
32 Hoje mesmo vai parar em Nob,*
agitando o punho contra o monte da filha de Sião,
a colina de Jerusalém.
33 Eis que o Senhor Javé dos exércitos
abate os ramos com violência:
os mais altos são cortados,
os mais elevados são rebaixados.
34 Ele abaterá com o machado a espessura da floresta
e o Líbano cairá sob os golpes do Poderoso.

11

O messias e os tempos messiânicos. 1 Do tronco de Jessé
sairá um ramo,*
um broto surgirá de suas raízes.
2 Repousará sobre ele o espírito de Javé†:
espírito de sabedoria e de entendimento;
espírito de conselho e de fortaleza;*
espírito de ciência e de temor de Javé†.
3 Encontrará complacência no temor de Javé.
Não julgará segundo as aparências
nem dará sentença conforme ouvir dizer,
4 mas julgará os pobres com justiça*
e decidirá com equidade a favor dos humildes do país.
Castigará o país com a autoridade de seus decretos*
e com o sopro de seus lábios fará morrer o ímpio.
5 A justiça será o cinto de seus rins,
e a fidelidade cingirá sua cintura.
6 Então o lobo habitará com o cordeiro,*
a pantera se deitará com o cabrito,
o novilho e o leãozinho pastarão juntos,
conduzidos por uma criança.
7 A vaca e o urso pastarão;
juntos se deitarão seus filhotes.
O leão comerá palha como o boi.
8 O bebê brincará no ninho da cobra,*
e na cova da víbora a criança colocará a mão.
9 Não se fará mal nem dano algum
sobre todo o meu santo monte,
pois o país estará cheio
do conhecimento de Javé*
como as águas cobrem o fundo do mar.
10 Naquele dia,
a raiz de Jessé se levantará como sinal para os povos;*
as nações acorrerão para ela,
e gloriosa será sua morada.
Volta do exílio. 11 Naquele dia,
o Senhor estenderá de novo a mão
para resgatar o resto de seu povo
que tiver ficado na Assíria e no Egito,
em Patros e na Etiópia, em Elam,
em Senaar, em Emat e nas ilhas do mar.
12 Ele levantará um sinal para as nações
e reunirá os exilados de Israel;
congregará os dispersos de Judá
dos quatro cantos da terra.
13 Então cessará a inveja de Efraim,*
e os adversários de Judá serão exterminados.
Efraim não invejará mais Judá,
e Judá não será mais hostil a Efraim.

---

* **10**,28. Jz 20,45ss; Js 7-8; 1Sm 14,2.5 | 29. 1Sm 1,19; 14,2.16; 15,34 | 30. Jr 1,1 | 32. 1Sm 21,2 | **11**,1. 42,1-12; Sl 72; Jr 23,5 | 2. 9,5 | 4. Ap 19,11; Sl 72,4 / Ap 19,15; 2Ts 2,8 | 6. 65,25 | 8. Sl 91,13 | 9. Hab 2,14; Jr 31,33s; 40,5 | 10. Rm 15,12; Ap 22,16 | 13. Jr 3,18

† **11**,2. Força divina concedida a certas pessoas escolhidas para cumprir missões que normalmente estariam acima de suas capacidades, como aconteceu com Moisés, Nm 11,17, os juízes, Jz 3,10, e os profetas, Mq 3,8. / As versões grega e latina acrescentam o termo "piedade", dando origem à doutrina dos sete dons do Espírito Santo.

[14]Eles cairão sobre o dorso dos filisteus ao ocidente,
juntos saquearão os filhos do oriente.
Edom e Moab estarão em suas mãos,
e serão seus súditos os filhos de Amon.*
[15]Javé secará o golfo do Egito,
agitará a mão contra o rio
com a potência de seu sopro
e o dividirá em sete braços,
tornando possível a travessia com sandálias.
[16]E haverá uma estrada para o resto de seu povo,
o que restar da Assíria,
como houve para Israel
no dia em que subiu da terra do Egito.*

12 **Canto dos resgatados.** [1]E tu dirás naquele dia:
"Eu vos louvo, ó Javé, porque estáveis irado contra mim,
mas vossa cólera se acalmou e me consolastes.
[2]Eis o Deus que me salvou,
eu me sinto em segurança e não tenho medo.
Porque Javé é minha força e meu canto,*
ele é minha salvação.
[3]Com alegria buscareis água*
nas fontes da salvação.
[4]E direis naquele dia:
"Louvai a Javé, invocai seu Nome,*
anunciai aos povos suas maravilhas,
proclamai que seu nome é sublime"†.
[5]Cantai a Javé, porque fez coisas grandiosas;
que isto seja conhecido em toda a terra.
[6]Exulta e grita de alegria, habitante de Sião,
pois é grande, em teu meio, o Santo de Israel".

II. ORÁCULOS CONTRA AS NAÇÕES ESTRANGEIRAS (13–23)†

13 **Contra Babilônia.** [1]Oráculo contra Babilônia, dado em visão a Isaías, filho de Amós.*
[2]Sobre um monte escalvado, erguei um sinal.
Chamai-os com alta voz.
Acenai-lhes com a mão, para que entrem
pelas portas dos nobres.
[3]Dei ordem a meus consagrados,
chamei meus heróis para servir a minha ira,
os que exultam por minha grandeza.
[4]Rumor de uma multidão sobre os montes,
como de um povo imenso;
rumor de um tumulto de reinos,
de nações reunidas:
é Javé dos exércitos que passa em revista
o exército para o combate.
[5]Eles vêm de um país distante,
dos confins do céu,
Javé e os instrumentos de sua cólera,
para destruir todo o país.
[6]Gemei, porque está perto o dia de Javé,*
ele vem do Onipotente como devastação.
[7]Por isso todas as mãos fraquejam
e todo coração humano desfalece.
[8]Eles ficam conturbados,
convulsões e dores deles se apoderam,*
como a mulher que dá à luz se contorcem,*
atônitos se olham mutuamente,
o rosto em fogo.
[9]Eis que vem o dia de Javé, implacável,
com indignação e ira ardente,
para reduzir o país a ruínas
e exterminar dele os pecadores.

---

* **11**,14. Jr 49,2 | 16. Êx 14,22 | **12**,2. Êx 15,2 | 3. 55,1; Jo 4,1 | 4. Sl 105,1 | **13**,1. 21,1-10; 47,1-15; Jr 50-51; Ap 17-18 | 6. Jl 1,15; Ez 30,2s; Am 5,18 / | 8. Jr 4,31 / Is 21,3; 26,17 | 10. Am 8,9

† **12**,4. "A salvação recebida deve ser testemunhada ao mundo, de modo que a humanidade inteira acorra àquela fonte de paz, de alegria, de liberdade" (João Paulo II). | **II.** Profecias contra as nações inimigas de Israel. O poder de Javé é tão grande que tudo está sob seu domínio, inclusive os destinos das grandes nações que são instrumentos para executar seus desígnios.

10Pois, no céu, as estrelas e suas constelações*
não farão brilhar sua luz.
O sol se obscurecerá desde o nascer,
a lua não irradiará sua luz.
11Castigarei o mundo por sua maldade
e os maus por sua iniquidade;
porei fim à arrogância dos soberbos
e humilharei o orgulho dos tiranos.
12Tornarei os homens mais raros que o ouro fino
e os mortais, mais raros que o ouro de Ofir.
13Por isso farei tremer os céus,
e a terra será abalada sobre suas bases,
por causa da indignação de Javé dos exércitos,
no dia de sua ira ardente.

Queda de Babilônia. 14Então, como gazela perseguida,
como cordeiros que ninguém reúne,
cada um voltará para seu povo,
cada qual fugirá para seu país.
15Todos os que forem encontrados serão traspassados*
e todos os que forem presos morrerão pela espada.
16Seus filhos pequenos serão esmagados*
diante de seus olhos,
suas casas serão saqueadas
e suas mulheres violentadas.
17Eis que vou suscitar contra eles os medos,
que não fazem caso da prata
e não apreciam o ouro.
18Seus arcos vão aniquilar os jovens,
não terão piedade do fruto de seu ventre,
seus olhos serão sem compaixão para com as crianças.
19E Babilônia, a joia dos reinos,
o orgulhoso esplendor dos caldeus,
será como Sodoma e Gomorra,
destruída por Deus.
20Não será mais habitada nem povoada,*
de geração em geração.
Aí o árabe não mais acampará
nem os pastores farão descansar seus rebanhos.
21Mas nela repousarão as feras do deserto,
as corujas encherão suas casas,
os avestruzes aí habitarão
e os sátiros aí dançarão†.
22As hienas uivarão em suas torres
e os chacais, em seus palácios luxuosos.
Pois seu tempo está próximo
e seus dias não serão prolongados.

14 **Volta do exílio.** 1Pois Javé terá
compaixão de Jacó e ainda escolherá Israel. Ele os restabelecerá em
sua própria terra; os estrangeiros se
unirão a eles* e serão incorporados à
casa de Jacó. 2Os povos os tomarão e
os reconduzirão a seu país. Na terra de
Javé a casa de Israel os possuirá como
servos e servas.* Farão prisioneiros
aqueles que os tinham feito prisioneiros e dominarão sobre seus opressores.

Sátira sobre a morte do rei de Babilônia. 3Assim, no dia em que Javé te
aliviar de tua dor, de teus tormentos e
da dura servidão à qual foste submetido, 4entoarás esta sátira sobre o rei de
Babilônia e dirás:
"Como acabou o tirano, como terminou sua arrogância!*
5Javé quebrou o bastão dos ímpios,
o cetro dos dominadores,
6que em seu furor castigavam os povos
com golpes incessantes
e dominavam com ira sobre as nações,
perseguindo-as sem restrição.
7A terra inteira repousa tranquila,*
solta gritos de alegria.
8Mesmo os ciprestes e os cedros do Líbano
se alegram por tua causa, dizendo:
"Desde que tu caíste,
nenhum lenhador subiu mais contra nós".

---

* **13**,15. Jr 51,20-23 | 16. Os 10,14 | 20. 34,10-17 | **14**,1. 61,5 | 2. Sf 2,9; Zc 2,13 | 4. Jr 50,23s; Ap 18,9-19 | 7. Jr 51,48; Ap 19,1s

† **13**,21. Sátiros são demônios imaginários, com a forma de bodes, Is 34,14. | **14**,12. A tradição cristã aplica estes vv. 12-15 à queda de Satanás: em latim, "estrela da manhã" é "lúcifer".

[9]O lugar dos mortos lá embaixo tremeu por tua causa,*
para vir a teu encontro;
despertou para ti as sombras,
todos os poderosos da terra,
e fez levantar-se dos tronos
todos os reis das nações.
[10]Todos tomam a palavra para dizer-te:
"Tu também te tornaste fraco como nós
e te tornaste semelhante a nós?
[11]Teu luxo foi precipitado no lugar dos mortos
com a música de tuas cítaras.
Debaixo de ti se formou um leito de vermes;
as larvas te recobrem.
[12]Como caíste do céu,
estrela da manhã†, filho da aurora?*
Foste lançado ao chão, agressor das nações?
[13]Tu dizias em teu coração:
"Eu escalarei os céus,
acima das estrelas de Deus
elevarei meu trono; eu me assentarei na montanha da Assembleia,*
nos confins do norte;
[14]subirei ao cume das nuvens,*
serei semelhante ao Altíssimo.*
[15]Mas foste precipitado ao lugar dos mortos,
nas profundezas do abismo.
[16]Os que te veem te observam,
olham-te fixamente e dizem:
"É este o homem que fazia tremer a terra
e transtornava os reinos,
[17]que reduziu o mundo a um deserto,
arrasou suas cidades,
não abria a seus presos a cadeia?"
[18]Todos os reis das nações,
todos eles jazem com honra,
cada qual em sua morada.
[19]Porém, tu és lançado longe de tua sepultura
como um germe abominável,
como as vestes dos que morreram traspassados pela espada,
que descem às pedras da fossa
como um cadáver pisado.*
[20]Não serás reunido a eles na sepultura
porque destruíste tua terra,
mataste teu povo.
Jamais se pronunciará o nome
da raça dos malfeitores.

Maldição divina. [21]Preparai o massacre de seus filhos
por causa da iniquidade de seus pais,
para que não se levantem mais para tomar posse da terra
e encher de cidades a face do mundo.
[22]Eu me levantarei contra eles – oráculo de Javé dos exércitos – e extermi-
narei de Babilônia o nome e os sobrevi-
ventes, a estirpe e a descendência, orá-
culo de Javé.* [23]Eu farei dela um reduto
de ouriços e águas estagnadas; eu a
varrerei com a vassoura da destruição,
oráculo de Javé dos exércitos.

Contra a Assíria. [24]Javé dos exércitos jurou dizendo:
"Como pensei, assim será,
e como decidi, assim acontecerá.
[25]Quebrantarei a Assíria em minha terra
e sobre minhas montanhas a pisarei.
Então seu jugo será tirado deles
e sua carga será tirada de seus ombros".*
[26]Tal é a decisão tomada sobre toda a terra
e tal é a mão estendida contra todas as nações.
[27]Quando Javé dos exércitos toma uma decisão,
quem a poderá anular?
E quando sua mão está estendida,
quem a fará voltar atrás?

Contra os filisteus. [28]No ano em que
morreu o rei Acaz, foi pronunciado este
oráculo:
[29]"Não te alegres, ó Filisteia inteira,
por se ter quebrado a vara que te feria!
Porque da raiz da serpente sairá uma víbora,

---

* **14**,9. Ez 32,18-32; Nm 16,33 | 12. Ap 8,10; 9,1; 12,9 | 13. Sl 48,3 | 14. Ez 28,2 / Dn 11,36 | 19. Jr 22,19 | 22. 4,3 | 25. 9,3

e seu fruto será um dragão voador.
30Os primogênitos dos pobres terão de que alimentar-se,
e os necessitados descansarão seguros.
Mas farei morrer de fome tua descendência
e matarei teus sobreviventes.
31Geme, ó porta; clama, ó cidade;
treme, ó Filisteia inteira!
Porque do norte vem uma fumaça*
e ninguém deserta de suas fileiras".
32E o que se responderá aos mensageiros desta nação?
"Que Javé fundou Sião
e que nela encontram refúgio os aflitos de seu povo".

15 **Contra os moabitas.** 1Oráculo contra Moab.*
Sim, Ar-Moab foi devastada numa noite
e foi destruída.
Sim, numa noite Quir-Moab foi devastada e foi destruída.
2Subiu ao templo o povo de Dibon,
aos lugares sagrados para aí chorar;
em Nebo e em Medabá
Moab entoa suas lamentações.
Todas as cabeças estão raspadas*
e todas as barbas cortadas.
3Em suas ruas se vestem de saco;
em seus terraços e praças todos se lamentam,
desfeitos em lágrimas.
4Hesebon e Eleale bradam,*
seu clamor se ouve até Jasa.
Por isso gritam os guerreiros de Moab;
sua alma treme.
5Meu coração geme por Moab;*
seus fugitivos chegam até Segor,*
em Eglat-Selisia.
Eles fazem chorando a subida de Luit
e soltam gritos de angústia no caminho de Horonaim.
6Porque as águas de Nemrim
são um lugar desolado:
a vegetação secou, a relva desapareceu,
não há mais nada de verde.
7Por isso as riquezas que adquiriram
e as coisas que acumularam,
eles as transportam para além da torrente dos salgueiros.
8Porque ressoam gritos
por todo o território de Moab;
até Eglaim chega seu clamor,
até Beer-Elim chega seu lamento.
9Sim, as águas de Dimon estão cheias de sangue,
mas infligirei a Dimon outros males:
um leão contra os sobreviventes de Moab
e contra os que restam no país.

16 **Convite a Moab.** 1Enviai um cordeiro ao soberano do país,
de Sela para o deserto,
ao monte da filha de Sião.
2E acontecerá que
nos vaus do Arnon
as filhas de Moab serão semelhantes ao pássaro que foge,
a uma ninhada dispersa.
3Toma conselho,
executa o juízo.
Em pleno meio-dia,
estende tua sombra como a da noite;
esconde os exilados, não entregues os fugitivos.
4Que sejam teus hóspedes os dispersos de Moab;
sê para eles um refúgio contra o destruidor.
Porque a opressão terminou,
a devastação acabou,
os opressores saíram do país.
5O trono será estabelecido firmemente sobre a clemência,
e sobre ele se assentará na fidelidade, na tenda de Davi,
um juiz atento ao direito e pronto a fazer justiça.
Lamento sobre Moab. 6Ouvimos falar do orgulho de Moab,
extremamente orgulhoso,
de sua altivez, de sua soberba, de sua arrogância,
de suas vãs pretensões.

* **14**,31. 20,1; Jr 1,13s | **15**,1. Jr 48; Ez 25,8-11; Am 2,1ss | 2. Jr 48,37s | 4. Jr 48,34; Nm 21,23 | 5. Jr 48,36 / Jr 48,34

7Por isso Moab se lamenta por Moab,
todo inteiro se lamenta.
Pelos bolos de passas de Quir-Hare-
set
gemem consternados.
8Os campos de Hesebon estão mor-
rendo,
como também as vinhas de Sábama,
cujas melhores plantas os senhores
das nações pisotearam;
elas chegavam até Jazer
e vagavam pelo deserto,
seus sarmentos se estendiam
e ultrapassavam o mar.
9Por isso com o pranto de Jazer
chorarei as vinhas de Sábama;
eu te inundarei com minhas lágrimas,
ó Hesebon, ó Eleale,
porque sobre teus frutos e sobre tua
colheita
se abateu um grito de guerra.
10A alegria e o júbilo desapareceram
do terreno fértil.
Nas vinhas não se canta nem se grita
de alegria;
já não se pisam as uvas nos lagares;
eu fiz cessar o júbilo.
11Por isso meu íntimo estremece
por Moab como uma cítara
e geme meu coração por Quir-Hares.
12E acontecerá que quando Moab se
apresentar
e se cansar sobre o lugar alto,
entrará em seu santuário para supli-
car,
mas não obterá nada.
13Essa é a palavra que Javé disse ou-
trora contra Moab. 14E agora Javé falou
nestes termos: "Dentro de três anos,
como anos de um assalariado, a glória
de Moab será humilhada* com toda a
sua numerosa multidão; ficará somente
um número muito pequeno e fraco".

17 Contra Damasco e Israel.

1Oráculo contra Damasco.*
Eis que Damasco deixará de ser uma
cidade
e se tornará um monte de ruínas.
2As cidades de Aroer serão abando-
nadas
e pertencerão aos rebanhos,
que lá se deitarão sem que ninguém
os espante.
3Não haverá mais fortaleza em
Efraim†
nem realeza em Damasco;
e o resto de Aram será como a glória
dos filhos de Israel,*
oráculo de Javé dos exércitos.
4Naquele dia
a glória de Jacó será reduzida,
e a gordura de seu corpo será con-
sumida.
5Será como quando o ceifeiro reco-
lhe o trigo
e com seu braço corta as espigas;
será como quando se apanham as
espigas
no vale dos rafaim.*
6 Não sobrará a não ser o restolho,
como ao sacudir-se a oliveira:
dois, três frutos no alto da copa,
quatro, cinco nos ramos da árvore,
oráculo de Javé, Deus de Israel.
7Naquele dia o homem olhará para
seu Criador
e seus olhos se voltarão para o Santo
de Israel.
8Não olhará mais para os altares,
obras de suas mãos,
e que seus dedos fizeram;
não verá mais nem as estelas, nem os
altares do incenso.*
9Naquele dia, as cidades de refúgio
serão abandonadas,
como as florestas e os altos dos
montes,
diante dos filhos de Israel: será uma
desolação.
10Porque te esqueceste do Deus de
tua salvação
e não te lembraste da rocha de tua
fortaleza,*
fazes plantações amenas
e semeias grãos importados.
11Embora os faças crescer no dia da
plantação
e os faças florir na manhã da seme-
adura,

---

* **16**,14. 4,3 | **17**,1. Jr 49,23-27; Am 1,3ss | 3. 4,3 | 5. Jr 15,8; 18,16 | 8. Êx 34,13 | 10. 44,8; Dt 32,4

† **17**,3. Efraim é o reino do norte, aliado com Damasco contra o reino do sul, Judá.

a colheita falhará no dia da doença
e do mal incurável.
Fim repentino da Assíria. 12Ai! Rumor
de povos sem número,
um rugido como o dos mares,
um tumulto de nações
como o fragor de águas impetuosas.
13As nações rugem como rugem as grandes águas;
mas Deus as ameaça e elas fogem para longe,
levadas como a palha dos montes diante do vento
e como um redemoinho de poeira diante do furacão.
14À tarde, eis o terror!
Antes que amanheça não há mais nada!
Essa é a sorte dos que nos despojam,
o destino dos que nos saqueiam.

18 **Oráculo contra a Etiópia.** 1Ai
do país do zumbido das asas,
que se encontra além dos rios da Etiópia.
2Tu que envias por mar mensageiros,
em barcos de junco sobre as águas, dizendo:
"Ide, mensageiros velozes,
para uma nação de alta estatura e bronzeada,
para um povo temido aqui como ao longe,
nação potente e dominadora, cujo país é cortado por rios".
3Vós todos, habitantes do mundo, e vós que habitais no país,
quando se levantar o sinal sobre os montes, olhai,
e quando soar a trombeta, escutai.*
4Pois assim Javé me falou:
"Ficarei tranquilo e olharei de minha morada,
como um calor tórrido em plena luz,
como uma nuvem de orvalho no mais quente da colheita".
5Pois antes da colheita, quando termina a floração
e a flor se torna uva que amadurece,
cortam-se os brotos com podões,
tiram-se os ramos e se lançam fora.
6Todos juntos serão abandonados
às aves de rapina das montanhas e às feras da terra;
sobre eles passarão o verão as aves de rapina
e o inverno, todas as feras da terra.
7Naquele tempo serão levadas ofertas a Javé dos exércitos da parte de um povo de alta estatura e bronzeado, da parte de um povo temido aqui como ao longe, nação potente e dominadora, cujo país é cortado por rios, para o lugar onde habita o nome de Javé dos exércitos, o monte Sião.

19 **Contra o Egito.** 1Oráculo contra o Egito.*
Eis Javé, que cavalga uma nuvem ligeira
e entra no Egito. Os ídolos do Egito estremecem diante dele
e o coração dos egípcios desfalece dentro deles.
2Eu excitarei o Egito contra o Egito; eles combaterão
cada um contra seu irmão,
cada um contra seu próximo,
cidade contra cidade, reino contra reino.
3O espírito do Egito se esvairá nele,
e eu confundirei seu conselho.
Consultarão os falsos deuses e os magos,
os necromantes e os adivinhos.
4Entregarei o Egito ao poder de um senhor impiedoso,
e um rei cruel dominará sobre ele,
oráculo do Senhor Javé dos exércitos.
5Secarão as águas do mar,
árido e enxuto se tornará o rio.
6Os riachos se tornarão infectos,
os canais do Egito se esvaziarão e secarão,
o caniço e o junco murcharão.
7Os prados junto ao rio Nilo e em sua foz,
todos os campos semeados ao longo do rio
secarão e, varridos pelo vento, desaparecerão.

* **18**,3. Jl 2,1 | **19**,1. Jr 46; Ez 29-32; Sl 68,5

8 Os pescadores gemerão,
será luto para todos os que lançam o
anzol no Nilo,
e se lamentarão os que jogam as re-
des nas águas.
9 Ficarão consternados os que traba-
lham o linho fino
e os que tecem panos brancos.
10 As colunas do país serão quebra-
das,
e todos os assalariados ficarão deso-
lados.
11 Sim, insensatos são os príncipes de
Tânis,
os mais sábios conselheiros do faraó
formam um conselho néscio.
Como ousais dizer ao faraó:
"Eu sou filho dos sábios, filho dos an-
tigos reis?"
12 Então, onde estão eles, teus sábios?
Que te declarem agora e anunciem
o que Javé dos exércitos decidiu con-
tra o Egito.
13 Os príncipes de Tânis tornaram-se
néscios,
enganam-se a si mesmos os prínci-
pes de Mênfis;
extraviaram o Egito
os que são as pedras angulares de
suas tribos.
14 Entre eles Javé lançou um espírito
de vertigem,*
e eles extraviam o Egito em toda a
sua atividade,
como um ébrio que cambaleia em
seu vômito.
15 Em favor do Egito não se realizará
obra alguma:
da parte da cabeça ou da cauda, da
palma ou do junco.*

O Egito se converterá. 16 Naquele dia
os egípcios serão como mulheres* e
tremerão de medo diante da mão que
Javé dos exércitos agitará contra eles.
17 O território de Judá se tornará o ter-
ror do Egito: cada vez que lhe falarem
dele, ficará amedrontado por causa da
decisão que Javé dos exércitos tomou
contra ele.
18 Naquele dia haverá cinco cidades
no país do Egito que falarão a língua
de Canaã e prestarão juramento a Javé
dos exércitos; uma delas será chamada
"cidade do sol". 19 Naquele dia haverá
um altar dedicado a Javé dos exércitos
no meio do país do Egito, e perto da
fronteira uma estela dedicada a Javé.
20 Será um sinal e uma testemunha de
Javé dos exércitos no país do Egito.
Quando clamarem a Javé por causa
dos opressores, ele lhes enviará um sal-
vador e um defensor que os libertará.
21 Javé se dará a conhecer aos egípcios,
e os egípcios conhecerão Javé naquele
dia. Oferecerão sacrifícios e oblações,
farão votos a Javé e os cumprirão. 22 E
se Javé castigar os egípcios, castigará e
curará; eles se converterão a Javé, que
atenderá seus pedidos e os curará.
23 Naquele dia haverá uma estrada
do Egito até a Assíria. A Assíria irá ao
Egito, e o Egito à Assíria. O Egito servirá
com a Assíria. 24 Naquele dia Israel será
o terceiro, com o Egito e a Assíria. Tal
será a bênção que, no meio da terra,
25 pronunciará Javé dos exércitos: "Ben-
dito seja o Egito, meu povo, e a Assíria,
obra de minhas mãos, e Israel, minha
herança".

20 **Egito e Etiópia serão depor-
tados.** 1 No ano em que Tar-
tan, enviado por Sargon,* rei da Assí-
ria, veio atacar Azoto para se apoderar
dela, 2 neste tempo, Javé falou por meio
de Isaías, filho de Amós: "Vai, retira o
pano de saco que tens sobre os rins e
desata as sandálias dos pés". Assim ele
fez, caminhando despido e descalço†.
3 E Javé disse: "Assim como Isaías,
meu servo, caminhou despido e des-
calço durante três anos, para ser sinal
e presságio contra o Egito e contra a
Etiópia, 4 assim o rei da Assíria* trará os
prisioneiros do Egito e os deportados
da Etiópia, jovens e velhos, despidos,
descalços e com as nádegas descober-
tas, para vergonha do Egito. 5 Eles fica-

* **19**,14. 29,10 | 15. 9,13 | 16. Na 3,13; Jr 51,30 | **20**,1. 2Rs 18,17 | 4. 2Sm 10,4; 30,3-7

† **20**,2. Ação simbólica: o profeta imita o aspecto de um prisioneiro de guerra, para dissuadir Ezequias de entrar ao lado dos filisteus na rebelião contra os assírios.

rão consternados e confusos por causa da Etiópia, sua esperança, e do Egito, sua glória. 6Os habitantes desta região dirão naquele dia: "Eis o que sucedeu àquele no qual tínhamos posto nossa esperança e junto ao qual nos refugiamos em busca de socorro, para sermos libertados do rei da Assíria. E agora, como escaparemos?"

21 Queda de Babilônia.

1Oráculo contra o deserto do mar.*

Como os furacões que atravessam o Negueb,
ele vem do deserto, de um país terrível.
2Uma visão sinistra me foi revelada:
"O traidor trai e o devastador devasta.
Sobe, Elam, sitia, Média!"
Eu faço cessar todo gemido.
3Por isso meus rins estão cheios de angústia,
dores me atacam como as dores da mulher que dá à luz;
estou tão confuso que não ouço
e tão espantado que não vejo.
4Meu coração vagueia,
um terror me invade;
a noite que eu tanto desejava
tornou-se para mim um temor.
5Põe-se a mesa, estende-se o tapete,
come-se e bebe-se.
"De pé, ó chefes! Untai os escudos!
6Pois assim me falou o Senhor:
"Vai, coloca um vigia,
que ele anuncie o que ele vir!
7Ele verá carros,
cavaleiros dois a dois,
homens montados em jumentos,
homens montados em camelos,
que ele observe com atenção,
com grande atenção".
8E o vigia gritou:
"Na torre de vigia, Senhor,
estou sempre, o dia todo,
em meu posto de guarda
fico em pé a noite toda.
9E eis que vem a cavalaria,
cavaleiros dois a dois".
Ele retomou a palavra e disse:
"Caiu Babilônia, caiu!*
Todas as imagens de seus deuses,
ele as quebrou por terra".
10Ó meu povo, que eu debulhei
e pisei em minha eira!
O que eu ouvi
de Javé dos exércitos, Deus de Israel,
eu te anuncio.

Contra os idumeus. 11Oráculo contra Duma.
Gritam a mim de Seir:
"Sentinela, a que altura está a noite?
Sentinela, a que altura está a noite?"
12A sentinela responde:
"A manhã está chegando, depois ainda a noite.
Se quereis interrogar, interrogai!
Voltai! Vinde!"†

Contra a Arábia. 13Oráculo contra a Arábia.
Passareis a noite nas florestas da Arábia,
caravanas de Dedã.
14Ide com água ao encontro de quem tem sede,*
habitantes do país de Tema.
Levai pão aos fugitivos.
15Pois eles fogem diante das espadas,
diante da espada desembainhada,
diante do arco retesado,
diante do furor da batalha.
16Pois assim me falou o Senhor: "Daqui a um ano, ano de mercenário,* toda a glória de Cedar será aniquilada. 17E o que restará do número dos valentes arqueiros, dos filhos de Cedar, será pouca coisa, pois Javé, Deus de Israel, falou".

22 Contra Jerusalém.

1Oráculo sobre o vale da Visão.

Que tens tu, que subiste
toda inteira aos terraços?
2Cidade cheia de tumulto, cidade barulhenta,
cidade alegre?

---

* **21**,1. 13-14; 47,1-15; Jr 50-51; Ap 17-18 | 9. Ap 14,8; 18,2 | 14. Jr 49,8 | 16. Jr 49,28s; 16,14

† **21**,12. Esta resposta enigmática significa que as desgraças não terminaram: virão uma depois da outra, se o povo não se converter.

Teus mortos não são vítimas da espada,
nem mortos na guerra.
3Todos os teus chefes fugiram juntos,
sem arco, foram presos;
todos os que foram encontrados foram capturados juntos,
tinham fugido para longe.
4Por isso digo: "Desviai de mim o olhar,
eu quero chorar amargamente;
não queirais consolar-me
da ruína da filha de meu povo".
5Porque este é um dia de terror,
de destruição e de confusão,
obra do Senhor Javé dos exércitos
no vale da Visão.
As muralhas são abatidas
e o grito de socorro chega até o monte.
6Elam tomou a aljava,
com carros montados e cavaleiros,
e Quir prepara seu escudo.
7Desde então, teus vales mais belos
estão cheios de carros,
e os cavaleiros tomam posição diante de tuas portas.
8Judá não tem mais proteção.
Naquele dia voltastes os olhares
para o arsenal da Casa da Floresta.*
9Vistes como são numerosas
as brechas da cidade de Davi;
recolhestes as águas da piscina inferior;
10contastes as casas de Jerusalém
e demolistes as casas para fortificar a muralha.
11Fizestes um reservatório entre as duas muralhas
para as águas do antigo açude.
Mas não voltastes os olhos para o autor desses acontecimentos
nem vistes aquele que desde muito tempo preparava tudo isso.
12E o Senhor Javé dos exércitos vos chamou, naquele dia,
para chorar e lamentar,
para raspar a cabeça e vestir pano de saco.
13 Mas eis a alegria e o júbilo,
matam-se bois e degolam-se ovelhas,
come-se carne e bebe-se vinho:
"Comamos e bebamos, pois amanhã morreremos!"*
14Então Javé dos exércitos revelou a meus ouvidos:
"Esta falta não será perdoada
até vossa morte",
diz o Senhor Javé dos exércitos.

Contra Sobna. 15Eis o que diz o Senhor Javé dos exércitos:
"Vai ter com esse administrador,*
Sobna, o prefeito do palácio, e dize-lhe:
16O que possuis aqui, ou quem tens aqui
para que tenhas talhado para ti um sepulcro aqui,
lavrando teu sepulcro no alto
e cinzelando na rocha tua morada?"
17Eis que Javé vai te lançar fora com violência, ó homem poderoso,
e te agarrará com firmeza.
18Ele te fará rolar, rolar,
como uma bola numa terra espaçosa;
lá morrerás com teus carros esplêndidos,
ó desonra da casa de teu senhor!
19Eu te removerei de teu posto,
vou te depor de teu cargo.

Elevação de Eliacim. 20No mesmo dia chamarei meu servo
Eliacim, filho de Helcias.
21Eu o revestirei com tua túnica,*
eu o cingirei com tua cinta,
eu lhe confiarei teu poder.
Ele será um pai para os habitantes de Jerusalém
e para a casa de Judá.
22Porei sobre seu ombro a chave da casa de Davi;
ele abrirá, e ninguém fechará,
ele fechará, e ninguém abrirá†.
23Eu o fixarei como estaca num lugar firme;
ele se tornará um trono de glória para a casa de seu pai.

---

* **22**,8. 1Rs 7,2-5; 2Sm 5,9 / 2Rs 20,20 | 13. 1Cor 15,32; Sb 2,7ss; Is 5,11 | 15. 36,3.11.22; 2Rs 18,16.26.37 | 21. 36,3.11.22; 2Rs 18,18.26.37

† **22**,22. As chaves, abrir e fechar, simbolizam poderes de governo, Mt 16,19; Ap 3,7.

[24]Dele dependerá toda a glória da casa de seu pai, os descendentes e a posteridade, e todos os objetos menores, desde as taças até os frascos.

[25]Naquele dia, oráculo de Javé dos exércitos, a estaca fixada no lugar firme será retirada, arrancada, e cairá; e a carga que pesava sobre ela será destruída, porque Javé falou.

23 **Contra Tiro**†. [1]Oráculo contra Tiro.*
Gemei, navios de Társis,
pois ela foi destruída;
já não há casa nem porto.
Do país de Cetim lhes chegou a notícia.
[2]Silêncio, habitantes da costa;
os comerciantes de Sidônia
que atravessam o mar vos enriqueceram.
[3]Através das grandes águas, o trigo de Sior,
a colheita do Nilo, era sua renda;
e ela era o mercado das nações.
[4]Envergonha-te, Sidônia,
porque o mar, a fortaleza do mar, toma a palavra e diz:
"Eu não senti dores de parto nem dei à luz filhos,
não eduquei rapazes nem criei moças".
[5]Quando a notícia chegar ao Egito,
vão angustiar-se ao saber da sorte de Tiro.
[6]Atravessai para Társis e gemei, habitantes da costa!
[7]É esta vossa cidade alegre,
cuja origem remonta aos dias de outrora,
cujos pés a levaram ao longe
para aí estabelecer-se?
[8]Quem decidiu isto
contra Tiro, que distribuía coroas,
e cujos mercadores eram príncipes
e cujos comerciantes, os grandes da terra?*
[9]Foi Javé dos exércitos que o decidiu,
para humilhar o orgulho de todo o seu esplendor,
para abater todos os grandes da terra.
[10]Atravessa teu país como o Nilo, filha de Társis,
porque não há mais porto.
[11]Ele estendeu a mão contra o mar,
fez tremer os reinos;
Javé decretou a propósito de Canaã
que sejam destruídas as fortalezas.
[12]E disse: "Não continuarás mais a fazer festa,
virgem desonrada, filha de Sidônia!
Levanta-te, passa a Cetim,
nem mesmo lá encontrarás repouso.
[13]Eis a terra dos caldeus, esse povo que não existia;
a Assíria o destinou às feras do deserto.
Eles ergueram suas torres,
destruíram seus palácios
e os converteram em ruínas.
[14]Gemei, navios de Társis,
porque vossa fortaleza está destruída.

Restauração de Tiro. [15]E acontecerá, na-
quele dia, que Tiro será esquecida* por
setenta anos, o tempo de vida de um rei.
Mas, ao fim de setenta anos, acontecerá
com Tiro o que diz a canção da prostituta:
[16]"Toma a cítara,
percorre a cidade,
prostituta esquecida!
Toca bem,
repete tua canção
para poder ser lembrada!"
[17]E acontecerá que, no fim de setenta
anos, Javé visitará Tiro. Ela receberá de
novo seu salário e se prostituirá com to-
dos os reinos do mundo sobre a face da
terra. [18]Mas seu ganho e seu salário se-
rão consagrados a Javé. Não serão acu-
mulados nem guardados; mas é para os
que habitam diante de Javé que irá seu
ganho, para que eles tenham comida
em abundância e roupas suntuosas.

III. PRIMEIRO APOCALIPSE (24–27)

24 **Julgamento e devastação.** [1]Eis que Javé arrasa a terra e a devasta,
transtorna sua superfície e dispersa seus habitantes.

* **23**,1. Ez 26-28; Am 1,9s; Zc 9,2ss; Is 2,16; Sl 48,8 | 8. Ap 18,23 | 15. Jr 25,11s

† **23**. A queda de Tiro é obra de Javé e tem como motivo o orgulho da cidade.

[2]Terão a mesma sorte o povo e o sacerdote,
o escravo e o senhor,
a escrava e a senhora,
o comprador e o vendedor,
o que empresta e o que toma emprestado,
o credor e o devedor.
[3]A terra será totalmente devastada
e totalmente saqueada,
pois Javé pronunciou esta palavra.
[4]A terra está de luto e se degrada;*
o mundo desfalece e se degrada;
desfalece a elite do povo da terra.
[5]A terra é profanada sob os pés de seus habitantes,
pois transgrediram as leis,
violaram o decreto,
romperam a aliança eterna.*
[6]Por isso a maldição devorou a terra
e seus habitantes sofrem seu castigo;
é por isso que os habitantes da terra
foram consumidos, e poucos são os homens que restaram.
[7]Pranteia o vinho novo, a vinha murcha,
gemem todos os que tinham o coração em festa.
[8]Calou-se o som alegre dos tamborins,*
as festas rumorosas acabaram,
o som alegre da harpa se calou.
[9]Não mais se bebe o vinho entre canções,
a bebida inebriante é amarga para os que a bebem.
[10]A cidade do caos está em ruínas,
toda casa está fechada, não se pode entrar.
[11]Pelas ruas se lamentam porque não há vinho;
desapareceu toda alegria; o júbilo do país foi embora.
[12]Na cidade só ficou a desolação,
e a porta, demolida, está em ruínas.
[13]Pois no meio da terra, entre os povos,
acontecerá como quando se sacode a oliveira,*
como quando se ajuntam uvas, terminada a vindima.
[14]Eles elevam a voz, gritam de alegria,
em honra de Javé exultam do lado do mar.
[15]"Sim, glorificai a Javé no oriente,
e nas ilhas do mar, o nome de Javé,
Deus de Israel".
[16]Dos confins da terra ouvimos salmos:
"Glória ao Justo!"
Mas eu disse: "Estou perdido, estou perdido! Ai de mim!"
Os traidores traíram. Traição! Os traidores traíram.
[17]Terror, cova e laço*
vêm sobre ti, habitante do país.
[18]Quem fugir diante do grito de terror
cairá na cova,
e o que sair da cova será preso no laço.
Sim, do alto se abriram as cataratas*
e os fundamentos da terra tremeram.
[19]A terra se parte toda em pedaços,
a terra se rompe inteiramente,
com violência estremece a terra.
[20]A terra vai cambalear, cambalear como ébrio,
vacilará como cabana;
seu crime pesa sobre ela,
cairá e não mais se erguerá.
[21]Naquele dia Javé punirá
lá no alto o exército celeste
e na terra, os reis da terra.
[22]Eles serão reunidos e aprisionados num calabouço;
serão encerrados na prisão
e castigados depois de muitos dias.
[23]A lua será coberta de confusão†
e o sol, de vergonha;
pois Javé dos exércitos reinará*
sobre a montanha de Sião e em Jerusalém,
cheio de glória diante dos anciãos.*

25 **Canto dos remidos.** [1]Ó Javé, vós sois meu Deus,*
eu vos exalto e louvo vosso nome,
porque fizestes maravilhas, os desígnios de outrora,
com fidelidade e firmeza.

---

* **24**,4. Os 4,3 | 5. Gn 9,16 | 8. Jr 7,34; 16,9; 25,10; Ez 26,13; Ap 18,22 | 13. 17,6 | 17. Jr 48,43s | 18. 2,10; Gn 7,11; Am 8,9 | 23. Sl 47,1 / Êx 24,16; Ap 4,4.10s

† **24**,23. Na literatura apocalíptica, as intervenções do Juiz supremo são acompanhadas de convulsões cósmicas. O esplendor dos astros se ofusca e brilha apenas a luz do rei divino.

[2]Pois reduzistes a cidade a um punhado de pedras,
a cidade fortificada a um monte de ruínas†;
a cidadela dos estrangeiros não é mais uma cidade,
jamais será reconstruída.
[3]Por isso um povo forte vos glorifica,
a cidade das nações terríveis vos teme.
[4]Pois fostes um refúgio para o fraco,
um refúgio para o infeliz em sua angústia,
um abrigo contra a tempestade, uma sombra contra o calor,*
pois o sopro dos violentos é como a tempestade contra um muro,
[5]como o calor num lugar seco.
Vós reprimis o tumulto dos estrangeiros;
como o calor é diminuído pela sombra de uma nuvem,
assim o canto dos violentos será silenciado.

O banquete messiânico†. [6]Para todos os povos
Javé dos exércitos preparará nesta montanha
um banquete de carnes gordas,*
um banquete de vinhos velhos,
de comidas suculentas, de vinhos velhos e refinados.
[7]Ele vai destruir sobre esta montanha
a cortina que velava todos os povos*
e o véu estendido sobre todas as nações.*
[8]Destruirá a morte para sempre.
O Senhor Javé enxugará as lágrimas de todos os rostos,
tirará o opróbrio de seu povo sobre toda a terra,*
pois Javé falou.

Humilhação de Moab. [9]E dirão naquele dia:
"Vede, é nosso Deus,
nele esperamos para que nos salve;
é Javé, esperamos nele.
Exultemos, alegremo-nos com a salvação que nos deu".
[10]Pois a mão de Javé repousará sobre este monte.
Mas Moab será pisado em seu solo,
como se pisa a palha no monturo.
[11]Ele estende as mãos
no meio do monte, como as estende o nadador para nadar.
Mas ele abaterá seu orgulho,
malgrado os esforços de suas mãos.
[12]E a praça forte de tuas altas muralhas,
Javé as abate, humilha,
lança por terra até o pó.

26 **Cântico de vitória.** [1]Naquele dia se entoará no país de Judá este cântico:
"Nossa cidade forte é salvação;*
para protegê-la, Deus colocou muralhas e baluartes.
[2]Abri as portas!*
Que entre a nação justa
que mantém a fidelidade.
[3]Seu propósito é firme:
tu lhe garantirás a paz,
a paz porque em ti confia.
[4]Confiai em Javé para sempre,
pois Javé é uma rocha eterna.*
[5]Ele abateu os habitantes das alturas,
humilhou a cidade elevada,
abateu-a até o chão, derrubou-a até o pó.
[6]Ela será calcada aos pés,
pelos pés do infeliz, pelos passos do fraco".

Os juízos de Deus. [7]O caminho do justo é a retidão,
vós aplanais a estrada reta do justo.
[8]Sim, no caminho de vossos juízos
esperamos em vós, Javé!
Para vosso nome e vossa memória
vai o desejo de minha alma.
[9]De noite minha alma vos deseja;*
sim, em meu íntimo meu espírito vos busca;

---

* **25**,1. Sl 31,15 | 4. 4,5s; Ap 7,15s | 6. Jo 6,51.54 | 7. Os 13,14 / Ap 21,4; 1Cor 15,26 | 8. 35,10 | **26**,1. 60,18 | 2. Sl 118,19s | 4. Dt 32,4 | 9. Sl 42,2

† **25**,2. Esta cidade anônima, que parece ser Babilônia, simboliza todas as forças do mal, contrárias ao povo de Deus. | 6. O banquete representa a felicidade dos eleitos; no NT é imagem do Reino de Deus, Mt 22,2.

pois quando vossos juízos se cumprem sobre a terra,
os habitantes do mundo aprendem a justiça.
10Ainda que se mostre favor ao mau,
ele não aprende a justiça;
no país da retidão ele pratica o mal
e não reconhece a majestade de Javé.
11Javé, vossa mão está levantada,
mas eles não a veem.
Eles verão vosso zelo pelo povo
e ficarão confundidos,
devorados pelo fogo destinado a vossos inimigos.
12Javé, vós nos dareis a paz,
porque realizais para nós todas as nossas obras.
13Javé, nosso Deus,
outros senhores fora de vós nos dominaram,
mas somente a vós invocamos, vosso nome!
14Eles estão mortos, não reviverão;
eles são sombras, não ressurgirão;
para este fim os visitastes com a destruição
e apagastes toda lembrança deles.
15Fizestes crescer nosso povo, Javé,
fizestes crescer nosso povo, mostrastes vossa glória;
estendestes todos os limites do país.
16Javé, na angústia vos buscaram,
derramaram oração quando vosso castigo os atingia.
17Como a mulher grávida perto da hora do parto*
se contorce e grita em suas dores,
assim estávamos nós diante de vossa face, Javé.
18Concebemos, sofremos as dores,
mas era como dar à luz o vento;
não trouxemos a salvação à terra,
nem novos habitantes ao mundo.
19Vossos mortos reviverão,*
seus cadáveres ressuscitarão†.
Despertai-vos e cantai, vós que habitais o pó!*
Pois vosso orvalho é um orvalho luminoso,
e a terra restituirá à vida os mortos.
Convite ao povo. 20"Vai, meu povo,
entra em teus quartos,
fecha tuas portas atrás de ti;
esconde-te por um momento,*
até que tenha passado o furor.
21Pois eis que Javé sai de sua morada*
para castigar a iniquidade dos habitantes da terra;*
a terra revelará seu sangue*
e não mais esconderá seus mortos.

27 **Visita de Javé.** 1Naquele dia
Javé castigará
com sua espada dura, grande e forte,
Leviatã, a serpente furtiva†,
Leviatã, a serpente tortuosa,*
e matará o dragão que habita no mar.
Cântico da vinha. 2Naquele dia cantai
a vinha magnífica.*
3Eu, Javé, sou seu guardião,
de tempos em tempos eu a irrigo;
para que não lhe façam mal,
dia e noite eu a guardo.
4Em mim não há indignação.
Quem me dera ter cardos e espinhos para lutar!
Eu marcharia contra eles, eu os queimaria juntos.
5A não ser que faça apelo a minha proteção,
que se faça a paz comigo;
sim, que se faça a paz comigo!
O futuro do povo. 6Virá o dia em que
Jacó lançará raízes,
Israel brotará e florescerá,
e cobrirão de frutos a face do mundo.
7Acaso o feriu como feriu os que o feriram?
ou o matou como matou seus matadores?
8Tu o castigaste expulsando-o, desterrando-o;

---

* **26**,17. 13,8; 37,3; Os 13,13 | 19. Ez 37; Os 13,14 / Ef 5,14 | 20. Jó 14,13ss | 21. Mq 1,3 / Ap 3,10; 6,10 / Jó 16,18 | **27**,1. Jó 3,8; 40,25s | 2. 5,1-7

† **26**,19. O renascer da nação parece incluir a ressurreição dos indivíduos, 2Mc 7,9. | **27**,1. Leviatã era um monstro marinho da cultura fenícia, ligado às potências do caos; aqui representa os poderosos inimigos de Israel.

ele o expulsou com seu sopro violento,
num dia de vento do oriente.
9Pois assim será perdoada a iniquidade de Jacó,
e este será todo o fruto que recolherá renunciando a seu pecado,
quando todas as pedras do altar
forem quebradas como pedras de cal,
quando os troncos idolátricos e os altares de incenso*
não estiverem mais de pé.
10Pois a cidade fortificada tornou-se desolada,
um lugar desabitado e abandonado como deserto,
onde os bezerros pastam
e se deitam destruindo as ramagens.
11Quando secam, os ramos são quebrados,
as mulheres vêm e os fazem queimar.
Ora este povo é sem inteligência,
por isso seu Criador não terá piedade dele,
Aquele que o modelou não lhe será benigno.
12Naquele dia Javé debulhará o trigo,*
desde o curso do rio até a torrente do Egito,
e vós sereis apanhados um por um, ó filhos de Israel.
13Naquele dia soará a grande trombeta
e virão os que estavam perdidos no país da Assíria
e os dispersos no país do Egito;
adorarão Javé sobre o monte santo, em Jerusalém.

IV. ORÁCULOS DO TEMPO DO REI EZEQUIAS (28–33)

28 **Destruição de Samaria.** 1Ai daquela orgulhosa coroa dos ébrios de Efraim,
flor murcha de seu soberbo esplendor,
que se encontra no alto do vale fértil dos aturdidos pelo vinho!
2Eis um homem forte e poderoso a serviço do Senhor,
como uma tempestade de granizo, um furacão devastador,
como uma tempestade de águas poderosas e transbordantes;
com sua mão ele as lança para a terra.
3A orgulhosa coroa dos ébrios de Efraim
será calcada aos pés.
4E a flor murcha de seu soberbo esplendor,
que está no alto do vale fértil,
será como o figo maduro antes do verão:
quem o vê logo o apanha e o devora.
5Naquele dia é Javé dos exércitos
que se tornará uma esplêndida coroa,
um soberbo diadema para o resto de seu povo,*
6um espírito de justiça para aquele que se assenta para julgar*
e a força daqueles que repelem o assalto às portas.
Contra os falsos profetas. 7Também
os sacerdotes e os profetas
foram transtornados pelo vinho,*
deliraram sob o efeito da bebida,
foram transtornados pela bebida,
foram dominados pelo vinho,
deliraram sob o efeito da bebida,
foram transtornados em suas visões,
deliraram em suas sentenças.
8Sim, todas as mesas estão cobertas de vômito repugnante,
não há lugar limpo!
9A quem ele ensina a lição?
A quem explica a doutrina?
A crianças recém-desmamadas, há pouco afastadas dos seios?
10Sim, preceito sobre preceito, preceito sobre preceito,
regra sobre regra, regra sobre regra,
um pouco aqui um pouco ali†.

* **27**,9. 17,8 | **27**,12. Jl 2,1 | **28**,5. 4,3 | 6. 11,2ss | 7. 5,11ss

† **28**,10. No hebraico, é uma série de monossílabos, que parecem a fala de um gago ou de um bêbado: assim os adversários ironizam a pregação profética de Isaías. Este responde que Deus falará por meio dos assírios.

[11]Pois é por lábios balbuciantes e numa língua estrangeira*
que ele falará a este povo.
[12]Ele lhes tinha dito:
"Eis o repouso! Dai repouso ao cansado:
este é um lugar tranquilo".
Mas eles não quiseram escutar†.
[13]Assim Javé vai falar-lhes:
"Preceito sobre preceito, preceito sobre preceito,
regra sobre regra, regra sobre regra,
um pouco aqui um pouco ali",
a fim de que, ao caminhar,
eles caiam para trás e se fraturem,
sejam presos no laço e capturados.
[14]Por isso, escutai a palavra de Javé,
homens insolentes,
governadores deste povo que está em Jerusalém.
[15]Vós dissestes: "Fizemos uma aliança com a morte,
um acordo com o lugar dos mortos.*
Quando passar a catástrofe ameaçadora,
não nos atingirá,*
pois fizemos da mentira nosso refúgio
e na falsidade nos escondemos.

A pedra angular. [16]Por isso, assim fala o Senhor Javé:
"Eis que ponho em Sião uma pedra,*
uma pedra escolhida,
pedra angular, preciosa, pedra de fundação bem assentada:
quem nela confia não será abalado†.
[17]Eu tomarei o direito como medida
e a justiça como nível.
Mas o granizo varrerá o refúgio da mentira
e as águas inundarão o esconderijo.*
[18]Será anulada vossa aliança com a morte
e vosso acordo com o lugar dos mortos não ficará de pé;
quando passar a catástrofe, ela vos esmagará.
[19]Cada vez que passar, ela vos atingirá;
passará cada manhã, dia e noite,
e será terror compreender sua mensagem.
[20]Porque o leito será pequeno demais para se deitar
e a coberta estreita demais para se envolver.
[21]Sim, como no monte Farasim Javé se erguerá,*
como no vale de Gabaon ele se irritará para fazer sua obra,
uma obra extraordinária,
para realizar seu projeto, projeto singular.
[22]E agora cessai a zombaria,
para que não se reforcem vossos grilhões,
pois eu ouvi do Senhor Javé dos exércitos
que a destruição de todo o país está decidida.

O divino agricultor. [23]Inclinai os ouvidos e escutai minha voz;
sede atentos e escutai minha palavra.
[24]Acaso o lavrador, para semear,
passa o dia todo a arar,
a sulcar e a rastelar sua terra?
[25]Mas, depois de ter nivelado a superfície,
não espalha as sementes de endro,
depois de cominho,
não lança no lugar o trigo,
o centeio, a cevada e a aveia na beirada?
[26]Seu Deus lhe ensinou esta regra e o instruiu.
[27]Não se trilha o endro com o trilho,
não se faz passar sobre o cominho a roda de um carro,
mas é com o bastão que se bate o endro
e com a vara, o cominho.
[28]Quando se pisa o trigo, não se demora até esmagá-lo,
põe-se em marcha a roda do carro e os cavalos, sem esmagá-lo.

---

* **28**,11. Jr 5,15; 1Cor 14,21 | 15. Sb 1,16; Eclo 14,12 / Jr 5,12; Am 9,10 | 16. Sl 118,22s; Mt 21,42; 16,18; Ef 2,20; 1Pd 2,6 | 17. 28,15 | 21. 2Sm 5,17-25

† **28**,12. Os profetas reprovam as alianças políticas e militares com os povos pagãos: Israel deve repousar só em Javé. | 16. Javé exprime o propósito de fazer de Sião o centro religioso do mundo. Paulo aplica esse texto a Jesus, Rm 9,33.

[29]Também isto é um dom de Javé dos exércitos,
maravilhoso conselheiro e grande em sabedoria.

29 **Cerco e libertação de Jerusalém.** [1]Ai de Ariel, Ariel,*
cidade onde acampou Davi!
Ajuntai ano a ano,
que as festas cumpram seu ciclo,
[2]e eu oprimirei Ariel;
haverá lamentos e gemidos,
e ela será para mim como Ariel.
[3]Eu acamparei contra ti a teu redor,*
eu te sitiarei com trincheiras
e levantarei contra ti baluartes.
[4]Serás humilhada,
tua voz se elevará da terra,
do pó ela se elevará como um murmúrio;
tua voz virá da terra como a de um fantasma,
como vinda do pó murmurará.
[5]A multidão de teus inimigos será como poeira fina,
a multidão dos guerreiros, como palha dispersa.
E de repente, num instante,
[6]serás visitada por Javé dos exércitos com trovões,
terremotos, estrondo, furacão,*
tempestade e chama de fogo devorador.
[7]Como um sonho, uma visão noturna,
será a multidão de todas as nações
em guerra contra Ariel,
de todos os que a combatem, sitiam e oprimem.
[8]E será como quando um que tem fome
sonha que está comendo,
mas, ao acordar, seu estômago está vazio;
ou como quando um que tem sede
sonha que está bebendo,
mas, ao acordar, sua garganta está seca.
Assim acontecerá com a multidão de todas as nações
em guerra contra a montanha de Sião.

A cegueira do povo eleito. [9]Pasmai e ficai estupefatos,
sede cegos e ficai sem a vista,
inebriai-vos, mas não de vinho,
vacilai, mas não pela bebida.
[10]Pois Javé espalhou sobre vós um espírito de torpor,*
fechou vossos olhos, os profetas;
velou vossas cabeças, os videntes.
[11]E todas as visões se tornaram para vós
como as palavras de um livro selado,
que se entrega a alguém que sabe ler,
dizendo: "Lê isto".
Mas ele responde: "Não posso, pois está selado".
[12]E então se dá o livro a alguém que não sabe ler,
dizendo: "Lê isto".
Mas ele responde: "Eu não sei ler".
[13]O Senhor disse:
"Porque este povo está perto de mim em palavras*
e me glorifica com seus lábios,
mas seu coração está longe de mim
e seu temor não é mais que um mandamento humano,
uma lição aprendida,
[14]por isso vou continuar a surpreender este povo
com prodígios e maravilhas;
a sabedoria de seus sábios se perderá*
e a inteligência dos inteligentes desaparecerá".
[15]Ai dos que se escondem
para dissimular a Javé seus propósitos,
que tramam nas trevas suas ações*
e dizem: "Quem nos vê? Quem nos conhece?"
[16]Que perversidade a vossa!*
Acaso o oleiro se parece com a argila,
para que uma obra ouse dizer a quem a fez:
"Ele não me fez",
e um vaso a seu oleiro:
"Ele não tem entendimento"?

* **29**,1. 36,1s; 37,33-37; 33,7 | 3. 2Sm 5,6-9; Lc 19,43 | 6. Êx 13,22; 19,16 | 10. 19,14 | 13. Am 5,21; Mt 15,8s | 14. 1Cor 1,19 | 15. Sl 10,4; Jó 22,13 | 16. 45,9; 64,7; Jr 18,1-6; 19,1-13; Sb 12,12; Rm 9,20s

Conversão do povo. 17Não é verdade
que dentro de pouco tempo
o Líbano se tornará um pomar,
e o pomar fará pensar numa floresta?
18Naquele dia os surdos ouvirão as
palavras do livro
e, livres da sombra e das trevas,
os olhos dos cegos verão.
19Os infelizes sempre mais se alegrarão em Javé*
e os mais pobres dos homens exultarão no Santo de Israel.*
20Pois o tirano não existirá mais,
o zombador terá desaparecido
e serão exterminados todos os que tramam a iniquidade:
21aqueles que fazem condenar alguém por suas palavras,
os que armam laços ao que julga na porta,
e por nada violam o direito do justo.
22Por isso assim fala Javé,
Deus da casa de Jacó,
ele que resgatou Abraão:*
"Doravante Jacó não mais ficará envergonhado,
doravante seu rosto não mais empalidecerá,
23pois ao ver em sua casa seus filhos,
obra de minhas mãos,
eles santificarão meu nome,
santificarão o Santo de Jacó,
temerão o Deus de Israel".
24Os espíritos transviados aprenderão a inteligência
e os que murmuram receberão a instrução.

30 **Aliança de Judá com o Egito.**
1Ai dos filhos rebeldes!† Oráculo de Javé.
Fazem projetos que não vêm de mim,
contraem alianças que meu espírito não inspira,*
acumulando assim pecado sobre pecado.
2Eles partem para descer ao Egito,
mas sem me terem consultado;
para refugiar-se sob a proteção do faraó
e para abrigar-se à sombra do Egito.
3Mas a proteção do faraó se mudará para vós em vergonha,*
o abrigo à sombra do Egito, em vossa confusão.
4Pois seus príncipes já estão em Tânis
e seus mensageiros chegaram a Hanes.
5Todos serão decepcionados
por um povo que não pode socorrer,
que não traz ajuda nem proveito,
mas vergonha e infâmia.
6Oráculo contra as feras do Negueb.
No país da tribulação e da angústia,*
de onde vêm a leoa e o leão,
a víbora e o dragão voador,*
eles levam sobre o dorso dos jumentos suas riquezas,
sobre a bossa dos camelos seus tesouros,
para um povo que não pode socorrer,
7o Egito, cujo auxílio é vão e inútil;
eis por que lhe dei este nome: Raab, a decaída.
Testamento contra o povo. 8Agora
vai, escreve isto numa tabuinha,
grava-o num livro,
para que permaneça para o futuro um testemunho perpétuo.
9Pois este é um povo rebelde, filhos mentirosos,*
filhos que não querem escutar a instrução de Javé,
10que disseram aos videntes:
"Não tenhais visões",
e aos profetas:
"Não nos profetizeis o que é certo.*
Dizei-nos coisas lisonjeiras, profetizai ilusões.
11Saí fora da estrada, abandonai o caminho reto,
afastai de nossos olhos o Santo de Israel".
Castigo. 12Por isso, assim fala o Santo
de Israel:
"Porque rejeitastes esta palavra
e vos entregastes à fraude e à deslealdade,*
para nelas vos apoiar,

---

* **29**,19. 1Sm 2,5s / Is 6,3 | 22. 41,8; 51,2 | **30**,1. Jr 2,18 | 3. 36,5-9 | 6. Dt 8,14s; Nm 21,4-9 / Is 14,29 | 9. 1,2-4 | 10. Am 2,12; 7,13; Jr 11,21

† **30**,1. Ser filho rebelde era uma culpa que merecia a pena de morte, Dt 21,18-21.

[13]por causa disso esta culpa será para vós
como brecha que ameaça ruína,
uma saliência num muro alto,
cuja queda acontece de improviso, num instante.
[14]Vai quebrar-se como se quebra o vaso de um oleiro,
feito em pedaços sem piedade,
sem que se encontre entre seus cacos
um pedaço para tirar fogo da lareira
ou para tirar água da cisterna".
[15]Pois assim tinha falado o Senhor Javé, o Santo de Israel:*
"Na conversão e na calma estará vossa salvação;
na serenidade e na confiança estará vossa força".
Mas vós não quisestes!
[16]E dissestes: "Não! Nós fugiremos a cavalo!"*
Fugi, então!
E mais: "Nós teremos animais velozes!"
Pois bem, vossos perseguidores serão velozes.
[17]Mil tremerão diante da ameaça de um só,*
diante da ameaça de cinco fugireis,
até que fiqueis como poste no alto da montanha,
como sinal numa colina.

O povo se converterá. [18]É por isso que Javé aguarda
a hora de ter piedade de vós,*
é por isso que se levantará
para vos conceder misericórdia,
pois Javé é um Deus de justiça;
bem-aventurados todos os que nele esperam.*
[19]Sim, povo de Sião, que moras em Jerusalém,
não mais chorarás,
pois ele vai ter piedade de ti por causa de teu clamor;
logo que o ouvir, ele te responderá.
[20]O Senhor vos dará o pão da adversidade
e a água da aflição;
aquele que te instrui não se ocultará mais,
e teus olhos verão aquele que te instrui.
[21]Teus ouvidos ouvirão uma palavra pronunciada atrás de ti
que diz: "Este é o caminho, segui-o,
quer tomeis a direita quer a esquerda".
[22]Considerarás como impura a cobertura de prata de teus ídolos
e o revestimento de ouro de tuas estátuas.
Tu as rejeitarás como objeto imundo,
dizendo-lhes: "Fora daqui!"
[23]Ele dará a chuva a tua semente que tiveres semeado no solo,
e o pão, produto da terra, será saboroso e nutritivo.
Teu gado pastará naquele dia em amplos pastos.
[24]Os bois e os jumentos que trabalham a terra
comerão forragem salgada que se espalha com a pá e a forquilha.
[25]Sobre toda alta montanha e sobre toda colina elevada
haverá riachos e correntes de água no dia do grande massacre,
quando desabarão as torres.
[26]Então a luz da lua será como a luz do sol,
e a luz do sol será sete vezes mais forte, como a luz de sete dias,
no dia em que Javé vai enfaixar a chaga de seu povo
e curar a ferida que ele causou.

Deus abaterá a Assíria. [27]Eis que o nome de Javé vem de longe,
ardente é sua ira, pesada sua ameaça.
Seus lábios transbordam de furor,
sua língua é como fogo devorador.
[28]Seu sopro é como torrente transbordante*
que chega até o pescoço,
para peneirar as nações com a peneira da destruição
e pôr um freio desorientador nas mandíbulas dos povos.
[29]Tereis um cântico nos lábios como em noite de festa,
e a alegria nos corações como quem

* **30**,12. Sl 62,11 | 15. Is 6,3 / Is 7,9 | 16. Os 1,7 | 17. Dt 32,30 | 18. 54,8 / Sl 2,12 | 28. Sb 5,23

caminha ao som da flauta
para ir à montanha de Javé, a rocha
de Israel.
30Javé fará ouvir a majestade de sua
voz,*
fará sentir o peso de seu braço no
ardor de sua ira,
na chama de um fogo devorador, na
tempestade,
num dilúvio de chuva e pedras de
granizo.
31Pois com a voz de Javé a Assíria fi-
cará aterrorizada;
ele a ferirá com sua vara.
32E cada vez que ele passar,
será o bastão do castigo que Javé lhe
infligirá,
ao som dos tamborins e das cítaras,
e nos combates que ele travar, a mão
erguida contra ela.
33Pois desde muito tempo está pre-
parada a fogueira
– será também para o rei –
é profunda e larga, com fogo e lenha
em abundância;
o sopro de Javé, como torrente de
enxofre, a acenderá.

31

Contra o Egito. 1Ai dos que
descem ao Egito em busca de
socorro.*
Contam com os cavalos, põem sua
confiança nos carros,*
pois são numerosos,
e nos cavaleiros,
pois são muito fortes.
Não se voltaram para o Santo de Israel,*
não consultaram Javé.
2No entanto, ele também é sábio e
causará o desastre.
Jamais faltou a sua palavra.
Ele se levantará contra o partido dos
maus,
contra a proteção dos malfeitores.
3Os egípcios são homens e não deu-
ses;*
seus cavalos são carne e não espírito.
Javé estenderá a mão:*
o protetor tropeçará, o protegido cairá,
todos juntos perecerão.

Deus protegerá Sião. 4Pois assim me
falou Javé:
"Como ruge o leão ou o leãozinho
por sua presa,
ainda quando se reúne contra ele um
grupo de pastores,
sem que ele fique espantado por
seus gritos
ou amedrontado por seu tumulto,
assim descerá Javé dos exércitos
para guerrear sobre o monte Sião e
sobre sua colina.
5Como os pássaros que voam,
assim Javé dos exércitos protegerá
Jerusalém;*
protegerá e salvará, preservará e li-
vrará".
6Voltai para aquele que os filhos de
Israel
tão profundamente traíram.
7Pois, naquele dia, cada um rejeitará
seus ídolos de prata e seus ídolos de
ouro
que vossas mãos pecadoras fabricaram.
8A Assíria cairá pela espada,
não a de um homem;
será devorada pela espada,
não a de um ser humano.
Ela fugirá diante da espada,
e seus jovens serão escravizados.
9Em seu terror abandonará seu ro-
chedo,
e seus chefes apavorados desertarão
o estandarte,
oráculo de Javé,
cujo fogo está em Sião e cuja forna-
lha, em Jerusalém.

32

Reinará um rei justo. 1Eis que
um rei reinará com justiça*
e os príncipes governarão conforme
o direito.
2Cada um será como um abrigo con-
tra o vento,
um refúgio contra a tempestade,
como riachos sobre terra árida,
como a sombra de uma rocha sólida
num país desolado.
3Os olhos dos que veem não estarão
mais fechados,

---

* **30**,30. Êx 19,16; Sl 29,1 | **31**,1. 30,1-7 / Os 1,7 / Is 6,3 | 3. Ez 28,9 / Êx 14,26 | 5. Dt 32,11; Sl 36,8 | **32**,1. 11,3s; Jr 23,5s

os ouvidos dos que ouvem estarão
atentos.
4O coração dos inconstantes saberá
compreender
e a língua dos gagos falará com rapi-
dez e clareza.
5Não mais se dará ao insensato o tí-
tulo de nobre,*
nem ao impostor, o de generoso.
6Pois o insensato fala loucamente*
e seu coração se entrega à iniquidade,
praticando a impiedade e dirigindo a
Javé blasfêmias,
deixando o faminto sem alimento
e recusando a bebida a quem tem
sede.
7Quanto ao esperto, suas manobras
são perversas,
projeta maquinações para eliminar o
pobre com palavras mentirosas,*
quando o infeliz tem o direito a seu
favor.
8Mas quem é nobre tem nobres in-
tenções;
ele se levanta para agir com nobreza.
Depois da provação, a salvação. 9Mu-
lheres indolentes, levantai-vos,*
escutai minha voz!
Filhas cheias de soberba,
prestai atenção a minha palavra.
10Dentro de um ano e alguns dias
tremereis, presunçosas,
pois a vindima estará terminada
e não haverá colheita.
11Tremei, mulheres indolentes;
estremecei, despreocupadas!
despojai-vos, desnudai-vos, cingi
vossos rins!
12Batei no peito por causa dos cam-
pos amenos
e das vinhas frutíferas.
13Sobre a terra de meu povo cresce-
rão espinheiros e abrolhos,
como sobre todas as casas onde há
alegria, na cidade jubilosa.
14Pois a fortaleza será abandonada,
a cidade rumorosa ficará deserta.
Ofel e a torre servirão de cavernas
para sempre,
delícias dos asnos selvagens, pastos
de rebanhos,
15até que se derrame sobre nós o Es-
pírito do alto,
e que o deserto se torne um pomar,
um pomar que faz pensar numa flo-
resta.
16No deserto se estabelecerá o direito,
e a justiça habitará no pomar.
17O fruto da justiça* será a paz†,
o efeito da justiça será a tranquilidade
e a segurança para sempre.
18Então meu povo habitará numa
morada de paz,
em habitações seguras e em tranqui-
los lugares de repouso.
19E se a floresta for totalmente des-
truída,
se a cidade for gravemente humilhada,
20felizes sereis vós que semeais por
toda a parte onde há água
e deixais em liberdade o boi e o ju-
mento.

33 **Invocação.** 1Ai de ti que des-
tróis e não foste destruído,
que és traidor e não foste traído;
quando acabares de destruir, tu serás
destruído,
quando terminares tuas traições, se-
rás traído.
2Javé, tende misericórdia de nós, em
vós esperamos.*
Sede nosso braço cada manhã
e nossa salvação no tempo da adver-
sidade.*
3Ao ruído do tumulto fogem os po-
vos,
quando vos levantais, dispersam-se
as nações.
4Vossos despojos serão reunidos
como se reúnem as lagartas;*
saltarão sobre eles como saltam os
gafanhotos.
5Javé é exaltado, pois mora nas altu-
ras;*
enche Sião de direito e de justiça.

---

* **32**,5. 5,20 | 6. Sl 14,2; Ecl 10,13 | 7. Sl 10,2.7-11 | 9. 3,16-24; Am 4,1ss | 17. 11,6 | **33**,2. Sl 32,10; 33,22 / Sl 46,2 | 4. Nm 10,35; Sl 68,21; 46,7; 48,5-8 | 5. Sl 57,6; 97,9

† **32**,17. "As religiões se preocupam, necessariamente, com a justiça, como condição básica para a paz: Se queres a paz, trabalha pela justiça" (D. Hélder Câmara).

6Ele será a segurança para teus dias.
A riqueza salutar é a sabedoria e a ciência;
o temor de Javé: tal será seu tesouro.

Intervenção de Deus. 7Eis que seus arautos gritam nas ruas;
os mensageiros de paz choram amargamente.*
8As estradas estão desertas,
não há transeuntes nos caminhos;
romperam a aliança,
desprezaram as testemunhas,
não se faz caso de ninguém.
9O país está de luto, desfalece.*
O Líbano se envergonha e murcha,
Saron se tornou como a estepe,
Basã e o Carmelo estremecem.
10"Agora me levantarei, diz Javé,
agora vou me erguer, agora serei exaltado.*
11Vós concebeis feno e dais à luz palha;
meu sopro vos devorará como um fogo.
12Os povos serão consumidos como pela cal;
como espinhos cortados, serão queimados ao fogo.
13Escutai, vós que estais longe, o que eu fiz;
sabei, vós que estais perto, qual é meu poder".
14Ficam aterrados os pecadores em Sião,
um tremor se apodera dos ímpios:
"Quem de nós resistirá a um fogo devorador?
Quem de nós resistirá às chamas eternas?"
15Aquele que se comporta com justiça e fala lealmente,*
que recusa um ganho extorquido
e sacode a mão para não aceitar suborno,
que tampa os ouvidos para não ouvir propósitos sanguinários
e fecha os olhos para não ver o mal.
16Este habitará nas alturas,
as rochas escarpadas serão seu refúgio;
o pão lhe será dado, a água lhe será garantida.

Um futuro de glória. 17Teus olhos contemplarão o rei em sua beleza,
eles verão um país que se estende ao longe.
18Teu coração meditará no terror:
"Onde está aquele que contava?*
Onde está aquele que pesava?
Onde está aquele que contava as torres?"
19Não verás mais o povo arrogante,*
o povo de linguagem obscura, incompreensível,
de língua bárbara e sem sentido.
20Contempla Sião, cidade de nossas festas!
Que teus olhos vejam Jerusalém,
habitação segura, tenda inamovível,*
cujas estacas jamais serão arrancadas,
cujas cordas jamais serão rompidas.
21Com efeito, se lá está um poderoso,
conosco temos Javé;
se aquela é região de rios e de largos canais,
por eles não navegarão barcos a remo,
nem os sulcarão grandes navios;
23asuas cordas se afrouxaram,
23bjá não mantêm o mastro de pé,
23cjá não conservam a vela estendida.
22Mas Javé é nosso juiz,
Javé é nosso legislador,
Javé é nosso rei;
é ele que nos salva.
23dEntão também o cego partilhará dos ricos despojos,
23ee até os coxos ficarão ricos com as presas.
24Habitante algum terá de dizer: "Estou enfermo";
ao povo que nela habita foi perdoada toda a culpa.

V. SEGUNDO APOCALIPSE (34–35)

34 **Sentença contra Edom.** 1Aproximai-vos, nações, para escutar†;
povos, prestai atenção!*

---

* **33**,7. 29,1 | 9. Am 1,2 | 10. Sl 12,6 | 15. Sl 15 | 18. 1Cor 1,20 | 19. 28,11 | 20. 54,2 | **34**,1. 63,1-6; Jr 49,7-22

† **34**,1. Convocação geral do mundo para ouvir o juízo de Javé contra as nações.

Que escute a terra e sua plenitude,
o mundo com tudo o que ele produz!
2Porque Javé está indignado contra todas as nações;
está irado contra todo o exército delas.
Ele as vota ao extermínio e as entrega ao massacre.
3Suas vítimas são lançadas fora,
o mau cheiro de seus cadáveres se espalha,
as montanhas se derretem com seu sangue.
4Todo o exército dos céus se dissolve.
Os céus se enrolam como um livro,*
cai todo o seu exército,
como caem as folhas da vinha e as da figueira†.
5Pois minha espada se inebriou nos céus.
Eis que ela se abate sobre Edom,
sobre o povo que eu votei ao extermínio para o punir.
6A espada de Javé está cheia de sangue,
impregnada de gordura,
do sangue dos cordeiros e dos bodes,
da gordura das vísceras dos carneiros;
pois há para Javé um sacrifício em Bosra,*
um grande massacre no país de Edom.
7Com eles caem os búfalos, os novilhos com os touros;
sua terra está ébria de sangue,
sua poeira está impregnada de gordura.
8Pois é um dia de vingança para Javé,
o ano da retribuição no processo de Sião.
9Suas torrentes se mudarão em piche,*
sua poeira em enxofre,
seu país se tornará piche ardente.
10Noite e dia ele não se extinguirá,
eternamente se levantará sua fumaça;
de idade em idade ficará deserto,
por todo o sempre ninguém mais passará por lá.
11Será o domínio do pelicano e do ouriço;
o bufo e o corvo aí habitarão;*
Javé estenderá sobre ele o cordão do caos
e o nível do vazio.
12Não haverá mais nobres para proclamar um rei;*
terão desaparecido todos os seus príncipes.
13Em suas fortalezas crescerão os espinhos,
em suas cidadelas, a urtiga e o espinheiro;
será um covil de chacais, morada de avestruzes.
14Os gatos selvagens encontrarão as hienas,
os sátiros* chamarão um ao outro†;
lá também Lilit se instalará e achará seu repouso.
15Lá fará seu ninho a serpente,
porá seus ovos e os chocará,
juntará os filhotes em sua sombra.
Lá também se reunirão os abutres,
cada qual com seu companheiro.
16Buscai no livro de Javé e lede:
Nenhum deles faltará;
nenhum se inquietará por seu companheiro.
Pois foi sua boca que o ordenou,
foi seu espírito que os reuniu.
17Foi ele que lançou a sorte para eles
e sua mão fixou a parte deles com a corda;
para sempre a possuirão,
de idade em idade aí habitarão.

35 **Novo Israel.** 1Que se alegrem
o deserto e a terra seca,
que a estepe exulte e floresça como a rosa.*
2Que ela se cubra de flores,
exulte de alegria e cante com júbilo.
Foi-lhe dada a glória do Líbano,*
o esplendor do Carmelo e do Saron.

* **34**,4. Ap 6,14 | 6. 63,1 | 9. Gn 19,24-28; Ap 14,10s | 11. 13,20-23 | 12. Ap 18,2 | 14. 13,21 | **35**,1. 41,19 | 2. 60,13

† **34**,4. A natureza participa da grande intervenção de Deus na história. | **34**,14. Ver a nota em 13,21.

Eles verão a glória de Javé,
o esplendor de nosso Deus.
3Fortalecei as mãos enfraquecidas,*
firmai os joelhos vacilantes!
4Dizei aos corações temerosos:
"Sede fortes, não tenhais medo;
eis aqui vosso Deus.*
É a vingança que vem, a retribuição divina.
É ele que vem para vos salvar".
5Então os olhos dos cegos se abrirão*
e os ouvidos dos surdos se descerrarão.
6Então saltará como cervo o paralítico,*
e a língua do mudo gritará de alegria,
porque jorrarão águas no deserto e torrentes na estepe.*
7A terra queimada se tornará lagoa
e o país da sede, fontes de águas;
nos lugares onde moravam chacais,
haverá relva com caniços e juncos.
8Haverá lá uma estrada e um caminho;
caminho sagrado se chamará;
por ele não passará o impuro;
será para os que seguem este caminho;
e os insensatos não se perderão.
9Lá não haverá leão,
nem qualquer fera selvagem por ali passará ou ali se encontrará;
mas lá caminharão os redimidos.
10Voltarão os que Javé redimiu,*
exultantes chegarão a Sião,
trazendo consigo uma eterna alegria.
O júbilo e a alegria os acompanharão,
a dor e o gemido cessarão.

VI. A INVASÃO ASSÍRIA (36–39)

36 **Senaquerib contra Jerusalém†.** 1No ano décimo quarto
do rei Ezequias,* Senaquerib, rei da As-
síria, marchou contra todas as cidades
fortes de Judá e se apoderou delas. 2De
Laquis, o rei da Assíria enviou ao rei
Ezequias, em Jerusalém, seu ajudante
de campo com grande exército. Ele pa-
rou perto do canal do açude superior,
no caminho do campo do Lavador.
Embaixada de Senaquerib. 3Saí-
ram a seu encontro o chefe do palá-
cio, Eliacim, filho de Helcias, o escriba
Sobna* e o cronista Joaé, filho de Asaf.
4O ajudante de campo lhes disse: "Dizei
a Ezequias: Assim fala o grande rei, o
rei da Assíria: Que segurança é esta na
qual tu confias? 5Imaginas talvez que
palavras ao vento equivalem a conse-
lho e valentia para empreender a guer-
ra? Em quem, pois, colocas tua confian-
ça para te teres revoltado contra mim?
6Eis que confias nesse caniço quebra-
do,* o Egito, que penetra e atravessa a
mão de quem se apoia sobre ele. Assim
é o faraó, rei do Egito, para todos os
que confiam nele. 7Vós me direis tal-
vez: É em Javé nosso Deus que temos
confiança. Mas não é este o deus cujos
lugares altos e altares Ezequias supri-
miu, dizendo ao povo de Judá e de
Jerusalém: É diante deste altar que vos
prostrareis? 8Pois bem! Faze uma apos-
ta com meu senhor, o rei da Assíria: eu
te darei dois mil cavalos, se fores capaz
de achar cavaleiros para montá-los! 9E
como farias recuar um só dos menores
servos de meu senhor? Mas confiaste
no Egito para ter carros e cavaleiros!
10E mais, acaso é sem a vontade de
Javé que eu marchei contra este país
para destruí-lo? Foi Javé que me disse:
Sobe contra este país e o destrói!"†
11Então Eliacim, Sobna e Joaé dis-
seram ao ajudante de campo assírio:
"Por favor, fala a nós, teus servos, em
aramaico, porque o compreendemos.
Não nos fales na língua judaica aos
ouvidos das pessoas que estão sobre
a muralha". 12Mas o ajudante de cam-
po respondeu: "Acaso foi a ti e a teu
senhor que meu senhor me mandou

---

* **35**,3. 40,29-31 | 4. 40,10 | 5. Mt 11,5 | 6. At 3,8 / Is 41,18; 43,20; 48,21; Jo 4,1 | 10. 51,11; Sl 126 | **36**,1. 2Rs 18,13-37 | 3. 7,3; 22,20s | 6. 30,3

† **36**. Os cc. 36 e 37, que contam a invasão e a derrota de Senaquerib, são paralelos a 2Rs 18,13–19,36. | 10. O rei da Assíria executa os desígnios de Javé, 10,5.

dizer essas coisas? Não é sobretudo às
pessoas que estão sobre as muralhas,
condenadas a comer seus excrementos
e a beber a própria urina convosco?"

13Então o ajudante de campo ficou
de pé e gritou com voz forte em lín-
gua judaica: "Escutai as palavras do
grande rei, o rei da Assíria! 14Assim
fala o rei: Que Ezequias não vos enga-
ne! Ele não poderá libertar-vos. 15Que
Ezequias não vos faça confiar em Javé
dizendo: Certamente Javé nos liberta-
rá, esta cidade não cairá nas mãos do
rei da Assíria. 16Não deis ouvidos a
Ezequias, pois assim fala o rei da Assí-
ria: Fazei as pazes comigo, rendei-vos
a mim, e cada um de vós comerá do
fruto de sua vinha e de sua figueira,
cada um beberá água de sua cisterna,
17até que eu venha e vos conduza a um
país semelhante ao vosso, um país de
trigo e de vinho, um país de pão e de
vinhas. 18Que Ezequias não vos engane,
dizendo: Javé nos libertará. Os deuses
das nações libertaram realmente cada
qual seu país das mãos do rei da As-
síria? 19Onde estão os deuses de Emat
e de Arfad? Onde estão os deuses de
Sefarvaim?* Onde estão os deuses do
país de Samaria? Porventura libertaram
Samaria de minha mão? 20Qual dentre
todos os deuses desses países livrou
seu país de minha mão, para que Javé
liberte Jerusalém de minha mão?"

21Eles guardaram silêncio e nada lhe
responderam, pois esta foi a ordem do
rei: "Vós não lhe respondereis".

22Então o chefe do palácio, Eliacim,
filho de Helcias, o escriba Sobna e o
cronista Joaé, filho de Asaf, voltaram
para junto de Ezequias com as vestes
rasgadas e lhe referiram as palavras do
ajudante de campo.

37 **Ezequias consulta Isaías.** 1Ao
ouvir isto, o rei Ezequias ras-
gou suas vestes,* vestiu roupa de saco
e foi ao templo de Javé. 2Enviou o che-
fe do palácio, Eliacim, o escriba Sobna
e os anciãos dos sacerdotes, trajando
roupas de saco, ao profeta Isaías, filho
de Amós, 3para lhe dizer: "Assim fala
Ezequias: Hoje é um dia de angústia, de
castigo e de vergonha. Os filhos estão
para nascer e falta a força para dá-los
à luz†. 4Que Javé teu Deus ouça as pa-
lavras do ajudante de campo que o rei
da Assíria, seu senhor, mandou para in-
sultar o Deus vivo, e que Javé teu Deus
castigue as palavras que ele ouviu! Faze
subir até ele uma oração em favor do
resto que ainda subsiste".

5Quando os ministros do rei Eze-
quias foram ter com Isaías, 6este lhes
disse: "Dizei isto a vosso senhor: Assim
fala Javé: Não tenhas medo das pala-
vras que ouviste, das blasfêmias que
os servos do rei da Assíria lançaram
contra mim. 7Eis que vou incutir nele
um espírito e, por causa de uma notí-
cia que ele vai ouvir, voltará a seu país
e, em seu país, eu o farei cair morto
pela espada.

8O ajudante de campo voltou* e en-
controu o rei da Assíria combatendo
contra Lebna, porque ele soube que o
rei havia deixado Laquis, 9pois tinha re-
cebido esta notícia sobre Taraca,* rei da
Núbia: "Ele partiu em guerra contra ti".

Segunda embaixada de Senaquerib.
De novo Senaquerib enviou mensagei-
ros a Ezequias para lhe dizer: 10"Assim
falareis a Ezequias, rei de Judá: Que teu
Deus, em quem confias, não te engane,
dizendo: Jerusalém não será entregue
nas mãos do rei da Assíria. 11Ficaste sa-
bendo o que os reis da Assíria fizeram
a todos os países, destruindo-os por
completo, e tu serias preservado? 12Os
deuses das nações que meus pais de-
vastaram – Gozã, Harã, Resef e os ede-
nitas que estavam em Telassar – por-
ventura as libertaram? 13Onde estão o
rei de Emat, o rei de Arfad, o rei de Lair,
de Sefarvaim, de Ana, de Ava?"

Oração de Ezequias. 14Ezequias rece-
beu a carta da mão dos mensageiros e
a leu. Depois subiu ao templo de Javé
e estendeu-a diante de Javé. 15Ezequias
rezou a Javé, dizendo: 16"Javé dos exér-

* **36**,19. 10,9 | **37**,1. 2Rs 19,1-7 | 8. 2Rs 19,8s | 9. 2Rs 19,9-19

† **37**,3. Ver a nota em 2Rs 19,3.

citos, Deus de Israel, que vos assentais
sobre os querubins, vós é que sois o
único Deus de todos os reinos da terra,
fostes vós que fizestes o céu e a ter-
ra. [17]Inclinai vosso ouvido, Javé, e ouvi;
abri os olhos, Javé, e vede. Escutai as
palavras de Senaquerib, que mandou
dizer insultos ao Deus vivo. [18]É ver-
dade, Javé; os reis da Assíria extermi-
naram todas as nações e seus países,
[19]lançaram ao fogo seus deuses, pois
não eram deuses, mas obra de mãos
humanas, de madeira e de pedra; por
isso os aniquilaram. [20]Mas agora, Javé,
nosso Deus, salvai-nos de sua mão, e
que todos os reinos da terra saibam
que só vós sois Javé".

Intervenção de Isaías. [21]Então Isaías,
filho de Amós,* mandou dizer a Eze-
quias: "Assim fala Javé, Deus de Israel,
ao qual dirigiste a oração a propósito
de Senaquerib, rei da Assíria: [22]Eis o
oráculo que Javé pronunciou contra
ele:

Ela te despreza, zomba de ti
a virgem, filha de Sião;
ela balança a cabeça a tuas costas,
a filha de Jerusalém.
[23]A quem insultaste e blasfemaste?
Contra quem elevaste a voz
e ergueste o olhar arrogante?
Contra o Santo de Israel!
[24]Por meio de teus servos insultaste o Senhor,
dizendo: Com meus numerosos carros
subi ao cimo dos montes,
às regiões mais remotas do Líbano.
Cortei seus mais altos cedros
e seus mais belos ciprestes.
Atingi sua maior altitude,
seu parque florestal.
[25]Eu cavei e bebi água,
com a planta de meus pés
sequei todos os rios do Egito.
[26]Não o ouviste? De longa data preparei estas coisas,
nos dias antigos fiz o propósito, agora o realizo.
Teu destino foi reduzir a montes de ruínas cidades fortificadas.
[27]Seus habitantes, debilitados,
assustados e confusos,
foram como plantas dos campos,
como a relva verde e o capim dos telhados,
como trigo queimado antes de crescer.
[28]Quando te sentas, quando sais ou entras, eu o sei,
e também que tremes de furor contra mim.
[29]Por causa de teu furor contra mim
e porque tua arrogância subiu até meus ouvidos,
porei meu anel em tuas narinas
e meu freio em teus lábios
e te farei voltar pelo caminho pelo qual vieste.
[30]Isto te servirá de sinal:*
neste ano se comerá do trigo caído
e no próximo ano do que cresce por si;
mas, no terceiro ano, semeai e colhereis,
plantai vinhas e comei de seu fruto.
[31]O resto que escapou da casa de Judá
produzirá novas raízes embaixo e frutos no alto.
[32]Pois de Jerusalém sairá um resto,
e sobreviventes do monte Sião.
O amor zeloso de Javé dos exércitos fará isto.
[33]Eis, pois, o que diz Javé sobre o rei da Assíria:*
ele não entrará nesta cidade,
não lançará uma só flecha,
não a atacará com escudos,
não construirá aterro.
[34]Ele voltará pelo caminho que veio,
e nesta cidade não entrará,
oráculo de Javé.
[35]Eu protegerei esta cidade e a salvarei
em atenção a mim mesmo e a meu servo Davi".

Derrota de Senaquerib. [36]Naquela
mesma noite, o Anjo de Javé saiu* e
feriu no campo assírio cento e oitenta
e cinco mil homens. De manhã, ao des-
pertar, não eram mais que cadáveres.

---

* **37**,21. 2Rs 19,20-28 | **37**,30. 2Rs 19,29ss | 33. 2Rs 19,32ss | 36. 2Rs 19,35ss

37Senaquerib levantou o acampamento e partiu. Voltou e ficou em Nínive. 38E aconteceu que, estando ele prostrado no templo de Nesroc, seu deus, seus filhos Adramelec e Sarasar o mataram com a espada e fugiram para o país de Ararat. Asaradon, seu filho, reinou em seu lugar.

38

Doença e cura de Ezequias. 1Naquele tempo, Ezequias foi atingido por doença mortal.*

O profeta Isaías, filho de Amós, veio dizer-lhe: "Assim fala Javé. Põe ordem em tua casa, pois vais morrer, não sobreviverás".

2Ezequias voltou o rosto para a parede e fez esta oração a Javé: 3"Ah! Javé, eu vos peço, lembrai-vos de que me comportei fielmente e com integridade de coração diante de vós e que fiz o que era reto a vossos olhos". E Ezequias derramou abundantes lágrimas.

4Então a palavra de Javé foi dirigida a Isaías: 5"Vai e dize a Ezequias: Assim fala Javé, Deus de Davi, teu pai: Eu ouvi tua oração, eu vi tuas lágrimas†. Acrescentarei quinze anos a tua vida.

6Eu livrarei a ti e esta cidade das mãos do rei da Assíria e protegerei esta cidade. 7Eis, da parte de Javé, o sinal de que Javé fará o que disse. 8Vou fazer recuar dez degraus a sombra que por efeito do sol se alongou sobre os degraus de Acaz".

E o sol recuou dez degraus sobre os degraus em que tinha descido†.

Cântico de ação de graças. 9Cântico de Ezequias, rei de Judá, quando teve a doença da qual foi curado:

10"Eu dizia: Na metade de meus dias,*
eu vou para as portas do lugar dos mortos,
privado do resto de meus anos.
11Eu dizia: Já não verei mais Javé*
na terra dos vivos,
não poderei mais olhar um rosto humano
entre os habitantes do mundo.
12Minha morada foi arrancada,
lançada para longe de mim
como tenda de pastores;
como tecelão enrolei minha vida,*
ele me cortou do tear†.
Do dia para a noite me conduzis ao fim.*
13Gritei até de manhã; como um leão,*
é assim que ele quebra todos os meus ossos;
do dia à noite pondes um termo a minha vida.
14Pio como andorinha,
gemo como pomba;*
meus olhos se cansam de olhar para o alto.
Senhor, eu sou oprimido, vinde em meu auxílio.*
15Como falarei e o que lhe direi?
É ele que age.
Viverei todos os meus anos
na amargura de minha alma.
16Senhor, meu coração espera em vós,
que meu espírito reviva;
curai-me e fazei-me viver.
17Eis que minha amargura se mudou em bem-estar.
Fostes vós que preservastes minha alma*
da fossa do nada,
porque lançastes para trás de vós todos os meus pecados†.
18Pois não é o lugar dos mortos que vos louva,*
nem a morte que vos celebra.
Não esperam em vossa fidelidade
os que descem ao túmulo.
19O vivente, só o vivente é que vos louva†,
como eu hoje.
O pai dará a conhecer a seus filhos*
vossa fidelidade.

---

* **38**,1. 2Rs 20,1-11 | 10. Sl 116 | 11. Sl 27,13 | 12. Jó 7,6 / Jó 4,20; Sl 90,5s | 13. Jó 10,16 | 14. Sl 69,4 / Sl 121,1 | 17. Sl 103,3s | 18. Sl 6,6; Br 2,17; Eclo 17,31 | 19. Dt 4,9 |

† **38**,5. 2Rs 20,5 acrescenta: "Eu vou te curar: dentro de três dias, subirás ao templo de Javé", frase que não consta no TM, mas o v. 22 parece supor este acréscimo. | 8. Ver a nota em 2Rs 20,11. | 12. Símbolos de uma vida breve, que finda antes da hora. | 17. A doença era considerada castigo do pecado, e a cura era sinal do perdão, Mt 9,2-6. | 19. "A glória de Deus é o homem vivo, e a vida do homem é a visão de Deus" (S. Irineu).

[20]Javé, vinde em meu auxílio,
e faremos ressoar nossas harpas
todos os dias de nossa vida
no templo de Javé".
[21]Isaías disse: "Trazei uma pasta de fi-
gos, aplicai-a sobre a úlcera e ele ficará
curado". [22]Disse Ezequias: "Qual será o
sinal de que hei de subir ao templo de
Javé?"

39 **Embaixada do rei de Babilô-
nia.** [1]Naquele tempo, Mero-
dac-Baladã, filho de Baladã, rei de Ba-
bilônia,* enviou cartas e um presente
a Ezequias, pois ele ficara sabendo de
sua doença e de seu restabelecimento.
[2]Ezequias ficou alegre e mostrou aos
mensageiros a sala do tesouro, a pra-
ta, o ouro, os aromas, o óleo precioso,
bem como todo o seu arsenal e tudo o
que se achava em seus depósitos. Não
houve nada em seu palácio e em todo
o seu domínio que Ezequias não lhes
mostrasse.
[3]Então o profeta Isaías veio ter com
o rei Ezequias e perguntou-lhe: "Que
foi que disseram aqueles homens e de
onde vieram a ti?" Ezequias respon-
deu: "Vieram de um país distante, de
Babilônia". [4]Isaías perguntou: "Que foi
que viram em teu palácio?" Ezequias
respondeu: "Viram tudo o que há em
meu palácio; não há nada em meus
depósitos que eu não lhes tenha mos-
trado".
[5]Então Isaías disse a Ezequias: "Escuta
a palavra de Javé dos exércitos: [6]Virão
dias em que tudo o que está em teu
palácio e tudo o que ajuntaram teus
pais até hoje será levado a Babilônia.
Nada será deixado, diz Javé. [7]Dentre
os filhos nascidos de ti, e que tu ge-
raste, tomarão alguns para serem eu-
nucos no palácio do rei de Babilônia".
[8]Ezequias disse a Isaías: "É uma palavra
favorável de Javé que tu anuncias". Ele
pensava: "Com efeito, haverá paz e se-
gurança durante minha vida".

VII. O LIVRO DA CONSOLAÇÃO (40–55)†

40 **Anúncio da libertação.**
[1]"Consolai, consolai meu povo,
diz vosso Deus;*
[2]falai ao coração de Jerusalém
e anunciai-lhe que seu serviço está terminado,
que sua culpa está expiada,
que ela recebeu de Javé
punição dupla por todos os seus pecados".
[3]Uma voz proclama:*
"Preparai no deserto o caminho de Javé,
aplanai na estepe uma estrada para nosso Deus.
[4]Que todo vale seja aterrado,*
toda montanha e colina sejam rebaixadas;
o terreno acidentado se mude em plano
e as escarpas, em largos vales.
[5]Então a glória de Javé se revelará*
e todos os seres de carne juntos a verão,
porque a boca de Javé falou".*
[6]Uma voz diz: "Clama!"
E eu respondo: "Que clamarei?"
"Toda carne é erva
e toda a sua glória é como a flor dos campos.
[7]A erva seca e a flor murcha*
quando o sopro de Javé passa sobre elas;
sim, o povo é como a erva.
[8]A erva seca, a flor murcha,*
mas a palavra de nosso Deus permanece para sempre".
[9]Sobe a uma alta montanha,
tu que trazes boas notícias a Sião;
eleva com força tua voz,
portadora de boas notícias para Jerusalém;
eleva a voz, não temas;
dize às cidades de Judá: "Eis aqui vosso Deus!

---

* **39**,1. 2Rs 20,12-19 | **40**,1. 52,7-12 | 3. Mt 3,3; Ml 3,1.23s; Eclo 48,10 | 4. 45,2; Lc 3,4ss | 5. Êx 24,16; Is 58,8; 60,1 / Is 1,20; 58,14 | 7. Tg 1,10s; 1Pd 1,24s; Is 51,12 | 8. Jó 14,2; Sl 37,2; 90,5; 119,89

† **VII.** Começa o Segundo Isaías, o "livro da consolação", que anuncia aos exilados de Babilônia a próxima libertação: que o povo tenha confiança e se alegre, porque Deus vai manifestar sua grandeza.

[10]Eis que o Senhor Javé vem com poder,
seu braço assegura sua autoridade;
traz consigo seu prêmio,*
e sua recompensa o precede†.
[11]Como um pastor ele apascenta* seu rebanho†,
com seu braço reúne os cordeiros,
carrega-os no colo
e conduz devagar as ovelhas que amamentam".

Grandeza de Javé†. [12]Quem mediu as águas do mar no côncavo da mão*
e calculou com o palmo as dimensões do céu?
Quem recolheu numa medida o pó da terra,
pesou as montanhas no gancho
e as colinas na balança?
[13]Quem dirigiu o espírito de Javé*
e o instruiu como conselheiro?
[14]A quem ele consultou
que pudesse dar-lhe entendimento,
ensinar-lhe o caminho da justiça,
transmitir-lhe a ciência
e indicar-lhe o caminho do discernimento?
[15]Eis as nações:
são como gota-d'água de um balde,*
são contadas como pó na balança.
Eis as ilhas:
pesam como a poeira.
[16]O Líbano não bastaria para acender o fogo,
nem seus animais bastariam para o holocausto.
[17]Todas as nações são como um nada diante dele;*
ele as considera como um nada e nulidade.

Nulidade dos ídolos†. [18]A quem podeis comparar Deus?*
Com qual imagem representá-lo?
[19]Com um ídolo?
Foi um artesão que o fundiu,*
um ourives o recobre de ouro,
fundindo também correntes de prata†.
41[6]Cada um ajuda seu companheiro,
dizendo ao outro: "Coragem!"*
41[7]O artesão encoraja o ourives,
e o que alisa com o martelo ao que bate na bigorna,
dizendo da soldadura: "Está bem".
Então reforça-a com pregos para que não fique frouxa.
[20]Quem faz oferta de pobre
escolhe uma madeira que não se estraga,
procura um hábil artesão
para fazer uma estátua que não cambaleie.*
[21]Não sabeis disso, não o ouvistes?
Não vos foi anunciado desde o início?
Não entendestes os fundamentos da terra?
[22]Ele está sentado sobre o globo da terra,*
cujos habitantes são como gafanhotos;
ele estende os céus como toalha*
e os desdobra como tenda para morar.
[23]Reduz a um nada os governantes*
e faz dos juízes da terra uma nulidade.
[24]Mal foram plantados, mal foram semeados,*
mal seu talo se enraizou na terra,
ele sopra sobre eles, e eles secam;
a tempestade os carrega como palha.

Deus nossa esperança. [25]"A quem me comparareis?
a quem eu serei igual?" diz o Santo.*

---

* **40**,10. 62,11 | 11. Ez 34,1; Dt 32,11; Lc 15,5 | 12. Jó 28,23-27; 38,4s | 13. Rm 11,34; 1Cor 2,16; Jó 15,8; 21,22; 36,22-26; 38,2-21 | 15. Eclo 10,16s; Sb 11,22 | 17. Dn 4,32; Sl 62,10 | 18. At 17,29 | 19. 41,6s; 44,9-20; Jr 10,1-16; 51,15-19 | **41**,6. 40,19s | **40**,20. Br 6; Sb 13,11-19 | 22. Dn 4,32 / 44,24; Sl 104,2 | 23. Sl 2,2-5; Jó 34,18s | 24. 17,13s | 25. 6,3

† **40**,10. Javé é como um rei vitorioso que conduz seu povo, por ele libertado do inimigo. | 11. Deus trata seu povo como um pastor que ama e protege seu rebanho. | 12. Quem não é capaz de "medir as águas" etc. não deve contestar as obras de Deus na história. | 18. Falando aos exilados, tentados a interpretar a derrota de Israel como derrota de seu Deus, o autor ridiculariza os ídolos mortos, feitos pelos homens, e exalta a onipotência de Javé, Senhor do universo. | 19. Entram aqui os vv.6-7 do c. 41. | 26. As estrelas, adoradas pelos babilônios, foram criadas por Javé sem esforço, simplesmente chamando-as pelo nome.

[26]Erguei os olhos para o alto e vede:*
Quem criou esses astros?
Ele mobiliza seu exército em boa ordem,
chama todos pelo nome.*
Seu vigor é tão grande e tal é sua força
que não falta* nenhum†.
[27]Por que dizes tu, Jacó,
e tu, Israel, afirmas:
"Meu caminho está oculto a Javé
e meu direito escapa a meu Deus"?
[28]Não o sabes? Não ouviste dizer?
Javé é um Deus eterno,
criador das extremidades da terra.
Ele não se fatiga nem se cansa,
insondável é sua inteligência.*
[29]Ele dá energia ao fraco
e aumenta o vigor do extenuado.
[30]Os adolescentes se cansam e se esgotam,
até mesmo os jovens vacilam e caem.
[31]Mas os que esperam em Javé renovam suas forças,*
criam asas como as águias,
correm sem cansar, caminham sem se fatigar.

41 **Deus suscitará Ciro**†. [1]Guardai silêncio diante de mim, ó ilhas;
que os povos renovem suas forças,
que se aproximem e falem;
juntos compareçamos em juízo.
[2]Quem o suscitou no oriente
e convoca a vitória a sua passagem,
entrega-lhe os povos, sujeita-lhe os reis?*
Sua espada os reduz ao pó
e seu arco os dispersa como palha.
[3]Ele os persegue e avança seguro
por uma estrada na qual não passaram seus pés.
[4]Quem fez e realizou isto?
Aquele que chama as gerações desde o início.
Eu, Javé, sou o primeiro,*
e com os últimos ainda estarei†.
[5]As ilhas viram e tiveram medo,
tremem as extremidades da terra;
eles se aproximam e chegam†.
Deus salvará seu povo. [8]Mas tu, Israel, meu servo,
Jacó, que eu escolhi,*
descendência de Abraão, meu amigo,*
[9]tu, a quem tomei das extremidades da terra,
que chamei das regiões mais distantes,
eu te disse: "Tu és meu servo,
eu te escolhi, não te rejeitei".
[10]Não tenhas medo, pois estou contigo,
não te angusties, pois eu sou teu Deus;
eu te fortaleço e te ajudo,
eu te sustento com minha mão direita vitoriosa.
[11]Eis que ficarão envergonhados e confusos*
os que se enfureciam contra ti;
serão aniquilados e perecerão
teus opositores.
[12]Procurarás sem encontrar
oque lutavam contra ti,
serão aniquilados,
cessarão de existir os que te combatiam.
[13]Porque eu, Javé, teu Deus,
tomo-te pela mão direita e te digo:
"Não temas, sou eu que te ajudo".
[14]Não temas, vermezinho de Jacó,
larva de Israel, sou eu que te ajudo*
– oráculo de Javé – ;
teu Redentor† é o Santo de Israel.*
[15]Eis que faço de ti uma debulhadora afiada,*
nova, munida de muitas pontas;
debulharás os montes e os triturarás,
transformarás em palha as colinas.
[16]Tu os jogarás ao vento,
e o vento os levará,
o torvelinho os dispersará;
tu te alegrarás com Javé,
te gloriarás do Santo de Israel.

* **40**,26. Gn 15,5 / Br 3,34s; Sl 147,4 / 49,14ss | 28. Rm 11,34 | 31. Sl 103,5 | **41**,2. 40,23 | 4. 44,6 | 8. Dt 7,6 / Tg 2,23 | 11. 45,14; Ap 3,9 | 14. 40,25 / 6,3 | 15. 28,27

† **41**,1. Ciro, rei persa, Is 44,28, libertará Israel do cativeiro conquistando Babilônia em 539 a.C. | 4. Este v. 4 exprime bem o que significa o nome de Javé: "Aquele que está sempre aí contigo". | 5. Os vv. 6-7 estão depois de 40,19. | 14. O redentor, "goel" em hebraico, é aquele parente mais próximo, que tem a obrigação de prestar socorro.

Prodígios renovados. [17]Pobres e indigentes procuram água e não há;
sua língua está seca de sede.
Eu, Javé, lhes responderei;
eu, o Deus de Israel, não os abandonarei.
[18]Farei brotar rios em montes escalvados*
e fontes no meio dos vales.
Transformarei o deserto num açude
e a terra árida em mananciais de águas.
[19]Plantarei no deserto cedros,
acácias, murtas e oliveiras;
porei na estepe ciprestes,
junto com olmos e abetos;
[20]para que vejam e reconheçam,
prestem atenção e compreendam todos
que a mão de Javé fez isto,
que o Santo de Israel o criou.

Desafio de Javé aos falsos deuses.
[21]Apresentai vossa causa, diz Javé;*
mostrai vossas provas, diz o rei de Jacó;
[22]que venham à frente
e nos anunciem o que vai acontecer.
Narrai-nos vossas predições passadas,
e prestaremos atenção;
anunciai-nos o futuro,
e comprovaremos o êxito.
[23]Anunciai os acontecimentos futuros,
e saberemos que sois deuses.
Fazei ao menos o bem ou o mal,
para que nos admiremos e vejamos juntos.
[24]Eis que vós não sois nada,*
vossa obra é uma nulidade,
escolher-vos é abominável.
[25]Eu o suscitei do norte e ele veio,
desde o oriente eu o chamei por seu nome.
Ele pisoteia os governantes como a lama,
como o oleiro pisa a argila.
[26]Quem o anunciou desde o princípio,
para que o soubéssemos,
e no passado, para que disséssemos: "É verdade!"
Mas ninguém o anunciou,
ninguém o fez ouvir,
ninguém ouviu vossas palavras.
[27]Fui o primeiro a anunciá-lo a Sião,
enviei a Jerusalém um portador de boas novas.
[28]Olhei, mas não havia ninguém;
entre eles, ninguém que pudesse dar um conselho,
ou que, interrogado, pudesse dar-me resposta.
[29]Um nada todos eles juntos;*
nada são suas obras;
vento e vazio, seus ídolos.

42 **Primeiro canto do Servo†.** [1]Eis meu servo que eu sustento,*
meu escolhido em quem minha alma se compraz.
Sobre ele pus meu espírito,
para que leve o direito às nações.
[2]Não gritará, não elevará a voz,
nem se fará ouvir na rua.
[3]Não quebrará o caniço rachado,
nem extinguirá a mecha que ainda fumega†;
proclamará fielmente o direito.*
[4]Não vacilará e não se deixará abater,
até que estabeleça o direito sobre a terra,
pois esperam as ilhas seu ensinamento.
[5]Assim diz Deus, Javé,
que criou os céus e os estendeu,
consolidou a terra com sua vegetação,
deu a respiração ao povo que nela habita,
e o fôlego aos que a percorrem†.
[6]"Eu, Javé, te chamei para a justiça,
eu te peguei pela mão, te modelei e te estabeleci

---

* **41**,18. 35,6s; 43,20; 48,21 | 21. 43,8-13; 44,7-11 | 24. 41,29 | 29. 41,24 | **42**,1. 11,1-10; Jo 1,32ss; Mt 3,16 | 3. Jo 8,45; 14,6 | 6. Jo 8,12

† **42**. Primeiro dos 4 cânticos do Servo de Javé 42,1-7; 49,1-7; 50,4-9; 52,13–53,12. O Servo é um profeta que com mansidão prega às nações o direito e a justiça. | 3. Não se implanta a justiça pisoteando o fraco. | **42**,5. O que Deus fez no início da criação, faz também agora quando Israel sai da escuridão para a luz.

como aliança do povo e luz das nações,*
7para que abras os olhos dos cegos*
e retires da cadeia os prisioneiros*
e da prisão os que moram nas trevas".*

Javé, senhor da história. 8"Eu sou Javé: este é meu nome;
minha glória não darei a outros,*
nem aos ídolos minha honra.
9Eis que os primeiros fatos já sucederam,
e agora vos anuncio os novos;
antes que aconteçam, eu vo-los dou a conhecer".

Canto de vitória. 10Cantai a Javé um canto novo,*
seu louvor dos confins da terra;
os que descem ao mar e tudo o que o povoa,
as ilhas e seus habitantes.
11Exulte o deserto com suas cidades
e as aldeias onde moram os de Cedar!
Rejubilem os habitantes de Sela,
do alto dos montes gritem de alegria.
12Deem glória a Javé,
proclamem nas ilhas seu louvor.
13Como um herói avança Javé,
como um guerreiro desperta seu ardor;*
lança o brado de guerra, grita,
forte se mostra contra os inimigos.
14 Por longo tempo guardei silêncio,
eu me calava e me continha.
Como a mulher que dá à luz eu gemia,
suspirava e ao mesmo tempo ofegava.
15Montanhas e colinas eu vou devastar,*
toda a vegetação farei secar;
transformarei rios em ilhas e os açudes secarei.
16Vou conduzir os cegos
por um caminho que não conheciam,
por estradas que ignoravam os farei caminhar;
diante deles mudarei as trevas em luz
e os lugares ásperos em planície.
Isto eu farei, não falharei.
17Recuarão, cheios de vergonha,
os que confiam nos ídolos,
os que dizem às estátuas: "Vós sois nossos deuses".

Cegueira do povo. 18Surdos, ouvi! Cegos, olhai e vede!
19Quem é cego senão meu servo?*
Quem é surdo como o mensageiro que eu envio?
Quem é cego como meu amigo
e surdo como o servo de Javé?
20Muitas coisas tu viste sem prestar atenção.
Abrindo os ouvidos, não escutavas.
21Javé desejava, em sua justiça,
tornar sua lei grande e magnífica.
22Mas este é um povo saqueado e despojado.
Foram todos encerrados em cavernas,
fechados em prisões.
Foram saqueados, e ninguém para socorrê-los,
foram despojados, e ninguém para pedir reparação.
23Quem dentre vós prestará ouvido a isto
e, atento, escutará o futuro?
24Quem entregou Jacó à pilhagem
e Israel aos saqueadores?
Não foi Javé, contra o qual pecamos,
não querendo seguir seus caminhos,
nem obedecer a sua lei?
25Por isso derramou sobre ele
o ardor de sua ira e a violência da guerra.*
Rodeavam-no suas chamas, e ele não percebia,
queimavam-no e não dava atenção.

43

Libertação de Israel†. 1E agora, assim diz Javé que te criou, Jacó,*
que te modelou, Israel:
"Não temas; eu te resgatei,*

* **42**,7. Jo 9 / Jo 8,32 / Sl 107,10; Lc 1,79 | 8. 48,11 | 10. Sl 96,1; Ap 5,9 | 13. Sf 1,14 | 15. 44,27; 50,2; Sl 107,33 | 19. 41,8 | 25. 9,17s; Am 4,6 | **43**,1. 44,2 / 41,14 / 41,8

† **43**. Javé age como Redentor de Israel, libertando-o da escravidão e resgatando suas propriedades na terra prometida. | 7. Israel é um povo "criado" por Deus para difundir no mundo o conhecimento do verdadeiro Deus.

te chamei pelo nome, tu és meu.*
[2]Quando atravessares as águas,*
eu estarei contigo: a correnteza não te afogará;
quando passares pelo fogo,
não te queimarás, a chama não te abrasará.
[3]Pois eu sou Javé, teu Deus,
o Santo de Israel, teu Salvador.
Dei o Egito como teu resgate,
a Etiópia e Sebá em teu lugar.*
[4]Porque vales muito a meus olhos,
porque és precioso e eu te amo,
dou homens em troca de ti
e povos, em lugar de tua vida.
[5]Não temas, pois estou contigo.*
Do Oriente farei voltar tua estirpe
e do Ocidente eu te reunirei.
[6]Eu direi ao Norte: Restitui!
e ao Sul: Não retenhas!
Reconduze meus filhos de longe
e minhas filhas dos confins da terra,
[7]todos os que trazem meu nome,
que eu criei para minha glória, que eu modelei e fiz"†.

Existe um só Deus. [8]"Faze sair o povo
que é cego, mas tem olhos,*
e os que são surdos, mas têm ouvidos.
[9]Que todas as nações se reúnam,
que os povos se ajuntem.
Quem dentre eles proclamou isto
e nos deu a conhecer o passado?
Que apresentem suas testemunhas e se justifiquem,
para que se ouça e se diga: 'É verdade'.
[10]Minhas testemunhas sois vós,*
oráculo de Javé;
vós sois o servo que escolhi,*
para que saibais e acrediteis em mim*
e compreendais que sou eu:*
antes de mim nenhum deus foi formado*
e depois de mim não haverá nenhum†.
[11]Sou eu, sou eu Javé,*
e fora de mim não há Salvador.
[12]Fui eu que revelei, salvei e anunciei;
não é um estrangeiro que está entre vós;
sois vós minhas testemunhas†,
oráculo de Javé,
e eu sou Deus.
[13]Desde toda a eternidade eu o sou;
ninguém pode livrar de minha mão;
quem pode desfazer o que eu faço?"

Babilônia será destruída. [14]Assim diz
Javé,
vosso Redentor, o Santo de Israel:
"Por vossa causa enviei alguém a Babilônia;*
farei cair todas as correntes,
e os caldeus mudarão em lamentações seus gritos de alegria.
[15]Eu sou Javé, vosso Santo,*
o Criador de Israel, vosso rei".
[16]Assim fala Javé,
que traçou no mar um caminho,
uma estrada nas águas impetuosas,
[17]que fez sair carro e cavalo,
exército junto com tropa de elite;
eles dormiram para não mais se levantar;
apagaram-se, como mecha foram consumidos.
[18]Não recordeis as coisas passadas,
não penseis nas coisas antigas!
[19]Eis que faço uma coisa nova,*
ela já desponta, não a percebeis?
Porei no deserto um caminho, e rios na estepe.*
[20]Os animais selvagens me honrarão,
os chacais e os avestruzes;
porque eu pus água no deserto e rios na estepe,*
para dar de beber a meu povo, meu eleito.
[21]O povo que formei para mim proclamará meus louvores.

Ingratidão de Israel. [22]Tu, porém, não
me invocaste, Jacó,
mas te cansaste de mim, Israel.

---

* **43**,2. Sl 91 | 3. 1Rs 10,1 | 5. 8,10 | 8. 41,21-29; 44,7-11; 42,18 | 10. At 1,8 / 41,8 / Jo 15,16 / Jo 8,24.28 / 44,6 | 11. Os 13,4 / Dt 32,39; At 4,12 | 14. 41,14 | 15. Lv 17,1; 6,3 | 19. 2Cor 5,17; Ap 21,5 | 20. 35,6s; Êx 17,1-7

† **43**,10. Israel sabe e deve testemunhar que Javé é o único que pode salvar. | 12. "O homem contemporâneo está mais disposto a escutar as testemunhas do que os mestres" (Paulo VI).

23 Não me trouxeste cordeiros em holocausto,
não me honraste com teus sacrifícios.
Eu não te importunei com pedidos de oblações,
nem te cansei exigindo incenso.
24 Não compraste por dinheiro cana aromática para mim,
não me saciaste com a gordura de teus sacrifícios.
Mas deste-me trabalho com teus pecados
e me cansaste com tuas iniquidades.
25 Sou eu, sou eu
que cancelo por minha conta tuas transgressões,
e não me lembrarei mais de teus pecados.
26 Faze-me recordar, discutamos juntos;
fala tu mesmo para justificar-te.
27 Teu primeiro pai pecou,*
teus mediadores se revoltaram contra mim.*
28 Então eu destituí os chefes do santuário,
entreguei Jacó ao extermínio e Israel aos ultrajes.

44

Bênção de Israel. 1 Agora escuta, Jacó,*
meu servo, Israel, meu escolhido.
2 Assim fala Javé que te fez,*
que te modelou desde o seio materno e te sustenta:
"Não temas, Jacó, meu servo,
Jesurun†, meu escolhido.*
3 Pois eu vou derramar água sobre a terra sedenta†
e riachos sobre o solo ressecado;
derramarei meu espírito sobre tua posteridade*
e minha bênção sobre teus descendentes.*
4 Crescerão como erva junto à fonte,
como salgueiros à beira-d'água.
5 Este dirá: Eu pertenço a Javé,
aquele se chamará Jacó;
um outro escreverá sobre a mão: De Javé,
e será designado pelo nome de Israel".

Há um só Deus. 6 Assim fala Javé,
rei de Israel e seu Redentor,*
Javé dos exércitos:
"Eu sou o primeiro e sou o último;*
fora de mim não existe Deus.
7 Quem é como eu? Que o proclame!*
Que declare e relate diante de mim,
desde que estabeleci meu antigo povo,
as coisas que acontecerão e as que virão,
que ele as anuncie.
8 Não fiqueis ansiosos nem temais:
acaso não anunciei e revelei isto há muito tempo?
Vós sois minhas testemunhas:
existe um deus fora de mim?*
Não existe Rocha, eu não conheço".*

Sátira contra a idolatria. 9 Os fabricantes de ídolos são todos uma nulidade e suas obras preciosas de nada valem; mas seus devotos não veem e não entendem e por isso serão cobertos de vergonha.
10 Quem fabrica um deus ou funde um ídolo sem buscar vantagem?
11 Todos os seus adeptos ficarão envergonhados, como também seus artesãos, que não são mais que homens. Que se reúnam todos e se apresentem; ficarão assombrados e confusos todos eles.

12 O ferreiro fabrica um machado sobre brasas e com o martelo lhe dá forma; ele o forja com a força de seu braço. Depois sente fome e perde a força; não tendo bebido água, sente-se esgotado.
13 O marceneiro estende o cordel, traça a imagem com o giz, executa-a com o formão e a desenha com o compasso; dá-lhe a forma de um ser humano, segundo a beleza humana, para que possa morar num templo.

---

* **43**,27. Gn 27,36 / Jr 9,3; Os 12,4 | **44**,1. 41,8 | 2. 43,1; 44,24; Sl 22,10 / Dt 32,15; 33,5.26 | 3. 42,1 / 11,2 | 6. 41,21-29; 43,8-13; 48,12; 41,14 / Ap 1,8.17; 21,6; 22,13 | 7. 43,10; Dt 32,39; Dt 10,13 | 8. 45,21 / Dt 32,4; Is 17,10

† **44**,2. Ver a nota em Dt 32,15. | 3. Quando Israel recebe o espírito, a terra é transformada num novo paraíso. A água está muitas vezes relacionada com o espírito, Ez 36,25; Zc 12,10; Jo 3,5.

[14]Ele cortou para si cedros, escolheu
um cipreste e um carvalho que deixou
crescer para si entre as árvores da flo-
resta. Plantou um pinheiro que a chuva
fez crescer.
[15]Isto serve ao homem para quei-
mar; tomou parte dele para se es-
quentar,* acendeu o fogo e assou
pão. Mas dele fez também um deus
para o adorar, fabricou um ídolo para
diante dele se prostrar. [16]Metade
ele queima ao fogo, sobre suas bra-
sas assa a carne e a come e se sacia;
ao mesmo tempo se esquenta e diz:
"Ah! eu me aqueci bem e vi a chama".
[17]Com o restante ele faz um deus, seu
ídolo, e se prostra diante dele, adora-
-o e suplica, dizendo: "Salva-me, pois
tu és meu deus".
[18]Eles não sabem e não compreen-
dem, pois seus olhos são incapazes de
ver e seu coração, de refletir. [19]Nin-
guém pensa consigo mesmo, ninguém
tem o conhecimento e a inteligência de
se dizer: "Eu queimei metade ao fogo
e com suas brasas assei o pão; assei
a carne e a comi; com o resto eu fa-
ria uma coisa abominável, prostrar-me
diante de um pedaço de madeira?"
[20]Ele se alimenta de cinza, seu coração
iludido o desviou; não salvará sua vida,
nem dirá: "O que tenho na mão não é
uma falsidade?"

Resgate de Israel. [21]Lembra-te disto,
Jacó:*
és meu servo, Israel.*
Eu te formei, és meu servo,
não te esquecerei.*
[22]Dissipei tuas transgressões como a
névoa
e teus pecados, como nuvem;
volta para mim, pois eu te resgatei.
[23]Exultai, ó céus, pois Javé agiu;
jubilai, profundezas da terra!
Gritai de alegria, ó montes,
ó selvas, com todas as vossas árvo-
res,
porque Javé resgatou Jacó
e em Israel manifestou sua glória.

O poder de Javé. [24]Assim fala Javé, teu
Redentor,
aquele que te modelou desde o seio
materno:*
"Sou eu, Javé, que fiz todas as coisas,
que sozinho estendi os céus, firmei a
terra; quem me ajudou?
[25]Eu reduzo a nada as previsões dos
magos*
e mostro a insensatez dos adivinhos,
obrigo os sábios a retratar-se
e transformo sua ciência em loucura.
[26]Eu confirmo a palavra de meu servo
e cumpro o projeto de meus mensa-
geiros.
Eu digo a Jerusalém: Tu serás habitada,
e às cidades de Judá: Sereis recons-
truídas,
e levantarei suas ruínas.
[27]Eu digo ao oceano: Seca-te,
eu vou enxugar teus rios.*
[28]Eu digo a Ciro: Meu pastor.
Ele cumprirá toda a minha vontade,
dizendo a Jerusalém: Serás recons-
truída,
e ao templo: Serás reedificado".

45 **Vitória de Ciro.** [1]Assim diz
Javé a seu ungido, Ciro,
o qual tomei pela mão direita
para abater diante dele as nações e
desarmar os reis;
para abrir diante dele as portas,
para que as entradas não lhe fiquem
fechadas.
[2]"Sou eu que marcharei a tua frente;*
vou nivelar as montanhas,
quebrar as portas de bronze
e despedaçar suas trancas de ferro.*
[3]Vou entregar-te tesouros ocultos
e riquezas escondidas,
para que saibas que eu sou Javé,
aquele que te chama pelo nome, o
Deus de Israel.
[4]É por causa de meu servo Jacó*
e de Israel, meu eleito,
que te chamei pelo nome,
te dei um título, sem que me conhe-
ças†.

---

* **44**,15. Sb 13,11-19 | 21. 46,8 / 41,8 / 49,14ss | 24. 44,2 | 25. 1Cor 1,20 | 27. 42,15 | **45**,2. 40,4 / Sl 107,16 | 4. 41,8

† **45**,4. A história universal entra nos planos de Deus em favor do humilde povo exilado.

5Eu sou Javé, não há outro;*
fora de mim não existe deus.
Eu te preparei sem que me conheças,
6a fim de que se saiba, do nascer ao pôr do sol,
que não há ninguém exceto eu:
eu sou Javé, não há outro.
7Eu formo a luz e crio as trevas,*
eu faço a felicidade e provoco a adversidade;*
sou eu, Javé, que faço tudo isso".

Do céu vem a justiça. 8"Orvalhai, ó céus, lá do alto,*
e façam as nuvens chover a justiça;
abra-se a terra e produza a salvação*
e faça germinar juntamente a justiça.*
Eu, Javé, criei tudo isto†.

Os segredos divinos. 9Ai daquele que discute com quem o modelou,*
vaso entre os vasos da terra!
Acaso diz a argila ao seu oleiro:
"Que estás fazendo? Tua obra não tem mãos!"
10Ai daquele que diz a um pai: "O que tu geras?"
ou a uma mãe: "O que dás à luz?"
11Assim diz Javé,
o Santo de Israel, seu Criador:
"Quereis interrogar-me sobre o futuro de meus filhos
e dar-me ordens sobre a obra de minhas mãos?
12Fui eu que fiz a terra e criei o homem que a habita;
fui eu que com minhas mãos estendi os céus,
e dou ordens a todo o seu exército.
13Fui eu que o suscitei na justiça
e que vou aplanar todos os seus caminhos.
É ele que reconstruirá minha cidade
e repatriará meus deportados,
sem resgate nem indenização",
diz Javé dos exércitos.

A conversão dos pagãos. 14Assim fala Javé:
"Os produtos do Egito, as mercadorias da Etiópia
e os sabeus, esses homens de alta estatura,*
passarão para ti e te pertencerão.
Caminharão atrás de ti, presos por correntes.
Eles se prostrarão diante de ti
e te suplicarão, dizendo:
Não há Deus senão em ti e não há outros;
não existem outros deuses".
15Na verdade, tu és um Deus misterioso,
Deus de Israel, Salvador.
16São envergonhados e humilhados
todos juntos, caminham na humilhação
os fabricantes de ídolos.
17Israel será salvo por Javé,
salvo para sempre;
não sofrereis confusão nem vergonha
pelos séculos eternos.
18Pois assim fala Javé,
o Criador dos céus:
É ele que é Deus,
que modelou a terra e a fez,
foi ele que a consolidou;
não a criou vazia,
modelou-a para ser habitada.
"Eu sou Javé, não há outro.
19Não falei em segredo,*
em algum canto de um país obscuro;
eu não disse à estirpe de Jacó:
Procurai-me no caos!
Eu sou Javé que proclamo a justiça,
que anuncio coisas retas".

Javé é o senhor do mundo todo.
20"Reuni-vos e vinde!
Aproximai-vos todos juntos,
sobreviventes das nações!
São ignorantes os que transportam seus ídolos de madeira,
que oram a um deus que não salva.
21Manifestai e trazei as provas,
juntos deliberai!
Quem proclamou isto no passado*
e o tinha anunciado outrora?
Não sou eu, Javé?*

---

* **45**,5. 2Sm 7,22; 44,6 | 7. Am 4,13; 3,6 / Jó 1,21; Eclo 11,14 | 8. Sl 85,11s; Dt 32,2 / Is 51,5; 56,1 / Is 61,11 | 9. 29,16; Rm 9,20 | 14. 1Rs 10,1 | 19. Jo 18,20 | 21. 43,9-12; 41,22; 48,5 / Sl 18,32; 44,8

† **45**,8. A vitória de Ciro vai mudar o rumo dos acontecimentos e renovar o mundo. A liturgia do Advento utiliza este v. para exprimir o desejo da vinda do Salvador.

Não há outro Deus fora de mim;
Deus justo e Salvador, não há além de mim.
22Voltai-vos para mim e sereis salvos,
todos os confins da terra!
Pois eu sou Deus e não há outro.
23Eu o juro por mim mesmo,
de minha boca sai o que é justo,
uma palavra irrevogável:
Sim, diante de mim se dobrará todo joelho,*
por mim jurará toda língua,
24dizendo: Só em Javé estão a justiça e a força".
A ele virão, cobertos de vergonha,*
todos os que se indignavam contra ele.
25Em Javé obterá o triunfo e a glória
toda a estirpe de Israel.

46 **Contraste entre Javé e os ídolos.** 1Bel se curvou, Nebo se abateu;*
seus ídolos são entregues a animais e a jumentos;
as coisas que levais são pesadas,
uma carga para os animais cansados.
2Eles desabaram, caíram todos juntos,
não se pode salvar esta carga,
mas eles próprios foram para o cativeiro.
3Escutai-me, casa de Jacó,
e vós todos, resto da casa de Israel;
vós, que eu carreguei desde o nascimento†,
vós, de quem eu cuidei desde o seio materno.*
4Até vossa velhice eu permaneço o mesmo,
até os cabelos brancos vos levarei;
como já o fiz, eu vos sustentarei,
levarei e salvarei.
5Com quem me comparais e me identificais?*
Com quem me confrontais,
como se fôssemos semelhantes?
6Tiram ouro da bolsa, pesam a prata na balança;
pagam um ourives para que faça um deus,*
que depois veneram e adoram.
7Sobre os ombros o colocam e o transportam,
depois o depõem sobre a base e aí fica;
não se move mais de seu lugar.
Por mais que lhe gritem, não responde,
não os salva do perigo.
8Lembrai-vos disso e ficai firmes;*
refleti, ó rebeldes.
9Recordai os fatos passados desde antigamente,
porque eu sou Deus e não há outro;
sou Deus e nada é igual a mim.
10Desde o início anunciei o futuro,*
de antemão, o que ainda não sucedeu.*
Eu digo: "Meu projeto se realizará,
cumprirei tudo o que me agrada".
11Eu chamo do oriente a ave de rapina,*
de uma terra distante o homem de meus desígnios.
Assim falei e assim acontecerá;
projetei, assim farei.
12Escutai-me, homens de coração duro,
vós, que estais longe da justiça!
13Faço chegar minha justiça, ela não está longe,
minha salvação não tardará.
Porei em Sião a salvação,
a Israel darei minha glória.

47 **Queda de Babilônia.** 1Desce e senta-te no pó, virgem filha de Babilônia†.
Senta-te no chão, sem trono, filha dos caldeus,
pois não serás mais chamada terna e delicada.
2Toma a mó e mói a farinha,
tira o véu, levanta o vestido,
descobre as pernas, atravessa os rios.

---

* **45**,23. Rm 14,11; Fl 2,10s | 24. 41,11 | **46**,1. Jr 50,2 | 3. 63,9; Êx 19,4 | 5. 44,7 | 6. 40,20 | 8. 44,21 | 10. 45,21; 41,26s / Sl 33,11 | 11. 41,2.5; 45,13

† **46**,3. Os ídolos eram carregados por seus devotos; Javé, ao contrário, carrega seu povo. | **47**,1. A expressão "filha de" é uma personificação da própria cidade.

3Que apareça tua nudez*
e que tua vergonha seja visível.
"Executo minha vingança e ninguém se oporá",
4diz nosso Redentor,
que se chama Javé dos exércitos, o Santo de Israel.*
5Senta-te em silêncio e entra nas trevas,
filha dos caldeus,
porque nunca mais serás chamada senhora dos reinos.
6Eu estava irado contra meu povo,*
tinha deixado profanar minha herança,
por isso a tinha entregue em tuas mãos;
mas tu não lhe mostraste piedade;
até sobre os velhos fizeste pesar duramente teu jugo.
7Tu pensavas: "Sempre serei senhora, sempre".*
Não consideraste essas coisas,
nem pensaste qual seria seu fim.
8Agora escuta isso, ó amiga dos prazeres,
que reinavas segura e pensavas:
"Eu e ninguém fora de mim!*
Não ficarei viúva, não conhecerei a perda dos filhos".
9Mas te acontecerão essas duas coisas,
de improviso, num só dia:
perda dos filhos e viuvez cairão sobre ti,
não obstante a multidão de tuas magias*
e a força de teus muitos encantamentos.
10Confiavas em tua malícia e dizias:
"Ninguém me vê".
Teu saber e tua ciência te desviaram.
No entanto dizias em teu coração:
"Eu e ninguém fora de mim".
11Virá sobre ti uma desgraça
que não saberás esconjurar;
cairá sobre ti uma calamidade
que não poderás evitar.
De improviso virá sobre ti uma catástrofe
que não imaginavas.
12Continua, pois, com teus encantamentos
e a multidão de tuas magias,
pelas quais te cansaste desde a juventude:
talvez poderão ajudar-te,
talvez poderás causar terror!
13Estás cansada de teus conselheiros:
que se apresentem e te salvem
os astrólogos que medem o céu e observam as estrelas,
os quais todo mês te anunciam o que te vai acontecer.
14Eis que são como estopa, o fogo os consome;
não se salvarão a si mesmos do poder das chamas.
Não haverá brasas para se aquecer,
nem fogo diante do qual se assentar.
15Assim se tornaram para ti teus magos,
com os quais te cansaste desde tua juventude;
cada um vai para seu lado e ninguém para te salvar.

48 **Somente Javé guia a história**†. 1Ouvi isto, ó casa de Jacó,
vós que sois chamados Israel
e que saístes das entranhas de Judá,
vós que jurais pelo nome de Javé*
e invocais o Deus de Israel,
mas sem sinceridade e retidão;*
2pois eles tomam o nome da cidade santa†
e se apoiam sobre o Deus de Israel,
que se chama Javé dos exércitos.
3Eu tinha anunciado desde muito tempo as coisas passadas,
tinham saído de minha boca,
eu as tinha proclamado.
De improviso eu agi e aconteceram.
4Porque eu sabia que tu és obstinado,
que teu pescoço é como um tendão de ferro*

* **47**,3. Jr 13,22; Os 2,5 | 4. 41,14; 6,3 | 6. 10,6; Zc 1,15 | 7. Dt 32,28s | 8. Ap 18,7s; Sf 2,15 | 9. Ap 18,23 | **48**,1. Jr 5,2 / Am 5,21 | 4. Dt 32,9

† **48**. Deus realiza seu plano de salvação, não por mérito do povo, mas para honrar sua palavra. | 2. Jerusalém é santa – os árabes ainda hoje a chamam "el-Quds", a Santa – porque é o símbolo da presença de Deus e do cumprimento das promessas da aliança.

e tua fronte é de bronze,
5eu te anunciei os fatos há muito tempo,
antes que acontecessem os proclamei,
para que não dissesses: "Foi meu ídolo que os fez,*
minha estátua de madeira ou de metal os mandou".
6Tudo isso ouviste e viste; não vais anunciá-lo?
Agora te proclamo coisas novas e secretas que não conhecias.
7Agora é que foram criadas e não desde muito tempo;
até hoje não as havias conhecido,
para que não dissesses: "Eu já sabia".
8Não, tu não as havias jamais ouvido nem sabido,
desde muito tempo teu ouvido não era atento;
pois eu sabia que és de fato pérfido
e que és chamado desleal desde o seio de tua mãe.*
9Por causa de meu nome adiarei minha cólera,
por minha honra terei paciência contigo,
para não te aniquilar.
10Eis que te purifiquei para mim como prata,*
eu te provei na fornalha da aflição.
11Por amor de mim, por amor de mim eu o faço;*
como poderia deixar profanar meu nome?
Não cederei a outros minha glória.*

A escolha de Ciro. 12Escuta-me, Jacó, Israel que eu chamei:
Sou eu, sou eu o primeiro e também o último.*
13Sim, minha mão consolidou a terra,*
minha direita estendeu os céus.
Quando os chamo, todos juntos se apresentam.
14Reuni-vos, todos vós, e escutai-me.
Quem deles predisse essas coisas?
Alguém que eu amo cumprirá minha vontade sobre Babilônia
e, com seu braço, sobre os caldeus.
15Fui eu, fui eu que falei; eu o chamei,
eu o fiz vir e lhe dei sucesso em seus empreendimentos.
16Aproximai-vos de mim para ouvir isto.*
Desde o princípio não falei em segredo;
desde quando isto aconteceu eu estou lá.
Agora o Senhor Javé mandou-me com seu espírito.
17Assim fala Javé, teu Redentor, o Santo de Israel:
"Eu sou Javé teu Deus
que te ensino para teu bem,
que te guio pela estrada na qual deves caminhar.
18Se tivesses prestado atenção a meus mandamentos,
tua paz seria como um rio
e tua justiça, como as ondas do mar.
19Tua descendência seria como os grãos de areia;*
jamais seria eliminado nem cancelado teu nome diante de mim".

Apelo para deixar Babilônia. 20Saí de Babilônia, fugi dos caldeus;*
anunciai-o com gritos de alegria,
proclamai-o, fazei-o chegar até os confins da terra.
Dizei: "Javé resgatou seu servo Jacó".*
21Não sofreram sede, enquanto os levava por desertos;*
água da rocha* fez brotar para eles†;
fendeu a rocha, brotaram as águas.
22"Não há paz para os malvados",* diz Javé†.

49 **Segundo canto do servo†.** 1Escutai-me, ó ilhas,*
ouvi atentamente, nações distantes;
do seio materno Javé me chamou,*

---

* **48**,5. 42,9 | 8. 1,2 | 10. Sl 66,10; Is 1,25 | 11. Ez 36,22 / Is 42,8 | 12. 44,6 | 13. Rm 4,17 | 16. 45,19 | 19. Gn 15,5; 22,17 | 20. Jr 50,8; 51,6.45; Ap 18,4 / 41,8 | 21. 40,3 / Êx 17,1-7; Nm 20,1-11 | 22. 57,21 | **49**,1. 41,1 / Jr 1,5; Gl 1,15

† **48**,21. Este comentário de Nm 20,11 deu origem à lenda segundo a qual a rocha acompanhava os israelitas durante o êxodo, 1Cor 10,4. | 22. Este v. repete 57,21, onde tem sentido, mas aqui está fora do contexto. | **49**. O Servo reconduz Israel a seu Deus e é luz para as nações.

desde o ventre de minha mãe pronunciou meu nome.
[2]Fez de minha boca uma espada afiada,*
escondeu-me na sombra de sua mão,
tornou-me como flecha pontiaguda,
guardou-me em sua aljava.
[3]Ele me disse: "Meu servo és tu, Israel,
em ti manifestarei minha glória".
[4]No entanto, eu pensava:
"Foi em vão que me cansei,*
por um nada e inutilmente gastei minhas forças".
Mas, na verdade, meu direito está junto a Javé,*
minha recompensa, junto a meu Deus.
[5]Agora Javé falou,
ele que desde o seio materno me modelou como seu servo
para reconduzir a ele Jacó e a ele reunir Israel,
pois eu era estimado de Javé
e Deus tem sido minha força.
[6]Disse-me ele:
"É pouco que sejas meu servo
para restaurar as tribos de Jacó
e reconduzir os sobreviventes de Israel.
Faço de ti a luz das nações,*
para que minha salvação chegue até os confins da terra".
[7]Assim fala Javé,
o Redentor de Israel, seu Santo,*
àquele cuja vida é desprezada,
ao rejeitado pelas nações, ao escravo dos tiranos:
"Os reis o verão e se levantarão,*
os príncipes o verão e se prostrarão,
por causa de Javé que é fiel,
por causa do Santo de Israel que te escolheu".
O retorno do exílio. [8]Assim fala Javé:
"No tempo da misericórdia te escutei,*
no dia da salvação te ajudei.
Eu te modelei e fiz de ti a aliança para o povo,*
para restaurar o país e repartir as heranças devastadas,
[9]para dizer aos prisioneiros: Saí,*
e a quantos estão nas trevas: Vinde para fora.
Ao longo dos caminhos terão suas pastagens
e encontrarão pastos em toda altura desolada.
[10]Não sofrerão fome nem sede,*
o vento quente e o sol não lhes farão mal,*
porque aquele que tem piedade deles os guiará
e os conduzirá às fontes de água.*
[11]Transformarei todos os meus montes em estradas
e meus caminhos serão elevados.*
[12]Estes vêm de longe,
aqueles vêm do norte e do ocidente,
e aqueles outros do país de Sinim".
[13]Exultai, ó céus, alegra-te, ó terra,
gritai de alegria, ó montes,
porque Javé consola seu povo*
e tem piedade de seus aflitos.
[14]Sião disse: "Javé me abandonou,*
o Senhor me esqueceu".
[15]Acaso uma mulher esquece seu bebê
e deixa de comover-se pelo fruto de seu seio?
Mesmo se as mulheres esquecessem,
eu, porém, jamais te esquecerei.*
[16]Eis que te gravei sobre a palma de minhas mãos,
teus muros estão sempre diante de mim.*
[17]Teus construtores acorrem,
teus destruidores e devastadores se afastam de ti.
[18]Ergue os olhos ao redor e vê:*
todos se reúnem, vêm para ti.
"Como é verdade que eu vivo
– oráculo de Javé –,
todos eles são um ornamento com que te cobrirás;
com eles te enfeitarás como noiva".
[19]Porque tuas ruínas,
teus escombros e teu país desolado
serão agora estreitos demais para teus habitantes,
e se afastarão os que te devoravam.

---

* **49**,2. Hb 4,12; Ap 1,6; 19,15 | 4. 53,10ss / Fl 2,8-11 | 6. At 13,47; Lc 2,32 | 7. 41,14 / 60,10 | 8. 2Cor 6,2 / Is 42,6 | 9. 42,7 | 10. Ap 7,16 / Is 4,5s; 25,4s / Jo 4,1 | 11. 40,3s | 13. 40,1 | 14. 40,27; 54,8; Sl 22,2s; Os 11,8s | 15. 44,21 | 16. 60,10 | 18. 60,4

20 De novo te dirão aos ouvidos
os filhos que consideravas perdidos:
"Este lugar é estreito demais para mim;*
dá-me espaço, para que eu possa instalar-me".
21 Tu pensarás: "Quem me gerou estes?*
Eu era sem filhos e estéril, exilada e rejeitada;
quem foi que criou estes?
Eu tinha ficado sozinha, e estes, onde estavam?"
22 Assim fala o Senhor Javé:
"Eis que farei sinal com a mão aos povos,
para as nações erguerei minha bandeira.
Trarão de volta teus filhos nos braços,*
tuas filhas serão trazidas nos ombros.
23 Os reis serão teus tutores*
e suas princesas, tuas amas de leite.
Com o rosto em terra se prostrarão a tua frente,*
beijarão o pó de teus pés;
então saberás que eu sou Javé
e que não ficarão desiludidos os que esperam em mim".*
24 Acaso se pode retirar do guerreiro a presa?
Ou pode um prisioneiro fugir do tirano?
25 No entanto, assim fala Javé:
"Também o prisioneiro será retirado do guerreiro,*
a presa será libertada do tirano.
Vou processar os que te processam
e salvarei teus filhos.
26 Farei teus opressores comer as próprias carnes,*
com o próprio sangue vão embriagar-se como de vinho.
Então todo o mundo saberá*
que eu sou Javé, teu Salvador,
que teu Redentor é o Forte de Jacó".*

50 **Javé não repudiou a nação.**
1 Assim fala Javé:
"Onde está o documento de repúdio de vossa mãe*
com o qual a rejeitei?
Ou a qual de meus credores eu vos vendi?*
Sim, foi por vossas iniquidades que fostes vendidos,*
foi por vossas transgressões que foi rejeitada vossa mãe.
2 Por que razão não há ninguém, agora que eu vim?
Por que, agora que eu chamo, ninguém responde?*
Acaso minha mão é curta demais para resgatar*
ou não tenho força para salvar?
Eis que com uma ameaça enxugo o mar,*
transformo os rios em deserto.
Seus peixes, por falta de água, apodrecem,
mortos de sede.
3 Revisto os céus de obscuridade,
como coberta lhes dou pano de saco".
Terceiro canto do servo†. 4 O Senhor
Javé me deu uma língua de discípulo,
para que eu saiba encorajar os desanimados.
Cada manhã me desperta,
desperta meu ouvido
para que eu escute como discípulo.
5 O Senhor Javé abriu-me os ouvidos
e eu não opus resistência, não recuei.*
6 Apresentei meu dorso aos que me batiam,
e a face aos que me arrancavam a barba.*
Não escondi o rosto dos que me insultavam e cuspiam.
7 O Senhor Javé me assiste,
por isso não me deixo abater;
por isso torno minha face dura como pedra,*
sabendo que não fico desiludido.*
8 Está perto aquele que me faz justiça;
quem ousará processar-me?
Compareçamos juntos.
Quem é meu acusador? Aproxime-se de mim.

---

* **49**,20. 54,1ss | 21. 65,23; Jr 31,27; Zc 2,8 | 22. 60,4.9; Br 5,6 | 23. 60,16 / 60,14 / 30,18; Sl 25,3 | 25. Jr 31,11 | 26. 9,19 / 60,16 / 41,14 | **50**,1. Dt 24,1-4 / 52,3 / Br 4,6 | 2. 65,12; 66,4 / Nm 11,23 / Sl 106,9; 107,33; Na 1,4 | 5. 52,13-53,12 | 6. Mt 26,67; 27,30 | 7. Ez 3,8s / Sl 25,3

† **50**,4. O Servo é um discípulo atento ao ensinamento de Deus e aceita o sofrimento ligado a sua missão.

9Eis que o Senhor Javé me assiste:
quem vai declarar-me culpado?
Eis que todos eles se consomem
como veste,*
devorados pela traça.
Javé, Salvador e juiz. 10Quem dentre
vós teme Javé*
escute a voz de seu servo!
Aquele que caminha nas trevas, sem
ter luz,*
espere no nome de Javé, apoie-se
em seu Deus.
11Quanto a vós todos, que atiçais um
fogo e acendeis tochas,*
ide às chamas de vosso fogo,
entre as tochas que acendestes.
Assim vos tratará minha mão:
no tormento morrereis.

51

Fidelidade de Deus. 1Escutai-
-me, vós que estais em busca
de justiça,*
vós que buscais Javé;
olhai para a rocha da qual fostes cor-
tados,
para a mina de onde fostes tirados.
2Olhai para Abraão, vosso pai,
e para Sara, que vos deu à luz;
porque ele estava sozinho quando o
chamei,*
mas eu o abençoei e o multipliquei.
3Sim, Javé tem piedade de Sião,
tem piedade de todas as suas ruínas.
Vai fazer de seu deserto um Éden*
e de sua estepe, um jardim de Javé.
Nela haverá júbilo e alegria,
ações de graças ao som de música.
Apelo universal. 4Ouve-me atento,
meu povo;
minha nação, presta-me ouvidos.
Pois de mim sairá a lei,
meu direito será a luz dos povos.
5Minha vitória está próxima,
minha salvação se manifestará;
meus braços governarão os povos.
Em mim esperarão as ilhas,
terão confiança em meu braço.
6Erguei aos céus vossos olhos*
e olhai a terra embaixo,
porque os céus se dissolverão como
fumaça,*
a terra se consumirá como veste
e seus habitantes morrerão como
larvas.
Mas minha salvação durará para
sempre,*
minha justiça não será aniquilada.
7Escutai-me, vós que conheceis a jus-
tiça,
povo que trazeis no coração minha lei.
Não temais o insulto dos homens,
nem vos perturbeis com seus ultrajes,
8porque a traça os roerá como veste,*
e a larva os devorará como lã.*
Mas minha justiça durará para sempre,
minha salvação de geração em ge-
ração.
Invocação. 9Desperta, desperta, reves-
te-te de força,
ó braço de Javé.
Desperta como nos dias antigos,
no tempo das gerações passadas.
Acaso não foste tu que despedaças-
-te Raab*
e traspassaste o dragão?
10Não foste tu que secaste o mar, as
águas do grande abismo,*
e fizeste do fundo do mar uma estrada,
para que passassem os redimidos?
11Os resgatados de Javé voltarão
e chegarão a Sião com alegria,
trazendo consigo eterna felicidade;
júbilo e exultação os seguirão;
cessarão a dor e os gemidos.
O consolador é Javé. 12Sou eu, sou eu
vosso consolador.
Quem és tu para que temas o ho-
mem mortal,
ou o filho de homem destinado a ser
como a erva?
13Esqueceste Javé, teu Criador,*
que estendeu os céus e consolidou
a terra.
Tinhas medo sempre, o dia todo,
diante do furor do adversário,
porque tentava destruir-te.
Mas onde está agora o furor do ad-
versário?

---

* **50**,9. Jó 13,28; 51,8; Os 5,12 | 10. Êx 23,20s; Jo 3,11 / Is 42,16 | 11. Sl 7,14 | **51**,1. Mt 5,6; 6,33 | 2. Gn 12,1ss; Ez 33,24 | 3. Gn 2,8-17; Ap 2,7; 22,1s; Ez 36,35 | 6. Sl 102,26s / Mt 24,35; Ap 20,11; 2Pd 3,7-12 / Is 56,1 | 8. 50,9 / Jó 13,28 | 9. 30,7; Jó 3,8; Is 7,12 | 10. Êx 14,5-31; Is 63,13 | 13. Dt 32,5.15

[14]O prisioneiro será logo libertado;*
não morrerá na fossa nem lhe faltará pão.
[15]Eu sou Javé, teu Deus,
que agita o mar e faz rugir suas ondas
e se chama Javé dos exércitos.
[16]Eu pus minhas palavras em tua boca,*
eu te escondi na sombra de minha mão
quando estendi os céus e consolidei a terra
e disse a Sião: "Tu és meu povo".
Libertação. [17]Desperta, desperta,*
fica de pé, Jerusalém,
que bebeste da mão de Javé a taça de sua ira;
é um cálice, uma taça de vertigem que bebeste e esvaziaste.
[18]Não há ninguém que a guie
entre todos os filhos que ela deu à luz;
ninguém que a tome pela mão
entre todos os filhos que ela criou.
[19]Dois males te sobrevieram,*
quem terá piedade de ti?
Desolação e destruição, fome e espada,
quem te consolará?
[20]Teus filhos jazem sem força*
nos cantos de todas as ruas,
como antílopes numa rede,
prostrados pela ira de Javé,
pela ameaça de teu Deus.
[21]Portanto, escuta isto, ó infeliz,
ó ébria, mas não de vinho.
[22]Assim fala teu Senhor Javé, teu Deus,
defensor da causa de seu povo:
"Eis que eu retiro de tua mão a taça da vertigem,
o cálice, a taça de minha ira; não mais a beberás.
[23]Eu a porei na mão de teus perseguidores que te diziam:
Curva-te e passaremos sobre ti.
Fazias de teu dorso um chão
e uma estrada para os transeuntes".

52 **Convite a Jerusalém.** [1]Desperta, desperta,
reveste-te de tua força, Sião,*
veste as mais belas roupas, Jerusalém, cidade santa,
porque nunca mais entrarão em ti incircuncisos e imundos.*
[2]Sacode tua poeira,
levanta-te, Jerusalém escrava!
Solta de teu pescoço as correntes,
escrava filha de Sião!
[3]Porque assim fala Javé:
"Sem preço fostes vendidos,
sem dinheiro sereis resgatados".
[4]Porque assim diz o Senhor Javé:
"Ao Egito desceu meu povo outrora
para morar lá como estrangeiro;
depois o assírio o oprimiu sem motivo.
[5]Mas agora, que faço eu aqui?
– oráculo de Javé –
Pois meu povo foi deportado por nada!
Seus dominadores triunfam
– oráculo de Javé –
e sempre, todos os dias, meu nome é desprezado†.
[6]Por isso, meu povo conhecerá meu nome,
compreenderá naquele dia que sou eu que digo: Eis-me aqui".
[7]Como é belo ver correndo sobre os montes*
o mensageiro que anuncia a paz,
mensageiro de bem que anuncia a salvação,
que diz a Sião: "Teu Deus reina".
[8]Estás ouvindo?
Tuas sentinelas erguem a voz,
juntas gritam de alegria
porque veem com seus olhos o retorno de Javé a Sião.*
[9]Exultai, cantai em coro, ruínas de Jerusalém,
porque Javé consolou seu povo,
resgatou Jerusalém.
[10]Javé desnudou seu santo braço
diante de todas as nações;
e todos os confins da terra
verão a salvação de nosso Deus.
[11]Fora, fora, saí de lá!
Não toqueis nada de impuro.*

* **51**,14. Jr 31,35 | 16. 59,21 | 17. 52,1 | 19. Jr 15,5 | 20. Na 3,7 | **52**,1. 51,9 / Ap 21,27 | 7. Na 2,1; Rm 10,15; Mc 16,15s | 8. Êx 33,20; Ez 43,1-5 | 11. Jr 51,45; Ap 18,4

† **52**,5. Javé não vai tolerar que os inimigos zombem de Israel humilhado

Saí do meio dela, purificai-vos,
vós que levais os vasos de Javé.
12Não devereis sair depressa*
nem ir embora como fugitivos,
porque a vossa frente caminha Javé
e na retaguarda, o Deus de Israel.

Quarto canto do servo†. 13Eis que meu servo prosperará,*
crescerá e se elevará,
será sumamente exaltado.
14Como muitos ficaram pasmados a sua vista
– por demais desfigurado para ser de homem seu aspecto,
e sua forma já não era a dos filhos de Adão –*
15assim se maravilharão dele muitas nações;
diante dele os reis ficarão de boca fechada,
porque verão um fato jamais contado a eles
e observarão o que nunca tinham ouvido.

53 1Quem acreditou naquilo que anunciamos?*
A quem se manifestou o braço de Javé?
2Cresceu como broto diante dele
e como raiz em terra árida.
Não tem aparência nem beleza para atrair nossos olhares,
nem esplendor para nos agradar.
3Desprezado e rejeitado por todos,*
homem das dores que bem conhece o sofrimento,
como se escondesse de nós sua face,
era desprezado e não fizemos nenhum caso dele.
4Mas eram nossos sofrimentos que ele tomou sobre si,*
eram nossas dores que ele assumiu;
e nós o julgávamos castigado,
ferido por Deus e humilhado.*
5Mas foi traspassado por causa de nossos crimes,*
esmagado por causa de nossas iniquidades†.
Abateu-se sobre ele o castigo que nos traz a paz,
e por suas chagas fomos curados.*
6Todos nós estávamos perdidos como ovelhas,*
cada qual seguindo seu caminho;
e Javé fez recair sobre ele
a iniquidade de todos nós.
7Maltratado, deixou-se humilhar
e não abriu a boca;*
como cordeiro levado ao matadouro,*
como ovelha muda diante dos tosquiadores,
não abriu a boca.
8Com opressão e sentença injusta foi eliminado;
quem se aflige por sua sorte?
Sim, foi cancelado da terra dos vivos,
pela iniquidade de meu povo foi ferido de morte.
9Foi-lhe dada sepultura com os ímpios,*
entre os malfeitores está seu túmulo,*
embora não tivesse cometido violência
nem houvesse engano em sua boca.*
10Mas Javé quis esmagá-lo pelo sofrimento.
Quando oferecer sua vida em expiação,
verá uma descendência, prolongará seus dias
e se cumprirá por meio dele a vontade de Javé.
11Depois de seu íntimo tormento verá a luz
e se fartará de seu conhecimento.
O justo, meu servo, justificará a muitos,*
assumindo ele próprio a iniquidade deles.
12Por isso eu lhe darei em prêmio as multidões,

---

* **52**,12. Êx 12,31-34.39 | 13. 42,1; Sl 22; Fl 2,9; Ef 1,20s; Jo 12,32 | 14. Mt 27,29ss; Jo 19,5 | **53**,1. Jo 12,38; Rm 10,16 | 3. Sl 22,7s | 4. Mt 8,17 / Hb 2,10 | 5. Gl 3,13; Rm 4,25 / 1Pd 2,24 | 6. Ez 34; 1Pd 2,25 | 7. Mt 26,36 / At 8,32s; Jo 1,29; Jr 11,19 | 9. Mt 27,38 / Mt 27,60 / 1Pd 2,22 | 11. Rm 3,26 | 12. Lc 22,37; 1Pd 2,24; Jo 1,29

† **52**,13. O Servo sofre pelos pecados dos outros; inocente, expia as culpas dos pecadores. | **53**,5. O Servo não dispensa o povo da necessidade de arrepender-se, mas infunde nele seu espírito de dor e esperança.

e com os poderosos dividirá os despojos,
porque entregou-se a si mesmo à morte
e foi contado entre os ímpios;*
entretanto ele levava o pecado de muitos
e pelos pecadores intercedia.

54 Fecundidade da nova Jerusalém.
[1]Exulta, ó estéril, que não deste à luz,*
grita de júbilo e de alegria,
tu que não provaste as dores do parto!
Porque mais numerosos são os filhos da abandonada
que os filhos da esposa, diz Javé.
[2]Alarga o espaço* de tua tenda†,
estende a lona de tua morada sem poupar;
alonga tuas cordas, firma bem tuas estacas,*
[3]porque te expandirás à direita e à esquerda,*
tua descendência possuirá as nações
e povoará as cidades desertas.
[4]Não temas, porque não deverás mais envergonhar-te
nem enrubescer,
pois não serás mais desonrada;
ao contrário, esquecerás a vergonha de tua juventude
e não recordarás mais o ultraje de tua viuvez.
[5]Porque teu Criador será teu esposo,*
Javé dos exércitos é seu nome;
teu Redentor é o Santo de Israel,
chamado Deus de toda a terra.

Fidelidade de Javé. [6]Como mulher abandonada e de ânimo abatido,*
Javé te chamou de volta.
Acaso é repudiada a mulher da juventude?
Diz teu Deus.
[7]Por breve instante eu te abandonei,
mas te retomarei com imenso amor.
[8]Num ímpeto de ira
escondi de ti por um momento meu rosto;*
mas com amor eterno tive piedade de ti,
diz teu Redentor, Javé.
[9]Agora é para mim como nos dias de Noé,
quando jurei que as águas de Noé*
não mais se derramariam sobre a terra;
assim agora juro que não mais me irritarei contigo
e não te farei mais ameaças.
[10]Mesmo que os montes se retirassem
e as colinas vacilassem,
meu amor não se retiraria de ti,
nem vacilaria minha aliança de paz,*
diz Javé que se compadece de ti.
[11]Ó infeliz, açoitada pelos ventos, desconsolada!
Eis que ponho sobre antimônio tuas pedras*
e sobre safiras teus fundamentos.
[12]Farei de rubis tuas ameias,
tuas portas serão de berilo
e todo o teu recinto será de pedras preciosas.
[13]Todos os teus filhos serão discípulos de Javé,*
e será grande a paz de teus filhos.
[14]Tu serás fundada sobre a justiça,
livre da opressão, nada terás a temer;
livre do terror, porque a ti não chegará.
[15]Se houver um ataque,
não será de minha parte.
Quem te ataca cairá diante de ti.
[16]Eis que eu criei o ferreiro
que sopra sobre o fogo das brasas
e daí tira o instrumento para seu trabalho;
e eu criei também o destruidor para devastar.
[17]Nenhuma arma fabricada contra ti será eficaz.
Toda língua que se erguer contra ti em juízo,
tu a confundirás.

---

* **54**,1. Gl 4,27; Sl 113,9; Jr 10,20 | 2. 33,20 / 49,20 | 3. 26,15 | 5. Os 1,2 | 6. 49,14s | 8. Sl 30,6 | 9. Gn 9,11 | 10. Rm 11,29 | 11. Ap 21,2.10-27; Is 60,17s | 13. Jr 31,33s; Is 1,26

† **54**,2. O Vat. II vê neste texto um apelo à evangelização dos povos, e comenta: "Dilata o Povo de Deus, aumenta o Corpo Místico de Cristo até a medida do tempo da plenitude de Cristo".

Esta é a sorte dos servos de Javé,
a justiça que eu lhes garanto
– oráculo de Javé.

55 **Convite universal ao novo Reino de Deus.** 1Ó vós todos
que tendes sede, vinde às águas;
mesmo se não tendes dinheiro,
vinde, comprai e comei.
Vinde, comprai sem dinheiro*
e sem pagar vinho e leite†.
2Por que gastar dinheiro com o que
não é pão,
e vosso salário com o que não satisfaz?
Escutai-me atentamente e comereis
o que é bom
e vos deleitareis com comidas saborosas.*
3Prestai ouvido e vinde a mim,
escutai e vivereis.
Farei convosco uma aliança eterna,
realizando os favores prometidos a Davi.*
4Eu fiz dele um testemunho para os
povos,*
príncipe e governante das nações.
5Vê, tu chamarás uma nação que não
conhecias;
acorrerão a ti povos que não te conheciam,
por causa de Javé, teu Deus,
e do Santo de Israel, porque ele te honrou.
Tempo de reconciliação. 6Buscai Javé,
enquanto se deixa encontrar,*
invocai-o enquanto está próximo.
7Que o ímpio abandone seu caminho*
e o homem iníquo, seus pensamentos;
volte a Javé, que terá compaixão dele,*
a nosso Deus, que amplamente perdoa.
8Porque meus pensamentos não são
vossos pensamentos,
vossos caminhos não são meus caminhos
– oráculo de Javé.
9Porque quanto o céu se eleva sobre
a terra,*
tanto meus caminhos se elevam sobre vossos caminhos,
e meus pensamentos sobre vossos
pensamentos.
10Com efeito, assim como a chuva e a
neve descem do céu
e não voltam para lá sem terem regado a terra,
sem tê-la fecundado e feito germinar
para que dê semente ao semeador e
pão para comer,*
11assim será a palavra de minha
boca:*
não voltará a mim sem efeito,
sem ter operado o que eu desejo
e sem ter realizado o fim de sua missão.
O retorno. 12Vós, pois, partireis com
alegria,
sereis conduzidos em paz.
Diante de vós, montes e colinas soltarão gritos de alegria
e todas as árvores dos campos baterão palmas†.
13Em vez de espinhos crescerão ciprestes,*
em vez de urtigas crescerão murtas;
isto será para a glória de Javé,
um sinal eterno que não se apagará.

VIII. UM NOVO CULTO E UMA NOVA JERUSALÉM (56–66)†

56 **Extensão do novo reino.** 1Assim fala Javé:
"Observai o direito e praticai a justiça,*
porque minha salvação está para vir;
minha justiça, pronta a revelar-se".
2Feliz o homem que age assim,
o filho de homem que nisto persevera,*

* **55**,1. Ap 21,6; 22,17 | 2. Pr 9,3-6; Eclo 24,27-31; Jo 6,33 | 3. 2Sm 7,1 | 4. At 13,34; Ap 1,5 | 6. Os 5,6 | 7. Dt 4,7 / Lc 15,20; Zc 1,3 | 9. Sl 103,11 | 10. 2Cor 9,10 | 11. Sb 18,14s; Zc 1,5s | 13. 41,19; 44,3s | **56**,1. 46,13 | 2. Êx 20,8

† **55**,1. Convida os pobres para um alegre banquete, Pr 9,4s. O único requisito é ter sede de Deus, 41,17. | 12. No retorno dos exilados, toda a natureza toma parte, promovendo uma festa solene e grandiosa. **VIII.** Começa a 3ª parte do livro de Isaías, diferente das outras pelo conteúdo, doutrina e estilo. Não se dirige aos exilados em Babilônia, como os cc. 40–55, mas aos repatriados, chamados a reconstruir a comunidade vencendo o desânimo e confiando num futuro glorioso.

que observa o sábado sem profaná-
-lo
e preserva sua mão de todo mal.
[3]Não diga o filho do estrangeiro que
aderiu a Javé:
"Com certeza Javé vai excluir-me de
seu povo!"
Não diga o eunuco: "Eis que sou uma
árvore seca!"
[4]Pois assim fala Javé:
"Aos eunucos, que observam meus
sábados,*
escolhem fazer o que me agrada
e permanecem firmes em minha
aliança,
[5]eu concederei em minha casa e
dentro de meus muros
um memorial e um nome melhores
que filhos e filhas;
eu lhes darei um nome eterno que
jamais será cancelado.*
[6]Os filhos dos estrangeiros,
que aderiram a Javé para servi-lo,
para amar o nome de Javé
e para ser seus servos,
todos os que observam o sábado
sem profaná-lo
e se mantêm firmes em minha alian-
ça,
[7]vou conduzi-los a meu monte san-
to*
e os cumularei de alegria em minha
casa de oração.
Seus holocaustos e seus sacrifícios
serão aceitos sobre meu altar,
porque minha casa será chamada
casa de oração*
para todos os povos".
[8]Oráculo do Senhor Javé,
que reúne os dispersos de Israel:
"Eu reunirei ainda outros,
além daqueles já reunidos".
Contra os maus pastores. [9]Vós todos,
animais dos campos, vinde comer;
também vós, animais todos da flo-
resta.
[10]Seus guardiães são todos cegos,
nada percebem.*
São todos cães mudos, incapazes de
latir;
cochilam deitados, gostam de dormir.
[11]São cães de fome insaciável,
pastores incapazes de entender.*
Cada qual segue seu caminho,
cada um cuida do próprio interesse,
sem exceção.
[12]"Vinde, vou trazer vinho*
e nos embriagaremos de bebidas
fortes.
Amanhã será como hoje,
com muito mais abundância".

57 **Abandono dos justos.** [1]Mor-
re o justo e ninguém se pre-
ocupa.
Os piedosos são eliminados, nin-
guém faz caso.
O justo é eliminado por causa do
mal.*
[2]Ele entra na paz;
quem caminha pela estrada reta des-
cansa em seu leito.
Contra os idólatras. [3]Agora vinde
aqui, vós, filhos da bruxa,
nascidos de um adúltero e de uma
prostituta†.
[4]De quem estais zombando,
abrindo a boca e mostrando a lín-
gua?
Acaso não sois filhos do pecado, pro-
le bastarda?
[5]Vós, que ardeis de luxúria entre os
terebintos,*
debaixo de toda árvore verde;
que imolais crianças nos vales e nas
fendas das rochas!
[6]As pedras polidas da torrente serão
tua herança,
são a parte que te cabe.
Também a elas ofereceste libações e
apresentaste tuas ofertas.
Hei de aplacar-me com isto?
[7]Sobre um monte imponente e ele-
vado puseste teu leito†;
também lá subiste para oferecer sa-
crifícios.*

* **56**,4. Sb 3,14s | 5. Ap 2,17; 3,5 | 7. Sl 15,1; 1Rs 8,41ss / Mt 21,13 | 10. 3,12; 9,15 | 11. Ez 34,2; Jr 10,21; 12,10; 23,1s | 12. 5,11; 28,7s | **57**,1. Sb 4,11 | 5. Dt 12,2; Jr 2,20 | 7. Dt 23,19

† **57**,3. Ver a nota em Sl 106,39. | 7. Israel é como adúltera que abandona a Deus e presta culto aos deuses nos templos dos lugares altos.

[8]Atrás da porta e dos umbrais puseste teu emblema.
Longe de mim descobriste teu leito,*
subiste nele e o alargaste;
fizeste pacto com eles, amaste seu leito, olhaste sua nudez.
[9]Tu te apresentaste ao rei com óleo,*
multiplicaste teus perfumes;
enviaste para longe teus mensageiros,
desceste até o lugar dos mortos.
Ameaça divina. [10]Ficaste cansada com tantas viagens,
mas não disseste: "É inútil".
Reencontraste o vigor de tua mão,
por isso não ficaste exausta.
[11]De quem tiveste temor?
Quem te amedrontava para dizeres mentiras?
E de mim não te recordas,
não pensas mais em mim?
Ou talvez porque eu me calava e dissimulava,
não tens temor de mim?
[12]Eu proclamarei tua justiça
e tuas obras, que não te aproveitarão.
[13]Quando gritares,
venha salvar-te tua coleção de ídolos.
Todos serão levados pelo vento,
um sopro os arrastará.
Mas quem confia em mim possuirá a terra,*
meu santo monte.
Consolação. [14]E se dirá: Aplanai, aplanai, preparai o caminho,
removei os obstáculos do caminho de meu povo.
[15]Pois assim fala Aquele que é alto e elevado,
que tem morada eterna e cujo nome é santo:*
"Em lugar excelso e santo eu habito,
mas estou também com o oprimido e o humilhado,*
para reavivar o espírito dos humildes
e reanimar o coração dos oprimidos.
[16]Porque eu não quero acusar sempre
nem mostrar-me sempre irritado;
de outra forma, sucumbiria diante de mim o espírito
e o hálito vital que eu criei.
[17]Com a iniquidade de sua ganância*
eu me irritei e o feri, me escondi e me indignei†;
mas ele se afastou e seguiu o caminho de seu coração.
[18]Eu vi seus caminhos, mas quero curá-lo, guiá-lo*
e oferecer reconforto a ele e aos seus que estão de luto.
[19]Faço nascer o louvor sobre seus lábios:
Paz, paz a quem está longe e a quem está perto,*
diz Javé, e eu o curarei".
[20]Mas os ímpios são como um mar agitado
que não se pode acalmar
e cujas águas trazem lama e lodo.
[21]"Não há paz para os ímpios",*
diz meu Deus.

58 **Falso jejum.** [1]Clama em alta voz, não te detenhas;
levanta a voz como a trombeta;
denuncia a meu povo seus crimes,
à casa de Jacó seus pecados.
[2]Todo dia me procuram,
querem conhecer meus caminhos,
como um povo que pratica a justiça
e não abandonou a lei de seu Deus;
pedem-me juízos justos,
querem estar perto de Deus.
[3]"Por que jejuar, se tu não o vês,*
mortificar-nos, se não o sabes?"
É que no dia de vosso jejum tratais de vossos negócios
e oprimis todos os vossos operários.
[4]É que jejuais para vos entregar a litígios e disputas
e para ferir com punho impiedoso.
Não jejueis mais como fazeis hoje,
se quereis fazer ouvir vossa voz lá no alto.
[5]Acaso é este o jejum que me agrada,

---

* **57**,8. Ez 16,15s | 9. Lv 18,21 | 13. Sl 37,9; Is 56,7; 60,21; 65,9 | 15. Lv 17,1 / Sl 51,19 | 17. 54,8 / Êx 15,26 | 19. Ef 2,17 | 21. 48,22 | **58**,3. Mt 6,18

† **57**,17. O silêncio de Deus, experiência tenebrosa, semelhante à condenação.

o dia em que o homem se mortifica?
Curvar a cabeça como um junco,
deitar-se num leito de saco e de cinza?
É a isto que chamais jejum e dia agradável a Javé?

O verdadeiro jejum. [6]Não é antes este o jejum que eu prefiro:
quebrar as correntes iníquas,*
desatar os laços do jugo,
deixar ir livres os oprimidos e quebrar todo jugo?
[7]Não consiste talvez em repartir o pão com o faminto,
introduzir em casa os pobres desabrigados
e vestir quem está nu,
sem desviar os olhos de tua gente?†
[8]Então tua luz despontará como a aurora,
tua ferida será rapidamente curada.
Diante de ti caminhará tua justiça,*
e a glória de Javé te seguirá.
[9]Então o invocarás, e Javé responderá;
clamarás, e ele dirá: "Eis-me aqui!"

Exortação à mansidão. Se tirares de teu meio a opressão,
o dedo acusador e a maledicência,
[10]se deres o pão ao faminto e saciares o indigente,
então tua luz brilhará nas trevas*
e a escuridão será para ti como o meio-dia.
[11]Javé te guiará sempre,
no deserto saciará tua fome,
dará vigor a teus ossos;
e tu serás como jardim regado
e como fonte cujas águas nunca faltam.*
[12]Tua gente reedificará as antigas ruínas,*
reconstruirá sobre as fundações de épocas distantes.
Serás chamado reparador de brechas,
restaurador de casas em ruína,
para que nelas se possa morar.

Santificação do sábado. [13]Se te abs-
téns de violar o sábado,*
de tratar teus negócios em meu dia santo,
se chamas o sábado "delícias"
e "venerável" o dia santo de Javé,
se o honras te abstendo de viajar,
de tratar teus negócios e de fazer discursos,
[14]então encontrarás tuas delícias em Javé;
eu te conduzirei em triunfo às alturas do país*
e te farei saborear a herança de Jacó, teu pai,
pois a boca de Javé falou.*

59

Pecados impedem a salvação. [1]Não, não é curta demais a mão de Javé para salvar;*
nem tão duro é seu ouvido para ouvir.
[2]Mas são vossas iniquidades
que cavaram um abismo entre vós e vosso Deus;
vossos pecados o fizeram esconder de vós seu rosto*
para não vos ouvir†.
[3]Vossas mãos estão manchadas de sangue
e vossos dedos, de crimes;
vossos lábios proferem mentiras,
vossa língua murmura a maldade.
[4]Ninguém apresenta queixa segundo a justiça,
ninguém a discute com lealdade.
Confiam no nada e dizem o falso,
concebem a malícia e dão à luz a iniquidade.*
[5]Chocam ovos de víbora e tecem teias de aranha;
quem come daqueles ovos morrerá,
e do ovo quebrado sai uma víbora.
[6]Suas teias não servem para vestes,
eles não podem cobrir-se com suas obras;
suas obras são obras iníquas,

---

* **58**,6. Mt 25,34-40; Jr 34,8s | 8. 52,12 | 10. Jo 8,12 | 11. Jo 4,14 | 12. 61,4 | 13. 56,2 | 14. Dt 32,13 / Is 1,20; 40,5 | **59**,1. 50,2 | 2. 1,15 | 4. Sl 7,15; Jó 15,35

† **58**,7. A separação entre a fé que professam e a vida cotidiana de muitos deve ser considerada como um dos erros mais graves de nosso tempo (Vat. II). | **59**,2. Deus é onipotente e pode salvar, mas condicionou a salvação à conduta do povo: "Deus que te criou sem ti não te salvará sem ti" (S. Agostinho).

o fruto de violências está em suas mãos.
[7]Seus pés correm para o mal,
apressam-se a derramar sangue inocente;
seus pensamentos são pensamentos iníquos,
em seus caminhos há desolação e destruição.
[8]Não conhecem o caminho da paz,
não há justiça em seu proceder;
tornam tortuosos seus caminhos,
quem anda por eles não conhece a paz.
Confissão. [9]Por isso o direito se afastou de nós
e a justiça não chega até nós.
Esperamos a luz, mas vêm as trevas;*
esperamos a claridade, mas andamos no escuro.
[10]Como cegos apalpamos a parede,
como quem não tem olhos andamos tateando;
tropeçamos ao meio-dia como no crepúsculo;*
em pleno vigor somos como os mortos.
[11]Nós todos uivamos como ursos
e gememos tristemente como pombas.
Esperávamos no direito, mas não existe;
na salvação, mas está longe de nós.
[12]Porque são muitos diante de vós nossos delitos,*
nossos pecados testemunham contra nós;
porque nossos delitos estão a nossa frente*
e conhecemos nossas iniquidades:
[13]prevaricar e renegar Javé,
cessar de seguir nosso Deus,
tramar opressão e rebelião,
conceber e murmurar no coração palavras mentirosas.
[14]Assim é descuidado o direito
e a justiça permanece à distância;
a verdade tropeça na praça
e nela a retidão não pode entrar.
[15]Assim a verdade está ausente
e quem evita o mal é despojado.
Intervenção divina. Javé contempla desgostado
que não mais existe a justiça.
[16]Ele viu que não havia ninguém,
admirou-se porque ninguém intercedia.
Mas valeu-lhe seu braço*
e sua justiça o sustentou.*
[17]Revestiu-se de justiça como de uma couraça
e pôs na cabeça o capacete da salvação.
Vestiu as roupas da vingança,
cobriu-se de zelo como de um manto.
[18]Conforme as obras ele retribui,
furor para os adversários, castigo para os inimigos;
às ilhas retribuirá segundo suas obras.
[19]Desde o ocidente temerão o nome de Javé
e desde o oriente, sua glória,
porque ele virá como rio impetuoso,
impelido pelo sopro de Javé.
[20]Como Redentor virá para Sião,*
para os de Jacó convertidos da apostasia
– oráculo de Javé.
[21]Quanto a mim, esta é minha aliança com eles, diz Javé: Meu espírito que está sobre ti* e as palavras que pus em tua boca não se apartarão de tua boca nem da boca de teus descendentes nem da boca dos descendentes dos descendentes, diz Javé, desde agora e para sempre.

60 Glória da nova Jerusalém†.
[1]Levanta-te, resplandece,
porque tua luz vem vindo
e desponta sobre ti a glória de Javé.
[2]Porque eis que as trevas cobrem a terra,
a escuridão envolve as nações;*
mas sobre ti resplandece Javé,
sobre ti aparece sua glória.*

---

* **59**,9. Jo 8,12; Jr 8,15; Am 5,18ss | 10. Dt 28,29 | 12. Jr 14,7 / Sl 51,5 | 16. 63,5 / Sb 5,17-23 | 20. Rm 11,28s; Is 41,14 | 21. 51,16 | **60**,2. 9,1 / Êx 24,16; Ap 21,24

† **60**. A nova Jerusalém vai reunir seus filhos dispersos e atrair com sua luz todas as nações, que virão trazendo dons para adorar seu Deus. A liturgia aplica os vv. 1-6 à visita dos Magos ao Menino nascido em Belém.

[3]Caminharão as nações a tua luz,
os reis ao esplendor de tua aurora.
[4]Ergue os olhos ao redor e vê:*
todos estes se reuniram, vêm a ti:
teus filhos vêm de longe,
tuas filhas são carregadas nos braços.
[5]A esta vista ficarás radiante,
palpitará e se dilatará teu coração,
quando as riquezas do mar confluírem para ti*
e chegarem a ti os tesouros das nações.
[6]Uma caravana de camelos te invadirá,
dromedários de Madiã e de Efá;
todos virão de Sabá, trazendo ouro e incenso*
e proclamando os louvores de Javé.
[7]Em ti se reunirão todos os rebanhos de Cedar,
os carneiros dos nabateus estarão a teu serviço;
subirão como oferta agradável a meu altar;
tornarei esplêndido o templo de minha glória.
[8]Quem são esses que voam como nuvens
e como pombas para seu pombal?
[9]São navios que se reúnem para mim,
os navios de Társis na primeira fila,
para trazer teus filhos de longe,*
com prata e ouro,
pelo nome de Javé teu Deus,*
pelo Santo de Israel que assim te honra.

Homenagem dos povos. [10]Os filhos dos estrangeiros reconstruirão teus muros,*
seus reis estarão a teu serviço,
porque em meu furor eu te castiguei,
mas em minha benevolência tive piedade de ti.
[11]Tuas portas estarão sempre abertas,*
não se fecharão nem de dia, nem de noite,
para conduzir a ti as riquezas dos povos
sob a guia de seus reis.
[12] Porque a nação e o reino que não quiserem servir-te perecerão,
e as nações serão totalmente exterminadas.
[13]A glória do Líbano virá a ti,*
ciprestes, olmos e abetos juntamente,
para embelezar o lugar de meu santuário
e enobrecer meu pedestal.
[14]Virão a ti humildemente os filhos de teus opressores;*
a teus pés se prostrarão os que te desprezavam.*
E te chamarão "Cidade de Javé",*
"Sião do Santo de Israel".
[15]Em vez de abandonada, odiada*
e sem que ninguém passasse por ti,
eu te farei o orgulho dos séculos,
a alegria de todas as gerações.
[16]Sugarás o leite das nações,*
sugarás as riquezas dos reis.
Saberás que eu, Javé, sou teu Salvador*
e que teu Redentor é o Forte de Jacó.
[17]Farei vir ouro em vez de bronze,
farei vir prata em vez de ferro,
bronze em vez de madeira,
ferro em vez de pedras.
Constituirei como tua soberana a paz,*
como tua governadora a justiça.

Glória imorredoura. [18]Não mais se ouvirá falar de violência em teu país,
de devastação e de destruição dentro de tuas fronteiras.
Tu chamarás teus muros "salvação"
e tuas portas "louvor".
[19]Não será mais o sol tua luz do dia,*
nem te iluminará mais o clarão da lua.
Mas Javé será para ti uma luz eterna,
teu Deus será teu esplendor.
[20]Teu sol não terá ocaso,
não vai desaparecer tua lua,
porque Javé será para ti uma luz eterna;
terão acabado os dias de teu luto.
[21]Teu povo será todo de justos,
para sempre possuirá a terra;*

* **60**,4. 49,18-22; Br 5,5s | 5. Sl 72,10 | 6. 1Rs 10,1 | 9. Sl 47,8 / Is 55,5 | 10. 49,17 | 11. Ap 21,25s | 13. 35,2 | 14. 49,23 / Ap 3,9 / Is 1,26 | 15. 62,4.12 | 16. 49,23 / 49,26 | 17. 1,26 | 19. Ap 21,23; 22,5 | **60**,21. 57,13

é o germe que eu plantei,
a obra de minhas mãos,
para minha glória.
22 O pequeno se tornará um milheiro,
o menor será uma nação imensa;
eu sou Javé: a seu tempo farei isto
prontamente.

61 **Boa-nova anunciada aos pobres†.** 1 O espírito do Senhor
Javé está sobre mim*
porque Javé me ungiu;
mandou-me levar a boa-nova aos
pobres,
curar os corações feridos,
proclamar a anistia aos detentos,
a libertação aos prisioneiros,
2 promulgar o ano da graça de Javé,
dia de vingança para nosso Deus;
para consolar todos os que choram,*
3 para conceder aos que choram em
Sião
uma coroa em vez de cinza,
óleo de alegria em vez de luto,
canto de louvor em vez de um cora-
ção triste.
Eles se chamarão carvalhos de justiça,
plantação de Javé para manifestar
sua glória.
4 Reconstruirão as velhas ruínas,*
reerguerão os antigos escombros,
restaurarão as cidades destruídas,
devastadas por muitas gerações.
5 Haverá estrangeiros apascentando
vossos rebanhos,*
e filhos de estrangeiros serão vossos
lavradores e vinhateiros.
6 Quanto a vós, sereis chamados sa-
cerdotes de Javé,*
ministros de nosso Deus sereis deno-
minados.
Das riquezas das nações vos nutrireis
e lhes sucedereis em sua glória.
7 Em vez de vossa vergonha tereis
uma porção dupla;
em vez da desonra exultareis em
vossa herança;
por isso possuirão o duplo em seu
país,
terão uma alegria perene.
8 Porque eu, Javé, amo a justiça
e detesto a rapina e o crime:
darei a eles fielmente o salário,
concluirei com eles uma aliança per-
pétua.
9 Será famosa entre as nações sua es-
tirpe*
e sua descendência, entre os povos.
Todos os que os virem os reconhe-
cerão
como uma estirpe que Javé aben-
çoou.*
Canto de louvor. 10 Eu me alegro ple-
namente em Javé,*
minha alma exulta em meu Deus,*
porque me revestiu com as vestes da
salvação,
envolveu-me com o manto da justiça,
como um esposo que cinge o diadema*
e como uma esposa que se enfeita
com suas joias.
11 Pois como a terra produz seus ger-
mes
e o jardim faz brotar suas sementes,
assim o Senhor Javé fará brotar a justiça
e o louvor diante de todas as nações.*

62 **Nova Sião.** 1 Por amor de Sião
não vou me calar,
por amor de Jerusalém não ficarei
tranquilo,
enquanto não surgir como a aurora
sua justiça
e sua salvação como tocha acesa.
2 Então as nações verão tua justiça
e todos os reis, tua glória;
eles te chamarão com um nome
novo,*
que a boca de Javé indicará.
3 Tu serás esplêndida coroa na mão
de Javé,
diadema real na palma de teu Deus.
4 Ninguém mais te chamará "Aban-
donada",*
nem tua terra será denominada "De-
vastada",*

---

* **61**,1. Lc 4,18s; Mt 3,16; Is 42,1; 11,2 | 2. Mt 5,5 | 4. 58,12 | 5. 14,2 | 6. Êx 19,6; Ap 1,6 | 9. 55,3 / Gn 2,2 | 10. 1Sm 2,1 / Lc 1,46s / Ap 21,2; 19,8 | 11. 45,8 | **62**,2. 56,5; 65,15 | 4. Os 2,25 / Is 60,15

† **61**. O profeta anuncia sua missão de misericórdia e salvação para os exilados. Jesus afirma que esta profecia se cumpre em sua pessoa, Lc 4,21.

mas tu serás chamada "Meu agrado"
e tua terra, "Desposada",
porque Javé se agradará de ti
e tua terra terá um esposo.
5Sim, como um jovem desposa uma
virgem,
assim te desposará teu Criador;
como se alegra o esposo pela espo-
sa,
assim teu Deus se alegrará por ti.*
Convite à vigilância. 6Sobre teus mu-
ros, Jerusalém, eu pus sentinelas;*
durante todo o dia e toda a noite não
se calarão jamais.
Vós, que recordais a Javé suas pro-
messas,
não vos deis descanso,
7nem tampouco a ele dai repouso,
enquanto não tiver restabelecido Je-
rusalém
e não tiver feito dela o orgulho da
terra.
8Javé jurou por sua mão direita
e por seu braço poderoso:
"Nunca mais darei teu trigo*
para comida a teus inimigos,
nunca mais os estrangeiros
beberão o vinho pelo qual te cansas-
te.
9Ao contrário, os que tiverem ceifado
o trigo o comerão
e louvarão a Javé;
os que tiverem colhido a uva bebe-
rão o vinho
nos pátios de meu santuário".
Convite a retornar à pátria. 10Passai,
passai pelas portas,
desimpedi o caminho do povo;
aplanai, aplanai a estrada, removei as
pedras,
erguei um estandarte para os povos.*
11Eis o que Javé faz ouvir até os con-
fins da terra:
"Dizei à filha de Sião:
Eis que chega teu Salvador:*
eis que sua recompensa vem com
ele,*
seu salário está diante dele.
12E os chamarão Povo santo,*
remidos de Javé.*
E tu serás chamada Procurada,
Cidade não abandonada".

63 **Lagar da justiça divina.**
1Quem é este que vem de
Edom, de Bosra,*
com as vestes manchadas de verme-
lho?†
Este, esplendidamente vestido,
que avança na plenitude de sua força?
– "Sou eu, que falo com justiça,
que sou poderoso para salvar".
2– Por que é vermelha tua veste,
e tua túnica como a daquele que pisa
no lagar?
3– "No lagar eu pisei sozinho,*
e de meu povo ninguém estava co-
migo.
Eu os pisei com indignação,
eu os pisoteei com furor.*
Seu sangue salpicou minhas vestes
e manchei toda a minha roupa,
4porque o dia da vingança estava em
meu coração
e o ano de minha redenção chegou.
5Olhei, e ninguém para me ajudar;
observei surpreso: ninguém me sus-
tentava.
Então prestou-me socorro meu braço,
sustentou-me meu furor.*
6Pisei os povos com indignação,
esmaguei-os com meu furor;
fiz correr pelo chão seu sangue".
Benefícios e ingratidão. 7Quero re-
cordar os benefícios de Javé,*
as glórias de Javé,
por tudo quanto Javé fez por nós.
Ele é grande em bondade para com
a casa de Israel.
Ele nos tratou segundo seu amor,
segundo a grandeza de sua miseri-
córdia.
8Ele disse: "Sim, eles são meu povo,*
filhos que não me enganarão".

---

* **62**,5. 65,19 | 6. 52,8 | 8. Dt 28,30-35 | 10. 49,22 | 11. Ap 22,12 / Is 40,10 | 12. 60,14 / 1,26 | **63**,1. 34,1-17 | 3. Jl 4,13 / Ap 19,15; 14,19s | 5. 59,16 | 7. Sl 89,2 | 8. Dt 32,5

† **63**,1. Violenta descrição da vitória de Deus sobre Edom, que exultou com a queda de Jerusalém em 586 a.C., foi sempre hostil a Israel e despertava no povo um ódio implacável e uma tremenda sede de vingança, Sl 137,7; Is 34,5-17.

E foi para eles um salvador
9em todas as angústias.
Não foi um enviado nem um anjo,
mas foi ele mesmo que os salvou;
com amor e compaixão os resgatou;
ergueu-os e carregou-os todos os dias do passado.*
10Mas eles se rebelaram*
e contristaram seu santo espírito.*
Por isso tornou-se inimigo deles
e ele próprio os combateu.
Recordações. 11Então se recordaram dos dias antigos,
de Moisés, seu servo.
Onde está aquele que fez sair das águas
o pastor de seu rebanho?
Onde está aquele que punha no meio deles*
seu santo espírito;
12aquele que fez caminhar à direita de Moisés*
seu braço glorioso;
que dividiu as águas diante deles,*
fazendo-se um nome eterno;
13aquele que os fez avançar pelos abismos*
como um cavalo na estepe, sem tropeçar?
14Como rebanho que desce pelo vale,
o espírito de Javé os guiava ao repouso.*
Assim conduzistes vosso povo,
conquistando um nome glorioso.
Oração a Javé pai. 15Olhai do céu e observai*
de vossa morada santa e gloriosa.
Onde estão vosso zelo e vosso poder?
A comoção de vossa ternura*
e vossa misericórdia para comigo foram contidas?
16Porque vós sois nosso pai,
pois Abraão não nos reconhece
e Israel nos ignora.
Vós, Javé, sois nosso pai,
desde sempre vos chamais nosso Redentor.*
17Por que, Javé, nos deixais desviar
longe de vossos caminhos
e deixais endurecer nosso coração,
de modo que não vos tema?
Voltai por amor de vossos servos,*
por amor das tribos, vossa herança.
18Por que os ímpios pisaram vosso santuário,
nossos adversários profanaram vosso lugar santo?
19Nós nos tornamos como aqueles
sobre quem jamais dominastes
e sobre os quais vosso nome nunca foi invocado.
Oh! Se rasgásseis os céus e descêsseis!
Diante de vós tremeriam os montes.*

64 **Outra oração.** 1Assim como o fogo queima os ramos secos
e faz ferver a água,*
assim o fogo destrua vossos adversários,
para que se conheça vosso nome entre vossos inimigos.
Diante de vós tremiam os povos,
2quando realizáveis prodígios inesperados
3de que nunca se ouviu falar
desde tempos longínquos.
O ouvido não ouviu, o olho não viu*
que algum Deus, além de vós,
tenha feito tanto para quem nele confia.
4Ides ao encontro dos que praticam a justiça
e se recordam de vossos caminhos.
Eis que estais irado, porque desde muito tempo pecamos
e temos sido rebeldes.
5Todos nos tornamos como coisa impura,
e como pano imundo são todos os nossos atos de justiça.*
Todos nós murchamos como folhas,
nossas iniquidades nos carregaram como o vento.
6Ninguém invocava vosso nome,
ninguém despertava para aderir a vós;
porque escondestes de nós vosso rosto

* **63**,9. Dt 32,11 | 10. Dt 32,15 / Ef 4,30 | 11. Nm 11,17 | 12. Ne 9,20 / Êx 14,5-31 | 13. 51,10 | 14. Sl 77,21 | 15. 64,7-11 / 49,15 | 16. 41,14 | 17. Dt 32,9 | 19. Sl 144,5 | **64**,1. Sl 18,8s; 49,3 | 3. 1Cor 2,9 | 5. Lv 15,19-24

e nos entregastes ao poder de nossa iniquidade.
7Mas vós, Javé, sois nosso pai;
nós somos a argila, e vós aquele que nos modela,*
todos nós somos obra de vossas mãos.
8Senhor, não vos irriteis sem-fim,
não vos recordeis para sempre da iniquidade.
Olhai, por favor: todos somos vosso povo.
9Vossas cidades santas são um deserto,
Sião tornou-se um deserto,
Jerusalém, uma desolação.
10Nosso templo, santo e magnífico,
onde nossos pais vos louvavam,
tornou-se presa do fogo;
todas as nossas coisas preciosas estão destruídas.
11Depois de tudo isso, ficareis ainda insensível, ó Javé,
e vos calareis e nos humilhareis até o extremo?

65

Castigo dos infiéis. 1Eu dava respostas a quem não me interrogava,
saía ao encontro de quem não me buscava.*
Disse: "Eis-me aqui, eis-me aqui"
a uma nação que não invocava meu nome.
2Estendi as mãos todo dia a um povo rebelde,*
que andava por uma estrada não boa,
seguindo seus caprichos;
3a um povo que me provocava sempre e abertamente.*
Sacrificavam nos jardins, ofereciam incenso sobre tijolos,
4moravam nos sepulcros,
passavam a noite em esconderijos,
comiam carne de porco
e comidas imundas em seus pratos.
5Eles dizem: "Fica longe!
Não te aproximes de mim,
pois eu te santificaria".
Tais coisas são como fumaça irritante para minhas narinas,
fogo aceso o dia todo.
6Eis que tudo isso está escrito diante de mim;
não me calarei enquanto não houver retribuído,
sim, retribuído em seu seio
7vossas iniquidades e as iniquidades de vossos pais,
todas juntas, diz Javé.
Estes queimaram incenso sobre os montes
e sobre as colinas me insultaram;
por isso calcularei sua paga
e a derramarei em seu seio.

Um resto será salvo. 8Assim fala Javé:
"Como quando se acha suco num cacho de uvas
se diz: Não o destruas, porque há aqui uma bênção,
assim eu farei por amor de meus servos,
para não destruir tudo.
9Farei sair de Jacó uma descendência,*
de Judá, um herdeiro de meus montes.
Meus eleitos serão seus donos,
e meus servos ali habitarão.
10Saron se tornará um pasto de rebanhos,*
o vale de Acor um lugar de repouso do gado,
para meu povo que me buscará.
11Quanto a vós, que abandonastes Javé,
esquecendo meu santo monte,
que preparais uma mesa para Gad
e encheis para Meni a taça de vinho,
12eu vos destino à espada;
todos vos curvareis para serdes massacrados,
porque chamei e não respondestes,*
falei e não ouvistes,
fizestes o que é mau a meus olhos,
escolhestes o que me desagrada".

Bons e maus. 13Portanto, assim diz o Senhor Javé:
"Meus servos comerão, e vós tereis fome;
meus servos beberão, e vós tereis sede;

* **64**,7. 29,16 | **65**,1. Rm 10,20 | 2. Rm 10,21 | 3. Dt 32,21 | 9. 4,3 | 10. 57,13 | 12. 50,2; 66,4; Jr 7,23

meus servos se alegrarão, e vós ficareis envergonhados;
14meus servos exultarão pela alegria do coração,
vós gritareis pela dor do coração,
gemereis pela aflição do espírito.
15Deixareis vosso nome
como imprecação entre meus eleitos:
Que assim te faça morrer o Senhor Javé!
Mas a meus servos dará outro nome.*
16Quem invocar sobre si uma bênção no país
vai invocá-la pelo Deus fiel;
quem quiser jurar no país
jurará pelo Deus fiel;
porque serão esquecidas as tribulações antigas,
desaparecerão de minha vista".

Novos céus e nova terra. 17"Pois eis que vou criar novos céus e nova terra;*
não se recordará mais o passado, não virá mais à mente.
18Alegrai-vos porém e exultai para sempre
por aquilo que estou para criar,
pois farei de Jerusalém uma exultação*
e de seu povo, uma alegria.
19Eu exultarei em Jerusalém*
e me alegrarei em meu povo.*
Não se ouvirão mais nela vozes de pranto*
nem gritos de angústia.
20Não haverá mais criança que viva só poucos dias,
nem velho que não chegue à plenitude de seus dias;
porque será jovem quem morrer aos cem anos,
e quem não chegar aos cem anos
será considerado maldito.
21Construirão casas e nelas habitarão,*
plantarão vinhas e comerão seus frutos.*
22Não mais construirão para que um outro more,
nem plantarão para que um outro coma;
porque como a idade da árvore
será a idade de meu povo.
Meus eleitos usarão por longo tempo
os produtos de suas mãos.
23Não se cansarão inutilmente,
nem gerarão filhos para uma morte precoce,
porque serão uma prole de benditos de Javé,
junto com seus descendentes.
24Antes que me invoquem, eu responderei;
ainda estarão falando, e eu os escutarei.
25O lobo e o cordeiro pastarão juntos,
o leão comerá palha como o boi,*
e o pó será a comida da serpente;*
não farão nenhum mal nem dano*
em todo o meu santo monte", diz Javé.

66 **Contra os transgressores.** 1Assim fala Javé:
"O céu é meu trono
e a terra, o estrado de meus pés.
Que casa poderíeis construir para mim?*
E qual poderia ser o lugar de meu repouso?
2Todas estas coisas as fez minha mão*
e são minhas – oráculo de Javé.
Para este eu voltarei meu olhar:
para o humilde e o que tem o espírito contrito,
para o que treme diante de minha palavra.
3Há quem sacrifica um boi,
e é como se matasse um homem;
há quem imola uma ovelha,
e é como se degolasse um cão;
há quem apresenta uma oferta,
e é como sangue de porco;
há quem queima incenso,
e é como se venerasse a iniquidade.
Estes escolheram seus próprios caminhos
e se deleitam em suas abominações.
4Eu também escolherei sua desventura

---

* **65**,15. 1,26; 56,5; 62,2 | 17. 51,6; 66,22; Ap 21,1 | 18. 1,26 | 19. 60,14 / 62,5 / Ap 21,4 | 21. 62,8 / Dt 28,30-35; Jr 31,5; Am 9,14 | 25. 11,7 / Gn 3,14 / Is 11,9 | **66**,1. 1Rs 8,27; Mt 5,34s; At 7,49-55 | 2. Sl 24,1s | 4. 50,2; 65,12

e farei recair sobre eles o que temem,
porque eu chamei e ninguém respondeu,*
eu falei e ninguém ouviu.
Fizeram o que é mau a meus olhos,
preferiram o que me desagrada".

Promessas aos fiéis. 5Escutai a palavra de Javé,
vós que tremeis diante de sua palavra.
Disseram vossos irmãos que vos odeiam
e vos rejeitam por causa de meu nome:
"Que Javé mostre sua glória,
e nós vejamos vossa alegria!"
Mas são eles que serão confundidos.
6Uma voz, um rumor vem da cidade,
uma voz vem do templo:*
é a voz de Javé
que paga a retribuição a seus inimigos.
7Antes das contrações, deu à luz;
antes que viessem as dores, pôs no mundo um menino.*
8Quem jamais ouviu coisa semelhante,
quem viu coisas como estas?
Acaso nasce um país em um dia,
acaso um povo é gerado num instante?
No entanto Sião, mal sentiu as dores,
deu à luz os filhos.
9"Eu que abro o seio materno
não farei dar à luz?", diz Javé.
"Eu que faço gerar
fecharia o seio?", diz teu Deus.

Consolação de Jerusalém. 10Alegrai-vos com Jerusalém,*
exultai por ela todos os que a amais.
Dançai de alegria com ela,
vós todos que participastes de seu luto.
11Assim lhe sugareis o peito
e vos saciareis com suas consolações;
sugareis com delícia da abundância de seu seio.
12Porque assim diz Javé:
"Eis que eu farei escorrer para ela,
como um rio, a prosperidade;
como uma torrente em cheia, a riqueza dos povos;
suas crianças serão levadas nos braços,
sobre os joelhos serão acariciadas.
13Como a mãe consola um filho,
assim vos consolarei;
em Jerusalém sereis consolados.
14Vós o vereis e se alegrará vosso coração,*
vossos ossos serão viçosos como a erva fresca.
A mão de Javé se fará manifesta a seus servos,
mas se indignará contra seus inimigos".
15Porque eis que Javé vem com o fogo,
seus carros são como um turbilhão,
para derramar com ardor a ira,
sua ameaça com chamas de fogo.
16Com o fogo, na verdade,
Javé fará justiça sobre toda a terra,
e com a espada sobre todo homem;
muitos serão os feridos por Javé.
17Os que se consagram e se purificam nos jardins,
seguindo alguém que está no meio,
que comem carne de porco,
coisas abomináveis e ratos,
juntos acabarão, oráculo de Javé,
18com suas obras e seus propósitos.

Conversão dos povos†. "Eu virei reunir todos os povos e todas as línguas;
eles virão* e verão minha glória. 19Porei
neles um sinal e mandarei seus sobreviventes aos povos de Társis, Fut, Lud, Mosoc, Ros, Tubal e Javã, às praias distantes que não ouviram falar de mim e não viram minha glória; eles anunciarão minha glória às nações. 20Reconduzirão todos os vossos irmãos de todos os povos como oferta a Javé, sobre cavalos, carros, liteiras, mulas, dromedários, a meu santo monte de Jerusalém, diz Javé, como os filhos de Israel levam a oferta em vasos puros ao templo de
Javé. 21Também entre eles tomarei para mim sacerdotes e levitas,* diz Javé.

* **66**,6. Ap 16,17 | 7. Ap 12,5 | 10. Jo 16,20 | 14. Jo 16,22 | 18. Ez 34,13; Mt 24,31; 25,32 | 21. Sl 87,7

† **66**,18. O livro termina com uma visão universalista: os hebreus retornam a sua terra e também são bem-vindos os estrangeiros, que podem até mesmo exercer o sacerdócio.

[22]Sim, como os novos céus e a nova
terra,* que eu farei, durarão para sem-
pre diante de mim – oráculo de Javé
– assim durarão vossa descendência
e vosso nome. [23]Em todo mês na lua
nova, e no sábado de toda semana, virá
cada um prostrar-se diante de mim, diz
Javé. [24]Saindo, verão os cadáveres dos
homens que se revoltaram contra mim;
porque seu verme não morrerá, seu
fogo não se apagará e serão uma abo-
minação para todos".*

* **66**,22. 65,17 | 24. Mc 9,48; Jt 16,17; Eclo 7,18

JEREMIAS

Conhecemos bastante bem a vida deste profeta, por causa das notas biográficas que acompanham seus oráculos. De família sacerdotal, nasceu por volta do ano 650 aC em Anatot, que fica a 5 km ao norte de Jerusalém. Chamado desde o seio da mãe, exerce seu ministério de 626 a 587 a.C., um dos períodos mais sofridos da história de Judá. Eram passados cem anos desde a queda do reino do norte, e o reino de Judá, ameaçado pelas grandes potências, estava para tornar-se presa de Nabucodonosor, rei de Babilônia, que toma Jerusalém, a primeira vez em 598 a.C., deporta parte da população, e em 586 volta para destruir a cidade, fazendo uma segunda deportação. É nesse angustioso período que Deus chama Jeremias, para combater a infidelidade à aliança, a idolatria, os adultérios, as injustiças e toda espécie de imoralidade. Homem de piedade e sensibilidade profundas, ele vê, observa, sofre e chora. Gostaria de anunciar a seu povo o fim de suas penas e as bênçãos de Deus, mas o que Ele manda proclamar é: "Quebrarei este povo e esta cidade, assim como se quebra um vaso de terracota, que não se pode mais consertar" (19,11). Pelas denúncias que faz é incompreendido, perseguido, acusado de traição e de derrotismo e ameaçado de morte. Profeta semelhante a Moisés, ele intercede pelo povo com o qual sofre (2Mc 15,14). Sua vida prefigura a do Messias padecente. Apesar de tudo, ele não cessa de condenar a falsa consciência daqueles que se creem justos só porque realizam algumas práticas exteriores, mas com o coração estão longe de Deus. Prega a responsabilidade religiosa e a interioridade da relação com Deus. Dá apoio ao rei Josias, que empreende uma reforma religiosa para varrer do país os cultos idolátricos e renovar a aliança. Mas com Joaquim, sucessor de Josias, retornam os excessos de imoralidade, as injustiças e as idolatrias, com a consequência que Jerusalém é tomada e a população levada ao exílio. Parece o fim de tudo, mas Jeremias olha para o futuro e vê a aurora de uma nova aliança, mais bela e duradoura que a precedente, e ouve o Senhor que promete: "Porei minha Lei dentro deles, e a escreverei sobre seu coração. Então eu serei seu Deus e eles serão meu povo" (31,33). Javé fará a restauração, criará algo novo (31,22), reunirá o pequeno resto e o levará à terra prometida, numa repetição do êxodo. Jerusalém será reconstruída, surgirá um germe da dinastia de Davi.

I. ORÁCULOS CONTRA JUDÁ (1–25)

1 **Prólogo.** 1Palavras de Jeremias,
filho de Helcias,* um dos sacerdotes que moravam em Anatot, no território de Benjamim.
2A ele foi dirigida a palavra de Javé no tempo de Josias, filho de Amon, rei de Judá, no décimo terceiro ano de seu reinado
3e também no tempo de Joaquim, filho de Josias, rei de Judá, até o fim do décimo primeiro ano de Sedecias, filho de Josias, rei de Judá, isto é, até a deportação de Jerusalém ocorrida no quinto mês.
Vocação e missão de Jeremias. 4Foi-
-me dirigida a palavra de Javé nestes termos:
5"Antes que eu te formasse no seio materno, eu te conhecia,*
antes que saísses do ventre, eu te consagrei†;
eu te estabeleci profeta das nações".
6Respondi: "Ah! Senhor Javé, eu não sei falar,*
pois ainda sou criança".
7Mas Javé me disse:
"Não digas: Sou criança,
mas vai àqueles aos quais eu te mandar
e anuncia o que eu te ordenar.
8Não os temas, porque estou contigo para te livrar"*
– oráculo de Javé.
9Javé estendeu a mão, tocou-me a boca*
e Javé me disse:

---

* **1**,1. 1Rs 2,26s; Sf 1,1 | 5. Is 49,1.5; Lc 1,15; Gl 1,15 | 6. Êx 4,10; Is 6,8 | 8. Ez 2,6

† **1**,5. Javé conhece a pessoa humana e é seu único senhor desde o começo da vida. Consagrar é separar para uma missão. Cabe a Javé tomar a iniciativa de chamar seu profeta, como em todo gesto da história da salvação.

"Ponho minhas palavras em tua boca.*
[10]Hoje te constituo sobre os povos e sobre os reinos
para arrancar e demolir,*
para abater e destruir,
para edificar e plantar".

Visões. [11]Foi-me dirigida esta palavra
de Javé: "Que vês, Jeremias?" Respondi:
"Vejo um ramo de amendoeira". [12]Javé
me falou: "Viste bem, porque eu velo†
sobre minha palavra* para realizá-la".
[13]Depois foi-me dirigida pela segunda
vez a palavra de Javé que disse: "Que
estás vendo?" Respondi: "Vejo uma pa-
nela fervendo, que tem a boca voltada
para o norte".

[14]Javé me disse:
"Do norte irromperá a desventura*
sobre todos os habitantes do país†.
[15]Pois vou convocar todas as famílias dos reinos do norte
– oráculo de Javé.
Eles virão, e cada qual porá seu trono
diante das portas de Jerusalém,
contra todos os seus muros ao redor
e contra todas as cidades de Judá†.
[16]Então pronunciarei meus juízos contra eles,
por todo o mal que cometeram, abandonando-me
para queimar incenso a outros deuses
e prostrar-se diante da obra de suas mãos.
[17]Portanto, cinge-te o flanco,
levanta-te e dize a eles tudo quanto eu te ordenar;*
não tenhas medo à vista deles,
de outra forma te farei tremer diante deles.
[18]Eis que hoje faço de ti uma fortaleza,*
uma coluna de ferro
e um muro de bronze contra todo o país,
contra os reis de Judá e seus chefes,
contra seus sacerdotes e o povo do país.
[19]Lutarão contra ti, mas não te vencerão,
porque eu estou contigo para salvar-te"
– oráculo de Javé.

2 **Infidelidade do povo.** [1]Foi-me dirigida esta palavra de Javé:
[2]"Vai e grita aos ouvidos de Jerusalém:
Assim fala Javé:
Eu me lembro de ti,
do afeto de tua juventude,*
de teu amor no tempo do noivado,
quando me seguias no deserto†,
numa terra não semeada.
[3]Israel era coisa sagrada para Javé,*
as primícias de sua colheita†;
todos os que dela comiam se tornavam culpados,
o mal se abatia sobre eles"
– oráculo de Javé.
[4]Ouvi a palavra de Javé, casa de Jacó,*
e vós, famílias todas da casa de Israel!
[5]Assim fala Javé:
"Que injustiça encontraram em mim vossos pais,
para afastar-se de mim?
Eles seguiram* o que é vão†,
tornaram-se eles próprios um nada.
[6]E não se perguntaram:
Onde está Javé que nos fez sair do país do Egito,*

---

* **1**,9. Is 6,6s; Ez 3,1ss / 2Sm 23,2; Is 59,21 | 10. Os 6,5; Jr 18,7; 31,28; 45,4 | 12. Ez 12,28; Is 55,10s; Dn 9,14; 4,5-31 | 14. 4,6; 6,1.22 | 17. 1,7s | 18. 15,20 | **2**,2. Os 2,16s; Jr 11,15; Ap 14,4 | 3. Êx 13,17; 19,6 | 4. Os 4,1ss | 5. Os 9,10 | 6. Dt 8,14ss; 32,10ss

† **1**,12. Em hebraico, a amendoeira era chamada "vigilante", porque é a primeira árvore a florir na primavera. | 14. A caldeira fervendo simboliza a invasão dos babilônios. | 15. Anuncia a invasão dos babilônios, que destruirão o país em castigo de sua idolatria: abandonaram seu Deus, e este agora os abandona. | **2**,2. O período do êxodo é chamado de tempo do noivado de Israel com seu Deus, Os 2,16-22, porque foi vivido na fidelidade. Mais realista, Ezequiel dirá que o povo foi sempre infiel desde que saiu do Egito, Ez 20,13.16.21.24. | 3. As primícias eram reservadas a Deus, Êx 13,11-16. Israel era o primogênito de Deus entre todos os povos, Êx 4,22; quem o atacasse era punido por Deus. | 5. Jeremias foi o primeiro a aplicar aos ídolos os termos "nada", "nulidade", abrindo o caminho para a doutrina do monoteísmo, Is 43,8-12; 44,6-8. Os ídolos não podem conceder a salvação aos que os adoram.

guiou-nos no deserto,
por uma terra de estepes e de precipícios,
por um terra árida e tenebrosa,
por uma terra que ninguém atravessa
e onde ninguém habita?
[7]Eu vos conduzi para uma terra que é um jardim,*
para que comais seus frutos e produtos.
Mas vós, logo que entrastes,
contaminastes minha terra
e fizestes de meu patrimônio uma abominação.
[8]Nem mesmo os sacerdotes se perguntaram:
Onde está Javé?†
Os detentores da lei não me conheceram,
os pastores se rebelaram contra mim,
os profetas profetizaram no nome de Baal
e seguiram deuses inúteis".

Idolatria†. [9]"Por isso contenderei ainda convosco
– oráculo de Javé –
e contenderei com vossos netos.
[10]Percorrei as ilhas de Cetim e observai,
mandai ver em Cedar e considerai bem;*
vede se jamais aconteceu coisa semelhante.
[11]Alguma vez um povo mudou de deus?
Porém aqueles não são deuses!
Mas meu povo substituiu
aquele que é sua glória por um ser inútil.*
[12]Espantai-vos com isto, ó céus,
estremecei com assombro
– oráculo de Javé.
[13]Porque dois males meu povo cometeu:
abandonou a mim, fonte de água viva,*
e cavou para si cisternas,
cisternas rachadas, que não retêm a água"†.

Castigo. [14]"Acaso Israel é um escravo
ou um servo nascido em casa?
Por que então tornou-se uma presa?
[15]Contra ele rugem os leões,
fazem ouvir seus rugidos.
Reduzem sua terra a um deserto;
as cidades foram queimadas e não têm habitantes.
[16]Até os filhos de Mênfis e de Táfnis
te rasparam* a cabeça†.
[17]Acaso tudo isso não te acontece
porque abandonaste Javé teu Deus
quando te guiava pelo caminho?
[18]E agora por que corres para o Egito*
a beber as águas do Nilo?
Por que corres para a Assíria
a beber as águas do Eufrates?†
[19]Tua própria maldade te castiga
e tuas rebeliões te punem.
Reconhece e vê que coisa má e amarga
é ter abandonado Javé teu Deus
e não ter mais temor diante de mim
– oráculo do Senhor Javé dos exércitos".

Obstinação. [20]"Porque já desde muito tempo quebraste teu jugo,
rompeste teus laços e disseste: Não servirei!*
De fato sobre toda colina elevada*
e debaixo de toda árvore verde
te deitavas como prostituta†.
[21]Eu te havia plantado como vinha excelente,
toda de boa origem:
agora, por que te tornaste para mim uma planta degenerada,
como vinha estranha?

---

* **2**,7. Dt 8,7-10; Êx 3,8 | 8. 8,8; Ez 34,1 | 10. 18,13-16 | 11. Êx 24,16; Rm 1,23; Sl 106,20 | 13. Jo 4,1 | 16. Is 3,17; 7,20 | 18. Is 30,1ss | 20. Dt 12,2; Ez 16,16; 1Rs 14,23 / Dt 23,19; Is 5,1; Jr 5,10; 6,9; 8,13

† **2**,8. Os sacerdotes não só ofereciam os sacrifícios, mas também eram encarregados do oráculo divino e davam instruções ao povo. Os chefes do povo são chamados pastores; esses profetas são os da corte, a serviço do rei. | 9. O primeiro oráculo é contra os cultos idolátricos, consequência das alianças com os pagãos. | 13. A fonte é Javé, Is 12,3s, e as cisternas são o Egito e Babilônia; rachadas, porque a aliança com eles é inútil. | 16. Da parte do Egito, Israel vai sofrer a escravidão, representada pelos cabelos raspados. | 18. Condena as alianças políticas; Javé é o único Salvador do povo. | 20. No caso de Israel, esposa de Javé, cair na idolatria era entregar-se à prostituição.

[22]Mesmo se te lavasses com soda
e usasses muita potassa,
diante de mim ficaria a mancha de tua iniquidade
– oráculo do Senhor Javé.
[23]Como ousas dizer:
Não me contaminei, não segui os ídolos de Baal?
Considera teus passos no vale,
reconhece o que fizeste,
jovem camela ligeira e errante,
[24]jumenta selvagem acostumada ao deserto:
no ardor de seu desejo aspira o ar;
quem pode refrear seu desejo?
Todos que a buscam não têm de se cansar:
sempre a encontrarão em seu mês.
[25]Cuidado que teu pé não fique descalço
e que tua garganta não seque!
Mas tu respondes: Não. É inútil,
porque eu amo os estrangeiros, quero segui-los".*

Degradação. [26]"Como se envergonha um ladrão apanhado em flagrante,
assim ficam envergonhados os da casa de Israel,
eles, seus reis, seus chefes,
seus sacerdotes e seus profetas.
[27]Dizem à madeira: Tu és meu pai,
e a uma pedra: Tu me geraste.
Apresentam a mim as costas e não o rosto;
mas no tempo de sua angústia invocam:
Levantai-vos, salvai-nos!
[28]Mas onde estão os deuses que fizeste para ti?*
Que se ergam, se podem salvar-te
no tempo de tua angústia;
porque numerosos como tuas cidades*
são teus deuses, ó Judá!
[29]Por que contendeis comigo?
Todos vós me fostes infiéis
– oráculo de Javé.
[30]Em vão castiguei vossos filhos,*
não aceitaram a correção.
Vossa espada devorou vossos profetas*
como um leão destruidor.
[31]Ó geração! Considerai a palavra de Javé!
Acaso tornei-me um deserto para Israel
ou uma terra de espessas trevas?
Por que meu povo diz:
Somos livres, nunca mais voltaremos a ti?*
[32]Acaso se esquece uma virgem de seus ornamentos,
uma esposa de seu cinto?
Porém meu povo me esqueceu por dias inúmeros.
[33]Como sabes escolher bem teu caminho
à procura de amor!
Por isso ensinaste teus costumes
também às mulheres más.
[34]Até nas orlas de tuas vestes*
se encontra o sangue dos pobres, dos inocentes,
que não surpreendeste a forçar as portas.
Mas apesar de tudo isso
[35]protestas: Eu sou inocente,
sua ira já está longe de mim.
Eis-me aqui para te julgar,
porque disseste: Não pequei!
[36]Por que te tornaste assim tão vil
mudando teu caminho?
Também pelo Egito serás envergonhada
como o foste pela Assíria.
[37]Também de lá sairás com as mãos sobre a cabeça,
porque Javé rejeitou aqueles nos quais confiavas,
e não prosperarás com eles".

3 **A repudiada.** [1]"Se um homem repudia a esposa
e esta, separando-se dele, se casa com outro homem,
voltará o primeiro ainda para ela?†
Acaso tal mulher não está toda contaminada?*

---

* **2**,25. Am 2,4; Os 2,7 | 28. Dt 32,37s / Jr 11,13 | 30. Am 4,6 / Mt 23,37 | 31. 2,23 | 34. Is 1,15 | **3**,1. Dt 24,1-4

† **3**,1. Dt 24,1-4 proibia que a mulher repudiada voltasse para seu marido. Exprime a impossibilidade de uma nova aliança entre Javé e o povo.

E tu que te desonraste com muitos amantes,
pretendes voltar para mim?
– oráculo de Javé.
2Ergue os olhos para as colinas e observa:*
onde não te desonraste?
Junto aos caminhos te sentavas à espera deles,
como o árabe no deserto.
Assim também contaminaste a terra
com tua impureza e tua maldade.
3Por isso as chuvas foram retidas*
e não veio a chuva tardia da primavera.
Mas tu manténs o despudor de prostituta,
recusando envergonhar-te.
4Por acaso não me chamas agora:
Meu Pai, amigo de minha juventude sois vós?
5Guardará ele rancor para sempre?
Vai eternizar sua ira?
Assim falas, entretanto cometes todo o mal que podes".

Comparação entre Israel e Judá. 6Javé
me disse no tempo do rei Josias: "Viste
o que fez Israel, a rebelde? Foi a todo
lugar elevado e debaixo de toda árvo-
re verdejante para prostituir-se. 7E eu
pensava:* Depois que tiver feito tudo
isso, voltará a mim, mas não voltou. A
pérfida Judá, sua irmã, viu isso, 8viu que
repudiei a rebelde Israel* por todos os
seus adultérios, entregando-lhe o do-
cumento do divórcio. Mas a pérfida
Judá, sua irmã, não teve temor algum.
Ao invés, também ela foi prostituir-se;
9e com a leviandade de suas prosti-
tuições contaminou o país; cometeu
adultério diante da pedra e da madeira.
10Não obstante isso, a pérfida Judá, sua
irmã, não voltou para mim de todo o
coração, mas com simulação" – oráculo
de Javé. 11Então Javé me disse: "Israel,
a rebelde, é justa, em comparação com
a pérfida Judá. 12Vai e grita estas coisas
para o lado norte, dizendo:

Volta, Israel rebelde – oráculo de Javé.
Não vos mostrarei um rosto irado,
porque eu sou misericordioso
– oráculo de Javé.
Não conservarei a ira para sempre.
13Somente reconhece tua culpa,
porque te revoltaste contra Javé teu Deus,
repartiste teu amor com os estrangeiros
debaixo de toda árvore verde
e não ouviste minha voz – oráculo de Javé".

Convite ao retorno. 14"Voltai, filhos
extraviados – oráculo de Javé –*
porque eu sou vosso Senhor.
Eu vos tomarei um de cada cidade
e dois de cada família
e vos conduzirei a Sião.
15Eu vos darei pastores segundo meu coração,*
os quais vos guiarão com inteligência e prudência.
16E quando vos multiplicardes
e fordes fecundos no país,
naqueles dias – oráculo de Javé –
não se falará mais da arca da aliança de Javé;
ninguém pensará nela nem a recordará;*
não sentirão sua falta nem se fará outra.
17Naquele tempo
Jerusalém será chamada trono de Javé;
todas as nações confluirão para ela,
para o nome de Javé em Jerusalém*
e não seguirão mais a dureza de seu coração mau.
18Naqueles dias
a casa de Judá irá até a casa de Israel,
e as duas voltarão juntas do país do norte*
para o país que eu dei como herança a seus pais.

Conversão. 19Eu pensava:
Como poderei considerar-te entre meus filhos
e dar-te uma terra de delícias,
a herança mais preciosa dentre as nações?

---

* **3**,2. 2,20 | 3. 5,24; 14,4; Lv 26,19 | 7. Dt 12,2 | 8. Dt 24,1 | 14. Is 4,3 | 15. Ez 34,1; 23,4 | 16. Êx 25,8 | 17. Ez 48,35; Is 45,14 | 18. Gn 13,14s

Eu pensava:
Vós me direis: 'Meu Pai', e não vos
afastareis mais de mim
[20]Mas como a mulher que trai seu
companheiro,
assim me traístes, casa de Israel" –
oráculo de Javé.
[21]Sobre as colinas se ouve uma voz:
o suplicante choro dos israelitas,
porque seguiram caminhos tortuosos,
esqueceram Javé seu Deus.
[22]"Voltai, filhos transviados,
eu curarei vossas rebeliões".
Arrependimento. "Eis-nos aqui, nós
vamos a vós,
porque sois Javé, nosso Deus.
[23]Na realidade, ilusão são as colinas*
e o clamor sobre os montes;
na verdade é em Javé, nosso Deus,
que está a salvação de Israel.
[24]A infâmia† devorou desde a nossa
juventude
o fruto do trabalho de nossos pais,
seus rebanhos e boiadas, seus filhos
e filhas.
[25]Fiquemos prostrados em nossa
vergonha,
nossa desonra nos recubra,
porque pecamos contra Javé, nosso
Deus,
nós e nossos pais,
desde nossa juventude até hoje;
não escutamos a voz de Javé, nosso
Deus".

4 **Condições para o retorno.** [1]"Se
queres voltar, ó Israel – oráculo de
Javé –,
é para mim que deves voltar.
Se removeres de minha presença
tuas abominações,
não andarás mais vagueando.
[2]Teu juramento será: Pela vida de
Javé,
com verdade, retidão e justiça.
Então nele serão benditas as nações*
e nele se gloriarão".
[3]Pois assim fala Javé
aos homens de Judá e de Jerusalém:
"Limpai para vós um terreno novo*
e não semeeis entre espinhos†.
[4]Circuncidai-vos para Javé,*
circuncidai vosso coração†,
homens de Judá e habitantes de Je-
rusalém,
para que minha ira não se acenda
como fogo
e queime sem que ninguém a possa
apagar,
por causa de vossas ações perversas".
Castigo iminente. [5]Anunciai-o em
Judá,
publicai-o em Jerusalém;
tocai a trombeta no país,*
gritai em voz alta e dizei:
Reuni-vos e entremos nas cidades
fortificadas.*
[6]Erguei um sinal para Sião;
fugi sem demora,
porque eu mando do norte uma ca-
lamidade
e uma grande ruína.
[7]O leão saltou de sua selva,
o destruidor de nações pôs-se a ca-
minho,
saiu de sua morada
para transformar teu país em deso-
lação:
tuas cidades serão destruídas
e ficarão sem habitantes.
[8]Por isso vesti roupas de saco,
lamentai-vos e gemei,
porque não se afastou de nós
a ira ardente de Javé.
[9]E naquele dia – oráculo de Javé –
faltará coragem ao rei e aos chefes;
os sacerdotes ficarão estupefatos
e os profetas, aterrados.
[10]Então eu disse: "Ah! Senhor Javé,
portanto enganastes este povo e Je-
rusalém,
quando dizíeis: Vós tereis paz,
enquanto a espada penetra até o co-
ração".*

---

* **3**,23. Is 2,12-18 | **4**,2. Gn 12,3 | 3. Os 10,12 | 4. Dt 10,16 | 5. Jl 2,1 / Jr 8,14 | 10. 14,13

† **3**,24. Infâmia é a idolatria. | **4**,3. O cultivo da terra é símbolo da volta para Deus, condição para obter suas bênçãos. | 4. Para Israel, o coração é a sede, não do amor e das emoções, mas da inteligência e da vontade. Para agradar a Deus, não basta o sinal material da circuncisão: é preciso dispor o coração pela fidelidade interior à aliança.

[11]Nesse tempo se dirá a este povo e a Jerusalém:
"O vento ardente das dunas sopra do deserto
para a filha de meu povo†,
não para joeirar, nem para limpar o trigo.*
[12]Um vento mais forte que aquele
virá por ordem minha.
Agora, também eu quero pronunciar
contra eles a sentença".
[13]Eis que ele sobe como nuvens,
e como furacão são seus carros;
seus cavalos são mais velozes que as águias.
Ai de nós! estamos perdidos!
[14]Purifica teu coração da maldade, Jerusalém,
para que sejas salva.
Até quando abrigarás em ti pensamentos iníquos?
Chegada dos invasores. [15]Pois uma voz grita a notícia desde Dã,
das montanhas de Efraim anuncia a calamidade.
[16]Adverti as nações, fazei-o saber em Jerusalém.
Os sitiadores vêm de uma terra longínqua,
lançam gritos contra as cidades de Judá.
[17]Como os guardas de um campo a rodeiam,
porque se rebelou contra mim
– oráculo de Javé.
[18]Tua conduta e tuas ações te causaram tudo isto.
Este é o fruto de tua maldade;
como é amargo! Penetra até teu coração.
[19]Minhas entranhas, minhas entranhas!
Estou angustiado.
As paredes de meu coração!
O coração se agita em mim;
não posso calar-me,
porque ouvi o toque da trombeta, o grito de guerra.
[20]Ruína sobre ruína se anuncia:
o país todo está devastado.
De repente são destruídas minhas tendas,*
num instante, meus pavilhões.
[21]Até quando devo ver o sinal
e ouvir o toque da trombeta?
Desolação geral. [22]"Louco é meu povo: não me conhece,*
são filhos insensatos, sem inteligência;
são experientes em fazer o mal,*
mas não sabem fazer o bem".
[23]Olhei para a terra, ela era solidão e vazio;
para os céus, e não tinham luz.
[24]Olhei para os montes:
eles tremiam, e todas as colinas ondulavam.
[25]Olhei e não havia ninguém,
todos os pássaros do céu tinham fugido.
[26]Olhei, e a terra fértil era um deserto,
todas as suas cidades estavam destruídas
ante Javé, ante sua ira ardente.
[27]Porque assim diz Javé:
"O país todo será devastado;
mas eu não o destruirei totalmente.
[28]Por causa disso a terra estará de luto*
e os céus lá em cima escurecerão,
porque eu disse, decidi
e não me arrependo, nem volto atrás".
[29]Ante o rumor de cavaleiros e de arqueiros
toda a cidade está em fuga;
entram nas matas e sobem nos rochedos.
Toda a cidade é abandonada,
não ficou um só habitante.
[30]E tu, devastada, que farás?
Ainda que te vistas de escarlate,*
te enfeites com adornos de ouro
e te aumentes os olhos com pintura,
em vão te farias bela†.

---

* **4**,11. 51,2 | 20. 10,20 | 22. Dt 32,6.28 / Mq 7,3 | 28. Os 4,3 | 30. Is 3,16-24; Ez 23,40 / Ez 16,37-40; 23,22-29

† **4**,11. Designa o conjunto da população. | **4**,30. Jerusalém é comparada à mulher que, como Judite, Jt 10,3s, se enfeita para seduzir o inimigo que se aproxima.

Teus amantes te desprezam;*
querem tirar-te a vida.
31Ouço gritos como de parturiente,*
uma angústia como da mulher no primeiro parto;
é o grito da filha de Sião, ofegante,
que estende as mãos, dizendo:
"Ai de mim! Eu sucumbo diante dos matadores".

5 **Depravação total.** 1Percorrei as ruas de Jerusalém,
observai bem e informai-vos,
procurai em suas praças se encontrais um homem,
um só que aja justamente*
e procure manter-se fiel,
e eu a perdoarei, diz Javé.
2Mesmo quando exclamam:
"Pela vida de Javé!"*
com certeza juram falso.
3Javé, não é a verdade
que vossos olhos querem ver?
Vós os feristes, mas eles não sentiram nada;*
vós os exterminastes, mas recusam a correção.
Tornaram seu rosto mais duro que a pedra,
não querem converter-se.*
4Eu pensava: "Com certeza, são uns pobres coitados,
agem como loucos, porque não conhecem
o caminho de Javé, o direito de seu Deus.
5Vou dirigir-me aos grandes e lhes falarei.
Com certeza, conhecem o caminho de Javé,
o direito de seu Deus".*
Mas também esses quebraram o jugo,
romperam os laços!
6É por isso que o leão da floresta os ataca,
o lobo das estepes os devasta.
A pantera está à espreita perto de suas cidades,
quem sair será dilacerado†.
Porque numerosos são seus pecados,
aumentaram-se suas rebeliões.
7"Por que deveria eu te perdoar?
Teus filhos me abandonaram,
juraram por deuses que não existem.
Eu os saciei, e eles cometeram adultério,*
Amontoam-se nas casas de prostituição.
8São como cavalos bem fartos e fogosos,
cada qual relincha atrás da mulher do próximo.
9Não deveria eu puni-los por isso?*
– oráculo de Javé.
De um povo como este não me vingaria?
10Subi sobre seus muros e destruí-os,
mas não completamente;
arrancai-lhe os ramos, porque não são de Javé.*
11Porque a casa de Israel e a casa de Judá
com perfídia me traíram"
– oráculo de Javé.
12Renegaram Javé, dizendo:*
"Ele não existe!
Não virá sobre nós a calamidade,
não veremos nem espada, nem fome.*
13Os profetas são como vento,
sua palavra não está neles.
Que suas ameaças sejam para eles!"
14Por isso diz Javé, Deus dos exércitos:
"Já que falaste assim,
eu farei de minhas palavras um fogo em tua boca,*
e deste povo a lenha que ele devorará.
15Eis que mandarei contra ti uma nação de longe,*
ó casa de Israel – oráculo de Javé.
É uma nação valorosa, é uma nação antiga,
uma nação cuja língua não conheces*
e não compreendes o que diz.

---

* **4**,31. 6,24; 13,21; 22,23; 50,43; Is 13,8; Sl 48,7 | **5**,1. Mq 7,2; Sl 14,1ss | 2. Gn 18,16-33; Êx 14,12 | 3. Am 4,6 / Ap 16,9.11 | 5. 2,20; Mt 11,28ss | 7. Dt 32,15 | 9. 5,29;9,8 | 10. 2,21 | 12. Sl 14,1; Sf 1,12 / Is 28,15; Am 9,10 | 14. 23,29; Os 6,5 | 15. Dt 28,49-52 / Is 28,11

† **5**,6. As três feras representam os inimigos que invadem o país.

[16]Sua aljava é como sepulcro aberto.
Eles são todos valentes.
[17]Devorará tuas colheitas e teu pão;
devorará teus filhos e tuas filhas;
devorará teus rebanhos e tuas boiadas;
devorará tuas vinhas e tuas figueiras;
com a espada destruirá as cidades fortificadas
nas quais confias.
[18]Mas mesmo naqueles dias
– oráculo de Javé –
não vos exterminarei completamente".*
[19]E quando perguntardes:
"Por que Javé, nosso Deus, nos faz tudo isto?",*
tu lhes responderás:
"Como tu me abandonaste
e serviste deuses estrangeiros em teu país,
assim servirás os estrangeiros
num país que não é o teu".*

Castigo inevitável. [20]Fazei este anúncio na casa de Jacó,
proclamai-o em Judá dizendo:
[21]"Ouvi isto, agora,
ó povo insensato e sem entendimento,*
que tem olhos mas não vê,
tem ouvidos mas não ouve.
[22]Vós não me temereis? – oráculo de Javé.
Não tremereis diante de mim,
que pus a areia como limite do mar,
como barreira perene que este não passará?*
Suas ondas se agitam, mas não prevalecem,
Bramem, porém não a ultrapassam".
[23]Mas este povo tem um coração indócil e rebelde;
eles se afastam, vão embora
[24]e não dizem em seu coração:
"Temamos Javé, nosso Deus,
que concede a chuva a seu tempo,*
a do outono e a da primavera,
que mantém para nós as semanas fixadas para a colheita".
[25]Vossas iniquidades perturbaram esta ordem
e vossos pecados afastaram de vós esses bens;
[26]porque entre meu povo há malvados
que espiam como caçadores à espreita,
põem armadilhas e prendem homens.
[27]Como gaiola cheia de pássaros,
assim suas casas estão cheias de enganos;
por isso tornam-se grandes e ricos.
[28]São gordos e reluzentes,
ultrapassam os limites do mal;
não respeitam o direito, o direito dos órfãos,
e no entanto eles prosperam.
Não fazem justiça aos pobres.
[29]Não deverei eu punir essas coisas?*
– oráculo de Javé.
De um povo como este não deveria vingar-me?
[30]Coisas horríveis e abomináveis acontecem no país.
[31]Os profetas profetizam falsamente*
e os sacerdotes governam por própria conta;
no entanto, meu povo está contente com isso.
Mas que fareis quando vier o fim?*

6 **Próximo cerco.** [1]Procurai um refúgio, filhos de Benjamim,
fora de Jerusalém.
Em Técua tocai a trombeta,*
erguei um sinal sobre Bet-Acarem,
porque do norte avança uma calamidade,*
uma grande ruína.
[2]A bela, a delicada, a filha de Sião,
eu a destruo.
[3]Para ela se movem pastores com seus rebanhos;*
armam tendas a seu redor;
cada um deles pastoreia sua parte.
[4]"Preparai a guerra contra ela; assaltemo-la ao meio-dia.
Ai de nós! O dia já declina, já se alongam as sombras da tarde.
[5]Assaltemo-la de noite, destruamos seus palácios".

* **5**,18. Is 4,3 | 19. Dt 29,24s; Jr 16,10s; 22,8s / Dt 28,47s | 21. Dt 29,3; Ez 12,2 | 22. Jó 38,8-11; Sl 104,9 | 24. 3,3; Dt 11,14 | 29. 5,9 | 31. 14,14 / Is 10,3 | **6**,1. Jl 2,1 / Jr 1,13ss | 3. 12,10

[6]Porque assim diz Javé dos exércitos:
"Cortai suas árvores,
construí um aterro diante de Jerusalém.
Esta é a cidade que deve ser punida,
nela tudo é opressão.
[7]Como de um poço brota água,
assim esta faz brotar sua iniquidade.
Só de violência e opressão se ouve falar nela;
diante de mim estão continuamente dores e chagas.

Ameaças. [8]Aceita a correção, ó Jerusalém,
para que eu não me afaste de ti
e não te reduza a um deserto,
a uma região desabitada".
[9]Assim diz Javé dos exércitos:
"Vão recolher completamente como numa vinha*
o resto de Israel;
torna a passar tua mão sobre os ramos
como quem colhe uvas"†.
[10]A quem falarei e a quem repreenderei
para que me ouçam?
Não é circuncidado o ouvido deles,*
são incapazes de prestar atenção.
A palavra de Javé é para eles objeto de desprezo,
não a apreciam.
[11]Estou cheio da ira de Javé,
não posso mais contê-la†.
"Derrama-a sobre os meninos na rua
e também na reunião dos jovens,
porque serão tomados juntos homens e mulheres,
velhos e anciãos.
[12]Suas casas passarão para estrangeiros,*
também seus campos e suas mulheres,
porque estenderei a mão contra os habitantes deste país"
– oráculo de Javé.
– [13]Pois, do pequeno ao grande, todos buscam o lucro injusto;
do profeta ao sacerdote, todos praticam a mentira.*
[14]Eles tratam com leviandade a ferida de meu povo,
dizendo: "Bem, bem!", mas não está bem.
[15]Ficaram envergonhados quando cometeram abominações?
De modo algum se envergonham,
não sabem nem sequer enrubescer-se.
"Por isso cairão com as outras vítimas,
na hora do castigo serão prostrados", diz Javé.
[16]Assim fala Javé:
"Parai nas estradas e olhai,
informai-vos sobre os caminhos do passado,*
onde está a estrada boa, e segui-a:
assim achareis descanso para vossas almas".*
Mas eles responderam: "Não a seguiremos!"
[17]Eu pus sentinelas junto de vós, dizendo:*
"Prestai atenção ao toque da trombeta".
Eles responderam: "Não nos importa!"
[18]Por isso, escutai, ó nações,
e sabe, ó assembleia, o que acontecerá com eles.
[19]Ouve, ó terra! "Eis que eu mando contra este povo*
a calamidade, fruto de seus pensamentos,
porque não prestaram atenção a minhas palavras
e rejeitaram minha lei.
[20]Que me importam o incenso importado de Sabá*
e a preciosa canela que chega de um país distante?
Não aceito vossos holocaustos*
e não me agradam vossos sacrifícios"†.
[21]Por isto diz Javé:
"Vou colocar diante deste povo pedras de tropeço,
nas quais tropeçarão juntos pais e filhos;
vizinhos e amigos perecerão".

---

* **6**,9. 2,21 | 10. 4,4 | 12. 8,10ss | 13. 23,11 | 16. 18,15 / Mt 11,29 | 17. Os 9,8; Ez 3,17 | 19. Pr 1,29ss | 20. 1Rs 10,1 / Am 5,21

† **6**,9. A vinha é o povo eleito, e os vindimadores são os inimigos. | 11. Angústia do profeta, que ama seu povo, mas tem de anunciar-lhe as terríveis ameaças de Deus. | 20. Jeremias quer chamar a atenção para o elemento moral da religião, diminuindo a importância exagerada que se dava aos sacrifícios. O importante é seguir o que Deus diz; sem isto de nada valem os ritos externos.

Invasão. 22Assim diz Javé:
"Eis que um povo vem do país do
norte,*
uma grande nação se move da extre-
midade da terra.
23Armados de arcos e lanças, são
cruéis, sem piedade.
Seus gritos ressoam como o mar;
eles montam cavalos:
estão prontos para combater como
um só homem contra ti,
filha de Sião".
24"Ouvimos sua fama, nossas mãos
desfaleceram;
a angústia apoderou-se de nós,
como as dores de uma parturiente".*
25Ninguém saia para o campo nem
caminhe pelas estradas,
porque a espada inimiga e o terror
nos rodeiam.*
26Filha de meu povo, veste o luto e
revira-te na cinza.
Chora como por um filho único,* la-
mento de amargura†,
porque cairá de improviso o destrui-
dor sobre nós!
27Eu te estabeleci como examinador
de meu povo,
para que conheças e observes sua
conduta.
28Todos eles são rebeldes invetera-
dos, caluniadores,
são como bronze e ferro, são todos
destruidores.
29O fole sopra com força,*
o chumbo é consumido pelo fogo;
em vão se continua a refiná-lo,
as escórias não se separam.
30"Escória de prata" se chamam,
porque Javé os rejeitou.

7

Confiança no templo. 1Esta é a
palavra que foi dirigida por Javé a
Jeremias: 2"Fica na porta do templo de
Javé e lá proclama esta palavra: Ouvi a
palavra de Javé, vós todos de Judá, que
entrais por estas portas para prostrar-
-vos diante de Javé. 3Assim fala Javé
dos exércitos, Deus de Israel: Melhorai
vossa conduta e vossas ações, e eu vos
farei habitar neste lugar. 4Não se ilu-
dam com palavras mentirosas, dizendo:
Templo de Javé, templo de Javé, este é
o templo de Javé!†
5Porque, se realmente emendardes
vossa conduta* e vossas obras, se de-
veras fizerdes justiça uns aos outros;
6se não oprimirdes o estrangeiro,* o
órfão e a viúva, se não derramardes o
sangue inocente neste lugar* e se não
seguirdes, para vossa infelicidade, ou-
tros deuses, 7eu vos farei morar neste
lugar, no país que dei a vossos pais
desde muito tempo e para sempre.
8Mas vós confiais em palavras falsas
que para nada valem: 9roubar, matar,
cometer adultério, jurar falso, queimar
incenso a Baal, seguir outros deuses
que não conhecíeis. 10Depois vindes e
vos apresentais diante de mim neste
templo, que traz meu nome, e dizeis:
'Estamos salvos!', para depois continu-
ar cometendo todas essas abomina-
ções. 11Por acaso considerais como um
covil de ladrões* este templo que traz
meu nome? Tudo isto eu vi também –
oráculo de Javé. 12Ide, portanto, ao lu-
gar que foi meu em Silo,* onde outrora
eu fiz habitar meu nome; considerai o
que fiz dele, por causa da maldade de
Israel, meu povo. 13Agora, já que fizes-
tes todas estas ações – oráculo de Javé
– e não me escutastes quando vos falei
constantemente* e não respondestes a
meus apelos, 14eu tratarei este templo
que traz meu nome e no qual confiais e
este lugar que dei a vós e a vossos pais,
como tratei Silo. 15Eu vos expulsarei de
minha frente como expulsei todos os
vossos irmãos, toda a descendência de
Efraim.
16Tu, pois, não intercedas por este
povo,* não faças por ele súplicas e ora-
ções nem insistas comigo, porque não

* **6**,22. 50,41s | 24. 4,31 | 25. 20,10 | 26. Am 8,10; Zc 12,10 | 29. Is 1,22; Jr 9,6; Ez 22,17-22; Ml 3,2s
7,5. Is 1,16s | 6. 22,3 / Êx 20,2 | 11. Mt 21,13 | 12. 1Sm 1-3; 4,12-22; Sl 78,59-69 | 13. Is 50,2; 65,12; 66,4 |
16. 11,14; 14,11

† **6**,26. A morte do filho único é o fim da descendência e o desaparecimento do nome da família.
7,4. Achavam que o templo, onde estava a arca da aliança, trono de Javé, não podia cair nas mãos do
inimigo.

te escutarei. 17Não vês o que fazem nas cidades de Judá e nas ruas de Jerusalém? 18Os filhos recolhem a lenha, os pais acendem o fogo e as mulheres amassam a farinha para fazer bolos para a Rainha do céu†; depois derramam libações* a outros deuses para ofender-me. 19Mas por acaso é a mim que eles ofendem? – oráculo de Javé –; não é antes a si próprios para sua própria vergonha? 20Por isso, assim fala o Senhor Javé: Minha ira, meu furor, se derramará sobre este lugar, sobre os homens e sobre os animais, sobre as árvores dos campos e sobre os frutos da terra: é um fogo que não se apaga".

Dureza e infidelidade. 21Assim fala Javé dos exércitos, o Deus de Israel: "Ajuntai vossos holocaustos a vossos sacrifícios e comei a carne deles! 22Pois eu nada disse nem ordenei* a vossos pais quando os fiz sair da terra do Egito sobre holocausto e sacrifício. 23Mas isto lhes ordenei: Escutai minha voz! Então eu serei vosso Deus e vós sereis meu povo; e caminhai sempre na estrada que eu vos prescrevo, para que sejais felizes. 24Mas eles não escutaram nem prestaram ouvido, seguiram seus planos, a maldade de seu coração obstinado, e, em vez de virar o rosto para mim, viraram-me as costas. 25Desde quando vossos pais saíram da terra do Egito* até hoje tenho enviado a vós todos os meus servos, os profetas,* todo o dia, sem cessar; 26mas eles não me escutaram nem prestaram ouvido. Endureceram sua cerviz, tornaram-se piores que seus pais. 27Tu lhes dirás todas estas coisas, mas eles não te escutarão; tu os chamarás, mas não te responderão. 28Então lhes dirás: Esta é a nação que não escuta a voz de Javé, seu Deus, nem aceita sua correção. Desapareceu a fidelidade,* foi banida de sua boca".

Profanação e castigo. 29"Corta tua cabeleira e joga-a fora*
e entoa sobre as alturas uma lamentação,
porque Javé rejeitou e abandonou
a geração que é alvo de sua ira.

30Porque os filhos de Judá* cometeram o que me desagrada – oráculo de Javé. Instalaram suas abominações no templo que traz meu nome, para contaminá-lo. 31Construíram o altar de Tofet, no vale de Ben-Enom, para queimar seus filhos e filhas, coisa que jamais ordenei* nem me passou pela mente. 32Por isso virão dias – oráculo de Javé – nos quais não se chamará mais Tofet nem vale de Ben-Enom, mas vale do Massacre. Então se sepultará em Tofet,* porque não haverá outro lugar. 33Os cadáveres deste povo servirão de pasto para as aves do céu e para os animais da terra, e ninguém os espantará. 34Eu farei cessar nas cidades de Judá e nas ruas de Jerusalém* os gritos de alegria e os sons de festa, a voz do esposo e da esposa, porque o país será um deserto".

8 **Visão desoladora.** 1"Naquele tempo – oráculo de Javé – serão exumados de seus túmulos os ossos dos reis de Judá, os ossos de seus chefes, os ossos dos sacerdotes, os ossos dos profetas e os ossos dos habitantes de Jerusalém. 2Eles serão expostos ao sol, à lua* e a todo o exército do céu que eles amaram, serviram, seguiram, consultaram e adoraram. Não serão mais recolhidos e sepultados,* mas ficarão como esterco sobre o chão. 3Então a morte será preferível à vida para todos os que restarem daquela raça perversa em todo lugar, onde eu os tiver dispersado" – oráculo de Javé dos exércitos.

Endurecimento obstinado. 4Tu lhes dirás: "Assim fala Javé:
Acaso aquele que cai não se levanta
e quem perde o caminho não volta atrás?
5Por que então este povo se desvia,
por que Jerusalém é continuamente rebelde?

---

* **7**,18. 44,17ss | 22. 6,20; Am 5,21 | 25. 9,13 / 25,4; 26,5; 29,19; 2Cr 36,15 | 28. Is 7,9 | 29. 19,1-13 | 30. 32,34 | 31. 19,6 | 32. 16,4; 34,20 | 34. 16,9; 25,10 | **8**,2. Ez 6,4s / Jr 25,33; 16,4

† **7**,18. Trata-se da deusa Istar, dos babilônios, identificada com o planeta Vênus.

Persistem em suas ilusões, recusam converter-se.
6Escutei atentamente;
eles não falam como deveriam.
Ninguém se arrepende de sua maldade,
dizendo: O que fiz eu?
Cada um retoma sua corrida
como um cavalo que se lança na batalha.
7Até a cegonha no céu conhece seus tempos;*
a rola, a andorinha e o grou
observam a data de sua arribação;
meu povo, porém, não conhece a ordem de Javé.
8Como podeis dizer: Nós somos sábios,*
a lei de Javé está conosco?
Sim, a pena mentirosa dos escribas
converteu-a em mentira!†
9Os sábios serão confundidos, desconcertados
e cairão prisioneiros.
Eles rejeitaram a palavra de Javé:
que sabedoria podem ter?
10Por isso darei a outros suas mulheres,*
seus campos a novos donos,
porque, do pequeno ao grande, são todos gananciosos;
do profeta ao sacerdote, todos praticam a mentira.
11Eles tratam com leviandade a ferida de meu povo,
dizendo: Bem, bem!, mas não está bem.
12Deveriam envergonhar-se de seus atos abomináveis,
mas não se envergonham de modo algum,
não sabem nem mesmo enrubescer-se.
Por isso cairão com as outras vítimas,
na hora do ajuste de contas serão prostrados",
diz Javé.
13"Eu os apanho e os aniquilo, diz Javé,*
não há mais uva na vinha nem frutos nas figueiras;
mesmo as folhas ficarão murchas.
Eu os dou aos que pisarão sobre eles".

Ruína sem remédio. 14"Por que ficamos sentados aqui?
Reuni-vos, entremos nas fortalezas e morramos nelas,*
porque Javé nosso Deus nos faz perecer.
Ele nos faz beber águas envenenadas,*
porque pecamos contra Javé.
15Esperávamos a paz, mas não existe bem nenhum;*
a hora da salvação, e eis o terror".*
16De Dã se ouve o bufar de seus cavalos;*
ao rumor do relinchar de seus corcéis treme a terra toda.
Vêm e devoram o país e seus bens,
a cidade e seus habitantes.
17"Sim, eu estou para mandar contra vós serpentes venenosas,*
contra as quais não existe magia: elas vos morderão"
– oráculo de Javé.
18Procurei tranquilizar-me, superando minha dor,
mas dentro de mim meu coração desfalece.
19Ouço os gritos da filha de meu povo
que vêm de uma terra distante:
"Javé não se acha em Sião?
Seu rei não mora mais lá?"
Por que me provocaram à ira com seus ídolos
e com estas nulidades estrangeiras?
20Passou o tempo da colheita,
acabou o verão e não fomos salvos.
21Pela ferida da filha de meu povo estou aflito,
estou consternado, a desolação apoderou-se de mim.
22Então, não há bálsamo em Galaad?
Não há nenhum médico lá?
Por que não melhora a ferida da filha de meu povo?

---

* **8**,7. Is 1,3 | 8. 2,8 | 10. 6,12-15 | 13. Is 5,1 | 14. 4,5 / 9,14 | 15. Is 59,9 / Jr 14,19 | 16. 4,15 | 17. Dt 32,24; Nm 21,6

† **8**,8. O erro dos escribas era deixar de lado as obrigações religiosas e morais da aliança.

23Quem fará de minha cabeça uma nascente de água
e de meus olhos uma fonte de lágrimas,
para que eu chore dia e noite
os mortos da filha de meu povo?

9

Corrupção moral. 1Quem me dará no deserto um refúgio para viajantes?
Eu deixaria meu povo e me afastaria dele,
porque são todos adúlteros, um bando de traidores†.
2Retesam sua língua como arco;*
é a mentira e não a verdade que domina no país.*
Avançam de crime em crime,
mas a mim não me conhecem
– oráculo de Javé.
3Cada um se guarde de seu amigo;
não confieis nem no irmão,
porque todo irmão engana o irmão*
e todo amigo espalha calúnias.*
4Cada qual engana seu próximo, ninguém diz a verdade.
Acostumaram a própria língua a falar mentiras
e se cansam de fazer o mal.
5Tu habitas em meio à fraude;
por fraude se recusam a conhecer-me
– oráculo de Javé.
6Por isso assim fala Javé dos exércitos:*
"Eis que os refinarei no cadinho e os provarei;
de que outro modo eu procederia com a filha de meu povo?
7Flecha mortífera é sua língua,
engano são as palavras de sua boca.
Cada qual fala de paz com o próximo,
enquanto no íntimo lhe arma ciladas".

Vingança divina. 8"Eu não deveria punir-vos por tais coisas?
– oráculo de Javé.
De uma nação como esta não deveria vingar-me?"*
9Sobre os montes erguerei gemidos e lamentos,
um canto fúnebre sobre as pastagens da estepe,
porque estão queimadas, ninguém mais passa por lá,
nem mais se ouve o mugido do gado.
Desde as aves do céu até o gado,*
todos fugiram, desapareceram.
10"Farei de Jerusalém um monte de ruínas,
um refúgio de chacais;
farei das cidades de Judá uma desolação,
sem habitantes".*
11Quem é sábio para compreender isto?
A quem a boca de Javé falou para que o anuncie?
Por que o país está devastado,
queimado como deserto onde ninguém passa?

Apostasia geral. 12Disse Javé: "É porque abandonaram a lei que eu tinha
posto diante deles* e não escutaram
minha voz e não a seguiram, 13mas
seguiram a dureza de seu coração e
os ídolos de Baal,* que seus pais lhes
deram a conhecer".14Portanto, assim
diz Javé dos exércitos, Deus de Israel:
"Darei a este povo como alimento o
absinto e lhe darei a beber água envenenada.* 15Eu os dispersarei no meio
de nações que nem eles, nem seus
pais conheceram e mandarei atrás deles a espada até que os tenha exterminado".

Lamentação. 16Assim diz Javé dos exércitos:
"Atenção! Convocai as carpideiras: que venham!
Fazei vir as melhores: que venham
17e sem demora, para entoar sobre nós um lamento".
Brotem lágrimas de nossos olhos,
escorra água de nossas pálpebras.

---

* **9**,2. Sl 12,1-5 / Sl 116,11 | 3. Gn 27,36 / Os 12,4 | 6. 6,29 | 8. 5,9 | 9. Os 4,3 | 10. 34,22 | 12. Êx 19,5 | 13. 7,24 | 14. 23,15; 8,14; Dt 4,27; 28,36.64

† **9**,1. Como Elias que foge da ira de Jezabel, 1Rs 19,3, Jeremias quer escapar da traição e da calúnia de seu povo.

18 Sim, uma voz de lamento se ouve
de Sião:
"Estamos arruinados, cobertos de
vergonha
porque devemos abandonar o país;
demoliram nossas moradas".
19 Ouvi, pois, ó mulheres, a palavra de
Javé;
que vossos ouvidos acolham a pala-
vra de sua boca.
Ensinai a vossas filhas um lamento,
uma à outra um canto fúnebre:
20 "A morte subiu por nossas janelas,
penetrou em nossos palácios,
abatendo os meninos na rua
e os jovens nas praças.
21 Fala: Este é o oráculo de Javé:
Os cadáveres dos homens jazem
como esterco nos campos,
como feixes atrás do ceifeiro, e nin-
guém os recolhe".*

A verdadeira glória. 22 Assim fala Javé:
"Não se glorie o sábio de sua sabe-
doria*
e não se glorie o forte de sua força,
não se glorie o rico de sua riqueza!
23 Mas quem quer gloriar-se, glorie-
-se disto:
de ter inteligência e de me conhecer,
porque eu sou Javé
que pratico a misericórdia, o direito e
a justiça sobre a terra;
nestas coisas encontro meu agrado"
– oráculo de Javé†.
24 "Dias virão – oráculo de Javé – em
que punirei todos os circuncisos que
permanecem incircuncisos: 25 o Egito,
Judá, Edom, os amonitas e os moabitas
e todos os que cortam os cabelos das
têmporas e moram no deserto, porque
todas estas nações e toda a casa de Is-
rael são incircuncisos de coração".

10

Nulidade dos ídolos. 1 Escutai
a palavra que Javé vos dirige,
casa de Israel.
2 Assim diz Javé:
"Não imiteis a conduta dos gentios
e não tenhais medo dos sinais do
céu,
porque são os gentios que têm
medo deles.
3 Pois os costumes dos povos são vai-
dade;
são madeira cortada na floresta,
trabalhada pelo escultor com o cin-
zel.
4 É enfeitada de prata e ouro,
é fixada com pregos e com martelos,
para que não se mova.
5 Os ídolos são como espantalho
num campo de abóboras,
não sabem falar;
é preciso carregá-los, porque não
andam.
Não os temais, porque não fazem
mal algum,
nem o bem eles podem fazer".

Grandeza de Deus. 6 Ninguém é igual
a vós, Javé;*
vós sois grande, e grande é vosso
nome por vosso poder.*
7 Quem não vos temerá, rei das na-
ções?*
Isto vos convém, porque entre todos
os sábios das nações
e em todos os seus reinos
ninguém é semelhante a vós.
8 São todos ao mesmo tempo loucos
e insensatos;
vã é sua doutrina, como um pedaço
de madeira.
9 Prata batida e laminada, trazida de
Társis,
e ouro de Ofir,
trabalho de escultor ou de ourives;
é revestido de púrpura e de escarlate:
mera obra de artesãos.
10 Javé, porém, é o Deus verdadeiro,
ele é o Deus vivo e o rei eterno;
diante de seu furor a terra treme,
as nações não podem resistir a sua
ira.
11 Assim direis a eles: "Os deuses que
não fizeram o céu e a terra desapare-
cerão da terra e de debaixo deste céu".
12 Ele formou a terra com seu poder,*
fixou o mundo com sua sabedoria,

---

* **9**,21. 8,2 | 22. 1Cor 1,31; 2Cor 10,17; Tg 1,9 | **10**,6. 42,8; 40,18 / Sl 86,8 | 7. Ap 15,4 | 12. 51,15-19; Sl 104; Jó 38; Pr 8,27-31

† **9**,23. A verdadeira religião consiste no amor misericordioso, no direito e na justiça, Os 2,21s; 4,1.6.

e com sua inteligência estendeu os céus.
[13]Quando faz ouvir sua voz,
é um fragor de águas no céu.
Ele faz subir as nuvens da extremidade da terra,*
produz relâmpagos para a chuva
e tira o vento para fora de seus depósitos.
[14]Fica ignorante todo homem, sem compreender;
todo ourives se envergonha de seus ídolos,
porque é mentira o que ele fundiu
e não tem sopro vital.
[15]Eles são nulidades, obras ridículas;
no tempo de seu castigo perecerão.
[16]Não é assim a herança de Jacó,
porque ele formou todas as coisas,
e Israel é a tribo de sua herança,
Javé dos exércitos é seu nome.

Pânico em Judá. [17]Junta do chão tua bagagem,*
tu que estás sitiada!
[18]Porque assim fala Javé:
"Desta vez expulsarei para longe os habitantes do país;
eu os afligirei, para que me reencontrem".
[19]Ai de mim por causa de minha ferida;*
minha chaga é incurável.
No entanto eu tinha pensado:
"Este é meu mal e devo suportá-lo".
[20]Minha tenda está destruída,
todas as minhas cordas se romperam.
Meus filhos se afastaram de mim e não existem mais.*
Não há mais ninguém que monte minha tenda
e estenda minhas lonas.
[21]Os pastores se tornaram insensatos,*
não procuraram mais Javé;
por isso não tiveram êxito
e dispersou-se todo o seu rebanho.
[22]Ouve-se um rumor que avança
e um grande clamor chega do país do norte,
para reduzir as cidades de Judá a um deserto,
refúgio de chacais.

Oração de Jeremias. [23]"Eu sei, Javé,
que o homem não é dono de seu caminho;*
não está no poder de quem caminha
dirigir seus passos.
[24]Corrigi-me, Javé, mas com justa medida;*
não segundo vossa ira,
para não me reduzirdes ao nada"†.
[25]Derramai vossa ira
sobre as nações que não vos conhecem*
e sobre as famílias que não invocam vosso nome;
porque devoraram Jacó,*
elas o devoraram e consumiram, e destruíram sua morada.

11

Fidelidade à aliança. [1]Esta
é a palavra que foi dirigida a
Jeremias da parte de Javé: [2]"Escuta as
palavras desta aliança† e refere-as aos
homens de Judá e aos habitantes de Jerusalém.
[3]Tu lhes dirás: Assim fala Javé,
Deus de Israel: Maldito o homem que
não escuta as palavras desta aliança,*
[4]que eu prescrevi a vossos pais quando
os fiz sair da terra do Egito, da fornalha
de ferro, dizendo: Escutai minha
voz e fazei tudo o que vos mando; então
sereis meu povo e eu serei vosso
Deus,* [5]de modo que eu possa manter
o juramento feito a vossos pais de
dar-lhes uma terra onde correm leite e
mel, como hoje possuís". Eu respondi:
"Assim seja, Javé!" [6]Javé me disse: "Proclama
todas estas palavras nas cidades
de Judá e nas ruas de Jerusalém, dizendo:
Escutai as palavras desta aliança e

---

* **10**,13. Sl 135,7 | 17. Ez 12,3s | 19. 4,31 / 4,20 | 20. Is 54,1s | 21. Ez 34,1 | 23. Pr 20,24 | 24. Sl 6,2; 38,2 | 25. Sl 79,6s / Is 9,11; 30,16 | **11**, 3. Dt 27,26 | 4. Dt 4,20; 7,12s; 6,3; 11,9; 10,15 | 8. Dt 29,18.27

† **10**,24. Há dois tipos de justiça: a que castiga o mal conforme sua gravidade objetiva e a que corrige considerando a fraqueza humana. | **11**,2. No tempo do rei Josias, no ano 622 a.C., foi descoberto no templo o livro da lei, 2Rs 22,8, fato que deu início a uma reforma religiosa, na qual o rei se empenhou pessoalmente, com o apoio de Jeremias.

ponde-as em prática. 7Porque eu exor-
tei insistentemente vossos pais quando
os fiz sair da terra do Egito e até hoje,
sem me cansar adverti, repetindo: Escu-
tai minha voz! 8Mas eles não escutaram
nem deram ouvido; cada qual seguiu a
dureza de seu coração malvado. Por isso
apliquei contra eles todas as palavras*
desta aliança, que eu lhes tinha manda-
do praticar, e não praticaram".

9Javé disse-me: "Formou-se uma
conspiração entre os homens de Judá e
os habitantes de Jerusalém; 10voltaram
às iniquidades de seus primeiros pais*
que tinham recusado escutar minhas
palavras; também eles seguiram outros
deuses para servi-los. A casa de Israel e
a casa de Judá violaram a aliança que
eu tinha concluído com seus pais. 11Por
isso, assim fala Javé: Mandarei sobre
eles uma calamidade da qual não po-
derão fugir. Clamarão a mim, mas não
os ouvirei. 12Então as cidades de Judá*
e os habitantes de Jerusalém erguerão
gritos de socorro aos deuses aos quais
ofereceram incenso, mas eles de modo
algum poderão salvá-los no tempo de
sua calamidade. 13Porque tão numero-
sos como tuas cidades são teus deuses,
ó Judá; numerosos como as ruas de Je-
rusalém, os altares que ergueste ao ído-
lo, altares para queimar incenso a Baal.

14Tu, pois, não intercedas por este
povo,* não faças para ele súplicas e
preces, porque não escutarei quando
me invocarem no tempo de sua cala-
midade".

15Que tem a fazer minha amada em
minha casa*
com sua perversa conduta?
Promessas e carne de sacrifícios
acaso afastam de ti tua calamidade,
para que possas alegrar-te?
16Oliveira verde, formosa e de frutos
deliciosos,*
era o nome que Javé te havia dado.
Com grande rumor ele pôs fogo em
suas folhas
e seus ramos se queimaram.

17E Javé dos exércitos que te plantou,
decretou contra ti a calamidade por
causa do mal que cometeram para seu
dano a casa de Israel e a casa de Judá,
irritando-me com a queima de incenso
a Baal.

Jeremias perseguido†. 18Javé comuni-
cou-me e eu o soube;
vós me mostrastes então suas intri-
gas.
19Eu era como um cordeiro manso*
levado ao matadouro e não sabia que
eles tramavam contra mim, dizendo:
"Abatamos a árvore em seu vigor e o
eliminemos da terra dos vivos; que seu
nome não seja mais lembrado".*
20Javé dos exércitos, justo juiz,*
que sondais o coração e a mente,*
possa eu ver vossa vingança sobre
eles,*
porque a vós confiei minha causa.

21Por isso assim fala Javé a respeito
dos homens de Anatot que atentam
contra tua vida, dizendo: "Não profe-
tizes no nome de Javé,* senão morre-
rás por nossa mão"; 22por isso, assim
diz Javé dos exércitos: "Eu os punirei:
seus jovens morrerão pela espada, seus
filhos e suas filhas morrerão de fome.
23Não restará deles nenhum sobrevi-
vente, porque mandarei a calamidade
contra os homens de Anatot no ano de
seu castigo".

12

Felicidade dos maus†. 1Sois
justo demais, Javé,
para que eu possa discutir convosco;
mas gostaria de falar convosco sobre
vossa justiça.*
Por que o caminho dos ímpios pros-
pera?
Por que todos os traidores estão
tranquilos?

---

* **11**,10. Nm 25,1ss; Os 9,10 | 12. Mq 3,4; Is 59,2; Ez 8,18; 2,28 | 14. 7,16 | 15. 2,2 | 16. Is 5,1 | 19. Is 53,7 / Sl 83,4 | 20. 20,12; 17,10 / Sl 7,10 / Sl 44,22; 139,13 | 21. Is 30,10; Am 2,12 | **12**,1. Jó 21; Sl 49; 73

† **11**,18. Primeira das 5 "confissões" de Jeremias: 11,18–12,6; 15,10-21; 17,12-18; 18,18-23; 20,7-8. Ele é o único profeta que nos revelou a luta interior que a missão profética e as perseguições provocaram nele. | **12**. Contexto da retribuição somente neste mundo, não se esperava que os maus prosperassem e que os justos sofressem, e sim o contrário. Mesmo problema em Jó 21; Hab 1,13.

2Vós os plantastes e lançaram raízes,
crescem e produzem fruto;
estais próximo de suas bocas,
mas longe de seus corações.
provais meu coração, que está convosco.*
Arrancai-os fora como ovelhas para o matadouro,
reservai-os para o dia da matança.
4Até quando estará de luto a terra*
e secará a vegetação de todos os campos?
Pela maldade de seus habitantes*
perecem as feras e as aves,
porque eles dizem: "Deus não vê nossos passos".
5"Se correndo com os pedestres te cansas,*
como poderás competir com os cavalos?†
Numa região pacífica te sentes seguro,
mas que farás no matagal do Jordão?
6Pois até teus irmãos e a casa de teu pai,
até eles são desleais contigo;
também eles gritam atrás de ti em voz alta;
não confies neles quando te dizem boas palavras".

Devastação do país. 7"Eu abandonei minha casa,*
abandonei minha herança;
entreguei o que tenho de mais caro
nas mãos de seus inimigos.
8Minha herança tornou-se para mim
como leão na floresta;
rugiu contra mim, por isso passei a odiá-la.
9Acaso minha herança é para mim
como pássaro colorido,
que as aves de rapina assaltam de todo lado?
Vinde, reuni-vos todos vós, animais selvagens,
vinde devorar!
10Muitos pastores devastaram minha vinha,
pisaram meu campo.
Fizeram de meu campo predileto
um deserto desolado.
11Reduziram-no a terra deserta,
a um estado deplorável;
está desolado diante de mim.
Está devastado todo o país,
porque ninguém se importa.
12Sobre todas as alturas do deserto
chegam devastadores,
porque Javé tem uma espada que devora,
de um extremo a outro da terra;
não há paz para ninguém.
13Eles semearam trigo e colheram espinhos,
sem proveito se cansaram;
sentem vergonha de sua colheita
por causa da ira ardente de Javé".

A sorte das nações vizinhas. 14Assim
fala Javé contra todos os meus vizinhos malvados, que puseram as mãos
sobre a herança que eu tinha dado a
meu povo Israel: "Vou arrancá-los de
sua terra e também arrancar a casa de
Israel do meio deles. 15Mas, depois de
os ter arrancado, terei de novo compaixão deles e farei voltar cada um a
sua herança, cada um a seu país. 16Se
aprenderem com diligência a se comportar como meu povo,* jurando por
meu nome: 'Pela vida de Javé', como
ensinaram meu povo a jurar por Baal,
então serão estabelecidos no meio de
meu povo. 17Mas se não escutarem, arrancarei toda esta nação e a exterminarei" – oráculo de Javé.

13

Cinto escondido†. 1Assim falou-me Javé: "Vai comprar para
ti um cinto de linho e coloca-o na cintura, mas sem mergulhá-lo na água".
2Comprei o cinto conforme a ordem de
Javé e o pus na cintura.
3Depois, a palavra de Javé me foi dirigida uma segunda vez nestes termos:
4"Toma o cinto que compraste e que
trazes na cintura, levanta-te, vai ao Eufra-

---

* **12**,3. 11,29; Sl 5,11 | 4. 5,21-25; 8,18-23; 14 / Os 4,3 | 5. 15,10 | 7. 7,14 | 16. 4,2; Is 45,14

† **12**,5. Deus encoraja o profeta a não deixar-se abater pelas primeiras dificuldades, porque virão outras maiores. | **13**. O profeta representa Javé e o cinto representa o povo, corrompido pela aliança com os pagãos.

tes e esconde-o na fenda de um roche-
do". 5Eu fui e o escondi junto ao Eufrates,
como Javé me havia mandado. 6Depois
de muito tempo, Javé me disse: "Levan-
ta-te, vai ao Eufrates e toma o cinto que
eu te mandei esconder lá". 7Eu fui ao
Eufrates, cavei e retirei o cinto do lugar
onde o tinha escondido: o cinto tinha
apodrecido, não servia mais para nada.
8Então foi-me dirigida esta palavra de
Javé: 9"Assim fala Javé: Deste modo farei
apodrecer o orgulho de Judá e o gran-
de orgulho de Jerusalém. 10Este povo
malvado, que recusa escutar minhas
palavras, que se comporta conforme a
dureza de seu coração e segue outros
deuses para servi-los e adorá-los, será
como este cinto, que não serve mais para
nada. 11Pois, como o cinto adere à cintu-
ra de um homem, assim eu fiz aderir a
mim toda a casa de Israel e toda a casa
de Judá – oráculo de Javé – para que fos-
sem meu povo, minha fama, meu louvor
e minha glória; mas não ouviram".

Os odres de vinho. 12Tu lhes dirás esta
palavra: "Assim fala Javé, Deus de Isra-
el: Todo odre se enche de vinho. Se eles
disserem: Acaso não sabemos que todo
odre se enche de vinho? 13Tu lhes res-
ponderás: Assim fala Javé: Vou encher
de embriaguez* todos os habitantes
deste país, os reis que se sentam no tro-
no de Davi, os sacerdotes, os profetas e
todos os habitantes de Jerusalém. 14Eu
os quebrarei uns contra os outros, pais
e filhos juntamente – oráculo de Javé –;
não terei piedade, nem compaixão, nem
misericórdia para deixar de destruí-los".

Convite à penitência. 15Escutai e pres-
tai ouvido,
não sejais soberbos,
porque é Javé que fala.
16Dai glória a Javé, vosso Deus,*
antes que venha a escuridão
e vossos pés tropecem contra os montes
ao cair da noite.
Vós esperais a luz,
mas ele a reduzirá a trevas*
e a mudará em densa escuridão!†
17Se vós não escutardes,
eu chorarei em segredo por causa de vossa soberba;
meus olhos chorarão amargamente
e derramarão lágrimas,
porque será deportado o rebanho de Javé.
18Dizei ao rei e à rainha-mãe:
"Sentai-vos mais embaixo,
porque caiu de vossa cabeça a coroa de esplendor".
19As cidades do sul estão fechadas,
ninguém as liberta.
Judá inteiro foi deportado, deportado em sua totalidade.

Advertência a Jerusalém. 20Ergue os
olhos e observa os que vêm do norte;
onde está o rebanho que te foi confiado,
tuas ovelhas magníficas?
21O que dirás quando puserem como teus chefes*
aqueles que ensinaste a ser teus amigos?
Não te sobrevirão dores como de parturiente?*
22Se disseres em teu coração:
"Por que me acontece tudo isto?"
É pela enormidade de tuas iniquidades*
que foram arrancadas tuas vestes
e sofreste violência.
23Pode um etíope mudar sua pele
ou um leopardo, suas manchas?
E vós, habituados ao mal,
poderíeis fazer o bem?
24Eu vos dispersarei
como palha levada pelo vento do deserto.
25Esta é tua sorte, a parte que eu te destinei
– oráculo de Javé –,
porque me esqueceste e confiaste na mentira.
26Também eu erguerei tuas vestes até o rosto,
para que se veja tua vergonha†,

---

* **13**,13. Is 51,17 | 16. Jo 16,35s / Am 5,18 | 21. 4,30 / 4,31 | 22. 5,19; Is 47,2s; Os 2,5

† **13**,16. As trevas representam a invasão e a fuga, Is 8,21ss; a luz indica a salvação ainda possível. | **13**,26. Jerusalém sofrerá a vergonha da destruição e da escravidão diante das nações, porque não se envergonhou de praticar a idolatria, abandonando seu Deus.

27teus adultérios e teus relinchos,*
a ignomínia de tua prostituição!
Sobre as colinas e nos campos
eu vi tuas abominações.
Ai de ti, Jerusalém, que não te purificas!
Por quanto tempo ainda?

14 **A grande seca.** 1Palavra que
Javé dirigiu a Jeremias* por
ocasião da seca†:
2Judá está de luto,*
suas cidades desfalecem,
seu povo se lamenta no chão;
o grito de Jerusalém sobe ao céu.
3Os ricos mandam seus servos bus-
car água,
estes vão aos poços, mas não encon-
tram água*
e voltam com os recipientes vazios.
Desiludidos e confusos se cobrem a
cabeça.
4Pelo terreno rachado, porque não
cai chuva no país,*
os agricultores estão desiludidos
e confusos e se cobrem a cabeça.
5Até a cerva dá à luz nos campos
e abandona o filhote, porque não há
capim.
6Os burros selvagens param nas al-
turas
e aspiram o ar como chacais;
seus olhos se escurecem,
porque não há vegetação.
Oração de Jeremias. 7"Se nossas ini-
quidades testemunham contra nós,
Javé,*
agi para a honra de vosso nome!
Sim, são muitas nossas infidelidades,
pecamos contra vós.
8Ó esperança de Israel,*
seu Salvador no tempo da aflição,
por que quereis ser como um estran-
geiro no país
e como um viandante que se detém
só por uma noite?
9Por que quereis ser como um ho-
mem sem energia,
como um guerreiro incapaz de sal-
var?
No entanto, estais no meio de nós,
Javé,
e nós somos chamados* com vosso
nome†:
não nos abandoneis!"
10Assim fala Javé sobre este povo:
"Eles gostam de correr em todas as
direções, não controlam seus passos".
Porque Javé não se agrada deles,* ago-
ra ele vai recordar sua iniquidade e pu-
nir seus pecados.
Não interceder. 11Javé disse-me: "Não
intercedas* a favor deste povo, por sua
felicidade. 12Mesmo se jejuarem, não
ouvirei sua súplica; se oferecerem ho-
locaustos e oblações, não os aceitarei;
mas vou extermina-los com a espada,
a fome e a peste". 13Eu respondi: "Ai,
Senhor Javé! Os profetas lhes dizem:
Não vereis a espada,* a fome não vos
atingirá; mas eu vos concederei uma
paz verdadeira neste lugar".* 14Então
Javé me disse: "Os profetas profetizam
mentiras em meu nome; eu não os en-
viei, não dei ordem nem falei a eles.
Eles vos anunciam visões falsas, orácu-
los vãos e imposturas de sua mente".
15Por isso, assim fala Javé: "Os profetas
que predizem em meu nome, sem que
eu os tenha enviado, e afirmam que
não haverá espada e fome neste país,
estes profetas perecerão pela espada
e pela fome. 16E os homens aos quais
eles profetizam serão lançados pelas
ruas de Jerusalém, vítimas da fome e
da espada, e ninguém sepultará a eles,
suas mulheres, seus filhos e filhas. Eu
retornarei sobre eles sua maldade"†.
Desolação. 17Tu lhes dirás esta palavra:
"Que meus olhos derramem lágrimas
noite e dia sem cessar,
porque a filha de meu povo foi atin-
gida
por grande calamidade, uma ferida
mortal.

---

* **13**,27. 2,20 | **14**,1. 5,20-25; 8,18-23; Os 4,3 | 2. Lm 1,4 | 3. Lv 26,18ss | 4. Os 4,3; Jr 3,3 | 7. Is 59,12 | 8. 17,13 | 9. 7,30; 15,16; Dt 28,10 | 10. Os 8,13 | 11. 7,16 | 13. 23 / 5,31; 27,10; 29,9

† **14**,1. Considerada como castigo de Deus, a seca era um dos males frequentes na Palestina, 5,24s; Lv 26,19. | 9. Quer dizer, "vós nos protegeis com vossa presença salvífica". | 16. Jeremias intercede pelo povo, alegando como desculpa as falsas promessas dos profetas que enganaram o povo.

[18]Se saio em campo aberto,
eis as vítimas da espada;
se entro na cidade,
eis os torturados pela fome.
Mesmo o profeta e o sacerdote
percorrem o país e não entendem mais nada".

Outra oração. [19]"Acaso rejeitastes completamente Judá
ou vos desgostastes de Sião?
Por que nos feristes e não há remédio para nós?
Esperávamos a paz, mas não há nenhum bem,*
a hora da salvação, e eis o terror!
[20]Reconhecemos, Javé, nossa maldade,
a iniquidade de nossos pais:
sim, pecamos contra vós.
[21]Pela honra de vosso nome não nos abandoneis,
não desonreis o trono de vossa glória.
Recordai-vos! Não rompais vossa aliança conosco.
[22]Acaso entre os ídolos vãos das nações
há quem faça chover?
Ou seriam os céus que mandam os aguaceiros?
Não sois vós, Javé, nosso Deus?
Em vós esperamos, porque sois vós que fizestes todas estas coisas".

15 **Súplica rejeitada.** [1]Javé disse-
-me: "Mesmo se Moisés e Samuel se apresentassem diante de mim, eu não teria piedade deste povo. Afasta-os de mim, que se retirem!
[2]Se te perguntarem: "Aonde iremos?", tu lhes responderás: "Assim diz Javé:
Quem está destinado à morte, à morte,*
quem à espada, à espada,
quem à fome, à fome,
quem à escravidão, à escravidão.
[3]Mandarei contra eles quatro espécies de flagelos – oráculo de Javé –: a espada para matá-los, os cães para dilacerá-los, as aves do céu e os animais selvagens para devorá-los e destruí-los.
[4]Eu os tornarei motivo de espanto para todos os reinos da terra por causa de Manassés, filho de Ezequias, rei de Judá, pelo que ele fez em Jerusalém".

Castigo sem piedade. [5]Quem terá piedade de ti, Jerusalém,
quem chorará por ti?
Quem se voltará para perguntar-te como estás?*
[6]Tu me rejeitaste – oráculo de Javé,
voltaste-me as costas;
por isso estendi a mão contra ti para aniquilar-te;
estou cansado de ter piedade.*
[7]Eu os dispersei ao vento
com a pá nas cidades do país.
Privei de filhos e fiz perecer meu povo,
porque não abandonaram sua conduta.
[8]Suas viúvas se tornaram mais numerosas
que a areia do mar.
Mandei sobre a mãe de seus jovens
um devastador em pleno dia;
de repente fiz cair sobre eles angústia e pavor.
[9]Definha a mãe de sete filhos, respira ofegante;
o sol dela se põe quando ainda é dia,
está coberta de vergonha e confusa.
Entregarei seus sobreviventes à espada
diante de seus inimigos
– oráculo de Javé.

Lamento do profeta†. [10]Infeliz de mim, minha mãe,
que me fizeste nascer homem de contenda
e de discórdia para todo o país!
Não tomei emprestado,
não emprestei a ninguém,
no entanto todos me maldizem.
[11]Acaso, Javé, não vos servi o melhor possível?
Não vos supliquei por meu inimigo,
no tempo da desventura e no tempo da angústia?

---

* **14**,19. 8,15; 13,16; Am 5,18 | **15**,2. 43,11; Ap 13,10 | 5. Is 51,19 | 6. Êx 34,6s

† **15**,10. O profeta sente-se esmagado sob o peso de sua missão e se queixa de Deus que parece abandoná-lo.

[12]Acaso poderá o ferro quebrar o ferro do norte e o bronze?*
[13]"Teus bens e teus tesouros deixarei depredar,
não como pagamento
por causa de todos os pecados,
em todo o teu território.
[14]Eu te tornarei escravo de teus inimigos
num país que não conheces,
porque um fogo se acendeu em minha ira
que arderá sobre vós".
[15]Vós o sabeis, Javé,
recordai-vos de mim e ajudai-me,
vingai-me de meus perseguidores.
Em vossa clemência não me deixeis perecer:
sabeis que suporto insultos por vossa causa.*
[16]Quando vossas palavras vinham a meu encontro
eu as devorava;
vossa palavra foi o gozo e a alegria de meu coração,
porque era vosso nome que eu trazia,*
Javé, Deus dos exércitos.
[17]Não me sentei para divertir-me
nas rodas dos gozadores,
mas levado por vossa mão eu me sentava solitário,
porque me enchestes de indignação.
[18]Por que minha dor é sem-fim
e minha praga incurável,
que não quer sarar?
Vós vos tornastes para mim
torrente enganadora de águas inconstantes.

Resposta de Javé. [19]Respondeu então Javé:
"Se voltares para mim, eu te deixarei voltar†,
e estarás em minha presença;
se souberes distinguir o que é precioso do que é vil,
serás igual a minha boca.*
Eles voltarão a ti,
mas tu não deves voltar a eles.
[20]Eu farei de ti, para este povo,
um muro de bronze inabalável:*
combaterão contra ti, mas não poderão vencer-te,
porque eu estarei contigo para salvar-te e libertar-te
– oráculo de Javé.
[21]Eu te libertarei das mãos dos malvados
e te resgatarei das garras dos violentos".

16 A vida do profeta é um sinal†.

[1]Foi-me dirigida esta palavra
de Javé: [2]"Não te cases, não tenhas
filhos nem filhas neste lugar, [3]porque
assim diz Javé a respeito dos filhos e
filhas que nascem neste lugar e a respeito
das mães que os dão à luz e aos
pais que os geram neste país: [4]Morrerão
de doenças dolorosas, não serão
chorados nem sepultados, mas ficarão
como esterco sobre a terra. Perecerão
pela espada e pela fome; seus cadáveres*
serão pasto das aves do céu e dos
animais da terra". [5]Porque assim fala
Javé: "Não entres numa casa onde há
luto, não chores com eles nem tenhas
piedade deles, porque eu retirei deste
povo minha paz – oráculo de Javé –,
minha bondade e minha compaixão.
[6]Morrerão neste país grandes e pequenos;
não serão sepultados nem
pranteados; ninguém se fará incisões
por eles nem cortará seus cabelos.
[7]Não se partirá o pão para aquele que
está de luto, para consolá-lo da morte,
nem se lhe dará a beber o cálice da
consolação por seu pai ou por sua mãe.
[8]Nem sequer entres numa casa onde se
faz banquete para sentar-te com eles
a comer e beber. [9]Pois assim fala Javé
dos exércitos, o Deus de Israel: Diante
de vossos olhos e em vossos dias farei
cessar deste lugar as vozes de alegria
e de júbilo,* os cânticos do noivo e da
noiva".

As culpas do povo. [10]"Quando anun-
ciares a este povo todas estas coisas,* e

---

* **15**,12. 17,3s | 15. Sl 69,8 | 16. 14,9 | 19. 1,9 | 20. 1,18s | **16**,4. 8,2 | 9. 7,34; 25,10 | 10. 5,19

† **15**,19. O verbo "voltar" exprime a conversão do povo. | **16**. O celibato, incomum e menosprezado naquela cultura, aqui significa que o país ficará na solidão, sobrevivendo na tristeza.

te perguntarem: Por que Javé decretou
contra nós um mal tão grande? Quais
iniquidades e quais pecados cometemos contra Javé nosso Deus? 11 Então
tu lhes responderás: É porque vossos
pais me abandonaram* – oráculo de
Javé –, seguiram outros deuses e os
serviram e adoraram, enquanto que
abandonaram a mim e não observaram
minha lei. 12 Vós, porém, fizestes pior
que vossos pais: cada um de vós, com
efeito, segue a dureza de seu coração
malvado, recusando escutar-me. 13 Por
isso, eu vos expulsarei deste país para
um país que não conhecestes, nem vós
e nem vossos pais, e lá servireis outros
deuses dia e noite, porque eu não mais
usarei de misericórdia para convosco".

Retorno depois do exílio. 14 "Pois bem,
dias virão – oráculo de Javé – em que
não se dirá mais: Pela vida de Javé que
fez os israelitas saírem da terra do Egito;* 15 mas antes se dirá: Pela vida de
Javé que fez os israelitas saírem do
país do norte e de todos os países para
onde os havia dispersado. E eu os reconduzirei a seu país que eu havia concedido a seus pais".

Anúncio da invasão. 16 "Eis que enviarei numerosos pescadores – diz Javé
– que os pescarão. Depois enviarei numerosos caçadores que os caçarão em
todo monte, em toda colina e nas fendas das rochas†; 17 porque meus olhos
observam todos os seus caminhos, que
não podem ficar escondidos diante de
mim; nem se pode ocultar sua iniquidade diante de meus olhos. 18 Mas antes pagarei duas vezes sua iniquidade e
seu pecado, porque profanaram* meu
país com os cadáveres de seus ídolos
e encheram minha herança com suas
abominações".

Conversão das nações pagãs. 19 Javé,
minha força e minha defesa,
meu refúgio no dia da angústia,
a vós virão as nações das extremidades da terra*
e dirão: "Nossos pais herdaram somente mentira,
nulidades que não servem para nada".
20 Pode acaso, pode o homem fabricar deuses para si?*
Mas eles não são deuses!
21 Por isso, eis que eu lhes mostrarei,
desta vez eu lhes darei a conhecer
minha mão e minha força.
Eles saberão que meu nome é Javé.

17

Idolatria e castigo. 1 O pecado
de Judá está escrito com pena de ferro,*
com ponta de diamante está gravado*
sobre a tábua de seu coração
e sobre os ângulos de seus altares,
2 como para recordar a seus filhos
seus altares e seus troncos idolátricos*
junto às árvores verdejantes,
sobre as colinas elevadas,
3 sobre os montes e em campo aberto†.
"Abandonarei ao saque teus bens*
e todos os teus tesouros,
por causa do pecado de teus lugares altos
em todo o teu território.
4 Deverás retirar a mão
da herança que eu te havia dado;
eu te farei escravo de teus inimigos
num país que não conheces,
porque acendeste o fogo de minha ira,
que arderá para sempre".

Máximas sapienciais. 5 Assim diz Javé:
"Maldito o homem que confia no homem,*
que faz da carne seu apoio
e cujo coração se afasta de Javé.
6 Ele será como arbusto na estepe;
quando vem o bem, não o vê.
Habitará em lugares áridos no deserto,
numa terra salgada, onde ninguém mora.

---

* **16**,11. Dt 29,24 | 14. Êx 20,2 | 18. Ap 18,6 | 19. Is 45,14 | 20. Is 40,20; 42,8 | **17**,1. Dn 7,10 / 31,33 | 2. Dt 12,2 | 3. 15,13s | 5. Sl 146,3s

† **16**,16. Caça e pesca simbolizam a invasão estrangeira. | **17**,3. A idolatria do povo se encontra em toda parte, até nos lugares mais sagrados.

[7]Bendito o homem que confia em Javé*
e cuja confiança é Javé.
[8]Ele é como árvore plantada à beira-d'água,*
que estende para o riacho suas raízes;
não teme quando vem o calor,
suas folhas permanecem verdes;
no ano da seca não se inquieta,
nem deixa de dar frutos.
[9]Enganoso mais que tudo é o coração, e sem remédio;*
quem pode conhecê-lo?*
[10]Eu, Javé,
sondo a mente e provo os corações,*
para retribuir a cada um conforme seu proceder,*
segundo o fruto de suas ações.
[11]Como a perdiz que choca ovos, que não pôs,
é quem acumula riquezas injustas.
Na metade de seus dias deverá deixá-las,
e no fim parecerá um insensato".

Oração de Jeremias. [12]Trono de glória, sublime desde o princípio,
é o lugar de nosso santuário!
[13]Ó esperança de Israel, Javé,*
todos os que vos abandonam ficarão confusos,
todos os que se afastam de vós serão escritos no pó,
porque abandonaram a fonte de água viva, Javé.*
[14]Curai-me, Javé, e ficarei curado,*
salvai-me e serei salvo,
porque vós sois minha glória.
[15]Eis que eles me dizem:
"Onde está a palavra de Javé?
Que ela se realize!"
[16]Quanto a mim,
não insisti junto de vós na desventura
nem desejei o dia funesto, vós o sabeis.
O que saiu de minha boca está diante de vós[†].
[17]Não sejais para mim causa de terror,
vós, meu único refúgio no dia da aflição.
[18]Sejam cobertos de vergonha*
meus adversários, mas não eu,
que se atemorizem eles, mas não eu.
Mandai contra eles o dia da aflição,
destruí-os com dupla destruição.

Observância do sábado. [19]Javé me
disse: "Vai ficar junto à porta dos filhos
do povo, pela qual entram e saem os
reis de Judá, e junto a todas as portas
de Jerusalém. [20]Tu lhes dirás: Escutai a
palavra de Javé, ó reis de Judá, e vós todos, judeus e habitantes de Jerusalém,
que passais por estas portas. [21]Assim
fala Javé: Por amor a vossa vida, guardai-vos de transportar cargas no dia de
sábado e de introduzi-las pelas portas
de Jerusalém. [22]Não tireis nenhuma
carga para fora de vossas casas em dia
de sábado e não façais trabalho algum,
mas santificai o dia de sábado, como
mandei a vossos pais. [23]Mas eles não
quiseram escutar nem prestar ouvido;*
ao contrário, endureceram sua cerviz
para não me escutar e não acolher
a lição. [24]Agora, se me escutardes de
verdade – diz Javé –, se não introduzirdes nenhuma carga pelas portas desta
cidade em dia de sábado e santificardes o dia de sábado, não fazendo nele
nenhum trabalho, [25]então pelas portas
desta cidade* reis e príncipes, que ocupam o trono de Davi, entrarão sobre
carros e cavalos, eles e seus oficiais,
os homens de Judá e os habitantes de
Jerusalém. E esta cidade será habitada
para sempre. [26]Virão das cidades de
Judá e dos arredores de Jerusalém, da
terra de Benjamim e da planície,* dos
montes e do Negueb para oferecer holocaustos, sacrifícios, oblações, incenso
e sacrifícios de louvor no templo de
Javé. [27]Mas se não escutardes minha
ordem de santificar o dia de sábado,
de não transportar cargas e de não

---

* **17**,7. Sl 40,5 | 8. Sl 1,3 | 9. Mc 7,21 / Pr 17,3 | 10. 11,20 / 32,19; Sl 62,13; Mt 16,27 | 13. 17,13 / 2,13 | 14. Sl 6,3s | 18. Sl 5,11 | 23. Dt 9,13; Jr 7,26; 19,15 | 25. 22,4; Zc 9,9 | 26. Ez 37,25; Jl 4,20

† **17**,16. A mensagem de Jeremias não é dele, mas vem de Javé; as desgraças que deve anunciar ferem profundamente seu amor pela terra, 4,19; 8,21ss.

introduzi-las pelas portas de Jerusalém em dia de sábado, eu acenderei a suas portas um fogo que devorará os palácios de Jerusalém e que jamais se extinguirá".

18 **Jeremias visita o oleiro.** 1Esta é a palavra que foi dirigida a Jeremias da parte de Javé: 2"Levanta-te e desce à casa do oleiro†; lá te farei ouvir minha palavra". 3Eu desci à casa do oleiro, e eis que ele estava trabalhando no torno. 4Mas o vaso que ele estava fazendo estragou-se, como acontece quando o oleiro tem na mão a argila; ele recomeçou e fez um outro vaso, como a seus olhos parecia justo. 5Então foi-me dirigida a palavra de Javé nestes termos: 6"Acaso não poderia eu agir convosco, casa de Israel, como este oleiro?* – oráculo de Javé. Como a argila está nas mãos do oleiro, assim vós estais em minhas mãos, casa de Israel. 7Às vezes em relação a uma nação* ou a um reino eu decido exterminar, abater e destruir; 8mas se esta nação, contra a qual eu tinha falado, converte-se de sua maldade, eu me arrependo do mal que tinha pensado fazer-lhe. 9Outras vezes em relação a uma nação* ou a um reino eu decido edificar e plantar; 10mas se esta nação faz o que é mau a meus olhos, recusando ouvir minha voz, eu me arrependo do bem que tinha decretado fazer-lhe†. 11Agora anuncia, pois, aos homens de Judá e aos habitantes de Jerusalém: Assim fala Javé: Preparo contra vós uma calamidade e medito contra vós um projeto. Abandone, pois, cada um sua má conduta, e melhorai vossos costumes e vossas ações". 12Mas eles dirão: "É inútil,* nós queremos seguir nossos projetos; cada um de nós agirá segundo a dureza de seu coração malvado".

O pecado de Israel. 13Por isso assim fala Javé:

"Informai-vos entre as nações:*
quem jamais ouviu coisa semelhante?
Enormes, horríveis coisas cometeu a virgem de Israel†.
14Desaparece das altas rochas a neve do Líbano?
Ou se esgotam as águas frescas que correm dos montes?
15No entanto, meu povo me esqueceu;*
eles oferecem incenso a um ídolo vão.
Por isso tropeçaram em suas estradas,
nos caminhos de outrora, para caminhar em trilhas,
por uma vereda não traçada.
16Seu país é uma desolação,
um objeto de zombaria perene.*
Todo aquele que passa por ele
fica espantado e balança a cabeça.*
17Como faz o vento do oriente,
eu os dispersarei diante de seu inimigo.
Mostrarei a eles as costas e não o rosto
no dia de sua ruína".

Atentado contra Jeremias. 18Eles disseram: "Vinde e tramemos insídias contra Jeremias, porque a lei não perecerá por falta de sacerdote, nem o conselho por falta de sábio, nem a palavra por falta de profeta. Vinde, ataquemo-lo com a língua† e não demos nenhuma atenção a suas palavras".

19Prestai-me ouvido, Javé,
e ouvi o que dizem meus adversários.
20Acaso o bem é pago com o mal?*
Porque escavaram uma fossa para minha vida.
Recordai-vos de quando me apresentava a vós,

---

* **18**,6. Is 29,16 | 7. 1,10; Ez 18,21-24 | 9. 1,10 | 12. 2,25 | 13. 2,10ss | 15. 2,32 | 16. 19,8 / Lm 2,15s | 20. Sl 35,7.12 | 21. Sl 5,11

† **18**,2. O oleiro representa Javé, Gn 2,7, que é soberano e livre em seu agir. | **18**,10. Como o oleiro pode transformar um vaso, assim Javé pode mudar seus decretos, se houver conversão. | 13. A virgem de Israel é a personificação do povo, ao qual Deus está unido pela aliança, simbolizada no matrimônio. O pecado cometido pelo povo é a idolatria. | 18. A língua da calúnia, para acusá-lo de blasfêmia e condená-lo à morte, Lv 24,16.

para falar em favor deles,
para afastar deles vossa ira.
21Abandonai, pois, seus filhos à fome,*
entregai-os ao poder da espada!
Que suas mulheres fiquem sem filhos e viúvas!
Que seus homens sejam atingidos pela morte
e seus jovens, mortos pela espada no combate!
22Que se ouçam gritos saindo de suas casas,
quando, de repente, fareis cair sobre eles bandos armados.*
Porque escavaram uma fossa para capturar-me
e armaram laços a meus pés.
23Mas vós, Javé,
conheceis todos os seus projetos de morte contra mim;
não perdoeis sua iniquidade
e não canceleis seu pecado de vossa presença.
Sejam abatidos a vossa presença;
no momento de vosso furor, agi contra eles!†

19 **O símbolo da bilha.** 1Assim
diz Javé a Jeremias: "Vai com-
prar para ti uma bilha de terracota;
toma contigo alguns anciãos dentre o
povo e dentre os sacerdotes 2e sai para
o vale de Ben-Enom,* que está na en-
trada da porta dos Cacos. Lá proclama-
rás as palavras que eu te direi. 3Tu dirás:
Ouvi a palavra de Javé, ó reis de Judá
e habitantes de Jerusalém! Assim fala
Javé dos exércitos, o Deus de Israel: Eis
que mandarei sobre este lugar uma ca-
lamidade tal que fará retinir os ouvidos
de todos os que a ouvirem, 4porque
me abandonaram e profanaram este
lugar sacrificando a outros deuses, que
nem eles, nem seus pais, nem os reis de
Judá conheciam. Encheram este lugar*
de sangue de inocentes†; 5edificaram
os lugares altos a Baal para queimar
seus filhos no fogo como holocausto a
Baal, coisa que eu não mandei, nem me
passou pela mente.
6Por isso, virão dias – oráculo de Javé
– nos quais este lugar não se chama-
rá mais Tofet nem vale de Ben-Enom,
mas antes Vale do Massacre. 7Eu tor-
narei vãos os planos de Judá e de Je-
rusalém neste lugar. Eu os farei cair
pela espada diante de seus inimigos e
por meio daqueles que atentam contra
sua vida e darei seus cadáveres como
pasto às aves do céu e aos animais da
terra. 8Reduzirei esta cidade a um lugar
desolado* e a objeto de zombaria; to-
dos os que passarem perto dela ficarão
estupefatos* e assobiarão à vista de
todas as suas feridas. 9Eu os farei co-
mer a carne de seus filhos e a carne de
suas filhas; eles se devorarão entre si
durante o cerco e na angústia com que
os afligirão os inimigos e todos os que
atentam contra sua vida.
10Tu, pois, quebrarás a bilha à vista
dos homens que tiverem vindo contigo
11e referirás a eles: Assim fala Javé dos
exércitos: Quebrarei este povo e esta
cidade assim como se quebra um vaso
de terracota, que não se pode mais
consertar. Sepultarão até mesmo em
Tofet, porque não haverá mais espaço
para sepultar. 12Assim farei – oráculo
de Javé – a respeito deste lugar e de
seus habitantes, tornando esta cidade
semelhante a Tofet. 13As casas de Je-
rusalém e as casas dos reis de Judá se-
rão impuras como o lugar de Tofet; isto
é, todas as casas, sobre cujos terraços
queimavam incenso a todo o exército
celeste e faziam libações a outros deu-
ses".
14Quando Jeremias voltou de Tofet,
aonde Javé o havia mandado profeti-
zar, pôs-se de pé no átrio do templo
de Javé e disse a todo o povo: 15"Diz
Javé dos exércitos, o Deus de Israel:
Vou mandar sobre esta cidade e sobre
todas as suas aldeias todo o mal que

* **18**,22. 12,9 | **19**,2. 2,23; 7,31 | 4. 7,31ss; Lv 18,21 | 8. 18,16 / Dt 28,53-58; Ez 5,10 | 15. Dt 9,13; Jr 7,26

† **18**,23. Jeremias era um enviado de Deus, e quem se opunha a seu ministério era um adversário de Deus. Vigorando a lei do talião, o perdão aos inimigos era raro no AT, Pr 25,22. | **19**,4. Alusão aos sacrifícios de crianças, praticados entre os fenícios e em Canaã, proibidos pela lei mosaica, Lv 18,21.

lhe anunciei,* porque eles se obstina-
ram, recusando-se a escutar minhas
palavras".

20 **Jeremias e o sacerdote Fassur.**
1Fassur, filho de Emer,
sacerdote e superintendente-chefe do
templo, ouviu Jeremias predizer todas
essas coisas. 2Fassur mandou açoitar
o profeta Jeremias e pô-lo no tronco*
que se achava junto à porta superior de
Benjamim, no templo de Javé. 3No dia
seguinte, quando Fassur mandou sol-
tar Jeremias do tronco, este lhe disse:
"Javé não te chama mais Fassur, mas
Terror de todos os lados.

4Porque assim fala Javé: Vou fazer
de ti um terror para ti e para todos os
teus amigos; eles cairão pela espada
de seus inimigos e teus olhos o ve-
rão. Porei todo Judá nas mãos do rei
de Babilônia, o qual os deportará para
Babilônia e os ferirá com a espada. 5En-
tregarei todas as riquezas desta cidade
e todos os seus produtos, todos os ob-
jetos preciosos e todos os tesouros dos
reis de Judá às mãos de seus inimigos,
os quais os saquearão e os tomarão e
os levarão para Babilônia. 6Tu, Fassur,
e todos os habitantes de tua casa ireis
para a escravidão; irás para Babilônia,
lá morrerás e lá serás sepultado, tu e
todos os teus amigos aos quais predis-
seste mentiras".

Jeremias "seduzido" por Javé†. 7Se-
duzistes-me, Javé,
e eu me deixei seduzir;
vós me dominastes e prevalecestes.
Tornei-me objeto de riso todo dia;
todos eles zombam de mim.
8Cada vez que falo,
devo gritar e proclamar: "Violência!
Ruína!"
Assim, a palavra de Javé tornou-se
para mim
motivo de opróbrio e de zombaria
todo dia.
9Eu me dizia: "Não pensarei mais
nele,
não falarei mais em seu nome".
Mas em meu coração havia como um
fogo ardente,*
fechado em meus ossos;
eu me esforçava para contê-lo, mas
não podia.*
10Escutava as calúnias de muitos:*
"Terror de todos os lados!
Denunciai-o, e vamos denunciá-lo".
Todos os meus amigos espreitavam
minha queda:
"Talvez se deixará apanhar num en-
gano,
assim prevaleceremos sobre ele,
tomaremos nossa vingança".
11Mas Javé está a meu lado
como herói valoroso.
Por isso meus perseguidores cairão
e não poderão prevalecer;
ficarão cobertos de vergonha
porque não terão êxito,
e sua vergonha será eterna e inde-
lével.
12Mas vós, Javé dos exércitos,
que provais o justo e sondais o cora-
ção e a mente,*
permiti que eu veja vossa vingança
sobre eles,
porque a vós confiei minha causa.
13Cantai hinos a Javé, louvai Javé,
porque libertou a vida do pobre
das mãos dos malfeitores.

**Jeremias maldiz o dia de seu nasci-
mento.** 14Maldito o dia em que nasci!
O dia em que minha mãe me deu à
luz
não seja bendito.
15Maldito o homem que levou esta
notícia a meu pai:*
"Nasceu-te um filho homem",
enchendo-o de alegria.
16Aquele homem seja como as cida-
des
que Javé demoliu sem compaixão.*
Que ele ouça grito de alarme de ma-
nhã
e clamor de guerra ao meio-dia,
17porque não me fez morrer no seio
materno;

---

* **20**,2. 17,19 | 9. 23,29 / Jó 32,19s; Sl 39,4 | 10. Sl 31,14 | 12. 11,20 | 15. Jó 3; 1,5; 15,10 | 16. Gn 19,24s

† **20**,7. O profeta parece revoltado contra sua vocação exigente, terrível, que ele não escolheu, mas que lhe foi imposta à força, e se queixa que Deus não o apoiou o bastante.

minha mãe teria sido minha sepultura
e sem-fim, sua gravidez.
18Por que afinal saí do seio materno?
Para ver tormentos e dor
e para terminar meus dias na vergonha?

21 **Embaixada de Sedecias.** 1Palavra que foi dirigida a Jeremias por Javé, quando o rei Sedecias lhe mandou Fassur, filho de Melquias, e o sacerdote Sofonias, filho de Maasias, para dizer-lhe: 2"Consulta Javé por nós, porque Nabucodonosor, rei de Babilônia, nos faz guerra; quem sabe, Javé realizará a nosso proveito algum de seus prodígios, de modo que ele se afaste de nós?"

Resposta do profeta. 3Jeremias respondeu-lhes: "Direis a Sedecias: 4Assim fala Javé, o Deus de Israel: Eis que farei reentrar as armas de guerra, que estão em vossas mãos, com as quais combateis o rei de Babilônia e os caldeus que vos sitiam: do exterior dos muros eu os reunirei no centro desta cidade. 5Eu mesmo combaterei contra vós† com mão estendida e com braço poderoso, com ira, furor e grande indignação. 6Ferirei os habitantes desta cidade, homens e animais; eles morrerão de uma peste violenta. 7Depois disso – oráculo de Javé – eu entregarei Sedecias, rei de Judá, seus ministros, o povo e os que nesta cidade sobreviverem à peste, à espada e à fome, ao poder de Nabucodonosor, rei de Babilônia, ao poder de seus inimigos e ao poder daqueles que atentam contra sua vida. Ele os passará a fio de espada; não terá piedade deles, não os perdoará nem terá misericórdia".

Ao povo. 8E a este povo dirás: "Assim fala Javé: Eis que ponho diante de vós o caminho da vida* e o caminho da morte. 9Quem ficar nesta cidade morrerá pela espada,* pela fome e pela peste; quem sair e se entregar aos caldeus que vos sitiam viverá e terá como seu despojo a própria vida. 10Porque eu virei o rosto contra esta cidade para seu dano e não para seu bem – oráculo de Javé. Ela será entregue nas mãos do rei de Babilônia, o qual a queimará com o fogo"†.

À família real. 11À casa do rei de Judá dirás:
"Escutai a palavra de Javé!
12Casa de Davi, assim fala Javé:
Administrai a justiça toda manhã
e livrai o oprimido da mão do opressor,
senão minha ira arderá como fogo,
ela se acenderá e ninguém poderá apagá-la,
por causa da maldade de vossas ações.
13Eis-me contra ti,
ó habitante do vale, rocha na planície
– oráculo de Javé.
Vós que dizeis: Quem descerá contra nós?
Quem entrará em nossas moradas?
14Eu vos punirei como merecem vossas obras
– oráculo de Javé –
e acenderei em sua floresta um fogo*
que devorará todos os seus arredores".

22 **Advertência ao rei.** 1Assim falou Javé: "Desce à casa do rei de Judá e lá proclama esta mensagem. 2Tu dirás: Escuta a palavra de Javé, ó rei de Judá que te assentas no trono de Davi, tu, teus ministros e teu povo, que entrais por estas portas. 3Assim fala Javé: Praticai o direito e a justiça, libertai o oprimido das mãos do opressor, não maltrateis nem oprimais o estrangeiro, o órfão e a viúva, e não derrameis sangue inocente neste lugar. 4Se observardes lealmente esta ordem,* então pelas portas desta casa ainda entrarão, em carros e a cavalo, reis que se sentarão no trono de Davi,

---

* **21**,8. Dt 30,15 | 9. 38,2 | 14. 50,32 | **22**,4. 17,25

† **21**,5. Os caldeus serão o instrumento de Javé, que se volta contra seu povo, negando os vínculos da aliança. | 10. Se Deus abandonou Judá infiel, é inútil opor-se ao invasor: a queda de Jerusalém é inevitável.

eles, seus ministros e todo o seu povo.
[5]Mas se não escutardes estas palavras,
eu o juro por mim mesmo – oráculo de
Javé – esta casa se tornará uma ruína.
[6]Porque assim diz Javé a respeito da
casa dos reis de Judá:*
Tu eras para mim como Galaad,
como os cimos do Líbano;
mas eu te reduzirei a deserto,
a cidade desabitada.
[7]Preparo contra ti destruidores,
cada qual com suas armas.
Eles abaterão os melhores de teus
cedros*
e os lançarão ao fogo.
[8]Pessoas de muitas nações passa-
rão perto desta cidade* e dirão umas
às outras: Por que Javé tratou assim
esta grande cidade? [9]E responderão:
Porque eles abandonaram a aliança de
Javé,* seu Deus, adoraram outros deu-
ses e os serviram".
[10]Não choreis quem está morto*
e não façais lamentos por ele,
mas chorai amargamente sobre
quem parte,
porque não voltará mais,
não verá mais sua terra natal.*
Contra Joacaz. [11]Porque assim fala
Javé a respeito de Selum†, filho de Jo-
sias, rei de Judá, que reinou no lugar de
Josias, seu pai, e teve de deixar este lu-
gar: "Ele não voltará mais. [12]Morrerá no
lugar para onde o levaram prisioneiro,
e nunca mais verá este país".
Contra Joaquim. [13]Ai de quem cons-
trói sua casa sem justiça†
e o andar de cima sem equidade,*
que faz seu próximo trabalhar por
nada,*
sem lhe pagar o salário,
[14]e diz: "Construirei para mim uma
casa grande
com espaçoso andar de cima",
e nela abre janelas;
reveste-a de madeiras de cedro
e as pinta de vermelho.
[15]Pensas que és rei porque tens pai-
xão pelo cedro?
Acaso teu pai não comia e bebia?
Mas ele praticava o direito e a justiça
e para ele tudo ia bem.
[16]Ele defendia a causa do pobre e do
mísero
e tudo ia bem;
isto não significa de fato conhecer-
-me?*
– oráculo de Javé.
[17]Mas tu tens olhos e coração
apenas para teu interesse próprio,
para derramar sangue inocente
e cometer violência e opressão.
[18]Por isso assim fala Javé a respeito
de Joaquim,
filho de Josias, rei de Judá:
"Não farão lamentação por ele, di-
zendo:
Ai, meu irmão! Ai, minha irmã!*
Não farão lamentação por ele, dizen-
do:
Ai, senhor! Ai, majestade!
[19]Será sepultado como se sepulta um
jumento:*
será arrastado e lançado longe das
portas de Jerusalém".
Contra Jeconias. [20]Sobe ao Líbano e
grita;
e sobre Basã ergue a voz;
grita dos Abarim,
porque todos os teus amantes estão
destruídos.
[21]Eu te falei no tempo de tua segu-
rança,
mas disseste: "Não quero escutar!"*
Tem sido esta tua conduta desde a
juventude:*
jamais ouviste minha voz.*
[22]Todos os teus pastores
serão consumidos pelo vento
e teus amantes partirão para o exílio.
Então ficarás envergonhada e confusa,
por causa de toda a tua maldade.
[23]Tu que moras no Líbano,*
que fizeste teu ninho entre os cedros,
como gemerás quando te chegarem
as angústias,
as dores como as de uma parturien-
te!*

---

* **22**,6. 22,23; Ez 17,3 | 7. 21,13 | 8. 5,19 | 9. 5,19 | 10. 2Rs 23,29s / 2Rs 23,34 | 13. Am 6,8 / Dt 24,15 | 16. 9,23 | 18. 34,5 | 19. 36,30; Is 14,18s | 21. 2,25.31 / 3,25; 7,23s / 11,7s | 23. 21,13; 22,6 / 4,31

† **22**,11. Outro nome para Joacaz, 1Cr 3,15. | 13. Denuncia o luxo que é fruto de injustiças, Am 3,15; 5,11.

24“Por minha vida – oráculo de Javé –,
mesmo se Jeconias, filho de Joaquim,
rei de Judá, fosse um anel em minha
mão direita, eu o arrancaria daí†. 25Eu
te entregarei nas mãos* de quem aten-
ta contra tua vida, nas mãos daqueles
que tu temes, nas mãos de Nabuco-
donosor, rei de Babilônia, e nas mãos
dos caldeus. 26Eu te lançarei a ti e a tua
mãe que te gerou num país onde não
nasceste e lá morrereis. 27Mas ao país,
ao qual desejarão voltar, não voltarão”.

28Acaso esse Jeconias
é um vaso desprezível, quebrado,
um vaso que não agrada mais a nin-
guém?
Por que são, pois, expulsos,
ele e sua descendência,
e lançados num país que não conhe-
cem?”
29Terra, terra, terra!
Escuta a palavra de Javé!
30Assim fala Javé:
“Registrai este homem como um sem
filhos†,
um homem que não teve sucesso na
vida,
porque ninguém em sua estirpe
conseguirá sentar-se no trono de
Davi
e reinar ainda sobre Judá”.

23

Pastores de Israel. 1“Ai dos
pastores* que deixam pere-
cer no abandono o rebanho de meus
prados” – oráculo de Javé. 2Por isso,
assim fala Javé, o Deus de Israel, con-
tra os pastores que devem apascentar
meu povo: “Vós dispersastes minhas
ovelhas, as expulsastes e não vos ocu-
pastes delas; eis que eu me ocuparei
de vós por causa da maldade de vossas
ações” – oráculo de Javé.
O bom pastor futuro. 3“Eu mesmo
reunirei o resto* de minhas ovelhas de
todas as regiões para onde as disper-
sei e as farei voltar a seus prados; serão
fecundas e se multiplicarão. 4Constitui-
rei sobre elas pastores* que as apas-
centem, de modo que não terão mais
medo nem pavor, e delas não faltará
nenhuma” – oráculo de Javé.

5“Eis que virão dias
– oráculo de Javé –
nos quais suscitarei a Davi* um ger-
me justo†,
que reinará como rei; será sábio
e exercerá o direito e a justiça sobre
a terra.
6Em seus dias, Judá será salvo*
e Israel terá segurança em sua mo-
rada;
este será o nome com que o chama-
rão:
‘Javé-nossa justiça’†.
7Portanto, eis que virão dias – orácu-
lo de Javé – durante os quais* não se
dirá mais: Pela vida de Javé que fez os
israelitas sair do país do Egito, 8mas se
dirá: Pela vida de Javé que fez sair e que
reconduziu a descendência da casa de
Israel do país do norte e de todos os
países aonde a havia dispersado, para
que more em sua própria terra”.
Contra os falsos profetas†. 9Contra os
profetas.
Meu coração se parte dentro de
mim,*
tremem todos os meus membros,
sou como um embriagado
e como quem está dominado pelo
vinho,
por causa de Javé e de suas santas
palavras.
10“Pois o país está cheio de adúlteros;
por causa da maldição o país está de
luto,
secaram-se os pastos da estepe.
Eles correm para o mal,
usam sua força para a injustiça.

---

* **22**,25. Ag 2,23 | **23**,1. Ez 34,1 | 3. Is 4,3 | 4. 3,15 | 5. 33,15s; Is 4,2; Zc 3,8; 6,12 | 6. 3,18 | 7. 16,14s | 9. 14,13-16; Dt 13,2-6

† **22**,24. Javé abandona o rei a seu próprio destino. Jeconias é um outro nome de Joaquin. | 30. Joaquin teve filhos, 1Cr 3,17s, seu neto Zorobabel foi governador de Judá depois do exílio, Ag 1,1; mas nenhum deles foi rei. | **23**,5. Esse germe, sinal de esperança, é o Messias, Is 11,1; Zc 3,8; 6,12. | 6. Jeremias anuncia a restauração da dinastia de Davi, não no campo político, mas no campo religioso das obrigações morais da aliança. | **23**,9. Os profetas da corte adulavam o rei com falsos anúncios de paz e prosperidade, que enganavam o povo.

11 Até o profeta, até o sacerdote são ímpios,*
até em minha casa encontrei sua maldade
– oráculo de Javé.
12 Por isso seu caminho será para eles
um lugar escorregadio;
serão empurrados nas trevas e cairão nelas,
porque mandarei sobre eles
a calamidade no ano de seu castigo
– oráculo de Javé.
13 Entre os profetas de Samaria eu vi desatinos.
Profetizavam em nome de Baal*
e extraviavam Israel, meu povo.
14 Mas entre os profetas de Jerusalém
vi coisas nefandas:
cometem adultérios e agem com hipocrisia,
reforçam a mão dos malfeitores,
de modo que ninguém se converte de sua maldade;
porque todos são para mim como Sodoma
e seus habitantes, como Gomorra".*
15 Por isso, assim fala Javé dos exércitos
contra os profetas:
"Eis que os farei engolir absinto*
e beber águas envenenadas,
porque dos profetas de Jerusalém
saiu a impiedade para todo o país".
16 Assim fala Javé dos exércitos:
"Não escuteis as palavras dos profetas
que profetizam para vós;
eles vos farão acreditar em coisas vãs;
eles vos anunciam fantasias de seu coração,
não o que vem da boca de Javé.
17 Eles dizem àqueles que desprezam a palavra de Javé:
Vós tereis paz!
E aos que seguem a dureza de seu coração dizem:
Nenhum mal vos atingirá.
18 Mas quem assistiu ao conselho de Javé,* para ver e ouvir sua palavra?
Quem prestou atenção sua palavra e a escutou?
19 Eis a tempestade de Javé!*
Seu furor irrompe,
uma tempestade se precipita
e se abate sobre a cabeça dos malvados.
20 Não cessará a ira de Javé,
enquanto não tiver completado e realizado
os projetos de seu coração.
No decurso dos dias compreendereis tudo!
21 Eu não enviei esses profetas, e eles correm:
não lhes falei, e eles profetizam.
22 Se tivessem assistido a meu conselho,
teriam anunciado minhas palavras a meu povo
e os teriam desviado de sua conduta perversa
e da maldade de suas ações.*
23 Acaso eu sou Deus só de perto
– oráculo de Javé –
e não também Deus de longe?
24 Acaso pode um homem ocultar-se*
nos esconderijos sem que eu o veja?
– oráculo de Javé.
Eu não encho o céu e a terra?
– oráculo de Javé.
25 Eu ouvi o que dizem os profetas que
profetizam falsamente em meu nome,
dizendo: Eu tive um sonho, eu tive um
sonho!† 26 Até quando haverá entre os
profetas quem profetiza a mentira e
anuncia a impostura de seu coração?
27 Eles pensam que farão meu povo es-
quecer meu nome com seus sonhos,
que contam um ao outro, como seus
pais esqueceram meu nome por Baal!
28 O profeta que teve um sonho conte
seu sonho; quem ouviu uma palavra mi-
nha, anuncie fielmente minha palavra.
O que tem a ver a palha com o trigo?
– oráculo de Javé.
29 Acaso minha palavra não é como o fogo?*

---

* **23**,11. 6,13 | 13. 2,8; 5,31 | 14. Gn 19 | 15. 9,14 | 18. 1Cor 2,16 | 19. 30,23s | 22. 28,9 | 24. Am 9,2s | 29. 5,14; 20,9

† **23**,25. Ver a nota em Eclo 34,1. | 33. Em hebraico, a mesma palavra significa "oráculo" e "peso". O povo pergunta pelo oráculo, Jeremias responde que as iniquidades do povo são um peso para Javé.

– oráculo de Javé –
e como um martelo que despedaça a rocha?

[30]Por isso, eu sou contra os profetas – oráculo de Javé – os quais roubam uns dos outros minhas palavras. [31]Eu sou contra os profetas – oráculo de Javé – que movem a língua para dar oráculos. [32]Eu sou contra os profetas que têm sonhos mentirosos – oráculo de Javé – que os contam e extraviam meu povo com mentiras e leviandades. Eu não os enviei nem dei ordem alguma; eles não terão utilidade alguma para este povo" – oráculo de Javé.

[33]"E quando, pois, este povo, ou um profeta, ou um sacerdote te perguntar: 'Qual é o peso de Javé?', tu referirás a eles: 'Sois vós o peso de Javé!† Eu vos rejeitarei' – oráculo de Javé. [34]E o profeta, ou o sacerdote, ou o homem do povo que disser: 'Peso de Javé!', eu o punirei e também sua família. [35]Assim direis um ao outro e cada qual a seu irmão: 'O que respondeu Javé?' ou: 'O que Javé disse?' [36]Mas vós não fareis mais menção de peso de Javé, porque o peso é para cada um sua própria palavra. E vós perverteis as palavras do Deus vivo, de Javé dos exércitos, nosso Deus. [37]Assim dirás ao profeta: 'O que Javé te respondeu?' ou: 'O que Javé disse?' [38]Mas se disserdes 'Peso de Javé', então assim fala Javé: 'Já que repetis: Peso de Javé, embora eu vos tenha mandado não dizer mais: Peso de Javé, [39]por causa disso, eu vos carregarei e jogarei longe de minha presença a vós e a cidade que dei a vós e a vossos pais.' [40]Eu vos cobrirei de opróbrio perene e de uma eterna vergonha que jamais será esquecida".

24 A visão dos cestos de figos.

[1]Javé mostrou-me dois cestos de figos postos diante do templo de Javé,* depois que Nabucodonosor, rei de Babilônia, tinha deportado de Jerusalém Jeconias, filho de Joaquim, rei de Judá, e os chefes de Judá, os artesãos e os ferreiros e os tinha conduzido a Babilônia. [2]Um cesto estava cheio de figos muito bons, como são os primeiros figos; o outro cesto estava cheio de figos muito ruins, tão ruins que não se podia comê-los.

[3]Javé me disse: "O que vês, Jeremias?" Respondi: "Figos; os figos bons são excelentes, os ruins são muito ruins, tão ruins que não se pode comê-los".

[4]Então foi-me dirigida a palavra de Javé nestes termos: [5]"Assim fala Javé, Deus de Israel:* Como se tem consideração por estes figos bons, assim eu quero interessar-me, para o bem deles, pelos deportados de Judá que eu fiz sair deste lugar para o país dos caldeus. [6]Porei o olhar sobre eles para seu bem; eu os farei voltar para este país,* eu os reconstruirei e não os demolirei, eu os plantarei e não os arrancarei.* [7]Dar-lhes-ei um coração capaz de conhecer que eu sou Javé; eles serão meu povo e eu serei seu Deus, porque voltarão a mim de todo o coração. [8]Mas como se tratam os figos ruins, que não podem ser comidos de tão ruins que são, assim, diz Javé, eu tratarei Sedecias, rei de Judá, seus chefes e o resto de Jerusalém: os sobreviventes neste país e os que moram no país do Egito. [9]Eu os tornarei objeto de horror,* uma calamidade para todos os reinos da terra; um opróbrio, fábula, sarcasmo e maldição em todos os lugares para onde os expulsarei. [10]Mandarei contra eles a espada, a fome e a peste até que desapareçam do país que eu dei a eles e a seus pais".

25 Anúncio dos 70 anos de exílio.

[1]Palavra que foi dirigida a Jeremias a respeito de todo o povo de Judá no quarto ano de Joaquim, filho de Josias, rei de Judá, isto é, no primeiro ano de Nabucodonosor, rei de Babilônia. [2]O profeta Jeremias a anunciou a todo o povo de Judá e a todos os habitantes de Jerusalém, dizendo: [3]"Desde o ano décimo terceiro de Josias, filho

---

* **24**,1. 2Rs 24,12-16 | 5. Ez 11,14-21 | 6. 1,10 / 4,4; 31,31.33s; 32,39 | 9. 15,4; 26,6; 29,18; 42,18; 44,12 | 3. 7,25

de Amon, rei de Judá, até hoje, são vinte e três anos que me foi dirigida a palavra de Javé e eu, sem me cansar, falei a vós continuamente, mas não escutastes.* 4Javé vos tem enviado com urgência e insistência todos os seus servos, os profetas, mas vós não escutastes e não prestastes ouvido para escutar 5quando vos diziam: Cada qual abandone seu mau caminho e suas más ações: então habitareis no solo que Javé deu a vós e a vossos pais desde sempre e para sempre. 6Não sigais outros deuses para servi-los e adorá-los; não me provoqueis com as obras de vossas mãos e não vos farei mal algum. 7Mas não me escutastes – oráculo de Javé –; ao contrário, vós me provocastes com a obra de vossas mãos para vosso próprio mal. 8Por isso, assim fala Javé dos exércitos: Porque não escutastes minhas palavras, 9mandarei buscar todas as tribos do norte – oráculo de Javé – em torno de Nabucodonosor, rei de Babilônia, meu servo, e as mandarei contra este país e seus habitantes e contra todas as nações ao redor;* eu os votarei ao extermínio e farei deles um objeto de horror,* de zombaria e uma ruína perpétua. 10Farei cessar em seu meio os sons de festa e as vozes de alegria, a voz do esposo e da esposa, o barulho da mó e a luz da lâmpada. 11Todo este país será uma ruína e uma desolação, e estas nações estarão sujeitas ao rei de Babilônia por setenta anos.* 12Mas, quando se completarem os setenta anos†, punirei o rei de Babilônia e aquela nação – oráculo de Javé – por seus delitos; punirei o país dos caldeus e o reduzirei a uma desolação eterna. 13Farei cumprir contra este país todas as palavras que pronunciei a seu respeito, tudo o que está escrito neste livro: o que Jeremias profetizou contra todas as nações. 14Pois elas também estarão sujeitas a nações poderosas e a grandes reis, e eu lhes retribuirei conforme seus atos e conforme as obras de suas mãos"†.

Castigo das nações. 15Pois assim me falou Javé, Deus de Israel:* "Toma de minha mão esta taça de vinho de minha ira e faze com que dela bebam todas as nações às quais te envio, 16para que bebam, fiquem embriagadas e se tornem loucas diante da espada que mandarei para o meio delas".

17Tomei, pois, a taça das mãos de Javé e fiz com que bebessem dela todas as nações às quais Javé me havia mandado: 18a Jerusalém e às cidades de Judá, a seus reis e a seus chefes, para reduzi-los à ruína, à desolação, ao opróbrio e à maldição, como acontece hoje; 19também ao faraó, rei do Egito, a seus ministros, a seus nobres e a todo o seu povo; 20a todos os mestiços, a todos os reis do país de Hus, a todos os reis do país dos filisteus, a Ascalon, a Gaza, a Acaron e aos sobreviventes de Azoto, 21a Edom, a Moab e aos amonitas, 22a todos os reis de Tiro e a todos os reis de Sidônia e aos reis da ilha que está além do mar; 23a Dedã, a Temã, a Buz e a todos os que raspam os cabelos das têmporas, 24a todos os reis da Arábia e a todos os reis dos mestiços que moram no deserto, 25a todos os reis de Zambri, a todos os reis do Elam e a todos os reis da Média, 26a todos os reis do norte, próximos ou distantes, a uns e a outros e a todos os reinos que existem na terra; o rei de Sesac† beberá depois deles.

27"Tu lhes dirás: Assim fala Javé dos exércitos, o Deus de Israel: Bebei e inebriai-vos, vomitai e caí sem poder levantar-vos diante da espada que vou mandar para vosso meio. 28E se recusarem receber de tua mão o cálice a beber, tu lhes dirás: Assim fala Javé dos exércitos: Bebereis assim mesmo!* 29Se eu envio o castigo, começando pela ci-

* **25**,9. Js 6,17 / 7,34; 16,9; Ez 26,13 | 11. 29,10; 27,7; Dn 9,2s | 15. Is 51,17; Ap 16 | 28. 1Pd 4,17

† **25**,12. Este oráculo inspirou 2Cr 36,21 e Dn 9,2, mas o número 70 aqui é simbólico, não é uma cifra matemática. | 14. Javé emprega as nações para castigar os pecados de seu povo, mas elas também serão castigadas por seus pecados e pela excessiva violência com que castigaram o povo de Deus. | 26. Sesac é Babilônia em código, para ficar secreto.

dade que leva meu nome, vós seríeis
poupados? Não, poupados não sereis,
porque eu mesmo chamarei a espada
contra todos os habitantes do país. –
oráculo de Javé dos exércitos".
Julgamento divino. 30"Tu lhes anun-
ciarás todas estas palavras e lhes dirás:

Javé ruge do alto,*
de sua santa morada eleva a voz;
ruge com força contra seu território,
grita como os que pisam as uvas,*
contra todos os habitantes do país.
31O clamor chega até os confins da terra,
porque Javé faz um processo contra as nações,
instrui o juízo contra todo homem;
entrega os ímpios à espada
– oráculo de Javé.
32Assim fala Javé dos exércitos:
A calamidade se estende de nação a nação,
um grande furacão se levanta dos confins da terra.

33Naquele dia as vítimas de Javé co-
brirão a terra de uma extremidade à
outra; não serão pranteadas, nem re-
colhidas, nem sepultadas, mas serão
como esterco sobre o solo.*

34Uivai, pastores, gritai,
revolvei-nos no pó, chefes do rebanho!
Porque vossos dias estão completos
para o massacre e para vossa dispersão;
caireis como carneiros escolhidos.
35Não haverá refúgio para os pastores,
nem salvação para os chefes do rebanho.
36Ouvem-se os gritos dos pastores,
os gemidos dos guias do rebanho,
porque Javé destruiu seus prados;
37estão devastados os prados tranquilos
por causa da ardente ira de Javé.
38O leão abandona sua cova,
porque o país deles é uma desolação,
por causa da espada devastadora
e por causa do ardor de sua ira".

II. ORÁCULOS DE SALVAÇÃO PARA ISRAEL E JUDÁ (26–45)

26 **Jeremias maltratado.** 1No
início do reino de Joaquim,
filho de Josias, rei de Judá,* foi dirigi-
da a Jeremias esta palavra da parte de
Javé: 2Assim fala Javé: "Vai para o átrio
do templo de Javé e a todos aqueles
que vêm das cidades de Judá para ado-
rar no templo de Javé tu dirás todas as
palavras que te mandei anunciar-lhes,
sem deixar uma sequer. 3Pode ser que
te escutem e cada um abandone sua
má conduta; em tal caso vou desistir
do mal que penso fazer-lhes por causa
da maldade de suas ações.
4Tu lhes dirás: Assim fala Javé: Se não
me ouvirdes,* se não caminhardes se-
gundo minha lei que vos proponho 5e
se não ouvirdes as palavras dos profe-
tas,* meus servos, que vos enviei sem
cessar, mas que vós não escutastes, 6eu
tratarei este templo como o de Silo e
farei desta cidade um exemplo de mal-
dição para todas as nações da terra".*
7Os sacerdotes, os profetas e todo o
povo ouviram Jeremias pronunciar es-
sas palavras no templo de Javé. 8Ora,
quando Jeremias terminou de referir
o que Javé lhe havia mandado dizer a
todo o povo, os sacerdotes e os pro-
fetas o prenderam, dizendo: "Tu vais
morrer! 9Por que predisseste em nome
de Javé: 'Este templo se tornará como
Silo e esta cidade será devastada, de-
sabitada?'"
Todo o povo se reuniu em torno de
Jeremias no templo de Javé. 10Quan-
do os chefes de Judá ficaram sabendo
dessas coisas, subiram do palácio real
ao templo de Javé e sentaram-se à en-
trada da porta Nova do templo de Javé.
11Então os sacerdotes e os profetas
disseram aos chefes e a todo o povo:
"Este homem merece a pena de morte,
porque profetizou contra esta cidade
como ouvistes com vossos ouvidos!"
12Mas Jeremias respondeu a todos
os chefes e a todo o povo: "Foi Javé

---

* **25**,30. Am 1,2 / Is 63,3-6 | 33. 8,2 | **26**,1. 7,1-15 | 4. Dt 28,15; Jr 44,10.23 | 5. 7,25s; 11,7s | 6. 7,12

que me mandou profetizar contra este
templo e contra esta cidade tudo o
que ouvistes. 13Agora, pois, melhorai
vossa conduta e vossas ações e escu-
tai o apelo de Javé, vosso Deus, e Javé
desistirá do mal que decretou contra
vós. 14Quanto a mim, estou em vossas
mãos: fazei de mim como vos parecer
bom e justo; 15mas sabei bem que, se
me matardes, atraireis sangue inocente
sobre vós, sobre esta cidade e seus ha-
bitantes, porque de fato Javé mandou-
-me a vós, para falar a vossos ouvidos
todas essas palavras.

16Então os chefes e todo o povo dis-
seram aos sacerdotes e aos profetas:
"Este homem não merece a morte,
porque nos falou em nome de Javé,
nosso Deus". 17E ergueram-se alguns
dos anciãos do país para dizer a todo o
povo reunido: 18"Miqueias de Morasti,
que profetizava no tempo de Ezequias,
rei de Judá, afirmou a todo o povo de
Judá: 'Assim fala Javé dos exércitos:

Sião será lavrada como um campo,*
Jerusalém se tornará um montão de ruínas,
o monte do templo, uma colina coberta de mato'.

19Por acaso Ezequias, rei de Judá, e
todos os de Judá o mataram? Não te-
meram, antes, Javé e não aplacaram a
face de Javé e assim Javé desistiu do
mal que havia pronunciado contra eles?
Nós, porém, estamos para cometer um
grande mal contra nós mesmos".

20Havia também um homem que
profetizava no nome de Javé: Urias,
filho de Semeías, de Cariat-Iarim; ele
profetizou contra esta cidade e contra
este país com palavras semelhantes às
de Jeremias. 21O rei Joaquim, com to-
dos os seus guardas e seus magistra-
dos, ouviu suas palavras e procurou
matá-lo, mas Urias veio a sabê-lo e,
com medo, fugiu, indo para o Egito.
22Então o rei Joaquim mandou ao Egito
alguns homens, a saber, Elnatã, filho de
Acobor, e outros com ele. 23Eles fize-
ram Urias sair do Egito e o conduziram
ao rei Joaquim que o mandou matar
pela espada e mandou jogar seu corpo
na vala comum.

24Mas a mão de Aicam, filho de Safã,
foi a favor de Jeremias, para que não
o entregassem ao poder do povo para
ser morto†.

27

O simbolismo do jugo. 1Pala-
vra que foi dirigida a Jeremias
da parte de Javé, na época em que Na-
bucodonosor, rei de Babilônia, e todo
o seu exército, todos os reinos da terra
submetidos a seu domínio e todos os
povos estavam em luta contra Jerusa-
lém e contra todas as suas cidades.

2Assim me disse Javé: "Faze para ti
cordas e um jugo e coloca-os em teu
pescoço†. 3Depois manda uma mensa-
gem ao rei de Edom, ao rei de Moab,
ao rei dos amonitas, ao rei de Tiro e ao
rei de Sidônia por meio de seus men-
sageiros vindos a Jerusalém para se
encontrar com Sedecias, rei de Judá,
4e ordena-lhes que digam a seus se-
nhores: Assim fala Javé dos exércitos,
o Deus de Israel: Falai assim a vossos
senhores: 5Fui eu que fiz a terra, o ho-
mem e os animais que estão sobre a
terra, com grande poder e com braço
poderoso, e os dou a quem eu quero.
6Agora entreguei todos estes países ao
poder de Nabucodonosor, rei de Babi-
lônia, meu servo; entreguei a ele até os
animais selvagens para que lhe sirvam.
7Todas as nações serão sujeitas a ele,* a
seu filho e a seu neto, até que também
para seu país chegue o momento. En-
tão nações populosas e grandes reis o
sujeitarão. 8A nação ou o reino que não
se sujeitar a ele, Nabucodonosor, rei de
Babilônia, ou não submeter o pescoço
ao jugo do rei de Babilônia, é com a es-
pada, a fome e a peste que eu punirei

---

* **26**,18. Mq 3,12 | **27**,7. Jt 11,7; Br 3,16s

† **26**,24. Aicam, personagem importante no tempo do rei Josias, 2Rs 22,12-14, foi pai de Godolias, nomeado governador da Judeia pelos babilônios, Jr 40,1-16. Essa família sempre defendeu Jeremias.
27,2. Javé, senhor da criação, mas também da história, encarregou Nabucodonosor, seu servo, v. 6, de submeter o povo: é este o significado do jugo de Jeremias.

essa nação – oráculo de Javé – até que
a tenha entregado a seu poder. 9Não
deis atenção a vossos profetas, adivi-
nhos, sonhadores, magos, feiticeiros,
que vos dizem: 'Não servireis ao rei de
Babilônia!' 10É a mentira que eles vos
profetizam* para afastar-vos de vos-
so país e para que eu vos disperse e
pereçais. 11Ao contrário, a nação que
submeter o pescoço ao jugo do rei de
Babilônia e lhe for sujeita, eu a deixarei
estar tranquila no próprio solo – orácu-
lo de Javé – ela o cultivará e o habitará".
12A Sedecias, rei de Judá, falei exa-
tamente do mesmo modo e lhe disse:
"Curvai o pescoço ao jugo do rei de
Babilônia e a seu povo e conservareis a
vida. 13Por que tu e teu povo quereríeis
morrer pela espada, pela fome e pela
peste, como ameaçou Javé a nação que
não se submeter ao rei de Babilônia?
14Não deis atenção às palavras dos
profetas que vos dizem: 'Não estareis
sujeitos ao rei de Babilônia'. Porque vos
profetizam mentiras. 15Pois eu não os
enviei – oráculo de Javé – e eles profe-
tizam mentiras em meu nome; por isso
eu serei obrigado a dispersar-vos e as-
sim perecereis vós e os profetas que
vos fazem estas profecias".
16Aos sacerdotes e a todo este povo
eu disse: "Assim fala Javé: Não escuteis
as palavras de vossos profetas que vos
predizem que os utensílios do templo
de Javé serão logo trazidos de Babilô-
nia; porque é mentira o que vos pro-
fetizam. 17Não os escuteis! Servi ao rei
de Babilônia e conservareis a vida. Por
que esta cidade deveria ser reduzida
a ruínas? 18Se eles são profetas e se a
palavra de Javé está com eles, interce-
dam, pois, junto de Javé dos exércitos
para que não vá para Babilônia o que
resta de utensílios no templo de Javé e
na casa do rei de Judá e em Jerusalém.
19Pois assim fala Javé dos exércitos a
respeito das colunas, do mar de bron-
ze,* das bases e do resto dos utensílios
que ainda estão nesta cidade 20e que
Nabucodonosor, rei de Babilônia, não
tomou quando deportou Jeconias, filho
de Joaquim, rei de Judá,* de Jerusalém
para Babilônia com todos os nobres de
Judá e de Jerusalém. 21Assim fala, pois,
Javé dos exércitos, Deus de Israel, a
respeito dos utensílios que ficaram no
templo de Javé, na casa do rei de Judá
e em Jerusalém: 22'Serão levados para
Babilônia e lá ficarão até eu os visitar –
oráculo de Javé –; então os farei voltar
e os restituirei a este lugar'".

28 **Discussão com o falso profe-
ta Hananias.** 1Naquele mesmo
ano, no início do reinado de Sedecias,
rei de Judá, no ano quarto, no quinto
mês, Hananias, filho de Azur, o profe-
ta de Gabaon,* referiu-me no templo
de Javé, na presença dos sacerdotes e
de todo o povo, estas palavras: 2"Assim
fala Javé dos exércitos, o Deus de Israel:
Eu quebrei o jugo do rei de Babilônia!
3Dentro de dois anos farei voltar para
este lugar todos os utensílios do tem-
plo de Javé que Nabucodonosor, rei
de Babilônia, tirou deste lugar e levou
para Babilônia. 4Farei voltar para este
lugar – oráculo de Javé – Jeconias, fi-
lho de Joaquim, rei de Judá, com todos
os deportados de Judá que foram para
Babilônia, porque vou quebrar o jugo
do rei de Babilônia".
5O profeta Jeremias respondeu ao
profeta Hananias, na presença dos
sacerdotes e de todo o povo que es-
tavam no templo de Javé. 6O profeta
Jeremias disse: "Assim seja! Assim faça
Javé! Queira Javé realizar as palavras
que profetizaste e faça voltar de Babi-
lônia para este lugar os utensílios do
templo e todos os deportados.
7No entanto, escuta agora esta pa-
lavra que vou dizer a teus ouvidos e
aos ouvidos de todo o povo. 8Os pro-
fetas que houve antes de mim e de ti
desde os tempos antigos profetizaram
a respeito de muitos países e de rei-
nos poderosos a guerra, a fome e a
peste. 9Quanto ao profeta que prediz
a paz,* é reconhecido como autêntico

---

* **27**,10. 14,14; 28,8s | 19. 1Rs 7,15s.23s.27s | 20. 2Rs 24,8-17 | **28**,1. 14,13-16; 23,9-40 | 9. Dt 18,21s; Ez 2,5; 33,33

enviado de Javé, quando sua palavra se realiza".

[10]Então o profeta Hananias arrancou o jugo do pescoço do profeta Jeremias e o quebrou. [11]E Hananias disse diante de todo o povo: "Assim fala Javé: Deste modo eu quebrarei o jugo de Nabucodonosor, rei de Babilônia, dentro de dois anos, tirando-o do pescoço de todas as nações".

O profeta Jeremias foi embora.

[12]Ora, depois que o profeta Hananias quebrou o jugo que estava sobre o pescoço do profeta Jeremias, a palavra de Javé foi dirigida a Jeremias: [13]"Vai dizer a Hananias: Assim fala Javé: Tu quebraste um jugo de madeira, mas eu, no lugar dele, farei um de ferro. [14]Pois assim fala Javé dos exércitos, o Deus de Israel: É um jugo de ferro que imporei a todas estas nações,* para que sirvam Nabucodonosor, rei de Babilônia; elas o servirão; e mesmo os animais selvagens eu os entrego a ele".

[15]Então o profeta Jeremias disse ao profeta Hananias: "Escuta, Hananias! Javé não te enviou e tu levas este povo a confiar na mentira. [16]Por isso, assim fala Javé: Eis que te expulso da face da terra: este ano tu morrerás,* porque pregaste a revolta contra Javé".

[17]O profeta Hananias morreu naquele mesmo ano, no sétimo mês.

29 **Carta aos exilados†.** [1]Estas são as palavras da carta que o profeta Jeremias mandou de Jerusalém aos que restaram dos anciãos no exílio, aos sacerdotes, aos profetas e a todo o povo que Nabucodonosor tinha deportado* de Jerusalém para Babilônia. [2]Foi depois que o rei Jeconias, a rainha-mãe, os nobres da corte, os chefes de Judá e de Jerusalém, os artesãos e os ferreiros tinham saído de Jerusalém. [3]Foi levada por Elasa, filho de Safã, e Gemarias filho de Helcias, que Sedecias, rei de Judá, tinha enviado a Babilônia, a Nabucodonosor, rei de Babilônia. [4]"Assim fala Javé dos exércitos, o Deus de Israel, a todos os exilados que mandei deportar de Jerusalém para Babilônia: [5]Construí casas e habitai nelas, plantai pomares e comei seus frutos; [6]tomai esposas e gerai filhos e filhas; escolhei esposas para vossos filhos e dai vossas filhas em casamento; que elas tenham filhos e filhas. Multiplicai-vos aí e não vos diminuais. [7]Procurai o bem-estar do país ao qual vos deportei. Orai a Javé por ele,* porque de seu bem-estar depende vosso bem-estar.

[8]Pois assim fala Javé dos exércitos, o Deus de Israel: Não vos deixeis enganar pelos profetas* que estão em vosso meio, nem por vossos adivinhos; não deis atenção aos sonhos que eles sonham. [9]Porque é falso o que eles vos profetizam em meu nome; eu não os enviei – oráculo de Javé. [10]Pois assim fala Javé: Quando setenta anos se tiverem completado para Babilônia, eu vos visitarei e cumprirei para vós minha boa promessa de reconduzir-vos para este lugar. [11]Eu, com efeito, conheço os projetos que fiz a vosso respeito* – oráculo de Javé – projetos de paz e não de aflição, para vos conceder um futuro cheio de esperança. [12]Vós me invocareis e vireis rogar-me, e eu vos ouvirei; [13]vós me procurareis e me achareis,* porque me procurareis com todo o vosso coração; [14]eu me deixarei encontrar por vós – oráculo de Javé –, mudarei para melhor vossa sorte e vos reunirei de todas as nações e de todos os lugares aonde vos dispersei – oráculo de Javé – e vos reconduzirei ao lugar de onde vos deportei.

[15]Dizeis: Javé suscitou-nos profetas em Babilônia.

[16]Assim fala Javé a propósito do rei que está sentado no trono de Davi e de todo o povo que habita nesta cidade, vossos irmãos que não foram convosco para o exílio. [17]Assim fala Javé dos exércitos: Mandarei contra eles a espada, a fome e a peste e os tornarei semelhantes a figos podres, tão estraga-

---

* **28**,14. 27,6 | 16. Dt 13,6 | **29**,1. 2Rs 24,12-16 | 7. 25,11 | 8. 14,14 | 11. Is 55,6-9 | 13. Dt 4,29ss; Am 5,4

† **29**. Contra a expectativa dos deportados, Jeremias diz que o exílio não será breve e os aconselha a aceitar a situação, estabelecer-se no país e trabalhar pela prosperidade dele.

dos que não se pode comê-los. 18Vou
persegui-los com a espada,* a fome e
a peste; farei deles objeto de horror
para todos os reinos da terra, objeto
de maldição, de assombro, de zomba-
ria e de opróbrio para todas as nações
entre as quais os dispersei, 19porque
não escutaram minhas palavras* – orá-
culo de Javé – embora eu lhes tenha
enviado constantemente meus servos,
os profetas, porém eles não os escu-
taram – oráculo de Javé. 20Vós, porém,
deportados, que mandei de Jerusalém
para Babilônia, escutai todos a palavra
de Javé!

Contra os falsos profetas. 21Assim
fala Javé dos exércitos, o Deus de Isra-
el, a respeito de Acab, filho de Colias,
e a Sedecias, filho de Maasias, que vos
profetizam mentiras em meu nome: Eu
os entregarei às mãos de Nabucodo-
nosor, rei de Babilônia, o qual os ma-
tará diante de vossos olhos. 22Deles
se tirará esta fórmula de maldição que
usarão todos os deportados de Judá
em Babilônia: Que Javé te trate como a
Sedecias e Acab, que o rei de Babilônia
mandou assar no fogo! 23Pois eles per-
petraram uma infâmia em Jerusalém,
cometeram adultério com as mulheres
do próximo, proferiram em meu nome
palavras sem que eu lhes tivesse dado
nenhuma ordem. Eu o sei e disto sou
testemunha – oráculo de Javé".

Contra Semeías. 24"A Semeías, o na-
alamita, dirás estas palavras: 25Assim
fala Javé dos exércitos, o Deus de Israel:
Porque mandaste em teu nome cartas a
todo o povo de Jerusalém e a Sofonias,
filho de Maasias, o sacerdote, e a todos
os sacerdotes, dizendo: 26Javé te cons-
tituiu sacerdote no lugar do sacerdote
Joiada, para que fosse superintendente
no templo de Javé, para reprimir qual-
quer aventureiro que queira passar por
profeta, pondo-o na prisão e no tron-
co. 27Por que, então, não repreendes
Jeremias de Anatot, que faz profecias
entre vós? 28Com efeito, mandou dizer-
-nos em Babilônia: O exílio será longo!
Construí casas e habitai nelas, plantai
pomares e comei seus frutos!"
29O sacerdote Sofonias tinha lido
esta carta na presença do profeta Je-
remias.
30Então foi dirigida a Jeremias esta
palavra de Javé: 31"Envia esta mensa-
gem a todos os deportados: Assim fala
Javé a respeito de Semeías, o naalamita:
Porque Semeías vos falou como profe-
ta sem que eu o tenha enviado e vos
fez confiar na mentira, 32por isso assim
fala Javé: Punirei Semeías, o naalamita,
e sua descendência. Nenhum dos seus
habitará no meio deste povo, nem verá
o bem que eu farei a meu povo – orá-
culo de Javé – porque pregou a revolta
contra Javé".

30 **Promessa de restauração**†.
1Palavra que foi dirigida a Je-
remias da parte de Javé: 2"Assim fala
Javé, o Deus de Israel: Escreve para ti
num livro todas as palavras que eu te
disse, 3porque virão dias – oráculo de
Javé – nos quais mudarei a sorte de
meu povo, de Israel e de Judá – diz Javé
–; eu os reconduzirei ao país que con-
cedi a seus pais e tomarão posse dele".
4Estas são as palavras que Javé pronun-
ciou sobre Israel e sobre Judá:

5Assim fala Javé:
"Ouvimos um grito de medo;
é o terror, não a paz.
6Informai-vos e observai:
um homem pode dar à luz?
Por que então vejo todos os homens
com as mãos nos quadris como uma
parturiente?*
Por que todos os rostos se tornaram
pálidos?
7Ai! Porque grande é aquele dia,
nenhum é semelhante a ele!
Tempo de angústia para Jacó,
mas dele sairá salvo.

8Naquele dia – oráculo de Javé dos
exércitos – quebrarei o jugo,* tirando-o
de teu pescoço, partirei tuas correntes;
não serão mais escravos* de estrangei-
ros. 9Eles servirão a Javé, seu Deus, e

* **29**,18. 15,4 | 19. 7,25 | **30**,6. 4,31 | 8. Is 9,3 / 5,19

† **30**. Daqui em diante, o livro passa a falar da volta de Judá a sua pátria e anuncia uma nova aliança.

a Davi, seu rei, que eu lhes suscitarei†.
[10]Tu, portanto, não temas, Jacó, meu servo,*
– oráculo de Javé –
não te deixes abater, Israel.
Pois eu te libertarei do país distante,
e tua descendência do país de seu exílio.
Jacó voltará e gozará de paz,
viverá tranquilo e ninguém o inquietará.*
[11]Porque eu estou contigo para salvar-te
– oráculo de Javé.
Exterminarei todas as nações
no meio das quais eu te dispersei;
mas não te destruirei:
eu te castigarei segundo a justiça,
não te deixando impune".

Ferida e cura. [12]Assim diz Javé:
"Tua ferida é incurável,
irremediável tua chaga.
[13]Ninguém defende tua causa;
para uma úlcera há remédios,*
mas para ti não há cura.
[14]Todos os teus amantes te esqueceram,*
não te procuram mais;
porque eu te feri como se fere um inimigo,
com um castigo severo,
por tuas grandes iniquidades,
por teus muitos pecados.
[15]Por que gritas pela ferida?
Incurável é tua chaga.
Por causa de tua grande iniquidade,
de teus muitos pecados, eu te tratei assim.
[16]Mas todos os que te devoravam serão devorados;
todos os teus adversários, sem exceção,
irão para o cativeiro;
teus saqueadores serão saqueados
e serão despojados os que te despojaram.
[17]Pois vou trazer-te remédio,
curar tuas chagas
– oráculo de Javé –,
pois te chamavam a repudiada,*
Sião, de quem ninguém se importa".

Restauração. [18]Assim fala Javé:
"Restaurarei as tendas de Jacó*
e terei compaixão de suas moradas:
a cidade será reconstruída sobre suas ruínas
e o palácio surgirá de novo em seu lugar.
[19]Dele sairão hinos de louvor e gritos de alegria.
Eu os multiplicarei e não diminuirão,
eu os honrarei e não serão desprezados;
[20]seus filhos serão como outrora,
sua assembleia será estável diante de mim;
punirei todos os seus opressores.
[21]Seu chefe será um deles
e do meio deles sairá seu comandante.
Eu lhe darei audiência e ele se aproximará de mim.*
Pois quem teria a audácia de se aproximar de mim?
– oráculo de Javé.
[22]Vós sereis meu povo
e eu serei vosso Deus.*
[23]Eis a tempestade de Javé,*
seu furor se desencadeia,
uma tempestade arrasadora,
sobre a cabeça dos malvados se abate.
[24]Não cessará a ira ardente de Javé,
até que tenha terminado
e realizado os projetos de seu coração.
No final dos dias o compreendereis!

31

Israel voltará do exílio. [1]Naquele tempo
– oráculo de Javé –
eu serei o Deus de todas as tribos de Israel,
e elas serão meu povo.*
[2]Assim fala Javé:
"Encontrou favor no deserto*
o povo que escapou da espada;
Israel caminha para seu repouso".
[3]De longe lhe apareceu Javé:

* **30**,10. 46,27s; Is 41,8 / Mq 4,4 | 13. Is 1,5s | 14. 4,30; Lm 1,2 | 17. Is 62,4 | 18. Is 54,1ss | 21. Êx 19,12; 33,20 | 22. 31,1; Ez 11,20; Dt 26,17s; 27,9; 28,9 | 23. 23,19s | **31**,1. 3,18 | 2. Os 2,16s

† **30**,9. "Davi" é aqui o Messias, seu descendente, no qual se realizam plenamente as promessas feitas a Davi.

"Eu te amei com amor eterno,*
por isso conservo meu amor para
contigo.
4De novo te edificarei e serás reedi-
ficada,
virgem de Israel.
De novo te ornarás com teus tamborins
e sairás no meio de danças alegres.
5De novo plantarás vinhas
sobre as colinas de Samaria;
os plantadores, depois de terem
plantado,
farão a colheita.*
6Virá o dia em que gritarão os vigias
sobre a montanha de Efraim:
Levantai-vos e subamos a Sião,
a Javé, nosso Deus".

Retorno glorioso. 7Porque assim fala
Javé:
"Gritai de alegria por Jacó,
aclamai a primeira das nações!
Fazei ouvir vosso louvor e dizei:
Javé salvou seu povo,
o resto* de Israel"†.
8Eu os reconduzo do país do norte
e os reúno da extremidade da terra;
entre eles estão o cego e o aleijado,
a mulher grávida e a parturiente juntos;
é uma grande assembleia que aqui
retorna.
9Tinham saído no pranto,*
na consolação os trarei de volta;
eu os conduzirei a rios de água,*
por uma estrada reta em que não
tropeçarão;
porque eu sou um pai para Israel
e Efraim é meu primogênito.
10Escutai, nações, a palavra de Javé;
anunciai-a às ilhas mais distantes e dizei:
"Quem dispersou Israel o reúne*
e o guarda como um pastor guarda
seu rebanho",
11porque Javé remiu Jacó,*
resgatou-o das mãos de um mais
forte que ele.
12Virão e cantarão de alegria nas al-
turas de Sião,
afluirão para os bens de Javé:
para o trigo, o mosto e o óleo,
para as crias dos rebanhos e das
boiadas.
Serão como jardim irrigado,
jamais desfalecerão.
13Então se alegrará a virgem na dan-
ça
e os jovens junto com os velhos.
Mudarei seu luto em alegria.*
Eu os consolarei e os alegrarei depois
de suas penas.
14Saciarei de delícias a alma dos sa-
cerdotes
e meu povo se fartará de meus bens
– oráculo de Javé.

Restauração do reino do norte. 15As-
sim fala Javé:
"Uma voz se ouve em Ramá,*
lamento e choro amargo:
Raquel chora seus filhos;*
não quer ser consolada por seus fi-
lhos
porque não mais existem"†.
16Assim fala Javé:
"Impede a voz do pranto
e teus olhos de derramar lágrimas,
porque há uma compensação para
tuas penas
– oráculo de Javé –
eles voltarão do país inimigo.
17Há esperança para teu futuro:
teus filhos voltarão para seu territó-
rio.
18Eu ouvi, eu ouvi Efraim lamentar-se:
Tu me castigaste,
e eu sofri o castigo como um novilho
não domado.*
Faze-me voltar e voltarei,*
porque tu és Javé, meu Deus.
19Depois que me afastei, eu me ar-
rependi;
depois que compreendi, bati no pei-
to.*
Estava cheio de vergonha e confuso

---

* **31**,3. Os 11,1-9; Is 54,8 | 5. Is 65,21s; Am 9,14 | 7. Is 4,3 | 9. Sl 126,5s; Is 40,3 / Jo 4,1 | 10. Ez 34,1; Jo 10,16 | 11. Is 49,25 | 13. Sl 30,12; 90,15; Jo 16,22 | 15. Mt 2,18 / 1Sm 10,2 | 18. Os 4,16 / Sl 80,4 | 19. Ez 21,17; 36,31

† **31**,7. Ver a nota em Is 1,9. | 15. O profeta imagina Raquel chorando em seu túmulo em Ramá por seus descendentes levados para o exílio. Mateus refere essas palavras aos meninos de Belém, trucidados por Herodes, 2,18.

porque trazia sobre mim
o opróbrio de minha juventude.
20Acaso não é Efraim um filho meu
querido,
meu menino predileto?
Com efeito, depois de o ter ameaça-
do,
lembro-me dele sempre mais viva-
mente.
Por isso meu coração se comove por
ele,*
sinto por ele profunda compaixão"
– oráculo de Javé.
No caminho do retorno. 21Levanta si-
nais para ti,*
finca postes que te guiem,
presta atenção ao caminho,
à estrada que percorreste.
Volta, virgem de Israel,*
volta às cidades que são tuas!
22Até quando irás vagando, filha re-
belde?
Porque Javé cria uma coisa nova so-
bre a terra:
a mulher abraçará* o homem!†
Israel será repovoado. 23Assim fala
Javé dos exércitos, o Deus de Israel:
"Ainda se dirá esta palavra no país de
Judá e em suas cidades, quando eu ti-
ver reconduzido seus cativos:
Javé te abençoe,
ó morada de justiça,
montanha santa.
24Aí habitarão juntos Judá e todas
as suas cidades, agricultores e criado-
res de rebanhos. 25Porque eu saciarei
o que estava esgotado* e fartarei todo
ser que desfalece".
26Neste ponto despertei e olhei;
meu sono pareceu-me suave.
27"Dias virão – oráculo de Javé – nos
quais tornarei fecunda a casa de Isra-
el* e a casa de Judá com semente de
homens e semente de animais. 28Então,
como velei sobre eles para arrancar e
para demolir,* para abater e para des-
truir e para afligir, assim velarei sobre
eles para edificar e para plantar" – orá-
culo de Javé.
29"Naqueles dias não se dirá mais:
Os pais comeram uvas verdes*
e os dentes dos filhos ficaram travando.
30Mas cada um morrerá por sua pró-
pria iniquidade; toda pessoa que tiver
comido uvas verdes ficará com os den-
tes travando"†.
A nova aliança†. 31"Eis que virão dias
– oráculo de Javé – nos quais farei com
a casa de Israel* e com a casa de Judá
uma nova* aliança†. 32Não como a
aliança que fiz com seus pais, quando
os tomei pela mão para fazê-los sair da
terra do Egito, minha aliança que eles
violaram,* embora eu fosse o Senhor
deles – oráculo de Javé. 33Mas esta será
a aliança que farei* com a casa de Is-
rael depois daqueles dias – oráculo de
Javé: Porei minha lei dentro deles* e a
escreverei sobre seu coração. Então eu
serei seu Deus* e eles serão meu povo.
34E não terão mais de instruir cada qual
seu vizinho ou seu irmão, dizendo:
'Conhecei Javé!' porque todos me co-
nhecerão, do mais pequeno ao maior
– oráculo de Javé; porque eu perdoarei
sua iniquidade* e não me recordarei
mais de seu pecado".
Estabilidade de Israel. 35Assim fala
Javé,
que deu o sol para iluminar o dia,*
e leis à lua e às estrelas para ilumina-
rem a noite,
que agita o mar e faz bramir suas
ondas,*
e cujo nome é Javé dos exércitos:
36"Se falharem estas leis diante de
mim*
– oráculo de Javé –

* **31**,20. Is 49,14ss; Os 11,8s | 21. Is 40,3 / Jr 3,12 | 22. Os 2,18ss | 25. Sl 23,2s | 27. Zc 2,8; Is 49,19s | 28. 1,10 | 29. Ez 18,2 | 31. Hb 8,8-12 / Lc 22,20 | 32. Êx 19,1 | 33. Hb 10,16 / Jr 24,7; 32,39s / 2Cor 3,3 | 34. Hb 10,17 | 35. Gn 1,14; Sl 136,7s / Is 51,15 | 36. Sl 89,34-38

† **31**,22. No simbolismo do matrimônio entre Deus e o povo, significa a reconciliação do povo. A tradução latina favoreceu a interpretação tradicional que vê aqui o anúncio da maternidade de Maria. | 30. Ver a nota em Dt 24,16. | 31. É "um dos trechos mais profundos e mais tocantes de toda a Bíblia" (Bright). Citado por inteiro em Hb 8,8-12, é a citação mais longa do AT no NT. / Única vez que se lê no AT a expressão "nova aliança"; é nova porque não será violada, todos lhe serão fiéis: terão seus corações transformados para realizar os planos de Deus.

então também a descendência de
Israel
deixará de ser uma nação diante de
mim para sempre!"
37Assim diz Javé:
"Se for possível medir os céus lá no
alto
e sondar aqui embaixo os fundamentos da terra,
também eu rejeitarei
toda a descendência de Israel
por tudo aquilo que cometeu"
– oráculo de Javé.
38"Eis que virão dias – oráculo de Javé
– nos quais a cidade* será reconstruída
para Javé, desde a torre de Hananeel
até a porta do Ângulo. 39A corda para
medir se estenderá em linha reta até a
colina de Gareb, virando depois para
Goa. 40E todo o vale, com seus cadáveres e sua cinza, e todo o terreno ao
longo da torrente Cedron, até o ângulo
da porta dos Cavalos a oriente, serão
consagrados a Javé; não se destruirá
nem se demolirá nunca mais.*

32

Jeremias compra um terreno†. 1Palavra que foi dirigida a
Jeremias por Javé, no décimo ano de
Sedecias, rei de Judá, isto é, no décimo oitavo ano de Nabucodonosor.
2O exército do rei de Babilônia sitiava
então Jerusalém e o profeta Jeremias
estava preso† no pátio da guarda, no
palácio do rei de Judá. 3Sedecias, rei
de Judá, o havia preso, dizendo: "Por
que profetizas com esta ameaça: 'Assim fala Javé: Entregarei esta cidade ao
poder do rei de Babilônia e ele a tomará; 4Sedecias, rei de Judá, não escapará
das mãos dos caldeus, mas certamente
será entregue às mãos do rei de Babilônia e falará com ele face a face e o
verá com seus próprios olhos; 5ele conduzirá Sedecias a Babilônia, onde ficará
até que eu o visite – oráculo de Javé – ;
se combaterdes contra os caldeus, não
tereis sucesso'?"
6Jeremias disse: Foi-me dirigida esta
palavra de Javé: 7Hanameel, filho de
Salum, teu tio, vem a ti para dizer-te:
Compra meu campo que se acha em
Anatot, porque tens o direito de resgate para adquiri-lo. 8Veio, pois, a mim
Hanameel, filho de meu tio, segundo a
palavra de Javé, no pátio da guarda e
me disse: "Compra meu campo que se
acha em Anatot, no país de Benjamim,
porque tens o direito de herança e o
direito de resgate. Compra-o!"
Então reconheci que esta era a vontade de Javé 9e comprei o campo de
Hanameel, filho de meu tio, que estava
em Anatot, e lhe paguei o preço: dezessete siclos de prata. 10Redigi o documento do contrato, selei-o, chamei
testemunhas e pesei o dinheiro na balança. 11Depois tomei o documento de
compra, o selado, segundo a lei e os
estatutos, e o aberto, 12e dei o contrato de compra a Baruc, filho de Nerias,
filho de Maasias, na presença de Hanameel, filho de meu tio, e na presença
das testemunhas que tinham assinado
o contrato de compra e na presença
de todos os judeus que se achavam no
pátio da guarda. 13Depois, na presença
deles, dei a Baruc esta ordem: 14"Assim
fala Javé dos exércitos, o Deus de Israel:
Toma esses contratos de compra, o selado e o aberto, e coloca-os num vaso
de barro, para que se conservem por
muito tempo. 15Porque assim fala Javé
dos exércitos, o Deus de Israel: Ainda
se comprarão casas, campos e vinhas
neste país".
Oração de Jeremias. 16Depois de ter
entregue o contrato de compra a Baruc,
filho de Nerias, rezei a Javé, dizendo:
17Ah! Senhor Javé, vós fizestes o céu e
a terra com grande poder e com braço forte; nada vos é impossível. 18Vós
usais de misericórdia* para com mil gerações, mas retribuís a iniquidade dos
pais nos filhos que lhes sucedem, Deus
grande e forte, que vos chamais Javé

* **31**,38. Ez 41,13; Zc 2,5 | 40. Zc 14,11; Ap 22,3 | **32**,18. Êx 34,6s

† **32**. Jeremias mostra sua serena confiança no futuro comprando um campo numa região já ocupada pelo exército invasor. | 2. Acusado de colaborar com o inimigo e de blasfemar contra o templo, anunciando sua ruína.

dos exércitos. 19Sois grande nos pensamentos e poderoso nas obras e tendes os olhos abertos* sobre todos os caminhos dos homens, para dar a cada um segundo sua conduta e o fruto de seus atos. 20Realizastes sinais e prodígios no país do Egito e até hoje em Israel e entre os homens, e alcançastes a fama que dura ainda hoje. 21Fizestes sair do Egito* vosso povo de Israel com sinais e prodígios, com mão forte e braço estendido e incutindo grande temor. 22E lhes destes esta terra, que tínheis prometido por juramento a seus pais, terra que mana leite e mel.* 23Eles vieram e dela tomaram posse, mas não escutaram vossa voz e não caminharam segundo vossa lei,* não fizeram nada do que lhes mandastes fazer; por isso enviastes sobre eles todos esses males.

24Eis que os aterros para o assalto atingem a cidade para ocupá-la; pela espada, a fome e a peste, ela é entregue nas mãos dos caldeus que a atacam. O que tínheis dito aconteceu; vós o vedes. 25E vós, Senhor Javé, me dizeis: Compra o campo com dinheiro e chama testemunhas, enquanto a cidade é entregue nas mãos dos caldeus.

Resposta de Deus. 26Então foi dirigida a Jeremias esta palavra de Javé: 27"Eu sou Javé, Deus de todo ser vivo;* porventura alguma coisa é impossível para mim? 28Por isso, assim diz Javé: Entregarei esta cidade nas mãos dos caldeus e nas mãos de Nabucodonosor, rei de Babilônia, que a tomará. 29Entrarão nela os caldeus que combatem contra esta cidade, queimarão esta cidade e entregarão às chamas as casas em cujos terraços se oferecia incenso a Baal e se faziam libações a outros deuses para me irritar. 30Com efeito, os filhos de Israel e os filhos de Judá só fizeram o que é mau a meus olhos desde sua juventude; os israelitas nada fizeram senão irritar-me com a obra de suas mãos – oráculo de Javé. 31Sim, esta cidade tem sido causa de minha ira e de minha indignação desde quando a construíram até hoje; por isso a farei desaparecer de minha presença, 32por causa de todo o mal que os filhos de Israel e os filhos de Judá cometeram para me irritar, eles, seus reis, seus chefes, seus sacerdotes, seus profetas, os homens de Judá e os habitantes de Jerusalém. 33Viraram-me as costas e não o rosto; enquanto eu os instruía com solicitude sem me cansar, eles não escutaram e não aceitaram a correção. 34Colocaram seus ídolos abomináveis no templo* que traz meu nome, para contaminá-lo, 35e construíram os lugares altos de Baal no vale de Ben-Enom* para fazer passar pelo fogo seus filhos e suas filhas em honra de Moloc – coisa que não ordenei, nem tinha pensado que fossem cometer semelhante abominação, fazendo Judá pecar".

36Mas agora assim fala Javé, o Deus de Israel, a respeito desta cidade da qual dizeis que será entregue nas mãos do rei de Babilônia por meio da espada, da fome e da peste: 37"Eu os reunirei de todos os países nos quais os dispersei em minha ira, em meu furor e em minha grande indignação; eu os reconduzirei a este lugar e os farei morar com segurança. 38Eles serão meu povo e eu serei seu Deus. 39Eu lhes darei um só coração e um só modo de agir, de modo que me temam* todos os dias, para seu bem e o bem de seus filhos depois deles. 40Farei com eles uma aliança* eterna: não deixarei de segui-los para fazer-lhes o bem; porei em seus corações meu temor, para que não se separem mais de mim. 41Terei prazer em fazer-lhes o bem* e os fixarei solidamente neste país, com todo o meu coração e com toda a minha alma". 42Pois assim fala Javé: "Assim como mandei sobre este povo todo este grande mal, assim mandarei sobre eles todo o bem que lhes prometi. 43Comprarão campos neste país, do qual dizeis: É uma desolação, sem homens e sem animais; está entregue nas mãos dos caldeus. 44Eles comprarão campos com dinheiro, re-

* **32**,19. Sl 33,14s | 21. Dt 4,34; Dn 9,15 | 22. Êx 3,8 | 23. 26,4 | 27. 32,17; Zc 8,6 | 34. 7,30s | 35. Lv 18,21 | 39. 24,7 | 40. 31,31 | 41. Dt 30,9

digirão contratos e os selarão e cha-
marão testemunhas na terra de Benja-
mim, nos arredores de Jerusalém, nas
cidades de Judá, nas cidades da região
montanhosa, nas cidades da planície e
nas cidades do Negueb, porque muda-
rei sua sorte" – oráculo de Javé.

33 **Nova promessa de restau-
ração.** 1A palavra de Javé foi
dirigida uma segunda vez a Jeremias,
enquanto ainda estava preso no pátio
da guarda: 2"Assim fala Javé, que fez a
terra e a formou para torná-la estável
– seu nome é Javé: 3Invoca-me, e eu
te responderei* e te anunciarei coisas
grandes e inacessíveis, que não conhe-
ces. 4Porque assim fala Javé, o Deus de
Israel, a respeito das casas desta cidade
e das casas dos reis de Judá, que serão
destruídas diante dos aterros para o
assalto 5e das armas dos caldeus, vin-
dos para combater e enchê-las com os
cadáveres dos homens que abaterei
em minha ira e em meu furor, porque
escondi o rosto, afastando-o desta ci-
dade por causa de toda a sua maldade:
6Eu lhes trarei remédio e saúde; eu os
curarei e lhes revelarei as riquezas da
paz e da segurança. 7Mudarei a sorte
de Judá e a sorte de Israel e os resta-
belecerei como no princípio. 8Eu os pu-
rificarei de toda iniquidade* com que
pecaram contra mim e perdoarei todas
as iniquidades com que pecaram e se
revoltaram contra mim†. 9Isto será para
mim motivo de alegria, de louvor e de
glória diante de todas as nações da ter-
ra, quando souberem todo o bem que
eu lhes faço; sentirão temor e tremor
por todo o bem e por toda a paz que
lhes concederei".

10Assim fala Javé: "Neste lugar, do
qual dizeis: Ele está deserto, sem ho-
mens e sem animais; nas cidades de
Judá e nas ruas de Jerusalém, que
estão desoladas, sem homens,* sem
habitantes e sem animais se ouvirão
ainda 11gritos de festa e gritos de ale-
gria, a voz do esposo e da esposa e o
canto daqueles que dirão, ao levarem
sacrifícios de agradecimento ao templo
de Javé: 'Louvai a Javé dos exércitos,
porque é bom, porque eterno é seu
amor'.* Porque restabelecerei a sorte
deste país como era no começo, diz
Javé".

12Assim fala Javé dos exércitos: "Nes-
te lugar desolado, sem homens e sem
animais, e em todas as suas cidades
haverá ainda moradas de pastores que
farão repousar os rebanhos. 13Nas cida-
des da região montanhosa, nas cidades
da planície, nas cidades do Negueb, na
terra de Benjamim, nos arredores de
Jerusalém e nas cidades de Judá pas-
sarão ainda as ovelhas sob a mão de
quem as conta, diz Javé".

O reino messiânico. 14Eis que virão
dias – oráculo de Javé – nos quais rea-
lizarei a promessa de felicidade que fiz
à casa de Israel e à casa de Judá. 15Na-
queles dias e naquele tempo farei ger-
minar* para Davi um germe de justiça;
ele exercerá o direito e a justiça sobre a
terra. 16Naqueles dias Judá será salvo e
Jerusalém viverá com segurança. Assim
será chamada a cidade: "Javé-nossa-
-justiça".

17Pois assim fala Javé: "Jamais faltará
a Davi um descendente* que se sen-
te no trono da casa de Israel; 18e aos
sacerdotes levitas nunca faltará quem
esteja diante de mim para oferecer ho-
locaustos, para queimar incenso* em
oferta e realizar sacrifícios todos os
dias".

19Depois foi dirigida a Jeremias* esta
palavra de Javé: 20"Assim fala Javé: Se
podeis quebrar minha aliança com o
dia e minha aliança com a noite, de
modo que não haja mais dia e noite
em seu tempo, 21assim será quebrada
também minha aliança com Davi, meu
servo, de modo que não tenha um fi-
lho que reine sobre seu trono, e aquela
com os levitas sacerdotes que me ser-
vem. 22Assim como não se pode contar

---

* **33**,3. 29,12 | 8. 31,31; Ez 36,25 | 10. 25,10 | 11. 1Cr 16,34; Esd 3,11; Sl 106,1; 107,1; 136 | 15. 23,5s; Is 4,2 | 17. 2Sm 7,1 | 18. Zc 4,14 | 19. 31,35s; Sl 89,34-38; 2Sm 7,1

† **33**,8. O desígnio de Deus não é destruir seu povo, mas fazê-lo expiar sua falta e purificá-lo.

a milícia* do céu†, nem calcular a areia
do mar, assim multiplicarei a descen-
dência de Davi, meu servo, e os levitas
que me servem".
23Foi dirigida a Jeremias esta pala-
vra de Javé: 24"Não observaste o que
este povo está dizendo: 'Javé rejeitou
as duas famílias que tinha escolhido!'
E assim desprezam meu povo como
se não fosse mais uma nação a seus
olhos?" 25Assim fala Javé: "Se não per-
siste mais minha aliança com o dia e
com a noite, se não estabeleci as leis
do céu e da terra, 26neste caso pode-
rei rejeitar a descendência de Jacó e de
Davi, meu servo, de modo a não mais
tomar de seus descendentes os que
governarão sobre a descendência de
Abraão, de Isaac e de Jacó. Pois eu mu-
darei sua sorte e terei piedade deles".

34

Fim de Sedecias. 1Palavra que
foi dirigida a Jeremias por Javé,
quando Nabucodonosor, rei de Babilô-
nia, com todo o seu exército e todos
os reinos da terra sob seu domínio e
todos os povos combatiam contra Je-
rusalém e contra todas as suas cida-
des: 2Assim fala Javé, o Deus de Israel:
"Vai falar com Sedecias,* rei de Judá, e
dize-lhe: Assim fala Javé: Eu porei esta
terra nas mãos do rei de Babilônia, que
a entregará às chamas. 3Tu não esca-
parás de sua mão, mas serás preso e
entregue a seu poder. Teus olhos ve-
rão os olhos do rei de Babilônia, o qual
te falará face a face e depois irás para
Babilônia. 4Todavia, escuta a palavra de
Javé, ó Sedecias, rei de Judá! Assim fala
Javé a teu respeito: Não morrerás pela
espada! 5Morrerás em paz. E como se
queimaram aromas para teus pais, os
antigos reis que existiram antes de ti,
assim se queimarão para ti* e por ti
farão o lamento, dizendo: 'Ai, Senhor!'
Sou eu que o declaro" – oráculo de
Javé.
6O profeta Jeremias disse todas es-
tas palavras a Sedecias, rei de Judá, em
Jerusalém. 7Entretanto o exército do rei
de Babilônia combatia contra Jerusa-
lém e contra todas as cidades de Judá
que ainda resistiam, isto é, contra Lá-
quis e Azeca, que eram as únicas cida-
des fortificadas que restaram entre as
cidades de Judá.
Libertação dos escravos. 8Esta palavra
foi dirigida a Jeremias por Javé, depois
que o rei Sedecias fez uma aliança com
todo o povo que estava em Jerusalém,
para proclamar a liberdade dos escra-
vos; 9cada um devia despedir livres seus
escravos hebreus, homens e mulheres,
de modo que ninguém mais retivesse
na escravidão um judeu, seu irmão.
10Todos os chefes e todo o povo que
tinha aderido à aliança consentiram em
despedir livres seus escravos, homens
e mulheres, de modo a não obrigá-los
mais à escravidão: consentiram, pois,
e os despediram; 11mas depois se ar-
rependeram e retomaram os escravos,
homens e mulheres, que tinham liber-
tado e os reduziram de novo à escra-
vidão.
12Então foi dirigida a Jeremias esta
palavra de Javé: 13"Assim fala Javé,
o Deus de Israel: Eu fiz uma aliança
com vossos pais, quando os fiz sair do
país do Egito, de uma condição servil,
dizendo: 14'Ao se completarem sete
anos,* cada um de vós despedirá seu
irmão hebreu que se tiver vendido a ti;
ele te servirá seis anos, depois o des-
pedirás livre de compromisso contigo';
mas vossos pais não me escutaram e
não prestaram ouvido. 15Ora, hoje vos
tínheis arrependido e feito o que é reto
a meus olhos, proclamando cada qual
a liberdade de seu irmão; tínheis feito
uma aliança diante de mim, no tem-
plo que traz meu nome. 16Mas, depois,
mudastes de opinião e, profanando
meu nome, retomastes cada qual os
escravos e as escravas que tínheis des-
pedido livres segundo o desejo deles,
e os obrigastes a ser de novo vossos
escravos e escravas. 17Por isso assim
fala Javé: Vós não atendestes minha
ordem* para que cada um desse a li-

---

* **33**,22. Gn 15,5 | **34**,2. 21,1-7; 32,1-5 | 5. 22,18 | 14. Dt 15,12s | 17. 29,18

† **33**,22. O inumerável exército das estrelas.

berdade a seu irmão e a seu próximo.
Pois bem, vou dar a liberdade contra
vós – oráculo de Javé – à espada, à
peste e à fome e vos tornarei objeto
de horror para todos os reinos da terra.
18Quanto aos homens que transgredi-
ram minha aliança, que não cumpriram
os termos da aliança que fizeram em
minha presença, eu os tornarei como
o bezerro que eles partiram em dois*
para passar entre as duas metades†.
19Os chefes de Judá, os chefes de Je-
rusalém, os eunucos, os sacerdotes e
todo o povo do país que passaram en-
tre as duas metades do bezerro, 20eu os
entregarei nas mãos de seus inimigos e
nas mãos dos que atentam contra sua
vida; seus cadáveres serão pasto para
as aves do céu e para os animais da ter-
ra. 21Entregarei Sedecias, rei de Judá, e
seus chefes nas mãos de seus inimigos,
nas mãos dos que atentam contra sua
vida, e nas mãos do exército do rei de
Babilônia,* que se afastou de vós. 22Eis
que eu darei uma ordem – oráculo de
Javé – e os farei voltar a esta cidade;
combaterão contra ela, eles a tomarão
e a entregarão às chamas. E farei das
cidades de Judá uma solidão onde nin-
guém mora".

35 **Exemplo de fidelidade dos**
recabitas†. 1Esta palavra foi
dirigida por Javé a Jeremias nos dias
de Joaquim, filho de Josias, rei de Judá:
2"Vai à família dos recabitas e fala-lhes,
conduze-os a uma das salas do templo
e oferece-lhes vinho a beber".
3Tomei então Jezonias, filho de Jere-
mias, filho de Habsanias, seus irmãos e
todos os seus filhos, isto é, toda a famí-
lia dos recabitas. 4Conduzi-os ao tem-
plo de Javé, à sala dos filhos de Joanã,
filho de Jegdalias, homem de Deus, a
qual fica ao lado da sala dos chefes e
sobre a sala de Maasias, filho de Selum,
guarda da porta. 5Coloquei diante dos
membros da família dos recabitas jar-
ras cheias de vinho e copos e lhes dis-
se: "Bebei o vinho!" 6Eles responderam:
"Nós não bebemos vinho,* porque nos-
so antepassado Jonadab, filho de Re-
cab, nos deu esta ordem: 'Nunca bebe-
reis vinho, nem vós nem vossos filhos;
7não construireis casas, não semeareis
sementes, não plantareis vinhas e não
possuireis nenhuma, mas morareis em
tendas por toda a vida, para que pos-
sais viver longamente sobre a terra, na
qual viveis peregrinando'. 8Temos obe-
decido às ordens do nosso antepassa-
do Jonadab, filho de Recab, em tudo
que nos ordenou, de modo que nós,
nossas mulheres, nossos filhos e nos-
sas filhas, não bebemos vinho em toda
a nossa vida; 9não construímos casas
para morar nem possuímos vinha, nem
campo, nem semente. 10Habitamos em
tendas. Obedecemos e fazemos tudo o
que nos mandou Jonadab, nosso pai.
11Mas quando Nabucodonosor, rei de
Babilônia, invadiu o país, dissemos:
'Vinde, entremos em Jerusalém, para
escapar do exército dos caldeus e do
exército dos arameus'. Assim, viemos
morar em Jerusalém".
12Então foi dirigida a Jeremias esta
palavra de Javé: 13"Assim fala Javé dos
exércitos, o Deus de Israel: Vai dizer
aos homens de Judá e aos habitan-
tes de Jerusalém: Não quereis aceitar
a lição, escutando minhas palavras?
– oráculo de Javé. 14Foram postas em
prática as palavras de Jonadab, filho
de Recab, que tinha mandado a seus
filhos não beber vinho. Eles de fato
não o beberam até hoje, porque obe-
deceram à ordem de seu pai. E eu vos
falei sem me cansar e com insistên-
cia, mas não me escutastes! 15Eu vos
enviei sem me cansar e muitas vezes
todos os meus servos* para dizer-vos:
Abandone cada qual sua má condu-
ta,* emendai vossas ações e não sigais
outros deuses para servi-los, para po-
derdes habitar no país que concedi a

---

* **34**,18. 7,33 | 21. 9,10. | **35**,6. 2Rs 10,15 | 15. 7,13 / 25,4-7

† **34**,18. Refere-se ao ritual de aliança, no qual os contraentes passavam entre as partes divididas de um animal, invocando sobre si mesmos a mesma sorte dele, no caso de faltarem aos compromissos assumidos, Gn 15,17. | **35**. Ver a nota em 2Rs 10,15.

vós e a vossos pais. Mas não prestastes ouvido e não me destes atenção. 16Sim, os filhos de Jonadab, filho de Recab, executaram a ordem que lhes dera seu pai; este povo, porém, não me escutou. 17Por isso, assim fala Javé, o Deus dos exércitos, o Deus de Israel: Mandarei sobre Judá e sobre todos os habitantes de Jerusalém todo o mal que decretei contra eles, porque lhes falei e não me ouviram, eu os chamei e não responderam".

18Jeremias disse à família dos recabitas: "Assim fala Javé dos exércitos, o Deus de Israel: Porque obedecestes à ordem de Jonadab, vosso pai, e observastes todos os seus decretos e fizestes tudo o que vos ordenou, 19por isso assim fala Javé dos exércitos, o Deus de Israel: A Jonadab, filho de Recab, jamais faltará alguém que esteja sempre em minha presença".

36 Redação dos escritos de Jeremias.

1No quarto ano de Joaquim, filho de Josias, rei de Judá, foi dirigida a Jeremias da parte de Javé esta palavra: 2"Toma um rolo e escreve nele todas as coisas que eu te disse a respeito de Jerusalém, de Judá e de todas as nações, desde quando comecei a falar-te, no tempo de Josias até hoje. 3Talvez os da casa de Judá, ouvindo todo o mal que me proponho fazer-lhes, abandonarão cada qual sua má conduta e então perdoarei sua iniquidade e seus pecados".

4Jeremias chamou Baruc, filho de Nerias, e Baruc escreveu num rolo, enquanto Jeremias ia ditando, todas as palavras que Javé lhe havia dirigido. 5Depois, Jeremias ordenou* a Baruc: "Eu estou impedido, não posso ir ao templo de Javé. 6Mas tu irás, para ler, do rolo que escreveste enquanto eu ditava, as palavras de Javé, fazendo o povo ouvi-las no templo de Javé, no dia de jejum; e as lerás também diante de todos os judeus que vieram de suas cidades. 7Talvez apresentem suas súplicas a Javé e se convertam cada qual de sua má conduta, porque grande é a ira e o furor que Javé ameaçou contra este povo".

8Baruc, filho de Nerias, fez o que lhe havia mandado o profeta Jeremias, lendo no rolo as palavras de Javé no templo.

9No quinto ano de Joaquim, filho de Josias, rei de Judá, no nono mês, foi proclamado um jejum diante de Javé para todo o povo de Jerusalém e para todo o povo que tinha vindo das cidades de Judá a Jerusalém. 10Baruc, portanto, leu no livro, para todo o povo ouvir, as palavras de Jeremias, no templo de Javé, na sala de Gamarias, filho de Safã, o escriba, no pátio superior perto da entrada da porta Nova* do templo de Javé. 11Miqueias, filho de Gamarias, filho de Safã, ouviu todas as palavras de Javé lidas no livro. 12Ele desceu ao palácio, à sala do escriba; lá estavam reunidos em sessão todos os ministros: Elisama, o escriba; Delaías, filho de Semeías; Elnatã, filho de Acobor; Gamarias, filho de Safã; Sedecias, filho de Hananias, junto com todos os outros ministros.

13Miqueias referiu-lhes todas as palavras que tinha ouvido, quando Baruc lia no livro para o povo ouvir.

14Então todos os chefes enviaram Judi, filho de Natanias, filho de Selemias, filho do etíope, para dizer a Baruc: "Toma nas mãos o rolo que estavas lendo em voz alta ao povo e vem".

Baruc, filho de Nerias, tomou o rolo nas mãos e foi até eles. 15E eles lhe disseram: "Senta-te e lê para nós". Baruc leu diante deles.

16Quando ouviram todas aquelas palavras, tiveram medo e disseram uns aos outros: "Devemos sem falta comunicar ao rei todas estas palavras". 17Depois perguntaram a Baruc: "Dize-nos, como fizeste para escrever todas estas palavras?". 18Baruc respondeu: "Jeremias ia ditando oralmente todas estas palavras e eu as ia escrevendo no livro com tinta".

19Os chefes disseram a Baruc: "Vai e esconde-te, tu e Jeremias; que ninguém saiba onde estais". 20Depois eles

* **36**,5. 20,1s | 10. 26,24

foram ter com o rei no apartamento
interno, após ter reposto o rolo na sala
de Elisama, o escriba, e referiram ao rei
todas estas coisas.
21Então o rei mandou Judi trazer o
rolo. Ele o tomou da sala de Elisama,
o escriba, e o leu diante do rei e de to-
dos os chefes que estavam junto com
o rei. 22O rei estava sentado no palácio
de inverno – era o nono mês – com um
braseiro aceso a sua frente.
23Ora, cada vez que Judi tinha lido
três ou quatro colunas, o rei as cortava
com a faca do escriba e as lançava no
braseiro,† até que foi consumido o rolo
inteiro no fogo do braseiro. 24O rei e to-
dos os seus servos não tremeram nem
rasgaram as vestes ao ouvir todas aque-
las palavras. 25No entanto Elnatã, Dela-
ías e Gamarias tinham suplicado ao rei
que não queimasse o rolo, mas ele não
os atendeu. 26Antes, ordenou a Jaramiel,
filho do rei, a Seraías, filho de Azriel e a
Selemias, filho de Abdeel, que prendes-
sem Baruc, o escriba, e o profeta Jere-
mias, mas Javé os tinha escondido.
27Depois que o rei queimou o rolo
com as palavras que Baruc tinha escri-
to, enquanto Jeremias ia ditando, esta
palavra de Javé foi dirigida a Jeremias:
28"Toma um outro rolo e escreve nele
todas as palavras de antes, que estavam
no primeiro rolo, queimado por Joa-
quim, rei de Judá. 29E contra Joaquim,
rei de Judá, tu dirás: Assim fala Javé:
Queimaste este rolo, dizendo: Por que
escreveste estas palavras: Virá sem falta
o rei de Babilônia devastar este país e
fazer desaparecer dele homens e ani-
mais? 30Por isso, assim fala Javé contra
Joaquim, rei de Judá: Ele não terá um
herdeiro no trono de Davi; seu cadáver
será exposto ao calor do dia e ao frio da
noite. 31Eu punirei a ele, sua descendên-
cia e seus servos por suas iniquidades e
mandarei sobre eles, sobre os habitan-
tes de Jerusalém e sobre os homens de
Judá, todo o mal com que os ameacei,
sem que me tenham prestado ouvido".
32Jeremias tomou um outro rolo e o
entregou a Baruc, filho de Nerias, o es-
criba, o qual escreveu nele, enquanto
Jeremias ditava, todas as palavras do li-
vro que Joaquim, rei de Judá, tinha quei-
mado; além disso foram acrescentadas
muitas palavras semelhantes àquelas.

37 Sedecias consulta Jeremias.

1O rei Sedecias, filho de Josias,
tornou-se rei* no lugar de Jeconias,
filho de Joaquim; Nabucodonosor, rei
de Babilônia, nomeou-o rei no país de
Judá. 2Mas nem ele, nem seus minis-
tros, nem o povo do país escutaram as
palavras que Javé tinha pronunciado
por meio do profeta Jeremias.
3O rei Sedecias enviou então Jucal,
filho de Selemias, e o sacerdote Sofo-
nias, filho de Maasias, ao profeta Jere-
mias, para dizer-lhe: "Roga por nós a
Javé nosso Deus".
4Jeremias ia e vinha no meio do povo:
ainda não tinha sido lançado na prisão.
5Entretanto o exército do faraó tinha
saído do Egito, e os caldeus, que si-
tiavam Jerusalém, logo que souberam
disso se retiraram de Jerusalém.
6Então foi dirigida ao profeta Jere-
mias esta palavra de Javé: 7"Assim fala
Javé, o Deus de Israel: Dizei assim ao rei
de Judá que vos mandou até mim para
consultar-me: O exército do faraó, que
saiu em vosso socorro, retornará a seu
país, o Egito; 8os caldeus voltarão para
atacar esta cidade, tomá-la e entregá-
-la às chamas".
9Assim fala Javé: "Não vos iludais
pensando: os caldeus se afastaram de-
finitivamente de nós, porque eles não
foram embora. 10Mesmo se conseguís-
seis vencer todo o exército dos caldeus
que combate contra vós, e se restas-
sem só alguns feridos, esses surgiriam
cada qual de sua tenda e entregariam
esta cidade às chamas".

Prisão de Jeremias. 11Quando o exér-
cito dos caldeus se afastou de Jerusa-
lém por causa do exército do faraó,

---

* **37**,1. 22,20-30; 13,18s; 2Rs 24,17-20

† **36**,23. À diferença de seu pai Josias, que rasgou as vestes ao ouvir a leitura da Lei, 2Cr 34,19, Joaquim corta e queima os oráculos de Jeremias, pensando torná-los sem efeito.

[12]Jeremias saiu de Jerusalém* para ir
à terra de Benjamim a fim de receber
sua parte da herança entre seus parentes.
[13]Mas, quando estava na porta de
Benjamim, onde se achava um encarregado do serviço da guarda, chamado Jerias, filho de Selemias, filho
de Hananias, este prendeu o profeta
Jeremias, dizendo: "Tu passas para os
caldeus!" [14]Jeremias respondeu: "É falso! Eu não passo para os caldeus"; mas
eles não lhe prestaram ouvido. E assim
Jerias prendeu Jeremias e o conduziu
aos magistrados. [15]Estes, furiosos contra Jeremias, açoitaram-no e o lançaram na prisão, na casa de Jônatas, o
escriba, a qual tinham transformado
em cárcere. [16]Jeremias entrou na casa
da prisão subterrânea, na cela, e lá
permaneceu muitos dias.

Jeremias interrogado por Sedecias.
[17]O rei Sedecias mandou trazê-lo em
segredo para sua casa e perguntou-lhe: "Há alguma palavra da parte de
Javé?" Jeremias respondeu: "Sim". E
precisou: "Tu serás entregue nas mãos
do rei de Babilônia".
[18]Depois, Jeremias disse ao rei Sedecias: "Que culpa cometi contra ti,
contra teus ministros e contra este
povo para que me tenhas lançado na
prisão? [19]E onde estão vossos profetas
que vos prediziam: O rei de Babilônia
não virá contra vós nem contra este
país? [20]Agora peço-te que escutes, ó
rei, meu senhor; que minha súplica seja
bem-aceita diante de ti. Não me mandes de volta à casa de Jônatas, o escriba, para que eu não morra lá".
[21]O rei Sedecias mandou guardar
Jeremias no pátio da guarda e dar-lhe
todo dia um pão proveniente da rua
dos Padeiros, até que acabasse todo o
pão na cidade.

Assim Jeremias permaneceu no pátio
da guarda.

38 **Jeremias na cisterna.** [1]Safatias, filho de Matã, Gedalias,
filho de Fassur, Jucal, filho de Selemias
e Fassur, filho de Melquias, ouviram
estas palavras que Jeremias dirigia a
todo o povo: [2]"Assim fala Javé: Quem
permanecer nesta cidade* morrerá
pela espada, de fome ou de peste, mas
quem sair e passar para os caldeus viverá: a vida será para ele como despojo
e viverá. [3]Assim fala Javé: Com certeza
esta cidade será entregue nas mãos do
exército do rei de Babilônia, que a tomará".
[4]Os magistrados disseram então ao
rei: "Seja morto este homem, porque
ele está desencorajando os guerreiros
que ficaram nesta cidade e desencorajando todo o povo dizendo-lhe tais
palavras. Porque este homem não busca o bem-estar do povo, mas seu mal".
[5]O rei Sedecias respondeu: "Ele está
em vossas mãos; com efeito, o rei nada
pode contra vós".
[6]Então eles se apoderaram de Jeremias e o lançaram na cisterna de Melquias, filho do rei, a qual se achava no
pátio da guarda. Eles desceram Jeremias com cordas. Na cisterna não havia
água mas somente barro, e assim Jeremias afundou no barro.

Jeremias socorrido por Ebed-Melec.
[7]Ora Ebed-Melec, o etíope, um eunuco
que estava no palácio, ouviu dizer que
haviam posto Jeremias na cisterna. E
enquanto o rei estava na porta de Benjamim, [8]Ebed-Melec saiu do palácio
real e disse ao rei: [9]"Rei, meu senhor,
agiram mal aqueles homens em tudo
o que fizeram ao profeta Jeremias; eles
o lançaram na cisterna: ele morrerá de
fome lá dentro, porque não há mais
pão na cidade". [10]Então o rei deu esta
ordem a Ebed-Melec, o etíope: Toma
contigo três homens e retira da cisterna o profeta Jeremias, antes que morra". [11]Ebed-Melec tomou consigo os
homens, foi ao palácio, e tirou do guarda-roupa do depósito panos velhos ou
rasgados e desceu-os a Jeremias, na
cisterna por meio de cordas.
[12]Ebed-Melec, o etíope, disse a Jeremias: "Põe os panos velhos e rasgados
nas axilas, sob as cordas". Jeremias assim o fez. [13]Então içaram Jeremias com

* **37**,12. 32,1 | **38**,2. 21,9

as cordas, fazendo-o sair da cisterna, e Jeremias permaneceu no pátio da guarda.

Último encontro de Jeremias com Sedecias. [14]O rei Sedecias mandou procurar o profeta Jeremias e, fazendo-o vir até ele na terceira entrada no templo de Javé, o rei lhe disse: "Vou fazer-te uma pergunta, não me escondas nada!" [15]Jeremias respondeu a Sedecias: "Se eu te disser, não me farás talvez morrer? E se te dou um conselho, não me darás atenção". [16]Então o rei Sedecias fez este juramento em segredo a Jeremias: "Como é verdade que vive Javé que nos deu esta vida, não te farei morrer nem te entregarei nas mãos daqueles homens que atentam contra tua vida!"

[17]Jeremias então disse a Sedecias: "Assim fala Javé, Deus dos exércitos, o Deus de Israel: Se saíres para entregar-te aos generais do rei de Babilônia, então terás salva a vida, e esta cidade não será incendiada; vivereis tu e tua família; [18]se, porém, não saíres para entregar-te aos generais do rei de Babilônia, então esta cidade será entregue nas mãos dos caldeus, os quais a incendiarão, e tu não escaparás de suas mãos".

[19]O rei Sedecias respondeu a Jeremias: "Tenho medo dos judeus que passaram para os caldeus; tenho medo de ser entregue em suas mãos e ser maltratado por eles". [20]Mas Jeremias disse: "Não te entregarão a eles. Escuta a voz de Javé no que te digo; tudo te irá bem e terás a vida salva; [21]se, porém, te recusas a sair, isto é o que Javé me revelou: [22]Todas as mulheres que ainda estão no palácio do rei de Judá serão conduzidas aos generais do rei de Babilônia e dirão:

Eles te seduziram e te enganaram,
os homens de tua confiança.
Agora que teus pés se afundaram na lama,
eles desapareceram.

[23]Todas as tuas mulheres com teus filhos serão conduzidos aos caldeus e tu não escaparás de suas mãos, mas serás mantido prisioneiro nas mãos do rei de Babilônia, e esta cidade será incendiada".

[24]Sedecias disse a Jeremias: "Que ninguém saiba dessas palavras, senão morrerás. [25]Se os magistrados souberem que falei contigo e vierem te dizer: Conta o que disseste ao rei, não nos escondas nada, senão te mataremos; conta-nos o que te disse o rei, [26]tu lhes responderás: Apresentei o pedido ao rei para que não me mandasse de novo para a casa de Jônatas para morrer lá".

[27]Ora, todos os magistrados vieram a Jeremias e o interrogaram; ele respondeu justamente como o rei lhe havia mandado, de modo que o deixaram em paz, pois a conversa não fora ouvida.

[28]Jeremias permaneceu no pátio da guarda* até o dia em que Jerusalém foi tomada. E quando Jerusalém foi tomada ele estava lá.

39

Tomada de Jerusalém. [1]No décimo mês do nono ano de Sedecias, rei de Judá, Nabucodonosor, rei de Babilônia, veio atacar Jerusalém com todo o seu exército e eles a sitiaram. [2]No quarto mês do ano décimo primeiro de Sedecias, no dia nove do mês, foi aberta uma brecha na cidade; [3]entraram todos os generais do rei de Babilônia e se estabeleceram na porta do Meio: Nergalsareser, Samgar-Nabu, Sar-Saquim, chefe dos funcionários, Nergalsareser, grande mago, e todos os outros oficiais do rei de Babilônia.

[4]Logo que os viram, Sedecias, rei de Judá, e todos os seus guerreiros fugiram e saíram da cidade, de noite, pelo caminho do jardim do rei, através da porta entre os dois muros, e tomaram o caminho da Arabá. [5]Mas os soldados caldeus os perseguiram e atingiram Sedecias nas estepes de Jericó. Prenderam-no e conduziram-no a Rebla no país de Emat, a Nabucodonosor, rei de Babilônia, que pronunciou a sentença contra ele. [6]O rei de Babilônia mandou degolar em Rebla os filhos de Sedecias à vista dele; o rei de Babilônia mandou degolar também todos

---

* **38**,28. 2Rs 25,1-21

os nobres de Judá. 7Depois vazou os
olhos de Sedecias e acorrentou-o a fim
de levá-lo para Babilônia. 8Os caldeus
incendiaram o palácio real e as casas
do povo e demoliram os muros de Je-
rusalém. 9Nabuzardã, chefe da guarda,
deportou para Babilônia o resto da
população que ficou na cidade, os de-
sertores que tinham passado para ele
e o resto do povo. 10Nabuzardã, chefe
da guarda, deixou no país de Judá os
pobres do povo, os que nada tinham,
entregando-lhes vinhas e campos nes-
ta ocasião.
Jeremias em liberdade. 11Quanto a
Jeremias, Nabucodonosor, rei de Ba-
bilônia, tinha dado esta ordem a Na-
buzardã, chefe da guarda: 12"Toma-o e
vigia-o; não lhe faças nenhum mal, mas
faze por ele o que te dirá". 13Então Na-
buzardã, chefe da guarda, Nabusezbã,
chefe dos funcionários, Nergalsareser,
grande mago, e todos os altos oficiais
do rei de Babilônia 14mandaram tirar
Jeremias do pátio da guarda e o entre-
garam a Godolias, filho de Aicam, filho
de Safã, para que o mandasse para
casa. Assim ele ficou no meio do povo.
Recompensa de Deus a Ebed-Melec.
15Foi dirigida a Jeremias esta palavra
de Javé, quando estava ainda preso no
pátio da guarda:16"Vai dizer a Ebed-
-Melec,* o etíope: Assim diz Javé dos
exércitos, o Deus de Israel: Vou cum-
prir minhas palavras contra esta cida-
de, para sua ruína e não para seu bem;
naquele dia elas se cumprirão a teus
olhos. 17Mas eu te libertarei naque-
le dia – oráculo de Javé – e não serás
entregue às mãos dos homens que te-
mes. 18Sim, certamente te salvarei; não
cairás pela espada, mas te será conser-
vada a vida como despojo, porque pu-
seste em mim tua confiança – oráculo
de Javé".

40 **Jeremias vai ao encontro de
Godolias.** 1Esta palavra foi di-
rigida a Jeremias por Javé, depois que
Nabuzardã, chefe da guarda, mandou
libertá-lo em Ramá, quando ia acorren-
tado no meio de todos os cativos de Je-
rusalém e de Judá, que eram deporta-
dos para Babilônia. 2O chefe da guarda
tomou, pois, Jeremias e disse-lhe: "Javé
teu Deus tinha predito este mal para
este lugar; 3e Javé o mandou, cum-
prindo o que tinha ameaçado, porque
pecastes contra Javé e não escutastes
sua voz; por isso vos sucedeu tal coisa.
4Mas agora, eu te liberto hoje dessas
correntes que tens nas mãos. Se prefe-
res vir comigo para Babilônia, vem; eu
velarei sobre ti. Se, porém, preferes não
vir comigo para Babilônia, fica. Olha, o
país inteiro está diante de ti; vai para
onde quiseres e te for conveniente". 5E
como Jeremias não se decidisse a vol-
tar, acrescentou: "Tu podes voltar para
junto de Godolias, filho de Aicam, filho
de Safã, que o rei de Babilônia estabe-
leceu como chefe das cidades de Judá.
Fica com ele no meio do povo ou vai
para onde te agradar".

Depois o chefe da guarda lhe deu
alimento e um presente e o despediu.
6Então Jeremias foi ter com Godolias,
filho de Aicam, em Masfa, e morou com
ele no meio do povo que tinha ficado
no país.
Godolias, governador. 7Todos os ofi-
ciais do exército,* que se tinham dis-
persado pela região com seus homens,
vieram a saber que o rei de Babilônia
tinha posto como chefe do país Godo-
lias, filho de Aicam, e lhe tinha confia-
do homens, mulheres e crianças e os
pobres do país que não foram depor-
tados para Babilônia. 8Foram então
encontrar-se com Godolias em Masfa:
Ismael, filho de Natanias, Joanã e Jô-
natas, filhos de Carea, Seraías, filho de
Teneumet, os filhos de Ofi, o netofatita,
e Jesonias, filho de um maacatita, com
seus homens. 9Godolias, filho de Ai-
cam, filho de Safã, jurou a eles e a seus
homens: "Não tenhais medo de servir
aos caldeus; ficai no país e servi ao rei
de Babilônia e tudo irá bem. 10Quan-
to a mim, eu me estabeleço em Masfa
como vosso representante diante dos
caldeus que virão a nós; mas fazei a co-

---

* **39**,16. 45,1-5 | **40**,7. 2Rs 25,22-26

lheita do vinho, das frutas e do óleo, guardai-os em vossos depósitos e morai nas cidades que ocupais".

[11]Também todos os judeus que se achavam em Moab, entre os amonitas, em Edom e em todos os outros países, souberam que o rei de Babilônia tinha deixado um resto da população* em Judá e tinha posto como seu governador Godolias, filho de Aicam, filho de Safã. [12]Todos esses judeus voltaram então de todos os lugares nos quais se tinham dispersado e vieram para o país de Judá, para junto de Godolias em Masfa. Produziram grande fartura de vinho e de frutas de verão.

[13]Joanã, filho de Carea, e todos os chefes das tropas que se tinham dispersado pelo campo foram até Godolias em Masfa [14]e lhe disseram: "Não sabes que Baalis, rei dos amonitas, encarregou Ismael, filho de Natanias, de tirar-te a vida?" Mas Godolias, filho de Aicam, não acreditou neles.

[15]Então Joanã, filho de Carea, falou secretamente com Godolias em Masfa: "Vou matar Ismael, filho de Natanias, sem que ninguém o saiba. Por que ele deveria tirar-te a vida, de modo que sejam dispersos todos os judeus que se reuniram a teu redor e pereça o resto de Judá?" [16]Mas Godolias, filho de Aicam, respondeu a Joanã, filho de Carea: "Não faças isto, porque é mentira o que dizes de Ismael".

41 **Godolias assassinado por Ismael.** [1]No sétimo mês, Ismael, filho de Natanias, filho de Elisama, que era da família do rei, foi com dez homens até Godolias, filho de Aicam, em Masfa. Enquanto estavam à mesa juntos lá em Masfa, [2]Ismael, filho de Natanias, levantou-se com seus dez homens e atacou com a espada Godolias, filho de Aicam, filho de Safã. Assim mataram aquele que o rei de Babilônia tinha nomeado governador do país. [3]Ismael matou também todos os judeus que estavam com Godolias em Masfa e os guerreiros caldeus que lá se achavam.

Delitos de Ismael. [4]No segundo dia depois da morte de Godolias, quando ninguém sabia do fato, [5]vieram homens de Siquém, de Silo e de Samaria em número de oitenta, com a barba raspada, as vestes rasgadas e com incisões pelo corpo. Tinham nas mãos ofertas e incenso para apresentar no templo de Javé. [6]Ismael, filho de Natanias, saiu de Masfa a seu encontro, e ele caminhava chorando. Quando os alcançou, disse-lhes: "Vinde a Godolias, filho de Aicam".

[7]Mas quando chegaram ao centro da cidade, Ismael, filho de Natanias, com seus homens, degolou-os e os lançou numa cisterna.

[8]Entre eles se achavam dez homens que disseram a Ismael: "Não nos mates, porque temos depósitos de trigo, cevada, óleo e mel escondidos nos campos". Então ele se conteve e não os matou junto com seus irmãos. [9]A cisterna na qual Ismael lançou todos os cadáveres dos homens que tinha matado era a cisterna grande, aquela que o rei Asa tinha construído para se defender de Baasa, rei de Israel;* Ismael, filho de Natanias, encheu-a de homens mortos.

[10]Depois, Ismael fez prisioneiro todo o resto do povo que estava em Masfa, as filhas do rei e todo o povo que ficara em Masfa, que Nabuzardã, chefe da guarda, tinha confiado a Godolias, filho de Aicam. Ismael, filho de Natanias, levou-os cativos e partiu para refugiar-se entre os amonitas.

Reação contra Ismael. [11]Entretanto Joanã, filho de Carea, e todos os chefes dos soldados que estavam com ele tiveram notícia de todo o mal feito por Ismael, filho de Natanias. [12]Juntaram todos os seus homens e partiram para atacar Ismael, filho de Natanias. Eles o acharam junto do grande açude de Gabaon.

[13]Todo o povo que estava com Ismael se alegrou quando viu Joanã, filho de Carea, e todos os chefes dos soldados que estavam com ele. [14]Todo o povo que Ismael tinha levado cativo de

* **40**,11. Is 4,3 | **41**,9. 1Rs 15,16-22

Masfa virou as costas e, voltando atrás,
uniu-se a Joanã, filho de Carea. 15Mas
Ismael, filho de Natanias, fugiu de Jo-
anã com oito homens e foi para junto
dos amonitas.
16Então Joanã, filho de Carea, e todos
os chefes dos soldados que o acompa-
nhavam reuniram todo o resto do povo
que Ismael, filho de Natanias, tinha le-
vado de Masfa como cativos depois de
ter matado Godolias, filho de Aicam:
valorosos homens de guerra, mulhe-
res, crianças e eunucos, que tinha reti-
rado de Gabaon. 17Partiram e pararam
no acampamento de Camaã, perto de
Belém, para depois prosseguir e entrar
no Egito,* 18longe dos caldeus, que
eles temiam, porque Ismael, filho de
Natanias, tinha matado Godolias, filho
de Aicam, que o rei de Babilônia tinha
nomeado governador do país.

42
Fuga para o Egito. 1Todos os
chefes dos soldados e Joanã,
filho de Carea, e Azarias, filho de Osa-
ías, e todo o povo, dos pequenos aos
grandes, apresentaram-se 2ao profeta
Jeremias e lhe disseram: "Que te seja
aceita nossa súplica! Intercede junto a
Javé, teu Deus, por nós e por todo esse
resto da população, porque de muitos
que éramos, só ficamos uns poucos,
como vês com teus próprios olhos.
3Javé teu Deus nos indique que cami-
nho tomar e o que devemos fazer".
4O profeta Jeremias respondeu-lhes:
"Compreendo! Vou interceder junto de
Javé vosso Deus segundo vossas pala-
vras e vos referirei o que Javé respon-
der para vós, sem esconder-vos nada".
5Então disseram a Jeremias: "Seja Javé
testemunha veraz e fiel contra nós, se
não fizermos exatamente o que Javé, teu
Deus, te revelar para nós. 6Quer nos seja
agradável, quer não, escutaremos a voz
de Javé, nosso Deus, ao qual te envia-
mos; assim seremos felizes por termos
obedecido à voz de Javé, nosso Deus".
7Passados dez dias, a palavra de Javé
foi dirigida a Jeremias. 8Este chamou
Joanã, filho de Carea, e todos os chefes
dos soldados que estavam com ele e
todo o povo, dos pequenos aos gran-
des, 9e disse-lhes: "Assim fala Javé, o
Deus de Israel, ao qual me enviastes
para que lhe apresentasse vossa súpli-
ca: 10Se continuais a morar neste país,
eu vos edificarei e não vos destruirei,*
eu vos plantarei e não vos arrancarei,
porque me arrependo do mal que vos
causei. 11Não temais o rei de Babilônia,
do qual tendes medo; não o temais –
oráculo de Javé – porque eu estou con-
vosco para vos salvar e vos livrar de sua
mão. 12Eu lhe inspirarei sentimentos de
piedade para convosco, assim ele terá
compaixão de vós e vos deixará morar
em vosso país. 13Se, porém, desobe-
decendo à voz de Javé, vosso Deus,
disserdes: Não queremos morar neste
país, 14e disserdes: Não! Queremos ir
para o país do Egito, porque lá não ve-
remos guerra e não ouviremos toque
de trombeta nem sofreremos carestia
de pão: é lá que vamos morar; 15neste
caso, escuta a palavra de Javé, ó resto
de Judá: Assim fala Javé dos exércitos,
o Deus de Israel: Se pretendeis de fato
ir para o Egito e ides instalar-vos lá, 16a
espada que temeis vos atingirá lá no
país do Egito, e a fome que receais vos
seguirá de perto lá no Egito e lá mor-
rereis. 17Então todos os homens que
tiverem decidido ir para o Egito, para lá
morar, morrerão pela espada, de fome
e de peste. Nenhum deles restará nem
escapará do mal que mandarei sobre
eles. 18Porque, assim fala Javé dos exér-
citos, o Deus de Israel: Como se preci-
pitou meu furor e minha ira contra os
habitantes de Jerusalém, assim minha
ira se precipitará contra vós quando ti-
verdes entrado no Egito. Sereis objeto
de execração, horror,* maldição e ver-
gonha e não vereis mais este lugar".
19Isto vos diz Javé, ó resto de Judá:
"Não entreis no Egito. Sabei que hoje
vos adverti solenemente. 20Porque
pusestes em risco vossas vidas quan-
do me mandastes a Javé, vosso Deus,
dizendo-me: Intercede por nós junto
a Javé, nosso Deus, e anuncia-nos fiel-

* **41**,17. 2Rs 25,26 | **42**,10. 1,10 | 18. 24,9

mente o que dirá Javé, nosso Deus, e
nós o cumpriremos. [21]Hoje eu vo-lo
declarei, mas vós não escutais a voz
de Javé, vosso Deus, em nada do que
ele me manda dizer-vos. [22]Por isso sa-
bei bem que morrereis pela espada, de
fome e de peste no lugar em que dese-
jais ir morar".

43 **Desobediência.** [1]Quando Je-
remias acabou de comunicar a
todo o povo todas as palavras de Javé,
seu Deus – todas as palavras com as
quais Javé, seu Deus, o tinha enviado a
eles –, [2]Azarias, filho de Osaías, e Joanã,
filho de Carea, e todos aqueles homens
insolentes disseram a Jeremias: "É
mentira o que estás dizendo! Javé, nos-
so Deus, não te enviou a dizer-nos: Não
entreis no Egito para ali morar; [3]mas é
Baruc, filho de Nerias, que te instiga
contra nós para entregar-nos nas mãos
dos caldeus, para que nos matem ou
nos deportem para Babilônia".
[4]Portanto Joanã, filho de Carea, e to-
dos os chefes dos soldados e todo o
povo não obedeceram à ordem de Javé
de ficar na terra de Judá.
[5]Assim Joanã, filho de Carea, e todos
os chefes dos soldados reuniram todos
os sobreviventes de Judá, que tinham
voltado de todas as nações no meio
das quais se tinham dispersado, para
morar na terra de Judá – [6]homens, mu-
lheres, crianças, as filhas do rei e todas
as pessoas que Nabuzardã, chefe da
guarda, tinha deixado com Godolias, fi-
lho de Aicam, filho de Safã, como tam-
bém o profeta Jeremias e Baruc, filho
de Nerias – [7]e foram para o país do Egi-
to, porque não obedeceram à voz de
Javé, e chegaram a Táfnis.
Oráculo de Jeremias no Egito. [8]En-
tão foi dirigida a Jeremias, em Táfnis,
esta palavra de Javé: [9]"Toma grandes
pedras e, na presença dos judeus, es-
conde-as na argamassa do pavimento
que se acha à entrada do palácio do
faraó, em Táfnis. [10]Depois lhes dirás:
Assim fala Javé dos exércitos, o Deus
de Israel: Mandarei chamar Nabuco-
donosor, rei de Babilônia,* meu ser-
vo†; porei seu trono sobre estas pedras
que escondi, e ele estenderá seu bal-
daquino sobre elas. [11]Com efeito, ele
virá e ferirá o país do Egito, mandando
à morte quem está destinado à mor-
te,* ao cativeiro quem está destinado
ao cativeiro e matando com a espada
quem está destinado à espada. [12]Entre-
gará às chamas os templos dos deuses
do Egito, queimará esses deuses ou os
levará para o exílio; limpará o país do
Egito como um pastor limpa dos pio-
lhos o manto; depois sairá dali tranqui-
lo. [13]Quebrará os obeliscos do templo
do sol no país do Egito e incendiará os
templos dos deuses do Egito".

44 **Último ministério de Jere-
mias.** [1]Foi dirigida a Jeremias
esta palavra para todos os judeus que
moravam no país do Egito, em Mag-
dol, em Táfnis, em Mênfis e na região
de Patros. [2]"Assim fala Javé dos exér-
citos, o Deus de Israel: Vistes todo o
mal que mandei sobre Jerusalém e so-
bre todas as cidades de Judá; hoje elas
estão em ruínas e sem habitantes [3]por
causa da maldade que cometeram para
irritar-me, indo incensar e venerar ou-
tros deuses, que nem eles conheciam,
nem vós, nem vossos pais. [4]No entan-
to eu vos enviei continuamente todos
os meus servos, os profetas, para vos
dizer: Não façais esta coisa abominá-
vel que eu detesto! [5]Mas eles não me
escutaram nem prestaram ouvido, de
modo a se converter de sua maldade
e não mais oferecer incenso a outros
deuses. [6]Por isso minha ira e meu fu-
ror se derramaram e, como um fogo,
destruíram as cidades de Judá e as ruas
de Jerusalém, que se tornaram um de-
serto e uma desolação, como são ainda
hoje".
[7]Agora, pois, diz Javé, Deus dos exér-
citos, o Deus de Israel: "Por que fazeis
um mal tão grande contra vós mes-
mos, fazendo-vos exterminar do meio

---

* **43**,10. 25,9; 27,6 | 11. 15,2 | **44**,7. Is 4,3

† **43**,10. No sentido de executor das ordens divinas.

de Judá homens e mulheres, crianças e lactentes, de modo que não vos subsista nem um resto?* 8Por que me irritais com a obra de vossas mãos, oferecendo incenso a outros deuses no país do Egito onde viestes morar, de modo a fazer-vos exterminar e a tornar-vos objeto de maldição e de vergonha* entre todas as nações da terra? 9Acaso tereis esquecido as iniquidades de vossos pais, as dos reis de Judá e de vossos chefes, vossas iniquidades e as de vossas mulheres, cometidas no país de Judá e nas ruas de Jerusalém? 10Até hoje eles não se arrependeram, não tiveram temor nem agiram segundo a lei e os estatutos que eu pus diante de vós e de vossos pais".

11Por isso, assim fala Javé dos exércitos, o Deus de Israel: "Eu volto o rosto contra vós, para vossa infelicidade e para destruir Judá inteiro. 12Tomarei o resto de Judá que se dirigiu para o país do Egito para ali morar e serão todos exterminados: morrerão no país do Egito; cairão pela espada, morrerão de fome, do menor ao maior; morrerão pela espada e de fome; e serão objeto de execração, de horror, de maldição e de vergonha. 13Punirei os que moram no país do Egito como puni Jerusalém: com a espada, a fome e a peste. 14Ninguém escapará nem sobreviverá entre o resto de Judá que veio morar aqui no país do Egito com a esperança de voltar para a terra de Judá, para onde desejam ardentemente voltar para morar; eles não voltarão, exceto uns poucos fugitivos".

Resposta do povo†. 15Então todos os homens, que sabiam que suas mulheres tinham queimado incenso a outros deuses, todas as mulheres presentes, uma grande multidão, e todo o povo que morava no país do Egito e em Patros responderam a Jeremias: 16"Quanto à ordem que nos comunicaste em nome de Javé, não queremos prestar-te ouvido; 17ao invés, continuaremos a fazer tudo o que prometemos, isto é, queimaremos incenso à Rainha do céu* e lhe ofereceremos libações como já fizemos nós, nossos pais, nossos reis e nossos chefes nas cidades de Judá e nas ruas de Jerusalém. Então tínhamos pão em abundância,* éramos felizes e não víamos nenhuma infelicidade; 18mas desde quando deixamos de queimar incenso à Rainha do céu e de oferecer-lhe libações, sofremos carestia de tudo e fomos exterminados pela espada e pela fome". 19E as mulheres acrescentaram: "Quando nós, mulheres, queimamos incenso à Rainha do céu e lhe oferecemos libações, foi porventura sem o consentimento de nossos maridos que preparamos para ela tortas com sua imagem e lhe oferecemos libações?"

Novas ameaças. 20Então assim falou Jeremias a todo o povo, aos homens e às mulheres e a todos os que lhe tinham respondido daquele modo: 21"Acaso Javé não se recorda e não tem mais na mente o incenso que queimáveis nas cidades de Judá e nas ruas de Jerusalém, vós e vossos pais, vossos reis e vossos chefes e o povo do país? 22Javé não pôde mais suportar a maldade de vossas ações nem as coisas abomináveis que cometestes. Por isso vosso país tornou-se um deserto, objeto de horror e de maldição, sem habitantes, como está hoje. 23Porque queimastes incenso e pecastes contra Javé, não escutando a voz de Javé* e não caminhando segundo sua lei, seus decretos e seus estatutos, por isso vos sucedeu esta calamidade, como hoje se vê".

24Jeremias disse ainda a todo o povo e a todas as mulheres: "Escutai a palavra de Javé, vós todos de Judá que estais no país do Egito. 25Assim fala Javé dos exércitos, o Deus de Israel: Vós e vossas mulheres o afirmastes com a boca e pusestes em ação com vossas mãos, afirmando: Continuare-

* **44**,8. 42,18 | **44**,17. 7,18 / Os 2,7 | 23. 26,4

† **44**,15. Jeremias e o povo leem os mesmos acontecimentos de um modo contraditório: para o profeta, são castigo pelo culto aos ídolos; para o povo, são consequência do abandono deste culto.

mos a cumprir os votos que fizemos de
oferecer incenso à Rainha do céu e de
oferecer-lhe libações! Mantende então
vossas promessas e continuai a cumprir
vossas promessas.
26No entanto, escutai a palavra de
Javé, vós todos de Judá que habitais
no país do Egito. Eu juro por meu gran-
de nome – diz Javé – que nunca mais
meu nome será pronunciado em todo o
país do Egito pela boca de um homem
de Judá, dizendo: 'Pela vida do Senhor
Javé!' 27Velarei sobre eles para sua des-
graça e não para seu bem. Todos os ho-
mens de Judá que se acham no país do
Egito morrerão pela espada e de fome
até seu extermínio. 28Todavia os que es-
caparem da espada voltarão do país do
Egito ao país de Judá, poucos em nú-
mero. Todo o resto de Judá, aqueles que
foram morar no país do Egito, saberão
qual palavra se cumprirá, se a minha ou
a deles. 29Isto será para vós o sinal – orá-
culo de Javé – de que vos punirei neste
lugar, para que saibais que minhas pala-
vras contra vós se cumprem de verdade,
para vossa infelicidade.
30Assim fala Javé: Entregarei o faraó
Hofra, rei do Egito, na mão de seus ini-
migos e daqueles que atentam contra
sua vida, como entreguei Sedecias, rei
de Judá, na mão de Nabucodonosor,
rei de Babilônia, seu inimigo, que aten-
tava contra sua vida".

45 **Promessa de proteção a Ba-
ruc.** 1Esta é a palavra que o
profeta Jeremias comunicou a Baruc, fi-
lho de Nerias, quando ele escrevia num
livro estas palavras ditadas por Jere-
mias, no quarto ano de Joaquim, filho
de Josias, rei de Judá: 2"Assim fala Javé,
o Deus de Israel, sobre ti, Baruc: 3Dis-
seste: Ai de mim porque Javé acrescen-
ta tristeza a minha dor. Estou cansado
de gemer e não encontro repouso. 4Eis
o que lhe dirás: Assim fala Javé: Eu des-
truo o que edifiquei* e arranco o que
plantei; e isto em toda a terra. 5E tu es-
tás procurando grandes coisas para ti?
Não as procures, porque eu mandarei
a desventura sobre todo ser humano –
oráculo de Javé. Mas a ti farei o dom
de tua vida como despojo, em todos os
lugares aonde fores".

III. ORÁCULOS CONTRA AS NAÇÕES ESTRANGEIRAS (46–51)

46 **Contra o Egito.** 1Palavra de
Javé que foi dirigida ao profeta
Jeremias sobre as nações.
2A respeito do Egito. Sobre o exér-
cito do faraó Necao, rei do Egito, que
estava em Carquemis, junto ao rio Eu-
frates, quando Nabucodonosor, rei de
Babilônia, o venceu no quarto ano de
Joaquim, filho de Josias, rei de Judá.
3Preparai escudo grande e pequeno
e avançai para a batalha.
4Selai os cavalos, montai, ó cavalei-
ros!
Alinhai-vos, capacete na cabeça,
poli as lanças, vesti-vos de couraças!
5Que vejo? Estão com medo, retro-
cedem!
Seus valentes são derrotados,*
fogem em debandada sem se voltar;
é o terror por todo lado
– oráculo de Javé.
6O mais ágil não escapa,
o mais valente não se salva.
Ao norte, à beira do Eufrates,
tropeçam e caem.
7Quem é este que transborda como
o Nilo,*
como uma torrente de águas turbu-
lentas?
8É o Egito que transborda como o
Nilo,
como uma torrente de águas turbu-
lentas.
Ele diz: "Transbordarei, recobrirei a
terra,
destruirei a cidade e seus habitan-
tes".
9Assaltai, cavalos, avançai, carros!
Avante, ó valentes!
Homens da Etiópia e de Fut,
vós que empunhais o escudo,
e vós de Lud que manejais o arco.

* **45**,4. 1,10 | **46**,5. Am 2,14ss | 7. Is 8,7s

10Mas aquele dia, para o Senhor Javé dos exércitos,
é um dia de vingança,
para vingar-se de seus inimigos.
Sua espada devora,
Sacia-se e embriaga-se do sangue deles;
porque é um sacrifício para o Senhor Javé dos exércitos,
no país do norte, junto ao rio Eufrates.
11Sobe a Galaad em busca de bálsamo,*
virgem, filha do Egito.
Em vão multiplicas os remédios, não há cura para ti.
12As nações souberam de tua desonra;
de teu lamento está cheia a terra,
porque o valente tropeça no valente,
caem juntos todos os dois.
13Palavra que Javé comunicou ao profeta Jeremias quando Nabucodonosor, rei de Babilônia, chegou para atacar o país do Egito.
14Anunciai-o no Egito, fazei-o saber em Magdol,*
fazei-o ouvir em Mênfis e em Táfnis;
dizei: "Levanta-te e prepara-te,
porque a espada devora a teu redor".
15Por que o boi Ápis fugiu?*
Teu touro sagrado não resiste?
Sim, Javé o derrubou.
16Ele faz muitos vacilar.
Caem um sobre o outro e dizem:
"Vamos, voltemos a nosso povo,
ao país onde nascemos,
longe da espada mortífera!"
17Deram ao faraó, rei do Egito, este nome:
Ruído que perdeu a hora oportuna.
18Por minha vida
– oráculo do rei, cujo nome é Javé dos exércitos –
virá um, semelhante ao Tabor entre as montanhas,
como o Carmelo junto ao mar.
19Prepara a bagagem para o exílio,
população do Egito,
porque Mênfis será reduzida a um deserto,
ficará devastada, sem habitantes.
20Uma novilha belíssima é o Egito,
mas uma mosca vinda do norte pousou sobre ela.
21Também seus mercenários em seu meio
são como bezerros cevados.
Também eles viraram as costas,
fogem juntos, não resistem,
porque o dia de sua ruína caiu sobre eles,
o tempo de seu castigo.
22Sua voz é como a da serpente que assobia,
porque avançam com um exército
e armados de machados vêm contra ela
como lenhadores.
23Abatem sua selva
– oráculo de Javé –
embora seja impenetrável,
porque eles são mais numerosos que gafanhotos,
não podem ser contados.
24Sente vergonha a filha do Egito, é entregue na mão de um povo do norte.
25Javé dos exércitos, o Deus de Israel, diz: "Punirei Amon de Tebas, o faraó e o Egito, seus deuses e seu rei, o faraó e os que nele confiam. 26Eu os entregarei ao poder daqueles que atentam contra sua vida, ao poder de Nabucodonosor, rei de Babilônia, e ao poder de seus ministros. Mas depois ele será habitado como no passado" – oráculo de Javé.

Libertação de Israel. 27Mas tu, não temas, Jacó, meu servo* – oráculo de Javé –, não te deixes abater, Israel. Pois eu te libertarei do país distante e tua descendência, do país de seu exílio. Jacó voltará e gozará de paz, viverá tranquilo e ninguém o inquietará.
28Não temas, meu servo Jacó – oráculo de Javé –, pois estou contigo. Exterminarei todas as nações no meio das quais eu te dispersei; mas não te destruirei: eu te castigarei segundo a justiça, não te deixando impune".

47

Contra os filisteus. 1Palavra de Javé que foi dirigida ao profeta Jeremias* sobre os filisteus, antes que o faraó conquistasse Gaza.

* **46**,11. 8,22 | 14. 44,1 | 15. Is 46,1s | 27. 30,10s | **47**,1. Js 13,2; Am 1,6ss; Sf 2,4-7; Ez 25,15ss

[2]Assim fala Javé:
"As águas sobem do norte,
tornam-se uma torrente que transborda.
Submergem a terra e o que ela contém,
a cidade e seus habitantes†.
Os homens gritam,
gemem todos os habitantes do país
[3]ouvindo o ruído dos cascos de seus cavalos,
o fragor de seus carros,
o barulho das rodas;
os pais não olham mais seus filhos,
suas mãos desfalecem,
[4]porque chegou o dia
em que serão aniquilados todos os filisteus
e serão abatidos Tiro e Sidônia
com todos os restantes aliados;
com efeito, Javé aniquila os filisteus,
o resto da ilha de Cáftor†.
[5]Chegou a calvície até Gaza,
Ascalon está reduzida ao silêncio
com o resto de sua planície;
até quando te farás incisões?
[6]Ah! espada de Javé,
até quando ficarás sem repouso?
Volta para tua bainha, descansa e sossega.
[7]Como poderá descansar,
se foi Javé que lhe deu ordem
contra Ascalon e a praia do mar?
Para lá ele a destinou".

48 **Contra os moabitas**†. [1]A respeito de Moab.*
Assim fala Javé dos exércitos,
o Deus de Israel:
"Ai de Nebo porque está devastada;
Cariataim está cheia de vergonha e capturada;
sente vergonha, está abatida a fortaleza.
[2]Não existe mais a glória de Moab;
em Hesebon tramam o mal contra ela:
Vinde e destruamo-la, e não seja mais nação.
Tu também, Madmena,
serás reduzida ao silêncio,
a espada te perseguirá.
[3]Chegam de Horonaim gritos de socorro:*
Devastação e grande ruína!
[4]Abatido está Moab,
seus pequenos soltam gritos.*
[5]Porque pela subida de Luit vão chorando;
porque pela descida de Horonaim
ouve-se um grito angustiado de derrota.
[6]Fugi, salvai vossa vida!
Sede como o asno selvagem no deserto.
[7]Porque puseste tua confiança
em tuas obras e em teus tesouros,
também tu serás tomada.
Camos irá para o exílio†
junto com seus sacerdotes
e seus chefes todos juntos.
[8]O devastador virá contra toda cidade;
nenhuma escapará.
O vale será devastado
e a planície será destruída
como disse Javé.
[9]Dai asas a Moab,
para que possa alçar voo.
Suas cidades serão desoladas
e ninguém vai morar nelas.
[10]Maldito quem faz com negligência
a obra de Javé!
Maldito quem priva de sangue sua espada!
[11]Moab estava tranquilo desde a juventude,
repousava como vinho sobre suas fezes;
não foi passado de um jarra para outra,
nunca foi para o exílio;
por isso conservou seu sabor,
seu perfume não se alterou.
[12]Por isso, virão dias
– oráculo de Javé –

---

* **48**,1. Is 15-16; Am 2,1ss; Ez 25,8-11 | 3. 22,20 | 4. Is 15,5

† **47**,2. As águas simbolizam a invasão dos exércitos de Nabucodonosor. | 4. A ilha de Creta, donde vieram os filisteus. | **48**. Povo vizinho e inimigo de Israel, aliou-se aos babilônios contra ele, 2Rs 24,2. | 7. Deus nacional dos moabitas. Era costume levar como troféus de vitória os deuses dos povos vencidos, como se fossem prisioneiros do deus do povo vencedor.

nos quais lhe mandarei
transportadores que o transportarão;
esvaziarão suas jarras
e quebrarão suas ânforas.
13 Moab se envergonhará de Camos*
como a casa de Israel se envergonhou de Betel,
objeto de sua confiança.
14 Como podeis dizer:
'Somos homens valentes,
valorosos na batalha'?
15 Sobe o devastador de Moab
e de suas cidades,
a elite de seus jovens desce ao matadouro
– oráculo do rei, cujo nome é Javé dos exércitos.
16 Está próxima a ruína de Moab,
sua calamidade avança velozmente.
17 Compadecei-vos dele,
vós todos seus vizinhos
e todos vós que sabeis seu nome.
Dizei: 'Como se quebrou a vara robusta,*
aquele cetro magnífico?'
18 Desce de tua glória, senta-te no chão árido,
ó povo que moras em Dibon;
porque o devastador de Moab
subiu contra ti, destruiu tuas fortalezas.
19 Pára na estrada e observa,
tu que habitas em Aroer.
Interroga o fugitivo e o sobrevivente,
pergunta: 'O que aconteceu?'
20 Moab sente vergonha porque foi abatido;
gemei, gritai!
Anunciai no Arnon que Moab foi destruído.
21 Chegou o juízo para a região do
planalto, para Helon, Jasa e Mefaat,
22 para Dibon, Nebo e Bet-Deblataim,
23 para Cariataim, Bet-Gamul e Bet-Ma-
on, 24 para Cariot, Bosra e para todas as
cidades do país de Moab, as distantes
e as próximas.
25 Foi vencida a força de Moab
e quebrou-se seu braço
– oráculo de Javé.

26 Inebriai-o, porque levantou-se con-
tra Javé.* Que Moab se revolva em seu
vômito e se torne também ele objeto
de zombaria.* 27 Pois Israel não foi para
ti objeto de zombaria? Foi ele surpre-
endido entre os ladrões, para que mo-
vas a cabeça cada vez que falas dele?
28 Abandonai as cidades
e habitai nos rochedos,
habitantes de Moab!
Sede como a pomba que faz o ninho
à beira de um precipício.
29 Ficamos sabendo do orgulho de Moab,*
de sua altivez sem medida,
de sua soberba, de seu orgulho,
de sua arrogância e da altivez de seu coração.
30 Conheço bem sua presunção – orá-
culo de Javé –, a inconsistência de suas
falas, suas obras vãs. 31 Por isso ergo um
lamento sobre Moab,* grito por todo
Moab, gemo pelos homens de Quir-
-Hares.
32 Choro por ti mais do que por Jazer,
ó vinha de Sabama!
Teus sarmentos se estendiam além do mar,
atingiam até Jazer.
Sobre tua colheita e sobre tua vindima
caiu o devastador.
33 Desapareceram a alegria e o regozijo*
do campo fértil e do país de Moab.
Fiz desaparecer o vinho dos lagares;
ninguém pisa a uva com gritos de alegria;
seus gritos não são gritos de alegria.
34 O clamor de Hesebon chega até
Eleale* e até Jasa; ergueram sua voz
desde Segor até Horonaim e até Eglat-
-Selisia; porque também as águas de
Nemrim se tornaram um lugar deso-
lado.
35 Farei desaparecer em Moab – orácu-
lo de Javé – quem faz sacrifícios nos lu-
gares altos e quem incensa seus deuses.
36 Por isso meu coração geme por
Moab* como gemem as flautas, meu

* **48**,13. 1Rs 12,29; Os 10,5; Am 5,5 | 17. 22,18 | 26. Is 51,17 / Ez 25,8-11 | 29. Is 16,6 | 31. Is 16,7 | 33. Is 16,10 | 34. Is 15,4 | 36. Is 15,5 / Is 15,2s

coração geme pelos homens de Quir-
-Hares* como gemem as flautas; por-
que se perdeu o tesouro que ajunta-
ram. 37Porque toda cabeça está raspa-
da, toda barba está cortada; há incisões
em todas as mãos e todos têm os flan-
cos cobertos de saco. 38Sobre todos os
terraços de Moab e em suas praças é
tudo um lamento, porque eu quebrei
Moab como um vaso sem valor – orá-
culo de Javé. 39Como está arruinado!
Gritai! Como Moab virou vergonho-
samente as costas! Moab tornou-se
objeto de zombaria e de espanto para
todos os seus vizinhos.

40Pois assim fala Javé:
Como águia ele alça vôo*
e abre as asas sobre Moab.
41As cidades são tomadas,
as fortalezas são ocupadas.
Naquele dia o coração dos valentes de Moab
será como o coração da mulher
em dores de parto.
42Moab está destruído, deixou de ser um povo,
porque se engrandeceu contra Javé.
43Terror, fossa e laço cairão sobre ti,*
habitante de Moab
– oráculo de Javé.
44Quem escapar do terror cairá na fossa,
e quem sair da fossa será preso no laço,
porque eu mandarei sobre ele, sobre Moab,
o ano de seu castigo
– oráculo de Javé.
45Na sombra de Hesebon se detêm*
sem forças os fugitivos.
Mas um fogo sai de Hesebon,
uma chama do palácio de Seon,
que devora as têmporas de Moab*
e o crânio de homens turbulentos.
46Ai de ti, Moab,
estás perdido, povo de Camos!
porque teus filhos são levados para o exílio
e tuas filhas, para o cativeiro.
47Mas eu mudarei a sorte de Moab*
nos últimos dias
– oráculo de Javé".
Aqui termina o juízo sobre Moab.

49

Contra os amonitas. 1A respeito dos amonitas.*
Assim fala Javé:
"Israel não tem filhos,
não tem ele herdeiro algum?
Por que Melcom herdou a terra de Gad
e seu povo ocupou suas cidades?
2Pois bem, virão dias
– oráculo de Javé –
nos quais eu farei ressoar em Rabá dos amonitas
o grito de guerra;
ela se tornará um montão de ruínas,
suas aldeias serão consumidas pelo fogo,
Israel será herdeiro* de seus herdeiros†,
diz Javé.
3Geme, Hesebon,*
porque Ai foi devastada;
gritai, aldeias de Rabá, vesti-vos de saco,
erguei lamentos e andai sem rumo pelas sebes,
porque Melcom irá para o exílio
com seus sacerdotes
e com seus chefes todos juntos.
4Por que te orgulhas de teus vales,
filha rebelde?
Confias em teus tesouros e exclamas:
'Quem ousará vir contra mim?'
5Mandarei sobre ti o terror
– oráculo do Senhor Javé dos exércitos –
de todos os lados.
Sereis expulsos, cada qual numa direção,
e não haverá ninguém que reúna os fugitivos.
6Mas depois mudarei a sorte dos amonitas"
– oráculo de Javé.

Contra a Iduméia. 7A respeito de
Edom.*

---

* **48**,40. 49,22 | 43. Is 24,17s | 45. Nm 21,28s; 24,17 | 47. 46,26 | **49**,1. Am 1,13ss; Ez 25,1-7; Sf 2,8-11 | 2. Is 11,14 | 3. 48,2 | 7. Am 1,11s; Ez 25,12ss; Ab 1-16; Br 3,22

† **49**,2. Isto é, vai recuperar o território que seus inimigos lhe roubaram.

Assim fala Javé dos exércitos:
"Não há mais sabedoria em Temã?
Desapareceu o conselho dos sábios?
Acabou sua sabedoria?
8Fugi, voltai para trás, escondei-vos bem,
habitantes de Dedã,
porque eu mando sobre Esaú sua ruína,
o tempo de seu castigo.
9Se vindimadores vierem a ti,*
não deixarão nada para rebuscar.
Se ladrões noturnos vierem a ti,
saquearão quanto lhes basta.
10Porque eu despojarei Esaú,
descobrirei seus esconderijos
e ele não poderá esconder-se.
Sua estirpe, seus irmãos
e seus vizinhos serão destruídos,
e ele não existirá mais.
11Deixa teus órfãos, eu os farei viver,
tuas viúvas confiem em mim.
12Porque assim fala Javé: Os que não
estavam destinados a beber o cálice,
certamente o beberão e tu pretendes
ficar impune? Não ficarás impune,*
mas o beberás certamente 13porque
eu jurei por mim mesmo – oráculo de
Javé – que Bosra se tornará um horror,
um opróbrio, uma ruína, uma maldição
e todas as suas cidades serão reduzidas
a ruínas perenes.
14Recebi uma mensagem da parte de Javé,*
um mensageiro foi enviado entre as nações:
Reuni-vos e marchai contra ele!
Levantai-vos para a batalha!
15Porque eu te tornarei pequeno entre as nações
e desprezado entre os homens.
16Tua arrogância e a soberba de teu coração
te enganaram;
tu que moras nas fendas das rochas,
que ocupas os altos das colinas.
Mesmo se pusesses no alto teu ninho como a águia,*
de lá de cima eu te faria precipitar
– oráculo de Javé.
17Edom será objeto de horror; todos
os que passarem por perto ficarão atônitos
e assobiarão por causa de todas
as suas chagas. 18Como na destruição
de Sodoma e Gomorra* e das cidades
vizinhas – diz Javé – ali não habitará
mais ninguém, nem ali habitará um filho de homem.
19Como um leão sai do bosque do Jordão
para os prados sempre verdes,
assim num instante eu o expulsarei de lá
para lá estabelecer meu eleito.
Pois quem é como eu?
Quem pode citar-me em juízo?
Quem é, pois, o pastor que pode resistir diante de mim?*
20Por isso escutai o projeto
que Javé fez contra Edom
e as decisões que ele tomou
contra os habitantes de Temã.
Certamente, serão arrastados também
os mais pequenos do rebanho,
será devastada sua morada por causa deles.
21Ao fragor de sua queda tremerá a terra;
o som de seu grito será ouvido até o mar Vermelho.
22Como águia, ele sobe e voa,
abre as asas sobre Bosra.
Naquele dia o coração dos valentes de Edom
será como o coração da mulher em dores de parto".

Contra Damasco. 23A respeito de Damasco.*
"Emat e Arfad estão cobertas de vergonha,
porque receberam má notícia;
desfalecem; estão agitadas como o mar
que não pode acalmar-se.
24Damasco se enfraqueceu e se volta para fugir;
o pânico se apoderou dela;
angústia e dores a assaltam como a uma parturiente.

* **49**,9. Ab 5 s | 12. 25,28s; Is 51,17 | 14. Ab 1-4 | 16. 51,53; Ab 2,9 | 18. 50,40; Gn 19,24s | 19. Jó 9,19; Sb 12,12 | 23. Is 17,1ss; Am 1,3ss

[25]Como está abandonada a cidade gloriosa,
a cidade de minha alegria!
[26]Por isso cairão seus jovens em suas praças
e todos os seus guerreiros morrerão naquele dia
– oráculo de Javé dos exércitos.
[27]Porei fogo nos muros de Damasco
e ele devorará os palácios de Ben-Adad".

Contra as tribos árabes. [28]A respeito de Cedar e dos reinos de Hasor, que Nabucodonosor, rei de Babilônia, derrotou.

Assim fala Javé:
"Levantai-vos! Marchai contra Cedar,
destruí os filhos do oriente.
[29]Tomai suas tendas e seus rebanhos,
as lonas de suas tendas
e todos os seus utensílios;
levai seus camelos;
e que se grite contra eles:
Terror por todo lado!
[30]Fugi, parti depressa, escondei-vos bem,
ó habitantes de Hasor
– oráculo de Javé –
porque Nabucodonosor, rei de Babilônia,
fez um projeto contra vós,
preparou um plano contra vós.
[31]De pé! Marchai contra uma nação tranquila,
que vive em segurança
– oráculo de Javé.
Ela não tem portas nem ferrolhos
e vive isolada.
[32]Seus camelos serão levados como presa
e a multidão de seus rebanhos, como despojo.
Dispersarei por todos os ventos
os que cortam os cabelos nas têmporas,
de toda parte farei vir sua ruína
– oráculo de Javé.
[33]Hasor se tornará refúgio de chacais,
uma desolação para sempre;
ninguém morará lá,
não habitará nela um filho de homem".

Contra Elam. [34]Palavra que Javé dirigiu ao profeta Jeremias a respeito de Elam no começo do reinado de Sedecias, rei de Judá.

[35]Assim fala Javé dos exércitos:
"Eu quebrarei o arco de Elam,
o nervo de seu poder.
[36]Mandarei contra Elam os quatro ventos
das quatro extremidades do céu
e os espalharei diante desses ventos;
não haverá nação à qual não chegarão
os refugiados de Elam.
[37]Incutirei terror nos elamitas
diante de seus inimigos
e diante dos que atentam contra sua vida;
mandarei sobre eles a calamidade,
minha ira ardente
– oráculo de Javé.
Mandarei a espada para persegui-los
até que eu os tenha exterminado.
[38]Porei meu trono sobre Elam
e farei morrer o rei e os chefes
– oráculo de Javé.
[39]Mas nos últimos dias mudarei a sorte de Elam
– oráculo de Javé".

50

Queda de Babilônia†. [1]Palavra que Javé pronunciou contra Babilônia, contra o país dos caldeus, por meio do profeta Jeremias.

[2]"Anunciai-o entre as nações, proclamai-o,
erguei um sinal e publicai-o,
não o escondais, dizei:
Babilônia está tomada,*
Bel está coberto de confusão,
está abatido Merodac†;
são confundidos seus ídolos,
destroçadas suas imundícies.
[3]Porque do norte sobe contra ela

* **50**,2. Is 46,1

† **50**. Os cc. 50 e 51 retratam uma época em que Babilônia está à beira da ruína e se aproxima a hora da volta dos exilados. | 2. Bel e Merodac, ou Marduc, eram os principais deuses babilônios. Quando seu povo é derrotado, eles também o são.

uma nação
que reduzirá sua terra a um deserto
e ninguém mais ali habitará;
homens e animais fogem, vão embora.
4Naqueles dias e naquele tempo
– oráculo de Javé –
virão os israelitas junto com os filhos de Judá;
caminharão chorando
e buscarão Javé seu Deus.
5Perguntarão pelo caminho de Sião,
para a qual estarão voltados seus rostos:
Vinde, unamo-nos a Javé
por uma aliança eterna,
que nunca mais seja esquecida.
6Meu povo era um rebanho de ovelhas perdidas;*
seus pastores as fizeram errar
e as deixaram se desviar pelos montes;
elas iam de monte a colina,
tinham esquecido seu redil.
7Todos os que as encontravam as devoravam,
e seus inimigos diziam:
Não cometemos nenhum delito,
porque eles pecaram contra Javé,
morada de justiça,
e contra a esperança de seus pais, Javé.
8Fugi de Babilônia, do país dos caldeus;*
saí e sede como bodes à frente do rebanho.
9Porque eu suscito e mando contra Babilônia
uma aliança de grandes nações;
chegando do país do norte,
estas se alinharão contra ela
e daquele lado ela será conquistada.
suas flechas são como as de um hábil arqueiro,
nenhuma retorna sem efeito.
10A Caldéia será saqueada,
todos os seus saqueadores serão saciados – oráculo de Javé.
11Alegrai-vos e exultai,
saqueadores de minha herança!
Saltai como novilha no prado
e relinchai como corcéis!
12Vossa mãe está cheia de confusão,
e coberta de vergonha aquela que vos deu à luz.
É a última das nações, um deserto,
uma terra árida e uma solidão.
13Por causa da ira de Javé
não será mais habitada,
será uma desolação completa.
Todo aquele que passar perto de Babilônia
ficará estupefato e assobiará
diante de todas as suas chagas.
14Alinhai-vos contra Babilônia ao redor dela,
vós todos que manejais o arco;
atirai contra ela, não poupeis as flechas,
porque ela pecou contra Javé.
15Erguei o grito de guerra contra ela
de todo lado.
Ela estende a mão, desabam suas torres,
caem suas muralhas,
porque esta é a vingança de Javé.*
Vingai-vos dela,
fazei a ela o que ela fez!
16Extirpai de Babilônia quem semeia
e quem empunha a foice no tempo da messe.
Diante da espada mortífera
cada um volte a seu povo,
fuja cada um para seu país.
17Israel era uma ovelha desgarrada,
os leões a perseguiram;
quem primeiro a devorou foi o rei da Assíria,*
e quem por último lhe quebrou os ossos
foi Nabucodonosor, rei de Babilônia".
Israel volta para a pátria. 18"Por isso,
assim fala Javé dos exércitos,
o Deus de Israel:
Eu punirei o rei de Babilônia e seu país,
como já puni o rei da Assíria,
19e reconduzirei Israel a seu pasto;
pastará no Carmelo e em Basã,
nas montanhas de Efraim e de Galaad se saciará.

* **50**,6. Mt 9,36; Ez 34,1 | 8. 51,6.45; Is 48,20; 52,11; Ap 18,4 | 15. 51,6; Is 59,18 | 17. 51,34

[20]Naqueles dias e naquele tempo
– oráculo de Javé –
alguém buscará a iniquidade de Israel,
mas ela não existirá mais;
alguém buscará os pecados de Judá,
mas não os encontrará,
porque eu perdoarei os sobreviventes que eu deixar".*

A queda de Babilônia anunciada em Jerusalém. [21]"Avança contra o país de Merataim,
avança contra ele
e contra os habitantes de Facud.
Massacra-os, extermina-os
– oráculo de Javé –
executa tudo o que te ordenei!
[22]Rumor de guerra no país
e grande desastre!
[23]Por que foi quebrado e feito em pedaços*
o martelo de toda a terra?*
Por que Babilônia se tornou
objeto de horror entre as nações?*
[24]Eu te estendi um laço
e ficaste presa, Babilônia,
sem o perceberes.
Foste surpreendida e apanhada,
porque fizeste guerra contra Javé.
[25]Javé abriu seu arsenal
e tirou dele as armas de seu furor,
porque o Senhor Javé dos exércitos
tem uma obra a realizar no país dos caldeus.
[26]Vinde contra ela de toda parte,
abri seus celeiros;
fazei dela um montão de ruínas e exterminai-a,*
que dela não sobre nem um resto.
[27]Matai todos os seus touros,
que eles desçam ao matadouro.
Ai deles, porque chegou seu dia,
o tempo de seu castigo!
[28]Escutai!
Refugiados e sobreviventes
do país de Babilônia
vêm anunciar em Sião
a vingança de Javé, nosso Deus,
a vingança por seu templo.
[29]Convocai contra Babilônia os arqueiros,*
todos os que manejam o arco.
Acampai contra ela a seu redor,
de modo que ninguém escape.
Retribuí-lhe segundo suas obras,
fazei a ela tudo o que ela fez aos outros,
porque foi arrogante com Javé,
com o Santo de Israel.
[30]Por isso cairão seus jovens em suas praças
e todos os seus guerreiros morrerão naquele dia
– oráculo de Javé.
[31]Eis-me em tua frente, ó arrogante
– oráculo do Senhor Javé dos exércitos –
porque chegou teu dia,
o tempo em que te castigarei.
[32]Vacilará a arrogante e cairá,
e não haverá quem a levante.
Porei fogo em suas cidades,
ele devorará todos os seus arredores.
[33]Assim fala Javé dos exércitos:
Estão oprimidos os filhos de Israel
e os filhos de Judá todos juntos;
todos os que os deportaram os retêm
e recusam-se a deixá-los partir.
[34]Mas seu Redentor* é forte†,
Javé dos exércitos é seu nome.
Ele defenderá eficazmente sua causa,
para dar repouso ao país,
mas fazer tremer os habitantes de Babilônia.
[35]Espada contra os caldeus
e contra os habitantes de Babilônia,
contra seus chefes e contra seus sábios!
[36]Espada contra seus adivinhos,
e eles enlouquecem!
Espada contra seus valentes,
e ficam aterrorizados!
[37]Espada contra seus cavalos*
e contra seus carros,
contra todo o tipo de gente que está no meio dela,
que se tornem como mulheres!

---

* **50**,20. Is 4,3 | 23. Is 14,4ss / Jr 51,8.20 / 51,41 | 26. Js 6,17 | 29. Êx 21,25; Ap 18,6; Sl 28,4; Is 14,13s | 34. Is 41,14; Jr 51,10.36 | 37. 51,30; 51,13

† **50**,34. Ver a nota em Is 41,14.

Espada contra seus tesouros,
que sejam saqueados!
38Espada contra suas águas,*
e que elas sequem!
Porque esta é uma terra de ídolos;
ficam loucos por esses espantalhos.
39Por isso nela habitarão
animais do deserto e chacais,*
nela se estabelecerão avestruzes;
nunca mais será habitada
nem povoada de geração em geração.
40Como quando Deus destruiu Sodoma,*
Gomorra e as cidades vizinhas
– oráculo de Javé –
assim ninguém habitará ali
nem morará nela pessoa alguma".

Invasão iminente. 41"Um povo vem do norte,*
uma grande nação,
e muitos reis surgem dos confins da terra.
42Empunham arco e dardo,
são cruéis, não têm piedade;
seu estrondo é como o bramido do mar.
Montam cavalos,
estão prontos como um só homem
para combater contra ti, filha de Babilônia.
43O rei de Babilônia ouviu falar deles
e suas mãos se enfraqueceram;
a angústia o invadiu,
uma dor como a da mulher no parto.
44Como um leão sai do bosque do Jordão*
para os prados sempre verdes,
assim num instante eu ponho em fuga os habitantes
e estabeleço sobre eles meu eleito.
Porque quem é como eu?
Quem pode citar-me em juízo?
E quem é o pastor que pode resistir diante de mim?
45Por isso escutai o projeto
que Javé fez contra Babilônia
e as decisões que tomou
contra o país dos caldeus.
Certamente arrastarão também
os menores do rebanho;
certamente por causa deles
será destruída sua morada.
46Ao fragor da tomada de Babilônia
trema a terra;
seu clamor ressoará entre as nações".

51 Javé contra Babilônia.

1Assim fala Javé:
"Suscitarei contra Babilônia
e contra os habitantes da Caldeia
um vento destruidor;
2enviarei a Babilônia joeireiros que a joeirarão*
e despojarão seu país,
porque cairão sobre ela de todas as partes
no dia da tribulação".
3Retese o arqueiro seu arco
contra quem retesa o arco
e contra quem se exalta em sua couraça.
Não poupeis seus jovens,
exterminai todo o seu exército.*
4Caiam mortos no país dos caldeus
e traspassados em suas praças,
5Pois Israel e Judá não são viúvas de seu Deus†,
Javé dos exércitos,
embora seu país esteja cheio de pecado
contra o Santo de Israel.
6Fugi do meio de Babilônia,*
salve cada um sua vida;
não queirais perecer por sua iniquidade.
Porque este é o tempo da vingança de Javé;*
ele lhe retribui o que ela mereceu.
7Babilônia era uma taça de ouro
na mão de Javé;
ela inebriava toda a terra;*
de seu vinho beberam as nações,
por isso enlouqueceram.
8De improviso Babilônia caiu,*
foi despedaçada;
erguei lamentos por ela;
tomai bálsamo para sua dor,
talvez possa ser curada.

---

* **50**,38. 51,36 | 39. Ap 18,2 | 40. 49,18; Gn 19,24s; Jr 51,26.37 | 41. 6,22s | 44. 49,19ss | **51**,2. 4,11 | 3. Js 6,17 | 6. 50,8; Ap 18,4 / Jr 50,15 | 7. 25,15-29; Is 51,17; Ap 18,3 | 8. Ap 18,2; Jr 50,23

† **51**,5. Babilônia se excedeu no castigo infligido a Israel e Judá. Deus não abandona seu povo pecador.

[9]"Queríamos curar Babilônia,
mas ela não sarou.
Deixai-a e volte cada qual para seu país;*
porque sua punição chega até o céu
e se eleva até as nuvens.
[10]Javé fez triunfar nossa justa causa.*
Vinde, narremos em Sião
a obra de Javé, nosso Deus".
[11]Aguçai as flechas, enchei as aljavas!
Javé suscita o espírito do rei da Média,*
porque seu plano a respeito de Babilônia
é destruí-la;
pois esta é a vingança de Javé,
a vingança por seu templo.
[12]Erguei um estandarte
contra os muros de Babilônia,
reforçai a guarda, colocai sentinelas,
preparai as emboscadas.
Porque Javé se tinha proposto um plano
e agora cumpre o que tinha dito
contra os habitantes de Babilônia.
[13]Tu que habitas ao longo de águas abundantes,*
tu que és rica de tesouros,
chegou teu fim,
o término de tuas rapinas.
[14]Javé dos exércitos jurou-o por si mesmo:
"Eu te enchi de homens numerosos como gafanhotos
que entoarão contra ti o canto de vitória".
[15]Ele fez a terra com seu poder,*
fixou o mundo com sua sabedoria,
com sua inteligência estendeu os céus.
[16]Ao fragor de sua voz
há um tumulto de águas no céu.
Ele faz subir as nuvens dos confins da terra,*
produz relâmpagos para a chuva
e faz sair os ventos de seus depósitos.
[17]Todo homem se torna néscio,
sem compreender;
fica confuso todo ourives por seus ídolos,
porque é mentira o que fundiu,
não tem sopro vital.
[18]Eles são nulidades, obras ridículas;
no tempo de seu castigo perecerão.
[19]Não é assim a herança de Jacó,
porque ele formou todas as coisas.
Israel é a tribo de sua herança,
Javé dos exércitos é seu nome.

Babilônia instrumento de Deus.
[20]"Um martelo tens sido para mim,*
um instrumento de guerra;
contigo eu martelei as nações,
contigo eu aniquilei os reinos,
[21]contigo eu martelei cavalo e cavaleiro,
contigo eu martelei carro e cocheiro,
[22]contigo eu martelei homem e mulher,
contigo eu martelei velho e rapaz,
contigo eu martelei jovem e menina,
[23]contigo eu martelei pastor e rebanho,
contigo eu martelei o lavrador e seu par de bois,
contigo eu martelei governadores e prefeitos†.
[24]Mas agora retribuirei a Babilônia
e a todos os habitantes da Caldeia
todo o mal que fizeram a Sião,
sob vossos olhos
– oráculo de Javé.
[25]Eis-me aqui contra ti, monte da destruição
– oráculo de Javé –,
que destróis toda a terra.
Eu estenderei a mão contra ti,
eu te farei rolar das rochas abaixo
e te reduzirei a uma montanha queimada;
[26]de ti não se tomará mais nem pedra angular,
nem pedra de fundação,
porque te tornarás um lugar desolado para sempre*
– oráculo de Javé".

Queda de Babilônia. [27]Erguei um estandarte no país,
tocai a trombeta entre as nações;
preparai as nações para a guerra

---

* **51**,9. 50,16 | 10. 50,34 | 11. Is 13,17 | 13. Ap 17,1.15; Jr 50,37s | 15. 10,12-16 | 16. Sl 135,7 | 20. 50,23 | 26. 50,40

† **51**,23. Babilônia foi o martelo da ira de Deus; terminada sua obra, o martelo é destruído.

contra ela,
convocai contra ela os reinos de Ararat,
de Meni e de Asquenez.
Nomeai contra ela um comandante,
fazei avançar os cavalos como gafanhotos eriçados.
28Preparai contra ela as nações:
os reis da Média, seus governadores,
todos os seus prefeitos
e toda a terra sob seu domínio.
29Trema a terra e se aflija,
porque se cumprirão contra Babilônia
os projetos de Javé
de reduzir o país de Babilônia a um lugar desolado,
sem habitantes.
30Cessaram de combater
os valentes de Babilônia,
retiraram-se para as fortalezas;
seu valor acabou,
tornaram-se como mulheres.*
Foram incendiados seus edifícios*
e quebrados seus ferrolhos.
31Um correio corre ao encontro de outro correio,
e um mensageiro ao encontro de outro mensageiro,
para anunciar ao rei de Babilônia
que sua cidade foi tomada de todos os lados;
32as passagens foram ocupadas,
as fortalezas foram queimadas,
os guerreiros estão cheios de pânico.
33Pois assim fala Javé dos exércitos,
o Deus de Israel:
"A filha de Babilônia é como um terreno
no tempo em que é aplanado;
ainda um pouco e virá para ela o tempo da colheita".

A justiça de Javé. 34Nabucodonosor, rei de Babilônia,
devorou-me, consumiu-me,*
deixou-me como um vaso vazio;
engoliu-me como faz o crocodilo,
encheu seu ventre com minhas riquezas
e me expulsou.
35"Recaiam sobre Babilônia
a violência e as feridas que sofri!",
diz a população de Sião;
"meu sangue sobre os habitantes da Caldeia!"
diz Jerusalém.
36Por isso assim fala Javé:
"Eu defendo tua causa,*
cumpro tua vingança;
enxugarei seu mar, secarei suas fontes.
37Babilônia se tornará um montão de ruínas,*
um refúgio de chacais,
objeto de espanto e de zombaria,
um lugar sem habitantes.*
38Eles uivam juntos como leõezinhos,
rugem como filhotes de leoa.
39Quando sentirem calor, preparo-lhes uma bebida,
eu os inebriarei para que se alegrem
e caiam num sono perene,*
para jamais acordarem
– oráculo de Javé.
40Eu os farei descer ao matadouro como cordeiros,
como carneiros junto com bodes".

Elegia sobre Babilônia. 41Como Sesac† foi tomada e ocupada,
o orgulho de toda a terra?
Babilônia tornou-se um objeto de espanto*
entre as nações!
42O mar avança sobre Babilônia:
foi submergida pelo tumulto de suas ondas.
43Suas cidades se tornaram uma desolação,
uma terra árida, uma estepe
em que ninguém habita
e pela qual não passa homem algum.

Exortação aos exilados. 44"Eu punirei Bel em Babilônia,*
tirarei de sua boca o que engoliu.
Não acorrerão mais a ele as nações".
Até os muros de Babilônia desabaram.

---

* **51**,30. 50,37 / Is 19,16; Na 3,13 | 34. 50,17 | 36. 50,34 | 37. 50,39 / 50,40 | 39. 51,57; Sl 76,5 | 41. 50,23 | 44. 50,2

† **51**.41. Ver a nota em 25,26.

45 Sai do meio dela, povo meu!*
Salve cada um sua vida
da ardente ira de Javé.
46 Mas que vosso coração não desanime! E não temais pela notícia difundida no país; um ano chega uma notícia e, um ano depois, uma outra. A violência reina no país, um tirano contra o outro.
47 Por isso virão dias
nos quais punirei os ídolos de Babilônia.
Então todo o seu país sentirá vergonha
e todos os seus cadáveres cairão no meio dela.
48 Gritarão contra Babilônia*
céu e terra e o que eles contêm,
porque do norte chegarão contra ela os devastadores
– oráculo de Javé.
49 Também Babilônia deve cair
pelos mortos de Israel,
como por causa de Babilônia
caíram os mortos de toda a terra.
50 Vós, que escapastes da espada, parti,
não fiqueis parados;
enquanto estiverdes longe
recordai-vos de Javé
e esteja em vossa memória Jerusalém.*
51 "Sentimos vergonha ao ouvir o insulto;
a confusão cobriu nossos rostos,
porque entraram estrangeiros
no santuário do templo de Javé".
52 "Por isso, virão dias
– oráculo de Javé –
nos quais punirei seus ídolos,
e em todo o seu país gemerão os feridos.
53 Mesmo se Babilônia se erguesse até o céu,*
mesmo se tornasse inacessível*
sua cidadela altaneira,
por uma ordem minha virão seus devastadores"
– oráculo de Javé.

Destruição completa. 54 Vem de Babilônia um grito de socorro,
do país dos caldeus o ruído
de uma grande destruição.
55 É Javé que devasta Babilônia
e faz calar seu grande rumor.
Rugem suas ondas
como águas caudalosas,
eleva-se o bramido de sua voz.
56 Porque vem contra ela,
contra Babilônia, um devastador,
são capturados seus valentes,
foram quebrados seus arcos.
Pois Javé é o Deus das retribuições,
ele retribui com precisão.
57 "Eu embriagarei seus chefes*
e seus sábios, seus governadores,
seus magistrados e seus guerreiros;
eles dormirão um sono eterno e não mais acordarão"
– oráculo do rei, cujo nome é Javé dos exércitos.
58 Assim fala Javé dos exércitos:
"O largo muro de Babilônia
será totalmente demolido,
suas altas portas serão queimadas.
Portanto, em vão se preocupam os povos,*
as nações se afadigam pelo fogo"†.

O oráculo lançado no Eufrates. 59 Or-
dem que o profeta Jeremias deu a Se-
raías, filho de Nerias, filho de Maasias,
quando ele partiu com Sedecias, rei de
Judá, para Babilônia, no quarto ano de
seu reinado. Seraías era o chefe dos
alojamentos. 60 Jeremias tinha escrito
num único rolo todas as calamidades
que deviam cair sobre Babilônia, todas
estas palavras que foram escritas con-
tra Babilônia. 61 Jeremias disse então a
Seraías: "Quando chegares a Babilônia,
tem o cuidado de ler em público to-
das estas palavras 62 e dirás: 'Javé, vós
mesmo declarastes a propósito deste
lugar que haveríeis de destruí-lo,* de
modo que não houvesse mais quem
o habitasse, nem homem e nem ani-
mal, mas se tornasse uma desolação

---

* **51**,45. 50,8; 51,6 | 48. Ap 18,20; 19,1s | 50. Sl 137,5 | 53. Is 14,13 / Jr 49,16 | 57. 51,39 | 58. Hab 2,13 | 62. 51,26 | 63. Ap 18,21

† **51**,58. Ciro, rei dos persas, não destruiu Babilônia ao conquistá-la em 539 a.C., porque ela se rendeu sem combater. A destruição da cidade foi obra de Xerxes I, em 482, por ocasião de uma revolta.

perpétua'. 63 E quando tiveres acabado de ler este rolo, atarás nele uma pedra* e o lançarás no meio do Eufrates, 64 dizendo: 'Assim afundará Babilônia e não ressurgirá mais da calamidade que farei cair sobre ela'". Até aqui as palavras de Jeremias.

IV. APÊNDICE HISTÓRICO (52)†

52 **A catástrofe de Jerusalém.** 1 Sedecias tinha vinte e um anos* quando começou a reinar e reinou onze anos em Jerusalém; sua mãe chamava-se Hamital,* filha de Jeremias†, e era de Lebna. 2 Ele fez o que desagrada a Javé, exatamente como tinha feito Joaquim.

3 Mas, por causa da ira de Javé, em Jerusalém e em Judá as coisas chegaram a tal ponto que Javé os expulsou de sua presença. Sedecias tinha se revoltado contra o rei de Babilônia.

4 Então, no nono ano de seu reinado, no décimo mês, no dia dez do mês, Nabucodonosor, rei de Babilônia, veio atacar Jerusalém com todo o exército. Acamparam diante dela e construíram a seu redor obras de assédio. 5 A cidade ficou sitiada até o décimo primeiro ano do rei Sedecias.

6 No quarto mês, no dia nove do mês, enquanto a fome dominava na cidade e não havia mais comida para a população, 7 foi aberta uma brecha nos muros da cidade. Então todos os soldados fugiram, saindo da cidade de noite pela porta entre os dois muros, que estava perto do jardim do rei e, enquanto os caldeus estavam ao redor da cidade, tomaram o caminho da Arabá.

8 As tropas dos caldeus, porém, perseguiram o rei Sedecias* e o alcançaram na planície de Jericó; então todo o seu exército o abandonou e se dispersou. 9 O rei foi capturado e conduzido a Rebla, no país de Emat, junto ao rei de Babilônia, o qual pronunciou a sentença contra ele. 10 O rei de Babilônia degolou os filhos de Sedecias à vista dele e degolou também em Rebla todos os chefes de Judá; 11 vazou os olhos de Sedecias e mandou acorrentá-lo e conduzi-lo a Babilônia, onde o manteve preso até sua morte.

O templo depredado e incendiado. 12 No quinto mês, no dia dez do mês, sendo o ano décimo nono do reinado de Nabucodonosor, rei de Babilônia, Nabuzardã, chefe da guarda, que estava a serviço do rei de Babilônia, chegou a Jerusalém. 13 Incendiou o templo de Javé e o palácio real e todas as casas de Jerusalém e queimou todas as casas dos nobres. 14 Todo o exército dos caldeus, que estava com o chefe da guarda, demoliu todos os muros em torno de Jerusalém.

15 E Nabuzardã, chefe da guarda, deportou parte dos pobres do povo e o resto da população deixada na cidade, os desertores que tinham passado para o rei de Babilônia e o que restava dos artesãos. 16 Mas Nabuzardã, chefe da guarda, deixou outra parte dos pobres do país como vinhateiros e lavradores.

17 Os caldeus despedaçaram as colunas de bronze que estavam no templo de Javé, os pedestais e o mar de bronze que estavam no templo de Javé e levaram todo o bronze para Babilônia. 18 Eles tomaram também as caldeiras, as pás, as facas, as bacias para a aspersão, as taças e todos os utensílios de bronze usados no culto. 19 O chefe da guarda tomou também os copos, os braseiros, as bacias, as caldeiras, os candelabros, as taças e os cálices, o ouro daquilo que era de ouro e a prata daquilo que era de prata. 20 Quanto às duas colunas, ao mar único, aos doze bois de bronze que estavam debaixo dele e nos pedestais, coisas que Salomão tinha feito para o templo de Javé,

---

* **52**,1. 2Rs 24,18-25,30 / Jr 39,1-10 | 8. 39,4

† **IV.** O c. 52 de Jeremias é formado pelo trecho de 2Rs 24,18 a 25,30, aqui incluído para mostrar que as profecias de Jeremias se cumpriram. A libertação de Joaquim é um primeiro sinal da realização de suas esperanças. | **52**,1. Um outro Jeremias, não o profeta.

não se podia calcular o peso do bronze de todos estes objetos. [21]Uma das colunas tinha dezoito côvados de altura e era preciso um fio de doze côvados para medir sua circunferência; sua espessura era de quatro dedos e era oca. [22]Sobre ela havia um capitel de bronze e a altura de um capitel era de cinco côvados; ao redor do capitel havia uma rede e romãs, tudo de bronze; assim era também a outra coluna, com as romãs. [23]Havia noventa e seis romãs de um lado; todas as romãs em torno da rede chegavam a cem.

Os deportados. [24]O chefe da guarda prendeu Seraías, sumo sacerdote, Sofonias, o segundo sacerdote, e os três guardas da entrada do templo. [25]Da cidade ele fez prisioneiro um funcionário, que estava à frente dos soldados, e sete homens do séquito do rei, que foram achados na cidade, o secretário do chefe do exército que alistava o povo do país e sessenta homens do povo do país que foram achados no meio da cidade. [26]Nabuzardã, chefe da guarda, tomou-os e os conduziu ao rei de Babilônia, em Rebla. [27]O rei de Babilônia os condenou à morte e mandou executá-los em Rebla, no país de Emat. Assim Judá foi deportado de seu país.

[28]Este é o numero de pessoas que Nabucodonosor deportou: no ano sétimo, três mil e vinte e três judeus; [29]no ano décimo oitavo de Nabucodonosor foram deportadas de Jerusalém oitocentas e trinta e duas pessoas; [30]no ano vigésimo terceiro de Nabucodonosor, Nabuzardã, chefe da guarda, deportou setecentos e quarenta e cinco judeus: ao todo, quatro mil e seiscentas pessoas.

Joaquin tratado como rei. [31]No ano trigésimo sétimo da deportação de Joaquin, rei de Judá, no décimo segundo mês, no dia vinte e cinco do mês, Evil-Merodac, rei de Babilônia, no ano de sua subida ao trono, concedeu graça a Joaquin, rei de Judá, e o tirou da prisão. [32]Falou-lhe com benevolência e pôs a cadeira dele acima das cadeiras dos reis que se achavam com ele em Babilônia. [33]Mudou-lhe as vestes de prisioneiro e Joaquin tomou habitualmente suas refeições à mesa do rei todos os dias de sua vida. [34]Seu sustento, o sustento cotidiano, foi-lhe fornecido pelo rei de Babilônia todos os dias, até o dia de sua morte, por todo o tempo de sua vida.

LAMENTAÇÕES

Este livrinho de cinco capítulos chama-se "Lamentações" porque contém elegias sobre a destruição de Jerusalém e do reino de Judá e sobre o exílio de Babilônia. As antigas traduções atribuíam o livro ao profeta Jeremias pela semelhança do estilo e por causa de 2Cr 35,25, que diz: "Jeremias compôs uma lamentação sobre Josias ... e esses cânticos se acham nas Lamentações"; mas atualmente se admite que o autor é um personagem anônimo e erudito que viveu na Palestina no tempo do exílio de Babilônia.

As Lamentações são uma profunda meditação sobre o sentido e a gravidade do pecado de Judá, sobre o justo castigo divino e sobre a necessidade de verdadeira conversão. Salienta em particular três verdades: a primeira é que o desastre de Jerusalém não significa que Deus seja mau e cruel, mas demonstra que é justo (1,18) e misericordioso: mesmo se corrige com castigos, nunca rejeita quem espera nele (3,25.31); a segunda é que Deus castiga por causa dos pecados (1,5), mas a punição é em vista do retorno a ele; a terceira é que, apesar de tudo, brilha sempre a luz da esperança (3,29). O castigo de Deus é expressão de sua justiça, porém, Deus continua sendo "amor", e espera que o pecador se converta para dar-lhe o perdão. O autor exprime profunda desolação pela desgraça que se abateu sobre o povo de Deus e sentimentos de penitência e de confiança em Deus, que não desmente suas promessas.

Esses textos, que estão entre os mais belos da poesia hebraica, foram talvez usados na liturgia antes da restauração do templo de Jerusalém. A liturgia católica serve-se deles nas celebrações da semana santa.

LAMENTAÇÃO I: JERUSALÉM DESOLADA

1 **Cidade humilhada.** 1*Alef*. Ah!
como jaz solitária
a cidade outrora populosa!
Tornou-se como viúva†
a grande entre as nações;*
princesa entre as províncias,
ela é submetida a tributo.
2*Bet*. Ela passa a noite a chorar amargamente,*
as lágrimas lhe correm pelas faces;
ninguém a consola,*
entre todos os seus amantes;
todos os seus amigos a traíram†,
tornaram-se seus inimigos.
3*Guimel*. Judá partiu para o exílio,
sob o peso da miséria e da dura escravidão.
Mora no meio das nações,
sem encontrar repouso;
todos os seus perseguidores
o alcançaram em suas angústias.
4*Dalet*. As ruas de Sião estão de luto,
ninguém mais vai a suas festas;*
todas as suas portas estão desertas,
seus sacerdotes suspiram,
suas virgens estão aflitas,
e ela está amargurada.
5*Hê*. Seus opressores triunfam,*
seus inimigos estão felizes,
porque Javé a afligiu
por seus numerosos crimes†;
seus meninos foram conduzidos
para a escravidão diante do inimigo.
6*Waw*. Da filha de Sião†
desapareceu todo esplendor;*
seus chefes se tornaram como cervos
que não encontram pastagem;
caminham sem forças
diante de seus perseguidores.
7*Záin*. Jerusalém se recorda
dos dias de sua miséria e de sua vida errante,
de todos os bens preciosos que possuía outrora;
recorda quando seu povo caía pela mão do inimigo
e ninguém lhe oferecia ajuda.

---

* **1**,1. Br 4,12 | 2. 2,18; Jr 9,18 / Sl 69,21; Jr 30,14 | 4. Jr 14,2; Is 3,26 | 5. 2,17; Dt 28,25; Sl 89,43 | **1**,6. Ez

† **1**,1. Jerusalém aparece como rainha viúva, a chorar sozinha suas desgraças. | 2. Amantes e amigos são os aliados militares, com os quais Judá contava para se defender. | 5. O povo sofre porque violou a aliança com seu Deus. | 6. Filha de Sião quer dizer a cidade com sua população.

Seus inimigos a olhavam e riam-se
de sua ruína.
8 *Het*. Jerusalém pecou gravemente,
por isso tornou-se coisa imunda.
Todos os que a honravam a desprezam,
porque viram sua nudez;*
ela mesma suspira
e vira as costas.
9 *Tet*. Sua imundície está nas orlas de
sua veste.
Ela não pensava em seu fim;
caiu de modo surpreendente,
e ninguém a consola.*
"Olhai, Javé, minha miséria,
porque o inimigo triunfa".
10 *Yod*. O adversário estendeu a mão
sobre todos os seus tesouros;*
ela com efeito viu penetrar
em seu santuário os pagãos,
aqueles aos quais tinhas proibido*
entrar em tua assembleia.
11 *Kaf*. Todo o seu povo geme
em busca de pão;*
dão os objetos mais preciosos em
troca de comida,
para manter-se com vida.
"Observai, Javé,
e considerai como sou desprezada!"

Lamento da cidade arruinada. 12 *Lamed*. "Vós todos que passais pelo caminho,
olhai e vede
se existe dor semelhante a minha
dor†,
à dor que me atormenta,*
e com a qual Javé me afligiu
no dia de sua ira ardente.
13 *Mem*. Do alto ele lançou um fogo
e em meus ossos ele o fez penetrar;
estendeu uma rede a meus pés,
fez-me cair para trás,
tornou-me desolada,
doente o tempo todo.
14 *Nun*. Ele observou minhas culpas,
em sua mão elas são enlaçadas;
seu jugo está sobre meu pescoço
e fez vacilar minha força;
O Senhor me pôs nas mãos deles,
não posso reerguer-me.
15 *Samec*. O Senhor repudiou todos
os meus valentes
que estavam comigo.
Convocou contra mim uma assembleia
para enfraquecer meus jovens;
O Senhor pisou, como uva no lagar,*
a virgem filha de Judá.
16 *Áin*. É por isso que eu choro,
meus olhos se desfazem em lágrimas,*
porque longe de mim está quem
consola,
quem poderia restituir-me a vida†;
meus filhos estão desolados,
porque o inimigo triunfou".
17 *Pê*. Sião estende as mãos,
ninguém a consola.
Javé enviou contra Jacó
seus inimigos de todos os lados.
Jerusalém se tornou coisa imunda
no meio deles.*
18 *Çade*. "Justo é Javé,
porque me rebelei contra sua palavra.
Escutai, povos todos,
e vede minha dor!"
Minhas virgens e meus jovens
foram levados para a escravidão.
19 *Qof*. Chamei meus amantes,*
mas eles me traíram.
Meus sacerdotes e meus anciãos
na cidade expiraram,
enquanto buscavam comida*
que lhes restituísse as forças.
20 *Resh*. "Olhai, Javé, como estou angustiada;
minhas entranhas se conturbam,*
meu coração está transtornado dentro de mim,
porque foi grande minha rebelião.
Lá fora a espada me priva de filhos,*
em casa é como a morte.

---

* **1**,10,18-22 | 8. Ez 16,37; Is 47,3 | 9. 1,2 | 10. 2Rs 24,13 / Dt 23,4; Ez 44,7ss | 11. Dt 28,51s | 12. Dn 9,12; 12,1; Mt 24,21 / Dt 28,48 | 15. Is 63,3; Jl 4,13 | 16. 1,2 | 17. 1,8 | 19. 1,2 / 1,11 | 20. Jr 4,19 / Dt 32,25; Jr 9,21 | 21. Am 5,18

† **1**,12. É ainda a cidade que fala, mas a tradição aplica este v. a Nossa Senhora das Dores. | 16. Só Deus poderia dar consolo e conforto, mas é justamente Ele que castiga seu povo. | 21. Esse dia é o momento do castigo para as nações pagãs.

21*Shin*. Ouvem como suspiro, ninguém me consola.
Todos os meus inimigos souberam
de minha desventura,
e se alegraram porque fizestes isso.
Mandai vir o dia* que decretastes†,
e que eles sejam semelhantes a mim!
22*Taw*. Que vos seja presente
toda a malícia deles*
e tratai-os como me tratastes,
por causa de todas as minhas transgressões.
Porque muitos são meus suspiros
e meu coração desfalece".

LAMENTAÇÃO II: JERUSALÉM DESTRUÍDA

2 **Ira de Javé contra Jerusalém.** 1*Alef*. Como o Senhor obscureceu
em sua ira a filha de Sião!
Ele lançou do céu à terra
a glória de Israel.
Não se recordou* do estrado de seus pés†
no dia de seu furor.
2*Bet*. O Senhor destruiu sem piedade
todas as moradas de Jacó;
abateu com ira as fortalezas da filha de Judá;*
prostrou por terra,
profanou o reino e seus príncipes.
3*Guimel*. Com ira ardente ele quebrou
todo o poder de Israel.*
Retirou para trás sua direita
diante do inimigo;
acendeu em Jacó uma chama de fogo,*
que devora tudo ao redor.
4*Dalet*. Retesou seu arco como inimigo,
robusteceu sua direita
como adversário,*
matou tudo o que encantava os olhos.
Sobre a tenda da filha de Sião
derramou seu furor como fogo.
5*Hê*. O Senhor tornou-se como inimigo,
destruiu Israel;
destruiu todos os seus palácios,
abateu suas fortalezas.
Multiplicou para a filha de Judá
lamento e luto.
6*Waw*. Devastou como jardim sua morada,
demoliu seu lugar de reunião.*
Javé fez esquecer em Sião*
a festa e o sábado†
e rejeitou no furor de sua ira
rei e sacerdote.
7*Záin*. O Senhor abandonou seu altar,
rejeitou seu santuário;*
entregou ao poder do inimigo
os muros de suas fortalezas.
Elevaram gritos no templo de Javé
como em dia de festa.
8*Het*. Javé decidiu demolir
o muro da filha de Sião;*
estendeu o cordel;
não retirou a mão enquanto não tinha destruído tudo;
cobriu de luto o antemuro e o muro;*
ambos estão em ruínas.
9*Tet*. Estão afundadas na terra suas portas;*
ele arruinou e quebrou seus ferrolhos.
Seu rei e seus chefes estão entre os pagãos;
não há mais lei,
nem seus profetas
receberam visões de Javé.*
Miséria dos habitantes. 10*Yod*. Sentam-se no chão, em silêncio,
os anciãos da filha de Sião,
puseram cinza sobre a cabeça,*
vestiram pano de saco;
curvam até o chão a cabeça
as virgens de Jerusalém.
11*Kaf*. Consumiram-se pelas lágrimas meus olhos,
conturbadas estão minhas entranhas;
derrama-se pelo chão minha bílis

---

* **1**,22. Jr 51,35 | **2**,1. Ez 43,7 | 2. Dt 28,52 | 3. Sl 75,5 / Lm 4,11 | 4. Jr 21,5s | 6. 2Cr 36,19; Jr 52,13 / Sf 3,18; Is 1,13 | 7. Ez 24,21 | 8. Jr 5,10 / 2Rs 21,13; Is 34,11 | 9. Dt 28,36; 2Rs 25,7; Dt 4,6.8 / Ez 7,26; Sl 74,9 | 10. Jr 6,26

† **2**,1. A glória é Jerusalém, e o estrado dos pés de Deus é o templo. | 6. Destruído o templo, não se celebram mais as festas.

por causa da ruína da filha de meu povo,
enquanto desfalece o menino
e o lactente nas praças da cidade.
12*Lamed*. A suas mães diziam:
"Onde estão o trigo e o vinho?"*
Entretanto desfaleciam como feridos
nas praças da cidade
e exalavam o espírito
no colo das mães.
13*Mem*. A que te assemelharei?
Com que te compararei,
filha de Jerusalém?*
A que igualar-te para te consolar,
virgem filha de Sião?
Pois é grande como o mar tua ruína;*
quem poderá curar-te?
14*Nun*. Teus profetas tiveram para ti
visões de coisas vãs* e ilusórias†;
não revelaram tua iniquidade
para mudar tua sorte,
mas anunciaram-te
profecias falsas e enganosas.
15*Samec*. Contra ti batem palmas†
todos os que passam pelo caminho;*
assobiam, meneiam a cabeça
sobre a filha de Jerusalém:
"É esta a cidade que chamavam beleza perfeita,
alegria de toda a terra?"
16*Pê*. Escancaram a boca contra ti
todos os teus inimigos;
assobiam e rangem os dentes†,
dizendo: "Nós a engolimos!
Este é o dia que esperávamos:*
nós o alcançamos, nós o vemos".
17*Áin*. Javé realizou
o que tinha decidido,
cumpriu sua palavra decretada desde os dias antigos:*
destruiu sem piedade,
fez o inimigo exultar a tuas custas,
exaltou o poder de teus adversários.

Invocação. 18*Çade*. Grita com teu coração ao Senhor,
virgem filha de Sião;
deixa correr como torrente
tuas lágrimas, dia e noite!*
Não te dês repouso, nem descanse
a pupila de teu olho.
19*Qof*. Levanta-te, grita na noite
quando começam os turnos de sentinela†;
derrama como água teu coração
diante de Javé;
ergue para ele as mãos pela vida de teus meninos,
que morrem de fome em todos os cantos das ruas.
20*Resh*. "Olhai, Javé, e considerai:
a quem jamais tratastes assim?
Deviam as mulheres comer seus pequenos,
os meninos que trazem nos braços?*
Deviam ser trucidados no santuário do Senhor
sacerdotes e profetas?
21*Shin*. Jazem no chão pelas ruas
rapazes e velhos;
minhas virgens e meus jovens
caíram pela espada;
matastes no dia de vossa ira,
trucidastes sem piedade.
22*Taw*. Como para um dia de festa,
convocastes os terrores que me rodeiam.*
No dia da ira de Javé não houve
quem escapasse nem quem sobrevivesse.
Os que eu tinha criado e educado,
meu inimigo os exterminou".

LAMENTAÇÃO III: JERUSALÉM ASSOLADA

3 **Sofrimentos do povo.** 1*Alef*. Eu sou o homem que provou a miséria†
sob o flagelo de sua ira.
2*Alef*. Ele me guiou e me fez caminhar
nas trevas e não na luz.*

---

* **2**,12. 1,11 | 13. 1,12 / Jr 30,12 | 14. Jr 5,31; 29,8; Ez 13,10 | 15. Jr 19,8; Mt 27,39 | 16. Am 5,18 | 17. Dt 28,15 | 18. 1,2 | 20. 4,10; Dt 28,53; Jr 19,9 | 22. Jr 20,10 | **3**,2. Jo 8,12

† **2**,14. Os falsos profetas, nos quais a população confiava e que prediziam a derrota do inimigo. | 15. Em sinal de desprezo. | 16. Ranger os dentes, como uma fera prestes a devorar sua presa, imagem de feroz hostilidade. | 19. Os judeus dividiam a noite em 3 "vigílias", 4 no tempo de Jesus, segundo o uso romano, Mc 13,35. | **3**,1. Esse homem é o profeta, que representa o povo.

3 *Alef.* Só contra mim ele voltou a mão,
continuamente, o dia todo.
4 *Bet.* Ele consumiu minha carne e minha pele,
quebrou meus ossos.*
5 *Bet.* Elevou contra mim construções,
rodeou minha cabeça de tormento.
6 *Bet.* Fez-me habitar em lugares tenebrosos†,
como os mortos há muito tempo.
7 *Guimel.* Ergueu um muro a meu redor,* para eu não poder mais sair;
tornou pesadas minhas correntes.
8 *Guimel.* Mesmo quando grito e peço auxílio,
ele sufoca minha oração.
9 *Guimel.* Ele obstruiu meus caminhos com blocos de pedra,
fez tortuosas minhas veredas†.
10 *Dalet.* Ele foi para mim como urso à espreita,
um leão em emboscada.*
11 *Dalet.* Fazendo desviar meus caminhos,
dilacerou-me, deixou-me desolado.
12 *Dalet.* Retesou o arco,*
fez de mim o alvo de suas flechas.
13 *Hê.* Cravou em minhas entranhas
as flechas de sua aljava.
14 *Hê.* Tornei-me objeto de escárnio de todo o meu povo,*
sua canção de todo dia.
15 *Hê.* Saciou-me com ervas amargas,
embriagou-me com absinto.*
16 *Waw.* Quebrou-me com cascalho os dentes,
alimentou-me com cinza.
17 *Waw.* Minha alma não conhece mais a paz,*
não sei o que é bem-estar.
18 *Waw.* E digo: "Pereceu meu vigor,*
a esperança que me vinha de Javé".

Esperança no pranto.
19 *Záin.* A lembrança de minha miséria e de minha vida errante
é como absinto e veneno.
20 *Záin.* Disto se lembra sempre minha alma
e se abate dentro de mim.
21 *Záin.* É isto que pretendo trazer de volta a minha memória,
e por isso tenho esperança.
22 *Het.* As misericórdias de Javé não terminaram,
nem se exauriu sua compaixão;*
23 *Het.* elas são renovadas cada manhã,
grande é sua fidelidade†.
24 *Het.* "Minha porção é Javé* – eu exclamo – †
por isso nele espero".
25 *Tet.* Bom é Javé para quem nele espera,
para a alma que o procura.*
26 *Tet.* É bom esperar em silêncio
a salvação de Javé.
27 *Tet.* É bom para o homem
carregar o jugo desde a juventude.*
28 *Yod.* Que se assente solitário e silencioso,
quando Javé lho impõe;*
29 *Yod.* que ponha a boca na poeira:
talvez haja ainda esperança;
30 *Yod.* ofereça sua face a quem o fere,*
que se sacie de humilhações.
31 *Kaf.* Porque o Senhor
não rejeita para sempre.
32 *Kaf.* Mas se aflige e terá piedade,*
segundo sua grande misericórdia.
33 *Kaf.* Porque é contra sua vontade*
que ele humilha e aflige os seres humanos†.
34 *Lamed.* Quando pisam sob os pés
todos os prisioneiros de um país,
35 *Lamed.* quando pervertem o direito de um homem†
na presença do Altíssimo,

---

* **3**,4. Jó 30,30 | 7. Jó 3,23; 19,8 | 10. Jó 10,16 | 12. Jó 16,12s | 14. Dt 28,37; Sl 69,12s; Jr 20,7; Jó 30,9 | 15. Jr 23,15; Sl 69,22 | 17. Jr 16,5 | 18. Jó 17,15 | 22. Êx 34,6s | 24. Sl 16,6; 73,26 | 25. Is 30,18; Sl 40,2 | 27. 3,5 | 28. Jr 15,17 | 30. Is 50,6 | 32. Is 54,8s | 33. Ez 33,11

† **3**,6. A morada dos mortos, imagem de uma situação desesperada. | 9. Imagens para dizer que não há nenhuma esperança humana. | 23. A lembrança da misericórdia divina acende uma luz de esperança. | 24. Esta era a condição do levita, Dt 18,2, aqui assumida no sentido espiritual pelo judeu fiel. | 33. O castigo tem como objetivo a correção: é um apelo à conversão. | 35. Significa não reconhecer sua retidão, condenando-o, Êx 23,6.

36*Lamed*. quando fazem injustiça a um homem num processo,
o Senhor não o vê?
37*Mem*. Quem diz uma coisa que depois se cumpre,*
sem que o Senhor o tenha mandado?
38*Mem*. Da boca do Altíssimo
não procedem os males e os bens?*
39*Mem*. Por que se lamenta um ser vivo, um homem,
pelos castigos de seus pecados?
Confissão da culpa. 40*Nun*. Examinemos nossa conduta,
perscrutemo-la e voltemos a Javé.*
41*Nun*. Elevemos nossos corações e nossas mãos
para Deus que está nos céus.
42*Nun*. Pecamos, fomos rebeldes,
e vós não nos perdoastes.
43*Samec*. Vós vos envolvestes de furor e nos perseguistes;
matastes sem piedade.
44*Samec*. Vós vos envolvestes de uma nuvem,
de modo que a súplica não atravessasse.*
45*Samec*. Vós nos reduzistes a lixo e refugo
no meio dos povos.
46*Pê*. Escancararam a boca contra nós
todos os nossos inimigos.
47*Pê*. Terror e fossa são nossa sorte,
desolação e ruína".
48*Pê*. Torrentes de lágrimas escorrem de meus olhos,
por causa da ruína da filha de meu povo.
49*Áin*. Meu olho chora sem cessar
porque não há descanso*
50*Áin*. até que do céu
Javé olhe e veja.
51*Áin*. Meu olho me atormenta
à vista de todas as filhas de minha cidade†.
Javé atende à súplica. 52*Çade*. Caçaram-me como um pássaro
aqueles que são meus inimigos sem motivo.*
53*Çade*. Encerraram-me vivo na fossa
e lançaram pedras sobre mim.
54*Çade*. Subiram as águas até acima de minha cabeça;
eu disse: "Estou perdido".
55*Qof*. Invoquei vosso nome,
ó Javé, da fossa profunda.
56*Qof*. Ouvistes minha voz:
"Não fecheis o ouvido a meu clamor".*
57*Qof*. Vós vos aproximastes quando eu vos invocava;
dissestes: "Não temas!"
58*Resh*. Defendestes, Senhor, minha causa,
resgatastes minha vida.
59*Resh*. Vistes, Senhor, a injustiça que sofri;
defendei meu direito!
60*Resh*. Vistes toda a sua vingança,
todas as suas tramas contra mim.
61*Shin*. Ouvistes, Senhor, seus insultos,
todas as suas tramas contra mim,
62*Shin*. os discursos de meus opositores
e seus desígnios contra mim todo dia.
63*Shin*. Observai quando se sentam e quando se levantam;*
eu sou o objeto da canção deles.
64*Taw*. Retribuí-lhes a paga, Javé,
segundo a obra de suas mãos.*
65*Taw*. Dai-lhes a dureza de coração,
vossa maldição sobre eles!
66*Taw*. Persegui-os com ira
e eliminai-os de debaixo do céu, ó Javé.

LAMENTAÇÃO IV: JERUSALÉM CERCADA

4 **A fome.** 1*Alef*. Ah! Como pretejou o ouro,
alterou-se o ouro melhor!*
Dispersaram-se as pedras santas
no canto de toda rua.
2*Bet*. Os filhos de Sião, preciosos,
comparáveis ao ouro puro,

* **3**,37. Gn 1; Sl 33,9 | 38. Is 45,7 | 40. Is 55,7 | 44. 3,8; Dt 28,37 | 49. Is 63,15 | 52. Sl 35,19; 69,5 | 56. Sl 130,2 | 63. 3,14 | 64. Jr 51,56; Sl 62,13; Rm 2,6; Hb 11,6; 1Pd 1,17 | **4**,1. Jr 6,27-30 | 2. Jr 19,11

† **3**,51. O poeta se comove com o sofrimento do povo e intercede por ele.

como são tidos por vasos de argila,*
obra das mãos de um oleiro!
3*Guimel*. Até os chacais oferecem as
mamas
e aleitam seus filhotes,
mas a filha de meu povo tornou-se cruel
como os avestruzes* no deserto†.
4*Dalet*. A língua do lactente se ape-
gou ao paladar
devido à sede; os meninos pediam pão*
e não havia quem o partisse para eles.
5*Hê*. Os que se alimentavam de co-
midas finas
desfalecem pelas ruas;
os que eram criados sobre a púrpura
abraçam o estrume.
6*Waw*. A iniquidade da filha de meu
povo
é maior que o pecado de Sodoma,
que foi destruída num instante,*
sem que a tocasse mão alguma.
7*Záin*. Seus consagrados eram mais
esplendorosos que a neve,
mais brancos que o leite;
tinham o corpo mais róseo que os
corais,
era de safira seu semblante.
8*Het*. Agora seu aspecto tornou-se
mais tenebroso que a fuligem,
não o reconhecem mais pelas ruas;
sua pele colou-se aos ossos,
tornou-se seca como madeira.
9*Tet*. São mais felizes as vítimas da
espada
que as vítimas da fome,
que caíram extenuadas
por falta dos produtos do campo.
10*Yod*. Mulheres compassivas
com suas mãos cozinharam seus
próprios filhos,*
que lhes serviram de alimento
no desastre da filha de meu povo.
11*Kaf*. Javé esgotou sua cólera,
derramou sua ira ardente;
acendeu em Sião um fogo,*
que devorou seus fundamentos.

Culpa e punição dos chefes. 12*Lamed*.
Nem os reis da terra,
nem habitante algum do mundo
acreditava que o adversário e o inimigo
entrariam pelas portas de Jerusalém.
13*Mem*. Foi por causa dos pecados de
seus profetas,
das iniquidades de seus sacerdotes,
que derramaram no meio dela*
o sangue dos justos.
14*Nun*. Estes vagavam como cegos
pelas ruas,*
manchados de sangue,
de modo que não se podia tocar
em suas vestes.
15*Samec*. "Afastai-vos! Um impuro!",
gritava-se para eles†.
"Afastai-vos! Afastai-vos! Não to-
queis!"*
Fugiam e andavam errantes entre as
nações,
sem ter morada fixa.
16*Pê*. A face de Javé os dispersou,
ele não olhará mais para eles.
Não tiveram respeito para com os
sacerdotes,
nem consideração para com os anciãos.
17*Áin*. Ainda se consumiam nossos
olhos,
na espera de um socorro ilusório†.
De nossas torres espiávamos*
uma nação que não podia salvar-nos.
18*Çade*. Observavam nossos passos,
impedindo-nos de andar por nossas
praças.
"Próximo está nosso fim; cumpriram-
-se nossos dias!
Certamente, chegou nosso fim".
19*Qof*. Nossos perseguidores eram
mais velozes
que as águias do céu;
sobre os montes nos perseguiram,
no deserto nos armaram ciladas.
20*Resh*. Nosso respiro, o ungido de
Javé†,
foi preso em suas fossas;*
ele, do qual dizíamos:

---

* **4**,3. Jó 39,13-17 | 4. 2,11s | 6. Gn 19,24s | 10. 2,20 | 11. 2,3 | 13. Jr 6,13; Ez 7,23 | 14. Nm 35,32s | 15. Lv 13,45 | 17. Ez 29,6; Jr 37,6 | 20. 2Rs 25,5s

† **4**,3. Achavam que o avestruz não cuidava de seus filhotes. | 15. Os guias espirituais do povo, responsáveis pelas calamidades, eram desprezados a ponto de serem tratados como leprosos. | 17. Chamaram em socorro os egípcios, que vieram, mas foram derrotados antes de chegar. | 20. O rei Sedecias, que reinou de 597 a 586 a.C.

"A sua sombra viveremos entre as
nações".
21*Shin*. Exulta, alegra-te, filha de
Edom,
que habitas na terra de Hus!
Também a ti chegará o cálice,
tu te embriagarás e exporás tua nudez.*
22*Taw*. A punição de tua falta está
completa, filha de Sião!
Ele não te deportará mais;*
vai castigar tua iniquidade, filha de
Edom,
revelará teus pecados†.

LAMENTAÇÃO V: ORAÇÃO DE JEREMIAS

5 **Apesar de tudo, confiança.**
1Recordai-vos, Javé, do que nos
aconteceu;
considerai e olhai como nos insultam.
2Nossa herança passou para estrangeiros,
nossas casas para estranhos.
3Órfãos nos tornamos, sem pai;
nossas mães são como viúvas.
4Devemos pagar pela água que bebemos,
nossa lenha temos de comprar.
5Com jugo ao pescoço fomos perseguidos;
estamos exaustos e não há para nós
repouso.
6Ao Egito estendemos a mão,*
à Assíria para saciar-nos de pão.
7Nossos pais pecaram e não existem
mais;
mas nós levamos o castigo de suas
iniquidades.
8Escravos dominam sobre nós;*
não há quem nos liberte de suas
mãos.
9Com perigo de vida conseguimos
nosso pão,
enfrentando a espada no deserto.
10Nossa pele queima como forno
por causa dos ardores da fome.
11Desonraram mulheres em Sião
e virgens, nas cidades de Judá.
12Os chefes foram enforcados por
suas mãos;
as pessoas dos anciãos não foram
respeitadas.
13Os jovens foram obrigados a moer;
os rapazes caíram sob o peso da lenha.
14Os anciãos já não se reúnem na
porta†,
os jovens abandonaram a música.
15Cessou a alegria em nosso coração,
mudou-se em luto nossa dança.
16Caiu a coroa de nossa cabeça;
ai de nós, porque pecamos!
17Por isso está doente nosso coração,
por tais coisas se anuviaram nossos
olhos:
18porque o monte Sião está desolado;*
por ele andam as raposas.
19Mas vós, Javé, permaneceis para
sempre,*
vosso trono dura de geração em geração.
20Por que vos esqueceríeis de nós
para sempre?
Por que nos abandonaríeis por tanto
tempo?
21Fazei-nos voltar a vós, Javé,* e nós
voltaremos†;
renovai nossos dias como no passado,
22porque não nos rejeitastes totalmente†,
nem vos indignastes contra nós sem
limites.

---

* **4**,21. Jr 25,16; Is 51,17; Hab 2,15s | 22. Is 40,2 | **5**,6. Jr 2,18 | 8. Ez 18,2 | 18. Is 34,13-15 | 19. Sl 102,13; 145,13; 146,10 | 21. Jr 31,18

† **4**,22. Também será destruída Edom, que se alegrou com a queda de Jerusalém e dela se aproveitou. | **5**,14. Na praça junto à porta da cidade, palco de toda a vida social: negócios, processos, bate-papos, etc. | 21. Ou seja: ajuda-nos a arrepender-nos. O retorno é a conversão para Deus. A conversão é antes de tudo uma obra da graça de Deus que reconduz nossos corações a Ele (CIC). | 22. Deus não volta atrás em suas promessas.

BARUC

Este nome hebraico significa "abençoado"; é o nome de um contemporâneo de Jeremias, que foi seu secretário, e foi chamado por ele em 605 a.C. para copiar todas as coisas que o Senhor lhe havia dito. Depois da destruição de Jerusalém, os judeus o levaram com Jeremias para o Egito (Jr 43,2-7). Parece que morreu entre os exilados de Babilônia, entre os quais se achava no quinto aniversário da queda de Jerusalém (Br 1,1s).

É um livro deuterocanônico, por isso falta no cânon hebraico. Escrito com toda a probabilidade em hebraico, este livro é da época grega, situado mais ou menos no ano 100 aC, por isso, efetivamente não é obra de Baruc. Tem cinco capítulos, aos quais na versão latina se acrescentou a carta de Jeremias. Compõe-se de uma introdução histórica e de três partes de natureza bem diversa. A introdução (1,1-14) descreve a gênese do livro, que Baruc leu em Babilônia a um grupo de exilados, os quais choraram, jejuaram, rezaram ao Senhor e, tendo recolhido um pouco de dinheiro, mandaram-no a Jerusalém com os vasos sagrados que tinham sido levados do templo e com uma carta contendo um convite a rezar pelos exilados e pelo rei de Babilônia. A primeira parte (1,15–3,8) é uma liturgia comunitária de penitência, que testemunha um vivo sentimento do pecado. A segunda (3,9–4,4) é de caráter sapiencial, ensinando ao povo o segredo da felicidade, que está em reencontrar a sabedoria que Deus tinha dado com a Lei. A terceira (4,5–5,9) é um convite à coragem e à esperança. A carta de Jeremias adverte os exilados em Babilônia a respeito da idolatria que se pratica na cidade e, utilizando uma linguagem popular, mostra que os ídolos não são deuses. A carta traz o nome de Jeremias, mas não é ele seu autor.

I. INTRODUÇÃO HISTÓRICA (1,1-14)

1 **Baruc e os judeus de Babilônia.**
1Estas são as palavras do livro que
Baruc,* filho de Nerias, filho de Maa-
sias, filho de Sedecias, filho de Asadias,
filho de Helcias, escreveu em Babilônia
2no ano quinto†, no dia sete do mês,
na época em que os caldeus tomaram
Jerusalém e a incendiaram.
3Baruc leu as palavras deste livro na
presença de Jeconias†, filho de Joa-
quim,* rei de Judá, e de todo o povo,
que tinha vindo para escutar a leitura:
4estavam presentes os nobres, os fi-
lhos do rei, os anciãos, todo o povo do
menor ao maior, todos enfim que mo-
ravam em Babilônia junto ao rio Sud.
5Eles choravam, jejuavam e rezavam
diante do Senhor, 6depois recolhe-
ram dinheiro, contribuindo cada qual
conforme podia, 7e mandaram-no a
Jerusalém ao sacerdote Joaquim, filho
de Helcias, filho de Salom, aos outros
sacerdotes e a todo o povo que estava
com ele em Jerusalém. 8Era o dia dez
do mês de sivã†, quando Baruc rece-
beu, para levá-los a Judá, os vasos da
casa do Senhor, que tinham sido leva-
dos do templo. Eram aqueles vasos de
prata que Sedecias, filho de Josias, rei
de Judá, tinha mandado refazer, 9de-
pois que Nabucodonosor, rei de Babi-
lônia, tinha deportado de Jerusalém e
conduzido para Babilônia Jeconias, os
príncipes, os prisioneiros, os nobres e o
povo do país.
10Mandaram dizer-lhes: "Eis que vos
mandamos dinheiro; com esta soma
comprai holocaustos, sacrifícios ex-
piatórios e incenso; fazei uma oblação
e oferecei-a sobre o altar do Senhor,
nosso Deus. 11Rezai pela vida de Na-
bucodonosor, rei de Babilônia, e pela
vida de seu filho Baltazar, para que

---

* **1**,1. Jr 32,12; 36,4 | 3. 2Rs 24,8-17; Jr 22,24-30

† **1**,2. Essa data corresponde ao ano 582 a.C. Baruc era secretário de Jeremias, Jr 32,12. | 3. Jeconias ou Joaquin, reinou em Judá apenas 3 meses, 2Rs 24,8, e foi levado cativo para Babilônia na primeira deportação em 597 a.C. | 8. Sivã é maio/junho.

seus dias sobre a terra sejam longos
como os dias do céu 12e para que o
Senhor nos dê força e ilumine nossos
olhos e possamos viver à sombra de
Nabucodonosor, rei de Babilônia, e à
sombra de seu filho Baltazar e servir-
-lhes por muitos anos e encontrar
graça diante deles. 13Rezai ao Senhor,
nosso Deus, também por nós, pois pe-
camos contra o Senhor, nosso Deus, e
até hoje o furor do Senhor e sua ira
não se afastaram de nós. 14Lede, por-
tanto, este livro que vos mandamos e
fazei vossa confissão na casa do Se-
nhor, em dia de festa e nos dias opor-
tunos†.

II. LITURGIA PENITENCIAL (1,15–3,8)

Confissão dos pecados. 15Direis assim:
Ao Senhor, nosso Deus, a justiça;*
a nós a desonra no rosto, como hoje
acontece com os judeus e os habi-
tantes de Jerusalém, 16para nossos
reis e nossos príncipes, para nossos
sacerdotes e nossos profetas e para
nossos pais, 17porque pecamos diante
do Senhor, 18nós lhe desobedecemos
e não escutamos a voz do Senhor,*
nosso Deus, para caminhar segundo
os decretos que o Senhor havia pos-
to diante de nós. 19Desde o dia em
que o Senhor fez sair nossos pais do
Egito até hoje, temos sido rebeldes*
contra o Senhor, nosso Deus, e ne-
gligentes no escutar sua voz. 20Assim,
como hoje constatamos, abateram-
-se sobre nós tantos males junto com
a maldição proferida por ordem do
Senhor por seu servo Moisés, no dia
em que fez sair nossos pais do Egito
para nos conceder um país onde cor-
re leite e mel.* 21Não escutamos a voz
do Senhor, nosso Deus, conforme to-
das as palavras dos profetas que ele
nos mandou; 22mas cada um de nós
seguiu as inclinações* de seu coração
perverso, serviu a deuses estrangeiros
e fez o que desagrada ao Senhor, nos-
so Deus.

2 **Reconhecimento da justiça di-
vina.** 1Por isso o Senhor cum-
priu* suas palavras pronunciadas
contra nós, contra nossos juízes que
governaram Israel, contra nossos reis
e contra nossos príncipes e contra os
habitantes de Israel e de Judá. 2Jamais
havia acontecido sob a imensidão do
céu algo semelhante ao que ele reali-
zou em Jerusalém, como está escrito
na Lei de Moisés:* 3que chegássemos
a comer, um a carne do próprio filho e
outro a carne da própria filha. 4E o Se-
nhor os entregou ao poder de todos
os reinos vizinhos e os tornou objeto
de zombaria e de ultraje* para todos
os povos ao redor entre os quais os
dispersou. 5Tornaram-se escravos em
vez de patrões, porque ofendemos o
Senhor, nosso Deus, não escutando
sua voz. 6Ao Senhor, nosso Deus, a
justiça,* a nós e a nossos pais a de-
sonra no rosto, como acontece hoje.
7Todos esses males que o Senhor nos
tinha anunciado abateram-se sobre
nós. 8Mas não suplicamos ao Senhor
que afastasse cada um dos pensamen-
tos de seu perverso coração. 9Assim o
Senhor, que está pronto para o casti-
go,* mandou-o sobre nós, porque ele
é justo em todas as obras que nos or-
denou, 10mas não escutamos sua voz,
caminhando segundo os decretos que
havia posto diante de nós.*
Súplica. 11Agora, Senhor, Deus de Is-
rael, que fizestes sair* vosso povo do
país do Egito com mão forte, com si-
nais e prodígios, com grande poder e
braço estendido,* ganhando a fama
que dura até hoje, 12nós pecamos,
agimos como ímpios, transgredimos,
Senhor, nosso Deus,* todos os vossos

---

* **1**,15. 2,6; Dn 9,7s; Jr 7,19 | 18. Tb 3,3s; Dn 9,5s; 2,10 | 19. Jr 7,25s | 20. Lv 26,14-39; Dt 28,15-68; Dn 9,11 / Êx 3,8 | 22. Jr 7,24 | **2**,1. Dn 9,12s | 2. Dt 28,53-57; Jr 19,9; Lm 2,20; 4,10 | 4. Jr 29,18; Dt 28,37; Dt 28,13-43 | 6. 1,15; Dn 9,7s | 9. Dn 9,14 | 10. 1,18 | 11. Dn 9,15s / Dt 6,21s | 12. Sl 106,6

† **1**,14. Sempre existiu em Israel a confissão pública dos pecados, mas tornou-se mais frequente depois do exílio, quando o senso do pecado tornou-se mais vivo.

mandamentos. [13]Que se afaste de nós
vossa ira, porque não somos mais que
um pequeno resto* no meio das na-
ções entre as quais nos dispersastes.
[14]Ouvi, Senhor,* nossa oração, nossa
súplica, livrai-nos por vosso amor* e
fazei-nos encontrar graça diante da-
queles que nos deportaram, [15]para
que toda a terra saiba que vós sois
o Senhor, nosso Deus, porque vosso
nome* foi invocado sobre Israel† e so-
bre toda a sua estirpe. [16]Olhai, Senhor,
de vossa santa morada* e pensai em
nós; inclinai vosso ouvido, Senhor, e
escutai; [17]abri, Senhor, os olhos e ob-
servai: não são os mortos que estão
nos abismos, cujo espírito foi retirado
de suas vísceras,* que darão glória e
justiça ao Senhor, [18]mas quem está
profundamente aflito, quem caminha
curvado e sem força, quem tem os
olhos lânguidos, quem tem fome,* es-
tes são os que vos darão glória e jus-
tiça, Senhor†.

[19]Não é pelos méritos de nossos pais
e de nossos reis* que vos apresen-
tamos nossa súplica diante de vossa
face, Senhor, nosso Deus, [20]mas por-
que mandastes sobre nós vossa cólera
e vosso furor, como tínheis declarado
por meio de vossos servos, os profe-
tas, dizendo: [21]"Assim fala o Senhor†:
Curvai os ombros,* servi ao rei de Ba-
bilônia e habitareis no país que eu dei
a vossos pais. [22]Mas se não prestardes
ouvido à voz do Senhor que manda
servir* ao rei de Babilônia, [23]farei ces-
sar, nas cidades de Judá e nas ruas de
Jerusalém, o grito de alegria e o grito
de júbilo, o canto do esposo e o can-
to da esposa, e todo o país se tornará
um deserto sem habitantes". [24]Mas
não prestamos ouvido a vossa ordem
de servir ao rei de Babilônia, por isso
cumpristes a ameaça que pronuncias-
tes por meio de vossos servos, os pro-
fetas: que os ossos de nossos reis* e
de nossos pais seriam removidos de
seu túmulo. [25]E ei-los abandonados
ao calor do dia* e ao gelo da noite.
Eles morreram entre cruéis sofrimen-
tos, de fome, pela espada* e de peste;
[26]e o templo que traz vosso nome, vós
o reduzistes ao estado em que hoje se
acha, por causa da maldade da casa
de Israel e da casa de Judá.

[27]Contudo agistes para conosco,
Senhor, nosso Deus, segundo toda a
vossa bondade† e toda a vossa imen-
sa ternura, [28]como tínheis falado por
meio de vosso servo Moisés, quando
lhe ordenastes escrever vossa lei dian-
te dos israelitas, dizendo: [29]"Se não es-
cutardes minha voz, esta imensa e inu-
merável multidão será reduzida a um
pequeno resto* no meio das nações
entre as quais eu a dispersarei; [30]por-
que eu sei que não me escutarão, sen-
do um povo de dura cerviz.* Mas na
terra de seu exílio* entrarão em si [31]e
reconhecerão que eu sou o Senhor,
seu Deus. Dar-lhes-ei um coração* e
ouvidos que escutam; [32]no país de seu
exílio me louvarão e se recordarão de
meu nome [33]e, repensando no desti-
no de seus pais que pecaram contra o
Senhor, renunciarão a sua dureza* e a
suas más ações. [34]Então os reconduzi-
rei à terra que prometi com juramento
a seus pais, Abraão, Isaac e Jacó; eles
terão de novo o domínio dela e eu os
multiplicarei, e não diminuirão mais;
[35]farei com eles uma aliança perene:*
eu serei seu Deus e eles serão meu
povo. Não expulsarei nunca mais meu
povo Israel do país que lhe dei".

3 **Oração para obter o perdão.**

[1]Senhor onipotente, Deus de Isra-
el,* é uma alma angustiada, um espírito
atormentado que grita para vós. [2]Es-
cutai, Senhor, e tende piedade, porque

* **2**,13. Am 3,12; Is 4,3 | 14. Dn 9,19 / Sl 25,11 | 15. Jr 14,9 | 16. Dt 26,15 | 17. Is 38,18 | 18. Dt 28,65ss | 19. Ez 36,22; Dn 9,18 | 21. Jr 27,12 | 22. Jr 7,34 | 24. Jr 8,1ss | 25. Jr 36,30 / Jr 14,12 | 29. Lv 26,39 | 30. Dn 9,13 / Lv 26,44s | 31. Ez 36,26; Jr 4,4 | 33. Dt 30,1.9s | 35. Jr 31,31 | **3**,1. 2,18 | 2. Sl 29,10; 44,23; Lm 5,9

† **2**,15. Significa que Deus é o protetor de Israel. | 18. Se o Senhor não salvar Israel, não haverá quem lhe dê glória. | 21. Os vv. 21-23 resumem a mensagem de Jeremias. | 27. A punição não é por vingança, mas para provocar a conversão do povo, motivo de sua restauração.

pecamos* contra vós. 3Porque vós rei-
nais eternamente, mas nós perecemos
para sempre. 4Senhor onipotente, Deus
de Israel, escutai portanto a súplica dos
mortos de Israel†, dos filhos daque-
les que pecaram contra vós: eles não
escutaram a voz do Senhor seu Deus,
por isso a nós se apegaram os males.
5Não recordeis a iniquidade de nossos
pais, mas recordai-vos agora de vosso
poder e de vosso nome, 6porque vós
sois o Senhor, nosso Deus, e nós vos
louvaremos, Senhor. 7Por isso pusestes
em nossos corações* vosso temor: para
que invoquemos vosso nome. Nós vos
louvaremos no exílio, porque afasta-
mos do coração toda a iniquidade de
nossos pais que pecaram contra vós.
8Hoje estamos exilados* e dispersos,
somos objeto de opróbrio, de maldição
e de condenação por todas as iniquida-
des de nossos pais que se afastaram do
Senhor, nosso Deus.

III. MEDITAÇÃO SOBRE A SABEDORIA (3,9–4,4)

**A sabedoria, caminho de salva-
ção**†. 9Escuta, Israel, os mandamentos
de vida,*
inclina o ouvido para aprender a prudência.
10Por que, Israel, por que te encontras em terra inimiga
e envelheces em terra estrangeira?
11Por que te contaminas com os mortos†
e és contado entre os que descem ao abismo?
12É que abandonaste a fonte da sabedoria!*
13Se tivesses seguido os caminhos de Deus,
terias vivido sempre em paz.*
14Aprende onde está a prudência,
onde está a força, onde está a inteligência,
para compreenderes também
onde estão a longevidade e a vida,
onde estão a luz dos olhos e a paz.
15Mas quem descobriu sua morada,*
quem penetrou em seus tesouros?
16Onde estão os chefes das nações
e os que dominam as feras que há na terra?*
17Onde estão os que se divertem com os pássaros do céu,
os que acumulam prata e ouro,
nos quais confiam os homens,
não pondo limite a suas posses?
18Onde estão os que trabalham a prata com grande cuidado,
mas sem revelar o segredo de suas obras?
19Desapareceram, desceram ao abismo
e surgiram outros em seu lugar.
20Novas gerações viram a luz e habitaram a terra,
mas não conheceram o caminho da sabedoria,
21não aprenderam suas veredas;
nem mesmo seus filhos a alcançaram:
ficaram longe de seu caminho.
22Não se ouviu falar dela em Canaã,*
não foi vista em Temã.
23Mesmo os filhos de Agar
que buscam sabedoria terrena,
os mercadores de Madiã e de Temã,*
os narradores de fábulas,
os pesquisadores da inteligência,
não conheceram o caminho da sabedoria,
não se recordaram de suas veredas.
24Israel, como é grande a morada de Deus,
como é vasto o lugar de seu domínio!
25É grande e não tem fim,
sublime e não tem medida!
26Lá nasceram os gigantes,*

---

* **3**,7. Jr 31,33 | 8. 2,4 | 9. Pr 4,20ss | 12. Jr 2,13; Eclo 1,5 | 13. Is 48,18 | 15. Jó 28,12.20 | 16. Jr 27,6 | 22. Ez 28,4s; Zc 9,2 | 23. Jó 2,11 | 26. Gn 6,4; Dt 2,10

† **3**,4. Os exilados são considerados como mortos, Ez 37,12. | 9. Como Jó 28, esse trecho fala da sabedoria misteriosa e oculta que só Deus conhece. Ela é o bem mais precioso, porque é a origem da prosperidade para quem a possui. | 11. Os mortos são os pagãos, que não conhecem e não observam a Lei, fonte da vida.

famosos desde a origem,
altos de estatura, adestrados na guerra;
27 mas Deus não escolheu a estes*
e não lhes deu o caminho do conhecimento:
28 pereceram por falta de prudência,
pereceram por sua irreflexão.
29 Quem subiu ao céu para tomá-la*
e fazê-la descer das nuvens?
30 Quem atravessou o mar para descobri-la
e trazê-la a preço de ouro puro?
31 Não há quem conheça seu caminho,*
nem quem compreenda suas veredas.
32 Mas aquele que tudo sabe a conhece*
e a descobriu com sua inteligência.
É ele que estabeleceu a terra para sempre
e a encheu de animais quadrúpedes;
33 ele envia a luz, e ela vai,
ele a chama de volta, e ela obedece com tremor.
34 As estrelas brilham em seus postos de guarda
e se alegram;
35 ele as chama, e elas respondem: "Aqui estamos!"*
e brilham com alegria para seu Criador.
36 Ele é nosso Deus
e nenhum outro lhe é comparável.
37 Ele descobriu todo o caminho da inteligência
e deu-o a Jacó, seu servo,*
a Israel seu predileto.
38 Depois disso apareceu sobre a terra*
e viveu entre os homens†.

4 **Sabedoria e lei de Deus.** 1 Este é o livro dos decretos de Deus†,
é a lei que existe para sempre;
os que se apegam a ela terão a vida,*
os que a abandonam morrerão.
2 Volta, Jacó, e acolhe-a,
caminha para o esplendor sua luz.*
3 Não dês a outros tua glória,
nem teus privilégios a uma nação estrangeira.
4 Felizes de nós, ó Israel,*
porque o que agrada a Deus nos foi revelado.

IV. EXORTAÇÃO E CONSELHOS DE JEREMIAS (4,5–5,9)

Exortação. 5 Coragem, povo meu,
memorial de Israel!
6 Fostes vendidos às nações†
não para serdes aniquilados,*
mas porque provocastes o furor de Deus
é que fostes entregues aos inimigos.
7 Irritastes vosso Criador,
sacrificando aos demônios e não a Deus.*
8 Esquecestes aquele que vos educou, o Deus eterno,*
afligistes aquela que vos nutriu, Jerusalém.
9 Ela viu abater-se sobre vós a ira divina
e exclamou: "Escutai, cidades vizinhas de Sião†,
Deus mandou-me grande dor.
10 Pois eu vi a escravidão
que o Eterno infligiu a meus filhos e a minhas filhas.
11 Eu os tinha nutrido com alegria
e tive de deixá-los partir com lágrimas e gemidos.
12 Ninguém se alegre ao ver-me viúva e desolada†;
estou abandonada por causa dos pecados de meus filhos,*
que se desviaram da lei de Deus,

* **3**,27. 1Sm 16,7 | 29. Eclo 24,7; Sb 9,4 | 31. Jó 28,13s | 32. Jó 28,23 | 35. Is 40,26; Jó 38,35; Sl 147,4 | 37. Sl 147,19; Eclo 24,12s.15 | 38. Pr 8,31; Sb 9,10; Jo 1,14 | **4**,1. Pr 1,32s; 8,35s | 2. Pr 6,23 | 4. Dt 4,8.32-37; Sb 9,18 | 6. Is 50,1; 52,3 | 7. Dt 32,17 | 8. Dt 32,5.10.15; Is 1,2 | 12. Lm 1,1s

† **3**,38. Conforme muitos Santos Padres, este é um anúncio da Encarnação do Verbo, Sabedoria e Palavra divinas. | **4**,1. Deus é a fonte da sabedoria e revelou-a a Israel na lei. | 6. Israel é como um escravo, comprado do Egito no tempo do êxodo, e vendido por Deus a Babilônia. | 9. Jerusalém explica sua ruína falando às nações que quase sempre foram suas inimigas. | 12. Jerusalém é como mulher sem marido e sem filhos, Lm 1,1s, desamparada e sem meios de se manter.

[13]não quiseram saber dos decretos
de Deus,
não seguiram o caminho de seus
preceitos,
nem andaram pelas veredas da dis-
ciplina,
segundo sua justiça.
[14]Vinde, ó cidades vizinhas de Sião,
considerai a escravidão
que o Eterno infligiu a meus filhos e
a minhas filhas.
[15]Mandou contra eles um povo dis-
tante,*
uma nação cruel e de língua estran-
geira,
que não teve respeito pelos velhos,
nem piedade das crianças,*
[16]que arrancou seus caros filhos à
viúva
e deixou-a só e sem filhas".
Esperança. [17]"E eu, como posso aju-
dar-vos?
[18]Aquele que vos afligiu com tantos
males,
é ele que vos libertará do poder de
vossos inimigos.
[19]Ide, meus filhos, ide!
Eu fico sozinha.
[20]Eu tirei a veste da paz,
vesti o luto de minha súplica;
gritarei ao Eterno durante toda a vida.
[21]Coragem, meus filhos, gritai a Deus
e ele vos libertará da opressão,
do poder de vossos inimigos.
[22]Pois eu espero do Eterno vossa sal-
vação.
Do Santo me vem alegria,
pela misericórdia que em breve vos
chegará
do Eterno, vosso Salvador.
[23]Eu vos vi partir entre gemidos e
prantos,*
mas Deus vos reconduzirá a mim
com alegria e júbilo, para sempre.
[24]Como agora as cidades vizinhas de
Sião
viram vossa escravidão,
assim verão em breve a salvação
que vos virá de vosso Deus
com grande glória e esplendor do
Eterno.*
[25]Filhos, suportai com paciência
a cólera que de Deus veio sobre vós.
O inimigo vos perseguiu,
mas vereis em breve sua ruína
e calcareis ao pé seu pescoço†.
[26]Meus filhos delicados*
tiveram de percorrer caminhos pe-
dregosos,
raptados como rebanho dizimado
pelo inimigo.
[27]Coragem, filhos, gritai a Deus,*
porque se recordará de vós Aquele
que vos provou.
[28]Como pensastes em afastar-vos de
Deus,
assim, uma vez convertidos,
buscai-o com zelo dez vezes maior†;
[29]porque aquele que vos afligiu com
tantas calamidades
vos dará também, com a salvação,
uma alegria perene".
Retorno. [30]Coragem, Jerusalém!†
Aquele que te deu um nome te con-
solará.
[31]Malditos os que te maltrataram
e se alegraram com tua queda;
[32]malditas as cidades
das quais foram escravos teus filhos,
maldita aquela que recebeu teus fi-
lhos.
[33]Pois como se alegrou por tua queda
e rejubilou por tua ruína,
assim chorará sua própria desolação.
[34]Eu a privarei da alegria de sua
grande população,
sua arrogância será mudada em luto.
[35]O Eterno lhe mandará um fogo*
que arderá por muitos dias,
e os demônios nela habitarão* por
muito tempo†.
[36]Olha para o oriente, Jerusalém,*
e contempla a alegria que te vem de
Deus.

* **4**,15. Jr 5,15; 6,22s / Dt 28,49s | 23. Jr 31,12s | 24. Is 60,1ss | 26. Is 51,23; Lm 2,22; 4,5 | 27. Is 40,1 | 35. Is 34,9s.14 / Lv 16,8; 17,7 | 36. Is 60,4s

† **4**,25. Ver a nota em Sl 66,12. | **4**,28. Depois do exílio, Israel não recairá na idolatria: o castigo surtirá efeito. | 30. O profeta responde a Jerusalém consolando-a com o anúncio da restauração. | 35. Pensavam que as ruínas eram morada de feras e de demônios.

[37]Estão voltando os filhos que viste partir,
voltam juntos, reunidos do oriente ao ocidente
pela palavra do Santo,
exultantes pela glória de Deus.

5 **Alegria reencontrada.** [1]Depõe, ó Jerusalém,
tua veste de luto e de sofrimento;*
reveste-te para sempre
do esplendor da glória que vem de Deus.
[2]Envolve-te com o manto da justiça que vem de Deus,*
põe sobre a cabeça o diadema de glória do Eterno,
[3]porque Deus mostrará teu esplendor
a toda criatura debaixo do céu.
[4]Deus te dará para sempre este nome†:
Paz da justiça e Glória da piedade.
[5]De pé, Jerusalém, coloca-te no alto
e olha para o oriente:
vê teus filhos reunidos do ocidente ao oriente
pela palavra do Santo,
exultantes porque Deus se lembrou deles.
[6]Partiram de ti a pé,
levados pelos inimigos;
mas Deus os reconduz a ti em triunfo*
como sobre um trono real†.
[7]Porque Deus ordenou*
que sejam abaixadas toda alta montanha
e as colinas antigas,
e sejam aterrados os vales para aplanar a terra,
para que Israel caminhe com segurança
sob a glória de Deus.
[8]Também as florestas e toda árvore aromática*
farão sombra para Israel por ordem de Deus.
[9]Porque Deus guiará Israel com alegria
à luz de sua glória,
com a misericórdia e a justiça que vêm dele.

V. APÊNDICE: CARTA DE JEREMIAS (6)†

6 **Aos exilados de Israel.** Cópia da
carta que Jeremias enviou aos que
iam ser levados prisioneiros para Babi-
lônia pelo rei dos babilônios, para lhes
comunicar o que lhe tinha sido ordena-
do por Deus.
[1]Pelos pecados que cometestes*
diante de Deus sereis levados para Ba-
bilônia como prisioneiros por Nabuco-
donosor, rei dos babilônios. [2]Quando,
pois, chegardes a Babilônia, aí ficareis
muitos anos e por longo tempo até
sete gerações; depois vos reconduzirei
de lá em paz. [3]Ora, vereis em Babilônia
ídolos de prata, de ouro e de madei-
ra,* que se levam sobre os ombros e
que inspiram temor aos pagãos. [4]Estai
atentos, pois, para não imitardes os es-
trangeiros; o temor de seus deuses não
se apodere de vós. [5]À vista da multidão
que se prostra diante e atrás deles para
adorá-los, pensai: "É a ti que se deve
adorar,* Senhor". [6]Porque meu anjo
está convosco, ele cuidará de vós.
[7]Os deuses têm uma língua mode-
lada por artesão, são dourados e pra-
teados,* mas são uma falsidade e não
podem falar. [8]Como para uma moça
vaidosa, tomam ouro e fabricam coroas
para a cabeça de seus deuses. [9]Às vezes
até os sacerdotes tiram de seus deuses
ouro e prata para suas despesas pesso-
ais; e os dão também às prostitutas nos
prostíbulos. [10]Adornam também com
vestes, como se faz com seres huma-
nos, esses deuses de prata, de ouro e
de madeira; mas eles não conseguem

* **5**,1. Is 52,1 | 2. Is 61,10 | 6. Is 49,22; 60,4 | 7. Is 40,3s | 8. Is 41,19 | **6**,1. Jr 29,1 | 3. Is 40,20; Jr 10,1-16 | 5. Êx 23,20 | 7. Sl 115,4s

† **5**,4. Dar um nome novo é chamar a uma vocação, a uma nova condição. | 6. O retorno é descrito como um novo êxodo, e com imagens do Segundo Isaías. Na realidade, a volta dos exilados foi muito menos gloriosa e triunfante: encontraram a terra totalmente devastada. | **V**. Atribuída a Jeremias, esta carta é de um autor anônimo. Ele mostra que conhece Babilônia, mas Jeremias nunca esteve lá. A carta é uma sátira contra os ídolos, destinada aos judeus que vão para Babilônia.

escapar da ferrugem e das traças. [11]Embora vestidos com veste de púrpura, é preciso limpar o rosto deles por causa da poeira do templo que se acumula sobre eles. [12]Como o governador de uma região, o deus tem um cetro, mas não pode matar quem o ofende. [13]Tem o punhal e o machado na mão direita, mas não se livra da guerra e dos ladrões. [14]Por isso é evidente que não são deuses; não os temais, portanto!

[15]Como um vaso uma vez quebrado se torna inútil, assim são seus deuses, entronizados nos templos. [16]Seus olhos estão cheios da poeira levantada pelos pés daqueles que entram. [17]Como se conserva bem trancado o lugar onde está detido alguém que ofendeu o rei, porque deve ser conduzido à morte, assim os sacerdotes reforçam os templos com portões, fechaduras e ferrolhos, para que não sejam saqueados pelos ladrões. [18]Acendem para eles luzes, até mais numerosas que para si mesmos, mas os deuses não veem nenhuma. [19]São como uma das traves do templo: seu interior, como se diz, está carcomido e também eles, sem perceber, são devorados pelos insetos que saem da terra, junto com suas vestes. [20]O rosto deles fica preto devido à fumaça do templo. [21]Sobre o corpo e a cabeça deles esvoaçam morcegos, andorinhas e outros pássaros; também gatos lá se encontram. [22]Por aí podeis conhecer que não são deuses; não os temais, portanto!

[23]O ouro que os recobre e enfeita não resplandece se não é feita uma limpeza; mesmo quando eram fundidos, eles nada percebiam. [24]Compram-se por qualquer preço esses objetos que não têm sopro vital. [25]Não tendo pés,* são carregados aos ombros, mostrando aos homens sua condição vergonhosa; envergonham-se também seus servidores porque, se caem por terra, não se levantam por si mesmos. [26]Se alguém os puser de pé, não podem mover-se por si mesmos; se estão deitados, não podem reerguer-se; mas é como diante de mortos que se lhes apresentam ofertas. [27]Seus sacerdotes vendem as vítimas oferecidas às divindades e disso tiram proveito; também as mulheres deles salgam parte delas, sem nada distribuir aos pobres e aos necessitados; a mulher em seu estado de impureza* e a que deu à luz ousam tocar nos animais sacrificados. [28]Conhecendo, portanto, por tudo isso que eles não são deuses, não os temais!

[29]Como pois se poderiam chamar deuses? São mulheres que apresentam ofertas a esses ídolos de prata, de ouro e de madeira†. [30]Em seus templos, os sacerdotes se sentam com as vestes rasgadas, os cabelos e a barba raspados, com a cabeça descoberta. [31]Rugem, lançando gritos a seus deuses, como fazem alguns durante um banquete fúnebre†. [32]Os sacerdotes tiram as vestes de seus deuses e vestem com elas suas mulheres e filhos. [33]Os ídolos não podem retribuir o mal nem o bem que recebem de alguém; não podem nomear nem destronar um rei; [34]igualmente não podem dar riqueza nem dinheiro. Se alguém faz uma promessa e não a mantém, não lhe pedem conta. [35]Não podem libertar um homem da morte nem livrar o fraco de um forte; [36]nem restituir a vista a um cego* nem libertar um homem das angústias; [37]nem ter piedade da viúva nem fazer bem ao órfão. [38]São semelhantes às pedras tiradas da montanha aqueles ídolos de madeira, dourados e prateados. Seus servidores serão confundidos. [39]Como é possível, pois, pensar ou declarar que eles são deuses?

[40]Tanto mais que os próprios caldeus os desonram; com efeito, quando encontram um mudo incapaz de falar, apresentam-no a Bel suplicando-lhe que o faça falar, como se este pudesse compreender†. [41]Eles são incapazes de

* **6**,25. Is 46,7; Sb 13,16 | 27. Lv 12,4; 15,19s; 20,18 | 36. Sl 68,6; 146,7s

† **6**,29. As mulheres hebreias não podiam exercer funções sacerdotais. | 31. Na casa onde morria alguém, não se cozinhava: as visitas traziam a comida. | 40. Sabem que os ídolos não podem falar, mas enganam a boa-fé do povo.

refletir e de abandonar os ídolos, porque
não têm juízo. 42As mulheres, cingidas de
cordas, sentam-se nas ruas e queimam
farelo. 43Quando alguma delas, convida-
da por algum transeunte, entregou-se a
ele, zomba de sua vizinha porque não foi
estimada como ela e porque sua corda
não foi desatada. 44Tudo o que acontece
em torno dos ídolos é mentira; portanto,
como se pode crer ou declarar que eles
são deuses?

45Os ídolos são fabricados por es-
cultores e ourives; não se tornam nada
mais que aquilo que os artesãos que-
rem que eles sejam. 46Seus fabricantes
não têm vida longa; como poderiam
ser deuses os objetos por eles fabrica-
dos? 47Eles deixam a seus descenden-
tes só mentira e ignomínia. 48De fato,
quando a guerra e as calamidades se
abatem sobre esses ídolos, os sacer-
dotes deliberam entre si sobre como
poderão esconder-se junto com eles.
49Como, então, não entender que não
são deuses aqueles que não podem
salvar-se a si mesmos nem da guerra,
nem das calamidades? 50Depois disso
se reconhecerá que os ídolos de ma-
deira, dourados e prateados, são men-
tira; para todas as nações e para os reis
será evidente que eles não são deuses,
mas obra das mãos de homem e que
neles não há nenhuma obra divina.
51Para quem, pois, não é evidente que
eles não são deuses?

52Com efeito, eles não podem es-
tabelecer um rei sobre o país, nem
conceder a chuva aos homens; 53nem
julgar suas próprias causas, nem liber-
tar o oprimido, porque não têm poder
algum; são como corvos entre o céu e
a terra. 54Com efeito, se o fogo atinge
o templo desses deuses de madeira ou
dourados ou prateados, seus sacer-
dotes fogem e se põem a salvo, eles
porém queimarão como traves lá no
meio. 55A um rei e aos inimigos não po-
dem resistir. 56Como se pode admitir,
pois, ou pensar que eles sejam deuses?

57Nem dos ladrões, nem dos bandi-
dos podem escapar esses ídolos de ma-
deira, prateados e dourados, aos quais
os audazes retiram o ouro, a prata e a
veste que os cobre, fugindo em seguida;
nem a si mesmos são capazes de aju-
dar. 58Por isso vale mais ser um rei que
mostra coragem, ou um vaso útil numa
casa, do qual se serve seu proprietário,
do que ser esses falsos deuses; ou en-
tão, vale mais uma porta de casa que
protege o que está dentro dela do que
esses falsos deuses; ou uma coluna de
madeira num palácio do que esses fal-
sos deuses. 59Pois o sol, a lua e as es-
trelas, que brilham e têm a missão de
servir, são obedientes. 60Assim também
o relâmpago, quando aparece, é bem
visível; também o vento que sopra em
toda a região. 61As nuvens executam
a ordem que Deus lhes dá de percor-
rer toda a terra; e o fogo, enviado do
alto para consumir montes e florestas,
faz o que foi mandado. 62Os ídolos, po-
rém, não se podem comparar com es-
sas coisas nem pelo aspecto, nem pelo
poder. 63Por isso não se pode admitir
nem dizer que são deuses, porque não
podem fazer justiça nem fazer bem aos
homens. 64Sabendo, pois, que não são
deuses, não os temais!

65Não podem maldizer nem bendizer
os reis; 66nem mostrar às nações sinais
no céu; não brilham como o sol, nem
iluminam como a lua. 67Os animais sel-
vagens são superiores a eles, porque
podem refugiar-se num esconderijo
e prover a si mesmos. 68Portanto, ne-
nhum argumento nos prova que eles
sejam deuses; por isso, não os temais!

69Como um espantalho que numa
plantação de abóboras nada protege,
são assim seus ídolos de madeira, dou-
rados e prateados; 70Ou ainda, seus
ídolos de madeira, dourados e pratea-
dos, podem ser comparados a um es-
pinheiro no quintal, onde pousa toda
espécie de pássaros, ou com um cadá-
ver lançado nas trevas. 71Pela púrpura e
pelo linho que se estragam sobre eles,
sabereis que não são deuses; enfim, se-
rão devorados e serão uma vergonha
no país. 72Portanto, é melhor um ho-
mem justo, que não tem ídolos, porque
estará livre da desonra.

EZEQUIEL

Nascido em Jerusalém, de família sacerdotal, foi o guia moral e espiritual dos primeiros hebreus deportados para Babilônia em 597 a.C. Seu livro descreve vários de seus gestos proféticos, que ele explica aos ouvintes, pois simbolizam o que está reservado a eles. Ezequiel é o profeta das visões grandiosas, sendo a primeira delas a do carro de Javé, símbolo da presença divina que não está presa a um lugar, mas acompanha os seus em todo lugar do mundo. Por isso, o nome da cidade futura será "Javé está lá" (48,35).

Posto como sentinela na casa de Israel (33,7) e sempre atento aos acontecimentos da época, exorta os deportados a abandonar a vã esperança de voltar logo para a pátria. Transportado em êxtase a Jerusalém, vê a glória de Deus abandonar o templo, anúncio da destruição definitiva da cidade e do templo como merecida punição divina. Depois da destruição de Jerusalém, torna-se o profeta da esperança, lembrando aos exilados a salvação prometida por Deus.

Punidas as nações que humilharam Israel (cap. 25–32), Deus realizará a ressurreição de seu povo (37, 1-14) para reconduzi-lo de volta à pátria. Derramará sobre ele uma água pura para purificá-lo dos pecados e ao mesmo tempo lhe dará seu espírito e um coração novo (36,35ss), concluindo com ele uma Aliança eterna (16,60ss). Também o templo será reconstruído, e Javé voltará a tomar posse dele, fazendo brotar de seu lado direito um rio que transforma o deserto num paraíso (cap. 40–48). Deus rejeitará os maus pastores de Israel que traíram sua missão e será ele mesmo o pastor de seu povo, mediante seu servo Davi (34,16). O profeta inculca a responsabilidade individual, corrigindo a teoria em voga de que os filhos eram castigados pelos pecados dos pais.

Ezequiel é o pai do judaísmo, isto é, daquela maneira de pensar, de rezar e de viver da comunidade pós-exílica. Devem-se a sua influência os principais elementos da religião vivida nesta comunidade: amor ao templo, culto da Lei, distinção entre sagrado e profano, observação minuciosa da Lei da Santidade (Lv 17–26), destinada a fazer de Israel um povo separado das nações.

A frase preferida do profeta, que ele repete 86 vezes, é "Sabereis que eu sou Javé". É um apelo ao povo para que reconheça seu Deus não apenas no culto, mas também nos acontecimentos históricos que está vivendo. É preciso interpretar de modo correto o que acontece.

I. VOCAÇÃO DO PROFETA (1,1–3,21)

1 **Contexto histórico.** 1No dia cin-
co do quarto mês do ano trinta†,
enquanto eu estava entre os exilados à
beira do rio Cobar, os céus se abriram e
eu tive visões divinas. 2No dia cinco do
mês – era o ano quinto da deportação
do rei Joaquin – 3a palavra de Javé foi
dirigida ao sacerdote Ezequiel, filho de
Buzi, no país dos caldeus, à beira do rio
Cobar. Foi lá que a mão de Javé esteve
sobre ele.

Visão do carro divino†. 4Eu olhava, e
eis que avançava do norte um furacão,
uma grande nuvem e um turbilhão de
fogo que iluminava tudo ao redor e, no
meio, algo como metal incandescente.
5No centro apareceu a figura* de qua-
tro seres vivos†, que tinham forma hu-
mana 6e tinham cada um quatro faces

---

* **1**,5. 10,8-22; Êx 25,18; Ap 4,6ss

† **1**,1. Ano 593 a.C. O rio Cobar é um canal desviado do Eufrates. | 4. Esta visão representa a mobilidade de Deus, que não está somente em Jerusalém, mas também entre os exilados, que podem experimentar a mesma presença protetora de Deus no meio deles. | 5. Lembram os "caribus" babilônicos, figuras ornamentais com cabeça de homem, corpo de leão e de boi, e asas de águia. Serão os 4 seres vivos de Ap 4,7. Na tradição cristã, tornaram-se símbolos dos quatro evangelistas: Mateus (homem), Marcos (leão), Lucas (boi), João (águia).

e quatro asas. 7Suas pernas eram retas e as plantas de seus pés eram como as plantas dos pés de um bezerro, brilhantes como bronze polido. 8Sob as asas, dos quatro lados, tinham mãos de homem; todos os quatro tinham a mesma aparência e suas próprias asas, 9e suas asas eram unidas uma à outra. Enquanto se moviam, não se voltavam, mas cada um ia reto para a frente.

10Quanto à forma de suas faces, tinham uma face de homem, e todos os quatro tinham uma face de leão à direita e todos os quatro tinham uma face de touro à esquerda e todos os quatro tinham uma face de águia. 11Suas asas se estendiam para cima; cada um tinha duas asas que se tocavam* e duas que lhe cobriam o corpo. 12Cada um se movia para sua frente; iam para onde o espírito os dirigia e, movendo-se, não se voltavam.

13O aspecto daqueles seres vivos era como o de brasas ardentes que pareciam tochas,* indo e vindo entre os seres vivos; o fogo brilhava, e do fogo saíam relâmpagos. 14Os seres iam e vinham como relâmpago.* 15Eu olhava aqueles seres, e eis sobre o solo uma roda ao lado de cada um dos seres vivos de quatro faces.

16O aspecto dessas rodas e sua estrutura eram como o brilho do topázio, e todas as quatro tinham a mesma forma; seu aspecto e sua estrutura eram como os de uma roda no meio de uma outra. 17Podiam mover-se nas quatro direções, sem precisar voltar-se ao mover-se. 18Sua circunferência era grande e espantosa e os círculos de todas as quatro eram cheios de olhos ao redor.* 19Quando aqueles seres vivos se moviam, também as rodas* se moviam ao lado deles e, quando os seres vivos se erguiam da terra, também as rodas se erguiam. 20Para onde o espírito as impelia, as rodas iam e igualmente se erguiam, porque o espírito dos seres vivos estava nas rodas. 21Quando eles se moviam, também as rodas se moviam; quando eles paravam, elas paravam e, quando eles se erguiam da terra, as rodas igualmente se erguiam, porque o espírito dos seres vivos estava nas rodas.

22Acima das cabeças dos seres vivos havia uma espécie* de firmamento, brilhante como um cristal, estendido sobre suas cabeças, 23e sob o firmamento, suas asas estavam estendidas, uma para a outra; e cada ser tinha duas que lhe cobriam* o corpo. 24Quando eles se moviam, eu ouvi o ruído das asas: era semelhante ao rumor de grandes águas, como o trovão do Onipotente,* como o fragor da tempestade, como o tumulto de um acampamento. Quando paravam, abaixavam as asas. 25Veio uma voz de cima do firmamento que estava sobre suas cabeças. Quando paravam, abaixavam as asas.

26Sobre o firmamento* que estava acima de suas cabeças apareceu algo como pedra de safira em forma de trono e sobre esta espécie de trono, no alto, uma figura de aparência humana. 27Daquilo que parecia ser a cintura para cima, eu vi como a cor de bronze incandescente como fogo que o rodeava totalmente;* e daquilo que parecia ser a cintura para baixo, eu vi algo semelhante ao fogo e que irradiava ao redor um grande esplendor, 28cujo aspecto era como o do arco-íris* nas nuvens num dia de chuva. Tal era o aspecto daquele esplendor ao redor. Este era o aspecto da imagem da glória de Javé.* Quando a vi, caí com o rosto em terra e ouvi a voz de alguém que falava.

2 **Missão de Ezequiel.** 1Disse-me: "Filho do homem†, levanta-te,* quero falar-te". 2Enquanto me falava, um espírito entrou em mim, fez-me ficar de pé* e eu escutei aquele que me falava.

---

* **1**,11. Is 6,2 | 13. Êx 19,18 | 14. Sl 104,4; Ez 10,9-13 | 18. Zc 4,10; Ap 4,8 | 19. 10,16 | 22. 10,1; Ap 4,6; Êx 24,10 | 23. 10,5 | 24. Gn 17,1 | 26. Ap 4,2s | 27. 8,2 | 28. Gn 9,13ss / Ez 8,4; Êx 24,16; Ap 1,17; Dn 8,17 | **2**,1. Dn 10,11 | 2. 3,24

† **2**,1. Expressão que significa simplesmente "homem"; aparece 87 vezes em Ezequiel, indicando a pequenez do homem diante da grandeza e da onipotência de Deus.

3Disse-me: "Filho do homem, eu te envio aos israelitas,* a um povo de rebeldes, que se rebelaram contra mim. Eles e seus pais se revoltaram contra mim até hoje. 4A esses filhos obstinados e de coração endurecido eu te envio. Tu lhes dirás: Assim fala o Senhor Javé.* 5Quer escutem quer não escutem – porque são uma estirpe de rebeldes – saberão que há um profeta no meio deles.

6Mas tu, filho do homem, não os temas, não tenhas medo de suas palavras; serão para ti como cardos e espinhos e te encontrarás no meio de escorpiões; mas não temas suas palavras, nem te atemorizes à frente deles,* porque são uma estirpe de rebeldes. 7Dirás a eles minhas palavras, quer escutem quer deixem de escutar, porque são uma estirpe de rebeldes.

8E tu, filho do homem, escuta o que te digo e não sejas rebelde como essa estirpe de rebeldes; abre a boca e come o que vou te dar". 9Vi então uma mão estendida para mim, segurando um livro em forma de rolo.* 10Desenrolou-o diante de mim; estava escrito por dentro e por fora, e nele estavam escritos lamentos, gemidos e ais.

3

Visão do rolo. 1Disse-me: "Filho do homem, come* o que tens diante de ti, come este rolo, depois vai e fala à casa de Israel". 2Eu abri a boca e ele me fez comer aquele rolo, 3dizendo-me: "Filho do homem, alimenta teu estômago e enche tuas entranhas com este rolo que te dou". Eu o comi e foi em minha boca doce como o mel.

4Depois ele me disse: "Filho do homem, vai, dirige-te aos israelitas* e dize-lhes minhas palavras, 5pois eu não te mando a um povo de linguagem obscura* e de língua difícil, mas aos israelitas; 6não a povos numerosos, de linguagem obscura e de língua difícil, cujas palavras não entenderias: se eu te mandasse a eles, iriam escutar-te. 7Mas os israelitas não querem escutar-te,* porque não querem escutar a mim: todos os israelitas têm a mente obstinada e o coração endurecido. 8Fiz teu rosto duro como o deles e tua fronte dura como a deles. 9Fiz tua fronte como diamante, mais dura que a rocha. Não os temas, não fiques com medo diante deles, pois são uma estirpe de rebeldes".

10Disse-me ainda: "Filho do homem, acolhe no coração e escuta com os ouvidos todas as palavras que te direi: 11depois vai, dirige-te aos exilados, aos filhos de teu povo, e fala-lhes. Tu lhes dirás: Assim fala o Senhor Javé, quer escutem quer deixem de escutar".

12Então um espírito me ergueu* e, atrás de mim, ouvi um grande clamor: "Bendita seja a glória de Javé em sua morada!" 13Era o rumor das asas dos seres vivos que as batiam uma contra a outra e ao mesmo tempo o barulho das rodas ao lado deles e o ruído de um grande estrondo. 14O espírito me ergueu e me transportou; eu fui triste e com o ânimo indignado, enquanto a mão de Javé pesava sobre mim. 15Cheguei junto aos deportados de Tel-Abib, que moravam ao longo do rio Cobar, onde fixaram morada, e fiquei no meio deles sete dias como que atordoado.

Ezequiel sentinela. 16Ao fim desses sete dias foi-me dirigida esta palavra de Javé: 17"Filho do homem, eu te pus como sentinela† da casa de Israel.* Quando ouvires de minha boca uma palavra, deverás avisá-los de minha parte. 18Se digo ao mau: Tu morrerás, e não o avisas e não falas para que o ímpio abandone sua conduta perversa para salvar sua vida, ele, o ímpio, morrerá por sua iniquidade, mas de sua morte eu pedirei contas a ti. 19Mas se tu avisas o ímpio, e ele não se afasta de sua maldade e de sua má conduta, ele morrerá por seu pecado, mas tu salvarás tua vida.

---

* **2**,3. Dt 9,7.24 | 4. 12,2; 33,33 | 6. Jr 1,8.17 | 9. Ap 5,1; 10,2 | **3**,1. Ap 10,8-11 | 4. Jr 7,27 | 5. Is 28,9-13; 33,19 | 7. Jn 3,3; Mt 12,38-42 | 12. 1Rs 18,12; Lc 2,13s | 17. 33,1-9; Is 21,6.8.11

† **3**,17. O profeta é encarregado de proteger o povo de ataques imprevistos, além de prever o que Deus está para realizar.

[20]Assim, se o justo se afasta de sua justiça* e comete a iniquidade, eu porei um tropeço em sua frente e ele morrerá; porque tu não o avisaste, morrerá por seu pecado* e as obras justas por ele feitas não serão mais recordadas; mas da morte dele pedirei contas a ti. [21]Se, porém, avisares o justo para não pecar, e ele não tiver pecado, ele viverá, porque foi avisado e tu salvarás tua vida".

II. JUÍZOS DE DEUS SOBRE JUDÁ (3,22–24,27)

Ezequiel prisioneiro e mudo. [22]Também lá veio sobre mim a mão de Javé e ele me disse: "Levanta-te e vai ao vale; lá eu quero falar-te". [23]Levantei-me e fui ao vale; e eis que a glória de Javé estava lá, semelhante à glória* que eu tinha visto junto ao rio Cobar, e caí com o rosto em terra. [24]Então o espírito* entrou em mim, fez-me ficar de pé e me disse: "Vai e fecha-te em tua casa. [25]E quanto a ti, filho do homem, porão cordas em ti, serás amarrado e [illegible]o poderás sair no meio deles. [26]F[illegible] que tua língua se cole ao paladar [illegible]carás mudo; assim não serás mais para eles alguém que repreende, porque são uma estirpe* de rebeldes. [27]Mas quando eu te falar, vou abrir-te a boca e tu lhes dirás: Assim fala o Senhor Javé: quem quer escutar escute, e quem não quer não escute; porque são uma estirpe de rebeldes".

4 **Assédio de Jerusalém**†. [1]"Tu, filho do homem, toma um tijolo, coloca-o diante de ti, desenha nele uma cidade, Jerusalém, [2] e põe o cerco em torno dela: eleva uma torre, constrói aterros, enfileira os acampamentos e coloca ao redor os aríetes†. [3]Depois toma uma placa de ferro e coloca-a como muro de ferro entre ti e a cidade, fixa nela teu olhar e ela será sitiada, isto é, tu a sitiarás! Isto será um sinal para os israelitas.

[4]Deita-te sobre o lado esquerdo e depõe sobre ele a iniquidade de Israel. Conforme o número de dias que ficarás deitado sobre ele, tu levarás sua iniquidade. [5]Eu te imponho um número de dias equivalente aos anos de seu pecado: por trezentos e noventa dias levarás as iniquidades dos israelitas.

[6]Terminados estes dias, deverás deitar-te sobre o lado direito e levarás a iniquidade de Judá por quarenta dias; eu te fixo um dia para cada ano. [7]Depois voltarás teu rosto e teu braço descoberto* para o cerco de Jerusalém e profetizarás contra ela. [8]Eu te prenderei com cordas, de modo que não poderás virar-te nem para um lado, nem para o outro, enquanto não tiveres completado os dias de teu cerco.

[9]Toma também trigo, cevada, favas, lentilhas, milho e aveia, coloca-os num recipiente e faze com eles pão pra ti: comerás dele durante os dias que passares estendido de lado, isto é, por trezentos e noventa dias. [10]A comida que comerás será do peso de vinte siclos ao dia: tu a comerás em horas marcadas todo dia. [11]Também a água que beberás será racionada: um sexto de hin† em horas marcadas todo dia. [12]Comerás esta comida em forma de bolos de cevada, que cozerás sobre excrementos humanos à vista deles. [13]De tal modo – disse-me Javé – os israelitas comerão seu pão impuro no meio das nações entre as quais os dispersarei".

[14]Mas eu disse: "Ah! Senhor Javé! Jamais me contaminei! Desde a infância até agora nunca comi carne de animal morto* naturalmente ou dilacerado, nem nunca entrou em minha boca carne impura". [15]Ele respondeu-me: "Pois bem, eu te concedo usar esterco de boi em lugar de excrementos para sobre ele cozeres teu pão".

* **3**,20. 18,24; 33,12s / 2Pd 2,21 | 23. 1,28 | 24. 2,2 | 26. 24,27; 33,22 | **4**,7. 3,25 | 14. Êx 22,30; Lv 17,15; Dt 14,3-21

† **4**,1. Quatro ações simbólicas vão sugerir os rigores do cerco da cidade e o exílio iminente. | 2. Isto é para que os exilados não se iludam, pensando que o exílio será breve. | 11. Um siclo são 11 gramas e um hin são 7,5 litros.

16Depois acrescentou: "Filho do ho-
mem, vou suprimir em Jerusalém as
provisões de pão; comerão pão racio-
nado e com angústia, beberão água
por medida e com espanto 17e assim,
faltando pão e água,* desfalecerão
todos juntos e se consumirão em sua
iniquidade.

5 **Sorte dos judeus.** 1"E tu, filho do
homem, toma uma espada afiada,
usa-a como navalha de barbeiro e rapa
os cabelos e a barba; depois toma uma
balança e reparte os cabelos cortados†.
2Um terço deles tu os queimarás no
fogo, no meio da cidade, no fim dos
dias do cerco; tomarás um outro ter-
ço e o cortarás com a espada ao redor
da cidade e o outro terço tu o espa-
lharás ao vento, enquanto eu desem-
bainharei a espada atrás deles. 3Destes
tomarás uns poucos e os prenderás
à orla de teu manto; 4tomarás ainda
uma pequena parte deles e os lançarás
ao fogo e os queimarás, e deles sairá
um fogo contra toda a casa de Israel.
Explicação dos símbolos. Dirás a toda
a casa de Israel: 5Assim fala o Senhor
Javé: esta é Jerusalém!* Eu a tinha co-
locado no meio das nações, rodeada
de países estrangeiros. 6Ela rebelou-se
contra minhas normas com mais im-
piedade que as nações, e contra meus
decretos mais que os países que a ro-
deiam; de fato, desprezaram minhas
normas e não se comportaram de acor-
do com meus decretos.
7Por isso diz o Senhor Javé: Porque
sois mais rebeldes* que as nações que
vos rodeiam, não seguistes meus de-
cretos, não observastes minhas normas
nem agistes segundo os costumes das
nações que vos rodeiam, 8pois bem,
assim fala o Senhor Javé: Também eu
me declaro contra ti e executo a sen-
tença no meio de ti aos olhos das na-
ções.* 9Farei contigo o que nunca fiz
nem farei nunca mais, por causa de
tuas culpas abomináveis. 10Por isso, no
meio de ti, os pais devorarão os filhos*
e os filhos devorarão os pais. Cumprirei
em ti meus julgamentos e dispersarei
a todos os ventos o que restar de ti.*
11Portanto, como é verdade que eu
vivo – oráculo do Senhor Javé – por-
que profanaste meu santuário com
todas as tuas infâmias e com todas as
tuas coisas abomináveis, também eu
rejeitarei sem um olhar de compaixão,
eu também não pouparei. 12Um terço
dos teus morrerá de peste e será con-
sumido pela fome no meio de ti; um
terço cairá pela espada ao redor de ti e
o outro terço eu o dispersarei a todos
os ventos, desembainhando a espada
atrás deles. 13Então darei desafogo a
minha ira, saciarei neles meu furor e
tomarei satisfação; então saberão que
eu, Javé, falei em meu ciúme, quando
desafogar sobre eles meu furor. 14Eu te
reduzirei a um deserto, a um opróbrio
no meio das nações que te rodeiam, à
vista de todo transeunte. 15Serás um
opróbrio* e um vitupério, um exemplo
e um horror para as nações que te ro-
deiam, quando eu executar contra ti a
sentença, com indignação, furor e ter-
ríveis castigos. Eu, Javé, falei. 16Quando
eu mandar contra ti as terríveis flechas
da fome, que levam destruição e que
lançarei para destruir-te, agravarei a
fome sobre ti, tirando-te as provisões
de pão. 17Então mandarei contra ti a
fome e os animais ferozes que te priva-
rão de teus filhos; no meio de ti passa-
rão a peste e o sangue, enquanto farei
cair sobre ti a espada. Eu, Javé, falei".

6 **Ameaças à região de Efraim.**
1Depois foi-me dirigida esta pala-
vra de Javé: 2"Filho do homem, vira o
rosto para os montes de Israel e pro-
fetiza contra eles: 3Dirás: Montes de Is-
rael, escutai a palavra do Senhor Javé.
Assim fala o Senhor Javé aos montes
e às colinas, aos barrancos e aos vales:

* **4**,17. Lv 26,39 | **5**,5. 38,12 | 7. Mt 12,38-42 | 8. Jr 1,16 | 10. Lv 16,29; Dt 28,53; Lm 2,20; 4,10; Jr 19,9 / Ez 7,4; 8,18; 9,10; 24,14 | 15. Lv 26,32

† **5**,1. Os cabelos eram sinal de força e dignidade: "cabelos raspados" indicava humilhação, neste caso, o exílio.

Mandarei sobre vós a espada e destrui-
rei vossos lugares altos; 4vossos altares
serão demolidos,* quebrados vossos
altares para o incenso; farei cair vossos
mortos diante de vossos ídolos. 5Porei
os cadáveres dos israelitas diante de
seus ídolos e espalharei vossos ossos
ao redor de vossos altares. 6Onde quer
que habiteis, as cidades serão devas-
tadas e os lugares altos demolidos, a
fim de que vossos altares sejam devas-
tados e desolados, vossos ídolos sejam
despedaçados e desapareçam, sejam
quebrados vossos altares para o incen-
so e vossas obras sejam aniquiladas.
7Traspassados pela espada cairão no
meio de vós e sabereis que eu sou Javé.
8Mas deixarei alguns de vós* sobrevi-
ventes da espada no meio das nações,
quando fordes espalhados nos vários
países: 9então vossos sobreviventes* se
recordarão de mim entre as nações no
meio das quais serão deportados; por-
que eu quebrarei seu coração infiel*
que se afastou de mim e seus olhos
que se prostituíram com seus ídolos;
terão desgosto de si mesmos pelas
iniquidades cometidas e por todas as
suas abominações.
10Saberão então que eu sou Javé† e
que não foi em vão que ameacei fazer-
-lhes este mal".

Os pecados do povo. 11Assim fala o
Senhor Javé: "Bate as mãos, bate os
pés no chão† e dize: Oh! Por todas as
suas horríveis abominações o povo de
Israel vai cair pela espada, de fome e
de peste! 12Quem está longe morrerá
de peste, quem está perto cairá pela
espada; quem sobreviveu e está sitiado
morrerá de fome: e assim desafogarei
sobre eles minha indignação.
13Sabereis então que eu sou Javé,
quando seus cadáveres jazerem entre
seus ídolos, ao redor de seus altares,
sobre toda colina elevada,* no alto de
toda montanha, debaixo de toda árvo-
re verde e de todo carvalho frondoso,
onde queimavam perfumes suaves*
a todos os seus ídolos. 14Estenderei a
mão contra eles e farei do país uma
solidão desolada desde o deserto até
Rebla†, onde quer que habitem; então
reconhecerão que eu sou Javé".

7 **O fim desastroso se aproxima.**
1Foi-me dirigida esta palavra de
Javé: 2"Agora, filho do homem, dize:
Assim fala o Senhor Javé ao país de
Israel: O fim! Chega o fim para os qua-
tro cantos do país. 3É agora o fim para
ti;* mandarei contra ti minha ira para
julgar-te sobre tuas obras e pedir-te
conta de tuas abominações.* 4Não te-
rei para ti um olhar de piedade, não te
pouparei; ao contrário, eu te conside-
rarei responsável por tua conduta e es-
tarão no meio de ti tuas abominações;*
saberás então que eu sou Javé.
5Assim fala o Senhor Javé: Um mal
depois do outro está chegando. 6Vem
o fim, vem o fim, despertou-se contra
ti; ei-lo que vem. 7Chegou tua vez, ó
habitante do país: chegou o tempo,
está próximo o dia do pânico e não
de gritos de alegria* sobre os montes.
8Agora, em breve, lançarei meu furor
sobre ti e darei desafogo a minha ira
contra ti. Eu te julgarei segundo tuas
obras e te pedirei conta de todas as
tuas abominações. 9Não terei para ti
um olhar de piedade, não te pouparei,
mas te tratarei segundo a tua conduta;
e estarão no meio de ti tuas abomina-
ções; saberás então que sou eu, Javé,
aquele que fere.
10Eis o dia, ei-lo que chega! Chegou
tua vez. A injustiça floresce, o orgulho se
expande 11e a violência se ergue como
cetro de iniquidade; não resta nenhum
deles, ninguém dessa multidão, nada de
suas riquezas, nem haverá luto por eles.
12É chegado o tempo, está próximo o
dia: quem comprou não se alegre, quem

---

* **6**,4. Lv 26,30s; Jr 8,1s; Mq 1,7; Is 2,18; Jr 10,14s | 8. Is 4,3 | 9. Lv 26,40s; Dt 30,1s / Ez 16,23 | 13. Dt 12,2 / Êx 29,18 | **7**,3. 7,8s / 5,11 | 4. Ap 8,13; 9,12; 11,14 | 7. 7,3s

† **6**,10. Expressão típica de Ezequiel: Deus se manifesta por meio de suas ações. | 11. O profeta deve exultar diante do castigo reservado aos maus, 21,19; 22,13. | 14. Limites extremos ao sul e ao norte da Palestina.

vendeu não se lamente; porque uma ira
ardente ameaça toda a multidão deles!
13Quem vendeu não voltará a possuir
o que vendeu†, mesmo se permanecer
em vida; porque a visão refere-se a toda
a sua multidão e não será revogada, e
ninguém poderá preservar sua existên-
cia vivendo na iniquidade.
14Tocaram a trombeta e aprontaram
tudo; mas ninguém parte para a bata-
lha, porque meu furor é contra toda a
multidão deles. 15Fora, a espada; den-
tro, a peste e a fome: quem está no
campo morrerá pela espada, quem está
na cidade será consumido pela fome* e
pela peste. 16Quem deles puder fugir
e salvar-se sobre os montes gemerá
como as pombas dos vales, cada qual
por sua iniquidade.
17Todas as mãos se enfraquecerão*
e todos os joelhos serão débeis
como água.
18Pano de saco será sua roupa,
e o espanto os cobrirá.
Em cada rosto haverá a vergonha*
e todas as cabeças serão raspadas.
19Lançarão sua prata pelas ruas
e seu ouro será uma imundície.
Sua prata e seu ouro não poderão
salvá-los
no dia do furor de Javé;
com eles não poderão saciar sua fome
nem encher o estômago,
porque foram para eles causa de pe-
cado.
20Da beleza de suas joias
fizeram objeto de orgulho
e fabricaram com elas
as abomináveis estátuas de seus ídolos:
por isso as converterei em coisa re-
pugnante
para eles próprios.
21Eu as darei como presa aos estran-
geiros
e como despojo aos ímpios do país,
que as profanarão.
22Desviarei deles meu rosto
e será profanado meu tesouro;
nele entrarão os ladrões e o profa-
narão.
23Prepara uma corrente,
porque o país está cheio de assassi-
natos
e a cidade está cheia de violência.
24Eu mandarei os povos mais ferozes,
que se apoderarão de suas casas;
abaterei a soberba dos poderosos,
e seus santuários serão profanados.
25Chegará a angústia e procurarão a
paz,
mas não haverá paz.
26Virá um desastre depois do outro,*
más notícias uma depois da outra;
aos profetas pedirão respostas,
mas aos sacerdotes faltará a doutrina
e aos anciãos o conselho.
27O rei estará de luto,
o príncipe revestido de desolação,
e tremerão as mãos do povo do país.
Eu os tratarei segundo sua conduta
e os julgarei segundo seus juízos:
assim saberão que eu sou Javé".

8 **Nova teofania.** 1No quinto dia do
sexto mês do ano sexto,* quando
eu estava em casa e diante de mim es-
tavam sentados os anciãos de Judá, a
mão do Senhor Javé* se abateu sobre
mim. 2Eu olhei: havia um ser que tinha
aparência de homem. Abaixo do que
parecia ser sua cintura* tinha aparência
de fogo e da cintura para cima, como o
resplendor* de metal brilhante. 3Esten-
deu uma espécie de mão e me agarrou
pelos cabelos: o espírito me ergueu
entre a terra e o céu* e me levou em
visões divinas a Jerusalém, à entrada
do pátio interno, que dá para o norte,
onde está o ídolo do ciúme, que pro-
vocava o ciúme†. 4Lá estava a glória do
Deus de Israel,* semelhante àquela que
eu tinha visto no vale.

---

* **7**,15. Mt 24,16ss | 17. 21,12 | 18. Am 8,10 | 26. Mq 3,6; Lm 2,9; Is 29,14 | **8**,1. 14,1; 20,1 / 1,3 | 2. 1,26ss / Dn 10,6 | 3. 3,12 | 4. 1,28; 3,22s; Êx 24,16

† **7**,13. Conforme Lv 25,13, no ano do jubileu as propriedades voltavam a seus donos anteriores; mas toda a terra vai pertencer ao inimigo invasor. Cessará toda atividade econômica. | **8**,3. A estátua de Astarte, a Vênus dos fenícios, que Manassés tinha colocado no templo, 2Rs 21,7. Se a aliança é um matrimônio entre Deus e o povo, a idolatria é um adultério que provoca o ciúme de Deus.

Contra a idolatria†. 5Disse-me: "Filho
do homem, ergue os olhos para o nor-
te!" Ergui os olhos para o norte: ao norte
da porta do altar, justamente na entra-
da, estava esse ídolo do ciúme. 6Disse-
-me: "Filho do homem, estás vendo o
que eles fazem? Vê as grandes abomi-
nações que a casa de Israel comete aqui
para afastar-me de meu santuário! Ve-
rás outras abominações ainda piores".
7Conduziu-me então à entrada do pá-
tio e vi um buraco na parede. 8Disse-me:
"Filho do homem, faz uma abertura na
parede". Quando fiz a abertura na pare-
de, apareceu uma porta. 9Disse-me: "En-
tra e observa as abominações perversas
que eles cometem aqui". 10Eu entrei e
vi toda espécie de répteis e de animais
repugnantes e todos os ídolos do povo
de Israel representados nas paredes ao
redor. 11Diante deles estavam de pé se-
tenta homens dentre os anciãos da casa
de Israel, entre os quais Jezonias, filho
de Safã, cada um com seu turíbulo na
mão, do qual saía a nuvem perfumada
do incenso. 12Disse-me: "Viste, filho do
homem, o que fazem os anciãos
do povo de Israel nas trevas, cada um
em sua sala ornada de pinturas? Porque
eles dizem: Javé não nos vê, Javé aban-
donou* o país". 13Depois me disse: "Ve-
rás outras abominações, ainda maiores,
que eles cometem".
14Conduziu-me à entrada do pórtico
da casa de Javé* que dá para o norte e
vi lá mulheres sentadas, que choravam
Tamuz†. 15Disse-me: "Viste, filho do ho-
mem? Verás ainda outras abominações
piores que estas".
16Conduziu-me ao pátio interno do
templo; e na entrada da casa de Javé,
entre o vestíbulo e o altar, havia cerca
de vinte e cinco homens, com as cos-
tas voltadas para o templo de Javé e
o rosto para o oriente que, prostrados,
adoravam o sol no oriente. 17Disse-me:
"Viste, filho do homem? Por acaso é
pouca coisa para a casa de Judá co-
meter semelhantes maldades neste lu-
gar? Encheram o país de violência para
provocar ainda minha cólera. Estão
levando ao nariz* o raminho sagrado†.
18Também eu agirei com furor; não te-
rei um olhar de piedade, não pouparei:
ainda que gritem alto a meus ouvidos,
não os ouvirei".

9 **Mensageiros da destruição.** 1En-
tão uma voz forte gritou aos meus
ouvidos: "Fazei aproximar-se os que
devem punir a cidade, cada qual com
sua arma* de destruição na mão". 2Che-
garam seis homens do lado da porta
superior que dá para o norte, cada qual
com sua arma de destruição na mão.
No meio deles havia um homem ves-
tido de linho, com um estojo de es-
criba na cintura. Logo que chegaram,
pararam junto ao altar de bronze. 3A
glória do Deus de Israel* ergueu-se do
querubim sobre o qual pousava, para o
limiar do templo, e chamou o homem
vestido de linho que tinha na cintu-
ra o estojo de escriba. 4Javé disse-lhe:
"Passa no meio da cidade, no meio de
Jerusalém, e marca um taw† na fronte
dos homens* que suspiram e gemem
por todas as abominações que se co-
metem no meio dela". 5Eu o ouvi dizer
aos outros: "Segui-o através da cidade
e feri! Não tenhais um olhar de pieda-
de, não poupeis. 6Matai velhos, jovens,
moças, meninos e mulheres* até o ex-
termínio: só não toqueis quem tem o
taw na fronte; começai em meu santu-
ário!" Começaram pelos anciãos que
estavam diante do templo. 7Disse-lhes:
"Podeis profanar o santuário, enchei de
cadáveres os pátios. Saí!" Eles saíram e
fizeram uma matança na cidade.
8Enquanto eles faziam a matança,*
eu fiquei sozinho: lancei-me com o ros-

* **8**,12. 9,9 | 14. Is 29,15 |17. Jr 11,11 | **9**,1. Tb 5,4 | 3. 1,28 | 4. Ap 7,2s | 6. Êx 32,27; Nm 25,5.8; Ap 9,4 | 8. 11,13; Am 7,2.5; Is 6,11 / Is 4,3

† **8**,5. Os pecados do povo afastam do santuário a Glória de Deus, penhor de salvação e de santidade. | **8**,14. Deus da vegetação; choravam sua morte no verão. | 17. Gesto de culto idolátrico. Israel se mostra hipócrita, fingindo fidelidade a Javé e praticando o culto aos ídolos. | **9**,4. Sinal que salva os inocentes, o taw era a última letra do alfabeto hebraico, e era parecido com nosso T.

to em terra e gritei: "Ah! Senhor Javé,
exterminarás todo o resto* de Israel,
lançando teu furor sobre Jerusalém?"
9Disse-me: "A iniquidade de Israel e de
Judá é enorme,* a terra está coberta
de sangue, a cidade está cheia de per-
versidade. Com efeito, estão dizendo:*
Javé abandonou o país, Javé não vê.
10Pois bem, não terei um olhar de com-
paixão, não pouparei: farei recair sobre
as cabeças deles suas obras". 11E então
o homem vestido de linho, que tinha
o estojo na cintura, fez este relato: "Fiz
como me mandaste".

10 **Descrição da glória de Deus.**
1Eu olhava: sobre o firmamen-
to* que estava sobre a cabeça dos que-
rubins, apareceu como uma pedra de
safira* e sobre eles algo que tinha a
forma de um trono.

2Ele disse ao homem vestido de li-
nho: "Vai entre as rodas, que estão sob
o querubim, e enche as mãos com bra-
sas ardentes,* que estão entre os que-
rubins, e espalha-as sobre a cidade".
Ele foi lá, enquanto eu o seguia com o
olhar.

3Ora, os querubins estavam de pé
no lado direito do templo, quando o
homem foi lá, e uma nuvem enchia o
pátio interno. 4A glória de Javé se le-
vantou* sobre o querubim para o limiar
do templo, e o templo se encheu com
a nuvem,* e o pátio ficou cheio do es-
plendor da glória de Javé. 5O ruído das
asas dos querubins chegava até o pátio
interno, como a voz de Deus onipoten-
te* quando fala.

6Quando ordenou ao homem ves-
tido de linho, dizendo: "Toma o fogo
entre as rodas no meio dos queru-
bins", ele caminhou e parou perto da
roda. 7Um querubim estendeu a mão
entre os querubins para o fogo que
estava entre os querubins; tomou-o e
o pôs na mão do homem vestido de
linho, o qual o tomou e saiu. 8Então
apareceu sob as asas dos querubins
uma forma de mão humana. 9Eu olhei:
ao lado dos querubins* havia quatro
rodas, uma roda ao lado de cada que-
rubim. Aquelas rodas tinham o aspec-
to do topázio. 10Parecia que todas as
quatro fossem de uma mesma forma,
como se uma roda estivesse no meio
da outra. 11Movendo-se, podiam an-
dar nas quatro direções sem voltar-se,
porque seguiam a direção para a qual
estava virada a cabeça, sem virar-se
durante o movimento.

12Todo o seu corpo, o dorso, as mãos,
as asas e as rodas, as rodas que os qua-
tro tinham, estavam cheios de olhos ao
redor. 13Ouvi que as rodas eram cha-
madas "turbinas". 14Cada querubim
tinha quatro faces: a primeira era de
querubim, a segunda de homem, a ter-
ceira de leão e a quarta de águia. 15Os
querubins se elevaram: eram os mes-
mos seres vivos que eu tinha visto jun-
to ao rio Cobar. 16Quando os querubins
se moviam, também as rodas avança-
vam a seu lado; quando os querubins
levantavam as asas para elevar-se da
terra, as rodas não se afastavam de seu
lado; 17quando paravam, também as
rodas paravam; quando se elevavam,
também as rodas se elevavam com
eles, porque o espírito daqueles seres
estava nelas.

A glória de Javé abandona o tem-
plo. 18A glória de Javé saiu do limiar do
templo* e parou sobre os querubins.
19Os querubins levantaram as asas e se
ergueram da terra a minha vista. Tam-
bém as rodas se ergueram com eles e
pararam na entrada da porta oriental
do templo de Javé, enquanto a glória
do Deus de Israel estava no alto sobre
eles. 20Eram os mesmos seres que eu
tinha visto debaixo do Deus de Israel,
junto ao rio Cobar, e reconheci que
eram querubins. 21Cada um tinha qua-
tro faces e cada um quatro asas, com
algo semelhante a mãos humanas de-
baixo das asas. 22O aspecto de suas
faces era o mesmo que eu tinha visto
junto ao rio Cobar. Cada um deles se
movia para a frente.

---

* **9**,9. 24,9 / 8,12; Sl 10,11 | **10**,1. 1,22 / Ap 4,3 | 2. Gn 19,24; Ap 8,5 | 4. 1,28 / Êx 40,34s; 1Rs 8,10s | 5. Sl 29,3s; Êx 19,19; Ez 1,24 | 9. 1,5-21 | 18. 1,28; Êx 24,16

11 **As culpas dos chefes.** [1]O espí-
rito me ergueu e me transpor-
tou* até a porta oriental do templo de
Javé que dá para o oriente. Na entrada
da porta havia vinte e cinco homens; vi
no meio deles Jezonias, filho de Azur, e
Feltias, filho de Banaías, chefes do povo.
[2]Javé me disse: "Filho do homem, estes
são os homens que tramam o mal e
dão maus conselhos nesta cidade. [3]Eles
dizem: Não está próximo o tempo de
construir casas; esta cidade é a panela,
e nós somos a carne. [4]Por isso profetiza
contra eles,* profetiza, filho do homem".
[5]O espírito de Javé desceu sobre mim
e me disse: "Fala! Assim fala Javé: Assim
dissestes, ó israelitas, e eu sei o que vos
passa pela mente. [6]Vós multiplicastes
vossos mortos nesta cidade, enchestes
de cadáveres suas ruas. [7]Por isso, assim
fala o Senhor Javé: Os cadáveres que dei-
xastes no meio da cidade são a carne, e
a cidade é a panela. Mas eu vos expulsa-
rei dela. [8]Tendes medo da espada, e eu
mandarei a espada contra vós, oráculo
do Senhor Javé! [9]Eu vos expulsarei da
cidade e vos entregarei nas mãos dos es-
trangeiros e executarei contra vós meus
juízos. [10]Caireis pela espada: no próprio
território de Israel eu vos julgarei e sa-
bereis que eu sou Javé. [11]A cidade não
será para vós a panela, e vós não sereis
no meio dela sua carne! No próprio ter-
ritório de Israel eu vos julgarei: [12]então
sabereis que eu sou Javé, do qual não
cumpristes os decretos nem observastes
as leis, mas agistes segundo os costumes
das nações que vos rodeiam".*
[13]E aconteceu que, enquanto eu pro-
fetizava, Feltias, filho de Banaías, caiu
morto. Eu me lancei com o rosto em
terra e gritei com voz forte: "Ah! Senhor
Javé,* quereis mesmo destruir o que
resta de Israel?"

Promessa de uma nova aliança. [14]En-
tão foi-me dirigida esta palavra de Javé:
[15]"Filho do homem, a teus irmãos, aos
deportados como tu, a toda a casa de
Israel os habitantes de Jerusalém estão
dizendo: Afastai-vos de Javé: é a nós
que foi dada esta terra em patrimônio†.
[16]Dize, portanto, a eles:* Assim fala o
Senhor Javé: Se os mandei para longe
entre as nações,* se os dispersei entre
os países, serei para eles um santuário,
por um breve tempo, nos países para
onde foram. [17]Por isso dize-lhes: Assim
fala o Senhor Javé: Eu vos recolherei* do
meio das nações e vos reunirei dos paí-
ses nos quais fostes dispersos e vos da-
rei a terra de Israel. [18]Eles lá entrarão e
eliminarão todos os seus ídolos e todas
as suas abominações. [19]Eu lhes darei um
outro coração* e porei dentro deles um
espírito novo; tirarei de seu peito o co-
ração* de pedra e lhes darei um coração
de carne, [20]para que sigam meus de-
cretos e observem minhas leis e as po-
nham em prática; então eles serão meu
povo e eu serei seu Deus. [21]Mas, quanto
àqueles, cujo coração segue seus ídolos
e suas abominações, pedirei contas de
sua conduta, oráculo do Senhor Javé".

A glória de Javé sai de Jerusalém†.
[22]Os querubins então ergueram as asas,
e com eles se moveram as rodas, en-
quanto a glória do Deus de Israel esta-
va no alto sobre eles. [23]A glória de Javé
se elevou do meio da cidade* e parou
sobre o monte que está a leste da cida-
de. [24]Então o espírito me levantou e me
levou à Caldeia, entre os deportados,*
em visão, no espírito de Deus; e a visão
que eu tinha visto afastou-se de mim.
[25]E eu contei aos deportados tudo o
que Javé me havia mostrado.

12 **A bagagem do exilado.** [1]Foi-
-me dirigida esta palavra de
Javé: [2]"Filho do homem, tu habitas no
meio de uma estirpe de rebeldes, que
têm olhos para ver e não vêem,* têm

---

* **11**,1. 3,12 | 4. 24,1-14 | 12. Dt 12,29s | 13. 9,8 | 16. 33,24 / 36,19 | 17. Dt 30,3ss; Ez 36,24s | 19. 18,31; 36,23; Jr 4,4; Dt 30,6ss; Sl 51,12ss; Ez 44,7 / Ez 36,27; Jr 31,31 | 23. 1,28; Êx 24,16 | 24. 3,12 | **12**,2. 2,5ss; Jr 5,21

† **11**,15. Os antigos achavam que os deuses não podiam ser adorados numa terra que não era a deles. Mas Javé não abandonou os deportados: eram eles o verdadeiro Israel, Jr 24,5. | **11**,22. Jerusalém fica sem seu defensor, entregue ao capricho dos inimigos.

ouvidos para ouvir e não ouvem, por-
que são uma estirpe de rebeldes.
3Tu, filho do homem, prepara tua ba-
gagem de exilado e, de dia, à vista de-
les, parte para o exílio. Partirás do lugar
onde estás para um outro lugar, à vista
deles: talvez compreenderão que são
uma estirpe de rebeldes. 4Prepara de
dia tua bagagem, como a bagagem de
um exilado, à vista deles; sairás, porém,
ao entardecer,* à vista deles, como
partem os exilados. 5Faze na presença
deles uma abertura no muro e através
dela tira para fora tua bagagem. 6Na
presença deles põe a bagagem sobre
os ombros e sai na escuridão: cobrirás
teu rosto para não veres o país, porque
fiz de ti um sinal para os israelitas"†.
7Fiz como me fora mandado: de dia
levei para fora minha bagagem como
a bagagem de um exilado e ao entar-
decer fiz uma abertura no muro com
as mãos; quando ficou escuro tirei para
fora a bagagem e coloquei-a sobre
meus ombros à vista deles.
8De manhã foi-me dirigida esta pala-
vra de Javé: 9"Filho do homem, não te
perguntou o povo de Israel, aquela es-
tirpe de rebeldes: O que estás fazendo?
10Responde-lhes: Assim fala o Senhor
Javé: Este oráculo é para o príncipe de
Jerusalém† e para todos os israelitas
que moram lá.
11Dirás: Eu sou um símbolo para vós;
com efeito, o que fiz a ti será feito a
eles; irão para o exílio, para o cativei-
ro. 12O príncipe que está no meio deles
carregará sua bagagem nos ombros,
na escuridão, e sairá pela brecha que
será feita no muro para deixá-lo par-
tir; cobrirá o rosto, para não ver com
seus olhos* o país. 13Mas eu estende-
rei minha rede contra ele, e ele ficará
preso em meus laços: eu o conduzirei
a Babilônia, ao país dos caldeus, mas
ele não o verá e lá morrerá. 14Disper-
sarei a todos os ventos os que estão
ao redor dele,* seus guardas e todas
as suas tropas, e desembainharei atrás
deles a espada. 15Então saberão que eu
sou Javé, quando os tiver dispersado
entre as nações e os tiver espalhado*
pelo mundo. 16Mas pouparei alguns
deles da espada, da fome e da peste,
para que contem todas as suas abomi-
nações às nações para onde forem, e
também elas saibam que eu sou Javé"†.
17Foi-me dirigida esta palavra de Javé:
18"Filho do homem, come o pão* com
tremor e bebe tua água com inquieta-
ção e angústia. 19Ao povo do país dirás:
Assim fala o Senhor Javé aos habitantes
de Jerusalém, no país de Israel: come-
rão seu pão na angústia e beberão sua
água com espanto, porque sua terra
será despojada de tudo o que contém,
por causa da violência de todos os seus
habitantes. 20As cidades habitadas serão
destruídas, e o país reduzido a um de-
serto: sabereis que eu sou Javé".
O castigo se aproxima. 21Foi-me diri-
gida esta palavra de Javé: 22"Filho do
homem, que provérbio* é este que ten-
des no país de Israel: Passam os dias e
toda visão se desvanece? 23Pois bem,
tu lhes dirás: Assim fala o Senhor Javé:
Farei cessar este provérbio, que não
será mais pronunciado em Israel; mas,
dize-lhes: Aproximam-se os dias em
que se cumprirá toda visão.
24Com efeito, não haverá mais visão
falsa, nem predição enganadora no meio
dos israelitas, 25porque eu, Javé, falarei e
cumprirei sem demora a palavra que eu
disser. Sim, em vossos dias, ó estirpe de
rebeldes, pronunciarei uma palavra e a
cumprirei: oráculo do Senhor Javé".
26Foi-me dirigida esta palavra de
Javé: 27"Filho do homem, os israelitas
estão dizendo: A visão que este ho-
mem vê é para um futuro distante; ele
prediz para tempos remotos. 28Pois
bem, dize-lhes: Assim fala o Senhor
Javé: Nenhuma palavra minha* será
adiada: a palavra que eu disser, eu a
cumprirei – oráculo do Senhor Javé".

---

* **12**,4. Is 8,18; Jr 18,1 | 12. 17,20 | 14. Lv 26,33 | 15. Is 4,3 | 18. 4,16 | 22. 2Pd 3,3s | 28. Ap 10,6; Jr 1,11s

† **12**,6. Sinal que ilustra o que Deus anuncia. | 10. Trata-se do rei Sedecias, Jr 39,4, que tentou fugir, mas foi preso. | 16. Saberão que as calamidades de Judá não se devem à impotência de seu Deus, mas às culpas do povo.

13 Contra os falsos profetas.
1Foi-me dirigida esta palavra
de Javé: 2"Filho do homem, profetiza*
contra os profetas de Israel, profetiza
e diz àqueles que profetizam por sua
própria inspiração: Escutai a palavra de
Javé: 3Assim diz o Senhor Javé:
Ai dos profetas insensatos, que se-
guem seu próprio espírito, sem terem
tido visões. 4Como raposas entre as
ruínas, assim são teus profetas, Isra-
el. 5Vós não subistes às brechas e não
construístes nenhum muro em defesa
dos israelitas, para que pudessem re-
sistir ao combate no dia de Javé.* 6Ti-
veram visões falsas, vaticínios engana-
dores, aqueles que dizem: 'Oráculo de
Javé', sem que Javé os tenha enviado.
Não obstante, confiam que se cumpra
sua palavra! 7Acaso não tivestes vi-
sões falsas e não anunciastes vaticínios
mentirosos, quando dizeis: 'Palavra de
Javé', sem que eu vos tenha falado?
8Pois bem, assim fala o Senhor Javé:
Porque dissestes o falso e tivestes vi-
sões mentirosas, eu me declaro contra
vós, oráculo do Senhor Javé. 9Minha
mão estará contra os profetas das fal-
sas visões e dos vaticínios mentirosos.
Não terão parte no conselho de meu
povo, não serão inscritos no livro da
casa de Israel e não entrarão no país
de Israel: então sabereis que eu sou o
Senhor Javé. 10Porque enganam meu
povo,* dizendo: 'Paz!' e não há paz;
enquanto se levanta um muro, eles o
recobrem de cal†. 11Dize àqueles que
o recobrem de cal: 'Cairá!' Virá uma
chuva torrencial, cairão pedras de gra-
nizo, irromperá um furacão, 12e eis que
o muro será abatido. Então não vos
perguntarão, por acaso: 'Onde está a
cal com que o recobristes?' 13Por isso,
assim fala o Senhor Javé: Com ira farei
irromper um furacão, em minha cólera
cairá uma chuva torrencial e em meu
furor cairão pedras de granizo para
destruir. 14Vou demolir o muro que re-
cobristes de cal, eu o lançarei por terra,
e seus fundamentos ficarão descober-
tos; ele desabará e vós perecereis junto
com ele e sabereis que eu sou Javé.
15Quando eu tiver desafogado minha
ira contra o muro e contra os que o re-
cobriram de cal, eu vos direi: O muro
não existe mais, nem os que o recobri-
ram, 16os profetas de Israel que profeti-
zavam sobre Jerusalém e viam para ela
uma visão de paz, quando não havia
paz. Oráculo do Senhor Javé".
Contra as falsas profetisas. 17"Agora
tu, filho do homem, dirige-te às filhas
de teu povo, que profetizam por sua
própria inspiração, e profetiza contra
elas. 18Tu lhes dirás: Assim fala o Senhor
Javé: Ai daqueles que atam fitas a todo
pulso e preparam véus para as cabeças
de todo tamanho para capturar as pes-
soas. Pretendeis por acaso capturar as
pessoas de meu povo e salvar-vos a vós
mesmos? 19Vós me desonrastes diante
de meu povo por punhados de cevada
e por pedaços de pão, fazendo morrer
quem não devia morrer e poupando
quem não devia viver, enganando meu
povo que crê em mentiras.
20Por isso, assim fala o Senhor Javé:
Eu sou contra vossas fitas com as quais
capturais as pessoas como pássaros; eu
as arrancarei de vossos braços e liber-
tarei as pessoas que capturastes como
pássaros. 21Rasgarei vossos véus e li-
bertarei meu povo de vossas mãos, e
ele não será mais uma presa em vossas
mãos; sabereis assim que eu sou Javé.
22Com efeito, intimidastes com mentiras
o coração do justo, enquanto eu não o
havia afligido, e encorajastes o malva-
do para que não desistisse de sua vida
malvada e vivesse. 23Por isso não tereis
mais visões falsas, nem mais fareis adivi-
nhações: libertarei meu povo de vossas
mãos e sabereis que eu sou Javé".

14 Castigo dos idólatras.
1Vie-
ram ter comigo alguns dos
anciãos de Israel* e sentaram-se dian-
te de mim. 2Foi-me dirigida então esta
palavra de Javé: 3"Filho do homem,
estes homens puseram seus ídolos

---

* **13**,2. Jr 14,13-16; 23,9-40; 27,9s.16ss.28 | 5. Am 5,18 | 10. 22,28; Jr 6,14 | **14**,1. 20,1-4

† **13**,10. Iludem o povo que, em vez de converter-se, dissimula suas faltas, Jó 13,4.

em seu coração e colocaram diante de
seus rostos aquilo que os faz cair na
iniquidade. Eu me deixarei interrogar
por eles? 4Fala, portanto, e dize-lhes:
Assim fala o Senhor Javé: Qualquer
israelita que tiver erigido seus ídolos
no próprio coração e tiver colocado
diante de seu rosto aquilo que o faz
cair na iniquidade, e vier ao profeta,
eu, Javé, lhe responderei como merece
a multidão de seus ídolos, 5para tocar
o coração dos israelitas que se afas-
taram de mim por causa de todos os
seus ídolos".

Exortação a converter-se. 6"Dize por-
tanto à casa de Israel: Assim fala o Se-
nhor Javé: Convertei-vos, abandonai
vossos ídolos e desviai o rosto de to-
das as vossas abominações, 7porque a
qualquer israelita e a qualquer estran-
geiro habitante em Israel, que se afasta
de mim e ergue seus ídolos no próprio
coração e coloca diante de seu rosto
aquilo que o faz cair na iniquidade e
depois vem ao profeta para consultar-
-me, responderei eu, Javé, pessoal-
mente. 8Voltarei meu rosto contra tal
homem e farei dele um exemplo e um
provérbio, e o exterminarei de meu
povo: sabereis assim que eu sou Javé.

9Se um profeta se deixa seduzir e faz
uma profecia, eu, Javé, seduzi aquele
profeta†: estenderei a mão contra ele e
o cancelarei do meio de meu povo Isra-
el. 10Ambos levarão a pena de sua ini-
quidade. A pena de quem consulta será
igual à do profeta, 11para que a casa de
Israel não se desvie mais de mim, nem
se contamine mais com todas as suas
transgressões: eles serão meu povo e
eu serei seu Deus – oráculo do Senhor
Javé".

A responsabilidade individual. 12Foi-
-me dirigida esta palavra* de Javé:
13"Filho do homem, se um país peca
contra mim, cometendo infidelidade,
estenderei a mão contra ele, retira-
rei dele a provisão de pão, mandarei
contra ele a fome e exterminarei dele
homens e animais; 14mesmo se no país
vivessem estes três homens:* Noé, Da-
niel e Jó, eles com sua justiça salvariam
apenas a si mesmos†, diz o Senhor
Javé. 15Ou se eu infestasse aquele país
de animais ferozes, que o privassem de
seus filhos e fizessem dele um deserto,
que ninguém pudesse atravessar por
causa dos animais ferozes, 16mesmo se
no meio daquela terra estivessem es-
ses três homens, juro como é verdade
que eu vivo, oráculo do Senhor Javé:
não salvariam nem filhos e nem filhas,
somente eles se salvariam, mas a terra
seria um deserto.

17Ou, se eu mandasse a espada con-
tra aquele país e dissesse: 'Espada,
percorre o país', e ela exterminasse ho-
mens e animais, 18mesmo se no meio
daquele país estivessem aqueles três
homens, juro como é verdade que eu
vivo, oráculo do Senhor Javé: não sal-
variam nem filhos e nem filhas, somen-
te eles se salvariam.

19Ou, se eu mandasse a peste con-
tra aquele país e derramasse meu furor
contra eles na matança, exterminan-
do homens e animais, 20mesmo se no
meio daquele país estivessem Noé, Da-
niel e Jó, juro como é verdade que eu
vivo, diz o Senhor Javé: não salvariam
nem filhos e nem filhas, somente eles
se salvariam, por sua justiça".

O pequeno resto. 21Com efeito, diz o
Senhor Javé: "Quando eu mandar con-
tra Jerusalém meus quatro tremendos
castigos: a espada, a fome, os animais
ferozes e a peste, para extirpar dela
homens e animais, 22no meio dela será
deixado um resto que será levado para
fora, filhos e filhas. Eles irão a vós para
que vejais sua conduta e suas obras e
vos consoleis do mal que mandei con-
tra Jerusalém, de tudo quanto mandei
contra ela. 23Eles vos consolarão quan-
do virdes sua conduta e suas obras, e
sabereis que não foi em vão que eu fiz
aquilo que fiz no meio dela" – oráculo
do Senhor Javé.

---

* **14**,12. 18; 33,10-20 | 14. Gn 18,22-33

† **14**,9. Deus intervém para castigar a atitude errada do profeta e dos que o consultam. | 14. A culpa de Judá chegou a tal ponto que o castigo é inevitável.

15 Alegoria da vinha.

1Foi-me dirigida esta palavra de Javé:
2"Filho do homem,*
que valor tem a madeira da videira†,
comparada com todas as outras madeiras
ou com qualquer ramo que está entre as árvores da floresta?
3Usa-se essa madeira para fazer alguma obra?
Tira-se dela uma estaca para pendurar alguma coisa?
4Lançada ao fogo para queimar,
o fogo devora suas duas pontas,
e também o centro é queimado.
Poderá ser útil para alguma obra?
5Se quando estava inteira
não servia para nenhuma obra,
agora, depois que o fogo a devorou, a queimou,
pode ainda ser usada para alguma coisa?
6Por isso, assim fala o Senhor Javé:
Como a madeira da videira
entre as árvores da floresta,
que eu pus no fogo para queimar,
assim tratarei os habitantes de Jerusalém.
7Voltarei contra eles o rosto.
De um fogo escaparam,
mas um outro fogo os devorará!†
Então sabereis que eu sou Javé,
quando eu voltar contra eles o rosto
8e fizer do país um deserto,
porque foram infiéis"
– oráculo do Senhor Javé.

16 Jerusalém, esposa infiel†.

1Foi-me dirigida esta palavra
de Javé: 2"Filho do homem, faze conhecer a Jerusalém todas as suas abominações.* 3Dirás: Assim fala o Senhor Javé a Jerusalém: Tu és, por origem e nascimento, do país dos cananeus: teu pai era amorreu e tua mãe hitita. 4Em teu nascimento, quando foste dada à luz, não te foi cortado o cordão umbilical e não foste lavada com água para limpar-te; não foste esfregada com sal, nem foste envolvida em faixas. 5Ninguém te dirigiu um olhar piedoso para fazer-te uma só dessas coisas por compaixão para contigo; mas, pelo desgosto que tinham de ti, foste lançada em pleno campo no dia de teu nascimento.

6Passei perto de ti e te vi enquanto te debatias em teu sangue e te disse, quando estavas em teu sangue: Vive! 7Eu te fiz crescer como a erva do campo. Cresceste e te desenvolveste* e muito bela te tornaste: formaram-se teus seios, cresceu teu cabelo; mas estavas nua e descoberta.

8Passei perto de ti e te vi: estavas na idade do amor.* Estendi meu manto sobre ti e cobri tua nudez; jurei aliança* contigo – oráculo do Senhor Javé – e te tornaste minha. 9Eu te lavei com água, limpei teu sangue e te ungi com óleo; 10eu te vesti de roupas bordadas, eu te dei calçados de luxo, eu te cingi a cabeça com linho fino e te cobri de seda; 11eu te adornei com joias: pus braceletes em teus pulsos e um colar em teu pescoço; 12pus em teu nariz um anel, brincos nas orelhas e uma esplêndida coroa* em tua cabeça. 13Assim foste adornada de ouro e prata; tuas vestes eram de linho, seda e tecidos bordados; flor de farinha, mel e óleo foram tua comida; ficaste sempre mais bela e chegaste a ser rainha. 14Tua fama difundiu-se entre as nações por tua beleza, que era perfeita, pela glória que eu tinha posto em ti – oráculo do Senhor Javé.

15Tu, porém, inebriada por tua beleza* e aproveitando de tua fama, te prostituíste, oferecendo-te a todo transeunte. 16Tomaste tuas vestes para te fazeres lugares altos de várias cores, nos quais te prostituías: coisa que nunca devia ter sucedido nem jamais sucederá. 17Com tuas esplêndidas joias de

---

* **15**,2. Is 5,1 | **16**,2. 23; Os 1-3; Is 1,21; Jr 2,2; 3,6s | 7. Os 2,5 | 8. Dt 23,1 / Êx 19,1 | 12. Dt 32,13 | 15. Dt 31,16; 32,15; Os 2,10; Êx 32,2

† **15**,2. Israel é a vinha de Javé, Is 5,1-7: aqui o profeta fala dos ramos podados, que para nada servem. | 7. Sobreviveram à queda de Jerusalém, mas morrerão no exílio. | **16**. Cometeu adultério, servindo aos deuses, mas será perdoada por seu Deus, que fará com ela nova aliança.

ouro e de prata, que eu te havia dado, fizeste imagens humanas, com as quais te prostituíste; [18]depois as enfeitaste com tuas vestes bordadas e diante daquelas imagens apresentaste meu óleo e meu perfume. [19]O pão que eu te havia dado, a flor de farinha, o óleo e o mel com que eu te nutria puseste diante delas como oferta de suave odor; e assim foi – oráculo do Senhor Javé.

[20]Tomaste os filhos e as filhas* que me havias gerado e os sacrificaste a eles em alimento. Eram pouca coisa tuas prostituições? [21]Imolaste meus filhos e os ofereceste a eles, fazendo-os passar pelo fogo em sua honra. [22]Entre todas as tuas abominações e prostituições não te recordaste do tempo de tua juventude, quando estavas nua e descoberta e te debatias no sangue! [23]Agora, depois de toda a tua maldade, ai, ai de ti! – oráculo do Senhor Javé. [24]Em toda praça* fizeste para ti uma alcova e construíste um lugar alto; [25]em toda encruzilhada fizeste para ti um lugar alto, desonraste tua beleza, oferecendo teu corpo a todo transeunte,* multiplicando tuas prostituições. [26]Também te prostituíste com os filhos do Egito, teus corpulentos vizinhos, e multiplicaste tuas infidelidades para irritar-me. [27]Estendi a mão contra ti; reduzi teu alimento e te entreguei ao poder de tuas inimigas, as filhas dos filisteus, envergonhadas com tua conduta atrevida.

[28]Não saciada ainda,* tu te prostituíste com os assírios†; sim, tu te prostituíste com eles e mesmo assim não ficaste satisfeita. [29]Multiplicaste tuas prostituições no país de Canaã, até a Caldeia; e nem mesmo então te saciaste. [30]Como foi fraco teu coração – oráculo do Senhor Javé – cometendo todas essas ações dignas de uma prostituta despudorada! [31]Quando construías para ti uma alcova em toda encruzilhada e fazias para ti um lugar alto em toda praça, não eras como uma prostituta, porque desprezavas a paga, [32]mas como uma adúltera que, em vez do marido, acolhe os estrangeiros! [33]A toda prostituta se dá um presente,* mas eras tu que davas presentes a todos os teus amantes e os subornavas para que viessem a ti de toda parte para tuas prostituições. [34]Fizeste o contrário das outras mulheres, quando te prostituías: ninguém correu atrás de ti para prostituir-se; enquanto tu distribuíste presentes e não os recebeste, fizeste o contrário das outras".

Castigo da infidelidade. [35]"Por isso, ó prostituta, escuta a palavra de Javé. [36]Assim fala o Senhor Javé: Porque tuas riquezas foram esbanjadas e tua nudez descoberta nas prostituições com teus amantes e com todos os teus ídolos abomináveis, e por causa do sangue de teus filhos* que ofereceste a eles, [37]eu reunirei todos os teus amantes com quem tiveste prazer, todos os que amaste junto com todos os que odiaste; eu os reunirei de toda parte contra ti e descobrirei diante deles tua nudez* para que eles a vejam toda.

[38]Eu te julgarei como são julgadas as adúlteras e as que derramam sangue, e te farei vítima de furor e ciúme.

[39]Eu te abandonarei nas mãos deles; eles destruirão tuas alcovas, demolirão teus lugares altos; vão despojar-te de tuas vestes e tomar tuas esplêndidas joias: vão deixar-te descoberta e nua. [40]Depois instigarão contra ti a multidão;* eles te apedrejarão e te traspassarão com suas espadas. [41]Incendiarão tuas casas e executarão a sentença contra ti aos olhos de numerosas mulheres: porei fim a tuas prostituições e não distribuirás mais presentes. [42]Assim aplacarei meu furor sobre ti, e meu ciúme se afastará de ti; eu me acalmarei e não mais me irritarei. [43]Porque não te lembraste do tempo de tua juventude e me provocaste à ira com to-

---

* **16**,20. Lv 18,21 | 24. Dt 12,2 | 25. Is 30; 31 | 28. 2Rs 21,1-18; 2Cr 33,1-10 | 33. Os 8,9 | 36. Ap 17,5s | 37. Ap 17,16; Os 2,12 | 40. Os 2,5

† **16**,28. Aliar-se às nações é também cometer adultério, porque incluía muitas vezes a adoção de suas práticas religiosas e indicava falta de confiança em seu Esposo e protetor.

das estas coisas, também eu farei recair sobre tua cabeça tuas ações – oráculo do Senhor Javé; assim não cometerás outras perversidades além de todas as tuas abominações.

44Todo aquele que usa provérbios dirá este provérbio a teu respeito: 'Tal mãe, tal filha'. 45És mesmo filha de tua mãe, que abandonou o marido e seus filhos: és irmã de tuas irmãs, que abandonaram o marido e seus filhos. Vossa mãe era hitita e vosso pai amorreu. 46Tua irmã mais velha* é Samaria, que mora a tua esquerda com suas filhas; tua irmã mais nova é Sodoma, que mora a tua direita† com suas filhas. 47Tu não apenas seguiste a conduta delas e agiste conforme seus costumes abomináveis mas, como se isso fosse pouco demais, tu te comportaste pior que elas em toda a tua conduta. 48Por minha vida – oráculo do Senhor Javé – tua irmã Sodoma e suas filhas não fizeram o que fizestes tu e tuas filhas!* 49Esta foi a iniquidade de tua irmã Sodoma: soberba, fartura de pão, ócio indolente, ela e suas filhas; mas não estenderam a mão ao pobre e ao indigente; 50tornaram-se arrogantes e cometeram o que é abominável diante de mim: eu as vi e as eliminei. 51Samaria não cometeu nem a metade de teus pecados. Multiplicaste tuas abominações mais que elas, tuas irmãs, a ponto de fazê-las parecer justas, com todas as abominações que cometeste.

52Tu também, que justificaste tuas irmãs, carrega tua própria desonra por teus pecados que cometeste, mais abomináveis que os delas; elas são mais justas que tu: também tu, pois, deves sentir vergonha e carregar tua desonra, porque justificaste tuas irmãs. 53Mas eu mudarei a sorte delas: mudarei a sorte de Sodoma e de suas filhas†, mudarei a sorte de Samaria e de suas filhas; também mudarei tua sorte no meio delas, 54para que carregues tua desonra e sintas vergonha do que fizeste; com isso as consolarás. 55Tua irmã Sodoma e suas filhas voltarão a seu estado anterior; Samaria e suas filhas voltarão a seu estado anterior e também tu e tuas filhas voltareis a vosso estado anterior. 56Não mencionavas tua irmã Sodoma, difamando-a no tempo de teu orgulho, 57antes que fosse descoberta tua maldade? Assim, agora és desprezada pelas filhas de Aram e por todos os que estão ao redor dela e pelas filhas dos filisteus, que zombam de ti de todo lado. 58Carregas o peso de tua maldade e de tuas abominações – oráculo de Javé. 59Pois assim fala o Senhor Javé: Farei contigo como fizeste ao desprezar o juramento e violar a aliança".

Aliança eterna. 60"Mas eu me recordarei da aliança concluída contigo* no tempo de tua juventude e estabelecerei contigo uma aliança eterna. 61Então te recordarás de tua conduta* e sentirás vergonha, quando receberes tuas irmãs mais velhas junto com as mais novas; eu as darei a ti como filhas, mas não por força da aliança feita contigo; 62eu ratificarei minha aliança contigo e saberás que eu sou Javé†, 63para que te lembres e te envergonhes e, em tua confusão, não abras mais a boca, quando eu te houver perdoado tudo o que fizeste – oráculo do Senhor Javé".

17

Alegoria das águias†. 1Foi-me dirigida esta palavra de Javé: 2"Filho do homem, propõe um enigma e conta uma parábola aos israelitas. 3Dirás: Assim fala o Senhor Javé:

Uma grande águia, de grandes asas,
de comprida plumagem,
cheia de penas de várias cores,
veio do Líbano e tirou a ponta do cedro;
4quebrou o mais alto de seus ramos,
levou-o a um país de comerciantes*
e o depôs numa cidade de negociantes.

---

* **16**,46. 16,3 | 48. Gn 19 | 60. Os 2,16-25; Jr 31,3.31-34 | 61. 36,31 | **17**,4. 16,29

† **16**,46. Esquerda e direita são respectivamente norte e sul de quem olha para o oriente. | 53. As filhas são as cidades dependentes dela. | 62. Saberás que eu sou um Deus que não te esquece, mesmo quando tu me esqueces. | **17**. Contra a política pró-egípcia do rei Sedecias. A águia do v. 3 é Nabucodonosor, rei de Babilônia; a do v. 7 é o Egito.

5Escolheu um germe do país
e o depôs num campo fértil;
colocou-o junto a águas abundantes,
plantou-o como um salgueiro,
6para que germinasse
e se tornasse uma videira extensa, pouco alta,
que para a águia virasse os ramos
e suas raízes crescessem debaixo dela.
Tornou-se uma videira,
que produziu sarmentos e estendeu os ramos.
7Mas havia uma outra águia grande,
de grandes asas, cheia de penas.
E aquela videira virou para ela suas raízes
e estendeu para ela seus sarmentos,
para que a irrigasse no canteiro em que estava plantada.
8Ela estava plantada num campo fértil,
junto a águas abundantes,
para lançar ramos e dar fruto
e tornar-se uma excelente videira.
9Dize-lhes: Assim fala o Senhor Javé:
Conseguirá prosperar?
A águia não vai arrancar suas raízes
e tirar seus frutos, de modo que ela seque?
Assim todas as suas folhas novas secarão.
Não será preciso grande esforço
nem muita gente para arrancá-la pelas raízes.
10Ela está plantada: conseguirá prosperar?
Não secará totalmente
quando for atingida pelo vento do oriente?
No mesmo canteiro onde germinou secará!"

Explicação da alegoria. 11Foi-me diri-
gida esta palavra de Javé: 12"Fala, pois,
a essa estirpe de rebeldes: Não sabeis
o que significa isso?* Dize ainda: O rei
de Babilônia chegou a Jerusalém, to-
mou o rei e os príncipes e os transpor-
tou consigo para Babilônia. 13Escolheu
alguém da família real e fez um pacto
com ele, obrigando-o com juramen-
to. Deportou os poderosos do país,
14para que o reino ficasse fraco e não
pudesse levantar-se, mas, observando
seu pacto, pudesse manter-se estável.
15Mas este se rebelou e mandou men-
sageiros ao Egito,* para que lhe fossem
dados cavalos e muitos soldados. Po-
derá prosperar, poderá escapar quem
agiu assim? Ele pode violar um pacto
e sair ileso? 16Por minha vida – orácu-
lo do Senhor Javé – no país do rei que
lhe havia dado o trono, cujo juramento
desprezou e cuja aliança violou, junto
dele, no meio de Babilônia, morrerá.
17O faraó com seu grande exército e
suas numerosas tropas não o ajudará
na guerra, quando se elevarem aterros
e se construírem baluartes para destruir
tantas vidas humanas. 18Desprezou um
juramento, violando uma aliança feita
com um aperto de mão, e depois agiu
desse modo. Não escapará.

19Por isso, assim fala o Senhor Javé:
Por minha vida, meu juramento que ele
desprezou, minha aliança que violou,
farei recair* sobre sua cabeça. 20Es-
tenderei sobre ele minha rede e ficará
preso em meu laço. Eu o levarei para
Babilônia e lá o julgarei pela infidelida-
de cometida contra mim. 21Toda a elite
de suas fileiras cairá pela espada e os
sobreviventes serão dispersos a todos
os ventos: assim sabereis que eu, Javé,
falei".

Promessa do rei Messias†. 22Assim
fala o Senhor Javé:
"Eu tomarei do alto do cedro,
das pontas de seus ramos colherei um broto
e o plantarei sobre um monte elevado e altaneiro.
23Eu o plantarei sobre a alta montanha de Israel.
Produzirá ramos e dará frutos
e se tornará um cedro magnífico.
Debaixo dele todos os pássaros habitarão,
toda ave à sombra de seus ramos repousará.*

* **17**,12. 2Rs 24,10-17 | 15. 2Rs 24,20 | 19. 12,13 | 23. Mt 13,32

† **17**,22. O cedro é Davi, o broto é o Messias, que acolhe todos os povos em seu reino de salvação.

[24]Saberão todas as árvores do campo†
que eu sou Javé,
que humilho a árvore alta
e elevo a árvore humilde;*
faço secar a árvore verde
e germinar a árvore seca.
Eu, Javé, falei e o farei".

18 **Responsabilidade individual**†. [1]Foi-me dirigida esta palavra de Javé:

[2]"Que quereis dizer quando usais este provérbio* no país de Israel:

Os pais comeram uva verde*
e os dentes dos filhos ficaram travando?

[3]Por minha vida, diz o Senhor Javé, não usareis mais este provérbio em Israel. [4]Todas as vidas são minhas: a vida do pai e a do filho são minhas; aquele que peca, é ele que morrerá.*

[5]Se alguém é justo e pratica o direito e a justiça, [6]se não come sobre as montanhas e não eleva os olhos para os ídolos da casa de Israel,* se não desonra a mulher do próximo e não se aproxima de uma mulher em estado de impureza, [7]se não oprime ninguém, restitui o penhor ao devedor, não comete rapina, reparte o pão com o faminto* e cobre de vestes quem está nu, [8]se não empresta com usura, não cobra juros, afasta sua mão da iniquidade e pronuncia reto juízo entre um homem e outro, [9]se cumpre minhas leis e observa minhas normas, agindo com fidelidade, ele é justo e ele viverá – oráculo do Senhor Javé.

[10]Mas se alguém gerou um filho violento e sanguinário, que comete alguma dessas ações iníquas, [11]enquanto que ele não as comete, e este filho come sobre as montanhas, desonra a mulher do próximo, [12]oprime o pobre e o indigente, comete rapinas, não restitui o penhor, eleva os olhos para os ídolos, comete ações abomináveis, [13]empresta com usura e cobra juros, ele não viverá; porque cometeu todas essas ações abomináveis, este morrerá e deverá a si mesmo a própria morte.

[14]Mas se alguém gerou um filho que, vendo todos os pecados cometidos pelo pai, embora os veja, não os comete, [15]não come sobre as montanhas, não eleva os olhos para os ídolos da casa de Israel, não desonra a mulher do próximo, [16]não oprime ninguém, não exige penhor, não comete rapina, dá o pão ao faminto e cobre de vestes quem está nu, [17]desiste da iniquidade, não empresta com usura nem a juros, observa meus decretos, caminha conforme minhas leis, este não morrerá por causa da iniquidade de seu pai, mas certamente viverá. [18]Mas seu pai, que oprimiu e espoliou o próximo, que não agiu bem no meio do povo, morrerá por causa de sua iniquidade.

[19]Vós dizeis: 'Por que o filho não paga pela iniquidade do pai?' Porque o filho agiu conforme a justiça e a retidão, observou todos os meus mandamentos e os pôs em prática, por isso viverá.

[20]Aquele que pecou* é o que morrerá; o filho não paga pela iniquidade do pai, nem o pai pela iniquidade do filho. Ao justo será creditada sua justiça e ao malvado, sua maldade.

[21]Mas se o malvado se afasta de todos os pecados que cometeu e observa todos os meus decretos e age com justiça e retidão,* ele certamente viverá, não morrerá. [22]Nenhuma de suas transgressões* cometidas será recordada, mas viverá por causa da justiça que praticou.

[23]Acaso eu tenho prazer na morte do malvado* – oráculo do Senhor Javé – e não, antes, que desista de sua conduta e viva?

[24]Mas se o justo se afasta* de sua justiça e comete a iniquidade, imitan-

* **17**,24. Sl 113,7ss; Lc 1,51ss | **18**,2. 14,12; 33,10-20 / Jr 31,29 | 4. 18,20 | 6. Dt 24,16; Sl 15,2-5; 24,3-6 | 7. Mt 25,35s | 20. 18,4; Dt 24,16 | 21. 33,16 | 22. 33,11; Sb 11,26 | 23. Lc 15,7.10.32; Jo 8,11; Rm 11,32 | 24. 2Pd 3,9; Ez 3,20; 33,12s

† **17**,24. As árvores são os reis das nações vizinhas; saberão que Javé humilha os poderosos e do nada suscita uma nova potência. | **18**. Os exilados achavam que estavam sendo punidos pelos pecados de seus pais. O profeta afirma a doutrina da retribuição individual. Nem o pecado, nem as boas obras dos pais passam para os filhos. Mas o justo pode tornar-se pecador e o pecador, justo.

do todas as ações abomináveis que o
malvado comete, poderá ele viver? To-
das as obras justas por ele feitas serão
esquecidas; por causa da infidelidade
na qual caiu e do pecado que cometeu,
ele morrerá.
25Vós dizeis: 'Não é reto o caminho
do Senhor'.
Escuta, pois, casa de Israel: É meu ca-
minho que não é reto ou, antes, os vos-
sos que não são retos? 26Se o justo se
afasta da justiça para cometer a iniqui-
dade e por causa desta morre, morre
pela iniquidade que cometeu. 27E se o
injusto desiste da maldade que come-
teu e age com justiça e retidão, salvará
sua vida. 28Refletiu, afastou-se de todas
as transgressões cometidas: ele certa-
mente viverá e não morrerá. 29No en-
tanto, os israelitas estão dizendo: 'Não
é reto o caminho do Senhor'. Ó casa de
Israel, não são retos meus caminhos ou
antes não são retos os vossos?
30Por isso, ó israelitas,* eu julgarei
cada um de vós segundo sua conduta –
oráculo do Senhor Javé. Convertei-vos
e desisti de todas as vossas iniquida-
des, e a iniquidade não será para vós
causa de ruína. 31Livrai-vos de todas
as transgressões cometidas e formai-
-vos um coração novo* e um espírito
novo. Por que quereis morrer, israeli-
tas? 32Não tenho prazer na morte* de
quem morre – oráculo do Senhor Javé.
Convertei-vos e vivereis".*

19 **Elegia sobre os últimos reis de Judá.**

1Entoa agora um la-
mento sobre os chefes de Israel, 2di-
zendo:
"O que era tua mãe?
Uma leoa entre os leões.
Deitada no meio dos leões,
alimentava seus filhotes.
3Ela criou um dos filhotes,
que se tornou um jovem leão,
aprendeu a dilacerar a presa,
a devorar os homens.
4Mas as nações ouviram falar dele,
ele foi apanhado na armadilha delas
e conduzido em correntes ao Egito.*
5Quando ela viu que era longa a espera
e em vão sua esperança,
tomou outro filhote
e fez dele um jovem leão.
6Ele vivia entre os leões,
tornou-se um leãozinho
e aprendeu a dilacerar a presa,
a devorar os homens.
7Demoliu seus palácios,
devastou suas cidades.
O país e seus habitantes se aterrorizavam
ao rumor de seu rugido.
8Assaltaram-no as nações
vindas das aldeias ao redor;
armaram seu laço contra ele
e ele ficou preso na armadilha delas.
9Fecharam-no numa jaula,
conduziram-no acorrentado ao rei de Babilônia
e o lançaram numa prisão,*
para que não se ouvisse sua voz
nos montes de Israel.
10Tua mãe era como videira*
plantada à beira d'água.
Era verdejante e frondosa,
por causa da abundância de água;
11teve ramos fortes,*
bons para cetros reais;
sua estatura se elevou no meio dos ramos espessos,
admirável por sua altura
e pela abundância de seus ramos.
12Mas ela foi arrancada com furor
e jogada ao chão;
o vento do oriente a secou,
secou seus frutos;
seus ramos fortes foram quebrados e secaram,*
e o fogo os devorou.
13Agora é plantada no deserto,
numa terra seca e sedenta;
14um fogo saiu de um ramo seu,
devorou seus frutos
e ela não tem mais nenhum ramo forte
nem cetro para dominar".
Isto é um lamento e servirá como lamento.

* **18**,30. 33,20; Mt 16,27 | 31. 11,19; Jr 4,4 | 32. 33,11; 18,23; Sb 1,13 / Mt 3,2 | **19**,4. 2Rs 23,33s | 9. 2Rs 24,8-17 | 10. Is 5,1; 17,6-10 | 11. Ap 22,1s | 12. Jo 15,6

20

História da infidelidade de Israel. 1No dia dez do quinto
mês do ano sétimo†, alguns anciãos de
Israel* vieram consultar Javé e senta-
ram-se diante de mim. 2Foi-me dirigida
esta palavra de Javé: 3"Filho do homem,
fala aos anciãos de Israel e dize-lhes:
Assim fala o Senhor Javé: Vindes para
consultar-me? Por minha vida, não me
deixarei consultar por vós – oráculo do
Senhor Javé. 4Queres julgá-los?* Que-
res julgá-los, filho do homem? Mostra-
-lhes as abominações de seus pais.
5Dize-lhes: Assim fala o Senhor Javé:*
Quando escolhi Israel e ergui a mão em
juramento aos descendentes da casa
de Jacó, revelei-me a eles no país do
Egito e lhes jurei, com a mão erguida,
dizendo: Eu sou Javé, vosso Deus. 6Na-
quele dia ergui a mão e jurei-lhes* que
os faria sair do país do Egito e os con-
duziria a uma terra escolhida para eles,
onde corre leite e mel,* que é a mais
bela de todas as terras. 7Eu lhes disse:
Cada um lance fora as abominações*
que atraem vossos olhos; e não vos
contamineis com os ídolos do Egito: eu
sou Javé, vosso Deus.

8Mas eles se rebelaram contra mim
e não quiseram escutar-me. Não lan-
çaram fora as abominações que atraí-
am seus olhos e não abandonaram os
ídolos do Egito. Então decidi derramar
sobre eles meu furor e desafogar con-
tra eles minha ira,* no meio do país
do Egito. 9Mas agi por amor de meu
nome, para que não fosse profana-
do aos olhos das nações no meio das
quais se encontravam, diante das quais
eu me revelei, para fazê-los sair do país
do Egito. 10Assim os fiz sair do Egito e
os conduzi ao deserto; 11dei-lhes meus
estatutos* e dei-lhes a conhecer mi-
nhas leis, para que quem as observar
viva por elas. 12Dei-lhes também meus
sábados* como um sinal entre mim e
eles, para que soubessem que sou eu,*
Javé, que os santifico.

13Mas os israelitas se rebelaram*
contra mim no deserto: não caminha-
ram conforme meus estatutos, despre-
zaram meus decretos, que é preciso
observar para viver por eles, e violaram
gravemente meus sábados. Então deci-
di derramar sobre eles minha indigna-
ção no deserto para exterminá-los.

14Mas agi por amor de meu nome,*
para que não fosse profanado aos
olhos das nações diante das quais eu
os tinha feito sair. 15Além disso, eu lhes
havia jurado no deserto, com a mão
erguida, que não mais os faria entrar*
na terra que eu lhes tinha reservado,
terra onde corre leite e mel, a mais bela
entre todas as terras, 16porque despre-
zaram meus decretos, não seguiram
meus preceitos, e profanaram meus sá-
bados, porque seu coração se apegara
a seus ídolos. 17Mas tive para com eles
um olhar de piedade para não extermi-
ná-los, e não os aniquilei no deserto.

18Eu disse a seus filhos no deserto:
Não sigais as normas de vossos pais,
não observeis suas leis, não vos con-
tamineis com seus ídolos: 19sou eu,
Javé, vosso Deus. Caminhai conforme
minhas normas, observai minhas leis e
ponde-as em prática. 20Santificai meus
sábados; que eles sejam um sinal entre
mim e vós, para que se saiba que sou
eu Javé, vosso Deus.

21Mas também os filhos se rebelaram
contra mim,* não caminharam confor-
me minhas normas, não observaram e
não puseram em prática minhas leis,
que dão a vida a quem as observa; pro-
fanaram meus sábados. Então decidi
derramar minha indignação sobre eles
e desafogar contra eles minha ira no
deserto.

22Mas retirei a mão e agi por amor de
meu nome, para que não fosse profa-
nado aos olhos das nações, diante das
quais* eu os fizera sair. 23E no deserto
lhes jurei, com a mão erguida, que os
dispersaria entre as nações e os espa-

---

* **20**,1. 14,1-5 | 4. 22,2; 23,36 | 5. Dt 7,6 | 6. Êx 3,14 / Êx 3,8 | 7. Lv 18,3 | 8. 20,14; 36,22 | 11. Lv 18,5 | 12. Êx 20,8 / Êx 31,13 | 13. Êx 14,11 | 14. 20,9 | 15. Êx 32,12; Nm 14,28ss; Dt 1,34s; Sl 95,11 | 21. Lv 18,5 | 22. 20,14

† **20**,1. Julho/agosto de 591 a.C.

lharia em países estrangeiros, 24porque
não tinham praticado minhas leis; ao
contrário, tinham desprezado minhas
normas e profanado meus sábados, e
seus olhos estavam voltados para os
ídolos de seus pais.
25Então lhes dei até mesmo normas
que não eram boas e leis pelas quais não
podiam viver. 26Fiz com que se conta-
minassem por suas ofertas, fazendo-os
sacrificar* todo primogênito†, para ater-
rorizá-los, para que reconhecessem que
eu sou Javé. 27Fala, pois, aos israelitas,
filho do homem, e dize-lhes: Assim fala
o Senhor Javé: Também nisto me ofen-
deram vossos pais com suas infidelidade
para comigo: 28depois que eu os intro-
duzi no país que, com mão erguida,* eu
tinha jurado dar-lhes, eles olharam toda
colina elevada, toda árvore frondosa e
lá fizeram os sacrifícios e apresentaram
suas ofertas provocadoras: lá deposita-
ram seus perfumes suaves e derramaram
suas libações. 29Eu lhes disse: O que é
este lugar alto aonde ides? O nome 'lu-
gar alto' permanece até hoje".

Castigo e promessa de restauração.
30"Pois bem, dize aos israelitas: Assim
fala o Senhor Javé: Vós vos contaminais,
seguindo o costume de vossos pais, vós
vos prostituís com suas abominações
31e vos contaminais com todos os vos-
sos ídolos até hoje, oferecendo vossos
dons e fazendo passar pelo fogo vossos
filhos, e eu deveria deixar-me consul-
tar por vós, casa de Israel? Por minha
vida – oráculo do Senhor Javé – não me
deixarei consultar por vós. 32E jamais
acontecerá isto que imaginais em vosso
coração, isto que andais dizendo: 'Se-
remos como as nações, como as tribos
dos outros países, que prestam culto
à madeira e à pedra'. 33Por minha vida
– oráculo do Senhor Javé – eu reinarei
sobre vós com mão forte, com braço es-
tendido e derramando minha ira. 34De-
pois vos farei sair do meio dos povos e
vos reunirei daqueles países onde fostes
dispersos com mão forte, com braço es-
tendido e com minha ira transbordante
35e vos conduzirei ao deserto dos povos
e lá, face a face, vos julgarei. 36Como
julguei vossos pais no deserto do país
do Egito, assim vos julgarei – oráculo do
Senhor Javé. 37Eu vos farei passar sob
meu bastão e vos levarei a respeitar a
aliança. 38Separarei de vós os rebeldes*
e os que se revoltaram contra mim; eu
os farei sair do país em que peregrinam,
mas não entrarão na terra de Israel: as-
sim sabereis que eu sou Javé. 39A vós,
casa de Israel,* assim diz o Senhor Javé:
que cada um vá servir a seus ídolos* se
não quereis escutar-me, mas meu santo
nome não profaneis mais com vossas
ofertas, com vossos ídolos; 40porque
é em minha santa montanha, na alta
montanha de Israel – oráculo do Se-
nhor Javé – que me servirá toda a casa
de Israel, toda reunida naquele país; é lá
que acolherei e aceitarei vossas ofertas,
as primícias de vossos dons e todas as
vossas coisas santas. 41Eu vos aceitarei
como suave perfume, quando vos tiver
tirado do meio dos povos e vos tiver
reunido dos países nos quais fostes dis-
persos: entre vós eu me mostrarei santo
aos olhos das nações.
42Então sabereis que eu sou Javé,
quando vos conduzir à terra de Israel,
ao país que, com a mão erguida, jurei
dar a vossos pais. 43Lá vos recordareis
de vossa conduta, de todos os pecados
com os quais vos manchastes, e prova-
reis desgosto de vós mesmos por todo
o mal que cometestes. 44Então sabereis
que eu sou Javé, quando eu agir con-
vosco por amor de meu nome e não
conforme vossa má conduta* e vossas
ações corruptas, casa de Israel" – orá-
culo do Senhor Javé.

21 **A espada de Javé.** 1Foi-me
dirigida esta palavra de Javé:
2"Filho do homem, vira o rosto para o
sul,* dirige tua palavra ao sul e profeti-
za contra a floresta do Negueb. 3Dirás à
floresta do Negueb: Escuta a palavra de

---

* **20**,26. Lv 18,21 | 28. Dt 12,2 | 38. Is 4,3 | 39. 16,59-63 / 36,20; 43,8; Lv 17,1 | 44. 20,14 | **21**,2. 16,46 | 3. Is 9,17; 10,17ss; Jr 21,14; Sl 83,15

† **20**,26. Deus fala como se fosse Ele o responsável pela interpretação errada que deram a Sua lei.

Javé: Assim fala o Senhor Javé: Acenderei em ti um fogo que devorará em ti toda árvore verde* e toda árvore seca: a chama ardente não se apagará, e todo rosto será queimado desde o Negueb até o norte. 4Todo ser vivo verá que eu, Javé, o acendi e não se apagará".

5Eu disse: "Ah! Senhor Javé, estão dizendo de mim: Não é este que anda dizendo parábolas?"

6Foi-me dirigida esta palavra de Javé: 7"Filho do homem, vira o rosto para Jerusalém e fala contra seus santuários, profetiza contra o país de Israel. 8Dirás ao país de Israel: Assim fala Javé: Eu sou contra ti. Desembainharei a espada e eliminarei do meio de ti o justo e o pecador. 9Porque quero eliminar do meio de ti o justo e o pecador, minha espada sairá da bainha para abater todo ser vivo, desde o Negueb até o norte. 10Assim todo ser vivo saberá que eu, Javé, desembainhei a espada e ela não entrará mais na bainha. 11Tu, filho do homem, chora: chora diante deles com o coração quebrantado e cheio de amargura. 12Quando te perguntarem: Por que choras?, responderás: Por causa da notícia que está para chegar; todo coração desfalecerá, todas as mãos se afrouxarão, todo espírito se angustiará, todos os joelhos vacilarão. Eis que é chegada e se cumpre" – oráculo do Senhor Javé.*

13Foi-me dirigida esta palavra de Javé: 14"Filho do homem, profetiza e dize-lhes: Assim fala o Senhor Javé:

A espada! A espada está afiada e polida,
15afiada para o massacre, polida para lampejar!†
16Ele a mandou polir para que seja empunhada.
Foi afiada e polida para ser entregue na mão do carrasco.
17Grita e lamenta-te, filho do homem,
porque ela será usada contra meu povo,
contra todos os príncipes de Israel
destinados à espada junto com meu povo.
Por isso, bate no peito,*
18porque é uma prova:
o que acontecerá se este cetro que despreza tudo
não existir mais?
– oráculo do Senhor Javé.
19E tu, filho do homem,
profetiza e bate palmas;
que a espada duplique e triplique seus golpes:
é a espada do massacre,
a espada do grande massacre que os circunda.
20Para que os corações desfaleçam
e se multipliquem as vítimas,
eu pus em toda porta a ponta da espada,
feita para lampejar, afiada para o massacre.
21Mostra-te afiada, à direita, à esquerda,
para onde quer que se volte tua lâmina.
22Também eu baterei palmas
e satisfarei minha ira.
Eu, Javé, falei".

Nabucodonosor contra Jerusalém.
23Foi-me dirigida esta palavra de Javé: 24"Filho do homem, traça dois caminhos para a passagem da espada do rei de Babilônia, partindo ambos do mesmo país. Põe um sinal no começo do caminho que conduz à cidade. 25Traça o caminho para que a espada chegue a Rabá dos amonitas e a Judá, a Jerusalém, cidade fortificada. 26Com efeito, o rei de Babilônia está parado na encruzilhada, no início dos dois caminhos, para consultar as sortes: lança as flechas, interroga os deuses domésticos, observa o fígado. 27Em sua mão direita, a sorte caiu sobre Jerusalém, para dispor contra ela os aríetes,* para fazê-la ouvir a ordem do massacre, para lançar gritos de guerra, colocar os aríetes contra suas portas, elevar aterros, construir torres.

28Mas para eles isto será como falsa adivinhação. Eles fizeram solenes juramentos; ele, porém, recorda-lhes a ini-

* **21**,12. 7,17 | 17. Jr 31,19 | 27. 4,2s

† **21**,15. Porque Israel recusou a correção da vara, Pr 13,24, a Deus só resta mandar a espada.

quidade pela qual serão feitos prisioneiros". [29]Por isso, assim fala o Senhor Javé: "Porque vós fizestes recordar vossas iniquidades, sendo vossas transgressões reveladas de modo que em todas as vossas ações vossos pecados apareçam, porque atraístes a atenção sobre vós, sereis feitos prisioneiros. [30]A ti, vil criminoso, príncipe de Israel†, cujo dia é chegado com o tempo de tua iniquidade final, [31]assim fala o Senhor Javé: Depõe o turbante e tira a coroa; tudo será mudado:* o que é baixo será elevado e o que é alto será abaixado. [32]Ruínas, ruínas! A ruínas a reduzirei, e não se erguerá mais, até que venha aquele ao qual pertence por direito e ao qual eu a darei".

Castigo dos amonitas. [33]Tu, filho do homem, profetiza. Dirás: "Assim fala o Senhor Javé a respeito dos amonitas e de seus insultos. Dirás: A espada, a espada está desembainhada para o massacre, está afiada para exterminar, para lampejar, [34]enquanto eles têm falsas visões e te predizem sortes mentirosas, a espada será posta na garganta dos ímpios perversos, cujo dia chegou, no cúmulo de sua maldade.

[35]Repõe a espada na bainha. No lugar em que foste criado, na terra em que nasceste, eu te julgarei; [36]derramarei sobre ti minha indignação, contra ti soprarei o fogo de minha ira e te abandonarei nas mãos de homens violentos, portadores de destruição. [37]Serás presa do fogo, teu sangue será derramado no meio da terra, não haverá mais lembrança de ti, porque eu, Javé, falei".

22

As culpas de Jerusalém. [1]Foi-me dirigida esta palavra de Javé: [2]"Tu, filho do homem,* julgarás, julgarás a cidade sanguinária? Mostra-lhe todas as suas abominações. [3]Dirás: Assim fala o Senhor Javé: Ó cidade que derrama o sangue no meio de si mesma, para que chegue seu tempo, e fabrica para seu dano ídolos com os quais contaminar-se! [4]Pelo sangue que derramaste te tornaste culpada e te contaminaste com os ídolos que fabricaste: apressaste teu dia, chegaste ao termo de teus anos. Por isso farei de ti o opróbrio das nações* e o escárnio de todos os países. [5]Os que estão perto e os que estão longe zombarão de ti, ó cidade infame e cheia de desordens. [6]Em ti os príncipes de Israel derramam sangue, cada um* conforme seu poder. [7]Em ti desprezam o pai e a mãe,* em ti maltratam o estrangeiro, em ti oprimem o órfão e a viúva. [8]Desprezaste minhas coisas santas,* profanaste meus sábados. [9]Há em ti quem calunia para derramar sangue. Há em ti quem come nas montanhas* e quem comete infâmias. [10]Em ti há quem tem relações com o próprio pai,* em ti abusam da mulher em estado de impureza. [11]Este comete abominações com a mulher do próximo,* aquele contamina com incesto a nora, outro violenta a irmã,* filha de seu pai. [12]Em ti se recebem presentes para derramar sangue; emprestas a juros e com usura, despojas com extorsão teu próximo* e de mim te esqueces – oráculo do Senhor Javé.

[13]Eu bato palmas pelo lucro desonesto* que tiveste e pelo sangue derramado no meio de ti. [14]Teu coração poderá resistir e serão fortes tuas mãos nos dias em que vou agir contra ti? Eu, Javé, o disse e o farei; [15]eu te dispersarei entre as nações* e te espalharei em países estrangeiros; eu te purificarei de tua imundície, [16]depois te retomarei em herança* diante das nações e saberás que eu sou Javé"†.

[17]Foi-me dirigida esta palavra de Javé: [18]"Filho do homem, os israelitas* se transformaram em escória para mim; são todos cobre, estanho, ferro e chumbo dentro de uma fornalha:

---

* **21**,31. Is 40,4 | **22**,2. 20,4; 23,36 | 4. 5,14 | 6. 18,5-9 | 7. Dt 27,16 | 8. Lv 19,3 | 9. Êx 22,21s | 10. Lv 19,30 | 11. Lv 18,7-19 / Lv 18,20;18.9 | 12. Dt 27,25; Lv 25,35ss | 13. 6,11 | 15. Lv 26,33 | 16. 20,9 | 18. Is 1,22.25; Jr 6,28ss

† **21**,30. Trata-se de Sedecias, que reinou em Judá de 597 a 586 a.C., e traiu o rei de Babilônia, 17,16-21. | **22**,16. O exílio não é apenas um castigo, mas também tempo de purificação e de renascimento.

são escória de prata. [19]Por isso, assim
fala o Senhor Javé: Porque todos vos
tornastes escória, eu vos ajuntarei no
meio de Jerusalém. [20]Como se ajuntam
prata, cobre, ferro, chumbo, estanho
dentro de uma fornalha e se sopra o
fogo* para fundi-los, assim vos ajunta-
rei e vos farei fundir em minha ira e em
meu furor; [21]eu vos reunirei, contra vós
soprarei o fogo de minha indignação
e vos farei fundir no meio da cidade.
[22]Como se funde a prata na fornalha,
assim sereis fundidos no meio dela: sa-
bereis que eu, Javé, derramei meu furor
sobre vós".

As culpas dos chefes. [23]Foi-me diri-
gida esta palavra de Javé: [24]"Filho do
homem, dize a Jerusalém: És uma terra
não purificada, não lavada pela chuva
no dia da ira. [25]Dentro dela seus prín-
cipes, como leão que ruge e que arre-
bata a presa, devoram o povo, apode-
ram-se dos tesouros e das riquezas,*
multiplicam as viúvas na cidade. [26]Seus
sacerdotes violam minha lei, profanam
minhas coisas santas.* Não fazem dife-
rença entre o sagrado e o profano, não
ensinam a distinguir entre o puro e o
impuro, não observam meus sábados,*
e eu sou desonrado no meio deles.
[27]No meio dela, seus chefes são como
lobos que arrebatam a presa e derra-
mam sangue, fazendo perecer o povo
para obter um lucro desonesto. [28]Seus
profetas recobriram* de cal todos esses
delitos com suas falsas visões e seus
oráculos enganadores, dizendo: 'Assim
fala o Senhor Javé', sem que Javé te-
nha falado. [29]O povo do país comete
violência e se entrega à rapina, explo-
ra o pobre* e o necessitado, maltrata
o estrangeiro contra todo o direito.
[30]Procurei entre eles um homem que
construísse um muro e ficasse de pé na
brecha diante de mim, para defender
o país, para que eu não o devastasse,
mas não o encontrei. [31]Por isso derra-
marei sobre eles minha indignação; vou
consumi-los com o fogo de minha có-
lera: farei recair sua conduta sobre suas
cabeças – oráculo do Senhor Javé".

23 **Alegoria sobre Samaria e Jerusalém.**

[1]Foi-me dirigida
esta palavra de Javé: [2]"Filho do ho-
mem, havia duas mulheres, filhas* da
mesma mãe, [3]as quais se tinham pros-
tituído no Egito desde sua juventude†,
onde apalparam seus peitos e lhes
contaminaram o seio virginal. [4]Elas se
chamam Oola, a mais velha, e Ooliba,
sua irmã. Tornaram-se minhas e deram
à luz filhos e filhas. Oola é Samaria e
Ooliba é Jerusalém. [5]Oola, enquan-
to era minha, prostituiu-se: ardeu de
amor por seus amantes, os assírios,
seus vizinhos, [6]vestidos de púrpura,
príncipes e governadores, todos jo-
vens atraentes, cavaleiros montados
em cavalos. [7]Prostituiu-se com eles,
com toda a elite dos assírios, e con-
taminou-se com todos aqueles pelos
quais se havia apaixonado e com to-
dos os seus ídolos. [8]Não renunciou a
suas relações amorosas com os egíp-
cios, os quais tinham abusado dela em
sua juventude, tinham contaminado
seu seio virginal, desafogando sobre
ela sua luxúria. [9]Por isso eu a entre-
guei nas mãos de seus amantes, nas
mãos dos assírios, pelos quais se havia
apaixonado. [10]Eles descobriram sua
nudez, tomaram seus filhos e filhas e a
mataram com a espada. Tornou-se as-
sim uma advertência para as mulheres,
pela condenação exemplar executada
contra ela.

[11]Sua irmã Ooliba viu isto e corrom-
peu-se mais que ela em seus amores;
suas prostituições superaram as de sua
irmã. [12]Apaixonou-se pelos assírios,
seus vizinhos, príncipes e chefes, luxuo-
samente vestidos, cavaleiros montados
em cavalos, todos jovens atraentes.
[13]Eu vi que se havia contaminado e que
ambas seguiam o mesmo caminho.

---

* **22**,20. Ml 3,2s | 25. Sf 3,3s | 26. Lv 19,30 / Lv 17-22; 11-16; 23,1 / Êx 20,8-11 | 28. 13,10-16 | 29. Is 59,15s
23,2. 20,7s

† **23**,3. Ezequiel não considera o êxodo como tempo ideal do noivado entre Javé e o povo, Os 2,16s; Jr 2,2s, mas para ele Israel sempre foi infiel a seu Deus.

14Mas esta multiplicou suas prostituições: viu homens desenhados numa parede, figuras de caldeus pintadas de vermelho, 15com cinturões em torno dos rins, amplos turbantes na cabeça, todos com aparência de oficiais, à maneira dos filhos de Babilônia, originários da Caldeia; 16ela apaixonou-se por eles à primeira vista e enviou-lhes mensageiros à Caldeia. 17Então vieram procurá-la no leito dos amores os filhos de Babilônia* e a contaminaram com suas fornicações, e ela contaminou-se com eles até que se desgostou deles. 18Porque revelou suas devassidões e descobriu sua nudez, também eu me desgostei dela como me havia desgostado de sua irmã. 19Mas ela continuou a multiplicar prostituições, recordando o tempo de sua juventude, quando se prostituía no país do Egito. 20Apaixonou-se por seus amantes, que têm sexo de jumentos e orgasmo de cavalos. 21E assim recordaste a infâmia de tua juventude, quando os egípcios apalpavam teus peitos, contaminando teu seio virginal. 22Por isso, Ooliba, assim fala o Senhor Javé: Suscitarei contra ti teus amantes dos quais te desgostaste e os trarei contra ti de toda parte: 23os filhos de Babilônia e de todos os caldeus, os de Facud, de Soa e de Coa, e com eles todos os assírios, jovens atraentes, príncipes e chefes, capitães e homens famosos, todos montados a cavalo. 24Virão contra ti do norte com carros e carruagens e com uma multidão de povos, e se postarão contra ti de todos os lados com escudos grandes e pequenos e capacetes. A eles entregarei o julgamento e te julgarão conforme suas leis. 25Desafogarei contra ti meu ciúme e te tratarão com furor: eles te cortarão o nariz e as orelhas†, e teus sobreviventes cairão pela espada; deportarão teus filhos e filhas, e o que restar de ti será devorado pelo fogo. 26Eles te despojarão de tuas vestes e tomarão tuas joias. 27Farei cessar tua luxúria e tuas prostituições que te vêm do Egito: não erguerás mais os olhos para eles, nem te lembrarás mais do Egito.*

28Porque assim fala o Senhor Javé: Eu te entrego nas mãos daqueles que odeias, nas mãos daqueles de quem te desgostaste. 29Eles te tratarão com ódio e te tomarão todo o fruto de teu trabalho, deixando-te nua e descoberta; será revelada a vergonha de tuas prostituições, tua luxúria e tuas devassidões. 30Assim serás tratada porque me traíste com as nações, porque te contaminaste com seus ídolos. 31Seguiste o caminho de tua irmã: por isso porei sua taça em tuas mãos". 32Assim fala o Senhor Javé:

"Beberás a taça de tua irmã,*
taça profunda e larga;
serás exposta à zombaria e ao escárnio,
pois na taça cabe muito.
33Serás cheia de embriaguez e de aflição:
é a taça da desolação e do extermínio,
a taça de tua irmã Samaria.
34Tu a beberás, tu a esvaziarás,
morderás seus cacos
e dilacerarás teus peitos,
porque eu falei"
– oráculo do Senhor Javé.

35Por isso, assim fala o Senhor Javé: "Porque me esqueceste e me lançaste para trás de ti, pagarás por tua luxúria e por tuas devassidões!"

36Javé me disse: "Filho do homem,* não julgarás Oola e Ooliba? Não lhes mostrarás suas abominações?37Foram adúlteras e têm as mãos ensanguentadas; cometeram adultério com seus ídolos; até fizeram passar pelo fogo, para serem devorados, os filhos* que me haviam gerado. 38Também isto me fizeram: nesse mesmo dia contaminaram meu santuário e profanaram*

---

* **23**,17. 2Rs 20,12-19 | 27. Êx 16,3; 17,3 | 32. Jr 25,15-18; Is 51,17; Sl 75,9 | 36. 20,4; 22,2 | 37. Lv 18,21 | 38. Lv 19,30

† **23**,25. Castigo dos adúlteros entre os caldeus e os egípcios; serão punidos pelos povos nos quais confiavam.

meus sábados; 39depois de haverem
imolado seus filhos a seus ídolos, vie-
ram naquele mesmo dia a meu santu-
ário para profaná-lo: eis o que fizeram
dentro de minha casa!
40Mandaram chamar homens de pa-
íses distantes, aos quais enviaram um
mensageiro, e eles vieram. Para eles te
lavaste, pintaste os olhos e te cobriste
de ornamentos; 41e te estendeste so-
bre um leito suntuoso diante de uma
mesa preparada, sobre a qual puses-
te meus perfumes e meu óleo. 42Em
torno dela ouvia-se o rumor de uma
multidão despreocupada; junto com
homens de classe baixa mandaram vir
também uns bêbados do deserto, que
puseram braceletes nos pulsos das mu-
lheres e uma coroa esplêndida em suas
cabeças. 43Então eu disse daquela que
estava habituada aos adultérios: 'Vão
agora cometer prostituição com ela, e
ela com eles?' 44De fato entraram na
casa dela, como se vai a uma prosti-
tuta: assim entraram na casa de Oola
e Ooliba, mulheres de má vida. 45Mas
homens retos as julgarão como se jul-
gam as adúlteras* e como se julgam
as que derramam sangue. Porque elas
são adúlteras e suas mãos estão ensan-
guentadas".
46Assim fala o Senhor Javé: "Farão vir
contra elas uma multidão, e elas serão
abandonadas ao terror e ao saque. 47A
assembleia as apedrejará e as fará em
pedaços com suas espadas; matará
seus filhos e filhas e incendiará suas ca-
sas. 48Eliminarei assim a infâmia do país
e todas as mulheres aprenderão a não
cometer infâmias semelhantes. 49Farão
recair sobre vós vossa infâmia e paga-
reis vossos pecados de idolatria: sabe-
reis assim que eu sou o Senhor Javé".

24

A parábola da panela†. 1No
dia dez do décimo mês do
ano nove, foi-me dirigida esta palavra
de Javé: 2"Filho do homem, põe por
escrito a data de hoje, deste dia, por-
que justamente hoje o rei de Babilônia
avança contra Jerusalém. 3Propõe uma
parábola a esta estirpe de rebeldes,
dizendo-lhes: Assim fala o Senhor Javé:

Põe a panela no fogo,*
põe-na e derrama água dentro.
4Põe dentro os pedaços de carne,
todos os pedaços bons,
coxa e espádua, e enche-a de ossos escolhidos;
5toma o melhor do rebanho.
Põe lenha debaixo e deixa que ferva muito,
de modo que se cozinhem dentro
também os ossos que lá estão.
6Pois assim fala o Senhor Javé:
Ai da cidade sanguinária, panela enferrujada,
cuja ferrugem não sai!
Esvazia-a pedaço por pedaço,
sem tirar a sorte sobre ela,
7porque seu sangue está no meio dela;
derramou-o sobre a rocha nua,
não o derramou no chão
para recobri-lo com o pó.
8Para provocar minha cólera,
para tirar vingança,
eu pus seu sangue sobre a rocha nua,*
para que não fosse coberto.
9Por isso, assim fala o Senhor Javé:
Ai da cidade sanguinária!
Também eu farei uma grande fogueira.
10Ajunta a lenha, acende o fogo,
cozinha a carne, tempera-a bem,
e os ossos serão queimados.
11Põe a panela vazia sobre as brasas,
para que se esquente, e o cobre se esquente,
dissolva-se a sujeira que está dentro
e desapareça sua ferrugem.
12Esforço inútil!
Sua ferrugem abundante não desaparece,
não sai dela nem com o fogo.

13Tua imundície é uma infâmia: tentei
purificar-te, mas não te deixaste purifi-
car. Por isso não será purificada de tua
imundície até que eu tenha desafoga-

* **23**,45. Lv 20,10; Dt 22,21s | **24**,3. 11,3-12 | 8. Jó 16,18

† **24**. Jerusalém está tão cheia de sangue, que só pelo fogo pode ser purificada.

do sobre ti meu furor. 14Eu, Javé, falei!
Isto acontecerá, eu o cumprirei sem o
revogar; não terei piedade nem com-
paixão. Serás julgada segundo tua con-
duta e tuas ações – oráculo do Senhor
Javé".
Morte da esposa do profeta. 15Foi-
-me dirigida esta palavra de Javé: 16"Fi-
lho do homem, vou tirar-te de improvi-
so aquela que é a delícia de teus olhos;
mas não faças o lamento, não chores,
não derrames uma lágrima. 17Suspira
em silêncio e não faças o luto pelos
mortos: envolve a cabeça com o tur-
bante, põe as sandálias nos pés, não te
cubras a barba, não comas o pão do
luto"†.

18De manhã eu tinha falado ao povo
e, à tarde, minha esposa morreu. Na
manhã seguinte fiz como me havia
sido ordenado. 19O povo me pergun-
tava: "Não queres explicar-nos o que
significa o que fazes?" 20Respondi-lhes:
"Foi-me dirigida esta palavra de Javé:
21Dize à casa de Israel: Assim fala o
Senhor Javé: Vou profanar meu santu-
ário,* orgulho de vossa força, delícia de
vossos olhos e amor de vossas almas.
Vossos filhos e filhas, que deixastes,
cairão pela espada. 22Fareis como eu
fiz: não cobrireis a barba, não comereis
o pão do luto. 23Tereis vossos turban-
tes na cabeça e sandálias aos pés; não
fareis o lamento e não chorareis; mas
vos consumireis por vossas iniquidades
e gemereis um com o outro. 24Ezequiel
será para vós um sinal: conforme tudo
o que ele fez, assim fareis; quando isto
acontecer, sabereis que eu sou o Se-
nhor Javé.*

25Tu, filho do homem, no dia em que
eu lhes tirar sua fortaleza, a alegria de
sua glória, a delícia de seus olhos, o an-
seio de suas almas, seus filhos e suas
filhas, 26então virá a ti um fugitivo* para
dar-te a notícia. 27Naquele dia tua boca
se abrirá para falar com o fugitivo; fala-
rás e não serás mais mudo e serás para
eles um sinal: eles saberão que eu sou
Javé".

III. ORÁCULOS CONTRA AS NAÇÕES ESTRANGEIRAS (25–32)†

25 **Contra Amon.** 1Foi-me dirigi-
da esta palavra de Javé: 2"Filho
do homem, dirige-te aos amonitas* e
profetiza contra eles. 3Anunciarás aos
amonitas: Escutai a palavra do Senhor
Javé. Assim fala o Senhor Javé: Porque
exclamaste: 'Bem-feito!' sobre meu
santuário quando foi profanado, sobre
o país de Israel quando foi devastado e
sobre a casa de Judá quando foi con-
duzida ao exílio, 4por isso:
Eu te entrego nas mãos dos filhos do oriente.
Instalarão em ti seus acampamentos,
e no meio de ti armarão suas tendas;
comerão teus frutos e beberão teu leite.
5Farei de Rabá uma estrebaria de camelos
e das cidades de Amon, um curral de ovelhas.
Então sabereis que eu sou Javé".
6Pois assim fala o Senhor Javé:
"Já que aplaudiste com as mãos,
bateste os pés e te alegraste em teu coração
com pleno desprezo pelo país de Israel,
7por isso estenderei a mão contra ti
e te darei como presa às nações;
eu te exterminarei dentre os povos
e te cancelarei do número das nações;
eu te aniquilarei
e então saberás que eu sou Javé".
Contra Moab. 8Assim fala o Senhor
Javé:
"Porque Moab e Seir disseram:*
A casa de Judá é como todas as demais nações,

---

* **24**,21. Jr 7,1-15 | 24. 12,6 | 26. 3,26; 33,22 | **25**,2. 21,33-37; Am 1,13ss; Jr 49,1-6 | 8. Am 2,1ss; Jr 48; Sf 2,8-11

† **24**,17. Ezequiel não chora a esposa morta: assim também o povo não deve chorar a queda de Jerusalém, pois era merecida. | **III.** Os oráculos contra as nações eram dirigidos a Israel, para mostrar-lhe que Javé era o Senhor também das nações, e as considerava responsáveis por seus atos, não deixando, portanto, de puni-las.

9pois bem, vou abrir o flanco de Moab,
suas cidades da fronteira,
a glória do país, Bet-Jesimot, Baal-Meon, Cariataim,
10e vou dá-las como posse aos filhos do oriente,
como lhes dei os amonitas,
para que os amonitas não sejam mais recordados entre as nações.
11Assim farei justiça contra Moab,
e saberão que eu sou Javé".

Contra Edom. 12Assim fala o Senhor Javé:
"Porque Edom vingou-se cruelmente*
da casa de Judá
e tornou-se gravemente culpado, vingando-se dela,
13por isso, assim fala o Senhor Javé:
Estenderei a mão contra Edom,
exterminarei nele homens e animais
e o reduzirei a um deserto.
De Temã até Dedã cairão pela espada.
14Cumprirei minha vingança sobre Edom*
por meio de meu povo Israel,
que tratará Edom segundo minha ira
e minha indignação.
Assim conhecerão minha vingança
– oráculo do Senhor Javé".

Contra os filisteus. 15Assim fala o Senhor Javé: "Porque os filisteus* foram vingativos, e com ânimo cheio de desprezo se vingaram e se puseram a destruir, levados por antigo rancor, 16por
isso, assim fala o Senhor Javé:
Estenderei a mão contra os filisteus,
exterminarei os cereteus
e aniquilarei o resto dos habitantes da costa.
17Tirarei deles terríveis vinganças com castigos furiosos,
e saberão que eu sou Javé,
quando exercer contra eles a vingança".

26 **Contra Tiro**†. 1No primeiro dia do mês do ano onze†, foi-me dirigida esta palavra de Javé:
2"Filho do homem, Tiro disse de Jerusalém:*
'Ah! Ah! Está quebrada a porta das nações;
para mim ela se volta; eu serei repleta,
agora que ela está devastada'.
3Pois bem, assim fala o Senhor Javé:
Contra ti me declaro, Tiro.
Mandarei contra ti muitos povos,
como o mar faz subir suas ondas.
4Destruirão os muros de Tiro
e demolirão suas torres;
varrerei dela também a poeira
e a reduzirei a um árido rochedo.
5Ela se tornará, no meio do mar,
um lugar para estender as redes, porque eu falei
– oráculo do Senhor Javé.
Ela será dada como presa às nações
6e suas filhas†,
que estão no campo, serão mortas pela espada;
então saberão que eu sou Javé.
7Porque assim fala o Senhor Javé:
Eu mando do norte contra Tiro Nabucodonosor,*
rei de Babilônia, o rei dos reis,
com cavalos, carros e cavaleiros
e uma multidão, um povo imenso.
8Matará com a espada tuas filhas
que estão no campo;
construirá contra ti baluartes, elevará aterros,
disporá contra ti um teto de escudos.
9Com os aríetes martelará teus muros,
demolirá tuas torres com suas máquinas.
10A multidão de seus cavalos será tal
que te cobrirá com sua poeira;
com o rumor dos cavaleiros,
das carruagens e dos carros tremerão teus muros,
quando ele entrar por tuas portas
como se entra numa cidade por uma brecha.
11Com as patas de seus cavalos
pisará todas as tuas ruas,

---

* **25**,12. 35; Jr 49,7-22; Is 34; Sl 137,7 | 14. Is 21,13s | 15. Sf 2,4-7 | **26**,2. Is 23 | 7. 29,17-21

† **26**. O pecado de Tiro é seu orgulho. Seu castigo será a ruína total. Edificada sobre uma ilha, resistiu por 13 anos ao assédio dos caldeus. | 1. Ano 586 a.C., ano da queda de Jerusalém. | 6. As cidades e vilas vassalas.

passará teu povo a fio de espada
e cairão por terra tuas fortes colunas.
[12]Saquearão tuas riquezas,
roubarão tuas mercadorias.
Abaterão teus muros,
demolirão teus esplêndidos palácios,
jogarão no meio do mar tuas pedras,
tua madeira e tua poeira.
[13]Farei cessar o rumor de tuas canções*
e não se ouvirá mais o som de tuas cítaras.
[14]Farei de ti um rochedo árido;
serás um lugar para estender as redes;
não serás mais reconstruída,
porque eu, Javé, falei
– oráculo do Senhor Javé".

[15]Assim fala a Tiro o Senhor Javé: "Ao
fragor de tua queda, quando gemerem
os feridos, quando ocorrer o massacre
no meio de ti, não tremerão as ilhas?
[16]Todos os príncipes do mar descerão
de seus tronos, deporão seus mantos e
se despojarão de suas vestes bordadas;
vestidos de tremor e sentados no chão,
tremerão a todo instante, consternados por tua causa.

[17]Sobre ti entoarão um lamento e te dirão:*
Como desapareceste dos mares,
cidade famosa, poderosa sobre o mar?
Ela e seus habitantes incutiam terror
em toda a terra firme!
[18]Agora as ilhas tremem
no dia de tua queda,
as ilhas do mar estão espantadas com teu fim".

[19]Porque assim fala o Senhor Javé:
"Quando eu fizer de ti uma cidade deserta, como são as cidades desabitadas, e fizer subir sobre ti o abismo, e as
grandes águas te recobrirem, [20]então
te farei descer com os que descem à cova,* com o povo de outrora, e te farei habitar nas regiões subterrâneas, em lugares desolados desde séculos, com aqueles que desceram à cova, para que não sejas mais habitada: então eu darei esplendor à terra dos viventes.
[21]Farei de ti objeto de horror* e não
mais existirás; eles te procurarão, mas nunca mais serás encontrada – oráculo do Senhor Javé".

27 Elegia sobre a destruição de Tiro.

[1]Foi-me dirigida esta palavra de Javé: [2]"Filho do homem, entoa
um lamento sobre Tiro. [3]Dize a Tiro, à
cidade situada na entrada do mar, que negocia com os povos, com muitas ilhas:
Assim fala o Senhor Javé:
Tiro, tu dizias: Eu sou perfeita em beleza.
[4]No meio dos mares está teu domínio.
Teus construtores te fizeram belíssima:
[5]com ciprestes de Sanir
construíram todos os teus cascos,
tomaram cedro do Líbano
para fazer teu mastro;
[6]teus remos eles fizeram
com carvalhos de Basã;
a ponte fizeram de marfim,
incrustado em cipreste das ilhas de Cetim.
[7]De linho fino bordado do Egito era tua vela,
que te servia de bandeira;
de jacinto e escarlate das ilhas de Elisa
era teu toldo.
[8]Os habitantes de Sidônia e de Arvad
eram teus remadores;
teus sábios, ó Tiro,
estavam em ti como teus pilotos.
[9]Os anciãos de Biblos e seus peritos
estavam em ti para reparar tuas fendas.
Todos os navios do mar e seus marinheiros
estavam em ti para fazer comércio.
[10]Guerreiros da Pérsia, de Lud e de Fut*
estavam em teu exército;
penduravam em ti o escudo e o capacete,
davam-te esplendor.
[11]Os filhos de Arvad e seu exército
estavam em torno sobre teus muros,
e os gamadeus estavam em tuas torres;
penduravam seus escudos

* **26**,13. Is 24,8; Jr 25,10; Ap 18,22 | 17. Ap 18,9-19 | 20. 32,18-24 | 21. Ap 18,21 | **27**,10. Jr 46,9

em torno de teus muros,
coroando tua beleza.
12Társis comerciava contigo, por cau-
sa de tuas riquezas de toda espécie, pa-
gando tuas mercadorias com prata, fer-
ro, estanho e chumbo. 13Também Javã,
Tubal e Mosoc* comerciavam contigo;
em troca de tuas mercadorias davam
escravos e objetos* de bronze. 14Os de
Bet-Togorma te forneciam, em troca
de tuas mercadorias, cavalos de tração,
cavalos de corrida e mulos. 15Os habi-
tantes de Dedã* negociavam contigo;
o comércio das muitas ilhas estava em
tuas mãos: davam-te em pagamento
dentes de marfim e ébano. 16Aram co-
merciava contigo por causa da multidão
de teus produtos e pagava tuas merca-
dorias com pedras preciosas, púrpura,
bordados, linho,* corais e rubis. 17Con-
tigo comerciavam Judá e o país de Is-
rael. Davam-te em troca trigo de Minit,
perfume, mel, óleo e bálsamo. 18Da-
masco negociava contigo por causa de
teus numerosos produtos, teus bens de
toda espécie, fornecendo-te vinho de
Helbon e lã de Saar. 19Vedã e Javã de
Uzal* te forneciam ferro trabalhado,
cássia e cana aromática, que assim en-
travam em teu comércio. 20Dedã co-
merciava* contigo com baixeiros para
cavalos. 21A Arábia e todos os príncipes
de Cedar eram teus clientes: trocavam
contigo cordeiros, carneiros e bodes.
22Os comerciantes de Sabá* e de Raama
faziam comércio contigo, trocando tuas
mercadorias pelos mais deliciosos aro-
mas,* por todo tipo de pedras preciosas
e por ouro.
23Harã, Quene, Éden e os comer-
ciantes de Sabá, Assíria, Quelmad* ne-
gociavam contigo. 24Em teu mercado
trocavam contigo vestes de luxo, man-
tos de púrpura e bordados, tapetes de
várias cores, cordas retorcidas e fortes.
25Os navios de Társis viajavam, levando
tuas mercadorias.

Ruína de Tiro. Assim te tornaste rica
e gloriosa
no meio dos mares.
26Ao alto mar te conduziram teus re-
madores,
mas o vento do oriente te destruiu
no meio dos mares.
27Tuas riquezas,
teus bens e tuas mercadorias,
teus marinheiros e teus pilotos,
os que consertavam tuas fendas,
os negociantes de tuas mercadorias,
todos os guerreiros que estão em ti
e toda a turba que está no meio de ti
cairão no fundo dos mares
no dia de tua ruína.
28Ao ouvir o grito de teus navegadores
tremerão as praias.
29Descerão de seus navios todos os
remadores:
os marinheiros e todos os pilotos do mar
ficarão em terra.
30Farão ouvir o lamento sobre ti*
e gritarão amargamente,
lançarão pó na cabeça
e se revolverão na cinza;
31rasparão a cabeça por tua causa
e vestirão pano de saco;
por ti chorarão, em sua amargura,
fazendo amargas lamentações.
32Em sua dor, entoarão sobre ti um
lamento,
e em seu luto eles cantam:
'Quem era como Tiro,*
agora destruída no meio do mar?'
33Quando dos mares saíam tuas mer-
cadorias,
saciavas muitos povos;
com a abundância de tuas riquezas*
e de teu comércio enriquecias os reis
da terra.
34Agora jazes tragada pelas ondas
nas profundezas das águas:
tua carga e toda a tua tripulação
afundaram contigo.
35Todos os habitantes das ilhas
ficaram espantados por tua causa
e seus reis, tomados de terror,
têm o rosto abatido.
36Os comerciantes dos povos
assoviam contra ti,
porque te tornaste objeto de espanto,
acabada para sempre".

* **27**,13. 38,2 / 38,6 | 15. 25,13 | 16. Jz 11,35 | 19. Gn 10,27 | 20. 25,13 | 22. 1Rs 10,1 / Gn 10,7 | 23. Gn 11,31; 12,5 | 30. Ap 18,19 | 32. Ap 18,18 | 33. Ap 18,19

28 **Contra o rei de Tiro.** 1Foi-me
dirigida esta palavra de Javé:
2"Filho do homem, fala ao príncipe de
Tiro: Assim fala o Senhor Javé:
Porque teu coração tornou-se orgulhoso, disseste:*
'Eu sou um deus,
sento-me num trono divino no meio dos mares';*
és um homem
e não um deus,
mas te julgaste igual a Deus.
3És mais sábio que Daniel,*
nenhum segredo te é oculto.
4Com tua sabedoria e tua perspicácia
adquiriste riquezas
e ajuntaste ouro e prata em teus tesouros;
5com tua grande sabedoria e teu comércio,
aumentaste tuas riquezas
e, por causa de tuas riquezas,
teu coração se orgulhou.
6Por isso assim fala o Senhor Javé:
Porque igualaste tua mente à de Deus,
7mandarei contra ti estrangeiros,
as mais bárbaras das nações;
desembainharão a espada
contra tua bela sabedoria,
profanarão teu esplendor.
8Eles te precipitarão na fossa,
e morrerás de morte violenta
no meio dos mares.
9Repetirás ainda: 'Eu sou um deus',
diante de teu assassino?
Mas és um homem e não um deus,*
à mercê de teu assassino.
10Da morte dos incircuncisos
morrerás pela mão de estrangeiros,
porque eu falei
– oráculo do Senhor Javé".

Elegia sobre o rei de Tiro. 11Foi-me
dirigida esta palavra de Javé: 12"Filho
do homem, entoa um lamento sobre o
rei de Tiro e dize-lhe: Assim fala o Senhor Javé:
Tu eras um modelo de perfeição,
cheio de sabedoria, perfeito em beleza.
13Estavas em Éden, jardim de Deus,
recoberto de toda pedra preciosa:
rubi, topázio, diamante, crisólito,
ônix e jaspe, safira, carbúnculo e esmeralda;
de ouro era o trabalho de teus engastes
e de teus ornamentos;
tudo isto foi preparado no dia de tua criação.
14Eras como um querubim*
de asas estendidas em defesa;
eu te pus sobre o monte santo de Deus*
e caminhavas no meio de pedras de fogo.
15Eras perfeito em tua conduta,
desde quando foste criado,
até que foi encontrada em ti a iniquidade.
16Crescendo teus comércios,
tu te encheste de violência e de pecados;
eu te expulsei como um profano do monte de Deus
e te fiz desaparecer,
querubim protetor,*
do meio das pedras de fogo.
17Teu coração se havia orgulhado por tua beleza;
tua sabedoria se havia corrompido
por causa de teu esplendor:
lancei-te à terra
e te ofereci em espetáculo aos reis.
18Com a multidão de tuas culpas,
com a desonestidade de teu comércio
profanaste teus santuários;
por isso fiz sair de ti um fogo para te devorar.
Eu te reduzi a cinza sobre a terra
à vista de todos os que te olham.
19Todos os que te conhecem entre os povos
ficaram atônitos por tua causa;
tu te tornaste objeto de terror,
acabado para sempre".

Contra Sidônia. 20Foi-me dirigida esta
palavra de Javé: 21"Filho do homem,
volta-te para Sidônia e profetiza contra
ela. 22Anuncia-lhe: Assim fala o Senhor
Javé:
Estou contra ti, Sidônia,
e mostrarei minha glória no meio de ti.

---

* **28**,2. Gn 3,5 / Is 14,13 | 3. 14,14 | 9. Is 31,3 | 14. Gn 3,24 / Is 14,13; Ez 10,2 | 16. 10,2.7

Saberão que eu sou Javé
quando executar minha sentença contra ti
e manifestar minha santidade.
23Mandarei contra ti a peste,
e o sangue escorrerá por tuas ruas;
mortos cairão no meio de ti,
por causa da espada erguida contra ti
de todos os lados;
e saberão que eu sou Javé.
24Não haverá mais para os israelitas
um acúleo pungente,
nem espinho doloroso
entre todos os seus vizinhos que a desprezam:
e saberão que eu sou Javé".

Restauração de Israel. 25Assim fala o
Senhor Javé: "Quando eu tiver reunido
os israelitas do meio dos povos entre
os quais estão dispersos, manifestarei
neles minha santidade diante das na-
ções: habitarão o país que dei a meu
servo Jacó. 26Nele habitarão tranqui-
los,* construirão casas e plantarão vi-
nhas; ali habitarão tranquilos, quando
eu tiver executado meus julgamentos
contra todos os que ao redor os des-
prezam: e saberão que eu sou Javé seu
Deus".

29

Contra o Egito. 1No dia doze
do décimo mês do ano dez†,
foi-me dirigida esta palavra de Javé:
2"Filho do homem, volta-te para o fa-
raó, rei do Egito,* e profetiza contra
ele e contra todo o Egito. 3Fala, pois,
dizendo: Assim fala o Senhor Javé:

Estou contra ti, faraó, rei do Egito,
grande crocodilo,*
estendido no meio de seus rios.
Disseste: 'O rio é meu, é criatura minha'.
4Porei ganchos em tuas maxilas
e farei com que os peixes de teus rios
se prendam a tuas escamas
e te farei sair de tuas águas
junto com todos os peixes de teus rios
presos a tuas escamas;
5eu te lançarei no deserto,
com todos os peixes de teus rios
e irás cair em pleno campo*
e não serás recolhido nem sepultado:
eu te darei como comida aos animais da terra
e às aves do céu.
6E todos os habitantes do Egito
saberão que eu sou Javé,
porque foste um apoio de caniço para os israelitas.*
7Quando eles te tomaram na mão,
rachaste, quebrando-lhes todo o ombro,
e quando se apoiaram em ti,
quebraste, fazendo vacilar todos os seus lombos".

8Por isso, assim fala o Senhor Javé:
"Mandarei contra ti a espada e elimi-
narei de ti homens e animais. 9O Egito
vai tornar-se uma desolação e um de-
serto, e saberão que eu sou Javé. Por-
que ele disse: 'O rio é meu, é criatura
minha', 10eu estou contra ti e contra teu
rio. Farei do Egito, de Magdol a Siene,
até a fronteira com a Etiópia, um de-
serto e uma desolação. 11Pé de homem
não passará por lá, nem pé de animal
passará por lá, e não será habitado por
quarenta anos. 12Farei do Egito uma
desolação no meio de países devasta-
dos; suas cidades serão uma desolação
durante quarenta anos no meio de ci-
dades destruídas. Dispersarei os egíp-
cios entre as nações e os disseminarei
entre os países".

13Porque assim fala o Senhor Javé:
"Ao fim de quarenta anos, reunirei os
egípcios dos povos no meio dos quais
terão sido dispersos; 14mudarei sua
sorte e os reconduzirei ao país de Pa-
tros, a sua terra de origem, e lá forma-
rão um pequeno reino; 15será o mais
modesto dos reinos e não se erguerá
mais sobre as nações; eu o diminuirei
para que não domine mais sobre as
nações. 16Não será mais para a casa de

---

* **28**,26. 37,25 | **29**,2. Is 19; Jr 46 | 3. 32; Jó 40,25-41,26 | 5. Jr 25,33 | 6. Is 36,6; 2Rs 18,21 | 16. 21,18-29

† **29**,1. A data corresponde a 587 a.C., seis meses antes da queda de Jerusalém; os judeus ainda confiavam no socorro do Egito, que foi vencido pelos caldeus, 30,21. Ezequiel, como Jeremias, Jr 27,6-15, recomendava a submissão aos caldeus, que castigavam Judá por ordem de Javé.

Israel uma segurança,* mas lhe recor-
dará a culpa cometida quando se volta-
va para ele. Saberão então que eu sou
o Senhor Javé"†.
17Ora, no primeiro dia do primeiro
mês do ano vinte e sete, foi-me diri-
gida esta palavra de Javé: 18"Filho do
homem, Nabucodonosor, rei de Ba-
bilônia, fez seu exército realizar uma
grande empresa contra Tiro: toda ca-
beça se tornou calva e todo ombro está
chagado. Mas o rei e seu exército não
receberam de Tiro a paga pela empre-
sa realizada contra ela. 19Por isso, assim
fala o Senhor Javé: Eu entrego a Na-
bucodonosor,* rei de Babilônia, o país
do Egito; levará suas riquezas, tomará
seus despojos* e o saqueará; esta será
a recompensa para seu exército. 20Pela
empresa realizada contra Tiro eu lhe
entrego o Egito, porque trabalharam
para mim – oráculo do Senhor Javé.
21Naquele dia farei surgir o poder
para a casa de Israel e abrirei tua boca
no meio deles: e saberão que eu sou
Javé".

30 **Ruína do Egito.**

1Foi-me di-
rigida esta palavra de Javé:
2"Filho do homem, profetiza dizendo:
Assim fala o Senhor Javé:
Gemei! Ah! Aquele dia!*
3Porque o dia está próximo,
próximo está o dia de Javé†,
dia nublado,
será o tempo das nações.
4A espada virá sobre o Egito
e haverá angústia na Etiópia,
quando cairão os mortos no Egito;
suas riquezas serão levadas
e seus fundamentos destruídos.
5Etiópia, Fut e Lud*
e estrangeiros de toda espécie,
Cub e os filhos do país da aliança
cairão com eles pela espada.
6Assim fala Javé:
Cairão os defensores do Egito
e será abatido o orgulho de sua for-
ça;
de Magdol a Siene cairão pela espa-
da*
– oráculo do Senhor Javé.
7Serão devastados no meio de países
desolados,
e suas cidades estarão entre cidades
arruinadas.
8Saberão que eu sou Javé
quando eu puser fogo no Egito
e todos os seus defensores forem es-
magados.
9Naquele dia os mensageiros que eu
enviarei partirão em navios para espa-
lhar o terror na Etiópia que se julga se-
gura; e virá sobre eles a angústia como
no dia do Egito, porque já vem". 10As-
sim fala o Senhor Javé: "Farei cessar o
tumulto do Egito por meio de Nabu-
codonosor, rei de Babilônia. 11Ele e seu
povo, a mais violenta das nações, serão
enviados para devastar o país; desem-
bainharão a espada contra o Egito e
encherão o país de cadáveres. 12Farei
secar os rios* e entregarei o país nas
mãos de gente má; devastarei o país e
o que contém, por meio de estrangei-
ros; eu, Javé, o disse".
13Assim fala o Senhor Javé:
"Destruirei os ídolos
e suprimirei de Mênfis os falsos deu-
ses†.
Não haverá mais príncipe no país do
Egito,
nele espalharei o terror;
14devastarei Patros,*
porei fogo em Tânis,
farei justiça sobre Tebas.
15Derramarei minha ira sobre Sin,
a fortaleza do Egito, e exterminarei
a multidão de Tebas. 16Porei fogo no
Egito: Sin se retorcerá de dor, Tebas
será destruída, Mênfis terá contínuas
angústias. 17Os jovens de Heliópolis e
de Bubastis cairão pela espada e estas
cidades irão para o cativeiro. 18Em Táf-
nis o dia ficará escuro, quando eu que-
brar ali os jugos impostos pelo Egito e
cessará nela o orgulho de sua potência;
uma nuvem a cobrirá e suas filhas irão

---

* **29**,19. 30,10.24; 32,11 / Jr 43,10; 44,30; 46,26 | **30**,2. Am 5,18 | 5. Jr 46,9 | 6. 29,10 | 12. 29,11s | 14. 29,14

† **29**,16. Repetindo as faltas, Israel impede que Deus esqueça seus pecados. | **30**,3. Dia no qual Javé fará justiça. | 13. "Ídolos", no hebraico "imundícies"; "falsos deuses", no hebraico "nulidades".

para o cativeiro. 19Farei justiça sobre o
Egito e saberão que eu sou Javé".
Contra o faraó. 20No dia sete do pri-
meiro mês do ano décimo primeiro,
foi-me dirigida esta palavra de Javé:
21"Filho do homem, quebrei o braço do
faraó, rei do Egito; ele não foi tratado
com remédios nem enfaixado com tiras
para fazê-lo recuperar as forças e em-
punhar a espada". 22Por isso, assim fala
o Senhor Javé: "Estou contra o faraó,
rei do Egito: eu lhe quebrarei os bra-
ços, o são e o fraturado, e farei que lhe
caia da mão a espada. 23Dispersarei os
egípcios entre as nações e os espalha-
rei por vários países. 24Mas reforçarei
os braços do rei de Babilônia e porei
em sua mão minha espada. Quebrarei
os braços do faraó, que gemerá diante
dele como geme um ferido de morte.
25Fortificarei os braços do rei de Babi-
lônia, mas cairão os braços do faraó. E
saberão que eu sou Javé, quando eu
puser minha espada na mão do rei de
Babilônia e ele a estender contra o Egi-
to. 26Dispersarei os egípcios entre as
nações e os espalharei por vários paí-
ses: e saberão que eu sou Javé".

31

Cedro abatido. 1No primeiro
dia do terceiro mês do ano dé-
cimo primeiro, foi-me dirigida esta pa-
lavra de Javé: 2"Filho do homem, dize
ao faraó, rei do Egito, e à multidão de
seus súditos:
A quem és semelhante em tua gran-
deza?
3A Assíria era um cedro do Líbano,
de ramos belos e de frondosa rama-
gem, de tronco elevado;
entre as nuvens estava seu topo.
4As águas o fizeram crescer,
as fontes do subsolo o tinham feito
elevar-se,
fazendo correr seus rios
em torno do solo no qual estava
plantado
e mandando seus riachos
a todas as árvores dos campos.
5Por isso tinha superado em altura
todas as árvores dos campos;
seus ramos tinham-se multiplicado,
suas ramagens tinham-se estendido
sob o efeito da abundância das
águas, durante seu crescimento.
6Entre seus ramos fizeram ninho
todas as aves do céu,
debaixo de sua ramagem procriaram
todos os animais selvagens,
a sua sombra habitavam
todas as grandes nações.
7Era belo em sua grandeza
e na extensão de seus ramos,
porque sua raiz estava junto a gran-
des águas.
8Os cedros não o superavam
no jardim de Deus;
os ciprestes não eram comparáveis
a suas ramagens.
Os plátanos não eram nem sequer
como seus ramos:
nenhuma árvore no jardim de Deus
o igualava em beleza.
9Belo eu o tinha feito
pela abundância de seus ramos,
por isso o invejavam todas as árvores
do Éden,*
que estavam no jardim de Deus".
10Por isso, assim fala o Senhor Javé:
"Porque se elevou em altura e pôs seu
topo entre as nuvens e seu coração se
orgulhou por causa de sua grandeza,
11eu o entreguei nas mãos do chefe
das nações, que o tratará segundo
sua maldade; eu o rejeitei. 12Estran-
geiros, as mais terríveis entre as na-
ções, cortaram-no e o abandonaram;
sobre os montes e em todos os vales
caíram seus ramos; suas ramagens ja-
zem quebradas junto a todos os ria-
chos do país; todos os povos da terra
se retiraram de sua sombra e o aban-
donaram.
13Sobre seus restos pousam
todas as aves do céu
e entre seus ramos
estão todos os animais selvagens,
14para que nenhuma árvore regada
pelas águas se orgulhe de sua altura,
nem eleve seu topo entre as nuvens,
nem por causa de sua altura confie em
si árvore alguma bem irrigada. Porque

* **31**,9. Gn 2,8

todos estão destinados à morte,
à região subterrânea,
no meio dos filhos dos homens,
entre aqueles que descem à cova".
[15]Assim fala o Senhor Javé: "Quando
ele desceu aos abismos, mandei fazer
luto: por sua causa cobri o abismo,
retive seus rios, e as grandes águas
pararam; por causa dele mandei ves-
tir de luto o Líbano, e todas as árvo-
res do campo secaram por causa dele.
[16]Ao rumor de sua queda* fiz tremer as
nações, quando o fiz descer aos abis-
mos com aqueles que descem à cova.
Consolaram-se na região subterrânea
todas as árvores do Éden, a parte mais
seleta e mais bela do Líbano, todas elas
regadas pelas águas. [17]Também estes
desceram com ele aos abismos entre
os mortos pela espada, aqueles que no
meio das nações eram seu braço e ha-
bitavam em sua sombra.
[18]A quem és semelhante em glória e
em grandeza entre as árvores do Éden?
No entanto, também tu serás precipi-
tado junto com as árvores do Éden na
região subterrânea; jazerás entre os in-
circuncisos, junto com os mortos pela
espada. Tal será o faraó e toda a sua
multidão – oráculo do Senhor Javé".

32 **Elegia sobre o faraó.** [1]No pri-
meiro dia do décimo segundo
mês do ano doze†, foi-me dirigida esta
palavra de Javé: [2]"Filho do homem, en-
toa um lamento sobre o faraó, rei do
Egito, dizendo:
Eras semelhante a um filho de leão
entre as nações;
eras como um dragão nos mares;*
irrompias em teus rios
e agitavas as águas com tuas patas,
poluindo seus rios".
[3]Assim fala o Senhor Javé:*
"Estenderei contra ti minha rede
no meio de uma grande assembleia
de povos,
e te puxarão para fora em minha
rede.
[4]Eu te lançarei na terra firme
e te abandonarei no meio dos cam-
pos.
Farei pousar sobre ti todas as aves
do céu
e farei que se saciem de ti todos os
animais da terra.
[5]Espalharei pelos montes tua carne
e encherei os vales com teus restos.
[6]Banharei com teu sangue a terra,
com teu fluxo os montes,
e tu encherás o leito dos rios.
[7]Quando eu te extinguir, cobrirei o
céu*
e escurecerei as estrelas,
cobrirei o sol com nuvens
e a lua não dará seu clarão.
[8]Escurecerei por tua causa todos os
astros do céu
e estenderei sobre tua terra as trevas
– oráculo do Senhor Javé.
[9]Afligirei o coração de muitos po-
vos, quando eu levar a notícia de tua
ruína às nações, em países que não
conheces. [10]Por ti encherei de espanto
muitos povos e tremerão seus reis por
tua causa, quando eu desembainhar a
espada diante deles. Cada um tremerá
a todo instante por sua vida, no dia de
tua ruína".
[11]Pois assim fala o Senhor Javé: "A
espada do rei de Babilônia virá sobre ti.
[12]Abaterei a multidão de teus súditos
com a espada dos heróis,
que são os povos mais ferozes;
eles destruirão o orgulho do Egito
e toda a sua multidão será extermi-
nada.
[13]Farei perecer todo o seu gado
nas margens das grandes águas,
que não serão mais turvadas por pé
de homem,
nem pata de animal as turvará.
[14]Vou então acalmar suas águas
e farei correr seus rios como óleo
– oráculo do Senhor Javé.
[15]Quando eu tiver feito do Egito uma
terra desolada,
toda despida do que continha,
quando tiver ferido todos os seus ha-
bitantes,

* **31**,16. 32,17-32 | **32**,2. 29,3ss; Jó 40,25-41,26 | 3. 31,12-16 | 7. Am 8,9; Mt 24,29

† **32**,1. Fevereiro/março de 585 a.C., 8 meses após a queda de Jerusalém.

então saberão que eu sou Javé.

16Este é um lamento, e ele será cantado; as filhas das nações o cantarão, elas o cantarão sobre o Egito e sobre toda a sua multidão – oráculo do Senhor Javé".

O faraó na mansão dos mortos. 17No dia quinze do primeiro mês do ano doze, foi-me dirigida esta palavra de Javé:*

18"Filho do homem, entoa um canto fúnebre sobre os habitantes do Egito. Faze-os descer junto com as filhas das nações poderosas às profundezas da terra, com aqueles que descem à cova.

19A quem és superior em beleza?
Desce e jaze com os incircuncisos.

20Cairão entre os mortos pela espada; à espada ele já foi entregue. Arrastai o Egito com toda a sua gente. 21Do meio do abismo, os mais poderosos heróis se dirigirão a ele e a seus auxiliares e dirão: Vem, jaze com os incircuncisos, com os mortos pela espada. 22Lá está a Assíria e toda a sua gente em torno de seu sepulcro: todos mortos, abatidos pela espada; 23porque seus sepulcros estão postos no fundo da cova, e sua gente está em torno de seu sepulcro: caíram todos, vítimas da espada, eles que semeavam o terror na terra dos vivos.

24Lá está Elam e toda a sua gente, em torno de seu sepulcro. Todos mortos, abatidos pela espada, desceram incircuncisos à região subterrânea, eles que semeavam o terror na terra dos vivos. Agora carregam sua desonra com aqueles que descem à cova. 25No meio dos mortos lhe deram um catre,* com toda a sua gente em torno de seu sepulcro; são todos incircuncisos, abatidos pela espada; porque tinham espalhado o terror na terra dos vivos; agora carregam sua vergonha com aqueles que descem à cova; foram incluídos entre os mortos.

26Lá está Mosoc, Tubal e toda a sua gente, em torno de seu sepulcro: todos incircuncisos, abatidos pela espada, porque incutiam o terror na terra dos vivos. 27Não jazerão ao lado dos heróis, caídos desde séculos, que desceram aos abismos com as armas de guerra, com as espadas dispostas sobre suas cabeças e com os escudos sobre seus ossos, porque eram o terror dos heróis na terra dos vivos. 28Assim jazerás entre os incircuncisos e com os abatidos pela espada.

29Lá está Edom, seus reis e todos os seus príncipes que, não obstante seu valor, são incluídos entre os mortos pela espada: jazem com os incircuncisos e com aqueles que descem à cova. 30Lá estão todos os príncipes do norte, todos os de Sidônia, que desceram com os mortos, não obstante o terror espalhado por seu poder; jazem incircuncisos com os abatidos pela espada e carregam sua vergonha com aqueles que descem à cova.

31O faraó os verá e se consolará à vista de toda essa multidão; o faraó e todo o seu exército serão abatidos pela espada – oráculo do Senhor Javé. 32Porque tinha espalhado o terror na terra dos vivos, será deitado no meio dos incircuncisos, com os abatidos pela espada, ele, o faraó, e todo o seu exército – Palavra do Senhor Javé".

IV. RESTAURAÇÃO DO POVO ANIQUILADO (33–37)†

33 **Ezequiel, sentinela do povo.** 1Foi-me dirigida esta palavra de Javé: 2"Filho do homem, fala aos filhos de teu povo e dize-lhes: Se mando a espada contra um país, e o povo daquela terra toma um homem de seu território e o estabelece como sentinela,* 3e este homem, vendo sobrevir a espada ao país, soa a trombeta e avisa o povo; 4se aquele que escuta o som da trombeta não se preocupa, e a espada chega e o surpreende, será responsável

* **32**,17. Is 14,9ss | 25. 27,13; 38,2s; 39,1; Is 66,19 | **33**,2. 3,17-21

† **IV.** Após a queda de Jerusalém, Ezequiel passa a consolar o povo, anunciando sua restauração e o reino messiânico.

por sua ruína. [5]Tinha ouvido o som da trombeta,* mas não se preocupou: será responsável por sua ruína; se tivesse prestado atenção, ter-se-ia salvo. [6]Se porém a sentinela vê chegar a espada e não soa a trombeta e o povo não é avisado; quando a espada chega e surpreende alguém, este morrerá vítima de sua iniquidade, mas de sua morte pedirei contas à sentinela. [7]Ó filho do homem, eu te constituí sentinela para os israelitas; escutarás uma palavra de minha boca e os advertirás de minha parte. [8]Se digo ao pecador que ele morrerá, e tu não falas para desviá-lo de sua conduta, ele morrerá por sua iniquidade; mas de sua morte pedirei contas a ti.

[9]Mas se tiveres advertido o pecador para que se desvie de sua conduta, ele morrerá por sua iniquidade, tu ao contrário salvarás tua vida".

Deus julga segundo as obras. [10]"Tu, filho do homem, anuncia* aos israelitas: Vós dizeis: 'Nossos delitos e nossos pecados pesam sobre nós e por causa deles nós nos consumimos! Como poderemos viver?' [11]Dize-lhes: Por minha vida – oráculo do Senhor Javé – não sinto prazer* na morte do pecador, mas que ele desista de sua conduta e viva. Convertei-vos de vossa má conduta! Por que quereis morrer, ó israelitas?†

[12]Filho do homem, dize ainda aos filhos de teu povo: A justiça do justo não o salva se pecar, e o pecador não perece por sua iniquidade se desistir de sua iniquidade, como o justo não poderá viver por sua justiça se pecar. [13]Se eu digo ao justo: 'Tu viverás', e ele, confiando em sua justiça, cometer a iniquidade, nenhuma de suas ações boas será recordada e morrerá pelo mal que cometeu. [14]Se digo ao ímpio: 'Tu morrerás', e ele desistir de sua iniquidade e praticar o que é reto e justo, [15]restituir o penhor, devolver o que roubou, observar as leis que dão a vida, sem cometer o mal, ele viverá e não morrerá; [16]nenhum dos pecados* que cometeu será recordado contra ele: ele praticou o que é reto e justo e certamente viverá.

[17]Contudo, os filhos de teu povo andam dizendo: 'O modo de agir do Senhor* não é reto'. Ao contrário, é o modo de agir deles que não é reto! [18]Se o justo se afastar de sua justiça e fizer o mal, morrerá por causa disso. [19]E se o pecador se afastar de sua maldade e praticar o que é reto e justo, viverá por causa disso. [20]Vós andais dizendo: 'Não é reto o modo* de agir do Senhor'. Julgarei cada um de vós segundo seu modo de agir, ó israelitas".

Jerusalém é tomada. [21]No dia cinco do décimo mês do ano doze de nossa deportação, chegou a mim um fugitivo* de Jerusalém para dizer-me: 'A cidade foi tomada'. [22]Na noite anterior à chegada do fugitivo, a mão de Javé tinha vindo sobre mim, e de manhã, quando chegou o fugitivo, Javé abriu-me a boca.* Abriu-se, pois, minha boca e eu não fui mais mudo.

Devastação do país. [23]Foi-me dirigida esta palavra de Javé: [24]"Filho do homem, os habitantes daquelas ruínas, no país de Israel, andam dizendo: 'Abraão era um só* e, no entanto, possuiu este país; nós somos muitos: a nós portanto é dada a posse do país!' [25]Por isso lhes dirás: Assim fala o Senhor Javé: Vós comeis a carne com o sangue, levantais os olhos para os vossos ídolos,* derramais o sangue, e queríeis ter a posse* do país? [26]Vós vos apoiais em vossas espadas, praticais abominações, cada um de vós desonra a mulher do próximo e queríeis ter a posse do país? [27]Tu lhes dirás: Assim fala o Senhor Javé: Por minha vida, os que estão entre as ruínas morrerão pela espada; darei por comida às feras os que estão no campo, e os que estão nas fortalezas e dentro das cavernas morrerão de peste. [28]Reduzirei o país a uma solidão e a um deserto, e o orgulho de sua força cessará.

---

* **33**,5. Jl 2,1 | 10. 14,12-20; 18,21-30 | **33**,11. 18,23; Lc 15,7.10.32 | 16. 18,22 | 17. 18,29 | 20. 18,30 | 21. 24,26s | 22. 3,26s | 24. 11,15 | 25. Lv 17,10-14 / Lv 18,20

† **33**,11. "A glória de Deus é o homem vivo, e a vida do homem é a visão de Deus" (S. Irineu).

Os montes de Israel serão devastados,
neles não passará mais ninguém. 29Sa-
berão que eu sou Javé quando eu fizer
de seu país uma solidão e um deser-
to, por causa de todas as abominações
que cometeram".

Atitude do povo diante de Ezequiel.
30"Filho do homem, os filhos do teu
povo falam de ti ao longo dos muros
e nas portas das casas e dizem um ao
outro: 'Vinde ouvir qual é a palavra que
vem de Javé'. 31Em multidão vêm a ti,
sentam-se diante de ti e escutam tuas
palavras, mas depois não as põem em
prática;* porque com a boca demons-
tram muito amor, mas seu coração
corre atrás do lucro. 32Tu és para eles
como canção de amor de alguém que
tem uma bela voz e sabe tocar bem:
eles ouvem tuas palavras, mas não as
põem em prática. 33Mas quando isto
acontecer* – e já está para acontecer
– saberão que houve um profeta no
meio deles".

34

Maus pastores. 1Foi-me di-
rigida esta palavra de Javé:
2"Filho do homem, profetiza contra os
pastores* de Israel, profetiza e dize-
-lhes: Assim fala o Senhor Javé: Ai dos
pastores de Israel† que apascentam a
si mesmos! Não devem os pastores
apascentar o rebanho? 3Vós vos ali-
mentais de leite e vos revestis de lã,
abateis as ovelhas mais gordas, mas
não apascentais* o rebanho. 4Não for-
talecestes as ovelhas fracas, não cui-
dastes das doentes, não enfaixastes as
que estavam feridas, não reconduzis-
tes as dispersas. Não saístes à procu-
ra das perdidas, mas as guiastes com
violência e dureza. 5Por falta de pastor
se dispersaram,* são presa de todos
os animais selvagens e debandaram.
6Meu rebanho anda errando por todos
os montes e colinas elevadas; minhas
ovelhas se dispersaram por toda a face
da terra e ninguém vai à procura delas
e se preocupa com elas. 7Por isso, pas-
tores, escutai a palavra de Javé: 8Por
minha vida – oráculo do Senhor Javé
– porque meu rebanho se tornou uma
presa, e minhas ovelhas serviram de
pasto para todo animal selvagem por
falta de pastor, e porque meus pasto-
res não saíram à procura de meu reba-
nho – apascentaram-se a si mesmos e
não apascentaram meu rebanho – 9es-
cutai, portanto, ó pastores, a palavra
de Javé: 10Assim fala o Senhor Javé:
Estou contra esses pastores; pedirei a
eles conta de meu rebanho e não os
deixarei mais apascentar meu reba-
nho; assim os pastores não apascenta-
rão mais a si mesmos, mas arrancarei
de sua boca minhas ovelhas, que não
mais lhes servirão de alimento".

O pastor fiel. 11"Porque assim fala o
Senhor Javé: Eu mesmo procurarei mi-
nhas ovelhas e delas cuidarei. 12Como
um pastor se ocupa de seu rebanho
quando se acha no meio de suas ove-
lhas que estavam dispersas, assim me
ocuparei de minhas ovelhas e as reuni-
rei de todos os lugares onde estavam
dispersas num dia nublado e escuro.
13Eu as retirarei dos povos e as reunirei
dos diferentes países. Eu as reconduzi-
rei a sua terra e as farei pastar sobre
os montes de Israel, nos vales e em to-
dos os lugares habitados do país. 14Eu
as farei pastar em ótimas pastagens, e
seu redil será sobre os altos montes de
Israel; aí repousarão num bom redil e
terão verdejantes pastagens sobre os
montes de Israel. 15Eu mesmo condu-
zirei minhas ovelhas ao pasto* e as fa-
rei repousar – oráculo do Senhor Javé.
16Sairei à procura da ovelha perdida e
reconduzirei ao redil a desgarrada; en-
faixarei a que estiver ferida e cuidarei
da doente, velarei sobre a gorda e a
forte; eu as apascentarei com justiça.

17Quanto a ti, meu rebanho,* assim
fala o Senhor Javé: Eu julgarei entre
uma e outra ovelha, entre carneiros e

---

* **33**,31. Mt 7,26; Lc 8,21; Lc 7,32 | 33. Dt 18,21; Ez 2,5 | **34**,2. Jr 23,1-6; Zc 11,4-17; Mt 18,12ss; Lc 15,4-7; Jo 10,1-18 | 3. 1Pd 5,2ss | 5. Mt 9,36; Zc 10,2; Is 56,9-12 | 15. Is 40,11; Lc 15,4-7 | 17. Mt 25,32ss

† **34**,2. Dirige-se às autoridades civis e religiosas, que usavam do poder, não em benefício do povo, mas em seu próprio interesse.

bodes. 18Não vos basta pastar em bons pastos, quereis calcar aos pés o resto de vossa pastagem? Não vos basta beber água limpa, quereis turvar com os pés a que sobra?† 19Minhas ovelhas devem comer o que vossos pés pisaram e beber o que vossos pés turvaram? 20Por isso, assim fala o Senhor Javé a respeito delas: Eu julgarei entre a ovelha gorda e a ovelha magra. 21Porque empurrastes com vossos flancos e com os ombros e atacastes com os chifres as mais fracas até expulsá-las para longe, 22eu salvarei minhas ovelhas para que não sirvam mais de presa: farei justiça entre uma e outra ovelha.

23Suscitarei para elas um pastor que as apascentará: meu servo Davi. Ele as conduzirá ao pasto, será seu pastor. 24Eu, Javé, serei seu Deus e Davi, meu servo, será príncipe no meio deles: eu, Javé, falei. 25Farei com eles uma aliança de paz* e eliminarei do país os animais ferozes, de modo que possam morar tranquilos no deserto e repousar nas selvas.

26Farei deles e das regiões em torno de minha colina uma bênção; mandarei a chuva no tempo oportuno e será chuva de bênção. 27As árvores do campo darão seus frutos e a terra, seus produtos; habitarão em plena segurança em sua terra. Saberão que eu sou Javé, quando eu quebrar as barras de seu jugo e os livrar das mãos dos que os escravizavam. 28Não serão mais presa das nações, nem os devorarão os animais selvagens, mas estarão em segurança sem ninguém para os aterrorizar.

29Farei germinar para eles uma esplêndida vegetação; não serão mais consumidos pela fome no país e não sofrerão mais o desprezo das nações. 30Saberão que eu, o Senhor, seu Deus, estou com eles, e eles, o povo de Israel, são meu povo. Palavra do Senhor Javé.

31Vós sois minhas ovelhas, as ovelhas de meu pasto, e eu sou vosso Deus – oráculo do Senhor Javé".

35 **Contra Edom.** 1Foi-me dirigida esta palavra* de Javé: 2"Filho do homem, volta-te para o monte Seir e profetiza contra ele. 3Tu lhe dirás: Assim fala o Senhor Javé:

Estou contra ti, monte Seir,
estenderei contra ti minha mão
e farei de ti uma solidão, um lugar desolado.
4Reduzirei tuas cidades a ruínas
e te tornarás um deserto;
assim saberás que eu sou Javé.

5Mantiveste um ódio secular contra os israelitas e os entregaste à espada no dia de sua desventura†, quando eu pus um termo a sua iniquidade; 6por isso, por minha vida – oráculo do Senhor Javé – eu te deixarei no sangue, e o sangue te perseguirá; porque não odiaste o sangue, o sangue te perseguirá. 7Farei do monte Seir* uma solidão desolada e eliminarei ali todos os que o percorrem. 8Encherei de cadáveres teus montes; em tuas colinas, em teus vales e em todos os teus riachos cairão os mortos pela espada. 9Eu te reduzirei a uma solidão perene, e tuas cidades não serão mais habitadas; e sabereis que eu sou Javé. 10Porque disseste: Estes dois povos, estes dois países serão meus, nós os possuiremos, embora Javé esteja lá, 11por isso, por minha vida – oráculo do Senhor Javé – agirei conforme aquela ira e aquele furor que demonstraste em teu ódio contra eles, e me revelarei no meio deles quando eu te julgar; 12saberás então que eu sou Javé. Ouvi todos os insultos que proferistes contra os montes de Israel: 'Estão desertos, são dados a nós para que os devoremos'. 13Contra mim fizestes discursos insolentes, contra mim multiplicastes vossas palavras; eu ouvi tudo. 14Assim fala o Senhor Javé: Quando todo o país exultar, farei de ti uma solidão. 15Como exultaste porque a herança da casa de Israel estava devastada, assim te tratarei: serás reduzi-

---

* **34**,25. Is 11,6-9; Jr 23,5s; Os 2,20 | **35**,1. 25,12ss; Nm 20,23 | 7. Ap 16,6

† **34**,18. Imagem dos poderosos que se apropriam dos bens, deixando para os pobres as migalhas. | **35**,5. A hostilidade entre Edom e Israel vinha desde seus pais Esaú e Jacó, Gn 25,23-34, e prosseguiu por todo o tempo, culminando na hora da derrota de Jerusalém, quando Edom saqueou a cidade.

do a uma solidão, ó monte Seir, e tu, Edom, todo inteiro; então saberão que eu sou Javé.

36 Restauração de Israel.

1"Agora, filho do homem, profetiza aos montes de Israel e dize: Montes de Israel, escutai a palavra de Javé. 2Assim fala o Senhor Javé: Porque o inimigo disse de vós: 'Ah! Ah! As colinas eternas se tornaram nossa propriedade!', 3pois bem, profetiza e anuncia: Assim fala o Senhor Javé: Porque de todos os lados quiseram destruir-vos e engolir-vos, para vos tornardes propriedade do resto das nações e porque fostes objeto de maledicência e de insulto do povo, 4pois bem, montes de Israel, escutai a palavra do Senhor Javé: Assim fala o Senhor Javé aos montes, às colinas, aos riachos e aos vales, às ruínas desoladas e às cidades desertas, vítimas do saque e da zombaria do resto das nações vizinhas: 5pois bem, assim fala o Senhor Javé: Sim, com ciúme ardente eu falo contra os outros povos e contra todo Edom, que com alegria no coração, com desprezo na alma, fizeram de meu país sua propriedade para saqueá-lo. 6Por isso, profetiza sobre o país de Israel e anuncia aos montes, às colinas, aos riachos e aos vales: Assim fala o Senhor Javé: Falo com ciúme e com furor: Porque sofrestes o insulto das nações, 7pois bem, assim fala o Senhor Javé: Eu ergo a mão e juro: Também as nações que estão a vosso redor sofrerão seu insulto.

8E vós, montes de Israel, produzi ramos e dai frutos para meu povo Israel, porque ele está para voltar. 9Pois eu venho a vós, a vós me dirijo; sereis ainda lavrados e sereis semeados. 10Multiplicarei sobre vós os homens, todo o povo de Israel, e as cidades serão habitadas e as ruínas reconstruídas.

11Multiplicarei sobre vós os homens e os animais; serão numerosos e fecundos; farei com que sejais habitados como antes e vos concederei meus benefícios mais que no passado e sabereis que eu sou Javé.

12Reconduzirei sobre vós homens, meu povo Israel; eles vos possuirão e sereis sua herança e não os privareis mais de seus filhos.

13Assim fala o Senhor Javé: Porque andam dizendo de ti: 'Tu és uma terra que devora os homens, privaste de filhos tua nação', 14pois bem, tu não devorarás mais os homens, não mais privarás de filhos tua nação – oráculo do Senhor Javé. 15Não mais te farei ouvir os insultos das nações e não terás mais de sofrer o insulto dos povos; não mais privarás de filhos tua nação – oráculo do Senhor Javé".

16Foi-me dirigida esta palavra de Javé: 17"Filho do homem, a casa de Israel, quando habitava em seu país, tornou-o impuro com sua conduta* e com suas ações. Como a impureza de uma mulher menstruada, foi a conduta deles diante de mim. 18Por isso derramei sobre eles minha ira por causa do sangue que derramaram no país e pelos ídolos com os quais o contaminaram. 19Eu os dispersei entre as nações e foram espalhados pelos países estrangeiros; eu os julguei conforme sua conduta e suas ações. 20Chegando às nações* para onde foram, desonraram meu nome santo, porque deles se dizia: 'Estes são o povo de Javé e no entanto tiveram de sair de seu país'. 21Mas eu tive respeito por meu nome santo, que os israelitas tinham desonrado entre as nações para o meio das quais eles foram. 22Por isso dize à casa de Israel: Assim fala o Senhor Javé†: Não é por consideração para convosco* que faço isso, casa de Israel, mas por amor de meu nome santo, que desonrastes entre as nações para o meio das quais fostes. 23Santificarei meu grande nome, desonrado entre as nações, profanado por vós no meio delas. Então as nações saberão que eu sou Javé – oráculo do

---

* **36**,17. Lv 15,19-27 | 20. Rm 2,24; Ez 20,39 | 22. 16,60-63; Is 48,11; Sl 115,1

† **36**,22. A restauração de Israel inclui: reunião dos dispersos, transformação dos corações, reconstrução das ruínas, fertilidade do solo, crescimento da população.

Senhor Javé – quando eu mostrar minha santidade em vós diante de seus olhos.

A água e o espírito. 24Eu vos tomarei do meio das nações, vou reunir-vos de todos os países e vos conduzir para vossa terra. 25Eu vos aspergirei* com uma água pura† e sereis purificados; eu vos purificarei de todas as vossas impurezas e de todos os vossos ídolos. 26Eu vos darei um coração novo, porei dentro de vós um espírito novo; tirarei de vosso peito o coração de pedra e vos darei um coração de carne. 27Dentro de vós porei meu espírito* e vos farei viver conforme meus preceitos e vos farei observar e pôr em prática minhas leis. 28Habitareis na terra que dei a vossos pais; vós sereis meu povo e eu serei vosso Deus. 29De todas as vossas impurezas vos libertarei; chamarei o trigo e o multiplicarei e não mandarei mais sobre vós a carestia. 30Multiplicarei os frutos das árvores e o produto dos campos, para que não sofrais mais a vergonha da fome entre as nações. 31De vosso mau comportamento* vos recordareis e de vossas ações que não eram boas. Sentireis desgosto de vós mesmos por vossas iniquidades e abominações. 32Não é por consideração para convosco que faço isso – oráculo do Senhor Javé – sabei-o bem. Envergonhai-vos e enrubescei-vos de vossa conduta, ó israelitas".

Prosperidade do novo reino. 33Assim fala o Senhor Javé: "Quando eu vos tiver purificado de todas as vossas iniquidades, far-vos-ei habitar de novo nas cidades, e as ruínas serão reconstruídas. 34Aquela terra desolada, que aos olhos de todo transeunte parecia um deserto, será cultivada. 35E então se dirá: 'A terra que estava desolada tornou-se agora como o jardim de Éden;* as cidades em ruínas, devastadas e demolidas, agora estão fortificadas e habitadas'. 36As nações que tiverem ficado a vosso redor saberão que fui eu, Javé, que reconstruí o que estava destruído e tornei a cultivar a terra que era um deserto. Eu, Javé, o disse e o farei".

37Assim fala o Senhor Javé: "Permitirei ainda que a casa de Israel me suplique para agir em seu favor; eu os multiplicarei como um rebanho humano. 38Como um rebanho de animais consagrados, como o rebanho reunido em Jerusalém em suas solenidades, assim as cidades arruinadas serão de novo cheias de rebanhos de homens, e saberão que eu sou Javé".

37

Visão dos ossos secos†. 1A mão de Javé veio sobre mim* e Javé levou-me para fora em espírito e me colocou num vale que estava cheio de ossos; 2fez-me andar entre eles em todas as direções. Vi que eram muito numerosos na superfície do vale e muito ressequidos. 3Disse-me: "Filho do homem, poderão esses ossos reviver? Respondi: "Senhor Javé, vós o sabeis". 4Ele me replicou: "Profetiza sobre esses ossos e dize-lhes: 'Ossos secos, escutai a palavra de Javé'. 5Assim fala o Senhor Javé a esses ossos: Farei entrar em vós o espírito e revivereis. 6Porei em vós os nervos e farei crescer sobre vós a carne, sobre vós estenderei a pele e infundirei em vós o espírito e revivereis: sabereis que eu sou Javé".

7Eu profetizei como me fora ordenado; enquanto eu profetizava, ouvi um rumor e vi um movimento entre os ossos que se aproximavam uns dos outros, cada um a seu correspondente. 8Olhei, e sobre eles havia os nervos, a carne crescia e a pele os recobria, mas não havia espírito neles. 9Ele me disse: "Profetiza ao espírito, profetiza, filho do homem. Dirás ao espírito: Assim fala o Senhor Javé: Espírito, vem dos quatro ventos* e sopra sobre esses

---

* **36**,25. 11,19; Jr 4,4; Jo 3,5; 4,1 | 27. Jr 31,31; 1Jo | 3,23s; Gl 5,22-25 | 31. 16,61ss | 35. Is 51,3 | **37**,1. 3,12 | 9. Gn 2,7; Sl 104,30; Ap 11,11; 20,4

† **36**,25. Símbolo da graça, que transforma o coração pelo dom do Espírito. | **37**. O espírito restitui a vida ao povo, que parecia morto e sem esperança por causa do exílio e da dispersão. O povo vai recuperar a unidade sob a chefia de um novo Davi e viverá na fidelidade a Deus, junto a Seu santuário.

mortos, para que revivam". 10Profetizei como me havia mandado, e o espírito entrou neles, voltaram à vida e se ergueram em pé: eram um exército grande, imenso.

Explicação da visão. 11Disse-me: "Filho do homem, esses ossos são toda a gente de Israel. Eles andam dizendo: 'Nossos ossos estão ressequidos, nossa esperança acabou, estamos perdidos'. 12Por isso profetiza e anuncia-lhes: Assim fala o Senhor Javé: Vou abrir vossos sepulcros, vou tirar-vos de vossos túmulos, ó meu povo, vou reconduzir-vos à terra de Israel. 13Sabereis que eu sou Javé, quando eu abrir vossos sepulcros e vos tirar de vossos túmulos, ó meu povo. 14Porei em vós meu espírito e revivereis; eu vos colocarei em vossa terra; sabereis que eu sou Javé. Eu o disse e o farei – oráculo de Javé".

Judá e Israel reunidos. 15Foi-me dirigida esta palavra de Javé: 16"Filho do homem, toma um pedaço de madeira e escreve nele: 'Judá e os israelitas que estão com ele'. Depois toma um pedaço de madeira e escreve nele: 'José, madeira de Efraim, e toda a casa de Israel que está com ele'. 17Encosta-os um no outro, de modo que formem um só pedaço de madeira e sejam uma coisa só em tua mão. 18E quando os filhos de teu povo te disserem: 'Não nos explicarás o que queres dizer com isto?', 19tu lhes dirás: Assim fala o Senhor Javé: Vou tomar o pedaço de madeira de José, que está na mão de Efraim, e as tribos de Israel unidas a ele, e os unirei a este, que é o pedaço de madeira de Judá,* para fazer deles um só pedaço; vão tornar-se uma só coisa em minha mão.

20Segura na mão, à vista deles, os pedaços de madeira sobre os quais escreveste e 21dize-lhes: Assim fala o Senhor Javé: Eu tomarei os israelitas dentre as nações para as quais eles foram e os reunirei de toda parte e os reconduzirei a sua terra: 22farei deles uma só nação no país, sobre os montes de Israel; um só rei reinará sobre todos eles e não serão mais duas nações, nem serão mais divididos* em dois reinos. 23Não se contaminarão mais com seus ídolos, com suas abominações e com todas as suas iniquidades; eu os livrarei de todas as infidelidades que cometeram; eu os purificarei, e eles serão meu povo e eu serei* seu Deus. 24Meu servo Davi reinará sobre eles e haverá um único pastor* para todos; seguirão meus mandamentos, observarão minhas leis e as cumprirão. 25Habitarão na terra* que dei a meu servo Jacó. Naquela terra em que habitaram seus pais,* habitarão eles, seus filhos, através dos séculos; Davi, meu servo, será seu príncipe para sempre.26Farei com eles uma aliança de paz, que será com eles uma aliança eterna. Eu os estabelecerei e os multiplicarei e porei meu santuário* no meio deles para sempre. 27Minha morada estará no meio deles: eu serei seu Deus e eles serão meu povo. 28E as nações saberão que eu sou Javé que santifico Israel, quando meu santuário estiver no meio deles para sempre".

V. BATALHAS DO POVO DE DEUS CONTRA SEUS INIMIGOS (38–39)†

38 **Contra Gog, rei de Magog.** 1Foi-me dirigida esta palavra* de Javé: 2"Filho do homem, volta-te para Gog no país de Magog, príncipe soberano de Mosoc e de Tubal,* e profetiza contra ele.

Dirás: 3Assim fala o Senhor Javé: Estou contra ti, Gog, príncipe soberano de Mosoc e de Tubal. 4Eu te farei voltar atrás, porei ganchos em tuas maxilas* e

* **37**,19. Zc 11,7.14 | 22. Jr 3,18 | 23. 34,23 | 24. Jo 10,16 | 25. 28,26 / Jr 17,25; Jl 4,20 | 26. Jr 31,31 | **38**,1. Gn 10,2 | 2. 27,13 | 4. 29,4

† **V.** Estes dois capítulos falam daquelas misteriosas lutas do mal contra o bem, que como também disse Jesus, Mt 24,21, serão mais renhidas no final dos tempos. "A fé nos dá a certeza de que Deus não permitiria o mal, se do próprio mal não tirasse o bem, por caminhos que só conheceremos plenamente na vida eterna" (CIC).

te farei sair com todo o teu exército, cavalos e cavaleiros, todos bem equipados, tropa imensa com escudos grandes e pequenos, e todos armados de espada. [5]A Pérsia, a Etiópia e Fut* estão com eles, todos com escudos e capacetes. [6]Gomer e todas as suas tropas, o povo de Bet-Togorma, as extremas regiões do norte e todas as suas tropas, povos numerosos estão contigo.

Invasão de Gog. [7]Fica pronto, prepara-te bem junto com toda a multidão que se reuniu a teu redor, e põe-te a meu serviço. [8]Depois de muito tempo te será dada a ordem: no final dos tempos irás contra o país que escapou da espada e cujos habitantes foram reunidos de muitos povos sobre os montes de Israel, que ficaram por longo tempo desertos. Depois que foram separados dos outros povos, todos habitam tranquilos. [9]Tu subirás ali, e ali chegarás como um furacão; serás como uma nuvem que envolve a terra, tu com todas as tuas tropas e com os povos numerosos que estão contigo.

[10]Assim fala o Senhor Javé: Naquele dia te virão à mente pensamentos e conceberás projetos malvados. [11]Dirás: Irei contra uma terra indefesa, assaltarei pessoas tranquilas que se sentem seguras, que moram todas em cidades sem muros, que não têm trancas nem portas, [12]para depredar, saquear, pôr a mão sobre ruínas agora repovoadas e sobre um povo que se reuniu dentre as nações, que se ocupa de seus rebanhos e dos próprios negócios, que mora no centro da terra.

[13]Sabá, Dedã, os comerciantes de Társis* e todos os seus leõezinhos te perguntarão: 'Vens para saquear? Reuniste tuas tropas para vir depredar e levar embora prata e ouro, para roubar o gado e para tomar grandes despojos?' [14]Por isso profetiza, filho do homem, e anuncia a Gog: Assim fala o Senhor Javé: Naquele dia, quando meu povo de Israel morar totalmente seguro, tu te levantarás, [15]virás de tua morada, do extremo norte, tu e os povos numerosos que estão contigo, todos montados em cavalos, uma grande multidão, um exército poderoso. [16]Virás contra meu povo Israel como nuvem que envolve a terra. No final dos tempos eu te mandarei contra meu país para que as nações me conheçam quando por teu intermédio, ó Gog, eu manifestar minha santidade diante de seus olhos".*

Destruição do invasor. [17]Assim fala o Senhor Javé: "Não és tu aquele de quem falei nos tempos antigos por meio de meus servos, os profetas de Israel, os quais, naqueles tempos e por muitos anos, profetizaram que eu haveria de mandar-te contra eles? [18]Mas, quando Gog chegar ao país de Israel – oráculo do Senhor Javé – subirá meu furor a minha face. [19]Em meu ciúme e em meu furor ardente eu vos declaro: Naquele dia haverá um grande terremoto na terra de Israel: [20]diante de mim tremerão os peixes do mar, as aves do céu, os animais selvagens, todos os répteis que rastejam pelo chão e todo ser humano que está sobre a face da terra; os montes cairão, os rochedos despenharão e todas as muralhas desabarão.*

[21]Contra ele chamarei a espada sobre todos os montes de Israel – oráculo do Senhor Javé. A espada de cada um deles se voltará contra o próprio irmão. [22]Exercerei meu julgamento sobre ele com a peste e com o sangue; farei chover sobre ele, sobre suas fileiras e sobre os povos numerosos que estão com ele, torrentes de chuva e granizo, fogo e enxofre. [23]Mostrarei minha grandeza e minha santidade e me revelarei diante de nações numerosas e saberão que eu sou Javé".

39 **Derrota do exército de Gog.** [1]"E tu, filho do homem, profetiza* contra Gog e anuncia: Assim fala o Senhor Javé: Estou contra ti, Gog, príncipe soberano de Mosoc e de Tubal. [2]Eu te farei voltar atrás e te conduzirei e te farei subir do extremo norte para mandar-te contra os montes de Israel. [3]Quebrarei o arco em tua mão esquer-

---

* **38**,5. 27,10 | 13. 1Rs 10,1; Ez 25,13 | 16. Êx 14,2 | **38**,20. Am 8,92 | **39**,1. 38,3

da e farei cair as flechas de tua mão direita. 4Cairás sobre os montes de Israel com todas as tuas tropas e os povos que estão contigo. Eu te destinei para alimento das aves de rapina de toda espécie e dos animais selvagens. 5Serás abatido em campo aberto, porque eu o disse – oráculo do Senhor Javé.

6Mandarei fogo sobre Magog e sobre os que habitam tranquilos nas ilhas; e saberão que eu sou Javé. 7Darei a conhecer* meu nome santo no meio de meu povo Israel, e não mais permitirei que meu santo nome seja profanado. As nações saberão que eu sou Javé, santo em Israel. 8Isto está para acontecer e se cumprirá – oráculo do Senhor Javé –; é este o dia de que falei. 9Os habitantes das cidades de Israel sairão e, para acender fogo, queimarão armas, escudos grandes e pequenos, arcos e flechas, clavas e lanças; e com estas farão fogo por sete anos. 10Não deverão apanhar lenha nos campos nem cortá-la nas florestas, porque farão fogo com as armas. Despojarão aqueles que os tinham despojado e saquearão aqueles que os tinham saqueado – oráculo do Senhor Javé.

11Naquele dia darei a Gog como sepulcro um lugar famoso em Israel, o vale de Abarim, a leste do mar; o vale que fecha a passagem aos caminhantes. Ali será sepultado Gog e toda a sua multidão e aquele lugar se chamará ‘vale da multidão de Gog’. 12A casa de Israel lhes dará sepultura para purificar o país durante sete meses. 13Todo o povo da terra os sepultará; e será para eles glorioso o dia em que manifestarei minha glória – oráculo do Senhor Javé. 14Serão escolhidos homens que percorrerão continuamente o país para sepultar, com a ajuda dos transeuntes, os que ficaram na superfície da terra, para torná-la pura; começarão as buscas ao fim dos sete meses. 15Quando, ao percorrerem o país, virem ossos humanos, porão neles um sinal para que os coveiros os sepultem no ‘vale da multidão de Gog’: 16O nome da cidade será Hamona.* Assim purificarão o país. 17A ti, filho do homem, assim fala o Senhor Javé: Dize às aves de toda espécie e a todos os animais selvagens: Reuni-vos, vinde; ajuntai-vos de toda a parte para o sacrifício que vos ofereço, um grande sacrifício, sobre os montes de Israel. Comereis carne e bebereis sangue; 18comereis carne de heróis, bebereis sangue de príncipes da terra; carneiros, cordeiros, bodes e touros, todos cevados em Basã. 19Comereis gordura até a saciedade e bebereis sangue até a embriaguez no banquete do sacrifício que vos ofereço. 20A minha mesa vos saciareis de cavalos e cavaleiros, de heróis e de todos os guerreiros – oráculo do Senhor Javé. 21Às nações manifestarei minha glória, e todas as nações verão a justiça que farei e a mão que porei sobre elas. 22Desse dia em diante a casa de Israel saberá que eu, Javé, sou seu Deus. 23As nações saberão que a casa de Israel foi conduzida em cativeiro por causa de sua iniquidade, porque se revoltou contra mim, e eu lhes ocultei minha face e os entreguei nas mãos de seus inimigos, para que todos morressem pela espada. 24Tratei-os conforme suas imundícies e seus pecados, ocultando-lhes minha face”.

Futuro de Israel. 25“Por isso, assim fala o Senhor Javé: Agora restabelecerei a sorte de Jacó, terei compaixão de toda a casa de Israel e serei ciumento de meu santo nome. 26Quando eles habitarem tranquilos em sua terra, sem que ninguém os aflija, vão envergonhar-se de todas as rebeliões que cometeram contra mim.

27Quando eu os tiver reconduzido das nações e os tiver reunido dos países de seus inimigos e tiver mostrado neles minha santidade diante de numerosas nações, 28então saberão que eu, Javé, sou seu Deus, porque, depois de os ter conduzido em cativeiro entre as nações, eu os reunirei em sua terra sem deixar lá fora nem um sequer. 29Então não mais lhes esconderei minha face, porque derramarei meu espírito sobre a casa de Israel – oráculo do Senhor Javé”.*

*** 39**,7. 38,23 | 16. Dt 21,23; Nm 19,16; Ap 19,17s | 29. 37,14; 11,19

VI. A RESTAURAÇÃO MESSIÂNICA (40–48)†

40 **Visão do novo templo.** 1No princípio do ano vigésimo quinto de nossa deportação, no dia dez do mês, quatorze anos depois que a cidade foi tomada†, naquele mesmo dia, a mão de Javé veio sobre mim e ele me conduziu até lá. 2Em visão divina conduziu-me* à terra de Israel e colocou-me sobre um monte altíssimo sobre o qual parecia estar construída uma cidade, no lado sul. 3Conduziu-me até lá; e um homem, cujo aspecto era como de bronze, estava de pé junto à porta, com um cordão de linho na mão* e uma cana para medir. 4Ele me disse: "Filho do homem, observa e escuta atentamente e presta atenção no que vou mostrar-te, porque foste conduzido aqui para que eu te mostre isso* e anuncies à casa de Israel o que vais ver".

O muro exterior. 5O templo era todo cercado de um muro.* A cana para medir que o homem tinha na mão era de seis côvados†, de um côvado e um palmo cada um. Ele mediu a espessura do muro: era uma cana, e a altura: uma cana.

A porta oriental. 6Depois foi à porta que dá para o oriente, subiu os degraus e mediu o limiar da porta: era da largura de uma cana. 7Cada cela media uma cana de comprimento e uma cana de largura; de uma cela à outra havia cinco côvados. Também o limiar da porta perto do átrio da porta interna era de uma cana. 8Mediu o átrio da porta: era de oito côvados; 9as pilastras, de dois côvados. O átrio da porta dava para o interior. 10As celas da porta a oriente eram três de um lado e três do outro, todas três do mesmo tamanho; da mesma medida eram as pilastras de uma e de outra parte. 11Mediu a largura da abertura da porta: era de dez côvados; o tamanho da porta era de treze côvados. 12Diante das celas havia um parapeito de um côvado, de um e de outro lado; cada cela media seis côvados de cada lado. 13Mediu depois a porta desde o teto de uma das celas ao teto da outra; a largura de porta a porta era de vinte e cinco côvados. 14Calculou em sessenta côvados a altura das pilastras; a partir das pilastras começava o pátio que circundava as portas. 15Da fachada da porta de entrada à fachada do átrio da porta interna havia um espaço de cinquenta côvados.

16As celas e as pilastras tinham janelas com grades para o interior, em torno da porta, como também ao redor havia janelas, que davam para o interior do átrio. Nas pilastras havia figuras de palmeiras.

O pátio externo. 17Depois levou-me ao pátio externo e vi celas e um pavimento em torno do pátio; trinta eram as celas ao longo do pavimento. 18O pavimento se estendia aos lados das portas por uma extensão igual à largura das mesmas portas: era o pavimento inferior. 19Mediu o espaço da fachada da porta inferior até a fachada do pátio interno: eram cem côvados no lado oriental e no lado norte.

A porta setentrional. 20Depois mediu o comprimento e a largura da porta que dá para o norte no pátio externo. 21Suas celas, três de um lado e três do outro, as pilastras e o átrio tinham as mesmas dimensões da primeira porta: cinquenta côvados de comprimento por vinte e cinco de largura. 22Suas janelas, o átrio e as palmeiras tinham as mesmas dimensões das da porta que dá para o oriente. Subia-se a ela por sete degraus; o átrio era em frente. 23Havia uma porta no pátio interior,

---

* **40**,2. 37,1; 1,1ss; Ap 21,10 | 3. Ap 11,1; 21,15 | 4. Êx 25,9.40 | 5. Êx 27,9-19; 38,9-20; 2Cr 3,3; 4,5

† **VI.** Esta seção apresenta um quadro ideal do futuro reino messiânico, no qual tudo é perfeito: o templo, o culto e a terra. | **40**,1. No ano 572 a.C., Ezequiel apresenta um projeto, que não se torna realidade, mas traça as linhas para uma nova religião: em torno da casa de Javé, servida por zelosos sacerdotes, uma comunidade, chefiada por um príncipe fiel, segue a lei como norma de vida. | 5. Esse côvado parece medir 0,58m; portanto, a cana media uns 3,40m.

diante da porta norte, como diante da
porta oriental; mediu a distância entre
uma porta e a outra: era de cem cô-
vados.
A porta meridional. 24Conduziu-me
depois para o sul; havia um porta vol-
tada para o sul; mediu suas pilastras e
seu átrio: tinham as mesmas dimen-
sões. 25Em torno da porta, como em
torno do átrio, havia janelas iguais às
outras janelas; media cinquenta côva-
dos de comprimento por vinte e cinco
de largura. 26Havia sete degraus para
subir para o interior. Nas pilastras, de
um e de outro lado, havia palmeiras.
27O pátio interno tinha um porta para o
sul; ele mediu a distância de uma porta
à outra em direção ao sul: eram cem
côvados.
O pátio interno. 28Então introduziu-
-me no pátio interno, pela porta sul,
e mediu esta porta: tinha as mesmas
dimensões. 29As celas, as pilastras e o
átrio tinham as mesmas medidas. Em
torno da porta, como em torno do
átrio, havia janelas. Ela media cinquen-
ta côvados de comprimento por vinte e
cinco de largura.
30Em torno havia vestíbulos de vinte
e cinco côvados de comprimento por
cinco de largura.
31Seu vestíbulo era voltado para o
átrio externo; sobre as pilastras havia
palmeiras; sua escada tinha oito de-
graus.
O pórtico oriental. 32Depois condu-
ziu-me ao pátio interno que dá para o
oriente e mediu-o: tinha as dimensões
costumeiras. 33As celas, as pilastras e o
átrio tinham as mesmas dimensões. Em
torno do pórtico, como em torno do
átrio, havia janelas. Ele media cinquen-
ta côvados de comprimento por vinte e
cinco de largura. 34Seu vestíbulo dava
para o átrio externo; sobre as pilastras,
de um e de outro lado, havia palmeiras;
sua escada tinha oito degraus.
O pórtico setentrional. 35Depois con-
duziu-me ao pórtico norte e mediu-
-o: tinha as dimensões costumeiras,
36como as celas, as pilastras e o átrio;
em torno havia janelas. 37Seu vestíbu-
lo dava para o átrio externo; sobre as
pilastras, de um e de outro lado, havia
palmeiras; sua escada tinha oito de-
graus.
Anexo dos pórticos. 38Havia também
uma cela com a porta perto das pilas-
tras dos pórticos; lá eram lavados os
holocaustos. 39No átrio do pórtico ha-
via duas mesas de um lado e duas do
outro, sobre as quais eram degolados
os holocaustos, os sacrifícios expiató-
rios e de reparação. 40Outras duas me-
sas estavam no lado externo, a norte de
quem entra no pórtico, e duas mesas
do outro lado, junto ao átrio do pór-
tico. 41Assim, de cada lado do pórtico
havia quatro mesas de um lado e qua-
tro mesas do outro: oito mesas ao todo.
Sobre elas se degolavam as vítimas.
42Havia ainda outras quatro mesas de
pedras quadradas para os holocaustos,
de um côvado e meio de comprimen-
to, de um côvado e meio de largura e
um côvado de altura: sobre elas eram
depostos os instrumentos com que se
imolavam os holocaustos e os outros
sacrifícios. 43Ganchos de um palmo
de comprimento estavam pendurados
dentro e ao redor; sobre as mesas se
punham as carnes das ofertas.
44Fora do pórtico interno havia duas
salas no pátio interior: a que estava
junto ao pórtico norte dava para o sul,
a outra junto ao pórtico sul dava para
o norte. 45Ele me disse: "A cela que dá
para o sul é para os sacerdotes que cui-
dam do templo 46e a cela que dá para
o norte é para os sacerdotes que cui-
dam do altar: são eles os filhos de Sa-
doc que, entre os filhos de Levi, aproxi-
mam-se de Javé para seu serviço".
O átrio interior. 47Mediu depois o
átrio: era um quadrado de cem côva-
dos de largura por cem de comprimen-
to. O altar estava diante do templo.
48Conduziu-me depois ao átrio do
templo e mediu suas pilastras: cinco
côvados de cada lado; a largura do
pórtico era de três côvados de cada
lado. 49O comprimento do vestíbulo
era de vinte côvados e sua largura, de
doze côvados. Subia-se até lá por dez
degraus. Ao lado das pilastras havia
duas colunas, uma de cada lado.

41

O santo. [1]Introduziu-me depois no santuário* e mediu as pilastras: tinham seis côvados de largura de um lado e seis côvados de largura do outro, como era a largura do tabernáculo. [2]A largura da entrada era de dez côvados e os lados da entrada, cinco côvados de um lado e cinco côvados do outro. Mediu depois o santuário: tinha quarenta côvados de comprimento e vinte de largura.

O santo dos santos. [3]Foi depois para dentro e mediu as pilastras* da entrada: dois côvados; e a entrada: seis côvados; a largura da entrada: sete côvados. [4]Mediu também seu comprimento: vinte côvados; a largura diante do santuário: vinte côvados. Depois me disse: "Este é o santo dos santos".

As celas laterais. [5]Mediu depois o muro* do templo: seis côvados; depois a largura do edifício lateral: quatro côvados, ao redor de todo o templo. [6]As celas laterais eram uma sobre a outra, em número de trinta por três andares. Para as celas ao redor havia reentrâncias na parede do templo, de modo que fossem ligadas entre si, mas não apoiadas na parede do templo. [7]De andar em andar, a largura das celas aumentava, por isso a construção era mais larga em cima. Do andar inferior podia-se subir ao andar do meio e deste ao mais alto. [8]Vi em torno do templo uma elevação. Os fundamentos do edifício lateral mediam uma cana inteira de seis côvados. [9]A largura da parede externa do edifício lateral era de cinco côvados, como a do espaço restante. Entre o edifício lateral do templo [10]e as celas havia uma largura de vinte côvados ao redor de todo o templo. [11]As portas do edifício lateral davam para o espaço livre; uma porta dava para o norte e uma para o sul. O espaço livre ao redor era de cinco côvados.

O edifício ocidental. [12]A construção que ficava defronte ao espaço livre do lado oeste tinha setenta côvados de largura; a parede do edifício ao redor tinha a espessura de cinco côvados; seu comprimento era de noventa côvados.

[13]Depois mediu o templo: cem côvados de comprimento; o espaço livre, o edifício e suas paredes, também tinham cem côvados. [14]A largura da fachada do templo com o espaço livre: cem côvados. [15]Mediu ainda o comprimento do edifício diante do espaço livre na parte posterior, com as galerias de um lado e de outro: era de cem côvados.

A decoração interna. O interior do santuário,* seu vestíbulo, [16]os umbrais, as janelas com grades e as galerias em torno dos três andares, a começar do limiar, eram todos revestidos de madeira, em todo o redor, do pavimento até as janelas, que eram veladas. [17]Na porta, dentro e fora do templo e sobre todas as paredes em redor, internas e externas, estavam pintados [18]querubins e palmeiras. Entre um e outro querubim havia uma palmeira; cada querubim* tinha duas faces: [19]face de homem para a palmeira de um lado e face de leão para a palmeira do outro lado, ao redor de todo o templo. [20]Do chão até sobre a porta havia querubins e palmeiras pintados nas paredes do santuário.

[21]Os umbrais do santuário eram quadrados.

O altar de madeira. Diante do santo dos santos* havia algo como [22]um altar de madeira de três côvados de altura, dois côvados de comprimento e dois de largura. Os ângulos, a base e os lados eram de madeira. Disse-me: "Esta é a mesa que está diante de Javé".

As portas. [23]O santuário e o santo dos santos tinham duas portas cada um. [24]Cada porta tinha dois batentes e cada batente se dobrava em duas peças: duas para um batente e duas para o outro. [25]Sobre as portas estavam pintados querubins e palmeiras, bem como sobre as paredes; havia um portal de madeira sobre a fachada do átrio do lado de fora. [26]Havia janelas com grades e palmeiras de ambos os lados, nos lados do vestíbulo, nas celas anexas ao templo e nas arquitraves.

---

* **41**,1. 1Rs 6,3; 2Cr 3,5ss | 3. 1Rs 6,20; 2Cr 3,8s | 5. 1Rs 6,5s | 15. 1Rs 6,15-18 | 18. 1Rs 6,29s | 21. 1Rs 6,20ss; Êx 30,1ss | 23. 1Rs 6,31-35

42 **As dependências do templo.**
1Então fez-me sair para o pátio
externo, do lado norte, e conduziu-me
ao apartamento que está diante do es-
paço livre em frente ao edifício no lado
norte. 2Na fachada tinha cem côvados
de comprimento, para o norte, e cin-
quenta côvados de largura. 3Diante dos
vinte côvados do pátio interno e diante
do pavimento externo, havia uma ga-
leria diante de uma outra galeria de
três andares. 4Diante das celas havia
um corredor de dez côvados de largura
para o interior e cem de comprimen-
to; as portas das celas davam para o
norte. 5As celas superiores eram mais
estreitas, porque as galerias ocupavam
mais espaço delas do que das inferio-
res e das do meio do edifício. 6Eram de
três andares, mas não tinham colunas
como as dos pátios; por isso a partir
do chão as celas superiores iam se es-
treitando, mais do que as de baixo e as
do meio. 7O muro externo paralelo às
celas, do lado do pátio externo, dian-
te das celas, tinha cinquenta côvados
de comprimento. 8Pois o comprimento
das celas do átrio externo era de cin-
quenta côvados, ao passo que diante
do templo era de cem côvados. 9Em-
baixo das celas havia uma entrada do
lado leste quando se entra nelas pelo
átrio externo.

10Na largura do muro do pátio, em
direção ao oriente, diante do espaço
livre e diante do edifício, havia celas
11e, diante delas, uma passagem se-
melhante àquela das celas do lado
norte: tinham o mesmo comprimento
e largura, com todas as suas saídas e
portas conforme os mesmos critérios.
12Assim eram as portas das celas que
davam para o sul; uma porta estava
no começo da passagem, ao longo do
muro correspondente, a leste quan-
do se entra. 13Ele me disse: "As celas
do lado norte e as do lado sul, diante
do espaço livre, são as celas sagradas,
onde os sacerdotes que se aproximam
de Javé comerão as coisas santíssimas:*
ali colocarão as coisas santíssimas, isto
é, as oblações e as vítimas de expiação
e de reparação, porque santo é este lu-
gar. 14Quando os sacerdotes ali tiverem
entrado, não sairão do lugar santo para
o átrio externo, mas deporão ali suas
vestes com as quais prestaram serviço,
porque elas são santas; vestirão outras
roupas e assim poderão aproximar-se*
do lugar destinado ao povo".

15Quando ele acabou de medir o
interior do templo, conduziu-me para
fora pela porta que dá para o oriente,
e mediu o recinto todo ao redor. 16Me-
diu o lado oriental* com a cana para
medir: quinhentas canas, com a cana
de medir, ao redor. 17Mediu o lado
norte: quinhentas canas, com a cana
de medir, ao redor. 18Mediu o lado sul:
quinhentas canas, com a cana de me-
dir. 19Voltou-se para o lado ocidental:
mediu quinhentas canas com a cana de
medir. 20Pelos quatro lados ele mediu
o templo; havia ao redor um muro de
quinhentas canas de comprimento e
quinhentas de largura para separar o
lugar sagrado do profano.

43 **Retorno da glória de Javé.**
1Conduziu-me então para a
porta, a porta que dá para o oriente:
2a glória do Deus de Israel† estava che-
gando do lado oriental, e seu rumor era
como o rumor das grandes águas e a
terra resplandecia com sua glória. 3Esta
visão foi semelhante* àquela que tive
quando ele veio para destruir a cidade
e semelhante àquela que tive junto ao
rio Cobar. Caí com a face em terra. 4E
a glória de Javé entrou no templo pela
porta que dá para o oriente.

5O espírito me tomou e me introdu-
ziu* no átrio interno: a glória de Javé
enchia o templo. 6Enquanto aquele ho-
mem estava de pé* a meu lado, ouvi
que alguém de dentro do templo me
falava 7e me dizia: "Filho do homem,
este é o lugar de meu trono e o lugar

* **42**,13. Lv 2,3 | 14. Lv 17,1 | 16. 45,2 | **43**,3. 10,18; 11,22s | 5. 1Rs 8,10s | 6. Ap 21,3 | 7. Êx 19,12; Ez 25,8; 37,26s

† **43**,2. A manifestação sensível de Deus, que havia abandonado o templo e a cidade, 11,23, retorna para não mais deixá-los.

onde pouso os pés,* onde eu habitarei no meio dos israelitas para sempre. A casa de Israel, o povo e seus reis não profanarão mais meu santo nome com suas prostituições e com os cadáveres de seus reis quando morrem, 8colocando seu limiar junto a meu limiar e seus umbrais junto a meus umbrais, com uma simples parede entre mim e eles; profanaram meu santo nome com todas as abominações que cometeram, por isso eu os exterminei em minha ira. 9Mas de agora em diante afastarão de mim suas prostituições e os cadáveres de seus reis, e eu habitarei no meio deles para sempre.

10Tu, filho do homem, descreve este templo para a casa de Israel, para que se envergonhem de suas iniquidades; tirem a medida de sua planta 11e, quando se envergonharem de tudo o que fizeram, manifesta-lhes a forma deste templo, sua disposição, suas saídas, suas entradas, todos os seus aspectos, todos os seus regulamentos, todas as suas formas e todas as suas leis. Põe-nos por escrito diante de seus olhos, para que observem todas estas normas e todos estes regulamentos e os ponham em prática. 12Esta é a lei do templo: no alto do monte, toda a área ao redor é santíssima; esta é a lei do templo.

O altar dos holocaustos. 13Estas são as medidas* do altar em côvados, de um côvado e um palmo cada um. A base tem um côvado de altura por um côvado de largura; sua borda em todo o seu redor mede quatro dedos. Assim é a base do altar.

14Da base que pousa no chão até a plataforma inferior: dois côvados de altura e um côvado de largura; da plataforma pequena à plataforma maior: quatro côvados de altura e um côvado de largura.

15A lareira do altar mede quatro côvados de altura, e sobre a lareira há quatro chifres. 16A lareira tem doze côvados de comprimento por doze de largura, ou seja, é quadrada. 17A plataforma superior é um quadrado de quatorze côvados de comprimento por quatorze côvados de largura, com uma borda de meio côvado ao redor; e a base, ao redor, mede um côvado; seus degraus são voltados para o oriente.

Consagração do altar. 18Ele me disse: "Filho do homem,* assim fala o Senhor Javé: Estas são as prescrições sobre o altar, quando for construído para sacrificarem sobre ele o holocausto e para sobre ele aspergirem o sangue. 19Aos sacerdotes levitas da estirpe de Sadoc, que se aproximarão de mim para servir-me, tu darás – oráculo do Senhor Javé – um novilho para a expiação. 20Tomarás de seu sangue e o derramarás sobre os quatro chifres do altar, sobre os quatro ângulos da plataforma e em torno da borda. Assim o purificarás e farás sua expiação. 21Tomarás depois o novilho do sacrifício expiatório e o queimarás num lugar do templo, para isto designado, fora do santuário.

22No segundo dia oferecerás, pelo pecado, um bode sem defeito e farás a purificação do altar como foi feito com o novilho. 23Terminado o rito da purificação, oferecerás um novilho sem defeito e um carneiro do rebanho sem defeito. 24Tu os apresentarás a Javé e os sacerdotes lançarão sal sobre eles e os oferecerão em holocausto a Javé. 25Durante sete dias sacrificarás* pelo pecado um bode cada dia e será oferecido também um novilho e um carneiro do rebanho sem defeito. 26Durante sete dias se fará a expiação do altar, e ele será purificado e consagrado. 27Passados esses dias, do oitavo dia em diante, os sacerdotes imolarão sobre o altar vossos holocaustos, vossos sacrifícios de comunhão e eu vos serei propício – oráculo do Senhor Javé".

44 **Novas disposições para o culto.** 1Conduziu-me depois à porta externa do santuário, do lado oriental; ela estava fechada. 2Disse-me:

* **43**,13. Êx 40,5, 27,1-8; 1Rs 8,64; 2Cr 4,1; 7,7 | 18. Êx 29,36s; Lv 8,10-15; 1Mc 4,52-56; Ez 44,15 | 25. Lv 8,33ss

"Esta porta ficará fechada; não será aberta, ninguém passará por ela, porque por ela entrou Javé, Deus de Israel. Por isso ficará fechada. 3Mas o príncipe, porque é príncipe, sentará nela para alimentar-se diante de Javé; entrará pelo vestíbulo da porta e por ali sairá".

4Depois conduziu-me pela porta norte, diante do templo. Olhei e vi que a glória de Javé enchia o templo de Javé. Caí com a face em terra 5e Javé me disse: "Filho do homem, fica atento, observa bem e escuta tudo o que te direi sobre as prescrições referentes ao templo de Javé e sobre todas as suas leis; presta atenção na entrada do templo e em todas as saídas do santuário. 6Dirás àqueles rebeldes, à casa de Israel: Assim fala o Senhor Javé: Demasiadas foram vossas abominações, ó israelitas! 7Introduzistes estrangeiros,* incircuncisos de coração e incircuncisos de carne, para que estivessem em meu santuário e profanassem meu templo, enquanto me oferecíeis minha comida, a gordura e o sangue, quebrando assim minha aliança com todas as vossas abominações. 8Não cuidastes de minhas coisas santas, mas confiastes a eles, em vosso lugar, a guarda de meu santuário. 9Assim diz o Senhor Javé: Nenhum estrangeiro,* incircunciso de coração e incircunciso de carne, entrará em meu santuário; nenhum dos estrangeiros que estão no meio dos israelitas".

Os levitas. 10"Também os levitas, que se afastaram de mim quando Israel se desviou e seguiram seus ídolos, carregarão o peso de sua iniquidade; 11servirão em meu santuário como guardas das portas do templo e como servos do templo; degolarão os animais dos holocaustos e do sacrifício pelo povo e estarão diante dele prontos para seu serviço. 12Porque o serviram diante de seus ídolos e fizeram a casa de Israel cair em pecado, por isso levanto a mão contra eles – oráculo do Senhor Javé – e eles carregarão o peso de sua iniquidade. 13Não se aproximarão mais de mim* para servir-me como sacerdotes e tocar todas as minhas coisas santas e santíssimas, mas carregarão sua vergonha e o peso das abominações que praticaram. 14Contudo, eu os encarrego da guarda do templo, de todo o seu serviço e de tudo o que se faz nele".

Os sacerdotes. 15"Quanto aos sacerdotes levitas* filhos de Sadoc, que observaram as prescrições de meu santuário, quando os israelitas se afastaram de mim, eles se aproximarão de mim para servir-me e estarão diante de mim para oferecer-me a gordura e o sangue – oráculo do Senhor Javé. 16Entrarão em meu santuário e se aproximarão de minha mesa para servir-me e cumprirão minhas prescrições.

17Quando entrarem pelas portas do átrio interno, vestirão roupas de linho; não usarão nenhuma roupa de lã quando exercerem o ministério nas portas do átrio interno e no templo. 18Usarão na cabeça turbantes* de linho e sobre os rins calções de linho; não se cingirão com nada que provoque o suor. 19Quando saírem ao pátio externo em direção ao povo, tirarão as vestes com as quais oficiaram e as deporão nas celas do santuário; usarão outras vestes para não comunicar com elas a consagração ao povo. 20Não raparão a cabeça,* nem deixarão crescer os cabelos, mas os cortarão regularmente. 21Nenhum sacerdote beberá vinho quando tiver de entrar no átrio interno. 22Não tomarão como esposa uma viúva,* nem uma repudiada, mas só uma virgem da estirpe de Israel; mas poderão desposar uma viúva, se for a viúva de um sacerdote. 23Ensinarão meu povo a discernir entre o que é santo e o que é profano e lhe indicarão a distinção entre puro e impuro. 24Nos processos eles serão os juízes* e decidirão segundo minhas leis. Em todas as minhas festas observarão minhas leis e meus estatutos e santificarão meus sábados. 25Nenhum deles se aproximará* de um

* **44**,7. Jr 4,4; Gn 17,10; 22,26 | 9. At 21,28s | 13. Lv 2,3 | 15. Nm 18,1-19 | 18. Lv 6,3s | 20. Lv 21,5 | 22. Lv 21,7.14 | 24. 20,11s.16.19s | 25. Lv 21,1-5

morto, pois se tornaria impuro; mas
para o pai, a mãe, um filho, uma filha,
um irmão ou por uma irmã não casa-
da pode tornar-se impuro. 26Depois de
sua purificação, devem ser contados
sete dias 27e, quando reentrar no lugar
santo, no átrio interno para servir no
santuário, oferecerá seu sacrifício ex-
piatório – oráculo do Senhor Javé.

28Quanto a sua herança,* eu serei sua
herança; não lhes será dada nenhuma
possessão em Israel; eu sou sua pos-
sessão. 29Eles se nutrirão das oblações,
dos sacrifícios expiatórios, dos sacrifí-
cios de reparação; pertencerá a eles
tudo o que for destinado ao extermínio
em Israel. 30A parte melhor* de todas
as vossas primícias e toda espécie de
oferta pertencerão aos sacerdotes; as-
sim dareis ao sacerdote as primícias
de vossas massas, para que a bênção
repouse sobre vossa casa. 31Os sacer-
dotes não comerão a carne de nenhum
animal morto de morte natural ou dila-
cerado, de aves ou de outros animais".

45 **Divisão do território.** 1"Quan-
do dividirdes por sorte o país,*
em herança, reservareis como oferta a
Javé uma porção sagrada do país, de
vinte e cinco mil côvados de compri-
mento e vinte mil de largura: ela será
santa por toda a sua extensão. 2Dela
tomareis* para o santuário um qua-
drado de quinhentos côvados por qui-
nhentos, com uma área livre ao redor
de cinquenta côvados. 3Nesta superfí-
cie medirás um terreno de vinte e cinco
mil côvados de comprimento por dez
mil de largura, onde ficará o santuário,
o santo dos santos. 4Será a parte sagra-
da do país; será para os sacerdotes mi-
nistros do santuário, que se aproximam
para servir a Javé. Este lugar servirá
para suas casas e como lugar sagrado
para o santuário. 5Um espaço de vinte
e cinco mil côvados de comprimento
por dez mil de largura pertencerá aos
levitas que servem no templo, com
cidades onde possam morar. 6Como
propriedade da cidade demarcareis um
terreno de cinco mil côvados de largura
por vinte e cinco mil de comprimento,
paralelo à parte destinada ao santuário;
pertencerá a toda a casa de Israel.

7Ao príncipe será destinada uma área
de um lado e de outro da parte sagra-
da e do terreno da cidade, ao lado da
parte sagrada e ao lado do território da
cidade, a ocidente até a extremidade
ocidental e a oriente até o limite orien-
tal, de um comprimento igual a cada
uma das partes, do limite ocidental até
o oriental. 8Esta será sua terra, sua pro-
priedade em Israel, e assim meus prín-
cipes não oprimirão mais meu povo,
mas deixarão o restante da terra à casa
de Israel, segundo suas tribos".

9Assim fala o Senhor Javé: "Basta,
príncipes de Israel,* basta com as vio-
lências e as rapinas! Praticai o direito e
a justiça; acabai com as extorsões que
fazeis a meu povo – oráculo do Senhor
Javé. 10Tende balanças justas, efá jus-
to, bat justo.* 11O efá e o bat serão da
mesma capacidade, de modo que tan-
to o bat como o efá contenham um
décimo do homer, e sua medida será
regulada pelo homer. 12O siclo será de
vinte geras: vinte siclos, mais vinte e
cinco siclos e mais quinze siclos valerão
uma mina para vós†.

Ofertas e primícias. 13Esta será a ofer-
ta que fareis: a sexta parte de um efá
para cada homer de trigo e a sexta
parte de um efá para cada homer de
cevada. 14A norma para o óleo – que
se mede com o bat – é um décimo de
um bat para cada hor. Dez bat corres-
pondem a um homer, porque dez bat
formam um homer.15Do rebanho se
tomará uma em cada duzentas ovelhas
dos prados férteis de Israel: servirá para
as oblações, para os holocaustos, para
os sacrifícios de comunhão, em expia-
ção pelo povo – oráculo do Senhor
Javé. 16Toda a população do país* está
sujeita a esta contribuição para o prín-

---

* **44**,28. Nm 18,20-24; Dt 18,1s | 30. Lv 27,28 | **45**,1. 48,8-20 | 2. 42,15-20 | 9. Jr 22,3ss | 10. Lv 19,35ss | 16. Lv 1,1; 2,1; 3,1

† **45**,12. O efá se usava para medir sólidos e o bat, para líquidos; ambos equivaliam a 45 litros cada um.

cipe de Israel. [17]A cargo do príncipe estarão os holocaustos,* as oblações e as libações nas solenidades, nos novilúnios e nos sábados, em todas as festas da casa de Israel. Ele providenciará o sacrifício expiatório, a oblação, o holocausto e o sacrifício de comunhão para a expiação pela casa de Israel".

Festas da Páscoa e das Tendas. [18]Assim fala o Senhor Javé: "No primeiro dia do primeiro mês,* tomarás um novilho sem defeito e purificarás o santuário. [19]O sacerdote tomará o sangue da vítima pelo pecado e o porá nos portais do templo e sobre os quatro ângulos da base do altar e sobre os portais das portas do átrio interno. [20]Fará o mesmo no dia sete do mês por quem houver pecado por erro ou por ignorância; assim purificareis o templo. [21]No dia quatorze do primeiro mês será para vós a Páscoa, uma festa de sete dias em que se comerá pão ázimo. [22]Nesse dia o príncipe oferecerá, por si e por todo o povo do país, um novilho como sacrifício pelo pecado. [23]Nos sete dias da festa oferecerá em holocausto a Javé sete novilhos e sete carneiros sem defeito, em cada um dos sete dias, e um bode cada dia como sacrifício pelo pecado. [24]Oferecerá também uma oblação de um efá por novilho e de um efá por carneiro, com um hin de óleo para cada efá.

[25]No dia quinze do sétimo mês, por ocasião da festa, fará o mesmo durante sete dias, oferecendo os sacrifícios expiatórios, os holocaustos, as oblações e o óleo".*

46 **O sábado e a lua nova.** [1]Assim fala o Senhor Javé: "A porta do átrio interno* que dá para o oriente ficará fechada nos seis dias úteis; será aberta no sábado e na lua nova. [2]O príncipe, vindo de fora, entrará pelo vestíbulo da porta externa e ficará de pé junto aos umbrais da porta, enquanto os sacerdotes oferecerão seu holocausto e seu sacrifício de comunhão. Ele se prostrará no limiar da porta, depois sairá, e a porta não será fechada até a tarde. [3]O povo do país se prostrará nos sábados e na lua nova na entrada da porta, diante de Javé.

[4]O holocausto que o príncipe oferecerá a Javé no dia de sábado será de seis cordeiros e um carneiro sem defeito; [5]como oblação oferecerá um efá por carneiro; pelos cordeiros a oferta que puder dar; de um hin de óleo para cada efá. [6]No dia da lua nova oferecerá em holocausto um novilho sem defeito, seis cordeiros e um carneiro sem defeito; [7]em oblação, um efá pelo novilho e um efá pelo carneiro, e pelos cordeiros o que puder dar; de óleo, um hin para cada efá.

Normas diversas. [8]Quando o príncipe entrar, passará pelo vestíbulo da porta e sairá pelo mesmo caminho. [9]Quando vier o povo do país* para diante de Javé nas solenidades, os que tiverem entrado pela porta norte para adorar sairão pela porta sul; os que tiverem entrado pela porta sul sairão pela porta norte. Ninguém sairá pela porta pela qual entrou, mas sairá do lado oposto. [10]O príncipe estará no meio deles; entrará quando eles entrarem e sairá quando eles saírem. [11]Nas festas e nas solenidades, a oblação será de um efá pelo novilho e de um efá pelo carneiro; pelos cordeiros o que puder dar; e um hin de óleo para cada efá.

[12]Quando o príncipe quiser fazer a Javé uma oferta voluntária – holocausto ou sacrifícios de comunhão – ser-lhe-á aberta a porta que dá para o oriente e oferecerá o holocausto e o sacrifício de comunhão como os oferece nos dias de sábado; depois sairá, e a porta será fechada depois que tiver saído.

[13]Todo dia oferecerás em holocausto a Javé um cordeiro de um ano, sem defeito; tu o oferecerás cada manhã. [14]Junto com ele farás cada manhã uma oblação de um sexto de efá; de óleo oferecerás um terço de hin para misturar com a flor de farinha; é uma

* **45**,17. Êx 23,14; Lv 23,24 | 18. Êx 12,1 | 25. Êx 23,14 | **46**,1. Êx 20,8; Nm 28,9-14; Ez 45,17 | 9. Êx 23,14-17

oblação a Javé, a lei do holocausto cotidiano. [15]Oferecerão, pois, o cordeiro, a oblação e o óleo cada manhã: é holocausto cotidiano".

[16]Assim fala o Senhor Javé: "Se o príncipe der como presente a um de seus filhos algo de sua herança, o dom pertencerá a seus filhos; será propriedade deles como herança. [17]Mas se fizer a um de seus servos um dom tirado de sua herança, o dom pertencerá* ao servo até o ano da remissão, depois retornará ao príncipe; mas sua herança ficará somente para seus filhos. [18]O príncipe não tomará nada da herança do povo, extorquindo-lhe a propriedade; é com o que lhe pertence que constituirá o patrimônio de seus filhos, para que ninguém de meu povo seja despojado do que lhe pertence.

As cozinhas. [19]Depois ele me conduziu,* pela entrada que ficava ao lado da porta, às celas do santuário destinadas aos sacerdotes, do lado norte; na extremidade oeste havia um lugar reservado. [20]Disse-me: "Este é o lugar* em que os sacerdotes cozinharão as carnes dos sacrifícios de reparação e de expiação e onde cozinharão as oblações, sem levá-las para fora, para o átrio externo, e correr o risco de comunicar* a consagração ao povo". [21]Conduziu-me ao átrio externo e fez-me passar junto aos quatro ângulos do átrio, e em cada ângulo do átrio havia um pátio; [22]nos quatro ângulos do átrio havia quatro pequenos pátios de quarenta côvados de comprimento e trinta de largura, todos de uma mesma medida. [23]Havia um muro ao redor deles, ao redor dos quatro, e havia fogões construídos ao pé do muro ao redor. [24]Ele me disse: "Estas são as cozinhas em que os ministros do templo cozinharão os sacrifícios do povo".

47 **O rio que nasce no templo.** [1]Conduziu-me novamente à entrada do templo* e vi que brotava água por debaixo do limiar do templo para o oriente, porque a fachada do templo* dava para o oriente. Essa água vinha de baixo, do lado direito do templo, do lado sul do altar. [2]Fez-me sair pela porta norte e fez-me contornar por fora até a porta externa que dá para o oriente, e vi que a água brotava do lado direito. [3]O homem afastou-se para o oriente, tendo na mão um cordão para medir; mediu mil côvados, e fez-me atravessar aquela água: chegava-me até os tornozelos. [4]Mediu outros mil côvados, e fez-me atravessar a água: chegava-me aos joelhos. Mediu outros mil côvados, depois fez-me atravessar a água: chegava-me à cintura. [5]Mediu outros mil côvados: era um rio que eu não podia atravessar, porque as águas tinham crescido, eram águas que se deviam passar a nado, um rio pelo qual não se podia passar. [6]Então ele me disse: "Viste, filho do homem?"

Depois fez-me voltar à beira do rio. [7]Voltando-me, vi que à beira do rio havia um grande número de árvores* de um lado e de outro. [8]Disse-me: "Essas águas saem para a região oriental, descem à Arabá* e entram no mar; entrando no mar, saneiam suas águas. [9]Todo ser vivo que se move em qualquer parte aonde chega o rio viverá; aí haverá muitíssimo peixe, porque essas águas, aonde chegam, saneiam, e lá aonde chega o rio tudo reviverá. [10]Às suas margens haverá pescadores: de Engadi a En-Eglaim haverá lugar para se estender as redes. Haverá peixes de diversas espécies e em grande quantidade, como no mar Grande. [11]Mas seus charcos e seus pântanos não serão saneados; servem para se extrair o sal. [12]Ao longo do rio, numa e noutra margem, crescerá todo tipo de árvore frutífera; suas folhas não secarão e seus frutos não acabarão; cada mês darão frutos novos, porque suas águas brotam do santuário. Seus frutos servirão

* **46**,17. Jr 34,8; Lv 25,10 | 19. 42,1-9 | 20. Lv 4-5; 2 / Lv 44,19 | **47**,1. Ap 22,1; Jo 4,1 / Jl 4,18 | 7. Ap 22,2 | 8. Zc 14,8 | 12. Ap 22,2

† **47**,12. Ap 22,2.14.19 combina esse texto de Ezequiel com Gn 2,9 e 3,22 ao descrever o paraíso reencontrado.

de alimento e as folhas,* de remédio"†.
As fronteiras do país. [13]Assim fala o
Senhor Javé: "Estas serão as fronteiras
do país* que dividireis entre as doze tri-
bos de Israel, dando a José duas partes.
[14]Cada um de vós herdará uma parte da
terra igual à do irmão, porque eu, com
a mão erguida, jurei dá-la a vossos pais;
esta terra vos pertencerá como herança.
[15]Estas serão as fronteiras do país.
Ao norte, do mar Grande na direção de
Hetalon até a entrada de Emat, Seda-
da; [16]Berota, Sabarim, que está entre
o território de Damasco e o de Emat,
Haser-Ticon, que está na fronteira de
Aurã. [17]Depois a fronteira se estenderá
do mar até Haser-Enã, tendo ao norte o
território de Damasco e o de Emat. Este
é o lado norte. [18]A leste, entre Aurã e
Damasco, entre Galaad e o país de Is-
rael, servirá de fronteira o Jordão, até
o mar oriental e na direção de Tamar.
Este é o lado oriental.

[19]Ao sul, de Tamar até as águas de
Meriba-Cades,* até a torrente para o
mar Grande. Este é o lado sul para o
Negueb.

[20]A ocidente, o mar Grande, da fron-
teira sul até diante da entrada de Emat.
Este é o lado ocidental.

[21]Dividireis, pois, esta terra entre vós,
segundo as tribos de Israel. [22]Dividireis
por sorte o país, em herança, entre vós
e os forasteiros que habitam convosco*
e geraram filhos no meio de vós; estes
serão para vós como nativos entre os
israelitas e convosco tirarão por sorte
sua herança no meio das tribos de Isra-
el. [23]Na tribo em que o estrangeiro re-
side, aí lhe dareis sua herança – oráculo
do Senhor Javé".

48 **A divisão do país.** [1]Estes são
os nomes das tribos: da fron-
teira norte, ao longo do caminho de
Hetalon que conduz à entrada de Emat,
até Haser-Enã, tendo ao norte a fron-
teira de Damasco do lado de Emat, do
limite oriental até o limite ocidental,
será destinada a Dã uma parte.

[2]Na fronteira de Dã, do limite orien-
tal ao limite ocidental: Aser, uma parte.
[3]Da fronteira de Aser, do limite
oriental até o limite ocidental: Neftali,
uma parte.

[4]Da fronteira de Nefatli, do limite
oriental até o limite ocidental: Manas-
sés, uma parte.

[5]Da fronteira de Manassés, do limite
oriental até o limite ocidental: Efraim,
uma parte.

[6]Da fronteira de Efraim, do limite
oriental até o limite ocidental: Rúben,
uma parte.

[7]Da fronteira de Rúben, do limite
oriental até o limite ocidental: Judá,
uma parte.

[8]Da fronteira de Judá, do limite
oriental até o limite ocidental, estará a
porção que reservareis, de vinte e cinco
mil côvados de largura e de compri-
mento igual ao de cada uma das partes
do limite oriental ao limite ocidental; lá
no meio surgirá o santuário.

[9]A parte que reservareis para Javé*
terá vinte e cinco mil côvados de com-
primento por dez mil de largura. [10]Aos
sacerdotes pertencerá a parte sagrada
do território: ao norte, vinte e cinco mil
côvados e a oeste uma largura de dez
mil côvados; a leste uma largura de dez
mil côvados e ao sul um comprimento
de vinte e cinco mil côvados. No meio
surgirá o santuário de Javé. [11]Esta per-
tencerá aos sacerdotes* consagrados,
aos filhos de Sadoc, que foram fiéis a
meu serviço e não se extraviaram no
extravio dos israelitas, como fizeram
os levitas. [12]Assim lhes pertencerá uma
parte tomada da parte santíssima do
país, ao lado do território dos levitas.

[13]Diante do território dos sacerdo-
tes, os levitas terão uma área de vinte e
cinco mil côvados de comprimento por
dez mil de largura; por toda a parte o
comprimento será de vinte e cinco mil
côvados e a largura de dez mil.

[14]Eles não poderão vender nem trocar,
nem poderá ser alienada esta parte me-
lhor do país, porque é consagrada a Javé.

---

* **47**,13. Jz 20,1; Nm 34,1-12; Js 1,4; 13,1-6 | 19. Nm 34,3ss; Js 15,1-4 | 22. Êx 12,48; Lv 19,34 | **48**,9. 45,1-6 | 11. 44,15s

15 Os cinco mil côvados de comprimento que restam em largura, ao longo dos vinte e cinco mil, serão terreno profano para a cidade, para habitações e pastagens; no meio* surgirá a cidade. 16 Suas medidas serão as seguintes: o lado norte terá quatro mil e quinhentos côvados; o lado sul terá quatro mil e quinhentos côvados; o lado oriental terá quatro mil e quinhentos côvados e o lado ocidental terá quatro mil e quinhentos côvados. 17 As pastagens da cidade serão: duzentos e cinquenta côvados ao norte, duzentos e cinquenta ao sul, duzentos e cinquenta ao oriente e duzentos e cinquenta ao ocidente. 18 Restará junto à parte sagrada um terreno de dez mil côvados de comprimento a oriente e dez mil a ocidente, cujos produtos serão a comida para os operários da cidade; 19 os operários da cidade, que o cultivarão, serão tomados de todas as tribos de Israel. 20 Toda a área será de vinte e cinco mil côvados por vinte e cinco mil. Reservareis um quadrado da parte sagrada para constituir a cidade.

21 O restante será para o príncipe: de ambos os lados da área sagrada reservada e da propriedade da cidade, diante dos vinte e cinco mil côvados da área sagrada a oriente, até a fronteira oriental, e a ocidente, diante dos vinte e cinco mil côvados para a fronteira ocidental, paralelamente às partes das tribos, isto será do príncipe. A área sagrada e o santuário do templo ficarão no meio. 22 Assim, desde a propriedade dos levitas e a propriedade da cidade, que estão no meio do que pertence ao príncipe, entre o território de Judá e o território de Benjamim, isto será do príncipe.

23 Para as outras tribos, do limite oriental ao ocidental: Benjamim, uma parte.

24 Da fronteira de Benjamim, do limite oriental ao ocidental: Simeão, uma parte.

25 Da fronteira de Simeão, do limite oriental ao ocidental: Issacar, uma parte.

26 Da fronteira de Issacar, do limite oriental ao ocidental: Zabulon uma parte.

27 Da fronteira de Zabulon, do limite oriental ao ocidental: Gad, uma parte.

28 Da fronteira de Gad, do lado meridional para o sul, a fronteira irá de Tamar até as águas de Meriba-Cades e à torrente que vai para o mar Grande. 29 Esta é a terra que dividireis por sorte, em herança, às tribos de Israel, e estas serão suas partes – oráculo do Senhor Javé"†.

As novas portas de Jerusalém. 30 Estas serão as saídas da cidade: do lado norte, que mede quatro mil e quinhentos côvados, 31 haverá três portas,* que terão os nomes das tribos de Israel: a porta de Rúben, a porta de Judá e a porta de Levi. 32 Do lado oriental, que mede quatro mil e quinhentos côvados, haverá três portas: a porta de José, a porta de Benjamim e a porta de Dã. 33 Do lado sul, que mede quatro mil e quinhentos côvados, haverá três portas: a porta de Simeão, a porta de Issacar e a porta de Zabulon.

34 Do lado ocidental, que mede quatro mil e quinhentos côvados, haverá três portas: a porta de Gad, a porta de Aser e a porta de Neftali.

35 Perímetro total: dezoito mil côvados. A partir desse dia, a cidade* se chamará: "Lá está Javé"†.

---

* **48**,15. Ap 21,15ss | 31. Ap 21,12s | 35. Is 1,26

† **48**,29. Uma nova distribuição da terra, para um povo renovado, como se a história começasse de novo, esquecendo o passado de infidelidades. | 35. Dar um nome novo implica uma mudança de estado, de função e de destino. Javé estará sempre presente em Sua comunidade como Senhor absoluto e fonte perene de bênçãos.

DANIEL

O personagem Daniel é um jovem que, por volta do ano 597 a.C., foi deportado para Babilônia, onde alcançou posição notável na corte do rei, interpretou os sonhos de Nabucodonosor e a escrita misteriosa que apareceu na parede durante o banquete de Baltazar e depois foi lançado na cova dos leões. Não obstante todas as provas sofridas, soube manter-se fiel a Deus, do qual recebeu o privilégio de ter extraordinárias visões apocalípticas.

A ambientação da história naquele tempo e lugar é artifício literário. Com efeito, o livro é obra de um escritor da época dos Macabeus, e sua redação final teria acontecido em torno do ano 165 a.C., durante a perseguição de Antíoco IV, um dos momentos mais dramáticos da história do judaísmo. O autor, fingindo escrever sobre eventos de tempos distantes, na realidade se serve do passado para infundir coragem aos contemporâneos, vítimas da opressão de Antíoco, assegurando-lhes que seu Deus, como salvou seu povo em épocas passadas, igualmente difíceis e tremendas, assim o salvará no presente e no futuro, porque Javé é um Deus fiel.

Este livro, do qual Daniel é o herói mas não o autor, constitui o documento mais importante da apocalíptica do Antigo Testamento e o ponto de referência para entender os textos do Novo Testamento que se referem aos últimos tempos. O livro tem duas partes. A primeira (cap. 1–6) conta a história de Daniel na corte de Nabucodonosor. A segunda (cap. 7–12) contém quatro visões, das quais a mais importante é a das quatro feras, símbolo de quatro reinos que são abatidos pelo ancião, o qual entrega o poder ao Filho do homem. Estas visões pertencem ao gênero apocalíptico, no qual a história passada é apresentada no quadro de uma profecia. Os dois últimos capítulos narram a história de Suzana, na qual Daniel cumpre o que diz seu nome – "Deus fez justiça" – salvando da morte uma inocente, o relato de Daniel lançado de novo na cova dos leões, e o de Bel e o Dragão. São um suplemento do livro e têm por finalidade incutir a fé no poder de Deus e a fidelidade à religião dos pais, mesmo no meio de perseguições.

I. HISTÓRIA DE DANIEL (1–6)

1 **Na corte de Nabucodonosor.**
1No terceiro ano do reinado de
Joaquim, rei de Judá†, Nabucodonosor
marchou contra Jerusalém* e a sitiou.
2O Senhor entregou em suas mãos
Joaquim, rei de Judá, e uma parte dos
utensílios do templo de Deus, que ele
levou para o país de Senaar* e depositou no tesouro dos utensílios do templo de seus deuses.
3O rei ordenou a Asfenez, chefe de
seus funcionários, que lhe trouxesse jovens israelitas de estirpe real, ou de família nobre, 4sem defeitos, de bela aparência, instruídos em toda a sabedoria, dotados de conhecimento e rápido entendimento e competentes* para poderem estar no palácio e aprender a escritura e a língua dos caldeus†.
5O rei determinou-lhes uma ração diária de comida e de vinho de sua mesa; sua educação devia durar três anos, findos os quais entrariam para o serviço do rei. 6Entre eles havia alguns judeus: Daniel, Ananias, Misael e Azarias;
7mas o chefe dos funcionários deu-lhes outros nomes: a Daniel, o de Baltazar; a Ananias, o de Sidrac; a Misael, o de Misac; e a Azarias, o de Abdênago†.
8Mas Daniel decidiu em seu coração não se contaminar* com as comidas do rei nem com o vinho de sua mesa: por isso pediu ao chefe dos funcionários que não o obrigasse a se contaminar.
9Deus fez com que Daniel ganhasse a benevolência* e a simpatia do chefe dos funcionários. 10Mas este disse a Daniel:

---

* **1**,1 2Rs 24,1s; 2Cr 36,5ss | 2. Gn 10,10 | 4. 2Rs 25,29s | 8. Jt 12,2 | 9. Gn 39,4.21; Est 2,9

† **1**,1. O 3º ano de Joaquim (609-597) é o ano 606 a.C. | 4. Chamam-se "caldeus" os membros da classe instruída de Babilônia, especialmente os sacerdotes e os iniciados em ciências ocultas. | 7. A mudança de nome significa uma nova condição: agora pertencem ao rei e a seus deuses.

"Eu temo que o rei, meu senhor, que
determinou o que deveis comer e be-
ber, encontre vossas faces mais magras
do que as dos outros jovens de vossa
idade e assim, por vossa causa, eu me
torne culpado diante do rei". 11Daniel,
porém, disse ao guarda, ao qual o chefe
dos funcionários havia confiado Daniel,
Ananias, Misael e Azarias:* 12"Põe-nos à
prova por dez dias, dando-nos vegetais
para comer e água para beber; 13depois
se confrontem em tua presença nossas
faces com as dos jovens que comem as
comidas do rei; então decidirás fazer
com teus servos como tiveres constata-
do". 14Ele consentiu e os pôs à prova por
dez dias. 15Terminados estes, constatou-
-se que o aspecto deles era melhor e
mais saudável que o de todos os outros
jovens que comiam as comidas do rei†.
16De então em diante, o guarda suspen-
deu a alimentação e a bebida destina-
das a eles e lhes dava vegetais.

17Deus concedeu a esses quatro jo-
vens conhecimento e inteligência em
toda a escritura e sabedoria; quanto a
Daniel, tinha o discernimento de todas
as visões* e sonhos†.

18Terminado o tempo fixado pelo rei
para que os jovens se apresentassem, o
chefe dos funcionários levou-os à pre-
sença de Nabucodonosor. 19O rei con-
versou com eles, mas entre todos não
se achou nenhum igual a Daniel, Ana-
nias, Misael e Azarias, os quais ficaram,
pois, a serviço do rei. 20Em todo assun-
to de sabedoria* e inteligência sobre o
qual o rei os interrogou, achou-os dez
vezes superiores a todos os magos e
astrólogos que havia em todo o seu
reino. 21E, assim, Daniel ficou ali até o
primeiro ano do rei Ciro†.

2 **O sonho da estátua.** 1No segun-
do ano de seu reinado, Nabuco-
donosor teve um sonho, que o pertur-
bou tão profundamente que não con-
seguia dormir. 2Então o rei ordenou
que chamassem os magos, os astró-
logos, os feiticeiros e os caldeus para
explicar-lhe seus sonhos. Eles vieram e
compareceram diante do rei. 3Ele dis-
se-lhes: "Tive um sonho, e meu ânimo
se perturbou pelo desejo de encontrar
sua interpretação. 4Os caldeus respon-
deram ao rei†: "Ó rei, vive para sempre!
Conta o sonho a teus servos e nós te
daremos a interpretação". 5Respondeu
o rei aos caldeus: "Esta é minha deci-
são: se vós não me revelardes o sonho
e sua interpretação, sereis esquarteja-
dos, e vossas casas serão transforma-
das em monturo. 6Se porém me de-
clarardes o sonho e sua interpretação,
recebereis de mim dádivas, presentes
e grandes honrarias. Declarai-me, pois,
o sonho e sua interpretação". 7Eles re-
plicaram: "Que o rei conte o sonho a
seus servos e nós daremos sua inter-
pretação". 8Respondeu o rei: "Vejo bem
que quereis ganhar tempo porque sa-
beis que tomei uma decisão. 9Se não
me disserdes qual foi meu sonho, uma
só será vossa sorte; pois preparastes
respostas falsas e astutas, na espera
de que os tempos mudem. Dizei-me,
então, o sonho e eu saberei que sois
capazes de dar-me também a interpre-
tação". 10Os caldeus responderam ao
rei: "Não há ninguém no mundo que
possa satisfazer a exigência do rei; com
efeito, nenhum rei, por mais poderoso
e grande que seja, pediu jamais seme-
lhante coisa a algum mago, adivinho
ou caldeu. 11A coisa que o rei pede é
difícil,* e não há quem possa revelá-la
ao rei, a não ser os deuses, mas eles
não moram com os homens".

12Então o rei, irritado e muito furio-
so, ordenou que fossem mortos todos
os sábios de Babilônia. 13O decreto foi
publicado, e os sábios estavam para ser
mortos; Daniel e seus companheiros
foram procurados para ser mortos.

---

* **1**,11. Ap 2,10 | 17. Gn 41,12 | 20. 1Rs 10,3s | **2**,11. Gn 41,16

† **1**,15. O mesmo Deus que assistiu aos jovens que recusavam alimentos proibidos ajudará os que se recusarem a violar a lei mosaica na perseguição, 1Mc 1,62s; 2Mc 6,18. | 17. Pensavam que o jejum predispunha a receber revelações de Deus; mas o autor afirma que a sabedoria extraordinária dos jovens vinha de Deus, e não de sua ascese. | 21. Ano 539 a.C. | **2**,4. Daqui até 7,28 o texto original é em aramaico.

Daniel explica o sonho. 14Mas Daniel
dirigiu-se com palavras sábias e pru-
dentes a Arioc, chefe da guarda do rei,
que tinha saído para matar os sábios
de Babilônia. 15Disse ele a Arioc, oficial
do rei: "Por que esse decreto tão severo
da parte do rei?" Então Arioc explicou
o caso a Daniel. 16Este foi pedir ao rei
que desse um prazo para que pudes-
se dar ao rei a interpretação. 17Depois
Daniel foi para casa e informou seus
companheiros, Ananias, Misael e Aza-
rias, 18exortando-os a implorar a mi-
sericórdia do Deus do céu a respeito
desse mistério, para que Daniel e seus
companheiros não fossem mortos jun-
to com o resto dos sábios de Babilônia.
19Então o mistério foi revelado a Da-
niel numa visão noturna; por isso Da-
niel bendisse o Deus do céu:
20Daniel tomou a palavra e disse:
"Que o nome de Deus seja bendito
por todo o sempre,*
porque a ele pertencem a sabedoria
e o poder.
21É ele que alterna tempos e esta-
ções, depõe os reis e os eleva,
concede a sabedoria aos sábios,
aos inteligentes o saber.
22Revela coisas profundas e ocultas*
e sabe o que está nas trevas,
e a luz mora com ele.
23Eu vos agradeço e vos louvo, Deus
de meus pais,
que me destes sabedoria e força,
me manifestastes o que vos pedimos
e nos revelastes o sonho do rei".
24Então Daniel foi ter com Arioc, a
quem o rei tinha encarregado de matar
os sábios de Babilônia, apresentou-se
e disse: "Não mates os sábios de Ba-
bilônia, mas conduze-me ao rei, e eu
lhe revelarei a interpretação do sonho".
25Arioc conduziu depressa Daniel à
presença do rei e lhe disse: "Encontrei
um homem entre os judeus deporta-
dos, o qual dará a conhecer ao rei a in-
terpretação". 26O rei disse então a Da-
niel, chamado Baltazar: "És realmente
capaz de revelar-me o sonho que tive
e sua interpretação?" 27Daniel, diante
do rei, respondeu: "O mistério que o
rei quer saber não pode ser revelado
nem por sábios, nem por astrólogos,*
nem por magos, nem por adivinhos;
28mas há um Deus no céu que revela os
mistérios e ele revelou ao rei Nabuco-
donosor o que acontecerá no decurso
dos tempos. Teu sonho e as visões de
tua mente quando estavas em teu leito,
são estes:
29Ó rei, os pensamentos que te vie-
ram à mente enquanto estavas em teu
leito referem-se ao futuro; e aquele
que revela os mistérios te manifestou*
o que vai acontecer. 30A mim foi revela-
do este mistério, não porque eu possua
uma sabedoria superior a todos os ou-
tros viventes, mas para que seja dada
ao rei sua interpretação e tu possas co-
nhecer os pensamentos de teu coração.
31Tu estavas olhando, ó rei, e viste uma
grande estátua; uma estátua enorme,
de extraordinário esplendor, estava de
pé diante de ti com um aspecto terrível.
32Tinha a cabeça de ouro puro, o pei-
to e os braços de prata, o ventre e as
coxas de bronze, 33as pernas de ferro
e os pés, em parte de ferro e em parte
de argila. 34Enquanto estavas olhando,
uma pedra se desprendeu da monta-
nha, mas não por mão humana, e foi
bater nos pés da estátua, que eram
de ferro e de argila, e os despedaçou.
35Então se despedaçaram também o
ferro,* a argila, o bronze, a prata e o
ouro e tornaram-se como a palha das
eiras do verão; o vento levou-os embo-
ra sem deixar vestígio; mas a pedra que
tinha batido na estátua tornou-se uma
grande montanha que encheu toda a
terra.
36Este foi o sonho; agora daremos
ao rei sua interpretação.† 37Tu, ó rei, és
o rei dos reis, ao qual o Deus do céu
concedeu o reino, o poder, a força e

* **2**,20. Sl 42,14; Ne 9,5; Jó 12,13; Ap 5,12; Rm 13,1; Pr 2,6 | 22. Jó 12,22; Sl 139,11s | 27. 1Cor 2,10s | 29. Ap 1,1.19; 4,1 | 35. Sl 1,4

† **2**,36. Os quatro reinos que se sucederão são o dos babilônios, o dos medos, o dos persas e o dos gregos.

a glória. 38Ele entregou em tuas mãos
os filhos dos homens, onde quer que
habitem, os animais do campo, as aves
do céu; e te concedeu o domínio* so-
bre todos eles; tu és a cabeça de ouro.*
39Depois de ti surgirá um outro reino,
inferior ao teu; depois um terceiro, o de
bronze, que dominará sobre toda a ter-
ra. 40Haverá depois um quarto reino,*
duro como o ferro. Como o ferro que-
bra e despedaça tudo, assim esse rei-
no quebrará e triturará tudo†. 41Como
viste, os pés e os dedos eram em parte
de argila de oleiro e em parte de ferro:
isto significa que será um reino dividi-
do, mas terá algo da solidez do ferro,
porque viste o ferro misturado com ar-
gila mole. 42E como os dedos dos pés
eram em parte de ferro e em parte de
argila, assim uma parte do reino será
forte e a outra frágil. 43Viste o ferro
misturado com a argila: significa que
as duas partes se unirão por meio de
matrimônios, mas não se tornarão uma
só coisa, pois o ferro não se funde com
a argila. 44No tempo desses reis, o Deus
do céu* fará surgir um reino que jamais
será destruído e não será transmitido
a outro povo; triturará e aniquilará to-
dos esses reinos, mas ele durará para
sempre, 45exatamente como viste a pe-
dra† desprender-se do monte,* não por
mão humana, e triturar o ferro, o bron-
ze, a argila, a prata e o ouro. O grande
Deus revelou ao rei o que sucederá da-
qui em diante. O sonho é verdadeiro e
digna de fé sua interpretação".

Daniel chefe dos sábios de Babilônia.
46Então o rei Nabucodonosor pros-
trou-se com a face em terra,* rendeu
homenagem a Daniel e ordenou que
se oferecessem a ele sacrifícios e incen-
sos. 47Depois, voltando-se para Daniel,
disse-lhe: "Na verdade, vosso Deus é o
Deus dos deuses,* o Senhor dos reis e
revelador dos mistérios, porque foste
capaz de revelar este mistério". 48O rei
exaltou Daniel e deu-lhe muitos dons
preciosos; constituiu-o governador de
toda a província de Babilônia e chefe
de todos os sábios de Babilônia. 49A
pedido de Daniel, o rei nomeou admi-
nistradores da província de Babilônia
Sidrac, Misac e Abdênago. Daniel per-
maneceu na corte do rei.

3 **A estátua de ouro†.** 1O rei Na-
bucodonosor fez uma estátua de
ouro, de sessenta côvados de altura e
seis de largura, e erigiu-a na planície de
Dura, na província de Babilônia.

2Depois o rei Nabucodonosor con-
vocou os sátrapas, os prefeitos, os go-
vernadores, os conselheiros, os tesou-
reiros, os juízes, os magistrados e todas
as autoridades das províncias, para que
presenciassem a inauguração da es-
tátua que o rei Nabucodonosor tinha
erigido.

3Os sátrapas, os prefeitos, os gover-
nadores, os conselheiros, os tesourei-
ros, os juízes, os magistrados e todas as
autoridades das províncias vieram para
a inauguração da estátua que o rei Na-
bucodonosor tinha erigido. Eles se pu-
seram de pé diante da estátua que o rei
Nabucodonosor tinha erigido.

4O arauto gritou* em alta voz: "Po-
vos, nações e línguas! A vós é dirigida
esta proclamação: 5Quando ouvirdes o
som da trombeta, da flauta, da cítara,
da lira, da harpa, da cornamusa* e de
toda espécie de instrumentos musicais,
vós vos prostrareis e adorareis a está-
tua de ouro que o rei Nabucodonosor
erigiu. 6Todo aquele que não se pros-
trar* e não adorar a estátua será lan-
çado naquele mesmo instante dentro
de uma fornalha de fogo ardente". 7Por
isso, naquele instante em que todos os
povos ouviram o som da trombeta, da
flauta, da cítara, da harpa e de toda es-

---

* **2**,38. Jr 27,6 / Jt 11,5 | 40. 7,7; 8,5.21; 11,3 | 44. 3,33 (100); 4,31; 7,14 | 45. Mt 21,42ss | 46. Lv 2,1; 6,8 | 47. 3,90; 11,36; Dt 10,17 | **3**,4. Ap 5,9; 7,9; 13,7; 14,6; 17,15 | 5. Ap 13,14s | 6. Jr 29,21s

† **2**,40. Todos os impérios terrestres desmoronam, dando lugar a um Reino novo e eterno, porque fundado sobre Deus. | 45. A pedra é o povo santo, o Reino eterno que o Deus dos céus estabelecerá, e que destruirá os outros. | **3**. Essa história quer mostrar que o Deus de Israel protege seu povo do mal, enquanto for fiel a Ele.

pécie de instrumentos musicais, todos
os povos, nações e línguas prostraram-
-se e adoraram a estátua de ouro que
Nabucodonosor tinha erigido.

**Sidrac, Misac e Abdênago recusam
a adoração.** 8Porém naquele momen-
to alguns caldeus se adiantaram para
denunciar os judeus 9e foram dizer ao
rei Nabucodonosor: "Ó rei, vive para
sempre! 10Decretaste, ó rei, que todo
aquele que ouvisse o som da trombeta,
da flauta, da cítara, da lira, da harpa, da
cornamusa e de toda espécie de ins-
trumentos musicais devia prostrar-se e
adorar a estátua de ouro; 11e que todo
aquele que não se prostrasse para
adorá-la seria lançado dentro de uma
fornalha de fogo ardente.

12Ora, há alguns judeus, que encarre-
gaste da administração da província de
Babilônia, isto é, Sidrac, Misac e Abdê-
nago, que não te obedecem, ó rei: não
servem a teus deuses e não adoram a
estátua de ouro que erigiste".

13Então Nabucodonosor, irritado e
furioso, mandou que lhe trouxessem
Sidrac, Misac e Abdênago; e trouxeram
esses homens à presença do rei. 14Na-
bucodonosor disse-lhes: "É verdade,
Sidrac, Misac e Abdênago, que não ser-
vis a meus deuses e não adorais a está-
tua de ouro que erigi? 15Ora, se estais
prontos, quando ouvirdes o som da
trombeta, da flauta, da cítara, da lira, da
harpa, da cornamusa e de toda espécie
de instrumentos musicais a prostrar-
-vos e adorar a estátua que eu fiz, está
bem; se não, naquele mesmo instante
sereis lançados dentro de uma fornalha
de fogo ardente. E qual é o deus que
vos poderá livrar de minha mão?"

16Mas Sidrac, Misac e Abdênago res-
ponderam ao rei Nabucodonosor: "Ó
Nabucodonosor, sobre isto não preci-
samos dar-te nenhuma resposta; 17mas
nosso Deus, a quem servimos, tem poder
para livrar-nos da fornalha de fogo ar-
dente e de tua mão, ó rei. 18Mas mesmo
que não nos livrasse, sabe, ó rei, que nós
não serviremos a teus deuses nem ado-
raremos a estátua de ouro que erigiste".

Os três jovens na fornalha. 19Então
Nabucodonosor, cheio de furor e com
aspecto ameaçador contra Sidrac, Mi-
sac e Abdênago, ordenou que se au-
mentasse o fogo da fornalha sete vezes
mais que de costume. 20Depois orde-
nou a alguns homens mais fortes de
seu exército que amarrassem Sidrac,
Misac e Abdênago e os lançassem na
fornalha de fogo ardente. 21Foram por
isso amarrados, vestidos como esta-
vam, com os mantos, calções, turban-
tes e todas as suas roupas e lançados
dentro da fornalha de fogo ardente.

22Porque a ordem do rei era urgente
e a fornalha estava acesa ao máximo,
a chama do fogo matou os homens
que lançaram nela Sidrac, Misac e Ab-
dênago, 23no momento em que os jo-
vens Sidrac, Misac e Abdênago caíram
amarrados na fornalha de fogo arden-
te. 24Mas eles passeavam no meio das
chamas, louvando a Deus e bendizen-
do o Senhor.

Cântico de Azarias. 25Azarias, de pé,
fez esta prece no meio do fogo e,
abrindo a boca, disse:

26"Bendito sejais, Senhor, Deus de nossos pais;*
digno de louvor e glorioso é vosso nome para sempre.
27Pois vós sois justo em tudo o que fizestes;*
todas as vossas obras são verdadeiras,*
retos vossos caminhos e justos vossos juízos.*
28Reta foi vossa sentença
em tudo o que fizestes recair sobre nós
e sobre a cidade santa de nossos pais, Jerusalém.
Com verdade e justiça nos tratastes
por causa de nossos pecados.
29Sim, nós pecamos, cometemos a iniquidade
afastando-nos de vós,
pecamos gravemente.
Não obedecemos a vossos mandamentos,*
30não os observamos, não fizemos*

---

* **3**,26. Tb 3,2-6; 1Cr 29,10.20 | 27. Ne 9,33 / Dn 4,34 / Ap 16,7; 19,2 | 29. Br 1,17 | 30. Is 59,12s; Ne 1,7

o que nos tínheis ordenado para
nosso bem.
31Agora tudo o que fizestes recair sobre nós,*
tudo o que nos fizestes,
vós o fizestes com reto juízo.
32Vós nos entregastes ao poder de nossos inimigos,
injustos, os piores entre os ímpios,
e a um rei iníquo, o mais malvado de toda a terra.
33Agora não ousamos abrir a boca;
desonra e desprezo são a parte de vossos servos
e de vossos adoradores.
34Não nos abandoneis até o fim,*
por amor de vosso Nome,
não quebreis vossa aliança;
35não retireis de nós vossa misericórdia,
por amor de Abraão, vosso amigo,*
de Isaac, vosso servo, de Israel, vosso santo,
36aos quais prometestes multiplicar
sua estirpe como as estrelas do céu,*
como a areia na praia do mar.
37Agora, porém, Senhor,
nós nos tornamos menores que qualquer outra nação,*
somos humilhados por toda a terra
por causa de nossos pecados.
38Agora não temos mais nem príncipe,*
nem chefe, nem profeta, nem holocausto,
nem sacrifício, nem oblação, nem incenso,
nem lugar para vos apresentar as primícias
e encontrar misericórdia.
39Possamos ser acolhidos com o coração contrito*
e com o espírito humilhado,
40como holocaustos de carneiros e de touros,
como milhares de gordos cordeiros.
Tal seja hoje nosso sacrifício diante de vós
e vos seja agradável que vos sigamos plenamente,
porque não há desilusão para quem confia em vós.*
41Agora vos seguimos de todo o coração,
nós vos tememos e buscamos vossa face.
42Não nos abandoneis na desonra,
mas tratai-nos conforme vossa benevolência
e conforme a grandeza de vossa misericórdia.
43Salvai-nos com vossos prodígios,
dai glória, Senhor, a vosso Nome.
44Sejam, porém, confundidos
os que fazem o mal a vossos servos;
sejam cobertos de vergonha,*
privados de todo o seu poder
e seja quebrada sua força!
45Que eles saibam que sois o Senhor,*
o Deus único e glorioso sobre toda a terra".

O anjo na fornalha. 46Os servos do
rei, que os tinham lançado lá dentro,
não cessavam de aumentar o fogo na
fornalha com betume, estopa, piche e
lenha seca. 47A chama se erguia quarenta e nove côvados sobre a fornalha 48e, saindo, queimou os caldeus
que se achavam por perto. 49Mas o
anjo do Senhor, que tinha descido
com Azarias* e seus companheiros
à fornalha, afastou deles a chama do
fogo 50e tornou o interior da fornalha
como um lugar onde sopra um vento
cheio de orvalho. Assim o fogo nem
sequer os tocou, não lhes fez nenhum
mal, não lhes causou o menor incômodo.

Cântico dos três jovens. 51Então os
três jovens, a uma só voz, puseram-se
a louvar, glorificar e bendizer a Deus na
fornalha, dizendo:
52"Bendito sejais, Senhor, Deus de nossos pais,*
digno de louvor e de glória eternamente.
Bendito seja vosso Nome glorioso e santo,

---

* **3**,31. Dt 28,15.63s; Lv 26,14.38 | 34. Ez 32,11 | 35. Is 41,8; 2Cr 20,5; Tg 2,23 | 36. Gn 15,5; 22,17 | 37. Dt 28,62; Jr 42,2 | 38. Os 3,4; Lm 2,9 | 39. Mq 6,7s; Os 6,6; Sl 51,19 | 40. Sl 25,3 | 44. Sl 35,26; 39,15 | 45. Sl 82,19 | 49. Tb 5,4 | 52. 3,26

digno de louvor e de glória eternamente.
53 Bendito sejais em vosso templo santo glorioso,*
digno de louvor e de glória eternamente.
54 Bendito sejais no trono de vosso reino,
digno de louvor e de glória eternamente.
55 Bendito sejais vós, que sondais os abismos*
e vos sentais sobre os querubins,
digno de louvor e de glória eternamente.
56 Bendito sejais no firmamento do céu,
digno de louvor e de glória eternamente.
57 Obras todas do Senhor, bendizei o Senhor,*
louvai-o e exaltai-o para sempre.
58 Anjos do Senhor, bendizei o Senhor,*
louvai-o e exaltai-o para sempre.
59 Céus, bendizei o Senhor,*
louvai-o e exaltai-o para sempre.
60 Águas todas que estais sobre os céus, bendizei o Senhor,
louvai-o e exaltai-o para sempre.
61 Potências todas do Senhor, bendizei o Senhor,*
louvai-o e exaltai-o para sempre.
62 Sol e lua, bendizei o Senhor,
louvai-o e exaltai-o para sempre.
63 Estrelas do céu, bendizei o Senhor,*
louvai-o e exaltai-o para sempre.
64 Chuvas e orvalhos, bendizei o Senhor,
louvai-o e exaltai-o para sempre.
65 Ventos todos, bendizei o Senhor,*
louvai-o e exaltai-o para sempre.
66 Fogo e ardor, bendizei o Senhor,
louvai-o e exaltai-o para sempre.
67 Frio e calor, bendizei o Senhor,
louvai-o e exaltai-o para sempre.
68 Orvalho e garoa, bendizei o Senhor,
louvai-o e exaltai-o para sempre.
69 Gelo e frio, bendizei o Senhor,
louvai-o e exaltai-o para sempre.
70 Geadas e neves, bendizei o Senhor,
louvai-o e exaltai-o para sempre.
71 Noites e dias, bendizei o Senhor,
louvai-o e exaltai-o para sempre.
72 Luz e trevas, bendizei o Senhor,
louvai-o e exaltai-o para sempre.
73 Relâmpagos e nuvens, bendizei o Senhor,
louvai-o e exaltai-o para sempre.
74 Que a terra bendiga o Senhor,
que o louve e o exalte para sempre.
75 Montes e colinas, bendizei o Senhor,*
louvai-o e exaltai-o para sempre.
76 Seres todos que germinais sobre a terra, bendizei o Senhor,
louvai-o e exaltai-o para sempre.
77 Nascentes de água, bendizei o Senhor,
louvai-o e exaltai-o para sempre.
78 Mares e rios, bendizei o Senhor,
louvai-o e exaltai-o para sempre.
79 Grandes peixes e tudo o que se move na água, bendizei o Senhor,
louvai-o e exaltai-o para sempre.
80 Aves todas do céu, bendizei o Senhor,
louvai-o e exaltai-o para sempre.
81 Animais todos, selvagens e domésticos, bendizei o Senhor,*
louvai-o e exaltai-o para sempre.
82 Filhos dos homens, bendizei o Senhor,
louvai-o e exaltai-o para sempre.
83 Israel, bendize o Senhor,*
louva-o e exalta-o para sempre.
84 Sacerdotes do Senhor, bendizei o Senhor,
louvai-o e exaltai-o para sempre.
85 Servos do Senhor, bendizei o Senhor,*
louvai-o e exaltai-o para sempre.
86 Espíritos e almas dos justos, bendizei o Senhor,
louvai-o e exaltai-o para sempre.
87 Santos e humildes de coração, bendizei o Senhor,*
louvai-o e exaltai-o para sempre.
88 Ananias, Azarias e Misael, bendizei o Senhor,

---

* **3**,53. Is 6,1; Sl 149,1 | 55. Êx 25,18; 2Sm 6,2 | 57. Sl 103,22; 145,10 | 58. Sl 148,2; 103,20 | 59. Sl 148,4 | 61. Sl 103,21 | 63. Sl 148,3 | 65. Sl 148,8 | 75. Sl 148,9 | 81. Sl 148,10 | 83. Sl 135,19 | 85. Sl 134,1 | 87. Sf 2,3 89. Sl 106,1; 136,1s

louvai-o e exaltai-o para sempre,
porque livrou-nos do abismo
e salvou-nos da mão da morte,
libertou-nos da fornalha de fogo ar-
dente
e no meio do fogo nos protegeu.
89Dai graças ao Senhor porque ele é
bom,*
porque seu amor é para sempre.
90Bendizei o Deus dos deuses, todos
vós que o temeis;
louvai-o e dai-lhe graças,
porque seu amor é para sempre".

Nabucodonosor glorifica a Deus.
91Então o rei Nabucodonosor ficou
estupefato e, levantando-se depressa,
perguntou a seus ministros: "Não lan-
çamos três homens amarrados no meio
do fogo?" "Certamente, ó rei", respon-
deram.
92Ele acrescentou: "Eu vejo quatro
homens soltos, que caminham no meio
do fogo, sem sofrer dano algum; aliás,
o quarto homem parece um filho de
deuses".
93Então Nabucodonosor aproximou-
-se da boca da fornalha de fogo arden-
te e disse: "Sidrac, Misac e Abdênago,
servos do Deus Altíssimo, saí, vinde
para fora". Então Sidrac, Misac e Abdê-
nago saíram do fogo.
94Depois reuniram-se os sátrapas, os
prefeitos, os governadores e os minis-
tros do rei e, olhando aqueles homens,
viram que sobre seus corpos o fogo
não tinha tido poder algum; que nem
sequer um cabelo de sua cabeça tinha
sido queimado e seus mantos não ti-
nham sido tocados e nem cheiro de
fogo havia neles.
95Nabucodonosor exclamou: "Bendi-
to seja o Deus de Sidrac, Misac e Ab-
dênago, o qual mandou seu anjo para
libertar seus servos que confiaram nele;
transgrediram a ordem do rei e expu-
seram seus corpos para não servir nem
adorar outro deus que não seu Deus.
96Por isso eu decreto que toda pes-
soa, de qualquer povo, nação ou lín-
gua, que proferir ofensa contra o Deus
de Sidrac, Misac e Abdênago* seja es-
quartejada e sua casa seja reduzida a
um monturo, porque nenhum outro
deus pode libertar dessa maneira".
97Então o rei confiou poderes a Si-
drac, Misac e Abdênago na província
de Babilônia.

Carta de Nabucodonosor. 98"O rei
Nabucodonosor a todos os povos, na-
ções e línguas que habitam em toda a
terra: Paz e prosperidade!
99Pareceu-me oportuno anunciar-
-vos os sinais e prodígios que o Deus
Altíssimo fez por mim.
100Como são grandes seus sinais
e quão extraordinários seus prodí-
gios!
Seu reino é um reino eterno*
e seu domínio de geração em geração".

4 **O sonho da árvore**†. 1Eu, Nabu-
codonosor, estava tranquilo em
casa e feliz no palácio 2quando tive
um sonho que me espantou. Os pen-
samentos que me vieram à mente en-
quanto estava na cama e as visões de
meu espírito me perturbaram. 3Fiz um
decreto pelo qual ordenava que todos
os sábios de Babilônia fossem conduzi-
dos a minha presença, para revelar-me
a interpretação do sonho.
4Então vieram os magos, os astró-
logos, os caldeus e os adivinhos, aos
quais expus o sonho, mas não puderam
revelar-me sua interpretação. 5Enfim
apresentou-se Daniel, chamado Balta-
zar, conforme o nome de meu deus,*
homem no qual está o espírito dos
deuses santos, e lhe contei o sonho,
dizendo: 6"Baltazar, chefe dos magos,
eu sei que o espírito dos deuses san-
tos está em ti e que nenhum segredo
te embaraça, dize-me as visões que tive
em sonho e dá-me sua interpretação".
7As visões que me passaram pela
mente, enquanto estava na cama, fo-
ram estas:
Eu estava olhando
e vi uma árvore de grande altura no
meio da terra.*

---

* **3**,96. 6,27 | 100. 2,44; 4,31 | **4**,5. 5,11.14; 13,45 | 7. Ez 31,3-14

† **4**. O relato ensina que Deus humilha os soberbos e que só a Ele pertence a glória, v.34.

8A árvore cresceu, tornou-se robusta,
seu topo chegava ao céu
e podia ser vista até a extremidade da terra.
9Sua folhagem era bela,
seus frutos abundantes
e nela havia alimento para todos.
Os animais da terra se abrigavam à sua sombra
e as aves do céu faziam ninho em seus ramos;*
dela se nutria todo ser vivo.
10Enquanto em minha cama estava observando
as visões que me passavam pela mente,
um vigilante, um santo, desceu do céu†
11e gritou em voz alta:
"Derrubai a árvore e cortai seus ramos:
arrancai-lhe as folhas, espalhai seus frutos;
fujam os animais de debaixo dela
e as aves, de seus ramos.
12Deixai, porém, na terra o tronco com as raízes,
preso com correntes de ferro e de bronze
entre o capim do campo.
Seja molhado pelo orvalho do céu,
e que o capim da terra seja sua porção com os animais da terra.
13Seu coração seja mudado e, em vez de um coração humano,
seja-lhe dado um coração de animal;
e passem sobre ele sete tempos.
14Assim está decidido por decreto dos vigilantes
e conforme a palavra dos santos,
para que os seres vivos saibam* que o Altíssimo domina sobre o reino dos homens e que o dá a quem quer e constitui sobre ele até o mais pequeno dos homens".
15Este é o sonho que eu, rei Nabucodonosor, tive.* Agora, Baltazar, dá-me sua interpretação, pois nenhum dos sábios de meu reino foi capaz de revelar-me sua interpretação; mas tu o podes, porque tens em ti o espírito dos deuses santos".

Interpretação do sonho. 16Então Daniel, chamado Baltazar, permaneceu por algum tempo atônito, e seus pensamentos o perturbavam. Mas o rei lhe disse: "Baltazar, não te perturbe o sonho nem sua interpretação". Respondeu Baltazar: "Meu senhor, que o sonho valha para teus inimigos e sua interpretação para teus adversários.
17A árvore que viste, grande e robusta, cujo topo chegava ao céu e se podia ver de toda a terra,
18cuja folhagem era bela e os frutos abundantes, na qual havia alimento para todos, debaixo da qual se abrigavam os animais da terra e em cujos ramos faziam ninho as aves do céu,
19és tu, ó rei, que te tornaste grande e forte; tua grandeza cresceu, chegou ao céu e teu domínio se estendeu até os confins da terra.
20Quanto ao que viu o rei, um vigilante, um santo, que descia do céu e dizia: 'Derrubai a árvore, cortai-a, mas deixai na terra o tronco com suas raízes, preso com correntes de ferro e de bronze entre a erva do campo; seja molhado pelo orvalho do céu e que a erva da terra seja sua porção com os animais do campo, até que sete tempos tenham passado sobre ele',
21esta, ó rei, é a interpretação disto e este é o decreto do Altíssimo, que deve ser cumprido sobre o rei, meu senhor:
22Tu serás expulso do convívio humano e tua morada será com os animais da terra; capim te darão a comer como aos bois e serás molhado pelo orvalho do céu; sete tempos passarão sobre ti, até que reconheças que o Altíssimo domina sobre o reino dos homens e que ele o dá a quem quer.
23A ordem que foi dada de deixar o tronco com as raízes da árvore significa que teu reino te será restituído quando

* **4**,9. Mt 13,31s | 14. 2,28 | 15. Jr 27,5; Jó 36,7

† **4**,10. O vigilante, o santo, é um anjo que está na presença de Deus e executa suas ordens. | 23. É a primeira vez na Bíblia que se usa "Céu" em vez de Deus, para não pronunciar o nome com falta de respeito.

tiveres reconhecido que ao Céu† per-
tence o domínio. 24Por isso, ó rei, acei-
ta meu conselho:* paga teus pecados,
praticando a justiça, e paga tuas iniqui-
dades, exercendo a misericórdia para
com os pobres, para que possas gozar
de longa prosperidade".
Realização do sonho. 25Todas essas
coisas aconteceram ao rei Nabucodo-
nosor.
26Doze meses depois, enquanto pas-
seava sobre o terraço do palácio real
de Babilônia, 27o rei começou a dizer:
"Não é esta a grande Babilônia que eu
construí como residência real com a
força de meu poder e para a glória de
minha majestade?"
28Estas palavras estavam ainda nos lá-
bios do rei, quando desceu do céu uma
voz: "Falo a ti, ó rei Nabucodonosor: o
reino te é tirado! 29Serás expulso do con-
vívio humano e tua morada será com os
animais do campo; capim te darão a co-
mer como aos bois e passarão sete tem-
pos sobre ti, até que reconheças que o
Altíssimo domina sobre o reino dos ho-
mens e que ele o dá a quem quer".
30Naquele mesmo instante cumpriu-
-se a palavra sobre Nabucodonosor.
Ele foi expulso do convívio humano,
comeu capim como os bois e seu corpo
foi molhado pelo orvalho do céu; cres-
ceram seus cabelos como as penas das
águias e suas unhas, como as das aves†.
Nabucodonosor se humilha. 31"Mas,
terminado aquele tempo, eu, Nabu-
codonosor, ergui os olhos ao céu e a
razão voltou a mim e eu bendisse o Al-
tíssimo; louvei e glorifiquei Aquele que
vive para sempre:*

Seu poder é um poder eterno,
e seu reino é de geração em geração.
32Todos os habitantes da terra*
são, diante dele, como um nada;
ele dispõe como lhe apraz da milícia celeste
e dos habitantes da terra.
Ninguém pode deter-lhe a mão
e dizer-lhe: Que estás fazendo?*

33Naquele tempo voltou a mim o co-
nhecimento e, para a glória do reino,
foram-me restituídos minha majesta-
de e meu esplendor: meus ministros
e meus príncipes me procuraram e eu
fui restabelecido em meu reino e foi-
-me dada grandeza superior à que eu
tinha antes. 34Agora eu, Nabucodono-
sor, louvo, exalto e glorifico o Rei do
céu; todas as suas obras são verdade*
e seus caminhos, justiça; ele tem poder
para humilhar os que caminham na so-
berba".

5 **O banquete de Baltazar†.** 1O
rei Baltazar ofereceu um grande
banquete a mil de seus dignitários e
junto com eles se pôs a beber vinho.
2Enquanto saboreava o vinho, Baltazar
ordenou que fossem trazidos os vasos
de ouro e prata que Nabucodonosor,
seu pai, tinha tomado do templo* que
estava em Jerusalém, para que neles
bebessem o rei e seus dignitários, suas
mulheres e suas concubinas. 3Foram,
pois, trazidos os vasos de ouro, toma-
dos do templo de Jerusalém, e o rei,
seus dignitários, suas mulheres e suas
concubinas usaram-nos para beber.
4Enquanto bebiam vinho, louvavam os
deuses de ouro, de prata, de bronze, de
ferro,* de madeira e de pedra. 5Naque-
le momento apareceram dedos de uma
mão humana, que escreviam na parede
do palácio real, diante do candelabro.
Ao ver aquele pedaço de mão que es-
crevia, 6o rei mudou de aspecto: seus
pensamentos o perturbaram, as jun-
turas de seus rins se relaxaram e seus
joelhos batiam um no outro.
7Então o rei pôs-se a gritar, ordenan-
do que se convocassem os astrólogos,
os caldeus e os adivinhos. O rei disse
aos sábios de Babilônia: "Quem ler essa
escritura e me der sua interpretação

---

* **4**,24. Tb 12,9; Eclo 3,30 | 31. 12,7; Eclo 18,1 | 32. Is 40,22ss / Jó 9,12; Is 45,9; Ecl 8,4 | 34. Dt 32,4; Dn 3,27
5,2. 1,2 | 4. Ap 9,20 | 7. Est 8,15; Dn 5,16.29

† **4**,30. Houve em Babilônia um rei chamado Nabônides (556-539 a.C.) que passou 7 anos isolado no oásis de Tema. Este fato pode ter dado origem à narrativa sobre sua loucura. | **5**. Como Baltazar, também Antíoco IV Epífanes (175-164 a.C.) havia roubado os vasos sagrados do templo: o relato podia dar aos judeus perseguidos por ele a esperança de que o perseguidor seria castigado.

será vestido de púrpura,* trará um co-
lar de ouro ao pescoço e será o terceiro
no governo do reino".
8Entraram então na sala todos os sá-
bios do rei, mas não puderam ler aque-
la escritura, nem dar ao rei sua inter-
pretação.
9O rei Baltazar ficou muito perturba-
do e mudou de cor; também seus dig-
nitários ficaram perplexos.
10Ouvindo as palavras do rei e de
seus dignitários, a rainha entrou na
sala do banquete e, dirigindo-se ao rei,
disse-lhe: "Ó rei, vive para sempre! Que
teus pensamentos não te espantem,
nem se altere a cor de teu rosto. 11Há
em teu reino um homem no qual está o
espírito* dos deuses santos. No tempo
de teu pai achou-se nele uma clarivi-
dência, perspicácia e sabedoria iguais
à sabedoria dos deuses. O rei Nabuco-
donosor, teu pai, nomeou-o chefe dos
magos, dos astrólogos, dos caldeus e
dos adivinhos, 12porque foi encontrado
neste Daniel, que o rei tinha chamado
Baltazar, um espírito extraordinário,
ciência e perspicácia para interpretar
sonhos, explicar enigmas, resolver pro-
blemas. Convoque-se, pois, Daniel, e
ele dará a interpretação".

**Daniel interpreta as palavras mis-
teriosas.** 13Foi então introduzido Da-
niel na presença do rei, e este lhe dis-
se: "És tu, Daniel, um dos deportados
de Judá que o rei, meu pai, trouxe da
Judeia? 14Ouvi dizer que possuis o es-
pírito dos deuses e que se acham em
ti clarividência, perspicácia e sabedo-
ria extraordinárias. 15Faz pouco, foram
conduzidos a minha presença os sábios
e os astrólogos para lerem esta escritu-
ra e dar-me sua interpretação, mas não
foram capazes. 16Agora me foi dito que
és capaz de dar interpretações e resol-
ver enigmas. Se, pois, puderes ler-me
esta escritura e dar-me sua interpre-
tação, serás vestido de púrpura, trarás
ao pescoço um colar de ouro e serás o
terceiro no governo do reino".
17Daniel respondeu ao rei: "Fica com
teus dons para ti e concede a um outro
tuas dádivas; todavia, eu lerei a escritu-
ra ao rei e lhe darei sua interpretação.*
18Ó rei, o Deus Altíssimo deu a Nabu-
codonosor, teu pai, reino, grandeza, gló-
ria e majestade. 19Por causa dessa gran-
deza que lhe foi dada, todos os povos,
nações e línguas o temiam e tremiam
diante dele; ele matava quem queria e
deixava com vida quem queria; exaltava
quem queria e humilhava quem queria.
20Mas, quando seu coração se enso-
berbeceu e seu espírito se obstinou na
arrogância, foi deposto do trono e foi-
-lhe retirada sua glória.
21Foi expulso do convívio humano e
seu coração tornou-se semelhante ao
dos animais; sua morada foi com os
asnos selvagens e foi alimentado com
capim como os bois; seu corpo foi mo-
lhado pelo orvalho do céu, até que re-
conheceu que o Deus Altíssimo domina
sobre o reino dos homens, e sobre ele
constitui quem lhe apraz. 22Tu, Baltazar,
seu filho, não humilhaste teu coração,
embora soubesses de tudo isso. 23Mas
te exaltaste contra o Senhor do céu e
mandaste trazer para diante de ti os va-
sos de seu templo e neles bebeste tu,
teus dignitários,* tuas mulheres e tuas
concubinas; deste louvor aos deuses de
ouro, de prata, de bronze, de ferro, de
madeira, de pedra, os quais não veem,
não ouvem e não compreendem, e não
glorificaste a Deus, em cujas mãos está
tua vida e ao qual pertencem todos os
teus caminhos.* 24Por ele foi então man-
dada aquela mão que traçou esta escri-
tura. 25São estas as palavras que foram
escritas: 'mene, tequel, peres'. 26E esta é
a interpretação: 'Mene': Deus fez a conta
de teu reinado e lhe pôs fim. 27'Tequel':
foste pesado nas balanças e achado em
falta. 28'Peres': teu reino foi dividido e
dado aos medos e aos persas". 29Então,
por ordem de Baltazar, vestiram Daniel
de púrpura, puseram-lhe um colar de
ouro ao pescoço e, por um decreto pú-
blico, declararam-no terceiro no gover-
no do reino.
30Naquela mesma noite, Baltasar, rei
dos caldeus, foi morto.

---

* **5**,11. 4,5 | 17. 2,6 | **5**,23. 5,4 / Sl 135,15ss; Is 40,20; Jó 12,10

6 1Dario, o medo, recebeu o reino
na idade de sessenta e dois anos.
Inveja contra Daniel†. 2Dario quis
constituir em seu reinado* cento e vin-
te sátrapas e reparti-los por todas as
províncias. 3À frente deles colocou três
chefes, um dos quais foi Daniel, a quem
os sátrapas deviam prestar contas, para
que o rei não sofresse nenhum dano.
4Ora, Daniel era superior aos chefes e
aos sátrapas, porque possuía um es-
pírito extraordinário, de modo que o
rei pensava colocá-lo à frente de todo
o seu reino. 5Por isso, tanto os chefes
como os sátrapas procuraram encon-
trar algum pretexto contra Daniel na
administração do reino, mas não pu-
deram encontrar nenhum motivo de
acusação nem culpa, porque ele era
fiel, e nenhum erro ou falta se achava
nele. 6Aqueles homens então disseram:
"Não podemos encontrar nenhum pre-
texto para acusar Daniel, a não ser que
o encontremos naquilo que se refere à
lei de seu Deus".

7Por isso, aqueles chefes e os sátra-
pas foram juntos procurar o rei e lhe
disseram: "Rei Dario, vive para sempre!
8Todos os chefes do reino, os magistra-
dos, os sátrapas, os conselheiros e os
governadores concordaram em que o
rei promulgue um severo decreto e im-
ponha uma severa proibição, segundo
os quais todo aquele que, nos próxi-
mos trinta dias, dirigir alguma súplica
a qualquer deus ou homem fora de
ti, ó rei, seja lançado na cova dos le-
ões. 9Agora, ó rei, promulga o decreto
e manda redigi-lo, para que seja irre-
vogável, conforme a lei dos medos e
dos persas†, que não se pode mudar".*
10Então o rei Dario assinou o documen-
to com a proibição.
Daniel acusado. 11Quando Daniel
veio a saber que o decreto tinha sido
assinado, retirou-se para sua casa. As
janelas de seu quarto* se abriam para
Jerusalém†, e três vezes ao dia ele se
punha de joelhos a rezar e dar graças a
seu Deus, como costumava fazer tam-
bém antes.

12Então aquel[illegible] homens se reuniram
e encontraram Daniel rezando e supli-
cando a seu Deus. 13Logo se dirigiram
ao rei e lhe disseram com respeito a sua
proibição: "Não escreveste um decreto,
em base ao qual todo aquele que, nos
próximos trinta dias, dirigisse súplicas
a qualquer deus ou homem, fora de ti,
ó rei, fosse lançado na cova dos leões?"
O rei respondeu: "Assim estabeleci,
conforme a lei dos medos e dos persas,
que não pode ser revogada".

14"Pois bem – replicaram ao rei –, Da-
niel, aquele deportado da Judeia, não
tem nenhum respeito nem a ti, ó rei,
nem ao decreto que assinaste: três ve-
zes ao dia faz sua oração".

15O rei, ao ouvir essas palavras, ficou
muito contristado e se propôs salvar
Daniel; e até o pôr do sol fez de tudo
para livrá-lo.

16Mas aqueles homens se reuniram
de novo junto do rei e lhe disseram:
"Sabe, ó rei, que os medos e os persas
têm por lei que todo decreto ou edito
promulgado pelo rei é irrevogável".
Daniel na cova dos leões. 17Então o rei
ordenou que Daniel fosse preso e lan-
çado na cova dos leões. O rei, dirigin-
do-se a Daniel, disse-lhe: "Aquele Deus,
a quem tu serves com perseverança, é
ele que te salvará!" 18Depois foi trazida
uma pedra e colocada sobre a boca da
cova; o rei a selou com seu anel e com o
anel de seus dignitários, para que nada
fosse mudado sobre a sorte de Daniel.
19Depois, o rei voltou para o palácio,
passou a noite em jejum; não mandou
vir nenhuma concubina a sua presença,
e também o sono o abandonou. 20Na
manhã seguinte, o rei levantou-se bem

---

* **6**,2. 5,7.16.29 | 9. Est 1,19 | 11. 1Rs 8,44-48; Sl 5,8; 28,2; 138,2; 55,18

† **6**,1. A lição desse episódio é que Deus tem poder para libertar milagrosamente os seus, dispostos a sofrer o martírio para não desobedecer aos preceitos de sua fé. | 9. Nem o próprio rei podia revogar um decreto promulgado, Est 8,8. | 11. Como os muçulmanos rezam voltados para Meca, os judeus rezavam voltados para Jerusalém. As antigas igrejas cristãs eram construídas com a frente voltada para o oriente. | 21. "Vivo", em oposição aos ídolos sem vida: um rei pagão falando como um judeu esclarecido.

cedo e, ao raiar o dia, foi depressa à
cova dos leões. 21Quando chegou per-
to, gritou com voz angustiada: "Daniel,
servo do Deus vivo†, teu Deus, a quem
tu serves com perseverança, pôde sal-
var-te dos leões?" 22Daniel respondeu
ao rei: "Ó rei, vive para sempre! 23Meu
Deus mandou seu anjo* que fechou as
bocas dos leões e eles não me fizeram
nenhum mal, porque fui achado ino-
cente diante dele; mas nem contra ti, ó
rei, cometi algum mal"†.

24O rei ficou cheio de alegria e man-
dou que Daniel fosse tirado da cova.
Assim, Daniel foi tirado da cova, e não
se encontrou nele lesão alguma, por-
que ele tinha confiado em seu Deus.
25Depois, por ordem do rei, foram
conduzidos aqueles homens que ti-
nham acusado Daniel e lançados na
cova dos leões junto com seus filhos
e suas mulheres. Antes de chegarem
ao fundo da cova, os leões já tinham
se apoderado deles e triturado todos
os seus ossos.

Dario glorifica a Deus. 26Então o rei
Dario escreveu a todos os povos, na-
ções e línguas, que habitam em toda a
terra: "Paz e prosperidade. 27Por minha
ordem é promulgado este decreto: Em
todo o império a mim sujeito,* trema-
-se de temor diante do Deus de Daniel,
porque ele é o Deus vivo
que dura para sempre;
seu reino é tal que não será jamais destruído
e seu domínio não terá fim.*
28Ele salva e liberta,
faz prodígios e milagres
no céu e na terra:
ele libertou Daniel* do poder dos leões"†.

29Daniel prosperou durante o reina-
do de Dario e durante o reinado de
Ciro, o persa.

II. VISÕES PROFÉTICAS (7–12)†

7 **A visão dos quatro animais†.**
1No primeiro ano de Baltazar, rei
de Babilônia, Daniel teve um sonho e
visões em sua mente, enquanto estava
em seu leito. Ele escreveu o sonho e fez
seu resumo.

2Daniel disse: Eu estava olhando em
minha visão noturna e vi os quatro ven-
tos do céu agitando o mar Grande. 3E
quatro grandes animais, diferentes um
do outro, subiam do mar. 4O primeiro
era semelhante a um leão e tinha asas
de águia. Enquanto eu estava olhan-
do, foram-lhe arrancadas as asas, foi
erguido do chão e posto em pé como
um homem; e foi-lhe dado um coração
humano.

5Vi depois um outro animal, o segun-
do, semelhante a um urso; estava er-
guido de um lado e tinha três costelas
na boca, entre os dentes, e foi-lhe dito:
"Levanta-te, devora muita carne!"

6Depois disso eu olhei e vi um outro,
semelhante a um leopardo, o qual ti-
nha sobre o dorso quatro asas de ave;
esse animal tinha quatro cabeças e foi-
-lhe dado o domínio.

7Depois disso eu olhava nas visões
noturnas e vi um quarto animal, es-
pantoso, terrível, de força excepcional,
com grandes dentes de ferro; devora-
va, triturava e pisoteava as sobras com
os pés; era diferente de todos os ou-
tros animais precedentes e tinha dez
chifres.

8Eu estava observando esses chifres,
quando vi despontar no meio deles um
outro chifre menor, diante do qual fo-
ram arrancados três dos primeiros chi-
fres.† Vi que aquele chifre tinha olhos
semelhantes* aos de um homem e uma
boca que falava com arrogância.

---

* **6**,23. 3,49; Tb 5,4 | 27. 3,29 / 4,31 | 28. 3,32s | **7**,8. Ap 13,5

† **6**,23. Na arte cristã primitiva, a pintura de Daniel entre os leões expressava a fé na ressurreição dos mortos. | 28. Deus protege da perseguição quem lhe é fiel. | **II**. O cenário não é mais Babilônia, mas a Palestina; já não se trata de Daniel e de seus companheiros, mas do destino de Israel, de Jerusalém e do templo. | **7**. Os 4 animais representam os mesmos 4 impérios simbolizados na estátua do c. 2: babilônios, medos, persas e gregos. | 8. O chifre menor é Antíoco IV Epífanes, que reinou de 175 a 164 a.C. e eliminou seus rivais.

O Ancião e o juízo. [9]Eu continuava a olhar,
quando foram colocados tronos*
e um Ancião se sentou.
Sua veste era cândida como a neve*
e os cabelos de sua cabeça eram como a lã pura;
chamas de fogo eram seu trono,
que tinha rodas de fogo ardente.
[10]Um rio de fogo descia diante dele,*
mil milhares o serviam*
e dez mil miríades o assistiam.
A corte tomou assento, e os livros foram abertos.*
[11]Continuei a olhar* por causa das
palavras arrogantes que aquele chifre
pronunciava, e vi que o animal foi morto, seu corpo destruído e lançado para
queimar no fogo.
[12]Aos outros animais foi retirado o
poder, e um prolongamento de suas
vidas lhes foi dado até uma data e um
momento determinados.

O Filho do homem†. [13]Olhando ainda nas visões noturnas,
vi alguém semelhante a um Filho de homem,
vindo com as nuvens do céu;*
chegou até o Ancião e foi-lhe apresentado.
[14]Foram-lhe dados poder, glória e reino
para que todos os povos, nações e línguas o sirvam;
seu poder é um poder eterno,*
que não passará,
e seu reino jamais será destruído†.

Explicação da visão. [15]Quanto a mim,
Daniel, meu espírito dentro de mim
estava ansioso, porque as visões de
minha cabeça me alarmaram. [16]Aproximei-me de um dos que estavam lá e
lhe perguntei o verdadeiro significado
de todas essas coisas; ele me falou e
me deu esta interpretação: [17]"Esses
grandes animais, que são quatro, representam quatro reis que surgirão
da terra; [18]mas os santos do Altíssimo
receberão o reino* e o possuirão para
sempre, eternamente".
[19]Eu quis depois saber a verdade sobre o quarto animal, que era diferente de todos os outros e muito terrível,
com dentes de ferro e garras de bronze, que devorava, triturava e pisoteava
o restante com seus pés; [20]sobre os
dez chifres que tinha na cabeça, sobre
o outro chifre que tinha surgido e diante do qual tinham caído três chifres; e
sobre aquele chifre, que tinha olhos e
uma boca que falava com soberba, e
parecia maior que os outros chifres.
[21]Eu olhava, e aquele chifre* fazia guerra aos santos e os vencia, [22]até que veio
o ancião e foi feita justiça* a favor dos
santos do Altíssimo, e chegou o tempo
em que os santos possuíram o reino.
[23]Então ele me disse: "O quarto animal significa que haverá sobre a terra
um quarto reino, diferente de todos os
outros, que devorará toda a terra, que
a pisoteará e triturará.
[24]Os dez chifres significam* que dez
reis surgirão daquele reino e, depois
deles, seguirá um outro, que será diferente dos primeiros e abaterá três reis.
[25]Ele proferirá insultos contra o Altíssimo e oprimirá os santos do Altíssimo;
tentará mudar os tempos e a lei†; os
santos serão entregues em sua mão
por um tempo, dois tempos e metade
de um tempo. [26]Mas será feito, depois,* o julgamento e lhe será retirado
o poder; será exterminado e destruído*
completamente. [27]E o reino, o poder
e a grandeza de todos os reinos que
existem debaixo do céu serão dados
ao povo dos santos do Altíssimo, cujo
reino será eterno; todos os impérios o
servirão e lhe obedecerão".

---

* **7**,9. Ap 20,4 / Ap 1,14 | 10. Sl 50,3 / Ap 5,11 / Ap 20,12 | 11. Ap 19,20 | 13. Mt 8,20; 24,30; 26,64; Ap 1,7; 14,14 | 14. Mt 4,17 | 18. At 9,13 | 21. Ap 11,7; 13,7 | 22. Ap 20,4 | 24. Ap 17,12 | 26. 8,14; 12,7 / Ap 12,14

† **7**,13. Os vv. 18.22.27 interpretam o "filho do homem" como uma coletividade, um povo, libertado da opressão do 4º animal. Mas a expressão passou a designar o rei messiânico em pessoa. Diante de Caifás, Mt 26,64, Jesus afirma que é ele o Filho do homem de Dn 7,13. | 14. O Reino de Deus será estabelecido sobre as ruínas dos reinos terrestres e dará cabo do sofrimento dos justos. | 25. Antíoco IV Epífanes tentou eliminar as festas judaicas, o sábado e toda a lei mosaica, 1Mc 1,41-64.

28Aqui termina a narração. Quanto a
mim, Daniel, meus pensamentos muito
me perturbaram; a cor de meu rosto
se alterou e guardei tudo isto em meu
coração.

8 A visão do carneiro e do bode.

1No terceiro ano do reinado do rei
Baltazar, eu, Daniel, tive outra visão de-
pois daquela que me apareceu antes.
2Eu contemplava a visão e, enquanto
a contemplava, eu estava na cidadela
de Susa, que está na província de Elam;
e eu vi na visão que eu estava junto ao
rio Ulai.
3Ergui os olhos e olhei; vi um carneiro
de pé diante do rio. Tinha dois chifres
e ambos os chifres eram altos, mas um
era mais alto que o outro, embora ti-
vesse crescido depois. 4Vi que aquele
carneiro dava chifradas para o ociden-
te, para o norte e para o sul, e nenhum
animal lhe podia resistir, nem era capaz
de se libertar de seu poder; fazia o que
queria e tornou-se grande.
5Eu estava observando e vi um bode
vir do ocidente, percorrendo toda a
terra, mas sem tocar o solo; tinha en-
tre os olhos um chifre saliente. 6Apro-
ximou-se do carneiro de dois chifres,
que eu tinha visto de pé diante do rio,
e avançou contra ele no furor de sua
força. 7Eu o vi aproximar-se do carnei-
ro e, enfurecido contra ele, atacá-lo e
quebrar-lhe os dois chifres, sem que
o carneiro tivesse força de resistir-lhe;
lançou-o no chão e o pisou, e não hou-
ve ninguém para libertar o carneiro de
seu poder. 8O bode tornou-se muito
poderoso; mas quando estava em ple-
no vigor, seu chifre grande se quebrou
e no lugar dele surgiram outros quatro
chifres, para os quatro ventos do céu†.
9De um deles saiu um pequeno chi-
fre,* que cresceu muito para o sul, para
o oriente e para a terra formosa. 10Er-
gueu-se até contra a milícia celeste†,
lançou por terra uma parte da milícia e
das estrelas* e as pisou.
11Ergueu-se até o chefe da milícia,
retirou-lhe o sacrifício cotidiano e foi
derrubado o lugar de seu santuário.
12E uma milícia lhe foi dada contra
o sacrifício diário, por causa da trans-
gressão; e lançou por terra a verdade; e
no que fez teve êxito.
13Ouvi um santo falar e um outro san-
to dizer àquele que falava: "Até quando
durará esta visão:* o sacrifício cotidia-
no abolido, a impiedade devastadora†,
o santuário e a milícia entregues para
serem calcados aos pés?" 14Respon-
deu-lhe: Até duas mil e trezentas tar-
des e manhãs; depois o santuário será
restabelecido em seus direitos".

Interpretação da visão. 15Enquanto
eu, Daniel, considerava a visão e procu-
rava compreendê-la, vi a minha frente
alguém de pé, com aparência* de ho-
mem. 16E ouvi a voz de um homem, no
meio do rio Ulai, que gritava e dizia:
"Gabriel, explica-lhe a visão". 17Ele veio
para perto de onde eu estava* e, quan-
do chegou, eu tive medo e caí com a
face em terra. Ele me disse: "Filho do
homem, compreende bem, esta visão
refere-se ao tempo do fim"†. 18 En-
quanto ele falava comigo, caí num pro-
fundo sono com a face por terra; mas
ele me tocou e me pôs de pé.
19Ele disse: "Eu te revelo o que acon-
tecerá* no fim da ira, porque a visão
refere-se ao tempo determinado do
fim. 20O carneiro com dois chifres,*
que viste, representa o rei da Média e
da Pérsia; 21o bode é o rei da Grécia; o
grande chifre, que estava no meio de
seus olhos, é o primeiro rei; 22o chifre
quebrado e os quatro que surgiram em
seu lugar são quatro reinos que surgi-
rão de sua nação, mas não com o mes-
mo poder dele.

---

* **8**,9. 11,16.41; Ez 20,6.15; Zc 7,14; 12,3 | 10. Ap 12,4; 11,31 | 13. 12,6; Ap 6,10 | 15. 9,21ss; Lc 1,19.26 | 17. 10,15-19; Ez 2,1; Ap 1,17 | 19. Am 5,18 | 20. 11,2

8,8. Trata-se do império de Alexandre Magno, dividido em 4 partes quando ele morreu. | 10. Aqui não significa nem os anjos nem as estrelas, mas sim o povo de Deus. | 13. A impiedade devastadora é o ídolo colocado por Antíoco no templo. A profanação durou 3 anos e 40 dias, 1Mc 1,54; 4,52. | 17. O "fim" é o período da perseguição, que precede a chegada do Reino.

23No fim de seu reino, quando a iniquidade tiver chegado ao máximo, surgirá um rei de aspecto feroz e conhecedor de enigmas. 24Seu poder crescerá, mas não por própria força; causará inauditas ruínas,* terá sucesso nas empresas, destruirá os poderosos e o povo dos santos. 25Por sua astúcia, a fraude prosperará em suas mãos, em seu coração se orgulhará e com engano destruirá a muitos;* ele se insurgirá contra o príncipe dos príncipes, mas será quebrantado, embora não por mão humana. 26A visão* das manhãs e das tardes, que foi mostrada, é verdadeira. Mas mantém secreta a visão, porque se refere a dias distantes".

27Eu, Daniel, fiquei esgotado* e estive doente por vários dias; depois levantei-me e fui tratar dos negócios do rei; mas espantei-me com a visão porque não podia compreendê-la.

9† A profecia das setenta semanas.

1No primeiro ano de Dario, filho de Xerxes, da estirpe dos medos, que foi constituído rei sobre o reino dos caldeus, 2no primeiro ano de seu reinado, eu, Daniel, tentava compreender nos livros* o número dos anos que, conforme a palavra de Javé ao profeta Jeremias, deviam cumprir-se sobre as ruínas de Jerusalém, isto é, setenta anos.

Oração e confissão de Daniel. 3Dirigi-me ao Senhor Deus para suplicar-lhe com jejum, roupa de saco e cinzas, 4e fiz minha oração e minha confissão† ao Senhor, meu Deus: "Senhor, Deus grande e terrível,* que sois fiel à aliança e misericordioso para com aqueles que vos amam e observam vossos mandamentos, 5pecamos e cometemos iniquidades,* agimos como ímpios, fomos rebeldes e nos afastamos de vossos mandamentos e de vossas leis. 6Não escutamos vossos servos, os profetas,* que em vosso nome falaram a nossos reis, a nossos príncipes, a nossos pais e a todo o povo do país. 7A vós convém a justiça,* ó Senhor, mas a nós a vergonha no rosto, como acontece hoje para os homens de Judá, para os habitantes de Jerusalém e para todo o Israel, os de perto e os de longe, em todos os países por onde os dispersastes pelas infidelidades* que cometeram contra vós. 8Javé, a nós a vergonha no rosto,* a nossos reis, a nossos príncipes, a nossos pais, porque pecamos* contra vós; 9ao Senhor nosso Deus pertencem a misericórdia e o perdão, porque nos rebelamos contra ele, 10não escutamos a voz de Javé, nosso Deus, para seguirmos aquelas leis* que ele nos deu por meio de seus servos, os profetas. 11Todo o Israel transgrediu vossa lei, afastou-se sem ouvir vossa voz; assim recaíram sobre nós a maldição e a imprecação escritas na lei de Moisés,* servo de Deus, porque pecamos contra ele.

12Ele realizou aquelas palavras que tinha pronunciado contra nós e nossos governantes, mandando sobre nós calamidade tão grande que jamais acontecera debaixo de todo o céu, como aconteceu em Jerusalém.

13Como está escrito na Lei de Moisés, todo este mal veio sobre nós; todavia nós não suplicamos a Javé, nosso Deus, convertendo-nos de nossas iniquidades e prestando atenção a vossa verdade. 14Javé estava guardando este mal* e o mandou sobre nós, porque Javé, nosso Deus, é justo em todas as coisas que faz, ao passo que nós não obedecemos a sua voz. 15E agora, Senhor,

---

* **8**,24. 7,18 | 25. 2,34 | 26. Ap 19,9; 21,5; 22,6 | 27. 12,4.9-13; Ap 10,4 | **9**,2. Jr 25,11s; 29,10 | 4. Dt 7,9.21; Ne 1,5; Êx 34,6 | 5. 1Rs 8,47; Br 1,17 | 6. Jr 7,25s; 44,21; Ne 9,34 | 7. Br 1,15s / Is 57,19 | 8. Dt 28,64 / Ne 9,17 | 10. Dt 28,15; Jr 26,4 | 11. Lv 26,14-39; Dt 28,15-68; Br 2,1s | 14. Jo 8,32; 1Jo 3,19; Ne 9,33 | 15. Br 2,11ss / Dt 6,21; Jr 32,20s

† **9**. Este capítulo é uma reflexão sobre a situação histórico-religiosa da comunidade em torno do ano 165 a.C. Explica por que a plena restauração de Jerusalém, prometida por Jeremias, ainda não se materializou: é porque a comunidade precisa voltar para Deus com fervor e confessar sua culpa. | 4. Tipo frequente de oração nos escritos mais recentes: reconhecimento dos pecados do povo ou de um indivíduo.

nosso Deus,* vós que fizestes vosso
povo sair do país do Egito com mão
forte e vos fizestes um nome, como
é hoje, nós pecamos,* agimos como
ímpios. 16Senhor, por todos os vossos
atos de justiça, afastai vossa ira e vosso
furor de vossa cidade, Jerusalém, vosso
monte santo, porque, por nossos peca-
dos e pelas iniquidades de nossos pais,
Jerusalém e vosso povo* tornaram-se
objeto de insulto para todos os que es-
tão ao redor de nós.
17Agora escutai, Deus nosso, a ora-
ção de vosso servo e suas súplicas e,
por vosso amor, ó Senhor, fazei res-
plandecer* vossa face sobre vosso
santuário, que está desolado. 18Prestai
ouvido, meu Deus, e escutai: abri os
olhos* e vede nossas desolações e a
cidade sobre a qual é invocado vosso
nome†. Pois não é por causa de nossas
obras justas que apresentamos diante
de vós* nossas súplicas, mas por causa
de vossa grande misericórdia.
19Senhor, escutai; Senhor, perdoai;*
Senhor, olhai e agi sem demora, por
amor de vós mesmo, meu Deus, por-
que vosso nome é invocado sobre vos-
sa cidade e sobre vosso povo".
20Enquanto eu estava ainda falando,
rezava e confessava meu pecado e o
pecado de meu povo Israel, e apresen-
tava minha súplica a Javé meu Deus em
favor do monte santo de meu Deus;
21enquanto, pois, eu falava e rezava,
Gabriel,* que eu tinha visto antes em
visão, voou veloz até mim na hora da
oblação da tarde.
22Ele me informou, falando comigo e
dizendo: "Daniel, vim para instruir-te e
fazer-te compreender.
23No início de tuas súplicas saiu uma
palavra, e vim para anunciá-la a ti, por-
que és um homem predileto.* Agora fica
atento à palavra e compreende a visão".

O arcanjo Gabriel explica a profecia†.
24"Setenta semanas são fixadas
a teu povo e tua santa cidade
para fazer cessar a impiedade
e pôr um fim aos pecados,
para expiar a iniquidade*
e trazer uma justiça eterna,
para selar a visão e a profecia e ungir
o santo dos santos.
25Sabe, pois, e entende bem:*
desde quando saiu a palavra,
ordenando restaurar e reconstruir
Jerusalém*
até um príncipe consagrado†,
serão sete semanas.
Durante sessenta e duas semanas
serão restaurados e reedificados pra-
ças e muros,
mas em tempos angustiosos.
26Depois de sessenta e duas sema-
nas,
um consagrado será eliminado sem
que nele haja culpa;
o povo de um príncipe que virá
destruirá a cidade e o santuário;
seu fim virá com uma inundação,
e até o fim da guerra devastações
são decretadas.
27Ele fará forte aliança com muitos
por uma semana e, no espaço de
meia semana,
fará cessar o sacrifício e a oblação;*
sobre asas de abominações virá um
devastador,
até que a total destruição,* que está
decretada,
seja derramada sobre o devastador".

10 **A visão do homem vestido
de linho.** 1No terceiro ano de
Ciro, rei da Pérsia†, foi revelada uma
palavra a Daniel, chamado Baltazar:
palavra verdadeira e grandiosa luta. Ele
compreendeu* a palavra e teve enten-
dimento da visão.

* **9**,16. Sl 44,14; Br 2,14 | 17. Sl 4,7 | 18. 2Rs 19,16; Is 37,17; Lm 5,18 / Br 2,19 | 19. Ne 9,19.27.31; Sl 40,18 | 21. 8,15-18; 10,9ss | 23. 10,11-19 | 24. Is 53,11; Rm 3,24ss | 25. 1Cr 23,13; At 10,38; Mt 3,16 / Esd 3,1ss | 27. 1Mc 1,45 / 11,31; 12,11; Mt 24,15; Dn 11,36 | **10**,1. 9,23

† **9**,18. Ou seja, "a cidade que vos pertence", 1Rs 8,43; Jr 25,29. | 24. A profecia de Jr 25,11 e 29,10 sobre os 70 anos teve um cumprimento mais ou menos exato na volta dos exilados. Aqui, porém, são 70 semanas de anos, 490 portanto, que expiram no fim da perseguição de Antíoco IV. | 25. O consagrado é o sumo sacerdote Onias III, trucidado em 171 a.C., 2Mc 4,30-38. | **10**,1. Esta data corresponde ao ano 536 a.C.

2Naqueles dias eu, Daniel, estive de luto durante três semanas. 3Não comi manjares delicados, nem carne, nem vinho entraram em minha boca e não me ungi com unguento até que se completassem* três semanas. 4No dia vinte e quatro do primeiro mês, enquanto eu estava na beira do grande rio,* isto é, o Tigre, 5levantei os olhos e vi um homem vestido de linho,* com um cinto de ouro puro na cintura. 6Seu corpo parecia com o topázio, seu rosto tinha o aspecto do relâmpago, seus olhos eram como tochas acesas,* seus braços e suas pernas brilhavam como bronze reluzente e o som de suas palavras era como o clamor de uma multidão.

7Somente eu, Daniel, vi a visão, pois os homens que estavam comigo não a viram, mas um grande terror apoderou-se deles e fugiram para se esconder. 8Assim fiquei sozinho a contemplar aquela grande visão. Eu me sentia sem forças; meu semblante mudou de cor e se desfigurou e as forças me faltaram. 9Então ouvi o som de suas palavras, mas, logo que ouvi o som de suas palavras, caí sobre meu rosto num profundo sono, com o rosto em terra.

Aparição do anjo. 10A mão de alguém me tocou* e me fez levantar, todo tremendo, sobre os joelhos e as palmas das mãos. 11Depois disse-me: "Daniel, homem predileto, entende as palavras que te dirijo, põe-te em pé, porque agora fui mandado* a ti". Quando me disse isto, pus-me de pé todo tremendo.

12Ele me disse: "Não temas, Daniel, porque desde o primeiro dia em que te esforçaste para entender, humilhando-te diante de Deus, tuas palavras foram ouvidas e eu vim por causa de tuas palavras. 13Mas o príncipe do reino da Pérsia opôs-se a mim durante vinte e um dias; porém Miguel, um dos primeiros príncipes, veio em meu auxílio* e eu fiquei lá com os reis da Pérsia†. 14Agora vim para fazer-te entender o que acontecerá a teu povo no fim dos dias, porque a visão é para os dias que ainda virão". 15Enquanto ele falava comigo desta maneira, inclinei o rosto para o chão sem nada dizer.

16E alguém com o semblante dos filhos de homens tocou-me os lábios; eu abri a boca, falei e disse* àquele que estava de pé diante de mim: "Meu senhor, por causa desta visão minhas dores voltaram sobre mim e perdi todas as forças.17Como poderia este servo de meu senhor falar com meu senhor, já que não restou em mim nenhum vigor e me falta também a respiração?" 18Então aquele ser semelhante a um homem tocou-me de novo, restituiu-me as forças 19e me disse: "Não temas, homem predileto, a paz esteja contigo! Sê forte e corajoso!" Enquanto ele falava comigo, senti que me voltavam as forças e disse: "Fale meu senhor, pois me reconfortaste".

20Então ele me disse: "Sabes por que vim a ti? Agora voltarei para lutar com o príncipe da Pérsia; e quando eu sair, virá o príncipe da Grécia. 21Eu te declararei o que está escrito no livro da verdade. Ninguém luta a meu lado contra estes senão Miguel, vosso príncipe.

11

1E eu, no primeiro ano de Dario, fiquei perto dele para dar-lhe força e apoio. 2Agora eu te manifesto a verdade†.

Luta entre a Pérsia e a Grécia. Haverá ainda três reis na Pérsia; o quarto rei terá mais riquezas que todos os outros. E depois de se tornar poderoso com suas riquezas, suscitará todos contra o reino da Grécia. 3Surgirá depois um rei poderoso, que dominará sobre um grande império e fará o que lhe aprou-

* **10**,3. 9,3 | 4. 8,2 | 5. Ap 1,13ss; Ez 1,4.13.16 | 6. Ez 1,24 | 10. 8,16ss; 9,21ss; Ap 1,17 | 11. 9,23; 10,19 | 13. Jd 9; Ap 12,7 | 16. 7,13; Jr 1,9; Is 6,7

† **10**,13. "Príncipe" aqui significa anjo. No judaísmo era comum a ideia de que cada nação tinha seu anjo da guarda, mas este conceito era antigo em Israel, Eclo 17,14. | **11**,2. Vai contar a história da dinastia dos Selêucidas, de modo cada vez mais detalhado, à medida que se aproximam os tempos em que vive o autor. | 3. Este rei é Alexandre Magno (331-323), 1Mc 1,3, que teve uma ascensão rápida e um fim repentino.

vert†. 4Mas logo que se tiver firmado,
seu reino será fragmentado e reparti-
do aos quatro ventos do céu, mas não
entre seus descendentes nem com a
mesma força com que ele reinava; com
efeito, seu reino será desmembrado e
dado a outros que não eles.
Luta entre a Síria e o Egito. 5O rei do
sul se tornará poderoso mas um de
seus príncipes será mais forte que ele e
dominará, e seu domínio será grande.
6Depois de alguns anos farão aliança e
a filha do rei do sul virá ao rei do nor-
te para fazer um acordo. Mas ela não
conservará a força de seu braço, e sua
descendência não subsistirá: ela será
entregue, junto com os que a trouxe-
ram, aquele que a gerou e aquele que
a apoiava. 7Naquele tempo, de um ger-
me de suas raízes surgirá alguém em
seu lugar. Ele virá com um exército e
avançará contra as fortalezas do rei do
norte, combaterá contra ele e sairá vi-
torioso. 8Conduzirá ao Egito seus deu-
ses com suas imagens e seus objetos
preciosos de ouro e de prata, como
presa de guerra; depois, por alguns
anos se absterá de lutar contra o rei
do norte.9Este marchará contra o rei do
sul, mas voltará para seu país.

10Seus filhos se prepararão para a
guerra, recolhendo uma multidão de
grandes exércitos†. Um deles avança-
rá como inundação; atravessará o país
para travar batalha até sua fortaleza.
11O rei do sul, enfurecido, sairá para
combater com o rei do norte, que se
moverá com grande exército, mas este
cairá em poder do rei do sul, 12o qual
se encherá de orgulho depois de ter
derrotado aquele exército, mas, mes-
mo tendo abatido dezenas de milha-
res, nem por isso será mais forte. 13O
rei do norte de novo reunirá um grande
exército, maior que o anterior e, depois
de alguns anos, avançará com grande
exército e provisões abundantes. 14Na-
quele tempo muitos se levantarão con-
tra o rei do sul, e homens violentos de
teu povo se insurgirão para cumprir a
visão, mas cairão. 15O rei do norte virá,
levantará baluartes e ocupará uma ci-
dade bem fortificada. As forças do sul,
nem com tropas de elite poderão resis-
tir; faltará força para opor resistência.
16O invasor fará o que lhe aprouver e
ninguém poderá opor-se a ele; ele se
estabelecerá naquela terra gloriosa,*
e a destruição estará em suas mãos.
17Depois se proporá vir com as forças
de todo o seu reino, fará uma aliança
com ele e lhe dará uma filha em ca-
samento para arruiná-lo, mas isto não
terá êxito e não alcançará seu fim.

18Depois, ele se voltará contra as
ilhas e tomará muitas delas, mas um
comandante fará cessar sua arrogân-
cia, fazendo-a recair sobre ele. 19Ele se
voltará depois para as fortalezas de seu
país, mas tropeçará, cairá e desapare-
cerá. 20Surgirá depois em seu lugar um
que mandará cobradores de tributo
para a glória de seu reino, mas em pou-
cos dias será eliminado, mas não na ira
nem em batalha.
Perseguição de Antíoco IV Epífanes.
21A ele sucederá um homem desprezí-
vel, sem dignidade real; virá sem pré-
-aviso e tomará o reino com a fraude.
22Diante dele exércitos serão aniquila-
dos e será abatido também o príncipe
da aliança. 23E depois de feita com ele
uma aliança, agirá com a fraude, cres-
cerá e se tornará forte com pouca gen-
te. 24Entrará às escondidas nos lugares
mais férteis da província e fará coisas
que nem seus pais nem os pais de seus
pais ousaram fazer. Distribuirá a sua
gente a presa, os despojos e as rique-
zas; e tramará projetos contra as forta-
lezas, mas só por certo tempo.

25Ele suscitará seu poder e sua ousa-
dia contra o rei do sul, com um gran-
de exército. O rei do sul se empenhará
em guerra com um grande e poderoso
exército, mas não poderá resistir, por-
que haverá intrigas contra ele: 26seus
próprios comensais serão a causa de
sua ruína; seu exército será derrotado
e muitos cairão mortos. 27Os dois reis

* **11**,16. 8,9; 11,41

† **11**,10. Os vv. 10-19 falam de Antíoco III, o Grande, 223-187 a.C.

só pensarão em fazer mal um ao outro.
Sentados à mesma mesa, falarão com
fingimento, mas sem ter êxito, porque
o fim deve chegar no tempo marcado.
28Ele voltará a seu país com grandes
riquezas, e seu coração será contra a
santa aliança; agirá conforme seus pla-
nos e depois voltará a seu país. 29No
tempo determinado voltará e irá para o
sul, mas desta última vez não terá êxi-
to como na primeira. 30Pois virão con-
tra ele os navios romanos e ele, com
medo, voltará para trás. Ele se indigna-
rá contra a santa aliança e, em sua volta
se entenderá com os que abandonam a
santa aliança. 31Forças por ele manda-
das se moverão* para profanar o san-
tuário-cidadela†, abolirão o sacrifício
cotidiano e lá colocarão a abominação
da desolação.

32Com lisonjas corromperá os pro-
fanadores da aliança, mas os que re-
conhecem o próprio Deus mostrarão
firmeza e agirão. 33Os sábios entre o
povo ensinarão a muitos,* mas cairão
vítimas da espada, do fogo, da escravi-
dão e do roubo por certo tempo. 34En-
quanto assim caírem, receberão um
pouco de ajuda; muitos, porém, se uni-
rão a eles, mas com hipocrisia. 35Alguns
dos sábios cairão para serem provados,
purificados, lavados e embranqueci-
dos* até o tempo do fim, porque ainda
está para vir o tempo estabelecido.

36O rei portanto fará o que lhe
aprouver; ele se elevará e se exaltará
acima de todo deus e proferirá coisas
inauditas contra o Deus dos deuses*
e terá êxito até que seja completa a
ira; porque o que foi determinado se
cumprirá. 37Ele não fará caso das di-
vindades de seus pais, nem do deus
favorito das mulheres, nem de outro
deus, porque ele se exaltará acima de
todos. 38No lugar deles honrará o deus
das fortalezas, um deus que seus pais
jamais conheceram; ele o honrará com
ouro e prata, com pedras preciosas e
objetos de valor. 39Com o auxílio desse
deus estrangeiro agirá contra as forta-
lezas; cumulará de honras aqueles que
o reconhecerem; dar-lhes-á o poder
sobre muitos e distribuirá a eles terras
em recompensa.

Fim do perseguidor. 40No tempo do
fim, o rei do sul o atacará, e o rei do
norte lhe cairá em cima como uma
tempestade, com carros, cavaleiros e
muitos navios; entrará em suas terras
para inundá-las e atravessá-las. 41En-
trará também naquela gloriosa terra
e muitos sucumbirão; estes porém
escaparão de sua mão: Edom, Moab
e grande parte dos amonitas. 42Esten-
derá assim a mão sobre muitos países;
nem o Egito escapará. 43Ele se apode-
rará de tesouros de ouro e de prata e
de todas as coisas preciosas do Egito;
líbios e etíopes estarão em seu séqui-
to. 44Porém as notícias do oriente e do
ocidente o perturbarão: ele partirá com
grande ira para destruir e exterminar a
muitos. 45Armará as tendas de seu pa-
lácio entre o mar e o glorioso monte
santo; depois chegará ao fim, e nin-
guém virá em seu auxílio.

12

**Ressurreição e recompen-
sa.** 1Naquele tempo surgirá
Miguel, o grande príncipe* que vela
sobre os filhos de teu povo. Haverá
um tempo de angústia* como jamais
tinha havido desde que surgiram as
nações até então; mas naquele tem-
po será salvo teu povo, todo aquele
que se achar escrito no livro. 2E muitos
daqueles que dormem no pó da ter-
ra despertarão: uns para a vida eterna
e outros para a vergonha e a infâmia
eterna†. 3Os sábios resplandecerão*
como o esplendor do firmamento;
aqueles que tiverem ensinado* a mui-
tos a justiça brilharão como as estrelas
para sempre.

* **11**,31. 8,11; 9,26; 12,11; Mt 24,15 **|** 33. 12,3 **|** 35. 12,10 **|** 36. 2,47; Ap 13,5; Dn 8,19 **|** **12**,1. 10,13 / Mt 24,21; Jr 30,7; Jl 2,2; Jo 5,29; 2Mc 7,9; Ez 37,10 **|** 3. Is 66,24 / 1Cor 15,41s

† **11**,31. Voltando do Egito, Antíoco IV saqueou o templo de Jerusalém e começou a perseguição religiosa. **| 12**,2. É a primeira afirmação clara da ressurreição dos mortos. Primeira vez que se encontra na Bíblia a expressão "vida eterna".

A profecia selada. 4“Agora tu, Daniel,
encerra estas palavras* e sela este livro
até o tempo do fim; muitos correrão de
um lado para outro, e o conhecimento
aumentará”.
5Eu, Daniel, estava olhando* e vi ou-
tros dois que estavam de pé, um de um
lado do rio* e o outro, do outro lado.
6Um disse ao homem vestido de li-
nho, que estava sobre as águas do rio:
“Quanto tempo passará até o fim dessas
coisas maravilhosas?” 7Ouvi o homem
vestido de linho,* que estava sobre as
águas do rio, o qual, erguendo a mão
direita e a esquerda* para o céu, jurou
por Aquele que vive para sempre, que
todas essas coisas se cumpririam dentro
de um tempo,* dois tempos e metade
de um tempo; quando a força do povo
santo tiver sido inteiramente destruída,
todas essas coisas se cumprirão.
8Eu ouvi bem, mas não compreendi,
e disse: “Meu Senhor, qual será o fim
dessas coisas?” 9Ele me respondeu:
“Segue teu caminho, Daniel, pois essas
palavras são mantidas ocultas e seladas
até o tempo do fim. 10Muitos serão pu-
rificados,* embranquecidos, provados;
mas os ímpios agirão impiamente* e
nenhum deles entenderá essas coisas,
mas os sábios as entenderão. 11Ora, a
partir do tempo em que será abolido o
sacrifício cotidiano e erguida a abomi-
nação da desolação, serão mil e duzen-
tos e noventa dias. 12Bem-aventurado
aquele que aguardar* e chegar a mil
trezentos e trinta e cinco dias. 13Segue
teu caminho até o fim. Descansarás e
no fim dos dias te erguerás para rece-
ber tua parte da herança”.

III. APÊNDICE (13–14)

13 **Suzana e os pérfidos anci-
ãos**†. 1Vivia em Babilônia um
homem chamado Joaquim, 2o qual
era casado com Suzana, filha de Hel-
cias, mulher de rara beleza e temente
a Deus. 3Seus pais, que eram justos,
haviam educado a filha segundo a Lei
de Moisés. 4Joaquim era muito rico e
possuía uma chácara perto de casa, e
muitos judeus iam à casa dele, porque
era estimado mais que qualquer outro.
5Naquele ano tinham sido eleitos juízes
do povo dois anciãos: eram daqueles
dos quais o Senhor disse: “A iniquida-
de surgiu em Babilônia por obra de
anciãos e de juízes, que passavam por
guias do povo”. 6Eles frequentavam a
casa de Joaquim; e todos os que ti-
nham qualquer demanda para resolver
iam procurá-los. 7Quando o povo se
retirava, por volta do meio-dia, Suza-
na costumava ir passear na chácara do
marido. 8Os dois anciãos que todo dia
a viam passear, apaixonaram-se por
ela: 9perderam a luz da razão, desvia-
ram os olhos para não verem o Céu e
se esqueceram de seus justos julga-
mentos. 10Ardiam ambos de paixão
por ela, mas um escondia ao outro seu
tormento, 11porque se envergonhavam
de revelar a vontade que tinham de
unir-se a ela, 12mas cada dia com maior
desejo procuravam vê-la. 13Um dia um
disse ao outro: “Vamos para casa, é
hora do almoço”, e saíram cada qual
para seu lado. 14Mas voltaram atrás e
se acharam de novo juntos e, forçados
a se explicar, confessaram sua paixão.
Então combinaram procurar o momen-
to oportuno de poder surpreendê-la
sozinha.
15Enquanto esperavam a ocasião
favorável, Suzana entrou na chácara
como de costume, com apenas duas
servas; quis tomar banho, pois fazia
calor. 16Não havia ninguém, exceto os
dois anciãos que estavam escondidos
e a espiavam. 17Suzana disse às servas:
“Trazei-me o unguento e os perfumes,
depois fechai o portão, para que eu

---

* **12**,4. 8,26; Am 8,12; Ap 10,12 | 5. 8,13 / 10,5 | 7. Ap 10,5s / Dn 4,31; Eclo 18,1 / Dn 7,25; 8,14 | 10. 11,35 / Ap 22,11 | 12. 7,25 | **13**,29. Nm 5,18-22

† **13**. Tomando a narrativa como uma parábola, pode-se pensar que os dois velhos simbolizam os pagãos e os judeus apóstatas, especialmente do tempo de Antíoco IV, o qual queria induzir os judeus, aqui representados por Suzana, ao pecado de idolatria, que os profetas chamavam de adultério.

possa tomar banho”. [18]Elas fizeram
como tinha ordenado: fecharam o por-
tão da chácara e entraram em casa pela
porta lateral para levar o que Suzana
pedira, sem perceber os Anciãos que
estavam escondidos. [19]Logo que parti-
ram as servas, os dois anciãos saíram
do esconderijo, correram até ela e lhe
disseram: [20]“Vê, o portão da chácara
está fechado, ninguém nos vê e nós
ardemos de paixão por ti; consente e
entrega-te a nós. [21]Caso contrário, nós
te acusaremos, dizendo que um jovem
estava contigo e por isso mandaste as
servas sair”. [22]Suzana suspirou e disse:
“Estou cercada de todos os lados: se
consinto, é a morte para mim; se recu-
so, não posso escapar de vossas mãos.
[23]Melhor, porém, para mim é cair ino-
cente em vossas mãos do que pecar
diante do Senhor!” [24]Suzana gritou em
voz alta. Também os dois anciãos grita-
ram contra ela, [25]e um deles correu ao
portão da chácara e o abriu.

[26]Quando as pessoas da casa ouvi-
ram os gritos na chácara, precipitaram-
-se pela porta lateral para ver o que
estava acontecendo com ela. [27]Quan-
do os anciãos contaram sua história,
os servos sentiram-se muito confusos,
porque jamais se tinha ouvido falar tal
coisa de Suzana.

[28]No dia seguinte, o povo reuniu-se
na casa de Joaquim, seu marido, e fo-
ram lá também os dois anciãos, cheios
de más intenções contra Suzana, para
condená-la à morte. [29]Dirigindo-se ao
povo, disseram: “Convoque-se Suzana,
filha de Helcias,* esposa de Joaquim”.
Mandaram chamá-la, [30]e ela veio com
os pais, os filhos e todos os seus paren-
tes. [31]Suzana era muito graciosa e de
bela aparência; [32]estava com o véu, e
aqueles perversos mandaram que lho
fosse tirado, para poderem saciar-se de
sua beleza. [33]Todos os seus familiares
choravam, bem como todos os que a
viam.

[34]Os dois anciãos levantaram-se no
meio do povo e puseram as mãos so-
bre sua cabeça. [35]Ela, chorando, ergueu
os olhos ao céu, com o coração con-
fiante* no Senhor. [36]Os anciãos disse-
ram: “Enquanto estávamos passeando
a sós na chácara, ela veio com duas
servas, fechou o portão da chácara e
depois despediu as servas. [37]Em segui-
da aproximou-se dela um jovem que
estava escondido e se uniu a ela. [38]Nós,
que estávamos num canto da chácara,
vendo tal iniquidade, precipitamo-nos
sobre eles [39]e os surpreendemos jun-
tos; mas não pudemos segurar o jovem
porque, mais forte que nós, abriu a
porta e fugiu. [40]Nós a seguramos e lhe
perguntamos quem era aquele jovem,
[41]mas ela não quis dizer-nos. Disto so-
mos testemunhas”. A multidão acre-
ditou neles, porque eram anciãos do
povo e juízes. Suzana foi, pois, conde-
nada à morte. [42]Ela exclamou em alta
voz: “Deus eterno, que conheceis os se-
gredos,* que conheceis todas as coisas
antes que aconteçam, [43]vós sabeis que
deram falso testemunho contra mim!
Morro inocente de tudo o que eles ini-
quamente tramaram contra mim”. [44]O
Senhor escutou sua voz.

Daniel liberta Suzana. [45]Enquanto Su-
zana era conduzida à morte,* o Senhor
suscitou o santo espírito de um adoles-
cente, chamado Daniel, [46]o qual se pôs
a gritar: “Eu sou inocente do sangue
desta mulher!”

[47]Todos se voltaram para ele pergun-
tando: “Que é isto que estás dizendo?”
[48]Então Daniel, de pé no meio da as-
sembleia, disse: “Sois assim tão loucos,
ó israelitas, a ponto de condenar à
morte uma filha de Israel, sem indagar
a verdade e sem provas claras? [49]Voltai
ao tribunal, porque estes deram falso
testemunho contra ela”.

[50]Todo o povo voltou logo atrás, e os
anciãos disseram a Daniel: “Vem, senta-
-te no meio de nós e dize-nos o que
pensas, porque Deus te deu o prestígio*
dos anciãos”. [51]Daniel ordenou: “Sepa-
rai-os bem um do outro e eu os inter-
rogarei”. [52]Foram separados e Daniel
mandou vir um deles e disse-lhe: “Tu
envelheceste no mal! E agora teus peca-

---

* **13**,35. Lv 24,14 | 42. Hb 4,13; Sl 33,13ss | 45. 4,5; 5,11.14 | 50. Sb 4,8s

dos de teus anos passados pesam sobre
ti; 53davas sentenças injustas condenan-
do os inocentes e absolvendo os culpa-
dos, embora o Senhor tenha dito: 'Não
matarás o justo e o inocente!' 54Agora,
pois, se tu a viste,* dize: debaixo de qual
árvore tu os viste juntos?" Respondeu:
"Debaixo de uma acácia". 55Disse Da-
niel: "Em verdade tua mentira recairá
sobre tua cabeça. Já o anjo de Deus re-
cebeu dele a sentença e te dividirá ao
meio". 56Despedido este, mandou vir o
outro e lhe disse: "Raça de Canaã e não
de Judá, a beleza te seduziu, a paixão
perverteu teu coração! 57Assim fazíeis
com as mulheres de Israel e elas por
medo se uniam a vós. Mas uma filha de
Judá não pôde tolerar vossa iniquidade.
58Dize-me pois, debaixo de qual árvore
os surpreendeste juntos?" Respondeu:
"Debaixo de um carvalho". 59Disse Da-
niel: "Em verdade também tua menti-
ra recairá sobre tua cabeça. O anjo de
Deus te espera com a espada na mão
para cortar-te ao meio e te eliminar"†.

60Então toda a assembleia soltou
gritos de alegria e bendisse a Deus
que salva os que confiam nele. 61De-
pois, insurgiu-se contra os anciãos, aos
quais Daniel tinha convencido, por sua
própria boca, de ter dado falso teste-
munho. 62E, aplicando a Lei de Moisés,*
fez que sofressem a mesma pena à
qual queriam sujeitar o próximo. Eles
foram mortos, e naquele dia foi salvo o
sangue inocente. 63Helcias e sua espo-
sa deram graças a Deus pela filha Su-
zana junto com Joaquim, seu esposo, e
todos os seus parentes, porque não se
achou nela nada de indigno. 64Daquele
dia em diante, Daniel tornou-se grande
aos olhos do povo.

14 **Daniel desmascara os sacer-
dotes de Bel†.** 1O rei Astíages
reuniu-se a seus pais e sucedeu-lhe
no reino Ciro, o persa. 2Daniel vivia ao
lado do rei, e era o mais honrado de
todos os amigos do rei. 3Ora, os babilô-
nios tinham um ídolo chamado Bel, ao
qual ofereciam cada dia doze sacos de
flor de farinha, quarenta ovelhas e seis
barris de vinho. 4Também o rei vene-
rava esse ídolo e ia todo dia adorá-lo.
Daniel, porém, adorava seu Deus. 5Por
isso o rei lhe disse: "Por que não adoras
Bel?" Daniel respondeu: "Eu não adoro
ídolos feitos por mãos humanas, mas
somente o Deus vivo que fez o céu e a
terra e que tem poder sobre todo ser
vivo". 6"Não crês tu – acrescentou o rei
– que Bel seja um deus vivo? Não vês
tudo o que ele come e bebe todo dia?"
7Respondeu Daniel, sorrindo: "Não te
enganes, ó rei: aquele ídolo por den-
tro é de argila e por fora é de bronze,
nunca comeu nem bebeu". 8O rei se in-
dignou, mandou chamar os sacerdotes
de Bel e lhes disse: "Se não me dizeis
quem é que come toda esta comida,
morrereis; se porém me provardes que
é Bel que a come, morrerá Daniel, por-
que blasfemou contra Bel". 9Daniel dis-
se ao rei: "Seja feito como disseste". Os
sacerdotes de Bel eram sessenta, sem
contar as mulheres e os filhos. 10O rei
dirigiu-se junto com Daniel ao templo
de Bel, 11e os sacerdotes de Bel lhe dis-
seram: "Nós vamos sair daqui e tu, ó
rei, manda servir a comida e oferecer o
vinho misturado; depois fecha a porta e
sela-a com teu anel. Se amanhã de ma-
nhã, quando vieres, tu não constatares
que tudo foi comido por Bel, morrere-
mos nós; do contrário, morrerá Daniel
que nos caluniou". 12Eles porém não
se preocupavam porque haviam feito
uma passagem secreta sob a mesa,
pela qual passavam todos os dias para
carregar as ofertas.

13Depois que eles se foram, o rei
mandou pôr as comidas diante de Bel.
14Daniel mandou aos servos do rei que
trouxessem cinza e a espalhassem por

---

* **13**,54. Êx 23,7 | 62. Dt 19,16-21

† **13**,59. O texto grego faz um jogo de palavras entre os nomes das árvores e a sentença de Daniel, mostrando que "o castigo vem de onde veio o pecado", Sb 11,16. | **14**. Polêmica contra os ídolos, gênero inaugurado por Oséias, 8,6, frequente nos profetas, Jr 2,27s; Is 44,9-20, e ainda presente na Sabedoria, Sb 13,10-15.

todo o pavimento do templo na pre-
sença somente do rei. Depois saíram,
fecharam a porta e a selaram com o
anel do rei e foram-se embora. 15Os
sacerdotes vieram de noite, como de
costume, com as mulheres e os filhos,
e comeram e beberam tudo. 16Bem
cedo o rei se levantou, como também
Daniel. 17O rei perguntou: "São intactos
os selos, Daniel?" "Intactos, ó rei", res-
pondeu. 18Logo que foi aberta a porta,
o rei olhou a mesa e exclamou: "Tu és
grande, Bel, e nenhum engano há em
ti!" 19Daniel sorriu e, impedindo o rei de
entrar, disse: "Olha o pavimento e exa-
mina de quem são essas pegadas". 20O
rei disse: "Vejo pegadas de homens, de
mulheres e de meninos!" 21Cheio de ira,
mandou prender os sacerdotes com as
mulheres e os filhos; então lhe mos-
traram as portas secretas pelas quais
entravam para consumir tudo o que se
encontrava sobre a mesa. 22Depois o
rei mandou matá-los e entregou Bel ao
poder de Daniel, que o destruiu junto
com seu templo.
Daniel mata o dragão. 23Havia um
grande dragão que também era ve-
nerado pelos babilônios. 24O rei disse
a Daniel: "Vais dizer que ele é feito de
bronze? Olha! Ele vê, ele come e bebe.
Não poderás dizer que este não é um
deus vivo; adora-o, pois". 25Daniel
respondeu: "Eu adoro o Senhor meu
Deus, porque ele é o Deus vivo; se tu
me permites, ó rei, eu, sem espada e
sem bastão, matarei o dragão". 26O rei
disse: "Eu permito". 27Daniel tomou en-
tão piche, gordura e pelos, e mandou
cozinhar tudo junto; depois preparou
bolos e os lançou na boca do dragão
que os engoliu e se arrebentou; depois
acrescentou: "Eis o que adoráveis!"
Daniel na cova dos leões. 28Quando
os babilônios souberam disso, fica-
ram muito indignados e revoltaram-se
contra o rei, dizendo: "O rei tornou-se
judeu: destruiu Bel, matou o dragão,
massacrou os sacerdotes". 29Foram até
ele dizendo: "Entrega-nos Daniel, se
não matamos a ti e tua família!"
30Diante dessa violência, o rei viu-
-se obrigado a lhes entregar Daniel.
31Eles o lançaram na cova dos leões,
onde ficou seis dias. 32Na cova havia
sete leões, aos quais eram dados todo
dia dois cadáveres e duas ovelhas; mas
nessa ocasião não lhes foi dado nada,
para que devorassem Daniel.
33Encontrava-se então na Judeia o
profeta Habacuc, o qual tinha feito
uma sopa e tinha partido o pão em pe-
quenos pedaços numa cesta e ia levar a
refeição aos ceifadores no campo. 34O
anjo do Senhor disse-lhe: "Leva esta
comida a Daniel em Babilônia, na cova
dos leões".
35Mas Habacuc respondeu: "Senhor,
nunca vi Babilônia e não conheço a
cova". 36Então o anjo do Senhor segu-
rou-lhe a cabeça e levou-o pelos ca-
belos, com a velocidade do vento, até
Babilônia e o pôs à beira da cova. 37Ha-
bacuc gritou: "Daniel, Daniel, toma a
comida que Deus te mandou". 38Daniel
exclamou: "Deus, vós vos lembrastes de
mim e não abandonastes os que vos
amam". 39Erguendo-se, Daniel pôs-se a
comer, enquanto o anjo de Deus recon-
duzia logo Habacuc ao lugar de antes.
O rei reconhece o Deus de Daniel.
40No sétimo dia o rei foi chorar por
Daniel e, chegando à cova, olhou e viu
Daniel sentado. 41Então exclamou em
voz alta: "Grande sois vós, Senhor Deus
de Daniel, e não há outro Deus fora de
vós!" 42Depois fez sair Daniel da cova
e mandou jogar nela os que queriam
sua ruína, e eles foram logo devorados
diante de seus olhos†.

† **14**,42. A Vulgata acrescenta: "Então o rei disse: Todos os habitantes da terra inteira temam o Deus de Daniel, porque é salvador e faz milagres e prodígios sobre a terra. Ele libertou Daniel da cova dos leões".

OSEIAS

Contemporâneo de Isaías, Amós e Miqueias, prega no reino do norte num tempo caracterizado pela opressão sempre mais forte por parte da Assíria e, no interior do país, pelas intrigas da corte, delitos, abusos de poder e desorientação.

Para denunciar com maior eficácia a infidelidade do povo, Oseias apresenta como exemplo sua vida familiar: como ele desposou uma mulher infiel, assim Israel mostrou-se infiel a seu Deus cheio de amor. Por isso o Senhor lhe dissera: "Quero amor e não sacrifício, o conhecimento de Deus mais que os holocaustos" (6,6). Javé é um Deus apaixonado, que quer completamente para si todo o coração de seu povo. Mas os pecados do povo atraem sobre ele um castigo inevitável: "Os israelitas não poderão ficar na terra de Javé ... e na Assíria comerão comidas impuras ... e perecerão pela espada" (9,3;14,1). Mas o castigo ajudará a preparar a salvação deles: no fim se arrependerão e voltarão a Deus (14,2-9).

Para o profeta, porém, o mal mais grave não era o político, também preocupante, mas o moral e religioso. O rei, os sacerdotes e o povo tinham abandonado a Deus e sua aliança e se dedicaram aos deuses pagãos, cujas sacerdotisas, como principal ato de culto, exerciam a prostituição, à qual atribuíam efeitos mágicos com relação à fecundidade dos campos, dos animais e das pessoas.

Deus queria abandoná-los, mas amava-os demais: "Como posso abandonar-te, Israel? Meu coração se comove dentro de mim..., não darei vez ao ardor de minha ira..., porque sou Deus e não homem" (11,8s).

Oseias é o profeta do amor misericordioso; desenvolve uma teologia do coração, comparando a aliança entre Deus e Israel com o vínculo esponsal entre ele e sua mulher infiel: como ele permanece fiel, assim Deus mantém seu amor a Israel.

I. MATRIMÔNIO DO PROFETA (1–3)

1 **A infiel esposa de Oseias†.** 1Pala-
vra de Javé dirigida a Oseias, filho
de Beeri, no tempo de Ozias, de Joatão,
de Acaz, de Ezequias, reis de Judá, e no
tempo de Jeroboão, filho de Joás, rei
de Israel.
2Quando Javé começou a falar a
Oseias, ele lhe disse:
"Vai, toma como esposa uma prostituta
e gera filhos de prostituição,
porque o país não faz outra coisa senão prostituir-se,
afastando-se de Javé".
3Ele foi e tomou Gomer, filha de Deblaim; ela concebeu e deu-lhe um filho.
4Javé disse a Oseias:
"Chama-o Jezrael,
porque daqui a pouco
punirei a casa de Jeú pelo sangue de Jezrael*
e porei fim ao reino da casa de Israel.
5E naquele dia
quebrarei o arco de Israel no vale de Jezrael".
6A mulher concebeu de novo e deu à
luz uma filha, e Javé disse a Oseias:
"Chama-a 'Não-amada',
porque não mais terei misericórdia*
da casa de Israel, para perdoá-los
7Amarei, porém, a casa de Judá
e os salvarei por Javé seu Deus;*
não os salvarei com o arco, com a espada, com a guerra,
nem com cavalos e cavaleiros".
8Depois de ter desmamado "Não
amada", Gomer concebeu e deu à luz*
um filho. 9E Javé disse a Oseias:
"Chama-o 'Não-meu-povo',
porque vós não sois meu povo,
e eu não existo para vós".

2 **Reconciliação.** 1O número dos is-
raelitas será como a areia do mar,*
que não se pode medir nem contar.

---

* **1**,4. 1Rs 18,45; 2Rs 9,1-10; 10,1-17; 17,2-6 | 6. 14,4; Sl 20,8 | 7. Pr 21,31; Mq 5,9; Is 30,16; 31,1 | 8. Zc 4,6
2,1. Rm 9,27 / Rm 9,26 / Jo 1,12

† **1**,1. A vida matrimonial de Oseias simboliza a conduta de Israel para com seu Deus. O povo prostituiu-se com os ídolos, traindo o Deus-esposo, 2,18.

E no mesmo lugar onde lhes diziam:*
"Não sois meu povo",
lhes dirão: "Sois filhos do Deus vivo".*
2 Os filhos de Judá e os filhos de Israel
se reunirão juntos,*
nomearão para si mesmos um chefe único
e se expandirão para fora de seu país,
porque grande será o dia de Jezrael!*
3 Dizei a vossos irmãos: 'Sois meu povo'
e a vossas irmãs: 'Tu és amada'.*

Javé e sua esposa infiel. 4 Acusai vossa mãe, acusai-a,
porque ela não é mais minha mulher
e eu não sou mais seu marido!
Tire do rosto o sinal de suas prostituições
e de entre os seios as marcas de seu adultério†;
5 se não, eu a despirei até a nudez
e a porei como no dia em que nasceu;*
eu a reduzirei a um deserto,
vou deixá-la como terra árida
e a farei morrer de sede†.
6 Não terei compaixão de seus filhos,
porque são filhos de prostituição.*
7 Pois sua mãe se prostituiu,
quem os concebeu comportou-se de modo vergonhoso;*
pois ela disse: "Seguirei meus amantes†,
que me dão meu pão e minha água,
minha lã e meu linho,
meu óleo e minhas bebidas".

Repreensões e ameaças. 8 Por isso, fecharei seu caminho com espinhos
e construirei uma barreira,
para que não encontre mais suas veredas.*
9 Ela seguirá seus amantes
mas não os alcançará,
ela os procurará sem encontrá-los.
Então dirá: "Voltarei a meu primeiro marido,
porque eu era mais feliz então do que agora"†.
10 Não entendeu que era eu que lhe dava*
trigo, vinho novo e óleo
e lhe prodigalizava a prata e o ouro
que usaram para Baal.
11 Por isso, tomarei de volta
meu trigo, a seu tempo,
e meu vinho novo em sua estação;
retirarei minha lã e meu linho
que deviam cobrir sua nudez.
12 Descobrirei então suas vergonhas*
aos olhos de seus amantes,
e ninguém a tirará de minhas mãos.*
13 Farei cessar todas as suas alegrias,
as festas, as luas novas, os sábados,*
todas as suas solenidades.
14 Devastarei suas videiras e suas figueiras,
das quais ela dizia:
"Esta é a paga que me deram meus amantes".
Eu a reduzirei a uma floresta,*
a um pasto de animais selvagens.
15 Eu a farei pagar pelos dias dos Baals,
quando lhes queimava perfumes,
enfeitava-se de anéis e de colares
e seguia seus amantes,
mas esquecia-se de mim*
– oráculo de Javé†.

Conversão. 16 Por isso, eu a atrairei a mim,
vou conduzi-la ao deserto
e falarei a seu coração.†
17 Eu lhe devolverei suas vinhas
e transformarei o vale de Acor†
em porta de esperança.*

---

* **2**,2. Jr 3,18 / Os 1,4-8 | 3. 2,24s | 5. Jr 6,8; 9,11 | 6. 1,2 | 7. Jr 2,25; 3,13; 44,17; Am 2,4 | 8. Jr 2,23 | 9. Jr 3,22; 6,1ss; Lc 15,17s | 10. Dt 7,13; 8,11-18 | 12. Ez 16,37 / Jo 10,29 | 13. Am 5,21ss; Is 1,13s; Jr 7,34 | 14. Sl 80,13s; Is 5,5s | 15. Jr 2,32 | 17. Is 65,10; Js 7,24ss

† **2**,4. Gomer deixou o marido e entregou-se à prostituição. O profeta apela aos israelitas para que denunciem sua mãe, a comunidade, que os arrasta ao pecado. | 5. Que desapareçam as riquezas de Canaã, causa do pecado de Israel. | 7. Os amantes são os deuses cananeus da fertilidade, os Baals. Israel julgava que a prosperidade das nações vizinhas era resultado do culto aos ídolos, por isso imitava sua idolatria. | 9. Se a prosperidade afasta de Deus, a adversidade reconduz a Ele. | 15. Israel precisa ser castigado para reconhecer que é Javé que doa todos os bens e não os ídolos. | 16. Para converter Israel, Javé pretende voltar com ele ao tempo do êxodo, quando o povo era fiel, livre das tentações da idolatria: então ouvirá sua voz e se converterá. | 17. Este vale, que tem um nome lúgubre, "vale da desgraça", e pelo qual o povo entrou na terra prometida, Js 7,24s, tornar-se-á uma porta que se abre para a felicidade recuperada.

Lá me responderá
como nos dias de sua juventude,
como quando saiu do país do Egito.
18E acontecerá que naquele dia
– oráculo de Javé –
me chamarás: 'Meu marido',
e não me chamarás mais: 'Meu patrão'.
19Eu lhe tirarei da boca
os nomes dos Baals,
que não serão mais recordados por seu nome.
20Naquele tempo farei para eles uma aliança*
com os animais da terra, as aves do céu
e os répteis do chão;
arco, espada e guerra
eliminarei do país;
eu os farei repousar tranquilos.
21Eu te desposarei para sempre;
sim, eu te desposarei
na justiça e no direito,
no amor e na ternura;
22eu te desposarei na fidelidade†
e tu conhecerás Javé†.
23E acontecerá naquele dia
que eu responderei
– oráculo de Javé –,
eu responderei ao céu
e este responderá à terra;
24a terra responderá com o trigo,
o vinho novo e o óleo,
e estes responderão a Jezrael.
25Eu a semearei para mim no país,
eu amarei 'Não amada'
e a 'Não-meu-povo' direi: 'Povo meu',
e ele me dirá: 'Meu Deus'.*

3 **Amor à esposa infiel.** 1E Javé me disse:
"Vai novamente, ama uma mulher que
é amada por outro e é adúltera; como
Javé ama os israelitas, embora eles se dirijam a outros deuses* e gostem de tortas de passas"†. 2Eu a adquiri por quinze
siclos de prata e uma medida e meia de
cevada 3e lhe disse: Por longos dias estarás comigo; não te prostituirás e não serás de nenhum homem; assim também
eu me comportarei contigo".
4Porque por longos dias
ficarão os israelitas
sem rei e sem chefe,
sem sacrifício e sem colunas sagradas,
sem efod e sem terafim†.
5Depois os israelitas voltarão
e buscarão de novo Javé, seu Deus,*
e Davi, seu rei,
e, tremendo, acorrerão a Javé
e a seus bens, no decurso dos dias"†.

II. ORÁCULOS PROFÉTICOS (4–14)

4 **Corrupção de Israel.** 1Escutai a
palavra de Javé, ó israelitas,
porque Javé tem uma demanda*
com os habitantes do país.
Pois não há sinceridade, nem amor ao próximo,
nem conhecimento de Deus no país.*
2Juram, mentem, matam
roubam, cometem adultério,*
usam de violência e derramam sangue sobre sangue.
3Por isso está de luto o país,*
e todos os que nele habitam desfalecem
junto com os animais da terra
e com as aves do céu;*
até os peixes do mar morrerão†.
4Mas ninguém acuse, ninguém conteste;
é contra ti, sacerdote, que movo processo†.

---

* **2**,20. Ez 34,25 | 25. Rm 9,25; 1Pd 2,10 | **3**,1. Jr 7,18 | 5. Jr 30,9 | **4**,1. Is 3,13ss; Mq 6,1-5; Jr 5,2-9 / Os 2,21s | 2. Jr 7,9 | 3. Jr 4,29 / Sf 1,3 | 6. Jr 5,4 / Ml 2,1-9

† **2**,22. "Desposar em" significa "doar como preço da esposa, como dom que o esposo oferece". Portanto são as disposições de Javé, não suas exigências. / Esse conhecimento é uma relação afetiva que envolve a pessoa toda: espírito, coração e vontade, tornando-a disposta a ouvir e a obedecer os mandamentos de Javé, 6,6. | **3**,1. Trata-se de ofertas feitas aos ídolos, Jr 7,18. | 4. Refere-se ao tempo do exílio, quando Israel não terá as estruturas religiosas e civis que o sustentavam. Efod e terafim serviam para consultar a Deus. | 5. Anuncia a reunificação dos reinos do norte e do sul sob a dinastia de Davi. **4**,3. Para os profetas, que não têm em vista o além-túmulo, todo pecado recebe um castigo neste mundo, e neste castigo participa toda a criação: neste texto, o castigo é a seca. | 4. Não um sacerdote determinado, mas é toda a classe sacerdotal, que é acusada de ignorância, avidez e negligência.

5Tu tropeçarás de dia,
e o profeta tropeçará contigo de noite;
e farei perecer tua mãe.
6Morre meu povo*
por falta de conhecimento.
Porque recusas o conhecimento,
eu te recusarei para que não sejas meu sacerdote;*
esqueceste a lei de teu Deus
e eu esquecerei teus filhos.
7Quanto mais se multiplicaram,
mais pecaram contra mim;
mudarei sua glória em vergonha.*
8Eles se nutrem do pecado de meu povo
e são ávidos de sua iniquidade†.
9O povo e o sacerdote terão a mesma sorte:
eu os punirei por sua conduta
e lhes darei a paga de suas obras.
10Comerão, mas não se saciarão,*
vão prostituir-se, mas não terão prole,
porque abandonaram Javé
para entregar-se 11à prostituição,
ao vinho e ao mosto que fazem perder o juízo.
12Meu povo consulta seu ídolo de madeira,*
e seu bastão lhe dá a resposta;
porque um espírito de prostituição os engana*
e se prostituem, afastando-se de seu Deus.
13No alto dos montes oferecem sacrifícios*
e sobre as colinas queimam incensos,
sob o carvalhos, os choupos e os terebintos,
porque boa é sua sombra.
Por isso se prostituem vossas filhas
e vossas noras cometem adultério.
14Não punirei vossas filhas quando se prostituem,
nem vossas noras quando cometem adultério;
porque eles mesmos se afastam com as prostitutas*
e oferecem sacrifícios com as cortesãs dos templos;
e um povo que não compreende caminha para a ruína.
15Se te prostituis, Israel,
não se torne culpado Judá.
Deixai de ir a Guilgal*
e de subir a Bet-Áven†;
não jureis pela vida de Javé.*
16Porque Israel se revolta como novilha rebelde;
e agora Javé o apascentaria
como cordeiro em lugares abertos?
17Efraim aliou-se aos ídolos; deixa-o só.*
18Quando acabam de beber
entregam-se à prostituição;
seus chefes preferem a desonra.*
19Um vento os arrebatará com suas asas
e se envergonharão de seus sacrifícios.

5 **Condenação dos culpados.** 1Escutai isto, ó sacerdotes,
fica atenta, casa de Israel,
ó casa do rei, presta ouvido!
Porque este juízo é contra vós.
Foste, com efeito, um laço em Masfa,
uma rede estendida sobre o Tabor
2e uma fossa profunda em Sitim;
mas eu castigarei a todos eles.
3Eu conheço Efraim
e não me é desconhecido Israel.
Tu te prostituíste, Efraim,
e Israel se contaminou.
4Suas obras não permitem*
que eles voltem para seu Deus,
porque um espírito de prostituição está neles*
e não conhecem Javé.
5O orgulho de Israel testemunha contra ele,*
Israel e Efraim cairão por causa de suas iniquidades,*
e Judá também cairá com eles.

* **4**,7. Jr 2,11 | 10. Mq 6,14 | 12. Jr 2,27 / Os 1,2; 2,6 | 13. Dt 12,2 | 14. Dt 23,19 | 15. Am 4,4 / Os 5,8; Js 7,2; Am 8,14; Jr 31,18 | 17. 14,9; Am 2,8; 6,4ss | 18. 4,7; Jr 4,11ss; Am 1,14 | **5**,4. Jr 13,23 / Os 1,2 | 5. Am 6,8 / Os 14,2 | 6. Am 5,4; 8,11s

† **4**,8. Os sacerdotes desejavam que o povo pecasse, porque assim aumentaria o número de sacrifícios, dos quais recebiam uma parte. | 15. Bet-Áven, "casa do nada", é uma deturpação irônica de Betel, "casa de Deus".

6Com suas ovelhas e seus bois*
irão à procura de Javé,
mas não o encontrarão:
ele afastou-se deles†.
7Foram desleais para com Javé,*
gerando filhos bastardos;
um conquistador os devorará
junto com seus campos.

A guerra fratricida†. 8Tocai a corneta em Gabaá*
e a trombeta em Ramá;
dai o alarme em Bet-Áven;*
alerta, Benjamim!
9Efraim será devastado
no dia do castigo;
entre as tribos de Israel
anuncio o que é seguro.
10Os chefes de Judá se tornaram
como os que deslocam as divisas;*
sobre eles derramarei minha ira como água.
11Efraim está oprimido, arrasado no julgamento,
porque gosta de seguir as imundícies†.
12Mas eu serei como a traça para Efraim*
e como a cárie para a casa de Judá.

Inutilidade das alianças. 13Efraim viu sua doença
e Judá sua chaga†;
Efraim recorreu à Assíria*
e Judá dirigiu-se ao grande rei;
mas ele não poderá curar-vos,
nem sarar vossa chaga.
14Porque eu serei como um leão para Efraim,*
como um filhote de leão para a casa de Judá.
Vou dilacerar e retirar-me,
levando a presa sem que ninguém salve.*
15Voltarei a minha morada*
até que reconheçam sua culpa
e busquem minha face;*
em sua angústia recorrerão a mim.

6

Conversão efêmera. 1"Vinde, voltemos a Javé:
ele dilacerou e nos curará;
ele feriu e nos enfaixará.
2Depois de dois dias nos fará reviver,*
e no terceiro nos fará ressurgir,
e viveremos em sua presença.
3Conheçamos e esforcemo-nos por conhecer Javé;
sua vinda é certa como a aurora;
virá a nós como a chuva de outono,*
como a chuva de primavera, que irriga a terra".
4Que farei contigo, Efraim?
Que farei contigo, Judá?
Vosso amor é como a nuvem da manhã,
como o orvalho da madrugada que se dissipa.
5Por isso, eu os feri por meio dos profetas,*
com as palavras de minha boca os matei
e minha justiça se manifestará como a luz.
6Porque eu quero misericórdia† e não sacrifício,*
o conhecimento de Deus mais que os holocaustos.
7Mas estes, como Adão, violaram a aliança,*
foram desleais comigo.
8Galaad é uma cidade de malfeitores,
manchada de sangue.
9Como bandidos à espreita,
um bando de sacerdotes
assalta na estrada de Siquém,
comete infâmias.

---

* **5**,7. Is 55,6; Am 5,4; Os 2,6 | 8. Jl 2,1 / Os 4,15 | 10. Dt 19,14; 27,17 | 12. Is 50,9 | 13. 7,11; 8,9; 12,2; 2Rs 15,19; 16,7ss | 14. Am 3,12; Is 5,29 / Os 2,12 | 15. Dt 4,29ss; Jr 29,13 / Am 5,4 | **6**,2. Ez 37 | 3. Sl 72,6; 143,6; Dt 11,14 | 5. 12,11; Jr 1,10; 5,15 | 6. 2,21s; Mt 9,13; 12,7; Am 5,21 | 7. 8,1

† **5**,6. O reino de Jeroboão II (783-743) foi um tempo de grande prosperidade. Atribuíam seu bem-estar ao esplendor do culto, por isso demonstravam no culto uma falsa mentalidade. | 8. Guerra siro-efraimita, ano 735-734, na qual Damasco e Israel invadiram Judá para obrigar o rei Acaz a entrar numa aliança contra o rei da Assíria, 2Rs 16,5ss. | 11. Nome depreciativo para os ídolos, Jr 50,2. As alianças políticas costumavam incluir a aceitação dos deuses do povo dominador. | 13. Efraim representa o reino do norte, e Judá o reino do sul. | **6**,6. Misericórdia sincera e amorosa à Aliança que Javé concluiu com seu povo: é isto que significa o termo hebraico *hesed*.

[10]Vi uma coisa horrenda na casa de Israel:
lá se prostitui Efraim,
lá se contamina Israel.
[11]Também para ti, Judá, preparo uma colheita,
quando eu mudar a sorte de meu povo.

7 **Corrupção geral.** [1]Quando estou para curar Israel,
descobre-se a iniquidade de Efraim
e a maldade de Samaria;
porque praticam a falsidade.
O ladrão entra nas casas,
e fora saqueia o bandido.
[2]Não pensam
que eu recordo todas as suas maldades.*
Agora suas ações os rodeiam;
elas estão diante de mim.
[3]Com sua malícia alegram o rei,
e os príncipes com suas mentiras.
[4]São todos uns adúlteros;
são como forno aceso pelo padeiro,
que para de atiçar o fogo,
depois que preparou a massa,
até que seja fermentada.
[5]No dia de nosso rei,
os chefes fazem-no adoecer com o calor do vinho,
e ele estende a mão aos zombadores.
[6]Em suas tramas, seu coração é como um forno,
toda a noite dorme seu furor
e de manhã se acende como chama ardente.
[7]Todos ardem como forno
e devoram seus juízes.
Caíram todos os seus reis
e nenhum deles recorre a mim†.
Alianças nefastas. [8]Efraim se mistura com os povos,
Efraim é como um bolo não virado.
[9]Os estrangeiros devoram sua força,*
mas ele não o percebe;
cabelos brancos se espalham por sua cabeça,
mas ele não o percebe.
[10]O orgulho de Israel
testemunha contra ele,
não voltam para Javé seu Deus*
nem o procuram, apesar de tudo isso.
[11]Efraim é como pomba ingênua,
sem inteligência;
chamam o Egito, correm para a Assíria.
[12]Aonde quer que forem,
estenderei sobre eles minha rede
e os farei cair como as aves do céu,
hei de puni-los como foi anunciado a sua assembleia.
[13]Ai deles, porque fogem de mim!
Virá a destruição sobre eles,
porque se revoltaram contra mim!
Eu queria salvá-los,
mas eles falaram mentiras contra mim.*
[14]Não gritam a mim do fundo do coração,
não se lamentam sobre seus leitos;
fazem penitência pelo trigo e pelo mosto,
e no entanto se rebelam contra mim.
[15]Eu reforcei o braço deles,
mas eles tramam o mal contra mim.
[16]Eles se voltam, mas não para Aquele que está no alto.
São como um arco enganador.
Seus chefes cairão pela espada,
pela insolência de sua língua,
e no país do Egito zombarão deles.

8 **Pecados.** [1]Põe a trombeta nos lábios!*
Virá como uma águia sobre a casa de Javé.*
Porque transgrediram minha aliança
e se rebelaram contra minha lei.*
[2]Eles gritam para mim:
"Meu Deus! Nós, Israel, te conhecemos".*

* **7**,2. Sl 90,8; Ml 3,16 | 9. 5,12; Ap 3,17 | 10. Am 4,6-11 | 13. 7,1 | **8**,1. 5,8 / Jr 6,17; Ez 3,17 / Os 6,7 | 2. 6,1ss; Jr 14,8s

† **7**,7. A política do reino do norte era instável, com sucessivas mudanças de reis e golpes de estado sangrentos; adulavam o rei e os príncipes, enquanto às ocultas tramavam contra eles. | **8**,3. Oseias denuncia a hipocrisia do povo: Israel rejeita Javé, o bem, e no entanto se dirige a Ele. Isto significa escolher o castigo, que virá por meio de seus inimigos, os quais assim se tornam instrumentos de Deus.

[3]Mas Israel rejeitou o bem;
o inimigo o perseguirá†.
[4]Estabeleceram reis*
que eu não designei;
escolheram chefes
sem eu saber.
Com sua prata e seu ouro
fizeram ídolos para si,
mas para sua ruína.
[5]Repudio teu bezerro,* ó Samaria!†
Minha ira se inflama contra eles;
até quando serão incapazes de inocência?
[6]Também este bezerro vem de Israel;
é obra de um artesão,*
não é um deus;
será reduzido a pedaços
o bezerro de Samaria.

Os castigos. [7]E porque semearam vento*
colherão tempestade†.
Seu trigo será sem espiga,
não dará farinha,
e se der, vão devorá-la os estrangeiros.
[8]Israel foi engolido:
agora está entre as nações
como vaso desprezível.
[9]Pois eles subiram até Assur,*
asno selvagem que anda sozinho;
Efraim comprou* amantes†.
[10]Ainda que os comprem entre as nações,
agora eu os reunirei
e dentro em breve sofrerão
sob o peso do rei dos príncipes.
[11]Porque Efraim multiplicou os altares para pecar;
eles se tornaram para ele
altares de pecado.
[12]Mesmo se eu escrevesse para ele
minhas leis aos milhares,
elas seriam consideradas coisa estranha.
[13]Quanto aos sacrifícios que me oferecem,
eles sacrificam carne e a comem,*
mas Javé não se agrada deles;*
ele se recordará de sua iniquidade
e punirá seus pecados:
deverão regressar* ao Egito†.
[14]Israel esqueceu seu Criador
e construiu palácios;
Judá multiplicou suas fortalezas.
Mas eu mandarei sobre suas cidades*
um fogo que devorará suas cidadelas.

9 **Israel deportado.** [1]Não te entregues à alegria, Israel,
não faças festa com outros povos,
porque abandonaste teu Deus,
praticando a prostituição,
e amaste o preço dela
sobre todas as eiras de trigo.
[2]A eira e o lagar não os manterão,
e o vinho novo lhes faltará.*
[3]Não poderão ficar na terra de Javé,
mas Efraim voltará para o Egito,*
e na Assíria comerão comidas impuras.
[4]Não farão libações de vinho a Javé,
seus sacrifícios não lhe serão agradáveis.
Serão para eles como pão de luto:*
os que dele comem se tornam impuros.
Porque seu pão será para sustentar sua vida,
mas não entrará na casa de Javé.
[5]Que fareis nos dias das solenidades,
nos dias de festa de Javé?
[6]Escaparam da ruína;
mas o Egito os recolherá,
Mênfis será seu túmulo.
Seus tesouros de prata passarão às urtigas,
em suas tendas crescerão os espinhos.
[7]Vieram os dias do castigo,*
chegaram os dias da retribuição,
– Israel o saiba:
o profeta é um louco,
o homem inspirado delira –
por causa de tuas muitas iniquidades,
e da grandeza de tua hostilidade.

---

* **8**,4. 1Sm 8,1; 11,12 | 5. 1Rs 12,28.32 | 6. Êx 20,4; 34,17 | 7. 10,13; Jó 4,8; Pr 22,8 | 9. 5,13; 7,11 / Ez 16,32ss | 13. 6,6 / Am 5,22 / Os 9,9 / Os 9,3; 11,5; Dt 26,68; Dt 32,15.18 | 14. Am 2,5 | **9**,2. 2,11 | 3. 8,13; 11,5 | 4. Dt 26,14 | 7. Am 3,2

† **8**,5. Os ídolos e o bezerro são referência ao culto cismático iniciado por Jeroboão, 1Rs 12,26-33. | 7. A tempestade é a invasão assíria. | 9. O povo age com os deuses como uma prostituta que paga aos amantes, em vez de receber deles a paga. | 13. Ao Egito, ou seja, à escravidão.

8 Sentinela de Efraim é o profeta com meu Deus;
mas um laço lhe é estendido em todos os seus caminhos,*
há hostilidade até na casa de seu Deus.
9 Corromperam-se profundamente,
como nos dias de Gabaá;*
mas ele se recordará de sua iniquidade,
punirá seus pecados.
10 Encontrei Israel como uvas* no deserto†;
considerei vossos pais como os primeiros figos
de uma figueira em seu início;
mas logo que chegaram a Baal-Fegor*
dedicaram-se àquela infâmia
e tornaram-se abomináveis
como aquilo que amavam.
Despovoamento. 11 A glória de Efraim voará como ave;
não haverá mais nascimento,*
nem gravidez, nem concepção.
12 Mesmo se criam filhos,*
eu os tirarei antes que fiquem grandes.
Sim, ai deles, quando eu me afastar deles!
13 Efraim, estou vendo, é como palmeira nova,
plantada num lugar aprazível;
mas Efraim conduzirá os filhos ao matador.
14 Javé, dai-lhes... Que dareis?
Um ventre estéril*
e seios secos!
15 Toda a sua malícia está em Guilgal,
foi lá que comecei a odiá-los.
Por causa da malícia de seus atos
eu os expulsarei de minha casa,*
não terei mais amor por eles;
todos os seus chefes são rebeldes.*
16 Efraim foi ferido,
sua raiz secou;*
não darão mais fruto.
Ainda que gerem filhos, farei morrer*
os caros frutos de seu ventre.
17 Meu Deus os rejeitará,*
porque não o escutaram;
andarão errantes entre as nações.

10 **Eliminação da idolatria.** 1 Israel era uma próspera videira,*
que dava muito fruto;
quanto mais se multiplicavam seus frutos,*
mais multiplicava os altares;*
quanto mais rico era o país,
mais ricas fazia suas colunas sagradas.
2 Seu coração é falso†;
agora pagarão por isso!
Ele mesmo demolirá seus altares,
destruirá suas colunas sagradas.*
3 Então dirão: "Não temos mais rei,
porque não tememos Javé.
Mas o rei, o que poderia fazer por nós?"
4 Falam palavras vãs, juram falso
ao concluir alianças;
a justiça floresce como erva venenosa*
nos sulcos dos campos.
5 Os habitantes de Samaria tremem
por causa do bezerro de Bet-Áven;*
sim, por ele fará luto seu povo;
e também seus sacerdotes,
que se alegravam por ele e por sua glória,
porque ela foi deportada para longe deles.
6 Ele mesmo será levado para a Assíria
como tributo ao grande rei.
Efraim se cobrirá de vexame,
Israel terá vergonha de seu ídolo.
7 Será aniquilado o rei de Samaria
como a espuma sobre a água.
8 Os lugares altos de Áven, o pecado de Israel,*
serão destruídos;
espinhos e abrolhos crescerão
sobre seus altares;
Então dirão aos montes: "Cobri-nos",*
e às colinas: "Caí sobre nós"†.

* **9**,8. Am 7,10-17; Jr 20,1-6 | 9. 8,13; Jz 19 | 10. 2,16; Dt 32,10 | 10. Nm 25,1-5; Jr 2,5 | 11. Dt 28,18 | 12. Dt 32,25 | 14. Lc 23,29 | 15. 8,1 / 1,8 | 16. Am 2,9; Mt 21,19 / Os 9,12 | 17. Dt 28,64s | **10**,1. Is 5,1 / Dt 32,15 / Os 2,7-14; 4,10s | 2. Êx 23,24 | 4. Am 6,12 | 5. 8,5; 4,15 | 8. 4,13; 2Rs 23,15s / Is 2,10; Lc 23,30; Ap 6,16

† **9**,10. Alude à eleição de Israel, pela qual Javé se alegrou como um viajante que aprecia este dom inesperado. | **10**,2. O povo está dividido entre Javé e os Baals, entre o Egito e a Assíria. | 8. Vão preferir a morte à escravidão. Este texto é citado por Jesus falando às mulheres no caminho do Calvário, Lc 23,30; é citado também em Ap 6,16.

Pecado e castigo. [9]Desde os dias de
Gabaá*
tu pecaste, Israel.
Lá permaneceram. Mas a batalha
contra os filhos da iniquidade
não os alcançará em Gabaá?
[10]Eu virei castigá-los;
os povos se reunirão contra eles
porque estão apegados a seu duplo
crime.
[11]Efraim é uma novilha domesticada*
que gosta de trilhar o trigo.
Mas eu porei o jugo
sobre seu belo pescoço;*
prenderei Efraim ao arado;
Judá vai arar
e Jacó vai desfazer os torrões.
[12]Semeai para vós justiça
e colhereis bondade;*
lavrai um campo novo,
porque é tempo de buscar Javé,
até que ele venha
e faça chover sobre vós a justiça.
[13]Arastes impiedade
e colhestes injustiça,
comestes o fruto da mentira.
Porque puseste confiança em teus
carros*
e na multidão de teus guerreiros,
[14]um rumor de guerra
se elevará entre teu povo,
e todas as tuas fortalezas serão devastadas.
Como Sálmana destruiu Bet-Arbel
no dia da batalha,
quando a mãe era esmagada sobre
os filhos,
[15]assim será feito de ti, ó Betel,
por causa de tua imensa malícia;
de madrugada o rei de Israel
será inteiramente destruído.

11

Carinho de Deus. [1]Quando Is-
rael era menino,*
eu o amei
e do Egito chamei* meu filho†.
[2]Mas quanto mais os chamava,
mais se afastavam de mim;
imolavam vítimas aos Baals,
aos ídolos queimavam incenso.
[3]Fui eu que ensinei Efraim a andar,
eu o tomei pelos braços,*
mas eles não compreenderam
que eu cuidava deles.
[4]Eu o atraía com laços de bondade,
com vínculos de amor;
era para eles
como quem ergue uma criança até o
rosto,
eu me inclinava até eles
para dar-lhes de comer.*
[5]Não voltará ao país do Egito,*
mas Assur será seu rei,
porque não quiseram converter-se.
[6]A espada se abaterá sobre suas cidades,
exterminará seus filhos
e os devorará por causa de suas intrigas.
[7]Meu povo está decidido a se afastar
de mim;*
embora chamem por Baal,
ele não os reerguerá.
Delicadezas paternas. [8]Como poderia
eu abandonar-te, Efraim?
Como entregar-te a outros, Israel?
Como poderia eu tratar-te igual a
Adama,
ou fazer-te semelhante a Seboim?†
Meu coração se comove dentro de
mim,*
toda a minha compaixão se acende
em mim.
[9]Não darei vez ao ardor de minha ira,
não voltarei a destruir Efraim,
porque sou Deus e não homem;*
sou o Santo no meio de ti:
não irei até vós em minha ira.*
[10]Seguirão Javé,
e ele rugirá como leão:
quando rugir, seus filhos
acorrerão, tremendo, do ocidente;
[11]do Egito acorrerão, tremendo
como aves,

---

* **9**,9. 9,9 | 11. 4,16 / Jr 2,20; 5,5 | 12. 2,21; Mq 6,8; Jr 4,3 | 13. Is 31,1 | **11**,1. Jr 2,1-9 / Mt 2,15 | 3. Dt 1,31 | 4. 8,13; Dt 8,16 | 5. 9,3 | 7. 1Rs 18,25-29 | 8. Dt 32,36; Jr 31,20; Is 54,8 | 9. Nm 23,19 / Ez 18,23.32; Sb 1,13

† **11**,1. Israel é representado não mais como esposa, mas como filho, o filho primogênito de Deus, Êx 4,22. Para Oseias, a história de Israel começa no êxodo. Mateus vê o cumprimento dessa profecia na volta do Menino Jesus do Egito, Mt 2,15. | 8. Duas cidades pecadoras como Sodoma e Gomorra, e destruídas junto com elas, Dt 29,22.

como pombas, do país da Assíria,
e eu os farei habitar em suas casas
– oráculo de Javé.

12 **Perversão de Israel.** 1Efraim
me rodeia de mentiras,
e a casa de Israel de fraudes.
Mas Judá ainda caminha com Deus,
ao Santo ele é fiel.
2Efraim se alimenta de vento
e segue o vento leste o dia todo;
multiplica mentiras e violências;
fazem alianças com a Assíria*
e levam óleo para o Egito.
3Javé está em demanda com Judá
e tratará Jacó segundo sua conduta,
haverá de retribuir-lhe conforme
suas ações.
4No seio materno suplantou o irmão,*
e quando adulto lutou com Deus;
5lutou com o anjo e o venceu,*
chorou e pediu graça.
Encontrou a Deus em Betel,*
e lá Deus falou conosco.
6"Javé, Deus dos exércitos,
Javé" é seu nome.
7Tu, pois, volta para teu Deus,
pratica a bondade e a justiça,
e em teu Deus põe tua esperança,
sempre.
8Canaã tem na mão balanças falsas,
gosta de fraudar.
9Efraim disse: "Fiquei rico,
adquiri uma fortuna;*
mas em todos os meus trabalhos
não acharão em mim nenhuma iniquidade,
nada que seja pecado".
10Mas eu sou Javé, teu Deus,*
desde o país do Egito.
Eu te farei habitar de novo debaixo
das tendas*
como nos dias do encontro†.
11Eu falarei aos profetas,
multiplicarei as visões
e por meio dos profetas falarei em
parábolas.*
12Se há iniquidade em Galaad,
será reduzida a nada.*
Em Guilgal sacrificam-se touros,*
por isso seus altares
serão como montes de pedras
nos sulcos dos campos.
13Jacó fugiu para a região de Aram,
Israel prestou serviço por uma mulher*
e por uma mulher tomou conta do
rebanho.
14Por meio de um profeta Javé
fez Israel sair do Egito*
e por meio de um profeta o guardou.
15Efraim o provocou amargamente:
Javé fará recair sobre ele
o sangue derramado
e seu Senhor lhe retribuirá sua desonra.

13 **Efraim infiel.** 1Quando Efraim
falava, incutia terror,
era grande em Israel.
Mas tornou-se culpado com Baal
e morreu.
2E agora continuam a pecar:
com sua prata fundiram para si estátuas,
ídolos de sua invenção,
todos trabalhos de artesãos.
Deles se diz: "Os homens que oferecem sacrifícios*
beijam os bezerros"†.
3Por isso serão como a nuvem da
manhã,*
como orvalho da madrugada que
logo se dissipa,*
como palha que o vento leva da eira,*
como fumaça que sai pela janela.*
4No entanto eu sou Javé, teu Deus,*
desde o país do Egito,
não conheces outro Deus além de mim,
não há Salvador que não eu.*
5Eu te conheci no deserto,
naquela terra árida.
6Em seus pastos se fartaram,
saciados, seu coração se orgulhou,
e por isso me esqueceram.*

---

* **12**,2. 5,13; 7,11; Is 30,1s; 31,1s | 4. Is 43,27; Gn 25,26 | 5. Gn 32,24-28 / Gn 28,10-22 | 9. Lc 12,16-21; Ap 3,17s | 10. 13,4; Êx 20,2 / Os 2,16 | 11. 6,5 | 12. 6,8 / 4,15; 9,15 | 13. Gn 29 | 14. Êx 3,7-10; Dt 18,15.18 **13**,2. 1Rs 12,27.32 | 3. 1Rs 19,18; Jr 31,27 / Os 6,4 / Sf 2,2 / Is 17,13; 41,16 | 4. 12,10 / Is 43,11 | 6. 5,14; Dt 32,15

† **12**,10. Efraim pensa que é rico e não precisa de Deus; mas Deus o reduzirá à pobreza, fazendo-o morar de novo em tendas, como no deserto. | **13**,2. Os cultos mágicos que Israel praticava para forçar a divindade culminam na degradação de si mesmo diante de meras criaturas.

Anúncio da ruína. 7Por isso serei para
eles como leão,
como leopardo os espiarei pelo caminho,
8eu os assaltarei como ursa a quem
tiraram os filhotes,*
quebrarei a caixa que contém seu
coração;
ali os devorarei como leoa;
os animais selvagens os dilacerarão.
9Estás destruído, Israel,
e quem poderá socorrer-te?
10Onde está agora teu rei,
que possa salvar-te em todas as tuas
cidades?
Onde estão teus chefes
dos quais dizias: "Dá-me um rei e
príncipes"?*
11Eu te dei um rei em minha ira*
e com furor eu o retomo.*
12A iniquidade de Efraim está trancada em lugar seguro,
seu pecado está bem guardado.*
13Dores de parturiente o surpreenderão,*
mas ele é um filho sem juízo,
porque quando chega a hora*
não se apresenta para nascer†.
14Eu os libertarei do poder dos abismos?
eu os resgatarei da morte?
Onde está, ó morte, tua peste?*
Onde está, ó abismos, vosso malefício?
A compaixão está oculta a meus olhos.
15Ainda que Efraim prospere no meio
dos irmãos;
virá o vento leste,*
o sopro de Javé se levantará do deserto,
suas nascentes secarão
e suas fontes se esgotarão;
ele saqueará o tesouro de todas as
coisas preciosas.

14 1Samaria vai pagar
porque se rebelou contra seu
Deus.*
Perecerão pela espada,
serão esmagados seus meninos
e às mulheres grávidas será rasgado
o ventre.*

Convite ao retorno†. 2Volta, pois, Israel, a Javé, teu Deus,
porque tropeçaste por causa de teu
pecado.*
3Preparai as palavras que direis
e voltai a Javé;
dizei-lhe: "Cancelai toda iniquidade;*
aceitai o que é bom,
e vos ofereceremos o fruto de nossos
lábios.
4A Assíria não nos salvará,*
não montaremos mais sobre cavalos,
nem chamaremos mais deus nosso*
a obra de nossas mãos,
porque é junto de vós que o órfão
encontra misericórdia".
5Eu os curarei de sua infidelidade,
generosamente os amarei,*
porque minha ira se afastou deles.*
6Serei como orvalho para Israel;*
ele florescerá como um lírio
e afundará suas raízes como o cedro
do Líbano.
7Seus ramos se estenderão,*
sua beleza será como a da oliveira
e seu perfume, como o do Líbano.
8Os que moram debaixo de sua sombra
cultivarão de novo o trigo
e florescerão como a videira;
sua fama será como a do vinho do
Líbano.*
9Ó Efraim, que tenho eu ainda a ver
com os ídolos?*
Sou eu que lhe respondo e velo sobre ele.
Eu sou como cipreste sempre verde;
é de mim que vem teu fruto.

Conclusão. 10Quem é sábio para compreender essas coisas*
e inteligente para as conhecer?
Porque retos são os caminhos de
Javé,*
e os justos andarão neles,
mas os rebeldes aí tropeçarão.

---

* **13**,8. 2Sm 17,18 | 10. 1Sm 8,5 | 11. 1Sm 8,7.22 / Os 10,15 | 12. Dt 32,34s | 13. Is 26,17s / Is 37,3 | 14. 1Cor 15,55; Is 25,8 | 15. 12,2 | **14**,1. 7,1 / 10,14 | 2. 5,5 | 3. Sl 32,1 | 4. 7,11;12,2; Is 31,1 / Os 2,18s | 5. 1,6; 9,15 / 2,16-25 | 6. Is 26,19 | 7. Is 27,6 | 8. Ez 27,18 | 9. 4,17; 2Cor 6,16 | 10. Pr 4,7 / Dt 32,4

† **13**,13. Israel não aproveita da prova para renascer. | **14**,2. A última palava de Oseias é de esperança, baseada na certeza de que Javé ama seu povo. O povo proclama seu arrependimento e recebe do profeta a certeza do perdão divino.

JOEL

Exerce sua missão de profeta provavelmente muito tempo depois do exílio, quando o país é completamente destruído por uma invasão de gafanhotos, flagelo clássico das terras do Oriente (1,10). Ora, é mediante as ofertas que o povo entra em comunhão com seu Deus no templo, mas a destruição da lavoura impede Israel de fazer ofertas, fonte de alegria e de felicidade (1,16). Isto provoca a dor dos sacerdotes e do povo (1,9). A comunidade grita a Deus, que responde através do profeta, o qual ajuda o povo a entender o desígnio divino. A catástrofe agrícola é interpretada como expressão do juízo divino, antecipado do último dia. É preciso que o povo volte a Deus, que é Deus de ternura e piedade (2,13), que dá a bênção e a chuva (2,23.26). Portanto, o profeta lança um apelo a fim de que retornem para Deus, mudando a própria vida com sincera conversão e atuando um programa que a Igreja nos propõe em cada Quaresma: Voltai a Deus com todo o coração, com jejuns e preces (2,12-17). Deus é bom e misericordioso, paciente e mantém suas promessas. Está mais pronto para perdoar que para punir. Uma liturgia de penitência obtém assim o fim da calamidade. Passada a provação, sobre o povo que tiver voltado ao Senhor de todo o coração, descerá o espírito criador e vivificador, a inaugurar a nova era de graça e salvação (3,1-5). No dia de Pentecostes, Pedro dirá que o dom das línguas, recebido pelos apóstolos, é a realização plena desta profecia de Joel. Os inimigos não mais ameaçarão Jerusalém, e o povo, transformado pela efusão do Espírito (3,1), poderá invocar o nome de Javé, isto é, celebrar o culto, fonte de salvação (3,5), que suscita uma extraordinária prosperidade (4,18). Finalmente, coroando tão grandes eventos, virá o juízo de Deus que, desafiando todas as forças contrárias, reinará soberano para sempre (cap. 4).

I. EXORTAÇÃO À PENITÊNCIA (1,1–2,17)

1 **Título.** [1]Palavra de Javé, dirigida a Joel, filho de Fatuel.

A invasão dos gafanhotos†. [2]Escutai isto, anciãos,
prestai ouvido, vós todos, habitantes do país.
Aconteceu uma coisa assim em vossos dias
ou nos dias de vossos pais?
[3]Contai-o a vossos filhos,
e os filhos vossos a seus filhos,
e seus filhos à geração seguinte.
[4]O que o gafanhoto deixou, o ticura comeu;*
o que o ticura deixou, o grilo comeu;
o que o grilo deixou, o acrídeo comeu.
[5]Despertai, bêbados, e chorai!*
Gemei vós todos que bebeis vinho
por causa do vinho novo que vos é tirado da boca.*
[6]Porque veio contra meu país
uma nação poderosa e inumerável†,
que tem dentes de leão, molares de leoa.*
[7]Devastou minha vinha,*
despedaçou minha figueira;
tirou-lhe a casca, jogou-a no chão,
seus ramos ficaram brancos.
[8]Chora, como virgem que veste roupa de saco
pelo noivo de sua juventude.
[9]Desapareceram oferta e libação†
da casa de Javé;
estão de luto os sacerdotes, ministros de Javé.
[10]Devastado está o campo,*
a terra chora,
porque o trigo está destruído,

---

* **1**,4. Dt 28,38; Am 4,9; 7,1s; Ml 3,11; Sl 105,34s | 5. Is 5,11 / Dt 28,39 | 6. Jr 46,23; Ap 9,8 | 7. Is 5,1; Na 2,3 | 10. Os 4,3

† **1**,1. Seca e gafanhotos, fatos não raros na Palestina, são reconhecidos pelo profeta como punição divina. | 6. Nação poderosa, povo grande e forte, 2,2, são expressões que indicam os gafanhotos. | 9. Destruída a lavoura, o povo morre de fome e também não há o que oferecer em oblação a Deus; a interrupção do culto é uma grande tragédia para o povo, que perde um fundamental ponto de contato com Deus.

falta o vinho novo,
o óleo acabou.
11 Consternai-vos, lavradores,
erguei lamentos, vinhateiros,
por causa do trigo e da cevada,
porque a colheita dos campos está perdida.
12 A videira está seca,
a figueira murchou;
a romãzeira, a palmeira, a macieira,
todas as árvores dos campos estão secas,*
dissipou-se a alegria entre os filhos dos homens.

Convite ao jejum†. 13 Cingi o cilício e chorai, ó sacerdotes,*
gemei, ministros do altar,
vinde, passai a noite com roupas de saco,
ministros de meu Deus,
porque a oferta e a libação
desapareceram da casa de vosso Deus.
14 Promulgai um jejum,*
convocai uma assembleia,
reuni os anciãos
e todos os habitantes do país
na casa de Javé, vosso Deus,
e clamai a Javé:
15 Ai, que dia!
Com efeito, está perto* o dia de Javé†;
e vem como extermínio mandado pelo Onipotente.
16 Não desapareceu de nossa frente a comida,
a alegria e o júbilo
da casa de nosso Deus?
17 Apodreceram as sementes
debaixo de seus sulcos,
os celeiros estão vazios,
destruídos os depósitos,
porque o trigo secou.
18 Como geme o gado!
Andam vagando as boiadas,
porque não há pastos;
sofrem também os rebanhos de ovelhas.*
19 A vós, Javé, eu clamo,
porque o fogo devorou
os pastos da estepe,
e as chamas queimaram
todas as árvores do campo.
20 Também os animais da terra
elevam a vós o olhar,
porque os rios secaram
e o fogo devorou os pastos da estepe.

2 **O dia de Javé.** 1 Tocai a trombeta em Sião
e dai o alarme em meu santo monte!
Tremam todos os habitantes do país,
porque está vindo o dia de Javé,
porque está próximo;*
2 dia de trevas e de densa escuridão,*
dia de nuvens e de caligem.
Como a aurora sobre os montes,
assim se expande um povo grande e forte,
qual nunca houve antes
nem haverá depois,
pelos anos de todas as gerações.

A praga dos gafanhotos. 3 Diante dele um fogo devora*
e atrás dele queima uma chama.
Como o jardim do Éden é a terra diante dele,*
e atrás dele é um deserto desolado,
e nada lhe escapa.
4 Sua aparência é como a de cavalos,*
como corcéis eles correm.
5 Com estrondo de carros
saltam sobre o topo dos montes,
como o crepitar da chama de fogo
que devora a palha,
como um povo forte
enfileirado para a batalha.
6 Diante dele tremem os povos,*
todos os rostos empalidecem.
7 Correm como valentes,
como guerreiros escalam os muros;
cada um segue sua estrada,
sem desviar-se de seu caminho.
8 Não empurram uns aos outros;
cada qual segue seu rumo.

---

* **1**,12. Am 4,7ss; Is 16,10; Jr 25,10 | 13. 1,8 | 14. 2,15 | 15. Ez 30,2s; Is 13,6 | 18. Os 4,3 | **2**,1. 1,15 | 2. Sf 1,15 | 3. 1,19 / Gn 2,8 | 4. Ap 9,7ss | 6. Is 13,8; Na 2,11

† **1**,13. Diante da calamidade, castigo pelos pecados, o profeta convida a uma liturgia de penitência. | 15. Expressão frequente para designar o momento em que Deus intervém com poder e justiça para julgar. Nas descrições proféticas, esse dia é precedido e acompanhado de fenômenos cósmicos, Is 13,10; Am 8,9.

Eles se lançam entre os dardos
mas não rompem as fileiras.
[9]Caem sobre a cidade,
correm sobre os muros,
sobem em cima das casas,
entram pelas janelas como ladrões.
[10]Diante deles a terra treme,
o céu se abala,*
o sol e a lua escurecem*
e as estrelas retiram seu brilho.
[11]Javé faz ouvir sua voz à frente de
seu exército,
porque imenso é seu acampamento;
poderoso é o executor de sua palavra;
porque grande é o dia de Javé*
e muito terrível:
quem poderá suportá-lo?
Convite ao arrependimento. [12]"Ago-
ra, pois – oráculo de Javé –
voltai a mim de todo o coração,*
com jejuns, com prantos e lamentos".
[13]Rasgai o coração e não as vestes,*
voltai a Javé, vosso Deus,
porque ele é ternura e piedade,*
lento à ira e rico em bondade,
e se arrepende do mal que manda.
[14]Quem sabe se não muda e se apla-
ca*
e deixa atrás de si uma bênção†,
uma oferta e libação
para Javé, vosso Deus?
Liturgia penitencial. [15]Tocai a trombe-
ta em Sião,*
promulgai um jejum,*
convocai uma reunião solene.
[16]Reuni o povo,
santificai a assembleia,
chamai os velhos,
reuni os meninos e as crianças que
mamam;
saia o esposo de seu quarto*
e a esposa de seu leito.
[17]Entre o vestíbulo e o altar*
chorem os sacerdotes, ministros de
Javé,
e digam:
"Perdoai, Javé, a vosso povo*
e não exponhais vossa herança à de-
sonra
e à zombaria das nações.
Por que se deveria dizer entre os po-
vos:*
Onde está seu Deus?"

II. FRUTOS DA PENITÊNCIA (2,18–3,21)

O perdão de Javé. [18]Javé mostrou-
-se apaixonado* por seu país†
e teve compaixão de seu povo.
[19]Javé respondeu a seu povo:
"Eu vos mando o trigo, o vinho novo
e o óleo*
até a saciedade;
não farei mais de vós o ludíbrio das
nações.
[20]Afastarei de vós aquele que vem do
norte
e o impelirei para uma terra árida e
desolada;
impelirei sua vanguarda para o mar
oriental
e sua retaguarda para o mar ocidental.
Exalará seu mau cheiro, subirá seu
fedor,*
porque fez muito mal.
Retorno à prosperidade. [21]Não temas,
ó terra,
mas alegra-te e exulta,
porque Javé fez grandes coisas†.
[22]Não temais, animais do campo,
porque os pastos da estepe germi-
naram,
as árvores produzem frutos,
a videira e a figueira dão seu produto.
[23]Vós, filhos de Sião, alegrai-vos,
exultai em Javé, vosso Deus,
porque ele vos dá a chuva na medida
certa;
sobre vós faz descer
a chuva do outono e da primavera,
como no passado.*

---

* **2**,10. 3,4; 4,15s / Jl 4,15 | 11. Ml 3,2.23; Na 1,6; Ap 6,17 | 12. Dt 4,29 | 13. Am 5,21; Is 58,5ss / Êx 34,6s | 14. Am 5,14s; Jn 3,9 | 15. 2,1 / 1,14 | 16. Dt 24,5 | 17. 1Mc 7,36ss / Êx 32,11s / Sl 42,4.11; 79,10; Mq 7,10 | 18. Dt 4,24 | 19. Dt 11,14 | 20. Am 4,10; Is 34,3 | 23. Dt 11,14

† **2**,14. A bênção designa os frutos da terra, que permitiriam recomeçar a fazer oblações e libações. | 18. Embora o castigue por suas faltas, Javé ama seu povo e o socorre quando ameaçado pelos inimigos e quando seus próprios castigos o oprimem. | 21. Os verbos estão no "perfeito profético", apresentando o futuro como já realizado, porque é garantido.

24As eiras se encherão de trigo
e os lagares transbordarão de mosto e de óleo.
25"Eu vos compensarei pelas colheitas devoradas pelo gafanhoto e pelo ticura,*
pelo grilo e pelos acrídeos,
aquele grande exército
que mandei contra vós.
26Comereis em abundância, até a saciedade,
e louvareis o nome de Javé, vosso Deus,
que fez por vós maravilhas.
E meu povo nunca mais ficará envergonhado.
27Reconhecereis que eu estou no meio de Israel,
e que eu sou Javé, vosso Deus,*
e que não há outro.
E meu povo nunca mais ficará envergonhado."

3 Efusão do espírito de Deus†.

1Depois disso,
efundirei meu espírito*
sobre todo ser humano.
Vossos filhos e filhas profetizarão,
vossos anciãos terão sonhos†,
vossos jovens terão visões.
2Também sobre os escravos e escravas
efundirei meu espírito
naqueles dias.
3Farei prodígios no céu e na terra:
sangue, fogo e colunas de fumaça.
4O sol se mudará em trevas,
e a lua em sangue,*
antes que venha o dia de Javé,*
grande e terrível.
5E todo aquele que invocar o nome de Javé será salvo.*
Porque sobre o monte Sião e em Jerusalém*
haverá salvação, como disse Javé,
também para os sobreviventes† que Javé vai chamar.

4 Juízo contra os pagãos.

1Porque naqueles dias e naquele tempo,
quando eu reconduzir do exílio os de Judá e os de Jerusalém,*
2reunirei todas as nações*
e as farei descer ao vale de Josafá†;
e lá entrarei em juízo com elas
a favor de meu povo Israel, minha herança,
que eles dispersaram entre as nações,
repartindo depois meu país.
3Lançaram sortes sobre meu povo;
deram um menino em troca de uma
prostituta e venderam uma menina em
troca de vinho* para poderem beber.
4Também vós, Tiro e Sidônia, e todos
os distritos da Filisteia, que pretendeis de mim? Quereis tirar desforra de
mim? Se quereis vingar-vos de mim,
rapidamente e sem demora farei recair
sobre vossa cabeça o mal que fizestes.
5Roubastes minha prata e meu ouro
e levastes para vossos templos meus
tesouros preciosos; 6vendestes aos
gregos os filhos de Judá e os filhos de
Jerusalém para afastá-los de sua pátria.
7Vou chamá-los dos lugares para onde
os vendestes e farei recair sobre vossas
cabeças o mal que fizestes†. 8Venderei
vossos filhos e filhas* aos habitantes de
Judá, que os venderão aos sabeus, um
povo distante. É Javé quem falou.

Convocação dos povos. 9Proclamai isto entre as nações:
Preparai a batalha†,
convocai os valentes;
venham, subam todos os guerreiros.*
10Transformai vossos arados em espadas*
e vossas foices, em lanças†;

* **2**,25. 1,4 | 27. Is 42,8 | **3**,1. At 2,17-21; Nm 11,25-30 | 4. Ap 6,12 / Jl 2,11 | 5. Rm 10,13 / Ab 17; Ap 14,1 **4**,1. Zc 12 | 2. Ap 16,13-16 | 3. Am 1,6-10; Ez 27,13 | 8. Is 22,25; Ab 18 | 9. Zc 14 | 10. Ez 38-39; Is 2,4; Mq 4,3

† **3**. No AT o espírito de Deus era dado a poucos, para o exercício de uma missão. Nos tempos messiânicos esse dom é acessível a todos, como desejava Moisés, Nm 11,29. São Pedro vê realizada em Pentecostes esta profecia, At 2,16-21. | 1. Não obstante os abusos dos falsos profetas, Eclo 34,1-8, os sonhos eram considerados como instrumento autêntico de revelação divina. | 5. Ou seja, o resto santo, núcleo do novo Israel, Is 1,9. | **4**,2. O nome Josafá significa "Deus julga". A tradição identifica este vale com o Cedron, vale de Jerusalém. | 7. Conforme a lei do talião, os filhos de Judá tratarão os fenícios e os filisteus do mesmo modo que estes os trataram. | 9. Lit. "santificai a batalha": a guerra é uma coisa santa que requer certas disposições; antes da batalha era norma oferecer sacrifícios à divindade, Jr 6,4. | 10. Joel propõe o contrário da exortação pacífica de Is 2,4 e Mq 4,3. | 13. A ceifa e a vindima são imagens do julgamento divino.

mesmo o mais fraco diga: eu sou um
guerreiro!
11 Vinde depressa, nações todas cir-
cunstantes, e reuni-vos lá!
Javé, fazei descer vossos heróis!
12 Que se levantem e subam as nações
para o vale de Josafá,
porque ali me sentarei para julgar
todas as nações circunstantes.
13 Empunhai a foice,*
porque o trigo está maduro;
vinde, pisai,
porque o lagar está cheio
e os tonéis transbordam†.
Tão grande é a malícia deles!
14 Multidões e multidões*
no vale da decisão!*
Porque o dia de Javé está próximo,
no vale da decisão†.
15 O sol e a lua escurecem,*
e as estrelas retiram seu brilho.
16 Javé ruge de Sião*
e de Jerusalém faz ouvir sua voz;
tremem os céus e a terra.
Mas Javé é um refúgio para seu povo,*
uma fortaleza para os filhos de Israel.
17 Vós sabereis que eu sou Javé, vosso
Deus,*
que moro em Sião, meu monte santo,
Jerusalém será um lugar santo:
por ela não passarão mais os estran-
geiros.

Perspectivas messiânicas. 18 Naque-
le dia, as montanhas destilarão vinho
novo,*
e leite escorrerá pelas colinas;
correrão águas
em todos os riachos de Judá.
Da casa de Javé brotará uma fonte*
que irrigará o vale das Acácias.
19 O Egito se tornará uma terra devas-
tada,
e a Idumeia um deserto desolado,
por causa da violência feita aos filhos
de Judá,
em cuja terra derramaram sangue
inocente.
20 Mas Judá será sempre habitado,*
e Jerusalém de geração em geração.
21 Vingarei o sangue deles, não o dei-
xarei impune;
e Javé habitará em Sião†.

---

* **4**,13. Ap 14,14-20; Is 17,5; 63,1-6 | 14. Is 17,12 / Jl 4,2 | 15. 2,10 | 16. Am 1,2; Jr 25,30 / Sl 46,2s | 17. 2,27; Ez 38,23 | 18. Am 9,13 / Is 30,25; Ez 47,1-12; Zc 14,8; Jo 4,1 | 20. Jr 17,25; Ez 37,25

† **4**,14. O dia de Javé significa a destruição total das nações e a salvação definitiva de Israel. | 21. Se Javé respondeu favoravelmente ao povo que lhe suplicava o fim da praga dos gafanhotos e da seca, isto quer dizer que Ele não abandona seu povo, mas permanece no meio dele como salvador.

AMÓS

É o primeiro profeta "escritor" e exerce seu ministério na primeira metade do séc. VIII a.C., num tempo em que os dois reinos, o do norte e o do sul, gozavam de certa tranquilidade e prosperidade. Mas o bem-estar nas mãos de poucos tinha produzido corrupção e exploração dos pobres. Originário de Técoa, a 16 km ao sul de Jerusalém, é chamado pelo Senhor para profetizar no reino do norte (7,14s). Homem simples e reto, cheio de fé e totalmente dedicado ao serviço de Deus, aceitou a ordem do Senhor, partiu e começou a denunciar sem meias palavras a vida corrupta das cidades, as injustiças sociais, a falsa segurança colocada num culto apenas exterior. Anuncia os castigos divinos (2,6: 6,14), destinados a punir as culpas do povo. Mas, no meio de tão tremenda punição, o Senhor não deixará de fazer brilhar uma luz de esperança (9,8.11).

O livro se divide em duas partes: a primeira consiste em oráculos, e a segunda apresenta cinco visões. Amós denuncia duas infidelidades à aliança: o culto luxuoso que não passa de formalismo e os pecados contra a justiça social, pelos quais o rico explora o pobre. Defende os humildes contra os abusos do poder, do dinheiro, da propriedade.

Amós é o primeiro que ousa proclamar que Deus poderia acabar com Israel (8,2). Afirma que o dia de Javé será um dia de trevas e não de graças e bênçãos como o povo esperava. Será o silêncio de Deus (8,11s). Amós continua a crer que o Deus que pune quer também salvar. Um resto subsistirá (5,15; 9,8b-10) e Javé restabelecerá seu povo Israel (9,11-15) porque permanece de pé seu projeto de salvação.

I. ORÁCULOS CONTRA AS NAÇÕES E CONTRA ISRAEL (1–2)†

1 **Título.** 1Palavras de Amós, um
dos pastores de Técoa, que ele
teve em visão a respeito de Israel, no
tempo de Ozias, rei da Judeia, e
no tempo de Jeroboão,* filho de Joás,
rei de Israel, dois anos antes do terremoto.

Exórdio. 2Ele disse:
"Ruge de Sião Javé*
e de Jerusalém faz ouvir sua voz;
estão desoladas as estepes dos pastores,*
secou o topo do Carmelo.

Oráculo contra Damasco. 3Assim fala
Javé:
"Por três crimes de Damasco*
e por este quarto não revogarei meu decreto:
porque trilharam Galaad com trilhos de ferro.*
4Porei fogo na casa de Hazael,
que devorará os palácios de Ben-Adad.
5Quebrarei o ferrolho de Damasco,
exterminarei todo morador de Bicea-t-Áven,
e aquele que detém o cetro de Bet-Éden
e o povo de Aram será deportado para Quir",*
diz Javé.

Contra Gaza e os filisteus. 6Assim fala
Javé:
"Por três crimes de Gaza*
e por este quarto não revogarei meu decreto:*
porque deportaram populações inteiras*
para entregá-las a Edom.
7Porei fogo nos muros de Gaza,
que devorará seus palácios;
8exterminarei os habitantes de Azoto*
e quem empunha o cetro em Ascalon;
voltarei minha mão contra Acaron,
e o resto dos filisteus perecerá",
diz o Senhor Javé.

---

* **1**,1. 8,8; 9,5 | 2. Jl 4,16; Jr 25,30 / Is 33,9; Na 1,4 | 3. Is 17,1ss; Jr 49,23-27 / 2Rs 8,12; 10,32s; 13,3.7 | 5. 2Rs 16,9 | 6. Jr 47 / Sf 2,4-7 / 2Cr 21,16s | 8. 2Cr 26,6

† **I.** As nações são denunciadas, porque cometem crimes contra a humanidade; Judá e Israel, porque violam a lei de seu Deus, principalmente pela idolatria e pela exploração dos pobres. As nações romperam acordos internacionais, Judá e Israel violaram a aliança com seu Deus.

Contra Tiro. 9Assim fala Javé:
"Por três crimes de Tiro*
e por este quarto não revogarei meu
decreto:
porque deportaram populações in-
teiras para Edom,
sem recordar a aliança* entre ir-
mãos†.
10Porei fogo nos muros de Tiro,
que devorará seus palácios".
Contra Edom. 11Assim fala Javé:
"Por três crimes de Edom*
e por este quarto não revogarei meu
decreto:
porque perseguiu com a espada seu
irmão
e sufocou toda compaixão para com
ele,
e porque guarda para sempre sua
cólera
e conservou seu furor sem fim†.
12Porei fogo em Temã,
que devorará os palácios de Bosra".
Contra Amon. 13Assim fala Javé:
"Por três crimes dos amonitas*
e por este quarto não revogarei meu
decreto:
porque rasgaram o ventre das mu-
lheres grávidas de Galaad
para alargar seus confins.
14Porei fogo nos muros de Rabá,
que devorará seus palácios
entre os clamores de um dia de ba-
talha,
entre o turbilhão de um dia de tem-
pestade.*
15O rei irá para o exílio,
ele junto com seus príncipes",
diz Javé.

2

Contra Moab. 1Assim fala Javé:
"Por três crimes de Moab*
e por este quarto não revogarei meu
decreto:
porque queimou os ossos do rei de
Edom
até reduzi-los a cal.
2Porei fogo em Moab,
que devorará os palácios de Cariot,
e Moab morrerá no tumulto,
entre gritos de guerra e som de
trombeta.
3Eliminarei do meio dele o juiz
e todos os seus príncipes matarei
junto com ele",
diz Javé.
Contra Judá. 4Assim fala Javé:
"Por três crimes de Judá
e por este quarto não revogarei meu
decreto:
porque desprezaram a lei de Javé*
e não observaram seus decretos;
deixaram extraviar-se por seus ídolos†
que seus pais tinham seguido.
5Porei fogo em Judá,*
que devorará os palácios de Jerusa-
lém".
Contra Israel†. 6Assim fala Javé:
"Por três crimes de Israel
e por este quarto não revogarei meu
decreto:
porque vendem o justo por dinheiro
e o pobre por um par de sandálias;
7desejam ver o pó da terra*
sobre a cabeça dos empobrecidos
e transtornam o caminho dos humil-
des.
Pai e filho vão à mesma mulher,*
profanando assim meu santo Nome.
8Sobre vestes penhoradas se esten-
dem*
junto de todo altar
e bebem na casa de seu Deus
o vinho confiscado como multa.
9Contudo eu exterminei diante dele
o amorreu,*
que era alto como o cedro
e forte como o carvalho;
exterminei seus frutos por cima*
e suas raízes por baixo.

---

* **1**,9. Is 23; Ez 26-28 / 1Rs 5,26; 9,11-14 | 11. Is 34; Jr 49,7-22; Ez 25,12ss; 35 | 13. Jr 49,1-6; Ez 25,1-7; Sf 2,8-11; 2Rs 8,12; 15,16; Os 14 | 14. Is 28,2 | **2**,1. Is 15-16; Jr 48; Ez 25,8-11; Sf 2,8-11 | 4. Is 5,24; Jr 7,28; Lv 26,14s | 5. Os 8,14 | 7. Is 3,15 / Dt 27,20; 23,19 | 8. Dt 24,12s | 9. Dt 7,1; 9,1s / Os 9,16

† **1**,9. Salomão havia feito aliança com Tiro, 1Rs 5,36. | 11. Edom, outro nome para Esaú; apesar de irmão de Israel, sempre foi seu inimigo. | **2**,4. Lit. "suas mentiras". | 6. Oráculo dirigido contra o reino no qual Amós pregava: condena sobretudo os pecados sociais. "A Igreja corre o perigo e a tentação do silêncio, quando deveria falar. Tem missão profética de condenar todas as manifestações do mal, os atos de injustiça, denunciando, mesmo com risco, aqueles que lesam a justiça" (Dom Hélder Câmara).

10 Eu vos fiz sair do país do Egito
e vos conduzi por quarenta anos no
deserto,*
para dar-vos como herança o país do
amorreu.
11 Fiz surgir profetas entre vossos fi-
lhos*
e nazarenos entre vossos jovens.*
Não é assim mesmo, israelitas?
Oráculo de Javé.
12 Mas vós fizestes os nazarenos be-
ber vinho
e aos profetas ordenastes: Não pro-
fetizeis!*
13 Pois bem, eu vos afundarei na ter-
ra*
como afunda um carro
quando está todo cheio de feixes.
14 Então o homem veloz não poderá
fugir,
nem o forte usar sua força;
nem o valente salvar sua vida.*
15 O arqueiro não resistirá;
não escapará o corredor,
nem o cavaleiro se salvará.
16 O mais corajoso entre os valentes
fugirá nu naquele dia!*
Oráculo de Javé".

II. ORÁCULO CONTRA ISRAEL (3–6)

3 **Castigo de Israel.** 1 Escutai esta
palavra
que Javé disse a vosso respeito,
filhos de Israel,
e a respeito de toda a família
que eu fiz subir do país do Egito:*
2 "Somente a vós eu escolhi
entre todas as estirpes da terra;
por isso vos punirei
por todas as vossas iniquidades".
A vocação profética. 3 Caminham dois
homens juntos
sem antes se porem de acordo?
4 Ruge o leão na floresta
sem que tenha uma presa?
O leãozinho urra de sua cova
se nada apanhou?
5 Cai por terra na rede uma ave
se não lhe foi feita uma armadilha?
Levanta-se do chão o laço
se não pegou alguma coisa?
6 Soa a trombeta na cidade*
sem que o povo fique alarmado?
Acontece algum mal na cidade
que Javé não tenha feito?
7 Na verdade, o Senhor Javé não faz
coisa alguma
sem antes revelar seu segredo*
a seus servos, os profetas.
8 Ruge o leão: quem é que não tre-
me?
O Senhor Javé falou:*
Quem não profetizará?†
Contra Samaria. 9 Proclamai-o nos pa-
lácios da Assíria
e nos palácios do país do Egito e di-
zei:
"Reuni-vos sobre os montes de Sa-
maria*
e vede quantas desordens há no
meio dela
e quantos oprimidos* em seu inte-
rior†.
10 Não sabem agir com retidão
– oráculo de Javé –,
violência e rapina acumulam em seus
palácios.
11 Por isso, assim fala o Senhor Javé:
O inimigo cercará o país,
será abatido teu poder
e teus palácios serão saqueados".
12 Assim fala Javé:
"Como o pastor arranca da boca do
leão
duas pernas ou uma parte de uma
orelha,
assim escaparão os israelitas
que em Samaria estão no canto de
um leito
ou num divã de Damasco".
Contra Betel. 13 Escutai e testemunhai
contra a casa de Jacó,

---

* **2**,10. Dt 2,7 | 11. Dt 18,18 / Nm 6,1 | 12. 7,12s | 13. Is 30,10; Jr 11,21; 1Rs 22,8.27; Am 1,3 | 14. 9,1 | 16. 5,18 | **3**,1. Dt 7,6 | 6. Jl 2,1 / Is 45,7 | 7. Gn 18,17; Jr 7,25 | 8. 7,14s; Jr 20,7ss | 9. Sf 3,8 / Am 2,6ss

† **3**,8. Se Javé falou, o profeta tem de profetizar; se o profeta profetiza, é porque Javé falou, por isso a seus olhos o fato de o povo não o escutar era um pecado particularmente grave, pois era recusar o próprio Javé. | 9. Os assírios e os egípcios são chamados para vir julgar Israel, constatando a opressão que ele pratica.

diz o Senhor Javé, Deus dos exércitos:
14"No dia em que eu castigar
Israel por seus crimes,*
eu me insurgirei contra os altares de Betel;
serão quebrados os chifres do altar†
e cairão por terra.
15Demolirei a casa de inverno
junto com a casa de verão;
serão destruídas as casas de marfim*
e desaparecerão os grandes palácios.
Oráculo de Javé".

4 **Contra as mulheres de Samaria.**
1Escutai esta palavra,*
vacas de Basã†,
que estais sobre o monte de Samaria,
que explorais os fracos,
maltratais os pobres
e dizeis a vossos maridos:*
"Traze aqui, bebamos!"
2"O Senhor jurou por sua santidade:*
Virão para vós dias
em que sereis levadas com anzóis,
e vossa posteridade com arpões de pesca.
3Saireis pelas brechas,
uma depois da outra,
e sereis expulsas para o Hermon,
oráculo de Javé".
Impenitência dos israelitas. 4"Ide a
Betel e pecai,*
a Guilgal e pecai ainda mais!
Oferecei toda manhã vossos sacrifícios
e de três em três dias vossos dízimos.
5Oferecei um sacrifício de ação de graças com fermento*
e proclamai as ofertas espontâneas, publicai-as,
porque assim gostais de fazer, ó israelitas,
oráculo do Senhor Javé.
6No entanto eu vos deixei com nada nos dentes
em todas as vossas cidades*
e com falta de pão
em todos os vossos lugares;
mas não retornastes a mim,
oráculo de Javé.
7Também vos recusei a chuva*
três meses antes da colheita;
fiz chover sobre uma cidade
e não sobre outra;
um campo ganhou chuva,
mas outro, sobre o qual não choveu, secou;
8então duas, três cidades se moviam cambaleando
para outra cidade para beber água,
sem poder matar a sede;
mas não retornastes a mim,
oráculo de Javé.
9Eu vos feri com a queimadura e a ferrugem;*
fiz secar vossos jardins e vossas vinhas;
vossas figueiras e vossas oliveiras o gafanhoto as devorou;
mas não retornastes a mim,
oráculo de Javé.
10Mandei contra vós a peste,*
como outrora contra o Egito;
matei pela espada vossos jovens,
deixei capturar vossos cavalos;
fiz subir até vossas narinas
o mau cheiro de vossos acampamentos;*
mas não retornastes a mim,
oráculo de Javé.
11Eu vos transtornei
como Deus tinha feito com Sodoma e Gomorra;*
fostes como um tição*
retirado de um incêndio;
mas não retornastes a mim,
oráculo de Javé.
12Por isso eu te tratarei assim, Israel!
E porque isto te farei,
prepara-te para o encontro com teu Deus, ó Israel!*
13Porque é ele que forma os montes
e cria o vento,

---

* **3**,14. 1Rs 12,29s; 13,1-5 | 15. 1Rs 22,39 | **4**,1. Is 3,16-24; 32,9-14 / Is 5,11s | 2. Lv 17,1; Sl 89,36 | 4. 2Rs 2,1 | 5. Lv 7,11 | 6. Lv 26,14-39 | 7. Jr 14,1-6 | 9. 1Rs 8,37; Dt 28,22 | 10. Êx 9,1-7; Dt 7,15 / Is 34,2s | 11. Gn 19,1 / Zc 3,2 | 12. Ml 3,1s | 13. 3,7 / 5,8.27; 9,6; Is 12,6; Jr 32,18

† **3**,14. Ver a nota em Êx 27,2. | **4**,1. Basã era uma terra famosa por suas pastagens. As vacas são as mulheres ricas, que participam dos pecados de seus maridos.

que manifesta ao homem qual é seu pensamento,*
que muda a aurora em trevas
e caminha sobre as alturas da terra,*
Javé, Deus dos exércitos, é seu nome".

5 **Lamentação sobre Israel.** 1Escutai estas palavras,
este lamento que eu pronuncio sobre vós,
ó casa de Israel!
2Caiu, não se levantará mais,
a virgem de Israel†;
está estendida no chão,
e não há quem a levante.
3Pois assim fala o Senhor Javé:
A cidade que saía com mil homens
ficará com cem,
e a cidade de cem
ficará com dez, na casa de Israel.
4Porque assim fala Javé à casa de Israel:
Buscai-me e vivereis!*
5Não procureis Betel,
não entreis em Guilgal,*
não chegueis a Bersabeia,*
porque Guilgal certamente irá para o exílio*
e Betel será reduzida a nada†.
6Buscai Javé e vivereis,
para que ele não irrompa como fogo
na casa de José, e a consuma,
sem que haja em Betel quem o apague!
7Eles transformam o direito em veneno*
e jogam no chão a justiça.
8Aquele que fez as Plêiades e o Órion*
muda as densas trevas em aurora
e escurece o dia em noite;
convoca as águas do mar*
e as derrama sobre a terra:
Javé é seu nome†.
9Ele manda de repente a ruína sobre os poderosos,
e assim a destruição se abate sobre as fortalezas.
10Eles odeiam quem repreende à porta†
e detestam quem fala conforme a verdade.
11Porque vós oprimis o fraco
e exigis dele tributos de trigo,
estas casas de pedra lavrada que construístes,*
não as habitareis;
destas vinhas deliciosas que plantastes
não bebereis o vinho,
12porque eu sei como são numerosos vossos crimes
e enormes vossos pecados:
oprimis o justo, aceitais suborno
e repelis os pobres no tribunal.
13Por isso, quem for prudente se calará nesse tempo,
porque será um tempo mau.*
14Procurai o bem e não o mal*
se quereis viver,
e assim Javé, Deus dos exércitos,
esteja convosco, como dizeis.
15Odiai o mal e amai o bem
e restabelecei no tribunal o direito;
talvez Javé, Deus dos exércitos,
tenha piedade do resto* de José†.
16Por isso, assim fala Javé,
Deus dos exércitos, o Senhor:
"Em todas as praças haverá pranto,
e em todas as ruas dirão: 'Ai! Ai!'
Chamarão o agricultor para o luto,
e para a lamentação os que sabem entoar lamentos.
17Em todas as vinhas haverá choro,
porque eu passarei no meio de ti",
diz Javé.*
O dia de Javé. 18Ai daqueles que esperam o dia de Javé!

---

* **5**,4. Os 10,12 | 5. 4,4 / 8,14 / Os 4,15 | 7. 6,12 | 8. Jó 9,9; 38,31 / Am 9,6 | 11. Dt 28,30-33; Zc 5,3s | 13. Mq 2,3 | 14. 5,4; Sl 34,13ss; 36,27 | 15. Is 4,3 | 17. 4,12; Ml 3,1s | 18. Jr 13,16; 14,19

† **5**,2. Pela primeira vez, a nação é comparada a uma jovem, uma criatura vulnerável que tem um fim prematuro. | 5. Buscar a Deus não significa apenas ir a um santuário: é preciso buscar o bem, viver retamente. | 8. Javé dispõe soberanamente dos homens e das coisas, e seu poder não tem limites; todas as forças do universo estão a sua disposição. | 10. A porta da cidade, lugar onde era administrada a justiça. | 15. Primeiro uso da palava "resto" para indicar a comunidade que perpetuará o povo de Deus depois que Deus fizer desaparecer os pecadores. | 18. A expressão "dia de Javé", que aparece aqui pela primeira vez, designa uma intervenção decisiva do poder de Javé; confiante em sua condição de povo eleito, Israel esperava que fosse um dia favorável e não de castigo para ele.

Que será para vós o dia de Javé?*
Será trevas e não luz†.
19 Será como se alguém que foge de um leão
dá de frente com um urso;
ou como quem entra em casa, apoia a mão na parede
e é mordido por uma cobra.
20 Não será talvez trevas e não luz
o dia de Javé?
e obscuridade sem esplendor algum?
21 "Eu detesto, rejeito* vossas festas†
e não gosto de vossas assembleias solenes.
22 Ainda que me ofereçais holocaustos e oblações,
não os aceito;*
e não olho com agrado
as ofertas pacíficas de vossos animais cevados.
23 Afastai de mim o rumor de vossos cantos;
não quero ouvir o som de vossas harpas!
24 Mas que corra como água o direito
e a justiça, como um rio perene.
25 Acaso me oferecestes sacrifícios e oblações *
no deserto por quarenta anos, ó israelitas?
26 Mas carregastes Sacut, vosso rei,
e Caivã, vosso ídolo,
e a estrela de vossos deuses, que fizestes para vós.
27 Por isso vos deportarei
para além de Damasco", diz Javé,*
cujo nome é Deus dos exércitos.

6 **Ai dos ricos de Israel.** 1 Ai dos que vivem tranquilos em Sião*
e daqueles que se sentem seguros
na montanha de Samaria!
Pessoas ilustres da primeira entre as nações,
a quem recorrem os israelitas!
2 Passai por Calane e olhai;
dali, ide a Emat, a grande;
depois descei a Gat dos filisteus;
sois melhores que esses reinos?†
ou é maior que o deles vosso território?
3 Vós pretendeis retardar o dia fatal,
mas apressais o reino da violência.
4 Deitados em leitos de marfim,*
estendidos sobre seus divãs,
comem os cordeiros do rebanho
e os novilhos do curral;
5 cantam ao som da harpa
e, como Davi, inventam instrumentos musicais;*
6 bebem o vinho em grandes taças
e se ungem com os unguentos mais refinados,
mas não se afligem com a ruína de José.
7 Por isso irão para o cativeiro,
à frente dos deportados,
e cessará a orgia dos folgazões.*

Gravidade do castigo. 8 Jurou o Senhor Javé, por si mesmo:*
– oráculo de Javé, Deus dos exércitos –
"Detesto o orgulho de Jacó,*
odeio seus palácios,
entregarei a cidade e o que lá existe.
9 Se numa casa restarem dez homens,*
também eles morrerão.
10 Quando um parente vier
com aquele que queima os corpos
para levar os corpos para fora da casa,
dirá a quem está no fundo da casa:
'Há mais alguém contigo?'
O outro responderá: 'Não.'
E o primeiro dirá: 'Silêncio!';*
porque não se deve mencionar o nome de Javé.
11 Porque Javé ordena
e reduz a casa grande a ruínas
e faz em pedaços a pequena.
12 Correm os cavalos sobre rochas?
ara-se o mar com bois?
Porque vós mudais o direito em veneno
e o fruto da justiça em absinto.*

* **5**,21. 4,4s | 22. Os 8,13; Is 1,11 | 25. At 7,42s | 27. 4,13 | **6**,1. Lc 6,24; Jr 5,12s | 4. 3,15 | 5. 1Cr 23,5; Ne 12,36 | 7. Ap 18,14 | 8. 4,2 / Is 28,1 | 9. 2,14ss | 10. Sf 1,7; Zc 2,17; Hab 2,20 | 12. 5,7

† **5**,21. Os ritos religiosos só agradam a Deus quando expressam sinceramente veneração e amor e são acompanhados de uma vida conforme a Sua vontade. O culto é sacrílego se está ligado à opressão dos pobres. | **6**,2. Se essas cidades pagãs sofreram o castigo de Deus, também Israel não ficará isento.

[13]Vós vos alegrais por Lo-Dabar e di-
zeis:
'Não é por nossa força que conquis-
tamos Carnaim?'*
[14]Agora eu suscitarei contra vós, casa
de Israel,
– oráculo de Javé, Deus dos exércitos
–
uma nação que vos oprimirá da en-
trada de Emat
até a torrente da Arabá".

III. VISÕES (7–9)+

7 **A visão dos gafanhotos.** [1]O Se-
nhor Javé mostrou-me o seguin-
te: ele estava formando uma nuvem
de gafanhotos,* quando começava a
germinar o feno tardio, aquele que
brota depois do corte reservado ao rei.
[2]Quando acabaram de devorar o feno
do país, eu disse: "Senhor Javé, perdo-
ai! Como Jacó poderá resistir? É tão pe-
queno!" [3]Javé arrependeu-se: "Isto não
sucederá", disse Javé.
A seca. [4]O Senhor Javé mostrou-me o
seguinte: o Senhor Javé chamava para
o castigo; o fogo devorou o grande
abismo e devorava o campo. [5]Eu disse:
"Senhor Javé, cessai! Como Jacó pode-
rá resistir? É tão pequeno!" [6]Javé arre-
pendeu-se. "Tampouco isto sucederá!",
disse o Senhor Javé.
O fio de prumo. [7]O Senhor mostrou-
-me o seguinte: ele estava sobre uma
parede levantada a prumo e tinha na
mão um fio de prumo. [8]Javé me disse:
"O que vês, Amós?" Respondi: "Um fio
de prumo". O Senhor me disse: "Eu po-
nho um fio de prumo no meio de meu
povo, Israel; não lhe perdoarei mais
nada. [9]Serão devastados os lugares al-
tos* de Isaac, e os santuários de Israel
serão arrasados quando eu me levantar
com a espada contra a casa de Jero-
boão".
Disputa com Amasias. [10]Então Ama-
sias, sacerdote de Betel, mandou dizer
a Jeroboão, rei de Israel: "Amós conju-
ra contra ti no meio da casa de Israel.
O país não pode tolerar suas palavras.
[11]Pois é assim que fala Amós: Pela es-
pada morrerá Jeroboão, e Israel cer-
tamente será deportado para longe
de sua terra". [12]Amasias disse então a
Amós: "Vai-te embora, vidente, foge
para o país de Judá;* lá comerás teu
pão e lá poderás profetizar; [13]mas em
Betel* não profetizes mais, porque este
é o santuário do rei e o templo do rei-
no". [14]Amós respondeu a Amasias:
"Eu não era profeta, nem filho de
profeta;
era boiadeiro e cultivava sicômoros+;
[15]Javé me tirou*
de detrás do gado e Javé me disse:
'Vai, profetiza a Israel, meu povo!'
[16]Agora escuta a palavra de Javé: Tu
dizes: 'Não profetizes contra Israel,*
nem pregues contra a casa de Isaac'.
[17]Pois bem, diz Javé: 'Tua esposa se
prostituirá na cidade,* teus filhos e tuas
filhas cairão pela espada, tua terra será
repartida a cordel, tu morrerás em ter-
ra impura, e Israel será deportado para
longe de sua terra'".

8 **A cesta de frutos maduros.** [1]O
Senhor Javé me fez ver isto:*
um cesto de fruta madura.
[2]Ele perguntou: "Que vês, Amós?"
Respondi: "Um cesto de fruta madu-
ra".
Javé me disse:
"Meu povo, Israel, está maduro para
seu fim;*
não lhe perdoarei mais.
[3]Naquele dia os cânticos do palácio
se tornarão lamentos
– oráculo do Senhor Javé.
Numerosos serão os cadáveres e jo-
gados por todo lado.*
Silêncio!"

---

* **6**,13. Dt 8,17 | **7**,1. Jl 1,4-7; 2,3-9; Dt 28,38 | 9. Dt 12,2; 2Rs 15,8ss | 12. 7,9; 5,27; 6,7; 9,4 | 13. 2,12; 1Rs 12,29 | 15. 3,3-8; 2Sm 7,8 | 16. 2,12 | 17. 2Rs 17,24; Dt 28,30-33; Os 9,3 | **8**,1. 7,7ss | 2. Ap 14,15.18 | 3. 6,10

+ **III**. Numa série de visões, Deus revela os males que virão sobre Israel. | **7**,14. Amós diz que não é profeta por profissão, não pertence a nenhuma associação de profetas, mas profetiza por vocação divina. Tem sua profissão da qual pode viver, não precisa ganhar a vida profetizando.

Contra os aproveitadores. 4Escutai isto, vós que pisoteais o pobre
e quereis exterminar os humildes do país;
5vós que dizeis: "Quando passará a lua nova
para que possamos vender trigo?
e o sábado, para abrirmos nossos celeiros?
Vamos diminuir as medidas e aumentar o siclo;*
usaremos balanças falsas;
6compraremos com dinheiro os indigentes
e o pobre, por um par de sandálias.*
Venderemos até o refugo do trigo".
7Javé jura pelo orgulho de Jacó:
"Certamente, não esquecerei jamais nenhuma de suas ações".
8Por causa disso não tremerá a terra?
e não estarão de luto todos os seus habitantes?*
Toda ela se levanta como o Nilo,
Agita-se e rebaixa-se como o rio do Egito.

Castigo misterioso. 9Naquele dia – oráculo do Senhor Javé –
farei que o sol se ponha ao meio-dia
e escurecerei a terra em pleno dia!
10Mudarei vossas festas em luto*
e todos os vossos cantos em lamentações;
farei todo flanco vestir roupa de saco,
tornarei calva toda cabeça;
farei que isto seja como um luto por um filho único,*
e seu fim será como um dia de amargura.

Fome e sede da palavra de Javé. 11Virão dias – oráculo do Senhor Javé –
em que mandarei a fome ao país,*
não fome de pão, nem sede de água,*
mas de ouvir a palavra de Javé.
12Então andarão errantes de um mar ao outro
e correrão do norte ao oriente
para buscar a palavra de Javé,*
mas não a encontrarão†.
13Naquele dia definharão de sede*
as virgens belas e os jovens.
14Os que juram pelo pecado de Samaria†
e dizem: "Pela vida de teu deus, Dã!"
ou: "Pela vida de teu amado, Bersabeia!",
cairão sem mais levantar-se.

9 **A última visão.** 1Vi o Senhor de pé junto do altar e me dizia:
"Bate no capitel
para que estremeçam os umbrais;
quebra-os sobre a cabeça de todos,
e o que restar deles eu matarei com a espada;
nenhum deles conseguirá fugir,*
nenhum deles escapará†.
2Ainda que penetrem nos abismos,*
de lá os arrancará minha mão;
se subirem ao céu,
de lá os farei descer.
3Se eles se esconderem no topo do Carmelo,
irei buscá-los e os tirarei de lá;
se eles se ocultarem de minha vista no fundo do mar,
ordenarei ali à serpente que os morda;
4se forem para o cativeiro diante de seus inimigos,
ordenarei ali à espada que os mate.
Porei meus olhos sobre eles
para o mal e não para o bem".
5O Senhor Javé dos exércitos
bate na terra e ela se derrete,
e todos os seus habitantes ficam de luto;*
ela se levanta toda como o Nilo
e se abaixa como o rio do Egito.
6É ele que constrói no céu sua morada
e apoia sua abóbada sobre a terra;
ele chama as águas do mar*
e as derrama sobre a face da terra;*
Javé é seu nome.

---

* **8**,5. Dt 25,13; Mq 6,10s; Os 12,8 | 6. 2,6 | 8. 9,5 | 10. Tb 2,6; Os 2,13; Is 3,24; 15,2s / Jr 6,26; Zc 12,10 | 11. 4,2 / Mt 5,6; Dt 8,3 | 12. Os 5,6 | 13. Zc 9,17 | **9**,1. 2,13-16; 6,9s | 2. Sl 139,7-12; Jr 23,23s | 5. 8,8 | 6. 5,8 / 4,13 | 7. Js 13,2

† **8**,12. Deus não mandará a Israel sua palavra, tão importante para a nação nos campos religioso e político, porque o povo se recusou a ouvir os profetas que Ele enviou. | 14. O pecado de Samaria era o bezerro do santuário de Betel; Dã era o local do outro santuário cismático, 1Rs 12,29. | **9**,1. A ruína do santuário de Betel é um anúncio da ruína do reino inteiro.

Castigo dos pecadores. 7 Não sois
para mim como os etíopes, ó israeli-
tas?†
Oráculo de Javé.
Não fui eu que fiz Israel sair do país
do Egito,
os filisteus de Cáftor e os arameus
de Quir?*
8 O olhar do Senhor Javé
está voltado contra o reino pecador:
"Eu o exterminarei da superfície da
terra;
mas não exterminarei completa-
mente a casa de Jacó,
oráculo de Javé.
9 Com efeito, eu darei ordens
e abalarei, entre todas as nações, a
casa de Israel,
como se sacode com a peneira
sem cair por terra um só grão.
10 Pela espada perecerão todos os
pecadores de meu povo†,
esses que diziam: 'Não se aproximará,
não chegará até nós a calamidade'".*
Restauração†. 11 "Naquele dia reer-
guerei a tenda arruinada de Davi;*
repararei suas brechas, reerguerei
suas ruínas
e a reconstruirei como nos tempos
antigos,
12 para que conquistem o resto de
Edom
e todas as nações
sobre as quais foi invocado meu
Nome,
oráculo de Javé, que fará tudo isso†.
13 Virão dias – oráculo de Javé –*
nos quais quem semeia se encontra-
rá com quem ceifa,
e quem pisa a uva, com quem lança
a semente;*
os montes destilarão mosto,
que escorrerá pelas colinas†.
14 Farei voltar do cativeiro meu povo
Israel;*
eles reconstruirão as cidades devas-
tadas*
e nelas habitarão;
plantarão vinhas e beberão seu vi-
nho;
cultivarão pomares e comerão seus
frutos.
15 Eu os plantarei em sua terra,
e nunca mais serão arrancados
da terra que eu lhes dei",
diz Javé teu Deus.

---

* **9**,10. 6,1-6; Is 28,15; Jr 5,12 | 11. At 15,16s | 13. 5,11 / Lv 26,5 | 14. Jl 4,18 / Os 14,8; Jr 31,5; Is 65,21s

† **9**,7. O que agrava a falta de Israel é sua presunção, sua arrogância. É povo eleito somente por graça divina; se for infiel à aliança, será castigado como qualquer outro. | 10. Ver a nota em 5,15. | 11. As promessas de restauração nacional incluem o restabelecimento do reino davídico, a prosperidade material e a ocupação para sempre da terra recuperada. | 12. Em seu discurso no Concílio de Jerusalém (At 15,16s), São Tiago cita os vv. 11-12, conforme a versão grega: "a fim de que o resto dos homens busque o Senhor, assim como todas as nações sobre as quais foi invocado meu nome" e com eles argumenta para não obrigar os pagãos a receberem a circuncisão. | 13. Expressões que indicam abundância e prosperidade material, que reanima a esperança do povo num tempo atribulado.

ABDIAS

Este nome hebraico significa "servo de Javé". O profeta viveu provavelmente no séc. VI a.C. Escreve pouco depois da ruína de Jerusalém. Transmite sua mensagem no livro mais breve do AT. Anuncia o juízo de Deus contra Edom que, embora fosse irmão de sangue de Israel, traiu-o, colaborando com os inimigos para efetuar a catástrofe da destruição de Jerusalém e de todo o reino de Judá. Edom aproveitou-se da queda de Jerusalém para anexar a parte sul da Judeia. Javé punirá severamente sua perfídia e seu orgulho e manifestará assim que é Senhor não só de Israel, mas de todas as nações. Israel poderá voltar à pátria vitorioso, reconhecendo Javé como seu único Deus.

O profeta mostra como o orgulho leva à ruína. Edom, com seu orgulho, provocou a Deus e este o exterminará. Edom é fratricida, negando Israel em sua desventura; Javé lhe aplica a lei do talião, porque a causa de seu povo é a sua. Israel será reabilitado, e Sião voltará a ser o lugar da morada divina, capital do futuro reino de Deus sobre a terra. O Senhor é justo juiz. "Como fizeste, assim te será feito" (v. 15). Todo pecado traz consigo o castigo.

CRIMES DE EDOM E SUA RUÍNA

Sentença contra Edom. 1Visão de Abdias.
Assim fala o Senhor Javé a respeito de Edom:
Ouvimos de Javé uma mensagem*
e um mensageiro foi enviado entre as nações:
"Levantai-vos, marchemos contra este povo para lutar!"†
2Eu te faço pequeno entre as nações,*
tu és muito desprezível.
3O orgulho de teu coração te enganou,*
ó tu, que habitas nas fendas das rochas†,
que puseste no alto tua morada
e dizes em teu coração:
"Quem poderá derrubar-me ao chão?"
4Ainda que te elevasses como a águia
e pusesses teu ninho entre as estrelas,
de lá te derrubarei,
oráculo de Javé.
5Se ladrões entrassem em tua casa,*
ou saqueadores de noite,
– como estarias arruinado! –
não roubariam quanto lhes bastasse?
Se vindimadores viessem a ti,
deixariam outra coisa além de algum cacho?
6Como foi revistado* Esaú!†
Como foram procurados seus tesouros!"
7Todos os teus aliados te expulsaram até a fronteira;
teus amigos te enganaram e te venceram;*
os que comiam teu pão te armaram laços:
não há nele entendimento!
8Naquele dia, oráculo de Javé,*
não farei desaparecer os sábios de Edom,
e a inteligência dos montes de Esaú?†
9Teus valentes, ó Temã, serão tomados de pânico,
e no massacre será exterminado
todo homem do monte de Esaú.

As culpas de Edom. 10Pela violência feita
a teu irmão, Jacó,*
a vergonha te cobrirá,
e serás exterminado para sempre.

---

* 1. Jr 49,14 | 2. Jr 49,15s | 3. Is 43,13s; Hab 2,9 | 5. Jr 49,9 | 6. Jr 49,10 | 7. Jr 38,22; Sl 41,10 | 8. Jr 49,7; Is 19,11-15; 29,14; Jr 8,8s; 49,22 | 10. Am 1,112; Jl 4,19

† 1. Edom será destruído por causa dos pecados que cometeu quando Jerusalém foi conquistada em 586 a.C. Seus crimes estão enumerados nos vv. 9-14. | 3. A capital de Edom era Petra, 2Rs 14,7, construída no meio das rochas. | 6. Os edomitas eram um povo irmão, mas inimigo, descendente de Esaú. A hostilidade vinha desde o início, Gn 27,41. | 8. Edom era famoso na antiguidade por seus sábios, Jr 49,7.

[11]No dia em que, estando tu presente,
os estrangeiros carregavam suas riquezas,
os bárbaros entravam por suas portas
e lançavam sortes sobre Jerusalém,*
também te comportaste como um deles.
[12]Não te alegres pelo dia de teu irmão†,
pelo dia de sua desventura.
Não te alegres pelos filhos de Judá
no dia de sua ruína.
Não fales com arrogância
no dia da angústia.
[13]Não entres pela porta de meu povo
no dia de sua desventura;
não olhes com prazer seu mal
no dia de sua calamidade;
nem lances mão de seus bens
no dia de sua ruína.
[14]Não te ponhas nas esquinas das ruas,
para massacrar seus fugitivos;
não entregues ao inimigo seus sobreviventes,
no dia da angústia.
[15]Porque está para vir o dia de Javé†
sobre todas as nações.
Como fizeste, assim te será feito,
tuas ações recairão sobre tua cabeça.

Revanche de Israel sobre Edom†.

[16]Porque, como bebestes sobre meu santo monte,*
assim beberão continuamente todas as nações.
Beberão e engolirão,
e serão como se nunca tivessem existido.
[17]Mas sobre o monte Sião* haverá sobreviventes†,
e será um lugar santo;
e a casa de Jacó possuirá o que lhe pertence.
[18]A casa de Jacó será um fogo
e a casa de José, uma chama;
mas a casa de Esaú será como palha
que eles queimarão e consumirão;
não escapará nenhum da casa de Esaú,
porque Javé falou†.
[19]Os do Negueb possuirão o monte de Esaú
e os da planície, o país dos filisteus;
possuirão o território de Efraim e de Samaria,
e Benjamim ocupará Galaad.
[20]Os deportados deste exército, os israelitas,
ocuparão Canaã até Sarepta;
e os exilados de Jerusalém, que estão em Safarad,
ocuparão as cidades do Negueb.
[21]Subirão vitoriosos ao monte Sião*
para governar o monte de Esaú,
e o reino será de Javé.*

---

* 11. Sl 137,7 | 16. Lm 4,21 | 17. Jl 3,5 | 21. Mq 4,7 / Sl 22,29

† 12. O profeta fala como se estivesse presente na tomada de Jerusalém e diz a Edom que não cometa as violências que de fato cometeu. | 15. Ver a nota em Am 5,18. | 16. Edom e as outras nações são exterminadas, enquanto os israelitas recuperam seu território e ocupam regiões vizinhas. | 17. Ver a nota em Am 5,15. | 18. A casa de Jacó é Judá e a casa de José é Israel, dos quais Javé se servirá para punir Edom. Voltarão a se unir num só reino na vitória final de Javé, Ez 37,15-28.

JONAS

Entre os profetas menores é o mais conhecido e o mais popular. É assimilado ao personagem de 2Rs 14,25, que viveu no tempo de Jeroboão II. Seu relato diz que foi chamado por Deus e mandado a Nínive para pregar a penitência, mas ele desobedece e foge, embarca em Jope e se dirige a Társis. Durante a viagem, surge uma grande tempestade e, para aplacá-la, é lançado ao mar, onde é engolido por um peixe que o vomita na praia após três dias. O Senhor então lhe repete a ordem, e desta vez ele obedece, vai a Nínive, prega, e a cidade se converte, obtendo o perdão dos pecados. Jonas, até então fechado em seu nacionalismo, compreende agora que Deus tem compaixão também dos pagãos.

O livro é de cerca do ano 400 a.C. Os autores modernos veem nele uma narrativa de caráter religioso, pois a intenção do autor não é apresentar um fato histórico como pensavam os antigos, mas sim uma parábola, com fim didático, para ensinar que a misericórdia de Deus é livre e imerecida.

Essa abertura ao universalismo religioso constitui a mensagem mais bela e significativa do livro; aliás, sintetiza o pensamento judaico do Antigo Testamento e forma quase uma ponte de união entre os dois Testamentos, porque demonstra que Javé é Deus também dos gentios e se interessa tanto por sua salvação que lhes manda um profeta para convertê-los. Israel não deveria considerar-se detentor exclusivo da salvação, mas não havia entendido a missão de testemunha universal que o exílio o levava a assumir (Is 43,8-13). Como Jonas se submeteu, assim deve fazer Israel agora. Tem de aprender um outro sentido de Deus, vindo da liturgia, da aliança e dos ambientes sapienciais abertos ao universal.

O exemplo dos habitantes de Nínive, que creram em Deus (3,5), que se converteram e foram perdoados, é um daqueles que com maior evidência manifestam a bondade e a misericórdia de Deus, que não recusa ninguém, mas acolhe com amor infinito todo aquele que se dirige a ele. "Tu és um Deus clemente e compassivo" (4,2).

I. JONAS ENVIADO A NÍNIVE (1–2)

1 **Desobediência de Jonas.** [1]Esta
palavra de Javé foi dirigida a Jo-
nas, filho de Amitai: [2]"Levanta-te, vai a
Nínive†, a grande cidade, e ali procla-
ma† que sua maldade subiu até mim".
[3]Jonas, porém, pôs-se a caminho para
fugir para Társis, longe da presença de
Javé. Desceu a Jope, onde encontrou
um navio que ia para Társis. Pagou o
preço da viagem e embarcou com eles
para Társis, longe da presença de Javé†.
[4]Mas Javé desencadeou sobre o mar
um forte vento, e sobreveio ao mar
uma tempestade* tão grande que o
navio estava a ponto de se despedaçar.
[5]Os marinheiros, amedrontados, invo-
caram cada qual seu próprio deus e
lançaram ao mar a carga do navio* para
diminuir seu peso. Entretanto, Jonas
descera ao porão do navio e, deitado,
dormia profundamente. [6]Chegou perto
dele o comandante e lhe disse: "Que fa-
zes aqui? dormes?* Levanta-te, invoca
teu Deus! Talvez Deus pensará em nós,
e não morreremos". [7]Depois disseram
entre si: "Vamos tirar a sorte para saber
por culpa de quem nos aconteceu esta
calamidade"†. Tiraram a sorte, e a sorte
caiu sobre Jonas†.

---

* **1**,4. Sl 107,23-30 | 5. At 27,18 | 6. Mt 8,24s

† **1**,2. Capital do império assírio, na margem esquerda do rio Tigre, diante da moderna Mossul. Uma das duas colinas onde estava a cidade antiga chama-se ainda hoje "Nebi Younous", "profeta Jonas". / Mandando um profeta pregar numa cidade inimiga do povo eleito, Javé mostra que é Deus de todas as nações e deseja a salvação de todas elas. | 3. Longe da terra onde Ele era honrado e onde estava seu templo, Jn 4,2 apresenta o motivo desta fuga: Jonas não podia aceitar que a misericórdia de Deus se estendesse àquele povo cruel e sanguinário. | 7. Era uma crença antiga pensar que a presença de um criminoso a bordo era um perigo para todos os viajantes. / Os antigos achavam que Deus interferia quando se tirava a sorte para resolver uma dúvida, 1Sm 14,41; 28,6.

Jonas lançado ao mar. [8]Perguntaram-lhe: "Explica-nos por que nos sobreveio esta calamidade. Qual é tua profissão? Donde vens? Qual é teu país? A que povo pertences?" [9]Ele respondeu: "Sou hebreu e venero Javé, Deus do céu, que fez o mar e a terra". [10]Aqueles homens foram tomados de grande temor e lhe perguntaram: "Que fizeste?" Ficaram sabendo então que ele estava fugindo para longe da presença de Javé, porque lhes havia contado. [11]Disseram-lhe: "Que devemos fazer-te para que se acalme o mar para nós?" Pois, o mar se enfurecia sempre mais. [12]Ele lhes disse: "Tomai-me e lançai-me ao mar, e se acalmará o mar para vós, porque sei que esta grande tempestade vos sobreveio por minha causa". [13]Os homens remavam com força para chegar à praia, mas não conseguiam, porque o mar se tornava sempre mais tempestuoso e ameaçador. [14]Então clamaram a Javé* e disseram: "Javé, não deixeis que pereçamos por causa da vida deste homem e não nos torneis culpados de sangue inocente, porque vós, Javé, fizestes conforme vossa vontade". [15]Tomaram Jonas e o lançaram ao mar, e o mar aplacou sua fúria. [16]Os homens foram tomados de grande temor de Javé, ofereceram um sacrifício a Javé e fizeram votos.

2 **Jonas no ventre de um peixe.** [1]Mas Javé dispôs que um grande peixe* engolisse Jonas; e Jonas esteve no ventre do peixe três dias e três noites. [2]Do ventre do peixe Jonas rezou a Javé, seu Deus, [3]e disse:

"Em minha angústia invoquei Javé*
e ele me respondeu;
do profundo dos abismos, eu gritei*
e ouvistes minha voz.
[4]Vós me lançastes no abismo, no coração do mar,
e a corrente das águas me cercou;
todas as vossas vagas e as vossas ondas*
passaram sobre mim.
[5]Eu dizia: Fui expulso*
para longe de vossos olhos;
mas continuarei a olhar
para vosso santo templo.*
[6]As águas me submergiram até a garganta,*
o abismo me envolveu,
as algas se enrolaram em minha cabeça.
[7]Desci até a base dos montes,
a terra fechou seus ferrolhos
atrás de mim para sempre.
Mas retirastes da fossa minha vida,*
Javé meu Deus.
[8]Quando em mim desfalecia minha alma,
lembrei-me de Javé;
minha oração chegou até vós,
em vosso santo templo.
[9]Os que adoram ídolos
abandonam a fidelidade à aliança.
[10]Mas eu com voz de louvor vos oferecerei um sacrifício
e cumprirei o que prometi.*
A salvação pertence a Javé".*

[11]Então Javé ordenou ao peixe, e este lançou Jonas na praia.†

II. JONAS EM NÍNIVE (3–4)

3 **A pregação de Jonas.** [1]A palavra de Javé foi dirigida a Jonas uma segunda vez nestes termos: [2]"Levanta-te, vai a Nínive, a grande cidade, e anuncia-lhe o que eu te digo". [3]Jonas levantou-se e foi a Nínive segundo a palavra de Javé. Nínive era uma cidade muito grande: eram necessários três dias para atravessá-la†. [4]Jonas começou a andar pela cidade durante um dia e pregava: "Daqui a quarenta dias Nínive será destruída". [5]Os cidadãos de Nínive creram em Deus* e promulgaram um

---

* **1**,14. Jr 26,15 | **2**,1. Mt 12,40 | 3. Sl 120,1; 130,1 / Lm 3,55 | 4. Sl 42,8 | 5. Sl 31,23 / Sl 5,8 | 6. Sl 69,3 | 7. Sl 30,4; 16,10 | 10. Sl 22,26 / Sl 3,9 | **3**,5. Lc 11,30.32; Ez 26,16

† **2**,11. A arte cristã primitiva representa Jonas lançado pelo peixe como símbolo da ressurreição de Cristo, Mt 12,40. | **3**,3. Esse número fantástico exprime a grandeza e o poder da cidade. | 5. Jesus cita o exemplo dos ninivitas convertidos por Jonas para repreender a incredulidade dos judeus diante de sua pregação, Mt 12,41.

jejum, vestiram roupas de saco, desde
o maior até o menor deles†. [6]A notícia
chegou ao rei de Nínive, e ele se levan-
tou do trono, tirou o manto, cobriu-
-se de saco e sentou-se sobre a cinza.
[7]Mandou proclamar e publicar* em Ní-
nive: "Por decreto do rei e de seus no-
bres, homens e animais, grandes e pe-
quenos, não provem nada; não tomem
alimento nem bebam água. [8]Homens e
animais se cubram de saco e invoquem
a Deus com todas as forças; cada um se
converta de sua má conduta e da vio-
lência que está em suas mãos. [9]Quem
sabe? Talvez Deus volte atrás,* arre-
penda-se e deixe de lado seu ardente
furor, de modo que não morramos?"†
[10]E Deus viu suas ações, isto é, que se
haviam convertido de sua má conduta.
Deus então arrependeu-se do mal que
havia ameaçado fazer-lhes e não o fez.

4 **Deus justifica sua misericór-
dia.** [1]Mas isto desagradou muito
a Jonas, e ele ficou irritado†. [2]Rezou a
Javé, dizendo: "Javé, não era isto que
eu dizia quando ainda estava em meu
país? Foi por isto que da primeira vez
fugi para Társis: porque sabia que vós
sois um Deus clemente e compassivo,*
lento para a ira, rico em misericórdia, e
que vos arrependeis do mal ameaçado.
[3]Agora, pois, Javé, tirai-me a vida, por-
que é melhor para mim morrer* que vi-
ver!"† [4]Mas Javé respondeu-lhe: "Achas
justo te enfureceres assim?"

[5]Então Jonas saiu de Nínive e sen-
tou-se a leste da cidade. Fez ali uma
cabana e sentou-se debaixo dela, na
sombra, para ver o que aconteceria
com a cidade. [6]E Javé Deus fez cres-
cer uma mamoneira sobre Jonas, para
fazer-lhe sombra na cabeça e livrá-lo
de seu mal. Jonas sentiu uma grande
alegria por aquela mamoneira.

[7]Mas no dia seguinte, ao raiar da au-
rora, Deus mandou um verme, que ata-
cou a mamoneira, e ela secou. [8]Quan-
do o sol se levantou, Deus fez soprar
um vento leste sufocante. O sol bateu
na cabeça de Jonas, que estava a ponto
de desfalecer, e ele pediu a morte, di-
zendo: "É melhor para mim morrer que
viver".

[9]Então Deus perguntou a Jonas:
"Achas justo irritar-te assim por uma
mamoneira?" Ele respondeu: "Sim, é
justo eu me irritar até desejar a mor-
te!" [10]Mas Javé respondeu-lhe: "Tu tens
compaixão da planta que não te custou
trabalho e que não fizeste crescer, que
numa noite nasceu e numa noite mor-
reu, [11]e eu não deveria ter compaixão
de Nínive, a grande cidade, na qual há
mais de cento e vinte mil pessoas que
não sabem distinguir entre a mão direi-
ta e a esquerda, e uma grande quanti-
dade de animais?"†

---

* **3**,7. Ez 27,30s | 9. Jl 2,14; Am 5,15 | **4**,2. 1,3; Êx 34,6s | 3. 1Rs 19,4

† **3**,9. A conversão dos pagãos, ao ouvirem um profeta de Israel, é uma condenação da atitude do mesmo Israel, que não ouvia seus profetas. | **4**,1. Jonas teme passar por falso profeta, anunciando um fato que não aconteceu. Também não aceita que a salvação divina beneficie um outro povo, julgando que ela é dom exclusivo para Israel. | 3. Ao contrário de Elias, que pediu a morte porque sua pregação não obtinha êxito, 1Rs 19,4, Jonas pede a morte porque sua pregação foi um sucesso extraordinário. | **4**,11. Contra o exclusivismo de Israel, é ensinada a misericórdia de Deus para com todos os que se arrependem. Era justo que obtivessem a salvação todos os que participaram da penitência, 3,7.

MIQUEIAS

Profeta originário da Judeia, contemporâneo de Oseias e de Isaías e pouco posterior a Amós, exerce seu ministério sob os reis Acaz e Ezequias, ou seja, pelo fim do séc. VIII e princípio do séc. VII. É testemunha da queda do reino do norte (721 a.C.) e do cerco de Jerusalém pelos assírios (701 a.C.). Dotado de nobre consciência e de profunda convicção de sua vocação profética, em nome de Deus faz o processo a seu povo e o condena por suas culpas e infidelidades. Com palavras ardentes denuncia os abusos e as injustiças que mancham a fé no único Deus e a concórdia fraterna do povo eleito. Pregador da justiça social, ataca fortemente os usurários, os comerciantes fraudulentos, as famílias divididas, os sacerdotes avarentos, os falsos profetas, os juízes corruptos e toda espécie de tirania. Imagina que, ao receber tanta ingratidão em troca de seus benefícios, Deus mesmo se lamente dizendo: "Meu povo, que te fiz? Em que coisa te cansei? Responde-me. Eu te fiz sair do Egito" (6,3s). São palavras que repetimos na Sexta-feira Santa, pensando em nossa conduta e escutando-as como se fossem do Cristo crucificado.

O profeta censura os chefes civis e religiosos do povo, acusa-os de injustiça, de corrupção e de valer-se da aliança como se fosse uma garantia incondicional. A cidade e o templo serão destruídos e os profetas não terão palavra para proclamar, porque Deus se calará. O profeta chora sobre a sorte miserável de sua pátria e sobre os castigos por ela merecidos. Mas o fim de Jerusalém não é o fim de Israel: um resto sobreviverá e, graças ao perdão e à misericórdia de Deus, a nação será restaurada, enquanto as nações serão humilhadas. Javé ensinará ao povo seus caminhos (4,2), que se resumem numa célebre frase: "Ó homem, foi-te ensinado o que é bom, o que Javé requer de ti: apenas praticar a justiça, amar a misericórdia e caminhar humildemente com teu Deus" (6,8). Deus falará ao povo através de seu Messias, descendente de Davi, que surgirá não da capital Jerusalém, mas da humilde Belém, para libertar Israel (5,1). Sião será o ponto de reunião de todos os povos; aí receberão a palavra de Deus, que será o início de uma paz universal.

I. JUÍZO DE DEUS SOBRE ISRAEL E JUDÁ (1–3)

1 **Título.** 1Palavra de Javé, dirigida a Miqueias de Morasti, no tempo de Joatão,* de Acaz e de Ezequias, reis de Judá. Visão que ele teve a respeito de Samaria e de Jerusalém.

Contra Israel e Judá. 2Ouvi, povos todos!*
Presta atenção, ó terra,
e tudo o que há em ti!
O Senhor Javé seja testemunha contra vós,
o Senhor, de seu santo templo.
3Pois Javé sai de sua morada,*
desce e caminha sobre as alturas da terra.*
4Os montes debaixo dele se dissolvem*
e os vales se derretem como cera diante do fogo,*
como águas derramadas numa encosta.
5Tudo isto por causa da infidelidade de Jacó
e dos pecados da casa de Israel.
Qual é a infidelidade de Jacó?
Não é Samaria?
Qual é o pecado de Judá?
Não é Jerusalém?
6Reduzirei Samaria a um monte de ruínas no campo,*
a um lugar para plantar a vinha.
Farei rolar suas pedras para o vale
e porei a descoberto suas fundações.
7Todas as suas estátuas serão quebradas
e todos os seus salários serão queimados;
de todos os seus ídolos farei uma ruína,
porque são ofertas recolhidas como salário de prostituição†
e voltarão a ser salário de prostituição.

---

* **1**,1. Is 1,1 | 2. Is 1,2; Sl 49,2 | 3. Is 26,21 / Am 4,13 | 4. Zc 14,4 / Sl 97,5 | 6. 3,12

† **1**,7. Trata-se do culto idolátrico, que arrasta à infidelidade o povo que tem como esposo seu Deus.

Castigo de Judá. 8Por isso chorarei e gritarei,
andarei descalço e nu;
farei lamentos como os* chacais,
e pranto como de avestruzes.
9Porque sua chaga é incurável
e chegou até Judá,
estende-se até a porta de meu povo,
até Jerusalém†.
10Não o anuncieis em Gat,*
não choreis em Aco,
em Bet-Leafra revolvei-vos no pó.*
11Emigra, população de Safir,
em vergonhosa nudez;
não saiu a população de Saanã.*
O luto de Bet-Esel
vos priva de sua proteção.
12Esperava o bem-estar
a população de Marot,*
mas desceu a calamidade
da parte de Javé
até a porta de Jerusalém.
13Atrela os corcéis ao carro,
ó habitante de Laquis!*
Ela foi o início do pecado
para a filha de Sião,
porque em ti foram achadas
as infidelidades de Israel.
14Por isso deverás dar um dote a Morasti-Gat;*
as casas de Aczib serão uma desilusão
para os reis de Israel.
15De novo farei vir sobre ti o conquistador,
ó habitante de Maresa;*
chegará até Odolam
a glória de Israel.
16Corta os cabelos, rapa a cabeça*
por causa de teus filhos que eram tua alegria!
Torna-te calva como um abutre,*
porque foram deportados
para longe de ti.

2 **A injustiça dos grandes.** 1Ai daqueles que projetam a iniquidade
e tramam o mal em seus leitos!*
Ao clarear do dia o executam,
porque na mão deles está o poder.
2Cobiçam campos e se apoderam deles,*
desejam casas e as tomam.
Assim fazem violência ao homem e a sua casa,
ao proprietário e a sua herança.
3Por isso, assim fala Javé:
"Eu tramo contra essa gente
um mal de que não podereis retirar o pescoço
e não caminhareis mais de cabeça erguida,
porque aquele tempo será de calamidade.*
4Naquele dia
farão sobre vós uma sátira,
cantarão um lamento e dirão: 'Acabou-se!
Estamos totalmente arruinados!*
A outros passa a herança de meu povo;
como arrebatou-me a porção!
Reparte nossos campos entre os que nos saqueiam'.
5Por isso não haverá nenhum
que estenda o cordel para ti,
para o sorteio na assembleia de Javé".
6"Não profetizes!", dizem a seus profetas.*
Assim não profetizarão a respeito dessas coisas,
mas não se evitará a infâmia.
7A casa de Jacó seria maldita?
Javé terá perdido a paciência,
ou este é seu modo de agir?†
Não são acaso benéficas suas palavras
para quem caminha com retidão?
8Mas vós vos levantastes como inimigos
contra meu povo†.
De quem é pacífico, tirais o manto;*
a quem caminha seguro, levais a guerra.

---

* **1**,8. Is 20,2ss; Ez 24,17-23 | 10. 2Sm 1,20 / Jr 25,34 | 11. Js 15,37 | 12. Rt 1,20 | 13. Js 15,39; 2Rs 14,19 | 14. Js 15,44 | 15. Js 15,44 | 16. 1Sm 22,1; 2Sm 23,13; Jr 7,29 / Is 22,12 | **2**,1. Sl 36,5 | 2. Is 5,8 | 3. Am 5,13 | 4. Dt 28,30-33 | 6. Am 2,12; Is 30,10 | 8. Dt 24,12s

† **1**,9. A mesma sorte de Samaria ameaça Judá, se não se converter. | **2**,7. Os falsos profetas não creem nas ameaças de Miquéias, alegando os privilégios do povo eleito. | 8. Os vv. 8-11 são a resposta do profeta: aqueles que despojam os pobres e anunciam o bem-estar serão por sua vez expulsos.

9Expulsais as mulheres de meu povo
de seu lar querido;
e tirais de seus filhos
minha glória para sempre.*
10De pé, ide embora!,
porque este não é um lugar de re-
pouso.
Por um nada exigis um penhor insu-
portável.*
11Se alguém que corre atrás do vento
e forja mentiras dissesse:
"Eu te profetizo em virtude do vinho
e de bebida inebriante",
ele seria um profeta*
para este povo.
Promessa de restauração. 12Sim, eu te
reunirei todo, Jacó;*
eu te recolherei certamente, resto de
Israel.*
Eu os porei juntos como ovelhas no
curral,*
como rebanho no meio do pasto,
uma rumorosa multidão de homens†.
13Quem abriu a brecha os precederá;
forçarão, atravessarão a porta
e sairão por ela;
marchará seu rei diante deles
e Javé estará a sua frente.

3 **Contra os chefes opressores.** 1Eu
disse: "Escutai, chefes de Jacó
e governantes da casa de Israel:
Não cabe a vós conhecer a justiça?
2Inimigos do bem e amantes do mal,*
vós lhes arrancais a pele
e a carne de cima dos ossos".
3Devoram a carne de meu povo
e lhe arrancam a pele,
quebram-lhe os ossos e os cortam
em pedaços
como se fossem para a panela,
como carne na caçarola.
4Então gritarão a Javé,*
mas ele não responderá;
esconderá deles a face, naquele tem-
po,*
porque fizeram más ações.

Contra os falsos profetas. 5Assim fala
Javé
contra os profetas que extraviam
meu povo,
que anunciam a paz
se têm o que mastigar,
mas a quem não lhes põe nada na boca
declaram a guerra†.
6Portanto, para vós será noite
em vez de visões;
trevas para vós
em vez de oráculos.
O sol se porá sobre estes profetas,
e escuro se fará o dia sobre eles.
7Os videntes serão cobertos de ver-
gonha
e os adivinhos, de confusão;
todos cobrirão seus lábios,
porque não há resposta de Deus.
8Mas eu, graças ao espírito de Javé,
estou cheio de força,
de justiça e de coragem
para anunciar a Jacó seu delito,
a Israel seu pecado.
Jerusalém será destruída. 9Escutai,
pois, isto,
chefes da casa de Jacó
e governantes da casa de Israel,
que detestais a justiça
e torceis tudo o que é reto,*
10que construís Sião com o sangue*
e Jerusalém com a iniquidade.
11Seus chefes dão as sentenças por
suborno,*
seus sacerdotes ensinam sob paga-
mento,*
seus profetas dão oráculos por di-
nheiro.
Ousam apoiar-se em Javé, dizendo:
"Não está Javé no meio de nós?*
Nenhum mal virá sobre nós".
12Por isso, por vossa causa,
Sião será lavrada como um campo
e Jerusalém se tornará um monte de
ruínas,*
e o monte do templo uma colina*
cheia de mato!†

---

* **2**,9. 2Rs 4,1 | 10. Êx 22,25 | 11. Jr 5,31 | 12. Jr 3,18 / Is 4,3 / Ez 34,1; 37,15-28 | **3**,2. Is 5,20.23 | 4. Jr 11,11 / Dt 31,17 | 9. Am 5,7 | 10. Hab 2,12 | 11. Is 1,23 / 1Sm 9,7 / Jr 5,12 | 12. Jr 26,18 / Mq 1,6

† **2**,12. Promessa do retorno dos exilados. | **3**,5. Eles se deixam subornar, dando mensagens favoráveis aos que lhes oferecem dons. | 12. Miqueias foi o primeiro profeta a anunciar a ruína do templo e de Jerusalém. Jeremias citará suas palavras anunciando, com o risco da própria vida, a mesma catástrofe, Jr 26,18s.

II. ORÁCULOS DE SALVAÇÃO (4–5)

4 **Restauração e paz**†. 1Nos últimos tempos,*
o monte do templo de Javé
será estabelecido no alto dos montes
e se elevará sobre as colinas
e afluirão a ele os povos;
2virão muitas nações e dirão:
"Vinde, subamos ao monte de Javé
e ao templo do Deus de Jacó;
ele nos ensinará seus caminhos,
e nós andaremos por suas veredas";
pois de Sião sairá a lei
e de Jerusalém a palavra de Javé.
3Ele será juiz entre muitos povos
e árbitro entre numerosas nações.
Com suas espadas farão relhas de arado,
e com suas lanças, foices.
Nenhuma nação levantará a espada contra outra
e não aprenderão mais a fazer guerra†.
4Cada um se sentará debaixo de sua videira
e debaixo de sua figueira,
e ninguém mais os inquietará,
porque a boca de Javé dos exércitos falou!*
5Sim, todos os outros povos
caminham cada qual no nome de seu deus;
mas nós caminharemos no nome de Javé, nosso Deus,*
eternamente, sempre.

Volta dos exilados. 6"Naquele dia – oráculo de Javé –*
reunirei os aleijados,
recolherei os dispersos
e os que tratei duramente.
7Dos aleijados eu farei um resto,*
dos dispersos, uma nação forte.
E Javé reinará sobre eles
sobre o monte Sião,
desde então e para sempre.
8E a ti, torre do rebanho,
colina da filha de Sião, a ti virá,
sim, voltará a ti o antigo domínio,
o reino da filha de Jerusalém".

Exílio e libertação. 9Agora, por que gritas tão forte?
Não há em ti um rei?
Morreram teus conselheiros,
para que te assaltem dores
como as de parturiente?
10Sofre e geme, filha de Sião,
como parturiente,
porque agora sairás da cidade
e morarás no campo
e irás até Babilônia.
Ali serás libertada;
ali Javé te resgatará
da mão de teus inimigos.
11Agora se reuniram contra ti muitas nações
que dizem: "Seja profanada
e gozem nossos olhos à vista de Sião".
12Mas elas não conhecem os pensamentos de Javé*
e não compreendem seu plano,
porque as reuniu como feixes na eira.
13Levanta-te e bate o trigo, filha de Sião,
porque farei de ferro teu chifre
e de bronze tuas unhas,
e tu triturarás muitos povos;
consagrarás a Javé seus ganhos,
e suas riquezas ao Senhor de toda a terra.
14Agrupa-te agora em tropas, filha de guerreiros;
puseram o cerco em torno de nós;
com a vara batem na face
do juiz de Israel.

5 **A glória de Belém**†. 1E tu, Belém de Éfrata,*
tão pequena para estar entre os clãs de Judá,
de ti sairá para mim aquele
que deverá reinar sobre Israel;
suas origens remontam aos tempos antigos,
aos dias mais remotos.

---

* **4**,1. Is 2,2ss | 4. Is 1,20 | 5. Is 2,5 | 6. Ez 34,1; Sf 3,19 | 7. Is 4,3 | 12. Is 55,8s | **5**,1. Mt 2,6; Jo 7,42

† **4**. Os vv. 1-3 encontram-se quase literalmente em Is 2,2-4. A fé do povo eleito será a fé de todos os povos. | **4**,3. "Até quando se falará em 'guerra justa', mesmo depois das maiores atrocidades cometidas sob este pretexto?" (Dom Hélder Câmara). | **5**. Anúncio do Messias que, como novo Davi, também originário de Belém, vem restaurar seu reino. Mt 2,5s e Jo 7,42 mostram que esse texto era considerado messiânico. No v. 2 é mencionada a mãe do Messias.

2Por isso Deus os abandonará até o tempo
em que der à luz aquela que deve dar à luz.*
Então o resto de seus irmãos
voltará aos filhos de Israel.
3Ele se porá de pé e apascentará seu rebanho
com a força de Javé,
com a majestade do Nome
de Javé, seu Deus.
Habitarão seguros,
porque ele então será grande
até os extremos confins da terra.
4E ele mesmo será a paz!†
Se a Assíria invadir nossa terra
e puser o pé em nossos palácios,
nós lhe oporemos sete pastores e oito chefes de homens,*
5que governarão a Assíria com a espada,
o país de Nemrod com o punhal.
Assim nos libertará da Assíria,
se ela invadir nossa terra
e puser o pé em nosso território.

O resto de Jacó. 6Então o resto de Jacó
será, no meio de muitos povos,
como orvalho mandado por Javé
e como chuva que cai sobre a grama,
que não espera nada do homem
nem depende dos filhos dos homens.
7Então o resto de Jacó será,
no meio de povos numerosos,
como leão entre os animais da floresta,
como leãozinho entre rebanhos de ovelhas,
o qual, quando entra, pisoteia e dilacera,
e não há salvação.
8Que vossa mão se levante
contra todos os vossos adversários,
e todos os vossos inimigos serão exterminados.

A obra de Javé†. 9Naquele dia – oráculo de Javé –
farei desaparecer do meio de ti teus cavalos*
e destruirei teus carros;
10aniquilarei as cidades de teu país
e demolirei todas as tuas fortalezas.
11Arrancarei de tua mão as feitiçarias
e não terás mais adivinhos.
12Eliminarei de teu meio
tuas estátuas e tuas colunas sagradas;
não mais te prostrarás
diante da obra de tuas mãos.
13Extirparei de ti teus postes* sagrados†
e destruirei teus ídolos.
14Com ira e com furor tirarei vingança das nações
que não quiseram obedecer.

III. ADVERTÊNCIA AO POVO E ESPERANÇA DE SALVAÇÃO (6–7)

6 **Processo de Javé contra seu povo.** 1Escutai, pois, o que diz Javé:
"De pé! Abre um processo diante das montanhas*
e que as colinas ouçam tua voz!
2Escutai, montanhas, o processo de Javé
e prestai ouvido, fundamentos inabaláveis da terra,
porque Javé tem uma demanda com seu povo,
move processo contra Israel.
3Meu povo, que te fiz?†
Em que coisa te cansei? Responde-me.
4Talvez porque te fiz sair do Egito,*
te resgatei da casa da escravidão
e mandei a tua frente Moisés, Aarão e Maria?*
5Meu povo, recorda as tramas de Balac, rei de Moab,
e o que lhe respondeu Balaão, filho de Beor.*

* **5**,2. Is 7,14 | 4. Am 1,3 | 6. Is 4,3 / Os 14,6 | 9. Os 14,4; Zc 9,10 | 13. Êx 23,24; 34,13 | **6**,1. Is 3,13ss; 5,3s; Os 4,1-5 | 4. Dt 5,6 / 1Sm 12,6 | 5. Nm 22-24

† **5**,4. A paz terrestre é imagem e fruto da paz de Cristo, o Príncipe da paz messiânica. | 9. Abolir a idolatria, o pecado que é diretamente contra a fidelidade ao Deus da aliança, é abolir o motivo da destruição da cidade e da expulsão do povo da terra. | 13. Representações de Aserá, divindade cananeia do amor e da fecundidade. A lei mandava queimá-las, Dt 12,3. | **6**,3. A liturgia usa esse texto na Sexta-feira Santa, na adoração da cruz.

Lembra-te do que aconteceu de Setim a Guilgal,
para reconheceres as justas obras de Javé".
6Com que me apresentarei a Javé,
me prostrarei ao Deus Altíssimo?
Com holocaustos me apresentarei a ele,
com novilhos de um ano?
7Agradarão a Javé os milhares de carneiros
e as miríades de torrentes de óleo?
Será preciso que eu lhe ofereça meu primogênito*
como preço de meu crime,
o fruto de minhas entranhas por meu pecado?†
8Ó homem, foi-te ensinado o que é bom,*
o que Javé requer de ti:
apenas praticar a justiça,*
amar a misericórdia*
e caminhar humildemente com teu Deus.*

Contra as injustiças. 9A voz de Javé grita à cidade!
– e quem é sábio teme seu Nome –:
Escutai, tribos e assembleia da cidade:
10Há ainda na casa do ímpio*
tesouros injustamente adquiridos
e medidas diminuídas, coisa detestável?
11Poderei eu declarar justo
quem usa balanças falsas
e bolsa de pesos alterados?
12Os ricos da cidade estão cheios de violência
e seus habitantes falam mentiras;
sua língua não é mais que engano em sua boca.
13Também eu comecei a ferir-te,
a devastar-te por causa de teus pecados.
14Comerás, mas não te saciarás,
e tua fome ficará dentro de ti;
porás de lado, mas nada conservarás;
e o que conservares,
eu o entregarei à espada.
15Semearás, mas não colherás;*
pisarás a azeitona, mas não te ungirás com o óleo;
produzirás o mosto, mas não beberás o vinho.
16Tu observas os preceitos de Amri,
todas as práticas da casa de Acab
e segues seus princípios;
por isso farei de ti uma desolação,
de teus habitantes alvo de zombaria
e sofrerás a infâmia de meu povo.

7 **Depravação universal.** 1Ai de mim! Tornei-me
como segador no verão,
como vindimador na vindima:
nem um cacho para comer,
nem um figo temporão que tanto aprecio!
2Desapareceu da terra o fiel,*
não há mais um justo entre os homens;
estão todos à espreita para derramar sangue;
cada um procura apanhar com a rede o irmão.
3Suas mãos estão prontas para o mal;*
para fazer o bem, o príncipe impõe condições,
o juiz se deixa corromper,
o grande manifesta cobiça,
e assim distorcem tudo.
4O melhor deles é como espinheiro,
e o mais reto, pior que cerca de espinhos.
Vem o dia predito por tuas sentinelas,
o dia de teu castigo;
então será a ruína deles.
5Não acrediteis no amigo,
não confieis no companheiro.
Guarda as portas de tua boca
diante daquela que repousa a teu lado.
6Pois o filho insulta o pai,
a filha se revolta contra a mãe,*
a nora contra a sogra.
Cada um tem como inimigos
as pessoas da própria casa.

---

* **6**,7. Lv 18,21 | 8. Am 5,21 / Am 5,24 / Os 2,21 / Is 7,9; 30,15 | 10. Am 8,5 | 15. Dt 28,30-33 | **7**,2. Sl 14,1ss; Jr 5,1 | 3. Jr 4,22 | 6. Mt 10,35s

† **6**,7. Sacrifício de crianças, condenado pelos profetas, Jr 7,31, mas ainda em uso, 2Rs 16,3.

Arrependimento[†]. [7]Mas eu volto o olhar para Javé,
espero em Deus, meu salvador;
meu Deus me escutará.
[8]Não te alegres com minha desventura,
ó minha inimiga!
Se caí, eu me levantarei;
se moro nas trevas,
Javé será minha luz.*
[9]Devo suportar o furor de Javé
– porque pequei contra ele –
até que defenda minha causa
e restabeleça meu direito.
Ele me fará sair à luz,
e eu contemplarei* suas justas obras[†].
[10]Minha inimiga o verá
e será coberta de vergonha,
ela que dizia:
"Onde está Javé, teu Deus?"*
Meus olhos a verão
quando for pisoteada como a lama das ruas.
[11]É o dia em que teus muros
serão reconstruídos;
naquele dia serão alargados teus confins.[†]
[12]Naquele dia virão a ti
da Assíria até o Egito,
do Egito até o Eufrates,
de um mar a outro, de uma montanha a outra.

Restauração. [13]A terra se tornará um deserto
por causa de seus habitantes,
como fruto de suas ações.
[14]Apascentai vosso povo com vossa vara,*
o rebanho de vossa herança,
que está solitário na floresta
entre férteis campos;
que ele paste em Basã e em Galaad
como nos tempos antigos.
[15]Como quando saístes do Egito,
mostrai-nos coisas prodigiosas.
[16]As nações verão e ficarão envergonhadas,*
malgrado todo o seu poder.
Taparão a boca com a mão,
seus ouvidos ficarão surdos.
[17]Lamberão o pó como a serpente,
como os répteis da terra;
tremendo sairão de seus esconderijos;
terão medo de Javé, nosso Deus,
e de ti terão temor.

Apelo ao perdão. [18]Qual deus é como vós,*
que tirais a iniquidade
e perdoais o pecado
ao resto de vossa herança?
Ele não conserva para sempre sua ira,*
porque gosta de usar misericórdia.
[19]De novo terá piedade de nós,
pisará nossas culpas
e jogará no fundo do mar todos os nossos pecados.
[20]Mostrareis a Jacó vossa fidelidade,
a Abraão vossa misericórdia,*
como jurastes a nossos pais
desde os tempos antigos.

---

* **7**,8. Sl 27,1; Jo 8,12 | 9. 6,5 | 10. Sl 42,4.11; Jl 2,17 | 14. Ez 34,1; Sl 95,7; 23,1s | 16. Is 26,11 | 18. Jr 50,20 / Sl 103,9; Êx 34,6s | 20. Lc 1,73; Gn 22,16ss; 28,13ss

† **7**,7. O povo eleito, provado pelo exílio, arrepende-se e obtém a promessa da restauração. Em breve a ira de Javé se voltará contra os inimigos do povo. | 9. Ou seja, a salvação. | 11. O dia de Javé será um dia de renovação, dia em que serão reconstruídos os muros e serão alargados os limites da cidade, tempo do retorno dos exilados.

NAUM

Da vida do profeta Naum não se sabe quase nada. Exerce seu ministério profético no momento crucial da queda de Nínive, em 612 a.C. Anuncia sua ruína próxima. Em tal evento ele vê um juízo de Deus, que pune o opressor de Israel (1,12s) e dos outros povos (3,1-7). Depois de um século de dominação assíria, o profeta faz explodir sua alegria pela libertação obtida e saúda a nova era (2,1).

O livro começa com um salmo que celebra a intervenção de Deus. Javé é lento para a ira, mas vai abalar o universo levando o castigo aos inimigos e a salvação aos fiéis. Seguem-se os oráculos para vários destinatários e o anúncio da ruína de Nínive. O profeta não se dirige ao povo eleito, mas diretamente à cidade inimiga. Anuncia que Javé é um Deus exigente, que pune os que se opõem a ele (1,2). Louva a Deus que conduz a história. Ele é bom, é um refúgio seguro no dia do infortúnio. Cuida dos que se refugiam nele, quando estão para ser tragados (1,7s). O povo será libertado com a queda de Nínive.

JUÍZO DE JAVÉ CONTRA NÍNIVE E DESTRUIÇÃO DA CIDADE

1 **Título.** 1Oráculo sobre Nínive†.
Livro da visão de Naum de Elcós.

A cólera de Javé†. 2Javé é um Deus apaixonado* e vingador†;
vingador é Javé, cheio de furor.
Javé se vinga de seus adversários
e guarda rancor a seus inimigos.
3Javé é lento para a ira, mas grande em poder
e nada deixa impune.
Ele caminha no furacão e na tempestade,
e as nuvens são a poeira de seus pés.
4Ameaça o mar e o enxuga,
faz secar todos os rios.*
Basã e o Carmelo tornam-se áridos,
e a flor do Líbano murcha.
5Diante dele tremem as montanhas,
as colinas se derretem;*
em sua presença levanta-se a terra,
sim, o mundo com todos os seus habitantes.
6Diante de seu furor quem pode resistir?
E quem pode enfrentar o furor de sua ira?*
Sua cólera se expande como o fogo,
e as rochas se fendem a sua frente.
7Javé é bom;
é um abrigo no dia da angústia:
conhece os que nele confiam
8mesmo quando sobrevém a inundação.*
Extermina quem se insurge contra ele
e persegue seus inimigos até nas trevas.
9Que tramais vós contra Javé?*
Ele fará uma total destruição:
a calamidade não se abaterá uma segunda vez,
10porque como espinhos entrelaçados
e ébrios com sua bebida
serão consumidos como palha seca.
11De ti saiu aquele que trama o mal contra Javé,
um conselheiro malvado.*
12Assim fala Javé:
"Embora sejam fortes e numerosos,*
serão eliminados e desaparecerão.
Se eu te afligi, não te afligirei mais.
13Agora quebrarei seu jugo que te oprime,
romperei tuas correntes".
14Mas quanto a ti, Javé deu este decreto:*

---

* **1**,2. Dt 4,24; Êx 20,5s | 4. Is 50,2; Sl 106,9 | 5. Jr 4,24 | 6. Ap 6,17 | 8. Gn 6,7s; 8,1 | 9. 1Sm 2,6 | 11. 3,14; Sl 18,5 | 12. 2 Rs 19,35s | 14. Is 14,19ss; Jr 8,1s

† **1**,1. Anúncio da destruição da capital assíria pelos caldeus em 612 a.C., da qual não mais ressurgirá. | 2. Salmo alfabético, mas incompleto, que descreve a teofania de Javé que extermina seus inimigos. A queda da cidade, que antes serviu como instrumento da ira de Deus contra seu povo, é um ato da justiça divina. / Deus é apaixonado enquanto castiga a infidelidade, e vingador porque assegura a justiça.

Contra a vanglória e a violência. [12]Ai
de quem constrói uma cidade sobre o
sangue*
e funda uma cidade sobre a injustiça.
[13]Não é vontade de Javé dos exérci-
tos
que os povos labutem pelo fogo*
e as nações se cansem por um nada?
[14]Porque, como as águas cobrem o
fundo do mar,
assim a terra deverá encher-se*
de conhecimento da glória de Javé.
**Contra a degradação da dignidade
humana.** [15]Ai de quem faz seus vizi-
nhos beber,
misturando veneno para embriagá-
-los
e descobrir sua nudez.*
[16]Tu te saciaste de vergonha, não de
glória.
Bebe por tua vez e mostra tua incir-
cuncisão.*
Sobre ti se derramará o cálice da
mão direita de Javé,*
e a vergonha cobrirá tua glória.
[17]Porque a violência feita ao Líbano
te submergirá
e o extermínio dos animais te enche-
rá de terror,
porque derramaste sangue humano*
e fizeste violência ao país,
à cidade e a todos os seus habitan-
tes.
Contra a idolatria. [18]Para que serve
uma escultura,
para que o artista se dê o trabalho de
esculpi-la?*
ou uma estátua de metal, um oráculo
falso,
para que o artista confie neles,
esculpindo ídolos mudos?
[19]Ai de quem diz à madeira: "Acorda",*
e à pedra muda: "Levanta-te".
Poderá ela ensinar?
É recoberta de ouro e de prata,
mas dentro não há sopro vital.
[20]Javé, porém, mora em seu templo
santo.*
Cale-se diante dele toda a terra!

III. SALMO
(3)

3 **Oração a Deus que aparece para
o juízo.** [1]Oração do profeta Haba-
cuc, em tom de lamentação.
[2]Javé, escutei vosso anúncio,*
Javé, tive temor de vossa obra.
No decurso dos anos manifestai-a,*
fazei-a conhecida no decurso dos anos.
Em vosso furor, recordai-vos de ter
clemência.*
[3]Deus vem de Temã,*
o Santo do monte Farã.
Sua majestade recobre os céus,
de seus louvores está cheia a terra.
[4]Seu esplendor é como a luz,
raios brotam de suas mãos:
ali se oculta seu poder.
[5]Diante dele avança a peste,
a febre ardente segue seus passos.
[6]Ele para e faz tremer a terra;
olha e sacode as nações;*
as montanhas eternas se deslocam
e as colinas seculares se abatem:
suas veredas são eternas.
[7]Eu vi as tendas de Cusã em aflição,
tremem os acampamentos de Madiã.
[8]É contra os rios, Javé,
que se inflama vossa cólera?
Ou é contra o mar vosso furor,
quando montais sobre vossos cavalos,
sobre vossos carros de vitória?
[9]Retirais vosso arco
e saciais de flechas sua corda.
Fendeis a terra com rios.
[10]Os montes vos vêem e tremem,
torrentes de água se derramam,
o abismo faz ouvir sua voz.
A luz brilhante do sol escurece,
[11]e a lua fica em sua morada;
fogem ao cintilar de vossas flechas,
ao esplendor fulgurante de vossa
lança.
[12]Furioso atravessais a terra,
irado pisoteais as nações.
[13]Saístes para salvar vosso povo,
para salvar vosso consagrado.
Demolistes o topo da casa do ímpio,*

***** **2**,13. Jr 51,58 | 14. Is 11,9 | 15. Gn 9,20-25 | 16. Lm 4,21 / Is 51,17; Sl 75,9 | 17. 2,8 | 18. Os 3,4; Zc 10,2 | 19. Is 40,20 | 20. Sf 1,7; Zc 2,17; Ap 8,1 | **3**,2. Dt 2,25; Sl 8,2.10; 76,2ss / Is 51,9 / Is 54,8 | 3. Dt 33,2; Jz 5,4 | 6. Êx 15,14ss | 13. 2,9ss

pusestes a descoberto suas fundações.
14Traspassastes com suas próprias flechas
as cabeças de seus guerreiros
que irrompiam para nos dispersar*
com a alegria de quem devora o pobre às ocultas.
15Com vossos cavalos atravessastes o mar*
no turbilhão de grandes águas.
16Eu ouvi e estremeceu* meu coração†,
a tal noticia tremeram meus lábios,
a cárie entra em meus ossos
e debaixo de mim vacilam meus passos.
Espero tranquilo o dia da angústia,
que virá contra o povo que nos oprime.

17Ainda que a figueira não germine,*
nenhum produto deem as vinhas,
ainda que cesse a colheita da azeitona,
os campos não produzam mais alimento,
os rebanhos desapareçam dos apriscos,
e os currais fiquem sem bois:
18eu no entanto me alegrarei em Javé,
exultarei em Deus,* meu Salvador†.
19Javé, meu Senhor, é minha força,
ele faz meus pés ágeis como os da corça,*
e sobre as alturas me faz caminhar†.

Para o mestre do coro. Com instrumentos de corda.

---

* **3**,14. Sl 10,7ss; 17,12 | 15. Sl 77,20; Is 43,16s | 16. Jr 4,19 | 17. Jr 5,17; Os 9,2 | 18. Lc 1,47 | 19. Sl 18,34; Dt 32,13; Is 58,14

† **3**,16. O profeta contempla impressionado a grandiosa manifestação da majestade e do poder de Deus, que derruba o poderoso. | **3**,18. O cântico termina com uma expressão de confiança e de fé em Javé, mesmo no meio das incertezas da história. | 19. "Quando temos o Senhor a nosso lado, não tememos os obstáculos, mas prosseguimos a caminhada com passo ligeiro e com alegria, pelas estradas difíceis da vida" (João Paulo II).

SOFONIAS

O nome deste profeta significa "aquele que Deus protege". Nasceu talvez em Jerusalém, onde profetiza pelo ano 630 a.C., nos primeiros anos do rei Josias, quando Judá se achava em plena crise e, no plano religioso, praticava os cultos idolátricos. Pioneiro daquela reforma religiosa que, depois, será feita por Josias, e consciente da suma gravidade dos pecados de Judá e de Jerusalém, prediz-lhes o iminente juízo divino. Pela infidelidade ao Deus da aliança e por sua soberba, todos serão castigados, mas o serão ainda mais os chefes e os príncipes patrocinadores das superstições estrangeiras e da exploração do povo. O dia de Javé virá sobre Judá, sobre as nações que o oprimem e sobre toda a humanidade. Esse dia é um tema frequente nos profetas, indicando um momento preciso no qual Deus intervém para punir seu povo ou um povo pagão. Será um dia de ira em toda a terra. Só serão preservados os que buscam a justiça de Deus, os pobres e humildes da terra, um povo de condição modesta, que tudo espera de Deus: subsistência e salvação. Serão punidas as nações pagãs por sua má conduta. Ficará um resto, ao qual estão reservadas as promessas da salvação, segundo a palavra de Deus (3,12). Os verdadeiros continuadores da história da salvação são aqueles que não cometeram iniquidades (3,13). Fruto desta vida renovada será a paz. Nesta perspectiva, o profeta canta a nova aliança (3,14-18).

I. JUÍZO CONTRA JUDÁ E CONTRA AS NAÇÕES (1–2)

1 **Título.** [1]Palava de Javé dirigida a Sofonias, filho de Cusi, filho de Godolias, filho de Amarias, filho de Ezequias, no tempo de Josias,* filho de Amon, rei de Israel.

Destruição universal. [2]"Farei desaparecer tudo da face da terra
– oráculo de Javé.
[3]Eliminarei homens e animais;
exterminarei as aves do céu e os peixes do mar,*
abaterei os ímpios;
cancelarei os homens da face da terra
– oráculo de Javé".

Contra Judá e Jerusalém†. [4]"Estenderei a mão contra Judá
e contra todos os habitantes de Jerusalém;
exterminarei deste lugar
o que resta de Baal,*
o nome de seus ministros com os sacerdotes;
[5]aqueles que sobre os terraços se prostram*
diante da milícia celeste
e os que se prostram diante de Javé,
e depois juram por Melcom;*
[6]aqueles que deixam de seguir Javé,
que não o buscam, nem o consultam.
[7]Silêncio, na presença do Senhor Javé,*
porque o dia de Javé está próximo!
Javé preparou um sacrifício
e consagrou seus convidados.
[8]"No dia do sacrifício de Javé,
eu punirei os príncipes, os filhos do rei
e todos os que se vestem à moda estrangeira.
[9]Punirei naquele dia todos os que saltam sobre o limiar†,
os que enchem de rapinas e de fraudes
a casa de seu senhor".
[10]"Naquele dia – oráculo de Javé –
gritos de socorro virão da porta dos Peixes,
gemidos do bairro novo,
e grande fragor das colinas.

---

* **1**,1. Jr 1,2 | 3. Os 4,3 | 4. 2Rs 23,4s.12 | 5. Dt 4,19; 2Rs 21,3ss / 1Rs 11,7-33; 2Rs 23,13 | 7. Hab 2,20; Zc 2,17; Ap 8,1

† **1**,4. A destruição universal comprova que o destino das nações está nas mãos de Javé. Ela atingirá também o povo eleito por causa de seu falso culto. | 9. Gesto de superstição; consideravam o limiar como lugar de divindades nefastas.

11Uivai, habitantes de Mactes,
porque todos os mercadores foram aniquilados,
e exterminados todos os que pesam a prata".

O dia de Javé. 12"Naquele tempo
revistarei Jerusalém com lanternas
e farei justiça contra aqueles homens,
imóveis como a borra do vinho, que pensam:
'Javé não pode fazer nem bem nem mal'.
13Seus bens serão saqueados
e suas casas, destruídas.
Construirão casas, mas não as habitarão,
plantarão vinhas, mas não beberão seu vinho".
14Está perto o grande dia de Javé,
está perto e avança a largos passos.
O ruído do dia de Javé é amargo;
então o homem valoroso gritará forte.
15Dia de ira aquele dia†,
dia de angústia e de aflição,
dia de ruína e de extermínio,
dia de trevas e de caligem,*
dia de nuvens e de escuridão,
16dia de toques de trombeta*
e de gritos contra as cidades fortificadas
e contra as altas torres.
17Trarei sobre os homens a angústia,
e eles andarão como cegos,
porque pecaram contra Javé;
seu sangue será derramado como pó
e suas vísceras, como excrementos.*
18Nem sua prata, nem seu ouro*
poderão salvá-los.
No dia da ira de Javé
e ao fogo de seu ciúme,
toda a terra será consumida;
porque fará uma destruição repentina e completa
de todos os habitantes da terra.

2 **Exortação à penitência.** 1Reuni-vos, congregai-vos,
ó gente sem pudor,
2antes que sejais dispersos
como palha que desaparece num dia;*
antes que caia sobre vós
o ardor da ira de Javé,
antes que venha sobre vós
o dia da ira de Javé.
3Buscai a Javé†
vós todos, pobres da terra,*
que cumpris suas ordens;
buscai a justiça†,
buscai a humildade,*
talvez encontreis abrigo
no dia da ira de Javé.

Contra os filisteus. 4Porque Gaza será abandonada*
e Ascalon, reduzida a um deserto.
Azoto em pleno dia será deportada
e Acaron, destruída até os alicerces.
5Ai dos habitantes da costa do mar,
nação dos cereteus!
A palavra de Javé é contra ti,*
Canaã, país dos filisteus:
"Eu te destruirei,
privando-te de todo habitante.
6A costa do mar será apenas pasto,
com refúgios para os pastores
e currais para os rebanhos".
7A costa marítima pertencerá ao resto da casa de Judá;
naqueles lugares apascentarão os rebanhos
e de noite repousarão nas casas de Ascalon,
porque Javé, seu Deus, intervirá em seu favor
e os fará voltar do cativeiro.

Contra Moab e Amon. 8"Eu ouvi o insulto de Moab*
e os ultrajes dos amonitas
com os quais insultaram meu povo
gloriando-se de seu território.
9Por isso, por minha vida,
– oráculo de Javé dos exércitos, Deus de Israel –
Moab se tornará como Sodoma,
e os amonitas como Gomorra:

* **1**,15. Jl 2,2 | 16. Jl 2,1 | 17. Jr 9,21 | 18. Ez 7,19 | **2**,2. Os 13,3 | 3. Am 5,4ss / Is 57,15 | 4. Am 1,6ss; Is 14,28-32; Jr 47; Ez 25,15ss | 5. Am 9,7; Dt 2,23; Jr 47,4 | 8. Am 1,13-2,3; Is 15-16; Jr 48,1-49,6; Ez 25,1-11 | 9. Is 14,2; Zc 2,13

† **1**,15. Os vv.15-18 deram origem ao célebre hino "Dies irae" da liturgia de finados. | **2**,3. Dirige-se aos justos oprimidos e apresenta-lhes um resumo de seu programa moral contra o pecado e a arrogância. / Justiça é tudo o que é conforme à vontade de Deus, tal como se exprime na lei, Mt 3,15; 6,33.

um lugar invadido pelos espinhos,
uma mina de sal,
um deserto para sempre.
O resto de meu povo os saqueará,*
e os sobreviventes de meu povo serão seus herdeiros".
10Isto será a paga de sua soberba,
porque insultaram e trataram com arrogância
o povo de Javé dos exércitos.
11Terrível será Javé contra eles,
porque aniquilará todos os deuses da terra.
Mas diante dele se prostrarão, cada uma em seu próprio solo,
todas as ilhas das nações.

Contra a Etiópia e a Assíria. 12"Também vós, etíopes,*
sereis vítimas de minha espada".
13Ele estenderá a mão também contra o norte
e destruirá a Assíria;
fará de Nínive uma desolação,
árida como um deserto.
14Habitarão no meio dela os rebanhos;
todos os animais das nações.
Tanto o pelicano como o ouriço
se abrigarão em seus capitéis;
a coruja piará nas janelas,
e o corvo nas portas,
pois as vigas de cedro ficaram a descoberto.
15É esta a cidade gozadora
que se sentia segura
e que pensava:
"Eu e ninguém mais"?*
Como tornou-se um deserto,
um refúgio de animais?
Todo o que passa por perto
assobia e agita a mão.*

II. JUÍZO CONTRA JERUSALÉM (3,1-8)

3 **Contra Jerusalém.** 1Ai da cidade rebelde e contaminada,
da cidade opressora!
2Não escutou o apelo,
não aceitou a correção.*
Não confiou em Javé,
não se aproximou de seu Deus.
3Seus chefes no meio dela*
são leões que rugem;
e seus juízes são lobos da noite,
que nada deixam para a manhã.
4Seus profetas são arrogantes,
homens fraudulentos.
Seus sacerdotes profanam as coisas sagradas,
violam a lei.
5No meio dela Javé é justo,*
não comete iniquidade;
toda manhã pronuncia seu juízo,
na aurora nunca falta.
Mas o iníquo não conhece a vergonha.*
6Exterminei as nações,
suas torres foram destruídas;
tornei desertas suas ruas,
não há nenhum transeunte;
foram depredadas suas cidades,
lá não há mais ninguém, nenhum habitante.
7Eu pensava: "Certamente me temerás,*
aceitarás a lição†.
Não poderão cancelar-se de teus olhos
todas as punições que te infligi".
Mas, ao contrário, apressaram-se
a perverter todas as suas ações.
8"Pois bem! Esperai-me – oráculo de Javé –
quando eu me levantar para acusar;
porque decretei reunir as nações,*
convocar os reinos,
para derramar sobre eles minha cólera,
toda a minha ira ardente:
porque pelo fogo de meu ciúme
será consumida toda a terra".

III. PROMESSAS DE RESTAURAÇÃO (3,9-20)

Promessas messiânicas. 9Então darei ao povo lábios puros,
para que todos invoquem o nome de Javé*
e o sirvam de comum acordo.

---

* **2**,12. Is 18-20; Jr 46; Ez 29-32 | 15. Is 47,8.10 / Jr 18,16; 19,8; 49,17 | **3**,2. Am 4,6 | 3. Êx 22,25s | 5. Dt 32,4 / Sl 100,8 | 7. Am 4,6 | 8. Am 3,9s | 9. Ml 1,11 | 12. 2,3

† **3**,7. A lição dos acontecimentos, que são para Jerusalém um convite ao arrependimento e à conversão.

10De além dos rios da Etiópia
meus adoradores, meus filhos dispersos,
me trarão ofertas.
11Naquele dia não terás de envergonhar-te
de todas as más ações cometidas contra mim,
porque então eliminarei de teu meio
teus soberbos orgulhosos,
e tu deixarás de orgulhar-te
sobre meu santo monte.
12No meio de ti deixarei
um povo humilde* e pobre†
que confiará no nome de Javé,
13o resto de Israel.
Não cometerão mais iniquidade
e não falarão mentira;*
não se achará mais em sua boca
uma língua enganadora.
Serão apascentados e repousarão
sem que ninguém os perturbe.
14Canta jubilosa,* filha de Sião†,
grita de alegria, Israel;
regozija-te e exulta de todo o coração,*
filha de Jerusalém!
15Javé revogou tua condenação,*
dispersou teu inimigo.
O rei de Israel, o próprio Javé, está no meio de ti,
não deverás mais temer o mal.

Retorno dos dispersos. 16Naquele dia dirão a Jerusalém:
Não temas, filha de Sião,
não se enfraqueçam teus braços!
17Javé teu Deus está no meio de ti,
é um salvador poderoso.
Exultará de alegria por ti,*
ele te renovará com seu amor,
ele se alegrará por ti com gritos de júbilo
18como nos dias do encontro†.
"Afastei de ti o mal,
para que não tenhas de sofrer a vergonha.
19Naquele tempo exterminarei
todos os teus opressores.
Socorrerei os aleijados e reunirei os dispersos;
mudarei em glória e renome o desprezo
de que foram alvo em toda a terra.
20Naquele tempo, eu vos guiarei,*
naquele tempo vos reunirei
e vos tornarei famosos e gloriosos
entre todos os povos da terra,
quando, diante de vossos olhos,
eu realizar vossa restauração", diz Javé.

---

* **3**,13. Is 53,9; Ap 14,5 | 14. Is 12,6; 54,1 / Zc 2,14 | 15. Is 40,2 | 17. Jr 32,41; Is 62,5 | 20. Mq 4,6

† **3**,12. A maldade é identificada com a arrogância e a opulência; sobreviverão apenas o pobre e o aflito que puserem sua confiança em Javé. O "resto" purificado viverá em paz. Sofonias é o profeta da humildade. | 14. O Vat. II aplica esse texto a Maria, dizendo: "Excelsa filha de Sião, ela sobressai entre os humildes e pobres do Senhor". É sugestivo comparar os vv. 14s com o anúncio do anjo Gabriel a Maria, Lc 1,28. | 18. É o tempo do êxodo, quando Javé "encontrou" seu povo, Êx 25,22, tempo do noivado e do perfeito amor, Os 2,16; Jr 2,2.

AGEU

Não conhecemos sua vida, apenas sabemos que exerceu o ministério no ano 520 a.C., em Jerusalém. Seu tempo é, portanto, o da volta do exílio, quando os repatriados lutavam para reconstruir o templo destruído por Nabucodonosor em 586 a.C.

Nos primeiros anos, as intrigas dos samaritanos impediram a reconstrução, mas quando outros exilados, conduzidos por Zorobabel e o sumo sacerdote Josué, voltaram para Jerusalém, pelo eficaz estímulo dos profetas Ageu e Zacarias, conseguiram retomar os trabalhos até terminá-los em 515 a.C. Em seu livro, Ageu dá a entender que as más condições de vida em que se acham seus compatriotas dependem da interrupção dos trabalhos; exorta, portanto, a sacudir a indolência e a retomar as obras (1,1-11), prometendo largas bênçãos de Deus aos operários (2,15-19). Acrescenta que o esplendor do novo templo será certamente maior que o do precedente (2,1-9).

O livro compõe-se de cinco discursos que falam a respeito da reconstrução do templo que deve ser retomada, da impureza que ameaça o templo e os sacrifícios, e de Zorobabel, o eleito de Deus.

Num período decisivo para o judaísmo, Ageu contribuiu para fazer nascer uma nova comunidade e para infundir nela um insólito fervor religioso. Ensinou que a fé não pode prescindir do culto e que o ponto de encontro entre Israel e Javé é o templo. Por isso a reconstrução dele era a resposta dos repatriados à iniciativa bondosa de Deus.

I. EXORTAÇÃO À REEDIFICAÇÃO DO TEMPLO (1–2,9)

1 **Exortação a reedificar o templo†.** [1]No segundo ano do rei Dario, no primeiro dia do sexto mês, esta
palavra de Javé foi dirigida por meio do
profeta Ageu a Zorobabel†, filho de Salatiel,* governador da Judeia, e a Josué,
filho de Josedec, sumo sacerdote:
[2]Assim fala Javé dos exércitos: "Este
povo diz: Ainda não chegou o tempo
de reconstruir a casa de Javé!" [3]Então
foi revelada por meio do profeta Ageu
esta palavra de Javé: [4]"Para vós, é tempo de morar em casas bem cobertas,*
enquanto esta casa está em ruínas?†
[5]Ora, assim fala Javé dos exércitos: Refleti bem em vosso comportamento.
[6]Semeastes muito,* mas colhestes pouco; comeis, mas não vos saciais; bebeis,
mas não ficais contentes; vesti-vos,
mas não vos esquentais; o operário recebe o salário, mas o põe numa bolsa
furada†. [7]Assim fala Javé dos exércitos:
Refleti bem em vosso comportamento!
[8]Subi ao monte, trazei madeira, reconstruí minha casa; dela me agradarei e ali
serei glorificado – diz Javé –. [9]Esperáveis muito e veio pouco; e quando o
leváveis para casa eu o espalhava com
um sopro. E por quê? – oráculo de Javé
dos exércitos –. Porque minha casa está
em ruínas, enquanto cada um de vós se
preocupa com a própria casa. [10]É por
isso que sobre vós os céus retiveram
a chuva,* e também a terra reteve seu
produto. [11]Chamei a seca sobre a terra
e sobre os montes, sobre o trigo e sobre o vinho novo, sobre o óleo e sobre
tudo o que a terra produz, sobre os homens e sobre os animais, e sobre todo
o trabalho das mãos".
Obediência do povo. [12]Zorobabel, filho de Salatiel, e Josué, filho de Josedec, sumo sacerdote, e todo o resto do
povo obedeceram à voz de Javé, seu

---

* **1**,1. Zc 3,1-9; 4,6-10 | 4. 2Sm 7,2 | 6. Os 4,3 | 10. Lv 26,19s

† **1**. No ano 520 a.C., o profeta Ageu anima os repatriados a reconstruir o templo de Jerusalém. | 1. Neto do rei Jeconias e um dos antepassados de Jesus, Mt 1,12s. | 4. O povo pensa mais em sua própria morada do que na de Deus. Estão descuidando o que é prioritário: a honra e a glória de Deus. | 6. O motivo das adversidades é a indiferença do povo para com o templo.

Deus, e às palavras do profeta Ageu, segundo a missão que lhe havia dado Javé, seu Deus: e o povo teve temor de Javé. 13Então Ageu, mensageiro de Javé, falou ao povo, conforme a mensagem de Javé, dizendo: "Eu estou convosco, oráculo de Javé". 14E Javé despertou o ânimo de Zorobabel, filho de Salatiel, governador da Judeia, de Josué, filho de Josedec, sumo sacerdote, e de todo o resto do povo, e eles foram e empreenderam a obra da casa de Javé dos exércitos†. 15Era o dia vinte e quatro do sexto mês do segundo ano do rei Dario.

2 **Glória do novo templo.** 1No segundo ano do rei Dario, no dia vinte e um do sétimo mês, foi dirigida ao profeta Ageu esta palavra de Javé: 2"Fala a Zorobabel, filho de Salatiel, governador da Judéia, a Josué, filho de Josedec, sumo sacerdote,* e ao resto do povo: 3Haverá entre vós algum sobrevivente que tenha visto esta casa em seu primitivo esplendor? E como a vedes agora? Em comparação com aquela, não vos parece um nada? 4Mas agora, coragem, Zorobabel – oráculo de Javé – coragem, Josué, filho de Josedec, sumo sacerdote; coragem, povo todo do país, oráculo de Javé, e mãos à obra, porque eu estou convosco – oráculo de Javé dos exércitos – 5segundo a aliança que fiz convosco quando saístes do Egito; meu espírito estará convosco, não temais.

6Diz com efeito Javé dos exércitos: Ainda um pouco de tempo* e farei tremer o céu e a terra, o mar e a terra firme. 7Farei tremer todas as nações, e afluirão as riquezas de todas as nações,* e encherei de glória esta casa, diz Javé dos exércitos. 8Minha é a prata e meu é o ouro, oráculo de Javé dos exércitos. 9A glória desta segunda casa será maior do que a da primeira, diz Javé dos exércitos; e neste lugar darei a paz – oráculo de Javé dos exércitos"†.

II. BÊNÇÃOS PARA O POVO (2,11-23)

O novo templo será penhor de bênçãos. 10No dia vinte e quatro do nono mês do segundo ano de Dario, esta palavra de Javé foi revelada por meio do profeta Ageu: 11"Assim fala Javé dos exércitos: Interroga os sacerdotes a respeito da lei, dizendo: 12Se alguém leva carne consagrada na orla de sua veste e com a orla toca em pão, guisado, vinho, óleo ou qualquer outro alimento, isto ficará santificado?". "Não", responderam os sacerdotes. 13Ageu acrescentou: "Se alguém que está impuro pelo contato de um cadáver toca numa daquelas coisas, esta ficará impura?" "Sim",* responderam os sacerdotes, "ficará impura". 14Então replicou Ageu: "Assim é este povo, assim é esta nação diante de mim – oráculo de Javé – e assim é todo trabalho de suas mãos; também o que aqui oferecem é impuro"†.

15"Agora refleti bem em vosso coração, a partir de hoje e para o futuro: antes que se começasse a pôr pedra sobre pedra no templo de Javé, 16qual era vossa situação? Alguém ia a um monte do qual se esperavam vinte medidas de trigo* e havia só dez; ia alguém a um tonel para tirar cinquenta barris e havia só vinte.17Eu vos feri com a ferrugem,* a queimadura e o granizo em todos os trabalhos de vossas mãos, mas vós não voltastes a mim – oráculo de Javé. 18Refleti bem em vosso coração a partir de hoje e para o futuro, a partir do dia vinte e quatro do nono mês, isto é, desde o dia em que se puseram os alicerces do templo de Javé, refleti bem: 19Se ainda falta trigo no celeiro, se a vi-

---

* **2**,2. Esd 3,10-13 | 6. Hb 12,26 | 7. Is 60,7-11 | 13. Lv 22,4-7 | 16. Os 4,3 | 17. Am 4,6

† **1**,14. Agora que o povo aceitou converter-se, Deus também muda de atitude e lhe concede a bênção em vez da adversidade. | **2**,9. Anúncio do futuro glorioso deste segundo templo, o qual, depois de restaurado por Herodes, verá o Messias entrar por suas portas. A paz é a plenitude dos bens que garantem a felicidade. | 14. O povo está impuro por sua falta de fervor e de generosidade para com Deus, e por isso suas atividades e suas ofertas ficam contaminadas.

deira, a figueira, a romãzeira, a oliveira
não dão seus frutos, de hoje em diante
eu vos abençoarei!"

Proteção divina assegurada a Zorobabel. [20]No dia vinte e quatro do
mês, a palavra de Javé foi dirigida
uma segunda vez a Ageu nestes termos:
[21]"Fala a Zorobabel, governador
da Judeia, e dize-lhe: Farei tremer o
céu e a terra, [22]derrubarei o trono dos
reinos e destruirei o poder dos reinos
das nações, derrubarei os carros e suas
equipagens: cairão cavalos e cavaleiros;
cada um pela espada do próprio
irmão†. [23]Naquele dia – oráculo de Javé
dos exércitos – eu te tomarei, Zorobabel,*
filho de Salatiel, meu servo, oráculo
de Javé, e te porei como anel de
selar†, porque te escolhi, oráculo de
Javé dos exércitos".

*** 2**,23. Zc 6,12s

† **2**,22. O povo estava em grande euforia por causa da renovação espiritual suscitada por Ageu e dos trabalhos de reconstrução do templo; chegaram a pensar na restauração da monarquia davídica. **|** 23. Símbolo de autoridade, objeto precioso, importante e inseparável, pois servia para autenticar documentos.

ZACARIAS

Sacerdote e profeta, contemporâneo de Ageu, exerce seu ministério em Jerusalém pelo ano 520 a.C., mostrando grande zelo pelo templo e pelo culto divino e promovendo com todas as forças a moralização da vida de Israel.

A primeira parte de seu livro (cap. 1–8) compreende oito visões, nas quais Zacarias comunica sua mensagem de esperança, convidando todos a trabalhar para completar a construção do templo e assegurando que o Senhor recompensará a obra com largas bênçãos. Proclama a transcendência de Deus que governa soberano o mundo, mas que parece sempre mais distante do mundo e se comunica só através de símbolos enigmáticos. Quer suscitar no povo a esperança. Manifesta uma espécie de fé messiânica: a vinda de Deus está próxima, as trevas do passado desaparecerão, dando lugar à alegria e à festa. O advento da salvação esperada está ligado à reconstrução do templo, que será logo terminada. Desta salvação, que trará ao povo purificação e prosperidade messiânicas, Zorobabel será o intermediário, e por isso Zacarias lhe aplica os atributos messiânicos de germe e servo.

Na segunda parte (cap. 9–14), quem escreve é um autor anônimo muito posterior, que pertence à escola de Zacarias, mas vive na época persa ou na helenística. Apresenta três séries de oráculos, sem data, e de orientação escatológica. Anuncia a salvação, que será estendida também aos outros povos. O novo reino será inaugurado pelo Messias, que será um rei humilde e vitorioso (9,9s), de tipo completamente novo, cuja obra e destino se parecem com os do Servo de Javé (Is 53). Sua ação dirige-se ao povo, cuja incredulidade provoca sua morte. Mas este drama segue o desígnio de Javé, que se realiza bem além dos confins de Israel, primeiro beneficiário de sua ação. E assim a salvação chega a todos os povos, reunidos em Jerusalém, centro do mundo, para celebrar a festa das Tendas.

I. VISÕES E ORÁCULOS SOBRE A RESTAURAÇÃO DE JERUSALÉM (1–8)

1 **Apelo à conversão.** 1No segundo
ano do reino de Dario, no oitavo
mês†, foi dirigida esta palavra de Javé
ao profeta Zacarias,* filho de Baraquias,
filho de Ado: 2"Javé esteve muito irado
contra vossos pais. 3Tu, pois, lhes dirás:
Assim fala Javé dos exércitos: Voltai a
mim – oráculo de Javé dos exércitos – e
eu voltarei a vós, diz Javé dos exércitos.
4Não sejais como vossos pais, aos
quais os profetas de outrora clamavam,
dizendo: Assim fala Javé dos exércitos:
Convertei-vos de vossos maus caminhos*
e de vossas obras más. Mas eles
não quiseram ouvir e não me prestaram
atenção, diz Javé. 5Onde estão
vossos pais? Os profetas viverão para
sempre? 6Contudo, as palavras e os decretos
que comuniquei a meus servos,
os profetas,* não se cumpriram sobre
vossos pais? Então eles se converteram
e disseram: Tudo quanto Javé dos
exércitos tinha ameaçado fazer conosco,
por causa de nossos desvios e de
nossas culpas, ele cumpriu sobre nós".
Primeira visão: os cavaleiros. 7No
segundo ano de Dario, no dia vinte e
quatro do décimo primeiro mês – o
mês de sabat –, foi dirigida ao profeta
Zacarias, filho de Ado, esta palavra de
Javé: 8"Eu tive de noite uma visão. Um
homem, montado num cavalo vermelho,
estava entre murtas num vale profundo;
atrás dele havia outros cavalos
vermelhos, malhados e brancos. 9Perguntei:
'Meu Senhor, o que significam
eles?' O anjo que falava comigo respondeu:
'Eu te indicarei o que eles significam'.
10Então o homem que estava
entre as murtas* começou a falar: 'Estes

---

* **1**,1. Ml 3,7 | 4. Is 55,7 | 6. 7,7-14 | 10. Ap 5,6

† **1**,1. Outubro/novembro de 520 a.C., mesmo ano da profecia de Ageu.

são os que Javé mandou para percorrer
a terra'. 11Dirigindo-se ao anjo de Javé
que estava entre as murtas, disseram-
-lhe: 'Percorremos a terra: está toda em
paz e tranquila'†. 12Em resposta, o anjo
de Javé disse: 'Javé dos exércitos,* até
quando continuareis a não ter pieda-
de de Jerusalém e das cidades de Judá,
contra as quais vós estais irado há se-
tenta anos?'† 13E ao anjo que falava
comigo Javé respondeu com palavras
boas e consoladoras. 14Depois, o anjo
que falava comigo disse-me: 'Anun-
cia isto: Assim fala Javé dos exércitos:
Estou cheio de zelo por Jerusalém* e
por Sião; 15mas eu me inflamo de furor
contra as nações abastadas,* porque
quando eu estava um pouco irritado,
elas cooperaram para o desastre'".
Dois oráculos. 16"Por isso, assim fala
Javé: Eu me volto de novo para Jeru-
salém com piedade:* minha casa aí
será reedificada* – oráculo de Javé dos
exércitos – e o cordel será estendido
sobre Jerusalém. 17Anuncia também
isto: Assim fala Javé dos exércitos: Mi-
nhas cidades terão de novo fartura de
bens, Javé terá ainda piedade de Sião e
escolherá de novo Jerusalém".*

2 **Segunda visão: os chifres e os
ferreiros.** 1Depois ergui os olhos
e vi quatro chifres. 2Perguntei ao anjo
que falava comigo: "Que significam?"
Respondeu-me: "São os chifres† que
dispersaram* Judá, Israel e Jerusa-
lém". 3Depois Javé mostrou-me qua-
tro ferreiros. 4Perguntei: "O que eles
vêm fazer?" Respondeu-me: "Os chi-
fres dispersaram Judá a tal ponto que
ninguém mais ousava erguer a cabe-
ça. Mas estes vieram para atemorizar
e abater* os chifres das nações que se
ergueram contra o país de Judá para
dispersá-lo".

Terceira visão: o agrimensor. 5Le-
vantei os olhos e tive uma visão: um
homem que tinha na mão um cordel*
para medir. 6Perguntei-lhe: "Aonde
vais?" Disse-me ele: "Vou medir Jerusa-
lém para ver qual é sua largura e seu
comprimento"†.
7O anjo que falava comigo saiu, e a
seu encontrou veio outro anjo 8que lhe
disse: "Corre, fala com aquele jovem e
dize-lhe: Jerusalém ficará sem muros,*
por causa da multidão de homens e
de animais que nela haverá. 9Eu serei
para ela – oráculo de Javé – um muro
de fogo a seu redor e serei sua glória
no meio dela".
Dois apelos aos exilados. 10"Eia! Fugi
do país do norte – oráculo de Javé –
porque vos dispersei* aos quatro ven-
tos do céu – oráculo de Javé. 11Eia, Sião,
salva-te, tu que habitas com a filha de
Babilônia!† 12Pois assim fala Javé dos
exércitos,* cuja glória me enviou às na-
ções que vos despojaram: Quem vos
tocar, toca a menina de meus olhos.
13Eu estendo a mão sobre elas, e elas
se tornarão presa de seus escravos, e
sabereis que Javé dos exércitos me en-
viou.
14Canta e exulta, filha de Sião,*
porque eu venho morar no meio de ti
– oráculo de Javé".
15Nações numerosas aderirão a Javé
naquele dia*
e se tornarão seu povo, e ele morará
no meio de ti;
e tu saberás que Javé dos exércitos
enviou-me a ti.
16Javé terá Judá
como sua herança na terra santa,*
e de novo escolherá Jerusalém.
17Cale-se toda criatura diante de
Javé,*
porque ele se levantou de sua santa
morada".

* **1**,12. Ap 6,10 | 14. 8,2 | 15. Is 47,6 | 16. Is 54,6-10 / 2,5-9 | 17. 13,9; 2,15 | **2**,2. Dn 7,8 | 4. Jr 48,25 | 5. Jr 31,38s; Ez 41,13; Ap 11,1; 21,15 | 8. Jr 31,27; Is 49,19; 54,2s; Ap 21,3; 22,3 | 10. Is 48,20; Jr 50,8; 51,6 | 12. Dt 32,10; Is 14,2; Sf 2,9 | 14. Sf 3,14 | 15. Is 45,22 | 16. 1,17 | 17. Sf 1,7; Hab 2,20

† **1**,11. Não há, pois, chance de restaurar a dinastia davídica, o que seria impossível num clima de desordens e de guerra: é preciso resignar-se a continuar vivendo sob o jugo estrangeiro. | 12. 70 anos a partir da destruição de Jerusalém, no ano 586 a.C. | **2**,2. Chifre simboliza força e violência; aqui, as potências que vêm dos quatro pontos cardeais. | 6. O homem é o anjo que prepara a reconstrução da cidade. | 11. Convida os exilados a deixar Babilônia e a voltar para Jerusalém.

3 Quarta visão: as vestes de Josué.

[1]Depois mostrou-me o sumo sacerdote Josué, de pé diante do anjo de Javé; Satã estava a sua direita* para acusá-lo. [2]O anjo de Javé disse a Satanás: "Que Javé te reduza ao silêncio, Satanás! Sim, que Javé te reduza ao silêncio, ele que escolheu Jerusalém! Não é este um tição tirado do fogo?" [3]Ora, Josué trajava vestes imundas e estava de pé diante do anjo, [4]o qual começou a falar* aos que estavam a sua frente: "Tirai-lhe estas vestes imundas". Depois disse a Josué: "Tirei de ti teu pecado e te revestirei de roupas de festa". [5]Depois acrescentou: "Ponde-lhe na cabeça um turbante limpo". Puseram-lhe um turbante limpo na cabeça e revestiram-no de cândidas vestes na presença do anjo de Javé. [6]Depois o anjo de Javé declarou a Josué: [7]"Assim fala Javé dos exércitos: Se andares em meus caminhos, observando minhas leis,* terás o governo de minha casa, serás o guarda de meus átrios e te darei livre acesso entre estes que estão aqui.

[8]Escuta, pois, Josué, sumo sacerdote,* tu e teus companheiros que se sentam diante de ti, porque eles servem de presságio: eu mandarei meu servo Germe†. [9]Eis a pedra que ponho diante de Josué: sobre esta única pedra* estão sete olhos†; eu mesmo gravarei sua inscrição – oráculo de Javé dos exércitos – e removerei num só dia a iniquidade deste país. [10]Naquele dia – oráculo de Javé dos exércitos – cada um de vós convidará seu vizinho para debaixo de sua videira e de sua figueira".

4 Quinta visão: o candelabro e as duas oliveiras.

[1]O anjo que falava comigo voltou e acordou-me, como se acorda alguém do sono, [2]e me disse: "O que vês?" Respondi: "Vejo um candelabro* todo de ouro† que tem em cima um recipiente no qual há sete lâmpadas com sete bicos para as lâmpadas que estão em cima. [3]Duas oliveiras lhe estão próximas, uma à direita e outra à esquerda". [4]Então perguntei ao anjo que me falava: "Que significam, meu Senhor, estas coisas?" [5]O anjo que falava comigo respondeu-me: "Então não sabes seu significado?" E eu disse: "Não, meu Senhor". [6a]Ele respondeu-me†:

[10b]"As sete lâmpadas representam* os olhos de Javé que percorrem toda a terra". [11]Depois perguntei-lhe: "Que significam essas duas oliveiras à direita e à esquerda do candelabro?" [12]E tornando a falar, perguntei-lhe: "Que significam os dois ramos de oliveira que destilam óleo por dois canais de ouro?". [13]Respondeu-me: "Então não sabes o que significam?" E eu disse: "Não, meu Senhor". [14]"Estes – acrescentou – são os dois consagrados* que assistem ao Senhor de toda a terra"†.

[6b]"Esta é a palavra de Javé a Zorobabel: Não com o poder* nem com a força, mas com meu espírito, diz Javé dos exércitos! [7]Quem és tu, ó grande monte? Diante de Zorobabel te tornarás uma planície! Ele tirará a pedra, aquela de remate, entre aclamações: Bravo!"

[8]Foi-me dirigida esta palavra de Javé: [9]"As mãos de Zorobabel fundaram esta casa, suas mãos a terminarão e sabereis que Javé dos exércitos enviou-me a vós. [10]Quem ousará desprezar o dia de tão modestos inícios? Ele se alegrará vendo o fio de prumo na mão de Zorobabel".

5 Sexta visão: o livro que voa.

[1]Depois ergui os olhos e vi um rolo que voava. [2]O anjo que falava comigo perguntou-me: "Que estás ven-

---

* **3**,1. Jó 1,6; Jd 9; Am 4,11 | 3. Ap 19,8 | 7. Ml 2,7 | 8. Is 8,18; Zc 6,12; Jr 23,5 | 9. Ap 5,6 | **4**,2. Êx 25,31-40 10b. 3,9; Ap 5,6 | 14. Ap 11,4 | 6b. Os 1,7 | **5**,2. Ez 2,9s; Ap 10,9ss | 3. Êx 20,7.15

† **3**,8. O templo foi reconstruído e o sacerdócio foi restabelecido: tudo está pronto para o aparecimento do grande descendente de Davi. | **3**,9. Os sete olhos designam a presença e a vigilância universais de Javé, 4,10. | **4**,2. As sete lâmpadas representam os olhos de Deus que velam sobre o mundo inteiro, garantindo seu domínio sobre todos os acontecimentos. Assim, o candelabro de sete braços, uma árvore estilizada, é um emblema divino, que mais tarde tornou-se emblema do judaísmo. | 6ª. Os vv. 6b-10a vêm depois do v. 14. | 14. São o governador Zorobabel, membro da família do Messias, Mt 1,12s, e o sumo sacerdote Josué.

do?" Respondi: "Vejo um rolo* que voa:
tem vinte côvados de comprimento e
dez de largura". 3Ele acrescentou: "Esta
é a maldição que se espalha sobre todo
o país: conforme o que está num lado
do rolo, todo ladrão será expulso da-
qui; e conforme o que está no outro
lado, todo perjuro* será expulso da-
qui. 4Eu lançarei a maldição†, – oráculo
de Javé dos exércitos – e ela entrará
na casa do ladrão e na casa de quem
jura falsamente por meu Nome; ficará
naquela casa e a consumirá junto com
suas traves e suas pedras".
Sétima visão: a mulher no efá†. 5De-
pois, o anjo que falava comigo aproxi-
mou-se e me disse: "Levanta os olhos
e observa o que vem lá". 6Perguntei: "O
que é aquilo?" Respondeu-me: "É um
efá que se aproxima". Depois acrescen-
tou: "Esta é a corrupção deles em toda a
terra". 7Depois foi levantada uma tampa
de chumbo: dentro do efá estava uma
mulher. 8Ele disse: "Esta é a corrupção!"
E mandou-a de novo para dentro do
efá e cobriu a abertura com a tampa de
chumbo. 9Levantei de novo os olhos e
tive uma visão: apareceram duas mu-
lheres. O vento agitava suas asas; sim,
tinham asas como as cegonhas; e levan-
taram o efá entre a terra e o céu. 10Per-
guntei ao anjo que falava comigo: "Para
onde levam o efá?" 11Respondeu-me:
"Vão à terra de Senaar para construir-
-lhe um templo†. Depois de construído,
o efá será posto sobre seu pedestal".

6 **Oitava visão: os quatro carros.**
1Levantei de novo os olhos e tive
uma visão: quatro carros saindo do
meio de duas montanhas,* e as monta-
nhas eram de bronze. 2O primeiro car-
ro tinha cavalos vermelhos; o segun-
do, cavalos pretos; 3o terceiro, cavalos
brancos e o quarto, cavalos malhados
vigorosos. 4Perguntei ao anjo que fala-
va comigo: "Que significam eles,* meu
Senhor?" 5O anjo respondeu-me: "São
os quatro ventos do céu que partem
depois de se terem apresentado ao Se-
nhor de toda a terra. 6O carro com os
cavalos pretos vai para o país do norte;
os cavalos brancos o seguem; os ma-
lhados dirigem-se para o país do sul.
7Os vermelhos avançavam, impacientes
por percorrer a terra". Ele disse-lhes:
"Ide, percorrei a terra". E eles percorre-
ram a terra. 8Depois chamou-me e dis-
se: "Aqueles que caminham para o país
do norte† fazem acalmar meu espírito
no país do norte".
A coroa para Josué. 9Foi-me dirigida
esta palavra de Javé: 10"Faze uma coleta
entre os deportados, entre os de Hel-
dai, de Tobias e de Idaías, e vai no mes-
mo dia à casa de Josias, filho de Sofo-
nias, que voltou de Babilônia. 11Toma
prata e ouro e faze com eles uma coroa
que porás sobre a cabeça de Josué, fi-
lho de Josedec, sumo sacerdote. 12Tu
lhes dirás: Assim fala Javé dos exércitos:
Eis um homem que se chama Germe:
germinará de seu lugar e reconstruirá
o templo* de Javé. 13É ele que recons-
truirá o templo de Javé; é ele que será
revestido de majestade. Ele sentará
como soberano sobre seu trono. Um
sacerdote estará a sua direita* e entre
os dois reinará uma paz perfeita. 14A
coroa será para Heldai, Tobias, Idaías e
Josias, filho de Sofonias, um memorial
no templo de Javé. 15Também de lon-
ge virão para reconstruir o templo de
Javé. Assim reconhecereis que Javé dos
exércitos* enviou-me a vós. Isto acon-
tecerá, se ouvirdes diligentemente a
voz de Javé vosso Deus".

7 **O verdadeiro jejum.** 1No quarto
ano de Dario, no quarto dia do nono
mês, chamado casleu, a palavra de Javé
foi dirigida a Zacarias. 2Betel tinha envia-

* **6**,1. Ap 6,2-8 | 4. 1,8 | 12. 3,8; Jr 23,5 | 13. 4,14 | 15. Dt 28,1

† **5**,4. O próprio Deus envia a maldição, que voará pelos ares em busca dos culpados para puni-los, destruindo seus bens. | 5. O sentido da visão é que a impiedade deve ser expulsa do reino de Deus. Efá era uma medida de capacidade, equivalente a 45 litros. | 11. A culpa é transportada para Senaar, i.é, Babilônia, onde lhe prestarão culto: assim ela pagará pelos males que causou a Judá. | **6**,8. O país do norte é Babilônia, que Deus vai destruir para salvar seu povo, Jr 25,12ss.

do Sarasar, alto oficial do rei, com seus
homens para suplicar o favor de Javé 3e
para perguntar aos sacerdotes agrega-
dos ao templo de Javé dos exércitos e
aos profetas: "Devo continuar a guardar
luto e abstinência no quinto mês, como
tenho feito por tantos anos?"† 4Então foi-
-me dirigida esta palavra de Javé: 5"Fala
a todo o povo do país e a todos os sa-
cerdotes e dize-lhes: Quando fizestes
jejuns e lamentos no quinto e no sétimo
mês* durante estes setenta anos, era por
mim que jejuáveis? 6E quando comestes
e bebestes, não o fazíeis por vós? 7Não
foi esta a palavra que vos proclamava
Javé por meio dos profetas do passado,
quando Jerusalém estava ainda habitada
e em paz e eram habitadas as cidades vi-
zinhas e o Negueb e a planície?" 8E foi
dirigida a Zacarias esta palavra de Javé:
9"Assim fala Javé dos exércitos: Julgai
conforme a verdade e exercitai a pie-
dade e a misericórdia* cada qual para
com o próximo. 10Não oprimais a viúva,
o órfão, o estrangeiro e o pobre, e nin-
guém trame o mal no coração* contra
o próprio irmão". 11Mas eles recusaram
ouvir-me, obstinadamente me voltaram
as costas e taparam os ouvidos para não
ouvir. 12Endureceram o coração* como
um diamante para não ouvir a instrução
e as palavras que Javé dos exércitos lhes
dirigia por seu espírito, por meio dos
profetas do passado. Assim acendeu-se
um grande furor da parte de Javé dos
exércitos. 13E como a seu apelo eles não
quiseram dar ouvido, assim quando eles
clamarem, eu não os ouvirei, diz Javé dos
exércitos. 14"Eu os dispersei* entre todas
aquelas nações que eles não conheciam,
e o país ficou desolado atrás deles, sem
que alguém o percorresse; de uma terra
de delícias fizeram uma desolação".

8 **Promessa de bênção**†. 1Foi-me
dirigida esta palavra de Javé dos
exércitos: 2"Assim fala Javé dos exérci-
tos:
Sinto grande ciúme por Sião,*
e uma grande paixão por ela me in-
flama".
3Assim fala Javé:
"Voltarei a Sião e morarei em Jeru-
salém.*
Jerusalém será chamada cidade fiel,
e o monte de Javé dos exércitos,
monte santo".
4Assim fala Javé dos exércitos:
"Velhos e velhas se sentarão ainda
nas praças de Jerusalém,*
cada qual com seu bastão na mão
por causa de sua idade avançada.
5As praças da cidade estarão cheias
de meninos e meninas
a brincar nas praças".
6Assim fala Javé dos exércitos:
"Se isso parece impossível aos olhos
do resto desse povo
naqueles dias,
será talvez impossível também a
meus olhos?*
– oráculo de Javé dos exércitos.
7Assim diz Javé dos exércitos:
"Eu salvo meu povo
do país do oriente e do país do oci-
dente:
8eu os reconduzirei para morarem
em Jerusalém;
eles serão meu povo e eu serei seu
Deus,*
na fidelidade e na justiça".
Convite à confiança. 9Diz Javé dos
exércitos: "Retomem força vossas mãos,
vós que nestes dias escutais estas pala-
vras dos profetas, que profetizam des-
de o dia em que foram colocados os
alicerces da casa de Javé dos exércitos
para a reconstrução do templo.*
10Pois antes daqueles dias
não havia salário para o homem,
nem salário para o animal;
não havia segurança alguma
para quem ia e vinha
por causa do inimigo:
eu mesmo incitava os homens uns
contra os outros.

---

* **7**,5. Am 5,21 | 9. Is 1,17; Êx 22,20s | 10. Mq 2,1 | 12. Ez 11,9 | 14. Dt 4,27 | **8**,2. 1,14 | 3. Is 1,26 | 4. Is 65,20; Dt 4,40 | **8**,6. Jr 32,27 | 8. Jr 31,31 | 9. Ag 1,15

† **7**,3. A resposta de Deus está em 8,18s. | **8**. Anúncio da salvação messiânica: Javé habita para sempre em Jerusalém, reunião de todos os israelitas na montanha santa, felicidade sem igual.

[11]Agora, porém, para o resto daquele povo
eu não serei mais como fui antes
– diz Javé dos exércitos.
[12]É uma semente de paz:
a videira produzirá seu fruto,
a terra dará seus produtos,
os céus darão o orvalho:
darei tudo isso como herança ao resto desse povo.

[13]Assim como fostes uma maldição
entre as nações, ó casa de Judá e de
Israel, assim, quando eu vos salvar, vós
vos tornareis uma bênção. Não temais,
pois: retomem força vossas mãos".

[14]Pois assim fala Javé dos exércitos:
"Como decidi afligir-vos quando vossos pais me irritaram – diz Javé dos
exércitos – e não voltei atrás, [15]assim
de novo me proponho fazer o bem a
Jerusalém e à casa de Judá; não tenhais medo. [16]Eis o que deveis fazer:
falai com sinceridade* cada qual a seu
próximo; em vossos tribunais julgai segundo a justiça que gera a paz. [17]Ninguém trame no coração o mal contra o
próprio irmão; não ameis o juramento
falso, porque eu detesto tudo isso" –
oráculo de Javé.

Resposta à pergunta sobre o jejum.
[18]Foi-me dirigida esta palavra de Javé
dos exércitos:

[19]"Assim fala Javé dos exércitos: o
jejum do quarto, quinto, sétimo e décimo mês* se mudará para a casa de
Judá em alegria, júbilo e dias de festa;
amai, pois, a verdade e a paz".†

Promessa de bênção. [20]Assim fala
Javé dos exércitos: "Virão ainda povos
e habitantes de numerosas cidades, [21]e
os habitantes de uma cidade irão à outra e dirão: Vamos logo suplicar a Javé
e buscar Javé dos exércitos; eu também
vou. [22]Assim muitos povos e nações
poderosas irão a Jerusalém procurar
Javé dos exércitos e suplicar a Javé".

[23]Assim fala Javé dos exércitos: "Naqueles dias, dez homens de todas as
línguas das nações agarrarão um judeu pela orla do manto e lhe dirão: Queremos ir convosco, porque ouvimos dizer que Javé está convosco".

II. ORÁCULOS SOBRE O FUTURO DE JERUSALÉM E DAS NAÇÕES (9–14)

9 **Nova terra.** [1]Proclamação.
A palavra de Javé está no país de Hadrac
e repousa em Damasco.
Porque a Javé pertence a pérola de Aram
e todas as tribos de Israel;
[2]Também Emat, sua vizinha,
e Tiro e Sidônia, cuja sabedoria é grande.
[3]Tiro construiu para si uma fortaleza
e nela acumulou prata como pó
e ouro, como lama das ruas.
[4]O Senhor se apoderará dela,
precipitará no mar sua força
e ela será devorada pelo fogo.
[5]Ascalon verá e ficará com medo,
Gaza se contorcerá em grandes dores,
como também Acaron,
porque sua esperança ficará frustrada;
desaparecerá o rei de Gaza
e Ascalon não será mais habitada.
[6]Um povo bastardo morará em Azoto,
e abaterei o orgulho dos filisteus.
[7]Tirarei de sua boca o sangue
e de seus dentes suas abominações.
Também ele se tornará um resto para nosso Deus,*
será como uma família em Judá
e Acaron será semelhante ao jebuseu.
[8]Acamparei junto a minha casa, montando guarda
contra quem vai e quem vem;
lá não passará mais o opressor,
porque agora eu mesmo vigio com meus próprios olhos.

---

* **8**,16. Ef 4,25; Mt 5,9 **|** 19. Jr 31,13; Is 35,10 **|** **9**,7. Is 4,3

† **8**,19. Passados os acontecimentos dolorosos da queda de Jerusalém, que esses jejuns comemoravam, é tempo de alegria e não de penitência. **|** **9**. O território do povo eleito será ampliado, porque Javé fará uma guerra de conquista contra as cidades vizinhas.

O Messias, rei manso e pacífico.
9Exulta de alegria, filha de Sião,
rejubila, filha de Jerusalém!
Vem a ti teu rei.
Ele é justo e vitorioso.
Humilde, está montado num jumento,*
num jumentinho, filho de jumenta†.
10Fará desaparecer os carros de
Efraim
e os cavalos de Jerusalém;
o arco de guerra será quebrado,*
e ele proclamará a paz às nações.
Seu domínio será de um mar a outro,*
e do rio aos confins da terra.
Israel será restabelecido. 11Quanto a
ti, por causa da aliança concluída conti-
go no sangue,*
libertarei teus prisioneiros da cister-
na sem água.
12Voltai à cidadela, prisioneiros da
esperança!
Eu vo-lo anuncio desde hoje:
dupla recompensa vos darei.
13Estendi Judá como meu arco,
fiz de Efraim sua flecha;
suscitarei teus filhos, Sião,
contra teus filhos, Javã,
eu te farei como a espada de um he-
rói.
14Então Javé aparecerá sobre eles,*
como relâmpago partirão suas fle-
chas;
O Senhor Javé soará a trombeta
e marchará entre os furacões do sul.
15Javé dos exércitos os protegerá;
eles devorarão e pisarão as pedras
da funda;
beberão seu sangue como vinho,
estarão cheios de sangue como as
bacias dos sacrifícios,
como os chifres do altar.
16Javé, seu Deus,
naquele dia salvará como um reba-
nho seu povo;*
como pedras preciosas de uma coroa
brilharão em sua terra.
17Quanta bondade a sua e quanta
beleza!
O trigo dará vigor aos jovens,*
e o vinho novo, às moças.

10

Convite à confiança. 1Pedi a
Javé a chuva tardia da prima-
vera;*
é Javé que forma os nimbos,
derrama chuva abundante
e dá a cada um a erva dos campos.
2Porque os ídolos domésticos† predi-
zem o falso,
os adivinhos veem mentiras,
contam sonhos enganadores,
e dão vãs consolações;
por isso eles vão errando como ove-
lhas,*
infelizes, por falta de pastor.
Israel, libertado, voltará. 3Contra os
pastores se acende meu furor*
e contra os carneiros dirijo o olhar;
porque Javé dos exércitos
visitará seu rebanho, a casa de Judá,
e fará dele seu glorioso cavalo na ba-
talha†.
4Dele sairá a pedra angular,
dele a estaca da tenda,
dele o arco de guerra,
dele todos os comandantes.
5Serão como valentes que pisam
a lama das ruas na batalha.
Combaterão porque Javé está com eles;
mas os que montam em cavalos fica-
rão confusos.
6Fortalecerei a casa de Judá
e tornarei vitoriosa a casa de José.
Eu os reconduzirei à pátria, porque
tenho piedade deles;
serão como se nunca os tivesse re-
pudiado,*
porque eu sou Javé, seu Deus, e os
ouvirei.
7Os de Efraim serão como um herói,
e seu coração se alegrará como ine-
briado pelo vinho.*

---

* **9**,9. Mt 21,5; 11,29 | 10. Os 2,20; Is 11,6 / Sl 72,6 | 11. Êx 24,4-8; Mt 26,28 14. Sl 18,15; Hab 3,4 | 16. Ez 34,1 | 17. Jr 31,12s | **10**,1. Dn 11,14; Sl 135,7 | 2. Ez 34,5; Mt 9,36 | 3. Ez 34,2 | 6. Is 41,17 | 7. Sl 104,15

† **9**,9. Rei de paz, manso e humilde. Jesus realizou esta profecia no Domingo de Ramos, Mt 21,5; Jo 12,15. **10**,2. Os ídolos domésticos, ou "terafim", representavam os deuses protetores do lar, Gn 31,19,34; serviam para a adivinhação, Ez 21,26, que é um pecado contra a fé em Deus. | 3. A idolatria de Israel sofreu seu castigo no exílio. Deus vai punir seus pastores, em parte responsáveis pelo pecado do povo.

Seus filhos verão e se alegrarão,
e seu coração exultará em Javé.
8Darei um sinal para reuni-los
quando os tiver resgatado;
e serão numerosos como antes.
9Eu os dispersei entre os povos,
mas nas regiões remotas se recordarão de mim;*
criarão os filhos e voltarão.
10Eu os farei retornar do Egito,
eu os recolherei da Assíria
para reconduzi-los à terra de Galaad e do Líbano,
e não bastará para eles o espaço.
11Atravessarão o mar do Egito,
e ele ferirá as ondas do mar,
todas as profundezas do Nilo secarão.
Será abatido o orgulho da Assíria
e removido o cetro do Egito.
12Sua força estará em Javé,
e é em seu Nome que caminharão,
oráculo de Javé.

11 **Desolação.** 1Abre, Líbano, tuas portas,
e que o fogo devore teus cedros.
2Geme, cipreste, porque o cedro caiu,
estas esplêndidas árvores foram destruídas.
Gemei, carvalhos de Basã,
Porque a floresta impenetrável está abatida!†
3Ouve-se o lamento dos pastores,
porque sua glória está destruída!
Ouve-se o rugido dos leõezinhos,
porque foi devastado o orgulho do Jordão!

O bom pastor. 4Assim fala Javé, meu
Deus: "Apascenta as ovelhas* destinadas ao matadouro,
5que os compradores abatem impunemente e cujos
vendedores dizem: 'Seja bendito Javé,
fiquei rico'; e os pastores não se compadecem delas.
6Pois não mais terei
piedade dos habitantes do país, oráculo de Javé. Eu abandonarei os homens,
um à mercê do outro, e à mercê de seu
rei, para que devastem o país, mas não
livrarei nenhum de suas mãos".
7Eu portanto me pus a apascentar as
ovelhas que os comerciantes destinavam
ao matadouro. Tomei dois bastões: a um
chamei Benevolência e ao outro União
e conduzi ao pasto as ovelhas. 8Num só
mês eliminei três pastores; perdi a paciência com eles, e também eles me detestaram.
9Por isso eu disse: "Não serei mais
vosso pastor. Quem está para morrer,
que morra; quem está para se perder,
que se perca; e que as restantes se devorem entre si!"
10Tomei depois o bastão chamado Benevolência e o quebrei,
rompendo assim a aliança que eu tinha
feito com todos os povos. 11Eu a rompi
naquele mesmo dia; os comerciantes de
ovelhas que me observavam compreenderam que aquela era a palavra de Javé.
12E eu lhes disse: "Se vos parece justo,
dai-me meu salário; se não, deixai por
isso mesmo". Eles então pesaram como
meu salário trinta siclos de prata. 13Mas
Javé me disse: "Lança no tesouro esta
bela soma com que fui por eles avaliado!" Tomei os trinta siclos* de prata e os
lancei no tesouro da casa de Javé†. 14Depois quebrei o segundo bastão chamado
União, para romper assim a fraternidade
entre Judá e Israel. 15Depois Javé me disse: "Toma ainda os instrumentos de um
pastor* insensato, 16porque eu suscitarei
no país um pastor que não terá cuidado
das ovelhas que se perdem,* não buscará as dispersas, não tratará das feridas,
não alimentará as que estão de pé; mas
comerá as carnes das gordas e lhes arrancará até as unhas.
17Ai do pastor inútil que abandona o
rebanho!*
Uma espada lhe cairá sobre o braço
e sobre o olho direito.
Que seu braço fique todo seco
e seu olho direito, completamente cego".

---

* **10**,9. Dt 30,1ss; Lc 15,17 | **11**,4. Jr 12,3 | 13. Mt 27,3-10 | 15. Ez 34,2ss | 16. Is 42,3; Mt 12,20 | **11**,17. Jo 10,12s

† **11**,2. Anuncia a queda dos orgulhosos inimigos de Judá, representados por essas árvores. | 13. 30 siclos era o preço de um escravo, Êx 21,32, salário ridículo e injurioso. Essa profecia se cumpriu na traição de Judas, Mt 27,9s.

12 **Jerusalém reabilitada.** 1Pro-
clamação. Palavra de Javé sobre
Israel. Oráculo de Javé, que estendeu os
céus* e fundou a terra, que formou o es-
pírito do homem dentro dele: 2"Eu farei
de Jerusalém como uma taça* inebrian-
te para todos os povos vizinhos; Judá
terá a mesma sorte quando Jerusalém
for sitiada. 3Naquele dia eu farei de Je-
rusalém como pedra pesada para todos
os povos: todos os que quiserem levan-
tá-la ficarão gravemente feridos; contra
ela se reunirão todas as nações da terra.
4Naquele dia – oráculo de Javé – man-
darei o pânico sobre todos os cavalos,
e a loucura sobre seus cavaleiros; mas
sobre a casa de Judá manterei abertos
meus olhos; ferirei de cegueira todos os
cavalos das nações. 5Então os chefes de
Judá pensarão: A força dos habitantes
de Jerusalém está em Javé dos exérci-
tos, seu Deus. 6Naquele dia farei dos
chefes de Judá como braseiro ardente
no meio da lenha e como tocha acesa
entre os feixes; eles devorarão à direita
e à esquerda todos os povos ao redor.
E Jerusalém será ainda habitada em seu
mesmo lugar, em Jerusalém. 7Javé sal-
vará primeiramente* as tendas de Judá,
para que a glória da casa de Davi e a
glória dos habitantes de Jerusalém não
ultrapassem a de Judá. 8Naquele dia
Javé protegerá os habitantes de Jeru-
salém e o mais fraco dentre eles será
como Davi naquele dia, e a casa de Davi
será como Deus, como o anjo de Javé
diante deles.

9Naquele dia procurarei exterminar*
todas as nações que vierem contra Je-
rusalém. 10Derramarei sobre a casa de
Davi e sobre os habitantes de Jerusa-
lém um espírito de graça e de súplica, e
eles olharão para mim. Quanto àquele
a quem traspassaram†, farão luto* por
ele como se faz pelo filho único, e o
chorarão amargamente como se chora
o primogênito. 11Naquele dia, grande
será o lamento em Jerusalém, seme-
lhante ao lamento de Adad-Remon na
planície de Maguedon. 12O país fará o
luto, família por família:

a família da casa de Davi à parte e
suas mulheres à parte;

a família da casa de Natã à parte e
suas mulheres à parte;

13a família da casa de Levi à parte e
suas mulheres à parte;

a família da casa de Semei à parte e
suas mulheres à parte;

14assim todas as outras famílias, cada
família à parte e suas mulheres à parte".

13 **Purificação.** 1Naquele dia ha-
verá uma fonte† jorrando para
a casa de Davi* e para os habitantes
de Jerusalém, para lavar o pecado e a
impureza. 2Naquele dia – oráculo de
Javé dos exércitos – eu extirparei do
país os nomes dos ídolos: nem serão
mais recordados. Também os profetas
e o espírito imundo farei desaparecer
do país. 3Se alguém continuar a profe-
tizar, o pai e a mãe que o geraram lhe
dirão: "Não continuarás a viver, porque
proferes mentiras em nome de Javé", e
o pai e a mãe que o geraram o tras-
passarão porque profetiza. 4Naquele
dia, todo profeta se envergonhará da
visão que tiver anunciado;* ninguém
vestirá mais o manto de pelos para fa-
lar mentiras. 5Mas cada um dirá: "Não
sou profeta, sou lavrador; eu me dedi-
quei à terra desde a juventude". 6E se
lhe disserem: "O que são essas chagas
em tuas mãos?", ele responderá: "Eu as
recebi na casa de meus amigos"†.

A espada. 7Levanta-te, espada, contra
meu pastor,*

contra aquele que é meu compa-
nheiro.

---

* **12**,1. Is 42,5; Gn 2,7 | 2. Is 51,17 | 7. 14,10 | 9. 14,3 | 10. Jo 19,37; Ap 1,7; Jo 3,14; Am 8,10; Jo 3,16; Cl 1,15-18 | **13**,1. Jo 7,38s; 19,34; Ez 47,1; 36,25 | 4. 2Rs 1,8; Mt 3,4 | 7. Ez 34,1 / Mt 26,31; Ez 34,1

† **12**,10. Promete a conversão do povo a seu Deus. São João aplica esta profecia a Jesus na cruz, lendo o texto de outra maneira, Jo 19,37. | **13**,1. A fonte que purifica Jerusalém e faz dela um paraíso é um tema profético, Ez 47,1-12. | **13**,6. Trata-se dos profetas das confrarias, que se envergonharão de sua condição e das marcas das incisões em seus corpos, 1Rs 18,28, e vão explicá-las com uma desculpa. | 7. O rebanho do pastor ferido passará por uma provação e os que ficarem fiéis reconhecerão a Deus e Deus os reconhecerá. Jesus identificou-se com este pastor ferido em Mt 26,31.

Oráculo de Javé dos exércitos.
Fere o pastor, e as ovelhas* serão
dispersas†;
e voltarei a mão contra os pequenos.
8Em todo o país,
– oráculo de Javé –
dois terços serão exterminados e
morrerão;
um terço será deixado.
9Farei passar este terço pelo fogo;
eu o purificarei como se purifica a
prata,*
eu o provarei como se prova o ouro.
Invocará meu Nome*
e eu o escutarei.
Direi: "Este é meu povo".
E ele dirá: "Javé é meu* Deus"†.

14 **Batalha final entre Jerusalém e as nações.**

1Está chegando o
dia de Javé, quando teus despojos se-
rão repartidos no meio de ti. 2Reunirei
todas as nações contra Jerusalém* para
a batalha; a cidade será tomada, as ca-
sas saqueadas, as mulheres violenta-
das; metade da população partirá para
o cativeiro, mas o resto do povo não
será retirado da cidade. 3Então Javé sai-
rá e combaterá contra aquelas nações,
como combateu no dia da batalha.
4Naquele dia seus pés pousarão sobre
o monte das Oliveiras que está diante
de Jerusalém ao oriente. E o monte das
Oliveiras se fenderá ao meio, do orien-
te ao ocidente, formando um imenso
vale; metade do monte recuará para o
norte e a outra metade para o sul. 5En-
tão fugireis pelo vale de meus montes,
pois o vale dos montes chegará até
Jasol; fugireis como fugistes do terre-
moto,* no tempo de Ozias, rei de Judá.
Virá então Javé meu Deus e com ele
todos os seus santos.
6Naquele dia não haverá luz, mas frio
e gelo. 7Será um dia único, Javé o co-
nhece; não haverá dia nem noite,* mas
ao anoitecer brilhará a luz. 8Naquele
dia águas vivas brotarão de Jerusalém*
e descerão metade para o mar orien-
tal, metade para o mar ocidental, tan-
to no verão como no inverno. 9Então
Javé será rei de toda a terra.* Naquele
dia Javé será o único, e único será seu
Nome. 10Todo o país se transformará
em planície,* de Gaba até Remon no
Negueb; Jerusalém será elevada e será
habitada no lugar onde está, desde a
porta de Benjamim até o lugar da pri-
meira porta, isto é, até a porta do Ân-
gulo, e desde a torre de Hananeel até
os lagares do rei. 11Aí habitarão; não
haverá mais extermínio, e Jerusalém
será habitada em segurança.*
12Este será o flagelo com que Javé fe-
rirá todos os povos que tiverem com-
batido contra Jerusalém: fará apodre-
cer suas carnes,* estando eles ainda de
pé; seus olhos se consumirão em suas
órbitas; sua língua se consumirá em
sua boca. 13Naquele dia Javé provocará
um grande tumulto entre eles: cada um
agarrará a mão do outro* e lutarão um
contra o outro. 14Também Judá comba-
terá em Jerusalém e lá se ajuntarão as
riquezas de todas as nações vizinhas:
ouro, prata e vestes em quantidade
enorme. 15Um flagelo semelhante atin-
girá os cavalos, os mulos, os camelos,
os jumentos e todos os animais que
estiverem naqueles acampamentos:
um flagelo semelhante àquele. 16Então
entre todas as nações que houverem
combatido contra Jerusalém, os sobre-
viventes subirão todo ano para adorar
o rei, Javé dos exércitos,* e para cele-
brar a festa das Tendas†. 17Se alguma
família da terra não for a Jerusalém
para adorar o rei, Javé dos exércitos,
sobre ela não cairá a chuva. 18Se a fa-
mília do Egito não subir e não quiser
vir, sobre eles não cairá a chuva; virá
sobre eles o mesmo flagelo que Javé

* **13**,9. Is 1,25; 48,10 / Sl 91,15; Is 65,24 / Jr 31,31 | **14**,2. Jl 4,2.12 | 5. Jr 31,30; Am 1,1 | 7. Ap 21,23 | 8. Ez 47,1; Jo 4,1 | 9. Ap 11,15 | 10. 12,6 | 11. Jr 31,40; Ap 22,3 | 12. Is 66,24 | 13. Ez 38,21 | 16. Êx 23,14

† **13**,9. Este é o "resto" de Israel, os sobreviventes da catástrofe do exílio, que volta à pátria purificado e decidido a ser fiel à aliança com Deus; serão a semente do novo povo. "Era preciso que o Povo de Deus sofresse a purificação do exílio, o qual já traz a sombra da Cruz no projeto de Deus. O Resto dos Pobres que volta de lá é uma das figuras mais transparentes da Igreja" (CIC). | **14**,16. Também as nações passarão por uma triagem e os sobreviventes virão adorar a Javé em Jerusalém.

infligiu às nações que não subiram para
celebrar a festa das Tendas. 19Este será
o flagelo para o Egito e para todas as
nações que não subirem para celebrar
a festa das Tendas.
20Naquele tempo também sobre os
cincerros dos cavalos se achará escrito:
"Consagrado a Javé", e as panelas no
templo de Javé serão como as bacias
que estão diante do altar. 21Todas as
panelas, em Jerusalém e em Judá, serão
consagradas a Javé dos exércitos; todos
os que quiserem oferecer sacrifício virão
e as usarão para cozinhar as carnes. Naquele dia não haverá nem um só comerciante na casa de Javé dos exércitos.*

* **14**,21. Jo 2,16

MALAQUIAS

Seu nome em hebraico significa "meu mensageiro", nome que parece ser tirado de 3,1. De sua vida nada se sabe, senão que viveu provavelmente na primeira metade do séc. V a.C. Em seu livro há seis breves diálogos entre o profeta e os ouvintes, cujo conceito central é a necessidade de vencer a tentação do farisaísmo, isto é, de uma religião desligada da vida e das exigências sempre rigorosas da aliança. Por isso, o profeta se esforça por sacudir a indiferença dos compatriotas, chamando-os ao dever de corresponder ao amor de Deus com a oferta de sacrifícios dignos de sua majestade (1,11). Censura os sacerdotes porque oferecem a Deus alimentos contaminados (1,6–2,9), condena os divórcios e os casamentos com mulheres estrangeiras (2,10-16), anuncia o dia do juízo divino (2,17–3,5), com o triunfo final dos justos e a punição pelo não cumprimento do dever do dízimo para o templo (3,6-21). Em lugar dos sacrifícios imperfeitos que eram oferecidos a Deus, proclama que "em todo lugar é oferecido um sacrifício de incenso a meu nome com uma oblação pura" (1,11), vaticínio no qual a tradição viu profetizado o sacrifício eucarístico. O famoso texto "Mandarei meu mensageiro para preparar o caminho a minha frente" (3,1) foi aplicado a João Batista em Mt 11,10 e em Mc 1,2.

Malaquias dá muita importância ao culto e fala das condições que o tornam agradável a Deus, condições rituais e sobretudo morais, isto é, a fidelidade no matrimônio e a justiça social.

A mensagem do profeta pode resumir-se numa frase: "Voltai para mim e eu voltarei para vós, diz Javé dos exércitos" (3,7).

I. REPREENSÃO AOS SACERDOTES E LEVITAS (1-2)

1 **O amor de Javé por Israel.** 1Pro-
clamação. Palavra de Javé a Israel
por meio de Malaquias. 2"Eu vos amo",
diz Javé. E vós dizeis: "Como nos amais?"†
"Não era Esaú irmão de Jacó? – oráculo
de Javé – No entanto amei Jacó 3e odiei*
Esaú†. Fiz de seus montes um deserto e
dei sua herança aos chacais do deserto".
4Se Edom diz: "Fomos destruídos, mas
reconstruiremos nossas ruínas", Javé dos
exércitos declara: "Eles reconstruirão,
mas eu destruirei". Serão chamados terra
da impiedade e povo contra o qual Javé
está irado para sempre. 5Vossos olhos o
verão e direis: "Grande é Javé também
fora dos limites de Israel"†.
Repreensão aos sacerdotes†. 6"O fi-
lho honra seu pai* e o servo respeita
seu patrão. Se eu sou pai, onde está
a honra que me é devida? Se sou o
patrão, onde está o respeito para co-
migo? Diz Javé dos exércitos a vós, sa-
cerdotes, que desprezais meu Nome".
Vós perguntais: "Em que despreza-
mos vosso Nome?" 7"É que ofereceis
em meu altar comida contaminada".
Mas dizeis: "Em que te profanamos?"
Quando dizeis: "A mesa de Javé é sem
importância". 8"E quando ofereceis
um animal cego em sacrifício, não é
um mal? Quando ofereceis um animal
aleijado ou doente,* não é um mal?
Oferece-o a teu governador: pensas
que ficaria contente ou te receberia
bem? Diz Javé dos exércitos".
O sacrifício novo. 9Agora suplicai a
Deus para que tenha piedade de nós!
"Mas com tais ofertas em vossas mãos,
ele vos aceitará com favor?, diz Javé
dos exércitos. 10Haverá entre vós al-

---

* **1**,3. Os 11,1; Dt 7,7,s; 4,37; Ez 16; Rm 9,13; Gn 25,23 | 6. Êx 20,12; Dt 1,31; 32,6; Is 29,13 | 8. Lv 22,18-25 | 10. Am 5,21; Jr 6,20; Sf 3,9

† **1**,2. Os repatriados que voltam de Babilônia chegam a duvidar se Deus os ama, porque ficaram desiludidos ao encontrarem em sua terra a hostilidade dos ocupantes, a dominação persa e as incursões dos povos vizinhos. | 3. Pelo contexto, o sentido é que Deus prefere um povo a outro e persevera nesta sua escolha original. Rm 9,13 cita esse texto. | 5. Os antigos pagãos achavam que cada deus nacional só tinha poder dentro do próprio país. | 6. São dois os pecados dos sacerdotes: oferecem vítimas defeituosas e descuidam sua missão de educadores do povo, 2,8 | 10. Deus prefere a ausência de culto a um culto falso.

guém que feche as portas, para que não acendais em vão o fogo sobre meu altar! Não me agrado de vós, diz Javé dos exércitos, nem aceito a oferta* de vossas mãos!† 11 Porque do nascente ao poente, grande é meu Nome entre as nações e em todo lugar é oferecido um sacrifício de incenso a meu Nome com uma oblação pura, porque grande é meu Nome entre as nações, diz Javé dos exércitos"†. 12 Mas vós o profanais quando dizeis: "A mesa do Senhor é impura e o que nela se oferece, isto é, sua comida, é sem importância". 13 "Vós dizeis: 'Que canseira!' e me tratais com desprezo, diz Javé dos exércitos. E ofereceis animais roubados, aleijados, doentes e os trazeis como oferta! Posso eu aceitá-la de vossas mãos?*, diz Javé. 14 Maldito o homem fraudulento que tem no rebanho um macho, faz um voto e depois me sacrifica um animal defeituoso. Porque eu sou um grande rei, diz Javé dos exércitos,* e meu nome inspira temor entre as nações".

2 **Ameaças aos sacerdotes infiéis.** 1 "Agora, ó sacerdotes, é para vós esta advertência. 2 Se não me escutardes e não tomardes a peito dar glória a meu nome, diz Javé dos exércitos, mandarei sobre vós a maldição* e amaldiçoarei vossas bênçãos. Sim, já as amaldiçoei, porque nenhum de vós as toma a peito.

3 Reprovarei vossa descendência
e vos lançarei no rosto excrementos,
os excrementos das vítimas imoladas em vossas festas,
e sereis varridos junto com eles.
4 Assim sabereis que eu
vos dirigi esta advertência,*
para que possa continuar minha aliança com Levi,
diz Javé dos exércitos.
5 Minha aliança com ele
era aliança de vida e de bem-estar,
coisas que lhe concedi para que me temesse;
ele me temeu e diante de meu nome teve respeito.*
6 Um ensinamento fiel estava em sua boca
e não havia falsidade em seus lábios;
na integridade e na retidão caminhou diante de mim
e converteu muitos da iniquidade.
7 De fato, os lábios do sacerdote*
devem guardar o saber
e de sua boca se procura a instrução,
porque ele é mensageiro de Javé dos exércitos.
8 Vós, porém, vos afastastes do caminho*
e a muitos fizestes tropeçar
com vosso ensinamento;
violastes a aliança de Levi,
diz Javé dos exércitos.
9 Por isso também eu vos tornei desprezíveis
e abjetos diante de todo o povo,
porque não observastes minhas disposições
e usastes parcialidade na aplicação da lei".

Casamento com estrangeira e divórcio. 10 Não temos todos um mesmo Pai?* Não foi um Deus único que nos criou? Por que, então, agir com perfídia um contra o outro, profanando a aliança de nossos pais? 11 Judá agiu traiçoeiramente, e a abominação foi cometida em Israel e em Jerusalém. Porque Judá profanou o santuário caro a Javé e casou com a filha de um deus estrangeiro†. 12 Que Javé elimine, para o homem que agiu assim, a testemunha e o defensor, das tendas de Jacó e do grupo dos que apresentam a oferta a Javé dos exércitos†.

13 Outra coisa fazeis ainda: cobris de lágrimas o altar de Javé, com prantos e gemidos, porque ele não olha mais para a oferta, nem a acolhe com prazer

---

* **1**,13. Lv 22,18-25 | 14. Sl 102,16 | **2**,2. Dt 28,15 | 4. Dt 18,1-8; 33,8-11; Nm 25,12s | 5. Dt 33,9s | 7. Dt 21,5 | **2**,8. Mt 23,13ss | 10. Ef 4,6

† **1**,11. O profeta fala no presente, significando o futuro: haverá um culto puro, universal e plenamente agradável a Deus. A tradição cristã vê profetizado aqui o sacrifício eucarístico. | **2**,11. Casar com uma estrangeira, "filha de um outro deus", é ser infiel a Javé e ao próprio povo. Era proibido pela lei, Dt 7,3. | 12. O culpado ficará privado de toda justiça humana e de toda proteção divina.

de vossas mãos. 14E perguntais: "Por
quê?" Porque Javé é testemunha entre
ti e a mulher de tua juventude†, que
tu traíste, apesar de ser ela tua com-
panheira, a mulher ligada a ti por um
pacto.
15Não fez ele um só ser dotado de
carne* e sopro vital? Que coisa busca
esse único ser, senão uma descendên-
cia dada por Deus? Respeitai vossa
vida. Que ninguém seja infiel à mulher
de sua juventude†. 16Porque eu detes-
to o repúdio†, diz Javé, Deus de Israel,
e quem cobre de iniquidade a própria
veste, diz Javé dos exércitos. Respeitai,
pois, vossa vida e não sejais infiéis.
17Cansais Javé com vossas palavras;
no entanto, perguntais: "Como o can-
samos?" Quando afirmais: "Todo aque-
le que faz o mal* é bem-visto aos olhos
de Javé†, que nele se compraz"; ou
quando dizeis: "Onde está o Deus da
justiça?"

II. O ANJO PRECURSOR (3)

3 **Anjo da aliança.** 1"Mandarei meu
mensageiro* para preparar o ca-
minho a minha frente†. De repente en-
trará em seu templo o Senhor, que vós
procurais; o anjo da aliança, que de-
sejais; ele vem, diz Javé dos exércitos.
2Quem suportará o dia de sua vinda?*
Quem resistirá quando ele aparecer?
Pois ele é como o fogo do fundidor e
como a potassa dos lavadeiros. 3Ele se
sentará para fundir e purificar; purifica-
rá os filhos de Levi, ele os refinará como
se faz com o ouro e a prata, para que
possam oferecer a Javé uma oblação
segundo a justiça. 4Então a oferta de
Judá e de Jerusalém será agradável a
Javé como nos dias antigos, como nos
primeiros anos. 5Eu me aproximarei
de vós para o juízo e serei uma teste-
munha pronta contra os feiticeiros, os
adúlteros, os perjuros, contra quem de-
frauda o operário de seu salário, contra
quem oprime a viúva e o órfão,* e faz
injustiça ao estrangeiro. Estes não me
temem, diz Javé dos exércitos".
Os dízimos para o templo. 6"Eu, Javé,
não mudo;*
e vós, filhos de Jacó, não mudais.
7Desde o tempo de vossos pais
vos afastastes de meus preceitos
e não os guardastes.
Voltai para mim e eu voltarei para vós,*
diz Javé dos exércitos".
Mas vós dizeis:
"Como devemos voltar?"
8"Pode um homem fraudar a Deus?
No entanto vós me fraudais
e andais dizendo:
'Como te fraudamos?'
Nos dízimos e nas ofertas†.
9Já fostes atingidos pela maldição*
e continuais a me fraudar,
vós, a nação toda!
10Trazei todo o dízimo ao tesouro do
templo,
para que haja comida em minha casa;
depois ponde-me à prova nisto,
– diz Javé dos exércitos –
para ver se eu não vos abrirei as ca-
taratas do céu*
e não derramarei sobre vós bênçãos
sem medida.
11Impedirei os insetos devoradores
de destruírem os frutos de vossa terra
e de tornar estéril vossa videira no
campo,
diz Javé dos exércitos.
12Todas as nações vos proclamarão
bem-aventurados,*
porque sereis uma terra de delícias,
diz Javé dos exércitos".

---

* **2**,15. Gn 2,24; Mt 5,31s; Ef 5,25-32 | 17. Jó 21,7 | **3**,1. Mt 11,10 | 2. Sf 1,14; Jl 2,11; Jr 6,29 | 5. Lv 19,23; Êx 22,20s | 6. Nm 23,19 | 7. Zc 1,3 | 9. Dt 28,15 | 10. Dt 28,8.12 | 12. Is 61,9

† **2**,14. Javé, o Deus da aliança, está presente a tudo o que acontece com seu povo. | 15. Aludindo a Gn 2,24, apresenta o ideal de um casamento indissolúvel, fecundo e com uma só mulher. | 16. A lei permitia ao marido repudiar a mulher em certos casos, Dt 24,1-4, mas Malaquias combate o repúdio e assim prepara a condenação do divórcio, promulgada por Jesus, Mt 5,32 e 19,6. | 17. A prosperidade dos maus desafia o conceito que o povo eleito tem da justiça de Javé. | **3**,1. Texto aplicado a João Batista em Mt 11,10 e em Mc 1,2. | 8. A comunidade mostra-se negligente em cumprir os deveres do dízimo: se ela voltar a oferecê-los, terá de novo a prosperidade e o bem-estar.

O triunfo dos justos. 13"São duras vos-
sas palavras contra mim – diz Javé dos
exércitos – e vós andais dizendo: 'Que
dissemos contra ti?' 14Afirmastes: 'É
inútil servir a Deus:* que vantagem re-
cebemos por ter observado seus man-
damentos ou por ter andado de luto
diante de Javé dos exércitos? 15Deve-
mos, ao contrário, proclamar felizes os
soberbos que, mesmo fazendo o mal,
prosperam e, mesmo provocando a
Deus, ficam impunes'"†.

16Então falaram entre si os que te-
miam a Javé. Javé prestou ouvido* e os
escutou: um livro de memórias foi escrito
diante dele para aqueles que o temem e
que honram seu Nome. 17"Eles serão mi-
nha propriedade no dia que eu preparo –
diz Javé dos exércitos –. Terei compaixão
deles como o pai tem compaixão* do fi-
lho que o serve. 18Então vereis de novo a
diferença entre o justo e o pecador, entre
quem serve a Deus e quem não o serve".

O dia de Javé. 19"De fato, está para
vir o dia, ardente como forno.* En-
tão todos os soberbos e malfeitores
serão como palha; o dia que vem os
queimará – diz Javé dos exércitos –
de modo a não lhes deixar raiz nem
ramo. 20Para vós, porém, que temeis
meu nome, nascerá o sol da justiça†,
trazendo a salvação em seus raios; e
saireis saltando* como novilhos de um
curral. 21Calcareis aos pés os ímpios,
pois serão como cinza debaixo da sola
de vossos pés no dia que eu preparo,
diz Javé dos exércitos".

O profeta precursor. 22"Lembrai-vos
da lei de meu servo Moisés,
ao qual prescrevi sobre o Horeb
estatutos e normas para todo o Is-
rael.

23Enviarei o profeta Elias antes que
chegue*
o dia de Javé, grande e terrível†.
24Ele converterá o coração dos pais
para os filhos,
e o coração dos filhos para os pais,
para que eu não venha*
castigar o país com o extermínio".

* **3**,14. Is 58,3 | 16. Dn 7,10 | 17. Sl 103,13 | 19. Am 5,18 | 20. Lc 1,78; Jo 8,12 | 23. Mt 17,10-13; Eclo 48,10; Lc 1,17 | 24. Js 6,17

† **3**,15. Javé repreende os que duvidam de sua justiça no governo do mundo e anuncia seu dia, v.19, quando exterminará os maus. | 20. Depois da noite da adversidade e da provação, o povo será feliz e alcançará a vitória, aqui expressa pelo termo "justiça". A liturgia aplica este belo texto ao Salvador, luz do mundo, Jo 8,12. | 23. Este texto criou a grande expectativa do retorno de Elias no fim dos tempos. Jesus afirma que "Elias já veio", referindo-se a João Batista, Mt 17,10-13.

NOVO TESTAMENTO

Na plenitude dos tempos, Deus enviou seu Filho (Gl 4,4) para reunir os filhos de Deus dispersos, formando com eles um novo povo, que ele remiu e conquistou com seu sangue, o sangue da nova aliança (Lc 22,20). A proclamação desse mistério de salvação para todos foi feita de viva voz primeiro pelo próprio Jesus, depois pelos apóstolos, cumprindo ordem sua (Mc 16,15). Os convertidos à fé em Jesus recebiam o batismo e o dom do Espírito Santo, que os associavam a uma comunidade. Esta celebrava no culto a memória do Salvador e ouvia dos apóstolos o ensinamento ou catequese, que aprofundava o primeiro anúncio, chamado querigma. Circulavam entre as primeiras comunidades tradições orais ou escritas, contendo notícias sobre a doutrina do Mestre, seus milagres e parábolas, e outros relatos biográficos, sobretudo a história da paixão. Com o passar do tempo, as igrejas se multiplicaram e as testemunhas oculares foram desaparecendo, surgindo assim a necessidade de colocar por escrito de maneira ordenada todo um patrimônio recebido e transmitido.

Nesse tempo, São Paulo começa a percorrer o Império Romano, pregando o Evangelho que recebera de Cristo e fundando comunidades. A estas escreve diversas cartas, entre as quais estão as obras mais antigas daquilo que hoje é o Novo Testamento. Suas cartas foram conservadas e trocadas entre as igrejas, que as agrupavam, dando origem a certas coleções.

Veio o tempo em que apareceram nas comunidades falsos doutores, pregando doutrinas diferentes, chamadas "heresias", que apelavam para tradições orais e textos escritos. Foi preciso determinar quais livros eram sagrados, quais não. O critério foi aceitar só o que era obra dos apóstolos e de seus colaboradores imediatos.

Com essa expressão "Novo Testamento", usada a partir do fim do século II, designava-se o conjunto dos escritos que se impuseram na Igreja como referência importante para a fé e que teve a garantia dos apóstolos. Em vez de "Novo Testamento", seria mais exato dizer "Nova Aliança", aliança de Deus com seu povo, aquela anunciada por Jeremias (31,31) para substituir a primeira, que Israel violou. Não foi abandonado o Antigo Testamento, entendido como anúncio e caminho para o Novo. Para os cristãos, a vinda de Cristo é o cumprimento histórico das esperanças de Israel. O Concílio Vaticano II afirmou assim a unidade dos dois Testamentos: "Deus, inspirador e autor dos livros de ambos os Testamentos, dispôs sabiamente que o Novo estivesse latente no Antigo, e o Antigo se tornasse claro no Novo. Os livros do Antigo Testamento, recebidos íntegros na pregação apostólica, adquirem e manifestam sua completa significação no Novo Testamento, e por sua vez o iluminam e explicam".

Como no Antigo Testamento, também no Novo distinguimos três famílias de livros: os históricos (os quatro Evangelhos e os Atos dos Apóstolos), os didáticos (todas as epístolas) e um livro profético, o Apocalipse de João.

O Novo Testamento inteiro foi escrito em grego, língua falada em toda a bacia do Mediterrâneo no tempo dos apóstolos.

OS EVANGELHOS

A palavra "Evangelho" significa "boa nova", e a grande boa nova é a vinda de Deus para o meio dos homens. Cumprindo sua promessa de mandar um Salvador para a humanidade, na plenitude dos tempos, Deus enviou seu Filho, que anunciou o Reino de Deus em palavras e obras, e, "morrendo, destruiu a morte, e, ressurgindo, deu-nos a vida".

A seus Apóstolos, Jesus não mandou escrever, mas pregar (Mc 16,15). "Depois da ascensão do Senhor, os Apóstolos transmitiram aos ouvintes aquilo que Ele dissera e fizera, com aquela mais plena compreensão de que gozavam, instruídos que foram pelos gloriosos acontecimentos de Cristo e esclarecidos pela luz do Espírito de verdade. Os autores sagrados escreveram os quatro Evangelhos, escolhendo certas coisas das muitas transmitidas oralmente ou já por escrito, fazendo síntese de outras ou explanando-as com vistas à situação das igrejas, conservando enfim a forma de proclamação, sempre de maneira a referir-nos a respeito de Jesus com verdade e sinceridade. Pois os escreveram, seja com fundamento na própria memória e recordações, seja baseados no testemunho daqueles 'que desde o começo foram testemunhas oculares e ministros da palavra': com a intenção de que conheçamos a verdade daquelas palavras com que fomos instruídos (cf. Lc 1,2-4)" (Vat. II).

Santo Irineu dizia que existe um só Evangelho, quadriforme, em quatro modalidades. São os quatro livros, substancialmente idênticos, que referem palavras e ações da vida de Jesus, contados por Mateus, Marcos, Lucas e João. Os três primeiros chamam-se sinóticos, ou seja, "que se podem ler juntos, em colunas paralelas", por causa de suas semelhanças profundas. Estas se explicam pela tradição bem estruturada nas comunidades e pela formação de coleções de documentos. Mateus e Lucas utilizam Marcos na versão atual ou numa versão anterior. Utilizam também outra fonte, que continha palavras de Jesus. As diferenças se explicam pelos documentos próprios de cada evangelista, por sua ótica pessoal, pela tradição que representam, seus objetivos, o contexto em que vivem e seus destinatários especiais. O quarto Evangelho segue um caminho próprio, mostrando além dos simples fatos e palavras, o significado espiritual que apresentam.

Mais que uma simples biografia, os Evangelhos são o testemunho da Igreja primitiva a respeito do Cristo Ressuscitado: retratam o modo como foi proclamado ao mundo Aquele que disse: "Eu sou o caminho, a verdade e a vida" (Jo 14,6). Apresentam uma visão do que Jesus foi e é para a Igreja. O ponto de partida é a fé da Páscoa. Em Jesus e por meio de Jesus, Deus diz a palavra definitiva sobre si e sobre o destino do homem e do mundo.

EVANGELHO SEGUNDO MATEUS

Mateus, também chamado Levi (Mc 2,14; Lc 5,27), que tinha sido cobrador de impostos em Cafarnaum e foi chamado por Jesus para pertencer ao grupo dos doze discípulos (Mt 9,9), escreveu, por volta do ano 70, um Evangelho endereçado a uma comunidade cristã proveniente do judaísmo e procurou mostrar-lhes que Jesus é aquele que os profetas anunciaram. Por isso, recorda em muitos episódios da vida de Jesus o texto profético que se cumpre (1,23; 2,6; 2,15; 2,18; 3,15-16, etc.). Para Mateus, Jesus é o novo Moisés, muito superior ao profeta máximo do antigo Israel. Veio ensinar aos mestres da época e ao povo em geral como cumprir a vontade de Deus, interpretando e aperfeiçoando a legislação em vigor.

Mateus fez questão de não omitir as palavras de Jesus referentes às tradições e aos costumes judaicos. Segundo seu relato, desde o início (p. ex. no episódio de Herodes e os Magos) até a condenação à morte, Jesus é rejeitado por seu povo e acolhido pelos pagãos.

O drama de Jesus se desenrola em cinco atos: primeiro, Jesus é acolhido com entusiasmo pelas multidões por causa de seus milagres, porém depois começa a decepcionar o povo que esperava um Messias diferente. Aí Jesus se volta para a formação dos discípulos, cerne da futura Igreja. A perseguição dos inimigos chega então ao auge, alcançando seu objetivo: matar o rival. Mas ele ressuscita e permanece sempre vivo no meio da Igreja que fundou.

O Evangelho de Mateus apresenta os discursos de Jesus agrupados em cinco composições:

Sermão da montanha (5–7)
Sermão apostólico (10)
Sermão das parábolas (13)
Sermão sobre a Igreja (18)
Sermão escatológico (24–25)

Cada um desses sermões é precedido de uma parte narrativa que introduz o assunto do sermão. Como introdução geral, há um prólogo chamado "Evangelho da infância" (1–2) e, para encerrar, narra-se a paixão, morte e ressurreição (26–28).

I. EVANGELHO DA INFÂNCIA (1–2)

1 **Antepassados de Jesus.** [1]Lista dos antepassados* de Jesus Cristo, filho de Davi*, filho de Abraão†. [2]Abraão foi pai de Isaac*. Isaac, pai de Jacó. Jacó, pai de Judá e de seus irmãos. [3]Da união de Judá e Tamar* nasceram Farés e Zara. Farés foi pai de Esrom. Esrom, pai de Aram. [4]Aram foi pai de Aminadab*. Aminadab, pai de Naasson. Naasson, pai de Salmon. [5]Da união de Salmon e Raab nasceu Booz. Da união de Booz e Rute* nasceu Obed. Obed foi pai de Jessé. [6]Jessé foi pai do rei Davi*.

Da união de Davi com aquela que fora mulher de Urias, nasceu Salomão. [7]Salomão foi pai de Roboão. Roboão, pai de Abias. Abias, pai de Asa. [8]Asa foi pai de Josafá. Josafá, pai de Jorão. Jorão, pai de Ozias. [9]Ozias foi pai de Joatão. Joatão, pai de Acaz. Acaz, pai de Ezequias. [10]Ezequias foi pai de Manassés. Manassés, pai de Amon. Amon, pai de Josias. [11]Josias foi pai de Jeconias e de seus irmãos no tempo do exílio de Babilônia.

[12]E depois do exílio de Babilônia*, Jeconias foi pai de Salatiel. Salatiel, pai de Zorobabel. [13]Zorobabel foi pai de Abiud. Abiud, pai de Eliacim. Eliacim, pai de Azor. [14]Azor foi pai de Sadoc.

---

* **1**,1. Lc 3,23-38 / Gl 3,16 | 2. Gn 21,3; 25,26; 29,35 | 3. Gn 38,29s | 4. 1Cr 2,4s.9s | 5. Rt 4,13-22 | 6. 1Cr 3,10-15 | 12. 1Cr 3,17.19

† **1**,1. Esta genealogia tem por finalidade inserir Jesus na história de seu povo, apresentando-o como o Messias esperado, herdeiro das promessas feitas a Abraão e a Davi.

Sadoc, pai de Aquim. Aquim, pai de Eliud. 15 Eliud foi pai de Eleazar. Eleazar, pai de Matã; Matã, pai de Jacó. 16 Jacó foi pai de José, esposo de Maria†, da qual nasceu Jesus, que é chamado Cristo.

17 Portanto, de Abraão até Davi, são quatorze gerações; de Davi até o exílio de Babilônia, são quatorze gerações; e do exílio de Babilônia até Cristo, quatorze gerações.

Nascimento de Jesus. 18 Assim aconteceu o nascimento* de Jesus: Maria, sua mãe, era noiva de José† e, antes de viverem juntos, ela ficou grávida por obra do Espírito Santo. 19 José, seu noivo, sendo um homem justo, não quis que ela ficasse com o nome manchado e resolveu abandoná-la sem ninguém o saber. 20 Enquanto planejava isso, teve um sonho em que lhe apareceu um anjo do Senhor para dizer-lhe: "José, filho de Davi†, não tenhas medo de receber Maria como esposa, porque a criança que ela tem em seu seio vem do Espírito Santo. 21 Ela terá um filho, e tu lhe darás o nome de Jesus*, pois ele salvará seu povo de seus pecados". 22 Tudo isso aconteceu para se cumprir o que o Senhor tinha dito pelo profeta com estas palavras: 23 "A virgem conceberá* e dará à luz um filho, a quem chamarão Emanuel, nome que significa 'Deus conosco'". 24 Quando acordou, José fez o que o anjo do Senhor havia mandado. Levou sua esposa para casa 25 e, sem que a ela se unisse*, ela teve um filho. E José lhe deu o nome de Jesus.

2 **Adoração dos Magos.** 1 Jesus nasceu em Belém* da Judeia, no tempo do rei Herodes†. Então chegaram a Jerusalém alguns* Magos† do Oriente 2 e perguntaram: "Onde está o rei dos judeus que acaba de nascer? Vimos sua estrela no Oriente e viemos adorá-lo". 3 Quando ouviu isso, o rei Herodes ficou atordoado e, com ele, toda Jerusalém. 4 Reuniu todos os sumos sacerdotes e os escribas† do povo para perguntar-lhes onde é que nasceria o Cristo. 5 A resposta deles foi: "Em Belém da Judeia*, porque assim escreveu o profeta: 6 'E tu, Belém, terra de Judá*, não és de modo algum a menor entre as principais cidades de Judá, pois de ti sairá um chefe que vai governar Israel, meu povo'". 7 Herodes chamou então os Magos em segredo e pediu-lhes que dissessem com exatidão quando foi que aparecera a estrela. 8 Enviou-os depois a Belém, dizendo: "Ide informar-vos exatamente sobre o menino; e quando o tiverdes encontrado, avisai-me, para que eu também vá adorá-lo". 9 Depois de ouvir essas palavras do rei, os Magos partiram. E a estrela que viram no Oriente ia caminhando à frente deles, até que parou sobre o lugar onde estava o menino. 10 Ao verem a estrela, sentiram uma alegria muito grande. 11 Eles

---

* **1**,18. Lc 1,35; 2,5 | 21. Lc 1,31-35; 2,21; At 4,12 | 23. Is 7,14 | 25. Lc 2,7 | **2**,1. Lc 2,1-7 / Nm 24,17 | 5. Jo 7,42 | 6. Mq 5,1 | 11. Sl 72,10-15; Is 49,23; 60,5

† **1**,16. Maria é citada nesta genealogia junto com mais quatro mulheres: Tamar, Raab, Rute e Bersabeia. Todas elas tiveram algo de irregular ou de extraordinário em seu matrimônio, e todas mostraram iniciativa e exerceram um papel importante no plano de Deus. | 18. Entre os judeus o noivado tinha os mesmos efeitos jurídicos do casamento, de modo que a noiva infiel poderia ser apedrejada como adúltera, Dt 22,22. | 20. José não entende a situação singular em que a maternidade divina colocou sua noiva, mas não quer ser injusto para com aquela que merece sua total confiança. O anjo dirige-se a ele na qualidade de "filho de Davi", para que, aceitando a paternidade adotiva de Jesus, torne-o também filho de Davi. | **2**,1. Trata-se de Herodes Magno, que reinou de 37-4 a.C., grande construtor, mas homem violento e sanguinário, que suspeitava de tudo e de todos. / Os Magos representam as nações do mundo, que acolhem o Salvador com fé, enquanto os judeus, representados por Herodes e pelas autoridades religiosas, rejeitam Aquele que os profetas anunciaram. Por influência de Sl 72,10s, a tradição os considerou como reis, e por causa dos três dons, pensa-se que eram três. Um apócrifo dá seus nomes: Baltazar, Melquior e Gaspar, o negro. | 4. Os escribas eram os mestres da lei, intérpretes oficiais da legislação mosaica; quase sempre eram do partido dos fariseus. | 11. Conforme os Santos Padres, o ouro simboliza a realeza, o incenso, a divindade, e a mirra, o sofrimento da Paixão.

entraram na casa e viram o menino
com Maria*, sua mãe. E caindo de jo-
elhos o adoraram. Abriram seus cofres
e lhe deram de presente ouro, incenso
e mirra†. 12Foram avisados num sonho
para não voltarem a Herodes; por isso
retornaram por outro caminho para
sua terra.
Fuga para o Egito. 13Depois que parti-
ram, um anjo do Senhor apareceu* em
sonho a José e lhe disse: "Levanta-te,
toma o menino e a mãe dele e foge para
o Egito. Fica lá até eu te avisar, porque
Herodes vai procurar o menino para
matá-lo"†. 14José levantou-se, tomou de
noite o menino e a mãe dele e partiu
para o Egito. 15Ficou lá até a morte de
Herodes, para se cumprir o que o Se-
nhor falara pelo profeta, com as pala-
vras: "Do Egito chamei* meu filho"†.
A morte dos inocentes. 16Então Hero-
des, vendo-se enganado pelos Magos,
ficou com muita raiva e mandou matar,
em Belém e nas vizinhanças, todos os
meninos de dois anos para baixo, con-
forme o tempo exato que indagara dos
Magos. 17Então cumpriu-se o que fora
dito pelo profeta Jeremias: 18"Em Ramá
ouviu-se uma voz*, choro e grande la-
mentação; é Raquel chorando seus fi-
lhos, e não quer ser consolada, porque
já não existem".
A Sagrada Família em Nazaré.
19Quando Herodes morreu, um anjo do
Senhor apareceu em sonho a José no
Egito 20e lhe disse: "Levanta-te, toma o
menino e a mãe dele e vai para a ter-
ra de Israel, pois já morreram os que
estavam procurando matar o menino.
21Ele levantou-se, tomou o menino e a
mãe dele e voltou para a terra de Israel.
22Mas, quando ficou sabendo que Ar-
quelau reinava na Judeia, em lugar de
seu pai Herodes, teve medo de ir para
lá. Avisado num sonho, partiu para a
região da Galileia 23e foi morar numa
cidade chamada Nazaré, para se cum-
prir o que fora dito pelos profetas: "Ele
será chamado Nazareno".

II. MINISTÉRIO DE JOÃO BATISTA (3)

3 **Pregação de João Batista.** 1Por
aqueles dias apareceu João Batista*
a pregar no deserto da Judeia, 2dizendo:
"Convertei-vos, pois está próximo o Rei-
no dos Céus!"† 3Pois a ele referia-se o
profeta Isaías, quando disse: "Uma voz
clama no deserto*: Preparai o caminho
do Senhor! Retificai suas estradas!"
4João usava uma roupa de pelos de
camelo* e um cinto de couro na cintu-
ra. Alimentava-se de gafanhotos e de
mel do campo. 5O povo de Jerusalém,
de toda a Judeia e do vale do Jordão ia
até ele, confessava seus pecados, 6e ele
batizava a todos no rio Jordão. 7Vendo
que muitos fariseus* e saduceus† vi-
nham para o batismo, disse-lhes: "Raça
de víboras! Quem vos ensinou a fugir da
ira que virá? 8Produzi, então, fruto que
demonstre verdadeira conversão 9e não
vos enganeis pensando: 'Abraão é nos-
so pai'. Porque eu vos digo que destas
pedras* Deus é capaz de fazer nascer

---

* **2**,13. Mt 1,20 | 15. Os 11,1 | 18. Jr 31,15; Lc 1,26; 2,39; Is 11,1 | **3**,1. Mc 1,2-8; Lc 3,3-18; At 2,38 | 3. Is 40,3; Jo 1,23 | 4. 2Rs 1,8 | 7. Mt 12,34; 21,25.32; 23,33; Jo 5,25 | 9. Am 5,18; Rm 9,7; Jo 8,33.39; Gl 4,21-31; Mt 7,19

† **2**,13. Toda a vida de Cristo estará sob o signo da perseguição; os seus compartilham com ele esse destino. | 15. Citação de Os 11,1 que se refere a Israel, filho primogênito de Deus, Êx 4,22, chamado do Egito para a terra prometida. Aqui e também no episódio das tentações no deserto, 4,1-11, Mateus compara Jesus a seu povo, porque ele passa por experiências que o povo viveu. | **3**,2. Do Reino dos Céus, João Batista ressaltou o aspecto severo do julgamento, vv.10.12. Exorta ao arrependimento, à conversão ou mudança de mentalidade e administra o rito batismal aos que se abrem a esta transformação. A palavra "Céus" está em lugar de "Deus", nome sagrado que a comunidade judaica, por respeito, nem sequer pronunciava. | 7. Os fariseus eram membros de um partido religioso, nacionalista e rigorista, que praticava a mais estrita observância da lei mosaica e um profundo respeito pela tradição oral, caindo muitas vezes no formalismo. Os saduceus eram um partido que rejeitava toda tradição oral, e da Bíblia só aceitava o Pentateuco; simpatizavam com o helenismo e com as doutrinas materialistas, não acreditando na ressurreição nem nos anjos, At 23,8. A maioria deles era da aristocracia sacerdotal e membros influentes da política.

filhos a Abraão. [10]O machado já está encostado no pé das árvores; e, então, toda árvore que não produzir bom fruto será cortada e jogada no fogo. [11]Eu vos batizo com água, para vossa conversão; mas aquele que vem depois de mim é mais forte do que eu: não sou digno nem de tirar-lhe as sandálias. Ele vos batizará com o fogo* do Espírito Santo. [12]Ele tem a pá na mão para limpar seu terreiro: vai guardar o trigo no paiol, mas a palha* ele a queimará numa fogueira que não se apaga".

Batismo de Jesus. [13]Então Jesus veio da Galileia ao Jordão*, ao encontro de João, a fim de ser batizado por ele. [14]João, porém, tentava impedi-lo, dizendo: "Eu é que devo ser batizado por ti, e tu vens a mim?" [15]Mas Jesus respondeu-lhe: "Deixa por ora, pois assim convém que façamos tudo o que é justo"†. E João concordou. [16]Depois do batismo, Jesus saiu logo da água. Os céus se abriram, e ele viu o Espírito de Deus descer como uma pomba e vir sobre ele. [17]E do céu veio uma voz que disse: "Este é meu Filho amado, de quem eu me agrado"†.

III. MINISTÉRIO DE JESUS NA GALILEIA (4–18)

4 **As três tentações**†. [1]Depois, Jesus foi levado pelo Espírito ao deserto*, para ser tentado pelo diabo. [2]Durante quarenta dias e quarenta noites† esteve jejuando; depois sentiu fome. [3]Aproximando-se o tentador, disse-lhe: "Se és o Filho de Deus, manda que estas pedras se transformem em pães". [4]Mas ele respondeu: "Está escrito: 'Não só de pão vive o homem*, mas de toda palavra que sai da boca de Deus'". [5]Em seguida, o diabo o levou à Cidade Santa e o colocou no ponto mais alto do templo [6]e disse-lhe: "Se és o Filho de Deus, lança-te lá embaixo, porque está escrito: 'Ele dará ordens a seus anjos* a teu respeito, e eles te tomarão nas mãos, para que não tropeces com o pé em alguma pedra'". [7]Respondeu-lhe Jesus: "Também está escrito: 'Não tentarás o Senhor*, teu Deus'"†. [8]De novo, o diabo o levou para um monte* muito alto. Mostrou-lhe todos os reinos do mundo com seu esplendor [9]e disse-lhe: "Tudo isto te darei se, prostrado, me adorares". [10]Então Jesus lhe disse: "Vai-te, Satanás*, porque está escrito: 'Ao Senhor teu Deus adorarás e só a ele prestarás culto'". [11]Então o diabo o deixou. E os anjos se aproximaram para servi-lo†.

Jesus começa a pregar. [12]Quando soube que João tinha sido preso*, Jesus voltou para a Galileia. [13]Deixou, então, Nazaré e foi morar em Cafarnaum, à beira-mar, nos territórios de Zabulon e de Neftali, [14]para que se cumprisse o oráculo do profeta Isaías: [15]"Terra de Zabulon, terra de Neftali*, caminho do

* **3**,11. Jo 1,15.24; At 1,5; 13,25 | 12. Is 41,16; Jr 15,7; Mt 13,42.50 | 13. Mc 1,9ss; Lc 3,21s; Jo 1,31-33; 13,6ss | **4**,1. Mc 1,12s; Lc 4,1-13; Gn 3,1-7; Hb 2,18; 4,15 | 4. Dt 8,3; Sb 16,26 | 6. Sl 91,11s | 7. Dt 6,16 | 8. Mt 17,1 | 10. Dt 6,13; Mt 16,23 | 12. Mc 1,14s; Lc 4,14; Jo 2,12 | 15. Is 8,23; 9,1; Lc 1,78s; Jo 1,9

† **3**,15. Lit. "toda a justiça", ou seja, tudo o que se deve fazer para obedecer a Deus e cumprir seu desígnio de salvação. | 17. Assim como no batismo de Jesus os céus se abrem, o Espírito Santo desce e o Pai o proclama seu Filho amado, assim também o cristão batizado recebe o Espírito Santo, torna-se filho do Pai celeste e começa a caminhada para o céu. | **4**. Haveria para Jesus muitas maneiras de agir como Messias; o diabo lhe propõe o caminho do sucesso fácil, mas Jesus escolhe a obediência à vontade de Deus expressa na Bíblia. | 2. Os 40 dias que Jesus passou no deserto em obediência ao Pai lembram os 40 anos durante os quais os israelitas provocaram a ira de Deus no deserto com sua desobediência. | 7. Tentar a Deus é duvidar de seu poder e de sua bondade e pô-los à prova pedindo um milagre. | 11. "Cristo revela-se como Servo de Deus, totalmente obediente à vontade divina. A vitória de Jesus sobre o tentador antecipa a vitória da Paixão, obediência suprema de seu amor filial ao Pai" (CIC). | 15. "Dos gentios" porque era vizinha das nações pagãs, e em parte ocupada por elas. Esse ambiente mais aberto que o da Judeia teve certo influxo sobre a pregação de Jesus e a de seus discípulos. Jesus prefere a periferia ao centro; começa pela desprezada Galileia, Jo 7,52. | 17. Jesus apresenta o Reino dos Céus como uma força de salvação, introduzida por ele no mundo e destinada a crescer até chegar à plena realização no mundo que há de vir.

mar, do outro lado do Jordão, Galileia
dos gentios!† [16]O povo que morava
nas trevas viu uma grande luz! E para
os que se achavam na região escura
da morte surgiu uma luz". [17]Desde en-
tão, Jesus começou a pregar, dizendo:
"Convertei-vos, porque está próximo*
o Reino dos Céus"†.
Vocação dos apóstolos. [18]Andando
junto ao mar da Galileia*, Jesus viu
dois irmãos: Simão, chamado Pedro,
e André, seu irmão. Estavam lançando
a rede ao mar, pois eram pescadores.
[19]Jesus disse-lhes: "Segui-me, e vos
farei pescadores de homens!" [20]Eles
deixaram logo suas redes e o seguiram.
[21]Mais adiante viu outros dois irmãos:
Tiago, filho de Zebedeu, e João, seu ir-
mão. Estavam na barca com seu pai Ze-
bedeu, consertando as redes. Jesus os
chamou. [22]Eles logo deixaram a barca e
o pai e o seguiram†.
A multidão segue a Jesus. [23]Jesus ia
andando pela Galileia inteira*, ensi-
nando nas sinagogas, pregando a Boa
Nova do Reino e curando toda doença
e toda enfermidade entre o povo. [24]Sua
fama espalhou-se por toda a Síria. Tra-
ziam a ele os que sofriam de doenças
e de enfermidades de várias espécies:
possessos, epilépticos e paralíticos; e
ele os curou†. [25]Seguiam-no grandes
multidões* vindas da Galileia, da De-
cápole†, de Jerusalém, da Judeia e da
Transjordânia†.

5
As bem-aventuranças.† [1]Vendo a
multidão, Jesus subiu à montanha.
Sentou-se, e seus discípulos aproxima-
ram-se dele. [2]Começou então a falar e
os ensinava* assim:
[3]"Felizes os pobres* em espírito†,
porque é deles o Reino dos Céus.
[4]Felizes os que choram*, porque
Deus os consolará.
[5]Felizes os não violentos*, porque re-
ceberão a terra como herança.
[6]Felizes os que têm fome e sede de
justiça*, porque Deus os saciará.
[7]Felizes os misericordiosos, porque
conseguirão misericórdia.
[8]Felizes os de coração puro†, porque
verão a Deus*.
[9]Felizes os que promovem a paz,
porque Deus os terá como filhos.
[10]Felizes os que são perseguidos*
por agirem retamente, porque deles é
o Reino dos Céus.
[11]Felizes sereis vós*, quando os ou-
tros vos insultarem e perseguirem, e
disserem contra vós toda espécie de
calúnias por causa de mim. [12]Alegrai-
-vos e exultai porque recebereis uma
grande recompensa no céu. Pois foi as-
sim que eles perseguiram os profetas
que vos precederam!"
Apostolado do cristão. [13]"Vós sois
o sal da terra*. Mas se o sal perder o
sabor, com que se salgará? Não serve
mais para nada, senão para ser joga-
do fora e ser pisado pelas pessoas.

* **4**,17. 3,2; 10,7 | 18. Mc 1,16-20; Lc 5,1-11; Jo 1,35-42 | 23. Mc 1,39; 3,7-10; Lc 4,15.44; At 10,38; Mt 9,35 | 25. Mc 3,7s; Lc 6,17ss | **5**,2. Lc 6,20-26 | 3. Is 57,15; 61,1 | 4. Sl 126,5; Is 61,3; Ap 21,4 | 5. Sl 37,11 | 6. Lc 6,21; Is 51,1 | 8. Sl 24,4; 73,1; 1Jo 3,2s; Ap 22,4 | 10. 1Pd 3,14 | 11. At 5,41; Fl 1,29; Cl 1,24; Hb 10,34; Tg 1,2 | 13. Mc 9,50; Lc 14,34s

† **4**,22. Ver a nota em Mc 1,20. | 24. Jesus acompanha suas palavras com numerosos milagres, prodígios e sinais (At 2,22), que manifestam que o Reino está presente nele e atestam que ele é o Messias anunciado. | 25. A Decápole era uma região com dez cidades a leste do Jordão, administrada pelo governador da Síria. / Reunindo os homens em torno de seu Filho Jesus, Deus Pai edifica a Igreja, que é na terra o germe e o início do Reino de Deus, o Reino já misteriosamente presente. | **5**. Os cc. 5-7 são o Sermão da Montanha, no qual Mateus reúne ensinamentos de Jesus dados em ocasiões diferentes. Moisés deu aos israelitas a lei recebida de Deus no Sinai; Jesus, novo Moisés, ensina o sentido verdadeiro da lei, resumindo tudo na fé em Deus Pai e na vivência da fraternidade. As bem-aventuranças são os caminhos da felicidade que Jesus propõe e que ele mesmo percorreu. Ensinam que a verdadeira felicidade não está nas riquezas ou no bem-estar, nem na glória humana ou no poder, nem em qualquer outra criatura, mas apenas em Deus, fonte de todo bem e de todo amor. | 3. Os pobres que, através das privações sofridas, aprenderam a confiar só em Deus. | 8. Puros de coração são os que entregaram o coração e a inteligência às exigências da santidade de Deus, principalmente em três campos: a caridade (2Tm 2,22), a castidade (1Ts 4,7; Cl 3,5; Ef 4,19) e o amor à verdade (Tt 1,15). | 14. "O que a alma é no corpo, são no mundo os cristãos" (Carta a Diogneto, séc. II). | 16. "O próprio testemunho da vida cristã e das boas obras feitas em espírito sobrenatural possui a força de atrair os homens para a fé e para Deus" (Vat. II).

14Vós sois a luz* do mundo†. Uma ci-
dade construída no alto do monte não
pode ficar escondida. 15E também não
se acende uma luz* para pô-la debai-
xo de um móvel. Pelo contrário, é pos-
ta no candeeiro, de modo que brilhe
para todos os que estão na casa. 16As-
sim deve brilhar vossa luz diante dos
outros*, para que vejam vossas boas
obras e glorifiquem vosso Pai que está
nos céus"†.

A nova e a antiga lei. 17"Não penseis
que vim revogar* a Lei ou os Profetas†;
não vim revogá-los, mas cumpri-los.
18Porque na verdade vos digo: Até que
passem o céu e a terra*, não passará
um só i, uma só vírgula da Lei, sem
que tudo se cumpra. 19Portanto, quem
desobedecer a estes mandamentos*,
ainda que mínimos, e ensinar os outros
a fazer o mesmo, será considerado o
menor no Reino dos Céus. Mas quem
os praticar e ensinar será considera-
do grande no Reino dos Céus. 20Pois
eu vos digo: se vossa justiça* não for
superior à dos escribas e fariseus, não
entrareis no Reino dos Céus.

21Ouvistes que foi dito aos antigos:
'Não matar'*. Quem matar tem de res-
ponder em juízo. 22Mas eu vos digo†:
Quem se irritar contra o irmão tem de
responder em juízo. Quem chamar seu
irmão de tolo deverá comparecer ao
sinédrio. E quem o chamar de louco
será condenado ao fogo do inferno.
23Se, portanto, fores levar tua ofer-
ta ao altar e aí te lembrares de que
teu irmão tem alguma coisa contra
ti, 24deixa tua oferta lá diante do al-
tar e vai primeiro fazer as pazes com
esse irmão e depois volta para fazer a
oferta. 25Entra logo em acordo* com
teu adversário, enquanto caminhas
com ele, para não acontecer que ele
te entregue ao juiz, e este ao guarda,
e assim sejas preso. 26Na verdade te
digo: de lá não sairás, enquanto não
pagares o último centavo.

27Ouvistes que foi dito: 'Não come-
ter adultério'*. 28Mas eu vos digo: Todo
aquele que olhar para uma mulher,
desejando-a, já cometeu adultério com
ela em seu coração. 29Por isso, se teu
olho direito te leva a pecar*, arranca-o
e joga-o para longe de ti. Pois é me-
lhor perderes uma só parte do corpo
do que teu corpo inteiro ser jogado no
inferno. 30E se tua mão direita te leva a
pecar, corta-a e joga-a para longe de
ti. Pois é melhor perderes uma só parte
do corpo do que teu corpo inteiro ser
jogado no inferno.

31Também foi dito: Quem se divor-
ciar deve dar à mulher* uma certidão
de divórcio. 32Mas eu vos digo: Quem
se divorciar de sua mulher, a não ser
no caso de união ilegal†, a faz cair em
adultério; e quem se casar com a divor-
ciada comete adultério.

33Ouvistes também que foi dito aos
antigos: 'Não jurar falso*, mas cumpre
com o Senhor teus juramentos'. 34Mas
eu vos digo: Não jureis de maneira ne-
nhuma; nem pelo céu, porque é o tro-
no de Deus; 35nem pela terra, porque
é o estrado de seus pés; nem por Je-
rusalém, porque é a cidade do Grande
Rei; 36nem por tua cabeça, porque não
podes tornar branco ou preto um só fio
de cabelo. 37Que vossa linguagem seja

---

* **5**,14. Jo 8,12 | 15. Mc 4,21; Lc 8,16; 11,33 | 16. 1Cor 10,31; Ef 5,8s; Fl 2,15; 1Pd 2,12 | 17. Rm 3,31; 10,4 | 18. Lc 16,17; 21,23 | 19. Tg 2,10 | 20. Rm 10,3; Fl 3,9 | 21. Lc 6,26-36; Êx 20,13; 21,12; Lv 24,17; Dt 5,17; Tg 1,19 | 25. Lc 12,58 | 27. Êx 20,14; Jó 31,1; 2Pd 2,14 | 29. Mc 9,43.47; Mt 18,8 | 31. 19,3-9; Dt 24,1; Mc 10,11; Lc 16,18; 1Cor 7,10s | 33. Lv 19,12; Nm 30,3; Dt 23,22; Eclo 23,9 | 37. 2Cor 1,17ss; Tg 5,12

† **5**,17. A Lei e os Profetas eram as duas primeiras partes da Bíblia, 2Mc 15,9, e por extensão designam todo o AT. A lei evangélica dá pleno cumprimento aos mandamentos da Lei. Não lhe acrescenta novos preceitos exteriores, mas reforma a raiz dos atos, o coração, onde se faz a opção entre o bem e o mal, onde se cultivam as virtudes. | 22. Jesus é mais que Moisés, que foi apenas um intermediário entre Deus e o povo. Jesus ensina com autoridade própria, interpreta, aprofunda, amplia, modifica e até contradiz "o que foi dito aos antigos". | 32. Lit. "fornicação", termo que parece indicar, como em At 15,20.29, um grau de parentesco que impedia o matrimônio. Seria então um caso de nulidade do matrimônio. | 37. Seguindo São Paulo (2Cor 1,23; Gl 1,20), a tradição da Igreja entendeu que as palavras de Jesus não se opõem ao juramento quando este é feito por um causa grave e justa, por exemplo, perante um tribunal. Disse S. Inácio de Loiola: "Não jurar nem pelo Criador, nem pela criatura, se não for com verdade, necessidade e reverência".

sim*, sim e não, não. O que se acres-
centa a isto vem do Maligno†.
[38]Ouvistes que foi dito: 'Olho por
olho* e dente por dente'. [39]Mas eu vos
digo: Não deveis resistir aos maus*. Ao
contrário, se alguém te bater na face
direita, oferece-lhe também a esquer-
da. [40]Se alguém quer processar-te para
te tomar a túnica, deixa-lhe também o
manto. [41]Se alguém te forçar a cami-
nhar com ele mil passos, caminha dois
mil com ele. [42]Dá a quem te pede algu-
ma coisa*, e a quem te pede empresta-
do não vires as costas.
[43]Vós sabeis que foi dito: 'Amarás teu
próximo e odiarás* teu inimigo'†. [44]Mas
eu vos digo: Amai vossos inimigos* e
rezai pelos que vos perseguem, [45]para
que sejais filhos de vosso Pai celeste
que faz nascer o sol para os maus e os
bons e faz cair a chuva sobre os justos
e os injustos. [46]De fato, se amais os que
vos amam, que merecimento tereis? Os
publicanos não fazem isso também?
[47]E se saudais só vossos irmãos, que fa-
zeis de extraordinário? Os pagãos não
fazem isso também? [48]Sede, portanto,
perfeitos* como vosso Pai celeste é per-
feito".

6 **A esmola.** [1]"Cuidado para não
praticardes vossas boas obras*
na frente dos outros, para serdes ad-
mirados por eles. Agindo assim, não
recebereis a recompensa de vosso Pai
que está nos céus. [2]Portanto, ao dares
esmola*, não toques a trombeta a tua
frente, como fazem os hipócritas nas
sinagogas e nas ruas, para serem elo-
giados pelos outros. Em verdade vos
digo†: eles já receberam o que deviam
receber. [3]Tu, ao contrário, ao dares es-
mola, não deixes tua mão esquerda sa-
ber o que a direita faz*, [4]para que tua
esmola se faça em segredo, e teu Pai,
que conhece todo segredo, te dará a
recompensa".
A oração. [5]"Quando rezais, não façais
como os hipócritas que gostam de re-
zar em pé nas sinagogas e nos cantos
das praças, para serem vistos pelos ou-
tros. Na verdade vos digo: eles já rece-
beram o que deviam receber. [6]Tu, ao
contrário, quando fores rezar, entra em
teu quarto, fecha a porta e reza a teu
Pai em segredo, e teu Pai, que conhece
todo segredo, te dará a recompensa.
[7]Em vossas orações, não useis muitas
palavras*, como fazem os pagãos, pen-
sando que Deus os atende devido às
orações longas. [8]Não os imiteis, por-
que vosso Pai sabe o que precisais, an-
tes mesmo que lho peçais".
O Pai-nosso.† [9]"Portanto, rezai assim:
'Pai nosso que estais nos céus*, santifi-
cado seja o vosso nome; [10]venha a nós
o vosso reino, seja feita a vossa vonta-
de*, assim na terra como no céu. [11]O
pão nosso de cada dia nos dai hoje*;
[12]perdoai-nos as nossas ofensas, assim
como nós perdoamos* a quem nos tem
ofendido; [13]e não nos deixeis cair em
tentação, mas livrai-nos do mal'†. [14]Pois
se perdoardes aos outros as ofensas
recebidas, também vosso Pai celeste
vos perdoará. [15]Mas se não perdoar-
des aos outros*, vosso Pai também não
perdoará vossas ofensas".
O jejum. [16]"Quando jejuardes*, não
fiqueis com ar abatido como os hipó-
critas, que desfiguram seu rosto para
mostrar que estão jejuando. Na ver-

* **5**,38. Êx 21,24; Lv 24,19s; Dt 19,21 | 39. Lv 6,29; Rm 12,19ss; 1Cor 6,7 | 42. Dt 15,8; Lc 6,30 | 43. Lv 19,18 | 44. Êx 23,4s; Lc 6,27; 23,34; Rm 12,14.19s; At 7,60; Ef 5,1 | 48. Lv 19,2; Tg 1,4; 1Pd 1,16 | **6**,1. Mt 23,5; Lc 16,15; Jo 5,44; 12,43 | 2. Mt 23,5.13ss | 3. Sl 139,2-7 | 7. Ecl 5,1; Eclo 7,15 | 9. Lc 11,2ss; Jo 17,6-26 | 10. 26,39.42 | 11. Jo 6,32.35; Pr 30,8; Mc 11,25; Eclo 28,1 | 12. 18,21-35; 26,41; Jo 17,11.15; 2Ts 3,3 | 15. Eclo 28,1-5; Tg 2,13 | 16. Is 58,5s

† **5**,43. "Odiar" tem o sentido de "não precisar amar". | **6**,2. Jesus sublinha assim sua autoridade fundada na verdade de Deus. A palavra "amém", aqui traduzida por "na verdade", vem da mesma raiz da palavra "crer". Exprime solidez, confiabilidade, fidelidade. Por isso o "amém" pode ser dito da fidelidade de Deus para conosco e de nossa confiança nele. | 9. "Esta oração ensinada pelo Salvador encerra em si mesma todas as mais elevadas orações de todos os homens e de todos os tempos" (S. Agostinho). "A oração dominical é realmente o resumo de todo o Evangelho" (Tertuliano). | 13. As Constituições Apostólicas (séc. IV) acrescentam: "Pois vosso é o reino, o poder e a glória para sempre". Este acréscimo entrou nas edições protestantes da Bíblia.

dade vos digo: já receberam o que deviam receber. [17]Tu, porém, quando jejuares, perfuma a cabeça e lava o rosto, [18]para os outros não notarem que estás jejuando, mas só teu Pai que está lá no secreto. E teu Pai, que vê no secreto, te dará a recompensa".

O verdadeiro tesouro. [19]"Não ajunteis tesouros na terra, onde a traça e a ferrugem os destroem* e os ladrões assaltam e roubam. [20]Mas ajuntai riquezas no céu, onde nem traça e nem ferrugem as podem destruir, nem os ladrões conseguem assaltar e roubar. [21]Pois onde estiver teu tesouro, aí estará também teu coração. [22]É o olho que ilumina o corpo*. Se, portanto, teu olho for puro, todo o teu corpo ficará iluminado. [23]Mas se teu olho for mau, todo o teu corpo ficará nas trevas. Se, portanto, a luz que está em ti for trevas, como serão grandes as trevas!"

Os dois senhores. [24]"Ninguém pode servir a dois senhores*: ou desagrada a um e agrada ao outro, ou dará preferência a este e desprezará aquele. Não podeis servir a Deus e ao dinheiro"†.

A Providência Divina. [25]"Portanto vos digo: para vossa vida*, não vos preocupeis com o que comereis ou bebereis†, nem para vosso corpo, o que vestireis. A vida não vale mais que o alimento, e o corpo não vale mais que a roupa? [26]Olhai as aves do céu: não semeiam nem colhem, nem ajuntam mantimentos no paiol; no entanto, vosso Pai celeste lhes dá o alimento. Será que não valeis mais que elas? [27]Quem de vós é capaz*, com suas preocupações, de acrescentar uma hora sequer à duração de sua vida? [28]E por que vos preocupais com a roupa? Olhai os lírios do campo como crescem: não trabalham nem tecem. [29]Entretanto vos digo que nem Salomão, no auge de sua glória, vestiu-se como um deles. [30]Se Deus dá uma roupa destas à relva do campo, que hoje existe e amanhã será jogada ao fogo, quanto mais não fará por vós, gente pobre de fé? [31]Não fiqueis, pois, preocupados, perguntando: Que vamos comer? Que vamos beber? Com que nos vamos vestir? [32]Os pagãos é que vivem preocupados com tudo isso. Ora, vosso Pai celeste sabe que precisais de tudo isso. [33]Buscai em primeiro lugar* o Reino de Deus e sua justiça†, e todas essas coisas vos serão acrescentadas. [34]Portanto, não vos preocupeis* com o dia de amanhã; o dia de amanhã se preocupará consigo mesmo. Basta a cada dia sua pena".

7 **Não julgar.** [1]"Não julgueis os outros*, e Deus não vos julgará. [2]Pois com o mesmo critério com que julgardes os outros, sereis julgados. E a mesma medida que usardes para medir os outros será aplicada também a vós. [3]Por que observar o cisco que está no olho de teu irmão, se não enxergas a trave que está em teu olho? [4]Como tens coragem de dizer ao irmão: 'Deixa-me tirar o cisco de teu olho', sendo que tens uma trave no teu? [5]Hipócrita! Tira primeiro a trave de teu olho e então enxergarás bem para poder tirar o cisco do olho de teu irmão".

Respeito ao que é santo. [6]"Não deis aos cães as coisas santas*, nem atireis vossas pérolas aos porcos, para não acontecer que as pisem e, voltando-se contra vós, eles vos dilacerem"†.

Valor da oração. [7]"Pedi e recebereis†; buscai e achareis*; batei e a porta vos será aberta†. [8]Pois todo aquele que

---

* **6**,19. Lc 12,16-21; Tg 5,2; Mt 19,21; 1Tm 6,19 | 22. Lc 11,34 | v24. 19,21-26; Lc 16,13 | 25. Lc 12,22-31; Fl 4,6; 1Tm 6,7s; Hb 13,5; 1Pd 5,7 | 27. 10,29ss | 33. Is 51,1ss | 34. Tg 4,13ss | **7**,1. Lc 6,37-42; Mc 4,24; Lc 6,31; Rm 2,1; 1Cor 4,5; Jo 8,7ss | 6. Pr 23,9 | 7. 18,19; 21,22; Mc 11,24; Lc 11,9.23; Jo 14,13; 15,7.16; 1Jo 5,14; Lc 11,11; 18,1-8

† **6**,24. Ver a nota em Lc 16,13. | 25. "Não diz para não pensar no amanhã, mas exorta a pensar de modo que não nos preocupemos a ponto de esquecermos os deveres mais altos" (S. Agostinho). | 33. Ver a nota em Mt 3,15. | **7**,6. Não deixeis participar dos mistérios sagrados aqueles que, abusando deles, prejudicariam a si mesmos e aos outros. | 7. "As graças que receberemos são proporcionais à confiança com que rezamos" (S. Afonso de Ligório). / Referindo-se à Bíblia, assim comenta Guigo, o Cartuxo: "Procurai pela leitura, e encontrareis meditando; batei orando, e vos será aberto pela contemplação".

pede recebe; quem procura acha; e ao que bate, abre-se a porta. 9 Quem de vós dará uma pedra ao filho que lhe pedir pão? 10 Ou lhe dará uma cobra, se lhe pedir peixe? 11 Ora, se vós, que sois maus, sabeis dar coisas boas a vossos filhos, quanto mais vosso Pai celeste dará coisas boas aos que lhe pedirem!"

A regra de ouro. 12 "Portanto, fazei aos outros tudo aquilo* que quereis que eles vos façam: nisso se resumem a Lei e os Profetas".

Os dois caminhos. 13 "Entrai pela porta estreita*, porque larga é a porta e espaçosa a estrada que leva à perdição. E são muitos os que entram por ela! 14 Estreita, porém, é a porta* e apertado o caminho que conduz à Vida. E são poucos os que o encontram!"

A árvore e seus frutos. 15 "Cuidado com os falsos profetas! Vêm a vós disfarçados*, parecendo ovelhas, mas por dentro são lobos ferozes. 16 Por seus frutos os conhecereis. Acaso se apanham uvas no meio de espinhos, ou se colhem figos de abrolhos? 17 Assim, toda árvore boa dá bons frutos, mas a árvore má dá maus frutos. 18 Uma árvore boa não pode dar frutos ruins, nem uma árvore ruim dar frutos bons. 19 Toda árvore que não der fruto bom* será cortada e jogada no fogo. 20 É portanto por seus frutos que os reconhecereis".

Seguir a vontade de Deus. 21 "Nem todo aquele que me diz: 'Senhor, Senhor!' entrará* no Reino dos Céus; mas sim aquele que faz a vontade de meu Pai que está nos céus. 22 Muitos vão dizer-me naquele dia: 'Senhor, Senhor, não foi em teu nome que pregamos? Não foi em teu nome que expulsamos demônios? Não fizemos muitos milagres em teu nome?' 23 Então, eu lhes direi: 'Não vos conheço! Afastai-vos de mim, vós que praticais a iniquidade!'*

24 Assim, quem escuta essas minhas palavras* e as põe em prática é como um homem prudente que construiu sua casa* sobre a rocha. 25 Caiu a chuva, vieram as enchentes, sopraram os ventos e se abateram contra aquela casa, mas ela não caiu, porque estava construída sobre a rocha. 26 Mas todo aquele que escuta essas minhas palavras e não as põe em prática faz como um ignorante que construiu sua casa sobre a areia. 27 Caiu a chuva, vieram as enchentes, os ventos sopraram e se abateram contra aquela casa, e ela desabou. Sua ruína foi grande."

28 Quando Jesus terminou* esses discursos†, as multidões estavam admiradas com sua doutrina. 29 Pois ele as ensinava como alguém que possui autoridade e não como os escribas.

8 **A cura do leproso.** 1 Depois Jesus desceu da montanha, e grandes multidões começaram a segui-lo. 2 Aí um leproso* chegou perto e prostrou-se diante dele, dizendo: "Senhor, se quereis, podeis curar-me". 3 E Jesus, estendendo a mão, tocou-o, dizendo: "Eu quero; fica curado!" Na mesma hora sua lepra desapareceu. 4 Jesus ordenou-lhe: "Cuidado*, não contes para ninguém, mas vai apresentar-te ao sacerdote e fazer a oferta que Moisés determinou, para lhes servir de testemunho".

O empregado do centurião. 5 Quando Jesus entrou em Cafarnaum*, chegou perto dele um centurião, suplicando: 6 "Senhor, meu empregado está de cama lá em casa, com paralisia, sofrendo horrivelmente". 7 Respondeu-lhe Jesus: "Vou lá curá-lo". 8 Mas o centurião retrucou: "Senhor, não sou digno* de que entreis em minha casa, mas dizei uma só palavra e meu empregado será

* **7**,12. 22,39s; Lc 6,31; Rm 13,8ss; Tb 4,15 | 13. Lc 13,24 | 14. 19,24; Jo 10,9 | 15. 24,4s.24; At 20,29; Lc 6,43s; Gl 5,19-23; Tg 3,12; Mt 12,33 | 19. 3,10; Lc 3,9; Jo 15,6 | 21. Is 29,13; Am 5,21; Rm 2,13; Tg 1,22.25; Lc 13,25ss; At 19,13; 2Ts 2,19 | 23. Sl 6,9 | 324. Lc 6,44-49 / Rm 2,13; Tg 1,22; Pr 10,25; Jó 8,15; Ez 13,11-14; 1Jo 2,17 | 28. Mc 1,22; Lc 4,32; Jo 7,46 | **8**,2. Mc 1,40-45; Lc 5,12-16 | 4. 9,30; Mc 7,36; Lv 14,2-32 | 5. Lc 7,1-10; Jo 4,46-54 | 8. Lc 5,8

† **7**,28. Primeiro dos refrões que concluem cada uma das cinco partes de Mt: Os outros são: 11,1; 13,53; 19,1; 26,1.

salvo. 9Pois até eu, que sou apenas subalterno, tenho soldados à minha disposição e digo a um: 'Vai', e ele vai; e a outro: 'Vem', e ele vem; e a meu empregado: 'Faze isso', e ele o faz". 10Ouvindo tal resposta*, Jesus ficou admirado e disse aos que o seguiam: "Na verdade vos digo que em Israel não encontrei em ninguém uma fé tão grande assim. 11Pois eu vos digo que muita gente virá do Oriente e do Ocidente* para se sentar à mesa com Abraão, Isaac e Jacó no Reino dos Céus, 12enquanto os filhos do Reino† serão tocados para fora, nas trevas. Lá eles vão chorar, rangendo os dentes". 13A seguir disse ao centurião: "Vai e te aconteça conforme tua fé". E na mesma hora o empregado ficou curado.

A sogra de Pedro. 14Tendo entrado na casa de Pedro*, Jesus encontrou a sogra dele de cama, com febre. 15Tocou-lhe a mão, e a febre acabou*; e ela, levantando-se, pôs-se a servi-los†.

Diversas curas. 16Ao cair da tarde*, levaram-lhe muitos possessos; com sua palavra, expulsou os espíritos e curou todos os doentes, 17para se cumprir o que fora dito pelo profeta Isaías: "Ele assumiu* nossas enfermidades e carregou nossas doenças"†.

A vocação. 18Vendo-se rodeado de grandes multidões*, Jesus ordenou que passassem para a outra margem. 19Aproximou-se então um escriba e lhe disse: "Mestre, quero seguir-te para onde fores". 20Jesus respondeu-lhe: "As raposas têm tocas* e as aves do céu, ninhos; mas o Filho do homem não tem onde descansar a cabeça".

21Um outro dos discípulos lhe disse: 'Senhor, permite que eu vá primeiro enterrar meu pai". 22Mas Jesus replicou-lhe: "Segue-me, e deixa que os mortos sepultem seus mortos"†.

A tempestade acalmada. 23Depois ele entrou na barca* acompanhado dos discípulos. 24Surgiu então no mar uma tempestade tão violenta que a barca estava ficando coberta pelas ondas; Jesus, entretanto, dormia. 25Os discípulos vieram acordá-lo, gritando: "Socorro, Senhor! Estamos morrendo!" 26Ele respondeu: "Por que estais com medo*, homens pobres de fé?" Então, levantando-se, interpelou os ventos e o mar e sobreveio uma grande tranquilidade. 27Cheios de admiração, aqueles homens se perguntavam: "Quem é este, a quem até os ventos e o mar obedecem?"

O possesso de Gadara. 28Quando chegou à outra margem*, na terra dos gadarenos, vieram a seu encontro, saindo dos túmulos, dois possessos, criaturas tão selvagens que ninguém se atrevia a passar por aquele caminho*. 29Puseram-se a gritar: "Que queres de nós, Filho de Deus? Vieste aqui para nos atormentar antes da hora?" 30Havia lá, a certa distância, uma grande vara de porcos pastando, 31e os demônios suplicavam a Jesus: "Se nos expulsas, envia-nos para esta vara de porcos". 32"Ide!", ordenou Jesus. Eles saíram e entraram nos porcos; e aconteceu que toda a vara precipitou-se de cima do rochedo, caindo dentro do mar, onde morreu debaixo da água†. 33Fugiram então os que guardavam os porcos e foram à cidade contar tudo, inclusive a cura dos possessos. 34Aí toda a população da cidade saiu ao encontro de Jesus. Ao vê-lo, pediram que saísse da terra deles.

9 **A cura do paralítico.** 1Entrando na barca, Jesus atravessou o lago* e chegou a sua cidade. 2Trouxeram-lhe então um paralítico, deitado numa

---

* **8**,10. Mt 15,28 | 11. Is 49,12; Ml 1,11; Rm 11,11 | 14. Mc 1,29ss; Lc 4,38s | 15. At 3,7; 9,41 | 16. Mc 1,32 | 17. Is 53,4; 1Pd 2,24; Jo 1,29 | 18. Lc 9,57-64 | 20. Sl 84,4; 2Cor 8,9 | 23. Mc 4,36.41; Lc 8,22.25 | 26. Sl 65,8; Mt 14,31 | 28. Mc 5,1-20; Lc 8,26ss / Mc 1,24; Lc 4,41 | **9,**1. Mc 2,2-12; Lc 5,17-26; 7,48

† **8**,12. Trata-se dos judeus, para os quais em primeiro lugar estava destinada a mensagem do Reino e que deviam ser os primeiros a acolhê-la. | 15. A sogra de Pedro é símbolo da Igreja, suscitada para servir ao Senhor. | 17. Os milagres significam que Jesus veio libertar a humanidade do mal mais profundo, o pecado, origem de todos os males. | 22. Ver a nota em Lc 9,60. | 32. A salvação de um homem importa mais que uma vara de porcos. Ver a nota em Lc 8,34.

cama. Vendo a fé que eles tinham, disse Jesus: "Coragem, filho, teus pecados estão perdoados". [3]Então alguns escribas começaram a pensar: "Ele está blasfemando"*. [4]Mas Jesus, conhecendo seus pensamentos*, perguntou: "Por que esses maus pensamentos em vossos corações? [5]Ora, o que é mais fácil dizer: 'Teus pecados estão perdoados'? ou dizer: 'Levanta-te e anda'? [6]Pois bem, para que fiqueis sabendo que o Filho do homem tem, aqui na terra, autoridade para perdoar pecados*, (disse ao paralítico:) Levanta-te, toma tua cama e vai para casa". [7]Ele levantou-se e foi para casa. [8]Diante desse fato, a multidão ficou com temor e deu glória a Deus por ter concedido aos homens tal poder.

A vocação de Mateus. [9]Saindo dali, Jesus viu um homem*, chamado Mateus, sentado à banca de impostos e disse-lhe: "Segue-me!" Ele se levantou e o seguiu.

Jesus busca os pecadores. [10]Estando Jesus à mesa em casa, chegaram muitos publicanos e pecadores e sentaram-se à mesa com ele* e com seus discípulos. [11]Os fariseus, vendo isto, perguntaram aos discípulos: "Por que vosso mestre come com os publicanos e pecadores?" [12]Jesus ouviu-os e respondeu: "Não são os que têm saúde que precisam de médico, mas os doentes. [13]Ide aprender o que significa: 'Prefiro a misericórdia* ao sacrifício'. Com efeito, não vim chamar os justos, mas os pecadores".

O jejum. [14]Então aproximaram-se dele os discípulos de João* para perguntar-lhe: "Por que, enquanto nós e os fariseus jejuamos, teus discípulos não jejuam?" [15]Respondeu Jesus: "Será que os convidados do noivo podem estar de luto enquanto o noivo está com eles? Mas chegará o momento em que o noivo lhes será tirado; então, sim, jejuarão. [16]Ninguém põe remendo de pano novo em roupa velha*, porque o remendo repuxa a roupa, e o rasgão fica ainda maior. [17]E ninguém põe vinho novo em odres velhos, pois se rompem os odres, o vinho se derrama e os odres se perdem. Ao contrário, vinho novo se põe em odres novos e assim ambos se conservam".

Jesus cura e ressuscita. [18]Enquanto Jesus falava isso, chegou perto dele um chefe*, que se prostrou a sua frente e disse: "Minha filha acaba de morrer. Mas vem, impõe-lhe a mão e ela viverá". [19]Levantando-se, Jesus o seguia* com seus discípulos. [20]Ora, certa mulher, que sofria perda de sangue havia doze anos, aproximou-se dele por trás e tocou a orla de seu manto, [21]pois pensava consigo: "Se eu tocar nem que seja apenas seu manto, ficarei curada". [22]Jesus, voltando-se, viu-a e lhe disse: "Coragem, filha, tua fé te salvou". Na mesma hora a mulher ficou curada. [23]Jesus chegou à casa do chefe. Quando viu os músicos e a multidão em tumulto, disse: [24]"Saí daqui, todos vós! A menina não morreu, mas está dormindo!" Então começaram a zombar dele. [25]Mas depois que o povo foi mandado embora, Jesus entrou, tomou a menina pela mão, e ela se levantou. [26]Esta notícia espalhou-se por toda aquela região*.

Os dois cegos. [27]Partindo Jesus dali, dois cegos o seguiram, gritando: "Tem piedade de nós, Filho de Davi!" [28]Quando entrou em casa, os cegos se aproximaram e Jesus perguntou-lhes: "Credes que tenho poder para fazer isto?" "Sim, Senhor"*, responderam. [29]Então tocou-lhes os olhos, dizendo: "Que vos aconteça* conforme vossa fé". [30]E seus olhos se abriram. Jesus, então, advertiu-os em tom severo: "Cuidado, para que ninguém o fique sabendo". [31]Mas eles, saindo dali, espalharam sua fama por toda aquela região.

O possesso mudo. [32]Mal tinham saído, trouxeram a Jesus um possesso que era mudo. [33]Quando o demônio foi expul-

---

* **9**,3. Jo 10,36 | 4. 12,25; Jo 1,48 | 6. Jo 5,8 | 9. Mc 2,13-17; Lc 5,26-31 | 10. Lc 15,2 | 13. 1Sm 15,22; Os 6,6; Lc 19,10; 1Tm 1,15; Mt 12,7 | 14. Mc 2,18-22; Lc 5,33-39; 18,12; Jo 3,29 | 16. 2Cor 5,17; Gl 1,6; 4,9 | 18. Mc 5,25-43; Lc 8,40-56 | 19. 14,36; At 19,12 | 26. 8,15 | 28. Mc 9,23; At 14,9 | 29. 8,13 | 33. Lc 11,14; Mc 7,37

so, o mudo começou a falar. O povo,
cheio de admiração, comentou: "Nun-
ca aconteceu* isso em Israel!" 34Os fari-
seus, porém, replicavam: "É pelo poder
do príncipe dos demônios que ele ex-
pulsa os demônios".

Operários para a messe. 35Jesus an-
dava por todas as cidades e aldeias*,
ensinando em suas sinagogas, pregan-
do o Evangelho do Reino e curando
toda doença e enfermidade. 36Vendo
as multidões, teve pena delas, porque
estavam cansadas e abatidas* como
ovelhas sem pastor. 37Disse então a
seus discípulos:

"A messe é grande*, mas os trabalha-
dores são poucos. 38Por isso, pedi ao
Senhor da messe que mande operários
para sua messe".

10 **Os doze apóstolos.**† 1Cha-
mando os doze discípulos†,
Jesus lhes deu poder* para expulsar os
espíritos impuros e para curar qualquer
doença ou enfermidade. 2São estes os
nomes dos doze apóstolos: em pri-
meiro lugar, Simão, chamado Pedro, e
André, seu irmão; Tiago, filho de Zebe-
deu, e João, seu irmão; 3Felipe e Bar-
tolomeu; Tomé e Mateus, o publicano;
Tiago, filho de Alfeu, e Tadeu; 4Simão, o
cananeu, e Judas Iscariotes, que o traiu.

Instruções aos apóstolos. 5Esses doze,
Jesus os enviou*, depois de lhes dar as
seguintes instruções: "Não tomeis o
caminho que conduz aos pagãos, nem
entreis nas cidades dos samaritanos;
6ide, antes, às ovelhas perdidas* da
casa de Israel. 7Andando pelo caminho,
anunciai que o Reino dos Céus está
perto*. 8Curai os doentes, ressuscitai os
mortos, purificai os leprosos, expulsai
os demônios. De graça recebestes, de
graça deveis dar.

9Não leveis ouro, nem prata, nem di-
nheiro* na cintura; 10nem mochila, nem
duas túnicas, nem sandálias, nem cajado,
pois o operário merece seu alimento.

11Entrando em alguma cidade ou
aldeia*, procurai saber quem nela é
digno, e ficai ali até vossa partida. 12En-
trando na casa, dirigi-lhe a saudação.
13Se a casa for digna, desça sobre ela
vossa paz; se não for, vossa paz volte
para vós. 14Se alguém não vos acolher*
nem atender a vossas palavras, saí da-
quela casa ou daquela cidade, sacudin-
do a poeira dos pés. 15Na verdade vos
digo: no dia do juízo, Deus será menos
severo com Sodoma e Gomorra do que
com tal cidade".

Coragem nas perseguições. 16"Eu vos
envio como ovelhas* no meio de lobos.
Sede, pois, prudentes como as serpen-
tes e simples como as pombas. 17Tomai
cuidado com as pessoas*, pois vos en-
tregarão aos tribunais e vos flagelarão
em suas sinagogas. 18Por minha causa
sereis conduzidos à presença de gover-
nadores e reis* para dar testemunho de
mim diante deles e dos pagãos. 19Porém,
quando vos entregarem*, não vos preo-
cupeis com o modo de falar ou com o
que dizer. No momento certo vos será
inspirado o que deveis falar; 20porque
não sois vós que falareis, mas é o Espí-
rito do Pai que falará em vós. 21O irmão
entregará à morte o próprio irmão*, e o
pai, o filho; os filhos se levantarão contra
os pais e os matarão. 22Sereis odiados
por todos* por causa de mim. Mas quem
perseverar até o fim será salvo.

23Quando vos perseguirem numa ci-
dade, fugi para outra. Na verdade vos

---

* **9**,35. 4,23 | 36. Mc 6,34; Ez 34,5 | 37. Jo 4,35-38 | **10**,1. Mc 3,13-19; Lc 6,12-16; Jo 1,40-49; At 1,13 | 5. Mc 6,8s; Lc 9,2s | 6. Jr 50,6 | 7. 4,17 | 9. Lc 10,4; 1Tm 5,18 | 11. Mc 6,10s; Lc 9,4s | 14. At 13,51; 18,6 | 16. Lc 10,3 | 17. Jo 16,1-4 | 18. At 25,23; 27,24 | 19. Lc 12,11-12; Êx 4,10ss; Jr 1,6-12; Jo 14,26 | 21. Mc 7,6 | 22. 24,9-13; Jo 15,21; 16,1ss

† **10**. Este c. é o Sermão Apostólico, no qual Jesus ensina o serviço desinteressado a Deus, a coragem em tempo de crise, o desapego do conforto material e a identidade entre sua obra e a dos apóstolos. / O novo povo de Deus, a Igreja, tem como base doze colunas, assim como Israel era formado por doze tribos, que tinham os nomes dos filhos de Jacó, Gn 35,22-26. Jesus escolhe os seus entre as camadas simples da sociedade, instrui-os por três anos e os manda pregar, com a luz e a força do Espírito Santo, Mt 28,19s. | 23. Esta vinda do Filho do homem é a destruição do templo e de Jerusalém, final de uma era, apresentada como uma intervenção do juízo de Deus.

digo: não acabareis de percorrer as ci-
dades de Israel, antes que venha o Fi-
lho do homem†.
[24]O discípulo não está acima do mes-
tre,* nem o empregado acima do pa-
trão. [25]Ao discípulo basta ser como seu
mestre e ao empregado ser como o pa-
trão. Se chamaram de Belzebul† o dono
da casa, quanto mais a seus familiares?
[26]Não os temais, portanto*; porque
nada há de oculto que não seja, um dia,
revelado; nada há de secreto que não
venha a ser conhecido. [27]Dizei em ple-
na luz aquilo que vos digo nas trevas.
Anunciai de cima dos telhados aquilo
que vos digo ao pé do ouvido. [28]Não
tenhais medo daqueles que matam o
corpo*, mas não podem matar a alma.
Temei, antes, Aquele que pode fazer
a alma e o corpo perecer na geena†.
[29]Não se vendem dois pardais por um
centavo? E, no entanto, nenhum deles
cai ao chão sem a permissão de vos-
so Pai. [30]E quanto a vós, até os cabe-
los de vossas cabeças estão contados.
[31]Por isso, não tenhais medo! Vós valeis
mais do que muitos pardais. [32]Portan-
to, todo aquele que der testemunho
de mim diante dos outros, eu também
darei testemunho dele diante de meu
Pai que está nos céus. [33]Aquele, porém,
que me renegar* diante dos outros,
também eu o renegarei diante de meu
Pai que está nos céus".
Jesus, sinal de contradição. [34]"Não
penseis que vim trazer paz à terra: não
vim trazer paz, mas a espada. [35]Vim tra-
zer separação* entre filho e pai, entre
filha e mãe, entre nora e sogra; [36]e os
inimigos da gente serão os próprios
parentes. [37]Aquele que ama o pai ou a
mãe mais do que a mim não é digno
de mim. Aquele que ama o filho ou a
filha mais do que a mim não é digno de
mim. [38]Aquele que não toma sua cruz*
e não me segue não é digno de mim.
[39]Quem achar sua vida* a perderá; mas
quem perder sua vida por causa de
mim a encontrará".
Acolhida aos apóstolos. [40]"Quem vos
recebe, a mim recebe*; e quem me re-
cebe, recebe Aquele que me enviou.
[41]Quem recebe um profeta, por ser ele
um profeta, receberá a recompensa
própria de um profeta; e quem recebe
um justo, por ser ele um justo, receberá
a recompensa própria de um justo. [42]E
aquele que der, nem que seja um copo
de água fria* a um desses pequenos,
porque é meu discípulo – na verdade
vos digo – não ficará sem sua recom-
pensa".

11

[1]Quando Jesus acabou de dar
essas instruções a seus doze
discípulos, partiu dali e foi ensinar e
pregar nas cidades deles.
A pergunta de João Batista. [2]João
Batista, que estava na prisão*, ficou
sabendo das obras que Cristo fazia e
mandou dois discípulos perguntar-lhe:
[3]"És tu aquele que deve vir, ou temos
de esperar outro?" [4]Jesus respondeu-
-lhes: "Ide e contai a João* o que estais
ouvindo e vendo: [5]os cegos veem, os
paralíticos andam, os leprosos ficam
curados, os surdos ouvem, os mortos
ressuscitam e a Boa Nova é anunciada
aos pobres. [6]E feliz aquele para o qual
não sou motivo de queda!" * †
O Precursor. [7]Quando os dois se reti-
raram, Jesus começou a falar ao povo*
a respeito de João: "O que fostes ver
no deserto? Um caniço que o vento
balança? [8]Que fostes ver então? Um
homem vestido com elegância? Ora,
os que se vestem com elegância estão
na corte dos reis. [9]Então, o que fostes

---

* **10**,24. Lc 6,40; Jo 13,16 | 26. Mc 4,22; Lc 8,17 | 28. 1Pd 3,14; Ap 2,10 | 33. Lc 9,26; 12,8; 2Tm 2,12; Ap 3,5 | 35. Mq 7,6 | 38. 16,24s | 39. Lc 17,33; Jo 12,25 | 40. Mc 9,37; Lc 10,16; Jo 12,44; 13,20 | 42. 25,40-45 | **11**,2. 14,3; Lc 7,18-23; Jo 1,21 | 4. Is 26,19; 29,18; 35,3s; 61,1; Lc 4,18; Jo 6,61 | 6. 13,57; 26,31 | 7. 3,1; Lc 7,24-28 | 9. Lc 1,76 | 10. Ml 3,1; Mc 1,2; Jo 3,28

† **10**,25. Esse nome significa "Baal, o príncipe", nome de um antigo deus de Canaã, 2Rs 1,2s, dado aqui ao demônio por desprezo. | 28. Ver a nota em Mt 23,15. | **11**,6. Jesus afirma que nele se cumprem as profecias, sobretudo a de Is 61,1s, portanto ele é "aquele que deve vir", mas muitos não vão reconhecê-lo como tal; ao contrário, ficarão chocados, desconcertados com seu jeito de ser Messias, porque esperam um herói nacionalista, um rei vitorioso, um novo Davi.

ver? Um profeta?* Sim, eu vos digo, e
mais que um profeta. 10É dele que está
escrito: 'Eu envio meu mensageiro a
tua frente*, para preparar diante de ti
teu caminho'. 11Na verdade vos digo:
entre os nascidos de mulher não apa-
receu ninguém maior que João Batis-
ta; no entanto, o menor do Reino dos
Céus é maior que ele. 12Desde o tempo
de João Batista até agora o Reino dos
Céus sofre violência e são os violentos
que o conquistam. 13Pois todos os pro-
fetas e a Lei profetizaram até João. 14E,
se quereis acreditar em mim*, ele é o
Elias que devia voltar. 15Ouça quem for
capaz!"

Geração incrédula. 16"Com quem pos-
so comparar esta geração?* É como a
criançada sentada na praça, que grita
uns aos outros: 17'Tocamos flauta para
vós e não dançastes; cantamos lamen-
tos e não chorastes'†. 18Pois veio João,
que não come nem bebe*, e dizem: 'Ele
é um possesso!' 19Veio o Filho do ho-
mem, que come e bebe, e dizem: 'É um
comilão e beberrão, amigo dos publi-
canos e dos pecadores!' Mas a Sabedo-
ria é justificada por suas obras"†.

As cidades impenitentes. 20Então
Jesus começou a repreender as cida-
des nas quais realizara a maior parte
de seus milagres, porque elas não se
converteram: 21"Ai de ti, Corozaim! Ai
de ti, Betsaida!* Pois se em Tiro e Si-
dônia tivessem sido feitos os milagres
que aconteceram aí no meio de vós, há
muito tempo teriam feito penitência
com cinza e cilício. 22Por isso vos digo:
no dia do juízo, Deus será menos se-
vero com Tiro e Sidônia do que con-
vosco. 23E tu, Cafarnaum, pensas que te
erguerás até o céu?* Serás precipitada
no inferno. Porque se em Sodoma ti-
vessem sido feitos os milagres que
aconteceram aí no meio de ti, ela exis-
tiria até hoje. 24Por isso vos digo: no dia
do juízo*, Deus será menos severo com
a terra de Sodoma do que contigo".

O Pai se revela aos simples. 25Por
aquele tempo*, Jesus exclamou: "Eu
vos bendigo, ó Pai, Senhor do céu e
da terra, porque estas coisas que es-
condestes aos sábios e aos entendi-
dos, vós as revelastes à gente simples.
26Sim, Pai, eu vos bendigo, porque foi
de vosso agrado fazer isto. 27O Pai me
entregou todas as coisas*, e ninguém
conhece o Filho senão o Pai, e ninguém
conhece o Pai senão o Filho e aquele a
quem o Filho quiser revelá-lo†. 28Vinde
a mim, vós todos* que estais cansados
e oprimidos, e eu vos darei descanso!
29Tomai sobre vós meu jugo e aprendei
comigo, porque sou manso e humilde
de coração, e achareis descanso* para
vossas almas, 30porque meu jugo é su-
ave e meu peso, leve".

12

Jesus, senhor do sábado.
1Por esse tempo, Jesus estava
atravessando plantações de trigo* num
dia de sábado, quando seus discípulos,
sentindo fome, começaram a apanhar
espigas e a comer. 2Vendo isso, os fa-
riseus disseram: "Olha, teus discípulos
estão fazendo o que é proibido fazer
no sábado!" 3Mas ele respondeu-lhes:
"Não lestes o que Davi fez, quando ele
e seus companheiros sentiram fome?
4Entraram na casa de Deus e comeram
os pães da apresentação*, que nem ele
podia comer e nem os que estavam
com ele, mas só os sacerdotes. 5Ou não
lestes na Lei que no sábado* os sacer-

* **11**,14. Ml 3,23; Mt 17,10ss | 16. Lc 7,31-35 | 18. 3,4; 9,14s; Lc 1,15 | 21. Lc 10,13 | 23. Is 14,13ss | 24. 10,15; Lc 10,14 | 25. Lc 10,21s; Jo 7,48; 1Cor 1,26-29 | 27. 28,19; Jo 3,35 | 28. Eclo 24,26s | 29. Pr 3,17; Jr 6,16; 1Jo 5,3 | **12**,1. Mc 2,23-3,5; Lc 6,1-11; Êx 20,10; Dt 5,14; 23,26 | 4. 1Sm 21,1-6 | 5. Nm 28,9

† **11**,17. Meninos que reclamam dos colegas que não observam as regras da brincadeira. | 19. Não obstante as incompreensões e oposições, os desígnios da sabedoria de Deus se cumprem. | 27. Jesus é o retrato do Pai, Jo 14,9, e um só ser junto com Ele, Jo 10,30. Sua missão é revelar o Pai e só Ele o pode fazer de maneira plena, porque só Ele conhece tudo sobre o Pai. Os humildes e os simples é que têm abertura e disponibilidade suficientes para acolher esta revelação. | 14. Os fariseus, para quem a lei do sábado era das mais importantes, ficavam chocados com a relativização do sábado por parte de Jesus. A seu ver, isto era prova de que Jesus não vinha de Deus, e era, portanto, um perigo para a religião mosaica.

dotes transgridem a lei do sábado no
templo, sem cometerem falta? 6Pois
eu vos digo: aqui está alguém que é
maior* que o templo. 7Mas se soubés-
seis o que significa: 'Prefiro a miseri-
córdia* ao sacrifício', não condenaríeis
inocentes. 8Pois o Filho do homem é
senhor do sábado".

9Partindo dali, entrou na sinagoga*
deles. 10Estava lá um homem que tinha
uma mão atrofiada. "É permitido curar
no sábado?", perguntaram a Jesus para
poderem acusá-lo. 11Ele respondeu*:
"Quem dentre vós, se tiver uma só
ovelha e ela cair numa cova em dia de
sábado, não irá procurá-la e retirá-la?
12Ora, quanto mais vale uma pessoa do
que uma ovelha! Portanto, é permitido
fazer o bem no sábado". 13Depois dis-
se ao homem: "Estende a mão". Ele a
estendeu, e ela ficou sã como a outra.
14Saindo dali, os fariseus* tramaram
contra ele para o matar†.

Jesus, Servo de Javé. 15Sabendo disso,
Jesus retirou-se de lá*; muitos o segui-
ram, e ele curou a todos, 16proibindo-
-lhes severamente que o tornassem co-
nhecido, 17a fim de se cumprir o que fora
predito pelo profeta Isaías: 18"Eis meu
Servo, que escolhi, meu Amado*, no qual
minha alma se compraz. Porei nele meu
Espírito, e ele anunciará a justiça às na-
ções. 19Não discutirá, nem gritará, nem
se ouvirá sua voz pelas praças. 20Não
quebrará o caniço rachado, nem apagará
a mecha que ainda fumega, até que faça
triunfar a justiça. 21E em seu nome as na-
ções colocarão sua esperança".

A cura do possesso. 22Foi-lhe en-
tão apresentado um possesso cego e
mudo*; Jesus o curou, e ele começou
a falar e a enxergar. 23Toda a multidão
ficou admirada e dizia: "Não será este
o Filho de Davi?" 24Os fariseus, porém,
ouvindo isso, replicaram*: "É pelo po-
der de Belzebu, chefe dos demônios,
que ele expulsa os demônios". 25Mas
Jesus, conhecendo seus pensamentos,
disse-lhes: "Todo reino dividido contra
si mesmo acaba se destruindo; e toda
cidade ou família dividida em grupos
inimigos não poderá durar. 26Ora, se
Satanás está expulsando Satanás, está
dividido contra si mesmo. Como, en-
tão, poderá ficar de pé seu reino?

27Se eu expulso os demônios pelo
poder de Belzebu, pelo poder de quem
vossos discípulos os expulsam? Por isso,
eles mesmos serão vossos juízes. 28Mas,
se eu estou expulsando os demônios
pelo poder do Espírito de Deus, é por-
que chegou para vós o Reino de Deus.

29Ou, como pode alguém entrar* na
casa de um homem valente para rou-
bar o que ele tem, sem antes dominá-
-lo? Só assim poderá saquear sua casa.
30Quem não está comigo* está contra
mim; e quem não recolhe comigo está,
de fato, espalhando".

O pecado contra o Espírito Santo.
31"Por isso vos digo: todo pecado e
blasfêmia* serão perdoados aos ho-
mens, mas a blasfêmia contra o Espírito
Santo não terá perdão†.

32Quem falar contra o Filho do ho-
mem será perdoado, mas quem falar
contra o Espírito Santo não terá perdão,
nem neste mundo e nem no outro".

O homem e suas obras. 33"Suponha-
mos uma árvore boa*: seu fruto será
bom; suponhamos uma árvore má: seu
fruto será mau. Pois é pelo fruto que se
reconhece a árvore.

34Raça de víboras!* Como é que po-
deríeis dizer coisas boas, sendo maus?
Pois a boca fala daquilo de que o co-
ração está cheio. 35Um homem bom,
de seu bom tesouro tira o bem; mas o
homem mau, de seu mau tesouro tira
o mal. 36Ora, eu vos digo que no dia
do juízo* todos terão de prestar con-
tas de cada palavra inútil que tiverem

---

* **12**,6. 12,41; Ecl 4,17 | 7. 9,13; 1Sm 15,22; Os 6,6 | 9. Mc 3,1-6; Lc 6,6-11; 14,3 | 11. Lc 14,5 | 14. Jo 5,18; 11,52 | 15. Mc 1,34; 3,7.12 | 18. Is 41,9; 42,1-4; Mt 3,17; 17,5 | 22. Mc 3,22-27; Lc 11,14-23 | 24. 9,34 | 29. Is 49,24; Jo 12,31 | 30. Mc 9,40 | 31. Mc 3,28s; Lc 12,10; Hb 6,4ss; 10,26; 1Jo 5,16 | 33. 7,17; Lc 6,43ss | 34. 3,7; 15,11.18; 23,33 | 36. Tg 3,1-6

† **12**,31. A blasfêmia contra o Espírito Santo consiste em negar a verdade conhecida, atribuindo a satanás, com uma distorção sacrílega, as obras de Deus.

falado. [37]Pois conforme tuas palavras é que serás declarado justo; e conforme tuas palavras é que serás condenado".

O sinal de Jonas. [38]Nisso, alguns escribas e fariseus* tomaram a palavra, dizendo: "Mestre, queremos ver um sinal feito por ti". [39]Jesus, porém, respondeu-lhes: "Geração má e adúltera! Está pedindo um sinal, mas não lhe será dado outro sinal senão o do profeta Jonas. [40]Pois como Jonas esteve três dias e três noites no ventre da baleia, assim o Filho do homem passará três dias e três noites no seio da terra. [41]No juízo, os habitantes de Nínive* vão levantar-se com esta geração e vão condená-la, porque eles fizeram penitência ao ouvirem a pregação de Jonas. E aqui está alguém maior que Jonas! [42]No juízo, a rainha do sul* vai levantar-se com esta geração e vai condená-la, porque veio dos confins da terra para ouvir a sabedoria de Salomão. E aqui está alguém maior que Salomão!"

A ofensiva do mal. [43]"Quando um espírito impuro* sai de uma pessoa, vai andando pelos desertos procurando onde descansar. Não encontrando, [44]diz: 'Voltarei para a casa de onde saí'. Ao chegar, encontra-a vazia, limpa e enfeitada*.

[45]Vai então buscar outros sete espíritos piores do que ele, os quais, entrando, moram ali. E a situação final daquela pessoa fica pior que antes. É isso que vai acontecer com esta geração má".

Os parentes de Jesus. [46]Jesus ainda estava falando à multidão*, quando sua mãe e seus irmãos†, que ficaram de fora, procuravam falar-lhe. [47]Alguém lhe disse: "Tua mãe e teus irmãos estão aí fora e querem falar contigo". [48]Respondeu Jesus a quem lhe trouxe a notícia: "Quem é minha mãe, e quem são meus irmãos?"

[49]E, apontando para os discípulos, acrescentou: "Aqui estão minha mãe e meus irmãos. [50]Pois todo aquele que fizer a vontade de meu Pai* que está nos céus, esse é meu irmão, irmã e mãe"†.

13

A parábola do semeador. [1]No mesmo dia, Jesus saiu de casa* e sentou-se à beira do lago. [2]Uma grande multidão reuniu-se ao redor dele. Subiu então a uma barca e sentou-se; e toda a multidão estava em pé na praia. [3]Ensinou-lhes então muitas coisas* em parábolas†, dizendo: "O semeador saiu a semear. [4]E, ao lançar as sementes, uma parte caiu à beira do caminho; os pássaros vieram e a comeram. [5]Outra parte caiu em terreno pedregoso, onde não havia muita terra; e logo brotou, porque a terra era pouco profunda. [6]Mas, quando o sol nasceu, queimou-se e secou, porque não tinha raiz. [7]Outras sementes caíram entre os espinhos; os espinhos cresceram e as sufocaram. [8]Finalmente, outras caíram em terra boa e produziram fruto: aqui cem, ali sessenta e lá trinta vezes mais. [9]Ouça quem for capaz!"

[10]Então aproximaram-se dele* os discípulos e perguntaram: "Por que lhes falas em parábolas?" [11]Jesus respondeu: "A vós, Deus manifestou os mistérios do Reino dos Céus, mas a eles não. [12]Assim, a quem tem, será dado e terá fartura*; mas a quem não tem, será tirado até aquilo que tem†. [13]É por isso que lhes falo em parábolas: porque olham sem ver e escutam sem ouvir nem compreender. [14]E assim se cumpre neles a profecia de Isaías:*

---

* **12**,38. 16,1-4; Mc 8,11ss; Lc 11,29-32; 1Cor 1,22; Jn 2,1s | 41. Jn 3,5; Ez 3,6-11 | 42. 1Rs 10,1-10; 2Cr 9,1 | 43. Lc 11,24ss | 44. Jo 5,14; 2Pd 2,20 | 46. Mc 3,31-35; Lc 8,19ss | 50. Jo 15,14 | **13**,1. Mc 4,1s; Lc 8,4-15 | 3. Mc 4,3-9; Lc 8,4-8 | 10. 13,34s Mc 4,10ss; Lc 8,9s | 12. Mt 25,29; Mc 4,25; Lc 8,18; 19,26; Jr 5,21; Jo 12,40 | 14. Is 6,9s; At 28,26s; Rm 11,8

† **12**,46. O termo "irmão" pode referir-se a outros graus de parentesco, Gn 13,8. Note-se que o NT jamais chama esses irmãos de Jesus de "filhos de Maria". É doutrina da Igreja a virgindade perpétua de Maria. | 50. Maria é grande como mãe de Deus; maior ainda, porém, pelo fato de ter cumprido a vontade do Pai. | **13**,3. Pelas parábolas, Jesus ensina a ver as realidades espirituais através das coisas simples do mundo e da vida. Em tudo Deus está presente e nos fala do Reino dos Céus: basta ser dócil e saber escutar. | 12. Quem não colabora com a graça e não dá fruto perde até aquilo que possuía antes.

'Ouvireis, mas não entendereis; olhareis, mas não vereis.

[15]Porque o coração deste povo se tornou insensível: taparam os ouvidos, fecharam os olhos, para que não vejam com os olhos, nem ouçam com os ouvidos, nem entendam com o coração e se convertam, e assim eu os cure'.

[16]Felizes, porém, são vossos olhos, porque veem*, e vossos ouvidos, porque ouvem!

[17]Na verdade vos digo: muitos profetas e justos queriam ver o que vós estais vendo, mas não viram; queriam ouvir o que estais ouvindo, mas não ouviram".

Explicação da parábola. [18]"Escutai, então, a parábola do semeador*. [19]Quando alguém ouve a palavra do Reino e não a entende, o Maligno vem e rouba o que foi semeado em seu coração: este é o grão semeado à beira do caminho. [20]O grão que caiu em terreno pedregoso é aquele que, ouvindo a Palavra, logo a acolhe com alegria. [21]Mas não tem raiz em si e é inconstante: se acontece uma tribulação ou perseguição por causa da Palavra, logo tropeça. [22]O que foi semeado entre os espinhos* é aquele que ouve a Palavra, mas as preocupações mundanas e a ilusão das riquezas sufocam a Palavra, impedindo-a de produzir fruto. [23]O grão semeado em terra boa* é aquele que ouve a Palavra e a compreende; este produz fruto: ora cem, ora sessenta, ora trinta por um".

O joio e o trigo. [24]Propôs-lhes outra parábola:* "O Reino dos Céus é como um homem que semeou boa semente em seu terreno. [25]Na hora em que todos dormiam, veio seu inimigo, semeou joio no meio do trigo e foi embora. [26]Quando o trigo cresceu e deu espigas, apareceu também o joio. [27]Então os empregados procuraram o patrão e disseram: 'Senhor, não semeaste boa semente em teu terreno? Donde vem, então, o joio?' [28]Respondeu-lhes: 'Foi algum inimigo que fez isto!' E os empregados perguntaram:* 'Queres que arranquemos o joio?' [29]O patrão respondeu: 'Não! Para que não suceda que, ao colher o joio, arranqueis também o trigo. [30]Deixai que os dois cresçam juntos até a colheita; e no momento da colheita direi aos ceifadores: Arrancai primeiro o joio e ajuntai-o em feixes para ser jogado ao fogo; e recolhei depois o trigo a meu celeiro'".

A semente de mostarda. [31]Jesus contou-lhes mais uma parábola: "O Reino dos Céus é como a semente de mostarda* que alguém toma e semeia em seu terreno. [32]É a menor de todas as sementes, mas, quando cresce, torna-se a maior de todas as verduras e chega a ser uma verdadeira árvore, em cujos ramos as aves do céu vêm fazer ninhos".

O fermento na massa. [33]Jesus contou-lhes ainda esta parábola:* "O Reino dos Céus é como o fermento que uma mulher toma e mistura em três medidas de farinha, até que tudo fique fermentado".

[34]Tudo isso Jesus falou às multidões* por meio de parábolas, e nada lhes dizia sem usar parábolas, [35]para que se cumprisse o que fora predito pelo profeta: 'Ao dirigir-me a eles, usarei parábolas e publicarei o que estava oculto* desde a criação do mundo'".

Explicação da parábola do joio. [36]Então Jesus deixou a multidão* e foi para casa. Os discípulos aproximaram-se, pedindo-lhe: "Explica-nos a parábola do joio no terreno". [37]Respondendo-lhes, disse: "Aquele que semeia a boa semente é o Filho do homem. [38]O terreno é o mundo; a boa semente são os que acolhem o Reino. O joio são os que pertencem ao Maligno. [39]O Inimigo, que semeou o joio, é o próprio diabo; a colheita é o fim do mundo; os ceifadores são os anjos. [40]Como se recolhe o joio, para ser queimado no fogo, assim será no fim do mundo: [41]O Filho do homem vai enviar seus anjos* para retirarem de seu Reino todos os

---

* **13**,16. Lc 10,23s; Ef 3,5 | 18. Mc 4,13-20; Lc 8,11-15 | 22. 1Tm 6,9 | 23. Jo 15,8.16 | 24. Mc 4,26-29 | 28. 3,12; Jo 15,6 | 31. Dn 4,9.18; Mc 4,30ss; Lc 13,18s; Ez 17,23; 31,6 | 33. Lc 13,20 | 34. Mc 4,33s | 35. Sl 78,2 | 36. Mt 13,24-30; Mc 4,34 | 41. Sf 1,3; Ap 21,8

escândalos e os que praticam o mal; 42vão lançá-los na fornalha ardente, onde haverão de chorar, rangendo os dentes. 43Então os justos brilharão como o sol no Reino de seu Pai. Ouça quem for capaz!"

O tesouro escondido. 44"O Reino dos Céus é como um tesouro escondido* num terreno. A pessoa que o encontra esconde-o de novo. Fica tão alegre que vai, vende tudo o que possui para poder comprar o terreno".

A pérola encontrada. 45"O Reino dos Céus é também como o negociante que anda à procura de pérolas preciosas. 46Ao encontrar uma de grande valor*, vai, vende tudo o que possui e a compra".

A rede. 47"O Reino dos Céus é também como uma rede lançada ao mar, que recolhe todo tipo de coisa. 48Quando fica cheia, os pescadores arrastam-na para a praia, sentam-se, juntam os peixes bons nas cestas e jogam fora os maus. 49Assim será no fim do mundo: virão os anjos* para separar os maus do meio dos justos 50e lançá-los na fornalha ardente, onde vão chorar, rangendo os dentes"*.

51"Compreendestes tudo isso?" "Sim"*, responderam. 52Então ele disse: "Por isso, todo escriba que se torna discípulo do Reino dos Céus é como o proprietário que retira de seu tesouro coisas novas e velhas".

Nazaré incrédula. 53Quando Jesus acabou de contar essas parábolas, saiu de lá. 54Chegado a sua terra*, ensinava o povo na sinagoga, de modo que ficavam admirados, perguntando: "Como conseguiu ele esta sabedoria e esta força para fazer milagres? 55Não é ele o filho do carpinteiro? Sua mãe não é aquela, chamada Maria? Não são seus irmãos: Tiago, José, Simão e Judas? 56E suas irmãs, não moram todas aqui em nosso meio? Como conseguiu tudo isso?" 57E não acreditaram nele*. Jesus, porém, disse: "Um profeta só é desprezado em sua terra e em sua família". 58E lá não fez muitos milagres, porque não tinham fé.

14 **A morte de João Batista.** 1Por essa época, Herodes, governador da Galileia*, ouviu a fama de Jesus 2e disse a seus oficiais: "Ele é João Batista, que ressuscitou dos mortos*; é por isso que essas forças milagrosas operam nele". 3De fato, fora o próprio Herodes quem mandara prender João, acorrentá-lo e lançá-lo na cadeia, por causa de Herodíades, mulher de seu irmão Felipe. 4É que João ficava lhe falando: "Não te é permitido viver com ela"*. 5Herodes queria eliminar João, mas tinha medo do povo, que o considerava um profeta. 6Mas, na festa do aniversário de Herodes, a filha de Herodíades dançou diante de todos, e tanto agradou a Herodes 7que este lhe prometeu, com juramento, dar-lhe o que ela pedisse. 8Instigada pela mãe, ela respondeu: "Dá-me, aqui, num prato, a cabeça de João Batista". 9O rei ficou triste; mas, por causa do juramento feito diante dos convidados, ordenou que lhe fosse dada. 10Mandou cortar a cabeça de João, na cadeia. 11A cabeça foi trazida num prato* e dada à moça, que a levou a sua mãe. 12Depois vieram os discípulos de João, tomaram seu corpo e lhe deram sepultura. E foram informar Jesus.

Primeira multiplicação dos pães. 13Ao receber a notícia, Jesus saiu de lá num barco* para um lugar deserto e afastado. As multidões ficaram sabendo e, saindo das cidades, seguiram-no a pé. 14Ao descer da barca, ele viu a grande multidão, teve pena* e curou seus doentes. 15Ao cair da tarde, os discípulos se aproximaram e lhe disseram: "Este lugar é deserto e já é tarde. Despede as multidões, para que possam ir às aldeias comprar comida". 16Jesus respondeu-lhes: "Não precisam ir. Vós mesmos deveis dar-lhes de comer".

---

* **13**,44. 19,29; Lc 14,33; Pr 8,10s | 46. Sb 7,9 | 49. 25,32 | 50. 8,12 | 51. Mc 4,13 | 54. 2,23; Mc 6,1-6; Lc 4,16-30; Jo 7,15 | 57. Jo 4,44 | **14**,1. Mc 6,14-19; Lc 3,19s | 2. 16,14; Lc 9,7; 23,8 | 4. 21,26 | 11. 17,12 | 13. Mc 6,30-40; Lc 9,10-17; Jo 6,1-13; | 14. 9,36; 15,3

[17]Replicaram eles: "Mas só temos aqui cinco pães* e dois peixes..." [18]Jesus ordenou: "Trazei-os aqui". [19]Mandou que as multidões se sentassem na grama. Depois tomou os cinco pães* e os dois peixes, ergueu os olhos para o céu e deu graças a Deus. Partiu os pães, deu-os aos discípulos, e estes os distribuíram à multidão. [20]Todos comeram até ficarem satisfeitos. E com os pedaços que sobraram recolheram doze cestos cheios. [21]Ora, os que comeram eram uns cinco mil homens, sem contar mulheres e crianças.

Jesus caminha sobre o mar. [22]Logo depois, Jesus mandou os discípulos entrar na barca* e ir na frente dele para a outra margem. Enquanto isso, ele ia despedindo as multidões. [23]Tendo-as despedido, subiu ao monte para rezar na solidão*. Ao anoitecer, estava ali sozinho. [24]Entretanto, a barca, que já estava a vários estádios da terra firme, era agitada por fortes ondas, pois o vento era contrário. [25]Na quarta vigília da noite†, Jesus foi ao encontro deles caminhando sobre as águas. [26]Os discípulos, quando o viram caminhando sobre as águas, assustaram-se e diziam: "É um fantasma!"* E gritavam de medo. [27]Mas logo Jesus lhes disse: "Tende confiança, sou eu. Não tenhais medo!" [28]Então respondeu-lhe Pedro: "Senhor, se és tu, manda que eu vá sobre as águas até junto de ti!" [29]"Vem!" disse Jesus. Pedro saltou da barca e, caminhando sobre as águas, foi ao encontro de Jesus. [30]Mas, sentindo a força do vento*, ficou com medo e, começando a afundar, gritou: "Senhor, salva-me!" [31]Jesus imediatamente estendeu a mão, segurou-o e disse-lhe: "Homem fraco na fé, por que duvidaste?" [32]Assim que subiram na barca, o vento se acalmou. [33]Então os que estavam na barca se prostraram diante de Jesus, dizendo: "Efetivamente, tu és o filho de Deus!"*

Curas em Genesaré. [34]Terminada a travessia*, desembarcaram em Genesaré. [35]As pessoas do lugar o reconheceram e espalharam a notícia por toda a vizinhança. Trouxeram-lhe todos os doentes [36]e lhe pediam que pelo menos os deixassem tocar* na orla de seu manto. E todos que o tocavam ficavam curados.

15 **Tradições dos fariseus.** [1]Então apresentaram-se a Jesus alguns escribas e fariseus de Jerusalém e lhe disseram: [2]"Por que teus discípulos desobedecem* a tradição dos antigos? Não lavam as mãos antes das refeições". [3]Ele respondeu-lhes: "E vós, por que desobedeceis os mandamentos de Deus em nome de vossa tradição? [4]Pois Deus disse: 'Honra teu pai e tua mãe'*; e ainda: 'Quem amaldiçoar pai ou mãe merece a morte!'* [5]Mas vós ensinais: 'Todo aquele que disser a seu pai ou a sua mãe: Os bens com que vos poderia assistir*, eu os consagro, [6]este está dispensado de honrar pai e mãe!' Assim anulais a palavra de Deus em nome de vossa tradição. [7]Hipócritas! Tinha razão Isaías quando profetizou a vosso respeito, dizendo: [8]Este povo me honra com a boca, mas seu coração está longe de mim*. [9]Vão é o culto que me prestam, pois o que ensinam não passa de preceitos humanos!" [10]Depois chamou a multidão para perto de si* e disse: "Escutai e compreendei: [11]Não é o que entra pela boca que torna o homem impuro, mas é aquilo que sai de sua boca que torna o homem impuro". [12]Aproximaram-se, então, os discípulos e disseram-lhe: "Sabes que os fariseus ficaram escandalizados com tuas palavras?" [13]Jesus respondeu-lhes: "Toda planta que não foi plantada por meu Pai celeste* será arrancada. [14]Deixai-os: são cegos guiando cegos*. Ora, se um cego guia outro cego, caem ambos no buraco".

---

* **14**,17. Jo 6,9 | 19. Jo 11,41; 17,1 | 22. Mc 6,45-52; Jo 6,16-21; | 23. Lc 6,12; 9,18; Mc 1,35 | 26. Lc 24,37 | 30. 8,24s | 33. 16,16 | 34. Mc 6,53-56 | 36. 9,20; Lc 6,19 | **15**,2. Mc 7,1-13; Lc 11,38 | 4. Êx 20,12; 21,17 / Dt 5,16; Ef 6,2 | 5. Mc 7,11 | 8. Mc 7,6; Is 29,13; Sl 78,36 | 10. 12,34; Mc 7,14-23 | 13. Jo 15,2 | 14. 23,24; Lc 6,39; Rm 2,19

† **14**,25. Entre 3 e 6 horas da manhã.

[15]Tomando a palavra, disse Pedro:
"Explica-nos esta parábola"*. [16]Disse
ele: "Também vós ainda não compreen-
deis? [17]Não entendeis que tudo o que
entra pela boca vai para o estômago
e depois é lançado na fossa? [18]Mas o
que sai da boca vem do coração, e é
isso que torna o homem impuro. [19]Pois
é do coração que vêm os maus pensa-
mentos, os homicídios, os adultérios e
outras coisas imorais como furtos, fal-
sos testemunhos e blasfêmias. [20]Isso,
sim, é que torna o homem impuro; mas
comer sem lavar as mãos não torna im-
puro o homem".
A cananeia. [21]Saindo dali, Jesus reti-
rou-se* para a região de Tiro e Sidô-
nia. [22]Uma mulher cananeia, daquela
região, veio gritando: "Senhor, Filho de
Davi, tem piedade de mim! Minha filha
está terrivelmente atormentada pelo
demônio".

[23]Jesus, porém, não lhe deu resposta
alguma. Os discípulos chegaram perto
dele e lhe pediram: "Manda-a embora,
pois ela vem gritando atrás de nós".
[24]Respondendo, ele disse: "Fui envia-
do somente* para as ovelhas perdidas
da casa de Israel". [25]Mas ela, chegando
perto, ajoelhou-se diante de Jesus e su-
plicou: "Senhor, ajuda-me!" [26]Respon-
deu-lhe: "Não fica bem tirar o pão dos
filhos para jogá-lo aos cachorrinhos".
[27]"Sim, Senhor – replicou a mulher –
mas também os cachorrinhos comem
as sobras que caem da mesa de seus
donos!" [28]Então Jesus lhe respondeu:
"Mulher, grande é tua fé!* Que te seja
feito conforme teu desejo". E desde
aquela hora sua filha ficou curada.
Curas no monte. [29]Partindo de lá, Je-
sus chegou à beira do mar da Galileia*.
Subiu a um monte e lá sentou-se.
[30]Aproximaram-se dele imensas mul-
tidões, trazendo coxos, cegos, aleija-
dos*, mudos e muitos outros e os pu-
seram aos pés de Jesus, e ele os curou.
[31]A multidão ficava admirada* ao ver
que os mudos falavam, os aleijados
ficavam sãos, os coxos caminhavam e
os cegos viam; e davam glória ao Deus
de Israel.
Segunda multiplicação dos pães.
[32]Jesus chamou os discípulos e lhes
disse: "Tenho pena desta multidão*,
pois faz três dias que está comigo
e não tem o que comer. Não quero
mandá-los para casa em jejum, para
não acontecer que desmaiem pelo ca-
minho"*. [33]Os discípulos perguntaram-
-lhe: "Onde poderemos conseguir,
nesse deserto, pão suficiente para ali-
mentar esta multidão?" [34]Jesus inda-
gou: "Quantos pães tendes?" Respon-
deram: "Sete, e alguns peixinhos". [35]Ele
mandou a multidão sentar-se no chão.
[36]Depois, tomou os sete pães e os pei-
xes, deu graças a Deus, partiu-os e ia
dando-os aos discípulos, que os distri-
buíam à multidão. [37]Todos comeram e
ficaram saciados*, e com os pedaços
que sobraram encheram sete cestos.
[38]Ora, os que haviam comido eram cer-
ca de quatro mil homens, sem contar
as mulheres e as crianças. [39]Tendo des-
pedido a multidão, Jesus entrou numa
barca e foi para o território de Magadã.

16 **Sinais dos tempos.** [1]Alguns
fariseus e saduceus apro-
ximaram-se então de Jesus* e, para
prová-lo, pediram que lhes mostras-
se um sinal vindo do céu. [2]Mas Jesus
respondeu-lhes: "Ao pôr do sol, dizeis:
'Vai fazer bom tempo, pois o céu está
vermelho'. [3]E ao amanhecer: 'Hoje vem
tempestade, pois o céu está vermelho-
-escuro'*. Ora, sabeis interpretar o as-
pecto do céu, mas não sabeis interpre-
tar os sinais dos tempos! [4]Esta geração
má e adúltera* está pedindo um sinal,
mas nenhum sinal lhe será dado, se-
não o sinal de Jonas". E deixando-os,
retirou-se.
**O fermento dos fariseus e dos sa-
duceus.** [5]Ao atravessarem para a ou-
tra margem do lago*, os discípulos
esqueceram-se de levar pães. [6]Disse-

* **15**,15. Mc 7,17; 4,13 | 21. Mc 7,24-30 | 24. 10,6 28. 8,10.13 | 29. Mc 8,1-10 | 30. Is 35,5 | 31. Mc 7,37 | 32. Mc 8,1-10; Mt 14,14 / 2Rs 4,43 | 37. Sl 78,29 | **16**,1. Mc 8,11-13; Lc 11,26-29; Mt 12,38; Jo 6,30 | 3. Lc 12,54s; 19,44 | 4. 12,39s Jn 2,1 | 5. Mc 8,14-21; Lc 12,1

-lhes Jesus: "Atenção! Tomai cuidado com o fermento dos fariseus e dos saduceus!" 7Os discípulos começaram então a dizer entre si: "Ele disse isso porque não trouxemos pães". 8Conhecendo seus pensamentos, disse-lhes Jesus: "Homens fracos na fé! Por que ficar falando entre vós que não tendes pães? 9Ainda não entendestes? Não vos lembrais dos cinco pães para os cinco mil homens e o número de cestos que recolhestes? 10Nem dos sete pães para os quatro mil homens* e do número de cestos que recolhestes? 11Como é que não percebeis que eu não estava falando de pães quando vos disse: 'Tomai cuidado com o fermento dos fariseus e dos saduceus'?" 12Então perceberam que ele não havia falado que tomassem cuidado com o fermento do pão, mas com a doutrina dos fariseus e saduceus.

Pedro, chefe da Igreja. 13Chegando ao território de Cesareia de Filipe*, Jesus perguntou a seus discípulos: "No dizer do povo, quem é o Filho do homem?" 14Responderam: "Uns dizem que é João Batista*, outros que é Elias, outros que é Jeremias ou um dos profetas". 15Então, Jesus perguntou-lhes: "E para vós, quem sou eu?" 16Simão Pedro respondeu: "Tu és o Messias, o filho do Deus vivo"*. 17Em resposta, Jesus lhe disse: "Feliz és tu, Simão, filho de Jonas, porque não foi nenhum ser humano† que te revelou isso e, sim, meu Pai que está nos céus. 18Pois também eu te digo: Tu és Pedro, e sobre esta pedra edificarei minha Igreja*, e os poderes do inferno jamais conseguirão dominá-la. 19Vou te dar as chaves do Reino dos Céus, e tudo o que ligares na terra será ligado nos céus* e tudo o que desligares na terra será desligado nos céus"†. 20Depois, Jesus ordenou aos discípulos que não dissessem a ninguém que ele era o Messias*.

Primeiro anúncio da Paixão. 21Desde então, começou Jesus a explicar a seus discípulos que teria de ir a Jerusalém para aí sofrer muito da parte dos anciãos*, dos sumos sacerdotes e dos escribas; e que teria de morrer e, ao terceiro dia, ressuscitar. 22Pedro, chamando-o à parte, começou a repreendê-lo com estas palavras: "Deus te livre, Senhor! Isto jamais te acontecerá!" 23Jesus, porém, voltou-se para Pedro e lhe disse: "Vai depois de mim, Satanás!† És uma pedra em meu caminho, porque teu modo de pensar não é o de Deus, mas o dos homens!"

Como seguir a Jesus. 24Depois, Jesus disse a seus discípulos:* "Aquele que quiser seguir-me renuncie a si mesmo, carregue sua cruz e me siga. 25Pois quem quiser salvar sua vida vai perdê-la; mas quem perder a vida por causa de mim há de encontrá-la†. 26Pois, que adianta ganhar o mundo inteiro e arruinar sua vida? E que se poderia dar em troca da vida? 27Porque o Filho do homem virá na glória de seu Pai, com seus anjos*, e então retribuirá a cada um de acordo com suas obras. 28Na verdade vos digo: alguns dos que aqui se encontram não morrerão antes de terem visto o Filho do homem vir em seu Reino".

17 **A transfiguração.** 1Seis dias depois, Jesus tomou consigo Pedro, Tiago e seu irmão João*, e os

---

* **16**,10. 15,34-38 | 13. Mc 8,26s; Lc 9,18ss; | 14. 14,2 | 16. 4,3; 14,33; Jo 6,69 | 18. Jo 1,42; 21,1ss; Gl 1,15ss | 19. 18,18; Jo 20,23; Ap 1,18; 3,7; Is 22,22 | 20. 17,9 | 21. Mc 8,30-33; Lc 9,21s; Jo 2,19; 20,17ss; Lc 13,33; At 10,40 | 24. 10,38ss; Mc 8,34-37; Lc 9,23-27; 14,27; 17,33; Jo 12,25 | 27. 25,31ss; Jo 5,29; Rm 2,6; Pr 24,12; 2Cor 5,10; 2Ts 1,7 | **17**,1. Mc 9,2-9; Lc 9,28-36 | 2. 2Pd 1,16s; Ap 1,16; Mt 28,3

† **16**,17. Lit. "carne e sangue". | 19. As chaves representam os poderes; ligar e desligar é proibir e permitir, condenar e absolver. "A Igreja recebeu as chaves do Reino dos Céus para que se operasse nela a remissão dos pecados pelo sangue de Cristo e pela ação do Espírito Santo" (S. Agostinho). | 23. Jesus é o Messias, como Pedro afirmou, mas não do tipo que este imaginava. Traz a libertação pela cruz e não pelas glórias humanas. E todo discípulo desse Mestre deverá realizar isto também em sua vida. | 25. "Fora da Cruz não existe outra escada para subir ao céu" (Santa Rosa de Lima). | **17**,2. Aos discípulos, abatidos por causa do anúncio da Paixão, Jesus manifesta por um instante a glória na qual entrará pela Ressurreição. A seu lado, representando toda a Antiga Aliança, aparecem Moisés e Elias, isto é, a Lei e os Profetas.

levou à parte para um monte alto. 2E
transfigurou-se diante deles: seu rosto
ficou resplandecente como o sol* e suas
vestes ficaram brancas como a luz†. 3E
apareceram-lhes Moisés e Elias, que
conversavam com ele. 4Então Pedro to-
mou a palavra e disse a Jesus: "Senhor,
é bom estarmos aqui! Se queres, farei
aqui três tendas: uma para ti, outra para
Moisés e outra para Elias". 5Pedro ainda
estava falando, quando uma nuvem lu-
minosa os cobriu e uma voz, que saía da
nuvem, disse: "Este é meu Filho amado*,
no qual ponho minha afeição; escutai-
-o!"† 6Os discípulos, quando ouviram a
voz, ficaram muito assustados e caíram
com o rosto em terra. 7Jesus chegou
perto deles e, tocando-os, disse: "Levan-
tai-vos e não tenhais medo!" 8Erguendo
os olhos, não viram mais ninguém, a
não ser Jesus, sozinho. 9E quando esta-
vam descendo do monte, Jesus lhes deu
esta ordem: "Não conteis a ninguém o
que vistes, até que o Filho do homem
ressuscite dos mortos!"
Elias e João Batista. 10Perguntaram-lhe
então os discípulos: "Por que os escribas
andam dizendo que Elias* deve vir pri-
meiro?" 11Respondeu-lhes Jesus: "Real-
mente, Elias virá para repor tudo em or-
dem. 12Eu vos digo, porém, que Elias já
veio, mas não o reconheceram; ao con-
trário, fizeram com ele o que quiseram.
Do mesmo modo, o Filho do homem
também vai sofrer nas mãos deles".
13Então os discípulos entenderam que
ele estava se referindo a João Batista†.
O menino epilético. 14Quando che-
garam junto à multidão, aproximou-se
de Jesus um homem* que lhe pediu
de joelhos: 15"Senhor, tem compaixão
de meu filho, porque é epilético e so-
fre muito; muitas vezes cai no fogo e
muitas vezes na água. 16Já o apresentei
a teus discípulos, mas eles não con-
seguiram curá-lo". 17Jesus respondeu:
"Ó geração incrédula* e perversa! Até
quando tenho de ficar convosco? Até
quando terei de suportar-vos? Trazei
aqui o menino". 18Jesus esconjurou o
demônio, e ele saiu, ficando o menino
imediatamente curado. 19Então os dis-
cípulos chegaram perto de Jesus e per-
guntaram-lhe em particular: "Por que
não conseguimos expulsar o demô-
nio?" 20Ele respondeu: "Porque é pe-
quena vossa fé*; pois, na verdade vos
digo: 21se tiverdes fé do tamanho de
uma semente de mostarda, podereis
dizer a este monte: Sai daqui para lá, e
ele sairá*; e nada vos será impossível"†.
Segundo anúncio da Paixão. 22Estan-
do os discípulos reunidos na Galileia*,
Jesus lhes disse: "O Filho do homem vai
ser entregue às mãos dos homens, 23e
estes vão matá-lo, mas ao terceiro dia
ele ressuscitará". E os discípulos fica-
ram muito tristes.
O imposto do templo. 24Quando che-
garam a Cafarnaum, aproximaram-se
de Pedro os fiscais do templo* e per-
guntaram: "Vosso mestre não paga o
imposto do templo?" 25"Paga, sim",
respondeu Pedro. Ao entrar em casa,
Jesus foi logo lhe dizendo: "Que pen-
sas, Simão? De quem os reis devem
cobrar taxas ou impostos: dos filhos ou
dos estrangeiros?" 26"Dos estrangei-
ros", respondeu-lhe Pedro. E Jesus dis-
se: "Então os filhos estão livres. 27Mas
para não sermos motivo de queda para
eles, vai ao mar e joga o anzol. Pega
o primeiro peixe que encontrar, abre-
-lhe a boca e encontrarás um estáter†;
toma-o e dá-o por mim e por ti".

18 **Quem é o maior?** 1Naquele
momento, os discípulos vie-
ram a Jesus com esta pergunta: "Quem
é o maior* no Reino dos Céus?" 2Jesus

* **17**,5. 3,17; 16,16s; Is 42,1 | 10. 11,14; 14,9s; Mc 9,3-13; Ml 3,23s; Eclo 48,10; Lc 1,17 | 14. Mc 9,14-29; Lc 9,37-43 | 17. Dt 32,5; Jo 14,9 | 20. 21,21; Lc 17,6; Mc 11,28; 1Cor 13,2; | 21. Mc 9,30; Lc 9,44 | 22. 16,21; 17,12; Mc 9,30ss; Lc 9,43ss; At 10,40 | 24. Êx 30,13 | **18**,1. Mc 9,33-50; Lc 9,46ss; Mt 20,26ss

† **17**,5. "A Trindade inteira apareceu na Transfiguração: o Pai, na voz; o Filho, no homem; o Espírito, na nuvem clara" (S.Tomás de Aquino). | 13. João Batista é chamado Elias porque executou a mesma missão, Lc 1,17, a de preparar a vinda do Messias, Ml 3,23. | 21. Alguns manuscritos acrescentam: "Esse tipo de demônio só se consegue expulsar com a oração e o jejum", Mc 9,29. | 27. Um estáter equivale a quatro dracmas. Esse imposto era chamado didracma, ou seja, dois dracmas.

chamou uma criança, colocou-a no meio deles 3e disse: "Na verdade vos digo: se não vos converterdes e não vos tornardes como crianças, não entrareis no Reino dos Céus. 4Portanto, aquele que se fizer pequeno como esta criança é o maior no Reino dos Céus. 5E quem receber em meu nome uma criança como esta é a mim que recebe. 6Mas, se alguém for motivo de pecado para um desses pequenos que creem em mim, melhor seria para ele que lhe pendurassem uma pedra de moinho ao pescoço e o jogassem no fundo do mar".

O escândalo. 7"Infeliz do mundo porque existem escândalos! É inevitável que aconteçam escândalos, mas infeliz daquele pelo qual vem o escândalo! 8Por isso, se tua mão ou teu pé te levam a pecar*, corta-os e joga-os para longe; é melhor para ti entrar na Vida mutilado ou manco do que, com as duas mãos e os dois pés, ser jogado no fogo eterno. 9E se teu olho te faz cometer pecado, arranca-o e joga-o para longe. Pois é melhor para ti entrar na Vida com um só olho do que, com dois olhos, ser jogado na geena de fogo. 10Cuidado para não desprezardes nenhum desses pequenos, porque – eu vos afirmo – 11seus anjos no céu estão continuamente na presença de meu Pai que está nos céus"†.

A ovelha perdida. 12"Em vossa opinião, se um homem possui cem ovelhas*, e uma delas se extravia, não iria deixar as noventa e nove na montanha, para ir procurar a que se extraviou? 13E se consegue encontrá-la, na verdade vos digo, sente mais alegria por ela do que pelas noventa e nove que não se extraviaram. 14Assim também não é da vontade de vosso Pai que está nos céus que um só destes pequenos se perca".

O perdão ao irmão. 15"Se teu irmão pecar*, vai à procura dele e repreende-o em particular. Se ele te atender, recuperaste teu irmão. 16Mas se não te atender, toma contigo uma ou duas pessoas, para que toda questão seja resolvida pela palavra de duas ou três testemunhas*. 17Se ele não quiser atendê-las*, diga à comunidade. E, se não quiser atender nem mesmo à comunidade, considera-o como um pagão e um publicano. 18Na verdade vos digo: tudo o que ligardes na terra* será ligado no céu; e tudo o que desligardes na terra será desligado no céu".

A oração em grupo. 19"Também vos digo: se dois dentre vós, na terra, pedirem juntos* qualquer coisa que seja, esta lhes será concedida por meu Pai que está nos céus. 20Porque, onde dois ou três estão reunidos em meu nome, ali estou eu no meio deles"*.

Perdoar sempre. 21Então Pedro aproximou-se* e perguntou-lhe: "Senhor, quantas vezes devo perdoar a meu irmão se ele pecar contra mim? Até sete vezes?" 22Jesus respondeu-lhe: "Não apenas sete vezes, mas até setenta vezes sete".

O empregado cruel. 23"Por isso o Reino dos Céus pode ser comparado a um rei que resolveu acertar as contas com seus empregados. 24Ao começar o acerto de contas, trouxeram-lhe um que devia dez mil talentos. 25Como não tivesse com que pagar, seu senhor mandou que o vendessem com sua mulher, seus filhos e todos os seus bens, para assim liquidar a dívida. 26O empregado então caiu a seus pés, suplicando: 'Senhor, dá-me um prazo e te pagarei tudo'. 27O senhor teve pena dele*, deixou-o em liberdade e perdoou-lhe a dívida. 28Mas, quando saiu dali, esse empregado encontrou um de

* **18**,8. 5,29s; Mc 9,43-47; | 12. Lc 15,4-7; 19,10; Sl 119,176; Ez 34,1-16; 1Pd 2,25 | 15. Lv 19,17; Lc 17,3; Gl 6,1 | 16. Tg 5,19; Dt 19,15; Jo 2,17; 2Cor 13,1 | 17. 2Ts 3,14; Rm 16,17 | 18. 16,19; Jo 20,23 | 19. Mc 11,24; Jo 15,16 | 20. 28,20; Jo 14,23 | 21. Lc 17,4 | 27. Lc 7,42

† **18**,11. Alguns manuscritos acrescentam: "Porque o Filho do homem veio para salvar o que estava perdido", Lc 19,10. | 28. Soma que é 600 mil vezes menor que 10 mil talentos. A parábola mostra a situação irreparável do pecador, se Deus não lhe conceder o perdão por misericórdia, e a necessidade de perdoarmos para sermos perdoados.

seus companheiros, que lhe devia cem denários†. Agarrou-o pelo pescoço e, sufocando-o, disse-lhe: 'Paga o que deves!' 29Seu companheiro caiu a seus pés, suplicando: 'Dá-me um prazo e te pagarei!' 30Mas ele não quis: mandou encerrá-lo na cadeia*, até que sua dívida fosse paga. 31Seus companheiros, ao saberem do fato, ficaram revoltados e foram contar ao senhor o acontecido. 32Então, aquele senhor o chamou e lhe disse: 'Servo mau, eu te perdoei toda aquela dívida, porque me pediste. 33Não devias tu também ter pena de teu companheiro*, como eu tive de ti?' 34E o senhor, indignado, mandou prendê-lo e castigá-lo*, até que pagasse tudo o que devia. 35Do mesmo modo, meu Pai do céu agirá convosco*, se cada um de vós não perdoar de todo o coração a seu irmão"†.

IV. MINISTÉRIO DE JESUS NA JUDEIA (19–25)

19

Jesus vai para a Judeia. 1Quando terminou esses discursos*, Jesus deixou a Galileia e foi para a região da Judeia, do outro lado do Jordão. 2Grande multidão o seguiu, e ele curou ali os doentes.

O divórcio. 3Alguns fariseus, querendo pô-lo à prova*, vieram perguntar-lhe: "É permitido divorciar-se da esposa por um motivo qualquer?" 4Jesus respondeu: "Não lestes que no princípio* o Criador os fez homem e mulher 5e disse: 'Por isso o homem deixará pai e mãe para unir-se a sua mulher*, e os dois serão uma só carne'? 6Assim, já não são dois, mas uma só carne*. Portanto, o homem não deve separar o que Deus uniu". 7Disseram-lhe: "Por que, então, Moisés prescreveu que se dê uma certidão de divórcio* quando se repudia?" 8Jesus respondeu-lhes: "Moisés vos permitiu divorciar por causa da dureza de vosso coração; mas no começo não era assim. 9Ora, eu vos digo*: quem repudiar sua mulher, a não ser em caso de união ilegal†, e se casar com outra, comete adultério". 10Disseram-lhe os discípulos: "Se é essa a situação do homem com referência à mulher, não vale a pena casar-se". 11Ele respondeu-lhes: "Nem todos são capazes* de entender esta linguagem, mas só aqueles a quem Deus o concedeu. 12Porque há pessoas que não se casam por um defeito de nascença; outras, porque foram mutiladas por terceiros; e outras, que renunciam ao casamento por amor ao Reino dos Céus. Quem puder entender, que entenda!"†

Jesus abençoa as crianças. 13Apresentaram-lhe então crianças*, para que lhes impusesse as mãos e rezasse por elas. Os discípulos, porém, procuravam afastá-las. 14Mas Jesus lhes disse: "Deixai vir a mim as crianças e não as impeçais, porque o Reino dos Céus é daqueles* que a elas se assemelham". 15E depois de lhes impor as mãos, partiu dali.

O jovem rico. 16Alguém aproximou-se de Jesus* e perguntou-lhe: "Mestre, que preciso fazer de bom para alcançar a vida eterna?" 17Respondeu ele: "Por que me perguntas sobre o que é bom? Bom é só um. Mas, se queres entrar na vida, observa os mandamentos". 18"Quais mandamentos?", perguntou ele. Jesus lhe disse: "Não matar, não cometer adultério, não furtar*, não levantar falso testemunho; 19honrar pai e mãe e amar o próximo como a si mesmo".

---

* **18**,30. Rm 13,7 | 33. Lc 6,36 | 34. 5,26 | 35. 6,14s; Mc 11,25 | **19**,1. Mc 10,1; Lc 9,51 | 3. Mc 10,2-12; Lc 11,54; 16,18; Mt 5,31s; 16,1; Jo 8,6 | 4. Gn 1,27 | 5. Gn 2,24 | 6. 1Cor 7,10s; Ef 5,31 | 7. Dt 24,1 | 9. 5,32; Lc 16,18 | 11. 1Cor 7,7s | 13. Mc 10,13-16; Lc 9,47s; 18,15ss; | 14. 1Cor 1,25-28; 1Pd 2,1s | 16. Mc 10,17-27; Lc 10,25-28; 18,18-27 | 18. Êx 20,12-16; Lv 19,18; Dt 5,16-20; Lc 10,27

† **18**,35. O mar da misericórdia de Deus não pode penetrar em nosso coração enquanto não tivermos perdoado aos que nos ofenderam. O amor, como o Corpo de Cristo, é indivisível: não podemos amar o Deus que não vemos, se não amamos o irmão que vemos, 1Jo 4,20. | **19**,9. Ver a nota em Mt 5,32. | 12. Jesus faz a proposta da renúncia ao matrimônio aos que se dispõem a consagrar-se ao Reino de Deus com o coração indiviso, 1Cor 7,32ss.

[20]Disse o jovem: "Tudo isso tenho
observado. O que ainda me falta?"
[21]Respondeu-lhe Jesus: "Se queres ser
perfeito, vai, vende o que possuis, dá
o dinheiro aos pobres* e terás um te-
souro no céu; depois vem e segue-me".
[22]Ao ouvir isso, o jovem foi embora
triste, porque era muito rico.

Perigo das riquezas. [23]Então Jesus dis-
se a seus discípulos: "Na verdade vos
digo: é difícil para um rico entrar no
Reino dos Céus! [24]E digo mais: é mais
fácil um camelo passar pelo buraco de
uma agulha do que um rico entrar no
Reino de Deus"†. [25]Ouvindo tais pala-
vras, os discípulos ficaram espantados
e perguntaram: "Então, quem poderá
salvar-se?" [26]Olhando para eles*, Jesus
respondeu: "Para os homens isso é im-
possível, mas para Deus tudo é possí-
vel".

A recompensa dos discípulos. [27]Pe-
dro, então, tomando a palavra*, dis-
se-lhe: "Nós deixamos tudo para te
seguir; que recompensa teremos?"
[28]Respondeu-lhe Jesus: "Na verdade
vos digo: no mundo renovado, quan-
do o Filho do homem tomar posse de
seu trono glorioso*, vós também vos
assentareis em doze tronos para julgar
as doze tribos de Israel. [29]E todo aque-
le que deixar casas, irmãos, irmãs, pai,
mãe, filhos ou terras por amor de mim,
receberá cem vezes mais e terá como
herança a vida eterna. [30]Porém, muitos
dos primeiros serão últimos* e muitos
dos últimos serão primeiros".

20 **Os trabalhadores da vinha.**
[1]"Porque o Reino dos Céus é
semelhante a um fazendeiro que, logo
de manhã, saiu para contratar* traba-
lhadores para sua vinha. [2]Combinou
com eles que pagaria um denário por
dia e mandou-os para sua vinha. [3]Pe-
las nove horas† saiu e viu mais alguns
na praça sem fazer nada e disse-lhes:
[4]'Ide vós também para minha vinha e
vos darei o que for justo'. [5]Eles foram.
Lá pelo meio-dia, como também pelas
três da tarde, o fazendeiro saiu de novo
e fez o mesmo. [6]Pelas cinco da tarde
saiu ainda e, encontrando outros que
lá estavam, disse-lhes: 'Por que estais
aqui o dia todo sem trabalhar?' [7]Eles
responderam: 'Porque ninguém nos
contratou'. Disse-lhes ele: 'Ide também
vós trabalhar em minha vinha'. [8]Ao cair
da tarde, o dono da vinha falou a seu
administrador: 'Chama os trabalhado-
res e paga-lhes o salário, começando
dos últimos até os primeiros'. [9]Chega-
ram os das cinco horas da tarde e cada
um recebeu um denário. [10]Chegada a
vez dos primeiros, eles pensaram que
iriam receber mais. Mas receberam
também um denário. [11]Ao recebê-lo,
reclamavam contra o fazendeiro, di-
zendo: [12]'Esses últimos trabalharam
apenas uma hora, e dás a eles a mesma
quantia que a nós que carregamos o
peso do dia e do calor'. [13]Respondeu
o fazendeiro a um deles: 'Meu amigo,
eu não estou sendo injusto contigo.
Não combinaste comigo um denário?
[14]Toma o que é teu e vai. A esse último
quero dar* o mesmo que a ti. [15]Não
tenho o direito de fazer com meu di-
nheiro o que eu quiser? Ou tens inveja
porque eu sou bom?' [16]Assim, os últi-
mos serão os primeiros* e os primeiros
serão os últimos"†.

Terceiro anúncio da Paixão. [17]Deven-
do subir a Jerusalém, Jesus chamou
os doze em particular* e lhes disse
enquanto caminhavam: [18]"Estamos
subindo para Jerusalém, onde o Filho
do homem vai ser entregue aos sumos

* **19**,21. 5,3; 6,20; 13,45; Lc 12,33 | 26. Gn 18,14; Jó 42,2; Lc 1,37 | 27. 4,20.22; Mc 10,28ss; Lc 5,11; 18,28-30 | 28. 25,31; Lc 22,30; Ap 3,21; Hb 10,14 | 30. 20,16; Mc 10,31; Lc 13,30 | **20**,1. Lv 19,13; Dt 24.15 | 14. Rm 9,16-20 | 16. 19,30; 22,14 | 17. 16,21; 17,22; Mc 10,32ss; Lc 18,31ss

† **19**,24. Ver a nota em Mc 10,25. | **20**,3. Lit. "hora 3ª"; meio-dia era a hora 6ª e 5 da tarde era a hora 11ª. | 16. Os últimos operários eram os mais fracos, porque selecionados por último; então, a parábola mostra que Deus pede de cada um apenas o que suas forças lhe permitem dar, e que fortes e fracos são recompensados por igual. Alguns manuscritos acrescentam: "Porque muitos são os chamados e poucos são os escolhidos", 22,14.

sacerdotes e aos escribas, que o condenarão à morte [19]e o entregarão aos pagãos para ser injuriado, açoitado e pregado na cruz; mas ao terceiro dia ele ressuscitará".

Pedido da mulher de Zebedeu. [20]Então aproximou-se dele a mulher de Zebedeu*, com os filhos, e se ajoelhou para fazer-lhe um pedido. [21]"Que queres?", perguntou Jesus. Ela respondeu-lhe: "Ordena que, em teu reino, esses meus dois filhos se assentem um a tua direita e outro a tua esquerda!" [22]"Não sabeis o que estais pedindo", disse Jesus. "Sois capazes de beber o cálice que vou beber?" "Somos", responderam. [23]E Jesus disse: "Meu cálice bebereis, mas sentar-se a minha direita e a minha esquerda não compete a mim concedê-lo; esses lugares são daqueles para os quais meu Pai os preparou".

É maior aquele que serve. [24]Os outros dez, que tudo ouviram*, indignaram-se contra os dois irmãos. [25]Jesus, porém, chamou-os e disse: "Sabeis que os chefes das nações as dominam e que os grandes as tiranizam. [26]Mas entre vós não deve acontecer isso. Ao contrário, quem quiser tornar-se grande entre vós* seja vosso servo; [27]e quem quiser ser o primeiro seja vosso escravo. [28]É assim que o Filho do homem veio, não para ser servido, mas para servir e dar a vida para resgatar a multidão"†.

Os cegos de Jericó. [29]Enquanto saíam de Jericó, uma grande multidão* o seguiu. [30]Dois cegos estavam sentados à beira do caminho. Ao saberem que Jesus estava passando, puseram-se a gritar: "Senhor! Tem compaixão de nós, Filho de Davi!" [31]A multidão, porém, repreendia-os, mandando que se calassem; mas eles gritavam ainda mais alto: "Senhor! Tem compaixão de nós, Filho de Davi!" [32]Jesus parou e, chamando-os, perguntou: "Que quereis que vos faça?" [33]"Senhor, que nossos olhos se abram", responderam. [34]Cheio de compaixão, Jesus tocou em seus olhos, e logo recuperaram a vista. E puseram-se a segui-lo.

21

Entrada triunfal em Jerusalém. [1]Quando se aproximaram de Jerusalém* e chegaram a Betfagé, junto ao monte das Oliveiras, Jesus mandou dois discípulos, [2]dizendo-lhes: "Ide até aquela aldeia que está a vossa frente, e logo encontrareis uma jumenta amarrada, e com ela um jumentinho. Soltai-os e trazei-os para mim. [3]E se alguém perguntar alguma coisa, respondei que o Senhor está precisando deles, mas os devolverá quanto antes". [4]Isso aconteceu para que se cumprisse o que disse o profeta: [5]'Dizei à Filha de Sião:* Teu rei vem a ti, modesto e montado numa jumenta, num jumentinho, filho de um animal de carga'. [6]Os discípulos foram e fizeram como Jesus lhes ordenara. [7]Trouxeram a jumenta e o jumentinho, puseram sobre eles suas vestes e Jesus montou. [8]A numerosa multidão estendia suas vestes pelo caminho; outros cortavam ramos de árvores e os espalhavam pela estrada. [9]As multidões que iam à frente dele e as que o seguiam gritavam: "Hosana ao Filho de Davi! Bendito o que vem em nome do Senhor!* Hosana no mais alto dos céus!" [10]Quando ele entrou em Jerusalém, a cidade toda se agitou e perguntavam: "Quem é este?" [11]E as multidões respondiam: "Este é o profeta Jesus, de Nazaré da Galileia"†.

Jesus expulsa do templo os comerciantes. [12]Jesus entrou no templo* e expulsou de lá todos os que estavam

---

* **20**,20. 19,28; Mc 10,35-45 | 24. Lc 22,24-27 | 26. 23,11; Mc 9,35; Jo 13,12-16; Fl 2,7; Rm 5,6; 1Tm 2,6 | 29. Mc 10,43-52; Lc 18,35-43 | **21**,1. Mc 11,1-10; Lc 19,29-40; Jo 12,12-16 | 5. Zc 9,9; Is 62,11 | 9. Sl 118,25s | 12. Mc 11,15-19; Lc 19,45-48; Jo 2,14-16

† **20**,28. Lit. "muitos", termo que opõe o conjunto da humanidade à única pessoa do Redentor, que se entregou para salvá-la. Cristo morreu por todos sem exceção, 1Tm 2,6. | **21**,11. Jesus é aclamado como o filho de Davi, aquele que traz a salvação. Hosana quer dizer "salva-nos". Jesus entra humilde, por isso os súditos de seu Reino, nesse dia, são as crianças e os pobres de Deus, que o aclamam, como os anjos o anunciaram aos pastores.

vendendo e comprando; derrubou as
mesas dos cambistas e as cadeiras dos
que vendiam pombas. [13]E disse: "Está
escrito: minha casa será chamada casa
de oração*, mas vós a transformastes
numa caverna de ladrões!"
O louvor das crianças. [14]Aproxima-
ram-se dele, no templo, cegos e coxos,
e ele os curou. [15]Os sumos sacerdotes e
os escribas, vendo os milagres que fa-
zia e as crianças que gritavam no tem-
plo: "Hosana ao Filho de Davi!", ficaram
indignados [16]e perguntaram a Jesus:
"Estás ouvindo o que dizem?" "Sim",
respondeu Jesus. "Nunca lestes que
'da boca das crianças e dos que ainda
mamam* obtiveste louvor'?" [17]Depois
deixou-os, saiu da cidade e foi para Be-
tânia, onde passou a noite.
Maldição da figueira. [18]De manhã, ao
voltar à cidade*, sentiu fome. [19]Vendo
uma figueira à beira do caminho, foi
até ela, mas só encontrou folhas. "Nun-
ca mais darás fruto!", disse ele. E a fi-
gueira secou na mesma hora†.
O poder da fé. [20]Vendo isso, os discí-
pulos ficaram admirados e exclamaram:
"Como a figueira secou num instante?!"
[21]Respondendo, disse-lhes Jesus: "Na
verdade vos digo: se tiverdes fé e não
duvidardes, fareis não só o que eu fiz
com a figueira*, mas até mesmo se dis-
serdes a este monte: 'Sai daqui e lança-
-te ao mar', isso acontecerá. [22]E tudo
quanto pedirdes com fé na oração, vós
o recebereis".
A autoridade de Jesus. [23]Entrando no
templo*, começou a ensinar. Nisso che-
garam os sumos sacerdotes e os anci-
ãos do povo, perguntando: "Com que
autoridade fazes estas coisas? Quem te
deu esta autoridade?" [24]Em resposta,
Jesus lhes disse: "Eu também vou fazer-
-vos uma pergunta e, se me responder-
des, eu vos direi com que autoridade
faço estas coisas: [25]De onde vinha o
batismo de João:* do céu ou dos ho-
mens?" Começaram a refletir entre si:
"Se dissermos que é do céu, ele nos
dirá: 'Então, por que não crestes nele?'
[26]Se dissermos que é dos homens, te-
mos medo da multidão, porque todos
consideram João um profeta". Por isso
responderam a Jesus: "Não sabemos".
[27]E Jesus, por sua vez, disse: "Pois eu
também não vos direi com que autori-
dade faço estas coisas".
Os dois filhos. [28]"Que pensais disto?
Um homem tinha dois filhos. Dirigin-
do-se ao primeiro, disse-lhe: 'Filho,
vai hoje trabalhar na vinha'. [29]O filho
respondeu: 'Não quero'. Mas depois
mudou de ideia e foi. [30]Dirigindo-se
ao segundo, falou a mesma coisa. Este
respondeu: 'Eu irei, sim, senhor'. Mas
não foi. [31]Qual dos dois* fez a vontade
do pai?" Responderam-lhe: "O primei-
ro". Então Jesus lhes disse: "Na verda-
de vos digo: os publicanos e as mere-
trizes vos precedem no Reino de Deus.
[32]Porque João veio a vós no caminho
da justiça*, e vós não crestes nele, ao
passo que os publicanos e as meretri-
zes creram nele. E vós, vendo isto, não
vos arrependestes depois para crerdes
nele"†.
Os lavradores homicidas. [33]"Ouvi
mais uma parábola:* Um fazendeiro
plantou uma vinha. Rodeou-a com
uma cerca, construiu nela um lagar e
ergueu uma torre; arrendou-a a uns
lavradores e depois partiu em viagem.
[34]Quando chegou o tempo da colhei-
ta, mandou seus empregados rece-
ber dos lavradores os frutos. [35]Estes,
porém, agarraram os empregados*,
bateram num, mataram outro e ape-
drejaram um outro. [36]O fazendeiro
mandou novamente outros emprega-
dos, em número maior que da primei-
ra vez, mas eles os trataram do mesmo
modo. [37]Finalmente, enviou seu filho*,

---

* **21**,13. Is 56,7; Jr 7,11 | 16. Sl 8,3 | 18. Mc 11,12ss.20-25; Lc 13,6-19 | 21. 17,20; Lc 17,6; Tg 1,6; 1Jo 3,22; Jo 14,33 | 23. Mc 11,27-33; Lc 20,1-8; Jo 2,18 | 25. 21,32 | 31. 7,21 | 32. Lc 7,37-50; 19,1-10 | 33. Mc 12,1-12; Lc 20,9-19; Is 5,1s; Jr 2,21 | 35. 22,4ss | 37. 1Jo 4,9; Hb 1,2; Jo 11,53; Gl 3,16; Hb 13,12

† **21**,19. Gesto simbólico no estilo dos profetas. A figueira representa Israel, que não deu os frutos esperados e não será mais fonte de vida nem sinal de salvação. | 32. O filho mais velho é o povo judeu e o filho mais novo, os pagãos convertidos.

pensando: 'A meu filho eles vão respeitar'. 38Mas os lavradores, quando viram o filho, disseram uns aos outros: 'É o herdeiro, vamos matá-lo e ficar com sua herança'. 39Então o agarraram, arrastaram para fora da vinha e o mataram. 40Quando o dono da vinha voltar, que fará com esses lavradores?"† 41Responderam eles: "Vai punir com morte terrível esses criminosos e arrendará a vinha a outros lavradores, que lhe entreguem os frutos no tempo certo". 42Jesus lhes disse: "Nunca lestes nas Escrituras: 'A pedra que os construtores rejeitaram* tornou-se a pedra principal; isto é obra do Senhor, e é admirável aos nossos olhos'? 43Por isso vos digo: o Reino de Deus vos será tirado e dado a um povo que o fará produzir seus frutos. 44Aquele que cair sobre esta pedra ficará em pedaços e aquele sobre o qual ela cair será esmagado".

45Ouvindo suas parábolas, os sumos sacerdotes e os fariseus entenderam que Jesus se referia a eles. 46Procuravam prendê-lo, mas tinham medo das multidões, que o consideravam como profeta.

22

Convidados ao banquete. 1Voltando a ensinar em parábolas*, Jesus disse: 2"O Reino dos Céus é como um rei que fez um banquete de casamento para seu filho. 3Mandou seus empregados chamar os convidados para a festa, mas eles não quiseram vir. 4Mandou novamente outros empregados* com esta ordem: 'Dizei aos convidados: Já preparei meu banquete, matei meus bois e os animais cevados, tudo está pronto, vinde para a festa!' 5Eles, porém, fizeram pouco caso e saíram, um para seu sítio, outro para seus negócios; 6e os demais, apoderando-se dos empregados, insultaram-nos e os mataram. 7O rei ficou furioso* e enviou seus soldados, que acabaram com aqueles assassinos e incendiaram sua cidade. 8Disse em seguida a seus empregados: 'O banquete está pronto, mas os convidados não eram dignos dele. 9Ide, então, às saídas dos caminhos* e convidai para o banquete todos os que encontrardes'. 10Os empregados saíram pelos caminhos* e reuniram todos os que encontraram, maus e bons, e a sala do banquete ficou cheia de convidados†.

A veste nupcial. 11O rei entrou para ver os que estavam à mesa e viu lá um homem que não trajava a veste nupcial†. 12Perguntou-lhe: 'Amigo, como foi que entraste aqui sem a veste nupcial?' Ele, porém, ficou calado. 13Então o rei ordenou aos servos: 'Amarrai seus pés* e suas mãos e jogai-o lá fora na escuridão. Lá haverá de chorar, rangendo os dentes'. 14Pois muitos são os chamados*, mas poucos os escolhidos'".

O imposto devido a César. 15Então se retiraram os fariseus e combinaram entre si* como o surpreenderiam em alguma palavra. 16Enviaram-lhe seus discípulos com alguns herodianos, que lhe disseram: "Mestre, sabemos que és sincero e ensinas com franqueza o caminho de Deus, sem dar preferência a ninguém, pois não julgas as pessoas pelas aparências. 17Dize-nos, então, o que te parece: é permitido pagar imposto a César ou não?"† 18Jesus, porém, percebendo a malícia deles, respondeu: "Hipócritas! Por que estais querendo tentar-me? 19Mostrai-me a moeda do imposto". Apresentaram-lhe um denário. 20Ele

* **21**,42. Sl 118,22s; Is 28,16; At 4,11; Rm 5,23; 1Pd 2,4-8 | **22**,1. Lc 14,15-22; Jo 3,29; Ap 19,9 | 4. 21,36 | 7. 24,2 | 9. 21,43 | 10. 13,47 | 13. 8,12; 25,20 | 14. 20,16 | 15. Mc 3,6; 12,13-17; Lc 20,20-25; Jo 3,2

† **21**,40. Nesta alegoria, o fazendeiro é o Pai, a vinha é Israel, os servos são os profetas, o filho é Jesus, os lavradores homicidas são os judeus e os outros são os pagãos convertidos. | **22**,10. Também nesta parábola estão simbolizados o povo judeu (os primeiros convidados) e os pagãos (os que encheram a sala). | 11. Símbolo de uma vida renovada pela conversão e enriquecida de boas obras. | 17. Os inimigos querem colocar Jesus num dilema: uma resposta afirmativa atrairia sobre ele a ira dos nacionalistas judeus e uma resposta positiva poderia servir para acusá-lo de subversão diante dos romanos. A resposta de Jesus coloca o Reino e suas exigências acima de qualquer partido político.

perguntou: "De quem é esta figura e a
inscrição?" 21"De César", responderam.
Então lhes disse: "Devolvei a César o
que é de César, mas dai a Deus o que
é de Deus". 22Ouvindo esta resposta,
ficaram maravilhados e, deixando-o,
foram embora.

Os saduceus e a ressurreição. 23Na-
quele dia aproximaram-se dele alguns
saduceus*, que não acreditam na res-
surreição, e o interrogaram, dizendo:
24"Mestre, Moisés disse: 'Se alguém
morrer sem deixar filhos, seu irmão
deve casar-se com a cunhada*, para
dar filhos ao irmão. 25Ora, havia entre
nós sete irmãos. O mais velho casou-
-se, mas, morrendo sem filhos, deixou
a viúva para o irmão. 26O mesmo acon-
teceu com o segundo, com o terceiro,
até o sétimo. 27Por fim, depois de to-
dos, morreu também a mulher. 28Na
ressurreição, de qual dos sete ela será
esposa? Pois todos se casaram com
ela..." 29Jesus respondeu-lhes: "Vós
estais enganados! Não compreen-
deis nem as Escrituras nem o poder
de Deus. 30Porque, na ressurreição,
homens e mulheres não vão se casar:
serão como os anjos no céu. 31E a res-
peito da ressurreição dos mortos, não
lestes o que Deus vos falou: 32'Eu sou
o Deus de Abraão, o Deus de Isaac e o
Deus de Jacó'?* Ele não é Deus de mor-
tos, mas de vivos!"† 33Ao ouvir isso, as
multidões ficaram admiradas com sua
doutrina*.

O maior mandamento. 34Quando os
fariseus ficaram sabendo* que Jesus
fizera calar os saduceus, reuniram-se,
35e um deles, doutor da Lei, pergun-
tou-lhe, para colocá-lo em dificuldade:
36"Mestre, qual é o maior mandamento
da Lei?" 37Jesus respondeu:* "Amarás o
Senhor teu Deus de todo o teu cora-
ção, de toda a tua alma e com toda a
tua mente: 38este é o maior e o primei-
ro* dos mandamentos. 39E o segundo
é semelhante† a este: Amarás teu pró-
ximo como a ti mesmo. 40Destes dois
mandamentos dependem toda a Lei e
os Profetas".*

O Messias, Filho de Davi. 41Estando
reunidos os fariseus*, Jesus pergun-
tou-lhes: 42"Que pensais a respeito
do Messias? Ele é filho de quem?"
"Filho de Davi", responderam. 43E
Jesus continuou: "Mas como é que
Davi, inspirado pelo Espírito Santo, o
chama de senhor, dizendo: 44'O Se-
nhor disse a meu senhor:* senta-te a
minha direita, até que eu ponha teus
inimigos debaixo de teus pés'?† 45Se
Davi o chama de senhor, como pode
ser seu filho?" 46E ninguém foi ca-
paz de dar-lhe uma resposta. Daí em
diante, ninguém mais teve coragem
de lhe fazer perguntas.

23

**Os pecados dos escribas e
dos fariseus.** 1Dirigindo-se,
então, às multidões e a seus discípu-
los*, Jesus disse: 2"Os escribas e os
fariseus ocupam a cátedra de Moisés;
3portanto, fazei e observai tudo o que
disserem; mas não imiteis suas ações,
porque eles não praticam o que ensi-
nam. 4Amarram pesados fardos e os
colocam às costas dos outros, mas eles
mesmos não os querem mover nem
com o dedo. 5Em tudo o que fazem, o
que buscam é ser vistos pelos outros*.
Por isso trazem filactérios† bem largos e
usam franjas bem compridas nos man-
tos. 6Gostam dos primeiros lugares nos
banquetes e das primeiras cadeiras nas
sinagogas. 7Gostam de ser saudados

---

* **22**,23. Mc 12,18-27; Lc 20,27-38; At 23,6ss | 24. Gn 38,8; Dt 25,5ss | 32. 8,11; Êx 3,6 | 33. 7,28 | 34. Mc 12,28-34; Lc 10,25-28 | 37. Dt 6,5; Eclo 7,32s | 38. Lc 19,18 | 40. Rm 13,9s Gl 5,14; Tg 2,8 | 41. Mc 12,35ss; Lc 20,41-44 | 44. Sl 110,1; At 2,34s; 1Cor 15,25; Hb 1,13 | **23**,1. Mc 12,38ss; Lc 20,45ss; Dt 17,10; At 15,10; Rm 2,21-24 | 5. Lc 22,43; 20,47

† **22**,32. Os patriarcas estão vivos no além, por isso o Deus deles é Deus dos vivos. | 39. Semelhante, porque quem ama a Deus deve amar as criaturas de Deus, especialmente a mais nobre, o ser humano, 1Jo 4,21. | 44. A resposta certa seria afirmar que o Messias é filho de Deus, portanto, superior a Davi, embora descendente dele segundo a natureza humana. | **23**,5. Filactérios eram pequenas caixas, contendo frases importantes da Lei, que os fariseus amarravam no braço ou na fronte, tomando ao pé da letra certas leis como Dt 6,8; 11,18. Sobre as franjas, ver Nm 15,37-41.

nas praças públicas e de ser chama-
dos de mestres pelos outros. 8Quanto
a vós, não queirais ser chamados de
mestres*, pois um só é vosso Mestre e
vós todos sois irmãos. 9E, aqui na terra,
a ninguém chameis de pai, pois um só
é vosso Pai, aquele que está nos céus.
10Nem permitais que vos chamem de
guias, porque um só é vosso guia, o
Cristo. 11O maior dentre vós será vosso
servo*. 12Quem se exalta será humilha-
do e quem se humilha será exaltado.

13Ai de vós, escribas e fariseus hi-
pócritas*, que fechais para os outros
o Reino dos Céus! Pois nem vós mes-
mos entrais, nem deixais entrar os que
o querem†. 15Ai de vós, escribas e fa-
riseus hipócritas! Vós percorreis o mar
e a terra para converter alguém† e,
depois que o conseguis, vós o tornais
merecedor do inferno† duas vezes mais
que vós!

16Ai de vós, guias de cegos*, que di-
zeis: 'Se alguém jura pelo templo, não
vale; mas, se jura pelo ouro do templo,
fica obrigado'. 17Tolos e cegos! Que é
mais importante: o ouro, ou o templo
que santifica o ouro? 18Vós dizeis tam-
bém: 'Se alguém jura pelo altar*, não
vale; mas, se jura pela oferta que está
sobre o altar, fica obrigado'. 19Cegos!
Que é mais importante: a oferta, ou o
altar que santifica a oferta? 20Portan-
to, quem jura pelo altar, jura por ele
e por tudo o que está sobre ele. 21E
quem jura pelo templo jura por ele e
por Aquele que o habita. 22E quem jura
pelo céu jura pelo trono de Deus e por
Aquele que nele está sentado.

23Ai de vós, escribas e fariseus hipó-
critas! Pagais o dízimo* da hortelã, da
erva-doce e do cominho, mas despre-
zais os mandamentos mais importantes
da Lei, como a justiça, a misericórdia e
a fidelidade. Isso é que é preciso prati-
car, sem deixar de lado aquilo. 24Guias
cegos! Coais um mosquito, mas engolis
um camelo!

25Ai de vós, escribas e fariseus hi-
pócritas! Limpais a parte externa do
copo e do prato, mas o interior está
cheio de rapina e de intemperança.
26Fariseu cego, limpa primeiro o lado
de dentro do copo e do prato, para
que o de fora também fique limpo.
27Ai de vós, escribas e fariseus hipó-
critas!* Sois semelhantes a sepulcros
caiados, que por fora têm boa apa-
rência, mas por dentro estão cheios
de ossos de mortos e de toda a espé-
cie de podridão. 28Assim também vós:
por fora pareceis justos aos outros*,
mas por dentro estais cheios de hipo-
crisia e de iniquidade.

29Ai de vós, escribas e fariseus hipó-
critas, que construís os túmulos dos
profetas, enfeitais os monumentos dos
justos 30e dizeis: 'Se tivéssemos vivido
na época de nossos pais, não nos terí-
amos associado a eles para tirar a vida
dos profetas'. 31Com isso estais dando
testemunho contra vós mesmos*, de
que sois filhos dos que mataram os
profetas. 32Completai, pois, a medida
de vossos pais!

33Serpentes, raça de víboras!* Como
podereis escapar da condenação da
geena? 34Por isso, eu vos envio profe-
tas, sábios e doutores*. A uns, ireis ma-
tar e crucificar; a outros, ireis flagelar
em vossas sinagogas e os perseguireis
de cidade em cidade, 35para que recaia
sobre vós todo o sangue inocente der-
ramado sobre a terra, desde o sangue
de Abel*, o justo, até o de Zacarias,
filho de Baraquias†, que vós matastes

---

* **23**,8. Tg 3,1 | 11. Jó 22,29; Pr 29,23; Mt 20,26s; 1Pd 5,5 | 13. Lc 11,39-52 | 16. 15,14; Jo 9,41; Rm 2,19 | 18. 5,33-37 | 23. Dt 14,22; Lv 27,30; Mc 12,40 | 27. At 23,3 | 28. Lc 16,15 | 31. At 7,52 | 33. 3,7; 12,34; Lc 11,49ss | 34. 10,23; 1Ts 2,15 | 35. Gn 4,8; 2Cr 24,20s; Hb 11,4; Ap 16,6; 18,24

† **23**,13. Alguns manuscritos acrescentam: 14"Ai de vós, escribas e fariseus hipócritas, porque devorais os bens das viúvas, fingindo fazer longas orações; por isso vosso castigo será mais rigoroso", Mc 12,40. | 15. Lit. "fazer um prosélito", termo que designava o pagão que aceitava a fé de Israel. / Lit. "filho da Geena"; esse nome de um vale tristemente famoso de Jerusalém tornou-se sinônimo do inferno. | 35. O filho de Baraquias é o profeta Zacarias, penúltimo profeta "escritor", mas não foi ele que morreu entre o santuário e o altar, e sim Zacarias, filho de Joiada, 2Cr 24,20ss. O assassinato de Abel, Gn 4,8 e o deste Zacarias são respectivamente o primeiro e o último que a Bíblia hebraica mencionava.

entre o santuário e o altar. 36 Na verda-
de vos digo: tudo isso vai recair sobre
esta geração!
O castigo de Jerusalém. 37 Jerusalém,
Jerusalém, que matas os profetas* e
jogas pedras nas pessoas que Deus te
manda! Quantas vezes eu quis reunir
teus filhos, como a galinha reúne os
pintinhos debaixo das asas, mas tu não
quiseste... 38 Pois bem, vossa casa fica-
rá abandonada. 39 Eu vos digo: daqui
em diante não me vereis mais, até que
digais: 'Bendito aquele que vem em
nome do Senhor!'"*

24

O fim do mundo†. 1 Saindo
do templo, Jesus ia-se afas-
tando*, quando os discípulos se apro-
ximaram dele a fim de fazê-lo obser-
var as construções do templo. 2 Ele,
porém, disse: "Estais vendo tudo isso?
Na verdade vos digo: não ficará aqui
pedra sobre pedra, tudo será destru-
ído". 3 Estando ele sentado no monte
das Oliveiras, os discípulos chegaram
perto dele em particular, com esta
pergunta: "Dize-nos, quando vai acon-
tecer isso e qual é o sinal de tua vinda
e do fim do mundo?" 4 Jesus respon-
deu: "Cuidado para que ninguém* vos
engane. 5 Vão aparecer muitos em meu
nome, afirmando: 'Eu sou o Cristo', e
vão enganar muita gente. 6 Ouvireis
falar de guerras e de rumores de guer-
ras. Não fiqueis alarmados. Pois é pre-
ciso que tudo isso aconteça, mas ainda
não será o fim. 7 Uma nação se levan-
tará contra outra* e um reino contra
outro. Haverá fome e terremotos em
vários lugares. 8 Tudo isso será apenas
o começo dos sofrimentos. 9 Então se-
reis entregues* para serdes torturados
e mortos. E sereis odiados por todas
as nações por minha causa. 10 Muitos
vão cair, haverá traições e ódios recí-
procos. 11 Surgirão numerosos falsos
profetas*, que enganarão muita gen-
te. 12 E ante o progresso constante da
iniquidade, o amor de muitos esfriará.
13 Mas quem perseverar até o fim* será
salvo. 14 Este Evangelho do Reino será
anunciado em todo o mundo* como
um testemunho para todas as nações.
Então virá o fim.
15 Quando, portanto, virdes a abo-
minação da desolação*, de que falou
o profeta Daniel, instalada no lugar
santo† – que o leitor procure entender
– 16 então os que estiverem na Judeia*
fujam para os montes; 17 quem estiver
no terraço não desça para pegar algu-
ma coisa em sua casa; 18 e quem esti-
ver no sítio não volte para buscar um
agasalho. 19 Ai daquelas que estiverem
grávidas ou amamentando naqueles
dias! 20 Rezai para que vossa fuga não
aconteça no inverno, nem no sábado†.
21 Porque a angústia será tão grande*
como nunca houve, desde o princípio
do mundo até agora, nem jamais ha-
verá igual. 22 Se Deus não abreviasse
aqueles dias, ninguém se salvaria. Mas
por causa dos escolhidos, Deus abre-
viará aqueles dias".
A vinda do Filho do homem. 23 "En-
tão, se alguém vos disser: 'Aqui está
o Cristo'*, ou: 'Ele está ali', não acredi-
teis. 24 Pois aparecerão falsos cristos e
falsos profetas, que vão fazer grandes
sinais e prodígios, a ponto de enganar,
se fosse possível, até os escolhidos.
25 Vede, eu vos preveni. 26 Se, portan-
to, vos disserem: 'Ele está no deserto',
não deveis ir lá. E se disserem: 'Ele está
no interior da casa', não acrediteis.
27 Pois, como o relâmpago que parte
do Oriente e brilha até o Ocidente, as-
sim será a vinda do Filho do homem.

---

* **23**,37. Lc 13,34s; At 7,59 | 39. Sl 118,26 | **24**,1. Mc 13,1-4; Lc 21,5-38; 19,44 | 4. Mc 13,5-13; Lc 21,8-19; 17,20-37; Jo 5,43; At 5,36s | 7. Is 19,2 | 9. 10,17.21; Jo 16,2 | 11. 1Jo 4,1; 2Pd 2,1; 2Tm 3,1-5 | 13. 10,22 | 14. 28,19 | 15. Mc 13,14-20; Lc 21,20-24; Dn 11,31; 12,11 | 16. Lc 17,31 | 21. Dn 12,1; Jl 2,2 | 23. Mc 13,21ss; Lc 17,23s; 2Ts 2,8

† **24**. Neste "sermão escatológico", Jesus fala do fim dos tempos e também da ruína de Jerusalém, que estava para acontecer daí a 40 anos, e foi o fim de um tempo. O juízo de Deus sobre a cidade serviu como figura do final dos tempos. | 15. Dn 9,27 fala da profanação do templo de Jerusalém pela instalação de um ídolo pagão. | 20. No inverno, a chuva e a neve dificultam as viagens e, no Sábado, era proibido andar mais de 900 m.

[28]Onde estiver o animal morto, ali se reunirão os abutres*.

[29]Logo após a tribulação daqueles dias*, o sol escurecerá, a lua não brilhará mais, as estrelas vão cair do céu e os poderes dos céus serão abalados†. [30]Então aparecerá no céu o sinal do Filho do homem*, e todas as famílias da terra hão de chorar; e verão o Filho do homem vir sobre as nuvens do céu com poder e grande glória. [31]Ele enviará seus anjos com uma trombeta retumbante*, para reunir seus escolhidos dos quatro pontos cardeais, de uma até a outra extremidade do céu.

[32]Da figueira podeis aprender esta comparação:* quando seus ramos se tornam tenros e as folhas começam a brotar, sabeis que o verão está chegando. [33]Assim também, quando virdes tudo isso, sabei que ele está perto, às portas. [34]Na verdade vos digo: não passará esta geração sem que tudo isso aconteça. [35]Passará o céu e a terra, mas minhas palavras não passarão".

A vigilância. [36]"Mas, quando será aquele dia e aquela hora*, ninguém sabe, nem os anjos do céu, nem o Filho, mas só o Pai. [37]A vinda do Filho do homem acontecerá como nos tempos de Noé:* [38]Nos dias antes do dilúvio, comiam e bebiam, homens e mulheres se casavam, até o dia em que Noé entrou na arca; [39]e não perceberam nada até que veio o dilúvio e matou todo o mundo. A mesma coisa acontecerá na vinda do Filho do homem: [40]Dois homens estarão no campo:* um será levado e o outro será deixado; [41]duas mulheres estarão moendo: uma será levada e a outra será deixada. [42]Por isso vigiai*, pois não sabeis em que dia virá vosso Senhor! [43]Considerai isto: se o dono da casa soubesse a que hora da noite viria o ladrão, ficaria acordado e não deixaria o ladrão arrombar sua casa. [44]Portanto, ficai preparados também vós, porque, na hora que não pensais, o Filho do homem virá!"

O empregado fiel. [45]"Quem é, pois, o empregado fiel e prudente* que o senhor colocou à frente de seus criados, para lhes dar refeição na hora certa? [46]Feliz desse empregado que o patrão, ao voltar, encontrar assim ocupado. [47]Na verdade vos digo: ele lhe confiará todos os seus bens. [48]Mas se aquele mau empregado disser em seu coração: 'Meu patrão está demorando' [49]e começar a bater nos companheiros, a comer e a beber com os bêbados; [50]o patrão desse empregado virá num dia que ele não espera, e numa hora que ele não sabe, [51]e o castigará duramente, dando-lhe o destino dos hipócritas*. Lá haverá de chorar, rangendo os dentes".

25 **As dez moças.** [1]"O Reino dos Céus será semelhante a dez moças* que foram com suas lâmpadas ao encontro do noivo. [2]Cinco delas eram descuidadas e cinco, previdentes. [3]As descuidadas, ao pegarem as lâmpadas, não levaram azeite consigo. [4]As previdentes, porém, junto com as lâmpadas, levaram vasilhas de azeite. [5]Como o noivo demorasse a chegar, todas elas ficaram com sono e dormiram. [6]À meia-noite ouviu-se um grito: 'O noivo está chegando, ide a seu encontro!' [7]Todas as dez moças se levantaram e prepararam suas lâmpadas. [8]As descuidadas disseram às previdentes: 'Dai-nos um pouco de vosso azeite, pois nossas lâmpadas estão se apagando!' [9]As previdentes, porém, responderam: 'Não, porque não bastaria para nós e para vós. Ide aos negocian-

* **24**,28. Jó 39,30 | 29. Mc 13,14-27; Lc 21,25-28; Is 13,10; 34,4; Ez 32,7; 2Pd 3,10 | 30. Ap 1,7; 19,11; Dn 7,13; Mt 26,64 | 31. 1Cor 15,52; 1Ts 4,16 | 32. Mc 13,28-32; Lc 21,29-33; 1Ts 5,1s; 2Ts 2,1s | 36. At 1,7 | 37. Lc 17,26s; 2Pd 3,5s | 40. Lc 17,34ss | 42. 25,13; Mc 13,33; Lc 12,39s; 1Ts 5,1-6; Ap 16,15 | 45. Lc 12,42-46 | 51. 8,12; 13,42; 25,30 | **25**,1. Lc 12,35s

† **24**,29. Jesus utiliza as imagens apocalípticas de seu tempo para descrever os últimos dias: guerras, perseguições, terremotos e catástrofes cósmicas fazem parte do cenário em que se realiza o julgamento de Deus sobre o mundo. Não é para inspirar medo e terror, mas, ao contrário, exorta à vigilância, à coragem e à esperança, Lc 21,28; Jo 16,33.

tes e comprai-o para vós'. [10]Enquanto elas foram comprar, o noivo chegou. As que estavam prontas entraram com ele no salão da festa, e fechou-se a porta. [11]Depois chegaram as outras e disseram: 'Senhor, senhor, abre a porta para nós!'* [12]Mas ele respondeu: 'Na verdade vos digo, não vos conheço!'* [13]Vigiai, pois, porque não sabeis o dia nem a hora"*.

Os talentos. [14]"O Reino dos Céus é como um homem* que, partindo para uma viagem, chamou seus empregados e lhes confiou seus bens. [15]Deu a um deles cinco talentos; a outro dois; a outro, um; deu a cada um de acordo com sua capacidade†; e partiu. [16]Ora, aquele que havia recebido cinco talentos foi logo negociar com eles e ganhou outros cinco. [17]Do mesmo modo, aquele que havia recebido dois, ganhou outros dois. [18]Mas aquele que havia recebido um talento só saiu, fez um buraco no chão e aí escondeu o dinheiro do patrão. [19]Muito tempo depois* voltou o patrão desses empregados e acertou as contas com eles. [20]Aproximou-se aquele que tinha recebido cinco talentos e apresentou outros cinco, dizendo: 'Senhor, entregaste-me cinco talentos, eis aqui outros cinco que ganhei'. [21]Disse-lhe o patrão: 'Muito bem*, empregado bom e fiel. Foste fiel no pouco, eu te confiarei muito. Vem alegrar-te com teu patrão!' [22]Apresentou-se depois aquele que tinha recebido dois talentos e disse: 'Senhor, entregaste-me dois talentos, eis aqui outros dois que ganhei!' [23]Disse-lhe o patrão: 'Muito bem, empregado bom e fiel. Foste fiel no pouco, eu te confiarei muito. Vem alegrar-te com teu patrão!' [24]Veio, por fim, aquele que tinha recebido um talento só e disse: 'Senhor, eu sabia que és um homem severo, que colhes onde não semeaste e ajuntas onde não espalhaste. [25]Fiquei com medo e escondi teu talento no chão; aqui está o que é teu!' [26]Respondeu-lhe seu patrão: 'Empregado mau e preguiçoso, sabias que eu colho onde não semeei e ajunto onde não espalhei. [27]Devias, então, ter colocado meu dinheiro no banco, para que assim, ao voltar, eu recebesse com juros o que é meu. [28]Tirai-lhe, pois, seu talento e dai-o àquele que tem dez. [29]Porque a quem tem, será dado mais, e ele terá em abundância*. Mas, a quem não tem, será tirado até mesmo o que tem†. [30]Quanto a esse empregado inútil, jogai-o lá fora, na escuridão. Aí haverá de chorar, rangendo os dentes.

O juízo final. [31]Quando o Filho do homem voltar em sua glória*, acompanhado de todos os seus anjos, irá sentar-se em seu trono glorioso. [32]Todas as nações se reunirão diante dele, e ele separará as pessoas umas das outras, como o pastor separa as ovelhas dos cabritos. [33]Porá as ovelhas a sua direita e os cabritos a sua esquerda. [34]Então o rei dirá* aos que estiverem à direita: 'Vinde, benditos de meu Pai, recebei em herança o reino que vos está preparado desde a criação do mundo. [35]Pois eu estive com fome e me destes de comer*, estive com sede e me destes de beber, fui estrangeiro e me acolhestes, [36]estive nu e me vestistes, fiquei doente e me visitastes, estive na prisão e me fostes ver'†. [37]Os justos então lhe perguntarão: 'Mas, Senhor, quando foi que te vimos com fome e te demos de comer, com sede e te demos de beber, [38]estrangeiro e te acolhemos, ou nu e te vestimos, [39]doente ou na prisão e te fomos visitar?' [40]Aí o rei responderá:* 'Na verdade vos digo: toda vez que fizestes isso a um desses mais pequenos

---

* **25**,11. Lc 13,25ss | 12. 7,23 | 13. 24,42-50 | 14. Lc 19,12-27; Mc 13,34 | 19. 18,23 | 21. 24,45ss; Lc 12,44; 16,10 | 29. 13,12; Mc 4,25; Lc 8,18; 19,26 | 31. 16,27; Ap 20,11ss; Ez 34,17 | 34. Rm 8,17 | 35. Is 58,7; Ez 18,7.16; Tg 1,27; 2,15 | 40. 10,42; 18,5; Pr 19,17; Hb 2,11; Lc 13,27; Ap 20,10.15

† **25**,15. As diferenças entre as pessoas pertencem ao plano de Deus: devem estimular a caridade. Deus quer que todos nós tenhamos necessidade uns dos outros. | 29. Ver a nota em Mt 13,12. | 36. Jesus compartilha a vida dos pobres, desde o presépio até a cruz; conhece a fome, a sede e a indigência. Mais ainda: identifica-se com os pobres de todos os tipos e faz do amor ativo para com eles a condição para se entrar em seu Reino (CIC).

dentre meus irmãos foi a mim que o
fizestes!'† 41Depois dirá àqueles que es-
tiverem a sua esquerda: 'Afastai-vos de
mim, malditos! Ide para o fogo eterno,
preparado para o diabo e seus anjos!
42Pois eu estive com fome e não me
destes de comer, estive com sede e não
me destes de beber, 43fui estrangeiro e
não me acolhestes, estive nu e não me
vestistes, estive doente e na prisão e
não me visitastes'. 44Também estes lhe
perguntarão: 'Mas quando foi, Senhor,
que te vimos com fome, ou com sede,
ou estrangeiro, ou nu, ou doente, ou
na prisão e não te ajudamos?' 45E ele
lhes responderá: 'Na verdade vos digo:
cada vez que deixastes de fazê-lo a um
desses mais pequenos foi a mim que o
deixastes de fazer'. 46E estes irão para o
castigo eterno; os justos, porém, para a
vida eterna"*.

V. MORTE E RESSURREIÇÃO (26–28)

26 **Conspiração contra Jesus.**
1Quando Jesus terminou to-
dos esses discursos, disse aos discípu-
los: 2"Como sabeis, daqui a dois dias
será a Páscoa*, e o Filho do homem
vai ser entregue para ser crucificado".
3Então, os sumos sacerdotes e os an-
ciãos do povo reuniram-se no palácio
do sumo sacerdote, que se chamava
Caifás, 4e juntos resolveram prender
Jesus por astúcia e o matar. 5Diziam,
porém: "Não faremos isso durante a
festa, para não haver tumulto no meio
do povo".
O jantar em Betânia. 6Estando Jesus
em Betânia*, na casa de Simão, o le-
proso, 7aproximou-se dele uma mu-
lher, trazendo um jarro de alabastro
que continha um perfume muito caro
e derramou-o sobre a cabeça de Jesus,
enquanto ele estava à mesa. 8Vendo
isso, os discípulos ficaram indignados
e diziam: "Para que esse desperdício?
9Esse perfume poderia ser vendido por
um alto preço, para se dar o dinheiro
aos pobres!" 10Jesus o percebeu e dis-
se: "Por que incomodais esta mulher?
Ela praticou uma boa ação para comi-
go. 11Com efeito, pobres sempre tereis
convosco, mas a mim nem sempre te-
reis. 12Derramando esse perfume sobre
meu corpo, ela o fez em vista de meu
sepultamento. 13Na verdade vos digo:
em toda parte onde for pregado este
Evangelho, no mundo inteiro, também
será contado, em sua memória, o que
ela fez".
Judas prepara a traição. 14Então um
dos doze, chamado Judas Iscariotes*,
foi encontrar-se com os sumos sacer-
dotes 15e lhes disse: "Que me dareis, se
eu vos entregar Jesus?" Eles lhe paga-
ram trinta moedas de prata. 16E, desde
aquela hora, procurava uma boa oca-
sião para entregá-lo.
A última ceia. 17No primeiro dia dos
Ázimos, os discípulos aproximaram-se
de Jesus* e perguntaram-lhe: "Onde
queres que te preparemos a ceia pas-
cal?"† 18Respondeu ele: "Ide à cidade,
à casa de certo homem e dizei-lhe: 'O
Mestre manda dizer-te: Meu tempo
está próximo; é em tua casa que vou
celebrar a Páscoa com meus discípu-
los'". 19Os discípulos fizeram como Je-
sus lhes ordenara e prepararam a Pás-
coa.
20Ao cair da tarde*, ele se pôs à mesa
com os Doze, 21e, enquanto comiam,
disse: "Na verdade vos digo: um de
vós vai me trair". 22Eles, muito tristes*,
começaram a perguntar um após ou-
tro: "Por acaso sou eu, Senhor?" 23Ele
respondeu: "Alguém que pôs a mão no
prato comigo, é esse que vai me trair.

---

* **25**,46. Dn 12,2; Jo 5,29 | **26**,2. Mc 14,1s; Lc 22,1; Jo 11,47-53 | 6. Mc 14,3-9; Jo 12,1-8 | 14. Mc 14,10s; Lc 22,3-6; Jo 13,2; Zc 11,12 | 17. Êx 12,14-20; Mc 14,12-16; Lc 22,7-14 | 20. Mc 14,17-21; Lc 22,21ss; Jo 13,21-30 | 22. Jo 17,12

† **25**,40. Conforme tivermos amado ou ignorado os irmãos, seremos admitidos à festa do amor ou dela excluídos, pois há um só amor que se dedica a Deus e ao próximo. "No entardecer de nossa vida, é sobre o amor que seremos julgados" (S. João da Cruz). | **26**,17. A Páscoa dos judeus comemorava a liberdade que Deus concedera a seu povo, tirando-o do Egito. A Páscoa de Jesus, sua morte e ressurreição, tomará o lugar da Páscoa judaica: é a definitiva libertação do mundo.

[24]O Filho do homem vai, como a res-
peito dele está escrito; mas infeliz da-
quele pelo qual o Filho do homem é
traído! Para ele seria melhor nunca ter
nascido". [25]Então Judas, que ia entre-
gá-lo, perguntou, por sua vez: "Acaso
sou eu, Mestre?" "Tu o disseste", res-
pondeu Jesus.

[26]Enquanto comiam*, Jesus tomou
um pão, pronunciou a bênção, partiu-
-o e deu-o aos discípulos, dizendo:
"Tomai e comei*, isto é meu corpo".
[27]Depois tomou um cálice, deu gra-
ças e passou-o a eles, dizendo: "Bebei
dele todos, [28]pois este é meu sangue*,
o sangue da aliança, que é derramado
por muitos para a remissão dos peca-
dos. [29]Eu vos digo: não beberei mais
deste fruto da videira, até o dia em
que o beber convosco, de novo, no
Reino de meu Pai".

Anúncio da negação de Pedro. [30]De-
pois de cantarem o hino*, saíram para
o monte das Oliveiras. [31]Então Jesus
lhes disse: "Esta noite, vós todos ireis
cair* por minha causa, porque está es-
crito: 'Ferirei o pastor, e as ovelhas do
rebanho se dispersarão'. [32]Mas, depois
de haver ressuscitado, irei a vossa fren-
te* para a Galileia". [33]Pedro, tomando a
palavra*, disse-lhe: "Mesmo que todos
caiam por tua causa, eu jamais cairei!"
[34]Respondeu-lhe Jesus: "Na verdade te
digo: nesta mesma noite, antes que o
galo cante, tu me negarás três vezes".
[35]Pedro replicou: "Mesmo que eu tenha
de morrer contigo*, não te negarei". E
todos os discípulos diziam a mesma
coisa.

A agonia no horto. [36]Então Jesus che-
gou com eles a um lugar* chamado
Getsêmani e disse aos discípulos: "Sen-
tai-vos aqui, enquanto vou ali rezar".
[37]Levou consigo Pedro e os dois filhos
de Zebedeu. Começou a sentir tristeza
e angústia. [38]Disse-lhes então: "Minha
alma está numa tristeza mortal*. Ficai
aqui em vigília comigo". [39]E, indo um
pouco adiante, prostrou-se com o ros-
to em terra* e rezou: "Meu Pai, se for
possível, afastai de mim este cálice!
Mas não aconteça como eu quero, mas
como vós quereis". [40]Ao voltar para
perto dos discípulos, encontrou-os
dormindo; e disse a Pedro: "Então, não
fostes capazes de ficar em vigília comi-
go durante uma hora? [41]Vigiai e rezai
para não cairdes na tentação, porque o
espírito está disposto, mas a natureza
é fraca". [42]Retirando-se de novo, pela
segunda vez, rezou: "Meu Pai, se este
cálice não pode passar sem que eu o
beba, que vossa vontade seja feita!"
[43]Em seguida voltou e encontrou-os
outra vez dormindo, pois eles tinham
os olhos pesados de sono. [44]Deixando-
-os, retirou-se e rezou pela terceira vez,
repetindo as mesmas palavras. [45]De-
pois voltou para junto dos discípulos*
e lhes disse: "Agora podeis dormir e
descansar. Está chegando a hora, e o
Filho do homem vai ser entregue às
mãos dos pecadores. [46]Levantai-vos!
Vamos!* Está perto aquele que vai en-
tregar-me".

Prisão de Jesus. [47]Enquanto ainda es-
tava falando, chegou Judas*, um dos
Doze, acompanhado duma grande
multidão, armada de espadas e paus,
enviada pelos sumos sacerdotes e pelos
anciãos do povo. [48]O traidor combina-
ra com eles um sinal, dizendo: "Aque-
le que eu beijar, é ele: prendei-o!" [49]E
logo, aproximando-se de Jesus*, disse:
"Salve, Mestre!" e o beijou. [50]Mas Jesus
lhe disse: "Amigo, estás aqui para isto!"
Avançando então, agarraram Jesus e
o prenderam. [51]Um dos que estavam
com Jesus* puxou da espada e feriu o
empregado do sumo sacerdote, cor-
tando-lhe uma orelha. [52]Mas Jesus lhe
disse: "Repõe a espada em seu lugar,
pois todos os que pegam da espada,
pela espada morrerão. [53]Pensas que
eu não poderia rogar a meu Pai*, que
me mandaria agora mesmo, mais de

* **26**,26. Mc 14,22-25; Lc 22,19s; 1Cor 11,23ss / Mt 14,19; Jo 6,35.48-58 | 28. Êx 24,8; Jr 31,31; Is 53,12; Hb 9,12.20 | 30. Mc 14,26-31; Lc 22,39-46 | 31. Zc 13,7; Jo 16,32 | 32. 28,7 | 33. Jo 13,36ss | 35. 26,69-75 | 36. Mc 14,32-40; Lc 22,39-46 | 38. Jo 12,27; Hb 4,15 | 39. Hb 5,7; Mt 20,22 | 45. Mc 14,41-46; Lc 22,47s | 46. Jo 14,31 | 47. Jo 18,2-11 | 49. 2Sm 20,9 | 51. Mc 14,47-50; Lc 22,49-53; Jo 18,11ss; Ap 13,10

doze legiões de anjos? 54Então, como se cumpririam as Escrituras, segundo as quais isso deve acontecer?" 55Naquela hora, disse Jesus às multidões: "Viestes prender-me com espadas e paus, como a um ladrão. Todos os dias eu me assentava no templo, ensinando, e não me prendestes". 56Mas tudo isso aconteceu para se cumprirem as Escrituras dos profetas. Então todos os discípulos o abandonaram e fugiram.

O processo diante de Caifás. 57Os que prenderam Jesus* levaram-no à casa do sumo sacerdote Caifás, onde os escribas e os anciãos estavam reunidos. 58Pedro o seguia de longe, até o pátio do sumo sacerdote e, entrando lá, sentou-se junto com os empregados para ver como aquilo ia terminar.

59Os sumos sacerdotes e todo o Sinédrio procuravam um falso testemunho contra Jesus, a fim de condená-lo à morte, 60mas não encontravam nenhum, embora se tivessem apresentado muitas testemunhas falsas. Por fim, apresentaram-se duas 61que afirmaram:* "Este homem disse: 'Posso destruir o templo de Deus e reconstruí-lo em três dias'". 62Levantando-se então, perguntou-lhe o sumo sacerdote: "Nada respondes ao que eles depõem contra ti?" 63Jesus, porém, continuava calado. Então o sumo sacerdote lhe disse: "Eu te conjuro pelo Deus vivo, que nos digas* se és o Messias, o Filho de Deus". 64Jesus respondeu: "Tu o disseste†. E digo mais: De agora em diante*, vereis o Filho do homem sentado à direita do Poderoso e vindo sobre as nuvens do céu". 65O sumo sacerdote então rasgou as vestes*, exclamando: "Blasfemou! Para que precisamos* de mais testemunhas? Acabastes de ouvir a blasfêmia! 66Que vos parece?" Eles responderam: "Merece a morte!"

67Começaram a cuspir-lhe no rosto e a dar-lhe bofetadas*, dizendo: 68"Mostra que és profeta, ó Messias! Quem te bateu?"

As negações de Pedro. 69Entretanto, Pedro estava sentado lá fora no pátio*. Chegou perto dele uma empregada e disse: "Tu também estavas com Jesus, o Galileu". 70Ele, porém, negou na presença de todos, dizendo: "Não sei de que estás falando". 71Quando ia para a porta de entrada, uma outra o viu e disse aos que lá estavam: "Este aí estava com Jesus de Nazaré". 72Ele negou outra vez, jurando: "Eu nem conheço esse homem". 73Pouco depois, os que lá estavam se aproximaram e disseram a Pedro: "De fato, tu também és um deles, pois teu sotaque não nega". 74Pedro então começou a praguejar e a jurar: "Não conheço esse homem!" E na mesma hora* um galo cantou. 75Então Pedro lembrou-se do que Jesus dissera: "Antes que o galo cante, tu me negarás três vezes". E, saindo, chorou amargamente.

27 **O suicídio de Judas.** 1De manhã cedo, todos os sumos sacerdotes e os anciãos do povo* reuniram-se em conselho contra Jesus, para fazê-lo morrer. 2E tendo-o amarrado, levaram-no e o entregaram ao governador Pilatos.† 3Então Judas, o traidor*, vendo que Jesus fora condenado, sentiu remorsos e foi devolver aos sumos sacerdotes e aos anciãos as trinta moedas de prata. 4Disse ele: "Pequei, entregando à morte um inocente". Mas eles responderam: "Que nos importa? Isto é contigo!" 5Jogando então as moedas no santuário*, ele saiu e foi enforcar-se. 6Os sumos sacerdotes, pegando as moedas, disseram: "Não podemos colocá-las no cofre do templo, por-

---

* **26**,53. Lc 24,25ss | 57. Mc 14,53-65; Lc 22,54.66-71 | 61. 27,40 | 63. Is 53,7; Mt 27,12 | 64. Sl 110,1; Mt 16,27; 24,30; Dn 7,13; At 2,33; 7,56 | 65. Jo 10,33 / Jo 19,7 | 67. Is 50,6; Mt 27,30 | 69. Mc 14,66-72; Lc 22,56-62; Jo 18,17.25ss | 74. 26,34 | **27**,1. Mc 15,1; Lc 23,1; Jo 18,28 | 3. 26,15 | 5. At 1,18s

† **26**,64. Jesus afirma sua natureza divina, anunciando a manifestação de sua majestade que acontecerá no juízo final. | **27**,2. Os judeus não podiam pronunciar sentença de morte, Jo 18,31, por isso devem recorrer ao tribunal de Pilatos, ao qual, porém, não interessam as supostas violações da lei mosaica por parte de Jesus. Por isso, diante dele a acusação é de pretender ser rei dos judeus. O romano não acha culpa em Jesus, mas, fraco diante da multidão, decidiu ceder.

que é preço de sangue". 7Assim, após
chegarem a um acordo, compraram
com elas o campo do Oleiro, para ser
cemitério de estrangeiros. 8Por isso,
aquele terreno até hoje tem o nome de
"Campo do Sangue". 9Desta maneira
cumpriu-se o oráculo* do profeta Jeremias: "E tomaram as trinta moedas de
prata, preço do Precioso, que os filhos
de Israel avaliaram, 10e as deram pelo
campo do Oleiro, conforme o Senhor
me ordenara".

O processo diante de Pilatos. 11Con-
duziram Jesus à presença do governador, o qual lhe perguntou: "És tu o rei
dos judeus?"* Jesus respondeu: "Tu o
disseste". 12Depois, ao ser acusado pelos sumos sacerdotes e pelos anciãos,
nada respondeu. 13Disse-lhe então Pi-
latos: "Não estás ouvindo as acusações
que eles fazem contra ti?" 14Mas Jesus
não disse uma palavra de resposta*, de modo que o governador ficou muito admirado.

15Em cada festa, era costume* o go-
vernador conceder a liberdade a um
prisioneiro escolhido pelo povo. 16Por
essa ocasião, havia um prisioneiro famoso, de nome Barrabás. 17Pilatos per-
guntou ao povo que se encontrava ali reunido: "Quem quereis que vos solte: Barrabás ou Jesus, chamado Cristo?"
18Ele bem sabia que o povo havia entregado Jesus* por inveja. 19Enquanto
estava sentado no tribunal, sua mulher mandou dizer-lhe: "Não te envolvas com esse justo, porque muito sofri hoje
num sonho por causa dele". 20Mas os
sumos sacerdotes e os anciãos convenceram a multidão* a pedir Barrabás e a fazer perecer Jesus.

21Tomando a palavra, o governador*
perguntou-lhes: "Qual dos dois quereis que vos solte?" Eles responderam:
"Barrabás!" 22Pilatos disse-lhes: "Que
farei então de Jesus, chamado Cristo?" Todos responderam: "Seja crucificado!" 23Pilatos insistiu: "Que mal fez
ele?" Eles gritaram mais forte ainda:
"Seja crucificado!" 24Vendo que nada
adiantava e que o tumulto aumentava cada vez mais, Pilatos mandou trazer água e lavou as mãos na presença da multidão, dizendo: "Não sou responsável pela morte deste justo; isto é lá
convosco!" 25E todo o povo respon-
deu: "Nós e nossos filhos somos responsáveis!"†

26Pilatos libertou então Barrabás. Quanto a Jesus, depois de o mandar açoitar, entregou-o para ser crucificado.

A coroação de espinhos. 27Então os
soldados do governador conduziram Jesus ao pretório* e reuniram todo o batalhão em torno dele. 28Despiram-no
e o cobriram com uma capa vermelha
e, 29tecendo uma coroa de espinhos,
puseram-lha sobre a cabeça e na mão direita uma cana. Dobrando o joelho diante dele, zombaram dele, dizendo:
"Salve, Rei dos judeus!" 30E, cuspindo
nele, pegavam a cana* e batiam com
ela em sua cabeça. 31Depois de terem
zombado dele*, tiraram-lhe a capa, puseram-lhe suas vestes e levaram-no para ser crucificado.

A Via-Sacra. 32Saindo, encontraram
um homem de Cirene, chamado Simão, e obrigaram-no a carregar sua
cruz. 33Quando chegaram ao lugar cha-
mado Gólgota*, que quer dizer "Lugar
do Crânio", 34deram-lhe a beber vinho*
misturado com fel. Jesus experimentou-o e não o quis beber.

Jesus na cruz. 35Depois de o crucifica-
rem, dividiram suas roupas*, tirando a
sorte, 36e ficaram sentados ali montan-
do guarda. 37Por cima de sua cabeça
colocaram o motivo de sua condenação, escrevendo: "Este é Jesus, o Rei
dos Judeus"*. 38Com ele foram crucifi-
cados dois assaltantes: um à direita e o
outro à esquerda. 39Os que passavam*
por ali injuriavam-no, balançando a ca-

* **27**,9. Jr 32,6-10; Zc 11,12s | 11. Mc 15,2-5; Lc 23,3; Jo 18,33-38 | 14. Jo 19,9 | 15. Mc 15,6-15; Lc 23,17-25; Jo 18,39s | 18. Jo 11,47; 12,19 | 20. At 3,14 | 21. 23,35; At 5,28; 1Ts 2,15s | 27. Mc 15,16-19; Jo 19,2s | 30. Is 50,6 | 31. Mc 15,20s; Lc 23,26; Jo 19,16s | 33. Mc 15,22-28; Lc 23,33s.38; Jo 19,17-23 | 34. Sl 69,22 | 35. Sl 22,19 | 37. Is 53,12; Lc 22,37

† **27**,25. Lit.: "Seu sangue caia sobre nós e sobre nossos filhos".

beça 40e dizendo: "Tu, que destróis o templo e em três dias o reedificas, salva-te a ti mesmo! Se és o Filho de Deus, desce da cruz!" 41Os sumos sacerdotes, com os escribas e os anciãos, também zombavam dele, dizendo: 42"Salvou os outros e não pode salvar-se a si mesmo! Ele é o Rei de Israel: desça da cruz e acreditaremos nele! 43Confiou em Deus! Ele que o livre agora*, se é que se interessa por ele, pois disse: 'Eu sou o Filho de Deus'". 44Até os assaltantes, que com ele estavam crucificados, insultavam-no do mesmo modo.

45Do meio-dia às três horas da tarde*, as trevas envolveram toda a terra. 46E, pelas três da tarde, Jesus deu um grande grito: "Eli, Eli, lema sabacthani!". Isto quer dizer: "Meu Deus, meu Deus, por que me abandonastes?"† 47Alguns dos que ali se achavam disseram, ao ouvi-lo: "Está chamando Elias"*. 48E logo um deles correu, pegou uma esponja, embebeu-a em vinagre, fixou-a na ponta de uma vara e deu-lhe de beber. 49Mas os outros disseram: "Deixa, vejamos se Elias vem salvá-lo". 50E Jesus, tornando a dar um grande grito, entregou o espírito.

51Então a cortina do templo rasgou-se de alto a baixo* em duas partes; a terra tremeu e as rochas se fenderam; 52os túmulos se abriram e muitos corpos de santos falecidos ressuscitaram†; 53saindo dos túmulos depois da ressurreição de Jesus, entraram na Cidade Santa e apareceram a muitos. 54O centurião e os que com ele guardavam Jesus, vendo o tremor de terra e tudo o mais que estava sucedendo, ficaram cheios de medo e disseram: "Na verdade este era Filho de Deus!"†

O sepultamento. 55Estavam ali, a observar de longe, muitas mulheres, que tinham seguido Jesus desde a Galileia e o ajudavam. 56Entre elas se achavam Maria Madalena, Maria, mãe de Tiago e de José, e a mãe dos filhos de Zebedeu. 57Ao cair da tarde, veio um homem rico de Arimateia*, chamado José, que também se havia tornado discípulo de Jesus. 58Foi até Pilatos e pediu-lhe o corpo de Jesus. Pilatos mandou que lho entregassem. 59José tomou o corpo, envolveu-o num lençol* limpo 60e o depositou em seu sepulcro novo, que tinha mandado abrir na rocha. Depois rolou uma grande pedra à entrada do túmulo e retirou-se. 61Estavam sentadas ali*, em frente ao sepulcro, Maria Madalena e a outra Maria.

O sepulcro é guardado. 62No dia seguinte, que era o dia depois da Preparação da Páscoa*, os sumos sacerdotes e os fariseus reuniram-se na casa de Pilatos 63e disseram-lhe: "Senhor, lembramo-nos de que aquele impostor, enquanto vivia, disse: 'Depois de três dias ressuscitarei'. 64Manda, pois, que o sepulcro seja guardado até o terceiro dia*, para que os discípulos não venham roubá-lo e digam depois ao povo que ele ressuscitou dos mortos. E esta última impostura seria maior do que a primeira".

65Disse-lhes Pilatos: "Aí tendes uma escolta. Ide e guardai o sepulcro como bem vos parecer".

66Eles foram, asseguraram o sepulcro com os guardas e selaram a pedra.

28

A ressurreição de Jesus. 1Depois do sábado*, quando amanhecia o primeiro dia da semana, Maria Madalena e a outra Maria foram visitar o sepulcro. 2E aconteceu um violento tremor de terra, pois um anjo do Senhor desceu do céu, rolou a pedra do

* **27**,39. Mc 15,29-32; Lc 23,35ss; Sl 22,8; 109,25; Mt 26,61; Jo 2,19; At 6,14 | 43. Sl 22,9; Sb 2,13.18s | 45. Mc 15,33-37; Lc 23,36; Jo 19,29; Sl 28,2 | 47. Sl 69,22 | 51. Mc 15,38-41; Lc 23,45-49; Hb 9,3; 10,20 | 57. Mc 15,42-47; Lc 23,50-56; Jo 19,38-42 | 59. Is 53,9 | 61. 28,1 | 62. 12,40; 16,21; 17,23; 20,19; At 10,40 | 64. 28,13 | **28**,1. Mc 16,1-7; Lc 24,1-6; Jo 20,1-11 | 2. 17,2

† **27**,46. Na cruz, Jesus reza não só estas primeiras palavras do Sl 22, mas todo o salmo, que na segunda parte exalta o valor redentor da paixão do Messias; portanto, é uma oração de confiança, não de desespero. | 52. Os mortos ressuscitados no dia da morte de Jesus são os patriarcas e os judeus mártires. O Judaísmo esperava uma ressurreição especial para estes. | 54. O universo inteiro dá testemunho do Messias que morre para salvar o mundo: as trevas, o terremoto, a Antiga Aliança representada pela cortina do templo, os justos ressuscitados e os pagãos na pessoa do centurião.

sepulcro* e sentou-se sobre ela. 3Sua aparência era como o relâmpago e sua roupa, branca como a neve. 4Os guardas tremeram de medo dele e ficaram como mortos. 5O anjo, tomando a palavra, disse às mulheres: "Não tenhais medo!* Sei que estais procurando Jesus, o crucificado. 6Não está aqui. Ressuscitou, como havia dito! Vinde ver o lugar onde ele estava. 7Ide depressa dizer a seus discípulos: 'Ele ressuscitou dos mortos† e vai a vossa frente para a Galileia. Lá o vereis'. É o que eu tinha a dizer-vos". 8Elas saíram depressa do túmulo*, com temor e com grande alegria, e foram dar a notícia aos discípulos.

Jesus aparece às mulheres. 9Jesus veio ao encontro delas, dizendo: "Alegrai-vos!" Elas aproximaram-se e abraçaram-lhe os pés, prostrando-se diante dele. 10Então Jesus lhes disse: "Não tenhais medo!* Ide anunciar a meus irmãos que devem ir para a Galileia e lá me verão".

O suborno dos guardas. 11Enquanto as mulheres iam, alguns guardas foram à cidade e contaram aos sumos sacerdotes todo o acontecido. 12E estes, depois de se reunirem com os anciãos para tomarem uma decisão, deram aos soldados grande soma de dinheiro, 13ordenando-lhes: "Dizei que seus discípulos vieram de noite e roubaram o corpo dele, enquanto estáveis dormindo†. 14Se o governador ficar sabendo disso, nós o convenceremos e vos livraremos da dificuldade".

15Os soldados pegaram o dinheiro e agiram conforme as instruções recebidas. E esta versão dos fatos tem sido divulgada entre os judeus até o dia de hoje.

Jesus envia os apóstolos. 16Os onze discípulos partiram para a Galileia*, para o monte que Jesus lhes havia indicado. 17Quando viram Jesus, eles o adoraram. Entretanto, alguns duvidaram. 18Jesus aproximou-se deles e disse: "De Deus recebi todo o poder* no céu e na terra. 19Portanto, ide e fazei discípulos todos os povos, batizando-os em nome do Pai, e do Filho e do Espírito Santo 20e ensinando-os a observar tudo o que vos ordenei. E eu estou convosco todos os dias, até o fim do mundo!"†

---

* **28**,5. 12,40; 16,21; 17,23; 20,19; At 2,24 | 8. Mc 16,8ss; Jo 20,14-18 | 10. 26,32; Hb 2,11 | 16. Mc 16,15s; Lc 24,47; Jo 20,21ss | 18. 26,32

† **28**,7. "Cristo ressuscitou!" é a mensagem essencial que a Igreja de todos os tempos tem a proclamar; ela se baseia no testemunho daqueles que Deus escolheu para levarem esta certeza aos outros, At 10,41. Cristo ressuscitado será doravante o fundamento de todas as esperanças de um mundo renovado. | 13. "Se estáveis dormindo, como pudestes ver? Se não vistes, como podeis testemunhar?" (S. Agostinho). | 20. "Cristo está sempre em sua Igreja, sobretudo nas ações litúrgicas. Presente está nos sacramentos, pois quando são celebrados, é Cristo que os celebra. Presente está por sua palavra, pois é ele mesmo quem fala quando se leem as Sagradas Escrituras na Igreja" (CIC). Aquele que antes de nascer era anunciado como Emanuel, Deus Conosco, Mt 1,23, quer ser "Emanuel" até o final dos tempos.

EVANGELHO SEGUNDO MARCOS

O autor do segundo Evangelho é Marcos, ou João Marcos, como era conhecido na Igreja primitiva. Pelo livro dos Atos dos Apóstolos, onde seu nome aparece diversas vezes, sabemos que sua mãe se chamava Maria e que os cristãos de Jerusalém tinham o costume de se reunir em sua casa (At 12,12).

Na primeira viagem missionária de Paulo, João Marcos tomou parte como auxiliar, ao lado de seu primo Barnabé (At 13,5; Cl 4,10). Separando-se de Paulo, evangelizou junto com Barnabé a ilha de Chipre (At 15,39). Novamente ele aparece ao lado do Apóstolo, quando este se achava preso em Roma (Cl 4,10). Dele escreveu Paulo, já no fim da vida, dirigindo-se a Timóteo: "Toma contigo Marcos e traze-o, pois me é útil para o ministério" (2Tm 4,11).

Mas foi sobretudo a São Pedro que Marcos acompanhou de perto na ação apostólica, prestando-lhe grande ajuda na pregação, como intérprete. Em sua primeira carta, Pedro o chama "meu filho" (1Pd 5,13), o que indica, sem dúvida, um afeto todo especial. E, a pedido dos cristãos de Roma, São Marcos resumiu, cerca do ano 64, a pregação de Pedro, elaborando assim o Evangelho que possuímos.

Nesta obra, portanto, podemos ver refletida a mensagem de uma testemunha ocular, que seguiu Jesus desde a primeira hora; de alguém que se destacou entre os discípulos e liderou a Igreja primitiva. Como a pregação de Pedro era a pregação de todos, podemos entender que todos os Evangelhos, procurando resumir o conteúdo da mensagem, acabariam sendo muito semelhantes entre si. Mais ainda: o Evangelho de Marcos, e não o de Mateus, foi o primeiro a ser publicado, de modo que a obra de Marcos não é um resumo da de Mateus, como pensou Santo Agostinho. Ao contrário, Mateus utilizou-se do trabalho de Marcos para compor seu Evangelho. São estas as conclusões a que os estudiosos da Bíblia chegaram, ao tentarem explicar as semelhanças e as diferenças que há entre os três Evangelhos sinóticos: Mateus, Marcos e Lucas. Eles dependem de uma tradição oral, que proclamava a mesma Boa Nova, até com fórmulas já fixas; e na redação de suas obras, os trabalhos dos primeiros eram utilizados pelos que escreviam depois.

O objetivo de Marcos é apresentar Jesus como Filho de Deus (Mc 1,1; 3,11; 15,39), para que esta fé, que animava os primeiros cristãos, se estendesse a todos os leitores. A própria história de Jesus, suas palavras e atos, revelam sua condição divina. Seus milagres atestam que o Reino de Deus chegou. A multidão o acompanha cheia de admiração, ansiosa por ouvir sua doutrina (Mc 3,7; 4,1; 6,34). Mas Jesus receia ser mal compreendido, pois entre o povo existem ideias bem diversas das suas sobre a função e o destino do Messias. Prefere que não deem publicidade a seu nome. Depois da profissão de fé do apóstolo Pedro (Mc 8,29), episódio central deste Evangelho, Jesus se dedica à instrução dos Doze, ensinando-lhes qual é o plano do Pai a seu respeito e incentivando-os a assumir sua parte na evangelização do mundo (Mc 9,30).

Tudo isso Marcos descreve num estilo vivo, numa linguagem popular, deixando de lado o que interessava exclusivamente aos judeus, pois escreve para pagãos recém-convertidos à fé.

I. MINISTÉRIO DE JOÃO BATISTA (1,1-12)

1 **João Batista, o Precursor.** 1Co-
meço do Evangelho de Jesus Cris-
to, Filho de Deus. 2Como está escrito
no profeta Isaías:
"Vou mandar a tua frente meu mensageiro*,
para preparar teu caminho.
3Voz de alguém que grita no deserto*:
Preparai o caminho do Senhor,
retificai suas estradas".
4Apareceu João Batista no deserto,
pregando um batismo† de conversão
para o perdão dos pecados. 5Acorriam
a ele todo o país da Judeia e todos os
habitantes de Jerusalém, e se faziam

---

* **1**,2. Mt 3,1-12; Lc 3,1-9. 15ss; Jo 1,19-28; Ml 3,1 | 3. Is 40,3

† **1**,4. No judaísmo existia o batismo dos prosélitos, que lhes conferia a pureza legal e os incorporava ao povo eleito. Também em Qumrân era praticado o batismo como rito de purificação.

batizar por ele no Jordão, confessando seus pecados.

[6]A roupa de João era de pelos de camelo*, com um cinto de couro ao redor da cintura. Seu alimento eram gafanhotos e mel silvestre. [7]E, em sua pregação, ele dizia: "Depois de mim virá aquele que é mais forte do que eu, a quem não sou digno de, inclinando-me, desatar a correia das sandálias. [8]Eu vos batizei com água, mas ele vos batizará com o Espírito Santo".

Batismo de Jesus. [9]Naqueles dias, Jesus veio de Nazaré da Galileia* e foi batizado por João no Jordão. [10]E, logo ao sair da água, viu os céus se abrirem e o Espírito, como uma pomba, descer sobre ele. [11]E veio dos céus uma voz: "Tu és meu Filho amado* de quem eu me agrado".

A tentação no deserto. [12]Logo depois, o Espírito o impeliu para o deserto.* [13]Lá permaneceu quarenta dias, sendo tentado por Satanás. Estava na companhia dos animais selvagens, e os anjos o serviam†.

II. MINISTÉRIO DE JESUS NA GALILEIA (1,13–9,48)

O anúncio do Reino. [14]Depois que João foi preso*, Jesus foi para a Galileia. Lá proclamava o Evangelho de Deus, dizendo: [15]"Completou-se o tempo*, e o Reino de Deus está perto. Convertei-vos e crede no Evangelho!"

Vocação dos discípulos. [16]Passando na beira do mar da Galileia*, viu Simão e André, irmão de Simão, lançando a rede ao mar, pois eram pescadores. [17]Jesus disse-lhes: "Segui-me e vos farei pescadores de homens". [18]Eles deixaram imediatamente suas redes e o seguiram.

[19]Pouco mais adiante viu Tiago, filho de Zebedeu, e seu irmão João, que estavam na barca, consertando as redes, [20]e logo os chamou. Eles deixaram seu pai Zebedeu na barca com os empregados e foram atrás dele†.

A cura de um possesso. [21]Entraram em Cafarnaum* e, logo no sábado, Jesus foi à sinagoga e pôs-se a ensinar. [22]Eles se admiravam de sua doutrina. Com efeito, ensinava como quem tem autoridade e não como os escribas.

[23]Naquela hora estava na sinagoga deles* um homem possesso de um espírito impuro, que começou a gritar: [24]"Que tens conosco, Jesus de Nazaré? Vieste para nossa perdição? Eu sei quem tu és: o Santo de Deus!" [25]Mas Jesus o repreendeu, dizendo: "Cala-te e sai dele!" [26]E o espírito impuro, sacudindo o homem violentamente, deu um grande grito e saiu dele.

[27]Ficaram todos espantados a ponto de se perguntarem uns aos outros: "Que é isto? Uma doutrina nova, dada com autoridade! Manda até nos espíritos impuros e estes lhe obedecem?!"

[28]E sua fama espalhou-se logo por toda a parte, em toda a região da Galileia.

Jesus cura a sogra de Pedro. [29]Logo que saíram da sinagoga*, Jesus foi à casa de Simão e de André, junto com Tiago e João. [30]A sogra de Simão estava de cama, com febre, e logo lhe falaram dela. [31]Ele, aproximando-se, tomou-a pela mão e a fez levantar-se. A febre a deixou, e ela se pôs a servi-los†.

Outras curas. [32]À tarde, depois que o sol se escondeu, levaram a Jesus todos os doentes e possessos do demônio. [33]A cidade inteira estava reunida diante da porta. [34]Ele curou muitos doentes

---

* **1**,6. 2Rs 1,8; Zc 13,4; At 13,25 | 9. Mt 3,13-17; Lc 3,21s; Jo 1,32ss | 11. Sl 2,7; Is 42,1 | 12. Mt 4,1-11; Lc 4,1-13 | 14. Mt 4,12-17; Lc 4,14s | 15. Gl 4,4; Ef 1,10 | 16. Mt 4,18-22; Lc 5,1-11 | 21. Lc 4,31s | 23. Lc 4,33-37 | 29. Mt 8,14-17; Lc 4,38-41 | 34. At 16,17s

† **1**,13. Vencendo o tentador no deserto, Cristo mostrou-se como aquele que amarra o homem forte para retomar-lhe a presa, 3,27. | 20. Jesus e seu chamado são tão irresistíveis que os discípulos não param para pensar antes de dar-lhe seu consentimento entusiasta. | 31. Ver a nota em Mt 8,15. | 34. A figura do Messias era muitas vezes interpretada num sentido político e nacionalista, por isso Jesus prefere viver em certo anonimato, impondo silêncio em relação a sua pessoa, até que a Ressurreição venha revelar todo o seu mistério pessoal.

que sofriam de várias enfermidades e
expulsou muitos demônios. Mas não
deixava os demônios* falar, porque
eles o conheciam†.

A oração de Jesus. [35]De manhã, bem
antes de clarear o dia*, ele se levantou,
saiu, foi para um lugar deserto e lá ficou
rezando. [36]Simão e seus companheiros
foram a sua procura. [37]Quando o acha-
ram, disseram-lhe: "Todos estão te pro-
curando!" [38]Respondeu-lhes: "Vamos
a outros lugares, às aldeias próximas,
para que eu pregue lá também. Pois foi
para isso que vim". [39]E saiu por toda a
Galileia, pregando em suas sinagogas e
expulsando os demônios.

Cura de um leproso. [40]Veio ter com
Jesus um leproso*, suplicando-lhe de
joelhos: "Se queres, podes curar-me".
[41]Jesus ficou com pena dele, esten-
deu a mão, tocou-o e disse: "Quero,
fica curado!" [42]Imediatamente a lepra
desapareceu, e ele ficou curado. [43]Ad-
vertindo-o severamente, logo o des-
pediu*, dizendo: [44]"Cuidado para não
dizer nada a ninguém. Mas vai e apre-
senta-te ao sacerdote e oferece por tua
purificação o que Moisés mandou para
lhes servir de testemunho". [45]Mas ele,
saindo, começou a proclamar em alta
voz e a divulgar o acontecido, de sorte
que Jesus já não podia entrar publica-
mente numa cidade, mas ficava fora,
em lugares desertos, e vinha a ele gen-
te de toda a parte.

2 **A cura do paralítico.** [1]Depois de
alguns dias, Jesus entrou de novo
em Cafarnaum*. Ficaram sabendo que
ele estava em casa e [2]então se jun-
taram tantas pessoas que não havia
mais lugar, nem mesmo diante da por-
ta. Ele anunciava-lhes a Palavra. [3]Fo-
ram levar-lhe um paralítico, carregado
por quatro homens. [4]Mas como não
pudessem chegar até ele por causa
da multidão, abriram o teto em cima
do lugar onde ele estava e, feita uma
abertura†, desceram o leito em que
estava o paralítico. [5]Jesus, ao ver a fé
que tinham, disse ao paralítico: "Meu
filho, teus pecados estão perdoados".
[6]Ora, lá estavam sentados alguns es-
cribas, que diziam consigo mesmos:
[7]"Como pode ele falar assim? Está
blasfemando! Quem pode perdoar
pecados, senão Deus só?" [8]Mas Jesus,
conhecendo logo por seu espírito que
eles pensavam desta forma, disse-
-lhes: "Por que estais pensando isso
em vossos corações? [9]O que é mais
fácil dizer ao paralítico: 'Teus pecados
estão perdoados', ou dizer: 'Levanta-
-te, pega teu leito e anda'? [10]Pois bem,
para que saibais que o Filho do ho-
mem† tem na terra o poder de perdo-
ar pecados, [11]eu te ordeno – disse ao
paralítico –: levanta-te, pega teu leito
e vai para casa". [12]Ele se levantou, pe-
gou logo seu leito e saiu à vista de to-
dos, de sorte que todos se admiravam
e louvavam a Deus, dizendo: "Nunca
vimos coisa como esta!"

A vocação de Levi. [13]Jesus saiu de
novo para a beira do mar*; toda a
multidão ia até ele, e ele os ensinava.
[14]Ao passar, viu Levi†, filho de Alfeu,
sentado junto à banca de impostos, e
lhe disse: "Segue-me". Ele se levantou
e o seguiu.

Jesus busca os pecadores. [15]Estan-
do Jesus à mesa na casa dele, muitos
publicanos† e pecadores tomaram lu-
gar com Jesus e seus discípulos, pois

---

* **1**,35. Lc 4,42ss | 40. Mt 8,1-4; Lc 5,12-16 | 43. 3,12; 7,36; Lv 13,49; 14,2-26 | **2**,1. Mt 9,1-8; Lc 5,17-26 | 13. Mt 9,9-13; Lc 5,27-32

† **2**,4. O teto das casas era feito de traves de madeira, cobertas de palha e barro. | 10. Esse título que Jesus dava a si próprio significa simplesmente "homem" e sublinha a humanidade plena que Ele assumiu na encarnação. Mas por ter sido esta a expressão usada por Daniel (7,13) para indicar um personagem misterioso do fim dos tempos, que viria triunfante sobre as nuvens, servia também para Jesus ocultar temporariamente sua identidade e ainda para sugerir sua condição divina. | 14. Levi é o mesmo Mateus, apóstolo e autor do primeiro Evangelho. Muitas vezes os judeus usavam dois nomes, um grego e outro hebraico. Esse "mar" é o lago de Tiberíades, que tem 150 km^2. | 15. Coletores de impostos, temidos, odiados e desprezados, porque eram funcionários dos dominadores romanos e estavam sempre em contato com pagãos.

havia muitos deles que o seguiam. 16Quando os escribas dos fariseus o viram comendo com os pecadores e os publicanos, perguntaram a seus discípulos: "Por que ele come e bebe com os publicanos e os pecadores?" 17Jesus, que tinha ouvido tudo, disse-lhes: "Não são os que têm saúde que precisam de médico, mas os doentes. Não vim chamar os justos, mas os pecadores".

O jejum. 18Os discípulos de João* e os fariseus estavam jejuando. Foram então perguntar a Jesus: "Por que teus discípulos não jejuam, enquanto jejuam os discípulos de João e os discípulos dos fariseus?" 19Respondeu-lhes Jesus: "Os convidados do noivo podem jejuar enquanto está com eles o noivo? Enquanto o noivo está com eles não podem jejuar. 20Mas virá o tempo em que o noivo lhes será tirado, e então eles vão jejuar.

21Ninguém costura um remendo de pano novo em roupa velha, porque o remendo novo repuxa o pano velho, e o rasgão fica maior ainda. 22Como também ninguém põe vinho novo em odres velhos, pois o vinho arrebenta os odres, e se perdem os odres e o vinho. Mas para vinho novo, odres novos!†

A lei do sábado. 23Num sábado*, quando Jesus caminhava no meio das plantações, os discípulos começaram a apanhar espigas enquanto iam andando. 24Os fariseus disseram-lhe: "Olha! Por que estão fazendo no sábado o que não é permitido?"† 25Respondeu-lhes: "Nunca lestes o que fez Davi*, quando se viu em necessidade e teve fome, ele e os companheiros? 26Entrou na casa de Deus, no tempo do sumo sacerdote Abiatar, e comeu os pães da apresentação, os quais somente aos sacerdotes é lícito comer, e os deu também aos companheiros". 27E dizia-lhes: "O sábado foi feito para o homem, e não o homem para o sábado. 28Por isso, o Filho do homem tem poder até sobre o sábado".

3 **O homem da mão atrofiada.** 1Jesus entrou de novo na sinagoga*, e estava lá um homem que tinha uma das mãos atrofiada. 2Eles estavam observando-o, para ver se o curaria no sábado, a fim de poderem acusá-lo. 3Disse ele ao homem da mão atrofiada: "Levanta-te e vem para o meio". 4Então perguntou-lhes: "É permitido no sábado fazer o bem ou o mal, salvar uma vida ou matar?" Eles, porém, ficaram calados. 5Dirigindo-lhes um olhar encolerizado e entristecido pela dureza de seus corações, disse ao homem: "Estende a mão!" Ele a estendeu, e sua mão voltou ao estado normal. 6Então os fariseus saíram e logo deliberaram com os herodianos, procurando um modo de matá-lo.

Jesus atrai as multidões. 7Jesus retirou-se com seus discípulos* para o mar, e uma grande multidão vinda da Galileia o seguiu; também da Judeia, 8de Jerusalém, da Idumeia, da Transjordânia, dos arredores de Tiro e de Sidônia, uma grande multidão foi a seu encontro*, ao ouvir falar do que ele fazia. 9Ordenou então a seus discípulos que mantivessem uma barca a sua disposição, para que a multidão não o apertasse, 10pois havia curado a muitos,* de modo que todos que tinham alguma enfermidade se lançavam sobre ele para tocá-lo. 11E os espíritos impuros, quando o viam, prostravam-se diante dele e gritavam: "Tu és o Filho de Deus!" 12Mas ele os repreendia severamente*, para não manifestarem quem ele era.

Os doze discípulos. 13Depois ele subiu ao monte* e chamou para junto de si

---

* **2**,18. Mt 9,14-17; Lc 5,33-39 | 23. Mt 12,1-8; Lc 6,1-5 | 25. 1Sm 21,2-7 | **3**,1. Mt 12,9-14; Lc 6,6-11 | 7. Mt 4,24s; 12,15s; Lc 6,17ss | 8. 4,1 | 10. Mt 14,36; 6,56 | 12. 1,34 | 13. Mt 10,1-4; Lc 6 12-16

† **2**,22. A mensagem de Jesus é algo totalmente novo e só pode ser acolhida num coração renovado e livre de preconceitos. | 24. Na opinião dos fariseus, os discípulos de Jesus pecaram, não por violação da propriedade alheia (Dt 23,25, que permitia apanhar algum fruto na plantação alheia), mas porque faziam isto no sábado, quando todo trabalho era proibido.

os que ele quis, e foram até ele. 14Esco-
lheu doze para ficarem com ele e para
enviá-los a pregar, 15com o poder de
expulsar os demônios. 16Escolheu es-
tes doze*: Simão, a quem deu o nome
de Pedro; 17Tiago, filho de Zebedeu, e
João, irmão de Tiago, aos quais deu o
nome de Boanerges, isto é, filhos do
trovão; 18André; Filipe; Bartolomeu;
Mateus; Tomé; Tiago, filho de Alfeu*;
Tadeu; Simão, o cananeu; 19e Judas Is-
cariotes, aquele que o traiu.

Jesus e seus parentes. 20Em seguida
voltou para casa*. De novo acorreu uma
multidão tal que nem puderam tomar
refeição. 21Seus parentes, quando ou-
viram isso, foram para segurá-lo, pois
corria o boato† de que ele estava louco.

O poder de expulsar demônios. 22Mas
os escribas, que tinham descido de Je-
rusalém, diziam: "Ele está possesso de
Belzebu"; e também: "É pelo príncipe dos
demônios que ele expulsa os demônios".
23Chamando-os então para perto de si,
Jesus falou-lhes em parábolas: "Como
pode Satanás expulsar Satanás? 24Se um
reino está dividido contra si mesmo, esse
reino não consegue subsistir; 25e, se uma
casa está dividida em grupos rivais, tal
casa não poderá ficar de pé. 26Assim, se
Satanás levantou-se contra si mesmo e
está dividido, não poderá subsistir, e seu
fim chegou. 27Mas ninguém pode entrar
na casa de um homem forte* para roubar
seus bens, sem primeiro amarrá-lo. Só
então poderá saquear* a casa dele. 28Na
verdade vos digo: tudo será perdoado
aos homens, os pecados e as blasfêmias,
quantas proferirem. 29Mas quem blasfe-
mar contra o Espírito Santo nunca terá
perdão, mas é réu de um pecado eter-
no"†. 30É que eles estavam dizendo: "Ele
está possesso de um espírito impuro".

Os verdadeiros parentes de Jesus.
31Nisso chegaram sua mãe* e seus
irmãos† e, ficando do lado de fora,
mandaram chamá-lo. 32Uma multidão
estava sentada em volta dele e lhe dis-
seram: "Tua mãe, teus irmãos e tuas ir-
mãs, estão lá fora a tua procura". 33Ele
respondeu-lhes: "Quem é minha mãe e
quem são meus irmãos?" 34E, passando
os olhos pelos que estavam sentados
a sua volta, disse: "Eis aqui minha mãe
e meus irmãos. 35Porque todo aquele
que faz a vontade de Deus, esse é para
mim irmão, irmã e mãe"†.

4 **A parábola do semeador.** 1De
novo começou a ensinar à bei-
ra do mar*. Reuniu-se junto dele uma
grande multidão, de modo que, en-
trando numa barca, sentou-se nela, no
mar, enquanto a multidão ficava em
terra, à beira do mar. 2Ensinava-lhes
muitas coisas em parábolas†, e lhes di-
zia em seu ensinamento: 3"Escutai! Saiu
o semeador a semear. 4Ao lançar a se-
mente, uma parte caiu à beira do cami-
nho; vieram os pássaros e a comeram.
5Outra parte caiu em terreno pedrego-
so, onde não havia muita terra; brotou
logo, porque a terra não era profunda,
6mas quando veio o sol, ficou quei-
mada e, como não tinha raízes, secou.
7Outras sementes caíram entre os espi-
nhos; estes cresceram e as sufocaram, e
elas não deram frutos. 8E outras caíram
em terra boa e deram fruto depois de
crescerem e se desenvolverem. Umas
produziram trinta vezes mais; outras,
sessenta e outras, cem". 9E ele dizia:
"Ouça quem for capaz!"*

O motivo das parábolas†. 10Quando
ficaram sozinhos*, os que estavam a
sua volta com os Doze perguntaram-

---

* **3**,16. Mt 16,17s; Jo 1,42 | 18. Mt 26,25; 27,3; Jo 18,2.5 | 20. Mt 12,23-32; Lc 11,14-23 | 27. Is 49,24s / Lc 12,10s | 31. Mt 12,46-50; Lc 8,19ss | **4**,1. Mt 13,1-9; Lc 8,4-8 | 9. 4,23 | 10. Mt 13,10-15; Lc 8,9s; Mc 7,17

† **3**,21. Ou "diziam", "dizia-se", sujeito indeterminado. Não eram os parentes de Jesus, e sim alguns do povo que tinham sobre ele esta opinião. | 29. É pelo Espírito de Deus que Jesus expulsa os demônios, Mt 12,28; quem vê nisso a ação do demônio está mentindo e pecando contra a luz, contra o Espírito Santo. | 31. Ver a nota em Mt 12,46. | 35. Ver a nota em Mt 12,50. | **4**,2. Jesus fala do Reino em parábolas, mas a melhor parábola do Reino é sua vida. Quem quiser compreender o Reino deve olhar para Jesus que cura, ensina, morre e ressuscita. | 10. Parábolas são historinhas populares, fáceis de serem lembradas, mas que obrigam os ouvintes a refletir, pois não apresentam o ensinamento já pronto, aplicado à situação concreta. Daí a frase de Jesus: "Ouça quem for capaz!"

-lhe sobre as parábolas. [11]Ele lhes dizia:
"A vós, Deus entregou esse mistério,
que é o Reino de Deus. Mas aos de fora,
tudo se lhes propõe em parábolas, [12]a
fim de que olhem, olhem e não vejam;
ouçam, ouçam e não entendam*, para
que jamais se convertam e obtenham
perdão"†.

Explicação da parábola. [13]E acres-
centou: "Não compreendeis esta pa-
rábola?* Como compreendereis então
todas as parábolas? [14]O que o semea-
dor semeia é a Palavra. [15]Os que estão
à beira do caminho são aqueles em
quem se semeia a Palavra, mas de-
pois que a ouvem, logo vem Satanás
e retira a Palavra semeada neles. [16]De
modo semelhante, há os grãos seme-
ados em terreno pedregoso; estes,
quando ouvem a Palavra, logo a rece-
bem com alegria, [17]mas não têm raízes
em si mesmos, são inconstantes: basta
surgir uma tribulação ou uma perse-
guição por causa da Palavra, logo tro-
peçam.

[18]Há também os grãos semeados
entre os espinhos: são os que ouviram
a Palavra, [19]mas as preocupações des-
te mundo, a sedução do dinheiro e as
outras cobiças se introduzem neles, su-
focam a Palavra e a tornam infrutífera.

[20]E há, enfim, os que foram semea-
dos em terra boa: estes ouvem a Pala-
vra, acolhem-na e produzem fruto; uns
trinta, outros sessenta e outros cem".

Apostolado do cristão. [21]Disse-lhes
ainda: "Por acaso a lamparina vem*
para ser posta debaixo da vasilha ou
do leito? Não é para ser posta no can-
deeiro? [22]Pois não há nada oculto que
não deva ser descoberto;* não há nada
escondido que não deva ser revelado.
[23]Ouça, quem for capaz!"

[24]E dizia-lhes mais: "Prestai aten-
ção ao que ouvis. A mesma medida
que usardes para medir os outros*
será aplicada também a vós e vos será
acrescentado ainda mais. [25]Porque a
quem tem, será dado; e a quem não
tem, mesmo o que tem* lhe será tira-
do"†.

A semente que cresce. [26]E dizia mais:
"O Reino de Deus é como um homem
que joga a semente na terra: [27]quer
durma, quer esteja acordado, de noite
ou de dia, a semente germina e cres-
ce, sem que ele saiba como. [28]É por si
mesma que a terra produz primeiro a
planta, depois a espiga e por fim a es-
piga cheia de trigo. [29]E quando o fruto
amadurece, mete logo a foice*, porque
chegou o tempo da colheita"†.

O grão de mostarda. [30]E dizia ainda:
"Com que vamos comparar o Reino de
Deus*, ou com que parábola pode-
mos figurá-lo? [31]É como um grão de
mostarda que, quando é semeado na
terra, é a menor de todas as semen-
tes. [32]Mas, depois de semeado, cresce
e torna-se a maior de todas as verdu-
ras, e estende grandes ramos, de sorte
que as aves do céu podem abrigar-se
a sua sombra"†.

[33]Por meio de muitas parábolas
como estas é que lhes anunciava a Pa-
lavra*, conforme podiam entender. [34]E
não lhes falava sem parábolas, mas em
particular explicava tudo a seus discí-
pulos.

A tempestade acalmada. [35]Naque-
le dia, ao cair da tarde*, ele lhes dis-
se: "Passemos para a outra margem".
[36]Deixando a multidão, eles levaram
Jesus na barca, assim como ele estava.
E havia outras barcas com ele. [37]Sobre-
veio então uma grande tempestade

---

* **4**,12. Is 6,9s; Jo 12,40; At 28,26s | 13. Mt 13,18-23; Lc 8,11-15 | 21. Mt 5,15; Lc 8,16ss; 11,33 | 22. Mt 10,26; Lc 12,2 | 24. 4,9; Mt 11,15; 13,43 | 25. Mt 7,2; Lc 6,38; Mt 13,12 | 29. Jl 4,13 | 30. Mt 13,31s; Lc 13,18s | 33. Mt 13,34s | 35. Mt 8,23-27; Lc 8,22-25

† **4**,12. A intenção de Jesus ao falar em parábolas não podia ser ocultar a mensagem e provocar a rejeição dos judeus, mas justamente o contrário. São Marcos, porém, constata que foi este o resultado: eles ficaram surdos e cegos diante do Evangelho. As parábolas revelam as disposições de cada ouvinte, se são de acolhida ou rejeição, e conforme essas disposições elas iluminam ou cegam. | 25. Ver a nota em Mt 13,12. | 29. O Reino de Deus tem em si mesmo a força necessária para crescer; progride lentamente, mas de modo irresistível. | 32. O Reino começa humildemente, mas está destinado a expandir-se pelo mundo, acolhendo a todos que o buscam.

de vento, que lançava as ondas dentro da barca, de modo que ela já estava enchendo-se de água. 38Ele, entretanto, estava na popa, dormindo sobre um travesseiro. Eles o acordaram e lhe disseram: "Mestre, não te importa que pereçamos?" 39Acordando, ele repreendeu o vento* e disse ao mar: "Silêncio! Acalma-te!" O vento cessou e fez-se uma grande calma. 40Depois ele perguntou-lhes: "Por que estais com tanto medo? Ainda não tendes fé?" 41Eles ficaram com muito medo* e diziam uns aos outros: "Quem é este, a quem até o vento e o mar obedecem?"†

5 **O possesso geraseno.** 1Chegaram à outra margem do mar*, à região dos gerasenos. 2Logo que desembarcou, veio-lhe ao encontro, saindo do cemitério, um homem possuído de um espírito impuro. 3Morava nos sepulcros, e ninguém podia segurá-lo*, nem mesmo com cadeias, 4pois muitas vezes tinha sido preso com grilhões e cadeias, mas ele quebrava as cadeias e despedaçava os grilhões, e ninguém conseguia dominá-lo. 5Dia e noite, sem cessar, andava entre os sepulcros e pelos montes, gritando e ferindo-se com pedras. 6Ao ver Jesus de longe, correu e prostrou-se a seus pés 7e gritou em alta voz: "Que tens tu comigo*, Jesus, Filho do Deus Altíssimo? Conjuro-te por Deus, não me atormentes!" 8É que Jesus lhe dizia: "Espírito impuro, sai deste homem!" 9E perguntou-lhe: "Qual é teu nome?" Respondeu-lhe: "Meu nome é Legião, porque somos muitos". 10E suplicava-lhe com insistência que não o expulsasse da região. 11Ora, havia ali, junto ao monte, uma grande vara de porcos que estava pastando. 12E os espíritos impuros suplicaram-lhe, dizendo: "Manda-nos para os porcos, a fim de entrarmos neles". 13Ele o permitiu, e os espíritos impuros, tendo saído, entraram nos porcos. E os porcos, cerca de dois mil, precipitaram-se barranco abaixo, e se afogaram no mar. 14Os que guardavam os porcos fugiram e espalharam a notícia na cidade e nos campos. E o povo acorreu para ver o acontecido. 15Quando chegaram perto de Jesus e viram sentado, vestido e em perfeito juízo o possesso de quem a Legião se tinha apoderado, ficaram com medo. 16As testemunhas do fato narraram-lhes o que acontecera com o possesso e com os porcos. 17Começaram então a rogar-lhe que saísse de seu território†.

18Quando Jesus subia à barca, aquele que fora possesso pediu-lhe para ficar com ele. 19Jesus não lho permitiu, mas disse-lhe: "Vai para casa, para junto dos teus, e anuncia-lhes tudo o que o Senhor fez por ti em sua misericórdia". 20Ele partiu e começou a proclamar pela Decápole† tudo quanto Jesus fizera por ele, e todos se admiravam.

Jesus cura e ressuscita. 21Jesus atravessou de novo na barca* para o outro lado. Numerosa multidão se reuniu a sua volta, e ele se deteve na beira do mar. 22Aproximou-se um dos chefes da sinagoga, chamado Jairo, o qual, ao vê-lo, caiu-lhe aos pés 23e pediu-lhe com insistência, dizendo: "Minha filhinha está morrendo! Vem e impõe as mãos sobre ela, para que se salve e viva". 24Jesus foi com ele. As pessoas que o acompanhavam eram tão numerosas que o comprimiam de todos os lados.

25Ora, certa mulher, que já por doze anos padecia de um fluxo de sangue 26e tinha sofrido muito nas mãos de vários médicos, tinha gasto tudo o que possuía, sem nenhuma melhora; pelo contrário, ia de mal a pior; 27quando ouviu falar de Jesus, veio por trás, entre a multidão, e tocou em seu manto. 28Pois ela pensava:* "Se eu ao menos tocar em sua veste, ficarei curada".

* **4**,39. Sl 89,10; 107,29 | 41. 6,51; 1,27 | * **5**,1. Mt 8,28-34; Lc 8,26-29 | 3. 1,23 | 7. 1,24 | 21. Mt 9,18-26; Lc 8,40-56 | 28. 6,56

† **4**,41. "A barca é figura da Igreja; Jesus, para provar nossa fé, às vezes se mostra adormecido" (S. João Crisóstomo). | **5**,17. Ver a nota em Lc 8,34. | 20. Ver a nota em Mt 4,25.

29 Na mesma hora secou a fonte de seu sangue, e ela sentiu no corpo que estava curada da doença. 30 Jesus, percebendo logo que uma força saíra dele*, virou-se no meio da multidão e perguntou: "Quem tocou em minha veste?" 31 Responderam-lhe os discípulos: "Estás vendo a multidão que te aperta de todo lado e ainda perguntas: 'Quem me tocou?'" 32 Ele olhava em redor, procurando aquela que fizera isso. 33 A mulher, então, tremendo de medo, sabendo o que lhe acontecera, veio prostrar-se diante dele e contou-lhe toda a verdade. 34 Ele disse-lhe: "Filha, tua fé te salvou. Vai em paz e fica curada desse teu mal"*.

35 Enquanto ainda falava, chegaram alguns da casa de Jairo e disseram: "Tua filha morreu. Por que ainda incomodar o Mestre?" 36 Jesus ouviu o que diziam e falou a Jairo: "Não tenhas medo! Basta ter fé!" 37 E não deixou que ninguém o acompanhasse*, exceto Pedro, Tiago e João, irmão de Tiago. 38 Quando chegaram à casa do chefe da sinagoga, ele viu o tumulto e gente que chorava* e gritava forte. 39 Entrou na casa e disse: "Por que esta agitação e estes choros? A menina não morreu*, mas está dormindo". 40 E riam-se dele. Mas, mandando que todos saíssem, chamou o pai e a mãe da menina e os que o acompanhavam e entrou com eles onde estava a menina. 41 Tomou-a pela mão* e disse: "Talita cum!", isto é: "Menina, eu te ordeno, levanta-te!" 42 No mesmo instante a menina pôs-se de pé e começou a andar, pois tinha doze anos. Todos logo ficaram tomados de grande espanto. 43 Então Jesus recomendou-lhes com insistência* que ninguém ficasse sabendo do ocorrido e mandou que dessem de comer à menina.

6

Nazaré incrédula. 1 Partindo dali, Jesus foi a sua terra*, e seus discípulos foram com ele. 2 No sábado, Jesus começou a ensinar na sinagoga, e eram muitos os que o escutavam. Ficaram admirados e exclamavam: "De onde lhe vem isso? Que sabedoria é esta que lhe foi dada? E como esses grandes milagres se realizam por suas mãos? 3 Não é ele o carpinteiro*, o filho de Maria, irmão de Tiago, José, Judas e Simão? E suas irmãs, não moram aqui entre nós?" E não acreditaram nele. 4 Mas Jesus lhes dizia:* "Um profeta só é desprezado em sua terra, entre seus parentes e em sua própria casa". 5 E não pôde fazer ali milagre algum†, a não ser algumas curas de doentes, impondo-lhes as mãos. 6 Ficou admirado com a falta de fé daquela gente.

Missão dos Doze. E andava pelas aldeias ao redor*, ensinando. 7 Chamou os Doze e começou a enviá-los dois a dois. Deu-lhes poder sobre os espíritos impuros 8 e recomendou-lhes que nada levassem para a viagem, a não ser um bastão: nem pão, nem sacola, nem dinheiro no cinto; 9 que andassem com sandálias nos pés, mas não vestissem duas túnicas. 10 E disse-lhes: "Quando entrardes numa casa*, ficai nela até vossa partida para outro lugar. 11 Mas se alguma aldeia não vos acolher nem vos escutar*, saí de lá sacudindo a poeira dos pés em testemunho contra eles". 12 Os discípulos partiram e proclamaram a todos* que se convertessem. 13 Expulsavam muitos demônios, ungiam com óleo muitos doentes e os curavam†.

Herodes e Jesus. 14 O rei Herodes ouviu falar de Jesus*, pois seu nome se tornara célebre. Diziam: "João Batista ressuscitou dos mortos e é por isso que o poder dos milagres* opera nele".

---

* **5**,30. Lc 6,19 | 34. 10,52; Lc 7,50 | 37. 1,29 | 38. Jo 11,4.11 | 39. At 9,40 | 41. Lc 7,14 | 43. 1,44; 7,36 | **6**,1. Mt 13,53-58; Lc 4,16-30; Jo 7,15 | 3. 3,31; Jo 6,42 | 4. Jo 4,44 | 6. Mt 10,5-15; Lc 9,1-6; 10,1-4 | 10. Lc 10,7 | 11. Lc 10,11; At 13,51 | 12. 1,15 | 14. Mt 14,1s; Lc 9,7ss / Mt 16,14; Lc 9,19; 8,28

† **6**,5. O povo não tem as disposições necessárias de fé, livre de preconceitos. | 13. O óleo era conhecido e usado como remédio, Lc 10,34, mas este uso do óleo para alívio corporal e espiritual dos doentes deve provir de uma ordem dada por Jesus e por isso a Igreja vê aí um esboço do sacramento da Unção dos Enfermos, que já era dado nos primeiros anos do cristianismo, conforme Tg 5,14s.

15Outros diziam: "É Elias". E outros di-
ziam: "É um profeta, igual aos outros
profetas". 16Herodes, ouvindo isso, di-
zia: "É João, a quem mandei degolar,
que ressuscitou!"
Morte de João Batista. 17De fato, He-
rodes mandara prender João* e mantê-
-lo na cadeia, por causa de Herodíades,
esposa de seu irmão Filipe, com a qual
tinha casado. 18Porque João dizia a He-
rodes: "Não te é permitido viver com
a mulher de teu irmão". 19Herodíades,
por isso, o odiava e procurava tirar-lhe
a vida, mas não o podia, 20pois Herodes
temia a João, sabendo que era homem
justo e santo, e o protegia. Quando o
ouvia falar, sentia-se muito embaraça-
do, mas gostava de ouvi-lo.
21Ora, chegou um dia oportuno:
Herodes, por ocasião de seu aniver-
sário, deu um banquete aos grandes
da corte, aos tribunos e aos nobres da
Galileia. 22Entrou a filha de Herodíades
e pôs-se a dançar, agradando a Hero-
des e aos convivas. O rei disse, então, à
moça: "Pede-me o que quiseres, que te
darei". 23E jurou-lhe: "Tudo o que pe-
dires eu te darei, até mesmo a metade
de meu reino!" 24Ela saiu e foi pergun-
tar à mãe: "O que vou pedir?" Esta lhe
respondeu: "A cabeça de João Batista"†.
25Voltando logo para junto do rei, fez
o pedido: "Quero que me dês, agora
mesmo, num prato, a cabeça de João
Batista". 26O rei ficou muito triste, mas
por causa do juramento feito perante
os convivas, não quis deixar de atendê-
-la. 27Enviou logo um guarda com a
ordem de trazer a cabeça de João. O
guarda foi e o decapitou na cadeia.
28Depois trouxe a cabeça num prato e
a deu à moça, e esta a entregou à mãe.
29Quando os discípulos de João soube-
ram disso, foram lá, pegaram seu corpo
e o colocaram num sepulcro.
Primeira multiplicação dos pães.
30Os apóstolos se reuniram em volta
de Jesus* e lhe contaram tudo quanto
tinham feito e ensinado. 31Jesus disse-
-lhes: "Vinde à parte, para um lugar
deserto, e descansai um pouco". Eram,
de fato, tantas as pessoas que iam e
vinham que os apóstolos não tinham
tempo nem para comer. 32Partiram
então de barca para um lugar deserto,
para estarem a sós. 33Mas muitos os
viram partir e os reconheceram, e de
todas as cidades acorreram para lá a
pé, chegando antes deles. 34Ao desem-
barcar, Jesus viu uma grande multidão*
e ficou com pena deles, porque eram
como ovelhas sem pastor, e começou a
ensinar-lhes muitas coisas.
35Já era bem de tardinha quando os
discípulos vieram dizer-lhe: "Este lu-
gar é deserto e já é tarde. 36Despede-
-os, para que possam ir aos campos e
aldeias vizinhas para comprar o que
comer". 37Ele, porém, respondeu-lhes:
"Dai-lhes vós mesmos de comer". Dis-
seram-lhe: "Devemos então comprar
pães por duzentos denários para dar-
-lhes de comer?" 38Jesus perguntou-
-lhes: "Quantos pães tendes? Ide ver".
E, tendo-se informado, responderam-
-lhe: "Cinco, e dois peixes". 39Ordenou-
-lhes então que fizessem todos sentar
em grupos, na relva verde. 40Eles sen-
taram-se no chão em grupos de cem
e de cinquenta. 41Tomando, então, os
cinco pães e os dois peixes, ele ergueu
os olhos ao céu, pronunciou a bên-
ção, partiu os pães e ia dando-os aos
discípulos para que os distribuíssem.
Repartiu também os dois peixes para
todos. 42Todos comeram até ficarem
satisfeitos; 43e recolheram doze cestos,
cheios de pedaços de pão e de restos
de peixe. 44Ora, os que comeram dos
pães eram cinco mil homens.
Jesus caminha sobre as águas. 45Logo
depois obrigou os discípulos a entra-
rem na barca* e a precedê-lo na outra
margem, na direção de Betsaida, en-
quanto ele despedia a multidão. 46E
tendo-a despedido*, foi ao monte para

---

* **6**,17. Mt 14,3-12; Lc 3,19s | 30. Mt 14,13; Lc 9,10s; 10,17; 3,20 | 34. Mt 14,14-21; Lc 9,11-17; Jo 6,1-15 | 45. Mt 14,22s; Jo 6,15-21 | 46. 1,35; Lc 5,16; 6,12; 9,28

† **6**,24. Herodes Antipas, filho de Herodes Magno, e tetrarca da Galileia de 4 a.C. a 39 d.C., é apresentado como vítima de sua louca promessa; quem premeditou tudo foi Herodíades.

rezar. 47Ao anoitecer, a barca estava no meio do mar, e ele, sozinho, em terra. 48Vendo que se cansavam de remar, pois o vento lhes era contrário, na quarta vigília da noite†, foi na direção deles, caminhando sobre o mar*, e ia ultrapassá-los. 49Ao vê-lo caminhando sobre o mar,* pensaram que fosse um fantasma e gritaram, 50pois todos o viram e se assustaram. Mas ele logo lhes falou: "Tende confiança. Sou eu*. Não tenhais medo!" 51Subiu para junto deles na barca, e o vento cessou. Eles ficaram interiormente cheios de grande espanto, 52pois não tinham compreendido o milagre dos pães, e seus corações estavam endurecidos*.

Jesus realiza novas curas. 53Terminada a travessia, chegaram a Genesaré* e atracaram. 54Tendo desembarcado, logo o reconheceram 55e, percorrendo toda a região, começaram a levar os doentes nos leitos para os lugares onde ouviam dizer que ele estava. 56Onde quer que entrasse – aldeias, cidades ou campos – punham os enfermos nas praças e lhe pediam que os deixasse tocar ao menos na ponta de seu manto. E todos que o tocavam ficavam curados.

7 **Pureza externa e interna.** 1Os fariseus e alguns escribas, vindos de Jerusalém*, reuniram-se em volta de Jesus 2e perceberam que alguns de seus discípulos tomavam a refeição com mãos impuras*, isto é, sem lavá-las. 3Ora, os fariseus e todos os judeus, conforme as tradições dos antepassados, não comem sem antes lavar cuidadosamente as mãos. 4E, quando voltam da praça, não comem sem se purificarem. Há ainda muitos outros costumes tradicionais* que eles guardam, como lavar os copos, os jarros e os pratos de bronze. 5Eis por que os fariseus e os escribas interrogaram Jesus: "Por que teus discípulos não observam as tradições dos antepassados, mas tomam refeição sem lavar as mãos?" 6Jesus respondeu-lhes: "Com muito acerto Isaías profetizou de vós*, hipócritas, como está escrito: 'Este povo me honra com os lábios, mas seu coração está longe de mim. 7Vão é o culto que me prestam, pois o que ensinam não são mais que preceitos humanos'. 8Deixais de lado o mandamento de Deus e vos apegais às tradições dos homens". 9E dizia-lhes: "Anulais tranquilamente o mandamento de Deus para observar vossa tradição. 10Com efeito, Moisés disse: 'Honra teu pai e tua mãe!'* e: 'Aquele que amaldiçoar pai ou mãe seja punido com a morte!' 11Mas vós dizeis: 'Se alguém disser ao pai ou à mãe: Eu declaro corban – isto é, oferta sagrada – os bens com que eu poderia sustentar-te', 12vós já não o deixais fazer nada pelo pai ou pela mãe; 13e assim anulais a palavra de Deus pela tradição que transmitis. E fazeis muitas outras coisas semelhantes a estas".

14Jesus chamou novamente a multidão para junto de si e disse-lhes: "Ouvi-me, vós todos, e compreendei. 15Não há nada fora do homem que, entrando nele, possa manchá-lo; mas o que mancha o homem é o que sai de dentro dele†. 16Ouça quem for capaz!"*

17Quando deixou a multidão e entrou em casa*, seus discípulos perguntaram-lhe sobre esta parábola. 18Respondeu-lhes: "Também vós sois tão ignorantes? Não compreendeis que nada do que de fora entra no homem pode manchá-lo, 19porque não lhe penetra no coração, mas no ventre, e vai em seguida para a fossa?" Assim ele declarava puros todos os alimentos. 20E dizia: "O que sai do homem* é que mancha o homem. 21Porque é de dentro, do coração do homem, que saem

---

* **6**,49. Lc 24,37 | 50. 4,39 | 52. 8,17 | 53. Mt 14,34ss | **7**,1. Mt 15,1-20 | 2. Lc 11,38 | 4. Mt 23,25; Lc 11,39 | 6. Is 29,13; Cl 2,22 | 10. Êx 20,12; 21,17; Dt 5,16 | 16. 4,9.23 | 17. 4,10; Mt 13,36; Lc 8,9 | 20. Rm 1,29ss; 1Cor 5,11; Gl 5,19ss; Ef 5,34

† **6**,48. Entre 3 e 6 horas da manhã. | **7**,15. Ficam abrogadas todas as leis do AT sobre os alimentos proibidos, Lv 11; Dt 14.

os maus pensamentos, prostituições,
furtos, homicídios, 22adultérios, co-
biças, perversidades, fraudes, luxúria,
inveja, calúnia, orgulho, insensatez.
23Todos esses males vêm do interior
do homem e o contaminam".
A mulher sirofenícia. 24Saindo dali, foi
para o território de Tiro e Sidônia*. En-
trou numa casa e não queria que nin-
guém o soubesse. Mas não conseguiu
ficar ignorado, 25pois logo certa mu-
lher, cuja filha tinha um espírito impu-
ro, ouviu falar dele e veio prostrar-se a
seus pés. 26Era uma mulher grega, siro-
fenícia de origem. Pedia-lhe que tirasse
de sua filha o demônio. 27Respondeu-
-lhe Jesus: "Deixa que primeiro se far-
tem os filhos, pois não convém tirar o
pão dos filhos e lançá-lo aos cachor-
rinhos". 28Ela replicou-lhe: "É verdade,
Senhor, mas os cachorrinhos, debaixo
da mesa, comem as migalhas dos fi-
lhos". 29Disse-lhe então: "Por causa
desta tua palavra, vai: o demônio saiu
de tua filha". 30Ela voltou para casa e
encontrou a filha deitada na cama: o
demônio tinha ido embora.
Cura do surdo-gago. 31Deixando a re-
gião de Tiro*, Jesus foi por Sidônia, em
direção ao mar da Galileia, através do
território da Decápole. 32Trouxeram-
-lhe, então, um surdo que falava com
dificuldade e pediram-lhe que impu-
sesse a mão sobre ele. 33Jesus tirou-o
do meio da multidão e levou-o à parte.
Em seguida colocou-lhe os dedos nos
ouvidos e, com sua saliva, tocou-lhe a
língua 34e, erguendo os olhos ao céu*,
deu um suspiro e disse: "Éfata", isto é,
"Abre-te". 35Imediatamente os ouvidos
dele se abriram e o nó de sua língua
se soltou, e ele começou a falar corre-
tamente. 36Jesus recomendou-lhes que
não contassem isto a ninguém*. Mas,
quanto mais insistia, mais eles procla-
mavam o fato, 37pois estavam muito
impressionados e diziam: "Ele fez bem
todas as coisas: faz surdos ouvir e mu-
dos falar".

8 **Segunda multiplicação dos
pães.** 1Naqueles dias reuniu-se
de novo numerosa multidão* e não
tinham o que comer. Então Jesus cha-
mou os discípulos e disse-lhes: 2"Te-
nho compaixão desta gente, pois já
faz três dias que estão comigo e não
têm o que comer. 3Se eu os mandar
para casa em jejum, desfalecerão no
caminho. E alguns deles vieram de
longe". 4Responderam-lhe os dis-
cípulos: "De onde se poderia trazer
pão para saciá-los aqui no deserto?"
5Perguntou-lhes: "Quantos pães ten-
des?" Responderam: "Sete". 6Mandou
então que a multidão se acomodasse
no chão e, tomando os sete pães, deu
graças, partiu-os e ia dando-os aos
discípulos para que os distribuíssem.
Eles os distribuíram à multidão. 7Ti-
nham também alguns peixinhos*. De-
pois de abençoá-los, mandou que os
distribuíssem também. 8Eles comeram
e ficaram satisfeitos. E com os pedaços
que sobraram recolheram sete cestos.
9Eram cerca de quatro mil. Ele os des-
pediu, 10e logo, entrando na barca*
com os discípulos, partiu para a região
de Dalmanuta.
O sinal do céu. 11Saíram os fariseus
e começaram a discutir* com ele. E,
para pô-lo à prova, pediram-lhe um
sinal vindo do céu. 12Suspirando em
seu coração, Jesus disse: "Por que esta
geração pede um sinal? Na verdade
vos digo: nenhum sinal será dado a
esta geração!" 13E, deixando-os, em-
barcou de novo e seguiu para a outra
margem.
O fermento dos fariseus. 14Eles se
esqueceram de levar pães* e não ti-
nham senão um pão consigo na barca.
15E Jesus os advertia: "Abri os olhos e
tomai cuidado com o fermento dos
fariseus e com o fermento de Hero-
des". 16Comentavam entre si o fato de
não terem pães. 17Jesus o percebeu e
disse-lhes: "Por que estais comentan-
do a falta de pães? Ainda não com-

* **7**,24. Mt 15,21-28 | 31. Mt 15,29s | 34. 6,41; Mt 14,19 | 36. 1,44; 5,43; Mt 15,31; Is 35,5s | **8**,1. Mt 15,32-39 | 7. 6,41 | 10. 8,20 | 11. Mt 12,38s; 16,1-4; Lc 11,16.29; Jo 6,30 | 14. Mt 16,5-12; Lc 12,1 | 17. 4,12; Jr 5,21; Ez 12,2

preendeis nem entendeis?* Tendes o coração endurecido? [18]Tendo olhos não vedes, tendo ouvidos não ouvis? Não vos lembrais, [19]quando parti os cinco pães para os cinco mil, quantos cestos cheios de pedaços recolhestes?" Responderam-lhe: "Doze". [20]"E quando parti os sete pães para os quatro mil*, quantos cestos cheios de pedaços recolhestes?" Disseram-lhe: "Sete". [21]Então lhes disse: "Ainda não compreendeis?"

O cego de Betsaida. [22]Chegando a Betsaida, trouxeram-lhe um cego*, suplicando-lhe que o tocasse. [23]Tomando o cego pela mão, levou-o para fora da aldeia. Pôs-lhe saliva nos olhos, impôs as mãos sobre ele e perguntou-lhe: "Vês alguma coisa?" [24]Abrindo os olhos, ele disse: "Estou vendo as pessoas, parecem árvores que andam". [25]Em seguida, pôs de novo as mãos sobre os olhos do cego, e este começou a ver perfeitamente; ficou curado, de sorte que via tudo claramente, mesmo de longe. [26]Jesus o mandou para casa, dizendo-lhe: "Nem sequer entres na aldeia!"

Jesus é o Cristo. [27]Jesus foi com seus discípulos* às aldeias de Cesareia de Filipe. E, enquanto caminhavam, perguntou a seus discípulos: "No dizer do povo, quem eu sou?" [28]Responderam-lhe: "João Batista*; para outros, Elias; para outros, um dos profetas". [29]Jesus perguntou-lhes então: "E para vós, quem sou eu?" Pedro respondeu: "Tu és o Cristo!" [30]Então ele ordenou-lhes severamente* que não falassem dele a ninguém.

O destino do Filho do homem. [31]Então começou a ensinar-lhes que o Filho do homem devia sofrer muito*, ser rejeitado pelos anciãos, pelos sumos sacerdotes e pelos escribas, ser morto e ressuscitar após três dias. [32]Falou-lhes isso abertamente*. Então Pedro o chamou à parte e começou a repreendê-lo. [33]Jesus, porém, virou-se e, olhando para os discípulos, censurou Pedro com estas palavras: "Vai depois de mim, Satanás! Teu modo de pensar não é o de Deus, mas o dos homens"†.

Como seguir a Jesus. [34]Chamou depois a multidão* junto com seus discípulos para perto de si e lhes disse: "Se alguém quiser me seguir, renuncie a si mesmo, carregue sua cruz† e me acompanhe! [35]Porque aquele que quiser salvar sua vida vai perdê-la; mas quem perder a vida por causa de mim e do Evangelho, este a salvará. [36]Pois, que adianta a gente ganhar o mundo inteiro* e arruinar a própria vida? [37]O que a gente pode dar em troca da própria vida? [38]Porque quem se envergonhar de mim e de minhas palavras* no meio desta geração adúltera e pecadora, dele também se envergonhará o Filho do homem, quando vier na glória de seu Pai com os santos anjos".

9 [1]E dizia-lhes: "Na verdade vos digo: Alguns aqui presentes* não provarão a morte, até que vejam o Reino de Deus chegando com poder"†.

A transfiguração†. [2]Seis dias depois, Jesus tomou consigo Pedro, Tiago e João* e levou-os a sós a um alto monte. Transfigurou-se diante deles. [3]Suas vestes tornaram-se brilhantes, e de tal modo brancas que nenhum lavadeiro do mundo seria capaz de as fazer tão brancas. [4]E apareceu a eles Elias, junto com Moisés, e eles conversavam com Jesus. [5]Tomando a palavra, Pedro disse

---

* **8**,20. 8,1-9 | 22. 7,32s; Jo 9,6 | 27. Mt 16,13-20; Lc 9,18-21 | 28. 6,14ss | 30. 9,9 | 31. Mt 16,21ss; Lc 9,22 | 32. 9,12; Mt 17,12; Lc 17,25 | 34. Mt 10,38; 16,24-28; Lc 9,23-27; 14,27 | 36. Mt 10,39; Lc 17,33; Jo 12,25 | 38. Mt 10,33; Lc 12,9 | **9**,1. 13,30 | 2. Mt 17,1-13; Lc 9,28-36; 2Pd 1,16ss

† **8**,33. É por amor para com o Mestre que Pedro não quer vê-lo sofrer e tenta desviá-lo desse destino, mas com isso ele repete a tentação do deserto e faz o papel do tentador. | 34. "As cruzes mais frutuosas são as que não escolhemos" (S. Francisco de Sales). | **9**,1. Este Reino de Deus que vem dentro de pouco tempo não é o fim do mundo, mas sim a morte e ressurreição de Cristo, que inauguram a Igreja, a nova humanidade em que Deus é efetivamente Rei. | 2. "A Transfiguração tem por finalidade fortificar a fé dos apóstolos em vista da Paixão: a subida ao alto monte prepara a subida ao Calvário" (CIC).

a Jesus: "Mestre, é bom a gente estar aqui. Façamos então três tendas, uma para ti, uma para Moisés e uma para Elias". 6É que não sabia o que dizer, pois estavam espantados. 7Formou-se então uma nuvem* que os cobriu com sua sombra. E da nuvem saiu uma voz: "Este é meu Filho muito amado. Escutai-o!" 8E logo, olhando ao redor, já não viram mais ninguém: só Jesus estava com eles.

9Ao descerem do monte*, Jesus ordenou-lhes que não contassem a ninguém o que tinham visto, a não ser depois que o Filho do homem ressuscitasse dos mortos. 10Eles guardaram a recomendação, mas perguntavam entre si o que significaria ressuscitar dos mortos.

A volta de Elias. 11Fizeram-lhe esta pergunta:* "Por que dizem os escribas que primeiro Elias deve voltar?" 12Ele respondeu-lhes: "De fato, primeiro Elias deve voltar e colocar tudo em ordem. E como está escrito do Filho do homem que ele deve sofrer muito* e ser desprezado? 13Mas eu vos digo que Elias já veio; e fizeram com ele tudo o que queriam, como está escrito a seu respeito".

Cura do menino possesso. 14Voltando para junto dos discípulos*, viram em volta deles numerosa multidão e os escribas discutindo com eles. 15Logo que o viu, toda a multidão ficou surpresa e correu para saudá-lo. 16Perguntou-lhes então: "O que estão discutindo com eles?" 17Alguém no meio da multidão respondeu: "Mestre, eu te trouxe meu filho, que está possesso de um espírito mudo. 18Quando se apodera dele, lança-o por terra, e o menino espuma, range os dentes e fica rígido. Roguei a teus discípulos que o expulsassem, mas não conseguiram". 19Ele respondeu: "Ó geração incrédula, até quando estarei convosco? Até quando deverei suportar-vos? Trazei-o aqui!" 20E o levaram até ele. Logo que viu Jesus, o espírito sacudiu com violência o menino, que caiu por terra e se revolvia espumando. 21Jesus perguntou ao pai: "Há quanto tempo lhe acontece isso?" "Desde a infância" respondeu ele, 22"e muitas vezes o jogou no fogo e na água para o matar. Se podes alguma coisa*, vem em nosso auxílio, por piedade para conosco!" 23Replicou-lhe Jesus: "Se tu podes!... Tudo é possível para quem crê!" 24Logo o pai do menino gritou: "Eu creio! Ajuda minha incredulidade!" 25Vendo Jesus que a multidão afluía, repreendeu o espírito impuro, dizendo-lhe: "Espírito mudo e surdo, eu te ordeno, sai dele e não tornes mais a entrar!" 26O espírito soltou um forte grito, agitou o menino violentamente e saiu. Este ficou como morto, de modo que muitos diziam: "Morreu!" 27Jesus, porém, tomou-o pela mão, levantou-o e ele se pôs de pé. 28Quando Jesus entrou em casa, perguntaram-lhe os discípulos, a sós: "Por que não conseguimos expulsá-lo?" 29Respondeu-lhes: "Esta espécie de demônio não se consegue expulsar senão pela oração".

Jesus anuncia sua morte e ressurreição. 30Saindo dali, atravessaram a Galileia*. Ele não queria que ninguém soubesse, 31porque estava instruindo seus discípulos. Dizia-lhes: "O Filho do homem vai ser entregue nas mãos dos homens, e eles o matarão; e uma vez morto, depois de três dias ressuscitará". 32Eles, entretanto, não entenderam o que dizia† e tinham medo de interrogá-lo.

Quem é o maior. 33Chegaram a Cafarnaum. Em casa*, Jesus perguntou-lhes: "O que estáveis discutindo no caminho?" 34Eles, porém, ficaram calados porque, no caminho, discutiam quem seria o maior. 35Jesus sentou-se, cha-

* **9**,7. 1,11; Mt 3,17; Lc 3,22 | 9. 8,30; Mt 12,16 | 11. Ml 3,23s | 12. Sl 22,1-18; Is 53,3 | 14. Mt 17,14-20; Lc 9,37-43 | 22. 11,22ss; Mt 21,21; Lc 17,6 | 30. Mt 17,22s; Lc 9,43ss; 8,31; 10,32ss | 33. Mt 18,1-5; Lc 9,46ss | 35. 10,43s; Mt 20,26s; Lc 22,26

† **9**,32. Não entendiam como conciliar os anunciados sofrimentos do Messias com a glória do reino que esperavam.

mou os Doze e lhes disse: "Se alguém quer ser o primeiro, seja o último de todos* e o servo de todos". [36]Em seguida tomou uma criança, colocou-a no meio deles* e, abraçando-a, disse-lhes: [37]"Quem acolhe em meu nome uma destas crianças*, a mim acolhe; e quem me acolhe, não acolhe a mim, mas Aquele que me enviou".

Quem é a favor de Jesus. [38]Disse João a Jesus: "Mestre, vimos um homem*, que não anda conosco, expulsando demônios em teu nome e quisemos impedi-lo, já que não nos seguia". [39]Mas Jesus disse: "Não deveis impedi-lo, pois ninguém pode realizar prodígio algum em meu nome* e logo depois falar mal de mim. [40]Aquele que não é contra nós é a nosso favor.

[41]E quem vos der um copo de água a beber* porque sois de Cristo – na verdade vos digo – não perderá sua recompensa.

O escândalo. [42]Mas se alguém for causa de pecado para um destes pequeninos* que creem, melhor seria para ele que lhe amarrassem ao pescoço uma dessas mós que os jumentos movem e o atirassem no fundo do mar. [43]Se tua mão te leva a pecar, corta-a; é melhor entrares para a vida aleijado do que ir com duas mãos para a geena, para o fogo que não se apaga†. [45]E se teu pé te leva a pecar, corta-o; é melhor entrares na vida manco do que ser lançado com os dois pés na geena. [47]E se teu olho te leva a pecar, arranca-o; é melhor entrares no Reino de Deus com um só olho do que ser lançado com dois olhos na geena, [48]onde seu verme não morre* e onde o fogo não se apaga. [49]Porque todos serão salgados com o fogo†. [50]O sal é uma coisa boa*. Mas se o sal se torna insípido, com que se lhe restituirá o sabor? Tende sal em vós mesmos e vivei em paz uns com os outros".

III. JESUS A CAMINHO DE JERUSALÉM (10)

10 **O matrimônio é indissolúvel.** [1]Saindo dali, foi para o território da Judeia e da Transjordânia*. As multidões voltaram a reunir-se a seu redor, e ele, como de costume, de novo se pôs a ensiná-las. [2]Alguns fariseus, querendo pô-lo à prova, vieram perguntar-lhe: "É permitido a um marido divorciar-se de sua mulher?" [3]Jesus respondeu-lhes: "O que vos prescreveu Moisés?"* [4]Eles responderam: "Moisés permitiu escrever um documento de divórcio e repudiar". [5]Então Jesus falou: "Foi por causa da dureza de vossos corações que Moisés vos deu essa prescrição. [6]Mas desde o princípio da criação*, Ele os fez homem e mulher. [7]Assim, pois, o homem deixará pai e mãe para unir-se a sua mulher, [8]e os dois serão uma só carne. Assim, já não são dois, mas uma só carne. [9]Portanto, o homem não deve separar o que Deus uniu". [10]Quando voltaram para casa, os discípulos tornaram a perguntar a Jesus sobre isso, [11]e ele afirmou: "Todo aquele que se divorciar de sua mulher* e se casar com outra comete adultério contra a primeira. [12]Também comete adultério a mulher que se divorciar de seu marido e se casar com outro".

Jesus abençoa as crianças. [13]Queriam apresentar a Jesus umas crianças* para que as tocasse, mas os discípulos os repreendiam. [14]Vendo isto, Jesus ficou indignado e lhes disse: "Deixai vir a mim as criancinhas e não as impeçais, porque o Reino de Deus pertence aos que são semelhantes a elas. [15]Na verdade vos digo, quem não acolher o Reino de Deus* como uma criança nele não entrará". [16]Em seguida abraçou-as e abençoou-as, impondo-lhes as mãos.

---

* **9**,36. 10,16 | 37. Mt 10,40; Lc 10,16; Jo 13,20 | 38. Lc 9,49s | 39. Mt 12,30; Lc 11,23 | 41. Mt 10,42 | 42. Mt 18,6-9; Lc 17,1s | 48. Is 66,24 | 50. Mt 5,13; Lc 14,34; Rm 12,18 | **10**,1. Mt 19,1-19 | 3. Dt 24,1-4 | 6. Gn 1,27; 2,24; Ef 5,31 | 11. Mt 5,32; Lc 16,18; 1Cor 7,10s | 13. Mt 19,13ss; Lc 18,15ss | 15. Mt 18,3

† **9**,43. Os vv. 44 e 46, omitidos nos melhores manuscritos, são simples repetições do v. 48. | 49. Fogo e sal representam a purificação e a preservação que a Lei nova realiza nos discípulos, fazendo deles ofertas agradáveis a Deus, Lv 2,13.

A recusa do rico. [17]Quando ele se pôs a caminho*, alguém correu a seu encontro e, ajoelhando-se diante dele, perguntou-lhe: "Bom Mestre, que devo fazer para herdar a vida eterna?" [18]Disse-lhe Jesus: "Por que me chamas bom? Ninguém é bom senão Deus somente. [19]Conheces os mandamentos:* Não matar, não cometer adultério, não furtar, não levantar falso testemunho, não prejudicar ninguém, honrar pai e mãe". [20]Ele respondeu: "Mestre, tudo isso tenho observado desde minha juventude". [21]Jesus olhou para ele com amor* e disse-lhe: "Falta-te apenas uma coisa: Vai, vende tudo o que tens e dá o dinheiro aos pobres e terás um tesouro no céu. Depois vem e segue-me". [22]Ao ouvir estas palavras, ficou abatido e retirou-se triste, porque era muito rico.

Os ricos e a salvação. [23]Jesus então olhou em volta dele* e disse a seus discípulos: "Como será difícil para os que têm riquezas entrar no Reino de Deus!" [24]Os discípulos ficaram assustados com suas palavras. Mas Jesus repetiu-lhes: "Meus filhos, como é difícil entrar no Reino de Deus! [25]É mais fácil um camelo passar pelo fundo de uma agulha do que um rico entrar no Reino de Deus!"† [26]Os discípulos ficaram mais atônitos ainda e diziam entre si: "Quem pode então salvar-se?"† [27]Olhando para eles, Jesus disse-lhes*: "Para os homens isto é impossível, mas não para Deus, porque para Deus tudo é possível".

Recompensa dos discípulos. [28]Pedro então começou a dizer-lhe: "Nós deixamos tudo* para te seguir..." [29]Ao que Jesus respondeu: "Na verdade vos digo: ninguém deixará casa, ou irmãos, ou irmãs, ou mãe, ou pai, ou filhos, ou terras por causa de mim e do Evangelho, [30]sem que receba, já agora, nesta vida, o cêntuplo em casas, irmãos, irmãs, mães, filhos e terras, no meio de perseguições e, no século futuro, a vida eterna. [31]Muitos dos primeiros serão os últimos*, e os últimos serão os primeiros".

Novo anúncio da Paixão. [32]Estavam caminhando, subindo para Jerusalém*. Jesus ia à frente deles e eles estavam cheios de espanto, e os que seguiam tinham medo. Tomando outra vez os Doze à parte, declarou-lhes o que ia acontecer-lhe: [33]"Estamos subindo para Jerusalém, e o Filho do homem será entregue* aos sumos sacerdotes e aos escribas. Eles o condenarão à morte e o entregarão aos gentios. [34]Estes o escarnecerão, cuspirão nele, vão açoitá-lo e tirar-lhe a vida. Mas, três dias depois, ele ressuscitará".

O caminho para a glória. [35]Foram até ele Tiago e João*, os filhos de Zebedeu, e lhe disseram: "Mestre, queremos que nos concedas o que te vamos pedir". [36]Respondeu-lhes: "Que quereis que vos faça?" [37]"Concede-nos – disseram – sentar-nos um a tua direita e outro a tua esquerda em tua glória". [38]Jesus respondeu-lhes: "Não sabeis o que estais pedindo. Sois capazes de beber o cálice* que vou beber ou de ser batizados com o batismo com que vou ser batizado?"† [39]Eles lhe responderam: "Somos!" Jesus lhes disse: "Bebereis o cálice que vou beber* e sereis batizados com o batismo com que serei batizado. [40]Mas sentar-se a minha

---

* **10**,17. Mt 19,16-30; Lc 18,18-30 | 19. Êx 20,12-16; Dt 5,16-20 | 21. Mt 6,20; Lc 12,33 | 23. 4,19 | 27. Gn 18,14; Jó 42,2; 14,36 | 28. 1,16-20; 2,14 | 31. Mt 20,16; Lc 13,30 | 32. Mt 20,17ss; Lc 18,31-34 | 33. 8,31; 9,31; Mt 16,21; 17,22s; Lc 24,7 | 35. Mt 20,20-28; Mc 1,19 | 38. Lc 12,50; Mt 19,28 | 39. Lc 22,30; Jo 18,21

† **10**,25. Alguns tentam diminuir o caráter hiperbólico do provérbio, seja imaginando que "camelo" significasse uma corda grossa, seja vendo em "buraco da agulha" o nome de uma porta baixa em Jerusalém. Mas certas frases de Jesus como "coar um mosquito e engolir um camelo", Mt 23,24, mostram que se devem tomar os termos no sentido comum. | 26. Os discípulos ficam espantados porque na mentalidade judaica a riqueza era sinal de bênção divina e os ricos eram amigos de Deus e, portanto, tinham mais chance de se salvar. Mas Jesus mostra que a riqueza é idolatria e flagrante injustiça quando escraviza a pessoa e absorve tanto suas atenções que não lhe permite pensar em Deus nem nos irmãos que passam fome. | 38. Cálice e batismo são duas imagens para exprimir os sofrimentos de Cristo, dos quais o cristão deve participar, se quer entrar com Ele na glória, 2Tm 2,11.

direita ou a minha esquerda não com-
pete a mim concedê-lo. Esses lugares
pertencem àqueles para os quais foram
preparados". 41Os outros dez, que ha-
viam ouvido tudo*, indignaram-se con-
tra Tiago e João. 42Chamando-os, Jesus
lhes disse: "Sabeis que aqueles que são
reconhecidos como chefes das nações
as dominam e que seus líderes as tirani-
zam. 43Mas entre vós não deve acontecer
isso. Ao contrário, quem quiser tornar-se
grande entre vós* será vosso servo; 44e
aquele que quiser ser o primeiro entre
vós seja o escravo de todos. 45Pois o pró-
prio Filho do homem não veio para ser
servido, mas para servir e dar a vida para
resgatar a multidão".
Cura do cego Bartimeu. 46Chegaram a
Jericó. Quando ele saía de Jericó* com
seus discípulos e enorme multidão, es-
tava sentado à beira da estrada, pedin-
do esmolas, Bartimeu, o cego, filho de
Timeu. 47Quando soube que era Jesus
de Nazaré*, começou a gritar: "Jesus,
Filho de Davi, tem piedade de mim!"
48Muitos o repreendiam, mandando
que se calasse. Mas ele gritava cada vez
mais alto: "Filho de Davi, tem piedade
de mim!" 49Jesus parou e disse: "Cha-
mai-o". Chamaram o cego dizendo-lhe:
"Tem confiança, levanta-te, ele te cha-
ma". 50Ele jogou para o lado o manto,
deu um pulo e veio até Jesus. 51"Que
queres que eu te faça?", perguntou-lhe
Jesus. Disse-lhe o cego: "Mestre, que
eu recupere a vista!" 52"Vai", disse-lhe
Jesus, "tua fé te salvou". No mesmo ins-
tante o cego começou a enxergar e foi
seguindo a Jesus pelo caminho.

IV. MINISTÉRIO DE JESUS EM JERUSALÉM (11–13)

11 **Entrada triunfal.** 1Quando
chegaram perto de Jerusa-
lém*, na altura de Betfagé e de Betânia,
perto do monte das Oliveiras, Jesus en-
viou dois de seus discípulos, 2dizendo-
-lhes: "Ide até a aldeia que está a vossa
frente. Logo que nela entrardes, encon-
trareis, amarrado, um jumentinho que
ninguém ainda montou. Desamarrai-
-o e trazei-o. 3Se alguém vos disser:
'Que estais fazendo?', respondei: 'O
Senhor precisa dele e logo o devolve-
rá aqui'". 4Eles foram e encontraram o
jumentinho amarrado perto de uma
porta, fora, na rua, e o desamarraram.
5Algumas pessoas que estavam lá per-
guntaram-lhes: "Que estais fazendo,
desamarrando o jumentinho?" 6Eles
responderam como Jesus havia dito.
E deixaram que o levassem. 7Condu-
ziram o jumentinho a Jesus, sobre ele
puseram seus mantos e Jesus montou.
8Muitos estendiam no caminho seus
mantos; outros espalhavam ramos que
cortavam nos campos. 9Os que iam à
frente e os que seguiam atrás gritavam:
"Hosana!* Bendito aquele que vem em
nome do Senhor!† 10Bendito o Reino
que vem, o Reino de nosso pai Davi!
Hosana no mais alto dos céus!"*
11Em Jerusalém, entrou no templo,
observou tudo o que havia ali em tor-
no e, sendo já tarde, saiu para Betânia
com os Doze.
A figueira amaldiçoada. 12No dia
seguinte, ao saírem de Betânia*, teve
fome. 13Vendo ao longe uma figueira
coberta de folhas, foi ver se achava
nela algum fruto. Mas quando che-
gou perto só encontrou folhas, pois
não era tempo de figo. 14Dirigindo-se
à figueira, disse: "Nunca mais alguém
coma de teu fruto!" E os discípulos o
ouviram.
O respeito ao templo. 15Chegaram a
Jerusalém*. Entrando no templo, Jesus
começou a expulsar os vendedores e
compradores que lá se achavam. Der-
rubou as mesas dos cambistas e as ca-
deiras dos vendedores de pombas, 16e

* **10**,41. Lc 22,25 | 43. 9,35; Mt 23,11; Lc 22,26; 1Tm 2,6 | 46. Mt 20,29-34; Lc 18,35-43 | 47. Mt 9,27; 15,22 | **11**,1. Mt 21,1-11; Lc 19,28-40; Jo 12,12-19 | 9. Sl 118,25s; Lc 1,32s | 10. At 2,29s | 12. Mt 21,18s; Lc 13,6 | 15. Mt 21,12-17; Lc 19,45-48; Jo 2,13-22

† **11**,9. "Hosana" é uma palavra hebraica que significa "salva-nos", e servia como grito de júbilo e vitória, como nosso "viva!"

não permitia que ninguém carregasse objetos pelo templo. 17Ele os instruía, dizendo:* "Não está escrito: 'Minha casa será chamada casa de oração para todos os povos'? Vós, porém, a transformastes numa caverna de ladrões!" 18Isso chegou ao conhecimento dos sumos sacerdotes* e dos escribas. Eles procuravam então um modo de fazê-lo perecer, porque o temiam, visto que todo o povo estava entusiasmado com sua doutrina. 19Quando caiu a tarde, foi para fora da cidade.

O poder da fé. 20Passando na manhã seguinte*, viram a figueira seca até as raízes. 21Pedro lembrou-se e disse a Jesus: "Olha, Mestre, a figueira que amaldiçoaste secou!" 22Respondeu-lhe Jesus: "Tende fé em Deus. 23Na verdade vos digo: se alguém disser a este monte:* 'Sai daqui, lança-te ao mar', sem duvidar em seu coração, mas crendo que se cumprirá sua palavra, ele o obterá. 24Por isso vos digo: tudo o que pedirdes na oração, crede que já o recebestes, e vos será concedido. 25E quando estiverdes de pé para rezar, se tiverdes alguma coisa contra alguém, perdoai, para que vosso Pai que está nos céus vos perdoe também vossos pecados"†.

A autoridade de Jesus. 27E chegam novamente a Jerusalém*. Quando Jesus andava pelo templo, aproximaram-se dele os sumos sacerdotes, os escribas e os anciãos 28e lhe perguntaram: "Com que autoridade fazes estas coisas? E quem te deu autorização para assim agires?" 29Respondeu-lhes Jesus: "Eu também vos farei uma pergunta. Respondei-me e vos direi com que autoridade faço estas coisas: 30O batismo de João vinha do céu ou dos homens? Respondei-me". 31Eles refletiam entre si: "Se dissermos que é do céu, ele dirá: 'por que então não crestes nele?' 32Diremos então: 'dos homens'?" Tinham medo do povo*, porque todos diziam que João fora realmente um profeta. 33Responderam a Jesus: "Não sabemos". E Jesus, por sua vez, disse: "Pois eu também não vos direi com que autoridade faço estas coisas".

12 **Os lavradores homicidas.**

1Então começou a falar-lhes em parábolas:* "Um homem plantou uma vinha, cercou-a com uma sebe, cavou um lagar, construiu uma torre. Arrendou-a depois a alguns lavradores e partiu para uma viagem. 2Chegado o tempo, enviou aos lavradores um servo para receber deles uma parte dos frutos da vinha. 3Mas eles o agarraram, espancaram e mandaram de volta com as mãos vazias. 4De novo enviou-lhes outro servo, mas também a este feriram na cabeça e injuriaram. 5Mandou-lhes mais um outro. A este mataram. Depois mandou muitos outros, dos quais feriram uns e mataram outros. 6Restava-lhe ainda alguém: seu filho bem-amado. Enviou-lhes este último, pensando: 'A meu filho eles vão respeitar...'. 7Mas os lavradores disseram uns aos outros: 'Este é o herdeiro; vamos matá-lo e ficaremos com a herança'. 8Agarrando-o, mataram-no* e o lançaram fora da vinha. 9O que fará o dono da vinha? Virá, exterminará os lavradores e dará a vinha a outros. 10Não lestes esta escritura: 'A pedra que os construtores rejeitaram* tornou-se a pedra principal; 11isto é obra do Senhor, e é admirável a nossos olhos'?"

12Eles procuravam prendê-lo, mas tiveram medo da multidão, pois tinham compreendido bem que a parábola era dirigida a eles. Deixando-o, foram embora.

O imposto devido a César. 13Enviaram-lhe então alguns dos fariseus* e

---

* **11**,17. Is 56,7; Jr 7,11 | 18. 14,1; Lc 20,19; 22,2 | 20. Mt 21,20ss | 23. Lc 17,6; 1Cor 13,2 | 27. Mt 21,23-27; Lc 20,1-8 | 32. Mt 21,46 | **12**,1. Mt 21,33-46; Lc 20,9-19; Is 5,1-7 | 8. Hb 13,12s | 10. Sl 118,22s | 13. Mt 22,15-22; Lc 20,20-26; Mc 3,6

† **11**,25. Alguns manuscritos acrescentam aqui o v. 26: "Mas se não perdoardes, tampouco vos perdoará as ofensas vosso Pai que está nos céus", Mt 6,15.

dos herodianos, para o surpreenderem
em alguma palavra. 14Vieram chegan-
do e dizendo: "Mestre, sabemos que
és sincero e não dás preferência a nin-
guém, pois não julgas as pessoas pelas
aparências, mas ensinas a verdadeira
doutrina de Deus. É ou não lícito pagar
o imposto a César? Devemos pagar,
sim ou não?" 15Mas ele, percebendo
a hipocrisia deles, disse-lhes: "Por que
estais querendo me provar? Trazei-me
um denário, para que eu o veja". 16Eles
o trouxeram. Perguntou-lhes então:
"De quem é esta figura e a inscrição?"
Responderam-lhe: "De César". 17Então
Jesus lhes disse: "Devolvei a César o
que é dele, mas dai a Deus o que é de
Deus!"† E ficaram maravilhados com
ele.

Os saduceus e a ressurreição. 18Então
foram ter com ele alguns saduceus*,
aqueles que afirmam que não há res-
surreição, e lhe disseram: 19"Mestre,
Moisés nos deu a seguinte lei: 'Se
alguém tem um irmão e este morre,
deixando sua mulher sem filhos, ele se
casará com a viúva para dar uma des-
cendência ao irmão'†. 20Ora, havia sete
irmãos. O primeiro casou e morreu
sem deixar filhos. 21O segundo casou
com a viúva e morreu sem deixar fi-
lhos. O mesmo se deu com o terceiro;
22e nenhum dos sete deixou filho. Por
último morreu também a mulher. 23Na
ressurreição, quando ressuscitarem,
de qual deles será ela, se todos os sete
a tiveram por mulher?" 24Respondeu-
-lhes Jesus: "Não estais enganados por
não conhecerdes as Escrituras nem o
poder de Deus? 25Pois quando ressus-
citarem dentre os mortos, homens e
mulheres não se casarão: serão como
os anjos no céu. 26E sobre o fato de
que os mortos ressuscitam, não les-
tes no livro de Moisés, no episódio da
sarça, como Deus lhe disse: 'Eu sou o
Deus de Abraão, o Deus de Isaac e o
Deus de Jacó'?* 27Ele não é um Deus
de mortos, mas de vivos!† Estais muito
enganados!"

O maior mandamento. 28Um escriba
que tinha ouvido a discussão*, vendo
que ele respondera bem, aproximou-
-se de Jesus e perguntou-lhe: "Qual é o
primeiro de todos os mandamentos?"†
29Respondeu-lhe Jesus: "O primeiro
é este: Escuta, Israel: O Senhor nosso
Deus é o único Senhor. 30Amarás o
Senhor, teu Deus*, de todo o teu co-
ração, de toda a tua alma, com todo o
teu entendimento e com todas as tuas
forças†. 31E o segundo é este: Amarás
teu próximo como a ti mesmo*. Não
há mandamento maior do que estes".
32Disse-lhe o escriba: "Muito bem,
Mestre, disseste com razão que Deus é
um só e não há outro além dele 33e que
amá-lo de todo o coração*, com todo
o entendimento e com todas as forças
e amar o próximo como a si mesmo
vale mais do que todos os holocaus-
tos e todos os sacrifícios". 34Vendo que
o escriba falara com sabedoria, Jesus
disse-lhe: "Não estás longe do Reino
de Deus". E ninguém mais se atrevia a
interrogá-lo.

O Messias, filho de Davi. 35Toman-
do a palavra, dizia Jesus*, ensinando
no templo: "Como os escribas podem
dizer que o Messias é Filho de Davi?
36Foi o próprio Davi que disse, inspira-
do pelo Espírito Santo: 'Disse o Senhor
a meu senhor: Senta-te a minha di-
reita, até que eu ponha teus inimigos
debaixo de teus pés'. 37O próprio Davi
o chama de senhor; como pode então
ser seu filho?" E a numerosa multidão
o escutava com prazer.

---

* **12**,18. Mt 22,23-33; Lc 20,27-40; Gn 38,8; Dt 25,5s; At 23,8 | 26. Êx 3,6.15s | 28. Mt 22,34-40; Lc 10,25-28 | 30. Dt 6,4s; Jr 22,5 | 31. Lv 19,18; Rm 13,9; Gl 5,14; Tg 2,8 | 33. Dt 4,35; Is 45,21; 1Sm 15,22; Os 6,6 | 35. Mt 22,41-46; Lc 20,41-44; Sl 110,1; At 2,34s

† **12**,17. Se as moedas do imposto são romanas, pagar o imposto significa apenas restituir ao imperador o que lhe pertence. Mas com a mesma fidelidade deve-se também cumprir os deveres para com Deus. | 19. É a "lei do levirato" ou "lei do cunhado", Dt 25,5. | 27. Jesus vê em Êx 3,6.15s uma afirmação de que os patriarcas estão ainda vivos e continuam seu relacionamento com Deus. | 28. Esta era uma questão muito discutida entre os judeus, que tinham em suas leis 613 mandamentos. | 30. "Senhor, o que sou para ti para me mandares que te ame?" (S. Agostinho).

A hipocrisia dos escribas. [38]E dizia
em seu ensinamento:* "Cuidado com
os escribas, que gostam de passear
com roupas compridas, de ser cum-
primentados nas praças [39]e de ocupar
as primeiras cadeiras nas sinagogas e
os primeiros lugares nos banquetes.
[40]Devoram os bens das viúvas e simu-
lam longas orações. Receberão uma
condenação mais severa".
A oferta da viúva. [41]Sentado dian-
te do cofre de esmolas*, observava a
multidão que punha as moedas. Mui-
tos ricos davam grandes quantias.
[42]Veio uma pobre viúva, que pôs no
cofre duas moedas pequeninas, no
valor de um quadrante. [43]Jesus então
chamou seus discípulos e lhes disse:
"Na verdade vos digo: esta viúva po-
bre deu mais que todos os outros que
puseram moedas no cofre. [44]Pois to-
dos deram de seu supérfluo; ela, po-
rém, em sua penúria, deu tudo quanto
possuía, tudo o que tinha para viver".

13

**Anúncio da destruição do
templo.** [1]Ao sair do tem-
plo, disse-lhe um de seus discípulos:*
"Olha, Mestre, que pedras, que cons-
truções!" [2]Jesus respondeu-lhe: "Es-
tás vendo estas grandes construções?
Não ficará pedra sobre pedra que não
seja destruída!" [3]E estando ele senta-
do no monte das Oliveiras*, defronte
ao templo, Pedro, Tiago, João e André
perguntaram-lhe em particular: [4]"Di-
ze-nos quando se dará isto, e qual o
sinal de que tudo isto estará chegando
ao fim?"
Sinais do fim dos tempos. [5]Jesus en-
tão começou a dizer-lhes: "Cuidado
para que ninguém vos engane. [6]Muitos
virão em meu nome e dirão: Sou eu! E
enganarão a muitos. [7]Quando ouvirdes
falar de guerras e de boatos de guer-
ras, não fiqueis alarmados:* é neces-
sário que isto aconteça, mas não será
ainda o fim. [8]Porque se levantará nação
contra nação* e reino contra reino. Ha-
verá terremotos em diversos lugares,
e fome também. Será o princípio das
dores do parto".
Perseguições contra os discípulos.
[9]"Ficai de sobreaviso: sereis arrastados
aos tribunais* e açoitados nas sinago-
gas, comparecereis diante de governa-
dores e de reis por minha causa, para
dar testemunho diante deles. [10]Mas
primeiro é preciso que o Evangelho
seja pregado a todas as nações.
[11]Quando vos levarem para entre-
gar-vos, não vos preocupeis com o
que haveis de dizer, mas falai o que
vos for inspirado naquele momento,
pois não sereis vós que falareis, mas o
Espírito Santo. [12]O irmão entregará à
morte o próprio irmão e o pai, o filho*;
os filhos se levantarão contra os pais
e os farão morrer. [13]E sereis odiados
por todos por causa de meu nome,
mas quem perseverar até o fim, este
será salvo".
A calamidade final. [14]"Quando virdes
a abominação da desolação† instala-
da onde não devia estar* (que o leitor
procure entender!), então os que es-
tiverem na Judeia fujam para as mon-
tanhas; [15]quem estiver no terraço não
desça, nem entre para buscar alguma
coisa em casa, [16]e o que se encontrar
no sítio* não volte atrás para apanhar
um agasalho. [17]Infelizes daquelas que
estiverem grávidas ou amamentan-
do* nesses dias! [18]Rezai para que isto
não aconteça no inverno. [19]Porque
naqueles dias haverá tamanha tribu-
lação, como não houve desde o prin-
cípio do mundo que Deus criou, até
agora, e nem haverá jamais. [20]E se o
Senhor não abreviasse aqueles dias,
ninguém se salvaria. Mas, por causa
dos eleitos que escolheu, abreviou

---

* **12**,38. Mt 23,1-36; Lc 20,45ss | 41. Lc 21,1-4 | **13**,1. Mt 24,1s; Lc 19,44; 21,5s | 3. Mt 24,3-14; Lc 21,7-19 | 7. Dn 2,28 | 8. 2Cr 15,6; Is 19,2; Mq 7,6 | 9. Mt 10,19s; Lc 12,11s | 12. Mq 7,6; Mt 10,22; Jo 15,18-21 | 14. Mt 24,15-28; Lc 21,20-24; Dn 9,27; 11,31; 12,11; 1Mc 1,54.59 | 16. Lc 17,31 | 17. Lc 23,29; Dn 12,1

† **13**,14. Em Dn 9,27 esta expressão indica a profanação do templo de Jerusalém pela instalação de um ídolo pagão. | 25. Ver a nota em Mt 24,29. | 32. Jesus sabia, como Deus-homem, mas não tinha a missão de revelá-lo.

aqueles dias. [21]Então, se alguém vos
disser: 'Aqui está o Cristo!'* ou: 'Ele
está ali!', não acrediteis. [22]Vão apare-
cer, com efeito, falsos cristos e falsos
profetas, que farão sinais e prodígios
para enganar os eleitos, se fosse pos-
sível. [23]Ficai, pois, de sobreaviso. Eu
vos predisse tudo".
A vinda do Filho do homem. [24]"Mas
naqueles dias, depois dessa tribula-
ção*, o sol escurecerá, a lua não bri-
lhará mais, [25]cairão as estrelas do céu
e as forças que estão no céu serão
abaladas†. [26]Ver-se-á, então, o Filho do
homem vir nas nuvens* com grande
poder e glória. [27]Mandará os anjos e
reunirá seus eleitos dos quatro pontos
cardeais, desde a extremidade da terra
até a extremidade do céu.
[28]Aprendei esta comparação tirada
da figueira*. Quando seus ramos estão
tenros e as folhas começam a brotar,
sabeis que está próximo o verão. [29]As-
sim também, quando virdes acontecer
estas coisas, ficai sabendo que o Filho
do homem está próximo, junto a suas
portas. [30]Na verdade vos digo: esta
geração não passará antes que tudo
isso aconteça. [31]Passará o céu e a ter-
ra*, mas minhas palavras não passarão.
[32]Mas a respeito do dia e da hora*, nin-
guém sabe, nem os anjos no céu, nem
o Filho†, mas somente o Pai".
A vigilância cristã. [33]"Olhai, vigiai, por-
que não sabeis quando chegará a hora.
[34]Será como um homem que partiu em
viagem: deixou sua casa, deu poder a
seus servos, distribuiu tarefas entre eles
e mandou o porteiro ficar vigiando.
[35]Assim também, ficai alerta, porque
não sabeis quando voltará o dono da
casa: se de tarde, se à meia-noite, se de
madrugada, se de manhã. [36]Que não
venha ele de improviso e vos encontre
dormindo! [37]E o que vos digo, digo a
todos: ficai alerta!"

V. MORTE E RESSURREIÇÃO DE JESUS (14–16)

14 **Conspiração contra Jesus.**
[1]Faltavam dois dias para a Pás-
coa* e a festa dos Ázimos†. Os sumos
sacerdotes e os escribas procuravam
um meio de prender traiçoeiramente
Jesus para o matar. [2]Pois diziam: "Não
seja durante a festa, para não haver tu-
multo entre o povo".
O jantar em Betânia. [3]Achando-se
Jesus em Betânia*, na casa de Simão,
o leproso, enquanto estava à mesa,
chegou uma mulher com um frasco de
alabastro, cheio de perfume de nar-
do puro, de alto preço. Quebrando o
frasco, derramou o perfume na cabeça
dele. [4]Alguns dos presentes diziam en-
tre si indignados: "Por que este desper-
dício de perfume? [5]Este perfume pode-
ria ser vendido por mais de trezentos
denários e o dinheiro seria dado aos
pobres". E se irritavam contra ela. [6]Mas
Jesus disse: "Deixai-a; por que a inco-
modais? Foi uma boa obra que ela fez
em meu favor. [7]Pobres sempre tereis
em vosso meio e podereis fazer bem
a eles quando quiserdes*. Mas a mim
não tereis sempre. [8]Ela fez o que pôde,
ungindo de antemão meu corpo para
ser sepultado. [9]Na verdade vos digo:
em todo o mundo, onde quer que for
anunciado o Evangelho, contarão, em
sua memória, o que ela fez".
Judas prepara a traição. [10]Judas Is-
cariotes, um dos Doze*, foi ter com os
sumos sacerdotes para lhes entregar
Jesus. [11]Eles ficaram alegres com esta
notícia e prometeram dar-lhe dinheiro.

---

* **13**,21. Dt 13,1-4; Ap 13,13 | 24. Mt 24,29ss; Lc 21,25-28; Is 13,10; 34,4; Ez 32,7s; Jl 2,10; 3,4; Ap 6,12ss; 8,12 | 26. Dn 7,13s; Zc 2,6.10; Dt 30,4 | 28. Mt 24,32-35; Lc 21,29-33 | 31. Mt 5,18; Lc 16,17 | 32. Mt 24,36-44 | **14**,1. 11,18; Mt 26,1-5; Lc 22,1s; Jo 11,45-53; Lc 19,47 | 3. Mt 26,6-13; Jo 12,1-8; Lc 7,37s | 7. Jo 19,40 | 10. Mt 26,14ss; Lc 22,3-6

† **14**,1. Páscoa e Ázimos eram duas festas distintas: a primeira de origem nômade e a segunda uma festa agrícola. Ambas eram celebradas no início da primavera, março/abril, como a Páscoa cristã. Na Páscoa dos judeus imolava-se o cordeiro pascal em memória da saída do Egito, Êx 12, e nos Ázimos durante sete dias comiam-se pães ázimos, isto é, sem fermento.

E ele ficou esperando uma boa ocasião para entregá-lo.

A última ceia. 12No primeiro dia dos Ázimos*, quando se imolava o cordeiro pascal, disseram-lhe seus discípulos: "Onde queres que façamos os preparativos para comeres a Páscoa?" 13Ele enviou, então, dois de seus discípulos, dizendo: "Ide à cidade e encontrareis um homem levando um cântaro de água. Acompanhai-o. 14Onde ele entrar, dizei ao dono da casa: 'O Mestre manda perguntar: Onde está minha sala, na qual poderei comer a Páscoa com meus discípulos?' 15Ele vos mostrará, no andar superior, uma grande sala, já mobiliada e pronta. Fazei lá os preparativos para nós". 16Os discípulos foram e, entrando na cidade, encontraram tudo como ele tinha dito e prepararam a Páscoa.

17Ao cair da tarde, ele chegou com os Doze. 18Enquanto estavam à mesa, Jesus lhes disse: "Na verdade vos digo: um de vós, um que come comigo*, vai trair-me". 19Eles ficaram tristes e começaram a lhe perguntar um após outro: "Serei eu?" 20Ele disse: "É um dos doze, que junto comigo põe a mão no mesmo prato. 21O Filho do homem vai, como está escrito a respeito dele, mas ai do homem pelo qual é traído o Filho do homem: melhor seria para ele não ter nascido!"

22Enquanto comiam*, ele tomou um pão, recitou a bênção, partiu-o e deu-o aos discípulos, dizendo: "Tomai, isto é meu corpo". 23Depois tomou um cálice, deu graças e passou-o a eles, e todos beberam. 24Ele disse-lhes: "Este é meu sangue, o sangue da aliança, derramado pela multidão. 25Na verdade vos digo: Não beberei mais do fruto da videira até o dia em que beberei o vinho novo no Reino de Deus"†.

Anúncio da negação de Pedro. 26Depois de cantarem os Salmos, saíram para o monte das Oliveiras. 27Jesus lhes disse: "Todos vós ireis cair*, porque está escrito: 'Ferirei o pastor, e as ovelhas se dispersarão'. 28Mas depois de minha ressurreição, eu vos precederei na Galileia". 29Pedro disse-lhe: "Podem cair todos, mas eu não!" 30Disse-lhe Jesus: "Na verdade te digo: hoje mesmo, nesta noite ainda, antes que o galo cante duas vezes, tu me terás negado três vezes". 31Mas ele dizia com mais insistência: "Mesmo que eu tenha de morrer contigo*, não te negarei!" E todos diziam o mesmo.

A agonia no horto. 32Chegaram a um lugar* chamado Getsêmani. Jesus disse a seus discípulos: "Sentai-vos aqui, enquanto vou rezar". 33Tomou consigo Pedro, Tiago e João* e começou a sentir medo e angústia. 34E lhes disse: "Minha alma está numa tristeza mortal*. Ficai aqui e vigiai". 35Indo um pouco mais longe, prostrou-se por terra e rezava para que, se fosse possível, essa hora passasse longe dele. 36Dizia: "Abbá!† tudo vos é possível*; afastai de mim este cálice. Mas não aconteça como eu quero, mas como vós quereis". 37Voltando, encontrou-os dormindo. Então disse a Pedro: "Simão, estás dormindo? Não foste capaz de ficar em vigília uma hora apenas? 38Vigiai e rezai* para não cairdes em tentação. O espírito está disposto, mas a natureza é fraca". 39Afastou-se de novo e rezou, repetindo as mesmas palavras. 40Voltou outra vez e os encontrou dormindo, porque seus olhos estavam pesados; e eles não souberam o que lhe responder. 41Pela terceira vez voltou e lhes disse: "Agora podeis dormir e descansar! Basta!

---

* **14**,12. Mt 26,17-25; Lc 22,7-23; Êx 12,6.14-20 | 18. Sl 41,10; Jo 13,21-30 | 22. Mt 26,26-30; Lc 22,15-20; 1Cor 11,23ss; Êx 24,8; Zc 9,11 | 27. Mt 26,31-35; Lc 22,31-34; Jo 13,36ss; Zc 13,7 | 31. Jo 11,16 | 32. Mt 26,36-46; Lc 22,39-46; Jo 18,1 | 33. 5,37; 9,2 | 34. Sl 42,6.12; 43,5 | 36. Jo 5,30; 6,38; 12,27 | 38. Mt 6,13; Lc 11,4

† **14**,25. "A Eucaristia é o memorial da Páscoa do Senhor e por nossa comunhão ao altar somos repletos de todas as graças e bênçãos do céu; por isso a Eucaristia é também a antecipação da glória celeste. Em toda Eucaristia, a Igreja relembra esta promessa, e seu olhar se volta para Aquele que vem (Ap 1,4). A participação na Missa sustenta nossas forças ao longo da peregrinação desta vida, faz-nos desejar a vida eterna e nos une já à Igreja do céu, a todos os santos" (CIC). | 36. Em todo o judaísmo, Jesus é o único a dirigir-se ao Pai com esta palavra carinhosa, que significa "Papai" e exprime uma filiação de natureza única.

Chegou a hora! O Filho do homem vai ser entregue às mãos dos pecadores. 42Levantai-vos, vamos! Aquele que vai entregar-me está perto".

Prisão de Jesus. 43E logo, enquanto ainda estava falando*, chegou Judas, um dos Doze, e com ele um bando armado de espadas e paus, enviado pelos sumos sacerdotes, escribas e anciãos. 44Ora, o traidor combinara com eles um sinal, dizendo: "Aquele a quem eu beijar, é ele. Prendei-o e levai-o bem escoltado". 45Logo que chegou, aproximou-se dele e disse: "Rabi!" E o beijou. 46Os outros puseram-lhe as mãos e o prenderam. 47Então um dos que lá estavam puxou da espada e feriu o servo do sumo sacerdote, cortando-lhe a orelha.

48Dirigindo-se a eles, disse Jesus: "Por acaso sou um bandido, para que venhais prender-me armados de espadas e paus? 49Todos os dias estava em vosso meio, no templo, ensinando, e não me prendestes. Mas é para que as escrituras se cumpram!" 50Então todos o abandonaram* e fugiram. 51Seguia-o um moço, que não tinha por roupa senão um lençol; prenderam-no, 52mas ele, deixando o lençol, fugiu nu†.

O processo de Jesus. 53Levaram Jesus ao sumo sacerdote e lá se reuniram* todos os sumos sacerdotes, os anciãos e os escribas. 54Pedro o seguira de longe, até dentro do palácio do sumo sacerdote. Sentado junto aos servidores, aquecia-se ao fogo.

55Os sumos sacerdotes e todo o Sinédrio† procuravam um testemunho contra Jesus, para condená-lo à morte, mas não encontravam. 56Pois muitos prestavam depoimentos falsos contra ele, mas suas afirmações não concordavam. 57Levantaram-se então alguns e apresentaram contra ele esta falsa acusação: 58"Nós o ouvimos dizer: 'Eu destruirei este templo*, feito por mãos de homem, e em três dias construirei outro, que não será feito por mãos de homens'". 59Mas nem nisto concordavam seus depoimentos.

60Levantou-se então o sumo sacerdote no meio da assembleia e interrogou a Jesus: "Não respondes nada? Que é que eles testemunham contra ti?" 61Mas ele se calava e nada respondia*. De novo o sumo sacerdote o interrogou, dizendo-lhe: "És tu o Cristo, o Filho do Deus Bendito?" 62Jesus respondeu: "Eu sou. E vereis o Filho do homem sentado à direita do Poderoso* e vindo com as nuvens do céu"†. 63O sumo sacerdote então, rasgando as vestes, disse: "Para que precisamos ainda de testemunhas? 64Ouvistes a blasfêmia. Que vos parece?" Todos o consideraram réu de morte.

65Começaram então alguns a cuspir nele e, tapando-lhe o rosto, davam-lhe bofetadas, dizendo: "Mostra que és profeta!" E os servos batiam nele.

As negações de Pedro. 66Quando Pedro estava embaixo*, no pátio, chegou uma das empregadas do sumo sacerdote 67e, vendo Pedro que se aquecia, encarou-o e disse: "Tu também estavas com o Nazareno, com Jesus!" 68Mas ele negou, dizendo: "Não sei, não compreendo o que dizes". Saiu em seguida para a entrada; e um galo cantou. 69A empregada, vendo-o, recomeçou a dizer aos que lá estavam: "Este é um deles!" 70Mas ele negou outra vez. Pouco depois, os que ali se achavam disseram a Pedro: "Realmente, tu és um deles, pois também és galileu!" 71Ele, então, começou a jurar e a praguejar: "Não conheço este homem* de quem falais!" 72E logo, pela segunda vez, um galo cantou. Recordou-se, então, Pedro do que Jesus lhe tinha dito: "Antes que o galo cante duas vezes, tu me terás negado três vezes". E desatou a chorar.

---

* **14**,43. Mt 26,47-56; Lc 22,47-53; Jo 18,2-12 | 50. Zc 13,7 | 53. Mt 26,57-68; Lc 22,54-71; Jo 18,13s | 58. 15,29; Jo 2,19 | 61. Lc 23,9 | 62. 13,26; Sl 110,1; Dt 7,13 | 66. Mt 26,69-75; Lc 22,56-62; Jo 18,15-27 | 71. 14,30

† **14**,52. Este moço parece ser o próprio Marcos, que, aliás, é o único evangelista a contar este detalhe. | 55. O Sinédrio, assembleia composta de 71 membros das famílias sacerdotais e presidida pelo sumo sacerdote, era a máxima autoridade religiosa. | 62. Ver a nota em Mt 26,64.

15 **Processo diante de Pilatos.**
1Logo de manhã, os sumos
sacerdotes* reuniram-se em conselho
com os anciãos, os escribas e todo o
Sinédrio. Depois, amarrando Jesus,
levaram-no e o entregaram a Pilatos†.
2Pilatos o interrogou: "Tu és o rei dos
judeus?" Jesus respondeu: "Tu o dis-
seste". 3Os sumos sacerdotes multipli-
cavam as acusações contra ele. 4Pilatos
de novo o interrogou: "Nada respon-
des?* Olha de quantas coisas eles te
acusam!" 5Mas Jesus não respondeu
mais nada*, de sorte que Pilatos ficou
admirado.
6Em cada Festa, ele costumava liber-
tar um preso*, aquele que pedissem.
7Ora, estava na prisão um homem
chamado Barrabás, preso junto com
agitadores, que num tumulto tinham
cometido um homicídio. 8Tendo subi-
do, a multidão começou a pedir o fa-
vor que lhes costumava fazer. 9Pilatos
respondeu: "Quereis que vos solte o rei
dos judeus?" 10Bem sabia, com efeito,
que era por inveja* que os sumos sa-
cerdotes o tinham entregado. 11Mas
os sumos sacerdotes incitaram a mul-
tidão para pedir que ele soltasse antes
Barrabás. 12Pilatos, tomando outra vez
a palavra, dizia-lhes: "Que devo fazer,
então, desse que chamais* de rei dos
judeus?" 13Mas eles gritaram de novo:
"Crucifica-o!" 14Pilatos lhes disse: "Mas
que mal fez ele?" Eles, porém, gritavam
mais forte: "Crucifica-o!" 15Pilatos, que-
rendo contentar a multidão, soltou-
-lhes Barrabás e, depois de fazer açoitar
Jesus, entregou-o para ser crucificado†.
A coroação de espinhos. 16Os solda-
dos o levaram para dentro do palácio*,
para o Pretório, e reuniram todo o
batalhão. 17Revestiram-no de púrpu-
ra, fizeram uma coroa de espinhos e
puseram-na em sua cabeça. 18Começa-
ram depois a saudá-lo: "Salve, rei dos
judeus!" 19Batiam-lhe na cabeça com
uma cana, cuspiam nele e, de joelhos, o
homenageavam. 20Depois de haverem
zombado dele, tiraram-lhe a púrpura e
o vestiram com suas roupas.
A via-sacra. Depois o levaram para
fora, para o crucificar. 21Para carregar
sua cruz, chamaram Simão Cireneu*,
pai de Alexandre e Rufo, que estava
passando por ali, voltando do sítio.
22Levaram Jesus para o lugar chamado
Gólgota, que quer dizer "Lugar do Crâ-
nio". 23Eles lhe ofereciam vinho* mistu-
rado com mirra, mas ele não tomou†.
Jesus na cruz. 24Depois o crucificaram
e dividiram suas vestes, decidindo pela
sorte o que caberia a cada um. 25Era a
hora terceira† quando o crucificaram.
26A inscrição que indicava o motivo
de sua condenação dizia: "O rei dos
judeus". 27Junto com ele crucificaram
dois ladrões*, um à direita, outro à es-
querda†.
29Os que passavam por lá o injuria-
vam, balançando a cabeça e dizendo:
"Ah! tu que destróis o templo* e o re-
constróis em três dias, 30salva-te a ti
mesmo, descendo da cruz!" 31Da mes-
ma forma os sumos sacerdotes e os es-
cribas zombavam dele entre si, dizen-
do: "Salvou os outros e não pode salvar
a si mesmo! 32Desça agora da cruz o
Cristo, rei de Israel, para nós vermos e
acreditarmos!" Até mesmo aqueles que
tinham sido crucificados junto com ele
o injuriavam.
Morte de Jesus. 33À hora sexta*, a es-
curidão cobriu toda a terra,† até a hora

---

* **15**,1. Mt 27,1s; Lc 23,1-5; Jo 18,28-38 | 4. Is 53,7 | 5. Lc 23,9 | 6. Mt 27,15-26; Lc 23,13-25; Jo 18,39; 19,1-16 | 10. At 3,14 | 12. At 13,28 | 16. Mt 27,27-31; Jo 19,2s; Lc 23,11 | 21. Mt 27,32-44; Lc 23,26-43; Jo 19,17-27 | 23. Sl 69,71; Sl 22,19 | 27. Is 53,12 | 29. Sl 22,8; Lm 2,15; Jo 2,19 | 33. Mt 27,45-56; Lc 23,44-49; Jo 19,28ss; Sl 22,2

† **15**,1. Pôncio Pilatos, procurador romano que governou a Judeia de 26 a 36 dC, residia em Cesareia marítima, porém, subia a Jerusalém para as festas. | 15. Os primeiros cristãos reduziram ao mínimo a intervenção dos romanos na morte de Jesus, fazendo recair a responsabilidade sobre os chefes judeus. | 23. Bebida que se oferecia aos condenados, para inebriá-los, aliviando seus tormentos. | 25. Cerca de 9 horas da manhã. | 27. Alguns manuscritos acrescentam aqui como v. 28: "E cumpriu-se a Escritura que diz: E ele foi contado entre os malfeitores", Lc 22,37. | 33. Trevas misteriosas, como nas descrições proféticas dos grandes castigos divinos, Is 13,10; Jr 15,9; Am 8,9. Hora sexta é meio-dia; hora nona é 3 da tarde.

nona. 34À hora nona, Jesus gritou com
voz forte: "Eloí, Eloí, lema sabachtani?"
Isto quer dizer: "Meu Deus, meu Deus,
por que me abandonastes?" 35Alguns
dos circunstantes, ouvindo-o, disse-
ram: "Ele está chamando Elias!" 36Al-
guém correu* a embeber de vinagre
uma esponja e, colocando-a na ponta
de uma vara, oferecia-lhe para beber,
dizendo: "Esperai, vamos ver se Elias
vem descê-lo!" 37Jesus então, dando
um grande grito, expirou.

38A cortina do templo rasgou-se de
alto a baixo* em duas partes†. 39O cen-
turião que estava diante dele, vendo
como havia expirado, disse: "Na verda-
de, este homem era filho de Deus!"†

O sepultamento. 40Estavam ali tam-
bém algumas mulheres*, que olhavam
de longe. Entre elas estavam Maria Ma-
dalena, Maria, mãe de Tiago, o Menor,
e de José, e Salomé, 41que o seguiam
e estavam a seu serviço quando ele se
achava na Galileia. E muitas outras ain-
da que tinham subido com ele a Jeru-
salém.

42Caindo a tarde* e como era a Pre-
paração da Páscoa, quer dizer, a vés-
pera do sábado, 43José de Arimateia,
membro importante do Conselho, que
também esperava o Reino de Deus, teve
a coragem de ir até Pilatos e pediu o
corpo de Jesus. 44Pilatos admirou-se de
que ele já estivesse morto e, chamando
o centurião, perguntou se ele já tinha
morrido há muito tempo. 45Informado
pelo centurião, mandou entregar o cor-
po a José. 46Este, comprando um lençol,
desceu Jesus da cruz e, envolvendo-
-o no lençol, colocou-o num sepulcro*
escavado na rocha. Depois rolou uma
pedra na entrada do sepulcro. 47Maria
Madalena e Maria, mãe de José, esta-
vam observando onde ele foi colocado.

16 **Ressurreição de Jesus.** 1Pas-
sado o sábado, Maria Mada-
lena*, Maria, mãe de Tiago, e Salomé
compraram aromas para irem embal-
samar o corpo de Jesus. 2E no primeiro
dia da semana†, foram muito cedo ao
sepulcro, ao nascer do sol.

3Diziam entre si: "Quem vai remover
para nós a pedra da entrada do sepul-
cro?" 4Mas, erguendo os olhos, viram
já removida a pedra, que era muito
grande. 5Entrando no sepulcro, viram
um jovem* sentado do lado direito,
vestido de uma túnica branca, e fica-
ram cheias de espanto. 6Ele disse-lhes:
"Não vos assusteis! Estais procurando
Jesus de Nazaré, que foi crucificado.
Ele ressuscitou! Não está aqui! Vede o
lugar onde o depositaram. 7Mas ide e
dizei a seus discípulos e a Pedro que
ele vos precede na Galileia. Lá o ve-
reis*, como vos disse". 8E, saindo, elas
fugiram do sepulcro, pois estavam trê-
mulas e espantadas. E a ninguém dis-
seram coisa alguma, porque tinham
medo...

As aparições do Ressuscitado†. 9Ten-
do Jesus ressuscitado na manhã* do
primeiro dia da semana, apareceu pri-
meiro a Maria Madalena, da qual ha-
via expulsado sete demônios. 10Ela foi

* **15**,36. Sl 69,21 | 38. Hb 10,19s | 40. Lc 8,2s | 42. Mt 27,57-61; Lc 23,50-56; Jo 19,32-42 | 46. At 13,29 **16**,1. 15,40; Mt 28,1-8; Lc 24,1-12; Jo 20,1-10 | 5. Ap 7,9.13 | 7. 14,28; Mt 26,32 | 9. Mt 28,8ss; Jo 20,11-18

† **15**,38. A cortina que se rasga e a proclamação do centurião são um apelo à missão entre os gentios. | 39. O centurião, embora seja pagão, já parece iluminado pela fé ao dar esse testemunho solene da grandeza de Jesus enquanto ele era rejeitado e sentenciado. Aqui a expressão "filho de Deus" ainda não é uma afirmação da divindade de Jesus. Mas à luz do Mistério Pascal e com a graça do Espírito Santo, os discípulos perceberam que ele se dizia "Filho" num sentido único, sugerindo sua origem celeste. Suscitar esta fé em Jesus, Filho de Deus, é o objetivo de toda a pregação apostólica e do Evangelho de Marcos, 1,1; Jo 20,31. | **16**,2. É o dia seguinte ao sábado, ou seja, nosso domingo, palavra que significa "dia do Senhor". Justamente porque a ressurreição foi num domingo é que os cristãos guardam o domingo em vez do sábado, costume que teve início logo nos primeiros anos do cristianismo, At 20,7; 1Cor 16,2; Ap 1,10. | 9. Esta conclusão do Evangelho, vv. 9-20, não parece ser do próprio Marcos, mas não deixa de ser inspirada e é parte integrante da Bíblia. Aí temos um resumo das aparições do Ressuscitado, que são narradas mais longamente nos outros Evangelhos, e descreve-se a ascensão de Jesus com sua despedida e a ordem de evangelizar o mundo inteiro.

dar a notícia aos que tinham sido seus
companheiros, e que estavam aflitos
e choravam. [11]E estes, ouvindo contar
que ele estava vivo e que ela o tinha
visto, não creram nela.

[12]Depois disso, apareceu sob outra
forma, a dois deles*, enquanto cami-
nhavam para uma aldeia. [13]Eles volta-
ram e o anunciaram aos outros, mas
tampouco a estes deram crédito.

Jesus envia os apóstolos. [14]Finalmen-
te, apareceu aos próprios Onze*, quan-
do estavam à mesa, e repreendeu-os
por sua incredulidade e dureza de co-
ração, porque não tinham acreditado
naqueles que o viram ressuscitado. [15]E
disse-lhes: "Ide pelo mundo inteiro e
proclamai o Evangelho a toda criatura!
[16]Quem crer e for batizado será salvo.
Quem não crer será condenado. [17]Es-
tes são os sinais que acompanharão os
que creem: em meu nome expulsarão
demônios, falarão línguas novas, [18]pe-
garão em serpentes e nada sofrerão se
beberem algum veneno, imporão as
mãos sobre os doentes e estes ficarão
curados".

[19]O Senhor Jesus*, depois de lhes fa-
lar assim, foi elevado ao céu e sentou-
-se à direita de Deus. [20]Os apóstolos
partiram e pregaram por toda a parte*.
O Senhor cooperava com eles e con-
firmava a Palavra com os sinais que a
acompanhavam.

---

* **16**,12. Lc 24,13-35 | 14. Mt 28,16-20; Lc 24,36-49; Jo 20,19-23; At 1,6ss | 19. Lc 24,50-53; At 1,9ss; 2Rs 2,11; Sl 110,1 | 20. At 14,3; Hb 2,3s

EVANGELHO SEGUNDO LUCAS

O Evangelho de São Lucas, escrito em torno do ano 70, é a primeira parte de uma obra em dois volumes que conta as origens do cristianismo. O primeiro volume, mencionado em At 1,1, é este Evangelho, mensagem sobre Jesus, sua vida e sua obra de salvação. O segundo (que retoma a narração onde terminara o anterior, a saber, na ascensão de Jesus), é o livro dos Atos dos Apóstolos, onde são descritos os primeiros passos da Igreja fundada por Jesus, sobretudo a atividade dos apóstolos Pedro e Paulo.

O autor escreveu com grande preocupação de fidelidade histórica. Para isso pesquisou tudo quanto já tinha sido escrito sobre Jesus – inclusive o Evangelho de Marcos – e procurou obter das pessoas que conheceram o Mestre informações complementares; pelos relatos que aparecem no Evangelho da infância (Lc 1–2) podemos supor que Nossa Senhora foi uma das pessoas consultadas.

Devido a esta riqueza de fontes, Lucas pôde apresentar muitas secções próprias. Se não fosse seu trabalho de pesquisador, talvez ficassem perdidas para sempre algumas joias literárias como a parábola do fariseu e do publicano, a do filho pródigo e certos episódios como o dos discípulos de Emaús, que constam apenas no terceiro Evangelho.

Em suas grandes linhas, o plano de Lucas é o mesmo de Marcos, baseado em critérios de ordem geográfica. Conforme os lugares evangelizados por Jesus, o Evangelho começa na Galileia (4,14–9,50) e termina em Jerusalém (19,28–24,53), para onde Jesus se encaminha numa longa jornada (9,51–19,27), que "é mais uma peregrinação espiritual do que um itinerário geográfico" (C. Stuhlmueller).

São Lucas, autor deste Evangelho, não pertence aos Doze, mas foi discípulo deles e conviveu por muitos anos com São Paulo, a quem acompanhou desde a segunda viagem missionária (At 16,10) até a morte do Apóstolo (2Tm 4,11). Em Cl 4,14 São Lucas é chamado de médico amado. Natural de Antioquia, era possuidor de boa cultura, o que transparece em sua linguagem acurada. Sua obra foi editada após a de Marcos e ao mesmo tempo que a de Mateus. Isto é, por volta do ano 70. Destina-se aos gentios convertidos, daí seu caráter universalista e a maneira simpática de se referir aos não judeus. Outra categoria pela qual o autor manifesta predileção são os pobres, os humildes, as mulheres, que a civilização judaica desprezava. Apresenta Jesus como aquele que corresponde aos anseios de libertação de todas as classes oprimidas. Por isso, a característica principal do Salvador no retrato de Lucas é a misericórdia. Ao mesmo tempo, porém, o Reino de Deus é descrito como algo absoluto e exigente, pelo qual se renuncia a tudo (14,33).

A influência de Paulo é perceptível em outros temas preferidos por Lucas: o Espírito Santo, cuja presença se observa desde o Evangelho da infância, e que terá uma atuação marcante no começo da Igreja, como narra o livro dos Atos; a alegria e o louvor a Deus, referidos nas últimas frases do Evangelho e também presentes desde suas primeiras páginas; a oração, tema de várias parábolas, e atitude na qual Jesus é apresentado em diversas ocasiões, como no batismo (Lc 3,21) e na transfiguração (9,29). Finalmente, o centro de todo o Evangelho parece ser Jerusalém, em sua condição de Cidade Santa e cenário do mistério da Cruz: lá se desenrolam os primeiros como também os últimos episódios desta história e é para lá que Jesus caminha através da longa viagem, que constitui a parte mais volumosa da obra (9,51–19,27).

---

1 **Prólogo.** [1]Muitos já se lançaram à tarefa de compor a narração dos fatos que entre nós se cumpriram, [2]de acordo com o que nos transmitiram aqueles que, desde o início*, foram testemunhas oculares e ministros da Palavra. [3]Assim, excelentíssimo Teófilo*, depois de me haver informado cuidadosamente de tudo desde o princípio, resolvi escrever para ti uma exposição ordenada dos fatos, [4]para conheceres melhor a solidez da doutrina que recebeste.

---

* **1**,2. At 1,8; Jo 15,27 **|** 3. At 1,1

† **I.** O Evangelho começa contando, em trechos paralelos, duas infâncias: a de João Batista e a de Jesus. Numa linguagem calcada sobre o AT, Lc 1–2 anuncia a chegada do Salvador, que cumpre as promessas de Deus e realiza as esperanças dos humildes. E no livro dos Atos, Lucas vai narrar uma outra infância, a da Igreja, Corpo de Cristo, Cl 1,18.

LUC JOÃ

I. INFÂNCIA DE JOÃO BATISTA E DE JESUS (1,5–2,52)†

Anúncio do nascimento de João Batista. [5]No tempo de Herodes, rei da Judeia, havia um sacerdote chamado Zacarias, pertencente à classe de Abias; sua mulher era uma descendente de Aarão e chamava-se Isabel. [6]Ambos eram justos diante de Deus e seguiam fielmente todos os mandamentos e preceitos do Senhor. [7]Mas não tinham filhos*, porque Isabel era estéril, e os dois eram de idade avançada. [8]Ora, quando Zacarias estava exercendo as funções sacerdotais diante de Deus*, ao chegar a vez de sua classe, [9]ele foi sorteado segundo o costume dos sacerdotes, para entrar no santuário do Senhor e lá oferecer o incenso. [10]Toda a multidão do povo estava em oração, lá fora, no momento de se oferecer o incenso. [11]Apareceu-lhe então um anjo do Senhor,* de pé, à direita do altar do incenso. [12]Ao vê-lo, Zacarias ficou assustado e cheio de medo. [13]Mas o anjo lhe disse: "Não tenhas medo, Zacarias, porque tua oração foi atendida: Isabel, tua esposa, vai te dar um filho, a quem darás o nome de João. [14]Ficarás feliz e radiante, e muitos se alegrarão quando ele nascer. [15]Porque ele será grande diante do Senhor; não tomará vinho* nem qualquer bebida forte; desde o seio de sua mãe será cheio do Espírito Santo [16]e reconduzirá muitos filhos de Israel ao Senhor, seu Deus. [17]Caminhará diante dele com o espírito e o poder de Elias, para reconduzir o coração dos pais aos filhos* e os rebeldes à sabedoria dos justos, a fim de preparar para o Senhor um povo bem disposto". [18]Zacarias disse ao anjo: "Como terei certeza disto?* Pois sou velho e minha mulher é de idade avançada". [19]Respondeu-lhe o anjo:* "Eu sou Gabriel. Estou sempre diante de Deus, e fui enviado para te falar e anunciar* esta boa nova. [20]Ficarás mudo e sem poder falar até o dia em que se realizarem estas coisas, já que não acreditaste em minhas palavras, que hão de cumprir-se a seu tempo"*. [21]Entretanto, o povo esperava Zacarias, estranhando sua demora no santuário. [22]Mas quando saiu, não lhes podia falar, e compreenderam que tivera uma visão no santuário. Quanto a ele, fazia-lhes sinais, continuando mudo.

[23]Completados os dias de seu ministério, ele voltou para casa. [24]Algum tempo depois, sua esposa Isabel concebeu e ficou escondida por cinco meses. [25]"Assim – dizia ela – agiu o Senhor em meu favor*, no tempo em que se dignou acabar com a humilhação que eu sofria entre o povo".

Anúncio do nascimento de Jesus. [26]No sexto mês*, o anjo Gabriel foi enviado por Deus a uma cidade da Galileia, chamada Nazaré, [27]a uma virgem, noiva de um homem, de nome José, da casa de Davi*; a virgem chamava-se Maria†. [28]Entrando onde ela estava, disse-lhe o anjo: "Alegra-te, ó cheia de graça, o Senhor é contigo"†. [29]Ao ouvir tais palavras, Maria ficou confusa e começou a pensar o que significaria aquela saudação. [30]Disse-lhe o anjo: "Não tenhas medo, Maria*, porque Deus se mostra bondoso para contigo. [31]Conceberás em teu seio e darás à luz um filho e lhe porás o nome de Jesus. [32]Ele será grande e será chamado Filho do Altíssimo. O Senhor Deus lhe dará

---

* **1**,7. Gn 18,11; Jz 13,2ss; 1Sm 1,5s | 8. Êx 30,7 | 11. Mt 1,20 | 15. Nm 6,3; Jz 13,4s; 1Sm 1,11 | 17. Ml 3,1; Mt 17,12s | 18. Gn 15,8 | 19. Dn 8,16; 9,21 / Hb 1,14 | 20. 1,45 | 25. Gn 30,23 | 26. 2,5 | 27. Mt 1,16.18 | 30. Gn 16,11; Jz 13,3; Is 7,14; Mt 1,21ss

† **1**,27. "Maria, virgem Mãe de Deus, é a obra-prima da missão do Filho e do Espírito Santo na plenitude dos tempos. Pela primeira vez no plano da salvação e porque seu Espírito a preparou, o Pai encontra a Morada em que seu Filho e seu Espírito podem habitar entre os homens. É por isso que a Tradição da Igreja muitas vezes leu, com relação a Maria, os mais belos textos sobre a Sabedoria (Pr 8,1-9,6; Eclo 24). Maria é louvada na Liturgia como o 'trono da Sabedoria'" (CIC). | 28. Na Anunciação, Maria representa o povo de Deus que acolhe a salvação; por isso, a saudação do anjo repete as palavras proféticas dirigidas à Filha de Sião, à nova Jerusalém, Sf 3,14s; Zc 9,9.

o trono de Davi, seu pai, 33e ele reinará para sempre na casa de Jacó*. E seu reino não terá fim". 34Maria, porém, perguntou ao anjo: "Como será isto, se eu não vivo com um homem?" 35Respondeu-lhe o anjo: "O Espírito Santo descerá sobre ti e a força do Altíssimo te cobrirá com sua sombra. Por isso, o Santo que vai nascer será chamado Filho de Deus. 36Isabel, tua parenta, também ela concebeu um filho em sua velhice e está no sexto mês aquela que era chamada estéril, 37porque nada é impossível* para Deus". 38Disse então Maria: "Eis aqui a serva do Senhor†, faça-se em mim segundo tua palavra"†. E o anjo retirou-se de sua presença.

Maria visita Isabel. 39Naqueles dias, Maria partiu em viagem, indo às pressas para a região montanhosa, para uma cidade da Judeia. 40Entrou na casa de Zacarias e cumprimentou Isabel. 41Logo que Isabel ouviu a saudação de Maria*, o menino saltou em seu seio, e Isabel ficou cheia do Espírito Santo 42e exclamou em alta voz: "Tu és bendita entre as mulheres* e bendito é o fruto de teu ventre!43 Como me é dado que venha a mim a mãe de meu Senhor? 44Pois assim que chegou a meus ouvidos a voz de tua saudação, o menino saltou de alegria em meu seio. 45Bem-aventurada aquela que acreditou que se cumpriria o que lhe foi dito da parte do Senhor!"*

O Magnificat†. 46Disse então Maria:
"Minha alma engrandece o Senhor
47e meu espírito se alegra em Deus, meu Salvador*,
48porque Ele olhou para sua humilde serva*;
pois daqui em diante todas as gerações proclamarão que sou feliz!
49Porque o Todo-Poderoso fez por mim grandes coisas*
e santo é seu nome.
50De geração em geração se estende sua misericórdia*
sobre aqueles que o temem.
51Demonstrou o poder de seu braço*
e dispersou os que pensam com soberba.
52Derrubou os poderosos de seus tronos*
e elevou os humildes.
53Enriqueceu de bens os famintos*
e despediu os ricos de mãos vazias.
54Socorreu seu servo Israel*,
lembrando-se de sua misericórdia,
55como havia prometido a nossos pais*,
em favor de Abraão e de seus filhos para sempre".

56Maria ficou com Isabel uns três meses e depois voltou para casa.

Nascimento de João Batista. 57Quanto a Isabel, chegou seu tempo de dar à luz e ela teve um filho. 58Seus vizinhos e parentes ficaram sabendo que o Senhor lhe concedera esta grande graça e foram participar de sua alegria.

59Oito dias depois*, vieram circuncidar o menino* e queriam chamá-lo Zacarias, que era o nome do pai; 60mas sua mãe respondeu: "Não, ele se chamará João!" 61Disseram-lhe: "Mas não há ninguém em tua família* com este nome!" 62E por meio de gestos perguntaram ao pai* como queria que o chamassem. 63Ele pediu uma tabuinha e escreveu: "João é seu nome". E todos ficaram admirados. 64Na mesma hora sua boca se abriu, a língua se soltou e ele se pôs a falar, bendizendo a Deus. 65Todos os seus vizinhos ficaram cheios de temor*, e por toda a montanha da

---

* **1**,33. Is 9,7; 2Sm 7,12-15; Mq 4,7; Dn 7,14 | 37. Gn 18,14 | 41. 1,15 | 42. Jt 15,10; Dt 28,4 | 45. 1,20 | 47. 1Sm 2,1-10 | 48. 1Sm 1,11 | 49. Sl 111,9 | 50. Sl 103,13.17 | 51. Sl 89,22; 2Sm 22,28 | 52. Jó 5,11; 12,19 | 53. Sl 107,9 | 54. Sl 98,3; Is 41,8 | 55. Mq 7,20; Gn 17,7; 22,17 | 59. 2,21 / Gn 17,12 | 61. Lv 12,3 | 62. 1,13 | 65. 7,16

† **1**,38. Na fé de sua humilde serva, o dom de Deus encontra o acolhimento que esperava desde o começo dos tempos. Aquela que o Todo-Poderoso tornou cheia de graça responde pela oferenda de todo o seu ser: "Faça-se". É toda dele porque Ele é todo nosso. / Os Santos Padres disseram que o nó da desobediência de Eva foi desatado pela obediência de Maria; o que a virgem Eva atou pela incredulidade, a virgem Maria desatou pela fé. | 46. Este hino é chamado "Magnificat", palavra com que ele começa na versão latina. Aí está "o espelho da alma de Maria, o prelúdio do Sermão da Montanha". Todo tecido de citações dos Salmos e dos Profetas, esse hino "proclama que a salvação de Deus tem muito a ver com a justiça para com os pobres" (Puebla). "É a revolução divina da esperança" (L. Boff).

Judeia se contavam todos esses fatos.
66Todos os que ouviam isso, guarda-
vam tudo no coração, perguntando:
"Que virá a ser este menino?" De fato, a
mão do Senhor estava com ele.
O Benedictus†. 67Então seu pai Zaca-
rias, cheio do Espírito Santo, começou
a profetizar, dizendo:
68"Bendito seja o Senhor, Deus de
Israel,
porque visitou e libertou seu povo,
69e fez surgir para nós um Salvador
poderoso
na casa de Davi, seu servo,
70conforme tinha anunciado pela
boca de seus santos,
os antigos profetas,
71para nos salvar de nossos inimigos*
e de todos os que nos odeiam.
72Mostra assim misericórdia a nossos
pais*
e lembra-se de sua santa aliança,
73do juramento que fez a Abraão,
nosso pai*,
74de nos conceder que, sem temor
e livres de nossos inimigos,
75o sirvamos em santidade e justiça,
diante dele, por toda a nossa vida.
76E tu, menino, serás chamado profe-
ta do Altíssimo*,
porque irás à frente do Senhor
para preparar seus caminhos,
77para revelar a seu povo a salvação,
pela remissão dos pecados;
78graças à ternura e à misericórdia de
nosso Deus*,
nos visitará um sol que vem do alto,
79para iluminar os que jazem nas tre-
vas e na sombra da morte,
a fim de guiar nossos passos no ca-
minho da paz".
80Entretanto o menino crescia*, e se
fortalecia seu espírito. E morou no de-
serto até o dia em que devia manifes-
tar-se a Israel.

2

Nascimento de Jesus. 1Naqueles
dias foi promulgado um decreto
de César Augusto*, determinando o re-
censeamento do mundo inteiro. 2Este
recenseamento, o primeiro que se fez,
foi efetuado quando Quirino governa-
va a Síria. 3E todos iam alistar-se, cada
um em sua cidade. 4Também José su-
biu de Nazaré, na Galileia, para a cida-
de de Davi, chamada Belém, na Judeia*,
porque era da casa e da família de Davi,
5a fim de alistar-se juntamente com
Maria, sua esposa, que estava grávida.
6Enquanto estavam lá, completaram-se
os dias da gestação. 7E Maria deu à luz
seu filho primogênito†; envolveu-o em
faixas e o deitou num presépio, porque
não havia lugar para eles na hospeda-
ria.
8Havia na mesma região pastores
que estavam nos campos e guarda-
vam seu rebanho no decorrer da noite.
9Apresentou-se junto deles um anjo do
Senhor, e a glória do Senhor os envol-
veu de luz; ficaram com muito medo,
10mas o anjo lhes disse: "Não tenhais
medo, pois vos anuncio uma grande
alegria, que será para todo o povo:
11Hoje, na cidade de Davi, nasceu para
vós um Salvador, que é o Cristo Senhor.
12Isto vos servirá de sinal: encontrareis
um menino envolto em faixas e deitado
num presépio". 13No mesmo instante,
juntou-se ao anjo grande multidão do
exército celeste, louvando a Deus e di-
zendo:
14"Glória a Deus nas alturas*
e paz na terra aos homens por ele
amados"†.
15Quando os anjos os deixaram, vol-
tando para o céu, os pastores disseram
entre si: "Vamos até Belém, para ver
o que aconteceu e que o Senhor nos
deu a conhecer". 16Os pastores foram
depressa e encontraram Maria, José e

---

* **1**,71. Sl 106,10.45 **|** 72. Sl 105,8s **|** 73. Gn 17,7; 22,16s; Lv 26,42; Tt 2,12 **|** 76. Is 40,3; Ml 3,1; Mt 3,3 **|** 78. Is 9,2; 58,8; 60,1; Mt 4,16 **|** 80. 2,40 **|** **2**,1. Mt 1,18-25 **|** 4. Mq 5,1; Mt 2,1ss; Jo 7,42 **|** 14. 19,38

† **1**,67. O nome desse hino é sua primeira palavra na versão latina. Suas expressões e imagens são tiradas dos Profetas e anunciam a paz, ou seja, a felicidade perfeita, que o Salvador trouxe à humanidade, nascendo como um Sol anunciador de esperança, v. 78. **|** **2**,7. Jesus é chamado primogênito, não porque Maria tivesse tido outros filhos, mas porque, como primeiro filho, devia ser consagrado ao Senhor, Lc 2,23. **|** 14. Homens que Deus ama, pelos quais Deus tem carinho e mostra sua "boa vontade". "Homens de boa vontade" tornou-se uma expressão consagrada, mas é tradução inexata.

o menino deitado no presépio. 17Quan-
do o viram, contaram o que lhes fora
dito a respeito daquele menino. 18E to-
dos os que ouviam se admiravam das
coisas* que lhes diziam os pastores.
19Maria, porém, conservava todas estas
recordações, meditando-as em seu co-
ração†. 20Depois, os pastores voltaram
glorificando e louvando a Deus por
tudo o que tinham ouvido e visto, con-
forme o que lhes fora dito.

O nome de Jesus†. 21Passados oito dias,
quando o menino devia ser circuncida-
do*, deram-lhe o nome de Jesus, con-
forme fora indicado pelo anjo, antes de
ser concebido no seio materno.

Apresentação no templo. 22E quando
se completaram os dias para eles se
purificarem, segundo a lei de Moisés,
levaram-no a Jerusalém, para apre-
sentá-lo ao Senhor, 23conforme o que
está escrito na lei do Senhor:* "Todo
primogênito do sexo masculino seja
consagrado ao Senhor"*; 24e para ofe-
recer em sacrifício, como se prescreve
na lei do Senhor, um par de rolas ou
dois pombinhos.

Cântico de Simeão. 25Havia em Jeru-
salém* um homem chamado Simeão.
Era justo e piedoso; esperava a conso-
lação de Israel e o Espírito Santo estava
nele. 26Fora-lhe revelado pelo Espírito
Santo que não morreria antes de ver o
Messias do Senhor. 27Movido pelo Es-
pírito, dirigiu-se ao templo e, quando
os pais levaram o menino Jesus para
cumprirem as prescrições da lei a seu
respeito, 28ele o tomou nos braços e
louvou a Deus, dizendo:

29"Agora, Senhor, podeis deixar ir em
paz vosso servo,
conforme vossa palavra,
30porque meus olhos viram vossa
salvação*,
31que preparastes diante de todos os
povos,
32luz para iluminar as nações e glória
de Israel, vosso povo"*.

Profecia de Simeão. 33Seu pai e sua
mãe estavam maravilhados com as
coisas que dele se diziam. 34Simeão os
abençoou* e disse a Maria, sua mãe:
"Este menino vai causar a queda e a
elevação de muitos em Israel; ele será
um sinal de contradição; 35a ti própria,
uma espada te traspassará a alma†,
para que se revelem os pensamentos
de muitos corações".

A profetisa Ana. 36Havia lá também
uma profetisa chamada Ana, filha de
Fanuel, da tribo de Aser. Era de idade
muito avançada. Após sua virgindade,
vivera sete anos com seu marido, 37fi-
cou viúva e atingiu a idade de oitenta e
quatro anos. Não se apartava do tem-
plo, servindo a Deus noite e dia*, com
jejuns e orações. 38Chegando naquela
mesma hora, ela se pôs a bendizer a
Deus e a falar do menino a todos os
que esperavam* a libertação de Jeru-
salém†.

Volta a Nazaré. 39Depois de haverem
cumprido* todas as prescrições da lei
do Senhor, voltaram para a Galileia, a
sua cidade de Nazaré. 40O menino, en-
tretanto, ia crescendo e se fortificava*,
enchendo-se de sabedoria. E a graça
de Deus estava sobre ele.

O menino Jesus em Jerusalém. 41Os
pais de Jesus iam todos os anos a Jeru-
salém* para a festa da Páscoa. 42Quan-
do ele tinha doze anos, subiram para
lá, como era costume na festa. 43Passa-
dos os dias da festa, quando estavam
voltando, ficou em Jerusalém o meni-
no Jesus, sem que seus pais o notas-
sem. 44Pensando que ele estivesse na
caravana, fizeram o percurso de um

---

* **2**,18. 2,51 | 21. Gn 17,12; Lv 12,3.6; Mt 1,21; 1,31.59 | 23. Êx 13,2 / Lv 12,8 | 25. Is 40,1; 49,13 | 30. 3,6; Is 40,5; 52,10; Tt 2,11 | 32. Is 42,6; 46,13; 49,6 | 34. Is 8,14; 1Pd 2,8 | 37. 1Tm 5,5 | 38. Is 52,9 | 39. Mt 2,23 | 40. 1,80; 2,52 | 41. Êx 12,24ss; Dt 16,1-8

† **2**,19. "Coração" aqui e no v. 51 significa memória, afeto, consideração. | 21. "Jesus" significa Javé salva. Seu nome é o único que contém a promessa que exprime. Todo aquele que invoca seu nome, acolhe o Filho de Deus que o amou e por ele se entregou, Rm 10,13; At 2,21; 3,15-16; Gl 2,20. | 35. O Salvador será rejeitado pela maioria do povo, será perseguido e morto pelos seus. Tudo isso vai doer no coração de sua Mãe e esta sua dor está aqui simbolizada pela espada. | 38. "Com Simeão e Ana é toda a espera de Israel que vem ao encontro de seu Salvador" (CIC).

dia inteiro. Depois o procuraram entre os parentes e conhecidos, [45]e, não o encontrando, voltaram a Jerusalém a sua procura. [46]Depois de três dias o encontraram no templo, sentado no meio dos doutores, ouvindo-os e interrogando-os. [47]Todos os que o ouviam estavam maravilhados com sua sabedoria e com suas respostas. [48]Quando seus pais o viram, ficaram muito emocionados. E sua mãe lhe perguntou: "Filho, por que fizeste isso conosco? Teu pai e eu te procurávamos, cheios de aflição..." [49]Jesus respondeu-lhes: "Por que me procuráveis? Não sabíeis que devo estar naquilo que é de meu Pai?"† [50]Mas eles não compreenderam o que lhes dizia. [51]Desceu com eles e foi para Nazaré, e lhes era submisso†. Sua mãe conservava todas estas recordações* em seu coração. [52]Jesus ia crescendo em sabedoria, estatura e graça diante de Deus e dos homens.

II. MINISTÉRIO DE JOÃO BATISTA (3)

3 **A pregação de João Batista.** [1]No ano décimo quinto do império* de Tibério César†, sendo Pôncio Pilatos, governador da Judeia; Herodes, tetrarca da Galileia; Filipe, seu irmão, tetrarca da região da Itureia e da Traconítide; e Lisânias, tetrarca de Abilene; [2]sendo sumos sacerdotes Anás e Caifás, a palavra de Deus foi dirigida a João, filho de Zacarias, no deserto. [3]E ele percorreu toda a região do Jordão*, anunciando um batismo de penitência, para a remissão dos pecados, [4]conforme está escrito no livro dos oráculos do profeta Isaías:*

"Voz do que clama no deserto:
Preparai o caminho do Senhor!
Retificai suas estradas!
[5]Todo vale será aterrado,
todo monte e colina serão rebaixados,
os caminhos tortuosos serão endireitados,
os ásperos, aplainados,
[6]e toda criatura verá a salvação de Deus".

[7]E dizia às multidões* que vinham para ser por ele batizadas: "Raça de víboras! Quem vos ensinou a fugir da ira que está chegando? [8]Produzi, então, frutos que demonstrem conversão e não comeceis a dizer dentro de vós mesmos: 'Abraão é nosso pai!'* Porque eu vos digo que até mesmo destas pedras Deus é capaz de fazer nascer filhos de Abraão! [9]O machado já está encostado* no pé das árvores; e toda árvore que não produzir bom fruto será cortada e jogada no fogo". [10]E as multidões o interrogavam, dizendo: "Que devemos, então, fazer?"* [11]João respondia: "Aquele que tem duas túnicas reparta com quem não tem; e o que tem alimentos faça o mesmo"†.

[12]Vieram também publicanos* para serem batizados e lhe perguntaram: "Mestre, que devemos fazer?" [13]Respondeu-lhes: "Não exijais nada além do que vos está determinado". [14]Também uns soldados o interrogavam, dizendo: "E nós, que precisamos fazer?" Disse-lhes: "Não useis de violência com ninguém, não calunieis e contentai-vos com vosso soldo".

[15]Achava-se o povo em expectativa* e perguntavam todos em seus corações se João não seria o Cristo. [16]Mas

---

* **2**,51. 1,80; 2,40; 1Sm 2,26; Pr 3,4 | **3**,1. Mt 3,1-12; Mc 1,1-8; Jo 1,19-28; Jr 1,2; Os 1,1 | 3. At 13,24; 19,4 | 4. Is 40,3ss; Jo 1,23 | 7. 2,30s; At 28,28; Tt 2,11; Mt 23,33 | 8. Jo 8,33.39 | 9. Mt 7,9; Jo 15,6 | 10. 12,33; At 2,37; Is 58,7 | 12. 7,29; Ef 4,28 | 15. Jo 1,19-23; 3,28; At 13,25

† **2**,49. Aos pais, ainda incapazes de entender seu mistério, Jesus declara que Ele tem um outro Pai, para com o qual tem deveres especiais. | 51. "A vida oculta de Jesus em Nazaré permite a todo homem estar unido a Ele nas coisas mais comuns da vida" (CIC). | **3**,1. Citando os nomes dos governantes da época, Lucas quer mostrar que as promessas de salvação se realizam dentro da história dos homens, num momento preciso, que se situa cerca do ano 28 d.C. Jesus tinha então uns 30 anos, v. 23. Portanto, ele nasceu alguns anos antes da era cristã, cujo início só foi fixado no século VI, e com um pequeno erro de cálculo. | 11. A mensagem de João Batista dirige-se a todas as categorias de pessoas, até às mais humildes e desprezadas. Todos têm necessidade de conversão, que as leva a abraçar o caminho da fraternidade e da justiça.

João respondeu, declarando a todos: "Eu vos batizo com água, mas virá aquele que é mais forte do que eu e a quem não sou digno de desatar a correia das sandálias; ele vos batizará com o fogo do Espírito Santo. 17Traz em sua mão a pá para limpar seu terreiro. Vai guardar o trigo no paiol, mas a palha ele a queimará numa fogueira que não se apaga".

18João evangelizava o povo com muitas outras exortações. 19O tetrarca Herodes*, a quem João repreendera por causa de Herodíades, mulher de seu irmão, e por todas as más ações que havia cometido, 20acrescentou a todas as outras mais esta: mandou encerrar João na cadeia.

Batismo de Jesus. 21Quando todo o povo estava sendo batizado*, e quando Jesus recebeu também o batismo e estava rezando, o céu se abriu 22e o Espírito Santo desceu sobre ele em forma corporal, como uma pomba. Veio, então, uma voz do céu que dizia: "Tu és meu Filho muito amado*; a ti dedico meu afeto".

Antepassados de Jesus. 23Jesus, ao começar sua vida pública, tinha uns trinta anos. E era, como pensavam, filho de José*, filho de Eli, 24filho de Matat, filho de Levi, filho de Melqui, filho de Janai, filho de José, 25filho de Matatias, filho de Amós, filho de Naum, filho de Esli, filho de Nagai, 26filho de Maat, filho de Matatias, filho de Semein, filho de Josec, filho de Jodá, 27filho de Joanã, filho de Resa, filho de Zorobabel, filho de Salatiel, filho de Neri, 28filho de Melqui, filho de Adi, filho de Cosã, filho de Elmadã, filho de Her, 29filho de Jesus, filho de Eliezer, filho de Jorim, filho de Matat, filho de Levi, 30filho de Simeão, filho de Judá, filho de José, filho de Jonã, filho de Eliacim, 31filho de Meleá, filho de Mena, filho de Matatá, filho de Natã, filho de Davi, 32filho de Jessé*, filho de Obed, filho de Booz, filho de Sala, filho de Naasson, 33filho de Aminadab, filho de Admin, filho de Arni, filho de Esrom, filho de Farés, filho de Judá, 34filho de Jacó, filho de Isaac, filho de Abraão*, filho de Taré, filho de Nacor, 35filho de Sarug, filho de Ragau, filho de Faleg, filho de Héber, filho de Salé, 36filho de Cainã, filho de Arfaxad, filho de Sem*, filho de Noé, filho de Lamec, 37filho de Matusalém, filho de Henoc, filho de Jared, filho de Malaleel, filho de Cainã, 38filho de Enós, filho de Set, filho de Adão*, filho de Deus†.

III. MINISTÉRIO DE JESUS NA GALILEIA (4,1–9,50)

4 **As três tentações.** 1Jesus, cheio do Espírito Santo*, voltou do Jordão e foi conduzido pelo Espírito ao deserto, 2onde foi tentado pelo demônio durante quarenta dias. Naqueles dias nada comeu, mas, quando terminaram, teve fome*. 3Disse-lhe, então, o demônio: "Se és filho de Deus, dize a esta pedra que se transforme em pão". 4Respondeu-lhe Jesus: "Está escrito: 'Não só de pão vive o homem'"*. 5E o demônio o conduziu* a um lugar alto, mostrou-lhe num instante todos os reinos da terra 6e disse-lhe: "Eu te darei todo este poder e a glória destes reinos*, porque me foram entregues e os dou a quem quero. 7Se, portanto, me adorares, serão tuas todas estas coisas". 8Respondeu-lhe Jesus: "Está escrito: 'Adorarás o Senhor teu Deus* e só a Ele servirás'". 9Levou-o depois a Jerusalém, colocou-o sobre o pináculo do templo e disse-lhe: "Se és filho de Deus, lança-te daqui abaixo, 10pois, está escrito:

* **3**,19. Mt 14,3-11; Mc 6,17ss | 21. Mt 3,13-17; Mc 1,9ss; Jo 1,32ss; | 22. Gn 22,2; Sl 2,7; Is 42,1; 2Pd 1,17 | 23. Mt 1,1-17; Jo 6,42 | 32. 2Sm 5,14; Rt 4,17-22 | 34. Gn 29,35 | 36. Gn 11,10-26 | 38. Gn 5,1-32
4,1. Mt 4,1-11; Mc 1,12s | 2. Hb 4,15 | 4. Dt 8,3 | 5. Mt 28,18 | 6. Ap 13,2.4 | 8. Dt 6,13s | 10. Sl 91,11s

† **3**,38. Esta genealogia tem muitos nomes diferentes dos que aparecem na de Mt 1,16, porque Mt refere a ascendência natural e Lc, a legal. Por ex., em Mt o pai de José é Jacó, em Lc é Eli. Isto se explica pela lei do levirato, Dt 25,5. Mateus, que escreve para os hebreus, começa com Abraão; Lucas, que escreve para os gentios, sobe até Adão e reúne 72 nomes de ascendentes de Jesus; esse número, por seu simbolismo, Gn 10, indica que Jesus incorpora em si toda a humanidade.

'Dará ordem a seus anjos a teu res-
peito*,
para que te guardem';
[11]e:
'Eles te transportarão nas mãos,
para que não firas o pé em alguma
pedra'".
[12]Jesus respondeu-lhe: "Foi dito:
'Não tentarás o Senhor teu Deus'"*.
[13]Terminada toda a tentação, afastou-
-se dele o demônio* até o momento
oportuno†.

Pregação de Jesus em Nazaré. [14]Com
a força do Espírito Santo*, voltou Jesus
para a Galileia, e sua fama espalhou-se
por toda a região. [15]Ensinava nas sina-
gogas deles e era glorificado por todos.
[16]Foi a Nazaré, lugar onde tinha sido
criado. No sábado, segundo seu costu-
me, entrou na sinagoga e levantou-se
para fazer a leitura. [17]Foi-lhe dado o
livro do profeta Isaías*. Desenrolando
o livro, encontrou a passagem onde es-
tava escrito:
[18]"O Espírito do Senhor está sobre
mim*,
porque me ungiu para evangelizar os
pobres,
mandou-me anunciar aos cativos a
libertação,
aos cegos a recuperação da vista,
pôr em liberdade os oprimidos*
[19]e proclamar um ano de graça do
Senhor"†.
[20]Depois enrolou o livro, entregou-
-o ao servente* e sentou-se. Todos
na sinagoga tinham os olhos voltados
para ele. [21]Então começou a dizer-lhes:
"Cumpriu-se hoje esta passagem da
Escritura diante de vós". [22]Todos lhe
davam testemunho e admiravam as
palavras encantadoras* que saíam de
sua boca e diziam: "Porventura não é
este o filho de José?" [23]Disse-lhes en-
tão Jesus: "Certamente me aplicareis
este provérbio: 'Médico, cura-te a ti
mesmo!' Todas aquelas coisas que, se-
gundo ouvimos, fizeste em Cafarnaum,
faze-as também aqui em tua pátria!"
[24]E acrescentou: "Na verdade vos digo*
que nenhum profeta é bem recebido
em sua terra. [25]Na verdade vos digo:
havia muitas viúvas em Israel no tem-
po de Elias*, quando o céu foi fechado
durante três anos e seis meses e houve
grande fome em todo o país. [26]Entre-
tanto, Elias não foi enviado a nenhuma
delas, mas sim a uma viúva que morava
em Sarepta, no território de Sidônia.
[27]E havia muitos leprosos em Israel no
tempo do profeta Eliseu*, e nenhum
deles foi curado, mas sim Naaman, o
sírio". [28]Ouvindo essas palavras*, en-
cheram-se de cólera todos os que es-
tavam na sinagoga. [29]Levantaram-se e
expulsaram Jesus da cidade. Levaram-
-no até o alto do monte sobre o qual
estava edificada sua cidade*, para o
precipitarem de lá. [30]Mas ele, passando
pelo meio deles, seguiu seu caminho...

Cura de um possesso. [31]Desceu então
a Cafarnaum, cidade da Galileia*, e ali os
ensinava aos sábados. [32]Todos ficavam
maravilhados com sua doutrina, porque
falava com autoridade. [33]Estava na sina-
goga um homem possesso de um de-
mônio impuro, que se pôs a gritar com
voz forte: [34]"Ah! que temos a ver conti-
go, Jesus de Nazaré?* Vieste para nossa
perdição? Eu sei quem tu és: o Santo de
Deus!" [35]Mas Jesus o repreendeu, di-
zendo: "Cala-te e sai dele"*. Então o de-
mônio, jogando o homem ao chão no
meio de todos, saiu dele sem lhe causar
mal algum. [36]Todos ficaram cheios de
espanto e perguntavam uns aos outros:
"Que significa isto? Ordena com auto-
ridade e poder aos espíritos impuros e
eles saem!" [37]E sua fama se espalhava
por todos os lugares da região.

---

* **4**,12. Dt 6,16; 1Cor 10,9 | 13. 22,3.31.53; Hb 4,15; Jo 13,2.27 | 14. 4,44; 2,39.51; Mt 3,16; Mc 1,14s | 17. Mt 13,53-58; Mc 6,1-6 | 18. Is 61,1-4; Sf 2,3 / Is 58,6 | 20. At 6,15 | 22. 2,47; 3,23; 4,15; Jo 6,42 | 24. Jo 4,44 | 25. 1Rs 17,1-16; Tg 5,17 | 27. 2Rs 5,1-14 | 28. At 7,57s | 29. Jo 8,59 | 31. Mt 4,131; Mc 1,21-28; Jo 2,12; Mt 7,28s; Jo 7,46 | 34. 4,41; 8,28; Jo 6,69 | 35. Mt 8,29; Mc 1,23s; 5,7; At 3,14

† **4**,13. "Desde o início está presente a sombra da cruz, a última tentação; e nesta, o novo Adão vai restaurar o que o primeiro Adão perdera" (Pe. Johan Konings). | 19. Jesus apresenta em sua terra natal o programa de sua "opção preferencial pelos pobres" (Puebla), expresso com as imagens de Isaías. Sua palavra é um sinal de Deus que provoca, de um lado, a admiração, e de outro, a oposição.

Cura da sogra de Pedro. 38Saindo da
sinagoga*, entrou na casa de Simão.
A sogra deste estava com febre alta,
e pediram-lhe por ela. 39Inclinando-se
sobre ela, deu ordem à febre, e esta a
deixou; e ela, levantando-se logo, pôs-
-se a servi-los.

Outras curas. 40Ao pôr do sol*, todos
os que tinham doentes sofrendo de
diversas enfermidades traziam-nos até
ele e, impondo as mãos sobre cada um,
ele os curava. 41De muitos saíam tam-
bém demônios*, gritando e dizendo:
"Tu és o Filho de Deus!" Ele os repre-
endia e não lhes permitia falar, porque
sabiam que era o Messias. 42Ao ama-
nhecer, saiu e dirigiu-se para um lugar
solitário*. As multidões começaram a
procurá-lo e, encontrando-o, queriam
retê-lo, para que não as deixasse. 43Mas
ele respondeu-lhes: "É necessário que
eu anuncie a Boa Nova do Reino de
Deus também às outras cidades, pois
para isso é que fui enviado". 44E andava
pregando* pelas sinagogas da Judeia.

5 **Pesca milagrosa.** 1E aconteceu
que a multidão se comprimia* em
torno de Jesus e escutava a palavra de
Deus, enquanto ele se achava à beira
do lago de Genesaré. 2Viu duas barcas
paradas à beira do lago; os pescado-
res tinham descido e estavam lavando
as redes. 3Subiu a uma das barcas, que
pertencia a Simão, e pediu-lhe que se
afastasse um pouco da terra. Sentou-
-se e, de dentro da barca, ensinava
as multidões. 4Quando acabou de fa-
lar, disse a Simão: "Avança para águas
profundas* e lançai vossas redes para
a pesca". 5Simão respondeu-lhe: "Mes-
tre, nós nos cansamos a noite toda e
nada apanhamos, mas, em atenção a
tua palavra, lançarei as redes". 6Feito
isso, apanharam tão grande quantida-
de de peixes que as redes se rompiam.
7Fizeram sinal a seus companheiros,
que estavam na outra barca, para que
viessem ajudá-los. Vieram e enche-
ram tanto as duas barcas que estavam
afundando. 8Vendo isto, Simão Pedro
atirou-se aos joelhos de Jesus, dizen-
do: "Senhor, afasta-te de mim, porque
sou um homem pecador!" 9De fato, ele
e todos os que com ele estavam enche-
ram-se de espanto por causa da pesca
que haviam feito. 10O mesmo aconte-
ceu a Tiago e João, filhos de Zebedeu*,
que eram companheiros de Simão.
Mas Jesus disse a Simão: "Não tenhas
medo; daqui em diante, serás pescador
de homens". 11Depois de levarem as
barcas para a terra, abandonaram tudo
e o seguiram.

Cura de um leproso. 12Aconteceu que,
estando ele numa cidade*, achava-se lá
um homem coberto de lepra. Ao ver Je-
sus, prostrou-se com a face por terra e
suplicou-lhe, dizendo: "Senhor, se que-
res, podes curar-me!" 13Jesus estendeu
a mão e tocou-o, dizendo: "Quero, fica
curado". No mesmo instante desapare-
ceu dele a lepra. 14Ele ordenou-lhe que
não o contasse a ninguém:* "Mas vai
apresentar-te ao sacerdote e fazer por
tua purificação a oferenda que Moisés
prescreveu, para lhes servir de teste-
munho". 15Sua fama, porém, cada vez
mais se espalhava*, e acorriam multi-
dões numerosas para ouvi-lo e serem
curadas de suas enfermidades. 16Mas
ele se retirava a lugares desertos para
rezar*.

Poder sobre a doença e o pecado.
17Certo dia, ele estava ensinando*, e lá
se achavam sentados fariseus e douto-
res da Lei, vindos de todas as aldeias
da Galileia, da Judeia e de Jerusalém,
e a força do Senhor o levava a fazer
curas. 18Vieram então uns homens, car-
regando um paralítico num leito, que
procuravam levá-lo para dentro e pô-lo
diante dele. 19Não achando por onde
introduzi-lo, por causa da multidão, su-
biram ao telhado e por entre as telhas
o desceram no leito no meio*, diante
de Jesus. 20Vendo a fé que eles tinham,
disse Jesus: "Homem, teus pecados es-

---

* **4**,38. Mt 8,14-17; Mc 1,29-34 | 40. 13,13 | 41. Mt 8,29; Mc 3,11s | 42. Mc 1,35-39 | 44. 8,1; Mt 4,23 | **5**,1. Mt 13,1s | 4. Jo 21,3-8 | 10. 5,28; Mt 4,18-22; 19,27; Mc 1,16-20; Jo 21,15.19 | 12. Mt 8,1-4; Mc 1,40-45 | 14. Mc 7,36; Lv 14,2-32 | 15. 4,14 | 16. 6,12; 9,18.28s; 11,1; 22,41 | 17. Mt 9,1-8; Mc 2,1-12 | 19. 7,48; Is 43,25

tão perdoados". 21Puseram-se então a
pensar os escribas e fariseus: "Quem
é este que profere blasfêmias? Quem
pode perdoar pecados senão Deus
só?" 22Percebendo Jesus seus pensa-
mentos*, disse-lhes em resposta: "Que
estais pensando em vossos corações?
23O que é mais fácil dizer: 'Teus peca-
dos estão perdoados', ou: 'Levanta-te
e caminha'?* 24Pois bem, para saberdes
que o Filho do homem tem na terra o
poder de perdoar pecados, eu te orde-
no, disse ele ao paralítico: Levanta-te,
pega teu leito e vai para casa!" 25No
mesmo instante levantou-se diante
deles, pegou o leito em que jazia e foi
para casa, glorificando a Deus. 26Todos
ficaram maravilhados* e começaram a
dar glória a Deus. Cheios de temor, di-
ziam: "Vimos hoje coisas prodigiosas!"
A vocação de Levi. 27Depois disso, Je-
sus saiu e notou um publicano*, que se
chamava Levi, sentado junto à banca de
impostos, e lhe disse: "Segue-me". 28Dei-
xando tudo, este se levantou e o seguiu.
Jesus busca os pecadores. 29Levi ofe-
receu-lhe um grande banquete* em
sua casa. Havia uma numerosa multi-
dão de publicanos e de outras pesso-
as que estavam à mesa com eles. 30Os
fariseus e seus escribas murmuravam
e diziam aos discípulos de Jesus: "Por
que comeis e bebeis com os publica-
nos e os pecadores?" 31Tomando a
palavra, disse-lhes Jesus: "Os que têm
saúde não precisam de médico, mas
sim os doentes. 32Não vim chamar os
justos, mas os pecadores, à conversão".
O jejum. 33Então lhe disseram: "Os
discípulos de João jejuam com frequ-
ência e fazem orações, como também
os dos fariseus; os teus comem e be-
bem!" 34Respondeu-lhes Jesus:* "Acaso
podeis obrigar a jejuar os convidados
do noivo enquanto o noivo está com
eles? 35Mas virá o tempo em que o noi-
vo lhes será tirado, e então neste tem-
po eles vão jejuar". 36Apresentou-lhes
ainda esta comparação: "Ninguém
corta um retalho de roupa nova para
remendar uma roupa velha; pois terá
cortado a nova, e o remendo não vai
combinar com a roupa velha. 37Como
também ninguém põe vinho novo em
odres velhos; pois o vinho novo arre-
bentará os odres e se derramará, fican-
do os odres inutilizados. 38Mas o vinho
novo se coloca* em odres novos. 39E
ninguém, depois de ter bebido o vinho
velho, deseja o novo; pois ele vai dizer:
"O velho é que é bom!"†

6 **A lei do sábado.** 1Num sábado,
Jesus estava passando no meio
das plantações de trigo*; seus discípu-
los apanhavam espigas e as comiam,
depois de debulhá-las nas mãos. 2Al-
guns dos fariseus disseram: "Por que
fazeis o que não é permitido no sába-
do?" 3Jesus respondeu-lhes: "Não les-
tes o que fez Davi*, quando teve fome,
ele e os companheiros? 4Entrou na casa
de Deus e, tomando os pães da apre-
sentação, comeu e deu aos compa-
nheiros* aqueles pães que só os sacer-
dotes podem comer". 5E dizia-lhes: "O
Filho do homem é senhor do Sábado".
O homem da mão atrofiada. 6Num
outro sábado*, Jesus entrou na sina-
goga e se pôs a ensinar. Estava lá um
homem que tinha a mão direita atro-
fiada. 7Os escribas e fariseus o ob-
servavam, para ver se ele ia curar em
dia de sábado, a fim de terem de que
acusá-lo. 8Mas ele conhecia seus pen-
samentos*. Disse, então, ao homem da
mão atrofiada: "Levanta-te e fica em pé
aqui no meio". 9Ele se levantou e ficou
em pé. Então Jesus lhes disse: "Eu vos
pergunto: É permitido no sábado pra-
ticar o bem ou o mal, salvar uma vida
ou perdê-la?" 10Olhando para todos a
seu redor, disse ao homem: "Estende a
mão!" Ele o fez, e sua mão voltou ao

* **5**,22. 6,8; 9,47; Mt 16,8 | 23. Jo 5,8 | 26. 2,20; 4,22 | 27. Mt 9,9-13; Mc 2,13-17 | 29. 15,1s | 34. Jo 3,29 | 38. Jo 2,10 | **6**,1. Mt 12,1-8; Mc 2,23-28; Dt 23,26; Jo 5,10 | 3. 1Sm 21,1-16 | 4. Lv 24,5-9 | 6. 13,10-17; 14,1-6; Mt 12,9-14; Mc 3,1-6 | 8. 5,22; 9,47; Jo 1,48

† **5**,39. Alusão aos doutores judeus que recusam o Evangelho porque se contentam com suas interpretações da Lei e não percebem o valor e a novidade do Evangelho.

normal. 11Eles ficaram cheios de raiva
e combinavam entre si o que poderiam
fazer contra Jesus*.
Os doze apóstolos. 12Naqueles dias,
Jesus foi à montanha para rezar*, e
passou toda a noite em oração a Deus.
13Quando amanheceu, chamou seus
discípulos e dentre eles escolheu doze,
aos quais chamou de apóstolos: 14Si-
mão*, a quem deu o nome de Pedro†;
André, seu irmão; Tiago; João; Filipe;
Bartolomeu; 15Mateus; Tomé; Tiago, fi-
lho de Alfeu; Simão, chamado o zelota;
16Judas, filho de Tiago, e Judas Iscario-
tes, que se tornou traidor.
Bem-aventuranças e ais†. 17Descen-
do com eles*, parou numa planície.
Havia lá um número imenso de seus
discípulos e grande multidão de gente
vinda de toda a Judeia e de Jerusalém,
do litoral de Tiro e de Sidônia*, 18para
ouvi-lo e ser curados de suas doenças.
Os que eram atormentados por espíri-
tos impuros ficavam curados, 19e toda
a multidão procurava tocá-lo, porque
dele saía uma força que curava a todos.
20Levantando os olhos para seus dis-
cípulos, dizia†:

"Felizes vós, os pobres, porque é vos-
so o Reino de Deus*.

21Felizes vós que agora passais fome,
porque sereis saciados*.

Felizes vós que agora chorais, por-
que havereis de rir.

22Felizes vós quando os homens vos
odiarem*, repelirem, cobrirem de in-
júrias e rejeitarem vosso nome como
infame por causa do Filho do homem.
23Alegrai-vos naquele dia e exultai,
porque grande será vossa recompensa
no céu. Pois era assim que os pais deles
tratavam os profetas.

24Mas ai de vós, ricos! Porque já ten-
des vossa consolação*.

25Ai de vós que agora estais sacia-
dos! Porque tereis fome.

Ai de vós que agora rides! Porque
haveis de chorar e vos lamentar.

26Ai de vós, quando todos os homens
vos louvarem*, porque era assim que os
pais deles tratavam os falsos profetas".
O amor ao próximo. 27"A vós que me
escutais eu digo:* Amai vossos inimi-
gos! Fazei o bem aos que vos odeiam!
28Bendizei os que vos maldizem e rezai
pelos que vos caluniam! 29A quem te
bater numa face*, apresenta-lhe tam-
bém a outra. A quem te tirar o manto,
não o impeças de levar também a tú-
nica. 30Dá a todo aquele que te pedir e
não reclames de quem te tira o que é
teu. 31O que quereis que os outros vos
façam*, fazei-o a eles igualmente. 32Se
amais os que vos amam, que mereci-
mento tereis? Também os pecadores
amam os que os amam. 33E se fizerdes
o bem aos que vos fazem o bem, que
merecimento tereis? Também os pe-
cadores agem assim. 34E se emprestais
àqueles de quem esperais receber, que
merecimento tereis? Também os peca-
dores emprestam aos pecadores, para
receberem o equivalente. 35Ao contrá-
rio, amai vossos inimigos*, fazei o bem
e emprestai sem nada esperar em retri-
buição. Então será grande vossa recom-
pensa e sereis filhos do Altíssimo, por-
que ele é bom para com os ingratos e
para com os maus. 36Sede misericordio-
sos como vosso Pai* é misericordioso!"†

---

* **6**,11. 11,53 | 12. 3,21; Mt 10,1-4; Mc 3,13-19; Jo 6,70 | 14. At 1,13 | 17. Mt 4,23ss; Mc 3,7-12 / 5,17; 8,46 | 20. Mt 5,1-12; Jó 31,25 | 21. Sl 126,5s; Ap 7,17 | 22. Jo 15,19; 16,2s; 1Pd 4,14; 2Cr 36,16; Mt 23,30 | 24. Tg 5,1; Is 5,8-25; Hab 2,6 | 26. Tg 4,4 | 27. Mt 5,38-48; Pr 25,21; Rm 12,14.20 | 29. 12,33; At 23,3; Jo 18,22s | 31. Mt 7,12; Tb 4,15 | 35. Lv 25,35s; 1Jo 3,1s; Eclo 4,11 | 36. Êx 34,6

† **6**,14. Mudando o nome de Simão, Jesus quer significar que lhe dava uma nova missão. Pedro é pecador, 5,8, e fraco diante do perigo, 22,34, mas recebe do Mestre a graça de confirmar seus irmãos, 22,32. Sobre seu arrependimento, 22,62 e seu ato de fé, 9,20, Jesus edifica sua Igreja. | 17. O sermão que Mateus situou numa montanha, Mt 5–7, tem semelhanças com esse que se chama "sermão da planície", por causa do v. 17. Lucas omite tudo quanto em Mateus se refere ao judaísmo, porque seus leitores são ex-pagãos. Mas em ambos os sermões se trata das condições para entrar no Reino: abertura para Deus e vida fraterna. | 20. Em vez das 8 bem-aventuranças de Mt 5,1-12, Lucas traz 4 bem-aventuranças, que resumem as de Mateus, e 4 "ais". | 36. Assim como Deus socorre o mundo necessitado com o dom gratuito da salvação, assim os discípulos devem socorrer os pobres da sociedade com coração generoso.

Não julgar. [37]“Não julgueis os outros, e
Deus não vos julgará*; não condeneis,
e Deus não vos condenará; perdoai, e
Deus vos perdoará. [38]Dai, e Deus vos
dará: derramará em vosso regaço uma
medida boa, comprimida, sacudida e
transbordante*. A mesma medida que
usardes para medir os outros vos será
aplicada também”.
[39]Propôs-lhes ainda uma compara-
ção:* “Um cego pode guiar outro cego?
Não cairão ambos no buraco? [40]O discí-
pulo não está acima do mestre; mas todo
discípulo, quando chegar à perfeição,
será como seu mestre. [41]Por que obser-
var o cisco que está no olho de teu irmão,
se não enxergas a trave que está em teu
olho? [42]Como podes dizer a teu irmão:
‘Irmão, deixa-me tirar o cisco de teu olho’,
se não estás vendo a trave que está no
teu? Hipócrita! Tira primeiro a trave de
teu olho, e então enxergarás bem para
tirar o cisco do olho de teu irmão”.
A árvore e seus frutos. [43]“Não há árvore
boa que dê mau fruto*, nem árvore má
que dê bom fruto. [44]Pois, cada árvore se
conhece por seu fruto: no meio de es-
pinhos não se apanham figos, nem se
colhem uvas dos abrolhos. [45]O homem
bom, do bom tesouro que é seu coração,
tira o bem; mas o homem mau, de seu
mau tesouro, tira o mal; pois a boca fala
daquilo de que o coração está cheio”.
Seguir a vontade de Deus. [46]“Por que
me chamais:* ‘Senhor, Senhor’, e não
fazeis o que vos mando? [47]Todo aquele
que vem a mim, ouve minhas palavras
e as põe em prática, vou mostrar-vos
a quem se assemelha: [48]é semelhante
a um homem que, construindo uma
casa, cavou, furou bem fundo e colo-
cou os alicerces sobre a rocha; veio a
enchente, o rio precipitou-se contra a
casa, mas não a pôde abalar, porque
estava bem construída. [49]Ao contrário,
quem ouve e não pratica é semelhante
ao homem que construiu a casa sobre
o chão sem alicerce; o rio precipitou-
-se contra a casa e logo ela caiu; e foi
grande a ruína daquela casa!”

7 **O servo do centurião.** [1]Quando
acabou de falar ao povo* todas
essas palavras, Jesus entrou em Cafar-
naum. [2]Havia lá um centurião, que tinha
um servo que lhe era muito caro e se
achava doente, quase morrendo. [3]Ten-
do ouvido falar de Jesus, o centurião
enviou-lhe alguns anciãos dos judeus
para lhe pedir que viesse salvar seu ser-
vo. [4]Aproximando-se de Jesus, eles lhe
suplicavam com insistência, dizendo:
“Ele merece mesmo que lhe concedas
isto, [5]pois gosta de nosso povo e foi ele
que construiu nossa sinagoga”. [6]Jesus
foi andando com eles. Não estava mui-
to longe da casa, quando o centurião
mandou uns amigos lhe dizer: “Senhor,
não precisas incomodar-te, porque eu
não sou digno de que entres em minha
casa; [7]por isso também não me julguei
digno de vir ter contigo; mas dize uma
só palavra e meu servo será curado.
[8]Pois eu, que sou apenas subalterno,
tenho soldados a minha disposição e
digo a um: ‘Vai’, e ele vai*; e a outro:
‘Vem’, e ele vem; e a meu escravo: ‘Faze
isso’, e ele faz”. [9]Ouvindo isto, Jesus fi-
cou admirado com ele e, voltando-se,
disse à multidão que o seguia: “Eu vos
digo que nem mesmo em Israel achei
uma fé tão grande”. [10]De volta à casa,
os enviados encontraram o servo com-
pletamente são.
Ressurreição do jovem de Naim.
[11]Depois, Jesus foi para uma cidade
chamada Naim, e foram com ele seus
discípulos e uma enorme multidão.
[12]Ao chegar à porta da cidade*, esta-
vam levando para a sepultura um mor-
to que era o filho único de uma viúva;
com ela havia uma multidão bem gran-
de da cidade. [13]Vendo-a, o Senhor teve
pena dela e lhe disse: “Não chores”.
[14]E, aproximando-se, tocou no esquife;
os que o carregavam pararam. Então
disse: “Moço, eu te ordeno: levanta-
-te!” [15]O que estivera morto sentou-se
e começou a falar. E Jesus o entregou
a sua mãe. [16]O medo apoderou-se de
todos* e louvavam a Deus, dizendo:

***** **6**,37. Mt 7,1-5; 6,14 | 38. Mc 4,24 | 39. Mt 10,24; 23,16ss; Jo 13,16; 15,20 | 43. Mt 7,16-20; 12,33ss | 46. Mt 7,21-27; Jr 4,7ss; Ml 1,6ss | **7**,1. Mt 8,5-13; Jo 4,43-54 | 8. Mt 8,10 | 12. 8,49-56; 1Rs 17,17ss

"Um grande profeta surgiu entre nós e Deus visitou seu povo". [17]Esta notícia* espalhou-se pela Judeia inteira e por toda a região ao redor.

A pergunta de João Batista. [18]Os discípulos de João* informaram-no de tudo isso. Chamando dois deles, [19]João mandou-os perguntar ao Senhor: "És tu aquele que deve vir, ou temos de esperar outro?" [20]Chegando perto de Jesus, aqueles homens lhe disseram: "João Batista enviou-nos a ti para perguntar: 'És tu aquele que deve vir ou temos de esperar outro?'" [21]Naquela hora, Jesus curou muita gente de doenças, enfermidades e espíritos malignos e deu a vista a muitos cegos. [22]Em resposta, disse-lhes: "Ide e contai a João* o que vistes e ouvistes: os cegos veem, os paralíticos andam, os leprosos ficam curados, os surdos ouvem, ressurgem os mortos, a Boa Nova é anunciada aos pobres†. [23]E feliz aquele que não cair* por minha causa!"†

O precursor. [24]Quando partiram os mensageiros de João, Jesus começou a falar às multidões a respeito de João: "O que fostes ver no deserto? Um caniço que o vento balança? [25]Então, o que fostes ver? Um homem vestido de roupas finas? Mas os que se vestem de roupas preciosas e vivem no luxo estão nos palácios dos reis. [26]Então, o que fostes ver? Um profeta?* Sim, eu vos digo, e mais que um profeta. [27]É dele que está escrito: 'Eu envio meu mensageiro a tua frente, para preparar teu caminho diante de ti'. [28]Eu vos afirmo que entre os mortais* ninguém há maior que João; no entanto, o menor no Reino de Deus é maior do que ele. [29]Todo o povo que ouviu*, mesmo os publicanos, deram razão a Deus, aceitando o batismo de João; [30]mas os fariseus e doutores da Lei*, não se deixando batizar por ele, frustraram os desígnios de Deus a seu respeito".

Geração incrédula. [31]"Com quem, pois, hei de comparar* os homens da geração atual? A quem se assemelham eles? [32]São como a criançada sentada na praça, gritando uns aos outros: 'Tocamos flauta para vós e não dançastes; cantamos lamentos e não chorastes'. [33]Pois veio João Batista, que não come pão nem bebe vinho, e dizeis: 'Ele é um possesso'. [34]Veio o Filho do homem*, que come e bebe, e dizeis: 'É um comilão e beberrão, amigo dos publicanos e pecadores'. [35]Mas a sabedoria de Deus mostra sua verdade por meio de todos os seus filhos".†

A pecadora na casa do fariseu. [36]Um fariseu convidou Jesus* para almoçar com ele. Jesus entrou na casa do fariseu e se pôs à mesa. [37]Uma mulher da cidade*, que era pecadora, ao saber que Jesus estava à mesa na casa do fariseu, levou um vaso de alabastro cheio de perfume e [38]colocou-se atrás de Jesus, junto a seus pés. Chorando, com suas lágrimas banhava os pés de Jesus; enxugava-os com os cabelos, beijava-os e ungia-os* com o perfume. [39]O fariseu que convidou a Jesus, vendo isso, dizia consigo mesmo: "Se este homem fosse profeta, saberia quem é a mulher que o toca e a condição dela: uma pecadora". [40]Tomando a palavra, Jesus lhe disse: "Simão, tenho uma coisa a dizer-te". Simão respondeu: "Fala, Mestre". [41]"Um credor tinha dois devedores. Um devia-lhe quinhentos denários e o outro, cinquenta. [42]Como eles não tinham com que pagar, perdoou-lhes a dívida. Qual dos dois o amará mais?" [43]Simão respondeu: "Suponho que seja aquele a quem foi perdoado mais". "Julgaste bem"*, disse-lhe

---

* **7**,16. 2Rs 4,36 | 17. 4,14.44 | 18. Mt 11,2-19; Ap 1,4.8 | 22. Is 35,5s; 42,7; 61,1 | 23. 2,34 | 26. 1,76; Ml 3,1; Êx 23,30 | 28. 1,15 | 29. 3,7.12s; Mt 21,31s | 30. 18,9 | 31. Mt 11,16-19 | 34. 15,2 | 36. 11,37; 14,1 | 37. Mt 26,7; Mc 14,3; Jo 12,3 | 38. Jo 4,18ss | 43. Gn 18,4

† **7**,22. "A evangelização dos pobres foi para Jesus um dos sinais messiânicos, e será também para nós sinal de autenticidade evangélica" (Puebla). | 23. "Cair" lit. "escandalizar-se". A resposta de Jesus é um desafio para os que têm ideias próprias sobre como Deus deveria agir e em favor de quem. Jesus prega um Deus de misericórdia, e não de vingança. | 35. Aos que se julgam sábios e por isso desprezam a salvação trazida por Jesus, Ele responde que os verdadeiros sábios são os que acolhem o desígnio que Deus em sua Sabedoria manifestou nele.

Jesus. 44E, virando-se para a mulher, disse a Simão: "Estás vendo esta mulher? Entrei em tua casa e não derramaste água em meus pés; ela, ao contrário, banhou-me os pés com lágrimas e os enxugou com os cabelos. 45Não me saudaste com o beijo*; ela, porém, desde que entrei aqui, não parou de beijar-me os pés. 46Não me ungiste a cabeça com óleo; mas ela ungiu-me* os pés com perfume. 47Por essa razão, eu te digo que seus numerosos pecados lhe são perdoados, e por isso ela tem muito amor. Mas aquele a quem pouco se perdoa* pouco ama". 48Disse então à mulher: "Teus pecados estão perdoados". 49Os convidados começaram a pensar: "Quem é este que até perdoa* pecados?" 50Mas Jesus disse à mulher: "Tua fé te salvou. Vai em paz"†.

8 **Mulheres colaboram no ministério de Jesus.** 1Aconteceu, a seguir, que Jesus andava por cidades e aldeias*, pregando e anunciando a Boa Nova do Reino de Deus. Iam com ele os Doze 2e também algumas mulheres que haviam sido curadas de espíritos maus e enfermidades: Maria, chamada Madalena*, da qual tinham saído sete demônios; 3Joana, esposa de Cuza, administrador de Herodes; Suzana e muitas outras, que lhe prestavam assistência* com seus bens†.

A parábola do semeador. 4Tendo-se reunido uma grande multidão* que acorria a ele de todas as cidades, Jesus falou, usando uma parábola: 5"Saiu o semeador a semear sua semente. Enquanto semeava, uma parte caiu à beira do caminho; foi pisada, e as aves do céu a comeram. 6Outra parte caiu na pedra e, depois de brotar, secou* por falta de umidade. 7Outra parte caiu entre espinhos, que cresceram com ela e a sufocaram. 8Outra parte caiu em terra boa*, cresceu e produziu cem por um". Dizendo isto, exclamou em alta voz: "Ouça quem for capaz!"

Explicação da parábola. 9Seus discípulos perguntaram-lhe* qual o sentido desta parábola. 10Ele respondeu: "A vós Deus manifestou os mistérios de seu Reino; mas aos outros, apenas em parábolas, para que vendo não vejam e ouvindo não compreendam.

11É este o sentido da parábola*: a semente é a palavra de Deus. 12As sementes que estão à beira do caminho são os que ouviram; mas depois vem o diabo e retira a Palavra de seu coração, para que não creiam nem se salvem. 13As que estão sobre a pedra são os que, ao ouvirem, acolhem a Palavra com alegria, mas não têm raízes; creem por algum tempo, mas na hora da tentação voltam atrás. 14A semente que caiu entre espinhos* são os que ouviram, mas, com o passar do tempo, deixam absorver-se pelas preocupações, riquezas e prazeres da vida e não chegam à maturidade. 15Enfim, a que cai em terra boa são os que, tendo ouvido a Palavra com coração nobre e generoso, guardam a Palavra e produzem fruto por sua constância".

Apostolado do cristão. 16"Ao acender uma lâmpada*, ninguém a cobre com um vaso ou a coloca debaixo da cama; ao contrário, a lâmpada é colocada no candeeiro, para que os que entram vejam a luz. 17Pois nada há de oculto que não se torne manifesto; nada há de secreto que não deva ser conhecido e divulgado†. 18Portanto, prestai atenção* ao modo como ouvis. Pois a quem tem será dado; mas de quem não tem será tirado até aquilo que julga ter".

* **7**,45. Rm 16,16 | 46. Sl 23,5 | 47. 5,20s | 49. 8,48; 17,19; 18,42 | **8**,1. 4,43; Mt 4,23; Mc 1,39 | 2. 24,10; Mt 27,55s; Mc 15,40; Jo 19,25 | 3. At 2,44s | 4. Mt 13,1-9; Mc 4,1-9 | 6. Jr 4,3s | 8. Mt 11,15; 13,43; Mc 4,23 | 9. Mt 13,10-13; Mc 4,10ss; Is 6,9s | 11. Mt 13,18-23; Mc 4,13-20 | 14. 21,34 | 16. 11,33; 12,2; Mt 5,15; Mc 4,21-25; Mt 10,26; Jo 8,12 | 18. 19,26; Mt 13,12; 25,29

† **7**,50. Todos somos pecadores, mas muitos se esquecem disso e tratam com desprezo os que eles julgam inferiores. Aqui também, "os últimos serão os primeiros", 13,30. | **8**,3. Os outros doutores judeus evitavam a companhia das mulheres. A atitude inovadora de Jesus era um fato insólito, que muita gente devia estranhar. | 17. Jesus completa o que disse no v. 10. Os mistérios do Reino por enquanto são conhecidos apenas por poucos, mas esses têm por missão anunciá-los aos demais.

Os parentes de Jesus. [19]Vieram ter com ele sua mãe e seus irmãos*, mas não conseguiam chegar perto dele por causa da multidão. [20]Alguém lhe comunicou: "Tua mãe e teus irmãos estão lá fora e querem te ver". [21]Em resposta lhes disse: "Minha mãe e meus irmãos são estes que ouvem a palavra de Deus e a põem em prática".

A tempestade acalmada. [22]Certo dia, Jesus subiu a uma barca* com seus discípulos e lhes disse: "Passemos à outra margem do lago". E fizeram-se ao largo. Enquanto navegavam, ele adormeceu. [23]Uma tempestade de vento se abateu sobre o lago, a barca ia enchendo-se de água, e eles corriam perigo. [24]Aproximaram-se dele e o despertaram, dizendo: "Mestre! Mestre! Estamos perdidos!" Acordando, ele deu ordem ao vento e à fúria da água, que se acalmaram, voltando a tranquilidade. [25]Então perguntou-lhes:* "Onde está vossa fé?" Eles ficaram com medo e, admirados, diziam entre si: "Quem é este que ordena até aos ventos e à água, e eles obedecem?"

O endemoninhado geraseno. [26]Navegaram para a região dos gerasenos*, que fica defronte à Galileia. [27]Quando Jesus desembarcou, veio-lhe ao encontro um homem da cidade, possesso de demônios. Desde há muito não usava roupa, nem morava em casa, mas no cemitério. [28]Vendo Jesus, deu um grito*, caiu a seus pés e disse com voz forte: "Que tens tu comigo, Jesus, Filho do Deus Altíssimo? Eu te rogo, não me atormentes!" [29]Com efeito, Jesus ordenara ao espírito impuro que saísse do homem. Pois muitas vezes se tinha apoderado dele; então o prendiam com correntes e grilhões, mas ele arrebentava as cadeias e era impelido pelo demônio para os desertos. [30]Perguntou-lhe Jesus: "Qual é teu nome?" Respondeu: "Legião", pois muitos demônios haviam entrado nele. [31]E rogavam a Jesus que não os mandasse para o abismo. [32]Ora, havia lá numerosa vara de porcos pastando no monte. Os demônios pediram a Jesus que lhes permitisse entrar neles. E Jesus permitiu. [33]Saindo então do homem, os demônios entraram nos porcos, e a vara se precipitou no lago, pelo barranco abaixo, e lá se afogou†. [34]Vendo o que tinha sucedido, os que guardavam os porcos fugiram e levaram a notícia à cidade e aos campos. [35]Eles então saíram para ver o que acontecera. Chegaram perto de Jesus e acharam junto aos pés dele, sentado, vestido e em perfeito juízo, o homem do qual haviam saído os demônios; e ficaram com medo. [36]As testemunhas lhes relataram como fora curado o possesso. [37]Então todo o povo do território dos gerasenos rogou a Jesus que se retirasse dali, porque estavam tomados de grande medo. Subindo à barca, ele voltou. [38]O homem do qual saíram os demônios pedia a Jesus para ficar em sua companhia. [39]Mas Jesus despediu-o, dizendo: "Volta para casa e conta tudo o que Deus fez por ti". Ele partiu, anunciando por toda a cidade o que Jesus lhe fizera.

Jesus cura e ressuscita. [40]Quando Jesus chegou de volta*, a multidão o recebeu, porque todos o esperavam. [41]Veio um homem chamado Jairo, que era chefe da sinagoga; caindo aos pés de Jesus, suplicava-lhe que fosse* a sua casa, [42]pois tinha uma única filha, de uns doze anos, que estava morrendo. Enquanto Jesus ia andando, a multidão o comprimia.

[43]Ora, uma mulher, que já por doze anos padecia de um fluxo de sangue, e que ninguém conseguia curar, [44]chegou por detrás de Jesus e tocou-lhe a orla do manto; e no mesmo instante cessou o fluxo de sangue. [45]Mas Jesus perguntou: "Quem foi que me tocou?" Como todos negassem, Pedro disse:

---

* **8**,19. Mt 12,46-50; Mc 3,31-35 | 22. Mt 8,23-27; Mc 4,39ss | 25. 1,12; 17,5; 18,8; Mc 1,27 | 26. Mt 8,28-34; Mc 5,1-20 | 28. 4,34; Mc 1,23s; 5,7 | 40. Mt 9,18-26; Mc 5,21-43 | 41. 7,12

† **8**,33. O porco era o animal mais utilizado nos cultos gregos e romanos; era também símbolo da potência romana. Isto fazia do exorcismo de Jesus um sinal da futura libertação.

"Mestre, são as multidões que te apertam e te comprimem!" 46Mas Jesus insistiu: "Alguém tocou em mim*, pois senti que saía de mim uma força!" 47A mulher, vendo que não podia ficar no anonimato, veio tremendo prostrar-se diante dele e declarou diante de todos a razão por que o havia tocado, e como logo tinha ficado sã. 48Jesus disse-lhe: "Filha, tua fé te salvou*; vai em paz".

49Estava ainda falando, quando chegou alguém da casa do chefe da sinagoga e disse: "Tua filha morreu; não incomodes mais o Mestre". 50Jesus ouviu isto e respondeu-lhe: "Não tenhas medo; basta ter fé e ela será salva". 51Chegando à casa, não deixou ninguém entrar com ele, exceto Pedro, João e Tiago, bem como o pai e a mãe da menina. 52Todos choravam e se lamentavam por causa dela. Jesus disse então: "Não choreis; ela não morreu: está dormindo". 53Riam-se dele*, sabendo bem que ela havia morrido. 54Mas ele, tomando-a pela mão, disse em voz alta: "Menina, levanta-te!" 55Voltou-lhe a vida e ela se levantou logo. Jesus mandou que lhe dessem de comer. 56Seus pais ficaram cheios de espanto. E Jesus lhes ordenou que não contassem a ninguém o que tinha acontecido*.

9 **Instruções aos apóstolos.** 1Convocando os Doze*, Jesus lhes deu força e poder sobre todos os demônios, bem como o dom de curar doenças. 2Enviou-os a pregar o Reino de Deus e a curar os doentes. 3Disse-lhes: "Não leveis nada para a viagem: nem bastão, nem sacola*, nem pão, nem dinheiro, nem tenhais duas túnicas. 4Em qualquer casa em que entrardes, nela permanecei até sairdes de lá. 5Se não vos acolherem, saí da cidade sacudindo a poeira dos pés em testemunho contra eles". 6Eles partiram e percorreram as aldeias, anunciando a Boa Nova e operando curas por toda a parte.

Herodes e Jesus. 7Herodes, o tetrarca, ouviu falar de tudo* o que estava acontecendo e ficou perplexo, porque uns diziam: "É João que ressuscitou dos mortos". E outros: 8"É Elias que apareceu". E outros ainda: "É um dos antigos profetas ressuscitado". 9Mas Herodes disse: "João, eu o decapitei*. Então, quem é este do qual ouço dizer tais coisas?" E procurava vê-lo.

Voltam os apóstolos. 10Ao voltarem, os apóstolos contaram a Jesus* tudo quanto haviam feito. Tomou-os então consigo e retirou-se a um lugar isolado, perto de uma cidade chamada Betsaida. 11Mas as multidões ficaram sabendo e foram atrás dele.

Primeira multiplicação dos pães. Jesus as acolheu, falou-lhes do Reino de Deus e curou os que estavam precisando. 12Caía a tarde, e os Doze chegaram perto dele e disseram: "Manda esse povo embora, para que se dirijam às aldeias e povoados vizinhos e procurem hospedagem e comida, pois onde estamos é um lugar deserto". 13Jesus respondeu-lhes: "Dai-lhes vós mesmos de comer!" Disseram os discípulos: "Não temos senão cinco pães e dois peixes... Só se formos comprar comida para todo esse povo..." 14Pois eram cerca de cinco mil homens. Falou então Jesus a seus discípulos: "Fazei-os sentar-se em grupos de cinquenta". 15Assim fizeram e mandaram que todos se sentassem. 16Jesus tomou então os cinco pães e os dois peixes, ergueu os olhos para o céu, abençoou-os e, depois de partir os pães, ia dando-os aos discípulos para que eles os distribuíssem à multidão. 17Todos comeram até ficarem satisfeitos, e recolheram doze cestos de pedaços que sobraram.

Jesus é o Cristo. 18Certa vez, quando Jesus estava orando* a sós, não tendo ninguém consigo senão os discípulos, fez-lhes esta pergunta: "Quem sou eu, na opinião do povo?" 19Responderam-lhe: "João Batista; para outros, és Elias; para outros ainda, és um dos antigos profetas que ressuscitou". 20Disse-lhes então Jesus: "E vós, quem dizeis que eu sou?"* Pedro respondeu: "O Cristo de Deus".

---

* **8**,46. 5,17; 6,10 | 48. 7,50; 17,19; 18,42 | 53. 7,13s | 56. 5,14; 7,36; Mc 1,34 | **9**,1. 10,1-16; Mt 8,29; 10,5-15; Mc 6,7-13 | 3. 10,10 | 7. Mt 14,1-12; 16,14; Mc 6,14-29; 8,28 | 9. 9,19; 23,8 | 10. Mt 14,13-21; Mc 6,30-44; Jo 6,1-14 | 18. 9,7; Mc 16,13-19; Mc 8,27ss | 20. 2,26; 23,35; Jo 6,68

Primeiro anúncio da Paixão. [21]Jesus, porém, proibiu-lhes severamente que o dissessem a alguém [22]e acrescentou: "O Filho do homem deve sofrer muito* e ser rejeitado pelos anciãos, pelos príncipes dos sacerdotes e pelos escribas, ser morto e ressuscitar ao terceiro dia".

Como seguir a Jesus. [23]E dizia a todos: "Se alguém quiser me seguir*, renuncie a si mesmo, carregue sua cruz diária e me acompanhe†. [24]Porque quem quiser salvar sua vida vai perdê-la; mas quem perder a vida por causa de mim, este a salvará. [25]Pois que adianta ao homem ganhar o mundo inteiro*, se perder ou arruinar a si mesmo? [26]Pois quem se envergonhar de mim e de minhas palavras, dele se envergonhará o Filho do homem quando vier em sua glória e na do Pai e dos santos anjos. [27]Na verdade vos digo: há alguns* dos que estão aqui presentes que não provarão a morte até que vejam o Reino de Deus".

A transfiguração. [28]Uns oito dias depois desses fatos*, Jesus tomou consigo Pedro, João e Tiago e subiu ao monte para rezar. [29]Enquanto rezava, o aspecto de seu rosto se transformou e suas vestes se tornaram de resplandecente brancura. [30]E dois homens* conversavam com ele: eram Moisés e Elias; [31]apareceram envoltos em glória e lhe falavam a respeito de sua partida, que devia cumprir-se em Jerusalém. [32]Pedro e seus companheiros* estavam dominados pelo sono. Despertando, viram sua glória e os dois homens que estavam com ele. [33]Quando estes iam retirando-se de perto de Jesus, Pedro lhe disse: "Mestre, é bom a gente estar aqui. Façamos então três tendas: uma para ti, uma para Moisés e uma para Elias". Não sabia o que estava dizendo. [34]Enquanto falava, veio uma nuvem que os cobriu. Ficaram atemorizados quando entraram na nuvem. [35]E da nuvem saiu uma voz, dizendo: "Este é meu Filho*, o Eleito, escutai-o!" [36]Ao soar aquela voz, Jesus se encontrou só. Os discípulos guardaram segredo e a ninguém disseram, naqueles dias, coisa alguma do que tinham visto†.

O menino epilético. [37]No dia seguinte, quando desciam do monte*, numerosa multidão foi ter com Jesus. [38]Do meio da multidão, um homem gritou: "Mestre, eu te peço, olha para meu filho; pois é meu filho único! [39]Um espírito se apodera dele, e de repente ele começa a soltar gritos, e o sacode com violência e o faz espumar; e só o larga depois de deixá-lo todo alquebrado. [40]Pedi a teus discípulos que o expulsassem, mas não o conseguiram". [41]"Geração incrédula e perversa – respondeu Jesus – até quando tenho de ficar convosco e tenho de vos suportar? Traze aqui teu filho". [42]Quando o menino vinha chegando*, o demônio o atirou por terra e o sacudiu violentamente. Mas Jesus ameaçou o espírito impuro, curou o menino e o restituiu ao pai. [43]Todos ficaram maravilhados com a grandeza de Deus.

Segundo anúncio da Paixão. Como todos admirassem* tudo quanto ele fazia, Jesus disse a seus discípulos: [44]"Prestai bem atenção a estas palavras: o Filho do homem vai ser entregue às mãos dos homens". [45]Mas não entendiam esta afirmação: ela permanecia velada para eles, para que não a entendessem; e tinham medo de interrogá-lo a este respeito.

Quem é o maior. [46]Veio-lhes à mente uma questão:* qual dentre eles seria o maior? [47]Mas Jesus, conhecendo seus pensamentos secretos, tomou um menino, colocou-o perto de si e lhes disse:

---

* **9**,22. Mt 16,21; 20,17ss; Mc 8,31; 9,31; 10,33 | 23. 14,27; Mt 10,38; 16,24-27; Mc 8,34-38 | 25. 17,33; Mt 10,39; Jo 12,25; Mt 10,33; Lc 12,9; 2Tm 2,12 | 27. Mt 16,28; Mc 9,1 | 28. 8,51; Mt 17,1-8; Mc 9,2-8 | 30. 3,21; 24,16 | 32. 24,4; Jo 1,14; At 1,10; 2Pd 1,16s | 35. 1,35; 3,22; Sl 2,7; Is 42,1; Mt 3,17; Mc 1,11 | 37. Mt 17,14-18; Mc 9,14-27 | 42. 7,15 | 43. 9,22; 18,34; 24,25; Mt 17,22s; Mc 9,30ss | 46. 10,16; 22,24.26; Mt 18,1-5; Mc 9,33-37

† **9**,23. "Deve-se libertar a dor pela dor, isto é, assumindo a cruz e convertendo-a em fonte de vida pascal" (Puebla). | 36. A Transfiguração é um antegozo da vinda gloriosa de Cristo, "que transfigurará nosso corpo humilhado, conformando-o a seu corpo glorioso", Fl 3,21. Mas ela nos lembra também que "é preciso passar por muitas tribulações para entrar no Reino de Deus", At 14,22.

48“Quem acolhe este menino em meu
nome, é a mim que acolhe; e quem me
acolhe, acolhe aquele que me enviou;
pois o menor entre vós todos, esse é
o maior”*.
A concórdia entre os homens. 49To-
mando a palavra, disse João: “Mestre,
vimos um homem* expulsando demô-
nios em teu nome e procuramos im-
pedi-lo, porque não segue conosco”.
50Mas Jesus respondeu: “Não o proi-
bais, pois quem não está contra vós
está do vosso lado”*.

IV. JESUS A CAMINHO DE JERUSALÉM (9,51–19,28)

Oposição dos samaritanos. 51Quando
se estava completando o prazo* para
ser levado deste mundo, Jesus tomou
a firme resolução de ir para Jerusalém.
52Enviou mensageiros a sua frente; es-
tes partiram e entraram numa aldeia de
samaritanos para fazer os preparativos.
53Mas não o receberam*, porque estava
a caminho de Jerusalém. 54Diante dis-
so, os discípulos Tiago e João disseram:
“Senhor, queres que mandemos descer
fogo do céu* para destruí-los?” 55Jesus
voltou-se para eles e os repreendeu†.
56Foram então para outro povoado.
A vocação. 57Indo eles pela estrada*,
um homem disse a Jesus: “Eu te segui-
rei para onde fores”. 58Respondeu-lhe
Jesus: “As raposas têm tocas e as aves
do céu, ninhos; mas o Filho do homem
não tem onde descansar a cabeça”. 59A
um outro disse: “Segue-me”*. Mas ele
respondeu: “Senhor, permite que eu vá
primeiro enterrar meu pai”. 60Jesus dis-
se-lhe: “Deixa que os mortos enterrem
seus mortos†. Tu, porém, vai anunciar
o Reino de Deus”. 61Outro lhe disse:
“Senhor, eu te seguirei,* mas permite
que eu vá primeiro despedir-me dos
parentes”. 62Retrucou Jesus: “Ninguém
que olha para trás, depois de ter posto
a mão no arado*, é apto para o Reino
de Deus”.

10 **Missão dos discípulos.** 1De-
pois disso, o Senhor desig-
nou* outros setenta e dois discípulos
e mandou-os, dois a dois, a sua fren-
te, a todas as cidades e lugares aonde
ele pensava ir. 2Dizia-lhes: “A messe é
grande*, mas os operários são poucos;
por isso, rogai ao Senhor da messe que
mande mais operários para sua mes-
se. 3Ide! Eu vos envio como cordeiros*
no meio de lobos. 4Não leveis bolsa,
nem sacola, nem sandálias; e não sau-
deis ninguém pelo caminho. 5Em toda
casa em que entrardes, dizei primeiro:
‘Paz a esta casa!’ 6E se lá houver quem
ame a paz, vossa paz ficará com ele; do
contrário, ela voltará a vós. 7Ficai nes-
ta mesma casa*, comendo e bebendo
do que lá houver, pois o operário me-
rece seu salário. Não fiqueis andando
de uma casa para outra. 8Em toda ci-
dade em que entrardes e fordes bem
recebidos, comei o que vos for servi-
do, 9curai os doentes que lá houver e
dizei-lhes: ‘Chegou para vós o Reino de
Deus’. 10Mas em qualquer cidade em
que entrardes e não vos acolherem*,
saí pelas praças e dizei: 11‘Até a poeira
de vossa cidade que nos ficou nos pés
sacudimos contra vós. Mas ficai saben-
do que o Reino de Deus chegou’. 12Eu
vos afirmo que, naquele dia, haverá
menos rigor para Sodoma do que para
tal cidade”.
As cidades impenitentes. 13“Ai de ti,
Corozaim!* Ai de ti, Betsaida! Porque se
os milagres realizados em vosso meio

---

* **9**,48. Jo 13,20 | 49. Mc 9,38ss | 50. 11,23 | 51. 13,22; 17,11; Mc 10,32 | 53. Jo 4,9 | 54. 2Rs 1,10ss | 57. Mt 8,19-22 | 59. 14,26.33 | 61. 1Rs 19,20 | 62. Fl 3,13 | **10**,1. 9,1ss; Mc 6,7 | 2. Mt 9,37s; Jo 4,35 | 3. 9,3s; Mt 10,7-14 | 7. 1Cor 9,6-14; 10,27; 1Tm 5,18 | 10. 9,5; 18,6; At 13,51; Mt 10,15; 11,24 | 13. Mt 11,20-24 / Am 1,9s; Zc 9,2ss

† **9**,55. “A clemência muitas vezes é mais eficaz que o castigo para corrigir quem fez o mal” (S. Ambrósio). Alguns manuscritos acrescentam: “Não sabeis de que espírito sois. O Filho do homem não veio para arruinar as pessoas, mas para salvá-las”. | 60. O cuidado de sepultar os mortos fica entregue aos que são mortos espiritualmente, expressão radical com que Jesus designa os que não são chamados para anunciar a vida nova.

tivessem sido feitos em Tiro e Sidônia*,
há muito tempo se teriam convertido,
vestidas de luto e sentadas sobre cinza!
14Assim, no juízo, haverá menos rigor
para Tiro e Sidônia do que para vós!
15E tu, Cafarnaum, pensas que serás
elevada até o céu?* Serás rebaixada
até o inferno! 16Quem vos ouve a mim
ouve*, quem vos rejeita a mim rejeita,
e quem me rejeita rejeita Aquele que
me enviou".

Grandeza dos discípulos. 17Os seten-
ta e dois voltaram contentes, dizendo:
"Senhor, até os demônios se submetem
a nós em teu nome!" 18Respondeu-lhes
Jesus: "Eu via Satanás caindo do céu*
como um raio. 19Eu vos dei o poder de
pisar em serpentes, escorpiões e em
toda a força do Inimigo, e nada vos
fará mal. 20Mas ficai alegres, não tanto
porque os espíritos se vos submetem,
e sim porque vossos nomes estão es-
critos no céu".

O Pai se revela aos simples. 21Naquele
momento, exultou Jesus de alegria* no
Espírito Santo e disse: "Eu vos bendigo,
ó Pai, Senhor do céu e da terra, por-
que estas coisas que escondestes aos
sábios e entendidos, vós as revelastes
à gente simples. Sim, Pai, porque assim
foi de vosso agrado. 22O Pai me entre-
gou todas as coisas*, e ninguém co-
nhece quem é o Filho senão o Pai, nem
quem é o Pai, senão o Filho e aquele a
quem o Filho o quiser revelar".

Os tempos messiânicos. 23Voltando-
-se para os discípulos*, disse-lhes em
particular: "Felizes os olhos que veem o
que vós vedes! 24Pois eu vos digo que
muitos profetas e reis quiseram ver o
que vós vedes e não o viram; quiseram
ouvir o que vós ouvis e não o ouviram!"

O maior mandamento. 25Levantou-se
um doutor da lei* e perguntou a Jesus,
para pô-lo à prova: "Mestre, que devo
fazer para herdar a vida eterna?" 26Je-
sus disse-lhe: "Que está escrito na Lei?
Como é que lês?" 27O outro respondeu:
'Amarás o Senhor, teu Deus*, de todo
o teu coração, de toda a tua alma, com
todas as tuas forças e com toda a tua
mente; e teu próximo* como a ti mes-
mo'. 28Jesus lhe disse: "Respondeste
bem*. Faze isto e terás a vida!" 29Mas
este, querendo justificar-se, perguntou
a Jesus: "E quem é meu próximo?"*

O bom samaritano. 30Retomando a
palavra, disse Jesus: "Um homem descia
de Jerusalém a Jericó e caiu nas mãos
de assaltantes, que roubaram tudo o
que tinha, agrediram-no a pauladas
e fugiram, deixando-o quase morto.
31Por acaso descia um sacerdote por
aquele caminho: viu-o e seguiu adiante.
32De igual modo um levita, chegando
àquele lugar, ao vê-lo, seguiu em fren-
te. 33Um samaritano, porém, que ia de
viagem, chegou perto dele e, ao vê-lo*,
teve compaixão. 34Aproximou-se dele
e fez curativos em suas feridas, derra-
mando óleo e vinho; depois montou-o
em seu próprio animal, levou-o a uma
pensão e cuidou dele. 35No dia seguin-
te, tirou duas moedas e, entregando-as
ao hospedeiro, disse-lhe: 'Cuida dele,
e o que gastares a mais, na volta eu o
pagarei'. 36Qual dos três, em tua opi-
nião, comportou-se como próximo do
homem que caiu nas mãos dos assal-
tantes?" 37Ele respondeu: "Aquele que
o tratou com bondade". Então Jesus
lhe disse: "Vai e faze o mesmo!"†

Marta e Maria. 38Aconteceu que, du-
rante a viagem*, Jesus entrou num po-
voado. Uma mulher, de nome Marta,
hospedou-o em sua casa. 39Ela tinha
uma irmã chamada Maria que, senta-
da aos pés do Senhor, escutava* sua

* **10**,15. Is 14,13ss | 16. Mt 10,40; Jo 5,24; 13,20 | 18. Is 114,12; Jo 12,31; Ap 12,8s; Sl 91,13; Mt 7,22; Mc 16,18; Fl 4,3; Ap 3,5 | 21. Mt 11,25ss; 13,16s; 1Cor 1,26-29 | 22. Jo 3,5; 10,15 | 23. Mt 13,16s | 25. Mc 10,17 | 27. Mt 22,37-40; Mc 12,29-31; Dt 6,5; Lv 19,18 / Lv 18,5 | 28. Rm 10,5 | 29. Gl 3,12 | 33. 2Cr 28,15 | 38. Jo 11,1; 12,2s | 39. 11,28

† **10**,37. "Próximo" não é apenas quem é de meu grupo, mas todo aquele que está em necessidade: o amor não tem fronteiras. A parábola mostra a omissão dos chefes religiosos e o amor autêntico de um samaritano, membro de um povo discriminado pelos judeus. O odiado samaritano torna-se próximo pela compaixão. Para alguns Santos Padres, o bom samaritano representa Jesus que socorre a humanidade ferida.

palavra. 40Marta, absorvida pelo muito
serviço, aproximou-se e disse: "Senhor,
não te importas que minha irmã me
deixe sozinha no serviço? Dize-lhe que
me ajude". 41Em resposta, o Senhor lhe
disse: "Marta, Marta, andas ansiosa e
preocupada com muitas coisas; 42to-
davia, uma só coisa é necessária*. Pois
Maria escolheu a melhor parte, e esta
não lhe será tirada".

11 **O pai-nosso†.** 1Jesus estava re-
zando em certo lugar*. Quan-
do terminou, disse-lhe um de seus dis-
cípulos: "Senhor, ensina-nos a rezar*,
como João ensinou a seus discípulos".
E ele lhes falou: 2"Quando rezardes, di-
zei: 'Pai, santificado seja vosso nome;
venha vosso Reino. 3Dai-nos cada dia
nosso pão cotidiano†. 4E perdoai-nos
nossos pecados, porque também nós
perdoamos a todo nosso devedor. E
não nos deixeis cair em tentação'".
Confiança na oração. 5E disse-lhes:
"Se alguém de vós tiver um amigo*
e for procurá-lo à meia-noite para
dizer-lhe: 'Amigo, empresta-me três
pães, 6porque um amigo meu chegou
de viagem e não tenho nada para lhe
oferecer'; 7e se lá de dentro o amigo
responder: 'Não me incomodes, a por-
ta já está trancada, eu e meus filhos já
estamos deitados, não posso levantar-
-me para te dar os pães'; 8eu vos digo,
mesmo que não se levante para dar-
-lhe os pães por ser seu amigo, ele aca-
bará levantando-se por causa de sua
importunação para dar-lhe tudo o que
precisa. 9Pois bem, eu vos digo:* Pedi e
vos será dado†; buscai e achareis; batei
e vos será aberto. 10Pois todo aquele
que pede recebe; quem procura en-
contra; e ao que bate se abre. 11Qual é
o pai entre vós que, se o filho pedir um
peixe, lhe dará uma cobra em lugar do
peixe? 12Ou, se pedir um ovo, lhe dará
um escorpião? 13Se, pois, vós, que sois
maus, sabeis dar coisas boas a vossos
filhos, quanto mais o Pai do céu dará
o Espírito Santo aos que lho pedirem!"
A cura do possesso mudo. 14Jesus
estava expulsando um demônio* que
era mudo. Quando o demônio saiu, o
mudo começou a falar, e as multidões
ficaram maravilhadas*. 15Mas alguns
deles disseram: "É pelo poder de Bel-
zebu*, chefe dos demônios, que ele
expulsa os demônios". 16Outros, para
submetê-lo à prova, pediam-lhe um
sinal do céu. 17Mas Jesus, conhecendo
seus pensamentos, disse-lhes: "Todo
reino dividido contra si mesmo está
arruinado, e uma casa dividida contra
si mesma cairá. 18Se, pois, também Sa-
tanás está dividido contra si mesmo,
como poderá ficar de pé o seu reino?
Pois estais dizendo que é pelo poder de
Belzebu que eu expulso os demônios...
19Ora, se eu expulso os demônios pelo
poder de Belzebu, pelo poder de quem
vossos filhos os expulsam? Por isso,
eles é que serão vossos juízes. 20Mas se
é pelo dedo de Deus* que eu expulso
os demônios, então chegou para vós o
Reino de Deus.
21Quando um homem forte e bem
armado guarda seu palácio, seus bens
estão em segurança. 22Mas se surgir
outro mais forte* e o subjugar, toma-
-lhe as armas em que confiava e re-
parte seus despojos. 23Quem não está
comigo está contra mim*; e quem não
ajunta comigo espalha. 24Quando o
espírito imundo* sai de uma pessoa,
vagueia por lugares áridos, procurando
descanso. Não o encontrando, diz: 'Vol-
tarei para minha casa donde saí'. 25E, ao
voltar*, encontra-a varrida e enfeitada.
26Vai então buscar outros sete espíri-
tos, piores do que ele; e eles voltam e
nela se instalam. E a última condição
daquela pessoa fica pior que antes".

---

* **10**,42. Jo 6,27; Mt 6,33 | **11**,1. Mt 6,9-15 / Lc 5,33 | 5. 18,1-8 | 9. Mt 7,7-11; Jo 14,13s | 14. Mt 12,22-30; Mc 3,20-27 / Mt 9,34 | 15. 11,29; Mt 12,38; Mc 8,11; 1Cor 1,22 | 20. 17,21; Mt 12,28 | 22. Is 49,25; 53,12 | 23. 9,50; Mt 12,30; Mc 9,40 | 24. Mt 12,43ss | 25. Jo 5,15

† **11**. Esse Pai-nosso é mais curto que o de Mt 6,9-13, mas essencialmente é o mesmo. Lucas apenas omitiu ou modificou algumas expressões tipicamente hebraicas. | 3. O termo grego significa propriamente "necessário para sustentar a vida", o alimento dado gratuitamente por Deus. | 9. "Se Deus não vos concede tudo o que desejais, é para vos dar algo melhor" (Bem-aventurado João de Ávila).

Felicidade do discípulo. [27]Quando assim falava, uma mulher levantou a voz do meio da multidão e lhe disse: "Feliz o ventre que te trouxe e os seios que te amamentaram!" [28]Mas ele respondeu: "Felizes, antes*, os que ouvem a palavra de Deus e a observam!"†

O sinal de Jonas. [29]Crescendo a multidão*, Jesus começou a dizer: "Esta geração é uma geração perversa; está pedindo um sinal, mas não lhe será dado sinal, a não ser o de Jonas. [30]Pois, assim como Jonas foi um sinal para os ninivitas, assim o Filho do homem o será para esta geração. [31]No dia do juízo, a rainha do Sul* vai levantar-se com os homens desta geração e os condenará; porque ela veio das extremidades da terra para ouvir a sabedoria de Salomão; e aqui está alguém maior que Salomão! [32]No dia do juízo, os habitantes de Nínive vão levantar-se com esta geração e a condenarão*, porque se converteram ouvindo a pregação de Jonas; e aqui está alguém maior que Jonas!"

Valor do testemunho. [33]"Ao acender uma lâmpada*, ninguém a coloca num lugar escondido ou sob uma vasilha; ao contrário, a lâmpada é posta no candeeiro, para verem a luz os que entram. [34]A lâmpada do corpo é teu olho. Se teu olho for sadio, todo o teu corpo fica iluminado; mas se ele estiver doente, teu corpo também fica nas trevas. [35]Cuidado, pois, para que a luz que há em ti não seja trevas! [36]Se, pois, todo o teu corpo for luminoso, sem nenhuma parte de trevas, todo ele será luminoso, como quando a lâmpada te ilumina com seu esplendor".

Pureza externa e interna. [37]Enquanto falava, um fariseu o convidou* para jantar em sua casa. Jesus entrou e pôs-se à mesa. [38]O fariseu ficou admirado ao ver que ele não fizera as abluções antes da refeição. [39]Mas o Senhor lhe disse: "Vós, fariseus, limpais a parte externa do copo e do prato*, mas por dentro estais cheios de roubo e de maldade! [40]Insensatos! Aquele que fez o exterior* não fez também o interior? [41]Dai, antes, em esmola o que tendes, e todas as coisas vos serão puras!

Hipocrisia dos fariseus. [42]Mas ai de vós, fariseus, que pagais o dízimo da hortelã*, da arruda e de todas as hortaliças, mas deixais de lado a justiça e o amor a Deus! Era preciso fazer estas coisas, sem omitir aquelas. [43]Ai de vós, fariseus, que gostais de ocupar os primeiros lugares nas sinagogas e as saudações nas praças públicas! [44]Ai de vós, porque sois como sepulcros que não se notam e sobre os quais a gente pisa sem saber!" [45]Um dos doutores da lei tomou então a palavra e lhe disse: "Mestre, falando assim, tu nos ofendes a nós também". [46]Respondeu Jesus: "Ai de vós também, doutores da lei*, porque estais impondo às pessoas fardos impossíveis de carregar, ao passo que vós mesmos nem com um dos dedos os tocais! [47]Ai de vós, porque construís túmulos para os profetas*, que foram mortos por vossos pais! [48]Assim sois testemunhas e aprovais as obras de vossos pais: eles os mataram e vós lhes edificais os sepulcros! [49]Por isso, disse também a Sabedoria de Deus: 'Eu lhes enviarei profetas e apóstolos: a uns matarão, a outros perseguirão', [50]para que a esta geração se peça conta do sangue de todos os profetas, que foi derramado desde a criação do mundo, [51]desde o sangue de Abel* até o de Zacarias, que foi assassinado entre o altar e o santuário! Sim, eu vos digo, serão pedidas contas a esta geração! [52]Ai de vós, doutores da lei, porque tirastes a chave* da ciência: vós mesmos não entrastes e impedistes os que queriam entrar!"

[53]Quando Jesus saiu, os escribas e fariseus começaram a persegui-lo duramente e a importuná-lo com inúmeras perguntas, [54]armando-lhe ciladas* para surpreendê-lo em alguma palavra sua.

* **11**,28. 10,39; Dt 30,14; Jo 14,23; Tg 1,25 | 29. Mt 12,38-42; 16,4; Mc 8,12; At 2,40; 1Cor 1,22; Jo 6,30ss | 31. 1Rs 10,1-10; 2Cr 9,1-12 | 32. Jn 3,8ss | 33. 8,16; Mt 5,15; 6,22s; Mc 4,21 | 37. 7,36; 14,1; Mt 23,1-36; Mc 12,38ss | 39. Mt 15,2; Mc 7,2-5 | 40. 12,33 | 42. Lv 27,30 | 46. Mt 23,4 | 47. Mt 23,29ss | 51. Gn 4,8; 2Cr 24,20s | 52. Mt 23,13 | 54. 20,20

† **11**,28. Jesus não reprova sua Mãe; mas diz que a grandeza dela não lhe adiantaria nada, se ela não fosse do número dos que obedecem a Deus.

12 **Coragem para testemunhar†.** [1]Entretanto, as multidões iam ajuntando-se* aos milhares, a ponto de pisarem uns nos outros; e Jesus começou a dizer, antes de tudo, a seus discípulos: "Tomai cuidado com o fermento dos fariseus*, que é a hipocrisia. [2]Não há nada oculto que não seja descoberto; nada de secreto que não venha a ser conhecido. [3]Por isso, tudo o que tiverdes falado no escuro será ouvido em plena luz; e o que tiverdes falado ao pé do ouvido, no interior da casa, vai ser proclamado sobre os telhados. [4]Eu vos digo, meus amigos: não tenhais medo* daqueles que matam o corpo e depois disso nada mais podem fazer. [5]Vou mostrar-vos a quem deveis temer: temei Aquele que, depois de matar, tem o poder de lançar na geena†. Sim, eu vos digo, a esse deveis temer. [6]Não se vendem cinco pardais por dois asses? No entanto, de nenhum deles Deus se esquece. [7]Mais que isso: até os cabelos de vossas cabeças* estão todos contados. Portanto, não tenhais medo: vós valeis mais do que muitos pardais.

[8]Eu vos digo: todo aquele que se declarar a meu favor diante dos homens, também o Filho do homem vai declarar-se a seu favor diante dos anjos de Deus; [9]mas o que me renegar diante dos homens* será renegado diante dos anjos de Deus. [10]Quem falar contra o Filho do homem* alcançará perdão; mas quem blasfemar contra o Espírito Santo não terá perdão†. [11]Quando vos levarem às sinagogas, à presença dos magistrados e das autoridades, não fiqueis aflitos*, imaginando como vos defendereis ou o que direis; [12]porque o Espírito Santo vos ensinará naquela hora o que será preciso dizer".

Perigo da avareza. [13]Alguém do meio da multidão* disse a Jesus: "Mestre, dize a meu irmão que reparta comigo a herança". [14]"Homem – respondeu-lhe Jesus – quem me constituiu para ser vosso juiz ou mediador sobre vossos bens?" [15]Em seguida, disse-lhes: "Cuidado!* Fugi de toda avareza, porque, mesmo possuindo uma grande fortuna, a vida da pessoa não depende de suas riquezas".

[16]Contou-lhes, então, esta parábola: "Havia um homem rico, cujas terras produziram grande colheita. [17]Ele ficou pensando: 'Que vou fazer? Não tenho onde guardar minha colheita'. [18]Então disse: 'Farei assim: vou demolir meus celeiros e construir outros maiores. Neles guardarei todo o meu trigo e meus bens, [19]e direi a mim mesmo: Tu tens uma grande quantidade de bens em depósito para muitos anos. Descansa, come, bebe, comemora!' [20]Mas Deus lhe disse: 'Louco, nesta mesma noite* tua vida vai ser requisitada! E para quem vai ficar o que ajuntaste?' [21]Assim é aquele que ajunta tesouros para si e não é rico diante de Deus".

A Providência divina. [22]Disse depois a seus discípulos:* "Por isso vos digo: não vos preocupeis por vossa vida, com o que comereis, nem por vosso corpo, com o que vestireis. [23]Pois a vida vale mais que o alimento, e o corpo mais que as roupas. [24]Observai os corvos:* não semeiam nem colhem, não têm celeiro nem despensa; e, no entanto, Deus os alimenta. Quanto mais valeis do que as aves! [25]Quem de vós* consegue, com suas preocupações, acrescentar um côvado ao curso de sua vida? [26]Se, portanto, não podeis fazer nem as mínimas coisas, por que estais preocupados com as outras?

* **12**,1. Mt 16,6.12; Mc 8,15 / 8,17; Mt 10,26; Mc 4,22 | 4. 12,32; Mt 10,28-33; Jo 15,15; Tg 4,12 | 7. 12,24; 21,18; Mt 10,32s; Mc 8,38 | 9. 9,26 | 10. Mt 12,32; Mc 3,28s; 13,11 | 11. 21,12-15; Jo 14,26 | 13. Êx 2,14; At 7,37 | 15. 1Tm 6,9s | 20. Pr 27,1; Eclo 11,19; Tg 4,13ss; 1Cor 15,32; Ecl 2,17-23; Ap 3,17s | 22. Mt 6,19-34 | 24. Sl 147,9 | 25. 12,7 | 27. 1Rs 10,4-7

† **12**. Este trecho mostra que o 3º Evangelho foi escrito em e para um tempo de perseguição. | 5. Nome de um depósito de lixo, situado fora de Jerusalém, que fumegava constatemente e por isso servia de imagem para o fogo inextinguível do inferno. | 10. O pecado contra o Espírito Santo é a recusa de reconhecer as obras do Espírito, apesar da evidência. Não podem alegar a ignorância, como na morte de Jesus, Lc 23,34. Ver At 7,51.

[27]Observai os lírios: como crescem! Não trabalham nem fiam. Ora, eu vos digo, nem Salomão*, no auge de sua glória, vestiu-se como um deles. [28]Se, pois, Deus veste assim a erva, que hoje está no campo e amanhã é lançada ao fogo, quanto mais fará por vós, gente pobre de fé? [29]Vós também, não fiqueis procurando o que haveis de comer ou beber, nem fiqueis ansiosos. [30]Porque os pagãos do mundo é que vivem preocupados com tudo isso; mas vosso Pai sabe que precisais disso. [31]Buscai primeiro seu reino, e estas coisas vos serão dadas por acréscimo. [32]Não tenhais medo, pequeno rebanho, porque foi do agrado de vosso Pai dar-vos o Reino. [33]Vendei vossos bens* e dai o dinheiro em esmola. Fazei para vós bolsas que não se gastam, um tesouro que não se esgota nos céus, aonde o ladrão não chega nem a traça corrói. [34]Porque onde estiver vosso tesouro, aí estará também vosso coração".

A vigilância. [35]"Estejam cingidos vossos rins e acesas vossas lâmpadas. [36]Sede como homens que esperam o patrão* que está para voltar das núpcias, para lhe abrir logo que ele chegar* e bater. [37]Felizes os servos que o patrão, ao chegar, encontrar vigilantes! Na verdade vos digo: o patrão colocará o avental, fará com que tomem lugar à mesa e aproximando-se os servirá. [38]Se ele chegar na segunda ou na terceira vigília†, e os encontrar assim*, felizes deles! [39]Compreendei bem isto: se o dono da casa soubesse em que hora viria o ladrão, não o deixaria arrombar sua casa. [40]Vós também, ficai preparados, porque na hora que não pensais, o Filho do homem virá!"†

O empregado fiel. [41]Disse então Pedro: "Senhor, é para nós que contas esta parábola, ou para todos?" [42]Respondeu-lhe o Senhor:* "Quem é, pois, o administrador fiel e prudente, que o patrão porá à frente de seus criados, para lhes dar o alimento no tempo devido? [43]Feliz daquele servo que, ao chegar, o patrão encontrar agindo assim! [44]Na verdade vos digo:* vai dar-lhe poder sobre todos os seus bens. [45]Mas se aquele servo ficar pensando: 'Meu patrão está demorando a chegar', e começar a espancar criados e criadas, a comer, beber e embriagar-se, [46]virá o patrão desse servo no dia que não espera e na hora que não sabe; vai dar-lhe um tremendo castigo e lhe dará o destino dos infiéis. [47]O empregado que, conhecendo a vontade do patrão*, nada preparou e não lhe obedeceu, receberá grande número de açoites. [48]Aquele que, sem conhecer a vontade do patrão, fizer o que mereça castigo, receberá um pequeno número. Àquele a quem muito se deu, muito será pedido, e daquele a quem muito se entregou, mais se exigirá.

Jesus, sinal de contradição. [49]Eu vim lançar um fogo sobre a terra*, e como gostaria que já estivesse aceso!† [50]Devo receber um batismo, e qual não é minha angústia até que seja consumado! [51]Pensais, acaso, que vim trazer paz à terra?* Não, eu vos digo, mas a divisão. [52]Porque de agora em diante, numa casa de cinco pessoas haverá divisão: três contra duas e duas contra três. [53]Dividir-se-ão: pai contra filho* e filho contra pai; mãe contra filha e filha contra mãe; sogra contra nora e nora contra sogra".

Saber entender o tempo. [54]E dizia às multidões: "Quando vedes uma nuvem* levantar-se no poente, logo dizeis: 'Vem chuva', e assim acontece. [55]E quando vedes soprar o vento sul, dizeis: 'Vai fazer calor', e tal acontece. [56]Hipócritas! sabeis decifrar o aspecto da terra e do céu, e como então não sabeis discernir o tempo presente?"†

---

* **12**,33. 22,29; Jo 10,1ss; Ap 1,6; Mt 6,20; 19,21; Lc 18,22; At 4,34; Mc 10,21 | 36. Êx 12,11; Ef 6,14; 1Pd 1,13; Mt 24,45ss; 25,1.7; Mc 13,35ss / Jo 13,4s | 38. Mt 24,43; 1Ts 5,2 | 42. Mt 24,45-51; 1Cor 4,1ss | 44. Mt 25,21.23 | 47. Tg 4,17 | 49. Mt 10,34ss; Mc 10,38s | 51. 2,14.34 | 53. Mq 7,6 | 54. Mt 16,2s

† **12**,38. A 2ª vigília ia das 21 às 24 horas; a 3ª, da meia-noite às 3 da madrugada. | 40. A vigilância cristã consiste em cumprir fielmente no dia a dia as obrigações de estado que recebemos de Deus. | 49. Esse fogo é o Espírito Santo que descerá em Pentecostes sob a forma de línguas de fogo; Paulo usa o mesmo simbolismo ao dizer: "Não apagueis o Espírito", 1Ts 5,19. | 56. Como em 19,44, Jesus mostra aqui a importância decisiva de sabermos reconhecer a hora da graça, para correspondermos ao apelo de Deus.

Reconciliação. [57]“Mas por que, por
vós mesmos, não julgais o que é justo?
[58]Assim, quando vais com teu adversá-
rio à presença do magistrado*, esforça-
-te para entrar em acordo com ele pelo
caminho, para que não te arraste ao
juiz, e o juiz te entregue ao carcereiro,
e o carcereiro te ponha na prisão. [59]Eu
te digo: de lá não sairás até pagares o
último centavo”.

13 **A conversão é necessária.**
[1]Naquela hora chegaram al-
gumas pessoas que comunicaram a
Jesus o que havia acontecido com os
galileus, cujo sangue Pilatos misturara
com o das vítimas que ofereciam. [2]Em
resposta, disse-lhes Jesus: “Pensais que
estes galileus, por terem sofrido isto,
eram mais pecadores do que todos os
outros galileus? [3]Eu vos digo que não*;
mas se não vos converterdes, perece-
reis todos igualmente. [4]Ou aqueles
dezoito homens, sobre os quais caiu a
torre de Siloé e os matou, pensais que
eram mais culpados que todos os ou-
tros habitantes de Jerusalém? [5]Eu vos
digo que não*; mas se não vos con-
verterdes, perecereis todos do mesmo
modo”. [6]E disse esta parábola: “Um ho-
mem tinha uma figueira* plantada em
sua vinha. Veio procurar frutos nela e
não encontrou. [7]Disse então ao vinha-
teiro: ‘Faz três anos que venho procurar
frutos nesta figueira e não encontro.
Corta-a, portanto. Por que ocupa a ter-
ra inutilmente?’ [8]Respondeu o outro:
‘Senhor, deixa-a mais este ano*; cavarei
em redor dela e colocarei adubo. [9]Tal-
vez dê fruto no futuro. Se não, manda
cortá-la’”.

Cura de uma mulher no sábado.
[10]Num sábado, Jesus estava ensinan-
do* numa das sinagogas. [11]Achava-se lá
uma mulher que havia dezoito anos que
tinha um espírito que a tornava enferma:
andava curvada e não podia de modo
algum endireitar-se. [12]Vendo-a, Jesus
chamou-a e disse-lhe: “Mulher, estás li-
vre de tua enfermidade”. [13]Impôs-lhe as
mãos, e no mesmo instante ela se en-
direitou e começou a dar glória a Deus.
[14]Mas o chefe da sinagoga*, indignado
porque Jesus tinha curado no sábado,
tomou a palavra e disse à multidão: “Há
seis dias para se trabalhar; vinde, pois,
nesses dias para serdes curados, e não
no sábado”. [15]“Hipócritas, – respondeu
o Senhor – cada um de vós não solta da
estrebaria seu boi* ou seu jumento para
levá-los a beber no sábado? [16]E esta
filha de Abraão, que Satanás mantinha
prisioneira por dezoito anos, não deve-
ria ser libertada desta prisão no dia de
sábado?” [17]Enquanto dizia isto, todos os
seus adversários ficaram envergonha-
dos, ao passo que a multidão inteira*
se alegrava com as maravilhas por ele
realizadas.

A semente de mostarda. [18]Dizia Je-
sus:* “A que se assemelha o Reino de
Deus? Com que poderei compará-
-lo? [19]É semelhante a uma semente
de mostarda que um homem pegou e
lançou em sua horta. Ela cresceu e se
tornou uma árvore, em cujos ramos as
aves do céu vieram fazer ninhos”†.

O fermento na massa. [20]Disse ainda:
“Com que hei de comparar o Reino de
Deus? [21]É semelhante ao fermento que
uma mulher pega e mistura em três
medidas de farinha, até que tudo fique
fermentado”.

A porta é estreita. [22]Ia Jesus por cida-
des e aldeias*, ensinando e caminhan-
do em direção a Jerusalém. [23]Pergun-
tou-lhe alguém: “Senhor, são poucos
os que se salvam?” [24]Ele respondeu:
“Esforçai-vos por entrar pela porta es-
treita*, porque eu vos digo que muitos
procurarão entrar e não vão conse-
guir. [25]Depois que o dono da casa se
tiver levantado para fechar a porta, e
que vós, lá fora, começardes a bater,

---

* **12**,58. Mt 5,25s | **13**,3. Sl 7,12 | 5. Jo 8,24 | 6. 20,9; Is 5,1; Hab 3,17; Mt 21,19s; Mc 11,13 | 8. 2Pd 3,9.15 | 10. 6,6-11; 14,1-6 | 14. 4,40; 6,7; 7,28; 9,14.16; Mt 12,10; Mc 3,2; Jo 5,16 | 15. 14,5 | 17. 4,15; 5,26 | 18. Mt 13,31ss; Mc 4,30ss; Dn 4,12.21; Ez 17,23; 31,6 | 22. 9,51; 17,11; Mt 7,13-23 | 24. Mt 7,13s; Mc 10,25; Mt 7,22s; 25,10ss

† **13**,19. Ver a nota em Mc 4,32.

suplicando: 'Senhor, abre-nos a por-
ta', ele responderá: 'Não sei de onde
sois'. [26]Então começareis a dizer: 'Nós
comemos e bebemos junto contigo e
ensinaste em nossas praças'. [27]Mas ele
vos responderá:* 'Não sei de onde sois;
afastai-vos de mim vós todos que pra-
ticais a iniquidade!' [28]Então chorareis,
rangendo os dentes*, quando virdes
Abraão, Isaac, Jacó e todos os profetas
no Reino de Deus, e vós, tocados para
fora. [29]Virão pessoas do oriente e do
ocidente, do norte e do sul, para tomar
parte no banquete do Reino de Deus.
[30]Há últimos que serão os primeiros*, e
primeiros que serão os últimos".

Herodes ameaça Jesus. [31]Naque-
la hora chegaram alguns fariseus*
dizendo-lhe: "Sai e vai embora daqui,
porque Herodes quer matar-te". [32]Res-
pondeu-lhes: "Ide dizer àquela raposa:
Eu expulso demônios e realizo curas
hoje e amanhã; e no terceiro dia sou
consumado. [33]Devo, porém, continuar
meu caminho* hoje, amanhã e no dia
seguinte, porque não convém que um
profeta morra fora de Jerusalém".

Castigo de Jerusalém. [34]"Jerusalém, Je-
rusalém*, que matas os profetas e ape-
drejas aqueles que Deus te envia! Quan-
tas vezes eu quis reunir teus filhos, como
a galinha recolhe a ninhada* debaixo das
asas, mas não o quiseste! [35]Vossa casa
ficará abandonada. Eu vos digo: não me
vereis mais até que digais: Bendito o que
vem em nome do Senhor!"

14 **Cura do hidrópico.** [1]Num sá-
bado, Jesus entrou* na casa de
um dos chefes dos fariseus para tomar
a refeição, e puseram-se a observá-
-lo. [2]À frente dele estava um homem
hidrópico. [3]Tomando a palavra, Jesus
disse aos doutores da lei e aos fariseus:
"É permitido ou não curar no sábado?"
[4]Mas eles ficaram calados. Então Jesus
tomou o homem pela mão, curou-o e
despediu-o. [5]Depois lhes disse: "Qual
de vós, se seu carneiro ou seu boi ca-
ísse num poço, não o retiraria logo*,
mesmo sendo sábado?" [6]E a isso nada
puderam responder.

Humildade à mesa. [7]Percebendo
como os convidados* estavam esco-
lhendo os primeiros lugares à mesa,
contou-lhes esta parábola: [8]"Quando
fores convidado por alguém para uma
festa de casamento, não procures sen-
tar-te no primeiro lugar da mesa, por-
que pode ser que tenha sido convidado
por ele alguém mais importante que tu;
[9]e, chegando aquele que te convidou a
ti e a ele, venha dizer-te: 'Cede-lhe o lu-
gar'. E tu, cheio de vergonha, terias de
ir sentar-te no último lugar. [10]Ao con-
trário, quando fores convidado, senta-
-te no último lugar e, assim, aquele que
te convidou te dirá ao chegar: 'Meu
amigo, senta-te mais para cima!' E isso
será honroso para ti diante de todos os
convidados, [11]porque todo aquele que
se eleva será rebaixado*, e o que se re-
baixa será elevado".

Não buscar recompensa. [12]Depois,
Jesus disse ao homem que o convidara:
"Quando deres um almoço ou um jan-
tar, não convides os amigos, os irmãos,
os parentes, nem os vizinhos ricos,
para não acontecer que por sua vez
eles te convidem e sejas recompensa-
do. [13]Mas, quando deres um banque-
te, convida os pobres, os aleijados, os
coxos, os cegos; [14]e serás feliz, porque
eles não têm com que te retribuir*, e
receberás a recompensa na ressurrei-
ção dos justos".

Parábola do banquete. [15]Ao ouvir isto,
disse-lhe um dos convivas:* Feliz daque-
le que participar do banquete do Reino
de Deus!' [16]Jesus disse-lhe: "Um homem
preparou um grande banquete para o
qual convidou muita gente. [17]Na hora
marcada, enviou seu servo para dizer aos
convidados: 'Vinde, já está pronto!' [18]Mas
todos, um após outro, começaram a se
desculpar. O primeiro disse: 'Comprei

---

* **13**,27. Sl 6,8s | 28. Mt 8,11s; Sl 107,3 | 30. Mt 19,30; 20,16; Mc 10,31 | 31. Mt 23,37ss | 33. 6,23; 18,31 | 34. 19,41-44; Mt 23,37ss / Lc 21,6; Jr 12,7; Sl 118,26 | **14**,1. 7,36; 11,37 | 5. 13,15; Mt 12,11; 22,46 | 7. Pr 25,6s; Mt 23,6 | 11. 18,14; Mt 23,12 | 14. 6,35; Jo 5,29 | 15. 13,29; Mt 22,1-10; Is 25,6; 55,1s; Ap 3,20; 19,9

um terreno e preciso ir vê-lo; peço que
me desculpes'. [19]Outro disse: 'Comprei
cinco juntas de bois e vou experimentá-
-las; peço que me desculpes'. [20]Um outro
disse: 'Eu me casei* e por isso não pos-
so ir'. [21]Voltando, o servo relatou isto ao
patrão. Indignado, o dono da casa disse
então a seu servo: 'Sai depressa às praças
e ruas da cidade e traze aqui os pobres*,
os aleijados, os cegos e os coxos'†. [22]'Se-
nhor – disse-lhe o servo – tua ordem foi
executada e ainda há lugar'. [23]Então disse
o patrão ao servo: 'Sai pelos caminhos e
atalhos e força-os a entrar, a fim de que
se encha minha casa. [24]Porque, eu vos
declaro, nenhum dos que foram convi-
dados provará de meu banquete'".
Condições para seguir Jesus. [25]Cami-
nhavam com Jesus numerosas multidões.
Voltando-se para elas, disse: [26]"Aquele
que vem a mim e não tem maior amor a
mim do que a seu pai*, sua mãe, sua mu-
lher, seus filhos, seus irmãos, suas irmãs
e até a sua própria vida† não pode ser
meu discípulo. [27]Aquele que não carrega
sua cruz e não me segue não pode ser
meu discípulo. [28]Quem de vós, com efei-
to, querendo construir uma torre,* não
se senta primeiro para calcular os gastos
e ver se tem o suficiente para concluir a
obra? [29]Para não suceder que, colocados
os alicerces e não podendo terminá-la,
todos os que o virem comecem a zom-
bar dele, dizendo: [30]'Vede o homem que
começou a construir e não conseguiu
terminar!' [31]E qual é o rei que, partin-
do para a guerra contra outro rei, não
se senta para examinar se com dez mil
homens pode enfrentar aquele que vem
contra ele com vinte mil? [32]Se não, envia
mensageiros para negociar a paz,* en-
quanto o outro ainda está longe. [33]Assim
pois, aquele dentre vós que não renun-
ciar a todos os seus bens não pode ser
meu discípulo. [34]O sal é uma boa coisa.
Mas, se perder seu sabor,* com que se há
de restituir-lhe o sabor? Ele não prestará
nem para a terra, nem para adubo: [35]será
jogado fora! Ouça quem for capaz!"

15 **A ovelha perdida†.** [1]Aproxi-
mavam-se de Jesus todos os
publicanos* e pecadores para ouvi-lo.
[2]Os fariseus e os escribas o criticavam
dizendo: "Este homem acolhe os peca-
dores e come com eles". [3]Jesus contou-
-lhes, então, esta parábola: [4]"Quem de
vós, se tiver cem ovelhas* e perder uma
delas, não deixa as noventa e nove no
deserto, para ir procurar a ovelha per-
dida até encontrá-la? [5]E, achando-a,
coloca-a sobre os ombros, cheio de
alegria, [6]e, voltando para casa, convida
os amigos e os vizinhos, dizendo-lhes:
'Alegrai-vos comigo, porque encontrei
minha ovelha que estava perdida'. [7]Eu
vos digo: assim também haverá maior
alegria no céu por um só pecador* que
se converte do que por noventa e nove
justos que não precisam de conversão.
A moeda perdida. [8]Ou então, qual é
a mulher que, tendo dez dracmas†, se
perder uma, não acende a lâmpada e
varre a casa, procurando com cuidado
até encontrá-la? [9]E, encontrando-a,
chama as amigas e as vizinhas e lhes
diz: 'Alegrai-vos comigo*, porque achei
a dracma que eu tinha perdido'. [10]Des-
te modo, eu vos digo, haverá alegria
entre os anjos de Deus por um único
pecador que se converte".
O pai misericordioso†. [11]Disse ainda:
"Um homem tinha dois filhos. [12]O mais
novo disse ao pai: 'Pai, dá-me a parte

---

* **14**,20. 1Cor 7,33 | 21. Sl 22,27 | 26. 9,23; 18,29; Mt 10,37s; Dt 33,9; Mc 8,34; Mt 16,24; Jo 12,24s | 28. 9,23 | 32. 11,41; 12,33s; 16,9; 18,22 | 34. 8,8; Mc 9,50; Mt 5,13; 11,15; 13,9.43; Mc 4,9.23 | **15**,1. 6,36 | 4. 19,10; Mt 18,12ss; Jo 10,11-16; Ez 34,11-16 | 7. 1,14; 13,17 | 9. 15,7.32; 19,6.37; 24,41.52

† **14**,21. "Ao banquete da Igreja, depois das desculpas dos judeus, são chamados os gentios" (S. Cirilo de Alexandria). | 26. Lit. "não odeia seu pai..."; "odiar" em hebraico pode significar "amar menos". **15**. Este capítulo é considerado como "a joia" do 3º Evangelho, "um Evangelho dentro do Evangelho". | 8. A dracma grega equivalia ao denário, salário de um dia. | 11. Essa parábola, chamada também "do filho pródigo", mostra a miséria do pecado e encoraja à conversão, na certeza de encontrar um Pai cheio de compreensão e bondade. O irmão mais velho, v. 28, representa os fariseus, que serviam a Deus como a um patrão, e se escandalizavam com a misericórdia de Jesus para com os pecadores, v. 2. "Só o coração de Cristo, que conhece as profundezas do amor do Pai, pôde revelar-nos o abismo de sua misericórdia de uma maneira tão simples e bela" (CIC).

da herança que me pertence'. E o pai
dividiu seus bens entre ambos. 13Pou-
cos dias depois*, o filho mais novo reu-
niu tudo o que lhe pertencia e partiu
para uma terra distante. Lá dissipou
todos os seus bens, levando uma vida
dissoluta. 14Depois de haver esbanja-
do tudo, houve grande fome naquele
país, e ele começou a passar necessi-
dade. 15Então foi pedir emprego a um
dos moradores do lugar, o qual o man-
dou para seu sítio, para tomar conta de
porcos. 16Desejava matar a fome com a
lavagem dos porcos, mas nem isso lhe
davam. 17Caindo em si, refletiu: 'Quan-
tos empregados de meu pai têm pão
com fartura, e eu aqui estou morrendo
de fome! 18Vou partir ao encontro de
meu pai* e vou dizer-lhe: Pai, pequei
contra o céu e contra ti. 19Não mereço
mais ser chamado teu filho; trata-me
como a um de teus empregados'. 20E
partiu ao encontro de seu pai*. Quando
estava ainda longe, seu pai o avistou e,
movido de compaixão, correu a seu
encontro, atirou-se-lhe ao pescoço e
cobriu-o de beijos. 21Então lhe disse o
filho: 'Pai, pequei contra o céu e contra
ti; não mereço mais ser chamado teu
filho...' 22Mas o pai disse aos emprega-
dos:* 'Trazei depressa a roupa mais bela
e vesti-o; ponde-lhe um anel no dedo e
sandálias nos pés. 23Trazei o vitelo gor-
do e matai-o. Comamos e festejemos,
24porque este meu filho estava morto
e reviveu; estava perdido e foi encon-
trado'. E começaram a festejar. 25Ora,
seu filho mais velho encontrava-se no
sítio. De volta, ao aproximar-se de casa,
ouviu a música e as danças. 26Chamou
um dos criados e perguntou-lhe o que
era aquilo. 27Este lhe respondeu: 'É teu
irmão que voltou; e teu pai mandou
matar o vitelo gordo, porque o recupe-
rou são e salvo'. 28Ele ficou indignado
e não queria entrar. Seu pai saiu e ten-
tava persuadi-lo. 29Mas ele respondeu
ao pai: 'Há tantos anos que te sirvo,
sem jamais desobedecer uma ordem
tua, e nunca me deste um cabrito, para
eu festejar com meus amigos. 30No en-
tanto, depois que volta este teu filho,
que esbanjou tua fortuna com as me-
retrizes, mandas matar para ele o vite-
lo gordo'. 31Mas o pai lhe disse: 'Meu
filho*, tu estás sempre comigo e tudo
o que é meu é teu também. 32Mas era
preciso a gente festejar e se alegrar*,
porque este teu irmão estava morto e
reviveu, estava perdido e foi encontra-
do'".

16 O administrador desonesto.

1Dizia também aos discípulos:
"Havia um homem rico que tinha um
administrador. Este foi acusado peran-
te ele de dissipar seus bens. 2Chamou-o
então e disse-lhe: 'Que é isso que estou
ouvindo a teu respeito? Presta contas
de tua administração, porque não po-
des mais administrar meus bens'. 3O
administrador pensou: 'O que vou fa-
zer, já que meu patrão retira de mim
a administração? Para ser lavrador, não
tenho saúde... Ficar mendigando, sinto
vergonha... 4Ah! já sei o que vou fazer,
para que, despedido da administração,
me acolham em suas casas'. 5Chamou
um por um os devedores do patrão
e disse ao primeiro: 'Quanto deves a
meu patrão?' 6Respondeu: 'Cem barris
de azeite'. Disse-lhe o administrador:
'Toma tua fatura, senta-te depressa e
escreve: cinquenta'. 7Depois disse ao
outro: 'E tu, quanto estás devendo?'
'Cem sacos de trigo', respondeu. E dis-
se o administrador: 'Toma tua fatura e
escreve: oitenta'. 8O patrão louvou* o
administrador desonesto† por ter agi-
do com habilidade. Pois os que perten-
cem a este mundo são mais hábeis no
trato com seus semelhantes do que os
que pertencem à luz. 9Pois eu vos digo:
fazei amigos* com o dinheiro injusto, a
fim de que, quando ele faltar, vos rece-
bam nas moradas eternas".

---

* **15**,13. Pr 29,3 | 18. Sl 51,4 | 20. Is 55,7; Jr 3,12s; Tb 11,19; Is 49,14ss | 22. Zc 3,4; Ef 2,1.5; 5,14 | 31. Jo 17,10 | 32. 1,14 | **16**,8. Ef 5,8; 1Ts ,5 | 9. 6,24; 12,33

† **16**,8. "O patrão não elogia a desonestidade do administrador sagaz, mas a sagacidade do administrador desonesto" (S. Agostinho).

A fidelidade a Deus. 10“Quem é fiel*
nas coisas pequenas é fiel também nas
grandes. Quem é desonesto nas coi-
sas pequenas, é desonesto também
nas grandes. 11Portanto, se não fos-
tes fiéis ao lidar com a riqueza injusta,
quem vos confiará a verdadeira? 12E se
não fostes fiéis ao lidar com a riqueza
alheia, quem vos dará o que vos per-
tence?”
Os dois patrões. 13“Nenhum servo
pode servir* a dois senhores: ou odiará
um e amará o outro, ou ficará com este
e abandonará aquele. Não podeis ser-
vir a Deus e à riqueza”†.
Advertência aos fariseus. 14Os fari-
seus, que eram avarentos, ouviam isto
tudo e zombavam dele. 15Jesus disse-
-lhes: “Vós sois daqueles que procuram
parecer justos aos olhos dos homens,
mas Deus conhece vossos corações*;
pois o que é elevado para os homens é
abominável diante de Deus”.
O Reino de Deus. 16“A Lei e os Profe-
tas duraram até João*; desde então o
Reino de Deus está sendo anunciado,
e todos se esforçam para entrar nele”.
A Lei permanece. 17“É mais fácil passar
o céu e a terra* do que cair uma vírgula
sequer da Lei”.
O divórcio. 18“Todo aquele que se di-
vorciar de sua mulher* e se casar com
outra é adúltero; como também é adúl-
tero quem se casa com uma divorcia-
da”.
Lázaro e o rico. 19“Havia um homem
rico, que se vestia de púrpura e de li-
nho fino e que diariamente fazia fes-
ta com grandes banquetes. 20Jazia a
sua porta um pobre, chamado Lázaro,
coberto de feridas. 21Bem que dese-
java matar a fome com os restos que
caíam da mesa do rico*. E até os cães
vinham lamber-lhe as feridas. 22Acon-
teceu que o pobre morreu e foi leva-
do pelos anjos para o seio de Abraão†.
Também o rico morreu e foi enterrado.
23Lá na região dos mortos, entre tor-
mentos, o rico ergueu os olhos e viu
ao longe Abraão e Lázaro em seu seio.
24Ele gritou: ‘Pai Abraão, tem pena de
mim! Manda Lázaro molhar na água a
ponta do dedo para me refrescar a lín-
gua, pois estou penando muito nestas
chamas!’ 25Abraão respondeu:* ‘Meu
filho, lembra-te que durante a vida re-
cebeste teus bens e Lázaro igualmente
seus males. Agora, ele é consolado e tu
és torturado. 26Além disso, entre nós e
vós está posto um grande abismo, para
que os que quiserem passar daqui para
vós não possam; e que daí tampouco
possam chegar até nós’. 27Então, o rico
disse: ‘Pai, por favor, manda Lázaro à
casa de meu pai, pois tenho cinco ir-
mãos. 28Que lhes dê testemunho, a fim
de que não venham também eles para
este lugar de tormentos’. 29Disse-lhe
Abraão:* ‘Eles têm Moisés e os profe-
tas: que os ouçam!’ 30O rico respondeu:
‘Não, pai Abraão, mas se alguém den-
tre os mortos for a sua procura, eles se
converterão’. 31Mas Abraão disse:* ‘Se
não dão ouvidos a Moisés e aos Profe-
tas, mesmo que alguém ressuscite dos
mortos, não se deixarão persuadir’”†.

17 **Escândalo.** 1Depois, disse Je-
sus a seus discípulos:* “É inevi-
tável que venham os escândalos; mas ai
daquele que os provoca! 2Seria melhor
para ele que lhe amarrassem ao pesco-
ço uma pedra de moinho e o atirassem
ao mar do que escandalizar um só des-
tes pequeninos! 3Tomai cuidado!* Se
teu irmão pecar, repreende-o; e se ele
se arrepender, perdoa-lhe. 4E se pecar
sete vezes no dia contra ti e sete vezes
vier a ti, dizendo: ‘Estou arrependido’,
perdoa-lhe”.

* **16**,10. 19,17-26; Mt 25,20-30 | 13. Mt 6,24 | 15. Mt 23,28; 1Cor 1,25; Pr 24,12 | 16. Mt 11,12s | 17. Mt 5,18 | 18. Mc 10,11s; Mt 5,32; 19,9; 1Cor 7,10s | 21. 15,16; Mt 15,27; Mc 7,28 | 25. 6,24s | 29. 24,44 | 31. Jo 5,46; 11,44-48 | **17**,1. Mt 18,6-22; Mc 9,42 | 3. Mt 18,15.21s

† **16**,13. “O que é a riqueza quando não se pensa em Deus? Um ídolo de ouro, um bezerro de ouro, diante do qual se oferecem sacrifícios e se cometem iniquidades” (Dom Oscar Romero). | 22. Viver ao lado, “no seio”, de Abraão, pai do povo eleito, simboliza a felicidade do paraíso. | **16**,31. A palavra de Deus é uma advertência bastante séria e suficiente para a conversão, e não pode ser suprida por mensageiros do além.

A força da fé. [5]Os apóstolos disseram
ao Senhor: "Aumenta nossa fé!" Ele
respondeu: [6]"Se tivésseis uma fé do
tamanho de uma semente de mostar-
da*, poderíeis dizer àquela amoreira:
'Arranca-te e vai plantar-te no mar', e
ela vos obedeceria.

Servos inúteis. [7]Quem de vós, tendo
um empregado trabalhando na lavoura
ou com os animais, lhe diz quando ele
volta do sítio: 'Vem logo tomar lugar à
mesa'? [8]Não lhe dirá, ao contrário: 'Pre-
para-me o jantar; cinge-te e serve-me
até que eu acabe de comer e beber; tu
comerás e beberás depois'? [9]E terá de
agradecer ao servo, porque este fez o
que lhe foi mandado? [10]Assim também
vós, depois de terdes feito tudo o que
vos foi mandado*, dizei: 'Somos servos
inúteis†: só fizemos nossa obrigação'".

Os dez leprosos. [11]Caminhando Jesus
para Jerusalém*, passou pelas frontei-
ras da Samaria e da Galileia. [12]Ao en-
trar numa aldeia, dez leprosos vieram a
seu encontro. Pararam um tanto longe
[13]e gritaram: "Jesus, Mestre, tem pieda-
de de nós!" [14]Vendo-os, ele disse:* "Ide
apresentar-vos aos sacerdotes". Enquan-
to iam, ficaram curados*. [15]Um deles,
quando se viu curado, voltou atrás, glo-
rificando a Deus em alta voz. [16]Prostrou-
-se com o rosto em terra diante de Jesus,
agradecendo-lhe. Era um samaritano†.
[17]Disse então Jesus: "Não foram curados
os dez?* Onde estão os outros nove?
[18]Ninguém voltou para dar glória a Deus
a não ser este estrangeiro?" [19]E disse-lhe:
"Levanta-te e vai*; tua fé te salvou!"†

A vinda gloriosa de Jesus†. [20]Os fari-
seus lhe perguntaram quando viria o
Reino de Deus. Respondeu-lhes Jesus:
"O Reino de Deus não vem de manei-
ra visível*. [21]Nem se poderá dizer: 'Está
aqui' ou 'Está ali', porque de fato o Rei-
no de Deus está no meio de vós". [22]Aos
discípulos disse: "Tempo virá em que
desejareis ver ao menos um dos dias
do Filho do homem, mas não o vereis.
[23]Vão dizer-vos: 'Está aqui'* ou 'Está ali'.
Não deveis ir nem os seguir. [24]Pois como
o relâmpago resplandece e brilha de um
extremo ao outro do céu, assim será o
Filho do homem em seu dia. [25]Mas an-
tes é preciso que ele sofra muito e seja
rejeitado por esta geração*.

[26]Como sucedeu nos dias de Noé,*
assim será nos dias do Filho do homem:
[27]comiam, bebiam, homens e mulheres
se casavam até o dia em que Noé entrou
na arca; veio o dilúvio e os fez perecer a
todos. [28]Será como no tempo de Ló:*
comiam, bebiam, compravam, vendiam,
plantavam, construíam; [29]mas no dia em
que Ló saiu de Sodoma, Deus fez chover
do céu fogo e enxofre e os fez perecer a
todos. [30]Assim será no dia em que o Fi-
lho do homem se revelar. [31]Naquele dia,
quem estiver no terraço* e tiver bens
dentro da casa não desça para buscá-
-los; também aquele que estiver no sítio
não volte atrás. [32]Lembrem-se da mu-
lher de Ló*. [33]Quem procurar se poupar
vai acabar se perdendo*; e quem se per-
der vai se preservar.

[34]Eu vos digo: naquela noite estarão
dois num mesmo leito: um será levado e
o outro deixado. [35]Estarão duas mulhe-
res moendo juntas: uma será levada e
a outra deixada"†. [37]Tomando a palavra,
perguntaram-lhe: "Onde, Senhor?" Res-
pondeu-lhes Jesus: "Onde estiver o cor-
po*, aí também se juntarão os abutres".

---

* **17**,6. 18,8; Mc 9,24; Mt 17,20; 21,21; Mc 11,23 | 10. Jó 22,3; 35,7 | 11. 9,51; 13,22; Jo 4,4 | 14. 18,38 / 5,14; Mt 9,27; Lv 14,2s | 17. 9,53; 10,33 | 19. 7,50; 18,42 | 20. Mt 4,17; 24,23-28; Mc 13,21; Jo 3,3; 18,36 | 23. 21,8; Mc 13,21 | 25. 9,22; 18,32s; Mc 8,31; 9,31; 10,33s | 26. Mt 24,37-41; Gn 6,5-12 | 28. Gn 18,20s | 31. Mt 24,17s; Mc 13,15s | 32. Gn 19,26 | 33. 9,24; Mt 10,39; 16,25; Mc 8,35; Jo 12,25 | 37. Jó 39,30; Is 34,15; Mt 24,28

† **17**,10. O termo grego significa "aqueles aos quais nada se deve". Não podemos arrogar-nos direitos diante de Deus por termos cumprido nosso dever. "Somos inúteis, porque Deus não precisa de nós" (S. Beda) e, sendo criaturas, tudo devemos a Ele. | 16. Os judeus tratavam os samaritanos com desprezo e ódio, porque os consideravam como hereges e cismáticos, Eclo 50,26. | 19. Esse fato é mais um exemplo da fé dos humildes e da ingratidão de Israel, que pensava ter direito aos dons divinos. | 20. Ao contrário de Mateus, Mt 24, Lucas separa em dois discursos de Jesus o que se refere à ruína de Jerusalém, Lc 21, 6-24, e o que se refere ao retorno glorioso de Jesus no fim dos tempos, Lc 17,22-37. | 35. Alguns manuscritos acrescentam: "[36]Dois estarão na lavoura: um será levado, o outro deixado".

18 **A viúva e o juiz.** 1Jesus contou aos discípulos esta parábola* sobre o dever de rezar sempre,† sem desanimar: 2"Havia numa cidade um juiz que não temia a Deus nem respeitava ninguém. 3Havia também naquela cidade uma viúva que ia procurá-lo, dizendo: 'Defende meu direito contra meu adversário!' 4Durante certo tempo ele não quis atender. Mas depois pensou consigo: 'Não temo a Deus nem respeito ninguém. 5Mas, já que esta viúva me importuna, vou defender sua causa, para que não venha a me exasperar sem fim'". 6Disse então o Senhor: "Escutai o que disse este juiz injusto. 7Será que Deus não fará justiça a seus escolhidos, que dia e noite gritam por ele? Vai demorar* a socorrê-los? 8Eu vos digo que lhes fará justiça bem depressa. Mas, quando o Filho do homem vier, encontrará fé aqui na terra?"*

O fariseu e o publicano. 9Disse também a seguinte parábola* a alguns que estavam convencidos de serem justos e desprezavam os outros: 10"Subiram dois homens ao templo para rezar: um era fariseu e o outro, publicano. 11O fariseu, de pé, assim rezava em seu coração: 'Meu Deus, eu vos dou graças por não ser como os outros homens, que são ladrões, desonestos, adúlteros; e nem como este publicano. 12Jejuo duas vezes por semana* e pago o dízimo de tudo que adquiro'†. 13O publicano, mantendo-se ao longe, nem tinha coragem de levantar os olhos para o céu, mas batia no peito*, dizendo: 'Meu Deus, tem piedade de mim*, que sou pecador!' 14Eu vos digo que este desceu para casa justificado, ao contrário do outro. Porque todo aquele que se eleva será humilhado, mas o que se humilha será elevado"†.

Jesus abençoa as crianças. 15Queriam apresentar-lhe também as criancinhas*, para que as tocasse. Vendo isto, os discípulos os repreendiam. 16Mas Jesus chamou-as para perto de si, dizendo: "Deixai vir a mim os pequeninos e não os impeçais; porque o Reino de Deus pertence aos que são semelhantes a eles. 17Na verdade vos digo:* quem não acolher o Reino de Deus como uma criança, nele não entrará".

A recusa do rico. 18Um homem importante perguntou a Jesus: "Bom Mestre*, que devo fazer para herdar a vida eterna?" 19Respondeu-lhe Jesus: "Por que me chamas bom? Ninguém é bom senão Deus somente. 20Conheces os mandamentos: Não cometer adultério, não matar, não furtar, não levantar falso testemunho, honrar pai e mãe". 21Replicou ele: "Tudo isto tenho observado desde a juventude"*. 22Ouvindo isto, Jesus lhe disse: "Ainda te falta uma coisa: vende tudo o que tens, dá o dinheiro aos pobres e terás um tesouro nos céus*; depois vem e segue-me". 23Mas ele, ouvindo isto, ficou triste, porque era muito rico.

Perigo das riquezas. 24Vendo-o assim, Jesus disse: "Como é difícil para os que possuem riquezas entrar no Reino de Deus! 25É mais fácil um camelo passar pelo buraco de uma agulha* do que um rico entrar no Reino de Deus". 26Disseram então os ouvintes: "Mas, então, quem pode salvar-se?" 27Respondeu Jesus: "O que é impossível para os homens é possível para Deus".

A recompensa dos discípulos. 28Disse então Pedro: "Nós deixamos nossos bens e te seguimos". 29Respondeu-lhes Jesus: "Na verdade vos digo: não há ninguém que tenha deixado casa ou esposa, irmãos, pais, ou filhos por amor do Reino de Deus, 30sem que receba muito mais neste mundo e, no mundo futuro, a vida eterna".

Terceiro anúncio da Paixão. 31Tomando à parte os Doze*, disse-lhes Jesus: "Estamos subindo para Jerusalém e vai

---

* **18**,1. 11,1-13; Rm 12,12; Cl 4,2; 1Ts 5,17 | 7. Eclo 35,18; Ap 6,9ss | 8. Mt 24,12 | 9. 16,15; Mt 6,1; 23,28 | 12. Mt 23,23 | 13. 23,48 / 14,11; Sl 51,1; Mt 23,12 | 15. 9,47s; Mt 19,13ss; Mc 10,13-16 | 17. Mt 18,3 | 18. 10,25ss; Mt 19,16-30; Mc 10,17-31; Êx 20,12-16; Dt 5,16-20 | 21. Eclo 29,14; Mt 6,20 | 22. 5,11; 12,33 | 25. 5,11 | 31. 9,51; 13,22; 24,25ss.44; Mt 20,17ss; Mc 10,32ss

† **18**,1. "Quem reza se salva, quem não reza se condena" (S. Afonso Maria de Ligório). | **18**,12. A autossuficência do fariseu é odiosa e ridícula e acaba tornando-se um pecado; o publicano é modelo de sinceridade, humildade e arrependimento. | 14. O v. 9 explica por que o fariseu não foi justificado.

cumprir-se tudo o que foi escrito pelos profetas sobre o Filho do homem. [32]Ele será entregue aos gentios*, será escarnecido, insultado e cuspido; [33]e, depois de o açoitarem, eles o matarão; mas, no terceiro dia, ele ressuscitará". [34]Eles, porém, não entenderam nada disso; tais palavras eram para eles um enigma e não compreendiam o que Jesus lhes dizia.

O cego de Jericó. [35]Quando Jesus se aproximava de Jericó, um cego* estava sentado à beira do caminho, pedindo esmola. [36]Ouvindo o barulho da multidão que passava, perguntou o que era. [37]Anunciaram-lhe que Jesus, o Nazareno, estava passando. [38]Então ele gritou: "Jesus, Filho de Davi, tem pena de mim!"* [39]Os que iam à frente repreendiam-no, para que se calasse, mas ele gritava ainda mais alto: "Filho de Davi, tem pena de mim!" [40]Jesus então parou e ordenou que o trouxessem até junto dele. Quando chegou perto, Jesus perguntou-lhe: [41]"Que queres que eu te faça?"* Ele respondeu: "Senhor, que eu recupere a vista!" [42]Jesus disse-lhe: "Recupera a vista; tua fé te salvou"*. [43]No mesmo instante recobrou a vista e seguia Jesus, glorificando a Deus. E todo o povo, ao presenciar isto, pôs-se a louvar a Deus*.

19

A conversão de Zaqueu. [1]Jesus entrou em Jericó e estava atravessando* a cidade. [2]Um homem chamado Zaqueu, chefe dos publicanos e rico, [3]procurava ver quem era Jesus, mas, por causa da multidão, não conseguia, pois era pequeno de estatura. [4]Correndo adiante, subiu a um sicômoro para vê-lo, porque ele iria passar por ali. [5]Quando Jesus chegou a esse lugar, levantou os olhos e disse-lhe: "Zaqueu, desce depressa, porque hoje devo hospedar-me em tua casa". [6]Ele desceu a toda pressa* e recebeu-o com alegria. [7]Vendo isso, todos murmuravam, dizendo: "Foi hospedar-se na casa* de um pecador". [8]Mas Zaqueu levantou-se e disse ao Senhor: "Senhor, vou dar a metade de meus bens aos pobres e, se prejudiquei alguém em alguma coisa, vou devolver quatro vezes mais". [9]Disse-lhe Jesus: "Hoje a salvação chegou a esta casa, porque também este é filho de Abraão; [10]pois o Filho do homem veio procurar e salvar* o que estava perdido".

As dez minas. [11]Tendo eles ouvido isto*, Jesus acrescentou uma parábola, porque estava perto de Jerusalém e pensavam que o Reino de Deus ia manifestar-se imediatamente. [12]Disse então: "Um homem* da nobreza partiu para um país distante a fim de receber a coroa real e depois voltar. [13]Chamou dez de seus servos e entregou-lhes dez minas,† dizendo-lhes: 'Fazei-as render até que eu volte'. [14]Mas seus concidadãos o odiavam e mandaram uma comissão atrás dele com este recado: 'Não o queremos como rei'. [15]Ao regressar, após ter recebido a coroa real, mandou chamar os servos aos quais entregara o dinheiro, a fim de saber quanto cada qual havia lucrado. [16]Apresentou-se o primeiro e disse: 'Senhor, tua mina rendeu dez minas'. [17]'Muito bem, servo bom* – respondeu-lhe –, porque foste fiel no pouco, recebe o governo de dez cidades'. [18]Veio o segundo e disse: 'Senhor, tua mina rendeu cinco minas'. [19]A este igualmente respondeu: 'Tu também estarás à frente de cinco cidades'. [20]Chegou o outro, dizendo: 'Senhor, aqui está tua mina; conservei-a guardada num lenço, [21]porque tinha medo de ti, que és um homem severo, que tomas o que não depositaste e colhes onde não semeaste'. [22]'Por tuas próprias palavras eu te condeno, servo mau', respondeu-lhe ele; 'sabias que sou um homem severo, que tomo o que não depositei e colho o que não semeei. [23]Por que, então, não deposi-

---

* **18**,32. 9,22.44; Mc 4,13; 9,32 | 35. Mt 20,29-34; Mc 10,46-52; Jo 9,1-7; Mt 9,27; 15,22 | 38. 17,13 | 41. Mc 10,36 | 42. 7,50; 17,19 | 43. 2,20; 7,16 | **19**,1. Mt 9,10 | 6. 5,30; 15,2 | 7. 12,33 | **19**,10. 15,4.6.9; Ez 34,16 | 11. Mt 25,14-30 | 12. Mc 13,34 | 17. 16,10

† **19**,13. A mina era uma moeda grega que valia 100 dracmas ou 100 denários.

taste meu dinheiro no banco? Voltando,
eu o receberia com juros'. 24Disse então
aos que se achavam presentes: 'Tirai
dele a mina e dai-a ao que tem dez mi-
nas'. 25'Senhor, este já tem* dez minas',
responderam-lhe. 26'Eu vos digo que a
todo aquele que tem será dado; mas a
quem não tem, até o que ele tem, lhe
será tirado. 27Quanto a esses inimigos,
que não me quiseram como rei*, trazei-
-os aqui e matai-os em minha presen-
ça'"†. 28Dito isto, Jesus seguiu em frente,
dirigindo-se para Jerusalém.

V. MINISTÉRIO DE JESUS EM JERUSALÉM (19,29–21,38)

Entrada triunfal em Jerusalém.
29Quando se aproximava de Betfagé e
de Betânia*, junto ao monte chamado
das Oliveiras, ele enviou dois de seus dis-
cípulos e disse-lhes: 30"Ide à aldeia que
está defronte e, entrando, encontrareis
amarrado um jumentinho sobre o qual
ainda não montou ninguém. Soltai-o e
trazei-o aqui. 31E se alguém vos pergun-
tar: 'Por que o estais soltando?', dareis
esta resposta: 'Porque o Senhor está pre-
cisando dele'. 32Os enviados partiram*
e encontraram tudo conforme lhes dis-
sera. 33Quando soltavam o jumentinho,
seus donos lhes perguntaram: "Por que
estais soltando o jumentinho?" 34Eles
responderam: "Porque o Senhor está
precisando dele". 35Eles o conduziram
a Jesus. Colocaram suas vestes sobre o
jumentinho e fizeram Jesus sentar-se
em cima. 36Por onde ele passava, o povo
estendia seus mantos sobre o caminho.
37Quando já se aproximava da descida
do monte das Oliveiras, toda a multidão
de discípulos, cheia de alegria*, começou
a louvar a Deus em altas vozes por todas
as maravilhas que tinham visto. 38Diziam:
"Bendito o Rei* que vem em nome do
Senhor! Paz no céu e glória* nas alturas!"
39Alguns dos fariseus disseram-lhe do
meio da multidão: "Mestre, repreende
teus discípulos!" 40Mas ele respondeu:
"Eu vos digo* que, se eles calarem, as pe-
dras gritarão".

Jesus chora sobre Jerusalém. 41Che-
gando mais perto*, Jesus viu a cidade
e chorou sobre ela, dizendo: 42"Ah! se
ao menos neste dia tu também com-
preendesses como encontrar a paz!
Mas isto agora está oculto a teus olhos.
43Porque dias virão sobre ti* em que
teus inimigos te cercarão de trinchei-
ras, investirão contra ti e te apertarão
de todos os lados. 44Eles te destruirão*
junto com teus moradores que estive-
rem em teu meio e não deixarão em ti
pedra sobre pedra, porque não reco-
nheceste o tempo da visita de Deus!'

**Jesus expulsa do templo os vende-
dores.** 45Entrando no templo, começou
a expulsar* os vendedores, dizendo-
-lhes: 46"Está escrito: 'Minha casa deve
ser lugar de oração! Mas vós a trans-
formastes em caverna de ladrões!'" 47E
ele ensinava todos os dias no templo.
Os chefes dos sacerdotes*, os escribas
e os líderes do povo procuravam tirar-
-lhe a vida. 48Mas não achavam um
meio de fazê-lo, pois todo o povo o
ouvia extasiado.

20 **A autoridade de Jesus.** 1Num
dia em que ensinava o povo no
templo* e anunciava a Boa Nova, vieram
os sumos sacerdotes, com os escribas e
anciãos, 2e lhe falaram assim: "Dize-nos
com que autoridade fazes estas coisas,
ou quem te deu esta autoridade". 3Res-
pondeu-lhes: "Eu também* vou fazer-
-vos uma pergunta. Respondei-me: 4O
batismo de João vinha do céu ou dos
homens?" Eles refletiam entre si: 5"Se

---

* **19**,25. 8,18; Mt 13,12; Mc 4,25 | 27. 20,16 | 29. Mt 21,1-11; Mc 11,1-11; Jo 12,12-19 | 32. 22,13 | 37. 2,20; 5,25s; 7,16; 13,13 | 38. Sl 118,26 / 2,14 | 40. Mt 21,16; Hab 2,11 | 41. 13,34s | 43. 8,10; Dt 32,29; Is 6,9s | 44. 21,6; Mc 13,2 | 45. Mt 21,12-17; Mc 11,15-19; Jo 2,13.22; Is 56,7; Jr 7,1 | 47. 20,19; 21,37; 22,2.53; Mt 21,46; Mc 12,12; 14,1; Jo 5,18 | **20**,1. Mt 21,23-27; Mc 11,27-33 | 3. 3,3.16; Mt 3,6; Jo 1,25s; At 1,22; 10,37;

† **19**,27. Esse homem da nobreza representa Cristo, que enfrenta a hostilidade do judaísmo e é condenado a partir deste mundo; mas ele voltará como rei e juiz. Aguardando seu retorno, o cristão precisa lançar-se ao trabalho, lutando por um Reino de justiça e de paz.

respondermos: 'Do céu', ele dirá: 'Então,
por que não crestes nele?'; 6se, ao con-
trário, dissermos: 'Dos homens', todo
o povo nos apedrejará, porque está
convencido de que João era profeta".
7Responderam, então, que não sabiam
de onde ele vinha. 8E Jesus lhes disse:
"Pois eu também não vos direi com que
autoridade faço estas coisas".
Os lavradores homicidas. 9Começou
então Jesus* a contar ao povo esta
parábola: "Um homem plantou uma
vinha, arrendou-a depois a uns lavra-
dores e partiu em viagem por muito
tempo. 10No devido tempo, enviou aos
lavradores um servo, para que lhe des-
sem sua parte da colheita, mas os la-
vradores o espancaram e o despediram
de mãos vazias. 11Tornou a enviar outro
servo; mas também a este espancaram,
insultaram e o despediram de mãos va-
zias. 12Mandou ainda um terceiro; feri-
ram igualmente a este e o expulsaram.
13Disse então o dono da vinha: 'Que
farei? Mandarei meu filho querido; tal-
vez o respeitem'. 14Mas os lavradores,
ao vê-lo, disseram entre si: 'É o herdei-
ro; vamos matá-lo, para que a herança
seja nossa!' 15Arrastaram-no para fora
da vinha e o mataram. Que fará com
eles o dono da vinha? 16Voltará, exter-
minará esses lavradores e dará a vinha
a outros". Ouvindo isso, disseram: "Isto
não pode acontecer!" 17Mas Jesus, fi-
tando neles o olhar, respondeu: "Então,
o que significa isto que está escrito: 'A
pedra que os construtores rejeitaram*
tornou-se a pedra principal'? 18Aque-
le que cair sobre esta pedra ficará em
pedaços, e aquele sobre quem ela cair
será esmagado". 19Nessa mesma hora
os escribas* e os sumos sacerdotes
quiseram prendê-lo, mas tiveram medo
do povo. É que haviam compreendido
que era para eles que Jesus tinha dito
aquela parábola.

O imposto devido a César. 20Come-
çaram a vigiá-lo* e mandaram espiões
que se fingiam de justos para o surpre-
enderem em alguma palavra e poderem
entregá-lo às autoridades e ao poder do
governador. 21Fizeram-lhe esta pergun-
ta: "Mestre, sabemos que falas e ensinas
com retidão e que não tratas as pesso-
as segundo as aparências, mas ensinas
na verdade o caminho de Deus. 22É-nos
permitido ou não pagar* o tributo a
César?" 23Mas Jesus percebeu a astúcia
deles e respondeu-lhes: 24"Mostrai-me
um denário. De quem são a imagem e
a inscrição que ele traz?" "De César", res-
ponderam. Replicou-lhes então: 25"Pois
bem; devolvei a César o que é de César,
mas dai a Deus o que é de Deus"†. 26Não
conseguiram surpreendê-lo em nenhu-
ma palavra diante do povo. E, admirados
com sua resposta, ficaram calados.
Os saduceus e a ressurreição. 27Apro-
ximando-se então alguns dos sadu-
ceus*, os quais dizem que ressurreição
não existe, fizeram-lhe esta pergunta:
28"Mestre, Moisés nos prescreveu que,
se um homem casado morrer sem fi-
lhos, o irmão dele deve casar-se com
a viúva, para dar uma descendência ao
irmão. 29Ora, havia sete irmãos. O pri-
meiro casou-se e morreu sem filhos. 30O
segundo 31e, depois, o terceiro toma-
ram a viúva como esposa. Todos os sete
morreram do mesmo modo, sem deixar
filhos. 32Finalmente, morreu também a
mulher. 33Pois bem: na ressurreição, de
qual deles será ela esposa? Pois os sete
a tiveram como esposa".
34Respondeu-lhes Jesus: "Os filhos
deste mundo têm mulher ou mari-
do; 35mas os que forem considerados
dignos de ter parte no outro mundo*
e na ressurreição dos mortos não têm
mulher nem marido; 36pois não podem
mais morrer, porque são iguais aos an-
jos e são filhos de Deus, sendo filhos

* **20**,9. Mt 21,33-46; Mc 12,1-12; Is 5,1-4 | 17. Sl 118,22 | 19. 19,47s; 22,2; Mt 21,46; Mc 12,12 | 20. 11,54; Mt 22,15-22; Mc 12,13-17; Jo 3,2 | 22. Rm 13,6s | 27. Mt 22,23-33; Mc 12,18-27; Dt 25,5; At 23,8 | 35. Gl 4,5

† **20**,25. O judeu fiel obedece às leis de César, mas coloca acima delas a lei de Deus. | 36. Não se pode tomar a vida presente como ponto de comparação com a vida futura, pois a ressurreição transforma radicalmente a condição humana.

da ressurreição†. 37E que os mortos
ressuscitam, o próprio Moisés o de-
clarou no episódio da sarça ardente,
quando fala do Senhor como o Deus
de Abraão, o Deus de Isaac e o Deus
de Jacó*. 38Ora, Deus não é um Deus
de mortos, e sim de vivos; pois para ele
todos vivem"†. 39Alguns escribas dis-
seram: "Mestre, respondeste bem!" 40E
não mais ousavam fazer-lhe pergunta
nenhuma.
O Messias, filho de Davi. 41Pergun-
tou-lhes: "Como podem dizer* que o
Messias é filho de Davi? 42Pois o pró-
prio Davi diz no livro dos Salmos: 'O
Senhor disse a meu senhor: Senta-te a
minha direita 43até que eu ponha teus
inimigos debaixo de teus pés'. 44Se
Davi o chama de senhor, como pode
ser seu filho?"†
Os pecados dos escribas. 45Como
todo o povo o escutava*, disse Jesus a
seus discípulos: 46"Desconfiai dos escri-
bas, que gostam de andar com longas
túnicas e de ser cumprimentados nas
praças, que procuram nas sinagogas as
primeiras cadeiras e os primeiros luga-
res nos banquetes, 47que devoram os
bens das viúvas, fingindo fazer longas
orações. Eles receberão um castigo
mais severo!"

21 **A oferta da viúva.** 1Levantan-
do os olhos*, Jesus viu gente
rica depositando no cofre do templo
suas ofertas. 2Viu também uma po-
bre viúva colocando ali duas moedas
pequeninas 3e disse: "Na verdade vos
digo: esta pobre viúva* deu mais do
que todos. 4Pois todos esses tiraram
para dar a Deus do que tinham de
sobra, mas esta, em sua penúria, deu
tudo o que tinha para viver".
A ruína de Jerusalém†. 5Alguns esta-
vam falando sobre o templo*, que era
ornado de lindas pedras e de ofertas
votivas. Jesus lhes disse: 6"Chegará o dia
em que, dessas coisas que contemplais,
não ficará pedra sobre pedra: tudo será
destruído". 7Perguntaram-lhe então:
"Mestre, quando acontecerá isso? Qual
será o sinal de que isso está para acon-
tecer?" 8Jesus respondeu: "Tomai cuida-
do* para não serdes enganados, porque
muitos virão em meu nome, dizendo:
'Sou eu' e 'O tempo já chegou'. Não
os sigais! 9Quando ouvirdes falar de
guerras e de tumultos, não fiqueis com
medo; pois é preciso que antes aconte-
çam essas coisas*, mas não virá logo o
fim". 10Então lhes disse: "Uma nação se
levantará contra a outra, um reino con-
tra o outro. 11Haverá grandes terremo-
tos e em várias regiões da terra haverá
fome, pestes, coisas terríveis e grandes
sinais vindos do céu. 12Mas, antes de
tudo isso*, lançarão as mãos sobre vós
e vos perseguirão. Sereis entregues às
sinagogas* e às prisões, arrastados pe-
rante reis e governadores por causa de
meu nome. 13Isso vos servirá de ocasião
para dardes testemunho. 14Tende bem
presente no espírito* que não deveis
preparar de antemão vossa defesa,
15porque eu vos darei uma eloquência
e uma sabedoria a que não poderá re-
sistir nem contestar nenhum de vossos
adversários. 16Sereis entregues até pe-
los pais*, irmãos, parentes e amigos, e
vários dentre vós serão mortos. 17Sereis
odiados por todos por causa de meu
nome. 18Mas não se perderá um só ca-
belo de vossas cabeças. 19Com vossa
constância salvareis vossas vidas"*.
20"Quando virdes Jerusalém cercada
de exércitos*, sabei que sua ruína está
perto. 21Então, os que se acharem na
Judeia fujam para os montes; quem
estiver dentro da cidade retire-se; e os
que se acharem nos campos não en-

* **20**,37. Êx 3,2.6; Rm 14,8s; Gl 2,19 | 41. Mt 22,41-46; Mc 12,35s; Sl 110,1 | 45. 11,37-54; Mt 23,1-36; Mc 12,38ss | **21**,1. Mc 12,41-44 | 3. 2Cor 8,12 | 5. 19,44; Mt 24,1s; Mc 13,1s | 8. Mt 24,3-14; Mc 13,1-13; Fl 4,5 | 9. Is 19,2 | 12. Mt 10,18s; Jo 15,20; 16,1s / Lc 12,11s | 14. At 6,10 | 16. Mt 10,21s | 19. 12,7; 1Sm 14,45; Hb 10,36.39 | 20. Mt 24,15-21; Mc 13,14-19

† **20**,38. A união com Deus assegura a vida para sempre. O amor de Javé não permite que seus filhos permaneçam na morte. | 44. Para os judeus, o pai é sempre superior ao filho. | **21**,5. Em 17,22-37 Lucas referiu as palavras de Jesus sobre o retorno glorioso de Jesus. O tema agora é a ruína de Jerusalém, descrita com os termos com os quais os profetas falavam das grandes intervenções de Deus na história.

trem na cidade. 22Porque estes serão dias de castigo*, para se cumprir tudo quanto foi escrito. 23Ai das mulheres que naqueles dias estiverem grávidas ou amamentando! Haverá, com efeito, grande calamidade na terra e flagelos contra este povo. 24Cairão ao fio da espada e serão levados cativos* para todas as nações, e Jerusalém será calcada aos pés pelos pagãos, até se completarem os tempos das nações".

25"Haverá sinais no sol, na lua e nas estrelas*. Na terra, as nações serão tomadas de angústia, inquietas com o bramido do mar e das ondas. 26As pessoas vão desmaiar de medo, na ansiedade pelo que irá acontecer a todo o universo, pois as forças do céu serão abaladas. 27E naquela hora hão de ver o Filho do homem* vir sobre uma nuvem com poder e grande glória. 28Quando começarem a acontecer tais coisas, levantai-vos e erguei a cabeça, porque está próxima vossa libertação".

A parábola da figueira. 29Disse-lhes uma parábola:* "Vede a figueira e as outras árvores: 30ao vê-las começando a brotar, vós mesmos percebeis que o verão está perto. 31Assim também, quando virdes suceder tais coisas, sabei que está perto o Reino de Deus. 32Na verdade vos digo: esta geração não passará até que tudo aconteça. 33Céu e terra passarão, mas minhas palavras não passarão"*.

Necessidade da vigilância. 34"Cuidado, para que vossos corações* não se embruteçam na devassidão e na embriaguez e pelas preocupações desta vida, e para que aquele dia não caia de improviso* sobre vós; 35pois ele virá como uma armadilha sobre todos os habitantes da terra inteira. 36Portanto, vigiai e orai sem cessar para terdes a força de escapar de todas essas coisas que devem acontecer e de comparecer diante do Filho do homem."

Os últimos dias de Jesus. 37Durante o dia, Jesus ensinava no templo*, mas passava as noites ao relento, no monte chamado das Oliveiras. 38Desde a aurora, todo o povo ia ter com ele no templo para ouvi-lo.

VI. MORTE E RESSURREIÇÃO DE JESUS (22–24)

22 **Traição de Judas.** 1Estava chegando a festa dos Ázimos*, chamada Páscoa. 2E os sumos sacerdotes e os escribas procuravam um modo de matar Jesus, pois temiam o povo. 3Satanás entrou em Judas*, chamado Iscariotes, que era um dos Doze. 4Ele foi combinar com os sumos sacerdotes e com os chefes da guarda o modo de entregá-lo. 5Estes ficaram alegres e prometeram-lhe dinheiro. 6Ele aceitou e buscava uma ocasião oportuna para entregá-lo a eles sem a multidão o saber.

A última ceia. 7Chegou o dia dos Ázimos*, no qual se devia imolar o Cordeiro Pascal. 8Jesus enviou Pedro e João, dizendo: "Ide e preparai-nos a Páscoa para a comermos". 9Perguntaram-lhe eles: "Onde queres que a preparemos?" 10Respondeu-lhes: "Ao entrardes na cidade, encontrareis um homem carregando um cântaro de água. Segui-o até a casa onde entrar 11e dizei ao dono da casa: 'O Mestre lhe manda perguntar: Onde está a sala em que poderei comer a Páscoa com meus discípulos?' 12Ele vos mostrará* uma grande sala mobiliada, no andar de cima. Fazei lá os preparativos". 13Eles foram, encontraram tudo como Jesus lhes dissera e prepararam a Páscoa. 14Chegada a hora, ele se pôs à mesa e, com ele, os apóstolos. 15Ele lhes disse:* "Desejei ardentemente comer esta Páscoa convosco antes de

---

* **21**,22. Dt 32,35; Jr 46,10; Os 9,7 | 24. Jr 21,7; Sl 79,1; Is 63,18; Ap 11,2 | 25. Mt 24,29ss; Mc 13,24-27; Is 13,10; Jl 3,1-5; Ap 6,12s | 27. Dn 7,13s; Mt 26,64; Ap 1,7; Rm 13,11; Hb 10,37 | 29. Mt 24,32-35; Mc 13,28-31 | 33. 9,27; 16,17; Mc 9,1 | 34. 17,27; Mt 24,48s / Ecl 9,12; Is 24,17; 1Ts 5,3; Mc 13,33; Ap 6,17 | 37. 19,47; 22,39; Mc 11,11.19 | **22**,1. 19,47; 20,19; Mt 26,1-5; Mc 14,1s; Jo 11,47-53 | 3. Mc 12,12; Mt 21,46; Jo 13,2.27 | 7. Mt 27,17-25; Mc 14,12-21; Jo 13,21-30 | 12. 19,32 | 15. 12,50

sofrer; [16]porque eu vos digo que nunca mais a comerei, até que ela se cumpra no Reino de Deus". [17]Tomando um cálice, deu graças a Deus e disse: "Tomai-o e reparti entre vós; [18]pois eu vos digo: doravante não beberei mais* do fruto da videira, até que venha o Reino de Deus".

A instituição da Eucaristia. [19]Depois, tomando um pão* e dando graças a Deus, partiu-o e deu-o a eles, dizendo: "Isto é meu corpo, dado por vós: fazei isto em memória de mim"†. [20]Do mesmo modo, no fim da ceia, tomou o cálice, dizendo: "Este cálice é a nova aliança* em meu sangue, derramado por vós"†.

Anúncio da traição. [21]"No entanto, eis que a mão* de quem me trai está à mesa comigo. [22]Pois o Filho do homem, de fato, vai, conforme está determinado; mas ai daquele por quem ele for entregue!" [23]Puseram-se eles então a indagar entre si qual deles iria fazer tal coisa.

Autoridade é serviço. [24]Surgiu também entre eles uma discussão* sobre qual deles devia ser considerado o maior. [25]Jesus lhes disse: "Os reis das nações as dominam, e os que exercem autoridade sobre elas fazem-se chamar benfeitores. [26]Mas entre vós não deve ser assim; ao contrário, o maior entre vós se torne como o menor, e aquele que comanda, como aquele que serve. [27]Pois, quem é maior: o que está à mesa ou o que está servindo? Não é o que está à mesa?* Eu, porém, estou no meio de vós como aquele que serve. [28]Vós sois os que perseveraram comigo* em minhas provações. [29]Por isso, eu vos entrego o Reino, assim como meu Pai o entregou a mim, [30]para que comais e bebais a minha mesa em meu Reino e vos senteis sobre tronos para julgar as doze tribos de Israel".

Anúncio da negação de Pedro. [31]"Simão, Simão!* Satanás vos requereu para vos peneirar como o trigo; [32]mas eu roguei por ti, para tua fé não desfalecer; e tu, quando te converteres, confirma teus irmãos!" [33]Simão lhe disse:* "Estou pronto para ir contigo até a prisão e a morte!" [34]Mas Jesus respondeu: "Eu te digo, Pedro: o galo não cantará hoje, antes que três vezes tenhas negado conhecer-me"†.

[35]E falou-lhes: "Quando vos mandei sem bolsa*, nem sacola, nem sandálias, faltou-vos alguma coisa?" "Nada", responderam eles. [36]"Mas agora – continuou Jesus – quem tiver bolsa tome-a, como também a sacola; e quem não tiver espada venda o manto e compre uma. [37]Porque eu vos digo: é preciso que se cumpra em mim aquilo que está escrito: 'Ele foi contado entre os criminosos'*. De fato, o que me diz respeito vai se cumprir". [38]Disseram-lhe eles: "Senhor, aqui estão duas espadas". Ele lhes respondeu: "É o bastante!"

[39]Ele saiu e, como de costume*, foi para o monte das Oliveiras, e os discípulos o acompanharam. [40]Chegando lá, Jesus lhes disse: "Rezai para não entrardes em tentação". [41]Afastou-se deles à distância de um lance de pedra e, de joelhos, rezava: [42]"Pai, se quereis, afastai de mim este cálice! Mas não aconteça como eu quero, mas como vós quereis!" [43]Apareceu-lhe então um anjo do céu*, que o confortava. [44]Entrando em agonia, rezava com maior insistência, e seu suor tornou-se se-

---

* **22**,18. Mt 26,29; Mc 14,25 | 19. Mt 26,26ss; Mc 14,22ss; 1Cor 11,23ss | 20. Jr 31,31 | 21. Mc 14,17-21; Jo 13,21-30; Mt 26,20-25 | 24. 9,46ss; Mt 18,1; 20,25ss; 23,11; Mc 9,34; 10,42-45 | 27. Jo 13,4-16 | 28. 12,32; Mt 19,28; Ap 2,26ss; 3,20; Jo 15,27 | 31. Mt 26,31-35; Mc 14,27-31; Jo 13,36ss; Jó 1,6; 2Cor 2,11 | 33. 22,54-62; At 12,1ss; 21,13 | 35. 10,4 | 37. Is 53,12; Lc 23,32 | 39. 21,36s; Mt 26,36-46; Mc 14,32-42; Jo 18,1s | 43. Jo 12,27ss

† **22**,19. "A Eucaristia, instituída nesse momento, será o memorial de seu sacrifício, 1Cor 11,25. Jesus manda que os apóstolos o perpetuem e com isso os institui sacerdotes da nova Aliança" (CIC). | 20. Jesus proclama e funda a Nova Aliança de Deus com a humanidade, anunciada por Jr 31,31. Seu sacrifício, livremente aceito e consumado no Calvário, será o selo desta Aliança. A Eucaristia evoca e torna presente na Igreja este gesto de infinito amor pela humanidade. | 34. Nenhum discípulo, nem mesmo aquele pelo qual Jesus rezou, estará livre da provação de sua lealdade e fidelidade.

melhante a espessas gotas de sangue
que caíam por terra. 45Levantando-se
da oração, foi ter com os discípulos e
encontrou-os dormindo por causa da
tristeza. 46Perguntou-lhes: "Por que
estais dormindo? Levantai-vos e rezai
para não entrardes em tentação".

A prisão de Jesus. 47Enquanto ainda
estava falando*, surgiu uma multidão
chefiada por aquele que se chamava
Judas, um dos Doze. Aproximou-se
de Jesus para beijá-lo. 48Mas Jesus lhe
disse: "Judas, com um beijo entregas
o Filho do homem?" 49Vendo o que ia
suceder, os que estavam em volta de
Jesus lhe perguntaram: "Senhor, de-
vemos feri-los com a espada?" 50E um
deles feriu* o servo do sumo sacerdote,
cortando-lhe a orelha direita. 51Jesus,
porém, respondeu: "Deixai! Basta!" E,
tocando-lhe a orelha, o curou. 52Disse
então Jesus aos sumos sacerdotes, aos
chefes da guarda do templo e aos an-
ciãos, que tinham vindo contra ele: "Sa-
ístes com espadas e paus* como contra
um ladrão. 53Eu estava convosco todos
os dias no templo e não me prendes-
tes. Mas esta é a vossa hora, e o poder
das trevas!"

As negações de Pedro. 54Prenderam
então Jesus*, levaram-no e o introdu-
ziram na casa do sumo sacerdote. Pe-
dro seguia de longe. 55Acenderam uma
fogueira no pátio e estavam sentados
em volta, e Pedro sentou-se entre eles.
56Uma criada, vendo-o sentado junto
ao fogo*, encarou-o bem e disse: "Este
também estava com ele!" 57Mas ele
negou, dizendo: "Mulher, eu não o co-
nheço". 58Pouco depois, um outro o viu
e disse: "Tu também és um deles!" Mas
Pedro respondeu: "Homem, não sou!"
59Cerca de uma hora depois, outro ain-
da insistia: "Realmente, este também
estava com ele, pois é galileu!" 60"Ho-
mem – disse Pedro – não sei o que di-
zes!" Nisso, enquanto ele ainda estava
falando, um galo cantou. 61Voltando-
-se, o Senhor olhou para Pedro. Lem-
brou-se então Pedro da palavra que o
Senhor lhe dissera: "Antes que o galo
cante hoje, tu me negarás três vezes".
62E, saindo para fora, chorou amarga-
mente.

Insultos a Jesus. 63Os homens que
guardavam Jesus* zombavam dele e o
espancavam; 64cobriram-lhe o rosto e
perguntavam: "Profetiza! Quem te ba-
teu?" 65E diziam muitos outros insultos
contra ele.

Processo diante do Sinédrio. 66Quan-
do amanheceu*, reuniu-se o Conselho
dos anciãos do povo, os sumos sacer-
dotes e os escribas. 67Conduziram-no
diante de seu Sinédrio e lhe disseram:
"Se tu és o Messias, dize-nos!"* Ele res-
pondeu: "Se eu vos disser, não acredi-
tareis; 68e se eu vos interrogar, não me
respondereis. 69Mas o Filho do homem
estará, doravante, sentado à direita*
do Poder de Deus". 70Todos disseram:
"Então, tu és o Filho de Deus?" Res-
pondeu-lhes: "Vós o dizeis: eu o sou".
71Então disseram:* "Que necessidade
ainda temos de testemunho? Pois nós
mesmos o ouvimos de sua boca!"

23 **Processo perante Pilatos e Herodes.** 1Levantando-se toda
a assembleia*, conduziram Jesus a Pi-
latos. 2Começaram a acusá-lo, dizendo:
"Encontramos este homem subvertendo
nossa nação, proibindo pagar o tributo
a César e declarando ser ele o Cristo
Rei". 3Pilatos interrogou a Jesus: "Tu és o
Rei dos Judeus?" Jesus respondeu: "Tu o
dizes". 4Disse, então, Pilatos aos sumos
sacerdotes e às multidões: "Nenhum
crime encontro neste homem". 5Eles,
porém, insistiam, dizendo: "Ele agita
o povo, ensinando por toda a Judeia,
desde a Galileia*, onde começou, até
aqui". 6Ouvindo isto, Pilatos perguntou
se aquele homem era galileu. 7Quando
soube que era da jurisdição de Herodes,
mandou-o para Herodes, que também

---

* **22**,47. Mt 26,47-56; Mc 14,43-50; Jo 18,3-11; At 1,16 | 50. Jo 18,26 | 52. 19,47; Jo 7,28; Cl 1,13 | 54. Mt 26,69-75; Mc 14,66-72; Jo 18,25ss | 56. 22,33s | 63. Mt 26,59-68; Mc 14,65 | 66. Jo 18,19-24 | 67. Jo 10,24s; 8,45 | 69. Sl 110,1; At 7,56 | 71. 4,3.9; Mt 4,3.6; Jo 10,30-33 | **23**,1. 20,25; Mt 27,1-14; Mc 15,1-5; Jo 18,28-38; 1Tm 6,13 | 5. 4,44; At 10,37

se encontrava em Jerusalém naqueles dias. [8]Herodes ficou todo alegre ao ver Jesus*; porque desde muito tempo desejava vê-lo, pois tinha ouvido falar dele e esperava vê-lo realizar algum milagre. [9]Começou a dirigir-lhe numerosas perguntas. Jesus, porém, nada lhe respondeu. [10]Entretanto, os sumos sacerdotes e os escribas mantinham-se lá, acusando-o com veemência. [11]Herodes, com seus guardas, desprezou-o e escarneceu dele, mandando revesti-lo de uma túnica brilhante; devolveu-o depois a Pilatos. [12]Herodes e Pilatos, que antes eram inimigos*, tornaram-se amigos naquele dia.

[13]Tendo convocado os sumos sacerdotes*, os magistrados e o povo, [14]disse-lhes Pilatos: "Vós me apresentastes este homem como um agitador do povo. Interrogando-o, no entanto, em vossa presença, não encontrei nele nenhum dos crimes de que o acusais. [15]Nem tampouco Herodes, pois no-lo mandou de volta. Ele nada fez que mereça a morte. [16]Dar-lhe-ei, portanto, a liberdade*, depois de o castigar"†. [18]Mas eles puseram-se a gritar juntos: "Morte para ele e solta-nos Barrabás!" [19]Esse Barrabás tinha sido preso por causa de uma revolta na cidade e de um homicídio. [20]Pilatos tornou a falar-lhes, querendo soltar Jesus. [21]Mas eles gritavam, dizendo: "Crucifica-o! Crucifica-o!" [22]Pilatos lhes disse pela terceira vez: "Mas que mal ele fez? Nada encontrei nele que mereça a morte. Vou castigá-lo e depois o soltarei". [23]Eles, porém, insistiam com grandes clamores, pedindo que fosse crucificado. Seus brados tornavam-se cada vez mais fortes. [24]Então Pilatos decidiu atender ao pedido deles. [25]Libertou-lhes o que fora encarcerado por causa de revolta e homicídio, e que eles pediam, e entregou Jesus ao arbítrio deles.

A via-sacra. [26]Quando o levavam*, detiveram certo Simão Cireneu, que voltava do sítio, e puseram a cruz sobre ele, obrigando-o a levá-la atrás de Jesus. [27]Seguia-o grande multidão de povo e de mulheres, as quais batiam no peito e o lamentavam. [28]Voltando-se para elas, disse Jesus: "Filhas de Jerusalém, não choreis por mim, mas chorai por vós mesmas e por vossos filhos, [29]porque virão dias em que se há de dizer: 'Felizes as estéreis* e felizes as entranhas que não geraram e os seios que não amamentaram!' [30]Então começarão a dizer às montanhas: 'Caí sobre nós!'* e às colinas: 'Cobri-nos!' [31]Porque, se fazem isto com o lenho verde*, que se fará com o seco?"† [32]Levaram para ser executados junto com ele outros dois, que eram malfeitores.

Jesus na cruz†. [33]Quando chegaram ao lugar chamado o Crânio, ali o crucificaram, como também aos malfeitores, um à direita e o outro à esquerda. [34]Jesus dizia: "Pai, perdoai-lhes*, porque não sabem o que fazem". Eles dividiram suas vestes, tirando a sorte. [35]O povo permanecia lá, observando. Também os chefes zombavam, dizendo: "Salvou os outros*, salve-se agora a si mesmo, se é o Cristo, o Eleito de Deus!" [36]Os soldados igualmente o insultavam; aproximando-se, ofereciam-lhe vinagre* [37]e diziam: "Se tu és o rei dos judeus, salva-te a ti mesmo!" [38]Via-se também sobre ele uma inscrição que dizia: "Este é o rei dos judeus".

[39]Um dos malfeitores crucificados blasfemava contra ele, dizendo: "Tu não és o Cristo? Salva-te a ti mesmo e a nós". [40]O outro, porém, o repreendia, dizendo: "Nem tu, condenado ao mesmo suplício, temes a Deus? [41]Para nós é justo, pois recebemos o castigo merecido por nossas obras, mas este

---

* **23**,8. 9,9; 13,31s | 12. At 4,27 | 13. Mt 27,15-26; Mc 15,6-15; Jo 18,38-19,16 | 16. At 21,35 | 26. 14,27; Mt 27,32-44; Mc 15,21-32; Jo 19,17-27 | 29. 11,27; 21,23 | 30. Os 10,8; Ap 6,16 | 31. 22,37; Ez 21,3; Is 53,12 | 34. Mt 5,44; 18,21ss; At 7,60; Sl 22,7s.19 | 35. 2,26; 9,35 | 36. Sl 69,21 | 42. Mt 16,28

† **23**,16. Alguns manuscritos acrescentam: "[17]Ora, Pilatos era obrigado a libertar-lhes no dia da festa um dos presos", ver Mt 27,15. | 31. Se tratam assim Jesus, que dá a vida, o que não acontecerá com a Jerusalém morta e impenitente? | 33. Os inimigos zombavam de Jesus como se ele fosse um rei de teatro. Mas Ele mostra sua realeza autêntica, perdoando os inimigos e recebendo em seu Reino o ladrão arrependido.

nenhum mal praticou". [42]E dizia: "Jesus, lembra-te de mim* quando vieres com teu Reino". [43]Jesus respondeu-lhe: "Na verdade te digo: hoje estarás comigo no paraíso"†.

Morte de Jesus†. [44]Era cerca da hora sexta* quando o sol se escureceu e a terra inteira cobriu-se de trevas até a hora nona†. [45]A cortina do templo rasgou-se pelo meio†. [46]Gritando com voz forte, Jesus disse: "Pai, em vossas mãos entrego meu espírito". Dizendo isto, expirou.

[47]Vendo o que tinha acontecido, o centurião glorificou a Deus, dizendo: "Na verdade, este homem era justo". [48]Toda a multidão que se reunira para aquele espetáculo, vendo o que tinha acontecido*, voltava batendo no peito. [49]À distância, observando essas coisas, encontravam-se todos os conhecidos de Jesus e as mulheres que o tinham acompanhado desde a Galileia.

O sepultamento. [50]Ora, um membro do Conselho*, homem bom e justo, chamado José, [51]não havia concordado com a decisão nem com os atos dos outros. Era originário de Arimateia, cidade da Judeia, e esperava o Reino de Deus*. [52]Foi ter com Pilatos e pediu o corpo de Jesus. [53]Descendo-o da cruz, envolveu-o num lençol e o depositou num sepulcro cavado na rocha, onde ninguém tinha sido ainda colocado. [54]Era o dia da Preparação da Páscoa e já estava para começar o sábado. [55]No entanto, as mulheres que tinham vindo da Galileia com Jesus* acompanharam José e observaram o sepulcro e como o corpo de Jesus fora nele depositado. [56]Voltaram e prepararam aromas e perfumes. E, no sábado, observaram o repouso conforme o preceito*.

24

Jesus ressuscitado aparece às mulheres. [1]No primeiro dia da semana*, bem cedo, as mulheres foram ao sepulcro, levando os aromas que tinham preparado. [2]Acharam removida a pedra que fechava o sepulcro. [3]Entrando, não encontraram o corpo do Senhor Jesus. [4]Enquanto estavam perplexas diante disto, apareceram diante delas dois homens com vestes resplandecentes*. [5]Cheias de medo, curvaram o rosto para o chão. Eles, porém, lhes disseram: "Por que procurais entre os mortos aquele que está vivo? [6]Ele não está aqui, mas ressuscitou. Lembrai-vos de como vos falou, quando ainda estava na Galileia*. [7]Ele dissera: 'É necessário que o Filho do homem seja entregue às mãos dos pecadores, seja crucificado e que ressuscite ao terceiro dia'". [8]Elas se recordaram de suas palavras.

[9]De volta do sepulcro*, relataram tudo isso aos Onze e a todos os outros*. [10]As que contaram essas coisas aos apóstolos foram Maria Madalena, Joana, Maria, mãe de Tiago, e as outras que estavam com elas. [11]Mas suas palavras lhes pareceram um delírio: não lhes deram crédito. [12]Pedro, no entanto, levantou-se e correu ao sepulcro. Abaixou-se e não viu senão os lençóis. Voltou para casa admirado do que acontecera.

Os discípulos de Emaús. [13]Neste mesmo dia*, dois discípulos caminhavam para uma aldeia chamada Emaús, distante de Jerusalém sessenta estádios†. [14]Iam conversando entre si a respeito de tudo o que havia acontecido. [15]Enquanto conversavam e discutiam juntos, Jesus em pessoa aproximou-se e foi caminhando com eles. [16]Mas seus

* **23**,44. Mt 27,45-56; Mc 15,33-41; Am 8,9; Êx 26,31ss; Sl 31,6; At 7,59 | 48. 8,2s; 23,55; At 3,14; Sl 38,12 | 50. Mt 27,57-61; Mc 15,42-47; Jo 19,38-42 | 51. 2,25-38 | 55. 8,2; 23,49 | 56. Êx 12,16; 20,10 | **24**,1. Mt 28,1-10; Mc 16,1-8; Jo 20,1-10.19; At 20,7; 1Cor 16,2 | 4. 2Mc 3,26; At 1,10 | 6. 9,22; 17,25; 18,32s; At 17,3 | 9. 24,23 / 8,2s | 13. Mc 16,12s

† **23**,43. "Nunca é tarde demais para se converter: um ladrão passou do patíbulo ao paraíso" (S. Jerônimo). | 44. Lucas situa os últimos momentos de Jesus numa atmosfera de paz e oração; a última palavra do Crucificado é uma prece de confiança total, um pagão faz seu ato de fé e o povo se mostra arrependido. / A hora sexta é meio-dia, a hora nona é três da tarde. | 45. Rasgou-se o véu do templo, que separava Deus de todos, exceto dos sacerdotes: Em Jesus, agora, todos têm acesso ao Pai. | **24**,13. Pouco mais de 11 km; um estádio é 185 m.

olhos estavam impedidos de reconhe-
cê-lo. 17Ele perguntou-lhes então: "De
que assunto falais pelo caminho?" Eles
pararam, com tristeza no rosto. 18Um
deles, chamado Cléofas, respondeu-
-lhe: "És o único peregrino em Jeru-
salém que ignora o que ali se passou
nestes dias!" 19"Que foi?", perguntou
ele. Disseram-lhe: "O que aconteceu a
Jesus*, o Nazareno, que era um pro-
feta poderoso em obras e em pala-
vras diante de Deus e de todo o povo.
20Nossos sumos sacerdotes e nossos
chefes o entregaram para ser conde-
nado à morte e o crucificaram. 21Nós
esperávamos que fosse ele o que ha-
veria de libertar Israel*; mas, além de
tudo isso, já faz três dias que estas coi-
sas aconteceram. 22Verdade é que al-
gumas mulheres* de nosso grupo nos
deixaram espantados: foram ao sepul-
cro, de madrugada, 23e não acharam
seu corpo. Voltaram dizendo que lhes
apareceram anjos, os quais afirmaram
que ele está vivo. 24Alguns dos nossos*
foram ao sepulcro e acharam as coisas
conforme as mulheres disseram*; mas
a ele não o viram..." 25Então ele lhes
disse: "Homens sem inteligência, como
vosso coração é lento para crer tudo o
que os profetas anunciaram! 26Não era
necessário que o Cristo sofresse estas
coisas* para entrar em sua glória?" 27E,
começando por Moisés e percorrendo
todos os profetas, explicou-lhes em to-
das as Escrituras* o que lhe dizia res-
peito†.

28Ao chegarem perto da aldeia para
onde iam, ele deu a entender que ia
para mais longe. 29Mas insistiram com
ele, dizendo: "Fica conosco, porque já
é tarde e o dia já se acaba". Ele entrou
para ficar com eles. 30Estando à mesa
com eles*, tomou o pão, pronunciou a
bênção e, depois de o partir, deu-o a
eles. 31Neste momento, os olhos deles
se abriram e o reconheceram*; mas ele
desapareceu de sua vista. 32Disseram
então um ao outro: "Não é verdade que
nosso coração ardia em nós quando
ele nos falava pelo caminho e nos ex-
plicava as Escrituras?" 33Partiram ime-
diatamente de volta a Jerusalém, onde
encontraram reunidos os Onze e seus
companheiros, 34que diziam: "É verda-
de, o Senhor ressuscitou* e apareceu a
Simão!" 35Então eles contaram o que
lhes sucedera no caminho e como o
haviam reconhecido ao partir o pão†.

Jesus aparece aos apóstolos. 36En-
quanto assim falavam*, Jesus apresen-
tou-se no meio deles e lhes disse: "A
paz esteja convosco!" 37Espantados e
cheios de medo, imaginavam ver um
espírito. 38Mas ele lhes disse: "Por que
vos assustais* e se levantam dúvidas
em vossos corações? 39Olhai minhas
mãos e meus pés: sou eu mesmo!
Tocai-me e vede, pois um espírito não
tem carne nem ossos como vedes que
eu tenho". 40E, dizendo isto, mostrou-
-lhes as mãos e os pés. 41Mas como,
em sua alegria, continuavam incrédulos
e estavam espantados, perguntou-lhes:
"Tendes aqui alguma coisa para se co-
mer?" 42Ofereceram-lhe um pedaço de
peixe assado. 43Ele o tomou e comeu à
vista deles*.

44Depois disse-lhes: "Era bem isso
que eu vos dizia* quando ainda es-
tava convosco: que era preciso que
se cumprisse tudo o que está escrito
a meu respeito na Lei de Moisés, nos
Profetas e nos Salmos". 45Abriu-lhes
então a inteligência, para compreende-
rem as Escrituras; 46e lhes disse: "Assim
está escrito, que o Cristo devia sofrer e
ao terceiro dia ressuscitar dos mortos

---

* **24**,19. 2,39; 4,34; Mt 21,11; At 7,22 | 21. 1,68; 2,38 | 22. Mt 28,1-8; Mc 16,1-8 | 24. Jo 20,3-8 / 24,12 | 26. 9,22; 18,31; 24,44; At 17,3 | 27. Jo 7,39; 12,16.23; 13,31s; 17,1.5; At 3,13-24 | 30. 22,19 | 31. 24,16 | 34. 1Cor 15,5 | 36. At 1,6ss; Mt 28,16-20; Mc 16,14-18; Jo 20,19-23 | 38. Mt 14,26 | 43. Jo 21,5.9s | 44. 9,22; 18,31; Is 53,1-12; Os 6,2; At 2,23s

† **24**,27. Jesus explica o desígnio de Deus e o sentido da cruz. A história do povo de Deus ensina que o sofrimento é fonte de vida, e que a morte é passagem para uma ressurreição. Moisés e Elias haviam visto a glória de Jesus sobre a montanha; a Lei e os Profetas tinham anunciado os sofrimentos do Messias. | 35. Cada vez que se reparte o pão em verdadeira fraternidade, Jesus se manifesta presente em nosso meio; isto vale sobretudo da Eucaristia, chamada "fração do pão" na Igreja primitiva, At 2,42; 20,7.

[47]e que em seu nome se pregariam a
conversão e o perdão dos pecados* a
todas as nações, começando por Jeru-
salém. [48]Vós sois testemunhas* destas
coisas. [49]Vou enviar-vos o que meu
Pai prometeu. Ficai, porém, na cidade,
até que sejais revestidos* da força do
alto"†.

A ascensão. [50]Depois levou-os até
perto de Betânia* e, erguendo as mãos,
abençoou-os. [51]Enquanto os abençoa-
va, separou-se deles e foi elevado ao
céu†. [52]Eles se prostraram diante dele e
depois voltaram para Jerusalém cheios
de alegria. [53]E estavam sempre no tem-
plo, bendizendo a Deus.

---

* **24**,47. Mt 28,19s | 48. 1Tm 3,16; At 1,8; Jo 14,16; 15,26; 16,7 | 49. At 1,4; 2,33 | 50. Mc 16,19s; At 1,9-12; 1Tm 3,16

† **24**,49. Os apóstolos recebem a missão de testemunhar o cumprimento das promessas de Deus em Cristo e de anunciar o perdão e a conversão. Para tanto, vão receber o dom do Espírito Santo no dia de Pentecostes. | 51. "Lucas deseja mostrar que a viagem que Jesus fez não termina no nada, mas no Coração daquele que Ele chamava de Pai" (G. Lohfink).

EVANGELHO SEGUNDO JOÃO

Escrevendo mais ou menos no ano 180 d.C., Santo Irineu informa: "Depois, João, o discípulo do Senhor, o mesmo que repousou sobre seu peito (Jo 13,25), publicou também o Evangelho durante sua estada em Éfeso". Santo Irineu recebeu esta notícia de seu mestre Policarpo, que fora discípulo imediato de S. João Evangelista. Conforme a tradição, João passou muitos anos em Éfeso, cidade da Ásia Menor, em companhia de Nossa Senhora (cuja casa é venerada nos arredores), pois fora encarregado por Jesus de cuidar de sua Mãe (Jo 19,27). O quarto Evangelho, publicado nos últimos anos do século I, foi composto durante várias décadas nos ambientes evangelizados por João e conserva certamente sua pregação, mas não deve ter sido ele o último redator.

Pelos Sinóticos é-nos bem conhecida a figura de João, o pescador filho de Zebedeu, chamado ao apostolado junto com seu irmão Tiago Maior (Mt 4,21). Esses dois, que com Pedro formavam o grupo dos três mais íntimos discípulos do Mestre (Mt 17,1; Mc 5,37;Mt 26,37), ganharam do próprio Jesus o apelido de Boanerges (Mc 3,17), isto é, "filhos do trovão", o que parece indicar um temperamento enérgico e até violento. Haja vista a atitude dos dois quando os samaritanos se recusavam a receber Jesus (Lc 9,54). Mateus e Marcos também nos contam o ousado pedido que os irmãos Boanerges fizeram a Jesus de "sentar-se um a sua direita e o outro a sua esquerda em seu Reino" (Mt 20,21; Mc 10,37).

O quarto Evangelho, sem mencionar sequer uma vez o nome de João, fornece-nos contudo algumas notícias veladas sobre sua pessoa. Deve ter sido João o discípulo que, junto com André, seguia o Batista, e passou a acompanhar Jesus, quando este foi designado pelo Precursor como "Cordeiro de Deus" (Jo 1,35-37). Do capítulo 13 em diante, encontramos diversas vezes (13,23; 19,26; 20,2; 21,7) a expressão "discípulo que Jesus amava", a qual, certamente, designa o autor do Evangelho. Por essas alusões, sabemos que João foi o único discípulo que presenciou a morte de Jesus no Calvário e, junto com Pedro, foi o primeiro a saber da ressurreição do Mestre. Nos Atos dos Apóstolos encontramos novamente esses dois, Pedro e João, assumindo a liderança da comunidade apostólica: At 3,1; 4,13; 4,19; 8,14.

Conforme diz na primeira conclusão de seu Evangelho (Jo 20,31), João escreveu para alimentar a fé dos primeiros cristãos, essa fé que conduz à vida eterna em seu nome (Jo 20,31). Para isso seguiu um caminho bem diferente daquele dos Sinóticos: elaborou um "Evangelho espiritual", conforme diz Clemente de Alexandria, a saber, um Evangelho que procurou não tanto relatar fatos, mas sim extrair de cada um deles a mensagem, o significado que se percebe por detrás dos símbolos ou gestos.

Por isso, em vez de falar em "milagres e prodígios", João prefere designar tais acontecimentos como "sinais" (Jo 2,11; 4,54; 6,14 etc.), isto é, ações que revelam a "glória" de Jesus, sua personalidade divina. Para João, muitas realidades da vida diária têm esse poder de se tornar símbolos da vida espiritual, pois "a graça supõe a natureza". Assim, as noções de água, pão, vinho, luz, caminho, porta, vida, verdade, tudo isso tem profunda relação com o que Jesus veio trazer e comunicar ao mundo, e podem ser pontos de partida para o anúncio de sua mensagem. Por exemplo, falando à samaritana sobre a água do poço de Jacó (Jo 4,7), Jesus passa imediatamente a falar da graça, "água viva que jorra para a vida eterna" (Jo 4,14). Compreende-se então que neste Evangelho recebam destaque especial os sacramentos da Igreja – sobretudo o Batismo e a Eucaristia –, sinais de salvação para aquele que crê. João mostra o Batismo como novo nascimento, na conversa de Jesus com Nicodemos (Jo 3,3), e como iluminação, no milagre da cura do cego (Jo 9). A Eucaristia é amplamente anunciada no discurso sobre o pão da vida do c. 6, mas sua instituição na Última Ceia não é narrada, porque João certamente a supõe conhecida, pela leitura dos Sinóticos. Esse interesse do evangelista pela liturgia revela-se também no fato de ele mencionar diversas festas judaicas (três festas da Páscoa, festa das Tendas, da Dedicação, e uma festa não identificada, que aparece em 5,1). Essas datas são ocasiões em que Jesus, como piedoso judeu, sobe a Jerusalém para o culto. João corrige desta forma a impressão, deixada pelos Sinóticos, de que Jesus só esteve em Jerusalém no último período de sua vida pública.

Na figura de Jesus, o aspecto que João salienta mais é sua transcendência, sua preexistência como Verbo de Deus, presente já na criação do mundo (Jo 1,3), que existia antes que Abraão fosse (Jo 8,58). Esse Verbo se encarnou e veio morar no meio de nós (Jo 1,14) para manifestar sua glória. Disso dão testemunho o Pai (Jo 8,18), o próprio Jesus (Jo 8,14), o Espírito (Jo 15,26), João Batista (Jo 1,19-34; 3,27-30), o evangelista (Jo 1,14; 19,35), e as obras que Jesus realiza (Jo 10,25). Também os discípulos, que acolhem a mensagem do Mestre e nela creem são convidados a testemunhar (Jo 15,27).

I. PRÓLOGO (1,1-18)†

1 **A encarnação do Verbo.** [1]No
princípio existia o Verbo*, e o Ver-
bo estava junto de Deus, e o Verbo era
Deus. [2]No princípio ele estava junto de
Deus. [3]Tudo foi feito por meio dele*,
e sem ele nada do que existe foi feito.
[4]Nele estava a vida, e a vida era a luz*
dos homens. [5]A luz brilha nas trevas,
mas as trevas não a acolheram*.
[6]Apareceu um homem enviado por
Deus:* seu nome era João. [7]Ele veio
como testemunha, para dar testemu-
nho da luz, para que, por meio dele,
todos viessem a crer. [8]Ele não era a
luz, mas devia dar testemunho da luz.
[9]O Verbo, a luz verdadeira*, que ilu-
mina todo homem, estava para vir ao
mundo. [10]Ele estava no mundo*, e o
mundo foi feito por ele, mas o mundo
não o reconheceu. [11]Veio para junto
dos seus, mas os seus não o acolhe-
ram. [12]A todos, porém, que o acolhe-
ram, ele deu o poder de se tornarem*
filhos de Deus†, isto é, àqueles que
creem no seu nome. [13]Estes não nas-
ceram do sangue, nem da vontade da
carne e nem da vontade do homem,
mas nasceram de Deus*.
[14]E o Verbo se fez carne e veio mo-
rar no meio de nós†. E contemplamos
sua glória†, a glória que recebe do Pai*
como Filho único, cheio de graça e de
verdade. [15]João dá testemunho dele e
proclama: "É dele que eu disse: Aquele
que há de vir depois de mim passou a
minha frente, porque já existia antes de
mim". [16]Nós todos recebemos de sua
plenitude*, e graça sobre graça. [17]Por-
que a Lei foi dada por Moisés, mas a
graça e a verdade* vieram por Jesus
Cristo. [18]Ninguém jamais viu a Deus:
o Filho Unigênito que está no seio do
Pai* é que abriu o caminho para ele.

II. OS SETE SINAIS DE JESUS (1,19–12,50)

O testemunho de João Batista†.
[19]Foi este o testemunho de João*,
quando os judeus lhe enviaram de Je-
rusalém sacerdotes e levitas, para lhe
perguntar: [20]"Quem és tu?" Ele respon-
deu sem hesitação. Sua resposta foi:
"Eu não sou o Cristo". [21]"Então, quem
és tu?"*, perguntaram-lhe. "Tu és Elias?"

---

* **1**,1. 17,5; 1Jo 1,1s; Ap 19,13 | 3. Gn 1,1; 1Cor 8,6; Cl 1,16s; Hb 1,13; Ap 3,14; Pr 8,22 | 4. 5,26; 8,12; Sb 9,1 | 5. 3,19; 9,5 | 6. Mt 3,1; Mc 1,4; Lc 1,13-17.57-80; 3,2 | 9. 1,31; 5,33ss | 10. 1,20; 3,28; 3,19; 8,12; 12,46; Mt 4,16; 1Jo 2,8 | 12. 1Jo 5,13; Gl 3,26 | 13. 1Jo 5,1-18; Tg 1,18; 1Pd 1,23 | 14. 2,11; 3,16s; Rm 1,3; Fl 2,7; 1Tm 3,16; Hb 2,14; Ap 21,3; Is 60,1s; Mt 3,1; Mc 1,7 | 16. 3,34; Cl 2,9s | 17. 7,19; Rm 6,14; 10,4; Êx 31,18; 34,6 | 18. 5,37; 6,46; 14,9; 1Jo 4,12; Mt 11,27; Lc 10,22; 1Tm 1,7; 6,16 | 19. 5,33; Mt 3,1-12; Mc 1,2-8; Lc 3,15s; At 13,25 | 21. Mt 11,14; 17,10s; Mc 9,13; Ml 3,23s; Jo 6,14; 7,40; At 3,22; 7,37; Dt 18,15; Is 40,3

† **I.** O 4º Evangelho começa com as mesmas palavras do 1º livro da Bíblia, o Gênesis, que conta as origens do mundo e as do povo eleito: "No princípio..." João vê em Jesus o início de uma nova humanidade. No prólogo estão anunciados todos os grandes temas do 4º Evangelho: a pessoa sublime de Jesus, seu plano de salvação, a recusa de uma parte do povo e a filiação divina que os fiéis recebem ao contemplarem a glória do Filho Único de Deus e ao acolherem sua Palavra. | **1**,12. "O Filho de Deus se faz Filho do homem para fazer dos filhos dos homens filhos de Deus" (S. João Crisóstomo). | 14. Aqui João exprime o mistério da Encarnação: sem deixar de ser Deus, o Verbo assume a condição humana. "Carne" significa a natureza humana, mortal e frágil. / A glória de Cristo é a manifestação de sua divindade. | 19. Assim como a criação do mundo é narrada no esquema de uma semana, Gn 1,1–2,3, assim também João agrupou numa semana inaugural os primeiros gestos do ministério público de Jesus, 1,19–2,11.

“Não sou”, respondeu. 22“Tu és o Profe-
ta?”† Ele disse: “Não”. Perguntaram-lhe:
“Quem és tu? Para darmos uma res-
posta àqueles que nos enviaram. Que é
que dizes de ti mesmo?” 23Ele declarou:
“Eu sou a voz daquele que grita no de-
serto: ‘Endireitai o caminho do Senhor’,
conforme disse o profeta Isaías”.

24Os enviados eram fariseus. 25Per-
guntaram-lhe ainda: “Então, por que
estás batizando, se não és o Cris-
to, nem Elias, nem o Profeta?” 26João
respondeu-lhes: “Eu batizo com água*.
Mas no meio de vós está alguém que
não conheceis, 27aquele que vem de-
pois de mim, do qual não sou digno
de desatar a correia de sua sandália”.
28Isto aconteceu em Betânia, do outro
lado do Jordão, onde João estava ba-
tizando*.

29No dia seguinte, ao ver Jesus que vi-
nha em sua direção, ele disse: “Aí está o
Cordeiro* de Deus† que tira o pecado do
mundo!† 30É dele que eu disse: ‘Depois
de mim vem um homem que passou
a minha frente, pois já existia antes de
mim’. 31Eu não o conhecia. Mas foi para
que ele fosse manifestado a Israel que eu
vim batizar com água”. 32João deu este
testemunho:* “Eu vi o Espírito descer do
céu como uma pomba e pairar sobre ele.
33Eu não o conhecia. Mas aquele que me
enviou a batizar com água tinha me dito:
‘Aquele sobre quem vires descer e pairar
o Espírito, esse é o que batiza no Espírito
Santo’†. 34Eu vi e dou testemunho de que
ele é o Filho de Deus!”

Os primeiros discípulos. 35No dia
seguinte, João estava lá de novo com
dois de seus discípulos. 36Fixando o
olhar em Jesus que passava, disse: “Aí
está o Cordeiro de Deus”. 37Os dois dis-
cípulos o ouviram dizer isto e seguiram
a Jesus. 38Voltou-se Jesus e viu que o
seguiam. E disse-lhes: “Que buscais?”
Responderam-lhe: “Rabi (esta pala-
vra quer dizer Mestre), onde moras?”
39“Vinde e vede”, disse ele. Eles foram,
viram onde morava e nesse dia ficaram
com ele. Era pelas quatro horas da tar-
de.

40André, irmão de Simão Pedro*,
era um dos dois que tinham ouvido
as palavras de João e tinham seguido
a Jesus. 41O primeiro a quem encon-
trou foi seu irmão Simão, ao qual dis-
se: “Encontramos o Messias” (que quer
dizer Cristo). 42E o levou a Jesus. Jesus
olhou-o e disse: “Tu és Simão, filho de
João. Tu te chamarás Cefas” (que signi-
fica Pedra)†.

43No dia seguinte, Jesus resolveu
partir* para a Galileia. 44Encontrou Fi-
lipe e disse-lhe: “Segue-me!” Filipe era
de Betsaida, cidade de André e de Pe-
dro.

45Filipe encontrou Natanael† e disse-
-lhe: “Encontramos aquele de quem es-
creveram Moisés, na Lei, e os Profetas.
É Jesus de Nazaré, filho de José”. 46Res-
pondeu Natanael: “De Nazaré pode sair
alguma coisa boa?” 47Disse-lhe Filipe:
“Vem e vê”. Jesus viu Natanael que lhe
vinha ao encontro e disse, referindo-se
a ele: “Eis um verdadeiro israelita no
qual não há falsidade”. 48Perguntou-
-lhe Natanael: “De onde me conhe-
ces?” Respondeu-lhe Jesus: “Antes que

---

* **1**,26. Mt 21,25; At 13,25 | 28. 3,26; 10,40 | 29. 1,15; 1Jo 3,5; At 8,32; 1Pd 1,18s | 32. Mt 3,16; Mc 1,10; Lc 3,22; Is 11,2; 61,1 | 34. 3,18; 5,25; 10,36; 11,4.27; 18,7; 20,31 | 40. 4,25; 21,15s; Mt 4,18; Mc 3,16 | 43. 5,39-46; At 26,22; Dt 18,15; Is 7,14; 9,6; 53,2; Jr 23,5; Ez 34,23; Jo 7,41.52; Sl 32,3; 73,1; Mt 14,33; 16,16; Mc 1,11; 3,11; At 13,33; Dn 7,13; At 7,56

† **1**,22. O povo esperava a vinda de “um profeta igual a Moisés”, 6,14; 7,40, conforme a promessa de Dt 18,15. | 29. Jesus é ao mesmo tempo o cordeiro pascal, símbolo da redenção de Israel na primeira Páscoa, Êx 12,3-14; Jo 19,36; 1Cor 5,7, e o Servo sofredor, levado como cordeiro ao matadouro, Is 53,7; Jr 11,19, que carrega e expia as culpas dos pecadores, Is 53,12. / “O pecado do mundo é a condição pecadora que o mundo apresenta devido às consequências do pecado original e de todos os pecados pessoais dos homens, como também devido à influência negativa que exercem sobre as pessoas as situações comunitárias e as estruturas sociais que são o fruto dos pecados dos homens” (CIC). | 33. O batismo de João era sinal de arrependimento, o batismo na água e no Espírito Santo será um novo nascimento, Jo 3,5. | 42. Mudando o nome de Simão, Jesus muda na vida dele tudo o que o nome exprime: a identidade da pessoa e o sentido de sua vida. | 45. Provavelmente o apóstolo Bartolomeu, que era de Caná, 21,2, cidade rival de Nazaré.

Filipe te chamasse, eu te vi debaixo da figueira". [49]"Rabi – exclamou Natanael – Tu és o Filho de Deus, tu és o rei de Israel!" [50]Jesus respondeu-lhe: "Tu crês porque eu te disse que te vi debaixo da figueira? Verás coisas maiores do que estas". [51]E acrescentou: "Na verdade, na verdade vos digo: vereis o céu aberto e os anjos de Deus subindo e descendo sobre o Filho do homem"†.

2 **As bodas de Caná.** [1]No terceiro dia, houve uma festa de casamento em Caná* da Galileia e lá se encontrava a mãe de Jesus. [2]Também Jesus foi convidado para a festa junto com seus discípulos†. [3]Faltando o vinho, a mãe de Jesus* lhe disse: "Eles não têm mais vinho".† [4]Respondeu-lhe Jesus: "Mulher, que importa isso a mim e a ti? Minha hora ainda não chegou"†. [5]Sua mãe disse aos serventes: "Fazei tudo* o que ele vos disser"†.

[6]Havia lá seis talhas de pedra, destinadas às purificações dos judeus*. Cada uma delas podia conter cerca de dois ou três barris†. [7]Disse Jesus aos serventes: "Enchei de água as talhas". Eles as encheram até a boca. [8]Disse-lhes então: "Tirai agora e levai ao mestre-sala". Eles levaram. [9]O mestre-sala provou a água transformada em vinho†, e não sabia donde viera aquele vinho, embora o soubessem os serventes que haviam tirado a água; chamou então o noivo [10]e disse-lhe: "Todo mundo serve primeiro o bom vinho e, quando os convidados já tiverem bebido muito, serve o vinho inferior. Tu, porém, guardaste até agora o vinho bom..." [11]Deste modo iniciou Jesus*, em Caná da Galileia, os seus sinais†. Manifestou sua glória, e seus discípulos começaram a crer nele.

[12]Depois disso desceu a Cafarnaum com sua mãe, seus irmãos e seus discípulos. Lá permaneceram poucos dias.

A purificação do templo. [13]Estava próxima a Páscoa dos judeus*, e Jesus subiu a Jerusalém. [14]No templo encontrou gente a vender bois, ovelhas e pombas, e também cambistas em suas bancas. [15]Com umas cordas fez um chicote e expulsou a todos do templo, com as ovelhas e os bois. Espalhou o dinheiro dos cambistas e derrubou suas mesas. [16]Aos que vendiam pombas disse: "Tirai daqui estas coisas! Parai de fazer da casa de meu Pai um mercado!" [17]Seus discípulos então se lembraram de que está escrito: "O zelo por tua casa me devorará"*.

[18]Perguntaram-lhe os judeus: "Que sinal nos mostras para agir assim?" [19]Jesus respondeu-lhes: "Podeis destruir este templo, que em três dias eu o levantarei de novo"†. [20]Disseram-lhe os judeus: "Quarenta e seis anos durou a construção deste templo, e em três dias tu o levantarás?" [21]Mas ele se referia àquele templo que é seu corpo. [22]Por isso, quando ele ressuscitou dos mortos*, seus discípulos se lembraram de que havia dito isto e creram na Escritura e na palavra que ele havia dito.

A primeira Páscoa. [23]Enquanto ficou em Jerusalém para a festa da Páscoa*, muitos creram em seu nome ao verem os sinais que fazia. [24]Mas Jesus não

---

* **2**,1. 4,46 | 3. 7,30; 8,20; 19,25s; Mc 1,24; 1Rs 17,18; 2Rs 3,13 | 5. Gn 41,55; Mc 7,3s | 6. Lv 11,33 | 11. 1,14; 4,54; 20,30s; 11,40; 12,41; Mt 4,13 | 13. 6,4; 11,55; 12,1; Mt 21,12-17; Mc 11,15ss; Lc 19,45s | 17. Zc 14,21; Sl 69,10; Mc 8,11; Lc 11,16; At 6,14; Jr 7,21 | 22. 12,16; 14,26 | 23. 4,45; 7,31; 11,47 | 25. 6,70; 16,30

† **1**,51. Aludindo ao sonho de Jacó, no qual ele viu uma escada entre o céu e a terra, Gn 28,12, Jesus se apresenta como o mediador entre o mundo e o Pai, 1Tm 2,5. | **2**,2. "A presença de Jesus no casamento em Caná confirma que o casamento é uma realidade boa e que, daí em diante, será um sinal eficaz da presença de Cristo" (CIC). | 3. "Maria representa o AT, que reconhece que acabou o vinho, i. é, esgotaram-se seus frutos, e encaminha todos para Jesus" (Frei Carlos Mesters). | 4. A hora da paixão e da glorificação de Jesus, 7,30; 13,1; 17,1. | 5. Convidando a acolher a palavra de Jesus, Maria começa a exercer a função de Mãe dos homens, que Jesus lhe dará no momento solene do Calvário, Jo 19,26. Ela é venerada como "Hodoghitria", Aquela que aponta o caminho, 14,6. | 6. O barril, lit. "medida", continha 40 litros. | 9. A água das abluções rituais é transformada em vinho: isto representa a passagem da antiga aliança para a nova, selada no sangue de Cristo. | 11. "Sinais", 3,2, são milagres que indicam o poder divino de Cristo e sua obra de salvação. | 19. O verdadeiro templo, morada de Deus no meio dos homens, será a humanidade de Jesus ressuscitado, centro de todo culto.

confiava neles, porque conhecia a to-
dos 25e não precisava ser informado*
sobre ninguém, pois ele bem sabia o
que estava dentro de cada pessoa.

3 **Jesus e Nicodemos.** 1Havia entre
os fariseus um homem chamado
Nicodemos*, que pertencia à elite do
povo judeu. 2Certa noite, ele foi ter
com Jesus e lhe disse: "Rabi, sabemos
que vens da parte de Deus como Mes-
tre; pois ninguém é capaz de fazer os
sinais que fazes, se Deus não estiver
com ele".
3Respondeu-lhe Jesus: "Na verda-
de*, na verdade, te digo: se não nas-
cer do alto, ninguém pode ver o Reino
de Deus". 4Nicodemos perguntou-lhe:
"Como pode o homem nascer, sendo
já velho? Pode entrar outra vez no seio
de sua mãe e nascer?" 5Respondeu-
-lhe Jesus: "Na verdade, na verdade, te
digo: se não nascer da água e do Espí-
rito*, ninguém pode entrar no Reino de
Deus. 6O que nasce da carne é carne*;
o que nasce do Espírito é espírito. 7Não
te admires do que eu te disse: deveis
nascer do alto. 8O vento sopra onde
quer*, e a gente ouve sua voz, mas não
sabe de onde vem nem para onde vai.
Assim é todo aquele que nasceu do Es-
pírito".
9Perguntou-lhe Nicodemos: "Como
pode acontecer isso?" 10Replicou-lhe
Jesus: "Tu és Mestre em Israel* e não
o sabes? 11Na verdade, na verdade, te
digo: falamos do que sabemos* e tes-
temunhamos o que vimos, mas vós
não acolheis nosso testemunho. 12Se,
quando vos falo das coisas terrestres,
vós não credes, quando vos falar das
celestes*, como crereis? 13Ninguém
subiu ao céu*, senão o que desceu do
céu: o Filho do homem. 14Assim como
Moisés levantou a serpente no deser-
to, assim é necessário que o Filho do
homem seja levantado†, 15a fim de que
todo aquele que crê tenha por meio
dele a vida eterna".
A fé e o julgamento. 16"Com efei-
to, Deus tanto amou o mundo* que
lhe deu seu Filho unigênito, para que
não morra quem nele crê, mas tenha
a vida eterna. 17Pois Deus não mandou
seu Filho ao mundo para condenar* o
mundo, mas para que por meio dele
o mundo seja salvo. 18Quem nele crê
não é condenado*. Mas, quem não crê,
já está condenado, porque não creu
no nome do Filho unigênito de Deus†.
19E o julgamento é assim: a luz veio ao
mundo*, mas os homens preferiram as
trevas à luz, porque suas obras eram
más. 20De fato, todo aquele que faz o
mal odeia a luz* e dela não se apro-
xima, para que suas obras não sejam
desmascaradas. 21Mas quem pratica a
verdade* aproxima-se da luz, para que
transpareça que suas obras são feitas
em Deus".
Novo testemunho de João Batista.
22Depois disso, veio Jesus com seus
discípulos* à região da Judeia. Perma-
neceu ali com eles e batizava. 23João
também estava batizando em Enon,
perto de Salim, porque lá havia muita
água, e o povo vinha para ser batizado.
24Porque João ainda não tinha sido lan-
çado* no cárcere. 25Surgiu então uma
disputa entre os discípulos de João e
um judeu sobre purificação; 26eles fo-
ram ter com João e lhe disseram: "Mes-
tre, aquele que estava contigo do outro
lado do Jordão, e do qual destes tes-
temunho, está batizando, e todos vão
a ele". 27João respondeu: "Ninguém
pode atribuir-se coisa alguma, se não
lhe for dada do céu. 28Vós mesmos sois

* **3**,1. 7,50; 12,42s; 19,39; Mt 22,16; At 10,38 | 3. 1Jo 5,1 | 5. Rm 6,4; Ef 5,26; Tt 3,5; 1Pd 1,3; 2Pd 1,11 | 6. 6,63; Sl 78,39 | 8. 14,18; 1Cor 15,44-50 | 10. Rm 2,20s | 11. 3,32; 7,16; 8,26; 12,49; 1Cor 2,14 | 12. 6,60ss; Sb 9,16 | 13. Rm 10,6s; Fl 2,6-11; Ef 4,9; Dt 30,12; Pr 30,4; Nm 21,8s; Sb 16,5 | 16. 1Jo 4,9; Rm 5,8; Mt 21,37 | 17. 12,47 | 18. 3,36; 5,24; At 17,31; Mc 16,16 | 19. 1,5.9s; 8,12; Jó 24,13-17 | 20. Ef 5,13 21. 1Jo 1,6; Mt 5,14ss | 22. 4,1s | 24. Mt 3,6; 14,3; Mc 6,7 | 28. 19,11; 1Cor 4,7; Hb 5,4; Tg 1,17

† **3**,14. Jesus levantado, elevado na cruz, é comparado com a serpente de bronze, Nm 21,9, que Moisés ergueu para curar os hebreus feridos. "Quem olha para Jesus Crucificado é curado da culpa" (S. Agostinho). | 18. Encontrar-se com Jesus, luz que vem ao mundo, é passar por um julgamento decisivo: é preciso optar entre aceitar ou recusar a obra de Jesus.

testemunhas de que eu disse: 'Não
sou eu o Messias*, mas sou enviado à
frente dele'. 29Quem tem a esposa é o
esposo*; mas o amigo do esposo, que
está presente e o ouve, muito se alegra
com a voz do esposo. Tal é minha ale-
gria e ela é completa. 30É preciso que
ele cresça e que eu diminua".

O testemunho do Filho. 31"Aquele
que vem do alto está acima de todos*;
aquele que vem da terra é terrestre e
fala sobre coisas da terra. Aquele que
vem do céu é superior a todos; 32dá
testemunho do que viu e ouviu; toda-
via, ninguém acolhe seu testemunho.
33Quem acolhe seu testemunho* atesta
que Deus é veraz. 34Porque aquele que
Deus enviou fala as palavras de Deus,
pois ele dá o Espírito sem medida. 35O
Pai ama o Filho e entregou tudo em
suas mãos. 36Quem crê no Filho* tem a
vida eterna; aquele, porém, que recusa
crer no Filho não verá a vida; mas sobre
ele pesa a cólera de Deus"†.

4 **Jesus e a samaritana.** 1Quando
Jesus soube que os fariseus ti-
nham ouvido dizer que ele fazia mais
discípulos e batizava mais do que João
2(se bem que Jesus mesmo não batizas-
se, mas sim seus discípulos), 3retirou-se
da Judeia e voltou para a Galileia.

4Devia passar pela Samaria. 5Jesus
chegou a uma cidade da Samaria*,
chamada Sicar, perto do terreno que
Jacó tinha dado a seu filho José. 6Ali se
achava o poço de Jacó. Cansado de an-
dar, Jesus sentou-se junto ao poço. Era
por volta do meio-dia. 7Uma mulher
samaritana chega para buscar água.
Jesus lhe diz: "Dá-me de beber". 8Seus
discípulos tinham ido à cidade comprar
alimentos.

9Responde a samaritana: "Tu és ju-
deu*, eu sou samaritana: como é que
me pedes de beber?" (Pois os judeus
não combinam com os samaritanos).
10Jesus respondeu-lhe: "Se conheces-
ses o dom de Deus e quem é que te diz:
'dá-me de beber', tu é que lhe pedirias,
e ele te daria água viva!" 11Ela disse:
"Senhor, não tens nada para tirar água
e o poço é fundo; de onde, pois, tiras
esta água viva? 12Serás, talvez, maior
que nosso pai Jacó*, que nos deu este
poço, do qual ele mesmo bebeu, com
seus filhos e seus animais?" 13Respon-
deu-lhe Jesus: "Todo aquele que bebe
desta água terá sede outra vez; 14mas
quem beber da água* que eu lhe darei
nunca mais terá sede; pois a água que
eu lhe darei vai tornar-se dentro dele
uma fonte de água corrente para a vida
eterna"†.

15"Senhor – disse-lhe a mulher –, dá-
-me dessa água, para que eu não te-
nha mais sede e não venha mais aqui
buscá-la". 16Jesus lhe disse: "Vai, chama
teu marido e volta aqui". 17"Não te-
nho marido", respondeu-lhe a mulher.
"Tens razão de dizer que não tens mari-
do – disse Jesus; 18porque tiveste cinco,
e o que tens agora não é teu marido.
Nesse ponto disseste a verdade".

19Disse-lhe a mulher: "Estou vendo
que és profeta... 20Nossos pais presta-
ram culto* a Deus neste monte†, e vós
dizeis que é em Jerusalém que se deve
adorar..." 21Disse-lhe Jesus: "Mulher,
crê em mim:* está chegando a hora
em que nem neste monte e nem em
Jerusalém adorareis o Pai. 22Vós adorais
o que não conheceis; nós adoramos
o que conhecemos, pois a salvação
vem dos judeus. 23Mas está chegando
a hora, e é agora*, em que os verda-
deiros adoradores adorarão o Pai em
espírito e em verdade†; são esses os
adoradores que o Pai procura. 24Deus
é espírito*, e os que o adoram devem

---

* **3**,29. Mt 9,15 | 31. 8,23; 1Jo 4,5 | 33. 3,11; 7,28; 1Jo 5,10 | 36. 1,32; 3,16s; Mt 28,18; 1Jo 5,12; Rm 2,8; Ef 2,3 | **4**,5. Lc 9,52-55; 17,11; Gn 48,22 | 9. Esd 4,1-5; Ne 6,1-9; Eclo 50,28; Ap 21,6 | 12. 6,53; 8,53 | 14. 6,35; 7,37s; Is 58,11 | 20. 7,40; 9,17; Mt 16,14; Sl 122,1-5; Dt 11,29; Js 8,33; At 6,14 | 21. Rm 9,4s; 11,18; Is 2,3 | 23. 5,25; Ef 2,18 | 24. Rm 12,1; 2Co 3,17; Fl 3,3

† **3**,36. É Jesus e não João que diz as palavras dos vv.31-36. | **4**,14. "O Salvador chama 'água' a graça do Espírito Santo; quem dela participa tem em si mesmo a fonte dos ensinamentos divinos, para poder exortar os outros que têm sede da Palavra de Deus" (S. Cirilo de Alexandria). | 20. O monte Garizim, onde os samaritanos tinham feito um templo, 2Mc 6,2.

adorá-lo em espírito e em verdade".
25Disse-lhe a mulher: "Eu sei que deve
vir o Messias*, que é chamado Cristo.
Quando ele vier, vai nos ensinar tudo".
26"Sou eu, que estou conversando con-
tigo", declarou-lhe Jesus.
27Nisto chegaram seus discípulos e
ficaram admirados ao vê-lo falar com
uma mulher. Mas ninguém indagou
dele: "Que desejas?" ou: "Por que fa-
las com ela?" 28Então a mulher deixou
lá seu cântaro e foi à cidade dizer ao
povo: 29"Vinde ver um homem que me
contou tudo o que fiz*; não será ele o
Cristo?" 30Eles saíram da cidade e fo-
ram ao encontro dele.
31Entretanto, seus discípulos roga-
vam-lhe: "Mestre, come!" 32Mas ele
respondeu-lhes: "Eu tenho para comer
um alimento que não conheceis". 33Os
discípulos perguntavam-se mutua-
mente: "Será que alguém lhe trouxe
comida?" 34Disse-lhes Jesus: "Meu ali-
mento* é fazer a vontade daquele que
me enviou e levar a bom termo sua
obra. 35Não dizeis que daqui a qua-
tro meses* virá a colheita? Pois eu vos
digo: levantai os olhos e contemplai os
campos, que já estão maduros para a
colheita†. 36Aquele que colhe já está
recebendo o salário e recolhe o fruto
para a vida eterna, a fim de que se ale-
grem juntamente o que semeia e o que
colhe. 37Nisto se verifica o ditado:* um
é o que semeia e outro é o que colhe.
38Eu vos mandei colher lá onde não tra-
balhastes; foram outros que trabalha-
ram, e vós entrastes no trabalho deles".
39Muitos samaritanos daquela cida-
de* creram nele por causa do testemu-
nho da mulher: "Ele me contou tudo
o que eu fiz". 40Chegando-se a ele, os
samaritanos pediram-lhe que ficas-
se com eles. Ele ficou ali dois dias. 41E
foram muito mais os que creram por
causa da palavra dele próprio. 42Diziam
à mulher: "Já não é por causa de tuas
palavras que nós cremos; nós mesmos
o ouvimos e sabemos que de fato é ele
o salvador do mundo".
Jesus vai para a Galileia. 43Passados
os dois dias*, partiu de lá para a Gali-
leia. 44Jesus mesmo declarara que um
profeta não é honrado em sua pátria.
45Quando, pois, chegou à Galileia, os
galileus o receberam bem, porque ti-
nham visto tudo o que fizera em Jeru-
salém durante a festa; pois eles tam-
bém tinham ido à festa.
Cura do filho do oficial. 46Voltou en-
tão a Caná da Galileia*, onde muda-
ra a água em vinho. Achava-se lá um
oficial do rei, cujo filho estava doente
em Cafarnaum. 47Ficou sabendo que
Jesus voltara da Judeia para a Galileia;
foi procurá-lo e suplicava-lhe que des-
cesse e curasse seu filho* que estava
para morrer. 48Disse-lhe Jesus: "Se não
virdes sinais e prodígios, não acre-
ditareis"†. 49O oficial do rei lhe disse:
"Senhor, desce antes que meu filhinho
morra!" 50Disse-lhe Jesus: "Vai, teu filho
vive"*. O homem acreditou na palavra
que Jesus lhe falou e foi andando.
51Já estava descendo, quando seus
servos lhe vieram ao encontro, dizen-
do: "Teu filho está vivo!" 52Perguntou-
-lhe então a que hora ele se sentira
melhor, e informaram-lhe: "Ontem, a
uma da tarde, a febre o deixou". 53O pai
constatou que fora esta a hora em que
Jesus lhe dissera: "Teu filho vive". Então
ele, com toda a sua família, começou
a crer†. 54Este novo sinal, o segundo,
Jesus o fez ao voltar da Judeia para a
Galileia.

* **4**,25. 1,41; 14,26; 9,37; Mc 14,61s | 29. 7,26; Mt 12,23 | 34. 5,30; 6,38; 17,4; 19,30 | 35. Mt 9,37s; Lc 10,2; At 8,25; Ap 14,15 | 37. 1Cor 3,6; Mq 6,15 | 39. At 8,14-17; Mt 8,34; At 10,48; 18,20 | 43. Mt 13,57; Mc 6,4; Lc 4,24 | 46. 2,1-11; Mt 8,5-13; Lc 7,1-10 | 47. Mt 12,38; 1Cor 1,22 | 50. Mc 7,29; 1Rs 17,23

† **4**,23. O verdadeiro culto a Deus não se restringe a um lugar, pois é universal. É preciso adorar o Pai com uma devoção sincera, inspirada pelo Espírito Santo. | 35. A seara madura é o anúncio do Evangelho aos samaritanos, que já começa a produzir os primeiros frutos. | 48. "A fé bíblica nos convida a descobrir a presença de Deus não em milagres fora da história, mas nos fatos da vida" (Marcelo Barros). | 53. Enquanto os galileus se mostram incrédulos, v. 44, este pagão faz um ato de fé, acolhendo a salvação que Deus oferece em Jesus.

5

Cura do paralítico na piscina. [1]Depois disso, houve uma festa dos judeus, e Jesus subiu a Jerusalém. [2]Existe em Jerusalém, perto da porta das Ovelhas, uma piscina chamada em hebraico Bezata, que tem cinco pórticos. [3]Nestes, jazia pelo chão uma multidão de doentes, cegos, coxos, mutilados, esperando o borbulhar da água. [4]Porque, de vez em quando, um anjo descia à piscina e agitava a água; então, o primeiro que nela entrasse, após o borbulhar da água, ficava curado, qualquer que fosse sua doença. [5]Achava-se ali um homem que estava doente havia trinta e oito anos. [6]Quando Jesus o viu estendido, e sabendo que havia muito tempo que ele estava assim, perguntou-lhe: "Queres ficar curado?" [7]"Senhor – respondeu-lhe o enfermo – não tenho ninguém para me jogar na piscina ao borbulhar da água; quando chego, já desceu um outro antes de mim". [8]Disse-lhe Jesus: "Levanta-te*, pega teu leito e anda". [9]Na mesma hora o homem ficou curado. Pegou seu leito e foi andando.

[10]Aquele dia era um sábado. Disseram, por isso, os judeus ao que tinha sido curado: "É sábado; não podes* carregar teu leito". [11]Ele respondeu-lhes: "Aquele que me curou ordenou-me: 'Pega teu leito e anda'". [12]Perguntaram-lhe: "Quem foi que te disse: 'Pega teu leito e anda'?" [13]Mas o homem que tinha sido curado não sabia quem era, pois Jesus tinha desaparecido por entre a multidão que lá estava. [14]Mais tarde, Jesus o encontrou* no templo e lhe disse: "Ficaste curado; não peques mais, para que não te aconteça coisa pior". [15]O homem saiu e foi dizer aos judeus que era Jesus que o tinha curado. [16]Por isso, os judeus perseguiam Jesus:* porque ele fazia tais coisas no dia de sábado. [17]Jesus, no entanto, respondeu-lhes: "Meu Pai continua a trabalhar até agora; e eu também trabalho". [18]Assim, os judeus, com maior empenho, procuravam matá-lo*; pois não só violava o sábado, mas dizia que Deus era seu próprio Pai, fazendo-se igual a Deus.

O Filho, juiz do mundo. [19]Retomando a palavra,* Jesus lhes disse: "Na verdade, na verdade, vos digo: o Filho, por si mesmo, nada pode fazer, a não ser aquilo que ele vê o Pai fazer. Tudo o que este faz, o Filho o faz igualmente. [20]Pois o Pai ama o Filho* e mostra-lhe tudo o que ele próprio faz. E vai mostrar-lhe obras maiores que estas, para que fiqueis maravilhados. [21]Com efeito, assim como o Pai ressuscita os mortos e lhes dá a vida*, assim também o Filho dá a vida a quem ele quer. [22]Porque o Pai não julga ninguém, mas confiou ao Filho* todo julgamento, [23]a fim de que todos honrem o Filho como honram o Pai. Quem não honra o Filho não honra o Pai que o enviou".

[24]Na verdade, na verdade vos digo*: quem ouve minha palavra e crê naquele que me enviou tem a vida eterna e não será julgado, mas passou da morte* para a vida. [25]Na verdade, na verdade, vos digo: vem a hora – e é agora – em que os mortos ouvirão a voz do Filho de Deus e os que a ouvirem viverão*. [26]Com efeito, assim como o Pai tem a vida em si mesmo*, assim concedeu ao Filho ter a vida em si mesmo [27]e deu-lhe o poder de julgar*, porque é Filho do homem. [28]Não fiqueis admirados: vem a hora em que todos os que jazem nos sepulcros* ouvirão sua voz [29]e sairão: os que tiverem feito o bem, para uma ressurreição de vida; os que tiverem feito o mal*, para uma ressurreição de condenação. [30]Eu, por mim mesmo, nada posso fazer. Julgo segundo o que ouço; e meu julgamento é justo, porque não procuro minha vontade, mas a vontade daquele que me enviou.

O testemunho do Pai. [31]Se eu dou testemunho de mim mesmo*, meu

---

* **5**,8. Mt 9,6 | 10. 9,14; Lc 13,14; Êx 20,8; Mt 12,1-8; Jr 17,21 | 14. 9,3 | 16. Mt 12,14 | 18. 7,1.19.25; 10,33; 11,53; Mt 26,4; Mc 14,1 | 19. Jo 5,30; 8,28 | 20. 3,35; 10,17; 14,12; 15,9; 17,23s | 21. 11,25; Rm 4,17; Dt 32,39; Ef 2,5; 1Sm 2,6; 2Rs 5,7 | 22. 5,27; 9,39; At 10,42; 1Jo 2,33; Lc 10,16; Fl 2,10s | 24. 3,15s; 8,51; 10,27; 12,44 / 1Jo 3,14 | 25. 5,28; 11,25s.63; Mc 5,41; Lc 7,14 | 26. 1,4; 3,35; 6,53.57 | 27. Dn 7,10-14 | 28. 11,43s; 1Ts 4,16; Ap 20,13; Lc 14,14 | 29. 4,34; 5,19; 6,38; Lc 22,42 | 31. 1,15; 3,26; 5,36; 8,14.18; 1Jo 5,6-9

testemunho não é verdadeiro*. 32É um
outro que dá testemunho de mim, e
eu sei que é verdadeiro* o testemunho
que dá de mim. 33Vós mandastes per-
guntar a João*, e ele deu testemunho
da verdade. 34Quanto a mim, não é de
um homem que recebo testemunho;
mas vos digo isto para vossa salvação.
35João era o facho que arde e ilumi-
na, e a sua luz vós quisestes vos ale-
grar por um momento. 36Mas eu tenho
um testemunho maior que o de João:
as obras que o Pai me deu para levar
a bom termo, estas obras que eu faço
dão testemunho a meu respeito de que
o Pai me enviou. 37E também o Pai, que
me enviou, dá testemunho de mim.
Vós nunca ouvistes sua voz*, jamais
contemplastes sua face, 38nem conser-
vais em vós a palavra dele, porque não
acreditais naquele que ele enviou".
O testemunho da Escritura. 39"Vós
pesquisais nas Escrituras*, pensando
encontrar nelas a vida eterna; pois são
elas que dão testemunho de mim; 40e
vós não quereis vir a mim para terdes
a vida...

41Não recebo glória que venha dos
homens. 42Mas eu vos conheço:* sei
que não tendes dentro de vós o amor
de Deus. 43Eu vim em nome de meu
Pai, mas vós não me acolheis; se um
outro vier em seu próprio nome, vós
o acolhereis. 44Como podeis crer, vós
que recebeis glória* uns dos outros e
não procurais a glória que vem só de
Deus? 45Não penseis que os acusarei
perante o Pai. Há quem vos acuse: é
Moisés, em quem confiais. 46Porque, se
acreditásseis em Moisés*, acreditaríeis
também em mim, pois foi sobre mim
que ele escreveu. 47Mas se não acredi-
tais nos escritos dele, como acredita-
reis em minhas palavras?"

6 **Segunda Páscoa.** 1Depois, Jesus
atravessou o mar da Galileia*, que
é o de Tiberíades. 2Grande multidão o
acompanhava, porque via os sinais que
ele fazia para os doentes. 3Jesus subiu
ao monte e lá sentou-se com seus dis-
cípulos. 4Estava chegando a Páscoa, a
festa dos judeus*.
A multiplicação dos pães. 5Jesus le-
vantou os olhos e viu que uma grande
multidão vinha até ele. Então disse a
Filipe: "Onde poderemos comprar pão
para esse povo comer?" 6Dizia isto só
para experimentá-lo, porque sabia o
que ia fazer. 7Filipe respondeu: "Du-
zentos denários de pão não bastariam
para que cada um recebesse um pe-
queno pedaço..."

8André, um dos discípulos*, irmão de
Simão Pedro, disse-lhe: 9"Aqui está um
menino que tem cinco pães de ceva-
da e dois peixes; mas o que é isto para
tanta gente?" 10Jesus ordenou: "Fazei-
-os sentar-se". Naquele lugar havia
muita grama. Sentaram-se, pois, em
número de aproximadamente cinco mil
homens. 11Então Jesus tomou os pães,
deu graças a Deus e os distribuiu aos
convivas. Fez a mesma coisa com os
peixes, tanto quanto queriam. 12Quan-
do estavam satisfeitos, disse a seus
discípulos: "Recolhei os pedaços que
sobraram para que não se desperdice
nada". 13Eles os recolheram e enche-
ram doze cestos com os pedaços que
sobraram dos cinco pães de cevada,
depois que eles comeram*.

14Aquela gente, ao ver o sinal que
Jesus fizera, começou a dizer: "Este
é, de fato, o Profeta que deve vir ao
mundo". 15Quando percebeu que eles
viriam pegá-lo à força para fazê-lo rei,
Jesus fugiu e voltou sozinho para o
monte.
Jesus caminha sobre o mar. 16Ao
cair da tarde, seus discípulos desce-
ram ao mar 17e, subindo num barco,
dirigiram-se para o outro lado do mar,
rumo a Cafarnaum. Já estava escuro
e Jesus ainda não viera encontrá-los.
18O mar se agitava, porque soprava

---

* **5**,32. 15,26 | 33. 1,8; 3,2; 9,16; 10,25-38; 1Jo 5,9; Mt 9,6 | 37. 1,18; 6,44s; 8,18; Mt 3,17; Dt 4,12-15; 8,37; 1Jo 2,14 | 39. Lc 24,27.44; 1Pd 1,10s; At 13,27 | 42. 12,43 | 44. 12,43; Rm 2,29; 1Cor 4,5; Dt 31,26s | 46. 7,37; At 3,22; Dt 18,15; Lc 16,27-31; 24,27 | **6**,1. Mt 14,13-27; Mc 6,30-52; Lc 9,10-17; Mc 5,24 | 4. 2,13; 11,55; Lc 22,1 | 8. 1,40; 12,21s; Mt 4,18; Nm 11,1-13.22 | 13. 1,21; At 3,22; Dt 18,15-18; Mc 1,35

um vento forte. 19Depois de remarem
uns vinte e cinco ou trinta estádios†,
viram Jesus caminhando sobre o mar
e aproximando-se do barco, e tiveram
medo. 20Mas ele lhes disse: "Sou eu*,
não tenhais medo". 21Quiseram, então,
recolhê-lo no barco, mas este aportou
imediatamente no lugar para onde
iam.

O alimento do Filho do homem. 22No
dia seguinte, a multidão que ficara do
outro lado do mar percebeu que lá
havia só um barco e que Jesus não ti-
nha entrado nele com seus discípulos,
mas estes haviam partido sozinhos.
23Outros barcos vieram de Tiberíades,
perto do lugar onde tinham comido o
pão, depois de o Senhor ter dado gra-
ças. 24Quando a multidão percebeu
que nem Jesus e nem seus discípulos
estavam mais ali, entraram nas barcas
e foram para Cafarnaum à procura de
Jesus.

25Encontraram-no do outro lado do
mar* e lhe disseram: "Mestre, quando
vieste para cá?" 26Respondeu-lhes Je-
sus: "Na verdade, na verdade, vos digo:
vós me procurais não porque vistes
sinais, mas porque comestes pão e fi-
castes saciados. 27Trabalhai não pelo
alimento que se perde*, mas pelo ali-
mento que dura até a vida eterna, o ali-
mento que o Filho do homem vos dará,
porque foi a ele que Deus Pai marcou
com seu selo". 28Disseram-lhe, então:
"Que faremos para trabalhar nas obras
de Deus?" 29Jesus respondeu-lhes: "A
obra de Deus* é que acrediteis naquele
que ele enviou".

O pão da vida. 30Eles replicaram:
"Que sinal tu fazes, para que vejamos
e acreditemos em ti? Que obra reali-
zas? 31Nossos pais comeram o maná
no deserto, como está escrito: 'Deu-
-lhes a comer pão do céu'"*. 32Jesus
respondeu-lhes: "Na verdade, na ver-
dade, vos digo: Não foi Moisés que vos
deu o pão do céu; meu Pai é que vos
dá o verdadeiro pão do céu; 33pois o
pão de Deus é o que desce do céu e dá
a vida ao mundo". 34Disseram-lhe eles:
"Senhor, dá-nos sempre deste pão!"*

35Jesus disse-lhes: "Eu sou o pão
da vida: quem vem a mim não sentirá
mais fome e quem crê em mim nunca
mais sentirá sede. 36Mas já vos disse:
vós me vistes* e não credes. 37Tudo o
que o Pai me dá virá a mim*, e não
lançarei fora o que vem a mim, 38por-
que desci do céu* não para fazer mi-
nha vontade, mas a vontade daquele
que me enviou. 39E a vontade daquele
que me enviou é esta: que eu não per-
ca nenhum dos que ele me deu*, mas
que os ressuscite no último dia. 40Por-
que esta é a vontade de meu Pai: que
todo o que vê o Filho e nele crê tenha
a vida eterna; e eu o ressuscitarei no
último dia". 41Os judeus começaram
a murmurar contra ele porque havia
dito: "Eu sou o pão descido do céu".
42Diziam: "Este não é Jesus, o filho de
José*, cujo pai e mãe conhecemos?
Como, então, está dizendo: 'Eu desci
do céu'?"

43Jesus respondeu-lhes: "Não fiqueis
a murmurar entre vós. 44Ninguém pode
vir a mim se o Pai, que me enviou, não
o atrair†; e eu o ressuscitarei* no último
dia. 45Está escrito nos profetas: 'E to-
dos serão ensinados* por Deus'. Todo
aquele que ouve o Pai e dele aprende,
este vem a mim. 46Não que alguém
tenha visto o Pai*, porque só viu o Pai
aquele que vem de junto de Deus. 47Na
verdade, na verdade, vos digo: aquele
que crê tem a vida eterna.

48Eu sou o pão da vida. 49Vossos pais
comeram o maná no deserto*, mas
morreram. 50Este pão é o que desce
do céu, para que não morra quem dele
comer.

* **6**,20. Jó 9,8; Sl 77,20; Mt 14,27 | 25. Mc 1,37 | 27. 4,14; 6,51-58 | 29. 1Jo 3,23; Mt 8,10 | 31. 2,18; Êx 16,4.13s; Nm 11,7s; Sl 78,24; 105,40; Ne 9,15 | 34. 6,48.51.58; Mt 6,11; L 11,3; Is 55,1ss; Eclo 24,26-29 | 36. 6,26; 10,29 | 37. At 16,14 | 38. 4,34; 5,30; Mt 26,39; Hb 10,9 | 39. 3,35; 5,24; 10,28s; 11,24; 17,12; 18,9 | 42. 1,45; Mt 13,55; Mc 6,3; Lc 4,22 | 44. 11,24; 12,32; Mt 16,17 | 45. Jr 31,34; Is 54,13; 1Jo 4,12; 1Ts 4,9 | 46. 1,18; 7,29; Êx 33,20 | 49. 3,15; 6,31.35.58; 16,36

† **6**,19. Uns 4 ou 5 km. | 44. A fé é um dom de Deus e não uma conquista do homem; Deus concede esse dom aos que abrem seu coração à palavra daquele que Ele enviou.

Anúncio da Eucaristia. 51Eu sou o pão
vivo* descido do céu†. Quem comer
deste pão, viverá eternamente†. E o
pão que eu darei é minha carne, para a
vida do mundo".
52Os judeus começaram a discu-
tir entre si e perguntavam: "Como ele
pode dar-nos sua carne para comer?"
53Jesus, então, respondeu-lhes: "Na
verdade, na verdade, vos digo: se não
comerdes a carne do Filho do homem e
não beberdes seu sangue, não tereis a
vida em vós. 54Quem come minha car-
ne e bebe meu sangue tem a vida eter-
na*, e eu o ressuscitarei no último dia.
55Pois minha carne é verdadeira comi-
da e meu sangue é verdadeira bebida.
56Quem come minha carne* e bebe
meu sangue permanece em mim e eu
nele. 57Assim como o Pai, que vive, me
enviou e eu vivo pelo Pai, assim tam-
bém quem de mim se alimenta* viverá
por mim. 58Este é o pão que desceu do
céu. Não é como aquele que vossos
pais comeram, mas morreram; quem
come deste pão viverá para sempre".
59Assim falou ele, ensinando numa si-
nagoga em Cafarnaum.
Incredulidade dos discípulos. 60Ten-
do-o ouvido, muitos de seus discípulos
disseram: "Esse modo de falar é duro
demais! Quem tem disposição para ou-
vir isso?" 61Percebendo que seus discí-
pulos murmuravam* por causa disso,
Jesus lhes disse: "Isto vos escandaliza?
62E quando virdes o Filho do homem*
subindo para o lugar onde estava antes?
63O espírito é que dá a vida; a carne para
nada serve.† As palavras que eu vos dis-
se* são espírito e vida. 64Alguns de vós,
porém, não acreditam". Jesus sabia mui-
to bem, desde o começo, quais eram os
que não acreditavam* e quem iria en-
tregá-lo. 65E acrescentou: "Por isso vos
disse que ninguém pode vir a mim, se
não lhe for dado por meu Pai". 66Des-
de então, muitos de seus discípulos se
afastaram e não o seguiam mais*.
Pedro professa sua fé. 67Então Jesus
perguntou aos Doze: "Vós também
quereis ir embora?" 68Simão Pedro*
respondeu-lhe: "Senhor, a quem ire-
mos? Tu tens palavras de vida eterna;
69e nós acreditamos e sabemos* que
és o Santo de Deus". 70Respondeu-lhes
Jesus: "Não fui eu que vos escolhi a vós,
os Doze? No entanto, um de vós* é um
diabo". 71Referia-se a Judas, filho de
Simão Iscariotes. Este o havia de entre-
gar, sendo um dos Doze.

7 **Jesus e seus irmãos.** 1Depois dis-
so, Jesus percorria a Galileia; não
queria transitar pela Judeia*, pois os
judeus procuravam matá-lo. 2Aproxi-
mava-se a festa judaica das Tendas.
3Disseram-lhe então seus irmãos: "Sai
daqui e vai para a Judeia, para que
também teus discípulos vejam as obras
que fazes; 4pois ninguém age em se-
gredo se deseja publicidade. Já que fa-
zes tais coisas, mostra-te ao mundo!"
5Com efeito, nem mesmo seus irmãos
acreditavam nele†. 6Respondeu-lhes
Jesus: "Meu tempo ainda não chegou;
mas vosso tempo está sempre prepa-
rado. 7O mundo não pode odiar-vos*.
A mim, porém, me odeia, porque dou
testemunho de que suas obras são
más. 8Subi, vós, para esta festa; eu, po-
rém, não vou subir a esta festa, porque
meu tempo ainda não está completo".

* **6**,51. Mt 26,26; Hb 10,5.10; Mc 14,22; Lc 22,19 | 54. 11,24 | 56. 15,4s; 1Jo 3,24 | 57. 5,26 | 61. 2,24 | 62. 3,13; 12,32; At 1,9ss | 63. 1,33; 3,6; 1Cor 15,45; 2Cor 3,6; Gl 6,8; 1Pd 3,18 | 64. 2,24 | 66. Lc 9,62; 22,28 | 68. Mt 16,16 | 69. 1Jo 4,16 | 70. 17,19; Lc 4,34; 8,44; 13,2; 1Jo 3,8.10; Ap 12,9; Mt 26,14 | **7**,1. 5,18; 7,19; 8,37.40; Mc 9,30; Êx 23,16 | 7. 3,19ss; 15,18

† **6**,51. "Cristo, pão semeado na Virgem, levedado na carne, amassado na Paixão, cozido no forno do sepulcro, colocado em reserva na Igreja, levado aos altares, proporciona cada dia aos fiéis um alimento celeste" (S. Pedro Crisólogo). / Comer o pão de Deus, receber a vida por meio deste pão que é Jesus, é não só crer no Filho encarnado que o Pai enviou, mas também crer que Ele salva o mundo pelo sacrifício de sua vida na cruz e pelo dom de sua carne e de seu sangue. | 63. "Carne" significa nesta frase o homem que conta apenas com seus desejos e pensamentos. Só o Espírito pode dar ao homem condições de crer que o Pai fala em Jesus, como o fez Pedro, v. 68. | **7**,5. Esses irmãos, i. é, parentes de Jesus, sonhavam com alguma homenagem pública que o consagrasse como herói nacional; demonstravam assim falta de fé e de compreensão na missão messiânica de Jesus.

9Dizendo isto, ficou na Galileia. 10No
entanto, depois que seus irmãos su-
biram para a festa, ele também subiu;
não, porém, às claras, mas escondido.
11Os judeus procuravam-no durante a
festa e diziam: "Onde está ele?" 12Ha-
via muitos comentários entre o povo a
seu respeito. Diziam uns: "Ele é bom".
Outros diziam: "Não; ele seduz o povo".
13Mas ninguém falava publicamente
dele, por medo dos judeus*.
14No meio da festa, subiu Jesus ao
templo e pôs-se a ensinar. 15Maravilha-
dos, os judeus perguntavam:* "Como
ele é tão instruído sem ter estudado?"
16Respondeu-lhes Jesus: "Minha doutri-
na não vem de mim, mas daquele que
me enviou. 17Se alguém estiver disposto
a cumprir a vontade dele, saberá se mi-
nha doutrina é de Deus, ou se falo por
mim mesmo. 18Quem fala por si mes-
mo* procura sua própria glória; quem,
ao contrário, procura a glória daquele
que o enviou, este é veraz e não há nele
falsidade. 19Moisés não vos deu a Lei?
No entanto, nenhum de vós* observa a
Lei. 20Por que estais procurando matar-
-me?" Respondeu a multidão:* "Estás
possesso do demônio. Quem quer
matar-te?" 21"Fiz apenas uma obra –
respondeu-lhes Jesus – e ficastes todos
admirados. 22Moisés deu-vos a circunci-
são; não que ela venha de Moisés, mas
dos Patriarcas; e vós a executais* mes-
mo no sábado. 23Se uma pessoa recebe
a circuncisão no sábado para que não
se transgrida a Lei de Moisés, por que
vos indignais contra mim, porque curei
um homem completamente no sábado?
24Não julgueis pelas aparências*, julgai
segundo a justiça".

A origem do Messias. 25Diziam alguns
de Jerusalém: "Não é a este que procu-
ram matar? 26Está falando publicamen-
te, e ninguém lhe diz nada!* Será que
de fato os chefes reconheceram que
ele é o Messias? 27Mas este, sabemos
de onde vem; ao passo que o Messias,
quando vier, ninguém saberá de onde
vem"*. 28Então Jesus ensinava no tem-
plo, dizendo em alta voz: "Vós me co-
nheceis e sabeis de onde eu sou. No
entanto, não vim de mim mesmo, mas
é verdadeiro aquele que me enviou; a
este, vós não conheceis. 29Eu o conhe-
ço, porque dele venho* e foi ele que me
enviou". 30Procuravam, pois, prendê-lo;
mas ninguém lhe pôs a mão*, porque
ainda não tinha chegado sua hora.

Jesus anuncia sua partida. 31Muitos,
porém, dentre as multidões, acredita-
ram nele e diziam: "Quando vier o Mes-
sias, fará porventura mais milagres do
que este?" 32Os fariseus souberam que
a multidão dizia tais coisas a respeito
dele e por isso os sumos sacerdotes
e os fariseus mandaram guardas para
prendê-lo. 33Então Jesus disse: "Por
pouco tempo ainda estou convosco:*
vou para aquele que me enviou. 34Vós
me procurareis e não me achareis;* e
onde estou, não podeis vir". 35Comen-
tavam os judeus entre si: "Para onde
irá, que não poderemos encontrá-lo?
Irá talvez procurar os dispersos entre
os gentios e irá ensinar os gentios?
36Que quis ele dizer com estas palavras:
'Vós me procurareis e não me achareis;
e onde estou, não podeis vir?'"

Jesus promete o Espírito. 37No último
dia, o mais solene da festa, Jesus, em
pé, disse em voz alta: "Se alguém tem
sede, venha a mim e beba! 38Aquele
que crê em mim*, como diz a Escritura,
'de seu seio sairão rios de água viva'".
39Disse isto, referindo-se ao Espírito†
que haviam de receber os que acredi-
tassem nele; de fato, ainda não havia
Espírito, porque Jesus ainda não tinha
sido glorificado†.

Discussão sobre a pessoa de Cristo.
40Alguns da multidão, tendo ouvido es-
sas palavras, diziam: "Realmente, este é
o Profeta!"* 41Outros diziam: "Este é o

---

* **7**,13. 9,22; 19,38; 20,19 | 15. Mt 7,28; 13,54; Lc 2,47; At 4,13; Jo 12,49; 14,10 | 18. 5,41; 8,50 | 19. 1,17; At 7,53; Rm 2,17-23 | 20. 8,48; 10,20; Mt 12,24; Jo 5,1-9.16 | 22. At 7,8; Rm 4,11; Gn 17,10-13; Lv 12,3; 5,8s; Mt 12,1-11; Lc 13,15s | 24. 8,15; Is 11,3; Zc 7,9 | 26. 5,18; 9,29 | 27. 8,19; 19,9 | 29. 6,46; 8,55 | 30. 2,4; 7,6.44; Lc 4,29s; Jo 13,31ss; 2,11; 8,30; 11,42; 12,11; Mt 12,23 | 33. 14,19; 16,5.16-20 | 34. 8,21; 14,19; Pr 1,28s; Dt 4,29 | 38. 4,10.14; 19,31-34; Ap 21,6; Is 12,3; 55,1; Ez 47,1-12; Jl 3,1; Jo 16,7; 20,22 | 40. At 3,22; 7,37; Dt 18,15-18; Jo 4,29; 7,26; At 9,22

Messias!" Mas outros replicavam: "É da Galileia que o Messias vem? 42Não diz a Escritura que o Messias virá da posteridade de Davi* e de Belém, a aldeia de onde era Davi?" 43Surgiu assim uma discussão entre a multidão por causa dele. 44Alguns dentre eles queriam prendê-lo; mas ninguém lhe pôs a mão.

45Voltaram, pois, os guardas* para junto dos sumos sacerdotes e dos fariseus. Estes perguntaram-lhes: "Por que não o trouxestes?" 46Responderam os guardas: "Jamais pessoa alguma falou como este homem!" 47Os fariseus replicaram: "Vós também vos deixastes enganar? 48Acaso acreditou nele algum dos chefes* ou algum fariseu? 49Mas esta multidão, que não conhece a Lei, é maldita!" 50Disse-lhes Nicodemos, aquele que antes viera ter com Jesus e era um deles: 51"Porventura nossa Lei condena alguém sem primeiro tê-lo ouvido e ter tomado conhecimento* de seus atos?" 52Responderam-lhe: "Tu também és galileu? Estuda e verás que da Galileia* não sai profeta"†. 53E voltou cada um para sua casa.

8 **A mulher adúltera.** 1Dirigiu-se Jesus para o monte das Oliveiras. 2De manhã cedo* voltou ao templo, e todo o povo acorreu a ele. Sentou-se e pôs-se a ensiná-los. 3Os escribas e os fariseus trouxeram uma mulher apanhada em adultério*. Colocaram-na no meio 4e disseram a Jesus: "Mestre, esta mulher foi surpreendida em flagrante delito de adultério. 5Na Lei, Moisés nos ordenou apedrejar* as adúlteras. Que dizes?" 6Perguntaram isto para o tentarem, a fim de poderem acusá-lo. Jesus, porém, inclinando-se, pôs-se a escrever no chão com o dedo. 7Mas como insistissem em perguntar-lhe, Jesus ergueu-se e disse-lhes: "Aquele, dentre vós, que é sem pecado, seja o primeiro a atirar-lhe uma pedra". 8Abaixou-se novamente e continuou a escrever no chão. 9Ouvindo aquilo, foram se retirando* um após outro, a começar pelos mais velhos até os últimos. Ficou só Jesus com a mulher que estava no meio. 10Ergueu-se Jesus e disse-lhe: "Mulher, onde estão eles?* Ninguém te condenou?" 11"Ninguém, Senhor" – respondeu a mulher*. Disse-lhe Jesus: "Eu também não te condeno. Vai e não peques mais"†.

O testemunho de Jesus. 12Falando outra vez com eles, disse Jesus: "Eu sou a luz do mundo*; quem me segue não caminhará nas trevas, mas terá a luz da vida"†. 13Disseram-lhe os fariseus: "Tu dás testemunho de ti mesmo*; teu testemunho não é verdadeiro". 14Jesus respondeu: "Embora eu dê testemunho de mim mesmo*, meu testemunho é verdadeiro, porque sei de onde vim e para onde vou; mas vós não sabeis de onde venho nem para onde vou. 15Vós julgais segundo critérios humanos*, mas eu não julgo ninguém; 16se eu julgo, meu julgamento é verdadeiro*, porque não estou só, mas está comigo o Pai que me enviou. 17E na vossa lei está escrito* que o testemunho de duas pessoas é verdadeiro. 18Eu dou testemunho de mim mesmo* e também dá testemunho de mim aquele que me enviou, o Pai". 19Perguntaram-lhe, pois: "Onde está teu Pai?"* Respondeu Jesus: "Vós não conheceis a mim nem a meu Pai; se me conhecêsseis, conheceríeis também meu Pai". 20Ele disse essas coi-

---

* **7**,42. Mt 2,5s; 2Sm 7,12; Mq 5,2; Sl 89,3; Jo 3,11; 9,16; 10,19 | 45. 7,30 | 48. 12,42; Mt 21,32; Jo 3,1; 19,39 | 51. Dt 1,16; 17,4 | 52. 1,46; 5,39; 7,41 | **8**,2. Mt 26,55; Lc 21,37s | 3. Nm 5,12-31 | 5. Lv 20,10; Dt 22,22; | 9. Mt 22,22 | 10. Mt 7,1-5 | 11. 5,14; Sl 103,8; Ez 18,23.32 | 12. 1,4-9; 9,5; 12,46; 1Jo 2,8-11; Mt 5,14; Is 42,6; 60,3; Sl 27,1; 56,14 | 13. 5,31s | 14. 13,3; 16,28 | 15. 7,24; 12,47 | 16. 5,30; 8,19 | 17. Nm 35,30; Dt 17,6 | 18. 5,32.37; 1Jo 5,9 | 19. 12,45; 14,7; 16,3 | 20. 7,30; Mc 12,41

† **7**,39. Já nos Profetas, Is 55,1; Ez 36,25ss, o dom do Espírito era representado pela água que faz brotar a vida. / Quando Jesus for glorificado, poderá, junto do Pai, enviar aos seus o Espírito. | 52. Os doutores de Jerusalém faziam pouco caso dos galileus, de raça menos pura, de espírito menos ortodoxo e de modo de vida menos rígido. | **8**,11. "Condena a culpa, não a pessoa" (S. Agostinho). A lei condena o pecado, não para que os homens se julguem uns aos outros, mas para que sintam a necessidade de serem salvos por Deus. | 12. Jesus com sua verdade ilumina o caminho que conduz à terra prometida, o céu; nisto se assemelha à coluna de fogo que de noite guiava os israelitas no deserto, Êx 13,21; Sb 18,3.

sas no tesouro, ensinando no templo.
E ninguém o prendeu*, porque ainda
não chegara sua hora.
Jesus, enviado do Pai. 21 Disse-lhes
ainda:* "Eu me vou, e vós me procu-
rareis e morrereis em vosso pecado.
Para onde eu vou, vós não podeis ir".
22 Comentavam os judeus: "Será que
vai suicidar-se? Pois está dizendo: 'Para
onde vou, vós não podeis ir'". 23 E Jesus
dizia-lhes: "Vós sois daqui de baixo*, eu
sou lá do alto. Vós sois deste mundo,
eu não sou deste mundo. 24 Já vos dis-
se que morrereis em vossos pecados;*
pois, se não crerdes que eu sou, morre-
reis em vossos pecados". 25 Diziam-lhe
então: "Quem és tu?"* Respondeu-lhes
Jesus: "O que vos tenho dito desde o
início. 26 Sobre vós tenho muito a dizer
e a julgar, mas aquele que me enviou é
veraz e eu digo ao mundo o que dele
ouvi". 27 Não entenderam que era do
Pai* que lhes falava. 28 Disse, então, Je-
sus: "Quando tiverdes levantado† o Fi-
lho do homem, então sabereis que eu
sou† e que nada faço por mim mesmo,
mas falo como o Pai me ensinou. 29 E
aquele que me enviou está comigo* e
não me deixou só, porque sempre faço
o que lhe agrada".
Jesus libertador. 30 Após ter falado
isto*, muitos creram nele. 31 Disse en-
tão Jesus aos judeus que creram nele:
"Se permanecerdes em minha palavra,
sereis verdadeiramente* meus discípu-
los, 32 conhecereis a verdade, e a ver-
dade vos libertará". 33 Replicaram-lhe:
"Somos os descendentes de Abraão*
e jamais fomos escravos de ninguém.
Como dizes que ficaremos livres?"
34 Respondeu-lhes Jesus: "Na verdade,
na verdade, vos digo: todo aquele que
comete pecado é escravo do pecado.
35 Ora, o escravo não permanece sem-
pre na casa;* o filho é que permanece
sempre. 36 Se, pois, o Filho vos dá a li-
berdade, sereis realmente livres".
Os verdadeiros filhos de Abraão.
37 "Sei que sois os descendentes de
Abraão, no entanto quereis matar-me,
porque minha palavra não penetra em
vós. 38 Eu falo o que vi junto de meu
Pai*, e vós fazeis o que ouvistes de
vosso pai". 39 Responderam-lhe: "Nos-
so pai é Abraão"*. Replicou-lhes Jesus:
"Se fôsseis filhos de Abraão, faríeis as
obras de Abraão. 40 No entanto, agora
mesmo estais procurando matar-me, a
mim, que vos disse a verdade, que ouvi
de Deus. Isto Abraão não fez. 41 Vós fa-
zeis as obras de vosso pai"*. Disseram-
-lhe: "Não somos filhos da prostituição.
Temos um só pai, que é Deus". 42 Disse-
-lhes Jesus: "Se Deus fosse vosso pai*,
vós me amaríeis, porque é de Deus que
eu saí e é dele que venho. Eu não vim
de mim mesmo: foi ele que me enviou.
43 Por que razão não entendeis minha
linguagem? É porque não sois capazes
de escutar minha palavra. 44 Vós tendes
por pai o diabo*, e são os desejos de
vosso pai que quereis realizar. Ele foi
homicida desde o princípio e não per-
maneceu na verdade, porque não há
nele verdade; quando ele mente, fala
do que lhe é próprio: ele é mentiroso
e pai da mentira. 45 Mas, porque digo a
verdade*, não credes em mim.

46 Quem de vós pode convencer-me
de pecado? Se digo a verdade, por que
não me credes?* 47 Aquele que é de
Deus escuta as palavras de Deus; por
isso vós não escutais: porque não sois
de Deus"*. 48 Responderam os judeus:*

---

* **8**,21. 7,33; 13,36 | 23. 1,10; 3,31; 17,14 | 24. 13,19; Êx 3,14; Is 43,10 | 25. 7,28; 12,48 | 27. 3,14; 12,31s | 29. 8,16; 10,30; 16,32; 1Jo 3,22 | 30. 2,23; 7,31; 10,42; 11,45; 12,11.42 | 31. 15,7; 1Jo 2,3s | 33. Mt 3,9; Ne 9,36; Rm 6,17; 2Pd 2,19; 1Jo 3,8 | 35. Gl 4,30; Hb 3,5s; Rm 6,18; Êx 21,2; 2Cor 3,17; Jo 5,18.38; 7,19-25; Mt 21,33-46 | 38. 1,18; 3,11; 6,45; 8,33 | 39. Mt 3,9 | 41. Dt 32,6; Is 63,16; Ml 2,10 | 42. 13,3; 16,28; 1Jo 5,1 | 44. 1Jo 3,8-15; Gn 3,4; Sb 2,24; 1Pd 5,8 | 45. Gl 4,16 | 46. 1Jo 3,5; 2Cor 5,21; Hb 4,15; Is 53,9 | 47. 10,26; 18,37; 1Jo 4,6 | 48. 7,20; Ml 1,6; Rm 2,23

† **8**,28. O termo "levantar" tem o mesmo sentido que em 3,14: refere-se à cruz como caminho para sua glória; por isso Jesus é elevado também no sentido de "exaltado". / "Eu sou", em hebraico Javé, foi o nome com que Deus revelou-se a Moisés, Êx 3,14 e tornou-se o nome próprio de Deus no AT. Tão grande é a união de Jesus com o Pai que pode aplicar a si mesmo o nome de "Senhor", tradução de Javé. Ver também v. 58.

"Não temos razão quando dizemos
que és um samaritano e tens um de-
mônio?" 49Jesus respondeu: "Eu não
tenho demônio, mas honro meu Pai, e
vós me desonrais. 50Não procuro minha
glória*; existe Alguém que a procura e
que faz o julgamento. 51Na verdade, na
verdade, vos digo: se alguém guardar
minha palavra*, não morrerá jamais".
Jesus é maior que Abraão. 52Disseram
os judeus: "Agora estamos certos* de
que tens um demônio. Abraão morreu
e os profetas também, e tu dizes: 'Se
alguém guardar minha palavra, não
morrerá jamais!' 53Acaso és maior que
Abraão, nosso pai*, o qual morreu? Os
profetas também morreram. Quem
pretendes ser?" 54Jesus respondeu: "Se
me glorifico* a mim mesmo, é vã minha
glória; quem me glorifica é meu Pai,
aquele do qual dizeis: 'É nosso Deus'.
55E vós não o conheceis*, mas eu o co-
nheço. E se eu dissesse que não o co-
nheço, seria mentiroso como vós. Mas
eu, de fato, o conheço e guardo sua
palavra. 56Abraão, vosso pai, exultou*
por ver meu dia; viu-o e se alegrou".
57Disseram-lhe, então, os judeus: "Ain-
da não tens cinquenta anos* e viste
Abraão?" 58Respondeu-lhes Jesus: "Na
verdade, na verdade, vos digo: antes
que Abraão existisse, eu sou"*. 59Apa-
nharam, então, pedras para atirar nele,
mas Jesus se escondeu e saiu do tem-
plo*.

9 **Cura do cego de nascença.** 1Ao
passar, Jesus viu um homem que
era cego* de nascença. 2Seus discípu-
los lhe perguntaram: "Mestre, quem
pecou, ele ou seus pais, para ele nascer
cego?"† 3Respondeu Jesus: "Nem ele,
nem seus pais pecaram, mas isto su-
cedeu para que se manifestem nele as
obras de Deus. 4Temos de trabalhar nas
obras daquele que me enviou enquan-
to é dia; vem a noite*, quando ninguém
pode trabalhar. 5Enquanto estou no
mundo, sou a luz do mundo"*.
6Depois de falar assim, cuspiu no
chão, fez lama com a saliva; em seguida
aplicou a lama sobre os olhos do cego e
disse-lhe: 7"Vai e lava-te* na piscina de
Siloé" (que significa Enviado)†. Ele foi,
lavou-se e, quando voltou, estava en-
xergando. 8Seus vizinhos e aqueles que
o tinham visto antes, pois era mendigo,
diziam: "Não é este que ficava sentado
pedindo esmolas?" 9Alguns diziam: "É
ele". Diziam outros: "Não, mas é pareci-
do com ele". Ele afirmava: "Sou eu mes-
mo!" 10Perguntaram-lhe então: "Como
foi que teus olhos se abriram?" 11Ele
respondeu: "Aquele homem chamado
Jesus fez um pouco de lama, aplicou-
-a sobre meus olhos e me disse: 'Vai a
Siloé e lava-te'. Fui, lavei-me e comecei
a ver". 12Interrogaram-no: "Onde está
ele?" Respondeu: "Não sei".
13Levaram à presença dos fariseus o
que antes fora cego. 14Ora, era sába-
do, o dia em que Jesus fizera lama e
lhe abrira os olhos. 15Os fariseus, por
sua vez, perguntaram-lhe como tinha
recuperado a vista. Respondeu-lhes:
"Ele aplicou-me lama nos olhos, lavei-
-me e estou vendo". 16Diziam então
alguns dos fariseus: "Este homem não
vem de Deus* porque não guarda o sá-
bado". Outros diziam: "Como pode um
pecador fazer tais sinais?" E havia dis-
cordância entre eles. 17Disseram, pois,
ao cego: "Que achas do homem* que
te abriu os olhos?" Respondeu: "É um
profeta".
18Mas os judeus não acreditaram
que ele fora cego e tinha adquirido a
vista, até que chamaram os pais dele

* **8**,50. 5,41; 7,18; 1Pd 2,23 | 51. 5,24; 11,25; Lc 2,26; Hb 11,5 | 52. 7,20; 10,20; Mc 9,1 | 53. 4,12; At 2,29 | 54. 17,5 | 55. Mt 11,27; Lc 10,20; Jo 7,28s | 56. Mt 13,17; Lc 10,23s | 57. Lc 3,23; Is 43,13 | 58. 1,1; 8,24-28 | 59. 10,31; 11,8; Lc 4,29s | **9**,1. Mt 9,27; Lc 13,2-5; Ez 18,20; Jo 5,14; 11,4 | 4. 4,34; 11,9s; 12,35; 14,12 | 5. 1,4-9; 2,19; 8,12; 12,46 | 7. 2Rs 5,10; Mc 8,23; At 3,10 | 16. 3,2; 5,16; 7,43 | 17. 4,19; 7,40; Mt 21,46

† **9**,2. Os hebreus achavam que toda doença era castigo de algum pecado. | 7. O nome da piscina sugere que Jesus é o Enviado do Pai para trazer a luz ao mundo. Todo este relato tem um sentido batismal: os antigos batistérios eram piscinas às quais a pessoa descia para ser mergulhada na água, saindo depois do outro lado.

19e lhes perguntaram: "É este vosso fi-
lho, de quem dizeis que nasceu cego?
Como é que agora está enxergando?"
20Os pais responderam: "Sabemos que
ele é nosso filho e que nasceu cego.
21Como agora está enxergando, não o
sabemos; e quem lhe abriu os olhos,
tampouco o sabemos. Perguntai a ele:
tem idade, falará por si mesmo".

22Falavam assim os pais* por medo
dos judeus, que tinham já combinado
que, se alguém reconhecesse Jesus
como Messias, seria expulso da sina-
goga. 23Por isso é que seus pais disse-
ram: "Tem idade, interrogai-o". 24Cha-
maram, pois, pela segunda vez, o ho-
mem que fora cego e lhe disseram: "Dá
glória a Deus! Nós sabemos que aque-
le homem é um pecador". 25Ele então
respondeu: "Se é pecador, não sei. Só
sei uma coisa: que eu era cego e ago-
ra estou enxergando". 26Indagaram-
-lhe de novo: "Que te fez ele? Como te
abriu os olhos?" 27Respondeu-lhes: "Já
vos contei e não quisestes escutar. Por
que desejais ouvir de novo? Será que
vós também quereis tornar-vos discí-
pulos dele?" 28Eles o injuriaram e lhe
disseram: "Tu, sim, és discípulo dele!
Nós somos discípulos de Moisés. 29Sa-
bemos que Deus falou a Moisés; quan-
to a este*, não sabemos de onde vem".
30Respondeu-lhes o homem: "Isto é de
se admirar: não sabeis de onde ele é e,
no entanto, abriu-me os olhos. 31Todo
mundo sabe que Deus não atende*
os pecadores†; mas se alguém serve
a Deus com piedade e cumpre sua
vontade, Deus o atende. 32Jamais se
ouviu dizer que alguém tenha aberto
os olhos a um cego de nascença. 33Se
este homem não viesse de Deus, nada
poderia fazer". 34Replicaram-lhe: "Tu
nasceste todo em pecados* e estás
querendo nos ensinar?" E o expulsa-
ram.

35Jesus ouviu dizer que o haviam ex-
pulsado. Encontrando-o, perguntou-lhe:
"Crês no Filho do homem?" 36Respon-
deu ele: "E quem é, Senhor, para que eu
creia nele?" 37Jesus lhe disse: "Tu o estás
vendo*, é aquele que te fala". 38Ele dis-
se: "Creio, Senhor!" E prostrou-se dian-
te dele. 39Jesus disse então: "É para um
julgamento* que eu vim a este mundo:
para que os que não veem vejam, e os
que veem se tornem cegos"†. 40Ouviram
isto alguns dos fariseus* que estavam
com ele e perguntaram-lhe: "Por acaso
também nós somos cegos?" 41Respon-
deu-lhes Jesus: "Se fôsseis cegos*, não
teríeis pecado; mas porque dizeis: 'nós
vemos', vosso pecado permanece".

10 **Jesus, porta das ovelhas.** 1"Na
verdade, na verdade, vos digo:
Quem não entra pela porta no curral das
ovelhas, mas sobe por outro lugar, este
é ladrão e assaltante. 2Aquele que entra
pela porta é o pastor das ovelhas. 3A este
o porteiro abre, e as ovelhas atendem a
sua voz*; ele chama pelo nome cada uma
das ovelhas que lhe pertencem e as leva
para fora. 4Depois de fazer sair* todas as
suas ovelhas, caminha a sua frente, e as
ovelhas o seguem porque conhecem sua
voz. 5Mas a um estranho não seguirão*;
ao contrário, fugirão dele, porque não co-
nhecem a voz dos estranhos".

6Jesus contou-lhes esta parábola,
mas eles não entenderam do que es-
tava falando. 7Por isso, Jesus disse de
novo: "Na verdade, na verdade, vos
digo: Eu sou a porta das ovelhas. 8To-
dos os que vieram antes de mim eram
ladrões e assaltantes*, mas as ovelhas
não os escutaram. 9Eu sou a porta:* se
alguém entra por mim, será salvo; po-
derá entrar e sair e achará pastagens.
10O ladrão vem só para roubar, matar
e destruir. Eu vim para que tenham a
vida e a tenham em abundância.

* **9**,22. 7,13; 12,42; 16,2; 19,38; 20,19 | 29. 7,28; 8,14 | 31. Is 1,15; Sl 66,18 | 34. Sl 51,5ss | 37. 4,26 | 39. 3,17; 4,26; 5,22.27.30; 8,12.15.47; Mt 13,13 | 40. Mt 15,14; 23,16.23-26; Lc 6,39 | 41. 12,48; 15,22 | **10**,3. Sl 95,7; Is 43,1 | 4. 10,27 | 5. 16,25 | 8. Jr 23,1; Ez 34,2 | 9. 3,17; Is 49,9s

† **9**,31. "Ele falou assim quando ainda não estava iluminado pela graça" (S. Tomás de Aquino). | 39. A vinda de Jesus ao mundo inverte as situações: os que parecem fora do alcance da graça recebem o dom de Deus; os que se fecham em suas seguranças perdem a sensibilidade para a verdadeira luz.

Jesus, bom pastor. [11]Eu sou o bom pastor*. O bom pastor dá a vida pelas ovelhas†. [12]O empregado, que não é pastor*, pois as ovelhas não lhe pertencem, ao ver chegar o lobo, abandona as ovelhas e foge; e o lobo as arrebata e as dispersa. [13]O empregado age assim* porque não se importa com as ovelhas. [14]Eu sou o bom pastor*; conheço minhas ovelhas e minhas ovelhas me conhecem, [15]como o Pai me conhece* e eu conheço o Pai. Eu dou minha vida por minhas ovelhas. [16]Tenho ainda outras ovelhas que não são deste aprisco; é preciso que eu as conduza também*. Ouvirão minha voz, e haverá um só rebanho e um só pastor. [17]É por isso que o Pai me ama:* porque dou minha vida para retomá-la de novo. [18]Ninguém pode tirá-la de mim*; eu a dou livremente. Tenho poder de entregá-la e poder de retomá-la. Este é o preceito que recebi de meu Pai".

[19]Surgiu, de novo, desacordo entre os judeus* a propósito dessas palavras. [20]Muitos deles diziam: "Ele tem um demônio, perdeu o juízo!* Por que o escutais?" [21]E outros diziam: "Estas palavras não são de um possesso. Porventura pode o demônio abrir os olhos aos cegos?"*

O testemunho das obras. [22]Celebrava-se, então, em Jerusalém, a festa* da Dedicação†. Era inverno. [23]Jesus passeava no templo, sob o pórtico de Salomão. [24]Os judeus o rodearam e lhe perguntaram: "Até quando nos deixarás em dúvida? Se és o Messias, dize-nos claramente!" [25]Respondeu Jesus: "Já vos disse e não crestes. As obras que faço em nome de meu Pai dão testemunho de mim. [26]Mas vós não credes* porque não sois de minhas ovelhas. [27]Minhas ovelhas atendem a minha voz*. Eu as conheço, e elas me seguem. [28]Eu lhes dou a vida eterna*; elas jamais perecerão, e ninguém as arrebatará de minha mão. [29]Meu Pai, que me deu as ovelhas, é maior que todos, e ninguém pode arrebatá-las da mão de meu Pai. [30]Eu e o Pai somos* um"†. [31]Novamente os judeus trouxeram pedras a fim de o apedrejarem*.

[32]Jesus respondeu-lhes: "Eu vos mostrei muitas boas obras*, vindas de meu Pai; por qual delas quereis agora apedrejar-me?" [33]Os judeus lhe responderam: "Não é por uma boa obra que te queremos apedrejar, mas por causa da blasfêmia, e porque, sendo homem, te fazes Deus". [34]Replicou-lhes Jesus: "Não está escrito em vossa Lei: 'Eu disse: vós sois deuses'?* [35]Ora, se ela chama deuses àqueles a quem a palavra de Deus foi dirigida – e a Escritura não pode ser anulada* – [36]por que dizeis "Tu blasfemas" àquele a quem o Pai consagrou e enviou ao mundo, porque eu disse: 'Sou filho de Deus'? [37]Se não faço as obras de meu Pai, não creiais em mim; [38]mas se as faço, mesmo que não creiais em mim* crede nas obras, para que saibais e compreendais que o Pai está em mim e eu no Pai". [39]Procuravam de novo prendê-lo, mas ele livrou-se* das mãos deles. [40]Retirou-se de novo ao outro lado do Jordão, onde antes João batizava, e ali permaneceu. [41]Muitos vieram ter com ele e diziam: "Na verdade, João não fez milagre algum, mas tudo o que disse deste homem era verdade". [42]E muitos ali creram nele.

* **10**,11. 15,13; 1Jo 3,16; Ap 7,17; Is 40,11; 53,10 | 12. At 20,29; 1Pd 5,2s | 13. Zc 11,17; Ez 34,15 | 14. Gn 4,9; 2Tm 2,19 | 15. 1Jo 3,16; Mt 11,25ss; Jr 15,13 | 16. 11,52; 18,37; Is 56,8; Ez 34,23; 37,24 | 17. Fl 2,8s | 18. 8,29; 14,39; 15,10 | 19. 7,43; 9,16 | 20. 7,20; 8,48; Mt 11,18; 3,2; 9,30-33 | 21. Mc 3,21s; At 26,24; Lc 7,33 | 22. 1Mc 4,36; At 3,11; Jo 8,25; Mt 11,3; Lc 22,67; Jo 5,36; 10,38 | 26. 6,64; 8,45; 10,3s.14 | 27. 8,47 | 28. 3,16; 17,2.12; 1Pd 1,5; Rm 8,33-39; 3,35; 17,24 | 30. 17,11.21 | 31. 8,59 | 32. 5,18; Mt 26,65; Lv 24,16 | 34. Sl 82,6 | 35. Mt 5,18; Lc 16,17; Jo 5,17-20; 17,19 | 38. 2,11; 14,10s; 17,21 | 39. 1,28; 7,30; 8,20

† **10**,11. "Como pastor, devo dar a vida pelos que amo, também pelos que vão assassinar-me. Se Deus aceitar o sacrifício de minha vida, que meu sangue seja semente de liberdade e o sinal de que a esperança será em breve uma realidade" (Dom Oscar Romero). | 22. Festa celebrada no início do inverno, que foi instituída em 164 a.C., 1Mc 4,59, para comemorar o restabelecimento do culto no templo de Jerusalém, após a profanação de Antíoco IV Epífanes. | 30. Esta unidade singular de Jesus com o Pai é o segredo de sua vida e de sua obra.

11

Ressurreição de Lázaro. 1Es-
tava doente certo Lázaro*, de
Betânia, aldeia de Maria e de Marta,
sua irmã. 2Maria era aquela que ungiu
o Senhor com bálsamo e lhe enxugou
os pés com os cabelos; seu irmão Láza-
ro é que estava enfermo. 3Suas irmãs
mandaram este recado a Jesus: "Se-
nhor, aquele que amas está doente".
4Ao ouvir o recado, Jesus disse: "Esta
doença não leva à morte*, mas é para
a glória de Deus†, para que por ela
seja glorificado o Filho de Deus. 5Jesus
amava Marta, sua irmã Maria e Lázaro.
6Depois de saber que Lázaro estava
doente, ficou ainda dois dias no lugar
onde estava. 7Depois disse aos discípu-
los:* "Vamos novamente à Judeia!" 8Os
discípulos lhe disseram: "Mestre, ainda
há pouco os judeus queriam apedrejar-
-te e voltas para lá?" 9Replicou Jesus:
"Não são doze* as horas do dia? Se al-
guém anda de dia, não tropeça, porque
vê a luz deste mundo; 10mas se anda
de noite, tropeça, porque nele não há
luz". 11Disse isto e depois* acrescentou:
"Nosso amigo Lázaro está dormindo,
mas vou despertá-lo". 12Disseram en-
tão os discípulos: "Senhor, se ele está
dormindo, vai sarar!" 13Jesus estava
falando de sua morte, mas eles pensa-
ram que falasse do repouso do sono.
14Então Jesus lhes disse abertamente:
"Lázaro morreu. 15E, por vossa causa,
alegro-me por não ter estado lá, para
que vós creiais. Mas vamos até ele!"
16Disse então Tomé, chamado Dídimo†,
aos condiscípulos: "Vamos também nós
para morrer com ele!"

17Quando Jesus chegou, já fazia qua-
tro dias que Lázaro tinha sido sepulta-
do. 18Betânia ficava perto de Jerusa-
lém*, a uns quinze estádios de distân-
cia†, 19e muitos judeus tinham vindo à
casa de Marta e Maria para consolá-las
pela morte de seu irmão. 20Logo que
Marta soube da chegada de Jesus, foi a
seu encontro, ao passo que Maria ficou
em casa. 21Marta disse a Jesus: "Senhor,
se tivesses estado aqui, meu irmão não
teria morrido. 22Mas mesmo agora sei
que Deus te dará tudo quanto lhe pedi-
res". 23Disse-lhe Jesus: "Teu irmão res-
suscitará!" 24"Eu sei – disse Marta – que
ele ressuscitará* na ressurreição, no úl-
timo dia"†. 25Jesus afirmou-lhe: "Eu sou
a ressurreição e a vida. Aquele que crê
em mim, ainda que morra, viverá. 26E
todo aquele que vive e crê em mim não
morrerá jamais*. Crês nisso?" 27Marta
respondeu: "Sim, Senhor! Eu creio* que
tu és o Cristo, o Filho de Deus, aquele
que vem ao mundo".

28Dito isto, saiu e foi chamar Maria,
sua irmã, dizendo-lhe baixinho: 29"O
Mestre está aí e te chama". Ela, ouvin-
do isto, ergueu-se rapidamente e saiu
ao encontro dele. 30Jesus ainda não ti-
nha entrado na aldeia, mas estava no
mesmo lugar onde Marta lhe viera ao
encontro. 31Os judeus que estavam na
casa com Maria e a consolavam, ven-
do a pressa com que se erguera e sa-
íra, acompanharam-na, pensando que
se dirigia ao sepulcro para ali chorar.
32Chegando Maria onde Jesus esta-
va, ao vê-lo, caiu-lhe aos pés e disse:
"Senhor, se tivesses estado aqui, meu
irmão não teria morrido!"

33Vendo-a chorar e chorar também
os judeus que vinham com ela*, Jesus
ficou profundamente comovido e con-
turbado. 34E disse: "Onde o colocastes?"
Responderam-lhe: "Senhor, vem e vê!"
35Jesus chorou. 36Então os judeus co-
mentaram: "Vede como ele o amava!"
37Mas alguns deles disseram: "Ele, que
abriu os olhos ao cego, não poderia ter

---

* **11**,1. 12,1-8; Lc 10,38s | 4. 2,11; 5,23; 9,3; 10,32 | 7. 8,59; 10,31 | 9. 8,12; 9,4; 12,35; Mt 6,22s; 1Jo 2,11 | 11. Mt 9,24; At 7,60; 1 Cor 11,30 | 18. 11,45; 12,9 | 24. 5,28s; 6,39s; At 24,15; Dn 12,2 | 26. 5,24; 8,51 | 27. Mt 16,16; Jo 6,14; 10,34; 20,31 | 33. 12,27; 13,21 | 38. Lc 19,41 | 40. 6,29; 12,30; 1Jo 5,14; Mt 14,19; 1Rs 36s

† **11**,4. "A fé nos dá a certeza de que Deus não permitiria o mal se do próprio mal não tirasse o bem, por caminhos que só conheceremos plenamente na vida eterna" (CIC). | 16. Dídimo é a tradução grega do nome aramaico Tomé, que significa "gêmeo". | 18. Uns 3 km. | 24. Embora rejeitada pelos saduceus, Mt 22,23, a ideia da ressurreição final tinha-se firmado no judaísmo a partir dos últimos séculos antes de Cristo, Dn 12,1ss; 2Mc 7,9.14.

impedido que ele morresse?" [38]Jesus ficou de novo profundamente* emocionado e foi até o sepulcro. Era uma gruta, fechada por uma pedra. [39]Ordenou Jesus: "Retirai a pedra!" Marta, irmã do morto, lhe diz: "Senhor, já está cheirando mal, pois já faz quatro dias..." [40]Jesus respondeu-lhe: "Não te falei que, se acreditares*, verás a glória de Deus?" [41]Retiraram, então, a pedra. Jesus ergueu os olhos para o alto e disse: "Pai, eu vos agradeço porque me ouvistes. [42]Eu sabia que sempre me ouvis; mas falo assim por causa da multidão que me rodeia, para que creiam que vós me enviastes". [43]Depois destas palavras, exclamou com voz forte:* "Lázaro, vem para fora!" [44]O morto saiu. Suas mãos e pés estavam atados com faixas e seu rosto, coberto por um sudário. Jesus lhes disse: "Desamarrai-o e deixai-o andar". [45]Muitos dos judeus* que tinham ido à casa de Maria e presenciado o que Jesus fizera acreditaram nele.

Conspiração contra Jesus. [46]Alguns, porém, foram ter com os fariseus* e contaram-lhes o que Jesus fizera. [47]Convocaram, então, os sumos sacerdotes e os fariseus do Sinédrio e disseram: "Que faremos? Pois este homem está fazendo muitos sinais... [48]Se o deixarmos continuar assim, todos crerão nele, virão os romanos e destruirão nosso lugar santo e nossa nação". [49]Um deles, Caifás, que era sumo sacerdote naquele ano, disse: "Vós não entendeis nada! [50]Não compreendeis que vos convém que um só homem morra pelo povo, em vez de perecer toda a nação?" [51]Ora, ele não disse isto por si mesmo*, mas, sendo o sumo sacerdote naquele ano, profetizou que Jesus haveria de morrer pela nação. [52]E não só pela nação, mas também para reunir na unidade os filhos de Deus que andavam dispersos. [53]Portanto, a partir desse dia, resolveram matá-lo.

[54]De sorte que Jesus já não andava em público entre os judeus, mas retirou-se para a região vizinha do deserto, numa cidade chamada Efraim, e aí permaneceu com seus discípulos.

Expectativa em Jerusalém. [55]Ora, estava próxima a Páscoa dos judeus*, e muitos daquela região subiram a Jerusalém para se purificarem. [56]Procuravam, pois, a Jesus e diziam uns aos outros, estando no templo: "Que vos parece? Será que ele não vem à festa?"* [57]Os sumos sacerdotes e os fariseus tinham dado ordens para que se alguém soubesse onde ele estava, o denunciasse, a fim de o prenderem.

12

Unção em Betânia. [1]Seis dias antes da Páscoa*, veio Jesus a Betânia, onde morava Lázaro, a quem ressuscitara dos mortos. [2]Prepararam lá uma ceia para ele; Marta servia à mesa, e Lázaro era um dos convivas. [3]Então Maria tomou uma libra* de genuíno perfume de nardo, muito caro, ungiu os pés de Jesus e os enxugou com seus cabelos; e o cheiro do perfume encheu a casa. [4]Judas, o Iscariotes*, um de seus discípulos, aquele que o havia de entregar, disse: [5]"Por que não se vendeu este perfume por trezentos denários para dá-los aos pobres?" [6]Dizia isto não porque se preocupasse com os pobres*, mas porque era ladrão e, sendo o encarregado da bolsa, roubava o que nela se colocava. [7]Mas Jesus disse: "Deixa-a; é para o dia de meu sepultamento* que ela devia guardá-lo. [8]Pobres, sempre tereis convosco*; mas a mim, nem sempre tereis".

[9]Grande multidão de judeus soube que Jesus estava lá*, e vieram, não só para vê-lo, mas também para ver Lázaro, que ele ressuscitara dentre os mortos. [10]Decidiram os sumos sacerdotes matar também Lázaro, [11]pois, por sua causa, muitos judeus* se afastavam e acreditavam em Jesus.

---

* **11**,43. 5,27ss; 19,10; 20,6s | 45. Mt 26,1-5; Jo 2,23; 7,31; 8,30; 10,42; 12,11.42 | 46. 15,24; Mt 26,3-6; 27,18; At 4,16 | 51. Gn 50,20; Jo 18,14; 2Cor 5,14; Is 11,12; Mq 2,12; 1Jo 2,2; Jo 3,22; 7,1; 8,37-40 | 55. 2,13; 6,4; At 21,24ss | 56. 7,11 | **12**,1. 11,43s; Mt 26,6-13; Mc 14,3-9; Lc 10,40 | 3. Lc 7,36ss | 4. 6,71; Mt 19,21 | 6. 13,29; Lc 8,3 | 7. 19,40 | 8. Dt 15,11 | 9. 11,45 | 11. 7,31; 11,19.45

Entrada triunfal em Jerusalém. 12No
dia seguinte, a grande multidão que
veio para a festa*, sabendo que Jesus
vinha a Jerusalém, 13apanhou ramos de
palmeiras e saiu a seu encontro, gri-
tando: "Hosana! Bendito o que vem
em nome do Senhor e o rei de Israel!"
14Encontrando um jumentinho, Jesus
montou sobre ele, como está escrito:
15"Não tenhas medo, filha de Sião!* Eis
que vem teu rei montado num jumen-
tinho!"

16Seus discípulos, a princípio*, não
compreenderam isto; mas, quando
Jesus foi glorificado, lembraram-se de
que estas coisas estavam escritas a seu
respeito e que era isso que lhe tinham
feito.

17A multidão que com ele estava,
quando chamara Lázaro para fora do
sepulcro* e o ressuscitara dos mortos,
dava testemunho. 18Por isso, a multi-
dão saiu a seu encontro: ouviram di-
zer que ele havia feito este sinal. 19Os
fariseus então disseram* uns aos ou-
tros: "Vede: vós nada conseguis; todo o
mundo corre atrás dele!"

O grão de trigo. 20Entre os que tinham
subido para adorar durante a festa*
achavam-se alguns gregos. 21Eles fo-
ram ter com Filipe, que era de Betsaida
da Galileia, e lhe fizeram este pedido:
"Senhor, queremos ver Jesus". 22Filipe
foi falar com André*. André e Filipe
foram falar com Jesus. 23Jesus respon-
deu-lhes: "Chegou a hora de ser glo-
rificado* o Filho do homem. 24Na ver-
dade, na verdade, vos digo: se o grão
de trigo, caindo na terra, não morrer*,
ficará só. Mas, se morrer, dará muito
fruto†. 25Quem se apega a sua vida vai
perdê-la; mas quem não se importa
com sua vida neste mundo vai conser-
vá-la* para a vida eterna. 26Se alguém
me serve*, siga-me! E onde estou eu,
lá estará meu servidor. Se alguém me
serve, meu Pai o honrará.

Glorificação de Jesus. 27Minha alma
está agora perturbada*. Que direi? "Pai,
livrai-me desta hora"? Mas foi para isto
que cheguei a esta hora. 28Pai, glorificai
vosso nome!" Neste momento desceu
uma voz do céu: "Eu o glorifiquei e de
novo o glorificarei". 29A multidão, que
estava presente* e havia escutado, di-
zia que era um trovão. Outros diziam:
"Um anjo falou com ele".

30Disse Jesus: "Não foi por minha
causa que esta voz se fez ouvir, mas
por vossa causa. 31É agora o julgamen-
to deste mundo*. Agora o príncipe
deste mundo será lançado fora. 32E eu,
quando for levantado da terra, atrairei
todos a mim"†. 33Ele dizia isto para dar
a entender* de que morte haveria de
morrer.

Os filhos da luz. 34Respondeu-lhe a
multidão: "Aprendemos da Lei que o
Messias permanece para sempre. Como
podes dizer: 'É preciso que o Filho do
homem seja levantado? Quem é esse Fi-
lho do homem?" 35Respondeu-lhes Je-
sus: "Por pouco tempo* ainda a luz está
entre vós. Caminhai enquanto tendes a
luz, para que não vos surpreendam as
trevas; aquele que caminha nas trevas
não sabe aonde vai. 36Enquanto tendes
a luz, crede na luz*, para vos tornardes
filhos da luz". Após ter dito isto, Jesus se
retirou e ocultou-se deles.

Incredulidade dos judeus. 37Apesar
de ter feito tantos sinais* à vista deles,
não acreditavam nele, 38para cumprir-
-se a palavra do profeta Isaías: "Senhor,

---

* **12**,12. Mt 21,1-11; Mc 11,1-11; Lc 19,28-40; Sl 118,25s | 15. Zc 9,9 | 16. 2,22; 7,39; 14,35; 15,26; 16,13s | 17. 11,43s; Lc 24,45 | 19. 11,47s; At 5,28 | 20. 11,55 | 22. Lc 19,3; 23,8 | 23. 2,4; 7,30.39; 13,31; 17,1 | 24. 1Cor 15,36 | 25. Mt 16,25; Rm 14,8 | 26. 14,3; 17,24; Mt 16,24 | 27. Mt 26,38; Hb 5,7s | 29. Mc 1,11; 9,7; At 23,9 | 31. 3,19; 9,39; 14,30; 16,11; Lc 10,18; 22,53; Ap 12,9; Jo 3,14; 8,28 | 33. 18,32; 21,19; Dn 7,14 | 35. 7,33; 8,12; 9,4; 12,46; 1Jo 2,11 | 36. Jr 13,16; Ef 5,8 | 37. 2,11; Dt 29,1-4; Mt 11,20 | 38. Is 53,1; Rm 10,16; Hb 4,2

† **12**,24. Jesus responde ao entusiasmo da multidão com a imagem do grão de trigo que deve morrer. Consciente da necessidade de sua morte, conhece também a fecundidade de seu sacrifício para o mundo inteiro. | **12**,32. Para Jesus a hora da morte é a hora em que ele vence o demônio, é glorificado pelo Pai, e a luz manifesta todo o seu poder de atração. A elevação da cruz significa e anuncia a elevação da ascensão ao céu, e é o começo dela.

quem acreditou em nossa pregação?* E a quem se revelou o braço do Senhor?"

[39]Por isso não podiam crer, porque disse* também Isaías: [40]"Cegou-lhes os olhos† e endureceu-lhes o coração, para não acontecer que seus olhos vejam, seu coração compreenda e se convertam, e eu os cure". [41]Disse isto Isaías porque viu sua glória* e falou a seu respeito. [42]Não obstante, muitos, até dentre os chefes, acreditaram nele; mas não o confessavam por causa dos fariseus, para não serem expulsos* da sinagoga; [43]porque preferiram a glória dos homens à glória de Deus.

Jesus e o Pai. [44]Jesus, levantando a voz, disse: "Aquele que crê em mim não crê em mim, mas naquele que me enviou; [45]e quem me vê*, vê aquele que me enviou. [46]Eu, a luz*, vim ao mundo, para que todo aquele que crer em mim não permaneça nas trevas. [47]E se alguém ouvir minhas palavras* e não as guardar, eu não o julgo, porque não vim para julgar o mundo, mas para salvá-lo. [48]Quem me rejeita* e não acolhe minhas palavras já tem quem o julgue: a palavra que anunciei, ela o julgará no último dia. [49]Porque não falei por mim mesmo*, mas o Pai, que me enviou, ele me prescreveu o que dizer e de que falar. [50]Eu sei que seu preceito é a vida eterna*. Assim pois, as coisas que eu digo, eu as digo como o Pai me disse".

III. A HORA DE JESUS (13–20)

13 **O lava-pés.** [1]Antes da festa da Páscoa*, sabendo Jesus que chegara sua hora de passar deste mundo ao Pai, tendo amado os seus que estavam no mundo, amou-os até o fim. [2]Enquanto ceavam*, quando o diabo já havia inspirado a Judas Iscariotes, filho de Simão, o plano de entregá-lo, [3]sabendo que o Pai tudo lhe havia dado nas mãos*, e que ele viera de Deus e para Deus voltava, [4]levantou-se da mesa*, tirou o manto e, tomando uma toalha, colocou-a à cintura. [5]Em seguida, pôs água numa bacia e começou a lavar os pés dos discípulos e a enxugá-los com a toalha com que estava cingido.

[6]Chegou perto de Simão Pedro e este lhe disse: "Senhor, tu me lavas os pés?" [7]Respondeu-lhe Jesus: "O que eu faço*, não o compreendes agora, mas depois o compreenderás". [8]Disse-lhe Pedro: "Nunca me lavarás os pés!" Jesus lhe respondeu: "Se não te lavar, não tens parte comigo". [9]Disse-lhe Simão Pedro: "Senhor, não só os pés, mas também as mãos e a cabeça!" [10]Jesus lhe disse: "Quem tomou banho* não precisa lavar-se; está todo limpo. Vós também estais limpos, mas nem todos". [11]De fato, ele sabia quem o estava traindo* e por isso disse: "Nem todos estais limpos".

[12]Depois de lhes ter lavado os pés e retomado as vestes, pôs-se de novo à mesa e lhes disse: "Sabeis o que vos fiz? [13]Vós me chamais de Mestre e Senhor*, e dizeis bem, pois eu o sou. [14]Se, portanto eu, que sou o Senhor e o Mestre*, vos lavei os pés, vós também deveis lavar-vos os pés uns aos outros. [15]Pois eu vos dei o exemplo, para que façais como eu fiz"*.

O empregado e o patrão. [16]"Na verdade, na verdade, vos digo: o empregado* não é maior que seu patrão, nem o enviado maior que aquele que o envia. [17]Sabendo disso, sois felizes se o praticais. [18]Não o digo de vós todos*; eu conheço os que escolhi; mas é pre-

---

* **12**,39. 5,44; Is 6,9s; Mt 13,14s; At 28,26s | 41. 2,23; 7,31; 8,30; 11,45 | 42. 5,24; 13,20; 14,7s; Mt 10,40 | 45. 14,7ss | 46. 3,19; 8,12; 9,5 | 47. 3,11s; 8,15; Mt 7,26; Lc 8,21 | 48. 8,37.47; Lc 20,16; Dt 31,26-29 | 49. 7,17; 14,10; Dt 18,18s | 50. 3,34; 6,40; 17,2 | **13**,1. 10,18; 12,23; 15,13; 16,28; 17,9; 1Jo 3,16; Gl 2,20 | 2. 13,27; Mt 26,14 | 3. 3,35; 16,28 | 4. Mt 11,27; Lc 10,22 | 7. 13,12; 14,26; Mt 16,22 | 10. 15,3 | 11. 6,64.70s | 13. Mt 23,8.10 | 14. Lc 22,27; 1Tm 5,10; 1Pd 5,5 | 15. 1Jo 2,6; Lc 22,24-27; Fl 2,5-8 | 16. Ef 5,2; Cl 3,13; 1Pd 2,21; Jo 15,20; Mt 10,24 | 18. 6,70; Sl 41,10; Mc 14,18; 2Ts 2,13

† **12**,40. O profeta fala como se fosse Deus o causador da cegueira, mas os judeus ficaram cegos porque recusaram a luz da graça, não quiseram ver os sinais que Jesus apresentava. | **13**,34. O mandamento é "novo" porque é ampliado e purificado: trata-se de "amar como Jesus amou".

ciso que se cumpra o que diz a Escritura: 'Aquele que come meu pão levantou contra mim seu calcanhar'. 19Desde já eu vo-lo digo*, antes que aconteça, para que, quando acontecer, acrediteis que eu sou. 20Na verdade, na verdade, vos digo:* quem acolhe aquele que eu enviar a mim acolhe; e quem me acolhe, acolhe aquele que me enviou".

Anúncio da traição. 21Ao dizer isto, Jesus ficou angustiado* e disse abertamente: "Na verdade, na verdade, vos digo: um de vós vai me entregar". 22Os discípulos olhavam uns para os outros, sem saber a quem ele se referia. 23Estava reclinado bem perto de Jesus* um de seus discípulos, aquele a quem Jesus amava; 24Simão Pedro fez-lhe sinal e lhe disse: "Pergunta a quem ele se refere". 25E ele, reclinando-se sobre o peito de Jesus, perguntou-lhe: "Quem é, Senhor?" 26Respondeu Jesus: "É aquele a quem vou dar o pedaço de pão molhado". E, molhando o pão, tomou-o e deu-o a Judas, filho de Simão Iscariotes. 27Após receber o pedaço de pão, entrou nele Satanás*. Disse-lhe Jesus: "O que tens a fazer, faze-o depressa". 28Nenhum dos que estavam à mesa compreendeu por que lhe dissera isto. 29Como Judas tomava conta da bolsa, alguns pensavam que Jesus queria dizer-lhe: "Compra o necessário para a festa", ou que desse alguma coisa aos pobres. 30Tomando, pois, o pedaço de pão, saiu logo*. Era noite. 31Quando ele saiu, disse Jesus: "Agora o Filho do homem foi glorificado* e Deus foi glorificado nele. 32Se Deus foi glorificado nele*, também Deus o glorificará em si mesmo e em breve o glorificará. 33Filhinhos, é por pouco tempo* que ainda estarei convosco. Vós me procurareis. E agora vos digo a mesma coisa que disse aos judeus: Para onde vou, vós não podeis ir".

O mandamento novo. 34"Eu vos dou* um novo mandamento†: que vos ameis uns aos outros. Assim como eu vos amei, amai-vos uns aos outros. 35Nisto todos reconhecerão que sois meus discípulos: se vos amais uns aos outros"*.

Jesus prediz a negação de Pedro. 36Perguntou-lhe Simão Pedro:* "Senhor, para onde vais?" Respondeu-lhe Jesus: "Aonde vou, tu não podes seguir-me agora; vais seguir-me mais tarde". 37Perguntou-lhe Pedro: "Senhor, por que não posso seguir-te agora? Darei minha vida por ti!" 38Respondeu-lhe Jesus: "Darás a vida por mim? Na verdade, na verdade, te digo:* o galo não cantará sem que me tenhas negado três vezes".

14

Jesus, caminho, verdade e vida. 1"Não se perturbe vosso coração! Vós credes em Deus*, crede em mim também! 2Na casa de meu Pai há muitas moradas. Senão, eu vos teria dito: 'Vou preparar-vos um lugar?' 3Depois de ter ido e vos ter preparado um lugar,* voltarei e vos tomarei comigo; para que, onde eu estiver, vós estejais também. 4E vós conheceis o caminho do lugar para onde vou".

5"Senhor – disse-lhe Tomé – não sabemos* para onde vais; como podemos saber o caminho?" 6Jesus respondeu-lhe: "Eu sou o Caminho, a Verdade e a Vida†. Ninguém chega ao Pai* senão por mim. 7Se me conheceis, conhecereis também* a meu Pai; desde agora o conheceis, porque o vistes". 8"Senhor – disse-lhe Filipe – mostra-nos o Pai*, e isto nos basta". 9Disse-lhe Jesus: "Filipe, faz tanto tempo que estou convosco e tu não me conheces? Quem me viu, viu o Pai! Como é que podes dizer: 'Mostra-nos o Pai'? 10Não crês que eu estou no Pai* e que o Pai está em mim? As palavras que vos digo, não as digo de

---

* **13**,19. 14,29; 16,4; Mt 24,25 | 20. Lc 10,16; Gl 4,14 | 21. Mt 26,20-25 | 23. 19,26; 20,2; 21,7.20 | 27. 13,2 | 30. 8,12; Lc 22,53 | 31. 12,23; 17,1-5 | 32. 7,39 | 33. 7,33s; 8,21 | 34. 15,12.17; 1Jo 2,7s.10; 3,11.23; 4,10.19; 5,1.3; 2Jo 5 | 35. 17,21; Lc 10,26s; Gl 6,2; At 4,32 | 36. 21,18s; Mt 26,31-35 | 38. 18,27 | **14**,1. 14,27; 16,33; Mc 11,22; 2Cr 20,17.20 | 3. 12,26; 17,24; 1Ts 4,17; Hb 6,19s; 11,16; Fl 1,23 | 5. 13,36; Hb 10,20 | 6. Mt 11,27 | 7. 8,19; 12,45; 2Cor 4,4 | 8. 1,18; 12,45; Êx 33,18; Cl 1,15; Hb 1,3 | 10. 10,38; 12,49; 14,20; 17,21

† **14**,6. Jesus é o caminho que leva ao Pai, ele revela a verdade e concede a vida da graça.

mim mesmo; mas o Pai que mora em
mim realiza suas obras. 11Crede-me: eu
estou no Pai e o Pai está em mim; cre-
de ao menos por causa* das próprias
obras. 12Na verdade, na verdade, vos
digo: Quem crê em mim também fará
as obras que eu faço. E fará até maio-
res, porque vou para o Pai. 13E tudo o
que pedirdes em meu nome, eu o farei,
para que o Pai seja glorificado no Fi-
lho. 14Se me pedirdes alguma coisa em
meu nome, eu a farei*.
Jesus promete o Paráclito. 15Se me
amais, guardareis* meus mandamen-
tos. 16Eu rogarei ao Pai, e ele vos dará*
um outro Paráclito† para ficar sempre
convosco. 17É o Espírito da Verdade*,
que o mundo não pode receber, por-
que não o vê nem o conhece. Mas vós
o conheceis, porque ele mora convos-
co e estará em vós. 18Não vos deixarei
órfãos: voltarei para vós. 19Ainda um
pouco* e o mundo não me verá mais;
vós, porém, me vereis, porque eu vivo
e também vós vivereis. 20Naquele dia*
conhecereis que eu estou no Pai, e vós
em mim, e eu em vós. 21Quem tem
meus mandamentos* e os guarda, esse
é que me ama. E aquele que me ama
será amado por meu Pai. Eu também o
amarei e hei de manifestar-me a ele".
22Disse Judas, não o Iscariotes: "Se-
nhor*, que aconteceu para te manifes-
tares a nós e não ao mundo?" Respon-
deu-lhe Jesus: 23"Se alguém me ama*,
guardará minha palavra, e meu Pai o
amará, viremos a ele e faremos nele
nossa morada. 24Quem não me ama
não guarda minhas palavras. A palavra
que estais ouvindo não é minha, mas
do Pai que me enviou. 25Eu vos disse
estas coisas estando convosco. 26Mas o
Paráclito, o Espírito Santo, que o Pai vai
enviar em meu nome*, ele vos ensinará
todas as coisas e vos recordará tudo o
que eu vos disse".
A paz de Jesus. 27"Eu vos deixo a paz*;
eu vos dou minha paz. Não vo-la dou
como a dá o mundo. Que vosso cora-
ção não se perturbe nem tenha medo.
28Ouvistes o que eu vos disse:* vou e
volto para vós. Se me amásseis, have-
ríeis de alegrar-vos, porque vou para o
Pai, pois o Pai é maior do que eu. 29Isto
eu vos disse agora, antes que aconteça,
para que, quando acontecer*, vós acre-
diteis. 30Já não falarei muito convosco,
porque está vindo o príncipe deste
mundo. Ele não tem nenhum poder so-
bre mim; 31mas é para que o mundo
saiba que eu amo o Pai* e faço como
o Pai me ordenou. Levantai-vos! Vamos
sair daqui!"

15 **A videira e os ramos.** 1"Eu sou
a videira verdadeira*, e meu Pai
é o agricultor. 2Todo ramo que em mim
não produz fruto*, ele o corta; e todo
ramo que produz fruto, ele o poda para
que produza mais fruto. 3Vós já estais
limpos* por causa da palavra que vos
falei. 4Permanecei em mim, como eu
em vós. Como o ramo não pode dar
fruto* por si mesmo se não permane-
cer na videira, assim também vós, se
não permanecerdes em mim. 5Eu sou a
videira* e vós os ramos. Quem perma-
nece em mim e eu nele, esse dá muitos
frutos, porque sem mim nada podeis
fazer†. 6Se alguém não permanece* em
mim, será lançado fora como o ramo, e
ele seca. Os ramos secos são recolhidos
e lançados ao fogo para se queimarem.
7Se permanecerdes em mim*, e minhas

---

* **14**,11. 7,33; 13,1; 14,28 | 14. 13,312; Mt 7,7-11; Lc 11,9-13; At 3,16 | 15. 15,10; 1Jo 5,3; 2Jo 6 | 16. 15,26; 16,7 | 17. Mt 10,20; Rm 8,26 | 19. 7,33; 16,16 | 20. 10,30.38; 17,11.21ss | 21. 16,27; 17,26; Eclo 4,15 | 22. At 10,40s | 23. Ap 3,20; 2Cor 6,16; Ef 3,17 | 26. 14,16; 15,26; 16,13ss | 27. 14,1; 16,33; Rm 5,1; Ef 2,14-18; Fl 4,7 | 28. 14,3; 16,6 | 29. 13,19; 16,4 | 31. 6,38; 10,18; 15,10; 16,11; Mt 26,46; Mc 14,42 | **15**,1. Is 5,1-7 | 2. Jr 2,21; Ez 17; Sl 80,9-20; Eclo 24,23; Rm 11,17s | 3. At 15,9 | 4. 6,56s; 2Cor 3,5; Fl 2,13; Rm 11,17s | 5. 15,16; 2Cor 3,5 | 6. Ez 15,1-8; Mt 3,10 | 7. 14,13; 16,23; 1Jo 5,14; Mc 11,24

† **14**,16. "Paráclito" significa "aquele que é chamado para perto de"; termos sinônimos são advogado, defensor, protetor, intercessor, animador, consolador, alguém que conforta e encoraja, Jo 14,16.26; 15,26; 16,7. Jesus é o primeiro Paráclito, 1Jo 2,1. O Espírito Santo, que dá vida, unidade e movimento a todo o Corpo de Cristo, é a "alma" da Igreja, diz o Vaticano II. | **15**,5. "Não fazemos nenhum bem, senão aquele que Deus com sua graça nos faz realizar" (S. Leão Magno).

palavras permanecerem em vós, pedi o
que quiserdes, e vos será feito. 8Nisto
é glorificado meu Pai:* que deis muito
fruto e vos torneis meus discípulos".

Não servos, mas amigos. 9"Como
o Pai me amou*, assim também vos
amei. Permanecei em meu amor. 10Se
guardais meus mandamentos*, perma-
necereis em meu amor, assim como eu
guardei os mandamentos de meu Pai e
permaneço em seu amor. 11Eu vos dis-
se estas coisas para que minha alegria*
esteja em vós, e vossa alegria seja ple-
na. 12Este é o meu mandamento:* que
vos ameis uns aos outros como eu vos
amei. 13Ninguém tem maior amor do
que este:* dar a vida por seus amigos.
14Vós sois meus amigos, se fazeis o que
vos mando. 15Não vos chamo mais de
servos, porque o servo não sabe o que
faz seu patrão. Mas vos chamo de ami-
gos, porque vos manifestei tudo o que
ouvi de meu Pai. 16Não fostes vós que
me escolhestes*, mas fui eu que vos
escolhi e vos designei para irdes e pro-
duzirdes fruto, e para que vosso fruto
permaneça, a fim de que tudo o que
pedirdes a meu Pai em meu nome, ele
vos conceda. 17Isto vos mando: que vos
ameis uns aos outros!"*

O ódio do mundo. 18"Se o mundo vos
odeia*, sabei que me odiou antes que
a vós. 19Se fôsseis do mundo, o mun-
do amaria o que seria dele; mas porque
não sois do mundo, ao contrário, eu vos
separei do mundo, por isso o mundo
vos odeia. 20Lembrai-vos da palavra*
que eu vos disse: o servo não é mais do
que seu senhor. Se a mim perseguiram,
também vos perseguirão; se guardaram
minhas palavras, guardarão também as
vossas. 21Mas tudo farão contra vós*,
por causa de meu nome, porque não
conhecem aquele que me enviou. 22Se
eu não tivesse vindo* e não lhes hou-
vesse falado, não teriam pecado; agora,
porém, não têm desculpa por seu peca-
do. 23Quem me odeia* odeia também a
meu Pai. 24Se eu não tivesse feito entre
eles obras que nenhum outro fez, não
teriam pecado; mas agora eles as viram
e, não obstante, me odeiam a mim e a
meu Pai. 25Mas é para que se cumpra a
palavra escrita na Lei deles: 'Odiaram-
-me sem motivo.'"*

26Quando vier o Paráclito*, que eu
vos enviarei da parte do Pai, o Espírito
da Verdade, que vem do Pai, ele dará
testemunho de mim. 27E vós também
dareis testemunho, porque desde o
princípio estais comigo"*.

16 1"Eu vos disse isto* para eu
não ser motivo de queda para
vós†. 2Vão expulsar-vos das sinagogas.
Mais ainda: virá a hora em que todo
aquele que vos matar vai pensar que
está prestando um serviço a Deus. 3Vão
fazer isso* porque não conheceram o
Pai nem a mim. 4Mas eu vos disse isto,
para que*, quando chegar a hora deles,
vos lembreis das coisas que eu vos ti-
nha dito. Não vo-lo disse desde o início
porque eu estava convosco.

A missão do Paráclito. 5Agora vou
para aquele que me enviou*, e nenhum
de vós me pergunta: "Para onde vais?"
6Mas, porque vos disse isto*, vossos
corações se encheram de tristeza. 7Mas
eu vos digo a verdade: é conveniente
para vós que eu vá; porque se eu não
for, não virá a vós o Paráclito; mas, se
eu for, eu vo-lo enviarei. 8E quando ele
vier, vai convencer o mundo* quanto
ao pecado, quanto à justiça e quanto
ao julgamento. 9Quanto ao pecado*,
porque não creem em mim†; 10quanto
à justiça*, porque vou para o Pai* e não

---

* **15**,8. Rm 7,14; Fl 1,11; Mt 5,16 | 9. 10,14s; 13,1; 17,23; Jd 21 | 10. 6,38; 8,29; 14,15; 1Jo 2,5 | 11. 14,28: 17,13; 1Jo 1,4 | 12. 13,34; 1Jo 3,11; 2Jo 5 | 13. 10,11; 1Jo 3,16; Rm 5,8; Lc 12,4 | 16. 6,70; 14,13s; 15,5; 16,23; 1Jo 4,10; Rm 6,20-23 | 17. 13,34; 1Jo 3,23 | 18. 17,14; 1Jo 3,13; 4,5; Mt 10,22; Mc 13,13; Lc 6,22 | 20. 13,16; Mt 10,24; Lc 6,40 | 21. 16,3; Mt 5,11; At 5,40s | 22. 8,21-24; 9,41; 16,9 | 23. 5,23; 6,36; 10,30; 14,11; 1Jo 2,23; Lc 10,16 | 25. Sl 35,19 | 26. 14,26; 15,26; Mt 10,19s | 27. Lc 1,2; At 1,8.21s; Jo 5,32; 1Jo 4,14 | **16**,1. 9,22; 12,42; Mt 10,17; At 26,9ss; Mt 24,9; At 8,1 | 3. 8,19; 15,21 | 4. 13,19; 14,29; 16,25; 17,12; Mc 13,23 | 5. 13,36; 14,5; 16,22 | 6. 14,16; 15,26; Mt 17,23 | 8. At 24,25 | 9. 8,21s; 10,26; 12,37; 15,22 | 10. 5,38; 6,36 / 13,1; 14,28; 16,28; 20,17

† **16**,1. Lit. "para que não vos escandalizeis". | 9. O pecado é não ter acreditado naquele que o Pai enviou.

me vereis mais; 11quanto ao julgamento*, porque o príncipe deste mundo está julgado. 12Tenho ainda muitas coisas para vos dizer, mas não as podeis suportar agora. 13Quando ele vier*, o Espírito da Verdade, ele vos conduzirá à verdade completa. Pois não falará de si mesmo, mas falará tudo o que ele ouvir e vos anunciará as coisas futuras†. 14Ele me glorificará, porque receberá do que é meu e vo-lo anunciará. 15Tudo o que o Pai possui é meu*. Por isso eu disse: ele recebe do que é meu e vos anunciará".

Dor e alegria dos discípulos. 16"Ainda um pouco*, e não me vereis mais; e outra vez um pouco, e me vereis de novo†. 17Perguntavam alguns de seus discípulos entre si: "Que é isto que está nos dizendo: 'Ainda um pouco, e não me vereis mais; e outra vez um pouco, e me vereis de novo'; e: 'porque vou para o Pai'?" 18Diziam pois: "Que é este 'um pouco'? Não sabemos o que ele está falando".

19Compreendeu Jesus que desejavam interrogá-lo e lhes disse: "Estais perguntando entre vós, por que eu disse: 'Ainda um pouco, e não me vereis mais; e outra vez um pouco, e me vereis de novo'. 20Na verdade, na verdade, vos digo: vós chorareis* e vos lamentareis, enquanto o mundo se alegrará. Vós estareis na tristeza, mas vossa tristeza se converterá em alegria. 21A mulher, quando está para dar à luz*, se entristece porque é chegada sua hora; mas depois de ter dado à luz a criança, não se lembra mais das dores, pela alegria de ter nascido um ser humano no mundo. 22Assim, também vós agora estais tristes*; mas eu vos verei de novo, e vosso coração se alegrará, e ninguém vos poderá tirar vossa alegria. 23Naquele dia, não me perguntareis nada*. Na verdade, na verdade, vos digo: tudo o que pedirdes ao Pai, ele vos dará em meu nome. 24Até agora nada pedistes em meu nome*. Pedi e recebereis, para que vossa alegria seja completa.

25Essas coisas eu vos disse* em parábolas. Vem a hora em que não vos falarei mais em parábolas, mas vos falarei do Pai abertamente. 26Naquele dia*, vós pedireis em meu nome, e não vos digo que rogarei por vós ao Pai, 27porque o próprio Pai vos ama*, pois vós me amastes e crestes que saí de Deus. 28Saí do Pai* e vim ao mundo; agora deixo o mundo e vou para o Pai". 29Disseram-lhe os discípulos: "Agora, sim, falas claro e sem figuras! 30Agora vemos que sabes tudo* e não precisas que ninguém te interrogue. Por isso acreditamos que saíste de Deus". 31Respondeu-lhes Jesus:* "Credes agora? 32Vem a hora – e já veio – em que sereis dispersos, cada um para seu lado, e me deixareis sozinho. Mas não estou sozinho, porque o Pai está comigo. 33Eu vos disse essas coisas*, para que tenhais paz em mim. No mundo tereis de sofrer; mas tende confiança: eu venci o mundo!"

17 **A oração sacerdotal†.** 1Depois de assim falar*, Jesus levantou os olhos ao céu e disse: "Pai, chegou a hora:* glorificai vosso Filho, para que

---

* **16**,11. 12,31; 14,30; 1Cor 2,6; 3,1 | 13. 1Jo 2,27 | 15. 10,30; 17,10 | 16. 7,33; 12,35; 13,33; 14,19 | 20. Mc 16,10; Lc 5,35; Ap 11,10 | 21. 1Ts 5,3; Rm 8,22; Ap 12,2-5; Is 13,8 | 22. 14,19; 15,11; 20,20; 2Cor 4,17; At 2,46; Is 66,14 | 23. 14,13s.20; 15,16; 1Jo 5,14s | 24. 16,24; 1Jo 1,4 | 25. Mt 14,34s; Mc 4,33s | 26. 14,20; 16,23 | 27. 3,2; 8,42; 13,3; 14,21; 21,15ss | 28. 1,1; 13,3 | 30. 1,48; 2,24; 16,19 | 31. Mt 26,31; Zc 13,7 | 33. 14,27; 16,2; 17,14; 1Jo 5,5; Rm 8,37; 1Cor 15,57; 2Tm 3,12; Ap 5,5 | **17**,1. 11,41 / 2,4; 12,33; 13,1; Mt 26,45 | 2. 3,35; Mt 28,18 | 3. 14,7ss; 1Jo 5,20; Jr 24,7

† **16**,13. Só depois de Pentecostes os apóstolos poderão entender plenamente o que ouviram e viram de Cristo. | 16. Alguns manuscritos acrescentam "porque vou para o Pai". | **17**. Esta oração chama-se "sacerdotal" porque manifesta o sentido do sacrifício de Cristo, no qual ele próprio é o sacerdote, o altar e o cordeiro. "Ela revela a oração sempre atual de nosso Sumo Sacerdote, Hb 7,25, e contém o que ele nos ensina a dizer ao Pai. Quando chega sua Hora, Jesus reza ao Pai esta oração, a mais longa transmitida pelo Evangelho, que abarca toda a economia da criação e da salvação. Nessa oração pascal, sacrifical, tudo é "recapitulado" nele: Deus e o mundo, o Verbo e a carne, a vida eterna e o tempo, o amor que se entrega e o pecado que o trai, os discípulos presentes e aqueles que crerão nele por meio de sua palavra, a humilhação e a glória" (CIC). É a oração da unidade e é também uma oração missionária, porque consagra a missão que os discípulos deverão levar adiante.

vosso Filho vos glorifique, [2]pois lhe destes poder* sobre toda a humanidade, para que ele dê a vida eterna a todos os que lhe destes. [3]Esta é a vida eterna:* que vos conheçam a vós, único Deus verdadeiro, e aquele que enviastes, Jesus Cristo. [4]Eu vos glorifiquei na terra*, levando a bom termo a obra que me destes para fazer. [5]Agora, ó Pai, glorificai-me* junto de vós com a glória que eu tinha junto de vós antes de existir o mundo.

[6]Manifestei vosso nome aos homens, que tirastes do mundo para dá-los a mim. Eram vossos e os destes a mim, e eles guardaram vossa palavra. [7]Agora reconheceram que tudo quanto me destes vem de vós, [8]porque lhes dei as palavras que me destes*, e eles as receberam e na verdade reconheceram que eu saí de vós e creram que vós me enviastes. [9]É por eles que eu rogo; não rogo pelo mundo†, mas por aqueles que me destes, porque são vossos, [10]e tudo o que é meu é vosso* e tudo o que é vosso é meu, e neles eu sou glorificado. [11]Eu não estou mais no mundo*, mas eles estão no mundo e eu vou para vós. Pai santo, guardai-os em vosso nome, o nome que me destes, para que sejam um como nós. [12]Quando eu estava com eles*, eu os conservava em vosso nome que me destes. Eu os guardei, e nenhum deles se perdeu, a não ser o filho da perdição†, para que a Escritura se cumprisse. [13]Agora, porém, vou para vós, e digo essas coisas no mundo, para que eles tenham em si minha alegria total. [14]Eu lhes dei* vossa palavra, e o mundo os odiou*, porque não são do mundo, como eu não sou do mundo. [15]Não vos peço que os tireis do mundo, mas que os livreis do Maligno*. [16]Eles não são do mundo,† como eu não sou do mundo. [17]Santificai-os na verdade: vossa palavra é a verdade. [18]Como me enviastes ao mundo, assim eu os enviei* ao mundo. [19]E por eles me santifico a mim mesmo, a fim de que também eles sejam santificados na verdade.

[20]Não rogo somente por eles*, mas também por aqueles que, por meio de sua palavra, vão crer em mim; [21]para que todos sejam um, assim como vós*, ó Pai, estais em mim e eu em vós; para que também eles sejam um em nós, a fim de que o mundo creia* que vós me enviastes. [22]Eu lhes dei a glória que me destes,† para que sejam um, assim como nós somos um; [23]eu neles e vós em mim, para que sejam perfeitos na unidade, e o mundo reconheça que vós me enviastes* e que vós os amastes, como me amastes a mim. [24]Pai, quero que lá onde eu estiver, estejam também comigo aqueles que me destes, para que contemplem minha glória que me destes, porque me amastes antes da criação do mundo. [25]Pai justo*, o mundo não vos conheceu, mas eu vos conheci, e estes reconheceram que vós me enviastes. [26]Eu lhes dei a conhecer vosso nome* e lhes darei a conhecê-lo, para que neles esteja o amor com que me amastes, e também eu esteja neles".

18

A prisão de Jesus. [1]Depois de assim falar*, Jesus foi com seus discípulos para o outro lado da torrente do Cedron, onde havia um jardim, no qual entrou com seus discípulos. [2]Judas, o traidor, conhecia também aquele lugar*, porque frequentemente Jesus se reunia lá com seus

* **17**,4. 13,31s; Sb 15,3 | 5. 1,1s; 8,58; 17,24.26; Fl 2,6-11; Hb 2,12; 5,5 | 8. 3,2.11; 16,30 | 10. 16,15; 2Ts 1,10; Lc 15,31 | 11. 13,3; 16,28; Gl 3,28; 1Pd 1,5 | 12. 6,39; 10,28; 13,18s; 18,9; At 1,16 | 14. 15,11; 1Jo 1,4 / Jo 8,23; 15,18s | 15. 1Jo 5,18; Lc 22,32; 1Ts 3,3 | 18. 10,36; 20,21; 1Cor 1,30; Hb 2,11 | 20. 17,9; 1Jo 1,3; Rm 10,17 | 21. 10,30.38; 17,1; At 4,32; Gl 3,28 / Jo 1,14; 17,5 | 23. 15,9; 1Cor 6,17 Gl 2,20; Ef 1,4s / Jo 1,14; 10,29; 14,3; 17,5 | 25. 1,10; 8,55; Mt 11,27; Lc 10,22 | 26. 17,6; Rm 8,39 | **18**,1. Mt 26,47-56; Mc 14,43-52; Lc 22,47-53 | 2. Lc 21,37

† **17**,9. Nesse contexto, a palavra "mundo" designa tudo o que se opõe a Deus, tudo o que são trevas, erro e mentira. | 12. Destinado à perdição, Judas. | 16. Pela força da ressurreição de Jesus, os discípulos serão cidadãos do céu e peregrinos na terra. | 22. Comunica-lhes sua glória, isto é, o Espírito Santo que o glorifica, Jo 16,14.

discípulos. [3]Judas, tendo recebido uma tropa de soldados e os guardas mandados pelos sumos sacerdotes e pelos fariseus, chegou lá com lanternas, tochas e armas. [4]Então Jesus, sabendo tudo o que havia de lhe acontecer†, adiantou-se e perguntou-lhes: "A quem estais buscando?" [5]Responderam: "A Jesus de Nazaré".* Disse-lhes Jesus: "Sou eu". Também Judas, o traidor, estava com eles. [6]Quando Jesus lhes disse: "Sou eu", recuaram e caíram por terra.

[7]Perguntou-lhes outra vez: "A quem estais buscando?" Disseram: "A Jesus de Nazaré". [8]Replicou Jesus: "Já vos disse que sou eu. Se é, pois, a mim que buscais*, deixai que estes se retirem". [9]Para se cumprir a palavra que tinha dito: "Dos que me destes, não perdi nenhum". [10]Então Simão Pedro, que tinha uma espada*, puxou dela e feriu o servo do sumo sacerdote, cortando-lhe a orelha direita. O servo chamava-se Malco. [11]Jesus disse a Pedro: "Põe tua espada na bainha! Não hei de beber o cálice† que o Pai me deu?"

Jesus diante de Anás. [12]Então a tropa*, o comandante e os guardas dos judeus prenderam Jesus e o amarraram. [13]Conduziram-no primeiro a Anás, sogro de Caifás, que era o sumo sacerdote daquele ano. [14]Caifás era aquele que tinha dado aos judeus* este conselho: "Convém que um só homem morra pelo povo".

Primeira negação de Pedro. [15]Simão Pedro seguia Jesus com mais outro discípulo. Esse discípulo era conhecido do sumo sacerdote e entrou com Jesus no pátio do sumo sacerdote, [16]mas Pedro ficou de fora, perto da porta. O outro discípulo, que era conhecido do sumo sacerdote, saiu e conversou com a porteira e levou Pedro para dentro. [17]Esta empregada, a porteira, perguntou a Pedro: "Por acaso não és também dos discípulos deste homem?" Ele respondeu: "Não sou". [18]Os servos e os guardas acenderam uma fogueira, porque fazia frio, e estavam lá se aquecendo. Com eles estava também Pedro, aquecendo-se.

O interrogatório de Jesus. [19]O sumo sacerdote interrogou Jesus sobre seus discípulos e sua doutrina. [20]Jesus respondeu-lhe: "Eu falei publicamente ao mundo. Sempre ensinei na sinagoga e no templo*, onde se reúnem todos os judeus, e nada falei às ocultas. [21]Por que me perguntas? Pergunta àqueles que ouviram o que lhes ensinei. Estes sabem o que disse". [22]A estas palavras, um dos guardas presentes deu uma bofetada em Jesus*, dizendo: "É assim que respondes ao sumo sacerdote?" [23]Replicou-lhe Jesus: "Se falei mal, prova-o, mas, se falei bem, por que me bates?" [24]Anás enviou-o, amarrado, ao sumo sacerdote Caifás.

Pedro nega Jesus mais duas vezes. [25]Simão Pedro estava lá se aquecendo. Perguntaram-lhe: "Porventura não és tu também um de seus discípulos?" Ele o negou, dizendo: "Não sou!" [26]Disse-lhe um dos servos* do sumo sacerdote, parente daquele a quem Pedro cortara a orelha: "Por acaso não te vi com ele no horto?" [27]Pedro negou outra vez, e imediatamente um galo cantou.

Jesus no pretório de Pilatos. [28]Da casa de Caifás*, conduziram Jesus ao pretório. Era de manhã cedo. Os judeus não entraram no pretório, para não se contaminar e poderem comer a Páscoa. [29]Saiu, pois, Pilatos até eles, e perguntou: "Que acusação trazeis contra este homem?" [30]Responderam-lhe: "Se este não fosse malfeitor, não o entregaríamos a ti". [31]Disse-lhes Pilatos: "Tomai-o e julgai-o vós mesmos* conforme vossa lei". Responderam-lhe os judeus: "Não

---

* **18**,5. 8,24.28.58; 13,19 | 8. 6,39; 17,12 | 10. Lc 22,36ss; Mt 20,22; 26,39 | 12. Mt 26,57-75; Mc 14,54.66-72; Lc 22,54-62 | 14. 11,49ss | 20. 6,59; 7,26; Mt 4,23; 26,55; Is 45,19; 48,16 | 22. At 23,2-5; Êx 22,27 | 26. 18,10; Mt 26,34; 26,51 | 28. 11,55; Mt 27,1s; Mc 15,1-5; Lc 23,1-5 | 31. 19,6; At 18,15 | 32. 3,14; 8,28; 12,33; At 20,19

† **18**,4. Jesus é senhor absoluto da situação e não é surpreendido pelos acontecimentos, mas dá sua vida livremente, 10,18. | 11. O cálice simboliza a vocação e sobretudo o destino trágico de alguém; neste caso, a Paixão que começa.

nos é permitido condenar ninguém à
morte". 32A fim de se cumprir a palavra
que Jesus havia dito*, indicando de que
morte havia de morrer.
33Pilatos entrou de novo no pretório,
chamou Jesus e perguntou-lhe: "Tu és
o rei dos judeus?" 34Jesus respondeu:
"Dizes isso por ti mesmo*, ou foram
outros que te disseram isso de mim?"
35Disse Pilatos: "Por acaso eu sou ju-
deu? Tua nação e os sumos sacerdotes
entregaram-te a mim*; que fizeste?"
36Respondeu Jesus: "Meu reino não é
deste mundo. Se meu reino fosse des-
te mundo, meus súditos teriam lutado
para que eu não fosse entregue aos
judeus. Mas meu reino não é daqui".
37Perguntou-lhe então Pilatos: "Portan-
to, tu és rei?" Respondeu Jesus: "Tu o
dizes*, eu sou rei. Para isto nasci e para
isto vim ao mundo: para dar testemu-
nho da verdade*. Todo aquele que é da
verdade ouve minha voz". 38Disse-lhe
Pilatos: "Que é a verdade?"
Jesus e Barrabás. Depois de falar isso,
saiu de novo, foi ter com os judeus e
disse-lhes: "Não acho nele nenhum
motivo de condenação. 39Mas é costu-
me entre vós que eu vos solte alguém
pela Páscoa. Quereis, pois, que vos sol-
te* o rei dos judeus?" 40Então todos
gritaram novamente e disseram: "A
este não, mas a Barrabás!" Barrabás era
um assaltante.

19

Flagelação e coroação de espinhos. 1Pilatos então tomou
Jesus* e mandou flagelá-lo. 2Os solda-
dos teceram uma coroa de espinhos
e puseram-na sobre sua cabeça e co-
briram-no com um manto de púrpura.
3Aproximavam-se dele e diziam:* "Salve,
rei dos judeus!" E davam-lhe bofetadas.
4Pilatos saiu outra vez e disse-lhes: "Es-
tou trazendo-o* aqui fora para vós, a
fim de saberdes que não acho nele ne-
nhum motivo de condenação". 5Então
Jesus saiu, com a coroa de espinhos e
o manto de púrpura. Pilatos lhes disse:
"Eis o homem!" 6Quando o viram, os su-
mos sacerdotes* e os guardas gritaram:
"Crucifica-o! Crucifica-o!" Disse-lhes
Pilatos: "Tomai-o, vós, e crucificai-o,
pois não encontro nele culpa alguma".
7Responderam-lhe os judeus: "Nós te-
mos uma Lei*, e segundo esta Lei ele
deve morrer, porque se declarou Filho
de Deus".
8A estas palavras, Pilatos ficou com
mais medo ainda. 9Entrou novamente
no pretório e perguntou a Jesus: "De
onde és tu?"* Mas Jesus nada lhe res-
pondeu. 10Pilatos então lhe disse: "Tu
não me falas? Não sabes que tenho
poder para te soltar e poder para te
crucificar?" 11Respondeu Jesus: "Não
terias nenhum poder sobre mim se
não te fora dado do alto; por isso,
quem me entregou a ti tem um peca-
do maior".
A condenação à morte. 12Desde en-
tão Pilatos* procurava soltá-lo. Mas os
judeus gritavam: "Se o soltares, não és
amigo de César, porque todo aquele
que se faz rei se opõe a César"†. 13Ou-
vindo estas palavras, Pilatos levou Je-
sus para fora e sentou-se no tribunal,
no lugar chamado Lajeado, em hebrai-
co Gábata. 14Era o dia da Preparação
para a Páscoa, por volta do meio-dia†.
Pilatos disse aos judeus: "Eis vosso
rei!" 15Mas eles gritaram: "Fora com
ele! Fora com ele! Crucifica-o!" Pila-
tos perguntou-lhes: "Hei de crucificar
vosso rei?"* Os sumos sacerdotes res-
ponderam: "Não temos outro rei senão
César!"† 16Entregou-o então a eles para
que fosse crucificado.

---

* **18**,34. 19,14s. 19-22 | 35. 3,35; 18,10s; Lc 17,20; Jo 19,11 | 37. 3,32; 8,47; 10,3.26; 1Tm 6,13 / Jo 3,19 | 39. At 3,14 | **19**,1. Mt 20,19 | 3. 18,22 | 4. Is 50,8; Lc 23,4 | 6. 18,31 | 7. 5,18; 10,23-26; Lv 24,16 | 9. 3,27; Mt 26,62s; Mc 14,61; Lc 23,3-9; Rm 13,1; 1Tm 6,13 | 12. 18,37; Lc 23,2; At 17,7 | 15. 18,33-37

† **19**,12. Para obter de Pilatos que Jesus fosse condenado à morte, os judeus tinham de apresentá-lo como um perigo para a nação, mas Pilatos não fica convencido da culpabilidade dele no campo político. Então os judeus pressionam, dando a entender que, absolvendo Jesus, ele perderá as boas graças de César, o que poderia determinar o fim de sua carreira: foi o argumento decisivo. | 14. Nesta hora começavam a imolar-se os cordeiros pascais para a festa da Páscoa. A nova Páscoa, libertação que Deus oferece a todos, está se preparando: o novo Cordeiro Pascal vai consumar seu sacrifício.

A crucifixão. Levaram, pois, Jesus. [17]Carregando sua cruz*, saiu para o lugar chamado o Crânio, em hebraico Gólgota. [18]Ali o crucificaram, e com ele outros dois, um de cada lado, e Jesus no meio. [19]Pilatos redigiu também uma inscrição e mandou fixá-la no alto da cruz. Nela estava escrito: "Jesus nazareno, rei dos judeus". [20]Muitos dos judeus leram esta inscrição, porque o lugar onde Jesus foi crucificado ficava perto da cidade*, e a inscrição foi redigida em hebraico, latim e grego.

[21]Os sumos sacerdotes dos judeus disseram a Pilatos: "Não escrevas: 'Rei dos judeus', mas sim: 'Este homem disse: Eu sou o rei dos judeus'". [22]Respondeu Pilatos: "O que escrevi, escrevi". [23]Depois de crucificarem Jesus, os soldados tomaram suas roupas e fizeram quatro partes, uma para cada soldado, e também a túnica. Ora, a túnica, toda tecida de alto a baixo, não tinha costura†. [24]Disseram, pois, uns aos outros: "Não a rasguemos, mas vamos sorteá-la, para ver de quem será". A fim de se cumprir a palavra da Escritura: "Repartiram entre si minhas roupas* e sortearam minha veste". Foi o que fizeram os soldados.

Jesus e sua Mãe. [25]Junto à cruz de Jesus estavam de pé sua mãe*, a irmã de sua mãe, Maria, mulher de Cléofas, e Maria Madalena. [26]Jesus, vendo sua mãe e, perto dela o discípulo que amava, disse a sua mãe: "Mulher*, eis aí teu filho"†. [27]Depois disse ao discípulo: "Eis aí tua mãe". E, desta hora em diante, o discípulo acolheu-a consigo.

A morte de Jesus. [28]Em seguida, sabendo Jesus* que tudo estava consumado, para se cumprir plenamente a Escritura, disse: "Tenho sede". [29]Havia ali um vaso cheio de vinagre. Embeberam de vinagre uma esponja e, fixando-a numa vara de hissopo, chegaram-lha à boca. [30]Havendo Jesus tomado o vinagre, disse: "Tudo está consumado". Inclinou a cabeça e entregou o espírito.

O golpe com a lança. [31]Para que os corpos não ficassem na cruz* durante o sábado, porque era o dia da Preparação da Páscoa, e esse sábado era um dia solene, os judeus pediram a Pilatos que se lhes quebrassem as pernas e fossem retirados. [32]Vieram, pois, os soldados e quebraram as pernas do primeiro e do outro, que tinham sido crucificados com Jesus. [33]Chegando, porém, a ele, vendo que já estava morto, não lhe quebraram as pernas, [34]mas um dos soldados abriu-lhe o peito* com uma lança, e imediatamente saiu sangue e água†. [35]Quem viu isto é que está dando testemunho, e seu testemunho é digno de fé, e ele sabe que diz a verdade, a fim de que acrediteis. [36]Porque isto aconteceu para que se cumprisse a Escritura: "Nenhum de seus ossos será quebrado"*. [37]E diz em outra parte a Escritura: "Olharão para aquele que transpassaram"†.

O sepultamento. [38]Depois disso, José de Arimateia*, que era discípulo de Jesus, mas ocultamente, por medo dos judeus, pediu a Pilatos autorização para tirar o corpo de Jesus. Pilatos permitiu. Foi, pois, e tirou o corpo de Jesus. [39]Acompanhou-o Nicodemos*,

---

* **19**,17. Mt 27,32-44; Mc 15,20.22.25ss; Lc 23,33.38; Gn 22,6; Is 53,12 | 20. Hb 13,12s | 24. Sl 22,19 | 25. Mt 27,55s; Mc 15,40s; Lc 23,49 | 26. 2,4; 13,23; 20,2; 21,7.20 | 28. 4,34; 5,39; 18,4; 2Tm 4,7; Ap 15,1; Sl 22,16; 69,22 | 31. 19,14; Mt 27,57-61; Dt 21,22s; Gl 3,13 | 34. 7,37ss; 21,24; 1Jo 5,6-8; | 36. Êx 12,46; Sl 34,21; Nm 9,12; Zc 12,10; Ap 1,7 | 38. 7,13; 9,22; 20,19 | 39. 3,1; 7,50 | 40. 11,44

† **19**,15. Pilatos obtém dos judeus a submissão a César e o julgamento que se infligem a si mesmos de renunciar à esperança messiânica. | 23. Desde S. Cipriano, os Santos Padres consideraram essa túnica como símbolo da unidade indestrutível da Igreja. | 26. Como nas bodas de Caná, 2,4, Jesus dá a Maria o nome de "Mulher", referindo-se à primeira mulher, Eva, "mãe de todos os viventes", Gn 3,20. Nesta hora da nova aliança, Jesus faz de sua Mãe a Mãe de todos os discípulos, representados ali pelo discípulo amado, a Mãe do Cristo Total. | 34. O sangue e a água que escorreram do lado transpassado de Jesus crucificado são tipos do Batismo e da Eucaristia, sacramentos que representam a Igreja. "Da mesma forma que Eva foi formada do lado de Adão adormecido, assim a Igreja, esposa de Cristo, nasceu do coração transpassado de Cristo morto na cruz" (S. Ambrósio). | 37. Os que creem verão Jesus como Ele é realmente: o Filho do homem em sua glória, o Senhor ressuscitado. | 39. A libra romana pesava 327, 5 g, portanto, são 32,75 kg.

aquele que antes tinha ido de noite
encontrar-se com Jesus, levando umas
cem libras† de uma mistura de mirra e
aloés. 40Tomaram o corpo de Jesus* e o
envolveram em panos com os aromas,
como os judeus costumam sepultar.
41No lugar em que ele foi crucificado
havia um jardim e, no jardim, um sepul-
cro novo, no qual ninguém ainda tinha
sido depositado. 42Foi ali que coloca-
ram Jesus, por causa da Preparação dos
judeus, pois o sepulcro ficava perto.

20 **O sepulcro vazio.** 1No primeiro
dia da semana†, de madrugada*,
quando ainda estava escuro, Maria Ma-
dalena foi até o túmulo e viu que a pedra
tinha sido retirada do túmulo. 2Ela correu
e foi procurar Simão Pedro e o outro dis-
cípulo,* aquele que Jesus amava. E disse-
-lhes: "Tiraram o Senhor do túmulo e não
sabemos onde o puseram!"
3Então Pedro e o outro discípulo saí-
ram* e foram até o túmulo. 4Ambos cor-
riam juntos. Mas o outro discípulo correu
mais depressa que Pedro e chegou pri-
meiro ao túmulo. 5Abaixando-se, ele viu
as faixas no chão, mas não entrou. 6Então
chegou também Pedro, que o seguia, e
entrou no túmulo. Viu as faixas no chão
7e também o sudário* que tinham colo-
cado sobre a cabeça de Jesus: não estava
com as faixas, mas enrolado num lugar
à parte. 8Foi então que entrou também
o outro discípulo, que tinha chegado
primeiro ao túmulo. Ele viu e acreditou.
9Pois ainda não tinham compreendido
a Escritura, segundo a qual Jesus devia
ressuscitar* dos mortos. 10Os discípulos
voltaram então para casa.
Jesus aparece a Madalena. 11Maria
estava chorando perto do túmulo, do
lado de fora. Enquanto chorava, incli-
nou-se para o túmulo 12e viu dois an-
jos vestidos de branco, sentados, um à
cabeceira, outro aos pés do lugar onde
tinha estado o corpo de Jesus. 13Eles lhe
perguntaram: "Mulher*, por que estás
chorando?" 14Respondeu-lhes: "Porque
levaram meu Senhor, e não sei onde o
puseram..." Dizendo isto, voltou-se para
trás e viu Jesus de pé, mas não sabia*
que era ele. 15Disse-lhe Jesus: "Mulher,
por que estás chorando? A quem pro-
curas?" Pensando que fosse o jardineiro,
ela lhe disse: "Senhor, se foste tu que o
levaste, dize-me onde o puseste, para
que eu vá buscá-lo". 16Disse-lhe Jesus:
"Maria!" Ela, voltando-se, disse-lhe em
hebraico:* "Rabbuni!", que significa
"Mestre". 17Disse-lhe Jesus: "Não me se-
gures†, pois ainda não subi para o Pai.
Mas vai procurar meus irmãos e dize-
-lhes: 'Subo para meu Pai e vosso Pai,
meu Deus e vosso Deus'". 18Maria Ma-
dalena foi anunciar aos discípulos: "Vi o
Senhor", e contou o que ele disse".
Aparição aos discípulos. 19Na tarde
desse mesmo dia*, que era o primeiro
da semana, estando fechadas, por medo
dos judeus, as portas do lugar onde os
discípulos estavam reunidos, entrou Je-
sus, colocou-se no meio e disse-lhes: "A
paz esteja convosco!" 20Dizendo isto,
mostrou-lhes as mãos e o peito. Os
discípulos ficaram cheios de alegria ao
verem o Senhor. 21De novo lhes disse:
"A paz esteja convosco!* Como o Pai me
enviou, também eu vos envio". 22Depois
dessas palavras*, soprou sobre eles e
disse-lhes: "Recebei o Espírito Santo.
23Àqueles a quem perdoardes os peca-
dos, serão perdoados; àqueles a quem
os retiverdes, serão retidos"†.

* **20**,1. Mt 28,1-10; Mc 16,1-8; Lc 24,1-11 | 2. 13,23; 18,15; 19,26; 21,7 | 3. Lc 24,24 | 7. 11,44; 19,40 | 9. 5,39; Lc 24,26ss; At 2,27.31; 1Cor 15,4; Mc 16,9ss | 13. Lc 24,16; | 14. 21,4; 2Cor 5,16 | 16. Mt 12,49; 28,9s; Rm 8,29; Hb 2,11s; Sl 22,23 | 19. 14,27; 16,16; Mt 28,16-20; Lc 24,36.49; 1Cor 15,5 | 21. 17,18; Mt 28,19 | 22. 7,39; Gn 2,7; At 1,8; 1Cor 15,45; Ez 37,9; Sb 15,11; Mt 16,19; 18,18

† **20**,1. O 1º dia depois do sábado é o nosso domingo. A Igreja celebra o dia da Ressurreição de Cristo toda semana, no dia que é corretamente chamado "domingo", ou seja, "dia do Senhor". | 17. Durante os quarenta dias que Jesus ressuscitado passa com os apóstolos, sua glória permanece ainda velada sob os traços de uma humanidade comum. Isso transparece em sua palavra misteriosa a Maria Madalena. | 23. Jesus institui o sacramento da Penitência; "os que o recebem obtêm da misericórdia divina o perdão da ofensa feita a Deus e ao mesmo tempo são reconciliados com a Igreja que feriram pecando, e a qual colabora para sua conversão com caridade, exemplo e orações" (CIC).

Jesus e Tomé. 24Tomé, um dos Doze*,
chamado Dídimo, não estava com eles
quando veio Jesus. 25Os outros discí-
pulos lhe disseram: "Vimos o Senhor!"
Mas ele respondeu-lhes: "Se eu não
vir o sinal dos pregos* em suas mãos,
se não puser meu dedo na marca dos
pregos e se não colocar minha mão em
seu peito, não acreditarei". 26Oito dias
depois, os discípulos estavam* de novo
dentro, e Tomé estava com eles. Jesus
veio a portas fechadas, colocou-se no
meio e disse: "A paz esteja convosco!"
27Em seguida disse a Tomé: "Põe aqui
teu dedo, vê minhas mãos, estende a
mão, coloca-a em meu peito, e não
sejas mais incrédulo, mas crê!" 28Tomé
respondeu-lhe: "Meu Senhor* e meu
Deus!" 29Disse-lhe Jesus: "Tomé, tu
creste porque me viste; felizes aqueles
que não viram* e creram!"†

Primeira conclusão do Evangelho.
30Jesus fez ainda, na presença dos dis-
cípulos*, muitos outros sinais que não
se acham escritos neste livro. 31Estes
foram escritos, para que acrediteis que
Jesus é o Cristo, o Filho de Deus, e para
que, acreditando, tenhais a vida em
seu nome.

IV. EPÍLOGO (21)

21 **Aparição no mar de Tibe-
ríades.** 1Depois disso, Jesus
manifestou-se novamente* aos dis-
cípulos junto ao mar de Tiberíades.
Manifestou-se assim: 2Estavam juntos
Simão Pedro, Tomé, chamado Dídimo,
Natanael, que era de Caná da Galileia,
os filhos de Zebedeu e dois outros de
seus discípulos. 3Disse-lhes Simão Pe-
dro: "Vou pescar". Disseram-lhe os ou-
tros: "Vamos também contigo". Saíram
e subiram à barca. Naquela noite nada
apanharam. 4Pela manhã, Jesus estava
na praia*. Mas os discípulos não sa-
biam que era Jesus.

5Perguntou-lhes Jesus: "Filhos, ten-
des algum peixe?" "Não", responderam
eles. 6Disse-lhes: "Lançai a rede à direi-
ta da barca e encontrareis". Lançaram-
-na, pois, e já não podiam puxá-la, por
causa da grande quantidade* de pei-
xes. 7Nisso, o discípulo a quem Jesus
amava disse a Pedro: "É o Senhor!" Ao
ouvir que era o Senhor, Simão Pedro
vestiu a túnica, pois estava despido, e
lançou-se ao mar. 8Os outros discípulos
vieram com a barca, pois não estavam
longe da terra, mas a uma distância de
duzentos côvados†, arrastando a rede
com os peixes.

9Quando saltaram em terra, viram
brasas e um peixe em cima delas, e
pão. 10Disse-lhes Jesus: "Trazei alguns
dos peixes que apanhastes". 11Simão
Pedro subiu à barca e arrastou para a
praia a rede cheia de peixes grandes:
cento e cinquenta e três. E, apesar de
serem tantos, a rede não se rompeu†.
12Disse-lhes Jesus: "Vinde e comei!"
Nenhum dos discípulos tinha cora-
gem* de perguntar-lhe: "Quem és tu?",
sabendo que era o Senhor. 13Jesus
veio, tomou o pão e lhes deu; e fez a
mesma coisa com o peixe. 14Foi esta a
terceira vez que Jesus manifestou-se a
seus discípulos depois que ressuscitou
dos mortos.

Pedro, chefe dos apóstolos. 15Depois
de terem comido*, perguntou Jesus a
Simão Pedro: "Simão, filho de João, tu
me amas mais do que estes?" Ele res-
pondeu: "Sim, Senhor, tu sabes que te
amo!" Ele lhe disse: "Apascenta meus
cordeiros"†. 16Perguntou-lhe de novo,
uma segunda vez: "Simão, filho de João,

---

* **20**,24. 11,16; 14,5; 16,34; 21,2 | 25. 1Jo 1,1; Mt 28,17; Lc 24,21-25.37-41 | 26. 14,27; 19,34, 20,19; Mc 16,14 | 28. Sl 35,23; Ap 4,11 | 29. 4,48; 1Pd 1,8 | 30. 1,12; 3,15; 12,37; 21,25; 1Jo 5,13; At 3,16 | **21**,1. Mt 26,32; Mc 16,14s; Lc 5,1-11; Mt 4,18-21 | 4. 20,14; Lc 24,16.41 | 6. 13,23; 19,20; 20,2; Mt 14,29 | 12. 6,11; Mt 14,19; 15,36 | 15. 1,42; 13,37s; 18,17. 25ss; Mt 16,17; Lc 7,42s; At 20,28; 1Pd 5,2; Lc 22,31s

† **20**,29. Os discípulos são felizes, não tanto por terem visto o Senhor, mas por terem entendido o significado da Paixão, como revelação do amor supremo. | **21**,8. Uns 100 m. | 11. A rede que não se rompe representa a união dos fiéis em torno de Jesus, em contraste com as divisões que houve entre o povo a propósito dele, 7,43; 9,16; 10,19. | 15. Nesse texto, a tradição católica reconhece uma afirmação importante do ministério especial do Papa dentro da Igreja, pois ele é o sucessor de Pedro.

tu me amas?" Ele respondeu: "Sim, Se-
nhor, tu sabes que te amo!" Disse-lhe
Jesus: "Apascenta minhas ovelhas".
[17]Pela terceira vez perguntou-lhe Jesus:
"Simão, filho de João, tu me amas?" En-
tristeceu-se Pedro por ter ele pergun-
tado pela terceira vez: 'Tu me amas?'
e lhe disse: "Senhor, tu sabes tudo; tu
sabes que te amo!" Disse-lhe Jesus:
"Apascenta minhas ovelhas†. [18]Na ver-
dade, na verdade, te digo: quando eras
jovem, cingias-te a ti mesmo e ias para
onde querias*; quando, porém, fores
velho, estenderás as mãos, e um ou-
tro te cingirá e te levará para onde não
queres". [19]Disse isto para indicar com
que tipo de morte Pedro havia de glo-
rificar a Deus. Quando acabou de falar,
disse-lhe: "Segue-me"*.
O futuro do discípulo amado. [20]Vol-
tando-se, Pedro viu que os seguia o
discípulo a quem Jesus amava, aquele
que na ceia se reclinara sobre seu pei-
to e perguntara: "Senhor, quem é que
vai te entregar?" [21]Vendo-o, pois, per-
guntou Pedro a Jesus: "Senhor, e este?"
[22]Respondeu-lhe Jesus: "Se eu quero
que ele permaneça até que eu venha,
que te importa? Tu, segue-me!" [23]Por
isso, divulgou-se entre os irmãos* o
boato de que esse discípulo não mor-
reria. Entretanto, Jesus não disse que
não morreria, mas: "Se eu quero que
ele permaneça até que eu venha, que
te importa?"
Segunda conclusão do Evangelho.
[24]Este é o discípulo que dá testemunho
dessas coisas* e as escreveu, e sabe-
mos que seu testemunho é verdadeiro.
[25]Há, porém, muitas outras coisas que
Jesus fez e que, se fossem escritas uma
por uma, penso que nem o mundo in-
teiro poderia conter os livros que se-
riam escritos.

---

* **21**,18. At 21,11.14 | 19. 13,23.25; 19,26; 20,2; 21,7 | 23. Mt 16,28 | 24. 15,27; 19,35; 3Jo 12; 20,30

† **21**,17. "O Senhor disse claramente que cuidar de seu rebanho é uma prova de amor a ele" (S. João Crisóstomo).

ATOS DOS APÓSTOLOS

Neste livro, São Lucas continua e termina a narração que começou em seu Evangelho. A partir da ascensão de Jesus, ponto final do terceiro Evangelho, descreve como os primeiros fiéis esperaram e receberam o Espírito Santo, que deu origem à Igreja Apostólica, encarregada de continuar a obra evangelizadora de Jesus.

A palavra de Jesus aos discípulos: "Sereis minhas testemunhas em Jerusalém, em toda a Judeia e Samaria e até os confins da terra" (At 1,8), parece inspirar o plano de sua obra. Os primeiros cinco capítulos apresentam a Igreja-mãe de Jerusalém. Do cap. 6 ao cap. 12 assistimos ao crescimento da Igreja, através da Palestina e regiões vizinhas; do cap. 13 em diante, vemos o Evangelho propagar-se até o coração do Império Romano.

Não são narradas as atividades de todos os apóstolos, mas a atenção do narrador volta-se especialmente para Pedro, que é a figura central das duas primeiras partes, e Paulo, que é o personagem dominante na última parte do livro.

O objetivo da narração não é simplesmente conservar recordações históricas, mas sim anunciar "as maravilhas de Deus" (At 2,11), que atestam a vinda da salvação, testemunhar as experiências das primeiras comunidades e expor os sinais de conversão do mundo.

Por isso, o livro nunca deixa de mostrar, por detrás da ação apostólica da Igreja, a força e a inspiração do Espírito Santo. Ele veio sobre os apóstolos no dia de Pentecostes, mas veio também em outras oportunidades sobre grupos diferentes; e, como resultado, os agentes da evangelização são pessoas "cheias do Espírito", que agem com a força dos sinais e prodígios, que falam com a sabedoria do Espírito, embora sejam reconhecidamente ignorantes (At 4,13). Por causa dessa presença constante do Espírito Santo em todas as páginas dos Atos, este livro foi denominado "o Evangelho do Espírito Santo".

São Lucas escreveu-o com seu talento de historiador consciencioso, que procura documentar-se e transmite inúmeras informações, tanto orais como escritas. Esteve em contato com testemunhas oculares de muitos fatos que narrou, pois se encontrou com Barnabé em Antioquia, esteve em Cesareia com Filipe; em Jerusalém visitou Tiago, foi companheiro de Marcos em Roma, viajou com Silas e com o próprio Paulo. De suas viagens com Paulo temos quatro relatórios, nas quais ele usa o pronome "nós", demonstrando que presenciou os acontecimentos: 16,10-17; 20,5-15; 21,1-18; 27,1-28,16.

Os Atos dos Apóstolos são o único documento escrito desta fase capital da história da Igreja. Seu interesse está em nos mostrar a vida da Igreja em suas primeiras manifestações: como aquela comunidade tomou consciência de si, organizou-se e posicionou-se diante dos judeus, dos helenistas e dos pagãos; que tipo de evangelização ofereceu a judeus e gregos; e como o Senhor Jesus cumpriu as promessas feitas aos discípulos, sobretudo aquela de enviar o Espírito, para ensinar-lhes tudo (Jo 16,14).

Como o fazem todas as Bíblias, apresentamos o texto alexandrino dos Atos, mas incluímos em nota algumas variantes mais sugestivas do texto ocidental, representado por uma família de manuscritos antigos e usados pelos Ss. Padres do Ocidente.

O cristão que hoje lê este livro sente-se impelido a amar sua Igreja, pela qual tanto fizeram aqueles homens de Deus; é exortado a assumir sua vocação missionária dentro dessa Igreja missionária. E, confiante na ação do Espírito e na força do Evangelho, ele se torna também uma testemunha da ressurreição.

1 **Prólogo.** 1Em meu primeiro livro,* ó Teófilo†, falei de tudo o que Jesus fez e ensinou desde o começo 2até o dia em que foi elevado ao céu, depois de ter dado suas instruções aos apóstolos que havia escolhido sob a ação do Espírito Santo.

3A eles também, após sua paixão, Jesus apresentou-se vivo* com muitas provas, aparecendo-lhes durante quarenta dias e falando-lhes do Reino de Deus.

4Um dia, estando à mesa com eles,* mandou que não saíssem de Jerusalém, mas que esperassem que se cumprisse a promessa do Pai†, "aquela – disse ele – que ouvistes de minha boca: 5porque João batizou com água,* mas vós, é no Espírito Santo que sereis batizados, dentro de poucos dias".

I. A IGREJA EM JERUSALÉM (1,6–5,42)

A Ascensão de Jesus. 6Estando, pois, reunidos, perguntavam-lhe: "Senhor, é agora* que vais restabelecer a realeza em Israel?"† 7Respondeu-lhes Jesus: "Não compete a vós saber os tempos e os momentos que o Pai marcou com sua própria autoridade. 8Mas recebereis a força* do Espírito Santo†, que descerá sobre vós e sereis minhas testemunhas em Jerusalém, em toda a Judeia, na Samaria e até os confins da terra"†.

9Depois dessas palavras,* foi elevando-se à vista deles, e uma nuvem† escondeu-o a seus olhos. 10E enquanto ele partia,* ficaram olhando para o céu. Nisso apareceram junto deles dois homens vestidos de branco 11e lhes disseram: "Homens da Galileia, por que ficais olhando para o céu? Este mesmo Jesus,* que foi tirado de vosso meio para o céu, voltará assim como o vistes ir para o céu".

O grupo dos apóstolos. 12Então voltaram para Jerusalém, partindo do assim chamado monte das Oliveiras, que fica perto de Jerusalém, à distância de uma caminhada de sábado†. 13Depois de entrarem na cidade,* subiram para a sala de cima, onde ficavam Pedro, João, Tiago, André, Filipe e Tomé, Bartolomeu e Mateus, Tiago, filho de Alfeu, e Simão, o zelota, e Judas, filho de Tiago. 14Todos perseveravam unânimes na oração, junto com algumas mulheres, entre as quais Maria, mãe de Jesus,* e com seus irmãos†.

A eleição de Matias. 15Naqueles dias, levantou-se Pedro† no meio dos irmãos – estavam lá reunidas umas cento e vinte pessoas – e disse: 16"Irmãos, era preciso* que se cumprisse o que o Espírito Santo havia predito na Escritura, pela boca de Davi, a respeito de Judas, que se tornou o guia dos que prenderam Jesus. 17Era um dos nossos* e recebeu sua parte em nosso ministério. 18Este homem comprou um terreno com o salário de seu crime; depois caiu de cabeça para baixo, rebentou ao meio, e todas as suas entranhas se derramaram. 19Disso ficaram sabendo todos os habitantes de Jerusalém, e por isso o tal terreno ganhou na língua deles o nome de Hacéldama, que significa "Campo de

ATO ROM

* **1**,1. Lc 1,3; 24,49ss | 3. Lc 24,36-42 | 4. Lc 24,49 | 5. 11,16; Lc 3,16 | 6. Mc 13,32 | 8. 10,39 | 9. Mc 16,19; Lc 24,51 | 10. Lc 24,4; 2Tm 3,16 | 11. Ap 1,7 | 13. Lc 6,14ss | 14. Lc 8,2 | 16. Lc 22,47 | 17. Lc 6,16; Mt 27,3-8

† **1**,1. O 1º livro é o 3º Evangelho, que também é obra de São Lucas. Teófilo parece ser a pessoa que assumiu as despesas da composição e da divulgação do livro. | 4. A promessa é a efusão do Espírito Santo, que acontecerá no dia de Pentecostes. | 6. Os apóstolos esperam uma restauração do reinado da dinastia de Davi, e Jesus os orienta para a pregação universal do Evangelho. | 8. Assim como Jesus foi concebido pelo Espírito Santo, foi movido e consagrado por ele, assim os discípulos e toda a Igreja receberão a mesma consagração. O Espírito é o compêndio de todos os bens messiânicos. Do princípio ao fim dos Atos, é o Espírito Santo quem impulsiona e comanda os acontecimentos, de tal modo que o livro é chamado de "Evangelho do Espírito Santo". / Este v. indica as etapas da pregação apostólica, que não tem limites, e dá também o plano do livro. O testemunho será um tema fundamental nos Atos: v. 22; 2,32; 3,15; 4,33; 5,32. | 9. A nuvem é sinal da presença de Deus, de sua glória. | 12. No sábado só se podia caminhar 2 mil côvados, isto é, 1 km. | 14. Irmãos aqui são os parentes, Mc 3,31; no v. 10 o mesmo termo designa a comunidade toda. | 15. Pedro começa a assumir sua posição de chefe dos apóstolos. Em toda a 1ª parte dos Atos, capítulos. 1-12, ele é o personagem central.

Sangue". 20Ora, está escrito no livro dos
Salmos: 'Fique deserta sua casa, e não
haja quem nela habite'. E também: 'Que
um outro assuma seu cargo'.*
21É preciso pois que, dentre esses
homens que nos vêm acompanhando
por todo o tempo que o Senhor Jesus
viveu entre nós, 22a começar pelo ba-
tismo de João até o dia em que nos foi
tirado, um deles se torne junto conos-
co testemunha de sua ressurreição".
23Apresentaram dois: José, chamado
Barsabás, que tinha o apelido de Justo,
e Matias. 24Então fizeram esta oração:
"Ó Senhor, que conheceis o coração
de todos, mostrai-nos qual destes dois
escolhestes, 25para que assuma, neste
serviço de apostolado, o lugar que Ju-
das abandonou para ir ao lugar que é
seu". 26Tiraram a sorte†, e a sorte caiu
sobre Matias, que foi associado aos
onze apóstolos.

2 **A vinda do Espírito Santo.** 1Ao
chegar o dia de Pentecostes†, to-
dos estavam reunidos* no mesmo lu-
gar. 2De repente, veio do céu um ruído
semelhante ao de uma forte ventania*
e encheu toda a casa onde estavam. 3E
apareceram-lhes línguas como de fogo,
que se repartiam, pousando sobre cada
um deles. 4Todos ficaram cheios do Es-
pírito Santo e começaram a falar em
outras línguas†, conforme o Espírito
concedia a eles se expressarem.
5Achavam-se então em Jerusalém ju-
deus devotos de todas as nações que
há debaixo do céu†. 6Quando se ouviu
o ruído, a multidão se reuniu e ficou
espantada, porque cada um os ouvia
falar em sua própria língua. 7Atônitos
e maravilhados,* diziam: "Não são gali-
leus todos esses que estão falando? 8E
como é que cada um de nós os ouve
falar em sua própria língua? 9Somos
partos, medos, elamitas, habitantes da
Mesopotâmia, da Judeia, da Capadó-
cia, do Ponto e da Ásia, 10da Frígia e da
Panfília, do Egito e da região da Líbia
junto a Cirene†, estrangeiros de Roma,
11judeus e prosélitos†, cretenses e ára-
bes; e nós os ouvimos anunciando em
nossa língua as maravilhas de Deus".
12Todos estavam pasmados e perple-
xos, perguntando uns aos outros: "Que
pode ser isto?" 13Outros diziam zom-
bando: "Estão cheios de vinho doce!"
Primeiro discurso de Pedro. 14Então
Pedro, de pé, junto com os Onze, er-
gueu a voz e dirigiu ao povo estas pa-
lavras: "Homens da Judeia e vós todos
que vos achais em Jerusalém! Ficai sa-
bendo disto e prestai atenção a minhas
palavras. 15Estes homens não estão
bêbados, como pensais, sendo apenas
nove horas da manhã. 16Mas isto é o
que foi dito pelo profeta Joel:*
17'Acontecerá, nos últimos dias,† diz
Deus,
que derramarei meu Espírito sobre
todo ser humano.
Vossos filhos e vossas filhas profeti-
zarão,
vossos jovens terão visões e vossos
idosos terão sonhos.
18Também sobre meus servos e mi-
nhas servas
derramarei naqueles dias meu Espíri-
to, e profetizarão.
19Farei prodígios lá em cima no céu*
e sinais aqui embaixo na terra,
sangue, fogo e vapor de fumaça.
20O sol se mudará em trevas e a lua
em sangue,

---

* **1**,20. Sl 69,26; 109,8 | **2**,1. Lv 23,15-21; Dt 16,9ss | 2. 4,31; 10,44; 19,6; Lc 3,16; 1Cor 13,1; Mc 16,17 | 7. 1,11 | 16. Jl 3,1-5 | 19. 5,12; 15,12; Ap 6,12 | 21. Rm 10,13

† **1**,26. O sorteio, pelo qual Deus manifesta sua vontade, era prática usada em Israel, Lv 16,8; Nm 26,52-55; Js 7,14. | **2**,1. Pentecostes quer dizer 50; era celebrado 50 dias depois da Páscoa, para comemorar a aliança do Sinai, Êx 24. | 4. O dom das línguas restaura a unidade do gênero humano que se perdera em Babel, Gn 11. O dom do Espírito funda a Igreja como realidade viva. Pentecostes é a festa da manifestação da Igreja ao mundo. | 5. Conforme uma tradição rabínica, quando Javé deu a Lei, sua voz foi ouvida por todas as nações "que há debaixo do céu". | 10. Os povos são enumerados conforme uma ordem geográfica que vai do oriente ao ocidente. | 11. Prosélitos eram pagãos que simpatizavam com o judaísmo e aceitavam a circuncisão. | 17. Os "últimos dias" são os dias do Messias, pois com ele a história entrou em sua última fase.

antes que chegue o dia do Senhor, grande e glorioso dia.

[21]E todo aquele que invocar o nome do Senhor será salvo'.*

[22]Homens de Israel, ouvi estas palavras: Jesus de Nazaré foi por Deus credenciado junto de vós, por meio de milagres, prodígios e sinais, que Deus realizou entre vós por meio dele, como bem sabeis. [23]Este homem, que tinha sido entregue* segundo o desígnio preestabelecido e a presciência de Deus, vós o prendestes e o matastes, pregando-o na cruz* por mãos de gente má. [24]Mas Deus o ressuscitou, libertando-o das angústias da morte, pois não era possível que ele ficasse detido sob seu poder.

[25]Com efeito, diz Davi a respeito dele:*

'Eu contemplava sempre o Senhor diante de mim;
porque ele está a minha direita, para eu não vacilar.
[26]Por isso, meu coração se alegrou e exultou minha língua.
E também minha carne repousará na esperança
[27]de que não me abandonareis na mansão dos mortos,
nem permitireis que vosso Santo experimente a corrupção.
[28]Os caminhos da vida me fizestes conhecer,
encher-me-eis de alegria com vossa presença'.

[29]Irmãos, permiti que eu vos fale com toda a franqueza: o patriarca Davi morreu e foi sepultado, e seu túmulo se acha entre nós até hoje. [30]Mas como ele era profeta e sabia que Deus lhe havia prometido com juramento* fazer sentar-se sobre seu trono um descendente seu, [31]ele viu de antemão e anunciou a ressurreição de Cristo, dizendo que ele não seria abandonado na mansão dos mortos e que sua carne não sofreria a corrupção. [32]A este Jesus, Deus o ressuscitou,* disso todos somos testemunhas. [33]E agora, exaltado pela direita de Deus, ele recebeu do Pai o Espírito Santo prometido* e o derramou; é isso que estais vendo e ouvindo. [34]Pois não foi Davi que subiu ao céu e no entanto ele diz:

'O Senhor disse a meu senhor:*
senta-te a minha direita
[35]até que eu ponha teus inimigos debaixo de teus pés'.

[36]Portanto, que toda a casa de Israel fique sabendo, com certeza, que Deus estabeleceu como Senhor e Messias esse Jesus que vós crucificastes!"

As primeiras conversões. [37]Ao ouvirem essas palavras,* sentiram o coração agoniado e perguntaram a Pedro e aos demais apóstolos: "Que devemos fazer, irmãos?" [38]Pedro respondeu-lhes: "Arrependei-vos e cada um procure receber o batismo em nome de Jesus Cristo, para a remissão de vossos pecados; e assim recebereis o dom do Espírito Santo. [39]Porque é para vós a promessa,* como também para vossos filhos e para todos os que estão longe†, para quantos forem chamados pelo Senhor nosso Deus".

[40]E com muitas outras palavras dava testemunho e exortava-os, dizendo: "Salvai-vos desta geração perversa!" [41]Os que aceitaram sua palavra receberam o batismo.* E, naquele dia, uniram-se a eles umas três mil pessoas†.

A vida da comunidade†. [42]Eles perseveravam na doutrina dos apóstolos,* na vida em comunidade, na fração do pão†

* **2**,23. 4,28 / 3,15 | 25. 2Sm 22,6; Sl 16,8-11 | 30. 13,36; 1Rs 2,10; Sl 89,4; 16,10; 132,11; 2Sm 7,12s | 32. Lc 24,48; Jo 14,16; 15,26 | 33. 1,4.8; 7,55s | 34. Sl 110,1; Mt 22,44; Hb 1,13 | 37. 3,19; Lc 3,10.12.14 | 39. 22,21; Is 57,19; Jl 2,32; Ef 2,13.17 | 41. 2,47; 4,4; 5,14; 11,24 | 42. 2,46; 20,7

† **2**,39. Nesta expressão, tirada de Is 57,19, os que estavam longe (da salvação) eram os gentios, agora chamados juntamente com os que estavam perto, os judeus. | 41. Lucas gosta de mostrar o crescimento da Igreja: 2,47; 4,4; 5,14; 6,7; 9,31; 11,21.24; 16,5. | 42. Aqui e em 4,32-36 e 5,12-17 temos retratos da comunidade: viviam em união, praticavam a comunhão de bens, ofereciam a Deus o culto litúrgico e ouviam a Palavra. / A expressão "fração do pão" designa a Eucaristia, At 20,7; 1Cor 10,16, na qual se fazia memória da vida de Cristo, a pregação da Palavra, preces, uma refeição e a partilha dos bens. Deste ritual nasceu nossa Missa.

e nas orações. 43O temor se apoderava
de todos,* e eram numerosos os pro-
dígios e sinais feitos pelos apóstolos.
44Todos os que creram estavam juntos*
e tinham tudo em comum. 45Vendiam
suas propriedades e seus bens e dis-
tribuíam o dinheiro entre todos, con-
forme cada um precisava. 46Unidos de
coração, frequentavam todos os dias
o templo e partiam o pão em suas ca-
sas, tomando as refeições com alegria
e simplicidade de coração. 47Louvavam
a Deus e gozavam da estima de todo o
povo. E cada dia o Senhor ia ajuntando
à comunidade os que seriam salvos.*

3 **Cura de um aleijado.** 1Pedro e
João estavam subindo ao templo
para a oração das três horas da tarde†.
2Estava sendo levado um aleijado de
nascença,* que todo dia era colocado
à porta do templo, chamada Formosa,
para pedir esmola aos que entravam no
templo. 3Vendo Pedro e João que iam
entrar no templo, pediu-lhes esmola.
4Então Pedro, como também João, fixou
nele o olhar e disse: "Olha para nós". 5Ele
mantinha o olhar fixo neles, esperando
receber deles alguma coisa. 6Pedro, po-
rém, disse: "Prata e ouro não tenho,*
mas o que tenho te dou: em nome de
Jesus Cristo, o Nazareno, caminha!" 7Se-
gurando-o pela mão direita, levantou-o.
Na mesma hora os pés e os tornozelos
dele se firmaram; 8de um salto ele se
pôs de pé e começou a andar. Entrou
com eles no templo, andando, saltando
e louvando a Deus. 9Todo o povo o viu
caminhar e louvar a Deus; 10reconhe-
ciam nele o homem que ficava pedindo
esmola,* sentado junto à porta Formosa
do templo. Ficaram cheios de espanto e
de admiração pelo que lhe acontecera.

Segundo discurso de Pedro. 11Como
ele não largasse mais Pedro e João,*
todos, maravilhados, acorreram para
eles no pórtico chamado de Salomão.
12Ao ver isso, Pedro disse ao povo:
"Homens de Israel, por que vos admi-
rais disso? Por que ficar nos olhando
assim, como se fosse por nosso próprio
poder ou por nossa piedade pessoal
que fizemos este homem caminhar?
13O Deus de Abraão, de Isaac e de
Jacó,* o Deus de nossos pais glorificou
seu Servo† Jesus, que vós entregastes
e renegastes perante Pilatos, quando
ele estava resolvido a libertá-lo. 14Vós,
porém, renegastes o Santo e o Justo e
pedistes a liberdade para um assassino,
15enquanto matáveis o autor da vida.*
Mas Deus o ressuscitou dentre os mor-
tos†, e disso nós somos testemunhas.
16E pela fé em seu nome†, este mesmo
nome acaba de fortalecer este homem
que vós vedes e conheceis; e a fé nele
deu a este homem a saúde perfeita, na
presença de todos vós.
17No entanto, irmãos, eu sei que vós*
e vossos chefes agistes assim por igno-
rância. 18Foi assim que Deus cumpriu
aquilo que havia predito pela boca de
todos os profetas, isto é, que seu Cris-
to haveria de sofrer. 19Arrependei-vos,*
pois, e convertei-vos, para que vossos
pecados sejam apagados 20e que assim
o Senhor faça chegar o tempo do re-
pouso. Ele enviará então o Cristo que
vos foi destinado, Jesus, 21aquele que o
céu deve guardar até os tempos da res-
tauração universal, da qual Deus falou
pela boca de seus santos profetas de
outrora. 22Primeiro disse Moisés: 'O Se-
nhor Deus suscitará para vós,* dentre
vossos irmãos, um profeta semelhante
a mim; vós o escutareis em tudo o que

---

* **2**,43. 5,11s; 6,8; 15,12 | 44. 2,42; 4,32-36; Lc 24,53 | 47. 2,41; 4,4; 5,14; 11,24 | **3**,2. 14,8 | 6. 3,16; 4,10; 14,10; 16,18 | 10. 9,8s | 11. 5,12; Jo 10,23 | 13. 7,32; Êx 3,6.15; Mt 22,32; Jo 13,32; 18,32-40 | 15. 1,8; 2,32; 4,10; 5,30; Lc 24,48 | 17. Lc 23,34; 24,27.44.47 | 19. 2,38; 1Tm 1,13 | 22. 7,37; Dt 18,15-19

† **3**,1. Hora em que se oferecia o sacrifício vespertino, prescrito em Êx 29,41. | 13. Jesus é o Servo anunciado na segunda parte do livro de Isaías, Is 42, 1. A glorificação do Servo é a ressurreição de Jesus. O termo "Servo" retorna em At 4,27.30. | 15. "Jesus conheceu a morte como todos os seres humanos e com sua alma esteve com os santos do AT na morada dos mortos. Mas foi para lá como Salvador, proclamando a boa notícia aos espíritos que ali estavam aprisionados. É isto o que quer dizer a expressão 'Ressuscitou dentre os mortos', Rm 8,11; 1Cor 15,20" (CIC). | 16. O nome equivale à pessoa: é Jesus quem faz o milagre. Ver também 4,12.30; 5,41.

vos disser. 23E todo aquele que não es-
cutar esse profeta será eliminado do
meio do povo'. 24Depois, todos os pro-
fetas, que falaram desde Samuel e seus
sucessores, anunciaram também esses
dias. 25Vós sois os filhos dos profetas*
e da aliança que Deus fez com nossos
pais quando disse a Abraão: 'E em tua
descendência serão abençoadas todas
as famílias da terra'. 26Foi para vós em
primeiro lugar que Deus ressuscitou
seu Servo* e o enviou para vos aben-
çoar, convertendo cada um de vós de
suas maldades".

**4 Pedro e João diante do Siné-
drio.** 1Ainda estavam falando ao
povo,* quando chegaram os sacerdo-
tes, o chefe do templo e os saduceus,
2indignados porque estavam ensinan-
do o povo e anunciando em Jesus a
ressurreição dos mortos. 3Prenderam-
-nos* e conservaram-nos na prisão até
o dia seguinte, pois já caíra a tarde. 4No
entanto, muitos daqueles que tinham
ouvido a Palavra, abraçaram a fé, e seu
número elevou-se a cinco mil homens
mais ou menos.

5No dia seguinte reuniram-se em
Jerusalém os chefes dos judeus, os
anciãos e os escribas 6com o sumo sa-
cerdote Anás, Caifás, João, Alexandre e
todos os membros das famílias pontifi-
cais. 7Fizeram comparecer diante deles
os apóstolos* e começaram a interro-
gá-los: "Com que poder ou em nome
de quem fizestes isto?"

8Então Pedro, cheio do Espírito San-
to,* respondeu-lhes: "Chefes do povo e
anciãos! 9Hoje estamos sendo interro-
gados sobre o benefício que fizemos a
um enfermo e sobre o meio pelo qual
ele foi curado. 10Ficai sabendo, vós to-
dos e todo o povo de Israel: é no nome
de Jesus Cristo, o Nazareno,* aquele
que vós crucificastes e que Deus res-
suscitou dos mortos,* é por ele que
este homem se apresenta diante de
vós em perfeita saúde.

11Este Jesus é a pedra que vós, os
construtores, rejeitastes e que se tor-
nou a pedra angular. 12Em nenhum ou-
tro há salvação, pois não existe sob o
céu outro nome dado aos homens pelo
qual devamos ser salvos".

13Vendo a segurança de Pedro e de
João e considerando que eram pessoas
sem instrução nem cultura, os mem-
bros do Sinédrio estavam pasmados.
Reconheciam neles os que estavam
com Jesus. 14Viam ao mesmo tempo,*
de pé junto deles, o homem que fora
curado. E não tinham resposta para
dar. 15Então mandaram que saíssem
do Sinédrio e puseram-se a deliberar
entre si. 16Diziam: "Que vamos fazer
com eles?* Pois é claro para todos os
habitantes de Jerusalém que um sinal
evidente foi por eles realizado, e não
podemos negá-lo. 17Mas para que isso
não se espalhe mais entre o povo, va-
mos proibi-los com ameaças de falar
neste nome daqui em diante a quem
quer que seja". 18Chamaram-nos, pois,
e proibiram-nos formalmente de fa-
lar ou de ensinar em nome de Jesus†.
19Mas Pedro e João lhes responderam:*
"Julgai vós mesmos se é justo aos olhos
de Deus obedecer mais a vós que a
Deus. 20Porque quanto a nós, não po-
demos calar o que vimos e ouvimos".
21Depois de lhes fazerem novas ame-
aças, eles os soltaram, não encontran-
do modo de os castigar, por causa do
povo, pois todos glorificavam a Deus
pelo que acontecera. 22Com efeito, o
homem milagrosamente curado tinha
mais de quarenta anos.

A comunidade em oração. 23Depois de
libertados, foram para junto dos seus e
contaram tudo que os sumos sacerdo-
tes e os anciãos* haviam dito. 24Ouvindo

---

* **3**,25. Gl 3,8; Gn 12,3; 18,18; 22,18; 26,4 | 26. 13,46; Rm 1,16 | **4**,1. 17,18; 23,8; 26,23; Mt 22,23 | 3. 2,41; 5,18 | 7. Mt 21,23 | 8. 6,3; 7,55; 9,17; 11,24; 13,9; Mt 10,19 | 10. 3,6.13; 5,30; 10,39s; 13,30 / 2,24.32; 17,31; Mt 21,42; 1Pd 2,4.7; Sl 117,22; Mt 1,21 | 14. 3,8 | 16. 5,34s; Jo 11,47 | 19. 5,29; 1Pd 5,1; 1Jo 1,1ss 23. Êx 20,11; Is 37,16; Jr 32,17

† **4**,18. Esta atitude do Sinédrio assemelha-se ao "pecado contra o Espírito Santo". Ver a nota em Lc 12,10.

isto, todos juntos elevaram a voz para
Deus, dizendo: "Senhor, vós criastes o
céu, a terra, o mar e tudo o que neles
se encontra; 25vós dissestes pelo Espíri-
to Santo e pela boca de nosso pai Davi,
vosso servo:* 'Por que este tumulto entre
as nações? Por que os povos fazem vãos
projetos? 26Os reis da terra se insurgem
e os poderosos fazem aliança contra o
Senhor e contra seu Ungido'. 27De fato,
reuniram-se nesta cidade* contra vosso
santo servo Jesus, vosso Ungido†, Hero-
des e Pôncio Pilatos† com as nações pa-
gãs e os povos de Israel, 28para cumprir
tudo o que, em vosso poder e em vosso
projeto, havíeis predeterminado. 29Ago-
ra, pois, Senhor,* considerai as ameaças
deles e concedei a vossos servos anun-
ciar vossa palavra com toda a firmeza.
30Estendei vossa mão para operar curas,
sinais e prodígios pelo nome de vosso
santo servo Jesus". 31Enquanto rezavam,
tremeu o lugar onde estavam reunidos;*
então todos ficaram cheios do Espírito
Santo e se puseram a anunciar a palavra
de Deus com firmeza†.
A comunidade reparte seus bens. 32A
multidão dos que abraçaram a fé* tinha
um só coração e uma só alma; ninguém
considerava como suas as coisas que
possuía, mas tinham tudo* em comum.
33Os apóstolos testemunhavam, com
grande vigor, a ressurreição do Senhor
Jesus, e todos gozavam de grande esti-
ma. 34Com efeito, entre eles não havia
indigentes,* pois quem era proprietário
de terras ou casas, vendia-as e levava
o preço dos bens negociados 35para
depositá-lo aos pés dos apóstolos. E
repartia-se a cada um de acordo com
suas necessidades. 36Assim, José,* que
os apóstolos apelidaram de Barnabé,
nome que significa filho da consolação,
levita nascido em Chipre, 37possuía um
terreno; vendeu-o, trouxe o dinheiro e
depositou-o aos pés dos apóstolos.

5 **Ananias e Safira.** 1Um homem,
chamado Ananias, vendeu um ter-
reno de comum acordo com sua mulher
Safira; 2e, em conivência com ela, reteve
uma parte do preço* e trouxe o restante
para depositá-lo aos pés dos apóstolos.
3Mas Pedro disse: "Ananias, por que
Satanás tomou conta de teu coração, a
ponto de mentires ao Espírito Santo* e
reteres uma parte do preço do terreno?
4Se o terreno não fosse vendido, não
continuaria teu? E depois que foi ven-
dido, o dinheiro obtido não estava a tua
disposição? Como foi que colocaste em
teu coração um tal propósito? Não foi
aos homens que mentiste, mas a Deus".
5Ouvindo essas palavras, Ananias caiu*
e morreu. Um grande temor apoderou-
-se então de todos os que ouviram isto.
6Vieram os jovens, envolveram o corpo
e o levaram à sepultura.
7Após um intervalo de três horas
mais ou menos, entrou sua mulher, que
de nada sabia. 8Pedro interpelou-a: "Di-
ze-me, foi por tal preço que vendestes
o terreno?" Ela respondeu: "Sim, foi".
9Pedro lhe disse: "Como combinastes*
para tentar o Espírito do Senhor? Es-
tão aí na porta os que sepultaram teu
marido, e eles vão te levar". 10Na mes-
ma hora ela caiu aos pés do apóstolo
e morreu. Quando os jovens entraram,
encontraram-na morta e levaram-na
para enterrá-la junto ao marido. 11Um
grande temor* apoderou-se então da
Igreja† inteira e de todos os que fica-
ram sabendo deste fato†.

---

* **4**,25. Sl 2,1 | 27. 2,23; 3,12; Is 61,1; Lc 23,12 | 29. Ef 6,19 | 31. 2,2s; 16,26 | 32. 2,44 / 2,47; 4,2 | 34. 2,45 | 36. 11,22.24; 13,4; 15,39 | **5**,2. 4,34.37 | 3. Jo 13,2 | 5. 2,43; 5,11; 19,17 | 9. 1Cor 10,9 | 11. 2,43; 5,5; 19,17 | 12. 2,43; 3,11; 6,8; 14,3; 15,12; 19,11; Jo 10,23 | 14. 2,41; 6,7; 11,21.24; 21,20

† **4**,27. Ungido é a tradução da palavra grega "Cristo" e da palavra hebraica "Messias". / "Deus permitiu os atos nascidos da cegueira de Pilatos e de Herodes a fim de realizar seu projeto de salvação" (CIC). | 31. Renova-se de certa forma o fenômeno de Pentecostes, mostrando que o Espírito está sempre presente na Igreja. | **5**,11. Primeiro uso do termo "Igreja" para indicar o conjunto dos cristãos. O termo designa também as comunidades locais, At 8,1; 13,1; 14,23; 15,41. / Único exemplo no NT de milagre em castigo de um pecado. Mentir aos apóstolos era mentir ao Espírito Santo, que por eles falava e agia; era negar a presença do Espírito Santo na Igreja. A mentira de Ananias e Safira é "o pecado original na Igreja", a qual é uma comunidade cujos membros são falíveis, mas cujo projeto de comunhão de amor é salvo pelo julgamento de Deus.

Milagres dos apóstolos. [12]Eram muitos os sinais e prodígios* feitos pelas mãos dos apóstolos no meio do povo. Costumavam estar todos juntos no pórtico de Salomão; [13]e nenhuma das outras pessoas ousava juntar-se a eles, mas o povo os elogiava. [14]Ia crescendo sempre mais o número dos homens e mulheres que abraçavam a fé* no Senhor. [15]Chegavam a carregar os doentes, em camas e macas, para pô-los nas ruas a fim de que, quando Pedro passasse,* pelo menos a sombra dele cobrisse algum deles. [16]Acorria também muita gente das cidades vizinhas de Jerusalém, trazendo doentes e pessoas atormentadas por espíritos imundos, e todos eram curados.

Prisão e libertação dos apóstolos. [17]Interveio então o sumo sacerdote,* com todos os de sua comitiva, o partido dos saduceus. Cheios de inveja, [18]mandaram prender os apóstolos e lançá-los na cadeia pública. [19]Mas durante a noite um anjo do Senhor* abriu as portas da prisão e, depois de os ter conduzido para fora, disse-lhes: [20]"Ide, apresentai-vos no templo e anunciai ao povo todas estas palavras de vida". [21]Obedecendo a esta ordem, entraram no templo de madrugada e puseram-se a ensinar.

Os apóstolos comparecem perante o Sinédrio. Entretanto chegou o sumo sacerdote com sua comitiva. Convocaram o Sinédrio e todos os anciãos dos israelitas e mandaram buscar os apóstolos na prisão. [22]Mas os servos, chegando lá, não os encontraram na cadeia. Voltaram, pois, para dizer:
[23]"Encontramos a prisão cuidadosamente fechada e os guardas a postos junto à saída. Mas quando a abrimos, não achamos ninguém lá dentro". [24]Ao ouvirem isso,* o chefe do templo e os sumos sacerdotes ficaram perplexos em relação aos apóstolos, pensando o que viria a ser aquilo.

[25]Veio então alguém que lhes anunciou: "Os homens que lançastes na prisão estão lá no templo ensinando o povo". [26]Então o chefe do templo partiu com seus homens e trouxe de volta os apóstolos, mas sem violência, pois tinham medo de serem apedrejados pelo povo. [27]Tendo-os trazido, fizeram-nos comparecer diante do Sinédrio. O sumo sacerdote interrogou-os: [28]"Não vos proibimos expressamente de ensinar neste nome? Mas vós enchestes Jerusalém com vossa doutrina e quereis jogar sobre nós a responsabilidade pela morte deste homem".

[29]Pedro e os apóstolos responderam: "Deve-se obedecer antes a Deus* que aos homens. [30]O Deus de nossos pais ressuscitou Jesus,* que vós matastes, suspendendo-o num madeiro. [31]Deus exaltou-o por sua direita, fazendo-o Chefe e Salvador, para conceder a Israel o arrependimento e a remissão* dos pecados. [32]E disso nós somos testemunhas, como também o Espírito Santo, que Deus tem dado àqueles que lhe obedecem".*

Intervenção de Gamaliel. [33]Ouvindo isto, ficaram furiosos* e planejavam matá-los. [34]Mas um fariseu, chamado Gamaliel†, doutor da lei respeitado por todo o povo, levantou-se no meio do Sinédrio e ordenou que fizessem aqueles homens sair por um momento. [35]Depois lhes disse: "Israelitas, considerai bem* o que ides fazer com estes homens. [36]Pois não faz muito tempo, surgiu Teudas, que pretendia ser alguém, ao qual aderiu um bando de uns quatrocentos homens; mas foi morto, e todos os seus seguidores debandaram, e não restou ninguém. [37]Depois, na época do recenseamento,* surgiu Judas, o galileu, que arrastou muita gente atrás dele; também ele morreu, e todos os seus seguidores foram dispersos. [38]Então, eu vos digo, não vos ocupeis com estes homens; deixai-os! Pois se esta empresa ou esta obra vem dos homens, ela se destruirá; [39]mas se de fato ela vem de Deus,* não pode-

---

* **5**,15. Mc 6,56 | 17. 4,1-6 | 19. 12,7 | 24. 4,1 | 29. 4,19; Dn 3,18 | 30. 2,23s.32.36; 10,39s; 17,31 | 31. 2,33.38; Lc 24,47; Hb 2,10; 12,2 | 32. 1,8; 3,15; Jo 15,26 | 33. 4,15; 22,3 | 35. 21,38 | 37. Lc 13,1s | 39. 9,5

† **5**,34. Gamaliel era um rabino moderado e muito estimado; foi mestre de São Paulo, 22,3.

reis destruí-la. Não corrais o risco de
lutar contra Deus". 40Eles concordaram
com ele.* Chamaram, então, os apósto-
los, mandaram açoitá-los e, depois de
proibi-los de falar no nome de Jesus,*
puseram-nos em liberdade. 41Saíram,
pois, do Sinédrio, alegres por terem
sido considerados dignos de sofrer in-
júrias por causa do nome de Jesus†. 42E
cada dia, no templo e nas casas,* não
cessavam de ensinar e de anunciar a
Boa Nova do Cristo Jesus.

II. A IGREJA SE PROPAGA NA PALESTINA (6–12)

6 **Instituição dos Sete.** 1Naque-
les dias, o número dos discípulos
estava aumentando.* E os helenistas†
começaram a queixar-se contra os he-
breus, alegando que suas viúvas eram
esquecidas na distribuição diária de ali-
mentos. 2Então os Doze convocaram a
assembleia dos discípulos e disseram:
"Não convém deixarmos de pregar a
palavra de Deus para servir às mesas†.
3Por isso, irmãos, escolhei entre vós*
sete homens de boa reputação, cheios
do Espírito e de sabedoria, e nós lhes
confiaremos esta tarefa. 4Quanto a
nós, vamos dedicar-nos plenamente à
oração e ao serviço da Palavra". 5Esta
proposta agradou a toda a assem-
bleia* e escolheram: Estêvão, homem
cheio de fé e do Espírito Santo; Filipe,
Prócoro, Nicanor, Tímon, Pármenas e
Nicolau, prosélito de Antioquia. 6Es-
tes foram apresentados aos apóstolos
que, depois de rezar,* impuseram-lhes
as mãos†.
7A palavra de Deus se propagava;* em
Jerusalém aumentava muito o número
dos discípulos, e também uma grande
multidão de sacerdotes aderia à fé.

Atividade e prisão de Estêvão. 8Estê-
vão, cheio de graça e de poder,* opera-
va grandes prodígios e sinais no meio
do povo. 9Intervieram então alguns da
sinagoga, chamada dos Libertos, dos
cireneus, dos alexandrinos e dos da
Cilícia e da Ásia e puseram-se a dis-
cutir com Estêvão. 10Mas não podiam
resistir à sabedoria e ao Espírito com
que falava. 11Subornaram então alguns
indivíduos,* para que dissessem: "Nós
o ouvimos pronunciar palavras blas-
femas contra Moisés e contra Deus".
12Amotinaram assim o povo, os anciãos
e os escribas; depois, investindo contra
ele, prenderam-no e conduziram-no
perante o Sinédrio. 13Lá apresentaram
falsas testemunhas* que declararam:
"Este homem não cessa de dizer pala-
vras contra este Santo Lugar e contra a
Lei. 14Nós o ouvimos dizer* que Jesus,
o Nazareno, vai destruir este Lugar e
vai mudar as tradições que Moisés nos
legou". 15E todos os que estavam sen-
tados no Sinédrio olhavam atentamen-
te para ele e viram seu rosto como o
de um anjo.

7 **Discurso de Estêvão.** 1O sumo
sacerdote perguntou-lhe:* "Isto
é verdade?" 2Ele respondeu: "Irmãos e
pais, escutai! O Deus da glória apare-
ceu a nosso pai Abraão,* quando ele
estava ainda na Mesopotâmia, antes
de se estabelecer em Harã 3e lhe disse:
'Sai de tua terra e de tua família e vai
para a terra que te mostrarei'†. 4Abraão

---

* **5**,40. 4,18; 22,19 / Mt 5,10s; 1Pd 4,13 | 42. 2,46; 17,3; 18,5.28 | **6**,1. 2,45; 4,35 | 3. 1Tm 3,7s; 3Jo 12 | 5. 6,10; 8,5; 11,24 | 6. 1,24; 13,3; 14,23 | 7. 2,41; 4,4; 5,14; 11,21; 12,24; 16,5; 19,20; 21,20 | 8. 2,43; 14,3 | 11. Mt 26,59ss; Mc 14,55-58 | 13. Jr 26,11 | 14. 21,21 | **7**,1. Sl 29,3 | 2. Gn 11,31; 12,7; 13,15; 15,7

† **5**,41. O "nome" geralmente quer dizer Deus; mas os cristãos o empregam para Cristo, que recebeu "o nome que está acima de todo nome", Fl 2,9. | **6**,1. Helenistas eram os judeus de língua grega, que nasceram ou viveram fora da Palestina. Hebreus eram os judeus nascidos na Palestina e de língua aramaica. A convivência entre esses grupos foi o primeiro problema prático que a Igreja enfrentou. | 2. Servir às mesas é cuidar dos ágapes cristãos, refeições associadas à Eucaristia; talvez incluísse ainda a administração dos bens da Igreja. | 6. Aqui o gesto de impor as mãos significa a admissão a um ministério; em 8,17 e 19,6 é um rito para comunicar o Espírito Santo; em 13,3 serve para enviar em missão e em 28,8 para curar. | **7**,3. Estêvão recorda a história dos Pais, citando expressões tiradas do Gênesis e do Êxodo.

deixou então o país dos caldeus para se estabelecer em Harã. De lá, após a morte de seu pai, Deus o fez migrar para esta terra onde agora habitais. [5]Mas não lhe deu propriedade alguma nesta terra, nem mesmo um lugar onde pôr os pés, mas prometeu dar-lhe a terra como propriedade a ele e a sua posteridade depois dele, embora não tivesse filho. [6]E Deus lhe disse que sua posteridade habitaria em terra estrangeira,* que a reduziriam à escravidão e a oprimiriam durante quatrocentos anos. [7]'Mas a nação da qual forem escravos, eu a julgarei – disse Deus – e depois disso, eles sairão de lá e me prestarão culto neste mesmo lugar'. [8]Deu-lhe a seguir a aliança da circuncisão.* E assim, depois de ter gerado Isaac, Abraão circuncidou-o no oitavo dia. E o mesmo fez Isaac com Jacó, e Jacó com os doze patriarcas".

[9]"Os patriarcas, com inveja de José,* venderam-no para ser levado para o Egito. Mas Deus estava com ele: [10]livrou-o de todas as suas tribulações e deu-lhe graça e sabedoria diante do Faraó, rei do Egito, que o nomeou administrador do Egito e de toda a sua casa. [11]Veio, então, uma carestia sobre todo o Egito* e Canaã; a penúria era grande e nossos pais não encontravam alimentos. [12]Ouvindo dizer que havia trigo no Egito, Jacó enviou para lá nossos pais uma primeira vez; [13]na segunda vez, José deu-se a conhecer a seus irmãos,* e sua origem foi revelada ao faraó. [14]José mandou buscar seu pai Jacó e toda a sua família, composta de setenta e cinco pessoas. [15]Jacó desceu então ao Egito* e lá morreu, bem como nossos pais. [16]Foram transportados para Siquém e depositados no sepulcro que Abraão havia comprado por dinheiro aos filhos de Emor em Siquém".

[17]"Como se aproximasse o tempo em que se devia cumprir a promessa que Deus havia jurado a Abraão,* o povo aumentou e multiplicou-se no Egito, [18]até que surgiu um novo rei que não conhecia José. [19]Usando de astúcia contra nossa raça, este rei oprimiu nossos pais, chegando a mandar que expusessem seus recém-nascidos para que não sobrevivessem. [20]Nesse tempo nasceu Moisés, que era divinamente belo.* Foi nutrido durante três meses na casa paterna; [21]depois, quando foi exposto, a filha do Faraó o recolheu e o educou como seu próprio filho. [22]Assim, Moisés foi instruído em toda a sabedoria dos egípcios, e era poderoso em palavras e obras".

[23]"Quando completou quarenta anos,* veio-lhe a ideia de ir visitar seus irmãos, os israelitas. [24]Vendo que um deles estava sendo maltratado, tomou sua defesa e vingou o oprimido, matando o egípcio. [25]Pensava que seus irmãos entenderiam que era Deus que, por sua mão, estava trazendo-lhes a salvação; mas não o compreenderam. [26]No dia seguinte, apresentou-se no meio deles,* enquanto brigavam, para tentar reconciliá-los: 'Amigos – disse-lhes – vós sois irmãos; por que vos ofendeis um ao outro?' [27]Mas aquele que estava maltratando o companheiro o repeliu, dizendo: 'Quem te estabeleceu como chefe* e juiz sobre nós? [28]Acaso queres matar-me como mataste ontem o egípcio?' [29]A essas palavras, Moisés fugiu e foi refugiar-se no país de Madiã, onde teve dois filhos.

[30]Passados quarenta anos, um anjo lhe apareceu no deserto do monte Sinai,* na chama de uma sarça ardente. [31]Moisés ficou admirado diante daquela visão. Como se aproximasse para ver melhor, ouviu a voz do Senhor: [32]'Eu sou o Deus de teus pais, o Deus de Abraão, de Isaac e de Jacó'. Todo trêmulo, Moisés não ousava olhar. [33]Então o Senhor lhe disse: 'Tira as sandálias dos pés, pois o lugar onde estás é terra santa. [34]Eu vi, eu vi a aflição de meu povo no Egito,* ouvi seu gemido e des-

* **7**,6. Gn 15,3s; Êx 2,22; 3,12; 12,40 | 8. Gn 17,10s; 21,4 | 9. Gn 37,11.28; 39,2,21; 45,4; Sb 10,14; Sl 104,21; Gn 41,54; 42,5 | 11. Gn 42,1s | 13. Gn 45,1-5.9ss | 15. Dt 10,22; Gn 46,6; 49,33; Êx 1,6 | 17. Gn 23,10-16; Êx 1,7s | 20. Êx 2,2.5; Hb 11,23 | 23. Êx 2,11 | 26. Êx 2,13s | 27. Lc 12,14; Êx 2,15 | 30. Êx 3,2s; Dt 33,16 | 34. Êx 2,24; 3,7.10

ci para libertá-los. Vem, pois, porque vou mandar-te ao Egito'. [35]Este Moisés que eles rejeitaram, dizendo: 'Quem te estabeleceu como chefe e juiz?', foi ele que Deus enviou como chefe e libertador, por intermédio do anjo que lhe aparecera na sarça. [36]Foi ele que os fez sair,* fazendo prodígios e sinais no país do Egito, no mar Vermelho e no deserto durante quarenta anos.*

[37]Foi ele, Moisés, que disse aos filhos de Israel: 'Deus fará surgir para vós,* dentre vossos irmãos, um profeta como eu'. [38]Foi ele que, na assembleia, no deserto, estando com o anjo que lhe falava no monte Sinai e com nossos pais, recebeu as palavras de vida para no-las dar. [39]Mas nossos pais não quiseram obedecer-lhe. Mais ainda, eles o repeliram e, voltando em seus corações para o Egito, [40]disseram a Aarão: 'Faze para nós deuses* que caminhem a nossa frente, pois a este Moisés, que nos fez sair da terra do Egito, não sabemos o que lhe aconteceu'. [41]Fabricaram naqueles dias um bezerro e ofereceram um sacrifício ao ídolo, e celebravam alegremente a obra de suas mãos. [42]Então Deus afastou-se deles* e os abandonou ao culto do exército do céu, assim como está escrito no livro dos Profetas:

'Acaso me oferecestes vítimas e sacrifícios
durante quarenta anos no deserto, ó casa de Israel?
[43]Antes, carregastes a tenda de Moloc
e a estrela do deus Refã,
as figuras que fizestes para adorá-las;
por isso vou exilar-vos para além da Babilônia'.

[44]Nossos pais no deserto* tinham a tenda do testemunho, assim como ordenara aquele que disse a Moisés que a fizesse segundo o modelo que tinha visto. [45]Depois de tê-la recebido,* nossos pais a introduziram, sob a chefia de Josué, no país conquistado às nações que Deus expulsou da frente deles; assim aconteceu até os dias de Davi. [46]Este foi do agrado de Deus* e pediu para providenciar uma morada para o Deus de Jacó. [47]Foi Salomão, no entanto, que lhe construiu uma casa. [48]Mas o Altíssimo não habita em casas feitas por mãos humanas†, conforme diz o profeta:

[49]'O céu é meu trono e a terra o estrado de meus pés;*
que casa podereis construir-me, diz o Senhor,
e qual será o lugar de meu repouso?
[50]Não foi minha mão que fez tudo isto?'

[51]Gente de cabeça dura, incircuncisos de coração e de ouvidos,* vós sempre resistis ao Espírito Santo! Como foram vossos pais, assim sois vós! [52]Qual dos profetas vossos pais não perseguiram?* Eles mataram os que prediziam a vinda do Justo, do qual vós agora vos tornastes traidores e assassinos, [53]vós, que recebestes a lei pelo ministério dos anjos e não a observastes".

Martírio de Estêvão. [54]A essas palavras, seus corações ardiam de furor* e eles rangiam os dentes contra Estêvão. [55]Ele, porém, cheio do Espírito Santo, fixou os olhos no céu e viu a glória de Deus e Jesus de pé a sua direita; [56]e disse: "Estou vendo os céus abertos e o Filho do homem de pé à direita de Deus". [57]Então, soltando grandes gritos, taparam os ouvidos e, todos juntos, lançaram-se sobre ele; [58]expulsaram-no para fora da cidade e puseram-se a apedrejá-lo.* As testemunhas colocaram suas vestes aos pés de um jovem chamado Saulo†. [59]E, en-

---

* **7**,36. Êx 7,3.10; 11,10; 14,16.21.27; Nm 14,33 / At 3,22 | 37. Dt 18,15; Êx 19,3; Dt 9,10; Nm 14,3 | 40. Êx 31,1.4.23 | 42. Jr 7,18; Am 5,27ss | 44. Êx 25,9.40 | 45. Gn 17,8; Js 23,9; 24,18 | 46. 1Sm 7,2; Sl 132,5; 1Rs 6,1 | 49. Is 66,1s | 51. Êx 32,9; 33,3; Lv 26,41; Jr 9,26; 6,10; 2Cr 36,16; Mt 23,31 | 52. Hb 2,2; Gl 3,19 | 54. 6,5; Lc 22,69; Mt 3,16; Lc 3,21 | 58. 22,20; Lc 23,34.46

† **7**,48. O ponto central da discussão entre Estêvão e seus adversários é a função do templo como casa de Deus. O Espírito Santo mostra que a habitação de Deus é Jesus, no centro da glória do Pai, vv. 55s. Ver também Jo 2,19ss. | 58. Aparece pela primeira vez na história o futuro apóstolo Paulo.

quanto o apedrejavam, Estêvão rezava,
dizendo: "Senhor Jesus, recebe meu
espírito!" 60Depois dobrou os joelhos
e gritou forte: "Senhor, não leves em
conta este pecado deles".* E, dizendo
isto, adormeceu†.

8 1Quanto a Saulo, ele aprovava
este assassinato.

Perseguição contra a Igreja. Naque-
le dia, irrompeu violenta perseguição*
contra a Igreja de Jerusalém, e todos,
com exceção dos apóstolos, disper-
saram-se pelas regiões da Judeia e da
Samaria. 2Entretanto, alguns homens
devotos sepultaram Estêvão e fizeram
grande luto por ele. 3Saulo, porém,
devastava a Igreja:* entrava nas casas,
arrancando homens e mulheres para
lançá-los na prisão. 4Mas os que foram
dispersos iam por toda a parte, anun-
ciando a palavra da Boa Nova.

Filipe na Samaria. 5Foi assim que Fi-
lipe† desceu a uma cidade da Samaria
e ali se pôs a anunciar o Cristo. 6As
multidões atendiam unânimes à pre-
gação de Filipe, ouvindo e vendo os
sinais* que fazia. 7De muitos posses-
sos saíam espíritos impuros, gritando
em alta voz, e numerosos paralíticos e
aleijados foram curados. 8E foi grande
a alegria naquela cidade.

Simão, o mago. 9Fazia tempo que
morava na cidade um homem chama-
do Simão, que praticava a magia pro-
vocando a admiração dos samaritanos
e fazendo-se passar por uma pessoa
importante. 10E todos, do maior ao
menor, davam-lhe atenção, exclaman-
do: "Este é o poder de Deus, chamado
Grande". 11Davam-lhe atenção, porque
havia muito tempo que os fascinava
com suas magias. 12Mas quando cre-
ram em Filipe,* que lhes anunciava a
Boa Nova do Reino de Deus e do nome
de Jesus Cristo, fizeram-se batizar, ho-
mens e mulheres. 13O próprio Simão,
por sua vez, abraçou a fé, foi batizado
e não se separava mais de Filipe. Ficava
fora de si à vista dos sinais e dos gran-
des prodígios que aconteciam.

14Quando os apóstolos, que estavam
em Jerusalém, souberam que a Samaria
recebera a palavra de Deus, enviaram
Pedro e João para lá. 15Desceram, pois,
e rezaram por eles a fim de receberem
o Espírito Santo, 16que, de fato, ainda
não havia descido sobre nenhum de-
les; apenas tinham sido batizados em
nome do Senhor Jesus. 17Impunham
as mãos sobre eles,* e recebiam o Es-
pírito Santo†. 18E Simão, vendo que o
Espírito Santo era dado pela imposição
das mãos dos apóstolos, ofereceu-lhes
dinheiro†, 19dizendo: "Dai-me também
a mim esse poder, para que receba o
Espírito Santo aquele a quem eu im-
puser as mãos". 20Mas Pedro replicou-
-lhe: "Pereça teu dinheiro, e tu com ele,
porque pensaste que podias comprar
com dinheiro o dom de Deus! 21Nisto
aqui não tens parte nem herança, pois
teu coração não é reto* diante de Deus.
22Arrepende-te, pois, desta maldade
tua e reza ao Senhor para que, se pos-
sível, este pensamento de teu coração
te seja perdoado; 23pois vejo que estás
na amargura do fel* e nos laços da ini-
quidade". 24Simão respondeu: "Inter-
cedei vós mesmos por mim junto ao
Senhor, a fim de que não me aconteça
nada do que acabais de dizer".

25Quanto a eles, após terem dado
testemunho e anunciado a palavra do
Senhor, voltaram a Jerusalém evange-
lizando numerosas aldeias samaritanas.

Filipe e o etíope. 26Um anjo do Senhor
dirigiu-se a Filipe e disse-lhe: "Levanta-

---

* **7**,60. Mt 27,46.50; Mc 15,34 | **8**,1. 11,19 | 3. 9,1; 22,4 | 6. Mt 10,1; Mc 6,7; 16,17; Jo 4,39s | 12. Mt 28,19 | 17. 19,6; 1Tm 4,14 | 21. Sl 78,37 | 23. Dt 29,18; Hb 12,15; Is 58,6; Êx 8,4; 9,28

† **7**,60. Em vários pontos são semelhantes a Paixão de Jesus e a morte de seu primeiro mártir: a acusação de blasfêmia contra o templo, as falsas testemunhas, a oração de perdão aos inimigos e de entrega confiante a Deus. | **8**,5. Este Filipe não é o apóstolo, mas aquele mencionado em 6,5 e que reaparece em 21,8. | 17. "Esta imposição das mãos é reconhecida pela tradição católica como a primeira notícia do sacramento da Confirmação que perpetua, na Igreja, a graça de Pentecostes" (CIC). | 18. Deste episódio originou-se o termo "simonia", que designa o pecado daqueles que, como Simão, vendem as coisas sagradas por dinheiro.

-te e vai para o sul, pela estrada que desce de Jerusalém a Gaza; ela está deserta". 27Ele levantou-se e partiu.* Aconteceu que um etíope, eunuco, alto funcionário de Candace, rainha da Etiópia, e superintendente de todos os seus tesouros, que viera em peregrinação a Jerusalém, 28estava de volta, sentado em seu carro, lendo o profeta Isaías. 29O Espírito disse a Filipe: "Avança e aproxima-te daquele carro". 30Filipe correu e ouviu que o eunuco estava lendo o profeta Isaías. Perguntou-lhe: "Consegues entender o que estás lendo?" 31"E como o poderia* – disse ele – se ninguém me orienta?" Convidou Filipe a subir e sentar-se ao lado dele. 32A passagem da Escritura que estava lendo era a seguinte:* "Como uma ovelha, foi conduzido ao matadouro; como um cordeiro mudo diante de quem o tosquia, assim ele não abre a boca. 33Em sua humilhação, a justiça lhe foi negada. Sua posteridade, quem a narrará? Pois sua vida foi arrancada da terra".

34Dirigindo-se a Filipe, o eunuco perguntou: "Por favor, de quem o profeta diz isto? Dele mesmo ou de algum outro?" 35Filipe então tomou a palavra e, partindo desse texto da Escritura, anunciou-lhe a Boa Nova de Jesus. 36Seguindo pela estrada,* chegaram a um lugar onde havia água, e o eunuco disse: "Aqui temos água. Que impede que eu seja batizado?"†

38O eunuco mandou parar o carro. Desceram ambos à água,* Filipe e o eunuco, e ele o batizou. 39Quando saíram da água, o Espírito do Senhor arrebatou Filipe, e o eunuco não o viu mais. E continuou a viagem todo alegre. 40Quanto a Filipe, achou-se em Azoto; e, prosseguindo, anunciava a Boa Nova em todas as cidades, até chegar a Cesareia.

9 **Conversão de Saulo**†. 1Entretanto Saulo, ainda respirando ameaças e mortes* contra os discípulos do Senhor, apresentou-se ao sumo sacerdote 2e pediu-lhe cartas para as sinagogas de Damasco, a fim de que, se encontrasse adeptos do Caminho†, homens ou mulheres, ele os levasse presos para Jerusalém. 3Durante a viagem, ao se aproximar de Damasco, de repente uma luz vinda do céu o envolveu com sua claridade. 4Caindo por terra, ouviu uma voz* que lhe dizia: "Saul, Saul†, por que me persegues?"† 5"Quem és tu, Senhor?" – perguntou. Ele disse: "Eu sou Jesus, a quem tu persegues†. 6Mas levanta-te, entra na cidade, e aí vão te falar o que deves fazer". 7Os que iam com ele ficaram parados,* mudos; ouviam, sim, a voz, mas não viam ninguém. 8Saulo levantou-se do chão, mas, embora tivesse os olhos abertos, não via nada. Guiando-o pela mão, conduziram-no a Damasco, 9onde passou três dias sem enxergar, sem comer e sem beber.

10Havia em Damasco um discípulo chamado Ananias. O Senhor chamou-o numa visão: "Ananias!" – "Eis-me aqui, Senhor!" – respondeu. 11"Levanta-te – ordenou-lhe o Senhor – vai à rua Direita e procura, na casa de Judas, um homem chamado Saulo, de Tarso. Ele está rezando 12e viu numa visão um homem chamado Ananias entrar e impor-lhe as mãos para lhe restituir a vista". 13Ananias respondeu: "Senhor, tenho ouvido muita gente falar deste homem e contar todo o mal que tem feito a vossos santos† em Jerusalém.

---

* **8**,27. Is 56,3-7 | 31. Jo 16,13 | 32. Is 53,7s | 36. 10,47 | 38. 1Rs 18,12 | **9**,1. 22,3-21; 26,9-20; 1Cor 15,8 | 4. 5,89 | 7. Sb 18,1 | 14. 1Cor 1,2 | 15. 23,29; 2Cor 11,23-28

† **8**,36. Alguns manuscritos acrescentam: "37Filipe respondeu: 'Se crês de todo o coração, é possível'. 'Eu creio, disse ele, que Jesus Cristo é o Filho de Deus'". | **9**. Primeira das três narrações deste fato, o mais rico de consequências na história da Igreja primitiva. As outras duas são At 22,1-21 e 26,10-18. | 2. Caminho é um tipo de comportamento, uma concepção da vida; aqui designa o caminho do Senhor e da salvação, o cristianismo, 18,26; 19,9. | 4. Saulo na língua hebraica, na qual Jesus lhe falou. / Perseguir os cristãos é perseguir a Cristo, porque a Igreja é o Corpo de Cristo, 1Cor 12,27. | 5. Alguns manuscritos acrescentam: "É duro para ti recalcitrar contra o aguilhão". Trêmulo e espantado, disse: "Senhor, que queres que eu faça? E o Senhor a ele:", At 22,10; 26,14. | 13. Primeira vez que aparece o termo "santos" para indicar os membros da comunidade, os fiéis de Cristo, santificados pelo Batismo, que pertencem ao Messias Jesus, o Santo, 3,14; por isso também eles são santos, Ef 1,1; Fl 1,1; Cl 1,2.

14Ele aqui tem autorização* dos sumos sacerdotes para prender todos os que invocam vosso nome". 15Mas o Senhor lhe disse: "Vai, pois este homem é para mim um instrumento escolhido, para levar meu nome diante dos gentios,* dos reis e dos israelitas. 16Porque lhe mostrarei quanto é necessário sofrer por meu nome".

17Então Ananias foi, entrou na casa, impôs as mãos a Saulo e lhe disse: "Saul, meu irmão, o Senhor Jesus, que te apareceu no caminho por onde vinhas, enviou-me para que recuperes a vista e fiques cheio do Espírito Santo". 18No mesmo instante caiu-lhe dos olhos algo parecido com escamas, e ele recuperou a vista; e, levantando-se, foi batizado; 19depois tomou alimento, e as forças lhe voltaram.

Saulo prega em Damasco. Saulo passou alguns dias com os discípulos em Damasco 20e, a seguir, pôs-se a anunciar Jesus nas sinagogas, proclamando que ele é o Filho de Deus. 21Todos os que o ouviam ficavam pasmados* e diziam: "Não é este que, em Jerusalém, perseguia os que invocam este nome, e não veio aqui justamente para os conduzir presos aos sumos sacerdotes?" 22Mas Saulo se fortalecia* sempre mais e confundia os judeus de Damasco, demonstrando que Jesus é o Cristo.

23Passado certo tempo, os judeus combinaram matá-lo. 24Mas Saulo ficou sabendo de sua trama. Eles guardavam as portas da cidade dia e noite, a fim de o matarem. 25Então os discípulos o tomaram de noite e o desceram dos muros num cesto.

Saulo em Jerusalém. 26Chegando a Jerusalém,* procurava juntar-se aos discípulos, mas todos tinham medo dele, não acreditando que fosse discípulo.

27Mas Barnabé o acolheu e foi apresentá-lo aos apóstolos, aos quais contou como, no caminho, Saulo tinha visto o Senhor, que lhe falara, e com que firmeza ele tinha pregado em Damasco em nome de Jesus. 28Desde então Saulo andava livremente com os apóstolos em Jerusalém e pregava com firmeza em nome do Senhor. 29Falava e discutia com os helenistas, mas eles procuravam* matá-lo. 30Sabendo disso, os irmãos o acompanharam até Cesareia e o enviaram para Tarso. 31Entretanto, em toda a Judeia, Galileia e Samaria, a Igreja vivia em paz. Ela se consolidava e caminhava no temor do Senhor e crescia em número com a assistência do Espírito Santo.

Cura de Eneias em Lida. 32Pedro, que passava por todo lugar, desceu certa vez para visitar os santos que moravam em Lida. 33Encontrou um homem, chamado Eneias, que jazia num leito havia oito anos, pois era paralítico. 34Pedro lhe disse: "Eneias, Jesus Cristo te dá a cura. Levanta-te e arranja tu mesmo a cama". Ele se levantou imediatamente. 35Todos os habitantes de Lida e da planície de Saron o viram e se converteram ao Senhor.

Ressurreição de Tabita em Jope. 36Havia em Jope uma discípula chamada Tabita, em grego Dorcas. Era notável pelas boas obras e pelas esmolas que dava. 37Ora, aconteceu que naqueles dias ela caiu doente e morreu. Depois de a terem lavado, puseram-na numa sala do andar de cima. 38Como Lida ficava perto de Jope, os discípulos, ouvindo dizer que Pedro lá estava, enviaram-lhe dois homens para fazer-lhe este pedido: "Vem até nós sem demora". 39Pedro partiu imediatamente com eles. Logo que chegou, fizeram-no subir à sala de cima, onde todas as viúvas em pranto se juntaram em torno dele, mostrando-lhe as túnicas e as vestes que Dorcas fazia quando estava com elas. 40Pedro mandou que todos saíssem;* depois, de joelhos, rezou. Voltando-se depois para o corpo, disse: "Tabita, levanta-te!" Ela abriu os olhos e, vendo Pedro, sentou-se. 41Tomando-lhe a mão, Pedro a fez levantar-se. Chamando então os santos e as viúvas,

* **9**,21. 9,1.14; 26,10 | 22. 18,28; 23,12-29; 2Cor 11,32s | 26. Gl 1,17ss; 1Cor 9,1 | 29. 11,25; Gl 1,21 | 40. Mc 5,40s

apresentou-a viva. 42Isto foi conhecido em toda Jope,* e muitos creram no Senhor. 43Pedro ficou bastante tempo em Jope na casa de um tal Simão, curtidor.

10 **Visão de Cornélio em Cesareia†.** 1Havia em Cesareia um homem chamado Cornélio,* centurião da corte Itálica, 2homem piedoso e temente a Deus† com toda a sua família; fazia generosas esmolas ao povo e rezava a Deus sem cessar. 3Ele teve uma visão, pelas três horas da tarde, na qual viu claramente um anjo de Deus vindo a seu encontro e chamando-o: "Cornélio!" 4Olhou para o anjo e, dominado pelo temor, perguntou: "O que é, Senhor?" Respondeu-lhe o anjo: "Tuas preces e tuas esmolas subiram diante de Deus em tua memória. 5Agora, pois, envia homens a Jope e manda vir aqui Simão,* chamado Pedro. 6Está hospedado na casa de certo Simão, um curtidor, cuja casa se acha à beira-mar".

7Quando partiu o anjo que lhe falava, Cornélio chamou dois de seus empregados, bem como um soldado piedoso, daqueles que estavam a seu serviço 8e, depois de lhes haver explicado tudo, enviou-os a Jope.

Visão de Pedro em Jope. 9No dia seguinte, enquanto caminhavam e se aproximavam da cidade, Pedro subiu ao terraço, mais ou menos ao meio-dia, para rezar. 10Sentiu fome e quis comer alguma coisa. Ora, enquanto lhe preparavam a refeição, caiu em êxtase. 11Viu o céu aberto e um objeto semelhante a uma grande toalha,* segura pelas quatro pontas, descendo sobre a terra. 12Nela havia todo o tipo de quadrúpedes e répteis da terra e aves do céu. 13Uma voz lhe disse então: "Levanta-te, Pedro, mata e come!" 14Mas Pedro respondeu:* "De maneira nenhuma, Senhor, pois nunca comi nada de profano ou de impuro". 15De novo, uma segunda vez,* a voz lhe fala: "O que Deus purificou, não o chames de impuro". 16Isso se repetiu por três vezes, e logo o objeto foi recolhido ao céu.

17Enquanto Pedro se perguntava, perplexo, o que podia significar a visão que acabava de ter, os homens enviados por Cornélio, tendo perguntado onde ficava a casa de Simão, apresentaram-se à porta. 18Chamaram para se informar se era lá mesmo que se hospedava Simão, chamado Pedro. 19Este ainda estava refletindo sobre sua visão,* quando o Espírito lhe disse: "Aí estão três homens a tua procura. 20Levanta-te, desce e vai com eles sem hesitar, pois fui eu que os mandei". 21Pedro desceu para se encontrar com os homens e lhes disse: "Estou aqui. Sou aquele que procurais. Qual é o motivo que vos traz aqui?" 22Responderam: "O centurião Cornélio, homem justo e temente a Deus, estimado por todo o povo dos judeus, recebeu de um santo anjo a ordem de chamar-te a sua casa e de ouvir as palavras que tens para dizer". 23Pedro então os mandou entrar e lhes deu hospedagem. No dia seguinte, pôs-se a caminho e partiu com eles; alguns dos irmãos de Jope o acompanharam. 24Entrou em Cesareia um dia depois. Cornélio os esperava, tendo reunido os parentes e os amigos mais íntimos. 25Quando Pedro estava entrando, Cornelio veio a seu encontro e prostrou-se a seus pés para adorá-lo. 26Mas Pedro levantou-o*, dizendo: "Levanta-te, eu também sou um simples homem". 27E, conversando com ele, entrou. Encontrou reunidas muitas pessoas, 28e disse-lhes: "Vós sabeis que é proibido a um judeu unir-se ou

---

* **9**,42. 10,6.32 | **10**,1. 27,1; Mt 8,5; Lc 7,2.5 | 5. 9,43; 10,32 | 11. 11,5-17 | 14. Lv 11; Ez 4,14 | 15. Mt 15,11; Mc 7,15.19 | 19. 11,12; 13,2; 15,28 | 26. 14,15; Ap 19,10

† **10**. A conversão de Cornélio é o fato mais marcante do apostolado de Pedro e também o mais longamente narrado nos Atos. Deus faz Pedro compreender a igualdade de direitos dentro da Igreja entre pagãos e judeus convertidos. Os fatos se antecipam às normas, levando a uma posição mais liberal, que será decretada no Concílio de Jerusalém, At 15,23-29. | 2. Temente a Deus, adorador de Deus, são expressões que designam os pagãos que simpatizavam com o judaísmo, sem no entanto aceitar a circuncisão.

encontrar-se com um estrangeiro. Mas Deus me mostrou que não se deve chamar homem algum de profano ou de impuro. [29]Por isso vim sem hesitação alguma, logo que fui chamado. Pergunto-vos, pois, por que razão me mandastes vir?"

[30]Cornélio respondeu:* "Há quatro dias, eu estava em oração em minha casa, às três horas da tarde, quando surgiu um homem a minha frente, com vestes resplandecentes, [31]e disse-me: 'Cornélio, tua oração foi ouvida e tuas esmolas foram recordadas diante de Deus. [32]Manda, pois, buscar em Jope Simão, chamado Pedro. Está hospedado na casa do curtidor Simão, à beira-mar'. [33]Logo, pois, mandei procurar-te e foi bom que vieste. E agora, pois, todos nós, diante de Deus, estamos aqui reunidos para ouvir tudo o que o Senhor te mandou dizer-nos".

Discurso de Pedro na casa de Cornélio. [34]Então Pedro tomou a palavra e disse:* "Agora vejo com toda a clareza que Deus não faz discriminação de pessoas, [35]mas que, em qualquer nação que seja, quem o teme e pratica a justiça é aceito por ele. [36]Ele enviou sua palavra aos israelitas, anunciando-lhes a Boa Nova da paz por meio de Jesus Cristo, que é o Senhor de todos. [37]Vós sabeis o que se passou em toda a Judeia, começando pela Galileia, depois do batismo pregado por João: [38]como Deus ungiu com o Espírito Santo e com poder a Jesus de Nazaré, o qual passou fazendo o bem e curando a todos os que tinham caído sob o poder do diabo, porque Deus estava com ele. [39]E nós somos testemunhas de tudo quanto ele fez na região dos judeus e em Jerusalém. Eles o mataram, suspendendo-o num madeiro, [40]mas Deus o ressuscitou ao terceiro dia* e quis que se manifestasse [41]não a todo o povo, mas às testemunhas de antemão escolhidas por Deus, a nós que comemos e bebemos com Ele depois de sua ressurreição dentre os mortos. [42]E ele mandou que pregássemos ao povo* e déssemos testemunho de que ele é o juiz dos vivos e dos mortos,* estabelecido por Deus. [43]Dele dão testemunho todos os profetas, dizendo: 'Todo o que nele crer receberá, por seu nome, o perdão dos pecados'".

A vinda do Espírito Santo sobre os pagãos. [44]Pedro ainda estava falando, quando o Espírito Santo desceu sobre todos os que ouviam a Palavra. [45]Os fiéis circuncisos, que tinham vindo com Pedro, ficaram pasmados por verem que o dom do Espírito Santo fora derramado também sobre os pagãos. [46]Com efeito, eles os ouviam falar* em línguas e louvar a Deus. [47]Então Pedro declarou: "Pode-se recusar a água do batismo* a esses que receberam o Espírito Santo do mesmo modo que nós?" [48]E mandou que fossem batizados em nome de Jesus Cristo. Pediram-lhe então que ficasse com eles alguns dias.

11

Pedro justifica sua atitude. [1]Os apóstolos e os irmãos da Judeia ficaram sabendo que também os pagãos tinham acolhido a palavra de Deus. [2]Quando, pois, Pedro subiu a Jerusalém, os circuncisos o repreendiam, dizendo: [3]"Entraste na casa de incircuncisos* e comeste com eles!"† [4]Pedro então se pôs a explicar toda a história, ponto por ponto, dizendo: [5]"Eu estava em oração na cidade de Jope,* quando, em êxtase, tive uma visão: do céu descia um objeto, semelhante a uma grande toalha que baixava, segura pelas quatro pontas, e veio até mim. [6]Olhei-a atentamente e vi dentro dela quadrúpedes da terra, animais selvagens, répteis e aves do céu. [7]Ouvi então uma voz que me dizia: "Levanta-te, Pedro, mata e come". [8]Respondi: "De maneira nenhuma, Senhor, pois nada de profano ou de impuro jamais entrou

---

* **10**,30. 3,1 | 34. Dt 10,17; 1Sm 16,7; Sl 107,20; 147,18; Is 52,7; 61,1; Mt 3,6; 4,12-17; Lc 4,18 | 40. 1Cor 15,4-7; Jo 14,19s; 15,27 | 42. 17,31; Rm 14,9; 2Tm 4,1; 1Pd 4,5 / Is 33,24; 53,5; Jr 31,34; Ez 34,16 | 46. 2,4; 19,6; Mc 16,17 | 47. 8,36; Jo 4,40 | **11**,3. 10,28; Gl 2,12; Ef 2,11 | 5. 10,9-48

† **11**,3. A narrativa mostra como foi difícil para o cristianismo livrar-se das amarras do judaísmo.

em minha boca". [9]Uma segunda vez, a
voz voltou a falar do céu: "O que Deus
purificou, não o chames de impuro".
[10]Isto repetiu-se por três vezes; depois
tudo foi de novo recolhido ao céu.
[11]Justamente nesta hora, três ho-
mens chegaram à casa onde estáva-
mos; eram enviados de Cesareia, a mi-
nha procura. [12]O Espírito me disse que
os acompanhasse sem hesitar. Os seis
irmãos que aqui estão foram comigo
também e entramos na casa do tal ho-
mem. [13]Ele nos contou que tinha visto
um anjo apresentar-se em sua casa e
dizer-lhe: "Manda chamar em Jope Si-
mão,* chamado Pedro. [14]Ele te dirá pa-
lavras por meio das quais serás salvo tu
e toda a tua família". [15]Ora, mal eu co-
meçara a falar, quando o Espírito Santo
desceu sobre eles, assim como sobre
nós no início. [16]Lembrei-me então des-
ta palavra do Senhor,* que dizia: 'João
batizou com água, mas vós sereis ba-
tizados no Espírito Santo'. [17]Se, pois,
Deus lhes concedeu o mesmo dom que
a nós, por terem acreditado no Senhor
Jesus Cristo, quem era eu para impedir
a ação de Deus?" [18]Essas palavras os
acalmaram,* e eles glorificaram a Deus,
dizendo: "Assim, pois, também aos pa-
gãos Deus concedeu o arrependimen-
to que conduz à vida!"

**Fundação da comunidade de Antio-
quia**†. [19]Entretanto, os que se haviam
dispersado,* por ocasião da persegui-
ção que houve no tempo de Estêvão,
chegaram até a Fenícia, Chipre e An-
tioquia, mas sem pregar a Palavra a
ninguém que não fosse judeu. [20]Con-
tudo, havia entre eles alguns cipriotas
e cireneus* que, vindos a Antioquia,
dirigiam-se também aos gregos, anun-
ciando-lhes a Boa Nova do Senhor Je-
sus. [21]A mão do Senhor os ajudava, e
grande foi o número dos que abraça-
ram a fé e se converteram ao Senhor.
[22]Esta notícia chegou aos ouvidos da
Igreja de Jerusalém, e delegaram Bar-
nabé para Antioquia. [23]Quando ele
chegou e viu a graça* concedida por
Deus, alegrou-se e encorajou todos a
se manterem de coração resoluto, fiéis*
ao Senhor, [24]pois era um homem virtu-
oso, cheio do Espírito Santo e de fé. As-
sim uma multidão considerável aderiu
ao Senhor. [25]Barnabé foi então buscar
Saulo em Tarso* e, tendo-o encontra-
do, conduziu-o a Antioquia. [26]Passa-
ram um ano inteiro trabalhando juntos
na Igreja e lá instruíram uma multidão
considerável. Foi em Antioquia que,
pela primeira vez, os discípulos recebe-
ram o nome de cristãos.*

Coleta para a Igreja de Jerusalém.
[27]Naqueles dias, alguns profetas des-
ceram de Jerusalém a Antioquia. [28]Um
deles, chamado Ágabo†, levantou-se e,
sob a ação do Espírito,* pôs-se a anun-
ciar que haveria uma grande fome em
toda a terra. O que de fato aconteceu
no reinado de Cláudio. [29]Os discípulos
decidiram então enviar, cada qual se-
gundo suas posses, auxílios aos irmãos
que moravam na Judeia; [30]assim o fi-
zeram,* enviando-os aos anciãos por
intermédio de Barnabé e de Saulo.

12 **Martírio de Tiago e prisão de
Pedro.** [1]Por aquele tempo, o
rei Herodes† deteve alguns membros
da Igreja* para os maltratar. [2]Mandou
matar à espada Tiago†, irmão de João.
[3]Vendo que isto agradava aos judeus,
mandou prender Pedro também. Eram
os dias dos Ázimos. [4]Mandou que fosse
preso e lançado na prisão, colocando-
-o sob a guarda de quatro piquetes
de quatro soldados cada um; era sua

* **11**,13. 16,31 | 16. 1,5; 2,4 | 18. 13,48; 14,27 | 19. 8,1-4 | 20. 2,41.47; 4,4; 5,14; 6,7; 11,24; 21,20 | 23. 13,43; 14,2 / 6,5 | 25. 9,30; Gl 2,11 | 26. 26,28; 1Pd 4,16 | 28. 13,1; 21,10 | 30. 12,25 | **12**,1. 4,3

† **11**,19. A fundação da comunidade de Antioquia é um passo importante na expansão da Igreja, pois doravante será esta cidade o centro da difusão do Evangelho, o ponto de partida e de chegada das viagens dos missionários. Era a 3ª cidade do Império Romano, depois de Roma e Alexandria. | 28. O texto oc. começa assim o v. 28: "Houve uma grande alegria. E quando nos achávamos reunidos, um deles, chamado..." | **12**,1. Este é Herodes Agripa I, que reinou de 41 a 44; era neto de Herodes Magno e sobrinho de Herodes Antipas. | 2. Tiago Maior, irmão de João, venerado em Compostela, na Espanha, o primeiro dos 12 a dar a vida pelo Mestre.

intenção fazê-lo comparecer diante
do povo depois da Páscoa. 5Enquanto
Pedro era assim mantido na prisão, a
oração da Igreja se elevava a Deus por
ele sem cessar.

Pedro é libertado por um anjo. 6Ora,
na noite anterior ao dia em que Hero-
des devia apresentá-lo publicamente,
Pedro estava dormindo entre dois sol-
dados;* duas correntes o prendiam e,
diante da porta, sentinelas guardavam
a prisão. 7De repente, um anjo do Se-
nhor apareceu, e a prisão ficou inun-
dada de luz. O anjo tocou no lado de
Pedro, despertou-o e disse: "Levanta-te
depressa!" As correntes caíram-lhe das
mãos. 8O anjo disse-lhe: "Põe o cinto e
calça as sandálias". Ele obedeceu. Dis-
se-lhe ainda: "Cobre-te com o manto e
segue-me". 9Pedro saiu e o seguia, mas
não se dava conta de que era verdade
o que estava acontecendo pela ação
do anjo: pensava que estava tendo
uma visão.

10Passaram assim pelo primeiro pos-
to de guarda, depois pelo segundo,
e chegaram ao portão de ferro que
dá para a cidade; ele se abriu sozinho
diante deles. Saíram, foram até o fim de
uma rua e depois, de repente, o anjo
o deixou. 11Então Pedro, voltando a si,
disse: "Agora sei verdadeiramente que
o Senhor mandou seu anjo e libertou-
-me das mãos de Herodes e de tudo
quanto esperava o povo judeu". 12Já
plenamente lúcido,* foi para a casa de
Maria, mãe de João, chamado Mar-
cos†, onde uma assembleia bastante
numerosa estava reunida em oração.
13Quando bateu à porta da entrada,
uma serva, chamada Rosa, veio aten-
der. 14Ela reconheceu a voz de Pedro
e, de tanta alegria, em vez de abrir a
porta, correu para dentro, para anun-
ciar que Pedro estava lá na porta.
15Disseram-lhe: "Tu estás doida!"* Mas
ela afirmava que era isso mesmo. "É o
anjo dele!", disseram então. 16Pedro,
no entanto, continuava a bater. Quan-
do abriram, viram que era ele mesmo e
ficaram espantados. 17Mas ele lhes fez
sinal com a mão para que se calassem*
e lhes contou como o Senhor o tirara
da prisão. E acrescentou: "Anunciai isto
a Tiago† e aos irmãos". Depois saiu e foi
para um outro lugar. 18Ao raiar do dia,*
houve grande tumulto entre os sol-
dados: o que acontecera com Pedro?
19Herodes mandou procurá-lo e, como
não o encontrassem, mandou proces-
sar os guardas e ordenou que fossem
executados. Depois desceu da Judeia
para Cesareia, onde ficou.

Morte de Herodes. 20Herodes estava
irritado* contra o povo de Tiro e de
Sidônia. De comum acordo, estes se
apresentaram diante dele e, depois de
terem conquistado as boas graças de
Blasto, camareiro do rei, solicitavam a
paz. Com efeito, sua região recebia os
víveres das terras do rei. 21No dia mar-
cado, Herodes,* com seus trajes reais,
tomou lugar na tribuna e, enquanto
discursava, 22o povo se pôs a gritar: "É
um deus que fala e não um homem!"
23Mas na mesma hora, um anjo do Se-
nhor o feriu, por não ter dado glória a
Deus; corroído de vermes, expirou.

24Entretanto a palavra de Deus cres-
cia* e se difundia. 25Quanto a Barnabé
e Saulo, após terem concluído seu mi-
nistério, voltaram para Jerusalém, le-
vando consigo João, chamado Marcos.

III. A IGREJA À CONQUISTA DO MUNDO (13–28)

13 **Começa a primeira viagem
missionária: Barnabé e Sau-
lo.** 1Havia na Igreja de Antioquia profe-
tas* e doutores: Barnabé, Simeão, cha-
mado Níger, Lúcio de Cirene, Manaém,

---

* **12**,6. 5,19-23 | 12. 13,5.13; 15,37 | 15. 26,24 | 17. 13,16 | 18. 5,21-24 | 20. 1Rs 5,25; Ez 27,17 | 21. Eclo 11,4; Ez 28,2; Dn 5,20 | 24. 6,7; 19,20; Is 55,11 | **13**,1. 10,19; 11,27; 15,32; Gl 1,15s

† **12**,12. João Marcos é o autor do 2º Evangelho. Discípulo de Pedro, 1Pd 5,13, e primo de Barnabé, Cl 4,10, estará ao lado de Paulo em seu cativeiro em Roma, Cl 4,10 e Fm 24. | 17. Esse Tiago, irmão (primo) de Jesus, é o chefe da Igreja de Jerusalém, após a partida de Pedro.

amigo de infância do tetrarca Herodes, e Saulo. [2]Ora, certo dia, enquanto celebravam o culto do Senhor e jejuavam, disse o Espírito Santo: "Reservai para mim Barnabé e Saulo para a obra à qual os chamei". [3]Então, depois de terem jejuado e rezado,* impuseram-lhes as mãos e os despediram.

Em Chipre: Sérgio Paulo e o mago Elimas. [4]Eles, pois, enviados pelo Espírito Santo, desceram a Selêucia, donde navegaram para Chipre. [5]Chegados à Salamina, puseram-se a anunciar a palavra de Deus nas sinagogas dos judeus†. Tinham consigo João como auxiliar. [6]Tendo atravessado toda a ilha até Pafos, encontraram lá um mago, falso profeta, chamado Bar-Jesus, [7]que era do grupo do procônsul Sérgio Paulo, homem prudente. Este mandou chamar Barnabé e Saulo, desejoso de ouvir a palavra de Deus. [8]Mas Elimas, o mago* – assim se traduz seu nome – fazia-lhes oposição, procurando desviar o procônsul da fé. [9]Então Saulo – também chamado Paulo† – cheio do Espírito Santo,* fixou nele o olhar [10]e lhe disse: "Homem cheio de todas as astúcias e de todos os crimes, filho do diabo, inimigo de toda justiça, quando cessarás de perverter os caminhos retos do Senhor? [11]Eis que agora pesa sobre ti a mão do Senhor. Ficarás cego* e por certo tempo não verás o sol". Na mesma hora a obscuridade e as trevas se abateram sobre ele, e ele girava de todo lado, procurando quem o guiasse. [12]Então, vendo o que se passava, o procônsul abraçou a fé, vivamente impressionado pela doutrina do Senhor.

Em Antioquia da Pisídia. [13]De Pafos, onde embarcaram, Paulo e seus companheiros* chegaram a Perge, na Panfília. Mas João separou-se deles e voltou para Jerusalém. [14]Quanto a eles, avançando para além de Perge, chegaram a Antioquia da Pisídia. No sábado, entraram na sinagoga e se sentaram. [15]Após a leitura da Lei e dos Profetas,* os chefes da sinagoga mandaram dizer-lhes: "Irmãos, se tendes alguma palavra de exortação a dizer ao povo, podeis falar".

Discurso de Paulo. [16]Paulo então levantou-se, fez sinal com a mão e disse: "Homens de Israel e vós todos que temeis a Deus,* escutai. [17]O Deus deste povo de Israel escolheu nossos pais, fez crescer o povo durante o exílio na terra do Egito e com braço poderoso fê-los sair de lá. [18]Durante quarenta anos, mais ou menos, cercou-os de cuidados no deserto. [19]Depois de exterminar sete nações na terra de Canaã, deu-lhes a posse de seu país: [20]tudo isto durou uns quatrocentos e cinquenta anos. Depois disso, deu-lhes juízes, até o profeta Samuel. [21]Então pediram um rei, e Deus lhes deu Saul, filho de Cis, da tribo de Benjamim, por quarenta anos. [22]Após havê-lo rejeitado, suscitou para eles Davi como rei; foi dele que deu este testemunho: 'Achei Davi, filho de Jessé,* um homem segundo meu coração, que cumprirá todas as minhas vontades'. [23]Foi de sua descendência* que, segundo sua promessa, Deus fez sair para Israel um salvador, Jesus. [24]João havia preparado sua vinda, pregando a todo o povo de Israel um batismo de penitência. [25]No momento de terminar sua missão, dizia João: 'Não sou aquele que vós pensais que eu seja; mas vem após mim aquele, cuja sandália não sou digno de desatar'. [26]Irmãos, filhos da estirpe de Abraão,* e vós aqui presentes que temeis a Deus: é a nós que esta mensagem de salvação foi enviada.

[27]Com efeito, os habitantes de Jerusalém* e seus chefes não reconhece-

---

* **13**,3. 6,6s; 14,23; 1Tm 4,14; 5,22 | 8. 2Tm 3,8 | 9. Os 14,10; Pr 10,9 | 11. 9,8; 22,11 | 13. 12,12 | 15. 15,21 | 16. 12,17; 19,33; Êx 6,1.6; 12,37.41; 16,35; Nm 14,34; Dt 1,31; Js 14,2; Jz 2,16; 1Sm 3,20; 8,5; 10,21s | 22. Sl 89,21; 1Sm 13,14; 16,12s; Is 11,1 | 23. 2Sm 7,12; Lc 3,3.16; Jo 1,20.27; Mc 1,7 | 26. 13,16.46 | 27. 3,17; Jo 16,3

† **13**,5. Em cada cidade, Paulo começa sempre pregando aos judeus, primeiros destinatários do anúncio da salvação, v. 46. | 9. Esta mudança de nome, do hebraico Saulo para Paulo, nome romano, acontece justamente na hora em que Paulo passa a ter mais contato com os gentios, tornando-se o apóstolo das nações.

ram Jesus e, condenando-o, cumpriram
as palavras dos profetas que se leem
todo sábado. 28Sem achar nele motivo
algum de condenação à morte, pedi-
ram a Pilatos que fosse morto. 29Depois
de terem cumprido tudo o que estava
escrito* a respeito dele, desceram-no
da cruz e o puseram no túmulo. 30Mas
Deus o ressuscitou* dos mortos, 31e
durante muitos dias ele apareceu aos
que tinham subido com ele da Galileia
a Jerusalém, e estes agora são suas tes-
temunhas perante o povo. 32Nós vos
anunciamos a Boa Nova: a promessa
feita a nossos pais, 33Deus a cumpriu
em favor de nós, seus filhos, ressusci-
tando Jesus, como também está escrito
no salmo segundo: 'Tu és meu filho,*
eu hoje te gerei'. 34E que Deus o tenha
ressuscitado dos mortos, sem retorno
possível à corrupção, é o que havia de-
clarado: 'Eu vos darei as coisas santas*
prometidas a Davi, que são dignas da fé'.
35É por isso que ele diz ainda em outro
lugar: 'Não permitireis que vosso santo
experimente a corrupção'.

36Ora, Davi, depois de haver a seu
tempo servido aos desígnios de Deus,
morreu, foi reunido a seus pais e ex-
perimentou a corrupção. 37Mas aquele
que Deus ressuscitou,* este não expe-
rimentou a corrupção. 38Portanto, ficai
sabendo, irmãos, que por ele a remis-
são dos pecados* vos é anunciada 39e
que por ele todo aquele que crê recebe
justificação de tudo aquilo de que não
vos foi possível ser justificado median-
te a lei de Moisés. 40Tomai cuidado,
pois, para que não vos aconteça o que
foi dito* nos Profetas: 41'Olhai, despre-
zadores, pasmai e desaparecei! Porque
em vossos dias vou executar uma obra
em que não acreditaríeis se vos fosse
contada'".

42Ao saírem, foram convidados para
falar do mesmo assunto no sábado se-
guinte. 43Depois que a assembleia se
dispersou,* muitos judeus e prosélitos
que adoravam a Deus seguiram Paulo
e Barnabé, e estes, conversando com
eles, exortavam-nos a ficarem fiéis à
graça de Deus.

**Paulo e Barnabé se voltam para os
gentios.** 44No sábado seguinte, quase
toda a cidade se reuniu para escutar a
palavra de Deus. 45Os judeus, porém, ao
verem aquela multidão, ficaram cheios
de inveja e replicavam com blasfêmias*
às palavras de Paulo. 46Então Barnabé e
Paulo declararam resolutamente: "Era
necessário que fosse anunciada primei-
ramente a vós a palavra de Deus. Mas
porque a rejeitais e vos julgais indignos
da vida eterna, nós nos voltamos para
os gentios. 47Pois assim o Senhor nos
ordenou: 'Eu te estabeleci como luz das
nações, para que leves a salvação* até
os confins da terra'". 48Quando ouviram
isso, os pagãos ficaram alegres* e puse-
ram-se a glorificar a palavra do Senhor;
e todos que estavam destinados à vida
eterna abraçaram a fé. 49A palavra do
Senhor se divulgava por toda a região.

50Mas os judeus instigaram as se-
nhoras devotas da elite, como também
a aristocracia da cidade, e promoveram
uma perseguição contra Paulo e Barna-
bé, e os expulsaram de seu território.
51Estes, sacudindo contra eles o pó dos
pés,* foram para Icônio. 52Os discípu-
los, entretanto, estavam cheios de ale-
gria e do Espírito Santo.

14 **Em Icônio.** 1Também em Icônio
entraram na sinagoga dos ju-
deus e falaram de tal modo que grande
multidão de judeus e de gregos abraça-
ram a fé. 2Mas os judeus, que continua-
vam incrédulos,* excitaram os pagãos e
os indispuseram contra os irmãos. 3Não
obstante, Paulo e Barnabé prolongaram
sua estadia lá por bastante tempo e fa-
lavam cheios de confiança no Senhor,
que dava testemunho à pregação de
sua graça e concedia que pelas mãos
deles se operassem sinais e prodígios.

---

* **13**,29. Mt 26,60; 27,22s.59 | 30. 1,3.8; 2,32; 3,15; 4,10; 5,32; 10,40 | 33. Sl 2,7 | 34. Is 55,3; Sl 16,10; 1Rs 2,10 | 37. 10,43; Hb 9,9; 10,1s | 38. Rm 4,25 | 40. 10,4; Hab 1,5 | 43. 11,23; 14,22 | 45. 3,26; 18,6; Rm 1,16; Mt 10,6 | 47. Is 49,6; Lc 2,32 | 48. 11,18; Rm 8,29s | 51. 18,6; Mt 10,14; Lc 9,5 | **14**,2. 13,45; 19,11; Hb 2,4; Mc 16,20

[4]A população da cidade dividiu-se: uns
estavam a favor dos judeus, outros
a favor dos apóstolos. [5]Mas, quando
houve uma tentativa dos pagãos e dos
judeus,* com seus chefes, para maltratá-
-los e apedrejá-los, [6]eles o perceberam*
e procuraram refúgio nas cidades da Li-
caônia, Listra, Derbe e arredores, [7]onde
se puseram a anunciar a Boa Nova.
Cura de um aleijado em Listra. [8]Havia,
em Listra,* um homem paralítico das
pernas, aleijado de nascença, que jamais
tinha andado. [9]Estava ouvindo Paulo fa-
lar. Este, fixando nele o olhar e vendo
que tinha fé para ser curado, [10]disse
com voz forte:* "Levanta-te e fica direi-
to em pé!" Ele deu um salto e começou
a andar. [11]À vista do que Paulo acaba-
va de fazer,* a multidão exclamou em
dialeto licaônico: "Os deuses desceram
entre nós em forma humana!"† [12]Cha-
mavam Barnabé de Júpiter e Paulo de
Mercúrio, pois era este que falava.

[13]O sacerdote de Júpiter, cujo templo
era na entrada da cidade, trouxe à por-
ta touros ornados de guirlandas e que-
ria, de comum acordo com a multidão,
oferecer um sacrifício.

[14]Informados disso, os apóstolos
Barnabé e Paulo rasgaram as vestes e
se precipitaram em direção à multidão,
gritando: [15]"Homens, que estais fazen-
do?* Nós também somos seres hu-
manos, mortais como vós, e vos exor-
tamos a converter-vos desses ídolos
vãos para o Deus vivo que fez o céu, a
terra, o mar e tudo o que neles se en-
contra. [16]Nas gerações passadas, ele
deixou que todas as nações seguissem
seus próprios caminhos; [17]mas não
cessou de dar testemunho de si por
seus benefícios,* mandando-vos do
céu chuvas e estações ricas de frutos,
fornecendo-vos alimento e enchendo
vossos corações de alegria"†.

[18]Com dificuldade conseguiram, por
meio dessas palavras, fazer a multidão
desistir de lhes oferecer um sacrifício.
[19]Mas chegaram de Antioquia e de
Icônio* alguns judeus, que atraíram as
multidões para seu lado. Apedrejaram
Paulo e arrastaram-no para fora da
cidade, julgando-o morto. [20]Então os
discípulos o rodearam, e ele se levan-
tou e entrou na cidade. No dia seguin-
te, com Barnabé, partiu para Derbe.
Retorno da missão. [21]Depois de anun-
ciar a Boa Nova em Derbe e de fazer
numerosos discípulos, voltaram a Listra,
Icônio e Antioquia, [22]confortando os co-
rações* dos discípulos e estimulando-os
a perseverarem na fé, porque – diziam
– é necessário passar por muitas tribu-
lações para entrar no Reino de Deus.
[23]Em cada uma das Igrejas designaram
responsáveis* por elas e, depois de re-
zarem e jejuarem, eles os recomenda-
ram ao Senhor em quem tinham posto
sua fé. [24]Atravessando então a Pisídia,
chegaram à Panfília. [25]Pregaram a Pa-
lavra em Perge e desceram até Atália;
[26]de lá navegaram para Antioquia, onde
tinham sido recomendados à graça de
Deus para a missão que acabavam de
realizar. [27]Ao chegar, reuniram a Igreja*
e contaram tudo o que Deus tinha reali-
zado com eles e como tinha aberto aos
pagãos a porta da fé. [28]Ficaram ali muito
tempo com os discípulos.

15

Discussão em Antioquia. [1]En-
tretanto, alguns que desceram
da Judeia* ensinavam aos irmãos, di-
zendo: "Se não vos fazeis circuncidar,

* **14**,5. 14,19; 2Tm 3,11 | 6. Mt 10,23 | 8. 3,2; 9,33 | 10. 3,8 | 11. 28,6 | 15. 10,26; Is 37,16; Jr 32,17; Sl 146,6; Sb 7,3 | 17. 17,30; Jr 5,24 | 19. 2Cor 11,25; 2Tm 3,11 | 22. 11,23; 1Ts 3,3; Mt 7,14 | 23. 13,3; 20,17; Tt 1,5 | 27. 11,18 | **15**,1. Gl 5,2 | 2. Gl 2,1

† **14**,11. Certas lendas pagãs falavam de visitas de deuses à terra em forma humana. Uma delas diz que o casal Filêmon e Báucis, habitantes da Licaônia, receberam Júpiter e Mercúrio. | 17. A pregação aos pagãos não se apoia na revelação bíblica, como acontece quando se prega aos judeus, mas ensina como Deus se manifesta a todos através da natureza, e faz um apelo para que abandonem os ídolos, convertendo-se ao Deus único. | **15**,1. É isto que estava em discussão: Pode-se admitir alguém no novo povo de Deus sem a circuncisão, sinal da aliança, e sem se submeter à Lei mosaica, cerne da revelação? O Concílio de Jerusalém responde que sim, mas da Lei conserva algumas normas particularmente caras aos judeus. A Igreja tem de ser universal, mas dentro dela as diversas culturas devem ser respeitadas.

conforme a tradição de Moisés, não podereis ser salvos"†. 2Isto provocou conflito e séria discussão de Paulo e Barnabé com eles. Ficou decidido então que Paulo, Barnabé* e mais alguns deles subiriam a Jerusalém, para consultar os apóstolos e os anciãos sobre essa questão. 3Eles, portanto, depois de terem sido escoltados pela Igreja, atravessaram a Fenícia e a Samaria, contando a conversão dos pagãos e causando grande alegria* a todos os irmãos.

4Chegados a Jerusalém, foram acolhidos pela Igreja, pelos apóstolos e pelos anciãos, e narraram tudo quanto Deus havia realizado com eles.

Concílio de Jerusalém. 5Mas alguns do partido dos fariseus, que tinham abraçado a fé, intervieram para declarar que era preciso circuncidar os pagãos e obrigá-los a observar a lei de Moisés. 6Então os apóstolos e os anciãos se reuniram para examinar essa questão. 7Depois de longa discussão, Pedro levantou-se* e disse: "Irmãos, vós sabeis que, desde os primeiros dias, Deus fez uma escolha entre vós, para que os pagãos ouvissem de minha boca a palavra da Boa Nova e abraçassem a fé. 8E Deus, que conhece os corações, testemunhou em favor deles, dando-lhes o Espírito Santo como a nós. 9Não fez nenhuma distinção* entre eles e nós, pois purificou os corações deles pela fé. 10Por que, então, continuais a tentar a Deus†, impondo aos discípulos um jugo que nem nossos pais, nem nós mesmos tivemos a força de suportar? 11Nós cremos que é pela graça do Senhor Jesus que somos salvos,* exatamente como eles"†. 12Então toda a assembleia fez silêncio para ouvir Barnabé e Paulo que referiam quantos sinais e prodígios Deus realizara entre os pagãos por meio deles.*

13Quando acabaram de falar, Tiago tomou a palavra e disse: "Irmãos, ouvi-me. 14Simeão† expôs como, desde o início, Deus cuidou de tirar dentre os pagãos um povo reservado a seu nome. 15Com isto concordam as palavras dos Profetas, como está escrito:*

16'Depois disso voltarei
e reerguerei a tenda de Davi que tinha caído;
reconstruirei suas ruínas e a porei de novo em pé,
17a fim de que o resto dos homens busque o Senhor†,
assim como todas as nações
sobre as quais foi invocado meu nome,
disse o Senhor, 18que deu a conhecer essas coisas há séculos'.*

19É por isso que, em minha opinião, não se deve inquietar aqueles que se convertem a Deus dentre os pagãos. 20Mas que se lhes ordene somente* que se abstenham das imundícies dos ídolos, das uniões ilegítimas†, das carnes sufocadas e do sangue. 21Pois, desde os tempos antigos, Moisés tem em cada cidade seus pregadores, que o leem nas sinagogas todos os sábados"†.

As decisões e a carta do Concílio. 22Então os apóstolos e os anciãos, de acordo com toda a Igreja, decidiram escolher alguns deles e enviá-los a Antioquia com Paulo e Barnabé. Escolheram Judas, chamado Barsabás, e Silas, homens de grande prestígio entre os irmãos, 23e lhes entregaram a seguinte carta:

---

* **15**,3. 14,27; 15,12 | 7. 2,4; 10,44; 11,15 | 9. 10,34; Gl 3,10; 5,1; Mt 11,30 | 11. Gl 2,16; Ef 2,4-10 | 12. 14,27; 15,4 | 13. 21,18; Gl 2,9 | 15. Am 9,11s; Jo 12,15 | 18. Is 45,21 | 20. Lv 3,17; 5,2; 17,10-16; Gn 9,4

† **15**,10. Tentar a Deus é desafiar a vontade manifesta de Deus. | 11. O caminho da salvação é o mesmo para judeus e pagãos. | 14. Esta forma aramaica do nome de Simão Pedro é a preferida por Tiago, muito ligado à cultura judaica. | 17. A tenda de Davi deve ser reedificada de modo que todas as nações possam buscar o Senhor. | 20. "Imundícies dos ídolos" são as carnes das vítimas imoladas em sacrifícios pagãos, 1Cor 8,1; 10,19; "uniões ilegítimas", lit. "fornicação", matrimônios proibidos por causa de parentesco, Lv 18,6-18; a mesma coisa no v. 29 e em 21,25; "carnes sufocadas e sangue", carnes das quais não foi extraído todo o sangue, Lv 17,10ss. O texto oc. omite "carnes sufocadas" e acrescenta no fim: "e não fazer aos outros o que não se quer que seja feito consigo". | 21. Tiago quer dizer: a longa experiência judaica mostra que os gentios não aceitarão a lei mosaica; seria, pois, fútil os cristãos tentarem impor a lei a eles.

"Os irmãos apóstolos e anciãos, aos
irmãos de Antioquia, da Síria e da Ci-
lícia, procedentes do paganismo, sau-
dações! 24Ficamos sabendo que alguns
daqui, sem autorização nossa, foram
perturbar-vos com suas palavras e in-
quietar vossos ânimos. 25Por unanimi-
dade decidimos então escolher alguns
mensageiros e enviá-los a vós, com
nossos caríssimos Barnabé e Paulo,
26homens que têm dedicado sua vida
ao nome de nosso Senhor Jesus Cris-
to. 27Portanto, enviamos a vós Judas
e Silas que, de viva voz, também lhes
comunicarão a mesma coisa. 28Porque
decidimos, o Espírito Santo e nós,* não
vos impor nenhum outro ônus além
disto que é indispensável: 29que vos
abstenhais de carnes sacrificadas aos
ídolos, do sangue, dos animais sufo-
cados e das uniões ilegítimas. Estareis
procedendo bem guardando-vos des-
sas coisas. Felicidades!"

30Despedindo-se, pois, os delegados
desceram a Antioquia, onde reuniram a
multidão e entregaram a carta. 31Ao lê-
-la, alegraram-se com o encorajamen-
to que ela trazia. 32Judas e Silas,* que
também eram profetas, exortaram os
irmãos e os confortaram por meio de
um longo discurso. 33No fim de algum
tempo, os irmãos os despediram com
votos de paz, a fim de regressarem
para junto daqueles que os haviam en-
viado†. 35Paulo e Barnabé, entretanto,
ficaram em Antioquia, onde, com mui-
tos outros, ensinavam e evangelizavam
a palavra do Senhor.

**Começa a segunda viagem missioná-
ria: Paulo e Silas.** 36Algum tempo de-
pois, Paulo disse a Barnabé: "Voltemos
a visitar os irmãos em todas as cidades
onde anunciamos a palavra do Senhor
para ver como estão". 37Barnabé queria
levar* também João, chamado Marcos;
38mas Paulo era de opinião que não
deviam levar aquele que os havia aban-
donado na Panfília e não fora com eles
para a missão. 39Discordaram a tal pon-
to que acabaram se separando um do
outro: Barnabé navegou com Marcos*
para Chipre 40e Paulo escolheu Silas e
partiu, depois de ter sido recomendado
pelos irmãos à graça de Deus.

Timóteo é associado a Paulo e Silas.
41Atravessou a Síria e a Cilícia, confor-
tando as Igrejas.

16 1Chegou a Derbe e, em segui-
da, a Listra.* Havia ali um dis-
cípulo chamado Timóteo†, filho de uma
judia, mas de pai grego. 2Os irmãos de
Listra e de Icônio davam bom testemu-
nho dele. 3Paulo quis que partisse com
ele. Tomou-o, pois, e circuncidou-o,* por
causa dos judeus daqueles lugares; pois
todos sabiam que seu pai era grego.
4Nas cidades por onde passavam, trans-
mitiam as decisões promulgadas pelos
apóstolos e pelos anciãos de Jerusalém,
recomendando que fossem observadas.
5Assim as Igrejas se fortaleciam* na fé e
cresciam em número dia a dia.

Paulo é chamado à Macedônia. 6Per-
correram a Frígia* e a região da Galácia:
o Espírito Santo os impedira de anunciar
a Palavra na Ásia. 7Chegados aos con-
fins da Mísia, tentaram entrar na Bitínia,
mas o Espírito de Jesus não o permitiu.
8Atravessaram então a Mísia e desceram
a Trôade. 9Ora, durante a noite, Paulo
teve uma visão: um macedônio, de pé,
dirigia-lhe esta súplica: "Vem para a Ma-
cedônia e ajuda-nos!" 10Depois desta
visão procuramos† partir para a Mace-
dônia, persuadidos de que Deus nos
chamava a evangelizar aquela gente.

Em Filipos. Conversão de Lídia. 11Em-
barcando em Trôade, navegamos dire-
to para Samotrácia e, no dia seguinte,
para Neápolis, 12de onde partimos para
Filipos, cidade principal do distrito da

---

* **15**,28. Mt 23,4 | 32. 14,22; 18,23 | 37. 12,12.25 | 39. 13,13; Cl 4,10 | **16**,1. 17,14; 19,22; 2Tm 1,5; Fl 2,19-22 | 3. 15,23-29; Gl 2,3ss | 5. 2,47; 5,14 | 6. 18,23

† **15**,34. Alguns manuscritos acrescentam: "34Silas decidiu ficar por lá e Judas partiu sozinho". | **16**,1. Timóteo será até o fim da vida de Paulo seu mais fiel e mais estimado colaborador. A ele Paulo vai dirigir duas de suas Cartas Pastorais. | 10. At 16,10-17 é o primeiro trecho em que Lucas usa a 1ª pessoa do plural; os outros são: 20,5-15; 21,1-18; 27,1-28,16. Nesses episódios ele é testemunha ocular.

Macedônia e colônia romana. Passamos
alguns dias nesta cidade. 13No sábado,
saímos fora da porta, para a beira do rio,
onde pensávamos que havia um lugar
de oração. Sentamo-nos e dirigimos a
palavra às mulheres que se haviam reu-
nido. 14Uma delas, chamada Lídia, es-
cutava-nos; era negociante de púrpura,
da cidade de Tiatira, e adorava a Deus.
O Senhor abriu-lhe o coração,* de sor-
te que ela aceitou as palavras de Paulo.
15Após ter sido batizada junto com sua
família†, fez-nos este pedido: "Se me jul-
gais fiel ao Senhor, vinde hospedar-vos
em minha casa". E nos obrigou a aceitar.
A escrava adivinha. 16Certa vez, en-
quanto íamos à oração, veio a nosso
encontro uma escrava que tinha um
espírito adivinhador; fazia seus patrões
ganhar muito dinheiro* dando oráculos.
17Começou a nos seguir, a Paulo e a nós,
gritando: "Esses homens são servos do
Deus Altíssimo e vos anunciam o cami-
nho da salvação". 18Fez isso durante vá-
rios dias.* Afinal Paulo, irritado, voltou-
-se e disse ao espírito: "Eu te ordeno em
nome de Jesus Cristo: sai desta mulher!"
E o espírito saiu na mesma hora†.
Prisão e libertação de Paulo e Silas.
19Mas seus patrões, vendo desaparecer
suas esperanças de lucro, agarraram
Paulo e Silas, arrastaram-nos ao fórum*
diante das autoridades 20e disseram,
apresentando-os aos magistrados: "Es-
ses homens estão tumultuando nossa
cidade.* São judeus 21e pregam costu-
mes que nós, romanos, não podemos
aceitar nem seguir". 22Então a multidão
se amotinou* contra eles, e os magis-
trados, depois de mandar que lhes ar-
rancassem as roupas, ordenaram que
fossem açoitados. 23Depois de os te-
rem moído de pancadas, lançaram-nos
na prisão, recomendando ao carcereiro
que os guardasse com cuidado. 24Ten-
do recebido tal ordem, este os lançou
na masmorra interna e prendeu seus
pés no cepo.

25Pela meia-noite, Paulo e Silas,* em
oração, cantavam os louvores de Deus,
e os prisioneiros os escutavam. 26De
repente, aconteceu um terremoto tão
violento que os alicerces da prisão se
abalaram. Naquela hora, todas as por-
tas se abriram, e as correntes de todos
os prisioneiros se quebraram. 27Des-
pertando do sono* e vendo abertas as
portas da prisão, o carcereiro puxou da
espada para se matar, pensando que
os prisioneiros tivessem fugido†. 28Mas
Paulo gritou com voz forte: "Não te fa-
ças mal nenhum, pois estamos todos
aqui". 29O carcereiro pediu luz, veio
correndo e, todo trêmulo, lançou-se
aos pés de Paulo e de Silas. 30Depois fê-
-los sair e disse: "Senhores, que preciso
fazer* para ser salvo?" 31Responderam:
"Crê no Senhor Jesus e sereis salvo tu e
tua família". 32Eles lhe anunciaram a pa-
lavra do Senhor, bem como a todos os
que estavam em sua casa. 33O carcerei-
ro tomou-os consigo na mesma hora,
em plena noite, lavou-lhes as chagas e
logo recebeu o batismo com todos os
seus. 34Fê-los então subir para a casa,
pôs a mesa e se alegrou com todos os
seus por ter acreditado em Deus.

35Quando raiou o dia, os magistrados
mandaram os litores dizer ao carcerei-
ro: "Solta aqueles homens". 36Este rela-
tou estas palavras a Paulo: "Os magis-
trados nos mandaram soltar-vos. Saí,
pois, e retirai-vos". 37Mas Paulo disse
aos litores:* "Mandaram bater-nos em
público e sem julgamento a nós, que
somos cidadãos romanos, e nos lança-
ram na prisão. E, agora, é às escondidas
que nos mandam sair! Assim não! Que
venham eles mesmos nos soltar". 38Os
litores comunicaram aos magistrados

* **16**,14. Jo 6,44 | 16. 19,13.24; Lc 4,34.41 | 18. 16,17 | 19. Mc 16,17 | 20. 1Rs 18,17 | 22. 2Cor 11,25; Fl 1,30; 1Ts 2,2 | 25. 4,31 | 27. 12,18s | 30. 2,37; 11,14; Jo 6,29 | 37. 22,25

† **16**,15. "É possível que quando 'casas' inteiras receberam o batismo, At 16,15,33, também se tenham batizado as crianças. A prática de batizar as crianças é uma tradição atestada desde o século II na Igreja" (CIC). | 18. Como Jesus, Mc 1,25, Paulo não quer que o demônio, pai da mentira, Jo 8,44, proclame sua identidade de mensageiro da salvação. | 27. Na época, se os prisioneiros fugissem, os carcereiros estavam sujeitos à mesma pena deles, ver At 12,19.

essas palavras. Temerosos, ao saberem
que eram cidadãos romanos, [39]vieram
desculpar-se com eles; depois fizeram-
-nos sair e pediram-lhes que deixassem
a cidade. [40]Ao saírem da prisão, Paulo e
Silas foram à casa de Lídia, onde visita-
ram os irmãos e os exortaram, partindo
em seguida.

17 **Paulo em Tessalônica e em
Bereia.** [1]Passando por Anfí-
polis e Apolônia,* chegaram a Tessa-
lônica, onde havia uma sinagoga dos
judeus. [2]Segundo seu costume, Paulo
foi lá encontrá-los e, em três sábados,
discutiu com eles a partir das Escrituras,
[3]explicando-as e demonstrando que o
Cristo devia sofrer* e ressuscitar dos
mortos; "e o Cristo – dizia ele – é este
Jesus que vos anuncio". [4]Alguns deles
deixaram-se convencer e aderiram a
Paulo e a Silas, assim como numerosos
gregos, adoradores de Deus, e também
bom número de senhoras da nobreza.*
[5]Mas os judeus, cheios de inveja,
ajuntaram na praça alguns homens
maus e, tendo formado um bando,
subverteram a cidade. Apresentaram-
-se então na casa de Jasão, procurando
Paulo e Silas para fazê-los comparecer
perante o povo. [6]Não os encontrando,
arrastaram Jasão e alguns irmãos pe-
rante os magistrados, gritando: "Esses
homens,* que revolucionaram o mun-
do inteiro, vieram até aqui, [7]e Jasão
os recebeu em sua casa. Todos esses
desobedecem aos editos de César,
afirmando que há um outro rei, Jesus".
[8]Excitavam a população e os magis-
trados que ouviam tais coisas; [9]e só
os soltaram depois de receberem uma
caução da parte de Jasão e dos outros.
[10]Os irmãos fizeram Paulo e Silas*
partir rapidamente, à noite, para Bereia.
Chegando lá, foram à sinagoga dos ju-
deus. [11]Ora, estes tinham sentimentos
mais nobres que os de Tessalônica.
Acolheram a Palavra com a melhor dis-
posição. Todo dia examinavam as Escri-
turas,* para ver se as coisas eram assim
mesmo. [12]Muitos dentre eles abraça-
ram a fé, e também algumas mulheres
gregas da nobreza e bom número de
homens. [13]Mas quando os judeus* de
Tessalônica souberam que Paulo anun-
ciava igualmente em Bereia a palavra
de Deus, foram lá também semear no
meio da multidão a agitação e a desor-
dem. [14]Então os irmãos fizeram Paulo
partir* imediatamente em direção ao
mar, ao passo que Silas e Timóteo fica-
ram lá. [15]Os que acompanharam Paulo
o conduziram até Atenas e voltaram
depois com a ordem para Silas e Timó-
teo irem a seu encontro o mais rápido
possível.

Paulo em Atenas. [16]Enquanto Paulo os
esperava em Atenas, seu espírito se in-
flamava nele ao contemplar aquela ci-
dade* cheia de ídolos. [17]Discutia, pois,
na sinagoga, com judeus e com os que
adoravam a Deus, e na praça, todos os
dias, com os transeuntes. [18]Até mesmo
filósofos epicureus e estoicos o abor-
davam. Uns diziam: "Que é que esse
tagarela está querendo falar?" Outros
diziam: "Parece um pregador de divin-
dades estrangeiras", porque ele anun-
ciava Jesus e a ressurreição†. [19]Toma-
ram-no então consigo e o conduziram
ao Areópago, dizendo: "Podemos sa-
ber qual é esta nova doutrina que ensi-
nas? [20]Pois são assuntos estranhos que
nos fazes ouvir. Queremos, pois, saber
o que isto quer dizer". [21]É que os ate-
nienses e os estrangeiros que residiam
entre eles não tinham outro passatem-
po senão dizer ou escutar as últimas
novidades.

Discurso de Paulo no Areópago†. [22]De
pé, no meio do Areópago, Paulo falou:
"Atenienses, vejo que vós sois, sob

---

* **17**,1. 1Ts 2,1s; Lc 4,16 | 3. 3,18; 13,29; 18,5; 26,23; Lc 24,26s.45s | 4. 13,50 | 6. 16,20; Lc 23,2; Jo 19,12 | 10. 9,27; 23,31 | 11. Jo 5,39 | 13. 14,19 | 14. 16,1 | 16. 18,19

† **17**,18. Pensaram que "Ressurreição" fosse o nome de uma deusa, companheira de Jesus. | 22. Discurso de alto nível literário, no qual Paulo apresenta em termos filosóficos a mensagem cristã. Em 1Cor 2,13 Paulo diz que abandonou o modo de falar próprio da "sabedoria humana". | 23. Para evitar o descontentamento de algum deus que não cultuassem, os pagãos dedicavam altares a deuses anônimos.

todos os aspectos, muito religiosos. 23Percorrendo, com efeito, vossa cidade e considerando vossos monumentos sagrados, encontrei até mesmo um altar com a inscrição: 'Ao Deus Desconhecido'†. Aquele que vós adorais sem conhecer, eu venho anunciar-vos. 24O Deus que fez o mundo e tudo o que nele existe, ele que é o Senhor do céu e da terra* não habita em templos feitos pelas mãos do homem. 25Tampouco é servido por mãos humanas, como se tivesse necessidade de alguma coisa, ele que a todos dá vida, respiração e tudo. 26De um só, fez nascer todo o gênero humano, para que habite em toda a face da terra; fixou tempos determinados e os limites* da morada dos homens, 27a fim de que busquem a Deus para atingi-lo, se possível, andando como que às apalpadelas, embora não esteja longe de cada um de nós. 28Com efeito, nele temos a vida, o movimento e o ser. Assim, aliás, disseram alguns de vossos poetas: "Pois somos também de sua raça".

29Ora, se somos da raça de Deus, não devemos pensar que a divindade seja semelhante ao ouro, à prata ou à pedra, esculpida pela arte* e pela imaginação do homem. 30Agora, fechando os olhos sobre os tempos da ignorância, Deus faz saber aos homens* que todos, em toda a parte, devem arrepender-se, 31porque ele fixou um dia para julgar o mundo com justiça, por um homem que ele designou, oferecendo a todos uma garantia ao ressuscitá-lo dos mortos".

32Ouvindo falar de ressurreição dos mortos, alguns zombavam, outros diziam: "Nós te ouviremos falar sobre isto outra vez". 33Foi assim que Paulo retirou-se do meio deles. 34Alguns, no entanto, aderiram a ele e abraçaram a fé: entre eles Dionísio, o areopagita, uma mulher chamada Dâmaris, e outros com eles.

18 **Fundação da Igreja de Corinto.** 1Depois disso, Paulo saiu de Atenas* e foi para Corinto. 2Encontrou lá um judeu chamado Áquila, originário do Ponto, que acabava de chegar da Itália com Priscila, sua esposa, em consequência de um edito de Cláudio, que expulsava de Roma todos os judeus. Paulo juntou-se a eles 3e, como tinham a mesma profissão,* ficou na casa deles e lá trabalhava†. Por profissão eram fabricantes de tendas. 4Todo sábado ele falava na sinagoga e tentava persuadir judeus e gregos.

5Quando Silas e Timóteo chegaram da Macedônia,* Paulo consagrou-se totalmente à Palavra, atestando aos judeus que Jesus* é o Cristo. 6Mas, diante da oposição deles e de suas palavras blasfemas, sacudiu as vestes e lhes disse: "Que vosso sangue recaia sobre vossa cabeça! Quanto a mim, sou inocente e doravante é aos pagãos que vou me dirigir". 7Então, retirando-se de lá, Paulo foi para a casa de certo Tito Justo, homem que adorava a Deus, que residia perto da sinagoga.

8Crispo, chefe da sinagoga,* acreditou no Senhor com toda a sua casa; e muitos coríntios que ouviam Paulo abraçavam também a fé e se faziam batizar. 9Uma noite, numa visão, o Senhor disse a Paulo: "Não tenhas medo, continua a falar, não te cales. 10Porque estou contigo, e ninguém porá a mão sobre ti para fazer-te mal, pois tenho um povo numeroso* nesta cidade". 11Ficou lá um ano e seis meses ensinando entre eles a palavra de Deus.

Paulo comparece perante Galião. 12Quando Galião era procônsul da Acaia, os judeus se revoltaram em massa contra Paulo e levaram-no ao tribunal, 13dizendo: "Este homem persuade os outros a adorarem a Deus de um modo contrário à Lei". 14Paulo ia abrir a boca, quando Galião disse aos judeus: "Se o assunto fosse algum delito ou crime, aceitaria, ó judeus, vossa queixa,

---

* **17**,24. 7,48; 1Rs 8,27; Is 42,5; Sl 146,6; Dt 32,8 | 26. Sl 145,18; Is 55,6; Jr 23,23 | 29. 19,26; Is 40,18; Gn 1,27 | 30. 10,42; 14,16; Lc 24,47; Sl 96,13; 98,9 | **18**,1. Rm 16,3 | 3. 20,34; 1Cor 4,12 | 5. 17,3.14; 18,28 / 13,45ss.51; 20,26 | 8. 1Cor 1,14 | 10. Js 1,5-9; Is 41,10

† **18**,3. 1Cor 16,19 confirma que o casal estava com Paulo em Corinto.

como é minha obrigação. [15]Mas já que
se trata de disputas* sobre palavras e
nomes e sobre vossa Lei, vede vós mes-
mos! Dessas coisas não quero ser juiz".
[16]E mandou-os sair do tribunal. [17]Todos
então agarraram Sóstenes, chefe da si-
nagoga, e, diante do tribunal, puseram-
-se a espancá-lo. E Galião não se impor-
tava com isso absolutamente.
Volta a Antioquia. [18]Paulo ficou ain-
da certo tempo* em Corinto, depois
despediu-se dos irmãos e embarcou
para a Síria. Priscila e Áquila o acom-
panhavam. Tinha raspado a cabeça em
Cencreia, por causa de uma promessa
que fizera. [19]Chegaram a Éfeso,* onde
ele se separou do casal. Foi à sinago-
ga, e lá se pôs a discutir com os judeus.
[20]Estes lhe pediram que prolongasse
sua estadia. Ele não consentiu, [21]mas,
despedindo-se, disse-lhes: "Voltarei até
vós outra vez, se Deus quiser". E partiu
de Éfeso.
[22]Desembarcando em Cesareia, su-
biu para saudar a Igreja† e depois des-
ceu a Antioquia.
**Começa a terceira viagem missioná-
ria.** [23]Tendo passado lá algum tempo,
partiu de novo e percorreu sucessi-
vamente o território gálata e a Frígia,
confortando todos os discípulos†.
O judeu Apolo. [24]Um judeu, chama-
do Apolo,* natural de Alexandria, tinha
chegado a Éfeso. Era um homem elo-
quente, versado nas Escrituras. [25]Tinha
sido instruído no Caminho do Senhor
e, no fervor de seu espírito, pregava e
ensinava com exatidão o que se refere
a Jesus, embora só conhecesse o ba-
tismo de João. [26]Pôs-se então a falar
com segurança* na sinagoga. Priscila e
Áquila, que o tinham ouvido, tomaram-
-no consigo e lhe expuseram mais exa-
tamente o Caminho. [27]Como quisesse
partir para a Acaia,* os irmãos o enco-
rajaram e escreveram aos discípulos
que o acolhessem bem. Chegando lá,
ele foi, pelo efeito da graça, de grande
auxílio aos que haviam abraçado a fé:
[28]pois ele refutava vigorosamente* os
judeus em público, demonstrando pe-
las Escrituras que Jesus é o Cristo.

19

Paulo em Éfeso. Os joanitas.
[1]Enquanto Apolo estava em
Corinto, Paulo, após ter atravessado
a região serrana, chegou a Éfeso. En-
controu lá alguns discípulos [2]e lhes
perguntou: "Recebestes o Espírito San-
to quando abraçastes* a fé?" Respon-
deram-lhe: "Mas nem sequer ouvimos
dizer que existe um Espírito Santo..." [3]E
ele disse: "Então, que batismo recebes-
tes?" "O batismo de João"†, responde-
ram. [4]Paulo então disse: "João batizou*
com um batismo de penitência, dizen-
do ao povo que acreditasse naquele
que viria após ele, isto é, em Jesus".
[5]A estas palavras, fizeram-se batizar
no nome do Senhor Jesus; [6]e quando
Paulo lhes impôs as mãos,* o Espírito
Santo veio sobre eles, e puseram-se a
falar em línguas e a profetizar. [7]Esses
homens eram ao todo uns doze.
Fundação da Igreja de Éfeso. [8]Paulo
foi à sinagoga* e lá, durante três me-
ses, falou com ousadia, discutindo e
procurando persuadir seus ouvintes
acerca do Reino de Deus. [9]Alguns, no
entanto, empedernidos* e incrédulos,
difamavam o Caminho† diante da as-
sistência. Rompeu então com eles e to-
mou à parte os discípulos que ensinava
todos os dias na escola de um tal Tira-
nos. [10]Foi assim durante dois anos, de
sorte que todos os habitantes da Ásia,
judeus e gregos, puderam ouvir a pala-
vra do Senhor.
Os exorcistas judeus. [11]Deus realiza-
va,* pelas mãos de Paulo, milagres ex-

* **18**,15. 23,29; 25,18; Jo 18,31; 1Cor 1,1 | 18. 21,24 | 19. Nm 6,5.18 | 24. 10,3; 1Cor 3,6 | 26. 19,8 | 27. 2Cor 3,1 | 28. 9,22; 17,3 | **19**,2. 2,38 | 4. Mt 3,11; Mc 1,4.7s | 6. 8,17; 10,44.46 | 8. 18,26 | 9. Tt 3,10s; 2Cor 6,17; 2Jo 10 | 11. 5,15; 14,3; Mc 9,38; Lc 9,49

† **18**,22. Esta Igreja é a de Jerusalém. | 23. Nesta terceira viagem, Paulo vai dedicar-se sobretudo à Igreja de Éfeso. | **19**,3. Houve nos tempos primitivos um grupo de discípulos de João Batista, que acreditavam ser ele o Messias; opondo-se a tal crença, o 4º Evangelho afirma que "João não era a luz", 1,8. | 9. Ver a nota em At 9,2. | 12. Textos como esse mostram que tem fundamento bíblico a devoção dos católicos às relíquias.

traordinários, 12a tal ponto que basta-
va aplicar sobre os doentes lenços ou
aventais que haviam tocado seu corpo
e as doenças os deixavam e os espíri-
tos maus se retiravam†. 13Ora, alguns
exorcistas* judeus itinerantes tentaram
pronunciar, eles também, o nome do
Senhor Jesus sobre os que tinham espí-
ritos maus. Diziam: "Eu vos conjuro por
esse Jesus que Paulo prega!" 14Quem
fazia isto eram os sete filhos de certo
Ceva, sumo sacerdote judeu. 15Mas o
espírito mau lhes replicou: "Jesus, eu o
conheço, e Paulo, sei quem é. Mas vós,
quem sois?" 16E o homem que tinha
o espírito mau lançou-se sobre eles,
dominou a uns e outros e maltratou-
-os tanto que eles saíram da casa nus e
cobertos de feridas.

17Todos os habitantes de Éfeso, ju-
deus e gregos, souberam do fato. O
medo então apoderou-se de todos, e o
nome do Senhor Jesus foi glorificado.
18Muitos dos que tinham abraçado a fé
vieram confessar e desvendar suas prá-
ticas. 19Bom número dos que se tinham
entregue à magia traziam seus livros e
os queimavam na presença de todos.
O valor total deles foi estimado em cin-
quenta mil moedas de prata.

20Assim, a palavra do Senhor crescia
e se firmava poderosamente.*

O motim dos ourives de Éfeso. 21Após
esses fatos,* Paulo fez o projeto de
atravessar a Macedônia e a Acaia para
ir a Jerusalém. "Depois de ter estado lá
– dizia – preciso igualmente ver Roma".
22Enviou, então, à Macedônia,* dois de
seus auxiliares, Timóteo e Erasto; quan-
to a ele, ficou ainda algum tempo na
Ásia. 23Por essa época, houve um tu-
multo* bastante grave a propósito do
Caminho. 24Certo Demétrio, que era
ourives e fabricava em prata miniaturas
do templo de Diana, conseguia assim
muita renda para os artesãos. 25Ele os
reuniu, bem como os que exerciam
profissões semelhantes, e lhes dis-
se: "Homens, é a esta indústria, como
bem sabeis,* que devemos nosso bem-
-estar. 26Ora, este Paulo, como vedes e
ouvis, não só em Éfeso mas em quase
toda a Ásia, convenceu e desviou uma
multidão de gente, afirmando que não
são deuses os que são feitos por mãos
humanas. 27Isto ameaça não apenas
lançar o descrédito sobre nossa cate-
goria, mas ainda destruir toda a fama
do santuário da grande deusa Diana,
para acabar despojando de seu prestí-
gio aquela que toda a Ásia e o mundo
inteiro veneram".

28A essas palavras, cheios de cólera,
puseram-se a gritar: "Grande é a Dia-
na dos efésios!" 29A desordem tomou
conta da cidade inteira. Precipitaram-
-se em massa para o teatro, arrastando
para lá os macedônios Gaio e Aristar-
co, companheiros de viagem de Paulo.
30Quanto a Paulo, queria apresentar-se
diante do povo, mas os discípulos o
impediram. 31Mesmo alguns asiarcas†,
amigos dele, mandaram pedir-lhe in-
sistentemente para não se expor, indo
ao teatro. 32Entretanto, uns gritavam
isto,* outros aquilo. A assembleia esta-
va em plena confusão; a maioria nem
sequer sabia para que estava reunida.
33Alguns da multidão fizeram intervir
Alexandre, que os judeus empurravam
para a frente, e ele, tendo feito sinal
com a mão, queria dar uma explicação
ao povo. 34Mas quando reconheceram
que era judeu, todos se puseram a gri-
tar a uma só voz, por quase duas horas:
"Grande é a Diana dos efésios!"

35Enfim, o secretário acalmou a mul-
tidão e disse: "Efésios, quem é que não
sabe que a cidade de Éfeso é a guardiã
do templo da grande Diana e de sua
estátua caída do céu? 36Sendo isso ine-
gável, deveis ficar tranquilos e nada fa-
zer de temerário. 37Trouxestes aqui es-
ses homens, que não são culpados nem
de sacrilégio, nem de blasfêmia contra
nossa deusa. 38Ora, se Demétrio e os
artesãos que estão com ele têm quei-
xas contra alguém, há audiências, há

---

* **19**,13. Mc 1,34; Lc 4,41 | 20. 6,7; 12,24 | 21. 23,11; Rm 1,13 | 22. 17,14; Rm 16,23 | 23. 16,16; 2Cor 1,8s | 25. 17,29 | 32. 21,34

† **19**,31. Asiarcas são os chefes da Ásia, os que presidiam ao culto do imperador na Ásia.

procônsules: que apresentem a queixa.
39E se tendes algum outro assunto a
debater, será resolvido na assembleia
regular. 40Pois corremos o risco de ser-
mos acusados de sedição por causa do
que aconteceu hoje, já que não existe
nenhum motivo que nos permita jus-
tificar essa aglomeração". E com essas
palavras, dissolveu a assembleia.

20 **Paulo na Grécia e na Mace-
dônia.** 1Cessado o tumulto,
Paulo convocou os discípulos, dirigiu-
-lhes uma exortação e, depois de se ter
despedido, partiu para a Macedônia.
2Atravessou a região, exortou longa-
mente os fiéis e chegou à Grécia, 3onde
ficou três meses.* Os judeus tramaram
contra ele uma conjuração no momen-
to em que ia embarcar para a Síria.
Então decidiu voltar pela Macedônia.
4Tinha como companheiros Sópatros,
filho de Pirro, de Bereia; Aristarco e Se-
gundo, de Tessalônica; Gaio, de Derbe
e Timóteo, bem como Tíquico e Trófi-
mo,* que eram da Ásia. 5Estes tomaram
a dianteira e nos esperavam em Trôade.
6Quanto a nós, partimos de Filipos por
mar, após os dias dos Ázimos e, cinco
dias depois, os alcançamos em Trôade,
onde passamos sete dias.
Ressurreição de Êutico em Trôade.
7No primeiro dia da semana†, está-
vamos reunidos* para partir o pão†;
Paulo, que devia viajar no dia seguin-
te, entretinha-se com eles. Prolongou
seu discurso até a meia-noite. 8Havia
bom número de lâmpadas na sala de
cima onde estávamos reunidos. 9Ora,
um adolescente chamado Êutico, que
estava sentado na beira da janela, mer-
gulhou em profundo sono, enquanto
Paulo continuava falando. Vencido pelo
sono, caiu do terceiro andar abaixo.
Quando o levantaram, estava morto.
10Paulo desceu,* estendeu-se sobre ele,
tomou-o nos braços e disse: "Não vos
assusteis: sua alma está nele". 11Depois
subiu, partiu o pão e comeu; e depois
de ter falado ainda por longo tempo,
até raiar o dia, ele partiu. 12Quanto ao
jovem, trouxeram-no vivo e sentiram-
-se muito consolados.
13E nós, indo à frente por mar, ruma-
mos para Assos, onde devíamos apa-
nhar Paulo: assim ele tinha mandado,
pretendendo fazer a viagem por terra.
14Quando nos alcançou em Assos, nós
o tomamos a bordo e chegamos a Mi-
tilene. 15De lá tornamos a partir um dia
depois e chegamos diante de Quio. No
dia seguinte aportamos em Samos e
chegamos no outro dia a Mileto. 16Com
efeito,* Paulo tinha decidido passar ao
largo de Éfeso, para não se demorar na
Ásia. Ele se apressava, a fim de estar, se
possível, em Jerusalém, no dia de Pen-
tecostes.
**Em Mileto. Discurso aos anciãos de
Éfeso.** 17De Mileto, ele mandou emis-
sários* a Éfeso para chamar os anci-
ãos desta Igreja. 18Quando chegaram
junto dele, disse-lhes: "Vós sabeis de
que modo, desde o primeiro dia em
que cheguei à Ásia, não cessei de me
comportar em relação a vós, 19servindo
o Senhor com toda a humildade, en-
tre lágrimas e provações que as cila-
das dos judeus me causaram. 20Sabeis
que nada negligenciei* daquilo que
vos podia ser proveitoso, em minhas
exortações e instruções, em público e
em vossas casas, 21conjurando judeus
e gregos a se converterem a Deus e
a crerem em Jesus, nosso Senhor. 22E
agora, eis que, acorrentado* pelo Espí-
rito,† dirijo-me a Jerusalém, sem saber
o que vai me acontecer lá, 23senão que,
de cidade em cidade, o Espírito Santo
me atesta que me esperam cadeias e
tribulações. 24Mas não faço caso ne-
nhum de minha vida, contanto que
leve a bom termo minha carreira e o
ministério que recebi do Senhor Jesus:

* **20**,3. 9,24; 17,10; 19,29; 23,13ss | 4. Rm 16,21; 1Cor 16,8 | 7. 2,42.46; 1Cor 16,2 | 10. 1Rs 17,21 | 16. 18,21 | 17. 19,10 | 20. 20,3 | 22. 9,16; 19,21; 21,4.11.13; 2Tm 4,7

† **20**,7. O "primeiro dia da semana" é o domingo, dia da ressurreição de Cristo, Lc 24,1, que já havia substituído o sábado como dia santo semanal. / Ver a nota em 2,42. | 22. Movido por um impulso do Espírito Santo. Como um prisioneiro, Paulo deve ir aonde o Espírito o conduz.

dar testemunho do Evangelho da graça
de Deus.
25E agora sei que não mais vereis meu
rosto, vós todos entre os quais passei
proclamando o Reino. 26É por isso que
atesto hoje* diante de vós: sou inocente
do sangue de todos. 27Pois não me es-
quivei ao dever de anunciar-vos* toda
a vontade de Deus. 28Cuidai de vós
mesmos e de todo o rebanho, do qual
o Espírito Santo vos estabeleceu como
bispos para apascentar a Igreja de Deus,
que ele adquiriu para si com o sangue
de seu Filho. 29Bem sei que, depois de
minha partida,* vão infiltrar-se entre vós
lobos ferozes, que não pouparão o re-
banho, 30e que até do meio de vós sur-
girão alguns a ensinar doutrinas perver-
sas, para arrastar os discípulos atrás de
si. 31Por isso, vigiai, lembrando-vos de
que, durante três anos, noite e dia,* não
cessei de exortar com lágrimas cada um
de vós. 32E agora recomendo-vos a Deus
e à palavra de sua graça, que tem o po-
der de edificar e de conceder a herança
com todos os santificados. 33Prata, ouro,
vestes, não ambicionei* de ninguém:
34vós mesmos sabeis que foram estas
minhas mãos que cuidaram de minhas
precisões e das de meus companheiros.
35De todos os modos vos mostrei que é
trabalhando assim que se deve socorrer
os fracos, recordando as palavras do Se-
nhor Jesus, que disse: "Há mais felicida-
de em dar que em receber"†.

36A essas palavras, colocando-se de
joelhos, rezou* com todos eles. 37To-
dos então começaram a chorar copio-
samente e, lançando-se ao pescoço de
Paulo, abraçavam-no, 38entristecidos,
sobretudo por causa da palavra que
tinha dito, que não mais veriam* seu
rosto. E o acompanharam até o navio.

21 Paulo vai para Jerusalém.

1Depois de nos separarmos
deles, embarcamos e navegamos di-
retamente para Cós; no dia seguinte
atingimos Rodes e, de lá, Pátara. 2Ten-
do encontrado um navio que ia para
a Fenícia, subimos a ele e partimos.
3Chegando à vista de Chipre, deixamo-
-la à esquerda e navegamos para a Sí-
ria, desembarcando em Tiro, pois era lá
que o navio devia descarregar. 4Tendo
encontrado discípulos, ficamos lá sete
dias.* Inspirados pelo Espírito, diziam
a Paulo que não subisse a Jerusalém.
5Mas, passados aqueles dias, partimos.
Íamos acompanhados de todos, inclu-
sive de mulheres e crianças, até fora
da cidade. Pusemo-nos de joelhos na
praia para rezar. 6Depois das despedi-
das, embarcamos no navio, e eles vol-
taram para casa.

7E nós, terminada a travessia, fo-
mos de Tiro a Ptolemaida. Depois de
ter saudado os irmãos e ficado um dia
com eles, 8partimos de novo no dia se-
guinte e chegamos a Cesareia. Entra-
mos na casa de Filipe†, o evangelista,
que era um dos Sete, e ficamos na casa
dele. 9Ele tinha quatro filhas moças que
profetizavam.*

10Fazia alguns dias que lá estávamos,
quando um profeta de nome Ágabo*
chegou da Judeia. 11Veio a nosso en-
contro e, tomando o cinto de Paulo,
amarrou com ele os pés e as mãos, di-
zendo: "Isto diz o Espírito Santo: Assim
os judeus em Jerusalém amarrarão o
homem* a quem pertence este cinto e
o entregarão às mãos dos pagãos". 12A
essas palavras, nós e as pessoas do lu-
gar, começamos a suplicar a Paulo que
não subisse* a Jerusalém. 13Então ele
respondeu: "Para que ficar chorando e
me partindo* o coração? Estou pronto
não só para me deixar prender, mas
também para morrer em Jerusalém
pelo nome do Senhor Jesus!" 14Como
não havia meio de convencê-lo, para-
mos de insistir, dizendo: "Seja feita a
vontade do Senhor!" 15Depois desses

---

* **20**,26. 18,6 | 27. 1Pd 5,2; 1Tm 4,16 | 29. Mt 7,15; 10,16; Jo 10,12 | 31. 1Jo 2,19; Gl 1,7; 4,17; 1Ts 2,11 | 33. 1Sm 12,3; 1Cor 9,11-14; 1Ts 2,9; 2Ts 3,7s; Mt 10,8 | 36. Rm 16,6; 1Cor 16,20; 1Pd 5,14 | 38. 20,25; 21,6 | **21**,4. 20,23.36; 21,11s | 9. 2,17 | 10. 11,28; Jo 21,18 | 11. 21,33 | 12. Mt 16,22 | 13. 20,24; Mt 26,39

† **20**,35. Esta frase não está nos Evangelhos, mas concorda com o ensinamento de Jesus. | **21**,8. Ver a nota em 8,5.

dias, tendo terminado nossos preparativos, subimos a Jerusalém. [16]Alguns discípulos de Cesareia nos acompanharam e nos levaram para hospedar-nos na casa de certo Menáson, de Chipre, discípulo dos primeiros dias.*

Encontro de Paulo e Tiago em Jerusalém. [17]Ao chegarmos a Jerusalém, os irmãos nos receberam com alegria. [18]No dia seguinte, Paulo foi conosco à casa de Tiago, onde se reuniram todos os anciãos. [19]Depois de os ter saudado, ele se pôs a narrar com pormenores o que Deus tinha feito entre os pagãos por seu ministério. [20]Eles glorificavam a Deus pelo que ouviam.* Disseram-lhe então: "Estás vendo, irmão, quantos milhares de judeus têm abraçado a fé, e são todos zelosos, cumpridores da Lei. [21]Ora, a respeito de ti eles ouviram dizer que ensinas aos judeus* dispersos entre os pagãos que abandonem Moisés, dizendo-lhes que não mais circuncidem seus filhos e que não sigam mais as tradições. [22]Que fazer então? Certamente ficarão sabendo de tua chegada. [23]Faze, pois, o que vamos te dizer. Temos aqui quatro homens que devem cumprir uma promessa. [24]Toma-os contigo, faze a purificação* junto com eles e encarrega-te das despesas, para que possam rapar a cabeça. Assim todo o mundo ficará sabendo que não há nada de verdade no que ouviram a teu respeito, mas que tu também te comportas como observante da Lei. [25]Quanto aos pagãos que abraçaram a fé,* já lhes escrevemos, ordenando que se abstenham das carnes imoladas aos ídolos, do sangue, das carnes sufocadas e das uniões ilegítimas"†.

[26]No dia seguinte, Paulo conduziu os tais homens e, depois de se ter purificado com eles, entrou no templo, onde anunciou o término dos dias da purificação,* quando deveria ser apresentada a oblação em favor de cada um deles.

Prisão de Paulo no templo. [27]Os sete dias chegavam ao fim, quando os judeus da Ásia, tendo-o visto no templo, instigaram a multidão e o agarraram, [28]gritando: "Homens de Israel,* socorro! Este é o indivíduo que prega a todos e por toda a parte contra nosso povo, contra a lei e contra este santo lugar!"

[29]Com efeito, haviam visto antes o efésio Trófimo com ele na cidade e pensavam que Paulo o tivesse introduzido no templo†. [30]A cidade inteira* ficou em alvoroço, e o povo acorreu de todas as partes. Apoderaram-se de Paulo, arrastaram-no para fora do templo, cujas portas foram logo fechadas. [31]Procuravam matá-lo, quando esta notícia chegou ao tribuno da corte: "Jerusalém inteira está agitada!" [32]Imediatamente, tomando consigo soldados e centuriões, ele precipitou-se sobre os revoltosos. Estes, à vista do tribuno e dos soldados, pararam de agredir Paulo. [33]Então o tribuno* aproximou-se, deteve-o e ordenou que o prendessem com duas correntes; procurou saber quem era ele e o que havia feito. [34]Mas na multidão uns gritavam isto, outros aquilo. Não podendo, nessa confusão, obter nenhuma informação precisa, deu ordem para conduzir Paulo à fortaleza.

[35]Quando ele chegou aos degraus, teve de ser carregado pelos soldados, tal a violência da multidão. [36]Pois o povo seguia em massa, gritando: "À morte!"*

Paulo se defende diante dos judeus. [37]Na hora de ser introduzido na fortaleza, Paulo disse ao tribuno: "Posso dizer-te uma palavra?" "Sabes o grego?", perguntou este. [38]Então não és aquele egípcio,* que nesses últimos tempos atiçou quatro mil bandidos e os levou para o deserto?" [39]Respondeu Paulo: "Eu sou judeu, de Tarso, na Cilícia, cidadão duma cidade de certa importân-

---

* **21**,16. 15,7.12; Gl 1,19 | 20. 15,1 | 21. 16,3; 21,28; Gl 2,3 | 24. 18,18 | 25. 15,20.29 | 26. Nm 6,1-20; 1Cor 9,20; 1Mc 3,49s | 28. 6,13; Ez 44,7 | 30. 19,29 | 33. 20,23; 21,11 | 36. 22,22; Lc 23,18 | 38. 5,36s

† **21**,25. São estas as decisões do Concílio de Jerusalém, 15,23-29. | 29. No templo, os pagãos não podiam ir além do pátio dos gentios, sob pena de morte.

cia. Peço-te que me permitas falar ao povo". 40Dada a permissão, Paulo, de pé nos degraus, fez com a mão sinal ao povo. Fez-se grande silêncio. Então ele dirigiu-lhes a palavra em língua hebraica, dizendo:

22

1"Irmãos e pais, ouvi o que tenho agora* para vos dizer em minha defesa". 2Quando ouviram que lhes falava em língua hebraica, seu silêncio se fez mais profundo. 3E prosseguiu: "Eu sou judeu,* nascido em Tarso, na Cilícia, mas fui educado nesta cidade, e foi aos pés de Gamaliel que fui formado na exata observância da lei de nossos pais; e eu estava cheio de zelo por Deus, como vós todos estais hoje. 4Persegui até a morte* este Caminho, acorrentando e lançando na prisão homens e mulheres, 5como podem testemunhar o sumo sacerdote e todo o Colégio dos anciãos. Deles recebi também cartas para os irmãos de Damasco, e eu ia para lá, a fim de conduzir também os de lá, presos, para Jerusalém, para serem castigados.

Paulo narra sua conversão. 6Enquanto estava a caminho e me aproximava de Damasco, de repente, por volta do meio-dia, uma grande luz vinda do céu me envolveu com seu brilho. 7Caí no chão e ouvi uma voz que me dizia: 'Saul, Saul, por que me persegues?' 8Respondi: 'Quem és tu, Senhor?' Disse-me: 'Eu sou Jesus, o Nazareno, a quem tu persegues'. 9Os que estavam comigo* viram, sim, a luz, mas não ouviram a voz daquele que me falava. 10Eu disse: 'Que devo fazer, Senhor?' E o Senhor* respondeu-me: 'Levanta-te, vai a Damasco; lá te dirão tudo quanto está determinado que faças'.

11Mas como eu não enxergava por causa do brilho daquela luz, conduzido pela mão de meus companheiros, cheguei a Damasco. 12Havia lá certo Ananias, homem devoto segundo a Lei, que gozava de boa reputação entre todos os judeus da cidade; 13ele veio me procurar e, chegando perto de mim, disse-me: 'Saul, meu irmão, recupera a vista'. E eu, na mesma hora, pude vê-lo. 14Então ele disse: 'O Deus de nossos pais te predestinou para conheceres sua vontade, para veres o Justo e para ouvires a voz saída de sua boca; 15pois tu serás, diante de todos os homens, sua testemunha do que viste e ouviste. 16E agora, o que estás esperando? Levanta-te,* recebe o batismo e lava-te de teus pecados, invocando seu nome'.

17Depois que voltei a Jerusalém,* certo dia em que eu rezava no templo, aconteceu que caí em êxtase 18e vi o Senhor, que me disse: 'Anda depressa e sai logo de Jerusalém, pois não acolherão teu testemunho* a meu respeito'. 19Respondi: 'Senhor, eles bem sabem que eu mandava pôr na cadeia e açoitar nas sinagogas* os que acreditavam em ti; 20e quando derramavam o sangue de Estêvão, tua testemunha, eu também estava presente, concordando com os que o matavam, e tomando conta de suas roupas'. 21Ele me disse: 'Vai; é para longe,* para os pagãos que te enviarei'".

Paulo, cidadão romano. 22Até aí o escutavam.* Mas a essas palavras, puseram-se a gritar: "Tirai da terra este indivíduo! Não deve mais viver!" 23Gritavam, lançavam suas vestes e jogavam poeira para cima. 24O tribuno mandou então introduzi-lo na fortaleza e ordenou que o interrogassem, usando açoites, a fim de descobrir por qual motivo gritavam* assim contra ele. 25Mas quando o prenderam com correias, Paulo perguntou ao centurião que estava a seu lado: "Podeis flagelar um cidadão romano que nem sequer foi julgado?" 26A essas palavras, o centurião foi procurar o tribuno para preveni-lo: "Que vais fazer? Este homem é cidadão romano!" 27O tribuno veio então perguntar a Paulo: "Dize-me, tu és cidadão romano?" "Sim", respondeu. 28O tribuno replicou: "Eu adquiri

---

* **22**,1. 7,2; 13,26; 21,40 | 3. 9,1-29; 26,9-20; Rm 10,2 | 4. 8,3 | 9. Sb 18,1 | 10. 16,30 | 16. Rm 10,13; 2Tm 2,22; | 17. 9,26; 11,13; Gl 1,18s | 18. 8,3; 22,4; 26,10 | 19. 7,58; 8,1 | 21. 9,15; 13,2; 26,16s; Gl 2,7ss | 22. 21,36 | 24. 16,37; 23,27

essa cidadania por um alto preço". "E eu
– disse Paulo – a tenho por nascimen-
to". 29Imediatamente afastaram-se dele
os que iam interrogá-lo, e o próprio tri-
buno ficou com medo ao ficar sabendo
que era cidadão romano aquele que ti-
nha mandado acorrentar.

Paulo comparece perante o Sinédrio.
30No dia seguinte, querendo saber com
exatidão de que os judeus o acusavam,
mandou soltá-lo e ordenou que se reu-
nissem os sumos sacerdotes e todo o
Sinédrio; depois trouxe Paulo e o fez
comparecer perante eles.

23 1Com os olhos fixos* no Si-
nédrio, Paulo disse: "Irmãos,
é com toda a boa consciência que me
comportei diante de Deus até hoje".
2Mas o sumo sacerdote Ananias ordenou
a seus assistentes que lhe batessem* na
boca. 3Então Paulo disse: "É Deus que vai
te bater, parede caiada!* Então, tu te sen-
tas para me julgar segundo a lei e, contra
a lei, mandas me bater?" 4Os assistentes
lhe disseram: "Ousas insultar o sumo sa-
cerdote de Deus?" 5Paulo respondeu: "Eu
não sabia, irmãos, que é o sumo sacer-
dote. Pois está escrito: 'Não amaldiçoarás
o chefe de teu povo'".*

6Paulo sabia que havia lá, de um
lado,* os saduceus, de outro, os fa-
riseus. Exclamou, pois, diante do Si-
nédrio: "Irmãos, eu sou fariseu, filho
de fariseus. É por causa da esperança
na ressurreição dos mortos que estou
sendo julgado"†.

7Mal disse isto, irrompeu um conflito
entre fariseus e saduceus, e a assem-
bleia dividiu-se. 8Com efeito, os sadu-
ceus dizem* que não há nem ressurrei-
ção, nem anjo, nem espírito, ao passo
que os fariseus professam uma e outra
coisa. 9Houve, pois, um grande clamor.*
Alguns escribas do partido dos fariseus
levantaram-se e protestaram, dizendo:
"Não achamos nada de mal neste ho-
mem. E se um espírito ou um anjo lhe
tivesse falado?" 10A discussão tornava-
-se cada vez mais veemente. O tribuno,
receando que Paulo fosse linchado por
eles, mandou a tropa descer para tirá-lo
do meio deles e reconduzi-lo à fortale-
za. 11Na noite seguinte, o Senhor veio*
para seu lado e lhe disse: "Coragem!
Assim como deste testemunho de mim
em Jerusalém, assim é preciso que dês
testemunho também em Roma".

Conjuração dos judeus contra Paulo.
12Quando raiou o dia, os judeus fizeram
uma reunião, na qual se comprome te-
ram sob juramento a não comer nem
beber até matarem Paulo. 13Eram mais
de quarenta* os que fizeram essa con-
juração. 14Apresentaram-se aos sumos
sacerdotes e aos anciãos e disseram-
-lhes: "Nós nos comprometemos sob
juramento a não tomar nada enquanto
não matarmos Paulo. 15Portanto ago-
ra, em conformidade com o Sinédrio,
mandai dizer ao tribuno que o conduza
a vossa presença, sob pretexto de exa-
minar mais a fundo seu caso. De nosso
lado, estamos de prontidão para matá-
-lo antes que chegue".

16Mas o filho da irmã de Paulo ficou
sabendo da conspiração. Foi à fortale-
za, entrou e avisou Paulo. 17Chamando
um dos centuriões, Paulo lhe disse:
"Conduze este jovem ao tribuno; ele
tem algo a lhe comunicar". 18O centu-
rião levou-o consigo e o conduziu ao
tribuno. "O prisioneiro Paulo – disse ele
– chamou-me e pediu que lhe trouxes-
se este jovem, que tem algo a dizer-te".
19O tribuno tomou o jovem pela mão,
levou-o à parte e lhe perguntou: "Que
é que tens para comunicar-me?" 20"Os
judeus – respondeu ele – combinaram
para te pedir que conduzas Paulo ama-
nhã ao Sinédrio, sob pretexto de in-
vestigar mais a fundo seu caso. 21Mas
não acredites neles, porque mais de
quarenta de seus homens o espreitam
e se comprometeram sob juramento a
não comer nem beber até o terem eli-
minado. E agora estão de prontidão,
esperando teu consentimento".

---

* **23**,1. 22,1; 24,16 | 2. Jo 18,22 | 3. Mt 23,27; Ez 13,10-15; Lv 19,15 | 5. Êx 22,28 | 6. 4,2; 22,3; 24,21; 26,5; Fl 3,5 | 8. Mt 22,23 | 9. 5,39; 25,25; Lc 23,4 | 11. 18,9; 28,23.31 | 13. Jo 16,2s

† **23**,6. O cerne das discussões é a ressurreição de Cristo, 25,19.

[22]O tribuno despediu o jovem com esta recomendação: "Não contes a ninguém que me revelaste essas coisas".

Paulo é transferido para Cesareia. [23]Depois chamou dois dos centuriões e disse-lhes: "Preparai, a fim de partirem para Cesareia, desde a terceira hora da noite, duzentos soldados, setenta cavaleiros e duzentos lanceiros†. [24]Preparai também cavalos para Paulo montar e ser conduzido são e salvo ao governador Félix".

[25]E escreveu uma carta nestes termos: [26]"Cláudio Lísias ao excelentíssimo governador Félix, saudações! [27]Este homem foi preso* pelos judeus e estava para ser morto por eles, quando cheguei com a tropa e o libertei, ao saber que era cidadão romano. [28]Eu quis verificar o motivo por que o acusavam e o conduzi perante o Sinédrio* deles. [29]Constatei que a acusação referia-se a questões da lei deles, mas que ele não tinha nenhuma culpa que merecesse a morte ou a prisão. [30]Fui avisado de que tramavam uma conspiração contra este homem e tratei de enviá-lo a ti imediatamente, e informei seus acusadores que teriam de levar a teu tribunal as acusações contra ele"†.

[31]De acordo com as ordens recebidas, os soldados levaram Paulo e o conduziram de noite a Antipátrida. [32]No dia seguinte, deixaram os cavaleiros prosseguir com ele e retornaram à fortaleza. [33]Chegando a Cesareia, os cavaleiros entregaram a carta ao governador e apresentaram-lhe Paulo. [34]Depois de ter lido a carta,* perguntou de que província era. Ao saber que era da Cilícia, disse: [35]"Eu te ouvirei quando teus acusadores também tiverem chegado". E mandou conservá-lo preso no pretório de Herodes.

24

Paulo processado perante Félix. [1]Cinco dias depois, o sumo sacerdote Ananias desceu com alguns anciãos e um advogado, certo Tértulo, e se apresentaram ao governador para acusar Paulo. [2]Este foi chamado,* e Tértulo formulou a acusação nestes termos: "A grande paz de que gozamos graças a ti, e as reformas* de que esta nação é devedora a tua providência, [3]em todo tempo e lugar, nós as acolhemos, excelentíssimo Félix, com profunda gratidão. [4]Mas, para não importunar-te por mais tempo, peço-te que nos ouças um instante* com tua benevolência. [5]Este homem, nós o constatamos, é uma peste: provoca desordens entre todos os judeus do mundo inteiro e é um líder da seita dos nazarenos. [6]Tentou até profanar o templo, e foi então que o prendemos†. [8]Interrogando-o, poderás,* por ti mesmo, assegurar-te da exatidão de todas as nossas acusações contra ele". [9]Os judeus o apoiaram, confirmando que isso era verdade.

Paulo se defende. [10]Então o governador lhe fez sinal para falar, e Paulo respondeu: "Sei que já são vários anos que és juiz desta nação; por isso, é com plena confiança que farei minha defesa. [11]Podes verificar* que não faz mais de doze dias que subi a Jerusalém para adorar, [12]e ninguém me viu, nem no templo, nem nas sinagogas, nem pela cidade, em discussão com alguém, ou amotinando a multidão. [13]Nem tampouco podem provar aquilo de que estão me acusando agora.

[14]Isto, porém, te confesso:* é segundo o Caminho, que eles chamam de seita, que sirvo o Deus de nossos pais, crendo em tudo quanto há na Lei e no que está escrito nos Profetas†, [15]tendo em Deus a esperança,* como eles próprios também a têm, de que haverá uma ressurreição dos justos e dos pecadores. [16]É

---

* **23**,27. 21,33; 22,25; 25,18s | 28. 18,14s; 22,30; 24,8 | 34. 22,3 | **24**,2. 25,2 / 23,26 | 4. 17,6; 24,14; 21,28 | 8. 23,30 | 11. 21,17 | 14. 24,5 | 15. 23,1; Dn 12,2; Jo 5,28s

† **23**,23. O texto oc. acrescenta: "Pois o tribuno temia que os judeus o sequestrassem para matá-lo, e depois ele fosse acusado de ter sido subornado". | 30. Em todo esse processo, Lucas salienta a inocência de Paulo, o fanatismo dos judeus e a imparcialidade dos romanos. | **24**,6. O texto oc. acrescenta: "Nós queríamos julgá-lo conforme nossa lei. [7]Mas o tribuno Lísias interveio e arrancou-o de nossas mãos com muita violência [8]e ordenou a seus acusadores que se apresentassem diante de ti". | 14. O cristianismo é a continuação do próprio judaísmo, o cumprimento das promessas feitas aos Pais. Por isso, crer nos profetas é começar a ser cristão, At 26,22.27.

por isso que eu também me esforço por
ter sempre uma consciência irrepreensí-
vel diante de Deus e dos homens. 17Ora,
depois de muitos anos,* vim trazer es-
molas para minha nação e oferecer
sacrifícios: 18foi então que me encon-
traram no templo, depois que eu tinha
terminado as purificações, sem aglome-
ração nem tumulto. 19Mas foram alguns
judeus da Ásia que me viram ali: eles é
que deveriam apresentar-se diante de ti
e me acusar, se têm alguma coisa contra
mim. 20Ou digam os que estão aqui, de
que delito me acharam culpado quando
compareci perante o Sinédrio. 21A não
ser que se trate desta única frase* que
gritei, de pé no meio deles: 'É por cau-
sa da ressurreição dos mortos que hoje
sou julgado diante de vós'."

22Félix, que estava muito bem infor-
mado* sobre o que se refere ao Cami-
nho, adiou a solução, dizendo: "Quando
o tribuno Lísias descer, examinarei vossa
questão". 23Ordenou ao centurião* que
conservasse Paulo preso, mas num regi-
me liberal, e não impedisse que algum
dos seus lhe prestasse serviço.

Paulo prega o Evangelho a Félix. 24Al-
guns dias mais tarde, Félix veio com sua
mulher Drusila, que era judia. Mandou
chamar Paulo e o ouviu falar da fé no
Cristo Jesus. 25Mas como ele se pusesse
a discorrer sobre a justiça, a continência
e o juízo futuro, Félix ficou com medo
e respondeu: "Por ora podes ir; tornarei
a chamar-te na primeira oportunidade".
26Esperava também que Paulo lhe des-
se dinheiro; por isso mandava chamá-lo
com muita frequência para conversar
com ele. 27Passados dois anos,* Félix
teve por sucessor Pórcio Festo†. Que-
rendo agradar aos judeus, Félix tinha
deixado Paulo na prisão.

25 **Paulo apela para César.**
1Três dias após sua chegada
à província, Festo subiu de Cesareia
a Jerusalém. 2Os sumos sacerdotes
e os nobres judeus se apresentaram
diante dele* para acusar Paulo e ten-
tavam persuadi-lo, 3solicitando-lhe,
como um favor, por ódio a Paulo, que
ele fosse transferido para Jerusalém;
é que preparavam uma cilada para
matá-lo no caminho. 4Mas Festo res-
pondeu que Paulo devia continuar na
prisão em Cesareia; que ele próprio,
aliás, ia partir imediatamente. 5"Que,
portanto, os que entre vós* são quali-
ficados – disse ele – desçam comigo e,
se há alguma culpa nesse homem, que
o acusem".

6Depois de ter passado entre eles
não mais de oito a dez dias, desceu a
Cesareia e, no dia seguinte, sentando-
-se no tribunal, mandou chamar Pau-
lo. 7Quando este chegou, os judeus
descidos de Jerusalém* o rodearam,
pronunciando contra ele acusações
múltiplas e graves, que não eram capa-
zes de provar. 8Paulo se defendia: "Não
cometi – dizia ele – falta alguma contra
a lei dos judeus, nem contra o templo,
nem contra César". 9Mas Festo, que-
rendo agradar os judeus,* respondeu a
Paulo: "Queres subir a Jerusalém para
lá seres julgado sobre isso em minha
presença?" 10Mas Paulo replicou: "Es-
tou diante do tribunal de César; é aqui
que devo ser julgado. Não fiz nenhuma
injúria aos judeus, como tu também sa-
bes perfeitamente. 11Mas, se sou real-
mente culpado, se cometi algum crime
que mereça a morte, não recuso mor-
rer. Se, porém, as acusações que me fa-
zem se reduzem a nada, ninguém tem
o direito de entregar-me a eles. Apelo
para César!"† 12Então, Festo, depois de
conferenciar com seu Conselho, res-
pondeu: "Apelaste para César, pois vais
comparecer diante de César".

**Paulo perante o rei Agripa e Bere-
nice.** 13Alguns dias mais tarde, o rei
Agripa e Berenice† chegaram a Ce-

* **24**,17. 11,29; 21,27; Rm 15,25s; At 2,10 | 21. 23,6 | 22. 23,26 | 23. 27,3; 28,16s | 27. 25,9.14 | **25**,2. 23,15.30; 24,1; 25,15 | 5. 25,17 | 7. 24,5s.13 | 9. 24,27

† **24**,27. Esta mudança de Procuradores ocorreu em 60 d.C. | **25**,11. Os cidadãos romanos tinham o direito de ser julgados diretamente pelo imperador. Assim, Paulo pôde evitar o comparecimento perante o Sinédrio, que queria condená-lo.

sareia e vieram cumprimentar Festo.
14Como sua estadia se prolongasse,
Festo expôs ao rei a história de Paulo:
"Há aqui um homem – disse ele – que
Félix deixou em cativeiro. 15Enquanto
eu estava em Jerusalém,* os sumos sa-
cerdotes e os anciãos dos judeus apre-
sentaram queixa contra ele, pedindo
sua condenação. 16Respondi-lhes que
os romanos não costumam entregar
uma pessoa sem antes a haverem con-
frontado com seus acusadores e lhe
terem permitido defender-se da incri-
minação. 17Eles vieram, pois,* até aqui
e, sem nenhuma demora, sentei-me
no tribunal no dia seguinte e mandei
buscar o homem. 18Em sua presença,
os acusadores não o acusaram de ne-
nhum dos crimes* que eu imaginava.
19Tinham somente certos litígios so-
bre sua religião e sobre certo Jesus, já
morto, e que Paulo afirma estar vivo.
20Embaraçado diante de tal debate,*
perguntei-lhe se queria ir a Jerusalém
para lá ser julgado sobre isso. 21Mas
Paulo interpôs apelação, para que seu
caso fosse reservado ao julgamento do
augusto imperador. Por isso ordenei
que o conservassem preso até que o
envie a César".

22Agripa disse a Festo: "Eu também
gostaria de ouvir este homem". "Ama-
nhã – disse ele – tu o ouvirás". 23No dia
seguinte, portanto, Agripa e Berenice
vieram com grande pompa e entra-
ram na sala da audiência,* rodeados
dos tribunos e dos nobres da cidade.
Por ordem de Festo, trouxeram Pau-
lo. 24Festo disse* então: "Rei Agripa
e vós todos aqui presentes conosco,
estais vendo este homem, a respeito
do qual toda a multidão dos judeus
interveio junto de mim, tanto em Je-
rusalém, como aqui, protestando em
grandes gritos que não se devia deixá-
-lo viver mais. 25Eu, porém, reconheci
que ele nada fez que mereça a morte;
no entanto, como ele apelou para o
augusto imperador, decidi enviar-lho.
26Mas nada tenho de bem preciso para
escrever ao soberano a seu respeito; é
por isso que o fiz comparecer diante de
vós, e sobretudo diante de ti, rei Agri-
pa, a fim de que, após este interroga-
tório, eu tenha algo a referir. 27Pois me
parece absurdo enviar um prisioneiro
sem indicar, ao mesmo tempo, as acu-
sações que pesam sobre ele".

26 **Discurso de Paulo perante
o rei Agripa.** 1Agripa disse a
Paulo: "Estás autorizado a defender tua
causa". Então, estendendo a mão, Pau-
lo apresentou sua defesa: 2"Sinto-me
feliz, ó rei Agripa, por ter de me justi-
ficar em tua presença de todas as acu-
sações que os judeus me fazem; 3tanto
mais que conheces todos os costumes
e controvérsias dos judeus. Por isso te
peço que me ouças com paciência.

4O que foi minha vida desde minha
juventude e como desde o começo vivi
no meio de minha nação, em Jerusa-
lém, todos os judeus o sabem. 5Co-
nhecem-me de longa data* e podem
testemunhar, se o quiserem, que vivi
segundo o partido mais rigoroso de
nossa religião, como fariseu. 6E agora,
se sou submetido a julgamento, é por
causa da esperança na promessa feita
por Deus a nossos pais, 7e cuja realiza-
ção nossas doze tribos* esperam alcan-
çar, servindo a Deus com perseverança,
noite e dia. É por esta esperança, ó rei,
que estou sendo acusado pelos judeus.
8Por que entre vós se julga incrível que
Deus ressuscite os mortos? 9Também
eu pensei* que devia combater por to-
dos os meios o nome de Jesus, o Na-
zareno. 10E foi o que fiz em Jerusalém:
munido de uma autorização dos sumos
sacerdotes, eu mesmo lancei na prisão
grande número de santos e, quando
eram condenados à morte, eu dava

---

* **25**,15. 25,1s | 17. 25,6 | 18. 18,15; 23,29 | 20. 25,9.11s | 23. Lc 21,12 | 24. 21,36; 22,22; 25,2s.7 | **26**,5. 23,6; Fl 3,5s | 7. 24,15; 28,20 | 9. 8,3; 9,1-19; 22,3-21

† **25**,13. Trata-se de dois filhos de Herodes Agripa I, cuja morte foi narrada em At 12,23: Herodes Agripa II e Berenice, que, apesar de serem irmãos, viviam maritalmente. | **26**,14. Assim como o boi não pode, sem se machucar, opor-se ao ferrão, é inútil resistir ao apelo da graça.

minha aprovação. 11Muitas vezes tam-
bém, percorrendo todas as sinagogas,
eu os forçava a blasfemar, por minhas
crueldades, e no excesso de meu furor
contra eles, eu os perseguia até nas ci-
dades estrangeiras.
12Foi assim que me dirigi a Damasco
com autorização e plenos poderes da
parte dos sumos sacerdotes. 13No ca-
minho, pelo meio-dia, eu vi, ó rei, vinda
do céu e mais brilhante que o sol, uma
luz que resplandeceu ao redor de mim
e de meus companheiros. 14Todos nós
caímos por terra, e eu ouvi uma voz
que me dizia em língua hebraica: "Saul,
Saul, por que me persegues? É duro
para ti recalcitrar contra o aguilhão"+.
15Respondi: "Quem és tu, Senhor?"
O Senhor disse: "Eu sou Jesus, aque-
le que tu persegues. 16Mas levanta-te
e fica de pé.* Pois eu te apareci para
te estabelecer ministro e testemunha
das coisas que viste e daquelas para
as quais ainda te aparecerei. 17É para
isso que te libertarei* do povo e dos
pagãos aos quais te envio: 18para lhes
abrir os olhos, a fim de que se conver-
tam das trevas à luz e do domínio de
Satanás a Deus, obtenham a remissão
dos pecados e participem da herança
com os que foram santificados pela fé
em mim".*
19Por isso, ó rei Agripa, não deso-
bedeci à visão celeste. 20Ao contrário,
primeiro aos habitantes de Damasco,
depois aos de Jerusalém e de todo o
território da Judeia e, em seguida aos
pagãos, preguei que era preciso arre-
pender-se* e converter-se a Deus, vi-
vendo de um modo que correspondes-
se a esta conversão. 21Foi por isso que
os judeus me agarraram no templo* e
tentaram matar-me. 22Sustentado, po-
rém, pela proteção de Deus, continuei
até hoje a dar meu testemunho diante
de pequenos e grandes, sem jamais di-
zer coisa alguma fora do que os profe-
tas e Moisés tinham declarado que de-
via acontecer: 23que o Cristo haveria de
padecer* e que, sendo o primeiro a res-
suscitar dos mortos, haveria de anun-
ciar a luz ao povo e às nações pagãs".
24A esta altura de sua defesa, Fes-
to disse em alta voz: "Tu estás doido,
Paulo; tua grande ciência te faz delirar".
25Ao que Paulo retrucou: "Não estou
doido, excelentíssimo Festo, mas falo
uma linguagem de verdade e bom sen-
so. 26Pois destas coisas está ciente o rei,
ao qual me dirijo com toda a franque-
za, persuadido de que nada disso lhe
é estranho. Pois não foi às ocultas que
isto aconteceu!... 27Acreditas nos pro-
fetas, rei Agripa? Eu sei que acreditas".
28O rei Agripa respondeu a Paulo: "Falta
pouco para me convenceres a tornar-
-me cristão!" 29Replicou Paulo: "Que
falte pouco ou muito, peço a Deus que
não apenas tu, mas todos os que me
escutam hoje, vos torneis tais como eu
mesmo sou, com exceção destas cor-
rentes".
30Nisso o rei se levantou,* como
também o governador, Berenice e os
que estavam sentados com eles. 31Re-
tirando-se, comentavam entre si: "Este
homem nada fez que mereça a morte
ou a prisão". 32Agripa disse a Festo: "Ele
poderia ser posto em liberdade se não
tivesse apelado para César".

27 **Paulo viaja para Roma.**

1Quando ficou decidido nos-
so embarque para a Itália,* confiaram
Paulo e alguns outros prisioneiros a um
centurião da coorte Augusta, chamado
Júlio. 2Subimos a bordo de um navio de
Adramítio,* que ia partir para as costas
da Ásia, e fizemo-nos ao largo. Esta-
va conosco Aristarco, um macedônio
de Tessalônica. 3No dia seguinte atra-
camos em Sidônia.* Júlio mostrou-se
muito humano com Paulo, permitindo-
-lhe que fosse ao encontro de seus
amigos e recebesse seus bons serviços.
4Partindo de lá, costeamos Chipre, por-
que os ventos eram contrários. 5Atra-
vessando a seguir o mar da Cilícia e da

---

* **26**,16. Ez 2,1ss | 17. Jr 1,7; Is 35,5s; 61,1; Ef 2,2; Cl 1,12s | 18. 20,32; Dt 33,3; Sb 5,5 | 20. 9,19s; Gl 1,16 | 21. 21,30; 23,12 | 23. Lc 24,44-47; Is 42,6; 49,6; 1Cor 15,20 | 30. 23,29; 25,11; 1Pd 4,16 | **27**,1. 25,12 | 2. 19,29; 20,4 | 3. 24,23; 28,2.16

Panfília, chegamos a Mira, na Lícia.
[6]Lá o centurião encontrou um navio
alexandrino que partia para a Itália e
nele nos fez embarcar. [7]Durante vários
dias navegamos lentamente e a mui-
to custo chegamos à altura de Cnido.
Como o vento não nos permitia atra-
car, costeamos Creta em direção ao
cabo Salmone [8]e, depois de tê-lo do-
brado com dificuldade, chegamos a um
lugar chamado Bons Portos, perto do
qual estava a cidade de Lasaia.
[9]Havia transcorrido bastante tempo,*
e a navegação era doravante perigo-
sa, pois até o Jejum já havia passado†.
Paulo os advertia, dizendo-lhes: [10]"Ho-
mens, vejo que a navegação* não se
fará sem perigo e sem grave dano não
só para a carga e o navio, mas também
para nossas pessoas". [11]Mas o centu-
rião confiava no piloto e no armador
mais que nas palavras de Paulo. [12]E
porque aquele porto era impróprio
para nele se passar o inverno, a maio-
ria foi de opinião que deviam partir e
alcançar, se possível, Fênix, porto de
Creta voltado para o sudoeste e o no-
roeste, para aí passar o inverno. [13]Ten-
do soprado uma brisa do sul, pensando
ser possível executar seu projeto, le-
vantaram âncora e puseram-se a coste-
ar de perto Creta. [14]Mas pouco depois
veio contra a ilha um vento de furacão
chamado euraquilão. [15]O navio foi ar-
rastado e, não conseguindo resistir ao
vento, deixamo-nos à mercê dos ven-
tos e íamos à deriva. [16]Passando depois
perto de uma pequena ilha, chamada
Cauda, conseguimos com muito esfor-
ço dominar o escaler. [17]Depois de tê-
-lo içado, empregaram os cabos para
cingir com eles o navio; depois, por
medo de encalhar em Sirte, arriaram a
âncora flutuante. Íamos assim à deriva.
[18]No dia seguinte, como éramos furio-
samente sacudidos pela tempestade,
começaram a jogar ao mar a carga
[19]e, no terceiro dia, com suas próprias
mãos, os marinheiros lançaram ao mar
os apetrechos do navio. [20]Já por vários
dias nem o sol e nem as estrelas brilha-
vam, e a tempestade continuava com a
mesma violência; assim tínhamos per-
dido toda esperança de salvação.
[21]Havia muito tempo que não comía-
mos; então Paulo, de pé, no meio deles,
disse: "Homens, melhor teria sido seguir
meu conselho e não sair de Creta; tería-
mos evitado este perigo e este prejuízo.
[22]Seja como for, recomendo-vos agora
que tenhais coragem, pois nenhum de
vós perderá aqui a vida, só o navio se
perderá. [23]Com efeito, esta noite me
apareceu um anjo do Deus ao qual per-
tenço e a quem sirvo, [24]e ele me disse:
'Não tenhas medo,* Paulo; é preciso
que compareças diante de César; e Deus
te concede a vida de todos os que na-
vegam contigo". [25]Coragem, pois, ó ho-
mens! Confio em Deus que acontecerá
assim como me foi dito. [26]Chegaremos
sem falta a alguma ilha".*
Salvos do naufrágio. [27]Já estávamos
na décima quarta noite e éramos ar-
rastados pelo Adriático afora, quan-
do, pela meia-noite, os marinheiros
pressentiram a aproximação de terra
firme. [28]Lançaram a sonda e encontra-
ram uma profundidade de vinte braças;
um pouco mais longe, lançaram-na de
novo e encontraram quinze braças†.
[29]Com receio de batermos em roche-
dos, lançaram da popa quatro âncoras,
suspirando que raiasse o dia. [30]Mas
porque os marinheiros tentavam fugir
do navio e já estavam baixando o es-
caler ao mar, sob pretexto de lançar as
âncoras longe da proa, [31]Paulo disse ao
centurião e aos soldados: "Se estes não
ficarem a bordo, não podeis vos sal-
var". [32]Então os soldados cortaram as
cordas do escaler e deixaram-no cair.
[33]Enquanto se esperava que raiasse o
dia, Paulo insistia com todos para que
tomassem alimento. "Já faz catorze
dias – dizia ele – que, na expectativa,
vós ficais em jejum, sem comer nada.
[34]Insisto que tomeis alimento, pois

* **27**,9. Lv 16,29 | 10. 27,22 | 24. 23,11 | 26. 28,1

† **27**,9. Era o começo do outono, final de setembro, época já imprópria para a navegação, que no inverno era totalmente impossível. | **27**,28. Uma braça equivale a 1,85m.

é a própria salvação vossa que aqui
está em jogo. Nenhum de vós perde-
rá sequer um fio de cabelo da cabe-
ça". 35Dito isto, tomou pão, deu graças
a Deus diante de todos, partiu-o e se
pôs a comer. 36Então, recuperando a
coragem, todos eles também tomaram
alimento. 37Nós éramos ao todo no na-
vio duzentas e setenta e seis pessoas.
38Uma vez saciados, puseram-se a ali-
viar o navio, lançando o trigo ao mar.
39Quando raiou o dia, os marinheiros
não reconheceram a terra; distinguiam
somente uma enseada com uma praia e
planejavam, se possível, conduzir para lá
o navio. 40Desprenderam as âncoras, que
abandonaram ao mar; soltaram ao mes-
mo tempo as amarras dos lemes. Depois,
içando ao vento a vela do artemão, dei-
xaram-se conduzir para a praia. 41Mas,
tendo dado num banco de areia entre
duas correntes, fizeram encalhar o navio.
A proa, fortemente presa, ficava imóvel,
ao passo que a popa, violentamente sa-
cudida, se desmantelava. 42Os soldados
resolveram então matar os prisioneiros,
de medo que algum escapasse a nado†.
43Mas o centurião, que queria salvar Pau-
lo, opôs-se à vontade deles. Deu ordem
aos que sabiam nadar para que saltas-
sem na água em primeiro lugar e atin-
gissem a terra; 44quanto aos outros, eles
chegariam lá, uns sobre pranchas, outros
sobre os destroços do navio. E assim to-
dos chegaram sãos e salvos à terra.

28 **Paulo em Malta.** 1Uma vez
salvos, ficamos sabendo que a
ilha se chamava Malta. 2Os nativos nos
trataram com extraordinária benevolên-
cia. Acolheram-nos a todos junto duma
grande fogueira que tinham acendido
por causa da chuva que caía e do frio.
3Paulo juntou um feixe de gravetos* e o
lançou ao fogo; então uma víbora, que
o calor do fogo fez sair de lá, agarrou-se
a sua mão. 4Quando os nativos viram o
animal pendurado em sua mão, disse-
ram entre si: "Com certeza este homem
é um assassino: mal escapa do mar, e a
vingança divina não lhe permite viver".
5Mas ele sacudiu o animal no fogo e não
sofreu dano algum. 6Eles esperavam vê-
-lo inchar ou cair morto de repente. De-
pois de esperarem muito tempo, vendo
que nada lhe acontecia de anormal, mu-
daram de opinião* e puseram-se a dizer
que era um deus.
7Havia perto deste lugar um sítio per-
tencente ao príncipe da ilha, chamado
Públio. Este nos recebeu e nos hos-
pedou com prazer durante três dias.
8Ora, o pai de Públio estava acamado,
sofrendo febre e disenteria. Paulo foi
vê-lo, rezou, impôs-lhe as mãos e o
curou. 9Diante disso, os outros doentes
da ilha vieram também a seu encontro
e foram curados. 10Por isso nos cumu-
laram de toda a espécie de atenções
e, quando partimos, nos proveram do
necessário.
A viagem de Malta a Roma. 11Ao tér-
mino de três meses, embarcamos num
navio que tinha passado o inverno na
ilha: era um navio alexandrino, que tra-
zia o emblema dos Dióscuros†. 12Apor-
tamos em Siracusa e lá ficamos três
dias. 13De lá, seguindo a costa, fomos
para Régio. No dia seguinte, soprou o
vento do sul e chegamos, no segundo
dia, a Putéoli. 14Encontrando lá os ir-
mãos, tivemos o consolo de ficar sete
dias com eles. E foi assim que chega-
mos a Roma. 15Os irmãos desta cidade,
informados de nossa chegada, vieram
a nosso encontro até o Foro de Ápio e
as Três Tabernas. Vendo-os, Paulo deu
graças a Deus e recobrou coragem.
Paulo em Roma. 16Quando chega-
mos a Roma,* permitiram a Paulo fi-
car em casa particular com o soldado
que o guardava†. 17Três dias depois,*
ele convocou os líderes judeus. Uma
vez reunidos, disse-lhes: "Irmãos, sem

* **28**,3. 27,3; 2Cor 11,27 | 6. 14,11; Mc 16,18 | 16. 24,23; 27,3; 28,30

† **27**,42. Reação dos soldados em pânico, porque recairia sobre eles a responsabilidade da fuga dos prisioneiros, ver At 12,19. | **28**,11. Todo navio trazia o emblema de seus deuses protetores. Os Dióscuros são Castor e Pólux, filhos gêmeos de Júpiter, e patronos dos navegadores. | 16. O texto oc. acrescenta: "Quando entramos em Roma, o centurião entregou os prisioneiros ao prefeito do Pretório. Paulo recebeu a permissão de se alojar fora do campo".

ter feito nada contra nosso povo, nem
contra os costumes dos pais, fui preso
em Jerusalém e entregue às mãos dos
romanos. 18Feita a investigação, estes
queriam soltar-me, porque nada havia
em mim que merecesse a morte. 19Mas
como os judeus se opunham a isso, fui
obrigado a apelar para César, sem no
entanto querer acusar de coisa alguma
minha nação†. 20Eis por que pedi para
ver-vos* e falar-vos; pois é por causa
da esperança de Israel que estou preso
com estas correntes".

21Eles responderam-lhe: "De nossa
parte, não recebemos nenhuma carta
da Judeia a teu respeito, e nenhum dos
irmãos aqui chegados comunicou coisa
alguma, nem falou nada de reprovável
a teu respeito. 22Mas gostaríamos de
ouvir* de tua boca o que pensas; pois,
quanto a esta seita, sabemos que ela
encontra oposição por toda a parte".
23Marcaram, pois, o dia com ele, e vie-
ram em maior número encontrá-lo em
seu alojamento. Na exposição que lhes
fez, dava testemunho do Reino de Deus
e procurava persuadi-los a respeito de
Jesus, partindo da Lei de Moisés e dos
Profetas. Isto durou da manhã à tarde.
24Uns se deixavam persuadir por suas
palavras, outros continuavam incrédu-
los. 25Eles se separaram sem entrar em
acordo entre si, enquanto Paulo disse
esta simples palavra: "São bem verda-
deiras as palavras que o Espírito Santo
disse a vossos pais pela boca do pro-
feta Isaías:*

26'Vai ter com este povo e dize-lhes:
Será inútil ouvirdes – não entende-
reis;
será inútil olhardes – não enxerga-
reis.
27Porque o coração deste povo tor-
nou-se insensível:
taparam os ouvidos, fecharam os
olhos,
para que seus olhos não vejam, seus
ouvidos não ouçam,
e seu coração não compreenda e não
se convertam.
Eu os teria curado!'

28Ficai, pois, sabendo:* é aos pagãos
que foi enviada esta salvação de Deus.
Eles, pelo menos, ouvirão"†.

30Paulo ficou dois anos inteiros* na
moradia que tinha alugado. Recebia
todos os que vinham procurá-lo, 31pro-
clamando o Reino de Deus e ensinando
o que se refere ao Senhor Jesus Cristo,
com firmeza e sem impedimento†.

* **28**,17. 24,12; 25,8 | 20. 24,15; 26,6 | 22. 24,14 | 25. Is 6,9s; Mt 13,14; Mc 4,12; Jo 12,40 | 28. 13,46; 18,6; Lc 3,6; Sl 67,3; 98,3; Is 40,5 | 30. 1,3; 28,16

† **28**,19. O texto oc. acrescenta: "mas somente com o desejo de escapar da morte". | 28. Alguns manuscritos acrescentam: "29Tendo ele dito isso, os judeus foram embora, discutindo vivamente entre si". | 31. O texto oc. acrescenta: "dizendo que Jesus é o Filho de Deus, pelo qual o mundo inteiro deve ser julgado". Depois, Paulo foi absolvido, 2Tm 4,17, fez novas viagens e escreveu mais cartas. Preso de novo, foi decapitado em Roma em 67, durante a perseguição de Nero. Mas o cristianismo, partindo da Igreja-mãe de Jerusalém, tinha chegado à capital do mundo.

CARTAS DE SÃO PAULO

Poucos anos após a morte e ressurreição de Cristo, no ano 36 d.C. mais ou menos, converte-se ao cristianismo o fariseu Saul, perseguidor dos cristãos. Nascido em Tarso, na Cilícia, fora educado em Jerusalém, na escola de Gamaliel (At 22,3), segundo os princípios do mais autêntico judaísmo. Parece que não conheceu Jesus pessoalmente, mas a visão do Cristo Ressuscitado no caminho de Damasco (At 9,3ss) foi para ele uma experiência semelhante à dos apóstolos (1Cor 15,5-8), que se tornaram testemunhas da ressureição de Cristo e pregadores de seu Evangelho. Da mesma forma, Paulo, nesse momento, não só se converte à fé em Cristo, mas também se sente chamado por Deus para o ministério apostólico. Suas primeiras experiências como membro da Igreja nascente ele as descreve em Gl 1,15–2,10.

Apóstolo das nações, pregou o Evangelho sobretudo aos pagãos, percorrendo em três viagens missionárias quase todo o Império Romano. Por toda parte lançava a boa semente, e de sua pregação surgiam comunidades, com as quais mantinha contatos através de seus mensageiros e também por correspondência.

Todas as suas cartas são escritos de ocasião, abordando situações concretas das comunidades e completando o ensinamento transmitido; supõem, portanto, o querigma e a catequese anteriores. Daí a necessidade de se conhecer a vida das comunidades cristãs primitivas para melhor compreensão da mensagem paulina. Mas, em suas respostas, Paulo sempre se baseava em princípios que são válidos em qualquer época; além disso, muitos problemas antigos continuam atuais. Por isso, mereciam ser incluídas na Bíblia as cartas paulinas: elas possuem um valor perene.

Quatorze cartas, divididas em cinco grupos, são associadas ao nome de Paulo:

1. as duas cartas aos Tessalonicenses, escritas durante sua segunda viagem missionária, no ano 51, que são os textos mais antigos do Novo Testamento;

2. as "grandes" cartas: aos Romanos, as duas aos Coríntios e a carta aos Gálatas;

3. as "cartas do cativeiro", escritas na prisão: aos Efésios, Filipenses, Colossenses e Filêmon;

4. as cartas "pastorais", dirigidas a chefes de comunidades: duas a Timóteo e uma a Tito;

5. a carta aos Hebreus que, sem ser obra de Paulo, pode ser atribuída a sua escola.

Nas longas e arriscadas viagens que fez "para levar a salvação até os confins da terra" (At 13,47), Paulo enfrentou perigos mortais e também a perseguição constante de seus irmãos judeus. Depois de muitas prisões e processos diante das autoridades, ele deu a vida por Cristo em Roma, na perseguição de Nero, no ano 67.

CARTA AOS ROMANOS

Não sabemos quando, nem por obra de quem o cristianismo chegou à cidade que se tornaria o centro do mundo cristão. Talvez tenham sido aqueles peregrinos romanos, presentes em Jerusalém no dia de Pentecostes (At 2,10), que transplantaram a fé cristã para sua pátria. Mas São Pedro e São Paulo, embora não tenham sido os primeiros anunciadores do Evangelho aos romanos, foram no entanto os que mais trabalharam para a consolidação da Igreja na capital do Império.

Ao escrever a carta aos Romanos, que é do ano 54, Paulo ainda não conhecia a famosa metrópole de um milhão de habitantes. Está em Corinto, em sua terceira viagem missionária e tem projetos de ir primeiro a Jerusalém levar uma coleta para os cristãos de lá (Rm 15,25) e depois evangelizar a Espanha (Rm 15,24-28). De passagem, ele quer conhecer os cristãos romanos e conviver com eles. Preparando esta visita, manda-lhes uma carta, que sintetiza sua doutrina e reapresenta um ensinamento já exposto na carta aos Gálatas, a saber, a oposição entre a justificação gratuita pela fé em Cristo e a justificação que os judeus pretendiam obter, cumprindo as normas da lei mosaica.

A comunidade cristã romana era composta de convertidos do paganismo (que eram a maioria) e de convertidos do judaísmo; esta dupla origem naturalmente causava problemas de relacionamento, pela diversidade das ideias.

Entre todas as cartas paulinas, esta é a mais extensa e a de maior importância doutrinal. Aborda questões fundamentais como o pecado original (5,12-19), o batismo (6,1-11), o papel da lei (7,1-13) e a vida nova do cristão no Espírito (8,1-27).

I. PRÓLOGO (1,1-15)

1 **Saudação.** [1]Paulo, servo do Cristo Jesus,* chamado para ser apóstolo, escolhido para anunciar a Boa Nova de Deus, [2]que ele tinha prometido nas Sagradas Escrituras por meio de seus profetas, [3]a respeito de seu Filho, nascido da estirpe de Davi segundo a carne [4]e constituído Filho de Deus* com poder segundo o Espírito santificador, por sua ressurreição dentre os mortos, Jesus Cristo, nosso Senhor. [5]Por meio dele recebemos o dom do apostolado,* para obter a obediência da fé† da parte de todos os povos para a glória de seu nome; [6]e entre estes estais também vós, chamados por Jesus Cristo.

[7]Para vós todos que morais em Roma, bem-amados de Deus e santos por vocação†, a graça e a paz de Deus, nosso Pai, e do Senhor Jesus Cristo.

Ação de graças. Paulo deseja visitar os cristãos de Roma. [8]Começo dando graças a meu Deus por meio de Jesus Cristo, por vós todos, porque a fama de vossa fé se expande no mundo inteiro. [9]Deus, a quem presto um culto espiritual anunciando o Evangelho de seu Filho, pode testemunhar que me lembro de vós sem cessar, [10]pedindo continuamente em minhas orações para ter enfim ocasião favorável de ir até vós, se Deus quiser. [11]Pois tenho grande desejo de ver-vos, a fim de vos comunicar algum dom espiritual para vos fortalecer, [12]ou antes, para sentir entre vós o conforto da fé que nos é comum, a vós e a mim. [13]Não quero que ignoreis, irmãos, que muitas vezes fiz projetos de ir até vós, mas fui impedido até hoje, a fim de colher algum fruto também entre vós, como o fiz entre as outras nações. [14]Tenho dívidas para com gregos e bárbaros†, sábios e ignorantes; [15]por isso estou pronto, o quanto depende de mim, para pregar o Evangelho também a vós, habitantes de Roma.

II. A JUSTIFICAÇÃO PELA FÉ (1,16–8,39)

Síntese do tema. [16]Não me envergonho do Evangelho,* porque ele é força de Deus† para a salvação de todo aquele que crê, do judeu primeiro, e depois do grego. [17]É nele que se revela a justiça† de Deus, que nasce da fé e à fé conduz, como está escrito: "O justo viverá pela fé".

Os pecados dos gentios. [18]Com efeito, a ira de Deus† se manifesta do alto do céu* contra toda impiedade e toda injustiça dos homens que prendem a verdade na injustiça†; [19]pois o que se pode saber de Deus é conhecido entre eles: com efeito, Deus o revelou a eles.

---

* **1**,1. 16,25s; At 9,15; 13,2; Gl 1,15 | 4. At 13,33 | 5. 15,18; At 9,15; 26,16ss; Gl 2,7 | 16. 2,24; 14,23; 1Cor 1,18.24; Sl 119,46; 2Cor 12,9; Hab 2,4 | 18. Ef 5,6; Cl 3,6; 2Ts 2,12; At 14,15ss; 17,26ss; Sb 13,1-15; Jó 2,7ss; Sl 19,1

† **1**,5. Essa obediência é nosso primeiro dever em relação a Deus: crer nele e dar testemunho dele. | 7. "Os cristãos são santos porque pertencem a Cristo e participam de sua vida" (Lagrange). Ver Lv 11,45. | 14. "Bárbaro" era todo aquele que não falava grego, que não tinha a cultura grega, dominante na época. | 16. "Força de Deus", isto é, expressão de uma força com a qual Deus age na história humana. | 17. A justiça de Deus é o ato pelo qual Ele salva todos os que acolhem sua palavra com fé. | 18. A "ira" é a reação de Deus diante do pecado. Sendo justo, não pode tolerar a maldade, Is 30,27s. / Prender a verdade é impedir a ação de Deus transformadora do mundo. Nem o paganismo, nem o judaísmo podem salvar o homem, mas nesse mundo sem futuro surge o amor de Deus com seu projeto de libertar o homem pela fé em Jesus Cristo.

[20]De fato, o que nele há de invisível, seu poder eterno e sua divindade, manifesta-se à inteligência desde a criação do mundo através de suas obras†, de modo que eles não têm desculpa; [21]pois, embora conhecessem a Deus, não lhe renderam a glória nem a ação de graças que competem a Deus, mas perderam a razão em seus raciocínios, e seu coração insensato foi dominado pelas trevas: [22]julgando-se sábios, tornaram-se loucos [23]e trocaram a glória do Deus incorruptível* por imagens que representam o homem corruptível, aves, quadrúpedes e répteis.

Punição divina. [24]Por isso, Deus os entregou, segundo os desejos de seus corações, à impureza com que eles mesmos desonram seus corpos†; [25]eles trocaram a verdade de Deus pela mentira, adoraram e serviram a criatura em vez do Criador, que é bendito* eternamente. Amém! [26]Então Deus os entregou a paixões degradantes: suas mulheres trocaram as relações naturais por relações contra a natureza; [27]também os homens, deixando a relação natural com a mulher,* arderam em desejos uns pelos outros, praticando a infâmia homem com homem e recebendo em si mesmos o justo salário de seus desvios. [28]E como não se esforçaram por conhecer a Deus, Deus os abandonou à mercê de uma inteligência depravada, de modo a fazerem o que não convém: [29]estão cheios de toda injustiça, de perversidade, de avareza, de malícia; repletos de inveja, de homicídio, de discórdias, de fraudes, de depravação; são difamadores, [30]caluniadores, inimigos de Deus, insolentes, orgulhosos, fanfarrões, engenhosos no mal, rebeldes contra os pais, [31]insensatos, desleais, sem coração, sem compaixão. [32]Apesar de conhecerem bem a sentença de Deus, que declara dignos de morte os autores de semelhantes ações, não só eles as praticam, mas até aprovam os que as cometem.

2 **Só a Deus compete julgar.** [1]Por isso, tu†, que julgas, não tens desculpa,* sejas quem fores. Porque julgando o outro te condenas a ti mesmo: pois tu, que julgas, ages da mesma forma. [2]Ora, sabemos que o juízo de Deus se exerce segundo a verdade contra os autores de tais atos. [3]Tu, que julgas os que cometem tais ações e no entanto as praticas, pensas que vais escapar do juízo de Deus? [4]Ou desprezas suas riquezas de bondade,* de paciência, de longanimidade, sem reconhecer que essa benignidade de Deus te convida à conversão? [5]Por tua obstinação e por teu coração impenitente, estás acumulando contra ti uma quantidade de ira para o dia da ira, em que se revelará o justo juízo de Deus, [6]que retribuirá a cada um* segundo suas obras: [7]a vida eterna para aqueles que pela constância nas boas obras buscam a glória, a honra e a incorruptibilidade; [8]mas a ira e a indignação para aqueles que por rebeldia* não obedecem à verdade, mas obedecem à injustiça. [9]Tribulação e angústia estão reservadas* a todo ser humano que pratica o mal, ao judeu primeiro, depois ao grego; [10]mas glória, honra e paz se destinam a todo aquele que faz o bem, ao judeu primeiro, depois ao grego; [11]pois Deus não faz discriminação de pessoas.*

A lei e o juízo. [12]De fato, quem pecou sem a Lei perecerá também sem a Lei; e quem pecou sob o regime da Lei pela Lei será julgado; [13]pois não são os que ouvem a Lei que são justos diante de Deus, mas os que observam a Lei é que

---

* **1**,23. Sl 106,20; Jr 2,11; Dt 4,15-19 | 25. Jr 13,25; 16,19 | 27. Lv 18,22; 20,13; 1Cor 6,9 | **2**,1. Mt 7,2; Jo 8,7; Tg 4,11 | 4. 2Pd 3,9.15 | 6. Sl 62,12; Pr 24,12 | 8. 2Cor 5,10; 2Ts 1,8 | 9. 1,16 | 11. At 10,34s; Dt 10,17; 2Cor 19,7; Gl 2,6; Ef 6,9; Mt 7,21; Tg 1,22.25; 1Jo 3,7 | 14. At 10,35

† **1**,20. O universo material apresenta-se à inteligência do homem para que este leia nele os vestígios de seu Criador, Sb 13,1; At 14,17. Através das coisas criadas, a luz natural da razão humana permite conhecer a Deus. | 24. Os vícios dos pagãos são a prova da punição de Deus. A morte acontece a partir do homem, que fica entregue a si mesmo. | **2**,1. Agora Paulo se dirige aos judeus, como se discutisse com um deles.

serão justificados. 14De fato, quando os pagãos, que não têm Lei, cumprem naturalmente* os preceitos da Lei, então eles próprios, sem possuir Lei, são para si mesmos a Lei†; 15mostram assim que os preceitos dela estão gravados em seus corações, e têm como prova o testemunho de sua consciência e os juízos com que ora se acusam, ora se defendem uns aos outros. 16Isto vai acontecer no dia em que,* segundo meu Evangelho, Deus julgará por Jesus Cristo as ações secretas dos homens.

A lei agrava as culpas dos judeus. 17Mas se tu, que trazes o nome de judeu, que confias na Lei, que te glorias em Deus, 18que conheces a vontade dele,* que sabes discernir o que é melhor, instruído pela Lei, 19e assim te orgulhas de ser o guia dos cegos, a luz de quem caminha nas trevas, 20o educador dos ignorantes, o mestre dos simples,* porque tens na Lei a expressão da ciência e da verdade†... 21Então, tu, que ensinas os outros, não ensinas a ti próprio? Pregas que não se deve roubar e roubas? 22Proíbes o adultério e o cometes? Detestas os ídolos e saqueias seus templos? 23Tu que te orgulhas da Lei, transgredindo esta Lei, é a Deus que desonras, 24pois "o nome de Deus, por vossa causa, é blasfemado entre os pagãos", como está escrito.*

25Sem dúvida, a circuncisão é útil se praticas a Lei; mas, se transgrides a Lei, com tua circuncisão te tornaste um incircunciso. 26Se, pois, um incircunciso observar os preceitos da Lei, sua incircuncisão não será tida como circuncisão? 27E aquele que, fisicamente incircunciso, cumpre a Lei vai julgar-te a ti que, não obstante a letra da Lei e a circuncisão, és um transgressor da Lei. 28Porque judeu não é aquele que o é externamente,* e a circuncisão não é aquela visível na carne; 29mas o verdadeiro judeu o é por dentro e a verdadeira circuncisão é a do coração, segundo o espírito e não segundo a letra†: esse recebe seu louvor não dos homens, mas de Deus.

3 **Vantagem do judeu.** 1Qual é, então, a vantagem do judeu?* Qual a utilidade da circuncisão? 2É grande, sob todos os aspectos. Primeiro, porque foi a eles que foram confiadas as revelações de Deus. 3Que importa se alguns foram infiéis?* A infidelidade deles vai anular a fidelidade de Deus? 4De jeito nenhum! Mas é preciso reconhecer que Deus é verdadeiro e "todo homem, mentiroso", como está escrito:

"A fim de que sejas reconhecido como justo em tuas palavras, e triunfes quando te julgarem".

5Mas se nossa injustiça manifesta a justiça de Deus, que diremos então? Falando como homem: Deus seria injusto, castigando-nos com sua ira? 6De modo algum! Se fosse assim, como Deus poderia julgar o mundo? 7Mas se minha mentira realçou a verdade de Deus para sua glória, por que eu também seria julgado pecador? 8Ou então – como alguns caluniadores nos acusam de dizer – deveríamos fazer o mal, para que dele venha o bem? Esses merecem ser condenados.

Todos são pecadores. 9Que dizer, então? Somos melhores? De jeito nenhum! Pois já provamos anteriormente que judeus e gregos, todos estão sob o domínio do pecado, 10como está escrito:*

"Não há homem justo, nem mesmo um só,

11não existe ninguém sensato, ninguém que busque a Deus.

12Todos se desviaram, todos se perverteram;

não há quem faça o bem, ninguém mesmo.

---

* **2**,16. 2Tm 2,8 | 18. Mt 15,14; Lc 18,9 | 20. Mt 23,3s | 24. Is 52,5; Ez 36,20 | 28. Jo 8,39; Dt 30,6 | **3**,1. 9,4.6; 11,29; Dt 4,7s; Sl 103,7; 143,19s | 3. 2Tm 2,13; Sl 116,11; 51,6 | 10. Sl 14,1ss; 53,1ss | 13. Sl 5,10; 140,4

† **2**,14. Deus fala a todos, mesmo aos pagãos, pela lei da consciência. "A lei natural está escrita e gravada na alma de todos e cada um dos homens, porque ela é a razão humana ordenando fazer o bem e proibindo o mal" (CIC). | 20. Os judeus achavam que sua vida moral comprovava a verdade de sua religião. | 29. É por seu coração e por seus costumes que se conhece o verdadeiro judeu. De nada vale praticar ritos religiosos se o coração está longe de Deus, Mt 15,8s.

13Sua garganta é um sepulcro aber-
to,*
com sua língua tramam a fraude.
Há veneno de víboras sob seus lá-
bios,
14sua boca está cheia de maldição e
de amargura.*
15Velozes são seus pés para derramar
sangue;
16ruína e miséria estão em seus ca-
minhos,
17o caminho da paz eles não conhe-
ceram.
18Não há diante de seus olhos temor
de Deus".*
19Ora, sabemos que tudo quanto diz
a Lei, ela o diz para aqueles que estão
sujeitos à Lei, a fim de que toda boca
se cale, e o mundo inteiro se reconhe-
ça culpado diante de Deus, 20pois nin-
guém será justificado diante dele* pela
prática da Lei: a Lei dá a conhecer o
pecado.

A justificação pela fé, sem as obras.
21Mas agora, sem a Lei, manifestou-se
a justiça de Deus, testemunhada pela
Lei e pelos Profetas†; 22é a justiça de
Deus pela fé em Jesus Cristo, destina-
da a todos os que creem – pois já não
há diferença: 23todos pecaram e estão
sem a glória de Deus – 24e são justifica-
dos gratuitamente† por sua graça,* em
virtude da redenção realizada no Cristo
Jesus: 25Deus o destinou a ser vítima de
propiciação† por seu próprio sangue
mediante a fé; queria assim manifestar
sua justiça, pelo fato de ter usado de
tolerância para com os pecados passa-
dos, 26no tempo da paciência de Deus.
Queria mostrar sua justiça no tempo
presente, provando que ele é justo e
que justifica aquele que vive da fé em
Jesus.
27Onde, então, está o direito de se
gloriar? Foi eliminado. Em virtude de
que lei? A das obras? Não, mas pela
lei da fé. 28Pois entendemos que o ho-
mem é justificado pela fé, sem as obras
da Lei. 29Ou acaso Deus é o Deus dos
judeus apenas, e não dos pagãos? Sim,
é dos pagãos também; 30pois não há
senão um só Deus, que justificará os
circuncisos em virtude da fé e os incir-
cuncisos por meio da fé. 31Então, pela
fé tiramos o valor da Lei?* De jeito ne-
nhum! Ao contrário, nós a confirma-
mos!

4 **Abraão justificado pela fé.**
1Que diremos, então, que obteve
Abraão, nosso pai segundo a carne?
2De fato, se foi das obras que ele rece-
beu sua justiça, tem de que se gloriar,
mas não diante de Deus. 3Com efeito,
que diz a Escritura?* "Abraão creu em
Deus e isso lhe foi computado como
justiça". 4Ora, à pessoa que trabalha,
o salário não é computado como gra-
tificação, mas como dívida. 5Porém, à
pessoa que não trabalha, mas crê na-
quele que justifica o ímpio, a fé lhe é
computada como justiça. 6É assim que
Davi proclama feliz o homem a quem
Deus atribui a justiça sem as obras:
7"Feliz aquele cujas iniquidades fo-
ram perdoadas,*
e cujos pecados foram cobertos.
8Feliz o homem a quem o Senhor
não atribui pecado algum".
9Essa bem-aventurança vale para os
circuncisos ou vale também para os
incircuncisos? Dizemos, com efeito,
que "para Abraão a fé foi computada
como justiça". 10E como foi computa-
da? Quando ele já estava circuncidado
ou antes de ser circuncidado?* Não de-
pois, mas antes. 11Ele recebeu o sinal
da circuncisão como selo da justiça da
fé que possuía antes de ser circunci-
dado; assim ele se tornou ao mesmo
tempo o pai de todos os que haveriam
de crer sem ter a circuncisão, para que

* **3**,14. Sl 10,7; Is 59,7s; Pr 1,16 | 18. Sl 36,2 | 20. Sl 143,2; Gl 2,16 | 24. Lv 16,12-15; Hb 9,5.15; 1Jo 2,2 | 31. 4,3; 8,4; Gl 2,16; Mt 5,17 | **4**,3. Gn 15,6 | 7. Sl 32,1s | 10. Gn 17,10s

† **3**,21. O NT é continuação e acabamento do AT, que o anunciou e preparou. "O Novo Testamento está escondido no Antigo, e o Antigo no Novo se revela" (S. Agostinho). | 24. Ninguém pode por si mesmo merecer a justificação, mas ela é concedida pelos méritos de Cristo. | 25. Jesus crucificado é o lugar da misericórdia nos novos tempos, é o meio para cancelar os pecados que afastaram de Deus os seres humanos.

a justiça lhes fosse igualmente compu-
tada; [12]e o pai dos circuncisos, que não
se contentam com ser circuncisos, mas
caminham nos passos da fé que nosso
pai Abraão teve antes da circuncisão.
As promessas feitas a Abraão. [13]De
fato, não foi por meio de uma Lei* que
foi feita a Abraão e a sua descendência
a promessa de receber o mundo em he-
rança, mas por meio da justiça da fé†.
[14]Pois se a herança pertence aos que de-
pendem da Lei, a fé é inútil e a promessa
fica sem valor: [15]porque a Lei provoca
a ira,* ao passo que, não havendo lei,
também não existe transgressão.
[16]Então a herança provém da fé, para
ser gratuita, e para que assim a promes-
sa seja assegurada a toda a descendên-
cia, não só àquela que vive sob a Lei,
mas também àquela que participa da fé
de Abraão, nosso pai comum, [17]como
está escrito:* "Eu te estabeleci pai duma
multidão de povos"; ele é nosso pai
diante daquele no qual acreditou, o
Deus que dá a vida aos mortos e chama
à existência as coisas que não existem.
[18]Contra toda esperança, ele acredi-
tou na esperança e por isso tornou-se
pai de muitos povos,* como está na
Escritura: "Assim será tua descendên-
cia". [19]Tinha quase cem anos, e sentia
que seu corpo já perdera o vigor, e
sabia que o seio de Sara já não tinha
vida; mesmo assim não vacilou na fé;
[20]apoiado na promessa de Deus, sem
hesitação nem incredulidade, mas
fortalecido pela fé, glorificou a Deus,
[21]convencido de que Deus é poderoso*
para tornar realidade o que prometeu.
[22]Eis por que isso lhe foi computado
como justiça. [23]Mas não é só para ele
que está escrito que foi computado
como justiça. [24]Foi também para nós,
pois também nossa fé nos deve ser
computada como justiça, porque cre-
mos naquele que dos mortos ressusci-
tou Jesus,* nosso Senhor, [25]o qual foi
entregue por nossos pecados e ressus-
citado para nossa justificação.

5 **Frutos da justificação.** [1]Agora que
Deus nos tornou justos por meio
da fé,* estamos em paz com Deus por
obra de nosso Senhor Jesus Cristo, [2]por
meio do qual obtivemos pela fé o aces-
so a esta graça, na qual estamos firmes,
e nos orgulhamos da esperança de al-
cançarmos a glória de Deus. [3]Mais ain-
da: nós nos orgulhamos até dos sofri-
mentos, sabendo que o sofrimento pro-
duz firmeza; [4]a firmeza traz a aprovação
de Deus; e esta aprovação* faz nascer
a esperança; [5]e a esperança não decep-
ciona, porque o amor de Deus foi derra-
mado em nossos corações pelo Espírito
Santo que ele nos deu. [6]Foi, com efeito,
quando ainda éramos fracos,* que Cris-
to, no tempo marcado, morreu pelos
pecadores. [7]Dificilmente alguém dá a
vida por um justo. Por um homem de
bem, talvez haja alguém que se dispo-
nha a morrer. [8]Mas Deus demonstra seu
amor* para conosco pelo fato de Cris-
to ter morrido por nós, quando éramos
ainda pecadores. [9]E se agora estamos
justificados por seu sangue, com muito
mais razão ele nos salvará da ira divina.
[10]De fato, se nós, quando éramos inimi-
gos, fomos reconciliados* com Deus por
meio da morte de seu Filho, com mui-
to mais razão, estando já reconciliados
com ele, seremos salvos por sua vida.
[11]E não apenas reconciliados: estamos
também em condições de nos orgulhar
em Deus, graças a nosso Senhor Jesus
Cristo, pelo qual já alcançamos a recon-
ciliação.
Adão e Cristo. [12]Portanto, assim
como por meio de um só homem* o
pecado entrou no mundo e, pelo pe-

---

* **4**,13. Gn 18,18; 22,17s; Gl 3,9 | 15. 3,20; 5,13; 7,8 | 17. Gn 17,5; Is 48,13 | 18. Gn 15,5; 17,17 | 21. Gn 15,6; 1Pd 1,21 | 24. Is 53,4s; 1Cor 15,17 | **5**,1. 3,24.28; 4,24; Is 53,3; 1Jo 3,21 | 4. Sl 22,6; 25,20 | 6. Hb 6,18s | 8. 8,7s; Jo 3,6; 1Jo 4,10 | 10. 2Cor 5,18; Cl 1,21 | 12. Gn 2,17; 3,19; Sb 2,24; Rm 6,23

† **4**,13. Não foi a lei mosaica que fez de Abraão um homem justo, pois ela só foi dada a Israel muitos séculos depois. | **5**,12. Este é o texto bíblico fundamental sobre o pecado original. Partindo de Gn 3, Paulo afirma que o pecado de Adão, pelo qual entrou no mundo a morte, assemelha-se a uma potência maléfica que invadiu o mundo e está na origem do pecado de todos os homens. Mas de Cristo, novo Adão, vem para todos a justiça, a graça e, com ela, a vida eterna.

cado, entrou a morte; assim, a morte passou para todos os homens, porque todos pecaram†. 13Já antes da lei havia pecado no mundo; o pecado, porém, não é levado em conta* quando não existe lei. 14No entanto, a morte dominou desde Adão até Moisés, mesmo sobre aqueles que não pecaram como pecou Adão, que era figura daquele que devia vir. 15Entretanto, não acontece com o dom o mesmo que aconteceu com a falta. Se, pela falta de um só, todos morreram, com quanto maior abundância se derramou sobre todos a graça de Deus e o dom gratuito de um só homem, Jesus Cristo! 16Também não acontece com o dom como aconteceu com o pecado daquele único homem que pecou: porque o julgamento de um resultou em condenação, ao passo que a graça, a partir de numerosas faltas, resultou em justificação.

17Se, com efeito, pela falta de um só, a morte dominou através desse único homem, muito mais os que recebem a abundância da graça e do dom da justiça reinarão na vida por meio de um só, Jesus Cristo. 18Portanto, se da falta de um único homem, resultou a condenação de todos os homens, do mesmo modo, da obra de justiça de um só, resultou para todos os homens a justificação* que traz a vida. 19Assim como, pela desobediência de um só, todos se tornaram pecadores†, pela obediência de um só, todos se tornarão justos. 20A lei interveio para que se multiplicasse a falta; mas onde o pecado se multiplicou, a graça superabundou; 21assim, do mesmo modo que o pecado reinou pela morte, também a graça reine pela justiça para a vida eterna, por Jesus Cristo, nosso Senhor.

6 **O Batismo libertou-nos do pecado.** 1Que dizer então? Ficaremos no pecado* para que a graça se multiplique? De modo algum! 2Se já morremos para o pecado, como continuar vivendo nele? 3Ou não sabeis que todos nós, que fomos batizados em Jesus Cristo, é em sua morte que fomos batizados?† 4Pelo batismo fomos sepultados com ele na morte, para que, assim como Cristo foi ressuscitado dentre os mortos mediante a glória do Pai, assim também nós* caminhemos numa vida nova. 5Pois se fomos incorporados a ele por uma morte semelhante à sua, também estaremos incorporados a ele por uma ressurreição* semelhante à sua. 6Ficai sabendo que nossa vida passada† foi pregada na cruz junto com ele, para que fosse destruída a natureza pecadora,* e assim não mais sejamos escravos do pecado; 7porque quem morre fica livre do pecado. 8Se morremos com Cristo, cremos que também viveremos com ele, 9sabendo que Cristo, ressuscitado dentre os mortos, não morre mais e que a morte não tem mais* domínio sobre ele. 10Porque, morrendo, ele morreu para o pecado uma vez para sempre;* mas, vivendo, ele vive para Deus. 11Assim também vós, considerai-vos mortos para o pecado, mas vivos para Deus, em Cristo Jesus.

12Portanto, que o pecado não reine mais em vosso corpo mortal, de modo que vos sujeiteis a suas paixões. 13Não façais de vossos membros* armas de injustiça a serviço do pecado; mas oferecei-vos a Deus como vivos que voltaram da morte e fazei de vossos membros armas de justiça* a serviço de Deus. 14Pois o pecado já não deve dominar sobre vós: não estais mais sob a Lei, mas sob a graça†. 15E então? Vamos pecar porque não estamos sob a

---

* **5**,13. 1Cor 15,21s | 18. Is 53,11 | **6**,1. 1Pd 4,1 | 4. Fl 3,10s | 5. Gl 5,24 | 6. 1Pd 4,1 | 9. Hb 9,26ss; 1Pd 3,18 | 10. 2Cor 5,15; 1Pd 2,24 | 13. 12,1; Ef 2,5; 3,14 / Jo 3,6

† **5**,19. "Ignorar que o ser humano tem uma natureza lesada, inclinada ao mal, dá lugar a graves erros no campo da educação, da política, da ação social e dos costumes" (CIC). | **6**,3. Batizar quer dizer imergir. A imersão figurava o sepultamento do "homem velho" junto com Cristo e a emersão, o nascimento da nova criatura no Espírito, a qual ressuscita com Cristo glorioso, Cl 3,1. | 6. Lit. "nosso homem velho", isto é, o homem sob o domínio do pecado e exposto à ira divina. | 14. A graça dá a força de não pecar, livrando assim do domínio do pecado.

Lei, mas sob a graça? De modo algum!
16Não sabeis que, quando vos colocais
a serviço de alguém* como escravos
para lhe obedecer, sois realmente es-
cravos daquele a quem obedeceis, seja
do pecado que conduz à morte, seja da
obediência que conduz à justiça? 17Mas
demos graças a Deus! Outrora escravos
do pecado, vós vos submetestes de co-
ração ao ensinamento ao qual fostes
confiados; 18e, libertos do pecado, pas-
sastes a servir à justiça.
19Faço uma comparação humana
em vista de vossa natureza fraca. As-
sim como outrora oferecestes vossos
membros como escravos à impureza
e à desordem para fazer o mal, assim
oferecei-os agora à justiça para vossa
santificação. 20Quando éreis escravos
do pecado, éreis livres em relação à
justiça. 21Mas que frutos colhestes* en-
tão das coisas de que agora vos enver-
gonhais? Pois o destino delas é a mor-
te. 22Mas agora, libertos do pecado e
servindo a Deus, produzis frutos para a
santificação, e o destino é a vida eterna.
23Pois o salário do pecado é a morte;
mas o dom de Deus é a vida eterna em
Cristo Jesus, nosso Senhor.

**7 Estamos livres da escravidão da
lei.** 1Ou será que não sabeis, ir-
mãos – falo a pessoas que entendem
de leis – que a lei† só se impõe ao ho-
mem enquanto ele vive? 2Assim é que
a mulher casada está ligada pela lei ao
marido enquanto este vive; mas, se ele
morrer, ela fica desligada da lei que a
ligava ao marido. 3Por isso, se durante
a vida do marido, ela pertencer a outro,
será chamada adúltera. Mas se o ma-
rido morrer, ela está desligada da lei e
não será adúltera* se casar-se com ou-
tro. 4Assim também, meus irmãos, vós
também fostes mortos para a Lei pelo
corpo de Cristo para pertencerdes a
um outro, Àquele que foi ressuscitado
dentre os mortos, a fim de darmos fru-
tos para Deus. 5Pois quando vivíamos
conforme nossos caprichos, as paixões
do pecado que se servem da Lei agiam
em nossos membros, a fim de que dés-
semos frutos para a morte. 6Mas agora
fomos libertados da Lei e morremos
para aquilo que nos mantinha presos;
assim, podemos servir na novidade do
Espírito e não mais na velhice da letra.
A lei e o pecado. 7Que dizer, então?
Que a Lei é pecado?* De modo al-
gum! Mas eu não cheguei a conhecer
o pecado senão pela Lei. Com efeito,
eu nada saberia da cobiça, se a Lei
não dissesse:* "Não cobiçarás"†. 8Mas,
aproveitando a ocasião, o pecado pro-
duziu em mim, por meio do preceito,
toda espécie de cobiça: porque sem a
Lei o pecado estaria morto. 9Antiga-
mente eu vivia sem a Lei; mas, quando
veio o preceito,* o pecado reviveu 10e
eu morri†. E aconteceu que o preceito
destinado à vida me conduziu à morte.
11Pois o pecado aproveitou a ocasião e,
utilizando o preceito, seduziu-me e por
meio dele me matou. 12Assim, a Lei é
santa, e o preceito é santo, justo e bom.
13Então, uma coisa boa* se tornou
morte para mim? Certamente, não!
Mas foi o pecado que, para se mostrar
como pecado, serviu-se de uma coisa
boa para me dar a morte, a fim de que
o pecado colocasse em ação toda a sua
maldade por meio do preceito.
Nossa luta interior†. 14Com efeito, sa-
bemos que a Lei é espiritual;* mas eu
sou carnal, vendido ao poder do pe-
cado. 15Realmente, não entendo o que

* **6**,16. Jo 8,34; 1Jo 3,6; 2Pd 2,19 | 21. Ez 16,61ss; 1Pd 1,9 | **7**,3. Cl 2,14; Gl 2,19 | 7. Êx 20,17; Dt 5,18 / Lv 18,5 | 9. Tg 1,15; Gn 3,13; Hb 3,13; 2Cor 11,13; 1Tm 1,8 | 13. 5,20 | 14. Sl 51,7; Jo 3,6

† **7**,1. A salvação de Cristo é para o homem uma libertação do pecado, da morte e da lei. Quando Paulo fala de lei, refere-se principalmente à lei de Moisés, que, levada a extremos, escravizou o povo judeu. | 7. A lei contribui para que o pecado se manifeste, mas não dá à pessoa força interior para vencê-lo; e por causa da concupiscência, vem a ser instrumento do pecado. | 10. "Eu morri" indica a morte espiritual, a condição determinada pelo pecado como violação da lei. | 14. "O homem está dividido em si mesmo. Por esta razão, toda a vida humana, individual e coletiva, apresenta-se como luta dramática entre o bem e o mal, entre a luz e as trevas" (Vat. II).

faço: pois não faço o que quero, mas faço o que detesto. [16]Ora, se faço o que não quero, estou de acordo com a lei e reconheço que ela é boa; [17]neste caso, já não sou eu que estou agindo, e sim o pecado que habita em mim. [18]Pois sei que o bem não habita em mim,* isto é, em minha carne; de fato, querer o bem está a meu alcance, mas fazê-lo, não. [19]Não faço o bem que quero e cometo o mal que não quero. [20]Ora, se faço o que não quero, então não sou eu quem age, mas sim o pecado que habita em mim. [21]Encontro, pois, em mim, esta lei: quando quero fazer o bem, é o mal que se apresenta a mim. [22]Pois em meu interior eu gosto da Lei de Deus; [23]mas sinto em meus membros outra lei,* que luta contra a lei de minha mente e me prende à lei do pecado que está em meus membros. [24]Infeliz de mim! Quem me livrará desse corpo destinado à morte? [25]Graças sejam dadas a Deus* por Jesus Cristo, nosso Senhor! Portanto, sou realmente eu que pela mente estou a serviço da Lei de Deus, mas pela carne sirvo à lei do pecado.

8 **Nossa vida no Espírito**†. [1]Portanto, agora já não há condenação* alguma para os que estão em Cristo Jesus. [2]Pois a lei do Espírito que dá a vida* em Cristo Jesus te libertou da lei do pecado e da morte.

[3]De fato, o que era impossível para a Lei, enfraquecida por causa da carne, Deus o realizou, enviando seu próprio Filho numa carne semelhante à do pecado e, em vista do pecado, condenou o pecado na carne, [4]a fim de que a justiça exigida pela Lei fosse cumprida em nós, que em nossa vida não obedecemos aos caprichos da carne, mas ao Espírito. [5]De fato, os que seguem os desejos da carne gostam do que é carnal; os que seguem as inspirações do Espírito apreciam o que é espiritual†. [6]Os desejos da carne levam à morte, ao passo que os desejos do Espírito levam à vida e à paz; [7]pois os desejos da carne* são revolta contra Deus: ela não se submete à Lei de Deus, nem o poderia. [8]Os que vivem dominados pela carne não podem agradar a Deus. [9]Vós não viveis dominados pela carne, mas guiados pelo Espírito, se de fato o Espírito de Deus habita em vós. Quem não possui o Espírito de Cristo não lhe pertence. [10]Mas se em vós está o Cristo,* vosso corpo está morto por causa do pecado, mas o espírito é vida por causa da justiça†. [11]E se o Espírito daquele que ressuscitou Jesus dentre os mortos habita em vós, Ele, que ressuscitou o Cristo dos mortos, também dará vida a vossos corpos mortais por seu Espírito que habita em vós. [12]Portanto, irmãos, temos uma dívida, mas não para com a carne, de forma que vivamos segundo a carne. [13]Pois, se viverdes segundo a carne, morrereis. Mas se vós, pelo Espírito, fizerdes morrer as obras da carne, vivereis.

Somos filhos de Deus. [14]Com efeito, são filhos de Deus todos os que se deixam conduzir pelo Espírito de Deus. [15]Pois não recebestes* um espírito de escravos para recairdes no medo; mas recebestes um Espírito de filhos adotivos, que nos permite exclamar: "Abbá, Papai!"† [16]O próprio Espírito atesta a nosso espírito que somos filhos de Deus. [17]E, se somos filhos, somos também seus herdeiros: herdeiros de Deus, herdeiros com o Cristo, se verdadeiramente tomamos parte em seus sofrimentos para participarmos também de sua glória.

---

* **7**,18. Gn 6,5; 8,21 | 23. Gl 5,17; Tg 4,1; 1Pd 2,11 | 25. 1Cor 15,27 | **8**,1. 8,31-39; Jo 5,24; 2Cor 5,17 | 2. Jr 31,33; Jo 1,14; Ez 36,36; At 13,38; 15,10; Fl 2,7; Hb 2,17; 4,15; Gl 5,16.25; Mt 5,17 | 7. Mt 12,34; Tg 4,4; Jo 8,43; 12,39; 1Cor 3,16; 1 Jo 3,24 | 10. 8,2; Fl 1,21; 2Cor 4,14: 5,17; Gl 2,20; 6,8; 1Cor 6,14; Ef 4,22ss | 15. 2Tm 1,7; 1Jo 4,18; Gl 4ss; Mc 14,36 Ap 21,7

† **8**. A figura de Adão domina o c. 7 e a de Cristo domina o c. 8. Só com a humanidade nova podemos entender a antiga. | 5. "Os cristãos estão na carne, mas não vivem segundo a carne. Passam sua vida na terra, mas são cidadãos do céu" (Carta a Diogneto, séc. II). | 10. O corpo continua destinado à morte por causa do pecado de Adão, que introduziu a morte no mundo, 5,12, mas o espírito vive da graça dada por Deus. | 15. Os primeiros cristãos usavam na oração esse termo aramaico para lembrar a prece de Jesus no horto, Mc 14,36.

Nossa esperança. [18]Eu penso que os sofrimentos do tempo presente* não têm comparação com a glória futura que se manifestará em nós. [19]Com efeito, o próprio universo espera ansiosamente a revelação dos filhos de Deus; [20]pois o universo foi submetido* ao poder do nada, não por sua vontade, mas por vontade daquele que o submeteu, e alimenta a esperança [21]de que também ele será libertado do cativeiro da corrupção, para alcançar a liberdade e a glória dos filhos de Deus†. [22]Pois sabemos que todo o universo até agora continua gemendo e sentindo dores de parto†. [23]Não só ele,* mas também nós, que temos as primícias do Espírito, gememos em nosso íntimo, suspirando pela adoção filial, que é a redenção de nosso corpo†. [24]Pois já fomos salvos, mas na esperança. Ora, ver o que se espera não é esperar; acaso alguém espera o que já está vendo? [25]Mas, se esperamos o que não vemos, é na perseverança que o aguardamos.

[26]Assim também o Espírito socorre* nossa fraqueza: pois não sabemos o que é conveniente pedir, mas o próprio Espírito intercede por nós com gemidos inefáveis. [27]E aquele que sonda os corações sabe qual é o desejo do Espírito, porque sua intercessão* pelo povo santo corresponde à vontade de Deus.

[28]Sabemos que tudo concorre para o bem dos que amam a Deus, daqueles que ele chamou, de acordo com seu desígnio. [29]Pois aos que ele desde sempre conheceu, também os predestinou para serem conformes à imagem de seu Filho, a fim de que ele seja o primogênito entre muitos irmãos. [30]E, aos que predestinou, também os chamou; e, aos que chamou,* também os justificou; e, aos que justificou, também os glorificou. **A confiança em Deus.** [31]Diante disso, que vamos dizer? Se Deus é por nós, quem será contra nós? [32]Ele, que não poupou seu próprio Filho,* mas o entregou por nós todos, como não nos daria tudo juntamente com ele? [33]Quem vai acusar os que Deus escolheu? Deus, que os justifica? [34]Quem vai condenar? O Cristo Jesus, que morreu; mais ainda, que foi ressuscitado e está à direita de Deus* e intercede por nós? [35]Quem vai nos separar do amor de Cristo?† A tribulação, a angústia, a perseguição, a fome, a nudez, o perigo, a espada? [36]Como está escrito: "Por tua causa nos matam o dia todo;* somos tratados como ovelhas de corte".

[37]Mas em tudo isso somos mais que vencedores* por meio daquele que nos amou. [38]Tenho certeza, de fato, de que nem a morte, nem a vida, nem os anjos, nem os principados, nem o presente, nem o futuro, nem os poderes, [39]nem a altura, nem a profundeza, nem outra criatura qualquer poderá nos separar do amor de Deus que está em Cristo Jesus, nosso Senhor.

III. O MISTÉRIO DE ISRAEL (9–11)†

9 **Dons que Israel recebeu.** [1]Digo a verdade em Cristo, não estou mentindo, e disto me dá testemunho minha consciência no Espírito Santo: [2]sinto grande tristeza e dor sem fim em meu coração. [3]Pois eu mesmo desejaria*

* **8**,18. 5,2; 2Cor 4,17; Lc 22,28ss | 20. Sb 1,14; 1Pd 1,18; 2Pd 3,13 | 23. 1Jo 3,2; Ap 21,1.5 | 26. Jo 3,8 | 27. Sl 139,1; 1Cor 4,5; Ef 1,11; 3,11; Tg 1,12 | 30. Cl 1,18; Hb 1,6 | 32. Sl 118,6; Gn 22,16; Jo 3,16 | 34. Sl 110,1; 1Jo 2,1 | 36. Sl 44,23 | 37. Jo 16,23 1Jo 5,4 | **9**,3. Êx 32,32 | 4. Êx 4,22; Dt 7,6; 14,1s; Mt 1,16; Lc 3,23-38

† **8**,21. "O Evangelho proclama a liberdade dos filhos de Deus e rejeita toda escravidão, que em última análise, procede do pecado" (Vat. II). | 22. O universo inteiro, ligado ao destino do homem pecador, Gn 3,17, espera participar dos benefícios da redenção. Será o cumprimento das esperanças messiânicas de total renovação, Is 65,17; Ap 21,1. | 23. Essa redenção é sua ressurreição gloriosa, último ato da salvação. | 35. Nada na vida pode fazer o cristão esquecer o amor que Cristo lhe manifestou em sua morte e ressurreição, Gl 2,20. | **III.** Nos cc. 9–11 Paulo responde a uma dificuldade séria: Como pode ser verdadeira a salvação realizada por Cristo, se fica de fora dela o povo escolhido? É que Deus respeita a liberdade humana. Israel afastou-se de Deus por própria culpa, mas vai chegar o dia de sua conversão. **9**,3. Inspirando-se em Êx 32,32, onde Moisés pede para ser riscado do Livro de Deus em benefício do povo de Israel, Paulo se diz pronto a aceitar ser separado de Cristo para que os judeus não o fossem; de boa vontade se sacrificaria pelo bem deles.

ser anátema, separado de Cristo† em favor de meus irmãos, de meus parentes segundo a carne, 4que são os israelitas.* A eles pertencem a adoção filial, a glória, as alianças, a legislação, o culto, as promessas; 5a eles pertencem os patriarcas e deles descende segundo a carne o Cristo que é, acima de todas as coisas, Deus bendito para sempre! Amém.

6Não é que a palavra de Deus tenha falhado. Pois nem todos os descendentes de Israel* são israelitas. 7Como também nem todos os descendentes de Abraão são filhos dele; mas "em Isaac te será dada uma descendência". 8Isto significa que não são os filhos da carne que são filhos de Deus, mas só os filhos da promessa são considerados como descendência. 9Com efeito, eis os termos da promessa: "Por esta época voltarei, e Sara terá um filho".* 10Não foi só ela, mas também Rebeca concebera de um só homem, Isaac, nosso pai; 11ora, antes do nascimento dos filhos, quando eles ainda não tinham feito o bem nem o mal, para que se afirmasse a liberdade da escolha divina, 12que depende, não das obras, mas daquele que chama, Deus disse a Rebeca: "O mais velho servirá ao mais novo", 13conforme está escrito: "Amei Jacó* e odiei Esaú"†.

A liberdade da escolha divina. 14Que dizer, então? Deus seria injusto? Certamente, não! 15Pois ele diz a Moisés: "Terei misericórdia de quem eu quiser ter misericórdia e terei piedade de quem eu quiser* ter piedade". 16Portanto, isto não depende da vontade, nem dos esforços do homem, mas da misericórdia de Deus. 17Pois a Escritura diz ao faraó: "Eu te suscitei de propósito para mostrar em ti meu poder e para que meu nome seja proclamado* por toda a terra". 18Assim, Deus tem misericórdia de quem ele quer e endurece a quem ele quer†.

19"Mas, então – vais dizer-me –, de que ele ainda se queixa? Quem, com efeito, pode resistir a sua vontade?" 20Ora, quem és tu, ó homem, para discutir com Deus?* Acaso a peça fabricada vai dizer a quem a fez: "Por que me fizeste assim?" 21O oleiro não é dono da argila para fabricar* com a mesma massa um vaso de luxo e um vaso comum? 22Se, portanto, Deus, querendo manifestar* sua ira e dar a conhecer seu poder, suportou com muita paciência vasos de ira já prontos para a perdição, 23a fim de manifestar a riqueza de sua glória para com vasos de misericórdia, por ele predispostos para a glória, 24isto é, para conosco, que ele chamou não só dentre os judeus mas também dentre os pagãos...?†

A Escritura anuncia o pecado de Israel. 25É justamente o que ele diz em Oseias:*

"Chamarei meu povo aquele que não era meu povo,
e bem-amada aquela que não era a bem-amada.
26E no mesmo lugar onde lhes foi dito
'Vós não sois meu povo',*
lá serão chamados filhos do Deus vivo".

27E Isaías exclama a respeito de Israel:*

"Ainda que o número dos filhos de Israel
fosse como a areia do mar,
só um resto será salvo:
28pois o Senhor vai cumprir plenamente e sem demora
sua palavra sobre a terra".

29E como havia predito Isaías:*

"Se o Senhor dos exércitos
não nos tivesse deixado um germe,
ficaríamos como Sodoma,
seríamos semelhantes a Gomorra".

* **9**,6. 2,28; Nm 23,19; Gn 21,12 | 9. Gn 18,10.14; Gn 25,21 | 13. Gn 25,23; Ml 1,2s | 15. Dt 32,4; Êx 33,19; 1Cor 3,7; Ef 2,8 | 17. Êx 4,21; 7,3; 9,16; 14,7.17 | 20. Is 29,16; 45,9; Jr 18,6 | 21. Is 64,7 | 22. Jr 50,25; Is 13,5 | 25. Os 2,25 | 26. Os 2,1 | 27. Is 10,22s; Os 1,10 | 29. Is 1,9

† **9**,13. "Odiar" tem o sentido de "amar menos", "não preferir". A escolha de Deus é soberana, livre e gratuita. | 18. "Endurece" é um modo de exprimir a reação de Deus diante da persistente obstinação do homem contra ele. | 24. "... que poderíamos objetar?" Assim pode-se completar o pensamento de Paulo.

30Que conclusão vamos tirar? Que os pagãos, que não procuravam a justiça, alcançaram uma justiça, isto é, a justiça que vem da fé, 31ao passo que Israel, que procurava uma lei que lhe desse a justiça, não alcançou a lei†. 32E por quê?* Porque não buscaram a justiça em virtude da fé, mas como se derivasse das obras†. Tropeçaram na pedra de escândalo, 33como está escrito:

"Eis que ponho em Sião uma pedra de escândalo*
e uma rocha que faz cair;
mas quem nele crer não será confundido".

10 Responsabilidade dos judeus.

1Irmãos, o desejo de meu coração e a prece que faço a Deus por eles são para que sejam salvos. 2Pois disso sou testemunha: eles têm zelo por Deus,* mas é um zelo pouco esclarecido. 3Desconhecendo a justiça que vem de Deus e procurando estabelecer sua própria justiça, não se submeteram à justiça de Deus. 4Pois o objetivo da lei* é o Cristo†, para ser dada a justiça a todo aquele que crê.

5Com efeito, Moisés escreveu sobre a justiça que vem da Lei: "Quem a cumpre viverá por ela". 6Mas a justiça que vem da fé fala assim: "Não digas em teu coração: Quem subirá ao céu?", isto é, para de lá fazer descer o Cristo; 7ou então: "Quem descerá ao abismo?"†, isto é, para fazer o Cristo voltar dos mortos. 8Mas o que diz a Escritura? "A palavra está perto de ti, em tua boca e em teu coração". Esta palavra é a palavra da fé que proclamamos. 9Porque, se confessares com a boca que Jesus é o Senhor* e se em teu coração creres que Deus o ressuscitou dos mortos, serás salvo. 10Pois é crendo de coração que se obtém a justiça e é confessando com a boca que se alcança a salvação. 11De fato, assim diz a Escritura:* "Todo aquele que nele crer não será confundido". 12Assim, não há diferença entre judeu e pagão, porque ele é o mesmo Senhor de todos, e é rico para com todos os que o invocam. 13Pois, "todo aquele que invocar o nome* do Senhor será salvo".

A ignorância dos judeus não tem desculpa. 14Mas como poderão invocar aquele em quem não creram? E como haverão de crer naquele de quem nunca ouviram falar? E como ouvirão falar dele, se ninguém o anuncia? 15E como anunciarão, se não forem enviados? Como está escrito:* "Como é belo ver correndo os que anunciam boas novas". 16Mas nem todos obedeceram à Boa Nova. Pois disse Isaías:* "Senhor, quem acreditou em nossa pregação?" 17Assim, a fé nasce da pregação e a pregação se realiza mediante a palavra de Cristo. 18Ora, eu pergunto: Será que eles não ouviram? Sem dúvida!

"Por toda a terra ressoou sua voz
e suas palavras chegaram aos confins do mundo".*

19Mas eu pergunto: Israel não teria compreendido? Já disse Moisés: "Eu vos farei invejar* um povo que não é povo; contra uma nação sem inteligência provocarei vossa ira".

20E Isaías chega a dizer:*
"Fui encontrado pelos que não me buscavam,
manifestei-me aos que não me interrogavam";

21ao passo que ele diz, dirigindo-se a Israel:
"O dia todo estendi as mãos para um povo desobediente e rebelde".

---

* **9**,32. Is 8,14 | 33. Is 28,16 | **10**,2. At 22,3 | 4. Mt 5,17; Jo 3,18; Lv 18,5; Dt 9,4; 30,12ss | 9. 1Cor 12,3; Fl 2,11 | 11. Is 28,16; At 10,34; 15,9 | 13. Jl 3,5 | 15. Is 52,7 | 16. Is 53,1 | 18. Sl 19,5 | 19. Dt 32,21 | 20. Is 65,1 | 21. Is 65,2

† **9**,31. Em seu esforço de pôr em prática a lei que prometia a justiça, Israel de fato não chegou àquela justiça que a lei prometia. | 32. "Se Israel recusa o Evangelho, buscando a justiça na lei, é porque não entendeu a justiça de Deus" (J.-N. Aletti). | **10**,4. Cristo é a meta para a qual apontava a lei desde o início. "A lei antiga é uma preparação para o Evangelho" (S. Irineu). | 7. Paulo comenta Dt 30,11-14, onde se diz que a Palavra de Deus não está longe de nós; mostra aos judeus que eles não devem ficar esperando um Salvador que desce dos céus, ou que vem da morada dos mortos, porque já temos esse Salvador em Jesus, que veio morar conosco, Jo 1,14.

11

Deus não rejeitou seu povo. 1Então, eu pergunto: será que Deus rejeitou seu povo?* De modo algum! Pois também eu sou israelita, da descendência de Abraão, da tribo de Benjamim. 2Deus não rejeitou seu povo,* que de antemão escolheu. Ou não sabeis o que diz a Escritura, no lugar em que Elias apresenta a Deus sua queixa contra Israel: 3"Senhor, mataram vossos profetas, destruíram vossos altares;* só fiquei eu, e querem tirar-me a vida!" 4Mas o que lhe responde o oráculo divino? "Reservei para mim sete mil homens que não dobraram o joelho diante de Baal". 5Assim também hoje sobrevive* um resto escolhido por graça†. 6Mas se é por graça, já não é mais em virtude das obras; do contrário, a graça já não seria graça.

7Então, que dizer? O que Israel busca, não conseguiu; mas os escolhidos o conseguiram. Os outros foram obcecados, 8conforme está escrito:* "Deus lhes deu um espírito insensível: olhos para não verem, ouvidos para não ouvirem, até o dia de hoje".

9Davi diz também:* "Que sua mesa seja para eles uma armadilha†, uma cilada, uma ocasião de queda e um justo castigo! 10Que seus olhos se obscureçam para que não vejam; faze-os sempre curvar o dorso!"

A incredulidade de Israel contribui para a salvação dos pagãos. 11E eu pergunto:* seria para uma queda definitiva que eles fracassaram? De modo algum! Mas por causa do fracasso deles chegou a salvação aos pagãos, para provocar a inveja deles. 12Ora, se o fracasso deles é uma riqueza para o mundo e se a decadência deles é uma riqueza para os pagãos, o que não será sua plena restauração?

13A vós, gentios, eu digo: como apóstolo dos gentios, honro meu ministério, 14na esperança de provocar* a inveja dos que são de minha raça e de salvar alguns deles. 15Pois, se a rejeição deles resultou na reconciliação do mundo, o que será sua reintegração senão a passagem da morte para a vida?† 16Ora, se as primícias são santas,* toda a massa o é também; e se a raiz é santa, os ramos também o são.

17Mas se alguns ramos foram cortados, ao passo que tu, oliveira selvagem, foste enxertada entre os restantes para te beneficiares com eles da raiz e da seiva da oliveira, 18não te vanglories à custa dos ramos. Ou, se quiseres gloriar-te, fica sabendo que não és tu que sustentas a raiz, mas é a raiz que te sustenta. 19Dirás talvez: "Foram cortados ramos para que eu fosse enxertado". 20Muito bem! Foram cortados por causa da incredulidade deles, ao passo que tu permaneces ali pela fé. Não te orgulhes, mas teme. 21Pois se Deus não poupou os ramos naturais, tampouco te poupará.

22Considera, pois, a bondade* e a severidade de Deus: a severidade para com os que caíram, mas para contigo a bondade, contanto que permaneças nessa bondade; do contrário, tu também serás cortado. 23Quanto a eles,* se não ficarem em sua incredulidade, serão enxertados: Deus tem poder para de novo enxertá-los. 24Com efeito, se tu foste cortado da oliveira selvagem à qual pertencias por natureza, e enxertado, contra a natureza, numa oliveira boa, quanto mais eles, os ramos naturais, poderão ser enxertados em sua própria oliveira!

A conversão de Israel. 25Não quero, irmãos, que ignoreis* esse mistério, para que não vos considereis como sábios: o endurecimento de uma parte de Israel só vai durar até que tenha entrado a totalidade dos gentios; 26e assim todo o Israel será salvo, como está escrito:*

---

* **11**,1. Sl 94,14; Fl 3,5 | 2. 1Sm 12,22 | 3. 1Rs 19,10; 12-18 | 5. Gl 3,18 | 7. Is 29,10; Dt 29,3 | 9. Sl 69,23 | 11. At 13,46; Dt 32,21 | 14. 1Cor 9,22; 1Tm 4,16 | 16. Nm 15,17-21; Ef 2,11-14 | 22. Jo 15,2-5; Hb 3,14 | 23. 2Cor 3,16 | 25. 12,16; Lc 21,24; Jo 10,16 | 26. Is 59,20s; Jr 31,34

† **11**,5. Do povo de Israel sobra um resto, penhor da salvação futura do povo eleito. | 9. "Mesa" significa aqui a posição privilegiada dos judeus, que foi para eles ocasião de ruína. | 15. A conversão dos judeus será a grande ressurreição do povo, anunciada em Ez 37.

"De Sião virá o Libertador;
ele afastará de Jacó as impiedades.
27E será esta a minha aliança com
eles,*
quando eu apagar seus pecados".
28Quanto ao Evangelho, eles são
inimigos por vossa causa; mas quanto
à eleição, são amados, por causa dos
pais deles. 29Pois os dons e o chama-
do de Deus são irrevogáveis. 30Assim
como outrora desobedecestes a Deus e
agora obtivestes misericórdia, graças à
desobediência deles, 31assim também
eles agora desobedeceram, a fim de
que, graças à misericórdia usada para
convosco, eles também obtenham mi-
sericórdia. 32Pois Deus encerrou todos*
na desobediência†, a fim de usar mise-
ricórdia para com todos.
Hino à misericórdia divina. 33Ó abis-
mo da riqueza, da sabedoria* e da ci-
ência de Deus! Como são insondáveis
suas decisões e incompreensíveis seus
caminhos! 34Com efeito, "quem jamais
conheceu o pensamento do Senhor?
Ou quem foi seu conselheiro?" 35Ou
"quem primeiro lhe deu alguma coisa,
para ter direito à retribuição?" 36Pois
tudo é dele, por ele e para ele. A ele
seja dada a glória para sempre! Amém.

IV. NORMAS DE VIDA CRISTÃ (12–15)

12 **Fazer em tudo a vontade de
Deus.** 1Irmãos, pela misericór-
dia de Deus,* eu vos exorto a oferecer
vossos corpos como sacrifício vivo,
santo e agradável a Deus, pois este é
vosso culto espiritual. 2Não tomeis por
modelo este mundo†, mas transformai-
-vos, renovando vossa mente, para que
possais discernir qual é a vontade de
Deus: o que é bom, o que lhe agrada
e é perfeito.
O fiel cumprimento da missão. 3Em
virtude da graça que me foi dada,* eu
digo a todos e a cada um: não tenhais
de vós mesmos um conceito mais ele-
vado do que convém, mas um conceito
modesto, cada um segundo o grau de
fé que Deus lhe concedeu. 4Pois, as-
sim como num só corpo temos muitos
membros e esses membros não têm
todos a mesma função, 5assim também
nós,* embora sejamos muitos, somos
um só corpo em Cristo e todos somos
membros uns dos outros, cada um
por sua parte. 6Mas possuímos dons
diferentes segundo a graça que nos
foi dada: quem tem o dom da profe-
cia, exerça-o em harmonia com a fé;
7quem tem o dom do serviço,* exerça-
-o servindo; quem tem o dom do en-
sino, ensinando; 8quem tem o dom da
exortação, exortando. Quem reparte os
bens, faça-o com simplicidade; quem
preside, com diligência; quem exerce a
misericórdia, com alegria.
O amor para com todos. 9Que vosso
amor seja sem fingimento, detestando
o mal* e aderindo ao bem. 10Amai-vos
uns aos outros com amor fraterno e,
quanto ao respeito, cada qual consi-
dere os outros como mais merecedo-
res. 11Sede esforçados, sem preguiça,
fervorosos de espírito, a serviço do
Senhor. 12Sede alegres na esperança,
pacientes na tribulação e perseveran-
tes na oração; 13solidários diante das
necessidades dos irmãos,* acolhedores
na hospitalidade. 14Abençoai os que
vos perseguem; abençoai e não amal-
diçoeis. 15Alegrai-vos com os que se
alegram,* chorai com os que choram.
16Tende os mesmos sentimentos para
com todos, sem procurar grandezas,
mas assumindo as tarefas humildes;
não vos considereis como sábios. 17Não
pagueis a ninguém o mal com o mal;

---

* **11**,27. Is 27,9 | 32. Gl 3,22; 1Tm 2,4 | 33. Is 45,15; 55,8s; 40,13; Jr 23,18; Jó 15,8; 1Cor 2,16; 8,6 | **12**,1. 6,11-14; Ef 4,23; 5,10.17; 1Pd 2,5; Jo 4,24 | 3. 1Cor 12,11; Ef 4,7 | 5. 1Cor 12,27; Ef 1,23; 4,4.25 | 7. 1Pd 4,10s | 9. 2Pd 1,7; Fl 2,3 | 13. Hb 13,2; Mt 5,44; 1Cor 4,12 | 15. 15,15; Sl 35,13; Pr 3,7; Is 5,21

† **11**,32. Como em Gl 3,22, Paulo quer dizer que Deus fez a humanidade experimentar sua incapacidade de livrar-se do pecado, para manifestar a todos sua bondade e sua misericórdia. | **12**,2. "Não se pense em ajudar o mundo assumindo seu pensamento, seus costumes e gostos, mas estudando-o, amando--o e servindo-o" (Paulo VI).

procurai fazer o bem diante de todos; [18]vivei em paz com todos, se possível, enquanto depende de vós. [19]Não façais justiça com as próprias mãos,* caríssimos, mas deixai agir a ira de Deus, pois está escrito: "Sou eu que farei justiça, eu é que retribuirei", diz o Senhor. [20]Ao contrário, "se teu inimigo tem fome, dá-lhe de comer; se tem sede, dá-lhe de beber; fazendo isso, ajuntarás brasas sobre sua cabeça"†. [21]Não te deixes vencer pelo mal, mas vence o mal com o bem.

13

Respeito às autoridades. [1]Que cada um se submeta* às autoridades constituídas. Pois não há autoridade que não venha de Deus, e as que existem são instituídas por Deus†. [2]Assim, quem resiste à autoridade revolta-se contra a ordem estabelecida por Deus. E os rebeldes atrairão sobre si a condenação. [3]Com efeito, não se deve temer* os governantes quando se faz o bem, mas sim quando se faz o mal. Queres viver sem medo da autoridade? Faze o bem e dela receberás elogios; [4]pois ela é um instrumento de Deus para te conduzir ao bem. Mas se fazes o mal, então deves ter medo; pois não é à toa que ela tem a espada: ela está a serviço de Deus, para exercer sua ira contra quem faz o mal. [5]Por isso, é preciso submeter-se, não só por medo do castigo, mas também por motivo de consciência. [6]Para isso mesmo vós pagais os impostos: pois os que os recebem são funcionários de Deus. [7]Dai a cada um o que lhe é devido:* o tributo a quem se deve tributo; a taxa a quem se deve taxa; o temor a quem se deve temor; a honra a quem se deve honra.

O amor é o pleno cumprimento da lei. [8]Não tenhais dívidas para com ninguém, a não ser a do amor mútuo. Pois quem ama o próximo cumpriu a Lei. [9]De fato, os mandamentos: não cometer adultério,* não matar, não furtar, não cobiçar e qualquer outro resumem-se nesta palavra: "Amarás o próximo como a ti mesmo". [10]O amor não pratica o mal contra o próximo. Portanto, o amor é o pleno cumprimento da Lei†.

Somos filhos da luz. [11]Isto deveis fazer, sabendo* em que tempo estamos, porque já é hora de despertardes do sono, porque agora a salvação está mais perto de nós do que quando abraçamos a fé. [12]A noite já vai adiantada e o dia vem chegando:* por isso, abandonemos as obras das trevas e tomemos as armas da luz. [13]Vivamos honestamente como em pleno dia: nada de orgias,* nem de bebedeiras, nada de impureza, nem de imoralidade, nada de brigas, nem de inveja. [14]Ao contrário, revesti-vos do Senhor Jesus Cristo e não vos deixeis levar pelas preocupações da carne para satisfazer seus caprichos.

14

Tolerar as mentalidades diferentes†. [1]Acolhei quem é fraco na fé, sem criticar seus escrúpulos. [2]Um acha que pode comer de tudo, ao passo que outro, sendo fraco, só come verduras. [3]Quem come de tudo não despreze quem não come, e quem não come não julgue aquele que come; pois Deus o acolhe igualmente. [4]Quem és tu* para julgares um servo que não é teu? Se ele fica de pé ou cai, isto interessa a seu patrão; aliás, ele ficará de pé, pois o Senhor tem poder para

---

* **12**,19. Mc 9,50; Hb 12,14; Lv 19,18; Mt 5,39; Dt 32,35; Pr 25,21s; Mt 5,44 | **13**,1. 1Pd 2,13-17; Tt 3,1 | 3. 1Pd 3,13 | 7. Mt 22,21; Mc 12,17; Lc 20,25 | 9. Êx 20,13-17; Dt 5,17-21; Lv 19,18; Mt 22,40 | 11. Ef 5,14; 1Ts 5,6s | 12. 1Jo 2,8; Ef 5,11 | 13. Lv 21,34; Ef 5,18 | **14**,4. Mt 7,10; Tg 4,1ss

† **12**,20. O amor e o perdão dos cristãos devem provocar em seus inimigos um remorso que os desperte para o arrependimento. Ver a nota em Pr 25,22. | **13**,1. A autoridade legitimamente constituída vem de Deus para servir ao bem comum. Obedecer à autoridade é obedecer a Deus, porque as relações do homem com Deus não se limitam à esfera religiosa. | 10. Santa Teresinha mostra que entendeu bem esta palavra quando escreve: "No coração da Igreja, minha mãe, eu serei o amor". | **14**. As práticas judaicas não são obrigatórias para os convertidos à fé cristã, mas, por outro lado, é preciso respeitar e compreender as atitudes dos "fracos", isto é, daqueles que talvez por escrúpulo ou por questão de formação ainda continuam observando certas determinações da lei, que outros consideram ultrapassadas.

sustentá-lo. 5Há quem prefere um dia a um outro; e há quem os considera todos iguais: cada qual procure fundamentar sua ideia. 6Quem distingue os dias é para o Senhor que os distingue; e aquele que come é para o Senhor que come, e dá graças a Deus. E quem não come é para o Senhor que se abstém, e dá graças a Deus.

7De fato, nenhum de nós vive para si mesmo e nenhum de nós morre para si mesmo†. 8Pois, se vivemos, é para o Senhor que vivemos;* se morremos, é para o Senhor que morremos. Quer vivamos, quer morramos, pertencemos ao Senhor. 9Foi por isso que Cristo morreu e retornou à vida: para ser o Senhor dos mortos e dos vivos. 10Então, por que julgas teu irmão? E tu, por que desprezas teu irmão? Pois todos nós vamos comparecer diante do tribunal de Deus. 11Porque está escrito: "Por minha vida, diz o Senhor, diante de mim se dobrará todo joelho e toda língua dará glória a Deus".

12Assim, cada um de nós prestará contas a Deus de si próprio.

A primazia do amor sobre a liberdade. 13Então, acabemos com os julgamentos de uns sobre outros; cuidai, antes, de não serdes para algum irmão causa de queda ou de escândalo. 14Eu sei – e disso estou certo* no Senhor Jesus – que nada é impuro em si mesmo, mas só é impuro para aquele que o considera impuro. 15Com efeito, se por causa de teu alimento teu irmão fica chocado, já não te comportas conforme a caridade. Não causes com teu alimento a ruína daquele por quem Cristo morreu! 16Portanto, não seja ocasião de maledicência o bem de que gozais. 17Pois o reino de Deus* não é questão de comida ou de bebida: é justiça, paz e alegria no Espírito Santo. 18Quem serve a Cristo desta forma agrada a Deus e goza da estima das pessoas. 19Procuremos, pois, o que favorece a paz e a edificação mútua.

20Não destruas a obra de Deus por uma questão de comida. Tudo é puro, certamente, mas torna-se um mal para quem come dando escândalo. 21É bom abster-se de carne* e de vinho e de tudo que faz teu irmão tropeçar, cair ou vacilar. 22Guarda para ti, diante de Deus, essa tua fé esclarecida. Feliz quem não se condena por aquilo que aprova. 23Mas aquele que come,* estando em dúvida, é condenado, porque não age pela fé; ora, tudo que não procede da fé é pecado.

15 **Seguir o exemplo de Cristo.** 1Nós, que somos fortes,* devemos suportar as fraquezas dos fracos e não procurar agradar a nós mesmos. 2Que cada um de nós procure agradar ao próximo para o bem, para edificá-lo. 3Pois Cristo não buscou o que lhe agradava; mas como está escrito: "Sobre mim caíram os insultos daqueles que te insultavam". 4Ora, tudo o que outrora foi escrito é para nossa instrução que foi escrito, a fim de que tenhamos esperança por meio da constância e da coragem que as Escrituras nos dão. 5Que Deus, fonte de toda constância e consolação, vos conceda ter uns para com os outros os mesmos sentimentos a exemplo de Cristo Jesus, 6para que, unidos de coração e a uma só voz, glorifiqueis a Deus, Pai de nosso Senhor Jesus Cristo.

7Portanto, acolhei-vos uns aos outros como Cristo vos acolheu para a glória de Deus. 8Pois eu vos digo: Cristo se fez servo dos circuncisos para demonstrar a fidelidade de Deus, cumprindo as promessas feitas aos patriarcas; 9e os pagãos glorificam a Deus* por sua misericórdia, como está escrito: "Por isso vos louvarei, Senhor, no meio das nações e cantarei hinos a vosso nome".

---

* **14**,8. Lc 20,38; Gl 2,20; 1Ts 5,10; Mt 25,31s; At 17,31; 2Cor 5,10; 8,20; Is 49,18; 45,23 | 14. At 10,15; Tt 1,15; 2Cor 8,11ss | 17. Tt 2,5 | 21. 1Cor 8,13 | 23. 1,17; Tb 1,15 | **15**,1. 14,1; 1Cor 9,9.19; 10,24.33; Sl 69,10 | 9. Sl 18,50

† **14**,7. "O menor de nossos atos praticados no amor irradia em benefício de todos, nesta solidariedade com todos os homens, vivos ou mortos, que se funda na comunhão dos santos. Todo pecado prejudica esta comunhão" (CIC).

10E a Escritura diz também:* "Nações,
exultai com seu povo!"
11E diz ainda: "Nações todas, louvai
o Senhor, e que todos os povos o exal-
tem!"*
12E Isaías diz por sua vez: "Vai surgir o
rebento de Jessé,* aquele que se levan-
tará para comandar as nações; nele as
nações colocarão sua esperança".
13Que o Deus da esperança vos en-
cha de toda alegria e paz na fé, a fim
de que sejais ricos de esperança pela
virtude do Espírito Santo.
Projetos do apóstolo. 14Estou con-
vencido, meus irmãos, de que tam-
bém vós estais cheios de bondade e
possuís em plenitude o dom da ci-
ência, sendo capazes de corrigir-vos
uns aos outros. 15No entanto, eu vos
escrevi com bastante audácia em cer-
tos pontos, como para recordar-vos
o que já sabeis, em virtude da graça
que Deus me concedeu 16de ser um
ministro do Cristo Jesus* entre os pa-
gãos, exercendo o ofício sagrado do
Evangelho de Deus, a fim de que os
pagãos se tornem uma oferta agra-
dável, santificada no Espírito Santo.
17Portanto, posso gloriar-me no Cristo
Jesus* pelas coisas de Deus. 18Pois eu
não ousaria falar daquilo que o Cristo
não tivesse feito por meu intermédio
para obter a obediência dos pagãos,
em palavras e obras, 19pelo poder dos
sinais e dos prodígios, pela virtude do
Espírito de Deus: assim, desde Jerusa-
lém e suas vizinhanças até a Ilíria, le-
vei a termo a pregação do Evangelho
de Cristo. 20Mas fiz questão de limitar
esta pregação* às regiões onde ain-
da não se invocava o nome de Cris-
to, para não construir sobre alicerces
colocados por outrem; 21mas segui o
que está escrito: "Hão de vê-lo aque-
les a quem ele não tinha sido anuncia-
do, e aqueles que não tinham ouvido
falar dele compreenderão".*
Desejo de passar por Roma. 22Foi
isso que muitas vezes me impedia de
chegar até vós. 23Mas agora, como não
tenho mais com que me ocupar por
aqui, e já que desde muitos anos de-
sejo ardentemente visitar-vos, 24irei até
vós quando for à Espanha†. Pois espero
ver-vos durante a viagem e ser por vós
encaminhado em direção a esse país,
depois de ter saboreado um pouco a
alegria de vossa presença.
25Mas agora vou a Jerusalém* a ser-
viço daquela comunidade†, 26pois a
Macedônia e a Acaia resolveram aten-
der às necessidades dos pobres que há
na comunidade de Jerusalém. 27Assim
o resolveram e aliás o devem a eles:
pois se os pagãos participaram dos
bens espirituais dos judeus, devem por
sua vez assisti-los com seus bens ma-
teriais. 28Quando então eu tiver termi-
nado essa tarefa e lhes tiver entregue
oficialmente essa coleta, partirei para a
Espanha passando por aí. 29E sei que,
indo visitar-vos, eu vos levarei todas as
bênçãos do Cristo.
30Peço-vos, irmãos, por nosso Se-
nhor Jesus Cristo* e pela caridade do
Espírito, que me ajudeis em minha luta
por meio das orações que fazeis a Deus
por mim, 31para que eu escape dos
infiéis da Judeia e para que o auxílio
que estou levando para Jerusalém seja
aceito por aquela comunidade; 32as-
sim, poderei ir ver-vos com alegria e, se
Deus quiser, encontrar no meio de vós
algum repouso. 33Que o Deus da paz
esteja com todos vós! Amém.

V. EPÍLOGO (16)

16 **Recomendações e sauda-
ções.** 1Recomendo-vos nos-
sa irmã Febe, diaconisa da Igreja de
Cencreia: 2oferecei-lhe no Senhor uma
acolhida digna de um membro da co-

* **15**,10. Dt 32,43 | 11. Sl 117,1 | 12. Is 11,1.10; Ap 5,5; 22,16 | 16. 11,13; 2Cor 3,3; Fl 2,17 | 17. 2Cor 3,5; 13,3 | 20. 1Cor 3,10; 2Cor 10,15s | 21. Is 52,15 | 25. At 19,21; 20,22; 1Cor 16,1; 2Cor 8,1ss; 9,2.12 | **15**,30. 2Cor 1,11; Fl 1,27; Cl 4,3; 2Ts 3,1

† **15**,24. Levando o Evangelho até a Espanha, Paulo chegaria às extremidades do mundo conhecido. Não é certo, mas é possível que tenha realizado esse sonho. | 25. Lit. "dos santos", ver a nota em At 9,13.

munidade e assisti-a em tudo de que precisar; pois ela tem ajudado a muita gente, inclusive a mim mesmo.

[3]Saudações a Prisca e a Áquila†, meus colaboradores em Cristo Jesus; [4]para me salvar a vida,* arriscaram a sua; não somente eu lhes devo gratidão, mas todas as igrejas dos gentios. [5]Saudações também à comunidade que se reúne na casa deles.* Saudações a meu caro Epêneto, as primícias que a Ásia ofereceu a Cristo.

[6]Saudações a Maria, que muito trabalhou por vós. [7]Saudações a Andrônico e a Júnia, meus parentes e companheiros de prisão: são muito estimados entre os apóstolos e se converteram ao Cristo antes de mim. [8]Saudações a Amplíato, a quem muito amo no Senhor.

[9]Saudações a Urbano, nosso colaborador em Cristo, e a meu caro Estáquis. [10]Saudações a Apeles, provado em Cristo. Saudações às pessoas da casa de Aristóbulo. [11]Saudações a Herodião, meu parente; saudações às pessoas da casa de Narciso, que estão no Senhor.

[12]Saudações a Trifena e a Trifosa, que se afadigam no Senhor; saudações a minha querida Pérside, que muito trabalhou* no Senhor. [13]Saudações a Rufo, o eleito do Senhor, e a sua mãe que é também minha. [14]Saudações a Asíncrito, a Flegonte, a Hermes, a Pátrobas, a Hermas e aos irmãos que moram com eles. [15]Saudações a Filólogo e a Júlia, a Nereu e a sua irmã, a Olimpas e a todos os membros da comunidade que moram com eles. [16]Saudai-vos uns aos outros com o beijo santo*. Todas as igrejas de Cristo vos enviam saudações.

[17]Eu vos peço, irmãos, tomai cuidado com os que provocam divisões e escândalos contra o ensinamento que recebestes; afastai-vos deles. [18]Pois esses tais não servem a Cristo, nosso Senhor, mas a seu ventre; com palavras suaves e com adulações seduzem os corações dos incautos.

[19]Com efeito, a fama de vossa obediência* espalhou-se por toda a parte e vós constituís minha alegria; mas quero que sejais prudentes para o bem e simples quanto ao mal. [20]O Deus da paz sem demora esmagará Satanás debaixo de vossos pés. Que a graça de nosso Senhor Jesus Cristo esteja convosco!

[21]Timóteo, meu colaborador, vos saúda,* como também Lúcio, Jasão e Sosípatro, meus parentes. [22]Eu, Tércio, que escrevi esta carta, vos saúdo no Senhor. [23]Saúda-vos Gaio, que hospeda a mim e toda a Igreja. Erasto, o tesoureiro da cidade, vos saúda, e também o irmão Quarto†.

Hino de louvor a Deus. [25]Glória seja Àquele que é poderoso* para vos confirmar, segundo o Evangelho que eu anuncio, pregando Jesus Cristo, conforme a revelação do mistério por tantos séculos mantido em silêncio, [26]mas agora manifestado e por meio dos escritos dos profetas, por ordem do Deus eterno anunciado a todas as nações, para levá-las à obediência da fé. [27]A Deus, o único sábio, seja dada glória por meio de Jesus Cristo, pelos séculos dos séculos! Amém.*

---

* **16**,4. At 15,26 | 5. 1Cor 16,15.19 | 12. Mc 15,21 | 16. 1Cor 16,20; 1Pd 5,14; Mt 7,15; Tt 3,10; Fl 3,19; Cl 2,4; 2Pd 2,3 | 19. 1,8; 15,23; 1Cor 14,20; Mt 10,16; Gn 3,15 | 21. At 16,1; 19,22.29; 20,4; Fl 2,19; 1Cor 1,14; 2Tm 4,20 | 25. 1,5; Ef 1,9; 3,5; Cl 1,26 | 27. 1Tm 1,17; Jd 25

† **16**,3. É o mesmo casal que hospedou Paulo em Corinto, At 18,2s. A lista de pessoas às quais Paulo envia saudações contém nomes judeus, gregos e romanos. A Igreja de Roma inclui pessoas de todas as procedências e de diversos níveis sociais. Percebe-se o papel importante dos leigos na vida da Igreja. Também as mulheres, que eram discriminadas na vida social da época, assumiam sua parte na pastoral da comunidade. | 23. Alguns manuscritos acrescentam: [24]"A graça de nosso Senhor Jesus Cristo esteja com todos vós! Amém".

PRIMEIRA CARTA AOS CORÍNTIOS

Os inícios da Igreja cristã em Corinto estão narrados em At 18,1-18. Em sua segunda viagem missionária, Paulo fundou a comunidade, ficando lá um ano e meio, entre os anos 50 e 51, hospedado na casa de Áquila e Priscila, que eram judeus expulsos de Roma pelo imperador Cláudio. O Apóstolo acabava de sofrer uma amarga decepção em Atenas, onde, com seu discurso pronunciado no Areópago, não conseguira convencer senão uns poucos da verdade da fé cristã. Conforme seu costume de pregar sempre nas grandes cidades, fazendo delas o centro de irradiação da mensagem, ele chega a Corinto, capital da Grécia central e meridional, metrópole de 500 mil habitantes, dos quais 2/3 eram escravos.

Numa situação geográfica extraordinária, servida por dois portos, um no mar Egeu, outro no mar Jônio, Corinto era um grande centro comercial e cultural, mas também uma cidade onde a corrupção e a imoralidade não tinham limites.

Na Páscoa do ano 54, estando em Éfeso, em sua terceira viagem missionária, Paulo escreve a primeira carta aos Coríntios, que, propriamente, não foi a primeira, como se pode deduzir de 1Cor 5, 9, que fala de uma carta anterior, provavelmente perdida.

O assunto da carta é duplo: a) Nos cap. 1–6, Paulo comenta as notícias da comunidade, que lhe chegaram por pessoas da família de Cloé (1Cor 1,11); dá sua apreciação sobre fatos ocorridos recentemente, como a divisão da comunidade em partidos (1,10–4,21), o caso do incestuoso (5,1-13), o recurso aos tribunais pagãos para resolver disputas entre cristãos (6,1-11) e a tolerância em relação à imoralidade (6,12-20). b) Nos cap. 7–15, Paulo responde às perguntas que lhe foram feitas pela comunidade sobre o matrimônio (7,1-40), o uso de carnes imoladas aos ídolos (8,1–11,1), a ordem nas assembleias litúrgicas (11,2-34), a hierarquia dos carismas (12,1–14,39) e a ressurreição dos mortos (15,1-58).

É interessante para nós a leitura desta carta, não só porque nos mostra como a fé cristã se posicionou diante da cultura helenística, num ambiente pagão, onde a filosofia e o prazer eram valores supremos, mas também porque as soluções que Paulo oferece para os problemas da época têm valor perene, por serem inspiradas na pessoa de Jesus Cristo Ressuscitado, em sua doutrina e em sua obra redentora.

I. PRÓLOGO
(1,1-9)

1 **Saudação e ação de graças.** 1Paulo, chamado pela vontade de Deus*
para ser apóstolo do Cristo Jesus, e o irmão Sóstenes, 2à Igreja de Deus que está
em Corinto, aos que foram santificados
no Cristo Jesus, chamados para serem
santos junto com todos os que em todo
lugar invocam o nome de nosso Senhor
Jesus Cristo, Senhor nosso e deles. 3Graça a vós e paz da parte de Deus nosso
Pai e do Senhor Jesus Cristo. 4Agradeço
continuamente a meu Deus por vossa
causa, pela graça divina que vos foi dada
em Cristo Jesus, 5porque nele fostes
enriquecidos* de todos os dons, os da
palavra e os da ciência. 6De fato, o testemunho de Cristo foi confirmado em
vós 7a tal ponto que nenhum dom vos
falta, enquanto esperais a manifestação*
de nosso Senhor Jesus Cristo. 8É ele que
vos confirmará até o fim, de modo que
estejais livres de culpa no dia de nosso
Senhor Jesus Cristo†. 9Fiel é Deus, por
quem fostes chamados à comunhão de
seu Filho, Jesus Cristo, Senhor nosso.

II. DIVISÕES E ESCÂNDALOS NA COMUNIDADE
(1,10–6,20)

As divisões na Comunidade. 10Em
nome de nosso Senhor Jesus Cristo,*
eu vos exorto a serdes todos unâni-

---

* **1**,1. 6,11; Rm 1,7 | 5. 2Cor 8,7.9 | 7. At 18,5; 2Ts 1,7; Tt 2,13; 1Ts 3,13; 5,23s; 1Jo 1,3 | 10. Fl 2,2; 3,16

† **1**,8. O dia do retorno glorioso de Cristo, para julgar o mundo.

mes no falar, para que não haja divi-
sões entre vós, mas que vivais unidos
no mesmo espírito e no mesmo pen-
samento. 11Pois fui informado a vosso
respeito, meus irmãos, por pessoas da
família de Cloé, que está havendo dis-
córdias entre vós. 12Refiro-me ao fato*
de que cada um de vós diz: "Eu sou de
Paulo!" – "Eu sou de Apolo!" – "Eu sou
de Cefas!"† – "Eu sou de Cristo!" 13En-
tão, Cristo está dividido? É Paulo que
foi crucificado por vós? Ou fostes bati-
zados* em nome de Paulo? 14Graças a
Deus, não batizei nenhum de vós, a não
ser Crispo e Gaio, 15e assim ninguém
pode dizer que fostes batizados em
meu nome.* 16Batizei também, é ver-
dade, a família de Estéfanas, mas dos
outros não sei se batizei mais alguém.
17Pois o Cristo não me enviou para ba-
tizar, mas para evangelizar,* porém,
sem usar de palavras eruditas, para que
não se torne inútil a cruz de Cristo.

**A sabedoria humana e a loucura da
cruz.** 18Com efeito, a linguagem da
cruz* é loucura para os que se perdem,
mas para os que se salvam, isto é, para
nós, é poder de Deus. 19Pois está escri-
to: "Destruirei a sabedoria dos sábios,
aniquilarei a inteligência dos inteligen-
tes. 20Onde está o sábio?* Onde está o
homem culto?" Onde está o pesquisa-
dor deste mundo? Porventura Deus não
transformou em loucura a sabedoria
deste mundo? 21Com efeito, já que nos
sábios desígnios de Deus o mundo não
conheceu a Deus por meio da sabe-
doria, é pela loucura da pregação que
aprouve a Deus salvar os que creem.

22Enquanto os judeus pedem mila-
gres* e os gregos buscam sabedoria,
23nós anunciamos Cristo crucificado,†
que é escândalo para os judeus e lou-
cura para os pagãos; 24mas àqueles que
são chamados, tanto judeus como gre-
gos, pregamos Cristo, poder de Deus e
sabedoria de Deus. 25Pois aquilo que é
loucura de Deus* é mais sábio que os
homens, e o que é fraqueza de Deus é
mais forte que os homens.

26Irmãos, vede quem foi chamado*
entre vós. Não há entre vós muitos sá-
bios, do ponto de vista do mundo, nem
muitos poderosos, nem muita gente
ilustre†. 27Mas Deus escolheu o que no
mundo é loucura para confundir os sá-
bios; Deus escolheu o que no mundo é
fraco para confundir os fortes; 28Deus
escolheu gente sem importância* e
desprezada pelo mundo, e o que não é
nada, para reduzir a nada aquilo que é:
29para que ninguém possa vangloriar-
-se* diante de Deus. 30É por obra dele
que vós estais no Cristo Jesus, o qual
por ação de Deus veio a ser para nós
sabedoria, justiça, santificação e re-
denção, 31para que, como está escrito,
"quem se gloria, glorie-se no Senhor".

2 **Pregação de Paulo em Corinto.**
1Também eu, irmãos, quando fui
até vós para anunciar-vos o mistério
de Deus, não usei palavras elevadas e
sábias. 2Pois entre vós, não tive a pre-
tensão de conhecer coisa alguma, a
não ser Jesus Cristo e Jesus Cristo cru-
cificado. 3Apresentei-me entre vós fra-
co* e com muito temor e inquietação.
4Minha palavra e minha pregação nada
tinham dos discursos convincentes da
sabedoria; eram uma demonstração do
Espírito e de sua força, 5para que vossa
fé* não se baseasse na sabedoria hu-
mana, mas no poder de Deus†.

* **1**,12. 3,4; At 18,24; Jo 1,42 | 13. At 18,8; Rm 16,23 | 15. 16,15.17 | 17. 2,4; Mt 28,19 | 18. 2Cor 4,3; Rm 1,16; Is 19,12; 29,14 | 20. Jó 12,17; Is 33,18; Mt 11,25s | 22. Mt 12,38; Jo 4,48; At 17,18.32; Rm 9,32 | 25. 2,14; 2Cor 13,4 | 26. Mt 11,25; Tg 2,1-5 | 28. Rm 3,27; Ef 2,9 | 29. Jr 9,23; 23,5s; 2Cor 5,21; Jo 17,19 **2**,3. At 18,9; 2Cor 10,1 | 5. Ef 1,17s; 1Ts 1,5; Fl 3,13

† **1**,12. Apolo é uma das grandes figuras do cristianismo primitivo, At 18,24–19,1, e Paulo destaca várias vezes a lealdade dele, 1Cor 3,4s.22; 16,12. Há quem pense ter sido ele o autor da Carta aos Hebreus. Cefas, ou Pedro, "rocha", é o nome hebraico que Jesus deu a Simão, Jo 1,42; 1Cor 9,5; Gl 2,9.14. | 23. "O crucifixo: eis o livro!" (S. Francisco de Assis). | 26. A comunidade cristã era formada sobretudo de gente simples. Assim Deus mostrava que seu dom é gratuito e que não há lugar para a soberba.
2,5. A fé dos coríntios não se baseia no prestígio do pregador, mas na força do Espírito, que age nos corações e na comunidade.

A sabedoria de Deus. [6]Contudo, é
realmente de sabedoria que falamos
entre os perfeitos†, mas não da sa-
bedoria deste mundo, nem dos do-
minadores deste mundo, destinados
à perdição. [7]Falamos, ao contrário,*
duma sabedoria de Deus, misteriosa,
que permanece oculta†, que desde
antes dos séculos Deus predestinou
para nossa glória [8]e que nenhum dos
príncipes deste mundo conheceu – se
a tivessem conhecido, nunca teriam
crucificado o Senhor da glória. [9]Mas,
como está escrito:*
"O que o olho não viu,
nem o ouvido ouviu,
nem jamais subiu ao coração do ho-
mem,
é o que Deus preparou para aqueles
que o amam".
[10]Mas foi a nós que Deus o revelou*
pelo Espírito; com efeito, o Espírito
penetra tudo, até as profundezas divi-
nas. [11]Quem, pois, dentre os homens
sabe os segredos do homem, senão
o espírito do homem que está nele?
Assim também, ninguém conhece os
segredos de Deus, a não ser o Espíri-
to de Deus. [12]Ora, nós não recebemos*
o espírito do mundo, mas o Espírito
que vem de Deus, a fim de conhecer
os dons que Deus nos fez. [13]E disso
falamos, não numa linguagem ensina-
da pela sabedoria humana, mas numa
linguagem que o Espírito ensinou, ex-
primindo em termos espirituais reali-
dades espirituais. [14]O homem natural*
não compreende as coisas do Espírito
de Deus: são loucura para ele e ele
não as pode entender, pois é só pelo
Espírito que podem ser julgadas. [15]O
homem espiritual†, ao contrário, julga
tudo e não está sujeito ao julgamento
de ninguém. [16]"Pois, quem conheceu
o pensamento do Senhor* para o en-
sinar?" Ora, nós temos o pensamento
de Cristo.

3 **A função dos pregadores do
Evangelho.** [1]Irmãos, eu não pude
falar-vos* como a homens espiritu-
ais, mas como a seres carnais, como a
crianças em Cristo. [2]Foi leite que vos
dei a beber,* não um alimento sólido,
porque não éreis capazes. Mas agora
tampouco o sois, [3]porque ainda sois
carnais. Pelo fato de existirem entre
vós invejas e discórdias, não sois talvez
carnais* e vossa conduta não é total-
mente humana? [4]Quando um diz: "Eu
sou de Paulo" e um outro:* "Eu sou de
Apolo", não vos mostrais como simples
homens? [5]Pois, que é Paulo? E que é
Apolo? São ministros através dos quais
abraçastes a fé,* e cada um conforme o
Senhor lhe concedeu. [6]Eu plantei, Apo-
lo regou; mas foi Deus que fez crescer.
[7]Ora, aquele que planta não é nada,
nem quem rega, mas sim Aquele que
faz crescer, que é Deus. [8]Quem planta e
quem rega são uma só coisa, mas cada
um receberá seu salário na medida de
seu próprio trabalho. [9]Pois somos os
cooperadores* de Deus, e vós sois o
campo de Deus, o edifício de Deus.
Cristo, único fundamento. [10]Segun-
do a graça que me foi dada, como um
sábio arquiteto, eu pus o fundamento.
Um outro depois constrói por cima.
Mas cada um veja bem como é que está
construindo. [11]Com efeito, ninguém
pode pôr outro fundamento,* senão
aquele que lá está, a saber, Jesus Cristo.
[12]Se sobre este fundamento se cons-
trói com ouro, prata, pedras preciosas,
madeira, ferro, palha, [13]a obra de cada
um* se tornará manifesta; o Dia† a dará
a conhecer, pois ele deve revelar-se no

---

* **2**,7. Rm 16,25; Cl 1,27; Lc 23,34 | 9. Is 64,3; Jr 3,16 | 10. Pr 20,27 | 12. Jo 16,13s | 14. 2,6; 14,17; Jo 8,45; 1Jo 2,20 | 16. Sb 9,13; Rm 11,34; Is 40,13 | **3**,1. Jo 16,12 | 2. 1Pd 2,2; Hb 5,12s | 3. 1,10s; 11,18 | 4. At 18,24.27 | 5. 15,10; Mt 13,3-9 | 9. Ef 2,20 | 11. 1Pd 2,4ss | 13. 4,5; 2Ts 1,8

† **2**,6. "Perfeitos" são os que vivem a fé de uma maneira adulta. "Dominadores" designa segundo alguns os demônios, segundo outros os governantes humanos. | 7. Trata-se do plano divino de salvação, Ef 1,9. | 15. Homem natural é a pessoa conduzida unicamente pelas luzes da razão humana. Homem espiritual é o cristão que se deixa conduzir pelo Espírito e progride na fé, compreendendo cada vez melhor o sentido da vida e do mundo. Possui uma maturidade espiritual que o faz superior a todo julgamento das pessoas comuns. | **3**,13. Ver a nota em 1,8.

fogo, e é este fogo que provará a qua-
lidade da obra de cada um. [14]Se a obra
construída sobre o fundamento resistir,
seu autor receberá uma recompensa;
[15]se sua obra se queimar, ele sofrerá o
dano, mas ele próprio será salvo, como
que através do fogo†.
Só Deus é juiz. [16]Não sabeis que sois
templo* de Deus e que o Espírito de
Deus habita em vós? [17]Se alguém des-
truir o templo de Deus, Deus o destrui-
rá. Pois o templo de Deus é sagrado,
e este templo sois vós. [18]Ninguém se
iluda! Se algum de vós se julga sábio
conforme este mundo, torne-se louco
para ser sábio; [19]pois a sabedoria deste
mundo* é loucura diante de Deus. Com
efeito, está escrito: "Aquele que apanha
os sábios na astúcia deles"; [20]e ainda:
"O Senhor conhece os pensamentos
dos sábios; sabe que são vãos".
[21]Por conseguinte, ninguém procu-
re nos homens sua glória; pois tudo
vos pertence: [22]Paulo, Apolo, Cefas, o
mundo, a vida, a morte,* o presente, o
futuro: tudo é vosso; [23]mas vós sois de
Cristo, e Cristo é de Deus!

4 **Não julgar antes da hora.** [1]Que
cada qual nos considere,* pois,
como ministros de Cristo e administra-
dores dos mistérios de Deus. [2]Ora, o
que se exige dos administradores é que
sejam fiéis. [3]Quanto a mim,* porém,
pouco me importa ser julgado por vós
ou por um tribunal humano. Aliás, eu
nem sequer julgo a mim mesmo. [4]Ver-
dade é que minha consciência não me
acusa de nada, mas nem por isso me
considero justificado; quem me julga é
o Senhor. [5]Portanto, vós também, não
julgueis nada* antes da hora, até que
venha o Senhor; é Ele que revelará os
segredos das trevas e manifestará as in-
tenções dos corações. E então cada um
receberá de Deus o louvor que merecer.
Loucos por causa de Cristo. [6]Essas
coisas, irmãos, eu as apliquei* como
exemplo a mim e a Apolo por vossa
causa, para que, em nossas pessoas,
aprendais o ditado: "Nada além do que
está escrito"†, para que não vos orgu-
lheis tomando o partido de um contra
o outro. [7]Com efeito, o que é que te
distingue? Que tens que não tenhas re-
cebido? E, se o recebeste, por que te
glorias como se não o tivesses recebi-
do? [8]Já estais saciados! Já vos tornastes
ricos! Sem nós vos tornastes reis! Oxalá
sejais reis de verdade, para partilharmos
também de vossa realeza! [9]Pois penso
que Deus* nos apresentou a nós, após-
tolos, na classe mais baixa, como con-
denados à morte; porque fomos dados
em espetáculo ao mundo, aos anjos e
aos homens. [10]Nós somos loucos por
causa de Cristo,* e vós sois prudentes
em Cristo; nós somos fracos, e vós sois
fortes; vós sois honrados e nós, des-
prezados. [11]Até agora sofremos fome,
sede, nudez; somos maltratados e an-
damos errantes; [12]estamos cansados
de trabalhar* com nossas mãos. Somos
insultados, e abençoamos; somos per-
seguidos, e enfrentamos; [13]somos ca-
luniados, e confortamos. Tornamo-nos
como o lixo do mundo, o desdém de
todos até agora.
A autoridade de um pai. [14]Não é para
vos envergonhar* que escrevo isso,
mas para vos corrigir como a meus fi-
lhos muito amados. [15]Com efeito, ain-
da que tivésseis milhares de educado-
res† no Cristo, não tendes muitos pais;
pois fui eu quem, pelo Evangelho, vos
gerou no Cristo Jesus. [16]Eu vos exorto,
pois: tornai-vos meus imitadores.* [17]Foi
para isso mesmo que vos enviei Timó-
teo,* meu filho amado e fiel no Senhor;
ele vos recordará minhas normas de
conduta no Cristo, tais como as ensino
por toda a parte em cada Igreja. [18]Pen-

---

* **3**,16. 6,19; 2Cor 6,1 | 19. Jó 5,13; Sl 93,11 | 22. 11,3 | **4**,1. Tt 1,7; Lc 12,42 | 3. Sl 143,2 | 5. 3,8; Mt 7,1 | 6. Rm 12,3; Hb 10,33 | 9. Rm 8,36 | 10. 3,18; 2Cor 11,23-27 | 12. 1Ts 2,9; 2Ts 3,8 | 14. Rm 12,14; Gl 4,19 | 16. 11,1; Fl 2,20s | 17. At 19,22

† **3**,15. Orígenes foi o primeiro a ver neste texto uma alusão ao purgatório; vários autores depois dele têm citado este texto para confirmar esse ensinamento da Igreja. | **4**,6. Ditado que aconselha reconhecer os próprios limites e/ou cumprir o que foi decidido. | 15. Lit. "pedagogo", que era o escravo encarregado de levar a criança à escola e de repreendê-la quando errava.

sando que eu não iria até vós, alguns se encheram de orgulho. [19]Mas em breve irei ter convosco, se Deus quiser, e tomarei conhecimento, não das palavras desses orgulhosos, mas de seu poder; [20]pois o Reino de Deus* não consiste em palavras, mas em poder. [21]O que preferis? Que eu vá até vós com varas ou com amor e espírito de mansidão?

5 **O caso do incestuoso.** [1]Por toda a parte ouve-se falar que existe impureza entre vós,* e uma impureza tal que não se encontra nem entre os pagãos, a ponto de alguém viver com a mulher de seu pai!† [2]E vós estais cheios de orgulho, em vez de ficardes de luto, para que seja retirado de vosso meio quem fez tal coisa! [3]Pois bem, eu, embora ausente de corpo, mas presente quanto ao espírito, já julguei, como se estivesse presente, o autor desse crime. [4]Em nome do Senhor Jesus,* estando reunidos vós e meu espírito, com o poder de nosso Senhor Jesus, [5]esse indivíduo seja entregue a Satanás para a ruína de sua carne, a fim de que seu espírito seja salvo no Dia do Senhor†.

Evitar as más companhias. [6]Não é uma bela coisa vossa vaidade.* Não sabeis que um pouco de fermento faz fermentar a massa toda? [7]Eliminai o velho fermento† para serdes uma nova massa, já que sois ázimos. Pois o Cristo, nossa páscoa, foi imolado. [8]Celebremos, portanto, a festa, não com fermento velho, nem com fermento de malícia e de perversidade,* mas com ázimos de pureza e de verdade.

[9]Quando vos escrevi, em minha carta†, que não tivésseis contato com pessoas* imorais, [10]não foi absolutamente intenção minha falar dos imorais deste mundo, ou dos gananciosos, violentos ou idólatras; pois, do contrário, teríeis de sair deste mundo. [11]Eu vos escrevi que não tivésseis contato com aquele que,* embora tendo o nome de irmão, é impuro, ganancioso, idólatra, difamador, bêbado ou ladrão: com pessoas assim, não se deve nem tomar refeição. [12]Com efeito, compete a mim julgar os de fora? Não são os de dentro que vós julgais? [13]Os de fora, é Deus que os julgará. "Retirai o perverso do meio de vós".

6 **Recurso aos tribunais civis.** [1]Quando um de vós tem uma demanda contra um outro, ousa fazer processo perante os injustos† e não diante dos santos? [2]Ou não sabeis que os santos* julgarão o mundo? E se é por vós que o mundo será julgado, sois indignos de vos pronunciardes sobre coisas sem importância? [3]Não sabeis que julgaremos os anjos?† Com mais razão os negócios desta vida! [4]Se, pois, tendes demandas sobre coisas deste mundo, tomais como juízes pessoas sem autoridade na Igreja? [5]Digo isso para vossa vergonha! Então, não existe entre vós nenhuma pessoa sábia, que possa servir de juiz entre seus irmãos? [6]Em vez disso, um irmão abre processo contra o outro, e isso diante de infiéis! [7]De qualquer forma, já é para vós uma desonra ter processos entre vós. Por que não sofrer* antes a injustiça? Por que não se deixar, antes, espoliar? [8]Sois vós, ao contrário, que praticais a injustiça e espoliais; e o fazeis contra irmãos! [9]Não sabeis que os injustos não têm herança no Reino de Deus? Não vos enganeis! Nem impuros, nem idólatras, nem adúlteros, nem efeminados, nem sodomitas, [10]nem ladrões, nem avaren-

---

* **4**,20. Lc 17,20 | **5**,1. Lv 18,7s | 4. Mt 16,19; 18,18; 1Tm 1,20; 1Pd 4,6 | 6. Gl 5,9; Êx 12,15; Is 53,7; 1Pd 1,19 | 8. Êx 12,2-20 | 9. Mt 18,17; 2Ts 3,14 | 11. 6,9; 2Ts 3,6; Tt 3,2; 2Jo 10; Mc 4,11; Dt 13,6 | **6**,2. Sb 3,8; Dn 7,22 | 7. Mt 5,29; 1Ts 5,15; 1Pd 3,9; Eclo 10,6; Ef 5,5; Gl 5,19s

† **5**,1. Paulo admira que a comunidade não tenha tomado atitude contra esse cristão que vive maritalmente com sua madrasta, o que era proibido pela lei judaica e pelo direito romano. | 5. Expulsão da comunidade para que ele sofra um castigo que o leve a corrigir-se. | 7. Aqui e em Gl 5,9, o fermento representa a corrupção. Cristo é a "Páscoa", ou seja, o cordeiro pascal. | 9. Esta carta, chamada "pré-canônica", não chegou até nós. | **6**,1. "Injustos", isto é, não justificados pela fé, ou seja, os pagãos. Os santos são os cristãos, santificados pelo Batismo. | 3. Com Cristo, os cristãos julgarão o mundo e até os anjos decaídos, Jd 6.

tos, nem bêbados, nem difamadores, nem assaltantes herdarão o Reino de Deus. [11]E isso eram alguns de vós. Mas fostes lavados, santificados, justificados* pelo nome do Senhor Jesus Cristo e pelo Espírito de nosso Deus.

A desonestidade. [12]"Tudo me é permitido"; mas nem tudo é proveitoso.* "Tudo me é permitido"; mas não me deixarei dominar por coisa alguma. [13]"Os alimentos são para o ventre, e o ventre para os alimentos". E Deus destruirá tanto esses como aquele. Mas o corpo não é para a impureza; é para o Senhor. E o Senhor é para o corpo. [14]E Deus, que ressuscitou o Senhor, há de ressuscitar também a nós por seu poder.*

[15]Não sabeis que vossos corpos são membros de Cristo? Eu iria tomar os membros de Cristo para deles fazer membros de uma prostituta? De modo algum! [16]Ou não sabeis que quem se une à prostituta* torna-se com ela um só corpo? Diz a Escritura: "Os dois serão uma só carne". [17]Mas aquele que se une ao Senhor forma com ele um só espírito. [18]Fugi da prostituição! Qualquer pecado que o homem comete é exterior a seu corpo; mas quem pratica a impureza peca contra seu próprio corpo. [19]Ou não sabeis que vosso corpo é templo do Espírito Santo* que está em vós, e que recebestes de Deus, e que, portanto, não pertenceis a vós mesmos? [20]Fostes, na verdade, comprados por um preço. Glorificai, portanto, a Deus em vosso corpo.

III. SOLUÇÃO DOS PROBLEMAS DA COMUNIDADE (7–15)

7 **O matrimônio cristão.** [1]Quanto às coisas sobre as quais me escrevestes: É bom para o homem abster-se de mulher. [2]Todavia, por causa do perigo de impureza, cada homem tenha sua mulher e cada mulher, seu marido. [3]Que o marido cumpra seu dever para com a mulher e igualmente a mulher, para com o marido. [4]A mulher não dispõe de seu corpo, mas sim o marido. Igualmente, o marido não dispõe de seu corpo, mas sim a mulher. [5]Não vos recuseis um ao outro, a não ser de comum acordo, por certo tempo, para vos dedicardes à oração; depois, voltai a ficar juntos, para que Satanás não vos tente por causa de vossa incontinência. [6]O que estou dizendo é uma concessão, não uma ordem.

[7]Gostaria que todos fossem como eu;* mas cada um recebe de Deus seu dom particular: um este, outro aquele†. [8]Digo todavia aos solteiros e às viúvas que é bom para eles ficarem como eu sou. [9]Mas, se não podem conter-se, que se casem: é melhor casar-se que abrasar-se.*

Indissolubilidade do matrimônio. [10]Às pessoas casadas ordeno, não eu, mas o Senhor: que a mulher não se separe do marido; [11]em caso de separação, que ela não torne a casar-se, ou então reconcilie-se com o marido;* e que o marido não repudie a mulher.

[12]Aos outros, sou eu que digo, não o Senhor: se um irmão tem uma esposa que não tem fé, mas consente em coabitar com ele,* que ele não a mande embora. [13]E se uma mulher tem um marido que não crê, mas consente em morar com ela, que ela não mande embora o marido. [14]Pois o marido que não crê é santificado por sua mulher que crê; e a mulher que não crê é santificada pelo marido que crê. Se não fosse assim, vossos filhos seriam impuros,* mas eles são santos. [15]Mas se aquele que não crê deseja separar-se, separe-

---

* **6**,11. Tt 3,3-7; 1Jo 2,12 | 12. 10,23; 1Ts 4,3-7 | 14. 12,27; 15,15.20; Rm 8,11; 2Cor 4,14 | 16. Gn 2,24; Jo 17,21s; Ef 5,3s | 19. 3,16; 7,23; Rm 12,1; Fl 1,20; 1Pd 1,18s | **7**,7. Mt 19,12 | 9. 1Tm 5,14 | 11. Mt 5,32 | 12. Rm 11,16 | 14. Rm 14,19

† **7**,7. "Existem três formas da virtude da castidade: a primeira a dos esposos, a segunda a da viuvez, a terceira a da virgindade. Nós não louvamos uma delas excluindo as outras" (S. Ambrósio). | 15. Esse é o chamado "privilégio paulino", que consta na lei da Igreja nos Cânones 1143-1147: autoriza a dissolução do matrimônio entre duas pessoas não batizadas, quando uma se converte e a outra não quer coabitar pacificamente.

-se; neste caso, o irmão ou a irmã não
estão sujeitos à servidão: Deus nos
chamou para a paz†. 16Como podes
saber, mulher,* se salvarás o marido? E
como podes saber, homem, se salvarás
a esposa?
Continuar em sua condição. 17Fora
disso, que cada um continue a viver na
condição que o Senhor lhe destinou,
tal como o encontrou o chamado de
Deus. É isso que prescrevo em todas
as Igrejas. 18Alguém era circuncidado
quando foi chamado?* Não dissimule
a circuncisão. Era incircunciso quando
foi chamado? Não se faça circuncidar.
19A circuncisão não é nada, como tam-
pouco a incircuncisão; o que importa
é observar os mandamentos de Deus.
20Que cada um permaneça na condição
em que estava quando foi chamado.
21Eras escravo quando foste chamado?
Não te preocupes. Mesmo se puderes
ficar livre, tira proveito de tua condi-
ção† 22Pois quem era escravo,* quando
foi chamado no Senhor, é um liberto
do Senhor; assim também, quem era li-
vre, quando foi chamado, é um escravo
de Cristo. 23Vós fostes comprados por
um preço.* Não vos torneis escravos
dos homens! 24Irmãos, que cada um
permaneça diante de Deus na condição
em que estava quando foi chamado.
A virgindade consagrada. 25Quanto
às pessoas virgens,* não tenho pre-
ceito do Senhor, mas dou um conse-
lho como alguém que, pela misericór-
dia do Senhor, é digno de confiança.†
26Penso, pois, que em razão da angús-
tia presente, isto é bom; sim, é bom
para a pessoa estar assim. 27Estás liga-
do a uma mulher?* Não procures sepa-
ração. Não estás ligado a uma mulher?
Não procures casamento. 28Mas, se te
casares, não pecas; e se a moça se ca-
sar, não peca. Mas esses vão sentir as
provações da carne, e eu gostaria de
poupar-vos.
29Irmãos, isto eu vos digo: o tempo
se tornou curto.* Então, daqui em dian-
te, os que têm esposa vivam como se
não a tivessem; 30os que choram, como
se não chorassem; os que se alegram,
como se não se alegrassem; os que
compram, como se não possuíssem;
31os que usam deste mundo,* como
se não o usufruíssem. Porque passa a
figura deste mundo†.
32Desejo que sejais livres de preocu-
pações. Quem não é casado preocupa-
-se com as coisas do Senhor, como
possa agradar ao Senhor. 33Mas quem
é casado preocupa-se* com as coisas
do mundo, como possa agradar à mu-
lher, e fica dividido. 34A mulher que não
é casada, como também a virgem, cui-
da das coisas do Senhor, para ser santa
de corpo e de espírito. Mas a mulher
que é casada cuida das coisas do mun-
do, como possa agradar ao marido.
35Digo isto para vosso bem, não para
vos armar uma cilada, mas sim para es-
timular-vos ao que é digno e que leva à
união com o Senhor sem divisões.
A liberdade de se casar. 36Se, no en-
tanto, alguém julga faltar à conveniên-
cia para com sua virgem, deixando-a
passar da idade, e que as coisas devem
seguir seu curso normal, pode fazer o
que quiser; não está pecando: podem
casar. 37Se, porém, está firmemente de-
cidido em seu coração e, sem constran-
gimento de qualquer espécie, mas sen-
do senhor de suas decisões, resolveu
em seu coração guardar sua virgem,
fará bem. 38Assim, pois, quem casa sua
virgem faz bem; e quem não a casa faz
melhor ainda†.
O segundo casamento. 39A mulher
está ligada* durante todo o tempo em
que o marido viver; mas, se morre o

---

* **7**,16. 7,20.24; 14,33; 1Pd 3,1 | 18. Gl 5,6; 6,16; Rm 2,25 | 22. Ef 6,5 | 23. 6,20; 1Pd 1,18s | 25. 7,40; 10,11; 1Tm 1,12s; Gl 1,4 | 27. Lc 21,23 | 29. Rm 13,12; Lc 14,26 | 31. 1Jo 2,15s | 33. Lc 14,20; Ef 5,29 | 39. Rm 7,2

† **7**,21. Paulo não lança uma campanha de abolição da escravatura, mas sabe que a fraternidade em Cristo acaba com toda desigualdade, Gl 3,28. | 25. Paulo propõe o ideal da virgindade cristã para se poder oferecer a Deus e ao próximo um amor indiviso, Mt 19,12. | **7**,31. Assim comenta este texto o Vat. II: "Passa a figura deste mundo, deformada pelo pecado, mas Deus nos ensina que nos prepara uma nova morada e uma nova terra onde habita a justiça". | 38. Parece tratar-se de duas pessoas ligadas por um matrimônio espiritual.

11Estas coisas lhes aconteceram para
servir de exemplo e foram escritas como
advertência para nós, para os quais che-
gou o fim dos tempos. 12Portanto, aque-
le que julga estar de pé tome cuidado
para não cair. 13Nenhuma tentação vos
sobreveio que passasse da medida hu-
mana. Deus é fiel; não vai permitir que
sejais tentados acima de vossas forças,
mas com a tentação vos dará o meio de
sair dela e a força de suportá-la.

A idolatria e as refeições sagradas.
14Por isso, caríssimos, fugi* da idolatria.
15Falo a vós como a pessoas sensatas;
verificai vós mesmos o que digo. 16O
cálice da bênção que abençoamos não
é comunhão com o sangue de Cristo?
E o pão que partimos não é comunhão
com o corpo de Cristo? 17Porque existe
um único pão,* nós, embora sejamos
muitos, formamos um só corpo, visto
que todos nós participamos de um úni-
co pão†.

18Considerai o Israel segundo a car-
ne†. Os que comem as vítimas dos sa-
crifícios não estão em comunhão com
o altar? 19Que pretendo dizer?* Que a
carne sacrificada aos ídolos seja algu-
ma coisa? Ou que o ídolo seja alguma
coisa? 20Mas o que os pagãos sacri-
ficam, é a demônios que sacrificam e
não a Deus. Ora, não quero que en-
treis em comunhão com os demônios.
21Não podeis beber o cálice do Senhor
e o cálice dos demônios; não podeis
tomar parte na mesa do Senhor e na
mesa dos demônios. 22Ou queremos
provocar o ciúme do Senhor? Seríamos
nós mais fortes que Ele?

A caridade evita escandalizar. 23"Tudo
é permitido";* mas nem tudo é provei-
toso. "Tudo é permitido"; mas nem tudo
é edificante. 24Que ninguém busque seu
próprio interesse, mas sim o dos outros.
25Comei de tudo que se vende no mer-
cado, sem fazer pergunta por motivo de
consciência; 26pois "do Senhor é a terra
e tudo o que ela contém".* 27Se um pa-
gão vos convida à casa dele e aceitais
ir, comei de tudo o que vos for servi-
do, sem fazer pergunta por motivo de
consciência. 28Mas se alguém vos disser:
"Isso foi imolado aos ídolos", não co-
mais, por causa daquele que vos avisou
e por razão de consciência; 29quer dizer,
não de vossa consciência, mas da do
outro. Pois por qual motivo minha liber-
dade dependeria do juízo duma cons-
ciência alheia? 30Se tomo alguma coisa
com ação de graças,* por que eu seria
censurado por aquilo pelo que dou gra-
ças? 31Quer comais, quer bebais,* quer
façais outra coisa qualquer, fazei tudo
para a glória de Deus. 32Não sejais oca-
sião de escândalo nem para os judeus,
nem para os gregos, nem para a Igreja
de Deus, 33como eu também procuro
agradar* a todos em tudo, não buscan-
do meu interesse, mas o da multidão,
para que sejam salvos.

11 **O véu das mulheres.** 1Sede
meus imitadores, como eu o
sou de Cristo.

2Eu vos louvo, porque em todas as
coisas vos lembrais de mim e guardais
as tradições, tais como eu vo-las trans-
miti†. 3Quero, no entanto, que saibais
que o chefe* de todo homem é o Cristo,
o chefe da mulher é o homem, o che-
fe de Cristo é Deus. 4Todo homem que
reza ou profetiza† com a cabeça coberta
desonra seu chefe. 5Mas toda mulher
que reza ou profetiza com a cabeça des-
coberta desonra seu chefe; pois é como
se ela estivesse de cabeça raspada. 6Se,

* **10**,14. 1Jo 5,21; Mt 26,27 | 17. 12,27; Rm 12,5 | 19. 8,4; Lv 17,7; Dt 32,17; Sl 105,37; Ap 9,20; 2Cor 6,15s; Dt 31,21 | 23. 6,12; Rm 14,2 | 26. Sl 24,1 | 30. Rm 14,6; 1Tm 4,3s | 31. Cl 3,17; Rm 14,13 | 33. 9,20.22; 10,124 | **11**,3. 12,10; 14,1; Ef 4,15; 5,23; Gn 3,16

† **10**,17. "Ouvis esta palavra: 'O Corpo de Cristo' e respondeis: 'Amém'. Sede, pois, um membro de Cristo, para que vosso 'Amém' seja verdadeiro (S. Agostinho). "Como este pão partido, antes espalhado pelas colinas, foi recolhido para se tornar um só todo, assim vossa Igreja seja reunida das extremidades da terra em vosso reino." (Didaqué, ou Doutrina dos Doze Apóstolos, séc. II). |18. São os judeus não convertidos ao cristianismo. | **11**,2. As cartas paulinas, como também os Evangelhos, pressupõem a pregação oral, ou tradição oral, que os antecedeu, 2Ts 2,15. | 4. Profetizar é falar sob a inspiração do Espírito Santo para exortar e edificar.

pois, uma mulher não quer usar o véu, então que ela corte os cabelos! Mas se é vergonha para a mulher ter os cabelos cortados ou raspados, que use o véu. [7]Quanto ao homem, não deve cobrir a cabeça,* porque ele é a imagem e a glória de Deus; quanto à mulher, ela é a glória do homem. [8]Com efeito, não é o homem que foi tirado da mulher, mas é ela que foi tirada do homem; [9]e não foi o homem que foi criado para a mulher, mas a mulher para o homem. [10]Por isso a mulher deve trazer na cabeça um sinal de sujeição, por causa dos anjos†. [11]Aliás, no Senhor, nem a mulher é algo sem o homem, nem o homem sem a mulher; [12]pois, se a mulher foi tirada do homem, o homem, por sua vez, nasce da mulher, e tudo vem de Deus. [13]Julgai vós mesmos: é decente para a mulher rezar a Deus com a cabeça descoberta? [14]A própria natureza não vos ensina que é uma vergonha para o homem deixar crescer os cabelos, [15]ao passo que é uma glória para a mulher deixá-los crescer? Pois a cabeleira lhe foi dada como uma espécie de véu. [16]De resto, se alguém quer discutir, não é este nosso costume, nem o das Igrejas de Deus†.

A ceia do Senhor. [17]Enquanto vos faço estas exortações, não posso louvar-vos por vossas reuniões, as quais vos fazem mal e não bem. [18]Fiquei sabendo primeiramente* que, quando vos reunis, há entre vós divisões; e, em parte, o creio. [19]É preciso que haja entre vós divisões, para que se manifestem os que são de virtude comprovada entre vós. [20]Quando, pois, vos reunis em comum, o que fazeis não é comer a ceia do Senhor. [21]Pois, quando estais à mesa, cada qual se apressa a tomar sua própria refeição, e um está com fome, enquanto o outro está bêbado†. [22]Não tendes casas para comer e beber? Ou estais desprezando a Igreja de Deus* e querendo insultar os que nada têm? Que devo dizer-vos? Louvar-vos? Neste ponto não vos louvo.

[23]Com efeito, eu recebi do Senhor* aquilo que, por minha vez, vos transmiti: o Senhor Jesus, na noite em que era traído, tomou pão e, [24]depois de dar graças, partiu-o e disse: "Isto é meu corpo, que é por vós. Fazei isto em memória de mim". [25]Do mesmo modo, ao fim da ceia, ele tomou o cálice, dizendo: "Este cálice é a nova aliança* em meu sangue. Todas as vezes que dele beberdes, fazei-o em memória de mim". [26]De fato, toda vez que comerdes deste pão e beberdes deste cálice, anunciareis a morte do Senhor até que ele venha. [27]Por isso, quem comer do pão e beber do cálice do Senhor indignamente torna-se culpado em relação* ao corpo e ao sangue do Senhor. [28]Cada um, pois, examine-se a si mesmo, e assim coma do pão e beba do cálice; [29]pois quem come e bebe, sem reconhecer o corpo do Senhor†, come e bebe sua própria condenação.

[30]É por isso que há entre vós muitos doentes e fracos, e muitos morreram. [31]Se nos examinarmos atentamente,* não seremos julgados. [32]Mas por seus julgamentos o Senhor nos corrige, para não sermos condenados junto com o mundo. [33]Assim, pois, meus irmãos, quando vos reunirdes para a ceia, esperai uns pelos outros. [34]Se alguém estiver com fome, coma em casa, a fim de que vossas reuniões não sirvam para vossa condenação. As outras coisas, vou resolvê-las quando aí chegar.

12 **Carismas ou dons do Espírito.** [1]Quanto aos dons espirituais, irmãos, não quero que fiqueis na ignorância. [2]Como sabeis, quando éreis pagãos, éreis arrastados* de modo irresistível para os ídolos mudos. [3]É por

---

* **11**,7. Gn 1,27; 2,18.22s; 1Tm 2,13 | 18. 1,10-15; 3,3; 1Jo 2,19; Dt 13,3 | 22. Tg 2,5ss | 23. 15,3; Mt 26,26-29; Mc 14,22-25; Lc 22,14-20 | 25. Êx 24,8; Hb 6,6 | 27. 10,29 | 31. 2Cor 13,5; Ef 5,14; Hb 12,5s; 1Ts 5,6 | **12**,2. Hab 2,18s; Mt 7,21; 1Jo 4,2s

† **11**,10. Diante da presença invisível dos anjos e de Deus na assembleia, Dt 23,15, é preciso dar mostras de respeito. | 16. Esses argumentos de Paulo trazem a marca da situação cultural da época; mas ele próprio afirma em Gl 3,28 a igualdade entre homem e mulher em Cristo. | 21. A Eucaristia estava ligada a uma refeição comunitária, ocasião em que se cometiam abusos em Corinto. | 29. Sem estar em relações autênticas com os outros membros do corpo.

isso que eu vos declaro: ninguém, falando por meio do Espírito de Deus, diz: "Jesus é maldito!" E ninguém pode dizer: "Jesus é Senhor!" a não ser movido pelo Espírito Santo.

[4]Sem dúvida, os dons são diferentes,* mas o Espírito é o mesmo. [5]Os serviços são diversos, mas o Senhor é o mesmo. [6]As atividades são distintas, mas é o mesmo Deus que realiza tudo em todos†. [7]A cada um é dada a manifestação do Espírito para a utilidade de todos: [8]a um é dada por meio do Espírito uma palavra de sabedoria; a outro, uma palavra de conhecimento, segundo o mesmo Espírito; [9]a outro, o mesmo Espírito dá o dom da fé; a outro ainda, o dom de curar, neste único Espírito; [10]a outro, o poder de fazer milagres;* a outro, a profecia; a outro, o discernimento dos espíritos†; a outro o dom de falar diversas línguas; a outro ainda é dado o dom de interpretar as línguas. [11]Mas o que realiza tudo isso é o mesmo e único Espírito, que distribui seus dons a cada um como ele quer†.

A comparação do corpo. [12]Assim como o corpo é uma unidade e tem muitos membros, mas todos os membros do corpo, apesar de serem muitos, formam um só corpo, assim também acontece* com Cristo. [13]Nós todos, judeus e gregos, escravos e livres, fomos batizados num só Espírito, para formarmos um só corpo; e todos bebemos de um só Espírito. [14]De fato, o corpo não se compõe de um só membro,* mas de muitos†. [15]Se o pé dissesse: "Não sou mão; portanto, não pertenço ao corpo"; nem por isso deixaria de ser membro do corpo. [16]E se o ouvido dissesse: "Não sou olho, não pertenço ao corpo"; nem por isso deixa de pertencer ao corpo†. [17]Se o corpo inteiro fosse olho, onde estaria o ouvido? Se todo ele fosse ouvido, onde estaria o olfato? [18]Mas Deus colocou os membros, e cada um deles no corpo, conforme quis. [19]Se tudo fosse um membro só, onde estaria o corpo? [20]Mas há muitos membros, porém, um corpo só†. [21]O olho não pode dizer* à mão: "não preciso de ti"; nem a cabeça, por sua vez, pode dizer aos pés: "não preciso de vós".

[22]Mais ainda: os membros do corpo que parecem mais frágeis são os mais necessários; [23]e as partes do corpo que consideramos as menos dignas de honra são exatamente as que tratamos com mais respeito, e as que em nós são menos decentes são tratadas com maior decência, [24]ao passo que as decentes não precisam disso. Mas Deus dispôs o corpo de tal modo que se dê mais honra aos que dela precisam†, [25]para que não haja divisão no corpo, mas, ao contrário, os membros do corpo testemunhem uma mútua solicitude. [26]Se um membro está sofrendo, todos os membros sofrem com ele; se um membro é honrado, todos os membros se alegram com ele.

O corpo de Cristo. [27]Ora, vós sois o corpo de Cristo* e membros dele, cada qual por sua parte. [28]Há aqueles que Deus estabeleceu na Igreja, primeiro como apóstolos, depois como profetas, em terceiro lugar como doutores; a seguir, há os que realizam milagres, depois os que têm o dom de curar, de assistir, de governar, de falar em línguas. [29]Todos são apóstolos? São todos profetas? Todos ensinam? Todos fazem milagres? [30]Todos têm o dom

* **12**,4. 12,28; Rm 12,6; Ef 4,4.11 | 10. 7,7; 13,2; 14,5; At 2,4; Rm 12,3; Ef 4,7 | 12. Gl 3,28 | 14. 12,20 | 21. 12,14 | 27. Rm 12,5; Ef 4,11; 5,30

† **12**,6. As palavras "Espírito", "Senhor" e "Deus" exprimem as três Pessoas da Ssma. Trindade, que intervêm para dotar a Igreja com todos os carismas necessários. | 10. Esse discernimento é o dom de determinar a origem dos fenômenos carismáticos. | 11. "Eu não dou todas as virtudes na mesma medida a cada um. Eu quis que todos tivessem necessidade uns dos outros e fossem meus ministros na distribuição das graças e liberalidades que de mim receberam" (Jesus a Sta. Catarina de Sena). | 14. A Igreja não deve temer a diversidade; longe de ser um defeito, um impedimento, ela exprime a riqueza própria da Trindade. | 16. Ninguém pode excluir-se do corpo, nem excluir os outros. | 20. "A Igreja é o lugar onde Deus e o Espírito se manifestam; daí sua responsabilidade fundamental de manifestar a riqueza generosa de Deus e sua unidade. Ela manifesta quem é Deus; por isso sua unidade é fundamental" (J.-N. Aletti). É Cristo que faz a unidade da Igreja. | 24. A unidade se faz a partir dos mais fracos, dos que poderiam ser vítimas de desprezo por sua inferioridade; o certo é caminhar juntos.

de curar? Todos falam em línguas? Todos
as interpretam? [31]Desejai os dons su-
periores. E vou indicar-vos um caminho
mais excelente.

13 **Hino ao amor**†. [1]Se eu falo as
línguas dos homens e dos an-
jos, mas não tenho amor, sou como o
bronze que soa ou o címbalo que re-
tine. [2]Se eu tenho o dom da profecia
e conheço todos os mistérios e toda a
ciência, se eu tenho toda a fé, a ponto
de transportar montanhas, mas não te-
nho amor, nada sou. [3]Se eu distribuo
todos os meus bens* e se entrego meu
corpo para ser queimado, mas não te-
nho amor, de nada me serve.
[4]O amor é paciente;* o amor presta
serviço; o amor é sem inveja; não se
vangloria, nem se incha de orgulho†.
[5]Não age com baixeza, não é interes-
seiro; não se irrita,* não leva em conta
o mal recebido. [6]Não se alegra com a
injustiça, mas se compraz com a verda-
de. [7]Tudo suporta, tudo crê, tudo espe-
ra, tudo vence.
[8]O amor jamais se enfraquece;* mas
as profecias serão destruídas, o dom
das línguas cessará e a ciência será des-
truída. [9]Pois nosso conhecimento é limi-
tado e limitada é nossa profecia. [10]Mas
quando vier o que é perfeito, será des-
truído o que é limitado. [11]Quando eu era
criança, falava como criança, pensava
como criança, raciocinava como crian-
ça. Quando me tornei homem, destruí o
que era próprio de criança. [12]Com efei-
to, agora vemos* como por meio de um
espelho e de maneira confusa; mas en-
tão veremos face a face. Agora conheço
de maneira limitada; mas então conhe-
cerei como fui conhecido.
[13]Agora, portanto, permanecem fé,
esperança, amor, essas três coisas; mas
a maior delas* é o amor†.

14 **Dons a serviço da comunida-
de.** [1]Procurai o amor, mas aspirai
também aos dons espirituais, mais ainda
à profecia. [2]Pois, quem fala em línguas*
não fala aos homens, mas a Deus; com
efeito, ninguém o compreende; ele diz
em espírito coisas misteriosas†. [3]Quem
profetiza, porém, fala aos homens:* edi-
fica, exorta, conforta. [4]Quem fala em lín-
guas edifica-se a si mesmo; mas quem
profetiza edifica a Igreja. [5]Quero que vós
todos faleis em línguas; porém, mais ain-
da, que profetizeis†. Pois aquele que pro-
fetiza supera aquele que fala em línguas;
a não ser que este interprete, para que a
Igreja receba edificação†.
O dom das línguas. [6]E agora, irmãos,
suponhamos que eu venha a vós fa-
lando em línguas;* em que vos seria
útil, se não vos falo em revelação, ou
em ciência, ou em profecia, ou em
doutrina? [7]O mesmo acontece com os
instrumentos de música – flauta, cítara:
se não tocam distintamente os timbres,
como será reconhecido o que se toca
com a flauta ou com a cítara? [8]De fato,
se a trombeta só dá um som confuso,
quem vai preparar-se para o comba-
te? [9]Assim acontece convosco: se pela
língua não proferis uma palavra clara,
como se pode entender o que estais
dizendo? Estaríeis de fato falando ao

---

* **13**,3. Mt 7,22; 17,20 | 4. Mt 6,2 | 5. Zc 8,17; Fl 2,4.21 | 8. Rm 12,9; 15,1; Pr 10,12; 1Pd 4,8 | 12. Tg 1,23; 2Cor 5,7 | 13. 1Ts 1,3; 1Jo 4,16 | **14**,2. 12,10.31 | 3. Nm 12,10; 11,20 | 6. 12,8

† **13**. Este cap. 13 é uma página imortal de São Paulo. A palavra "amor" resume tudo o que Jesus veio trazer ao mundo. Onde ele existe, algo de divino e eterno passa a fazer parte da vida dos homens. Comparado com ele, todo outro valor é relativo e transitório. | 4. O modelo de paciência e bondade é Deus, porque Deus é amor; quem ama age como Deus. | 13. "Compreendi que a Igreja tem um coração, e que este coração arde de amor, e que só o amor faz os membros da Igreja agir; compreendi que o amor encerra todas as vocações, e que o amor é tudo, que ele é eterno. No coração da Igreja, minha mãe, eu serei o amor" (Santa Teresinha). | **14**,2. A profecia é Deus falando aos homens; falar em línguas é o homem falando a Deus; é orar de modo extático, é louvar a Deus dizendo diante da assembleia palavras incompreensíveis, numa espécie de êxtase religioso incontrolável. | 5. Os coríntios preferiam os dons espetaculares; Paulo põe acima de tudo os dons que edificam a comunidade, vv. 5.12. Os dons, funções e iniciativas devem concorrer para a unidade da Igreja, Corpo de Cristo, 12,27. / Paulo diz que a missão da Igreja é manifestar por sua mensagem a presença de Deus nela. Quanto mais se profetiza, mais os de fora podem ver que Deus está presente na Igreja.

vento. 10Há pelo mundo afora não sei quantas espécies de sons, e nenhum é sem sentido. 11Se, pois, não vejo o valor do som, serei um bárbaro para aquele que fala, e aquele que fala é um bárbaro para mim. 12Assim vós também, já que sois ávidos de espíritos,* orientai vosso desejo para a edificação da Igreja, para que estejais na abundância.

13Por isso, quem fala em línguas* reze para poder interpretar†. 14Pois, se rezo em línguas, meu espírito está, sim, em oração, mas minha inteligência é estéril. 15Que fazer então? Rezarei com o espírito,* mas rezarei também com a inteligência. Direi um hino com o espírito, mas também o direi com a inteligência. 16Porque se abençoas com o espírito, como é que o não iniciado responderia "Amém!" a tua ação de graças?† Ele não sabe o que dizes. 17Sem dúvida, tua ação de graças é excelente, mas o outro não é por ela edificado†. 18Graças a Deus, falo em línguas mais que vós todos; 19mas numa assembleia, prefiro dizer cinco palavras com minha inteligência, para instruir também outros, do que dez mil em línguas†.

20Irmãos, não sejais crianças nos juízos;* crianças para a malícia, sim, mas para o juízo mostrai-vos homens feitos. 21Está escrito na Lei: "Com línguas estrangeiras e por lábios de outros falarei a este povo, mas nem assim me ouvirão", diz o Senhor.

22Assim, pois, as línguas servem de sinal, não para os que creem, mas para os que não creem; a profecia, porém, não é para os que não creem, mas para os que creem. 23Se, portanto, a Igreja inteira se reúne num mesmo lugar e todos falam em línguas e, se entrarem pessoas não iniciadas ou que não creem, não dirão que vós estais loucos? 24Mas se todos profetizam,* e entrar um que não crê ou um não iniciado, ele será convencido por todos e julgado por todos; 25os segredos de seu coração são revelados.* Então, caindo com o rosto em terra, ele adorará a Deus, proclamando que Deus está realmente no meio de vós.

Normas práticas. 26Que conclusão tiramos, irmãos?* Quando vos reunis, cada um pode ter um cântico, um ensinamento, uma revelação, um discurso em línguas, uma interpretação. Que tudo se faça de maneira a edificar. 27Se alguém fala em línguas, que sejam dois ou no máximo três a falar, e cada um de uma vez; e que haja um intérprete. 28Se não há intérprete, que se cale na assembleia; que se fale a si mesmo e a Deus. 29Quanto aos profetas, que falem dois ou três* e que os outros julguem. 30Se algum outro participante tem uma revelação, que o primeiro se cale. 31Pois vós todos podeis profetizar, cada um de uma vez, a fim de que todos sejam instruídos e encorajados. 32Os espíritos dos profetas estão submetidos* aos profetas; 33pois Deus não é um Deus de desordem, mas de paz†.

Como em todas as Igrejas* dos santos, 34as mulheres se calem nas igrejas, pois não lhes é permitido tomar a palavra; que estejam submissas†, como diz também a Lei. 35Se elas querem instruir-se sobre algum ponto, interroguem os maridos em casa, pois é inconveniente para uma mulher falar na igreja. 36Ou foi de vós que saiu a palavra de Deus? Ou foi só a vós que ela chegou?†

* **14**,12. 14,1-4 | 13. 12,10 | 15. Ef 5,19 | 20. Ef 4,14; Fl 3,12.15; Dt 28,49; Is 28,11s | 24. At 2,13; 4,10; Jo 4,19; 16,8 | 25. Is 45,14; Dn 2,47; Zc 8,23 | 26. 12,8s; Ef 4,12 | 29. 1Ts 5,21 | 32. 1Ts 2,12 | 33. Ef 5,22; Tt 2,5 | 37. 1Jo 4,6

† **14**,13. Quem fala em línguas não pode deixar de pensar nos outros, na edificação da comunidade. | 16. Paulo destaca a ação de graças, porque é agradecendo que damos testemunho dos dons de Deus em nós. As línguas só são entendidas por especialistas, e Paulo é contra todo o tipo de elitismo. Todos devem poder entender e participar; todos devem ter acesso às riquezas dos mistérios. | 17. Oração é comunicação; todos devem entender por que se dão graças. Uma reunião de oração é uma "igreja". Essas reuniões formam a identidade do grupo. | 19. Esse carisma não é feito para as assembleias. Não deveria efetuar-se em público. Paulo considera opressão impor a glossolalia à comunidade. | 33. Paulo não rejeita nada que haja de bom na sociedade. Assim deve ser o cristão: escolher o que é bom, 1Ts 5,21. | 34. Este silêncio refere-se a pedir explicações sobre o que era profetizado. | **14**,36. Os coríntios demonstram pouco desejo de comunhão com as outras Igrejas; e não veem que o Espírito se manifesta também nelas.

[37]Se alguém se julga profeta ou inspirado pelo Espírito,* reconheça nisso que vos escrevo um mandamento do Senhor. [38]Se ele não reconhece, é porque não é reconhecido.

[39]Assim, pois, meus irmãos, aspirai ao dom da profecia e não impeçais que alguém fale em línguas. [40]Mas que tudo se faça com decência e em boa ordem.

15 **A ressurreição de Cristo.** [1]Eu vos informo, irmãos, o Evangelho que vos anunciei,* que vós recebestes e no qual permaneceis firmes. [2]Por ele vós sois salvos, se o guardardes tal como vo-lo anunciei; do contrário, foi em vão que abraçastes a fé.

[3]O que vos transmiti foi, em primeiro lugar, o que eu recebi: que Cristo morreu por nossos pecados,* cumprindo as Escrituras, [4]que foi sepultado e que ressuscitou ao terceiro dia, cumprindo as Escrituras; [5]que apareceu a Cefas e mais tarde aos Doze. [6]Depois apareceu a mais de quinhentos irmãos de uma vez, a maioria dos quais ainda vive, enquanto alguns já morreram. [7]A seguir, apareceu a Tiago* e depois a todos os apóstolos. [8]Por último de todos, apareceu a mim, como a alguém nascido fora do tempo†.

[9]Realmente, sou o menor dos apóstolos; nem mereço o nome de apóstolo, porque persegui a Igreja de Deus. [10]Mas pela graça de Deus sou o que sou,* e sua graça em mim não foi estéril. Ao contrário, trabalhei mais que eles todos; não eu, mas a graça de Deus comigo.

[11]Por conseguinte, tanto eu como eles, isto é o que pregamos, e isto é também o que crestes.

A ressurreição dos mortos. [12]Ora, se pregamos que Cristo ressuscitou dos mortos, como podem dizer alguns de vós que não há ressurreição dos mortos?† [13]Se não há ressurreição dos mortos, nem Cristo ressuscitou. [14]Mas se Cristo não ressuscitou, então nossa pregação é vazia, vazia também é vossa fé†. [15]Somos afinal falsas testemunhas de Deus, pois atestamos contra Deus que Ele ressuscitou a Cristo, quando na verdade Ele não o ressuscitou, se é que os mortos não ressuscitam. [16]Pois, se os mortos não ressuscitam,* nem Cristo ressuscitou. [17]E se Cristo não ressuscitou, é ilusória vossa fé, continuais em vossos pecados. [18]Portanto, os que morreram em Cristo estão perdidos. [19]Se é somente para esta vida que esperamos em Cristo, somos os mais miseráveis de todos†.

A ressurreição de Cristo é penhor da nossa. [20]Mas não! Cristo ressuscitou dos mortos,* como o pioneiro dos que dormiam o sono da morte. [21]Pois, se a morte veio através de um homem, é também por um homem que vem a ressurreição dos mortos. [22]Com efeito, assim como todos morrem em Adão, assim também todos reviverão em Cristo†. [23]Mas cada um por sua vez: o pioneiro é Cristo; depois os que são de Cristo, em sua vinda. [24]Depois será o fim,* quando ele vai entregar o reino a Deus Pai, após ter destruído toda soberania, autoridade e poder. [25]Pois é preciso que ele reine, até que tenha colocado todos os inimigos debaixo de seus pés. [26]O último inimigo a ser destruído será a morte; [27]pois ele colocou tudo* debaixo de seus pés. Mas quando ele disser: "Tudo está subjugado", é evidentemente com exceção daquele que lhe sujeitou todas as coisas.

---

* **15**,1. 15,14 | 3. Is 53,8s; Os 6,2; Sl 16,10; Lc 24,34-43; Mc 16,14 | 7. 9,1; Lc 24,50; At 9,5 | 10. 2Cor 11,5.23; Ef 3,8; 1Tm 1,15 | 16. At 1,22; 5,32 | 20. Cl 1,20; Rm 5,12; 8,11; Gn 3,17ss | 24. 1Ts 4,16; Dn 2,44; Ap 20,5; Sl 110,1; Mt 22,44 | 27. Ap 20,14; 21,4

† **15**,8. Refere-se à vocação repentina de Paulo, fora do tempo dos outros apóstolos. | 12. Os gregos não aceitavam a ressurreição corporal, porque para eles o corpo é a prisão da alma, só ela está destinada à imortalidade, e a morte é a libertação da alma. Se o corpo também ressuscita, a alma não voltaria à prisão? Paulo responde que Cristo salvou o homem todo, e portanto o homem todo deve participar da glorificação; mas o corpo ressuscitado é um corpo espiritual, v. 44; a ressurreição não é um retorno às mesmas condições terrestres. | 14. "A ressurreição constitui a confirmação de tudo o que o próprio Cristo fez e ensinou" (CIC). | 19. A ressurreição de Cristo prepara a nossa e não se pode afirmar uma sem a outra. Cristo ressuscitou para nossa ressurreição. A esperança da ressurreição futura confere dignidade a nosso corpo. | 22. A morte um dia nos vencerá, mas o amor que tivermos doado nos salvará.

28E quando todas as coisas lhe tiverem sido submetidas,* então o próprio Filho se sujeitará Àquele que tudo lhe sujeitou, para que Deus seja tudo em todos.

29Se não fosse assim, o que estariam fazendo aqueles que se fazem batizar pelos mortos?† Se os mortos não ressuscitam, por que se fazem batizar por eles? 30E nós, por que a toda hora nos expomos ao perigo? 31Cada dia enfrento a morte,* como é verdade que vós sois meu orgulho, irmãos, em Cristo Jesus, nosso Senhor.

32Se foi com propósitos humanos que combati contra as feras em Éfeso†, de que me vale isso? Se os mortos não ressuscitam, comamos e bebamos,* pois amanhã morreremos. 33Não vos deixeis enganar: "As más companhias corrompem os bons costumes".

34Voltai a ser sóbrios e retos e não pequeis; pois há entre vós alguns que desconhecem a Deus. Digo isso para vossa vergonha.

O corpo dos ressuscitados. 35Mas alguém perguntará: Como é que os mortos ressuscitam? Com que corpo voltarão? 36Insensato! O que semeias* não recebe a vida sem antes morrer. 37E o que semeias não é o corpo da planta que vai nascer, mas um simples grão, de trigo ou de qualquer outro vegetal; 38é Deus que lhe dá um corpo, conforme estabeleceu: a cada semente o corpo que lhe é próprio.

39As carnes todas não são as mesmas, mas uma é a carne dos homens, outra a dos animais, outra a carne das aves, outra a dos peixes. 40Existem também corpos celestes e corpos terrestres, mas um é o brilho dos celestes, outro o dos terrestres. 41Um é o brilho do sol, outro o da lua, outro o das estrelas. Até uma estrela difere* de outra quanto ao brilho. 42Pois assim acontece com a ressurreição dos mortos: 43semeado corruptível, o corpo ressuscita incorruptível; semeado desprezível, ressuscita glorioso; semeado na fraqueza, ressuscita com vigor; 44semeia-se um corpo animal, ressuscita um corpo espiritual.

Se existe corpo animal,* há também corpo espiritual. 45Pois está escrito: "O primeiro homem, Adão, tornou-se um ser vivente"; o último Adão é um espírito que é fonte de vida. 46Não foi feito primeiro o espiritual, mas sim o animal; o espiritual vem depois. 47O primeiro homem, tirado da terra,* é terrestre; mas o segundo homem vem do céu. 48Tal como é o homem terrestre, assim são os homens terrestres; tal como é o homem celeste, assim também serão os celestes†. 49E assim como trouxemos em nós a imagem do homem terrestre, traremos em nós também a imagem* do homem celeste†.

O hino da vitória final. 50Isto vos digo, irmãos: a carne e o sangue não podem herdar o Reino de Deus, nem o que é corruptível pode herdar a incorruptibilidade. 51Sim, vou dizer-vos um mistério:* nem todos nós morreremos, mas todos seremos transformados, 52num instante, num piscar de olhos, ao som da trombeta final; pois a trombeta soará, e os mortos ressuscitarão incorruptíveis, e nós seremos transformados. 53Com efeito, é preciso que este corpo corruptível se revista de incorruptibilidade e que este corpo mortal se revista de imortalidade.

54Quando, pois, este corpo corruptível* se tiver revestido de incorruptibilidade e este corpo mortal se tiver revestido de imortalidade, então se cumprirá a palavra da Escritura: "A morte foi tragada pela vitória. 55Onde está, ó morte, tua vitória? Onde está, ó morte, teu aguilhão?"

---

* **15**,28. Sl 8,3; Ef 1,22; Hb 2,6s | 31. Rm 8,36; 2Cor 4,10 | 32. Is 22,13; Sb 2,6; Rm 13,11; Ef 5,14 | 36. Jo 12,24 | 41. Fl 3,21 | 44. Gn 2,7; 2Cor 3,6.17; Jo 6,63 | 47. Gn 2,7 | 49. 6,13; Gn 5,3 | 51. Mt 24,31; 2Cor 5,4; 1Ts 4,15ss | 54. 6,14; Is 25,8; Os 13,14; Rm 7,13

† **15**,29. Paulo refere-se, nos vv. 29-31, aos esforços dos missionários e aos seus também, que seriam inúteis, se não existisse ressurreição dos mortos. | 32. As "feras" são os adversários que Paulo enfrentou. | 48. O cristão é um homem terrestre como filho de Adão, mas é também um homem celeste por sua união batismal com Cristo ressuscitado. | 49. Paulo fala de uma tal transformação do corpo que excede nossa capacidade imaginativa: é uma total transfiguração que torna o homem semelhante ao Cristo ressuscitado. É esse o destino de todos os fiéis.

[56]O aguilhão da morte é o pecado, e a força do pecado é a Lei. [57]Mas, graças a Deus, que nos dá a vitória por meio de nosso Senhor Jesus Cristo!†

[58]Assim, pois, meus amados irmãos,* mostrai-vos firmes e inabaláveis, progredindo sempre na obra do Senhor, sabendo que vossa fadiga não é vã no Senhor.

IV. EPÍLOGO (16)

16

Coleta para a Igreja de Jerusalém. [1]Quanto à coleta em favor dos irmãos,* observai também vós as normas que dei às Igrejas da Galácia†. [2]Que em cada primeiro dia da semana†, cada um de vós coloque à parte* o que conseguiu economizar, sem aguardar minha chegada para recolher os donativos. [3]Quando aí chegar, enviarei, com cartas de apresentação, aqueles que julgardes dignos, para que levem vossas doações a Jerusalém; [4]e, se valer a pena que eu vá também,* eles farão a viagem comigo.

Projetos de viagem. [5]Irei até vós, após ter atravessado a Macedônia; pois vou passar* pela Macedônia. [6]Talvez eu fique convosco ou até mesmo passe o inverno aí, para que me acompanheis aonde quer que eu vá. [7]Pois não quero ver-vos somente de passagem: espero ficar algum tempo convosco,* se Deus quiser. [8]Todavia, ficarei em Éfeso até Pentecostes; [9]pois lá me está aberta uma porta grande* e favorável, embora os adversários sejam muitos.

[10]Se Timóteo chegar aí, cuidai que ele fique sem temor em vosso meio; pois ele trabalha como eu na obra do Senhor. [11]Portanto, ninguém lhe falte ao respeito. Acompanhai-o em paz, para que venha encontrar-se comigo: eu o espero com os irmãos. [12]Quanto a nosso irmão Apolo,* insisti muito com ele para ir até vós com os irmãos, mas ele não quis ir agora de modo nenhum; mas ele irá quando tiver oportunidade†.

Recomendações. [13]Sede vigilantes, ficai firmes na fé,* comportai-vos como homens, sede fortes. [14]Que tudo entre vós se faça no amor.

[15]Mais uma recomendação, irmãos: conheceis a família de Estéfanas, que são as primícias da Acaia; eles se dedicaram ao serviço dos irmãos. [16]Colocai-vos também à disposição destas pessoas* e de todos os que trabalham e cooperam com elas. [17]Fico feliz com a visita de Estéfanas, de Fortunato e de Acaico, que supriram vossa ausência; [18]com efeito, tranquilizaram meu espírito* e o vosso. Sabei, pois, dar valor a tais pessoas.

Saudações finais. [19]As igrejas da Ásia vos saúdam. Áquila e Prisca* vos mandam muitas saudações no Senhor, bem como sua igreja doméstica†. [20]Todos os irmãos vos saúdam. Saudai-vos uns aos outros com um beijo santo.

[21]A saudação é de minha própria mão, Paulo.

[22]Se alguém não ama o Senhor, seja anátema! "Maranatá"†.

[23]A graça do Senhor Jesus esteja convosco!

[24]Eu amo a todos vós em Cristo Jesus.

---

* **15**,58. 2Cor 13,7; Ap 14,13 | **16**,1. At 11,29; 2Cor 8-9; Gl 2,10 | 2. At 20,7 | 4. At 19,21; Rm 15,24; Tt 3,12 | 5. At 18,21; 20,2 | 7. Tg 4,15 | 9. Cl 4,3; At 14,27; Fl 2,20; 1Tm 4,12 | 12. 1,21; 3,6 | 13. Sl 3,25; Ef 6,10; Rm 16,5 | 16. Fl 2,29 | 18. 1Ts 5,12 | 19. At 18,2.26; Rm 16,3.5.16; 2Cor 13,12; 1Pd 5,14; 2Ts 3,17; Ap 22,20

† **15**,57. "Fixo meu olhar no mistério da morte e do além, na luz de Cristo, único a iluminá-lo, e por isso com humilde e serena confiança. E bendigo o Vencedor da morte porque expulsou dela as trevas e revelou sua luz" (Paulo VI). | **16**,1. Diversas vezes Paulo fala de uma coleta em favor dos cristãos de Jerusalém, Rm 15,25s; 2Cor 8–9; Gl 2,10, sinal de comunhão entre as Igrejas existentes no mundo pagão e a Igreja-mãe que vive no centro do judaísmo. | 2. "Reunimo-nos sempre no dia do sol, porque é o primeiro dia, o dia em que Deus, extraindo a matéria das trevas, criou o mundo e, nesse mesmo dia, Jesus Cristo, nosso Salvador, ressuscitou dentre os mortos" (S. Justino, séc. II). | **18**,12. Esse texto mostra a lealdade de Apolo, que evita comparecer em Corinto, para que não renascesse o partido que trazia seu nome, 1,12; 3,4ss. | 19. Lit. "a igreja que se reúne na casa deles". As casas dos cristãos foram as primeiras igrejas, quando ainda não havia templos cristãos. | 22. Expressão aramaica que entrou para a liturgia. Significa "o Senhor vem", no indicativo, ou "Vem, Senhor!", no imperativo, Ap 22,20. Exprime a esperança, o desejo da parusia, profundamente gravados no coração de cada cristão.

SEGUNDA CARTA AOS CORÍNTIOS

Esta carta que Paulo escreveu da Macedônia, no ano 55, poucos meses após ter escrito a primeira aos Coríntios, mostra que a situação da comunidade se agravou, tendo surgido uma crise, em que a autoridade apostólica de Paulo foi contestada por um grupo de judeus, que queriam demolir o trabalho do Apóstolo. Este resolve então ir a Corinto, mas sua visita teve de ser rápida e por isso ele prometeu regressar em breve para ficar mais tempo (2Cor 2,1; 13,1). Sua presença lá não surtiu o efeito desejado; antes, piorou o relacionamento entre a comunidade e Paulo, pois este foi ofendido gravemente por alguém do lugar (2Cor 2,5), talvez por aquele mesmo incestuoso, que Paulo mandara excluir da comunidade (1Cor 5,1-13).

Em vez da visita prometida, Paulo mandou uma carta que, conforme disse, ele escreveu "entre muitas lágrimas" (2Cor 2,3s.9); nela exigia a obediência dos fiéis a sua autoridade (2Cor 2,9) e o castigo para quem o ofendeu (2Cor 7,12). Esse escrito de Paulo certamente se perdeu, mas há autores que consideram os cap. 10–13 da Segunda aos Coríntios como fragmento do texto perdido.

A carta severa, levada por Tito aos coríntios, produziu um efeito salutar, pois fez os culpados "se entristecerem segundo Deus" (2Cor 7,9), isto é, levou-os ao arrependimento verdadeiro. Encontrando-se com Tito na Macedônia, Paulo recebe dele notícias consoladoras sobre a comunidade (2Cor 7,6s). Foi então que escreveu a Segunda aos Coríntios, entregando-a nas mãos do próprio Tito para levá-la a Corinto.

Para alguns autores, este escrito é um conjunto de bilhetes que Paulo mandou em várias ocasiões. Nele podemos distinguir três partes: a) cap. 1–7, nos quais Paulo defende seu ministério apostólico, sua sinceridade, procura restabelecer a confiança dos coríntios e mostra como é superior o ministério da Nova Aliança em comparação com o da Antiga. Este ministério é cheio de provações, mas também de esperança, e é exercido em nome de Cristo, para promover a reconciliação do mundo com Deus; b) os cap. 8–9 falam da coleta em favor da Igreja-mãe de Jerusalém, pela qual os coríntios também devem interessar-se, como prova da fraternidade que une as comunidades numa só família; c) finalmente, os cap. 10–13, escritos num tom severo e violento, são uma defesa da autenticidade do ministério de Paulo.

A Segunda aos Coríntios é onde se manifesta melhor o estilo vibrante e toda a pessoa de Paulo; é muito importante pelos dados biográficos que contém, sobretudo na última parte, e porque apresenta múltiplos aspectos da rica personalidade do Apóstolo: um homem, ao mesmo tempo violento e cheio de ternura, forte e fraco, místico e homem de ação.

I. PRÓLOGO (1,1-11)

1 Saudação e ação de graças.
1Paulo, apóstolo do Cristo Jesus
pela vontade de Deus,* e o irmão Timóteo, à Igreja de Deus que está em Corinto, bem como a todos os santos
que estão na Acaia inteira; 2graça a vós,
e paz da parte de Deus, nosso Pai, e do Senhor Jesus Cristo!

Sofrimentos e consolações do apóstolo. 3Bendito seja o Deus e Pai de nosso Senhor Jesus Cristo,* o Pai misericordioso e Deus de toda a consolação,
4que nos consola em toda a nossa aflição, a fim de podermos também nós consolar os que se acham em qualquer aflição com a consolação com que somos consolados por Deus! 5Com efeito,
assim como os sofrimentos de Cristo* são muitos em nós, assim também, por meio de Cristo, é grande nossa consolação. 6Quando somos afligidos, é para
vossa consolação e salvação; quando somos consolados, é para vossa consolação, que vos concede suportar com constância os mesmos sofrimentos que nós enfrentamos. 7E nossa esperança a
vosso respeito é firme: sabemos que, participando dos sofrimentos, participareis também da consolação.

---

* **1**,1. 1Cor 1,1; Rm 1,7 | 3. Rm 15,5; Ef 1,3; 1Pd 1,3 | 5. 4,15.17; Sl 94,18

8Pois não queremos que ignoreis,*
irmãos, como a tribulação que nos
sobreveio na Ásia† nos maltratou ex-
tremamente, além de nossas forças, a
ponto de sentirmos tédio da vida. 9Re-
cebemos em nós mesmos a sentença
de morte, a fim de aprendermos a não
pôr nossa confiança em nós mesmos,
mas em Deus* que ressuscita os mor-
tos. 10É ele que nos libertou daquela
morte e nos libertará, pela esperança
que nele colocamos, de que nos tirará
ainda dela, 11graças a vossa colabora-
ção rezando por nós, a fim de que este
benefício, que muitas pessoas nos al-
cançaram, seja para muitos um motivo
de ação de graças por nós.

II. PAULO DEFENDE SEU APOSTOLADO (1,12–7,16)

Por que Paulo adiou sua visita.
12Nossa glória é o testemunho* de
nossa consciência de que nos compor-
tamos no mundo, e mais particular-
mente para convosco, com a santidade
e a sinceridade que vêm de Deus, não
com uma sabedoria humana, mas com
a graça de Deus. 13Com efeito, nada há
em nossas cartas, a não ser o que vós
ledes e compreendeis. E espero que
compreendereis até o fim, 14como já
nos compreendestes em parte,* que
nós somos vosso orgulho, como vós
sereis o nosso, no dia de nosso Senhor
Jesus.
Paulo mostra sua lealdade. 15Nessa
convicção eu tinha decidido ir até vós,
para receberdes uma segunda graça;
16e passar de vós para a Macedônia e
da Macedônia voltar a vós,* e vós me
encaminharíeis para a Judeia. 17Fazen-
do esse projeto, eu teria dado prova*
de leviandade? Ou será que meus pro-
jetos nascem de intenções humanas,†
de sorte que haja em mim o "sim, sim"
e o "não, não"? 18Deus é testemunha
de que nossa palavra para vós não é
"sim" e "não"†. 19Pois o Filho de Deus,
Jesus Cristo, que eu, Silvano e Timóteo
anunciamos entre vós, não foi "sim" e
"não", mas nele se encontrou sempre
o "sim". 20De fato, todas as promessas
de Deus têm nele seu "sim"†. Por isso é
também por meio dele que nós dize-
mos nosso "Amém" a Deus* para sua
glória. 21E é Deus mesmo que nos con-
firma, junto convosco, em Cristo, e foi
ele que nos deu a unção, 22nos marcou
com seu selo e depositou em nossos
corações o penhor do Espírito.
23Tomo a Deus por testemunha* so-
bre minha vida: foi para poupar-vos
que não voltei mais a Corinto. 24Não
queremos ser senhores de vossa fé;
queremos é contribuir para vossa ale-
gria, porque na fé já estais firmes.

2 **Por que Paulo não foi a Corin-
to.** 1Tomei a decisão comigo mes-
mo* de não voltar até vós com tristeza.
2Pois, se sou eu que vos faço sofrer,
quem pode alegrar-me senão aquele a
quem fiz sofrer? 3E escrevi aquelas coi-
sas para não me entristecer quando eu
vier, por causa daqueles que deveriam
dar-me alegria, bem ciente a respeito
de vós todos de que minha alegria é a
de todos vós. 4Sim, foi no meio de uma
grande aflição* e angústia de coração
que vos escrevi, entre muitas lágrimas†,
não para vos entristecer, mas para que
conheçais a extrema afeição que vos
tenho.
Paulo perdoa a quem o ofendeu. 5Se
alguém causou sofrimento, não foi a
mim; foi em certa medida, sem exage-
ro, a todos vós. 6Mas foi suficiente para
aquele homem o castigo aplicado pela
maioria, 7de tal modo que vale mais a
pena, ao contrário, perdoar-lhe e en-

---

* **1**,8. At 19,23; 1Cor 15,32 | 9. 2Tm 4,18 | 12. 2,17; Hb 13,18; 1Cor 1,17 | 14. 5,12; Fl 2,16 | 16. 1Cor 16,5s | 17. 5,16 | 20. Ap 3,14; Rm 8,16; Ef 1,13s | 23. 11,31; Rm 1,9; 1Pd 5,3 | **2**,1. 12,21; 1Cor 4,21 | 4. 7,8; At 20,31

† **1**,8. A Ásia Menor, cuja capital era Éfeso, onde Paulo acabara de passar mais de dois anos, em 53-56 d.C. Ver At 19,23-34. | 17. Lit. "segundo a carne", movido por considerações humanas. | 18. Sendo apóstolo de Cristo, a Verdade encarnada, Paulo só pode ser semelhante a Ele. | 20. A fidelidade de Deus, manifestada em Jesus, é um apelo à fidelidade dos cristãos. | **2**,4. Não chegou até nós esta carta "escrita entre muitas lágrimas". Um dos cristãos ofendera a autoridade de Paulo na pessoa de um enviado seu.

corajá-lo, para não acontecer que ele venha a se perder por um sofrimento excessivo. [8]Eu vos peço, pois, que façais prevalecer para com ele a caridade. [9]Ao escrever-vos, minha intenção* era também vos pôr à prova e ver se vossa obediência é total. [10]Mas a quem vós perdoais, também eu perdoo; pois, se eu perdoei – enquanto tenho alguma coisa a perdoar –, foi por vossa causa, na presença de Cristo. [11]Tomemos cuidado para não sermos iludidos por Satanás, cujas tramas não ignoramos.

Inquietação e alívio do Apóstolo. [12]Quando cheguei a Trôade* para pregar o Evangelho de Cristo, embora uma porta me estivesse aberta no Senhor, [13]meu espírito não teve sossego, porque lá não encontrei Tito, meu irmão. Por isso, despedi-me deles e parti para a Macedônia.

[14]Graças sejam dadas a Deus,* que sempre nos faz triunfar em Cristo† e que, por nós, espalha por todo lado o perfume de seu conhecimento. [15]Pois na verdade somos, para Deus, o bom odor de Cristo,* entre os que se salvam e entre os que se perdem: [16]para uns, um odor que da morte conduz à morte; para outros, um odor que da vida conduz à vida. E quem está à altura de tal tarefa? [17]Com efeito, não somos como aqueles muitos que falsificam a palavra de Deus;* é como homens sinceros, como enviados de Deus, que diante de Deus falamos em Cristo.

3

A nova aliança é superior à antiga. [1]Recomeçamos a nos promover?* Ou precisamos, talvez, como certas pessoas, de cartas de recomendação para vós ou de vossa parte? [2]Nossa carta sois vós mesmos, carta escrita em nossos corações, conhecida e lida por todos. [3]Sim, vós sois evidentemente uma carta de Cristo, redigida por nós, escrita não com tinta, mas com o Espírito do Deus vivo, não em tábuas de pedra,* mas em tábuas de carne, que são vossos corações.

[4]Esta é a confiança que temos diante de Deus por meio de Cristo. [5]Não que sejamos capazes de pensar alguma coisa como proveniente de nós mesmos; não, nossa capacidade vem de Deus. [6]Ele nos fez ministros de uma nova aliança,* que não é da letra, mas do Espírito; porque a letra mata, mas o Espírito dá vida.

O ministério cristão. [7]Ora, se o ministério da morte, gravado em letras sobre pedras, foi rodeado de tal glória, que os israelitas não podiam fitar o rosto de Moisés por causa da glória, embora passageira, de seu rosto, [8]quanto mais glorioso será* o ministério do Espírito? [9]Se, com efeito, o ministério da condenação† foi glorioso, quanto mais o ministério da justificação não o supera em glória? [10]Sob esse ponto de vista, comparado com essa glória supereminente,* o esplendor desse primeiro ministério não foi glória. [11]Pois, se o que era transitório foi manifestado na glória, quanto mais glorioso não há de ser o que permanece?

[12]De posse de semelhante esperança,* comportamo-nos com muita segurança, [13]e não como Moisés, que cobria o rosto com um véu, para impedir que os israelitas vissem o fim daquilo que era passageiro†. [14]Mas a inteligência deles se obscureceu.* Com efeito, até o dia de hoje, quando se lê o Antigo Tes-

---

* **2**,9. 7,15; Mt 18,18; Lc 22,31 | 12. At 14,27; 20,1; 1Cor 16,9 | 14. Eclo 24,30 | 15. 1,12; 1Cor 1,18; Lc 2,34; | 17. 1Pd 4,11 | **3**,1. 5,12; 1Cor 9,2; At 18,27 | 3. Êx 24,12; Jr 31,33; Ez 11,19; 36,26 | 6. 2,16; Rm 7,6; 1Cor 11,25; Êx 34,30 | 8. Gl 3,2.5 | 10. Dt 27,26; Ef 3,8s | 12. Êx 34,33s | 14. Rm 11,7.25

† **2**,14. Deus faz os apóstolos participarem de seu cortejo triunfal, como um general que volta vitorioso da batalha. | **3**,9. A Lei antiga era uma aliança de morte, pois ela denunciava o pecado sem dar a força de vencê-lo; quem não a observava era condenado. | 13. Parece que Moisés colocou o véu sobre o rosto para não amedrontar, com seu esplendor, os israelitas. Mas Paulo interpreta Êx 34,33ss dizendo que foi para eles não perceberem o fim daquele esplendor transitório, figura da aliança provisória do AT. | 14. Os judeus não compreendem nem Moisés nem o AT, pois não creem em Jesus Cristo, para o qual converge todo o AT. Só entenderão as profecias quando se tornarem cristãos. Primeiro uso da expressão "Antigo Testamento", a qual sugere que a lei mosaica está superada.

tamento, esse mesmo véu permanece; ele não é levantado, pois é Cristo que o faz desaparecer†. 15Sim, até o dia de hoje, toda vez que se lê Moisés,* existe um véu sobre o coração deles. 16Mas quando acontece a conversão ao Senhor, o véu cai. 17Pois o Senhor é o Espírito, e onde está o Espírito do Senhor, aí há liberdade†. 18E nós todos que, de rosto descoberto, refletimos como num espelho a glória do Senhor, somos transformados nesta mesma imagem,* indo de glória em glória, conforme a ação do Espírito do Senhor†.

4 **O Evangelho da glória de Cristo.** 1É por isso que, investidos desse ministério pela misericórdia usada para conosco,* não desanimamos, 2mas, recusando as dissimulações vergonhosas, não nos comportamos com astúcia, nem falsificamos a palavra de Deus. Bem ao contrário, anunciando abertamente a verdade, recomendamo-nos a toda a consciência humana diante de Deus. 3Pois, se nosso Evangelho permanece velado, é para os que se perdem* que ele está velado, 4para aqueles cuja mente incrédula o deus desse mundo† obcecou, a fim de que não vejam resplandecer o Evangelho da glória de Cristo, que é a imagem de Deus. 5Pois não é a nós que pregamos, mas a Cristo Jesus, o Senhor; nós não somos mais que servos vossos, por amor de Jesus. 6Com efeito, o Deus que disse: "Das trevas brilhe a luz!"* foi quem brilhou em nossos corações, para fazer resplandecer o conhecimento da glória de Deus, que está na face de Cristo.

Um tesouro em vasos de barro. 7Mas esse tesouro, nós o trazemos em vasos de barro,* para que se manifeste que esse extraordinário poder pertence a Deus e não vem de nós. 8Somos oprimidos de todos os lados, mas não esmagados; angustiados, mas não desesperados; 9perseguidos, mas não abandonados;* abatidos, mas não aniquilados. 10Trazemos sempre e por toda a parte em nosso corpo os sofrimentos mortais de Jesus,* a fim de que também a vida de Jesus se manifeste em nosso corpo. 11De fato, embora estejamos vivos,* somos constantemente entregues à morte por causa de Jesus, a fim de que também a vida de Jesus se manifeste em nossa carne mortal. 12Assim, a morte faz sua obra em nós, e a vida em vós†.

13Mas, possuindo esse mesmo espírito de fé,* do qual diz a Escritura: "Acreditei, por isso falei", nós também acreditamos e é por isso que falamos, 14sabendo bem que Aquele que ressuscitou o Senhor Jesus nos ressuscitará também a nós com Jesus e nos colocará perto dele, junto convosco. 15Pois tudo isso é para vós,* a fim de que uma graça mais abundante por meio de mais pessoas faça aumentar a ação de graças para a glória de Deus.

Uma morada eterna nos céus. 16Por isso não desanimamos.* Pelo contrário, embora nosso homem exterior caminhe para a ruína, o homem interior se renova dia a dia. 17Sim, a leve tribulação passageira nos obtém, além de toda medida, um peso eterno de glória. 18Pois não olhamos para as coisas visíveis,* mas para as invisíveis; com efeito, as coisas visíveis duram pouco, e as invisíveis são eternas.

5 **Esperança da glória futura.** 1Sabemos, com efeito, que, se esta tenda* de nossa morada terrestre vier a ser

---

* **3**,15. Êx 34,34; Rm 11,23-27; Jo 7,39; 8,36; Rm 8,2 | 18. Êx 24,16s | **4**,1. 2,17; 3,6; 1Cor 7,25; 1Ts 2,5 | 3. 1Cor 1,18; Ef 2,2s; 2Ts 2,11; Cl 1,15; Hb 1,3 | 6. Gn 1,3; Is 9,1 | 7. At 9,15 | 9. 1,8; 7,5 | 10. 1Cor 15,31 | 11. Rm 8,36 | 13. Sl 116,10; 1Cor 6,14; 1Ts 4,14 | 15. 1,3-6 | 16. 4,10; Ef 3,16; Rm 8,17 | 18. Hb 11,1.3 | **5**,1. Sb 9,15; 2Pd 1,13s | 2. Rm 8,23; 1Cor 15,53

† **3**,17. Deus é identificado com o Espírito, de modo que Ele não age mais através da letra da Lei. "O Evangelho proclama a liberdade dos filhos de Deus e rejeita toda escravidão que, em última análise, procede do pecado" (Vat. II). | 18. A luz do Cristo ressuscitado reflete-se na vida dos fiéis, transformando-a cada vez mais profundamente. | **4**,4. O deus deste mundo é Satanás, Jo 12,31, que personifica os atrativos perversos capazes de arruinar uma existência humana. | 12. Os trabalhos esgotam fisicamente os apóstolos, mas por meio deles Deus concede a vida aos que creem.

destruída, temos uma casa que é obra
de Deus, uma morada eterna, que não
é feita por mão humana e que está nos
céus†. 2Por isso nós gememos nesta con-
dição, ardentemente desejando vestir,
por cima desta,* nossa habitação celeste,
3contanto que, embora despojados, não
sejamos achados nus. 4Sim, nós que es-
tamos nesta tenda, gememos angustia-
dos; de fato, não queremos ser despidos,
mas sim vestir por cima, a fim de que o
que é mortal seja absorvido pela vida†. 5E
quem nos fez para esse destino* é Deus,
que nos deu o penhor do Espírito.
6Assim, pois, sempre confiamos ple-
namente, mesmo sabendo que, en-
quanto moramos neste corpo, vivemos
exilados, longe do Senhor, 7pois ca-
minhamos na fé e não na clara visão.
8Confiamos, pois plenamente* e prefe-
rimos deixar este corpo para ir morar
junto do Senhor. 9Por isso também,
seja que moremos neste corpo, seja
que o deixemos, esforçamo-nos por
lhe agradar. 10Pois é preciso que todos
nós sejamos revelados diante do tribu-
nal de Cristo, para que cada um receba
a retribuição pelo que fez quando es-
tava no corpo, seja o bem, seja o mal.
O ministério da reconciliação. 11Co-
nhecendo, pois, o temor do Senhor,
procuramos convencer* as pessoas.
Quanto a Deus, estamos descobertos
diante dele, e espero que também em
vossas consciências estejamos desco-
bertos. 12Não recomeçamos a nos orgu-
lhar diante de vós, mas vos damos oca-
sião de vos orgulhardes de nós, a fim de
terdes o que responder aos que tiram
sua glória daquilo que é aparência e
não daquilo que está no coração. 13Com
efeito, se ficamos fora dos sentidos, era
para Deus; se somos sensatos, é para
vós. 14Pois o amor de Cristo nos impele,
quando pensamos que um só morreu
por todos, então todos morreram.
15E ele morreu por todos, a fim de
que os que vivem* não vivam mais para
si mesmos, mas para Aquele que por
eles morreu e ressuscitou.
16Portanto, de agora em diante não
mais conhecemos pessoa alguma* de
modo humano; mesmo se conhecemos
o Cristo à maneira humana, agora não
mais o conhecemos assim†. 17Por conse-
guinte, se alguém está em Cristo, é uma
nova criatura; as coisas antigas pas-
saram e surgiram novas. 18E tudo isto
vem de Deus, que nos reconciliou con-
sigo por meio de Cristo e nos confiou
o ministério da reconciliação†. 19Pois era
Deus que, em Cristo, estava reconcilian-
do o mundo consigo, não levando mais
em conta as culpas dos homens e colo-
cando em nossos lábios a mensagem*
da reconciliação. 20Somos, portanto,
embaixadores de Cristo, e é como se
Deus exortasse por meio de nós. Em
nome de Cristo vos suplicamos: deixai-
-vos reconciliar com Deus! 21Aquele que
não tinha experiência de pecado,* Deus
o fez pecado por nós†, para que nele
nos tornássemos justiça de Deus.

6 **Ministros de Deus.** 1E já que
somos seus cooperadores, exor-
tamo-vos a não receberdes em vão a
graça de Deus. 2Pois ele diz:* "No tem-
po favorável eu te atendi e no dia da
salvação te socorri". É agora o tempo
favorável, é agora o dia da salvação.*
3A ninguém damos motivo algum de
escândalo, para que nosso ministério
não seja insultado. 4Ao contrário, afir-
mamo-nos em tudo como ministros
de Deus:* por uma grande constância

---

* **5**,5. Rm 8,16.23; Ef 1,13s | 8. Hb 11,13; 1Cor 13,12; Fl 1,23; At 17,31; Rm 2,16; 14,10 | 11. 1,13; 4,2 | 15. 1Tm 2,6; Rm 14,7s | 16. Rm 8,1.10; Gl 6,15; Ef 2,10.15; Cl 3,9s; Ap 21,5; Is 65,17 | 19. Rm 3,24; 5,10; Cl 1,19s; Is 52,7 | 21. Jo 8,46; Rm 8,3; 1Cor 1,30; Gl 3,13; 1Pd 2,22.24 | **6**,2. Is 49,8 / 2Cor 4,2; Lc 4,18s; | 4. 1Cor 4,8-12; 11,23-27

† **5**,1. Esta morada é o corpo ressuscitado, 1Cor 15,44s. | 4. Paulo preferiria passar da condição corpórea e material à nova e definitiva condição, sem passar pela morte. Gostaria de estar vivo na segunda vinda de Cristo, para que sua existência presente fosse transfigurada, sem antes ser despojada pela morte. | 16. Paulo não quer dizer que conheceu Jesus pessoalmente; diz que quando era fariseu fazia dele uma ideia errada. | 18. Ser apóstolo é testemunhar a reconciliação de Deus e anunciá-la a todos. | 21. Deus tornou-o membro da humanidade pecadora, Gl 3,13; ou fez dele "um sacrifício pelo pecado", Lv 4,3.

nas tribulações, nas necessidades, nas angústias, 5nos açoites, nas prisões, nos tumultos, nas fadigas, nas vigílias, nos jejuns; 6pela pureza, pela ciência,* pela paciência, pela benignidade, no Espírito Santo, por uma caridade não fingida, 7pela palavra da verdade, pelo poder de Deus; pelas armas ofensivas e defensivas† da justiça; 8na honra e na humilhação, na má e na boa reputação; tidos por impostores* e no entanto sendo verazes; 9tidos por gente obscura, embora sejamos conhecidos; por pessoas que vão morrer, e eis-nos vivos; por gente que é castigada, mas sem ser levada à morte; 10por pessoas tristes, mas sempre alegres; por pobres, mas enriquecendo a muitos, por gente que nada tem, mas possuindo tudo.

11Falamo-vos com toda a liberdade, coríntios; nosso coração abriu-se de par em par. 12Vós não estais na estreiteza entre nós;* é em vosso coração que estais na estreiteza. 13Então pagai-nos com igual retribuição; eu vos falo como a filhos: abri vosso coração de par em par.

É preciso optar. 14Não formeis com os infiéis* uma ligação heterogênea. Com efeito, que afinidade pode haver entre a justiça e a impiedade? Que união entre a luz e as trevas? 15Que entendimento entre Cristo e Belial?† Que associação entre o fiel e o infiel? 16Que acordo entre o templo de Deus* e os ídolos? Ora, nós somos o templo do Deus vivo, assim como Deus disse: "Habitarei no meio deles e aí caminharei; serei seu Deus, e eles serão meu povo". 17Portanto, "saí do meio de tal gente e mantende-vos à parte – diz o Senhor. Nada toqueis de impuro, e eu vos acolherei; 18serei para vós um pai,* e vós sereis para mim filhos e filhas, diz o Senhor todo-poderoso".

7 **Paulo manifesta aos coríntios seu afeto.** 1De posse de tais promessas, caríssimos, purificai-vos detoda mancha da carne e do espírito, completando nossa santificação no temor de Deus.

2Dai-nos lugar em vossos corações.* A ninguém lesamos, a ninguém prejudicamos, a ninguém exploramos. 3Não digo isso para vos condenar. Já vos disse que estais em nossos corações para a vida e para a morte. 4Tenho grande confiança em vós* e de vós tenho muito orgulho. Estou cheio de consolação; transbordo de alegria em toda a nossa tribulação.

5De fato, quando chegamos à Macedônia, não tivemos sossego. De todos os lados, tribulações: fora, lutas; dentro, temores. 6Mas o Deus que consola os humildes nos consolou pela chegada de Tito, 7e não só por sua chegada, mas também pela consolação que recebeu de vós.* Ele nos comunicou vosso ardente desejo, vossa dor, vossa solicitude por mim, de tal modo que em mim a alegria aumentou.

8Na verdade, se vos contristei por minha carta, não o lamento. E se o lamentei – vejo bem que esta carta vos entristeceu, mesmo que tenha sido só por um momento –, 9alegro-me com isso agora. Não por vossa tristeza, mas porque esta tristeza vos levou ao arrependimento. Pois vos entristecestes segundo Deus, de tal modo que de nossa parte não sofrestes nenhum prejuízo. 10Com efeito, a tristeza segundo Deus* produz um arrependimento irrevogável que leva à salvação, ao passo que a tristeza do mundo produz a morte. 11Olhai antes o que esta tristeza segundo Deus produziu em vós: que solicitude, que desculpas, que indignação, que temor, que desejo ardente, que zelo, que punição! Mostrastes de todos os modos que éreis inocentes neste parti-

---

* **6**,6. 1Tm 4,12; 1Cor 2,4 | 8. 4,10s | 12. 1Cor 4,14 | 14. Ef 5,11 | 16. 1Cor 3,16; Lv 26,12; Ez 37,27; Ap 18,4 | 18. 2Sm 7,14; Is 43,6; Jr 31,9; 32,38; Os 1,10 | **7**,2. 12,17; At 20,33ss | 4. 1,3-7; 2,12ss; At 20,1s | 7. Is 66,2 | 10. Mt 27,3ss; Hb 12,17

† **6**,7. Lit. "da (mão) direita e da esquerda". | 15. Termo hebraico que significa "o nada" e designava os ídolos e Satanás.

cular. 12Por isso também, se vos escre-
vi, não foi por causa* do ofensor nem
por causa do ofendido, mas para que
se manifestasse vossa solicitude por
nós diante de Deus. 13Foi isto que nos
consolou.

A esta nossa consolação juntou-se
uma alegria bem maior ainda, a de ver a
alegria de Tito, cujo espírito foi tranqui-
lizado* por todos vós. 14Pois, se diante
dele eu me orgulhei de vós por alguma
coisa, não tive de que me envergonhar.
Ao contrário, assim como em tudo vos
dissemos a verdade, assim também
aquilo de que nos orgulhamos diante
de Tito se mostrou verídico. 15E o afeto
dele para convosco se redobra,* quan-
do se lembra da obediência de todos
vós e de como o recebestes com temor
e reverência. 16Alegro-me porque pos-
so contar convosco em tudo.

III. A COLETA PARA OS POBRES DE JERUSALÉM (8–9)

8 **Elogio das igrejas da Macedô-
nia.** 1Queremos dar-vos a co-
nhecer,* irmãos, a graça que Deus
concedeu às Igrejas da Macedônia.
2Entre as múltiplas tribulações que as
provaram, a alegria delas transborda,
e sua profunda pobreza expandiu-se
entre elas em tesouros de generosi-
dade. 3Pois segundo seus recursos,
eu o atesto, e além de seus recursos,
espontaneamente, 4pediram-nos com
muita insistência* o favor de participar
deste serviço† em favor dos irmãos.
5Ultrapassando mesmo nossa expec-
tativa, eles se ofereceram a si mesmos,
primeiro ao Senhor, depois a nós, pela
vontade de Deus. 6Por isso pedimos a
Tito que levasse a bom termo entre vós
esta obra generosa, já que ele a havia
começado.*

**Convite aos coríntios a imitar a ge-
nerosidade deles.** 7E como sois ricos
em tudo: na fé, na palavra, no conheci-
mento, em toda espécie de solicitude e
no amor que vos ensinamos, sede ricos
também neste gesto de generosidade.
8Não é uma ordem que estou dan-
do; quero apenas, pela solicitude dos
outros, provar a sinceridade de vosso
amor. 9Com efeito, conheceis a gene-
rosidade* de nosso Senhor Jesus Cristo:
era rico e se fez pobre por vossa causa,
para enriquecer-vos por meio de sua
pobreza. 10É, pois, um simples conselho
que dou sobre isso; e é o que vos con-
vém a vós, que, desde o ano passado,
fostes os primeiros não só a empreen-
der esta obra, mas também a decidi-la.
11Agora, pois, realizai-a, para que, as-
sim como vossa vontade foi pronta, as-
sim também ela se realize,* de acordo
com vossos recursos. 12Quando existe
boa vontade, a pessoa é aceita confor-
me o que tem e não conforme o que
não tem†. 13Não é que, para socorrer os
outros, tenhais de sofrer privações, mas
quero que haja igualdade. 14Vossa far-
tura agora* deve ser colocada a serviço
da penúria deles, a fim de que a fartura
deles sirva algum dia a vossa penúria, e
assim haja igualdade, 15como está es-
crito: "Quem muito recolhera nada teve
de sobra, e quem pouco recolhera não
sentiu falta de nada"†.

**Os encarregados da obra de carida-
de.** 16Dou graças a Deus, que põe no
coração de Tito a mesma solicitude por
vós. 17Pois ele respondeu a meu apelo
e, mais solícito que nunca, de própria
iniciativa ele vai até vós. 18Com ele en-
viamos o irmão que é elogiado em to-
das as igrejas pela pregação do Evan-
gelho. 19Mais ainda: ele foi também
designado pelas igrejas* como nosso
companheiro nessa obra de caridade,
à qual nos consagramos para a glória

---

* **7**,12. 2,4 | 13. 1Cor 16,18 | 15. 2,9 | **8**,1. Rm 15,26 | 4. 9,1; At 11,29 | 6. 1Cor 1,5; 16,1s | 9. Mt 8,20 | 11. Pr 3,27s | 14. Tb 4,9; Mc 12,43s; Êx 16,18 | 19. 1Cor 13,3

† **8**,4. O "serviço" é a coleta em favor dos cristãos de Jerusalém, que sofriam privações, Rm 15,26. A coleta comprova que o amor de Cristo derrubou o muro que separava judeus e gentios, Ef 2,13-17. | 12. É a lição da história do óbolo da viúva, Mc 12,43s: Deus não olha a quantia dada, mas a disposição com que é dada. | 15. O texto citado, Êx 16,18, mostra como se realizou no deserto uma distribuição justa do maná, impedindo toda acumulação.

do Senhor e para demonstrar o impulso de nosso coração. [20]Com isso queremos evitar toda censura a respeito dessas grandes quantias de que somos encarregados, [21]pois "nos preocupamos com o que é bom, não somente diante de Deus,* mas também diante dos homens". [22]Com eles enviamos também aquele nosso irmão, cuja solicitude experimentamos tantas vezes e em muitas circunstâncias, e que agora se mostra muito mais solícito, em razão da grande confiança que tem em vós. [23]Quanto a Tito, é meu companheiro* e meu colaborador junto de vós; quanto a nossos irmãos, são os delegados das igrejas, são a glória de Cristo. [24]Dai, pois, a eles, diante das igrejas, a prova de vosso amor e do bom fundamento de nosso orgulho* a vosso respeito.

9 **Doar com generosidade e alegria.** [1]Quanto a esse serviço em favor dos irmãos,* é supérfluo para mim escrever-vos. [2]Pois conheço vossa disponibilidade e por ela vos elogio junto dos macedônios, dizendo: "A Acaia está pronta desde o ano passado"; e vosso zelo foi um estímulo para grande número de pessoas. [3]Todavia, eu vos envio os irmãos,* para que o orgulho que sentimos por vós não seja aniquilado neste ponto, e vós estejais prontos, como eu disse. [4]De outra forma, se alguns macedônios vierem comigo e não vos acharem prontos, nossa confiança redundará em confusão para nós, para não dizer, para vós também. [5]Portanto, julguei de meu dever convidar os irmãos a nos precederem no meio de vós e a organizarem de antemão vossa campanha já anunciada, a fim de que ela esteja pronta como uma generosidade e não como uma avareza.

[6]Pensai nisto: quem semeia pouco,* pouco recolherá; quem semeia com largueza recolherá com largueza. [7]Que cada um dê conforme decidiu em seu coração, não com tristeza ou por obrigação; pois "Deus ama a quem doa com alegria". [8]Aliás, Deus tem o poder de vos enriquecer de toda espécie de graça, de sorte que, tendo sempre o necessário em tudo, possais fazer generosamente toda boa obra, [9]como está escrito: "Distribuiu, deu aos pobres;* sua justiça permanece para sempre".

Frutos da esmola. [10]Aquele que fornece ao trabalhador a semente* e o pão que o sustenta vos dará também a semente em abundância e fará crescer os frutos de vossa justiça. [11]Enriquecidos de todo modo, podereis praticar toda generosidade, a qual, por nosso intermédio, fará subir para Deus a ação de graças. [12]Pois o serviço desta oferenda sagrada* não somente atende às necessidades dos irmãos, mas é também causa de numerosas ações de graças a Deus. [13]Pela bonita prova deste serviço, eles agradecem a Deus vossa obediência, vossa profissão do Evangelho de Cristo e a generosidade de vossa comunhão com eles e com todos. [14]E, rezando por vós, manifestam seu afeto para convosco, em razão da graça extraordinária que Deus derramou sobre vós. [15]Graças sejam dadas a Deus por esse seu dom inefável!

IV. APOLOGIA PESSOAL DE PAULO (10,1–13,10)†

10 **Paulo defende seu apostolado.** [1]Sou eu, Paulo, em pessoa, que vos peço,* pela doçura e pela bondade de Cristo; eu, tão humilde diante de vós, mas tão ousado convosco quando estou longe. [2]Eu vos peço que façais de tal modo que, quando eu chegar aí, não tenha de usar* com ousadia aquela severidade, que penso dever usar contra alguns que imaginam que nós cami-

* **8**,21. Pr 3,4; Rm 12,17 | 23. 7,13; 12,18; Rm 16,7 | 24. 7,14 | **9**,1. 8,4.10.20 | 3. 8,24 | 6. Pr 11,24; 19,17; Rm 12,8; 1Cr 29,17 | 9. Sl 112,9 | 10. Is 55,10; Os 10,12 | 12. 8,14 | **10**,1. 1Cor 2,3; Gl 5,2 | 2. 10,11; 1Cor 4,21

† **IV**. O final da carta, cap. 10–13, é escrito num tom severo e por vezes violento, completamente diverso da seção anterior. Esses capítulos são uma carta independente, escrita no mesmo ano 55, mas alguns meses depois dos cap. 1–9. Paulo ataca duramente seus adversários, cristãos ainda ligados ao judaísmo.

nhamos segundo a carne. 3Vivemos na
carne, é verdade, mas não combatemos
segundo a carne. 4Não, as armas de
nosso combate não são carnais,* mas
têm em Deus o poder de derrubar for-
talezas. Destruímos os sofismas 5e toda
potência altaneira que se levanta contra
o conhecimento de Deus, e subjuga-
mos todo pensamento para levá-lo a
obedecer a Cristo. 6E estamos prontos a
castigar toda desobediência, desde que
vossa obediência seja perfeita.
7Rendei-vos à evidência. Se alguém se
orgulha de pertencer a Cristo, considere
que, se ele é de Cristo, nós também o
somos. 8E, mesmo se eu me orgulhar*
um pouco demais de nosso poder, que
o Senhor nos deu para vossa edificação
e não para vossa ruína, disso não me en-
vergonharei. 9Pois não quero dar a im-
pressão de atemorizar-vos com minhas
cartas. 10Porque dizem: "As cartas são
enérgicas e severas;* mas sua presença
física é fraca, e sua palavra é desprezí-
vel". 11Quem assim fala considere bem:
o que, quando ausentes e em palavras,
nós somos em nossas cartas, nós o se-
remos também em nossos atos, quando
estivermos presentes.
A verdadeira glória. 12Sem dúvida, não
temos a audácia* de nos igualar nem de
nos comparar a certas pessoas que se
elogiam a si próprias. Medindo-se elas
próprias com a medida delas e com-
parando-se consigo mesmas, não têm
bom senso. 13Quanto a nós, não vamos
gloriar-nos em excesso, mas tomare-
mos como medida a própria regra que
Deus nos indicou como medida, fazen-
do-nos chegar até vós. 14Pois não nos
estendemos de maneira indevida, como
seria o caso se não tivéssemos chegado
até vós; de fato, chegamos até vós com
o Evangelho* de Cristo. 15Não nos glo-
riamos além da medida, à custa do tra-
balho de outros, mas temos a esperan-
ça, com os progressos de vossa fé, de
crescer ainda* em vossa consideração,
segundo nossa medida, 16para evange-
lizar regiões mais distantes que a vossa,
em lugar de pisar terreno de outros e de
nos gloriarmos de trabalhos feitos por
eles. 17"Quem se gloria, glorie-se no Se-
nhor".* 18Não é aquele que se recomen-
da que é homem de valor, mas aquele
que o Senhor recomenda.

11 **Paulo e os falsos apóstolos.**
1Oh! Se pudésseis suportar
de minha parte um pouco de loucura!
Mas, sem dúvida, me suportais. 2Com
efeito, sinto por vós* uma paixão di-
vina; pois eu vos desposei como es-
poso único, como virgem pura a se
apresentar a Cristo†. 3Mas tenho medo
de que, como a serpente seduziu Eva
por sua astúcia, assim vossos pensa-
mentos se corrompam e se afastem
da simplicidade e da pureza para com
Cristo. 4Se, com efeito, o primeiro que
vier* vos anuncia um outro Jesus, dife-
rente do que vos pregamos, e se trata
de receber um espírito diferente da-
quele que recebestes, ou um Evange-
lho diferente do que acolhestes, estais
bem dispostos a aceitá-lo. 5Acho, po-
rém, que em nada sou inferior* a esses
superapóstolos. 6Se sou apenas um
amador em termos de eloquência, não
o sou, porém, quanto à ciência, como
em tudo e diante de todos o temos
demonstrado.
Desinteresse do apóstolo. 7Minha fal-
ta seria então de anunciar-vos gratui-
tamente o Evangelho, rebaixando-me
para vos exaltar? 8Despojei outras igre-
jas, recebendo delas meu sustento para
servir a vós. 9E quando, uma vez entre
vós, me vi em necessidade,* a ninguém
fui pesado, pois foram os irmãos vindos
da Macedônia que atenderam a minhas
necessidades. De todo modo evitei ser-
-vos pesado e o evitarei. 10Tão certo
que a verdade de Cristo* está em mim,

---

* **10**,4. Ef 6,13-17 | 8. 12,6; 1Cor 5,4s | 10. 10,1; 13,2.10 | 12. 3,1; 5,12 | 14. Rm 15,20 | 15. At 19,21 | 17. Jr 9,23s; 1Cor 1,31; 4,5 | **11**,2. Ef 5,2-7.26s; Gn 3,4.13 | 4. 12,11; Gl 1,8s | 5. 1Cor 2,1.13; 15,10; Gl 2,6.9; Ef 3,4 | 9. 12,13; 1Cor 9,12.18; Fl 4,10-15 | 10. 1Cor 9,15

† **11**,2. Assim como Javé é o esposo apaixonado de Israel, Êx 20,5, assim Cristo o é da Igreja, Ef 5,22s; Ap 21,2.

jamais este motivo de orgulho me será
tirado na região da Acaia. 11Por quê?
Porque não vos amo? Deus o sabe. 12E o
que faço, continuarei a fazê-lo, a fim de
retirar todo pretexto aos que gostariam
de ter um, para parecerem iguais a nós
naquilo de que se orgulham. 13Pois tais
pessoas são falsos apóstolos,* operários
enganadores, disfarçados em apóstolos
de Cristo. 14E não é de admirar: o pró-
prio Satanás se disfarça em anjo de luz.
15Não surpreende, pois, que seus mi-
nistros* também se disfarcem em mi-
nistros de justiça. Mas seu fim será de
acordo com suas obras.
Sofrimentos de Paulo. 16Eu o repito e
que não me tomem por louco; ou senão,
podem tomar-me por louco, para que
eu possa também me gloriar um pouco.
17O que direi, não o direi segundo o Se-
nhor, mas como um louco, na seguran-
ça que tenho de poder gloriar-me. 18Já
que tantos se orgulham segundo a car-
ne, vou também me orgulhar. 19De boa
vontade suportais os loucos, vós que
sois sensatos! 20Sim, suportais que vos
escravizem, devorem, explorem, tratem
com arrogância e vos batam no rosto.
21Digo-o para vossa vergonha, como se
tivéssemos sido fracos.

Mas disso de que ousam orgulhar-se
– é como louco que falo – ouso orgulhar-
-me também eu. 22Eles são hebreus? Eu
também.* São israelitas? Eu também. São
descendentes de Abraão? Eu também.
23São ministros de Cristo? Vou dizer uma
loucura: eu o sou mais que eles. Muito
mais pelos trabalhos, muito mais pelas
prisões, infinitamente mais pelas chi-
cotadas, muitas vezes à beira da morte.
24Cinco vezes recebi dos judeus as trinta
e nove chicotadas†; 25três vezes fui fla-
gelado;* uma vez apedrejado; três vezes
naufraguei; passei uma noite e um dia à
deriva. 26Fiz viagens sem conta, passei
por perigos dos rios, perigos dos assal-
tantes, perigos de meus compatriotas,
perigos dos pagãos, perigos da cidade,
perigos do deserto,* perigos do mar,
perigos entre falsos irmãos! 27Trabalho e
fadiga, vigílias sem número, fome e sede,
frequentes jejuns, frio e nudez. 28E além
de todas essas coisas exteriores, minha
preocupação de cada dia, o cuidado de
todas as igrejas! 29Quem é fraco, que eu
não seja fraco? Quem vem a cair, que
um fogo não me queime? 30Se é preciso
gloriar-se,* é de minha fraqueza que me
gloriarei. 31O Deus e Pai do Senhor Jesus
– que é bendito para sempre! – sabe que
não minto. 32Em Damasco, o governador
do rei Aretas mandou vigiar a cidade
dos damascenos para me prender, 33e
foi por uma janela, num cesto, que me
desceram ao longo da muralha, e assim
escapei de suas mãos.*

12 **Visões e revelações.** 1É pre-
ciso gloriar-se? Mas isso não
convém. Contudo, vou falar das visões
e revelações do Senhor. 2Conheço um
homem em Cristo que, quatorze anos
atrás – se no corpo ou fora do corpo,
não sei, Deus o sabe – foi arrebatado
ao terceiro céu†. 3E sei que este homem
– se no corpo ou sem o corpo, não sei;
Deus o sabe – 4foi arrebatado ao pa-
raíso* e ouviu palavras inefáveis, que
o homem não pode repetir. 5Por este
homem me orgulharei;* mas por mim
não me orgulharei, senão de minhas
fraquezas. 6Se quisesse orgulhar-me,
não seria louco,* porque diria a verda-
de. Mas disso me abstenho, para não
fazerem de mim uma ideia superior ao
que veem em mim ou ouvem de mim.
7E porque essas revelações eram ex-
traordinárias, para que não me orgu-
lhasse, foi-me dado um espinho* na
carne†, um anjo de Satanás encarrega-

---

* **11**,13. Fl 3,2 | 15. 12,6; Ef 6,8 | 22. Fl 3,5; 1Cor 15,10 | 25. At 16,22 | 26. 1Cor 4,12 | 30. 1,23; 12,5 | 33. At 9,24s | **12**,4. Lc 23,43; Ap 2,7 | 5. 11,30 | 6. 11,6 | 7. Jó 2,6; Rm 9,2

† **11**,24. Pela lei, Dt 25,3, o máximo de chicotadas aplicadas a um criminoso era 40; para não ultrapassar este número, os judeus paravam na 39ª. Não sabemos quando Paulo sofreu essas punições. | **12**,2. Este homem é o próprio Paulo, que revela uma experiência mística sua. O terceiro céu era o de Deus, depois da atmosfera terrestre e do céu dos astros. Conforme outros, havia sete céus. | 7. Este espinho pode simbolizar uma doença, Gl 4,13ss, que, na tradição hebraica, era obra do demônio; talvez a resistência de seus irmãos judeus à pregação evangélica ou as perseguições sofridas.

do de me bater – para que eu não me orgulhasse. [8]Por isso, três vezes pedi ao Senhor para o afastar de mim. [9]E ele me disse: "Basta-te minha graça:* pois o poder se manifesta plenamente na fraqueza". É, pois, de boa vontade que me orgulharei sobretudo de minhas fraquezas, para que habite em mim o poder de Cristo. [10]Por isso me comprazo em minhas fraquezas,* nas injúrias, nos sofrimentos, nas perseguições, nas angústias suportadas por Cristo; pois quando sou fraco, é então que sou forte.

Traços distintivos do apóstolo. [11]Tornei-me louco. Fostes vós que me obrigastes a isso.* Era a vós que competia recomendar-me. Pois de modo algum fui inferior a estes superapóstolos, embora eu nada seja. [12]Os traços distintivos do apóstolo,* vós os vistes realizar-se no meio de vós: perfeita constância, sinais, prodígios e milagres. [13]O que tivestes de menos* que outras igrejas, a não ser que pessoalmente não vos fui pesado? Perdoai-me esta injustiça...

[14]Estou pronto a ir ter convosco pela terceira vez* e não vos serei incômodo; pois o que estou buscando não são vossos bens, mas vós mesmos. Com efeito, não compete aos filhos juntar tesouros para os pais, mas sim os pais para os filhos. [15]Quanto a mim, com toda a boa vontade,* farei gastos e me gastarei todo inteiro por vossas almas. Se vos amo mais intensamente, terei de ser menos amado?

[16]Que seja, dirão: pessoalmente não vos afligi; mas, esperto como sou, eu vos conquistei pela astúcia. [17]Eu vos teria explorado por algum daqueles que vos mandei? [18]Insisti com Tito* e com ele mandei aquele irmão. Tito os teria explorado? Não caminhamos no mesmo espírito? Não seguimos os mesmos traços?

[19]Já faz tempo que imaginais* que estamos fazendo nossa defesa diante de vós. É diante de Deus, no Cristo, que falamos. E tudo isso, caríssimos, é para vossa edificação. [20]Receio, com efeito, que à minha chegada eu não vos encontre tais como gostaria e que vós me encontreis tal como não quereríeis. Que não haja discórdias, invejas, rancores, rivalidades, maledicências, intrigas, arrogâncias,* desordens. [21]Receio que em minha próxima visita meu Deus me humilhe diante de vós e que eu tenha de chorar sobre muitos dos que pecaram antes e não fizeram penitência por seus atos de impureza, fornicação e luxúria.

13 **O apóstolo será juiz severo.** [1]É a terceira vez que vou até vós.* "Toda questão se resolverá pela palavra de duas ou três testemunhas"†. [2]Eu já disse aos que pecaram antes e a todos os outros, e torno a dizê-lo de antemão hoje que estou ausente, como em minha segunda visita: se eu voltar aí, desta vez não terei compaixão. [3]Quereis uma prova de que Cristo fala em mim, ele que não é fraco em relação a vós, mas que é poderoso entre vós. [4]Sem dúvida, ele foi crucificado em razão de sua fraqueza,* mas está vivo pelo poder de Deus. E nós também somos fracos nele, mas estaremos vivos com ele, pelo poder de Deus, em nosso comportamento a vosso respeito.

[5]Examinai-vos a vós mesmos,* vede se estais na fé. Experimentai-vos a vós mesmos. Não reconheceis que Jesus Cristo está em vós? A não ser talvez que a prova se volte contra vós. [6]Espero que reconheçais que não somos reprovados. [7]Pedimos a Deus que não façais nenhum mal, não para aparecermos como aprovados, mas para que façais o bem, ainda que sejamos reprovados. [8]Pois nenhum poder temos contra a verdade,* mas só a favor da verdade. [9]Sim, nós nos alegramos quando somos fracos e vós sois fortes. E rezamos para que vos torneis perfeitos. [10]Eis por que vos escrevo isto, estando ausente: para não ter de usar,*

---

* **12**,9. 4,7-16 | 10. Fl 4,13 | 11. 11,5 | 12. Rm 15,19 | 13. 11,9 | 14. 13,1 | 15. Fl 2,17 | 18. 8,6.16s | 19. 2,17; 3,1 | 20. 2,1; 3,2 | **13**,1. 12,14 Dt 19,15; Mt 18,36; 1Tm 5,19 | 4. Fl 2,7s | 5. 1Cor 11,28 | 8. 1Cor 13,6 | 10. 2,3; 10,8.11

† **13**,1. Esta é a norma estabelecida em Dt 19,15, repetida em Mt 18,16.

uma vez presente, de severidade em
virtude do poder que o Senhor me deu
para edificar e não para destruir.

IV. EPÍLOGO (13,11-13)

Recomendações e saudações finais.
11De resto, irmãos, sede alegres,* ten-
dei à perfeição, encorajai-vos uns aos
outros. Tende os mesmos sentimentos,
vivei em paz, e o Deus do amor e da
paz estará convosco.
12Saudai-vos mutuamente com um
beijo santo. Todos os irmãos vos saú-
dam.
13Que a graça do Senhor Jesus Cris-
to, o amor de Deus e a comunhão do
Espírito Santo† estejam com todos
vós!

* **13**,11. Fl 3,1; 4,4; Rm 15,33; 1Cor 16,20

† **13**,13. O amor do Pai se manifesta na graça de Cristo, a qual gera a comunhão do Espírito Santo, ou seja, a fraternidade que é obra dele e cria a comunhão com Ele. Esta fórmula trinitária, a mais perfeita e completa de todas as que encontramos no NT, foi incluída na liturgia da Missa como saudação inicial. Ver outras fórmulas em Rm 15,16.30; 1Cor 12,4ss; Gl 4,6.

CARTA AOS GÁLATAS

Os gálatas são provavelmente os descendentes de três tribos gaulesas que, no século III a.C., se estabeleceram na Ásia Menor, entre a Capadócia e o Ponto. Os Atos dos Apóstolos referem, sem maiores detalhes, que Paulo evangelizou a Galácia – região situada em torno da atual capital turca, Ancara – na segunda e na terceira viagens missionárias (At 16,6 e 18,25).

Sabemos que as Igrejas gálatas eram formadas sobretudo de convertidos do paganismo (Gl 4,8; 5,2; 6,12s). O que faz Paulo escrever aos gálatas é uma crise local, provocada por judaizantes, que pregavam a necessidade da observância da lei mosaica. Diziam que, para ser cristão, o pagão convertido precisava primeiro fazer-se judeu. Esse tipo de problema já nos é conhecido no livro dos Atos dos Apóstolos; foi, aliás, uma questão central na assembleia ou concílio de Jerusalém, em que a opinião de Paulo, em favor da liberdade cristã, fora vitoriosa.

Depois de ter convencido os gálatas com sua pregação, Paulo agora, indignado, os vê cedendo a essa doutrina, que de novo os reduz à escravidão e torna inútil a libertação obtida por Cristo (Gl 5,1-2).

Esta carta, ele a deve ter escrito de Éfeso, no ano 54, antes de escrever a carta aos Romanos, que retoma, com mais tranquilidade e reflexão, os temas abordados com veemência na carta aos Gálatas.

Paulo descreve como recebeu de Cristo Ressuscitado a vocação de pregar o Evangelho aos pagãos; explica a gratuidade da salvação e mostra que seu Evangelho se resume na salvação pela fé no Cristo Crucificado. Em seguida mostra com provas tiradas da Bíblia, que a salvação vem pela fé e não pelas obras da lei; e também exorta seus leitores a não voltarem à escravidão. Finalmente ensina como se deve viver na liberdade cristã, seguindo os desejos do Espírito e não os da carne.

Esta carta tem valor permanente como afirmação clara e firme da liberdade do cristão e da universalidade da Igreja.

I. A DOUTRINA DE PAULO É A MESMA DOS APÓSTOLOS (1,1–2,14)

1 **Saudação.** [1]Paulo, apóstolo, não
da parte dos homens,* nem por
meio de um homem, mas por meio
de Jesus Cristo e de Deus Pai† que o
ressuscitou dos mortos, [2]e todos os ir-
mãos que estão comigo, às Igrejas da
Galácia. [3]Graça a vós e paz, da parte
de Deus nosso Pai e do Senhor Jesus
Cristo, [4]que se entregou por nossos
pecados,* a fim de nos livrar do pre-
sente mundo mau†, segundo a vontade
de Deus, nosso Pai, [5]a quem seja dada
glória nos séculos dos séculos! Amém.
Só existe um Evangelho. [6]Estou ad-
mirado por terdes abandonado tão
depressa Aquele que vos chamou
pela graça de Cristo e terdes passa-
do a outro Evangelho. [7]Não que haja
outro Evangelho, mas há pessoas que
vos perturbam e querem subverter o
Evangelho de Cristo. [8]Mas se alguém
– nós mesmos ou um anjo* do céu –
vos anunciar um evangelho diferente
daquele que vos anunciamos, seja aná-
tema!† [9]Como já dissemos, agora volto
a repetir: se alguém vos anunciar um
evangelho diferente daquele que rece-
bestes, seja anátema! [10]Pois é talvez o
favor dos homens que busco ou, antes,
o de Deus? Por acaso procuro agradar
aos homens? Se ainda agradasse aos
homens, eu não seria servo de Cristo†.

---

* **1**,1. 1,11s | 4. 1Tm 2,6; 1Jo 5,19 | 8. 2Cor 11,4

† **1**,1. Paulo afirma sua condição de apóstolo: apesar de não ser do número dos Doze; foi escolhido diretamente por Jesus Ressuscitado, que lhe apareceu no caminho de Damasco, At 9,4s. Seus adversários negavam esta sua condição. | 4. O mal ainda reina no mundo, por isso Paulo o considera mau. | 8. Seja excluído da comunidade, Dt 7,26; 1Cor 5,5. | 10. Os adversários de Paulo o acusavam de mitigar o Evangelho, eliminando as práticas da lei, para conquistar a simpatia dos ouvintes.

A vocação de Paulo. [11]Meus irmãos, eu vos declaro* que o Evangelho que anunciei não segue o modelo humano†, [12]pois eu o recebi e aprendi não de algum homem, mas por revelação* de Jesus Cristo. [13]Certamente ouvistes falar de minha antiga conduta no judaísmo, como eu perseguia ao máximo a Igreja de Deus e a devastava, [14]superando no judaísmo a maior parte dos compatriotas de minha idade, e me distinguia no zelo pelas tradições de meus pais.

[15]Quando, porém, aquele que me separou* desde o seio materno e me chamou† por sua graça [16]dignou-se revelar em mim seu Filho, para que eu o proclamasse entre os pagãos, não consultei a ninguém†, [17]nem subi a Jerusalém para me encontrar com os que eram apóstolos antes de mim, mas fui imediatamente para a Arábia e voltei de novo a Damasco. [18]Em seguida, após três anos, subi a Jerusalém* para visitar Cefas† e fiquei com ele quinze dias. [19]Não vi nenhum outro apóstolo,* mas somente Tiago,† o irmão do Senhor; [20]e quando vos escrevo isto, dou testemunho diante de Deus de que não estou mentindo. [21]A seguir, fui às regiões da Síria e da Cilícia. [22]Mas pessoalmente eu não era conhecido* das igrejas da Judeia que estão em Cristo; [23]lá só se ouvia dizer que o perseguidor de outrora estava agora anunciando a fé que antes queria destruir: [24]e davam glória a Deus por minha causa.

2 **Aprovação dos apóstolos.** [1]Depois, passados quatorze anos,* subi de novo a Jerusalém com Barnabé e Tito que tomei comigo†. [2]Subi em consequência de uma revelação e lhes expus o Evangelho que prego entre os pagãos, mas em particular às pessoas importantes, para não correr ou ter corrido em vão. [3]Pois bem; do próprio Tito,* meu companheiro, que era grego, não se exigiu a circuncisão. [4]Tudo isso por causa dos intrusos, desses falsos irmãos que se infiltraram para espionar a liberdade que temos em Cristo Jesus, a fim de nos escravizar, [5]pessoas às quais recusamos ceder, sequer por um momento, por deferência, a fim de salvaguardar para vós a verdade do Evangelho. [6]E da parte daqueles considerados importantes* – pouco me importa o que então podiam ser: Deus não faz acepção de pessoas –, a mim, em todo caso, os importantes não acrescentaram* nada; [7]ao contrário, vendo que a evangelização dos incircuncisos me estava confiada, como a Pedro a dos circuncisos – [8]pois Aquele que tinha agido em Pedro* para fazer dele um apóstolo dos circuncisos tinha agido igualmente em mim em favor dos pagãos – [9]e reconhecendo a graça que me fora concedida, Tiago, Cefas e João, considerados como as colunas, estenderam a mão direita a mim e a Barnabé em sinal de comunhão, para que fôssemos aos pagãos, e eles aos circuncisos; [10]só nos recomendaram que nos lembrássemos dos pobres,* justamente o que tenho procurado fazer com solicitude.

A discussão com Pedro. [11]Mas quando Cefas veio a Antioquia, eu lhe resisti frontalmente a ele, porque ele se tornara digno de censura. [12]Com efeito,* antes da chegada de certas pessoas do círculo de Tiago, ele tomava refei-

---

* **1**,11. 1,1 | 12. At 8,3; 22,4s; 26,9ss | 15. Jr 1,5; Is 49,1 | 18. At 9,26; 11,30; Mt 13,55 | 19. Mt 6,3 | 22. At 9,30 **2**,1. At 15,2 | 3. At 15,1.24 | 6. Rm 2,11; Dt 10,17 / At 9,15; 22,21 | 8. Jo 1,42 | 10. At 11,29s | 12. At 11,3

† **1**,11. O Evangelho que Paulo anuncia não é de origem humana, pois o recebeu do próprio Jesus; e foi confirmado pelos apóstolos, inclusive pelo chefe deles, Pedro. | 15. Paulo descreve sua vocação em termos semelhantes aos do Segundo Isaías, Is 40,1 e aos de Jeremias, Jr 1,5. | 16. Lit. "carne e sangue". | 18. Cefas é Simão Pedro, nome dado a ele por Jesus, Jo 1,42. Paulo acha importante consultar Pedro, chefe da Igreja. | 19. Esse Tiago, chefe da Igreja de Jerusalém, At 12,17; 15,13; 21,18, provavelmente não é um dos doze apóstolos. | **2**,1. O fato narrado aqui encontra-se também em At 15,5-29: é o Concílio de Jerusalém, que aceitou a opinião de Paulo de não obrigar os convertidos do paganismo a praticar a lei de Moisés. | 13. Pedro era inconsequente, pois já havia abandonado as práticas da lei mosaica, At 11,3, mas voltou a observá-las para não escandalizar os judeus; seu exemplo era perigoso, por causa da autoridade que tinha.

ção com os pagãos; mas, depois da chegada dessas pessoas, ele começou a evitá-los e a se manter afastado, por medo dos circuncisos. [13]E os outros judeus o imitaram em sua dissimulação, a ponto de arrastar o próprio Barnabé a dissimular com eles†. [14]Ora, quando vi que eles não estavam procedendo retamente segundo a verdade do Evangelho, eu disse a Cefas na frente de todos: "Se tu, que és judeu, vives como os pagãos, e não à maneira judaica, como podes obrigar os pagãos a se judaizar?"

II. A JUSTIFICAÇÃO SE OBTÉM PELA FÉ (2,15–4,31)

Pela lei não se alcança a justiça. [15]Quanto a nós, somos judeus de nascimento e não pecadores pagãos†; [16]e no entanto sabemos que o homem não é justificado* pelas obras da lei, mas só pela fé em Jesus Cristo. Por isso abraçamos a fé em Jesus Cristo para sermos justificados pela fé em Cristo e não pelas obras da lei†. Pois pelas obras da lei ninguém será justificado. [17]Ora, se buscando nossa justificação em Cristo, acabamos sendo pecadores como os outros, será que Cristo está a serviço do pecado?† Claro que não! [18]Pois reerguendo o que eu tinha derrubado, convenço a mim mesmo de transgressão†. [19]De fato, pela lei morri para a lei,* a fim de viver para Deus. Estou crucificado com Cristo, [20]e já não sou eu que vivo: é Cristo que vive* em mim†. Esta minha vida humana, eu a vivo na fé do Filho de Deus, que me amou e se entregou por mim. [21]Não torno inútil a graça de Deus; pois, se é pela lei que se alcança a justiça, Cristo morreu em vão.

3 [1]Ó gálatas sem inteligência!* Quem vos seduziu a vós, diante de cujos olhos foi representado ao vivo Jesus Cristo na cruz! [2]Só isto quero saber de vós: foi pelas obras da lei que recebestes o Espírito, ou por terdes acreditado na pregação? [3]Sois a tal ponto sem inteligência que, depois de terdes começado pelo Espírito, agora chegais ao fim pela carne?† [4]Foi em vão que enfrentastes tantos sofrimentos? Seria realmente em vão. [5]Aquele, pois, que vos dá o Espírito sem medida e opera entre vós milagres, ele o faz graças às obras da lei ou porque acreditastes na pregação?

O testemunho da Escritura: a fé e a lei†. [6]Foi assim que "Abraão creu em Deus, e isso lhe foi computado como justiça". [7]Compreendei isto: os que vivem da fé* são esses os filhos de Abraão. [8]E a Escritura, prevendo que Deus justificaria os pagãos pela fé, preanunciou a Abraão esta boa nova: "Em ti serão abençoadas* todas as nações". [9]Assim, os que vivem da fé são abençoados com Abraão, o homem da fé.

[10]Com efeito, todos os que vivem das obras da lei incorrem numa maldição, pois está escrito: "Maldito seja quem não é fiel a todos os preceitos escritos no livro da lei para os praticar"†. [11]É evidente que a lei não pode justificar ninguém diante de Deus,* pois "o justo viverá pela fé". [12]Ora, a lei não procede

* **2**,16. At 15,10s; Rm 3,20.28; 4,5; 11,6; Sl 143,2; Ef 2,8 | 19. Rm 6,10; 7,6 | 20. Jo 13,1; 17,23; 1Jo 3,16; Ap 1,5 | **3**,1. Gn 15,6; Rm 4,3 | 7. Gn 15,6; 18,18; At 3,25 | 8. Gn 12,3; Rm 4,16; Dt 27,26 | 11. Tg 2,10; Hab 2,4; Rm 1,17 | 12. Lv 18,5

† **2**,15. Para os judeus, todo pagão é pecador, é impuro. Mas Paulo ensina que todos, judeus ou pagãos, são pecadores, Rm 3,9, e precisam da fé para chegar à salvação, Rm 11,32. | 16. É pela redenção realizada por Cristo que passamos ao estado de justiça e santidade, por meio de uma transformação interior que elimina o pecado. | 17. Se a lei mosaica tivesse valor, abandoná-la para aderir a Cristo seria cair em pecado. | 18. Se Paulo restaurasse a lei, tornar-se-ia "transgressor" do novo mandamento que ordena viver para Deus. | 20. Cristo ressuscitado vive no coração de seus fiéis. A vida deles é atraída por Cristo ao seio da vida divina, Cl 3,1-3, a fim de que não vivam mais para si mesmos, mas para Cristo, 2Cor 5,15. | **3**,3. Paulo refere-se à circuncisão, que os pregadores judeus consideravam necessária para a salvação. | 6. Paulo vai mostrar que só os que têm fé em Cristo são verdadeiros descendentes de Abraão e beneficiários das promessas que Deus lhe fez. | 10. Paulo afirma claramente que os judeus não eram fiéis a todas as prescrições da lei mosaica, At 15,10.

da fé; ao contrário* diz que "quem pra-
ticar esses preceitos viverá por eles".
[13]O Cristo nos resgatou da maldição
da lei, fazendo-se ele próprio maldição
por nós, porque está escrito: "Maldito
seja aquele que pende* do madeiro",
[14]a fim de que em Cristo Jesus a bên-
ção de Abraão passasse aos pagãos e
nós recebêssemos pela fé a promessa
do Espírito.

A lei e as promessas. [15]Irmãos, vamos
partir do plano humano: um testamen-
to, devidamente ratificado, que, no
entanto, não é mais que um documen-
to humano, não se anula nem recebe
modificações. [16]Ora, foi a Abraão que
as promessas* foram dirigidas e a sua
descendência. A Escritura não diz: "e
aos descendentes" como se fossem
muitos; indica apenas um: "e a tua des-
cendência", isto é, Cristo. [17]Ora, eis o
que penso: um testamento já estabe-
lecido por Deus na devida forma não
pode ser invalidado pela lei, que veio
quatrocentos e trinta anos depois,*
anulando assim a promessa. [18]Pois se a
herança se obtém em virtude da lei,* já
não é em virtude da promessa: ora, foi
por uma promessa que Deus concedeu
a Abraão seu favor.

Função provisória da lei. [19]Então para
que a lei?* Foi acrescentada em vis-
ta das transgressões†, até a vinda da
descendência, à qual estava destinada
a promessa, promulgada por meio de
anjos através de um mediador. [20]Ora,
não existe mediador, quando a pessoa
é uma só e Deus é um só†. [21]Portanto,
a lei é contra as promessas de Deus?*
De modo nenhum! Com efeito, se nos
tivesse sido dada uma lei capaz de co-
municar a vida, então de fato a justiça
procederia da lei. [22]Mas a Escritura en-
cerrou tudo* debaixo do pecado†, a fim
de que a promessa, pela fé em Jesus
Cristo, fosse concedida aos que creem.

Filhos de Deus pela fé em Cristo.
[23]Todavia, antes que viesse a fé, estáva-
mos presos debaixo da guarda da lei,
à espera da fé que devia* revelar-se.
[24]Assim, a lei nos serviu de educadora†
até Cristo, para obtermos da fé nossa
justificação. [25]Mas, com a vinda da fé,
não estamos mais sob a guarda dessa
educadora. [26]Pois vós todos* sois filhos
de Deus pela fé em Cristo Jesus. [27]To-
dos os que fostes batizados em Cristo
vos revestistes de Cristo†. [28]Não exis-
te mais judeu nem grego;* não existe
mais escravo nem livre; não existe mais
homem nem mulher: porque todos vós
sois um só em Cristo Jesus. [29]E se vós
sois de Cristo, sois, então, descendên-
cia de Abraão, herdeiros segundo a
promessa.

4 **A adoção divina.** [1]Eis o que pen-
so: por todo o tempo da menori-
dade,* o herdeiro, embora proprietário
de todos os bens, em nada difere de
um escravo, [2]mas está sob a guar-
da dos tutores e curadores até a data
marcada pelo pai. [3]Também nós, quan-
do menores, estávamos sob o domínio
dos elementos do mundo†. [4]Mas quan-
do chegou a plenitude* dos tempos†,
Deus enviou seu Filho, nascido de uma
mulher, nascido sujeito à lei, [5]para res-

* **3**,13. Dt 21,23; 2Cor 5,21; Rm 8,3 | 16. Gn 12,7; 13,15; 17,7 | 17. Êx 12,40 | 18. Rm 4,14; 11,6 | 19. At 7, 38.53; Hb 2,2 | 21. Rm 7,7; 8,2ss | 22. 4,3; Rm 3,9-19; 11,32 | 23. Rm 10,4 | 26. Jo 1,12; Rm 6,3; 8,17; 13,14 | 28. Rm 9,7; 10,12; 1Cor 12,13; Cl 3,11 | **4**,1. 3,23; Cl 2,20 | 4. 3,13.26; Jo 1,14; Rm 1,3; 8,15

† **3**,19. A lei revela o pecado, provocando as transgressões e tornando o pecador mais responsável; manifesta-lhe seu estado de escravidão e o faz suspirar pela libertação. Paulo diz que a lei foi promulgada pelos anjos, conforme uma crença rabínica, At 7,38.53; Hb 2,2. Daí ele conclui que a lei tornava o hebreu escravo dos anjos, escravo dos "elementos do mundo", Gl 4,3. Ao libertar a humanidade da lei, Cristo também a liberta desta dependência, Cl 2,15. | 20. A lei é inferior às promessas da aliança, porque estas Deus as fez diretamente, e a lei Ele a deu por meio de um mediador. | 22. Toda a humanidade está dominada pelo pecado, Rm 3,19s; 11,32. | 24. Ver a nota em 1Cor 4,15. | 27. "Revestir-se" de alguém é adotar as disposições e a mentalidade dele, 2Cr 6,41; Jó 29,14; Rm 13,14. | **4**,3. Esses "elementos" são as forças cósmicas dirigidas pelas potências angélicas e os astros, que regiam a vida religiosa dos judeus, Gl 4,9; Cl 2,8. Pagãos e judeus estavam, pois, sujeitos a esses poderes, mas o cristão só depende de seu Criador, de quem se tornou filho graças a Cristo. | 4. O tempo estabelecido por Deus para conduzir a humanidade a sua plena maturidade dando início à era messiânica.

gatar os que estavam sujeitos à lei, a fim de recebermos a adoção filial. [6]E porque sois filhos, Deus enviou para nossos corações o Espírito de seu Filho, que clama: "Abbá!" Papai!† [7]Assim, já não és escravo, mas filho;* e se és filho, és também herdeiro pela vontade de Deus.

Não voltar à escravidão. [8]Outrora, porém, ignorando a Deus, servistes a deuses que na verdade não são deuses; [9]mas agora que conhecestes a Deus, ou antes, que fostes conhecidos por ele†, como é que podeis voltar para aqueles elementos fracos e miseráveis, querendo de novo ser escravos deles como antes? [10]Ficais guardando dias,* meses, estações, anos! [11]Receio que tenha sido inútil meu cansaço por vós...

Recordações pessoais. [12]Tornai-vos semelhantes a mim, pois me fiz semelhante a vós, irmãos, é o que vos peço. Em nada me ofendestes. [13]Sabeis que foi por causa de uma doença que vos anunciei o Evangelho a primeira vez [14]e, apesar da provação que era para vós esse corpo enfermo, vós não mostrastes desprezo nem desgosto, mas me acolhestes como a um anjo de Deus, como a Cristo Jesus. [15]Onde estão, pois, as felicitações que me dirigíeis? Pois eu vos dou este testemunho: se fosse possível, vós tiraríeis vossos olhos para dá-los a mim. [16]Será que me tornei vosso inimigo dizendo-vos a verdade? [17]Não é com reta intenção que eles se interessam por vós: querem separar-vos de mim, para que vos ocupeis deles. [18]É bom, porém, ser objeto de atenções bem-intencionadas em qualquer tempo, e não só quando estou perto de vós, [19]meus filhinhos,* que de novo estou dando à luz na dor, até que Cristo seja formado em vós.

[20]Quem me dera estar perto de vós neste instante para adaptar meu tom de voz, pois não sei como tratar disso convosco.

As duas alianças. [21]Dizei-me, vós que quereis submeter-vos à lei: não ouvis o que diz a lei? [22]Pois está escrito que Abraão teve dois filhos,* um da escrava e o outro da mulher livre; [23]mas o da escrava nasceu de modo natural; o da mulher livre, em virtude da promessa. [24]Existe aí um simbolismo: essas mulheres representam duas alianças; a primeira a do monte Sinai, que gera para a escravidão, é Agar, [25]pois o Sinai está na Arábia, e ela corresponde à Jerusalém atual, que de fato é escrava com seus filhos. [26]Mas a Jerusalém do alto é livre,* e é esta a nossa mãe. [27]Pois está escrito:

"Alegra-te, estéril, que não dás à luz,
solta gritos de alegria,
tu que não conheces as dores do parto;
pois mais numerosos são os filhos da abandonada
do que os filhos da mulher casada"†.

[28]Ora, vós, meus irmãos, sois filhos da promessa* à maneira de Isaac. [29]Mas como naquele tempo o filho nascido de modo natural perseguia o filho nascido de modo sobrenatural, ainda hoje é assim. [30]Mas o que diz a Escritura?* "Expulsa a escrava e seu filho, pois o filho da escrava não deve herdar com o filho da mulher livre". [31]Por isso, irmãos, não somos filhos de uma escrava, mas de uma mulher livre.

III. NORMAS DE VIDA CRISTÃ (5–6)

5 **A liberdade do cristão.** [1]Foi para ficarmos livres* que Cristo nos libertou. Continuai, portanto, firmes, e não vos deixeis prender de novo ao jugo da escravidão†. [2]Sou eu, Paulo, que vos digo: se vos fazeis circuncidar,

---

* **4**,7. 3,29; Rm 8,16s | 10. Rm 14,5; Cl 2,16 | 19. 1Cor 4,15; Hb 12,22 | 22. Gn 16,5; 21,2; Rm 9,7 | 26. Ap 21,2; Is 54,1 | 28. Gn 21,9 | 30. Gn 21,10s | **5**,1. 2,4; 5,13; Jo 8,32.36; 1Cor 16,13

† **4**,6. A oração exclusiva do Filho, Mc 14,36, torna-se oração do cristão, que é filho no Filho, Rm 8,15 | 9. "Conhecidos" tem o sentido de amados. | 27. A Igreja, que agora parece uma esposa abandonada e perseguida, será mãe de muitos filhos, porque Deus está com ela. | **5**,1. Voltar a praticar a lei mosaica seria recusar a liberdade obtida pela fé, Rm 6,15

Cristo de nada vos servirá. 3De novo
declaro a todo aquele que se faz cir-
cuncidar: ele está obrigado à observân-
cia integral da lei. 4Vós rompestes com
o Cristo, se estais procurando a justiça
na lei; decaístes da graça. 5Pois quan-
to a nós, é pelo Espírito, em virtude da
fé, que aguardamos a justiça esperada.
6De fato, em Cristo Jesus* nem circun-
cisão, nem incircuncisão valem, mas só
a fé que age pelo amor. 7Vossa corrida
ia bem; quem vos impediu de obedecer
à verdade? 8Com certeza essa suges-
tão não vem daquele que vos chama.
9Um pouco de fermento* faz a massa
inteira fermentar. 10Tenho no Senhor
confiança a vosso respeito, de que não
tereis outro sentimento; mas quem vos
perturba* sofrerá sua condenação, seja
quem for. 11Quanto a mim, se ainda
prego a circuncisão, por que sou ainda
perseguido? Então acabou o escândalo
da cruz! 12Que cheguem até a mutila-
ção os que vos perturbam!

O Espírito e a carne. 13Irmãos, fostes
chamados à liberdade,* mas não a uma
liberdade que sirva de pretexto para
viver no erro. Ao contrário, pelo amor
colocai-vos a serviço uns dos outros,
14porque toda a lei está contida numa
só palavra: "amar ao próximo* como a
si mesmo". 15Mas se vos mordeis e vos
devorais uns aos outros, cuidado para
não vos destruirdes mutuamente!

16Ora, eu vos digo: caminhai se-
gundo o Espírito* e não satisfareis os
desejos da carne. 17Pois a carne tem
desejos contrários ao Espírito, e o Es-
pírito tem desejos contrários à carne:
os dois estão em conflito, de modo
que não fazeis o que gostaríeis de fa-
zer. 18Mas se vos deixardes guiar pelo
Espírito, não estareis mais sujeitos à
lei. 19De resto, são bem conhecidas as
obras da carne:* imoralidade, impure-
za, libertinagem, 20idolatria, feitiçaria,
ódios, brigas, ciúmes, cobiça, discórdia,
divisões, 21inveja, bebedeiras, orgias e
coisas semelhantes; a respeito dessas
coisas vos previno, como já o fiz, que
quem as comete não herdará o Reino
de Deus. 22Mas o fruto do Espírito* é
amor, alegria, paz, paciência, delicade-
za, bondade, fidelidade, 23mansidão,
domínio de si: contra tais coisas não
existe lei. 24Ora, os que são de Cristo
Jesus crucificaram sua carne com suas
paixões e seus desejos†. 25Se vivemos
pelo Espírito,* caminhemos também
pelo Espírito. 26Não busquemos a van-
glória, provocando-nos uns aos outros,
invejando-nos mutuamente.

6 **Caridade e humildade.** 1Irmãos,
mesmo que alguém* seja apanha-
do em falta, vós que sois espirituais†,
corrigi-o com espírito de mansidão,
vigiando sobre ti mesmo, para não
caíres tu também na tentação. 2Carre-
gai os fardos uns dos outros, e assim
cumprireis a lei de Cristo†. 3Pois, se al-
guém julga ser alguma coisa, quando
não é nada, ele se ilude. 4Que cada um
examine sua própria conduta* e então
encontrará em si só e não nos outros
ocasião de se gloriar; 5pois cada um le-
vará seu próprio fardo.

6Que o discípulo faça participar* de
toda sorte de bens aquele que lhe en-
sina a Palavra.

7Não vos enganeis; de Deus não se
zomba. Cada um colherá o que tiver
semeado: 8quem semeia em sua carne*
colherá da carne a corrupção; quem
semeia no espírito colherá do espírito
a vida eterna. 9Não nos cansemos de
fazer o bem;* pois a seu tempo co-
lheremos, se não perdermos o ânimo.

---

* **5**,6. 6,15; 1Cor 7,19 | 9. 1Cor 5,6 | 10. 1Cor 1,23 | 13. 1Pd 2,16; 1Cor 8,9 | 14. Lv 19,18 | 16. Rm 7,15.23; 8,4; 1Pd 2,11 | 19. Rm 6,14; 8,14; 1Cor 6,9s; Ef 5,5; Ap 22,5 | 22. Ef 5,9; 2Cor 6,6; Rm 6,6; Cl 3,5 | 25. 5,16; Rm 8,14; Fl 2,3 | **6**,1. Mt 18,15; Tg 5,19; Rm 15,1 | 4. 2Cor 13,5 | 6. Rm 14,12; 1Cor 9,14 | 8. Rm 8,6; Cl 2,22 | 9. 2Ts 3,13

† **5**,24. O cristão, crucificado com Cristo mediante a fé e o Batismo, 2,19, morreu não só para a lei, mas também para sua carne, para seu "eu" com todas as suas tendências terrenas e degradantes, 6,14. **6**,1. São espirituais os que se deixam guiar pelo Espírito Santo. | 2. A lei de Cristo, ou lei da fé, Rm 3,27, ou lei do Espírito que dá a vida, Rm 8,2, é um dinamismo vital, um impulso espiritual, é o domínio do amor de Deus sobre o cristão, fazendo-o viver na solidariedade e no serviço aos outros.

10Assim, pois, enquanto temos ocasião,
façamos o bem a todos, sobretudo a
nossos irmãos na fé.

A cruz de Cristo e a nova criação.

11Vede com que letras grandes vos es-
crevo com minha própria mão. 12Aque-
les que vos impõem* a circuncisão de-
sejam sobressair na carne, com o único
fim de evitar a perseguição pela cruz de
Cristo. 13Pois nem os próprios circun-
cisos observam a lei, mas querem que
sejais circuncidados, para se gloriarem
em vossa carne. 14Eu porém não quero
saber* de gloriar-me, a não ser da cruz
de nosso Senhor Jesus Cristo, pela qual
o mundo está crucificado para mim* e
eu para o mundo. 15Circuncisão ou in-
circuncisão de nada valem, mas o que
importa é a nova criatura. 16Paz e mise-
ricórdia para todos os que seguem esta
norma e para o Israel de Deus†.
17De agora em diante,* que ninguém
mais me importune, pois eu trago em
meu corpo as cicatrizes de Jesus†. 18Ir-
mãos, a graça de nosso Senhor Jesus
Cristo esteja convosco. Amém.

---

* **6**,12. 5,11; Fl 3,18 | 14. 1Cor 1,31; 2,2; 7,1 / 2Cor 5,17 | 17. 2Cor 4,10; Sl 125,5; 128,6

† **6**,16. Os israelitas que acreditavam em Jesus e que, junto com os pagãos convertidos, formam o novo povo de Deus. | 17. Marcas deixadas em seu corpo pelas torturas sofridas em seu serviço a Jesus. Paulo as compara com as tatuagens que significavam "a pertença dum escravo a seu senhor, dum soldado a seu exército, dum devoto a seu deus" (Lagrange).

CARTA AOS EFÉSIOS

Éfeso, capital da província romana da Ásia Menor, foi evangelizada por Paulo em sua segunda e terceira viagens missionárias. Na terceira viagem, Paulo lá esteve por dois anos. Os capítulos 18 e 19 dos Atos dos Apóstolos nos contam diversos episódios desta movimentada missão.

Ao escrever a esta comunidade, Paulo está preso (Ef 3,1; 4,1; 6,20), provavelmente em Roma, entre os anos 61 e 63. Assim, junto com as cartas aos Colossenses, aos Filipenses e a Filêmon, compõe o grupo das cartas do Cativeiro.

A carta aos Efésios é semelhante à carta aos Colossenses por seu tema e estilo. Sua ideia fundamental é a universalidade da Igreja e sua união mística com o Senhor. Pagãos e judeus, convertidos uns e outros ao cristianismo, formam com igualdade de direitos um só Corpo, do qual Jesus Cristo é a Cabeça. Portanto, o Apóstolo faz um apelo à unidade, para que todos juntos vivam essa vida nova em Cristo. Cristo e a Igreja são os principais temas da carta, os dois polos nos quais giram todas as outras explicitações. É esse também o conteúdo da carta aos Colossenses, mas há uma mudança de tom: pessoal e polêmico na carta aos Colossenses, calmo e sóbrio na carta aos Efésios. A relação entre as duas é a mesma que há entre as cartas aos Gálatas e aos Romanos. Assim se explica que esta carta, em comparação com a dos Colossenses (que é mais antiga), contenha várias ideias novas. A visão que Paulo oferece na carta aos Efésios sobre Cristo e a Igreja – que constitui seu prolongamento no tempo e no espaço – é sem dúvida a síntese mais acabada do pensamento teológico de Paulo. Tudo isso para Paulo é "mistério" (1,9; 3,3; 6,19), expressão que designa o plano de salvação, concebido desde toda a eternidade, mas revelado somente agora, no Evangelho, onde aparece Cristo, para o qual tudo converge, "Corpo Místico" do qual participam judeus e gentios e que estende seu influxo redentor ao universo inteiro.

Podemos dividir esta carta em duas partes: na primeira (1–3), de cunho doutrinal, Paulo explica o que é o mistério cristão: o mistério nos desígnios eternos de Deus (1,3-14), realizado na Igreja (1,15–2,22), anunciado por Paulo (3,1-21). Na segunda parte (4–6), Paulo tira as consequências de tudo isso para a vida moral do cristão: unidade e pluralidade (4,1-16), pureza de vida (4,17–5,20), a família cristã (5,21–6,9), a armadura espiritual (6,10-20).

I. O MISTÉRIO DE DEUS E DE CRISTO (1–3)

1 **Saudação.** 1Paulo, apóstolo do Cristo Jesus* pela vontade de Deus, aos santos e fiéis em Cristo Jesus.
2A vós, graça e paz da parte de Deus nosso Pai e do Senhor Jesus Cristo!
Hino de louvor pela salvação†. 3Bendito seja o Deus e Pai de nosso Senhor Jesus Cristo,*
que nos abençoou com toda a sorte de bênçãos espirituais,
nos céus, em Cristo.
4Nele nos escolheu antes de criar o mundo,*
para sermos santos e imaculados diante dele no amor,
5predestinando-nos a sermos seus filhos adotivos,
por Jesus Cristo,
conforme a decisão de sua vontade,
6para louvor e glória de sua graça,
com a qual nos enriqueceu em seu querido Filho.
7Nele temos a redenção, por meio de seu sangue,*
a remissão dos pecados,
8segundo a riqueza de sua graça,
pela qual Deus nos enriqueceu de toda sabedoria e inteligência,
9fazendo-nos conhecer o mistério de sua vontade,*

---

* **1**,1. Rm 1,7; 1Cor 1,1 | 3. 2,6; 2Cor 1,3 | 4. 5,27; Jo 15,16; 2Ts 2,13; 1Jo 3,1 | 7. 2,7; 3,16; Cl 1,9.13s.20; Rm 3,25 | 9. Rm 16,29

† **1**,3. Solene hino de ação de graças pelo mistério da salvação na eternidade de Deus e em sua realização na história humana por Cristo.

o plano benigno que ele, com antecedência, concebera em Cristo,
[10]para realizá-lo na plenitude dos tempos:*
reunir todas as coisas,
– as que estão no céu e as que estão na terra –
sob uma só cabeça, o Cristo†.
[11]Foi nele que também fomos feitos herdeiros,
tendo sido predestinados
conforme o plano daquele que tudo realiza segundo sua vontade,
[12]para servirmos a seu louvor e glória,
nós, que já antes esperávamos em Cristo.
[13]Nele também vós,
depois que ouvistes a Palavra da verdade,
o Evangelho da salvação,
e nele crestes,
fostes marcados* com o sinal do Espírito Santo prometido†,
[14]que é a garantia de nossa herança,
visando à completa redenção daqueles que Deus adquiriu para si
em louvor de sua glória.

Cristo, cabeça da Igreja. [15]É por isso que eu próprio,* tendo ouvido falar de vossa fé no Senhor Jesus e de vosso amor por todos os irmãos, [16]não cesso de dar graças por vós e de recordar-vos em minhas orações, [17]para que o Deus de nosso Senhor Jesus Cristo, o Pai glorioso,* vos dê um saber e uma revelação interior com profundo conhecimento dele. [18]Possa ele iluminar os olhos* de vossas mentes, para que compreendais a qual esperança sois chamados, qual tesouro é a gloriosa herança† destinada a seus santos† [19]e quão extraordinário é seu poder em favor de nós que cremos, conforme a eficácia de sua poderosa força [20]que ele manifestou em Cristo, quando o ressuscitou dos mortos* e o fez sentar-se a sua direita no céu, [21]acima de toda soberania e autoridade, de todo poder e dominação e de todo outro nome que possa existir, não só neste tempo, mas também no futuro. [22]Sim, submeteu tudo aos pés de Cristo* e o constituiu, acima de tudo, cabeça da Igreja, [23]que é seu Corpo e a realização total de Cristo†, o qual vai se completando totalmente em todos.

2 **A gratuidade da salvação.** [1]Também vós estáveis mortos* em virtude de vossas faltas e pecados [2]nos quais outrora vivestes à maneira deste mundo, seguindo o príncipe* do império do ar†, este espírito que prossegue sua obra naqueles que são incrédulos. [3]Entre eles estávamos também nós todos, vivendo segundo os desejos de nossa carne, seguindo os caprichos da carne e os maus desejos, de tal forma que por natureza estávamos destinados à ira como os outros. [4]Mas Deus, que é rico em misericórdia, movido pelo grande amor* com que nos amou, [5]quando estávamos mortos por causa de nossos pecados, nos fez reviver com Cristo. É por graça que fostes salvos! [6]Com ele nos ressuscitou e com ele nos fez sentar nos céus, em Cristo Jesus†. [7]Quis assim mostrar, nos séculos futuros, a extraordinária

---

* **1**,10. 3,9ss; Gl 4,4; Cl 1,5.16; Rm 8,28; 1Tm 2,4 | 13. 2Cor 1,22; 5,5 | 15. Cl 1,4.9; Fm 4s; 1Ts 1,2; Rm 1,9 | 17. Cl 1,9-12 | 18. Ef 4,4 | 20. Cl 1,16; 2,10.12; 2Cor 13,4; Sl 110,1; Mt 22,44 | 22. 4,10.15; Sl 8,6; Cl 1,18s; 1Cor 12,27; 15,24-28 | **2**,1. 2,5; 5,6; 6,12; Cl 2,13; 3,7; Tt 3,3; Jo 12,31 | 2. Cl 3,6; Jo 3,36 | 4. 1,7; 2,1; Cl 2,13; Rm 6,13; 8,10.30; At 15,11; Fl 3,20s

† **1**,10. Cristo regenera e reagrupa o mundo inteiro debaixo de sua autoridade para reconduzir todos a Deus. "A Igreja crê que a chave, o centro e o fim de toda a história humana se encontram em seu Senhor e Mestre" (Vat. II). | 13. O dom do Espírito é o coroamento da obra de salvação, 2Cor 1,22. | 18. Esta herança é o conjunto dos bens que Deus promete e concede aos homens na salvação. / "Santos" é um termo comum para designar os cristãos, mas aqui poderia significar os anjos, a comunidade do céu, como também em Cl 1,12. | 23. Lit. "a plenitude de Cristo", porque "abrange de certa forma todo o mundo novo, que participa da regeneração universal. A Igreja é Corpo de Cristo porque contém em si toda a humanidade salva, que adere a Cristo como sua Cabeça" (P. Benoît). | **2**,2. Conforme uma tradição judaica, os ares são a morada dos espíritos malignos, liderados por Satanás, 6,12. | 6. Nos céus, onde já está a Cabeça, é natural que estejam também os membros.

riqueza de sua graça, manifestada em
sua bondade para conosco, em Cristo
Jesus. [8]Foi por essa graça que fostes
salvos,* por meio da fé. E isso não vem
de vós, é dom de Deus; [9]nem vem das
obras, para que ninguém possa glo-
riar-se. [10]Com efeito, nós somos obra
sua, pois fomos criados em Cristo Je-
sus em vista das boas obras que Deus
preparou,* já antes, para serem por
nós praticadas.

Gentios e judeus unidos em Cristo.
[11]Lembrai-vos, pois, de que outrora
vós, os pagãos de nascimento, chama-
dos incircuncisos por aqueles que se
chamam circuncisos, por causa de uma
operação feita na carne, [12]lembrai-vos
de que naquele tempo* estáveis sem
Cristo, sem direito de cidadania em Is-
rael, estranhos às alianças da promes-
sa, sem esperança e sem Deus neste
mundo. [13]Mas agora, em Cristo Jesus,
vós, que outrora estáveis longe, fostes
trazidos para perto, graças ao sangue
de Cristo. [14]Pois ele é nossa paz†: dos
dois povos* ele fez um só povo† derru-
bando por meio de sua carne o muro
de ódio que havia entre eles, [15]abolin-
do a lei com seus preceitos e decretos,
para criar em si mesmo, dos dois, um
só homem novo†, fazendo as pazes, [16]e
para reconciliá-los* com Deus num só
corpo por meio da cruz, destruindo em
si mesmo a inimizade. [17]Ele veio anun-
ciar a boa nova da paz a vós que está-
veis longe e paz àqueles que estavam
próximos†. [18]Por meio dele nós pode-
mos, uns e outros, aproximar-nos do
Pai, num só Espírito.
[19]Assim, pois, vós já não sois estran-
geiros* nem hóspedes, mas sois conci-
dadãos dos santos e membros da fa-
mília de Deus, [20]edificados sobre o fun-
damento dos apóstolos e dos profetas,
e tendo como pedra angular o próprio
Cristo Jesus. [21]Nele, toda construção*
cresce bem ordenada para ser templo
santo no Senhor; [22]nele, vós também
sois integrados na construção, para vos
tornardes morada de Deus no Espírito.

3 **Paulo, anunciador do mistério
de Cristo.** [1]É por isso que eu, Pau-
lo, prisioneiro de Cristo Jesus,* por vós,
os pagãos... [2]Com certeza ouvistes falar
do ministério* da graça de Deus, a mim
confiado em benefício vosso: [3]como
por revelação me foi dado conhecer o
mistério† do qual já vos falei brevemen-
te acima. [4]Lendo o que escrevi, podeis
perceber a compreensão que tenho do
mistério de Cristo. [5]Este mistério não
foi manifestado aos homens dos tem-
pos passados, como foi agora revelado
a seus santos apóstolos e profetas, no
Espírito. [6]Este mistério é que os pagãos
são chamados, em Cristo Jesus, a par-
ticipar da mesma herança,* a formar o
mesmo corpo e a participar da mesma
promessa por meio do Evangelho†, [7]do
qual fui feito ministro* pelo dom da
graça que Deus me confiou, mostrando
em mim seu poder.
[8]A mim, o menor de todos os santos†,
foi confiada a graça de anunciar aos pa-
gãos as insondáveis riquezas de Cristo,
[9]de esclarecer a todos como se realiza o
mistério escondido* desde séculos em

---

* **2**,8. Gl 2,16 | 10. Jo 4,10; Rm 3,28; 1Cor 1,29; Tt 2,14 | 12. 5,8; Rm 9,4; 1Ts 4,13; Is 57,19; Cl 1,20 | 14. Cl 2,14s; Is 9,6 | 16. Cl 1,20ss; Is 57,19; Zc 9,10 | 19. 3,6.12; Is 28,16; Mt 16,18 | 21. 1Cor 3,11; Cl 2,19; 1Pd 2,5s | **3**,1. 4,1 | 2. 1,9; Fl 1,7.13; Cl 1,24s; 1Cor 4,1 | 6. 2,13.18; Cl 1,26 | 7. Cl 1,25ss.29; 1Cor 15,9s; Gl 1,16; Rm 16,25 | 9. 1Pd 1,12; Rm 11,33

† **2**,14. Para S. Agostinho a paz é a tranquilidade da ordem, é fruto da justiça (Is 32,17), efeito da caridade. A paz terrestre é imagem e fruto da paz de Cristo, o Príncipe da paz messiânica (Is 9,5). Pelo sangue de sua cruz ele matou a inimizade na própria carne (Ef 2,16), reconciliou os homens com Deus e fez de sua Igreja o sacramento da unidade do gênero humano e de sua união com Deus. Ele é nossa paz (Ef 2,14). / Os dois povos, antes separados e agora reunidos, são os judeus e os pagãos. O muro que os separava era a lei mosaica. | 15. O homem novo é o modelo da nova humanidade que Deus recriou na pessoa de Cristo Ressuscitado. | 17. Por meio de Cristo, tanto os gentios (os de longe) como os judeus (os próximos) são reconciliados com Deus. | **3**,3. O "mistério" é o plano divino de reunir numa só Igreja judeus e pagãos, v. 6. | 6. Derrubado o muro de separação com que o povo eleito era protegido para se manter afastado da idolatria, agora todos os povos são chamados a receber os benefícios da Redenção de Cristo. | 8. Provavelmente, os apóstolos.

Deus, o criador do universo. [10]E assim, agora, manifesta-se, através da Igreja, às soberanias e autoridades celestes a multiforme sabedoria de Deus, [11]de acordo com o desígnio eterno realizado em Cristo Jesus, nosso Senhor, [12]o qual nos dá a coragem* de aproximar-nos de Deus com plena confiança, pela fé nele. [13]Assim, pois, eu vos peço que não vos deixeis abater pelas provações que suporto por vós, pois elas são vossa glória!

Oração de Paulo. [14]Por isso, dobro os joelhos diante do Pai, [15]do qual toma o nome toda paternidade nos céus e na terra, [16]para que vos conceda, segundo a riqueza de sua glória,* que sejais robustecidos poderosamente por seu Espírito, no homem interior†. [17]Que Cristo habite pela fé em vossos corações e, assim, enraizados e consolidados no amor, [18]possais compreender com todos os santos qual a largura, o comprimento, a altura e a profundidade†, [19]e conhecer o amor de Cristo, que supera todo conhecimento,* para serdes repletos de toda a plenitude de Deus. [20]Àquele, que em tudo tem poder* de fazer muito mais do que possamos pedir ou pensar, segundo o poder já ativo em nós, [21]a ele a glória na Igreja e em Cristo Jesus, por todas as gerações nos séculos dos séculos! Amém.

II. EXORTAÇÕES PARA VIVER A FÉ CRISTÃ (4–6)

4 **Viver na unidade**†. [1]Eu, que estou preso por causa do Senhor,* exorto-vos a viver de maneira digna da vocação à qual fostes chamados; [2]em toda humildade, mansidão e paciência, suportando-vos uns aos outros com amor, [3]esforçando-vos para conservar a unidade do Espírito por meio da paz que vos une. [4]Há um só Corpo* e um só Espírito, como também há uma só esperança à qual fostes chamados, a de vossa vocação. [5]Há um só Senhor, uma só fé, um só batismo; [6]há um só Deus e Pai de todos,* que está acima de todos, que age por meio de todos e em todos está presente. [7]No entanto, cada um de nós recebeu a graça* segundo a medida do dom de Cristo. [8]Por isso está escrito: "Subindo às alturas ele conduziu cativos, concedeu dons aos homens"†.

[9]Que quer dizer "ele subiu", senão que ele também desceu às regiões inferiores da terra?† [10]Aquele que desceu é o mesmo que também subiu acima de todos os céus a fim de completar todas as coisas. [11]Foi ele também que concedeu a uns ser apóstolos,* a outros ser profetas, ou ainda evangelistas, ou pastores, ou mestres, [12]para capacitar os irmãos para a obra do ministério, em vista da construção do Corpo de Cristo, [13]até chegarmos todos à unidade da fé† e do conhecimento do Filho de Deus, ao estado de homem perfeito†, até atingirmos a medida da plenitude de Cristo.*

[14]Assim, não seremos mais crianças† que se deixam arrastar pelas ondas e carregar por todo vento de doutrina, à mercê da impostura dos homens e de sua astúcia para induzir a erro. [15]Ao contrário, vivendo segundo a verdade na caridade, cresceremos de toda maneira em direção Àquele que é a Cabeça,* o Cristo, [16]do qual todo o Corpo recebe coordenação e coesão, por meio de toda

* **3**,12. Rm 5,2; Hb 4,16; Cl 1,24; 2Ts 2,10 | 16. Cl 1,11; 2,7; 1Pd 3,4; Jo 14,23 | 19. Cl 1,29; 2,2s | 20. 1,19; Rm 16,25ss | **4**,1. 3,1; Cl 1,10; 3,12-15 | 4. 2,16.18; Rm 12,5 | 6. Jo 10,16; 1Cor 12,6 | 7. Rm 12,3.6; 1Cor 12,11; Sl 68,19; Jo 3,13 | 11. 1Cor 12,28; Cl 1,28; 1Pd 2,5 | 13. 1Cor 14,20; Hb 13,9 | 15. 1,10.22; Cl 1,18; 2,10.19

† **3**,16. É o homem livre do domínio das paixões, que vive dos apelos do Evangelho de Cristo. | 18. Modo popular de indicar a totalidade, a imensidão do mistério e do amor de Cristo. | **4**. Visto que a comunhão entre os homens está enraizada na união com Deus, a Igreja é também o sacramento da unidade do gênero humano. Nela esta unidade já começou, pois ela congrega gente de toda nação, raça, povo e língua, Ap 7,9. | 8. Refere-se à ascensão de Cristo e ao dom do Espírito Santo que ele enviou aos seus. | 9. Cristo, que tinha descido à terra pela Encarnação, desceu até ao lugar dos mortos, imaginado como subterrâneo, 1Pd 3,19. | 13. Os carismas são diversos, manifestando as riquezas do Espírito Santo, mas devem servir à unidade da Igreja. / Homem perfeito é o cristão em sua plena maturidade. Jesus vai formando-se em nós gradualmente, Gl 4,19, e também vai completando-se em sua Igreja, 1,23. | 14. Imaturos espiritual e intelectualmente.

espécie de articulações que o alimentam
e acionam, segundo a energia de cada
parte, realizando assim seu crescimento
para a edificação de si mesmo no amor†.
A santidade cristã. 17Eu vos suplico e
vos exorto no Senhor* a não vos com-
portardes mais como os pagãos, que ca-
minham na vaidade de seus pensamen-
tos 18e têm seu entendimento imerso
em trevas: tornaram-se estranhos à vida
de Deus por causa da ignorância que
acarretou neles o endurecimento do
coração 19e, embotado seu senso moral,
caíram na devassidão a ponto de se en-
tregarem a uma impureza desenfreada.
20Mas vós, não foi assim que aprendes-
tes a conhecer a Cristo, 21se é que lhe
destes ouvidos e nele fostes instruídos,
segundo a verdade que está em Jesus,
22para abandonardes vosso modo an-
terior de viver* e despojar-vos daquilo
que é caduco† e vai corrompendo-se
pelos desejos enganadores, 23para vos
renovardes por uma transformação es-
piritual de seu entendimento 24e vos
revestirdes do novo ser, que foi criado
à imagem de Deus, na justiça e na santi-
dade verdadeiras.
Viver como filhos da luz. 25Por isso,
eliminando a mentira,* cada um diga a
verdade a seu próximo, porque somos
membros uns dos outros. 26Na ira não
pequeis: que o sol não se ponha sobre
vossa ira 27e não deis chance ao diabo.
28Aquele que roubava* não roube mais;
antes, trabalhe, fazendo o bem com suas
mãos, para ter como socorrer os neces-
sitados. 29De vossa boca não deve sair
nenhuma palavra má; ao contrário, dizei
alguma boa palavra, capaz de edificar
quando necessário e de fazer bem aos
que a ouvem. 30Não entristeçais o Espíri-
to Santo* de Deus†, com o qual fostes as-
sinalados para o dia da redenção†. 31Ex-
pulsai de vossas vidas toda amargura,
ira e indignação, clamor e maledicência,
bem como toda malícia. 32Ao contrário,
sede bondosos* e compassivos uns com
os outros, sabendo perdoar uns aos ou-
tros como Deus vos perdoou em Cristo.

5 **A vida nova em Cristo.** 1Sede imi-
tadores de Deus* como filhos que-
ridos 2e vivei no amor, como também
Cristo vos amou e se entregou por nós,
oferecendo-se a Deus em sacrifício de
suave perfume. 3Quanto à imoralidade
e toda espécie de impureza,* ou tam-
bém a ambição, que nem se fale disso
entre vós, como convém a um povo
santo. 4Assim também as grosserias,
ditos picantes ou maliciosos: tudo isso
não convém; fazei ouvir, antes, ações de
graças. 5Pois ficai sabendo que nenhum
impuro ou impudico, ou ambicioso –
que é um idólatra – terá parte no Reino
de Cristo e de Deus. 6Que ninguém vos
engane* com vãos raciocínios: são justa-
mente estas coisas que atraem a cólera
de Deus sobre os que lhe resistem. 7Por-
tanto, não tenhais nada de comum com
eles. 8Pois outrora éreis trevas, mas ago-
ra sois luz no Senhor: caminhai como fi-
lhos da luz†; 9pois o fruto da luz consiste
em toda a espécie de bondade, justiça e
verdade. 10Procurai o que é agradável*
ao Senhor 11e não participeis das obras
estéreis das trevas; pelo contrário, de-
nunciai-as, 12porque é vergonhoso até
falar das coisas que estas pessoas fazem
secretamente. 13Mas quando tudo isso
é denunciado, é na luz que se vê apare-
cer; 14pois é luz tudo o que é manifesto.*
É por isso que se diz: "Acorda, tu que
dormes, e levanta-te do meio dos mor-
tos, que Cristo te iluminará"†.

---

* **4**,17. 2,12; Rm 1,21; Cl 1,21; 3,5 | 22. Cl 3,8ss; Gl 6,8; 1Pd 2,11; Rm 6,4; 12,2 | 25. Zc 8,16; Tg 1,19; Sl 4,5 | 28. 5,4; 1Ts 4,11; Cl 3,8; 4,6 | 30. 1,13s; Is 63,10; Cl 3,8.12s | 32. Mt 6,14; 18,22-35 | **5**,1. 5,23; Mt 5,48; Gl 2,20; Rm 14,15; Hb 10,10 | 3. 4,29; Cl 3,5.8; 1Cor 6,9s | 6. Cl 1,13; 2,4; Rm 1,18; 1Pd 2,9 | 10. Rm 12,2; 16,17; 2Ts 3,6; Jo 3,20s | 14. Is 26,19ss; 51,17; 52,10; 60,1; Rm 13,11

† **4**,16. É a caridade que faz a Igreja crescer harmoniosamente, 1Cor 12,13s. | 22. Lit. "depor o homem velho", isto é, adotar um comportamento adequado à nova humanidade. | 30. Toda ofensa ao próximo é ofensa ao Espírito Santo, porque Ele mora em cada cristão. / O dia do retorno glorioso de Cristo. **5**,8. A expressão que consta também nos Evangelhos, Lc 16,8, designa os que acolhem a luz de Deus. | 14. Citação de um hino da Igreja primitiva, usado talvez na celebração do Batismo, considerado como uma iluminação da pessoa por Cristo, Hb 6,4; 1Pd 2,9.

[15]Vede, pois, cuidadosamente como procedeis,* não como tolos, mas como sábios, [16]aproveitando bem o tempo presente, pois os dias são maus. [17]Por isso, não sejais imprudentes, mas compreendei qual é a vontade do Senhor. [18]E não vos embriagueis* com vinho, o que leva à devassidão, mas sede cheios do Espírito. [19]Recitai entre vós salmos, hinos e cânticos espirituais, cantando e louvando o Senhor de todo o coração. [20]Sempre e por tudo rendei graças a Deus Pai, em nome de nosso Senhor Jesus Cristo.

Virtudes dos esposos. [21]Sede submissos uns aos outros* no temor de Cristo. [22]As mulheres sejam submissas a seus maridos, como ao Senhor, [23]porque o marido é o chefe da mulher, como também Cristo é o chefe da Igreja e o salvador de seu Corpo. [24]E como a Igreja está sujeita a Cristo, assim as mulheres estejam em tudo sujeitas a seus maridos. [25]Maridos, amai vossas mulheres, como Cristo amou a Igreja e se entregou por ela†, [26]a fim de santificá-la, purificando-a mediante o batismo de água, que a palavra acompanha, [27]para apresentar a si mesmo a Igreja, gloriosa, sem mancha nem ruga, nem algo semelhante, mas santa e imaculada. [28]Assim também os maridos devem amar suas esposas como a seus próprios corpos. Quem ama a esposa ama a si mesmo. [29]E ninguém jamais odiou sua própria carne†, mas, ao contrário, alimenta-a e dela cuida, como Cristo faz com a Igreja, [30]pois somos membros de seu Corpo.* [31]"Por isso o homem deixará pai e mãe e se unirá a sua mulher, e serão os dois uma só carne". [32]Este mistério é grande; eu o digo em relação a Cristo e à Igreja†. [33]Assim, pois, cada um de vós ame sua mulher como a si mesmo, e a mulher seja respeitosa para com o marido.

6 Virtudes dos filhos e dos servos.

[1]Filhos, obedecei a vossos pais,* no Senhor, pois isto é justo. [2]"Honra teu pai e tua mãe"; é este o primeiro mandamento ao qual está ligada uma promessa: [3]"para que sejas feliz e gozes de uma vida longa sobre a terra". [4]E vós, pais, não irriteis vossos filhos, mas educai-os na disciplina e na correção do Senhor.

[5]Servos, obedecei aos senhores deste mundo com temor e respeito, em simplicidade de espírito, como a Cristo, [6]não apenas com uma obediência exterior* que procura agradar aos homens, mas como servos de Cristo, cumprindo de coração a vontade de Deus, [7]servindo de boa vontade, como se o serviço fosse para o Senhor e não para os homens, [8]na certeza de que cada um receberá* do Senhor segundo o que tiver feito de bom, seja ele servo ou livre. [9]E vós, senhores, comportai-vos do mesmo modo em relação a eles,* deixando de lado as ameaças, sabendo que o Senhor deles e vosso está nos céus, e que ele não faz acepção de pessoas.

Armas para a luta espiritual. [10]Enfim, sede fortes no Senhor* e no poder de sua força. [11]Revesti-vos da armadura de Deus, para que possais resistir às insídias do diabo. [12]Pois não é contra sangue e carne que temos de lutar, mas contra as soberanias e autoridades, contra os dominadores deste mundo de trevas, contra os espíritos do mal que habitam os espaços celestes†. [13]Por isso tomai a armadura de Deus a fim de que possais resistir no dia mau e permanecer de pé, depois de superadas todas as provas.

---

* **5**,15. Cl 4,5; Rm 12,2 | 18. Pr 23,31; Cl 3,16s | 21. 1,22; Gn 3,16; 1Pd 3,1.7; 5,5; Cl 1,18.22; 3,18s; 1Cor 11,3; Hb 10,10.14; 13,12; Tt 3,5 | 30. 1,22s; Rm 12,5; 1Cor 12,27; Gn 2,24; Ap 19,7 | **6**,1. Cl 3,20s; Êx 20,12; Dt 5,16; Pr 19,1-8; 22,6 | 6. Cl 3,22s; Tt 2,9s | 8. 2Cor 5,10; Cl 3,24s; 4,1 | 9. At 10,34; Dt 10,17 | 10. 2,2; Rm 13,12; 2Cor 10,4; 1Pd 5,8s; Jo 14,30

† **5**,25. O amor mútuo entre Cristo e a Igreja torna-se fundamento e modelo para a vida conjugal. | 29. Alusão à criação de Eva, tirada da própria carne de Adão, Gn 2,18-24. | 32. "O sacramento do matrimônio introduz o homem e a mulher na fidelidade de Cristo à sua Igreja. Pela castidade conjugal eles testemunham este mistério perante o mundo" (CIC). "Mistério" aqui é o valor simbólico do matrimônio, que representa a união de Cristo e da Igreja. | **6**,12. Ver a nota em 2,2.

14 Ficai firmes, portanto, tendo a ver-
dade* como cinturão, a justiça como
couraça 15 e, como calçado aos pés, o
zelo em propagar o Evangelho da paz;
16 tendo sempre na mão o escudo da
fé, graças ao qual podereis extinguir
todos os dardos incendiários do Malig-
no; 17 tomai, finalmente, o capacete da
salvação e a espada do Espírito, que é a
palavra de Deus.
18 Rezai sem cessar com todo o tipo
de orações e de súplicas no Espírito,
mantendo uma vigilância incansável e
intercedendo por todo o povo santo.
19 Rezai também por mim,* para que,
ao abrir a boca, me seja dada a palavra
para anunciar com franqueza o misté-
rio do Evangelho, 20 do qual sou embai-
xador em minhas prisões, e eu possa
proclamá-lo com ousadia como devo.

Saudações finais. 21 Desejo que tam-
bém vós saibais como estou* e o que
faço; de tudo sereis informados por
Tíquico, esse irmão caríssimo e fiel mi-
nistro no Senhor. 22 Eu o envio a vós ex-
pressamente para vos dar notícias nos-
sas e para confortar vossos corações.
23 Paz aos irmãos, amor e fé da parte
de Deus Pai e do Senhor Jesus Cristo.
24 Que a graça esteja com todos* os que
amam nosso Senhor Jesus Cristo com
amor inabalável!

* **6**,14. Is 11,5; 59,17; Lc 12,35; 1Pd 1,13; 1Ts 5,8.17; Hb 4,12 **|** 19. At 4,29; Cl 4,3s; 2Cor 5,20; 2Ts 3,1; Hb 4,12; Lc 18,1; Fm 9 **|** 21. Cl 4,7s; Fl 1,12; At 20,4; Tt 3,12; 2Tm 4,12 **|** 24. 1Pd 1,8

CARTA AOS FILIPENSES

Filipos, importante colônia militar romana situada na Macedônia, deve seu nome a Filipe II, pai de Alexandre Magno, que a reconstruiu. Foi a primeira cidade da Europa a ouvir a pregação de Paulo, que lá esteve em sua segunda viagem missionária, no ano 50 (At 16,12-40), acompanhado de Silas, Timóteo e Lucas. Como os judeus de lá não tinham sinagoga, Paulo pregou na beira do rio; entre os convertidos houve uma mulher chamada Lídia, que o hospedou em sua casa. Apesar da boa acolhida que recebeu, Paulo experimentou também a perseguição, inclusive a prisão, sendo depois obrigado a sair da cidade.

A carta aos Filipenses é uma das cartas do Cativeiro. Paulo está preso (Fl 1,7.12.17), provavelmente em Éfeso, cerca do ano 53. A correspondência do Apóstolo nos deixa entrever que a conversão dos filipenses ao Evangelho foi das mais sinceras e se caracterizou por uma grande generosidade em relação aos fiéis, sobretudo a seu querido Apóstolo. Ainda que pobre, a comunidade de Filipos lhe enviou muitos socorros. Embora defendesse o direito de o operário evangélico ser mantido pela comunidade (1Cor 9,1-18), Paulo tomou como norma anunciar o Evangelho gratuitamente (2Cor 11,7), mas fez uma exceção para a igreja de Filipos, provando sua grande confiança na sinceridade da afeição deles.

Na carta, o prisioneiro Paulo não procura ensinar verdades dogmáticas nem resolver problemas da comunidade; estabelece, antes, um diálogo íntimo, onde põe seus filhos queridos a par do que lhe está acontecendo; comunica-lhes seus sentimentos pessoais e lhes agradece a solicitude para com ele. De fato, acabam de enviar um dos seus, Epafrodito, para levar-lhe algum dinheiro e oferecer-lhe seus serviços. Paulo reconhece que esta caridade é bem-vinda (4,10-20); entretanto, Epafrodito adoece gravemente, causando preocupação à comunidade (2,26). Na carta, Paulo tranquiliza seus amigos filipenses, comunicando-lhes que o doente já estava melhor. No meio de todos esses assuntos de ordem pessoal, aparecem também temas importantes da mensagem de Paulo: a comunhão fraterna em Cristo (1,27–2,4), fundamento da alegria cristã (4,4-7), preocupação pela unidade das relações internas da comunidade (2,1-5); a vida cristã é apresentada como caminhada, como corrida em direção à meta (3,12-16). Tratando da unidade, Paulo aponta para o exemplo de Cristo, numa célebre passagem (2,6-11), que parece ser a transcrição de um hino litúrgico em louvor do Cristo terrestre e celeste.

I. NOTÍCIAS PESSOAIS (1)

1 **Saudação.** 1Paulo e Timóteo,
servos do Cristo Jesus,* a todo o
povo santo em Cristo Jesus que está
em Filipos, com os bispos e diáconos.
2A vós, graça e paz da parte de Deus
nosso Pai e do Senhor Jesus Cristo!
Ação de graças e oração. 3Dou graças
a meu Deus* cada vez que me lembro
de vós, 4rezando sempre com alegria
por vós em todas as minhas orações†,
5por causa de vossa cooperação na
difusão do Evangelho, desde o primeiro dia até agora. 6E estou plenamente
convencido* de que Aquele que começou em vós esta boa obra há de levá-la
à perfeição até o dia do Cristo Jesus†. 7É
justo que eu tenha esses sentimentos*
em relação a vós todos, pois vos trago
em meu coração, a vós que, tanto em
minhas prisões como na defesa e consolidação do Evangelho, vos associais
a minha graça†. 8Com efeito, Deus me
é testemunha de que amo a todos vós

* **1**,1. Rm 1,7; Gl 1,3; 1Cor 1,3; 2Cor 1,2; 1Ts 3,2.6; 2Ts 1,2; At 16,12; 17,14s; 19,22 | 3. Rm 1,8; 1Cor 1,4 | 6. Fl 2,13ss | 7. Rm 1,9; 2Cor 1,23; 1Ts 2,5.10

† **1**,4. Embora Paulo esteja na prisão quando escreve esta carta, podendo ser condenado à morte, o tom dominante da carta é a alegria, que tem como fonte o Cristo. | 6. O dia de sua "parusia", de sua vinda na glória, cuja espera alegra a vida dos cristãos. | 7. Paulo tinha grande estima pelos filipenses, que o assistiam generosamente em seu apostolado.

com a ternura do Cristo Jesus. 9E por
isso rezo, para que vosso amor cresça
cada vez mais em conhecimento e em
compreensão, 10para que possais dis-
cernir o que é melhor* e ser íntegros
e irrepreensíveis para o dia do Cristo,
11repletos daqueles frutos de justiça
que nos vêm por Jesus Cristo para a
glória e o louvor de Deus.

**O cativeiro de Paulo e o progresso
do Evangelho.** 12Desejo que saibais, ir-
mãos,* que minha situação† acabou sen-
do proveitosa para o Evangelho: 13com
efeito, em todo o pretório† e por toda
a parte se sabe que estou preso por
Cristo, 14e a maior parte dos irmãos, es-
timulados no Senhor por minha prisão,
redobram de audácia em proclamar sem
medo a Palavra. 15Alguns, é certo, pre-
gam Cristo por inveja, em espírito de
rivalidade, mas outros, com bons senti-
mentos. 16Estes últimos agem por amor,
sabendo bem que estou destinado a de-
fender assim o Evangelho; 17quanto aos
primeiros, porém, é por espírito de intri-
ga que anunciam o Cristo; suas intenções
não são puras: imaginam agravar assim
o peso de minhas prisões. 18Mas que im-
porta? Contanto que, de um ou de outro
modo, com hipocrisia ou sinceridade, o
Cristo seja anunciado, eu me alegro e
continuarei a me alegrar. 19Pois sei que
isto servirá para minha salvação†, graças
a vossas orações* e ao socorro do Espí-
rito de Jesus Cristo, 20segundo minha ar-
dente espera e minha esperança de que
em nada ficarei confundido; guardarei,
ao contrário, toda a minha segurança
de que, desta vez como sempre, o Cristo
será glorificado em meu corpo, quer eu
viva, quer eu morra.

Sentimentos e esperanças de Paulo.
21Porque, para mim, viver é Cristo† e
morrer é lucro. 22No entanto, se viver
neste corpo significa trabalhar com fru-
to, já não sei o que escolher. 23Sinto-
-me apertado* dos dois lados: de um, o
desejo de morrer para estar com Cristo,
o que é muito melhor†; 24mas, de outro
lado, continuar vivendo é mais neces-
sário para vosso bem.
25Disto estou convencido: sei que
vou ficar e permanecer perto de vós
todos para vosso progresso e para ale-
gria de vossa fé, 26a fim de que vosso
orgulho a meu respeito cresça sempre
mais em Cristo Jesus, com minha nova
vinda até vós.

Constância na luta. 27Só vos peço que
leveis uma vida digna* do Evangelho
de Cristo, para eu constatar, se eu for
aí, ou para ouvir, se continuar ausente,
que vós continuais firmes num mesmo
espírito, lutando de comum acordo
pela fé do Evangelho, 28sem medo al-
gum de vossos adversários. Isto é um
sinal seguro, para eles, da ruína, e para
vós, da salvação, e isto vem de Deus:
29pois a graça vos foi dada não só de
crer em Cristo, mas também de so-
frer por Ele, 30empenhados no mesmo
combate* que me vistes travar e que,
como sabeis, continuo travando.

II. EXORTAÇÕES E CONSELHOS (2–4)

2 **Unidade e humildade.** 1Então eu
vos conjuro, por tudo que pode
haver de consolação em Cristo,* de
conforto no amor, de comunhão no
espírito, de ternura e compaixão: 2com-
pletai minha alegria, tendo todos um
mesmo modo de pensar, um só amor,
uma só alma, um só sentimento. 3Não
façais nada por competição e vaidade.
Antes, com humildade, cada um con-
sidere os outros como superiores a si,
4sem procurar seu próprio interesse,
mas o dos outros.

* **1**,10. Rm 2,18; 12,12 Hb 5,14; Ef 5,9 | 12. 4,22; 2Tm 2,9; Ef 3,1; 4,1; Fm 1.9 | 19. 2Cor 1,11; Jó 13,16; 1Pd 4,16; Rm 1,16; Gl 2,20 | 23. 2Cor 5,6-9; Gn 2,20 | 27. Cl 1,10; Ef 4,3; 1Ts 2,12 | 30. 1,13; At 5,41; 16,22; Hb 5,10 | **2**,1. Rm 12,10; 1Cor 10,24.33

† **1**,12. Paulo refere-se a seu estado de prisioneiro, que contribuiu para a difusão do Evangelho. | 13. Pretório é a residência do Governador romano e de sua guarda nas capitais do império. | 19. Salvação pode significar aqui a libertação da prisão e/ou a redenção final. | 21. Pelo Batismo, Paulo morreu para sua vida anterior e vive agora uma existência inteiramente entregue a Cristo, Gl 2,19s. | 23. "Quero ver a Deus, e para vê-lo é preciso morrer" (Santa Teresa). "Eu não morro: entro na Vida" (Santa Teresinha).

Cristo, humilhado e exaltado†. 5Tende em vós os mesmos sentimentos de Cristo Jesus:

6apesar de sua condição divina,*
ele não reivindicou seu direito de ser tratado como igual a Deus†.
7Ao contrário, aniquilou-se a si mesmo*
e assumiu a condição de servo,
tornando-se semelhante aos homens.
8Por seu aspecto, reconhecido como homem,*
humilhou-se, fazendo-se obediente até a morte,
e morte de cruz.
9Por isso Deus o elevou acima de tudo
e lhe deu o Nome† que está acima de todo nome,
10de modo que ao nome de Jesus
todo joelho se dobre nos céus, na terra e debaixo da terra,*
11e toda língua proclame
que Jesus Cristo é o Senhor†,
para a glória de Deus Pai.*

O cristão, chamado à santidade. 12Assim, pois, meus caríssimos,* obedecendo como sempre, não só como quando eu estava presente, mas muito mais agora que estou ausente, trabalhai com temor e tremor para conseguirdes vossa salvação†. 13Pois é Deus que suscita em vós* o querer e o fazer, segundo seus benévolos desígnios. 14Fazei tudo sem reclamação nem contestação 15a fim de vos tornardes irrepreensíveis e puros, filhos de Deus sem mancha no meio duma geração perversa e transviada, na qual deveis brilhar como astros no mundo, 16como portadores da Palavra de vida.* Assim me dais motivo de glória para o dia de Cristo, pois minha corrida e meu esforço não terão sido em vão. 17De fato, se até meu sangue deve ser derramado como vítima sobre o sacrifício e a oblação de vossa fé†, alegro-me com isso e me rejubilo com todos vós. 18Do mesmo modo, vós também deveis estar felizes com isso e vos alegrar comigo.

Missões de Timóteo e de Epafrodito. 19Espero no Senhor Jesus* poder enviar-vos em breve Timóteo, a fim de eu também ser confortado, recebendo vossas notícias. 20Realmente, não tenho ninguém tão de acordo comigo, que saiba como ele interessar-se de coração sincero por vossa situação, 21porque todos buscam seus próprios interesses,* não os de Jesus Cristo. 22Mas conheceis a boa prova que ele tem dado: é como um filho junto de seu pai que ele tem servido comigo à causa do Evangelho. 23Espero, pois, enviá-lo a vós, logo que minha situação ficar decidida.

24Aliás, tenho firme esperança no Senhor de que em breve eu mesmo possa ir. 25Mas julguei necessário* enviar-vos Epafrodito, esse irmão que é meu companheiro de trabalho e de luta, e que vós delegastes para socorrer minha necessidade. 26Pois ele sentia saudades de todos vós e estava triste porque ficastes sabendo de sua doença. 27É verdade que ele esteve doente e à beira da morte; mas Deus teve piedade dele, e não só dele, mas também de mim, não deixando que eu tivesse tristeza sobre tristeza. 28Então apressei-me a enviá-lo de volta a vós, a fim de que,

---

* **2**,6. Jo 1,1; 17,5; Hb 1,3; Cl 1,15-20 | 7. Is 53,3.11; 2Cor 8,9; Gl 4,4; Hb 2,14-17 | 8. Mt 20,28; Jo 10,17; Rm 5,19; Hb 1,3s; 5,8; 12,2; At 2,33; 5,41; Is 53,11; Ef 1,21 | 10. Is 45,23; 52,13; Jo 5,23; Ef 4,10; Ap 5,13 | 11. At 2,36; Rm 1,4; 10,9; 1Cor 12,3 | 12. 2Cor 7,15; 1Cor 2,3 | **2**,13. Ef 2,10; 3,20; At 17,28; Hb 13,21; Dt 32,5; Mt 5,14ss | 16. 2,2; 4,1; 2Tm 4,7; 1Cor 1,8; Gl 5,17 | 19. At 16,9; 1Cor 16,10 | 21. 2Tm 4,10.16 | 25. 4,18

† **2**,5. Este hino, que talvez fazia parte da liturgia da época, descreve todo o mistério do Filho de Deus encarnado: sua preexistência, sua humilhação, sua exaltação. | 6. Cristo poderia manifestar-se na terra com sua glória divina, mas preferiu parecer um homem comum. Ao contrário, Adão, simples homem, quis tornar-se igual a Deus, Gn 3,5.22. Cristo foi obediente, Adão desobediente. Mesma comparação entre Adão e Cristo em Rm 5,12-19 e 1Cor 15,45ss. | 9. O Nome dado a Jesus é "Senhor", v. 11; At 2,21.36, reservado unicamente a Deus no AT, porque é a tradução do nome de Deus em hebraico, Javé. | 11. É a profissão de fé fundamental do cristianismo, At 2,36; Rm 10,9. | 12. "Quem teme cair desconfia de suas forças e põe sua confiança em Deus, que o socorrerá" (S. Afonso Maria de Ligório). | 17. Toda a vida do cristão é um sacrifício feito a Deus, Rm 12,1.

vendo-o, retorneis à alegria, e eu pró-
prio não tenha sofrimento. 29Acolhei-o,
pois, no Senhor,* com toda alegria e
tende em grande estima pessoas como
ele, 30porque foi pela obra de Cristo
que ele quase morreu, tendo arriscado
a vida para vos suprir no serviço que
não me podíeis prestar.

3 O culto segundo o Espírito.

1Enfim, meus irmãos, alegrai-vos no
Senhor...*
Dirigir-vos as mesmas recomen-
dações não me é pesado, e para vós
é uma segurança: 2Cuidado com os
cães!† Cuidado com os maus operários!
Cuidado com os falsos circuncisos!
3Pois nós é que somos os circuncisos,
nós que oferecemos o culto movidos
pelo Espírito de Deus e que baseamos
nossa glória em Cristo Jesus, em vez de
colocar nossa confiança em nós mes-
mos†.

Por Cristo, Paulo sacrifica tudo. 4No
entanto, eu teria motivo* de ter con-
fiança também em mim mesmo. Se
algum outro julga ter razão de confiar
em si próprio, muito mais tenho eu:
5circuncidado no oitavo dia,* da estir-
pe de Israel, da tribo de Benjamim, he-
breu, filho de hebreus; quanto à lei, fa-
riseu; 6quanto ao zelo, perseguidor da
Igreja; quanto à justiça que a lei pode
dar, um homem irrepreensível. 7Mas
todas essas vantagens que eu tinha,
considerei-as como prejuízo por causa
de Cristo. 8Doravante considero tudo
como desvantagem,* diante da gran-
deza de conhecer o Cristo Jesus, meu
Senhor. Por ele eu aceitei perder tudo e
tudo considero como lixo, para que eu
ganhe a Cristo 9e seja achado nele, não
com uma justiça minha, vinda da Lei,*
mas sim com aquela que vem pela fé
em Cristo: a retidão que Deus conce-
de e é baseada na fé†. 10Quero assim
conhecê-lo, experimentar o poder de
sua ressurreição* e da comunhão com
seus sofrimentos, tornando-me confor-
me a sua morte, 11para ver se alcanço a
ressurreição dentre os mortos†. 12Não
quero dizer que eu já tenha consegui-
do o prêmio* ou que eu já seja perfei-
to. Mas continuo correndo para ver se
o conquisto, pois o Cristo Jesus já me
conquistou. 13Irmãos, não penso que
eu já tenha alcançado o prêmio e só
uma coisa me interessa: esquecendo-
-me do que fica para trás, vou em fren-
te, lançando-me com todo o empenho,
14e corro para a meta* para conseguir
o prêmio que Deus nos convida a rece-
ber lá em cima em Cristo Jesus. 15Todos
nós, que somos perfeitos†, é assim que
devemos pensar; e se, em algum pon-
to, pensais de outro modo, Deus vos
dará inteligência a respeito. 16Enquanto
isso, seja qual for o ponto já atingido,
caminhemos sempre na mesma linha.

Cidadãos do céu. 17Sede meus imita-
dores, irmãos,* e observai aqueles que
se comportam de acordo com o exem-
plo que tendes em nós. 18Porque mui-
tos – quantas vezes eu vo-lo disse, e
agora o repito com lágrimas nos olhos
– comportam-se como inimigos da
cruz de Cristo. 19O fim deles será a per-
dição; seu deus é o ventre, sua glória

---

* **2**,29. 1Cor 16,16; 1Tm 5,17 | **3**,1. 2,18; 4,4; Ap 22,15; Rm 2,29 | 4. 2Cor 11,18s | 5. Rm 11,1; At 8,3; 22,4; 23,6; 26,5.9ss; 2Cor 11,22 | 8. Mt 13,44.46; Lc 14,33 | 9. Rm 3,21ss; 3,3ss | 10. Rm 8,17; Gl 6,17; At 4,2; Ap 20,5s | 12. 1Tm 6,12.19; At 9,5s | 14. 1Cor 2,6; 9,24; 2Tm 4,7; Mt 5,48; Gl 6,16 | 17. 1Cor 4,16; 11,1; 1Ts 1,6; 1Pd 5,3; Gl 6,12; Rm 2,5s; 8,5s; 16,18

† **3**,2. "Cães" era o termo com que os judeus tratavam os pagãos, Mt 7,6. Paulo aqui lhes devolve o apelido. "Falsos circuncisos" são os judaizantes, que continuavam a dar importância decisiva à circuncisão, que Deus já havia abolido. | 3. "Em nós mesmos", lit. "na carne", isto é, no regime antigo da lei mosaica com todas as suas prescrições. | 9. Santa Teresinha parece comentar esse texto quando escreve: "Após o exílio terreno, espero ir gozar-vos na Pátria, mas não quero acumular méritos para o céu, quero trabalhar somente por vosso amor. Ao entardecer desta vida, comparecerei diante de vós com as mãos vazias, pois não vos peço, Senhor, que contabilizeis minhas obras. Quero revestir-me de vossa própria justiça e receber de vosso amor a posse eterna de vós mesmo". | 11. Paulo pretende manter sua confissão até a morte e morrer como mártir. Espera participar da ressurreição especial reservada aos mártires e dos benefícios ligados a ela. Ap 20,4s fala desta primeira ressurreição. | 15. É perfeito quem tem uma fé amadurecida, adulta.

está no que é vergonhoso, porque só
apreciam as coisas da terra. 20Nós, pelo
contrário, somos cidadãos do céu,* de
onde ardentemente esperamos como
Salvador o Senhor Jesus Cristo†. 21Ele
vai transfigurar nosso pobre corpo
para conformá-lo a seu corpo glorioso,
em virtude do poder que tem de sujei-
tar a si todo o universo.

4 1Assim, meus irmãos queridos e
saudosos, minha alegria, minha
coroa, permanecei assim fiéis ao Se-
nhor, caríssimos!

Concórdia, alegria e paz. 2Exorto a
Evódia como também a Síntique que
vivam em boa compreensão no Se-
nhor. 3E a ti, verdadeiro companheiro†,
eu te peço que lhes venhas em auxílio,
pois elas combateram pelo Evangelho
junto comigo, com Clemente e outros
colaboradores meus, cujos nomes es-
tão escritos no livro da vida.

4Alegrai-vos sempre no Senhor!* Mais
uma vez eu digo: alegrai-vos! 5Vossa
bondade seja conhecida de todos. O Se-
nhor está próximo! 6Não vos inquieteis
com nada, mas em toda necessidade
apresentai a Deus vossos pedidos com
orações, súplicas e ações de graças. 7E a
paz de Deus, que ultrapassa toda com-
preensão, guardará vossos corações e
vossos pensamentos, em Cristo Jesus.

8Enfim, irmãos,* ocupai-vos com
tudo o que há de verdadeiro, nobre,
justo, puro, amável, louvável, virtuoso
e recomendável. 9Ponde em prática* o
que aprendestes, recebestes, ouvistes e
observastes em mim. Então o Deus da
paz estará convosco.

Gratidão pelos dons recebidos. 10Tive
grande alegria no Senhor, porque fi-
zestes renascer vossos sentimentos por
mim; eles estavam, sim, sempre vivos,
mas faltava-vos uma ocasião. 11Não é a
penúria que me leva a dizer isto;* com
efeito, aprendi a me bastar em qual-
quer situação. 12Sei passar necessidade
e sei viver na fartura. Estou preparado
para tudo: para estar na abundância ou
para passar fome;* para ter fartura ou
para sentir necessidade. 13Tudo posso
naquele que me dá força. 14Entretanto,
fizestes bem tomando parte em mi-
nhas provações.

15Bem o sabeis, filipenses: no come-
ço da evangelização, quando deixei a
Macedônia, nenhuma Igreja tinha co-
migo uma conta de dar e receber,* a
não ser vós, 16que, durante minha esta-
dia em Tessalônica, me enviastes duas
vezes o que eu precisava. 17Não é que
eu procure donativos;* o que procuro é
o fruto que redunda em vosso benefí-
cio. 18Por ora, tenho tudo do que preci-
so, e até o supérfluo; estou repleto de
vossos dons, recebidos de Epafrodito,
que são um perfume de suave odor, sa-
crifício que Deus acolhe de bom grado.
19Por sua vez, meu Deus proverá todas
as vossas necessidades, segundo sua
riqueza, com magnificência, em Cristo
Jesus. 20Ao Deus e Pai nosso, glória pe-
los séculos dos séculos! Amém.

Saudações finais. 21Saudai cada um dos
santos em Cristo Jesus. Os irmãos que
estão comigo vos saúdam. 22Todos os
santos vos mandam saudações, sobre-
tudo os da casa de César†. 23A graça do
Senhor Jesus Cristo* esteja convosco!

---

* **3**,20. Ef 2,6-18; Gl 3,1s; Hb 12,12; 1Cor 15,43-49 | **4**,4. 3,1; Hb 10,37; Mt 6,25-34; Cl 3,15; 4,2; Jo 14,27 | 8. 1Ts 5,23 | 9. Rm 12,17; 16,20; 1Cor 14,33 | 11.1Tm 6,6; 2Cor 6,10 | 12. 2Cor 12,10; 2Tm 4,17 | 15. 2Cor 11,9 | 17. 1Cor 9,11; Gn 8,21; Êx 29,18; Ez 20,41 | 23. Gl 6,18

† **3**,20. "Os cristãos estão na carne, mas não vivem segundo a carne; passam a vida na terra, mas são cidadãos do céu" (Carta a Diogneto, séc. II). Na terra estão como num exílio e se regem pelas leis de sua verdadeira pátria. | **4**,3. "Companheiro", em grego "sízigo", que alguns autores consideram como nome próprio. | 22. Os que estão a serviço do imperador: nobres, soldados, livres ou escravos; portanto, já existem cristãos entre eles.

CARTA AOS COLOSSENSES

Fundada no século V a.C., Colossos era uma cidade da Frígia, situada no vale do Lico. Na época de Cristo já estava em decadência, apesar de ter sido florescente no período anterior.

A igreja de Colossos não foi fundada nem visitada por Paulo. O fundador da comunidade foi Epafras (1,7; 4,12s), que abraçou a fé em Éfeso, ouvindo a pregação de Paulo.

A carta aos Colossenses foi escrita por Paulo quando estava na prisão (Cl 4,3.10.18), provavelmente durante o primeiro cativeiro romano, de 61 a 63. O objetivo da carta foi advertir os fiéis contra uma heresia de caráter sincretista, que misturava elementos do paganismo, do judaísmo e do cristianismo (2,4.8.20). Os defensores desta doutrina tributavam culto a seres espirituais, colocados como intermediários entre Deus e o homem (2,18), veneravam as forças cósmicas (2, 8), ensinavam determinadas práticas ascéticas e alimentares (2,16.21.23) e exigiam observâncias legalistas como complemento da fé em Cristo.

Paulo combate essas posições, mostrando que Cristo é o Senhor de toda a criação (Cl 1,15-20) e, portanto, Cabeça de toda soberania e de toda autoridade (2,10). É desnecessário, pois, prestar, ao lado dele, um culto especial aos "elementos do mundo" (2,8) e é errado supor forças misteriosas e divinas ocultas nos seres criados, das quais somente o Cristo glorificado dispõe, porque nele habita toda a plenitude da divindade (2,9). Para o cristão, o mundo está isento de deuses e de feitiços: ele é apenas a criação que existe para a glorificação do Criador e a utilidade do homem.

Após uma introdução (1,1-14), vem o tema principal, que é a supremacia de Cristo sobre o mundo dos espíritos (1,15-20: hino a Cristo, Senhor do universo) e a aplicação do hino aos cristãos (1,21–2,3), em que Paulo mostra também seu lugar na obra de Cristo. Cl 2,4-23 é uma advertência contra os perigos da falsa doutrina. De 3,1 a 4,6 temos uma exortação de ordem moral, em que são formuladas as consequências da união mística dos fiéis com Cristo. A carta termina (4,7-18) com comunicações pessoais, saudação e bênção.

I. A PESSOA E A DIGNIDADE DE CRISTO (1–2)

1 **Saudação.** [1]Paulo, Apóstolo do
Cristo Jesus pela vontade de Deus,
e o irmão Timóteo, [2]ao povo santo de
Colossos, irmãos fiéis em Cristo. A vós,
graça e paz da parte de Deus nosso Pai!
Ação de graças. [3]Não cessamos de dar
graças a Deus, Pai de nosso Senhor Je-
sus Cristo, em nossas orações por vós,
[4]pelas notícias recebidas* acerca de
vossa fé em Cristo Jesus e da carida-
de que tendes para com todo o povo
santo, [5]em razão da esperança que vos
está reservada nos céus. Desta espe-
rança, vós outrora ouvistes o anúncio
pela palavra da verdade, o Evangelho,
[6]que chegou até vós, bem como ao
mundo todo, onde ele frutifica e se
desenvolve; assim também entre vós,
desde o dia em que ouvistes e conhe-
cestes a graça de Deus na verdade. [7]Foi
Epafras†, nosso querido companheiro
no ministério, que vos instruiu: ele nos
substitui como fiel ministro de Cristo [8]e
foi ele mesmo que nos deu a conhecer
vosso amor no Espírito.*
Oração pela Igreja. [9]É por isso que
também nós,* desde o dia em que re-
cebemos essas notícias, não cessamos
de rezar por vós e de pedir a Deus que
vos faça chegar ao pleno conhecimen-
to de sua vontade, em toda sabedoria e
inteligência espiritual, [10]para que assim
possais levar uma vida digna do Senhor,
agradando-lhe em tudo, produzindo

---

* **1**,4. Ef 1,13.15s; 1Cor 13,13; 1Ts 1,2s; 1Pd 1,4; Hb 6,18s; 1Tm 3,16; Rm 1,3 | 8. 4,12 | 9. Fl 1,9.27; Ef 1,9.15s.19; 2,10; 3,16; 4,1; 5,17

† **1**,7. Epafras foi o fundador da Igreja de Colossos, 4,12.

frutos de toda boa obra e crescendo
no conhecimento de Deus; 11 animados
duma possante energia segundo seu
glorioso poder, para serdes fortes e pa-
cientes em tudo; 12 agradecendo a Deus
Pai,* que vos tornou dignos de partici-
par da herança dos santos na luz.

Hino ao Cristo, Senhor do universo.

13 Ele nos libertou do poder das trevas
e nos transferiu para o reino de seu
Filho amado,
14 no qual temos a redenção, o per-
dão dos pecados.
15 Ele é a imagem do Deus invisível,*
primogênito de toda criatura†,
16 pois nele foram criadas todas as
coisas*
nos céus e na terra, as visíveis e as
invisíveis:
majestades, domínios, soberanias e
autoridades†:
tudo foi criado por meio dele e para ele.
17 Ele existe antes de todas as coisas;*
o universo é mantido por ele.
18 Ele é também a Cabeça do Corpo,
que é a Igreja.
Ele é o princípio, o primogênito den-
tre os mortos,
para ter em tudo a primazia,
19 pois Deus quis fazer habitar nele
toda a plenitude*
20 e por meio dele reconciliar consigo
todas as criaturas,
pacificando com o sangue de sua
cruz
as coisas da terra e as do céu†.
21 Também vós outrora* éreis estran-
geiros e inimigos por vossos pensa-
mentos e vossas obras más, 22 porém
agora ele vos reconciliou em seu cor-
po de carne, entregando-o à morte,
para vos fazer comparecer perante ele
santos, sem mancha e irrepreensíveis,
23 contanto que permaneçais conso-
lidados e firmes na fé, sem vos deixar
desviar da esperança prometida pelo
Evangelho que ouvistes e que foi pre-
gado a toda criatura sob o céu, e do
qual eu, Paulo, me tornei ministro.

O combate do Apóstolo. 24 Agora me
alegro com os sofrimentos* que supor-
to por vós e vou completando em mi-
nha carne o que falta aos sofrimentos
de Cristo†, em favor de seu Corpo,* que
é a Igreja, 25 da qual fui constituído mi-
nistro em virtude da missão que Deus
me confiou junto de vós, de completar
o anúncio da palavra de Deus. 26 Esta
palavra é o mistério* escondido desde
os séculos e as gerações, mas que ago-
ra Deus acaba de revelar a seu povo
santo. 27 A estes, Deus quis manifestar
a gloriosa riqueza deste mistério en-
tre os pagãos, isto é, Cristo em vós,* a
esperança da glória†. 28 Este Cristo, nós
o anunciamos, exortando a todos e
instruindo-os em toda sabedoria, a fim
de torná-los todos perfeitos em Cristo.
29 E é justamente por essa causa que me
canso lutando,* com sua energia que
age em mim com poder.

2 **Solicitude apostólica.** 1 Sim, de-
sejo que saibais que dura batalha
tenho de travar por vós, pelos de Lao-
diceia, e por tantos outros que jamais
me viram* pessoalmente, 2 a fim de que
seus corações sejam com isso estimu-
lados e, assim, estreitamente unidos no
amor, adquiram em toda a sua riqueza
a plena inteligência que os fará pene-
trar o mistério de Deus, isto é, Cristo,

---

* **1**,12. 2,15; Ef 1,18; 2,2; 6,12; Lc 22,53; | 15. Jo 1,18; 2Cor 4,4; 1Tm 6,16; Hb 1,3; Ap 3,14 | 16. Jo 1,3.10; Ef 1,10.21 | 17. Jo 1,1; 8,38; Ef 1,22s; 4,15; 5,23; At 4,2; 26,23; Ap 1,5 | 19. 2,9; Jo 1,16; Ef 1,7.23; 2,13.16; 1Jo 2,2; Rm 5,1 | 21. Rm 5,10; Ef 2,2.12; 3,17; 4,18; Hb 3,14; 1Tm 3,16; Mc 16,15 | 24. Ef 3,13 / Ef 3,2.7s | 26. Rm 16,25s; Ef 1,18; 3,3s.9s | 27. Ef 3,7.20; 4,18; 1Tm 1,1 | 29. Fl 4,13; 1Ts 5,12; 1Cor 16,16 | **2**,1. Ef 3,4.18s; Cl 1,26; 4,3; 2Cor 1,4.6; 2,7.13; Is 45,3; 1Cor 1,24.30; Rm 16,18

† **1**,15. Cristo tem o primado absoluto na criação e na redenção, que é nova criação. | 16. Criaturas celestes subordinadas a Cristo. Pode ser que, na falsa doutrina de alguns colossenses, eram imaginadas como rivais de Cristo, 2,15. | 20. A redenção reconduz o universo à ordem primitiva estabelecida por Deus. | 24. Cristo expiou todos os pecados com sua morte e ressurreição, mas cada um de nós precisa unir-se a Ele para participar da Redenção. Quando o cristão sofre unido a Cristo, é Ele que sofre em seus membros, completando sua Paixão. | 27. Esse mistério é o chamado de Deus, dirigido também aos pagãos, à salvação e à glória celeste pela incorporação a Cristo.

[3]no qual se acham escondidos todos os tesouros da sabedoria e do entendimento.

[4]Digo isto para que ninguém vos engane com palavras sutis. [5]Sem dúvida, estou ausente corporalmente, mas em espírito estou junto de vós, feliz ao ver a boa ordem que reina entre vós e a solidez de vossa fé em Cristo.

A plenitude da vida em Cristo. [6]Caminhai, pois, no Senhor Jesus Cristo tal como o recebestes, [7]enraizados e edificados nele, apoiados sobre a fé* tal como vos foi ensinada, e transbordando de ação de graças.

[8]Tomai cuidado para que não haja quem vos queira escravizar com sua filosofia e com vãos sofismas, inspirados numa tradição puramente humana, segundo os elementos do mundo† e não segundo Cristo.

[9]Pois em Cristo habita corporalmente* toda a plenitude da divindade, [10]e vós tendes nele parte na plenitude dele, o qual é o chefe de toda soberania e de toda autoridade.

[11]Nele fostes também circuncidados, com uma circuncisão que não é feita por mão humana, mas pelo despojamento de vosso corpo carnal; assim é a circuncisão de Cristo†. [12]Pelo Batismo fostes sepultados com ele,* nele fostes também ressuscitados por meio da fé no poder de Deus, que o ressuscitou dentre os mortos. [13]Estáveis mortos por causa de vossos pecados e pela incircuncisão de vossa carne, mas Deus vos fez reviver com ele, perdoando-vos todos os pecados. [14]Anulou o documento escrito* de nossa dívida†, cujas condições nos eram desfavoráveis e suprimiu-o, cravando-o na cruz. [15]Despojou as soberanias* e as autoridades† e as deu em espetáculo diante do mundo, arrastando-as em seu cortejo triunfal.

Falso ascetismo. [16]Então, que ninguém pense* em condenar-vos quanto a questões de alimento ou de bebida, ou em matéria de festas anuais, de luas novas ou de sábados. [17]Tudo isso não é mais que a sombra das coisas que deviam vir, mas a realidade é o corpo de Cristo. [18]Que ninguém vos impeça de conseguir o prêmio, com afetação de humildade, de culto dos anjos, seguindo suas pretensas visões, cheio de vão orgulho em sua mente carnal, [19]sem estar ligado à Cabeça,* da qual todo o Corpo recebe sustento e coesão, pelas junturas e ligamentos, para realizar seu crescimento em Deus.

A liberdade do cristão. [20]Já que morrestes com Cristo* para os elementos do mundo†, por que vos submeter, como se vivêsseis ainda neste mundo, a preceitos como [21]"não pegues, não comas, não toques"? [22]São coisas destinadas a desaparecer com o uso: com efeito, são prescrições e doutrinas dos homens! [23]Elas podem aparentar sabedoria* por sua afetação de religiosidade e de humildade que não poupa o corpo; mas de fato não servem senão para satisfazer a carne.

II. DEVERES DOS CRISTÃOS (3–4)

3 **A vida nova do ressuscitado.** [1]Se, portanto, ressuscitastes* com Cristo†, buscai as coisas do alto, onde Cristo está sentado à direita de Deus. [2]Pensai nas coisas lá de cima, não nas

---

* **2**,7. Ef 2,20s; 3,17; 5,6; Rm 16,18; Cl 2,4 | 9. Jo 1,14.16; Ef 1,23; 3,19; 4,13; Rm 2,29 | 12. Rm 6,4ss; Cl 3,1; Ef 1,19s; 2,1.5 | 14. Ef 2,14s; 1Pd 2,24 | 15. Gl 1,13; Lc 11,23 | 16. Rm 14,17; Hb 8,5; 10,1 | 19. Ef 1,21; 2,21; 4,15s | 20. Gl 4,3s | 23. Mt 15,9; 1Tm 4,3; Rm 13,14 | **3**,1. 2,12; Sl 110,1; Mt 22,44; Rm 6,2.7; Gl 2,20; Fl 1,21

† **2**,8. Ver a nota em Gl 4,3. | 11. Já o AT espiritualizava a circuncisão, pregando a "circuncisão do coração", Jr 4,4, isto é, uma vida de fidelidade a Deus, condizente com o rito da circuncisão, Rm 2,25-29. A "circuncisão de Cristo" é o Batismo, no qual morre o "homem velho" e nasce a nova criatura. | 14. Esse "documento" é a dívida que tinham com a justiça divina por causa dos preceitos da lei mosaica não cumpridos. | 15. Soberanias e autoridades são os seres celestes, que Deus despojou do poder que usurparam sobre os seres humanos e exibiu derrotados em seu cortejo triunfal. Ver a nota em 1,16. | 20. Pelo Batismo morremos com Cristo para a lei e para todas as suas práticas superadas. | **3**,1. Pelo Batismo a pessoa passa a viver, de modo ainda misterioso, unida ao Cristo: entrou no mundo da Ressurreição.

da terra. 3Porque vós estais mortos, e
doravante vossa vida está escondida
com Cristo em Deus. 4Quando Cristo,
que é vossa vida, se manifestar, vós
também sereis manifestados com ele
na glória.
5Por isso, fazei morrer* tudo o que
há de terreno dentro de vós: a imoralidade, a impureza, a paixão, os maus
desejos e a cobiça, que é uma idolatria, 6coisas que atraem a ira de Deus
sobre os que lhe desobedecem. 7Vós
mesmos antigamente vos comportáveis assim, vivendo nessas desordens.
8Agora, porém, abandonai tudo isto:
cólera, exaltação, malícia,* blasfêmia,
palavras indecentes de vossos lábios;
9não faleis mentiras uns aos outros,
pois fostes despojados da criatura que
éreis antes†, e de suas obras, 10e vos
revestistes* de uma nova criatura†, que
por um pleno conhecimento se renova segundo a imagem de seu Criador.
11Aí não existe mais nem grego nem
judeu,* nem circunciso nem incircunciso, nem bárbaro nem cita, nem escravo
nem livre, mas Cristo é tudo em todos.
O modo de viver do cristão. 12Portanto, como escolhidos de Deus,* santos e
amados, revesti-vos de sentimentos de
misericórdia, de bondade, de humildade, de mansidão e de paciência, 13suportando-vos uns aos outros e perdoando-vos mutuamente, se alguém tem
de lamentar-se com relação aos outros.
Como o Senhor vos perdoou, perdoai
também vós. 14Acima de tudo, buscai o
amor,* que faz a perfeita união.† 15Que
a paz de Cristo reine em vossos corações, pois a ela fostes chamados para
formar um só corpo. Vivei dando graças a Deus!
16Que a palavra de Cristo habite em
vós com toda a sua riqueza. Ensinai-vos
e exortai-vos uns aos outros com toda
sabedoria, cantando a Deus de coração
agradecido com salmos, hinos e cânticos espirituais. 17E tudo o que fizerdes em palavras e obras seja feito em
nome do Senhor Jesus, agradecendo
por meio dele a Deus Pai.*
Virtudes domésticas†. 18Esposas, sede
dóceis a vossos maridos,* como convém no Senhor. 19Maridos, amai vossas
mulheres e não as trateis com dureza.†
20Filhos, obedecei em tudo aos pais,*
porque isto agrada ao Senhor. 21Pais,
não irriteis vossos filhos, para que não
desanimem.
22Servos, obedecei em tudo* a vossos
senhores da terra, não servindo somente quando vos veem, como se faz para
agradar aos homens, mas na simplicidade do coração, no temor do Senhor.
23Seja qual for vosso trabalho, fazei-o
de coração, como para o Senhor e não
para os homens, 24sabendo que o Senhor vos recompensará, tornando-vos
seus herdeiros. É ao Senhor Cristo que
estais servindo. 25Pois quem comete injustiça* será certamente punido por sua
injustiça, sem acepção de pessoas.

4 1Senhores, concedei a vossos escravos* o que é de justiça e equidade, sabendo que vós também tendes
um Senhor no céu.
Oração e espírito apostólico. 2Sede
assíduos e vigilantes na oração,* dando
graças. 3Rezai também por nós, para

* **3**,5. Rm 6,6.11; 8,13 | 8. Ef 4,19.22.25-31; 5,3-6 | 10. Ef 2,24; Gn 1,26s | 11. 1Cor 12,13; Gl 3,28 | 12. 1Pd 2,9; Ef 4,2.32; 5,2; Mt 6,14 | 14. Rm 13,8.10; 1Cor 12,12.27; Ef 4,3s; 5,19 | 17. 1Cor 10,31; Ef 5,20 | 18. Ef 5,22; 6,1; 1Pd 3,1.7 | 20. Ef 6,4-8 | 22. Rm 12,2; 12,11 | 25. Rm 2,11 | **4**,1. Ef 6,9; Lv 25,43.53 | 2. Ef 6,18s; Fl 4,9; 2Ts 3,1; Rm 15,30ss

† **3**,9. Lit. "despojados do homem velho", o qual simboliza todo o comportamento pecaminoso da pessoa que não tem a graça de Cristo. | 10. Lit. "homem novo", expressão que indica a pessoa transformada radicalmente pelo Batismo. Cristo, novo Adão, 1Cor 15,45, e imagem de Deus, 1,15, recria a pessoa à imagem de Deus, "na justiça e na santidade verdadeiras", Ef 4,24. | 14. O amor é o laço perfeito que une intimamente todos os fiéis. | 18. O lar é a primeira escola de vida cristã, onde se aprende a fadiga e a alegria do trabalho, o amor fraterno, o perdão generoso e sobretudo o culto divino pela oração e pela oferenda da própria vida, v. 17. | 19. Paulo não exprime o relacionamento familiar no sentido de dominação e sujeição, como era comum na época. Mostra que os deveres são recíprocos, e que a convivência deve ser inspirada por princípios cristãos, "no Senhor". | **4**,3. O ministério pastoral da Igreja precisa da oração de seus fiéis para ser eficaz.

que Deus nos abra a porta da prega-
ção e possamos anunciar o mistério de
Cristo†, pelo qual estou na prisão; 4que
eu possa de fato proclamá-lo pela pa-
lavra, como é minha obrigação.
5Comportai-vos com sabedoria com
os de fora; sabei tirar partido do tempo
presente. 6Que vossa linguagem seja
sempre amável,* oportuna, sabendo
responder a cada um como convém.
Notícias pessoais. 7Sobre minha pessoa,
recebereis todas as notícias* por meio de
Tíquico†, esse irmão amado, que é meu
fiel assistente e companheiro no serviço
do Senhor. 8Eu o envio a vós para vos co-
municar nossas notícias e confortar vos-
sos corações. 9Com ele irá Onésimo†, o
irmão fiel e amado, que é de vossa terra.
Eles vos informarão a respeito de tudo o
que está acontecendo aqui.
Saudações finais. 10Aristarco, meu
companheiro de prisão,* vos saúda,
como também Marcos†, primo de Bar-
nabé, sobre o qual recebestes instru-
ções: se ele chegar até aí, dai-lhe boa
acolhida. 11Saúda-vos também Jesus,
chamado Justo. Dentre os que vieram
do judaísmo são estes os únicos que
trabalharam comigo pelo Reino de
Deus e têm sido para mim um consolo.
12Saúda-vos Epafras,* vosso compa-
triota, servo de Cristo Jesus, que não
cessa de lutar por vós em suas orações,
a fim de que permaneçais firmes, per-
feitos e cumprindo em tudo a vontade
de Deus. 13Sim, dou-vos esse testemu-
nho de que ele trabalha muito por vós,
como também pelos de Laodiceia e de
Hierápolis.* 14Recebei as saudações de
Lucas†, o caro médico, e de Demas.
15Saudai os irmãos, que estão em
Laodiceia, e Ninfa com a igreja que se
reúne na casa dela. 16Depois que esta
carta for lida para vós, fazei com que
seja lida também na Igreja de Laodi-
ceia, e lede também a que virá de Lao-
diceia†. 17Dizei a Árquipo: "Cuida bem*
do ministério que recebeste no Senhor
e trata de cumpri-lo bem".
18A saudação é de meu próprio pu-
nho,* Paulo. Lembrai-vos de minhas
prisões! A graça esteja convosco!

---

* **4**,6. Ef 4,29; Mc 9,50; 1Pd 3,15 | 7. At 20,4; Ef 6,21; Fm 10 | 10. At 19,29; 20,4; 27,2 | 12. 1,7; Fm 23 | 13. 2Tm 4,10s; Fm 24 | 17. Fm 2 | 18. 1Cor 16,21; 2Ts 3,17

† **4**,7. Tíquico é o portador desta carta aos colossenses. | 9. Este é o escravo fugitivo que Paulo batizou na prisão e devolveu a seu patrão Filêmon com uma carta de recomendação, que faz parte da Bíblia. | 10. Também chamado João Marcos, é o autor do 2º Evangelho, At 12,12.25; 2Tm 4,11. Foi também companheiro de Pedro, 1Pd 5,13. | 14. Lucas foi companheiro de Paulo em suas viagens e até em seu último cativeiro, 2Tm 4,11; é o autor do 3º Evangelho e dos Atos dos Apóstolos. | 16. Esta carta a Laodiceia se perdeu, mas pode ser a Carta aos Efésios, que talvez fosse uma circular para todas as comunidades da região. Dessa troca de cartas entre as comunidades nasceu a coleção das Cartas Paulinas, tal como a possuímos.

PRIMEIRA CARTA AOS TESSALONICENSES

Foi no ano 50, no decurso de sua segunda viagem missionária que Paulo evangelizou Tessalônica, capital da Macedônia e porto florescente junto ao mar Egeu. Os inícios da fundação dessa comunidade, a segunda que Paulo formou na Europa (a primeira foi Filipos), estão descritos em At 17,1-10. Acompanhado de Silas e de Timóteo, Paulo, conforme seu costume, pregou primeiro aos judeus na sinagoga deles aos sábados, durante três semanas, mostrando-lhes que Jesus é o Messias. Conseguiu poucos adeptos entre os judeus, mas muitos entre os pagãos. Os judeus, invejosos, acusaram Paulo de afirmar que há um outro rei – Jesus –, e tanto o perseguiram, que ele se viu forçado a abandonar a cidade, partindo então para Bereia. Mas também nessa outra cidade os judeus de Tessalônica vieram importuná-lo e ele seguiu para Atenas, donde mandou Timóteo a Tessalônica, para confirmar na fé os cristãos perseguidos. Depois, Paulo vai para Corinto, onde Timóteo vem ter com ele, trazendo boas notícias de Tessalônica. Então, no início do ano 51, Paulo escreve a primeira carta aos Tessalonicenses, o escrito mais antigo do Novo Testamento.

A comunidade tinha permanecido fiel e perseverante na fé, apesar das perseguições, e isto é para Paulo motivo de ação de graças (cap. 1). Mas é preciso ainda corrigir algumas imperfeições e advertir contra os perigos da impureza pagã (2–3). O objetivo principal da carta, porém, é esclarecer os leitores quanto à sorte dos fiéis que já morreram (cap. 4) e apontar as atitudes que o dia do Senhor exige do cristão (cap. 5).

I. PAULO FALA DE SUA MISSÃO (1–3)

1 **Saudação e ação de graças.**
1Paulo, Silvano e Timóteo† à Igre-
ja dos tessalonicenses,* que está em
Deus Pai e no Senhor Jesus Cristo. A
vós, graça e paz!
2Sempre rendemos graças a Deus*
por todos vós, lembrando-nos de vós
em nossas orações, continuamente 3re-
cordando, diante de Deus, nosso Pai,
vossa fé atuante, vossa caridade ope-
rosa e vossa constante esperança em
nosso Senhor Jesus Cristo†.
A fé dos tessalonicenses. 4Bem sa-
bemos, irmãos amados de Deus, que
sois do número dos escolhidos. 5Por-
que nosso Evangelho foi pregado a
vós* não somente com palavras, mas
com grande eficácia no Espírito Santo
e com plena convicção, e sabeis como
procedemos no meio de vós, para vos-
so bem. 6E vos fizestes imitadores nos-
sos e do Senhor,* acolhendo a Palavra
na alegria do Espírito Santo, embora
entre grandes tribulações, 7de modo
a vos tornardes um exemplo para to-
dos os fiéis da Macedônia e da Acaia.
8Com efeito, partindo de vós, a palavra
do Senhor divulgou-se, não somente
na Macedônia e na Acaia, mas a fama
de vossa fé em Deus propagou-se por
toda a parte, de maneira que já não
temos necessidade de falar disso. 9De
fato, são eles que falam da acolhida*
que tivemos entre vós e de como vos
convertestes a Deus, abandonando os
ídolos para servir ao Deus vivo e verda-
deiro 10e esperar do céu seu Filho, que
Ele ressuscitou dos mortos, Jesus, que
nos livrará da ira que há de vir†.

2 **O apostolado de Paulo.** 1Vós
mesmos sabeis, irmãos,* que nos-
sa vinda entre vós não foi em vão.

---

* **1**,1. 2Ts 1,1; At 14,17 | 2. 2Ts 1,11; 1Cor 13,13; At 17,5-9 | 5. 2Ts 2,13; Rm 1,7 | 6. 1Cor 4,16; Fl 3,17; At 13,32; Rm 1,8 | 9. At 14,15; 17,31; 1Cor 12,2; Fl 3,20; Tt 2,13 | **2**,1. 1,9; At 16,20-24; Ef 6,20

† **1**,1. Esses três são os membros do grupo missionário que está evangelizando Corinto e de lá envia a Carta aos Tessalonicenses. Silvano é a forma romana do nome hebraico Silas; é o mesmo personagem de At 15,22.27. | 3. Paulo elogia os convertidos tessalonicenses e, sob a forma de ação de graças, dá a definição do cristão: é aquele que vive das virtudes teologais, fé, esperança e caridade. | 10. Os vv. 9s descrevem a conversão como abandono dos ídolos, busca de Deus, a quem é preciso servir como único e verdadeiro Deus, vivendo na vigilância, aguardando a segunda vinda de Jesus.

2Tínhamos suportado, em Filipos, sofrimentos e insultos†, como sabeis, mas nosso Deus nos concedeu pregar com toda a ousadia diante de vós o Evangelho de Deus, no meio de uma luta sofrida. 3E ao vos exortar, não nos inspiramos nem no erro, nem na impureza, nem tentamos usar de fraude alguma. 4Mas, tendo Deus confiado a nós* o Evangelho, depois de nos ter provado, assim o pregamos, procurando agradar não aos homens, mas a Deus, que prova nossos corações†. 5Jamais temos falado uma palavra de adulação, vós o sabeis, nem tivemos intenção de lucro – disso Deus é testemunha; 6nem temos procurado a glória humana, nem de vós e nem de outros. 7Ainda que nós, na qualidade de apóstolos de Cristo, pudéssemos fazer valer nossa autoridade, apresentamo-nos, contudo, no meio de vós, cheios de bondade, qual mãe que nutre e acaricia seus filhos. 8Tal era nossa ternura por vós, que desejávamos dar-vos não somente o Evangelho de Deus, mas até a própria vida, porque muito vos amamos. 9De fato, irmãos, ainda vos lembrais* de nossos trabalhos e fadigas: trabalhamos dia e noite para não sermos pesados a nenhum de vós,* enquanto vos pregávamos o Evangelho de Deus†. 10Vós sois testemunhas, e Deus também, de como nossa atitude para convosco, que crestes, foi santa, justa e irrepreensível. 11E sabeis que, assim como faz um pai com seus filhos, nós exortamos cada um de vós†, 12encorajamos e suplicamos* que levásseis uma vida digna de Deus que vos chama a seu Reino e a sua glória.

Elogio aos tessalonicenses. 13Por isso também não cessamos de agradecer a Deus,* porque, tendo recebido de nós a palavra de Deus, vós a acolhestes, não como palavra humana, mas como de fato é, como palavra de Deus†, que produz efeito em vós, os fiéis. 14Pois vós, irmãos, passastes a imitar as Igrejas de Deus* que estão na Judeia, em Cristo Jesus, porque também vós sofrestes da parte de vossos compatriotas, como eles da parte dos judeus, 15os quais mataram o Senhor Jesus* e os profetas, e nos perseguiram; não agradam a Deus, são inimigos de todos os homens, 16impedindo-nos de pregar aos pagãos* para a salvação deles†, levando assim ao cúmulo seu pecado em todo o tempo. Mas caiu sobre eles a cólera divina até o fim.

Desejo de rever a comunidade. 17Quanto a nós, irmãos, separados de vós* por pouco tempo, longe dos olhos mas não do coração, redobramos os esforços para ir rever-vos, tão grande era nossa saudade. 18Quisemos, pois, ir até vós – eu mesmo, Paulo, uma, duas vezes –, mas Satanás* no-lo impediu†. 19Com efeito, qual é nossa esperança, nossa alegria, a coroa da qual seremos orgulhosos, a não ser vós, na presença de nosso Senhor Jesus por ocasião de sua vinda? 20Sim, sois vós nossa glória e nossa alegria.

---

* **2**,4. Gl 1,10; Jr 11,20; Sl 17,3; At 20,33; 1Cor 9,1-15; 2Cor 12,14 | 9. At 18,3; 20,34 / 2Ts 3,7 | 12. At 20,31; 1Pd 5,10 | 13. 1,2; Gl 1,11s | 14. 1Cor 11,1; At 17,13 | 15. At 2,23; 7,52; 17,5 | 16. Rm 1,18; Gn 15,16 | 17. 3,10 | 18. Fl 2,16; 4,1 | **3**,1. At 17,14s; 2Cor 6,1; 1Cor 3,9 | 3. Ef 3,13; 2Ts 1,4; 2Tm 3,12; At 14,22; Fl 2,16; 1Cor 15,58 | 6. At 18,5 / Rm 1,11

† **2**,2. Paulo refere-se aos fatos narrados em At 16. Somente pela graça de Deus e pela fortaleza do Espírito, Paulo teria como continuar a luta pela pregação do Evangelho após o que sofreu em Filipos. | 4. Em 1Cor 3,13 Paulo repete que só a Deus deve prestar contas de seu apostolado; a Ele pertence todo juízo e só a Ele o apóstolo procura agradar e servir. | 9. Embora tivesse o direito de ser sustentado pelas comunidades às quais evangelizava, Lc 10,7, Paulo quer dar o exemplo do trabalho, para poder repreender os indolentes, 2Ts 3,7-10, e para cortar pela raiz toda acusação de ganância, At 20,33s. O trabalho manual (Paulo fazia tendas, At 18,3), prolongado até altas horas da noite, depois de um dia de atividade intensa, devia ser extremamente cansativo. | 11. Em poucas cartas se encontram expressões de tanta ternura e carinho: Paulo se compara a uma ama que acalenta e à mãe que dá a vida, v.7s, e a um pai que educa os filhos, v.11; 1Cor 4,15. | 13. Como os profetas do AT, Paulo tem consciência de falar em nome de Deus, proclamando não uma mensagem própria, mas a do mesmo Evangelho de Cristo, 1Cor 1,23. | 16. Conforme a predição de Jesus, Jo 15,20, os discípulos sofrem a mesma sorte do Mestre; perseguidos na Judeia, são perseguidos também fora de lá, na Diáspora. Os judeus são como os fariseus, a quem Jesus censura por não entrarem no Reino, nem deixarem os outros entrar, Mt 23,13. | 18. Nas barreiras internas da comunidade, Paulo vê a ação de Satanás.

3 **A missão de Timóteo.** 1Assim,
não podendo mais esperar, re-
solvemos ficar* sós em Atenas 2e vos
enviar Timóteo, nosso irmão e colabo-
rador de Deus no Evangelho de Cristo,
para vos fortalecer e reconfortar em
vossa fé, 3a fim de que ninguém se dei-
xe abalar* por essas tribulações. Pois
vós mesmos sabeis que a isto estamos
destinados; 4já quando estávamos en-
tre vós, vos predizíamos que teríamos
de sofrer tribulações, e foi isto que
aconteceu, como vós sabeis. 5Foi por
isso que, não podendo mais esperar,
eu o enviei para se informar sobre vos-
sa fé, por temor de que o Tentador vos
tivesse tentado, e nosso trabalho tives-
se sido perdido†.
6Agora, Timóteo acaba de voltar
da visita* que vos fez e nos deu boas
notícias de vossa fé, de vosso amor e
da lembrança sempre viva que de nós
guardais, desejando rever-nos tanto*
quanto nós queremos rever-vos. 7En-
contramos nisso, irmãos, um reconfor-
to a vosso respeito no meio de todas
as nossas angústias e tribulações por
vossa fé. 8Agora recobramos o ânimo,
porque vós vos mantendes firmes no
Senhor. 9Como poderíamos agradecer
bastante a Deus a respeito de vós toda
a alegria que sentimos por vossa cau-
sa diante de nosso Deus? 10Dia e noite
lhe pedimos, com viva insistência, que
possamos rever vosso rosto e comple-
tar o que ainda falta em vossa fé†.
11Que o próprio Deus, nosso Pai, e
nosso Senhor Jesus dirijam nosso ca-
minho para vós. 12Que o Senhor vos
conceda* crescer e prosperar no amor
de uns para com os outros e para com
todos, como o amor que sentimos por
vós. 13Que Ele assim confirme vossos
corações numa santidade irrepreensí-
vel diante de Deus, nosso Pai, no dia
da vinda de nosso Senhor Jesus Cristo
com todos os seus santos.

II. EXORTAÇÕES E CONSELHOS (4–5)

4 **A santidade que Deus quer.** 1No
mais, irmãos, nós vos pedimos e su-
plicamos* no Senhor Jesus: já aprendes-
tes de nós a maneira como deveis viver
para agradar a Deus, e isto já estais prati-
cando. Fazei nisto mais progresso ainda.
2Conheceis, de fato, as prescrições que
vos demos em nome do Senhor Jesus.
3Porque esta é a vontade de Deus:*
vossa santificação†; que vos abstenhais
da impureza, 4que cada um saiba usar
o corpo com santidade e respeito, 5não
como objeto de paixões desregradas*
como fazem os pagãos que não conhe-
cem a Deus; 6que ninguém desta forma
oprima ou engane seu irmão, porque o
Senhor vinga tudo isso, como já vos fa-
lamos e provamos. 7Pois Deus não nos
chamou à impureza, mas à santidade.
8Por isso, quem despreza estas normas
não é a um homem que despreza, mas
a Deus, que vos concede o dom de seu
Espírito Santo.
Caridade fraterna. 9Sobre o amor fra-
terno,* não precisais que vos escreva,
pois vós mesmos aprendestes de Deus
a vos amar mutuamente, 10e vós bem o
praticais para com todos os irmãos de
toda a Macedônia. Mas vos exortamos,
irmãos, a progredir ainda nesse amor,
11esforçando-vos por viver calmos,*
ocupando-se cada um de seus negó-
cios e trabalhando com as próprias
mãos, como vos ordenamos, 12a fim de
levardes uma vida honrada* em relação
aos de fora e não terdes necessidade
de ninguém.

---

* **3**,12. 2Ts 2,16; Gl 6,10; Zc 14,5; 1Cor 1,8; Fl 1,10 | **4**,1. Rm 12,1s; 14,18; Fl 4,18 | 3. 1Ts 5,23; Hb 10,10; 1Cor 6,13.15 | 5. Jr 10,25; 1Cor 15,34; Sl 94,1; Dt 32,35; Ez 37,14; Rm 5,5 | 9. Rm 12,10; At 20,34 | 11. Ef 4,28; 2Ts 3,12 | 12. 1Cor 10,32; Cl 4,5

† **3**,5. Paulo receia que o joio tenha sido semeado no meio do trigo pelo diabo, Mt 13,25, o adversário da salvação. | 10. A pregação de Paulo em Tessalônica foi interrompida pelas perseguições, que provocaram sua partida prematura, At 17,10. Faltava uma instrução sólida, que fundamentasse uma fé mais firme. | **4**,3. No AT Deus exigia a santidade do povo que lhe pertencia, porque Ele também é santo, Lv 11,45. Jesus apresentou como ideal a perfeição do Pai celeste, Mt 5,48. A santidade não consiste em algo externo ao homem, mas na retidão do homem, que rejeita o vício e pratica a virtude.

A espera do Dia do Senhor.† 13Não queremos que ignoreis,* irmãos, o que se passa com os mortos, para que não fiqueis tristes como os outros, os que não têm esperança. 14Pois, se cremos que Jesus morreu e ressuscitou,* cremos também que Deus levará consigo, por meio de Jesus, os que nele morreram. 15Com efeito, eis o que temos a dizer-vos, conforme um ensinamento do Senhor†: nós, os vivos, os que tivermos ficado para a vinda do Senhor,* não precederemos os que morreram. 16Pois o próprio Senhor, a um sinal dado pela voz do arcanjo e pela trombeta de Deus, descerá do céu, e os mortos que estão em Cristo ressuscitarão primeiro; 17depois nós, os vivos, os que tivermos ficado, seremos arrebatados junto com eles nas nuvens, ao encontro do Senhor nos ares. E assim estaremos sempre com o Senhor†. 18Consolai-vos, pois, uns aos outros com essas palavras.*

5 **A vigilância cristã.** 1Quanto aos tempos e aos momentos,* não precisais que eu vos escreva; 2sabeis muito bem que o dia do Senhor† vem como um ladrão de noite. 3Quando se disser: "Há paz e segurança", então, de repente, cairá sobre eles a destruição, como as dores do parto de uma mulher grávida, e não poderão escapar. 4Mas vós, irmãos, não estais nas trevas, expostos a serdes surpreendidos por aquele dia, como por um ladrão, 5porque todos vós sois filhos da luz e filhos do dia†. Nós não somos da noite* nem das trevas; 6por isso, não durmamos como os outros, mas vigiemos e sejamos sóbrios. 7Os que dormem, dormem de noite; os que se embriagam fazem-no de noite. 8Nós, porém, que somos do dia,* devemos ser sóbrios. Revistamo-nos da couraça da fé e do amor, tendo como capacete a esperança da salvação†. 9Porque Deus não nos destinou para sua cólera, mas para entrarmos na posse da salvação por nosso Senhor Jesus Cristo, 10que morreu por nós a fim de que, acordados* ou adormecidos†, vivamos unidos a ele. 11Por isso confortai-vos mutuamente, edificando-vos uns aos outros, como já o fazeis.

Exortações finais e saudações. 12Nós vos pedimos,* irmãos, que tenhais respeito por aqueles que se esforçam no meio de vós, que vos governam no Senhor† e vos aconselham. 13Estimai-os com amor especial, em razão do trabalho deles. Vivei em paz entre vós.

14Nós vos exortamos, irmãos, repreendei os desordeiros, encorajai os tímidos,* sustentai os fracos, tende paciência com todos. 15Cuidai que ninguém pague o mal com o mal, mas procurai sempre o bem, quer entre vós, quer para com todos.

16Vivei sempre alegres. 17Rezai continuamente†. 18Em todas as ocasiões dai graças a Deus. Esta é a vontade de Deus a respeito de vós em Cristo Jesus.

---

* **4**,13. Ef 2,12 | 14. 1Cor 15,4s.23.51s; Rm 14,9 | 15. Mt 24,31; 2Ts 1,7; 1Cor 15,52 | 18. At 8,37 | **5**,1. At 1,7; Mt 24,36.43; Lc 12,39; Jr 6,14 | 5. Rm 13,2; Ef 5,9 | 8. Is 59,17; Ef 6,13-17; Sb 5,18 | 10. Rm 14,8s | 12. 1Cor 16,18 | 14. 2Ts 3,6.11.15; Pr 20,22

† **4**,13. Paulo responde a uma dúvida da comunidade, tranquilizando os fiéis: os que já morreram em nada serão inferiores aos que estiverem vivos quando o Senhor vier. Ele se imagina presente a esta vinda, v.15, mas sabe que ninguém conhece o dia nem a hora, 5,2. | 15. Alguma palavra de Jesus que não está nos evangelhos e foi transmitida pela tradição ou alguma revelação pessoal que Paulo recebeu, Ef 3,3. | 17. "Eu não morro, entro na Vida" (S. Teresinha). | **5**,2. O dia do Senhor designa aqui a 2ª vinda de Jesus, que porá fim à história humana. Já que ninguém conhece o dia nem a hora, Mc 13,32, a atitude dos cristãos deve ser de vigilância, o que não seria possível se fossem filhos das trevas e vivessem na ignorância, v. 5. | 5. "Filhos da luz" significa feitos para a luz: a luz é seu ambiente. | 8. Não basta estar vigilante, atento e sóbrio para esperar o dia do Senhor; a vida cristã é uma luta e é preciso estar armado para enfrentá-la. O cristão encontra sua força na fé, na esperança e na caridade. | 10. Isto é, vivos ou mortos. O sono é a imagem da morte. A palavra "cemitério" significa "dormitório". A ressurreição é um despertar, Ef 5,14. | 12. Em cada comunidade, Paulo deixava como representante de sua autoridade um chefe, para o qual exigia o mesmo respeito que a ele, como guardião da união e da paz. | 17. "Teu desejo é oração, e se o desejo é contínuo, contínua é também a oração" (S. Agostinho).

[19]Não apagueis o Espírito†. [20]Não
desprezeis as profecias. [21]Examinai
tudo e ficai com o que é bom. [22]Apar-
tai-vos de toda espécie de mal.
[23]Que o Deus da paz* vos leve à san-
tidade perfeita, e todo o vosso ser – es-
pírito, alma e corpo –† se conserve sem
mancha até a vinda de nosso Senhor
Jesus Cristo. [24]Aquele que vos chama
é fiel* e saberá cumprir tudo isso. [25]Ir-
mãos, rezai também por nós. [26]Saudai
todos os irmãos com um beijo santo.
[27]Eu vos conjuro pelo Senhor que esta
carta seja lida* a todos os irmãos.
[28]Que a graça de nosso Senhor Jesus
Cristo esteja convosco.

* **5**,22. 1Cor 14,1; 1Jo 4,1 **|** 23. Rm 15,33 **|** 24. 1Cor 1,8s **|** 27. 1Cor 1,8; Rm 16,16; 1Cor 16,20

† **5**,19. Não fazer nada que possa contrariar as manifestações dos carismas do Espírito. **|** 23. Espírito, alma e corpo designam a pessoa humana toda sob um ou outro aspecto: o espírito, enquanto criatura; a alma, enquanto ser vivo; o corpo, enquanto ser corpóreo e social.

SEGUNDA CARTA AOS TESSALONICENSES

Já sabemos, pela leitura da primeira carta aos Tessalonicenses, que Tessalônica era uma comunidade na qual era intensa a espera do dia do Senhor. A primeira carta conseguira seu objetivo de consolar e animar a comunidade, que vivia na angústia e na incerteza quanto à sorte de seus falecidos.

Mas eis que, logo depois, no mesmo ano 51, Paulo recebe novas notícias de Tessalônica: o problema escatológico reaparecera, agora sob um outro aspecto: divulga-se entre os fiéis a doutrina da iminência do fim do mundo (2Ts 2,2). Fundados em pretensas revelações do Espírito, em interpretações deturpadas de palavras do Apóstolo, chegando até a falsificar escritos seus, esses exaltados lançavam a agitação e a desordem na comunidade, com sua pregação de que o dia do Senhor estava às portas. A comunidade desorientou-se, vivia alienada, e alguns abandonaram por completo o trabalho (2Ts 3,6-12) e os compromissos da vida quotidiana, na expectativa do último dia. O resultado daquela vida ociosa era o escândalo de uma comunidade inteira penando na miséria e na fome por causa de seu iluminismo. Paulo viu todos esses perigos e procura corrigir os abusos e esclarecer os pontos contestados da doutrina escatológica.

Depois de uma ação de graças (cap. 1), dá novas instruções sobre a parusia, mostrando que ela será precedida de determinados sinais, que ainda não aconteceram (cap. 2), e depois exorta à oração, ao trabalho e à obediência (cap. 3).

I. A VINDA DO SENHOR (1–2)

1 **Saudação.** 1Paulo, Silvano e Timó-
teo* à Igreja dos tessalonicenses,
que está em Deus nosso Pai e no Senhor
Jesus Cristo: 2graça a vós e paz da parte
de Deus Pai e do Senhor Jesus Cristo.
A fé no meio das perseguições. 3De-
vemos dar graças a Deus* a todo mo-
mento por vossa causa, irmãos, e isso é
justo, porque vossa fé está em grande
progresso e cresce vosso amor mútuo,
4a tal ponto que somos orgulhosos* de
vós entre as Igrejas de Deus por causa
de vossa constância e de vossa fé no
meio de todas as perseguições e tribu-
lações que enfrentais. 5Assim se mani-
festa o justo juízo de Deus,* que vos
proclamará dignos do Reino de Deus
pelo qual agora sofreis.
6É justo, com efeito, que Deus dê em
paga aflição àqueles que vos afligem 7e
o repouso conosco a vós que sofreis,*
quando o Senhor Jesus se revelar do
alto do céu, com os anjos de seu poder,
8no meio duma chama ardente†, para ti-
rar vingança dos que não reconhecem a
Deus e não obedecem ao Evangelho de
nosso Senhor Jesus. 9Estes serão casti-
gados com a ruína eterna, afastados da
face do Senhor e da glória de seu poder,
10quando ele vier, naquele dia, para ser
glorificado em seus santos e admirado
em todos os que tiverem acreditado; e
vós acreditastes em nosso testemunho.
11Também por isso rezamos sempre
por vós, para que nosso Deus vos faça
dignos de seu chamado, vos faça reali-
zar por seu poder todo o vosso desejo
de praticar o bem e torne atuante vos-
sa fé. 12Assim, o nome de nosso Senhor
Jesus Cristo será glorificado em vós,*
e vós nele†, segundo a graça de nosso
Deus e do Senhor Jesus Cristo.

2 **Os sinais da vinda do Senhor†.**
1Quanto à vinda de nosso Senhor
Jesus Cristo* e nossa reunião com Ele,
nós vos rogamos, irmãos, 2que não fi-

---

* **1**,1. 1Ts 1,1 | 3. 1Ts 1,2 | 4. 2Cor 7,4 | 5. 1Ts 2,12 | 7. 1Cor 1,7; 1Ts 3,13; 4,16; Sl 79,6; 89,8; Is 2,10; 49,3; 66,15; Jr 10,25 | 12. Is 66,5 | **2**,1. 1Ts 4,13.17

† **1**,8. O fogo é o símbolo bíblico mais frequente para indicar a manifestação de Deus, que é espírito, Êx 3,2. Aqui (ver também Is 66,15) o fogo representa a justiça e a majestade de Jesus, que vem julgar o mundo, dando a cada um a recompensa ou o castigo merecido. | 12. No dia do triunfo definitivo de Jesus, 1Cor 15,25, junto com Ele serão glorificados também todos os seus eleitos. | **2**. A vinda do Senhor será precedida de dois sinais: a apostasia e o aparecimento do filho da perdição.

queis facilmente desnorteados ou apavorados por causa de revelação profética, palavra ou carta atribuída a nós, como se o dia do Senhor estivesse perto. 3Que ninguém vos engane* de nenhum modo. Pois antes deve vir a apostasia† e deve revelar-se o Ímpio, o Condenado, 4o Adversário†, aquele que se levanta acima de tudo o que traz o nome de Deus ou recebe um culto, chegando até a sentar-se em pessoa no santuário de Deus, apresentando-se como Deus. 5Não vos lembrais de que, quando eu ainda estava convosco, vos dizia essas coisas?

6E agora sabeis o que impede sua manifestação, que acontecerá em sua hora. 7Pois o mistério da iniquidade* já está agindo, mas é necessário que seja afastado aquele que até agora o retém†. 8Então o Ímpio se revelará,* mas o Senhor Jesus o fará desaparecer com o sopro de sua boca e o aniquilará pelo resplendor de sua vinda.

9A vinda do Ímpio será acompanhada, por obra de Satanás, de toda a espécie de portentos, de sinais e de prodígios enganadores, 10e de toda a espécie de sedução do mal, para os que são destinados à perdição, por não terem acolhido o amor da verdade para serem salvos. 11Eis por que Deus lhes envia* uma potência enganadora†, que os leva a crer na mentira, 12de tal sorte que sejam condenados todos os que não creram na verdade, mas se deleitaram com a injustiça.

A firmeza na fé. 13Nós, porém, devemos dar graças a Deus* por vós a todo momento, irmãos amados do Senhor, porque Deus vos escolheu como primícias, para serdes salvos pelo Espírito santificador e pela fé na verdade. 14Foi a isso que Ele vos chamou* por nosso Evangelho, para que tomeis posse da glória de nosso Senhor Jesus Cristo. 15Portanto, irmãos, ficai firmes, guardai fielmente as tradições* que aprendestes de nós, de viva voz ou por carta†. 16Que o mesmo nosso Senhor Jesus Cristo e também Deus, nosso Pai, que nos amou e nos deu pela graça a consolação eterna e uma esperança feliz, 17anime vossos corações e vos fortaleça em toda obra e palavra boa.

II. EXORTAÇÕES PRÁTICAS (3)

3 **Oração e trabalho**†. 1Enfim, irmãos, rezai por nós,* para que a palavra do Senhor seja difundida e honrada como o é entre vós; 2e para que sejamos livres dos homens perversos e malvados, pois nem todos têm a fé. 3Porém, o Senhor é fiel:* ele vos confirmará e vos guardará do Maligno. 4E quanto a vós, temos esta confiança no Senhor de que estais seguindo nossas orientações e continuareis a fazê-lo. 5Que o Senhor dirija vossos corações para o amor de Deus e a constância de Cristo†.

6Nós vos ordenamos, irmãos,* em nome de nosso Senhor Jesus Cristo, que

---

* **2**,3. Dn 11,31; 1Tm 4,1; Is 57,4; Ez 28,2 | 7. At 20,29 | 8. Is 11,4 | 11. Rm 1,28 | 13. 1Ts 1,4 | 14. Rm 8,30 | 15. 3,6; 1Cor 11,2.23 | **3**,1. Sl 147,15 | 3. 1Cor 1,9 | 6. 2,15; 1Ts 4,1 | 7. At 18,3; 1Cor 9,1-19; Fl 4,10-20 | 11. 1Ts 4,11 | 12. 1Cor 5,9.11

† **2**,3. Conforme as ideias da época, Mt 24,5.11, logo antes do fim do mundo, muitos abandonarão a fé. | 4. Três nomes para designar o mesmo personagem chamado por João de "Anticristo", 1Jo 2,18, que é descrito aqui com termos tirados de Dn 7,27 e 11,36. | 7. Em sua catequese oral, Paulo deve ter falado mais claro sobre este assunto. Não temos como identificar esse "obstáculo" que retém a chegada do Anticristo. Pode ser o poder de Deus, a autoridade civil, a pregação evangélica, entre outros. Mas o ensinamento essencial é que nada escapa à Providência divina, nem mesmo o inimigo de Deus. O poder do bem é tão superior ao do mal, que basta um sopro do Senhor Jesus para aniquilar o Ímpio, v. 8. | 11. Por uma disposição divina, a verdade cega aqueles que não querem deixar-se iluminar, Mc 4,25. | 15. O apóstolo dá o mesmo valor ao que ele ensina escrevendo e ao que ele ensinou de viva voz. A Igreja segue essa atitude, respeitando igualmente a Palavra escrita e a Tradição oral. | **3**. "Reza e trabalha" foi a norma que S. Bento deu a sua Ordem. "Rezai como se tudo dependesse de Deus e trabalhai como se tudo dependesse de vós" (S. Inácio de Loiola). | 5. É a constância que devem praticar os que vivem em Cristo e nos quais o Cristo vive. | 6. Esperando para qualquer momento o fim de tudo, certos cristãos de Tessalônica abandonaram o trabalho e viviam na preguiça e eram sustentados pela comunidade. Paulo ordena que cada um viva do trabalho de suas mãos e mostra como ele próprio não quis fugir à lei geral do trabalho.

fiqueis distantes de todo irmão que leva
uma vida desordenada† e não se con-
forma à tradição que recebestes de nós.
[7]Pois vós bem sabeis como deveis imitar-
-nos, porque não temos vivido* entre vós
na ociosidade, [8]nem comemos gratuita-
mente o pão de quem quer que seja. Pelo
contrário, trabalhamos dia e noite com fa-
diga e esforço para não sermos pesados a
nenhum de vós. [9]Não é que não tivésse-
mos direito a isso, mas porque queríamos
dar-vos um exemplo a imitar.

[10]Com efeito, quando estávamos
convosco, nós vos demos esta norma:
Quem não quiser trabalhar, também
não coma. [11]Pois ouvimos dizer que en-
tre vós há alguns que levam uma vida
desordenada,* muito ocupados em não
fazer nada†. [12]A esses tais ordenamos e
exortamos no Senhor Jesus Cristo, que
trabalhem em paz e assim comam o
pão* ganho com seu trabalho†.

[13]Quanto a vós, irmãos, não vos can-
seis de fazer o bem. [14]Se alguém não
obedece ao que dissemos nesta carta,
observai-o e, para sua confusão, parai
de andar com ele†; [15]contudo, não o
trateis como inimigo, mas repreendei-
-o como a um irmão.

Bênção e saudação. [16]Que o Senhor
da paz vos conceda a paz em todo o
tempo e de todos os modos. Que o Se-
nhor esteja com todos vós. [17]Esta sau-
dação é de minha mão, Paulo. Este é
o sinal que distingue* todas as minhas
cartas: é assim que escrevo†. [18]Que a
graça de nosso Senhor Jesus Cristo es-
teja com todos vós.

---

* **3**,17. 1Cor 16,21; Gl 6,11; Rm 16,20

† **3**,11. No mundo greco-romano, o trabalho era uma atividade para escravos; os hebreus, ao contrário, valorizavam o trabalho e a ele se dedicavam. | 12. "O trabalho humano é próprio das pessoas criadas à imagem do Deus Criador e chamadas a prolongar a obra da criação dominando a terra. Quem trabalha honra os dons do Criador e os talentos recebidos. O trabalho também pode ser redentor, quando sua pena é suportada em união com Jesus, o artesão de Nazaré" (CIC). | 14. Paulo inaugura aqui um tipo de pena "medicinal" que será frequente na Igreja: a excomunhão, a exclusão da pessoa do seio da comunidade. Proíbe os contatos com os culpados, mas unicamente para levá-los ao arrependimento. O cristão pecador ainda é um irmão, não um inimigo. | 17. Paulo ditava suas cartas a um secretário encarregado de copiá-las, Rm 16,22. Mas para prevenir toda a espécie de falsificação, coloca às vezes uma frase de próprio punho, ver 1Cor 16,21; Gl 6,11; Cl 4,18.

PRIMEIRA CARTA A TIMÓTEO

Desde o século XVIII, as duas cartas a Timóteo e a carta a Tito são chamadas "Pastorais", porque expõem a esses dois discípulos, chefes de comunidades, os deveres pastorais que lhes incumbem como primeiros responsáveis pelo rebanho de Cristo.

Discípulo predileto e companheiro inseparável de Paulo, Timóteo nos é bem conhecido pelos Atos dos Apóstolos e por diversas cartas paulinas. Filho de pai grego e mãe judia, chamada Eunice (2Tm 1,5), nasceu em Listra, na Licaônia. Como Paulo o chama de "filho" (1Cor 4,17), é provável que ele próprio o tenha instruído no cristianismo e lhe tenha conferido o Batismo. Na segunda viagem apostólica, passando por Listra, Paulo toma consigo Timóteo para ser seu colaborador no apostolado (At 16,2). Timóteo tornou-se daí por diante seu companheiro fiel e prestimoso, colaborando na fundação de diversas igrejas: Filipos, Tessalônica, Bereia, Corinto, Éfeso. Paulo o encarrega de várias missões: envia-o de Atenas a Tessalônica (1Ts 3,2-6), de Éfeso a Corinto (1Cor 4,17). Esteve com Paulo em Roma no primeiro cativeiro (Cl 1,1) e nas viagens que Paulo fez depois que se viu livre da prisão. Paulo deixou-o em Éfeso, com amplos poderes para governar as igrejas da Ásia (1Tm 1,3).

No ano 65, estando na Macedônia, Paulo lhe envia a primeira carta, confiando-lhe três missões: a) lutar contra as falsas doutrinas, preservando o "bom depósito" da fé pura e autêntica; b) organizar a hierarquia, escolhendo pessoas aptas para os diversos encargos na comunidade; c) zelar pelo progresso da Igreja, incentivando a caridade e a oração, cuidando da boa ordem nas assembleias.

A carta começa com um prólogo (1,1s), ao qual se seguem uma exortação a combater as falsas doutrinas (1,3-20) e diretrizes sobre a oração pública e o culto (2,1-15). Depois trata dos dotes necessários aos ministros da Igreja (3,1-16) e do comportamento diante dos hereges (4,1-16) e diante das várias classes de pessoas (5,1–6,2). Volta a falar dos falsos mestres (6,3-10) e termina com recomendações particulares (6,11-21).

I. AS FALSAS DOUTRINAS (1,1-11)

1 **Saudação.** 1Paulo, Apóstolo do
Cristo Jesus* segundo a ordem de
Deus nosso Salvador† e do Cristo Jesus,
nossa esperança, 2a Timóteo, meu verdadeiro filho† na fé: graça, misericórdia
e paz da parte de Deus Pai e do Cristo
Jesus, nosso Senhor.
Os falsos mestres. 3Ao partir para a
Macedônia, eu te recomendei que ficasses em Éfeso,* para ordenares a
alguns que parassem de ensinar doutrinas estranhas† 4e de se apegar a
fábulas e a genealogias sem fim, mais
próprias para suscitar discussões do
que para servir ao desígnio de Deus
que se realiza na fé. 5Esta exortação
não visa senão promover o amor* que
procede de um coração puro, de uma
boa consciência† e de uma fé sincera.
6Por se terem desviado dessa linha, alguns se extraviaram numa inútil discussão, 7pretendendo ser doutores da lei,
mas não sabem o que estão dizendo
nem o que estão defendendo.
8Sem dúvida, nós sabemos que a lei
é boa,* se dela fizermos uso legítimo,
9sabendo que ela não foi feita para o
justo, mas para os iníquos e os rebeldes, os ímpios e os pecadores, os sacrílegos e os profanadores, os que matam pai e mãe, os homicidas, 10os im-

* **1**,1. 2,3; 4,10; Rm 1,1; 2Tm 1,2; Tt 1,4; Cl 1,27 | 3. 4,7; 6,4.20; At 16,1; 20,1; 2Tm 2,14.16.23; 4,4; Tt 1,14; 3,9 | 5. Rm 13,10; Gl 5,6; 2Tm 2,18 | 8. Rm 7,12.16; Gl 5,23 | 10. 2Tm 1,13; Tt 1,3.9; 2,1s; 2Cor 4,4; 1Ts 2,4

† **1**,1. As Cartas Pastorais dão também ao Pai o título de Salvador, talvez para contrastar o uso pagão deste título para os deuses e o imperador. | 2. Foi Paulo que converteu e batizou Timóteo em sua primeira viagem missionária, At 16,1ss. | 3. Timóteo, que era o mais constante discípulo de Paulo e gozava de maior autoridade, é encarregado de combater as falsas doutrinas de certos doutores. | 5. "A consciência moral é um julgamento da razão, pelo qual a pessoa humana reconhece a qualidade moral de um ato concreto. A consciência boa e pura é esclarecida pela fé verdadeira. Pois a caridade procede ao mesmo tempo de um coração puro, de uma boa consciência e de uma fé sem hipocrisia" (CIC).

puros, os sodomitas, os traficantes de homens, os mentirosos, os perjuros e para todas as outras coisas* opostas à sã doutrina, [11]que é conforme ao Evangelho da glória do Deus bendito, que me foi confiado.

II. AÇÃO DE GRAÇAS (1,12-20)

A vocação de Paulo. [12]Dou graças Àquele que me deu forças,* a nosso Senhor Jesus Cristo, porque me julgou digno de confiança, a ponto de chamar-me para seu serviço. [13]Confiou em mim, que antes tinha sido blasfemo, perseguidor e violento. Mas usou de misericórdia para comigo, porque eu fazia isso por ignorância e ainda não tinha fé. [14]Assim, a graça de nosso Senhor transbordou em mim com a fé e o amor que está em Cristo Jesus.*

[15]Esta é uma palavra digna de fé* e de inteira aceitação: Cristo Jesus veio ao mundo para salvar os pecadores, dos quais eu sou o primeiro†. [16]Mas se encontrei misericórdia, foi para que em mim Jesus Cristo manifestasse, por primeiro, toda a sua bondade, como exemplo para os que deviam crer nele para alcançarem a vida eterna. [17]Ao Rei dos séculos,* incorruptível, invisível e único Deus, honra e glória pelos séculos dos séculos! Amém.

Conservar a fé verdadeira. [18]Tal é a advertência que te dirijo,* Timóteo, meu filho, de acordo com as profecias outrora pronunciadas sobre ti, a fim de que, baseado nelas, te empenhes no bom combate, [19]com fé e boa consciência;* porque a rejeitaram, alguns naufragaram na fé, [20]entre estes, Himeneu e Alexandre, que entreguei a Satanás* para ensinar-lhes a não mais blasfemar†.

III. A ORAÇÃO DO CRISTÃO (2)

2 **Para quem se deve rezar.** [1]Antes de mais nada,* eu te recomendo que se façam pedidos, súplicas, orações e ações de graças por todos: [2]pelos reis e pelos que estão no poder, para que possamos levar uma vida calma e tranquila, com toda piedade e honestidade. [3]Isto é uma boa coisa e agrada a Deus,* nosso Salvador; [4]ele quer que todos os homens sejam salvos e cheguem ao conhecimento da verdade. [5]Pois há um só Deus e também há um só mediador* entre Deus e os homens: o homem Cristo Jesus†, [6]que se entregou como resgate por todos. Este é o testemunho que ele deu nos tempos estabelecidos. [7]Digo a verdade e não minto: fui designado para ser pregador e apóstolo desse testemunho, mestre dos pagãos na fé e na verdade. [8]Quero, pois, que os homens rezem em todo lugar, erguendo para o céu mãos puras, sem ira e sem contenda.

Recomendações às mulheres. [9]Do mesmo modo, quero que as mulheres* se vistam com decência, adornando-se de pudor e modéstia, não de cabelos trançados, ouro, joias ou vestes luxuosas, [10]mas antes de boas obras, como convém a mulheres que fazem profissão de piedade. [11]A mulher aprenda* em silêncio, com toda a submissão. [12]Não permito a mulher alguma ensinar nem ditar lei ao homem; mas que se conserve em silêncio†. [13]Com efeito, foi Adão que foi formado primeiro, e depois Eva. [14]E não foi Adão que se deixou seduzir, mas a mulher que, se-

* **1**,12. At 8,3; 9,15; Gl 1,13-16 | 14. Rm 5,20 | 15. 4,9; 2Tm 2,11; Tt 3,8; Lc 15,2; 19,10; Mt 9,13; 1Cor 15,9 | 17. 6,16; Rm 16,27; Jd 25 | 18. 4,14; 6,12; 2Tm 4,7 | 19. 3,9; 6,10 | 20. 2Tm 2,17; 4,14; 1Cor 5,5 | **2**,1. Fl 4,6; Rm 12,21; 13,1-7; Tt 3,1 | 3. Ez 18,23; Rm 11,32; 2Pd 3,9 | 5. Hb 8,6; 9,15; 12,24; Mt 20,28; Gl 1,4; 2,20; Tt 2,14; Ef 5,2; Gl 2,7; 2Tm 1,11; At 9,15 | 9. 1Pd 3,3-6 | 11. 5,14; 1Cor 11,8;14,34s; Gn 2,7.22; Gn 3,6.13; 2Cor 11,3

† **1**,15. Porque em sua história pessoal, Paulo sentiu de modo exemplar a misericórdia de Deus para com ele. | 20. Trata-se da excomunhão ou exclusão da Igreja, que visa provocar o arrependimento do culpado. | **2**,5. Jesus é mediador porque, como Deus-homem, morreu pela salvação da humanidade, mostrando-lhe por sua morte o amor do Pai. | 12. Essa prescrição deve ser entendida no contexto cultural da época; a mulher era totalmente dependente do homem.

duzida, caiu em pecado. 15Todavia, ela será salva tornando-se mãe†, contanto que persevere com modéstia na fé, no amor e na santidade.

IV. QUALIDADES DOS OPERÁRIOS DO EVANGELHO (3)†

3 **Os bispos.** 1Esta palavra é digna de fé: quem aspira ao episcopado* deseja uma nobre função. 2É preciso, pois, que o bispo seja irrepreensível, que tenha se casado só uma vez, que seja sóbrio, ponderado, cortês, hospitaleiro, capaz de ensinar; 3que não seja dado ao vinho, nem violento, mas indulgente, pacífico, desapegado do dinheiro; 4que saiba governar bem sua casa e manter seus filhos na submissão de um modo perfeitamente digno. 5Pois quem não sabe governar sua própria casa, como poderá cuidar da Igreja de Deus? 6Que não seja um recém-convertido, para que não se encha de vaidade e venha a incorrer na mesma condenação que o diabo. 7É preciso também que ele goze* de boa reputação junto aos de fora, para não cair em descrédito e nas armadilhas do diabo.

Os diáconos. 8Também os diáconos sejam dignos†, não ambíguos no falar, não inclinados ao excesso na bebida nem ambiciosos de lucros desonestos. 9Que guardem* o mistério da fé† numa consciência pura. 10Também eles primeiro serão submetidos à prova e depois, se de nada forem culpados, serão admitidos a suas funções. 11Que igualmente as mulheres† sejam dignas,* não maldizentes, mas sóbrias e fiéis em tudo. 12Os diáconos não sejam casados senão uma só vez* e devem saber dirigir bem seus filhos e sua casa. 13Os que cumprem bem suas funções adquirem uma posição honrosa e uma grande segurança na fé em Cristo Jesus†.

O mistério da piedade†. 14Eu te escrevo isto, esperando ir em breve* me encontrar contigo. 15No entanto, se eu demorar, é preciso que saibas como comportar-te na casa de Deus, que é a Igreja do Deus vivo, coluna e baluarte da verdade. 16Devemos confessar que é grande o mistério da piedade:

Ele foi manifestado na carne,*
justificado no Espírito†,
apareceu aos anjos,
foi proclamado aos pagãos,
acreditado no mundo,
exaltado na glória.

V. AS NOVAS HERESIAS (4)

4 **A falsa e a verdadeira ascese.** 1O Espírito declara abertamente que, nos últimos tempos,* alguns se afastarão da fé para seguir espíritos enganadores e doutrinas diabólicas, 2seduzidos por mentirosos hipócritas, marcados com ferro em brasa em sua consciência. 3Essas pessoas proíbem o matrimônio e o uso de alimentos* que Deus criou para serem tomados com ação de graças pelos que creem e pelos que têm o conhecimento da verdade. 4Pois tudo o que Deus criou é bom e nenhum alimento deve ser proibido, se for toma-

* **3**,1. 1,15; At 20,29; 2Tm 2,24; Tt 1,6s | 7. 5,10; 2Cor 8,21 | 9. 1,5.19; 3,16; 2Tm 1,3 | 11. Tt 2,3 | 12. 3,2.4 | 14. Hb 3,6; 2Tm 2,20; Ef 2,19-22; 3,10; Rm 1,3s | 16. Jo 1,14; 1Pd 1,12; Mc 16,19; At 1,2.11 | **4**,1. 2Tm 3,1; 4,3; 2Pd 2,1; 3,3; Jd 18; 1Jo 2,18; 4,1; At 20,29s; Mt 24,23s | 3. Gn 9,3; Cl 2,16; At 10,15; Rm 14,14.20; 1Cor 10,30s; Gn 4,31; Mt 15,11 | 6. 2Tm 2,15; Tt 1,4; 3,9 | 8. 1,4; 6,20; 2Tm 2,14.23; 4,4

† **2**,15. Contra os que rejeitavam o matrimônio, o autor afirma que é justamente a maternidade a salvação para a mulher, porque é sua primitiva vocação. | **IV.** "É preciso começar a purificar-se antes de purificar os outros; ser instruído para poder instruir; é preciso tornar-se luz para iluminar, aproximar-se de Deus para aproximar dele os outros, ser santificado para santificar" (S. Gregório de Nazianzo). | **3**,8. Os diáconos eram os encarregados dos bens da comunidade; cuidavam também dos doentes e dos pobres. | 9. "Mistério" é a Boa Nova da salvação, plenamente revelada e realizada em Jesus Cristo. | 11. Paulo parece referir-se às diaconisas, Rm 16,1, e não às esposas dos diáconos. | 13. Os ministérios na Igreja são participação no serviço daquele que veio para servir, Mc 10,45. | 14. A palavra "mistério" significa aqui o Cristo anunciado e vindo ao mundo, que continua na obra da Igreja, e o Cristo em seu retorno triunfal. | 16. Porque foi proclamado verdadeiro Deus sobretudo em sua ressurreição.

do com ação de graças, 5pois a palavra de Deus e a oração o santificam. 6Se tu explicas isso aos irmãos, serás um bom ministro do Cristo Jesus, nutrido dos ensinamentos da fé e da boa doutrina* que tens seguido. 7Rejeita, porém, as fábulas profanas, conversas de gente velha. Exercita-te na piedade, 8porque o exercício físico* não serve para muita coisa, mas a piedade é útil para tudo, pois ela tem a promessa da vida presente e da futura. 9Esta palavra é segura* e digna de todo crédito. 10Se, com efeito, penamos e combatemos, é porque colocamos nossa esperança no Deus vivo, o Salvador de todos, sobretudo dos que creem. 11É isto que deves proclamar e ensinar.

Modelo para os fiéis. 12Que ninguém te despreze por seres jovem.* Ao contrário, mostra-te um modelo para os fiéis pela palavra, pela conduta, pelo amor, pela fé, pela pureza. 13Aguardando minha vinda, consagra-te à leitura, à exortação, ao ensinamento. 14Não descuides o dom espiritual que está em ti, que te foi conferido por uma intervenção profética, com a imposição das mãos† do colégio presbiteral. 15Cuida dessas coisas, dedica-te totalmente a elas, a fim de que todos vejam teus progressos. 16Vigia sobre tua pessoa e sobre teu ensinamento; persevera nessas disposições. Agindo assim, tu te salvarás a ti mesmo e aos que te ouvem.

VI. MODO DE TRATAR OS FIÉIS (5–6)

5 **Modo de repreender.** 1Não repreendas duramente um velho;* ao contrário, exorta-o como a um pai; aos jovens, como a irmãos; 2às mulheres idosas, como a mães; às jovens, como a irmãs em toda pureza.

As viúvas. 3Honra as viúvas, quero dizer, as verdadeiras viúvas. 4Se uma viúva tem filhos ou netos, que eles aprendam primeiro a praticar a piedade para com os da própria família e a retribuir a seus pais: é isto que agrada a Deus. 5Mas a verdadeira viúva†, a que ficou totalmente sozinha, confia em Deus e consagra os dias e as noites* à prece e à oração. 6Quanto àquela que só pensa no prazer, embora viva, está morta. 7Recomenda isto também, para que sejam irrepreensíveis. 8Se alguém não cuida dos seus, sobretudo dos que vivem com ele,* este renegou a fé e é pior que um infiel.

9Só pode ser inscrita no grupo das viúvas a que tem mais de sessenta anos e só se casou uma vez. 10Ela deverá ter em seu favor* o testemunho de suas boas obras: se educou filhos, exerceu a hospitalidade, lavou os pés dos irmãos†, socorreu os aflitos e praticou todo tipo de beneficência. 11Não admitas as viúvas mais jovens, porque, quando são assaltadas por desejos contrários a Cristo, querem casar-se de novo, 12merecendo assim ser condenadas por terem faltado a seu primeiro compromisso. 13Além disso, nada tendo a fazer,* elas aprendem a andar pelas casas e não são apenas ociosas, mas também tagarelas e indiscretas, falando o que não convém. 14Quero, pois, que as viúvas jovens se casem outra vez, que tenham filhos,* que governem sua casa e não deem ao Adversário nenhuma ocasião de insulto. 15Pois algumas já se desviaram para seguir Satanás. 16Se uma mulher cristã tem viúvas em sua família, dê-lhes assistência, a fim de que a Igreja não fique sobrecarregada e possa assim socorrer as verdadeiras viúvas.

---

* **4**,9. 1,15 **|** 12. 1,18; 5,22; 1Cor 16,11; Fl 3,17; Tt 2,7s; 2Tm 1,6; At 6,6; 8,17 **|** **5**,1. Lv 19,32; Tt 2,2s **|** 5. Lc 2,37; 18,7; Jr 49,11; Ap 3,1 **|** 8. Mt 15,5s **|** 10. 2,10; 3,7; Hb 13,2; Jo 13,14; Rm 12,23; Lc 7,44 **|** 13. 2Ts 3,11 **|** 14. 2,15 **|** 17. 1Cor 9,9; 16,16; Fl 2,29; Dt 25,4; Lc 10,7

† **4**,14. A imposição das mãos era um gesto usado para abençoar, curar e transmitir um carisma. Foi também desde o início o gesto sacramental da Crisma, que comunica o Espírito Santo, At 8,17, e da Ordem, à qual o texto se refere. **|** **5**,5. Só as viúvas desamparadas é que podiam pertencer à associação das viúvas, que eram mantidas pela comunidade e lhe prestavam determinados serviços. **|** 10. Gesto de hospitalidade, Lc 7,38.44.

Os presbíteros. 17Os presbíteros que exercem bem* a presidência merecem uma dupla remuneração, sobretudo os que trabalham no ministério da Palavra e do ensino. 18Com efeito, diz a Escritura: "Não porás mordaça ao boi enquanto debulha o trigo"; e ainda: "O operário merece seu salário"†. 19Não aceites acusação* contra um presbítero, a não ser por depoimento de duas ou três testemunhas†. 20Repreende os culpados diante de todos, a fim de que os outros tenham medo. 21Eu te conjuro diante de Deus, do Cristo Jesus e dos anjos eleitos, observa essas normas com imparcialidade, sem nada fazer por favoritismo. 22Não tenhas pressa de impor as mãos* a quem quer que seja†, para não te tornares cúmplice dos pecados de outros. Conserva-te puro. 23Não continues bebendo somente água, mas toma um pouco de vinho por causa de teu estômago e de tuas frequentes indisposições. 24As faltas de certas pessoas aparecem antes mesmo de qualquer julgamento; as de outras, ao contrário, só depois. 25Assim também as boas ações aparecem, e as que não são boas não podem ficar ocultas.

6 **Os escravos.** 1Todos os que estão sob o jugo da escravidão* devem considerar seus senhores como dignos de todo respeito, a fim de que o nome de Deus e a doutrina não sejam blasfemados. 2Aqueles, cujos senhores têm fé, não os desprezem porque são irmãos; ao contrário, sirvam-nos melhor ainda, por serem fiéis e amados os que recebem seus serviços.

A verdadeira piedade. Eis o que deves ensinar e recomendar. 3Se alguém ensina outra coisa* e não segue as salutares palavras de nosso Senhor Jesus Cristo e a doutrina que é conforme a piedade, 4ele é um ser obcecado pelo orgulho, um ignorante, um doente* à procura de controvérsias e de disputas sobre palavras; daí nascem as invejas, as discórdias, as maledicências, as suspeitas malévolas, 5os conflitos entre pessoas de espírito corrupto* e desprovidas da verdade, que consideram a piedade como fonte de lucro. 6A piedade é, de fato, grande fonte de lucro para quem se contenta* com o que tem. 7Pois nada trouxemos a este mundo e assim também nada dele podemos levar. 8Tendo, pois, comida e roupa, fiquemos contentes com isso. 9Pois os que querem ajuntar riquezas* caem na tentação, na armadilha e numa multidão de desejos insensatos e funestos, que mergulham os homens na ruína e na perdição. 10Pois a raiz de todos os males é o amor ao dinheiro†; por seu desejo desenfreado, alguns se desviaram da fé e se envolveram em muitas aflições.

O bom combate da fé. 11Mas tu, homem de Deus,* foge de tudo isso; procura a justiça, a piedade, a fé, o amor, a constância, a mansidão. 12Empenha-te no bom combate da fé, conquista a vida eterna para a qual foste chamado e em vista da qual fizeste tua bela profissão de fé diante de tantas testemunhas. 13Perante Deus, que dá a vida a todas as coisas,* e de Jesus Cristo que, diante de Pôncio Pilatos, deu seu belo testemunho, 14eu te ordeno que guardes o mandamento sem mancha nem repreensão, até a manifestação de nosso Senhor Jesus Cristo, 15que

* **5**,19. Dt 19,5; Mt 18,16; 2Cor 13,1; Gl 2,14 | 22. 2Jo 11; Ap 18,4 | **6**,1. Ef 6,5-8; Tt 2,9s; Cl 3,22-25; 1Cor 7,21s; Fm 16 | 3. 2Tm 1,13; Gl 1,6-9 | 4. 2Tm 2,14; Rm 1,29 | 5. Tt 1,14; 3,11; Rm 1,29; 2Tm 3,8; 4,4 | 6. 4,8; Fl 4,11s; Jó 1,21; Mt 6,25 | 9. Pr 23,4; 28,22; 30,8s; Mt 13,22; Lc 12,15; Ef 5,5 | 11. 2Tm 2,22; 3,17; 4,7; Gl 5,22; 1Cor 9,24-27 | 13. Mt 27,11; Jo 18,36s; 2Tm 4,1; Tt 2,13 | 15. Ap 17,14; 19,16; Cl 4,1; Dt 10,17 | 16. Êx 33,20; Jo 1,18; Cl 1,15 | 17. Sl 62,11; Lc 12,20; Rm 12,16; Tg 1,10

† **5**,18. Frase pronunciada por Jesus, Lc 10,7, mas pode ser um provérbio popular antigo. | 19. Este princípio está na lei mosaica, Dt 17,6 e foi citado também por Jesus, Mt 18,16. | 22. É possível que se trate da reconciliação do pecador arrependido, porém, é mais provável que o gesto indique, também aqui, a consagração de alguém para um ministério na comunidade. | **6**,10. "O que é a riqueza quando não se pensa em Deus? Um ídolo de ouro, um bezerro de ouro, diante do qual se oferecem sacrifícios e se cometem iniquidades" (Dom Oscar Romero).

no tempo estabelecido nos será reve-
lada pelo Soberano único e bendito,
Rei dos reis* e Senhor dos senhores,
16o único que possui a imortalidade,
que habita numa luz inacessível e
que nenhum homem jamais viu* nem
pode ver. A Ele, honra e poder eterno!
Amém.

Conselhos aos ricos. 17Aos ricos des-
te mundo recomenda* que não sejam
orgulhosos, que não coloquem sua
esperança em riquezas precárias, mas
sim em Deus que nos concede tudo
em abundância para nosso gozo. 18Que
eles façam o bem, enriquecendo-se de
boas obras, deem de bom coração, sa-
bendo partilhar; 19desse modo ajuntam
para o futuro* um sólido capital, com
o qual poderão adquirir a vida verda-
deira.

Saudação final. 20Ó Timóteo, guarda o
depósito,* evitando o palavreado pro-
fano e as objeções de uma pretensa ci-
ência; 21por tê-la professado, alguns se
afastaram da fé.

A graça esteja convosco!

*** 6**,19. Mt 6,20; Fl 4,17 **|** 20. 2Tm 1,13s; 2,2; 3,14

SEGUNDA CARTA A TIMÓTEO

Quando escreve pela segunda vez a Timóteo, Paulo está de novo na prisão, em Roma, num cativeiro bem mais cruel que da primeira vez, sentindo-se terrivelmente sozinho e preparando-se para o sacrifício supremo, pois não espera ser libertado. Estamos no ano 67, ano em que de fato ele morreu decapitado. A segunda carta a Timóteo é o último escrito paulino, é seu testamento espiritual.

No meio dos sofrimentos, Paulo ouve falar das ideias perigosas que ameaçam os fiéis e lança um apelo ao chefe da comunidade de Éfeso para que lute corajosamente pelo Evangelho, como ele próprio, Paulo, também lutou até o fim. De seu coração atribulado sobe um hino de ação de graças (1,3) e uma profissão de fé no Cristo Ressuscitado (2,8), no qual depositou toda a sua esperança (1,12), a qual não foi em vão, pois ele agora aguarda a coroa da justiça (4,8).

A carta começa com uma introdução, vindo depois uma exortação à fidelidade no serviço do Evangelho. A seguir, Paulo mostra qual deve ser a atitude de Timóteo para com os hereges; exorta-o a uma exemplar vida cristã, à fidelidade e à perseverança, num infatigável serviço à verdade. Para terminar, Paulo dá notícias sobre si e seus cooperadores e mais outras incumbências e advertências (4,9-22).

I. ZELO NO APOSTOLADO (1,1-2,13)

1 **Saudação e ação de graças.**
[1]Paulo, Apóstolo do Cristo Jesus
pela vontade de Deus, para anunciar
a promessa da vida em Cristo Jesus, [2]a
Timóteo,* meu filho caríssimo: graça,
misericórdia e paz da parte de Deus Pai
e do Cristo Jesus, nosso Senhor. [3]Dou
graças a Deus, a quem sirvo* como
meus antepassados, com consciência
pura, lembrando-me sempre de ti em
minhas orações, noite e dia. [4]Recor-
dando tuas lágrimas,* tenho ardente
desejo de rever-te para ficar cheio de
alegria. [5]Evoco a lembrança da fé since-
ra que está em ti; esta fé, que primeiro
habitou em tua avó Loide e em tua mãe
Eunice e que, estou certo, mora igual-
mente em ti.
Exortação a lutar pelo Evangelho.
[6]Por isso eu te exorto a reavivar* o dom
de Deus que está em ti pela imposição
de minhas mãos. [7]Pois não foi um es-
pírito de timidez que Deus nos deu: foi
um espírito de coragem, de amor e de
autodomínio. [8]Por isso, não te envergo-
nhes do testemunho* que deves dar de
nosso Senhor, nem de mim, que estou
preso por causa dele; pelo contrário,
sofre comigo pelo Evangelho, ajudado
pela força de Deus, [9]que nos salvou e
nos chamou* com uma vocação santa,
não em virtude de nossas obras, mas
em virtude de sua própria vontade e
graça. Esta graça, que nos foi dada em
Cristo Jesus antes de todos os séculos,
[10]foi manifestada agora pela aparição†
de nosso Salvador,* o Cristo Jesus. Ele
não só destruiu a morte, mas também
fez brilhar a vida e a imortalidade por
meio do Evangelho, [11]do qual fui esta-
belecido arauto, apóstolo e mestre.
[12]É por causa disso que estou pas-
sando por estes sofrimentos,* mas
disso não me envergonho, pois sei em
quem depositei minha fé e tenho a
certeza de que ele é capaz de guardar
meu depósito até aquele dia†.
[13]Toma por norma as boas palavras*
que de mim ouviste, na fé e no amor
que estão no Cristo Jesus. [14]Com o au-
xílio do Espírito Santo, que habita em
nós, guarda o precioso depósito.
Notícias pessoais. [15]Como sabes, to-
dos os da Ásia,* entre os quais Figelo
e Hermógenes, afastaram-se de mim.

* **1**,2. 1Tm 1,2; 2Jo 3 | 3. Rm 1,9; Fl 3,5 | 4. 3,14s; 4,9.21; At 16,1; 23.1; 1Tm 1,5 | 6. 1Tm 4,14; 6,6; At 6,6; Rm 8,15 | 8. Rm 1,16; Lc 9,26 | 9. Tt 3,5 | 10. Ef 1,4; Rm 16,26; Tt 2,11; 3,4; 1Tm 2,7 | 12. 1Cor 1,8; 2Cor 4,2 | 13. 1Tm 1,10; 6,3.20; Tt 2,1; Rm 5,5 | 15. 4,16.19

† **1**,10. "Aparição" designa aqui toda a vida terrestre de Jesus. | 12. O dia do retorno triunfal de Cristo.

16Que o Senhor Jesus faça misericórdia à família de Onesíforo, pois muitas vezes ele me reconfortou e não se envergonhou* de minhas prisões; 17ao contrário, ao chegar a Roma, procurou-me com afinco até descobrir meu paradeiro. 18Que o Senhor lhe conceda alcançar misericórdia* junto ao Senhor naquele dia. Quanto aos serviços que me prestou em Éfeso, tu os conheces melhor que ninguém.

2 Assumir os sofrimentos do apostolado. 1Portanto, meu filho, fortifica-te na graça* que está no Cristo Jesus. 2Aquilo que aprendeste de mim na presença de numerosas testemunhas, confia-o a pessoas fiéis, capazes por sua vez de instruir os outros†.

3Assume comigo tua parte de sofrimentos como bom soldado* do Cristo Jesus. 4No serviço militar, ninguém se envolve nos negócios da vida civil, se quiser agradar a quem o alistou. 5Assim também o atleta não recebe o prêmio* a não ser que tenha lutado segundo as regras. 6O agricultor que trabalha duramente é o primeiro a colher os frutos. 7Compreende o que estou te dizendo; aliás, o Senhor te fará compreender tudo.

8Lembra-te de Jesus Cristo, da estirpe de Davi,* ressuscitado dos mortos†, segundo meu Evangelho, 9pelo qual sofro, a ponto de estar acorrentado como um malfeitor, mas a palavra de Deus não está acorrentada. 10Por isso, eu tudo suporto pelos escolhidos, para que eles também consigam a salvação que está em Cristo Jesus e a glória eterna. 11Esta é uma palavra que merece fé: Se morremos com ele, com ele também viveremos†; 12se perseveramos com ele,* com ele também reinaremos; se o renegamos, ele também nos renegará; 13se somos infiéis, ele permanece fiel,* pois não pode negar-se a si mesmo.

II. CONDUTA DIANTE DOS FALSOS MESTRES (2,14–4,8)

Normas para a pregação do Evangelho. 14Lembra-te de tudo isto,* atestando diante de Deus que é preciso evitar as discussões de palavras, que de nada servem, a não ser para perder os que as ouvem. 15Esforça-te por apresentar-te a Deus como homem comprovado, um operário que não tem de que se envergonhar, um fiel despenseiro da palavra da verdade. 16Evita o palavreado vão e profano; os que o praticam progredirão sempre mais* na impiedade, 17e sua palavra se propagará como a gangrena. Himeneu e Fileto são deste número: 18desviaram-se da verdade, afirmando que a ressurreição já aconteceu†, pervertendo assim a fé de alguns.

19Entretanto, as sólidas fundações* postas por Deus mantêm-se de pé, marcadas pelo selo destas palavras: "O Senhor conhece os seus"; e: "Afaste-se da iniquidade todo aquele que pronuncia o nome do Senhor".

20Numa casa grande não há só vasos de ouro e de prata;* há também os de madeira e de argila. Uns estão reservados para usos nobres; outros, para usos vulgares. 21Se alguém se preserva de tais coisas, será um vaso nobre, santificado, útil a seu dono,* pronto para toda boa obra.

22Foge das paixões da juventude; busca a justiça, a fé, o amor, a paz em união com aqueles* que de coração

---

* **1**,16. 1,8 | 18. Jd 21 | **2**,1. 3,14; Ef 6,10 | 3. 1,8; 4,5; 1Cor 9,7.25 | 5. 4,8 | 8. 1Cor 15,4.20; Rm 1,3; 2,16; Ef 3,1.13; Fl 1,7.13-18; 2,17; Cl 12. 24; 1Tm 1,15 | 12. Rm 6,5; 8,17; 1Pd 4,13; Mt 10,33 | 13. 1Cor 10,13; Tt 1,2; Nm 23,19 | 14. 1Tm 1,4; 4,6s; 6,4; Tt 2,7s; 3,9; Lc 12,42 | 16. 1Tm 1,20 | 19. Nm 16,5.26; Is 26,13; 28,16s; Jo 10,14; Ap 21,27 | 20. 1Cor 3,12; Rm 9,21; Is 29,16 | 21. 3,17 | 22. 1Tm 6,11; Gl 5,22

† **2**,2. Destaca a importância que tem na Igreja a tradição oral. | 8. "Lembra-te de Jesus Cristo", ou melhor, "sê tu o memorial de Jesus Cristo", quer dizer, sê alguém que, por todo o seu ser e seu agir, faz lembrar a Ressurreição de Cristo, tornando-a atual para quem te encontra. | 11. Unido à morte do Cristo pelo Batismo, o cristão participa também de sua vida de Ressuscitado, Rm 6,5.8. | 18. Só admitiam, talvez, a ressurreição espiritual realizada no Batismo, negando a ressurreição dos corpos, difícil de aceitar para a mentalidade grega, ver a nota em 1Cor 15,12.

puro invocam o Senhor. [23]Mas evita as
questões tolas e inúteis: tu sabes que
elas geram disputas. [24]Ora, um servo
do Senhor não deve entrar em brigas,*
mas deve ser afável com todos, capaz
de instruir e paciente; [25]é com mansi-
dão que deve repreender os adversá-
rios,* na esperança de que Deus lhes
dê a graça de se converterem, para que
conheçam a verdade [26]e voltem à sã
razão, libertando-se das armadilhas do
diabo, que os retém cativos, escravos
de sua vontade.

3 **Hereges dos últimos dias.** [1]Fica
sabendo que nos últimos dias*
haverá momentos difíceis. [2]Com efeito,
as pessoas serão egoístas, ambiciosas,
vaidosas, orgulhosas, difamadoras, re-
beldes a seus pais, ingratas, sem reli-
gião, [3]sem coração, desleais, calunia-
doras, intemperantes, cruéis, inimigas
do bem, [4]traidoras, atrevidas, cegas
pelo orgulho,* mais amigas dos praze-
res que de Deus, [5]tendo aparências de
piedade, mas renegando o que é sua
força. Evita essas pessoas. [6]São desse
número os que se introduzem nas ca-
sas e de lá retiram mulheres carrega-
das de pecados, arrastadas por toda
espécie de paixões, [7]que estão sempre
aprendendo sem jamais conseguir che-
gar ao conhecimento da verdade. [8]A
exemplo de Janes e de Jambres† que
se revoltaram contra Moisés,* também
estes se levantam contra a verdade,
homens de espírito corrupto, repro-
vados em matéria de fé. [9]Mas não irão
mais longe, pois sua loucura será des-
mascarada aos olhos de todos, como o
foi a daqueles dois.
Elogio de Timóteo. [10]Tu, porém, me
seguiste na doutrina, no comporta-
mento, nos projetos, na fé, na paci-
ência, no amor, na constância, [11]nas
perseguições e sofrimentos como os
que me sobrevieram em Antioquia,
Icônio e Listra.* Que perseguições tive
de sofrer! E de todas o Senhor me li-
vrou. [12]Sim, todos os que querem viver
piedosamente no Cristo Jesus serão
perseguidos. [13]Mas os malvados e os
impostores vão avançar sempre de mal
a pior, enganando e sendo enganados.
A Tradição e as Escrituras. [14]Tu, po-
rém, continua firme* no que apren-
deste e aceitaste como certo, sabendo
de quem o aprendeste [15]e que desde
criança conheces as Sagradas Escritu-
ras; elas podem dar-te a sabedoria que
leva à salvação pela fé em Cristo Jesus.
[16]Toda a Escritura é inspirada por Deus†
e é útil para ensinar, convencer, corri-
gir e educar para a justiça, [17]para que o
homem de Deus seja perfeito, equipa-
do para toda boa obra.

4 **A pregação da Palavra.** [1]Diante
de Deus e do Cristo Jesus, que
há de julgar os vivos e os mortos,* em
nome de sua manifestação e de seu
Reino, eu te conjuro: [2]anuncia a Pala-
vra, insiste a tempo e fora de tempo,
combate o erro, repreende, exorta com
paciência incansável e com preocupa-
ção de instruir. [3]Pois virá um tempo em
que as pessoas não suportarão mais a
sã doutrina, mas, ao contrário, ao sa-
bor de suas paixões e pelo prurido de
ouvir, procurarão para si mestres em
quantidade; [4]afastarão os ouvidos da
verdade* e se voltarão para as fábulas.
[5]Tu, porém, sê vigilante em tudo, su-
porta a adversidade, cumpre tua mis-
são de pregador do Evangelho, exerce
teu ministério.
Paulo à espera do martírio. [6]Quanto
a mim, meu sangue está para ser der-
ramado* em libação, e o momento de
minha partida chegou. [7]Combati o bom

* **2**,24. 1Tm 1,4; 4,7; Tt 1,7 | 25. Is 42,3; Mt 12,20 | **3**,1. 1Tm 1,10; 4,1; Rm 1,28-32 | 4. Fl 3,19; Tt 1,16; Rm 2,20; Mt 7,15-20 | 8. Êx 7,11s; At 13,8; 1Tm 6,5 | 11. At 13,50; 14,5.22.19; Sl 34,20; Mt 16,24; 1Ts 3,4s; 1Tm 4,1.15 | 14. 1,5; 2,2.21; At 16,8; Jo 5,39; 2Pd 1,19ss; Rm 15,4; 1Cor 10,6; Lc 16,29 | **4**,1. At 10,42; 20,20-32; Rm 14,9s; 1Pd 4,5; Mt 18,15; Tt 1,13; 1Tm 4,1 | 4. 2,3; 1Tm 4,7; 6,5 | 6. Fl 2,17; 2Pd 1,14; 1Tm 1,18; 6,12; 1Cor 9,24s; Fl 3,14; At 20,24; 1Pd 5,4; Tg 1,12; Ap 2,10

† **3**,8. De acordo com certas lendas judaicas, esses dois eram os chefes dos magos que se opuseram a Moisés na corte do faraó, Êx 7,11s; 8,7. |16. Na Bíblia é Deus que fala por meio da linguagem humana de seus autores; ela é o Livro de Deus, que contém a verdade.

combate, terminei minha corrida, guar-
dei a fé. [8]Agora só me resta a coroa da
justiça que o Senhor, justo juiz, me dará
naquele dia; e não somente a mim, mas
também a todos os que aguardam com
amor sua manifestação.

III. EPÍLOGO (4,9-20)

Últimas recomendações. [9]Procu-
ra vir até mim o mais depressa possí-
vel, [10]porque Demas abandonou-me*
por amor ao mundo presente e partiu
para Tessalônica; Crescente foi para a
Galácia, Tito para a Dalmácia. [11]Só Lu-
cas é que está comigo. Toma contigo
Marcos† e traze-o, pois me é útil para
o ministério. [12]Mandei Tíquico a Éfeso.
[13]Quando vieres, traze o manto que
deixei em Trôade na casa de Carpo,*
bem como os livros, sobretudo os per-
gaminhos. [14]Alexandre, o fundidor, me
fez muito mal; "o Senhor lhe retribuirá
segundo suas obras". [15]Tu também o
evita, pois fez uma oposição violenta a
nossa pregação.

[16]Em minha primeira defesa, nin-
guém me deu apoio: todos me aban-
donaram. Que isto não lhes seja impu-
tado. [17]O Senhor, porém, me assistiu e
me encheu de força, a fim de que por
mim a mensagem fosse proclamada e
chegasse aos ouvidos de todos os pa-
gãos; e fui libertado* da boca do leão.
[18]O Senhor me libertará de todo mal e
me salvará, levando-me para seu reino
celeste. A ele a glória nos séculos dos
séculos! Amém.

Saudação final. [19]Saudações a Prisca*
e Áquila†, bem como à família de One-
síforo. [20]Erasto ficou em Corinto. Deixei
Trófimo doente em Mileto.

[21]Apressa-te a vir antes do inverno.
Êubulo, Pudente, Lino, Cláudia e todos
os irmãos te saúdam.

[22]O Senhor esteja contigo! A graça
esteja convosco!

---

* **4**,10. 1,4; 4,21; Cl 4,10.14; Fl 2,21; At 12,12; 20,4 | 13. Tt 3,12; Ef 6,21; Cl 4,7; 1Tm 1,20; At 19,33; Sl 62,13; Pr 24,12; Lc 23,34; Sl 22,22 | 17. Dn 6,21.28; 2Cor 1,10; 2Pd 2,9; Rm 16,27 | 19. 1,16; 4,9; At 18,2; Rm 16,3; Gl 6,18

† **4**,11. Lucas e Marcos são dois dos evangelistas. | 19. Casal que hospedou Paulo em Corinto, At 18,2.18.26, e também colaborou no apostolado, Rm 16,3s.

CARTA A TITO

Foi Tito, ao lado de Timóteo, um dos mais devotados companheiros de São Paulo. Admira que seu nome não apareça nem uma só vez nos Atos dos Apóstolos, e é por isso que pouco sabemos de sua vida. Além da carta que lhe é dirigida, outras o mencionam diversas vezes: a segunda aos Coríntios (2,13; 7,6.13s, etc.), a carta aos Gálatas (2,1.3) e a segunda a Timóteo (4,10). Filho de pais pagãos, era membro da comunidade cristã de Antioquia, e provavelmente foi conquistado à fé cristã por Paulo, a julgar pela expressão "meu verdadeiro filho na fé" (Tt 1,4) com que Paulo o designa. Encontramo-lo pela primeira vez como companheiro de Paulo e Barnabé na viagem para o Concílio de Jerusalém, no ano 48 (Gl 2,1). Parece que Tito esteve também com o Apóstolo em Éfeso, por ocasião da terceira viagem missionária; de lá foi mandado a Corinto, depois de Timóteo, para acalmar os espíritos e organizar a coleta em benefício dos irmãos de Jerusalém. Tito conseguiu restabelecer a tranquilidade e conquistou a simpatia de todos (2Cor 7,13). Encontrando-se com ele na Macedônia, Paulo recebe dele boas notícias sobre a comunidade de Corinto. É por meio dele que Paulo envia sua segunda carta àqueles fiéis.

Depois do primeiro cativeiro romano, Paulo evangelizou diversas cidades na ilha de Creta, deixando a Tito o encargo de continuar sua obra e de organizar as novas igrejas (Tt 1,5). Escreve-lhe então, pouco depois (ano 65), a carta que possuímos.

Esta começa com um prólogo, no qual Paulo tece um elogio a seu apostolado e saúda a Tito (1,1-4). Depois o instrui sobre o modo de organizar a hierarquia em Creta, falando sobre as qualidades que os presbíteros e o bispo devem possuir (1,5-9) e mostrando que eles precisam combater os mestres do erro (1,10-16). Vêm em seguida instruções sobre a catequese dos fiéis em particular e da comunidade como um todo (2,1-10). O fundamento de toda a catequese é a manifestação da graça de Deus em Cristo (2,11-15). São recomendadas ainda algumas virtudes cristãs e humanas (3,1-11). Finalmente, Paulo faz recomendações especiais e envia saudações (3,12-15).

I. QUALIDADES DOS OPERÁRIOS DO EVANGELHO (1)

1 **Saudação.** 1Paulo, servo de Deus,
apóstolo de Jesus Cristo* para
conduzir os escolhidos de Deus à fé e
ao conhecimento da verdade, que con-
duz à piedade, 2na esperança da vida
eterna prometida antes de todos os sé-
culos pelo Deus que não mente 3e que,
no tempo marcado, manifestou sua
palavra por uma proclamação,* cujo
encargo me foi confiado por ordem
de Deus nosso Salvador†, 4a Tito, meu
verdadeiro filho* em nossa fé comum:
graça e paz da parte de Deus Pai e do
Cristo Jesus, nosso Salvador.

Qualidades dos ministros da Igreja.
5Se te deixei em Creta,* foi para que
termines aí a organização e para que
estabeleças em cada cidade presbíte-
ros, de acordo com as instruções que te
dei†. 6O candidato deve ser irrepreensí-
vel,* ser casado uma vez só, ter filhos
fiéis e que não possam ser acusados de
má conduta, nem sejam insubmissos.
7Com efeito, o bispo, em sua qualidade
de administrador de Deus,* deve ser ir-
repreensível: não arrogante, nem colé-
rico, nem dado ao vinho, nem violento,
nem ávido de lucro desonesto; 8mas,
ao contrário, seja hospitaleiro, amigo
do bem, ponderado, justo, piedoso,
senhor de si, 9apegado à palavra digna
de fé,* conforme a doutrina, para que
seja capaz de exortar na sã doutrina e
também de refutar os que a contradi-
zem.

Vícios dos cretenses. 10São muitos, de
fato, os rebeldes, os tagarelas, os sedu-
tores, sobretudo entre os circuncisos.

---

* **1**,1. Rm 1,1s; 2Tm 2,10; 3,7; Ef 1,9s | 3. At 1,7 | 4. Gl 2,1ss; 2Cor 7,6s; 8,6 | 5. At 14,23 | 6. 1Tm 3,2-7 | 7. 1Cor 4,1; 2Tm 2,24; 1Pd 5,2 | 9. 1Tm 1,10; 2Tm 4,3

† **1**,3. Ver a nota em 1Tm 1,1. | 5. Paulo institui em cada comunidade um colégio de presbíteros. Deixou a Tito a tarefa de prosseguir sua obra de organizar a Igreja.

11É preciso reduzi-los ao silêncio,* pois
estão inquietando famílias inteiras, en-
sinando com objetivo de lucro ilícito o
que não convém. 12Um deles, porta-voz
de seu meio ambiente, disse: "Os cre-
tenses são sempre mentirosos, animais
perversos,* comilões e preguiçosos"†.
13Este testemunho é verdadeiro; por isso,
repreende-os severamente, para que
conservem uma fé sadia, 14sem prestar
atenção a fábulas judaicas e às prescri-
ções de pessoas que recusam a verda-
de. 15Tudo é puro para os puros.* Mas
para os impuros e os que não têm fé,
nada é puro†. A mente e a consciência
deles estão manchadas. 16Afirmam que
conhecem a Deus, mas, por sua conduta,
o renegam; são abomináveis, rebeldes e
incapazes de qualquer boa obra.

II. DEVERES DOS FIÉIS (2–3)

2 **Deveres dos velhos.** 1Tu, porém,
ensina o que está de acordo* com
a sã doutrina†: 2que os idosos sejam
sóbrios, dignos, ponderados, robustos
na fé, no amor e na constância. 3Que
igualmente as mulheres idosas tenham
o comportamento que convém a pes-
soas santas: não falem mal nem sejam
viciadas na bebida, mas sejam capazes
de dar bom conselho; 4assim ensinarão
às jovens a amarem o marido* e os fi-
lhos, 5a serem reservadas, castas, boas
donas de casa, amáveis e submissas
ao marido, de modo que a palavra de
Deus não seja difamada.
Deveres dos jovens. 6Exorta igual-
mente os jovens* a serem moderados†,
7oferecendo-te a ti mesmo em tudo
como exemplo de boa conduta, com
pureza de doutrina, dignidade, 8lin-
guagem santa e irrepreensível, a fim
de que o adversário, não podendo fa-
lar nenhum mal de nós, fique cheio de
confusão.
Deveres dos escravos. 9Exorta os es-
cravos a serem em tudo submissos* a
seus senhores, procurando agradar-
-lhes, evitando contradizê-los, 10não
cometendo nenhuma fraude, mostran-
do, ao contrário, fidelidade perfeita:
assim honrarão em tudo a doutrina de
Deus, nosso Salvador.
A vida nova em Cristo†. 11Pois a gra-
ça de Deus se manifestou,* trazendo
salvação a todos. 12Ela nos ensina a
renunciar à vida ímpia e aos desejos
mundanos, para vivermos neste mun-
do com equilíbrio, retidão e piedade,
13na espera de que se realize a feliz
esperança e a manifestação da glória
de Jesus Cristo†, nosso grande Deus e
Salvador†, 14que se entregou por nós*
para resgatar-nos de toda maldade e
para purificar um povo que lhe perten-
ce, zeloso na prática do bem.
15É assim que deves falar, exortar e
repreender com plena autoridade. Que
ninguém te despreze.

3 **Deveres gerais dos fiéis.** 1Lembra
a todos que é preciso* submeter-
-se aos governantes e às autoridades,
praticar a obediência, estar prontos
para toda boa obra, 2não difamar nin-
guém, nem andar brigando, mas que
sejam modestos e delicados para com
todos. 3Pois nós também éramos ou-
trora insensatos,* rebeldes, transvia-
dos, escravos de todo tipo de paixões

---

* **1**,11. 2Tm 3,6; 1Pd 5,2 | 12. 2Tm 4,2; 1Tm 1,10 | 15. 1Tm 4,7; 6,5; Mt 15,9.11.18ss; 23,25s; Rm 14,14.20; 2Tm 3,5; 1Jo 2,3ss | **2**,1. 1Tm 1,10; 3,11; 5,1; 6,3; 2Tm 1,13 | 4. 1Cor 14,34; Ef 5,22; Cl 3,18; 1Tm 2,12 | 6. 1Tm 4,12; 2Tm 2,15; 1Pd 5,3; 2Ts 3,7 | 9. 1Tm 5,14; 6,1; Ef 6,5-8; 1Pd 2,18 | 11. 3,4; 2Tm 1,10; Lc 1,79; 1Jo 2,16; 1Cor 1,7; Rm 5,2; Fl 3,20 | 14. Gl 1,4; Ef 2,10; 5,25ss; Êx 19,5; 1Pd 3,13 | **3**,1. 1Tm 2,2; Rm 13,1-7; 1Pd 2,13s; Fl 4,5 | 3. Rm 1,28; 1Pd 4,3; 1Cor 6,11; Ef 2,2; 5,8; Tt 2,11 | 4. Ef 2,4.8s; 5,26; 2Tm 1,9; Jo 3,5; 1Cor 6,11; Hb 10,22; Rm 3,24; 8,17.24; 12,2

† **1**,12. Citação do poeta e filósofo cretense Epimênides de Cnossos, do séc. VI a.C., admirado por Platão e pelos habitantes de Creta. | 15. Não existe mais a distinção entre alimentos puros e impuros, Mc 7,14-23; Rm 14,14ss; 1Tm 4,3s; a impureza provém da mentalidade de quem ainda considera válidas as normas antigas. | **2**,1. A sã doutrina é uma das preocupações constantes das Cartas Pastorais, 1,9.13; 2,8; 1Tm 1,10; 6,3; 2Tm 1,13. | 6. A moderação inclui a prudência e o autodomínio. | 11. Os vv. 11-14 sintetizam a obra da salvação realizada por Cristo, mostram seus efeitos e suas exigências. | 13. A vinda gloriosa de Jesus no final dos tempos. / Afirmação clara da divindade de Cristo.

e prazeres, vivendo na malícia e na
inveja, dignos de ódio e nos odiando
uns aos outros. 4Mas quando se mani-
festou a bondade de Deus, nosso Sal-
vador,* e seu amor pelos homens, 5ele
nos salvou, não em virtude dos atos de
justiça que praticamos†, mas por sua
misericórdia por meio de um banho de
regeneração e de renovação no Espí-
rito Santo†, 6por ele derramado profu-
samente sobre nós por meio de nosso
Salvador Jesus Cristo, 7para que, justifi-
cados por sua graça, nos tornássemos,
na esperança, herdeiros da vida eterna.

8Esta palavra é digna de fé* e por
isso quero que insistas nestas coisas,
para que os que creem em Deus se es-
forcem por distinguir-se na prática do
bem: isto é belo e útil às pessoas.

9Evita, porém, as vãs controvérsias,
as genealogias,* as discussões, as po-
lêmicas sobre a lei, porque são inúteis
e vazias. 10Quanto ao herege†, após
uma primeira e segunda advertên-
cia, separa-te dele, 11bem sabendo
que se trata de gente transviada que
continua a pecar, condenando-se a si
mesma.

Recomendações e saudações. 12Logo
que eu te enviar Ártemas ou Tíquico,
apressa-te para te encontrares comigo
em Nicópolis, porque é lá que preten-
do passar o inverno. 13Toma todas as
providências para a viagem do jurista
Zenas e de Apolo, para que nada lhes
falte. 14Aprendam assim também os
nossos* a distinguir-se na prática do
bem, para atender às necessidades ur-
gentes e não viverem uma vida inútil.

15Saúdam-te todos os que estão co-
migo. Saudações aos que nos amam na
fé. A graça esteja com todos vós!

---

* **3**,8. 2,14; 1Tm 1,15 | 9. 1Tm 1,4; 4,7 | 14. Ef 4,28s; 2Pd 1,8

† **3**,5. Não pela observância da lei mosaica, Ef 2,4s; 2Tm 1,9. / Esse banho é o Batismo, pelo qual morre o "homem velho" e a pessoa nasce de novo, é justificada pela graça de Cristo, recebe a comunicação do Espírito Santo e o direito à herança da vida eterna. | 10. "Herege" significa partidário, sectário, quem provoca divisão. É aquele que se desvia da fé comum.

CARTA A FILÊMON

No tempo em que esteve preso em Roma pela primeira vez, entre 61 e 63, Paulo escreveu a carta aos Colossenses e entregou-a a Tíquico para que este a levasse aos fiéis (Cl 4,7s). Junto com este viaja também Onésimo (Cl 4,9), que é um escravo preguiçoso e ladrão, que fugiu da casa de um rico cristão de Colossos, chamado Filêmon. O escravo esteve com Paulo na prisão e foi convertido e batizado por ele. Paulo o manda de volta a seu patrão com uma carta de recomendação, para ele não sofrer as penas costumeiras da época, que podiam chegar até a sentença de morte.

Esta carta, motivada por um episódio secundário da vida de Paulo, tem, no entanto, inestimável valor, porque vem a ser o testemunho da atitude cristã diante da escravidão, verdadeira chaga da sociedade daquele tempo. Paulo tem aqui ocasião de ilustrar o que concretamente significa a igualdade de todos em Cristo, que ele anunciou em Gl 3,28. Ele não procura subverter a ordem social de seu tempo, abolindo a escravidão, o que só seria possível mediante uma revolução sangrenta. Mas afirma que em Cristo já não há lugar para discriminação entre livres e escravos. É verdade que a execução desse princípio de igualdade só pode ser fruto de uma lenta transformação da ordem social vigente; por isso, coloca a questão em bases sobrenaturais, preocupando-se em cristianizar as relações entre patrões e escravos (Cl 3,22–4,1; Ef 6,5-9). O caso de Onésimo é uma feliz oportunidade para Paulo pôr em prática as normas que ele próprio apresentou.

Apesar de seu caráter ocasional, a carta a Filêmon exerceu uma influência de grande alcance na renovação social. Foi como um fermento cristão, atuando numa sociedade do Império Romano, onde havia mais escravos que homens livres. Paulo propõe uma nova atitude para com o escravo: ele não é mais considerado como coisa, mas como pessoa e, mais ainda, como um irmão caríssimo no Senhor.

Este bilhete a Filêmon nos faz perceber o coração de Paulo, que palpita ardente e generoso pelo filho que gerou para Cristo. Em seu estilo, tão diferente das polêmicas e doutrinações, deixa extravasar toda a ternura, a delicadeza, o interesse pela justiça, pela causa do escravo, contrapondo-se às exigências de uma personalidade viril e forte, como se deixou retratar nos outros escritos seus.

Saudação. 1Paulo, prisioneiro do Cristo
Jesus,* e o irmão Timóteo, a Filêmon, nosso querido colaborador, 2e a Ápia, nossa irmã, a Árquipo, nosso companheiro de luta†, e à igreja que se reúne em sua casa†.
3A vós, graça e paz da parte de Deus, nosso Pai, e do Senhor Jesus Cristo!
Ação de graças e oração. 4Dou graças sem cessar a meu Deus,* lembrando-me de ti em minhas orações, 5pois
ouço falar de teu amor e de tua fé, tanto em relação ao Senhor Jesus, como em favor de todo o povo santo.
6Que tua participação na fé se torne eficaz pelo conhecimento de todo o bem que se faz entre vós por Cristo. 7De
fato, senti grande alegria e consolação,* ouvindo falar de tua caridade, pois tu, irmão, aliviaste o coração dos fiéis.
Pedido em favor do escravo Onésimo. 8Por isso, embora eu tenha em Cristo toda a liberdade necessária para te prescrever o que deves fazer,
9prefiro pedir em nome do amor. Eu, Paulo, que já estou velho e agora também preso por causa do Cristo Jesus,
10te faço um pedido em favor de meu filho* Onésimo, a quem na prisão gerei para a graça†. 11Antes ele te foi inútil, mas agora ele é útil† a ti e a mim.

---

* 1. Ef 3,1; 4,1; Fl 1,7.13; Cl 4,17; Rm 1,7; Gl 1,3 | 4. Rm 1,8s; Cl 1,3s.9; Fl 1,9 | 7. 2Cor 7,4 | 10. Cl 4,9; 1Cor 4,15; Gl 4,19

† 2. Filêmon é um cristão rico de Colossos, amigo de Paulo e patrão de Onésimo, o escravo que fugiu da casa dele, depois de ter cometido um roubo. Ápia e Árquipo, Cl 4,17, são respectivamente a esposa e o filho de Filêmon. / As primeiras igrejas foram as casas dos cristãos, antes de se construírem os templos. | 10. Convertendo-o e batizando-o. | 11. Paulo faz um trocadilho com o nome do escravo fugitivo: Onésimo significa "útil".

[12]Mando-o de volta a ti, como se fosse
meu próprio coração†. [13]Bem que eu
queria conservá-lo comigo para que
me servisse em teu lugar, enquanto
estou na prisão por causa do Evange-
lho. [14]Mas não quero fazer nada sem
teu consentimento, para que esse teu
favor não seja forçado, e sim livre e es-
pontâneo.

[15]Talvez seja por isso que ele se se-
parou de ti por algum tempo: para
que agora o recuperes para sempre,
[16]porém não mais como escravo, mas
muito melhor que escravo,* como um
irmão muito caríssimo†, em primei-
ro lugar para mim, mas tanto mais
para ti, humanamente falando e no
Senhor. [17]Portanto, se me consideras
como amigo, recebe-o como a mim
mesmo. [18]E se ele te causou algum
prejuízo ou te deve alguma coisa, põe
isso em minha conta. [19]Eu, Paulo, me
comprometo com minha assinatura:*
sou eu que vou pagar†. Para não di-
zer que também tu és meu devedor e
justamente de ti mesmo! [20]Sim, irmão!
Que eu possa obter de ti este favor no
Senhor; dá este alívio a meu coração
em Cristo.

[21]Escrevo-te com plena confiança em
tua obediência; bem sei que farás mais
ainda do que estou pedindo.

Recomendações e saudação final.
[22]Ao mesmo tempo, prepara-me uma
pousada, porque espero, graças a vos-
sas orações, que eu vos seja restituído.

[23]Saúda-te Epafras†, meu compa-
nheiro* de prisão em Cristo Jesus,
[24]bem como Marcos, Aristarco, Demas
e Lucas†, meus colaboradores. [25]Que
a graça do Senhor Jesus Cristo esteja
convosco!

* 16. 1Tm 6,2; 1Cor 7,22 | 19. Gl 6,11; 1Ts 3,17; 1Cor 16,21; Fl 1,25; 2,24 | 23. Cl 1,7; 4,10-14; At 12,12.25; 13,13; 15, 37ss; 2Tm 4,11.22; Gl 6,18

† 12. Expressão de grande afeto, numa época em que o escravo era considerado como "coisa". | 16. Paulo destrói pela base a escravidão, baseando-se na palavra de Jesus: "Vós sois todos irmãos", Mt 23,8, e abolindo toda discriminação, Gl 3,28. Paulo sugere a Filêmon que conceda a liberdade a Onésimo. | 19. Paulo se compromete a pagar os prejuízos que o escravo causou. Mas Filêmon tem para com Paulo uma dívida maior, por ter sido convertido por ele. | 23. Epafras, Cl 1,7; 4,12, foi o fundador da comunidade de Colossos, à qual pertence Filêmon. | 24. Sobre esses colaboradores de Paulo, ver Cl 4,10.14.

CARTA AOS HEBREUS

Este escrito, chamado "Carta aos Hebreus", do ano 67, apresenta-se como uma exortação (13,22) e realmente mais parece um sermão que uma carta, pois, além de faltar a saudação inicial que dá início às cartas, todo o conjunto tem um estilo oratório, exceto o final, onde se encontram comunicados pessoais.

Não pode ter sido Paulo seu autor, já que o estilo e a linguagem são tão diferentes dos que se acham nas cartas paulinas; diferentes também são o modo de raciocinar e o modo de citar o Antigo Testamento; enfim, sua doutrina é profundamente original, embora existam pontos de contato com a de São Paulo, por exemplo, a paixão de Cristo apresentada sob o aspecto de obediência voluntária (Hb 5,8; 10,9) e a ineficácia da lei antiga e sua ab-rogação (7,11-19; 10,1-10). Não temos elementos para afirmar qual foi o autor desse escrito; pode ter sido Apolo, pregador cristão de origem judaica, natural de Alexandria e versado nas Escrituras (At 18,24-28).

A comunidade à qual é dirigida esta obra passa por uma crise de fé e corre o perigo de cair no desânimo e até mesmo na apostasia (10,19-39). Os fiéis sofrem perseguições e provações (12,1-13) e há também doutrinas estranhas infiltrando-se no meio deles (13,9)

O autor procura encorajá-los, mostrando-lhes a vida cristã como caminhada para um repouso prometido por Deus (3,1–4,11), uma marcha presidida por Cristo, guia superior a Moisés, para uma pátria melhor, porque eterna. Afirma a superioridade da nova aliança sobre a antiga (7,22); do sacerdócio de Cristo sobre o de Aarão (7,26-28); de seu sacrifício sobre os da antiga Lei (9,1-14; 10,11-14).

A obra traz no começo uma síntese da história da Palavra de Deus no Antigo Testamento; exalta em seguida o Filho, que nos trouxe a última e definitiva mensagem de salvação. Entronizado no céu, Ele foi elevado a uma dignidade muito superior à dos anjos. Quem menosprezar a salvação anunciada por Ele merece castigo pior que aquele que não observa a lei transmitida pelos anjos. Mostra em seguida o autor que a Redenção do mundo não foi feita pelos anjos, mas pelo Filho de Deus, que se encarnou e se tornou Sumo Sacerdote. Quem perseverar entrará com Cristo no repouso prometido. Os incrédulos, porém, serão tratados como os israelitas rebeldes no deserto. Vem a seguir um hino de louvor à palavra de Deus, árbitro entre a vida e a morte (4,12s). O centro da carta trata dos seguintes temas: a) Jesus, nosso Sumo Sacerdote, Filho de Deus: 4,14–5,10; b) sacerdócio de Jesus, à maneira de Melquisedec (7,1-28); c) Jesus, sacerdote, mediador de um Novo Testamento (8,1–10,18). O trecho de 5,11 a 6,20 é um parêntese sobre a situação da comunidade; e esta parte se encerra com uma palavra de estímulo e de advertência: 10,19-31. A carta passa a fazer uma série de exortações (10,32–13,17): a) apelo ao combate pela fé: 10,32–12,1; b) exortações a uma vida cristã até o fim: 12,1–13,17. O escrito termina com um pedido de orações, uma invocação de bênçãos, admoestações, notícias e saudações (13,18-25).

I. GRANDEZA DE CRISTO (1–2)

1 **Deus nos falou por seu Filho.**
1Deus, que nos tempos antigos
já havia falado tantas vezes e de tantos modos a nossos pais por meio dos
profetas, 2nestes dias, que são os últimos,* falou-nos por meio de seu Filho,
a quem constituiu herdeiro de todas as
coisas e por meio do qual Ele também
criou o mundo. 3Este Filho, que é o
resplendor de sua glória, a imagem de
seu ser†, sustenta todas as coisas com
o poder de sua Palavra; e depois de nos
haver purificado de nossos pecados,
sentou-se à direita da Majestade no
alto dos céus 4e tornou-se tão superior
aos anjos quanto o Nome† que herdou
é mais excelente que o deles.*

---

* **1**,2. Jo 1,1-18; Cl 1,16; 1Cor 8,6; 2Cor 4,4; Rm 8,34; Cl 1,15 | 4. Fl 2,9

† **1**,3. Significa a igualdade do Pai e do Filho quanto à natureza divina. | 4. O nome define a dignidade da pessoa.

O Filho de Deus é superior aos anjos†. 5Pois a qual dos anjos Deus jamais disse:* "Tu és meu Filho, eu hoje te gerei"? Ou ainda: "Eu serei para ele um Pai, e ele será para mim um Filho"?* 6Ou ainda, quando introduz seu Primogênito no mundo, ele diz: "Que todos os anjos de Deus o adorem".* 7Enquanto, dirigindo-se aos anjos, assim se exprime:* "Ele faz de seus anjos ventos, de seus servos uma chama ardente", 8ele diz a seu Filho:* "Vosso trono, ó Deus, permanece nos séculos dos séculos"; e:

"Cetro de retidão é o cetro de vossa realeza.
9Amastes a justiça e odiastes a iniquidade.
Por isso Deus, o vosso Deus, vos ungiu
com um óleo de alegria,
de preferência a vossos companheiros".

10E ainda:*
"Ó Senhor, no princípio criastes a terra,
e os céus são obra de vossas mãos.
11Eles vão desaparecer, mas vós permaneceis
e todos vão envelhecer como roupa.
12Como um manto os enrolareis,
como roupa serão mudados.
Mas vós sois o mesmo, e vossos anos não acabarão".

13E a qual dos anjos ele jamais disse: "Senta-te a minha direita,* até que eu ponha teus inimigos como estrado de teus pés"? 14Não são todos eles espíritos encarregados de um ministério, enviados a serviço dos que devem herdar a salvação?

2

Exortação à fidelidade. 1É por isso que devemos aderir com mais atenção aos ensinamentos que ouvimos, para não nos desviarmos deles. 2Pois se a Palavra promulgada* por anjos† foi de tal modo firme e se toda transgressão e desobediência receberam justa retribuição, 3como poderemos escapar,* se desprezarmos tão grande salvação? Esta, inaugurada pela pregação do Senhor, foi confirmada para nós por aqueles que a ouviram, 4enquanto Deus convalidava seu testemunho* por sinais, prodígios, milagres de toda espécie e pela comunicação dos dons do Espírito Santo que Ele distribui como quer.

Cristo é o Salvador. 5Com efeito, não foi a anjos que Deus sujeitou o mundo futuro de que estamos falando. 6Alguém testemunhou em certa passagem:*

"Que é o homem, para que vos lembreis dele,
ou o filho do homem, para que o tomeis em consideração?
7Vós o colocastes um pouco abaixo dos anjos;
de glória e de honra o coroastes.
8Tudo submetestes a seus pés".

Pelo fato de lhe haver submetido tudo, nada deixou que ficasse fora de seu domínio. Atualmente, é verdade, ainda não vemos que tudo lhe esteja sujeito. 9Mas Aquele que foi colocado um pouco abaixo dos anjos, Jesus, nós o vemos coroado de glória* e de honra, porque ele sofreu a morte: era preciso que, pela graça de Deus, em benefício de todos, ele experimentasse a morte.

Razão dos sofrimentos de Cristo. 10Pois convinha que desejando conduzir* à glória um grande número de filhos, Aquele para quem e por quem existem todas as coisas tornasse perfeito, por meio de sofrimentos, o Chefe que os devia guiar para a salvação. 11De fato, o santificador e os santificados têm todos a mesma origem; por isso, ele não se envergonha* de chamá-los de irmãos, 12dizendo: "Anunciarei vosso nome a meus irmãos.* Eu vos louvarei no meio da assembleia".

---

* **1**,5. Sl 2,7; At 13,33 / 2Sm 7,14 | 6. Sl 97,2; Dt 32,43 | 7. Sl 104,4 | 8. Sl 45,7s | 10. Sl 102,26ss | 13. Sl 110,1 **2**,2. At 7,38.53; Gl 3,19 | 3. Rm 2,3 | 4. Jo 2,11; 1Cor 12,4-11 | 6. Sl 8,5ss | 9. Fl 2,6-11; Rm 5,8 | 10. Rm 11,36 | 11. Mt 25,40; Mc 3,35; Jo 20,17 | 12. Sl 22,23

† **1**,5. Falando aos hebreus, que exaltavam os anjos como mediadores da aliança, At 7,30; Gl 3,19, era importante afirmar a superioridade de Cristo sobre os anjos. | **2**,2. Alusão à promulgação da lei mosaica, feita pelos anjos, segundo uma tradição rabínica, Gl 3,19.

13E ainda: "Quanto a mim, terei confiança
nele".* E mais: "Eis-nos aqui, eu e os fi-
lhos que Deus me deu".
14Então, já que os filhos têm em co-
mum o sangue e a carne, ele também
participou da mesma condição,* para
destruir, por sua morte, aquele que
tem o poder da morte, isto é, o diabo,
15e para libertar aqueles que, durante
toda a sua vida, eram mantidos em es-
cravidão pelo medo da morte. 16Pois
certamente não é dos anjos que ele
se ocupa, mas sim da descendência
de Abraão. 17Por conseguinte, ele teve
de se fazer em tudo semelhante aos
irmãos, a fim de se tornar, nas coisas
que se referem a Deus, um Sumo Sa-
cerdote misericordioso e digno de fé,
para expiar os pecados do povo. 18Pois
pelo fato de ele mesmo ter sofrido pela
provação, é capaz de vir em auxílio dos
que são provados.

II. CRISTO SUMO SACERDOTE (3–4)

3 **Jesus é superior a Moisés†.** 1Por
conseguinte, irmãos santos, vós
que participais de uma vocação ce-
leste, considerai o Apóstolo e Sumo
Sacerdote* de nossa profissão de fé,
que é Jesus. 2Ele foi fiel Àquele que o
constituiu, como também o foi Moisés
em toda a sua casa. 3Pois ele foi con-
siderado digno de uma glória tão su-
perior à de Moisés, quanto maior é a
honra do construtor de uma casa em
comparação com a da própria casa.
4Com efeito, cada casa é construída
por alguém, mas quem tudo construiu
foi Deus. 5Realmente, Moisés foi fiel em
toda a sua casa, na qualidade de servo,
para testemunhar aquilo que devia ser
anunciado mais tarde; 6ao passo que
Cristo o foi na qualidade de Filho,* co-
locado à frente de sua casa. E sua casa
somos nós, contanto que guardemos
a confiança e a ufania de nossa espe-
rança.

Pela fé se entra no repouso de Deus.
7É por isso que, como diz o Espírito
Santo:*
"Hoje, se ouvirdes sua voz,
8não endureçais vossos corações
como aconteceu na provocação,
no dia da tentação no deserto,
9onde vossos pais me tentaram,
pondo-me à prova,
embora tivessem visto minhas obras
10durante quarenta anos.
Por isso, irritei-me contra aquela ge-
ração
e disse: O coração deles sempre se
desvia,
não conheceram meus caminhos;
11por isso jurei em minha ira:
Não entrarão em meu repouso".
12Tomai cuidado, irmãos,* para que
não haja talvez em algum de vós um
coração mau e sem fé, que se afaste
do Deus vivo. 13Mas exortai-vos mutu-
amente cada dia, enquanto dura esse
hoje, a fim de que nenhum de vós se
endureça pela sedução do pecado.
14Pois nos tornamos participantes de
Cristo, contanto que mantenhamos fir-
me até o fim nossa confiança inicial†,
15porquanto se diz: "Hoje, se ouvirdes
sua voz, não endureçais vossos cora-
ções como aconteceu na provocação".
16E quais são os que, após terem ouvi-
do, provocaram?* Não foram todos os
que tinham saído do Egito por meio de
Moisés? 17E contra quem ele se irritou
durante quarenta anos? Não foi contra
os que haviam pecado e depois caíram
mortos no deserto? 18E a quem jurou
que não entrariam em seu repouso,
senão aos que não haviam acreditado?
19Vemos, pois, que não puderam entrar
por causa de sua incredulidade†.

---

* **2**,13. Is 8,17s | 14. Jo 12,31 | **3**,1. Ef 1,18; Fl 3,14; Nm 12,7 | 6. Jo 8,35; 1Cor 3,9; 1Tm 3,15; Cl 1,23; Ef 2,19s | 7. Sl 95,7-11 | 12. 1Ts 5,11; 2Ts 2,10 | 16. Nm 14,22-35; 1Cor 10,10

† **3**. Cristo exerceu sua missão de mediador como Filho de Deus; por isso é superior ao próprio Moisés. | 14. Como o Israel do Êxodo, a Igreja está em marcha aqui na terra, confiante na promessa de Deus, mas exposta à tentação; para salvar-se, é preciso perseverar até o fim, Mt 10,22; 24,13. | 19. Convite a ser fiel a Cristo para entrar no repouso do céu e a não imitar os hebreus rebeldes, que não entraram no repouso da terra prometida.

4 [1]Temamos, pois, que, enquanto
ainda permanece em vigor a pro-
messa de entrar em seu repouso, algum
de vós seja excluído. [2]Pois também nós
recebemos uma boa nova exatamente
como eles. Mas a palavra que eles ou-
viram para nada lhes serviu, pois não
permaneceram unidos pela fé com os
que a tinham ouvido. [3]Nós, porém, que
abraçamos a fé, entramos num repouso,
conforme ele disse: "Por isso jurei em mi-
nha ira: Não entrarão em meu repouso".*
Sem dúvida, as obras de Deus es-
tavam terminadas desde a criação
do mundo, [4]pois em certa passagem,
quando se fala do sétimo dia, se diz: "E
no sétimo dia, Deus descansou* de to-
das as suas obras"†. [5]E de novo, neste
lugar: "Não entrarão em meu repouso".
[6]Assim, pois, já que é certo que alguns
ainda devem entrar lá, e que os que
tinham recebido primeiro a boa nova
não entraram por causa de sua deso-
bediência, [7]de novo Deus marca um
dia, um hoje, dizendo em Davi depois
de tanto tempo, como foi dito acima:
"Hoje, se ouvirdes sua voz, não endu-
reçais vossos corações". [8]De fato, se
Josué tivesse introduzido* os israelitas
neste repouso, Deus não teria falado
depois em um outro dia. [9]Portanto,
existe um repouso, o do sétimo dia, re-
servado ao povo de Deus. [10]Pois aquele
que entrou em seu repouso descansa-
rá também de suas obras, como Deus
descansou das suas. [11]Apressemo-nos,
pois, em entrar neste repouso, para
que ninguém sucumba, imitando este
exemplo de desobediência†.
A Palavra de Deus. [12]Com efeito, a
Palavra de Deus é viva,* eficaz e mais
penetrante do que uma espada de dois
gumes; ela penetra até dividir alma e
espírito, juntas e medulas. Ela sonda
as intenções e os pensamentos do co-
ração. [13]Nenhuma criatura é capaz de
esconder-se de seus olhos, mas todas
as coisas são como que nuas e desco-
bertas aos olhos daquele a quem deve-
mos prestar contas.
Aderir a Jesus, Sumo Sacerdote.
[14]Tendo, pois, em Jesus,* o Filho de
Deus, um Sumo Sacerdote eminente
que penetrou os céus, conservemos fir-
me a fé que professamos. [15]Porque não
temos um Sumo Sacerdote incapaz de
compadecer-se de nossas fraquezas;
pois de modo semelhante ele passou
pelas mesmas provações que nós, ex-
ceto a do pecado. [16]Aproximemo-nos,
portanto, com confiança, do trono da
graça, a fim de obtermos misericórdia
e alcançarmos a graça, para sermos so-
corridos no tempo oportuno.

III. CRISTO, SACERDOTE E VÍTIMA (5,1–10,18)

5 **Jesus, Sumo Sacerdote miseri-
cordioso.** [1]Com efeito, todo sumo
sacerdote, tirado do meio dos homens,
é constituído em favor dos homens em
suas relações com Deus, para oferecer
dons e sacrifícios pelos pecados. [2]Ele
sabe ter compreensão com aqueles
que ignoram e erram, porque ele mes-
mo está cercado de fraqueza; [3]por isso
ele deve oferecer por si mesmo* sacri-
fícios pelo pecado, como ele o faz pelo
povo. [4]Ninguém atribua a si mesmo
esta honra, mas a ela a pessoa é cha-
mada por Deus, como Aarão.
[5]Deste modo, também Cristo não se
atribuiu a si mesmo a glória de tornar-
-se Sumo Sacerdote, mas recebeu-a de
Deus, que lhe disse: "Tu és o meu Filho,
eu hoje te gerei";* [6]como também diz
em outra passagem: "Tu és sacerdote
para sempre, à maneira de Melquise-
dec".* [7]Foi ele que, nos dias de sua vida
mortal,* dirigiu orações e súplicas, com

* **4**,3. Sl 95,11 | 4. Gn 2,2 | 8. Js 22,4; Dt 31,7 | 12. Is 49,2; Ef 6,17 | 14. 2,17; 20,23 | **5**,3. Lv 9,7; 16,6 | 5. Sl 2,7 | 6. Sl 110,4 | 7. Mt 26,36; Mc 14,32-42; Lc 22,40-46; Jo 18,1

† **4**,4. "Se vós, ao cabo de vossas obras excelentes, repousastes no sétimo dia, foi para nos dizer de antemão, que, ao cabo de nossas obras, também nós, no sábado da vida eterna, em Vós repousaremos" (S. Agostinho). | 11. A terra prometida não é o verdadeiro repouso prometido por Deus; este repouso, semelhante ao de Deus após a criação, é a fé em Jesus que o dá.

veemente clamor e lágrimas, Àquele
que podia salvá-lo da morte, e foi aten-
dido por causa de sua submissão†. [8]E,
embora fosse Filho, pelos sofrimentos
suportados, aprendeu a obediência; [9]e,
levado à perfeição, tornou-se princí-
pio de salvação eterna para todos os
que lhe obedecem, [10]pois Deus o pro-
clamou Sumo Sacerdote à maneira de
Melquisedec.

Aprofundar a vida cristã. [11]Sobre isto
temos muitas coisas a dizer, coisas di-
fíceis de expor, porque vos tornastes
lentos para compreender. [12]Com efei-
to, embora devêsseis* com o tempo
ter-vos tornado mestres, precisais de
novo que alguém vos ensine os primei-
ros rudimentos dos oráculos de Deus,
e voltais a ter necessidade de leite e
não de alimento sólido. [13]Realmente,
quem ainda se alimenta de leite* não
pode apreciar a doutrina da justiça,
pois é ainda criança; [14]mas os perfeitos
tomam alimento sólido e, por hábito,
exercem o senso moral no discerni-
mento do bem e do mal.

6 **Danos da apostasia.** [1]Por isso,
deixando o ensinamento elemen-
tar sobre o Cristo, elevemo-nos ao en-
sinamento perfeito, sem retornar aos
princípios fundamentais da renúncia
às obras mortas e da fé em Deus, [2]da
instrução sobre os batismos†, da im-
posição das mãos, da ressurreição dos
mortos e do juízo eterno. [3]E assim é
que vamos fazer, se Deus o permitir.

[4]De fato, aqueles* que uma vez foram
iluminados†, apreciaram o dom celeste,
tornaram-se participantes do Espírito
Santo, [5]apreciaram a excelente palavra
de Deus e as forças do mundo futuro
[6]e que, apesar disso caíram, é impos-
sível renová-los* uma segunda vez†,
conduzindo-os à penitência, quando
crucificam de novo por sua conta o
Filho de Deus† e o insultam publica-
mente. [7]Com efeito, a terra que bebe
a chuva caída com frequência sobre ela
e produz plantas úteis para o agricultor
recebe de Deus uma bênção. [8]Mas a
terra que produz* espinhos e abrolhos
é rejeitada e está bem perto da maldi-
ção; vai acabar sendo queimada.

[9]Mas quanto a vós, caríssimos, em-
bora assim falemos, estamos certos de
que estais numa situação melhor e fa-
vorável à salvação. [10]Pois Deus não é
injusto, para esquecer o que fizestes
e o amor que mostrastes* pelo nome
dele, vós que servistes e ainda servis
ao povo santo. [11]Desejamos apenas
que cada um de vós mostre o mes-
mo zelo pelo pleno desenvolvimento
de sua esperança até o fim, [12]de tal
sorte que não vos torneis indolentes,
mas imiteis aqueles que, pela fé e pela
perseverança, recebem a herança das
promessas.

Promessa de Deus e esperança.
[13]Com efeito, quando fez a promessa
a Abraão, Deus, não podendo jurar por
alguém maior, jurou por si mesmo, [14]di-
zendo: "Eu te cumularei* de bênçãos e
te multiplicarei enormemente". [15]Assim
é que Abraão, tendo perseverado, viu
a promessa cumprir-se. [16]Com efeito,
as pessoas juram por alguém maior
do que elas e, entre elas, o juramento
é uma garantia que põe termo a toda
controvérsia. [17]Assim Deus, querendo
mostrar com mais evidência aos her-
deiros da promessa a imutabilidade
de seu desígnio, comprometeu-se por
um juramento, [18]a fim de que, por duas
realidades imutáveis†, nas quais não
pode haver mentira* da parte de Deus,
sejamos poderosamente encorajados –
nós que nele encontramos um refúgio
– a segurar firmes a esperança que nos

---

* **5**,12. 1Cor 3,1s | 13. 1Pd 2,2 | **6**,4. Ef 5,14; 2Cor 4,4ss; 1Jo 5,6 | 6. 10,26s; Mt 12,31 | 8. Gn 3,17s | 10. 3,2; 10,32ss | 14. Gl 3,14.29; Gn 22,16s | 18. Tt 1,2; 2Tm 2,13

† **5**,7. Foi atendido, porque ressuscitou, ficando livre da morte para sempre. | **6**,2. "Batismos", no plural, porque a instrução cristã comparava o batismo de Jesus com o de João e os do judaísmo. | 4. Esta expressão indica os que foram batizados, 10,32; Ef 5,14. | 6. O autor fala do pecado de apostasia. A conversão do apóstata é impossível humanamente falando, mas a graça de Deus tudo pode. / "Não foram os demônios que o crucificaram: és tu que com eles o crucificaste e continuas a crucificá-lo, deleitando-te nos vícios e nos pecados" (S. Francisco de Assis). | 18. A promessa e o juramento de Deus.

é oferecida. [19]Nela temos como que uma âncora† para nossa alma, tão segura quanto sólida, que penetra para além do véu, [20]lá onde Jesus entrou por nós, como precursor, constituído Sumo Sacerdote para sempre à maneira de Melquisedec.

7 **O sacerdócio de Melquisedec e o de Cristo.** [1]De fato, este Melquisedec, rei de Salém,* sacerdote do Deus Altíssimo, que foi ao encontro de Abraão, quando este voltava após a derrota dos reis, e que o abençoou, [2]a quem Abraão também ofereceu o dízimo de tudo, e cujo nome se interpreta como "rei de justiça", e que também é rei de Salém, quer dizer, "rei de paz", [3]que é sem pai, sem mãe, sem genealogia,* cujos dias não têm começo e cuja vida não tem fim, que se assemelha ao Filho de Deus, este Melquisedec permanece sacerdote para sempre.

[4]Considerai, pois, como é grande* aquele a quem Abraão, o patriarca, deu também o dízimo dos melhores despojos. [5]Ora, aqueles dentre os filhos de Levi que recebem o sacerdócio têm a ordem, segundo a lei, de receber o dízimo do povo, isto é, de seus irmãos que, no entanto, também são descendentes de Abraão. [6]Mas aquele que não era de sua descendência recebeu o dízimo de Abraão e abençoou o portador das promessas. [7]Ora, sem dúvida alguma, é o inferior que recebe a bênção do superior. [8]Além disso, aqui são homens mortais que recebem o dízimo, mas lá é aquele do qual atestam que ele vive. [9]Enfim, é, por assim dizer, o próprio Levi que recebe o dízimo, quem pagou na pessoa de Abraão, [10]pois ele estava ainda nos rins de seu antepassado, quando Melquisedec foi a seu encontro.*

Ab-rogação do sacerdócio levítico†. [11]Se, portanto, a perfeição fosse realizada pelo sacerdócio levítico – pois foi sob ele que foi dada a lei ao povo – que necessidade haveria ainda de surgir um outro sacerdote à maneira de Melquisedec, em vez de chamá-lo "à maneira de Aarão"?† [12]Com efeito, mudando o sacerdócio, necessariamente muda também a Lei. [13]Pois Aquele do qual essas coisas são ditas pertencia a uma outra tribo, da qual nenhum membro jamais se ocupou com o serviço do altar. [14]É sabido, de fato,* que nosso Senhor nasceu da tribo de Judá, tribo da qual Moisés nada disse quando se trata dos sacerdotes.

[15]Isto se torna ainda mais evidente quando, à semelhança de Melquisedec, surge um outro sacerdote, [16]que não se tornou sacerdote segundo a regra de uma prescrição carnal†, mas, sim, segundo o poder de uma vida imperecível. [17]De fato, este testemunho lhe é dado: "Tu és sacerdote para sempre,* à maneira de Melquisedec". [18]Assim se acha ab-rogada a prescrição anterior, em razão de sua fraqueza e de sua inutilidade – [19]pois a lei nada levou* à perfeição –, e introduz-se uma esperança melhor, pela qual nos aproximamos de Deus.

Cristo, sacerdote para sempre. [20]Tanto mais que isto não se fez sem juramento. Os outros, de fato, foram feitos sacerdotes sem juramento; [21]mas Este o foi com juramento, por Aquele que disse: "O Senhor jurou e não se arrependerá:* Tu és sacerdote para sempre". [22]E por isso, é duma aliança melhor que Jesus se tornou fiador. [23]Além disso, os primeiros sacerdotes foram feitos em grande número, porque a morte os impedia de permanecer. [24]Mas Jesus, visto que permanece para sempre, possui um sacerdócio imutável. [25]Por isso é capaz de salvar* definitivamente aqueles que, por meio dele, se aproximam de Deus, já que Ele está sempre vivo para interceder por eles.

---

* **7**,1. Gn 14,17-20; Sl 110,4 | 3. Jo 7,27 | 4. Nm 18,21-32; Dt 14,22 | 10. Gn 14,17 | 14. Gn 49,10; Mt 1,1; Rm 1,3; Ap 5,5 | 17. Sl 110,4 | 19. Gl 3,19-22 | 21. Sl 110,4 | 25. Rm 8,34; Ap 1,18; 1Jo 2,1

† **7**,19. Símbolo da esperança. | 11. O autor mostra que o sacerdócio de Melquisedec é superior ao de Aarão. / O sacerdócio de Cristo põe termo ao sacerdócio levítico e à lei judaica. | 16. Os sacerdotes levíticos eram sacerdotes por causa de sua descendência de Aarão.

[26]Era, de fato, de um Sumo Sacerdo-
te assim que nós precisávamos: santo,
inocente, imaculado, separado dos pe-
cadores, elevado mais alto que os céus,
[27]que não precisa, como os outros su-
mos sacerdotes, oferecer vítimas a cada
dia, primeiro por seus pecados, e de-
pois pelos do povo, pois ele já o fez de
uma vez por todas†, oferecendo-se a si
mesmo. [28]A lei elevou, de fato, ao sumo
sacerdócio pessoas sujeitas à fraqueza,
mas a palavra do juramento, que é pos-
terior à lei, estabeleceu Sumo Sacerdote
o Filho eternamente perfeito.

8

O novo santuário. [1]O ponto
central de nossa exposição é que
temos um Sumo Sacerdote tal que se
sentou à direita* do trono da Majesta-
de nos céus, [2]ministro do santuário e
da verdadeira tenda, erguida pelo Se-
nhor e não por um ser humano.
[3]Todo sumo sacerdote, com efei-
to, é constituído para oferecer dons e
sacrifícios; daí a necessidade de que
também ele tenha alguma coisa para
oferecer.
[4]Com efeito, se Jesus estivesse aqui
na terra, ele nem seria sacerdote, pois
já existem os que oferecem os dons
conforme à Lei. [5]Estes prestam um
culto, que é só cópia e sombra das
realidades celestes, conforme foi dito
a Moisés, quando teve de construir a
tenda†: "Cuida – foi-lhe dito – de fazer
tudo conforme o modelo* que te foi
mostrado no monte"†.
A nova aliança. [6]Mas agora ele ob-
teve um ministério tanto mais eleva-
do quanto melhor é a aliança da qual
é mediador,* estando fundada sobre
melhores promessas. [7]Pois, se a primei-
ra aliança tivesse sido sem falhas, não
haveria necessidade de substituí-la por
uma segunda. [8]Com efeito, é censuran-
do-os que Deus declara:

"Eis que virão dias, diz o Senhor,*
em que concluirei com a casa de Is-
rael
e com a casa de Judá uma aliança
nova;
[9]não como a aliança que fiz com seus
pais,
no dia em que os tomei pela mão
para tirá-los da terra do Egito.
Já que eles próprios não permanece-
ram em minha aliança,
eu também os rejeitei, diz o Senhor.
[10]Eis a aliança que contratarei com a
casa de Israel,
após esses dias, diz o Senhor:
Porei minhas leis em sua mente
e as gravarei em seu coração;
eu serei seu Deus, e eles serão meu
povo.
[11]Ninguém mais precisará instruir
seu concidadão,
nem seu irmão, dizendo-lhe: "Co-
nhece o Senhor";
porque todos me conhecerão, do
pequeno ao grande.
[12]Pois eu perdoarei suas faltas,
e de seus pecados não mais me lem-
brarei.
[13]Dizendo: aliança nova, torna antiga
a primeira.* Ora, o que é velho e anti-
quado está prestes a desaparecer.

9

O culto antigo. [1]Também a pri-
meira aliança tinha normas para o
culto e um santuário, o deste mundo.
[2]Com efeito, tinha sido erguida uma
tenda,* a tenda anterior, onde estavam
o candelabro, a mesa e a apresentação
dos pães; é esta que é chamada o San-
to. [3]Depois, por detrás do segundo véu,
havia uma tenda chamada Santo dos
Santos, [4]contendo o altar dos perfu-
mes, feito de ouro, e a arca da aliança,
totalmente revestida de ouro, e nesta,
uma urna de ouro contendo o maná, a

---

* **8**,1. Sl 110,1 | 5. Êx 25,40 | 6. 1Tm 2,5 | 8. Jr 31,31-34 | 13. 2Cor 5,17; Ap 21,4s | **9**,2. Êx 25-26

† **7**,27. O sacrifício de Cristo, válido para todos, não será repetido. O sacrifício da Missa o renova pela aplicação de seus frutos aos que dele participam. | **8**,5. O santuário do deserto e o de Jerusalém são uma imagem do verdadeiro culto, que é a comunhão com Deus; ora, é neste nível da realidade, e não no da imagem, que Cristo é sacerdote. / Todo santuário é uma cópia do santuário celeste, é um pedacinho do céu, Êx 25,40.

vara de Aarão, que havia florescido, e as tábuas da aliança; [5]depois, em cima, os querubins da glória cobrindo com sua sombra o propiciatório. Não é o momento de falar de tudo isso detalhadamente.

[6]Estando tudo assim disposto, os sacerdotes entram em qualquer tempo na primeira tenda para realizar o serviço cultual. [7]Na segunda,* porém, só o sumo sacerdote penetra, e só uma vez por ano, não sem levar consigo sangue que oferece pelas faltas pessoais dele e pelas do povo†. [8]Assim, o Espírito Santo mostra que o caminho do santuário não está franqueado, enquanto dura a primeira tenda. [9]Isto é uma lição para o tempo presente; sob seu regime oferecem-se dons e sacrifícios, que não têm o poder de tornar perfeita a consciência de quem presta o culto; [10]são ritos humanos, referentes aos alimentos, às bebidas, às diversas abluções, e impostos somente até o tempo da reforma.

O sacrifício de Cristo. [11]Cristo, porém, vindo como Sumo Sacerdote dos bens futuros, atravessou uma tenda maior e mais perfeita, que não foi construída por seres humanos, isto é, não pertence a este mundo. [12]Ele entrou de uma vez por todas no santuário,* não com sangue de bodes ou de novilhos, mas com seu próprio sangue: assim ele conquistou para nós uma redenção eterna. [13]Pois se o sangue de bodes e de touros e as cinzas de uma novilha com que se aspergem os que estão manchados os santificam, alcançando-lhes a pureza da carne, [14]quanto mais o sangue de Cristo que, impelido pelo Espírito eterno, ofereceu-se a Deus como vítima sem mancha, purificará nossa consciência das obras mortas, para que possamos servir ao Deus vivo?

O fundamento da nova aliança. [15]Por isso ele é o mediador de uma nova aliança†, para que, intervindo sua morte para a redenção das culpas cometidas na antiga aliança, aqueles que foram chamados possam receber a herança eterna que lhes foi prometida. [16]Pois, onde há testamento, é necessário que a morte do testador seja constatada. [17]Com efeito, um testamento só é válido depois da morte, pois fica sem efeito enquanto vive o testador. [18]Por isso, nem mesmo a primeira aliança foi inaugurada sem efusão de sangue. [19]De fato, quando Moisés acabou de promulgar* a todo o povo cada prescrição segundo o teor da lei, tomou o sangue de novilhos e de bodes, com a água, a lã escarlate e o hissopo, e aspergiu o próprio livro e todo o povo, [20]dizendo: "Este é o sangue da aliança que Deus prescreveu para vós". [21]Do mesmo modo, ele aspergiu com sangue a tenda e todos os objetos do culto. [22]Aliás, segundo a Lei,* quase tudo é purificado pelo sangue, e sem efusão de sangue não há remissão. [23]Era necessário, pois, por um lado, que as cópias das realidades celestes fossem purificadas desta maneira; e por outro lado, que as próprias realidades celestes o fossem também, mas por sacrifícios mais excelentes que os deste mundo.

Eficácia do sacrifício de Cristo. [24]Com efeito, Cristo não entrou num santuário feito por mão humana, réplica do verdadeiro, mas no próprio céu, a fim de comparecer, agora, na presença de Deus em nosso favor. [25]E também não foi para oferecer-se a si mesmo muitas vezes, como faz o sumo sacerdote, que entra no santuário todo ano com sangue alheio. [26]Pois, se assim fosse, deveria ter sofrido muitas vezes, desde a criação do mundo. Mas foi agora, uma vez por todas, na consumação dos séculos, que ele se manifestou para destruir o pecado por seu sacrifício. [27]E como está decretado que os homens morram uma só vez – depois do

---

* **9**,7. Êx 30,10; Lv 16,2-9 | 12. Mt 26,28; Lv 16,14s; Nm 19 | 19. Êx 24,3.6ss | 22. Lv 17,11

† **9**,7. A liturgia aqui descrita é a do dia das Expiações, Lv 16,2-19; Êx 30,10, data máxima do calendário judaico em termos de remissão dos pecados. | 15. A mesma palavra grega significa "aliança" e "testamento"; o autor passa de um sentido ao outro.

que vem o julgamento –, 28do mesmo
modo, também Cristo, depois de se ter
oferecido uma vez por todas para tirar
os pecados da multidão,* aparecerá
uma segunda vez, sem relação alguma
com o pecado,† àqueles que o esperam
para lhes dar a salvação.

**10 Impotência dos sacrifícios
antigos.** 1Não tendo, com
efeito, senão a sombra dos bens futu-
ros* e não a própria realidade das coi-
sas, a lei é absolutamente impotente
com seus sacrifícios, sempre os mes-
mos, que se oferecem perpetuamente
de ano em ano, para tornar perfeitos
os que se aproximam de Deus. 2Se não
fosse assim, não se teria cessado de
oferecê-los? Pois os oficiantes deste
culto, purificados uma vez por todas,*
não teriam mais consciência de ne-
nhum pecado. 3Bem ao contrário, por
estes mesmos sacrifícios, recorda-se
cada ano a lembrança dos pecados.
4Com efeito, o sangue de touros e de
bodes não pode apagar pecados.
Valor do sacrifício de Cristo. 5Por isso,
ao entrar no mundo, Cristo diz:*
"Vós não quisestes sacrifício nem
oblação,
mas me formastes um corpo.
6Holocaustos e sacrifícios pelos pe-
cados não vos agradaram.
7Então eu disse: Eis-me aqui, eu ve-
nho, ó Deus,
para fazer vossa vontade.
Pois é a meu respeito que está escri-
to no livro".
8Ele diz em primeiro lugar: "Não qui-
sestes e não foram de vosso agrado
sacrifícios e oblações, holocaustos e
sacrifícios pelos pecados": no entanto,
eles são oferecidos conforme a lei. 9De-
pois acrescenta: "Eis-me aqui, eu venho
para fazer vossa vontade". Portanto,
ele suprime o primeiro regime para
estabelecer o segundo. 10E é graças a
esta vontade* que somos santificados
por meio da oblação do corpo de Jesus
Cristo, realizada uma vez por todas.
11E todo sacerdote se apresenta,
diariamente, para desempenhar suas
funções e oferecer com frequência os
mesmos sacrifícios, que nunca podem
apagar os pecados. 12Cristo, ao contrá-
rio, depois de ter oferecido um sacrifí-
cio único pelos pecados, está sentado
para sempre à direita* de Deus, 13es-
perando apenas que seus inimigos se-
jam postos como estrado de seus pés.
14De fato, com uma única oblação, ele
tornou perfeitos para sempre os que
são santificados. 15Ora, o Espírito Santo
também o atesta; com efeito, após ter
declarado:* 16"Esta é a aliança que con-
tratarei com eles depois desses dias", o
Senhor diz: "Porei minhas leis em seus
corações e as gravarei em sua mente;
17nem de seus pecados, nem de suas
ofensas me recordarei mais". 18Ora, lá
onde essas coisas são perdoadas, não
existe mais oblação pelo pecado.

IV. NECESSIDADE DA FÉ E DAS OBRAS (10,19–13,25)

Apelo a uma vida cristã generosa.
19Tendo, portanto, irmãos, a segurança
exigida para o acesso ao santuário por
meio do sangue de Jesus, 20por este
caminho novo* e vivo que ele inaugu-
rou para nós através do véu – isto é,
de sua carne – 21e tendo um Sacerdo-
te soberano à frente da casa de Deus,
22aproximemo-nos de coração since-
ro,* na plenitude da fé, com os cora-
ções purificados de toda mancha de
uma consciência má e com o corpo la-
vado com água pura. 23Guardemos ina-
balável a confissão da esperança, pois
Aquele que prometeu é fiel, 24e pres-

* **9**,28. Jo 1,29; Is 53,23; 1Tm 6,14; Fl 3,20s; At 3,20s | **10**,1. Cl 2,17 | 2. Lv 16,15.21 | 5. Sl 40,7s | 10. Ef 5,2 | 12. Sl 110,1 | 15. 8,10.12; Jr 31,33s | 20. 6,19s; Jo 14,6 | 22. Ez 36,25; Zc 6,11s; Ef 5,26; 1Pd 3,21; 2Cor 7,1

† **9**,28. Na primeira vinda, Jesus veio para expiar o pecado; na segunda, não terá nada a ver com o pecado. | **10**,25. "Não podes rezar em casa como na igreja, onde se encontra o povo reunido, onde o grito é lançado a Deus de um só coração. Há ali algo mais, a união dos espíritos, a harmonia das almas, o vínculo da caridade, as orações dos presbíteros" (S. João Crisóstomo).

temos atenção uns aos outros para nos estimular à caridade e às boas obras, 25não abandonando nossas reuniões†, como alguns têm o costume de o fazer, mas encorajando-nos mutuamente, tanto mais que vós vedes aproximar-se o Dia.

Danos da apostasia. 26Pois, se pecamos voluntariamente, após ter recebido o conhecimento da verdade, não há mais sacrifício* pelos pecados. 27Há, somente, uma perspectiva terrível, a do juízo e do ardor do fogo que deve devorar os rebeldes. 28Quem rejeita a lei de Moisés é impiedosamente condenado à morte sob depoimento* de duas ou três testemunhas. 29De quanto mais grave castigo será digno, pensai bem, aquele que tiver calcado aos pés o Filho de Deus, tiver considerado profano o sangue da aliança, no qual ele foi santificado, e ultrajado o Espírito da graça? 30Com efeito, conhecemos Aquele que disse: "A mim pertence a vingança.* Sou eu que retribuirei". E ainda: "O Senhor julgará seu povo".* 31Oh! que coisa terrível é cair nas mãos do Deus vivo!

Motivos para perseverar. 32Lembrai-vos, porém, daqueles primeiros dias,* quando, depois de terdes sido iluminados, lutastes com grandes sofrimentos, 33ora expostos publicamente aos insultos e às tribulações, ora tornando-vos solidários com os que eram assim tratados. 34E, com efeito, tomastes parte nos sofrimentos dos prisioneiros e aceitastes com alegria a expoliação de vossos bens,* sabendo que possuíeis uma riqueza melhor e duradoura. 35Não percais, pois, vossa confiança, à qual está reservada uma grande recompensa. 36Vós precisais de constância, para que, depois de terdes cumprido a vontade de Deus, alcanceis a promessa. 37Pois, "ainda um pouco, bem pouco apenas, e virá Aquele que deve vir e não tardará.* 38Meu justo viverá pela fé; mas se desanimar, não agradará a minha alma".

39Quanto a nós, não somos daqueles que desanimam para sua perdição,* mas homens de fé para a salvaguarda de nossa alma.

11 **O povo de Deus, modelo de fé†.** 1A fé é a realidade dos bens esperados, a prova das coisas que não se veem†. 2Foi graças a ela que os antigos obtiveram um belo testemunho.

3Pela fé compreendemos que os mundos foram formados por uma palavra de Deus,* de modo que o que se vê provém do que não é visível.

4Pela fé, Abel ofereceu a Deus* um sacrifício melhor que o de Caim; graças a ela, foi proclamado justo, pois Deus deu testemunho de seus dons; e por ela também, embora morto, ainda fala.

5Pela fé, Henoc* foi arrebatado, de sorte que não viu a morte, "e ele não mais foi achado, porque Deus o havia levado". Antes de ser arrebatado, com efeito, recebeu o testemunho de que tinha agradado a Deus. 6Ora, sem a fé é impossível agradar a Deus; pois quem se aproxima de Deus deve crer que ele existe* e que ele recompensa os que o procuram.

7Pela fé, Noé,* divinamente advertido do que ainda não era visível, levado por um temor religioso, construiu uma arca para salvar sua família; e por esta fé, ele condenou o mundo e tornou-se herdeiro da justiça que se obtém mediante a fé.

8Graças à fé, Abraão* obedeceu a Deus que o chamava a partir para uma terra que iria receber por herança; partiu sem saber para onde ia. 9Pela fé, veio habitar na terra prometida, como se estivesse num país estrangeiro, morando

---

* **10**,26. Is 26,11 | 28. Dt 17,6 | 30. Dt 32,35s / Mt 10,28; 12,31s | 32. Ef 5,14; 1Cor 4,9 | 34. Mt 5,40; 6,20 | 37. Is 26,20; Hab 2,3s; Rm 1,17 | 39. 1Pd 1,9 | **11**,3. Gn 1; Sl 33,6; Rm 1,20 | 4. Gn 4,4.10; Mt 23,35; Jó 16,18 | 5. Gn 5,24 | 6. Jr 29,12ss | 7. Gn 6-9; 1Pd 3,20; 2Pd 2,5 | 8. Gn 12,1-9; 23,4

† **11**. Percorrendo a história sagrada, o autor escolhe alguns personagens e episódios que mostram a presença e a eficácia da fé. | 1. A fé fixa a pessoa desde agora no invisível, orientando-a para o futuro, para a plena realização.

em tendas, como também fizeram Isa-
ac e Jacó, herdeiros com ele da mesma
promessa. [10]Pois esperavam aquela Ci-
dade,* solidamente construída, da qual
Deus é o arquiteto e construtor. [11]Gra-
ças à fé, a própria Sara,* apesar de sua
idade avançada, recebeu a possibilidade
de conceber, porque acreditou na fide-
lidade daquele que fazia a promessa.
[12]Por isso, de um só homem, já marca-
do pela morte,* nasceram filhos tão nu-
merosos como as estrelas do céu e os
grãos de areia na praia do mar.

[13]Na fé, todos eles morreram,* antes
de haverem recebido o objeto das pro-
messas. Mas de longe viram-nas reali-
zadas e as saudaram, declarando que
eram estrangeiros e peregrinos sobre a
terra. [14]Pois, os que assim falam mos-
tram claramente que estão buscando
uma pátria; [15]e, se tivessem em mente
aquela que deixaram, teriam tido tem-
po de voltar para lá. [16]Aspiram, porém,
a uma pátria melhor, isto é, à pátria ce-
leste. Por isso Deus não se envergonha
de ser chamado o Deus deles; pois lhes
preparou uma Cidade.

[17]Pela fé, Abraão, posto à prova, ofe-
receu Isaac;* oferecia seu filho único,
o depositário da promessa, [18]ao qual
havia sido dito: "É por Isaac que uma
descendência te será assegurada". [19]Ele
pensava que Deus tem poder até para
ressuscitar mortos; assim, numa espé-
cie de parábola, reencontrou o filho.†

[20]Pela fé, Isaac abençoou Jacó e
Esaú,* também a respeito de coisas
futuras. [21]Pela fé, Jacó agonizante
abençoou cada um dos filhos de José
e se prostrou apoiado na ponta de seu
bastão. [22]Pela fé, José, perto de morrer,
evocou o êxodo dos filhos de Israel e
deu ordens a respeito de seus ossos.

[23]Pela fé, Moisés, logo que nasceu,
foi escondido por seus pais durante
três meses, porque viram que o meni-
no era bonito* e não recearam o decre-
to do rei. [24]Pela fé, Moisés, chegando
à idade adulta, recusou ser chamado
filho da filha do faraó, [25]preferindo ser
maltratado com o povo de Deus a co-
nhecer a alegria transitória do pecado,
[26]considerando a humilhação de Cris-
to† como uma riqueza superior aos te-
souros do Egito. Com efeito, tinha os
olhos fixos na recompensa.

[27]Pela fé, ele deixou o Egito sem te-
mer o furor do rei: pois, como se visse
o invisível, manteve-se firme. [28]Pela fé,
ele celebrou a páscoa* e fez a asper-
são do sangue, a fim de que o Exter-
minador não ferisse os primogênitos
de Israel. [29]Pela fé, eles atravessaram o
mar Vermelho como uma terra seca,*
enquanto os egípcios, tentando a pas-
sagem, foram tragados pelo mar.

[30]Pela fé, caíram os muros de Jericó,*
depois que eles os rodearam durante
sete dias. [31]Pela fé, Raab, a prostituta,
não pereceu com os incrédulos, por-
que ela havia acolhido pacificamente
os espiões.

[32]E que mais direi? Pois me falta-
ria o tempo se fosse contar o que se
refere a Gedeão, Barac, Sansão, Jefté,
Davi, Samuel e os profetas. [33]Pela fé,
eles conquistaram reinos, exerceram a
justiça, obtiveram o cumprimento das
promessas, fecharam a boca* dos le-
ões, [34]extinguiram a violência do fogo,
escaparam do fio da espada, estando
doentes recuperaram as forças, mos-
traram valentia na guerra, repeliram
invasões estrangeiras. [35]Houve mulhe-
res* que recuperaram seus mortos pela
ressurreição†. Uns se deixaram torturar,
recusando a libertação, a fim de ob-
terem melhor ressurreição. [36]Outros
sofreram a prova dos insultos e dos
flagelos, e mesmo a das cadeias e da

* **11**,10. Ap 21,10-20 | 11. Gn 17,15-19 | 12. Gn 21,2; Rm 4,19ss; Êx 32,13 | 13. Jo 8,56; Gn 23,4; Sl 39,13; 119,19; Fl 3,20; Ap 21,2; Êx 3,6 | 17. Gn 22; Gn 21,12 | 20. Gn 27,27ss; 47,31; 48,15s; 50,24 | 23. Êx 2,2.10,2 | 28. Êx 12 | 29. Êx 14 | 30. Js 6 | 33. Dn 6 | 35. 1Rs 17,23; 2Rs 4,36; 2Mc 6,18-7,42

† **11**,19. Desta forma, o pai dos que creem configurou-se ao Pai que não há de poupar seu próprio Filho, mas o entregará por todos nós, Rm 8,32. Isaac foi um símbolo da imolação e da ressurreição de Jesus, devolvido a seu Pai como Isaac o foi a Abraão. | 26. Aqui o termo "Cristo", ungido, aplica-se ao povo de Israel, de cuja sorte Moisés preferiu participar, permanecer na corte onde foi educado, Êx 2,11. | 35. No tempo dos profetas Elias, 1Rs 17,23, e Eliseu, 2Rs 4,36.

prisão. [37]Foram apedrejados, serrados,† pereceram pela espada, andaram errantes, vestidos com peles de carneiros ou pelos de cabras; foram despojados, oprimidos, maltratados; [38]eram pessoas das quais o mundo não era digno; vagavam pelos desertos, pelas montanhas, pelas cavernas, pelas grutas da terra. [39]E todos esses, embora tenham recebido um belo testemunho por causa de sua fé, não obtiveram a realização da promessa; [40]é que Deus predispunha para nós uma sorte melhor, para que eles não chegassem à perfeição sem nós.†

12 **Exemplo de Cristo.** [1]Por isso, também nós, cercados como estamos de uma tão grande nuvem de testemunhas,* livrando-nos de todo fardo e do pecado que nos envolve, corramos com perseverança à luta que nos é proposta,† [2]fixando nossos olhos em Jesus, que começa e completa em nós a obra da fé; em vez da felicidade que lhe era proposta, assumiu a cruz, não se importando com a infâmia e está agora sentado à direita do trono de Deus. [3]Considerai aquele que suportou da parte dos pecadores tamanha hostilidade, a fim de que não vos deixeis abater pelo desânimo.

Deus é um pai que corrige. [4]Ainda não resististes até o sangue, em vossa luta contra o pecado, [5]e esquecestes a exortação que vos foi dirigida como a filhos: "Meu filho,* não desprezes a correção do Senhor e não desanimes quando ele te repreende; [6]pois o Senhor corrige a quem ele ama e castiga todo filho que ele acolhe". [7]É para vossa correção que estais sofrendo, e é como filhos que Deus vos trata. Pois qual é o filho que o pai não corrige? [8]Se estais isentos desta correção, na qual todos têm parte, é porque sois bastardos e não filhos. [9]Aliás, tivemos para nos corrigir nossos pais* aqui da terra, e nós os respeitamos. Não seremos bem mais obedientes ao Pai dos espíritos para termos a vida? [10]Aqueles, com efeito, nos corrigiam durante pouco tempo e como bem lhes parecia; mas ele, é para nosso bem, a fim de nos tornar participantes de sua santidade. [11]Na verdade, toda correção, no momento,* não é motivo de alegria, e sim de tristeza. Mas depois ela produz um fruto de paz e de justiça para aqueles que foram por meio dela exercitados. [12]Portanto, "fortificai vossas mãos cansadas* e vossos joelhos enfraquecidos"; [13]"endireitai os caminhos tortuosos para vossos pés", para que não se destronque o que é manco, mas antes seja curado.

Fidelidade à vocação cristã. [14]Procurai a paz com todos* e a santificação, sem a qual ninguém verá o Senhor, [15]cuidando que ninguém seja excluído da graça de Deus, para que não brote nenhuma raiz amarga causando perturbação† que contaminaria muitos. [16]Cuidai também que não haja nenhum impudico ou profanador, como Esaú* que, por um prato de comida, vendeu seu direito de primogenitura. [17]E bem sabeis que depois, quando quis obter a bênção, foi rejeitado;* pois não pôde obter uma mudança de sentimento, embora a solicitasse com lágrimas.

As duas alianças. [18]Com efeito, não vos aproximastes de uma realidade palpável:* fogo ardente, obscuridade, trevas, tempestade, [19]sons estridentes de trombetas e a voz retumbante que levou os ouvintes a suplicar que não lhes falasse mais.† [20]Com efeito, não podiam suportar aquela prescrição:*

---

* **12**,1. 10,36; 1Cor 9,24-27; 1Tm 6,12 | 5. Pr 3,11s | 9. Nm 16,22; 27,16; 2Mc 3,24; 2Pd 1,4 | 11. 2Cor 7,8-11; Jo 16,20; 1Pd 1,6s; Tg 1,2ss | 12. Is 35,12; Pr 3,26 | 14. Rm 12,18; Dt 29,18 | 16. Gn 25,19-34 | 17. Gn 27,34-40 | 18. Gl 4,24ss; Êx 19,16.18; 20,19; Dt 4,11 | 20. Êx 19,12s; Dt 9,19; Gl 4,26

† **11**,37. Conforme certos livros apócrifos, o profeta Isaías teria sido serrado ao meio por ordem do ímpio rei Manassés (687-642 a.C.). | 40. Foi só por Cristo que os santos do AT chegaram à perfeita união com Deus. | **12**,1. A imagem é a de uma competição esportiva, presenciada por um grande torcida. | 15. "Raiz amarga" pode designar o apóstata ou a pessoa que fomenta discórdias, Dt 29,17. | 19. Todos esses fenômenos do Sinai foram de natureza terrestre e de caráter aterrador, mas na iniciação cristã tudo é celeste e espiritual, v. 22ss.

"Todo aquele que tocar a montanha,
mesmo se for um animal, será apedre-
jado". 21Tão terrível era o espetáculo
que Moisés disse: "Sinto-me aterrado e
todo trêmulo".
22Mas vós vos aproximastes da mon-
tanha de Sião e da Cidade do Deus
vivo, da Jerusalém celeste e de mi-
lhões de anjos, da reunião festiva, 23e
da assembleia dos primogênitos* que
têm seus nomes inscritos nos céus; e
de Deus que é Juiz universal, e dos es-
píritos dos justos conduzidos à perfei-
ção; 24e de Jesus, o Mediador da nova
aliança e do sangue da aspersão, mais
eloquente que o de Abel.*
25Prestai atenção para não recusar-
des ouvir Aquele que fala. Pois, se os
que recusaram ouvir aquele que pro-
mulgava oráculos sobre a terra, não
escaparam do castigo, muito menos
escaparemos nós, se nos afastarmos
daquele que fala* dos céus. 26Aquele,
cuja voz outrora abalou a terra, nos fez
agora esta promessa: "Mais uma vez
vou abalar não só a terra, mas também
o céu".*
27A expressão "mais uma vez" indica
que as coisas abaladas passarão, pois
são realidades criadas, para que perma-
neçam as que são inabaláveis. 28Assim,
já que recebemos a posse de um reino
inabalável,* conservemos firmemente
esta graça, e por meio dela prestemos
a Deus um culto que lhe seja agradável,
com submissão e reverência; 29porque
nosso Deus* é um fogo devorador.†

13 **A vida na comunidade cristã.**
1Perseverai no amor fraterno.
2Não esqueçais a hospitalidade,* pois foi
graças a ela que alguns, sem saber, hos-
pedaram anjos.† 3Lembrai-vos dos prisio-
neiros, como se estivésseis presos com
eles, e dos que são maltratados, pensan-
do que vós também tendes um corpo.
4Que o matrimônio seja honrado*
por todos e o leito nupcial, sem man-
cha. Pois Deus vai julgar os impuros e
os adúlteros. 5Que vossa conduta seja li-
vre de avareza, contentando-vos com o
que tendes no momento; pois o próprio
Deus disse: "Nunca te deixarei,* nem te
abandonarei", 6de modo que podemos
dizer com plena confiança: "O Senhor é
meu auxílio, não terei medo; que pode
fazer-me um ser humano?"
Fidelidade. 7Lembrai-vos de vossos che-
fes,* daqueles que vos comunicaram a
palavra de Deus e, considerando como
terminou a carreira deles, imitai sua fé.
8Jesus Cristo é o mesmo, ontem e hoje,* e
o será para sempre! 9Não vos deixeis en-
ganar* por qualquer espécie de doutrinas
estranhas: pois é bom que o coração seja
fortificado pela graça, não por alimentos
que nunca tiveram utilidade alguma para
os que fazem disso uma questão de ob-
servância. 10Temos um altar, do qual não
têm direito de se alimentar os que estão
ao serviço da tenda.† 11Com efeito, os
corpos daqueles animais,* cujo sangue
o sumo sacerdote leva ao santuário para
expiar o pecado, são queimados fora do
acampamento.† 12É por isso que Jesus
também, para santificar o povo por seu
próprio sangue, sofreu do lado de fora*
da porta. 13Saiamos, pois, até ele, fora
do acampamento, levando sua humilha-
ção,† 14pois não temos aqui uma cidade
permanente, mas buscamos* a futura.
15Por meio dele, portanto, ofereçamos a
Deus em todo o tempo um sacrifício de
louvor, isto é, o fruto dos lábios que con-
fessam seu nome. 16Não vos esqueçais
de fazer o bem* e de partilhar com os

* **12**,23. Ap 21,2; 1Pd 1,2 | 24. Gn 4,10 | 25. Êx 19,18; Jz 5,4s; Sl 68,9 | 26. Ag 2,6 | 28. 9,14; Dn 7,18 | 29. Dt 4,24; Is 33,14 | **13**,2. Rm 12,10s; Gn 18,3; Tb 5,4s; Jz 6,11-24; 13,3-23 | 4. Sb 3,13; Ef 5,5s; Fl 4,12; 1Tm 6,6 | 5. Dt 31,6; Sl 118,6; 27,1ss | 7. Tt 1,5; 2,3 | 8. Ef 4,14 | 9. Ef 4,14; 1Cor 8,8; 12,28 | 11. Lv 16,27 | 12. Jo 19,17.20 | 14. 11,10; 1Cor 7,29ss; Fl 3,20 | 16. Sl 50,14.23; Os 14,3; Fl 4,18; At 2,21

† **12**,29. A imagem do fogo representa a santidade, as exigências e o julgamento de Deus. Temos de corresponder às provas do amor de Deus, porque o amor desprezado pode tornar-se um fogo devorador. | **13**,2. Alusão à história de Abraão e Ló, Gn 18,3; 19,1s. | 10. Este altar é a cruz de Cristo e também a mesa eucarística. | 11. Como fez no cap. 9, o autor recorda o grande Dia das Expiações, Lv 16,27. | 13. Se Cristo sofreu fora de Jerusalém e não no templo, o cristão deve substituir o culto mosaico pelo culto definitivo que supera a cidade humana.

outros vossas posses, pois tais sacrifícios
agradam a Deus.
17Obedecei a vossos chefes* e sede-
-lhes dóceis, pois eles velam sobre vós
como quem há de prestar contas dis-
so, a fim de que o façam com alegria
e não gemendo, o que não vos seria
vantajoso. 18Rezai por nós,* porque jul-
gamos ter boa consciência, resolvidos
como estamos a nos comportar bem
em tudo. 19Eu vos exorto a fazê-lo com
mais insistência, para que eu vos seja
restituído mais rapidamente.

Recomendações e saudações finais.
20Que o Deus da paz,* que dos mortos
reconduziu o grande Pastor das ovelhas
em virtude do sangue de uma aliança
eterna, nosso Senhor Jesus, 21vos torne
aptos para cumprir a vontade dele em
toda a espécie de bem, produzindo em
nós o que lhe é agradável por meio de
Jesus Cristo, a quem seja dada a glória
pelos séculos dos séculos! Amém.
22Eu vos recomendo, irmãos, acolhei
bem essas palavras de exortação; aliás,
eu vos escrevi brevemente. 23Comuni-
co-vos que nosso irmão Timóteo* foi
libertado. Se ele vier logo, é com ele
que irei ver-vos. 24Saudações a todos
os vossos chefes e a todo o povo santo.
Os da Itália vos saúdam.†
25A graça esteja com todos vós!

* **13**,17. 1Cor 16,16; Ez 3,18 | 18. Rm 15,30; Ef 6,19; Cl 4,3; 2Ts 3,1 | 20. Is 63,11; 55,3; Zc 9,11; Ez 37,26; Jo 10,11-15 | 23. At 16,1; 1Ts 3,2; 2Cor 1,1; Fm 1

† **13**,24. Não é que o autor esteja na Itália quando escreve, mas há pessoas de lá em sua companhia.

CARTA DE TIAGO

A carta de Tiago é a primeira das sete chamadas "Católicas", porque são dirigidas aos fiéis em geral e não a determinada Igreja local. "Católico" quer dizer universal, geral. Embora também ataquem os erros doutrinais da época, elas têm um caráter mais moral, insistindo na prática das boas obras e na luta contra o mal sob todas as formas.

Esta carta, que mais parece uma homilia, é atribuída a Tiago, "irmão do Senhor" (Mt 13,55; Mc 6,3), mas vários indícios fazem supor que não é dele, e sim de um autor anônimo, que usou o nome desse personagem importante, chefe da Igreja de Jerusalém até sua morte no ano 62. Paulo o cita entre as testemunhas da ressurreição de Cristo em 1Cor 15,7. Depois de convertido, Paulo encontra-se com ele em Jerusalém (Gl 1,18s). Tiago teve uma atuação de destaque no Concílio de Jerusalém. Embora mais inclinado às ideias judaicas, deu mostras de compreensão para com os convertidos do paganismo, não exigindo deles senão um mínimo de respeito às prescrições do judaísmo (At 15,13-29).

Esta carta destina-se às "doze tribos da dispersão" (1,1), à Igreja dispersa pelo mundo inteiro, que constitui agora o novo e verdadeiro "Israel de Deus" (Gl 6,16). É uma mensagem de cunho didático-exortativo, muito semelhante aos escritos sapienciais do Antigo Testamento, recomendando sobretudo a paciência nas provações (1,12; 5,7-11), o domínio da língua (1,26; 3,1-12), a fuga de toda acepção de pessoas, mediante um tratamento igual para ricos e pobres (2,1-9), a colocação em prática da Palavra que se ouve (1,16-25) e a execução de boas obras como comprovante da fé autêntica (2,14-26). O autor faz veemente apelo aos ricos, para que respeitem a justiça social (5,4-6) e não confiem em suas riquezas efêmeras (1,10; 5,1-3); ao mesmo tempo exalta os pobres (1,9), favoritos de Deus, de acordo com uma tradição bíblica, manifestada também nas bem-aventuranças evangélicas (Mt 5,3; Lc 6,20).

I. A PROVAÇÃO E A ESPERANÇA (1,1–2,27)

1 **Saudação.** 1Tiago, servo de Deus e do Senhor Jesus Cristo,* às doze tribos da dispersão†: Saudações!
Paciência nas provações. 2Considerai como perfeita alegria,* meus irmãos, quando enfrentais toda sorte de provações, 3sabendo que a prova de vossa fé produz a constância; 4mas é preciso que a constância complete sua obra, a fim de que sejais perfeitos, irrepreensíveis, nada deixando a desejar.
Rezar com fé. 5Se a algum de vós* falta sabedoria†, peça-a a Deus – que a dá a todos generosamente e sem recriminar – e ela lhe será dada. 6Mas peça com fé, sem vacilação,* pois quem vacila se parece com a onda do mar que o vento move e agita. 7Tal pessoa não deve pensar que vai receber alguma coisa do Senhor: 8tem a alma dividida, inconstante em tudo o que faz.
O pobre e o rico. 9Que o irmão de condição humilde* se glorie de sua exaltação 10e o rico de sua humilhação†, porque ele passará como a flor da erva. 11Pois o sol abrasador se levanta, seca a erva e sua flor cai, sua bela aparência acaba. Assim vai definhar o rico no meio de seus negócios.
A provação. 12Feliz o homem que enfrenta a provação* porque, uma vez reconhecido seu valor, receberá a coroa da vida que o Senhor prometeu aos que o amam.
13Que ninguém diga ao ser tentado: "É Deus que me tenta"†. Com efeito, Deus não pode ser tentado a fazer o

---

* **1**,1. At 15,23; 1Pd 1,1 | 2. Rm 5,3s; 1Pd 1,6; Sb 3,5 | 5. Pr 2,3-6 | 6. 4,8; Mt 7,7; 21,21; Mc 11,24; Is 57,20 | 9. Is 40,6s; 1Pd 1,24 | 12. 1Cor 9,25; 2Tm 4,8; 1Pd 5,4; Ap 2,10; Rm 7,7s

† **1**,1. Dispersão ou "Diáspora" designa aqui os judeus convertidos que estão espalhados pelo mundo pagão. | 5. Sabedoria é a capacidade de entender a lei de Deus e de conformar a ela a própria conduta. | 10. A humilhação do rico é o fato de sua riqueza ser passageira. | 13. É o velho erro de atribuir a Deus e não a si mesmo a responsabilidade pelas próprias falhas.

mal. Ele não tenta ninguém. 14Mas cada
um é tentado por sua própria concu-
piscência, que o atrai e seduz. 15Depois,
a concupiscência, tendo concebido, dá
à luz o pecado, e o pecado, uma vez
consumado, gera a morte.

16Não vos enganeis, meus irmãos
bem-amados: 17toda dádiva precio-
sa* e todo dom perfeito vêm do alto e
descem do Pai das luzes†, no qual não
existe nenhuma variação nem sombra
de mudança. 18Por sua própria vontade
ele nos gerou pela Palavra da verdade†,
para que fôssemos de algum modo as
primícias dentre suas criaturas†.

Ouvir e praticar a Palavra. 19Vós o sa-
beis, meus irmãos bem-amados: seja
cada um pronto para ouvir, lento para
falar, lento para se irar; 20pois a ira do
homem não realiza* o que é justo dian-
te de Deus. 21Rejeitai, pois, toda imun-
dície e todo resto de malícia e acolhei
com docilidade a Palavra implantada
em vós e que pode salvar vossas vidas.

22Ponde em prática a Palavra* e não
vos contenteis com ouvi-la apenas,
enganando-vos a vós mesmos. 23Pois
quem ouve a Palavra, sem pô-la em prá-
tica, se parece com alguém que observa
seu rosto num espelho†: 24mal se olhou,
vai embora e logo esquece como era.
25Aquele, porém, que medita* sobre a lei
perfeita da liberdade† e nela persevera,
não como ouvinte esquecido, mas como
alguém que a põe em prática, este en-
contra sua felicidade praticando-a.

II. A SINAGOGA (1,26-2,26)

26Se alguém se julga religioso,* sem
pôr um freio a sua língua, e engana as-
sim seu coração, é vã sua religião. 27Re-
ligião pura e sem mancha aos olhos
de Deus Pai é esta: socorrer os órfãos
e as viúvas em suas provações† e não
se deixar contaminar por este mundo.

2 Tratar a todos com igualdade.
1Meus irmãos, vossa fé* em nos-
so Senhor Jesus Cristo glorificado não
deve admitir favoritismos. 2Se entrar,
por exemplo, em vossa reunião, um
homem com anel de ouro e roupas de
luxo e entrar, também, um pobre com
roupas sujas, 3e derdes atenção ao
que está ricamente vestido, dizendo-
-lhe: "Senta-te aqui comodamente", e
ao pobre disserdes: "Fica aí de pé" ou:
"Senta-te debaixo do estrado de meus
pés", 4não estaríeis fazendo distinção
dentro de vós mesmos, tornando-vos
juízes de pensamentos maus?

5Escutai, meus irmãos caríssimos:*
porventura Deus não escolheu os po-
bres aos olhos do mundo para fazê-
-los ricos na fé e herdeiros do Reino
que prometeu aos que o amam? 6Vós,
porém, desprezastes o pobre! Não são
os ricos que vos oprimem e vos arras-
tam aos tribunais? 7Não são eles que
blasfemam o nome sublime* que foi
invocado sobre vós?† 8Se, pois, cumpris
a lei régia†, segundo a Escritura: "Amar
ao próximo como a si mesmo", estais
agindo bem: 9mas, se fazeis acepção de
pessoas, cometeis um pecado, e a lei
vos condena como transgressores.

10Mesmo que alguém observe a lei
inteira,* se comete uma falta quanto a
um só ponto, torna-se culpado de tudo.
11Pois Aquele que disse: "Não cometer
adultério", disse também: "Não matar".
Se, pois, evitas o adultério, mas tiras a

* **1**,17. Mt 7,11; Jo 1,3.13; 1Pd 1,23; Ecl 7,9; Eclo 5,13 | 20. Cl 3,8; 1Pd 2,1 | 22. Mt 7,26; Rm 2,13 | 25. Rm 8,2; Gl 6,2; Tg 2,12; 1Pd 2,16 | 26. Sl 34,14 | **2**,1. 1Cor 2,8; Eclo 42,1; Hb 10,25 | 5. 1Cor 1,26ss | 7. Lv 19,18; Mt 22,39; Dt 1,17 | 10. Mt 5,19; Êx 20,13s; Dt 5,17s

† **1**,17. "Pai das luzes" porque criou os astros e também porque é fonte de toda luz espiritual, sendo Ele próprio Luz, 1Jo 1,5. | 18. Trata-se do Evangelho que, acolhido com fé, conduz à salvação. / Os cristãos são as primícias da humanidade, isto é, seus primeiros frutos maduros e escolhidos. | 23. A Palavra apresenta o ideal, diante do qual ficam manifestas as falhas de quem a escuta; mas, se a pessoa esquece o que viu no espelho, não poderá corrigir suas falhas. | 25. A lei é perfeita porque revela plenamente a vontade de Deus; é uma lei de liberdade porque libertada escravidão do pecado e da lei mosaica. | 27. Já os profetas diziam que o culto autêntico é inseparável do amor para com os pequenos, Is 1,11-17; Jr 5,28; Zc 7,10. | **2**,7. É o nome de Jesus, invocado sobre os cristãos no Batismo. Esta expressão significa "consagrar a Jesus". | 8. A lei régia é aquela em que o mandamento do amor tem a primazia.

vida de alguém, te tornaste transgressor
da lei. 12Falai e agi como pessoas* que
devem ser julgadas segundo uma lei de
liberdade. 13Pois o julgamento é sem mi-
sericórdia para quem não fez misericór-
dia; mas a misericórdia triunfa do juízo.
A fé sem obras é morta†. 14Meus ir-
mãos, de que adianta alguém dizer
que tem fé se não tiver as obras? Acaso
esta fé poderá salvá-lo? 15Se um irmão
ou uma irmã estiverem sem roupa e
sem o alimento diário, 16e alguém de
vós lhes disser: "Ide em paz,* aquecei-
-vos e comei bastante" – sem lhes dar
o necessário ao corpo –, de que adian-
ta? 17Assim também a fé, se não tiver
obras, está totalmente morta.
18Mas alguém poderá dizer: "Tu tens
a fé e eu tenho as obras". Mostra-me
tua fé sem as obras, mas eu, é pelas
obras que te mostrarei minha fé. 19Tu
crês que há um só Deus?* Muito bem!
Os demônios também creem e tre-
mem. 20Mas queres saber, ó homem in-
sensato, como a fé sem obras é estéril?
21Abraão, nosso pai, não foi justificado*
pelas obras quando ofereceu seu filho
Isaac sobre o altar? 22Estás vendo que
a fé cooperava com suas obras,* e que
pelas obras sua fé se tornou perfeita.
23Assim cumpriu-se esta palavra da Es-
critura: "Abraão creu em Deus, e isto
lhe foi computado como justiça", e foi
chamado amigo de Deus.
24Estais vendo que é pelas obras que
a pessoa é justificada e não só pela fé.
25Igualmente Raab, a prostituta,* não
foi pelas obras que ela foi justificada
quando recebeu os mensageiros e os
fez partir por outro caminho? 26Com
efeito, como o corpo sem a alma está
morto, assim também a fé sem as obras
é morta†.

III. A VIDA COTIDIANA (3,1–4,10)

3 **Dominar a língua.** 1Meus irmãos,
que não sejam muitos* aqueles
dentre vós que se tornam mestres, sa-
bendo que receberemos um julgamen-
to mais severo, 2pois todos nós erra-
mos em muitas coisas.
Se alguém não peca por palavras, é
um homem perfeito, capaz de refrear
todo o seu corpo. 3Quando pomos um
freio na boca dos cavalos para que eles
nos obedeçam, governamos todo o cor-
po deles. 4Vede também os navios: por
maiores que sejam, mesmo levados por
ventos violentos, são dirigidos por um
pequeno leme, segundo a vontade do
piloto. 5Assim também a língua é um
pequeno membro, mas pode gloriar-se
de grandes coisas. Vede que basta uma
pequena chama para incendiar uma flo-
resta imensa. 6Também a língua é um
fogo,* é o mundo do mal, esta língua,
colocada entre nossos membros: conta-
mina o corpo todo e incendeia o ciclo
da criação, inflamada como está pela
geena†. 7De fato, todo tipo de animais
e de aves, de répteis e de seres mari-
nhos são domados e foram domados
pelo homem. 8Mas a língua,* ninguém a
pode domar: é uma praga sem descan-
so, cheia de veneno mortal. 9Com ela
bendizemos o Senhor e Pai e com ela
maldizemos os homens, feitos à seme-
lhança de Deus. 10Da mesma boca saem
a bênção* e a maldição. Ora, isto não
deve ser assim, meus irmãos. 11Acaso
a fonte jorra pelo mesmo orifício água
doce e salobra? 12A figueira, meus ir-
mãos, pode dar azeitonas,* ou a videi-
ra, figos? Tampouco uma fonte salgada
pode produzir água doce.

---

* **2**,12. 1,25; Mt 5,7; 18,32-35 | 16. 1Cor 13,3; Gl 5,6; Mt 25,41-45; 1Jo 3,17 | 19. Mt 8,29 | 21. Gn 22,9.12; Hb 11,17 | 22. Gn 15,6; Rm 4,3.9.22 | 25. Js 2,4.15; 6,17; Hb 11,31; Tg 2,17.20 | **3**,1. Eclo 14,1; 25,11; Pr 10,19; 18,21 | 6. Sl 83,15; Pr 16,17; 26,18-21; Mt 15,11.18s | 8. Sl 140,4; Gn 1,26s | 10. 1Cor 11,7 | 12. 1,5.17; Mt 7,16

† **2**,14. Tiago critica a fé que se contenta com palavras, sem comprometer a vida, sem se exprimir em caridade e ação; denuncia talvez alguma falsa interpretação do pensamento de Paulo, o qual em Rm 3,28 falou das obras da lei mosaica, incapazes de salvar. Também Paulo ensina que a fé sem o amor nada vale, 1Cor 13,2. Os profetas também denunciaram o abuso do culto sem alma: a piedade sem a justiça é vã e ineficaz. | 26. Tiago fala das obras de caridade, mas Paulo falava das obras da lei, Gl 2,16. **3**,6. Geena é um lugar tristemente famoso perto de Jerusalém, que foi tido como símbolo do inferno.

A verdadeira e a falsa sabedoria. [13]Quem dentre vós é sábio* e inteligente? Que ele mostre por uma boa conduta suas obras feitas com mansidão e sabedoria. [14]Mas, se tendes no coração um ciúme amargo e rivalidades, não vos orgulheis e não faleis mentiras contra a verdade. [15]Não é esta a sabedoria que vem do alto: é terrestre, animal, diabólica; [16]pois onde há ciúmes e rivalidades, aí reinam a desordem e todo o tipo de más ações. [17]Mas a sabedoria que vem do alto é,* antes de tudo, pura, depois pacífica, indulgente, conciliadora, cheia de misericórdia e de bons frutos, sem parcialidade e sem hipocrisia. [18]É na paz que o fruto da justiça* é semeado para aqueles que promovem a paz.

4 **Contra as discórdias.** [1]Donde vêm as guerras?* Donde vêm as rixas entre vós? Não é de vossas paixões que lutam em vossos membros? [2]Cobiçais e, não conseguindo o que quereis, então matais! Invejais e, não conseguindo êxito, combateis e fazeis guerras!† Não tendes porque não pedis. [3]Pedis e não recebeis porque pedis mal, pois pedis para gastar em vossos prazeres.

[4]Adúlteros, não sabeis* que a amizade com o mundo é inimizade com Deus? Portanto, quem quer ser amigo do mundo† torna-se inimigo de Deus. [5]Ou pensais que é sem motivo que a Escritura diz: "O espírito que ele fez habitar em nós sente desejos, sente até inveja"?† [6]Porém, ele dá uma graça maior, segundo a palavra da Escritura: "Deus resiste aos soberbos, mas dá sua graça aos humildes". [7]Submetei-vos, pois, a Deus; resisti ao diabo e ele fugirá de vós. [8]Aproximai-vos de Deus e ele se aproximará de vós. Purificai vossas mãos, pecadores; santificai vossos corações, ó indecisos! [9]Vede vossa miséria, cobri-vos de luto, chorai. Que vosso riso se mude em luto e vossa alegria, em tristeza. [10]Humilhai-vos diante do Senhor, e ele vos exaltará.*

IV. JULGAMENTO E SALVAÇÃO (4,11–5,20)

[11]Irmãos, não faleis mal uns dos outros. Quem fala mal de um irmão ou julga seu irmão fala contra a lei e julga a lei. E se tu julgas a lei,* não és observante da lei, mas seu juiz. [12]Ora, existe apenas um legislador e juiz, Aquele que pode salvar ou perder. E quem és tu que julgas o próximo?

Aviso aos homens de negócios. [13]E agora vós, que dizeis: "Hoje ou amanhã* iremos a tal cidade, vamos passar lá um ano, vamos fazer comércio e ganhar dinheiro!" [14]Vós, que não sabeis o que será de vós amanhã, sois como a fumaça que aparece um instante e depois desaparece. [15]Ao contrário,* deveis dizer: "Se o Senhor quiser e se estivermos vivos, faremos isto ou aquilo". [16]Mas vós vos gloriais de vossa soberba! Toda presunção deste tipo é má. [17]Aquele, pois, que sabe fazer o bem* e não o faz comete pecado.

5 **Advertência aos ricos**†. [1]E agora vós, que sois ricos,* chorai e gemei ante as desgraças que estão por cair sobre vós! [2]Vossa riqueza apodreceu e vossas vestes foram devoradas pela traça.

---

* **3**,13. Eclo 19,18-27; Ef 4,1s | 17. Sb 7,22 | 18. Is 32,17; Mt 5,9; Hb 12,11 | **4**,1. Rm 7,23; 1Pd 2,11 | 4. Lc 6,26; Rm 8,7; 1Jo 2,15; Êx 20,5; Jó 22,29; Pr 3,34; 1Pd 5,8s; Is 1,16 | 10. Jó 5,11; 1Pd 5,6 | 11. Mt 7,1; Rm 2,1; 14,4 | 13. Pr 27,1; Lc 12,18s | 15. At 18,21 | 17. Lc 12,47; Rm 14,23 | **5**,1. Eclo 5,1; Lc 6,24; 16,19.25; 19,13; Mt 6,19; Pr 16,27; Sl 21,9; Jt 16,17; Dt 24,14s; Ml 3,5; Jr 12,5

† **4**,2. "Santo Agostinho viu na inveja o pecado diabólico por excelência: da inveja nascem o ódio, a maledicência, a calúnia, a alegria pela desgraça do próximo e o desprazer em razão de sua prosperidade" (S. Gregório Magno). | 4. O mundo hostil a Deus, 1,27. | 5. O sentido é este: O espírito humano é inclinado à inveja; é por isso que se faz a guerra ao próximo ou se reza com más disposições. Mas, a quem é humilde, Deus dá socorro mais forte. | **5**. Os Profetas denunciavam a injustiça e a insensibilidade dos ricos, Is 5,8ss; Jr 5,26-30; Am 8,4-8; Jesus advertiu os ricos sobre o perigo das riquezas, Lc 6,24; 18,24-27. Toda a Bíblia afirma que a acumulação de bens não se faz sem alguma injustiça e mostra como dificilmente o rico vive em relações de fraternidade e de justiça. Aqui Tiago censura os ricos que oprimem os pobres, enriquecendo-se com o salário que lhes roubam.

3Vosso ouro e vossa prata enferrujaram,
e sua ferrugem dará testemunho con-
tra vós, devorando vossas carnes. Acu-
mulastes tesouros para os últimos dias.
4Vede: o salário, do qual defraudastes os
trabalhadores que ceifaram vossos cam-
pos, clama; e os gritos dos ceifadores
chegaram aos ouvidos do Senhor dos
exércitos. 5Na terra vivestes no prazer e
no luxo, cevando vossos apetites para o
dia da matança. 6Condenastes e matas-
tes o justo, sem que ele vos resistisse†.

A vinda do Senhor. 7Tende paciência,
irmãos,* até a vinda do Senhor†. Vede
como o lavrador aguarda o precioso
fruto da terra, esperando com paciên-
cia que caia a chuva do outono e a da
primavera†. 8Sede pacientes também
vós, reanimai-vos, porque a vinda do
Senhor está próxima†. 9Irmãos, não vos
queixeis uns dos outros para não serdes
julgados; vede, o juiz está às portas!†
10Tanto no suportar as injúrias como na
paciência, irmãos, tomai por modelo os
profetas, que falaram em nome do Se-
nhor. 11Vede: proclamamos bem-aven-
turados* os que suportaram provações.
Ouvistes falar da constância de Jó e vis-
tes a sorte final que lhe reservou o Se-
nhor; pois "o Senhor é misericordioso e
compassivo".

Não jurar. 12Mas, sobretudo, irmãos,
não jureis, nem pelo céu, nem pela ter-
ra, nem useis de juramento algum; mas
vosso "sim" seja sim e vosso "não" seja
não, para não incorrerdes no juízo†.

A unção dos enfermos. 13Alguém
de vós está sofrendo? Reze.* Alguém
está alegre? Cante. Alguém de vós
está doente? 14Chame os presbíteros
da Igreja, a fim de que rezem sobre
ele, ungindo-o com óleo em nome
do Senhor. 15A oração da fé salvará
o doente,* e o Senhor o levantará; e,
se ele cometeu pecados, estes serão
perdoados†.

O poder da oração. 16Confessai, pois,
vossos pecados uns aos outros e rezai
uns pelos outros a fim de serdes cura-
dos; a oração fervorosa do justo tem
grande valor. 17Elias era pessoa* como
nós; rezou com insistência para que
não caísse chuva, e não choveu sobre
a terra durante três anos e seis meses.
18Depois rezou de novo, e o céu deu
a chuva,* e a terra produziu seu fruto.
19Meus irmãos, se algum de vós se
afastar da verdade e um outro o re-
conduzir, 20fique sabendo: aquele que
converter um pecador de seu erro* sal-
vará sua alma da morte e cobrirá uma
multidão de pecados†.

---

* **5**,7. Dt 11,14; Gl 2,13; Zc 10,1; Jr 5,24; 1Ts 2,16; 3,13; Hb 10,25.37; Mt 24,33 | 11. Dn 12,12; Sl 103,8; 111,4; Ex 34,6; Mt 5,34-37; 2Cor 1,17 | 13. Mc 6,13 | 15. Mc 16,18 | 17. 1Rs 17,1; 18,1; Lc 4,25 | 18. 1Rs 18,42-45 | 20. Pr 10,12; 1Pd 4,8

† **5**,6. "O que é a riqueza quando não se pensa em Deus? Um ídolo de ouro, um bezerro de ouro, diante do qual se oferecem sacrifícios e se cometem iniquidades" (Dom Oscar Romero). | 7. "A paciência é a guardiã de todas as virtudes; se ela falta, perdeis num instante o trabalho de vários dias" (Bem-aventurado João de Ávila). / As chuvas costumam vir nestas estações do ano. | 8. Esperava-se com ansiedade a vinda do Senhor, 2Ts 2,2. Mas com a demora desse dia, começou a surgir o ceticismo e até o sarcasmo. 2Pd 3,8 explica que para o Senhor, um dia é como mil anos, e mil anos como um dia. | 9. "Vive como se o Juiz chegasse hoje e não terás medo quando Ele vier" (S. Agostinho). | 12. Ver a nota em Mt 5,37. | 15. A Tradição reconheceu neste rito um dos sete sacramentos da Igreja: instituído por Cristo, insinuado por Marcos, Mc 6,13, mas recomendado aos fiéis e promulgado por Tiago, para o alívio do doente e a remissão de seus pecados. | 20. "Cobrir" no sentido de perdoar, 1Pd 4,8. A expressão vem de Pr 10,12.

PRIMEIRA CARTA DE PEDRO

Segundo a tradição, Pedro morreu mártir em Roma, durante a perseguição do Imperador Nero, no ano 67. Nos últimos anos de sua vida, foi bispo daquela cidade, e é de lá que ele escreve esta carta a cinco Igrejas da Ásia Menor. Designa Roma pelo cognome de "Babilônia" (5,13), porque é ela que em seu tempo oprime o Povo de Deus e persegue seus eleitos. O Apocalipse também usará o mesmo nome simbólico para a capital dos Césares (18,2.10.21).

Ao escrever esta carta, Pedro está acompanhado do evangelista Marcos (5,13) e de Silvano, ou Silas (At 15,40), o secretário que redigiu a carta (5,12). Há quem considere toda a primeira carta de Pedro uma catequese batismal ou uma homilia pascal. Certo é que temos aí o essencial da doutrina sobre o Batismo e sobre a vida que todo batizado deve levar. A carta é também um dos melhores textos para compreendermos o mistério da Igreja, comunidade que realiza o desígnio de Deus no meio do mundo.

Pedro procura animar os fiéis, ameaçados pela perseguição (5,12-19), para que se mantenham firmes e perseverantes, sem ceder à tentação da apostasia (5,8-9), contemplando o exemplo de Cristo, que também sofreu para resgatar o mundo do pecado (1,18s; 2,21-24; 3,18; 4,1). Recorda-lhes o compromisso assumido no Batismo (3,21), que é apresentado como uma regeneração (1,3.23); portanto, o cristão possui uma vida nova e deve viver segundo esta vida nova, praticando a caridade (3,8s; 4,8), a paciência no sofrimento (3,13-17) e a humildade (5,6).

I. A VIDA NO AMOR (1,1–2,12)

1 **Saudação e ação de graças.** 1Pe-
dro, Apóstolo de Jesus Cristo,* aos
estrangeiros da dispersão: do Ponto,
da Galácia, da Capadócia, da Ásia e da
Bitínia, escolhidos 2segundo a presci-
ência de Deus Pai, mediante a santifi-
cação do Espírito, para obedecerem a
Jesus Cristo† e serem aspergidos com
seu sangue†. A vós, graça e paz em
abundância!
A esperança do cristão. 3Bendito seja
o Deus e Pai de nosso Senhor* Jesus
Cristo! Em sua grande misericórdia, ele
nos regenerou por meio da ressurreição
de Jesus dentre os mortos,* para uma
viva esperança, 4para uma herança que
não perde valor, imaculada e imperecí-
vel, reservada nos céus para vós. 5Pelo
poder de Deus sois guardados por meio
da fé,* para vossa salvação, que está
para se revelar no último momento.
6Por isso estais cheios de alegria,*
embora seja preciso, por algum tempo
ainda, enfrentar várias provações, 7a
fim de que o valor de vossa fé – mui-
to mais preciosa que o ouro perecível,
que se comprova pelo fogo – redun-
de em vosso louvor, glória e honra,
quando Jesus Cristo se revelar. 8Vós o
amais, sem o terdes visto;* apesar de
não o terdes visto ainda, credes nele e
exultais com alegria inefável e gloriosa,
9enquanto alcançais a meta de vossa
fé, vossa salvação pessoal.
A salvação em Cristo. 10Sobre esta sal-
vação investigaram e pesquisaram os
profetas,* que profetizaram sobre a gra-
ça a vós destinada, 11procurando des-
cobrir que tempo e que circunstâncias
tinha em vista o Espírito de Cristo, que
estava neles†, quando predizia os sofri-
mentos reservados a Cristo e as posterio-
res glórias. 12A eles foi revelado que não
era para si,* mas para vós, que eles eram
ministros da mensagem, que agora vos

---

* **1**,1. 2Pd 1,1; Tg 1,1; Rm 8,29; 2Ts 2,13; Hb 12,24; Êx 24,8 | 3. 2Cor 1,3 / Cl 1,12 | 5. Jo 10,28; 1Cor 2,5; Rm 5,2 | 6. 2Cor 4,17; Hb 12,11; Ml 3,3; Sb 3,6 | 8. Jo 20,29; 2Cor 5,7; Rm 6,22 | 10. Mt 11,13; 13,17; Lc 10,24; Sl 22; Is 53; Lc 24,26 | 12. Lc 12,35

† **1**,2. Também Paulo apresenta a fé como uma obediência, Rm 1,5; 15,18, uma obediência a Cristo, ao Evangelho. / Ao Pai é atribuída a eleição, ao Filho a redenção, ao Espírito Santo a santificação. | 11. O que o AT atribuía ao Espírito de Javé, Pedro atribui ao Espírito de Cristo.

foi anunciada pelos que vos pregam o Evangelho, no Espírito Santo enviado do céu, e que os anjos desejam contemplar.

Obediência filial e temor. [13]Portanto, depois de ter preparado vossa mente para agir, sede vigilantes e esperai plenamente na graça que vos será dada pela revelação de Jesus Cristo. [14]Como filhos obedientes, não sigais os maus desejos de outrora,* quando estáveis na ignorância, [15]mas, assim como é santo aquele que vos chamou, tornai-vos santos vós também em toda a vossa conduta, [16]porque está escrito: "Sede santos, porque eu sou santo".

[17]E, se rezando, chamais de Pai* aquele que julga com imparcialidade a cada um conforme suas obras, procurai viver com temor enquanto estais aqui de passagem†, [18]sabendo que fostes resgatados da vida fútil que herdastes de vossos antepassados, não a preço de coisas perecíveis como a prata ou o ouro, [19]mas pelo sangue precioso de Cristo, o Cordeiro sem defeito e sem mancha†, [20]predestinado antes da criação do mundo e manifestado nos últimos tempos para vós. [21]Por meio dele, vós credes em Deus que o ressuscitou dos mortos e o glorificou. Assim, vossa fé e vossa esperança estão fixas em Deus.

Viver como filhos de Deus. [22]Depois de vos haver santificado* pela obediência à verdade, para vos amardes sinceramente como irmãos, amai-vos mutuamente com ardor; [23]regenerados como sois, não de semente corruptível,* mas duma incorruptível: a palavra do Deus vivo que é eterna. [24]Pois "toda criatura é como a erva e toda a sua glória, como a flor da erva; seca a erva e sua flor cai; [25]mas a Palavra do Senhor permanece para sempre".

É esta a Palavra que vos foi anunciada como Boa Nova.

2 [1]Rejeitai, pois, toda malícia* e toda fraude e hipocrisia, invejas e toda espécie de maledicência. [2]Como crianças recém-nascidas, desejai o puro leite espiritual†, a fim de crescer por meio dele para a salvação, [3]se é que experimentastes como é bom o Senhor.*

O novo Povo de Deus†. [4]Aproximai-vos de Jesus, pedra viva* que foi rejeitada pelos homens, mas escolhida e preciosa aos olhos de Deus. [5]Vós também sois utilizados como pedras vivas† para a construção de um edifício espiritual, para um sacerdócio santo, a fim de oferecer sacrifícios espirituais agradáveis a Deus por meio de Jesus Cristo. [6]Por isso está na Escritura: "Eu ponho em Sião uma pedra angular, escolhida, preciosa;* quem nela crer não será confundido". [7]Portanto, a honra cabe a vós que credes. Mas para os incrédulos, "essa pedra que os construtores rejeitaram tornou-se a pedra angular, [8]pedra que faz tropeçar, rochedo que faz cair".* Por não crerem na Palavra, tropeçam; realmente, esse é o destino deles†.

[9]Mas vós sois raça escolhida, sacerdócio régio, nação santa, povo conquistado por Deus para proclamar as maravilhas daquele que vos chamou das trevas para

---

* **1**,14. Rm 12,2; Ef 2,3; Lv 19,2 | 17. Sl 89,27; Jr 3,19; Mt 6,9; At 10,34; Rm 2,11; 1Cor 6,20; 7,23; Is 53,7; Hb 9,14; Ap 5,9s; Ef 1,20; Rm 4,24 | 22. Jo 13,34; Ef 1,4 | 23. Jo 1,13; 3,3; Dn 6,26; Is 40,6ss | **2**,1. Ef 4,25; Tg 1,21; 1Cor 3,2; Hb 5,12s | 3. Sl 34,9 | 4. Sl 118,22; Mt 21,42; At 4,11; Ef 2,21s; Êx 19,6; Is 61,6; Rm 12,1 | 6. Is 28,16; Sl 118,22; Mt 21,42 | 8. Is 8,14; 38,6s; 43,20s; Êx 19,5s; Ap 1,6; 5,10; 20,6; Os 2,23

† **1**,17. Lit. "no tempo de vossa peregrinação". Nós, cristãos, somos peregrinos, romeiros a caminho do céu. A pátria e a herança dos filhos de Deus estão no céu. | 19. Assim deviam ser os cordeiros oferecidos nos sacrifícios do AT, Lv 1,3.10. | **2**,2. "Conserva-te na simplicidade, na inocência, e serás como as criancinhas que ignoram o mal destruidor da vida dos homens" (Pastor de Hermas, séc. II). O leite espiritual é a palavra de Deus. | 4. Todo este trecho está cheio de alusões ao episódio do Sinai, Êx 19: a pedra lembra a montanha, e os sacrifícios aludem aos ritos de conclusão da aliança sinaítica. | 5. "Pedras vivas" são as que formam um edifício; elas estão mortas enquanto não são empregadas numa obra e revivem na construção, Ne 3,34. Assim, o cristão que não participa de sua comunidade é um cristão sem vida. Na comunhão e participação ele encontra a vida. | 8. Tropeçar é a consequência das disposições hostis dos incrédulos diante da mensagem. | 9. "O povo de Deus realiza sua dignidade régia imitando o Cristo, Rei e Senhor, que se fez servidor de todos e veio para servir (Mt 20,28). Para o cristão, reinar é servir, sobretudo aos pobres e sofredores, nos quais a Igreja reconhece a imagem de seu Fundador, pobre e sofredor" (Vat. II).

sua luz admirável†. 10Antes não éreis um povo, mas agora sois o povo de Deus; estáveis excluídos da misericórdia, mas agora obtivestes misericórdia.

O cristão no meio dos pagãos. 11Caríssimos, eu vos exorto, como a estrangeiros e peregrinos,* a vos absterdes dos desejos carnais que combatem contra a alma. 12Tende no meio das nações um bom comportamento, para que, justamente naquilo em que vos caluniam como a malfeitores, vendo vossas boas obras glorifiquem a Deus no dia de sua visita.

II. DEVERES DOS CRISTÃOS (2,13–5,14)

Respeito às autoridades. 13Sede submissos, por causa do Senhor,* a toda instituição humana: ao rei, como a um soberano; 14aos governantes, como a enviados dele para punir os que fazem o mal e para o louvor dos bons. 15Pois a vontade de Deus é que, fazendo o bem, façais calar os insensatos ignorantes. 16Vivei como pessoas livres,* não como gente que faz da liberdade um véu para encobrir sua malícia, mas como servos de Deus. 17Honrai a todos, amai vossos irmãos, temei a Deus, honrai o rei.*

A obediência aos patrões. 18Criados, sede submissos* a vossos patrões, com profundo respeito, não só aos bons e indulgentes, mas também aos severos. 19Pois é um dom suportar, por amor a Deus, as penas, sofrendo injustamente. 20De fato, que merecimento teríeis, suportando o castigo depois de ter pecado? Mas, se fazeis o bem e sabeis sofrer com paciência, isto é agradável aos olhos de Deus.

O exemplo de Cristo. 21Com efeito, é para isto que fostes chamados, pois*

também Cristo padeceu por vós,
deixando-vos o exemplo,
para que sigais seus passos.
22Ele jamais cometeu pecado*
e em sua boca não se achou engano.
23Insultado, não devolvia o insulto.
Quando era atormentado, não fazia ameaças,
mas confiava sua causa àquele que julga com justiça.
24Sobre a cruz, ele carregou nossos pecados em seu corpo,*
a fim de morrermos para o pecado
e vivermos para a justiça.
Suas feridas nos curaram.
25Andáveis desgarrados como ovelhas†,
mas agora retornastes ao Pastor e guarda de vossas almas.

3 **A santidade no casamento.** 1Da mesma forma, vós, mulheres,* sede submissas a vossos maridos, a fim de que, mesmo se alguns recusam crer na Palavra, sejam, mesmo sem a Palavra, conquistados pelo comportamento da esposa, 2considerando vossa conduta casta e respeitosa. 3Que vosso ornamento* não seja aquele exterior – cabelos trançados, joias de ouro ou roupas elegantes –, 4mas adornai o interior de vosso coração com uma alma incorruptível, cheia de mansidão e de paz: eis o que é precioso aos olhos de Deus. 5Assim é que antigamente* se ornavam as santas mulheres que esperavam em Deus; submissas a seus maridos 6como Sara que obedecia a Abraão, chamando-o de senhor. Dela vos tornais filhas se fazeis o bem, sem vos deixar perturbar por nenhum medo.

7Igualmente, vós, maridos,* sede compreensivos em vossa vida conjugal ao lado de um ser mais frágil, que é a mulher; dai-lhe a honra que lhe cabe como coerdeira da graça da Vida. Assim, vossas orações não ficarão sem resposta.

---

* **2**,11. Sl 39,13; Gl 5,17.24; Ef 2,19; Mt 5,16 | 13. Rm 13,1-7; Tt 3,1 | 16. Gl 5,13 | 17. Pr 24,21; Rm 12,10 | 18. Ef 6,5; Tt 2,9 | 21. Jo 13,15; Mt 16,24 | 22. Is 53,9; 2Cor 5,21 | 24. Is 53,4ss.12; Jo 1,29; Ez 34,5; Mt 9,36 **3**,1. Ef 5,22; Cl 3,18; Tt 2,5 | 3. Is 3,18-24; 1Tm 2,9-12 | 5. Gn 18,12 | 7. Ef 5,22; Cl 3,19

† **2**,25. Pedro medita sobre o exemplo de Cristo sofredor, inspirando-se nos Cânticos do Servo de Javé, sobretudo Is 53,5-12; não prega uma simples resignação passiva, mas sim uma atitude de amor que rejeita a vingança.

Viver no amor fraterno. 8 Enfim, sede
todos concordes,* solidários no sofri-
mento, animados de afeto fraterno, mi-
sericordiosos, humildes. 9 Não pagueis
mal com mal, nem injúria com injúria;
ao contrário, abençoai, pois a isto fos-
tes chamados, a fim de receberdes a
bênção como herança. 10 Com efeito,

"quem quer amar a vida e viver dias
felizes
deve guardar sua língua do mal
e seus lábios de palavras mentirosas,
11 afastar-se do mal e fazer o bem,
buscar a paz e segui-la.
12 Pois o Senhor olha para os justos
e seus ouvidos estão atentos a sua
súplica,
mas o Senhor volta seu rosto contra
os que fazem o mal".

Confiança diante da perseguição. 13 E
quem poderá fazer-vos mal,* se fordes
zelosos para o bem? 14 Mas se sofreis
pela justiça, bem-aventurados sois!
Não tenhais medo deles, portanto, nem
vos perturbeis. 15 Mas adorai o Cristo
Senhor em vossos corações, prontos
sempre para responder a quem vos
perguntar a razão da esperança que
vos anima. 16 Fazei-o, porém, com man-
sidão e respeito, em boa consciência.
Assim, os que caluniam vosso bom
procedimento em Cristo acabarão sen-
do confundidos pelo próprio mal que
falam†. 17 Pois é melhor sofrer fazendo
o bem – se for vontade de Deus – do
que sofrer por praticar o mal.

A Redenção por Cristo e o Batismo.
18 Porque também Cristo morreu* uma
vez por nossos pecados, o Justo pelos
injustos, para nos reconduzir a Deus.
Morto na carne, foi vivificado no Espíri-
to. 19 E no Espírito ele foi anunciar a sal-
vação também aos espíritos que aguar-
davam na prisão†, 20 àqueles que outrora
foram incrédulos, enquanto a paciência
de Deus* ia aguardando, no tempo de
Noé, quando ele construía a arca, na qual
poucas pessoas – oito ao todo – se salva-
ram através da água. 21 Isto era figura do
Batismo†, que agora vos salva. Este não é
uma purificação do que está sujo no cor-
po, mas é o compromisso que uma boa
consciência assume com Deus pela res-
surreição de Jesus Cristo, 22 o qual, ten-
do subido ao céu, está à direita de Deus,
onde reina acima dos anjos, autoridades
e poderes.*

4 **Romper com o pecado.** 1 Portanto,
já que Cristo sofreu na carne,* vós
também deveis munir-vos deste mesmo
pensamento, a saber: quem sofreu na car-
ne rompeu com o pecado†, 2 para que no
resto de seus dias não viva mais na carne,
segundo as paixões humanas, mas se-
gundo a vontade de Deus. 3 Com efeito,
já é bastante* ter cumprido no passado
a vontade dos pagãos, levando uma vida
desregrada, vida de paixões, de embria-
guez, de excessos na comida e na bebi-
da, de infame idolatria. 4 Quanto a isso,
eles estranham que não vos junteis a eles
nessa torrente de perdição e desabafam
em insultos. 5 Disso terão de dar contas
àquele* que está prestes a julgar vivos e
mortos. 6 Ora, foi por isso que mesmo aos
mortos foi anunciada a Boa Nova, a fim
de que, julgados segundo os homens na
carne, vivam segundo Deus no Espírito.

O cristão sabe servir. 7 O fim de todas
as coisas está perto†. Sede, pois, pru-
dentes e sóbrios em vista da oração.
8 Antes de tudo, conservai entre vós*
um grande amor, pois o amor cobre

---

* **3**,8. Rm 12,14-18; Mt 5,44; Lc 6,28; Sl 33,13-17 | 13. Mt 5,10; 10,26-31; Is 8,12s; Pr 27,11 | 18. Rm 6,10; Ef 2,18; Hb 9,28; 10,10 | 20. Gn 7,7.17; 2Pd 3,9 | 22. Ef 1,20s; At 1,10 | **4**,1. Rm 6,2.7 | 3. Ef 2,2s; Tt 3,3 | 5. At 10,42; Rm 14,9s; 2Tm 4,1; Cl 1,23 | 8. 1Cor 10,11.31; 13,7; 1Jo 2,18; Pr 10,12; Tg 5,20; Rm 12,6s

† **3**,16. São Justino, no séc. II, afirmava que muitos pagãos se convertiam, vendo o heroísmo dos cristãos no martírio e a honestidade deles nos negócios. | 19. O triunfo de Cristo manifesta-se aos espíritos e anjos decaídos, que instigaram os homens ao pecado no tempo do dilúvio e continuam a tentar a humanidade. A manifestação da glória de Cristo exprime sua vitória sobre todo mal. | 21. O dilúvio, Gn 6,5–7,24, é interpretado como salvação dos justos e submersão do pecado, e é considerado como figura do Batismo; este era feito antigamente na forma de imersão. | **4**,1. Trata-se do cristão que, aceitando corajosamente o sofrimento, mostra que pertence a Cristo e que rompeu com o pecado. | 7. Com a ressurreição de Cristo, a história humana entrou em sua última fase.

uma multidão de pecados†. 9Praticai a hospitalidade uns para com os outros sem reclamar. 10Cada um, conforme a graça que recebeu, ponha-se a serviço dos outros, como bom administrador da multiforme graça de Deus. 11Se alguém fala, fale como se fossem palavras de Deus; se alguém presta um serviço, seja como por um mandato recebido de Deus, a fim de que em tudo Deus seja glorificado por Jesus Cristo, a quem pertencem a glória e o poder pelos séculos dos séculos. Amém.

Sofrer como cristão. 12Caríssimos, não estranheis* o incêndio que lavra no meio de vós para vos provar, como se fosse algo incomum. 13Mas alegrai-vos à medida que participais dos sofrimentos de Cristo, a fim de que também na revelação de sua glória possais ter uma alegria transbordante. 14Felizes de vós, se sofreis injúrias pelo nome de Cristo. Porque o Espírito de glória, o Espírito de Deus, repousa sobre vós. 15Mas que ninguém dentre vós tenha de sofrer como assassino, ou ladrão, malfeitor ou delator. 16Mas, se sofrer como cristão, não se envergonhe; antes, glorifique a Deus por esse nome. 17Pois chegou a hora* de começar o juízo pela casa de Deus†. Ora, se ele começa por nós, qual será o fim daqueles que não querem crer na Boa Nova de Deus? 18"Se a custo se salva o justo,* que será do ímpio, do pecador?"

19Por isso, também aqueles que sofrem segundo a vontade divina confiem suas vidas ao Criador fiel, fazendo o bem.

5 **Deveres dos presbíteros†.** 1Aos anciãos, que há entre vós, exorto eu, ancião como eles,* testemunha dos sofrimentos de Cristo e participante da glória que vai ser revelada. 2Apascentai o rebanho de Deus que vos é confiado, cuidando dele, não contra a vontade, mas de bom grado, como Deus quer; não por vergonhoso amor ao dinheiro, mas com dedicação; 3não como dominadores* daqueles que vos couberam por sorte, mas tornando-vos modelos para o rebanho. 4E quando aparecer o Pastor supremo, recebereis a coroa imperecível da glória.

Humildade e firmeza na fé. 5Igualmente, vós, jovens, sede submissos* aos anciãos. Revesti-vos todos de humildade em vossas relações mútuas, pois Deus resiste aos soberbos, mas dá sua graça aos humildes.

6Humilhai-vos, pois, sob a poderosa mão de Deus, para que ele vos exalte no momento certo; 7lançai sobre ele toda a vossa inquietação, pois ele cuida de vós. 8Sede sóbrios, ficai vigilantes. Vosso adversário, o diabo, fica rodeando como um leão a rugir, procurando a quem devorar. 9Resisti-lhe, fortes na fé, sabendo que a comunidade dos irmãos, espalhada pelo mundo, está enfrentando esse mesmo tipo de sofrimento. 10Depois de terdes sofrido um pouco, o Deus de toda graça, que vos chamou a sua glória eterna, em Cristo, ele próprio vos tornará perfeitos, firmes, fortes e inabaláveis. 11A Ele o poder pelos séculos dos séculos! Amém.

Saudação final. 12Eu vos escrevi essas poucas palavras por meio de Silvano, que considero como irmão fiel, para vos exortar e atestar que esta é a verdadeira graça de Deus, na qual deveis ficar firmes.

13Saúda-vos a Igreja que está em Babilônia†, eleita como vós, e também Marcos, meu filho.

14Saudai-vos mutuamente com um beijo de amor. Paz a todos vós que estais em Cristo!

---

* **4**,12. 1Pd 1,6s; At 5,41; Rm 8,17; 2Tm 2,12; Is 11,2 | 17. Jr 25,29; Ez 9,6 | 18. Pr 11,31; Sl 31,6 | **5**,1. 2Jo 1; Rm 8,17; Jo 21,15ss; At 20,28 | 3. 2Cor 1,24; Fl 3,17; Hb 13,20; 1Cor 9,25; 2Tm 4,8 | 5. Pr 3,34; Jó 22,29; Tg 4,7s.10; Sl 55,23; Mt 6,25; 1Ts 5,6; Ef 6,11ss; Hb 6,11s; 1Ts 2,12

† **4**,8. "Cobre", i. é, alcança o perdão. Em Pr 10,12, donde vem esse texto, os pecados "cobertos" são os da pessoa amada; aqui, os da pessoa que ama. | 17. Pedro refere-se às provações que assaltam a Igreja, para purificá-la em vista da vinda de Jesus. | **5**. Presbíteros ou anciãos são os chefes da comunidade cristã, que geralmente eram de fato pessoas mais idosas, 1Tm 5,17s; Tt 1,5.7s; Tg 5,14. | 3. Babilônia, que para os profetas era símbolo de uma cidade pagã, é Roma, Ap 14,8.

SEGUNDA CARTA DE PEDRO

Embora se apresente como sendo obra do apóstolo Pedro (1,1.16-18), esta carta certamente não foi escrita por ele, pelas seguintes razões: 1) sua linguagem é bem diferente da linguagem da primeira; 2) todo o trecho de 2,1–3,3 apresenta inegáveis semelhanças com a carta de Judas; 3) o autor da carta parece colocar-se fora do Colégio Apostólico (2Pd 3,2); 4) a coleção das cartas de Paulo já está formada (2Pd 3,15a). Tudo isso supõe uma época bem posterior à morte de Pedro; certos autores chegam a propor como data de composição desta carta o ano de 100, afirmando que ela é o último escrito do Novo Testamento.

O autor é, pois, um anônimo, que recorreu a um gênero literário muito conhecido entre os judeus, chamado "Testamento dos Antigos", que consiste em exprimir suas advertências e exortações como se fossem as últimas palavras de um importante personagem, prestes a partir desta vida. Em nosso caso, o verdadeiro autor imaginou São Pedro sentindo-se próximo do fim (1,14), fazendo seus derradeiros apelos às comunidades cristãs.

O objetivo da carta é alertar contra a doutrina dos gnósticos, os quais, pretendendo possuir um conhecimento superior e uma liberdade total, levavam vida desregrada, desprezando as leis morais (2,1–3,3), tomando como pretexto a demora da vinda do Senhor (3,8-10).

Na primeira parte (cap. 1), o autor define a vida cristã como participação na natureza divina (1,3-11) e mostra que o cristão é chamado à santidade, que se baseia na fidelidade à palavra dos apóstolos e dos profetas (1,12-21). A segunda parte (cap. 2) é um ataque violento aos falsos mestres que ensinam erros doutrinários (2,10-11) e vivem no pecado (2,12-19). Para eles está reservado um castigo severo (2,3-6). Finalmente, o autor fala, na terceira parte (cap. 3), sobre a vinda do Senhor, cuja demora (3,4) é motivada pela paciência de Deus, que espera a conversão do pecador (3,9). Mas o dia virá e deve encontrar-nos preparados (3,10-12); enquanto aguardamos os novos céus e a nova terra (3,13), vivamos na vigilância (3,14-18).

I. PRATICAR AS VIRTUDES CRISTÃS (1)

1 **Saudação.** 1Simão Pedro, servo e
apóstolo* de Jesus Cristo, aos que
receberam por sorte uma fé tão precio-
sa† quanto a nossa, pela justiça de nosso
Deus e Salvador Jesus Cristo: 2a vós, gra-
ça e paz em abundância, pelo conheci-
mento de Deus e de Jesus, nosso Senhor!
Apelo à santidade. 3Seu poder divino
deu-nos tudo o que se refere à vida e à
piedade, fazendo-nos conhecer aque-
le* que nos chamou por sua própria
glória e poder. 4Por eles, as promes-
sas preciosas e mais importantes nos
foram dadas, a fim de que assim vos
torneis participantes da natureza divi-
na†, já estando livres da corrupção que
a concupiscência promove no mundo.
5Por isso mesmo, esforçai-vos* por
juntar a vossa fé a virtude, à virtude
o conhecimento, 6ao conhecimento a
temperança, à temperança a constân-
cia, à constância a piedade, 7à piedade
o amor fraterno, ao amor fraterno a
caridade. 8Porque possuís essas coisas
em abundância, elas não vos deixa-
rão sem atividade, ou sem fruto pelo
conhecimento de nosso Senhor Jesus
Cristo. 9Mas quem não as possui é
cego e míope e se esquece de que foi
purificado de seus antigos pecados†.
10Portanto, irmãos, procurai consolidar
sempre mais vossa vocação e vossa
eleição; agindo assim, jamais correis
o perigo de cair. 11Pois assim vos será
generosamente concedida a entrada
no reino eterno de nosso Senhor e Sal-
vador Jesus Cristo.

---

* **1**,1. 1Pd 1,1; Jd 2 | 3. 1Pd 2,9; 2Cor 7,1 | 5. Gl 5,6.22s

† **1**,1. A fé é preciosa porque é dom de Deus; para conservá-la, é preciso fugir das falsas doutrinas. | 4. A vida nova do cristão em Cristo é uma comunicação que Deus faz de sua própria vida. | 9. Alguns pretendiam ter um conhecimento de Deus sem praticar boas obras e desrespeitando a lei divina.

Fidelidade ao testemunho apostólico. [12]Por isso é que vos recordarei* sempre essas coisas, embora já estejais instruídos e confirmados na presente verdade. [13]Acho justo, enquanto estou nesta tenda†, manter-vos alerta* com meus apelos, [14]sabendo que em breve deverei deixar minha tenda, como nosso Senhor Jesus Cristo me revelou. [15]Mas eu me esforçarei para que, mesmo após minha partida, possais reavivar a memória destas coisas.

[16]Com efeito, não foi influenciados por fábulas sofisticadas que vos anunciamos o poder e a vinda de nosso Senhor Jesus Cristo, mas porque fomos testemunhas oculares de sua majestade. [17]Pois ele recebeu de Deus Pai* honra e glória, quando da glória magnífica lhe veio esta palavra: "Este é meu Filho amado, ao qual dedico meu afeto". [18]Esta voz, nós a ouvimos descer do céu, quando estávamos com ele na montanha sagrada†.

A palavra profética. [19]E assim temos por mais firme a palavra profética, à qual fazeis bem em dar atenção como a uma lâmpada que brilha em lugar escuro, até que surja o dia e brilhe a estrela d'alva em vossos corações. [20]Antes de tudo, ficai sabendo que nenhuma profecia da Escritura† admite interpretação pessoal; [21]pois uma profecia não é pronunciada* por vontade humana, mas foi pelo impulso do Espírito Santo que alguns falaram da parte de Deus†.

II. CONSERVAR A SÃ DOUTRINA (2)

2 **Contra os falsos mestres.** [1]Houve também falsos profetas no meio do povo, como também haverá entre vós falsos mestres, que vão introduzir seitas perniciosas, chegando até a renegar o Mestre que os resgatou, e atrairão sobre si mesmos imediata perdição. [2]Muitos seguirão suas desordens†, e o caminho da verdade será blasfemado por causa deles. [3]Por ganância vos explorarão* com palavras enganadoras; porém, o julgamento deles já há muito tempo está em ação, e sua ruína não dorme.

As lições da história. [4]Pois se Deus não poupou os anjos* que tinham pecado, mas os lançou no inferno e os entregou aos abismos das trevas, onde estão reservados para o julgamento; [5]se ele não poupou o mundo antigo,* preservando embora oito pessoas, entre as quais Noé, arauto da justiça, enquanto mandava o dilúvio sobre um mundo de ímpios; [6]se, a título de exemplo para os ímpios do futuro, ele reduziu a cinzas e condenou à destruição as cidades de Sodoma e Gomorra; [7]enquanto libertou Ló,* o justo, que ficava amargurado com o comportamento desregrado daqueles criminosos – [8]pois este justo que morava no meio deles sentia todo dia atormentada sua alma de justo por causa das obras iníquas que via e ouvia –, [9]é que o Senhor sabe livrar* da provação os piedosos e reservar os ímpios para castigá-los no dia do juízo, [10]sobretudo aqueles que, levados por paixões impuras, seguem a carne e desprezam o Senhor.

Os costumes perversos dos hereges. Audaciosos, arrogantes, não têm medo de blasfemar os seres gloriosos, [11]enquanto os anjos,* embora superiores em força e em poder, não pronunciam contra eles diante do Senhor uma sentença injuriosa. [12]Mas eles são como animais irracionais, destinados pela natureza a serem presos e destruídos;

---

* **1**,12. Jd 5 | 13. 2Cor 5,1; Jo 21,18s | 17. Mt 17,1-5; Mc 9,2-8; Lc 9,28-36 | 21. Dn 13,2-6; Mt 24,11; Jd 4 **2**,3. Is 52,3; Rm 16,18; 1Ts 2,6 | 4. Jd 6 | 5. 3,6; Gn 8,18 | 7. Gn 19,1-6.25; Jd 7 | 9. 1Cor 10,13; Jd 6ss; Ap 3,10 | 11. Jd 9-12

† **1**,13. A tenda é o corpo. | 18. O autor lembra a transfiguração, Mt 17,1-13p, porque este momento da vida de Jesus, sobretudo, atesta sua glória e, portanto, também garante seu retorno glorioso, que os hereges negavam. | 20. "Profecia", porque a Escritura comunica a palavra de Deus e anuncia o Cristo. | 21. Afirmação clara da inspiração divina da Bíblia. Ela é um livro da Igreja e só pode ser retamente interpretada dentro da Igreja e de acordo com ela. | **2**,2. Afastar-se da sã doutrina é abrir a porta para as desordens da carne.

blasfemando o que não conhecem, com a mesma destruição eles próprios serão destruídos, [13]sofrendo o castigo como salário da injustiça. Consideram felicidade o prazer de um dia; homens impuros e pervertidos, têm prazer em enganar-vos, quando se banqueteiam convosco. [14]Têm os olhos cheios de adultério e de incessante pecado, seduzem as pessoas vacilantes; seu coração está treinado para a ganância, esses malditos! [15]Depois de terem abandonado o caminho certo,* desviaram-se, seguindo o caminho de Balaão, filho de Bosor†, que se deixou tentar por um salário de iniquidade, [16]mas foi repreendido por sua maldade. Um animal mudo, com voz humana, conteve a loucura do profeta.

[17]Eles são como fontes sem água e nuvens carregadas por um vendaval; a obscuridade das trevas lhes está reservada. [18]Com palavras arrogantes,* mas vazias, seduzem, pelos desejos obscenos da carne, os que pouco antes haviam fugido dos que vivem no erro. [19]Prometem-lhes a liberdade,* mas eles próprios são escravos da corrupção, pois o homem é escravo daquilo que o domina.

[20]Com efeito, se depois de terem fugido* das imundícies do mundo pelo conhecimento do Senhor e Salvador Jesus Cristo, eles se entregam de novo e são dominados por elas, sua situação posterior se torna pior que a primeira. [21]Pois teria sido melhor para eles* não ter conhecido o caminho da justiça, do que, depois de conhecê-lo, abandonar o santo mandamento que lhes fora transmitido. [22]Com eles aconteceu o que diz o provérbio verdadeiro: *O cão voltou a seu vômito*; e: "Depois de lavada, a porca tornou a revolver-se na lama"†.

III. A SEGUNDA VINDA DE CRISTO (3)

3 **O dia do Senhor.** [1]Caríssimos, esta já é a segunda carta* que vos escrevo; em ambas faço um apelo a vossa memória, para despertar vossa inteligência sadia, [2]para que vos lembreis das coisas preditas pelos santos profetas e do mandamento do Senhor e Salvador, que vos foi transmitido pelos apóstolos. [3]Antes de tudo,* deveis saber que nos últimos dias virão zombadores com seus escárnios, vivendo segundo suas paixões, [4]e dirão: "Onde está a promessa* de sua vinda? Desde que nossos pais morreram, tudo permanece como no início da criação!" [5]Pois eles fingem não saber que os céus existiam* já há muito tempo e que a terra, saída da água e no meio da água, recebeu sua forma graças à palavra de Deus, [6]e que, por essas mesmas causas, o mundo de então pereceu,* inundado pela água. [7]Mas os céus e a terra de agora estão reservados pela mesma palavra e postos de lado para o fogo†, em vista do julgamento e da ruína dos ímpios.

[8]Mas há uma coisa, caríssimos,* que vós não deveis esquecer: é que, para o Senhor, um dia é como mil anos, e mil anos como um só dia. [9]O Senhor não tarda a cumprir sua promessa, como pensam alguns, mas usa de paciência convosco, pois ele não quer que ninguém pereça, mas que todos venham a converter-se†. [10]O dia do Senhor chegará como um ladrão.* Naquele dia, os céus irão desaparecer com grande fragor, os elementos se dissolverão devorados pelas chamas, e a terra, com tudo o que nela existe, será destruída.

---

* **2**,15. Nm 22,7.28; Jd 11; Ap 2,14 | 18. Jd 13.16 | 19. Jo 8,34 | 20. Mt 12,45 | 21. Lc 12,47s; Jd 3; Pr 26,11 **3**,1. Jd 17 | 3. 1Tm 4,1; Jd 18 | 4. Is 5,19; Ez 12,22 | 5. Gn 1,6-9; Sl 24,2 | 6. 2,5; Gn 7,21 | 8. Sl 90,4; Hab 2,3; 1Tm 2,4; 2Tm 5,2.4 | 10. Mt 24,29.35; Ap 3,3; 16,15; 20,21; 1Ts 5,2.4

† **2**,15. O mesmo que Beor, Nm 22,5. As tradições judaicas consideravam Balaão como o tipo do falso doutor, venal e corrupto, Ap 2,14, mas, conforme o livro dos Números, ele não recebeu o "salário da iniquidade": recusou qualquer remuneração, Nm 22,18. | 22. Provérbios que designam o retorno à imundície que tinha sido deixada. | **3**,7. A ideia do fim do mundo por meio do fogo era corrente entre os gregos, os romanos e os judeus, donde passou aos cristãos. | 9. O autor explica por que o fim ainda não chegou: Deus tem um modo diferente do nosso de contar o tempo, e sua misericórdia está dando tempo ao pecador para a conversão.

[11]Ora, desde que todas estas coisas vão desintegrar-se, como não deve ser vossa perfeição na santidade* de vida e na piedade, [12]enquanto esperais e apressais a chegada do dia de Deus†, no qual os céus em fogo se dissolverão e os elementos abrasados se fundirão! [13]Mas, de acordo com sua promessa,* nós esperamos novos céus e nova terra, onde habita a justiça.

Exortação à vigilância. [14]Por isso, caríssimos, na espera destes acontecimentos,* procurai ser sem mancha e irrepreensíveis, para que ele os encontre em paz. [15]Considerai como salvação a longanimidade de nosso Senhor, como também nosso caríssimo irmão Paulo vos escreveu,* segundo a sabedoria que lhe foi dada. [16]Isto ele o faz, aliás, em todas as cartas em que fala deste assunto. Nelas há pontos obscuros, que as pessoas sem instrução e sem firmeza deturpam, como o fazem com as outras Escrituras, para sua própria perdição†.

[17]Vós, portanto, caríssimos, estando avisados,* ficai atentos para não serdes arrastados pelo erro desses ímpios, chegando a decair de vossa posição de firmeza. [18]Mas crescei na graça e no conhecimento de nosso Senhor Jesus Cristo. A ele a glória desde agora e até o dia da eternidade! Amém.

---

* **3**,11. Is 34,4; Jd 5 | 13. Is 65,17; 66,22; Ap 21,1 | 14. Jd 24; Rm 2,4 | 15. 1Tm 1,15s | 17. Mc 15,3.9.33

† **3**,12. O judaísmo acreditava que a devoção e os méritos dos fiéis podiam apressar o fim dos tempos, At 3,20. | 16. As cartas de Paulo já eram recolhidas e veneradas como parte das Escrituras Sagradas, inspiradas por Deus.

PRIMEIRA CARTA DE JOÃO

São atribuídas a João, além do quarto evangelho, três cartas, que não trazem seu nome, mas são tão parecidas entre si pelo assunto tratado e pela linguagem, que só podem ser do mesmo autor. São maiores as semelhanças entre o Evangelho de João e a primeira carta.

Esta é dirigida a comunidades que passavam por uma grave crise, provocada por pessoas que estavam colocando em perigo a fé dos irmãos com sua mística de fundo gnóstico, pretendendo conhecer a Deus, ver a Deus, viver em comunhão com Ele (1Jo 2,4; 3,6), viver na luz, embora agissem em flagrante contradição com a doutrina cristã. Também era errado o que pregavam sobre Jesus; não acreditavam que Ele fosse o Messias (2,22), o Filho de Deus (4,15) e não admitiam a Encarnação (4,2). Quanto à vida moral, diziam que não tinham pecado (1,8.10) e não se preocupavam com os mandamentos (2,4), desprezando sobretudo o do amor fraterno (2,9). Essa doutrina, combatida na carta, é provavelmente o docetismo, que negava a realidade do corpo humano de Cristo, rejeitando assim o dogma da Encarnação.

O ensinamento da carta é cristalino. Podemos conhecer a Deus, não como resultado de nossas pesquisas, mas porque Ele nos foi revelado em Jesus Cristo, no qual temos a manifestação palpável de Deus (1Jo 1,1-4). Jesus é o Filho de Deus, mas tem um corpo verdadeiro, realmente sofreu, morreu e ressuscitou. Recusar a Encarnação (4,2) é destruir todo o cristianismo, pois não haveria mais Redenção nem conhecimento de Deus. Deus é Luz e é Amor. É assim que Jesus no-lo revela. O pecado é uma realidade que é preciso reconhecer e confessar (1,8-10), para que Cristo dele nos salve (2,1s). Deus é comunhão. Ele nos amou primeiro (4,19), e Jesus testemunhou esse amor com gestos concretos. Crer nele é entrar nesta corrente de amor. O amor fraterno é essencial à fé. Não há comunhão com Deus sem amor ao próximo (4,20s).

I. CAMINHAR NA LUZ (1–2)

1 **Introdução: o Verbo Encarnado.** [1]O que era desde o começo,
o que nós ouvimos,* o que vimos com
nossos olhos, o que contemplamos e
o que nossas mãos tocaram† do Verbo
da vida – [2]pois a Vida se manifestou,
nós a vimos, dela damos testemunho
e vos anunciamos esta Vida eterna,
que estava diante do Pai e nos apareceu – [3]o que vimos e ouvimos, nós vo-lo anunciamos, a fim de que também
vós estejais em comunhão conosco†.
E nossa comunhão é com o Pai e com
seu Filho Jesus Cristo. [4]Tudo isto vos
escrevi* para que nossa alegria seja
completa.

Deus é luz. [5]Esta é a mensagem que
dele ouvimos* e que vos anunciamos:
Deus é luz† e nele não há trevas. [6]Se
dissermos que estamos em comunhão
com ele e caminhamos nas trevas,
mentimos e não praticamos a verdade.
[7]Mas se caminhamos na luz, como ele
próprio está na luz, estamos em comunhão uns com os outros, e o sangue de
Jesus, seu Filho, nos purifica de todo
pecado. [8]Se dissermos que não temos
pecado, enganamo-nos a nós mesmos,
e a verdade não está em nós. [9]Se reconhecermos nossos pecados, ele, que é
fiel e justo, perdoará nossos pecados e
nos purificará de toda iniquidade. [10]Se
dissermos que não temos pecado, fazemos dele um mentiroso†, e sua palavra não está em nós.

---

* **1**,1. 2,13; Jo 1,1-5.14 | 4. Jo 15,11; 16,24; 2Jo 12 | 5. 2,4; Jo 1,5; 3,21; 1Tm 6,16; Hb 9,14; Ap 1,5; 7,14

† **1**,1. O autor afirma a perfeita humanidade de Cristo, que os hereges de seu tempo não admitiam. | 3. O autor quer estabelecer a comunhão com sua comunidade, de modo que ela alcance a salvação, que é comunhão com o Pai e o Filho. | 5. "Luz" simboliza a verdade, o bem, a justiça, amor. Quem está unido com o Deus-Luz deve caminhar na verdade, no bem, na justiça e no amor. | 10. Porque Deus declara na Bíblia que todos são pecadores, Rm 3,9-20.

2

Cristo nos mereceu o perdão. [1]Filhinhos, isto vos escrevo para que eviteis o pecado.* Mas se alguém pecar, temos como advogado perante o Pai, Jesus Cristo, o Justo. [2]Ele é vítima de expiação por nossos pecados, e não só pelos nossos, mas também pelos pecados do mundo inteiro.

Observar o mandamento do amor. [3]Assim sabemos que o conhecemos: se estamos cumprindo seus mandamentos. [4]Aquele que afirma que o conhece, mas não cumpre seus mandamentos, é um mentiroso, e a verdade não está nele. [5]Mas aquele que guarda a palavra de Deus,* nele realmente o amor de Deus é perfeito. Nisto reconhecemos que estamos nele. [6]Quem diz que permanece nele deve comportar-se como ele† se comportou.

[7]Caríssimos, não é um mandamento novo* que vos escrevo; é um mandamento antigo, que recebestes desde o começo; este mandamento antigo é a palavra que ouvistes. [8]No entanto, é um mandamento novo que vos escrevo† – isto é verdade para vós como para ele – pois as trevas estão acabando e a verdadeira luz já está brilhando. [9]Quem diz que está na luz* e odeia seu irmão† ainda está nas trevas. [10]Quem ama seu irmão permanece na luz e nele não há nenhum motivo de queda. [11]Mas quem odeia seu irmão está nas trevas, caminha nas trevas e não sabe aonde vai, porque as trevas cegaram seus olhos.

Preservar-se do mundo. [12]Eu vos escrevo, filhinhos, porque vossos pecados vos foram perdoados em virtude de seu nome. [13]Eu vos escrevo, pais, porque conhecestes aquele que existe desde o começo. Eu vos escrevo, jovens, porque vencestes o Maligno. [14]Eu vos escrevi, filhinhos,* porque conhecestes o Pai. Eu vos escrevi, pais, porque conhecestes aquele que existe desde o princípio. Eu vos escrevi, jovens, porque sois fortes, a palavra de Deus permanece em vós e vencestes o Maligno.

[15]Não ameis o mundo nem as coisas que estão no mundo†. Se alguém ama o mundo,* o amor do Pai não está nele. [16]Pois tudo o que existe no mundo – a concupiscência da carne, a concupiscência dos olhos e a soberba da vida† – não vem do Pai, mas do mundo. [17]Ora, o mundo passa com sua concupiscência;* mas quem faz a vontade de Deus permanece para sempre.

Quem é o Anticristo. [18]Filhinhos, esta é a última hora.* Ouvistes dizer que o Anticristo† deve vir: pois agora surgiram muitos anticristos. Por aí reconhecemos que esta é a última hora. [19]Eles saíram de nosso meio, mas não eram dos nossos. Se fossem dos nossos, teriam ficado conosco. Mas era preciso que fosse demonstrado que nem todos eram dos nossos. [20]Vós, porém, recebestes a unção* que vem do Santo e vós todos possuís a ciência. [21]Eu vos escrevi, não porque ignorais a verdade, mas porque a conheceis e nenhuma mentira provém da verdade.

[22]Quem é o mentiroso, senão aquele* que nega que Jesus é o Cristo? Este é o Anticristo: aquele que nega o Pai e o Filho. [23]Quem nega o Filho também não possui o Pai. Quem professa sua fé no Filho possui também o Pai. [24]Permaneça em vós aquilo que ouvistes desde

---

* **2**,1. 4,10; Rm 3,25; 8,34; Hb 7,25; 9,24 | 5. 1,6; 5,3; Jo 13,15; 14,21.23; 1Pd 2,21 | 7. 2,24; 3,1; 2Jo 5s; Jo 13,34; Rm 13,12 | 9. 2,11; 3,10-15; 4,20; Jo 12,35 | 14. 1,1; Jo 1,1 | 15. Tg 4,4; Rm 8,7 | 17. 1Cor 7,31 | 18. 2Jo 7; Mt 24,5.24 | 20. 2,27 | 22. 4,3.15; 5,1; 2Jo 7.9; Jo 5,23; 15,23

† **2**,6. Jesus Cristo, aqui e em 3,3.16. | 8. O mandamento do amor ao próximo é antigo, pois constava no AT, Lv 19,18, mas é novo com referência aos motivos, à extensão e à perfeição que Jesus lhe deu, Jo 15,12. | 9. "Odiar" no sentido de "não amar", conforme a língua hebraica. | 15. O "mundo" dominado por Satanás, símbolo de tudo o que afasta de Deus e se opõe a Ele. Amar o mundo e seus vícios é seguir o apelo do que é passageiro; o amor a Deus coloca o cristão numa relação com o que permanece para sempre. | 16. "Concupiscência" significa aqui o desejo desordenado dos prazeres e das honrarias. A soberba da vida é a ostentação dos bens terrenos. | 18. Antes da vinda gloriosa do Senhor deve vir o Anticristo, 2Ts 2,3s, instrumento de Satanás para seduzir a humanidade, Mt 24,23s. João chama de "anticristos" os falsos mestres, os hereges.

o começo. Se permanece em vós aquilo que ouvistes desde o começo, vós também permanecereis no Filho e no Pai.

25E esta é a promessa* que ele próprio nos fez: a vida eterna. 26É isso que fiz questão de vos escrever* a respeito daqueles que procuram enganar-vos. 27Quanto a vós, a unção que dele recebestes permanece em vós e não precisais que alguém vos ensine. Mas já que a unção dele vos instrui a respeito de tudo, e ela é verdadeira e não mentirosa, assim como ela vos instruiu, permanecei nele.

28Sim, agora, filhinhos,* permanecei nele, para que, quando aparecer, possamos ter confiança e não sejamos por ele envergonhados em sua vinda.

Praticar a justiça. 29Se sabeis que ele é justo,* sabei que todo aquele que pratica a justiça nasceu dele.

II. VIVER COMO FILHOS DE DEUS (3,1–4,6)

3 **Somos filhos de Deus.** 1Vede com que amor o Pai nos amou:* somos chamados filhos de Deus, e o somos de fato! Por isso o mundo não nos conhece, porque não conheceu a Deus. 2Caríssimos, desde agora somos filhos de Deus, mas ainda não foi revelado aquilo que havemos de ser. Sabemos, porém, que, quando ele se manifestar, seremos semelhantes a ele, porque o veremos tal como ele é†.

Evitar o pecado. 3Todo aquele que tem esta esperança nele purifica-se a si mesmo, como ele é puro. 4Todo aquele que comete o pecado comete também a iniquidade, pois o pecado é iniquidade. 5Ora, sabeis que ele se manifestou* para tirar os pecados, e que nele não existe pecado. 6Todo aquele que permanece nele não peca. Todo aquele que peca não o viu nem o conheceu.

7Filhinhos, que ninguém vos engane. Quem pratica a justiça é justo, como ele é justo.

8Quem comete pecado* vem do diabo, pois o diabo é pecador desde a origem. Foi para destruir as obras do diabo que o Filho de Deus se manifestou†. 9Todo aquele que nasceu de Deus* não comete pecado, porque a semente de Deus permanece nele; não pode pecar, porque nasceu de Deus.

Amar os irmãos. 10Nisto é possível distinguir os filhos de Deus e os filhos do diabo: todo aquele que não pratica a justiça não vem de Deus, e nem aquele que não ama seu irmão.

11Porque esta é a mensagem* que ouvistes desde o início: que nos amemos uns aos outros. 12Longe de imitarmos Caim que, sendo do Maligno, matou seu irmão. E por que o matou? Porque suas obras eram más, enquanto as de seu irmão eram justas.

13Não vos admireis, irmãos, se o mundo vos odeia. 14Nós sabemos que passamos da morte para a vida, porque amamos os irmãos.* Quem não ama permanece na morte. 15Todo aquele que odeia seu irmão é um homicida; ora, sabeis que nenhum homicida possui em si mesmo a vida eterna.

16Nisto conhecemos o amor:* ele deu sua vida por nós. E nós também devemos dar nossa vida pelos irmãos. 17Se alguém, possuindo os bens deste mundo, vê seu irmão na necessidade e lhe fecha seu coração, como o amor de Deus permanece nele?

18Filhinhos, não amemos só com palavras, mas por atos e de verdade. 19Nisto saberemos que somos da verdade e tranquilizaremos nosso coração diante de Deus, 20porque se nosso coração nos acusa, Deus é maior que nosso coração†, e conhece tudo.

---

* **2**,25. Jo 3,15; 6,40 | 26. 2,20; Jo 14,26; 16,33; Jr 31,34 | 28. Jo 4,17 | 29. 3,10 | **3**,1. 3,10; Jo 1,12s; 16,3; 2Cor 3,18; Fl 3,21; 1Cor 13,12 | 5. 2,2; 4,10; Jo 1,29; 8,46 | 8. 2,29; 3,9; Jo 8,44 | 9. 3,6; 5,18 | 11. Jo 5,24;13,34; 15,12.17s; 2Jo 5 | 14. 2,11 | 16. Jo 13,1; 15,13; Tg 2,15s; Dt 15,7s

† **3**,2. "A promessa de ver a Deus ultrapassa todas as bem-aventuranças. Nas Escrituras ver é possuir. Aquele que vê a Deus obteve todos os bens que podemos imaginar" (S. Gregório de Nissa). | 8. "A mais grave dessas obras, devido a suas consequências, foi a sedução mentirosa que induziu o homem a desobedecer a Deus" (CIC). | 20. Por sua misericórdia que perdoa, 1Pd 4,8. Deus sabe julgar melhor que nosso coração, a nossa consciência. Conhece nosso interior e sabe se O amamos.

21Caríssimos, se nosso coração* não nos acusa, temos confiança diante de Deus 22e dele receberemos tudo quanto pedirmos, porque somos fiéis a seus mandamentos e fazemos o que é de seu agrado. 23E seu mandamento é este: que tenhamos fé no nome de seu Filho Jesus Cristo e nos amemos uns aos outros, como Ele nos ordenou. 24E aquele que é fiel* na obediência a seus mandamentos permanece em Deus, e Deus nele; e nisto sabemos que ele permanece em nós: pelo Espírito que ele nos deu.

4 **Distinguir os espíritos.** 1Caríssimos, não acrediteis* em qualquer inspiração, mas examinai as inspirações para ver se vêm de Deus; pois muitos falsos profetas andam pelo mundo. 2Nisto podeis reconhecer o espírito de Deus: é de Deus todo espírito que acredita que Jesus Cristo veio como homem; 3e todo espírito que não professa a fé em Jesus não é de Deus†; é o espírito do Anticristo que, como ouvistes dizer, está para vir, aliás, agora já está no mundo.

4Filhinhos, vós sois de Deus e vós os vencestes†. Pois Aquele que está em vós é maior do que aquele que está no mundo. 5Eles são do mundo,* por isso falam de acordo com o mundo, e o mundo os escuta. 6Nós somos de Deus. Quem conhece a Deus* nos escuta; quem não é de Deus não nos escuta. É nisso que distinguimos o espírito da verdade e o espírito do erro.

III. VIVER NA FÉ E NO AMOR (4,6–5,21)

O amor vem de Deus. 7Caríssimos, amemo-nos uns aos outros, porque o amor vem de Deus. Todo aquele que ama nasceu de Deus e conhece a Deus. 8Mas quem não ama* não conheceu a Deus, porque Deus é amor†. 9Foi assim que se mostrou o amor de Deus* para conosco: ele enviou ao mundo seu Filho único, para que tivéssemos a vida por meio dele. 10Nisto consiste o amor:* não fomos nós que amamos a Deus, mas foi ele que nos amou e nos enviou seu Filho como vítima de expiação por nossos pecados.

Deus é amor. 11Caríssimos, se Deus nos amou assim,* devemos nós também nos amar uns aos outros. 12Ninguém jamais viu a Deus. Se nos amarmos uns aos outros, Deus permanece em nós, e em nós seu amor é perfeito. 13Nisto conhecemos que permanecemos nele e ele em nós: ele nos deu seu Espírito. 14E nós vimos e atestamos* que o Pai enviou seu Filho como Salvador do mundo. 15Aquele que acredita que Jesus é o Filho de Deus, Deus permanece nele e ele em Deus. 16E nós reconhecemos o amor que Deus tem por nós e cremos neste amor.* Deus é amor; quem permanece no amor permanece em Deus, e Deus nele. 17Nisto consiste a perfeição do amor em nós:* que tenhamos plena confiança no dia do julgamento, pois como Ele mesmo é, assim também somos nós neste mundo.

18No amor não existe medo;* ao contrário, o perfeito amor expulsa o medo, pois o medo implica um castigo, e aquele que tem medo não chegou à perfeição do amor.

19Nós amamos, porque ele nos amou* primeiro. 20Se alguém disser que ama a Deus, mas odeia† seu irmão, é um mentiroso. Pois quem não ama seu irmão, a quem vê, não pode amar a Deus, a quem não vê.

* **3**,21. 4,4; Mt 21,22; Mc 11,24; Jo 6,29; 13,34; 14,13; 15,7.17; 16,22s | 24. 4,13 | **4**,1. 2,18-22; 1Ts 5,21; Mt 24,24; 2Jo 7; 1Cor 12,3 | 5. Jo 15,19 | 6. Jo 10,26 | 8. 4,1 | 9. Jo 3,16 | 10. 2,2 | 11. 2,5; 3,24; 4,17; Mt 18,33; Jo 1,18 | 14. Jo 3,17 | 16. 4,8 | 17. 2,5; 4,12 | 18. Rm 8,15 | 19. 4,9s

† **4**,3. Certos manuscritos trazem: "Todo espírito que divide Jesus", isto é, separam o Cristo celeste e glorioso do homem Jesus que viveu e morreu entre nós: isto é negar a Encarnação. | 4. Refere-se aos falsos profetas, nos quais vive o espírito do Anticristo. | 8. "Deus é amor, e o amor é o primeiro dom, que contém todos os demais. Este amor, Deus o derramou em nossos corações pelo Espírito que nos foi dado Rm 5,5. É o princípio da vida nova em Cristo, 1Cor 13" (CIC). Se Deus é amor, em tudo ele age por amor. | 20. Ver a nota em 2,9.

21Este é o mandamento que dele
recebemos:* quem ama a Deus, ame
também seu irmão.

5 **Fé no Filho de Deus.** 1Todo aque-
le que acredita que Jesus é o Cris-
to,* este nasceu de Deus; e todo aque-
le que ama a Deus, que o gerou, ama
também quem dele foi gerado. 2Nisto
reconhecemos que amamos os filhos
de Deus: se amamos a Deus† e cum-
primos seus mandamentos, 3porque
o amor de Deus consiste* em cumprir
seus mandamentos; e seus manda-
mentos não são pesados.
4Assim, tudo o que nasceu de Deus
vence o mundo; e esta é a vitória que
venceu o mundo: nossa fé. 5Quem é
que vence o mundo,* senão aquele que
acredita que Jesus é o Filho de Deus?
6Este é aquele que veio com água e
sangue, Jesus Cristo. Não só com água,
mas com água e sangue†. E é o Espírito
que dá testemunho, porque o Espírito
é a verdade. 7Assim, são três os que
testemunham†: 8o Espírito, a água e o
sangue; e esses três são concordes.
9Se aceitamos o testemunho dos ho-
mens,* o testemunho de Deus é maior.
Ora, o testemunho de Deus é o que ele
deu de seu Filho. 10Quem crê no Filho
de Deus tem em si este testemunho.
Quem não crê em Deus faz dele um
mentiroso, pois não crê no testemunho
que Deus deu de seu Filho. 11E o tes-
temunho é este: Deus nos deu a vida
eterna, e esta vida está em seu Filho.
12Quem tem o Filho* tem a vida; quem
não tem o Filho não tem a vida.
A oração pelos pecadores. 13Eu es-
crevi estas coisas* a vós que credes
no nome do Filho de Deus, para que
fiqueis sabendo que tendes a vida eter-
na. 14Temos nele esta confiança: se pe-
dimos alguma coisa segundo sua von-
tade, ele nos atende. 15E se sabemos
que ele nos atende em tudo que lhe
pedimos, sabemos que já possuímos o
que lhe pedimos.
16Se alguém vê seu irmão cometendo
um pecado que não conduz à morte,
reze, e Deus dará a vida a este irmão.
Não se trata dos que cometem o peca-
do que conduz à morte†; pois existe um
pecado que conduz à morte: por este
pecado eu não digo que se deva rezar.
17Toda injustiça é pecado; mas há um
pecado que não conduz à morte.
As grandes certezas. 18Sabemos que
todo aquele que nasceu de Deus não
peca; pois aquele que foi gerado por
Deus† o guarda, e o Maligno não o
pode atingir. 19Sabemos que somos de
Deus e que o mundo inteiro está sob
o poder do Maligno. 20Sabemos que o
Filho de Deus veio* e que nos deu a
inteligência, a fim de conhecermos o
Verdadeiro. Nós estamos naquele que
é o Verdadeiro, em seu Filho Jesus Cris-
to. Este é o Deus verdadeiro e a Vida
eterna. 21Filhinhos, cuidado com os
ídolos...†

---

* **4**,21. Jo 15,17 | **5**,1. 4,15; 1Pd 1,22s | 3. Jo 14,15; 2Jo 6 | 5. 4,4; Rm 8,37; Jo 19,34 | 9. Jo 5,32-37; 8,18 | 12. Jo 3,36 | 13. 3,21s; Jo 14,13; 20,31; Mt 7,7 | 20. 3,9; Jo 17,3.15

† **5**,2. O amor aos irmãos deriva do amor a Deus e o exprime. | 6. A água é o Batismo, o sangue é o sacrifício de Cristo. Os dissidentes associavam a salvação com a vinda do Espírito no Batismo (água), diminuindo o valor da cruz (sangue). João afirma que o Batismo e o Espírito nada são se se deixa de lado a Redenção, o mistério da Páscoa, a Eucaristia. | 7. Foi introduzido aqui o seguinte comentário, posterior ao séc. IV: "no céu: o Pai, o Verbo e o Espírito Santo; e esses três são um; e são três os que testemunham na terra". | 16. É o pecado de apostasia, que conduz à impenitência final. | 18. É o Filho de Deus, Jesus Cristo. | 21. "A idolatria não diz respeito somente aos falsos cultos do paganismo. Ela é uma tentação constante da fé. Existe idolatria quando se presta honra e veneração a uma criatura em lugar de Deus, quer se trate de deuses ou demônios, ou do poder, prazer, dinheiro..." (CIC).

SEGUNDA CARTA DE JOÃO

Esta carta, que talvez seja anterior à primeira, é escrita por alguém, que se chama de Ancião, a uma comunidade, designada pela expressão "Senhora eleita" (2Jo 1), certamente uma das igrejas da Ásia. Motivo da carta é o perigo que corre a fé daqueles cristãos, pela presença de sedutores e anticristos que rejeitam a Encarnação de Jesus Cristo (v. 7) e já não seguem a fé cristã (v. 9). Contra eles, João exorta seus leitores – que possuem o conhecimento da verdade (v. 1) – a caminhar na verdade (v. 4), a praticar o amor fraterno (v. 5), vivendo na luz do mandamento recebido do Pai e ensinado pela Igreja desde o começo (v. 4-6).

Saudação. 1Eu, o Ancião†, à Senhora eleita† e a seus filhos,* que amo na verdade – e não eu apenas, mas todos os que conheceram a verdade – 2por causa da verdade que habita em nós e habitará conosco eternamente. 3Conosco estarão a graça, a misericórdia e a paz* da parte de Deus Pai e de Jesus Cristo, Filho do Pai, na verdade e no amor.

O mandamento do amor. 4Muito me alegrei por ter encontrado alguns de teus filhos* que vivem na verdade†, segundo o mandamento que do Pai recebemos. 5E agora, eu te peço, Senhora,* não para dar-te um mandamento novo, mas aquele que possuímos desde o começo: amemo-nos uns aos outros. 6O amor consiste nisto: em viver segundo seus mandamentos. E o mandamento, como aprendestes desde o começo,* é que vivais no amor.

Cuidado com os falsos mestres. 7Porque andam pelo mundo muitos impostores,* que não acreditam que Jesus Cristo se encarnou†: aí está o sedutor, o Anticristo†. 8Cuidai de vós mesmos, para não perderdes o fruto de vosso trabalho, mas recebais, ao contrário, uma plena recompensa. 9Todo aquele que vai além disso† e não permanece na doutrina de Cristo não possui a Deus. Quem permanece na doutrina, este possui o Pai e o Filho.

10Se alguém vem a vós e não traz esta doutrina,* não o recebais em vossa casa e nem sequer o cumprimenteis; 11porque quem o saúda participa de suas obras más.

Saudações finais. 12Embora eu tenha muitas coisas para vos escrever,* preferi não fazê-lo com papel e tinta, pois espero ir visitar-vos e falar-vos de viva voz, para que seja completa nossa alegria.

13Os filhos de tua irmã eleita te saúdam†.

---

* 1. 3Jo 1 | 3. Jo 14,17 | 4. 3Jo 3 | 5. 1Jo 2.7.14; 3,11; Jo 13,34; 15,12.17 | 6. Jo 14,15.23s; 1Jo 5,3 | 7. Mt 7,15; 1Jo 2,18.23; 4,1.3.15 | 10. Rm 16,17; 2Ts 3,6; Ef 5,11 | 12. 3Jo 13,s

† 1. Nas Igrejas da Ásia, o título "Ancião" designava alguém que pertencera ao grupo dos discípulos do Senhor ou que os tinha conhecido. / A expressão indica a Igreja local, destinatária da carta. | 4. Viver na verdade é viver à luz do mandamento do amor. | 7. Negar a Encarnação é desconhecer o amor que Deus manifestou por nós, amor que é fonte e modelo de nosso amor ao próximo. / Ver a nota em 1Jo 2,18. | 9. Os hereges consideravam-se avançados, como se ultrapassassem a doutrina dos apóstolos. | 13. A "irmã" é a Igreja de onde o autor escreve.

TERCEIRA CARTA DE JOÃO

O mesmo Ancião, autor da segunda carta, escreve agora a um amigo seu, chamado Gaio, "que vive na verdade" (v. 3), pedindo-lhe um favor: que continue acolhendo e apoiando os missionários itinerantes que, a mandado do Ancião, pregavam entre os pagãos o nome de Jesus Cristo (v. 7). Todas as comunidades colaboravam para o sustento desses evangelizadores, tornando-se assim cooperadores da verdade (v. 8). Mas o chefe daquela Igreja, onde mora Gaio, não quer recebê-los e proíbe que outros o façam, chegando a expulsar da Igreja quem pretende colaborar com eles (v. 10). Esse chefe, chamado Diótrefes, parece também adepto da mesma heresia já encontrada nas outras cartas joaninas, pois o autor nega que ele tenha visto a Deus (v. 11), aludindo à pretensão que tinham os hereges de ver a Deus (1Jo 3,6).

Saudação. [1]Eu, o Ancião, ao caríssimo
Gaio,* a quem amo na verdade. [2]Ca-
ríssimo, faço votos que tudo vá bem e
que teu corpo esteja em tão boa saúde
quanto tua alma.
Elogio a Gaio. [3]Muito me alegrei, de
fato,* com os irmãos que vieram e de-
ram testemunho de tua verdade, quero
dizer, do modo como caminhas na ver-
dade. [4]Não tenho maior alegria do que
ouvir dizer que meus filhos caminham
na verdade†. [5]Caríssimo, tu procedes
fielmente em tudo o que fazes em favor
de teus irmãos, ainda que estrangeiros.
[6]Eles deram testemunho diante da Igreja
a respeito de tua caridade. Tu farás bem
provendo-os do necessário* para a via-
gem, de um modo digno de Deus. [7]Por-
que foi pelo Nome† que eles se puseram
a caminho, sem aceitar nada dos pagãos.
[8]Devemos acolher tais pessoas, a fim
de colaborarmos na difusão da verdade†.
Censura a Diótrefes. [9]Escrevi algu-
mas palavras à Igreja, mas Diótrefes†,
que ambiciona o primeiro lugar, não
nos recebe. [10]Por isso, se eu for aí,
não deixarei de repreendê-lo por seu
comportamento. Ele vive espalhando
más palavras contra nós; não conten-
te com isso, recusa receber os irmãos
e impede e expulsa da Igreja os que
gostariam de recebê-los. [11]Caríssimo,
imita não o mal,* mas o bem. Quem
faz o bem é de Deus. Quem faz o mal
não viu a Deus.
Elogio a Demétrio. [12]Quanto a Demé-
trio†, todos lhe dão testemunho, inclu-
sive a própria Verdade. Nós também
lhe damos testemunho, e tu sabes que
nosso testemunho é verdadeiro.
Saudações finais. [13]Teria muitas coi-
sas a te escrever,* mas não quis fazê-
-lo com tinta e pena. [14]Com efeito,
espero ver-te em breve e vamos então
conversar de viva voz. Que a paz esteja
contigo! Teus amigos te mandam sau-
dações. Saúda os nossos, a cada um
em particular.

---

* 1. 2Jo 1 | 3. 2Jo 4 | 6. Tt 3,13; 1Cor 9,12.15; Mt 10,41 | 11. 1Jo 2,29; 3,6.9; Jo 19,35; 21,24 | 13. 2Jo 12

† 4. "Verdade" é conhecer e professar a divindade de Jesus, ponto central da fé, que os hereges recusavam. | 7. No AT "Nome" designava Javé, no NT designa Jesus. | 8. O Ancião (ver a nota em 2Jo 1) dirige ou apoia a obra misionária de certos pregadores itinerantes e pede à comunidade que lhes dê também seu apoio. | 9. Dissidente que rejeita a autoridade ou as cartas do Ancião. | 12. Membro da comunidade local ou talvez um daqueles pregadores; pode ter sido também o portador da carta.

CARTA DE JUDAS

Esta é mais uma carta que traz o nome de um personagem como simples pseudônimo, mas seu verdadeiro autor é ignorado. Coloca-se sob o nome de Judas, irmão de Tiago (v. 1), também chamado "irmão do Senhor" (Mc 6,3; Mt 13,55), que não é o apóstolo Judas Tadeu, pois se situa fora do Colégio Apostólico (v. 17). Certamente é um cristão de origem judaica, porque conhece e cita o livro de Henoc (v. 6.14-15) e a Assunção de Moisés (v. 9), que são livros apócrifos do Antigo Testamento. É difícil determinar quais são os destinatários da carta, devido aos termos por demais genéricos com que são mencionados (v. 1).

Certamente se trata de uma comunidade perturbada por falsos doutores, que corrompem a fé autêntica em Jesus Cristo e pervertem os costumes cristãos (v. 4). O autor denuncia suas blasfêmias (v. 8.10) e sua perversidade (v. 11-16). Ameaça-os com um julgamento severo (v. 5-7) e exorta os fiéis a lhes resistirem e a permanecerem na oração e no amor a Deus (v. 17-23).

Saudação. 1Judas, servo de Jesus
Cristo, irmão de Tiago, aos que foram
chamados, amados por Deus e preser-
vados para Jesus Cristo. 2A vós, miseri-
córdia, paz* e caridade em abundância.
A luta contra os falsos mestres. 3Ca-
ríssimos, eu tinha um grande desejo*
de vos escrever a respeito de nossa sal-
vação comum, e fui obrigado a fazê-lo,
a fim de exortar-vos a combater pela
fé transmitida ao povo santo uma vez
por todas. 4Pois infiltraram-se no meio
de vós certas pessoas que desde mui-
to tempo foram marcadas de antemão
por esta sentença: esses ímpios trans-
formaram em luxúria a graça de nosso
Deus e negam nosso único Mestre e
Senhor Jesus Cristo.
5A vós que conheceis tudo isso,*
quero recordar-vos que o Senhor, após
ter salvo todo o povo da terra do Egito,
fez morrer depois os que não acredita-
ram. 6Quanto aos anjos que não con-
servaram sua dignidade, mas abando-
naram sua morada†, ele os conservou
presos em cadeias eternas, nas trevas,
para o juízo do grande dia. 7Assim So-
doma, Gomorra* e as cidades vizinhas
que se prostituíram do mesmo modo e
se entregaram a vícios contrários à na-
tureza† são propostas como exemplo,
sofrendo a pena de um fogo eterno.
Pecados dos falsos mestres. 8Ora,
esses igualmente, em seu delírio, man-
cham a carne, desprezam a Majestade*
e insultam os seres gloriosos. 9Quan-
do o arcanjo Miguel* disputava com
o diabo e discutia a respeito do corpo
de Moisés, não se atreveu a pronunciar
contra ele uma sentença injuriosa, mas
disse: "Que o Senhor te condene!"†
10Eles, porém, blasfemam* o que
ignoram; e o que conhecem por na-
tureza, como os animais irracionais,
só serve para perdê-los. 11Infelizes de-
les! Porque é o caminho de Caim que
seguiram, é no erro de Balaão que se
lançaram pela sede de lucro†, é pela re-
volta de Coré que pereceram.
12São eles que mancham vossos
ágapes†, pondo-se juntos à mesa sem
respeito, apascentam-se a si mesmos:
nuvens sem água, carregadas pelo
vento, árvores de fim de estação, sem

---

* 2. 2Pd 1,2 | 3. 1Tm 1,18; 2Pd 1,5; 2,1.21; Gl 2,4; | 5. Êx 12,52; 2Pd 1,12; 2,4s; Nm 14,35; 1Cor 10,5 | 7. Gn 19,4-25; 2Pd 2,6 | 8. 2Pd 2,10 | 9. Zc 3,2; 2Pd 2,11 | 10. 2Pd 2,12.15; Gn 4,8; Nm 31,36

† 6. O autor interpreta Gn 6,1s, que fala do casamento entre "filhos de Deus" e "filhas dos homens", como se fosse casamento de anjos com seres humanos. | 7. Lit. "cobiçaram uma carne diferente". Conforme Gn 19,1-25, os depravados habitantes de Sodoma quiseram abusar dos anjos, pensando que fossem seres humanos. | 9. O livro apócrifo Assunção de Moisés narra que Miguel, depois da morte de Moisés, teve uma altercação com o Diabo, porque este reclamava o corpo do profeta. O autor argumenta: Se nem o anjo protetor do antigo Israel acusou o diabo, mas deixou a Deus o direito de julgar, muito menos deveriam os homens blasfemar contra os anjos que desconhecem. | 11. Ver a nota em 2Pd 2,15. | 12. Ver a nota em 1Cor 11,21.

fruto, duas vezes mortas, arrancadas
pela raiz, [13]ondas bravias do mar,* es-
pumando sua própria vergonha, astros
errantes aos quais estão reservadas as
trevas espessas para sempre.
[14]É também para eles que profetizou
nestes termos Henoc,* o sétimo pa-
triarca depois de Adão: "O Senhor veio
com seus milhares de santos, [15]a fim
de exercer o juízo contra todos e pedir
contas a todos os ímpios de todas as
obras de impiedade que cometeram e
de todas as palavras duras que os pe-
cadores ímpios proferiram contra ele"†.
[16]São eles que reclamam, que se quei-
xam, procedem segundo suas paixões;*
sua boca profere palavras arrogantes,
adulam os outros por interesse.

Exortação aos fiéis. [17]Quanto a vós,
caríssimos, recordai-vos* do que foi
predito pelos apóstolos de nosso Se-
nhor Jesus Cristo. [18]Eles vos diziam:
"No fim do mundo haverá imposto-
res que se comportarão segundo suas
paixões malvadas"†. [19]Tais são os que
criam divisões, vivem como animais,
não tendo o Espírito.*
[20]Mas vós, caríssimos, construí vos-
so edifício espiritual* sobre vossa fé
santíssima, orando no Espírito Santo;
[21]conservai-vos no amor de Deus, pon-
do vossa esperança na misericórdia de
nosso Senhor Jesus Cristo, para a vida
eterna. [22]Procurai convencer os que
vacilam, [23]salvai os outros, arrancando-
-os do fogo,* e tende compaixão dos
demais com temor, detestando até a
túnica contaminada pela carne deles.

Louvor a Deus. [24]Àquele que pode
conservar-vos sem pecado* e apresen-
tar-vos diante de sua glória imaculados
e cheios de alegria, [25]ao único Deus,
nosso Salvador, por meio de Jesus Cris-
to, nosso Senhor, glória, majestade, for-
ça e poder antes de todos os séculos,
agora e por todos os séculos! Amém.

---

* 13. Is 57,20 | 14. Gn 5,21; Dt 33,2; Zc 14,5; Mt 25,31 | 16. 2Pd 2,10.18 | 17. 2Pd 3,2s; 1Tm 4,1 | 19. 1Cor 2,14 | 20. Cl 2,7; 1Ts 5,11 | 23. Am 4,11; Zc 3,2 | 24. Rm 16,25s; 1Ts 5,23; Fl 1,10; 2Pd 3,14.18; 1Tm 1,17

† 15. Citação do Livro de Henoc 1,9, apócrifo. | 18. Esta frase, como tal, não consta no NT, mas tem semelhantes, como 1Tm 4,1.

APOCALIPSE

Apocalipse quer dizer "revelação", mas uma revelação de tipo confidencial, porque dirigida a iniciados, pretendendo revelar-lhes o sentido oculto dos acontecimentos, segredo que só o céu conhece.

O gênero apocalíptico é uma espécie de profecia muito comum na Bíblia, desde Ezequiel, Zacarias e Daniel. Também no Novo Testamento existem trechos de caráter apocalíptico, como o discurso escatológico de Mt 24 e a descrição do retorno de Cristo em 1Ts 4,13-18.

Nos apocalipses, a revelação de Deus é transmitida a um mensageiro seu, na forma de visões fantásticas, para ele as comunicar ao povo. Nessas visões tudo ou quase tudo tem valor simbólico: animais, partes do corpo, números, cores, objetos. Geralmente o autor vive num tempo de perseguição, de crise de fé, de apostasia, e a situação histórica contemporânea é descrita de maneira velada, de modo que às vezes só os leitores imediatos a entendem. O objetivo dos apocalipses é sustentar a esperança dos perseguidos, reanimar a coragem dos que se sentem desanimados, anunciando o triunfo final de Deus, não obstante as vitórias aparentes dos maus, pois Deus é o Senhor da história – esta é a grande certeza de todo apocalipse – e não permitirá que os seus sejam derrotados. Pois o "Dia de Javé" chegará; antes daquele dia, as forças do mal vão desencadear violenta batalha contra o Povo de Deus (Mt 24,9-12), mas este virá libertar os seus, destruindo os inimigos.

Além dos trechos bíblicos de cunho apocalíptico, são conhecidos vários apocalipses apócrifos, isto é, não inspirados, e portanto não aceitos na Bíblia. Assim, o Apocalipse de João não é um documento isolado. Para compreendê-lo melhor, será útil conhecer outros livros e secções de livros que têm o mesmo caráter, pois ele se serviu de muito material preexistente. Com efeito, mesmo sem o citar expressamente, o autor lança mão de muitas imagens e expressões, sobretudo do Êxodo, protótipo das grandes libertações do Povo de Deus, mas também de Daniel, Ezequiel e Zacarias.

Nosso livro tem como autor João (1,1.4.9), identificado tradicionalmente com o apóstolo e evangelista João. Mas ainda hoje persistem dúvidas sobre esta atribuição, por causa das diferenças de linguagem e de teologia entre esta obra e o quarto Evangelho. Note-se também que em nenhum lugar o autor diz que teve contato pessoal com o Jesus histórico, ou que pertence ao grupo de seus apóstolos. Por isso, alguns exegetas afirmam que o Apocalipse não seria diretamente obra do apóstolo João, mas de pessoas de sua escola; outros acham que a obra, tal como a possuímos, foi composta em várias etapas, entre os anos de 64 e 96.

Naqueles anos, uma série de calamidades abalou a frágil paz do Império Romano: o incêndio de Roma no tempo de Nero, a revolta dos judeus e a destruição de Jerusalém por Tito, a erupção do vulcão Vesúvio, que destruiu Pompeia e outras cidades, tudo isto no espaço de poucos anos! Quanto à Igreja, o Império Romano voltava-se com toda a sua força contra os indefesos cristãos, decretando sangrenta perseguição contra aqueles "rebeldes" que se recusavam a adorar o Imperador (13,12-18; 14,9-13), considerado Senhor e Deus. Teria o cristianismo chances de sobreviver? É verdade que existia a promessa de Cristo: "Tende confiança: eu venci o mundo!" (Jo 16,33), mas, segundo todas as aparências, ela não estava se cumprindo. Diante desse pessimismo, o autor mostra que a situação da Igreja, às voltas com o Império perseguidor, é a continuação da Paixão de Cristo, prelúdio necessário da Ressurreição gloriosa. Ela conduz seguramente ao triunfo escatológico, situado para além do tempo.

Seria esforço inútil querer encontrar no Apocalipse um calendário do futuro, com predições sobre as várias fases da história. O livro só fala de uma determinada época, a do autor, mas esta é tomada como modelo de todas as outras. Assim se patenteia qual é a caminhada da Igreja, entre provações e lutas, mas aguardando a glória da nova Jerusalém (21,1-4), o cumprimento da Aliança, a vinda de Cristo. Esta é a certeza de quem crê: a história humana tem um sentido. O Apocalipse é o livro por excelência da esperança cristã.

Tem sido proposta para este livro uma divisão em três partes:

1. A Igreja encarnada (1–3): as cartas às sete Igrejas são um exame de consciência desta Igreja.

2. A Igreja engajada (4–20): sua relação com Israel (4–11) e sua luta contra os poderes totalitários (12–20)

3. A Igreja transfigurada (21–22): a Igreja, noiva de Deus, ornada com suas maravilhas. É o final feliz desta história de amor.

Uma outra divisão possível é a divisão em sete grupos setenários:

Prólogo (1,1-8)
1. Sete cartas (1,9–3,22)
2. Sete selos (4,1–7,17)
3. Sete trombetas (8,1–11,14)
4. Sete sinais (11,15–14,20)
5. Sete taças de cólera (15,1–16,16)
6. Sete vozes do céu (16,17–19,5)
7. Sete visões (19,6–22,5)
Epílogo (22,6-21)

O livro se apresenta como se fosse uma carta: traz no início o endereço (1,4) e no fim uma saudação (22,21). É dirigido "às sete igrejas da Ásia" (1,4). Sendo sete o número universal que evoca plenitude, pode-se pensar que o autor queria dirigir-se a todas as igrejas cristãs do mundo.

Ele começa dizendo de quem recebeu as revelações e o que elas manifestam (1,1s). Vem depois uma primeira seção, de caráter profético, que consiste em sete cartas, enviadas às Igrejas da Ásia Menor (1,9–3,22). Em cada uma das cartas é dada uma apreciação sobre a situação espiritual da comunidade, faz-se um apelo à conversão, às vezes acompanhado da ameaça de um castigo e por fim é feita uma confortadora promessa. A segunda seção (4,1–22,5), propriamente apocalíptica, abre-se com a visão da liturgia celeste (cap. 4), durante a qual Deus entrega ao Cordeiro o livro que contém o plano divino a ser executado (cap. 5); é anunciada uma invasão de bárbaros trazendo os males da guerra, da fome e da peste (cap. 6). O cap. 7 é uma espécie de interlúdio, mostrando como os eleitos de Deus são preservados dos castigos. Em vez de destruir imediatamente os rebeldes, Deus lhes envia uma série de pragas como advertência, como aconteceu no tempo do êxodo (8–9). Não surtindo efeito esses avisos, Deus procede à eliminação dos ímpios (cap. 17), o que provoca lamentações sobre a ruína dos maus (cap. 18) e cânticos de triunfo no céu (19,1-10). Finalmente, têm lugar a ressurreição dos mortos, o julgamento (20,11-15) e o estabelecimento do Reino definitivo de Deus (21,1-8).

PRÓLOGO
(1,1-8)

1 **Introdução.** 1Revelação de Jesus
Cristo,* que Deus lhe deu para
comunicar a seus servos o que deve
acontecer em breve†, e que manifestou
enviando seu anjo a seu servo João, 2o
qual atestou como palavra de Deus e
testemunho de Jesus Cristo tudo o que
viu. 3Feliz quem lê e felizes os que ouvem estas palavras proféticas†, se puserem em prática as coisas aí escritas,*
pois o tempo está próximo!
Saudação. 4João, às sete Igrejas da
Ásia†: graça e paz* vos sejam dadas por
"Aquele que é, que era e que vem"†,
pelos sete espíritos presentes diante
de seu trono†, 5e por Jesus Cristo, a
testemunha fiel, o primogênito dentre
os mortos e soberano dos reis da terra.
Àquele que nos ama, que nos libertou

---

* **1**,1. 22,6; Dn 2,28s | 3. 22,7 | 4. Êx 3,14; Cl 1,18; Is 55,4; Sl 89,28.38

† **1**,1. "Em breve", 22,6, não no sentido de proximidade temporal, mas por causa da certeza da fé e porque se trata de fatos inevitáveis. | 3. O Apocalipse tem 7 bem-aventuranças; esta é a 1ª, e as outras são 14,13; 16,15; 19,9; 20,6; 22,7.14. | 4. As 7 Igrejas, v. 11, ficavam numa mesma região da Ásia Menor, cuja capital era Éfeso. / O nome de Deus revelado a Moisés é "Ele é", Êx 3,14; aqui o nome divino inclui explicitamente o passado e o futuro. / O autor inspira-se em Is 11,2s e imagina 7 espíritos diante do trono de Deus; com o número 7 descreve a plenitude dos dons do Espírito.

de nossos pecados por seu sangue [6]e
fez de nós um reino de sacerdotes*
para seu Deus e Pai, a ele glória e poder
pelos séculos dos séculos! Amém. [7]Eis
que ele vem com as nuvens, e todos
os olhos o verão, até mesmo os que
o transpassaram, e por causa dele hão
de lamentar-se todas as tribos da terra.
Sim! Amém!

[8]Eu sou o A e o Z†, diz o Senhor Deus,
"Aquele que é, que era e que vem", o
Todo-poderoso.

I. AS SETE CARTAS (1,9–3,22)

Visão do Filho do Homem. [9]Eu João,
vosso irmão e companheiro na prova-
ção, no reino e na constância, em Jesus,
achava-me na ilha de Patmos, por cau-
sa da palavra de Deus e do testemunho
de Jesus. [10]No dia do Senhor† fui arre-
batado em êxtase* e ouvi atrás de mim
uma voz vibrante como de trombeta,
que dizia: [11]"O que vês, escreve-o num
livro e manda-o às sete Igrejas: Éfeso,
Esmirna, Pérgamo, Tiatira, Sardes, Fila-
délfia e Laodiceia".

[12]Virei-me para ver aquele* que fa-
lava comigo; e, ao virar-me, vi sete
candelabros de ouro, e [13]no meio dos
candelabros estava alguém como um
Filho de homem, vestido com uma lon-
ga túnica, cingida à altura do peito com
um cinto de ouro. [14]Os cabelos de sua
cabeça eram brancos* como lã branca,
como neve; seus olhos, como chama
ardente; [15]seus pés, semelhantes ao
bronze purificado na fornalha;* sua
voz, como o ruído de grandes águas†.
[16]Na mão direita tinha sete estrelas, e
de sua boca saía uma espada afiada,
de dois gumes; sua face era como o sol
brilhando em todo o seu esplendor.
[17]Ao vê-lo, caí a seus pés como mor-
to; mas ele pôs sobre mim a mão direi-
ta, dizendo: "Não tenhas medo; eu sou
o Primeiro* e o Último, [18]e o que vive;
estive morto, mas agora vivo pelos sé-
culos dos séculos e tenho as chaves da
morte e da mansão dos mortos. [19]Es-
creve, pois, as coisas que viste,* as que
estão acontecendo e as que vão acon-
tecer depois". [20]Quanto ao mistério das
sete estrelas, que viste em minha mão
direita, e dos sete candelabros de ouro:
as sete estrelas são os anjos† das sete
Igrejas, e os sete candelabros são as
sete Igrejas.

2 **Carta à Igreja de Éfeso.** [1]Ao anjo
da Igreja que está em Éfeso, escre-
ve: Assim fala aquele que tem as sete
estrelas em sua mão direita e que ca-
minha no meio dos sete candelabros
de ouro: [2]Conheço teu comportamento,
teus trabalhos e tua constância; sei que
não podes suportar os maus: puseste à
prova* os que se diziam apóstolos e não
o são, e descobriste que são mentiro-
sos. [3]És perseverante e sofreste por meu
nome sem te cansares. [4]Mas tenho con-
tra ti que perdeste teu amor de antiga-
mente. [5]Lembra-te, pois, de onde caíste,
arrepende-te e retoma tua conduta de
antigamente. Do contrário, irei a ti para
tirar teu candelabro do lugar, se não te
arrependeres. [6]No entanto, tens uma
boa qualidade: detestas o procedimen-
to dos nicolaítas†, como eu também o
detesto. [7]Quem tem ouvidos, ouça o
que o Espírito diz às Igrejas.* Ao ven-
cedor darei a comer da árvore da vida,
colocada no paraíso de Deus.
Carta à Igreja de Esmirna. [8]Ao anjo da
Igreja que está em Esmirna,* escreve:

---

* **1**,6. 5,10; Êx 19.6; Is 41,4; 61,6; 1Pd 2,5.9; Jo 19,37; Dn 7,13; Zc 12,10s | 10. Ez 3,12 | 12. Dn 7,13; 10,5s | 14. Dn 7,9; 10,6 | 15. Ez 1,24; 43,2; Is 49,2 | 17. Is 44,6; Dn 10,10ss | 19. Dn 2,28 | **2**,2. 1Jo 4,1 | 7. Gn 2,9; Ez 31,8s | 8. 1,17; 22,13; Is 44,6

† **1**,8. Sendo o princípio e fim de tudo, Is 44,6, Deus é representado pela primeira e a última letra do alfabeto. | 10. "O dia do Senhor, o dia da ressurreição, o dia dos cristãos, é o nosso dia. É por isso que ele se chama domingo: pois foi nesse dia que o Senhor subiu vitorioso para junto do Pai" (S. Jerônimo). Este é o único lugar do NT que usa a expressão "dia do Senhor". | **1**,15. A túnica longa é uma veste sacerdotal, o cinto de ouro é próprio dos reis, os cabelos brancos simbolizam a eternidade; os olhos de chama ardente indicam a onisciência e os pés de bronze, a imutabilidade. | 20. O "anjo da Igreja" é uma personificação da própria Igreja. | **2**,6. O nome desta seita só aparece aqui e em 2,15. Parece um movimento que praticava a idolatria.

Assim fala o Primeiro e o Último, aquele
que morreu e voltou à vida: 9Conheço
tuas provações e tua pobreza – no en-
tanto, és rico – e as calúnias daqueles
que se dizem judeus e não o são: são,
antes, uma sinagoga de Satanás. 10Não
receies os sofrimentos que te espe-
ram:* o diabo vai lançar alguns de vós
na prisão para tentar-vos, e tereis dez
dias de provação†. Sê fiel até a morte,*
e eu te darei a coroa da vida. 11Quem
tem ouvidos, ouça o que o Espírito diz
às Igrejas. O vencedor nada tem a te-
mer da parte da segunda morte.
Carta à Igreja de Pérgamo. 12Ao anjo
da Igreja que está em Pérgamo,* escre-
ve: Assim fala aquele que possui a es-
pada afiada, de dois gumes: 13Sei onde
moras: é onde está o trono de Satanás†.
Mas tu seguras firme meu nome e não
negaste minha fé, mesmo nos dias de
Antipas†, minha testemunha fiel, que
foi morto entre vós, aí onde mora Sa-
tanás. 14Mas tenho contra ti* alguma
censura: tens aí pessoas que seguem a
doutrina de Balaão, que incitava Balac a
armar um laço para os filhos de Israel,
para que comessem das carnes imo-
ladas aos ídolos e se prostituíssem†.
15Tens também, entre os teus, gente
que segue a doutrina dos nicolaítas.
16Arrepende-te, pois, senão virei a ti
em breve, para combater tais pessoas
com a espada de minha boca. 17Quem
tem ouvidos, ouça o que o Espírito diz
às Igrejas. Ao vencedor darei o maná
escondido* e uma pedrinha branca†,
na qual está gravado um nome novo,
que ninguém conhece, exceto quem a
recebe.
Carta à Igreja de Tiatira. 18Ao Anjo
da Igreja que está em Tiatira,* escreve:
Assim fala o Filho de Deus, aquele que
tem os olhos como chama ardente e
pés semelhantes ao bronze precioso.
19Conheço tua conduta: teu amor, tua
fé, tua dedicação, tua perseverança;
tuas últimas obras são mais numerosas
que as primeiras. 20Mas tenho contra
ti,* que estás tolerando Jezabel†, essa
mulher que se diz profetisa e ensina
e seduz meus servos, levando-os a se
prostituir e a comer das carnes imola-
das aos ídolos. 21Dei-lhe tempo para se
converter, mas ela recusa arrepender-
-se de suas prostituições. 22Por isso
vou lançá-la num leito de dores, e seus
companheiros de prostituição, numa
grande tribulação, se não se arrepen-
derem de seus atos. 23Farei morrer
seus filhos,* e assim todas as Igrejas
saberão que sou aquele que sondo os
pensamentos e os afetos†; e retribuirei
a cada um de vós segundo suas obras.
24Quanto a vós, os outros de Tiatira
que não seguis essa doutrina, vós que
não conhecestes "as profundezas de
Satanás" – como eles dizem – não vos
imporei outro fardo; 25mas guardai o
que já tendes até que eu volte.

26Ao vencedor, que perseverar* até
o fim em minhas obras, darei autori-
dade sobre as nações: 27com um cetro
de ferro ele as governará, e como va-
sos de argila serão quebradas, 28assim
como também eu recebi de meu Pai
este poder. E lhe darei a estrela da ma-
nhã. 29Quem tem ouvidos, ouça o que
o Espírito diz às Igrejas.

3 **Carta à Igreja de Sardes.** 1Ao
anjo da Igreja que está em Sardes,
escreve: Assim fala aquele que possui
os sete espíritos de Deus e as sete es-
trelas. Conheço teu comportamento; tu
passas por vivo, mas estás morto. 2Des-
perta, reanima o que te resta de vida e
que está para morrer, porque não achei
perfeitas tuas obras diante de meu
Deus. 3Lembra-te de como acolheste

* **1**,10. Mt 10,28 / Dn 1,12.14 | 12. 1,16; Is 49,2; Hb 4,12 | 14. Nm 25,1s; 31,16 | 17. Sl 78.24; Is 62,2; 65,15 | 18. Dn 10,6 | 20. 1Rs 16,31; Nm 25,1s | 23. Sl 7,10; Jr 11,20; 17,10 | 26. Sl 2,8s | **3**,3. Mt 24,43s; 1Ts 5,2

† **2**,10. Isto é, uma provação passageira. | 13. Pérgamo era o centro principal do culto ao imperador divinizado. / O contexto leva a crer que Antipas foi um mártir, preso e julgado pelo governador romano. | 14. Dentro do simbolismo da aliança como matrimônio entre Deus e o povo, o termo "prostituição" no Apocalipse significa sempre "idolatria", exceto em 9,21. | 17. A pedrinha branca é como se fosse o ingresso para o Reino. | 20. Nome simbólico, 1Rs 16,31ss, para alguma autoridade que difundia a idolatria. | 23. Lit. os rins e os corações.

a Palavra;* guarda-a e arrepende-te. Pois se não ficares vigilante, virei como um ladrão, sem que saibas a que hora vou surpreender-te. 4Em Sardes, contudo, alguns dos teus não mancharam suas vestes; eles me acompanharão, vestidos de branco, pois são dignos. 5O vencedor será revestido* de vestes brancas†; não vou apagar seu nome do livro da vida†, mas darei testemunho dele diante de meu Pai e diante de seus anjos. 6Quem tem ouvidos, ouça o que o Espírito diz às Igrejas.

Carta à Igreja de Filadélfia. 7Ao anjo da Igreja que está em Filadélfia,* escreve: Assim fala o Santo, o Verdadeiro, aquele que possui a chave de Davi: se ele abrir, ninguém fechará e, se ele fechar, ninguém abrirá†.

8Conheço teu comportamento: eu abri diante de ti uma porta que ninguém pode fechar. Embora dispondo de pouca força, guardaste minha palavra e não renegaste* meu nome. 9Vou obrigar aqueles da sinagoga de Satanás – eles se dizem judeus, mas não o são, são mentirosos – vou obrigá-los a vir prostrar-se diante de teus pés* e reconhecer que eu te amei. 10Já que guardaste minha palavra de paciência, eu também te guardarei da hora da provação que cairá sobre todo o mundo, para provar os habitantes da terra†. 11Hei de vir em breve: segura firme o que tens, para que ninguém tome tua coroa. 12Do vencedor eu farei uma coluna* no templo de meu Deus; jamais ele sairá de lá, e gravarei sobre ele o nome de meu Deus e o nome da cidade de meu Deus, a nova Jerusalém que desce do céu, de junto de meu Deus, junto com meu nome novo.

13Quem tem ouvidos, ouça o que o Espírito diz às Igrejas.

Carta à Igreja de Laodiceia. 14Ao anjo da Igreja que está em Laodiceia,* escreve: Assim fala o Amém, a testemunha fiel e verdadeira, o princípio da criação de Deus. 15Conheço teu comportamento: tu não és frio nem quente; quem dera que fosses frio ou quente! 16Assim, porque és morno, nem frio e nem quente, estou para vomitar-te de minha boca. 17Tu pensas que és rico,* que te enriqueceste e não precisas de nada; então não vês que és infeliz, miserável, pobre, cego e nu? 18Eu te aconselho a comprar de mim ouro purificado no fogo para te enriqueceres, roupas brancas para vestires e esconderes a vergonha de tua nudez e também um colírio para ungires os olhos e recuperares a vista. 19Eu repreendo e corrijo* os que amo. Recobra, pois, o ardor e arrepende-te! 20Eis que estou à porta e bato†; se alguém ouve minha voz e abre a porta,* entrarei em sua casa e cearei com ele, e ele comigo. 21Ao vencedor, eu o farei sentar-se comigo em meu trono, como eu mesmo venci e sentei-me com meu Pai em seu trono. 22Quem tem ouvidos, ouça o que o Espírito diz às Igrejas.

II. OS SETE SELOS (4,1–7,17)

4 **Visão do trono de Deus e do culto celeste.** 1Depois disso tive uma visão: havia no céu* uma porta aberta, e a voz que antes eu tinha ouvido falar-me como trombeta disse-me: "Sobe aqui, que vou mostrar-te as coisas que devem acontecer depois". 2Na mesma hora fui arrebatado em êxtase: havia um trono colocado no céu e alguém sentado no trono. 3Aquele que estava sentado* era semelhante no aspecto ao

---

* **3**,5. Mt 10,32 | 7. Is 22,22 | 8. Is 60,14; 45,14 | 9. Is 43,4 | 12. 21,2; Is 62,2; Ez 48,35 | 14. Is 65,16; Pr 8,22; Sb 9,1s | 17. Os 12,9; 1Cor 4,8 | 19. Pr 3,12; Hb 12,6 | 20. Ct 5,2; Lc 22,29s; Jo 14,23; Mt 19,28; Pr 16,33 **4**,1. Dn 2,29.45; 7,6; Êx 19,20; Ez 1,26; 10,1; Is 6,1 | 3. Ez 1,26ss

† **3**,5. A veste branca, que o cristão recebe no Batismo, simboliza pureza, vitória, alegria, glória para os eleitos. / O livro da vida contém os nomes dos que participam dos bens messiânicos, 20,12. | 7. Símbolo dos plenos poderes que Cristo recebeu; sua sentença é irrevogável. | 10. Os habitantes da terra são as nações idólatras hostis ao Reino de Deus, 6,10; 8,13; 11,10, etc. | 20. Sua vinda é iminente; ele convida a uma amizade íntima, da qual a Eucaristia é a inauguração. "Não tenhais medo! Abri as portas ao Redentor!" (João Paulo II).

jaspe e à cornalina; havia um arco-íris ao
redor do trono semelhante à esmeralda.
4Ao redor do trono havia vinte e quatro
tronos,* sobre os quais estavam senta-
dos vinte e quatro anciãos†, vestidos de
branco, com coroas de ouro na cabeça.
5Do trono saíam relâmpagos, vozes e
trovões,* e diante dele brilhavam sete
lâmpadas, que são os sete espíritos de
Deus. 6Diante do trono havia uma es-
pécie de mar límpido, tão transparente
como o cristal. No meio do trono e a
seu redor estavam quatro seres vivos†,
cheios de olhos na frente e atrás. 7O
primeiro ser vivo* era como um leão; o
segundo ser vivo era como um touro; o
terceiro ser vivo tinha um rosto como o
de homem; o quarto ser vivo era como
uma águia em pleno voo. 8Os quatro se-
res vivos, cada qual com seis asas, eram
cheios de olhos ao redor e por dentro.
E não cessavam de repetir dia e noite:*

"Santo, Santo, Santo, Senhor,
Deus, soberano do universo,
aquele que era, que é e que vem".

9E cada vez que aqueles seres vivos*
rendiam glória, honra e ação de graças
àquele que estava sentado no trono e
que vive pelos séculos dos séculos, 10os
vinte e quatro anciãos se prostravam
diante daquele que estava sentado
no trono, para adorar aquele que vive
pelos séculos dos séculos e lançavam
suas coroas diante do trono, dizendo:

11"Vós sois digno, ó Senhor e nosso Deus,
de receber a glória, a honra e o poder,
porque criastes todas as coisas,
e por vossa vontade foram criadas e subsistem".

5 **O livro selado e o Cordeiro.** 1Na
mão direita daquele que estava
sentado* no trono eu vi um livro, es-
crito de ambos os lados e selado com
sete selos†. 2E vi um anjo forte, procla-
mando em alta voz: "Quem é digno de
abrir o livro e de romper seus selos?"
3Mas ninguém era capaz, nem no céu,
nem na terra, nem debaixo da terra, de
abrir o livro ou de olhar para ele. 4Eu
chorava muito, porque ninguém fora
achado digno de abrir o livro ou de
olhar para ele. 5Então um dos anciãos*
me disse: "Não chores; o leão da tribo
de Judá, a raiz de Davi, alcançou a vitó-
ria, para abrir o livro e seus sete selos".
6Então eu vi, de pé, entre o trono e os
quatro seres vivos* e no meio dos an-
ciãos, um Cordeiro como que imolado.
Tinha sete chifres e sete olhos†, que são
os sete espíritos de Deus enviados por
toda a terra. 7Ele veio então receber o
livro da mão direita daquele que estava
sentado no trono. 8E, quando o rece-
beu, os quatro seres vivos e os vinte e
quatro anciãos prostraram-se diante
do Cordeiro, tendo cada um uma harpa
e taças de ouro cheias de perfume, que
são as orações dos santos. 9Eles canta-
vam um cântico novo, dizendo:

"Vós sois digno de receber o livro
e de abrir seus selos,
pois fostes imolado
e resgatastes para Deus, com vosso sangue,
homens de toda raça, língua, povo e nação;
10e fizestes deles, para nosso Deus,*
um reino de sacerdotes que reinem sobre a terra".

11E em minha visão ouvi também a
voz* de uma multidão de anjos que ro-
deavam o trono, os seres vivos e os an-
ciãos. Eram miríades de miríades e mi-
lhares de milhares. 12Eles clamavam em
alta voz: "O Cordeiro que foi imolado é
digno de receber o poder,* a riqueza,
a sabedoria, a força, a honra, a glória e
o louvor!"†

---

* **4**,4. Is 24,23 | 5. Êx 19,16 | 7. Ez 1,5.13.18 | 8. Is 6,2s | 9. Dn 4,31 | **5**,1. Is 29,11; Ez 2,9s; Dn 8,26 | 5. Gn 49,9s; Is 11,1.10 | 6. Is 53,7; Zc 4,10 | 10. 1,6; Êx 19,6; Is 61,6 | 11. Dn 7,10 | 12. Fl 2,7ss

† **4**,4. São os 12 patriarcas do AT e os 12 apóstolos do NT. Doze é o número do povo eleito. | 6. Os quatro seres vivos representam as perfeições da criação. | **5**,1. O livro que contém os decretos divinos sobre a história humana está selado, isto é, ninguém conhece seu segredo, a não ser o Cordeiro, o Mediador da revelação. | 6. Este Cordeiro representa o Cristo ressuscitado; traz os sinais de seu sacrifício, mas está de pé, vivo. Chifres, olhos, espíritos representam a onipotência, a onisciência e a plenitude do Espírito que ele possui. | 12. Cristo, vitorioso dos poderes humanos hostis a ele, estabelece seu Reino eterno.

13Ouvi então que todas as criaturas
no céu, na terra e debaixo da terra e no
mar, e tudo quanto neles existe pro-
clamavam: "Àquele que está sentado
no trono e ao Cordeiro, louvor, honra,
glória e poder pelos séculos dos sécu-
los!"
14E os quatro seres vivos diziam:
"Amém!" E os anciãos se prostraram
em adoração.

6 **O cordeiro abre os quatro pri-
meiros selos: os quatro cavalei-
ros.** 1Eu vi quando o Cordeiro abriu* o
primeiro dos sete selos; ouvi o primeiro
dos quatro seres vivos gritar com voz
semelhante a um trovão: "Vem!"
2E vi um cavalo branco. Quem o
montava tinha um arco; foi-lhe dada
uma coroa e ele partiu como vencedor,
e para vencer ainda.
3Quando ele abriu o segundo selo,
ouvi o segundo ser vivo dizer: "Vem!"
4Saiu então um outro cavalo, vermelho.
A quem o montava foi dado o poder
de banir da terra a paz, para que os ho-
mens se matassem entre si,* e foi-lhe
dada uma grande espada.
5Quando ele abriu o terceiro selo,
ouvi o terceiro ser vivo gritar: "Vem!" E
vi um cavalo preto. E quem o montava
tinha na mão uma balança. 6Ouvi então
uma voz, vinda do meio dos quatro se-
res vivos, que dizia: "Um litro de trigo
por um denário e três litros de ceva-
da por um denário!† Não causes dano
nem ao vinho, nem ao azeite!"
7Quando ele abriu o quarto selo, ouvi
o grito do quarto ser vivo, que dizia:
"Vem!" 8E vi um cavalo esverdeado†. E
quem o montava chamava-se a Morte;
e a morada dos mortos a acompanha-
va. E foi-lhe dado poder sobre a quar-
ta parte da terra, para exterminar pela
espada, pela fome, pela peste e pelas
feras da terra.*

**O quinto selo. A oração dos márti-
res.** 9Quando abriu o quinto selo, vi
debaixo do altar as almas daqueles que
foram imolados por causa da palavra
de Deus e do testemunho que tinham
dado. 10Eles clamaram em alta voz: "Até
quando, Senhor santo e verdadeiro,*
tardareis a fazer justiça e a vingar nosso
sangue contra os habitantes da terra?"
11Então foi dada a cada um deles
uma veste branca† e foi-lhes dito tam-
bém que tivessem ainda um pouco
de paciência, até que se completasse
o número de seus companheiros no
serviço e de seus irmãos que iriam ser
mortos como eles.

O sexto selo. 12Vi quando abriu o sex-
to selo:* houve um violento terremo-
to, e o sol se tornou preto como um
saco de crina e a lua se tornou toda
ela como sangue; 13as estrelas do céu*
caíram sobre a terra como os figos
ainda verdes que a figueira deixa cair
quando agitada pela tempestade; 14o
céu se retirou como um volume que
é enrolado, e todos os montes e ilhas
se deslocaram de seus lugares. 15En-
tão os reis da terra,* os nobres, os
comandantes, os ricos, os poderosos,
todos enfim, escravos ou livres, foram
esconder-se nas cavernas e entre os
rochedos das montanhas, 16dizendo às
montanhas e aos rochedos: "Caí sobre
nós* e escondei-nos da face daquele
que está sentado no trono e da cólera
do Cordeiro. 17Porque chegou o gran-
de dia de sua cólera, e quem poderá
ficar de pé?"

7 **A multidão dos eleitos.** 1Depois
disso vi quatro anjos,* de pé nos
quatro cantos da terra, segurando os
quatro ventos da terra, para que não
soprasse nenhum vento sobre a terra,
nem sobre o mar, nem sobre árvore al-
guma. 2Depois, vi outro anjo que subia

* **6**,1. Zc 1,8; 6,1ss; Jr 15,2ss; Ez 5,17; 14,13-21 | 4. Êx 21,14ss | 8. Jr 15,3 | 10. Zc 1,12 | 12. Is 13,10; Ez 32,7; Lc 21,25 | 13. Is 34,4; Mt 24,29 | 15. Is 2,10.19 | 16. Os 10,8; Lc 23,30; Is 2,10 | **7**,1. Dn 7,2; Zc 6,5; Ez 7,2; Jr 49,36; Jl 2,11; Na 1,6

† **6**,6. Esses preços exorbitantes dos gêneros de primeira necessidade indicam uma situação de fome e de miséria. | 8. As cores dos cavalos têm cada qual seu sentido: o branco indica vitória, o vermelho a guerra, o preto a fome, e o esverdeado a morte. | 11. Símbolo de alegria e de triunfo.

do Oriente, trazendo o selo do Deus
vivo; com voz bem forte, gritou para
os quatro anjos que tinham recebido o
poder de causar danos à terra e ao mar:
3“Não causeis danos à terra, nem ao
mar, nem às árvores, até que marque-
mos com o selo a fronte* dos servos
de nosso Deus!” 4E eu ouvi o número
dos que foram marcados: eram cento
e quarenta e quatro mil†, de todas as
tribos dos israelitas. 5Da tribo de Judá,
doze mil; da tribo de Rúben, doze mil;
da tribo de Gad, doze mil; 6da tribo de
Aser, doze mil; da tribo de Neftali, doze
mil; da tribo de Manassés, doze mil; 7da
tribo de Simeão, doze mil; da tribo de
Levi, doze mil; da tribo de Issacar, doze
mil; 8da tribo de Zabulon, doze mil; da
tribo de José, doze mil; da tribo de Ben-
jamim, doze mil.

O triunfo dos eleitos no céu. 9Depois
disso vi uma grande multidão* que
ninguém podia contar, de toda nação,
tribo, povo e língua. Estavam de pé
diante do trono e diante do Cordeiro,
vestidos de branco e com palmas na
mão, 10e gritavam bem alto: “A salva-
ção pertence* a nosso Deus, que está
sentado no trono, e ao Cordeiro!”

11E todos os anjos reunidos ao redor
do trono e dos anciãos e dos quatro
seres vivos prostraram-se com a face
em terra diante do trono e adoraram a
Deus, 12dizendo: “Amém! A nosso Deus
pertencem o louvor, a glória, a sabedo-
ria, a ação de graças, a honra, o poder
e a força pelos séculos dos séculos!
Amém!”

13Um dos anciãos dirigiu-se a mim
perguntando-me: “Quem são e de
onde vieram estes que estão vestidos
de branco?” 14Eu lhe respondi: “Meu
Senhor,* tu o sabes!” Ele, então, me ex-
plicou: “Estes são os que vêm da gran-
de tribulação e lavaram suas vestes e as
tornaram brancas no sangue do Cor-
deiro. 15Por isso estão diante do trono
de Deus, servindo-o noite e dia em seu
templo; e aquele que está sentado no
trono estenderá sua tenda sobre eles.
16Não terão mais fome,* nem sede;
nem o sol os afligirá, nem ardor algum,
17pois o Cordeiro que está no meio do
trono será seu Pastor e os conduzirá às
fontes de água viva. E Deus enxugará
toda lágrima de seus olhos”.

III. AS SETE TROMBETAS (8,1–11,14)

8 **O sétimo selo.** 1Quando abriu o
sétimo selo, houve no céu um si-
lêncio de mais ou menos meia hora.

2E eu vi os sete anjos que estão
diante de Deus; foram-lhes dadas sete
trombetas. 3Um outro anjo veio colo-
car-se perto do altar,* com um turíbulo
de ouro. Deram-lhe muitos perfumes
para que os oferecesse, com as ora-
ções de todos os santos, sobre o altar
de ouro situado diante do trono. 4E da
mão do anjo a fumaça dos perfumes se
elevou diante de Deus* com as orações
dos santos. 5Depois o anjo tomou o tu-
ríbulo, encheu-o com o fogo do altar
e o atirou sobre a terra; houve então
trovões, clamores, relâmpagos e terre-
motos.

As seis primeiras trombetas. 6Os sete
anjos que tinham as sete trombetas
prepararam-se para tocá-las. 7O pri-
meiro tocou. Caiu então sobre a terra*
granizo e fogo misturados com san-
gue; uma terça parte da terra se quei-
mou, um terço das árvores se quei-
mou e toda erva verde se queimou.
8O segundo anjo tocou. E algo como
uma grande montanha* incandescente
foi lançada ao mar, e a terça parte do
mar se transformou em sangue; 9mor-
reu assim a terça parte das criaturas
animadas que vivem no mar, e a ter-
ça parte dos navios foi destruída. 10O
terceiro anjo tocou. Caiu então do céu*
uma grande estrela, ardente como uma
tocha, e se abateu sobre a terça parte

* **7**,3. Ez 9,4.6; Êx 12,7-14; Nm 1,20-43 | 9. 15,2-5; Gn 15,5 | 10. Sl 3,9 | 14. Dn 12,1; Mt 24,21 | 16. Is 49,10; 25,8; Ez 34,23; Sl 23,2 | **8**,3. Tb 12,15 | 4. Sl 141,2; Ez 8,1; 10,2; Lv 16,12 | 7. Êx 9,24; Jl 3,3 | 8. Êx 7,20s; Is 14,12 | 10. Dn 8,10

† **7**,4. O número dos marcados é simbólico: designa plenitude e perfeição.

dos rios e sobre as fontes; [11]o nome da
estrela é "Absinto"†; a terça parte das
águas* se converteu em absinto, e mui-
tas pessoas morreram por causa dessas
águas que se tornaram amargas. [12]O
quarto anjo tocou. Então foram atingi-
dos um terço do sol,* um terço da lua e
um terço das estrelas; a terça parte de-
les se obscureceu, e tanto o dia como
a noite perderam a terça parte de sua
claridade.
[13]Eu vi e ouvi uma águia que voava
no meio do céu e gritava em voz alta:
"Ai, ai, ai dos habitantes da terra, por
causa dos toques das últimas trombe-
tas que os três anjos vão tocar!"

9 **A quinta trombeta.** [1]O quinto
anjo tocou.* Então eu vi uma es-
trela que havia caído do céu sobre a
terra. Foi-lhe dada a chave do poço do
abismo. [2]Ela abriu o poço do abismo
e de lá subiu uma fumaça, como a de
uma imensa fornalha, de tal modo que
escureceu o sol e a atmosfera. [3]E da fu-
maça saíram gafanhotos† que se espa-
lharam* sobre a terra, e foi-lhes dado
um poder semelhante ao dos escor-
piões da terra. [4]Receberam ordem de
não causar dano à vegetação, nem às
plantas, nem às árvores, mas somente
aos homens que não tivessem na fron-
te o selo de Deus. [5]Foi-lhes concedida
a permissão não de matá-los, mas de
atormentá-los durante cinco meses.
A dor que provocam se parece com a
da picada de escorpião numa pessoa.
[6]Naqueles dias, os homens procurarão*
a morte, mas não a encontrarão; dese-
jarão morrer, mas a morte fugirá deles.
[7]O aspecto daqueles gafanhotos* era
semelhante ao de cavalos preparados
para a guerra; sobre a cabeça deles pa-
recia haver coroas de ouro, e seus ros-
tos eram como rostos humanos; [8]tinham
cabelos* como os cabelos de mulheres;
seus dentes eram como dentes de leões;
[9]tinham couraças como que de ferro, e o
ruído de suas asas era como o ruído de
carros com muitos cavalos* a correrem
para o combate. [10]Tinham caudas pare-
cidas com a dos escorpiões, com ferrões;
e em suas caudas se acha seu poder de
torturar os homens durante cinco meses.
[11]A sua frente, como rei, tinham o anjo
do abismo, cujo nome em hebraico é
Abaddon e em grego Apollyon†.
[12]O primeiro "ai" passou; depois dele
vêm ainda dois "ais".
A sexta trombeta. [13]O sexto anjo to-
cou.* Ouvi então uma voz que vinha
das quatro pontas do altar de ouro
colocado diante de Deus; [14]ela dizia ao
sexto anjo que trazia a trombeta: "Solta
os quatro anjos que estão presos junto
ao grande rio Eufrates". [15]Foram então
soltos os quatro anjos que estavam
prontos para a hora, o dia, o mês e o
ano, para matarem a terça parte dos
homens. [16]O exército deles era de du-
zentos milhões de cavaleiros: ouvi bem
seu número. [17]Assim me apareceram
na visão os cavalos e seus cavaleiros:
estes vestiam couraças de fogo, de ja-
cinto e de enxofre; a cabeça dos cava-
los era como as dos leões, e da boca
deles saía fogo, fumaça e enxofre. [18]En-
tão a terça parte dos homens foi morta
por estes três flagelos: o fogo, a fuma-
ça e o enxofre que saíam da boca dos
cavalos. [19]Pois o poder dos cavalos está
em sua boca e também em suas cau-
das; com efeito, estes possuem, como
as serpentes, cabeças de que se servem
para causar dano.
[20]E os outros homens* que escapa-
ram desses flagelos não se arrepen-
deram das obras de suas mãos: não
deixaram de adorar os demônios, esses
ídolos de ouro, de prata, de bronze, de
pedra e de madeira, que não podem
ver, nem ouvir, nem andar. [21]Tampou-
co se converteram de seus homicídios,
magias, impurezas e roubos.

---

* **8**,11. Jr 9,14 | 12. Êx 10,21; Is 13,10; Mt 24,29 | **9**,1. Lc 10,18; Gn 19,28 | 3. Êx 10,12ss; Sb 16,9 | 6. Jó 3,21; Lc 23,30 | 7. Sb 16,9 | 8. Jl 1,6 | 9. Jl 2,5 | 13. Êx 30,1ss | 20. Is 2,8; Dn 5,4; Br 6; Sl 115,4s

† **8**,11. "Absinto", a planta mais amarga de todas as conhecidas e tida como venenosa, evoca a extrema amargura do castigo divino. | **9**,3. Monstros que figuram os poderes infernais a serviço de seu rei, o anjo do abismo, v. 11. | 11. Esses termos significam destruição, ruína, destruidor.

10

O anjo e o livrinho. 1Eu vi depois um anjo forte descendo do céu, envolto numa nuvem; sobre sua cabeça estava um arco-íris; seu rosto era como o sol e suas pernas pareciam colunas de fogo. 2Tinha na mão um livrinho aberto. Pôs o pé direito sobre o mar, o esquerdo sobre a terra 3e deu um grito forte como o rugido do leão.* Quando gritou, os sete trovões fizeram ressoar suas vozes. 4E quando os sete trovões ressoaram, eu ia escrever, mas ouvi do céu uma voz me dizer: "Guarda em segredo as palavras dos sete trovões e não as escrevas". 5Então o anjo, que eu tinha visto de pé sobre o mar e sobre a terra,* ergueu a mão direita para o céu 6e jurou por aquele que vive pelos séculos dos séculos, que criou o céu e o que ele contém, a terra e o que nela existe, o mar e o que ele contém:* "Não há mais tempo! 7Mas nos dias em que se ouvir o sétimo anjo, quando começar a tocar a trombeta, então será consumado o mistério de Deus, segundo a boa nova que ele deu a seus servos, os profetas".

8Depois a voz do céu, que eu tinha ouvido, falou-me de novo e disse: "Vai, toma o livrinho aberto da mão do anjo que está de pé sobre o mar e sobre a terra". 9Fui, então, pedir ao anjo que me desse o livrinho; ele me disse:* "Toma-o e devora-o; ele vai te amargar o estômago, mas em tua boca será doce como o mel". 10Recebi o livrinho da mão do anjo e o devorei;* em minha boca era doce como o mel, mas quando acabei de devorá-lo, amargou meu estômago†. 11Então me foi dito: "É necessário* que profetizes de novo contra uma multidão de povos, de nações, de línguas e de reis".

11

As duas testemunhas. 1Depois foi-me dada uma cana,* semelhante a uma vara, e foi-me dito: "Levanta-te para medir† o templo de Deus, o altar e os adoradores que lá se encontram; 2quanto ao pátio externo do templo, deixa-o fora, não o meças, pois foi dado aos pagãos: eles calcarão aos pés a Cidade Santa durante quarenta e dois meses†. 3Mas darei ordem* a minhas duas testemunhas† para que profetizem vestidas de saco durante mil e duzentos e sessenta dias". 4Elas são as duas oliveiras* e os dois candelabros que estão diante do Senhor da terra. 5Se alguém quiser prejudicá-las, sairá de sua boca um fogo para devorar seus inimigos; e se alguém quiser fazer-lhes mal, é deste modo que deve morrer.

6Elas têm o poder de fechar o céu para que não caia chuva alguma durante o tempo de sua missão profética; têm também poder sobre as águas, para transformá-las em sangue, e poder de castigar a terra com todo o tipo de flagelos, quantas vezes o quiserem. 7Mas, quando acabarem de dar testemunho,* a fera que sobe do abismo fará guerra contra elas, vai vencê-las e matá-las. 8E seus cadáveres ficarão estirados na praça da grande cidade, chamada simbolicamente Sodoma e Egito, onde também o Senhor deles foi crucificado. 9E gente de todos os povos, tribos, línguas e nações verão seus corpos durante três dias e meio, sem permitir que sejam sepultados†. 10Os habitantes da terra se rejubilam com isso, ficam alegres e trocam presentes, pois esses dois profetas atormentavam os habitantes da terra. 11Mas, passados os três dias e meio,* um sopro de

---

* **10**,3. Am 3,8; Os 11,10; Dn 12,4.9 | 5. Dt 32,40; Dn 12,7; Ne 9,6 | 6. Am 3,7 | 9. Ez 2,8 | 10. Ez 3,3 | 11. Jr 1,10; Dn 7,14 | **11**,1. Ez 40,3 | 3. Is 63,18; Dn 8,10 | 4. Zc 4,3.11; 2Sm 22,9; Jr 5,14; 2Rs 1,10 | 7. Dn 7,3.21; Lc 13,34; Is 1,9s | 11. Ez 37,5.10 | 12. 2Rs 2,11

† **10**,10. Esta cena, inspirada em Ez 2,8–3,3, significa uma revelação ao mesmo tempo consoladora e amarga que o profeta recebe e transmite: consoladora, porque prediz o triunfo final de Cristo; amarga, porque anuncia as provações que precedem o juízo de Deus. | **11**,1. O gesto de medir indica reconstrução e proteção, Ez 40,3; Zc 2,5s. É a Igreja que é protegida dos ataques dos pagãos. | 2. Os 42 meses, 13,5, ou outras expressões equivalentes, 11,3.9.11; 12,6; 12,14, designam, como em Dn 7,25, o tempo típico da perseguição. | 3. As duas testemunhas são descritas com traços que lembram Moisés e Elias, mas podem designar também Pedro e Paulo, mártires da Igreja nascente. | 9. Porque o testemunho da Igreja mártir não pode ficar esquecido.

vida mandado por Deus entrou neles,
e puseram-se de pé†; e um grande
pavor apoderou-se dos que olhavam
para eles. 12Ouviram então uma voz
forte gritar-lhes do céu: "Subi aqui!" E
subiram* para o céu numa nuvem, aos
olhos de seus inimigos. 13Nesta hora,
houve um violento terremoto* e a dé-
cima parte da cidade desabou, e no
terremoto morreram sete mil pessoas.
Os sobreviventes, tomados de medo,
deram glória ao Deus do céu.
14Passou o segundo "ai";* o terceiro
virá em breve.

IV. OS SETE SINAIS (11,15–14,20)

A sétima trombeta. 15O sétimo anjo
tocou. Então, no céu, vozes fortes cla-
maram: "A realeza do mundo passou
agora para nosso Senhor e para seu
Cristo; ele reinará pelos séculos dos
séculos".
16E os vinte e quatro anciãos,* que
estão sentados em seus tronos diante
de Deus, prostraram-se para adorar a
Deus, dizendo:
17"Nós vos damos graças,*
Senhor, Deus soberano do universo,
aquele que é e que era,
porque assumistes vosso imenso poder
para estabelecer vosso reino.
18As nações tinham-se enfurecido;*
mas chegou vossa ira,
e o tempo de serem julgados os mortos
e de recompensar vossos servos,
os profetas, os santos e os que temem vosso nome,
pequenos e grandes;
chegou o tempo de exterminar os
que exterminam a terra".

A Mulher e o Dragão. 19Então abriu-
-se o templo de Deus, que está no céu,
e apareceu nele a arca de sua aliança†.
Houve relâmpagos, vozerio, trovões,
terremotos e um forte granizo.

12 1Um grande sinal apareceu
no céu: uma Mulher vestida
com o sol,* tendo a lua sob os pés e
uma coroa de doze estrelas na cabeça†.
2Estava grávida e gritava de dor, an-
gustiada para dar à luz. 3Apareceu ain-
da um outro sinal* no céu: um enorme
Dragão, cor de fogo, com sete cabeças
e dez chifres, e sobre as cabeças sete
diademas; 4sua cauda arrastou um ter-
ço das estrelas do céu, atirando-as so-
bre a terra. O Dragão parou diante da
Mulher que estava para dar à luz, para
engolir seu filho, logo que nascesse.
5Ela deu à luz um filho, um menino,
aquele que vai governar todas as na-
ções* com cetro de ferro. Mas seu filho
foi arrebatado para junto de Deus e de
seu trono†. 6E a Mulher fugiu para o de-
serto, onde Deus lhe havia preparado
um refúgio, para que lá fosse alimen-
tada durante mil e duzentos e sessenta
dias.
7Houve então uma batalha* no céu:
Miguel e seus anjos guerrearam contra
o Dragão. E o Dragão lutou, junto com
seus anjos, 8mas foram derrotados e
expulsos do céu. 9E o enorme Dragão,
a antiga serpente,* o diabo ou Satanás,
como é chamado, o sedutor do mundo
inteiro, foi lançado sobre a terra, e seus
anjos foram lançados junto com ele.
10Ouvi, então, uma voz forte no céu,
proclamando:

---

* **11**,13. Ez 38,19s | 14. 8,13 | 16. Dn 7,14; Zc 14,9 | 17. Am 4,13; Is 41,4 | 18. Sl 2,1-5; Am 3,7 | **12**,1. Is 7,14; Is 66,7; Gn 37,9 | 3. Dn 7,7; 8,10 | 5. Sl 2,9; Is 66,7 | 7. Dn 10,13 | 9. Jo 12,31; Zc 3,1s; Gn 3,13s; Jó 1,9s

† **11**,11. Os mártires estão destinados à ressurreição e à glorificação, como na visão de Ez 37,5.10, lembrada aqui. | 19. Uma tradição judaica afirmava que a arca da aliança, desaparecida no incêndio do templo em 586 a.C., haveria de reaparecer nos últimos tempos. Ver 2Mc 2,4-8. A arca simboliza a presença definitiva de Deus no meio de seu povo glorificado. | **12**,1. Conforme a profecia de Gn 3,15, o povo eleito está em luta com as forças do mal; a Mulher representa esse povo, do qual nasce o Messias, v. 5. Esse povo de Deus, a Igreja, é apresentado com uma imagem que faz pensar em Maria, Mãe do Messias, Mãe da Igreja, "sinal de segura esperança e de conforto para o povo de Deus peregrino" (Vat. II). | 5. Esta cena designa a Paixão e a Ressurreição de Jesus, sua vitória contra o mal; o deserto onde vive a Mulher representa a caminhada da Igreja.

"Agora chegou a salvação,
o poder e a realeza de nosso Deus
e a autoridade de seu Ungido,
porque foi expulso o Acusador de nossos irmãos,
aquele que os acusava dia e noite diante de nosso Deus.
11 Mas eles o venceram pelo sangue do Cordeiro
e pela palavra que testemunharam,
pois desprezaram sua própria vida até à morte.
12 Por isso, alegrai-vos, ó céus e seus habitantes!*
Ai de vós, terra e mar,
pois o diabo desceu para junto de vós,
cheio de grande ira,
sabendo que lhe resta pouco tempo".

13 Vendo-se precipitado na terra, o Dragão lançou-se em perseguição da Mulher, que dera à luz o menino. 14 Ela, porém, recebeu as duas asas da grande águia para voar para o deserto, até seu refúgio, onde, longe da Serpente, ela deve ser alimentada por um tempo, por tempos e por metade de um tempo. 15 A Serpente vomitou então de sua garganta como que um rio de água atrás da Mulher† para arrastá-la em suas águas. 16 Mas a terra veio em auxílio da Mulher: abrindo a boca, engoliu o rio vomitado pela boca do Dragão. 17 Então, furioso contra a Mulher,* o Dragão foi guerrear contra o resto dos filhos dela, os que guardam os mandamentos de Deus e possuem o testemunho de Jesus.

18 E eu fiquei na praia do mar.

13 **As duas Feras.** 1 Vi então surgir do mar uma Fera† que tinha sete cabeças e dez chifres,* e sobre os chifres dez diademas, e sobre as cabeças nomes blasfemos. 2 A Fera que eu vi parecia uma pantera, com patas semelhantes às do urso e a boca como a do leão. E o Dragão lhe transmitiu seu poder, seu trono e uma grande autoridade. 3 Uma de suas cabeças parecia mortalmente ferida, mas foi curada sua ferida mortal. Então, maravilhada, a terra inteira seguiu a Fera. 4 Prostraram-se diante do Dragão, porque ele havia entregue a autoridade à Fera; prostraram-se diante da Fera, dizendo: "Quem é igual à Fera e quem pode lutar contra ela?" 5 Foi-lhe dada uma boca* para proferir palavras de orgulho e de blasfêmia; foi-lhe dado poder para agir durante quarenta e dois meses. 6 Então ela se pôs a proferir blasfêmias contra Deus, a blasfemar seu nome, sua morada e os que habitam no céu. 7 Foi-lhe permitido guerrear* contra os santos e vencê-los; foi-lhe dada autoridade sobre toda tribo, povo, língua ou nação. 8 E hão de adorá-la todos os habitantes da terra, cujos nomes não se acham escritos, desde a origem do mundo, no livro de vida do Cordeiro imolado. 9 Quem tem ouvidos ouça: 10 "Correntes para quem deve ser acorrentado;* morte pela espada para quem deve morrer pela espada!"

Nisto se baseiam a perseverança e a confiança dos santos.

11 Vi depois surgir da terra outra Fera; tinha dois chifres como um cordeiro, mas falava como um Dragão. 12 Está a serviço da primeira Fera: estabelece por toda a parte a autoridade desta, fazendo a terra e seus habitantes adorar a primeira Fera†, cuja ferida mortal fora curada. 13 Ela realiza prodígios admiráveis:* chega a fazer descer fogo do céu sobre a terra à vista de todos. 14 E pelos prodígios que lhe foi dado realizar a serviço da Fera, ela seduz os habitantes da terra, excitando-os a fazer uma imagem em honra desta Fera que, ferida pela espada, retornou à vida. 15 Foi-lhe dado até mesmo infundir espírito* na

---

* **12**,12. Is 49,13; Jo 12,25 | 17. Gn 3,15 | **13**,1. Dn 7,1.4-8 | 5. Dn 7,8.11-25 | 7. Dn 7,21; 12,1; Sl 69,29 | 10. Jr 15,2; Mt 26,52 | 13. Mt 24,24; 2Ts 2,9s; Dt 13,2ss | 15. Dn 3,5s

† **12**,15. O rio é o império romano, que tenta arrastar a Igreja, mas será ele próprio tragado. | **13**,1. Este monstro personifica o império romano e seu imperador, que se faz adorar como deus. | 12. A segunda fera será chamada de "falso profeta", 16,13; 19,20. É descrita com termos semelhantes aos de Mt 7,15; 24,24.

imagem da Fera, para fazê-la falar e fazer com que fossem mortos todos os que não adorassem a imagem da Fera. 16E faz também com que todos, pequenos e grandes, ricos e pobres, livres e escravos, recebam uma marca* na mão direita ou na testa, 17de modo que ninguém possa comprar ou vender coisa alguma, se não estiver marcado com o nome da Fera ou com o número de seu nome.

18Aqui é preciso ter sabedoria!* Quem tem inteligência, calcule o número da Fera, pois é um número de homem: seu número é seiscentos e sessenta e seis†.

14 **O cordeiro e seus eleitos.** 1Vi depois o Cordeiro de pé* sobre o monte Sião, e com ele os cento e quarenta e quatro mil que traziam na testa o nome dele e o nome de seu Pai. 2E ouvi uma voz vinda do céu,* semelhante ao barulho de muitas águas e ao ruído de um forte trovão; a voz que eu ouvi era como o som de citaristas tocando suas cítaras. 3Cantam um cântico novo* diante do trono e diante dos quatro seres vivos e dos anciãos. Ninguém podia aprender o cântico, senão os cento e quarenta e quatro mil que foram resgatados da terra. 4Estes são os que não se contaminaram com mulheres, pois são virgens†. Seguem o Cordeiro aonde quer que ele vá. Estes foram resgatados dentre os homens como primícias para Deus e para o Cordeiro. 5Em sua boca nunca se achou a mentira: são imaculados.*

Os anjos anunciam o julgamento. 6Depois vi um outro anjo que voava no meio do céu e que tinha um evangelho eterno para anunciar aos que habitam sobre a terra, a toda nação, tribo, língua e povo. 7Ele dizia em alta voz:

"Temei a Deus e glorificai-o,*
pois chegou a hora de seu julgamento;
adorai, pois, aquele que fez o céu, a terra, o mar
e as fontes das águas".

8E um outro, um segundo anjo, o seguiu, dizendo:

"Caiu, caiu Babilônia, a grande†,
a que deu a beber a todas as nações
o vinho do furor de sua prostituição!"*

9E um outro, um terceiro anjo, seguiu-os, dizendo em alta voz: "Todo aquele que adora a Fera e sua imagem, que recebe sua marca na fronte ou na mão, 10vai beber também o vinho* do furor de Deus, que está preparado, puro, na taça de sua cólera. Vai sofrer o tormento do fogo e do enxofre* diante dos santos anjos e diante do Cordeiro". 11A fumaça de seu tormento se eleva pelos séculos dos séculos; não têm descanso, nem de dia e nem de noite, os que adoram a Fera e sua imagem e os que recebem a marca de seu nome. 12Nisto se baseia a perseverança dos santos, os que guardam os mandamentos de Deus e a fé em Jesus.

13Depois ouvi uma voz do céu* que dizia: "Escreve: Felizes os mortos que morrem no Senhor; doravante, diz o Espírito, descansem de suas fadigas, porque suas obras os acompanham".*

A ceifa e a vindima da terra. 14E eu vi uma nuvem branca,* e sobre a nuvem estava sentado alguém parecido com um Filho de Homem, com uma coroa de ouro na cabeça e uma foice afiada na mão. 15Depois um outro anjo saiu do templo* e gritou com voz forte para

---

* **13**,16. 7,3; 14,9.11; 16,2; 19,20; 20,4 | 18. 17,9; 1Rs 10,14 | **14**,1. Ez 9,4 | 2. Ez 1,24; 43,2 | 3. Sl 33,3; Is 42,10 | 5. Is 53,9; Sf 3,12 | 7. Sl 146,6; Êx 20,11 | 8. Dn 4,27; Is 21,9; Jr 51,7s | 10. Is 51,17 / Gn 19,24 | 13. Hb 4,10 / Is 57,2 | 14. Dn 7,13 | 15. Jl 4,13 / Mt 13,39.41

† **13**,18. Este número 666 deve representar o nome de alguém que viveu na época do autor. Provavelmente designa "César Nero", primeiro perseguidor dos cristãos. As letras dos alfabetos grego e hebraico tinham todas um valor numérico, servindo de algarismos. | **14**,4. São "virgens" os que não se contaminaram com a idolatria, em cujos rituais entravam relações com mulheres. | 8. O nome de Babilônia, a grande opressora do povo de Deus no AT, foi aplicado a todo império que se opunha aos eleitos de Deus. Aqui, como em 1Pd 5,13, designa Roma, também chamada "grande Prostituta", 17,1. | 15. Como na parábola do joio e do trigo, Mt 13,39, a ceifa é imagem do juízo final.

aquele que estava sentado na nuvem: "Lança tua foice,* pois é hora de ceifar†; a seara da terra está madura". [16]Então aquele que estava sentado sobre a nuvem lançou sua foice sobre a terra, e a terra foi ceifada.

[17]Nisto saiu do templo que está no céu um outro anjo, que também tinha uma foice afiada. [18]E um outro anjo, que tem poder sobre o fogo, saiu do altar e gritou com voz forte para aquele que tinha a foice afiada: "Lança tua foice afiada, vindima os cachos da vinha da terra,* pois suas uvas estão maduras". [19]O anjo então lançou sua foice afiada sobre a terra, vindimou a vinha da terra e lançou a vindima no grande lagar da ira de Deus. [20]O lagar foi pisado fora da cidade e o sangue que dele saiu chegou até os freios dos cavalos, numa extensão de mil e seiscentos estádios†.

V. AS SETE TAÇAS DA CÓLERA (15,1–16,16)

15 **Cântico de vitória.** [1]Vi ainda no céu um outro sinal,* grande e maravilhoso: sete anjos com sete pragas, as últimas, pois elas devem consumar a cólera de Deus. [2]E eu vi como que um mar de cristal misturado com fogo, e os que venceram a Fera, sua imagem e o número de seu nome, de pé sobre este mar de cristal e, ao som das cítaras de Deus, [3]cantavam o cântico de Moisés†, servo de Deus,* e o cântico do Cordeiro, dizendo:

"Grandes e maravilhosas são vossas obras,
Senhor, Deus todo-poderoso;
justos e verdadeiros são vossos caminhos,
ó Rei das nações!
[4]Quem não temerá, Senhor, e não glorificará vosso nome?*
Pois só vós sois santo;
e todas as nações virão prostrar-se diante de vós,
porque vossas justas decisões se manifestaram".

As sete taças†. [5]Depois disso vi abrir-se no céu o templo,* a tenda do testemunho, [6]donde saíram os sete anjos com as sete pragas. Estavam vestidos de linho puro, resplandecentes e cingidos à altura do peito com cintos de ouro. [7]Um dos quatro seres vivos* entregou aos sete anjos sete taças de ouro, cheias da cólera do Deus que vive pelos séculos dos séculos. [8]E o templo se encheu de fumaça, produzida pela glória de Deus* e por seu poder, de modo que ninguém podia entrar no templo, até que estivessem consumadas as sete pragas dos sete anjos.

16 [1]E ouvi uma voz que, do templo,* gritava aos sete anjos: "Ide e derramai sobre a terra as sete taças da cólera de Deus!" [2]O primeiro saiu e derramou sua taça sobre a terra; e uma úlcera maligna e dolorosa atingiu as pessoas que tinham a marca da Fera e as que adoravam sua imagem. [3]O segundo derramou sua taça no mar,* o qual se tornou sangue, como o de um morto, e morreu todo ser vivo que estava no mar. [4]O terceiro derramou sua taça* nos rios e nas fontes de águas que se tornaram sangue. [5]Ouvi o anjo das águas dizer: "Sois justo, vós que sois e que éreis, o Santo, castigando assim; [6]porque derramaram o sangue dos santos e dos profetas, e portanto é sangue que os fazeis beber; eles o merecem!"

[7]E ouvi que o altar dizia:*

"Sim, Senhor Deus, soberano do universo, vossos juízos são verdadeiros e justos".

[8]O quarto derramou sua taça sobre o sol; então foi-lhe dado queimar os homens com o fogo. [9]E os homens fo-

---

* **14**,18. Is 63,3 | **15**,1. Lv 26,21 | 3. Êx 15,1; 34,10; Dt 32,4; Sl 111,2 | 4. Jr 10,6; Sl 86,9; Ml 1,11 | 5. Lv 26,11 | 7. Sl 19,9s | 8. Êx 40,29; Is 6,4; Ez 44,4 | **16**,1. Is 66,6; Jr 10,25; Sf 3,8; Êx 9,10; Dt 28,35 | 3. Êx 7,17-21 | 4. Êx 7,20 | 7. 6,9; 8,3s; Sl 19,10

† **14**,20. Ou seja, 296 km. | **15**,3. O cântico de vitória após a passagem do mar Vermelho, Êx 15,2-19. | 5. Todo este trecho inspira-se no relato das pragas do Egito, Êx 7–12.

ram queimados por um calor terrível;
mas, longe de se arrependerem, dan-
do glória a Deus, blasfemaram o nome
de Deus que tinha em seu poder essas
pragas.
[10]O quinto derramou sua taça* so-
bre o trono da Fera. Então seu reino se
transformou em trevas, e os homens
mordiam a língua de dor. [11]Mas, longe
de se arrependerem de seus atos, eles
blasfemaram contra o Deus do céu por
causa de suas dores e úlceras. [12]O sex-
to derramou sua taça* sobre o grande
rio Eufrates; então suas águas secaram,
dando passagem aos reis do Oriente.
[13]Depois eu vi sair da boca do Dragão,*
da boca da Fera e da boca do falso
profeta três espíritos impuros, como
sapos. [14]De fato, são espíritos demoní-
acos: fazem prodígios e vão reunir os
reis do mundo inteiro para a guerra do
grande dia do Deus soberano do uni-
verso. [15]Eu venho como um ladrão:* fe-
liz aquele que está vigilante e conserva
suas vestes para não ir nu e deixar que
vejam sua vergonha†. [16]Eles os reuni-
ram no lugar* chamado em hebraico
Harmagedon†.

VI. AS SETE VOZES DO CÉU (16,17–19,5)

A sétima taça. [17]E o sétimo derra-
mou sua taça pelo ar; nisto saiu uma
forte voz do templo, dizendo: "Está fei-
to!" [18]Houve então relâmpagos, voze-
rio, trovões* e um forte terremoto, tão
violento como nunca se viu desde que
os homens existem sobre a terra! [19]A
grande cidade dividiu-se em três par-
tes, e as cidades das nações desabaram;
Deus se lembrou então de Babilônia,*
a grande, para fazê-la beber o cálice
do vinho do furor de sua ira. [20]Então
as ilhas todas fugiram e as montanhas*
desapareceram. [21]Caiu do céu sobre os
homens uma chuva de pedras do peso
de um talento†. E os homens blasfema-
ram contra Deus por causa da praga do
granizo, porque foi terrível seu flagelo.

17 **O julgamento da grande
Prostituta.** [1]Então veio um
dos sete anjos que tinham as sete ta-
ças* e me disse: "Vem! Vou mostrar-te
o julgamento da grande Prostituta†,
que está sentada à beira de muitas
águas. [2]Com ela se prostituíram os reis
da terra, e os habitantes da terra se
embriagaram com o vinho de sua pros-
tituição". [3]Ele me transportou ao deser-
to,* em espírito. Vi então uma mulher
sentada sobre uma Fera escarlate, co-
berta de nomes blasfemos, com sete
cabeças e dez chifres. [4]A mulher estava
vestida* de púrpura e escarlate, enfei-
tada de ouro, pedras preciosas e pé-
rolas; tinha na mão um cálice de ouro,
cheio de abominações e das imundí-
cies de sua prostituição. [5]Em sua fronte
estava escrito* um nome misterioso:
"Babilônia, a grande, a mãe das prosti-
tutas e das abominações da terra". [6]Vi
que a mulher estava embriagada com
o sangue dos santos e com o sangue
das testemunhas de Jesus. Vendo-a, fi-
quei muito espantado, [7]mas o anjo me
disse: "Por que estás espantado? Vou
explicar-te o mistério da mulher* e da
Fera de sete cabeças e dez chifres que
a carrega.
A Fera e a prostituta. [8]A Fera que vis-
te existia, mas não existe mais; ela vai
subir do abismo, mas caminha para a
perdição. E os habitantes da terra, cujos
nomes não foram escritos no livro da

* **16**,10. Êx 10,21 | 12. Jr 50,38; Is 44,27 | 13. Êx 8,3; 1Rs 22,21s | 15. Mc 13,33s; 1Ts 5,2 | 16. Zc 12,11; 2Rs 23,29s | 18. Êx 19,16-19; Dn 12,1 | 19. Jr 25,12 | 20. Êx 9,24 | **17**,1. Jr 51,7.13; Is 23,17 | 3. Dn 7,7 | 4. Jr 51,7; Ez 28,13 | 5. Dn 4,27 | 7. Dn 7,3; 12,1

† **16**,15. Este v., que interrompe o texto, deve ter sido inserido aqui por inadvertência; ele ficaria melhor no contexto das sete cartas, por exemplo em 3,3. | 16. Harmagedon é a "montanha de Meguido", local de muitas batalhas, entre as quais aquela em que perdeu a vida o virtuoso rei Josias, 2Rs 23,29. Desde então esse lugar, de triste memória, tornou-se símbolo de derrota e aniquilamento. Aqui a derrota anunciada é a dos inimigos de Deus. | 21. Nesta época, o talento equivalia a 35 quilos. | **17**,1. A grande Prostituta é Roma, erguida sobre sete colinas, v. 9, que se embriaga com o sangue dos mártires imolados nas perseguições de Nero e de Domiciano, v. 6.

vida desde a criação do mundo, ficarão
admirados quando virem a Fera, porque
ela existia, não existe mais, porém rea-
parecerá. 9Aqui se requer uma mente
que tenha sabedoria: as sete cabeças
são sete colinas, sobre as quais a mu-
lher está sentada. São também sete reis,
10dos quais cinco já passaram, um está
vivo e o outro ainda não veio; quando
vier, deve durar pouco. 11Quanto à Fera
que existia e não existe mais, é ela pró-
pria o oitavo e também um dos sete; ela
caminha para a perdição. 12Os dez chi-
fres que viste* são dez reis; ainda não
receberam a realeza, mas receberão um
poder real, por uma hora apenas, junto
com a Fera. 13Todos têm uma só inten-
ção: entregar à Fera seu poder* e sua
autoridade. 14Vão fazer guerra contra o
Cordeiro, e o Cordeiro os vencerá, por-
que ele é Senhor dos senhores e Rei dos
reis, e os que estão com ele são os cha-
mados, os escolhidos e os fiéis".

15O anjo me disse ainda: "As águas
que viste, onde está sentada a Prosti-
tuta, são povos e multidões, nações e
línguas. 16Mas os dez chifres* que viste
e a Fera vão odiar a Prostituta e des-
pojá-la de suas vestes, deixando-a nua;
comerão suas carnes e vão consumi-la
pelo fogo. 17Pois Deus lhes inspirou a
decisão de realizar seu próprio desíg-
nio: entrar em acordo para entregar
sua autoridade real à Fera, até que se
cumpram as palavras de Deus. 18E a
mulher que viste é a grande cidade que
está reinando sobre os reis da terra".

18 **Queda de Babilônia.** 1Depois
disso vi descer do céu um ou-
tro anjo,* que tinha grande poder, e a
terra ficou iluminada com seu esplen-
dor. 2Ele gritou com voz forte:

"Ela caiu, caiu Babilônia, a grande†,
e tornou-se morada de demônios,*
abrigo de toda a espécie de espíritos
impuros,
abrigo de toda a espécie de animais
impuros e repelentes.
3Pois todas as nações beberam o vi-
nho de suas prostituições,*
os reis da terra se prostituíram com
ela
e os comerciantes da terra se enri-
queceram com seu luxo desenfreado".

Fuga do povo. 4Ouvi então outra voz
do céu, que dizia:*

"Saí dela, ó meu povo,
para que não sejais cúmplices de
suas faltas,
nem tenhais de sofrer com suas pra-
gas!
5Pois seus pecados se amontoaram
até o céu,*
e Deus se lembrou de suas iniquida-
des.
6Pagai-lhe com a mesma moeda!*
Dai-lhe o dobro de seus atos!
No cálice de suas bebidas,
preparai para ela uma dose dupla!
7Conforme a medida de sua riqueza
e de seu luxo,*
devolvei-lhe o mesmo tanto em tor-
mentos e desgraças!
Porque ela pensa consigo mesma:
'Estou sentada como rainha,
não sou viúva e jamais verei o luto'.
8Por isso, num só dia, suas pragas
cairão sobre ela:
morte, luto e fome;
será devorada pelo fogo.
Pois é poderoso o Senhor Deus que
a condenou".*

Lamentações sobre Babilônia. 9Então
os reis da terra, seus companheiros na
prostituição e no luxo,* chorarão e se
lamentarão por causa dela, ao verem
a fumaça de seu incêndio. 10Ficando à
distância, por medo de seu tormento,
dirão: "Ai, ai, ó cidade imensa, ó Babilô-
nia, cidade poderosa, bastou uma hora
para seres julgada!"

11Os comerciantes da terra também
choram* e se lamentam sobre ela, por-

17,12. Dn 7,20-24 | 13. Dt 10,17; Dn 2,47 | 16. Ez 23,39 | **18**,1. Ez 43,2 | 2. 14,8; Is 13,21s; 21,9; Jr 51,8 | 3. Jr 25,15; Na 3,4; Is 23,17 | 4. Is 48,20; Jr 51,45 | 5. Gn 18,20s; Jr 51,9 | 6. Jr 50,15; Sl 137,8 | 7. Is 47,7ss | 8. Jr 50,34 | 9. Ez 26,16s; 27,30; Is 21,9; 23,17; Jr 51,8 | 11. Ez 27,36

† **18**,2. No estilo dos profetas, descreve-se a queda de Roma como se já tivesse acontecido, para afirmar que seu fim é inevitável.

que ninguém mais compra suas mercadorias: [12]carregamentos de ouro e prata,* pedras preciosas e pérolas, linho e púrpura, seda e escarlate, todo o tipo de madeira perfumosa, de objetos de marfim, de madeira preciosa, de cobre, de ferro ou de mármore; [13]canela e cinamomo,* perfumes, unguento e incenso; vinho e óleo, flor de farinha e trigo; bois e ovelhas, cavalos e carros, escravos e vidas humanas. [14]Os frutos que tua alma cobiçava afastaram-se para longe de ti; tudo o que é luxo e esplendor se acabou para ti, não voltará mais!

[15]Os comerciantes que se enriqueceram* por meio dela ficarão à distância, por medo de seus tormentos, chorando e gemendo: [16]"Ai, ai, aquela grande cidade... que se vestia de linho,* púrpura e escarlate e se enfeitava com ouro, pedras preciosas e pérolas; [17]pois bastou uma hora para acabar com toda essa riqueza!"*

Todos os pilotos e navegantes, marinheiros e todos os que trabalham no mar* se conservaram à distância [18]e, vendo a fumaça de seu incêndio, gritavam: "Quem era semelhante a esta grande cidade?" [19]E puseram poeira na cabeça* e gritavam, chorando e gemendo: "Ai, ai, aquela grande cidade... Com sua vida luxuosa se enriqueceram todos os donos dos navios do mar; pois bastou uma hora para consumar sua ruína! [20]Exulta por causa dela,* ó céu, e vós, santos, apóstolos e profetas, pois Deus vos fez justiça ao condená-la".

[21]Então um anjo forte levantou uma pedra,* semelhante a uma grande mó de moinho, e atirou-a ao mar, dizendo:

"Com tal ímpeto será lançada Babilônia,
aquela grande cidade, e jamais será encontrada.
[22]O canto dos citaristas e dos músicos,*
dos flautistas e dos trombeteiros
não se ouvirá mais em ti;
nem se verá mais em ti artífice de qualquer profissão;
o ruído do moinho não mais se ouvirá em ti;
[23]a luz da lâmpada nunca mais brilhará em ti;*
a voz do esposo e da esposa em ti não mais se ouvirá.
Pois teus comerciantes eram os príncipes da terra,
e as magias que praticaste seduziram todos os povos;
[24]e nela foi encontrado sangue dos profetas e dos santos,*
e de todos os que foram imolados sobre a terra".

19 **Canto de triunfo e núpcias do Cordeiro.** [1]Depois disso ouvi como que um forte vozerio* de imensa multidão, no céu, que bradava:

"Aleluia!
A salvação, a glória e o poder pertencem a nosso Deus,
[2]pois são verdadeiros e justos seus julgamentos:*
ele julgou a grande Prostituta,
que corrompia a terra com sua prostituição,
e vingou nela o sangue de seus servos!"

[3]E acrescentaram: "Aleluia! Dela sobe a fumaça pelos séculos dos séculos!"*

[4]Então os vinte e quatro anciãos e os quatro seres vivos se prostraram para adorar a Deus, sentado no trono, e disseram: "Amém, Aleluia!"

[5]Nisto saiu do trono uma voz* que dizia: "Louvai a nosso Deus, vós todos, seus servos, e vós que o temeis, pequenos e grandes!"

VII. AS SETE VISÕES (19,6–22,5)

O banquete das núpcias do Cordeiro. [6]Então ouvi como que o rumor* de uma grande multidão, semelhante ao

---

* **18**,12. Ez 27,12s | 13. Ez 27,13 | 15. Ez 27,36 | 16. Ez 28,13 | 17. Is 23,14; Ez 27,27-30 / Is 34,10 | 19. Ez 27,30ss | 20. Is 44,23; Jr 51,48 | 21. Jr 51,63s; Ez 26,21; Dn 4,27 | 22. Is 24,8; Ez 26,13 | 23. Jr 7,34; 25,10; Is 23,8 | 24. Mt 23,35s; Jr 51,49 | **19**,1. Sl 104,35 | 2. Dt 32,43; 2Rs 9,7; Sl 19,10 | 3. Is 34,10 | 5. Sl 115,13 | 6. Dn 10,6; Ez 1,24; Sl 97,1

ruído de muitas águas e ao barulho de
fortes trovões, aclamando:
"Aleluia!
Porque o Senhor, o Deus todo-poderoso,
tomou posse de seu reino.
7 Alegremo-nos e exultemos,*
a ele demos glória,
pois chegou o momento das núpcias do Cordeiro,
e sua esposa está preparada†:
8 foi-lhe dado vestir linho puro, resplandecente".*
Pois o linho são as boas ações dos santos.
9 Depois me disse: "Escreve: felizes os
convidados* para o banquete das núp-
cias do Cordeiro!" E acrescentou: "Estas
palavras de Deus são verdadeiras".
10 Caí então a seus pés para adorá-lo,
mas ele me disse: "Não faças isso: sou
um servo como tu e como teus irmãos
que possuem o testemunho de Jesus; é
a Deus que deves adorar". O testemu-
nho de Jesus é o espírito da profecia.
A vitória do Messias. 11 Então vi o céu
aberto,* e apareceu um cavalo branco;
quem o montava chamava-se "Fiel" e
"Verdadeiro"; ele julga e combate com
justiça. 12 Seus olhos são chama de
fogo; sobre sua cabeça há muitos dia-
demas; sobre ele está escrito um nome,
que ninguém conhece, a não ser ele
mesmo. 13 O manto que o envolve está
embebido de sangue e o nome com
que é chamado é "Verbo de Deus"†.
14 Os exércitos do céu* o acompanham
em cavalos brancos, vestidos de linho
de brancura resplandecente. 15 De sua
boca sai uma espada afiada, para com
ela ferir as nações. Ele as governará
com cetro de ferro;* ele pisa no lagar o
vinho da cólera de Deus, soberano do
universo. 16 Um nome está escrito sobre
seu manto e sobre sua coxa: "Rei dos
reis e Senhor dos senhores".
17 Depois vi um anjo, de pé sobre o
sol, gritar em alta voz a todas as aves
que voavam no meio do céu: "Vinde,
reuni-vos para o grande banquete de
Deus, 18 para comerdes carnes de reis,
carnes de capitães,* carnes de pode-
rosos, carnes de cavalos com seus ca-
valeiros e carnes de todos os homens,
livres e escravos, pequenos e grandes!"
19 Vi então a Fera, junto com os reis
da terra e seus exércitos reunidos para
combater contra aquele que estava
sentado sobre o cavalo e seu exérci-
to. 20 Mas a Fera foi aprisionada,* junto
com o falso profeta, aquele que reali-
zou, na presença dela, prodígios pelos
quais ele seduzia os que tinham a mar-
ca da Fera e os adoradores de sua ima-
gem; os dois foram lançados vivos no
lago de fogo de enxofre ardente. 21 Os
outros foram mortos* pela espada que
saía da boca daquele que estava sen-
tado sobre o cavalo, e todas as aves se
fartaram de suas carnes.

20 **O reino dos mil anos**†. 1 De-
pois vi um anjo que descia do
céu,* tendo na mão a chave do abismo
e uma grande corrente. 2 Ele dominou
o Dragão, a antiga serpente, que é o
diabo, Satanás, e o acorrentou por mil
anos†. 3 Atirou-o no abismo, fechando-
-o e lacrando-o com um selo, para que
não mais seduzisse as nações, até se
completarem os mil anos. Depois disso
ele deve ser solto por algum tempo.

* **19**,7. Sl 118,24 | 8. Is 61,10 | 9. Lc 14,15; Mt 22,2s | 11. Ez 1,1; Sl 96,13; Is 11,4; Dn 10,6 | 14. Jo 1,1; Is 63,1s | 15. Sl 2,9; Is 63,3; Jl 4,13; Dn 2,47; 1Tm 6,15; Dt 10,17 | 18. Ez 39,4.17 | 20. Dn 7,11.26; Sl 2,2 | 21. Is 30,33; Ez 39,17.20 | **20**,1. Zc 3,1; 2Pd 2,4; 2Ts 2,9s

† **19**,7. "A Sagrada Escritura abre-se com a criação do homem e da mulher, unidos em matrimônio, e se fecha com as núpcias do Cordeiro, Ap 19,7.9. De um extremo a outro fala do casamento e de seu mistério, de sua instituição e do sentido que lhe foi dado por Deus e da nova aliança de Cristo com a Igreja, sua esposa" (CIC). | 13. O autor descreve a vitória de Cristo com as imagens clássicas do Messias guerreiro que instaura a justiça, Is 11,4, extermina as potências hostis, Is 63,3, submete os povos, Sl 2,9 e atravessa o mundo com a palavra poderosa de Deus, Sl 18,14-18. | **20**. A partir de Orígenes e S. Agostinho, esse "reino dos 1.000 anos" é entendido no sentido espiritual: é o período entre a ressurreição de Cristo e o fim do mundo. A Igreja condenou os "milenaristas", que entendiam esse texto no sentido de um reino terrestre. | 2. Desde que Cristo veio ao mundo, Satanás está acorrentado, e os cristãos já podem gozar do paraíso, Ap 2,7.

[4]Vi então tronos, e aos que neles se sentaram* foi dado o poder de julgar. Vi também as almas daqueles que foram decapitados por causa do testemunho de Jesus e da palavra de Deus, e os que se recusaram a adorar a Fera e sua imagem* e não se deixaram marcar na fronte ou na mão: eles recuperaram a vida e reinaram com Cristo mil anos. [5]Os outros mortos não puderam voltar à vida antes que se completassem os mil anos. Esta é a primeira ressurreição. [6]Feliz e santo aquele que participa da primeira ressurreição! Sobre eles não tem poder* a segunda morte†, mas eles serão sacerdotes de Deus e de Cristo, com o qual reinarão mil anos.

Vitória final e julgamento. [7]E quando se completarem os mil anos,* Satanás será solto de sua prisão e [8]sairá para seduzir as nações dos quatro cantos da terra, Gog e Magog†, e os reunirá para o combate; serão tão numerosos como a areia do mar. [9]Subiram por toda a extensão da terra e cercaram o acampamento dos santos, a cidade amada†; mas um fogo desceu do céu e os devorou. [10]Então o Diabo, que os seduzia,* foi lançado no lago de fogo e de enxofre, onde já estavam a Fera e o falso profeta. Seu tormento vai durar dia e noite, pelos séculos dos séculos.

[11]Depois vi um grande trono branco,* e aquele que nele se assenta. O céu e a terra fugiram de sua presença, sem deixar vestígios. [12]E eu vi os mortos, grandes e pequenos, de pé diante do trono; abriram-se livros e depois um outro livro, o da vida†. Então os mortos foram julgados conforme o conteúdo dos livros, cada qual segundo suas obras.

[13]O mar devolveu os mortos que nele estavam, a morte e a morada dos mortos devolveram os mortos que nelas estavam, e cada qual foi julgado segundo suas obras. [14]Então a morte e a morada dos mortos foram lançadas no lago de fogo; esta é a segunda morte: o lago de fogo. [15]E quem não se achava inscrito no livro da vida* foi lançado também no lago de fogo.

21 **Novo céu e nova terra†.** [1]Vi então um novo céu e uma nova terra;* porque o primeiro céu e a primeira terra tinham desaparecido e o mar já não existe†. [2]E vi descer do céu, de junto de Deus, a Cidade Santa, a nova Jerusalém, pronta como noiva adornada para o esposo†. [3]Nisto ouvi uma voz forte, vinda do trono, que dizia: "Esta é a morada de Deus* com os homens. Ele habitará com eles; eles serão seu povo, e ele será o Deus-com-eles. [4]Ele enxugará toda lágrima* de seus olhos, e não haverá mais morte, nem luto, nem choro, nem dor, pois o mundo antigo já passou"†.

[5]Aquele que estava sentado no trono* disse: "Eu faço novas todas as coisas!" E acrescentou: "Escreve, porque estas palavras são certas e verdadeiras". [6]Disse-me ainda: "Está feito! Eu sou o A e o Z, o Princípio e o Fim. A quem tem sede,* vou dar gratuitamen-

---

* **20**,4. Dn 7,9.22; Lc 22,30; 1Cor 6,2 / 1Cor 15,23; 1Ts 4,16 | 6. Is 61,6; Êx 19,6; 1Pd 2,5.9 | 7. Ez 38,2.9; 2Rs 1,10 | 10. Ez 38,22; Gn 19,24 | 11. Mt 25,31; 2Pd 3,10; Dn 2,35; 7,9; Jr 17,10; Sl 28,4; Is 59,18; Rm 2,6 | 15. 1Cor 15,26; Dn 12,1; Mt 25,41; Fl 4,3 | **21**,1. Mt 19,28; 2Pd 3,13; Is 61,10; 65,17; Gn 4,26 | 3. Ez 37,27; 48,35 | 4. Is 35,10; 65,19; Jr 31,16 | 5. Is 43,19; 66,22 | 6. Jo 7,37; Is 55,1; Zc 14,8

† **20**,6. A primeiro ressurreição é a vida nova do batizado que ressuscita com Cristo, Cl 3,1; a segundo morte é a condenação eterna. | 8. Gog e Magog designam as nações inimigas que se reúnem para o combate final contra o povo de Deus, Ez 38–39. | 9. Essas expressões designam a Igreja. | **20**,12. A imagem dos livros mostra que todas as ações dos homens estão patentes aos olhos do Senhor. **21**. "A expectativa de uma terra nova, longe de atenuar, deve antes impulsionar nossa solicitude pelo aprimoramento desta terra. Depois de propagarmos na terra os valores da dignidade humana, da comunidade fraterna e da liberdade, todos esses bons frutos de nosso trabalho, nós os encontraremos novamente, limpos de toda impureza e transfigurados, quando Cristo entregar ao Pai o Reino eterno e universal. Deus será então tudo em todos, 1Cor 15,28" (Vat. II). | 1. No fim da obra da salvação, Deus faz uma criação nova, que supera a primeira, abolindo todo limite e imperfeição. | 2. A aliança definitiva com o Senhor é imaginada como uma festa de núpcias entre Deus e os homens, entre Cristo e a Igreja. | 4. "Deus preparou uma nova terra, cuja bem-aventurança vai satisfazer e superar todos os desejos de paz que se elevam dos corações humanos" (Vat. II).

te a beber da fonte da água viva. [7]O
vencedor receberá esta herança;* e eu
serei seu Deus, e ele será meu filho.
[8]Mas os covardes, os incrédulos,* os
depravados, os homicidas, os impuros,
os feiticeiros, os idólatras e todos os
mentirosos, a parte deles está no lago
ardente de fogo e de enxofre, que é a
segunda morte.

A nova Jerusalém. [9]Então um dos sete
anjos que tinham as sete taças cheias
com as sete últimas pragas veio até
mim e disse-me: "Vem, que vou mos-
trar-te a Noiva, a Esposa do Cordeiro".
[10]Transportou-me então* em espírito a
uma montanha muito elevada, e mos-
trou-me a Cidade Santa, Jerusalém,
que descia do céu, de junto de Deus,
[11]tendo nela a glória de Deus. Ela brilha
como uma pedra preciosíssima, pare-
cida com jaspe cristalino. [12]Está cer-
cada por uma grande e alta muralha,
com doze portas,* sobre as quais estão
doze anjos e nomes inscritos, que são
os nomes das doze tribos dos israelitas.
[13]Três portas dão para o oriente, três
para o norte, três para o sul e três para
o ocidente. [14]A muralha da cidade tem
doze alicerces, cada um dos quais tem
o nome de um dos doze apóstolos do
Cordeiro.
[15]Aquele que falava comigo segurava
uma medida, um caniço de ouro, para
medir a cidade, suas portas e sua mu-
ralha. [16]A cidade é quadrangular:* seu
comprimento é igual à largura. Então
ele a mediu com o caniço: deu doze mil
estádios†. O comprimento, a largura e
a altura são iguais. [17]Depois ele mediu
a muralha: cento e quarenta e quatro
côvados. O anjo media com medida
usada entre os homens. [18]O material
desta muralha é jaspe, e a cidade é de
ouro puro, como um cristal bem puro.
[19]Os alicerces da muralha da cidade
são ornados com todo o tipo de pedras
preciosas:* o primeiro alicerce é de jas-
pe, o segundo de safira, o terceiro de
calcedônia, o quarto de esmeralda, [20]o
quinto de sardônica, o sexto de corna-
lina, o sétimo de crisólito, o oitavo de
berilo, o nono de topázio, o décimo de
crisópraso, o décimo primeiro de jacin-
to, o décimo segundo de ametista. [21]As
doze portas são doze pérolas; cada
uma das portas é feita de uma só pé-
rola. A praça da cidade é de ouro puro,
transparente como cristal. [22]Lá não vi
nenhum templo; pois seu templo é o
Senhor, o Deus soberano do universo,
e o Cordeiro. [23]A cidade não precisa do
sol nem da lua* para a iluminar; pois a
glória de Deus a ilumina, e sua lâmpada
é o Cordeiro.

[24]As nações caminharão a sua luz†
e os reis da terra virão trazer-lhe seus
tesouros;*
[25]suas portas nunca se fecharão de
dia,*
pois lá não haverá noite;
[26]e virão trazer-lhe os tesouros e a
riqueza das nações.*
[27]Nada de manchado poderá entrar
nela,
nem os que praticam a abominação
e a mentira;*
mas só entrarão os que estão inscri-
tos no livro da vida do Cordeiro†.

22 **A árvore da vida†.** [1]Depois o
anjo mostrou-me um rio de
água viva,* límpido como cristal, que
brotava do trono de Deus e do Cordeiro.
[2]No meio da praça da cidade e de am-
bos os lados do rio encontra-se a árvo-
re da vida que dá fruto doze vezes, um
fruto cada mês; e suas folhas servem
para curar as nações. [3]Já não haverá
mais maldição.* O trono de Deus e do
Cordeiro estará na cidade, e os servos

---

* **21**,7. 2Sm 7,14; Sl 89,27s; Zc 8,8 | 8. Is 30,33; Ez 38,22 | 10. Ez 40,2; Is 52,1; 58,8; 60,1s | 12. Ez 48,31-35 | 16. Ez 40,3.5; 48,16s | 19. Is 54,11s | 23. Is 60,1.19; 2Cor 3,18 | 24. Is 60,3 | 25. Is 60,11; Zc 14,7 | 26. Is 60,5 | 27. Is 52,1; Dn 12,1; Sl 69,29 | **22**,1. Ez 47,1.12; Zc 14,8; Gn 2,9 | 3. Zc 14,11

† **21**,16. Doze mil estádios equivalem a cerca de 2.200 km. 144 côvados são 72 metros. As dimensões da cidade e os materiais de que é feita indicam que ela é celeste e não deste mundo. | 24. O autor se inspira em Is 60,1-20, que prediz a entrada das nações no povo de Deus. As portas ficam abertas, pois se imagina um eterno dia de festa. | 27. O livro dos eleitos. | **22**. A Cidade Santa é descrita como o paraíso terrestre. A Bíblia, história do amor de Deus à humanidade, termina no paraíso, onde havia começado.

de Deus o adorarão; 4eles verão sua
face, e seu nome* estará em suas fron-
tes. 5Não haverá mais noite; não pre-
cisarão da luz da lâmpada, nem da luz
do sol,* porque o Senhor Deus brilhará
sobre eles, e eles reinarão pelos sécu-
los dos séculos.

EPÍLOGO (22,6-21)

Veracidade das visões. 6Depois me
disse: "Estas palavras são certas e ver-
dadeiras; o Senhor Deus, que inspira os
profetas, enviou seu anjo para mostrar
a seus servos as coisas* que devem
acontecer em breve. 7E eu virei sem de-
mora! Feliz aquele que guarda as pala-
vras proféticas deste livro!"

8Fui eu, João, que vi e escutei tudo
isto. Quando terminei de escutar e de
ver, caí aos pés do anjo que me mos-
trava essas coisas, para o adorar. 9Mas
ele me disse: "Não faças isso! Eu sou
um servo como tu e teus irmãos, os
profetas, e os que guardam as palavras
deste livro; é a Deus que deves adorar!"

10E acrescentou: "Não conserves em
segredo as palavras proféticas des-
te livro,* pois o tempo está próximo.
11Que o malfeitor continue a fazer o
mal e que o impuro continue na im-
pureza; que o justo pratique ainda a
justiça e que o santo santifique-se ain-
da. 12Eis que venho em breve* e trago
comigo minha retribuição, para dar a
cada um segundo suas obras. 13Eu sou
o A e o Z, o Primeiro e o Último, o Co-
meço e o Fim. 14Felizes os que lavam
suas vestes: eles terão parte na árvore
da vida e poderão entrar na Cidade
pelas portas!

15Fiquem de fora os cães, os feiticei-
ros, os impuros, os homicidas, os idó-
latras e todos os que amam e praticam
a mentira".

Vinde, Senhor Jesus! 16Eu, Jesus, en-
viei meu anjo* para dar-vos este tes-
temunho sobre as Igrejas. Eu sou a raiz
da descendência de Davi, a brilhante
estrela da manhã.

17O Espírito e a Esposa* dizem: "Vem!"
Aquele que ouve também diga: "Vem!"
Quem tem sede venha, e quem quiser
receba gratuitamente a água viva.

18A todo aquele que ouve* as pala-
vras proféticas deste livro, eu declaro:
Se alguém lhes fizer algum acréscimo,
Deus lhe acrescentará as pragas des-
critas neste livro. 19E se alguém tirar*
alguma coisa das palavras deste livro
profético, Deus lhe tirará também sua
parte da árvore da vida e da Cidade
Santa, que estão descritas neste livro!"

20Aquele que dá testemunho* des-
tas coisas, diz: "Sim, venho em breve".
Amém! Vem, Senhor Jesus!

21A graça do Senhor Jesus* esteja
com todos vós! Amém!

---

* **22**,4. Sl 17,15; 42,2 | 5. 21,23; Is 60,19; Dn 7,18.27 | 6. 19,9; 21,5; Dn 2,28 | 10. Dn 8,26; 12,4.10 | 12. Pr 24,12; Is 40,10; 44,6; Jr 17,10; Sl 62,12 | 16. Is 11,1.10 | 17. Jo 7,37; Is 55,1; Zc 14,8 | 18. Dt 4,2 | 19. Dt 29,19 | 20. 1Cor 16,22 | 21. 1Ts 3,18; Rm 16,20

Fatos e datas mais importantes

1850-1030: De Abraão até os Juízes

± 1850 Abraão sai da Mesopotâmia para Canaã
Isaac, Jacó, José do Egito

± 1750 Hamurabi, rei de Babilônia. Código de Hamurabi

± 1700 Os hebreus no Egito. Opressão do faraó

1290-1224 Ramsés II

± 1250 Moisés. Êxodo do Egito, aliança do Sinai

± 1220 Josué. Conquista da terra prometida

1200-1030 Época dos juízes

1030-539: Época dos Reis e dos grandes Profetas

± 1030 Samuel e Saul. Instituição da monarquia

1010-970 Davi. Conquista de Jerusalém

970-931 Salomão. Construção do templo

931 Divisão do reino em duas partes: Israel e Judá

885-874 Amri, rei de Israel, funda a capital Samaria

874-853 Acab, rei de Israel. Os profetas Elias e Eliseu

± 750 **Amós** e **Oseias**

740 Vocação de Isaías.
Isaías 1-39. Miqueias

721 Tomada de Samaria por Sargon II da Assíria. Fim do reino de Israel

716-687 Ezequias, rei de Judá

± 630 **Sofonias** e **Jeremias**

640-609 Josias, rei de Judá. Descoberta do livro da lei, reforma religiosa
A escola deuteronomista: **Deuteronômio, Josué**, **Juízes**, **Samuel** e **Reis**

612 Ruína de Nínive, capital da Assíria.
Naum

± 600 **Habacuc**

586 Tomada de Jerusalém pelos babilônios. Fim do reino de Judá

586-538 Exílio de Babilônia

Ezequiel e o **Segundo Isaías (40—55)**

539-333 Período Persa

539 Ciro, rei dos medos e dos persas, conquista Babilônia

538 Edito de Ciro: liberdade para os exilados, que voltam à Palestina

515 Dedicação do segundo templo.
Ageu e **Zacarias 1—8.**
Terceiro Isaías (56—66)

± 500 **Abdias.** Papiros da colônia judaica de Elefantina

± 450 **Jó**, **Provérbios**, **Cântico dos Cânticos**, **Rute**, numerosos **Salmos**

445-433 Neemias reconstrói os muros de Jerusalém. Oposição dos samaritanos. **Malaquias**

± 400 Esdras. A legislação do Pentateuco é unificada. **Jonas**

± 350 **Joel.** A obra do Cronista: **Crônicas, Esdras** e **Neemias**

333-65 Período Grego ou Helenístico

333 Alexandre Magno. **Zacarias 9—14**

323-200 A Judeia submetida aos Lágidas do Egito. **Tobias**

300 Início da tradução grega da Bíblia, chamada "Setenta"

± 250 Começa a helenização da Palestina.
Eclesiastes e **Ester**

200 Vitória da Síria sobre o Egito em Panion

200-142 A Judeia submetida aos Selêucidas da Síria

± 180 Ben Sira escreve em hebraico o livro do **Eclesiástico**

167-164 Perseguição de Antíoco IV Epífanes.
Judite e **Daniel**

166 Revolta dos Macabeus
Os fariseus, saduceus e essênios (?)

132 Tradução grega do livro do Eclesiástico

± 125 **Segundo livro dos Macabeus**

± 100 **Primeiro livro dos Macabeus**. **Baruc**

± 100-50d.C. Manuscritos de Qumrân (?)

63 Pompeu anexa a Palestina ao império romano

63 a.C.-135 d.C.: Período romano

± 50 **Sabedoria**

37-4 Herodes Magno

20 Começa a reconstrução do templo

± 6 a.C. Nascimento de Jesus

4 Morte de Herodes Magno

4-39 d.C. Herodes Antipas, tetrarca da Galileia

0

± 6 Nascimento de Paulo em Tarso

14-37 Tibério, imperador romano

26-36 Pôncio Pilatos, procurador romano

27 Pregação de João Batista
Começo do ministério de Jesus

30 Morte de Jesus, numa sexta-feira feira de abril. Pentecostes (?)

± 36 Martírio de Estêvão. Conversão de Paulo

41-54 Cláudio, imperador romano

44 Martírio de Tiago maior, irmão de João

45-49 Primeira viagem missionária de Paulo

49 Concílio de Jerusalém (At 15)

± 50 Primeiros escritos evangélicos em aramaico

50-52 Segunda viagem missionária de Paulo

51 **Cartas aos Tessalonicenses**

53-58 Terceira viagem missionária de Paulo

53 **Carta aos Filipenses**

54 **Cartas aos Gálatas, primeira aos Coríntios, aos Romanos**

54-68 Nero, imperador romano

55 **Segunda carta aos Coríntios**

58 **Carta de Tiago**

± 62 **Cartas aos Colossenses, aos Efésios, a Filêmon**

62 Tiago menor morre apedrejado em Jerusalém

± 64 **Primeira carta de Pedro** e **Evangelho de Marcos**

± 65 **Primeira carta a Timóteo** e **carta a Tito**

66-70 Primeira revolta judaica

67 Martírio de Pedro em Roma
Carta aos Hebreus, segunda carta a Timóteo
Martírio de Paulo em Roma

70 Destruição de Jerusalém por Tito

± 70 **Evangelhos de Mateus e de Lucas, Atos dos Apóstolos**

± 75 **Carta de Judas** e **segunda carta de Pedro**

± 95 **Apocalipse de João**
Evangelho e cartas de João

± 100 Morte de João em Éfeso

A Palestina no Tempo de Jesus

Os lugares da Paixão